U0922396

2015中国省市经济发展年鉴

CHINA PROVINCES AND CITIES ECONOMY DEVELOPMENT YEARBOOK

中国省市经济发展年鉴编委会 编

下册

图书在版编目（C I P）数据

中国省市经济发展年鉴. 2015 ：全2册 / 《中国省市经济发展年鉴》编委会编. —北京 ：中国财政经济出版社，2016.5

ISBN 978-7-5095-6727-2

Ⅰ. ①中… Ⅱ. ①中… Ⅲ. ①区域经济发展－中国－2015－年鉴 Ⅳ. ①F127-54

中国版本图书馆CIP数据核字（2016）第094045号

责任编辑：罗亚洪
装帧设计：刘志鹏

中国财政经济出版社 出版

URL：http: //www.cfeph.cn

E - mail：cfeph@cfeph.cn

地址：北京市海滨区阜成路甲28号　邮政编码：100142

北京画中画印刷有限公司印刷　　各地新华书店经销

880×1230毫米　1/16开　125印张　280万字

2016年5月第1版　2016年5月北京第1次印刷

定价：780.00元（上、下）

ISBN 978-7-5095-6727-2 / F·5411

（图书出现印装问题，本社负责调换）

打击盗版举报热线：010-88190492

《2015 中国省市经济发展年鉴（上、下）》

编委会

编 者 说 明

一、《中国省市经济发展年鉴—2015（上、下册）》是一部全面反映、系统比较中国区域经济和城市经济发展状况的大型统计资料性年刊。本书分为上下册，上册收集整理了 31 个省级行政单位的数据，下册收录了 288 个地级及以上城市的数据。

二、本书信息量大、特别突出数据的发展性和比较性，包括连续三年的统计数据以及最后一年数据的位次排列，为讲述全国地区发展和城市发展提供了重要的参考依据。《中国省市经济发展年鉴-2015（上册）》主要内容涵盖：行政区划与人口、就业和工资、国民经济核算、固定资产投资、财政和税收、价格指数、居民生活、城市建设、资源、能源和环境、农业、工业、建筑业、运输和邮电、贸易和旅游、金融业、房地产业、科学技术、教育、卫生、文化和体育、社会服务和社会保障等社会经济发展的各个方面。《中国省市经济发展年鉴-2015（下册）》主要内容涵盖：行政区划和人口、就业和工资、国民经济核算、固定资产投资和房地产、财政、居民生活和社会保障、土地资源管理、城市建设、能源和环境、农业、工业、建筑业、运输和邮电、贸易和旅游、金融业、教育、卫生和文化。附录，为主要统计指标解释。本书未包括香港特别行政区、澳门特别行政区和台湾省的数据。

三、本书所涉及东部、中部、西部和东北地区的具体划分为：

东部 10 省（市）包括北京、天津、河北、上海、江苏、浙江、福建、山东、广东和海南；

中部 6 省包括山西、安徽、江西、河南、湖北和湖南；

西部 12 省（区、市）包括内蒙古、广西、重庆、四川、贵州、云南、西藏、陕西、甘肃、青海、宁夏和新疆；

东北 3 省包括辽宁、吉林和黑龙江。

四、本书中部分数据合计数或相对数由于单位取舍不同而产生的计算误差，均未做机械调整。书中数据由政府机构、行业协会等公开发布的数据整理而成，数据准确权威。

Editor's Notes

I. "China Provinces and Cities Economic Development Yearbook - 2015 (Volumes 1 and 2) " is a large statistical annual book which fully reflects and compares China's regional and urban economy development systematically. This book is divided into two volumes, Volume1 collects data of 31 provincial administrative units, and Volume 2 includes the data of more than 288 prefecture-level cities in china. To facilitate readers, the book contains brief explanation to the major statistical indicators.

II. The yearbook is informative and particularly prominent on its developmental and comparative data which including three consecutive years of statistical data and the ranking on data of the last year. It provides an important reference for comparing the national regional development and city development. The main contents include: population and land, employment and wages, national economic accounting, fixed asset investment, national finances and taxes, price index, the lives of residents, city construction, resources, energy and environment, agriculture, industry, construction, transportation and post and telecommunications, trade and tourism, finance, real estate industry, science and technology, education, health, culture and sports, social service and social security and other aspects of the social and economic development. The data of this book does not include the Hong Kong special administrative region, Macao special administrative region and Taiwan province. The main contents include: population and land, employment and wages, national economic accounting, fixed asset investment and real estate industry, national finances, People's Living Conditions and Social Security, Land Resources Administration, city construction, resources, energy and environment, agriculture, industry, construction, transportation and post and telecommunications, trade and tourism, finance, education, Public Health and Culture.

III. The regions involved in the book were divided as follows:

Eastern region including Beijing, Shanghai, Tianjin, Hebei, Jiangsu, Zhejiang, Fujian, Shandong, Guangdong and Hainan provinces (municipalities);

Central region including Shanxi, Anhui, Jiangxi, Henan, Hubei and Hunan provinces;

Western region including Inner Mongolia, Guangxi, Chongqing, Sichuan, Guizhou, Yunnan, Tibet, Shaanxi, Gansu, Qinghai, Ningxia and Xinjiang provinces (autonomous regions and municipalities);

Northeastern region including Liaoning, Jilin and Heilongjiang provinces.

IV. Some total numbers or relative numbers in the yearbook may have a few calculation errors because of a certain units; we did not do the mechanical adjustment.

地级目录

CITIES CONTENTS

一、行政区划和人口
Administrative Division and Population

二、就业和工资
Employment and Wages

三、国民经济核算
National Accounts

四、固定资产投资和房地产
Investment in Fixed Assets and Real Estate

五、财政
Government Finance

六、居民生活和社会保障
People's Living Conditions and Social Security

七、土地资源管理
Land Resources Administration

八、城市建设
Urban Construction

九、能源和环境
Energy and Environment

十、农业
Agriculture

十一、工业
Industry

十二、建筑业
Construction

十三、运输和邮电
Transport, Postal and Telecommunication Services

十四、贸易和旅游
Trade and Tourism

十五、金融业
Financial Intermediation

十六、教育、卫生和文化
Education, Public Health and Culture

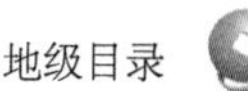

附录：

1

行政区划和人口

Administrative Division and Population

1-1 城市行政区划和区域分布
Administrative Division and Regional Distribution of Cities

单位：个 (uint)

地名	City	城市合计 Total	按行政级别分组 Grouped by Administrative Levels(year-end) 直辖市 Municipality Directly under the Central Government	副省级市 Vice-Provincial City	地级市 Prefecture-level City
全国总计	**National Total**	**653**	**4**	**15**	**273**
北 京	Beijing	1	1		
天 津	Tianjin	1	1		
河 北	Hebei	31			11
山 西	Shanxi	22			11
内蒙古	Inner Mongolia	20			9
辽 宁	Liaoning	31		2	12
吉 林	Jilin	28		1	7
黑龙江	Heilongjiang	29		1	11
上 海	Shanghai	1	1		
江 苏	Jiangsu	36		1	12
浙 江	Zhejiang	31		2	9
安 徽	Anhui	22			16
福 建	Fujian	22		1	8
江 西	Jiangxi	21			11
山 东	Shandong	45		2	15
河 南	Henan	38			17
湖 北	Hubei	36		1	11
湖 南	Hunan	29			13
广 东	Guangdong	42		2	19
广 西	Guangxi	21			14
海 南	Hainan	9			3
重 庆	Chongqing	1	1		
四 川	Sichuan	32		1	17
贵 州	Guizhou	13			6
云 南	Yunnan	21			8
西 藏	Tibet	3			3
陕 西	Shaanxi	13		1	9
甘 肃	Gansu	16			12
青 海	Qinghai	5			2
宁 夏	Ningxia	7			5
新 疆	Xinjiang	26			2

1-2 地级及以上城市一览表
List of City at Prefecture Level and above

单位：个 (uint)

省级单位 Province	地级及以上城市	City at Prefecture Level and above	省级单位 Province	地级及以上城市	City at Prefecture Level and above
北　京 Beijing				抚顺	Fushun
天　津 Tianjin				本溪	Benxi
河　北 Hebei	石家庄	Shijiazhuang		丹东	Dandong
	唐山	Tangshan		锦州	Jinzhou
	秦皇岛	Qinhuangdao		营口	Yingkou
	邯郸	Handan		阜新	Fuxin
	邢台	Xingtai		辽阳	Liaoyang
	保定	Baoding		盘锦	Panjin
	张家口	Zhangjiakou		铁岭	Tieling
	承德	Chengde		朝阳	Chaoyang
	沧州	Cangzhou		葫芦岛	Huludao
	廊坊	Langfang	吉　林 Jilin	长春	Changchun
	衡水	Hengshui		吉林	Jilin
山　西 Shanxi	太原	Taiyuan		四平	Siping
	大同	Datong		辽源	Liaoyuan
	阳泉	Yangquan		通化	Tonghua
	长治	Changzhi		白山	Baishan
	晋城	Jincheng		松原	Songyuan
	朔州	Shuozhou		白城	Baicheng
	晋中	Jinzhong	黑龙江 Heilongjiang	哈尔滨	Harbin
	运城	Yuncheng		齐齐哈尔	Qiqihar
	忻州	Xinzhou		鸡西	Jixi
	临汾	Linfen		鹤岗	Hegang
	吕梁	Luliang		双鸭山	Shuangyashan
内蒙古 Inner Mongolia	呼和浩特	Hohhot		大庆	Daqing
	包头	Baotou		伊春	Yichun
	乌海	Wuhai		佳木斯	Jiamusi
	赤峰	Chifeng		七台河	Qitaihe
	通辽	Tongliao		牡丹江	Mudanjiang
	鄂尔多斯	Erdos		黑河	Heihe
	呼伦贝尔	Hulunbuir		绥化	Suihua
	巴彦淖尔	Bayannur	上　海 Shanghai		
	乌兰察布	Ulanqab	江　苏 Jiangsu	南京	Nanjing
辽　宁 Liaoning	沈阳	Shenyang		无锡	Wuxi
	大连	Dalian		徐州	Xuzhou
	鞍山	Anshan		常州	Changzhou

1-2 地级及以上城市一览表 续表 1
List of City at Prefecture Level and above continued 1

单位：个 (uint)

省级单位 Province	地级及以上城市	City at Prefecture Level and above
	苏州	Suzhou
	南通	Nantong
	连云港	Lianyungang
	淮安	Huaian
	盐城	Yancheng
	扬州	Yangzhou
	镇江	Zhenjiang
	泰州	Taizhou
	宿迁	Suqian
浙 江 Zhejiang	杭州	Hangzhou
	宁波	Ningbo
	温州	Wenzhou
	嘉兴	Jiaxing
	湖州	Huzhou
	绍兴	Shaoxing
	金华	Jinhua
	衢州	Quzhou
	舟山	Zhoushan
	台州	Taizhou
	丽水	Lishui
安 徽 Anhui	合肥	Hefei
	芜湖	Wuhu
	蚌埠	Bengbu
	淮南	Huainan
	马鞍山	Maanshan
	淮北	Huaibei
	铜陵	Tongling
	安庆	Anqing
	黄山	Huangshan
	滁州	Chuzhou
	阜阳	Fuyang
	宿州	Suzhou
	六安	Liuan
	亳州	Bozhou
	池州	Chizhou
	宣城	Xuancheng
福 建 Fujian	福州	Fuzhou
	厦门	Xiamen
	莆田	Putian
	三明	Sanming
	泉州	Quanzhou
	漳州	Zhangzhou
	南平	Nanping
	龙岩	Longyan
	宁德	Ningde
江 西 Jiangxi	南昌	Nanchang
	景德镇	Jingdezhen
	萍乡	Pingxiang
	九江	Jiujiang
	新余	Xinyu
	鹰潭	Yingtan
	赣州	Ganzhou
	吉安	Jian
	宜春	Yichun
	抚州	Fuzhou
	上饶	Shangrao
山 东 Shandong	济南	Jinan
	青岛	Qingdao
	淄博	Zibo
	枣庄	Zaozhuang
	东营	Dongying
	烟台	Yantai
	潍坊	Weifang
	济宁	Jining
	泰安	Taian
	威海	Weihai
	日照	Rizhao
	莱芜	Laiwu
	临沂	Linyi
	德州	Dezhou
	聊城	Liaocheng
	滨州	Binzhou

1-2 地级及以上城市一览表 续表 2
List of City at Prefecture Level and above continued 2

单位：个 (uint)

省级单位 Province	地级及以上城市	City at Prefecture Level and above	省级单位 Province	地级及以上城市	City at Prefecture Level and above
	菏泽	Heze		常德	Changde
河 南 Henan	郑州	Zhengzhou		张家界	Zhangjiajie
	开封	Kaifeng		益阳	Yiyang
	洛阳	Luoyang		郴州	Chenzhou
	平顶山	Pingdingshan		永州	Yongzhou
	安阳	Anyang		怀化	Huaihua
	鹤壁	Hebi		娄底	Loudi
	新乡	Xinxiang	广 东 Guangdong	广州	Guangzhou
	焦作	Jiaozuo		韶关	Shaoguan
	濮阳	Puyang		深圳	Shenzhen
	许昌	Xuchang		珠海	Zhuhai
	漯河	Luohe		汕头	Shantou
	三门峡	Sanmenxia		佛山	Foshan
	南阳	Nanyang		江门	Jiangmen
	商丘	Shangqiu		湛江	Zhanjiang
	信阳	Xinyang		茂名	Maoming
	周口	Zhoukou		肇庆	Zhaoqing
	驻马店	Zhumadian		惠州	Huizhou
湖 北 Hubei	武汉	Wuhan		梅州	Meizhou
	黄石	Huangshi		汕尾	Shanwei
	十堰	Shiyan		河源	Heyuan
	宜昌	Yichang		阳江	Yangjiang
	襄阳	Xiangyang		清远	Qingyuan
	鄂州	Ezhou		东莞	Dongguan
	荆门	Jingmen		中山	Zhongshan
	孝感	Xiaogan		潮州	Chaozhou
	荆州	Jingzhou		揭阳	Jieyang
	黄冈	Huanggang		云浮	Yunfu
	咸宁	Xianning	广 西 Guangxi	南宁	Nanning
	随州	Suizhou		柳州	Liuzhou
湖 南 Hunan	长沙	Changsha		桂林	Guilin
	株洲	Zhuzhou		梧州	Wuzhou
	湘潭	Xiangtan		北海	Beihai
	衡阳	Hengyang		防城港	Fangchenggang
	邵阳	Shaoyang		钦州	Qinzhou
	岳阳	Yueyang		贵港	Guigang

1-2 地级及以上城市一览表 续表 3
List of City at Prefecture Level and above continued 3

单位：个 (uint)

省级单位 Province	地级及以上城市	City at Prefecture Level and above	省级单位 Province	地级及以上城市	City at Prefecture Level and above
	玉林	Yulin		保山	Baoshan
	百色	Baise		昭通	Zhaotong
	贺州	Hezhou		丽江	Lijiang
	河池	Hechi		普洱	Puer
	来宾	Laibin		临沧	Lincang
	崇左	Chongzuo	西　藏 Tibet	拉萨	Lasa
海　南 Hainan	海口	Haikou	陕　西 Shaanxi	西安	Xi'an
	三亚	Sanya		铜川	Tongchuan
	三沙	Sansha		宝鸡	Baoji
重　庆 Chongqing				咸阳	Xianyang
四　川 Sichuan	成都	Chengdu		渭南	Weinan
	自贡	Zigong		延安	Yan'an
	攀枝花	Panzhihua		汉中	Hanzhong
	泸州	Luzhou		榆林	Yulin
	德阳	Deyang		安康	Ankang
	绵阳	Mianyang		商洛	Shangluo
	广元	Guangyuan	甘　肃 Gansu	兰州	Lanzhou
	遂宁	Suining		嘉峪关	Jiayuguan
	内江	Neijiang		金昌	Jinchang
	乐山	Leshan		白银	Baiyin
	南充	Nanchong		天水	Tianshui
	眉山	Meishan		武威	Wuwei
	宜宾	Yibin		张掖	Zhangye
	广安	Guangan		平凉	Pingliang
	达州	Dazhou		酒泉	Jiuquan
	雅安	Yaan		庆阳	Qingyang
	巴中	Bazhong		定西	Dingxi
	资阳	Ziyang		陇南	Longnan
贵　州 Guizhou	贵阳	Guiyang	青　海 Qinghai	西宁	Xining
	六盘水	Liupanshui		海东	Haidong
	遵义	Zunyi	宁　夏 Ningxia	银川	Yinchuan
	安顺	Anshun		石嘴山	Shizuishan
	毕节	Bijie		吴忠	Wuzhong
	铜仁	Tongren		固原	Guyuan
云　南 Yunnan	昆明	Kunming		中卫	Zhongwei
	曲靖	Qujing	新　疆 Xinjiang	乌鲁木齐	Urumqi
	玉溪	Yuxi		克拉玛依	Karamay

1-3 行政区域土地面积
Total Land Area of Administrative Region

单位：平方公里 (sq. km)

地名	City	2010	2013	2014	2014 排名 Ranking	地名	City	2010	2013	2014	2014 排名 Ranking
全国	**National Total**	**9600000**	**9600000**	**9600000**		沈阳	Shenyang	12980	12980	12860	130
北京	**Beijing**	**16411**	**16411**	**16411**		大连	Dalian	12574	12574	12574	135
天津	**Tianjin**	**11760**	**11917**	**11917**		鞍山	Anshan	9252	9255	9255	187
河北	**Hebei**	**187693**	**188658**	**186661**		抚顺	Fushun	11272	11272	11272	157
石家庄	Shijiazhuang	15848	15848	13109	124	本溪	Benxi	8411	8411	8411	199
唐山	Tangshan	13472	13742	13472	118	丹东	Dandong	15290	15290	15290	100
秦皇岛	Qinhuangdao	7523	7802	7802	209	锦州	Jinzhou	9891	10047	10047	172
邯郸	Handan	12062	12065	12065	146	营口	Yingkou	5242	5242	5242	241
邢台	Xingtai	12486	12433	12433	137	阜新	Fuxin	10355	10355	10355	169
保定	Baoding	20584	20900	22185	51	辽阳	Liaoyang	4736	4736	4736	247
张家口	Zhangjiakou	36873	36873	36873	18	盘锦	Panjin	4071	4065	4065	257
承德	Chengde	39548	39735	39490	14	铁岭	Tieling	12980	12985	12985	128
沧州	Cangzhou	14053	14053	14035	113	朝阳	Chaoyang	19698	19698	19698	64
廊坊	Langfang	6429	6382	6382	224	葫芦岛	Huludao	10415	10414	10414	167
衡水	Hengshui	8815	8825	8815	193	吉林	**Jilin**	**146878**	**146957**	**147563**	
山西	**Shanxi**	**157252**	**156873**	**156968**		长春	Changchun	20604	20604	20594	60
太原	Taiyuan	6963	6977	6988	221	吉林	Jilin	27126	27205	27711	32
大同	Datong	14127	14127	14176	110	四平	Siping	14080	14080	14080	112
阳泉	Yangquan	4570	4570	4570	250	辽源	Liaoyuan	5140	5140	5140	243
长治	Changzhi	13896	13896	13896	114	通化	Tonghua	15608	15608	15612	97
晋城	Jincheng	9425	9425	9425	184	白山	Baishan	17485	17485	17505	81
朔州	Shuozhou	11066	10674	10674	163	松原	Songyuan	21090	21090	21089	56
晋中	Jinzhong	16392	16392	16392	92	白城	Baicheng	25745	25745	25832	38
运城	Yuncheng	14181	14181	14181	109	黑龙江	**Heilongjiang**	**406460**	**390658**	**390228**	
忻州	Xinzhou	25117	25117	25152	40	哈尔滨	Harbin	53068	53068	53068	9
临汾	Linfen	20275	20275	20275	61	齐齐哈尔	Qiqihar	42469	42469	42469	12
吕梁	Lvliang	21240	21239	21239	52	鸡西	Jixi	22531	22531	22531	47
内蒙古	**Inner Mongolia**	**655315**	**654706**	**665523**		鹤岗	Hegang	14659	14657	14657	107
呼和浩特	Hohhot	17224	17186	17186	87	双鸭山	Shuangyashan	23209	23209	22619	46
包头	Baotou	27768	27768	27768	30	大庆	Daqing	21219	21522	21219	53
乌海	Wuhai	1754	1754	1754	280	伊春	Yichun	32759	32759	32800	23
赤峰	Chifeng	90021	90021	90021	3	佳木斯	Jiamusi	32704	32704	32704	24
通辽	Tongliao	59535	59535	69625	5	七台河	Qitaihe	6222	6221	6221	228
鄂尔多斯	Erdos	86752	86752	86752	4	牡丹江	Mudanjiang	40583	38405	38827	16
呼伦贝尔	Hulunbuir	253356	252777	252777	1	黑河	Heihe	82164	68240	68240	6
巴彦淖尔	Bayannur	64413	64413	65140	7	绥化	Suihua	34873	34873	34873	20
乌兰察布	Ulanqab	54492	54500	54500	8	上海	**Shanghai**	**6340**	**6340**	**6340**	
辽宁	**Liaoning**	**147167**	**147324**	**147204**		江苏	**Jiangsu**	**102658**	**102742**	**105875**	

1-3 行政区域土地面积 续表 1

Total Land Area of Administrative Region continued 1

单位：平方公里 (sq. km)

地名	City	2010	2013	2014	2014 排名 Ranking	地名	City	2010	2013	2014	2014 排名 Ranking
南京	Nanjing	6587	6587	6587	223	池州	Chizhou	8272	8272	8272	201
无锡	Wuxi	4627	4627	4627	248	宣城	Xuancheng	12323	12453	12313	140
徐州	Xuzhou	11259	11259	11765	150	**福建**	**Fujian**	**124563**	**124099**	**124425**	
常州	Changzhou	4372	4372	4372	253	福州	Fuzhou	13066	13066	13066	126
苏州	Suzhou	8488	8488	8657	195	厦门	Xiamen	1573	1573	1573	283
南通	Nantong	8001	8001	10549	165	莆田	Putian	4119	4131	4131	255
连云港	Lianyungang	7500	7615	7615	214	三明	Sanming	23094	22965	22965	44
淮安	Huaian	10072	10072	10030	173	泉州	Quanzhou	11015	11015	11015	160
盐城	Yancheng	16972	16972	16931	88	漳州	Zhangzhou	12873	12554	12880	129
扬州	Yangzhou	6591	6591	6591	222	南平	Nanping	26308	26280	26280	37
镇江	Zhenjiang	3847	3847	3840	261	龙岩	Longyan	19063	19063	19063	70
泰州	Taizhou	5787	5787	5787	235	宁德	Ningde	13452	13452	13452	119
宿迁	Suqian	8555	8524	8524	197	**江西**	**Jiangxi**	**166985**	**167231**	**167297**	
浙江	**Zhejiang**	**104141**	**104175**	**104442**		南昌	Nanchang	7402	7402	7402	217
杭州	Hangzhou	16596	16596	16596	90	景德镇	Jingdezhen	5256	5261	5261	240
宁波	Ningbo	9816	9816	9816	176	萍乡	Pingxiang	3824	3831	3831	262
温州	Wenzhou	11786	11784	12065	146	九江	Jiujiang	18823	19078	19078	69
嘉兴	Jiaxing	3915	3915	3915	260	新余	Xinyu	3178	3178	3178	266
湖州	Huzhou	5818	5824	5820	233	鹰潭	Yingtan	3560	3560	3560	264
绍兴	Shaoxing	8279	8279	8279	200	赣州	Ganzhou	39379	39379	39446	15
金华	Jinhua	10941	10942	10942	161	吉安	Jian	25283	25283	25283	39
衢州	Quzhou	8841	8845	8845	192	宜春	Yichun	18669	18669	18668	75
舟山	Zhoushan	1440	1455	1455	284	抚州	Fuzhou	18820	18799	18799	73
台州	Taizhou	9411	9411	9411	185	上饶	Shangrao	22791	22791	22791	45
丽水	Lishui	17298	17308	17298	85	**山东**	**Shandong**	**158157**	**159119**	**158870**	
安徽	**Anhui**	**138979**	**139274**	**139942**		济南	Jinan	8177	8177	7998	205
合肥	Hefei	7047	11445	11445	152	青岛	Qingdao	10978	11282	11282	156
芜湖	Wuhu	3317	5988	6026	229	淄博	Zibo	5965	5965	5965	230
蚌埠	Bengbu	5941	5952	5951	231	枣庄	Zaozhuang	4563	4563	4564	251
淮南	Huainan	2585	2584	2584	271	东营	Dongying	7923	8243	8243	202
马鞍山	Maanshan	1686	4049	4049	258	烟台	Yantai	13746	13852	13852	115
淮北	Huaibei	2741	2741	2741	269	潍坊	Weifang	16140	16143	16143	94
铜陵	Tongling	1113	1201	1201	285	济宁	Jining	11423	11311	11311	155
安庆	Anqing	15318	15318	15402	98	泰安	Taian	7762	7762	7762	211
黄山	Huangshan	9807	9807	9807	177	威海	Weihai	5797	5786	5797	234
滁州	Chuzhou	13523	13516	13516	117	日照	Rizhao	5348	5359	5359	237
阜阳	Fuyang	9775	9776	9776	178	莱芜	Laiwu	2246	2246	2246	274
宿州	Suzhou	9787	9787	9939	174	临沂	Linyi	17191	17191	17191	86
六安	Liuan	17976	18011	18399	78	德州	Dezhou	10356	10356	10358	168
亳州	Bozhou	8374	8374	8521	198	聊城	Liaocheng	8703	8984	8984	189

1-3 行政区域土地面积 续表 2

Total Land Area of Administrative Region continued 2

单位：平方公里 (sq. km)

地名	City	2010	2013	2014	2014 排名 Ranking	地名	City	2010	2013	2014	2014 排名 Ranking
滨州	Binzhou	9600	9660	9660	180	常德	Changde	18190	18177	18910	72
菏泽	Heze	12239	12239	12155	143	张家界	Zhangjiajie	9516	9516	9516	182
河南	**Henan**	**164405**	**161073**	**164457**		益阳	Yiyang	12144	12320	12320	139
郑州	Zhengzhou	7446	7446	7446	215	郴州	Chenzhou	19699	19342	19342	67
开封	Kaifeng	6444	6444	6253	226	永州	Yongzhou	22441	22260	22260	49
洛阳	Luoyang	15200	15236	15236	102	怀化	Huaihua	27624	27573	27753	31
平顶山	Pingdingshan	7904	7904	7882	208	娄底	Loudi	8117	8117	8109	203
安阳	Anyang	7413	7352	7352	219	**广东**	**Guangdong**	**180956**	**179606**	**179650**	
鹤壁	Hebi	2182	2182	2182	275	广州	Guangzhou	7434	7434	7434	216
新乡	Xinxiang	8169	8552	8666	194	韶关	Shaoguan	18463	18412	18412	77
焦作	Jiaozuo	4071	4071	4071	256	深圳	Shenzhen	1992	1997	1997	277
濮阳	Puyang	4266	4136	4188	254	珠海	Zhuhai	1711	1658	1724	281
许昌	Xuchang	4996	4996	4979	245	汕头	Shantou	2064	2064	2064	276
漯河	Luohe	2716	2160	2692	270	佛山	Foshan	3798	3798	3798	263
三门峡	Sanmenxia	10496	10496	10496	166	江门	Jiangmen	9568	9505	9505	183
南阳	Nanyang	26509	26509	26509	36	湛江	Zhanjiang	13225	13261	13261	122
商丘	Shangqiu	10704	10704	10704	162	茂名	Maoming	11458	11426	11427	153
信阳	Xinyang	18847	15841	18757	74	肇庆	Zhaoqing	15464	14891	14891	105
周口	Zhoukou	11959	11961	11961	148	惠州	Huizhou	11343	11343	11346	154
驻马店	Zhumadian	15083	15083	15083	103	梅州	Meizhou	16089	15865	15865	95
湖北	**Hubei**	**151522**	**151698**	**151494**		汕尾	Shanwei	5271	4865	4865	246
武汉	Wuhan	8494	8494	8569	196	河源	Heyuan	15642	15654	15654	96
黄石	Huangshi	4586	4583	4583	249	阳江	Yangjiang	7946	7956	7956	207
十堰	Shiyan	23680	23680	23680	41	清远	Qingyuan	19036	19036	19036	71
宜昌	Yichang	21084	21084	21084	57	东莞	Dongguan	2460	2460	2460	272
襄阳	Xiangyang	19724	19728	19727	63	中山	Zhongshan	1800	1784	1784	279
鄂州	Ezhou	1594	1596	1594	282	潮州	Chaozhou	3146	3146	3146	267
荆门	Jingmen	12404	12404	12404	138	揭阳	Jieyang	5266	5266	5240	242
孝感	Xiaogan	8910	8910	8910	190	云浮	Yunfu	7779	7785	7785	210
荆州	Jingzhou	14092	14099	14099	111	**广西**	**Guangxi**	**236549**	**238605**	**238608**	
黄冈	Huanggang	17457	17457	17457	82	南宁	Nanning	22112	22244	22244	50
咸宁	Xianning	9861	10027	9751	179	柳州	Liuzhou	18617	18597	18597	76
随州	Suizhou	9636	9636	9636	181	桂林	Guilin	27809	27850	27851	28
湖南	**Hunan**	**197025**	**196382**	**197297**		梧州	Wuzhou	12588	12588	12588	134
长沙	Changsha	11816	11816	11816	149	北海	Beihai	3337	3337	3337	265
株洲	Zhuzhou	11247	11262	11272	157	防城港	Fangchenggang	6222	6238	6238	227
湘潭	Xiangtan	5015	5008	5008	244	钦州	Qinzhou	10843	12154	12154	144
衡阳	Hengyang	15299	15303	15303	99	贵港	Guigang	10602	10602	10602	164
邵阳	Shaoyang	20830	20830	20830	59	玉林	Yulin	12838	12824	12824	131
岳阳	Yueyang	15087	14858	14858	106	百色	Baise	36022	36202	36202	19

1-3 行政区域土地面积 续表 3

Total Land Area of Administrative Region continued 3

单位：平方公里 (sq. km)

地名	City	2010	2013	2014	2014 排名 Ranking
贺州	Hezhou	11855	11753	11753	151
河池	Hechi	32907	33476	33476	21
来宾	Laibin	13411	13409	13411	120
崇左	Chongzuo	17386	17331	17331	84
海南	**Hainan**	**4223**	**4237**	**4216**	
海口	Haikou	2305	2305	2284	273
三亚	Sanya	1918	1919	1919	278
三沙	Sansha			13	286
重庆	**Chongqing**	**82829**	**82374**	**82374**	
四川	**Sichuan**	**193625**	**193169**	**193158**	
成都	Chengdu	12132	12133	12121	145
自贡	Zigong	4373	4381	4381	252
攀枝花	Panzhihua	7440	7401	7401	218
泸州	Luzhou	12228	12236	12236	142
德阳	Deyang	5911	5910	5911	232
绵阳	Mianyang	20249	20248	20248	62
广元	Guangyuan	16319	16311	16311	93
遂宁	Suining	5325	5325	5325	238
内江	Neijiang	5386	5385	5385	236
乐山	Leshan	12826	12723	12723	133
南充	Nanchong	12479	12477	12477	136
眉山	Meishan	7186	7140	7140	220
宜宾	Yibin	13271	13271	13271	121
广安	Guangan	6344	6341	6341	225
达州	Dazhou	16591	16588	16588	91
雅安	Yaan	15302	15046	15046	104
巴中	Bazhong	12301	12293	12293	141
资阳	Ziyang	7962	7960	7960	206
贵州	**Guizhou**	**58028**	**102842**	**102838**	
贵阳	Guiyang	8034	8043	8043	204
六盘水	Liupanshui	9965	9914	9914	175
遵义	Zunyi	30762	30762	30762	25
安顺	Anshun	9267	9267	9267	186
毕节	Bijie		26853	26849	35
铜仁	Tongren		18003	18003	80
云南	**Yunnan**	**198481**	**197503**	**197503**	
昆明	Kunming	21015	21012	21012	58
曲靖	Qujing	28904	28905	28905	27
玉溪	Yuxi	15285	15285	15285	101
保山	Baoshan	19637	19637	19637	65
昭通	Zhaotong	22567	22440	22440	48

地名	City	2010	2013	2014	2014 排名 Ranking
丽江	Lijiang	21219	21219	21219	53
普洱	Puer	45385	45385	45385	10
临沧	Lincang	24469	23620	23620	42
西藏	**Tibet**		**29518**	**29518**	
拉萨	Lasa		29518	29518	26
陕西	**Shaanxi**	**206140**	**206202**	**206202**	
西安	Xi'an	10108	10097	10097	171
铜川	Tongchuan	3882	3937	3937	259
宝鸡	Baoji	18131	18117	18117	79
咸阳	Xianyang	10196	10189	10189	170
渭南	Weinan	13134	13134	13134	123
延安	Yan'an	37037	37037	37037	17
汉中	Hanzhong	27246	27285	27285	33
榆林	Yulin	43578	43578	43578	11
安康	Ankang	23536	23536	23536	43
商洛	Shangluo	19292	19292	19292	68
甘肃	**Gansu**	**416103**	**415946**	**415225**	
兰州	Lanzhou	13086	13086	13086	125
嘉峪关	Jiayuguan	2935	2935	2935	268
金昌	Jinchang	8896	8896	8896	191
白银	Baiyin	21158	21158	21158	55
天水	Tianshui	14359	14277	14277	108
武威	Wuwei	33238	33238	33238	22
张掖	Zhangye	41924	41924	41924	13
平凉	Pingliang	11170	11170	11170	159
酒泉	Jiuquan	193974	193974	193974	2
庆阳	Qingyang	27119	27119	27119	34
定西	Dingxi	20330	20330	19609	66
陇南	Longnan	27914	27839	27839	29
青海	**Qinghai**	**7655**	**21039**	**20400**	
西宁	Xining	7655	7649	7649	213
海东	Haidong			12751	132
宁夏	**Ningxia**	**62711**	**61587**	**61587**	
银川	Yinchuan	9025	9025	9025	188
石嘴山	Shizuishan	5310	5310	5310	239
吴忠	Wuzhong	20394	16757	16757	89
固原	Guyuan	10541	13047	13047	127
中卫	Zhongwei	17441	17448	17448	83
新疆	**Xinjiang**	**23336**	**21523**	**21523**	
乌鲁木齐	Urumqi	13788	13788	13788	116
克拉玛依	Karamay	9548	7735	7735	212

1-4 常住人口
Permanent Population

单位：万人 （10 000 persons）

地名	City	2010	2013	2014	2014 排名 Ranking
全国	**Nation Total**	**134091.0**	**136072.0**	**137691.7**	
北京	**Beijing**	**1961.2**	**2115.0**	**1334.7**	
天津	**Tianjin**	**1299.3**	**1472.0**	**1018.4**	
河北	**Hebei**	**7193.6**	**7333.0**	**7592.7**	
石家庄	Shijiazhuang	1017.5	1050.0	1061.6	5
唐山	Tangshan	758.2	770.8	776.8	29
秦皇岛	Qinhuangdao	299.0	304.5	306.5	166
邯郸	Handan	918.8	932.5	937.4	12
邢台	Xingtai	711.4	721.7	725.6	39
保定	Baoding	1120.8	1141.6	1149.0	3
张家口	Zhangjiakou	434.9	441.3	442.1	112
承德	Chengde	347.6	351.5	352.7	142
沧州	Cangzhou	714.3	731.0	737.5	33
廊坊	Langfang	436.4	446.8	452.2	106
衡水	Hengshui	434.6	440.9	442.3	111
山西	**Shanxi**	**3574.1**	**3630.0**	**3522.2**	
太原	Taiyuan	420.5	427.8	429.9	118
大同	Datong	332.1	337.5	339.2	148
阳泉	Yangquan	136.9	138.6	139.3	257
长治	Changzhi	333.7	338.8	340.4	147
晋城	Jincheng	228.0	230.1	230.9	214
朔州	Shuozhou	171.6	174.4	175.4	242
晋中	Jinzhong	325.2	330.5	332.0	152
运城	Yuncheng	513.9	522.4	525.2	82
忻州	Xinzhou	307.0	311.4	312.8	162
临汾	Linfen	432.1	439.1	441.5	113
吕梁	Lvliang	373.0	379.3	381.3	132
内蒙古	**Inner Mongolia**	**2472.2**	**2498.0**	**2458.3**	
呼和浩特	Hohhot	287.4	300.1	303.1	168
包头	Baotou	265.6	276.6	279.9	182
乌海	Wuhai	53.5	55.3	55.4	281
赤峰	Chifeng	433.8	430.6	430.4	117
通辽	Tongliao	314.0	312.6	312.4	163
鄂尔多斯	Erdos	195.0	201.8	203.5	234
呼伦贝尔	Hulunbuir	254.6	253.2	253.0	201
巴彦淖尔	Bayannur	166.9	167.1	167.2	247
乌兰察布	Ulanqab	214.1	212.3	211.7	229
辽宁	**Liaoning**	**4374.6**	**4390.0**	**4244.2**	
沈阳	Shenyang	810.6	825.7	828.7	24
大连	Dalian	669.0	694.3	698.4	45
鞍山	Anshan	364.6	360.8	361.4	138
抚顺	Fushun	213.8	209.2	208.1	232
本溪	Benxi	171.0	172.8	172.4	243
丹东	Dandong	244.5	242.6	241.8	209
锦州	Jinzhou	312.6	308.7	307.6	165
营口	Yingkou	242.8	244.4	244.6	207
阜新	Fuxin	181.9	179.2	178.6	241
辽阳	Liaoyang	185.9	185.3	185.0	238
盘锦	Panjin	139.2	143.8	144.0	255
铁岭	Tieling	271.8	266.6	266.1	189
朝阳	Chaoyang	304.5	298.0	297.3	172
葫芦岛	Huludao	262.4	258.6	257.5	196
吉林	**Jilin**	**2747.0**	**2751.0**	**2671.3**	
长春	Changchun	767.7		754.6	31
吉林	Jilin	441.5		427.7	119
四平	Siping	338.6		328.1	155
辽源	Liaoyuan	117.7		121.8	266
通化	Tonghua	232.5		222.2	220
白山	Baishan	129.7		126.3	262
松原	Songyuan	288.1		278.5	183
白城	Baicheng	203.3		197.8	236
黑龙江	**Heilongjiang**	**3833.4**	**3835.0**	**3747.0**	
哈尔滨	Harbin	1064.2	1064.2	987.3	10
齐齐哈尔	Qiqihar	537.0	537.0	553.2	71
鸡西	Jixi	186.3	186.6	183.6	239
鹤岗	Hegang	105.9	108.5	107.0	273
双鸭山	Shuangyashan	146.3	146.3	149.0	254
大庆	Daqing	290.6	282.6	278.0	184
伊春	Yichun	114.9	114.9	122.9	264
佳木斯	Jiamusi	255.3	245.9	232.9	213
七台河	Qitaihe	92.1	92.0	88.2	276
牡丹江	Mudanjiang	280.0	289.0	256.6	200
黑河	Heihe	167.5	171.5	169.7	246
绥化	Suihua	542.1	555.7	553.2	72
上海	**Shanghai**	**2302.7**	**2415.0**	**1438.7**	
江苏	**Jiangsu**	**7869.3**	**7939.0**	**7684.7**	

1-4 常住人口 续表 1
Permanent Population continued 1

单位：万人 （10 000 persons）

地名	City	2010	2013	2014	2014 排名 Ranking	地名	City	2010	2013	2014	2014 排名 Ranking
南京	Nanjing	800.8	818.8	821.6	26	池州	Chizhou	140.3	142.2	143.0	256
无锡	Wuxi	637.6	648.4	650.0	52	宣城	Xuancheng	253.4	256.3	257.4	198
徐州	Xuzhou	858.2	859.1	862.8	18	**福建**	**Fujian**	**3693.0**	**3774.0**	**3695.8**	
常州	Changzhou	459.3	469.2	469.6	100	福州	Fuzhou	711.5	734.0	743.0	32
苏州	Suzhou	1046.9	1057.9	1060.4	6	厦门	Xiamen	353.1	373.0	381.0	133
南通	Nantong	728.2	729.8	729.8	37	莆田	Putian	277.9	283.0	285.0	178
连云港	Lianyungang	439.7	442.8	445.2	110	三明	Sanming	250.3	251.0	251.0	202
淮安	Huaian	480.4	482.7	485.2	94	泉州	Quanzhou	812.9	836.0	844.0	21
盐城	Yancheng	726.4	722.0	722.3	40	漳州	Zhangzhou	481.0	493.0	496.0	87
扬州	Yangzhou	446.1	447.0	447.8	108	南平	Nanping	264.6	262.0	262.0	191
镇江	Zhenjiang	311.5	316.5	317.1	161	龙岩	Longyan	256.0	258.0	259.0	194
泰州	Taizhou	462.1	463.4	463.9	101	宁德	Ningde	282.2	284.0	285.0	178
宿迁	Suqian	472.3	481.9	484.3	95	**江西**	**Jiangxi**	**4462.0**	**4522.0**	**4923.3**	
浙江	**Zhejiang**	**5446.5**	**5498.0**	**4859.2**		南昌	Nanchang	505.3	518.4	524.0	83
杭州	Hangzhou	870.5	884.4	889.2	16	景德镇	Jingdezhen	158.9	161.9	163.0	248
宁波	Ningbo	761.1	766.3	781.1	28	萍乡	Pingxiang	185.6	188.2	189.0	237
温州	Wenzhou	913.5	919.7	906.8	14	九江	Jiujiang	473.2	478.9	480.7	96
嘉兴	Jiaxing	450.5	455.7	457.0	103	新余	Xinyu	114.0	115.6	116.1	268
湖州	Huzhou	289.4	291.6	293.0	173	鹰潭	Yingtan	112.6	114.2	114.8	269
绍兴	Shaoxing	491.3	494.9	495.6	89	赣州	Ganzhou	838.2	847.8	850.7	20
金华	Jinhua	536.6	542.8	543.7	77	吉安	Jian	481.6	486.6	488.1	91
衢州	Quzhou	212.3	212.4	212.4	228	宜春	Yichun	542.3	547.8	549.3	75
舟山	Zhoushan	112.1	114.2	114.6	270	抚州	Fuzhou	391.7	396.2	397.7	125
台州	Taizhou	597.4	603.8	601.5	59	上饶	Shangrao	658.7	666.4	668.8	48
丽水	Lishui	211.8	212.2	213.1	226	**山东**	**Shandong**	**9587.9**	**9733.0**	**9747.1**	
安徽	**Anhui**	**5956.7**	**6030.0**	**6935.8**		济南	Jinan	681.8	699.9	706.8	43
合肥	Hefei	570.8	761.1	769.6	30	青岛	Qingdao	871.9	896.4	904.6	15
芜湖	Wuhu	226.4	359.6	361.7	137	淄博	Zibo	453.3	459.3	461.5	102
蚌埠	Bengbu	316.9	322.0	325.8	156	枣庄	Zaozhuang	373.4	380.1	383.1	130
淮南	Huainan	233.7	235.7	237.5	210	东营	Dongying	203.7	208.5	209.9	230
马鞍山	Maanshan	136.7	220.8	222.9	218	烟台	Yantai	696.8	698.9	700.2	44
淮北	Huaibei	211.7	214.2	215.9	225	潍坊	Weifang	909.2	922.5	924.7	13
铜陵	Tongling	72.4	73.6	73.8	280	济宁	Jining	809.2	820.6	824.0	25
安庆	Anqing	531.5	534.5	537.6	80	泰安	Taian	549.8	556.8	558.1	70
黄山	Huangshan	136.0	135.6	136.3	258	威海	Weihai	280.5	280.6	280.9	181
滁州	Chuzhou	394.1	396.2	398.5	124	日照	Rizhao	280.3	285.1	287.1	177
阜阳	Fuyang	761.4	771.6	782.3	27	莱芜	Laiwu	129.9	133.3	134.5	260
宿州	Suzhou	536.2	543.1	548.6	76	临沂	Linyi	1005.6	1015.9	1022.1	8
六安	Liuan	561.8	568.3	572.5	64	德州	Dezhou	557.4	567.1	570.5	66
亳州	Bozhou	486.1	495.0	499.6	85	聊城	Liaocheng	579.8	591.1	593.6	61

1-4 常住人口 续表 2
Permanent Population continued 2

单位：万人 （10 000 persons）

地名	City	2010	2013	2014	2014 排名 Ranking	地名	City	2010	2013	2014	2014 排名 Ranking
滨州	Binzhou	375.2	380.6	384.0	129	常德	Changde	571.5	580.5	583.1	62
菏泽	Heze	830.2	836.8	843.8	22	张家界	Zhangjiajie	147.8	151.2	151.9	253
河南	**Henan**	**9405.5**	**9413.0**	**11101.6**		益阳	Yiyang	430.8	437.3	439.2	114
郑州	Zhengzhou	866.1	919.1	937.8	11	郴州	Chenzhou	458.4	466.5	469.8	99
开封	Kaifeng	467.7	464.6	454.9	105	永州	Yongzhou	519.5	532.7	538.7	78
洛阳	Luoyang	655.4	661.5	667.8	49	怀化	Huaihua	474.2	482.5	487.0	92
平顶山	Pingdingshan	490.5	495.7	496.0	86	娄底	Loudi	378.5	383.4	385.3	128
安阳	Anyang	517.1	509.0	508.8	84	**广东**	**Guangdong**	**10440.9**	**10644.0**	**8886.9**	
鹤壁	Hebi	157.2	160.9	159.8	251	广州	Guangzhou	1271.0	1292.7	1308.1	2
新乡	Xinxiang	571.1	567.5	570.8	65	韶关	Shaoguan	283.0	289.3	290.9	174
焦作	Jiaozuo	354.3	351.4	352.3	143	深圳	Shenzhen	1037.2	1062.9	1077.9	4
濮阳	Puyang	360.0	358.4	360.1	139	珠海	Zhuhai	156.2	159.0	161.4	249
许昌	Xuchang	431.0	429.7	431.5	116	汕头	Shantou	539.6	547.9	552.4	74
漯河	Luohe	254.8	257.5	260.1	192	佛山	Foshan	719.9	729.6	735.1	34
三门峡	Sanmenxia	223.4	224.1	224.7	217	江门	Jiangmen	445.1	449.8	451.1	107
南阳	Nanyang	1027.2	1009.0	998.9	9	湛江	Zhanjiang	700.4	716.7	721.2	42
商丘	Shangqiu	735.4	727.7	725.8	38	茂名	Maoming	582.6	601.3	604.9	57
信阳	Xinyang	610.1	637.7	640.8	53	肇庆	Zhaoqing	392.2	402.2	403.6	123
周口	Zhoukou	893.9	878.4	880.5	17	惠州	Huizhou	460.1	470.0	472.7	98
驻马店	Zhumadian	722.6	689.5	693.3	46	梅州	Meizhou	424.5	430.7	432.3	115
湖北	**Hubei**	**5723.8**	**5799.0**	**6162.3**		汕尾	Shanwei	293.9	298.6	300.7	169
武汉	Wuhan	978.5	1022.0	1033.8	7	河源	Heyuan	295.8	303.8	306.3	167
黄石	Huangshi	242.9	244.5	244.9	206	阳江	Yangjiang	242.5	248.0	250.0	203
十堰	Shiyan	334.1	336.7	337.3	150	清远	Qingyuan	370.4	379.1	381.9	131
宜昌	Yichang	406.0	409.8	410.5	122	东莞	Dongguan	822.5	831.7	834.3	23
襄阳	Xiangyang	550.0	559.1	560.0	68	中山	Zhongshan	312.3	317.4	319.3	159
鄂州	Ezhou	104.9	105.7	105.9	274	潮州	Chaozhou	267.2	271.2	272.0	187
荆门	Jingmen	287.4	288.7	288.9	175	揭阳	Jieyang	588.3	599.5	603.5	58
孝感	Xiaogan	481.5	485.3	486.1	93	云浮	Yunfu	236.3	242.8	244.5	208
荆州	Jingzhou	569.2	573.9	574.4	63	**广西**	**Guangxi**	**4610.0**	**4719.0**	**5475.5**	
黄冈	Huanggang	616.2	625.2	626.3	55	南宁	Nanning	666.2	685.4	691.4	47
咸宁	Xianning	246.3	248.5	248.9	205	柳州	Liuzhou	375.9	385.6	388.7	127
随州	Suizhou	216.2	218.0	218.4	223	桂林	Guilin	474.8	488.1	491.9	90
湖南	**Hunan**	**6570.1**	**6691.0**	**7202.3**		梧州	Wuzhou	288.2	295.4	297.6	171
长沙	Changsha	704.1	722.1	731.2	35	北海	Beihai	153.9	159.0	160.4	250
株洲	Zhuzhou	385.7	393.5	396.1	126	防城港	Fangchenggang	86.7	89.9	90.8	275
湘潭	Xiangtan	275.2	280.0	281.3	180	钦州	Qinzhou	308.0	315.9	318.1	160
衡阳	Hengyang	714.8	725.0	730.3	36	贵港	Guigang	411.9	422.1	425.6	120
邵阳	Shaoyang	707.2	720.0	721.9	41	玉林	Yulin	548.7	562.3	566.0	67
岳阳	Yueyang	547.6	555.9	559.5	69	百色	Baise	346.7	354.5	356.9	140

1-4 常住人口 续表 3
Permanent Population continued 3

单位：万人 （10 000 persons）

地名	City	2010	2013	2014	2014 排名 Ranking
贺州	Hezhou	195.4	200.0	201.3	235
河池	Hechi	336.9	343.2	345.1	145
来宾	Laibin	210.0	214.9	216.4	224
崇左	Chongzuo	199.4	202.8	204.0	233
海南	**Hainan**	**868.6**	**895.0**	**916.3**	
海口	Haikou	204.6	217.1	220.1	222
三亚	Sanya	68.5	73.2	74.2	279
三沙	Sansha				
重庆	**Chongqing**	**2884.6**	**2970.0**	**3375.2**	
四川	**Sichuan**	**8045.0**	**8107.0**	**9159.1**	
成都	Chengdu	1404.8	1429.8	1442.8	1
自贡	Zigong	267.9	273.8	274.6	186
攀枝花	Panzhihua	121.4	123.3	123.2	263
泸州	Luzhou	421.8	424.6	425.0	121
德阳	Deyang	361.6	352.4	351.1	144
绵阳	Mianyang	461.4	467.6	473.9	97
广元	Guangyuan	248.4	254.5	257.5	196
遂宁	Suining	325.3	327.5	328.3	154
内江	Neijiang	370.3	372.5	373.3	135
乐山	Leshan	323.6	325.6	325.0	157
南充	Nanchong	627.9	631.7	633.4	54
眉山	Meishan	295.1	297.8	299.0	170
宜宾	Yibin	447.2	446.5	447.0	109
广安	Guangan	320.5	322.4	323.2	158
达州	Dazhou	546.8	551.3	553.0	73
雅安	Yaan	150.7	153.4	154.4	252
巴中	Bazhong	328.4	331.7	332.2	151
资阳	Ziyang	366.5	357.1	354.7	141
贵州	**Guizhou**	**3479.0**	**3502.0**	**4325.5**	
贵阳	Guiyang	432.9	452.2	455.6	104
六盘水	Liupanshui	285.4	287.5	288.2	176
遵义	Zunyi	613.3	614.3	615.5	56
安顺	Anshun	230.0	230.1	230.8	215
毕节	Bijie	654.6	653.8	654.1	51
铜仁	Tongren	309.6	310.4	311.7	164
云南	**Yunnan**	**4601.6**	**4687.0**	**4641.9**	
昆明	Kunming	643.9	657.9	662.6	50
曲靖	Qujing	585.5	597.4	600.9	60
玉溪	Yuxi	230.6	234.0	235.1	211
保山	Baoshan	250.6	255.4	256.7	199
昭通	Zhaotong	521.4	534.2	538.7	79

地名	City	2010	2013	2014	2014 排名 Ranking
丽江	Lijiang	123.1	126.9	127.5	261
普洱	Puer	254.6	258.4	259.4	193
临沧	Lincang	243.2	247.9	249.3	204
西藏	**Tibet**	**300.2**	**312.0**	**322.6**	
拉萨	Lasa	55.9	59.5	52.7	282
陕西	**Shaanxi**	**3735.2**	**3764.0**	**3940.6**	
西安	Xi'an	847.4	858.8	862.7	19
铜川	Tongchuan	83.5	84.3	84.5	277
宝鸡	Baoji	371.9	374.5	375.3	134
咸阳	Xianyang	489.8	494.2	495.7	88
渭南	Weinan	529.0	533.2	534.3	81
延安	Yan'an	218.9	220.6	221.4	221
汉中	Hanzhong	341.8	342.5	343.2	146
榆林	Yulin	335.4	337.0	338.4	149
安康	Ankang	263.1	263.8	264.2	190
商洛	Shangluo	234.3	234.6	235.1	212
甘肃	**Gansu**	**2560.0**	**2582.0**	**2734.3**	
兰州	Lanzhou	361.9	364.2	374.7	142
嘉峪关	Jiayuguan	23.2	23.6	24.1	285
金昌	Jinchang	46.4	46.9	47.0	283
白银	Baiyin	171.0	171.2	177.9	240
天水	Tianshui	326.6	329.3	364.5	149
武威	Wuwei	181.7	181.0	188.9	236
张掖	Zhangye	120.1	121.1	129.7	259
平凉	Pingliang	207.0	208.7	233.7	218
酒泉	Jiuquan	109.7	110.8	111.2	270
庆阳	Qingyang	221.4	222.3	265.5	200
定西	Dingxi	270.1	277.1	301.4	177
陇南	Longnan	257.0	257.5	283.2	187
青海	**Qinghai**	**562.7**	**578.0**	**580.2**	
西宁	Xining	220.9	226.8	202.6	229
海东	Haidong			172.4	242
宁夏	**Ningxia**	**633.0**	**654.0**	**671.6**	
银川	Yinchuan	200.4		212.9	227
石嘴山	Shizuishan	72.7		77.3	278
吴忠	Wuzhong	128.2		135.3	259
固原	Guyuan	123.3		122.7	265
中卫	Zhongwei	108.3		113.3	271
新疆	**Xinjiang**	**2185.0**	**2264.0**	**2322.6**	
乌鲁木齐	Urumqi	311.3	346.0	266.9	188
克拉玛依	Karamay	39.1	57.2	29.6	284

1-5 年末总人口
Total Population at Year-end

单位：万人 （10 000 persons）

地名	City	2010	2013	2014	2014 排名 Ranking	地名	City	2010	2013	2014	2014 排名 Ranking
全国	**Nation Total**	**134531.4**	**136726.1**	**137691.7**		沈阳	Shenyang	719.6	727.1	730.8	39
北京	**Beijing**	**1261.7**	**1317.8**	**1334.7**		大连	Dalian	586.4	591.4	594.3	69
天津	**Tianjin**	**989.6**	**1006.8**	**1018.4**		鞍山	Anshan	351.8	349.8	348.2	155
河北	**Hebei**	**7298.0**	**7503.2**	**7592.7**		抚顺	Fushun	220.9	218.0	217.4	225
石家庄	Shijiazhuang	989.2	1003.1	1024.9	8	本溪	Benxi	154.6	152.3	152.0	254
唐山	Tangshan	735.0	738.7	753.2	37	丹东	Dandong	241.4	239.6	239.5	213
秦皇岛	Qinhuangdao	288.3	290.7	295.1	180	锦州	Jinzhou	308.3	305.9	305.3	175
邯郸	Handan	963.5	994.0	1029.5	7	营口	Yingkou	235.5	232.5	233.3	219
邢台	Xingtai	732.0	743.2	772.9	31	阜新	Fuxin	192.4	191.1	191.0	234
保定	Baoding	1161.0	1163.9	1196.6	3	辽阳	Liaoyang	183.4	180.0	179.9	238
张家口	Zhangjiakou	466.0	466.9	468.6	106	盘锦	Panjin	131.3	129.0	129.2	260
承德	Chengde	373.0	377.4	380.7	139	铁岭	Tieling	305.1	301.9	302.0	176
沧州	Cangzhou	730.9	741.5	768.4	33	朝阳	Chaoyang	339.2	339.5	340.6	159
廊坊	Langfang	419.0	422.4	450.4	110	葫芦岛	Huludao	281.8	279.9	280.7	188
衡水	Hengshui	440.2	447.5	452.6	109	吉林	**Jilin**	**2723.8**	**2678.5**	**2671.3**	
山西	**Shanxi**	**3473.6**	**3525.3**	**3522.2**		长春	Changchun	758.9	752.7	754.6	36
太原	Taiyuan	420.5	427.8	369.7	145	吉林	Jilin	434.0	429.1	427.7	118
大同	Datong	332.1	337.5	339.2	161	四平	Siping	340.6	328.4	328.1	168
阳泉	Yangquan	136.9	138.6	133.2	258	辽源	Liaoyuan	123.8	121.9	121.8	267
长治	Changzhi	333.7	338.8	339.2	161	通化	Tonghua	226.1	222.3	222.2	223
晋城	Jincheng	228.0	230.1	218.9	224	白山	Baishan	128.7	127.1	126.3	263
朔州	Shuozhou	171.6	174.4	175.4	241	松原	Songyuan	290.1	283.0	278.5	190
晋中	Jinzhong	325.2	330.5	330.5	164	白城	Baicheng	202.6	199.1	197.8	231
运城	Yuncheng	513.9	522.4	525.2	93	黑龙江	**Heilongjiang**	**3842.8**	**3779.2**	**3747.0**	
忻州	Xinzhou	307.0	311.4	312.5	171	哈尔滨	Harbin	992.0	995.2	987.3	11
临汾	Linfen	432.1	439.1	429.0	116	齐齐哈尔	Qiqihar	568.1	557.0	553.2	80
吕梁	Lvliang	373.0	379.3	390.7	131	鸡西	Jixi	189.2	186.6	183.6	237
内蒙古	**Inner Mongolia**	**2453.2**	**2466.2**	**2458.3**		鹤岗	Hegang	109.1	107.8	107.0	273
呼和浩特	Hohhot	287.4	234.0	237.9	215	双鸭山	Shuangyashan	151.6	149.8	149.0	255
包头	Baotou	265.5	225.0	223.7	222	大庆	Daqing	279.8	282.6	276.0	192
乌海	Wuhai	53.5	44.7	55.4	281	伊春	Yichun	127.0	123.2	122.0	266
赤峰	Chifeng	433.8	464.3	465.8	107	佳木斯	Jiamusi	252.7	250.9	241.4	212
通辽	Tongliao	314.0	321.2	319.4	169	七台河	Qitaihe	92.9	92.0	88.2	276
鄂尔多斯	Erdos	195.0	154.3	156.0	252	牡丹江	Mudanjiang	268.9	272.0	264.0	202
呼伦贝尔	Hulunbuir	254.6	266.5	265.9	198	黑河	Heihe	173.3	171.5	170.5	244
巴彦淖尔	Bayannur	166.9	183.2	178.6	239	绥化	Suihua	586.2	555.7	553.2	80
乌兰察布	Ulanqab	214.1	283.3	277.0	191	上海	**Shanghai**	**1412.3**	**1432.3**	**1438.7**	
辽宁	**Liaoning**	**4251.7**	**4238.0**	**4244.2**		江苏	**Jiangsu**	**7466.6**	**7616.8**	**7684.7**	

1-5 年末总人口 续表 1
Total Population at Year-end continued 1

单位：万人 （10 000 persons）

地名	City	2010	2013	2014	2014 排名 Ranking	地名	City	2010	2013	2014	2014 排名 Ranking
南京	Nanjing	632.4	643.1	648.7	54	池州	Chizhou	160.5	161.9	160.6	249
无锡	Wuxi	466.6	472.2	477.1	103	宣城	Xuancheng	278.4	280.2	279.8	189
徐州	Xuzhou	972.9	1006.9	1023.5	9	**福建**	**Fujian**	**3529.7**	**3633.6**	**3695.8**	
常州	Changzhou	360.8	365.9	368.6	147	福州	Fuzhou	645.9	623.7	674.9	49
苏州	Suzhou	637.7	653.8	661.1	51	厦门	Xiamen	180.2	196.8	203.4	228
南通	Nantong	762.9	766.5	767.6	34	莆田	Putian	323.5	334.2	341.2	158
连云港	Lianyungang	497.7	520.2	526.5	89	三明	Sanming	272.7	278.5	284.0	186
淮安	Huaian	538.7	553.0	560.3	76	泉州	Quanzhou	685.3	703.5	716.2	42
盐城	Yancheng	816.1	823.8	828.5	21	漳州	Zhangzhou	473.9	489.5	497.4	101
扬州	Yangzhou	459.1	459.8	461.3	108	南平	Nanping	313.9	316.0	319.2	170
镇江	Zhenjiang	270.7	271.8	272.1	193	龙岩	Longyan	295.7	302.6	307.1	173
泰州	Taizhou	504.6	507.8	508.5	98	宁德	Ningde	338.5	347.2	352.2	153
宿迁	Suqian	546.3	572.1	580.7	72	**江西**	**Jiangxi**	**4693.5**	**4819.1**	**4923.3**	
浙江	**Zhejiang**	**4748.0**	**4856.9**	**4859.2**		南昌	Nanchang	505.3	518.4	517.7	95
杭州	Hangzhou	689.1	706.6	715.8	43	景德镇	Jingdezhen	158.9	161.9	167.8	246
宁波	Ningbo	574.1	580.1	583.8	70	萍乡	Pingxiang	185.6	188.2	198.2	230
温州	Wenzhou	786.8	807.2	813.7	26	九江	Jiujiang	473.2	478.9	513.1	96
嘉兴	Jiaxing	341.6	345.9	348.1	156	新余	Xinyu	114.0	115.6	122.3	264
湖州	Huzhou	260.0	262.5	263.8	203	鹰潭	Yingtan	112.6	114.2	126.9	262
绍兴	Shaoxing	438.9	441.7	443.0	113	赣州	Ganzhou	838.2	847.8	954.2	12
金华	Jinhua	466.7	473.4	475.1	104	吉安	Jian	481.6	486.6	526.7	87
衢州	Quzhou	251.2	254.2	255.7	206	宜春	Yichun	542.3	547.8	595.6	66
舟山	Zhoushan	96.8	97.3	97.5	274	抚州	Fuzhou	391.7	396.2	427.5	119
台州	Taizhou	583.1	594.0	597.1	65	上饶	Shangrao	658.7	666.4	773.1	30
丽水	Lishui	259.7	263.9	265.7	199	**山东**	**Shandong**	**9536.2**	**9612.0**	**9747.1**	
安徽	**Anhui**	**6825.1**	**6928.5**	**6935.8**		济南	Jinan	604.1	613.2	621.6	60
合肥	Hefei	495.0	711.5	712.8	44	青岛	Qingdao	763.6	773.7	780.6	29
芜湖	Wuhu	229.5	384.5	384.5	134	淄博	Zibo	422.4	425.3	428.0	117
蚌埠	Bengbu	362.2	366.6	371.1	144	枣庄	Zaozhuang	391.0	396.0	401.3	126
淮南	Huainan	244.0	243.3	243.4	211	东营	Dongying	184.9	187.0	189.1	235
马鞍山	Maanshan	129.1	228.4	227.2	221	烟台	Yantai	651.1	651.2	653.4	53
淮北	Huaibei	219.6	214.5	215.3	227	潍坊	Weifang	873.8	882.9	888.3	17
铜陵	Tongling	74.0	74.2	73.8	279	济宁	Jining	843.0	847.8	860.1	19
安庆	Anqing	615.6	621.7	620.9	61	泰安	Taian	557.0	558.8	562.3	74
黄山	Huangshan	148.1	147.4	147.7	256	威海	Weihai	253.6	253.8	254.8	207
滁州	Chuzhou	450.8	449.5	449.6	111	日照	Rizhao	287.9	290.1	293.9	182
阜阳	Fuyang	1011.8	1053.2	1051.4	6	莱芜	Laiwu	126.7	126.5	127.8	261
宿州	Suzhou	642.1	641.9	642.3	56	临沂	Linyi	1072.6	1090.4	1113.2	5
六安	Liuan	704.8	716.7	720.5	41	德州	Dezhou	570.2	578.8	583.2	71
亳州	Bozhou	600.8	632.9	634.4	57	聊城	Liaocheng	597.5	297.5	612.1	62

1-5 年末总人口 续表 2

Total Population at Year-end continued 2

单位：万人 （10 000 persons）

地名	City	2010	2013	2014	2014 排名 Ranking	地名	City	2010	2013	2014	2014 排名 Ranking
滨州	Binzhou	377.9	381.6	386.7	132	常德	Changde	623.1	607.2	608.7	64
菏泽	Heze	958.8	957.5	990.6	10	张家界	Zhangjiajie	164.8	170.9	172.1	243
河南	**Henan**	**10799.6**	**11038.9**	**11101.6**		益阳	Yiyang	476.4	480.0	483.2	102
郑州	Zhengzhou	732.0	750.5	937.8	14	郴州	Chenzhou	504.1	512.1	518.8	94
开封	Kaifeng	504.0	511.5	553.8	79	永州	Yongzhou	610.7	622.6	630.9	58
洛阳	Luoyang	681.0	692.3	696.2	46	怀化	Huaihua	509.7	515.2	525.5	92
平顶山	Pingdingshan	529.0	537.5	557.1	77	娄底	Loudi	433.0	438.6	444.9	112
安阳	Anyang	569.0	576.5	611.4	63	**广东**	**Guangdong**	**8521.5**	**8759.5**	**8886.9**	
鹤壁	Hebi	159.0	161.2	166.9	247	广州	Guangzhou	806.1	832.3	842.4	20
新乡	Xinxiang	590.0	600.4	630.5	59	韶关	Shaoguan	328.1	328.0	329.1	166
焦作	Jiaozuo	362.0	366.6	369.6	146	深圳	Shenzhen	259.9	324.3	332.2	163
濮阳	Puyang	382.0	387.9	424.5	121	珠海	Zhuhai	104.7	108.6	110.2	272
许昌	Xuchang	477.0	484.9	499.8	100	汕头	Shantou	524.1	540.0	546.6	84
漯河	Luohe	271.0	275.8	266.7	196	佛山	Foshan	370.9	381.6	385.6	133
三门峡	Sanmenxia	225.0	226.8	227.8	220	江门	Jiangmen	392.3	393.0	393.4	129
南阳	Nanyang	1158.0	1171.0	1181.4	4	湛江	Zhanjiang	777.8	804.2	819.0	23
商丘	Shangqiu	886.0	900.0	949.7	13	茂名	Maoming	747.2	757.7	772.4	32
信阳	Xinyang	846.0	859.8	890.4	16	肇庆	Zhaoqing	422.4	429.8	433.7	114
周口	Zhoukou	1115.0	1130.8	1236.9	1	惠州	Huizhou	337.3	343.4	348.5	154
驻马店	Zhumadian	883.0	896.0	920.6	15	梅州	Meizhou	514.7	525.0	528.6	86
湖北	**Hubei**	**6149.0**	**6170.6**	**6162.3**		汕尾	Shanwei	345.0	352.5	359.1	150
武汉	Wuhan	836.7	822.0	827.3	22	河源	Heyuan	358.4	361.0	365.3	148
黄石	Huangshi	260.1	262.3	265.1	201	阳江	Yangjiang	282.8	285.1	289.4	185
十堰	Shiyan	346.5	346.7	347.0	157	清远	Qingyuan	413.5	409.8	412.3	123
宜昌	Yichang	398.6	400.1	400.4	127	东莞	Dongguan	181.8	188.9	191.4	233
襄阳	Xiangyang	591.1	595.1	595.5	67	中山	Zhongshan	149.2	154.1	156.1	251
鄂州	Ezhou	108.5	109.8	110.2	271	潮州	Chaozhou	260.9	267.2	268.8	194
荆门	Jingmen	299.9	300.8	300.3	178	揭阳	Jieyang	661.8	682.7	694.2	47
孝感	Xiaogan	530.7	527.4	525.7	91	云浮	Yunfu	282.8	290.3	294.2	181
荆州	Jingzhou	657.1	661.0	658.5	52	**广西**	**Guangxi**	**5331.4**	**5421.9**	**5475.5**	
黄冈	Huanggang	742.4	750.2	741.4	38	南宁	Nanning	707.4	724.4	729.7	40
咸宁	Xianning	291.0	300.5	296.5	179	柳州	Liuzhou	372.7	372.4	377.9	141
随州	Suizhou	254.6	257.6	257.1	205	桂林	Guilin	519.0	521.8	526.5	89
湖南	**Hunan**	**7069.0**	**7147.3**	**7202.3**		梧州	Wuzhou	326.3	336.2	340.3	160
长沙	Changsha	652.4	662.8	671.4	50	北海	Beihai	166.8	169.4	169.3	245
株洲	Zhuzhou	390.3	399.6	396.1	128	防城港	Fangchenggang	91.2	93.0	94.2	275
湘潭	Xiangtan	289.0	289.9	291.5	183	钦州	Qinzhou	387.7	396.5	402.0	125
衡阳	Hengyang	791.6	785.9	791.5	27	贵港	Guigang	523.8	538.2	543.2	85
邵阳	Shaoyang	794.0	808.0	819.0	23	玉林	Yulin	674.6	700.9	708.0	45
岳阳	Yueyang	565.6	560.0	563.3	73	百色	Baise	382.6	411.7	412.0	124

1-5 年末总人口 续表 3
Total Population at Year-end continued 3

单位：万人 （10 000 persons）

地名	City	2010	2013	2014	2014 排名 Ranking	地名	City	2010	2013	2014	2014 排名 Ranking
贺州	Hezhou	233.4	233.6	238.1	214	丽江	Lijiang	124.5	120.2	121.2	268
河池	Hechi	399.2	413.7	419.9	122	普洱	Puer	248.9	252.6	253.8	208
来宾	Laibin	249.8	263.8	266.4	197	临沧	Lincang	234.9	236.4	237.8	216
崇左	Chongzuo	243.5	246.5	248.2	210	**西藏**	**Tibet**	**294.0**	**4604.2**	**322.6**	
海南	**Hainan**	**896.1**	**908.9**	**916.3**		拉萨	Lasa	55.9	59.5	52.7	282
海口	Haikou	160.4	163.2	165.3	248	**陕西**	**Shaanxi**	**3873.9**	**3960.1**	**3940.6**	
三亚	Sanya	57.0	57.7	58.6	280	西安	Xi'an	782.7	806.9	815.3	25
三沙	Sansha					铜川	Tongchuan	85.4	85.6	84.1	277
重庆	**Chongqing**	**3303.4**	**3358.4**	**3375.2**		宝鸡	Baoji	381.1	385.6	383.8	136
四川	**Sichuan**	**9001.3**	**9132.7**	**9159.1**		咸阳	Xianyang	520.1	533.2	526.7	87
成都	Chengdu	1149.1	1188.0	1210.7	2	渭南	Weinan	560.1	569.8	561.4	75
自贡	Zigong	326.0	329.7	330.0	165	延安	Yan'an	230.2	237.8	234.3	217
攀枝花	Panzhihua	111.3	112.0	111.9	269	汉中	Hanzhong	381.5	386.2	384.1	135
泸州	Luzhou	502.3	508.4	508.9	97	榆林	Yulin	364.5	377.0	373.8	143
德阳	Deyang	389.2	392.0	392.5	130	安康	Ankang	304.3	308.3	306.2	174
绵阳	Mianyang	541.9	547.4	548.8	83	商洛	Shangluo	244.8	250.6	251.7	209
广元	Guangyuan	310.9	310.2	310.1	172	**甘肃**	**Gansu**	**2712.1**	**2727.8**	**2734.3**	
遂宁	Suining	381.4	379.4	380.4	140	兰州	Lanzhou	323.5	321.4	374.7	142
内江	Neijiang	425.5	426.8	426.0	120	嘉峪关	Jiayuguan	19.1	20.0	24.1	285
乐山	Leshan	353.3	356.0	355.7	151	金昌	Jinchang	45.7	45.9	47.0	283
南充	Nanchong	751.7	759.0	759.0	35	白银	Baiyin	180.4	177.0	177.9	240
眉山	Meishan	349.1	352.2	353.0	152	天水	Tianshui	366.7	363.0	364.5	149
宜宾	Yibin	539.0	550.4	554.3	78	武威	Wuwei	191.3	188.5	188.9	236
广安	Guangan	466.2	470.4	471.7	105	张掖	Zhangye	130.8	131.3	129.7	259
达州	Dazhou	685.5	687.6	688.1	48	平凉	Pingliang	230.3	232.9	233.7	218
雅安	Yaan	154.9	157.0	157.2	250	酒泉	Jiuquan	100.3	101.9	111.2	270
巴中	Bazhong	388.0	390.2	383.1	137	庆阳	Qingyang	259.2	265.2	265.5	200
资阳	Ziyang	501.1	507.3	507.3	99	定西	Dingxi	300.4	300.1	301.4	177
贵州	**Guizhou**	**4189.0**	**4286.1**	**4325.5**		陇南	Longnan	281.8	282.8	283.2	187
贵阳	Guiyang	373.2	379.1	382.9	138	**青海**	**Qinghai**	**550.0**	**572.6**	**580.2**	
六盘水	Liupanshui	319.2	325.4	328.3	167	西宁	Xining	196.0	200.3	202.6	229
遵义	Zunyi	764.2	778.5	787.0	28	海东	Haidong			172.4	242
安顺	Anshun	279.8	285.6	290.0	184	**宁夏**	**Ningxia**	**642.6**	**668.6**	**671.6**	
毕节	Bijie	833.9	870.6	880.8	18	银川	Yinchuan	200.4	208.3	196.0	232
铜仁	Tongren	421.7	429.2	432.3	115	石嘴山	Shizuishan	72.7	75.9	76.5	278
云南	**Yunnan**	**4528.2**	**4604.2**	**4641.9**		吴忠	Wuzhong	128.2	133.1	143.5	257
昆明	Kunming	643.9	546.8	550.5	82	固原	Guyuan	123.3	124.4	153.3	253
曲靖	Qujing	626.4	641.9	646.5	55	中卫	Zhongwei	108.3	112.5	122.2	265
玉溪	Yuxi	214.6	214.7	216.0	226	**新疆**	**Xinjiang**	**2164.4**	**2266.6**	**2322.6**	
保山	Baoshan	250.6	256.9	258.8	204	乌鲁木齐	Urumqi	243.0	262.9	266.9	195
昭通	Zhaotong	574.2	586.5	594.4	68	克拉玛依	Karamay	27.8	29.0	39.0	284

1-6　年末男性人口
Male Population at Year-end

单位：万人　　　　　　(10 000 persons)

地名	City	2010	2011	2012	2012 排名 Ranking
全国	**National Total**	**69129.0**	**69638.1**	**69763.0**	
北京	**Beijing**	**634.7**	**643.8**	**652.9**	
天津	**Tianjin**	**497.6**	**502.9**	**500.3**	
河北	**Hebei**	**3718.3**	**3741.6**	**3778.5**	
石家庄	Shijiazhuang	498.1	502.4	506.5	8
唐山	Tangshan	372.8	373.8	376.0	33
秦皇岛	Qinhuangdao	146.9	147.6	148.3	183
邯郸	Handan	493.4	501.5	507.9	7
邢台	Xingtai	374.1	377.2	383.1	28
保定	Baoding	589.7	589.1	594.7	1
张家口	Zhangjiakou	240.9	241.3	241.4	100
承德	Chengde	193.1	193.7	195.0	136
沧州	Cangzhou	374.4	376.6	381.8	29
廊坊	Langfang	212.3	215.1	219.8	116
衡水	Hengshui	222.7	223.4	223.9	109
山西	**Shanxi**	**1780.5**	**1791.6**	**1791.0**	
太原	Taiyuan	215.3	216.3	215.2	118
大同	Datong	169.1	170.3	171.6	159
阳泉	Yangquan	71.1	71.0	70.5	255
长治	Changzhi	171.2	172.6	172.9	158
晋城	Jincheng	115.5	115.0	115.2	221
朔州	Shuozhou	89.6	90.1	89.8	241
晋中	Jinzhong	169.6	170.2	169.2	163
运城	Yuncheng	261.8	262.8	265.6	88
忻州	Xinzhou	158.3	159.7	160.6	170
临汾	Linfen	220.3	221.8	225.2	107
吕梁	Lvliang	193.5	193.9	195.0	136
内蒙古	**Inner Mongolia**	**1252.6**	**1258.5**	**1254.0**	
呼和浩特	Hohhot	146.6	118.6	150.2	182
包头	Baotou	137.2	112.5	140.9	192
乌海	Wuhai	28.3	28.7	29.0	280
赤峰	Chifeng	223.2	236.2	221.6	111
通辽	Tongliao	159.6	162.4	159.1	172
鄂尔多斯	Erdos	111.1	78.5	114.0	222
呼伦贝尔	Hulunbuir	131.0	137.9	130.2	207
巴彦淖尔	Bayannur	88.6	94.4	88.5	242
乌兰察布	Ulanqab	109.3	149.1	108.6	227
辽宁	**Liaoning**	**2144.7**	**2143.6**	**2136.5**	
沈阳	Shenyang	358.4	359.5	360.2	42
大连	Dalian	294.2	294.8	295.4	64
鞍山	Anshan	178.1	177.7	176.8	153
抚顺	Fushun	110.8	110.2	109.7	226
本溪	Benxi	77.6	77.4	76.7	250
丹东	Dandong	121.5	121.2	120.8	216
锦州	Jinzhou	155.2	155.0	154.7	175
营口	Yingkou	119.7	119.2	119.2	219
阜新	Fuxin	96.1	95.9	95.6	233
辽阳	Liaoyang	93.1	92.5	91.3	239
盘锦	Panjin	66.2	66.1	64.7	259
铁岭	Tieling	155.1	154.9	153.4	179
朝阳	Chaoyang	174.3	174.9	174.7	156
葫芦岛	Huludao	144.4	144.3	143.3	189
吉林	**Jilin**	**1377.7**	**1377.9**	**1363.4**	
长春	Changchun	382.4	383.5	381.2	30
吉林	Jilin	219.7	219.1	217.4	117
四平	Siping	172.6	172.8	170.5	161
辽源	Liaoyuan	63.0	62.3	62.0	262
通化	Tonghua	115.0	114.8	114.0	222
白山	Baishan	66.1	65.9	65.1	258
松原	Songyuan	147.2	148.2	146.1	187
白城	Baicheng	102.5	102.3	100.8	230
黑龙江	**Heilongjiang**	**1943.6**	**1937.7**	**1924.8**	
哈尔滨	Harbin	500.9	500.6	501.5	9
齐齐哈尔	Qiqihar	288.0	288.1	283.2	73
鸡西	Jixi	95.5	95.2	93.5	237
鹤岗	Hegang	54.7	54.7	54.4	270
双鸭山	Shuangyashan	76.7	76.4	75.9	252
大庆	Daqing	140.4	141.0	140.9	192
伊春	Yichun	63.6	63.1	62.0	262
佳木斯	Jiamusi	128.1	126.7	125.4	212
七台河	Qitaihe	47.9	47.7	47.8	274
牡丹江	Mudanjiang	135.2	134.3	133.7	199
黑河	Heihe	88.1	87.9	87.7	243
绥化	Suihua	298.0	295.6	292.9	66
上海	**Shanghai**	**703.6**	**706.4**	**709.6**	
江苏	**Jiangsu**	**3787.7**	**3811.8**	**3832.6**	

1-6 年末男性人口 续表 1

Male Population at Year-end continued 1

单位：万人 （10 000 persons）

地名	City	2010	2011	2012	2012 排名 Ranking	地名	City	2010	2011	2012	2012 排名 Ranking
南京	Nanjing	319.7	320.9	321.4	55	池州	Chizhou	82.0	82.6	82.7	247
无锡	Wuxi	232.3	232.7	233.4	105	宣城	Xuancheng	144.4	144.7	144.7	188
徐州	Xuzhou	502.4	505.7	513.3	6	**福建**	**Fujian**	**1816.7**	**1828.5**	**1842.7**	
常州	Changzhou	180.3	180.9	181.6	146	福州	Fuzhou	333.1	334.5	337.1	49
苏州	Suzhou	314.4	316.5	318.9	58	厦门	Xiamen	90.2	92.4	95.1	234
南通	Nantong	377.4	378.0	377.8	32	莆田	Putian	164.1	165.9	167.6	165
连云港	Lianyungang	259.3	263.3	266.6	86	三明	Sanming	142.2	142.6	143.1	190
淮安	Huaian	276.8	279.8	281.5	77	泉州	Quanzhou	351.0	353.9	356.4	43
盐城	Yancheng	420.1	422.5	423.5	17	漳州	Zhangzhou	243.4	246.1	247.7	95
扬州	Yangzhou	230.2	230.5	230.0	106	南平	Nanping	162.5	162.1	162.3	169
镇江	Zhenjiang	135.2	135.4	134.9	197	龙岩	Longyan	152.0	152.1	153.7	177
泰州	Taizhou	257.7	258.6	258.7	92	宁德	Ningde	178.3	178.8	179.9	151
宿迁	Suqian	282.1	287.2	291.0	67	**江西**	**Jiangxi**	**2459.1**	**2487.4**	**2515.1**	
浙江	**Zhejiang**	**2413.1**	**2426.9**	**2433.7**		南昌	Nanchang	263.9	265.7	267.8	84
杭州	Hangzhou	346.6	349.1	350.9	44	景德镇	Jingdezhen	82.7	83.1	83.6	245
宁波	Ningbo	287.2	287.9	288.3	69	萍乡	Pingxiang	94.0	94.5	94.8	235
温州	Wenzhou	408.7	414.3	415.4	21	九江	Jiujiang	240.4	242.5	242.4	99
嘉兴	Jiaxing	169.1	169.6	170.1	162	新余	Xinyu	59.8	60.1	60.3	265
湖州	Huzhou	129.9	130.2	130.1	208	鹰潭	Yingtan	59.2	59.5	59.6	266
绍兴	Shaoxing	220.5	220.8	221.0	112	赣州	Ganzhou	426.5	428.2	429.1	16
金华	Jinhua	239.1	240.1	240.7	102	吉安	Jian	250.1	251.1	251.2	94
衢州	Quzhou	129.7	130.2	130.1	208	宜春	Yichun	282.6	282.9	283.1	74
舟山	Zhoushan	48.3	48.3	48.3	273	抚州	Fuzhou	203.9	204.8	205.1	124
台州	Taizhou	299.7	301.4	303.3	62	上饶	Shangrao	340.0	341.1	341.7	47
丽水	Lishui	134.5	135.1	135.6	196	**山东**	**Shandong**	**4838.9**	**4869.6**	**4867.8**	
安徽	**Anhui**	**3542.4**	**3572.3**	**3586.9**		济南	Jinan	301.3	302.2	303.3	62
合肥	Hefei	258.0	366.5	368.7	36	青岛	Qingdao	381.9	382.7	383.8	27
芜湖	Wuhu	118.1	199.2	198.1	133	淄博	Zibo	211.2	211.7	211.4	119
蚌埠	Bengbu	187.6	189.1	190.3	141	枣庄	Zaozhuang	203.2	205.7	205.9	123
淮南	Huainan	127.1	127.8	126.8	210	东营	Dongying	93.1	93.5	93.0	238
马鞍山	Maanshan	66.3	118.1	117.8	220	烟台	Yantai	326.1	326.1	325.3	53
淮北	Huaibei	112.5	113.5	112.1	225	潍坊	Weifang	441.4	443.3	443.9	13
铜陵	Tongling	37.8	37.8	37.7	277	济宁	Jining	432.5	434.9	435.9	14
安庆	Anqing	318.2	319.7	320.5	56	泰安	Taian	281.9	283.3	282.9	75
黄山	Huangshan	75.9	75.8	75.4	254	威海	Weihai	127.1	127.1	126.7	211
滁州	Chuzhou	233.1	234.1	234.0	104	日照	Rizhao	146.2	146.8	146.5	186
阜阳	Fuyang	525.8	533.1	540.7	4	莱芜	Laiwu	64.3	64.4	64.0	261
宿州	Suzhou	330.1	333.7	335.9	50	临沂	Linyi	551.3	556.7	558.1	3
六安	Liuan	371.8	374.4	375.2	34	德州	Dezhou	288.4	291.5	293.3	65
亳州	Bozhou	314.9	316.7	319.6	57	聊城	Liaocheng	302.8	307.1	303.6	61

1-6 年末男性人口 续表 2

Male Population at Year-end continued 2

单位：万人 （10 000 persons）

地名	City	2010	2011	2012	2012 排名 Ranking
滨州	Binzhou	190.5	192.0	192.2	139
菏泽	Heze	495.5	500.5	498.0	10
河南	**Henan**	**5576.1**	**5641.4**	**5657.0**	
郑州	Zhengzhou	375.2	369.5	456.5	11
开封	Kaifeng	255.5	256.4	235.1	103
洛阳	Luoyang	343.8	344.0	331.6	52
平顶山	Pingdingshan	272.1	273.4	252.9	93
安阳	Anyang	275.3	276.5	245.0	98
鹤壁	Hebi	81.5	82.1	82.1	248
新乡	Xinxiang	297.0	298.5	282.9	75
焦作	Jiaozuo	183.7	184.0	175.1	155
濮阳	Puyang	190.7	193.4	181.4	147
许昌	Xuchang	244.4	248.3	220.6	114
漯河	Luohe	138.4	140.2	130.8	205
三门峡	Sanmenxia	115.7	114.9	113.0	224
南阳	Nanyang	595.8	605.2	524.9	5
商丘	Shangqiu	443.3	451.0	367.5	37
信阳	Xinyang	424.6	430.8	325.3	53
周口	Zhoukou	551.1	563.9	433.0	15
驻马店	Zhumadian	444.6	445.0	348.7	45
湖北	**Hubei**	**3183.7**	**3193.9**	**3194.0**	
武汉	Wuhan	429.8	424.3	421.0	18
黄石	Huangshi	136.2	136.9	136.7	194
十堰	Shiyan	183.2	184.3	182.7	145
宜昌	Yichang	204.1	204.1	204.1	125
襄阳	Xiangyang	302.6	304.6	305.6	60
鄂州	Ezhou	56.3	57.1	57.5	267
荆门	Jingmen	152.7	153.7	153.7	177
孝感	Xiaogan	276.4	275.8	275.3	79
荆州	Jingzhou	335.7	338.7	338.2	48
黄冈	Huanggang	389.5	392.5	394.3	26
咸宁	Xianning	152.0	154.6	155.3	174
随州	Suizhou	130.5	131.9	131.9	202
湖南	**Hunan**	**3668.5**	**3700.5**	**3700.4**	
长沙	Changsha	331.2	363.2	363.2	41
株洲	Zhuzhou	199.5	200.0	200.0	130
湘潭	Xiangtan	148.3	141.7	141.7	191
衡阳	Hengyang	414.9	372.9	372.9	35
邵阳	Shaoyang	415.8	379.1	379.1	31
岳阳	Yueyang	293.6	286.8	286.8	71
常德	Changde	318.0	290.9	290.9	68
张家界	Zhangjiajie	85.1	76.7	76.7	250
益阳	Yiyang	244.5	223.5	223.5	110
郴州	Chenzhou	263.5	241.0	241.0	101
永州	Yongzhou	322.1	273.6	273.6	81
怀化	Huaihua	265.3	247.5	247.5	96
娄底	Loudi	225.4	198.6	198.6	131
广东	**Guangdong**	**4388.6**	**4445.5**	**4448.5**	
广州	Guangzhou	409.0	412.6	415.8	20
韶关	Shaoguan	169.5	170.3	169.2	163
深圳	Shenzhen	137.9	147.7	157.2	173
珠海	Zhuhai	53.4	54.1	54.4	270
汕头	Shantou	262.5	265.4	267.2	85
佛山	Foshan	184.7	186.6	187.9	143
江门	Jiangmen	198.0	198.6	197.4	134
湛江	Zhanjiang	412.2	419.7	418.0	19
茂名	Maoming	397.0	404.5	400.1	24
肇庆	Zhaoqing	218.2	220.3	221.0	112
惠州	Huizhou	171.4	174.0	173.4	157
梅州	Meizhou	263.6	264.8	266.6	87
汕尾	Shanwei	180.5	181.1	180.3	150
河源	Heyuan	182.5	186.4	181.1	149
阳江	Yangjiang	149.9	151.2	150.5	180
清远	Qingyuan	212.7	214.3	209.9	121
东莞	Dongguan	92.3	93.8	94.4	236
中山	Zhongshan	74.4	75.0	75.6	253
潮州	Chaozhou	132.1	133.0	133.8	198
揭阳	Jieyang	338.6	342.3	344.4	46
云浮	Yunfu	148.3	150.1	150.3	181
广西	**Guangxi**	**2804.1**	**2823.1**	**2832.2**	
南宁	Nanning	369.8	371.9	365.5	38
柳州	Liuzhou	193.1	194.1	187.0	144
桂林	Guilin	269.9	271.3	263.1	90
梧州	Wuzhou	173.3	174.0	176.0	154
北海	Beihai	87.4	88.1	85.9	244
防城港	Fangchenggang	49.6	49.6	47.3	275
钦州	Qinzhou	211.7	213.4	210.0	120
贵港	Guigang	276.6	278.7	270.6	83
玉林	Yulin	360.2	365.5	365.0	39
百色	Baise	199.4	199.2	201.1	127

1-6 年末男性人口 续表 3

Male Population at Year-end continued 3

单位：万人 （10 000 persons）

地名	City	2010	2011	2012	2012 排名 Ranking	地名	City	2010	2011	2012	2012 排名 Ranking
贺州	Hezhou	122.2	122.0	119.4	217	丽江	Lijiang	64.2	64.7	60.6	264
河池	Hechi	207.3	207.6	209.9	121	普洱	Puer	129.5	134.9	131.0	204
来宾	Laibin	130.4	137.1	133.0	201	临沧	Lincang	121.7	128.4	122.7	214
崇左	Chongzuo	127.5	129.2	125.3	213	**西藏**	**Tibet**	**148.3**	**151.6**	**155.2**	
海南	**Hainan**	**467.7**	**474.2**	**471.7**		拉萨	Lasa	28.7			
海口	Haikou	82.5	83.5	83.2	246	**陕西**	**Shaanxi**	**2008.0**	**2021.7**	**2031.0**	
三亚	Sanya	29.1	29.7	29.3	279	西安	Xi'an	398.8	402.5	403.9	22
三沙	Sansha					铜川	Tongchuan	44.7	44.7	44.3	276
重庆	**Chongqing**	**1709.0**	**1720.5**	**1725.9**		宝鸡	Baoji	197.5	198.5	198.5	132
四川	**Sichuan**	**4640.4**	**4665.6**	**4684.9**		咸阳	Xianyang	269.2	271.6	273.1	82
成都	Chengdu	575.8	582.1	586.0	2	渭南	Weinan	284.8	286.3	287.3	70
自贡	Zigong	166.6	167.1	167.6	165	延安	Yan'an	119.1	120.2	122.4	215
攀枝花	Panzhihua	57.2	57.2	57.3	268	汉中	Hanzhong	200.8	200.2	200.9	128
泸州	Luzhou	260.6	260.8	262.1	91	榆林	Yulin	190.0	193.3	195.5	135
德阳	Deyang	199.7	200.2	200.2	129	安康	Ankang	163.6	163.9	164.2	167
绵阳	Mianyang	279.4	280.1	281.0	78	商洛	Shangluo	129.8	130.7	131.1	203
广元	Guangyuan	160.1	159.6	159.7	171	**甘肃**	**Gansu**	**1399.8**	**1407.1**	**1400.3**	
遂宁	Suining	196.8	197.4	194.7	138	兰州	Lanzhou	165.1	164.4	163.0	168
内江	Neijiang	219.7	220.1	220.3	115	嘉峪关	Jiayuguan	10.1	10.4	10.6	283
乐山	Leshan	180.7	181.0	181.3	148	金昌	Jinchang	23.8	24.0	23.9	281
南充	Nanchong	391.5	393.2	395.8	25	白银	Baiyin	93.3	93.5	91.0	240
眉山	Meishan	178.5	179.3	179.0	152	天水	Tianshui	188.4	189.6	189.4	142
宜宾	Yibin	281.1	283.1	285.0	72	武威	Wuwei	98.7	99.1	96.6	232
广安	Guangan	243.9	245.6	245.5	97	张掖	Zhangye	67.4	67.4	67.4	256
达州	Dazhou	360.1	361.8	364.6	40	平凉	Pingliang	118.5	119.4	119.3	218
雅安	Yaan	79.4	79.8	80.1	249	酒泉	Jiuquan	51.0	51.5	51.3	272
巴中	Bazhong	201.8	202.5	203.1	126	庆阳	Qingyang	134.7	136.2	136.6	195
资阳	Ziyang	261.0	262.3	263.4	89	定西	Dingxi	156.0	156.8	154.2	176
贵州	**Guizhou**	**2180.4**	**2205.8**	**2157.8**		陇南	Longnan	147.4	147.3	146.8	185
贵阳	Guiyang	190.9	192.1	190.7	140	**青海**	**Qinghai**	**279.8**	**283.2**	**286.8**	
六盘水	Liupanshui	167.6	169.0	170.8	160	西宁	Xining	99.3	99.9	100.2	231
遵义	Zunyi	395.9	400.3	401.5	23	海东	Haidong				
安顺	Anshun	144.5	145.7	147.2	184	**宁夏**	**Ningxia**	**327.0**	**331.2**	**334.7**	
毕节	Bijie	435.7	444.7	449.1	12	银川	Yinchuan	103.8	102.9	102.7	229
铜仁	Tongren	221.2	223.8	224.2	108	石嘴山	Shizuishan	37.6	37.2	37.6	278
云南	**Yunnan**	**2332.3**	**2350.4**	**2359.3**		吴忠	Wuzhong	65.5	65.9	67.1	257
昆明	Kunming	331.0	333.4	275.0	80	固原	Guyuan	62.2	64.8	64.3	260
曲靖	Qujing	328.2	309.2	334.1	51	中卫	Zhongwei	55.3	56.1	56.9	269
玉溪	Yuxi	107.9	118.9	107.7	228	**新疆**	**Xinjiang**	**1104.3**	**1121.7**	**1133.5**	
保山	Baoshan	128.5	129.5	130.7	206	乌鲁木齐	Urumqi	126.5	129.0	133.6	200
昭通	Zhaotong	302.1	276.2	307.8	59	克拉玛依	Karamay	14.2	14.4	14.5	282

1-7 年末女性人口

Female Population at Year-end

单位：万人 （10 000 persons）

地名	City	2010	2011	2012	2012 排名 Ranking	地名	City	2010	2011	2012	2012 排名 Ranking
全国	**National Total**	**65402.4**	**65941.7**	**6601.7**		沈阳	Shenyang	361.2	363.2	364.6	29
北京	**Beijing**	**627.0**	**637.1**	**647.2**		大连	Dalian	292.2	293.7	294.9	58
天津	**Tianjin**	**492.0**	**497.5**	**496.0**		鞍山	Anshan	173.7	173.9	173.5	151
河北	**Hebei**	**3579.8**	**3603.2**	**3638.1**		抚顺	Fushun	110.1	109.9	109.6	223
石家庄	Shijiazhuang	491.1	494.9	498.9	5	本溪	Benxi	77.0	76.9	76.5	249
唐山	Tangshan	362.2	363.3	365.7	27	丹东	Dandong	119.9	119.9	119.7	211
秦皇岛	Qinhuangdao	141.4	142.2	143.0	178	锦州	Jinzhou	153.1	153.3	153.1	168
邯郸	Handan	470.1	478.5	485.2	8	营口	Yingkou	115.8	116.3	115.9	214
邢台	Xingtai	357.9	359.7	364.6	29	阜新	Fuxin	96.3	96.2	96.0	231
保定	Baoding	571.4	571.6	577.4	2	辽阳	Liaoyang	90.3	89.9	89.0	238
张家口	Zhangjiakou	225.0	226.1	227.0	103	盘锦	Panjin	65.1	65.1	64.1	257
承德	Chengde	179.9	180.6	182.0	139	铁岭	Tieling	150.0	150.0	148.8	173
沧州	Cangzhou	356.5	358.2	362.5	32	朝阳	Chaoyang	164.9	166.1	165.9	155
廊坊	Langfang	206.8	209.8	213.4	109	葫芦岛	Huludao	137.4	137.0	136.7	186
衡水	Hengshui	217.5	218.2	218.5	107	吉林	**Jilin**	**1346.2**	**1348.6**	**1338.1**	
山西	**Shanxi**	**1693.1**	**1707.9**	**1709.7**		长春	Changchun	376.5	378.2	375.7	24
太原	Taiyuan	205.1	207.3	210.4	114	吉林	Jilin	214.4	214.2	213.4	109
大同	Datong	163.0	163.7	164.1	157	四平	Siping	168.0	168.4	165.8	156
阳泉	Yangquan	65.9	66.5	67.4	255	辽源	Liaoyuan	60.7	60.2	60.1	263
长治	Changzhi	162.5	162.7	164.1	157	通化	Tonghua	111.2	111.2	110.6	220
晋城	Jincheng	112.6	113.5	113.9	215	白山	Baishan	62.6	62.6	62.8	259
朔州	Shuozhou	82.0	82.5	83.7	242	松原	Songyuan	142.9	143.9	143.7	177
晋中	Jinzhong	155.6	156.8	159.4	163	白城	Baicheng	100.2	100.2	99.3	229
运城	Yuncheng	252.1	253.9	253.8	84	黑龙江	**Heilongjiang**	**1899.2**	**1896.6**	**1886.3**	
忻州	Xinzhou	148.7	148.8	149.3	172	哈尔滨	Harbin	491.1	492.6	492.0	6
临汾	Linfen	211.8	212.7	211.5	112	齐齐哈尔	Qiqihar	280.1	279.3	275.9	71
吕梁	Lvliang	179.5	181.3	182.1	138	鸡西	Jixi	93.7	93.6	92.4	235
内蒙古	**Inner Mongolia**	**1200.6**	**1207.5**	**1205.9**		鹤岗	Hegang	54.4	54.1	54.1	267
呼和浩特	Hohhot	140.8	113.6	144.7	175	双鸭山	Shuangyashan	74.9	74.9	74.5	252
包头	Baotou	128.4	109.3	132.3	193	大庆	Daqing	139.4	140.5	140.8	184
乌海	Wuhai	25.1	25.5	25.8	280	伊春	Yichun	63.4	63.1	62.1	261
赤峰	Chifeng	210.7	223.7	209.7	115	佳木斯	Jiamusi	124.6	123.8	122.7	208
通辽	Tongliao	154.4	157.6	154.1	167	七台河	Qitaihe	44.9	45.0	44.5	274
鄂尔多斯	Erdos	83.9	75.7	86.5	239	牡丹江	Mudanjiang	133.7	132.9	132.7	192
呼伦贝尔	Hulunbuir	123.6	132.6	123.3	206	黑河	Heihe	85.2	85.2	85.1	240
巴彦淖尔	Bayannur	78.3	92.5	78.4	245	绥化	Suihua	288.2	286.3	284.1	67
乌兰察布	Ulanqab	104.8	139.7	104.4	227	上海	**Shanghai**	**708.7**	**713.0**	**717.3**	
辽宁	**Liaoning**	**2107.0**	**2111.4**	**2108.3**		江苏	**Jiangsu**	**3678.9**	**3702.4**	**3720.9**	

1-7　年末女性人口　续表 1

Female Population at Year-end continued 1

单位：万人　　　　（10 000 persons）

地名	City	2010	2011	2012	2012 排名 Ranking	地名	City	2010	2011	2012	2012 排名 Ranking
南京	Nanjing	312.8	315.5	317.1	52	池州	Chizhou	78.4	78.8	79.3	243
无锡	Wuxi	234.2	235.3	236.7	96	宣城	Xuancheng	134.0	134.7	134.9	190
徐州	Xuzhou	470.5	470.9	477.3	9	福建	**Fujian**	**1713.0**	**1723.3**	**1736.5**	
常州	Changzhou	180.5	182.0	183.2	136	福州	Fuzhou	312.8	314.9	318.2	50
苏州	Suzhou	323.2	325.9	328.9	45	厦门	Xiamen	90.0	92.8	95.9	232
南通	Nantong	385.6	386.9	387.4	21	莆田	Putian	159.5	160.6	161.7	161
连云港	Lianyungang	238.4	241.9	244.4	90	三明	Sanming	130.6	130.8	131.1	196
淮安	Huaian	262.0	263.4	265.3	77	泉州	Quanzhou	334.2	335.6	336.8	40
盐城	Yancheng	396.0	398.2	398.9	19	漳州	Zhangzhou	230.5	233.1	234.8	98
扬州	Yangzhou	228.9	229.6	288.4	62	南平	Nanping	151.4	151.3	151.6	171
镇江	Zhenjiang	135.5	136.5	136.5	188	龙岩	Longyan	143.7	142.9	144.1	176
泰州	Taizhou	246.9	248.5	247.7	88	宁德	Ningde	160.2	161.2	162.4	160
宿迁	Suqian	264.1	267.9	269.3	73	江西	**Jiangxi**	**2234.4**	**2265.2**	**2288.4**	
浙江	**Zhejiang**	**2334.8**	**2354.4**	**2365.7**		南昌	Nanchang	241.4	243.2	245.4	89
杭州	Hangzhou	342.6	346.6	349.6	35	景德镇	Jingdezhen	76.2	76.8	77.4	247
宁波	Ningbo	286.9	288.5	289.4	61	萍乡	Pingxiang	91.7	92.3	92.6	233
温州	Wenzhou	378.1	384.1	384.8	23	九江	Jiujiang	232.8	233.8	234.9	97
嘉兴	Jiaxing	172.5	173.5	174.4	147	新余	Xinyu	54.1	54.6	54.8	265
湖州	Huzhou	130.1	130.9	131.3	195	鹰潭	Yingtan	53.5	53.9	54.1	267
绍兴	Shaoxing	218.4	219.2	219.8	106	赣州	Ganzhou	411.7	414.6	416.1	14
金华	Jinhua	227.6	229.0	229.9	102	吉安	Jian	231.5	233.2	234.1	99
衢州	Quzhou	121.5	122.4	122.8	207	宜春	Yichun	259.7	262.4	263.4	79
舟山	Zhoushan	48.5	48.7	48.9	273	抚州	Fuzhou	187.7	189.0	189.8	126
台州	Taizhou	283.5	285.4	287.7	64	上饶	Shangrao	318.7	321.3	322.6	49
丽水	Lishui	125.2	126.2	127.0	198	山东	**Shandong**	**4697.3**	**4721.4**	**4711.9**	
安徽	**Anhui**	**3282.7**	**3314.3**	**3325.4**		济南	Jinan	302.8	304.4	305.9	55
合肥	Hefei	237.0	339.6	341.9	38	青岛	Qingdao	381.7	383.7	385.7	22
芜湖	Wuhu	111.4	186.1	185.3	133	淄博	Zibo	211.2	212.1	212.3	111
蚌埠	Bengbu	174.7	176.3	177.5	144	枣庄	Zaozhuang	187.8	188.5	188.9	128
淮南	Huainan	116.9	117.9	117.0	213	东营	Dongying	91.7	92.5	92.5	234
马鞍山	Maanshan	62.8	110.5	110.5	221	烟台	Yantai	325.0	325.7	325.0	47
淮北	Huaibei	107.1	108.3	106.2	226	潍坊	Weifang	432.4	434.3	434.9	13
铜陵	Tongling	36.2	36.3	36.5	278	济宁	Jining	410.6	412.1	411.2	15
安庆	Anqing	297.4	298.9	299.9	57	泰安	Taian	275.1	276.2	276.0	70
黄山	Huangshan	72.2	72.3	71.9	254	威海	Weihai	126.5	126.8	126.9	199
滁州	Chuzhou	217.7	218.8	218.1	108	日照	Rizhao	141.7	142.2	141.6	183
阜阳	Fuyang	486.0	492.2	499.1	4	莱芜	Laiwu	62.4	62.5	62.3	260
宿州	Suzhou	312.0	315.5	315.8	53	临沂	Linyi	521.3	524.3	525.6	3
六安	Liuan	333.0	335.1	335.1	41	德州	Dezhou	281.7	284.4	284.2	66
亳州	Bozhou	285.8	287.6	292.9	59	聊城	Liaocheng	294.7	297.1	290.8	60

1-7 年末女性人口 续表 2

Female Population at Year-end continued 2

单位：万人 （10 000 persons）

地名	City	2010	2011	2012	2012 排名 Ranking	地名	City	2010	2011	2012	2012 排名 Ranking
滨州	Binzhou	187.4	188.7	188.7	129	常德	Changde	305.1	285.1	285.1	65
菏泽	Heze	463.3	466.0	459.3	10	张家界	Zhangjiajie	79.6	73.5	73.5	253
河南	**Henan**	**5223.6**	**5281.0**	**5274.6**		益阳	Yiyang	231.9	210.7	210.7	113
郑州	Zhengzhou	356.8	365.9	446.5	12	郴州	Chenzhou	240.6	222.3	222.3	105
开封	Kaifeng	248.5	250.0	230.2	100	永州	Yongzhou	288.6	252.2	252.2	85
洛阳	Luoyang	337.2	340.7	327.4	46	怀化	Huaihua	244.4	230.0	230.0	101
平顶山	Pingdingshan	256.9	258.6	240.0	95	娄底	Loudi	207.6	182.6	182.6	137
安阳	Anyang	293.7	294.8	263.3	80	**广东**	**Guangdong**	**4132.9**	**4191.7**	**4187.4**	
鹤壁	Hebi	77.5	77.3	76.7	248	广州	Guangzhou	397.1	402.0	406.5	17
新乡	Xinxiang	293.0	294.7	284.0	68	韶关	Shaoguan	158.6	159.4	157.3	165
焦作	Jiaozuo	178.3	180.1	176.9	145	深圳	Shenzhen	122.0	131.7	141.9	181
濮阳	Puyang	191.3	190.5	178.3	143	珠海	Zhuhai	51.3	51.9	52.1	270
许昌	Xuchang	232.6	231.1	209.1	116	汕头	Shantou	261.6	264.1	265.7	75
漯河	Luohe	132.6	132.6	125.0	201	佛山	Foshan	186.2	188.2	189.8	126
三门峡	Sanmenxia	109.3	110.7	110.2	222	江门	Jiangmen	194.3	195.1	194.4	123
南阳	Nanyang	562.2	558.6	490.0	7	湛江	Zhanjiang	365.6	372.3	367.2	26
商丘	Shangqiu	442.7	439.5	364.7	28	茂名	Maoming	350.2	356.8	248.8	87
信阳	Xinyang	421.4	420.1	314.4	54	肇庆	Zhaoqing	204.2	206.6	206.6	117
周口	Zhoukou	563.9	556.7	447.7	11	惠州	Huizhou	165.9	169.1	168.5	153
驻马店	Zhumadian	438.4	442.4	345.0	37	梅州	Meizhou	251.1	252.8	254.8	83
湖北	**Hubei**	**2965.3**	**2970.1**	**2971.4**		汕尾	Shanwei	164.5	166.1	166.9	154
武汉	Wuhan	407.0	403.0	400.7	18	河源	Heyuan	175.9	180.4	174.0	148
黄石	Huangshi	123.9	123.2	124.8	204	阳江	Yangjiang	132.9	133.5	132.0	194
十堰	Shiyan	163.3	164.1	163.3	159	清远	Qingyuan	200.8	202.2	195.8	120
宜昌	Yichang	194.4	194.7	194.8	122	东莞	Dongguan	89.5	91.0	91.7	236
襄阳	Xiangyang	288.5	289.0	288.4	62	中山	Zhongshan	74.8	75.7	76.5	249
鄂州	Ezhou	52.1	52.4	51.9	271	潮州	Chaozhou	128.8	129.8	131.0	197
荆门	Jingmen	147.2	148.2	148.6	174	揭阳	Jieyang	323.2	327.0	329.5	44
孝感	Xiaogan	254.4	253.1	251.7	86	云浮	Yunfu	134.5	136.0	136.7	186
荆州	Jingzhou	321.4	324.1	325.0	47	**广西**	**Guangxi**	**2527.4**	**2545.5**	**2546.0**	
黄冈	Huanggang	352.9	353.8	353.9	33	南宁	Nanning	337.6	339.6	333.6	42
咸宁	Xianning	139.0	140.6	142.6	179	柳州	Liuzhou	179.6	180.7	173.7	150
随州	Suizhou	124.1	125.0	125.0	201	桂林	Guilin	249.1	250.6	243.3	91
湖南	**Hunan**	**3400.5**	**3434.4**	**3431.2**		梧州	Wuzhou	153.0	153.6	155.1	166
长沙	Changsha	321.2	351.5	351.5	34	北海	Beihai	79.4	79.8	78.5	244
株洲	Zhuzhou	190.8	190.7	190.7	125	防城港	Fangchenggang	41.6	41.7	40.0	276
湘潭	Xiangtan	140.7	136.4	136.4	189	钦州	Qinzhou	175.9	177.8	175.2	146
衡阳	Hengyang	376.7	347.0	347.0	36	贵港	Guigang	247.2	249.0	240.5	94
邵阳	Shaoyang	378.2	337.9	337.9	39	玉林	Yulin	314.4	319.3	317.7	51
岳阳	Yueyang	272.0	265.5	265.5	76	百色	Baise	183.2	186.1	187.7	130

1-7 年末女性人口 续表 3

Female Population at Year-end continued 3

单位：万人 (10 000 persons)

地名	City	2010	2011	2012	2012 排名 Ranking	地名	City	2010	2011	2012	2012 排名 Ranking
贺州	Hezhou	111.2	111.2	107.0	224	丽江	Lijiang	60.2	60.7	58.4	264
河池	Hechi	191.9	194.1	195.1	121	普洱	Puer	119.4	121.2	120.7	209
来宾	Laibin	119.5	124.6	120.7	209	临沧	Lincang	113.2	116.3	113.7	216
崇左	Chongzuo	116.0	117.4	112.9	218	**西藏**	**Tibet**	**145.7**	**150.6**	**154.4**	
海南	**Hainan**	**428.4**	**433.6**	**430.2**		拉萨	Lasa	27.2			
海口	Haikou	78.0	78.9	78.4	245	**陕西**	**Shaanxi**	**1865.9**	**1886.9**	**1895.2**	
三亚	Sanya	27.9	28.5	28.0	279	西安	Xi'an	383.9	389.3	392.0	20
三沙	Sansha					铜川	Tongchuan	40.8	40.8	41.0	275
重庆	**Chongqing**	**1594.4**	**1609.3**	**1617.6**		宝鸡	Baoji	183.6	184.7	185.4	132
四川	**Sichuan**	**4360.9**	**4392.8**	**4412.4**		咸阳	Xianyang	250.9	254.1	254.9	82
成都	Chengdu	573.3	581.2	587.4	1	渭南	Weinan	275.3	278.4	277.7	69
自贡	Zigong	159.4	160.0	160.9	162	延安	Yan'an	111.2	112.7	113.0	217
攀枝花	Panzhihua	54.1	54.5	54.6	266	汉中	Hanzhong	180.8	182.2	183.4	135
泸州	Luzhou	241.7	242.2	243.1	92	榆林	Yulin	174.5	177.4	179.1	142
德阳	Deyang	189.5	190.3	191.3	124	安康	Ankang	140.7	141.1	141.9	181
绵阳	Mianyang	262.5	263.3	264.4	78	商洛	Shangluo	115.0	117.1	117.7	212
广元	Guangyuan	150.8	151.6	152.0	169	**甘肃**	**Gansu**	**1312.3**	**1321.8**	**1312.7**	
遂宁	Suining	184.6	185.3	181.4	140	兰州	Lanzhou	158.4	159.0	158.5	164
内江	Neijiang	205.8	206.0	206.3	118	嘉峪关	Jiayuguan	8.9	9.1	9.2	283
乐山	Leshan	172.7	173.4	173.8	149	金昌	Jinchang	21.9	22.1	22.1	281
南充	Nanchong	360.2	363.0	363.8	31	白银	Baiyin	87.1	87.6	84.7	241
眉山	Meishan	170.5	171.5	171.4	152	天水	Tianshui	178.3	180.0	179.6	141
宜宾	Yibin	257.9	259.8	261.6	81	武威	Wuwei	92.6	93.0	89.4	237
广安	Guangan	222.2	222.9	223.0	104	张掖	Zhangye	63.5	63.5	63.4	258
达州	Dazhou	325.4	328.9	331.0	43	平凉	Pingliang	111.8	112.8	112.2	219
雅安	Yaan	75.5	76.0	76.4	251	酒泉	Jiuquan	49.3	50.0	50.0	272
巴中	Bazhong	186.2	186.9	186.9	131	庆阳	Qingyang	124.5	125.8	125.7	200
资阳	Ziyang	240.1	241.6	242.5	93	定西	Dingxi	144.4	145.5	142.1	180
贵州	**Guizhou**	**2008.6**	**2032.7**	**1976.4**		陇南	Longnan	134.4	134.2	133.8	191
贵阳	Guiyang	182.3	184.1	183.8	134	**青海**	**Qinghai**	**270.2**	**274.4**	**278.7**	
六盘水	Liupanshui	151.6	152.5	151.7	170	西宁	Xining	96.7	97.6	98.2	230
遵义	Zunyi	368.2	371.6	369.9	25	海东	Haidong				
安顺	Anshun	135.3	136.5	137.2	185	**宁夏**	**Ningxia**	**315.7**	**320.4**	**324.3**	
毕节	Bijie	398.2	407.1	408.9	16	银川	Yinchuan	96.7	99.7	102.0	228
铜仁	Tongren	200.5	203.4	202.3	119	石嘴山	Shizuishan	35.1	36.3	36.6	277
云南	**Yunnan**	**2195.9**	**2211.9**	**2216.4**		吴忠	Wuzhong	62.7	63.6	64.2	256
昆明	Kunming	312.9	315.2	268.5	74	固原	Guyuan	61.1	59.9	62.1	261
曲靖	Qujing	298.2	280.7	303.3	56	中卫	Zhongwei	52.9	53.2	53.8	269
玉溪	Yuxi	106.6	112.9	106.4	225	**新疆**	**Xinjiang**	**1060.1**	**1080.9**	**1092.5**	
保山	Baoshan	122.1	123.0	124.9	203	乌鲁木齐	Urumqi	116.5	120.4	124.2	205
昭通	Zhaotong	272.1	249.7	275.5	72	克拉玛依	Karamay	13.6	13.8	14.1	282

1-8 年平均人口
Annual Average Population

单位：万人 （10 000 persons）

地名	City	2010	2013	2014	2014 排名 Ranking
全国	**Nation Total**	**123642.3**	**126577.1**	**127610.8**	
北京	**Beijing**	**1251.8**	**1306.9**	**1324.9**	
天津	**Tianjin**	**982.4**	**998.6**	**1010.3**	
河北	**Hebei**	**7257.4**	**7420.6**	**7490.7**	
石家庄	Shijiazhuang	983.3	1004.2	1020.1	8
唐山	Tangshan	734.5	740.3	750.3	36
秦皇岛	Qinhuangdao	287.8	292.0	293.9	179
邯郸	Handan	953.2	993.5	1020.7	7
邢台	Xingtai	725.3	755.3	767.9	29
保定	Baoding	1158.2	1168.0	1145.3	4
张家口	Zhangjiakou	464.1	467.6	467.8	106
承德	Chengde	372.4	377.5	379.4	139
沧州	Cangzhou	724.2	749.3	758.5	34
廊坊	Langfang	416.2	427.8	436.4	112
衡水	Hengshui	438.2	445.0	450.3	108
山西	**Shanxi**	**3458.5**	**3530.1**	**3561.1**	
太原	Taiyuan	365.3	366.7	368.6	144
大同	Datong	316.6	336.6	338.3	158
阳泉	Yangquan	130.5	132.4	133.0	257
长治	Changzhi	330.6	337.9	338.9	157
晋城	Jincheng	216.4	218.8	218.9	223
朔州	Shuozhou	158.2	173.9	174.9	240
晋中	Jinzhong	320.5	327.7	331.0	161
运城	Yuncheng	503.7	520.9	525.2	89
忻州	Xinzhou	307.2	310.7	312.0	171
临汾	Linfen	437.2	426.2	428.1	116
吕梁	Lvliang	372.4	378.2	392.3	130
内蒙古	**Inner Mongolia**	**2136.4**	**2139.5**	**2142.2**	
呼和浩特	Hohhot	228.5	232.1	236.0	215
包头	Baotou	219.7	224.2	224.4	221
乌海	Wuhai	50.5	55.1	55.4	282
赤峰	Chifeng	433.5	431.0	430.5	114
通辽	Tongliao	318.8	320.5	320.3	169
鄂尔多斯	Erdos	150.9	153.2	155.1	250
呼伦贝尔	Hulunbuir	271.5	253.3	259.6	202
巴彦淖尔	Bayannur	174.7	185.0	180.9	237
乌兰察布	Ulanqab	288.3	285.1	280.1	189
辽宁	**Liaoning**	**4253.8**	**4241.4**	**4241.1**	

地名	City	2010	2013	2014	2014 排名 Ranking
沈阳	Shenyang	718.1	726.0	729.0	37
大连	Dalian	585.6	590.9	592.9	66
鞍山	Anshan	351.9	350.1	349.0	152
抚顺	Fushun	221.8	218.6	217.7	224
本溪	Benxi	155.0	152.8	152.2	253
丹东	Dandong	242.0	240.1	239.6	212
锦州	Jinzhou	309.3	306.9	305.6	173
营口	Yingkou	235.3	233.8	232.9	218
阜新	Fuxin	192.3	191.3	191.1	232
辽阳	Liaoyang	183.4	180.2	179.9	238
盘锦	Panjin	130.6	128.9	129.1	260
铁岭	Tieling	305.6	302.0	302.0	175
朝阳	Chaoyang	340.9	340.1	340.1	156
葫芦岛	Huludao	282.0	280.0	280.3	188
吉林	**Jilin**	**2503.2**	**2475.9**	**2460.2**	
长春	Changchun	757.7	754.8	753.6	35
吉林	Jilin	434.1	430.0	428.4	115
四平	Siping	339.8	332.4	328.3	164
辽源	Liaoyuan	123.8	122.0	121.9	265
通化	Tonghua	226.5	223.4	222.2	222
白山	Baishan	129.2	127.5	126.7	262
松原	Songyuan	289.2	286.4	280.7	187
白城	Baicheng	202.9	199.6	198.4	230
黑龙江	**Heilongjiang**	**3790.3**	**3733.9**	**3696.3**	
哈尔滨	Harbin	991.8	994.4	991.3	10
齐齐哈尔	Qiqihar	569.8	558.0	555.1	77
鸡西	Jixi	189.2	186.6	183.6	236
鹤岗	Hegang	109.3	107.8	107.4	272
双鸭山	Shuangyashan	151.2	150.1	132.4	258
大庆	Daqing	278.0	273.5	271.2	192
伊春	Yichun	127.2	123.5	122.0	264
佳木斯	Jiamusi	253.0	245.1	241.7	211
七台河	Qitaihe	92.8	92.2	89.4	276
牡丹江	Mudanjiang	271.0	259.8	263.9	199
黑河	Heihe	173.9	171.5	170.8	242
绥化	Suihua	583.0	571.4	567.5	72
上海	**Shanghai**	**1406.5**	**1429.6**	**1435.5**	
江苏	**Jiangsu**	**7442.9**	**7582.2**	**7650.8**	

1-8 年平均人口 续表 1

Annual Average Population continued 1

单位：万人 （10 000 persons）

地名	City	2010	2013	2014	2014 排名 Ranking
南京	Nanjing	631.1	640.8	645.9	53
无锡	Wuxi	466.1	471.2	474.7	103
徐州	Xuzhou	965.3	998.7	1015.2	9
常州	Changzhou	360.3	365.3	367.3	145
苏州	Suzhou	635.5	650.8	657.5	51
南通	Nantong	762.8	765.9	767.1	30
连云港	Lianyungang	494.2	515.6	523.4	91
淮安	Huaian	536.5	549.9	556.6	76
盐城	Yancheng	814.3	823.1	826.2	20
扬州	Yangzhou	459.0	459.1	460.6	107
镇江	Zhenjiang	270.3	271.6	271.9	191
泰州	Taizhou	504.3	507.1	508.2	97
宿迁	Suqian	543.4	566.2	576.4	71
浙江	**Zhejiang**	**4732.1**	**4813.1**	**4843.0**	
杭州	Hangzhou	686.3	703.6	711.2	42
宁波	Ningbo	572.6	578.9	582.0	69
温州	Wenzhou	783.0	803.7	810.5	24
嘉兴	Jiaxing	340.6	345.2	347.0	153
湖州	Huzhou	259.6	261.9	263.1	201
绍兴	Shaoxing	438.3	441.3	442.4	111
金华	Jinhua	465.2	472.0	474.2	104
衢州	Quzhou	250.6	253.5	254.9	205
舟山	Zhoushan	96.8	97.2	97.4	274
台州	Taizhou	580.8	592.5	595.6	64
丽水	Lishui	258.5	263.3	264.8	197
安徽	**Anhui**	**6810.5**	**6920.4**	**6932.0**	
合肥	Hefei	493.2	711.0	712.2	41
芜湖	Wuhu	229.8	384.0	384.5	135
蚌埠	Bengbu	361.4	367.2	368.9	142
淮南	Huainan	243.3	243.5	243.3	210
马鞍山	Maanshan	128.9	228.4	228.1	219
淮北	Huaibei	218.5	216.4	214.9	226
铜陵	Tongling	74.0	74.2	74.0	279
安庆	Anqing	615.8	621.1	621.1	59
黄山	Huangshan	148.3	147.3	147.6	255
滁州	Chuzhou	450.5	450.8	449.5	109
阜阳	Fuyang	1006.2	1046.5	1052.3	6
宿州	Suzhou	638.6	646.8	642.1	54
六安	Liuan	705.4	713.5	718.6	40
亳州	Bozhou	598.8	627.9	633.6	56

地名	City	2010	2013	2014	2014 排名 Ranking
池州	Chizhou	160.2	161.9	161.3	248
宣城	Xuancheng	278.1	279.9	280.0	190
福建	**Fujian**	**3514.8**	**3600.9**	**3665.3**	
福州	Fuzhou	641.9	655.4	670.2	48
厦门	Xiamen	178.6	193.9	200.1	229
莆田	Putian	321.6	331.8	337.7	160
三明	Sanming	271.9	276.4	281.2	186
泉州	Quanzhou	683.1	698.3	709.9	43
漳州	Zhangzhou	473.5	485.4	494.0	100
南平	Nanping	312.0	315.0	317.6	170
龙岩	Longyan	294.5	300.1	304.9	174
宁德	Ningde	337.7	344.7	349.7	151
江西	**Jiangxi**	**4665.5**	**4693.6**	**4813.9**	
南昌	Nanchang	499.8	509.0	513.9	94
景德镇	Jingdezhen	161.7	166.5	167.1	245
萍乡	Pingxiang	187.5	193.0	195.7	231
九江	Jiujiang	494.5	508.4	510.6	95
新余	Xinyu	117.2	121.0	121.9	265
鹰潭	Yingtan	120.9	124.3	125.8	263
赣州	Ganzhou	902.1	927.6	941.4	14
吉安	Jian	492.1	507.3	487.4	101
宜春	Yichun	553.9	575.6	586.9	68
抚州	Fuzhou	401.6	395.6	397.0	127
上饶	Shangrao	734.3	665.4	766.4	31
山东	**Shandong**	**9320.3**	**9595.9**	**9679.6**	
济南	Jinan	603.7	611.2	617.4	60
青岛	Qingdao	763.3	771.6	777.2	28
淄博	Zibo	421.9	424.5	426.7	118
枣庄	Zaozhuang	388.9	395.4	398.6	126
东营	Dongying	184.7	186.2	188.0	235
烟台	Yantai	651.6	650.7	652.3	52
潍坊	Weifang	870.8	880.9	885.6	16
济宁	Jining	837.2	847.4	854.0	18
泰安	Taian	556.4	558.8	560.6	75
威海	Weihai	253.3	253.7	254.3	206
日照	Rizhao	286.8	289.1	292.0	181
莱芜	Laiwu	128.9	126.4	127.2	261
临沂	Linyi	1004.8	1087.1	1101.8	5
德州	Dezhou	569.7	578.2	581.0	70
聊城	Liaocheng	594.2	596.0	604.8	62

1-8 年平均人口 续表 2
Annual Average Population continued 2

单位：万人 （10 000 persons）

地名	City	2010	2013	2014	2014 排名 Ranking	地名	City	2010	2013	2014	2014 排名 Ranking
滨州	Binzhou	377.4	381.3	384.2	136	常德	Changde	623.9	611.0	607.9	61
菏泽	Heze	826.8	957.4	974.0	11	张家界	Zhangjiajie	164.1	170.5	151.6	254
河南	**Henan**	**10667.6**	**10703.7**	**10970.2**		益阳	Yiyang	473.5	480.9	481.5	102
郑州	Zhengzhou	738.0	775.1	780.2	27	郴州	Chenzhou	481.2	510.9	514.4	93
开封	Kaifeng	530.9	548.8	551.0	80	永州	Yongzhou	588.7	626.4	626.8	58
洛阳	Luoyang	699.2	690.4	694.3	44	怀化	Huaihua	508.2	518.8	520.3	92
平顶山	Pingdingshan	536.0	536.1	554.2	78	娄底	Loudi	426.8	438.9	442.5	110
安阳	Anyang	581.4	597.5	597.8	63	**广东**	**Guangdong**	**8374.0**	**8604.6**	**8716.5**	
鹤壁	Hebi	160.9	164.5	166.4	246	广州	Guangzhou	800.4	827.3	837.4	19
新乡	Xinxiang	600.6	620.5	627.8	57	韶关	Shaoguan	328.1	327.3	328.6	163
焦作	Jiaozuo	366.4	367.6	368.7	143	深圳	Shenzhen	252.9	299.1	321.3	168
濮阳	Puyang	407.0	419.3	420.9	120	珠海	Zhuhai	103.7	107.6	109.4	271
许昌	Xuchang	487.6	496.6	498.2	99	汕头	Shantou	517.4	536.4	543.3	83
漯河	Luohe	277.3	274.6	270.4	193	佛山	Foshan	369.3	379.6	383.6	137
三门峡	Sanmenxia	229.9	226.5	227.3	220	江门	Jiangmen	391.9	392.4	393.2	129
南阳	Nanyang	1177.1	1168.3	1178.0	3	湛江	Zhanjiang	699.7	713.8	719.0	39
商丘	Shangqiu	914.4	938.4	946.1	13	茂名	Maoming	741.2	753.3	765.0	32
信阳	Xinyang	865.6	857.5	887.0	15	肇庆	Zhaoqing	418.1	428.7	431.8	113
周口	Zhoukou	1215.6	1128.3	1230.4	1	惠州	Huizhou	330.8	342.6	345.9	155
驻马店	Zhumadian	879.6	893.8	971.5	12	梅州	Meizhou	511.1	523.2	526.8	87
湖北	**Hubei**	**5319.8**	**5264.6**	**5263.0**		汕尾	Shanwei	342.8	349.9	355.8	149
武汉	Wuhan	836.1	821.9	824.7	21	河源	Heyuan	353.7	358.0	363.1	147
黄石	Huangshi	259.4	261.9	263.7	200	阳江	Yangjiang	279.2	283.8	287.3	184
十堰	Shiyan	353.2	346.3	346.8	154	清远	Qingyuan	410.8	407.7	411.0	123
宜昌	Yichang	400.0	399.5	400.2	124	东莞	Dongguan	180.3	188.0	190.2	233
襄阳	Xiangyang	590.0	594.6	595.3	65	中山	Zhongshan	148.5	153.1	155.1	250
鄂州	Ezhou	104.2	105.5	105.8	273	潮州	Chaozhou	259.4	266.0	268.0	194
荆门	Jingmen	300.7	301.6	300.5	177	揭阳	Jieyang	655.5	678.3	688.4	45
孝感	Xiaogan	529.9	527.2	526.6	88	云浮	Yunfu	279.3	288.7	292.3	180
荆州	Jingzhou	660.1	662.1	659.7	50	**广西**	**Guangxi**	**5232.3**	**5312.0**	**5223.6**	
黄冈	Huanggang	738.6	687.7	683.8	47	南宁	Nanning	702.6	719.0	727.0	38
咸宁	Xianning	290.8	299.2	298.5	178	柳州	Liuzhou	370.1	372.3	375.2	141
随州	Suizhou	256.9	257.2	257.4	204	桂林	Guilin	515.3	521.9	524.1	90
湖南	**Hunan**	**6706.8**	**6861.6**	**6860.3**		梧州	Wuzhou	321.2	294.2	338.2	159
长沙	Changsha	652.0	661.7	667.1	49	北海	Beihai	163.5	169.4	169.3	244
株洲	Zhuzhou	387.2	397.7	394.8	128	防城港	Fangchenggang	89.1	92.3	93.6	275
湘潭	Xiangtan	295.2	290.9	290.7	182	钦州	Qinzhou	379.4	393.2	399.0	125
衡阳	Hengyang	765.7	785.8	788.7	25	贵港	Guigang	516.8	534.0	540.7	84
邵阳	Shaoyang	779.1	803.6	812.5	22	玉林	Yulin	664.0	696.4	564.1	73
岳阳	Yueyang	561.3	564.4	561.6	74	百色	Baise	402.1	410.0	411.8	122

1-8 年平均人口 续表 3
Annual Average Population continued 3

单位：万人 （10 000 persons）

地名	City	2010	2013	2014	2014 排名 Ranking	地名	City	2010	2013	2014	2014 排名 Ranking
贺州	Hezhou	203.5	199.4	200.7	228	丽江	Lijiang	120.5	119.5	120.6	267
河池	Hechi	404.4	409.4	416.8	121	普洱	Puer	253.9	255.1	253.2	208
来宾	Laibin	257.5	254.7	215.6	225	临沧	Lincang	241.4	236.4	237.1	213
崇左	Chongzuo	242.7	245.9	247.4	209	**西藏**	**Tibet**		**59.0**	**61.4**	
海南	**Hainan**	**215.7**	**220.0**	**222.4**		拉萨	Lasa		59.0	61.4	280
海口	Haikou	159.3	162.4	164.3	247	**陕西**	**Shaanxi**	**3833.4**	**3846.6**	**3852.7**	
三亚	Sanya	56.4	57.5	58.1	281	西安	Xi'an	782.2	801.5	811.1	23
三沙	Sansha					铜川	Tongchuan	83.4	85.4	84.8	277
重庆	**Chongqing**	**3289.5**	**3350.9**	**3366.8**		宝鸡	Baoji	379.9	384.8	384.7	134
四川	**Sichuan**	**8317.8**	**8407.7**	**8384.3**		咸阳	Xianyang	518.2	530.6	529.9	86
成都	Chengdu	1144.4	1180.7	1199.4	2	渭南	Weinan	558.5	532.6	530.2	85
自贡	Zigong	327.2	329.1	329.9	162	延安	Yan'an	228.9	236.6	236.1	214
攀枝花	Panzhihua	111.5	111.9	111.9	269	汉中	Hanzhong	381.5	385.2	385.2	133
泸州	Luzhou	499.1	506.8	508.7	96	榆林	Yulin	361.8	376.7	375.4	140
德阳	Deyang	388.8	391.8	392.3	130	安康	Ankang	304.0	263.6	264.0	198
绵阳	Mianyang	543.3	546.4	548.1	82	商洛	Shangluo	234.9	249.7	254.2	207
广元	Guangyuan	311.8	311.0	310.2	172	**甘肃**	**Gansu**	**2425.2**	**2454.0**	**2446.2**	
遂宁	Suining	384.2	377.7	327.9	165	兰州	Lanzhou	323.6	321.5	321.5	167
内江	Neijiang	425.6	426.7	426.4	119	嘉峪关	Jiayuguan	20.3	23.5	24.1	285
乐山	Leshan	353.3	355.6	355.9	148	金昌	Jinchang	47.0	46.8	46.9	283
南充	Nanchong	752.6	759.3	759.0	33	白银	Baiyin	180.0	176.4	177.5	239
眉山	Meishan	348.6	351.5	352.6	150	天水	Tianshui	363.2	376.9	363.8	146
宜宾	Yibin	537.0	548.5	552.4	79	武威	Wuwei	191.0	189.9	188.7	234
广安	Guangan	468.1	469.5	471.0	105	张掖	Zhangye	130.6	131.1	130.5	259
达州	Dazhou	671.5	687.9	687.9	46	平凉	Pingliang	230.4	231.7	233.3	217
雅安	Yaan	155.0	156.7	157.1	249	酒泉	Jiuquan	97.2	110.6	111.2	270
巴中	Bazhong	394.6	390.1	386.6	132	庆阳	Qingyang	260.1	263.8	264.9	195
资阳	Ziyang	501.2	506.6	507.3	98	定西	Dingxi	299.9	298.2	300.8	176
贵州	**Guizhou**	**1729.0**	**2785.9**	**3083.3**		陇南	Longnan	282.0	283.9	283.0	185
贵阳	Guiyang	370.1	376.8	381.0	138	**青海**	**Qinghai**	**220.7**	**394.9**	**371.9**	
六盘水	Liupanshui	314.7	324.0	326.9	166	西宁	Xining	220.7	225.8	201.5	227
遵义	Zunyi	767.5	774.9	782.8	26	海东	Haidong			170.5	243
安顺	Anshun	276.6	229.2	289.3	183	**宁夏**	**Ningxia**	**638.4**	**663.8**	**661.2**	
毕节	Bijie		653.1	875.7	17	银川	Yinchuan	157.2	169.9	174.3	241
铜仁	Tongren		427.8	427.8	117	石嘴山	Shizuishan	74.7	76.3	76.6	278
云南	**Yunnan**	**2865.4**	**2864.0**	**2876.8**		吴忠	Wuzhong	137.8	142.7	143.6	256
昆明	Kunming	579.6	545.1	548.7	81	固原	Guyuan	151.3	154.2	153.8	252
曲靖	Qujing	621.3	633.2	634.3	55	中卫	Zhongwei	117.4	120.7	112.9	268
玉溪	Yuxi	229.7	233.5	234.6	216	**新疆**	**Xinjiang**	**280.5**	**298.1**	**303.4**	
保山	Baoshan	251.5	256.2	257.9	203	乌鲁木齐	Urumqi	242.1	260.4	264.9	195
昭通	Zhaotong	567.6	584.9	590.5	67	克拉玛依	Karamay	38.4	37.8	38.5	284

1-9 人口自然增长率
Natural Growth Rate

单位：‰ (‰)

地名	City	2010	2013	2014	2014 排名 Ranking
全国	**Nation Total**	**4.79**	**4.92**	**5.21**	
北京	**Beijing**	**3.07**	**4.41**	**7.20**	
天津	**Tianjin**	**2.60**	**2.28**	**6.80**	
河北	**Hebei**	**6.81**	**6.17**	**12.50**	
石家庄	Shijiazhuang	10.69	10.90	11.30	71
唐山	Tangshan	0.57	7.20	8.10	119
秦皇岛	Qinhuangdao	2.07	5.10	6.60	149
邯郸	Handan	20.48	20.10	16.90	31
邢台	Xingtai	16.94	21.40	16.40	37
保定	Baoding	3.21	11.80	10.50	84
张家口	Zhangjiakou	7.68	2.60	5.50	169
承德	Chengde	3.97	4.20	8.20	115
沧州	Cangzhou	15.17	14.50	19.40	21
廊坊	Langfang	8.90	8.50	16.20	40
衡水	Hengshui	6.97	13.60	11.50	67
山西	**Shanxi**	**5.30**	**5.24**	**7.10**	
太原	Taiyuan	5.77	6.00	9.90	94
大同	Datong	9.16	5.00	8.90	107
阳泉	Yangquan	4.04	5.30	5.00	184
长治	Changzhi	3.48	8.00	6.70	147
晋城	Jincheng	-1.81	3.60	1.90	244
朔州	Shuozhou	8.33	5.70	5.60	166
晋中	Jinzhong	2.36	5.40	10.40	86
运城	Yuncheng	1.67	5.60	5.40	173
忻州	Xinzhou	2.60	5.10	4.50	194
临汾	Linfen	2.89	10.50	10.60	82
吕梁	Lvliang	5.87	5.30	5.20	177
内蒙古	**Inner Mongolia**	**3.76**	**3.36**	**5.40**	
呼和浩特	Hohhot	4.00	8.50	9.80	97
包头	Baotou	-0.38	4.40	5.60	166
乌海	Wuhai	5.54	7.20	4.90	190
赤峰	Chifeng	-2.02	5.60	5.00	184
通辽	Tongliao	1.66	3.40	4.00	200
鄂尔多斯	Erdos	12.73	9.70	9.90	94
呼伦贝尔	Hulunbuir	-0.25	1.60	1.90	244
巴彦淖尔	Bayannur	5.13	6.60	7.10	140
乌兰察布	Ulanqab	4.40	-4.60	3.50	212
辽宁	**Liaoning**	**0.42**	**-0.03**	**1.90**	
沈阳	Shenyang	-0.59	0.10	1.90	244
大连	Dalian	-1.14	0.20	3.40	215
鞍山	Anshan	-1.65	-0.60	-0.90	276
抚顺	Fushun	-5.69	-2.80	-0.90	276
本溪	Benxi	-4.45	-2.60	0.50	266
丹东	Dandong	-5.12	-2.50	0.10	272
锦州	Jinzhou	-5.53	-3.60		
营口	Yingkou	-1.62	-2.20	2.90	225
阜新	Fuxin	-2.99	-1.00	1.30	256
辽阳	Liaoyang	-0.64		1.10	258
盘锦	Panjin	4.38	2.30	3.40	215
铁岭	Tieling	-1.72	0.70	2.10	241
朝阳	Chaoyang	-1.46	0.60	5.50	169
葫芦岛	Huludao	-3.91	1.80	4.00	200
吉林	**Jilin**	**2.03**	**0.32**	**2.50**	
长春	Changchun	3.81	5.00	4.80	191
吉林	Jilin	2.11	-0.90	1.00	261
四平	Siping	2.59	3.70	1.10	258
辽源	Liaoyuan	2.41	1.60	2.00	242
通化	Tonghua	-0.23	0.90	2.30	233
白山	Baishan	0.79	2.40	0.50	266
松原	Songyuan	4.33	5.30	5.50	169
白城	Baicheng	-1.37	3.00	-3.40	282
黑龙江	**Heilongjiang**	**2.32**	**0.78**	**0.30**	
哈尔滨	Harbin	3.21	2.90	0.50	266
齐齐哈尔	Qiqihar	-4.33	2.30	0.60	265
鸡西	Jixi	1.03		-1.40	279
鹤岗	Hegang	-1.07	-0.90	-1.30	278
双鸭山	Shuangyashan	0.38	-1.30	-1.90	281
大庆	Daqing	-3.73	3.50	-0.10	273
伊春	Yichun	-2.53	-4.10	-3.70	283
佳木斯	Jiamusi	2.56	-1.20	1.40	255
七台河	Qitaihe	4.04	2.20	1.50	252
牡丹江	Mudanjiang	0.08	1.20	0.20	271
黑河	Heihe	2.40	-2.90	-1.50	280
绥化	Suihua	6.83	-7.00	2.20	237
上海	**Shanghai**	**1.98**	**2.94**	**0.30**	
江苏	**Jiangsu**	**2.85**	**2.43**	**7.10**	

1-9 人口自然增长率 续表 1
Natural Growth Rate continued 1

单位：‰ (‰)

地名	City	2010	2013	2014	2014 排名 Ranking	地名	City	2010	2013	2014	2014 排名 Ranking
南京	Nanjing	0.89	4.20	5.20	177	池州	Chizhou	1.76	1.20	5.10	180
无锡	Wuxi	0.70	1.90	3.50	212	宣城	Xuancheng	1.51	2.90	0.90	262
徐州	Xuzhou	0.93	17.80	17.30	29	**福建**	**Fujian**	**6.11**	**6.19**	**16.50**	
常州	Changzhou	-0.71	1.40	3.50	212	福州	Fuzhou	14.50	13.90	13.00	55
苏州	Suzhou	2.44	3.50	5.00	184	厦门	Xiamen	4.23	11.20	11.30	71
南通	Nantong	-0.89	-0.90	-0.60	275	莆田	Putian	11.00	13.80	20.00	17
连云港	Lianyungang	4.99	17.30	13.20	53	三明	Sanming	4.82	17.60	23.00	11
淮安	Huaian	6.70	11.90	10.90	79	泉州	Quanzhou	10.01	15.40	18.20	26
盐城	Yancheng	4.23	3.00	3.90	205	漳州	Zhangzhou	8.13	14.30	16.30	39
扬州	Yangzhou	-1.63	1.70	2.30	233	南平	Nanping	12.53	9.50	13.10	54
镇江	Zhenjiang	0.07	1.10	1.80	247	龙岩	Longyan	6.26	16.90	16.90	31
泰州	Taizhou	-1.92	1.40	1.10	258	宁德	Ningde	3.67	15.80	16.70	35
宿迁	Suqian	8.58	19.60	15.90	42	**江西**	**Jiangxi**	**7.66**	**6.91**	**24.80**	
浙江	**Zhejiang**	**4.73**	**4.56**	**5.10**		南昌	Nanchang	14.19	8.80	22.10	15
杭州	Hangzhou	3.40	4.70	6.90	145	景德镇	Jingdezhen	18.73	6.60	6.70	147
宁波	Ningbo	2.34	2.20	3.60	209	萍乡	Pingxiang	5.97	6.70	25.70	7
温州	Wenzhou	10.10	9.30	8.10	119	九江	Jiujiang	10.09	13.20	19.90	19
嘉兴	Jiaxing	0.66	1.20	3.10	222	新余	Xinyu	12.00	9.90	11.40	70
湖州	Huzhou	0.09	2.30	3.40	215	鹰潭	Yingtan	12.63	5.60	22.50	12
绍兴	Shaoxing	0.28	0.70	2.60	229	赣州	Ganzhou	11.11	6.20	30.30	3
金华	Jinhua	3.62	4.90	4.00	200	吉安	Jian	7.47	9.60	37.40	2
衢州	Quzhou	3.54	5.10	5.60	166	宜春	Yichun	5.15	6.10	26.20	6
舟山	Zhoushan	-1.21		0.40	270	抚州	Fuzhou	8.35	10.70	20.00	17
台州	Taizhou	6.20	4.90	5.10	180	上饶	Shangrao	13.32	7.40	22.50	12
丽水	Lishui	7.55	5.70	6.10	159	**山东**	**Shandong**	**5.39**	**5.01**	**15.00**	
安徽	**Anhui**	**6.75**	**6.82**	**8.60**		济南	Jinan	2.78	4.40	11.10	73
合肥	Hefei	6.72	4.20	7.00	141	青岛	Qingdao	0.69	2.80		
芜湖	Wuhu	0.96	4.90	5.00	184	淄博	Zibo	1.05	3.30	6.60	149
蚌埠	Bengbu	6.70	10.10	27.40	4	枣庄	Zaozhuang	7.36	4.30	7.50	129
淮南	Huainan	7.83	9.00	12.40	61	东营	Dongying	1.81	5.30	10.10	92
马鞍山	Maanshan	3.11	2.20	3.60	209	烟台	Yantai	-2.43	0.60	3.30	219
淮北	Huaibei	9.78	11.70	18.30	25	潍坊	Weifang	2.83	4.40	6.40	153
铜陵	Tongling	1.99	2.70	2.70	227	济宁	Jining	8.48	9.70	21.80	16
安庆	Anqing	-0.71	4.30	2.40	231	泰安	Taian	2.35	5.00	8.20	115
黄山	Huangshan	-1.44	2.00	3.90	205	威海	Weihai	-1.30	-1.20	2.50	230
滁州	Chuzhou	2.53	6.00	7.20	136	日照	Rizhao	3.46	8.30	14.90	47
阜阳	Fuyang	10.78	11.10	10.40	86	莱芜	Laiwu	0.62	1.60	5.50	169
宿州	Suzhou	7.98	6.20	7.50	129	临沂	Linyi	6.71	6.30	22.40	14
六安	Liuan	-0.69	9.60	11.10	73	德州	Dezhou	2.12	8.50	19.70	20
亳州	Bozhou	3.46	8.20	7.20	136	聊城	Liaocheng	6.65	6.90	25.10	8

1-9 人口自然增长率 续表 2
Natural Growth Rate continued 2

单位：‰ (‰)

地名	City	2010	2013	2014	2014 排名 Ranking	地名	City	2010	2013	2014	2014 排名 Ranking
滨州	Binzhou	-0.21	6.00	12.90	56	常德	Changde	-1.67	5.90	5.40	173
菏泽	Heze	0.23	10.10	38.80	1	张家界	Zhangjiajie	5.19	5.90	6.20	157
河南	**Henan**	**4.95**	**5.51**	**9.30**		益阳	Yiyang	-0.74	6.00	8.20	115
郑州	Zhengzhou	5.46	10.90	11.90	64	郴州	Chenzhou	6.00	4.90	5.70	165
开封	Kaifeng	10.51	15.00	15.10	45	永州	Yongzhou	5.70	4.30	10.30	88
洛阳	Luoyang	6.86	12.90	11.50	67	怀化	Huaihua	7.07	7.80	6.00	160
平顶山	Pingdingshan	8.56	16.00	13.50	52	娄底	Loudi	3.21	6.20	12.50	59
安阳	Anyang	8.07	15.90	11.10	73	**广东**	**Guangdong**	**6.97**	**6.02**	**10.10**	
鹤壁	Hebi	11.65	15.10	14.60	48	广州	Guangzhou	6.72	8.50	8.00	123
新乡	Xinxiang	5.80	8.50	8.50	113	韶关	Shaoguan	8.44	7.60	7.60	126
焦作	Jiaozuo	4.48	8.20	9.20	103	深圳	Shenzhen	12.01	18.40	17.50	28
濮阳	Puyang	6.00	14.10	6.40	153	珠海	Zhuhai	7.45	9.20	9.60	99
许昌	Xuchang	5.29	9.00	8.30	114	汕头	Shantou	4.66	6.10	7.30	134
漯河	Luohe	3.00	0.70	-0.10	273	佛山	Foshan	4.53	6.60	6.60	149
三门峡	Sanmenxia	1.62	4.00	4.40	196	江门	Jiangmen	2.49	3.80	2.30	233
南阳	Nanyang	16.18	7.20	6.20	157	湛江	Zhanjiang	19.30	8.00	6.40	153
商丘	Shangqiu	4.59	5.20	4.10	199	茂名	Maoming	11.94	12.40	18.50	24
信阳	Xinyang	7.62	12.90	8.10	119	肇庆	Zhaoqing	18.11	9.10	10.60	82
周口	Zhoukou	7.27	11.60	12.50	59	惠州	Huizhou	6.94	7.60	8.80	108
驻马店	Zhumadian	9.29	9.70	9.90	94	梅州	Meizhou	7.40	7.60	7.30	134
湖北	**Hubei**	**4.34**	**4.93**	**6.80**		汕尾	Shanwei	14.74	18.40	14.10	50
武汉	Wuhan	1.59	6.30	7.20	136	河源	Heyuan	23.06	13.00	14.50	49
黄石	Huangshi	0.91	11.80	16.80	34	阳江	Yangjiang	9.86	12.60	11.50	67
十堰	Shiyan	8.11	7.50	6.60	149	清远	Qingyuan	12.82	10.70	8.70	110
宜昌	Yichang	-4.72	2.20	2.20	237	东莞	Dongguan	6.13	6.90	5.90	163
襄阳	Xiangyang	7.26	0.70	0.70	264	中山	Zhongshan	5.33	7.10	6.00	160
鄂州	Ezhou	5.61	4.60	7.50	129	潮州	Chaozhou	13.38	10.50	7.40	132
荆门	Jingmen	-7.66	4.30	5.40	173	揭阳	Jieyang	17.40	13.60	15.10	45
孝感	Xiaogan	3.93	5.10	7.60	126	云浮	Yunfu	16.16	12.10	10.20	89
荆州	Jingzhou	-4.54	3.20	3.10	222	**广西**	**Guangxi**	**8.65**	**7.93**	**14.50**	
黄冈	Huanggang	5.60	10.00	10.80	80	南宁	Nanning	14.70	18.80	7.00	141
咸宁	Xianning	0.54	10.30	12.70	58	柳州	Liuzhou	13.09	7.50	16.40	37
随州	Suizhou	-3.97	8.50	9.00	105	桂林	Guilin	10.38	10.30	15.30	43
湖南	**Hunan**	**6.40**	**6.54**	**8.80**		梧州	Wuzhou	28.40	24.70	23.80	9
长沙	Changsha	5.41	4.70	10.00	93	北海	Beihai	31.73	15.90	23.60	10
株洲	Zhuzhou	-0.16	6.80	9.00	105	防城港	Fangchenggang	27.99	18.30	19.40	21
湘潭	Xiangtan	3.11	-0.70	7.00	141	钦州	Qinzhou	40.78	19.20	4.30	198
衡阳	Hengyang	4.51	7.80	8.60	111	贵港	Guigang	26.14	25.60	19.40	21
邵阳	Shaoyang	14.76	7.90	12.00	63	玉林	Yulin	28.58	21.00	8.80	108
岳阳	Yueyang	6.68	7.30	9.40	100	百色	Baise	12.63	12.10	15.30	43

1-9 人口自然增长率 续表 3

Natural Growth Rate continued 3

单位：‰ (‰)

地名	City	2010	2013	2014	2014 排名 Ranking	地名	City	2010	2013	2014	2014 排名 Ranking
贺州	Hezhou	39.18	16.70	27.20	5	丽江	Lijiang	-0.61	6.70	7.40	132
河池	Hechi	4.24	8.50	16.90	31	普洱	Puer	-2.09	9.70	5.00	184
来宾	Laibin	20.44	20.00	16.50	36	临沧	Lincang	18.71	6.80	6.80	146
崇左	Chongzuo	4.38	13.00	12.80	57	**西藏**	**Tibet**	**10.25**	**10.38**	**7.00**	
海南	**Hainan**	**8.98**	**8.69**	**10.30**		拉萨	Lasa		11.60	7.00	141
海口	Haikou	13.74	10.40	10.70	81	**陕西**	**Shaanxi**	**3.72**	**3.86**	**4.80**	
三亚	Sanya	9.99	10.40	9.30	101	西安	Xi'an	0.68	11.30	9.30	101
三沙	Sansha					铜川	Tongchuan	2.19	4.70	0.80	263
重庆	**Chongqing**	**2.77**	**3.60**	**5.10**		宝鸡	Baoji	1.13	5.70	3.90	205
四川	**Sichuan**	**2.31**	**3.00**	**2.90**		咸阳	Xianyang	3.32	9.40	2.20	237
成都	Chengdu	-0.16	2.70	4.70	192	渭南	Weinan	4.34	1.60	1.60	248
自贡	Zigong	-5.30	6.10	4.00	200	延安	Yan'an	14.25	4.20	4.00	200
攀枝花	Panzhihua	-0.91	3.60	2.70	227	汉中	Hanzhong	1.36	2.30	2.40	231
泸州	Luzhou	4.39	8.70	2.90	225	榆林	Yulin	11.07	15.40	11.90	64
德阳	Deyang	-1.20	1.30	1.50	252	安康	Ankang	2.91	9.10	1.60	248
绵阳	Mianyang	-3.59	4.00	1.50	252	商洛	Shangluo	0.74	7.60	2.00	242
广元	Guangyuan	-6.20	-0.30	1.60	248	**甘肃**	**Gansu**	**6.03**	**6.08**	**8.20**	
遂宁	Suining	-4.64	7.10	5.10	180	兰州	Lanzhou	3.05	6.00	8.10	119
内江	Neijiang	2.56	3.30	2.20	237	嘉峪关	Jiayuguan	3.00	5.50	5.40	173
乐山	Leshan	-0.90	3.40	1.20	257	金昌	Jinchang	6.26	4.30	5.00	184
南充	Nanchong	-0.19	1.80	0.50	266	白银	Baiyin	8.89	11.90	11.00	77
眉山	Meishan	1.24	3.40	3.30	219	天水	Tianshui	13.21	6.90	10.50	84
宜宾	Yibin	2.91	3.30	2.30	233	武威	Wuwei	1.20	3.70	4.70	192
广安	Guangan	2.04	6.60	5.80	164	张掖	Zhangye	4.47	4.60	4.40	196
达州	Dazhou	-0.47	4.50	3.80	208	平凉	Pingliang	6.57	5.20	8.60	111
雅安	Yaan	0.62	4.50	3.10	222	酒泉	Jiuquan	1.98	4.50	4.50	194
巴中	Bazhong	2.17	4.40	3.60	209	庆阳	Qingyang	-1.53	12.50	10.20	89
资阳	Ziyang	-3.56	3.40	1.60	248	定西	Dingxi	5.34	5.70	5.20	177
贵州	**Guizhou**	**7.41**	**5.90**	**12.10**		陇南	Longnan	7.94	12.00	11.00	77
贵阳	Guiyang	13.07	9.50	10.20	89	**青海**	**Qinghai**	**8.63**	**8.03**	**10.70**	
六盘水	Liupanshui	17.67	7.10	7.80	125	西宁	Xining	6.49	5.70	8.20	115
遵义	Zunyi	11.80	8.10	12.10	62	海东	Haidong			13.70	51
安顺	Anshun	10.41	10.20	11.80	66	**宁夏**	**Ningxia**	**9.04**	**8.62**	**12.20**	
毕节	Bijie		15.50	17.00	30	银川	Yinchuan	8.06	11.00	9.10	104
铜仁	Tongren		7.90	7.20	136	石嘴山	Shizuishan	4.82	3.90	3.40	215
云南	**Yunnan**	**6.54**	**6.17**	**7.10**		吴忠	Wuzhong		17.40	18.20	26
昆明	Kunming	5.96	4.60	5.10	180	固原	Guyuan	14.26	18.20	16.10	41
曲靖	Qujing	15.27	6.20	7.90	124	中卫	Zhongwei	14.54	17.30	9.80	97
玉溪	Yuxi	5.61	2.80	3.30	219	**新疆**	**Xinjiang**	**10.56**	**10.92**	**7.40**	
保山	Baoshan	5.46	4.30	6.30	156	乌鲁木齐	Urumqi	4.06	6.80	7.60	126
昭通	Zhaotong	24.13	4.30	11.10	73	克拉玛依	Karamay	3.71	5.30	6.00	160

1-10 年底总户数
Total Households at Year-end

单位：万户 （10 000 households）

地名	City	2010	2013	2014	2014 排名 Ranking	地名	City	2010	2013	2014	2014 排名 Ranking
全国	**Nation Total**	**40152.0**	**37178.9**	**44330.9**		沈阳	Shenyang	251.3	260.2	263.0	21
北京	**Beijing**	**668.0**	**616.6**	**522.6**		大连	Dalian	207.6	211.8	213.0	46
天津	**Tianjin**	**366.0**	**451.5**	**362.6**		鞍山	Anshan	117.9	119.6	119.7	141
河北	**Hebei**	**2040.0**	**1903.6**	**2353.8**		抚顺	Fushun	83.3	81.9	84.8	203
石家庄	Shijiazhuang	276.3	290.3	296.1	7	本溪	Benxi	56.7	56.9	56.9	244
唐山	Tangshan	228.4	231.5	236.1	34	丹东	Dandong	82.8	84.3	84.7	204
秦皇岛	Qinhuangdao	103.6	107.4	109.5	158	锦州	Jinzhou	103.8	103.9	103.7	168
邯郸	Handan	254.0	266.5	271.8	18	营口	Yingkou	87.2	88.0	88.4	192
邢台	Xingtai	217.3	234.5	239.2	30	阜新	Fuxin	67.0	68.3	68.5	230
保定	Baoding	348.9	369.9	377.3	3	辽阳	Liaoyang	69.0	67.8	68.4	231
张家口	Zhangjiakou	174.4	184.8	188.5	65	盘锦	Panjin	47.6	46.5	46.2	259
承德	Chengde	127.8	133.5	136.2	116	铁岭	Tieling	105.0	105.9	106.4	162
沧州	Cangzhou	222.2	239.2	244.0	28	朝阳	Chaoyang	112.5	113.1	113.3	152
廊坊	Langfang	119.9	127.0	129.5	126	葫芦岛	Huludao	97.1	97.3	98.2	181
衡水	Hengshui	135.7	141.3	144.1	111	吉林	**Jilin**	**900.0**	**820.6**	**1008.1**	
山西	**Shanxi**	**1033.0**	**990.3**	**1313.4**		长春	Changchun	247.5	266.1	271.4	19
太原	Taiyuan	104.7	112.6	113.9	151	吉林	Jilin	150.7	155.4	158.5	92
大同	Datong	119.0	128.1	128.1	130	四平	Siping	118.0	123.4	125.9	133
阳泉	Yangquan	49.1	52.6	52.8	251	辽源	Liaoyuan	43.3	45.1	46.0	260
长治	Changzhi	107.3	121.6	119.5	143	通化	Tonghua	78.5	84.4	86.1	199
晋城	Jincheng	75.8	83.6	83.6	205	白山	Baishan	54.7	58.3	59.5	241
朔州	Shuozhou	60.9	69.1	68.8	229	松原	Songyuan	95.2	99.9	101.9	171
晋中	Jinzhong	117.8	131.6	131.7	121	白城	Baicheng	81.1	85.4	87.1	195
运城	Yuncheng	152.7	171.6	172.4	78	黑龙江	**Heilongjiang**	**1296.0**	**1155.4**	**1490.2**	
忻州	Xinzhou	120.3	134.0	134.3	118	哈尔滨	Harbin	347.0	381.1	389.3	2
临汾	Linfen	150.5	159.4	160.1	89	齐齐哈尔	Qiqihar	199.6	209.0	210.4	50
吕梁	Lvliang	130.7	149.0	148.2	108	鸡西	Jixi	75.7	78.0	77.1	216
内蒙古	**Inner Mongolia**	**818.0**	**752.1**	**975.0**		鹤岗	Hegang	48.5	50.7	51.0	254
呼和浩特	Hohhot	80.2	87.3	89.0	191	双鸭山	Shuangyashan	60.7	63.2	63.8	239
包头	Baotou	78.1	83.9	85.6	201	大庆	Daqing	101.0	106.2	106.6	161
乌海	Wuhai	22.5	17.2	17.5	280	伊春	Yichun	51.8	53.9	53.8	249
赤峰	Chifeng	164.0	178.6	182.2	71	佳木斯	Jiamusi	92.3	99.1	93.6	186
通辽	Tongliao	105.3	114.8	117.1	147	七台河	Qitaihe	33.8	34.3	33.0	272
鄂尔多斯	Erdos	60.5	63.4	64.7	237	牡丹江	Mudanjiang	99.2	105.8	100.8	174
呼伦贝尔	Hulunbuir	98.8	100.7	102.7	170	黑河	Heihe	66.2	70.7	71.3	224
巴彦淖尔	Bayannur	63.4	68.4	69.8	227	绥化	Suihua	195.0	204.9	212.6	47
乌兰察布	Ulanqab	111.5	119.0	121.4	139	上海	**Shanghai**	**825.0**	**837.7**	**532.6**	
辽宁	**Liaoning**	**1499.0**	**1310.6**	**1515.1**		江苏	**Jiangsu**	**2439.0**	**2200.8**	**2435.4**	

1-10 年底总户数 续表 1
Total Households at Year-end continued 1

单位：万户 （10 000 households）

地名	City	2010	2013	2014	2014 排名 Ranking	地名	City	2010	2013	2014	2014 排名 Ranking
南京	Nanjing	209.3	218.0	221.6	42	池州	Chizhou	57.1	55.5	54.9	248
无锡	Wuxi	155.6	158.1	159.8	90	宣城	Xuancheng	94.5	98.9	99.1	178
徐州	Xuzhou	277.3	275.6	277.8	13	**福建**	**Fujian**	**1121.0**	**1134.0**	**1057.9**	
常州	Changzhou	127.1	128.8	129.4	127	福州	Fuzhou	199.1	204.9	209.0	51
苏州	Suzhou	211.8	215.6	217.5	44	厦门	Xiamen	57.8	63.5	64.8	236
南通	Nantong	283.2	283.4	282.6	10	莆田	Putian	81.7	84.5	86.2	198
连云港	Lianyungang	139.7	139.4	140.8	113	三明	Sanming	76.9	77.3	78.8	213
淮安	Huaian	160.0	161.1	163.1	86	泉州	Quanzhou	185.6	192.3	196.1	60
盐城	Yancheng	277.9	273.4	273.1	17	漳州	Zhangzhou	131.2	135.4	138.1	115
扬州	Yangzhou	154.2	150.6	150.1	105	南平	Nanping	92.0	92.9	94.8	184
镇江	Zhenjiang	102.2	101.4	101.3	173	龙岩	Longyan	87.1	92.9	94.0	185
泰州	Taizhou	172.9	169.5	168.9	79	宁德	Ningde	98.7	102.4	104.4	167
宿迁	Suqian	148.5	148.5	149.5	107	**江西**	**Jiangxi**	**1150.0**	**1073.0**	**1524.4**	
浙江	**Zhejiang**	**1885.0**	**1703.4**	**1630.5**		南昌	Nanchang	140.8	151.4	153.7	100
杭州	Hangzhou	216.5	220.7	225.1	40	景德镇	Jingdezhen	44.0	46.9	47.4	258
宁波	Ningbo	223.0	223.6	228.1	39	萍乡	Pingxiang	48.8	51.7	52.2	252
温州	Wenzhou	228.7	228.7	233.3	37	九江	Jiujiang	126.9	131.7	133.3	119
嘉兴	Jiaxing	103.2	104.3	106.4	164	新余	Xinyu	35.5	37.8	38.3	265
湖州	Huzhou	84.1	85.6	87.3	194	鹰潭	Yingtan	30.3	31.8	32.2	274
绍兴	Shaoxing	161.9	161.6	164.8	85	赣州	Ganzhou	214.0	225.3	228.7	38
金华	Jinhua	181.9	183.4	187.1	67	吉安	Jian	128.8	133.5	135.1	117
衢州	Quzhou	86.3	88.3	90.1	189	宜春	Yichun	145.4	153.6	154.9	98
舟山	Zhoushan	36.7	36.8	37.5	268	抚州	Fuzhou	105.6	111.2	112.4	154
台州	Taizhou	192.7	191.5	195.3	61	上饶	Shangrao	168.7	178.1	180.1	73
丽水	Lishui	92.9	98.0	100.0	176	**山东**	**Shandong**	**3011.0**	**2863.8**	**3162.6**	
安徽	**Anhui**	**1831.0**	**1615.5**	**2122.8**		济南	Jinan	190.7	199.7	201.9	57
合肥	Hefei	157.1	236.5	236.6	33	青岛	Qingdao	246.1	251.0	252.7	24
芜湖	Wuhu	78.3	126.9	127.2	132	淄博	Zibo	143.5	147.6	149.5	106
蚌埠	Bengbu	106.0	110.1	109.5	159	枣庄	Zaozhuang	120.9	117.7	117.3	146
淮南	Huainan	77.5	78.2	78.4	214	东营	Dongying	62.5	65.2	66.0	233
马鞍山	Maanshan	40.6	73.1	73.1	222	烟台	Yantai	231.5	236.3	235.5	35
淮北	Huaibei	66.1	65.9	66.4	232	潍坊	Weifang	271.6	280.9	282.2	11
铜陵	Tongling	25.3	25.8	25.7	278	济宁	Jining	245.5	256.2	262.4	22
安庆	Anqing	180.6	186.4	183.3	70	泰安	Taian	181.6	191.0	195.1	62
黄山	Huangshan	50.2	50.8	51.4	253	威海	Weihai	91.8	92.3	92.5	187
滁州	Chuzhou	142.1	142.6	141.8	112	日照	Rizhao	99.4	102.9	106.4	162
阜阳	Fuyang	288.1	290.7	279.4	12	莱芜	Laiwu	46.9	46.6	49.6	255
宿州	Suzhou	178.8	189.7	190.5	64	临沂	Linyi	327.9	342.8	351.9	5
六安	Liuan	231.7	237.0	236.8	31	德州	Dezhou	172.6	180.2	184.9	69
亳州	Bozhou	170.9	175.7	168.7	80	聊城	Liaocheng	187.8	189.2	194.4	63

1-10 年底总户数 续表 2
Total Households at Year-end continued 2

单位：万户 （10 000 households）

地名	City	2010	2013	2014	2014 排名 Ranking	地名	City	2010	2013	2014	2014 排名 Ranking
滨州	Binzhou	116.8	123.3	128.1	131	常德	Changde	213.9	210.4	180.8	72
菏泽	Heze	265.1	275.4	292.1	8	张家界	Zhangjiajie	44.6	60.4	56.1	246
河南	**Henan**	**2593.0**	**2364.4**	**3178.1**		益阳	Yiyang	147.4	157.8	131.1	122
郑州	Zhengzhou	200.9	210.5	212.3	48	郴州	Chenzhou	159.5	166.1	150.7	103
开封	Kaifeng	148.3	156.0	165.3	84	永州	Yongzhou	173.5	198.8	155.3	96
洛阳	Luoyang	203.8	212.6	212.2	49	怀化	Huaihua	161.2	167.3	145.4	109
平顶山	Pingdingshan	152.1	154.5	155.3	97	娄底	Loudi	142.9	150.1	121.9	137
安阳	Anyang	169.6	168.2	177.5	74	**广东**	**Guangdong**	**2775.0**	**2705.0**	**2388.5**	
鹤壁	Hebi	46.7	48.3	48.1	257	广州	Guangzhou	252.7	270.6	276.0	16
新乡	Xinxiang	168.2	173.0	175.8	76	韶关	Shaoguan	100.5	110.4	112.6	153
焦作	Jiaozuo	99.4	99.9	100.2	175	深圳	Shenzhen	74.0	88.6	90.4	188
濮阳	Puyang	105.5	113.9	120.0	140	珠海	Zhuhai	29.4	30.2	30.8	275
许昌	Xuchang	139.6	145.5	150.3	104	汕头	Shantou	115.9	120.8	123.2	135
漯河	Luohe	77.8	77.3	79.2	212	佛山	Foshan	112.0	116.0	118.3	145
三门峡	Sanmenxia	72.7	70.8	73.4	219	江门	Jiangmen	120.3	119.6	122.0	136
南阳	Nanyang	363.5	359.8	357.7	4	湛江	Zhanjiang	205.6	203.9	208.0	52
商丘	Shangqiu	256.1	261.6	277.4	14	茂名	Maoming	195.1	196.2	200.1	59
信阳	Xinyang	268.5	278.0	276.9	15	肇庆	Zhaoqing	117.9	119.5	121.9	138
周口	Zhoukou	324.2	332.3	331.7	6	惠州	Huizhou	94.6	96.6	98.5	179
驻马店	Zhumadian	235.2	242.6	246.7	27	梅州	Meizhou	134.6	136.4	139.1	114
湖北	**Hubei**	**1670.0**	**1590.7**	**2051.4**		汕尾	Shanwei	73.0	75.0	76.5	217
武汉	Wuhan	274.6	286.4	286.4	9	河源	Heyuan	94.3	95.6	97.5	183
黄石	Huangshi	78.1	75.4	75.4	218	阳江	Yangjiang	78.5	77.9	79.5	210
十堰	Shiyan	115.5	118.0	119.6	142	清远	Qingyuan	115.0	112.1	114.3	150
宜昌	Yichang	149.7	152.6	152.6	101	东莞	Dongguan	53.1	55.0	56.1	245
襄阳	Xiangyang	206.3	213.4	213.4	45	中山	Zhongshan	41.7	43.0	43.9	262
鄂州	Ezhou	36.2	37.7	37.7	267	潮州	Chaozhou	63.1	63.7	65.0	235
荆门	Jingmen	100.0	101.7	101.7	172	揭阳	Jieyang	147.4	151.5	154.5	99
孝感	Xiaogan	164.9	166.4	166.4	82	云浮	Yunfu	78.2	77.9	79.5	210
荆州	Jingzhou	205.9	206.6	206.6	54	**广西**	**Guangxi**	**1315.0**	**1180.9**	**1566.5**	
黄冈	Huanggang	242.5	253.5	253.5	23	南宁	Nanning	211.4	219.8	220.1	43
咸宁	Xianning	87.5	89.8	89.8	190	柳州	Liuzhou	110.0	111.1	111.7	155
随州	Suizhou	75.6	87.1	87.1	196	桂林	Guilin	161.5	161.4	161.7	87
湖南	**Hunan**	**1863.0**	**1693.5**	**2313.6**		梧州	Wuzhou	95.8	99.0	98.4	180
长沙	Changsha	204.3	214.0	233.9	36	北海	Beihai	44.2	44.1	43.7	263
株洲	Zhuzhou	115.8	117.4	111.7	156	防城港	Fangchenggang	24.8	24.6	24.7	279
湘潭	Xiangtan	93.0	95.6	82.7	206	钦州	Qinzhou	98.8	97.1	97.8	182
衡阳	Hengyang	238.9	242.1	205.8	55	贵港	Guigang	155.5	157.3	157.3	94
邵阳	Shaoyang	225.5	234.1	225.1	41	玉林	Yulin	191.6	203.2	203.2	56
岳阳	Yueyang	158.1	188.0	166.9	81	百色	Baise	108.4	110.9	110.8	157

1-10 年底总户数 续表 3

Total Households at Year-end continued 3

单位：万户 （10 000 households）

地名	City	2010	2013	2014	2014 排名 Ranking	地名	City	2010	2013	2014	2014 排名 Ranking
贺州	Hezhou	62.3	64.4	64.5	238	丽江	Lijiang	31.3	42.5	37.9	266
河池	Hechi	100.3	123.1	124.1	134	普洱	Puer	74.9	82.8	73.1	221
来宾	Laibin	59.4	77.4	77.9	215	临沧	Lincang	62.6	83.7	65.6	234
崇左	Chongzuo	69.1	70.9	70.8	226	**西藏**	**Tibet**	**67.0**	**63.6**	**84.3**	
海南	**Hainan**	**222.0**	**206.0**	**265.4**		拉萨	Lasa				
海口	Haikou	49.7	52.4	52.8	250	**陕西**	**Shaanxi**	**1072.0**	**1020.3**	**1265.7**	
三亚	Sanya	14.2	14.0	14.1	282	西安	Xi'an	226.7	245.5	250.3	25
三沙	Sansha					铜川	Tongchuan	27.3	28.2	27.9	277
重庆	**Chongqing**	**974.0**	**907.1**	**1248.7**		宝鸡	Baoji	112.0	115.3	115.0	149
四川	**Sichuan**	**2580.0**	**2413.6**	**3245.8**		咸阳	Xianyang	152.0	158.5	156.6	95
成都	Chengdu	483.0	455.0	467.2	1	渭南	Weinan	171.3	180.3	176.6	75
自贡	Zigong	84.8	107.4	107.8	160	延安	Yan'an	80.8	86.5	85.8	200
攀枝花	Panzhihua	39.0	36.6	37.0	269	汉中	Hanzhong	126.0	129.9	130.7	124
泸州	Luzhou	128.5	150.8	152.3	102	榆林	Yulin	125.4	130.8	131.1	123
德阳	Deyang	131.7	157.2	158.2	93	安康	Ankang	99.0	105.1	105.4	166
绵阳	Mianyang	171.4	204.6	207.6	53	商洛	Shangluo	73.0	78.2	81.1	208
广元	Guangyuan	84.5	115.1	116.2	148	**甘肃**	**Gansu**	**690.0**	**628.0**	**828.6**	
遂宁	Suining	104.1	141.5	145.1	110	兰州	Lanzhou	100.2	104.9	106.3	165
内江	Neijiang	121.2	159.1	160.6	88	嘉峪关	Jiayuguan	6.1	6.7	7.0	284
乐山	Leshan	108.5	128.0	128.7	129	金昌	Jinchang	15.7	16.8	17.2	281
南充	Nanchong	207.0	268.1	271.3	20	白银	Baiyin	52.6	54.4	55.3	247
眉山	Meishan	102.0	128.5	129.4	128	天水	Tianshui	97.7	99.1	99.6	177
宜宾	Yibin	143.7	172.1	173.5	77	武威	Wuwei	54.5	57.5	58.4	242
广安	Guangan	113.9	158.0	158.6	91	张掖	Zhangye	42.2	44.9	44.9	261
达州	Dazhou	169.4	247.0	247.0	26	平凉	Pingliang	66.7	70.4	71.9	223
雅安	Yaan	47.0	58.4	58.3	243	酒泉	Jiuquan	33.2	34.3	34.4	270
巴中	Bazhong	96.8	130.5	132.8	120	庆阳	Qingyang	73.9	79.9	80.8	209
资阳	Ziyang	132.3	182.1	185.6	68	定西	Dingxi	81.8	86.6	87.5	193
贵州	**Guizhou**	**1039.0**	**929.6**	**1274.5**		陇南	Longnan	77.9	81.9	82.5	207
贵阳	Guiyang	108.7	117.3	119.1	144	**青海**	**Qinghai**	**153.0**	**141.4**	**177.2**	
六盘水	Liupanshui	92.4	100.5	102.7	169	西宁	Xining	57.1	60.4	61.7	240
遵义	Zunyi	211.9	233.7	236.6	32	海东	Haidong			49.1	256
安顺	Anshun	79.8	85.1	86.8	197	**宁夏**	**Ningxia**	**184.0**	**168.4**	**226.2**	
毕节	Bijie	213.0	235.9	240.4	29	银川	Yinchuan	70.3	71.1	71.0	225
铜仁	Tongren	116.2	125.0	129.6	125	石嘴山	Shizuishan	26.5	26.6	28.9	276
云南	**Yunnan**	**1236.0**	**1173.9**	**1517.5**		吴忠	Wuzhong	35.0	39.3	40.2	264
昆明	Kunming	185.2	190.3	200.3	58	固原	Guyuan	32.9	33.3	34.2	271
曲靖	Qujing	182.9	200.9	188.4	66	中卫	Zhongwei	30.8	31.8	32.8	273
玉溪	Yuxi	71.6	76.2	73.2	220	**新疆**	**Xinjiang**	**640.0**	**563.4**	**692.1**	
保山	Baoshan	67.5	76.6	69.5	228	乌鲁木齐	Urumqi	80.6	84.1	85.5	202
昭通	Zhaotong	159.5	181.3	165.6	83	克拉玛依	Karamay	10.4	10.8	11.0	283

1-11 人口密度
Population Density

单位：人/平方公里 （person/sq.km）

地名	City	2010	2013	2014	2014 排名 Ranking
全国	**Nation Total**	**139.7**	**141.7**	**142.5**	
北京	**Beijing**	**1195.5**	**1288.7**	**1311.3**	
天津	**Tianjin**	**1090.3**	**1235.4**	**1273.0**	
河北	**Hebei**	**381.8**	**389.1**	**391.9**	
石家庄	Shijiazhuang	642.0	662.5	809.8	29
唐山	Tangshan	562.8	560.9	576.6	76
秦皇岛	Qinhuangdao	397.4	390.3	392.8	121
邯郸	Handan	761.7	772.9	776.9	36
邢台	Xingtai	569.8	580.5	583.6	75
保定	Baoding	544.5	546.2	517.9	94
张家口	Zhangjiakou	117.9	119.7	119.9	243
承德	Chengde	87.9	88.5	89.3	255
沧州	Cangzhou	508.3	520.2	525.5	93
廊坊	Langfang	678.8	700.1	708.5	46
衡水	Hengshui	493.0	499.6	501.8	99
山西	**Shanxi**	**228.1**	**231.6**	**232.8**	
太原	Taiyuan	603.9	613.2	615.2	66
大同	Datong	235.1	238.9	239.3	176
阳泉	Yangquan	299.6	303.3	304.7	151
长治	Changzhi	240.1	243.8	245.0	169
晋城	Jincheng	241.9	244.1	245.0	170
朔州	Shuozhou	155.1	163.4	164.3	216
晋中	Jinzhong	198.4	201.6	202.6	197
运城	Yuncheng	362.4	368.4	370.4	128
忻州	Xinzhou	122.2	124.0	124.4	240
临汾	Linfen	213.1	216.6	217.7	185
吕梁	Lvliang	175.6	178.6	179.5	207
内蒙古	**Inner Mongolia**	**21.6**	**21.8**	**21.9**	
呼和浩特	Hohhot	166.9	174.6	176.3	209
包头	Baotou	95.6	99.6	100.8	250
乌海	Wuhai	305.0	315.3	316.0	142
赤峰	Chifeng	48.2	47.8	47.8	274
通辽	Tongliao	52.7	52.5	44.9	275
鄂尔多斯	Erdos	22.5	23.3	23.5	282
呼伦贝尔	Hulunbuir	10.0	10.0	10.0	284
巴彦淖尔	Bayannur	25.9	25.9	25.7	280
乌兰察布	Ulanqab	39.3	39.0	38.8	276
辽宁	**Liaoning**	**295.5**	**296.5**	**296.7**	
沈阳	Shenyang	624.5	636.1	644.4	59
大连	Dalian	532.1	552.2	555.4	82
鞍山	Anshan	394.1	389.8	390.5	123
抚顺	Fushun	189.7	185.6	184.6	206
本溪	Benxi	203.3	205.4	205.0	195
丹东	Dandong	159.9	158.7	158.1	220
锦州	Jinzhou	316.0	307.3	306.2	150
营口	Yingkou	463.2	466.2	466.6	109
阜新	Fuxin	175.7	173.1	172.5	213
辽阳	Liaoyang	392.5	391.3	390.6	122
盘锦	Panjin	341.9	353.8	354.2	133
铁岭	Tieling	209.4	205.3	204.9	196
朝阳	Chaoyang	154.6	151.3	150.9	225
葫芦岛	Huludao	251.9	248.3	247.3	168
吉林	**Jilin**	**143.7**	**144.0**	**144.0**	
长春	Changchun	372.6		366.4	129
吉林	Jilin	162.8		154.3	223
四平	Siping	240.5		233.0	181
辽源	Liaoyuan	229.0		237.0	177
通化	Tonghua	149.0		142.3	229
白山	Baishan	74.2		72.1	264
松原	Songyuan	136.6		132.0	235
白城	Baicheng	79.0		76.6	262
黑龙江	**Heilongjiang**	**84.7**	**84.7**	**84.7**	
哈尔滨	Harbin	200.5	200.5	186.0	205
齐齐哈尔	Qiqihar	126.4	126.4	130.3	238
鸡西	Jixi	82.7	82.8	81.5	258
鹤岗	Hegang	72.2	74.0	73.0	263
双鸭山	Shuangyashan	63.0	63.0	65.9	267
大庆	Daqing	137.0	131.3	131.0	236
伊春	Yichun	35.1	35.1	37.5	278
佳木斯	Jiamusi	78.1	75.2	71.2	265
七台河	Qitaihe	148.0	147.9	141.8	230
牡丹江	Mudanjiang	69.0	75.3	66.1	266
黑河	Heihe	20.4	25.1	24.9	281
绥化	Suihua	155.4	159.3	158.6	219
上海	**Shanghai**	**2794.8**	**2931.4**	**2944.1**	
江苏	**Jiangsu**	**737.2**	**743.8**	**745.7**	

注：本表数据为常住人口与行政区域土地面积之比。

Note: Refers to the rotio of the usual residents with the land area of administrative region.

1-11 人口密度 续表 1
Population Density continued 1

单位：人/平方公里 （person/sq.km）

地名	City	2010	2013	2014	2014 排名 Ranking	地名	City	2010	2013	2014	2014 排名 Ranking
南京	Nanjing	1215.7	1243.1	1247.3	10	池州	Chizhou	169.6	171.9	172.9	212
无锡	Wuxi	1378.0	1401.3	1404.8	8	宣城	Xuancheng	205.6	205.8	209.0	191
徐州	Xuzhou	762.2	763.0	733.4	41	**福建**	**Fujian**	**297.8**	**304.3**	**306.9**	
常州	Changzhou	1050.5	1073.2	1074.2	16	福州	Fuzhou	544.5	561.8	568.7	78
苏州	Suzhou	1233.4	1246.3	1224.9	11	厦门	Xiamen	2244.8	2371.3	2422.1	4
南通	Nantong	910.1	912.1	691.8	51	莆田	Putian	674.7	685.1	689.9	52
连云港	Lianyungang	586.3	581.5	584.6	74	三明	Sanming	108.4	109.3	109.3	246
淮安	Huaian	477.0	479.2	483.8	104	泉州	Quanzhou	738.0	759.0	766.2	38
盐城	Yancheng	428.0	425.4	426.6	114	漳州	Zhangzhou	373.7	392.7	385.1	125
扬州	Yangzhou	676.8	678.2	679.4	53	南平	Nanping	100.6	99.7	99.7	251
镇江	Zhenjiang	809.7	822.7	825.9	28	龙岩	Longyan	134.3	135.3	135.9	233
泰州	Taizhou	798.5	800.8	801.6	31	宁德	Ningde	209.8	211.1	211.9	189
宿迁	Suqian	552.1	565.3	568.2	79	**江西**	**Jiangxi**	**267.4**	**271.0**	**272.2**	
浙江	**Zhejiang**	**516.8**	**521.6**	**522.6**		南昌	Nanchang	682.7	700.4	707.9	47
杭州	Hangzhou	524.5	532.9	535.8	89	景德镇	Jingdezhen	302.3	307.7	309.8	148
宁波	Ningbo	775.4	780.7	795.7	33	萍乡	Pingxiang	485.4	491.3	493.3	101
温州	Wenzhou	775.1	780.5	751.6	39	九江	Jiujiang	251.4	251.0	252.0	166
嘉兴	Jiaxing	1150.7	1164.0	1167.3	14	新余	Xinyu	358.7	363.8	365.3	130
湖州	Huzhou	497.4	500.7	503.4	98	鹰潭	Yingtan	316.3	320.8	322.4	141
绍兴	Shaoxing	593.4	597.8	598.6	70	赣州	Ganzhou	212.9	215.3	215.7	186
金华	Jinhua	490.4	496.1	496.9	100	吉安	Jian	190.5	192.5	193.1	203
衢州	Quzhou	240.1	240.1	240.1	174	宜春	Yichun	290.5	293.4	294.3	154
舟山	Zhoushan	778.5	784.9	787.6	35	抚州	Fuzhou	208.1	210.8	211.5	190
台州	Taizhou	634.8	641.6	639.1	60	上饶	Shangrao	289.0	292.4	293.4	155
丽水	Lishui	122.4	122.6	123.2	241	**山东**	**Shandong**	**610.2**	**619.5**	**623.0**	
安徽	**Anhui**	**425.1**	**430.3**	**434.1**		济南	Jinan	833.8	855.9	883.7	21
合肥	Hefei	810.0	665.0	672.4	55	青岛	Qingdao	794.2	794.5	801.8	30
芜湖	Wuhu	682.5	600.5	600.2	68	淄博	Zibo	759.9	770.0	773.7	37
蚌埠	Bengbu	533.4	541.0	547.5	86	枣庄	Zaozhuang	818.3	833.0	839.4	27
淮南	Huainan	904.1	912.2	919.1	20	东营	Dongying	257.1	252.9	254.7	165
马鞍山	Maanshan	810.8	545.3	550.5	85	烟台	Yantai	506.9	504.5	505.5	97
淮北	Huaibei	772.3	781.5	787.7	34	潍坊	Weifang	563.3	571.5	572.8	77
铜陵	Tongling	650.5	612.8	614.5	67	济宁	Jining	708.4	725.5	728.5	43
安庆	Anqing	347.0	348.9	349.0	135	泰安	Taian	708.3	717.3	719.1	45
黄山	Huangshan	138.7	138.3	139.0	232	威海	Weihai	483.9	485.0	484.6	103
滁州	Chuzhou	291.4	293.1	294.8	153	日照	Rizhao	524.1	532.0	535.6	90
阜阳	Fuyang	778.9	789.3	800.2	32	莱芜	Laiwu	578.4	593.5	599.0	69
宿州	Suzhou	547.9	554.9	552.0	83	临沂	Linyi	585.0	590.9	594.6	71
六安	Liuan	312.5	315.5	311.2	146	德州	Dezhou	538.2	547.6	550.8	84
亳州	Bozhou	580.5	591.1	586.3	73	聊城	Liaocheng	666.2	657.9	660.7	57

1-11 人口密度 续表 2
Population Density continued 2

单位：人/平方公里 (person/sq.km)

地名	City	2010	2013	2014	2014 排名 Ranking	地名	City	2010	2013	2014	2014 排名 Ranking
滨州	Binzhou	390.8	394.0	397.5	120	常德	Changde	314.2	319.4	308.3	149
菏泽	Heze	678.3	683.7	694.2	48	张家界	Zhangjiajie	155.3	158.9	159.6	218
河南	**Henan**	**568.2**	**568.7**	**570.0**		益阳	Yiyang	354.7	355.0	356.5	132
郑州	Zhengzhou	1163.2	1234.4	1259.5	9	郴州	Chenzhou	232.7	241.2	242.9	172
开封	Kaifeng	725.8	721.0	727.5	44	永州	Yongzhou	231.5	239.3	242.0	173
洛阳	Luoyang	431.2	434.2	438.3	113	怀化	Huaihua	171.7	175.0	175.5	210
平顶山	Pingdingshan	620.6	627.2	629.3	61	娄底	Loudi	466.3	472.3	475.1	107
安阳	Anyang	697.6	692.3	692.1	50	**广东**	**Guangdong**	**580.7**	**591.9**	**596.4**	
鹤壁	Hebi	720.4	737.4	732.2	42	广州	Guangzhou	1709.7	1738.9	1759.6	7
新乡	Xinxiang	699.1	663.6	658.7	58	韶关	Shaoguan	153.3	157.1	158.0	221
焦作	Jiaozuo	870.3	863.2	865.3	23	深圳	Shenzhen	5206.8	5322.5	5397.5	1
濮阳	Puyang	843.9	866.5	859.8	25	珠海	Zhuhai	912.9	959.0	936.3	19
许昌	Xuchang	862.7	860.1	866.6	22	汕头	Shantou	2614.3	2654.6	2676.2	3
漯河	Luohe	938.1	1192.1	966.2	17	佛山	Foshan	1895.5	1921.0	1935.4	5
三门峡	Sanmenxia	212.8	961.3	214.1	188	江门	Jiangmen	465.2	473.2	474.6	108
南阳	Nanyang	387.5	274.5	376.8	126	湛江	Zhanjiang	529.6	540.5	543.9	88
商丘	Shangqiu	687.0	595.8	678.1	54	茂名	Maoming	508.5	526.3	529.4	92
信阳	Xinyang	323.7	554.5	341.6	138	肇庆	Zhaoqing	253.6	270.1	271.0	160
周口	Zhoukou	747.5	576.5	736.1	40	惠州	Huizhou	405.6	414.4	416.6	116
驻马店	Zhumadian	479.1	47.4	459.7	110	梅州	Meizhou	263.8	271.5	272.5	159
湖北	**Hubei**	**308.1**	**312.0**	**312.9**		汕尾	Shanwei	557.6	613.8	618.0	64
武汉	Wuhan	1152.0	1203.2	1206.4	12	河源	Heyuan	189.1	194.1	195.7	200
黄石	Huangshi	529.7	533.5	534.4	91	阳江	Yangjiang	305.2	311.7	314.2	144
十堰	Shiyan	141.1	142.2	142.4	228	清远	Qingyuan	194.6	199.1	200.6	198
宜昌	Yichang	192.6	194.4	194.7	201	东莞	Dongguan	3343.5	3380.9	3391.5	2
襄阳	Xiangyang	278.8	283.4	283.9	157	中山	Zhongshan	1735.0	1779.1	1789.6	6
鄂州	Ezhou	658.1	662.3	664.2	56	潮州	Chaozhou	849.3	862.0	864.7	24
荆门	Jingmen	231.7	232.7	232.9	182	揭阳	Jieyang	1117.2	1138.4	1151.8	15
孝感	Xiaogan	540.4	544.7	545.6	87	云浮	Yunfu	303.8	311.9	314.0	145
荆州	Jingzhou	403.9	407.1	407.4	117	**广西**	**Guangxi**	**194.1**	**198.6**	**200.1**	
黄冈	Huanggang	353.0	358.1	358.7	131	南宁	Nanning	301.3	308.1	310.8	147
咸宁	Xianning	249.8	247.8	255.3	164	柳州	Liuzhou	201.9	207.3	209.0	192
随州	Suizhou	224.4	226.2	226.6	184	桂林	Guilin	170.7	175.3	176.6	208
湖南	**Hunan**	**310.1**	**315.8**	**318.0**		梧州	Wuzhou'	228.9	234.7	236.4	178
长沙	Changsha	595.9	611.1	618.8	63	北海	Beihai	461.2	476.5	480.6	105
株洲	Zhuzhou	342.9	349.4	351.4	134	防城港	Fangchenggang	139.3	144.1	145.6	226
湘潭	Xiangtan	548.8	559.1	561.7	81	钦州	Qinzhou	284.1	259.9	261.7	162
衡阳	Hengyang	467.2	473.8	477.3	106	贵港	Guigang	388.5	398.1	401.4	119
邵阳	Shaoyang	339.5	345.7	346.6	137	玉林	Yulin	427.4	438.5	441.4	112
岳阳	Yueyang	363.0	374.1	376.6	127	百色	Baise	96.2	97.9	98.6	252

1-11 人口密度 续表 3
Population Density continued 3

单位：人/平方公里 (person/sq.km)

地名	City	2010	2013	2014	2014 排名 Ranking
贺州	Hezhou	164.8	170.2	171.3	214
河池	Hechi	102.4	102.5	103.1	248
来宾	Laibin	156.6	160.3	161.3	217
崇左	Chongzuo	114.7	117.0	117.7	244
海南	**Hainan**	**245.7**	**253.2**	**255.6**	
海口	Haikou	887.6	941.9	963.5	18
三亚	Sanya	357.1	381.4	386.6	124
三沙	Sansha				
重庆	**Chongqing**	**350.6**	**361.0**	**363.6**	
四川	**Sichuan**	**166.2**	**167.5**	**168.2**	
成都	Chengdu	1157.9	1178.4	1190.3	13
自贡	Zigong	612.6	625.0	626.8	62
攀枝花	Panzhihua	163.2	166.6	166.5	215
泸州	Luzhou	344.9	347.0	347.3	136
德阳	Deyang	611.7	596.3	594.0	72
绵阳	Mianyang	227.9	230.9	234.1	180
广元	Guangyuan	152.2	156.0	157.9	222
遂宁	Suining	610.9	615.0	616.4	65
内江	Neijiang	687.5	691.7	693.1	49
乐山	Leshan	252.3	255.9	255.4	163
南充	Nanchong	503.2	506.3	507.6	96
眉山	Meishan	410.7	417.1	418.7	115
宜宾	Yibin	337.0	336.4	336.8	139
广安	Guangan	505.2	508.4	509.6	95
达州	Dazhou	329.6	332.3	333.4	140
雅安	Yaan	98.5	102.0	102.6	249
巴中	Bazhong	267.0	269.8	270.2	161
资阳	Ziyang	460.3	448.6	445.6	111
贵州	**Guizhou**	**197.5**	**198.8**	**199.2**	
贵阳	Guiyang	538.8	562.2	566.5	80
六盘水	Liupanshui	286.4	290.0	290.7	156
遵义	Zunyi	199.4	199.7	200.1	199
安顺	Anshun	248.2	248.3	249.1	167
毕节	Bijie		243.5	243.6	171
铜仁	Tongren		172.4	173.1	211
云南	**Yunnan**	**120.1**	**122.3**	**123.0**	
昆明	Kunming	306.4	313.1	315.3	143
曲靖	Qujing	202.6	206.7	207.9	193
玉溪	Yuxi	150.9	153.1	153.8	224
保山	Baoshan	127.6	130.1	130.7	237
昭通	Zhaotong	231.0	238.1	240.1	175

地名	City	2010	2013	2014	2014 排名 Ranking
丽江	Lijiang	58.0	59.8	60.1	269
普洱	Puer	56.1	56.9	57.2	271
临沧	Lincang	99.4	105.0	105.5	247
西藏	**Tibet**	**2.5**	**2.6**	**2.6**	
拉萨	Lasa		20.2	17.9	283
陕西	**Shaanxi**	**181.5**	**182.9**	**183.4**	
西安	Xi'an	838.3	850.5	854.5	26
铜川	Tongchuan	215.1	214.1	214.7	187
宝鸡	Baoji	205.1	206.7	207.2	194
咸阳	Xianyang	480.4	485.0	486.5	102
渭南	Weinan	402.8	406.0	406.8	118
延安	Yan'an	59.1	59.6	59.8	270
汉中	Hanzhong	125.4	125.5	125.8	239
榆林	Yulin	77.0	77.3	77.7	261
安康	Ankang	111.8	112.1	112.3	245
商洛	Shangluo	121.4	121.6	121.9	242
甘肃	**Gansu**	**63.4**	**63.9**	**64.1**	
兰州	Lanzhou	276.6	278.3	280.1	158
嘉峪关	Jiayuguan	79.0	80.4	82.2	256
金昌	Jinchang	52.2	52.7	52.8	273
白银	Baiyin	80.8	80.9	80.7	259
天水	Tianshui	227.5	230.7	231.4	183
武威	Wuwei	54.7	54.5	54.6	272
张掖	Zhangye	28.6	28.9	28.9	279
平凉	Pingliang	185.3	186.8	187.3	204
酒泉	Jiuquan	5.7	5.7	5.7	285
庆阳	Qingyang	81.6	82.0	82.0	257
定西	Dingxi	132.9	136.3	141.4	231
陇南	Longnan	92.1	92.5	92.9	254
青海	**Qinghai**	**7.9**	**8.1**	**8.1**	
西宁	Xining	288.6	296.5	299.5	152
海东	Haidong			135.2	234
宁夏	**Ningxia**	**121.8**	**125.9**	**127.3**	
银川	Yinchuan	222.0		235.9	179
石嘴山	Shizuishan	136.9		145.5	227
吴忠	Wuzhong	62.9		80.7	260
固原	Guyuan	117.0		94.1	253
中卫	Zhongwei	62.1		65.0	268
新疆	**Xinjiang**	**13.1**	**13.6**	**13.8**	
乌鲁木齐	Urumqi	225.8	250.9	193.6	202
克拉玛依	Karamay	41.0	73.9	38.2	277

2

就业和工资

Employment and Wages

2-1 就业人员
Employed Population

单位：万人 （10 000 persons）

地名	City	2010	2013	2014	2014 排名 Ranking
全国	**Nation Total**	**76105.0**	**76977.0**	**77253.0**	
北京	**Beijing**	**1031.6**			
天津	**Tianjin**	**728.7**			
河北	**Hebei**	**3865.1**			
石家庄	Shijiazhuang	514.5	548.3	575.7	16
唐山	Tangshan	434.6	451.9	474.5	35
秦皇岛	Qinhuangdao	160.8	170.1	178.6	162
邯郸	Handan	672.2	616.1	646.9	11
邢台	Xingtai	368.2	401.3	421.4	48
保定	Baoding	642.6	701.3	736.4	4
张家口	Zhangjiakou	261.9	301.2	316.3	79
承德	Chengde	214.5	219.6	230.6	126
沧州	Cangzhou	396.1	423.0	444.2	42
廊坊	Langfang	238.8	257.8	270.7	105
衡水	Hengshui	222.8	238.1	250.0	118
山西	**Shanxi**	**1685.9**			
太原	Taiyuan	176.1	201.0	211.1	140
大同	Datong	139.3	145.9	153.2	190
阳泉	Yangquan	63.3	72.4	76.0	244
长治	Changzhi	158.4	178.0	186.9	157
晋城	Jincheng	131.7	148.2	155.6	189
朔州	Shuozhou	82.3	93.4	98.1	231
晋中	Jinzhong	161.6	170.5	179.0	161
运城	Yuncheng	264.0	265.8	279.1	101
忻州	Xinzhou	135.3	160.8	168.8	172
临汾	Linfen	202.2	216.4	227.2	127
吕梁	Lvliang	138.7	150.0	157.5	187
内蒙古	**Inner Mongolia**	**1184.7**			
呼和浩特	Hohhot	165.5	173.6	176.9	165
包头	Baotou	141.7	153.4	155.8	188
乌海	Wuhai	26.3	29.6	31.5	267
赤峰	Chifeng	241.2	255.9	257.5	112
通辽	Tongliao	163.1	192.9	175.3	167
鄂尔多斯	Erdos	98.0	103.1	108.2	227
呼伦贝尔	Hulunbuir	107.5	138.6	143.8	198
巴彦淖尔	Bayannur	89.1	89.4	90.0	237
乌兰察布	Ulanqab	110.6	112.8	113.4	221
辽宁	**Liaoning**	**2317.5**			
沈阳	Shenyang	348.6	402.4	403.1	54
大连	Dalian	402.2	472.8	501.2	32
鞍山	Anshan	164.2	176.6	177.3	164
抚顺	Fushun	117.5	111.7	116.2	215
本溪	Benxi	77.0	75.3	75.4	245
丹东	Dandong	120.8	132.9	129.9	210
锦州	Jinzhou	163.7	170.6	178.1	163
营口	Yingkou	139.3	154.0	168.2	173
阜新	Fuxin	110.0	115.2	109.3	225
辽阳	Liaoyang	89.4	92.7	91.0	236
盘锦	Panjin	104.9	105.5	112.8	222
铁岭	Tieling	142.7	150.4	145.5	196
朝阳	Chaoyang	182.4	195.9	190.3	153
葫芦岛	Huludao	137.5	147.9	149.6	193
吉林	**Jilin**	**1311.6**			
长春	Changchun	356.5	440.0	126.8	213
吉林	Jilin	171.7	193.3	43.2	261
四平	Siping	152.1	151.6	21.8	272
辽源	Liaoyuan	55.4	66.6	13.0	276
通化	Tonghua	100.0	122.2	29.0	270
白山	Baishan	50.3	64.5	18.3	274
松原	Songyuan	138.5	158.7	26.5	271
白城	Baicheng	86.0	105.6	21.6	273
黑龙江	**Heilongjiang**	**1932.0**			
哈尔滨	Harbin	475.0	300.4	315.4	80
齐齐哈尔	Qiqihar	263.7	82.6	86.7	238
鸡西	Jixi	78.2	53.7	56.4	257
鹤岗	Hegang	43.5	39.2	41.2	262
双鸭山	Shuangyashan	59.3	31.5	33.1	265
大庆	Daqing	162.7	101.0	106.1	228
伊春	Yichun	49.6	57.5	60.4	255
佳木斯	Jiamusi	115.3	70.4	73.9	249
七台河	Qitaihe	44.8	29.3	30.8	268
牡丹江	Mudanjiang	156.3	71.2	74.8	246
黑河	Heihe	64.1	36.5	38.3	263
绥化	Suihua	259.7	71.0	74.6	247
上海	**Shanghai**	**1090.8**			
江苏	**Jiangsu**	**4754.7**			

2-1 就业人员 续表 1
Employed Population continued 1

单位：万人 （10 000 persons）

地名	City	2010	2013	2014	2014 排名 Ranking	地名	City	2010	2013	2014	2014 排名 Ranking
南京	Nanjing	457.8	452.4	453.0	40	池州	Chizhou	109.2	113.1	114.1	220
无锡	Wuxi	382.3	389.2	389.5	56	宣城	Xuancheng	193.0	202.7	203.0	147
徐州	Xuzhou	520.7	478.7	480.9	33	**福建**	**Fujian**	**2181.3**			
常州	Changzhou	323.4	280.9	281.0	96	福州	Fuzhou	391.2	479.1	503.1	31
苏州	Suzhou	589.1	695.2	693.4	7	厦门	Xiamen	149.9	257.2	270.1	106
南通	Nantong	463.7	467.2	462.0	37	莆田	Putian	176.6	208.8	219.2	130
连云港	Lianyungang	302.1	250.2	251.1	116	三明	Sanming	147.3	162.2	170.3	171
淮安	Huaian	326.5	281.3	281.9	95	泉州	Quanzhou	521.6	578.9	607.8	13
盐城	Yancheng	348.3	446.4	445.5	41	漳州	Zhangzhou	275.4	299.7	314.7	82
扬州	Yangzhou	296.8	265.7	265.6	109	南平	Nanping	171.4	180.1	189.1	155
镇江	Zhenjiang	182.1	192.1	192.7	152	龙岩	Longyan	178.5	186.9	196.2	151
泰州	Taizhou	284.3	284.2	285.0	93	宁德	Ningde	166.2	195.1	204.9	145
宿迁	Suqian	333.1	276.4	279.2	100	**江西**	**Jiangxi**	**2498.8**			
浙江	**Zhejiang**	**3636.0**				南昌	Nanchang	292.6	326.1	330.1	74
杭州	Hangzhou	626.3	650.5	654.9	10	景德镇	Jingdezhen	97.0	101.7	102.6	229
宁波	Ningbo	476.5	503.4	511.5	29	萍乡	Pingxiang	106.4	113.5	116.1	216
温州	Wenzhou	558.9	574.0	332.3	72	九江	Jiujiang	308.3	309.5	310.0	84
嘉兴	Jiaxing	317.6	327.7	183.0	159	新余	Xinyu	71.5	64.7	64.9	251
湖州	Huzhou	179.9	180.9	345.7	68	鹰潭	Yingtan	70.9	74.4	77.3	242
绍兴	Shaoxing	341.8	344.4	74.3	248	赣州	Ganzhou	480.2	522.5	532.4	24
金华	Jinhua	346.0	245.3	567.6	18	吉安	Jian	260.3	275.1	280.6	99
衢州	Quzhou	128.1	133.6	345.5	69	宜春	Yichun	301.0	324.2	330.4	73
舟山	Zhoushan	66.7	72.7	134.2	207	抚州	Fuzhou	208.7	218.6	221.9	129
台州	Taizhou	367.6	397.2	402.2	55	上饶	Shangrao	395.7	421.4	427.9	47
丽水	Lishui	137.6	140.1	140.6	199	**山东**	**Shandong**	**6401.9**			
安徽	**Anhui**	**4050.0**				济南	Jinan	379.1	454.4	465.2	36
合肥	Hefei	344.5	504.4	513.9	28	青岛	Qingdao	523.9	571.4	584.7	14
芜湖	Wuhu	135.4	197.8	200.8	148	淄博	Zibo	249.6	316.3	318.6	78
蚌埠	Bengbu	212.5	199.4	218.5	132	枣庄	Zaozhuang	232.0	291.3	294.1	90
淮南	Huainan	132.1	140.2	138.0	202	东营	Dongying	115.6	148.2	149.8	192
马鞍山	Maanshan	66.7	131.7	136.9	203	烟台	Yantai	416.8	493.3	459.5	39
淮北	Huaibei	111.5	114.1	114.8	219	潍坊	Weifang	513.8	563.1	569.3	17
铜陵	Tongling	45.2	46.3	47.7	259	济宁	Jining	482.7	548.2	551.2	21
安庆	Anqing	426.7	434.6	436.7	44	泰安	Taian	314.5	405.1	408.3	53
黄山	Huangshan	93.4	97.3	98.0	232	威海	Weihai	154.3	198.4	199.2	149
滁州	Chuzhou	265.5	280.4	282.6	94	日照	Rizhao	180.2	207.7	208.7	142
阜阳	Fuyang	590.1	629.3	610.1	12	莱芜	Laiwu	76.1	110.6	111.0	223
宿州	Suzhou	355.1	362.1	369.9	58	临沂	Linyi	635.6	714.1	718.9	5
六安	Liuan	395.0	404.9	433.2	46	德州	Dezhou	301.0	351.7	355.1	64
亳州	Bozhou	334.2	339.1	353.4	65	聊城	Liaocheng	347.4	407.7	409.8	52

2-1 就业人员 续表 2
Employed Population continued 2

单位：万人 （10 000 persons）

地名	City	2010	2013	2014	2014 排名 Ranking	地名	City	2010	2013	2014	2014 排名 Ranking
滨州	Binzhou	239.3	285.4	287.5	92	常德	Changde	324.7	357.4	362.0	60
菏泽	Heze	462.0	513.5	515.5	27	张家界	Zhangjiajie	89.0	97.7	95.6	235
河南	**Henan**	**6041.6**				益阳	Yiyang	249.1	265.3	269.9	107
郑州	Zhengzhou	469.3	538.1	539.5	22	郴州	Chenzhou	299.1	318.1	326.6	76
开封	Kaifeng	303.7	324.4	321.5	77	永州	Yongzhou	336.5	345.3	342.1	70
洛阳	Luoyang	408.0	425.3	435.8	45	怀化	Huaihua	294.7	303.3	304.2	86
平顶山	Pingdingshan	309.2	317.5	314.9	81	娄底	Loudi	249.4	252.2	251.5	115
安阳	Anyang	346.5	355.4	358.4	62	**广东**	**Guangdong**	**5752.4**			
鹤壁	Hebi	86.4	92.2	96.6	233	广州	Guangzhou	789.1	759.9	784.8	3
新乡	Xinxiang	318.7	340.3	350.1	66	韶关	Shaoguan	143.1	143.8	144.1	197
焦作	Jiaozuo	210.1	232.9	233.0	125	深圳	Shenzhen	705.2	899.2	899.7	1
濮阳	Puyang	232.6	253.8	262.9	110	珠海	Zhuhai	105.4	106.3	108.8	226
许昌	Xuchang	261.7	296.5	303.9	87	汕头	Shantou	237.9	239.7	238.3	124
漯河	Luohe	161.9	166.7	171.7	170	佛山	Foshan	381.1	437.3	438.1	43
三门峡	Sanmenxia	129.6	137.4	138.6	201	江门	Jiangmen	248.3	244.3	243.2	121
南阳	Nanyang	675.6	671.9	701.8	6	湛江	Zhanjiang	318.1	336.4	340.8	71
商丘	Shangqiu	505.6	522.4	533.7	23	茂名	Maoming	298.0	280.5	281.0	97
信阳	Xinyang	459.1	504.9	511.3	30	肇庆	Zhaoqing	236.5	216.2	217.8	133
周口	Zhoukou	680.2	690.5	693.0	8	惠州	Huizhou	255.4	277.3	280.6	98
驻马店	Zhumadian	560.8	575.3	581.6	15	梅州	Meizhou	211.8	211.9	213.0	138
湖北	**Hubei**	**3645.0**				汕尾	Shanwei	123.5	119.7	119.4	214
武汉	Wuhan	488.0	522.2	563.7	19	河源	Heyuan	139.9	135.2	134.6	205
黄石	Huangshi	125.2	134.2	162.3	177	阳江	Yangjiang	170.1	129.0	128.3	211
十堰	Shiyan	209.3	210.4	268.5	108	清远	Qingyuan	183.7	200.1	204.0	146
宜昌	Yichang	278.7	223.1	515.8	26	东莞	Dongguan	438.5	633.2	660.5	9
襄阳	Xiangyang	371.1	314.4	296.5	89	中山	Zhongshan	217.8	210.3	211.8	139
鄂州	Ezhou	63.1	64.9	252.2	114	潮州	Chaozhou	146.3	131.0	127.7	212
荆门	Jingmen	202.7	154.7	115.2	218	揭阳	Jieyang	266.0	273.6	274.2	103
孝感	Xiaogan	319.8	303.4	253.6	113	云浮	Yunfu	136.6	132.7	132.7	208
荆州	Jingzhou	383.2	357.8	384.9	57	**广西**	**Guangxi**	**2903.0**			
黄冈	Huanggang	348.0	357.0	411.4	50	南宁	Nanning	409.1			
咸宁	Xianning	149.8	153.7	157.9	186	柳州	Liuzhou	217.9	254.5	262.3	111
随州	Suizhou	149.3	135.0	176.0	166	桂林	Guilin	276.9			
湖南	**Hunan**	**3982.7**				梧州	Wuzhou	185.5	182.3	189.6	154
长沙	Changsha	424.1	456.6	460.6	38	北海	Beihai	58.1	70.1	60.3	256
株洲	Zhuzhou	230.6	242.8	246.4	119	防城港	Fangchenggang	55.3	61.4	63.7	253
湘潭	Xiangtan	172.7	184.5	180.3	160	钦州	Qinzhou	227.5	34.6	31.6	266
衡阳	Hengyang	458.3	475.4	476.5	34	贵港	Guigang	258.5	272.7	274.0	104
邵阳	Shaoyang	478.6	508.7	517.6	25	玉林	Yulin	362.0	391.3	410.9	51
岳阳	Yueyang	315.0	348.2	360.8	61	百色	Baise	227.5	22.2	238.8	123

2-1 就业人员 续表 3

Employed Population continued 3

单位：万人 （10 000 persons）

地名	City	2010	2013	2014	2014 排名 Ranking	地名	City	2010	2013	2014	2014 排名 Ranking
贺州	Hezhou	117.3	228.0	239.4	122	丽江	Lijiang	72.1	75.4	80.7	239
河池	Hechi	191.2	205.3	205.7	144	普洱	Puer	160.6	173.0	158.8	184
来宾	Laibin	158.0	162.0	164.5	175	临沧	Lincang	139.2	157.3	147.9	194
崇左	Chongzuo	160.3	149.9	151.1	191	**西藏**	**Tibet**	**173.4**			
海南	**Hainan**	**439.7**				拉萨	Lasa				
海口	Haikou	111.2	153.0	161.2	181	**陕西**	**Shaanxi**	**2073.5**			
三亚	Sanya	30.1	37.5	48.5	258	西安	Xi'an	477.6	530.7	557.2	20
三沙	Sansha					铜川	Tongchuan	41.1	44.3	46.5	260
重庆	**Chongqing**					宝鸡	Baoji	203.7	205.9	216.2	136
四川	**Sichuan**	**4772.5**				咸阳	Xianyang	262.7	263.5	276.7	102
成都	Chengdu	766.4	820.6	824.4	2	渭南	Weinan	334.5	340.1	357.1	63
自贡	Zigong	184.2	196.3	197.2	150	延安	Yan'an	111.2	128.3	134.7	204
攀枝花	Panzhihua	65.4	72.6	72.9	250	汉中	Hanzhong	197.6	203.5	213.7	137
泸州	Luzhou	243.5	250.0	250.1	117	榆林	Yulin	193.0	199.3	209.3	141
德阳	Deyang	203.5	218.7	219.2	131	安康	Ankang	153.1	154.5	162.2	178
绵阳	Mianyang	279.5	299.9	300.7	88	商洛	Shangluo	110.8	110.0	115.5	217
广元	Guangyuan	164.1	163.8	164.1	176	**甘肃**	**Gansu**	**1499.6**			
遂宁	Suining	160.4	161.0	161.7	180	兰州	Lanzhou	176.5	196.3	206.1	143
内江	Neijiang	202.7	173.8	174.4	168	嘉峪关	Jiayuguan	12.6	12.6	13.2	275
乐山	Leshan	188.5	183.4	184.2	158	金昌	Jinchang	28.1	28.6	30.0	269
南充	Nanchong	249.1	293.1	294.1	90	白银	Baiyin	90.1	91.8	96.4	234
眉山	Meishan	192.4	187.4	188.3	156	天水	Tianshui	194.0	207.0	217.4	135
宜宾	Yibin	310.8	313.3	314.2	83	武威	Wuwei	108.8	124.7	130.9	209
广安	Guangan	212.6	217.5	217.6	134	张掖	Zhangye	81.1	74.8	78.5	241
达州	Dazhou	303.2	328.5	328.8	75	平凉	Pingliang	123.3	133.5	140.2	200
雅安	Yaan	95.3	102.0	102.4	230	酒泉	Jiuquan	53.9	59.1	62.1	254
巴中	Bazhong	184.5	167.8	168.2	174	庆阳	Qingyang	139.9	140.1	147.1	195
资阳	Ziyang	205.5	222.2	222.3	128	定西	Dingxi	157.4	163.6	171.8	169
贵州	**Guizhou**					陇南	Longnan	152.0	154.5	162.2	178
贵阳	Guiyang	241.5	232.1	243.7	120	**青海**	**Qinghai**	**330.1**			
六盘水	Liupanshui	167.0	152.5	160.1	182	西宁	Xining				
遵义	Zunyi	434.4	331.1	347.7	67	海东	Haidong				
安顺	Anshun	153.4	128.0	134.4	206	**宁夏**	**Ningxia**	**326.0**			
毕节	Bijie	454.3	331.2			银川	Yinchuan	87.5	104.1	109.3	224
铜仁	Tongren	249.7	155.2			石嘴山	Shizuishan	33.4	35.3	37.1	264
云南	**Yunnan**	**2765.9**				吴忠	Wuzhong	69.7	73.5	77.2	243
昆明	Kunming	392.2	403.5	414.5	49	固原	Guyuan	74.6	75.7	79.5	240
曲靖	Qujing	393.0	396.9	369.5	59	中卫	Zhongwei	59.3	61.0	64.1	252
玉溪	Yuxi	149.3	156.1	159.9	183	**新疆**	**Xinjiang**	**894.7**			
保山	Baoshan	152.3	165.0	158.4	185	乌鲁木齐	Urumqi	114.3			
昭通	Zhaotong	297.5	315.3	306.7	85	克拉玛依	Karamay	22.8			

2-2 城镇单位就业人员

Employed Persons in Urban Units

单位：万人 (10 000 persons)

地名	City	2010	2013	2014	2014 排名 Ranking	地名	City	2010	2013	2014	2014 排名 Ranking
全国	**Nation Total**	**13051.5**	**18108.4**	**18277.8**		沈阳	Shenyang	109.9	144.2	153.7	15
北京	**Beijing**	**646.6**	**742.3**	**755.9**		大连	Dalian	96.3	131.4	121.3	28
天津	**Tianjin**	**205.7**	**302.4**	**295.5**		鞍山	Anshan	51.2	62.9	61.3	70
河北	**Hebei**	**519.6**	**653.4**	**656.2**		抚顺	Fushun	40.3	32.8	30.7	167
石家庄	Shijiazhuang	84.2	97.0	100.6	38	本溪	Benxi	32.3	31.7	32.7	154
唐山	Tangshan	84.0	96.5	93.7	44	丹东	Dandong	24.6	31.8	28.8	177
秦皇岛	Qinhuangdao	29.8	34.2	33.9	151	锦州	Jinzhou	32.2	32.1	32.8	153
邯郸	Handan	56.6	80.4	80.5	53	营口	Yingkou	20.8	29.1	27.2	187
邢台	Xingtai	35.1	45.6	46.1	104	阜新	Fuxin	25.6	22.7	21.5	216
保定	Baoding	70.4	104.5	105.7	35	辽阳	Liaoyang	18.9	19.9	18.5	233
张家口	Zhangjiakou	33.7	38.9	38.1	135	盘锦	Panjin	50.3	49.8	48.3	97
承德	Chengde	25.7	30.3	29.9	171	铁岭	Tieling	27.2	28.2	25.4	195
沧州	Cangzhou	43.7	52.4	53.1	81	朝阳	Chaoyang	25.2	30.4	30.3	170
廊坊	Langfang	34.6	43.9	45.2	108	葫芦岛	Huludao	25.4	27.2	26.5	189
衡水	Hengshui	21.8	29.6	29.5	173	吉林	**Jilin**	**267.6**	**338.4**	**334.4**	
山西	**Shanxi**	**394.4**	**464.0**	**452.1**		长春	Changchun	92.8	126.2	126.8	24
太原	Taiyuan	77.3	96.7	107.8	31	吉林	Jilin	33.3	44.3	43.2	119
大同	Datong	42.1	46.5	42.0	123	四平	Siping	21.1	21.8	21.8	214
阳泉	Yangquan	23.7	28.6	28.5	179	辽源	Liaoyuan	8.8	13.7	13.0	264
长治	Changzhi	37.3	45.1	44.5	112	通化	Tonghua	19.9	29.8	29.0	176
晋城	Jincheng	27.1	37.9	37.7	137	白山	Baishan	17.2	19.0	18.3	236
朔州	Shuozhou	17.9	20.5	20.2	224	松原	Songyuan	21.5	27.4	26.5	188
晋中	Jinzhong	35.1	36.7	35.2	145	白城	Baicheng	18.5	21.6	21.6	215
运城	Yuncheng	32.0	38.0	38.6	131	黑龙江	**Heilongjiang**	**460.0**	**467.8**	**450.9**	
忻州	Xinzhou	22.7	26.3	25.4	194	哈尔滨	Harbin	160.8	182.8	136.3	21
临汾	Linfen	33.8	37.6	38.0	136	齐齐哈尔	Qiqihar	37.3	43.5	41.6	125
吕梁	Lvliang	30.8	39.5	37.5	138	鸡西	Jixi	22.6	23.2	24.5	196
内蒙古	**Inner Mongolia**	**249.2**	**303.8**	**301.5**		鹤岗	Hegang	20.2	21.0	20.0	228
呼和浩特	Hohhot	71.8	41.5	42.2	120	双鸭山	Shuangyashan	16.6	19.2	20.9	217
包头	Baotou	75.0	43.1	40.8	128	大庆	Daqing	69.2	74.4	53.1	82
乌海	Wuhai	15.9	10.4	10.0	275	伊春	Yichun	24.5	27.5	18.4	235
赤峰	Chifeng	53.9	36.4	35.7	143	佳木斯	Jiamusi	22.7	27.4	17.8	241
通辽	Tongliao	37.3	28.8	29.2	175	七台河	Qitaihe	18.6	17.2	12.6	265
鄂尔多斯	Erdos	35.3	31.0	31.2	162	牡丹江	Mudanjiang	38.9	45.8	26.4	190
呼伦贝尔	Hulunbuir	49.8	31.2	38.2	134	黑河	Heihe	15.3	17.5	31.3	161
巴彦淖尔	Bayannur	25.9	15.3	15.2	253	绥化	Suihua	27.8	33.0	28.0	183
乌兰察布	Ulanqab	28.9	16.7	16.5	248	上海	**Shanghai**	**392.9**	**467.8**	**730.5**	
辽宁	**Liaoning**	**518.1**	**689.1**	**665.2**		江苏	**Jiangsu**	**763.8**	**1503.3**	**1602.4**	

2-2 城镇单位就业人员 续表 1
Employed Persons in Urban Units continued 1

单位：万人 (10 000 persons)

地名	City	2010	2013	2014	2014 排名 Ranking	地名	City	2010	2013	2014	2014 排名 Ranking
南京	Nanjing	125.6	217.0	230.0	7	池州	Chizhou	7.1	10.7	10.9	271
无锡	Wuxi	83.0	128.6	123.5	25	宣城	Xuancheng	12.4	15.8	16.3	249
徐州	Xuzhou	61.8	110.2	107.7	32	**福建**	**Fujian**	**507.1**	**644.0**	**654.6**	
常州	Changzhou	38.2	71.8	71.7	61	福州	Fuzhou	105.5	142.8	149.2	17
苏州	Suzhou	130.9	295.7	315.4	3	厦门	Xiamen	95.3	130.3	133.9	22
南通	Nantong	63.1	184.6	221.3	8	莆田	Putian	28.8	46.6	49.1	96
连云港	Lianyungang	34.0	47.4	48.2	98	三明	Sanming	21.5	24.1	24.1	201
淮安	Huaian	39.3	63.6	74.3	58	泉州	Quanzhou	142.2	163.7	157.1	14
盐城	Yancheng	51.9	89.0	87.3	50	漳州	Zhangzhou	40.1	50.6	52.9	83
扬州	Yangzhou	40.1	101.5	113.3	29	南平	Nanping	23.6	24.0	24.5	198
镇江	Zhenjiang	37.3	46.9	50.7	91	龙岩	Longyan	30.6	28.9	30.4	168
泰州	Taizhou	37.2	93.3	107.3	34	宁德	Ningde	16.6	27.7	29.7	172
宿迁	Suqian	21.5	54.7	51.7	85	**江西**	**Jiangxi**	**297.4**	**445.0**	**465.3**	
浙江	**Zhejiang**	**883.6**	**1071.6**	**1102.7**		南昌	Nanchang	67.8		122.1	26
杭州	Hangzhou	232.7	282.6	293.4	4	景德镇	Jingdezhen	17.4		20.1	227
宁波	Ningbo	140.2	171.4	171.7	13	萍乡	Pingxiang	14.1		20.2	225
温州	Wenzhou	107.9	103.0	104.7	36	九江	Jiujiang	34.0		45.4	106
嘉兴	Jiaxing	80.4	79.8	80.1	54	新余	Xinyu	10.1		14.1	257
湖州	Huzhou	37.9	48.2	49.4	94	鹰潭	Yingtan	10.0		13.9	258
绍兴	Shaoxing	107.1	135.5	139.7	20	赣州	Ganzhou	42.4		55.3	78
金华	Jinhua	52.5	90.0	96.0	40	吉安	Jian	20.2		36.0	141
衢州	Quzhou	17.1	20.4	20.8	218	宜春	Yichun	28.1		43.2	118
舟山	Zhoushan	16.8	18.5	45.2	109	抚州	Fuzhou	21.2		38.2	133
台州	Taizhou	69.8	102.3	107.4	33	上饶	Shangrao	30.0		45.0	110
丽水	Lishui	16.8	18.0	17.8	240	**山东**	**Shandong**	**956.2**	**1290.6**	**1266.3**	
安徽	**Anhui**	**372.9**	**519.7**	**521.7**		济南	Jinan	116.9	148.1	142.3	19
合肥	Hefei	71.1	144.5	145.0	18	青岛	Qingdao	124.1	147.1	150.1	16
芜湖	Wuhu	26.7	42.2	43.9	113	淄博	Zibo	62.9	93.9	91.4	47
蚌埠	Bengbu	17.3	26.0	27.3	186	枣庄	Zaozhuang	35.8	51.1	47.8	101
淮南	Huainan	32.7	35.3	32.6	156	东营	Dongying	40.1	48.8	47.8	100
马鞍山	Maanshan	15.4	23.7	23.1	206	烟台	Yantai	90.5	107.9	109.7	30
淮北	Huaibei	20.8	28.6	27.5	184	潍坊	Weifang	74.0	92.7	86.2	51
铜陵	Tongling	11.7	15.6	15.7	251	济宁	Jining	63.2	92.3	91.5	46
安庆	Anqing	24.2	34.9	35.4	144	泰安	Taian	56.3	77.9	76.4	56
黄山	Huangshan	9.4	11.7	11.4	268	威海	Weihai	39.9	56.0	56.4	77
滁州	Chuzhou	17.9	22.5	23.0	208	日照	Rizhao	20.7	32.1	31.1	163
阜阳	Fuyang	29.1	30.8	31.6	160	莱芜	Laiwu	13.8	19.1	19.5	229
宿州	Suzhou	22.1	32.0	31.9	159	临沂	Linyi	56.2	101.1	95.0	42
六安	Liuan	22.2	23.2	23.2	205	德州	Dezhou	38.6	57.0	57.2	75
亳州	Bozhou	16.1	22.1	23.0	207	聊城	Liaocheng	35.4	48.5	47.9	99

2-2 城镇单位就业人员 续表 2

Employed Persons in Urban Units continued 2

单位：万人 (10 000 persons)

地名	City	2010	2013	2014	2014 排名 Ranking	地名	City	2010	2013	2014	2014 排名 Ranking
滨州	Binzhou	37.6	52.4	51.6	87	常德	Changde	60.5	42.4	42.1	121
菏泽	Heze	37.2	50.1	50.3	92	张家界	Zhangjiajie	15.8	8.9	9.2	278
河南	**Henan**	**751.7**	**1076.0**	**1108.9**		益阳	Yiyang	38.8	29.4	28.7	178
郑州	Zhengzhou	108.5	192.0	197.4	11	郴州	Chenzhou	62.2	36.1	36.5	140
开封	Kaifeng	33.1	47.7	47.3	102	永州	Yongzhou	54.7	32.1	32.7	155
洛阳	Luoyang	53.9	72.8	72.7	59	怀化	Huaihua	84.6	28.8	28.4	181
平顶山	Pingdingshan	48.5	57.3	57.2	74	娄底	Loudi	53.9	30.4	30.3	169
安阳	Anyang	43.5	57.2	58.9	73	**广东**	**Guangdong**	**1118.5**	**1967.0**	**1973.3**	
鹤壁	Hebi	17.8	22.4	23.5	203	广州	Guangzhou	246.4	324.6	326.4	2
新乡	Xinxiang	45.7	72.0	72.4	60	韶关	Shaoguan	30.6	35.7	35.0	146
焦作	Jiaozuo	32.3	49.4	49.4	95	深圳	Shenzhen	253.0	457.4	458.5	1
濮阳	Puyang	31.4	41.0	40.9	127	珠海	Zhuhai	63.2	74.6	75.3	57
许昌	Xuchang	28.7	44.2	45.5	105	汕头	Shantou	32.3	55.5	55.0	79
漯河	Luohe	23.1	30.1	30.9	164	佛山	Foshan	56.1	174.2	173.6	12
三门峡	Sanmenxia	24.2	27.9	28.5	180	江门	Jiangmen	44.9	59.5	59.9	72
南阳	Nanyang	70.5	88.0	93.9	43	湛江	Zhanjiang	40.7	50.3	51.7	86
商丘	Shangqiu	39.7	55.6	62.5	67	茂名	Maoming	30.9	44.8	44.9	111
信阳	Xinyang	43.2	60.7	62.2	69	肇庆	Zhaoqing	27.6	40.7	41.8	124
周口	Zhoukou	45.2	66.2	68.9	64	惠州	Huizhou	80.4	86.1	91.8	45
驻马店	Zhumadian	41.2	61.9	69.1	63	梅州	Meizhou	23.5	29.5	29.4	174
湖北	**Hubei**	**510.3**	**696.5**	**706.8**		汕尾	Shanwei	15.7	24.9	24.0	202
武汉	Wuhan	178.5	198.5	202.3	9	河源	Heyuan	24.7	25.4	26.2	192
黄石	Huangshi	27.3	33.3	33.4	152	阳江	Yangjiang	18.2	24.5	24.5	200
十堰	Shiyan	35.6	60.9	62.4	68	清远	Qingyuan	27.6	31.4	32.5	157
宜昌	Yichang	78.9	85.0	87.8	49	东莞	Dongguan	23.2	244.9	238.7	6
襄阳	Xiangyang	40.5	65.5	96.3	39	中山	Zhongshan	29.0	90.8	89.5	48
鄂州	Ezhou	30.5	20.4	20.8	220	潮州	Chaozhou	12.5	21.1	20.6	222
荆门	Jingmen	42.3	24.0	38.3	132	揭阳	Jieyang	20.7	39.1	41.0	126
孝感	Xiaogan	50.4	79.7	80.6	52	云浮	Yunfu	17.5	21.2	22.4	212
荆州	Jingzhou	63.6	41.6	43.3	117	**广西**	**Guangxi**	**316.7**	**403.0**	**401.5**	
黄冈	Huanggang	33.0	44.5	65.7	66	南宁	Nanning	70.5	90.6	95.8	41
咸宁	Xianning	32.9	32.8	23.5	204	柳州	Liuzhou	38.0	60.7	60.6	71
随州	Suizhou	43.2	15.0	14.4	255	桂林	Guilin	31.6	42.6	43.4	114
湖南	**Hunan**	**505.7**	**601.0**	**597.9**		梧州	Wuzhou	15.6	20.1	19.4	230
长沙	Changsha	179.9	130.3	131.8	23	北海	Beihai	11.9	13.8	14.4	256
株洲	Zhuzhou	64.2	45.5	45.3	107	防城港	Fangchenggang	8.9	11.0	9.7	276
湘潭	Xiangtan	44.3	35.4	49.9	93	钦州	Qinzhou	13.7	19.4	20.3	223
衡阳	Hengyang	136.3	57.8	56.4	76	贵港	Guigang	15.3	18.2	18.7	232
邵阳	Shaoyang	93.9	37.2	39.1	130	玉林	Yulin	27.3	35.8	34.7	149
岳阳	Yueyang	92.3	52.9	52.0	84	百色	Baise	18.2	21.1	20.8	219

2-2 城镇单位就业人员 续表 3
Employed Persons in Urban Units continued 3

单位：万人 (10 000 persons)

地名	City	2010	2013	2014	2014 排名 Ranking
贺州	Hezhou	8.0	9.9	10.2	274
河池	Hechi	18.2	19.7	19.4	231
来宾	Laibin	11.8	14.4	13.6	261
崇左	Chongzuo	14.0	13.7	13.6	260
海南	**Hainan**	**81.3**	**98.8**	**101.5**	
海口	Haikou	77.2	49.4	51.3	90
三亚	Sanya	14.4	11.1	12.0	267
三沙	Sansha			0.1	282
重庆	**Chongqing**	**266.4**	**402.0**	**414.5**	
四川	**Sichuan**	**570.6**	**846.2**	**808.7**	
成都	Chengdu	172.1	251.7	272.8	5
自贡	Zigong	16.5	18.7	22.5	210
攀枝花	Panzhihua	17.2	24.0	24.5	197
泸州	Luzhou	25.7	27.3	37.0	139
德阳	Deyang	25.7	28.6	34.7	150
绵阳	Mianyang	34.6	41.9	51.4	89
广元	Guangyuan	14.2	14.9	16.8	246
遂宁	Suining	16.2	17.6	20.8	221
内江	Neijiang	21.4	24.0	30.8	166
乐山	Leshan	28.8	22.6	26.3	191
南充	Nanchong	25.9	35.4	43.3	116
眉山	Meishan	15.3	15.3	20.1	226
宜宾	Yibin	33.5	34.0	35.7	142
广安	Guangan	11.4	12.4	13.9	259
达州	Dazhou	25.1	26.5	32.0	158
雅安	Yaan	9.6	9.1	11.1	270
巴中	Bazhong	14.4	16.2	28.3	182
资阳	Ziyang	16.1	20.5	26.1	193
贵州	**Guizhou**	**224.3**	**296.7**	**304.7**	
贵阳	Guiyang	72.0	97.7	103.9	37
六盘水	Liupanshui	22.5	25.0	24.5	199
遵义	Zunyi	30.3	40.8	43.3	115
安顺	Anshun	12.8	16.9	17.2	244
毕节	Bijie	21.7	30.6		
铜仁	Tongren	14.6	18.2		
云南	**Yunnan**	**322.8**	**428.1**	**419.6**	
昆明	Kunming	92.2	137.3	121.6	27
曲靖	Qujing	33.2	50.1	51.5	88
玉溪	Yuxi	18.8	27.8	27.5	185
保山	Baoshan	14.2	18.3	18.2	238
昭通	Zhaotong	18.1	23.8	22.4	211
丽江	Lijiang	8.4	10.9	10.8	272
普洱	Puer	14.1	17.3	17.5	243
临沧	Lincang	11.0	15.7	15.6	252
西藏	**Tibet**	**22.2**	**31.0**	**32.5**	
拉萨	Lasa	2.5	9.3		
陕西	**Shaanxi**	**364.8**	**505.3**	**516.5**	
西安	Xi'an	140.4	198.4	199.4	10
铜川	Tongchuan	9.8	12.0	12.2	266
宝鸡	Baoji	29.8	39.1	40.2	129
咸阳	Xianyang	37.1	54.4	54.5	80
渭南	Weinan	37.4	47.3	46.9	103
延安	Yan'an	23.1	31.8	34.8	148
汉中	Hanzhong	25.0	30.0	30.9	165
榆林	Yulin	25.9	41.0	42.1	122
安康	Ankang	12.9	17.2	17.6	242
商洛	Shangluo	12.9	18.8	22.0	213
甘肃	**Gansu**	**194.3**	**256.6**	**264.7**	
兰州	Lanzhou	57.7	70.7	67.1	65
嘉峪关	Jiayuguan	5.0	6.6	7.0	279
金昌	Jinchang	7.4	11.8	11.3	269
白银	Baiyin	15.3	18.9	18.1	239
天水	Tianshui	18.9	23.0	22.8	209
武威	Wuwei	9.9	14.2	13.3	263
张掖	Zhangye	10.3	13.6	13.5	262
平凉	Pingliang	12.9	16.1	18.3	237
酒泉	Jiuquan	10.2	15.0	15.0	254
庆阳	Qingyang	9.3	17.4	18.5	234
定西	Dingxi	10.6	16.2	16.3	250
陇南	Longnan	11.3	13.7	16.6	247
青海	**Qinghai**	**52.6**	**64.2**	**63.2**	
西宁	Xining	29.0	35.9	34.9	147
海东	Haidong				
宁夏	**Ningxia**	**59.3**	**72.2**	**73.2**	
银川	Yinchuan	53.6	68.9	78.5	55
石嘴山	Shizuishan	16.6	19.2	9.5	277
吴忠	Wuzhong	16.5	23.7	10.4	273
固原	Guyuan	11.8	13.3	6.5	280
中卫	Zhongwei	8.0	13.4	6.4	281
新疆	**Xinjiang**	**255.0**	**309.5**	**316.6**	
乌鲁木齐	Urumqi	49.1	70.9	70.4	62
克拉玛依	Karamay	16.7	17.2	17.1	245

2-3 城镇单位第一产业就业人员
Employed Persons in Primary Industry

单位：万人 (10 000 persons)

地名	City	2010	2013	2014	2014 排名 Ranking	地名	City	2010	2013	2014	2014 排名 Ranking
全国	**Nation Total**	**375.70**	**294.80**	**245.65**		沈阳	Shenyang	0.99	0.34	0.29	110
北京	**Beijing**	**3.23**	**3.10**	**3.23**		大连	Dalian	0.97	0.57	0.52	69
天津	**Tianjin**	**0.71**	**0.50**	**0.50**		鞍山	Anshan	0.74	0.39	0.39	85
河北	**Hebei**	**6.63**	**5.20**	**4.62**		抚顺	Fushun	0.55	0.44	0.43	80
石家庄	Shijiazhuang	0.41	0.20	0.20	151	本溪	Benxi	0.19	0.08	0.08	208
唐山	Tangshan	3.03	2.54	2.13	15	丹东	Dandong	0.30	0.55	0.28	114
秦皇岛	Qinhuangdao	0.20	0.09	0.14	181	锦州	Jinzhou	1.46	1.06	1.05	37
邯郸	Handan	0.25	0.19	0.17	163	营口	Yingkou	0.11	0.05	0.06	247
邢台	Xingtai	0.16	0.10	0.08	212	阜新	Fuxin	0.44	0.41	0.42	82
保定	Baoding	0.28	0.14	0.13	186	辽阳	Liaoyang	0.42	0.43	0.31	103
张家口	Zhangjiakou	0.55	0.50	0.43	79	盘锦	Panjin	18.75	16.78	17.13	1
承德	Chengde	0.52	0.39	0.36	89	铁岭	Tieling	2.02	1.65	1.63	23
沧州	Cangzhou	0.94	0.83	0.77	51	朝阳	Chaoyang	0.61	0.26	0.25	129
廊坊	Langfang	0.16	0.15	0.11	190	葫芦岛	Huludao	0.42	0.31	0.29	108
衡水	Hengshui	0.13	0.12	0.11	193	吉林	**Jilin**	**16.70**	**13.70**	**10.38**	
山西	**Shanxi**	**3.23**	**2.20**	**2.02**		长春	Changchun	1.33	1.16	1.19	33
太原	Taiyuan	0.33	0.25	0.20	152	吉林	Jilin	1.64	1.02	0.99	40
大同	Datong	0.21	0.15	0.12	188	四平	Siping	1.03	0.91	0.84	47
阳泉	Yangquan	0.04	0.03	0.04	261	辽源	Liaoyuan	0.36	0.29	0.28	113
长治	Changzhi	0.31	0.16	0.15	168	通化	Tonghua	0.62	0.42	0.42	81
晋城	Jincheng	0.15	0.14	0.14	179	白山	Baishan	2.20	2.23	1.95	19
朔州	Shuozhou	0.87	0.35	0.31	104	松原	Songyuan	2.42	2.11	2.05	17
晋中	Jinzhong	0.18	0.15	0.13	186	白城	Baicheng	3.40	2.64	2.66	13
运城	Yuncheng	0.30	0.34	0.26	124	黑龙江	**Heilongjiang**	**92.90**	**79.90**	**55.28**	
忻州	Xinzhou	0.33	0.29	0.29	107	哈尔滨	Harbin	5.50	4.98	5.01	9
临汾	Linfen	0.42	0.37	0.32	100	齐齐哈尔	Qiqihar	7.65	7.29	6.84	6
吕梁	Lvliang	0.09	0.07	0.07	222	鸡西	Jixi	6.70	1.28	4.53	10
内蒙古	**Inner Mongolia**	**26.70**	**24.10**	**20.44**		鹤岗	Hegang	8.55	5.20	4.19	12
呼和浩特	Hohhot	0.36	0.39	0.35	95	双鸭山	Shuangyashan	14.61	0.65	0.91	44
包头	Baotou	0.31	0.29	0.27	120	大庆	Daqing	0.34	0.30	0.34	98
乌海	Wuhai	0.05	0.02	0.02	276	伊春	Yichun	10.23	10.02	9.46	4
赤峰	Chifeng	1.95	1.76	1.59	25	佳木斯	Jiamusi	9.56	2.10	2.09	16
通辽	Tongliao	5.82	5.53	5.62	8	七台河	Qitaihe	0.55	0.46	0.45	77
鄂尔多斯	Erdos	0.47	0.43	0.28	116	牡丹江	Mudanjiang	5.00	4.35	4.22	11
呼伦贝尔	Hulunbuir	11.27	10.18	10.10	3	黑河	Heihe	16.30	16.12	15.94	2
巴彦淖尔	Bayannur	2.24	1.85	1.96	18	绥化	Suihua	1.28	1.30	1.32	30
乌兰察布	Ulanqab	0.36	0.35	0.25	128	上海	**Shanghai**	**1.54**	**1.30**	**5.56**	
辽宁	**Liaoning**	**27.97**	**23.30**	**23.13**		江苏	**Jiangsu**	**9.92**	**6.60**	**6.29**	

2-3 城镇单位第一产业就业人员 续表 1
Employed Persons in Primary Industry continued 1

单位：万人 (10 000 persons)

地名	City	2010	2013	2014	2014 排名 Ranking	地名	City	2010	2013	2014	2014 排名 Ranking
南京	Nanjing	0.41	0.18	0.17	163	池州	Chizhou	0.13	0.09	0.09	203
无锡	Wuxi	0.24	0.18	0.16	167	宣城	Xuancheng	0.29	1.30	0.22	137
徐州	Xuzhou	1.86	1.46	1.43	27	福建	**Fujian**	**6.69**	**4.50**	**4.53**	
常州	Changzhou	0.12	0.06	0.06	242	福州	Fuzhou	0.73	0.20	0.25	126
苏州	Suzhou	0.15	0.01	0.02	271	厦门	Xiamen	0.28	0.22	0.18	161
南通	Nantong	1.13	0.68	0.64	62	莆田	Putian	0.13	0.02	0.04	258
连云港	Lianyungang	1.87	0.95	0.89	46	三明	Sanming	0.57	0.49	0.45	78
淮安	Huaian	1.13	0.95	0.60	66	泉州	Quanzhou	0.38	0.39	0.39	84
盐城	Yancheng	2.42	1.97	1.87	20	漳州	Zhangzhou	2.66	1.73	1.71	22
扬州	Yangzhou	0.09	0.05	0.07	225	南平	Nanping	1.09	0.48	0.92	43
镇江	Zhenjiang	0.15	0.14	0.13	184	龙岩	Longyan	0.52	0.42	0.41	83
泰州	Taizhou	0.24	0.22	0.20	150	宁德	Ningde	0.33	0.25	0.19	153
宿迁	Suqian	0.11	0.05	0.05	253	江西	**Jiangxi**	**12.09**	**5.60**	**5.16**	
浙江	**Zhejiang**	**1.44**	**0.80**	**0.61**		南昌	Nanchang	1.73	0.83	0.46	75
杭州	Hangzhou	0.15	0.17	0.11	189	景德镇	Jingdezhen	1.02	0.65	0.63	64
宁波	Ningbo	0.13	0.06	0.05	253	萍乡	Pingxiang	0.07	0.09	0.06	239
温州	Wenzhou	0.11	0.05	0.06	248	九江	Jiujiang	0.89	0.71	0.76	52
嘉兴	Jiaxing	0.09	0.07	0.06	237	新余	Xinyu	0.09	0.05	0.05	253
湖州	Huzhou	0.02	0.03	0.03	268	鹰潭	Yingtan	1.43		0.01	281
绍兴	Shaoxing	0.03	0.06	0.03	267	赣州	Ganzhou	0.76	0.68	0.67	60
金华	Jinhua	0.10	0.03	0.04	260	吉安	Jian	1.39	1.10	0.98	41
衢州	Quzhou	0.04	0.03	0.02	269	宜春	Yichun	0.78	0.53	0.58	67
舟山	Zhoushan	0.05	0.03	0.06	242	抚州	Fuzhou	0.98	0.53	0.34	96
台州	Taizhou	0.48	0.11	0.08	218	上饶	Shangrao	2.95	0.65	0.62	65
丽水	Lishui	0.24	0.13	0.08	217	山东	**Shandong**	**5.10**	**1.80**	**1.55**	
安徽	**Anhui**	**6.13**	**4.90**	**4.51**		济南	Jinan	0.11	0.09	0.08	210
合肥	Hefei	0.10	0.10	0.08	215	青岛	Qingdao	0.52	0.14	0.14	171
芜湖	Wuhu	0.04	0.05	0.04	263	淄博	Zibo	0.25	0.07	0.07	225
蚌埠	Bengbu	0.21	0.03	0.03	266	枣庄	Zaozhuang	0.40	0.04	0.04	259
淮南	Huainan	0.32	0.22	0.21	145	东营	Dongying	0.59	0.07	0.06	242
马鞍山	Maanshan	0.03	0.07	0.07	220	烟台	Yantai	0.34	0.05	0.06	249
淮北	Huaibei					潍坊	Weifang	0.34	0.09	0.09	205
铜陵	Tongling	0.38	0.26	0.23	134	济宁	Jining	0.18	0.17	0.13	183
安庆	Anqing	1.69	1.62	1.60	24	泰安	Taian	0.26	0.15	0.14	169
黄山	Huangshan	0.10	0.10	0.09	198	威海	Weihai	0.15	0.08	0.07	233
滁州	Chuzhou	0.85	0.72	0.68	58	日照	Rizhao	0.11	0.07	0.06	240
阜阳	Fuyang	0.31	0.21	0.20	149	莱芜	Laiwu				
宿州	Suzhou	0.58	0.48	0.29	111	临沂	Linyi	0.70	0.29	0.27	118
六安	Liuan	0.84	1.72	0.66	61	德州	Dezhou	0.52	0.08	0.09	207
亳州	Bozhou	0.05	0.02	0.02	270	聊城	Liaocheng	0.12	0.07	0.10	197

2-3 城镇单位第一产业就业人员 续表 2
Employed Persons in Primary Industry continued 2

单位：万人　　(10 000 persons)

地名	City	2010	2013	2014	2014 排名 Ranking
滨州	Binzhou	0.09	0.01	0.01	282
菏泽	Heze	0.42	0.38	0.14	178
河南	**Henan**	**7.10**	**5.20**	**5.21**	
郑州	Zhengzhou	0.23	0.31	0.30	105
开封	Kaifeng	0.73	0.25	0.23	133
洛阳	Luoyang	0.21	0.17	0.14	173
平顶山	Pingdingshan	0.12	0.08	0.07	221
安阳	Anyang	0.13	0.12	0.13	182
鹤壁	Hebi	0.12	0.03	0.04	262
新乡	Xinxiang	0.63	0.23	0.18	157
焦作	Jiaozuo	0.57	0.10	0.11	194
濮阳	Puyang	0.05	0.05	0.05	252
许昌	Xuchang	0.06	0.08	0.08	213
漯河	Luohe	0.04	0.03	0.03	265
三门峡	Sanmenxia	0.14	0.09	0.09	202
南阳	Nanyang	1.16	1.02	1.02	39
商丘	Shangqiu	0.28	0.34	0.36	90
信阳	Xinyang	0.88	0.57	0.51	70
周口	Zhoukou	1.10	1.19	1.19	33
驻马店	Zhumadian	0.52	0.49	0.67	59
湖北	**Hubei**	**13.80**	**9.10**	**7.69**	
武汉	Wuhan	0.79	0.38	0.36	92
黄石	Huangshi	0.44	0.15	0.14	173
十堰	Shiyan	0.36	0.66	0.71	55
宜昌	Yichang	0.28	0.36	0.34	97
襄阳	Xiangyang	0.60	0.78	0.82	48
鄂州	Ezhou	0.03	0.01	0.01	280
荆门	Jingmen	1.08	0.90	0.70	56
孝感	Xiaogan	1.72	0.71	0.80	50
荆州	Jingzhou	3.97	1.23	1.48	26
黄冈	Huanggang	0.83	2.10	2.20	14
咸宁	Xianning	0.39	0.07	0.07	231
随州	Suizhou	0.06	0.07	0.07	234
湖南	**Hunan**	**5.30**	**2.30**	**2.45**	
长沙	Changsha	0.05	0.12	0.09	199
株洲	Zhuzhou	0.10	0.16	0.14	180
湘潭	Xiangtan		0.01	0.31	101
衡阳	Hengyang	0.03	0.06	0.06	246
邵阳	Shaoyang	0.56	0.37	0.38	87
岳阳	Yueyang	3.23	0.28	0.26	121
常德	Changde	0.10	0.12	0.13	184
张家界	Zhangjiajie	0.07	0.07	0.06	235
益阳	Yiyang	0.15	0.09	0.06	238
郴州	Chenzhou	0.10	0.17	0.18	159
永州	Yongzhou	0.54	0.37	0.38	87
怀化	Huaihua	0.40	0.28	0.29	109
娄底	Loudi	0.41	0.10	0.10	196
广东	**Guangdong**	**8.81**	**6.20**	**5.67**	
广州	Guangzhou	0.60	0.23	0.26	125
韶关	Shaoguan	0.46	0.23	0.19	154
深圳	Shenzhen	0.27	0.07	0.07	229
珠海	Zhuhai	0.74	0.70	0.70	57
汕头	Shantou	0.04	0.05	0.05	256
佛山	Foshan	0.04	0.02	0.02	274
江门	Jiangmen	0.11	0.05	0.06	250
湛江	Zhanjiang	2.34	1.89	1.81	21
茂名	Maoming	1.19	0.90	0.82	49
肇庆	Zhaoqing	0.14	0.07	0.09	199
惠州	Huizhou	0.11	0.09	0.09	201
梅州	Meizhou	0.11	0.06	0.06	235
汕尾	Shanwei	1.02	0.46	0.46	73
河源	Heyuan	0.13	0.09	0.09	206
阳江	Yangjiang	0.57	0.45	0.46	74
清远	Qingyuan	0.21	0.14	0.14	170
东莞	Dongguan	0.07	0.07	0.01	278
中山	Zhongshan				
潮州	Chaozhou	0.02	0.02	0.02	275
揭阳	Jieyang	0.57	0.48	0.21	146
云浮	Yunfu	0.07	0.07	0.06	241
广西	**Guangxi**	**10.77**	**9.10**	**8.26**	
南宁	Nanning	1.54	1.49	1.26	31
柳州	Liuzhou	0.79	0.50	0.49	71
桂林	Guilin	0.64	0.54	0.38	86
梧州	Wuzhou	0.23	0.12	0.08	213
北海	Beihai	0.52	0.49	0.54	68
防城港	Fangchenggang	1.23	1.17	1.11	35
钦州	Qinzhou	0.54	0.47	0.31	101
贵港	Guigang	0.21	0.14	0.23	135
玉林	Yulin	1.14	0.90	0.71	54
百色	Baise	0.48	0.40	0.33	99

2-3 城镇单位第一产业就业人员 续表 3

Employed Persons in Primary Industry continued 3

单位：万人 (10 000 persons)

地名	City	2010	2013	2014	2014 排名 Ranking	地名	City	2010	2013	2014	2014 排名 Ranking
贺州	Hezhou	0.34	0.16	0.17	163	丽江	Lijiang	0.40	0.17	0.10	195
河池	Hechi	0.59	0.35	0.36	93	普洱	Puer	1.37	0.36	0.18	158
来宾	Laibin	0.91	0.90	0.90	45	临沧	Lincang	1.12	1.11	1.04	38
崇左	Chongzuo	1.61	1.49	1.39	28	**西藏**	**Tibet**	**0.90**	**0.80**	**9.13**	
海南	**Hainan**	**12.30**	**4.80**	**7.02**		拉萨	Lasa	0.90	9.34	9.13	5
海口	Haikou	0.13	0.36	6.55	7	**陕西**	**Shaanxi**	**4.40**	**2.60**	**2.35**	
三亚	Sanya	0.08	0.48	0.47	72	西安	Xi'an	0.39	0.28	0.19	154
三沙	Sansha					铜川	Tongchuan	0.06	0.02	0.02	271
重庆	**Chongqing**	**1.90**	**1.10**	**36.12**		宝鸡	Baoji	0.50	0.26	0.30	105
四川	**Sichuan**	**5.00**	**3.70**	**2.28**		咸阳	Xianyang	0.38	0.29	0.22	138
成都	Chengdu	0.23	2.81	0.17	166	渭南	Weinan	1.06	0.66	0.64	62
自贡	Zigong	0.06	0.06	0.06	245	延安	Yan'an	0.45	0.26	0.27	117
攀枝花	Panzhihua	0.12	0.08	0.07	219	汉中	Hanzhong	0.43	0.27	0.14	173
泸州	Luzhou	0.21	0.13	0.08	216	榆林	Yulin	0.62	0.24	0.28	115
德阳	Deyang	0.07	0.04	0.04	257	安康	Ankang	0.13	0.10	0.07	228
绵阳	Mianyang	0.16	0.11	0.09	203	商洛	Shangluo	0.28	0.18	0.22	138
广元	Guangyuan	0.10	0.03	0.07	230	**甘肃**	**Gansu**	**5.30**	**5.20**	**4.46**	
遂宁	Suining	0.01	0.02	0.02	273	兰州	Lanzhou	0.16	0.11	0.07	225
内江	Neijiang	0.19	0.08	0.08	209	嘉峪关	Jiayuguan	0.01	0.01	0.01	279
乐山	Leshan	0.39	0.33	0.29	112	金昌	Jinchang	0.33	0.31	0.22	143
南充	Nanchong	0.26	0.15	0.14	173	白银	Baiyin	0.46	0.23	0.25	130
眉山	Meishan	0.21	0.06	0.07	223	天水	Tianshui	0.48	0.48	0.45	76
宜宾	Yibin	0.10	0.25	0.24	131	武威	Wuwei	1.12	0.28	0.21	144
广安	Guangan	0.12	0.07	0.07	224	张掖	Zhangye	1.15	1.10	1.20	32
达州	Dazhou	0.40	0.30	0.22	142	平凉	Pingliang	0.30	0.31	0.19	154
雅安	Yaan	0.16	0.09	0.08	211	酒泉	Jiuquan	0.61	0.75	0.74	53
巴中	Bazhong	0.43	0.26	0.23	132	庆阳	Qingyang	0.05	0.05	0.05	251
资阳	Ziyang	0.33	0.25	0.26	123	定西	Dingxi	0.25	0.15	0.14	172
贵州	**Guizhou**	**2.10**	**1.60**	**0.90**		陇南	Longnan	0.53	0.49	0.94	42
贵阳	Guiyang	0.30	0.21	0.18	160	**青海**	**Qinghai**	**1.70**	**1.40**	**0.32**	
六盘水	Liupanshui	0.11	0.04	0.04	263	西宁	Xining	0.14	0.12	0.11	192
遵义	Zunyi	0.13	0.13	0.14	173	海东	Haidong			0.21	148
安顺	Anshun	0.31	0.20	0.22	141	**宁夏**	**Ningxia**	**2.64**	**2.00**	**2.20**	
毕节	Bijie		0.12	0.11	191	银川	Yinchuan	1.22	1.05	1.38	29
铜仁	Tongren		0.14	0.21	147	石嘴山	Shizuishan	0.29	0.10	0.07	232
云南	**Yunnan**	**14.50**	**7.10**	**2.69**		吴忠	Wuzhong	0.42	0.29	0.25	127
昆明	Kunming	0.80	0.34	0.26	121	固原	Guyuan	0.29	0.24	0.23	136
曲靖	Qujing	0.53	0.36	0.36	91	中卫	Zhongwei	0.42	0.36	0.27	119
玉溪	Yuxi	0.29	0.20	0.22	138	**新疆**	**Xinjiang**	**58.30**	**54.90**	**1.09**	
保山	Baoshan	0.54	0.38	0.35	94	乌鲁木齐	Urumqi	1.23	1.05	1.07	36
昭通	Zhaotong	0.32	0.16	0.18	162	克拉玛依	Karamay	0.04		0.02	277

2-4　城镇单位第二产业就业人员
Employed Persons in Secondary Industry

单位：万人　　　　(10 000 persons)

地名	City	2010	2013	2014	2014 排名 Ranking
全国	**Nation Total**	**5777.20**	**9220.80**	**9218.12**	
北京	**Beijing**	**151.24**	**162.88**	**159.94**	
天津	**Tianjin**	**97.74**	**165.47**	**165.83**	
河北	**Hebei**	**203.90**	**285.01**	**282.95**	
石家庄	Shijiazhuang	31.11	33.94	36.17	64
唐山	Tangshan	43.13	49.81	46.86	52
秦皇岛	Qinhuangdao	11.17	13.17	12.28	182
邯郸	Handan	22.31	40.16	39.32	58
邢台	Xingtai	12.23	20.06	19.58	123
保定	Baoding	29.22	53.75	55.88	38
张家口	Zhangjiakou	11.93	12.64	11.29	193
承德	Chengde	8.15	10.65	9.77	204
沧州	Cangzhou	14.62	19.72	19.61	122
廊坊	Langfang	14.58	20.53	21.65	108
衡水	Hengshui	5.45	10.58	10.53	199
山西	**Shanxi**	**181.76**	**222.98**	**216.19**	
太原	Taiyuan	42.75	51.85	51.30	43
大同	Datong	20.64	23.63	21.67	107
阳泉	Yangquan	15.25	19.13	18.35	133
长治	Changzhi	19.70	24.96	24.07	96
晋城	Jincheng	15.44	23.77	23.38	101
朔州	Shuozhou	7.42	9.78	9.45	209
晋中	Jinzhong	17.31	17.55	15.76	150
运城	Yuncheng	12.21	11.54	14.45	159
忻州	Xinzhou	6.14	8.10	7.26	236
临汾	Linfen	12.19	14.17	13.25	170
吕梁	Lvliang	12.71	18.50	17.24	139
内蒙古	**Inner Mongolia**	**69.85**	**98.64**	**94.58**	
呼和浩特	Hohhot	8.83	11.18	11.67	190
包头	Baotou	16.95	25.03	22.63	104
乌海	Wuhai	6.16	6.42	6.16	245
赤峰	Chifeng	10.20	13.36	12.84	175
通辽	Tongliao	5.89	8.89	8.53	221
鄂尔多斯	Erdos	6.87	16.03	15.84	149
呼伦贝尔	Hulunbuir	8.27	10.09	9.76	205
巴彦淖尔	Bayannur	3.88	3.89	3.84	269
乌兰察布	Ulanqab	2.80	3.75	3.32	277
辽宁	**Liaoning**	**227.08**	**341.50**	**315.94**	
沈阳	Shenyang	41.27	70.91	71.44	25
大连	Dalian	47.57	73.42	63.06	32
鞍山	Anshan	21.23	33.60	32.66	73
抚顺	Fushun	15.39	18.70	17.03	141
本溪	Benxi	12.93	17.05	16.98	142
丹东	Dandong	8.01	14.30	12.14	183
锦州	Jinzhou	8.05	14.25	13.86	166
营口	Yingkou	7.48	14.59	12.66	177
阜新	Fuxin	7.95	12.10	10.35	201
辽阳	Liaoyang	8.38	9.90	8.78	217
盘锦	Panjin	19.72	20.80	19.33	126
铁岭	Tieling	8.71	13.85	11.22	194
朝阳	Chaoyang	9.10	13.07	12.44	178
葫芦岛	Huludao	11.29	14.96	13.99	164
吉林	**Jilin**	**88.22**	**141.49**	**137.93**	
长春	Changchun	37.45	63.16	62.76	34
吉林	Jilin	14.26	21.04	20.79	115
四平	Siping	7.38	6.29	5.88	248
辽源	Liaoyuan	3.78	8.05	7.41	235
通化	Tonghua	8.29	17.01	16.67	144
白山	Baishan	6.10	8.12	7.45	232
松原	Songyuan	8.45	12.99	12.40	179
白城	Baicheng	2.51	4.83	4.58	260
黑龙江	**Heilongjiang**	**152.41**	**157.21**	**149.74**	
哈尔滨	Harbin	49.67	50.78	48.11	48
齐齐哈尔	Qiqihar	12.75	12.20	11.55	191
鸡西	Jixi	11.52	9.71	9.47	208
鹤岗	Hegang	10.31	9.65	8.74	218
双鸭山	Shuangyashan	8.21	7.85	7.95	229
大庆	Daqing	27.34	27.72	27.40	85
伊春	Yichun	3.80	3.86	3.36	276
佳木斯	Jiamusi	4.60	5.43	4.77	258
七台河	Qitaihe	9.12	8.13	8.15	224
牡丹江	Mudanjiang	5.98	8.30	7.88	230
黑河	Heihe	2.54	3.88	3.81	270
绥化	Suihua	6.57	9.70	8.56	220
上海	**Shanghai**	**158.16**	**254.21**	**257.27**	
江苏	**Jiangsu**	**413.29**	**1006.43**	**1092.37**	

2-4 城镇单位第二产业就业人员 续表 1

Employed Persons in Secondary Industry continued 1

单位：万人 (10 000 persons)

地名	City	2010	2013	2014	2014 排名 Ranking	地名	City	2010	2013	2014	2014 排名 Ranking
南京	Nanjing	59.59	110.05	114.76	10	池州	Chizhou	1.74	4.04	4.13	266
无锡	Wuxi	52.16	86.62	82.41	21	宣城	Xuancheng	3.87	11.48	6.44	244
徐州	Xuzhou	23.85	67.20	64.53	30	**福建**	**Fujian**	**317.60**	**415.03**	**411.73**	
常州	Changzhou	18.83	45.10	44.54	55	福州	Fuzhou	55.90	83.36	88.81	15
苏州	Suzhou	94.69	217.77	238.98	2	厦门	Xiamen	66.02	89.92	88.15	16
南通	Nantong	36.39	147.23	182.65	4	莆田	Putian	18.44	34.30	35.49	65
连云港	Lianyungang	13.67	24.06	24.33	94	三明	Sanming	8.69	9.40	9.28	212
淮安	Huaian	18.82	39.12	49.34	44	泉州	Quanzhou	116.37	130.67	124.10	7
盐城	Yancheng	24.37	55.79	54.77	39	漳州	Zhangzhou	22.39	29.78	31.21	77
扬州	Yangzhou	22.98	75.71	86.35	18	南平	Nanping	9.61	8.51	8.15	225
镇江	Zhenjiang	21.20	27.88	31.80	75	龙岩	Longyan	15.83	16.01	12.30	181
泰州	Taizhou	17.92	71.45	83.13	20	宁德	Ningde	4.35	13.08	14.25	162
宿迁	Suqian	8.82	38.45	34.78	66	**江西**	**Jiangxi**	**119.47**	**234.58**	**244.20**	
浙江	**Zhejiang**	**545.60**	**675.75**	**703.84**		南昌	Nanchang	32.11	73.30	75.88	24
杭州	Hangzhou	125.86	153.39	159.79	5	景德镇	Jingdezhen	8.80	10.05	10.31	202
宁波	Ningbo	92.07	112.05	110.57	13	萍乡	Pingxiang	6.85	11.38	11.74	189
温州	Wenzhou	72.51	61.49	61.45	36	九江	Jiujiang	15.44	21.16	23.29	102
嘉兴	Jiaxing	56.48	53.05	52.41	42	新余	Xinyu	5.79	8.91	9.06	213
湖州	Huzhou	25.07	31.82	32.47	74	鹰潭	Yingtan	4.36	7.61	8.42	222
绍兴	Shaoxing	85.03	111.53	114.04	11	赣州	Ganzhou	16.74	24.30	24.07	97
金华	Jinhua	26.47	60.07	65.19	29	吉安	Jian	3.87	16.26	16.85	143
衢州	Quzhou	7.50	9.25	9.30	211	宜春	Yichun	10.81	22.04	22.69	103
舟山	Zhoushan	6.63	7.04	17.90	137	抚州	Fuzhou	7.38	19.61	21.45	110
台州	Taizhou	42.80	71.10	76.26	23	上饶	Shangrao	7.32	19.96	20.42	116
丽水	Lishui	5.18	4.96	4.45	263	**山东**	**Shandong**	**514.76**	**721.80**	**696.15**	
安徽	**Anhui**	**159.86**	**282.91**	**261.93**		济南	Jinan	61.93	71.56	67.03	27
合肥	Hefei	32.93	88.67	87.83	17	青岛	Qingdao	75.61	86.71	83.75	19
芜湖	Wuhu	15.56	24.17	24.29	95	淄博	Zibo	40.53	65.35	62.81	33
蚌埠	Bengbu	5.89	12.07	12.94	173	枣庄	Zaozhuang	18.86	31.77	28.87	82
淮南	Huainan	20.90	22.14	19.77	120	东营	Dongying	22.90	32.17	30.77	79
马鞍山	Maanshan	9.68	13.34	12.89	174	烟台	Yantai	54.46	62.14	61.98	35
淮北	Huaibei	14.90	20.63	19.71	121	潍坊	Weifang	38.37	48.24	44.67	54
铜陵	Tongling	7.46	10.17	10.22	203	济宁	Jining	32.81	54.59	54.08	40
安庆	Anqing	5.63	13.89	13.79	167	泰安	Taian	34.35	50.02	47.58	50
黄山	Huangshan	2.43	3.61	3.51	272	威海	Weihai	25.21	36.87	36.39	63
滁州	Chuzhou	5.10	8.60	8.70	219	日照	Rizhao	9.54	18.25	17.46	138
阜阳	Fuyang	9.03	8.92	9.39	210	莱芜	Laiwu	9.17	12.94	12.71	176
宿州	Suzhou	7.81	14.38	14.27	161	临沂	Linyi	24.60	50.80	49.22	45
六安	Liuan	6.91	19.57	6.63	242	德州	Dezhou	17.37	26.40	25.83	90
亳州	Bozhou	4.54	7.23	7.41	234	聊城	Liaocheng	14.68	22.23	21.51	109

2-4 城镇单位第二产业就业人员 续表 2
Employed Persons in Secondary Industry continued 2

单位：万人 (10 000 persons)

地名	City	2010	2013	2014	2014 排名 Ranking	地名	City	2010	2013	2014	2014 排名 Ranking
滨州	Binzhou	24.45	34.25	33.54	71	常德	Changde	16.98	19.14	18.62	130
菏泽	Heze	9.92	17.51	17.95	136	张家界	Zhangjiajie	1.70	2.34	2.48	278
河南	**Henan**	**320.09**	**575.34**	**594.41**		益阳	Yiyang	8.03	12.53	12.31	180
郑州	Zhengzhou	50.39	112.29	113.13	12	郴州	Chenzhou	11.00	15.60	15.39	152
开封	Kaifeng	10.34	26.03	25.08	92	永州	Yongzhou	8.92	11.08	11.16	195
洛阳	Luoyang	23.81	36.63	36.83	61	怀化	Huaihua	5.96	7.87	7.02	239
平顶山	Pingdingshan	26.78	33.40	33.73	68	娄底	Loudi	13.12	15.15	14.93	157
安阳	Anyang	24.39	35.82	37.42	60	**广东**	**Guangdong**	**563.19**	**1206.97**	**1187.72**	
鹤壁	Hebi	11.68	15.49	16.53	146	广州	Guangzhou	105.73	129.02	120.93	9
新乡	Xinxiang	21.48	46.26	46.66	53	韶关	Shaoguan	15.33	19.78	18.45	131
焦作	Jiaozuo	15.99	28.22	28.55	84	深圳	Shenzhen	138.71	297.59	291.29	1
濮阳	Puyang	16.49	26.60	26.15	88	珠海	Zhuhai	44.17	49.03	47.76	49
许昌	Xuchang	13.32	26.56	26.72	86	汕头	Shantou	13.27	33.61	32.80	72
漯河	Luohe	12.57	18.67	19.02	128	佛山	Foshan	29.14	131.84	129.38	6
三门峡	Sanmenxia	12.86	14.69	15.11	155	江门	Jiangmen	26.99	37.54	36.71	62
南阳	Nanyang	28.03	41.71	44.20	56	湛江	Zhanjiang	13.62	19.28	20.11	117
商丘	Shangqiu	11.61	25.23	30.59	80	茂名	Maoming	9.46	19.32	19.45	124
信阳	Xinyang	13.51	26.09	26.72	87	肇庆	Zhaoqing	12.60	21.95	22.54	105
周口	Zhoukou	12.43	31.03	33.72	69	惠州	Huizhou	60.50	59.74	65.33	28
驻马店	Zhumadian	14.41	30.62	34.26	67	梅州	Meizhou	6.88	11.64	11.53	192
湖北	**Hubei**	**306.65**	**391.65**	**421.45**		汕尾	Shanwei	6.46	15.20	14.37	160
武汉	Wuhan	89.04	102.28	103.97	14	河源	Heyuan	13.11	12.63	13.17	172
黄石	Huangshi	29.70	21.37	20.89	114	阳江	Yangjiang	6.49	12.52	11.94	187
十堰	Shiyan	21.50	31.71	31.37	76	清远	Qingyuan	14.77	15.98	16.67	145
宜昌	Yichang	31.27	48.08	48.81	46	东莞	Dongguan	8.82	204.02	199.18	3
襄阳	Xiangyang	22.77	48.85	59.28	37	中山	Zhongshan	17.99	71.73	69.61	26
鄂州	Ezhou	12.02	13.24	14.16	163	潮州	Chaozhou	5.04	12.44	11.98	184
荆门	Jingmen	15.94	21.77	21.20	111	揭阳	Jieyang	5.91	21.54	23.41	100
孝感	Xiaogan	35.16	47.75	47.07	51	云浮	Yunfu	8.20	10.57	11.13	196
荆州	Jingzhou	18.85	19.33	19.91	119	**广西**	**Guangxi**	**97.16**	**154.70**	**156.33**	
黄冈	Huanggang	18.52	20.28	38.28	59	南宁	Nanning	22.47	35.95	39.63	57
咸宁	Xianning	7.25	9.87	9.55	207	柳州	Liuzhou	16.49	34.06	33.59	70
随州	Suizhou	4.63	7.12	6.95	240	桂林	Guilin	9.07	16.47	17.04	140
湖南	**Hunan**	**215.84**	**259.74**	**256.95**		梧州	Wuzhou	5.19	8.44	7.98	228
长沙	Changsha	50.11	61.64	63.25	31	北海	Beihai	4.42	5.32	5.74	250
株洲	Zhuzhou	19.48	25.73	25.24	91	防城港	Fangchenggang	2.45	3.71	2.15	281
湘潭	Xiangtan	17.07	22.48	21.75	106	钦州	Qinzhou	3.81	8.01	8.82	215
衡阳	Hengyang	23.96	28.15	25.93	89	贵港	Guigang	3.59	5.08	5.03	256
邵阳	Shaoyang	12.04	14.23	15.29	154	玉林	Yulin	8.85	14.91	14.65	158
岳阳	Yueyang	27.47	23.80	23.59	99	百色	Baise	5.16	6.55	5.97	247

2-4 城镇单位第二产业就业人员 续表 3

Employed Persons in Secondary Industry continued 3

单位：万人 (10 000 persons)

地名	City	2010	2013	2014	2014 排名 Ranking
贺州	Hezhou	2.09	2.28	2.22	280
河池	Hechi	5.47	5.62	5.25	253
来宾	Laibin	3.70	4.71	4.75	259
崇左	Chongzuo	4.40	3.59	3.50	273
海南	**Hainan**	**10.88**	**12.33**	**11.88**	
海口	Haikou	10.08	11.21	10.66	198
三亚	Sanya	0.80	1.12	1.22	284
三沙	Sansha				
重庆	**Chongqing**	**116.69**	**405.74**	**420.39**	
四川	**Sichuan**	**248.31**	**440.48**	**354.52**	
成都	Chengdu	90.91	202.14	121.07	8
自贡	Zigong	7.21	11.14	10.75	197
攀枝花	Panzhihua	11.48	17.55	16.17	147
泸州	Luzhou	13.42	20.17	21.14	112
德阳	Deyang	14.10	21.35	18.97	129
绵阳	Mianyang	16.31	23.59	24.66	93
广元	Guangyuan	2.66	4.43	4.86	257
遂宁	Suining	8.02	10.85	10.42	200
内江	Neijiang	10.66	13.91	18.35	132
乐山	Leshan	16.08	15.27	11.88	188
南充	Nanchong	6.87	19.49	19.26	127
眉山	Meishan	6.43	9.35	9.01	214
宜宾	Yibin	18.41	18.88	18.16	134
广安	Guangan	2.88	3.39	3.63	271
达州	Dazhou	8.81	15.83	13.91	165
雅安	Yaan	2.87	3.37	3.46	275
巴中	Bazhong	4.93	14.67	15.65	151
资阳	Ziyang	6.26	15.10	13.18	171
贵州	**Guizhou**	**57.08**	**98.27**	**99.64**	
贵阳	Guiyang	34.12	52.56	53.97	41
六盘水	Liupanshui	11.31	14.37	13.37	168
遵义	Zunyi	8.30	14.50	14.97	156
安顺	Anshun	3.35	6.36	6.04	246
毕节	Bijie		7.42	7.82	231
铜仁	Tongren		3.06	3.47	274
云南	**Yunnan**	**84.00**	**134.49**	**120.69**	
昆明	Kunming	38.86	61.23	48.62	47
曲靖	Qujing	17.34	28.79	30.37	81
玉溪	Yuxi	8.14	13.98	13.29	169
保山	Baoshan	6.12	8.08	8.00	227
昭通	Zhaotong	4.43	7.06	5.22	254
丽江	Lijiang	2.51	2.90	2.25	279
普洱	Puer	4.53	7.06	7.16	237
临沧	Lincang	2.07	5.39	5.77	249
西藏	**Tibet**		**6.31**	**6.55**	
拉萨	Lasa		6.31	6.55	243
陕西	**Shaanxi**	**136.65**	**214.85**	**212.76**	
西安	Xi'an	57.22	83.37	77.92	22
铜川	Tongchuan	4.83	6.11	5.62	251
宝鸡	Baoji	14.50	20.83	20.91	113
咸阳	Xianyang	15.04	28.34	28.60	83
渭南	Weinan	14.43	19.73	19.40	125
延安	Yan'an	8.48	14.59	16.01	148
汉中	Hanzhong	8.97	11.87	11.96	186
榆林	Yulin	7.68	17.66	18.11	135
安康	Ankang	2.12	4.51	4.53	261
商洛	Shangluo	3.38	7.84	9.70	206
甘肃	**Gansu**	**63.97**	**100.51**	**100.48**	
兰州	Lanzhou	24.12	30.48	30.92	78
嘉峪关	Jiayuguan	3.68	4.73	4.39	264
金昌	Jinchang	5.10	8.68	8.25	223
白银	Baiyin	7.29	9.51	8.79	216
天水	Tianshui	6.50	7.13	7.12	238
武威	Wuwei	2.34	6.12	5.13	255
张掖	Zhangye	2.78	4.54	4.22	265
平凉	Pingliang	4.37	6.22	8.12	226
酒泉	Jiuquan	2.96	6.92	6.82	241
庆阳	Qingyang	0.68	6.39	7.43	233
定西	Dingxi	1.92	5.75	5.44	252
陇南	Longnan	2.23	4.04	3.85	268
青海	**Qinghai**	**11.52**	**17.03**	**17.10**	
西宁	Xining	11.52	15.55	15.35	153
海东	Haidong			1.75	282
宁夏	**Ningxia**	**23.07**	**25.77**	**31.06**	
银川	Yinchuan	13.95	14.52	20.09	118
石嘴山	Shizuishan	5.37	4.65	4.50	262
吴忠	Wuzhong	2.19	4.16	3.99	267
固原	Guyuan	0.54	0.65	0.82	285
中卫	Zhongwei	1.02	1.79	1.66	283
新疆	**Xinjiang**	**28.11**	**36.27**	**35.61**	
乌鲁木齐	Urumqi	16.46	23.92	23.63	98
克拉玛依	Karamay	11.65	12.35	11.98	185

2-5 城镇单位第三产业就业人员
Employed Persons in Tertiary Industry

单位：万人 (10 000 persons)

地名	City	2010	2013	2014	2014 排名 Ranking	地名	City	2010	2013	2014	2014 排名 Ranking
全国	**Nation Total**	**8166.10**	**8592.80**	**8796.30**		沈阳	Shenyang	68.16	81.53	81.93	10
北京	**Beijing**	**492.16**	**576.25**	**592.68**		大连	Dalian	45.66	57.42	57.70	20
天津	**Tianjin**	**107.20**	**136.44**	**133.63**		鞍山	Anshan	19.00	28.88	28.26	68
河北	**Hebei**	**309.05**	**354.56**	**368.59**		抚顺	Fushun	10.82	13.69	13.28	196
石家庄	Shijiazhuang	52.63	58.74	64.20	16	本溪	Benxi	10.09	14.53	15.64	169
唐山	Tangshan	37.86	44.30	44.66	33	丹东	Dandong	12.91	16.95	16.37	164
秦皇岛	Qinhuangdao	18.38	20.95	21.45	110	锦州	Jinzhou	14.62	16.74	17.89	147
邯郸	Handan	34.01	40.03	41.00	38	营口	Yingkou	12.03	14.48	14.51	181
邢台	Xingtai	22.69	25.49	26.41	81	阜新	Fuxin	9.15	10.19	10.69	229
保定	Baoding	40.94	46.02	49.69	26	辽阳	Liaoyang	7.81	9.56	9.46	241
张家口	Zhangjiakou	21.24	25.81	26.34	82	盘锦	Panjin	10.90	12.24	11.85	215
承德	Chengde	17.05	19.24	19.79	129	铁岭	Tieling	11.40	12.66	12.51	203
沧州	Cangzhou	28.14	31.84	32.69	52	朝阳	Chaoyang	14.29	17.09	17.59	152
廊坊	Langfang	19.90	23.22	23.47	99	葫芦岛	Huludao	10.92	11.92	12.18	207
衡水	Hengshui	16.21	18.92	18.89	137	吉林	**Jilin**	**131.88**	**151.42**	**151.90**	
山西	**Shanxi**	**204.01**	**228.60**	**237.19**		长春	Changchun	54.03	61.88	62.89	17
太原	Taiyuan	41.56	44.64	56.33	23	吉林	Jilin	17.35	22.24	21.42	111
大同	Datong	21.27	22.68	20.18	121	四平	Siping	12.73	14.62	15.06	176
阳泉	Yangquan	8.45	9.48	10.16	236	辽源	Liaoyuan	4.69	5.33	5.33	275
长治	Changzhi	17.29	19.93	20.25	120	通化	Tonghua	10.96	12.37	11.86	214
晋城	Jincheng	11.56	14.01	14.18	186	白山	Baishan	8.90	8.64	8.91	246
朔州	Shuozhou	9.60	10.32	10.47	231	松原	Songyuan	10.62	12.26	12.07	209
晋中	Jinzhong	17.57	19.03	19.35	133	白城	Baicheng	12.60	14.08	14.35	182
运城	Yuncheng	19.54	24.98	23.90	96	黑龙江	**Heilongjiang**	**214.62**	**217.21**	**225.78**	
忻州	Xinzhou	16.23	17.88	17.84	150	哈尔滨	Harbin	80.00	81.63	83.19	9
临汾	Linfen	23.02	24.38	24.38	91	齐齐哈尔	Qiqihar	21.57	22.96	23.17	103
吕梁	Lvliang	17.92	21.27	20.17	122	鸡西	Jixi	9.44	8.01	10.53	230
内蒙古	**Inner Mongolia**	**117.74**	**141.95**	**143.78**		鹤岗	Hegang	7.03	7.60	7.03	263
呼和浩特	Hohhot	22.31	29.94	30.13	64	双鸭山	Shuangyashan	9.99	7.66	12.08	208
包头	Baotou	15.33	17.74	17.94	146	大庆	Daqing	24.21	25.12	25.32	88
乌海	Wuhai	3.31	3.93	3.80	283	伊春	Yichun	4.18	5.45	5.56	272
赤峰	Chifeng	18.35	21.33	21.23	114	佳木斯	Jiamusi	13.47	10.85	10.92	227
通辽	Tongliao	12.63	14.38	15.03	178	七台河	Qitaihe	3.76	4.09	4.03	282
鄂尔多斯	Erdos	9.97	14.56	15.05	177	牡丹江	Mudanjiang	12.77	13.83	14.28	185
呼伦贝尔	Hulunbuir	15.89	18.04	18.33	142	黑河	Heihe	10.62	11.61	11.59	218
巴彦淖尔	Bayannur	8.49	9.39	9.37	242	绥化	Suihua	17.58	18.40	18.09	144
乌兰察布	Ulanqab	11.46	12.64	12.90	200	上海	**Shanghai**	**233.17**	**363.41**	**467.63**	
辽宁	**Liaoning**	**257.76**	**317.88**	**319.86**		江苏	**Jiangsu**	**340.54**	**485.44**	**503.73**	

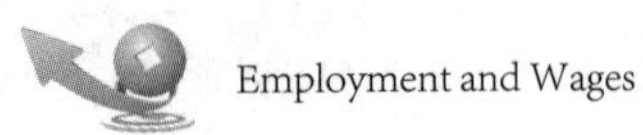

2-5 城镇单位第三产业就业人员 续表 1
Employed Persons in Tertiary Industry continued 1

单位：万人 (10 000 persons)

地名	City	2010	2013	2014	2014 排名 Ranking	地名	City	2010	2013	2014	2014 排名 Ranking
南京	Nanjing	65.64	105.87	115.07	6	池州	Chizhou	5.23	6.55	6.67	266
无锡	Wuxi	30.55	41.25	40.92	39	宣城	Xuancheng	8.18	43.53	9.62	240
徐州	Xuzhou	36.11	41.11	41.75	36	**福建**	**Fujian**	**179.73**	**225.24**	**234.59**	
常州	Changzhou	19.21	26.32	27.14	74	福州	Fuzhou	48.84	59.19	60.11	19
苏州	Suzhou	36.03	75.62	76.42	11	厦门	Xiamen	29.03	40.12	45.57	31
南通	Nantong	25.59	35.94	37.98	42	莆田	Putian	10.21	12.32	13.53	193
连云港	Lianyungang	18.46	22.14	23.00	105	三明	Sanming	12.26	14.18	14.35	183
淮安	Huaian	19.33	23.22	24.33	92	泉州	Quanzhou	25.42	32.65	32.66	53
盐城	Yancheng	25.12	30.88	30.68	60	漳州	Zhangzhou	15.06	19.06	20.02	123
扬州	Yangzhou	17.02	25.38	26.86	76	南平	Nanping	12.84	15.27	15.45	172
镇江	Zhenjiang	15.91	18.69	18.80	138	龙岩	Longyan	14.20	18.09	17.65	151
泰州	Taizhou	18.99	23.09	23.93	94	宁德	Ningde	11.87	14.36	15.25	174
宿迁	Suqian	12.58	15.93	16.85	159	**江西**	**Jiangxi**	**163.71**	**199.69**	**204.19**	
浙江	**Zhejiang**	**332.21**	**393.13**	**421.87**		南昌	Nanchang	33.99	45.45	45.76	29
杭州	Hangzhou	106.70	129.00	133.54	4	景德镇	Jingdezhen	7.62	9.49	9.13	244
宁波	Ningbo	47.99	59.24	61.08	18	萍乡	Pingxiang	7.19	8.20	8.39	251
温州	Wenzhou	35.30	41.50	43.18	35	九江	Jiujiang	17.62	20.61	21.39	112
嘉兴	Jiaxing	23.84	26.63	27.60	72	新余	Xinyu	4.19	5.38	4.96	279
湖州	Huzhou	12.82	16.37	16.94	158	鹰潭	Yingtan	4.30	5.75	5.48	274
绍兴	Shaoxing	22.07	23.95	25.67	86	赣州	Ganzhou	24.93	29.35	30.57	61
金华	Jinhua	25.93	29.95	30.78	59	吉安	Jian	14.89	16.92	18.13	143
衢州	Quzhou	9.56	11.11	11.50	219	宜春	Yichun	16.48	19.75	19.94	125
舟山	Zhoushan	10.12	11.42	27.24	73	抚州	Fuzhou	12.81	16.46	16.45	160
台州	Taizhou	26.50	31.04	31.10	58	上饶	Shangrao	19.69	22.33	23.99	93
丽水	Lishui	11.39	12.92	13.25	197	**山东**	**Shandong**	**434.21**	**552.40**	**554.33**	
安徽	**Anhui**	**206.93**	**318.40**	**255.33**		济南	Jinan	65.76	76.43	75.15	12
合肥	Hefei	38.07	55.73	57.10	21	青岛	Qingdao	47.98	60.26	66.22	15
芜湖	Wuhu	11.11	17.99	19.58	130	淄博	Zibo	22.10	28.47	28.50	67
蚌埠	Bengbu	11.15	13.89	14.33	184	枣庄	Zaozhuang	16.52	19.34	18.92	136
淮南	Huainan	11.48	12.99	12.60	202	东营	Dongying	16.61	16.56	17.00	157
马鞍山	Maanshan	5.71	10.28	10.17	235	烟台	Yantai	35.66	45.74	47.68	28
淮北	Huaibei	5.94	7.95	7.83	257	潍坊	Weifang	35.28	44.38	41.39	37
铜陵	Tongling	3.83	5.14	5.24	277	济宁	Jining	30.25	37.50	37.26	43
安庆	Anqing	16.92	19.40	20.00	124	泰安	Taian	21.71	27.73	28.64	66
黄山	Huangshan	6.88	7.99	7.80	258	威海	Weihai	14.58	19.07	19.91	127
滁州	Chuzhou	11.90	13.16	13.57	191	日照	Rizhao	11.05	13.78	13.53	192
阜阳	Fuyang	19.77	20.13	22.03	107	莱芜	Laiwu	4.77	6.18	6.81	265
宿州	Suzhou	13.66	17.12	17.35	154	临沂	Linyi	30.82	49.98	45.47	32
六安	Liuan	14.42	51.71	15.88	165	德州	Dezhou	20.66	30.53	31.32	56
亳州	Bozhou	11.48	14.84	15.56	170	聊城	Liaocheng	20.57	26.09	26.30	83

2-5 城镇单位第三产业就业人员 续表 2
Employed Persons in Tertiary Industry continued 2

单位：万人 (10 000 persons)

地名	City	2010	2013	2014	2014 排名 Ranking	地名	City	2010	2013	2014	2014 排名 Ranking
滨州	Binzhou	13.02	18.13	18.03	145	常德	Changde	19.73	23.09	23.39	102
菏泽	Heze	26.87	32.23	32.21	54	张家界	Zhangjiajie	6.16	6.52	6.65	267
河南	**Henan**	**403.33**	**465.68**	**481.57**		益阳	Yiyang	15.89	16.82	16.38	163
郑州	Zhengzhou	57.88	79.35	83.93	8	郴州	Chenzhou	17.85	20.31	20.97	117
开封	Kaifeng	22.03	21.39	21.99	108	永州	Yongzhou	19.81	20.62	21.11	116
洛阳	Luoyang	29.90	35.99	35.72	46	怀化	Huaihua	19.26	20.62	21.14	115
平顶山	Pingdingshan	21.55	23.85	23.44	100	娄底	Loudi	13.24	15.12	15.28	173
安阳	Anyang	18.94	21.26	21.34	113	**广东**	**Guangdong**	**546.52**	**743.16**	**769.26**	
鹤壁	Hebi	6.01	6.84	6.97	264	广州	Guangzhou	140.04	195.34	205.21	1
新乡	Xinxiang	23.58	25.51	25.55	87	韶关	Shaoguan	14.82	15.73	16.39	162
焦作	Jiaozuo	15.73	21.08	20.72	119	深圳	Shenzhen	114.04	159.75	167.12	2
濮阳	Puyang	14.88	14.33	14.70	179	珠海	Zhuhai	18.24	24.83	26.83	77
许昌	Xuchang	15.29	17.53	18.68	140	汕头	Shantou	18.97	21.86	22.19	106
漯河	Luohe	10.48	11.45	11.90	212	佛山	Foshan	26.89	42.36	44.18	34
三门峡	Sanmenxia	11.22	13.15	13.33	195	江门	Jiangmen	17.75	21.93	23.15	104
南阳	Nanyang	41.29	45.32	48.69	27	湛江	Zhanjiang	24.72	29.08	29.76	65
商丘	Shangqiu	27.83	29.94	31.51	55	茂名	Maoming	20.29	24.61	24.60	90
信阳	Xinyang	28.80	33.99	34.92	47	肇庆	Zhaoqing	14.84	18.64	19.12	134
周口	Zhoukou	31.69	33.97	34.02	50	惠州	Huizhou	19.78	26.25	26.42	80
驻马店	Zhumadian	26.23	30.73	34.15	48	梅州	Meizhou	16.47	17.78	17.86	148
湖北	**Hubei**	**272.54**	**326.46**	**339.65**		汕尾	Shanwei	8.24	9.27	9.22	243
武汉	Wuhan	88.63	95.88	98.01	7	河源	Heyuan	11.44	12.66	12.94	199
黄石	Huangshi	13.71	11.85	12.34	206	阳江	Yangjiang	11.18	11.55	12.07	210
十堰	Shiyan	21.40	28.53	30.32	63	清远	Qingyuan	12.62	15.33	15.67	168
宜昌	Yichang	24.18	36.60	38.63	41	东莞	Dongguan	14.31	40.83	39.55	40
襄阳	Xiangyang	23.16	35.28	36.25	44	中山	Zhongshan	11.05	19.11	19.85	128
鄂州	Ezhou	6.17	7.10	6.65	268	潮州	Chaozhou	7.39	8.64	8.58	249
荆门	Jingmen	14.42	15.44	16.40	161	揭阳	Jieyang	14.23	17.04	17.38	153
孝感	Xiaogan	22.83	31.23	32.74	51	云浮	Yunfu	9.21	10.57	11.17	221
荆州	Jingzhou	19.90	21.02	21.88	109	**广西**	**Guangxi**	**195.98**	**226.82**	**229.89**	
黄冈	Huanggang	19.97	22.08	25.18	89	南宁	Nanning	46.54	53.11	54.95	24
咸宁	Xianning	11.94	13.61	13.86	189	柳州	Liuzhou	20.71	26.17	26.48	79
随州	Suizhou	6.23	7.84	7.40	262	桂林	Guilin	21.88	25.57	25.97	84
湖南	**Hunan**	**273.68**	**305.21**	**323.18**		梧州	Wuzhou	10.17	11.58	11.33	220
长沙	Changsha	60.40	68.57	68.45	14	北海	Beihai	6.95	7.95	8.13	254
株洲	Zhuzhou	15.95	19.63	19.93	126	防城港	Fangchenggang	5.23	6.11	6.39	270
湘潭	Xiangtan	12.50	12.93	27.87	71	钦州	Qinzhou	9.37	10.92	11.14	222
衡阳	Hengyang	27.70	29.57	30.41	62	贵港	Guigang	11.51	13.02	13.41	194
邵阳	Shaoyang	20.87	22.63	23.41	101	玉林	Yulin	17.31	19.95	19.35	132
岳阳	Yueyang	24.32	28.78	28.19	70	百色	Baise	12.52	14.20	14.52	180

2-5 城镇单位第三产业就业人员 续表 3
Employed Persons in Tertiary Industry continued 3

单位：万人 (10 000 persons)

地名	City	2010	2013	2014	2014 排名 Ranking	地名	City	2010	2013	2014	2014 排名 Ranking
贺州	Hezhou	6.41	7.51	7.78	259	丽江	Lijiang	5.81	7.86	8.43	250
河池	Hechi	12.18	13.69	13.78	190	普洱	Puer	8.19	9.91	10.14	237
来宾	Laibin	7.24	8.44	7.94	255	临沧	Lincang	6.83	8.46	8.83	247
崇左	Chongzuo	7.96	8.60	8.71	248	**西藏**	**Tibet**		**26.00**	**31.18**	
海南	**Hainan**	**28.93**	**46.56**	**44.39**		拉萨	Lasa		26.00	31.18	57
海口	Haikou	22.88	37.05	34.07	49	**陕西**	**Shaanxi**	**215.17**	**272.35**	**285.51**	
三亚	Sanya	6.05	9.51	10.32	233	西安	Xi'an	82.76	114.77	121.30	5
三沙	Sansha					铜川	Tongchuan	4.94	5.85	6.52	269
重庆	**Chongqing**	**130.35**	**480.11**	**497.83**		宝鸡	Baoji	16.65	17.97	19.02	135
四川	**Sichuan**	**271.23**	**550.74**	**391.28**		咸阳	Xianyang	21.68	25.74	25.71	85
成都	Chengdu	80.91	324.35	151.53	3	渭南	Weinan	21.84	26.67	26.86	75
自贡	Zigong	9.27	10.69	11.66	217	延安	Yan'an	14.16	16.94	18.55	141
攀枝花	Panzhihua	5.58	7.17	8.28	252	汉中	Hanzhong	15.61	17.88	18.77	139
泸州	Luzhou	12.10	15.58	15.80	166	榆林	Yulin	17.61	23.15	23.72	98
德阳	Deyang	11.57	14.30	15.68	167	安康	Ankang	10.62	12.55	13.03	198
绵阳	Mianyang	18.09	24.37	26.68	78	商洛	Shangluo	9.30	10.83	12.03	211
广元	Guangyuan	11.46	12.30	11.87	213	**甘肃**	**Gansu**	**102.60**	**129.15**	**132.78**	
遂宁	Suining	8.14	9.59	10.34	232	兰州	Lanzhou	27.08	34.77	36.12	45
内江	Neijiang	9.51	10.89	12.36	205	嘉峪关	Jiayuguan	1.32	1.83	2.59	285
乐山	Leshan	12.37	13.66	14.09	187	金昌	Jinchang	2.01	2.78	2.82	284
南充	Nanchong	18.81	22.70	23.91	95	白银	Baiyin	7.59	9.15	9.06	245
眉山	Meishan	8.63	10.36	11.05	224	天水	Tianshui	11.94	15.36	15.23	175
宜宾	Yibin	15.01	16.69	17.34	155	武威	Wuwei	6.43	7.80	7.93	256
广安	Guangan	8.40	9.55	10.21	234	张掖	Zhangye	6.34	7.94	8.14	253
达州	Dazhou	16.06	17.83	17.85	149	平凉	Pingliang	8.26	9.07	9.95	238
雅安	Yaan	6.76	7.19	7.51	260	酒泉	Jiuquan	6.00	7.33	7.42	261
巴中	Bazhong	9.08	11.55	12.43	204	庆阳	Qingyang	8.66	10.97	11.04	225
资阳	Ziyang	9.48	11.97	12.68	201	定西	Dingxi	8.46	10.29	10.70	228
贵州	**Guizhou**	**75.14**	**130.07**	**139.35**		陇南	Longnan	8.51	11.86	11.79	216
贵阳	Guiyang	35.92	44.97	49.72	25	**青海**	**Qinghai**	**16.99**	**36.92**	**24.76**	
六盘水	Liupanshui	8.19	10.55	11.10	223	西宁	Xining	16.99	20.25	19.44	131
遵义	Zunyi	21.91	26.16	28.22	69	海东	Haidong			5.32	276
安顺	Anshun	9.12	10.37	10.96	226	**宁夏**	**Ningxia**	**32.13**	**39.90**	**78.06**	
毕节	Bijie		23.08	23.88	97	银川	Yinchuan	14.91	19.47	57.00	22
铜仁	Tongren		14.94	15.48	171	石嘴山	Shizuishan	3.87	5.15	4.94	280
云南	**Yunnan**	**126.77**	**163.05**	**161.72**		吴忠	Wuzhong	4.93	5.94	6.20	271
昆明	Kunming	59.30	75.75	72.73	13	固原	Guyuan	4.78	5.16	5.49	273
曲靖	Qujing	15.34	20.99	20.73	118	中卫	Zhongwei	3.64	4.18	4.43	281
玉溪	Yuxi	10.39	13.64	14.03	188	**新疆**	**Xinjiang**	**33.55**	**49.17**	**50.80**	
保山	Baoshan	7.55	9.85	9.83	239	乌鲁木齐	Urumqi	29.48	44.41	45.73	30
昭通	Zhaotong	13.36	16.59	17.00	156	克拉玛依	Karamay	4.07	4.76	5.07	278

2-6 城镇单位国有单位就业人员
Urban Employed Person of State-owned Units

单位：万人　　　　（10 000 persons）

地名	City	2010	2011	2012	2012 排名 Ranking	地名	City	2010	2011	2012	2012 排名 Ranking
全国	**Nation Total**	**6516.00**	**6704.00**	**6839.00**		沈阳	Shenyang	51.75	52.38	57.60	7
北京	**Beijing**	**189.00**	**188.80**	**189.48**		大连	Dalian	28.18	29.25	31.60	35
天津	**Tianjin**	**80.79**	**85.88**	**77.85**		鞍山	Anshan	31.65	30.94	32.60	32
河北	**Hebei**	**330.00**	**322.49**	**298.94**		抚顺	Fushun	15.57	11.32	11.90	191
石家庄	Shijiazhuang	58.53	58.66	58.70	6	本溪	Benxi	20.80	17.85	19.40	106
唐山	Tangshan	39.57	37.37	38.00	29	丹东	Dandong	13.81	13.90	15.00	157
秦皇岛	Qinhuangdao	16.45	15.47	16.10	137	锦州	Jinzhou	20.31	16.61	17.10	126
邯郸	Handan	42.81	43.25	45.40	18	营口	Yingkou	11.12	12.03	12.10	189
邢台	Xingtai	24.29	24.45	23.10	65	阜新	Fuxin	13.75	13.58	15.50	143
保定	Baoding	43.39	39.60	45.10	19	辽阳	Liaoyang	8.81	8.65	9.20	235
张家口	Zhangjiakou	22.85	23.82	23.50	62	盘锦	Panjin	25.95	32.95	32.50	33
承德	Chengde	16.52	15.95	16.50	131	铁岭	Tieling	13.90	13.12	13.60	171
沧州	Cangzhou	30.81	30.08	30.50	41	朝阳	Chaoyang	13.99	14.12	14.70	159
廊坊	Langfang	19.00	18.39	19.50	103	葫芦岛	Huludao	13.90	11.51	12.00	190
衡水	Hengshui	15.80	15.47	16.10	137	吉林	**Jilin**	**166.30**	**170.93**	**173.96**	
山西	**Shanxi**	**237.77**	**243.81**	**210.01**		长春	Changchun	48.09	48.65	50.50	11
太原	Taiyuan	39.67	41.91	40.00	27	吉林	Jilin	21.23	22.98	20.80	86
大同	Datong	19.11	19.64	20.50	90	四平	Siping	13.21	13.21	13.10	177
阳泉	Yangquan	19.15	20.77	21.40	77	辽源	Liaoyuan	7.74	7.99	7.90	253
长治	Changzhi	23.10	21.61	21.70	76	通化	Tonghua	12.54	12.57	12.50	185
晋城	Jincheng	11.98	11.63	11.90	191	白山	Baishan	11.42	12.35	11.90	191
朔州	Shuozhou	11.62	11.17	11.10	200	松原	Songyuan	13.05	13.34	13.60	171
晋中	Jinzhong	15.72	16.30	16.50	131	白城	Baicheng	15.41	15.64	15.80	140
运城	Yuncheng	22.06	22.67	23.30	64	黑龙江	**Heilongjiang**	**332.38**	**333.60**	**296.53**	
忻州	Xinzhou	18.96	19.96	20.00	96	哈尔滨	Harbin	70.11	73.07	76.10	5
临汾	Linfen	23.20	23.43	22.30	71	齐齐哈尔	Qiqihar	21.16	17.48	17.40	123
吕梁	Lvliang	18.73	19.40	20.60	88	鸡西	Jixi	8.52	8.87	9.00	240
内蒙古	**Inner Mongolia**	**169.40**	**173.10**	**170.84**		鹤岗	Hegang	10.85	10.99	10.60	210
呼和浩特	Hohhot	21.15	21.87	22.40	69	双鸭山	Shuangyashan	7.49	7.65	7.70	257
包头	Baotou	12.89	13.40	13.40	174	大庆	Daqing	46.15	46.10	44.90	20
乌海	Wuhai	5.50	5.72	5.50	276	伊春	Yichun	15.07	15.44	16.20	135
赤峰	Chifeng	19.88	19.72	20.40	91	佳木斯	Jiamusi	12.72	13.20	13.30	176
通辽	Tongliao	18.75	18.70	18.90	110	七台河	Qitaihe	3.97	3.89	4.00	284
鄂尔多斯	Erdos	11.34	12.85	14.30	167	牡丹江	Mudanjiang	14.89	15.07	15.20	152
呼伦贝尔	Hulunbuir	20.45	20.63	20.90	83	黑河	Heihe	9.71	9.90	9.90	226
巴彦淖尔	Bayannur	10.48	10.41	10.60	210	绥化	Suihua	18.97	18.64	18.50	113
乌兰察布	Ulanqab	11.24	11.30	11.40	197	上海	**Shanghai**	**145.49**	**147.21**	**111.49**	
辽宁	**Liaoning**	**300.41**	**294.58**	**292.49**		江苏	**Jiangsu**	**281.21**	**291.00**	**293.34**	

2-6 城镇单位国有单位就业人员 续表 1

Urban Employed Person of State-owned Units continued 1

单位：万人 （10 000 persons）

地名	City	2010	2011	2012	2012 排名 Ranking	地名	City	2010	2011	2012	2012 排名 Ranking
南京	Nanjing	50.02	52.11	54.00	10	池州	Chizhou	4.79	4.85	4.90	278
无锡	Wuxi	16.61	17.50	17.80	118	宣城	Xuancheng	7.64	7.93	8.00	252
徐州	Xuzhou	40.62	40.83	41.50	22	**福建**	**Fujian**	**155.51**	**161.65**	**155.23**	
常州	Changzhou	14.45	15.21	15.60	141	福州	Fuzhou	35.76	37.18	31.60	35
苏州	Suzhou	22.63	23.34	23.80	61	厦门	Xiamen	17.46	19.27	18.40	114
南通	Nantong	20.23	21.07	22.00	74	莆田	Putian	9.98	10.02	9.30	233
连云港	Lianyungang	16.29	16.32	16.60	130	三明	Sanming	12.67	12.96	12.50	185
淮安	Huaian	18.16	18.48	18.10	115	泉州	Quanzhou	23.47	24.53	20.00	96
盐城	Yancheng	24.16	24.43	24.70	57	漳州	Zhangzhou	17.28	17.28	13.10	177
扬州	Yangzhou	17.66	19.64	19.20	107	南平	Nanping	12.58	12.95	11.10	200
镇江	Zhenjiang	14.42	15.16	15.60	141	龙岩	Longyan	11.76	12.45	11.10	200
泰州	Taizhou	13.49	13.99	14.10	168	宁德	Ningde	11.45	11.90	10.90	207
宿迁	Suqian	12.47	12.91	13.00	180	**江西**	**Jiangxi**	**200.61**	**200.45**	**187.20**	
浙江	**Zhejiang**	**215.43**	**224.08**	**212.98**		南昌	Nanchang	44.25	41.62	44.40	21
杭州	Hangzhou	54.53	56.95	56.30	8	景德镇	Jingdezhen	10.90	10.03	9.70	228
宁波	Ningbo	30.04	31.83	31.70	34	萍乡	Pingxiang	9.53	9.01	9.10	236
温州	Wenzhou	26.66	27.36	30.60	40	九江	Jiujiang	20.95	21.64	22.10	72
嘉兴	Jiaxing	15.23	14.73	14.90	158	新余	Xinyu	4.48	4.58	4.60	281
湖州	Huzhou	9.28	9.43	10.30	216	鹰潭	Yingtan	8.83	9.16	9.10	236
绍兴	Shaoxing	12.76	14.58	15.30	148	赣州	Ganzhou	25.85	27.25	26.80	51
金华	Jinhua	10.50	10.50	17.20	124	吉安	Jian	16.98	17.45	17.80	118
衢州	Quzhou	8.71	9.99	9.00	240	宜春	Yichun	18.65	18.60	19.20	107
舟山	Zhoushan	6.56	6.64	6.70	264	抚州	Fuzhou	15.21	16.12	17.10	126
台州	Taizhou	18.46	19.14	19.50	103	上饶	Shangrao	22.75	22.57	24.00	59
丽水	Lishui	9.80	10.10	10.30	216	**山东**	**Shandong**	**439.40**	**437.00**	**411.79**	
安徽	**Anhui**	**205.95**	**219.02**	**196.98**		济南	Jinan	50.10	47.10	47.20	16
合肥	Hefei	30.82	41.27	46.30	17	青岛	Qingdao	39.80	37.20	36.90	30
芜湖	Wuhu	8.56	11.52	12.60	183	淄博	Zibo	26.80	27.60	27.80	46
蚌埠	Bengbu	9.70	10.08	10.70	208	枣庄	Zaozhuang	25.10	23.90	23.50	62
淮南	Huainan	9.78	10.89	9.10	236	东营	Dongying	25.00	27.60	27.00	50
马鞍山	Maanshan	4.55	6.98	7.00	262	烟台	Yantai	31.70	31.10	31.10	38
淮北	Huaibei	15.79	16.46	16.80	128	潍坊	Weifang	30.70	29.70	30.40	42
铜陵	Tongling	5.98	6.76	6.90	263	济宁	Jining	40.80	43.10	48.50	13
安庆	Anqing	17.98	19.73	19.80	98	泰安	Taian	19.70	20.20	21.30	79
黄山	Huangshan	5.37	5.44	5.80	270	威海	Weihai	13.30	13.20	13.10	177
滁州	Chuzhou	11.68	12.13	12.40	188	日照	Rizhao	10.10	8.70	9.70	228
阜阳	Fuyang	20.15	20.39	19.80	98	莱芜	Laiwu	5.00	4.90	5.20	277
宿州	Suzhou	16.65	17.83	18.10	115	临沂	Linyi	30.00	29.60	30.80	39
六安	Liuan	14.71	15.14			德州	Dezhou	20.10	19.20	20.90	83
亳州	Bozhou	11.31	11.62	12.50	185	聊城	Liaocheng	20.00	20.90	19.70	100

2-6 城镇单位国有单位就业人员 续表 2

Urban Employed Person of State-owned Units continued 2

单位：万人 （10 000 persons）

地名	City	2010	2011	2012	2012 排名 Ranking	地名	City	2010	2011	2012	2012 排名 Ranking
滨州	Binzhou	12.50	14.00	14.40	166	常德	Changde	19.11	17.20	17.70	121
菏泽	Heze	26.40	26.80	27.70	47	张家界	Zhangjiajie	6.15	6.01	6.00	267
河南	**Henan**	**389.11**	**400.25**	**369.84**		益阳	Yiyang	15.97	15.90	15.30	148
郑州	Zhengzhou	52.56	53.55	55.00	9	郴州	Chenzhou	19.27	18.96	20.20	92
开封	Kaifeng	15.38	14.49	16.30	134	永州	Yongzhou	20.23	18.87	19.50	103
洛阳	Luoyang	30.97	33.47	34.40	31	怀化	Huaihua	20.23	19.28	20.10	95
平顶山	Pingdingshan	19.08	19.79	19.70	100	娄底	Loudi	16.33	15.10	15.40	145
安阳	Anyang	15.81	15.96	15.30	148	广东	**Guangdong**	**400.70**	**423.88**	**402.76**	
鹤壁	Hebi	5.17	5.19	5.60	272	广州	Guangzhou	87.00	97.37	97.80	3
新乡	Xinxiang	22.12	22.49	22.60	66	韶关	Shaoguan	14.60	14.95	15.10	155
焦作	Jiaozuo	13.45	13.46	13.80	170	深圳	Shenzhen	46.90	49.35	50.10	12
濮阳	Puyang	16.48	19.61	18.70	111	珠海	Zhuhai	10.20	11.01	11.30	199
许昌	Xuchang	13.52	15.19	15.50	143	汕头	Shantou	17.10	17.69	22.10	72
漯河	Luohe	9.42	9.67	9.80	227	佛山	Foshan	20.30	21.44	20.60	88
三门峡	Sanmenxia	12.38	12.99	13.00	180	江门	Jiangmen	14.10	14.05	14.60	163
南阳	Nanyang	37.90	39.78	41.30	23	湛江	Zhanjiang	28.30	29.15	29.20	44
商丘	Shangqiu	25.84	25.75	27.20	49	茂名	Maoming	21.40	22.23	21.20	80
信阳	Xinyang	29.42	29.85	31.20	37	肇庆	Zhaoqing	14.10	14.44	15.10	155
周口	Zhoukou	30.84	30.12	29.30	43	惠州	Huizhou	16.50	17.97	18.60	112
驻马店	Zhumadian	23.93	24.38	25.40	56	梅州	Meizhou	16.10	16.52	16.50	131
湖北	**Hubei**	**288.00**	**292.30**	**268.61**		汕尾	Shanwei	9.40	9.41	9.40	232
武汉	Wuhan	79.85	85.15	82.70	4	河源	Heyuan	10.90	10.87	10.70	208
黄石	Huangshi	12.95	11.06	11.10	200	阳江	Yangjiang	10.90	11.03	10.00	223
十堰	Shiyan	14.22	14.31	14.70	159	清远	Qingyuan	12.20	12.57	12.60	183
宜昌	Yichang	60.39	18.90	21.40	77	东莞	Dongguan	12.60	14.00	14.70	159
襄阳	Xiangyang	25.76	26.00	27.30	48	中山	Zhongshan	7.60	8.47	8.90	243
鄂州	Ezhou	5.89	5.62	4.50	282	潮州	Chaozhou	7.50	7.63	7.70	257
荆门	Jingmen	13.56	12.39	11.40	197	揭阳	Jieyang	14.80	15.18	15.30	148
孝感	Xiaogan	20.23	19.92	20.70	87	云浮	Yunfu	8.50	8.57	8.80	245
荆州	Jingzhou	20.36	21.19	22.00	74	广西	**Guangxi**	**203.30**	**209.49**	**210.93**	
黄冈	Huanggang	20.05	20.07	20.90	83	南宁	Nanning	38.70	46.81	47.50	15
咸宁	Xianning	11.32	9.85	11.00	205	柳州	Liuzhou	22.40	21.80	22.50	68
随州	Suizhou	5.86	6.01	5.80	270	桂林	Guilin	22.10	22.81	24.10	58
湖南	**Hunan**	**287.13**	**275.01**	**269.09**		梧州	Wuzhou	9.60	10.04	10.00	223
长沙	Changsha	43.28	40.42	41.30	23	北海	Beihai	7.20	7.60	7.80	256
株洲	Zhuzhou	16.06	16.33	16.80	128	防城港	Fangchenggang	6.50	6.88	7.30	261
湘潭	Xiangtan	14.01	11.12	11.00	205	钦州	Qinzhou	10.10	10.95	10.60	210
衡阳	Hengyang	27.14	25.13	25.70	55	贵港	Guigang	11.40	11.58	11.80	194
邵阳	Shaoyang	22.30	21.08	21.10	82	玉林	Yulin	17.80	18.34	18.10	115
岳阳	Yueyang	26.08	24.66	25.90	54	百色	Baise	15.00	15.32	15.90	139

2-6 城镇单位国有单位就业人员 续表 3
Urban Employed Person of State-owned Units continued 3

单位：万人 （10 000 persons）

地名	City	2010	2011	2012	2012 排名 Ranking	地名	City	2010	2011	2012	2012 排名 Ranking
贺州	Hezhou	7.00	7.19	7.60	259	丽江	Lijiang	8.09	5.36	5.60	272
河池	Hechi	13.60	13.87	14.10	168	普洱	Puer	9.20	9.90	10.40	215
来宾	Laibin	8.30	8.44	7.40	260	临沧	Lincang	7.65	7.91	8.20	250
崇左	Chongzuo	9.60	9.53	9.30	233	**西藏**	**Tibet**	**14.64**	**21.72**	**26.72**	
海南	**Hainan**	**53.10**	**53.30**	**44.40**		拉萨	Lasa	2.28	8.17	8.90	243
海口	Haikou	15.90	15.69	24.00	59	**陕西**	**Shaanxi**	**253.20**	**263.52**	**237.05**	
三亚	Sanya	3.50	3.72	4.80	280	西安	Xi'an	88.84	91.62	108.30	1
三沙	Sansha					铜川	Tongchuan	7.85	8.13	7.90	253
重庆	**Chongqing**	**118.80**	**116.47**	**121.22**		宝鸡	Baoji	18.46	19.54	17.70	121
四川	**Sichuan**	**335.77**	**346.47**	**361.31**		咸阳	Xianyang	24.89	26.16	26.30	53
成都	Chengdu	92.06	97.64	104.10	2	渭南	Weinan	27.16	27.45	28.00	45
自贡	Zigong	8.88	9.01	9.10	236	延安	Yan'an	21.01	21.95	22.40	69
攀枝花	Panzhihua	12.80	14.38	13.40	174	汉中	Hanzhong	15.81	15.82	16.20	135
泸州	Luzhou	13.57	14.23	14.70	159	榆林	Yulin	21.79	21.79	22.60	66
德阳	Deyang	14.80	14.83	15.20	152	安康	Ankang	9.83	9.78	10.10	220
绵阳	Mianyang	16.45	17.53	19.53	102	商洛	Shangluo	9.15	9.88	10.60	210
广元	Guangyuan	10.25	10.05	10.10	220	**甘肃**	**Gansu**	**147.36**	**150.05**	**148.27**	
遂宁	Suining	7.82	7.87	8.40	249	兰州	Lanzhou	40.63	38.86	40.90	26
内江	Neijiang	11.74	11.40	11.50	196	嘉峪关	Jiayuguan	4.62	5.18	4.90	278
乐山	Leshan	11.62	11.61	11.60	195	金昌	Jinchang	6.10	6.69	8.80	245
南充	Nanchong	18.08	19.66	20.20	92	白银	Baiyin	7.90	7.84	8.20	250
眉山	Meishan	8.58	8.57	9.00	240	天水	Tianshui	12.65	13.16	14.60	163
宜宾	Yibin	15.68	15.78	15.40	145	武威	Wuwei	8.36	8.30	8.60	248
广安	Guangan	10.61	10.78	11.10	200	张掖	Zhangye	7.81	8.47	8.70	247
达州	Dazhou	16.55	16.73	17.20	124	平凉	Pingliang	12.11	12.37	12.70	182
雅安	Yaan	6.26	6.35	6.50	265	酒泉	Jiuquan	6.30	6.11	6.50	265
巴中	Bazhong	9.56	9.82	10.00	223	庆阳	Qingyang	8.81	9.08	9.50	231
资阳	Ziyang	9.44	9.63	9.70	228	定西	Dingxi	8.96	9.66	10.10	220
贵州	**Guizhou**	**156.67**	**170.54**	**166.15**		陇南	Longnan	9.76	9.98	10.20	218
贵阳	Guiyang	42.50	44.09	41.00	25	**青海**	**Qinghai**	**37.94**	**41.57**	**34.82**	
六盘水	Liupanshui	8.41	13.89	14.60	163	西宁	Xining	17.81	20.25	21.20	80
遵义	Zunyi	23.53	25.29	26.50	52	海东	Haidong				
安顺	Anshun	8.94	9.50	10.20	218	**宁夏**	**Ningxia**	**37.18**	**37.85**	**36.74**	
毕节	Bijie	17.50	18.72	20.20	92	银川	Yinchuan	15.07	16.50	17.80	118
铜仁	Tongren	12.71	12.86	13.60	171	石嘴山	Shizuishan	6.13	4.80	5.60	272
云南	**Yunnan**	**190.96**	**175.80**	**186.24**		吴忠	Wuzhong	5.41	5.77	6.00	267
昆明	Kunming	45.30	46.54	47.70	14	固原	Guyuan	5.23	5.32	5.60	272
曲靖	Qujing	18.76	18.70	19.20	107	中卫	Zhongwei	3.81	3.92	4.30	283
玉溪	Yuxi	9.79	10.22	10.50	214	**新疆**	**Xinjiang**	**184.15**	**192.32**	**201.84**	
保山	Baoshan	6.91	7.40	7.90	253	乌鲁木齐	Urumqi	31.50	25.92	39.20	28
昭通	Zhaotong	14.06	14.70	15.40	145	克拉玛依	Karamay	5.07	5.37	5.90	269

2-7 城镇单位城镇集体单位就业人员
Urban Employed Person of Collective-owned Units

单位：万人 （10 000 persons）

地名	City	2010	2011	2012	2012 排名 Ranking
全国	**Nation Total**	**597.00**	**603.0**	**589.70**	
北京	**Beijing**	**22.71**	**20.10**	**17.53**	
天津	**Tianjin**	**4.30**	**8.84**	**7.10**	
河北	**Hebei**	**25.91**	**22.21**	**18.00**	
石家庄	Shijiazhuang	5.07	4.94	3.90	27
唐山	Tangshan	3.54	3.00	2.60	67
秦皇岛	Qinhuangdao	0.91	0.81	0.60	220
邯郸	Handan	2.84	2.80	2.90	54
邢台	Xingtai	2.09	2.21	1.60	116
保定	Baoding	3.82	1.69	2.10	81
张家口	Zhangjiakou	2.16	2.36	2.70	64
承德	Chengde	0.62	0.73	0.80	202
沧州	Cangzhou	2.28	0.89	1.10	167
廊坊	Langfang	0.70	1.02	1.20	155
衡水	Hengshui	1.82	1.77	1.60	116
山西	**Shanxi**	**23.89**	**24.81**	**21.42**	
太原	Taiyuan	4.77	4.91	4.30	21
大同	Datong	2.94	3.09	3.00	51
阳泉	Yangquan	2.59	2.68	2.90	54
长治	Changzhi	1.60	1.85	1.80	102
晋城	Jincheng	1.90	1.65	1.60	116
朔州	Shuozhou	1.25	1.27	1.10	167
晋中	Jinzhong	1.82	1.69	1.70	107
运城	Yuncheng	1.88	2.19	2.00	89
忻州	Xinzhou	1.63	1.83	1.80	102
临汾	Linfen	1.64	1.69	1.70	107
吕梁	Lvliang	1.81	1.95	2.90	54
内蒙古	**Inner Mongolia**	**8.90**	**8.50**	**7.28**	
呼和浩特	Hohhot	1.00	0.97	1.00	179
包头	Baotou	2.51	2.20	2.00	89
乌海	Wuhai	0.02	0.02		
赤峰	Chifeng	1.13	1.17	1.20	155
通辽	Tongliao	0.93	0.90	0.80	202
鄂尔多斯	Erdos	0.38	0.41	0.40	245
呼伦贝尔	Hulunbuir	0.60	0.60	0.60	220
巴彦淖尔	Bayannur	0.50	0.50	0.50	235
乌兰察布	Ulanqab	0.41	0.41	0.40	245
辽宁	**Liaoning**	**68.47**	**32.09**	**36.73**	
沈阳	Shenyang	9.16	5.37	5.50	10
大连	Dalian	2.44	2.73	2.60	67
鞍山	Anshan	9.46	5.36	6.20	4
抚顺	Fushun	9.41	1.71	2.00	89
本溪	Benxi	6.24	2.14	2.40	72
丹东	Dandong	2.63	1.66	1.50	131
锦州	Jinzhou	4.32	2.24	2.70	64
营口	Yingkou	1.31	1.62	1.70	107
阜新	Fuxin	8.81	1.38	1.90	94
辽阳	Liaoyang	2.86	1.41	1.50	131
盘锦	Panjin	0.43	0.50	0.80	202
铁岭	Tieling	5.48	2.11	2.10	81
朝阳	Chaoyang	1.85	1.02	1.60	116
葫芦岛	Huludao	4.05	2.84	2.40	72
吉林	**Jilin**	**13.74**	**9.56**	**7.41**	
长春	Changchun	4.21	3.11	2.90	54
吉林	Jilin	1.58	1.70	1.20	155
四平	Siping	0.75	0.68	0.60	220
辽源	Liaoyuan	0.34	0.36	0.40	245
通化	Tonghua	1.05	1.01	1.00	179
白山	Baishan	0.38	0.46	0.50	235
松原	Songyuan	0.72	0.74	0.70	215
白城	Baicheng	0.94	0.75	0.80	202
黑龙江	**Heilongjiang**	**22.00**	**16.10**	**15.85**	
哈尔滨	Harbin	12.53	6.66	6.00	5
齐齐哈尔	Qiqihar	2.02	1.89	1.80	102
鸡西	Jixi	0.63	0.55	0.50	235
鹤岗	Hegang	1.31	1.31	1.10	167
双鸭山	Shuangyashan	0.55	0.53	0.50	235
大庆	Daqing	0.88	1.44	1.30	145
伊春	Yichun	0.93	0.82	0.80	202
佳木斯	Jiamusi	0.72	0.74	0.80	202
七台河	Qitaihe	0.55	0.43	0.40	245
牡丹江	Mudanjiang	0.60	0.49	0.50	235
黑河	Heihe	0.29	0.27	0.30	256
绥化	Suihua	0.91	0.90	1.00	179
上海	**Shanghai**	**9.12**	**10.43**	**12.00**	
江苏	**Jiangsu**	**30.31**	**31.20**	**38.75**	

2-7 城镇单位城镇集体单位就业人员 续表 1

Urban Employed Person of Collective-owned Units continued 1

单位：万人 （10 000 persons）

地名	City	2010	2011	2012	2012 排名 Ranking	地名	City	2010	2011	2012	2012 排名 Ranking
南京	Nanjing	4.90	4.67	4.90	16	池州	Chizhou	0.34	0.36	0.30	256
无锡	Wuxi	1.37	1.36	1.20	155	宣城	Xuancheng	0.57	0.44	0.40	245
徐州	Xuzhou	3.12	3.26	2.90	54	**福建**	**Fujian**	**16.58**	**15.56**	**14.08**	
常州	Changzhou	1.36	1.32	1.40	140	福州	Fuzhou	3.61	3.98	3.10	48
苏州	Suzhou	2.72	2.94	2.70	64	厦门	Xiamen	2.88	1.65	1.30	145
南通	Nantong	2.29	2.26	2.50	71	莆田	Putian	0.98	0.64	0.60	220
连云港	Lianyungang	2.07	1.94	1.90	94	三明	Sanming	0.87	1.35	1.20	155
淮安	Huaian	1.79	2.01	1.60	116	泉州	Quanzhou	3.96	3.35	2.80	61
盐城	Yancheng	1.62	1.67	1.70	107	漳州	Zhangzhou	1.42	1.67	1.20	155
扬州	Yangzhou	3.01	3.08	3.20	44	南平	Nanping	0.80	0.88	0.70	215
镇江	Zhenjiang	1.83	1.93	1.90	94	龙岩	Longyan	1.34	1.34	1.40	140
泰州	Taizhou	3.85	4.39	4.00	23	宁德	Ningde	0.71	0.71	0.60	220
宿迁	Suqian	0.39	0.38	0.30	256	**江西**	**Jiangxi**	**14.04**	**18.75**	**15.39**	
浙江	**Zhejiang**	**28.90**	**28.46**	**22.27**		南昌	Nanchang	4.20	6.33	3.20	44
杭州	Hangzhou	5.21	5.29	5.60	9	景德镇	Jingdezhen	0.79	0.94	0.90	192
宁波	Ningbo	3.33	3.43	3.20	44	萍乡	Pingxiang	0.26	0.50	0.50	235
温州	Wenzhou	5.19	4.76	4.70	19	九江	Jiujiang	2.33	4.40	3.80	29
嘉兴	Jiaxing	1.64	1.46	1.50	131	新余	Xinyu	0.18	0.22	0.30	256
湖州	Huzhou	2.68	1.31	1.40	140	鹰潭	Yingtan	0.18	0.12	0.20	266
绍兴	Shaoxing	2.22	2.29	1.90	94	赣州	Ganzhou	1.37	1.37	1.60	116
金华	Jinhua	9.50	11.00	1.60	116	吉安	Jian	1.07	1.26	1.60	116
衢州	Quzhou	0.27	0.33	0.40	245	宜春	Yichun	0.64	0.98	0.90	192
舟山	Zhoushan	1.66	0.82	1.20	155	抚州	Fuzhou	1.48	1.10	1.60	116
台州	Taizhou	2.75	2.99	3.80	29	上饶	Shangrao	1.53	1.53	3.50	40
丽水	Lishui	0.76	0.62	0.50	235	**山东**	**Shandong**	**57.00**	**60.80**	**59.17**	
安徽	**Anhui**	**17.88**	**18.34**	**16.40**		济南	Jinan	5.00	3.40	4.80	18
合肥	Hefei	1.79	1.85	2.60	67	青岛	Qingdao	4.80	5.70	5.50	10
芜湖	Wuhu	0.22	0.30	0.30	256	淄博	Zibo	4.20	5.00	5.40	12
蚌埠	Bengbu	0.90	1.30	0.80	202	枣庄	Zaozhuang	4.20	3.90	4.40	20
淮南	Huainan	1.28	1.51	1.30	145	东营	Dongying	2.10	1.60	1.30	145
马鞍山	Maanshan	0.64	1.25	1.20	155	烟台	Yantai	4.60	6.10	5.70	7
淮北	Huaibei	0.90	0.92	0.90	192	潍坊	Weifang	2.90	2.60	3.80	29
铜陵	Tongling	0.17	0.06	0.10	278	济宁	Jining	4.30	5.90	5.70	7
安庆	Anqing	1.64	1.63	1.90	94	泰安	Taian	8.20	11.80	12.20	1
黄山	Huangshan	0.23	0.23	0.20	266	威海	Weihai	2.90	3.60	3.20	44
滁州	Chuzhou	0.94	0.94	1.00	179	日照	Rizhao	0.70	0.90	0.90	192
阜阳	Fuyang	2.24	2.77	1.30	145	莱芜	Laiwu	1.50	0.50	0.40	245
宿州	Suzhou	2.19	2.01	2.10	81	临沂	Linyi	4.30	1.90	2.10	81
六安	Liuan	1.78	1.81	1.80	102	德州	Dezhou	2.20	2.10	2.30	78
亳州	Bozhou	1.02	0.97	0.70	215	聊城	Liaocheng	1.40	1.30	1.20	155

2-7 城镇单位城镇集体单位就业人员 续表 2

Urban Employed Person of Collective-owned Units continued 2

单位：万人 （10 000 persons）

地名	City	2010	2011	2012	2012 排名 Ranking	地名	City	2010	2011	2012	2012 排名 Ranking
滨州	Binzhou	1.40	1.10	1.20	155	常德	Changde	1.67	1.60	1.70	107
菏泽	Heze	2.30	3.00	2.90	54	张家界	Zhangjiajie	0.57	0.52	0.40	245
河南	**Henan**	**50.41**	**51.66**	**46.09**		益阳	Yiyang	1.84	1.33	1.50	131
郑州	Zhengzhou	4.34	5.34	4.30	21	郴州	Chenzhou	1.35	0.95	1.00	179
开封	Kaifeng	3.52	4.24	3.80	29	永州	Yongzhou	1.51	1.87	2.10	81
洛阳	Luoyang	3.75	3.51	3.60	34	怀化	Huaihua	1.72	1.56	1.70	107
平顶山	Pingdingshan	3.72	3.38	3.10	48	娄底	Loudi	4.17	3.94	4.00	23
安阳	Anyang	1.79	2.16	3.00	51	**广东**	**Guangdong**	**57.70**	**62.83**	**58.52**	
鹤壁	Hebi	0.68	0.65	0.40	245	广州	Guangzhou	10.80	9.37	10.60	2
新乡	Xinxiang	4.04	4.15	4.00	23	韶关	Shaoguan	2.00	2.61	2.90	54
焦作	Jiaozuo	1.41	1.83	1.50	131	深圳	Shenzhen	1.50	1.64	1.70	107
濮阳	Puyang	0.93	0.87	0.80	202	珠海	Zhuhai	3.30	2.44	2.30	78
许昌	Xuchang	1.06	0.97	1.00	179	汕头	Shantou	5.90	8.82	3.40	42
漯河	Luohe	2.04	2.12	2.10	81	佛山	Foshan	2.40	2.44	2.00	89
三门峡	Sanmenxia	1.08	1.11	1.10	167	江门	Jiangmen	1.90	5.23	2.10	81
南阳	Nanyang	6.33	5.70	5.30	13	湛江	Zhanjiang	3.00	3.50	3.90	27
商丘	Shangqiu	2.77	3.11	3.60	34	茂名	Maoming	3.90	4.01	3.30	43
信阳	Xinyang	5.60	5.84	5.80	6	肇庆	Zhaoqing	1.20	1.58	1.60	116
周口	Zhoukou	3.42	3.46	3.60	34	惠州	Huizhou	2.50	2.15	2.40	72
驻马店	Zhumadian	2.42	2.28	2.40	72	梅州	Meizhou	1.70	1.77	1.60	116
湖北	**Hubei**	**22.00**	**18.20**	**15.25**		汕尾	Shanwei	1.70	1.53	1.90	94
武汉	Wuhan	7.09	4.53	4.00	23	河源	Heyuan	1.60	1.64	1.20	155
黄石	Huangshi	1.34	1.37	1.40	140	阳江	Yangjiang	3.90	3.46	3.60	34
十堰	Shiyan	0.98	0.90	1.10	167	清远	Qingyuan	0.60	0.59	0.80	202
宜昌	Yichang	1.78	1.20	3.00	51	东莞	Dongguan	3.50	3.41	3.60	34
襄阳	Xiangyang	1.21	0.90	1.30	145	中山	Zhongshan	2.00	1.27	1.00	179
鄂州	Ezhou	0.43	0.56	0.60	220	潮州	Chaozhou	1.30	1.52	1.50	131
荆门	Jingmen	1.25	1.50	1.30	145	揭阳	Jieyang	2.30	2.84	2.80	61
孝感	Xiaogan	2.98	1.66	1.70	107	云浮	Yunfu	0.70	0.97	1.00	179
荆州	Jingzhou	1.12	1.39	1.50	131	**广西**	**Guangxi**	**17.30**	**18.76**	**14.39**	
黄冈	Huanggang	0.76	1.01	0.80	202	南宁	Nanning	1.60	1.59	1.60	116
咸宁	Xianning	1.42	1.31	1.60	116	柳州	Liuzhou	1.80	2.00	1.60	116
随州	Suizhou	0.56	0.64	0.60	220	桂林	Guilin	1.70	1.65	1.80	102
湖南	**Hunan**	**33.24**	**27.84**	**23.65**		梧州	Wuzhou	0.90	0.86	0.90	192
长沙	Changsha	5.45	4.16	3.80	29	北海	Beihai	0.80	1.10	1.30	145
株洲	Zhuzhou	1.84	1.19	1.10	167	防城港	Fangchenggang	0.60	0.58	0.60	220
湘潭	Xiangtan	1.90	1.34	1.20	155	钦州	Qinzhou	1.10	1.05	1.10	167
衡阳	Hengyang	4.42	3.59	3.50	40	贵港	Guigang	1.20	1.35	1.50	131
邵阳	Shaoyang	3.09	2.34	2.40	72	玉林	Yulin	4.10	4.91	2.40	72
岳阳	Yueyang	2.79	2.75	2.60	67	百色	Baise	0.80	2.37	1.00	179

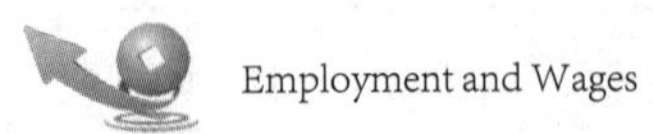

2-7 城镇单位城镇集体单位就业人员 续表 3

Urban Employed Person of Collective-owned Units continued 3

单位：万人 （10 000 persons）

地名	City	2010	2011	2012	2012 排名 Ranking	地名	City	2010	2011	2012	2012 排名 Ranking
贺州	Hezhou	0.30	0.22	0.20	266	丽江	Lijiang	0.31	0.40	0.40	245
河池	Hechi	1.50	1.28	1.40	140	普洱	Puer	0.28	0.34	0.30	256
来宾	Laibin	0.40	0.55	3.60	34	临沧	Lincang	0.16	0.28	0.30	256
崇左	Chongzuo	0.40	0.35	0.30	256	**西藏**	**Tibet**	**0.45**	**0.41**	**0.54**	
海南	**Hainan**	**3.90**	**3.61**	**3.03**		拉萨	Lasa	0.21	0.20	0.20	266
海口	Haikou	1.70	1.22	1.41	139	**陕西**	**Shaanxi**	**15.00**	**15.24**	**18.89**	
三亚	Sanya	0.20	0.21	0.20	266	西安	Xi'an	4.75	5.33	5.10	14
三沙	Sansha					铜川	Tongchuan	0.24	0.24	0.20	266
重庆	**Chongqing**	**10.30**	**9.88**	**9.09**		宝鸡	Baoji	1.28	1.45	1.60	116
四川	**Sichuan**	**33.69**	**33.77**	**31.40**		咸阳	Xianyang	1.37	1.55	1.90	94
成都	Chengdu	7.99	8.76	8.00	3	渭南	Weinan	1.88	1.33	1.10	167
自贡	Zigong	1.51	1.18	1.10	167	延安	Yan'an	1.12	1.00	1.00	179
攀枝花	Panzhihua	0.73	0.56	0.50	235	汉中	Hanzhong	1.36	1.33	1.30	145
泸州	Luzhou	5.02	4.84	4.90	16	榆林	Yulin	1.01	1.14	1.10	167
德阳	Deyang	0.75	0.81	0.80	202	安康	Ankang	0.78	0.84	0.80	202
绵阳	Mianyang	1.51	1.30	1.30	145	商洛	Shangluo	0.95	0.98	1.00	179
广元	Guangyuan	0.96	0.95	0.90	192	**甘肃**	**Gansu**	**6.88**	**7.46**	**10.74**	
遂宁	Suining	2.74	3.06	3.10	48	兰州	Lanzhou	1.91	1.92	2.00	89
内江	Neijiang	1.53	1.17	1.10	167	嘉峪关	Jiayuguan	0.11	0.25	0.60	220
乐山	Leshan	0.95	0.99	1.10	167	金昌	Jinchang	0.40	0.42	0.40	245
南充	Nanchong	2.15	1.90	2.20	80	白银	Baiyin	1.00	0.92	0.90	192
眉山	Meishan	0.76	0.79	0.60	220	天水	Tianshui	0.78	0.74	0.60	220
宜宾	Yibin	0.72	0.73	0.60	220	武威	Wuwei	0.60	0.65	0.60	220
广安	Guangan	0.46	0.50	0.50	235	张掖	Zhangye	0.20	0.22	0.20	266
达州	Dazhou	2.10	2.16	2.80	61	平凉	Pingliang	0.29	0.69	0.70	215
雅安	Yaan	0.29	0.31	0.20	266	酒泉	Jiuquan	0.18	0.21	0.50	235
巴中	Bazhong	1.23	1.95	2.10	81	庆阳	Qingyang	0.15	0.17	0.20	266
资阳	Ziyang	1.47	0.88	1.00	179	定西	Dingxi	0.18	0.15	0.10	278
贵州	**Guizhou**	**7.26**	**7.66**	**6.15**		陇南	Longnan	0.61	0.59	0.60	220
贵阳	Guiyang	2.41	2.43	1.70	107	**青海**	**Qinghai**	**1.72**	**1.86**	**1.26**	
六盘水	Liupanshui	0.15	0.30	0.30	256	西宁	Xining	1.25	1.37	1.00	179
遵义	Zunyi	1.02	0.96	0.10	278	海东	Haidong				
安顺	Anshun	0.57	0.71	0.70	215	**宁夏**	**Ningxia**	**0.81**	**0.80**	**0.83**	
毕节	Bijie	0.66	0.77	0.80	202	银川	Yinchuan	0.28	0.24	0.20	266
铜仁	Tongren	0.78	0.85	0.90	192	石嘴山	Shizuishan	0.11	0.11	0.10	278
云南	**Yunnan**	**10.59**	**9.70**	**14.03**		吴忠	Wuzhong	0.19	0.22	0.20	266
昆明	Kunming	3.67	4.28	5.10	14	固原	Guyuan	0.12	0.12	0.10	278
曲靖	Qujing	1.14	1.30	1.90	94	中卫	Zhongwei	0.11	0.12	0.10	278
玉溪	Yuxi	0.58	0.55	0.90	192	**新疆**	**Xinjiang**	**3.14**	**3.39**	**2.91**	
保山	Baoshan	0.32	0.30	0.30	256	乌鲁木齐	Urumqi	0.84	0.87	0.90	192
昭通	Zhaotong	0.52	0.49	0.60	220	克拉玛依	Karamay	0.20	0.45	0.20	266

2-8 城镇私营单位就业人员
Urban Employed Persons of Private Units

单位：万人 （10 000 persons）

地名	City	2010	2012	2013	2013 排名 Ranking	地名	City	2010	2012	2013	2013 排名 Ranking
全国	**Nation Total**	**6071.00**	**7557.0**	**8242.00**		沈阳	Shenyang	98.32	67.30	72.70	20
北京	**Beijing**	**193.50**	**509.22**	**535.25**		大连	Dalian	88.59	158.90	169.30	4
天津	**Tianjin**	**146.47**	**191.35**	**217.48**		鞍山	Anshan	23.72	7.80	7.50	203
河北	**Hebei**	**176.92**	**266.39**	**336.42**		抚顺	Fushun	14.53	8.50	8.50	189
石家庄	Shijiazhuang	14.92	62.30	61.30	26	本溪	Benxi	10.16	5.00	5.00	240
唐山	Tangshan	12.66	46.00	45.60	46	丹东	Dandong	14.65	7.30	7.30	205
秦皇岛	Qinhuangdao	18.15	16.40	14.50	135	锦州	Jinzhou	10.33	8.00	8.30	191
邯郸	Handan	15.00	29.00	30.40	69	营口	Yingkou	24.08	9.70	9.70	177
邢台	Xingtai	19.56	20.70	23.20	88	阜新	Fuxin	13.85	8.90	9.70	177
保定	Baoding	28.28	38.60	37.00	54	辽阳	Liaoyang	11.41	7.20	7.30	205
张家口	Zhangjiakou	10.47	12.90	12.50	149	盘锦	Panjin	8.09	6.30	7.20	209
承德	Chengde	5.34	14.70	12.10	153	铁岭	Tieling	14.56	7.30	9.70	177
沧州	Cangzhou	23.97	32.10	32.80	59	朝阳	Chaoyang	17.88	8.80	6.70	218
廊坊	Langfang	16.50	21.70	18.30	108	葫芦岛	Huludao	9.35	7.90	8.20	193
衡水	Hengshui	12.07	16.70	17.80	113	**吉林**	**Jilin**	**74.89**	**106.07**	**157.07**	
山西	**Shanxi**	**123.63**	**171.34**	**232.62**		长春	Changchun	16.13	30.80	29.90	70
太原	Taiyuan	26.49	36.50	39.20	52	吉林	Jilin	27.01	11.80	22.00	93
大同	Datong	10.07	10.40	13.60	141	四平	Siping	1.21	11.20	7.80	198
阳泉	Yangquan	4.89	5.90	5.90	228	辽源	Liaoyuan	7.72	7.10	3.80	258
长治	Changzhi	10.29	16.30	20.00	98	通化	Tonghua	6.01	9.20	5.00	240
晋城	Jincheng	8.24	11.10	11.60	157	白山	Baishan	1.95	4.70	2.10	269
朔州	Shuozhou	7.15	10.60	13.30	145	松原	Songyuan	4.34	5.90	3.10	262
晋中	Jinzhong	11.18	17.20	18.40	107	白城	Baicheng	4.75	3.40	2.10	269
运城	Yuncheng	10.45	18.90	21.60	94	**黑龙江**	**Heilongjiang**	**147.65**	**120.22**	**155.41**	
忻州	Xinzhou	12.58	14.90	14.70	133	哈尔滨	Harbin	38.40	62.30	57.40	29
临汾	Linfen	13.94	15.00	15.10	130	齐齐哈尔	Qiqihar	6.00	10.30	11.50	158
吕梁	Lvliang	8.36	14.70	27.40	76	鸡西	Jixi	3.68	4.30	4.20	256
内蒙古	**Inner Mongolia**	**103.10**	**85.89**	**125.72**		鹤岗	Hegang	6.02	6.30	6.60	221
呼和浩特	Hohhot	24.25	30.20	30.60	68	双鸭山	Shuangyashan	2.71	2.70	3.00	263
包头	Baotou	26.30	35.80	39.90	50	大庆	Daqing	17.26	20.00	21.20	96
乌海	Wuhai	3.50	5.00	6.00	227	伊春	Yichun	6.28	7.40	8.20	193
赤峰	Chifeng	9.51	10.00	10.90	163	佳木斯	Jiamusi	6.29	7.90	8.30	191
通辽	Tongliao	4.77	6.30	7.00	212	七台河	Qitaihe	5.18	4.10	4.50	251
鄂尔多斯	Erdos	7.55	9.20	9.60	180	牡丹江	Mudanjiang	15.89	19.70	20.00	98
呼伦贝尔	Hulunbuir	5.68	7.20	7.20	209	黑河	Heihe	3.96	4.60	5.00	240
巴彦淖尔	Bayannur	4.78	7.00	10.20	170	绥化	Suihua	2.36	3.20	3.50	260
乌兰察布	Ulanqab	6.34	7.40	8.00	197	**上海**	**Shanghai**	**315.70**	**403.54**	**495.35**	
辽宁	**Liaoning**	**359.52**	**253.33**	**359.84**		**江苏**	**Jiangsu**	**958.85**	**504.76**	**1171.15**	

2-8 城镇私营单位就业人员 续表 1
Urban Employed Persons of Private Units continued 1

单位：万人 （10 000 persons）

地名	City	2010	2012	2013	2013 排名 Ranking	地名	City	2010	2012	2013	2013 排名 Ranking
南京	Nanjing	112.71	130.70	163.40	6	池州	Chizhou	2.40	3.80	5.10	239
无锡	Wuxi	143.29	150.00	176.10	3	宣城	Xuancheng	9.13	14.40	16.60	121
徐州	Xuzhou	50.62	58.30	65.70	23	**福建**	**Fujian**	**278.38**	**455.63**	**474.71**	
常州	Changzhou	110.92	120.30	139.50	7	福州	Fuzhou	67.35	61.70	110.80	12
苏州	Suzhou	177.58	209.10	249.60	2	厦门	Xiamen	32.52	85.90	104.20	13
南通	Nantong	47.21	52.00	64.50	25	莆田	Putian	14.35	14.60	24.80	86
连云港	Lianyungang	25.69	30.00	31.50	62	三明	Sanming	23.53	18.70	32.00	61
淮安	Huaian	44.67	41.60	38.60	53	泉州	Quanzhou	64.20	57.80	94.40	15
盐城	Yancheng	55.97	59.70	65.50	24	漳州	Zhangzhou	19.69	17.30	31.10	66
扬州	Yangzhou	59.88	49.90	67.50	22	南平	Nanping	20.38	25.30	28.50	75
镇江	Zhenjiang	40.82	47.20	52.20	34	龙岩	Longyan	17.40	14.40	25.30	85
泰州	Taizhou	44.82	51.90	58.70	28	宁德	Ningde	18.95	17.80	32.40	60
宿迁	Suqian	39.20	41.50	49.90	38	**江西**	**Jiangxi**	**87.53**	**158.66**	**242.42**	
浙江	**Zhejiang**	**385.76**	**818.99**	**836.36**		南昌	Nanchang	3.67	37.50	41.40	48
杭州	Hangzhou	104.91	117.60	136.10	8	景德镇	Jingdezhen	6.22	9.00	9.30	182
宁波	Ningbo	99.33	161.30	116.40	11	萍乡	Pingxiang	8.89	26.70	34.50	55
温州	Wenzhou	62.91	71.70	87.30	17	九江	Jiujiang	1.96	25.70	29.40	72
嘉兴	Jiaxing	25.40	39.90	49.00	40	新余	Xinyu	5.27	10.70	8.60	187
湖州	Huzhou	16.13	22.80	24.30	87	鹰潭	Yingtan	4.23	4.40	5.00	240
绍兴	Shaoxing	36.09	37.40	55.50	30	赣州	Ganzhou	19.38	34.70	59.90	27
金华	Jinhua	62.71	71.30	84.50	18	吉安	Jian	11.33	28.50	29.10	73
衢州	Quzhou	13.20	23.30	26.10	80	宜春	Yichun	1.46	30.00	31.40	63
舟山	Zhoushan	6.41	15.80	14.50	135	抚州	Fuzhou	6.67	11.70	10.90	163
台州	Taizhou	33.86	70.50	73.80	19	上饶	Shangrao	18.45	19.40	26.00	82
丽水	Lishui	8.44	11.10	14.10	140	**山东**	**Shandong**	**371.10**	**599.62**	**819.64**	
安徽	**Anhui**	**133.29**	**193.92**	**306.29**		济南	Jinan	34.80	41.70	49.20	39
合肥	Hefei	42.14	55.00	54.90	31	青岛	Qingdao	96.20	117.80	116.80	10
芜湖	Wuhu	8.49	12.60	15.80	124	淄博	Zibo	19.70	20.70	23.20	88
蚌埠	Bengbu	6.50	8.50	7.30	205	枣庄	Zaozhuang	10.60	13.30	10.70	165
淮南	Huainan	3.46	4.90	6.10	226	东营	Dongying	8.60	10.80	10.10	173
马鞍山	Maanshan	6.17	10.70	11.80	156	烟台	Yantai	42.80	49.90	50.80	37
淮北	Huaibei	4.75	4.80	5.70	231	潍坊	Weifang	39.30	37.80	26.10	80
铜陵	Tongling	1.82	3.80	4.60	247	济宁	Jining	13.30	17.30	16.00	123
安庆	Anqing	7.86	12.90	14.70	133	泰安	Taian	11.50	13.00	15.70	126
黄山	Huangshan	3.64	6.40	4.70	246	威海	Weihai	14.70	17.60	17.60	114
滁州	Chuzhou	12.97	21.30	26.60	78	日照	Rizhao	13.60	17.30	9.90	175
阜阳	Fuyang	5.71	10.60	13.20	146	莱芜	Laiwu	6.60	6.50	7.60	200
宿州	Suzhou	3.24	4.50	5.60	234	临沂	Linyi	13.90	15.10	17.30	118
六安	Liuan	7.61	12.60	17.40	117	德州	Dezhou	10.10	10.20	9.80	176
亳州	Bozhou	3.77	9.70	12.70	147	聊城	Liaocheng	6.70	8.90	10.40	168

2-8　城镇私营单位就业人员　续表 2
Urban Employed Persons of Private Units　continued 2

单位：万人　　（10 000 persons）

地名	City	2010	2012	2013	2013 排名 Ranking	地名	City	2010	2012	2013	2013 排名 Ranking
滨州	Binzhou	9.80	15.00	17.50	116	常德	Changde	5.65	13.50	15.70	126
菏泽	Heze	10.50	11.10	11.30	162	张家界	Zhangjiajie	1.95	5.70	2.50	265
河南	**Henan**	**177.45**	**421.08**	**660.06**		益阳	Yiyang	3.28	7.50	11.50	158
郑州	Zhengzhou	75.01	80.80	87.60	16	郴州	Chenzhou	9.57	12.40	14.80	132
开封	Kaifeng	15.70	22.10	19.20	103	永州	Yongzhou	11.71	10.10	10.10	173
洛阳	Luoyang	19.94	40.80	54.00	32	怀化	Huaihua	22.77	25.10	26.00	82
平顶山	Pingdingshan	5.12	11.00	17.10	119	娄底	Loudi	6.23	5.20	5.80	230
安阳	Anyang	8.05	43.20	45.90	44	**广东**	**Guangdong**	**885.60**	**818.38**	**1505.70**	
鹤壁	Hebi	2.18	3.50	4.60	247	广州	Guangzhou	225.70	164.60	166.20	5
新乡	Xinxiang	9.61	28.30	33.00	57	韶关	Shaoguan	5.00	6.20	6.70	218
焦作	Jiaozuo	16.11	26.30	29.00	74	深圳	Shenzhen		304.00	311.40	1
濮阳	Puyang	6.43	9.20	11.40	160	珠海	Zhuhai	17.90	17.10	15.80	124
许昌	Xuchang	6.44	28.10	18.10	111	汕头	Shantou				
漯河	Luohe	3.23	9.50	4.40	253	佛山	Foshan		20.20	51.70	35
三门峡	Sanmenxia	4.86	10.20	15.00	131	江门	Jiangmen	25.60	29.90		
南阳	Nanyang	13.42	50.20	51.70	35	湛江	Zhanjiang	12.40	26.50	10.20	170
商丘	Shangqiu	8.09	15.70	19.70	100	茂名	Maoming	7.50	9.20	10.20	170
信阳	Xinyang	2.73	11.50	12.40	151	肇庆	Zhaoqing	7.60	26.50	10.60	166
周口	Zhoukou	17.85	17.30	17.60	114	惠州	Huizhou	35.30	9.20	8.50	189
驻马店	Zhumadian	14.72	20.00	25.90	84	梅州	Meizhou	4.10	4.10	4.30	255
湖北	**Hubei**	**184.00**	**279.62**	**412.65**		汕尾	Shanwei		6.60	4.60	247
武汉	Wuhan	38.56	85.40	46.60	43	河源	Heyuan	12.80	6.40	9.20	183
黄石	Huangshi	16.60	18.00	18.20	109	阳江	Yangjiang	16.40	9.80	7.30	205
十堰	Shiyan	13.22	20.70	21.50	95	清远	Qingyuan	17.60	23.60	14.20	139
宜昌	Yichang	20.20	27.60	29.70	71	东莞	Dongguan				
襄阳	Xiangyang	17.56	4.90	26.40	79	中山	Zhongshan	10.90	99.80	52.90	33
鄂州	Ezhou	11.17	10.60	10.60	166	潮州	Chaozhou	12.10	13.00	22.60	91
荆门	Jingmen	12.03	13.40	13.50	142	揭阳	Jieyang	9.00	10.30	7.60	200
孝感	Xiaogan	21.33	29.70	33.10	56	云浮	Yunfu		1.90	1.70	272
荆州	Jingzhou	16.23	60.20	19.70	100	**广西**	**Guangxi**	**100.00**	**127.70**	**177.67**	
黄冈	Huanggang	10.12	15.20	17.00	120	南宁	Nanning	48.10	51.00	68.80	21
咸宁	Xianning	5.88	3.00	12.50	149	柳州	Liuzhou	21.40	28.50	32.90	58
随州	Suizhou	14.32	6.80	7.50	203	桂林	Guilin	20.10	10.40	18.20	109
湖南	**Hunan**	**234.04**	**257.45**	**308.24**		梧州	Wuzhou	5.10	8.10	6.80	216
长沙	Changsha	34.51	37.90	39.60	51	北海	Beihai				
株洲	Zhuzhou	12.17	12.90	13.40	144	防城港	Fangchenggang	1.90	3.20	2.20	268
湘潭	Xiangtan	6.49	5.20	5.70	231	钦州	Qinzhou	4.30	5.40	15.20	129
衡阳	Hengyang	44.95	52.90	40.90	49	贵港	Guigang	5.20	5.00	5.00	240
邵阳	Shaoyang	11.73	18.80	20.10	97	玉林	Yulin	19.10	25.80		
岳阳	Yueyang	10.48	25.10	14.40	137	百色	Baise		6.50	8.70	186

2-8 城镇私营单位就业人员 续表 3
Urban Employed Persons of Private Units continued 3

单位：万人 （10 000 persons）

地名	City	2010	2012	2013	2013 排名 Ranking	地名	City	2010	2012	2013	2013 排名 Ranking
贺州	Hezhou	1.60	2.30	2.30	266	丽江	Lijiang	0.94	1.00	1.00	274
河池	Hechi	8.90	20.90	7.60	200	普洱	Puer	4.62	9.10	9.00	184
来宾	Laibin	10.60	9.30			临沧	Lincang	1.02	6.50	7.00	212
崇左	Chongzuo	2.70	3.30	3.20	261	**西藏**	**Tibet**		**0.55**	**3.76**	
海南	**Hainan**	**41.60**	**32.10**	**51.33**		拉萨	Lasa				
海口	Haikou	31.60	40.90	47.40	41	**陕西**	**Shaanxi**	**190.28**	**124.48**	**249.39**	
三亚	Sanya	3.40	4.10	4.40	253	西安	Xi'an	67.10	74.40	46.80	42
三沙	Sansha					铜川	Tongchuan	0.29	3.70	3.00	263
重庆	**Chongqing**	**210.30**	**214.32**	**271.71**		宝鸡	Baoji	18.84	18.80	13.50	142
四川	**Sichuan**	**285.85**	**248.31**	**453.53**		咸阳	Xianyang	9.19	31.80	26.90	77
成都	Chengdu	108.85	123.50	101.80	14	渭南	Weinan	22.52	26.80	12.30	152
自贡	Zigong	11.00	15.50	18.60	106	延安	Yan'an	6.72	7.90	4.80	245
攀枝花	Panzhihua	6.15	6.30	6.30	224	汉中	Hanzhong	2.31	16.30	9.00	184
泸州	Luzhou	12.99	16.30	23.20	88	榆林	Yulin	19.08	20.00	14.40	137
德阳	Deyang	10.33	11.60	12.70	147	安康	Ankang	1.64	10.50	8.60	187
绵阳	Mianyang	8.81	12.30	30.80	67	商洛	Shangluo	5.60	5.30	4.50	251
广元	Guangyuan	6.91	7.80	8.20	193	**甘肃**	**Gansu**	**59.42**	**44.66**	**97.64**	
遂宁	Suining	9.92	10.10	8.10	196	兰州	Lanzhou	30.67	36.80	41.80	47
内江	Neijiang	9.57	12.20	4.10	257	嘉峪关	Jiayuguan	1.16	1.50	1.70	272
乐山	Leshan	8.91	9.00	6.40	223	金昌	Jinchang	2.10	3.30	3.60	259
南充	Nanchong	23.33	24.20	31.20	64	白银	Baiyin	2.70	6.80	7.70	199
眉山	Meishan	4.80	5.20	7.20	209	天水	Tianshui	4.22	9.10	10.40	168
宜宾	Yibin	16.30	18.20	22.50	92	武威	Wuwei	1.67	4.50	5.30	235
广安	Guangan	9.66	11.10	11.40	160	张掖	Zhangye	3.14	6.00	6.70	218
达州	Dazhou	13.47	16.50	17.90	112	平凉	Pingliang	1.70	3.80	4.60	247
雅安	Yaan	4.61	5.20	6.60	221	酒泉	Jiuquan	2.79	6.20	6.90	215
巴中	Bazhong	3.35	5.60	5.70	231	庆阳	Qingyang	1.70	5.20	7.00	212
资阳	Ziyang	5.96	7.30	6.20	225	定西	Dingxi	3.05	5.60	6.80	216
贵州	**Guizhou**		**88.11**	**124.42**		陇南	Longnan	2.17	4.60	5.30	235
贵阳	Guiyang	15.53	16.40	45.80	45	**青海**	**Qinghai**	**14.51**	**16.30**	**28.11**	
六盘水	Liupanshui	2.85	10.90	15.70	126	西宁	Xining	8.80			
遵义	Zunyi	5.80	15.10	18.80	104	海东	Haidong				
安顺	Anshun	3.27	4.70	9.50	181	**宁夏**	**Ningxia**	**48.64**	**25.71**	**34.60**	
毕节	Bijie	3.57	6.70	12.10	153	银川	Yinchuan	23.49	38.70	18.80	104
铜仁	Tongren	1.07	7.80	12.10	153	石嘴山	Shizuishan	7.06	9.40	5.30	235
云南	**Yunnan**	**276.30**	**185.37**	**227.87**		吴忠	Wuzhong	8.95	9.00	5.20	238
昆明	Kunming		59.20	122.30	9	固原	Guyuan	6.25	5.40	2.10	269
曲靖	Qujing	21.67	28.50	31.20	64	中卫	Zhongwei	2.90	4.20	5.90	228
玉溪	Yuxi	5.26	5.40	16.50	122	**新疆**	**Xinjiang**	**65.36**	**84.57**	**104.76**	
保山	Baoshan	2.15	2.20	2.30	266	乌鲁木齐	Urumqi	26.91	19.70		
昭通	Zhaotong	5.97	8.50	19.60	102	克拉玛依	Karamay	2.33	2.80		

2-9 城镇单位就业人员平均工资
Average Wage of Urban Employed Persons

单位：元 (yuan)

地名	City	2010	2012	2013	2013 排名 Ranking	地名	City	2010	2012	2013	2013 排名 Ranking
全国	**Nation Total**	**36539**	**46769**	**51483**		沈阳	Shenyang	41525	47639	49963	54
北京	**Beijing**	**65683**	**84742**	**93006**		大连	Dalian	44617	54391	58437	18
天津	**Tianjin**	**52963**	**61514**	**67773**		鞍山	Anshan	32913	34206	39790	175
河北	**Hebei**	**32306**	**38658**	**41501**		抚顺	Fushun	35148	38267	41818	147
石家庄	Shijiazhuang	31460	39669	42488	135	本溪	Benxi	31823	37990	40606	163
唐山	Tangshan	37232	45838	47123	77	丹东	Dandong	25863	28392	31979	279
秦皇岛	Qinhuangdao	35825	44824	46399	87	锦州	Jinzhou	29450	37320	39861	173
邯郸	Handan	32123	38255	37402	219	营口	Yingkou	30592	35930	39405	181
邢台	Xingtai	30317	36278	38359	197	阜新	Fuxin	25354	37598	39415	179
保定	Baoding	28089	34912	38108	204	辽阳	Liaoyang	32028	39855	42608	133
张家口	Zhangjiakou	30592	35615	36916	229	盘锦	Panjin	28028	32748	36603	234
承德	Chengde	29960	37787	41163	154	铁岭	Tieling	27959	35764	39168	186
沧州	Cangzhou	33015	40114	42049	142	朝阳	Chaoyang	29947	35839	38591	194
廊坊	Langfang	37224	44886	49110	59	葫芦岛	Huludao	26041	34638	38424	196
衡水	Hengshui	25699	32800	36003	249	吉林	**Jilin**	**29399**	**38407**	**42846**	
山西	**Shanxi**	**33544**	**44236**	**46407**		长春	Changchun	35723	46272	51564	45
太原	Taiyuan	37634	46831	51035	48	吉林	Jilin	30992	39934	41248	152
大同	Datong	34433	47646	50847	50	四平	Siping	22367	31325	33893	270
阳泉	Yangquan	42371	53972	47992	69	辽源	Liaoyuan	23988	31564	36081	246
长治	Changzhi	33418	44304	44600	106	通化	Tonghua	24063	31561	35595	253
晋城	Jincheng	40029	54163	54500	29	白山	Baishan	26422	32134	34063	268
朔州	Shuozhou	32530	44777	47181	75	松原	Songyuan	29328	36337	43035	129
晋中	Jinzhong	29024	42099	45458	95	白城	Baicheng	20668	25371	27705	283
运城	Yuncheng	23690	31912	34964	260	黑龙江	**Heilongjiang**	**29603**	**36406**	**40794**	
忻州	Xinzhou	24402	34443	38259	198	哈尔滨	Harbin	31776	39450	44891	104
临汾	Linfen	26601	34555	39222	184	齐齐哈尔	Qiqihar	26770	32514	35795	252
吕梁	Lvliang	31048	46561	49648	57	鸡西	Jixi	28837	37486	40084	172
内蒙古	**Inner Mongolia**	**35507**	**46557**	**50723**		鹤岗	Hegang	29372	38976	38589	195
呼和浩特	Hohhot	37685	44402	48635	65	双鸭山	Shuangyashan	29515	35257	37905	209
包头	Baotou	41403	51167	53100	40	大庆	Daqing	45679	54556	62089	10
乌海	Wuhai	39837	47547	53191	39	伊春	Yichun	15985	24350	25542	284
赤峰	Chifeng	31321	44531	47751	72	佳木斯	Jiamusi	27028	66913	70979	4
通辽	Tongliao	26432	38281	42929	130	七台河	Qitaihe	28714	37360	38697	191
鄂尔多斯	Erdos	53015	66892	68231	6	牡丹江	Mudanjiang	27291	72283	78870	2
呼伦贝尔	Hulunbuir	33118	45892	49810	56	黑河	Heihe	24439	30688	33414	275
巴彦淖尔	Bayannur	30331	40391	44265	110	绥化	Suihua	20408	26952	29871	282
乌兰察布	Ulanqab	31006	41341	45588	94	上海	**Shanghai**	**71874**	**78673**	**90908**	
辽宁	**Liaoning**	**35057**	**41858**	**45505**		江苏	**Jiangsu**	**40505**	**50639**	**57177**	

2-9 城镇单位就业人员平均工资 续表 1
Average Wage of Urban Employed Persons continued 1

单位：元 (yuan)

地名	City	2010	2012	2013	2013 排名 Ranking	地名	City	2010	2012	2013	2013 排名 Ranking
南京	Nanjing	48780	60404	64811	7	池州	Chizhou	31275	40829	42010	143
无锡	Wuxi	47006	56883	61744	12	宣城	Xuancheng	33499	43872	48913	62
徐州	Xuzhou	34243	44070	45310	96	福建	**Fujian**	**32647**	**44525**	**48538**	
常州	Changzhou	44214	55764	60802	14	福州	Fuzhou	34806	48089	53333	38
苏州	Suzhou	45566	57622	61995	11	厦门	Xiamen	40284	52526	55864	23
南通	Nantong	39448	49399	57546	19	莆田	Putian	27813	40056	43963	116
连云港	Lianyungang	33843	44124	45097	100	三明	Sanming	30610	41941	46552	85
淮安	Huaian	32786	41966	45055	101	泉州	Quanzhou	28908	41117	44895	103
盐城	Yancheng	30462	40357	43052	128	漳州	Zhangzhou	29535	42137	46610	83
扬州	Yangzhou	35429	44689	52582	42	南平	Nanping	28319	39822	44003	114
镇江	Zhenjiang	37675	47626	53447	36	龙岩	Longyan	30836	41168	45845	93
泰州	Taizhou	34488	42985	46190	92	宁德	Ningde	31292	43504	47020	78
宿迁	Suqian	27615	36624	41929	145	江西	**Jiangxi**	**29092**	**38512**	**42473**	
浙江	**Zhejiang**	**41505**	**50197**	**56571**		南昌	Nanchang	35038	42417	46330	88
杭州	Hangzhou	48772	56417	63664	8	景德镇	Jingdezhen	23249	33346	36453	239
宁波	Ningbo	43476	56257	60659	15	萍乡	Pingxiang	25332	33267	37480	217
温州	Wenzhou	37610	48212	54590	28	九江	Jiujiang	24744	32490	38200	200
嘉兴	Jiaxing	36319	48305	52945	41	新余	Xinyu	31455	39611	41737	148
湖州	Huzhou	36485	46287	49890	55	鹰潭	Yingtan	27917	34012	40662	162
绍兴	Shaoxing	35125	45614	49033	61	赣州	Ganzhou	23602	32416	40280	167
金华	Jinhua	39467	47196	51721	44	吉安	Jian	23093	31966	38122	202
衢州	Quzhou	44067	50899	55543	25	宜春	Yichun	24190	32216	37464	218
舟山	Zhoushan	43642	57294	61680	13	抚州	Fuzhou	21426	32072	40096	171
台州	Taizhou	40562	47007	50515	51	上饶	Shangrao	23428	32100	39571	176
丽水	Lishui	44979	56448	59783	16	山东	**Shandong**	**33321**	**41904**	**46998**	
安徽	**Anhui**	**34341**	**44601**	**47806**		济南	Jinan	36928	45040	53650	34
合肥	Hefei	39292	49712	54210	30	青岛	Qingdao	38136	48967	54829	27
芜湖	Wuhu	36591	46234	48496	66	淄博	Zibo	33690	41350	46564	84
蚌埠	Bengbu	28708	37348	42441	136	枣庄	Zaozhuang	30696	38671	42055	141
淮南	Huainan	45856	54995	58597	17	东营	Dongying	41805	49635	53828	32
马鞍山	Maanshan	42954	49756	53582	35	烟台	Yantai	32815	41303	47756	71
淮北	Huaibei	43013	55925	52383	43	潍坊	Weifang	33682	40058	45281	97
铜陵	Tongling	36633	45361	49051	60	济宁	Jining	35113	43625	46487	86
安庆	Anqing	27986	36259	39328	183	泰安	Taian	30734	39800	44444	109
黄山	Huangshan	30673	39427	43288	123	威海	Weihai	31839	38662	43619	122
滁州	Chuzhou	28758	40491	45156	99	日照	Rizhao	33172	38831	43085	126
阜阳	Fuyang	26273	35390	39470	178	莱芜	Laiwu	38265	40547	46863	80
宿州	Suzhou	28688	36546	36596	235	临沂	Linyi	30795	40305	44085	113
六安	Liuan	27088	35062	38624	193	德州	Dezhou	23939	33328	38838	190
亳州	Bozhou	27672	37082	37979	208	聊城	Liaocheng	25406	32843	37237	223

2-9 城镇单位就业人员平均工资 续表 2

Average Wage of Urban Employed Persons continued 2

单位：元 (yuan)

地名	City	2010	2012	2013	2013 排名 Ranking
滨州	Binzhou	27678	40019	44745	105
菏泽	Heze	21664	31850	35318	257
河南	**Henan**	**29819**	**37338**	**38301**	
郑州	Zhengzhou	32455	41086	44119	112
开封	Kaifeng	23948	31398	34797	262
洛阳	Luoyang	29059	37074	39559	177
平顶山	Pingdingshan	31506	40179	41839	146
安阳	Anyang	26211	33002	34348	267
鹤壁	Hebi	25542	33440	36839	230
新乡	Xinxiang	22616	30111	33427	274
焦作	Jiaozuo	25760	34684	37241	222
濮阳	Puyang	26092	35122	36814	232
许昌	Xuchang	26452	33672	35877	251
漯河	Luohe	20990	30829	34538	265
三门峡	Sanmenxia	29999	38690	42746	132
南阳	Nanyang	23127	30112	36071	247
商丘	Shangqiu	24075	30674	36300	243
信阳	Xinyang	24526	30482	33833	271
周口	Zhoukou	23784	31846	36372	240
驻马店	Zhumadian	21220	28968	31896	280
湖北	**Hubei**	**28092**	**39846**	**43899**	
武汉	Wuhan	31565	48942	53745	33
黄石	Huangshi	23879	34437	38037	206
十堰	Shiyan	22415	38574	43120	125
宜昌	Yichang	26893	34412	40291	166
襄阳	Xiangyang	23882	32962	37154	224
鄂州	Ezhou	31152	37672	38220	199
荆门	Jingmen	25446	36637	39160	187
孝感	Xiaogan	20136	28180	31602	281
荆州	Jingzhou	21563	31173	36023	248
黄冈	Huanggang	24177	31542	34007	269
咸宁	Xianning	22121	26908	33330	276
随州	Suizhou	22966	28431	32795	278
湖南	**Hunan**	**30483**	**38971**	**42726**	
长沙	Changsha	38338	50904	56381	21
株洲	Zhuzhou	33349	43307	46319	89
湘潭	Xiangtan	27292	38327	43078	127
衡阳	Hengyang	27614	33459	36361	242
邵阳	Shaoyang	24907	32263	36481	237
岳阳	Yueyang	25585	35720	38117	203
常德	Changde	28189	33933	38059	205
张家界	Zhangjiajie	26493	34454	38131	201
益阳	Yiyang	26334	34154	37835	210
郴州	Chenzhou	29859	37946	40792	159
永州	Yongzhou	27520	34693	37132	225
怀化	Huaihua	28751	35088	37670	214
娄底	Loudi	27369	34912	37984	207
广东	**Guangdong**	**40358**	**50278**	**53318**	
广州	Guangzhou	54807	63752	68594	5
韶关	Shaoguan	31873	40133	43958	117
深圳	Shenzhen	50456	59010	62626	9
珠海	Zhuhai	34405	48486	55884	22
汕头	Shantou	27742	37716	42286	138
佛山	Foshan	37079	46203	50158	53
江门	Jiangmen	27497	37983	42339	137
湛江	Zhanjiang	26787	33965	40176	169
茂名	Maoming	25811	36671	42607	134
肇庆	Zhaoqing	30114	39151	43989	115
惠州	Huizhou	29599	41506	47139	76
梅州	Meizhou	26672	37129	39412	180
汕尾	Shanwei	25501	34786	39220	185
河源	Heyuan	26379	35747	40787	160
阳江	Yangjiang	23586	33858	40128	170
清远	Qingyuan	32716	44590	46926	79
东莞	Dongguan	46576	57007	42806	131
中山	Zhongshan	40578	55480	48420	67
潮州	Chaozhou	24521	33404	37748	211
揭阳	Jieyang	22608	30752	41643	149
云浮	Yunfu	24758	34885	39816	174
广西	**Guangxi**	**30673**	**36386**	**41391**	
南宁	Nanning	37042	41331	48818	63
柳州	Liuzhou	37278	38223	43905	118
桂林	Guilin	30833	36049	42257	139
梧州	Wuzhou	28411	31427	33261	277
北海	Beihai	28063	34466	40878	158
防城港	Fangchenggang	29969	35485	41512	150
钦州	Qinzhou	28487	34499	37122	226
贵港	Guigang	26210	28787	36241	244
玉林	Yulin	26488	31678	37377	220
百色	Baise	28637	34023	37739	213

2-9 城镇单位就业人员平均工资 续表 3

Average Wage of Urban Employed Persons continued 3

单位：元 (yuan)

地名	City	2010	2012	2013	2013 排名 Ranking
贺州	Hezhou	28282	33312	37589	216
河池	Hechi	25953	30109	35451	256
来宾	Laibin	30825	33471	39159	188
崇左	Chongzuo	25464	29674	35046	259
海南	**Hainan**	**31025**	**39485**	**44971**	
海口	Haikou	34192	40805	46231	91
三亚	Sanya	33437	39955	46312	90
三沙	Sansha				
重庆	**Chongqing**	**35326**	**44498**	**50006**	
四川	**Sichuan**	**26952**	**42339**	**47965**	
成都	Chengdu	30515	46456	48358	68
自贡	Zigong	23223	40154	37081	227
攀枝花	Panzhihua	30029	46888	44220	111
泸州	Luzhou	22448	35688	37648	215
德阳	Deyang	28355	45769	41426	151
绵阳	Mianyang	26347	41530	40989	156
广元	Guangyuan	25328	38901	37300	221
遂宁	Suining	22621	35246	34633	264
内江	Neijiang	22340	35892	35479	254
乐山	Leshan	23865	36615	37742	212
南充	Nanchong	22197	36585	35981	250
眉山	Meishan	22897	39476	36595	236
宜宾	Yibin	25265	39222	38674	192
广安	Guangan	22913	39466	36213	245
达州	Dazhou	22809	36325	35292	258
雅安	Yaan	23065	35084	35464	255
巴中	Bazhong	22996	33434	36825	231
资阳	Ziyang	24224	35400	33587	273
贵州	**Guizhou**	**31458**	**41156**	**47364**	
贵阳	Guiyang	30848	41767	49385	58
六盘水	Liupanshui	33983	41995	46658	81
遵义	Zunyi	31335	43056	50504	52
安顺	Anshun	29435	38403	44539	107
毕节	Bijie	28498	40814	44981	102
铜仁	Tongren	30366	38323	47952	70
云南	**Yunnan**	**30177**	**37629**	**42447**	
昆明	Kunming	34403	45094	51059	47
曲靖	Qujing	32520	37295	40479	164
玉溪	Yuxi	30243	40454	43874	120
保山	Baoshan	23190	31088	38859	189
昭通	Zhaotong	28650	36113	40880	157

地名	City	2010	2012	2013	2013 排名 Ranking
丽江	Lijiang	29452	35975	41969	144
普洱	Puer	27092	31340	34757	263
临沧	Lincang	26365	34059	36733	233
西藏	**Tibet**	**54397**	**51705**	**57773**	
拉萨	Lasa	46480	47008	71521	3
陕西	**Shaanxi**	**34299**	**43073**	**47446**	
西安	Xi'an	37870	47566	50988	49
铜川	Tongchuan	31046	38722	43897	119
宝鸡	Baoji	30943	39025	40257	168
咸阳	Xianyang	27786	38202	40753	161
渭南	Weinan	28628	39510	40337	165
延安	Yan'an	38313	47867	51459	46
汉中	Hanzhong	30148	40739	42160	140
榆林	Yulin	40629	53216	55597	24
安康	Ankang	32903	40951	41180	153
商洛	Shangluo	26171	34769	34832	261
甘肃	**Gansu**	**29588**	**37679**	**42833**	
兰州	Lanzhou	33966	44492	46621	82
嘉峪关	Jiayuguan	46948	51796	53378	37
金昌	Jinchang	42104	53087	47430	74
白银	Baiyin	34374	44866	43164	124
天水	Tianshui	23936	34525	36368	241
武威	Wuwei	21969	29731	33649	272
张掖	Zhangye	23009	33448	34488	266
平凉	Pingliang	31546	43431	39390	182
酒泉	Jiuquan	33304	43687	41132	155
庆阳	Qingyang	28590	37936	43657	121
定西	Dingxi	27324	36839	36477	238
陇南	Longnan	26433	33859	36990	228
青海	**Qinghai**	**37182**	**46483**	**51393**	
西宁	Xining	32989	44031	48691	64
海东	Haidong				
宁夏	**Ningxia**	**39144**	**47436**	**50476**	
银川	Yinchuan	43195	52807	55338	26
石嘴山	Shizuishan	34222	41174	44465	108
吴忠	Wuzhong	34496	44765	47551	73
固原	Guyuan	35977	48697	53852	31
中卫	Zhongwei	30974	39770	45262	98
新疆	**Xinjiang**	**32361**	**44576**	**49064**	
乌鲁木齐	Urumqi	41529	52418	57392	20
克拉玛依	Karamay	42767	73510	78964	1

2-10 城镇单位国有单位就业人员平均工资

Average Wage of Urban Employed Persons of State-owned Units

单位：元 (yuan)

地名	City	2010	2011	2012	2012 排名 Ranking	地名	City	2010	2011	2012	2012 排名 Ranking
全国	**Nation Total**	**38359**	**43483**	**48357**		沈阳	Shenyang	49968	52049	52548	54
北京	**Beijing**	**70320**	**81215**	**87299**		大连	Dalian	56729	62882	65597	26
天津	**Tianjin**	**59442**	**63773**	**68231**		鞍山	Anshan	37080	39501	38957	169
河北	**Hebei**	**32830**	**36782**	**39177**		抚顺	Fushun	34872	35786	37589	181
石家庄	Shijiazhuang	34168	37477	42520	124	本溪	Benxi	34791	41188	41222	140
唐山	Tangshan	35548	41210	43572	112	丹东	Dandong	30911	32315	32752	259
秦皇岛	Qinhuangdao	35046	37650	42096	129	锦州	Jinzhou	30164	33035	36709	192
邯郸	Handan	34849	38710	40269	148	营口	Yingkou	35068	36332	39564	156
邢台	Xingtai	28614	31523	34183	237	阜新	Fuxin	27670	36859	42410	127
保定	Baoding	29066	34580	36892	190	辽阳	Liaoyang	28211	31255	35021	220
张家口	Zhangjiakou	30164	33512	36255	194	盘锦	Panjin	13152	23546	25009	283
承德	Chengde	31013	35113	38080	175	铁岭	Tieling	23626	27777	30724	273
沧州	Cangzhou	36119	39498	42925	119	朝阳	Chaoyang	32169	33086	41216	141
廊坊	Langfang	36398	39290	44088	105	葫芦岛	Huludao	26517	31939	34260	234
衡水	Hengshui	25674	30088	34339	232	吉林	**Jilin**	**30661**	**35216**	**39335**	
山西	**Shanxi**	**33119**	**37164**	**40881**		长春	Changchun	38428	43419	48868	69
太原	Taiyuan	35663	41214	45949	93	吉林	Jilin	30881	34684	39140	168
大同	Datong	27993	31983	34386	230	四平	Siping	24743	30460	33570	247
阳泉	Yangquan	45549	52129	57860	41	辽源	Liaoyuan	25444	29304	33147	254
长治	Changzhi	38577	35526	39374	161	通化	Tonghua	26490	31202	34643	227
晋城	Jincheng	30978	34384	37321	184	白山	Baishan	29371	32816	34262	233
朔州	Shuozhou	35602	35297	39477	157	松原	Songyuan	24770	30749	33459	248
晋中	Jinzhong	27512	33724	37898	178	白城	Baicheng	21285	25128	25319	282
运城	Yuncheng	24546	28350	32125	263	黑龙江	**Heilongjiang**	**30675**	**34462**	**36814**	
忻州	Xinzhou	25834	31582	35354	210	哈尔滨	Harbin	33822	37005	40559	145
临汾	Linfen	26705	30105	32431	261	齐齐哈尔	Qiqihar	29723	30931	33235	251
吕梁	Lvliang	28048	32068	41604	138	鸡西	Jixi	27298	30280	33725	243
内蒙古	**Inner Mongolia**	**37602**	**44143**	**49278**		鹤岗	Hegang	30539	39057	41149	142
呼和浩特	Hohhot	43042	43906	47571	79	双鸭山	Shuangyashan	26314	30267	30068	277
包头	Baotou	46112	52403	59112	35	大庆	Daqing	46773	51493	57949	39
乌海	Wuhai	47744	56787	63995	28	伊春	Yichun	15391	17392	22960	284
赤峰	Chifeng	33808	41859	47964	74	佳木斯	Jiamusi	28049	30923	81535	9
通辽	Tongliao	26185	35460	38672	173	七台河	Qitaihe	27460	30969	35093	218
鄂尔多斯	Erdos	56944	63526	69599	20	牡丹江	Mudanjiang	28166	31989	92094	1
呼伦贝尔	Hulunbuir	35095	41745	47801	78	黑河	Heihe	25537	27701	31615	269
巴彦淖尔	Bayannur	31399	37380	42095	130	绥化	Suihua	22327	24806	27199	281
乌兰察布	Ulanqab	32393	36365	43580	111	上海	**Shanghai**	**78651**	**83519**	**89739**	
辽宁	**Liaoning**	**36371**	**40553**	**43177**		江苏	**Jiangsu**	**51245**	**57002**	**61221**	

2-10 城镇单位国有单位就业人员平均工资 续表 1

Average Wage of Urban Employed Persons of State-owned Units continued 1

单位：元 (yuan)

地名	City	2010	2011	2012	2012 排名 Ranking	地名	City	2010	2011	2012	2012 排名 Ranking
南京	Nanjing	61673	67976	74560	14	池州	Chizhou	34071	40377	43339	113
无锡	Wuxi	76650	79480	85446	5	宣城	Xuancheng	34755	40663	45474	94
徐州	Xuzhou	37406	43102	47890	75	**福建**	**Fujian**	**41685**	**48587**	**54211**	
常州	Changzhou	61638	68289	73912	16	福州	Fuzhou	43481	50528	58753	37
苏州	Suzhou	75574	81343	88461	3	厦门	Xiamen	64219	70111	75806	11
南通	Nantong	56939	63230	68887	22	莆田	Putian	35626	42583	48573	70
连云港	Lianyungang	37386	43526	49535	63	三明	Sanming	31505	37603	43276	114
淮安	Huaian	39023	45383	51456	58	泉州	Quanzhou	44678	52542	63411	31
盐城	Yancheng	37240	42897	49231	65	漳州	Zhangzhou	35784	42108	49255	64
扬州	Yangzhou	45048	49749	53754	52	南平	Nanping	33414	38884	45344	96
镇江	Zhenjiang	51067	56014	62087	32	龙岩	Longyan	36029	42117	47556	80
泰州	Taizhou	48766	52026	55814	46	宁德	Ningde	32596	39717	43899	109
宿迁	Suqian	33151	38337	43956	107	**江西**	**Jiangxi**	**30985**	**36939**	**39422**	
浙江	**Zhejiang**	**65440**	**72383**	**73494**		南昌	Nanchang	37938	43606	47376	82
杭州	Hangzhou	71579	79657	82856	8	景德镇	Jingdezhen	26568	30029	36761	191
宁波	Ningbo	72632	81725	88219	4	萍乡	Pingxiang	24831	28651	31808	267
温州	Wenzhou	63463	67558	75303	12	九江	Jiujiang	26476	30540	34782	225
嘉兴	Jiaxing	59268	67860	74804	13	新余	Xinyu	32230	35761	37862	179
湖州	Huzhou	64181	70062	72896	17	鹰潭	Yingtan	29570	31679	35186	215
绍兴	Shaoxing	71207	78364	85297	6	赣州	Ganzhou	25875	29786	35130	216
金华	Jinhua	56334	61105	63840	29	吉安	Jian	23787	28138	32693	260
衢州	Quzhou	55705	58272	64776	27	宜春	Yichun	26467	29340	35258	214
舟山	Zhoushan	52410	62528	67450	23	抚州	Fuzhou	22964	26703	31131	271
台州	Taizhou	65978	65047	79338	10	上饶	Shangrao	24203	28634	32839	256
丽水	Lishui	53566	58379	63484	30	**山东**	**Shandong**	**38490**	**43469**	**47894**	
安徽	**Anhui**	**35014**	**40732**	**44818**		济南	Jinan	42511	47862	50986	60
合肥	Hefei	44724	48167	52583	53	青岛	Qingdao	51803	58744	66332	25
芜湖	Wuhu	45499	48073	51715	55	淄博	Zibo	43345	46701	50104	61
蚌埠	Bengbu	33918	38120	42486	125	枣庄	Zaozhuang	35313	42074	45301	98
淮南	Huainan	32912	39613	43937	108	东营	Dongying	49492	55493	60959	33
马鞍山	Maanshan	42827	44810	48904	68	烟台	Yantai	40231	43062	47221	83
淮北	Huaibei	44139	51938	57563	44	潍坊	Weifang	38130	41667	46014	92
铜陵	Tongling	46218	49411	51592	56	济宁	Jining	39919	45058	48927	67
安庆	Anqing	29853	35084	37701	180	泰安	Taian	32725	38294	42326	128
黄山	Huangshan	34779	40711	43148	115	威海	Weihai	40280	45015	47513	81
滁州	Chuzhou	29897	35087	39813	151	日照	Rizhao	39151	39556	43987	106
阜阳	Fuyang	25846	31951	36135	196	莱芜	Laiwu	34656	40511	42591	122
宿州	Suzhou	31394	38268	39615	154	临沂	Linyi	31834	38342	42946	118
六安	Liuan	28098	32377	35800	199	德州	Dezhou	25571	30013	34899	221
亳州	Bozhou	29259	33663	37366	183	聊城	Liaocheng	27671	31988	34805	224

2-10 城镇单位国有单位就业人员平均工资 续表 2

Average Wage of Urban Employed Persons of State-owned Units continued 2

单位：元 (yuan)

地名	City	2010	2011	2012	2012 排名 Ranking	地名	City	2010	2011	2012	2012 排名 Ranking
滨州	Binzhou	33682	37474	44739	101	常德	Changde	31833	32910	35700	204
菏泽	Heze	21818	26395	31494	270	张家界	Zhangjiajie	28608	32513	35738	202
河南	**Henan**	**31470**	**35386**	**39344**		益阳	Yiyang	28268	31431	34480	229
郑州	Zhengzhou	37032	40564	46645	89	郴州	Chenzhou	31233	35853	39573	155
开封	Kaifeng	25978	29858	34248	235	永州	Yongzhou	29910	32385	36013	198
洛阳	Luoyang	30988	34283	39259	166	怀化	Huaihua	29801	32272	36118	197
平顶山	Pingdingshan	27713	31553	35602	206	娄底	Loudi	27742	30812	34737	226
安阳	Anyang	28150	30275	35054	219	**广东**	**Guangdong**	**49610**	**54739**	**59423**	
鹤壁	Hebi	24663	27724	30715	274	广州	Guangzhou	73803	77883	84328	7
新乡	Xinxiang	25165	27866	32958	255	韶关	Shaoguan	36472	42671	46652	88
焦作	Jiaozuo	26237	28520	33696	244	深圳	Shenzhen	79734	85218	90492	2
濮阳	Puyang	26607	37780	41524	139	珠海	Zhuhai	65945	66774	70218	19
许昌	Xuchang	27180	30509	34379	231	汕头	Shantou	32592	39789	43147	116
漯河	Luohe	23301	27658	32301	262	佛山	Foshan	53706	56757	58860	36
三门峡	Sanmenxia	29863	32377	36346	193	江门	Jiangmen	36849	43940	47066	84
南阳	Nanyang	27433	31064	34884	222	湛江	Zhanjiang	27819	30449	35124	217
商丘	Shangqiu	23547	25436	28252	280	茂名	Maoming	26068	30150	35474	209
信阳	Xinyang	26363	28496	31817	266	肇庆	Zhaoqing	37856	42590	47885	76
周口	Zhoukou	25359	28618	33658	246	惠州	Huizhou	42919	49414	55221	49
驻马店	Zhumadian	23214	26023	30244	276	梅州	Meizhou	29047	33314	39335	162
湖北	**Hubei**	**35981**	**40345**	**41979**		汕尾	Shanwei	26001	29897	34095	238
武汉	Wuhan	40121	58578	58361	38	河源	Heyuan	30425	35311	39471	158
黄石	Huangshi	25336	31039	35291	212	阳江	Yangjiang	27319	30690	34842	223
十堰	Shiyan	23136	29065	35711	203	清远	Qingyuan	43837	49078	57603	43
宜昌	Yichang	31542	35362	33190	253	东莞	Dongguan	57275	61504	66857	24
襄阳	Xiangyang	25290	29875	34235	236	中山	Zhongshan	62367	66958	71887	18
鄂州	Ezhou	35579	39838	46179	91	潮州	Chaozhou	28773	32324	37535	182
荆门	Jingmen	27889	36043	37899	177	揭阳	Jieyang	23937	27847	31820	265
孝感	Xiaogan	23121	30097	33929	242	云浮	Yunfu	30168	36183	41689	136
荆州	Jingzhou	23896	28529	31924	264	**广西**	**Guangxi**	**32587**	**34886**	**37706**	
黄冈	Huanggang	25590	29674	32754	258	南宁	Nanning	44735	47418	46884	87
咸宁	Xianning	23516	28200	29984	278	柳州	Liuzhou	36988	39727	39401	160
随州	Suizhou	25046	29259	33338	250	桂林	Guilin	33012	35807	37180	186
湖南	**Hunan**	**32863**	**36654**	**40397**		梧州	Wuzhou	30933	32812	33976	240
长沙	Changsha	46901	52317	60561	34	北海	Beihai	31449	35718	37228	185
株洲	Zhuzhou	35337	38846	44101	104	防城港	Fangchenggang	30913	34924	35783	201
湘潭	Xiangtan	35107	36666	40339	146	钦州	Qinzhou	30606	31701	35523	208
衡阳	Hengyang	29246	32371	35554	207	贵港	Guigang	28236	27686	30272	275
邵阳	Shaoyang	27086	30477	33687	245	玉林	Yulin	27141	31892	32791	257
岳阳	Yueyang	25942	29699	33945	241	百色	Baise	29338	32771	34539	228

2-10 城镇单位国有单位就业人员平均工资 续表 3

Average Wage of Urban Employed Persons of State-owned Units continued 3

单位：元 (yuan)

地名	City	2010	2011	2012	2012 排名 Ranking	地名	City	2010	2011	2012	2012 排名 Ranking
贺州	Hezhou	29960	31661	33411	249	丽江	Lijiang	32857	36394	39814	150
河池	Hechi	28326	30875	31119	272	普洱	Puer	28773	29223	34067	239
来宾	Laibin	30782	32132	33217	252	临沧	Lincang	28175	31647	35285	213
崇左	Chongzuo	26901	28074	29559	279	**西藏**	**Tibet**	**55581**	**50770**	**52219**	
海南	**Hainan**	**32028**	**38219**	**40225**		拉萨	Lasa	50239	59996	69028	21
海口	Haikou	36904	45935	40307	147	**陕西**	**Shaanxi**	**35495**	**41291**	**45526**	
三亚	Sanya	41203	46842	46955	85	西安	Xi'an	38122	44274	51030	59
三沙	Sansha					铜川	Tongchuan	31993	34044	38912	171
重庆	**Chongqing**	**38075**	**44585**	**50523**		宝鸡	Baoji	34347	38588	42617	121
四川	**Sichuan**	**37502**	**42828**	**47721**		咸阳	Xianyang	28767	33752	39413	159
成都	Chengdu	46282	51381	56816	45	渭南	Weinan	29879	35680	41038	143
自贡	Zigong	33262	38890	44456	102	延安	Yan'an	38183	42562	48210	71
攀枝花	Panzhihua	37684	42471	47844	77	汉中	Hanzhong	33247	37943	43887	110
泸州	Luzhou	27679	32813	38445	174	榆林	Yulin	40918	44480	53908	51
德阳	Deyang	43657	44642	46917	86	安康	Ankang	35622	42034	44369	103
绵阳	Mianyang	39243	45988	48168	72	商洛	Shangluo	28861	32498	37163	187
广元	Guangyuan	29706	36451	39291	164	**甘肃**	**Gansu**	**30475**	**33232**	**38401**	
遂宁	Suining	31150	33881	40707	144	兰州	Lanzhou	36978	41816	48081	73
内江	Neijiang	31477	36990	39689	153	嘉峪关	Jiayuguan	47941	54334	55684	47
乐山	Leshan	33586	38543	42840	120	金昌	Jinchang	43922	48576	54716	50
南充	Nanchong	27934	32960	39141	167	白银	Baiyin	31129	34898	39799	152
眉山	Meishan	31099	36261	42425	126	天水	Tianshui	27520	31544	39301	163
宜宾	Yibin	31549	36505	41918	133	武威	Wuwei	23390	29337	31716	268
广安	Guangan	28803	34662	39268	165	张掖	Zhangye	25144	28698	35788	200
达州	Dazhou	28235	34052	38897	172	平凉	Pingliang	32242	39915	44818	100
雅安	Yaan	27444	32177	36982	189	酒泉	Jiuquan	34094	35276	42530	123
巴中	Bazhong	26725	32011	36223	195	庆阳	Qingyang	28627	34819	38914	170
资阳	Ziyang	31496	37600	41614	137	定西	Dingxi	28930	34030	38000	176
贵州	**Guizhou**	**32718**	**38914**	**43702**		陇南	Longnan	27778	30675	35646	205
贵阳	Guiyang	33212	42468	46209	90	**青海**	**Qinghai**	**42906**	**48618**	**50729**	
六盘水	Liupanshui	33090	38748	41980	132	西宁	Xining	40161	46186	49231	65
遵义	Zunyi	32430	38355	45325	97	海东	Haidong				
安顺	Anshun	31449	36158	41886	135	**宁夏**	**Ningxia**	**37377**	**43325**	**46880**	
毕节	Bijie	28847	33126	43096	117	银川	Yinchuan	39170	46660	51483	57
铜仁	Tongren	30510	34208	40168	149	石嘴山	Shizuishan	35658	39863	41994	131
云南	**Yunnan**	**34330**	**40379**	**43415**		吴忠	Wuzhong	35203	38340	45439	95
昆明	Kunming	41925	52539	57882	40	固原	Guyuan	36723	42531	49558	62
曲靖	Qujing	38486	42044	44842	99	中卫	Zhongwei	31980	37225	41916	134
玉溪	Yuxi	38601	50314	57759	42	**新疆**	**Xinjiang**	**31390**	**36752**	**42479**	
保山	Baoshan	28115	32140	35339	211	乌鲁木齐	Urumqi	44927	51310	55487	48
昭通	Zhaotong	30733	35320	37007	188	克拉玛依	Karamay	41403	57385	74218	15

2-11 城镇单位城镇集体单位就业人员平均工资
Average Wage of Urban Employed Persons of Collective-owned Units

单位：元 (yuan)

地名	City	2010	2011	2012	2012 排名 Ranking	地名	City	2010	2011	2012	2012 排名 Ranking
全国	**Nation Total**	**24010**	**28791**	**33784**		沈阳	Shenyang	24706	27711	34700	112
北京	**Beijing**	**26607**	**32469**	**38552**		大连	Dalian	30412	36699	42140	52
天津	**Tianjin**	**40874**	**36050**	**40494**		鞍山	Anshan	17123	20182	21597	276
河北	**Hebei**	**22220**	**25196**	**28597**		抚顺	Fushun	19773	23070	24022	258
石家庄	Shijiazhuang	17770	22941	27761	216	本溪	Benxi	15416	19951	22249	271
唐山	Tangshan	26053	24423	29431	191	丹东	Dandong	17988	24445	23100	263
秦皇岛	Qinhuangdao	26439	25229	25555	243	锦州	Jinzhou	16943	25206	29185	196
邯郸	Handan	18998	23363	28192	209	营口	Yingkou	18720	22141	27112	226
邢台	Xingtai	19833	24107	29695	187	阜新	Fuxin	14712	20710	25006	247
保定	Baoding	22051	24146	28298	207	辽阳	Liaoyang	26196	31215	38013	79
张家口	Zhangjiakou	24543	27644	27302	222	盘锦	Panjin	20922	23102	18653	282
承德	Chengde	30883	34172	38913	70	铁岭	Tieling	14290	18600	20017	281
沧州	Cangzhou	23234	29818	35293	103	朝阳	Chaoyang	24800	30861	35849	98
廊坊	Langfang	28168	28418	31906	154	葫芦岛	Huludao	17604	18509	24270	254
衡水	Hengshui	21978	26633	30281	174	**吉林**	**Jilin**	**17060**	**25718**	**29506**	
山西	**Shanxi**	**21993**	**27669**	**32780**		长春	Changchun	19129	23952	28199	208
太原	Taiyuan	18255	22887	26372	234	吉林	Jilin	24361	29443	35283	104
大同	Datong	16755	22625	26088	238	四平	Siping	19947	30915	34837	110
阳泉	Yangquan	28339	35190	40426	62	辽源	Liaoyuan	16827	19913	29898	184
长治	Changzhi	23016	31072	33648	126	通化	Tonghua	16327	24315	26849	229
晋城	Jincheng	20626	25540	30910	166	白山	Baishan	21908	23341	24711	250
朔州	Shuozhou	27059	30197	29804	186	松原	Songyuan	23144	29041	33233	133
晋中	Jinzhong	24517	31757	38132	78	白城	Baicheng	22687	25188	26537	233
运城	Yuncheng	19709	25305	29520	189	**黑龙江**	**Heilongjiang**	**19969**	**25149**	**28762**	
忻州	Xinzhou	15002	21099	22171	272	哈尔滨	Harbin	21760	26576	30802	167
临汾	Linfen	32758	36681	40700	60	齐齐哈尔	Qiqihar	14438	17651	18085	283
吕梁	Lvliang	25108	32315	49723	25	鸡西	Jixi	18430	23700	32374	149
内蒙古	**Inner Mongolia**	**29822**	**37963**	**45344**		鹤岗	Hegang	21982	29936	31498	160
呼和浩特	Hohhot	26412	33309	33457	129	双鸭山	Shuangyashan	25717	30123	31630	158
包头	Baotou	29496	35734	38264	76	大庆	Daqing	18606	31714	32981	136
乌海	Wuhai	17189	22697	22377	268	伊春	Yichun	14689	17328	21564	277
赤峰	Chifeng	28995	39108	48808	27	佳木斯	Jiamusi	15683	24419	130792	1
通辽	Tongliao	26013	37110	44599	41	七台河	Qitaihe	20116	21454	39489	68
鄂尔多斯	Erdos	47938	57504	63605	8	牡丹江	Mudanjiang	24092	34900	81918	3
呼伦贝尔	Hulunbuir	37421	52410	77738	4	黑河	Heihe	16770	23529	29248	195
巴彦淖尔	Bayannur	36381	44906	57592	12	绥化	Suihua	13738	18021	20621	278
乌兰察布	Ulanqab	26159	28631	40633	61	**上海**	**Shanghai**	**45395**	**51422**	**52786**	
辽宁	**Liaoning**	**20237**	**24591**	**28183**		**江苏**	**Jiangsu**	**31502**	**37302**	**42368**	

2-11 城镇单位城镇集体单位就业人员平均工资 续表 1

Average Wage of Urban Employed Persons of Collective-owned Units continued 1

单位：元 (yuan)

地名	City	2010	2011	2012	2012 排名 Ranking	地名	City	2010	2011	2012	2012 排名 Ranking
南京	Nanjing	32159	37105	43474	47	池州	Chizhou	28345	32521	45257	38
无锡	Wuxi	44007	49717	60411	11	宣城	Xuancheng	27227	33837	43935	43
徐州	Xuzhou	24377	30822	35540	100	福建	**Fujian**	**27234**	**34527**	**38576**	
常州	Changzhou	38609	47063	56293	13	福州	Fuzhou	23335	30412	33907	122
苏州	Suzhou	46676	54628	63844	6	厦门	Xiamen	22980	40395	47910	28
南通	Nantong	36666	42303	50892	24	莆田	Putian	30508	38769	38963	69
连云港	Lianyungang	25286	30788	37499	84	三明	Sanming	25783	31738	36180	91
淮安	Huaian	27025	32671	34851	109	泉州	Quanzhou	32813	37040	41682	55
盐城	Yancheng	31554	38337	41900	54	漳州	Zhangzhou	30058	35198	45114	39
扬州	Yangzhou	26798	29773	36401	89	南平	Nanping	21957	27759	37886	81
镇江	Zhenjiang	29633	35468	42475	51	龙岩	Longyan	29173	35106	36074	93
泰州	Taizhou	25463	31626	38758	73	宁德	Ningde	28641	41282	47104	33
宿迁	Suqian	27492	31656	35331	101	江西	**Jiangxi**	**18194**	**24265**	**29429**	
浙江	**Zhejiang**	**36038**	**41817**	**46789**		南昌	Nanchang	18422	24262	35275	105
杭州	Hangzhou	42929	49117	52689	19	景德镇	Jingdezhen	14854	28444	33419	130
宁波	Ningbo	43178	50052	61678	9	萍乡	Pingxiang	16957	22682	25541	244
温州	Wenzhou	26827	31250	38191	77	九江	Jiujiang	15167	22845	27220	223
嘉兴	Jiaxing	28992	33020	37536	83	新余	Xinyu	20305	27140	29667	188
湖州	Huzhou	35397	45123	47788	29	鹰潭	Yingtan	13849	23550	20572	279
绍兴	Shaoxing	45334	52457	51005	23	赣州	Ganzhou	22698	29354	33811	124
金华	Jinhua	32521	37037	53929	16	吉安	Jian	19418	22786	28171	210
衢州	Quzhou	38443	47298	53041	18	宜春	Yichun	23790	24907	30625	173
舟山	Zhoushan	26754	34457	35044	108	抚州	Fuzhou	17551	22208	28937	202
台州	Taizhou	37238	40715	43061	49	上饶	Shangrao	17418	22264	24685	251
丽水	Lishui	42487	48470	47235	31	山东	**Shandong**	**25626**	**29683**	**34001**	
安徽	**Anhui**	**24537**	**29205**	**34741**		济南	Jinan	24798	30256	32291	150
合肥	Hefei	29003	32203	37654	82	青岛	Qingdao	30685	40444	47225	32
芜湖	Wuhu	34601	38092	43761	45	淄博	Zibo	23369	31187	35325	102
蚌埠	Bengbu	23649	24476	28068	212	枣庄	Zaozhuang	21476	24449	27501	219
淮南	Huainan	20616	25490	29369	193	东营	Dongying	28875	31703	33943	121
马鞍山	Maanshan	25952	32932	37427	85	烟台	Yantai	25880	29109	32605	144
淮北	Huaibei	20529	25752	32608	143	潍坊	Weifang	30817	40820	40357	63
铜陵	Tongling	32616	20924	22675	265	济宁	Jining	19108	23214	26298	236
安庆	Anqing	25643	30811	33672	125	泰安	Taian	27023	28156	34488	115
黄山	Huangshan	26546	34362	42888	50	威海	Weihai	25476	30578	35671	99
滁州	Chuzhou	28241	35309	39597	67	日照	Rizhao	22043	25368	31155	163
阜阳	Fuyang	20267	26231	36022	95	莱芜	Laiwu	42055	23784	22143	273
宿州	Suzhou	20001	24831	28961	201	临沂	Linyi	30153	32313	36027	94
六安	Liuan	25447	31687	32876	139	德州	Dezhou	18993	24277	30207	176
亳州	Bozhou	23473	28015	41035	57	聊城	Liaocheng	20628	35833	36232	90

2-11 城镇单位城镇集体单位就业人员平均工资 续表 2

Average Wage of Urban Employed Persons of Collective-owned Units continued 2

单位：元 (yuan)

地名	City	2010	2011	2012	2012 排名 Ranking	地名	City	2010	2011	2012	2012 排名 Ranking
滨州	Binzhou	22588	29959	30642	171	常德	Changde	19176	22907	23647	261
菏泽	Heze	18978	21808	28050	214	张家界	Zhangjiajie	18825	21417	32568	145
河南	**Henan**	**20385**	**24220**	**27682**		益阳	Yiyang	21910	29696	32268	151
郑州	Zhengzhou	20665	28165	28379	205	郴州	Chenzhou	21446	24743	28100	211
开封	Kaifeng	22835	26366	29887	185	永州	Yongzhou	22427	28602	30252	175
洛阳	Luoyang	23355	27426	30732	169	怀化	Huaihua	22309	29747	27508	218
平顶山	Pingdingshan	24580	27436	32422	147	娄底	Loudi	25279	28029	33495	127
安阳	Anyang	20086	20411	28332	206	**广东**	**Guangdong**	**22470**	**25679**	**30947**	
鹤壁	Hebi	16061	23684	25624	242	广州	Guangzhou	27717	30313	34591	114
新乡	Xinxiang	21480	25094	27424	220	韶关	Shaoguan	19882	25201	31707	157
焦作	Jiaozuo	19105	21998	30738	168	深圳	Shenzhen	27801	31830	34444	116
濮阳	Puyang	15385	18418	23008	264	珠海	Zhuhai	20347	37768	43751	46
许昌	Xuchang	26606	33174	37123	87	汕头	Shantou	13988	19327	21900	275
漯河	Luohe	16994	20912	26157	237	佛山	Foshan	34849	40348	49230	26
三门峡	Sanmenxia	28155	28522	34184	119	江门	Jiangmen	23883	26007	31148	164
南阳	Nanyang	18906	21034	24005	259	湛江	Zhanjiang	17850	18651	21911	274
商丘	Shangqiu	17644	20830	24938	248	茂名	Maoming	17435	22032	30050	181
信阳	Xinyang	21052	23835	28563	204	肇庆	Zhaoqing	21655	25455	26682	231
周口	Zhoukou	20426	23923	26008	239	惠州	Huizhou	23292	28999	35895	97
驻马店	Zhumadian	16156	20734	24814	249	梅州	Meizhou	16069	20667	25488	245
湖北	**Hubei**	**24429**	**26988**	**32683**		汕尾	Shanwei	22062	29028	29148	197
武汉	Wuhan	21534	30447	34164	120	河源	Heyuan	18505	21400	24377	253
黄石	Huangshi	18559	21878	28064	213	阳江	Yangjiang	15209	19421	28772	203
十堰	Shiyan	16334	27287	34726	111	清远	Qingyuan	38444	42799	47541	30
宜昌	Yichang	19724	22512	32127	153	东莞	Dongguan	27391	30549	35977	96
襄阳	Xiangyang	17514	30563	30125	178	中山	Zhongshan	31891	33826	40271	64
鄂州	Ezhou	25547	28858	31075	165	潮州	Chaozhou	12221	14924	17079	284
荆门	Jingmen	19352	23657	29029	200	揭阳	Jieyang	17035	19250	22338	269
孝感	Xiaogan	18563	25124	27858	215	云浮	Yunfu	18603	23054	23801	260
荆州	Jingzhou	20112	24510	26628	232	**广西**	**Guangxi**	**21533**	**22123**	**28819**	
黄冈	Huanggang	22282	25156	33293	132	南宁	Nanning	24955	30848	32616	142
咸宁	Xianning	17532	23557	40720	59	柳州	Liuzhou	27198	31181	32382	148
随州	Suizhou	25608	29940	32970	137	桂林	Guilin	24036	25946	31792	156
湖南	**Hunan**	**22168**	**27034**	**29663**		梧州	Wuzhou	22876	23016	26847	230
长沙	Changsha	24257	27110	34297	118	北海	Beihai	27154	29241	29984	182
株洲	Zhuzhou	23857	30985	33364	131	防城港	Fangchenggang	24812	27646	29044	199
湘潭	Xiangtan	22627	28310	32721	140	钦州	Qinzhou	22448	23515	24176	255
衡阳	Hengyang	20692	28067	26854	228	贵港	Guigang	15425	15670	20240	280
邵阳	Shaoyang	20427	23667	29451	190	玉林	Yulin	18813	14089	29307	194
岳阳	Yueyang	19704	26067	27647	217	百色	Baise	20807	26727	29419	192

2-11 城镇单位城镇集体单位就业人员平均工资 续表 3

Average Wage of Urban Employed Persons of Collective-owned Units continued 3

单位：元 (yuan)

地名	City	2010	2011	2012	2012 排名 Ranking	地名	City	2010	2011	2012	2012 排名 Ranking
贺州	Hezhou	33072	34163	39879	65	丽江	Lijiang	34336	39797	42139	53
河池	Hechi	16475	21494	22620	267	普洱	Puer	47564	50258	63765	7
来宾	Laibin	35266	34146	35171	106	临沧	Lincang	27699	48333	87325	2
崇左	Chongzuo	23843	28502	32532	146	**西藏**	**Tibet**	**16447**	**15163**	**25966**	
海南	**Hainan**	**20733**	**25418**	**31715**		拉萨	Lasa	11889	14024	22634	266
海口	Haikou	21998	30213	35137	107	**陕西**	**Shaanxi**	**20650**	**27336**	**32399**	
三亚	Sanya	25090	27629	30709	170	西安	Xi'an	12505	23241	30638	172
三沙	Sansha					铜川	Tongchuan	18429	25423	25946	240
重庆	**Chongqing**	**24205**	**28490**	**30087**		宝鸡	Baoji	24621	27560	32131	152
四川	**Sichuan**	**23645**	**28752**	**33409**		咸阳	Xianyang	19970	22795	27188	225
成都	Chengdu	27448	31424	38491	75	渭南	Weinan	20678	20475	24027	257
自贡	Zigong	24440	27456	29909	183	延安	Yan'an	29313	38557	38860	71
攀枝花	Panzhihua	27619	33619	43137	48	汉中	Hanzhong	29886	33839	37969	80
泸州	Luzhou	19325	22690	26999	227	榆林	Yulin	38419	42767	51030	22
德阳	Deyang	34034	36398	38582	74	安康	Ankang	27878	33516	43764	44
绵阳	Mianyang	29832	35465	45847	36	商洛	Shangluo	20241	24733	31188	162
广元	Guangyuan	29550	40678	45001	40	**甘肃**	**Gansu**	**22249**	**28129**	**32580**	
遂宁	Suining	18512	27036	27196	224	兰州	Lanzhou	25891	31636	33889	123
内江	Neijiang	23988	28039	38849	72	嘉峪关	Jiayuguan	32887	51537	37311	86
乐山	Leshan	23250	28748	32914	138	金昌	Jinchang	46681	48836	55706	14
南充	Nanchong	17491	25129	29052	198	白银	Baiyin	16265	26985	36120	92
眉山	Meishan	29701	38611	40992	58	天水	Tianshui	16078	19722	24435	252
宜宾	Yibin	21632	22425	25917	241	武威	Wuwei	16153	22732	22261	270
广安	Guangan	37662	38049	45842	37	张掖	Zhangye	21532	24231	32635	141
达州	Dazhou	19430	25032	30204	177	平凉	Pingliang	16559	22038	24076	256
雅安	Yaan	20595	21705	25361	246	酒泉	Jiuquan	29918	33335	41317	56
巴中	Bazhong	17949	23770	30073	180	庆阳	Qingyang	27083	37373	34357	117
资阳	Ziyang	19511	25900	27383	221	定西	Dingxi	26340	32077	33480	128
贵州	**Guizhou**	**24703**	**31601**	**38882**		陇南	Longnan	17555	20430	23608	262
贵阳	Guiyang	19430	22982	31563	159	**青海**	**Qinghai**	**20672**	**23501**	**29341**	
六盘水	Liupanshui	25312	65612	60705	10	西宁	Xining	17811	20274	26354	235
遵义	Zunyi	24994	30730	36951	88	海东	Haidong				
安顺	Anshun	28437	34478	46045	35	**宁夏**	**Ningxia**	**40815**	**38635**	**44330**	
毕节	Bijie	24339	33933	46574	34	银川	Yinchuan	43010	50040	55248	15
铜仁	Tongren	22513	27593	33202	134	石嘴山	Shizuishan	42853	33447	39649	66
云南	**Yunnan**	**25137**	**34019**	**37211**		吴忠	Wuzhong	31665	28925	31327	161
昆明	Kunming	20891	26221	31841	155	固原	Guyuan	45194	51222	69750	5
曲靖	Qujing	28012	40133	34625	113	中卫	Zhongwei	44794	43207	52138	20
玉溪	Yuxi	19367	28423	30111	179	**新疆**	**Xinjiang**	**31997**	**40102**	**46452**	
保山	Baoshan	22992	30433	53510	17	乌鲁木齐	Urumqi	30831	40650	51965	21
昭通	Zhaotong	31496	44324	44329	42	克拉玛依	Karamay	22850	29784	33139	135

2-12 城镇登记失业人员
Registered Unemployed Persons in Urban Areas

单位：人 (person)

地名	City	2010	2013	2014	2014 排名 Ranking	地名	City	2010	2013	2014	2014 排名 Ranking
全国	**Nation Total**	**9080000**	**9260000**	**9520000**		沈阳	Shenyang	77198	84312	95453	6
北京	**Beijing**	**77255**	**75000**	**74000**		大连	Dalian	71159	95396	91075	7
天津	**Tianjin**	**160983**	**217000**	**225000**		鞍山	Anshan	19952	22128	27813	71
河北	**Hebei**	**351000**	**372000**	**383000**		抚顺	Fushun	39737	24620	21209	107
石家庄	Shijiazhuang	50929	53481	53409	21	本溪	Benxi	28989	29647	27526	72
唐山	Tangshan	57885	61000	66922	12	丹东	Dandong	22000	15278	15581	158
秦皇岛	Qinhuangdao	18911	37199	23249	95	锦州	Jinzhou	17111	14420	22249	101
邯郸	Handan	50482	51786	53508	20	营口	Yingkou	21116	12101	15538	160
邢台	Xingtai	21110	19038	20852	113	阜新	Fuxin	17919	19579	16350	152
保定	Baoding	42605	47000	47966	26	辽阳	Liaoyang	11518	11643	10517	208
张家口	Zhangjiakou	32652	37600	40124	33	盘锦	Panjin	14267	17472	13128	181
承德	Chengde	24604	19100	18481	134	铁岭	Tieling	18492	14540	17305	145
沧州	Cangzhou	18919	24435	23594	93	朝阳	Chaoyang	17161	9560	18677	133
廊坊	Langfang	11945	12500	10346	209	葫芦岛	Huludao	19595	16908	17198	146
衡水	Hengshui	21323	22700	24654	88	**吉林**	**Jilin**	**227000**	**226000**	**232000**	
山西	**Shanxi**	**204000**	**211000**	**245000**		长春	Changchun	71208	82403	84478	9
太原	Taiyuan	41338	46725	48116	25	吉林	Jilin	22341	30923	31700	63
大同	Datong	52945	55970	58449	18	四平	Siping	22150	21252	21786	105
阳泉	Yangquan	9010	8614	9250	220	辽源	Liaoyuan	9678	9544	11400	199
长治	Changzhi	11685	12032	13138	179	通化	Tonghua	10949	8872	9095	224
晋城	Jincheng	6719	4508	4885	268	白山	Baishan	13210	12267	14653	170
朔州	Shuozhou	5945	6663	6160	256	松原	Songyuan	11120	15004	15381	162
晋中	Jinzhong	8730	9613	9613	214	白城	Baicheng	17902	16350	16761	149
运城	Yuncheng	10500	13723	14579	171	**黑龙江**	**Heilongjiang**	**362000**	**414000**	**399000**	
忻州	Xinzhou	8210	7208	7280	243	哈尔滨	Harbin	85100	95091	88270	8
临汾	Linfen	14511	16646	17337	143	齐齐哈尔	Qiqihar	34225	35468	39083	35
吕梁	Lvliang	4820				鸡西	Jixi	19020	21809	15661	157
内蒙古	**Inner Mongolia**	**208000**	**238000**	**248000**		鹤岗	Hegang	16216	16765	17016	148
呼和浩特	Hohhot	29749	36553	37003	44	双鸭山	Shuangyashan	9522	10466	11111	202
包头	Baotou	39203	48722	49604	23	大庆	Daqing	29566	38501	39840	34
乌海	Wuhai	8200	8290	7686	240	伊春	Yichun	21556	22606	22341	100
赤峰	Chifeng	25050	26256	28176	70	佳木斯	Jiamusi	20083	19919	19390	124
通辽	Tongliao	16503	16993	17187	147	七台河	Qitaihe	5809	7533	7965	237
鄂尔多斯	Erdos	7901	15127	19285	125	牡丹江	Mudanjiang	17133	22224	20868	112
呼伦贝尔	Hulunbuir	27855	29193	30059	66	黑河	Heihe	7092	7108	7064	246
巴彦淖尔	Bayannur	8966	12381	12000	194	绥化	Suihua	14749	19623	19803	122
乌兰察布	Ulanqab	33198	18142	6962	248	**上海**	**Shanghai**	**276000**	**253000**	**256000**	
辽宁	**Liaoning**	**389000**	**396000**	**410000**		**江苏**	**Jiangsu**	**406000**	**376000**	**366000**	

2-12 城镇登记失业人员 续表 1

Registered Unemployed Persons in Urban Areas continued 1

单位：人 (person)

地名	City	2010	2013	2014	2014 排名 Ranking	地名	City	2010	2013	2014	2014 排名 Ranking
南京	Nanjing	63550	65960	66532	13	池州	Chizhou	8205	19849	8558	234
无锡	Wuxi	45797	42635	41042	31	宣城	Xuancheng	9287	9508	10541	207
徐州	Xuzhou	33613	33785	31914	62	**福建**	**Fujian**	**145000**	**147000**	**143000**	
常州	Changzhou	31454	32699	32044	61	福州	Fuzhou	39125	33750	33284	52
苏州	Suzhou	45875	44427	32992	54	厦门	Xiamen	26517	30600	26700	77
南通	Nantong	36100	34628	34022	50	莆田	Putian	7690	6958	6890	249
连云港	Lianyungang	17976	600501	14542	172	三明	Sanming	9344	8769	8768	229
淮安	Huaian	23106	20721	20966	111	泉州	Quanzhou	14762	18694	18992	129
盐城	Yancheng	24487	21114	20119	117	漳州	Zhangzhou	11388	9722	10775	206
扬州	Yangzhou	32398	27911	27004	75	南平	Nanping	13565	16664	15552	159
镇江	Zhenjiang	16796	15977	14668	169	龙岩	Longyan	12911	14580	14937	167
泰州	Taizhou	21800	18447	16692	150	宁德	Ningde	9655	7253	6707	250
宿迁	Suqian	13700	13523	13131	180	**江西**	**Jiangxi**	**263000**	**274000**	**294000**	
浙江	**Zhejiang**	**311000**	**334000**	**331000**		南昌	Nanchang	53000	11239	64619	14
杭州	Hangzhou	48478	46032	40307	32	景德镇	Jingdezhen	11200	17864	18169	135
宁波	Ningbo	56642	69230	67187	11	萍乡	Pingxiang	13374	12679	15800	154
温州	Wenzhou	28668	25232	26238	79	九江	Jiujiang	21051	9338	9278	219
嘉兴	Jiaxing	27032	26285	27074	74	新余	Xinyu	14700	11595	12408	189
湖州	Huzhou	13561	13400	17330	144	鹰潭	Yingtan	9458	10602	9806	212
绍兴	Shaoxing	32295	48015	38108	40	赣州	Ganzhou	34409	38764	37112	43
金华	Jinhua	28027	25841	26183	80	吉安	Jian	19580	22890	25000	84
衢州	Quzhou	10450	13111	12926	185	宜春	Yichun	28321	29112	27506	73
舟山	Zhoushan	5985	6160	6147	258	抚州	Fuzhou	25651	20492	21024	109
台州	Taizhou	26501	25182	22028	103	上饶	Shangrao	28854	33200	14137	175
丽水	Lishui	9703	8761	8640	231	**山东**	**Shandong**	**445000**	**422000**	**431000**	
安徽	**Anhui**	**269000**	**324000**	**315000**		济南	Jinan	59650	36771	33028	53
合肥	Hefei	50881	107686	103032	4	青岛	Qingdao	61929	70087	71644	10
芜湖	Wuhu	14135	17643	17413	141	淄博	Zibo	27942	29163	29275	68
蚌埠	Bengbu	22045	17096	19228	126	枣庄	Zaozhuang	21073	18660	17685	139
淮南	Huainan	20254	29951	24766	87	东营	Dongying	9953	9992	9998	211
马鞍山	Maanshan	7494	10201	18925	130	烟台	Yantai	48900	51192	51286	22
淮北	Huaibei	17808	20941	20603	116	潍坊	Weifang	39872	38213	38681	38
铜陵	Tongling	9801	9073	9481	216	济宁	Jining	39827	30845	30683	65
安庆	Anqing	30320	25309	24532	89	泰安	Taian	24797	19354	22656	98
黄山	Huangshan	6208	5889	6004	261	威海	Weihai	7882	8046	8102	236
滁州	Chuzhou	13261	10975	12156	192	日照	Rizhao	13260	12948	11256	200
阜阳	Fuyang	11144	6090	4772	270	莱芜	Laiwu	6614	5446	6097	260
宿州	Suzhou	13561	13237	12416	188	临沂	Linyi	19196	17204	16333	153
六安	Liuan	15400	17455	15737	156	德州	Dezhou	20993	17946	19091	127
亳州	Bozhou	6587	7802	6324	255	聊城	Liaocheng	25413	25599	25388	82

2-12 城镇登记失业人员 续表 2

Registered Unemployed Persons in Urban Areas continued 2

单位：人 (person)

地名	City	2010	2013	2014	2014 排名 Ranking	地名	City	2010	2013	2014	2014 排名 Ranking
滨州	Binzhou	15085	11955	11765	197	常德	Changde	35636	36856	37869	41
菏泽	Heze	20174	18474	18108	136	张家界	Zhangjiajie	5833	5317	6401	254
河南	**Henan**	**382000**	**402000**	**400000**		益阳	Yiyang	16513	24899	24878	85
郑州	Zhengzhou	36223	61335	61335	15	郴州	Chenzhou	25302	29472	32400	58
开封	Kaifeng	25407	18986	21056	108	永州	Yongzhou	22997	22145	19895	119
洛阳	Luoyang	33426	39271	44558	29	怀化	Huaihua	31084	35100	61000	16
平顶山	Pingdingshan	21963	20497	20692	115	娄底	Loudi	29978	26013	25017	83
安阳	Anyang	20852	27221	32382	59	**广东**	**Guangdong**	**393000**	**380000**	**368000**	
鹤壁	Hebi	9913	5537	6635	252	广州	Guangzhou	306802	305017	243655	1
新乡	Xinxiang	25908	26822	36664	45	韶关	Shaoguan	43499	12965	48900	24
焦作	Jiaozuo	21160	26374	32600	57	深圳	Shenzhen	35302	38787	38752	37
濮阳	Puyang	9359	14144	15074	166	珠海	Zhuhai	12501	10972	11077	203
许昌	Xuchang	43100	35383	32624	56	汕头	Shantou	13127	16781	15475	161
漯河	Luohe	4014	9155	7025	247	佛山	Foshan	19628	21580	21917	104
三门峡	Sanmenxia	8999	7526	7484	242	江门	Jiangmen	21380	24827	24833	86
南阳	Nanyang	37047	37640	37640	42	湛江	Zhanjiang	23882	20416	20700	114
商丘	Shangqiu	25218	27609	26321	78	茂名	Maoming	30504	24096	11974	195
信阳	Xinyang	10355	9154	9439	218	肇庆	Zhaoqing	11662	12781	12585	187
周口	Zhoukou	31675	35629	32985	55	惠州	Huizhou	14996	17317	18772	132
驻马店	Zhumadian	15033	11799	14419	173	梅州	Meizhou	14200	13173	13955	177
湖北	**Hubei**	**557000**	**402000**	**379000**		汕尾	Shanwei	11314	11961	12281	191
武汉	Wuhan	109465	93125	101500	5	河源	Heyuan	13951	10289	8992	225
黄石	Huangshi	34711	18100	18836	131	阳江	Yangjiang	44404	11519	12302	190
十堰	Shiyan	29238	29310	32132	60	清远	Qingyuan	14257	13672	11670	198
宜昌	Yichang	22986	23531	17673	140	东莞	Dongguan	5303	7289	9143	223
襄阳	Xiangyang	41822	41801	38919	36	中山	Zhongshan	7068	8973	9444	217
鄂州	Ezhou	13000	9300	2598	278	潮州	Chaozhou	8362	8742	9246	221
荆门	Jingmen	17707	17831	11017	205	揭阳	Jieyang	11357	8863	9173	222
孝感	Xiaogan	21400	32374	22553	99	云浮	Yunfu	5825	5089	5604	263
荆州	Jingzhou	54222	57808	56424	19	**广西**	**Guangxi**	**191000**	**180000**	**187000**	
黄冈	Huanggang	28393	31176	23578	94	南宁	Nanning	35599	31006	30938	64
咸宁	Xianning	19959	14471	11881	196	柳州	Liuzhou	29574	28680	28937	69
随州	Suizhou	3674	5716	5400	265	桂林	Guilin	24021	23071	23950	91
湖南	**Hunan**	**432000**	**456000**	**473000**		梧州	Wuzhou	13405	14334	13085	183
长沙	Changsha	41335	60751	59065	17	北海	Beihai		8877	8617	233
株洲	Zhuzhou	24436	21424	19872	121	防城港	Fangchenggang	3916	3505	3248	276
湘潭	Xiangtan	21145	22000	23000	96	钦州	Qinzhou	9680	8600		
衡阳	Hengyang	35126	59032	45383	28	贵港	Guigang	10136	5665	7205	244
邵阳	Shaoyang	30800	23237	25448	81	玉林	Yulin	18367	19304	19034	128
岳阳	Yueyang	22236	36507	34593	49	百色	Baise	8400	22500	8709	230

2-12 城镇登记失业人员 续表 3

Registered Unemployed Persons in Urban Areas continued 3

单位：人 (person)

地名	City	2010	2013	2014	2014 排名 Ranking	地名	City	2010	2013	2014	2014 排名 Ranking
贺州	Hezhou	8465	4000	9700	213	丽江	Lijiang	4366	5413	6156	257
河池	Hechi	12550	11941	3803	272	普洱	Puer	10660	11127	11067	204
来宾	Laibin	5664	7916	7203	245	临沧	Lincang	6942	8019	8284	235
崇左	Chongzuo	5303	4005	4922	267	**西藏**	**Tibet**	**21000**	**16000**	**17000**	
海南	**Hainan**	**48000**	**39000**	**43000**		拉萨	Lasa				
海口	Haikou	9257				**陕西**	**Shaanxi**	**214000**	**211000**	**223000**	
三亚	Sanya	2628	3357	3301	275	西安	Xi'an	120215	101300	108400	3
三沙	Sansha					铜川	Tongchuan	2689	7765	7873	239
重庆	**Chongqing**	**130000**	**121000**	**134000**		宝鸡	Baoji	19367	14247	19893	120
四川	**Sichuan**	**346000**	**429000**	**544000**		咸阳	Xianyang	22793	19742	19919	118
成都	Chengdu	56214	139600	153300	2	渭南	Weinan	16300	14262	17398	142
自贡	Zigong	16030	21264	23672	92	延安	Yan'an	9528	9923	10024	210
攀枝花	Panzhihua	11337	12198	13019	184	汉中	Hanzhong	15000	13628	14000	176
泸州	Luzhou	16567	15255	15132	165	榆林	Yulin	10071	9600	8800	228
德阳	Deyang	15027	17341	18025	137	安康	Ankang	9300	9350	8922	227
绵阳	Mianyang	30359	33208	33915	51	商洛	Shangluo	57000	6451	6680	251
广元	Guangyuan	12150	20705	22098	102	**甘肃**	**Gansu**	**107000**	**93000**	**97000**	
遂宁	Suining	13786	49094	46669	27	兰州	Lanzhou	23746	14393	15186	164
内江	Neijiang	15721	14998	17836	138	嘉峪关	Jiayuguan	2777	2913	2975	277
乐山	Leshan	21554	22701	24407	90	金昌	Jinchang	3786	4515	4825	269
南充	Nanchong	27115	33581	38129	39	白银	Baiyin	7305	6050	6595	253
眉山	Meishan	11517	12764	13598	178	天水	Tianshui	11023	11827	13113	182
宜宾	Yibin	18095	23400	29524	67	武威	Wuwei	8214	5484	5767	262
广安	Guangan	12495	9338	11224	201	张掖	Zhangye	4843	4333	35598	46
达州	Dazhou	19850	18518	16373	151	平凉	Pingliang	26653	9004	9593	215
雅安	Yaan	21080	5327	5323	266	酒泉	Jiuquan	5500	5900	5500	264
巴中	Bazhong	11596	13947	14396	174	庆阳	Qingyang	11273	16466	15301	163
资阳	Ziyang	13606	18575	19694	123	定西	Dingxi	7780	6042	6119	259
贵州	**Guizhou**	**122000**	**137000**	**141000**		陇南	Longnan	6155	5200	1900	280
贵阳	Guiyang	28353	32391	34673	48	**青海**	**Qinghai**	**42000**	**42000**	**42000**	
六盘水	Liupanshui	12714	14182	14877	168	西宁	Xining	25600	20400	21000	110
遵义	Zunyi	15900	22822	22968	97	海东	Haidong			4063	271
安顺	Anshun	6745	7402	7492	241	**宁夏**	**Ningxia**	**48000**	**47000**	**50000**	
毕节	Bijie		12890	12905	186	银川	Yinchuan	22645	26169	26929	76
铜仁	Tongren		15534	15773	155	石嘴山	Shizuishan	31198	7752	8924	226
云南	**Yunnan**	**157000**	**181000**	**192000**		吴忠	Wuzhong	7716	6829	3729	273
昆明	Kunming	33700	41051	44317	30	固原	Guyuan	9487	3657	3722	274
曲靖	Qujing	32822	10299	12107	193	中卫	Zhongwei	2123	2449	2516	279
玉溪	Yuxi	5884	7684	8629	232	**新疆**	**Xinjiang**	**110000**	**119000**	**112000**	
保山	Baoshan	7682	8298	7938	238	乌鲁木齐	Urumqi	29794	33590	35044	47
昭通	Zhaotong	15109	15540	21296	106	克拉玛依	Karamay	2890	918	1053	281

3

国民经济核算

National Accounts

3-1 地区生产总值
Gross Regional Product

单位：亿元 (100 million yuan)

地名	City	2010	2013	2014	2014 排名 Ranking
全国	**Nation Total**	**401512.8**	**568845.2**	**678363.6**	
北京	**Beijing**	**14113.60**	**19500.56**	**21330.83**	
天津	**Tianjin**	**9224.46**	**14370.16**	**15726.93**	
河北	**Hebei**	**20394.26**	**28301.41**	**29421.15**	
石家庄	Shijiazhuang	3401.02	4863.70	5170.27	26
唐山	Tangshan	4469.16	6121.20	6225.30	16
秦皇岛	Qinhuangdao	930.50	1168.80	1200.02	166
邯郸	Handan	2361.56	3061.50	3080.01	55
邢台	Xingtai	1212.09	1604.60	1646.94	111
保定	Baoding	2050.30	2904.30	3035.20	56
张家口	Zhangjiakou	966.42	1317.00	1348.97	138
承德	Chengde	888.96	1272.10	1342.55	140
沧州	Cangzhou	2203.12	3013.00	3133.38	52
廊坊	Langfang	1351.10	1943.10	2175.96	82
衡水	Hengshui	781.82	1070.20	1149.13	177
山西	**Shanxi**	**9200.86**	**12602.24**	**12761.49**	
太原	Taiyuan	1778.05	2412.90	2531.09	66
大同	Datong	695.91	967.40	1001.73	197
阳泉	Yangquan	429.38	611.80	616.62	242
长治	Changzhi	920.23	1333.70	1331.14	143
晋城	Jincheng	730.54	1031.90	1035.82	191
朔州	Shuozhou	670.15	1026.40	1003.41	196
晋中	Jinzhong	763.84	1022.20	1041.30	189
运城	Yuncheng	827.43	1140.10	1201.72	164
忻州	Xinzhou	437.46	654.70	680.34	235
临汾	Linfen	890.14	1223.90	1213.24	159
吕梁	Lvliang	845.54	1228.60	1101.35	181
内蒙古	**Inner Mongolia**	**11672.00**	**16832.38**	**17770.19**	
呼和浩特	Hohhot	1865.71	2705.40	2894.05	60
包头	Baotou	2460.80	3424.80	3636.31	41
乌海	Wuhai	391.36	575.10	601.02	247
赤峰	Chifeng	1086.23	1686.20	1778.37	105
通辽	Tongliao	1176.62	1781.80	1886.80	94
鄂尔多斯	Erdos	2643.23	3955.90	4055.49	34
呼伦贝尔	Hulunbuir	932.01	1430.80	1522.20	124
巴彦淖尔	Bayannur	603.33	834.90	867.46	211
乌兰察布	Ulanqab	567.60	833.80	873.73	209
辽宁	**Liaoning**	**18457.30**	**27077.65**	**28626.58**	
沈阳	Shenyang	5017.54	7158.60	7098.71	14
大连	Dalian	5158.16	7650.80	7655.58	11
鞍山	Anshan	2125.01	2623.30	2385.90	74
抚顺	Fushun	895.16	1340.40	1276.58	147
本溪	Benxi	860.37	1193.70	1171.25	173
丹东	Dandong	728.89	1107.30	1022.60	192
锦州	Jinzhou	912.63	1344.90	1364.00	136
营口	Yingkou	1002.45	1513.10	1546.08	121
阜新	Fuxin	378.87	615.10	606.16	245
辽阳	Liaoyang	735.43	1080.00	1014.62	194
盘锦	Panjin	926.32	1351.10	1303.95	145
铁岭	Tieling	722.13	1031.30	867.29	212
朝阳	Chaoyang	656.41	1002.90	993.52	198
葫芦岛	Huludao	531.45	775.10	721.55	226
吉林	**Jilin**	**8667.58**	**12981.46**	**13803.14**	
长春	Changchun	3329.03	5003.20	5342.43	23
吉林	Jilin	1800.64	2617.40	2379.56	75
四平	Siping	779.55	1210.30	1210.32	161
辽源	Liaoyuan	410.14	700.30	690.31	229
通化	Tonghua	627.08	1003.50	1008.50	195
白山	Baishan	433.16	673.60	675.29	236
松原	Songyuan	1102.85	1650.50	1596.29	117
白城	Baicheng	445.18	692.40	686.18	233
黑龙江	**Heilongjiang**	**10368.60**	**14382.93**	**15039.38**	
哈尔滨	Harbin	3664.85	5010.80	5340.07	24
齐齐哈尔	Qiqihar	880.46	1230.40	1209.34	162
鸡西	Jixi	419.49	570.90	516.01	255
鹤岗	Hegang	250.99	320.00	259.46	280
双鸭山	Shuangyashan	396.35	555.10	432.68	265
大庆	Daqing	2900.06	4181.50	4077.51	33
伊春	Yichun	202.44	284.50	256.03	282
佳木斯	Jiamusi	512.46	792.10	765.98	222
七台河	Qitaihe	305.22	241.00	214.26	284
牡丹江	Mudanjiang	764.98	1216.10	1264.02	149
黑河	Heihe	261.10	389.60	421.36	266
绥化	Suihua	733.43	1210.00	1190.25	169
上海	**Shanghai**	**17165.98**	**21602.12**	**23567.70**	
江苏	**Jiangsu**	**41425.48**	**59161.75**	**65088.32**	

注：本表按当年价格计算。

Note: Data in this table are calculated at current prices.

3-1 地区生产总值 续表 1
Gross Regional Product continued 1

单位：亿元 (100 million yuan)

地名	City	2010	2013	2014	2014 排名 Ranking	地名	City	2010	2013	2014	2014 排名 Ranking
南京	Nanjing	5130.65	8011.80	8820.75	7	池州	Chizhou	300.84	462.20	517.17	254
无锡	Wuxi	5793.30	8070.20	8205.31	9	宣城	Xuancheng	525.96	842.80	917.63	205
徐州	Xuzhou	2942.14	4435.80	4963.91	28	**福建**	**Fujian**	**14737.12**	**21759.64**	**24055.76**	
常州	Changzhou	3044.89	4360.90	4901.87	29	福州	Fuzhou	3123.41	4678.50	5169.16	27
苏州	Suzhou	9228.91	13015.70	13760.89	3	厦门	Xiamen	2060.07	3018.20	3273.58	48
南通	Nantong	3465.67	5038.90	5652.69	21	莆田	Putian	850.33	1342.90	1502.07	126
连云港	Lianyungang	1193.31	1785.40	1965.89	90	三明	Sanming	975.10	1477.60	1621.21	115
淮安	Huaian	1388.07	2155.90	2455.39	72	泉州	Quanzhou	3564.97	5218.00	5733.36	20
盐城	Yancheng	2332.76	3475.50	3835.62	36	漳州	Zhangzhou	1430.71	2236.00	2506.36	69
扬州	Yangzhou	2229.49	3252.00	3697.91	39	南平	Nanping	728.65	1105.80	1232.56	156
镇江	Zhenjiang	1987.64	2927.30	3252.44	49	龙岩	Longyan	990.90	1479.90	1621.21	114
泰州	Taizhou	2048.72	3006.90	3370.89	45	宁德	Ningde	738.61	1238.70	1376.09	135
宿迁	Suqian	1064.09	1706.30	1930.68	92	**江西**	**Jiangxi**	**9451.26**	**14338.50**	**15714.63**	
浙江	**Zhejiang**	**27722.31**	**37568.49**	**40173.03**		南昌	Nanchang	2207.11	3336.00	3667.96	40
杭州	Hangzhou	5949.17	8343.50	9206.16	6	景德镇	Jingdezhen	461.50	680.30	738.21	224
宁波	Ningbo	5163.00	7128.90	7610.28	12	萍乡	Pingxiang	520.39	798.30	864.95	213
温州	Wenzhou	2925.04	4003.90	4303.05	31	九江	Jiujiang	1032.06	1601.70	1779.96	104
嘉兴	Jiaxing	2300.20	3147.70	3352.60	46	新余	Xinyu	631.22	845.10	900.27	206
湖州	Huzhou	1301.73	1803.20	1956.00	91	鹰潭	Yingtan	344.89	553.50	606.98	244
绍兴	Shaoxing	2795.20	3967.30	4265.88	32	赣州	Ganzhou	1119.74	1673.30	1843.59	100
金华	Jinhua	2110.04	2958.80	3208.20	50	吉安	Jian	720.53	1123.90	1242.11	154
衢州	Quzhou	755.48	1056.60	1115.10	179	宜春	Yichun	870.00	1387.10	1522.99	123
舟山	Zhoushan	644.32	930.90	1015.26	193	抚州	Fuzhou	630.01	940.60	1036.77	190
台州	Taizhou	2426.45	3153.30	3387.38	44	上饶	Shangrao	901.00	1401.30	1550.24	120
丽水	Lishui	663.29	983.10	1051.75	187	**山东**	**Shandong**	**39169.92**	**54684.33**	**59426.59**	
安徽	**Anhui**	**12359.33**	**19038.87**	**20848.75**		济南	Jinan	3910.53	5230.20	5770.60	19
合肥	Hefei	2701.61	4672.90	5180.56	25	青岛	Qingdao	5666.19	8006.60	8692.10	8
芜湖	Wuhu	1108.63	2099.50	2309.55	77	淄博	Zibo	2866.75	3801.20	4029.77	35
蚌埠	Bengbu	638.05	1007.90	1151.19	176	枣庄	Zaozhuang	1362.04	1830.60	1980.13	89
淮南	Huainan	604.18	819.40	789.32	220	东营	Dongying	2359.94	3250.20	3430.49	43
马鞍山	Maanshan	810.72	1293.00	1333.12	142	烟台	Yantai	4358.46	5613.90	6002.08	17
淮北	Huaibei	461.64	703.70	759.64	223	潍坊	Weifang	3090.92	4420.70	4786.00	30
铜陵	Tongling	466.70	680.60	716.31	228	济宁	Jining	2542.81	3501.50	3800.06	37
安庆	Anqing	989.04	1418.20	1544.32	122	泰安	Taian	2051.68	2790.70	3002.19	57
黄山	Huangshan	309.45	470.30	507.17	256	威海	Weihai	1944.70	2549.70	2790.34	62
滁州	Chuzhou	695.65	1086.10	1214.40	158	日照	Rizhao	1025.08	1500.20	1611.87	116
阜阳	Fuyang	721.51	1062.50	1188.97	170	莱芜	Laiwu	546.33	653.50	687.60	231
宿州	Suzhou	650.57	1014.30	1140.53	178	临沂	Linyi	2399.99	3336.80	3569.80	42
六安	Liuan	676.11	1010.30	1095.81	182	德州	Dezhou	1657.82	2460.60	2596.08	65
亳州	Bozhou	512.78	791.10	883.63	208	聊城	Liaocheng	1622.38	2365.90	2516.40	67

3-1 地区生产总值 续表 2

Gross Regional Product continued 2

单位：亿元 (100 million yuan)

地名	City	2010	2013	2014	2014 排名 Ranking	地名	City	2010	2013	2014	2014 排名 Ranking
滨州	Binzhou	1551.52	2155.70	2276.71	78	常德	Changde	1491.57	2264.90	2514.15	68
菏泽	Heze	1227.09	2050.00	2222.19	80	张家界	Zhangjiajie	242.48	365.70	410.02	267
河南	**Henan**	**23092.36**	**32155.86**	**34938.24**		益阳	Yiyang	712.28	1123.10	1253.15	153
郑州	Zhengzhou	4040.89	6201.80	6776.99	15	郴州	Chenzhou	1081.76	1685.50	1872.58	96
开封	Kaifeng	927.16	1363.50	1492.06	127	永州	Yongzhou	767.01	1175.50	1301.45	146
洛阳	Luoyang	2320.25	3140.80	3284.57	47	怀化	Huaihua	674.92	1117.70	1181.24	172
平顶山	Pingdingshan	1310.84	1556.90	1637.17	113	娄底	Loudi	678.71	1118.20	1210.86	160
安阳	Anyang	1315.59	1683.60	1791.81	102	**广东**	**Guangdong**	**46013.06**	**62163.97**	**67809.85**	
鹤壁	Hebi	429.12	622.10	682.20	234	广州	Guangzhou	10748.28	15420.10	16706.87	1
新乡	Xinxiang	1189.94	1766.10	1918.00	93	韶关	Shaoguan	683.10	1010.10	1113.49	180
焦作	Jiaozuo	1245.93	1707.40	1844.31	99	深圳	Shenzhen	9581.51	14500.20	16001.82	2
濮阳	Puyang	775.40	1130.50	1253.61	152	珠海	Zhuhai	1208.60	1662.40	1867.21	97
许昌	Xuchang	1316.49	1903.30	2087.23	84	汕头	Shantou	1208.97	1565.90	1716.51	107
漯河	Luohe	680.49	861.50	941.16	202	佛山	Foshan	5651.52	7010.20	7441.60	13
三门峡	Sanmenxia	874.42	1204.70	1240.06	155	江门	Jiangmen	1570.42	2000.20	2082.76	85
南阳	Nanyang	1953.36	2498.70	2675.57	63	湛江	Zhanjiang	1405.06	2060.00	2258.99	79
商丘	Shangqiu	1143.79	1538.20	1697.64	108	茂名	Maoming	1492.09	2160.20	2349.03	76
信阳	Xinyang	1091.83	1581.20	1757.34	106	肇庆	Zhaoqing	1085.87	1660.10	1845.06	98
周口	Zhoukou	1228.30	1790.70	1992.08	88	惠州	Huizhou	1729.95	2687.40	3000.37	58
驻马店	Zhumadian	1053.71	1542.00	1691.30	109	梅州	Meizhou	612.85	800.00	885.84	207
湖北	**Hubei**	**15967.61**	**24668.49**	**27379.22**		汕尾	Shanwei	465.08	671.80	716.99	227
武汉	Wuhan	5515.76	9051.30	10069.48	4	河源	Heyuan	475.14	680.30	768.95	221
黄石	Huangshi	690.12	1142.00	1218.56	157	阳江	Yangjiang	639.84	1039.80	1168.55	174
十堰	Shiyan	736.80	1080.60	1200.82	165	清远	Qingyuan	1088.18	1093.00	1197.74	167
宜昌	Yichang	1547.32	2818.10	3132.21	53	东莞	Dongguan	4246.45	5490.00	5881.32	18
襄阳	Xiangyang	1538.30	2814.00	3129.26	54	中山	Zhongshan	1850.65	2638.90	2823.01	61
鄂州	Ezhou	395.29	630.90	686.64	232	潮州	Chaozhou	559.24	780.30	850.22	216
荆门	Jingmen	730.07	1202.60	1310.59	144	揭阳	Jieyang	1009.51	1605.40	1780.44	103
孝感	Xiaogan	800.67	1238.90	1354.72	137	云浮	Yunfu	400.97	602.30	664.00	239
荆州	Jingzhou	837.10	1334.90	1480.49	128	**广西**	**Guangxi**	**9569.85**	**14378.00**	**15672.89**	
黄冈	Huanggang	862.30	1332.60	1459.15	129	南宁	Nanning	1800.26	2803.50	3148.30	51
咸宁	Xianning	519.94	872.10	964.25	200	柳州	Liuzhou	1315.31	2010.10	2208.51	81
随州	Suizhou	401.66	661.90	723.45	225	桂林	Guilin	1103.56	1657.90	1827.05	101
湖南	**Hunan**	**16037.96**	**24501.67**	**27037.32**		梧州	Wuzhou	579.28	991.70	1064.82	186
长沙	Changsha	4547.06	7153.10	7824.81	10	北海	Beihai	401.41	735.00	856.01	214
株洲	Zhuzhou	1275.48	1949.40	2161.01	83	防城港	Fangchenggang	320.42	525.10	588.94	248
湘潭	Xiangtan	894.01	1443.10	1570.56	119	钦州	Qinzhou	520.67	753.10	854.96	215
衡阳	Hengyang	1420.34	2169.40	2396.55	73	贵港	Guigang	544.66	742.00	805.40	219
邵阳	Shaoyang	727.29	1130.00	1261.61	150	玉林	Yulin	840.25	1198.50	1341.75	141
岳阳	Yueyang	1539.36	2435.50	2669.34	64	百色	Baise	573.99	803.60	917.92	204

3-1 地区生产总值 续表 3
Gross Regional Product continued 3

单位：亿元 (100 million yuan)

地名	City	2010	2013	2014	2014 排名 Ranking	地名	City	2010	2013	2014	2014 排名 Ranking
贺州	Hezhou	296.87	423.90	448.38	263	丽江	Lijiang	143.60	248.80	261.84	279
河池	Hechi	468.74	528.60	601.39	246	普洱	Puer	248.08	425.40	476.95	258
来宾	Laibin	405.22	515.60	551.24	251	临沧	Lincang	216.97	416.10	465.12	260
崇左	Chongzuo	392.37	584.60	649.72	240	**西藏**	**Tibet**	**508.75**	**807.67**	**920.83**	
海南	**Hainan**	**2064.50**	**3146.46**	**3500.72**		拉萨	Lasa	178.91	304.90	347.45	274
海口	Haikou	617.19	904.60	1091.70	183	**陕西**	**Shaanxi**	**10123.48**	**16045.21**	**17689.94**	
三亚	Sanya	242.21	373.20	402.26	269	西安	Xi'an	3241.69	4884.10	5492.64	22
三沙	Sansha					铜川	Tongchuan	187.73	322.00	325.36	275
重庆	**Chongqing**	**7925.58**	**12656.69**	**14262.60**		宝鸡	Baoji	976.09	1545.90	1642.90	112
四川	**Sichuan**	**17185.48**	**26260.77**	**28536.66**		咸阳	Xianyang	1098.68	1860.40	2077.34	86
成都	Chengdu	5551.33	9108.90	10056.59	5	渭南	Weinan	801.42	1349.00	1423.75	132
自贡	Zigong	647.73	1001.60	1073.40	184	延安	Yan'an	885.42	1354.10	1386.09	134
攀枝花	Panzhihua	523.99	800.90	870.85	210	汉中	Hanzhong	509.70	881.70	991.05	199
泸州	Luzhou	714.79	1140.50	1259.73	151	榆林	Yulin	1756.67	2846.80	2920.58	59
德阳	Deyang	921.27	1395.90	1515.65	125	安康	Ankang	327.06	604.60	689.44	230
绵阳	Mianyang	960.22	1455.10	1579.89	118	商洛	Shangluo	285.90	510.90	576.27	249
广元	Guangyuan	321.87	518.80	566.19	250	**甘肃**	**Gansu**	**4120.75**	**6268.01**	**6836.82**	
遂宁	Suining	495.23	736.60	809.55	218	兰州	Lanzhou	1100.39	1776.30	2000.94	87
内江	Neijiang	690.28	1069.30	1156.77	175	嘉峪关	Jiayuguan	184.32	226.20	243.06	283
乐山	Leshan	743.92	1134.80	1207.59	163	金昌	Jinchang	210.51	252.00	256.10	281
南充	Nanchong	827.82	1328.60	1432.02	131	白银	Baiyin	311.18	463.30	447.64	264
眉山	Meishan	552.25	860.00	944.89	201	天水	Tianshui	300.23	454.30	522.82	252
宜宾	Yibin	870.85	1342.90	1443.81	130	武威	Wuwei	228.77	379.70	405.97	268
广安	Guangan	537.22	835.10	919.61	203	张掖	Zhangye	212.70	336.00	361.78	272
达州	Dazhou	819.20	1245.40	1347.83	139	平凉	Pingliang	231.89	341.10	350.55	273
雅安	Yaan	286.54	418.00	462.41	261	酒泉	Jiuquan	405.03	641.90	610.55	243
巴中	Bazhong	280.91	415.90	456.66	262	庆阳	Qingyang	357.61	605.40	668.86	238
资阳	Ziyang	657.90	1092.40	1195.60	168	定西	Dingxi	156.02	252.20	290.16	277
贵州	**Guizhou**	**4602.16**	**8006.79**	**9266.39**		陇南	Longnan	169.43	249.50	262.53	278
贵阳	Guiyang	1121.82	2085.40	2497.27	70	**青海**	**Qinghai**	**1350.43**	**2101.05**	**2303.32**	
六盘水	Liupanshui	500.63	882.10	1042.73	188	西宁	Xining	628.28	978.50	1065.78	185
遵义	Zunyi	908.76	1584.70	1874.36	95	海东	Haidong			365.69	271
安顺	Anshun	232.90	429.20	520.06	253	**宁夏**	**Ningxia**	**1689.65**	**2565.06**	**2752.10**	
毕节	Bijie	600.85	1041.90	1266.70	148	银川	Yinchuan	792.61	1289.00	1388.62	133
铜仁	Tongren	293.62	535.20	647.73	241	石嘴山	Shizuishan	298.60	446.40	467.26	259
云南	**Yunnan**	**7224.18**	**11720.91**	**12814.59**		吴忠	Wuzhong	217.16	351.90	383.43	270
昆明	Kunming	2120.30	3415.30	3712.99	38	固原	Guyuan	105.80	184.60	201.03	285
曲靖	Qujing	1005.55	1583.90	1649.40	110	中卫	Zhongwei	173.19	287.50	297.57	276
玉溪	Yuxi	736.43	1102.50	1184.73	171	**新疆**	**Xinjiang**	**5437.47**	**8360.24**	**9273.46**	
保山	Baoshan	260.90	449.70	500.98	257	乌鲁木齐	Urumqi	1338.52	2202.90	2461.47	71
昭通	Zhaotong	379.64	634.70	670.34	237	克拉玛依	Karamay	711.35	853.10	847.67	217

3-2 第一产业生产总值
Gross Regional Product by Primary Industry

单位：亿元 (100 million yuan)

地名	City	2010	2013	2014	2014 排名 Ranking	地名	City	2010	2013	2014	2014 排名 Ranking
全国	**Nation Total**	**40533.60**	**56957.00**	**53183.71**		沈阳	Shenyang	232.75	335.50	325.12	35
北京	**Beijing**	**124.40**	**161.83**	**158.99**		大连	Dalian	345.10	477.60	441.73	10
天津	**Tianjin**	**145.58**	**188.45**	**199.90**		鞍山	Anshan	93.01	131.90	131.22	178
河北	**Hebei**	**2562.81**	**3500.42**	**3447.46**		抚顺	Fushun	54.82	94.60	93.06	212
石家庄	Shijiazhuang	369.61	474.00	487.56	4	本溪	Benxi	43.35	63.30	63.60	241
唐山	Tangshan	421.87	553.00	558.41	2	丹东	Dandong	100.09	147.80	144.70	157
秦皇岛	Qinhuangdao	126.72	170.10	174.60	128	锦州	Jinzhou	151.31	202.10	201.60	108
邯郸	Handan	307.95	395.00	403.17	17	营口	Yingkou	77.23	109.60	110.54	196
邢台	Xingtai	189.73	254.80	273.39	56	阜新	Fuxin	92.66	133.40	119.53	187
保定	Baoding	303.65	409.40	425.23	15	辽阳	Liaoyang	45.86	67.60	66.76	237
张家口	Zhangjiakou	152.94	235.50	239.58	79	盘锦	Panjin	81.52	114.50	114.62	193
承德	Chengde	139.41	210.40	225.68	85	铁岭	Tieling	142.18	205.80	207.20	99
沧州	Cangzhou	252.65	313.10	317.72	38	朝阳	Chaoyang	135.80	218.40	214.70	91
廊坊	Langfang	157.48	199.00	205.63	102	葫芦岛	Huludao	71.63	101.60	95.10	209
衡水	Hengshui	154.20	168.30	166.51	137	吉林	**Jilin**	**1050.15**	**1509.34**	**1524.01**	
山西	**Shanxi**	**554.48**	**773.81**	**788.89**		长春	Changchun	252.75	332.10	331.76	34
太原	Taiyuan	30.28	38.60	38.98	269	吉林	Jilin	194.42	252.40	247.47	75
大同	Datong	36.26	54.80	57.10	250	四平	Siping	211.47	293.70	291.93	43
阳泉	Yangquan	6.58	10.30	11.04	281	辽源	Liaoyuan	42.77	58.20	59.09	246
长治	Changzhi	40.24	56.60	58.17	248	通化	Tonghua	65.08	94.20	88.34	220
晋城	Jincheng	30.71	43.30	43.71	268	白山	Baishan	44.03	59.10	59.90	245
朔州	Shuozhou	40.54	61.70	61.41	243	松原	Songyuan	191.04	265.00	264.67	63
晋中	Jinzhong	64.96	96.40	103.30	203	白城	Baicheng	83.43	115.60	114.66	192
运城	Yuncheng	141.50	195.90	197.20	111	黑龙江	**Heilongjiang**	**1302.90**	**2516.79**	**2611.36**	
忻州	Xinzhou	49.22	63.40	64.97	240	哈尔滨	Harbin	412.72	592.60	626.39	1
临汾	Linfen	66.58	87.20	94.88	210	齐齐哈尔	Qiqihar	192.07	280.40	290.00	45
吕梁	Lvliang	43.70	64.70	68.72	234	鸡西	Jixi	107.17	166.60	177.40	124
内蒙古	**Inner Mongolia**	**1095.28**	**1599.41**	**1627.85**		鹤岗	Hegang	66.37	93.60	92.89	214
呼和浩特	Hohhot	91.33	134.70	125.60	181	双鸭山	Shuangyashan	120.26	189.50	164.29	138
包头	Baotou	66.48	98.70	100.73	205	大庆	Daqing	95.01	175.60	191.64	116
乌海	Wuhai	3.71	5.10	4.75	284	伊春	Yichun	61.42	99.80	106.53	201
赤峰	Chifeng	177.37	260.90	274.40	54	佳木斯	Jiamusi	146.45	256.00	249.10	72
通辽	Tongliao	178.26	257.40	267.55	61	七台河	Qitaihe	22.41	31.70	31.24	271
鄂尔多斯	Erdos	70.81	95.70	99.76	206	牡丹江	Mudanjiang	122.58	196.90	203.76	105
呼伦贝尔	Hulunbuir	182.39	259.70	261.97	65	黑河	Heihe	116.93	186.80	202.51	107
巴彦淖尔	Bayannur	119.06	160.00	168.46	133	绥化	Suihua	267.09	489.60	474.31	5
乌兰察布	Ulanqab	93.96	131.00	131.93	177	上海	**Shanghai**	**114.15**	**129.28**	**124.26**	
辽宁	**Liaoning**	**1631.10**	**2321.63**	**2285.75**		江苏	**Jiangsu**	**2540.10**	**3646.08**	**3634.33**	

注：本表按当年价格计算。

Note: Data in this table are calculated at current prices.

3-2 第一产业增加值 续表 1
Gross Regional Product by Primary Industry continued 1

单位：亿元 (100 million yuan)

地名	City	2010	2013	2014	2014 排名 Ranking	地名	City	2010	2013	2014	2014 排名 Ranking
南京	Nanjing	142.29	204.60	214.34	92	池州	Chizhou	45.70	67.40	68.58	235
无锡	Wuxi	104.94	148.50	137.85	169	宣城	Xuancheng	88.50	119.90	117.92	189
徐州	Xuzhou	282.82	432.40	473.56	6	**福建**	**Fujian**	**1363.67**	**1936.31**	**2014.80**	
常州	Changzhou	99.78	138.10	138.23	167	福州	Fuzhou	282.73	402.30	416.12	16
苏州	Suzhou	155.79	214.50	203.66	106	厦门	Xiamen	23.06	26.00	23.57	275
南通	Nantong	266.22	345.40	339.73	32	莆田	Putian	87.86	114.60	109.80	198
连云港	Lianyungang	182.60	259.20	262.05	64	三明	Sanming	168.26	231.00	244.80	77
淮安	Huaian	195.97	272.60	287.04	47	泉州	Quanzhou	132.18	171.00	172.57	130
盐城	Yancheng	374.21	489.20	489.43	3	漳州	Zhangzhou	254.70	345.50	350.39	28
扬州	Yangzhou	161.37	224.50	227.42	84	南平	Nanping	159.53	257.00	271.66	59
镇江	Zhenjiang	81.53	129.00	121.32	184	龙岩	Longyan	128.89	177.80	187.74	117
泰州	Taizhou	151.65	205.90	209.33	97	宁德	Ningde	136.61	223.70	238.20	80
宿迁	Suqian	187.09	235.00	246.35	76	**江西**	**Jiangxi**	**1206.98**	**1636.49**	**1683.72**	
浙江	**Zhejiang**	**1360.56**	**1784.62**	**1777.18**		南昌	Nanchang	120.56	157.20	162.86	139
杭州	Hangzhou	208.41	265.40	274.34	55	景德镇	Jingdezhen	38.09	52.30	55.22	253
宁波	Ningbo	219.13	276.40	275.49	53	萍乡	Pingxiang	42.32	56.30	58.47	247
温州	Wenzhou	93.69	115.40	117.90	190	九江	Jiujiang	98.04	130.10	136.70	173
嘉兴	Jiaxing	127.00	155.60	144.83	156	新余	Xinyu	37.88	51.00	54.20	256
湖州	Huzhou	104.22	125.60	120.29	185	鹰潭	Yingtan	32.81	44.60	47.59	262
绍兴	Shaoxing	149.67	193.30	194.10	113	赣州	Ganzhou	211.89	271.80	282.62	49
金华	Jinhua	108.03	140.20	138.59	165	吉安	Jian	143.00	197.10	204.08	104
衢州	Quzhou	64.68	83.20	82.63	223	宜春	Yichun	164.92	213.70	224.18	86
舟山	Zhoushan	62.02	95.70	100.92	204	抚州	Fuzhou	119.84	163.50	173.76	129
台州	Taizhou	160.42	213.30	215.78	88	上饶	Shangrao	151.90	207.20	213.31	94
丽水	Lishui	62.93	84.70	88.56	219	**山东**	**Shandong**	**3588.28**	**4742.63**	**4798.36**	
安徽	**Anhui**	**1729.02**	**2348.09**	**2392.39**		济南	Jinan	215.17	284.70	290.26	44
合肥	Hefei	132.74	247.20	252.29	70	青岛	Qingdao	276.99	352.40	349.42	29
芜湖	Wuhu	49.04	128.60	118.02	188	淄博	Zibo	105.30	137.80	140.24	162
蚌埠	Bengbu	121.16	172.40	178.32	123	枣庄	Zaozhuang	117.56	149.80	147.72	152
淮南	Huainan	47.59	66.20	69.46	233	东营	Dongying	87.38	117.20	115.95	191
马鞍山	Maanshan	28.53	79.60	77.05	228	烟台	Yantai	334.49	421.00	426.75	14
淮北	Huaibei	40.46	57.00	57.96	249	潍坊	Weifang	330.51	433.10	456.11	9
铜陵	Tongling	9.65	12.60	12.61	280	济宁	Jining	320.41	418.90	431.31	12
安庆	Anqing	156.32	213.80	212.34	95	泰安	Taian	195.31	260.10	260.29	67
黄山	Huangshan	39.44	53.00	54.62	255	威海	Weihai	153.94	203.50	207.60	98
滁州	Chuzhou	148.42	208.20	214.10	93	日照	Rizhao	100.26	131.50	139.27	163
阜阳	Fuyang	197.34	272.60	277.03	52	莱芜	Laiwu	38.61	49.30	52.74	259
宿州	Suzhou	181.46	251.20	259.70	68	临沂	Linyi	264.01	324.30	340.92	31
六安	Liuan	159.36	209.60	215.22	89	德州	Dezhou	210.51	273.50	270.51	60
亳州	Bozhou	137.15	195.00	194.49	112	聊城	Liaocheng	221.64	287.20	304.23	42

3-2 第一产业增加值 续表 2

Gross Regional Product by Primary Industry continued 2

单位：亿元 (100 million yuan)

地名	City	2010	2013	2014	2014 排名 Ranking	地名	City	2010	2013	2014	2014 排名 Ranking
滨州	Binzhou	155.48	211.00	210.82	96	常德	Changde	280.10	323.80	337.90	33
菏泽	Heze	220.18	255.00	260.89	66	张家界	Zhangjiajie	31.23	45.50	47.56	263
河南	**Henan**	**3258.09**	**4058.98**	**4160.01**		益阳	Yiyang	162.36	216.10	231.71	82
郑州	Zhengzhou	124.56	147.00	147.06	154	郴州	Chenzhou	126.75	167.40	178.83	122
开封	Kaifeng	219.31	280.40	285.13	48	永州	Yongzhou	190.56	263.40	282.15	50
洛阳	Luoyang	187.62	248.90	231.89	81	怀化	Huaihua	97.43	158.90	171.16	132
平顶山	Pingdingshan	114.72	162.50	167.16	135	娄底	Loudi	99.80	162.60	175.21	126
安阳	Anyang	159.07	199.20	205.16	103	**广东**	**Guangdong**	**2286.98**	**3047.51**	**3166.82**	
鹤壁	Hebi	48.83	61.00	63.44	242	广州	Guangzhou	188.56	228.90	218.86	87
新乡	Xinxiang	157.15	212.30	227.47	83	韶关	Shaoguan	95.90	131.30	140.52	160
焦作	Jiaozuo	101.30	133.10	136.85	172	深圳	Shenzhen	6.47	5.20	4.80	283
濮阳	Puyang	107.62	148.60	155.70	147	珠海	Zhuhai	32.36	43.10	43.88	266
许昌	Xuchang	149.96	185.00	184.72	118	汕头	Shantou	64.53	87.20	91.83	215
漯河	Luohe	86.66	107.50	109.08	199	佛山	Foshan	105.40	139.10	133.95	175
三门峡	Sanmenxia	70.00	99.70	111.36	195	江门	Jiangmen	117.03	158.80	168.08	134
南阳	Nanyang	401.18	449.80	468.76	7	湛江	Zhanjiang	289.31	421.40	429.43	13
商丘	Shangqiu	299.51	343.20	374.84	20	茂名	Maoming	274.52	373.20	364.10	22
信阳	Xinyang	288.04	419.50	439.86	11	肇庆	Zhaoqing	190.26	262.40	271.96	57
周口	Zhoukou	365.64	446.00	459.17	8	惠州	Huizhou	102.38	136.70	141.02	159
驻马店	Zhumadian	290.67	393.80	397.29	19	梅州	Meizhou	124.24	164.70	174.69	127
湖北	**Hubei**	**2147.00**	**3098.16**	**3176.89**		汕尾	Shanwei	77.59	108.30	109.84	197
武汉	Wuhan	170.04	335.40	350.42	27	河源	Heyuan	60.44	83.10	87.58	221
黄石	Huangshi	53.63	95.20	105.04	202	阳江	Yangjiang	140.28	192.90	192.93	115
十堰	Shiyan	77.80	143.00	151.18	149	清远	Qingyuan	119.98	167.70	175.59	125
宜昌	Yichang	176.50	336.00	351.43	26	东莞	Dongguan	16.57	20.10	20.58	277
襄阳	Xiangyang	234.70	386.50	401.48	18	中山	Zhongshan	50.74	66.90	66.91	236
鄂州	Ezhou	51.45	78.50	81.23	224	潮州	Chaozhou	40.34	54.90	60.79	244
荆门	Jingmen	145.10	190.30	198.16	110	揭阳	Jieyang	110.86	154.40	157.04	144
孝感	Xiaogan	171.18	243.10	252.11	71	云浮	Yunfu	100.74	135.20	140.30	161
荆州	Jingzhou	231.07	319.10	347.03	30	**广西**	**Guangxi**	**1675.06**	**2343.57**	**2413.44**	
黄冈	Huanggang	246.96	356.80	357.05	24	南宁	Nanning	244.43	349.90	369.61	21
咸宁	Xianning	100.98	162.90	172.02	131	柳州	Liuzhou	109.48	159.30	157.02	145
随州	Suizhou	86.57	124.80	130.08	179	桂林	Guilin	203.31	299.40	323.02	36
湖南	**Hunan**	**2325.50**	**3099.23**	**3148.75**		梧州	Wuzhou	79.96	115.30	119.58	186
长沙	Changsha	202.01	294.60	312.21	39	北海	Beihai	87.17	142.80	151.34	148
株洲	Zhuzhou	123.85	156.10	166.83	136	防城港	Fangchenggang	47.43	68.50	70.85	232
湘潭	Xiangtan	96.04	121.00	127.69	180	钦州	Qinzhou	132.21	181.80	193.91	114
衡阳	Hengyang	264.42	338.40	359.24	23	贵港	Guigang	108.05	160.80	160.84	141
邵阳	Shaoyang	173.71	254.10	271.75	58	玉林	Yulin	171.73	243.80	248.76	73
岳阳	Yueyang	215.53	270.90	288.02	46	百色	Baise	105.21	148.80	158.71	143

3-2 第一产业增加值 续表 3

Gross Regional Product by Primary Industry continued 3

单位：亿元 (100 million yuan)

地名	City	2010	2013	2014	2014 排名 Ranking
贺州	Hezhou	63.68	92.60	97.97	207
河池	Hechi	97.87	133.80	137.30	171
来宾	Laibin	97.83	134.50	133.45	176
崇左	Chongzuo	114.85	149.40	147.36	153
海南	**Hainan**	**539.83**	**756.47**	**809.52**	
海口	Haikou	45.99	58.10	57.10	251
三亚	Sanya	38.38	49.50	55.15	254
三沙	Sansha				
重庆	**Chongqing**	**685.38**	**1016.74**	**1061.03**	
四川	**Sichuan**	**2482.89**	**3425.61**	**3531.05**	
成都	Chengdu	285.09	353.20	357.01	25
自贡	Zigong	84.68	119.40	121.72	183
攀枝花	Panzhihua	21.49	27.90	29.00	272
泸州	Luzhou	108.81	155.60	159.86	142
德阳	Deyang	152.39	194.60	199.31	109
绵阳	Mianyang	166.49	239.00	247.57	74
广元	Guangyuan	76.52	94.30	95.86	208
遂宁	Suining	109.39	132.50	139.24	164
内江	Neijiang	112.39	176.30	182.65	120
乐山	Leshan	100.08	130.90	135.13	174
南充	Nanchong	201.62	297.20	310.03	41
眉山	Meishan	103.80	144.60	149.39	151
宜宾	Yibin	133.84	198.60	206.90	101
广安	Guangan	109.91	150.00	155.78	146
达州	Dazhou	194.99	266.50	277.52	51
雅安	Yaan	49.97	63.30	66.59	238
巴中	Bazhong	81.65	79.00	80.65	225
资阳	Ziyang	151.81	235.10	241.87	78
贵州	**Guizhou**	**625.03**	**1029.05**	**1280.45**	
贵阳	Guiyang	57.10	81.50	108.13	200
六盘水	Liupanshui	29.22	58.10	75.70	229
遵义	Zunyi	140.22	207.90	267.47	62
安顺	Anshun	40.30	61.00	78.58	226
毕节	Bijie	124.37	196.60	252.83	69
铜仁	Tongren	95.43	136.10	149.69	150
云南	**Yunnan**	**1108.38**	**1895.34**	**1990.07**	
昆明	Kunming	120.30	169.70	181.57	121
曲靖	Qujing	183.52	289.20	310.25	40
玉溪	Yuxi	69.60	112.40	122.86	182
保山	Baoshan	79.00	128.50	138.37	166
昭通	Zhaotong	74.45	128.70	138.16	168
丽江	Lijiang	26.00	41.10	44.20	265
普洱	Puer	73.66	130.60	137.55	170
临沧	Lincang	71.48	127.80	142.70	158
西藏	**Tibet**	**68.13**	**86.82**	**91.64**	
拉萨	Lasa	9.14	11.70	12.93	279
陕西	**Shaanxi**	**988.45**	**1526.05**	**1564.94**	
西安	Xi'an	140.06	217.80	214.76	90
铜川	Tongchuan	14.18	21.70	22.61	276
宝鸡	Baoji	104.20	157.70	161.33	140
咸阳	Xianyang	203.29	315.40	321.78	37
渭南	Weinan	128.94	202.40	207.16	100
延安	Yan'an	71.19	107.40	113.66	194
汉中	Hanzhong	110.39	177.70	183.94	119
榆林	Yulin	92.16	139.70	145.15	155
安康	Ankang	67.07	90.60	93.01	213
商洛	Shangluo	58.05	88.50	90.82	216
甘肃	**Gansu**	**599.28**	**879.37**	**900.76**	
兰州	Lanzhou	33.79	48.10	52.42	260
嘉峪关	Jiayuguan	2.46	3.70	3.96	285
金昌	Jinchang	11.18	15.60	17.16	278
白银	Baiyin	37.64	53.30	56.54	252
天水	Tianshui	60.18	84.60	90.45	217
武威	Wuwei	60.45	87.00	94.71	211
张掖	Zhangye	62.33	87.20	89.00	218
平凉	Pingliang	50.59	76.00	84.76	222
酒泉	Jiuquan	54.19	68.00	71.19	231
庆阳	Qingyang	51.02	77.00	77.72	227
定西	Dingxi	47.72	74.20	73.61	230
陇南	Longnan	44.55	60.80	66.24	239
青海	**Qinghai**	**134.92**	**207.59**	**215.93**	
西宁	Xining	24.47	36.10	37.41	270
海东	Haidong			52.37	261
宁夏	**Ningxia**	**159.29**	**222.98**	**216.99**	
银川	Yinchuan	40.29	55.40	52.77	258
石嘴山	Shizuishan	17.99	24.30	23.92	274
吴忠	Wuzhong	37.18	51.80	53.91	257
固原	Guyuan	30.86	45.40	43.82	267
中卫	Zhongwei	32.97	45.70	45.83	264
新疆	**Xinjiang**	**1078.63**	**1468.29**	**1538.60**	
乌鲁木齐	Urumqi	19.94	26.30	27.32	273
克拉玛依	Karamay	3.52	5.00	5.17	282

3-3 第二产业生产总值
Gross Regional Product by Secondary Industry

单位：亿元 (100 million yuan)

地名	City	2010	2013	2014	2014 排名 Ranking
全国	**Nation Total**	**187383.2**	**249684.4**	**25395.2**	
北京	**Beijing**	**3388.40**	**4352.30**	**4544.80**	
天津	**Tianjin**	**4840.23**	**7276.68**	**7731.85**	
河北	**Hebei**	**10707.68**	**14762.10**	**15012.85**	
石家庄	Shijiazhuang	1653.76	2351.40	2417.62	25
唐山	Tangshan	2598.40	3593.10	3595.11	14
秦皇岛	Qinhuangdao	367.79	444.80	449.29	211
邯郸	Handan	1280.30	1571.60	1543.39	55
邢台	Xingtai	674.06	840.60	779.99	122
保定	Baoding	1057.87	1578.90	1563.13	53
张家口	Zhangjiakou	415.18	554.60	575.47	169
承德	Chengde	453.70	649.80	671.01	148
沧州	Cangzhou	1115.22	1574.80	1628.42	51
廊坊	Langfang	723.81	1022.00	1045.77	86
衡水	Hengshui	396.00	558.50	549.98	175
山西	**Shanxi**	**5234.00**	**6792.68**	**6293.91**	
太原	Taiyuan	798.49	1052.10	1012.44	89
大同	Datong	338.82	455.60	445.47	212
阳泉	Yangquan	255.31	352.90	336.86	232
长治	Changzhi	601.67	867.10	776.45	125
晋城	Jincheng	464.64	644.40	608.65	163
朔州	Shuozhou	379.01	575.10	542.74	177
晋中	Jinzhong	418.27	535.80	494.10	191
运城	Yuncheng	365.29	505.60	496.79	190
忻州	Xinzhou	195.08	327.40	323.43	237
临汾	Linfen	519.28	732.70	659.15	152
吕梁	Lvliang	585.07	867.40	684.82	146
内蒙古	**Inner Mongolia**	**6367.69**	**9084.19**	**9119.79**	
呼和浩特	Hohhot	678.95	826.70	848.25	113
包头	Baotou	1331.45	1697.00	1792.34	43
乌海	Wuhai	280.52	375.90	381.05	222
赤峰	Chifeng	556.58	857.20	859.66	110
通辽	Tongliao	689.71	1027.40	1065.48	83
鄂尔多斯	Erdos	1551.43	2369.30	2356.24	27
呼伦贝尔	Hulunbuir	392.60	682.20	693.82	144
巴彦淖尔	Bayannur	339.68	469.50	478.23	199
乌兰察布	Ulanqab	296.74	437.10	434.68	213
辽宁	**Liaoning**	**9976.80**	**14269.46**	**14384.64**	
沈阳	Shenyang	2529.93	3709.30	3540.83	16
大连	Dalian	2624.49	3892.00	3697.64	12
鞍山	Anshan	1154.37	1392.00	1206.31	72
抚顺	Fushun	525.46	794.80	693.06	145
本溪	Benxi	536.01	712.90	641.84	156
丹东	Dandong	373.19	547.30	459.35	205
锦州	Jinzhou	434.55	656.70	632.90	161
营口	Yingkou	554.67	797.70	776.91	124
阜新	Fuxin	158.46	285.00	270.89	246
辽阳	Liaoyang	465.14	679.70	589.19	167
盘锦	Panjin	616.49	911.40	739.34	130
铁岭	Tieling	381.03	521.80	361.57	227
朝阳	Chaoyang	332.55	500.00	422.94	216
葫芦岛	Huludao	247.02	363.50	319.65	238
吉林	**Jilin**	**4506.31**	**6858.23**	**7286.59**	
长春	Changchun	1719.90	2658.70	2813.86	21
吉林	Jilin	896.02	1279.90	1117.20	78
四平	Siping	333.24	562.70	559.17	172
辽源	Liaoyuan	230.41	414.20	403.49	218
通化	Tonghua	326.85	543.80	534.00	180
白山	Baishan	260.31	400.50	398.96	220
松原	Songyuan	568.10	784.20	733.66	132
白城	Baicheng	201.50	328.00	318.87	240
黑龙江	**Heilongjiang**	**5204.11**	**5918.22**	**5544.41**	
哈尔滨	Harbin	1384.55	1743.90	1784.12	44
齐齐哈尔	Qiqihar	357.74	451.30	396.42	221
鸡西	Jixi	177.50	220.00	153.51	270
鹤岗	Hegang	116.96	143.50	81.42	280
双鸭山	Shuangyashan	177.48	239.00	113.19	275
大庆	Daqing	2385.06	3318.40	3079.74	19
伊春	Yichun	79.46	92.70	60.11	284
佳木斯	Jiamusi	133.88	201.50	174.72	265
七台河	Qitaihe	201.98	111.60	87.18	278
牡丹江	Mudanjiang	303.15	498.90	470.09	202
黑河	Heihe	44.71	68.10	67.80	283
绥化	Suihua	181.47	337.40	318.99	239
上海	**Shanghai**	**7218.32**	**8027.77**	**8167.71**	
江苏	**Jiangsu**	**21753.93**	**29094.03**	**30854.50**	

注：本表按当年价格计算。

Note: Data in this table are calculated at current prices.

3-3 第二产业生产总值 续表 1
Gross Regional Product by Secondary Industry continued 1

单位：亿元 (100 million yuan)

地名	City	2010	2013	2014	2014 排名 Ranking	地名	City	2010	2013	2014	2014 排名 Ranking
南京	Nanjing	2327.86	3450.60	3623.56	13	池州	Chizhou	140.23	225.60	243.79	249
无锡	Wuxi	3208.79	4207.40	4096.09	8	宣城	Xuancheng	248.20	442.90	471.66	201
徐州	Xuzhou	1490.92	2118.30	2246.17	32	**福建**	**Fujian**	**7522.83**	**11315.30**	**12515.36**	
常州	Changzhou	1683.68	2250.80	2408.29	26	福州	Fuzhou	1401.92	2133.60	2351.97	28
苏州	Suzhou	5253.81	6849.60	6892.83	1	厦门	Xiamen	1024.51	1434.80	1460.34	59
南通	Nantong	1908.56	2623.50	2812.21	22	莆田	Putian	477.10	783.50	866.70	107
连云港	Lianyungang	545.07	807.40	889.76	104	三明	Sanming	480.22	771.90	850.97	112
淮安	Huaian	647.10	983.20	1086.02	80	泉州	Quanzhou	2144.86	3227.00	3553.54	15
盐城	Yancheng	1096.55	1636.00	1782.41	45	漳州	Zhangzhou	652.04	1091.70	1247.42	69
扬州	Yangzhou	1229.34	1693.70	1885.93	38	南平	Nanping	304.79	481.10	543.68	176
镇江	Zhenjiang	1120.63	1549.40	1631.10	50	龙岩	Longyan	527.69	796.00	876.26	106
泰州	Taizhou	1125.85	1574.10	1697.58	46	宁德	Ningde	317.22	627.60	705.66	141
宿迁	Suqian	479.14	815.60	933.29	97	**江西**	**Jiangxi**	**5122.88**	**7671.38**	**8247.93**	
浙江	**Zhejiang**	**14297.93**	**18446.65**	**19175.06**		南昌	Nanchang	1252.04	1850.50	2017.01	36
杭州	Hangzhou	2844.07	3662.00	3845.41	11	景德镇	Jingdezhen	280.51	396.50	428.90	214
宁波	Ningbo	2870.69	3741.70	3980.18	9	萍乡	Pingxiang	329.46	473.70	509.98	187
温州	Wenzhou	1533.46	2015.50	2029.75	35	九江	Jiujiang	579.71	898.20	985.03	91
嘉兴	Jiaxing	1339.57	1726.70	1813.76	41	新余	Xinyu	403.36	490.40	520.72	183
湖州	Huzhou	715.01	953.20	999.12	90	鹰潭	Yingtan	216.51	346.40	376.27	224
绍兴	Shaoxing	1566.61	2102.90	2213.57	33	赣州	Ganzhou	496.70	764.00	843.44	114
金华	Jinhua	1086.02	1445.70	1508.50	57	吉安	Jian	363.74	575.70	634.35	160
衢州	Quzhou	414.46	555.90	558.89	173	宜春	Yichun	492.22	765.90	824.55	118
舟山	Zhoushan	293.29	411.50	425.29	215	抚州	Fuzhou	314.47	489.00	534.87	178
台州	Taizhou	1254.33	1515.60	1578.86	52	上饶	Shangrao	459.18	715.50	778.99	123
丽水	Lishui	328.60	497.90	505.58	188	**山东**	**Shandong**	**21238.49**	**27422.47**	**28788.11**	
安徽	**Anhui**	**6436.62**	**10403.96**	**11077.67**		济南	Jinan	1637.45	2053.20	2261.50	30
合肥	Hefei	1456.64	2583.70	2862.26	20	青岛	Qingdao	2758.62	3641.40	3890.58	10
芜湖	Wuhu	722.79	1388.20	1476.03	58	淄博	Zibo	1766.57	2171.40	2247.40	31
蚌埠	Bengbu	300.95	515.70	597.47	165	枣庄	Zaozhuang	818.37	1037.60	1075.80	82
淮南	Huainan	388.82	508.50	453.23	208	东营	Dongying	1712.20	2258.40	2284.71	29
马鞍山	Maanshan	563.55	834.10	831.07	116	烟台	Yantai	2566.49	3075.10	3179.90	18
淮北	Huaibei	298.37	473.20	481.76	196	潍坊	Weifang	1720.28	2297.40	2431.77	24
铜陵	Tongling	339.50	493.40	510.44	186	济宁	Jining	1356.47	1789.80	1864.69	39
安庆	Anqing	518.96	754.10	814.78	119	泰安	Taian	1099.45	1367.80	1429.94	61
黄山	Huangshan	135.41	218.10	234.16	250	威海	Weihai	1087.03	1312.90	1354.99	62
滁州	Chuzhou	342.01	575.60	651.16	153	日照	Rizhao	561.55	784.30	811.90	120
阜阳	Fuyang	282.76	436.60	504.60	189	莱芜	Laiwu	330.18	366.20	373.64	225
宿州	Suzhou	246.43	426.00	478.34	198	临沂	Linyi	1206.29	1583.90	1648.89	49
六安	Liuan	285.78	478.20	520.18	184	德州	Dezhou	899.55	1301.70	1306.09	64
亳州	Bozhou	191.56	320.10	348.68	229	聊城	Liaocheng	924.09	1258.20	1305.01	65

3-3 第二产业生产总值 续表 2

Gross Regional Product by Secondary Industry continued 2

单位：亿元 (100 million yuan)

地名	City	2010	2013	2014	2014 排名 Ranking	地名	City	2010	2013	2014	2014 排名 Ranking
滨州	Binzhou	847.31	1106.10	1145.18	75	常德	Changde	685.25	1102.40	1197.99	73
菏泽	Heze	648.54	1113.50	1190.65	74	张家界	Zhangjiajie	60.07	92.90	99.68	277
河南	**Henan**	**13226.38**	**17806.39**	**17816.56**		益阳	Yiyang	288.41	505.20	551.76	174
郑州	Zhengzhou	2269.91	3470.50	3487.44	17	郴州	Chenzhou	594.42	967.90	1063.25	84
开封	Kaifeng	400.65	609.60	677.99	147	永州	Yongzhou	278.63	447.30	491.04	193
洛阳	Luoyang	1396.21	1813.40	1677.43	48	怀化	Huaihua	288.90	489.80	515.73	185
平顶山	Pingdingshan	869.43	906.60	879.49	105	娄底	Loudi	364.86	604.60	647.81	154
安阳	Anyang	809.29	961.10	938.19	96	**广东**	**Guangdong**	**23014.53**	**29427.49**	**31419.75**	
鹤壁	Hebi	301.95	446.30	459.60	204	广州	Guangzhou	4002.27	5227.40	5591.79	3
新乡	Xinxiang	686.48	999.50	1085.59	81	韶关	Shaoguan	285.38	428.30	451.63	209
焦作	Jiaozuo	855.31	1151.00	1139.79	76	深圳	Shenzhen	4523.37	6296.80	6811.98	2
濮阳	Puyang	515.33	748.10	725.71	134	珠海	Zhuhai	662.01	849.10	938.65	95
许昌	Xuchang	901.98	1284.20	1268.20	67	汕头	Shantou	678.22	817.80	903.57	101
漯河	Luohe	474.58	584.10	599.61	164	佛山	Foshan	3542.49	4340.40	4601.89	5
三门峡	Sanmenxia	599.18	799.80	775.29	126	江门	Jiangmen	872.21	1013.00	1021.60	88
南阳	Nanyang	1017.07	1264.70	1244.14	70	湛江	Zhanjiang	577.60	814.30	894.11	103
商丘	Shangqiu	532.13	720.00	735.59	131	茂名	Maoming	590.76	893.40	974.85	93
信阳	Xinyang	460.87	639.60	730.00	133	肇庆	Zhaoqing	456.67	791.10	922.72	98
周口	Zhoukou	557.90	839.70	1026.32	87	惠州	Huizhou	1019.57	1550.60	1697.01	47
驻马店	Zhumadian	441.28	675.00	698.84	143	梅州	Meizhou	252.43	289.60	330.51	234
湖北	**Hubei**	**7767.24**	**12171.56**	**12852.40**		汕尾	Shanwei	212.68	315.70	333.19	233
武汉	Wuhan	2532.82	4396.20	4786.02	4	河源	Heyuan	244.45	337.10	362.02	226
黄石	Huangshi	394.91	699.20	723.46	135	阳江	Yangjiang	271.63	513.80	561.25	171
十堰	Shiyan	402.10	547.00	610.14	162	清远	Qingyuan	616.38	430.70	493.11	192
宜昌	Yichang	890.12	1693.80	1857.71	40	东莞	Dongguan	2160.82	2518.90	2794.21	23
襄阳	Xiangyang	798.20	1611.40	1804.64	42	中山	Zhongshan	1074.10	1463.70	1560.84	54
鄂州	Ezhou	231.35	375.10	407.18	217	潮州	Chaozhou	309.34	435.90	466.18	203
荆门	Jingmen	353.13	651.90	706.54	139	揭阳	Jieyang	579.03	1013.80	1098.00	79
孝感	Xiaogan	360.93	602.30	664.35	150	云浮	Yunfu	165.12	259.60	292.89	243
荆州	Jingzhou	325.33	596.20	659.56	151	**广西**	**Guangxi**	**4511.68**	**6863.04**	**7324.96**	
黄冈	Huanggang	328.16	521.30	586.14	168	南宁	Nanning	651.88	1110.90	1251.45	68
咸宁	Xianning	241.96	423.10	476.63	200	柳州	Liuzhou	839.96	1274.90	1312.52	63
随州	Suizhou	181.66	320.30	350.58	228	桂林	Guilin	492.35	792.90	865.11	108
湖南	**Hunan**	**7343.19**	**11517.35**	**12482.06**		梧州	Wuzhou	341.23	654.80	646.02	155
长沙	Changsha	2437.03	3947.00	4241.05	7	北海	Beihai	167.88	373.70	454.54	207
株洲	Zhuzhou	736.86	1170.30	1280.19	66	防城港	Fangchenggang	159.77	296.10	340.35	230
湘潭	Xiangtan	499.38	851.80	894.91	102	钦州	Qinzhou	218.51	316.90	338.91	231
衡阳	Hengyang	645.73	1039.40	1119.91	77	贵港	Guigang	248.25	303.40	325.54	236
邵阳	Shaoyang	278.02	439.50	481.43	197	玉林	Yulin	373.39	526.60	591.71	166
岳阳	Yueyang	834.23	1338.90	1437.97	60	百色	Baise	313.98	432.60	489.98	194

3-3 第二产业生产总值 续表 3

Gross Regional Product by Secondary Industry continued 3

单位：亿元 (100 million yuan)

地名	City	2010	2013	2014	2014 排名 Ranking	地名	City	2010	2013	2014	2014 排名 Ranking
贺州	Hezhou	139.57	196.30	192.04	260	丽江	Lijiang	55.10	112.70	112.75	276
河池	Hechi	216.29	189.80	205.26	256	普洱	Puer	83.78	162.30	167.84	269
来宾	Laibin	192.35	219.50	228.21	251	临沧	Lincang	76.18	175.70	198.75	258
崇左	Chongzuo	149.11	248.20	277.43	245	**西藏**	**Tibet**	**164.03**	**292.92**	**336.84**	
海南	**Hainan**	**571.00**	**871.29**	**875.97**		拉萨	Lasa	55.76	107.60	127.76	272
海口	Haikou	148.81	217.00	217.47	254	**陕西**	**Shaanxi**	**5446.10**	**8911.64**	**9577.24**	
三亚	Sanya	50.22	73.80	85.56	279	西安	Xi'an	1406.72	2117.70	2194.86	34
三沙	Sansha					铜川	Tongchuan	116.50	215.10	204.88	257
重庆	**Chongqing**	**4359.12**	**6397.92**	**6529.06**		宝鸡	Baoji	614.42	1017.50	1051.62	85
四川	**Sichuan**	**8672.18**	**13579.03**	**13962.41**		咸阳	Xianyang	573.27	1076.20	1219.81	71
成都	Chengdu	2480.90	4181.50	4508.37	6	渭南	Weinan	394.55	743.20	751.31	128
自贡	Zigong	370.84	598.60	636.21	159	延安	Yan'an	635.49	978.10	968.88	94
攀枝花	Panzhihua	386.63	597.20	637.38	158	汉中	Hanzhong	199.50	397.70	457.96	206
泸州	Luzhou	403.71	684.40	758.99	127	榆林	Yulin	1205.77	1985.60	1966.72	37
德阳	Deyang	532.72	838.40	904.84	100	安康	Ankang	130.95	321.40	380.02	223
绵阳	Mianyang	468.27	747.60	805.27	121	商洛	Shangluo	117.82	256.90	299.66	242
广元	Guangyuan	125.67	249.60	269.90	247	**甘肃**	**Gansu**	**1984.97**	**2821.04**	**2926.45**	
遂宁	Suining	254.69	406.50	449.30	210	兰州	Lanzhou	529.18	614.50	824.79	117
内江	Neijiang	419.53	661.30	711.07	138	嘉峪关	Jiayuguan	147.76	163.30	169.66	267
乐山	Leshan	442.45	698.80	720.33	137	金昌	Jinchang	166.91	158.70	169.46	268
南充	Nanchong	401.57	688.70	723.17	136	白银	Baiyin	171.12	212.90	225.61	252
眉山	Meishan	303.31	491.20	534.71	179	天水	Tianshui	113.27	121.30	185.86	263
宜宾	Yibin	519.21	814.50	858.78	111	武威	Wuwei	91.54	119.40	172.90	266
广安	Guangan	259.25	437.40	482.89	195	张掖	Zhangye	75.40	88.50	119.53	274
达州	Dazhou	409.59	661.90	705.59	142	平凉	Pingliang	108.79	146.60	126.06	273
雅安	Yaan	157.83	240.20	264.18	248	酒泉	Jiuquan	210.21	340.40	292.09	244
巴中	Bazhong	94.97	191.50	210.25	255	庆阳	Qingyang	214.86	360.00	399.78	219
资阳	Ziyang	348.40	607.60	669.42	149	定西	Dingxi	39.17	64.60	70.45	281
贵州	**Guizhou**	**1800.06**	**3243.70**	**3857.44**		陇南	Longnan	48.51	74.60	69.39	282
贵阳	Guiyang	456.95	848.60	976.68	92	**青海**	**Qinghai**	**744.63**	**1204.31**	**1234.31**	
六盘水	Liupanshui	303.22	503.80	567.04	170	西宁	Xining	320.76	514.50	530.65	181
遵义	Zunyi	379.69	744.10	860.71	109	海东	Haidong			189.28	262
安顺	Anshun	88.60	164.50	189.67	261	**宁夏**	**Ningxia**	**827.91**	**1264.96**	**1341.24**	
毕节	Bijie	259.73	449.80	522.77	182	银川	Yinchuan	400.24	688.60	750.13	129
铜仁	Tongren	77.22	155.00	193.35	259	石嘴山	Shizuishan	187.05	287.40	303.63	241
云南	**Yunnan**	**3223.49**	**4927.82**	**5281.82**		吴忠	Wuzhong	110.64	191.10	218.71	253
昆明	Kunming	960.86	1537.10	1538.66	56	固原	Guyuan	22.68	48.20	55.26	285
曲靖	Qujing	526.67	838.50	839.38	115	中卫	Zhongwei	70.66	129.30	137.36	271
玉溪	Yuxi	457.88	664.80	706.45	140	**新疆**	**Xinjiang**	**2592.15**	**3765.97**	**3948.96**	
保山	Baoshan	80.50	155.30	175.29	264	乌鲁木齐	Urumqi	600.41	875.10	906.07	99
昭通	Zhaotong	174.82	318.90	326.05	235	克拉玛依	Karamay	638.42	739.00	639.91	157

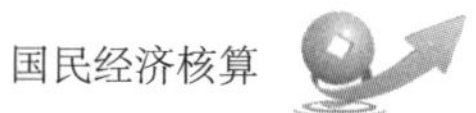

3-4　第三产业生产总值

Gross Regional Product by Tertiary Industry

单位：亿元　　　　　　　　　　　　　　　　(100 million yuan)

地名	City	2010	2013	2014	2014 排名 Ranking	地名	City	2010	2013	2014	2014 排名 Ranking
全国	**Nation Total**	**173596.0**	**262203.8**	**301329.1**		沈阳	Shenyang	2254.86	3113.80	3232.04	13
北京	**Beijing**	**10600.80**	**14986.43**	**16627.04**		大连	Dalian	2188.57	3281.30	3516.21	10
天津	**Tianjin**	**4238.65**	**6905.03**	**7795.18**		鞍山	Anshan	877.63	1099.40	1048.36	62
河北	**Hebei**	**7123.77**	**10038.89**	**10960.84**		抚顺	Fushun	314.88	451.10	490.34	144
石家庄	Shijiazhuang	1377.66	2038.30	2265.09	24	本溪	Benxi	281.01	417.40	465.80	150
唐山	Tangshan	1448.89	1975.10	2071.16	28	丹东	Dandong	255.61	412.10	418.55	163
秦皇岛	Qinhuangdao	435.99	553.90	576.13	113	锦州	Jinzhou	326.77	486.10	529.50	122
邯郸	Handan	773.31	1094.90	1133.44	59	营口	Yingkou	370.55	605.90	658.63	96
邢台	Xingtai	348.31	509.20	593.56	107	阜新	Fuxin	127.75	196.70	215.79	243
保定	Baoding	688.78	916.10	1046.54	63	辽阳	Liaoyang	224.43	332.60	358.67	186
张家口	Zhangjiakou	398.30	526.90	533.92	121	盘锦	Panjin	228.31	325.20	449.99	154
承德	Chengde	295.85	411.90	445.73	155	铁岭	Tieling	198.92	303.70	298.52	211
沧州	Cangzhou	835.26	1125.10	1187.24	57	朝阳	Chaoyang	188.06	284.50	355.88	187
廊坊	Langfang	469.80	722.10	924.78	72	葫芦岛	Huludao	212.80	310.00	306.88	207
衡水	Hengshui	231.63	343.50	432.65	159	吉林	**Jilin**	**3111.12**	**4613.89**	**4992.54**	
山西	**Shanxi**	**3412.38**	**5035.75**	**5678.69**		长春	Changchun	1356.38	2012.50	2196.81	26
太原	Taiyuan	949.28	1322.20	1479.93	49	吉林	Jilin	710.20	1085.20	1015.12	66
大同	Datong	320.83	457.10	499.16	139	四平	Siping	234.84	353.90	359.10	185
阳泉	Yangquan	167.49	248.60	268.72	218	辽源	Liaoyuan	136.96	227.90	227.80	235
长治	Changzhi	278.32	410.00	496.38	141	通化	Tonghua	235.15	365.40	386.15	177
晋城	Jincheng	235.19	344.20	383.46	178	白山	Baishan	128.82	214.00	216.43	241
朔州	Shuozhou	250.60	389.60	399.26	172	松原	Songyuan	343.71	601.20	597.97	105
晋中	Jinzhong	280.60	390.00	443.91	156	白城	Baicheng	160.25	248.80	252.65	227
运城	Yuncheng	320.64	438.60	507.73	135	黑龙江	**Heilongjiang**	**3861.59**	**5947.92**	**6883.61**	
忻州	Xinzhou	193.15	263.90	291.93	213	哈尔滨	Harbin	1867.59	2674.30	2929.56	18
临汾	Linfen	304.29	404.00	459.09	152	齐齐哈尔	Qiqihar	330.65	498.80	522.92	130
吕梁	Lvliang	216.76	296.50	347.92	192	鸡西	Jixi	134.83	184.30	185.09	257
内蒙古	**Inner Mongolia**	**4209.03**	**6148.78**	**7022.55**		鹤岗	Hegang	67.65	83.00	85.16	283
呼和浩特	Hohhot	1095.43	1743.90	1920.49	32	双鸭山	Shuangyashan	98.61	126.60	155.20	265
包头	Baotou	1062.87	1629.10	1743.25	36	大庆	Daqing	419.99	687.50	805.72	85
乌海	Wuhai	107.13	194.10	215.22	244	伊春	Yichun	61.57	92.00	89.35	282
赤峰	Chifeng	352.28	568.00	644.30	100	佳木斯	Jiamusi	232.13	334.70	342.24	193
通辽	Tongliao	308.64	497.00	553.78	118	七台河	Qitaihe	80.83	97.70	95.84	281
鄂尔多斯	Erdos	1020.98	1490.90	1599.48	38	牡丹江	Mudanjiang	339.25	520.30	590.04	109
呼伦贝尔	Hulunbuir	357.02	488.90	566.41	115	黑河	Heihe	99.46	134.80	151.02	267
巴彦淖尔	Bayannur	144.59	205.40	220.77	238	绥化	Suihua	284.87	383.00	396.95	174
乌兰察布	Ulanqab	176.90	265.70	307.11	206	上海	**Shanghai**	**9833.51**	**13445.07**	**15275.72**	
辽宁	**Liaoning**	**6849.40**	**10486.56**	**11956.19**		江苏	**Jiangsu**	**17131.45**	**26421.64**	**30599.49**	

注：本表按当年价格计算。

Note: Data in this table are calculated at current prices.

3-4 第三产业生产总值 续表 1
Gross Regional Product by Tertiary Industry continued 1

单位：亿元 (100 million yuan)

地名	City	2010	2013	2014	2014 排名 Ranking	地名	City	2010	2013	2014	2014 排名 Ranking
南京	Nanjing	2660.49	4356.60	4982.84	6	池州	Chizhou	114.91	169.30	204.80	247
无锡	Wuxi	2479.57	3714.20	3971.37	9	宣城	Xuancheng	189.26	280.10	328.05	197
徐州	Xuzhou	1168.40	1885.10	2244.18	25	**福建**	**Fujian**	**5850.62**	**8508.03**	**9525.60**	
常州	Changzhou	1261.43	1972.00	2355.35	23	福州	Fuzhou	1438.76	2142.60	2401.08	21
苏州	Suzhou	3819.31	5951.60	6664.40	3	厦门	Xiamen	1012.50	1557.40	1789.66	35
南通	Nantong	1290.89	2070.00	2500.75	20	莆田	Putian	285.36	444.80	525.42	128
连云港	Lianyungang	465.64	718.80	814.27	83	三明	Sanming	326.62	474.70	525.43	127
淮安	Huaian	545.00	900.10	1082.34	61	泉州	Quanzhou	1287.93	1819.90	2007.82	30
盐城	Yancheng	862.00	1350.30	1563.78	42	漳州	Zhangzhou	523.97	798.80	908.31	77
扬州	Yangzhou	838.78	1333.90	1584.92	40	南平	Nanping	264.33	367.70	417.34	164
镇江	Zhenjiang	785.48	1248.90	1500.03	47	龙岩	Longyan	334.32	506.10	557.21	117
泰州	Taizhou	771.22	1227.00	1464.31	50	宁德	Ningde	284.78	387.50	432.23	160
宿迁	Suqian	397.86	655.70	751.03	88	**江西**	**Jiangxi**	**3121.40**	**5030.63**	**5782.98**	
浙江	**Zhejiang**	**12063.82**	**17337.22**	**19220.79**		南昌	Nanchang	834.50	1328.30	1488.09	48
杭州	Hangzhou	2896.69	4416.10	5086.41	5	景德镇	Jingdezhen	142.91	231.50	254.09	226
宁波	Ningbo	2073.18	3110.80	3353.85	11	萍乡	Pingxiang	148.61	268.30	296.51	212
温州	Wenzhou	1297.89	1873.00	2155.40	27	九江	Jiujiang	354.32	573.40	658.23	97
嘉兴	Jiaxing	833.63	1265.30	1394.01	52	新余	Xinyu	189.98	303.80	325.45	198
湖州	Huzhou	482.50	724.40	836.58	81	鹰潭	Yingtan	95.57	162.60	183.13	258
绍兴	Shaoxing	1078.93	1671.10	1858.22	34	赣州	Ganzhou	411.14	637.60	717.53	92
金华	Jinhua	915.99	1372.90	1561.43	43	吉安	Jian	213.79	351.10	403.81	169
衢州	Quzhou	276.34	417.60	473.58	148	宜春	Yichun	212.87	407.50	474.26	146
舟山	Zhoushan	289.00	423.60	489.05	145	抚州	Fuzhou	195.70	288.10	328.14	196
台州	Taizhou	1011.70	1424.50	1592.75	39	上饶	Shangrao	289.93	478.70	557.93	116
丽水	Lishui	271.76	400.60	457.62	153	**山东**	**Shandong**	**14343.14**	**22519.23**	**25840.12**	
安徽	**Anhui**	**4193.68**	**6286.82**	**7378.68**		济南	Jinan	2057.90	2892.20	3218.84	14
合肥	Hefei	1112.23	1842.00	2066.01	29	青岛	Qingdao	2630.58	4012.80	4452.09	8
芜湖	Wuhu	336.80	582.70	715.50	93	淄博	Zibo	994.89	1492.10	1642.13	37
蚌埠	Bengbu	215.94	319.80	375.29	181	枣庄	Zaozhuang	426.10	643.30	756.61	87
淮南	Huainan	167.77	244.70	266.63	219	东营	Dongying	560.36	874.60	1029.83	64
马鞍山	Maanshan	218.64	379.30	425.00	162	烟台	Yantai	1457.48	2117.80	2395.43	22
淮北	Huaibei	122.81	173.50	219.91	239	潍坊	Weifang	1040.13	1690.20	1898.13	33
铜陵	Tongling	117.55	174.60	193.26	252	济宁	Jining	865.94	1292.90	1504.06	46
安庆	Anqing	313.76	450.40	517.19	132	泰安	Taian	756.92	1162.80	1311.95	54
黄山	Huangshan	134.60	199.20	218.39	240	威海	Weihai	703.73	1033.30	1228.03	55
滁州	Chuzhou	205.22	302.30	349.14	191	日照	Rizhao	363.27	584.40	660.71	95
阜阳	Fuyang	241.41	353.30	407.34	167	莱芜	Laiwu	177.54	238.00	261.22	223
宿州	Suzhou	222.68	337.20	402.49	170	临沂	Linyi	929.69	1428.60	1579.99	41
六安	Liuan	230.97	322.60	360.41	184	德州	Dezhou	547.76	885.40	1019.22	65
亳州	Bozhou	184.07	276.00	340.46	195	聊城	Liaocheng	476.65	820.60	907.16	78

3-4 第三产业生产总值 续表 2
Gross Regional Product by Tertiary Industry continued 2

单位：亿元 (100 million yuan)

地名	City	2010	2013	2014	2014 排名 Ranking
滨州	Binzhou	548.73	838.60	920.47	75
菏泽	Heze	358.37	681.50	770.88	86
河南	**Henan**	**6607.89**	**10290.49**	**12961.67**	
郑州	Zhengzhou	1646.43	2584.40	3142.49	15
开封	Kaifeng	307.20	473.50	528.93	124
洛阳	Luoyang	736.42	1078.40	1375.25	53
平顶山	Pingdingshan	326.68	487.80	590.69	108
安阳	Anyang	347.22	523.40	648.46	99
鹤壁	Hebi	78.34	114.80	159.16	263
新乡	Xinxiang	346.31	554.30	605.13	104
焦作	Jiaozuo	289.32	423.30	567.68	114
濮阳	Puyang	152.45	233.70	372.32	182
许昌	Xuchang	264.55	434.20	634.31	102
漯河	Luohe	119.26	169.90	232.47	233
三门峡	Sanmenxia	205.23	305.20	353.42	189
南阳	Nanyang	535.11	784.20	962.67	69
商丘	Shangqiu	312.16	475.10	587.38	111
信阳	Xinyang	342.93	522.00	587.48	110
周口	Zhoukou	304.77	451.00	506.39	136
驻马店	Zhumadian	321.77	473.20	595.17	106
湖北	**Hubei**	**6053.37**	**9398.77**	**11349.93**	
武汉	Wuhan	2812.90	4319.70	4934.05	7
黄石	Huangshi	241.58	347.60	390.06	175
十堰	Shiyan	256.90	390.60	439.50	157
宜昌	Yichang	480.70	788.40	923.06	74
襄阳	Xiangyang	505.40	816.20	923.13	73
鄂州	Ezhou	112.49	177.40	198.30	251
荆门	Jingmen	231.84	360.40	406.02	168
孝感	Xiaogan	268.56	393.50	438.25	158
荆州	Jingzhou	280.70	419.60	473.90	147
黄冈	Huanggang	287.18	454.50	515.96	133
咸宁	Xianning	177.00	286.10	315.60	204
随州	Suizhou	133.43	216.90	242.79	232
湖南	**Hunan**	**6369.27**	**9885.09**	**11406.51**	
长沙	Changsha	1908.02	2911.60	3271.55	12
株洲	Zhuzhou	414.77	623.00	714.00	94
湘潭	Xiangtan	298.59	470.30	547.81	119
衡阳	Hengyang	510.19	791.60	917.40	76
邵阳	Shaoyang	275.56	436.50	508.56	134
岳阳	Yueyang	489.60	825.70	943.08	70
常德	Changde	526.22	838.70	978.26	68
张家界	Zhangjiajie	151.18	227.30	262.78	221
益阳	Yiyang	261.51	401.80	469.68	149
郴州	Chenzhou	360.59	550.20	630.50	103
永州	Yongzhou	297.82	464.80	528.26	125
怀化	Huaihua	288.59	468.90	494.35	142
娄底	Loudi	214.05	351.00	387.84	176
广东	**Guangdong**	**20711.55**	**29688.97**	**33223.28**	
广州	Guangzhou	6557.45	9963.90	10897.89	1
韶关	Shaoguan	301.82	450.50	521.34	131
深圳	Shenzhen	5051.67	8198.10	9183.44	2
珠海	Zhuhai	514.23	770.20	884.50	80
汕头	Shantou	466.22	660.90	721.11	91
佛山	Foshan	2003.63	2530.80	2705.77	19
江门	Jiangmen	581.18	828.30	893.09	79
湛江	Zhanjiang	538.15	824.20	935.45	71
茂名	Maoming	626.81	893.70	1010.08	67
肇庆	Zhaoqing	438.94	606.60	650.20	98
惠州	Huizhou	608.00	991.10	1162.34	58
梅州	Meizhou	236.19	345.70	380.64	179
汕尾	Shanwei	174.81	247.80	273.96	216
河源	Heyuan	170.26	260.10	319.35	202
阳江	Yangjiang	227.93	333.10	414.25	165
清远	Qingyuan	351.83	494.60	529.04	123
东莞	Dongguan	2069.07	2951.10	3066.52	17
中山	Zhongshan	725.81	1108.40	1195.26	56
潮州	Chaozhou	209.57	289.50	323.25	199
揭阳	Jieyang	319.62	437.20	525.23	129
云浮	Yunfu	135.11	207.40	230.81	234
广西	**Guangxi**	**3383.11**	**5171.39**	**5934.49**	
南宁	Nanning	903.94	1342.70	1527.24	45
柳州	Liuzhou	365.87	575.80	738.75	90
桂林	Guilin	407.89	565.60	638.92	101
梧州	Wuzhou	158.10	221.60	299.21	210
北海	Beihai	146.36	218.50	250.13	229
防城港	Fangchenggang	113.21	160.60	177.74	259
钦州	Qinzhou	169.95	255.10	322.15	200
贵港	Guigang	188.35	277.90	319.10	203
玉林	Yulin	295.13	428.00	501.28	137
百色	Baise	154.80	222.20	269.22	217

3-4 第三产业生产总值 续表 3
Gross Regional Product by Tertiary Industry continued 3

单位：亿元 (100 million yuan)

地名	City	2010	2013	2014	2014 排名 Ranking	地名	City	2010	2013	2014	2014 排名 Ranking
贺州	Hezhou	93.62	135.00	158.37	264	丽江	Lijiang	62.50	95.00	104.89	278
河池	Hechi	154.58	205.10	258.84	225	普洱	Puer	90.64	132.50	171.56	260
来宾	Laibin	115.04	161.60	189.57	254	临沧	Lincang	69.31	112.60	123.63	275
崇左	Chongzuo	128.41	186.90	224.87	236	**西藏**	**Tibet**	**276.59**	**427.93**	**492.35**	
海南	**Hainan**	**953.67**	**1518.70**	**1815.23**		拉萨	Lasa	114.01	185.00	206.77	245
海口	Haikou	422.39	629.50	817.14	82	**陕西**	**Shaanxi**	**3688.93**	**5607.52**	**6547.76**	
三亚	Sanya	153.61	249.90	261.51	222	西安	Xi'an	1694.91	2548.70	3083.57	16
三沙	Sansha					铜川	Tongchuan	57.05	85.20	97.87	280
重庆	**Chongqing**	**2881.08**	**5242.03**	**6672.51**		宝鸡	Baoji	257.47	370.80	429.95	161
四川	**Sichuan**	**6030.41**	**9256.13**	**11043.20**		咸阳	Xianyang	322.12	468.80	535.75	120
成都	Chengdu	2785.34	4574.20	5191.21	4	渭南	Weinan	277.93	403.40	465.28	151
自贡	Zigong	192.21	283.60	315.47	205	延安	Yan'an	178.74	268.60	303.55	209
攀枝花	Panzhihua	115.87	175.80	204.39	248	汉中	Hanzhong	199.81	306.30	319.42	201
泸州	Luzhou	202.27	300.50	340.88	194	榆林	Yulin	458.74	721.50	808.71	84
德阳	Deyang	236.16	362.90	411.50	166	安康	Ankang	129.04	192.60	216.41	242
绵阳	Mianyang	325.46	468.60	526.89	126	商洛	Shangluo	110.03	165.40	185.79	256
广元	Guangyuan	119.68	174.90	200.43	250	**甘肃**	**Gansu**	**1536.50**	**2567.60**	**3009.61**	
遂宁	Suining	131.15	197.60	221.01	237	兰州	Lanzhou	537.41	913.00	1123.53	60
内江	Neijiang	158.36	231.70	263.17	220	嘉峪关	Jiayuguan	34.10	54.00	69.44	285
乐山	Leshan	201.39	305.00	352.13	190	金昌	Jinchang	32.43	53.90	69.48	284
南充	Nanchong	224.63	342.70	398.82	173	白银	Baiyin	102.42	156.90	165.49	262
眉山	Meishan	145.14	224.20	260.79	224	天水	Tianshui	126.77	201.20	246.51	231
宜宾	Yibin	217.80	329.80	378.13	180	武威	Wuwei	76.78	129.10	138.39	271
广安	Guangan	168.06	247.70	281.03	215	张掖	Zhangye	74.98	130.80	153.28	266
达州	Dazhou	214.62	317.10	364.72	183	平凉	Pingliang	72.51	118.50	139.77	269
雅安	Yaan	78.74	114.50	131.65	272	酒泉	Jiuquan	140.63	233.60	247.21	230
巴中	Bazhong	104.29	145.50	165.77	261	庆阳	Qingyang	91.74	168.40	191.36	253
资阳	Ziyang	157.69	249.60	284.31	214	定西	Dingxi	69.13	113.50	146.10	268
贵州	**Guizhou**	**2177.07**	**3734.04**	**4128.50**		陇南	Longnan	76.36	114.20	126.93	273
贵阳	Guiyang	607.77	1155.30	1412.71	51	**青海**	**Qinghai**	**470.88**	**689.15**	**853.08**	
六盘水	Liupanshui	168.19	320.30	399.89	171	西宁	Xining	283.05	427.90	497.72	140
遵义	Zunyi	388.85	632.70	746.18	89	海东	Haidong			124.08	274
安顺	Anshun	104.00	203.70	251.81	228	**宁夏**	**Ningxia**	**702.45**	**1077.12**	**1193.87**	
毕节	Bijie	216.76	395.60	491.10	143	银川	Yinchuan	352.08	545.00	585.58	112
铜仁	Tongren	120.97	244.10	304.69	208	石嘴山	Shizuishan	93.56	134.70	139.71	270
云南	**Yunnan**	**2892.31**	**4897.75**	**5542.70**		吴忠	Wuzhong	69.33	109.10	110.81	277
昆明	Kunming	1039.15	1708.50	1992.76	31	固原	Guyuan	52.26	91.00	101.94	279
曲靖	Qujing	295.36	456.30	499.77	138	中卫	Zhongwei	69.56	112.50	114.39	276
玉溪	Yuxi	208.95	325.30	355.42	188	**新疆**	**Xinjiang**	**1766.69**	**3125.98**	**3785.90**	
保山	Baoshan	101.40	166.00	187.26	255	乌鲁木齐	Urumqi	718.17	1301.40	1528.08	44
昭通	Zhaotong	130.37	187.10	206.13	246	克拉玛依	Karamay	69.41	109.10	202.68	249

3-5 地区生产总值指数
Indices of Gross Regional Product

（上年=100） (preceding year=100)

地名	City	2010	2013	2014	2014 排名 Ranking
全国	**Nation Total**	**110.4**	**107.7**	**107.3**	
北京	**Beijing**	**110.3**	**107.7**	**107.3**	
天津	**Tianjin**	**117.4**	**113.8**	**110.0**	
河北	**Hebei**	**112.2**	**109.6**	**106.5**	
石家庄	Shijiazhuang	112.3	110.4	107.9	184
唐山	Tangshan	113.1	110.4	105.1	242
秦皇岛	Qinhuangdao	112.3	109.1	105.0	246
邯郸	Handan	113.1	110.5	106.5	217
邢台	Xingtai	112.2	109.5	107.1	206
保定	Baoding	114.0	110.5	107.1	206
张家口	Zhangjiakou	114.2	110.0	105.2	240
承德	Chengde	111.4	110.5	107.8	188
沧州	Cangzhou	114.5	110.6	108.0	173
廊坊	Langfang	112.5	109.7	108.2	166
衡水	Hengshui	113.6	110.4	108.2	166
山西	**Shanxi**	**111.2**	**110.1**	**104.9**	
太原	Taiyuan	111.0	110.5	103.3	257
大同	Datong	114.2	110.0	107.4	200
阳泉	Yangquan	114.2	109.6	103.2	258
长治	Changzhi	113.7	110.6	105.1	242
晋城	Jincheng	113.7	111.1	104.8	248
朔州	Shuozhou	113.8	111.1	104.5	251
晋中	Jinzhong	114.0	110.2	106.8	210
运城	Yuncheng	115.6	107.8	105.0	246
忻州	Xinzhou	118.7	111.5	105.4	237
临汾	Linfen	116.9	110.1	104.6	249
吕梁	Lvliang	121.0	110.8	98.0	264
内蒙古	**Inner Mongolia**	**115.0**	**111.5**	**107.8**	
呼和浩特	Hohhot	113.0	110.9	108.0	173
包头	Baotou	116.0	112.5	108.5	154
乌海	Wuhai	119.7	113.8	108.8	141
赤峰	Chifeng	115.2	113.5	107.9	184
通辽	Tongliao	116.0	113.2	108.4	158
鄂尔多斯	Erdos	119.0	113.0	108.0	173
呼伦贝尔	Hulunbuir	114.9	113.5	108.4	158
巴彦淖尔	Bayannur	113.5	110.2	107.7	194
乌兰察布	Ulanqab	111.0	110.0	107.8	188
辽宁	**Liaoning**	**114.2**	**109.5**	**105.8**	
沈阳	Shenyang	114.1	110.0	106.0	227
大连	Dalian	115.2	110.3	105.8	233
鞍山	Anshan	116.0	109.0	106.0	227
抚顺	Fushun	117.0	110.7	105.8	233
本溪	Benxi	116.0	110.0	106.3	221
丹东	Dandong	115.8	110.5	105.6	235
锦州	Jinzhou	116.2	110.4	106.0	227
营口	Yingkou	117.8	110.8	106.5	217
阜新	Fuxin	117.5	110.9	103.9	255
辽阳	Liaoyang	116.0	110.3	105.9	232
盘锦	Panjin	117.8	110.8	106.1	224
铁岭	Tieling	116.0	109.0	101.5	260
朝阳	Chaoyang	116.6	110.8	103.9	255
葫芦岛	Huludao	115.5	109.0	104.5	251
吉林	**Jilin**	**115.3**	**112.0**	**106.5**	
长春	Changchun	115.3	112.0	106.6	216
吉林	Jilin	112.5	111.5	106.0	227
四平	Siping	114.2	112.4	106.4	220
辽源	Liaoyuan	114.1	112.1	106.5	217
通化	Tonghua	117.1	112.1	106.7	212
白山	Baishan	117.2	112.4	106.7	212
松原	Songyuan	112.7	112.1	106.2	222
白城	Baicheng	119.3	112.2	107.2	203
黑龙江	**Heilongjiang**	**112.7**	**110.0**	**105.6**	
哈尔滨	Harbin	114.0	110.0	106.9	209
齐齐哈尔	Qiqihar	118.5	108.0	105.1	242
鸡西	Jixi	116.1	113.6	101.0	262
鹤岗	Hegang	116.1	113.5	90.3	266
双鸭山	Shuangyashan	125.1	113.5	88.5	267
大庆	Daqing	112.0	110.0	104.5	251
伊春	Yichun	115.7	112.7	90.6	265
佳木斯	Jiamusi	118.9	113.8	106.8	210
七台河	Qitaihe	125.1	108.3	102.4	259
牡丹江	Mudanjiang	116.2	114.1	107.2	203
黑河	Heihe	112.1	113.0	108.0	173
绥化	Suihua	114.8	112.3	106.7	212
上海	**Shanghai**	**110.3**	**107.5**	**107.0**	
江苏	**Jiangsu**	**112.7**	**110.1**	**108.7**	

注：本表按不变价格计算。

Note: Data in this table are calculated at constant prices.

3-5 地区生产总值指数 续表 1
Indices of Gross Regional Product continued 1

（上年=100） (preceding year=100)

地名	City	2010	2013	2014	2014 排名 Ranking
南京	Nanjing	113.1	111.7	110.1	50
无锡	Wuxi	113.2	110.1	108.2	166
徐州	Xuzhou	114.0	113.2	110.5	31
常州	Changzhou	113.1	111.5	110.1	50
苏州	Suzhou	113.3	110.1	108.3	163
南通	Nantong	113.0	111.8	110.5	31
连云港	Lianyungang	113.6	112.7	110.2	45
淮安	Huaian	113.8	113.1	110.9	14
盐城	Yancheng	113.6	112.7	110.9	14
扬州	Yangzhou	113.5	111.7	111.0	10
镇江	Zhenjiang	113.3	112.8	110.9	14
泰州	Taizhou	113.5	112.5	110.8	20
宿迁	Suqian	113.7	113.0	110.8	20
浙江	**Zhejiang**	**111.9**	**108.0**	**107.6**	
杭州	Hangzhou	112.0	109.0		
宁波	Ningbo	112.5	107.5		
温州	Wenzhou	111.1	106.7		
嘉兴	Jiaxing	113.7	108.7		
湖州	Huzhou	112.1	109.7		
绍兴	Shaoxing	111.0	109.7		
金华	Jinhua	112.6	110.2		
衢州	Quzhou	113.5	108.5		
舟山	Zhoushan	111.3	110.2		
台州	Taizhou	113.2	107.1		
丽水	Lishui	112.9	110.5		
安徽	**Anhui**	**114.6**	**112.1**	**109.2**	
合肥	Hefei	117.5	113.6	110.0	58
芜湖	Wuhu	118.2	113.8	110.7	26
蚌埠	Bengbu	114.5	113.0	110.1	50
淮南	Huainan	113.0	112.7	99.6	263
马鞍山	Maanshan	115.0	112.0	109.7	82
淮北	Huaibei	114.2	113.2	109.7	82
铜陵	Tongling	117.1	111.0	110.0	58
安庆	Anqing	113.6	111.5	109.3	106
黄山	Huangshan	113.1	111.6	107.6	195
滁州	Chuzhou	115.6	113.1	109.4	103
阜阳	Fuyang	113.6	111.7	108.6	149
宿州	Suzhou	113.1	112.5	109.7	82
六安	Liuan	113.7	111.0	107.9	184
亳州	Bozhou	113.8	111.9	107.8	188
池州	Chizhou	116.1	112.3	109.2	113
宣城	Xuancheng	115.0	112.6	109.0	124
福建	**Fujian**	**113.9**	**111.4**	**109.9**	
福州	Fuzhou	114.2	112.1	110.1	50
厦门	Xiamen	115.1	112.1	109.2	113
莆田	Putian	115.3	112.8	111.1	9
三明	Sanming	113.9	112.2	109.6	94
泉州	Quanzhou	112.8	112.3	110.1	50
漳州	Zhangzhou	114.9	112.6	111.3	6
南平	Nanping	111.7	111.0	109.6	94
龙岩	Longyan	113.9	112.0	109.7	82
宁德	Ningde	115.0	112.6	110.8	20
江西	**Jiangxi**	**114.0**	**111.0**	**109.7**	
南昌	Nanchang	114.0	112.5	109.8	75
景德镇	Jingdezhen	115.1	111.6	108.8	141
萍乡	Pingxiang	114.3	111.8	108.6	149
九江	Jiujiang	114.3	112.0	110.3	43
新余	Xinyu	115.6	110.3	108.8	141
鹰潭	Yingtan	114.1	112.4	109.7	82
赣州	Ganzhou	113.8	111.9	110.0	58
吉安	Jian	114.2	111.3	110.2	45
宜春	Yichun	114.1	111.6	110.0	58
抚州	Fuzhou	115.0	110.8	109.8	75
上饶	Shangrao	114.8	111.5	109.9	70
山东	**Shandong**	**112.3**	**109.8**	**108.7**	
济南	Jinan	112.7	109.5	108.8	141
青岛	Qingdao	112.9	110.6	108.0	173
淄博	Zibo	113.7	110.5	107.4	200
枣庄	Zaozhuang	112.6	110.7	109.0	124
东营	Dongying	113.4	112.1	110.0	58
烟台	Yantai	114.1	110.3	109.1	118
潍坊	Weifang	113.3	110.6	109.1	118
济宁	Jining	112.9	111.0	109.6	94
泰安	Taian	113.7	110.7	109.4	103
威海	Weihai	112.7	109.4	109.8	75
日照	Rizhao	112.5	111.8	110.0	58
莱芜	Laiwu	112.0	111.1	108.8	141
临沂	Linyi	112.9	111.8	110.1	50
德州	Dezhou	112.9	112.1	110.0	58
聊城	Liaocheng	113.2	112.7	109.4	103

3-5 地区生产总值指数 续表 2
Indices of Gross Regional Product continued 2

（上年=100） (preceding year=100)

地名	City	2010	2013	2014	2014 排名 Ranking	地名	City	2010	2013	2014	2014 排名 Ranking
滨州	Binzhou	113.5	110.8	107.6	195	常德	Changde	115.2	112.1	110.6	30
菏泽	Heze	114.3	113.0	110.2	45	张家界	Zhangjiajie	114.5	111.6	110.7	26
河南	**Henan**	**112.5**	**110.1**	**108.9**		益阳	Yiyang	114.7	111.9	110.8	20
郑州	Zhengzhou	113.0	112.2	109.4	102	郴州	Chenzhou	115.2	112.4	110.9	14
开封	Kaifeng	112.2	111.1	109.6	98	永州	Yongzhou	114.4	111.0	109.9	70
洛阳	Luoyang	113.3	110.0	109.0	133	怀化	Huaihua	114.8	112.0	105.1	242
平顶山	Pingdingshan	111.2	106.8	107.3	202	娄底	Loudi	114.3	111.9	108.1	171
安阳	Anyang	113.5	107.4	108.7	148	广东	**Guangdong**	**112.4**	**108.2**	**107.8**	
鹤壁	Hebi	113.4	110.9	110.1	50	广州	Guangzhou	113.2	110.5	108.6	149
新乡	Xinxiang	114.6	111.4	109.3	111	韶关	Shaoguan	112.5	110.0	109.5	99
焦作	Jiaozuo	111.9	111.2	108.8	140	深圳	Shenzhen	112.2	110.0	108.8	141
濮阳	Puyang	111.4	112.1	110.0	69	珠海	Zhuhai	112.9	107.0	110.4	39
许昌	Xuchang	113.6	112.2	109.3	110	汕头	Shantou	113.9	109.5	109.0	124
漯河	Luohe	114.7	112.1	109.1	123	佛山	Foshan	114.3	108.2	108.3	163
三门峡	Sanmenxia	115.2	112.0	109.0	132	江门	Jiangmen	114.5	108.1	107.8	188
南阳	Nanyang	111.6	110.1	108.5	152	湛江	Zhanjiang	114.2	109.6	110.0	58
商丘	Shangqiu	111.1	110.8	109.2	112	茂名	Maoming	114.1	110.6	110.4	39
信阳	Xinyang	111.6	110.5	108.9	134	肇庆	Zhaoqing	117.5	111.0	110.0	58
周口	Zhoukou	111.1	110.6	109.1	122	惠州	Huizhou	118.0	112.6	110.0	58
驻马店	Zhumadian	111.6	110.4	108.5	153	梅州	Meizhou	114.1	110.1	108.5	154
湖北	**Hubei**	**114.8**	**111.3**	**109.7**		汕尾	Shanwei	118.1	113.5	108.9	135
武汉	Wuhan	114.7	111.4	109.7	82	河源	Heyuan	113.3	111.6	110.9	14
黄石	Huangshi	115.7	112.0	109.1	118	阳江	Yangjiang	116.8	113.0	110.5	31
十堰	Shiyan	119.5	108.2	109.5	99	清远	Qingyuan	117.8	105.1	107.9	184
宜昌	Yichang	115.8	112.6	109.8	75	东莞	Dongguan	110.3	106.1	107.8	188
襄阳	Xiangyang	116.2	112.5	109.8	75	中山	Zhongshan	113.9	111.0	108.0	173
鄂州	Ezhou	115.3	112.1	109.7	82	潮州	Chaozhou	114.1	110.6	108.2	166
荆门	Jingmen	115.6	112.2	109.9	70	揭阳	Jieyang	119.6	111.3	110.7	26
孝感	Xiaogan	115.1	112.2	109.7	82	云浮	Yunfu	113.8	112.8	110.3	43
荆州	Jingzhou	113.2	111.1	109.8	75	广西	**Guangxi**	**114.2**	**111.3**	**108.5**	
黄冈	Huanggang	114.1	110.6	109.7	82	南宁	Nanning	114.2	112.3	108.5	154
咸宁	Xianning	115.9	112.2	109.6	94	柳州	Liuzhou	115.8	111.5	108.5	154
随州	Suizhou	115.2	112.0	109.7	82	桂林	Guilin	113.8	113.1	108.0	173
湖南	**Hunan**	**114.6**	**111.3**	**109.5**		梧州	Wuzhou	117.8	113.6	106.0	227
长沙	Changsha	115.5	113.0	110.5	31	北海	Beihai	117.6	121.7	112.4	3
株洲	Zhuzhou	115.4	112.0	110.5	31	防城港	Fangchenggang	117.8	112.2	110.4	39
湘潭	Xiangtan	115.2	112.3	110.7	26	钦州	Qinzhou	118.0	111.8	109.8	75
衡阳	Hengyang	115.1	111.8	109.9	70	贵港	Guigang	114.0	110.2	105.2	240
邵阳	Shaoyang	114.6	111.7	110.8	20	玉林	Yulin	115.7	110.9	108.4	158
岳阳	Yueyang	114.8	112.2	109.3	106	百色	Baise	115.0	109.2	108.4	158

3-5 地区生产总值指数 续表 3
Indices of Gross Regional Product continued 3

（上年=100） (preceding year=100)

地名	City	2010	2013	2014	2014 排名 Ranking	地名	City	2010	2013	2014	2014 排名 Ranking
贺州	Hezhou	113.1	109.0	106.1	224	丽江	Lijiang	115.2	115.8	104.6	249
河池	Hechi	112.5	99.3	108.2	166	普洱	Puer	114.2	115.6	108.9	135
来宾	Laibin	118.0	111.7	106.1	224	临沧	Lincang	112.2	116.8	111.2	7
崇左	Chongzuo	113.1	111.8	108.3	163	**西藏**	**Tibet**	**112.3**	**111.8**	**110.8**	
海南	**Hainan**	**116.0**	**109.1**	**108.5**		拉萨	Lasa	113.0	112.2		
海口	Haikou	118.2	109.3	109.2	113	**陕西**	**Shaanxi**	**114.6**	**112.9**	**109.7**	
三亚	Sanya	119.9	109.3	105.5	236	西安	Xi'an	114.5	111.8	109.9	70
三沙	Sansha					铜川	Tongchuan	115.6	115.8	110.5	31
重庆	**Chongqing**	**117.1**	**113.6**	**110.9**		宝鸡	Baoji	114.4	115.1	110.8	20
四川	**Sichuan**	**115.1**	**112.6**	**108.5**		咸阳	Xianyang	114.5	114.5	110.9	14
成都	Chengdu	115.0	113.1	108.9	135	渭南	Weinan	115.0	114.5	110.5	31
自贡	Zigong	115.6	113.9	107.6	195	延安	Yan'an	113.6	110.5	106.2	222
攀枝花	Panzhihua	115.1	114.1	109.3	106	汉中	Hanzhong	115.1	115.2	111.6	5
泸州	Luzhou	116.5	114.8	111.0	10	榆林	Yulin	118.3	112.0	109.0	124
德阳	Deyang	114.4	113.0	109.0	124	安康	Ankang	115.0	115.2	111.7	4
绵阳	Mianyang	115.3	113.3	109.1	118	商洛	Shangluo	114.9	114.8	111.0	10
广元	Guangyuan	115.9	113.8	109.2	113	**甘肃**	**Gansu**	**111.8**	**112.6**	**108.9**	
遂宁	Suining	115.3	113.9	109.7	82	兰州	Lanzhou	112.8	113.4	110.4	39
内江	Neijiang	116.2	113.6	108.9	135	嘉峪关	Jiayuguan	117.5	116.4	109.7	82
乐山	Leshan	116.2	114.4	107.0	208	金昌	Jinchang	111.3	116.5	107.8	188
南充	Nanchong	115.3	114.2	107.2	203	白银	Baiyin	113.9	114.7	108.8	141
眉山	Meishan	115.6	114.5	110.1	50	天水	Tianshui	111.5	113.2	108.9	135
宜宾	Yibin	115.6	114.1	108.0	173	武威	Wuwei	113.5	115.1	109.0	124
广安	Guangan	115.6	114.0	110.2	45	张掖	Zhangye	111.5	112.3	108.0	173
达州	Dazhou	115.1	113.6	108.4	158	平凉	Pingliang	114.5	113.8	108.0	173
雅安	Yaan	115.3	114.0	111.0	10	酒泉	Jiuquan	117.5	116.1	107.5	199
巴中	Bazhong	114.7	114.0	109.0	124	庆阳	Qingyang	115.8	115.9	110.2	45
资阳	Ziyang	117.0	114.3	110.0	58	定西	Dingxi	111.5	112.7	109.2	113
贵州	**Guizhou**	**112.8**	**113.6**	**110.8**		陇南	Longnan	111.8	112.8	109.0	124
贵阳	Guiyang	114.3	115.9			**青海**	**Qinghai**	**115.3**	**112.3**	**109.2**	
六盘水	Liupanshui	115.8	116.0			西宁	Xining	118.2	115.0	113.5	2
遵义	Zunyi	114.7	115.9			海东	Haidong			115.1	1
安顺	Anshun	112.1	115.4			**宁夏**	**Ningxia**	**113.5**	**111.5**	**108.0**	
毕节	Bijie	114.6	115.3			银川	Yinchuan	114.8	112.5	109.5	99
铜仁	Tongren	112.9	115.3			石嘴山	Shizuishan	113.5	112.1	106.7	212
云南	**Yunnan**	**112.3**	**113.0**	**108.1**		吴忠	Wuzhong	111.9	113.8	107.6	195
昆明	Kunming	114.0	114.1	108.1	171	固原	Guyuan	109.6	112.0	109.3	106
曲靖	Qujing	113.1	113.0	104.0	254	中卫	Zhongwei	113.3	112.2	105.3	238
玉溪	Yuxi	112.8	112.2	108.0	173	**新疆**	**Xinjiang**	**110.6**	**112.0**	**110.0**	
保山	Baoshan	112.5	115.1	111.2	7	乌鲁木齐	Urumqi	112.3	117.3	110.5	31
昭通	Zhaotong	114.2	116.1	105.3	238	克拉玛依	Karamay	117.4	106.0	101.5	260

3-6 第一产业增加值指数
Indices of Added Value of Primary Industry

(上年=100) (preceding year=100)

地名	City	2010	2013	2014	2014 排名 Ranking	地名	City	2010	2013	2014	2014 排名 Ranking
全国	**Nation Total**	**104.3**	**104.0**	**104.1**		沈阳	Shenyang	106.0	104.7	103.2	202
北京	**Beijing**	**98.4**	**103.0**	**100.0**		大连	Dalian	106.0	104.8	102.9	217
天津	**Tianjin**	**103.3**	**103.7**	**102.9**		鞍山	Anshan	105.8	104.9	103.1	206
河北	**Hebei**	**103.5**	**103.5**	**103.7**		抚顺	Fushun	105.8	104.8	103.3	194
石家庄	Shijiazhuang	102.7	102.7	102.6	220	本溪	Benxi	105.8	104.7	103.3	194
唐山	Tangshan	104.7	103.5	103.6	180	丹东	Dandong	105.9	105.0	103.4	187
秦皇岛	Qinhuangdao	105.7	104.4	103.6	180	锦州	Jinzhou	105.9	104.8	103.2	202
邯郸	Handan	105.9	102.9	103.7	172	营口	Yingkou	106.0	104.9	103.4	187
邢台	Xingtai	104.7	102.9	105.7	25	阜新	Fuxin	118.1	104.9	97.8	235
保定	Baoding	104.3	103.6	104.0	151	辽阳	Liaoyang	112.8	104.8	104.7	71
张家口	Zhangjiakou	115.0	106.2	104.6	81	盘锦	Panjin	106.0	104.9	103.1	206
承德	Chengde	111.4	106.2	104.6	81	铁岭	Tieling	106.1	104.9	103.0	213
沧州	Cangzhou	106.4	102.3	103.5	185	朝阳	Chaoyang	119.2	104.9	102.6	220
廊坊	Langfang	102.2	96.5	103.2	202	葫芦岛	Huludao	106.5	104.8	98.2	234
衡水	Hengshui	106.8	102.1	102.7	219	吉林	**Jilin**	**103.3**	**104.0**	**104.6**	
山西	**Shanxi**	**106.1**	**104.5**	**104.7**		长春	Changchun	103.3	103.5	104.7	71
太原	Taiyuan	104.9	103.1	104.3	120	吉林	Jilin	105.2	104.1	104.7	71
大同	Datong	103.3	104.9	104.1	138	四平	Siping	106.9	103.9	104.6	81
阳泉	Yangquan	103.1	104.2	104.8	63	辽源	Liaoyuan	109.4	104.5	104.8	63
长治	Changzhi	108.0	104.5	104.6	81	通化	Tonghua	106.1	104.0	104.5	96
晋城	Jincheng	113.7	100.3	102.4	225	白山	Baishan	105.1	104.5	104.5	96
朔州	Shuozhou	108.0	104.9	104.4	108	松原	Songyuan	105.8	104.1	104.6	81
晋中	Jinzhong	106.3	106.3	104.1	138	白城	Baicheng	107.6	104.4	104.7	71
运城	Yuncheng	107.1	104.5	104.8	63	黑龙江	**Heilongjiang**	**106.2**	**105.1**	**105.6**	
忻州	Xinzhou	108.9	106.3	108.8	2	哈尔滨	Harbin	107.3	107.5	106.8	8
临汾	Linfen	109.9	104.9	104.4	108	齐齐哈尔	Qiqihar	110.6	105.5	106.8	8
吕梁	Lvliang	103.0	104.1	104.1	138	鸡西	Jixi	110.8	106.7	108.2	4
内蒙古	**Inner Mongolia**	**106.1**	**105.2**	**103.1**		鹤岗	Hegang	119.7	91.0	101.0	232
呼和浩特	Hohhot	104.7	105.3	103.1	206	双鸭山	Shuangyashan	119.2	105.8	102.0	229
包头	Baotou	107.4	105.2	103.0	213	大庆	Daqing	110.0	107.0	108.5	3
乌海	Wuhai	107.0	104.8	103.1	206	伊春	Yichun	111.6	108.6	102.3	226
赤峰	Chifeng	106.4	105.4	104.1	138	佳木斯	Jiamusi	112.0	105.2	107.1	6
通辽	Tongliao	105.7	106.7	104.3	120	七台河	Qitaihe	107.3	104.0	107.6	5
鄂尔多斯	Erdos	104.5	103.0	104.1	138	牡丹江	Mudanjiang	114.9	108.5	106.6	10
呼伦贝尔	Hulunbuir	105.6	105.9	105.3	35	黑河	Heihe	111.7	105.6	110.5	1
巴彦淖尔	Bayannur	106.5	103.3	104.6	81	绥化	Suihua	114.2	107.9	106.6	10
乌兰察布	Ulanqab	107.6	105.8	103.4	187	上海	**Shanghai**	**93.4**	**97.1**	**100.1**	
辽宁	**Liaoning**	**105.8**	**104.8**	**102.2**		江苏	**Jiangsu**	**104.9**	**103.1**	**103.0**	

注：本表按不变价格计算。

Note: Data in this table are calculated at constant prices.

3-6 第一产业增加值指数 续表 1
Indices of Added Value of Primary Industry continued 1

(上年=100) (preceding year=100)

地名	City	2010	2013	2014	2014 排名 Ranking	地名	City	2010	2013	2014	2014 排名 Ranking
南京	Nanjing	104.1	103.4	103.3	194	池州	Chizhou	104.2	103.4	104.5	96
无锡	Wuxi	104.3	103.0	103.5	185	宣城	Xuancheng	104.6	103.1	104.4	108
徐州	Xuzhou	114.0	103.3	103.7	172	**福建**	**Fujian**	**103.3**	**104.4**	**104.4**	
常州	Changzhou	104.3	103.1	103.0	213	福州	Fuzhou	103.9	104.6	104.6	81
苏州	Suzhou	104.1	103.0	100.0	233	厦门	Xiamen	103.1	100.2	102.9	217
南通	Nantong	104.0	103.1	102.6	220	莆田	Putian	103.9	103.1	103.1	206
连云港	Lianyungang	105.1	103.1	103.3	194	三明	Sanming	103.2	104.8	104.6	81
淮安	Huaian	104.6	103.3	103.3	194	泉州	Quanzhou	103.0	102.1	102.6	220
盐城	Yancheng	104.3	103.2	103.4	187	漳州	Zhangzhou	104.2	104.8	104.6	81
扬州	Yangzhou	104.5	104.6	103.6	180	南平	Nanping	102.9	105.0	105.1	45
镇江	Zhenjiang	104.5	103.2	103.7	172	龙岩	Longyan	103.5	104.4	103.9	158
泰州	Taizhou	104.5	103.1	103.3	194	宁德	Ningde	104.6	105.8	105.5	31
宿迁	Suqian	105.3	103.0	103.3	194	**江西**	**Jiangxi**	**104.0**	**104.6**	**104.7**	
浙江	**Zhejiang**	**103.2**	**100.4**	**101.4**		南昌	Nanchang	105.4	103.1	104.6	81
杭州	Hangzhou	102.5	101.5			景德镇	Jingdezhen	105.1	104.0	103.9	158
宁波	Ningbo	103.7	98.8			萍乡	Pingxiang	108.0	103.2	104.5	96
温州	Wenzhou	104.3	99.2			九江	Jiujiang	103.8	104.0	105.2	39
嘉兴	Jiaxing	103.6	100.8			新余	Xinyu	105.4	103.2	104.5	96
湖州	Huzhou	104.0	100.7			鹰潭	Yingtan	105.1	104.5	104.8	63
绍兴	Shaoxing	103.8	103.1			赣州	Ganzhou	104.3	105.1	105.0	55
金华	Jinhua	112.5	101.2			吉安	Jian	104.0	105.1	105.3	35
衢州	Quzhou	104.3	101.1			宜春	Yichun	106.6	103.5	104.3	120
舟山	Zhoushan	105.1	107.6			抚州	Fuzhou	105.1	104.9	104.9	61
台州	Taizhou	104.3	100.6			上饶	Shangrao	105.3	103.8	104.5	96
丽水	Lishui	104.0	103.4			**山东**	**Shandong**	**103.6**	**103.8**	**103.8**	
安徽	**Anhui**	**104.6**	**103.5**	**104.6**		济南	Jinan	104.9	103.9	104.1	138
合肥	Hefei	103.5	103.2	104.7	71	青岛	Qingdao	101.4	102.1	103.8	164
芜湖	Wuhu	103.7	103.3	104.8	63	淄博	Zibo	104.8	103.3	103.9	158
蚌埠	Bengbu	105.1	103.9	105.1	45	枣庄	Zaozhuang	102.9	103.3	103.4	187
淮南	Huainan	104.9	103.6	104.6	81	东营	Dongying	104.6	103.5	103.8	164
马鞍山	Maanshan	103.8	103.5	103.7	172	烟台	Yantai	103.5	103.9	104.0	151
淮北	Huaibei	104.8	103.5	104.5	96	潍坊	Weifang	104.3	103.3	103.8	164
铜陵	Tongling	103.9	103.6	104.2	124	济宁	Jining	103.5	104.3	104.1	138
安庆	Anqing	104.5	103.3	104.6	81	泰安	Taian	104.4	103.7	103.6	180
黄山	Huangshan	104.7	103.0	104.1	138	威海	Weihai	101.3	104.3	104.2	124
滁州	Chuzhou	104.7	103.7	104.8	63	日照	Rizhao	104.5	103.5	104.0	151
阜阳	Fuyang	105.5	103.8	105.0	55	莱芜	Laiwu	103.1	103.1	103.6	180
宿州	Suzhou	105.3	104.0	105.0	55	临沂	Linyi	103.5	103.2	103.8	164
六安	Liuan	104.6	103.3	104.5	96	德州	Dezhou	103.2	103.8	104.2	124
亳州	Bozhou	105.0	103.8	104.5	96	聊城	Liaocheng	104.3	103.5	104.1	138

3-6 第一产业增加值指数 续表 2

Indices of Added Value of Primary Industry continued 2

（上年=100） (preceding year=100)

地名	City	2010	2013	2014	2014 排名 Ranking	地名	City	2010	2013	2014	2014 排名 Ranking
滨州	Binzhou	104.9	103.7	104.0	151	常德	Changde	104.4	102.8	104.7	71
菏泽	Heze	103.2	103.0	102.5	224	张家界	Zhangjiajie	104.1	102.7	104.7	71
河南	**Henan**	**104.5**	**104.3**	**104.0**		益阳	Yiyang	104.3	103.0	104.8	63
郑州	Zhengzhou	103.0	103.2	103.0	212	郴州	Chenzhou	104.4	102.8	104.6	81
开封	Kaifeng	104.6	104.5	104.3	118	永州	Yongzhou	104.4	102.9	104.7	71
洛阳	Luoyang	104.6	103.9	104.0	150	怀化	Huaihua	104.4	102.7	104.4	108
平顶山	Pingdingshan	104.2	104.4	103.1	205	娄底	Loudi	104.2	102.8	104.7	71
安阳	Anyang	104.4	104.0	104.2	137	**广东**	**Guangdong**	**104.5**	**102.5**	**103.2**	
鹤壁	Hebi	104.6	104.0	103.9	158	广州	Guangzhou	103.2	102.7		
新乡	Xinxiang	104.5	104.4	104.4	116	韶关	Shaoguan	106.0	104.8		
焦作	Jiaozuo	104.3	104.4	104.1	149	深圳	Shenzhen	91.4	80.2		
濮阳	Puyang	104.7	104.6	104.5	95	珠海	Zhuhai	105.1	105.4		
许昌	Xuchang	104.1	104.0	103.8	163	汕头	Shantou	105.0	103.9		
漯河	Luohe	104.3	104.0	104.0	151	佛山	Foshan	104.7	102.8		
三门峡	Sanmenxia	104.7	104.5	104.2	136	江门	Jiangmen	104.8	103.0		
南阳	Nanyang	104.5	104.4	104.2	135	湛江	Zhanjiang	104.2	106.1		
商丘	Shangqiu	104.5	104.5	104.3	119	茂名	Maoming	104.2	103.3		
信阳	Xinyang	105.0	104.0	104.3	117	肇庆	Zhaoqing	105.4	105.6		
周口	Zhoukou	104.9	104.3	104.4	115	惠州	Huizhou	104.0	103.6		
驻马店	Zhumadian	104.7	104.5	104.3	123	梅州	Meizhou	106.6	105.6		
湖北	**Hubei**	**104.6**	**104.7**	**104.8**		汕尾	Shanwei	106.1	103.9		
武汉	Wuhan	104.5	104.5	105.1	45	河源	Heyuan	103.4	106.2		
黄石	Huangshi	105.3	104.8	105.1	45	阳江	Yangjiang	105.7	105.1		
十堰	Shiyan	105.1	105.0	105.1	45	清远	Qingyuan	106.7	104.8		
宜昌	Yichang	105.2	104.8	105.0	55	东莞	Dongguan	101.6	99.7		
襄阳	Xiangyang	105.3	104.8	105.0	55	中山	Zhongshan	103.1	102.2		
鄂州	Ezhou	105.2	104.9	105.3	35	潮州	Chaozhou	104.5	104.9		
荆门	Jingmen	105.0	104.8	105.1	45	揭阳	Jieyang	105.0	104.1		
孝感	Xiaogan	105.0	104.8	105.1	45	云浮	Yunfu	104.7	104.0		
荆州	Jingzhou	104.3	104.9	105.2	39	**广西**	**Guangxi**	**104.6**	**104.3**	**103.9**	
黄冈	Huanggang	104.3	104.8	105.1	45	南宁	Nanning	105.6	104.8	104.2	124
咸宁	Xianning	101.8	104.8	105.1	45	柳州	Liuzhou	105.4	105.0	103.3	194
随州	Suizhou	105.1	104.8	105.2	39	桂林	Guilin	104.9	105.2	104.9	61
湖南	**Hunan**	**104.3**	**102.8**	**104.5**		梧州	Wuzhou	104.7	104.8	102.1	227
长沙	Changsha	104.5	103.0	104.4	108	北海	Beihai	103.7	104.1	101.9	230
株洲	Zhuzhou	104.2	102.9	104.4	108	防城港	Fangchenggang	105.7	105.5	101.6	231
湘潭	Xiangtan	104.3	102.9	103.7	172	钦州	Qinzhou	104.9	104.6	104.0	151
衡阳	Hengyang	104.4	102.8	104.4	108	贵港	Guigang	104.6	104.9	103.0	213
邵阳	Shaoyang	104.5	102.8	104.8	63	玉林	Yulin	105.7	104.2	103.4	187
岳阳	Yueyang	104.2	102.1	104.5	96	百色	Baise	104.9	105.3	104.2	124

3-6 第一产业增加值指数 续表 3
Indices of Added Value of Primary Industry continued 3

（上年=100） (preceding year=100)

地名	City	2010	2013	2014	2014 排名 Ranking	地名	City	2010	2013	2014	2014 排名 Ranking
贺州	Hezhou	103.8	104.4	104.2	124	丽江	Lijiang	106.5	106.6	106.4	16
河池	Hechi	105.6	103.9	103.7	172	普洱	Puer	106.7	107.1	106.5	13
来宾	Laibin	105.1	105.1	102.1	227	临沧	Lincang	106.6	107.0	106.5	13
崇左	Chongzuo	107.0	104.2	103.8	164	**西藏**	**Tibet**	**103.2**	**103.8**	**104.2**	
海南	**Hainan**	**106.3**	**106.3**	**104.8**		拉萨	Lasa	103.3	104.1		
海口	Haikou	105.1	106.3	97.8	235	**陕西**	**Shaanxi**	**105.8**	**104.7**	**105.1**	
三亚	Sanya	105.3	106.4	105.2	39	西安	Xi'an	106.9	104.8		
三沙	Sansha					铜川	Tongchuan	107.7	104.9		
重庆	**Chongqing**	**106.1**	**104.7**	**104.4**		宝鸡	Baoji	106.9	104.5		
四川	**Sichuan**	**104.4**	**103.6**	**103.8**		咸阳	Xianyang	107.8	104.6		
成都	Chengdu	104.1	103.6	103.4	187	渭南	Weinan	107.3	104.7		
自贡	Zigong	104.6	103.8	104.1	138	延安	Yan'an	107.0	104.3		
攀枝花	Panzhihua	103.9	104.5	104.5	96	汉中	Hanzhong	106.6	105.2		
泸州	Luzhou	104.2	104.3	104.2	124	榆林	Yulin	107.8	104.4		
德阳	Deyang	104.1	103.6	104.2	124	安康	Ankang	106.4	105.1		
绵阳	Mianyang	104.0	103.5	103.9	158	商洛	Shangluo	106.5	105.0		
广元	Guangyuan	104.6	103.6	104.2	124	**甘肃**	**Gansu**	**105.5**	**105.6**	**105.5**	
遂宁	Suining	104.5	103.3	103.7	172	兰州	Lanzhou	105.0	105.8	106.2	19
内江	Neijiang	104.6	104.0	103.8	164	嘉峪关	Jiayuguan	107.1	105.5	105.3	35
乐山	Leshan	104.1	103.3	103.8	164	金昌	Jinchang	104.8	105.8	105.1	45
南充	Nanchong	104.5	103.6	104.2	124	白银	Baiyin	106.0	105.6	105.7	25
眉山	Meishan	104.4	103.6	104.0	151	天水	Tianshui	107.5	105.6	106.2	19
宜宾	Yibin	104.9	103.6	103.7	172	武威	Wuwei	106.1	105.9	105.7	25
广安	Guangan	104.5	103.5	104.1	138	张掖	Zhangye	106.0	105.5	105.4	33
达州	Dazhou	104.4	103.7	103.8	164	平凉	Pingliang	107.1	105.7	106.4	16
雅安	Yaan	103.1	102.1	104.6	81	酒泉	Jiuquan	105.3	105.4	104.7	71
巴中	Bazhong	104.2	103.4	103.1	206	庆阳	Qingyang	106.3	105.6	105.7	25
资阳	Ziyang	104.3	103.6	104.2	124	定西	Dingxi	105.8	105.8	105.4	33
贵州	**Guizhou**	**104.7**	**105.8**	**106.6**		陇南	Longnan	104.1	105.7	106.2	19
贵阳	Guiyang	108.0	106.3			**青海**	**Qinghai**	**105.9**	**105.3**	**105.2**	
六盘水	Liupanshui	106.2	106.5			西宁	Xining	105.8	105.1	105.4	32
遵义	Zunyi	106.6	106.3			海东	Haidong			105.1	44
安顺	Anshun	106.1	106.3			**宁夏**	**Ningxia**	**107.4**	**104.5**	**105.5**	
毕节	Bijie	106.5	106.8			银川	Yinchuan	106.3	103.8	105.0	55
铜仁	Tongren	107.0	107.5			石嘴山	Shizuishan	106.4	104.2	105.2	39
云南	**Yunnan**	**104.2**	**106.8**	**106.2**		吴忠	Wuzhong	106.2	104.4	106.2	19
昆明	Kunming	104.8	106.8	106.2	19	固原	Guyuan	109.5	106.1	105.7	25
曲靖	Qujing	106.6	107.0	106.3	18	中卫	Zhongwei	107.4	104.4	105.7	25
玉溪	Yuxi	105.0	107.2	106.0	24	**新疆**	**Xinjiang**	**104.5**	**106.9**	**105.9**	
保山	Baoshan	106.0	107.2	106.6	10	乌鲁木齐	Urumqi	105.5	109.0	107.1	6
昭通	Zhaotong	104.9	107.2	106.5	13	克拉玛依	Karamay	103.9	103.8	104.5	96

3-7 第二产业增加值指数
Indices of Added Value of Secondary Industry

（上年=100） (preceding year=100)

地名	City	2010	2013	2014	2014 排名 Ranking
全国	**Nation Total**	**112.3**	**107.8**	**107.3**	
北京	**Beijing**	**113.7**	**108.1**	**106.9**	
天津	**Tianjin**	**120.2**	**112.7**	**109.9**	
河北	**Hebei**	**113.4**	**109.0**	**105.0**	
石家庄	Shijiazhuang	113.1	109.8	107.1	168
唐山	Tangshan	114.6	109.4	104.8	216
秦皇岛	Qinhuangdao	114.5	106.5	105.0	211
邯郸	Handan	112.4	107.8	105.2	204
邢台	Xingtai	114.1	108.2	104.8	216
保定	Baoding	115.8	110.2	107.1	168
张家口	Zhangjiakou	115.9	109.0	105.9	186
承德	Chengde	110.2	110.5	107.6	164
沧州	Cangzhou	114.1	110.5	108.8	139
廊坊	Langfang	113.5	109.0	106.0	184
衡水	Hengshui	114.6	110.7	107.2	167
山西	**Shanxi**	**118.3**	**110.2**	**103.6**	
太原	Taiyuan	112.0	110.6	101.0	230
大同	Datong	118.6	108.8	110.8	66
阳泉	Yangquan	117.0	108.2	103.5	225
长治	Changzhi	116.7	109.9	105.4	197
晋城	Jincheng	115.5	110.8	105.2	204
朔州	Shuozhou	116.0	111.9	104.2	222
晋中	Jinzhong	118.0	112.1	108.0	159
运城	Yuncheng	121.6	111.7	105.9	186
忻州	Xinzhou	128.7	111.9	106.9	172
临汾	Linfen	121.0	110.3	104.1	223
吕梁	Lvliang	125.8	110.9	96.7	236
内蒙古	**Inner Mongolia**	**118.2**	**110.7**	**109.0**	
呼和浩特	Hohhot	113.3	115.0	108.0	159
包头	Baotou	119.1	110.7	109.9	104
乌海	Wuhai	124.0	111.8	109.3	129
赤峰	Chifeng	120.9	111.1	109.7	116
通辽	Tongliao	124.5	109.5	110.1	93
鄂尔多斯	Erdos	119.9	111.4	109.8	110
呼伦贝尔	Hulunbuir	124.3	112.5	110.4	80
巴彦淖尔	Bayannur	118.0	111.3	109.5	124
乌兰察布	Ulanqab	112.6	111.4	110.1	93
辽宁	**Liaoning**	**116.8**	**108.9**	**105.2**	

地名	City	2010	2013	2014	2014 排名 Ranking
沈阳	Shenyang	115.2	110.1	105.3	202
大连	Dalian	120.7	109.4	105.1	208
鞍山	Anshan	115.4	110.3	105.4	197
抚顺	Fushun	119.2	110.1	105.5	193
本溪	Benxi	117.6	109.9	105.9	186
丹东	Dandong	120.6	109.8	104.9	213
锦州	Jinzhou	118.9	109.7	105.8	190
营口	Yingkou	118.5	110.5	106.4	180
阜新	Fuxin	120.8	110.9	104.6	220
辽阳	Liaoyang	115.2	109.7	105.3	202
盘锦	Panjin	119.7	110.2	105.8	190
铁岭	Tieling	120.1	105.9	100.9	231
朝阳	Chaoyang	116.0	111.1	102.5	228
葫芦岛	Huludao	120.3	106.5	106.6	177
吉林	**Jilin**	**119.0**	**108.8**	**106.6**	
长春	Changchun	119.0	109.4	106.9	172
吉林	Jilin	112.5	108.7	105.8	190
四平	Siping	121.7	111.2	106.5	178
辽源	Liaoyuan	117.1	110.0	106.0	184
通化	Tonghua	122.8	115.6	107.1	168
白山	Baishan	124.1	105.5	106.9	172
松原	Songyuan	113.3	106.6	105.4	197
白城	Baicheng	129.4	114.2	108.9	137
黑龙江	**Heilongjiang**	**114.5**	**106.6**	**102.8**	
哈尔滨	Harbin	117.1	109.0	105.1	208
齐齐哈尔	Qiqihar	127.2	109.3	103.5	225
鸡西	Jixi	125.5	96.9	94.3	238
鹤岗	Hegang	116.7	87.6	81.2	239
双鸭山	Shuangyashan	130.4	99.1	72.1	241
大庆	Daqing	111.2	106.2	103.6	224
伊春	Yichun	122.9	111.5	76.3	240
佳木斯	Jiamusi	132.5	116.4	106.3	181
七台河	Qitaihe	131.2	77.6	101.9	229
牡丹江	Mudanjiang	122.3	114.4	109.2	131
黑河	Heihe	117.2	111.5	104.8	216
绥化	Suihua	119.5	121.6	108.1	155
上海	**Shanghai**	**116.8**	**106.1**	**104.2**	
江苏	**Jiangsu**	**113.1**	**110.0**	**108.2**	

注：本表按不变价格计算。

Note: Data in this table are calculated at constant prices.

3-7 第二产业增加值指数 续表 1

Indices of Added Value of Secondary Industry continued 1

(上年=100) (preceding year=100)

地名	City	2010	2013	2014	2014 排名 Ranking	地名	City	2010	2013	2014	2014 排名 Ranking
南京	Nanjing	113.6	111.1	108.8	139	池州	Chizhou	124.0	112.3	110.1	93
无锡	Wuxi	113.1	108.7	106.5	178	宣城	Xuancheng	123.4	113.4	110.4	80
徐州	Xuzhou	113.4	112.3	108.9	137	**福建**	**Fujian**	**118.1**	**112.9**	**111.9**	
常州	Changzhou	113.2	111.2	109.5	124	福州	Fuzhou	119.1	113.2	111.5	25
苏州	Suzhou	113.3	107.5	106.2	182	厦门	Xiamen	116.9	111.1	107.7	163
南通	Nantong	113.7	112.0	110.2	87	莆田	Putian	120.4	114.3	111.9	18
连云港	Lianyungang	116.9	113.0	111.5	25	三明	Sanming	120.8	114.8	111.5	25
淮安	Huaian	116.5	113.2	111.2	42	泉州	Quanzhou	116.7	112.6	111.4	34
盐城	Yancheng	116.8	114.0	111.8	19	漳州	Zhangzhou	121.6	115.3	114.3	8
扬州	Yangzhou	114.6	112.3	111.0	51	南平	Nanping	117.6	115.0	111.5	25
镇江	Zhenjiang	113.8	112.5	110.8	66	龙岩	Longyan	119.2	114.5	111.6	22
泰州	Taizhou	114.5	112.1	110.5	77	宁德	Ningde	125.4	118.1	114.1	9
宿迁	Suqian	117.5	114.9	112.6	12	**江西**	**Jiangxi**	**118.2**	**111.7**	**110.9**	
浙江	**Zhejiang**	**112.4**	**108.4**	**107.2**		南昌	Nanchang	116.0	111.9	111.5	25
杭州	Hangzhou	112.5	107.4			景德镇	Jingdezhen	115.9	111.5	110.1	93
宁波	Ningbo	113.4	108.2			萍乡	Pingxiang	114.2	110.1	109.6	119
温州	Wenzhou	111.9	107.8			九江	Jiujiang	117.0	112.0	111.0	51
嘉兴	Jiaxing	115.3	109.9			新余	Xinyu	118.4	104.0	110.6	72
湖州	Huzhou	111.6	110.1			鹰潭	Yingtan	115.1	111.6	111.3	39
绍兴	Shaoxing	109.7	108.6			赣州	Ganzhou	116.3	113.0	112.2	14
金华	Jinhua	112.9	109.4			吉安	Jian	119.0	113.3	110.2	87
衢州	Quzhou	115.9	110.4			宜春	Yichun	119.3	112.4	114.7	7
舟山	Zhoushan	111.7	109.2			抚州	Fuzhou	118.9	112.9	111.2	42
台州	Taizhou	114.5	108.1			上饶	Shangrao	118.9	112.3	111.2	42
丽水	Lishui	115.4	111.2			**山东**	**Shandong**	**112.8**	**110.7**	**109.2**	
安徽	**Anhui**	**120.7**	**112.4**	**109.9**		济南	Jinan	111.0	110.1	108.8	139
合肥	Hefei	122.2	112.9	111.3	39	青岛	Qingdao	112.6	110.2	108.5	147
芜湖	Wuhu	122.8	113.8	111.1	46	淄博	Zibo	112.5	110.3	108.4	150
蚌埠	Bengbu	121.9	114.3	112.0	16	枣庄	Zaozhuang	110.4	111.4	109.2	131
淮南	Huainan	114.1	110.5	96.1	237	东营	Dongying	113.4	111.8	110.5	77
马鞍山	Maanshan	116.8	112.3	110.7	68	烟台	Yantai	112.1	110.8	108.8	139
淮北	Huaibei	118.2	110.4	110.6	72	潍坊	Weifang	113.2	111.5	109.7	116
铜陵	Tongling	120.8	112.9	111.0	51	济宁	Jining	113.1	111.6	110.3	84
安庆	Anqing	119.3	112.9	111.4	34	泰安	Taian	112.4	111.1	110.4	80
黄山	Huangshan	119.7	111.5	107.5	166	威海	Weihai	111.4	110.5	110.0	100
滁州	Chuzhou	124.4	114.3	111.1	46	日照	Rizhao	112.9	110.7	109.6	119
阜阳	Fuyang	123.0	112.9	111.0	51	莱芜	Laiwu	112.2	111.8	109.6	119
宿州	Suzhou	123.2	113.9	111.0	51	临沂	Linyi	113.0	112.2	110.7	68
六安	Liuan	123.8	110.7	109.8	110	德州	Dezhou	114.3	112.6	110.7	68
亳州	Bozhou	123.9	112.7	108.3	152	聊城	Liaocheng	113.8	111.1	109.9	104

3-7 第二产业增加值指数 续表 2

Indices of Added Value of Secondary Industry continued 2

（上年=100） (preceding year=100)

地名	City	2010	2013	2014	2014 排名 Ranking	地名	City	2010	2013	2014	2014 排名 Ranking
滨州	Binzhou	112.4	111.5	108.3	152	常德	Changde	121.0	110.7	110.2	87
菏泽	Heze	116.6	113.8	111.0	51	张家界	Zhangjiajie	119.9	109.8	108.6	145
河南	**Henan**	**114.8**	**110.0**	**109.4**		益阳	Yiyang	121.1	112.1	110.9	59
郑州	Zhengzhou	115.1	110.4	110.0	103	郴州	Chenzhou	120.9	111.9	111.5	25
开封	Kaifeng	114.9	114.0	111.6	21	永州	Yongzhou	120.3	110.1	111.2	42
洛阳	Luoyang	116.1	107.4	109.7	115	怀化	Huaihua	120.9	110.3	106.8	175
平顶山	Pingdingshan	112.0	106.4	108.4	151	娄底	Loudi	118.4	110.9	108.6	145
安阳	Anyang	116.3	110.2	109.7	114	**广东**	**Guangdong**	**114.7**	**107.7**	**107.9**	
鹤壁	Hebi	116.0	114.7	111.5	25	广州	Guangzhou	113.1	109.2		
新乡	Xinxiang	118.5	110.9	111.1	46	韶关	Shaoguan	112.7	116.0		
焦作	Jiaozuo	114.7	112.4	109.4	128	深圳	Shenzhen	114.1	109.0		
濮阳	Puyang	112.9	114.1	112.0	17	珠海	Zhuhai	117.8	111.8		
许昌	Xuchang	116.1	112.0	110.1	99	汕头	Shantou	116.1	112.1		
漯河	Luohe	117.3	110.7	110.5	76	佛山	Foshan	115.0	111.4		
三门峡	Sanmenxia	117.9	109.8	109.7	113	江门	Jiangmen	117.1	112.6		
南阳	Nanyang	114.4	109.9	109.1	134	湛江	Zhanjiang	116.7	113.4		
商丘	Shangqiu	113.5	113.9	110.8	65	茂名	Maoming	114.1	115.0		
信阳	Xinyang	114.8	111.5	110.2	86	肇庆	Zhaoqing	130.8	115.7		
周口	Zhoukou	115.6	113.1	110.4	79	惠州	Huizhou	123.8	116.0		
驻马店	Zhumadian	114.8	112.3	109.2	130	梅州	Meizhou	117.8	113.0		
湖北	**Hubei**	**120.2**	**111.3**	**110.1**		汕尾	Shanwei	124.7	118.3		
武汉	Wuhan	117.8	110.3	110.2	87	河源	Heyuan	115.7	115.6		
黄石	Huangshi	120.0	110.2	108.7	144	阳江	Yangjiang	122.1	123.4		
十堰	Shiyan	130.8	112.2	110.2	87	清远	Qingyuan	120.0	108.5		
宜昌	Yichang	119.1	112.6	109.9	104	东莞	Dongguan	116.7	110.3		
襄阳	Xiangyang	120.9	113.3	110.2	87	中山	Zhongshan	115.7	110.9		
鄂州	Ezhou	121.2	112.2	110.1	93	潮州	Chaozhou	115.6	114.2		
荆门	Jingmen	122.1	112.4	111.0	51	揭阳	Jieyang	126.4	118.8		
孝感	Xiaogan	122.2	114.0	110.9	59	云浮	Yunfu	121.4	119.9		
荆州	Jingzhou	121.3	113.5	110.9	59	**广西**	**Guangxi**	**120.5**	**111.9**	**110.1**	
黄冈	Huanggang	118.5	112.7	110.6	72	南宁	Nanning	117.8	114.6	109.9	104
咸宁	Xianning	122.4	113.6	110.9	59	柳州	Liuzhou	120.4	111.6	108.5	147
随州	Suizhou	121.8	112.8	110.3	84	桂林	Guilin	120.7	115.5	109.9	104
湖南	**Hunan**	**120.2**	**110.9**	**109.3**		梧州	Wuzhou	125.3	116.8	107.0	171
长沙	Changsha	120.7	112.5	111.4	34	北海	Beihai	132.3	119.1	118.7	2
株洲	Zhuzhou	119.4	111.4	110.9	59	防城港	Fangchenggang	120.1	117.9	115.2	5
湘潭	Xiangtan	120.6	110.9	110.6	72	钦州	Qinzhou	130.6	110.3	113.6	10
衡阳	Hengyang	121.1	110.7	109.1	135	贵港	Guigang	120.6	111.1	105.2	204
邵阳	Shaoyang	120.7	111.6	111.0	51	玉林	Yulin	123.7	113.8	110.9	59
岳阳	Yueyang	120.6	111.0	109.0	136	百色	Baise	121.1	110.1	109.9	104

3-7 第二产业增加值指数 续表 3

Indices of Added Value of Secondary Industry continued 3

(上年=100) (preceding year=100)

地名	City	2010	2013	2014	2014 排名 Ranking	地名	City	2010	2013	2014	2014 排名 Ranking
贺州	Hezhou	119.9	112.0	105.5	193	丽江	Lijiang	122.0	123.2	100.9	231
河池	Hechi	117.0	108.1	112.4	13	普洱	Puer	120.4	123.1	109.7	116
来宾	Laibin	125.1	99.5	105.9	186	临沧	Lincang	115.7	118.5	115.6	4
崇左	Chongzuo	116.6	115.7	111.5	25	**西藏**	**Tibet**	**114.1**	**120.0**	**114.6**	
海南	**Hainan**	**119.2**	**109.2**	**111.0**		拉萨	Lasa	114.7	117.5		
海口	Haikou	121.2	108.9	97.8	235	**陕西**	**Shaanxi**	**118.0**	**112.6**	**110.9**	
三亚	Sanya	122.4	109.2	105.2	204	西安	Xi'an	118.0	113.9	105.1	208
三沙	Sansha					铜川	Tongchuan	118.1	117.2	104.8	216
重庆	**Chongqing**	**122.7**	**113.4**	**112.7**		宝鸡	Baoji	117.5	115.3	104.9	213
四川	**Sichuan**	**122.0**	**111.5**	**108.9**		咸阳	Xianyang	118.7	116.5	105.0	211
成都	Chengdu	119.8	112.2	109.8	110	渭南	Weinan	120.7	115.3	104.9	213
自贡	Zigong	121.1	112.6	107.9	161	延安	Yan'an	114.8	105.6	105.5	193
攀枝花	Panzhihua	117.5	111.7	109.6	119	汉中	Hanzhong	119.6	118.6	105.4	197
泸州	Luzhou	126.6	112.3	112.2	14	榆林	Yulin	119.1	109.6	105.4	197
德阳	Deyang	118.3	111.4	110.1	93	安康	Ankang	121.5	119.8	105.5	193
绵阳	Mianyang	123.2	112.2	110.0	100	商洛	Shangluo	119.5	118.0	104.6	220
广元	Guangyuan	129.3	113.8	109.5	124	**甘肃**	**Gansu**	**115.3**	**111.5**	**109.2**	
遂宁	Suining	124.7	113.9	111.4	34	兰州	Lanzhou	113.7	112.3	109.2	131
内江	Neijiang	123.8	111.4	109.6	119	嘉峪关	Jiayuguan	120.8	114.7	111.3	39
乐山	Leshan	120.7	111.5	106.2	182	金昌	Jinchang	112.1	116.2	107.9	161
南充	Nanchong	123.5	113.8	106.7	176	白银	Baiyin	117.7	115.2	110.4	80
眉山	Meishan	123.8	112.3	111.1	46	天水	Tianshui	113.8	115.5	111.5	25
宜宾	Yibin	121.7	108.0	108.1	155	武威	Wuwei	119.1	116.4	111.4	34
广安	Guangan	124.5	113.4	111.1	46	张掖	Zhangye	116.5	114.9	108.1	155
达州	Dazhou	124.8	112.4	108.8	139	平凉	Pingliang	119.7	112.5	107.6	164
雅安	Yaan	122.2	103.2	112.7	11	酒泉	Jiuquan	125.1	115.1	108.1	155
巴中	Bazhong	130.3	115.5	110.0	100	庆阳	Qingyang	120.7	115.2	111.6	22
资阳	Ziyang	125.4	112.8	111.6	22	定西	Dingxi	113.5	115.8	111.7	20
贵州	**Guizhou**	**116.6**	**114.1**	**112.3**		陇南	Longnan	119.6	117.4	110.7	68
贵阳	Guiyang	115.1	118.6			**青海**	**Qinghai**	**119.3**	**112.3**	**110.0**	
六盘水	Liupanshui	117.9	116.6			西宁	Xining	121.2	118.0	116.9	3
遵义	Zunyi	119.1	118.6			海东	Haidong			120.7	1
安顺	Anshun	113.9	118.6			**宁夏**	**Ningxia**	**116.0**	**112.5**	**109.2**	
毕节	Bijie	119.8	117.2			银川	Yinchuan	119.0	111.8		
铜仁	Tongren	118.2	119.6			石嘴山	Shizuishan	115.2	112.4		
云南	**Yunnan**	**115.8**	**113.3**	**109.1**		吴忠	Wuzhong	114.2	113.8		
昆明	Kunming	116.6	113.2	108.3	152	固原	Guyuan	112.2	116.4		
曲靖	Qujing	115.5	115.2	100.1	234	中卫	Zhongwei	118.3	115.1		
玉溪	Yuxi	115.5	109.1	108.5	147	**新疆**	**Xinjiang**	**112.6**	**113.6**	**111.2**	
保山	Baoshan	117.5	118.1	114.8	6	乌鲁木齐	Urumqi	111.2	115.4	109.5	124
昭通	Zhaotong	119.9	119.8	103.4	227	克拉玛依	Karamay	118.4	105.9	100.7	233

3-8 第三产业增加值指数
Indices of Added Value of Tertiary Industry

（上年=100） (preceding year=100)

地名	City	2010	2013	2014	2014 排名 Ranking
全国	**Nation Total**	**109.8**	**108.3**	**107.8**	
北京	**Beijing**	**109.3**	**107.6**	**107.5**	
天津	**Tianjin**	**114.2**	**112.5**	**110.4**	
河北	**Hebei**	**113.1**	**108.4**	**109.7**	
石家庄	Shijiazhuang	113.2	110.5	109.9	78
唐山	Tangshan	112.3	107.3	105.8	230
秦皇岛	Qinhuangdao	111.8	108.0	105.3	239
邯郸	Handan	116.4	108.0	109.6	90
邢台	Xingtai	111.5	107.7	108.2	139
保定	Baoding	115.1	108.5	108.4	131
张家口	Zhangjiakou	112.2	107.5	104.7	246
承德	Chengde	113.3	108.8	109.6	90
沧州	Cangzhou	117.4	108.7	107.8	164
廊坊	Langfang	114.1	112.8	112.4	9
衡水	Hengshui	114.7	110.1	112.3	11
山西	**Shanxi**	**109.4**	**107.5**	**107.1**	
太原	Taiyuan	110.5	106.1	105.1	241
大同	Datong	111.2	108.1	104.2	248
阳泉	Yangquan	110.5	105.0	102.7	256
长治	Changzhi	109.8	105.8	104.8	245
晋城	Jincheng	110.4	107.3	104.0	252
朔州	Shuozhou	111.9	106.1	105.0	243
晋中	Jinzhong	110.2	105.3	105.6	234
运城	Yuncheng	109.8	108.0	104.1	250
忻州	Xinzhou	113.9	106.1	102.7	256
临汾	Linfen	110.6	105.8	105.5	237
吕梁	Lvliang	112.3	106.6	100.6	264
内蒙古	**Inner Mongolia**	**112.4**	**107.1**	**106.8**	
呼和浩特	Hohhot	113.3	107.9	108.3	134
包头	Baotou	114.2	107.9	107.2	190
乌海	Wuhai	111.8	108.6	108.0	153
赤峰	Chifeng	112.1	107.6	106.6	214
通辽	Tongliao	110.6	111.5	107.4	179
鄂尔多斯	Erdos	119.1	107.0	105.1	241
呼伦贝尔	Hulunbuir	110.8	107.2	107.2	190
巴彦淖尔	Bayannur	110.0	107.8	106.4	220
乌兰察布	Ulanqab	110.4	106.6	106.0	226
辽宁	**Liaoning**	**112.5**	**109.2**	**107.2**	
沈阳	Shenyang	113.7	107.6	106.9	203
大连	Dalian	110.8	109.1	106.9	203
鞍山	Anshan	117.9	107.3	107.1	199
抚顺	Fushun	115.3	107.9	106.5	218
本溪	Benxi	114.7	109.3	107.4	179
丹东	Dandong	113.1	110.0	107.1	199
锦州	Jinzhou	117.8	109.2	107.2	190
营口	Yingkou	119.0	109.2	107.2	190
阜新	Fuxin	113.8	108.4	106.4	220
辽阳	Liaoyang	118.0	108.3	107.3	185
盘锦	Panjin	117.7	108.8	107.3	185
铁岭	Tieling	114.4	108.5	101.3	262
朝阳	Chaoyang	116.2	107.4	106.6	214
葫芦岛	Huludao	112.8	109.0	104.2	248
吉林	**Jilin**	**112.6**	**108.7**	**106.9**	
长春	Changchun	112.6	107.8	106.6	214
吉林	Jilin	114.4	108.7	106.5	218
四平	Siping	111.3	109.8	107.8	164
辽源	Liaoyuan	110.5	110.1	108.2	139
通化	Tonghua	112.7	109.6	106.7	212
白山	Baishan	108.3	109.2	106.9	203
松原	Songyuan	114.8	112.9	108.1	148
白城	Baicheng	114.6	112.7	105.9	227
黑龙江	**Heilongjiang**	**111.8**	**110.4**	**108.9**	
哈尔滨	Harbin	113.5	109.0	108.3	134
齐齐哈尔	Qiqihar	115.2	109.3	105.8	230
鸡西	Jixi	110.2	102.1	104.0	252
鹤岗	Hegang	112.3	95.7	97.4	265
双鸭山	Shuangyashan	121.3	102.1	94.0	266
大庆	Daqing	116.3	111.0	108.0	153
伊春	Yichun	110.1	110.3	93.6	267
佳木斯	Jiamusi	117.3	108.9	106.9	203
七台河	Qitaihe	116.9	102.5	101.6	261
牡丹江	Mudanjiang	111.8	111.2	105.5	237
黑河	Heihe	110.4	109.9	106.4	220
绥化	Suihua	112.6	108.5	105.6	234
上海	**Shanghai**	**105.7**	**108.8**	**108.8**	
江苏	**Jiangsu**	**113.3**	**109.8**	**110.0**	

注：本表按不变价格计算。

Note: Data in this table are calculated at constant prices.

3-8 第三产业增加值指数 续表 1
Indices of Added Value of Tertiary Industry continued 1

(上年=100) (preceding year=100)

地名	City	2010	2013	2014	2014 排名 Ranking	地名	City	2010	2013	2014	2014 排名 Ranking
南京	Nanjing	113.0	111.3	111.5	23	池州	Chizhou	112.4	109.7	109.6	90
无锡	Wuxi	113.7	110.3	110.3	63	宣城	Xuancheng	110.8	109.6	108.4	131
徐州	Xuzhou	113.2	112.8	113.6	1	**福建**	**Fujian**	**110.6**	**109.6**	**108.1**	
常州	Changzhou	113.6	111.2	111.5	23	福州	Fuzhou	111.5	110.8	109.4	98
苏州	Suzhou	113.7	112.7	111.1	36	厦门	Xiamen	113.5	107.7	110.9	43
南通	Nantong	113.6	112.9	112.0	13	莆田	Putian	110.5	111.5	111.4	27
连云港	Lianyungang	113.3	113.1	110.5	55	三明	Sanming	110.1	107.9	108.3	134
淮安	Huaian	114.1	113.3	112.5	8	泉州	Quanzhou	107.8	110.2	108.2	139
盐城	Yancheng	113.6	113.4	112.0	13	漳州	Zhangzhou	111.5	109.1	109.4	98
扬州	Yangzhou	113.9	112.7	112.0	13	南平	Nanping	110.1	109.5	109.2	107
镇江	Zhenjiang	113.4	112.2	111.4	27	龙岩	Longyan	110.5	107.8	108.0	153
泰州	Taizhou	113.9	112.7	112.3	11	宁德	Ningde	109.2	107.9	107.8	164
宿迁	Suqian	113.0	113.0	111.1	36	**江西**	**Jiangxi**	**111.2**	**109.1**	**109.1**	
浙江	**Zhejiang**	**112.3**	**108.7**	**108.6**		南昌	Nanchang	112.2	109.8	107.8	164
杭州	Hangzhou	112.3	109.0			景德镇	Jingdezhen	116.2	109.1	107.1	199
宁波	Ningbo	112.2	108.8			萍乡	Pingxiang	116.2	109.0	107.2	190
温州	Wenzhou	110.5	108.0			九江	Jiujiang	114.0	109.1	110.2	65
嘉兴	Jiaxing	112.7	109.4			新余	Xinyu	112.9	106.0	105.6	234
湖州	Huzhou	114.5	109.0			鹰潭	Yingtan	115.4	109.1	107.4	179
绍兴	Shaoxing	114.1	109.0			赣州	Ganzhou	115.6	109.8	109.1	111
金华	Jinhua	113.5	109.6			吉安	Jian	113.3	110.0	112.7	6
衢州	Quzhou	112.8	109.0			宜春	Yichun	109.7	109.0	102.5	258
舟山	Zhoushan	112.2	107.9			抚州	Fuzhou	115.7	109.0	110.1	70
台州	Taizhou	112.9	108.7			上饶	Shangrao	113.5	108.9	110.0	72
丽水	Lishui	112.0	108.0			**山东**	**Shandong**	**113.5**	**109.2**	**108.9**	
安徽	**Anhui**	**110.1**	**109.5**	**109.5**		济南	Jinan	114.9	109.7	109.1	111
合肥	Hefei	112.7	110.6	108.8	122	青岛	Qingdao	114.4	110.5	107.9	160
芜湖	Wuhu	112.4	109.4	110.8	47	淄博	Zibo	117.4	108.7	105.9	227
蚌埠	Bengbu	109.8	109.5	109.4	98	枣庄	Zaozhuang	120.0	109.0	109.6	90
淮南	Huainan	112.4	109.1	106.7	212	东营	Dongying	114.5	110.3	109.2	107
马鞍山	Maanshan	111.7	109.1	108.0	153	烟台	Yantai	120.3	110.4	110.4	59
淮北	Huaibei	109.0	107.3	108.2	139	潍坊	Weifang	116.0	111.4	109.3	105
铜陵	Tongling	109.9	107.3	107.3	185	济宁	Jining	115.4	112.1	110.0	72
安庆	Anqing	110.5	109.3	107.3	185	泰安	Taian	118.1	111.3	109.1	111
黄山	Huangshan	109.8	108.5	108.6	127	威海	Weihai	117.8	112.5	110.6	51
滁州	Chuzhou	110.0	109.8	109.0	118	日照	Rizhao	114.3	112.1	111.7	19
阜阳	Fuyang	109.6	109.9	108.0	153	莱芜	Laiwu	113.0	108.3	108.2	139
宿州	Suzhou	110.5	110.8	111.0	41	临沂	Linyi	115.1	111.3	110.8	47
六安	Liuan	107.8	107.0	107.1	199	德州	Dezhou	113.8	111.2	110.5	55
亳州	Bozhou	110.6	110.2	109.1	111	聊城	Liaocheng	115.9	110.3	110.3	63

3-8 第三产业增加值指数 续表 2

Indices of Added Value of Tertiary Industry continued 2

（上年=100） (preceding year=100)

地名	City	2010	2013	2014	2014 排名 Ranking	地名	City	2010	2013	2014	2014 排名 Ranking
滨州	Binzhou	117.9	108.6	107.4	179	常德	Changde	113.9	113.2	113.3	4
菏泽	Heze	117.4	112.5	111.8	17	张家界	Zhangjiajie	114.4	105.3	112.7	6
河南	**Henan**	**111.4**	**108.8**	**109.6**		益阳	Yiyang	113.7	112.6	113.5	2
郑州	Zhengzhou	110.8	109.6	109.0	117	郴州	Chenzhou	111.4	112.2	111.5	23
开封	Kaifeng	113.5	110.0	110.0	77	永州	Yongzhou	114.3	112.5	111.3	31
洛阳	Luoyang	109.2	107.7	108.7	126	怀化	Huaihua	112.9	112.4	103.5	254
平顶山	Pingdingshan	111.5	107.7	106.2	225	娄底	Loudi	111.8	113.4	108.5	130
安阳	Anyang	110.5	106.0	108.1	152	**广东**	**Guangdong**	**110.6**	**109.9**	**108.0**	
鹤壁	Hebi	108.9	108.0	107.9	160	广州	Guangzhou	113.6	113.3	109.4	98
新乡	Xinxiang	110.6	108.5	107.6	169	韶关	Shaoguan	113.9	110.5	109.7	82
焦作	Jiaozuo	106.3	107.2	108.4	133	深圳	Shenzhen	110.1	111.7	109.7	82
濮阳	Puyang	110.1	109.1	107.5	172	珠海	Zhuhai	107.1	109.2	108.8	122
许昌	Xuchang	110.3	108.5	109.2	110	汕头	Shantou	111.8	107.9	108.6	127
漯河	Luohe	110.5	107.3	106.8	211	佛山	Foshan	113.4	107.6	107.3	185
三门峡	Sanmenxia	111.2	108.5	108.2	147	江门	Jiangmen	111.9	106.8	106.8	209
南阳	Nanyang	111.2	109.0	110.0	76	湛江	Zhanjiang	116.5	113.2	107.4	179
商丘	Shangqiu	113.2	109.4	110.0	75	茂名	Maoming	117.7	115.2	108.9	120
信阳	Xinyang	112.2	109.3	110.2	69	肇庆	Zhaoqing	111.4	108.5	110.2	65
周口	Zhoukou	109.5	107.4	110.5	54	惠州	Huizhou	110.6	111.0	107.5	172
驻马店	Zhumadian	112.6	109.6	110.3	62	梅州	Meizhou	113.6	111.5	108.2	139
湖北	**Hubei**	**111.3**	**110.0**	**110.5**		汕尾	Shanwei	114.7	106.9	109.0	118
武汉	Wuhan	112.5	110.0	109.5	96	河源	Heyuan	113.1	108.9	106.9	203
黄石	Huangshi	111.1	110.1	110.5	55	阳江	Yangjiang	117.2	109.6	106.8	209
十堰	Shiyan	110.6	109.2	109.6	90	清远	Qingyuan	117.6	108.8	104.1	250
宜昌	Yichang	113.5	111.6	111.1	36	东莞	Dongguan	104.1	109.4	106.3	224
襄阳	Xiangyang	114.6	110.7	111.0	41	中山	Zhongshan	112.0	109.0	107.9	160
鄂州	Ezhou	109.0	109.0	110.5	55	潮州	Chaozhou	114.0	107.3	107.9	160
荆门	Jingmen	113.3	110.5	110.2	65	揭阳	Jieyang	112.7	108.4	112.0	13
孝感	Xiaogan	111.6	109.6	111.4	27	云浮	Yunfu	110.8	110.1	108.3	134
荆州	Jingzhou	110.6	110.2	111.8	17	**广西**	**Guangxi**	**111.1**	**110.2**	**108.1**	
黄冈	Huanggang	116.2	111.9	109.7	82	南宁	Nanning	113.7	108.1	108.2	139
咸宁	Xianning	114.5	109.0	111.2	33	柳州	Liuzhou	109.8	107.6	109.7	82
随州	Suizhou	112.5	110.5	111.6	20	桂林	Guilin	110.3	107.3	106.6	214
湖南	**Hunan**	**111.7**	**111.4**	**111.0**		梧州	Wuzhou	110.2	107.9	105.0	243
长沙	Changsha	111.5	112.1	109.7	82	北海	Beihai	110.0	108.1	105.7	233
株洲	Zhuzhou	112.6	110.6	111.2	33	防城港	Fangchenggang	119.9	105.9	105.2	240
湘潭	Xiangtan	111.5	113.3	112.4	9	钦州	Qinzhou	115.5	106.3	107.5	172
衡阳	Hengyang	113.1	112.8	113.1	5	贵港	Guigang	112.0	106.2	106.4	220
邵阳	Shaoyang	114.4	112.8	113.5	2	玉林	Yulin	112.8	107.8	107.2	190
岳阳	Yueyang	110.7	111.8	111.4	27	百色	Baise	110.5	107.2	107.8	164

3-8 第三产业增加值指数 续表 3

Indices of Added Value of Tertiary Industry continued 3

(上年=100) (preceding year=100)

地名	City	2010	2013	2014	2014 排名 Ranking
贺州	Hezhou	110.1	106.1	108.1	148
河池	Hechi	111.4	104.9	105.9	227
来宾	Laibin	117.6	107.8	109.4	98
崇左	Chongzuo	114.0	107.8	107.5	172
海南	**Hainan**	**120.1**	**112.1**	**108.8**	
海口	Haikou	118.8	110.5	111.1	36
三亚	Sanya	123.5	111.1	103.2	255
三沙	Sansha				
重庆	**Chongqing**	**112.4**	**112.0**	**110.0**	
四川	**Sichuan**	**110.2**	**109.9**	**109.4**	
成都	Chengdu	111.8	108.8	108.6	127
自贡	Zigong	111.0	111.5	108.0	153
攀枝花	Panzhihua	109.0	108.0	108.8	122
泸州	Luzhou	107.3	112.0	110.9	43
德阳	Deyang	111.3	109.9	108.7	125
绵阳	Mianyang	110.2	109.1	109.7	82
广元	Guangyuan	111.4	110.0	111.3	31
遂宁	Suining	108.1	110.5	109.7	82
内江	Neijiang	107.9	110.7	109.8	79
乐山	Leshan	112.2	110.5	110.4	59
南充	Nanchong	110.2	111.0	110.4	59
眉山	Meishan	108.0	112.0	111.1	36
宜宾	Yibin	108.9	111.0	110.0	72
广安	Guangan	110.0	110.5	111.6	20
达州	Dazhou	107.0	110.4	110.9	43
雅安	Yaan	109.3	106.4	110.6	51
巴中	Bazhong	109.4	109.0	110.9	43
资阳	Ziyang	110.5	110.7	110.1	70
贵州	**Guizhou**	**112.1**	**112.6**	**110.4**	
贵阳	Guiyang	114.3	114.6		
六盘水	Liupanshui	114.2	116.0		
遵义	Zunyi	113.5	114.5		
安顺	Anshun	113.1	115.4		
毕节	Bijie	114.7	116.0		
铜仁	Tongren	115.0	117.4		
云南	**Yunnan**	**111.5**	**112.4**	**107.4**	
昆明	Kunming	112.6	113.1	108.1	148
曲靖	Qujing	112.4	112.4	107.6	170
玉溪	Yuxi	109.2	113.7	107.4	179
保山	Baoshan	113.5	112.9	110.7	49
昭通	Zhaotong	112.6	106.2	107.5	172
丽江	Lijiang	113.6	107.7	108.0	153
普洱	Puer	113.6	107.1	109.4	98
临沧	Lincang	113.9	112.9	110.2	65
西藏	**Tibet**	**113.7**	**108.7**	**109.5**	
拉萨	Lasa	113.0	110.0		
陕西	**Shaanxi**	**112.1**	**109.9**	**108.9**	
西安	Xi'an	112.5	109.3	110.7	49
铜川	Tongchuan	112.8	107.8	110.6	51
宝鸡	Baoji	109.4	109.5	109.4	98
咸阳	Xianyang	111.7	110.7	108.2	139
渭南	Weinan	110.6	109.6	109.7	82
延安	Yan'an	111.0	110.1	109.3	105
汉中	Hanzhong	114.3	109.5	109.5	96
榆林	Yulin	118.2	107.1	107.2	190
安康	Ankang	113.9	109.5	109.1	111
商洛	Shangluo	114.7	109.4	108.1	148
甘肃	**Gansu**	**109.9**	**111.5**	**109.5**	
兰州	Lanzhou	112.4	114.8	111.6	20
嘉峪关	Jiayuguan	105.9	110.7	105.8	230
金昌	Jinchang	108.4	113.1	107.5	172
白银	Baiyin	110.1	110.8	107.2	190
天水	Tianshui	111.0	110.1	107.6	170
武威	Wuwei	112.9	113.1	108.3	134
张掖	Zhangye	110.8	112.5	109.6	90
平凉	Pingliang	112.8	112.5	109.1	111
酒泉	Jiuquan	112.9	110.1	107.5	172
庆阳	Qingyang	109.4	116.4	108.9	120
定西	Dingxi	112.1	111.8	109.8	79
陇南	Longnan	110.2	110.8	109.2	107
青海	**Qinghai**	**112.1**	**109.8**	**108.8**	
西宁	Xining	116.1	109.7	109.8	81
海东	Haidong			111.4	26
宁夏	**Ningxia**	**111.6**	**107.5**	**106.9**	
银川	Yinchuan	111.1	108.4	107.2	190
石嘴山	Shizuishan	110.8	106.0	101.3	262
吴忠	Wuzhong	110.5	107.6	102.5	258
固原	Guyuan	108.6	112.7	106.9	203
中卫	Zhongwei	110.6	108.6	101.7	260
新疆	**Xinjiang**	**110.8**	**109.3**	**110.4**	
乌鲁木齐	Urumqi	113.3	114.8	111.2	33
克拉玛依	Karamay	110.0	114.8	104.4	247

3-9 人均地区生产总值
Per Capita Gross Regional Product

单位：元 (yuan)

地名	City	2010	2013	2014	2014 排名 Ranking
全国	**Nation Total**	**30015**	**41908**	**46629**	
北京	**Beijing**	**75856**	**93213**	**99995**	
天津	**Tianjin**	**72994**	**99607**	**105231**	
河北	**Hebei**	**28668**	**38716**	**39984**	
石家庄	Shijiazhuang	33915	46574	48970	113
唐山	Tangshan	59389	79617	80450	37
秦皇岛	Qinhuangdao	31182	38530	39282	149
邯郸	Handan	26143	32899	32943	181
邢台	Xingtai	17189	22277	22758	254
保定	Baoding	18451	25513	26501	225
张家口	Zhangjiakou	22517	29908	30540	198
承德	Chengde	25698	36235	38128	156
沧州	Cangzhou	31091	41406	42676	140
廊坊	Langfang	31844	43628	48407	115
衡水	Hengshui	18076	24330	26022	231
山西	**Shanxi**	**26283**	**34813**	**35070**	
太原	Taiyuan	46144	56547	59023	73
大同	Datong	21360	28741	29607	204
阳泉	Yangquan	31898	44251	44382	131
长治	Changzhi	27642	39474	39196	150
晋城	Jincheng	32329	44940	44943	130
朔州	Shuozhou	41107	59003	57368	75
晋中	Jinzhong	23575	31015	31434	191
运城	Yuncheng	16170	21887	22940	253
忻州	Xinzhou	14188	21074	21796	261
临汾	Linfen	20841	27949	27557	217
吕梁	Lvliang	23013	32484	28960	207
内蒙古	**Inner Mongolia**	**47347**	**67498**	**71046**	
呼和浩特	Hohhot	65518	90941	95961	25
包头	Baotou	93441	124586	130676	6
乌海	Wuhai	73801	104420	108556	12
赤峰	Chifeng	24967	39126	41309	145
通辽	Tongliao	37489	56955	60380	68
鄂尔多斯	Erdos	138109	196728	200152	1
呼伦贝尔	Hulunbuir	36552	56470	60152	69
巴彦淖尔	Bayannur	36048	49996	51872	103
乌兰察布	Ulanqab	26459	39215	41138	146
辽宁	**Liaoning**	**42355**	**61686**	**65201**	
沈阳	Shenyang	62357	86850	85816	33
大连	Dalian	77704	110600	109939	11
鞍山	Anshan	58426	72606	66860	55
抚顺	Fushun	41810	63922	61183	66
本溪	Benxi	50612	69118	67879	52
丹东	Dandong	29893	45596	42291	143
锦州	Jinzhou	29264	43497	44264	133
营口	Yingkou	41452	61937	63234	63
阜新	Fuxin	20819	34259	33882	173
辽阳	Liaoyang	39686	58236	54800	89
盘锦	Panjin	66976	94052	90615	26
铁岭	Tieling	26556	34143	32562	184
朝阳	Chaoyang	21536	33591	33379	177
葫芦岛	Huludao	20302	29915	28021	213
吉林	**Jilin**	**31599**	**47191**	**50160**	
长春	Changchun	43936	66286	70891	44
吉林	Jilin	41479	60877	55548	85
四平	Siping	22942	36292	36900	161
辽源	Liaoyuan	33137	57421	56467	79
通化	Tonghua	27690	44909	45378	128
白山	Baishan	33524	52831	53300	97
松原	Songyuan	38136	57639	56868	77
白城	Baicheng	21973	34411	34586	172
黑龙江	**Heilongjiang**	**27076**	**37509**	**39226**	
哈尔滨	Harbin	36951	50435	53872	94
齐齐哈尔	Qiqihar	16309	23191	23099	252
鸡西	Jixi	22083	30653	27881	215
鹤岗	Hegang	23044	29594	24154	246
双鸭山	Shuangyashan	26215	36983	28964	206
大庆	Daqing	103576	148209	146518	5
伊春	Yichun	15924	22911	20885	265
佳木斯	Jiamusi	20254	31613	32864	183
七台河	Qitaihe	32891	26122	25123	238
牡丹江	Mudanjiang	27545	41251	42792	139
黑河	Heihe	14994	22400	24731	239
绥化	Suihua	12576	21700	21467	263
上海	**Shanghai**	**76074**	**90092**	**97370**	
江苏	**Jiangsu**	**52840**	**74607**	**81879**	

注：本表按当年价格计算。

Note: Data in this table are calculated at current prices.

3-9 人均地区生产总值 续表 1
Per Capita Gross Regional Product continued 1

单位：元 (yuan)

地名	City	2010	2013	2014	2014 排名 Ranking	地名	City	2010	2013	2014	2014 排名 Ranking
南京	Nanjing	65273	98011	107545	14	池州	Chizhou	21476	32541	36267	163
无锡	Wuxi	92167	124640	126389	9	宣城	Xuancheng	20779	32928	35726	165
徐州	Xuzhou	34084	51714	57655	74	**福建**	**Fujian**	**40025**	**57856**	**63472**	
常州	Changzhou	67327	92995	104423	15	福州	Fuzhou	44000	64045	69995	50
苏州	Suzhou	93043	123209	129925	7	厦门	Xiamen	59323	81572	86832	30
南通	Nantong	48083	69049	77457	39	莆田	Putian	30584	47619	52890	100
连云港	Lianyungang	26987	40416	44277	132	三明	Sanming	38866	58986	64590	59
淮安	Huaian	28861	44774	50736	106	泉州	Quanzhou	43963	62679	68254	51
盐城	Yancheng	31640	48150	53115	98	漳州	Zhangzhou	29755	45494	50685	107
扬州	Yangzhou	49786	72775	82654	35	南平	Nanping	27450	42127	47044	119
镇江	Zhenjiang	64284	92633	102652	17	龙岩	Longyan	38603	57472	62716	64
泰州	Taizhou	44118	64917	72706	43	宁德	Ningde	26089	43617	48369	116
宿迁	Suqian	22525	35484	39963	148	**江西**	**Jiangxi**	**21253**	**31771**	**34674**	
浙江	**Zhejiang**	**51711**	**68462**	**73002**		南昌	Nanchang	43961	64678	70373	48
杭州	Hangzhou	69828	94566	103813	16	景德镇	Jingdezhen	29155	42130	45438	127
宁波	Ningbo	69368	93176	98362	21	萍乡	Pingxiang	28106	42515	45867	124
温州	Wenzhou	32586	43632	47118	118	九江	Jiujiang	21863	33500	37097	160
嘉兴	Jiaxing	52143	69164	73458	41	新余	Xinyu	55538	73275	77730	38
湖州	Huzhou	45323	61953	66917	54	鹰潭	Yingtan	30769	48541	53011	99
绍兴	Shaoxing	57580	80212	86136	32	赣州	Ganzhou	13397	19768	21708	262
金华	Jinhua	39897	54656	59056	72	吉安	Jian	15002	23126	25486	235
衢州	Quzhou	35500	49791	43740	135	宜春	Yichun	16080	25352	27764	216
舟山	Zhoushan	58378	81582	88746	27	抚州	Fuzhou	16134	23780	26119	229
台州	Taizhou	41172	52368	56208	82	上饶	Shangrao	13729	21061	23221	250
丽水	Lishui	31296	46383	49459	111	**山东**	**Shandong**	**41106**	**56323**	**60879**	
安徽	**Anhui**	**20888**	**31684**	**34425**		济南	Jinan	57947	74994	82052	36
合肥	Hefei	48312	61555	67689	53	青岛	Qingdao	65812	89797	96524	24
芜湖	Wuhu	49013	58532	64039	60	淄博	Zibo	63384	82889	87531	29
蚌埠	Bengbu	20223	31482	35542	167	枣庄	Zaozhuang	36817	48346	51890	102
淮南	Huainan	26287	34897	33361	178	东营	Dongying	116404	156356	163982	2
马鞍山	Maanshan	60712	58733	60091	70	烟台	Yantai	62254	80357	85795	34
淮北	Huaibei	22309	32996	35324	168	潍坊	Weifang	34260	47943	51826	104
铜陵	Tongling	64496	92599	97193	23	济宁	Jining	31541	42796	46213	123
安庆	Anqing	18647	26596	28808	209	泰安	Taian	37376	50296	53853	95
黄山	Huangshan	22791	34725	37306	157	威海	Weihai	69187	91010	99392	20
滁州	Chuzhou	17693	27474	30562	197	日照	Rizhao	36870	52778	56349	80
阜阳	Fuyang	9528	13839	15303	281	莱芜	Laiwu	42392	49390	51352	105
宿州	Suzhou	12195	18768	20895	264	临沂	Linyi	24067	32902	35032	170
六安	Liuan	12074	17828	19211	271	德州	Dezhou	29858	43542	45641	126
亳州	Bozhou	10615	16071	17769	275	聊城	Liaocheng	28444	40084	42482	142

3-9 人均地区生产总值 续表 2
Per Capita Gross Regional Product continued 2

单位：元 (yuan)

地名	City	2010	2013	2014	2014 排名 Ranking	地名	City	2010	2013	2014	2014 排名 Ranking
滨州	Binzhou	41643	56771	59557	71	常德	Changde	26551	39169	43215	137
菏泽	Heze	14829	24542	26446	226	张家界	Zhangjiajie	16238	24259	27051	221
河南	**Henan**	**24446**	**34174**	**37072**		益阳	Yiyang	16710	25773	28596	210
郑州	Zhengzhou	47608	68073	72991	42	郴州	Chenzhou	24015	36256	39999	147
开封	Kaifeng	19750	29327	32454	185	永州	Yongzhou	14853	22210	24295	245
洛阳	Luoyang	35762	47569	49417	112	怀化	Huaihua	14371	23285	24368	244
平顶山	Pingdingshan	26730	31496	33014	180	娄底	Loudi	17569	29249	31509	189
安阳	Anyang	25330	33100	35210	169	**广东**	**Guangdong**	**44736**	**58540**	**63469**	
鹤壁	Hebi	28531	38919	42550	141	广州	Guangzhou	87458	119695	128478	8
新乡	Xinxiang	21196	31138	33699	174	韶关	Shaoguan	24050	35063	38386	155
焦作	Jiaozuo	35767	48545	52421	101	深圳	Shenzhen	94296	136948	149495	4
濮阳	Puyang	21787	31483	34895	171	珠海	Zhuhai	77888	104786	116537	10
许昌	Xuchang	30536	44297	48471	114	汕头	Shantou	22776	28661	31201	195
漯河	Luohe	26974	33568	36671	162	佛山	Foshan	80313	96310	101617	19
三门峡	Sanmenxia	39176	53863	55259	86	江门	Jiangmen	35622	44546	46237	122
南阳	Nanyang	19145	24692	26651	224	湛江	Zhanjiang	20161	28859	31420	192
商丘	Shangqiu	15085	21073	23359	249	茂名	Maoming	25496	36063	38951	152
信阳	Xinyang	16936	24754	27490	219	肇庆	Zhaoqing	27987	41479	45795	125
周口	Zhoukou	12944	20359	22651	255	惠州	Huizhou	38650	57144	63657	62
驻马店	Zhumadian	14117	22296	24461	242	梅州	Meizhou	14554	18603	20529	268
湖北	**Hubei**	**27906**	**42613**	**47145**		汕尾	Shanwei	15845	22560	23928	247
武汉	Wuhan	56367	89000	98000	22	河源	Heyuan	16301	22499	25208	237
黄石	Huangshi	28481	46750	49796	110	阳江	Yangjiang	26676	42017	46938	120
十堰	Shiyan	21267	32094	35604	166	清远	Qingyuan	29487	28928	31477	190
宜昌	Yichang	38114	68846	76369	40	东莞	Dongguan	52798	66109	70605	46
襄阳	Xiangyang	27968	50512	55924	84	中山	Zhongshan	60797	83393	88682	28
鄂州	Ezhou	37928	59791	64851	58	潮州	Chaozhou	21107	28837	31302	193
荆门	Jingmen	25614	41668	45378	128	揭阳	Jieyang	17264	26866	29600	205
孝感	Xiaogan	16630	25585	27891	214	云浮	Yunfu	17074	24863	27252	220
荆州	Jingzhou	14707	23259	25774	233	**广西**	**Guangxi**	**20219**	**30588**	**33090**	
黄冈	Huanggang	13421	21314	23128	251	南宁	Nanning	26330	38994	43303	136
咸宁	Xianning	21129	35166	38770	153	柳州	Liuzhou	35230	52342	57049	76
随州	Suizhou	18381	30377	33156	179	桂林	Guilin	22780	31765	37288	158
湖南	**Hunan**	**24719**	**36763**	**40271**		梧州	Wuzhou	19430	33710	31293	194
长沙	Changsha	66464	99570	107683	13	北海	Beihai	25657	46560	53603	96
株洲	Zhuzhou	33604	49723	54741	91	防城港	Fangchenggang	37264	58810	65184	57
湘潭	Xiangtan	32305	51717	55968	83	钦州	Qinzhou	16421	23957	26971	222
衡阳	Hengyang	20419	30030	32934	182	贵港	Guigang	12932	17650	19004	272
邵阳	Shaoyang	10468	15727	17498	276	玉林	Yulin	15011	21349	23784	248
岳阳	Yueyang	28849	43953	47862	117	百色	Baise	16106	22762	25806	232

3-9 人均地区生产总值 续表 3
Per Capita Gross Regional Product continued 3

单位：元 (yuan)

地名	City	2010	2013	2014	2014 排名 Ranking	地名	City	2010	2013	2014	2014 排名 Ranking
贺州	Hezhou	14589	21261	22345	259	丽江	Lijiang	11680	19661	20663	267
河池	Hechi	12991	15440	17474	277	普洱	Puer	9773	16491	18422	274
来宾	Laibin	18385	24069	25563	234	临沧	Lincang	8988	16839	18710	273
崇左	Chongzuo	18734	28886	31944	187	**西藏**	**Tibet**	**17319**	**26068**	**29252**	
海南	**Hainan**	**23831**	**35317**	**38924**		拉萨	Lasa	23775	51663	56617	78
海口	Haikou	38731	41955	49943	109	**陕西**	**Shaanxi**	**27133**	**42692**	**46929**	
三亚	Sanya	42977	64940	54584	92	西安	Xi'an	38343	56988	63794	61
三沙	Sansha					铜川	Tongchuan	22317	38248	38552	154
重庆	**Chongqing**		**42795**	**47850**		宝鸡	Baoji	26201	41327	43824	134
四川	**Sichuan**	**21182**	**32454**	**35128**		咸阳	Xianyang	22469	37695	41971	144
成都	Chengdu	41253	63977	70019	49	渭南	Weinan	15149	25327	26675	223
自贡	Zigong	23613	36745	39145	151	延安	Yan'an	40621	61493	62714	65
攀枝花	Panzhihua	43959	65001	70646	45	汉中	Hanzhong	14907	25769	28908	208
泸州	Luzhou	16698	26848	29655	203	榆林	Yulin	52437	84634	86482	31
德阳	Deyang	25335	39573	43091	138	安康	Ankang	12428	22938	26117	230
绵阳	Mianyang	20053	31237	33558	176	商洛	Shangluo	12197	21795	24538	241
广元	Guangyuan	12313	20443	22117	260	**甘肃**	**Gansu**	**16113**	**24296**	**26433**	
遂宁	Suining	14498	22517	24691	240	兰州	Lanzhou	30672	48852	54771	90
内江	Neijiang	18022	28735	31024	196	嘉峪关	Jiayuguan	83214	96335	101955	18
乐山	Leshan	22490	34863	37125	159	金昌	Jinchang	45374	53854	54565	93
南充	Nanchong	13212	21059	22639	256	白银	Baiyin	17956	27004	26174	228
眉山	Meishan	18586	28934	31664	188	天水	Tianshui	9202	13820	15852	280
宜宾	Yibin	19499	30093	32318	186	武威	Wuwei	12250	20975	22406	258
广安	Guangan	15588	25933	28489	212	张掖	Zhangye	17093	27788	29852	202
达州	Dazhou	14623	22632	24411	243	平凉	Pingliang	11202	16364	16776	278
雅安	Yaan	18881	27317	30052	201	酒泉	Jiuquan	38305	58041	55000	88
巴中	Bazhong	8717	12556	13756	282	庆阳	Qingyang	15095	27261	30087	200
资阳	Ziyang	16644	30514	33592	175	定西	Dingxi	5530	9106	10470	284
贵州	**Guizhou**	**13119**	**22922**	**26437**		陇南	Longnan	6020	9699	10171	285
贵阳	Guiyang	26209	46479	55018	87	**青海**	**Qinghai**	**24115**	**36510**	**39671**	
六盘水	Liupanshui	17462	30770	36228	164	西宁	Xining	28428	43346	46762	121
遵义	Zunyi	14650	25852	30484	199	海东	Haidong			25446	236
安顺	Anshun	10014	18725	22569	257	**宁夏**	**Ningxia**	**26860**	**39420**	**41834**	
毕节	Bijie	9113	15953	19369	270	银川	Yinchuan	42771	62437	65942	56
铜仁	Tongren	9304	17270	20826	266	石嘴山	Shizuishan	41066	59477	61001	67
云南	**Yunnan**	**15752**	**25083**	**27264**		吴忠	Wuzhong	16607	26622	28572	211
昆明	Kunming	33549	52094	56236	81	固原	Guyuan	8187	14718	16268	279
曲靖	Qujing	17236	26599	27529	218	中卫	Zhongwei	15596	25759	26354	227
玉溪	Yuxi	32068	47215	50511	108	**新疆**	**Xinjiang**	**25034**	**37181**	**40648**	
保山	Baoshan	10469	17658	19566	269	乌鲁木齐	Urumqi	43039	64695	70428	47
昭通	Zhaotong	7193	11933	12480	283	克拉玛依	Karamay	121387	149127	153084	3

3-10　人均地区生产总值指数
Indices of Per Capita Gross Regional Product

单位：上年=100　　(preceding year=100)

地名	City	2010	2012	2013	2013 排名 Ranking	地名	City	2010	2012	2013	2013 排名 Ranking
全国	**Nation Total**	**109.9**	**107.1**	**107.1**		沈阳	Shenyang	112.5	109.1	108.3	227
北京	**Beijing**	**102.4**	**104.9**	**105.2**		大连	Dalian	113.5	109.2	107.1	262
天津	**Tianjin**	**111.7**	**109.2**	**107.9**		鞍山	Anshan	115.5	109.3	105.7	275
河北	**Hebei**	**110.6**	**108.9**	**107.5**		抚顺	Fushun	117.4	111.6	109.9	139
石家庄	Shijiazhuang	110.4	109.3	108.3	227	本溪	Benxi	114.7	110.0	109.4	164
唐山	Tangshan	111.9	109.8	107.7	249	丹东	Dandong	115.3	111.0	108.3	227
秦皇岛	Qinhuangdao	111.7	108.5	106.3	272	锦州	Jinzhou	115.7	110.9	109.4	164
邯郸	Handan	110.8	109.9	106.8	268	营口	Yingkou	116.9	110.5	108.5	218
邢台	Xingtai	110.7	108.9	106.9	266	阜新	Fuxin	117.7	111.5	109.1	186
保定	Baoding	112.5	109.8	108.1	239	辽阳	Liaoyang	115.4	110.5	109.2	184
张家口	Zhangjiakou	112.3	109.4	107.5	255	盘锦	Panjin	116.4	109.2	108.8	212
承德	Chengde	110.3	110.1	108.9	202	铁岭	Tieling	116.2	109.5	107.1	262
沧州	Cangzhou	113.2	109.8	108.2	236	朝阳	Chaoyang	116.9	111.8	109.2	184
廊坊	Langfang	109.1	108.7	108.3	227	葫芦岛	Huludao	115.0	110.0	107.3	260
衡水	Hengshui	112.7	109.8	108.5	218	吉林	**Jilin**	**114.8**	**111.9**	**108.2**	
山西	**Shanxi**	**111.2**	**109.6**	**108.4**		长春	Changchun	114.8	112.1	109.0	195
太原	Taiyuan	109.3	109.8	107.6	251	吉林	Jilin	112.4	112.0	108.8	212
大同	Datong	114.2	109.4	107.7	249	四平	Siping	103.7	113.2	110.8	84
阳泉	Yangquan	112.4	109.3	106.5	271	辽源	Liaoyuan	115.7	112.3	109.9	139
长治	Changzhi	112.9	110.1	108.0	241	通化	Tonghua	117.4	112.4	113.3	15
晋城	Jincheng	112.6	110.9	108.9	202	白山	Baishan	117.7	112.8	107.0	264
朔州	Shuozhou	108.6	110.4	108.4	224	松原	Songyuan	117.1	112.2	110.0	133
晋中	Jinzhong	113.5	109.6	108.5	218	白城	Baicheng	119.6	113.0	112.2	35
运城	Yuncheng	113.7	107.2	108.6	217	黑龙江	**Heilongjiang**	**112.6**	**110.1**	**107.9**	
忻州	Xinzhou	113.9	111.0	108.5	218	哈尔滨	Harbin	113.9	109.9	110.3	115
临汾	Linfen	115.3	109.6	107.9	243	齐齐哈尔	Qiqihar	119.2	108.9	108.4	224
吕梁	Lvliang	120.1	110.2	108.9	202	鸡西	Jixi	116.6	114.6	101.5	282
内蒙古	**Inner Mongolia**	**114.4**	**111.1**	**108.7**		鹤岗	Hegang	116.5	113.7	91.0	283
呼和浩特	Hohhot	110.9	109.5	108.3	227	双鸭山	Shuangyashan	124.6	114.0	102.1	281
包头	Baotou	114.0	110.9	107.8	246	大庆	Daqing	111.4	109.7	106.8	268
乌海	Wuhai	117.8	112.3	109.5	160	伊春	Yichun	116.0	113.5	111.5	57
赤峰	Chifeng	115.9	113.8	109.3	173	佳木斯	Jiamusi	118.4	114.7	112.1	37
通辽	Tongliao	115.8	113.3	109.9	139	七台河	Qitaihe	123.4	108.5		
鄂尔多斯	Erdos	114.6	111.4	109.1	186	牡丹江	Mudanjiang	116.1	114.5	112.3	33
呼伦贝尔	Hulunbuir	115.2	113.8	109.6	155	黑河	Heihe	112.0	113.0	108.2	236
巴彦淖尔	Bayannur	114.1	110.2	109.0	195	绥化	Suihua	114.0	113.2	112.0	38
乌兰察布	Ulanqab	111.5	110.3	109.4	164	上海	**Shanghai**	**106.4**	**105.7**	**106.1**	
辽宁	**Liaoning**	**113.4**	**109.4**	**108.6**		江苏	**Jiangsu**	**112.0**	**109.7**	**109.3**	

注：本表按不变价格计算。

Note: Data in this table are calculated at constant prices.

3-10 人均地区生产总值指数 续表 1
Indices of Per Capita Gross Regional Product continued 1

单位：上年=100 (preceding year=100)

地名	City	2010	2012	2013	2013 排名 Ranking	地名	City	2010	2012	2013	2013 排名 Ranking
南京	Nanjing	110.1	110.6	110.4	107	池州	Chizhou	117.2	111.1	110.2	120
无锡	Wuxi	110.8	109.3	108.9	202	宣城	Xuancheng	116.1	112.2	110.9	75
徐州	Xuzhou	114.7	113.3	111.6	53	**福建**	**Fujian**	**113.2**	**110.5**	**110.2**	
常州	Changzhou	110.7	110.3	110.4	107	福州	Fuzhou	113.1	110.9	110.4	107
苏州	Suzhou	105.7	109.7	109.3	173	厦门	Xiamen	109.1	110.4	107.6	251
南通	Nantong	111.9	111.7	111.7	47	莆田	Putian	115.2	112.2	111.7	47
连云港	Lianyungang	114.4	112.6	111.2	64	三明	Sanming	114.4	112.1	111.2	64
淮安	Huaian	114.1	113.1	111.8	44	泉州	Quanzhou	111.7	111.3	110.5	97
盐城	Yancheng	115.6	113.0	112.5	26	漳州	Zhangzhou	114.5	111.6	110.5	97
扬州	Yangzhou	113.6	111.6	111.9	42	南平	Nanping	112.6	111.3	111.8	44
镇江	Zhenjiang	111.9	112.0	111.5	57	龙岩	Longyan	114.6	111.7	110.8	84
泰州	Taizhou	113.7	112.3	111.7	47	宁德	Ningde	115.8	112.2	112.4	29
宿迁	Suqian	114.0	112.1	111.8	44	**江西**	**Jiangxi**	**113.2**	**110.4**	**109.7**	
浙江	**Zhejiang**	**109.5**	**107.7**	**107.8**		南昌	Nanchang	112.4	111.6	109.7	148
杭州	Hangzhou	108.7	108.1	107.3	260	景德镇	Jingdezhen	114.2	110.8	109.5	160
宁波	Ningbo	109.1	106.9	107.8	246	萍乡	Pingxiang	113.7	111.2	108.9	202
温州	Wenzhou	108.4	105.8	107.4	256	九江	Jiujiang	114.6	111.5	110.1	125
嘉兴	Jiaxing	110.3	108.2	108.9	202	新余	Xinyu	115.5	109.8	104.1	278
湖州	Huzhou	110.9	109.4	108.7	214	鹰潭	Yingtan	113.4	111.9	109.9	139
绍兴	Shaoxing	109.2	109.5	108.3	227	赣州	Ganzhou	113.7	111.5	110.1	125
金华	Jinhua	110.4	108.8	108.7	214	吉安	Jian	114.2	110.9	110.6	91
衢州	Quzhou	113.8	108.2	109.0	195	宜春	Yichun	115.6	111.1	109.8	145
舟山	Zhoushan	108.3	109.8	108.3	227	抚州	Fuzhou	114.2	110.2	109.9	139
台州	Taizhou	111.2	106.4	107.6	251	上饶	Shangrao	113.9	111.0	109.7	148
丽水	Lishui	113.1	110.6	109.1	186	**山东**	**Shandong**	**111.3**	**109.2**	**109.0**	
安徽	**Anhui**	**118.8**	**111.8**	**109.8**		济南	Jinan	111.1	108.5	108.7	214
合肥	Hefei	109.9	112.8	110.9	75	青岛	Qingdao	111.2	109.7	108.9	202
芜湖	Wuhu	118.7	114.4	111.7	47	淄博	Zibo	113.4	109.9	109.1	186
蚌埠	Bengbu	115.2	113.8	110.3	115	枣庄	Zaozhuang	111.3	110.1	109.3	173
淮南	Huainan	111.8	112.7	109.0	195	东营	Dongying	112.5	111.1	110.4	107
马鞍山	Maanshan	111.2	112.2	110.5	97	烟台	Yantai	114.5	110.2	110.1	125
淮北	Huaibei	112.4	113.1	108.4	224	潍坊	Weifang	112.0	109.9	110.2	120
铜陵	Tongling	117.6	110.0	111.0	71	济宁	Jining	112.0	110.5	110.5	97
安庆	Anqing	116.5	111.3	110.1	125	泰安	Taian	113.3	110.4	110.0	133
黄山	Huangshan	114.8	111.8	109.0	195	威海	Weihai	112.8	109.5	110.7	89
滁州	Chuzhou	118.2	113.0	110.6	91	日照	Rizhao	111.3	111.1	110.0	133
阜阳	Fuyang	118.9	111.5	109.0	195	莱芜	Laiwu	111.0	110.5	109.0	195
宿州	Suzhou	116.4	112.4	109.8	145	临沂	Linyi	111.6	111.4	110.6	91
六安	Liuan	118.3	107.9	107.4	256	德州	Dezhou	112.0	111.5	110.5	97
亳州	Bozhou	116.7	111.6	109.8	145	聊城	Liaocheng	110.9	111.8	109.4	164

3-10 人均地区生产总值指数 续表 2

Indices of Per Capita Gross Regional Product continued 2

单位：上年=100 (preceding year=100)

地名	City	2010	2012	2013	2013 排名 Ranking	地名	City	2010	2012	2013	2013 排名 Ranking
滨州	Binzhou	112.5	110.2	109.3	173	常德	Changde	113.0	111.7	109.6	155
菏泽	Heze	113.5	112.8	111.6	53	张家界	Zhangjiajie	115.2	110.7	105.3	277
河南	**Henan**	**112.7**	**110.1**	**108.9**		益阳	Yiyang	113.1	111.5	109.7	148
郑州	Zhengzhou	108.5	109.9	107.9	243	郴州	Chenzhou	113.1	111.8	110.3	115
开封	Kaifeng	112.4	111.4	110.9	75	永州	Yongzhou	113.7	110.4	108.3	227
洛阳	Luoyang	112.1	109.7	106.9	266	怀化	Huaihua	113.6	111.6	109.4	164
平顶山	Pingdingshan	110.8	106.5	106.1	274	娄底	Loudi	116.3	111.5	110.1	125
安阳	Anyang	113.9	108.3	109.1	186	**广东**	**Guangdong**	**109.5**	**107.4**	**107.8**	
鹤壁	Hebi	108.1	110.3	111.4	60	广州	Guangzhou	106.1	110.0	110.9	75
新乡	Xinxiang	112.6	111.8	109.3	173	韶关	Shaoguan	113.2	109.3	111.3	63
焦作	Jiaozuo	109.8	111.6	110.9	75	深圳	Shenzhen	107.6	109.0	109.6	155
濮阳	Puyang	109.9	112.1	111.6	53	珠海	Zhuhai	111.0	106.3	109.7	148
许昌	Xuchang	113.6	112.4	110.5	97	汕头	Shantou	111.2	109.0	109.3	173
漯河	Luohe	113.1	111.9	108.9	202	佛山	Foshan	109.2	107.7	109.5	160
三门峡	Sanmenxia	114.8	112.1	109.1	186	江门	Jiangmen	112.4	107.7	109.4	164
南阳	Nanyang	110.3	110.8	108.9	202	湛江	Zhanjiang	113.4	108.8	111.2	64
商丘	Shangqiu	114.1	111.0	111.1	67	茂名	Maoming	115.2	109.3	111.9	42
信阳	Xinyang	116.7	107.9	106.8	268	肇庆	Zhaoqing	115.7	110.2	110.5	97
周口	Zhoukou	117.1	111.4	110.4	107	惠州	Huizhou	112.5	111.7	112.8	22
驻马店	Zhumadian	115.0	112.7	111.0	71	梅州	Meizhou	112.9	109.5	110.6	91
湖北	**Hubei**	**114.7**	**110.7**	**109.7**		汕尾	Shanwei	117.7	113.0	111.7	47
武汉	Wuhan	121.2	111.1	108.9	202	河源	Heyuan	111.2	110.6	111.0	71
黄石	Huangshi	120.8	112.2	109.6	155	阳江	Yangjiang	115.3	111.9	114.5	6
十堰	Shiyan	121.9	112.0	110.5	97	清远	Qingyuan	117.2	104.2	107.4	256
宜昌	Yichang	118.6	112.3	111.1	67	东莞	Dongguan	105.3	105.7	109.4	164
襄阳	Xiangyang	119.6	112.0	110.7	89	中山	Zhongshan	108.3	110.5	109.4	164
鄂州	Ezhou	127.8	113.9	110.2	120	潮州	Chaozhou	112.5	110.1	110.4	107
荆门	Jingmen	121.5	112.0	110.4	107	揭阳	Jieyang	118.6	110.7	113.7	10
孝感	Xiaogan	118.6	112.0	110.5	97	云浮	Yunfu	113.3	111.5	112.2	35
荆州	Jingzhou	120.2	114.3	110.0	133	**广西**	**Guangxi**	**113.9**	**110.4**	**109.3**	
黄冈	Huanggang	118.7	109.1	110.9	75	南宁	Nanning	113.4	111.2	109.3	173
咸宁	Xianning	116.9	111.9	110.2	120	柳州	Liuzhou	115.4	110.5	109.1	186
随州	Suizhou	116.4	111.6	110.3	115	桂林	Guilin	113.7	112.1	111.6	53
湖南	**Hunan**	**112.9**	**110.7**	**109.3**		梧州	Wuzhou	117.6	112.7	112.4	29
长沙	Changsha	111.7	112.2	110.9	75	北海	Beihai	116.9	120.6	112.0	38
株洲	Zhuzhou	113.2	111.3	109.7	148	防城港	Fangchenggang	116.1	111.2	111.1	67
湘潭	Xiangtan	115.7	111.8	110.3	115	钦州	Qinzhou	117.6	110.8	107.0	264
衡阳	Hengyang	111.7	111.4	109.6	155	贵港	Guigang	113.5	109.3	107.4	256
邵阳	Shaoyang	111.9	110.9	109.5	160	玉林	Yulin	115.2	109.9	109.1	186
岳阳	Yueyang	111.5	111.8	109.4	164	百色	Baise	117.6	108.4	107.8	246

3-10 人均地区生产总值指数 续表 3

Indices of Per Capita Gross Regional Product continued 3

单位：上年=100 (preceding year=100)

地名	City	2010	2012	2013	2013 排名 Ranking	地名	City	2010	2012	2013	2013 排名 Ranking
贺州	Hezhou	113.2	108.1	107.9	243	丽江	Lijiang	112.8	115.1	113.5	12
河池	Hechi	113.3	98.7	105.4	276	普洱	Puer	113.5	114.9	112.9	20
来宾	Laibin	118.2	110.8	102.2	280	临沧	Lincang	111.0	116.0	112.9	20
崇左	Chongzuo	113.4	110.9	109.7	148	**西藏**	**Tibet**	**111.2**	**110.4**	**110.5**	
海南	**Hainan**	**115.0**	**108.0**	**108.7**		拉萨	Lasa			110.1	125
海口	Haikou	116.5	107.1	108.3	227	**陕西**	**Shaanxi**	**114.4**	**112.6**	**110.6**	
三亚	Sanya	117.3	109.0	108.0	241	西安	Xi'an	113.8	111.3	110.6	91
三沙	Sansha					铜川	Tongchuan	115.3	115.4	113.4	14
重庆	**Chongqing**	**116.2**	**112.4**	**111.3**		宝鸡	Baoji	114.0	114.8	112.7	23
四川	**Sichuan**	**115.7**	**112.3**	**109.6**		咸阳	Xianyang	114.3	114.1	112.7	23
成都	Chengdu	109.3	112.5	109.3	173	渭南	Weinan	115.1	114.1	111.7	47
自贡	Zigong	118.4	113.2	110.2	120	延安	Yan'an	112.7	110.3	106.2	273
攀枝花	Panzhihua	112.0	113.3	110.1	125	汉中	Hanzhong	115.2	115.1	112.5	26
泸州	Luzhou	117.6	114.3	110.9	75	榆林	Yulin	118.3	111.9	108.5	218
德阳	Deyang	114.9	114.4	111.1	67	安康	Ankang	115.0	115.1	113.3	15
绵阳	Mianyang	119.5	113.0	109.3	173	商洛	Shangluo	115.3	114.9	112.3	33
广元	Guangyuan	121.5	112.7	109.3	173	**甘肃**	**Gansu**	**111.6**	**112.2**	**110.4**	
遂宁	Suining	120.6	113.7	110.8	84	兰州	Lanzhou	111.3	113.2	113.1	18
内江	Neijiang	120.1	113.4	110.0	133	嘉峪关	Jiayuguan	109.9	110.3	113.2	17
乐山	Leshan	118.3	114.1	110.1	125	金昌	Jinchang	111.1	116.2	115.0	3
南充	Nanchong	115.0	114.0	110.8	84	白银	Baiyin	115.3	114.4	112.7	23
眉山	Meishan	116.7	114.2	110.5	97	天水	Tianshui	111.5	113.0	111.0	71
宜宾	Yibin	115.4	114.2	108.1	239	武威	Wuwei	121.7	115.4	113.5	12
广安	Guangan	124.5	113.8	110.6	91	张掖	Zhangye	115.2	111.9	111.4	60
达州	Dazhou	117.8	113.3	109.9	139	平凉	Pingliang	114.4	113.5	110.9	75
雅安	Yaan	115.9	113.3	103.3	279	酒泉	Jiuquan	113.2	115.7	112.0	38
巴中	Bazhong	112.3	113.5	110.4	107	庆阳	Qingyang	123.4	115.8	114.2	8
资阳	Ziyang	125.4	115.5	111.5	57	定西	Dingxi	116.1	109.6	110.0	133
贵州	**Guizhou**	**114.7**	**113.5**	**111.9**		陇南	Longnan	118.1	115.9	111.4	60
贵阳	Guiyang		114.3	114.3	7	**青海**	**Qinghai**	**114.5**	**111.3**	**109.9**	
六盘水	Liupanshui	116.8	115.9	115.6	1	西宁	Xining	117.2	114.0	113.1	18
遵义	Zunyi	117.3	116.0	113.6	11	海东	Haidong				
安顺	Anshun		115.9	114.9	4	**宁夏**	**Ningxia**	**112.1**	**110.3**	**108.6**	
毕节	Bijie		115.5	114.9	4	银川	Yinchuan	111.4	111.3	108.5	218
铜仁	Tongren		115.4	115.1	2	石嘴山	Shizuishan	113.4	111.0	108.2	236
云南	**Yunnan**	**111.6**	**112.3**	**111.4**		吴忠	Wuzhong	112.1	112.5	109.1	186
昆明	Kunming	112.9	113.3	112.0	38	固原	Guyuan	116.7	110.6	113.8	9
曲靖	Qujing	112.7	112.2	112.4	29	中卫	Zhongwei	115.6	111.0	109.3	173
玉溪	Yuxi	112.1	112.1	109.7	148	**新疆**	**Xinjiang**	**109.3**	**110.8**	**109.6**	
保山	Baoshan	116.7	119.8	112.5	26	乌鲁木齐	Urumqi	102.7	112.1	110.8	84
昭通	Zhaotong	115.1	115.3	112.4	29	克拉玛依	Karamay	118.9	105.5	107.6	251

固定资产投资和房地产

Investment in Fixed Assets and Real Estate

4-1 固定资产投资额（不含农户）
Investment in Fixed Assets (Excluding Rural Households)

单位：亿元 （100 million yuan）

地名	City	2010	2013	2014	2014 排名 Ranking	地名	City	2010	2013	2014	2014 排名 Ranking
全国	**National Total**	**241430.9**	**435747.4**	**501264.9**		沈阳	Shenyang	3271.30	6383.90	6564.06	4
北京	**Beijing**	**4916.53**	**6797.54**	**6873.40**		大连	Dalian	3985.48	6478.10	6773.63	2
天津	**Tianjin**	**5896.52**	**9103.01**	**10490.40**		鞍山	Anshan	1109.29	1858.40	1906.67	63
河北	**Hebei**	**12922.66**	**22629.77**	**26147.20**		抚顺	Fushun	674.62	1096.40	919.99	176
石家庄	Shijiazhuang	2696.81	4369.20	4883.96	14	本溪	Benxi	461.54	843.00	885.20	185
唐山	Tangshan	2218.43	3575.90	4146.24	18	丹东	Dandong	629.43	1003.70	912.60	178
秦皇岛	Qinhuangdao	409.67	770.30	791.65	200	锦州	Jinzhou	658.82	952.10	970.96	167
邯郸	Handan	1596.32	2661.20	3090.74	30	营口	Yingkou	1021.93	1271.20	1161.26	134
邢台	Xingtai	754.15	1417.80	1647.08	82	阜新	Fuxin	258.83	573.20	434.07	259
保定	Baoding	1320.73	2083.40	2386.48	50	辽阳	Liaoyang	464.32	696.30	714.83	210
张家口	Zhangjiakou	800.93	1271.90	1402.01	107	盘锦	Panjin	783.72	1137.70	1157.40	135
承德	Chengde	695.07	1202.10	1402.71	106	铁岭	Tieling	904.70	1044.40	646.26	219
沧州	Cangzhou	1022.16	2292.10	2728.93	38	朝阳	Chaoyang	491.72	820.30	835.00	193
廊坊	Langfang	856.15	1541.30	1329.91	115	葫芦岛	Huludao	356.87	632.60	544.89	239
衡水	Hengshui	328.77	787.30	945.17	172	**吉林**	**Jilin**	**7395.23**	**9725.76**	**11107.90**	
山西	**Shanxi**	**5526.60**	**10745.35**	**12035.50**		长春	Changchun	2579.07	3257.30	3746.38	23
太原	Taiyuan	852.29	1670.70	1746.09	76	吉林	Jilin	1535.89	1932.40	2258.39	54
大同	Datong	524.26	1036.30	1072.41	157	四平	Siping	446.35	640.40	710.31	211
阳泉	Yangquan	271.02	485.50	517.37	248	辽源	Liaoyuan	405.62	501.60	531.38	245
长治	Changzhi	534.01	1086.80	1245.65	122	通化	Tonghua	657.45	757.10	853.87	188
晋城	Jincheng	389.32	837.70	974.78	166	白山	Baishan	324.29	505.00	560.80	232
朔州	Shuozhou	361.00	774.70	815.30	196	松原	Songyuan	624.08	988.30	1144.52	141
晋中	Jinzhong	465.75	945.90	1106.01	153	白城	Baicheng	293.63	480.20	587.14	226
运城	Yuncheng	549.88	1008.90	1202.73	130	**黑龙江**	**Heilongjiang**	**6292.67**	**11121.28**	**9537.90**	
忻州	Xinzhou	417.24	815.20	965.42	168	哈尔滨	Harbin	2295.56	4383.10	4175.98	17
临汾	Linfen	506.72	1036.30	1229.43	126	齐齐哈尔	Qiqihar	483.53	801.40	755.10	207
吕梁	Lvliang	399.85	872.90	1016.97	162	鸡西	Jixi	155.49	272.20	207.81	280
内蒙古	**Inner Mongolia**	**8688.00**	**14072.39**	**17437.80**		鹤岗	Hegang	149.10	170.10	86.00	285
呼和浩特	Hohhot	880.37	1499.80	1736.46	77	双鸭山	Shuangyashan	271.73	495.10	150.01	281
包头	Baotou	1774.85	2991.40	3440.56	25	大庆	Daqing	994.84	1527.90	919.56	177
乌海	Wuhai	238.72	417.00	352.20	267	伊春	Yichun	148.56	256.50	132.61	282
赤峰	Chifeng	786.18	1567.50	1101.28	154	佳木斯	Jiamusi	242.91	486.30	483.12	253
通辽	Tongliao	634.16	1577.70	1866.36	64	七台河	Qitaihe	188.50	191.70	105.61	284
鄂尔多斯	Erdos	1866.95	2996.00	3422.53	27	牡丹江	Mudanjiang	491.60	986.60	1156.72	136
呼伦贝尔	Hulunbuir	603.81	1080.00	803.00	198	黑河	Heihe	138.40	243.40	225.59	279
巴彦淖尔	Bayannur	549.18	803.20	941.24	173	绥化	Suihua	342.60	685.40	633.30	220
乌兰察布	Ulanqab	271.66	800.70	570.16	229	**上海**	**Shanghai**	**4630.47**	**5644.13**	**6013.00**	
辽宁	**Liaoning**	**15106.33**	**24791.40**	**24426.80**		**江苏**	**Jiangsu**	**17416.47**	**35982.52**	**41552.80**	

4-1 固定资产投资额（不含农户） 续表 1
Investment in Fixed Assets (Excluding Rural Households) continued 1

单位：亿元　　　　（100 million yuan）

地名	City	2010	2013	2014	2014 排名 Ranking	地名	City	2010	2013	2014	2014 排名 Ranking
南京	Nanjing	2623.96	5093.80	5430.77	9	池州	Chizhou	272.21	461.50	538.04	241
无锡	Wuxi	2067.99	3973.50	4610.77	15	宣城	Xuancheng	655.55	978.20	1140.12	142
徐州	Xuzhou	1646.98	3090.10	3671.56	24	**福建**	**Fujian**	**7385.78**	**15045.81**	**17869.80**	
常州	Changzhou	1420.47	2850.10	3310.05	28	福州	Fuzhou	2027.33	3834.20	4388.62	16
苏州	Suzhou	2705.27	5822.10	6054.00	5	厦门	Xiamen	904.74	1337.30	1562.16	92
南通	Nantong	1281.39	3298.70	3896.39	22	莆田	Putian	367.54	1164.50	1423.68	105
连云港	Lianyungang	920.82	1350.10	1716.57	79	三明	Sanming	558.25	1334.10	1603.08	88
淮安	Huaian	841.22	1453.10	1795.73	70	泉州	Quanzhou	1082.79	2443.50	2874.33	35
盐城	Yancheng	1054.95	2217.70	2751.35	37	漳州	Zhangzhou	673.67	1713.30	2081.86	59
扬州	Yangzhou	890.68	2025.20	2416.66	47	南平	Nanping	395.56	1186.60	1451.07	101
镇江	Zhenjiang	749.35	1753.10	2142.34	58	龙岩	Longyan	412.63	1269.90	1558.45	94
泰州	Taizhou	693.01	1764.20	2197.34	57	宁德	Ningde	296.28	910.00	1131.18	146
宿迁	Suqian	554.92	1290.70	1559.22	93	**江西**	**Jiangxi**	**7856.94**	**12434.95**	**14646.30**	
浙江	**Zhejiang**	**8438.08**	**20194.07**	**23554.80**		南昌	Nanchang	1816.78	2896.90	3434.25	26
杭州	Hangzhou	2138.78	4263.90	4952.70	12	景德镇	Jingdezhen	423.88	538.70	622.54	221
宁波	Ningbo	1118.29	3423.00	3989.46	20	萍乡	Pingxiang	590.46	827.10	906.09	181
温州	Wenzhou	691.75	2618.20	3052.81	32	九江	Jiujiang	856.99	1507.80	1812.22	69
嘉兴	Jiaxing	819.02	1910.20	2221.21	56	新余	Xinyu	587.12	704.00	748.19	208
湖州	Huzhou	358.71	1070.10	1242.92	124	鹰潭	Yingtan	216.37	394.00	464.23	255
绍兴	Shaoxing	390.90	2002.00	2304.68	52	赣州	Ganzhou	650.07	1330.90	1608.77	86
金华	Jinhua		1364.40	1594.79	89	吉安	Jian	676.54	1064.60	1270.64	119
衢州	Quzhou	385.34	670.70	782.10	202	宜春	Yichun	552.79	1124.60	1354.85	112
舟山	Zhoushan	260.78	750.00	960.88	169	抚州	Fuzhou	576.02	794.10	957.25	170
台州	Taizhou	556.72	1507.90	1765.93	73	上饶	Shangrao	756.82	1164.70	1343.33	113
丽水	Lishui	242.35	570.40	665.08	214	**山东**	**Shandong**	**18844.41**	**35875.86**	**41599.10**	
安徽	**Anhui**	**10281.29**	**18091.21**	**21256.30**		济南	Jinan	1784.27	2638.30	3063.44	31
合肥	Hefei	2950.16	4535.40	5302.64	10	青岛	Qingdao	2434.66	5027.90	5766.03	7
芜湖	Wuhu	1206.80	2040.70	2392.64	49	淄博	Zibo	1175.93	2078.50	2404.59	48
蚌埠	Bengbu	432.25	1060.90	1244.18	123	枣庄	Zaozhuang	515.92	1238.20	1430.01	103
淮南	Huainan	350.61	800.50	755.27	206	东营	Dongying	1185.12	2332.10	2708.20	40
马鞍山	Maanshan	682.95	1431.60	1674.74	80	烟台	Yantai	2193.62	3538.20	4101.06	19
淮北	Huaibei	354.08	700.50	840.84	192	潍坊	Weifang	1751.71	3429.90	3969.08	21
铜陵	Tongling	353.41	650.20	767.60	205	济宁	Jining	1116.36	2188.30	2538.18	42
安庆	Anqing	724.06	1185.70	1394.75	109	泰安	Taian	980.63	1981.80	2298.96	53
黄山	Huangshan	425.02	525.10	551.67	233	威海	Weihai	1059.18	1923.70	2229.37	55
滁州	Chuzhou	660.49	1075.80	1248.16	121	日照	Rizhao	621.30	1069.00	1234.75	125
阜阳	Fuyang	314.46	645.30	805.13	197	莱芜	Laiwu	299.71	472.60	545.43	238
宿州	Suzhou	288.93	773.30	945.80	171	临沂	Linyi	1000.12	2431.60	2825.99	36
六安	Liuan	465.15	845.00	1003.82	163	德州	Dezhou	1026.27	1686.60	1961.34	62
亳州	Bozhou	255.37	541.50	650.90	218	聊城	Liaocheng	578.30	1511.10	1833.13	67

4-1 固定资产投资额（不含农户） 续表 2

Investment in Fixed Assets (Excluding Rural Households) continued 2

单位： 亿元 （100 million yuan）

地名	City	2010	2013	2014	2014 排名 Ranking	地名	City	2010	2013	2014	2014 排名 Ranking
滨州	Binzhou	715.79	1517.20	1748.86	75	常德	Changde	530.22	1284.20	1547.72	95
菏泽	Heze	405.49	810.80	940.70	174	张家界	Zhangjiajie	118.79	210.80	250.90	277
河南	**Henan**	**13934.82**	**25188.06**	**30012.30**		益阳	Yiyang	392.26	842.40	1030.64	160
郑州	Zhengzhou	2421.31	4380.20	5259.65	11	郴州	Chenzhou	731.10	1474.10	1814.56	68
开封	Kaifeng	394.72	941.70	1135.63	144	永州	Yongzhou	538.60	1074.30	1210.55	129
洛阳	Luoyang	1548.81	2519.00	2981.10	33	怀化	Huaihua	415.92	801.40	851.35	189
平顶山	Pingdingshan	580.34	1231.80	1449.17	102	娄底	Loudi	329.00	787.60	938.94	175
安阳	Anyang	760.06	1328.60	1572.58	90	**广东**	**Guangdong**	**12599.26**	**21795.52**	**25843.10**	
鹤壁	Hebi	305.30	487.00	588.50	225	广州	Guangzhou	3138.91	4447.30	4889.50	13
新乡	Xinxiang	1085.44	1553.60	1841.93	65	韶关	Shaoguan	384.26	664.50	746.74	209
焦作	Jiaozuo	841.03	1374.00	1623.53	85	深圳	Shenzhen	1944.70	2490.20	2717.42	39
濮阳	Puyang	432.43	941.90	1115.78	150	珠海	Zhuhai	486.05	960.90	1135.05	145
许昌	Xuchang	685.59	1371.10	1637.23	84	汕头	Shantou	274.74	780.90	1002.73	165
漯河	Luohe	351.57	648.30	773.30	203	佛山	Foshan	959.37	2375.60	2612.45	41
三门峡	Sanmenxia	570.83	1113.00	1327.57	116	江门	Jiangmen	465.13	1000.80	1111.65	151
南阳	Nanyang	1129.95	2091.40	2486.91	43	湛江	Zhanjiang	365.39	795.60	1020.76	161
商丘	Shangqiu	690.39	1246.80	1493.89	99	茂名	Maoming	140.50	660.50	850.55	190
信阳	Xinyang	855.05	1447.30	1723.17	78	肇庆	Zhaoqing	407.78	1007.80	1138.73	143
周口	Zhoukou	592.84	1151.60	1375.44	110	惠州	Huizhou	778.34	1401.30	1606.71	87
驻马店	Zhumadian	496.74	1014.90	1214.42	128	梅州	Meizhou	157.15	280.50	407.51	264
湖北	**Hubei**	**9405.63**	**18796.85**	**22441.70**		汕尾	Shanwei	300.33	462.10	500.97	250
武汉	Wuhan	3651.45	5974.50	6962.53	1	河源	Heyuan	161.83	342.70	453.29	257
黄石	Huangshi	448.42	947.70	1149.50	138	阳江	Yangjiang	270.33	598.70	662.01	215
十堰	Shiyan	382.76	853.50	1040.32	158	清远	Qingyuan	621.88	506.00	596.35	224
宜昌	Yichang	825.02	2023.90	2471.04	44	东莞	Dongguan	765.52	1383.90	1427.11	104
襄阳	Xiangyang	752.99	1998.60	2448.29	45	中山	Zhongshan	506.32	962.90	903.66	182
鄂州	Ezhou	284.61	567.20	687.08	213	潮州	Chaozhou	116.26	253.60	313.01	273
荆门	Jingmen	395.57	978.50	1190.15	131	揭阳	Jieyang	440.51	829.40	1093.80	155
孝感	Xiaogan	488.83	1215.30	1482.93	100	云浮	Yunfu	184.79	623.40	656.27	217
荆州	Jingzhou	530.45	1287.40	1571.09	91	**广西**	**Guangxi**	**6383.26**	**11383.93**	**13287.60**	
黄冈	Huanggang	650.11	1365.60	1657.59	81	南宁	Nanning	1389.30	2432.70	2886.68	34
咸宁	Xianning	366.82	953.00	1148.75	139	柳州	Liuzhou	929.61	1522.10	1765.49	74
随州	Suizhou	228.95	628.60	768.81	204	桂林	Guilin	758.52	1308.50	1536.88	96
湖南	**Hunan**	**8617.98**	**17225.19**	**20548.60**		梧州	Wuzhou	425.95	803.40	876.04	186
长沙	Changsha	2842.75	4593.40	5435.75	8	北海	Beihai	455.44	674.90	786.16	201
株洲	Zhuzhou	749.04	1505.30	1837.10	66	防城港	Fangchenggang	349.84	455.80	478.31	254
湘潭	Xiangtan	582.20	1214.90	1503.35	98	钦州	Qinzhou	374.04	559.00	658.97	216
衡阳	Hengyang	537.52	1437.30	1767.01	72	贵港	Guigang	301.06	463.40	547.17	237
邵阳	Shaoyang	567.44	1030.00	1267.77	120	玉林	Yulin	535.63	953.60	1123.71	148
岳阳	Yueyang	733.90	1485.30	1790.13	71	百色	Baise	559.80	802.50	895.23	183

4-1 固定资产投资总额（不含农户） 续表 3
Investment in Fixed Assets (Excluding Rural Households) continued 3

单位：亿元 （100 million yuan）

地名	City	2010	2013	2014	2014 排名 Ranking	地名	City	2010	2013	2014	2014 排名 Ranking
贺州	Hezhou	307.53	451.80	530.28	246	丽江	Lijiang	196.01	372.70	283.14	275
河池	Hechi	272.92	296.90	343.22	268	普洱	Puer	207.06	450.60	417.58	263
来宾	Laibin	244.30	410.40	431.18	260	临沧	Lincang	156.16	417.30	564.79	231
崇左	Chongzuo	245.55	450.80	548.64	236	**西藏**	**Tibet**	**404.98**	**876.00**	**1069.20**	
海南	**Hainan**	**1257.50**	**2625.59**	**3039.50**		拉萨	Lasa	171.99	374.40	455.39	256
海口	Haikou	341.60	649.20	821.53	195	**陕西**	**Shaanxi**	**7569.90**	**14533.51**	**16840.30**	
三亚	Sanya	300.30	523.40	329.56	271	西安	Xi'an	2909.74	4973.20	5824.53	6
三沙	Sansha					铜川	Tongchuan	104.23	232.50	324.16	272
重庆	**Chongqing**	**6170.61**	**10290.95**	**12140.80**		宝鸡	Baoji	664.45	1581.40	1979.17	61
四川	**Sichuan**	**11061.38**	**19755.29**	**22662.10**		咸阳	Xianyang	888.06	1958.00	2441.35	46
成都	Chengdu	4032.63	6501.10	6620.37	3	渭南	Weinan	631.45	1357.90	1646.38	83
自贡	Zigong	255.52	531.60	569.31	230	延安	Yan'an	529.23	1153.30	1300.00	117
攀枝花	Panzhihua	299.18	545.70	582.75	227	汉中	Hanzhong	278.53	590.00	705.49	212
泸州	Luzhou	326.24	866.40	1176.99	132	榆林	Yulin	822.28	1594.20	1396.50	108
德阳	Deyang	535.68	807.40	871.14	187	安康	Ankang	233.09	427.00	541.78	240
绵阳	Mianyang	698.06	1001.00	1033.87	159	商洛	Shangluo	240.83	465.70	597.72	223
广元	Guangyuan	343.36	541.10	524.44	247	**甘肃**	**Gansu**	**2808.55**	**6407.20**	**7759.60**	
遂宁	Suining	400.44	804.90	890.18	184	兰州	Lanzhou	591.98	1316.90	1274.14	118
内江	Neijiang	254.15	575.90	582.34	228	嘉峪关	Jiayuguan	47.37	103.00	125.24	283
乐山	Leshan	470.27	787.00	832.41	194	金昌	Jinchang	98.21	201.70	247.16	278
南充	Nanchong	579.37	1102.80	1220.54	127	白银	Baiyin	174.55	352.00	428.44	261
眉山	Meishan	349.39	756.10	909.28	179	天水	Tianshui	194.43	442.90	537.76	242
宜宾	Yibin	435.21	935.40	1109.96	152	武威	Wuwei	167.41	450.00	549.76	235
广安	Guangan	235.78	672.40	796.58	199	张掖	Zhangye	112.02	227.00	275.69	276
达州	Dazhou	482.58	1002.90	1148.70	140	平凉	Pingliang	229.88	442.80	537.56	243
雅安	Yaan	308.44	352.80	399.83	265	酒泉	Jiuquan	361.77	829.70	1003.66	164
巴中	Bazhong	161.24	651.00	845.77	191	庆阳	Qingyang	300.64	797.30	1122.57	149
资阳	Ziyang	343.44	760.70	908.22	180	定西	Dingxi	164.98	413.30	500.59	251
贵州	**Guizhou**	**2609.36**	**7102.78**	**8778.40**		陇南	Longnan	208.63	438.80	532.85	244
贵阳	Guiyang	961.33	1958.10	2336.06	51	**青海**	**Qinghai**	**840.01**	**2285.30**	**2788.90**	
六盘水	Liupanshui	233.30	722.40	1336.27	114	西宁	Xining	269.94	925.40	1152.08	137
遵义	Zunyi	430.31	1068.30	2052.30	60	海东	Haidong			444.51	258
安顺	Anshun	87.81	294.10	427.32	262	**宁夏**	**Ningxia**	**1292.80**	**2577.79**	**3093.90**	
毕节	Bijie	264.62	928.70	1128.77	147	银川	Yinchuan	625.96	1127.60	1371.92	111
铜仁	Tongren	214.21	482.20	1087.69	156	石嘴山	Shizuishan	195.45	378.00	498.01	252
云南	**Yunnan**	**5052.61**	**9621.83**	**11073.80**		吴忠	Wuzhong	183.77	476.70	602.07	222
昆明	Kunming	2121.11	2931.50	3138.17	29	固原	Guyuan	64.00	201.30	300.80	274
曲靖	Qujing	507.79	1020.80	1164.54	133	中卫	Zhongwei	158.78	296.90	334.03	270
玉溪	Yuxi	248.44	393.70	511.92	249	**新疆**	**Xinjiang**	**3065.13**	**7371.24**	**9067.80**	
保山	Baoshan	170.28	288.30	383.87	266	乌鲁木齐	Urumqi	542.76	1055.90	1526.31	97
昭通	Zhaotong	321.62	548.50	550.48	234	克拉玛依	Karamay	180.61	456.50	334.76	269

4-2　房地产开发投资额
Investment in Real Estate Development

单位：亿元　　　　（100 million yuan）

地名	City	2010	2013	2014	2014 排名 Ranking
全国	**National Total**	**48259.40**	**71803.80**	**95035.60**	
北京	**Beijing**	**2901.07**	**3153.40**	**3715.30**	
天津	**Tianjin**	**866.64**	**1260.00**	**1699.60**	
河北	**Hebei**	**2264.94**	**3086.50**	**4059.70**	
石家庄	Shijiazhuang	538.00	833.21	1018.06	19
唐山	Tangshan	338.39	516.52	609.30	32
秦皇岛	Qinhuangdao	120.26	213.32	268.80	76
邯郸	Handan	225.63	257.83	377.09	54
邢台	Xingtai	62.39	90.93	151.83	132
保定	Baoding	273.94	347.91	456.31	44
张家口	Zhangjiakou	173.15	209.12	176.43	116
承德	Chengde	92.72	120.33	139.08	140
沧州	Cangzhou	112.62	150.01	201.91	101
廊坊	Langfang	249.10	243.07	522.25	38
衡水	Hengshui	78.73	104.28	131.39	150
山西	**Shanxi**	**592.24**	**1010.50**	**1403.60**	
太原	Taiyuan	241.09	364.72	483.23	40
大同	Datong	90.61	170.61	237.32	82
阳泉	Yangquan	43.34	56.97	52.70	238
长治	Changzhi	32.76	75.92	75.23	220
晋城	Jincheng	32.37	45.18	58.18	233
朔州	Shuozhou	19.78	46.40	77.17	217
晋中	Jinzhong	29.81	70.31	112.90	172
运城	Yuncheng	33.25	67.77	117.72	167
忻州	Xinzhou	18.13	27.63	61.74	231
临汾	Linfen	31.37	55.56	84.20	208
吕梁	Lvliang	19.71	29.38	43.15	249
内蒙古	**Inner Mongolia**	**1119.99**	**1291.40**	**1370.90**	
呼和浩特	Hohhot	254.35	447.99	563.13	34
包头	Baotou	202.83	158.56	197.87	105
乌海	Wuhai	24.90	46.35	48.73	239
赤峰	Chifeng	83.37	139.84	128.59	155
通辽	Tongliao	57.79	42.63	88.71	201
鄂尔多斯	Erdos	280.53	175.34	83.50	209
呼伦贝尔	Hulunbuir	49.79	90.75	102.91	181
巴彦淖尔	Bayannur	56.17	66.42	43.90	248
乌兰察布	Ulanqab	35.04	31.99	25.16	268
辽宁	**Liaoning**	**3465.76**	**5455.80**	**5301.30**	
沈阳	Shenyang	1481.19	1942.96	1975.82	4
大连	Dalian	780.48	1396.52	1429.34	11
鞍山	Anshan	235.86	384.77	252.95	78
抚顺	Fushun	91.48	129.70	124.86	159
本溪	Benxi	60.70	104.41	112.60	173
丹东	Dandong	115.01	198.30	141.13	139
锦州	Jinzhou	117.12	138.09	201.18	103
营口	Yingkou	197.94	306.97	154.56	130
阜新	Fuxin	35.89	91.58	121.70	165
辽阳	Liaoyang	65.41	126.18	114.86	171
盘锦	Panjin	100.34	178.78	283.72	73
铁岭	Tieling	186.64	214.62	131.20	151
朝阳	Chaoyang	75.56	107.86	121.90	164
葫芦岛	Huludao	55.96	135.05	135.49	146
吉林	**Jilin**	**921.01**	**1310.00**	**1030.10**	
长春	Changchun	543.64	649.65	534.40	36
吉林	Jilin	139.61	248.80	142.46	138
四平	Siping	26.93	58.67	48.05	242
辽源	Liaoyuan	20.78	46.52	19.99	273
通化	Tonghua	75.74	108.16	85.44	206
白山	Baishan	9.21	37.24	24.08	271
松原	Songyuan	58.57	81.38	80.28	214
白城	Baicheng	6.58	11.08	24.95	269
黑龙江	**Heilongjiang**	**843.12**	**1535.80**	**1324.10**	
哈尔滨	Harbin	360.74	900.92	673.57	28
齐齐哈尔	Qiqihar	58.75	156.49	129.98	153
鸡西	Jixi	17.27	43.61	27.28	263
鹤岗	Hegang	8.27	22.20	6.78	284
双鸭山	Shuangyashan	22.80	39.57	16.41	279
大庆	Daqing	119.50	272.01	157.38	127
伊春	Yichun	11.04	65.40	8.60	283
佳木斯	Jiamusi	47.75	79.98	54.84	235
七台河	Qitaihe	5.44	13.55	5.12	285
牡丹江	Mudanjiang	63.70	132.68	157.52	125
黑河	Heihe	18.96	50.14	19.41	275
绥化	Suihua	100.49	103.60	74.59	223
上海	**Shanghai**	**1980.68**	**2381.40**	**3206.50**	
江苏	**Jiangsu**	**4299.38**	**6206.10**	**8240.20**	

4-2 房地产开发投资额 续表 1

Investment in Real Estate Development continued 1

单位：亿元 （100 million yuan）

地名	City	2010	2013	2014	2014 排名 Ranking	地名	City	2010	2013	2014	2014 排名 Ranking
南京	Nanjing	748.35	971.96	1125.49	16	池州	Chizhou	66.49	105.70	104.12	180
无锡	Wuxi	612.67	974.37	1252.22	14	宣城	Xuancheng	82.19	189.10	201.77	102
徐州	Xuzhou	205.32	310.07	468.88	43	福建	**Fujian**	**1818.86**	**3702.97**	**4567.40**	
常州	Changzhou	409.91	597.01	681.53	26	福州	Fuzhou	670.69	1264.80	1455.07	10
苏州	Suzhou	935.80	1263.36	1764.44	6	厦门	Xiamen	396.13	531.80	704.06	25
南通	Nantong	272.78	481.74	678.92	27	莆田	Putian	87.91	283.30	346.87	62
连云港	Lianyungang	132.36	162.23	189.28	109	三明	Sanming	94.82	162.00	176.76	115
淮安	Huaian	237.77	280.55	357.66	59	泉州	Quanzhou	203.11	585.50	775.95	24
盐城	Yancheng	165.47	273.41	379.64	52	漳州	Zhangzhou	159.62	356.10	472.24	42
扬州	Yangzhou	165.16	235.84	360.44	57	南平	Nanping	67.13	133.30	150.02	134
镇江	Zhenjiang	114.88	205.48	319.05	66	龙岩	Longyan	80.82	165.10	212.09	93
泰州	Taizhou	152.19	234.48	285.54	72	宁德	Ningde	58.62	221.10	274.33	75
宿迁	Suqian	147.63	218.64	377.14	53	江西	**Jiangxi**	**706.82**	**1174.58**	**1322.50**	
浙江	**Zhejiang**	**3025.43**	**5226.30**	**7262.40**		南昌	Nanchang	230.15	406.10	414.07	47
杭州	Hangzhou	956.20	1597.36	2301.08	2	景德镇	Jingdezhen	25.72	42.70	36.97	256
宁波	Ningbo	557.27	884.35	1328.14	12	萍乡	Pingxiang	16.47	24.40	37.17	255
温州	Wenzhou	270.50	687.50	808.88	23	九江	Jiujiang	46.06	75.30	129.18	154
嘉兴	Jiaxing	270.39	415.88	525.72	37	新余	Xinyu	24.43	41.50	28.62	262
湖州	Huzhou	143.13	211.17	342.75	63	鹰潭	Yingtan	13.04	36.60	44.94	246
绍兴	Shaoxing	297.80	467.71	613.51	30	赣州	Ganzhou	100.48	196.60	230.34	85
金华	Jinhua	163.65	285.19	367.67	56	吉安	Jian	31.85	62.20	66.10	229
衢州	Quzhou	63.71	75.79	95.17	192	宜春	Yichun	49.80	101.00	110.73	176
舟山	Zhoushan	58.98	158.94	225.80	88	抚州	Fuzhou	74.63	81.40	98.88	187
台州	Taizhou	196.08	357.38	496.05	39	上饶	Shangrao	94.19	106.80	125.48	158
丽水	Lishui	47.73	84.99	157.63	124	山东	**Shandong**	**3249.37**	**5444.53**	**5818.00**	
安徽	**Anhui**	**2251.80**	**3151.60**	**4339.00**		济南	Jinan	484.50	721.20	917.37	21
合肥	Hefei	819.03	1182.44	1127.36	15	青岛	Qingdao	602.44	1048.50	1117.73	17
芜湖	Wuhu	291.16	475.47	479.01	41	淄博	Zibo	166.99	200.40	236.20	83
蚌埠	Bengbu	73.84	244.71	406.96	48	枣庄	Zaozhuang	78.00	220.40	215.70	90
淮南	Huainan	78.35	211.68	110.50	177	东营	Dongying	100.30	175.80	198.45	104
马鞍山	Maanshan	85.05	277.38	245.58	81	烟台	Yantai	383.12	578.40	611.80	31
淮北	Huaibei	42.53	146.11	152.40	131	潍坊	Weifang	367.63	602.10	450.01	45
铜陵	Tongling	73.30	123.75	132.76	148	济宁	Jining	134.60	275.40	356.12	61
安庆	Anqing	92.22	124.13	146.94	136	泰安	Taian	75.10	126.20	143.09	137
黄山	Huangshan	125.76	159.34	136.73	143	威海	Weihai	269.80	411.80	357.23	60
滁州	Chuzhou	131.77	303.45	305.47	69	日照	Rizhao	63.33	72.00	91.93	198
阜阳	Fuyang	50.05	147.65	215.67	91	莱芜	Laiwu	18.34	36.70	29.25	261
宿州	Suzhou	47.14	119.07	182.33	112	临沂	Linyi	158.23	300.50	370.92	55
六安	Liuan	62.41	158.05	182.27	113	德州	Dezhou	90.19	195.80	209.79	97
亳州	Bozhou	43.52	148.76	209.06	98	聊城	Liaocheng	56.45	146.10	169.97	120

4-2 房地产开发投资额 续表 2

Investment in Real Estate Development continued 2

单位：亿元 （100 million yuan）

地名	City	2010	2013	2014	2014 排名 Ranking	地名	City	2010	2013	2014	2014 排名 Ranking
滨州	Binzhou	96.55	127.10	112.07	174	常德	Changde	61.70	121.80	124.05	161
菏泽	Heze	103.82	206.20	230.33	86	张家界	Zhangjiajie	22.49	68.00	58.75	232
河南	**Henan**	**2114.08**	**3843.76**	**4375.70**		益阳	Yiyang	63.00	100.90	101.12	184
郑州	Zhengzhou	775.16	1445.30	1743.51	8	郴州	Chenzhou	68.68	147.60	162.03	123
开封	Kaifeng	57.69	134.80	135.98	145	永州	Yongzhou	72.60	90.00	92.98	197
洛阳	Luoyang	179.90	302.00	302.61	70	怀化	Huaihua	44.73	118.40	101.87	182
平顶山	Pingdingshan	54.28	120.20	155.82	129	娄底	Loudi	40.98	119.40	109.71	178
安阳	Anyang	98.72	153.80	175.66	117	**广东**	**Guangdong**	**3659.69**	**6489.59**	**7638.50**	
鹤壁	Hebi	24.47	50.60	64.13	230	广州	Guangzhou	983.66	1572.40	1816.15	5
新乡	Xinxiang	117.64	227.30	267.49	77	韶关	Shaoguan	63.96	123.60	119.42	166
焦作	Jiaozuo	72.29	117.00	117.25	168	深圳	Shenzhen	458.47	876.90	1069.49	18
濮阳	Puyang	41.60	72.70	84.77	207	珠海	Zhuhai	179.51	272.60	388.30	50
许昌	Xuchang	71.06	120.70	137.78	142	汕头	Shantou	49.31	147.00	202.05	100
漯河	Luohe	28.93	46.40	38.85	251	佛山	Foshan	485.52	737.30	832.70	22
三门峡	Sanmenxia	46.60	85.70	97.87	188	江门	Jiangmen	111.72	241.80	313.01	68
南阳	Nanyang	70.32	131.00	156.60	128	湛江	Zhanjiang	75.04	154.80	177.35	114
商丘	Shangqiu	89.98	189.70	211.37	94	茂名	Maoming	37.22	77.40	95.06	193
信阳	Xinyang	136.08	226.30	248.43	79	肇庆	Zhaoqing	91.14	171.50	188.89	110
周口	Zhoukou	125.09	207.20	209.87	96	惠州	Huizhou	267.86	593.50	667.30	29
驻马店	Zhumadian	107.05	181.30	202.14	99	梅州	Meizhou	26.18	77.00	128.29	156
湖北	**Hubei**	**1618.24**	**3286.02**	**3983.80**		汕尾	Shanwei	17.72	16.70	11.61	280
武汉	Wuhan	1017.40	1905.60	2353.63	1	河源	Heyuan	23.19	89.20	100.83	185
黄石	Huangshi	38.36	84.70	115.77	169	阳江	Yangjiang	51.97	89.00	94.66	195
十堰	Shiyan	41.08	101.10	90.80	199	清远	Qingyuan	125.22	187.80	219.06	89
宜昌	Yichang	105.78	203.20	194.60	107	东莞	Dongguan	298.99	497.70	588.06	33
襄阳	Xiangyang	106.52	301.90	330.94	65	中山	Zhongshan	241.79	399.10	429.66	46
鄂州	Ezhou	11.49	22.80	19.91	274	潮州	Chaozhou	18.22	41.90	46.70	243
荆门	Jingmen	52.58	87.80	123.98	162	揭阳	Jieyang	33.25	57.00	67.70	228
孝感	Xiaogan	49.60	111.10	136.35	144	云浮	Yunfu	19.75	65.40	82.17	211
荆州	Jingzhou	35.53	76.80	134.17	147	**广西**	**Guangxi**	**1206.22**	**1614.63**	**1838.50**	
黄冈	Huanggang	43.84	132.70	174.27	118	南宁	Nanning	317.50	416.40	551.82	35
咸宁	Xianning	59.57	112.10	109.14	179	柳州	Liuzhou	165.41	245.90	277.52	74
随州	Suizhou	21.66	29.20	33.98	259	桂林	Guilin	118.01	194.30	215.23	92
湖南	**Hunan**	**1469.33**	**2628.32**	**2883.60**		梧州	Wuzhou	60.05	91.20	88.05	203
长沙	Changsha	684.10	1153.60	1310.50	13	北海	Beihai	97.34	170.00	157.49	126
株洲	Zhuzhou	146.49	226.90	235.33	84	防城港	Fangchenggang	90.55	100.10	89.26	200
湘潭	Xiangtan	59.91	122.20	147.13	135	钦州	Qinzhou	65.39	72.90	76.18	218
衡阳	Hengyang	65.31	111.30	138.29	141	贵港	Guigang	45.31	54.30	77.88	216
邵阳	Shaoyang	47.03	102.70	130.01	152	玉林	Yulin	82.72	87.10	96.33	189
岳阳	Yueyang	70.37	109.90	131.78	149	百色	Baise	65.92	57.00	54.36	236

4-2 房地产开发投资额 续表 3
Investment in Real Estate Development continued 3

单位：亿元 （100 million yuan）

地名	City	2010	2013	2014	2014 排名 Ranking	地名	City	2010	2013	2014	2014 排名 Ranking
贺州	Hezhou	13.79	22.80	17.82	278	丽江	Lijiang	25.06	79.90	55.72	234
河池	Hechi	26.32	19.20	27.13	264	普洱	Puer	23.83	46.70	48.70	240
来宾	Laibin	24.67	53.00	74.78	222	临沧	Lincang	20.75	96.00	124.82	160
崇左	Chongzuo	33.25	30.40	34.66	258	**西藏**	**Tibet**	**8.96**	**9.68**	**52.90**	
海南	**Hainan**	**467.87**	**1196.76**	**1431.70**		拉萨	Lasa	7.15	7.20	19.02	276
海口	Haikou	103.79	256.30	298.97	71	**陕西**	**Shaanxi**	**1159.47**	**2240.17**	**2426.50**	
三亚	Sanya	132.84	302.80	380.02	51	西安	Xi'an	842.34	1595.60	1761.88	7
三沙	Sansha					铜川	Tongchuan	14.68	22.50	31.66	260
重庆	**Chongqing**	**1620.26**	**3012.78**	**3630.20**		宝鸡	Baoji	63.70	81.30	93.14	196
四川	**Sichuan**	**2194.63**	**3853.00**	**4380.10**		咸阳	Xianyang	93.84	174.80	195.95	106
成都	Chengdu	1278.34	2110.30	2220.80	3	渭南	Weinan	42.08	101.30	81.35	213
自贡	Zigong	54.00	77.80	101.23	183	延安	Yan'an	8.13	18.40	26.66	266
攀枝花	Panzhihua	34.20	51.20	75.20	221	汉中	Hanzhong	38.22	69.10	82.10	212
泸州	Luzhou	54.52	130.90	192.56	108	榆林	Yulin	28.33	89.70	73.93	224
德阳	Deyang	46.97	82.70	95.23	191	安康	Ankang	16.65	50.50	53.48	237
绵阳	Mianyang	105.84	169.90	210.74	95	商洛	Shangluo	8.22	17.20	18.35	277
广元	Guangyuan	18.72	58.70	83.32	210	**甘肃**	**Gansu**	**266.41**	**724.65**	**721.50**	
遂宁	Suining	67.90	86.00	86.36	205	兰州	Lanzhou	118.28	286.80	336.54	64
内江	Neijiang	41.01	78.60	115.43	170	嘉峪关	Jiayuguan	11.77	22.50	22.65	272
乐山	Leshan	58.79	110.20	126.07	157	金昌	Jinchang	4.83	9.10	9.77	282
南充	Nanchong	102.23	207.90	229.14	87	白银	Baiyin	11.75	22.80	27.01	265
眉山	Meishan	47.77	130.30	151.12	133	天水	Tianshui	23.51	39.00	34.99	257
宜宾	Yibin	60.22	141.10	171.86	119	武威	Wuwei	11.18	30.80	24.09	270
广安	Guangan	29.58	65.30	122.11	163	张掖	Zhangye	8.08	45.50	46.57	244
达州	Dazhou	60.68	100.50	94.98	194	平凉	Pingliang	16.41	40.00	38.40	252
雅安	Yaan	11.91	27.00	25.46	267	酒泉	Jiuquan	13.74	41.20	38.35	253
巴中	Bazhong	27.27	64.00	88.65	202	庆阳	Qingyang	12.29	66.70	39.60	250
资阳	Ziyang	74.65	137.00	164.77	121	定西	Dingxi	18.31	60.40	44.19	247
贵州	**Guizhou**	**556.69**	**1942.54**	**2187.70**		陇南	Longnan	3.14	9.50	10.67	281
贵阳	Guiyang	310.47	983.10	1017.60	20	**青海**	**Qinghai**	**108.19**	**247.61**	**308.30**	
六盘水	Liupanshui	26.25	81.70	87.91	204	西宁	Xining	95.40	195.30	246.86	80
遵义	Zunyi	44.57	239.00	316.62	67	海东	Haidong			46.46	245
安顺	Anshun	24.11	91.90	95.50	190	**宁夏**	**Ningxia**	**254.37**	**558.97**	**654.80**	
毕节	Bijie	52.61	149.60	182.64	111	银川	Yinchuan	160.82	330.80	388.90	49
铜仁	Tongren	28.14	94.10	100.13	186	石嘴山	Shizuishan	35.71	65.60	78.72	215
云南	**Yunnan**	**900.44**	**2488.33**	**2846.70**		吴忠	Wuzhong	27.31	56.10	68.41	227
昆明	Kunming	440.68	1291.70	1492.62	9	固原	Guyuan	10.89	45.40	70.33	226
曲靖	Qujing	101.56	183.70	163.18	122	中卫	Zhongwei	19.64	61.10	48.45	241
玉溪	Yuxi	57.54	104.70	111.46	175	**新疆**	**Xinjiang**	**347.72**	**825.69**	**1014.80**	
保山	Baoshan	16.74	82.50	71.30	225	乌鲁木齐	Urumqi	150.20	287.50	359.44	58
昭通	Zhaotong	17.43	50.40	75.60	219	克拉玛依	Karamay	9.19	42.80	37.96	254

4-3 商品房销售额
Total Sales of Commercialized Buildings

单位：亿元 （100 million yuan）

地名	City	2010	2013	2014	2014 排名 Ranking	地名	City	2010	2013	2014	2014 排名 Ranking
全国	**National Total**	**52721.24**	**81428.28**	**76292.41**		沈阳	Shenyang	945.05	1436.10	931.58	17
北京	**Beijing**	**2915.36**	**3530.82**	**2738.74**		大连	Dalian	856.04	1009.90	687.87	21
天津	**Tianjin**	**1282.43**	**1615.47**	**1486.94**		鞍山	Anshan	202.42	366.50	165.81	111
河北	**Hebei**	**1650.00**	**2779.69**	**2928.00**		抚顺	Fushun	77.54	168.10	88.28	177
石家庄	Shijiazhuang	182.16	523.50	509.59	33	本溪	Benxi	76.16	196.90	129.82	139
唐山	Tangshan	197.10	538.20	451.05	39	丹东	Dandong	109.02	211.70	120.10	150
秦皇岛	Qinhuangdao	147.01	202.50	126.68	142	锦州	Jinzhou	122.20	188.70	159.57	117
邯郸	Handan	90.33	153.80	161.70	114	营口	Yingkou	184.28	270.40	112.50	155
邢台	Xingtai	56.16	81.20	99.06	170	阜新	Fuxin	33.57	80.20	73.65	190
保定	Baoding	106.32	129.50	198.26	92	辽阳	Liaoyang	60.29	116.80	75.92	183
张家口	Zhangjiakou	188.14	208.00	201.24	89	盘锦	Panjin	91.84	156.00	161.18	115
承德	Chengde	104.52	117.90	139.47	130	铁岭	Tieling	136.09	182.80	170.71	106
沧州	Cangzhou	125.26	211.50	207.46	85	朝阳	Chaoyang	69.34	231.40	139.59	129
廊坊	Langfang	399.87	502.00	703.15	20	葫芦岛	Huludao	99.50	143.60	75.52	184
衡水	Hengshui	53.14	111.70	130.34	138	**吉林**	**Jilin**	**868.80**	**993.04**	**808.58**	
山西	**Shanxi**	**411.71**	**728.26**	**746.14**		长春	Changchun	446.91	510.40	475.11	36
太原	Taiyuan	187.49	295.20	325.95	52	吉林	Jilin	164.79	188.50	102.57	166
大同	Datong	23.99	55.80	36.78	242	四平	Siping	39.62	56.80	48.53	223
阳泉	Yangquan	28.03	28.00	23.26	256	辽源	Liaoyuan	19.22	17.90	7.74	277
长治	Changzhi	32.17	64.70	69.32	197	通化	Tonghua	46.08	59.60	54.93	212
晋城	Jincheng	18.44	38.40	34.08	247	白山	Baishan	26.71	24.30	10.01	274
朔州	Shuozhou	11.87	40.60	45.56	225	松原	Songyuan	47.24	40.50	39.01	238
晋中	Jinzhong	28.49	48.70	57.16	210	白城	Baicheng	4.81	9.90	2.74	283
运城	Yuncheng	32.92	65.60	57.19	209	**黑龙江**	**Heilongjiang**	**1011.95**	**1582.34**	**1208.54**	
忻州	Xinzhou	14.36	18.50	18.17	270	哈尔滨	Harbin	470.19	834.00	632.69	24
临汾	Linfen	17.43	47.60	59.70	206	齐齐哈尔	Qiqihar	70.89	113.80	93.88	173
吕梁	Lvliang	16.51	25.20	18.97	268	鸡西	Jixi	20.05	21.20	26.21	252
内蒙古	**Inner Mongolia**	**1076.55**	**1177.36**	**1064.82**		鹤岗	Hegang	17.17	6.00	5.36	281
呼和浩特	Hohhot	193.71	220.00	199.19	91	双鸭山	Shuangyashan	9.60	10.30	10.24	272
包头	Baotou	266.57	214.20	194.17	95	大庆	Daqing	128.84	251.50	176.72	102
乌海	Wuhai	27.23	53.20	67.75	202	伊春	Yichun	13.32	13.60	6.54	280
赤峰	Chifeng	102.86	203.10	116.47	152	佳木斯	Jiamusi	66.62	60.80	34.40	245
通辽	Tongliao	48.32	59.40	52.47	215	七台河	Qitaihe	10.47	10.60	4.68	282
鄂尔多斯	Erdos	251.63	103.90	102.52	167	牡丹江	Mudanjiang	80.68	115.00	61.17	205
呼伦贝尔	Hulunbuir	70.69	159.50	202.42	88	黑河	Heihe	18.90	34.70	19.84	264
巴彦淖尔	Bayannur	41.87	65.90	39.83	236	绥化	Suihua	96.92	92.90	117.87	151
乌兰察布	Ulanqab	29.99	13.40	20.87	259	**上海**	**Shanghai**	**2959.94**	**3911.57**	**3499.53**	
辽宁	**Liaoning**	**3063.32**	**4759.21**	**3092.10**		**江苏**	**Jiangsu**	**5540.32**	**7913.70**	**6898.42**	

4-3 商品房销售额 续表 1
Total Sales of Commercialized Buildings continued 1

单位：亿元 （100 million yuan）

地名	City	2010	2013	2014	2014 排名 Ranking	地名	City	2010	2013	2014	2014 排名 Ranking
南京	Nanjing	787.38	1404.70	1352.20	6	池州	Chizhou	64.10	76.30	70.46	195
无锡	Wuxi	811.45	715.80	651.20	22	宣城	Xuancheng	83.74	142.40	121.59	147
徐州	Xuzhou	232.55	457.30	457.30	38	**福建**	**Fujian**	**1611.32**	**4232.08**	**3763.52**	
常州	Changzhou	553.19	590.60	503.70	34	福州	Fuzhou	502.99	1411.80	1035.03	13
苏州	Suzhou	1248.06	1803.90	1547.01	5	厦门	Xiamen	379.12	1071.90	1215.18	9
南通	Nantong	357.44	581.50	581.50	29	莆田	Putian	79.55	224.90	224.90	78
连云港	Lianyungang	167.70	227.50	160.63	116	三明	Sanming	105.23	169.80	169.80	107
淮安	Huaian	232.61	386.80	302.42	64	泉州	Quanzhou	225.30	624.80	624.80	26
盐城	Yancheng	224.79	339.50	313.97	57	漳州	Zhangzhou	122.21	300.80	300.80	65
扬州	Yangzhou	304.73	449.80	428.93	41	南平	Nanping	62.60	140.70	140.70	128
镇江	Zhenjiang	203.86	355.30	316.70	56	龙岩	Longyan	64.72	155.40	155.40	118
泰州	Taizhou	248.61	298.20	254.42	69	宁德	Ningde	69.61	132.00	132.00	136
宿迁	Suqian	164.62	302.80	302.80	63	**江西**	**Jiangxi**	**776.41**	**1647.90**	**1621.76**	
浙江	**Zhejiang**	**4459.04**	**5396.03**	**4923.00**		南昌	Nanchang	237.80	597.50	543.34	31
杭州	Hangzhou	1396.77	1711.20	1558.39	4	景德镇	Jingdezhen	25.81	64.90	41.83	231
宁波	Ningbo	778.47	810.40	780.54	19	萍乡	Pingxiang	17.94	27.60	25.70	255
温州	Wenzhou	307.31	575.90	589.91	27	九江	Jiujiang	85.18	147.40	134.38	134
嘉兴	Jiaxing	378.08	439.80	353.96	47	新余	Xinyu	36.54	50.10	40.98	233
湖州	Huzhou	258.53	215.70	199.97	90	鹰潭	Yingtan	11.76	36.10	41.85	230
绍兴	Shaoxing	463.41	568.70	440.26	40	赣州	Ganzhou	131.45	309.10	344.72	48
金华	Jinhua	275.53	374.20	354.03	46	吉安	Jian	43.94	80.40	81.14	180
衢州	Quzhou	90.57	115.90	109.15	158	宜春	Yichun	65.00	112.20	107.34	161
舟山	Zhoushan	125.26	127.70	102.19	168	抚州	Fuzhou	57.86	122.80	131.54	137
台州	Taizhou	330.47	339.80	307.01	58	上饶	Shangrao	63.10	100.60	128.95	140
丽水	Lishui	53.77	116.70	127.60	141	**山东**	**Shandong**	**3665.12**	**5215.12**	**4879.66**	
安徽	**Anhui**	**1732.66**	**3182.87**	**3345.19**		济南	Jinan	332.64	587.50	637.46	23
合肥	Hefei	593.34	1023.00	1141.36	11	青岛	Qingdao	894.84	978.60	970.90	14
芜湖	Wuhu	166.40	337.10	329.68	51	淄博	Zibo	240.37	248.10	215.09	82
蚌埠	Bengbu	75.20	193.40	221.78	80	枣庄	Zaozhuang	73.75	121.30	145.87	126
淮南	Huainan	82.34	108.50	86.98	178	东营	Dongying	137.90	187.70	166.22	110
马鞍山	Maanshan	56.15	148.00	111.77	156	烟台	Yantai	475.71	673.90	559.49	30
淮北	Huaibei	31.11	74.00	56.90	211	潍坊	Weifang	415.69	493.00	325.44	53
铜陵	Tongling	39.75	70.10	92.67	174	济宁	Jining	104.01	297.40	334.38	49
安庆	Anqing	85.07	199.00	172.25	104	泰安	Taian	99.23	179.10	114.08	154
黄山	Huangshan	52.83	70.70	51.01	217	威海	Weihai	281.85	396.30	400.97	44
滁州	Chuzhou	97.44	204.00	221.76	81	日照	Rizhao	41.68	81.40	72.78	192
阜阳	Fuyang	71.51	147.60	179.39	101	莱芜	Laiwu	11.88	28.30	19.45	265
宿州	Suzhou	49.10	149.10	181.07	98	临沂	Linyi	128.25	352.90	368.09	45
六安	Liuan	76.29	123.60	153.07	122	德州	Dezhou	120.62	234.40	180.16	100
亳州	Bozhou	20.37	116.10	153.44	121	聊城	Liaocheng	73.31	145.00	137.74	133

4-3 商品房销售额 续表 2
Total Sales of Commercialized Buildings continued 2

单位：亿元 （100 million yuan）

地名	City	2010	2013	2014	2014 排名 Ranking	地名	City	2010	2013	2014	2014 排名 Ranking
滨州	Binzhou	67.67	105.60	107.17	162	常德	Changde	717.54	102.40	102.66	165
菏泽	Heze	165.71	104.60	124.36	143	张家界	Zhangjiajie	209.93	25.60	26.66	250
河南	**Henan**	**1658.79**	**3074.14**	**3440.58**		益阳	Yiyang	444.30	97.10	94.03	172
郑州	Zhengzhou	772.70	1161.60	1205.17	10	郴州	Chenzhou	483.59	126.90	147.46	124
开封	Kaifeng	41.62	100.20	102.67	164	永州	Yongzhou	421.90	117.80	153.56	120
洛阳	Luoyang	144.24	293.20	286.23	67	怀化	Huaihua	290.07	131.10	101.29	169
平顶山	Pingdingshan	30.94	71.60	74.49	185	娄底	Loudi	361.77	114.10	50.56	219
安阳	Anyang	74.67	127.20	163.44	113	**广东**	**Guangdong**	**5480.77**	**8941.05**	**8461.84**	
鹤壁	Hebi	18.98	43.50	58.39	207	广州	Guangzhou	1674.99	2606.00	2420.70	2
新乡	Xinxiang	81.74	191.10	223.01	79	韶关	Shaoguan	75.79	153.80	154.76	119
焦作	Jiaozuo	47.78	59.20	63.38	204	深圳	Shenzhen	892.55	1436.30	1316.69	7
濮阳	Puyang	33.60	100.60	74.33	187	珠海	Zhuhai	293.01	392.60	408.29	43
许昌	Xuchang	42.26	101.30	124.32	144	汕头	Shantou	73.13	126.30	109.44	157
漯河	Luohe	24.32	37.30	34.91	244	佛山	Foshan	668.13	852.50	940.37	15
三门峡	Sanmenxia	18.61	42.50	50.77	218	江门	Jiangmen	179.17	254.30	214.55	83
南阳	Nanyang	56.80	134.70	146.70	125	湛江	Zhanjiang	62.16	156.20	167.69	109
商丘	Shangqiu	55.85	141.50	230.03	75	茂名	Maoming	55.62	143.00	116.26	153
信阳	Xinyang	85.35	160.90	202.95	87	肇庆	Zhaoqing	140.31	231.60	248.22	72
周口	Zhoukou	43.33	100.80	139.20	131	惠州	Huizhou	311.17	672.10	588.81	28
驻马店	Zhumadian	74.74	175.10	240.44	73	梅州	Meizhou	31.67	84.80	108.31	160
湖北	**Hubei**	**1313.14**	**2790.32**	**3088.31**		汕尾	Shanwei	16.43	10.00	20.65	261
武汉	Wuhan	694.73	1544.90	1807.39	3	河源	Heyuan	25.58	88.80	79.52	182
黄石	Huangshi	43.38	70.10	70.10	196	阳江	Yangjiang	41.91	129.20	123.39	145
十堰	Shiyan	50.46	73.80	73.80	189	清远	Qingyuan	138.14	259.10	207.04	86
宜昌	Yichang	86.96	216.80	208.04	84	东莞	Dongguan	373.77	728.10	626.65	25
襄阳	Xiangyang	117.11	263.00	250.90	71	中山	Zhongshan	350.38	472.10	464.02	37
鄂州	Ezhou	18.72	19.40	19.40	266	潮州	Chaozhou	19.70	38.80	37.39	240
荆门	Jingmen	44.74	68.90	74.47	186	揭阳	Jieyang	34.62	39.30	38.15	239
孝感	Xiaogan	50.06	79.80	79.80	181	云浮	Yunfu	22.53	66.80	70.93	193
荆州	Jingzhou	39.54	68.00	68.00	201	**广西**	**Guangxi**	**995.19**	**1375.79**	**1532.05**	
黄冈	Huanggang	31.83	132.40	149.70	123	南宁	Nanning	342.84	489.00	531.87	32
咸宁	Xianning	43.74	92.50	184.40	97	柳州	Liuzhou	113.30	149.20	194.58	94
随州	Suizhou	30.23	33.70	33.70	248	桂林	Guilin	115.66	169.20	171.01	105
湖南	**Hunan**	**14068.47**	**2525.64**	**2299.11**		梧州	Wuzhou	34.26	64.10	73.44	191
长沙	Changsha	7423.31	1160.40	928.92	18	北海	Beihai	76.00	80.70	94.18	171
株洲	Zhuzhou	1534.59	235.10	227.61	76	防城港	Fangchenggang	48.82	51.00	64.24	203
湘潭	Xiangtan	577.11	91.50	74.11	188	钦州	Qinzhou	62.30	58.00	53.41	214
衡阳	Hengyang	682.32	125.50	142.59	127	贵港	Guigang	41.96	61.10	70.70	194
邵阳	Shaoyang	208.27	68.80	86.96	179	玉林	Yulin	59.93	100.00	108.62	159
岳阳	Yueyang	628.67	99.50	123.11	146	百色	Baise	32.60	50.10	46.00	224

4-3 商品房销售额 续表 3

Total Sales of Commercialized Buildings continued 3

单位：亿元 （100 million yuan）

地名	City	2010	2013	2014	2014 排名 Ranking	地名	City	2010	2013	2014	2014 排名 Ranking
贺州	Hezhou	5.37	14.00	17.84	271	丽江	Lijiang	23.80	54.50	68.68	199
河池	Hechi	21.58	19.00	25.92	254	普洱	Puer	26.24	36.60	36.60	243
来宾	Laibin	18.46	35.20	43.35	229	临沧	Lincang	14.17	26.70	58.16	208
崇左	Chongzuo	23.13	35.20	36.92	241	**西藏**	**Tibet**	**5.57**	**10.60**	**34.25**	
海南	**Hainan**	**746.61**	**1032.65**	**935.21**		拉萨	Lasa	3.92	10.10	10.10	273
海口	Haikou	168.12	250.20	266.58	68	**陕西**	**Shaanxi**	**973.69**	**1608.11**	**1598.04**	
三亚	Sanya	243.88	265.60	197.07	93	西安	Xi'an	707.00	1112.90	1100.71	12
三沙	Sansha					铜川	Tongchuan	10.07	9.00	10.01	275
重庆	**Chongqing**	**1846.94**	**2682.76**	**2814.99**		宝鸡	Baoji	53.98	85.80	88.69	176
四川	**Sichuan**	**2647.34**	**4020.27**	**3997.38**		咸阳	Xianyang	50.55	84.00	92.44	175
成都	Chengdu	1519.33	2121.60	2950.17	1	渭南	Weinan	24.70	112.90	120.36	149
自贡	Zigong	60.80	103.10	168.56	108	延安	Yan'an	5.78	16.50	18.54	269
攀枝花	Panzhihua	28.91	67.90	121.38	148	汉中	Hanzhong	42.89	52.90	40.30	235
泸州	Luzhou	98.09	161.60	305.55	61	榆林	Yulin	34.29	59.70	49.69	221
德阳	Deyang	75.02	107.50	186.80	96	安康	Ankang	31.39	44.70	45.48	226
绵阳	Mianyang	127.40	151.70	302.84	62	商洛	Shangluo	8.79	18.30	20.56	262
广元	Guangyuan	28.35	38.30	105.67	163	**甘肃**	**Gansu**	**227.81**	**474.07**	**602.34**	
遂宁	Suining	46.02	102.10	293.59	66	兰州	Lanzhou	96.51	161.00	318.53	55
内江	Neijiang	70.75	81.80	163.49	112	嘉峪关	Jiayuguan	17.99	28.40	19.28	267
乐山	Leshan	85.65	98.30	253.58	70	金昌	Jinchang	12.11	11.40	6.66	279
南充	Nanchong	106.04	223.90	493.90	35	白银	Baiyin	17.13	29.00	20.77	260
眉山	Meishan	61.17	121.60	331.99	50	天水	Tianshui	19.47	42.40	44.28	227
宜宾	Yibin	82.77	162.30	237.17	74	武威	Wuwei	0.13	9.80	7.05	278
广安	Guangan	52.04	99.50	305.95	60	张掖	Zhangye	11.97	27.90	34.13	246
达州	Dazhou	82.40	115.20	227.47	77	平凉	Pingliang	2.77	30.20	23.06	257
雅安	Yaan	10.25	23.80	54.93	213	酒泉	Jiuquan	11.27	43.80	48.79	222
巴中	Bazhong	26.27	61.30	180.68	99	庆阳	Qingyang	12.03	34.50	20.16	263
资阳	Ziyang	70.73	162.00	426.34	42	定西	Dingxi	5.67	16.70	22.81	258
贵州	**Guizhou**	**581.01**	**1276.69**	**1370.31**		陇南	Longnan	1.23	5.70	8.28	276
贵阳	Guiyang	353.46	650.50	935.55	16	**青海**	**Qinghai**	**84.44**	**158.84**	**211.27**	
六盘水	Liupanshui	27.63	51.30	51.30	216	西宁	Xining	72.25	128.60	175.87	103
遵义	Zunyi	54.05	138.50	138.50	132	海东	Haidong			26.62	251
安顺	Anshun	17.33	68.30	68.30	200	**宁夏**	**Ningxia**	**309.22**	**443.70**	**464.96**	
毕节	Bijie	22.34	74.00			银川	Yinchuan	210.63	297.20	322.52	54
铜仁	Tongren	18.64	52.80			石嘴山	Shizuishan	29.31	39.00	31.23	249
云南	**Yunnan**	**934.60**	**1487.24**	**1596.37**		吴忠	Wuzhong	30.51	45.40	43.75	228
昆明	Kunming	455.06	701.90	1289.37	8	固原	Guyuan	15.67	27.00	41.29	232
曲靖	Qujing	93.97	132.70	132.70	135	中卫	Zhongwei	23.10	35.10	26.17	253
玉溪	Yuxi	66.18	68.80	68.80	198	**新疆**	**Xinjiang**	**483.04**	**860.95**	**840.47**	
保山	Baoshan	21.95	40.70	40.70	234	乌鲁木齐	Urumqi	211.81	339.80	306.51	59
昭通	Zhaotong	14.28	39.60	39.60	237	克拉玛依	Karamay	15.28	60.70	50.37	220

4-4 商品住宅销售额
Total Sales of Commercialized Residential Buildings

单位：亿元 （100 million yuan）

地名	City	2010	2013	2014	2014 排名 Ranking	地名	City	2010	2013	2014	2014 排名 Ranking
全国	**National Total**	**44120.65**	**67694.94**	**62410.95**		沈阳	Shenyang	774.55	1225.30	787.33	14
北京	**Beijing**	**2060.52**	**2434.71**	**2102.46**		大连	Dalian	761.55	867.70	598.37	19
天津	**Tianjin**	**1070.27**	**1443.34**	**1309.70**		鞍山	Anshan	182.86	289.20	89.39	151
河北	**Hebei**	**1488.78**	**2329.12**	**2501.62**		抚顺	Fushun	69.01	129.90	71.18	169
石家庄	Shijiazhuang	169.97	386.90	403.65	31	本溪	Benxi	37.48	129.80	102.51	132
唐山	Tangshan	170.43	448.40	351.55	39	丹东	Dandong	86.59	174.90	102.38	133
秦皇岛	Qinhuangdao	142.73	176.50	116.60	114	锦州	Jinzhou	105.11	174.60	136.20	93
邯郸	Handan	79.56	127.20	133.22	96	营口	Yingkou	164.34	216.00	95.47	141
邢台	Xingtai	51.44	72.80	95.31	143	阜新	Fuxin	24.06	56.20	53.60	195
保定	Baoding	98.85	123.80	188.90	66	辽阳	Liaoyang	49.85	96.90	55.40	192
张家口	Zhangjiakou	156.34	153.70	148.03	85	盘锦	Panjin	81.24	125.30	127.08	102
承德	Chengde	88.68	98.30	115.98	116	铁岭	Tieling	110.50	138.70	125.33	104
沧州	Cangzhou	111.73	172.30	176.54	74	朝阳	Chaoyang	56.51	187.60	110.69	124
廊坊	Langfang	371.37	472.50	659.62	17	葫芦岛	Huludao	84.00	129.90	63.96	179
衡水	Hengshui	47.70	96.90	112.23	123	吉林	**Jilin**	**735.91**	**839.73**	**667.62**	
山西	**Shanxi**	**357.37**	**625.14**	**639.83**		长春	Changchun	400.72	436.80	387.84	34
太原	Taiyuan	166.92	259.60	285.34	44	吉林	Jilin	138.52	163.50	81.23	160
大同	Datong	20.17	39.20	28.52	239	四平	Siping	33.07	47.50	43.54	209
阳泉	Yangquan	24.45	25.50	22.23	248	辽源	Liaoyuan	15.96	16.00	6.61	274
长治	Changzhi	27.89	52.60	58.80	187	通化	Tonghua	37.44	47.60	49.07	200
晋城	Jincheng	15.23	33.10	29.18	238	白山	Baishan	20.64	18.10	7.84	272
朔州	Shuozhou	8.39	30.20	33.29	229	松原	Songyuan	33.45	31.80	32.05	231
晋中	Jinzhong	25.60	45.70	49.13	199	白城	Baicheng	4.48	8.00	2.11	280
运城	Yuncheng	27.58	55.50	51.97	197	黑龙江	**Heilongjiang**	**833.05**	**1305.90**	**962.69**	
忻州	Xinzhou	13.67	15.60	15.07	267	哈尔滨	Harbin	420.82	710.20	518.82	24
临汾	Linfen	14.31	44.90	48.65	201	齐齐哈尔	Qiqihar	53.98	87.80	69.52	172
吕梁	Lvliang	13.15	23.30	17.63	262	鸡西	Jixi	12.59	19.50	18.79	259
内蒙古	**Inner Mongolia**	**766.47**	**874.45**	**765.04**		鹤岗	Hegang	14.61	5.50	3.84	279
呼和浩特	Hohhot	144.08	157.40	158.15	79	双鸭山	Shuangyashan	7.63	8.10	8.36	271
包头	Baotou	162.41	165.80	152.58	82	大庆	Daqing	106.23	207.20	146.24	87
乌海	Wuhai	22.48	43.40	41.81	213	伊春	Yichun	12.25	11.90	5.63	276
赤峰	Chifeng	89.74	157.90	85.27	154	佳木斯	Jiamusi	49.12	51.50	28.52	240
通辽	Tongliao	31.96	47.30	36.37	224	七台河	Qitaihe	9.38	9.90	4.35	277
鄂尔多斯	Erdos	173.02	81.60	80.39	161	牡丹江	Mudanjiang	55.90	93.30	49.57	198
呼伦贝尔	Hulunbuir	47.25	99.70	115.52	118	黑河	Heihe	13.87	25.10	11.99	268
巴彦淖尔	Bayannur	37.25	44.60	33.03	230	绥化	Suihua	69.91	62.00	80.23	162
乌兰察布	Ulanqab	25.66	10.40	15.67	265	上海	**Shanghai**	**2395.35**	**3264.03**	**2923.44**	
辽宁	**Liaoning**	**2587.66**	**3941.86**	**2518.87**		江苏	**Jiangsu**	**4536.63**	**6777.70**	**5969.60**	

4-4 商品住宅销售额 续表 1
Total Sales of Commercialized Residential Buildings continued 1

单位：亿元 （100 million yuan）

地名	City	2010	2013	2014	2014 排名 Ranking
南京	Nanjing	696.45	1266.40	1233.20	6
无锡	Wuxi	656.65	581.50	545.46	21
徐州	Xuzhou	197.62	388.30		
常州	Changzhou	444.51	505.90	416.07	30
苏州	Suzhou	971.53	1548.40	1393.93	4
南通	Nantong	311.69	493.30		
连云港	Lianyungang	129.98	187.60	138.31	92
淮安	Huaian	194.07	309.20	242.52	54
盐城	Yancheng	169.69	260.50	237.17	56
扬州	Yangzhou	272.50	398.60	368.75	37
镇江	Zhenjiang	154.94	320.50	269.20	47
泰州	Taizhou	208.08	262.50	227.32	58
宿迁	Suqian	125.74	255.00		
浙江	**Zhejiang**	**3577.49**	**4513.88**	**4172.58**	
杭州	Hangzhou	1137.29	1422.00	1334.91	5
宁波	Ningbo	580.90	663.70	648.15	18
温州	Wenzhou	266.00	506.00	530.86	23
嘉兴	Jiaxing	274.94	349.30	284.18	45
湖州	Huzhou	194.74	175.20	163.99	78
绍兴	Shaoxing	372.80	481.10	357.90	38
金华	Jinhua	243.55	302.60	302.06	42
衢州	Quzhou	74.01	101.60	92.38	146
舟山	Zhoushan	109.82	114.30	85.04	155
台州	Taizhou	283.00	299.50	263.65	50
丽水	Lishui	47.79	98.30	109.45	127
安徽	**Anhui**	**1408.41**	**2662.04**	**2691.80**	
合肥	Hefei	475.17	883.20	917.39	9
芜湖	Wuhu	135.15	284.10	288.63	43
蚌埠	Bengbu	62.90	166.30	187.31	67
淮南	Huainan	73.40	88.50	67.01	175
马鞍山	Maanshan	50.51	125.90	95.90	140
淮北	Huaibei	29.00	63.90	46.15	204
铜陵	Tongling	32.34	46.20	45.73	205
安庆	Anqing	70.30	161.00	140.00	91
黄山	Huangshan	42.73	55.30	38.11	218
滁州	Chuzhou	80.27	170.50	179.46	73
阜阳	Fuyang	56.42	128.50	142.04	90
宿州	Suzhou	43.82	125.00	155.64	81
六安	Liuan	60.84	111.10	134.65	94
亳州	Bozhou	16.34	80.90	101.85	134
池州	Chizhou	40.09	53.80	55.90	191
宣城	Xuancheng	63.88	118.20	96.04	139
福建	**Fujian**	**1300.13**	**3410.57**	**2939.58**	
福州	Fuzhou	418.33	1122.70	825.22	12
厦门	Xiamen	276.63	846.20	907.34	10
莆田	Putian	64.65	176.20	176.20	75
三明	Sanming	81.31	144.00	144.00	88
泉州	Quanzhou	194.65	517.00	517.00	26
漳州	Zhangzhou	105.45	253.40	253.40	51
南平	Nanping	54.62	119.20	119.20	111
龙岩	Longyan	43.87	115.90	115.90	117
宁德	Ningde	60.62	116.00	116.00	115
江西	**Jiangxi**	**670.34**	**1396.06**	**1379.50**	
南昌	Nanchang	211.90	499.20	467.76	28
景德镇	Jingdezhen	23.85	56.10	38.08	219
萍乡	Pingxiang	16.75	24.90	22.28	247
九江	Jiujiang	80.32	137.50	119.36	110
新余	Xinyu	33.83	36.00	37.15	222
鹰潭	Yingtan	10.37	32.60	37.64	220
赣州	Ganzhou	92.03	242.10	250.83	53
吉安	Jian	37.14	64.60	72.41	168
宜春	Yichun	59.80	102.60	95.39	142
抚州	Fuzhou	52.60	114.30	121.91	108
上饶	Shangrao	51.75	86.70	116.68	113
山东	**Shandong**	**3218.02**	**4461.07**	**4009.48**	
济南	Jinan	291.14	493.80	517.98	25
青岛	Qingdao	776.83	839.10	803.02	13
淄博	Zibo	220.52	220.90	189.04	64
枣庄	Zaozhuang	64.68	99.70	114.33	120
东营	Dongying	132.78	174.30	129.97	98
烟台	Yantai	410.83	531.20	394.08	32
潍坊	Weifang	341.70	416.50	276.24	46
济宁	Jining	92.67	238.00	268.30	48
泰安	Taian	89.49	154.00	98.95	136
威海	Weihai	261.48	354.50	334.70	40
日照	Rizhao	36.92	72.90	63.99	178
莱芜	Laiwu	8.97	27.90	19.02	257
临沂	Linyi	117.90	302.20	316.41	41
德州	Dezhou	111.35	213.70	157.95	80
聊城	Liaocheng	66.89	130.70	117.50	112

4-4 商品住宅销售额 续表 2

Total Sales of Commercialized Residential Buildings continued 2

单位：亿元 （100 million yuan）

地名	City	2010	2013	2014	2014 排名 Ranking	地名	City	2010	2013	2014	2014 排名 Ranking
滨州	Binzhou	49.01	95.00	93.63	145	常德	Changde	59.68	82.80	80.06	163
菏泽	Heze	144.87	96.70	114.39	119	张家界	Zhangjiajie	13.79	22.30	19.66	253
河南	**Henan**	**1454.57**	**2516.26**	**2739.71**		益阳	Yiyang	34.97	81.90	74.80	166
郑州	Zhengzhou	656.55	865.20	850.87	11	郴州	Chenzhou	45.43	113.20	129.95	99
开封	Kaifeng	38.64	86.30	91.21	147	永州	Yongzhou	34.30	98.50	122.22	107
洛阳	Luoyang	122.63	245.40	241.56	55	怀化	Huaihua	22.11	113.80	86.94	153
平顶山	Pingdingshan	28.09	63.70	66.60	176	娄底	Loudi	28.27	87.90	38.42	217
安阳	Anyang	68.14	109.40	132.73	97	**广东**	**Guangdong**	**4589.82**	**7476.10**	**6960.26**	
鹤壁	Hebi	17.54	35.80	54.12	194	广州	Guangzhou	1180.03	1951.50	1763.07	1
新乡	Xinxiang	71.21	164.00	199.44	61	韶关	Shaoguan	68.56	136.80	134.28	95
焦作	Jiaozuo	45.81	53.40	58.50	188	深圳	Shenzhen	784.30	1235.00	1141.45	7
濮阳	Puyang	31.71	93.20	68.27	174	珠海	Zhuhai	263.96	343.60	372.75	36
许昌	Xuchang	39.23	87.00	108.99	128	汕头	Shantou	65.47	111.30	94.83	144
漯河	Luohe	22.79	34.40	27.88	242	佛山	Foshan	593.72	697.30	771.76	15
三门峡	Sanmenxia	16.98	35.90	39.14	216	江门	Jiangmen	167.20	227.50	188.91	65
南阳	Nanyang	51.63	123.50	129.60	100	湛江	Zhanjiang	54.56	147.50	146.77	86
商丘	Shangqiu	51.68	128.90	172.95	76	茂名	Maoming	51.29	130.90	99.90	135
信阳	Xinyang	72.43	125.50	170.83	77	肇庆	Zhaoqing	122.92	193.00	186.04	68
周口	Zhoukou	41.93	92.80	124.68	105	惠州	Huizhou	285.97	613.90	535.30	22
驻马店	Zhumadian	67.46	143.10	184.53	70	梅州	Meizhou	29.47	76.50	98.78	138
湖北	**Hubei**	**1134.64**	**2310.04**	**2543.76**		汕尾	Shanwei	16.33	8.80	19.06	256
武汉	Wuhan	606.01	1269.00	1464.23	3	河源	Heyuan	22.91	80.20	74.59	167
黄石	Huangshi	37.78	56.70	56.70	190	阳江	Yangjiang	39.99	110.90	110.41	126
十堰	Shiyan	47.19	69.30	69.30	173	清远	Qingyuan	124.56	240.00	190.74	63
宜昌	Yichang	73.35	170.90	183.27	71	东莞	Dongguan	334.15	632.50	509.27	27
襄阳	Xiangyang	88.09	210.10	210.10	60	中山	Zhongshan	312.20	405.00	392.95	33
鄂州	Ezhou	17.77	17.70	17.70	261	潮州	Chaozhou	19.28	36.50	33.78	228
荆门	Jingmen	37.19	60.90	60.90	185	揭阳	Jieyang	33.27	37.30	36.12	225
孝感	Xiaogan	48.54	71.10	71.10	170	云浮	Yunfu	19.68	60.20	59.50	186
荆州	Jingzhou	35.36	61.90	61.90	183	**广西**	**Guangxi**	**881.70**	**1166.72**	**1274.57**	
黄冈	Huanggang	27.52	113.50	113.50	121	南宁	Nanning	298.01	389.70	440.03	29
咸宁	Xianning	35.03	78.60	78.60	164	柳州	Liuzhou	97.28	126.70	148.29	84
随州	Suizhou	27.44	30.60	30.60	233	桂林	Guilin	106.27	157.20	151.43	83
湖南	**Hunan**	**1248.11**	**2114.97**	**1858.58**		梧州	Wuzhou	30.85	53.10	62.09	182
长沙	Changsha	701.92	946.50	726.48	16	北海	Beihai	73.23	78.50	88.70	152
株洲	Zhuzhou	123.93	205.90	185.81	69	防城港	Fangchenggang	38.63	48.90	54.13	193
湘潭	Xiangtan	51.93	79.80	63.85	181	钦州	Qinzhou	56.01	47.40	46.67	202
衡阳	Hengyang	58.06	106.60	125.57	103	贵港	Guigang	37.14	53.40	63.94	180
邵阳	Shaoyang	18.88	62.20	76.25	165	玉林	Yulin	7.04	82.40	82.23	159
岳阳	Yueyang	46.57	88.30	98.85	137	百色	Baise	29.48	41.60	35.63	226

4-4 商品住宅销售额 续表 3
Sales of Commercialized Residential Buildings continued 3

单位：亿元 （100 million yuan）

地名	City	2010	2013	2014	2014 排名 Ranking	地名	City	2010	2013	2014	2014 排名 Ranking
贺州	Hezhou	4.01	12.90	15.59	266	丽江	Lijiang	20.33	42.10	42.10	212
河池	Hechi	18.22	17.90	24.91	245	普洱	Puer	20.05	28.40	28.40	241
来宾	Laibin	15.41	30.50	30.90	232	临沧	Lincang	10.88	14.90	40.26	215
崇左	Chongzuo	20.98	26.60	30.04	237	**西藏**	**Tibet**	**5.17**	**8.85**	**28.55**	
海南	**Hainan**	**734.10**	**997.00**	**873.22**		拉萨	Lasa	3.68	8.50	8.50	270
海口	Haikou	161.14	233.40	222.15	59	**陕西**	**Shaanxi**	**906.68**	**1413.20**	**1368.12**	
三亚	Sanya	243.82	259.10	194.05	62	西安	Xi'an	661.27	976.20	928.74	8
三沙	Sansha					铜川	Tongchuan	10.05	7.60	9.62	269
重庆	**Chongqing**	**1610.64**	**2283.57**	**2253.28**		宝鸡	Baoji	52.41	79.00	84.97	156
四川	**Sichuan**	**2330.85**	**3308.58**	**3145.02**		咸阳	Xianyang	47.39	82.50	90.39	149
成都	Chengdu	1334.38	1714.90	1618.25	2	渭南	Weinan	20.93	90.40	83.49	158
自贡	Zigong	54.16	92.60	70.60	171	延安	Yan'an	5.66	15.50	16.24	264
攀枝花	Panzhihua	25.02	57.00	44.79	207	汉中	Hanzhong	39.46	48.00	35.28	227
泸州	Luzhou	85.92	136.60	107.91	130	榆林	Yulin	31.01	48.00	46.37	203
德阳	Deyang	66.34	91.30	60.94	184	安康	Ankang	27.58	37.70	42.65	210
绵阳	Mianyang	116.75	128.10	112.31	122	商洛	Shangluo	7.43	17.10	19.11	255
广元	Guangyuan	22.39	29.90	36.92	223	**甘肃**	**Gansu**	**201.47**	**418.08**	**513.47**	
遂宁	Suining	42.93	87.60	122.68	106	兰州	Lanzhou	84.04	141.40	264.81	49
内江	Neijiang	64.62	69.50	64.03	177	嘉峪关	Jiayuguan	16.91	24.20	18.22	260
乐山	Leshan	76.24	90.10	90.66	148	金昌	Jinchang	11.42	9.00	4.11	278
南充	Nanchong	97.77	178.80	182.85	72	白银	Baiyin	15.44	25.20	17.21	263
眉山	Meishan	55.11	105.90	119.51	109	天水	Tianshui	17.71	35.30	42.55	211
宜宾	Yibin	69.14	124.50	83.77	157	武威	Wuwei	0.13	8.90	5.94	275
广安	Guangan	45.61	84.60	104.72	131	张掖	Zhangye	10.95	26.00	30.49	235
达州	Dazhou	71.15	99.20	90.26	150	平凉	Pingliang	1.73	28.60	19.40	254
雅安	Yaan	8.89	21.70	20.05	252	酒泉	Jiuquan	9.22	40.70	41.22	214
巴中	Bazhong	22.19	48.20	53.59	196	庆阳	Qingyang	9.99	29.20	18.84	258
资阳	Ziyang	59.25	132.20	142.71	89	定西	Dingxi	4.72	15.80	20.96	250
贵州	**Guizhou**	**501.63**	**988.77**	**1000.01**		陇南	Longnan	0.77	4.50	7.08	273
贵阳	Guiyang	310.48	519.30	387.39	35	**青海**	**Qinghai**	**77.10**	**146.29**	**155.83**	
六盘水	Liupanshui	22.92	37.50	37.50	221	西宁	Xining	66.10	119.20	127.09	101
遵义	Zunyi	46.30	110.50	110.50	125	海东	Haidong			21.93	249
安顺	Anshun	14.63	44.80	44.80	206	**宁夏**	**Ningxia**	**253.76**	**363.60**	**352.03**	
毕节	Bijie	18.35	54.20			银川	Yinchuan	171.06	245.70	252.44	52
铜仁	Tongren	15.69	43.20			石嘴山	Shizuishan	23.30	32.30	23.18	246
云南	**Yunnan**	**769.32**	**1192.55**	**1165.39**		吴忠	Wuzhong	27.73	39.80	30.14	236
昆明	Kunming	373.99	584.70	593.49	20	固原	Guyuan	11.40	20.00	26.03	244
曲靖	Qujing	77.04	108.90	108.90	129	中卫	Zhongwei	20.27	25.80	20.27	251
玉溪	Yuxi	63.07	57.00	57.00	189	**新疆**	**Xinjiang**	**416.41**	**710.74**	**625.35**	
保山	Baoshan	19.21	30.60	30.60	233	乌鲁木齐	Urumqi	182.94	295.90	237.16	57
昭通	Zhaotong	9.27	26.30	26.30	243	克拉玛依	Karamay	13.54	56.90	43.74	208

4-5 商品房销售面积
Floor Space of Commercialized Buildings Sold

单位：万平方米 （10 000 sq.m）

地名	City	2010	2013	2014	2014 排名 Ranking	地名	City	2010	2013	2014	2014 排名 Ranking
全国	**National Total**	**104764.7**	**130550.6**	**120648.5**		沈阳	Shenyang	1746.5	2262.3	1498.4	9
北京	**Beijing**	**1639.5**	**1903.1**	**1454.2**		大连	Dalian	1215.3	1222.1	746.4	37
天津	**Tianjin**	**1564.5**	**1847.1**	**1613.0**		鞍山	Anshan	553.1	889.6	355.5	98
河北	**Hebei**	**4662.1**	**5676.0**	**5706.2**		抚顺	Fushun	212.3	335.6	175.4	175
石家庄	Shijiazhuang	469.3	951.2	888.3	22	本溪	Benxi	227.6	527.1	329.3	113
唐山	Tangshan	482.0	1014.9	852.4	24	丹东	Dandong	332.3	490.8	256.6	142
秦皇岛	Qinhuangdao	326.2	302.5	225.6	154	锦州	Jinzhou	353.0	528.1	384.7	88
邯郸	Handan	275.7	355.8	364.4	93	营口	Yingkou	532.6	621.0	262.1	139
邢台	Xingtai	225.4	245.4	278.5	136	阜新	Fuxin	121.6	210.7	188.2	165
保定	Baoding	399.9	327.9	488.7	66	辽阳	Liaoyang	177.6	275.1	171.8	178
张家口	Zhangjiakou	667.0	543.6	484.7	67	盘锦	Panjin	261.3	372.9	379.0	89
承德	Chengde	329.8	288.4	320.3	117	铁岭	Tieling	485.6	494.5	407.6	84
沧州	Cangzhou	422.6	481.5	507.4	60	朝阳	Chaoyang	298.8	749.1	413.7	83
廊坊	Langfang	819.9	774.6	893.0	21	葫芦岛	Huludao	282.8	313.3	186.2	169
衡水	Hengshui	244.4	390.1	403.0	85	吉林	**Jilin**	**2382.1**	**2215.0**	**1581.7**	
山西	**Shanxi**	**1180.6**	**1642.8**	**1576.3**		长春	Changchun	863.1	847.1	758.8	36
太原	Taiyuan	258.8	397.6	428.0	78	吉林	Jilin	496.3	468.5	236.1	149
大同	Datong	80.7	120.6	81.7	229	四平	Siping	175.1	173.5	123.3	206
阳泉	Yangquan	107.7	85.2	73.7	236	辽源	Liaoyuan	87.9	52.1	21.6	262
长治	Changzhi	122.5	181.6	184.9	171	通化	Tonghua	193.4	185.9	146.3	193
晋城	Jincheng	61.4	86.6	75.4	234	白山	Baishan	113.0	89.5	32.7	258
朔州	Shuozhou	57.6	138.2	132.2	202	松原	Songyuan	165.1	105.1	77.6	231
晋中	Jinzhong	114.6	126.9	136.9	200	白城	Baicheng	27.0	40.3	9.0	267
运城	Yuncheng	176.0	229.4	198.0	162	黑龙江	**Heilongjiang**	**2720.9**	**3340.0**	**2475.7**	
忻州	Xinzhou	68.9	60.7	63.0	243	哈尔滨	Harbin	881.7	1348.0	1021.4	15
临汾	Linfen	67.5	135.8	149.9	189	齐齐哈尔	Qiqihar	241.4	290.5	225.1	155
吕梁	Lvliang	64.8	80.1	52.7	255	鸡西	Jixi	61.0	64.0	67.3	241
内蒙古	**Inner Mongolia**	**3057.4**	**2737.7**	**2457.2**		鹤岗	Hegang	79.6	17.7	15.4	265
呼和浩特	Hohhot	471.9	420.5	363.9	94	双鸭山	Shuangyashan	37.8	39.3	37.0	257
包头	Baotou	597.7	408.3	377.4	90	大庆	Daqing	305.3	594.1	366.0	91
乌海	Wuhai	83.5	125.8	124.5	205	伊春	Yichun	77.2	49.2	24.1	261
赤峰	Chifeng	350.8	490.9	293.8	131	佳木斯	Jiamusi	240.4	187.2	106.9	217
通辽	Tongliao	214.5	168.6	137.1	199	七台河	Qitaihe	39.3	29.8	14.2	266
鄂尔多斯	Erdos	535.5	233.2	235.7	151	牡丹江	Mudanjiang	246.2	304.5	159.8	186
呼伦贝尔	Hulunbuir	253.9	463.0	548.4	53	黑河	Heihe	71.3	122.1	59.0	245
巴彦淖尔	Bayannur	176.9	117.8	105.5	220	绥化	Suihua	404.5	259.6	335.9	109
乌兰察布	Ulanqab	166.7	50.4	69.1	238	上海	**Shanghai**	**2055.5**	**2382.2**	**2084.7**	
辽宁	**Liaoning**	**6800.5**	**9292.3**	**5754.8**		江苏	**Jiangsu**	**9485.5**	**11454.8**	**9846.8**	

4-5 商品房销售面积 续表 1
Floor Space of Commercialized Buildings Sold continued 1

单位：万平方米 （10 000 sq.m）

地名	City	2010	2013	2014	2014 排名 Ranking	地名	City	2010	2013	2014	2014 排名 Ranking
南京	Nanjing	823.2	1222.0	1207.6	11	池州	Chizhou	181.2	152.3	154.1	188
无锡	Wuxi	1045.1	909.4	839.2	26	宣城	Xuancheng	258.8	306.6	253.8	143
徐州	Xuzhou	621.8	856.8	738.0	38	**福建**	**Fujian**	**2575.6**	**4676.2**	**4119.5**	
常州	Changzhou	915.7	876.0	787.5	32	福州	Fuzhou	597.8	1256.5	965.6	17
苏州	Suzhou	1514.0	1875.1	1599.2	4	厦门	Xiamen	426.8	786.7	790.2	31
南通	Nantong	739.5	1035.3	919.2	19	莆田	Putian	164.1	288.4		
连云港	Lianyungang	474.2	489.6	337.6	106	三明	Sanming	228.4	263.5		
淮安	Huaian	640.8	842.4	614.5	47	泉州	Quanzhou	444.1	908.7		
盐城	Yancheng	581.3	742.3	624.5	45	漳州	Zhangzhou	286.3	489.6		
扬州	Yangzhou	628.8	699.5	635.1	43	南平	Nanping	150.8	261.8		
镇江	Zhenjiang	374.8	592.2	520.2	58	龙岩	Longyan	139.0	237.3		
泰州	Taizhou	524.7	491.4	440.2	74	宁德	Ningde	138.2	183.6		
宿迁	Suqian	603.6	822.7	584.1	49	**江西**	**Jiangxi**	**2469.7**	**3167.1**	**3067.2**	
浙江	**Zhejiang**	**4816.7**	**4887.0**	**4676.8**		南昌	Nanchang	520.8	841.5	824.7	28
杭州	Hangzhou	988.3	1139.1	1121.1	13	景德镇	Jingdezhen	107.8	159.0	98.3	225
宁波	Ningbo	693.6	730.1	726.4	39	萍乡	Pingxiang	70.3	63.9	54.9	254
温州	Wenzhou	228.5	349.7	420.2	80	九江	Jiujiang	292.9	304.8	317.2	119
嘉兴	Jiaxing	596.3	601.1	497.3	62	新余	Xinyu	151.3	131.8	94.4	226
湖州	Huzhou	411.8	308.5	304.9	125	鹰潭	Yingtan	35.5	78.7	101.6	221
绍兴	Shaoxing	610.3	607.7	531.7	56	赣州	Ganzhou	382.2	581.8	582.2	50
金华	Jinhua	147.5	392.7	336.6	108	吉安	Jian	173.1	184.4	186.7	167
衢州	Quzhou	170.9	170.2	166.8	182	宜春	Yichun	274.4	278.9	253.7	144
舟山	Zhoushan	138.2	107.0	91.7	227	抚州	Fuzhou	228.9	303.5	295.4	129
台州	Taizhou	462.9	351.7	344.6	103	上饶	Shangrao	232.6	238.8	258.1	141
丽水	Lishui	91.2	129.1	135.4	201	**山东**	**Shandong**	**9293.9**	**10329.8**	**9180.1**	
安徽	**Anhui**	**4113.9**	**6265.4**	**6202.2**		济南	Jinan	531.5	820.2	864.9	23
合肥	Hefei	1004.9	1628.1	1594.8	5	青岛	Qingdao	1360.7	1160.2	1163.5	12
芜湖	Wuhu	320.2	612.7	623.7	46	淄博	Zibo	654.8	483.7	390.8	86
蚌埠	Bengbu	177.9	414.2	450.3	72	枣庄	Zaozhuang	225.8	313.9	346.0	102
淮南	Huainan	213.9	227.5	179.7	174	东营	Dongying	373.6	383.7	334.9	110
马鞍山	Maanshan	128.1	312.1	245.9	146	烟台	Yantai	1163.4	1127.7	826.3	27
淮北	Huaibei	107.4	158.2	120.7	209	潍坊	Weifang	1388.7	1240.8	774.0	34
铜陵	Tongling	86.6	126.2	120.9	208	济宁	Jining	351.7	734.8	822.6	29
安庆	Anqing	285.0	435.1	361.6	96	泰安	Taian	282.5	405.7	224.3	156
黄山	Huangshan	153.5	159.4	115.5	212	威海	Weihai	742.3	878.8	847.5	25
滁州	Chuzhou	282.6	472.5	503.9	61	日照	Rizhao	112.3	159.7	147.2	191
阜阳	Fuyang	194.1	299.0	342.9	104	莱芜	Laiwu	44.4	67.6	417.5	81
宿州	Suzhou	176.6	420.3	484.1	68	临沂	Linyi	456.8	901.1	906.1	20
六安	Liuan	217.4	275.2	331.2	112	德州	Dezhou	457.8	600.5	452.0	71
亳州	Bozhou	71.1	265.7	319.3	118	聊城	Liaocheng	242.4	366.1	352.5	99

4-5 商品房销售面积 续表 2

Floor Space of Commercialized Buildings Sold continued 2

单位：万平方米 （10 000 sq.m）

地名	City	2010	2013	2014	2014 排名 Ranking	地名	City	2010	2013	2014	2014 排名 Ranking
滨州	Binzhou	278.1	360.8	323.7	115	常德	Changde	319.1	252.5	236.0	150
菏泽	Heze	627.1	324.6	362.0	95	张家界	Zhangjiajie	81.0	74.7	58.1	249
河南	**Henan**	**5452.2**	**7310.2**	**7879.7**		益阳	Yiyang	194.3	309.9	312.1	120
郑州	Zhengzhou	1558.7	1621.9	1591.9	6	郴州	Chenzhou	224.4	363.5	430.0	76
开封	Kaifeng	148.0	253.0	273.0	137	永州	Yongzhou	239.5	468.9	520.8	57
洛阳	Luoyang	455.0	701.0	689.6	41	怀化	Huaihua	153.5	446.2	320.3	116
平顶山	Pingdingshan	128.4	217.4	210.4	160	娄底	Loudi	179.9	371.3	171.9	177
安阳	Anyang	339.9	399.4	490.2	65	**广东**	**Guangdong**	**7321.8**	**9836.4**	**9315.8**	
鹤壁	Hebi	77.9	149.0	190.2	164	广州	Guangzhou	1405.1	1700.0	1540.0	7
新乡	Xinxiang	360.5	571.9	595.1	48	韶关	Shaoguan	234.0	347.2	365.4	92
焦作	Jiaozuo	200.7	174.7	193.3	163	深圳	Shenzhen	465.6	588.6	532.6	55
濮阳	Puyang	148.8	284.2	224.3	157	珠海	Zhuhai	282.8	342.2	349.0	101
许昌	Xuchang	166.4	271.1	301.7	127	汕头	Shantou	171.0	173.0	161.4	185
漯河	Luohe	113.9	107.3	90.0	228	佛山	Foshan	885.5	940.7	1061.1	14
三门峡	Sanmenxia	84.7	123.0	140.9	196	江门	Jiangmen	382.5	426.8	360.6	97
南阳	Nanyang	272.9	434.1	444.7	73	湛江	Zhanjiang	148.3	286.2	294.2	130
商丘	Shangqiu	271.3	528.0	630.3	44	茂名	Maoming	198.9	329.9	258.4	140
信阳	Xinyang	416.9	445.2	556.1	52	肇庆	Zhaoqing	342.2	465.4	494.2	63
周口	Zhoukou	235.2	330.7	430.0	77	惠州	Huizhou	627.3	1149.5	983.9	16
驻马店	Zhumadian	428.3	607.3	775.5	33	梅州	Meizhou	119.0	188.2	230.5	152
湖北	**Hubei**	**2558.9**	**5298.5**	**5602.0**		汕尾	Shanwei	57.5	21.2	43.1	256
武汉	Wuhan	1208.0	2005.4	2273.2	2	河源	Heyuan	90.1	192.4	186.5	168
黄石	Huangshi	140.2	189.1	205.2	161	阳江	Yangjiang	137.4	265.4	279.9	135
十堰	Shiyan	190.3	176.9	145.1	194	清远	Qingyuan	326.2	506.5	416.6	82
宜昌	Yichang	231.4	460.1	477.9	70	东莞	Dongguan	511.3	803.1	643.7	42
襄阳	Xiangyang	382.7	665.1	578.2	51	中山	Zhongshan	670.6	780.3	764.1	35
鄂州	Ezhou	64.6	56.8	57.4	250	潮州	Chaozhou	64.3	72.9	74.6	235
荆门	Jingmen	173.3	196.5	217.3	159	揭阳	Jieyang	138.0	110.4	107.9	216
孝感	Xiaogan	249.0	242.9	245.1	147	云浮	Yunfu	64.1	146.4	168.3	181
荆州	Jingzhou	145.6	174.4	162.5	184	**广西**	**Guangxi**	**2793.9**	**2995.6**	**3156.6**	
黄冈	Huanggang	170.0	421.3	432.7	75	南宁	Nanning	666.5	702.6	802.6	30
咸宁	Xianning	191.7	271.3	299.2	128	柳州	Liuzhou	291.9	280.4	286.5	134
随州	Suizhou	129.7	91.6	99.0	224	桂林	Guilin	323.6	383.4	351.7	100
湖南	**Hunan**	**4472.5**	**5952.4**	**5439.5**		梧州	Wuzhou	133.5	181.6	182.1	172
长沙	Changsha	1680.2	1840.6	1519.2	8	北海	Beihai	179.6	178.4	169.6	179
株洲	Zhuzhou	513.8	557.0	537.3	54	防城港	Fangchenggang	155.1	145.7	156.1	187
湘潭	Xiangtan	201.6	242.0	185.7	170	钦州	Qinzhou	200.0	155.3	148.9	190
衡阳	Hengyang	284.4	384.3	390.7	87	贵港	Guigang	140.7	156.2	173.4	176
邵阳	Shaoyang	111.1	230.1	293.1	133	玉林	Yulin	253.8	294.3	311.7	121
岳阳	Yueyang	241.4	304.6	340.4	105	百色	Baise	145.9	150.5	130.0	203

4-5 商品房销售面积 续表 3

Floor Space of Commercialized Buildings Sold continued 3

单位：万平方米 （10 000 sq.m）

地名	City	2010	2013	2014	2014 排名 Ranking	地名	City	2010	2013	2014	2014 排名 Ranking
贺州	Hezhou	26.7	47.2	70.6	237	丽江	Lijiang	94.2	126.1	68.7	239
河池	Hechi	91.7	64.6	67.6	240	普洱	Puer	121.1	106.8		
来宾	Laibin	85.7	129.8	147.2	192	临沧	Lincang	55.5	73.3	58.2	248
崇左	Chongzuo	99.3	125.5	120.6	210	**西藏**	**Tibet**	**19.3**	**25.4**	**59.3**	
海南	**Hainan**	**854.7**	**1191.2**	**1004.0**		拉萨	Lasa	11.4	23.8		
海口	Haikou	209.8	336.9	337.1	107	**陕西**	**Shaanxi**	**2590.2**	**3045.7**	**3093.6**	
三亚	Sanya	140.8	184.2	101.0	222	西安	Xi'an	1587.8	1662.7	1707.7	3
三沙	Sansha					铜川	Tongchuan	44.0	28.3	32.1	259
重庆	**Chongqing**	**4314.4**	**4817.6**	**5100.4**		宝鸡	Baoji	198.4	242.7	263.2	138
四川	**Sichuan**	**6396.9**	**7312.8**	**7142.4**		咸阳	Xianyang	164.5	203.9	218.6	158
成都	Chengdu	2559.3	2948.0	2950.2	1	渭南	Weinan	139.7	321.0	325.3	114
自贡	Zigong	201.8	238.9	168.6	180	延安	Yan'an	20.3	52.2	58.4	247
攀枝花	Panzhihua	115.0	133.9	121.4	207	汉中	Hanzhong	165.3	164.3	127.2	204
泸州	Luzhou	344.3	371.3	305.6	124	榆林	Yulin	92.3	139.1	106.8	218
德阳	Deyang	226.6	230.2	186.8	166	安康	Ankang	119.0	120.6	138.4	198
绵阳	Mianyang	358.1	329.0	302.8	126	商洛	Shangluo	34.6	66.1	75.6	233
广元	Guangyuan	82.5	87.0	105.7	219	**甘肃**	**Gansu**	**756.5**	**1220.0**	**1325.5**	
遂宁	Suining	197.0	248.8	293.6	132	兰州	Lanzhou	228.2	292.2	510.3	59
内江	Neijiang	261.7	193.0	163.5	183	嘉峪关	Jiayuguan	67.5	84.2	56.1	252
乐山	Leshan	256.8	222.9	253.6	145	金昌	Jinchang	73.1	46.8	21.5	263
南充	Nanchong	353.7	517.3	493.9	64	白银	Baiyin	65.3	80.8	58.6	246
眉山	Meishan	192.5	286.2	332.0	111	天水	Tianshui	84.3	108.0	107.9	215
宜宾	Yibin	269.2	355.6	237.2	148	武威	Wuwei	0.9	31.0	21.0	264
广安	Guangan	215.3	237.9	306.0	122	张掖	Zhangye	44.7	94.2	117.0	211
达州	Dazhou	286.3	256.6	227.5	153	平凉	Pingliang	20.0	88.5	61.2	244
雅安	Yaan	39.8	52.0	54.9	253	酒泉	Jiuquan	47.0	129.4	140.1	197
巴中	Bazhong	112.4	143.8	180.7	173	庆阳	Qingyang	36.6	83.4	57.3	251
资阳	Ziyang	283.5	428.3	426.3	79	定西	Dingxi	24.9	52.9	66.3	242
贵州	**Guizhou**	**1731.0**	**2972.3**	**3178.1**		陇南	Longnan	5.2	15.6	24.7	260
贵阳	Guiyang	860.1	1301.5	935.6	18	**青海**	**Qinghai**	**281.0**	**381.6**	**415.8**	
六盘水	Liupanshui	108.0	131.3			西宁	Xining	217.1	277.8	305.7	123
遵义	Zunyi	207.2	358.2			海东	Haidong			80.8	230
安顺	Anshun	75.6	167.7			**宁夏**	**Ningxia**	**936.0**	**1048.3**	**1129.5**	
毕节	Bijie	82.8	188.8			银川	Yinchuan	536.1	612.1	724.6	40
铜仁	Tongren	91.0	168.6			石嘴山	Shizuishan	123.4	133.7	100.5	223
云南	**Yunnan**	**2959.4**	**3309.3**	**3194.2**		吴忠	Wuzhong	109.8	128.2	115.2	213
昆明	Kunming	1242.5	1211.2	1289.4	10	固原	Guyuan	64.0	80.5	112.1	214
曲靖	Qujing	354.6	425.8			中卫	Zhongwei	102.7	93.8	77.1	232
玉溪	Yuxi	211.0	171.2			**新疆**	**Xinjiang**	**1564.9**	**2017.0**	**1815.9**	
保山	Baoshan	76.6	76.5			乌鲁木齐	Urumqi	476.7	566.3	483.5	69
昭通	Zhaotong	49.3	106.9			克拉玛依	Karamay	59.6	191.7	145.0	195

4-6 商品住宅销售面积
Floor Space of Commercialized Residential Buildings Sold

单位：万平方米 （10 000 sq.m）

地名	City	2010	2013	2014	2014 排名 Ranking	地名	City	2010	2013	2014	2014 排名 Ranking
全国	**National Total**	**93376.6**	**115722.7**	**105187.8**		沈阳	Shenyang	1516.1	2017.4	1342.4	5
北京	**Beijing**	**1201.4**	**1363.7**	**1136.5**		大连	Dalian	1126.7	1104.0	670.7	28
天津	**Tianjin**	**1352.6**	**1720.3**	**1483.6**		鞍山	Anshan	512.2	690.5	218.4	149
河北	**Hebei**	**4325.1**	**5020.1**	**5015.1**		抚顺	Fushun	197.6	289.1	156.2	183
石家庄	Shijiazhuang	446.4	782.7	725.7	25	本溪	Benxi	128.4	358.6	273.5	117
唐山	Tangshan	436.7	892.8	726.3	24	丹东	Dandong	293.0	444.5	233.1	146
秦皇岛	Qinhuangdao	313.9	280.4	210.5	156	锦州	Jinzhou	316.7	500.0	347.8	88
邯郸	Handan	252.2	314.0	316.5	100	营口	Yingkou	491.1	536.6	235.4	142
邢台	Xingtai	217.9	231.5	266.6	122	阜新	Fuxin	101.2	166.4	153.7	186
保定	Baoding	377.8	317.6	467.2	56	辽阳	Liaoyang	159.5	244.3	140.5	196
张家口	Zhangjiakou	602.0	443.8	374.5	84	盘锦	Panjin	239.5	321.0	328.1	93
承德	Chengde	296.8	256.3	276.3	115	铁岭	Tieling	414.5	398.0	330.8	92
沧州	Cangzhou	389.9	420.2	451.2	59	朝阳	Chaoyang	266.3	648.2	334.0	91
廊坊	Langfang	762.7	724.3	843.7	17	葫芦岛	Huludao	250.7	296.2	167.6	177
衡水	Hengshui	228.7	356.4	366.6	86	吉林	**Jilin**	**2105.3**	**1986.0**	**1387.9**	
山西	**Shanxi**	**1070.5**	**1484.4**	**1433.9**		长春	Changchun	786.2	762.5	663.4	30
太原	Taiyuan	235.5	375.0	401.0	80	吉林	Jilin	444.7	426.7	205.6	158
大同	Datong	73.4	98.2	71.2	247	四平	Siping	154.4	156.5	110.5	213
阳泉	Yangquan	100.6	81.7	71.5	246	辽源	Liaoyuan	80.1	48.7	19.8	277
长治	Changzhi	113.9	157.0	168.7	176	通化	Tonghua	169.9	162.3	130.3	204
晋城	Jincheng	55.3	78.6	67.6	250	白山	Baishan	99.2	76.0	29.0	273
朔州	Shuozhou	42.2	105.3	107.8	218	松原	Songyuan	133.1	90.0	67.8	249
晋中	Jinzhong	109.0	120.9	123.7	207	白城	Baicheng	25.4	35.2	7.3	282
运城	Yuncheng	157.4	208.2	185.1	167	黑龙江	**Heilongjiang**	**2385.7**	**2944.2**	**2131.5**	
忻州	Xinzhou	67.1	53.3	55.1	259	哈尔滨	Harbin	809.9	1206.6	900.7	15
临汾	Linfen	60.1	130.5	132.3	203	齐齐哈尔	Qiqihar	198.0	242.8	182.8	168
吕梁	Lvliang	56.2	75.6	49.8	267	鸡西	Jixi	47.6	60.1	57.6	255
内蒙古	**Inner Mongolia**	**2569.8**	**2263.7**	**1995.7**		鹤岗	Hegang	73.8	16.8	12.6	281
呼和浩特	Hohhot	394.8	340.0	306.9	101	双鸭山	Shuangyashan	33.2	34.2	33.1	271
包头	Baotou	474.0	352.3	317.2	99	大庆	Daqing	283.3	541.0	326.5	95
乌海	Wuhai	75.4	112.5	95.9	230	伊春	Yichun	72.4	45.2	22.0	275
赤峰	Chifeng	324.1	402.6	233.2	145	佳木斯	Jiamusi	201.8	169.8	96.9	227
通辽	Tongliao	164.3	148.2	110.3	215	七台河	Qitaihe	35.4	28.4	13.4	280
鄂尔多斯	Erdos	448.2	201.0	198.3	160	牡丹江	Mudanjiang	202.0	267.3	141.5	194
呼伦贝尔	Hulunbuir	196.9	345.6	422.9	68	黑河	Heihe	59.3	101.0	45.1	269
巴彦淖尔	Bayannur	166.4	97.2	96.5	228	绥化	Suihua	338.6	201.3	260.5	129
乌兰察布	Ulanqab	151.8	43.7	54.1	261	上海	**Shanghai**	**1685.4**	**2015.8**	**1780.9**	
辽宁	**Liaoning**	**6013.5**	**8014.8**	**4932.1**		江苏	**Jiangsu**	**8112.4**	**10191.5**	**8800.9**	

4-6 商品住宅销售面积 续表 1

Floor Space of Commercialized Residential Buildings Sold continued 1

单位：万平方米 （10 000 sq.m）

地名	City	2010	2013	2014	2014 排名 Ranking
南京	Nanjing	754.8	1143.2	1124.7	11
无锡	Wuxi	880.0	780.8	738.5	23
徐州	Xuzhou	548.7	765.8	650.4	33
常州	Changzhou	775.1	769.4	674.7	27
苏州	Suzhou	1182.9	1633.4	1446.1	4
南通	Nantong	664.7	937.8	843.4	18
连云港	Lianyungang	401.1	427.7	298.3	105
淮安	Huaian	560.4	749.9	538.4	45
盐城	Yancheng	490.5	589.9	513.8	47
扬州	Yangzhou	582.2	643.9	569.8	38
镇江	Zhenjiang	300.7	551.2	473.9	53
泰州	Taizhou	464.3	453.2	404.9	76
宿迁	Suqian	508.9	745.2	524.3	46
浙江	**Zhejiang**	**3833.7**	**4097.6**	**3941.5**	
杭州	Hangzhou	797.6	968.7	950.7	13
宁波	Ningbo	497.8	582.0	595.2	37
温州	Wenzhou	192.5	317.4	383.5	82
嘉兴	Jiaxing	450.3	496.2	406.1	74
湖州	Huzhou	314.1	250.9	260.0	130
绍兴	Shaoxing	489.1	506.7	442.9	61
金华	Jinhua	132.0	323.7	295.0	108
衢州	Quzhou	135.5	144.8	138.8	198
舟山	Zhoushan	115.8	96.6	78.5	243
台州	Taizhou	390.6	301.2	272.5	119
丽水	Lishui	73.0	109.4	118.2	211
安徽	**Anhui**	**3604.9**	**5573.5**	**5364.9**	
合肥	Hefei	863.9	1451.7	1326.2	7
芜湖	Wuhu	285.2	551.9	561.2	39
蚌埠	Bengbu	155.6	380.5	410.8	70
淮南	Huainan	202.0	209.6	159.4	181
马鞍山	Maanshan	118.6	286.2	226.0	148
淮北	Huaibei	102.4	143.5	104.4	222
铜陵	Tongling	77.0	97.8	99.9	225
安庆	Anqing	249.5	380.4	320.3	98
黄山	Huangshan	133.4	133.4	93.9	232
滁州	Chuzhou	251.1	421.9	443.9	60
阜阳	Fuyang	176.2	277.5	296.8	107
宿州	Suzhou	163.0	380.1	431.8	63
六安	Liuan	188.9	256.8	299.3	104
亳州	Bozhou	62.3	204.1	247.0	136
池州	Chizhou	129.1	126.5	128.6	205
宣城	Xuancheng	214.0	271.7	215.4	152
福建	**Fujian**	**2139.3**	**3957.5**	**3324.1**	
福州	Fuzhou	531.1	1105.5	816.7	19
厦门	Xiamen	238.7	581.5	510.4	48
莆田	Putian	147.9	236.1	236.1	141
三明	Sanming	195.8	237.6	237.6	139
泉州	Quanzhou	395.7	783.5	783.5	21
漳州	Zhangzhou	259.2	428.8	428.8	64
南平	Nanping	137.6	236.6	236.6	140
龙岩	Longyan	107.9	180.9	180.9	171
宁德	Ningde	125.5	167.0	167.0	178
江西	**Jiangxi**	**2265.7**	**2846.0**	**2775.2**	
南昌	Nanchang	489.3	751.9	751.5	22
景德镇	Jingdezhen	103.6	147.7	91.5	234
萍乡	Pingxiang	68.0	60.8	51.9	265
九江	Jiujiang	278.5	290.1	299.7	103
新余	Xinyu	145.2	99.2	87.1	237
鹰潭	Yingtan	33.9	74.3	96.0	229
赣州	Ganzhou	309.6	496.9	466.9	57
吉安	Jian	156.6	161.8	176.4	173
宜春	Yichun	260.4	259.6	233.9	144
抚州	Fuzhou	215.3	292.0	281.8	112
上饶	Shangrao	205.4	211.8	238.4	137
山东	**Shandong**	**8448.3**	**9300.3**	**7972.5**	
济南	Jinan	477.3	702.8	1293.3	8
青岛	Qingdao	1209.9	1050.6	254.9	132
淄博	Zibo	604.8	441.8	630.5	34
枣庄	Zaozhuang	211.3	283.3	198.3	161
东营	Dongying	362.6	363.4	428.6	65
烟台	Yantai	1039.0	991.3	181.3	169
潍坊	Weifang	1218.7	1095.0	552.9	43
济宁	Jining	328.2	657.1	185.5	165
泰安	Taian	262.3	363.4	214.6	153
威海	Weihai	696.7	809.1	276.9	113
日照	Rizhao	101.8	144.4	85.1	240
莱芜	Laiwu	29.7	67.1	120.4	208
临沂	Linyi	429.4	808.0	408.2	71
德州	Dezhou	431.7	556.3	556.7	40
聊城	Liaocheng	221.6	332.9	505.7	49

4-6 商品住宅销售面积 续表 2
Floor Space of Commercialized Residential Buildings Sold continued 2

单位：万平方米 （10 000 sq.m）

地名	City	2010	2013	2014	2014 排名 Ranking	地名	City	2010	2013	2014	2014 排名 Ranking
滨州	Binzhou	242.2	327.0	404.5	77	常德	Changde	284.2	229.9	211.8	155
菏泽	Heze	581.1	306.8	662.5	31	张家界	Zhangjiajie	71.9	70.9	52.1	264
河南	**Henan**	**5092.5**	**6561.4**	**7009.1**		益阳	Yiyang	173.2	287.5	272.9	118
郑州	Zhengzhou	1428.6	1313.5	1293.3	8	郴州	Chenzhou	215.6	336.6	403.0	79
开封	Kaifeng	139.9	238.4	254.9	132	永州	Yongzhou	213.9	418.5	453.5	58
洛阳	Luoyang	405.4	637.2	630.5	34	怀化	Huaihua	136.2	415.8	294.4	110
平顶山	Pingdingshan	123.8	202.9	198.3	161	娄底	Loudi	160.2	328.0	148.5	191
安阳	Anyang	322.6	372.4	428.6	65	**广东**	**Guangdong**	**6552.8**	**8831.0**	**8163.6**	
鹤壁	Hebi	74.8	133.9	181.3	169	广州	Guangzhou	1111.7	1398.5	1196.2	10
新乡	Xinxiang	339.5	519.3	552.9	43	韶关	Shaoguan	219.4	327.4	337.0	89
焦作	Jiaozuo	194.6	165.6	185.5	165	深圳	Shenzhen	413.8	527.2	474.8	51
濮阳	Puyang	142.3	267.5	214.6	153	珠海	Zhuhai	251.0	307.5	320.9	97
许昌	Xuchang	158.7	244.0	276.9	113	汕头	Shantou	157.4	159.1	145.0	192
漯河	Luohe	110.2	103.1	85.1	240	佛山	Foshan	776.3	789.0	884.2	16
三门峡	Sanmenxia	80.0	113.9	120.4	208	江门	Jiangmen	360.5	387.7	327.8	94
南阳	Nanyang	258.7	410.4	408.2	71	湛江	Zhanjiang	139.9	275.4	272.0	121
商丘	Shangqiu	258.4	500.5	556.7	40	茂名	Maoming	186.4	309.8	232.1	147
信阳	Xinyang	373.8	390.3	505.7	49	肇庆	Zhaoqing	314.7	414.7	405.3	75
周口	Zhoukou	231.0	316.1	404.5	77	惠州	Huizhou	593.7	1092.8	918.4	14
驻马店	Zhumadian	408.6	552.9	662.5	31	梅州	Meizhou	114.0	174.0	218.1	150
湖北	**Hubei**	**2137.3**	**4765.7**	**5002.6**		汕尾	Shanwei	57.2	20.3	39.5	270
武汉	Wuhan	1091.5	1763.4	1979.0	2	河源	Heyuan	84.7	183.2	178.8	172
黄石	Huangshi	129.2	168.5	196.2	164	阳江	Yangjiang	133.2	245.3	265.8	123
十堰	Shiyan	181.6	169.7	133.8	200	清远	Qingyuan	306.5	483.0	394.7	81
宜昌	Yichang	217.0	406.5	439.3	62	东莞	Dongguan	469.9	724.0	556.2	42
襄阳	Xiangyang	352.6	586.9	474.7	52	中山	Zhongshan	606.6	698.3	670.0	29
鄂州	Ezhou	61.2	53.2	55.6	256	潮州	Chaozhou	62.6	71.0	70.9	248
荆门	Jingmen	157.2	178.5	200.5	159	揭阳	Jieyang	135.1	108.0	104.9	221
孝感	Xiaogan	244.5	233.7	237.8	138	云浮	Yunfu	58.2	134.8	151.1	188
荆州	Jingzhou	134.9	166.9	150.9	189	**广西**	**Guangxi**	**2607.2**	**2765.2**	**2869.3**	
黄冈	Huanggang	157.5	393.6	406.8	73	南宁	Nanning	601.8	633.1	721.0	26
咸宁	Xianning	171.5	245.3	263.2	127	柳州	Liuzhou	273.1	257.9	252.8	135
随州	Suizhou	122.7	88.1	94.6	231	桂林	Guilin	307.2	367.2	336.6	90
湖南	**Hunan**	**4142.6**	**5411.5**	**4852.3**		梧州	Wuzhou	124.6	161.7	170.3	175
长沙	Changsha	1624.0	1640.0	1332.2	6	北海	Beihai	174.1	175.7	139.3	197
株洲	Zhuzhou	445.2	520.3	470.4	54	防城港	Fangchenggang	145.2	142.4	144.5	193
湘潭	Xiangtan	188.7	218.6	172.8	174	钦州	Qinzhou	186.8	143.0	140.7	195
衡阳	Hengyang	264.9	349.6	364.1	87	贵港	Guigang	132.7	148.0	163.5	179
邵阳	Shaoyang	105.2	217.2	272.1	120	玉林	Yulin	26.1	260.2	254.2	134
岳阳	Yueyang	211.7	280.1	294.6	109	百色	Baise	137.1	139.7	109.9	216

4-6 商品住宅销售面积 续表 3

Floor Space of Commercialized Residential Buildings Sold continued 3

单位：万平方米 （10 000 sq.m）

地名	City	2010	2013	2014	2014 排名 Ranking	地名	City	2010	2013	2014	2014 排名 Ranking
贺州	Hezhou	21.9	44.7			丽江	Lijiang	88.0	108.9	108.9	217
河池	Hechi	83.5	62.7	65.6	252	普洱	Puer	106.4	93.2	93.2	233
来宾	Laibin	78.0	118.9	132.9	202	临沧	Lincang	50.1	54.1	54.1	262
崇左	Chongzuo	95.7	109.8	111.3	212	**西藏**	**Tibet**	**18.8**	**22.8**	**53.6**	
海南	**Hainan**	**834.2**	**1154.9**	**942.8**		拉萨	Lasa	11.1	21.5	21.5	276
海口	Haikou	199.7	317.7	297.1	106	**陕西**	**Shaanxi**	**2471.9**	**2831.2**	**2836.7**	
三亚	Sanya	140.8	181.9	99.1	226	西安	Xi'an	1523.2	1522.5	1525.9	3
三沙	Sansha					铜川	Tongchuan	44.0	26.2	31.4	272
重庆	**Chongqing**	**3986.3**	**4359.2**	**4423.7**		宝鸡	Baoji	193.3	231.6	257.1	131
四川	**Sichuan**	**5849.3**	**6505.3**	**6176.5**		咸阳	Xianyang	159.3	201.8	216.2	151
成都	Chengdu	2289.9	2555.4	2475.9	1	渭南	Weinan	127.9	301.6	282.9	111
自贡	Zigong	188.0	226.6	159.4	180	延安	Yan'an	20.2	51.3	55.3	257
攀枝花	Panzhihua	108.2	122.7	104.2	223	汉中	Hanzhong	157.8	156.4	118.9	210
泸州	Luzhou	312.8	333.1	265.5	124	榆林	Yulin	84.6	119.5	101.8	224
德阳	Deyang	205.1	203.0	157.6	182	安康	Ankang	107.2	113.9	133.6	201
绵阳	Mianyang	340.2	303.7	265.0	125	商洛	Shangluo	32.0	62.1	73.0	245
广元	Guangyuan	70.5	74.1	86.7	239	**甘肃**	**Gansu**	**692.1**	**1134.8**	**1212.6**	
遂宁	Suining	189.5	229.5	275.9	116	兰州	Lanzhou	206.8	272.0	467.5	55
内江	Neijiang	246.9	175.4	154.5	184	嘉峪关	Jiayuguan	64.2	73.2	52.6	263
乐山	Leshan	242.3	208.0	234.7	143	金昌	Jinchang	70.2	42.0	14.6	279
南充	Nanchong	332.4	453.9	425.9	67	白银	Baiyin	61.4	74.7	51.8	266
眉山	Meishan	180.4	262.7	300.1	102	天水	Tianshui	79.0	100.5	105.5	220
宜宾	Yibin	242.0	304.8	197.6	163	武威	Wuwei	0.9	28.1	18.6	278
广安	Guangan	196.4	215.2	260.6	128	张掖	Zhangye	42.0	90.2	106.0	219
达州	Dazhou	266.3	237.4	210.4	157	平凉	Pingliang	12.4	85.3	54.6	260
雅安	Yaan	37.2	50.5	48.3	268	酒泉	Jiuquan	39.9	121.6	124.2	206
巴中	Bazhong	102.5	131.1	151.3	187	庆阳	Qingyang	33.3	75.3	55.3	258
资阳	Ziyang	261.9	387.0	373.2	85	定西	Dingxi	22.8	50.8	64.1	254
贵州	**Guizhou**	**1596.0**	**2647.0**	**2707.1**		陇南	Longnan	4.1	14.0	22.8	274
贵阳	Guiyang	441.9	1163.6	790.0	20	**青海**	**Qinghai**	**266.4**	**369.7**	**362.9**	
六盘水	Liupanshui	98.9	110.3	110.3	214	西宁	Xining	206.8	272.0	264.4	126
遵义	Zunyi	193.4	323.2	323.2	96	海东	Haidong			73.2	244
安顺	Anshun	71.2	149.7	149.7	190	**宁夏**	**Ningxia**	**816.8**	**928.3**	**939.4**	
毕节	Bijie	77.2	164.4			银川	Yinchuan	456.2	543.1	614.0	36
铜仁	Tongren	85.7	157.0			石嘴山	Shizuishan	110.8	121.3	83.3	242
云南	**Yunnan**	**2659.0**	**2855.5**	**2618.0**		吴忠	Wuzhong	101.4	118.4	89.4	235
昆明	Kunming	1097.4	1041.4	978.2	12	固原	Guyuan	52.1	66.1	86.8	238
曲靖	Qujing	327.9	379.8	379.8	83	中卫	Zhongwei	96.3	79.3	65.8	251
玉溪	Yuxi	204.6	154.0	154.0	185	**新疆**	**Xinjiang**	**1450.0**	**1800.0**	**1541.3**	
保山	Baoshan	71.3	65.1	65.1	253	乌鲁木齐	Urumqi	437.5	515.3	418.5	69
昭通	Zhaotong	40.6	89.0	89.0	236	克拉玛依	Karamay	55.5	187.0	136.7	199

5

财　政

Government Finance

5-1 公共财政预算收入
Public Budgetary Revenue

单位：亿元 （100 million yuan）

地名	City	2010	2013	2014	2014 排名 Ranking	地名	City	2010	2013	2014	2014 排名 Ranking
地方合计	**Region Total**	**40613.04**	**69011.16**	**75876.58**		沈阳	Shenyang	465.35	801.00	785.50	12
北京	**Beijing**	**2353.93**	**3661.11**	**4027.16**		大连	Dalian	500.83	850.16	780.86	13
天津	**Tianjin**	**1068.81**	**2079.07**	**2390.35**		鞍山	Anshan	180.03	239.25	241.70	60
河北	**Hebei**	**1331.85**	**2295.62**	**2446.62**		抚顺	Fushun	81.25	134.21	134.25	103
石家庄	Shijiazhuang	163.63	315.12	343.47	35	本溪	Benxi	74.60	129.70	129.83	108
唐山	Tangshan	195.84	318.42	323.75	39	丹东	Dandong	80.24	136.36	126.00	110
秦皇岛	Qinhuangdao	72.02	172.65	113.66	128	锦州	Jinzhou	81.07	136.09	136.85	100
邯郸	Handan	115.90	118.47	183.16	77	营口	Yingkou	100.11	184.25	160.36	86
邢台	Xingtai	57.10	180.30	95.71	158	阜新	Fuxin	30.07	70.50	71.21	202
保定	Baoding	91.03	172.28	192.47	72	辽阳	Liaoyang	76.48	111.32	114.80	126
张家口	Zhangjiakou	62.45	109.50	125.78	111	盘锦	Panjin	80.59	148.77	151.18	92
承德	Chengde	54.84	89.93	107.56	134	铁岭	Tieling	80.08	103.64	93.39	161
沧州	Cangzhou	91.30	205.43	189.71	74	朝阳	Chaoyang	66.25	112.49	101.70	145
廊坊	Langfang	105.86	102.50	250.49	58	葫芦岛	Huludao	55.94	88.38	81.60	182
衡水	Hengshui	27.97	68.53	148.61	93	**吉林**	**Jilin**	**602.41**	**1156.96**	**1203.38**	
山西	**Shanxi**	**969.67**	**1701.62**	**1820.64**		长春	Changchun	180.85	381.82	397.32	32
太原	Taiyuan	138.48	247.33	258.85	55	吉林	Jilin	73.19	139.97	131.19	105
大同	Datong	55.18	94.57	104.95	140	四平	Siping	27.90	60.56	57.85	222
阳泉	Yangquan	37.69	46.79	47.05	238	辽源	Liaoyuan	17.06	25.51	26.82	269
长治	Changzhi	77.90	148.66	136.33	101	通化	Tonghua	34.02	73.99	83.72	177
晋城	Jincheng	55.49	94.58	98.03	152	白山	Baishan	25.27	46.32	44.25	244
朔州	Shuozhou	55.75	95.30	86.59	171	松原	Songyuan	30.97	62.00	61.21	217
晋中	Jinzhong	64.75	115.13	117.52	121	白城	Baicheng	18.01	36.96	41.40	249
运城	Yuncheng	35.54	45.42	52.79	226	**黑龙江**	**Heilongjiang**	**755.58**	**1277.40**	**1301.31**	
忻州	Xinzhou	42.34	73.70	80.81	185	哈尔滨	Harbin	238.14	402.28	423.52	30
临汾	Linfen	75.44	118.15	118.26	120	齐齐哈尔	Qiqihar	51.36	64.43	96.07	155
吕梁	Lvliang	72.96	163.98	130.61	107	鸡西	Jixi	25.98	33.44	42.93	245
内蒙古	**Inner Mongolia**	**1069.98**	**1720.98**	**1843.67**		鹤岗	Hegang	15.49	20.49	16.81	282
呼和浩特	Hohhot	126.76	182.02	211.54	68	双鸭山	Shuangyashan	20.61	28.99	18.46	278
包头	Baotou	139.18	215.12	234.32	62	大庆	Daqing	95.90	143.60	141.04	95
乌海	Wuhai	33.66	68.49	75.16	196	伊春	Yichun	8.32	14.84	14.64	285
赤峰	Chifeng	56.33	91.18	98.03	153	佳木斯	Jiamusi	20.85	43.47	42.01	248
通辽	Tongliao	64.83	103.63	113.06	131	七台河	Qitaihe	23.32	18.93	18.00	279
鄂尔多斯	Erdos	239.08	440.02	430.08	29	牡丹江	Mudanjiang	42.82	91.31	88.14	170
呼伦贝尔	Hulunbuir	55.98	87.14	96.03	157	黑河	Heihe	15.04	23.07	26.36	270
巴彦淖尔	Bayannur	38.28	57.93	62.02	214	绥化	Suihua	28.53	64.42	61.54	215
乌兰察布	Ulanqab	17.33	42.45	51.02	227	**上海**	**Shanghai**	**2873.58**	**4109.51**	**4585.55**	
辽宁	**Liaoning**	**2004.84**	**3343.81**	**3192.78**		**江苏**	**Jiangsu**	**4079.86**	**6568.46**	**7233.14**	

5-1 公共财政预算收入 续表 1

Public Budgetary Revenue continued 1

单位：亿元 （100 million yuan）

地名	City	2010	2013	2014	2014 排名 Ranking	地名	City	2010	2013	2014	2014 排名 Ranking
南京	Nanjing	518.80	831.31	903.49	8	池州	Chizhou	31.21	65.14	68.44	207
无锡	Wuxi	511.89	710.91	768.01	14	宣城	Xuancheng	49.83	107.67	120.22	118
徐州	Xuzhou	222.16	422.84	472.33	25	**福建**	**Fujian**	**1151.49**	**2119.45**	**2362.21**	
常州	Changzhou	286.18	408.88	433.88	27	福州	Fuzhou	247.82	453.97	510.87	20
苏州	Suzhou	900.55	1331.03	1443.82	2	厦门	Xiamen	289.17	500.56	543.80	18
南通	Nantong	290.81	485.88	550.00	17	莆田	Putian	47.63	94.92	110.30	133
连云港	Lianyungang	141.39	233.30	261.77	53	三明	Sanming	49.64	89.85	90.92	164
淮安	Huaian	141.43	271.42	308.51	41	泉州	Quanzhou	181.53	346.91	980.11	7
盐城	Yancheng	191.35	366.77	418.02	31	漳州	Zhangzhou	88.57	154.86	168.99	81
扬州	Yangzhou	167.78	259.26	295.19	44	南平	Nanping	38.59	71.62	80.99	183
镇江	Zhenjiang	138.10	254.52	277.76	47	龙岩	Longyan	66.75	117.21	119.84	119
泰州	Taizhou	170.80	251.28	277.95	46	宁德	Ningde	40.51	88.69	98.92	151
宿迁	Suqian	89.57	185.12	210.10	69	**江西**	**Jiangxi**	**778.09**	**1621.24**	**1881.83**	
浙江	**Zhejiang**	**2608.47**	**3796.92**	**4122.02**		南昌	Nanchang	146.47	291.91	342.21	36
杭州	Hangzhou	671.34	945.20	1027.32	5	景德镇	Jingdezhen	38.76	73.77	82.15	180
宁波	Ningbo	530.93	792.81	860.61	10	萍乡	Pingxiang	41.11	85.52	94.20	160
温州	Wenzhou	228.49	323.98	352.53	34	九江	Jiujiang	71.06	176.15	213.66	67
嘉兴	Jiaxing	176.83	282.31	307.07	42	新余	Xinyu	49.99	84.48	89.92	166
湖州	Huzhou	97.27	154.66	167.84	83	鹰潭	Yingtan	29.51	66.13	73.39	199
绍兴	Shaoxing	193.23	293.07	317.27	40	赣州	Ganzhou	79.01	184.37	225.31	64
金华	Jinhua	155.93	242.47	268.87	50	吉安	Jian	57.10	121.44	142.57	94
衢州	Quzhou	46.98	72.75	80.32	186	宜春	Yichun	66.30	159.38	190.32	73
舟山	Zhoushan	61.04	92.63	101.02	146	抚州	Fuzhou	55.43	100.48	116.38	122
台州	Taizhou	164.88	247.73	265.21	52	上饶	Shangrao	72.56	164.43	194.21	71
丽水	Lishui	44.94	73.70	80.96	184	**山东**	**Shandong**	**2749.38**	**4559.95**	**5026.83**	
安徽	**Anhui**	**1149.40**	**2075.08**	**2218.44**		济南	Jinan	266.13	482.07	543.13	19
合肥	Hefei	259.43	438.62	500.34	22	青岛	Qingdao	452.61	788.93	895.25	9
芜湖	Wuhu	94.84	213.99	233.54	63	淄博	Zibo	162.40	273.07	292.55	45
蚌埠	Bengbu	42.90	92.84	105.34	139	枣庄	Zaozhuang	76.71	130.72	137.88	99
淮南	Huainan	51.81	110.73	75.36	194	东营	Dongying	104.88	183.79	206.24	70
马鞍山	Maanshan	69.88	146.18	121.05	117	烟台	Yantai	237.80	437.23	490.16	23
淮北	Huaibei	29.60	50.68	52.81	225	潍坊	Weifang	202.43	383.92	430.18	28
铜陵	Tongling	34.73	64.18	66.27	210	济宁	Jining	169.25	302.24	334.20	37
安庆	Anqing	50.57	98.46	105.65	136	泰安	Taian	116.95	168.81	187.39	75
黄山	Huangshan	30.79	59.38	67.99	208	威海	Weihai	118.27	195.22	220.79	66
滁州	Chuzhou	50.53	114.42	123.63	115	日照	Rizhao	55.61	100.09	111.07	132
阜阳	Fuyang	41.18	85.46	103.51	141	莱芜	Laiwu	35.32	46.76	49.60	230
宿州	Suzhou	26.15	66.35	76.94	192	临沂	Linyi	115.48	216.10	251.01	57
六安	Liuan	42.70	81.83	94.84	159	德州	Dezhou	72.91	150.02	171.26	80
亳州	Bozhou	23.30	64.38	72.70	200	聊城	Liaocheng	70.50	135.55	156.19	89

5-1 公共财政预算收入 续表 2
Public Budgetary Revenue continued 2

单位：亿元 （100 million yuan）

地名	City	2010	2013	2014	2014 排名 Ranking	地名	City	2010	2013	2014	2014 排名 Ranking
滨州	Binzhou	103.99	170.07	187.15	76	常德	Changde	70.02	122.53	134.92	102
菏泽	Heze	84.69	159.30	161.97	85	张家界	Zhangjiajie	14.31	25.56	41.22	251
河南	**Henan**	**1381.32**	**2415.45**	**2739.26**		益阳	Yiyang	24.50	52.06	59.44	219
郑州	Zhengzhou	386.80	723.61	833.88	11	郴州	Chenzhou	62.71	146.54	240.38	61
开封	Kaifeng	37.03	80.74	96.19	154	永州	Yongzhou	33.01	70.01	113.39	130
洛阳	Luoyang	142.02	234.05	260.26	54	怀化	Huaihua	35.67	76.81	100.13	149
平顶山	Pingdingshan	80.58	119.74	130.72	106	娄底	Loudi	30.01	62.41	58.91	220
安阳	Anyang	65.05	92.20	103.26	142	**广东**	**Guangdong**	**4515.72**	**7081.47**	**8065.08**	
鹤壁	Hebi	22.15	39.64	47.11	237	广州	Guangzhou	872.65	1141.80	1243.10	3
新乡	Xinxiang	70.46	129.50	139.13	98	韶关	Shaoguan	47.81	71.78	82.01	181
焦作	Jiaozuo	63.34	97.34	105.57	138	深圳	Shenzhen	1106.82	1731.26	2082.44	1
濮阳	Puyang	30.17	60.51	70.40	205	珠海	Zhuhai	124.53	194.20	224.31	65
许昌	Xuchang	57.45	108.50	125.22	112	汕头	Shantou	72.65	112.11	123.97	113
漯河	Luohe	26.13	53.98	62.86	213	佛山	Foshan	306.05	438.21	501.19	21
三门峡	Sanmenxia	49.74	81.79	92.45	162	江门	Jiangmen	104.29	158.03	177.20	78
南阳	Nanyang	69.07	123.63	141.02	96	湛江	Zhanjiang	66.23	105.92	114.42	127
商丘	Shangqiu	43.00	85.84	100.75	147	茂名	Maoming	51.95	90.36	100.37	148
信阳	Xinyang	34.10	67.93	77.04	191	肇庆	Zhaoqing	76.80	120.77	139.13	97
周口	Zhoukou	38.31	76.05	90.95	163	惠州	Huizhou	131.23	250.17	300.75	43
驻马店	Zhumadian	36.44	71.93	85.65	173	梅州	Meizhou	38.95	69.37	85.28	175
湖北	**Hubei**	**1011.23**	**2191.22**	**2566.90**		汕尾	Shanwei	26.23	48.15	49.23	232
武汉	Wuhan	390.19	978.52	1101.02	4	河源	Heyuan	25.09	48.79	60.47	218
黄石	Huangshi	34.10	78.36	89.38	167	阳江	Yangjiang	26.77	53.72	62.97	211
十堰	Shiyan	43.77	73.53	85.77	172	清远	Qingyuan	72.79	92.82	102.65	143
宜昌	Yichang	70.24	206.31	271.52	49	东莞	Dongguan	277.84	409.29	455.21	26
襄阳	Xiangyang	51.01	191.53	249.23	59	中山	Zhongshan	139.38	225.42	251.60	56
鄂州	Ezhou	15.66	38.43	42.74	246	潮州	Chaozhou	23.25	37.09	41.26	250
荆门	Jingmen	23.25	59.84	69.82	206	揭阳	Jieyang	38.65	66.69	73.69	197
孝感	Xiaogan	34.20	89.05	107.32	135	云浮	Yunfu	23.54	45.76	52.87	224
荆州	Jingzhou	27.60	71.95	88.17	169	**广西**	**Guangxi**	**771.99**	**1317.60**	**1422.28**	
黄冈	Huanggang	38.98	79.98	96.04	156	南宁	Nanning	156.10	256.25	274.85	48
咸宁	Xianning	23.34	58.71	70.76	204	柳州	Liuzhou	74.64	125.12	133.16	104
随州	Suizhou	9.53	29.67	36.68	257	桂林	Guilin	67.08	111.00	123.89	114
湖南	**Hunan**	**1081.69**	**2030.88**	**2262.79**		梧州	Wuzhou	32.42	85.74	90.45	165
长沙	Changsha	314.28	536.63	632.80	15	北海	Beihai	17.22	113.60	47.25	235
株洲	Zhuzhou	78.04	148.64	167.38	84	防城港	Fangchenggang	22.69	40.71	45.45	241
湘潭	Xiangtan	47.38	97.89	159.37	88	钦州	Qinzhou	22.36	136.12	47.64	234
衡阳	Hengyang	75.89	157.20	173.48	79	贵港	Guigang	21.44	31.22	36.45	258
邵阳	Shaoyang	31.53	68.15	79.73	187	玉林	Yulin	36.84	75.48	88.81	168
岳阳	Yueyang	51.90	106.00	121.74	116	百色	Baise	33.86	65.70	70.91	203

5-1 公共财政预算收入 续表 3
Public Budgetary Revenue continued 3

单位：亿元　　　　（100 million yuan）

地名	City	2010	2013	2014	2014 排名 Ranking
贺州	Hezhou	12.13	21.95	40.60	253
河池	Hechi	22.95	26.97	29.93	265
来宾	Laibin	24.94	36.37	37.95	255
崇左	Chongzuo	26.16	47.49	48.39	233
海南	**Hainan**	**270.99**	**481.01**	**555.31**	
海口	Haikou	50.37	86.73	100.12	150
三亚	Sanya	42.22	67.50	77.77	190
三沙	Sansha				
重庆	**Chongqing**	**586.71**	**1693.24**	**1922.02**	
四川	**Sichuan**	**1561.67**	**2784.10**	**3061.07**	
成都	Chengdu	526.94	898.54	1025.17	6
自贡	Zigong	21.84	38.33	42.41	247
攀枝花	Panzhihua	38.78	58.55	62.91	212
泸州	Luzhou	47.59	109.60	115.92	124
德阳	Deyang	45.80	80.47	83.52	178
绵阳	Mianyang	45.21	90.48	101.75	144
广元	Guangyuan	16.73	30.46	34.78	260
遂宁	Suining	17.77	33.56	39.70	254
内江	Neijiang	20.39	37.75	45.08	242
乐山	Leshan	45.77	75.11	78.79	188
南充	Nanchong	32.26	65.57	76.56	193
眉山	Meishan	24.69	63.61	75.20	195
宜宾	Yibin	55.65	101.60	105.61	137
广安	Guangan	21.28	38.62	45.96	240
达州	Dazhou	30.59	60.31	72.41	201
雅安	Yaan	15.65	22.94	27.38	268
巴中	Bazhong	7.82	27.35	33.04	262
资阳	Ziyang	24.47	48.44	55.46	223
贵州	**Guizhou**	**533.73**	**1206.41**	**1366.67**	
贵阳	Guiyang	136.30	277.21	331.60	38
六盘水	Liupanshui	49.29	123.59	128.74	109
遵义	Zunyi	57.59	136.77	159.65	87
安顺	Anshun	19.84	46.89	58.48	221
毕节	Bijie	62.11	125.62	116.15	123
铜仁	Tongren	18.16	44.75	50.13	229
云南	**Yunnan**	**871.19**	**1611.30**	**1698.06**	
昆明	Kunming	253.83	450.75	477.97	24
曲靖	Qujing	72.43	121.53	115.67	125
玉溪	Yuxi	64.73	105.97	113.59	129
保山	Baoshan	21.40	42.84	47.18	236
昭通	Zhaotong	25.62	47.47	51.02	228
丽江	Lijiang	16.46	45.78	46.07	239
普洱	Puer	30.86	53.72	44.99	243
临沧	Lincang	14.51	36.85	37.26	256
西藏	**Tibet**	**32.00**	**95.02**	**124.27**	
拉萨	Lasa	15.02	59.57	82.94	179
陕西	**Shaanxi**	**958.21**	**1748.33**	**1890.40**	
西安	Xi'an	241.86	501.98	583.79	16
铜川	Tongchuan	13.75	24.10	22.06	275
宝鸡	Baoji	38.78	72.02	78.06	189
咸阳	Xianyang	43.48	79.00	85.30	174
渭南	Weinan	34.00	65.06	67.46	209
延安	Yan'an	105.19	155.38	168.10	82
汉中	Hanzhong	18.62	35.83	40.89	252
榆林	Yulin	125.54	260.73	267.84	51
安康	Ankang	13.23	25.34	28.09	267
商洛	Shangluo	12.01	25.68	29.04	266
甘肃	**Gansu**	**353.58**	**607.27**	**672.67**	
兰州	Lanzhou	72.76	124.50	152.33	91
嘉峪关	Jiayuguan	8.34	15.33	15.82	283
金昌	Jinchang	10.22	15.87	17.99	280
白银	Baiyin	11.84	24.11	26.00	271
天水	Tianshui	14.39	27.60	31.83	264
武威	Wuwei	6.43	18.35	22.18	273
张掖	Zhangye	7.58	16.72	22.14	274
平凉	Pingliang	17.32	22.59	24.09	272
酒泉	Jiuquan	11.91	26.70	32.23	263
庆阳	Qingyang	30.02	63.73	61.54	216
定西	Dingxi	7.25	17.05	21.54	276
陇南	Longnan	15.32	21.48	49.28	231
青海	**Qinghai**	**110.22**	**223.86**	**251.68**	
西宁	Xining	34.52	67.11	83.88	176
海东	Haidong			17.26	281
宁夏	**Ningxia**	**153.55**	**308.34**	**339.86**	
银川	Yinchuan	64.04	118.82	153.60	90
石嘴山	Shizuishan	21.65	30.99	34.46	261
吴忠	Wuzhong	15.67	32.47	35.14	259
固原	Guyuan	5.26	10.73	15.30	284
中卫	Zhongwei	8.50	17.07	19.46	277
新疆	**Xinjiang**	**500.58**	**1128.49**	**1282.34**	
乌鲁木齐	Urumqi	147.99	301.90	360.62	33
克拉玛依	Karamay	42.43	65.83	73.55	198

5-2 人均公共财政预算收入
Per Capita Public Budgetary Revenue

单位：元/人 （yuan/person）

地名	City	2010	2013	2014	2014 排名 Ranking	地名	City	2010	2013	2014	2014 排名 Ranking
全国平均	**National Average**	**3036.0**	**4522.0**	**5945.9**		沈阳	Shenyang	6480.5	9880.3	10775.1	26
北京	**Beijing**	**12668.4**	**16217.9**	**18876.0**		大连	Dalian	8552.1	12726.7	13170.3	20
天津	**Tianjin**	**8476.5**	**12716.9**	**15994.0**		鞍山	Anshan	5115.8	6677.8	6925.5	53
河北	**Hebei**	**1873.3**	**2869.1**	**3325.0**		抚顺	Fushun	3663.9	5924.0	6166.8	62
石家庄	Shijiazhuang	1664.1	2719.3	3367.1	129	本溪	Benxi	4812.0	8031.2	8530.4	42
唐山	Tangshan	2666.5	4072.1	4314.9	95	丹东	Dandong	3315.7	5314.4	5258.8	74
秦皇岛	Qinhuangdao	2502.7	3740.4	3867.2	110	锦州	Jinzhou	2621.3	4268.0	4478.0	92
邯郸	Handan	1215.9	1871.8	1794.5	211	营口	Yingkou	4254.7	7234.2	6885.3	54
邢台	Xingtai	787.2	1193.7	1246.3	249	阜新	Fuxin	1563.5	3338.4	3726.6	117
保定	Baoding	786.0	1371.1	1680.5	225	辽阳	Liaoyang	4170.1	6075.5	6381.3	60
张家口	Zhangjiakou	1345.5	2277.4	2688.8	159	盘锦	Panjin	6169.3	10786.2	11710.1	23
承德	Chengde	1472.5	2196.8	2835.0	152	铁岭	Tieling	2620.4	3775.4	3092.4	141
沧州	Cangzhou	1260.7	1927.8	2501.1	167	朝阳	Chaoyang	1943.4	3142.3	2990.4	144
廊坊	Langfang	2543.6	4011.9	5739.8	66	葫芦岛	Huludao	1983.6	2991.8	2911.2	148
衡水	Hengshui	638.2	1147.7	3300.2	133	**吉林**	**Jilin**	**2196.1**	**3087.1**	**4374.0**	
山西	**Shanxi**	**2771.2**	**4209.8**	**5003.0**		长春	Changchun	2386.8	4488.3	5272.4	73
太原	Taiyuan	3790.8	5902.3	7022.6	52	吉林	Jilin	1686.0	2755.3	3062.2	142
大同	Datong	1743.1	2516.5	3102.1	139	四平	Siping	821.0	1670.5	1762.2	213
阳泉	Yangquan	2887.7	4315.6	3537.4	122	辽源	Liaoyuan	1378.4	1951.8	2200.3	188
长治	Changzhi	2356.5	3982.4	4022.6	105	通化	Tonghua	1502.2	2859.7	3767.7	115
晋城	Jincheng	2564.5	3805.0	4478.3	91	白山	Baishan	1955.7	3403.3	3492.6	124
朔州	Shuozhou	3523.6	4869.9	4950.8	78	松原	Songyuan	1070.9	1993.1	2180.5	191
晋中	Jinzhong	2020.4	3061.7	3550.3	120	白城	Baicheng	887.6	1541.5	2086.5	195
运城	Yuncheng	705.6	801.8	1005.1	272	**黑龙江**	**Heilongjiang**	**1973.5**	**3033.8**	**3394.0**	
忻州	Xinzhou	1378.1	2101.6	2590.1	162	哈尔滨	Harbin	2401.1	3570.8	4272.4	97
临汾	Linfen	1725.6	2560.2	2762.5	156	齐齐哈尔	Qiqihar	901.3	976.7	1730.6	219
吕梁	Lvliang	1959.3	3773.3	3329.3	132	鸡西	Jixi	1373.2	2327.6	2338.3	177
内蒙古	**Inner Mongolia**	**4373.8**	**6246.0**	**7370.0**		鹤岗	Hegang	1417.7	2496.8	1564.8	234
呼和浩特	Hohhot	5548.2	7797.5	8963.5	32	双鸭山	Shuangyashan	1363.2	2132.6	1394.0	240
包头	Baotou	6335.0	8345.0	10442.0	28	大庆	Daqing	3449.6	5017.2	5200.7	75
乌海	Wuhai	6665.3	9983.5	13567.1	16	伊春	Yichun	654.0	987.2	1200.2	252
赤峰	Chifeng	1299.5	1727.5	2277.0	184	佳木斯	Jiamusi	824.0	1656.1	1738.2	218
通辽	Tongliao	2033.7	2787.4	3529.7	123	七台河	Qitaihe	2512.7	2355.7	2013.9	201
鄂尔多斯	Erdos	15840.5	24210.8	27729.1	2	牡丹江	Mudanjiang	1579.9	3049.2	3340.1	131
呼伦贝尔	Hulunbuir	2061.7	2956.8	3699.2	118	黑河	Heihe	864.7	1236.2	1543.4	235
巴彦淖尔	Bayannur	2191.6	2806.0	3428.2	126	绥化	Suihua	489.3	956.5	1084.4	262
乌兰察布	Ulanqab	601.1	1208.8	1821.6	208	**上海**	**Shanghai**	**13609.5**	**15839.7**	**18945.0**	
辽宁	**Liaoning**	**4612.2**	**7080.2**	**7272.0**		**江苏**	**Jiangsu**	**5233.6**	**7409.7**	**9099.0**	

5-2 人均公共财政预算收入 续表 1
Per Capita Public Budgetary Revenue continued 1

单位：元/人 （yuan/person）

地名	City	2010	2013	2014	2014 排名 Ranking	地名	City	2010	2013	2014	2014 排名 Ranking
南京	Nanjing	8220.6	11500.2	13988.1	13	池州	Chizhou	1948.2	3238.7	4242.8	98
无锡	Wuxi	10982.4	14030.5	16178.8	9	宣城	Xuancheng	1792.0	3110.6	4293.6	96
徐州	Xuzhou	2301.6	3728.8	4652.6	87	福建	**Fujian**	**3147.7**	**4756.8**	**6233.0**	
常州	Changzhou	7942.6	10417.5	11812.7	22	福州	Fuzhou	3860.7	5856.5	7622.7	43
苏州	Suzhou	14171.4	18668.9	21959.2	5	厦门	Xiamen	16190.9	22980.9	27176.3	3
南通	Nantong	3812.5	5486.5	7169.9	48	莆田	Putian	1481.2	2362.0	3266.2	134
连云港	Lianyungang	2861.1	4112.2	5001.4	77	三明	Sanming	1825.7	2828.3	3233.3	136
淮安	Huaian	2636.4	4286.4	5542.8	69	泉州	Quanzhou	2657.6	4245.0	13806.2	14
盐城	Yancheng	2350.0	3807.0	5059.6	76	漳州	Zhangzhou	1870.4	2738.8	3420.9	127
扬州	Yangzhou	3655.7	4899.8	6408.9	59	南平	Nanping	1236.9	1887.1	2550.2	164
镇江	Zhenjiang	5109.3	7933.7	10215.7	30	龙岩	Longyan	2266.2	3424.8	3930.5	107
泰州	Taizhou	3386.8	4413.3	5469.4	71	宁德	Ningde	1199.7	2070.3	2828.8	154
宿迁	Suqian	1648.2	2835.4	3645.0	119	江西	**Jiangxi**	**1750.7**	**3051.6**	**4152.0**	
浙江	**Zhejiang**	**4911.1**	**6291.1**	**7490.0**		南昌	Nanchang	2930.6	4699.4	6659.0	57
杭州	Hangzhou	9782.7	12319.0	14444.8	12	景德镇	Jingdezhen	2397.2	4024.2	4916.5	79
宁波	Ningbo	9273.1	12571.5	14787.1	11	萍乡	Pingxiang	2192.4	3871.0	4813.3	84
温州	Wenzhou	2918.3	3623.7	4349.5	94	九江	Jiujiang	1437.1	2806.5	4184.5	101
嘉兴	Jiaxing	5191.7	7496.5	8849.2	34	新余	Xinyu	4264.3	6941.6	7376.9	45
湖州	Huzhou	3747.4	5304.4	6379.3	61	鹰潭	Yingtan	2441.5	4782.9	5834.1	65
绍兴	Shaoxing	4408.4	6034.5	7171.6	47	赣州	Ganzhou	875.8	1531.5	2393.4	173
金华	Jinhua	3352.1	4573.1	5669.9	67	吉安	Jian	1160.4	2055.6	2925.1	147
衢州	Quzhou	1875.1	2509.7	3151.2	138	宜春	Yichun	1196.9	2323.3	3242.9	135
舟山	Zhoushan	6307.7	8811.5	10371.7	29	抚州	Fuzhou	1380.4	2212.8	2931.4	146
台州	Taizhou	2838.8	3742.9	4452.8	93	上饶	Shangrao	988.2	2022.6	2534.1	165
丽水	Lishui	1738.4	2466.0	3057.3	143	山东	**Shandong**	**2886.6**	**4201.9**	**5150.0**	
安徽	**Anhui**	**1902.8**	**2998.9**	**3663.0**		济南	Jinan	4408.5	6264.5	8797.0	36
合肥	Hefei	5260.2	5499.1	7025.3	51	青岛	Qingdao	5929.8	8726.3	11518.8	24
芜湖	Wuhu	4127.1	4654.3	6073.8	64	淄博	Zibo	3849.4	5575.3	6856.1	55
蚌埠	Bengbu	1186.9	4493.2	2855.6	151	枣庄	Zaozhuang	1972.4	2949.8	3459.0	125
淮南	Huainan	2129.9	6792.0	3097.5	140	东营	Dongying	5677.5	8546.6	10969.9	25
马鞍山	Maanshan	5421.3	9216.6	5307.0	72	烟台	Yantai	3649.6	5489.4	7514.4	44
淮北	Huaibei	1354.7	2355.7	2457.6	171	潍坊	Weifang	2324.6	3485.8	4857.5	81
铜陵	Tongling	4693.2	8571.4	8955.8	33	济宁	Jining	2021.7	2900.0	3913.3	108
安庆	Anqing	821.3	2748.5	1701.1	223	泰安	Taian	2101.9	2840.7	3342.7	130
黄山	Huangshan	2075.8	3813.1	4606.4	88	威海	Weihai	4669.4	6243.6	8682.4	40
滁州	Chuzhou	1121.6	2142.3	2750.4	157	日照	Rizhao	1938.7	2732.5	3803.8	113
阜阳	Fuyang	409.3	671.1	983.6	274	莱芜	Laiwu	2741.0	3319.1	3899.5	109
宿州	Suzhou	409.5	819.4	1198.3	253	临沂	Linyi	1149.3	1571.2	2278.2	183
六安	Liuan	605.4	979.4	1319.8	245	德州	Dezhou	1279.8	2084.6	2947.7	145
亳州	Bozhou	389.1	1399.1	1147.4	258	聊城	Liaocheng	1186.4	1743.5	2582.6	163

5-2 人均公共财政预算收入 续表 2

Per Capita Public Budgetary Revenue continued 2

单位：元/人 （yuan/person）

地名	City	2010	2013	2014	2014 排名 Ranking	地名	City	2010	2013	2014	2014 排名 Ranking
滨州	Binzhou	2755.4	3951.2	4871.0	80	常德	Changde	1122.3	1701.1	2219.4	185
菏泽	Heze	1024.3	1458.4	1662.9	228	张家界	Zhangjiajie	872.1	1336.1	2718.9	158
河南	**Henan**	**1462.5**	**2171.3**	**2907.0**		益阳	Yiyang	517.5	913.4	1234.4	250
郑州	Zhengzhou	5241.2	7952.9	10688.0	27	郴州	Chenzhou	1303.2	2591.0	4672.9	86
开封	Kaifeng	697.5	1138.4	1745.7	215	永州	Yongzhou	560.8	962.9	1809.0	209
洛阳	Luoyang	2031.1	2889.4	3748.5	116	怀化	Huaihua	701.8	1341.2	1924.4	203
平顶山	Pingdingshan	1503.4	1962.0	2358.6	176	娄底	Loudi	703.2	1186.6	1331.3	243
安阳	Anyang	1118.9	1411.9	1727.4	220	**广东**	**Guangdong**	**4501.7**	**5904.7**	**7549.0**	
鹤壁	Hebi	1376.5	1996.3	2830.9	153	广州	Guangzhou	10902.9	13470.2	14844.8	10
新乡	Xinxiang	1173.2	1762.4	2216.1	186	韶关	Shaoguan	1457.2	1873.8	2495.7	169
焦作	Jiaozuo	1728.5	2309.5	2863.4	150	深圳	Shenzhen	43761.7	53350.6	64812.9	1
濮阳	Puyang	741.2	1147.7	1672.6	226	珠海	Zhuhai	12008.7	15296.3	20503.3	6
许昌	Xuchang	1178.1	1829.0	2513.5	166	汕头	Shantou	1404.1	1813.6	2281.9	181
漯河	Luohe	942.4	1513.1	2324.8	178	佛山	Foshan	8288.2	10209.5	13065.5	21
三门峡	Sanmenxia	2163.5	3037.6	4067.3	103	江门	Jiangmen	2661.1	3437.6	4506.7	89
南阳	Nanyang	586.8	861.2	1197.2	254	湛江	Zhanjiang	946.5	1299.1	1591.3	231
商丘	Shangqiu	470.2	754.3	1064.9	264	茂名	Maoming	700.9	1034.6	1312.1	246
信阳	Xinyang	393.9	741.9	868.5	279	肇庆	Zhaoqing	1837.1	2429.4	3222.2	137
周口	Zhoukou	315.2	487.3	739.2	282	惠州	Huizhou	3966.8	5865.1	8694.6	39
驻马店	Zhumadian	414.3	657.8	881.6	277	梅州	Meizhou	762.1	1083.2	1618.7	229
湖北	**Hubei**	**1767.3**	**3160.4**	**4420.0**		汕尾	Shanwei	765.2	1183.5	1383.5	241
武汉	Wuhan	4666.6	10049.5	13350.6	19	河源	Heyuan	709.4	1042.9	1665.3	227
黄石	Huangshi	1314.8	2516.9	3389.4	128	阳江	Yangjiang	958.7	1520.5	2191.8	190
十堰	Shiyan	1239.2	2215.7	2473.1	170	清远	Qingyuan	1771.8	2113.1	2497.5	168
宜昌	Yichang	1756.2	3841.6	6784.6	56	东莞	Dongguan	15414.1	19167.3	23933.3	4
襄阳	Xiangyang	864.6	2355.2	4186.7	100	中山	Zhongshan	9384.6	13334.9	16221.6	8
鄂州	Ezhou	1503.2	3094.0	4039.8	104	潮州	Chaozhou	896.3	1210.4	1539.7	236
荆门	Jingmen	773.1	1677.9	2323.6	179	揭阳	Jieyang	589.7	1048.3	1070.4	263
孝感	Xiaogan	645.4	1316.5	2037.9	197	云浮	Yunfu	842.9	1282.6	1808.8	210
荆州	Jingzhou	418.1	856.1	1336.5	242	**广西**	**Guangxi**	**1632.4**	**2500.4**	**3003.0**	
黄冈	Huanggang	527.8	917.6	1404.5	239	南宁	Nanning	2221.7	3224.1	3780.6	114
咸宁	Xianning	802.6	1544.8	2370.4	174	柳州	Liuzhou	2016.6	3040.2	3549.0	121
随州	Suizhou	371.0	895.6	1425.1	238	桂林	Guilin	1301.8	2031.2	2363.8	175
湖南	**Hunan**	**1667.4**	**2963.1**	**3370.0**		梧州	Wuzhou	1009.2	2246.8	2674.6	160
长沙	Changsha	4820.2	7449.9	9485.8	31	北海	Beihai	1053.1	2448.2	2790.6	155
株洲	Zhuzhou	2015.7	3440.8	4239.7	99	防城港	Fangchenggang	2547.1	3885.2	4856.0	82
湘潭	Xiangtan	1604.8	2907.4	5482.4	70	钦州	Qinzhou	589.3	857.9	1194.0	255
衡阳	Hengyang	991.1	1697.3	2199.5	189	贵港	Guigang	414.9	502.5	674.2	285
邵阳	Shaoyang	404.7	671.3	981.3	275	玉林	Yulin	554.8	952.5	1574.4	232
岳阳	Yueyang	924.6	1584.3	2167.7	192	百色	Baise	842.1	1385.7	1722.0	222

5-2 人均公共财政预算收入 续表 3
Per Capita Public Budgetary Revenue continued 3

单位：元/人 （yuan/person）

地名	City	2010	2013	2014	2014 排名 Ranking	地名	City	2010	2013	2014	2014 排名 Ranking
贺州	Hezhou	596.1	851.9	2023.2	199	丽江	Lijiang	1366.2	3164.9	3820.1	112
河池	Hechi	567.5	545.1	718.2	283	普洱	Puer	1215.7	1907.6	1776.8	212
来宾	Laibin	968.4	1234.1	1760.2	214	临沧	Lincang	601.1	1280.0	1571.4	233
崇左	Chongzuo	1077.7	1605.3	1956.1	202	**西藏**	**Tibet**	**1241.8**	**2834.1**	**3945.0**	
海南	**Hainan**	**3130.8**	**4624.1**	**6177.0**		拉萨	Lasa		6974.09	13507.8	17
海口	Haikou	3161.2	12989.5	6093.6	63	**陕西**	**Shaanxi**	**2553.6**	**4270.8**	**5015.0**	
三亚	Sanya	7491.1	10441.9	13385.7	18	西安	Xi'an	3092.0	5000.1	7197.5	46
三沙	Sansha					铜川	Tongchuan	1648.5	2459.0	2602.0	161
重庆	**Chongqing**	**3315.2**	**5810.0**	**6449.0**		宝鸡	Baoji	1020.7	1690.6	2029.0	198
四川	**Sichuan**	**1924.8**	**3002.9**	**3768.0**		咸阳	Xianyang	839.0	1313.0	1609.7	230
成都	Chengdu	4604.7	6684.1	8547.4	41	渭南	Weinan	608.8	1034.4	1272.4	248
自贡	Zigong	667.4	1006.4	1285.4	247	延安	Yan'an	4596.1	5946.2	7120.0	50
攀枝花	Panzhihua	3478.7	5116.3	5621.8	68	汉中	Hanzhong	488.0	785.0	1061.6	266
泸州	Luzhou	953.5	1642.3	2278.8	182	榆林	Yulin	3469.8	6684.4	7134.8	49
德阳	Deyang	1178.1	1931.7	2128.9	194	安康	Ankang	435.3	708.8	1064.0	265
绵阳	Mianyang	832.2	1476.9	1856.4	205	商洛	Shangluo	511.2	865.9	1142.4	259
广元	Guangyuan	536.5	861.6	1121.3	260	**甘肃**	**Gansu**	**1361.9**	**2024.1**	**2601.0**	
遂宁	Suining	462.5	749.9	1210.6	251	兰州	Lanzhou	2248.7	3217.4	4738.1	85
内江	Neijiang	479.1	725.5	1057.3	267	嘉峪关	Jiayuguan	4112.4	5491.5	6562.7	58
乐山	Leshan	1295.5	1984.2	2213.8	187	金昌	Jinchang	2173.1	2852.2	3836.2	111
南充	Nanchong	428.6	697.6	1008.7	271	白银	Baiyin	657.9	1356.4	1464.6	237
眉山	Meishan	708.3	1392.2	2132.7	193	天水	Tianshui	396.2	615.5	874.8	278
宜宾	Yibin	1036.4	1523.2	1911.9	204	武威	Wuwei	336.7	759.2	1175.6	256
广安	Guangan	454.6	700.1	975.9	276	张掖	Zhangye	580.4	967.2	1696.2	224
达州	Dazhou	455.5	750.7	1052.7	268	平凉	Pingliang	751.7	916.1	1032.7	269
雅安	Yaan	1009.5	1935.9	1742.8	216	酒泉	Jiuquan	1225.4	2139.4	2898.0	149
巴中	Bazhong	198.2	515.3	854.6	281	庆阳	Qingyang	1154.3	2026.3	2323.0	180
资阳	Ziyang	488.2	806.7	1093.3	261	定西	Dingxi	241.7	479.0	716.2	284
贵州	**Guizhou**	**1467.8**	**2916.9**	**3899.0**		陇南	Longnan	543.2	563.5	1741.3	217
贵阳	Guiyang	3682.6	6426.6	8703.3	38	**青海**	**Qinghai**	**1968.7**	**3267.6**	**4336.0**	
六盘水	Liupanshui	1566.3	3625.2	3938.3	106	西宁	Xining	1564.2	2767.6	4162.9	102
遵义	Zunyi	750.3	1464.3	2039.5	196	海东	Haidong			1012.4	270
安顺	Anshun	717.2	1643.3	2021.4	200	**宁夏**	**Ningxia**	**2446.8**	**4105.1**	**5165.0**	
毕节	Bijie		1693.2	1326.3	244	银川	Yinchuan	4074.3	6868.9	8812.4	35
铜仁	Tongren		856.8	1171.9	257	石嘴山	Shizuishan	2899.4	4036.6	4498.8	90
云南	**Yunnan**	**1900.6**	**2880.8**	**3613.0**		吴忠	Wuzhong	1137.3	2042.6	2447.0	172
昆明	Kunming	4379.7	6958.4	8711.0	37	固原	Guyuan	347.6	667.3	994.5	273
曲靖	Qujing	1165.8	1692.1	1823.6	207	中卫	Zhongwei	724.1	1232.4	1724.0	221
玉溪	Yuxi	2818.0	3892.1	4841.8	83	**新疆**	**Xinjiang**	**2306.6**	**4092.6**	**5622.0**	
保山	Baoshan	850.9	1394.7	1829.3	206	乌鲁木齐	Urumqi	6112.5	9937.3	13613.6	15
昭通	Zhaotong	451.3	679.0	864.0	280	克拉玛依	Karamay	11040.9	15188.3	19103.4	7

5-3 公共财政预算收入中税收收入
Taxes of Public Budgetary Revenue

单位：亿元 （100 million yuan）

地名	City	2010	2012	2013	2013 排名 Ranking
地方合计	**Region Total**	**32701.49**	**47319.08**	**53890.88**	
北京	**Beijing**	**2251.59**	**3124.75**	**3514.52**	
天津	**Tianjin**	**776.65**	**1105.56**	**1310.66**	
河北	**Hebei**	**1074.04**	**1560.59**	**1724.87**	
石家庄	Shijiazhuang	141.53	207.73	237.54	39
唐山	Tangshan	162.88	230.22	238.02	38
秦皇岛	Qinhuangdao	59.40	84.56	115.93	82
邯郸	Handan	79.47	116.19	72.84	126
邢台	Xingtai	44.83	63.66	117.94	79
保定	Baoding	67.30	100.14	125.70	73
张家口	Zhangjiakou	51.66	67.88	84.82	104
承德	Chengde	49.47	70.36	68.37	136
沧州	Cangzhou	73.61	105.16	178.96	54
廊坊	Langfang	94.98	145.74	80.84	113
衡水	Hengshui	22.40	38.01	50.23	182
山西	**Shanxi**	**692.71**	**1045.22**	**1136.89**	
太原	Taiyuan	111.55	172.38	207.33	47
大同	Datong	44.48	63.73	76.93	119
阳泉	Yangquan	31.24	43.62	34.67	225
长治	Changzhi	52.67	75.73	80.63	114
晋城	Jincheng	43.19	61.50	68.92	132
朔州	Shuozhou	36.28	60.52	68.20	137
晋中	Jinzhong	42.64	65.39	71.42	129
运城	Yuncheng	26.23	28.70	32.80	229
忻州	Xinzhou	25.95	43.58	47.24	188
临汾	Linfen	41.78	51.58	54.12	169
吕梁	Lvliang	51.16	88.66	89.57	102
内蒙古	**Inner Mongolia**	**752.81**	**1119.87**	**1215.20**	
呼和浩特	Hohhot	88.88	126.67	143.79	65
包头	Baotou	94.27	125.13	132.12	70
乌海	Wuhai	23.38	31.99	30.33	235
赤峰	Chifeng	37.15	58.71	69.17	131
通辽	Tongliao	37.99	59.55	67.67	140
鄂尔多斯	Erdos	192.35	300.25	318.66	27
呼伦贝尔	Hulunbuir	38.25	56.55	64.85	147
巴彦淖尔	Bayannur	26.95	37.42	42.24	203
乌兰察布	Ulanqab	14.29	29.57	35.32	222
辽宁	**Liaoning**	**1516.65**	**2317.19**	**2521.62**	
沈阳	Shenyang	368.07	575.37	650.85	11
大连	Dalian	398.56	598.00	677.83	8
鞍山	Anshan	124.62	157.13	164.43	60
抚顺	Fushun	62.86	98.84	100.38	91
本溪	Benxi	55.72	96.00	97.23	96
丹东	Dandong	59.01	96.08	102.70	88
锦州	Jinzhou	66.88	99.31	102.69	89
营口	Yingkou	81.17	127.05	137.33	69
阜新	Fuxin	25.04	44.71	50.33	181
辽阳	Liaoyang	56.99	79.03	81.40	112
盘锦	Panjin	63.20	85.67	114.04	83
铁岭	Tieling	56.73	77.78	77.49	118
朝阳	Chaoyang	51.42	106.65	81.41	111
葫芦岛	Huludao	38.91	58.39	65.21	145
吉林	**Jilin**	**439.31**	**760.57**	**856.41**	
长春	Changchun	141.13	276.75	309.15	30
吉林	Jilin	50.15	77.48	95.50	97
四平	Siping	17.99	35.93	37.21	219
辽源	Liaoyuan	8.23	12.05	12.17	278
通化	Tonghua	22.85	44.44	53.55	171
白山	Baishan	17.29	29.79	29.14	236
松原	Songyuan	22.16	40.75	38.87	213
白城	Baicheng	12.05	18.64	22.36	252
黑龙江	**Heilongjiang**	**556.97**	**837.80**	**912.82**	
哈尔滨	Harbin	187.47	276.23	317.66	29
齐齐哈尔	Qiqihar	27.40	33.83	39.12	212
鸡西	Jixi	18.01	24.80	21.15	255
鹤岗	Hegang	11.91	14.17	13.11	271
双鸭山	Shuangyashan	15.42	19.45	16.44	264
大庆	Daqing	77.59	104.10	108.23	85
伊春	Yichun	6.17	7.93	9.13	283
佳木斯	Jiamusi	16.71	26.32	25.42	245
七台河	Qitaihe	17.66	14.97	12.82	275
牡丹江	Mudanjiang	30.08	42.46	46.35	193
黑河	Heihe	9.47	12.18	12.89	274
绥化	Suihua	19.00	31.86	35.73	220
上海	**Shanghai**	**2707.80**	**3426.79**	**3797.16**	
江苏	**Jiangsu**	**3312.61**	**4782.59**	**5419.49**	

5-3 公共财政预算收入中税收收入 续表 1
Taxes of Public Budgetary Revenue continued 1

单位：亿元 （100 million yuan）

地名	City	2010	2012	2013	2013 排名 Ranking	地名	City	2010	2012	2013	2013 排名 Ranking
南京	Nanjing	437.77	602.79	684.47	7	池州	Chizhou	19.61	36.92	46.32	194
无锡	Wuxi	440.86	540.01	579.11	12	宣城	Xuancheng	40.54	66.06	78.43	116
徐州	Xuzhou	173.90	284.14	341.11	23	福建	**Fujian**	**966.09**	**1440.34**	**1723.28**	
常州	Changzhou	237.74	303.89	327.18	26	福州	Fuzhou	215.19	314.84	392.15	18
苏州	Suzhou	783.22	1023.88	1138.33	2	厦门	Xiamen	239.70	362.65	421.68	14
南通	Nantong	225.24	339.51	399.89	15	莆田	Putian	37.66	62.12	75.90	122
连云港	Lianyungang	97.36	160.92	188.79	50	三明	Sanming	42.93	62.83	71.90	127
淮安	Huaian	98.51	180.93	221.39	43	泉州	Quanzhou	160.30	240.78	281.69	33
盐城	Yancheng	138.73	251.38	302.51	31	漳州	Zhangzhou	67.64	100.86	122.90	75
扬州	Yangzhou	121.08	180.61	212.75	45	南平	Nanping	32.84	47.54	56.10	163
镇江	Zhenjiang	110.87	174.12	208.65	46	龙岩	Longyan	57.40	79.75	91.44	101
泰州	Taizhou	131.75	179.73	206.55	48	宁德	Ningde	32.91	51.36	64.14	149
宿迁	Suqian	69.07	130.07	157.98	61	江西	**Jiangxi**	**585.11**	**978.08**	**1178.74**	
浙江	**Zhejiang**	**2464.96**	**3227.77**	**3545.66**		南昌	Nanchang	124.17	200.17	245.35	37
杭州	Hangzhou	652.09	830.25	910.67	3	景德镇	Jingdezhen	29.68	46.17	52.69	174
宁波	Ningbo	507.97	667.84	733.72	6	萍乡	Pingxiang	33.85	59.26	66.99	141
温州	Wenzhou	211.83	267.68	295.31	32	九江	Jiujiang	57.20	105.06	131.39	71
嘉兴	Jiaxing	177.86	249.83	267.74	35	新余	Xinyu	37.33	52.85	57.52	160
湖州	Huzhou	93.26	132.26	145.05	63	鹰潭	Yingtan	22.92	35.55	47.85	186
绍兴	Shaoxing	187.60	252.62	276.50	34	赣州	Ganzhou	61.82	111.39	143.34	66
金华	Jinhua	143.26	197.89	224.14	41	吉安	Jian	40.61	67.10	84.16	106
衢州	Quzhou	43.22	57.12	66.81	142	宜春	Yichun	56.19	100.75	120.11	77
舟山	Zhoushan	59.51	78.42	81.80	108	抚州	Fuzhou	41.89	65.31	76.66	120
台州	Taizhou	155.41	203.80	229.80	40	上饶	Shangrao	54.33	96.10	109.79	84
丽水	Lishui	39.34	56.72	65.07	146	山东	**Shandong**	**2149.90**	**3050.20**	**3533.49**	
安徽	**Anhui**	**866.55**	**1305.09**	**1520.22**		济南	Jinan	209.13	289.55	381.88	19
合肥	Hefei	221.43	311.43	356.50	21	青岛	Qingdao	377.06	524.56	650.99	10
芜湖	Wuhu	83.02	144.33	170.05	56	淄博	Zibo	116.52	162.11	200.70	49
蚌埠	Bengbu	34.08	56.81	67.97	138	枣庄	Zaozhuang	60.49	85.55	98.39	93
淮南	Huainan	45.85	132.68	68.62	133	东营	Dongying	81.73	111.61	142.09	67
马鞍山	Maanshan	47.09	155.80	95.04	99	烟台	Yantai	180.22	262.83	345.49	22
淮北	Huaibei	27.48	42.64	43.12	201	潍坊	Weifang	175.07	246.41	318.62	28
铜陵	Tongling	25.86	40.18	43.00	202	济宁	Jining	132.40	177.72	220.85	44
安庆	Anqing	35.20	57.43	69.63	130	泰安	Taian	83.58	103.77	118.44	78
黄山	Huangshan	22.66	36.11	41.63	205	威海	Weihai	91.60	127.15	166.53	58
滁州	Chuzhou	39.35	70.55	81.73	109	日照	Rizhao	46.21	59.45	75.71	123
阜阳	Fuyang	33.01	52.00	65.36	144	莱芜	Laiwu	26.73	32.01	38.15	216
宿州	Suzhou	19.01		46.62	191	临沂	Linyi	88.00	135.04	184.34	52
六安	Liuan	30.42	50.31	59.43	156	德州	Dezhou	54.26	85.56	116.84	80
亳州	Bozhou	17.60	35.41	49.97	183	聊城	Liaocheng	48.69	70.03	100.96	90

5-3 公共财政预算收入中税收收入 续表 2
Taxes of Public Budgetary Revenue continued 2

单位：亿元 （100 million yuan）

地名	City	2010	2012	2013	2013 排名 Ranking	地名	City	2010	2012	2013	2013 排名 Ranking
滨州	Binzhou	73.61	106.34	128.30	72	常德	Changde	43.84	63.80	74.55	124
菏泽	Heze	68.56	104.69	123.54	74	张家界	Zhangjiajie	8.71	12.99	14.76	269
河南	**Henan**	**1016.55**	**1469.57**	**1764.71**		益阳	Yiyang	16.61	28.41	34.18	227
郑州	Zhengzhou	313.15	452.43	543.80	13	郴州	Chenzhou	39.87	62.58	71.72	128
开封	Kaifeng	26.51	44.72	59.67	154	永州	Yongzhou	20.29	33.15	39.73	211
洛阳	Luoyang	103.50	148.54	169.14	57	怀化	Huaihua	25.11	43.05	47.35	187
平顶山	Pingdingshan	61.37	74.46	84.51	105	娄底	Loudi	22.12	34.63	40.93	208
安阳	Anyang	45.13	55.73	66.59	143	**广东**	**Guangdong**	**3803.47**	**5073.88**	**5767.94**	
鹤壁	Hebi	16.02	22.25	27.50	241	广州	Guangzhou	704.06	825.45	905.70	4
新乡	Xinxiang	51.65	78.52	95.24	98	韶关	Shaoguan	34.76	41.29	46.78	189
焦作	Jiaozuo	45.74	55.57	64.80	148	深圳	Shenzhen	991.98	1329.98	1498.92	1
濮阳	Puyang	24.29	39.39	48.32	185	珠海	Zhuhai	103.10	122.62	145.05	63
许昌	Xuchang	43.67	69.65	81.62	110	汕头	Shantou	51.77	61.41	67.72	139
漯河	Luohe	21.49	33.35	43.75	197	佛山	Foshan	252.13	300.25	333.39	24
三门峡	Sanmenxia	37.68	47.04	55.39	164	江门	Jiangmen	84.96	105.55	121.55	76
南阳	Nanyang	54.15	82.59	99.46	92	湛江	Zhanjiang	45.20	52.31	59.50	155
商丘	Shangqiu	33.82	52.90	63.26	150	茂名	Maoming	29.95	44.04	54.59	168
信阳	Xinyang	25.61	42.32	51.67	177	肇庆	Zhaoqing	48.26	65.57	76.57	121
周口	Zhoukou	26.80	40.45	51.50	178	惠州	Huizhou	105.05	154.20	186.08	51
驻马店	Zhumadian	27.71	43.06	52.66	176	梅州	Meizhou	28.98	39.71	49.27	184
湖北	**Hubei**	**777.96**	**1324.44**	**1604.85**		汕尾	Shanwei	16.78	25.11	30.36	234
武汉	Wuhan	306.41	666.74	793.49	5	河源	Heyuan	20.36	28.59	34.37	226
黄石	Huangshi	23.44	46.27	55.09	165	阳江	Yangjiang	18.27	28.63	35.19	223
十堰	Shiyan	38.28	58.42	56.13	162	清远	Qingyuan	49.10	56.61	61.46	152
宜昌	Yichang	57.31	120.37	152.25	62	东莞	Dongguan	221.77	279.29	331.82	25
襄阳	Xiangyang	37.71	107.14	141.38	68	中山	Zhongshan	127.74	145.70	165.06	59
鄂州	Ezhou	11.97	24.33	27.90	240	潮州	Chaozhou	19.74	25.50	28.90	237
荆门	Jingmen	15.82	36.83	42.06	204	揭阳	Jieyang	29.04	37.81	44.86	195
孝感	Xiaogan	21.44	46.41	58.23	159	云浮	Yunfu	15.61	21.66	28.04	239
荆州	Jingzhou	19.99	42.46	53.39	172	**广西**	**Guangxi**	**533.87**	**762.46**	**875.74**	
黄冈	Huanggang	18.24	40.44	53.02	173	南宁	Nanning	110.00	158.02	181.77	53
咸宁	Xianning	14.06	32.10	41.13	207	柳州	Liuzhou	57.63	80.16	86.59	103
随州	Suizhou	6.43	17.08	21.79	253	桂林	Guilin	44.29	59.33	68.47	134
湖南	**Hunan**	**730.84**	**1110.74**	**1299.15**		梧州	Wuzhou	19.82	44.06	51.30	179
长沙	Changsha	229.77	336.75	396.34	16	北海	Beihai	13.37	29.38	30.68	233
株洲	Zhuzhou	45.79	71.51	78.27	117	防城港	Fangchenggang	11.24	19.77	23.98	247
湘潭	Xiangtan	26.80	40.07	46.63	190	钦州	Qinzhou	14.24	21.07	116.74	81
衡阳	Hengyang	40.38	66.32	83.07	107	贵港	Guigang	13.50	19.04	22.77	251
邵阳	Shaoyang	17.90	27.11	34.82	224	玉林	Yulin	23.42	36.85	43.48	199
岳阳	Yueyang	29.88	46.05	52.68	175	百色	Baise	25.11	35.08	40.00	210

5-3 公共财政预算收入中税收收入 续表 3
Taxes of Public Budgetary Revenue continued 3

单位：亿元 （100 million yuan）

地名	City	2010	2012	2013	2013 排名 Ranking	地名	City	2010	2012	2013	2013 排名 Ranking
贺州	Hezhou	17.39	11.08	12.98	272	丽江	Lijiang	12.40	22.72	28.22	238
河池	Hechi	14.06	14.47	16.88	262	普洱	Puer	24.70	37.33	35.54	221
来宾	Laibin	10.40	17.89	20.34	257	临沧	Lincang	11.29	23.23	26.05	243
崇左	Chongzuo	13.02	21.58	25.32	246	**西藏**	**Tibet**	**25.28**	**70.07**	**71.54**	
海南	**Hainan**	**237.10**	**350.80**	**411.63**		拉萨	Lasa	12.78	31.79	43.54	198
海口	Haikou	38.62	62.82	74.35	125	**陕西**	**Shaanxi**	**710.57**	**1131.55**	**1256.24**	
三亚	Sanya	38.30	53.59	58.68	157	西安	Xi'an	207.27	322.08	376.09	20
三沙	Sansha					铜川	Tongchuan	7.60	12.00	12.74	276
重庆	**Chongqing**	**621.56**	**970.17**	**1112.62**		宝鸡	Baoji	29.81	41.66	46.38	192
四川	**Sichuan**	**1180.58**	**1827.04**	**2103.51**		咸阳	Xianyang	31.19	48.26	54.69	167
成都	Chengdu	372.21	571.50	665.70	9	渭南	Weinan	23.27	38.96	44.51	196
自贡	Zigong	14.85	22.55	23.55	249	延安	Yan'an	49.48	86.81	93.10	100
攀枝花	Panzhihua	30.56	40.95	37.64	217	汉中	Hanzhong	14.99	22.97	27.20	242
泸州	Luzhou	35.92	59.50	54.83	166	榆林	Yulin	96.67	172.11	177.48	55
德阳	Deyang	35.56	54.83	51.21	180	安康	Ankang	9.82	13.63	16.72	263
绵阳	Mianyang	34.28	55.39	56.54	161	商洛	Shangluo	8.68	12.36	15.50	268
广元	Guangyuan	12.36	19.82	20.75	256	**甘肃**	**Gansu**	**220.29**	**347.78**	**417.73**	
遂宁	Suining	12.94	20.07	21.26	254	兰州	Lanzhou	58.10	81.68	98.37	94
内江	Neijiang	13.31	21.08	23.46	250	嘉峪关	Jiayuguan	7.66	11.22	12.98	272
乐山	Leshan	34.09	43.11	41.61	206	金昌	Jinchang	8.63	11.52	12.31	277
南充	Nanchong	22.28	39.13	43.41	200	白银	Baiyin	9.54	15.35	15.75	267
眉山	Meishan	17.88	32.96	37.55	218	天水	Tianshui	10.13	14.34	17.89	261
宜宾	Yibin	34.97	62.51	53.85	170	武威	Wuwei	4.44	9.06	10.79	282
广安	Guangan	12.13	19.99	20.18	258	张掖	Zhangye	5.71	9.58	11.37	281
达州	Dazhou	22.16	37.71	38.76	214	平凉	Pingliang	10.29	14.80	16.06	265
雅安	Yaan	13.03	26.03	18.53	260	酒泉	Jiuquan	8.48	14.81	18.90	259
巴中	Bazhong	5.78	12.87	15.84	266	庆阳	Qingyang	13.63	33.79	40.09	209
资阳	Ziyang	14.54	27.93	31.49	231	定西	Dingxi	5.12	9.25	11.97	279
贵州	**Guizhou**	**395.57**	**681.66**	**839.67**		陇南	Longnan	6.58	10.05	11.47	280
贵阳	Guiyang	118.79	193.65	222.34	42	**青海**	**Qinghai**	**88.94**	**146.69**	**175.05**	
六盘水	Liupanshui	37.26	56.44	68.41	135	西宁	Xining	30.74	48.14	59.68	153
遵义	Zunyi	45.66	84.68	106.02	86	海东	Haidong				
安顺	Anshun	14.70	26.86	33.54	228	**宁夏**	**Ningxia**	**126.79**	**207.02**	**237.49**	
毕节	Bijie	32.51	56.39	62.28	151	银川	Yinchuan	56.88	90.17	105.19	87
铜仁	Tongren	13.19	24.60	31.38	232	石嘴山	Shizuishan	17.51	22.85	23.65	248
云南	**Yunnan**	**702.16**	**1063.90**	**1215.66**		吴忠	Wuzhong	12.55	22.13	25.95	244
昆明	Kunming	226.04	338.87	395.91	17	固原	Guyuan	4.07	7.86	8.50	284
曲靖	Qujing	62.71	88.00	97.28	95	中卫	Zhongwei	7.03	11.47	13.49	270
玉溪	Yuxi	54.76	75.43	79.04	115	**新疆**	**Xinjiang**	**416.23**	**698.93**	**826.34**	
保山	Baoshan	17.20	27.79	32.58	230	乌鲁木齐	Urumqi	135.37	217.69	265.89	36
昭通	Zhaotong	21.20	32.07	38.37	215	克拉玛依	Karamay	38.13	50.74	58.36	158

5-4 公共财政预算收入中国内增值税收入

Domestic Value-added Tax of Public Budgetary Revenue

单位：亿元 （100 million yuan）

地名	City	2010	2012	2013	2013 排名 Ranking	地名	City	2010	2012	2013	2013 排名 Ranking
地方合计	**Region Total**	**5196.27**	**6737.16**	**8276.32**		沈阳	Shenyang	39.95	52.08	65.37	12
北京	**Beijing**	**210.01**	**314.00**	**574.89**		大连	Dalian	46.14	55.94	62.64	15
天津	**Tianjin**	**119.20**	**149.87**	**225.88**		鞍山	Anshan	19.54	18.76	18.77	68
河北	**Hebei**	**203.84**	**250.30**	**255.36**		抚顺	Fushun	8.83	9.10	9.77	137
石家庄	Shijiazhuang	16.00	19.36	21.28	59	本溪	Benxi	9.59	7.99	9.97	134
唐山	Tangshan	28.13	36.51	27.24	49	丹东	Dandong	5.24	5.93	5.75	199
秦皇岛	Qinhuangdao	6.00	7.34	14.45	89	锦州	Jinzhou	7.47	7.58	7.95	159
邯郸	Handan	15.96	16.60	6.91	175	营口	Yingkou	7.21	9.50	12.10	110
邢台	Xingtai	9.16	9.67	16.29	82	阜新	Fuxin	4.55	4.89	5.35	204
保定	Baoding	11.49	14.29	16.57	79	辽阳	Liaoyang	8.95	8.40	10.46	127
张家口	Zhangjiakou	6.30	7.12	7.88	160	盘锦	Panjin	13.44	16.16	18.76	69
承德	Chengde	5.38	7.98	8.10	154	铁岭	Tieling	5.39	5.75	5.94	196
沧州	Cangzhou	13.24	16.08	10.93	120	朝阳	Chaoyang	7.73	8.13	8.22	152
廊坊	Langfang	7.37	10.40	7.80	163	葫芦岛	Huludao	4.81	6.49	7.35	171
衡水	Hengshui	3.29	4.82	5.62	200	**吉林**	**Jilin**	**78.15**	**102.68**	**119.58**	
山西	**Shanxi**	**198.26**	**242.88**	**214.65**		长春	Changchun	21.27	31.05	40.08	35
太原	Taiyuan	20.84	23.33	25.14	54	吉林	Jilin	5.89	6.04	6.81	178
大同	Datong	11.80	14.83	11.82	112	四平	Siping	3.02	3.44	3.20	242
阳泉	Yangquan	8.74	11.17	6.77	180	辽源	Liaoyuan	1.02	1.32	1.04	280
长治	Changzhi	16.27	20.23	17.13	75	通化	Tonghua	3.86	5.63	5.86	198
晋城	Jincheng	13.35	15.42	14.17	91	白山	Baishan	2.49	2.91	2.49	258
朔州	Shuozhou	11.36	16.56	15.67	85	松原	Songyuan	5.47	6.54	4.74	212
晋中	Jinzhong	11.46	14.15	12.73	102	白城	Baicheng	2.55	2.89	2.85	250
运城	Yuncheng	7.15	5.46	6.93	174	**黑龙江**	**Heilongjiang**	**123.52**	**144.87**	**151.73**	
忻州	Xinzhou	6.60	10.43	8.65	149	哈尔滨	Harbin	25.72	29.12	33.91	42
临汾	Linfen	12.78	12.16	10.97	118	齐齐哈尔	Qiqihar	5.49	4.69	5.40	203
吕梁	Lvliang	18.42	26.27	20.27	62	鸡西	Jixi	6.71	6.20	4.38	217
内蒙古	**Inner Mongolia**	**135.95**	**182.68**	**186.44**		鹤岗	Hegang	4.12	3.02	2.76	252
呼和浩特	Hohhot	9.88	10.95	12.94	101	双鸭山	Shuangyashan	3.33	3.43	2.86	249
包头	Baotou	15.73	15.80	16.38	81	大庆	Daqing	9.82	12.98	13.26	98
乌海	Wuhai	4.61	5.06	5.03	208	伊春	Yichun	1.54	1.03	0.81	284
赤峰	Chifeng	5.72	6.89	6.24	190	佳木斯	Jiamusi	2.43	2.76	2.93	248
通辽	Tongliao	5.69	6.64	6.42	186	七台河	Qitaihe	5.66	4.80	3.79	231
鄂尔多斯	Erdos	41.59	54.53	55.69	19	牡丹江	Mudanjiang	5.83	5.83	6.12	194
呼伦贝尔	Hulunbuir	4.19	6.86	7.97	158	黑河	Heihe	1.28	1.24	1.52	275
巴彦淖尔	Bayannur	3.38	4.06	4.16	223	绥化	Suihua	3.50	4.55	4.52	214
乌兰察布	Ulanqab	3.32	4.51	4.95	209	**上海**	**Shanghai**	**388.62**	**667.13**	**848.47**	
辽宁	**Liaoning**	**188.84**	**216.70**	**248.41**		**江苏**	**Jiangsu**	**562.60**	**708.75**	**859.26**	

5-4 公共财政预算收入中国内增值税收入 续表 1

Domestic Value-added Tax of Public Budgetary Revenue continued 1

单位：亿元 （100 million yuan）

地名	City	2010	2012	2013	2013 排名 Ranking	地名	City	2010	2012	2013	2013 排名 Ranking
南京	Nanjing	71.15	95.63	126.00	6	池州	Chizhou	1.91	3.09	6.16	193
无锡	Wuxi	92.92	107.47	123.87	7	宣城	Xuancheng	7.87	11.12	12.50	106
徐州	Xuzhou	28.68	34.64	39.52	37	**福建**	**Fujian**	**141.10**	**190.43**	**234.31**	
常州	Changzhou	39.96	51.57	60.73	16	福州	Fuzhou	25.11	34.80	46.31	27
苏州	Suzhou	160.16	208.92	252.92	2	厦门	Xiamen	39.39	47.68	64.15	14
南通	Nantong	39.37	45.38	56.30	17	莆田	Putian	5.43	8.35	10.89	122
连云港	Lianyungang	12.34	16.59	20.37	61	三明	Sanming	7.08	9.16	10.91	121
淮安	Huaian	14.83	18.50	21.48	58	泉州	Quanzhou	33.94	47.37	54.80	22
盐城	Yancheng	21.59	27.50	32.60	45	漳州	Zhangzhou	10.05	14.66	17.06	76
扬州	Yangzhou	23.55	28.79	35.23	40	南平	Nanping	4.58	6.35	7.75	165
镇江	Zhenjiang	20.84	23.35	29.78	47	龙岩	Longyan	11.09	15.14	14.68	88
泰州	Taizhou	31.08	35.41	39.12	38	宁德	Ningde	4.44	6.91	7.77	164
宿迁	Suqian	7.86	13.50	15.66	86	**江西**	**Jiangxi**	**84.79**	**107.41**	**146.43**	
浙江	**Zhejiang**	**398.82**	**507.57**	**651.67**		南昌	Nanchang	11.00	15.19	21.19	60
杭州	Hangzhou	89.23	109.26	171.60	4	景德镇	Jingdezhen	3.06	3.03	4.16	223
宁波	Ningbo	91.34	122.67	152.17	5	萍乡	Pingxiang	5.38	6.22	6.24	190
温州	Wenzhou	37.56	44.75	54.98	21	九江	Jiujiang	8.15	8.78	14.85	87
嘉兴	Jiaxing	34.29	45.41	55.90	18	新余	Xinyu	4.92	5.48	6.56	183
湖州	Huzhou	15.78	22.06	27.20	51	鹰潭	Yingtan	7.15	4.78	8.97	143
绍兴	Shaoxing	33.56	42.06	47.16	24	赣州	Ganzhou	8.44	14.11	17.68	73
金华	Jinhua	24.40	31.97	41.29	34	吉安	Jian	7.09	8.00	11.79	113
衢州	Quzhou	5.84	7.84	10.48	126	宜春	Yichun	9.21	14.16	20.04	64
舟山	Zhoushan	6.87	8.50	13.38	96	抚州	Fuzhou	3.94	4.96	10.29	133
台州	Taizhou	29.38	37.95	44.19	29	上饶	Shangrao	9.51	14.46	17.36	74
丽水	Lishui	6.42	9.95	11.25	116	**山东**	**Shandong**	**378.23**	**438.12**	**489.56**	
安徽	**Anhui**	**129.48**	**175.33**	**224.50**		济南	Jinan	27.68	33.33	42.88	30
合肥	Hefei	25.56	39.28	52.40	23	青岛	Qingdao	54.72	64.33	79.95	10
芜湖	Wuhu	11.12	22.19	36.07	39	淄博	Zibo	22.90	25.41	28.35	48
蚌埠	Bengbu	5.36	9.47	12.44	107	枣庄	Zaozhuang	9.93	9.90	10.70	125
淮南	Huainan	13.49	15.08	13.36	97	东营	Dongying	13.47	17.52	23.99	55
马鞍山	Maanshan	13.35	13.28	16.25	83	烟台	Yantai	31.84	37.87	42.28	32
淮北	Huaibei	8.87	8.46	8.00	156	潍坊	Weifang	34.51	36.73	41.71	33
铜陵	Tongling	5.11	6.65	7.57	167	济宁	Jining	32.41	34.31	33.70	44
安庆	Anqing	5.93	6.74	9.19	142	泰安	Taian	13.66	15.07	15.91	84
黄山	Huangshan	2.06	3.26	5.48	202	威海	Weihai	13.15	15.82	18.36	71
滁州	Chuzhou	6.16	8.24	10.44	131	日照	Rizhao	9.63	10.47	12.64	104
阜阳	Fuyang	7.31	10.20	11.62	115	莱芜	Laiwu	6.60	6.39	7.50	168
宿州	Suzhou	3.46	6.02	6.38	187	临沂	Linyi	16.51	20.04	27.04	52
六安	Liuan	3.98	6.80	7.50	168	德州	Dezhou	8.89	11.78	14.30	90
亳州	Bozhou	3.03	6.14	8.96	144	聊城	Liaocheng	12.27	13.36	17.02	77

5-4 公共财政预算收入中国内增值税收入 续表 2
Domestic Value-added Tax of Public Budgetary Revenue continued 2

单位：亿元 （100 million yuan）

地名	City	2010	2012	2013	2013 排名 Ranking	地名	City	2010	2012	2013	2013 排名 Ranking
滨州	Binzhou	20.38	23.65	23.14	56	常德	Changde	4.18	5.48	6.43	185
菏泽	Heze	9.72	12.76	13.42	95	张家界	Zhangjiajie	0.65	0.83	0.94	282
河南	**Henan**	**155.79**	**187.78**	**202.66**		益阳	Yiyang	3.01	4.12	4.68	213
郑州	Zhengzhou	31.68	41.51	45.70	28	郴州	Chenzhou	7.48	9.63	10.84	123
开封	Kaifeng	3.34	4.14	5.32	205	永州	Yongzhou	2.30	2.99	3.24	241
洛阳	Luoyang	17.56	19.14	19.94	65	怀化	Huaihua	3.19	3.79	4.04	227
平顶山	Pingdingshan	13.43	13.66	13.84	94	娄底	Loudi	4.45	5.59	6.87	176
安阳	Anyang	8.26	6.39	8.51	151	**广东**	**Guangdong**	**657.82**	**793.84**	**1058.85**	
鹤壁	Hebi	3.15	3.44	3.54	235	广州	Guangzhou	159.42	175.83	221.60	3
新乡	Xinxiang	8.95	11.37	11.67	114	韶关	Shaoguan	8.29	9.59	10.45	128
焦作	Jiaozuo	8.38	8.54	9.48	140	深圳	Shenzhen	161.08	187.55	274.10	1
濮阳	Puyang	5.08	6.79	6.62	182	珠海	Zhuhai	25.53	32.28	39.97	36
许昌	Xuchang	7.67	9.93	11.19	117	汕头	Shantou	14.06	17.34	17.88	72
漯河	Luohe	4.58	5.91	6.66	181	佛山	Foshan	59.84	66.14	78.45	11
三门峡	Sanmenxia	8.18	7.73	8.53	150	江门	Jiangmen	22.91	26.77	31.20	46
南阳	Nanyang	9.08	11.66	13.05	100	湛江	Zhanjiang	11.46	12.43	13.94	93
商丘	Shangqiu	7.56	9.39	8.96	144	茂名	Maoming	8.58	11.44	12.14	109
信阳	Xinyang	2.67	3.77	4.46	215	肇庆	Zhaoqing	8.00	9.61	10.78	124
周口	Zhoukou	3.17	3.76	4.24	221	惠州	Huizhou	29.22	40.85	47.03	25
驻马店	Zhumadian	3.56	4.38	5.30	206	梅州	Meizhou	6.80	8.61	9.69	139
湖北	**Hubei**	**125.57**	**162.39**	**225.68**		汕尾	Shanwei	2.57	2.92	3.18	244
武汉	Wuhan	39.27	72.18	81.20	9	河源	Heyuan	4.20	6.59	7.34	172
黄石	Huangshi	4.85	10.41	10.94	119	阳江	Yangjiang	3.35	5.16	6.00	195
十堰	Shiyan	4.83	8.74	10.31	132	清远	Qingyuan	7.43	8.59	9.92	135
宜昌	Yichang	6.84	12.78	16.45	80	东莞	Dongguan	62.63	83.02	103.72	8
襄阳	Xiangyang	6.73	12.56	14.15	92	中山	Zhongshan	31.26	40.32	46.47	26
鄂州	Ezhou	2.30	4.60	3.68	233	潮州	Chaozhou	7.23	8.77	9.29	141
荆门	Jingmen	2.47	4.60	4.88	211	揭阳	Jieyang	9.28	11.31	13.14	99
孝感	Xiaogan	3.09	6.80	7.48	170	云浮	Yunfu	2.78	3.60	4.35	219
荆州	Jingzhou	3.86	6.93	9.71	138	**广西**	**Guangxi**	**77.48**	**84.81**	**98.75**	
黄冈	Huanggang	3.05	6.20	6.86	177	南宁	Nanning	9.52	11.94	16.83	78
咸宁	Xianning	1.81	3.64	4.04	227	柳州	Liuzhou	11.38	11.94	12.65	103
随州	Suizhou	1.38	2.90	3.52	237	桂林	Guilin	4.96	5.12	5.93	197
湖南	**Hunan**	**112.57**	**152.22**	**175.11**		梧州	Wuzhou	2.62	2.89	3.59	234
长沙	Changsha	18.38	26.09	33.80	43	北海	Beihai	1.30	1.78	1.22	279
株洲	Zhuzhou	7.91	10.92	12.09	111	防城港	Fangchenggang	1.22	1.44	1.79	270
湘潭	Xiangtan	3.74	4.33	6.21	192	钦州	Qinzhou	1.41	1.15	2.72	253
衡阳	Hengyang	5.19	6.11	6.80	179	贵港	Guigang	2.28	2.57	2.69	255
邵阳	Shaoyang	2.72	3.93	4.26	220	玉林	Yulin	3.71	3.52	4.12	226
岳阳	Yueyang	5.93	8.65	10.45	128	百色	Baise	5.14	5.42	5.25	207

5-4 公共财政预算收入中国内增值税收入 续表 3
Domestic Value-added Tax of Public Budgetary Revenue continued 3

单位：亿元 (100 million yuan)

地名	City	2010	2012	2013	2013 排名 Ranking	地名	City	2010	2012	2013	2013 排名 Ranking
贺州	Hezhou	7.05	1.49	1.59	272	丽江	Lijiang	1.97	3.46	4.16	223
河池	Hechi	2.91	2.62	2.77	251	普洱	Puer	2.60	3.43	4.20	222
来宾	Laibin	2.46	2.41	2.27	261	临沧	Lincang	2.11	3.82	3.52	237
崇左	Chongzuo	2.65	3.39	3.54	235	**西藏**	**Tibet**	**3.50**	**7.69**	**10.77**	
海南	**Hainan**	**18.53**	**20.75**	**31.65**		拉萨	Lasa	2.07	4.74	5.61	201
海口	Haikou	3.40	4.11	6.46	184	**陕西**	**Shaanxi**	**140.27**	**189.46**	**201.64**	
三亚	Sanya	0.60	0.69	1.23	278	西安	Xi'an	21.13	25.40	34.08	41
三沙	Sansha					铜川	Tongchuan	2.17	2.83	2.00	263
重庆	**Chongqing**	**45.90**	**86.33**	**107.25**		宝鸡	Baoji	5.96	7.29	7.83	162
四川	**Sichuan**	**149.65**	**205.68**	**235.45**		咸阳	Xianyang	6.19	7.62	8.91	147
成都	Chengdu	37.46	49.54	64.63	13	渭南	Weinan	5.75	8.22	8.90	148
自贡	Zigong	2.25	3.28	3.10	245	延安	Yan'an	17.04	24.86	26.35	53
攀枝花	Panzhihua	7.19	8.28	7.85	161	汉中	Hanzhong	2.12	3.29	3.20	242
泸州	Luzhou	4.68	8.38	7.98	157	榆林	Yulin	32.27	46.27	42.31	31
德阳	Deyang	6.83	10.80	10.45	128	安康	Ankang	1.35	1.76	1.92	264
绵阳	Mianyang	4.26	6.16	6.98	173	商洛	Shangluo	0.87	1.12	1.44	276
广元	Guangyuan	1.22	1.71	2.03	262	**甘肃**	**Gansu**	**44.09**	**60.52**	**63.65**	
遂宁	Suining	1.03	1.63	1.80	269	兰州	Lanzhou	10.14	10.39	12.58	105
内江	Neijiang	2.43	2.49	2.64	256	嘉峪关	Jiayuguan	2.14	2.29	2.31	260
乐山	Leshan	4.98	6.04	6.27	189	金昌	Jinchang	1.46	2.89	1.85	267
南充	Nanchong	1.59	2.24	2.71	254	白银	Baiyin	2.07	3.39	2.57	257
眉山	Meishan	2.22	2.69	3.35	239	天水	Tianshui	2.10	2.91	3.29	240
宜宾	Yibin	5.88	10.14	9.82	136	武威	Wuwei	1.07	1.56	1.53	274
广安	Guangan	1.80	2.06	1.85	267	张掖	Zhangye	1.43	1.73	1.44	276
达州	Dazhou	3.21	4.15	3.91	230	平凉	Pingliang	3.43	3.94	3.73	232
雅安	Yaan	3.04	5.25	4.37	218	酒泉	Jiuquan	1.36	1.63	1.73	271
巴中	Bazhong	0.52	0.79	1.04	280	庆阳	Qingyang	3.94	10.80	12.29	108
资阳	Ziyang	1.27	1.60	1.89	266	定西	Dingxi	0.78	1.35	1.90	265
贵州	**Guizhou**	**66.00**	**85.74**	**96.06**		陇南	Longnan	1.53	2.24	2.37	259
贵阳	Guiyang	10.36	13.83	22.34	57	**青海**	**Qinghai**	**17.52**	**26.42**	**28.41**	
六盘水	Liupanshui	7.46	6.52	8.07	155	西宁	Xining	3.60	4.58	6.28	188
遵义	Zunyi	6.36	11.60	18.43	70	海东	Haidong				
安顺	Anshun	1.81	2.39	2.96	247	**宁夏**	**Ningxia**	**20.25**	**26.23**	**31.88**	
毕节	Bijie	4.89	6.37	8.93	146	银川	Yinchuan	5.13	6.28	8.15	153
铜仁	Tongren	1.51	1.97	3.06	246	石嘴山	Shizuishan	4.29	3.54	4.45	216
云南	**Yunnan**	**112.78**	**148.00**	**158.22**		吴忠	Wuzhong	2.31	3.24	4.90	210
昆明	Kunming	35.52	46.31	55.22	20	固原	Guyuan	0.27	0.72	0.88	283
曲靖	Qujing	17.35	21.67	20.11	63	中卫	Zhongwei	1.25	1.49	1.58	273
玉溪	Yuxi	17.24	20.66	19.29	67	**新疆**	**Xinjiang**	**75.31**	**100.57**	**119.14**	
保山	Baoshan	2.36	3.78	3.99	229	乌鲁木齐	Urumqi	16.54	19.79	27.23	50
昭通	Zhaotong	5.47	6.81	7.75	165	克拉玛依	Karamay	13.80	17.19	19.90	66

5-5 公共财政预算收入中营业税收入
Business Tax of Public Budgetary Revenue

单位：亿元 （100 million yuan）

地名	City	2010	2012	2013	2013 排名 Ranking	地名	City	2010	2012	2013	2013 排名 Ranking
地方合计	**Region Total**	**11004.57**	**15542.91**	**17154.58**		沈阳	Shenyang	129.51	180.35	195.66	9
北京	**Beijing**	**855.40**	**1152.74**	**1034.79**		大连	Dalian	135.76	174.64	186.98	11
天津	**Tianjin**	**283.87**	**400.90**	**425.17**		鞍山	Anshan	30.04	34.84	40.54	67
河北	**Hebei**	**362.65**	**533.45**	**612.10**		抚顺	Fushun	15.57	21.45	19.97	132
石家庄	Shijiazhuang	57.04	87.89	98.32	28	本溪	Benxi	10.06	13.91	14.10	181
唐山	Tangshan	54.33	79.06	81.09	36	丹东	Dandong	16.52	21.93	25.39	102
秦皇岛	Qinhuangdao	24.11	32.57	38.04	72	锦州	Jinzhou	20.95	28.46	27.47	97
邯郸	Handan	25.68	35.75	30.20	88	营口	Yingkou	25.32	29.98	31.56	84
邢台	Xingtai	13.71	22.93	42.10	66	阜新	Fuxin	6.78	10.76	13.37	189
保定	Baoding	25.60	35.91	44.90	63	辽阳	Liaoyang	11.03	15.58	16.03	164
张家口	Zhangjiakou	20.82	27.98	33.57	80	盘锦	Panjin	16.96	25.66	28.51	95
承德	Chengde	19.10	26.13	25.92	101	铁岭	Tieling	11.39	13.15	13.58	187
沧州	Cangzhou	27.16	38.19	77.00	38	朝阳	Chaoyang	11.34	15.81	16.39	161
廊坊	Langfang	41.58	58.94	28.70	94	葫芦岛	Huludao	12.52	19.97	20.19	130
衡水	Hengshui	7.97	13.28	18.34	142	吉林	**Jilin**	**145.97**	**218.12**	**245.09**	
山西	**Shanxi**	**191.91**	**314.06**	**379.06**		长春	Changchun	34.82	50.96	54.22	53
太原	Taiyuan	37.35	64.28	73.47	39	吉林	Jilin	11.96	16.01	21.51	123
大同	Datong	10.95	16.37	23.71	109	四平	Siping	5.05	7.99	8.73	222
阳泉	Yangquan	5.69	9.05	8.12	228	辽源	Liaoyuan	1.94	3.33	3.07	279
长治	Changzhi	10.18	13.69	17.87	146	通化	Tonghua	6.08	12.07	12.15	199
晋城	Jincheng	7.80	11.92	13.68	186	白山	Baishan	4.34	5.84	6.20	253
朔州	Shuozhou	6.92	11.25	15.46	166	松原	Songyuan	5.44	6.54	7.46	236
晋中	Jinzhong	11.47	19.76	22.69	118	白城	Baicheng	3.80	4.90	6.04	254
运城	Yuncheng	7.58	9.59	10.59	210	黑龙江	**Heilongjiang**	**165.80**	**244.05**	**267.99**	
忻州	Xinzhou	8.18	13.61	15.27	170	哈尔滨	Harbin	71.43	110.24	125.56	23
临汾	Linfen	9.55	14.41	16.74	157	齐齐哈尔	Qiqihar	6.12	8.12	9.54	218
吕梁	Lvliang	8.24	14.61	18.08	145	鸡西	Jixi	2.88	4.75	4.24	270
内蒙古	**Inner Mongolia**	**234.57**	**319.76**	**353.02**		鹤岗	Hegang	1.95	3.05	2.78	282
呼和浩特	Hohhot	33.72	53.58	58.94	50	双鸭山	Shuangyashan	2.90	4.22	3.58	274
包头	Baotou	25.65	34.29	38.83	71	大庆	Daqing	11.34	14.26	17.57	148
乌海	Wuhai	5.41	9.58	9.68	217	伊春	Yichun	1.47	2.45	2.73	283
赤峰	Chifeng	10.71	19.68	23.39	112	佳木斯	Jiamusi	4.81	7.45	5.66	257
通辽	Tongliao	9.88	13.59	15.10	172	七台河	Qitaihe	2.08	2.05	2.14	284
鄂尔多斯	Erdos	43.69	66.87	65.76	45	牡丹江	Mudanjiang	5.94	7.60	7.19	244
呼伦贝尔	Hulunbuir	11.33	17.66	20.36	128	黑河	Heihe	2.26	3.56	3.23	278
巴彦淖尔	Bayannur	7.78	12.60	14.64	176	绥化	Suihua	4.30	7.03	6.79	249
乌兰察布	Ulanqab	4.50	14.22	15.37	168	上海	**Shanghai**	**933.91**	**897.92**	**962.72**	
辽宁	**Liaoning**	**453.75**	**606.49**	**657.00**		江苏	**Jiangsu**	**1023.92**	**1659.67**	**1872.41**	

5-5 公共财政预算收入中营业税收入 续表 1
Business Tax of Public Budgetary Revenue continued 1

单位：亿元 (100 million yuan)

地名	City	2010	2012	2013	2013 排名 Ranking	地名	City	2010	2012	2013	2013 排名 Ranking
南京	Nanjing	140.53	190.30	195.82	8	池州	Chizhou	8.24	13.89	13.09	192
无锡	Wuxi	108.92	158.10	168.73	12	宣城	Xuancheng	12.84	20.20	25.17	103
徐州	Xuzhou	56.42	106.90	134.70	19	**福建**	**Fujian**	**319.70**	**490.09**	**551.41**	
常州	Changzhou	64.97	83.81	83.74	34	福州	Fuzhou	73.69	110.26	125.99	22
苏州	Suzhou	201.92	256.10	275.33	2	厦门	Xiamen	73.21	121.61	127.22	21
南通	Nantong	64.41	132.74	149.50	15	莆田	Putian	12.57	19.08	21.08	126
连云港	Lianyungang	30.99	67.33	82.80	35	三明	Sanming	16.19	21.00	23.28	114
淮安	Huaian	33.01	70.80	84.89	32	泉州	Quanzhou	43.44	63.64	68.92	43
盐城	Yancheng	41.08	91.47	117.61	24	漳州	Zhangzhou	20.51	30.08	36.82	74
扬州	Yangzhou	36.61	59.64	70.28	41	南平	Nanping	12.03	17.97	18.67	139
镇江	Zhenjiang	35.15	66.97	84.30	33	龙岩	Longyan	15.48	18.74	22.40	120
泰州	Taizhou	33.51	55.44	69.35	42	宁德	Ningde	13.21	16.86	18.90	137
宿迁	Suqian	24.10	47.20	66.82	44	**江西**	**Jiangxi**	**204.38**	**363.46**	**423.50**	
浙江	**Zhejiang**	**816.68**	**1063.49**	**1069.97**		南昌	Nanchang	54.26	87.11	102.04	26
杭州	Hangzhou	331.31	297.01	267.07	3	景德镇	Jingdezhen	8.57	15.05	16.76	155
宁波	Ningbo	154.02	195.22	188.73	10	萍乡	Pingxiang	13.01	26.61	30.17	89
温州	Wenzhou	62.24	80.93	92.33	30	九江	Jiujiang	20.01	38.01	42.29	65
嘉兴	Jiaxing	56.55	67.84	71.48	40	新余	Xinyu	12.43	19.48	22.08	121
湖州	Huzhou	29.50	38.25	39.77	69	鹰潭	Yingtan	6.01	13.52	16.04	163
绍兴	Shaoxing	52.10	69.65	78.22	37	赣州	Ganzhou	22.32	37.50	46.65	62
金华	Jinhua	44.04	61.16	62.30	47	吉安	Jian	14.48	27.57	34.98	76
衢州	Quzhou	14.72	17.56	20.25	129	宜春	Yichun	16.21	32.49	37.33	73
舟山	Zhoushan	22.87	30.01	25.10	104	抚州	Fuzhou	16.31	30.14	29.12	93
台州	Taizhou	43.29	57.43	60.37	48	上饶	Shangrao	17.73	32.10	35.95	75
丽水	Lishui	13.11	19.36	20.17	131	**山东**	**Shandong**	**631.51**	**896.64**	**1068.33**	
安徽	**Anhui**	**291.93**	**451.42**	**502.26**		济南	Jinan	78.73	104.70	148.12	16
合肥	Hefei	90.30	132.84	141.52	18	青岛	Qingdao	120.02	172.16	198.24	7
芜湖	Wuhu	27.56	51.29	48.87	58	淄博	Zibo	24.66	35.34	50.33	57
蚌埠	Bengbu	11.57	18.83	24.73	105	枣庄	Zaozhuang	11.57	14.49	22.97	115
淮南	Huainan	14.69	20.59	21.42	124	东营	Dongying	21.99	32.01	46.91	61
马鞍山	Maanshan	12.48	24.08	29.34	90	烟台	Yantai	45.43	66.31	94.57	29
淮北	Huaibei	7.74	11.33	11.54	201	潍坊	Weifang	45.38	65.39	100.36	27
铜陵	Tongling	8.12	13.17	14.11	180	济宁	Jining	26.23	37.68	59.46	49
安庆	Anqing	13.34	21.51	28.01	96	泰安	Taian	16.83	23.23	34.21	79
黄山	Huangshan	9.95	14.97	14.93	174	威海	Weihai	25.93	35.02	55.59	52
滁州	Chuzhou	13.72	28.30	30.70	86	日照	Rizhao	13.72	18.60	26.04	100
阜阳	Fuyang	12.09	18.69	20.96	127	莱芜	Laiwu	6.98	8.44	10.25	214
宿州	Suzhou	7.42	20.12	16.63	158	临沂	Linyi	23.54	41.86	65.10	46
六安	Liuan	13.10	20.92	23.61	110	德州	Dezhou	14.99	24.47	38.86	70
亳州	Bozhou	7.13	20.31	16.84	153	聊城	Liaocheng	13.96	20.62	31.30	85

5-5 公共财政预算收入中营业税收入 续表 2
Business Tax of Public Budgetary Revenue continued 2

单位：亿元 （100 million yuan）

地名	City	2010	2012	2013	2013 排名 Ranking	地名	City	2010	2012	2013	2013 排名 Ranking
滨州	Binzhou	17.56	24.30	32.55	82	常德	Changde	10.69	14.98	16.83	154
菏泽	Heze	19.89	25.18	43.48	64	张家界	Zhangjiajie	3.52	4.98	5.40	258
河南	**Henan**	**319.34**	**482.40**	**581.79**		益阳	Yiyang	5.44	9.18	10.09	215
郑州	Zhengzhou	119.28	171.01	204.16	6	郴州	Chenzhou	9.35	15.42	17.68	147
开封	Kaifeng	9.18	17.08	22.79	117	永州	Yongzhou	6.08	9.47	10.95	206
洛阳	Luoyang	27.92	46.47	52.52	55	怀化	Huaihua	7.07	12.40	12.94	193
平顶山	Pingdingshan	17.29	23.73	24.33	107	娄底	Loudi	6.01	9.81	10.89	208
安阳	Anyang	12.44	17.25	19.40	134	**广东**	**Guangdong**	**1244.26**	**1556.80**	**1636.20**	
鹤壁	Hebi	4.48	6.69	7.76	234	广州	Guangzhou	177.73	174.76	162.35	13
新乡	Xinxiang	14.52	24.08	29.31	91	韶关	Shaoguan	8.22	8.03	8.65	224
焦作	Jiaozuo	11.75	16.75	18.95	136	深圳	Shenzhen	350.60	421.02	423.22	1
濮阳	Puyang	6.96	12.83	16.76	155	珠海	Zhuhai	22.67	23.26	24.41	106
许昌	Xuchang	11.07	18.95	23.37	113	汕头	Shantou	9.24	9.94	10.28	213
漯河	Luohe	5.88	9.61	10.87	209	佛山	Foshan	55.78	51.73	56.43	51
三门峡	Sanmenxia	9.43	12.19	15.39	167	江门	Jiangmen	17.23	17.25	19.26	135
南阳	Nanyang	15.62	24.99	30.56	87	湛江	Zhanjiang	11.46	12.15	12.71	195
商丘	Shangqiu	10.38	18.71	23.55	111	茂名	Maoming	5.81	6.52	8.12	228
信阳	Xinyang	10.94	18.47	22.67	119	肇庆	Zhaoqing	12.45	12.75	13.14	191
周口	Zhoukou	9.32	14.23	17.55	149	惠州	Huizhou	24.20	29.29	34.48	77
驻马店	Zhumadian	10.20	15.36	18.28	143	梅州	Meizhou	5.61	6.03	7.67	235
湖北	**Hubei**	**249.49**	**472.36**	**526.43**		汕尾	Shanwei	3.70	3.35	3.55	276
武汉	Wuhan	93.95	249.61	263.46	4	河源	Heyuan	5.47	6.06	7.22	242
黄石	Huangshi	5.77	13.84	16.41	160	阳江	Yangjiang	5.15	7.16	7.85	231
十堰	Shiyan	6.99	14.26	17.31	152	清远	Qingyuan	13.01	14.06	13.94	183
宜昌	Yichang	13.36	39.16	47.58	60	东莞	Dongguan	45.87	51.82	50.53	56
襄阳	Xiangyang	9.21	32.53	40.27	68	中山	Zhongshan	25.58	29.39	29.23	92
鄂州	Ezhou	3.13	8.46	8.20	227	潮州	Chaozhou	2.63	2.62	3.29	277
荆门	Jingmen	4.60	12.39	13.27	190	揭阳	Jieyang	4.08	4.72	5.83	256
孝感	Xiaogan	5.92	16.88	18.50	141	云浮	Yunfu	4.05	4.32	5.01	260
荆州	Jingzhou	6.36	17.08	18.54	140	**广西**	**Guangxi**	**207.44**	**262.32**	**304.20**	
黄冈	Huanggang	5.90	17.08	19.57	133	南宁	Nanning	33.45	40.58	47.86	59
咸宁	Xianning	4.38	12.88	13.93	184	柳州	Liuzhou	13.45	14.14	16.55	159
随州	Suizhou	2.22	6.81	7.44	238	桂林	Guilin	12.28	14.07	17.38	151
湖南	**Hunan**	**256.80**	**387.52**	**451.16**		梧州	Wuzhou	5.34	5.94	6.88	248
长沙	Changsha	84.38	124.39	146.22	17	北海	Beihai	4.01	7.39	8.66	223
株洲	Zhuzhou	13.71	20.72	22.81	116	防城港	Fangchenggang	3.90	6.10	7.15	245
湘潭	Xiangtan	7.92	14.07	15.19	171	钦州	Qinzhou	5.47	6.90	7.15	245
衡阳	Hengyang	12.12	17.97	18.74	138	贵港	Guigang	4.25	5.25	6.55	251
邵阳	Shaoyang	5.61	8.82	11.44	203	玉林	Yulin	5.73	7.45	7.81	232
岳阳	Yueyang	8.83	13.26	15.36	169	百色	Baise	6.10	6.82	7.34	240

5-5 公共财政预算收入中营业税收入 续表 3
Business Tax of Public Budgetary Revenue continued 3

单位：亿元 （100 million yuan）

地名	City	2010	2012	2013	2013 排名 Ranking	地名	City	2010	2012	2013	2013 排名 Ranking
贺州	Hezhou	3.59	2.53	2.97	280	丽江	Lijiang	5.76	7.99	11.14	205
河池	Hechi	4.09	4.10	4.80	261	普洱	Puer	6.06	8.87	9.89	216
来宾	Laibin	2.68	3.89	4.56	266	临沧	Lincang	3.88	7.49	8.46	226
崇左	Chongzuo	2.28	3.73	4.19	272	**西藏**	**Tibet**	**10.84**	**20.75**	**28.12**	
海南	**Hainan**	**112.35**	**132.41**	**158.96**		拉萨	Lasa	5.41	11.05	14.98	173
海口	Haikou	15.42	17.62	24.06	108	**陕西**	**Shaanxi**	**265.94**	**392.90**	**428.44**	
三亚	Sanya	18.92	17.41	21.97	122	西安	Xi'an	86.04	128.76	131.64	20
三沙	Sansha					铜川	Tongchuan	1.90	3.75	4.46	268
重庆	**Chongqing**	**108.25**	**368.05**	**424.31**		宝鸡	Baoji	8.06	10.64	11.99	200
四川	**Sichuan**	**475.80**	**725.41**	**812.08**		咸阳	Xianyang	11.16	16.23	17.40	150
成都	Chengdu	125.11	198.35	218.57	5	渭南	Weinan	7.50	11.51	13.52	188
自贡	Zigong	4.20	6.93	8.05	230	延安	Yan'an	10.10	11.76	14.82	175
攀枝花	Panzhihua	6.48	7.92	8.95	220	汉中	Hanzhong	6.81	9.32	10.51	212
泸州	Luzhou	8.96	11.73	14.03	182	榆林	Yulin	19.92	31.93	32.03	83
德阳	Deyang	10.90	12.77	12.85	194	安康	Ankang	5.06	5.33	6.29	252
绵阳	Mianyang	15.56	19.80	21.23	125	商洛	Shangluo	2.74	4.53	4.75	262
广元	Guangyuan	6.37	7.21	7.80	233	**甘肃**	**Gansu**	**86.84**	**136.72**	**176.59**	
遂宁	Suining	5.09	7.00	7.31	241	兰州	Lanzhou	19.23	27.20	34.30	78
内江	Neijiang	3.92	6.45	8.86	221	嘉峪关	Jiayuguan	1.78	2.83	3.56	275
乐山	Leshan	10.12	11.02	13.71	185	金昌	Jinchang	1.94	2.68	2.91	281
南充	Nanchong	8.36	14.61	18.12	144	白银	Baiyin	2.76	3.83	4.62	264
眉山	Meishan	5.85	8.91	11.47	202	天水	Tianshui	3.63	4.72	6.01	255
宜宾	Yibin	7.55	11.77	14.38	178	武威	Wuwei	1.62	3.59	4.20	271
广安	Guangan	2.94	5.17	6.75	250	张掖	Zhangye	1.94	3.53	4.72	263
达州	Dazhou	7.57	11.03	12.44	198	平凉	Pingliang	2.54	3.78	4.34	269
雅安	Yaan	4.16	4.90	4.62	264	酒泉	Jiuquan	3.26	5.73	7.20	243
巴中	Bazhong	2.74	5.04	7.10	247	庆阳	Qingyang	3.67	6.39	7.45	237
资阳	Ziyang	4.21	8.95	9.16	219	定西	Dingxi	2.44	4.17	5.27	259
贵州	**Guizhou**	**136.73**	**241.53**	**300.78**		陇南	Longnan	2.51	3.58	4.07	273
贵阳	Guiyang	46.47	75.87	88.89	31	**青海**	**Qinghai**	**34.44**	**59.17**	**70.44**	
六盘水	Liupanshui	8.73	15.89	15.54	165	西宁	Xining	15.34	24.04	27.44	98
遵义	Zunyi	15.18	28.08	32.60	81	海东	Haidong				
安顺	Anshun	6.95	11.74	12.45	197	**宁夏**	**Ningxia**	**56.24**	**92.48**	**105.72**	
毕节	Bijie	10.02	14.23	16.27	162	银川	Yinchuan	29.34	45.60	53.58	54
铜仁	Tongren	5.14	8.56	11.36	204	石嘴山	Shizuishan	6.54	8.40	8.48	225
云南	**Yunnan**	**237.26**	**340.54**	**418.84**		吴忠	Wuzhong	5.74	10.24	10.93	207
昆明	Kunming	93.82	127.72	161.06	14	固原	Guyuan	2.52	5.12	4.50	267
曲靖	Qujing	16.85	23.38	27.14	99	中卫	Zhongwei	3.84	6.29	7.37	239
玉溪	Yuxi	10.47	13.61	14.28	179	**新疆**	**Xinjiang**	**151.27**	**259.31**	**305.67**	
保山	Baoshan	5.69	10.11	10.55	211	乌鲁木齐	Urumqi	58.37	97.18	110.18	25
昭通	Zhaotong	7.09	11.21	12.50	196	克拉玛依	Karamay	8.55	12.07	14.48	177

5-6 公共财政预算收入中企业所得税收入

Company Income Tax of Public Budgetary Revenue

单位：亿元 （100 million yuan）

地名	City	2010	2012	2013	2013 排名 Ranking	地名	City	2010	2012	2013	2013 排名 Ranking
地方合计	**Region Total**	**5048.37**	**7571.60**	**7983.34**		沈阳	Shenyang	50.33	74.86	81.61	11
北京	**Beijing**	**513.09**	**752.47**	**802.12**		大连	Dalian	56.03	74.36	77.47	13
天津	**Tianjin**	**125.89**	**187.70**	**204.38**		鞍山	Anshan	12.93	14.84	13.88	70
河北	**Hebei**	**145.93**	**226.20**	**231.67**		抚顺	Fushun	5.15	7.96	7.66	110
石家庄	Shijiazhuang	12.55	20.72	21.89	44	本溪	Benxi	1.83	4.18	4.14	182
唐山	Tangshan	12.73	17.95	15.20	68	丹东	Dandong	4.55	7.45	7.85	108
秦皇岛	Qinhuangdao	5.10	6.85	7.62	111	锦州	Jinzhou	4.95	5.87	5.65	146
邯郸	Handan	5.87	8.74	6.06	140	营口	Yingkou	6.52	8.36	10.65	90
邢台	Xingtai	4.10	5.22	10.00	92	阜新	Fuxin	2.17	4.02	3.89	188
保定	Baoding	5.83	8.74	9.75	96	辽阳	Liaoyang	8.94	8.45	7.24	116
张家口	Zhangjiakou	3.83	5.80	6.40	134	盘锦	Panjin	3.25	5.48	5.62	148
承德	Chengde	4.07	6.79	5.20	154	铁岭	Tieling	4.27	4.86	4.97	159
沧州	Cangzhou	5.18	8.31	14.15	69	朝阳	Chaoyang	4.28	5.52	4.22	178
廊坊	Langfang	8.44	13.82	6.05	141	葫芦岛	Huludao	2.44	3.72	3.91	187
衡水	Hengshui	1.97	3.81	5.03	158	**吉林**	**Jilin**	**60.82**	**111.21**	**121.86**	
山西	**Shanxi**	**117.75**	**214.39**	**202.07**		长春	Changchun	22.71	44.02	50.22	18
太原	Taiyuan	16.47	25.03	25.84	39	吉林	Jilin	4.96	6.55	7.99	103
大同	Datong	5.89	9.14	12.58	80	四平	Siping	1.87	2.74	3.11	210
阳泉	Yangquan	5.47	8.69	7.57	112	辽源	Liaoyuan	0.85	1.53	1.56	256
长治	Changzhi	11.67	21.64	18.96	54	通化	Tonghua	2.41	5.86	4.72	164
晋城	Jincheng	9.76	17.62	18.43	55	白山	Baishan	1.53	2.89	1.96	241
朔州	Shuozhou	5.69	13.66	12.05	84	松原	Songyuan	1.48	2.24	2.08	238
晋中	Jinzhong	5.79	9.41	9.76	95	白城	Baicheng	1.06	1.47	1.95	242
运城	Yuncheng	1.62	1.68	2.11	237	**黑龙江**	**Heilongjiang**	**61.60**	**97.89**	**98.81**	
忻州	Xinzhou	3.33	6.41	6.35	137	哈尔滨	Harbin	24.29	38.69	40.26	25
临汾	Linfen	5.47	7.41	6.23	138	齐齐哈尔	Qiqihar	3.59	4.47	5.54	150
吕梁	Lvliang	7.91	18.34	15.43	66	鸡西	Jixi	1.38	3.08	2.73	220
内蒙古	**Inner Mongolia**	**101.65**	**179.85**	**155.26**		鹤岗	Hegang	1.41	2.55	1.95	242
呼和浩特	Hohhot	8.62	14.87	16.31	63	双鸭山	Shuangyashan	1.78	2.34	1.84	249
包头	Baotou	8.30	18.08	13.55	74	大庆	Daqing	5.69	10.41	10.47	91
乌海	Wuhai	3.85	3.94	2.65	221	伊春	Yichun	0.51	1.06	1.22	263
赤峰	Chifeng	4.03	8.68	7.22	117	佳木斯	Jiamusi	2.99	5.59	4.67	166
通辽	Tongliao	2.95	4.59	3.89	188	七台河	Qitaihe	2.66	2.16	1.16	266
鄂尔多斯	Erdos	33.20	53.29	40.28	24	牡丹江	Mudanjiang	5.16	8.40	7.78	109
呼伦贝尔	Hulunbuir	3.76	5.75	6.47	130	黑河	Heihe	1.44	2.49	2.51	225
巴彦淖尔	Bayannur	3.70	5.30	5.05	157	绥化	Suihua	3.08	5.50	5.26	153
乌兰察布	Ulanqab	0.82	2.36	2.99	211	**上海**	**Shanghai**	**606.05**	**806.77**	**837.44**	
辽宁	**Liaoning**	**174.06**	**242.39**	**250.68**		**江苏**	**Jiangsu**	**554.43**	**745.88**	**763.66**	

5-6 公共财政预算收入中企业所得税收入 续表 1

Company Income Tax of Public Budgetary Revenue continued 1

单位：亿元 （100 million yuan）

地名	City	2010	2012	2013	2013 排名 Ranking	地名	City	2010	2012	2013	2013 排名 Ranking
南京	Nanjing	68.79	93.01	100.38	8	池州	Chizhou	1.01	2.13	1.99	240
无锡	Wuxi	75.38	88.64	88.43	10	宣城	Xuancheng	2.06	3.90	4.17	181
徐州	Xuzhou	17.82	20.01	20.81	48	**福建**	**Fujian**	**156.91**	**251.76**	**271.05**	
常州	Changzhou	35.80	40.67	41.38	22	福州	Fuzhou	31.40	50.78	58.93	15
苏州	Suzhou	148.13	190.02	200.63	2	厦门	Xiamen	41.53	67.23	68.96	14
南通	Nantong	33.99	42.77	41.81	21	莆田	Putian	5.58	12.43	13.70	72
连云港	Lianyungang	9.77	13.09	5.64	147	三明	Sanming	3.96	7.77	8.27	101
淮安	Huaian	8.35	11.36	12.98	77	泉州	Quanzhou	25.44	44.26	47.85	19
盐城	Yancheng	13.19	21.95	25.72	40	漳州	Zhangzhou	9.02	13.75	15.94	64
扬州	Yangzhou	15.29	19.71	22.05	43	南平	Nanping	3.75	5.94	6.62	125
镇江	Zhenjiang	14.17	20.05	19.33	53	龙岩	Longyan	7.97	13.11	13.83	71
泰州	Taizhou	21.68	25.46	25.01	41	宁德	Ningde	3.02	5.08	6.42	133
宿迁	Suqian	6.51	16.02	17.18	59	**江西**	**Jiangxi**	**63.72**	**124.12**	**136.71**	
浙江	**Zhejiang**	**374.13**	**536.97**	**565.88**		南昌	Nanchang	12.52	25.77	30.13	37
杭州	Hangzhou	99.23	144.86	151.81	3	景德镇	Jingdezhen	1.81	3.68	4.21	179
宁波	Ningbo	80.57	115.74	126.66	4	萍乡	Pingxiang	1.98	2.57	2.42	229
温州	Wenzhou	28.10	39.90	39.47	26	九江	Jiujiang	5.24	11.63	13.37	75
嘉兴	Jiaxing	24.43	37.07	40.46	23	新余	Xinyu	3.88	3.95	6.36	136
湖州	Huzhou	11.23	19.20	19.92	52	鹰潭	Yingtan	1.24	2.77	3.28	204
绍兴	Shaoxing	24.50	37.09	36.69	28	赣州	Ganzhou	6.91	17.65	17.29	58
金华	Jinhua	16.50	27.61	30.93	36	吉安	Jian	2.98	5.78	7.96	104
衢州	Quzhou	4.22	9.00	8.32	100	宜春	Yichun	5.39	10.33	11.07	87
舟山	Zhoushan	7.57	8.93	8.22	102	抚州	Fuzhou	2.95	5.04	5.96	142
台州	Taizhou	22.40	31.09	33.44	31	上饶	Shangrao	4.05	9.14	9.96	93
丽水	Lishui	4.16	5.99	7.00	120	**山东**	**Shandong**	**293.31**	**441.64**	**445.95**	
安徽	**Anhui**	**106.59**	**184.50**	**190.46**		济南	Jinan	30.64	39.05	51.76	17
合肥	Hefei	22.13	34.43	34.92	29	青岛	Qingdao	53.46	79.52	90.55	9
芜湖	Wuhu	7.99	14.80	15.76	65	淄博	Zibo	13.47	17.77	20.22	51
蚌埠	Bengbu	2.08	3.78	4.38	173	枣庄	Zaozhuang	6.28	8.24	7.03	119
淮南	Huainan	2.15	19.40	4.29	175	东营	Dongying	6.84	10.66	13.11	76
马鞍山	Maanshan	3.40	17.34	4.79	163	烟台	Yantai	24.93	41.90	51.81	16
淮北	Huaibei	2.94	6.19	4.61	169	潍坊	Weifang	16.44	29.79	31.55	35
铜陵	Tongling	1.92	3.78	3.94	186	济宁	Jining	22.62	31.90	32.50	33
安庆	Anqing	2.16	4.69	5.84	143	泰安	Taian	6.44	9.24	10.69	88
黄山	Huangshan	1.35	2.69	2.46	227	威海	Weihai	9.25	12.28	17.36	57
滁州	Chuzhou	2.54	4.83	5.60	149	日照	Rizhao	7.02	8.54	10.68	89
阜阳	Fuyang	1.87	4.14	4.13	183	莱芜	Laiwu	1.55	4.00	4.48	171
宿州	Suzhou	0.84	2.19	3.18	209	临沂	Linyi	7.23	13.07	17.80	56
六安	Liuan	1.67	3.88	4.43	172	德州	Dezhou	4.95	7.55	11.45	86
亳州	Bozhou	0.93	2.00	2.77	217	聊城	Liaocheng	5.11	8.22	12.76	78

5-6 公共财政预算收入中企业所得税收入 续表 2
Company Income Tax of Public Budgetary Revenue continued 2

单位：亿元 （100 million yuan）

地名	City	2010	2012	2013	2013 排名 Ranking	地名	City	2010	2012	2013	2013 排名 Ranking
滨州	Binzhou	7.89	11.92	17.12	60	常德	Changde	1.55	2.75	2.97	212
菏泽	Heze	6.52	9.70	11.50	85	张家界	Zhangjiajie	0.60	1.08	1.32	260
河南	**Henan**	**136.63**	**209.13**	**235.60**		益阳	Yiyang	0.92	2.27	2.60	222
郑州	Zhengzhou	46.72	67.79	78.59	12	郴州	Chenzhou	1.50	3.09	3.66	194
开封	Kaifeng	1.90	3.49	4.00	185	永州	Yongzhou	0.86	1.72	2.29	234
洛阳	Luoyang	14.77	18.42	21.05	46	怀化	Huaihua	0.99	2.29	3.24	208
平顶山	Pingdingshan	4.34	5.88	6.22	139	娄底	Loudi	0.81	2.08	2.32	232
安阳	Anyang	3.68	5.42	6.50	128	**广东**	**Guangdong**	**678.75**	**891.03**	**974.68**	
鹤壁	Hebi	1.03	1.62	2.13	236	广州	Guangzhou	93.52	107.50	115.59	6
新乡	Xinxiang	6.93	11.29	12.27	82	韶关	Shaoguan	2.58	2.19	2.85	214
焦作	Jiaozuo	4.66	5.85	5.82	144	深圳	Shenzhen	214.48	269.73	288.42	1
濮阳	Puyang	1.17	2.64	3.26	206	珠海	Zhuhai	16.33	15.57	20.26	50
许昌	Xuchang	4.72	7.32	7.32	115	汕头	Shantou	7.91	7.16	7.50	114
漯河	Luohe	3.70	4.87	6.72	124	佛山	Foshan	28.31	39.75	38.63	27
三门峡	Sanmenxia	2.85	4.27	4.28	176	江门	Jiangmen	9.11	10.20	12.26	83
南阳	Nanyang	3.69	6.43	7.53	113	湛江	Zhanjiang	2.95	3.90	3.74	192
商丘	Shangqiu	3.01	4.01	4.67	166	茂名	Maoming	1.34	1.96	2.82	215
信阳	Xinyang	1.34	4.07	5.36	151	肇庆	Zhaoqing	3.17	3.60	4.34	174
周口	Zhoukou	1.47	3.68	4.70	165	惠州	Huizhou	9.71	11.37	16.34	62
驻马店	Zhumadian	2.11	4.00	5.06	156	梅州	Meizhou	2.69	2.53	3.43	202
湖北	**Hubei**	**106.91**	**196.87**	**215.23**		汕尾	Shanwei	1.17	1.45	1.94	244
武汉	Wuhan	40.50	113.34	124.49	5	河源	Heyuan	2.15	2.53	2.95	213
黄石	Huangshi	2.45	8.00	8.95	99	阳江	Yangjiang	1.94	2.50	3.28	204
十堰	Shiyan	3.41	8.25	7.06	118	清远	Qingyuan	4.35	5.06	5.14	155
宜昌	Yichang	4.71	16.78	15.31	67	东莞	Dongguan	24.50	29.63	33.30	32
襄阳	Xiangyang	3.08	9.33	12.63	79	中山	Zhongshan	13.43	15.20	16.99	61
鄂州	Ezhou	0.75	2.09	1.85	247	潮州	Chaozhou	1.96	2.71	3.32	203
荆门	Jingmen	1.12	3.43	3.54	197	揭阳	Jieyang	3.41	3.77	4.55	170
孝感	Xiaogan	1.57	4.95	6.58	126	云浮	Yunfu	0.93	1.38	1.73	250
荆州	Jingzhou	1.74	5.44	6.43	132	**广西**	**Guangxi**	**58.95**	**85.95**	**94.04**	
黄冈	Huanggang	1.36	1.68	2.33	231	南宁	Nanning	12.99	21.36	24.40	42
咸宁	Xianning	0.91	3.67	4.80	162	柳州	Liuzhou	7.10	10.15	9.92	94
随州	Suizhou	0.33	2.00	2.19	235	桂林	Guilin	5.00	5.81	7.90	106
湖南	**Hunan**	**60.29**	**120.07**	**136.17**		梧州	Wuzhou	2.09	2.70	3.26	206
长沙	Changsha	18.54	39.02	42.55	20	北海	Beihai	1.27	2.46	2.60	222
株洲	Zhuzhou	2.81	5.39	6.46	131	防城港	Fangchenggang	0.85	1.60	2.08	238
湘潭	Xiangtan	1.75	3.33	3.72	193	钦州	Qinzhou	1.28	2.33	2.46	227
衡阳	Hengyang	1.84	4.15	4.01	184	贵港	Guigang	0.99	1.98	2.42	229
邵阳	Shaoyang	0.88	1.87	2.50	226	玉林	Yulin	2.52	3.58	3.49	200
岳阳	Yueyang	1.40	2.95	3.83	190	百色	Baise	2.08	2.05	2.58	224

5-6 公共财政预算收入中企业所得税收入 续表 3
Company Income Tax of Public Budgetary Revenue continued 3

单位：亿元 （100 million yuan）

地名	City	2010	2012	2013	2013 排名 Ranking	地名	City	2010	2012	2013	2013 排名 Ranking
贺州	Hezhou	1.48	1.01	1.17	265	丽江	Lijiang	0.36	0.67	0.95	272
河池	Hechi	1.56	1.47	1.62	254	普洱	Puer	0.48	1.50	1.54	258
来宾	Laibin	1.21	1.92	1.60	255	临沧	Lincang	0.39	0.99	1.06	268
崇左	Chongzuo	2.07	2.51	1.67	253	**西藏**	**Tibet**	**3.55**	**10.91**	**12.51**	
海南	**Hainan**	**28.04**	**46.39**	**55.46**		拉萨	Lasa	2.47	7.46	9.74	97
海口	Haikou	5.71	8.19	12.44	81	**陕西**	**Shaanxi**	**84.81**	**160.92**	**156.76**	
三亚	Sanya	3.19	5.63	6.97	121	西安	Xi'an	18.84	28.38	31.82	34
三沙	Sansha					铜川	Tongchuan	0.45	0.85	0.57	281
重庆	**Chongqing**	**33.90**	**119.80**	**135.82**		宝鸡	Baoji	2.11	2.85	2.77	217
四川	**Sichuan**	**141.50**	**246.45**	**266.57**		咸阳	Xianyang	2.21	4.57	3.65	195
成都	Chengdu	57.79	101.33	108.32	7	渭南	Weinan	1.21	2.11	1.85	247
自贡	Zigong	1.24	2.58	2.81	216	延安	Yan'an	3.65	9.16	9.70	98
攀枝花	Panzhihua	2.84	5.55	4.67	166	汉中	Hanzhong	0.54	1.06	1.25	262
泸州	Luzhou	7.23	14.96	13.70	72	榆林	Yulin	12.54	30.50	26.10	38
德阳	Deyang	2.99	6.81	7.90	106	安康	Ankang	0.35	0.67	0.77	277
绵阳	Mianyang	2.23	5.55	6.49	129	商洛	Shangluo	0.43	0.52	0.63	280
广元	Guangyuan	0.82	1.38	1.55	257	**甘肃**	**Gansu**	**19.99**	**36.53**	**40.10**	
遂宁	Suining	0.85	2.24	2.75	219	兰州	Lanzhou	4.35	7.72	7.96	104
内江	Neijiang	1.51	2.64	3.54	197	嘉峪关	Jiayuguan	0.61	0.91	1.00	269
乐山	Leshan	4.54	5.49	6.40	134	金昌	Jinchang	0.29	0.37	0.49	283
南充	Nanchong	2.61	5.18	6.58	126	白银	Baiyin	0.53	1.03	0.97	270
眉山	Meishan	2.19	3.92	4.26	177	天水	Tianshui	0.42	0.59	0.77	277
宜宾	Yibin	9.24	16.21	21.05	46	武威	Wuwei	0.21	0.64	0.77	277
广安	Guangan	1.64	3.33	3.50	199	张掖	Zhangye	0.32	0.71	0.78	276
达州	Dazhou	2.30	4.35	4.97	159	平凉	Pingliang	0.62	1.18	0.82	274
雅安	Yaan	1.53	2.33	1.18	264	酒泉	Jiuquan	0.51	1.17	1.73	250
巴中	Bazhong	0.52	1.12	1.35	259	庆阳	Qingyang	0.20	0.46	0.81	275
资阳	Ziyang	1.35	3.01	3.44	201	定西	Dingxi	0.21	0.39	0.55	282
贵州	**Guizhou**	**51.14**	**86.53**	**103.15**		陇南	Longnan	0.41	0.65	0.96	271
贵阳	Guiyang	18.14	26.86	20.60	49	**青海**	**Qinghai**	**10.98**	**16.08**	**21.67**	
六盘水	Liupanshui	3.25	3.87	3.58	196	西宁	Xining	2.46	4.68	5.72	145
遵义	Zunyi	2.92	6.92	6.83	122	海东	Haidong				
安顺	Anshun	0.99	3.15	2.30	233	**宁夏**	**Ningxia**	**14.08**	**25.39**	**25.87**	
毕节	Bijie	1.99	4.67	4.18	180	银川	Yinchuan	4.83	7.16	6.73	123
铜仁	Tongren	0.59	1.96	1.87	246	石嘴山	Shizuishan	0.91	1.55	1.88	245
云南	**Yunnan**	**82.28**	**135.82**	**146.65**		吴忠	Wuzhong	0.66	1.04	1.16	266
昆明	Kunming	13.48	19.98	21.45	45	固原	Guyuan	0.13	0.21	0.22	284
曲靖	Qujing	2.76	4.27	4.96	161	中卫	Zhongwei	0.31	0.56	0.86	273
玉溪	Yuxi	3.57	4.83	5.35	152	**新疆**	**Xinjiang**	**40.02**	**79.99**	**85.06**	
保山	Baoshan	0.54	1.16	1.72	252	乌鲁木齐	Urumqi	16.69	31.32	34.41	30
昭通	Zhaotong	0.80	1.28	1.30	261	克拉玛依	Karamay	2.61	3.71	3.77	191

5-7 公共财政预算收入中个人所得税收入
Personal Income Tax of Public Budgetary Revenue

单位：亿元 （100 million yuan）

地名	City	2010	2012	2013	2013 排名 Ranking	地名	City	2010	2012	2013	2013 排名 Ranking
地方合计	**Region Total**	**1934.30**	**2327.63**	**2612.54**		沈阳	Shenyang	17.32	17.60	19.77	17
北京	**Beijing**	**215.33**	**281.49**	**333.84**		大连	Dalian	21.24	21.13	22.90	13
天津	**Tianjin**	**42.96**	**49.56**	**58.31**		鞍山	Anshan	3.31	2.43	2.86	93
河北	**Hebei**	**47.05**	**50.19**	**54.60**		抚顺	Fushun	2.69	2.01	1.92	135
石家庄	Shijiazhuang	7.11	7.95	9.20	38	本溪	Benxi	2.23	2.26	1.60	155
唐山	Tangshan	7.45	7.67	7.11	46	丹东	Dandong	1.51	1.52	1.46	164
秦皇岛	Qinhuangdao	2.55	2.33	2.66	103	锦州	Jinzhou	2.37	2.16	1.90	138
邯郸	Handan	3.03	2.47	1.86	141	营口	Yingkou	1.66	1.52	1.87	140
邢台	Xingtai	1.65	1.68	3.15	85	阜新	Fuxin	0.94	1.04	1.09	196
保定	Baoding	2.62	2.89	3.18	83	辽阳	Liaoyang	2.11	1.47	1.85	142
张家口	Zhangjiakou	1.91	1.97	2.47	107	盘锦	Panjin	3.65	2.74	2.60	105
承德	Chengde	2.13	3.20	1.79	145	铁岭	Tieling	1.38	1.09	1.20	190
沧州	Cangzhou	2.79	2.59	5.47	56	朝阳	Chaoyang	2.55	2.75	1.93	133
廊坊	Langfang	3.18	3.86	2.69	102	葫芦岛	Huludao	1.24	1.19	1.21	186
衡水	Hengshui	0.87	1.02	1.37	170	**吉林**	**Jilin**	**23.39**	**26.85**	**28.06**	
山西	**Shanxi**	**31.95**	**43.10**	**48.87**		长春	Changchun	7.62	9.79	10.44	34
太原	Taiyuan	5.62	7.51	8.64	39	吉林	Jilin	2.53	2.58	2.74	100
大同	Datong	2.16	2.73	2.64	104	四平	Siping	0.75	0.60	0.64	239
阳泉	Yangquan	1.40	1.47	1.34	175	辽源	Liaoyuan	0.44	0.54	0.34	275
长治	Changzhi	2.77	3.59	4.12	71	通化	Tonghua	1.28	1.39	1.57	158
晋城	Jincheng	1.85	2.20	3.20	81	白山	Baishan	0.92	0.86	0.79	224
朔州	Shuozhou	1.33	2.04	2.79	98	松原	Songyuan	0.93	0.82	0.77	225
晋中	Jinzhong	2.28	3.20	3.52	76	白城	Baicheng	0.45	0.50	0.49	255
运城	Yuncheng	0.74	0.91	1.08	197	**黑龙江**	**Heilongjiang**	**25.07**	**28.39**	**35.63**	
忻州	Xinzhou	1.14	1.92	2.01	124	哈尔滨	Harbin	9.76	11.18	13.69	24
临汾	Linfen	1.56	2.03	2.00	126	齐齐哈尔	Qiqihar	1.51	1.58	1.95	132
吕梁	Lvliang	1.51	2.58	2.87	92	鸡西	Jixi	1.00	1.60	1.38	169
内蒙古	**Inner Mongolia**	**39.34**	**47.61**	**44.97**		鹤岗	Hegang	0.91	1.06	1.02	199
呼和浩特	Hohhot	5.03	5.77	6.25	53	双鸭山	Shuangyashan	0.85	1.94	1.72	147
包头	Baotou	3.10	4.20	3.42	78	大庆	Daqing	5.22	4.09	5.31	58
乌海	Wuhai	1.42	1.72	1.21	186	伊春	Yichun	0.25	0.30	0.40	265
赤峰	Chifeng	2.10	2.17	2.24	120	佳木斯	Jiamusi	1.10	1.05	1.27	180
通辽	Tongliao	1.01	1.05	1.14	194	七台河	Qitaihe	0.60	0.63	0.77	225
鄂尔多斯	Erdos	10.93	13.52	11.85	31	牡丹江	Mudanjiang	1.87	2.71	3.47	77
呼伦贝尔	Hulunbuir	2.23	2.02	2.25	119	黑河	Heihe	0.68	0.71	0.83	220
巴彦淖尔	Bayannur	1.24	1.36	1.55	160	绥化	Suihua	0.65	1.20	2.45	110
乌兰察布	Ulanqab	0.59	0.69	0.72	231	**上海**	**Shanghai**	**261.20**	**318.10**	**355.22**	
辽宁	**Liaoning**	**64.20**	**60.92**	**64.15**		**江苏**	**Jiangsu**	**180.94**	**224.22**	**264.88**	

5-7 公共财政预算收入中个人所得税收入 续表 1
Personal Income Tax of Public Budgetary Revenue continued 1

单位：亿元 （100 million yuan）

地名	City	2010	2012	2013	2013 排名 Ranking	地名	City	2010	2012	2013	2013 排名 Ranking
南京	Nanjing	31.30	38.70	46.28	5	池州	Chizhou	0.47	0.65	0.58	245
无锡	Wuxi	28.17	31.60	34.44	7	宣城	Xuancheng	0.91	1.20	1.28	179
徐州	Xuzhou	7.39	8.41	7.58	43	**福建**	**Fujian**	**56.34**	**68.24**	**78.37**	
常州	Changzhou	14.53	19.90	20.89	14	福州	Fuzhou	15.43	19.11	23.19	12
苏州	Suzhou	48.12	56.64	64.62	2	厦门	Xiamen	14.51	17.13	19.85	16
南通	Nantong	13.13	19.50	28.22	9	莆田	Putian	1.80	2.73	2.81	97
连云港	Lianyungang	3.44	3.70	4.25	70	三明	Sanming	2.81	2.71	3.14	86
淮安	Huaian	3.81	5.08	6.94	49	泉州	Quanzhou	11.08	12.43	13.92	23
盐城	Yancheng	5.12	8.32	11.07	33	漳州	Zhangzhou	3.36	4.37	4.96	61
扬州	Yangzhou	5.57	6.12	12.30	28	南平	Nanping	1.91	2.64	2.98	90
镇江	Zhenjiang	5.52	6.99	7.15	45	龙岩	Longyan	3.02	4.31	4.35	69
泰州	Taizhou	5.76	7.13	7.10	48	宁德	Ningde	2.22	2.79	3.17	84
宿迁	Suqian	2.28	5.13	6.52	51	**江西**	**Jiangxi**	**20.27**	**26.52**	**28.77**	
浙江	**Zhejiang**	**151.08**	**178.93**	**193.84**		南昌	Nanchang	6.77	10.51	10.32	36
杭州	Hangzhou	39.20	49.87	57.32	3	景德镇	Jingdezhen	0.83	1.12	1.02	199
宁波	Ningbo	34.40	36.11	39.88	6	萍乡	Pingxiang	0.64	0.58	0.70	233
温州	Wenzhou	15.02	17.05	16.70	21	九江	Jiujiang	1.64	1.80	2.35	113
嘉兴	Jiaxing	9.66	12.19	12.21	29	新余	Xinyu	1.16	0.98	1.44	166
湖州	Huzhou	5.57	6.87	7.18	44	鹰潭	Yingtan	1.32	1.04	1.19	191
绍兴	Shaoxing	9.95	11.45	13.04	27	赣州	Ganzhou	2.53	4.59	4.60	63
金华	Jinhua	9.99	13.42	13.59	26	吉安	Jian	1.87	1.96	2.10	123
衢州	Quzhou	2.13	2.90	2.83	96	宜春	Yichun	1.32	1.61	1.99	129
舟山	Zhoushan	3.06	3.50	3.61	75	抚州	Fuzhou	0.80	0.79	1.22	185
台州	Taizhou	11.58	13.60	14.27	22	上饶	Shangrao	1.24	1.53	1.82	143
丽水	Lishui	3.23	4.08	4.36	68	**山东**	**Shandong**	**81.01**	**95.11**	**104.59**	
安徽	**Anhui**	**31.97**	**35.91**	**43.44**		济南	Jinan	8.77	10.18	17.57	19
合肥	Hefei	5.52	7.57	9.44	37	青岛	Qingdao	18.69	22.36	24.86	11
芜湖	Wuhu	2.82	2.40	3.37	79	淄博	Zibo	3.22	3.52	6.28	52
蚌埠	Bengbu	0.58	0.63	0.81	223	枣庄	Zaozhuang	1.29	0.99	1.91	136
淮南	Huainan	1.86	5.31	1.91	136	东营	Dongying	2.09	2.83	4.44	66
马鞍山	Maanshan	1.21	4.63	1.62	154	烟台	Yantai	4.33	6.55	13.66	25
淮北	Huaibei	0.54	0.60	0.57	246	潍坊	Weifang	3.39	3.60	6.11	54
铜陵	Tongling	0.47	0.57	0.74	228	济宁	Jining	4.37	4.17	5.98	55
安庆	Anqing	0.86	1.08	1.49	163	泰安	Taian	1.86	1.95	3.33	80
黄山	Huangshan	0.64	0.68	0.71	232	威海	Weihai	1.81	2.05	3.66	73
滁州	Chuzhou	0.84	0.97	1.21	186	日照	Rizhao	1.00	0.97	2.11	122
阜阳	Fuyang	0.63	0.81	0.88	213	莱芜	Laiwu	0.77	1.12	1.36	172
宿州	Suzhou	0.45	0.50	0.67	236	临沂	Linyi	1.95	2.05	3.65	74
六安	Liuan	0.75	0.87	0.89	212	德州	Dezhou	1.14	1.42	2.47	107
亳州	Bozhou	0.39	0.55	0.52	252	聊城	Liaocheng	1.18	1.54	2.85	95

5-7 公共财政预算收入中个人所得税收入 续表 2

Personal Income Tax of Public Budgetary Revenue continued 2

单位：亿元 (100 million yuan)

地名	City	2010	2012	2013	2013 排名 Ranking	地名	City	2010	2012	2013	2013 排名 Ranking
滨州	Binzhou	0.96	1.37	2.36	112	常德	Changde	1.17	1.24	1.35	174
菏泽	Heze	0.82	1.17	2.00	126	张家界	Zhangjiajie	0.29	0.28	0.34	275
河南	**Henan**	**40.29**	**41.41**	**47.63**		益阳	Yiyang	0.80	0.93	0.86	215
郑州	Zhengzhou	15.03	16.43	20.26	15	郴州	Chenzhou	1.54	2.05	2.33	114
开封	Kaifeng	0.75	0.93	1.19	191	永州	Yongzhou	1.06	1.16	1.21	186
洛阳	Luoyang	5.24	4.04	5.06	60	怀化	Huaihua	0.97	1.23	0.98	205
平顶山	Pingdingshan	2.47	2.08	1.98	130	娄底	Loudi	0.72	0.75	0.73	230
安阳	Anyang	1.25	1.21	1.31	177	**广东**	**Guangdong**	**287.26**	**322.71**	**348.02**	
鹤壁	Hebi	0.52	0.76	0.54	250	广州	Guangzhou	47.22	43.96	48.98	4
新乡	Xinxiang	1.55	1.66	1.81	144	韶关	Shaoguan	1.39	1.06	1.25	183
焦作	Jiaozuo	1.44	1.35	1.57	158	深圳	Shenzhen	111.68	139.12	138.47	1
濮阳	Puyang	1.22	1.44	1.36	172	珠海	Zhuhai	5.06	4.61	5.44	57
许昌	Xuchang	1.39	2.02	2.01	124	汕头	Shantou	2.08	1.94	2.33	114
漯河	Luohe	0.67	0.78	0.99	202	佛山	Foshan	12.86	10.37	11.95	30
三门峡	Sanmenxia	1.67	1.39	1.27	180	江门	Jiangmen	3.30	3.05	3.19	82
南阳	Nanyang	1.97	1.98	2.47	107	湛江	Zhanjiang	1.94	1.68	1.98	130
商丘	Shangqiu	1.33	1.66	1.72	147	茂名	Maoming	0.90	0.83	0.99	202
信阳	Xinyang	1.00	1.23	1.32	176	肇庆	Zhaoqing	1.62	1.30	1.54	161
周口	Zhoukou	0.87	0.77	0.82	222	惠州	Huizhou	4.21	3.13	3.69	72
驻马店	Zhumadian	1.24	1.02	1.14	194	梅州	Meizhou	1.16	0.91	1.03	198
湖北	**Hubei**	**23.00**	**48.55**	**57.74**		汕尾	Shanwei	0.36	0.34	0.41	263
武汉	Wuhan	12.85	26.79	31.68	8	河源	Heyuan	0.69	0.51	0.66	237
黄石	Huangshi	0.60	1.58	1.76	146	阳江	Yangjiang	0.80	0.68	0.85	218
十堰	Shiyan	0.90	1.87	2.27	118	清远	Qingyuan	1.44	1.21	1.30	178
宜昌	Yichang	1.86	4.31	4.61	62	东莞	Dongguan	11.04	8.90	10.35	35
襄阳	Xiangyang	1.02	3.41	4.46	65	中山	Zhongshan	5.75	4.33	5.07	59
鄂州	Ezhou	0.23	0.65	0.86	215	潮州	Chaozhou	0.98	0.80	0.95	207
荆门	Jingmen	0.56	1.54	1.58	157	揭阳	Jieyang	1.11	1.19	1.37	170
孝感	Xiaogan	0.57	1.53	1.93	133	云浮	Yunfu	0.92	1.00	1.44	166
荆州	Jingzhou	0.61	1.47	1.67	151	**广西**	**Guangxi**	**25.84**	**24.19**	**27.74**	
黄冈	Huanggang	0.54	1.43	1.88	139	南宁	Nanning	5.41	5.79	6.55	50
咸宁	Xianning	0.37	0.81	1.00	201	柳州	Liuzhou	2.43	1.90	2.15	121
随州	Suizhou	0.27	0.70	0.97	206	桂林	Guilin	2.08	1.85	2.30	117
湖南	**Hunan**	**37.62**	**46.74**	**50.92**		梧州	Wuzhou	0.60	0.66	0.84	219
长沙	Changsha	12.43	15.76	17.38	20	北海	Beihai	0.32	0.48	0.22	282
株洲	Zhuzhou	1.79	2.45	2.86	93	防城港	Fangchenggang	0.35	0.35	0.37	271
湘潭	Xiangtan	1.15	1.21	1.39	168	钦州	Qinzhou	0.45	0.44	0.49	255
衡阳	Hengyang	1.56	2.16	2.42	111	贵港	Guigang	0.48	0.54	0.61	240
邵阳	Shaoyang	1.01	1.41	1.71	149	玉林	Yulin	1.01	0.84	0.95	207
岳阳	Yueyang	1.19	1.45	1.45	165	百色	Baise	0.76	0.58	0.70	233

5-7 公共财政预算收入中个人所得税收入 续表 3

Personal Income Tax of Public Budgetary Revenue continued 3

单位：亿元 （100 million yuan）

地名	City	2010	2012	2013	2013 排名 Ranking	地名	City	2010	2012	2013	2013 排名 Ranking
贺州	Hezhou	1.07	0.34	0.32	277	丽江	Lijiang	0.22	0.31	0.39	268
河池	Hechi	0.97	0.74	0.61	240	普洱	Puer	0.35	0.27	0.59	244
来宾	Laibin	0.34	0.29	0.37	271	临沧	Lincang	0.22	0.52	0.40	265
崇左	Chongzuo	0.40	0.31	0.38	270	**西藏**	**Tibet**	**1.98**	**23.80**	**11.48**	
海南	**Hainan**	**8.05**	**7.58**	**11.68**		拉萨	Lasa	1.19	4.48	7.11	46
海口	Haikou	1.92	1.85	3.09	87	**陕西**	**Shaanxi**	**35.54**	**42.05**	**48.76**	
三亚	Sanya	0.72	0.71	1.27	180	西安	Xi'an	8.14	9.17	11.09	32
三沙	Sansha					铜川	Tongchuan	0.23	0.30	0.52	252
重庆	**Chongqing**	**12.29**	**32.98**	**37.54**		宝鸡	Baoji	0.58	0.68	0.61	240
四川	**Sichuan**	**57.76**	**73.40**	**88.10**		咸阳	Xianyang	0.74	0.94	0.99	202
成都	Chengdu	17.71	23.09	27.94	10	渭南	Weinan	0.56	0.71	0.83	220
自贡	Zigong	0.54	0.79	0.65	238	延安	Yan'an	1.14	1.19	1.24	184
攀枝花	Panzhihua	1.42	1.52	1.64	153	汉中	Hanzhong	0.38	0.45	0.54	250
泸州	Luzhou	1.36	1.55	1.60	155	榆林	Yulin	5.38	6.97	7.99	41
德阳	Deyang	1.14	1.46	2.70	101	安康	Ankang	0.25	0.42	0.45	260
绵阳	Mianyang	1.31	2.36	2.76	99	商洛	Shangluo	0.30	0.28	0.26	278
广元	Guangyuan	0.25	0.48	0.74	228	**甘肃**	**Gansu**	**11.13**	**13.54**	**14.78**	
遂宁	Suining	0.40	0.49	0.55	249	兰州	Lanzhou	2.16	2.79	3.02	89
内江	Neijiang	0.70	0.62	0.92	210	嘉峪关	Jiayuguan	0.25	0.25	0.24	279
乐山	Leshan	1.30	1.44	1.68	150	金昌	Jinchang	0.21	0.16	0.21	283
南充	Nanchong	0.81	0.95	1.19	191	白银	Baiyin	0.54	0.40	0.39	268
眉山	Meishan	0.78	0.81	0.90	211	天水	Tianshui	0.27	0.31	0.35	274
宜宾	Yibin	1.28	1.32	1.54	161	武威	Wuwei	0.19	0.37	0.44	261
广安	Guangan	0.40	0.48	0.57	246	张掖	Zhangye	0.24	0.35	0.36	273
达州	Dazhou	1.45	1.55	1.66	152	平凉	Pingliang	0.25	0.39	0.52	252
雅安	Yaan	0.59	0.84	0.61	240	酒泉	Jiuquan	0.32	0.36	0.46	259
巴中	Bazhong	0.34	0.69	0.68	235	庆阳	Qingyang	0.38	0.55	0.49	255
资阳	Ziyang	0.48	0.71	0.86	215	定西	Dingxi	0.18	0.21	0.23	280
贵州	**Guizhou**	**27.42**	**32.29**	**34.65**		陇南	Longnan	0.24	0.36	0.40	265
贵阳	Guiyang	7.64	8.46	8.19	40	**青海**	**Qinghai**	**3.46**	**3.56**	**4.72**	
六盘水	Liupanshui	4.37	3.97	2.88	91	西宁	Xining	1.78	1.81	2.57	106
遵义	Zunyi	3.81	4.81	4.55	64	海东	Haidong				
安顺	Anshun	0.99	1.07	0.93	209	**宁夏**	**Ningxia**	**5.57**	**6.68**	**7.39**	
毕节	Bijie	3.83	5.64	4.38	67	银川	Yinchuan	1.65	2.10	2.32	116
铜仁	Tongren	0.73	0.85	0.76	227	石嘴山	Shizuishan	0.47	0.55	0.57	246
云南	**Yunnan**	**3.23**	**37.10**	**40.76**		吴忠	Wuzhong	0.41	0.38	0.43	262
昆明	Kunming	5.76	6.94	7.74	42	固原	Guyuan	0.10	0.12	0.14	284
曲靖	Qujing	1.50	1.88	2.00	126	中卫	Zhongwei	0.16	0.18	0.23	280
玉溪	Yuxi	0.85	0.90	0.88	213	**新疆**	**Xinjiang**	**27.38**	**35.89**	**43.10**	
保山	Baoshan	0.35	0.42	0.41	263	乌鲁木齐	Urumqi	9.52	14.95	17.78	18
昭通	Zhaotong	0.49	0.45	0.47	258	克拉玛依	Karamay	2.88	2.67	3.03	88

5-8 公共财政预算支出
Public Budgetary Expenditure

单位：亿元 （100 million yuan）

地名	City	2010	2013	2014	2014 排名 Ranking	地名	City	2010	2013	2014	2014 排名 Ranking
地方合计	**Region Total**	**73884.4**	**107188.3**	**129215.5**		沈阳	Shenyang	516.62	766.09	914.38	12
北京	**Beijing**	**2717.32**	**3685.31**	**4524.67**		大连	Dalian	611.47	890.96	989.46	8
天津	**Tianjin**	**1376.84**	**2143.21**	**2884.70**		鞍山	Anshan	201.90	290.27	325.41	88
河北	**Hebei**	**2820.24**	**4079.44**	**4677.30**		抚顺	Fushun	150.25	200.20	223.50	161
石家庄	Shijiazhuang	305.16	464.09	566.49	27	本溪	Benxi	116.48	175.57	185.49	205
唐山	Tangshan	332.43	490.31	524.66	33	丹东	Dandong	134.66	196.94	205.90	180
秦皇岛	Qinhuangdao	135.74	199.97	211.96	174	锦州	Jinzhou	138.45	204.71	228.47	155
邯郸	Handan	263.86	379.58	404.67	52	营口	Yingkou	137.29	221.03	219.65	166
邢台	Xingtai	172.34	250.25	294.62	105	阜新	Fuxin	88.27	145.40	175.27	216
保定	Baoding	268.90	383.57	457.59	40	辽阳	Liaoyang	100.07	137.40	164.01	227
张家口	Zhangjiakou	181.73	266.56	329.71	86	盘锦	Panjin	109.82	182.18	204.12	184
承德	Chengde	155.92	235.80	254.32	137	铁岭	Tieling	141.58	200.29	209.08	176
沧州	Cangzhou	213.13	311.57	381.27	57	朝阳	Chaoyang	146.75	213.72	227.97	156
廊坊	Langfang	179.64	268.04	302.51	101	葫芦岛	Huludao	109.49	166.80	167.40	221
衡水	Hengshui	112.10	160.81	242.57	142	**吉林**	**Jilin**	**1787.25**	**2471.20**	**2913.25**	
山西	**Shanxi**	**1931.36**	**2759.46**	**3085.28**		长春	Changchun	382.93	555.51	675.84	19
太原	Taiyuan	189.64	277.76	322.69	89	吉林	Jilin	213.78	284.94	327.33	87
大同	Datong	132.78	186.56	221.79	164	四平	Siping	113.75	171.66	191.39	196
阳泉	Yangquan	60.07	88.41	86.91	276	辽源	Liaoyuan	64.02	82.65	99.35	272
长治	Changzhi	135.87	201.87	244.02	141	通化	Tonghua	119.91	176.15	208.70	177
晋城	Jincheng	89.51	129.83	161.72	229	白山	Baishan	100.08	140.09	138.15	246
朔州	Shuozhou	90.13	138.87	143.06	242	松原	Songyuan	104.28	142.59	171.86	218
晋中	Jinzhong	120.54	178.64	216.85	169	白城	Baicheng	92.17	142.71	182.92	206
运城	Yuncheng	134.81	192.71	238.77	147	**黑龙江**	**Heilongjiang**	**2253.27**	**3171.52**	**3434.22**	
忻州	Xinzhou	128.58	181.53	213.95	172	哈尔滨	Harbin	452.97	643.58	740.08	16
临汾	Linfen	159.76	222.82	283.08	112	齐齐哈尔	Qiqihar	208.09	263.78	313.68	93
吕梁	Lvliang	151.00	246.47	263.81	129	鸡西	Jixi	85.56	116.46	80.27	278
内蒙古	**Inner Mongolia**	**2273.50**	**3425.99**	**3879.98**		鹤岗	Hegang	51.28	79.75	74.66	281
呼和浩特	Hohhot	177.17	276.29	310.91	97	双鸭山	Shuangyashan	70.67	99.41	103.45	269
包头	Baotou	204.96	291.02	353.69	66	大庆	Daqing	164.22	234.93	178.93	214
乌海	Wuhai	63.54	79.32	94.78	273	伊春	Yichun	63.73	81.70	102.92	270
赤峰	Chifeng	219.79	325.62	360.44	65	佳木斯	Jiamusi	121.81	175.18	187.51	201
通辽	Tongliao	184.46	255.56	318.20	91	七台河	Qitaihe	48.50	60.86	62.08	283
鄂尔多斯	Erdos	318.79	483.25	541.75	29	牡丹江	Mudanjiang	136.09	202.52	239.27	146
呼伦贝尔	Hulunbuir	207.90	294.44	348.51	71	黑河	Heihe	93.11	115.17	141.34	244
巴彦淖尔	Bayannur	123.53	182.81	193.80	192	绥化	Suihua	167.18	254.54	290.23	108
乌兰察布	Ulanqab	140.03	233.81	297.19	103	**上海**	**Shanghai**	**3302.89**	**4184.02**	**4923.44**	
辽宁	**Liaoning**	**3195.82**	**4558.59**	**5080.49**		**江苏**	**Jiangsu**	**4914.06**	**7027.67**	**8472.45**	

5-8 公共财政预算支出 续表 1
Public Budgetary Expenditure continued 1

单位：亿元 （100 million yuan）

地名	City	2010	2013	2014	2014 排名 Ranking
南京	Nanjing	542.18	850.91	921.20	10
无锡	Wuxi	488.68	711.49	748.06	15
徐州	Xuzhou	325.72	595.61	661.84	20
常州	Changzhou	281.44	417.90	434.93	46
苏州	Suzhou	825.67	1212.68	1304.83	4
南通	Nantong	316.75	576.41	649.58	21
连云港	Lianyungang	202.75	362.38	375.95	58
淮安	Huaian	206.15	385.05	431.65	47
盐城	Yancheng	291.90	555.62	603.21	22
扬州	Yangzhou	201.68	319.28	367.73	62
镇江	Zhenjiang	159.07	286.23	311.85	96
泰州	Taizhou	215.73	343.81	371.21	61
宿迁	Suqian	168.36	311.16	345.59	77
浙江	**Zhejiang**	**3207.88**	**4730.47**	**5159.57**	
杭州	Hangzhou	616.58	855.74	961.18	9
宁波	Ningbo	600.66	939.89	1000.86	7
温州	Wenzhou	310.78	437.96	488.98	34
嘉兴	Jiaxing	199.06	303.36	334.90	83
湖州	Huzhou	127.12	197.61	224.57	159
绍兴	Shaoxing	221.95	312.11	346.44	75
金华	Jinhua	211.52	322.25	352.86	68
衢州	Quzhou	107.09	165.51	191.94	195
舟山	Zhoushan	105.03	189.83	188.19	200
台州	Taizhou	222.76	329.03	371.47	60
丽水	Lishui	135.20	195.38	217.27	167
安徽	**Anhui**	**2587.61**	**4349.69**	**4664.10**	
合肥	Hefei	317.72	630.85	698.79	18
芜湖	Wuhu	144.43	319.63	346.92	73
蚌埠	Bengbu	106.98	191.50	208.56	178
淮南	Huainan	81.02	168.63	145.98	240
马鞍山	Maanshan	86.53	202.59	182.46	207
淮北	Huaibei	65.93	108.72	116.01	258
铜陵	Tongling	57.32	100.59	105.29	263
安庆	Anqing	161.83	279.72	299.46	102
黄山	Huangshan	72.98	136.73	149.42	237
滁州	Chuzhou	128.12	250.87	268.85	127
阜阳	Fuyang	164.35	312.65	353.35	67
宿州	Suzhou	113.19	222.66	247.28	140
六安	Liuan	153.93	286.00	321.60	90
亳州	Bozhou	103.34	206.43	229.22	154
池州	Chizhou	68.11	130.68	138.82	245
宣城	Xuancheng	104.28	205.18	222.50	163
福建	**Fujian**	**1695.09**	**3068.80**	**3306.70**	
福州	Fuzhou	262.42	533.84	574.81	25
厦门	Xiamen	306.95	534.09	548.25	28
莆田	Putian	79.32	144.16	157.91	230
三明	Sanming	97.01	187.36	198.88	188
泉州	Quanzhou	229.64	422.21	476.72	35
漳州	Zhangzhou	147.52	262.25	274.50	123
南平	Nanping	87.02	178.12	190.39	197
龙岩	Longyan	110.81	199.42	205.07	181
宁德	Ningde	86.61	185.95	199.90	187
江西	**Jiangxi**	**1923.26**	**3470.30**	**3882.70**	
南昌	Nanchang	232.03	419.37	473.16	36
景德镇	Jingdezhen	77.87	135.89	149.57	236
萍乡	Pingxiang	86.70	149.60	156.55	231
九江	Jiujiang	166.52	338.20	383.53	55
新余	Xinyu	77.69	127.06	131.74	250
鹰潭	Yingtan	57.46	100.45	114.97	259
赣州	Ganzhou	239.69	480.81	536.27	30
吉安	Jian	158.36	285.29	308.69	99
宜春	Yichun	171.61	304.87	346.71	74
抚州	Fuzhou	139.45	227.67	255.79	136
上饶	Shangrao	191.68	356.20	384.61	54
山东	**Shandong**	**4145.03**	**6688.80**	**7177.31**	
济南	Jinan	336.80	519.32	571.41	26
青岛	Qingdao	532.39	1014.23	1074.71	6
淄博	Zibo	201.87	324.54	342.53	81
枣庄	Zaozhuang	128.95	207.80	217.21	168
东营	Dongying	141.95	232.25	241.36	145
烟台	Yantai	323.86	541.74	574.86	24
潍坊	Weifang	291.04	493.96	527.76	31
济宁	Jining	252.20	428.27	466.87	38
泰安	Taian	175.61	259.07	285.78	111
威海	Weihai	167.93	263.99	280.60	115
日照	Rizhao	94.83	158.25	167.77	219
莱芜	Laiwu	51.94	75.81	80.12	279
临沂	Linyi	236.46	405.50	455.07	41
德州	Dezhou	154.91	267.35	275.26	122
聊城	Liaocheng	144.60	258.25	285.96	110

5-8 公共财政预算支出 续表 2
Public Budgetary Expenditure continued 2

单位：亿元 （100 million yuan）

地名	City	2010	2013	2014	2014 排名 Ranking	地名	City	2010	2013	2014	2014 排名 Ranking
滨州	Binzhou	161.84	251.71	269.78	126	常德	Changde	177.30	317.38	362.77	63
菏泽	Heze	186.97	320.24	343.48	80	张家界	Zhangjiajie	55.09	87.90	116.84	257
河南	**Henan**	**3416.14**	**5582.31**	**6028.69**		益阳	Yiyang	116.75	200.64	236.62	148
郑州	Zhengzhou	426.80	816.16	918.51	11	郴州	Chenzhou	161.15	302.59	351.57	70
开封	Kaifeng	116.44	197.02	223.15	162	永州	Yongzhou	144.39	257.63	303.97	100
洛阳	Luoyang	230.80	373.37	412.99	49	怀化	Huaihua	145.55	257.14	280.90	114
平顶山	Pingdingshan	148.59	226.56	241.53	144	娄底	Loudi	106.66	189.16	203.83	185
安阳	Anyang	140.65	216.78	234.28	151	**广东**	**Guangdong**	**5421.54**	**8411.00**	**9152.64**	
鹤壁	Hebi	59.13	86.92	94.06	274	广州	Guangzhou	977.32	1386.13	1436.22	2
新乡	Xinxiang	159.53	267.76	279.51	118	韶关	Shaoguan	100.24	168.32	197.18	189
焦作	Jiaozuo	121.55	183.14	192.48	193	深圳	Shenzhen	1266.07	1690.83	2166.14	1
濮阳	Puyang	90.10	173.87	181.95	209	珠海	Zhuhai	166.41	252.03	275.90	121
许昌	Xuchang	117.23	202.56	221.18	165	汕头	Shantou	121.71	191.26	213.72	173
漯河	Luohe	69.97	126.54	135.94	248	佛山	Foshan	363.35	488.40	525.01	32
三门峡	Sanmenxia	95.26	154.07	165.64	223	江门	Jiangmen	132.98	212.61	236.10	149
南阳	Nanyang	247.11	428.29	451.36	42	湛江	Zhanjiang	153.65	265.44	279.53	117
商丘	Shangqiu	179.98	314.84	352.10	69	茂名	Maoming	122.49	218.59	263.24	130
信阳	Xinyang	173.76	304.88	335.37	82	肇庆	Zhaoqing	127.66	200.40	241.71	143
周口	Zhoukou	193.70	354.22	382.52	56	惠州	Huizhou	185.44	328.29	372.97	59
驻马店	Zhumadian	172.30	307.71	347.67	72	梅州	Meizhou	117.98	206.30	270.02	125
湖北	**Hubei**	**2465.18**	**4371.65**	**4934.15**		汕尾	Shanwei	56.51	105.31	124.85	253
武汉	Wuhan	583.55	1122.88	1175.10	5	河源	Heyuan	94.55	169.72	210.61	175
黄石	Huangshi	102.49	150.79	167.14	222	阳江	Yangjiang	64.92	114.30	123.60	254
十堰	Shiyan	143.79	231.42	258.17	134	清远	Qingyuan	132.81	185.65	213.99	171
宜昌	Yichang	195.23	364.44	442.82	44	东莞	Dongguan	289.83	444.66	457.68	39
襄阳	Xiangyang	182.07	364.87	437.93	45	中山	Zhongshan	145.85	237.24	261.26	132
鄂州	Ezhou	42.17	70.87	74.51	282	潮州	Chaozhou	55.99	86.22	105.09	264
荆门	Jingmen	94.58	158.79	178.96	213	揭阳	Jieyang	94.68	163.75	187.41	202
孝感	Xiaogan	88.34	227.90	253.18	138	云浮	Yunfu	69.28	109.08	133.14	249
荆州	Jingzhou	163.15	255.92	276.29	120	**广西**	**Guangxi**	**2007.59**	**3208.67**	**3479.79**	
黄冈	Huanggang	183.08	305.16	345.40	78	南宁	Nanning	261.28	418.40	468.78	37
咸宁	Xianning	94.85	158.14	178.08	215	柳州	Liuzhou	155.03	240.58	261.61	131
随州	Suizhou	54.74	100.04	103.71	268	桂林	Guilin	183.59	286.56	312.00	95
湖南	**Hunan**	**2702.48**	**4690.89**	**5017.38**		梧州	Wuzhou	90.96	175.95	189.03	198
长沙	Changsha	403.33	701.82	802.38	14	北海	Beihai	63.04	99.47	104.97	266
株洲	Zhuzhou	156.98	259.75	292.03	107	防城港	Fangchenggang	52.57	88.48	99.83	271
湘潭	Xiangtan	106.81	183.42	203.60	186	钦州	Qinzhou	78.00	134.26	141.99	243
衡阳	Hengyang	209.33	364.28	412.98	50	贵港	Guigang	90.80	140.46	147.14	239
邵阳	Shaoyang	161.61	306.81	346.36	76	玉林	Yulin	129.37	203.73	233.65	153
岳阳	Yueyang	165.34	279.99	316.17	92	百色	Baise	137.67	231.69	261.13	133

5-8 公共财政预算支出 续表 3
Public Budgetary Expenditure continued 3

单位：亿元 （100 million yuan）

地名	City	2010	2013	2014	2014 排名 Ranking	地名	City	2010	2013	2014	2014 排名 Ranking
贺州	Hezhou	61.23	107.26	118.32	256	丽江	Lijiang	59.11	113.20	128.03	252
河池	Hechi	120.97	198.04	226.19	157	普洱	Puer	114.11	201.64	224.36	160
来宾	Laibin	89.76	123.54	129.29	251	临沧	Lincang	90.77	181.33	194.45	191
崇左	Chongzuo	85.53	140.91	155.56	233	**西藏**	**Tibet**	**206.64**	**1014.31**	**1185.51**	
海南	**Hainan**	**581.34**	**1011.17**	**1099.74**		拉萨	Lasa	51.35	626.72	715.85	17
海口	Haikou	79.84	132.00	150.92	234	**陕西**	**Shaanxi**	**2218.83**	**3665.07**	**3962.50**	
三亚	Sanya	53.50	88.42	104.86	267	西安	Xi'an	371.62	729.81	819.54	13
三沙	Sansha					铜川	Tongchuan	53.96	81.15	82.90	277
重庆	**Chongqing**	**1234.69**	**3062.28**	**3304.39**		宝鸡	Baoji	133.06	220.39	235.60	150
四川	**Sichuan**	**4257.98**	**6220.91**	**6796.61**		咸阳	Xianyang	151.40	265.19	272.27	124
成都	Chengdu	777.38	1161.75	1340.00	3	渭南	Weinan	154.30	275.87	293.41	106
自贡	Zigong	81.16	139.94	147.30	238	延安	Yan'an	192.71	294.68	310.41	98
攀枝花	Panzhihua	75.06	115.06	121.18	255	汉中	Hanzhong	126.79	214.40	234.00	152
泸州	Luzhou	126.54	250.11	281.30	113	榆林	Yulin	237.19	422.22	423.32	48
德阳	Deyang	224.42	189.97	197.09	190	安康	Ankang	110.25	187.21	204.74	183
绵阳	Mianyang	345.32	290.64	294.64	104	商洛	Shangluo	90.20	146.34	163.24	228
广元	Guangyuan	221.32	177.27	192.38	194	**甘肃**	**Gansu**	**1468.58**	**2309.62**	**2541.49**	
遂宁	Suining	88.85	144.11	156.09	232	兰州	Lanzhou	146.93	242.34	280.10	116
内江	Neijiang	92.48	158.93	167.48	220	嘉峪关	Jiayuguan	12.19	22.54	22.06	285
乐山	Leshan	118.51	193.69	215.41	170	金昌	Jinchang	24.52	38.65	50.32	284
南充	Nanchong	185.61	309.70	344.68	79	白银	Baiyin	72.13	117.74	114.94	260
眉山	Meishan	96.53	172.66	181.96	208	天水	Tianshui	111.47	173.90	179.32	212
宜宾	Yibin	143.32	255.43	277.52	119	武威	Wuwei	75.45	133.40	150.76	235
广安	Guangan	97.54	162.57	187.20	203	张掖	Zhangye	58.94	96.41	107.89	261
达州	Dazhou	150.27	255.96	287.36	109	平凉	Pingliang	85.75	135.04	137.89	247
雅安	Yaan	77.49	216.07	312.15	94	酒泉	Jiuquan	59.70	96.69	104.98	265
巴中	Bazhong	103.03	191.27	204.91	182	庆阳	Qingyang	113.66	183.36	185.68	204
资阳	Ziyang	101.10	164.90	188.68	199	定西	Dingxi	90.72	176.92	180.26	210
贵州	**Guizhou**	**1631.48**	**3082.66**	**3542.80**		陇南	Longnan	137.07	160.32	164.45	225
贵阳	Guiyang	204.38	393.60	448.63	43	**青海**	**Qinghai**	**743.40**	**1228.05**	**1347.43**	
六盘水	Liupanshui	111.12	219.17	224.79	158	西宁	Xining	108.70	207.57	248.14	139
遵义	Zunyi	194.20	366.76	396.32	53	海东	Haidong			180.25	211
安顺	Anshun	78.84	151.55	172.82	217	**宁夏**	**Ningxia**	**557.53**	**922.48**	**1000.45**	
毕节	Bijie	205.43	346.95	360.77	64	银川	Yinchuan	119.92	220.53	263.90	128
铜仁	Tongren	125.54	235.97	256.48	135	石嘴山	Shizuishan	61.45	83.17	79.05	280
云南	**Yunnan**	**2285.72**	**4096.51**	**4437.98**		吴忠	Wuzhong	78.57	139.84	144.95	241
昆明	Kunming	346.29	585.76	593.66	23	固原	Guyuan	78.66	149.45	165.43	224
曲靖	Qujing	181.59	297.26	334.17	84	中卫	Zhongwei	58.42	110.60	106.18	262
玉溪	Yuxi	107.30	186.28	207.31	179	**新疆**	**Xinjiang**	**1698.91**	**3067.12**	**3317.79**	
保山	Baoshan	82.28	150.32	164.24	226	乌鲁木齐	Urumqi	159.61	353.20	404.81	51
昭通	Zhaotong	146.60	261.13	330.89	85	克拉玛依	Karamay	54.77	37.99	93.87	275

5-9 人均公共财政预算支出
Public Budgetary Expenditure Per Capita

单位：元/人 (yuan/person)

地名	City	2010	2013	2014	2014 排名 Ranking	地名	City	2010	2013	2014	2014 排名 Ranking
全国	**Nation Average**	**5523.2**	**8399.6**	**10125.7**		沈阳	Shenyang	7194.5	12138.8	12543.0	32
北京	**Beijing**	**14624.0**	**19950.0**	**34151.0**		大连	Dalian	10441.4	18337.1	16688.4	16
天津	**Tianjin**	**10919.4**	**17670.0**	**28552.9**		鞍山	Anshan	5737.3	9294.2	9324.0	69
河北	**Hebei**	**3966.8**	**6032.0**	**6244.1**		抚顺	Fushun	6775.3	10290.0	10266.5	57
石家庄	Shijiazhuang	3103.5	5207.5	5553.3	206	本溪	Benxi	7513.4	11937.2	12187.4	34
唐山	Tangshan	4526.2	6715.9	6992.6	134	丹东	Dandong	5564.5	9342.8	8593.5	88
秦皇岛	Qinhuangdao	4717.0	12572.9	7212.1	125	锦州	Jinzhou	4476.7	7306.0	7476.1	115
邯郸	Handan	2768.1	2967.5	3964.7	264	营口	Yingkou	5834.9	10597.1	9431.1	66
邢台	Xingtai	2376.0	6096.0	3836.7	271	阜新	Fuxin	4589.5	8993.2	9171.7	74
保定	Baoding	2321.8	3017.2	3995.4	262	辽阳	Liaoyang	5456.4	9031.6	9116.9	77
张家口	Zhangjiakou	3915.4	4284.0	7048.2	129	盘锦	Panjin	8407.0	15148.2	15810.7	17
承德	Chengde	4186.6	6866.0	6703.2	146	铁岭	Tieling	4632.9	7269.2	6923.2	139
沧州	Cangzhou	2943.0	3902.7	5026.6	229	朝阳	Chaoyang	4304.9	6735.1	6703.0	147
廊坊	Langfang	4316.4	6118.5	6932.0	138	葫芦岛	Huludao	3882.5	6448.6	5972.2	182
衡水	Hengshui	2558.0	4169.9	5387.0	214	**吉林**	**Jilin**	**7139.9**	**9978.0**	**11841.5**	
山西	**Shanxi**	**5519.6**	**8370.0**	**8663.8**		长春	Changchun	5053.8	8385.9	8968.1	80
太原	Taiyuan	5191.2	8702.2	8754.6	85	吉林	Jilin	4924.6	7623.5	7640.8	112
大同	Datong	4194.5	6953.7	6556.0	150	四平	Siping	3347.2	5368.5	5829.8	192
阳泉	Yangquan	4602.4	6530.2	6534.4	152	辽源	Liaoyuan	5172.5	7688.5	8149.7	99
长治	Changzhi	4110.0	7276.7	7200.4	126	通化	Tonghua	5294.7	8981.2	9392.4	68
晋城	Jincheng	4136.7	7190.1	7387.9	120	白山	Baishan	7745.5	10757.6	10903.8	44
朔州	Shuozhou	5696.5	8882.7	8179.7	98	松原	Songyuan	3605.9	5590.4	6122.6	168
晋中	Jinzhong	3761.2	6519.1	6551.5	151	白城	Baicheng	4542.4	7817.6	9219.7	71
运城	Yuncheng	2676.7	4403.0	4546.2	244	**黑龙江**	**Heilongjiang**	**5944.8**	**8786.0**	**9291.0**	
忻州	Xinzhou	4185.1	6870.9	6857.4	141	哈尔滨	Harbin	4567.1	7137.8	7465.7	116
临汾	Linfen	3654.3	6223.8	6612.5	148	齐齐哈尔	Qiqihar	3651.8	5057.2	5650.9	200
吕梁	Lvliang	4055.1	7728.5	6724.7	144	鸡西	Jixi	4522.2	6398.7	4371.8	250
内蒙古	**Inner Mongolia**	**10641.9**	**14783.0**	**18112.1**		鹤岗	Hegang	4693.4	7008.3	6951.2	136
呼和浩特	Hohhot	7754.6	12703.1	13174.1	29	双鸭山	Shuangyashan	4674.3	6852.8	7813.6	107
包头	Baotou	9329.1	15845.7	15761.6	18	大庆	Daqing	5907.2	8565.6	6597.6	149
乌海	Wuhai	12582.2	16609.8	17108.5	14	伊春	Yichun	5009.8	8074.5	8436.4	92
赤峰	Chifeng	5070.6	8069.6	8372.7	93	佳木斯	Jiamusi	4814.2	8131.8	7758.1	108
通辽	Tongliao	5786.4	9310.5	9934.6	61	七台河	Qitaihe	5225.7	6844.9	6943.8	137
鄂尔多斯	Erdos	21121.7	33857.7	34929.2	3	牡丹江	Mudanjiang	5021.2	8519.2	9066.6	78
呼伦贝尔	Hulunbuir	7656.6	12397.2	13424.9	28	黑河	Heihe	5353.0	7725.4	8274.9	94
巴彦淖尔	Bayannur	7072.2	10394.1	10713.2	51	绥化	Suihua	2867.4	4867.0	5114.2	224
乌兰察布	Ulanqab	4856.8	8831.3	10610.3	54	**上海**	**Shanghai**	**23482.9**	**18887.0**	**34297.7**	
辽宁	**Liaoning**	**7512.8**	**11841.0**	**11979.2**		**江苏**	**Jiangsu**	**6602.3**	**9834.0**	**11073.9**	

5-9 人均地方财政一般预算支出 续表 1
Public Budgetary Expenditure Per Capita continued 1

单位：元/人 (yuan/person)

地名	City	2010	2013	2014	2014 排名 Ranking	地名	City	2010	2013	2014	2014 排名 Ranking
南京	Nanjing	8591.0	13278.9	14262.3	22	池州	Chizhou	4251.6	8071.6	8606.5	87
无锡	Wuxi	10484.4	15099.5	15758.5	19	宣城	Xuancheng	3750.1	7330.5	7946.4	105
徐州	Xuzhou	3374.5	5963.9	6519.3	153	**福建**	**Fujian**	**4822.7**	**8160.0**	**9021.6**	
常州	Changzhou	7811.1	11439.9	11841.2	36	福州	Fuzhou	4088.1	8145.3	8576.7	89
苏州	Suzhou	12993.1	18633.7	19845.3	9	厦门	Xiamen	17186.5	27544.6	27398.9	4
南通	Nantong	4152.5	7525.9	8468.0	91	莆田	Putian	2466.6	4344.8	4676.0	241
连云港	Lianyungang	4102.8	7028.3	7182.8	127	三明	Sanming	3567.9	6778.6	7072.4	128
淮安	Huaian	3842.9	7002.2	7755.2	109	泉州	Quanzhou	3361.9	6046.3	6715.4	145
盐城	Yancheng	3584.9	6750.3	7301.0	123	漳州	Zhangzhou	3115.3	5402.8	5556.8	205
扬州	Yangzhou	4394.3	6954.5	7983.7	104	南平	Nanping	2789.1	5654.6	5994.5	178
镇江	Zhenjiang	5885.2	10538.7	11469.1	39	龙岩	Longyan	3762.1	6645.1	6726.0	143
泰州	Taizhou	4277.7	6779.9	7304.5	122	宁德	Ningde	2565.0	5394.5	5716.4	196
宿迁	Suqian	3098.0	5495.6	5995.7	176	**江西**	**Jiangxi**	**4122.3**	**7689.0**	**8065.6**	
浙江	**Zhejiang**	**6779.0**	**8620.0**	**10653.7**		南昌	Nanchang	4642.5	8239.1	9207.2	72
杭州	Hangzhou	8984.8	12162.3	13514.9	27	景德镇	Jingdezhen	4816.0	8161.6	8950.9	81
宁波	Ningbo	10491.0	16235.8	17196.8	12	萍乡	Pingxiang	4623.8	7751.3	7999.4	101
温州	Wenzhou	3969.3	5449.3	6033.1	171	九江	Jiujiang	3367.6	6652.2	7511.3	114
嘉兴	Jiaxing	5844.4	8787.9	9651.4	64	新余	Xinyu	6627.1	10500.8	10806.9	47
湖州	Huzhou	4897.3	7545.2	8535.4	90	鹰潭	Yingtan	4753.9	8081.3	9139.4	76
绍兴	Shaoxing	5063.7	7072.5	7831.0	106	赣州	Ganzhou	2656.9	5183.4	5696.6	197
金华	Jinhua	4547.2	6827.3	7441.3	118	吉安	Jian	3218.2	5623.7	6333.5	161
衢州	Quzhou	4274.2	6529.0	7530.0	113	宜春	Yichun	3098.1	5296.6	5907.5	190
舟山	Zhoushan	10853.6	19529.8	19321.4	10	抚州	Fuzhou	3472.8	5755.1	6443.0	156
台州	Taizhou	3835.3	5553.2	6236.8	164	上饶	Shangrao	2610.4	5353.2	5018.3	232
丽水	Lishui	5229.8	7420.4	8205.2	96	**山东**	**Shandong**	**4447.3**	**6889.0**	**7414.9**	
安徽	**Anhui**	**3799.4**	**7239.0**	**6728.4**		济南	Jinan	5579.1	8496.7	9255.2	70
合肥	Hefei	6442.1	8872.7	9811.7	62	青岛	Qingdao	6975.0	13144.5	13828.0	25
芜湖	Wuhu	6285.0	8323.7	9022.6	79	淄博	Zibo	4785.0	7645.2	8027.3	100
蚌埠	Bengbu	2959.8	5215.1	5653.5	198	枣庄	Zaozhuang	3315.7	5255.4	5449.2	210
淮南	Huainan	3330.7	6925.3	5999.9	174	东营	Dongying	7684.2	12473.1	12838.1	31
马鞍山	Maanshan	6713.0	8870.0	7999.0	102	烟台	Yantai	4970.5	8325.5	8812.9	84
淮北	Huaibei	3017.4	5024.0	5398.2	213	潍坊	Weifang	3342.1	5607.4	5959.3	185
铜陵	Tongling	7745.9	13556.6	14228.7	24	济宁	Jining	3012.5	5053.9	5466.8	209
安庆	Anqing	2628.2	4503.6	4821.4	236	泰安	Taian	3156.1	4636.2	5097.7	225
黄山	Huangshan	4920.1	9282.4	10123.1	58	威海	Weihai	6629.9	10405.6	11034.1	43
滁州	Chuzhou	2843.8	5565.0	5981.0	180	日照	Rizhao	3306.0	5473.9	5745.5	195
阜阳	Fuyang	1633.4	2987.6	3357.8	282	莱芜	Laiwu	4030.7	5997.6	6298.5	162
宿州	Suzhou	1772.4	3442.5	3851.2	270	临沂	Linyi	2353.4	3730.1	4130.2	258
六安	Liuan	2182.3	4008.4	4475.4	246	德州	Dezhou	2719.2	4623.8	4737.8	239
亳州	Bozhou	1725.7	3287.6	3617.7	276	聊城	Liaocheng	2433.5	4333.1	4728.2	240

5-9　人均地方财政一般预算支出　续表 2
Public Budgetary Expenditure Per Capita continued 2

单位：元/人 (yuan/person)

地名	City	2010	2013	2014	2014 排名 Ranking	地名	City	2010	2013	2014	2014 排名 Ranking
滨州	Binzhou	4288.2	6601.4	7022.0	131	常德	Changde	2841.8	5194.4	5967.6	183
菏泽	Heze	2261.3	3344.9	3526.5	279	张家界	Zhangjiajie	3357.5	5155.4	7707.3	111
河南	**Henan**	**3202.4**	**5932.0**	**5495.5**		益阳	Yiyang	2465.9	4172.2	4914.2	234
郑州	Zhengzhou	5783.2	10529.7	11772.8	38	郴州	Chenzhou	3348.9	5922.7	6834.6	142
开封	Kaifeng	2193.2	3590.0	4050.0	260	永州	Yongzhou	2452.9	4112.9	4849.5	235
洛阳	Luoyang	3300.9	5408.0	5948.3	188	怀化	Huaihua	2863.8	4956.4	5398.9	212
平顶山	Pingdingshan	2772.3	4226.1	4358.3	251	娄底	Loudi	2499.4	4309.9	4606.3	242
安阳	Anyang	2419.2	3628.1	3919.1	268	广东	**Guangdong**	**6474.3**	**7921.0**	**10500.4**	
鹤壁	Hebi	3674.5	5283.9	5652.5	199	广州	Guangzhou	12210.7	16754.9	17151.0	13
新乡	Xinxiang	2656.4	4315.2	4452.1	248	韶关	Shaoguan	3055.2	5142.7	6000.7	173
焦作	Jiaozuo	3317.1	4982.0	5220.5	219	深圳	Shenzhen	50058.1	56530.6	67418.0	2
濮阳	Puyang	2213.7	4146.7	4322.8	252	珠海	Zhuhai	16047.3	23422.9	25218.9	5
许昌	Xuchang	2404.1	4078.9	4439.5	249	汕头	Shantou	2352.2	3565.6	3933.8	265
漯河	Luohe	2523.5	4608.2	5027.2	228	佛山	Foshan	9840.0	12866.2	13686.4	26
三门峡	Sanmenxia	4143.5	6802.2	7287.1	124	江门	Jiangmen	3393.2	5418.2	6004.5	172
南阳	Nanyang	2099.3	3665.9	3831.6	272	湛江	Zhanjiang	2195.9	3718.7	3887.8	269
商丘	Shangqiu	1968.2	3355.1	3721.6	274	茂名	Maoming	1652.5	2901.8	3441.0	281
信阳	Xinyang	2007.4	3555.5	3781.0	273	肇庆	Zhaoqing	3053.7	4674.6	5597.8	203
周口	Zhoukou	1593.5	3139.4	3108.9	283	惠州	Huizhou	5605.5	9582.3	10782.7	48
驻马店	Zhumadian	1958.8	3442.7	3578.7	277	梅州	Meizhou	2308.5	3943.0	5125.6	223
湖北	**Hubei**	**4634.0**	**7552.0**	**9375.2**		汕尾	Shanwei	1648.5	3009.7	3509.0	280
武汉	Wuhan	6979.1	13662.0	14248.9	23	河源	Heyuan	2673.2	4740.8	5800.2	194
黄石	Huangshi	3951.8	5757.5	6338.4	160	阳江	Yangjiang	2324.9	4027.5	4302.3	253
十堰	Shiyan	4070.9	6682.6	7444.3	117	清远	Qingyuan	3232.8	4553.6	5206.5	220
宜昌	Yichang	4881.2	9122.4	11064.9	42	东莞	Dongguan	16079.3	23652.1	24063.2	7
襄阳	Xiangyang	3086.0	6136.4	7356.4	121	中山	Zhongshan	9820.2	15495.8	16844.8	15
鄂州	Ezhou	4047.8	6717.5	7043.0	130	潮州	Chaozhou	2158.5	3241.4	3921.3	267
荆门	Jingmen	3145.1	5264.9	5955.3	186	揭阳	Jieyang	1444.5	2414.1	2722.5	284
孝感	Xiaogan	1667.1	4322.8	4807.8	237	云浮	Yunfu	2480.7	3778.3	4555.0	243
荆州	Jingzhou	2471.6	3865.3	4188.2	255	广西	**Guangxi**	**3836.9**	**6826.0**	**6661.7**	
黄冈	Huanggang	2478.9	4437.4	5051.2	227	南宁	Nanning	3718.6	5819.2	6448.1	155
咸宁	Xianning	3261.8	5285.4	5965.7	184	柳州	Liuzhou	4188.5	6462.0	6972.4	135
随州	Suizhou	2131.0	3889.6	4029.0	261	桂林	Guilin	3562.8	5490.7	5953.0	187
湖南	**Hunan**	**4029.5**	**7038.0**	**7313.6**		梧州	Wuzhou	2831.5	5980.6	5589.3	204
长沙	Changsha	6186.0	10606.3	12027.9	35	北海	Beihai	3855.4	5871.9	6200.1	166
株洲	Zhuzhou	4054.5	6531.3	7396.8	119	防城港	Fangchenggang	5901.4	9586.1	10665.8	52
湘潭	Xiangtan	3617.7	6305.3	7003.8	133	钦州	Qinzhou	2055.8	3414.5	3558.8	278
衡阳	Hengyang	2733.8	4635.8	5236.3	218	贵港	Guigang	1757.1	2630.3	2721.3	285
邵阳	Shaoyang	2074.4	3817.9	4262.9	254	玉林	Yulin	1948.3	2925.5	4142.0	257
岳阳	Yueyang	2945.7	4960.8	5629.8	201	百色	Baise	3423.8	5651.0	6341.2	159

5-9 人均地方财政一般预算支出 续表 3
Public Budgetary Expenditure Per Capita continued 3

单位：元/人 (yuan/person)

地名	City	2010	2013	2014	2014 排名 Ranking	地名	City	2010	2013	2014	2014 排名 Ranking
贺州	Hezhou	3008.8	5379.1	5895.4	191	丽江	Lijiang	4906.2	9472.8	10616.0	53
河池	Hechi	2991.6	4837.3	5426.8	211	普洱	Puer	4495.2	7904.4	8860.8	82
来宾	Laibin	3485.3	4850.4	5997.0	175	临沧	Lincang	3760.3	7670.5	8201.1	97
崇左	Chongzuo	3523.5	5730.4	6287.9	163	**西藏**	**Tibet**		**32738.0**	**193079.9**	
海南	**Hainan**	**26951.3**	**11350.0**	**49448.9**		拉萨	Lasa		106223.7	116588.5	1
海口	Haikou	5010.7	8128.1	9185.6	73	**陕西**	**Shaanxi**	**5788.2**	**9751.0**	**10285.0**	
三亚	Sanya	9492.5	15377.4	18049.0	11	西安	Xi'an	4751.0	9105.6	10104.0	59
三沙	Sansha					铜川	Tongchuan	6469.2	9502.3	9776.3	63
重庆	**Chongqing**	**3753.4**	**10354.0**	**9814.6**		宝鸡	Baoji	3502.1	5727.4	6124.3	167
四川	**Sichuan**	**5119.1**	**7688.0**	**8106.4**		咸阳	Xianyang	2921.4	4997.9	5138.2	222
成都	Chengdu	6793.2	9839.5	11172.3	41	渭南	Weinan	2763.0	5179.7	5534.0	207
自贡	Zigong	2480.3	4252.2	4465.0	247	延安	Yan'an	8420.1	12454.8	13147.5	30
攀枝花	Panzhihua	6733.0	10282.4	10829.1	45	汉中	Hanzhong	3323.1	5565.9	6074.8	169
泸州	Luzhou	2535.2	4935.1	5529.8	208	榆林	Yulin	6555.7	11208.4	11276.5	40
德阳	Deyang	5772.6	4848.6	5024.0	230	安康	Ankang	3627.1	7102.0	7755.1	110
绵阳	Mianyang	6356.4	5319.2	5375.7	215	商洛	Shangluo	3839.3	5860.6	6421.6	157
广元	Guangyuan	7097.9	5700.0	6201.9	165	**甘肃**	**Gansu**	**6055.4**	**8952.0**	**10389.6**	
遂宁	Suining	2312.4	3815.5	4760.4	238	兰州	Lanzhou	4541.0	7537.8	8712.4	86
内江	Neijiang	2173.1	3724.6	3927.8	266	嘉峪关	Jiayuguan	6010.8	9591.5	9152.3	75
乐山	Leshan	3354.5	5446.9	6052.6	170	金昌	Jinchang	5213.7	8258.5	10729.5	50
南充	Nanchong	2466.2	4078.8	4541.3	245	白银	Baiyin	4007.9	6674.6	6475.7	154
眉山	Meishan	2769.2	4912.1	5160.6	221	天水	Tianshui	3069.0	4614.0	4929.1	233
宜宾	Yibin	2669.0	4656.9	5023.8	231	武威	Wuwei	3951.1	7024.7	7989.5	103
广安	Guangan	2083.8	3462.6	3974.6	263	张掖	Zhangye	4513.0	7353.9	8267.1	95
达州	Dazhou	2237.7	3720.9	4177.4	256	平凉	Pingliang	3721.6	5828.2	5910.4	189
雅安	Yaan	4998.7	13788.8	19869.5	8	酒泉	Jiuquan	6142.6	8742.3	9441.1	65
巴中	Bazhong	2611.0	4903.1	5300.3	216	庆阳	Qingyang	4370.4	6950.7	7009.4	132
资阳	Ziyang	2017.0	3255.0	3719.3	275	定西	Dingxi	3024.9	5932.9	5992.8	179
贵州	**Guizhou**	**9436.1**	**8825.0**	**11490.3**		陇南	Longnan	4859.9	5647.1	5810.8	193
贵阳	Guiyang	5522.0	10445.9	11775.1	37	**青海**	**Qinghai**	**33685.3**	**21340.0**	**36231.0**	
六盘水	Liupanshui	3531.0	6764.5	6876.5	140	西宁	Xining	4925.5	9192.6	12314.5	33
遵义	Zunyi	2530.2	4733.0	5062.9	226	海东	Haidong			10571.9	55
安顺	Anshun	2849.9	6612.1	5973.8	181	**宁夏**	**Ningxia**	**8733.9**	**14177.0**	**15130.9**	
毕节	Bijie		5312.4	4119.8	259	银川	Yinchuan	7629.5	12980.0	15140.8	21
铜仁	Tongren		5515.9	5995.4	177	石嘴山	Shizuishan	8229.5	10900.4	10320.2	56
云南	**Yunnan**	**7976.9**	**8767.0**	**15426.8**		吴忠	Wuzhong	5702.6	9799.6	10094.0	60
昆明	Kunming	5975.1	10745.9	10819.3	46	固原	Guyuan	5197.6	9692.0	10755.9	49
曲靖	Qujing	2922.7	4694.6	5268.3	217	中卫	Zhongwei	4977.0	9163.2	9404.7	67
玉溪	Yuxi	4671.3	7977.7	8836.9	83	**新疆**	**Xinjiang**	**60558.6**	**13640.0**	**109353.6**	
保山	Baoshan	3271.6	5867.3	6368.3	158	乌鲁木齐	Urumqi	6592.5	13563.7	15281.4	20
昭通	Zhaotong	2582.6	4464.5	5603.5	202	克拉玛依	Karamay	14251.9	10050.3	24381.8	6

5-10 公共财政预算支出中教育支出
Public Budgetary Expenditure for Education

单位：亿元 (100 million yuan)

地名	City	2010	2013	2014	2014 排名 Ranking
地方合计	**Region Total**	**11829.06**	**20895.11**	**742.05**	
北京	**Beijing**	**450.22**	**681.18**	**742.05**	
天津	**Tianjin**	**229.56**	**461.36**	**517.01**	
河北	**Hebei**	**514.30**	**837.63**	**868.87**	
石家庄	Shijiazhuang	70.01	116.16	120.09	17
唐山	Tangshan	60.24	97.25	108.99	23
秦皇岛	Qinhuangdao	21.70	85.47	35.85	178
邯郸	Handan	57.92	49.63	90.54	37
邢台	Xingtai	36.07	78.18	56.44	97
保定	Baoding	55.20	70.47	87.04	42
张家口	Zhangjiakou	29.12	34.43	51.45	119
承德	Chengde	29.93	54.65	46.53	136
沧州	Cangzhou	50.05	53.63	75.29	58
廊坊	Langfang	34.55	52.83	53.82	105
衡水	Hengshui	22.34	34.08	36.63	174
山西	**Shanxi**	**328.58**	**542.44**	**507.28**	
太原	Taiyuan	35.95	54.73	52.72	110
大同	Datong	33.23	39.91	38.70	166
阳泉	Yangquan	12.40	18.88	19.29	252
长治	Changzhi	28.04	41.20	39.20	164
晋城	Jincheng	18.89	31.12	32.21	198
朔州	Shuozhou	16.03	27.10	23.24	236
晋中	Jinzhong	23.24	44.79	41.11	158
运城	Yuncheng	28.54	52.33	51.74	117
忻州	Xinzhou	24.93	45.48	36.92	172
临汾	Linfen	30.50	43.67	41.67	154
吕梁	Lvliang	33.52	61.62	52.52	112
内蒙古	**Inner Mongolia**	**322.11**	**456.87**	**477.77**	
呼和浩特	Hohhot	27.32	37.50	38.56	167
包头	Baotou	28.16	43.16	42.57	149
乌海	Wuhai	7.42	8.28	9.92	280
赤峰	Chifeng	46.59	73.39	71.84	65
通辽	Tongliao	31.24	42.01	43.39	145
鄂尔多斯	Erdos	43.85	58.50	56.51	96
呼伦贝尔	Hulunbuir	29.44	41.28	41.95	152
巴彦淖尔	Bayannur	16.26	22.15	23.20	238
乌兰察布	Ulanqab	17.89	31.12	35.22	183
辽宁	**Liaoning**	**405.39**	**669.48**	**604.49**	
沈阳	Shenyang	77.06	131.62	117.45	19
大连	Dalian	75.35	122.20	104.91	28
鞍山	Anshan	21.42	30.84	32.19	199
抚顺	Fushun	13.33	17.72	16.38	267
本溪	Benxi	15.68	25.30	21.22	242
丹东	Dandong	18.24	27.49	26.67	218
锦州	Jinzhou	17.37	24.98	24.25	232
营口	Yingkou	17.37	29.81	20.60	245
阜新	Fuxin	10.21	19.63	20.21	247
辽阳	Liaoyang	11.61	22.59	16.90	265
盘锦	Panjin	12.48	19.11	16.24	268
铁岭	Tieling	18.62	28.81	26.68	217
朝阳	Chaoyang	20.61	32.77	31.38	204
葫芦岛	Huludao	14.10	27.64	25.40	229
吉林	**Jilin**	**250.20**	**422.09**	**407.10**	
长春	Changchun	57.93	96.22	85.60	43
吉林	Jilin	33.08	52.43	49.01	129
四平	Siping	20.61	34.03	33.53	190
辽源	Liaoyuan	9.13	16.18	15.06	271
通化	Tonghua	15.98	29.09	29.25	207
白山	Baishan	11.72	22.46	20.63	244
松原	Songyuan	16.71	27.57	28.92	210
白城	Baicheng	14.65	25.71	26.64	221
黑龙江	**Heilongjiang**	**299.14**	**501.28**	**505.94**	
哈尔滨	Harbin	69.30	111.57	111.52	22
齐齐哈尔	Qiqihar	33.75	50.37	49.38	127
鸡西	Jixi	13.44	18.30	14.47	273
鹤岗	Hegang	8.11	12.71	11.75	277
双鸭山	Shuangyashan	10.00	17.66	18.03	256
大庆	Daqing	25.89	40.16	35.71	179
伊春	Yichun	7.28	10.42	8.87	281
佳木斯	Jiamusi	16.52	29.71	26.66	219
七台河	Qitaihe	7.30	7.83	8.13	282
牡丹江	Mudanjiang	16.38	34.97	32.19	200
黑河	Heihe	11.11	18.83	17.05	264
绥化	Suihua	26.26	49.94	42.91	148
上海	**Shanghai**	**417.28**	**679.54**	**695.63**	
江苏	**Jiangsu**	**865.36**	**1434.99**	**1504.86**	

5-10 公共财政预算支出中教育支出 续表 1

Public Budgetary Expenditure for Education continued 1

单位：亿元 (100 million yuan)

地名	City	2010	2013	2014	2014 排名 Ranking	地名	City	2010	2013	2014	2014 排名 Ranking
南京	Nanjing	76.50	125.89	136.88	11	池州	Chizhou	9.66	19.09	17.97	257
无锡	Wuxi	82.32	121.28	113.03	20	宣城	Xuancheng	15.19	31.57	33.25	191
徐州	Xuzhou	61.24	121.72	131.95	12	**福建**	**Fujian**	**327.77**	**574.91**	**634.60**	
常州	Changzhou	40.62	66.54	68.20	70	福州	Fuzhou	55.99	108.11	120.65	16
苏州	Suzhou	123.11	196.07	204.05	3	厦门	Xiamen	43.38	81.52	89.09	39
南通	Nantong	65.03	132.37	141.88	9	莆田	Putian	27.96	42.95	47.71	133
连云港	Lianyungang	30.71	63.35	66.58	73	三明	Sanming	20.69	39.40	41.68	153
淮安	Huaian	36.57	73.25	70.62	67	泉州	Quanzhou	60.21	91.92	104.46	30
盐城	Yancheng	49.24	104.66	103.95	31	漳州	Zhangzhou	28.61	47.72	51.82	116
扬州	Yangzhou	36.34	56.98	65.37	75	南平	Nanping	17.77	32.33	36.17	176
镇江	Zhenjiang	26.99	49.71	54.92	101	龙岩	Longyan	22.84	39.83	43.18	147
泰州	Taizhou	38.62	57.03	59.22	86	宁德	Ningde	19.32	35.37	39.57	163
宿迁	Suqian	40.10	68.07	77.55	54	**江西**	**Jiangxi**	**297.50**	**664.53**	**711.72**	
浙江	**Zhejiang**	**606.54**	**950.07**	**1030.99**		南昌	Nanchang	34.83	73.43	81.40	48
杭州	Hangzhou	105.88	162.44	182.69	6	景德镇	Jingdezhen	9.77	21.06	17.59	258
宁波	Ningbo	89.27	148.48	159.62	7	萍乡	Pingxiang	9.32	23.92	23.49	234
温州	Wenzhou	79.34	116.35	124.99	14	九江	Jiujiang	23.97	65.06	71.58	66
嘉兴	Jiaxing	42.93	70.82	75.66	56	新余	Xinyu	8.48	19.10	19.12	253
湖州	Huzhou	25.11	41.53	46.45	137	鹰潭	Yingtan	5.82	14.31	15.76	269
绍兴	Shaoxing	45.06	70.56	77.93	53	赣州	Ganzhou	40.76	101.50	108.81	24
金华	Jinhua	48.37	76.60	81.84	47	吉安	Jian	25.03	61.86	67.21	71
衢州	Quzhou	21.66	33.67	35.19	184	宜春	Yichun	28.65	60.96	69.30	68
舟山	Zhoushan	12.14	22.95	24.61	231	抚州	Fuzhou	20.34	47.49	51.29	120
台州	Taizhou	51.57	77.60	83.88	46	上饶	Shangrao	36.07	82.88	87.08	41
丽水	Lishui	24.00	38.53	42.19	151	**山东**	**Shandong**	**770.45**	**1399.67**	**1461.05**	
安徽	**Anhui**	**386.31**	**736.59**	**743.07**		济南	Jinan	50.33	88.96	93.22	35
合肥	Hefei	37.01	104.47	108.79	25	青岛	Qingdao	86.07	172.34	187.13	4
芜湖	Wuhu	16.45	50.74	50.90	123	淄博	Zibo	40.37	76.02	74.66	60
蚌埠	Bengbu	17.06	33.90	35.48	180	枣庄	Zaozhuang	25.52	38.37	40.42	159
淮南	Huainan	12.79	22.51	19.89	248	东营	Dongying	25.10	44.19	46.43	138
马鞍山	Maanshan	12.06	31.31	26.65	220	烟台	Yantai	56.64	101.98	104.62	29
淮北	Huaibei	10.60	16.42	17.53	260	潍坊	Weifang	73.10	132.00	139.79	10
铜陵	Tongling	6.53	14.08	14.75	272	济宁	Jining	55.89	95.63	103.47	32
安庆	Anqing	35.99	57.13	58.07	91	泰安	Taian	30.61	51.46	53.13	108
黄山	Huangshan	8.22	12.88	14.07	274	威海	Weihai	31.71	54.81	59.12	87
滁州	Chuzhou	20.40	40.24	42.37	150	日照	Rizhao	20.48	32.10	35.27	182
阜阳	Fuyang	30.90	60.19	65.01	76	莱芜	Laiwu	12.28	17.84	18.35	255
宿州	Suzhou	28.16	43.12	45.06	141	临沂	Linyi	51.91	96.09	107.48	26
六安	Liuan	31.40	58.05	62.21	82	德州	Dezhou	28.61	60.46	52.60	111
亳州	Bozhou	20.80	38.07	36.84	173	聊城	Liaocheng	30.07	53.35	51.99	114

5-10 公共财政预算支出中教育支出 续表 2
Public Budgetary Expenditure for Education continued 2

单位：亿元 (100 million yuan)

地名	City	2010	2013	2014	2014 排名 Ranking	地名	City	2010	2013	2014	2014 排名 Ranking
滨州	Binzhou	30.81	51.57	51.95	115	常德	Changde	29.66	50.66	51.18	121
菏泽	Heze	37.45	69.15	67.03	72	张家界	Zhangjiajie	7.50	16.64	17.39	262
河南	**Henan**	**609.37**	**1171.52**	**1201.38**		益阳	Yiyang	19.85	35.38	38.08	168
郑州	Zhengzhou	67.32	133.07	124.41	15	郴州	Chenzhou	31.75	60.37	64.42	78
开封	Kaifeng	19.71	38.70	41.65	155	永州	Yongzhou	30.06	51.67	55.63	98
洛阳	Luoyang	44.50	74.92	79.54	52	怀化	Huaihua	24.37	49.71	50.00	125
平顶山	Pingdingshan	24.69	45.51	47.67	134	娄底	Loudi	16.31	36.32	35.87	177
安阳	Anyang	31.81	49.77	53.05	109	**广东**	**Guangdong**	**921.48**	**1744.59**	**1808.97**	
鹤壁	Hebi	9.41	19.74	20.29	246	广州	Guangzhou	112.63	253.95	229.04	2
新乡	Xinxiang	31.64	60.41	62.56	81	韶关	Shaoguan	18.65	35.22	39.70	160
焦作	Jiaozuo	19.61	38.04	36.25	175	深圳	Shenzhen	47.82	287.73	330.80	1
濮阳	Puyang	21.15	40.61	41.50	156	珠海	Zhuhai	25.97	51.08	49.09	128
许昌	Xuchang	23.86	47.67	50.95	122	汕头	Shantou	30.31	52.21	57.03	94
漯河	Luohe	11.05	25.59	26.42	223	佛山	Foshan	69.11	102.46	105.74	27
三门峡	Sanmenxia	18.11	32.96	34.90	186	江门	Jiangmen	26.30	50.44	54.52	103
南阳	Nanyang	45.18	94.54	96.81	33	湛江	Zhanjiang	35.09	69.34	73.83	63
商丘	Shangqiu	43.58	79.39	79.80	51	茂名	Maoming	31.41	59.13	74.75	59
信阳	Xinyang	40.04	74.39	79.94	50	肇庆	Zhaoqing	26.75	48.52	55.35	100
周口	Zhoukou	45.15	92.77	90.43	38	惠州	Huizhou	32.39	72.79	85.04	45
驻马店	Zhumadian	35.10	70.35	74.01	62	梅州	Meizhou	25.44	49.43	55.61	99
湖北	**Hubei**	**359.44**	**690.63**	**773.35**		汕尾	Shanwei	13.51	27.79	31.51	203
武汉	Wuhan	75.29	137.31	144.26	8	河源	Heyuan	19.86	34.64	37.20	171
黄石	Huangshi	14.76	21.53	25.89	226	阳江	Yangjiang	13.06	24.90	26.08	225
十堰	Shiyan	17.63	29.62	35.38	181	清远	Qingyuan	27.08	44.43	48.08	132
宜昌	Yichang	26.81	48.98	53.26	107	东莞	Dongguan	65.31	113.59	118.94	18
襄阳	Xiangyang	28.56	57.05	68.53	69	中山	Zhongshan	38.27	66.21	71.94	64
鄂州	Ezhou	6.04	10.58	12.01	276	潮州	Chaozhou	11.30	22.13	25.46	228
荆门	Jingmen	11.41	21.35	25.15	230	揭阳	Jieyang	24.70	46.67	53.85	104
孝感	Xiaogan	21.07	37.37	43.95	144	云浮	Yunfu	12.99	26.42	1.88	285
荆州	Jingzhou	23.31	36.97	44.10	143	**广西**	**Guangxi**	**366.84**	**609.93**	**660.53**	
黄冈	Huanggang	34.94	60.34	74.65	61	南宁	Nanning	42.98	70.32	75.50	57
咸宁	Xianning	13.42	25.62	27.83	213	柳州	Liuzhou	27.91	42.04	45.44	139
随州	Suizhou	9.38	14.85	16.90	266	桂林	Guilin	33.53	49.73	53.52	106
湖南	**Hunan**	**403.10**	**809.45**	**833.27**		梧州	Wuzhou	21.13	37.61	37.94	169
长沙	Changsha	53.93	118.74	126.08	13	北海	Beihai	11.88	16.99	19.48	251
株洲	Zhuzhou	22.07	37.44	41.37	157	防城港	Fangchenggang	6.15	10.31	11.68	278
湘潭	Xiangtan	14.86	27.11	26.32	224	钦州	Qinzhou	19.48	32.31	34.47	188
衡阳	Hengyang	29.66	58.26	63.18	79	贵港	Guigang	25.95	40.00	43.34	146
邵阳	Shaoyang	27.86	56.46	58.90	88	玉林	Yulin	34.38	52.97	58.81	89
岳阳	Yueyang	26.87	48.54	50.39	124	百色	Baise	26.83	47.31	49.82	126

5-10 公共财政预算支出中教育支出 续表 3

Public Budgetary Expenditure for Education continued 3

单位：亿元 (100 million yuan)

地名	City	2010	2013	2014	2014 排名 Ranking	地名	City	2010	2013	2014	2014 排名 Ranking
贺州	Hezhou	14.15	22.06	24.00	233	丽江	Lijiang	9.83	19.55	19.85	249
河池	Hechi	26.22	41.69	47.59	135	普洱	Puer	17.40	28.24	28.36	212
来宾	Laibin	14.56	26.85	26.84	216	临沧	Lincang	16.50	32.82	33.09	192
崇左	Chongzuo	13.70	29.37	31.92	202	**西藏**	**Tibet**	**45.45**	**107.18**	**142.08**	
海南	**Hainan**	**98.33**	**174.57**	**175.95**		拉萨	Lasa	8.95	48.33	64.44	77
海口	Haikou	14.20	24.23	23.47	235	**陕西**	**Shaanxi**	**377.79**	**710.11**	**693.83**	
三亚	Sanya	8.37	13.87	15.56	270	西安	Xi'an	53.08	113.54	111.52	21
三沙	Sansha					铜川	Tongchuan	7.91	16.52	17.28	263
重庆	**Chongqing**	**200.43**	**437.28**	**469.98**		宝鸡	Baoji	26.21	53.94	52.14	113
四川	**Sichuan**	**540.65**	**1036.41**	**1056.91**		咸阳	Xianyang	34.57	61.21	60.06	84
成都	Chengdu	97.67	179.02	183.06	5	渭南	Weinan	34.33	66.61	62.84	80
自贡	Zigong	12.77	22.78	23.20	237	延安	Yan'an	30.29	57.01	57.19	93
攀枝花	Panzhihua	11.73	23.81	22.42	239	汉中	Hanzhong	21.74	45.37	48.90	130
泸州	Luzhou	23.96	53.97	54.71	102	榆林	Yulin	49.38	98.08	93.71	34
德阳	Deyang	16.37	28.76	29.19	208	安康	Ankang	21.87	48.70	48.30	131
绵阳	Mianyang	23.56	43.71	45.30	140	商洛	Shangluo	20.13	38.57	39.70	161
广元	Guangyuan	17.95	34.07	33.75	189	**甘肃**	**Gansu**	**228.23**	**377.06**	**401.26**	
遂宁	Suining	15.58	26.29	27.10	215	兰州	Lanzhou	29.54	42.95	51.48	118
内江	Neijiang	16.48	30.94	32.38	196	嘉峪关	Jiayuguan	1.52	3.01	3.12	284
乐山	Leshan	16.54	33.61	32.16	201	金昌	Jinchang	3.58	5.52	5.50	283
南充	Nanchong	37.65	63.94	60.94	83	白银	Baiyin	15.37	22.02	22.13	240
眉山	Meishan	14.73	30.56	29.74	205	天水	Tianshui	20.68	35.20	39.05	165
宜宾	Yibin	25.39	50.68	56.78	95	武威	Wuwei	13.58	21.71	21.43	241
广安	Guangan	19.47	35.52	39.66	162	张掖	Zhangye	8.79	16.07	17.45	261
达州	Dazhou	26.85	55.89	58.25	90	平凉	Pingliang	16.91	33.44	28.98	209
雅安	Yaan	7.83	15.47	13.62	275	酒泉	Jiuquan	8.72	16.55	18.42	254
巴中	Bazhong	18.03	34.68	37.34	170	庆阳	Qingyang	19.14	36.39	32.73	194
资阳	Ziyang	19.01	33.68	34.94	185	定西	Dingxi	18.22	29.59	32.39	195
贵州	**Guizhou**	**292.06**	**560.67**	**637.03**		陇南	Longnan	16.20	27.03	28.79	211
贵阳	Guiyang	35.30	71.08	80.47	49	**青海**	**Qinghai**	**82.47**	**121.51**	**156.31**	
六盘水	Liupanshui	23.33	40.17	44.50	142	西宁	Xining	22.33	30.77	34.59	187
遵义	Zunyi	42.96	76.78	87.12	40	海东	Haidong			27.63	214
安顺	Anshun	14.90	29.15	32.97	193	**宁夏**	**Ningxia**	**81.59**	**112.95**	**122.68**	
毕节	Bijie	44.93	84.88	90.68	36	银川	Yinchuan	17.64	24.20	26.55	222
铜仁	Tongren	24.81	51.04	57.54	92	石嘴山	Shizuishan	9.40	10.58	11.09	279
云南	**Yunnan**	**374.79**	**685.97**	**674.94**		吴忠	Wuzhong	4.39	19.13	19.54	250
昆明	Kunming	47.11	94.87	85.50	44	固原	Guyuan	16.49	24.41	25.63	227
曲靖	Qujing	44.86	75.05	75.78	55	中卫	Zhongwei	10.68	15.29	17.58	259
玉溪	Yuxi	19.52	31.07	32.25	197	**新疆**	**Xinjiang**	**313.84**	**532.67**	**567.20**	
保山	Baoshan	16.18	29.98	29.62	206	乌鲁木齐	Urumqi	26.55	59.05	65.77	74
昭通	Zhaotong	33.03	58.35	59.46	85	克拉玛依	Karamay	11.53	8.53	21.16	243

5-11 公共财政预算支出中科学技术支出
Public Budgetary Expenditure for Science and Technology

单位：亿元 (100 million yuan)

地名	City	2010	2013	2014	2014 排名 Ranking	地名	City	2010	2013	2014	2014 排名 Ranking
地方合计	**City Total**	**1588.88**	**2715.31**	**2877.79**		沈阳	Shenyang	15.35	27.79	26.56	14
北京	**Beijing**	**178.92**	**234.67**	**282.71**		大连	Dalian	26.60	46.26	43.03	7
天津	**Tianjin**	**43.25**	**92.81**	**109.00**		鞍山	Anshan	1.96	2.54	4.49	88
河北	**Hebei**	**29.65**	**49.76**	**51.32**		抚顺	Fushun	1.15	2.69	2.68	136
石家庄	Shijiazhuang	4.50	8.01	7.29	61	本溪	Benxi	1.14	2.88	3.02	128
唐山	Tangshan	4.77	9.05	8.16	53	丹东	Dandong	0.87	2.16	1.69	192
秦皇岛	Qinhuangdao	0.78	1.39	1.90	178	锦州	Jinzhou	1.23	2.57	2.58	139
邯郸	Handan	2.15	5.40	6.76	65	营口	Yingkou	2.01	3.79	1.07	234
邢台	Xingtai	0.84	1.28	1.92	174	阜新	Fuxin	0.21	1.27	0.43	278
保定	Baoding	2.17	2.46	2.27	158	辽阳	Liaoyang	1.46	2.05	2.17	161
张家口	Zhangjiakou	1.20	1.36	1.52	201	盘锦	Panjin	0.97	2.13	1.99	169
承德	Chengde	1.03	2.14	1.67	194	铁岭	Tieling	1.87	3.43	2.85	132
沧州	Cangzhou	1.18	2.07	3.50	117	朝阳	Chaoyang	0.98	1.66	1.73	187
廊坊	Langfang	2.35	3.16	2.94	130	葫芦岛	Huludao	0.94	2.38	2.30	155
衡水	Hengshui	0.67	0.79	0.82	249	**吉林**	**Jilin**	**19.12**	**37.22**	**36.45**	
山西	**Shanxi**	**20.12**	**62.06**	**54.26**		长春	Changchun	3.49	7.88	7.01	63
太原	Taiyuan	4.70	11.30	14.15	28	吉林	Jilin	2.40	4.43	5.66	74
大同	Datong	0.90	1.16	1.29	219	四平	Siping	0.38	0.71	0.94	241
阳泉	Yangquan	0.72	0.92	0.83	245	辽源	Liaoyuan	0.30	0.52	0.77	256
长治	Changzhi	1.46	2.82	1.47	205	通化	Tonghua	1.95	7.31	4.87	81
晋城	Jincheng	1.28	2.16	1.98	171	白山	Baishan	0.52	1.21	1.46	207
朔州	Shuozhou	0.73	1.41	0.97	238	松原	Songyuan	0.15	0.28	0.25	283
晋中	Jinzhong	1.01	1.73	1.92	175	白城	Baicheng	0.47	0.71	0.85	244
运城	Yuncheng	1.08	1.82	1.83	182	**黑龙江**	**Heilongjiang**	**27.69**	**38.61**	**39.46**	
忻州	Xinzhou	0.89	1.78	0.86	243	哈尔滨	Harbin	8.94	11.92	10.03	44
临汾	Linfen	1.04	1.69	1.39	214	齐齐哈尔	Qiqihar	1.48	0.94	1.29	220
吕梁	Lvliang	1.17	2.59	1.58	199	鸡西	Jixi	0.33	0.38	0.49	274
内蒙古	**Inner Mongolia**	**21.39**	**31.64**	**32.87**		鹤岗	Hegang	0.46	0.91	0.51	273
呼和浩特	Hohhot	1.93	3.13	3.60	109	双鸭山	Shuangyashan	0.34	0.60	0.60	266
包头	Baotou	2.92	4.49	5.15	79	大庆	Daqing	1.24	2.55	0.83	247
乌海	Wuhai	0.78	2.42	1.50	204	伊春	Yichun	0.34	0.55	0.42	279
赤峰	Chifeng	0.80	1.29	1.76	185	佳木斯	Jiamusi	0.42	0.63	0.34	281
通辽	Tongliao	1.74	2.12	1.61	197	七台河	Qitaihe	0.11	0.15	0.22	284
鄂尔多斯	Erdos	2.86	3.99	2.35	150	牡丹江	Mudanjiang	2.07	2.38	1.78	184
呼伦贝尔	Hulunbuir	1.59	3.13	3.54	114	黑河	Heihe	0.32	1.15	0.82	251
巴彦淖尔	Bayannur	0.85	0.93	0.60	265	绥化	Suihua	0.64	0.85	0.83	246
乌兰察布	Ulanqab	0.56	1.02	1.42	212	**上海**	**Shanghai**	**202.03**	**257.66**	**262.29**	
辽宁	**Liaoning**	**68.90**	**118.99**	**108.82**		**江苏**	**Jiangsu**	**150.35**	**302.59**	**327.10**	

5-11 公共财政预算支出中科学技术支出 续表 1

Public Budgetary Expenditure for Science and Technology continued 1

单位：亿元 (100 million yuan)

地名	City	2010	2013	2014	2014 排名 Ranking	地名	City	2010	2013	2014	2014 排名 Ranking
南京	Nanjing	16.51	40.12	44.72	6	池州	Chizhou	1.02	1.79	1.71	190
无锡	Wuxi	18.97	35.10	35.47	9	宣城	Xuancheng	2.31	6.82	7.69	56
徐州	Xuzhou	4.54	14.49	17.48	23	**福建**	**Fujian**	**32.31**	**60.62**	**67.40**	
常州	Changzhou	8.71	22.11	21.70	19	福州	Fuzhou	4.18	8.63	9.33	49
苏州	Suzhou	35.71	76.37	75.80	2	厦门	Xiamen	9.60	16.38	17.39	24
南通	Nantong	9.99	19.07	21.79	18	莆田	Putian	1.22	2.60	3.50	116
连云港	Lianyungang	4.26	8.86	10.04	43	三明	Sanming	1.27	3.39	3.95	104
淮安	Huaian	4.48	8.88	10.62	41	泉州	Quanzhou	4.72	9.23	10.57	42
盐城	Yancheng	6.02	19.79	23.63	16	漳州	Zhangzhou	1.80	4.00	4.41	91
扬州	Yangzhou	6.78	10.46	11.30	40	南平	Nanping	1.01	1.72	1.92	176
镇江	Zhenjiang	5.24	10.70	11.87	38	龙岩	Longyan	1.48	3.50	4.82	82
泰州	Taizhou	4.38	7.71	7.65	58	宁德	Ningde	0.96	1.74	1.30	217
宿迁	Suqian	3.19	9.22	9.82	45	**江西**	**Jiangxi**	**18.26**	**46.32**	**58.37**	
浙江	**Zhejiang**	**121.40**	**191.87**	**207.99**		南昌	Nanchang	3.56	5.42	7.90	55
杭州	Hangzhou	28.86	46.26	52.41	5	景德镇	Jingdezhen	0.59	1.14	1.14	229
宁波	Ningbo	22.15	37.58	42.82	8	萍乡	Pingxiang	0.85	2.44	3.00	129
温州	Wenzhou	6.67	9.99	11.30	39	九江	Jiujiang	0.78	3.82	4.75	83
嘉兴	Jiaxing	7.54	12.06	14.09	30	新余	Xinyu	1.08	2.07	1.88	179
湖州	Huzhou	3.67	6.01	6.98	64	鹰潭	Yingtan	0.31	1.78	2.30	154
绍兴	Shaoxing	9.55	15.87	18.46	22	赣州	Ganzhou	1.00	4.53	6.10	70
金华	Jinhua	7.55	12.14	13.38	32	吉安	Jian	0.77	5.55	6.56	68
衢州	Quzhou	2.75	4.94	5.86	72	宜春	Yichun	1.13	3.66	6.04	71
舟山	Zhoushan	2.44	4.02	4.48	89	抚州	Fuzhou	0.85	2.40	3.13	126
台州	Taizhou	5.76	8.83	9.81	46	上饶	Shangrao	1.15	2.79	4.20	95
丽水	Lishui	2.45	3.82	4.61	85	**山东**	**Shandong**	**84.36**	**149.14**	**147.06**	
安徽	**Anhui**	**57.98**	**109.67**	**129.59**		济南	Jinan	6.21	10.88	9.60	48
合肥	Hefei	17.96	26.02	29.05	11	青岛	Qingdao	9.87	25.93	27.01	13
芜湖	Wuhu	10.01	26.33	34.29	10	淄博	Zibo	4.84	9.39	8.26	52
蚌埠	Bengbu	3.46	7.24	7.62	59	枣庄	Zaozhuang	1.55	1.78	1.90	177
淮南	Huainan	1.27	3.29	2.33	151	东营	Dongying	2.02	5.03	5.29	77
马鞍山	Maanshan	2.45	6.09	5.75	73	烟台	Yantai	10.63	14.82	16.64	25
淮北	Huaibei	0.83	1.34	1.67	195	潍坊	Weifang	7.22	15.37	13.38	33
铜陵	Tongling	1.20	4.86	7.39	60	济宁	Jining	5.27	7.80	8.07	54
安庆	Anqing	2.48	5.58	6.19	69	泰安	Taian	2.81	3.88	3.95	103
黄山	Huangshan	1.41	3.18	3.58	112	威海	Weihai	5.62	8.67	9.67	47
滁州	Chuzhou	1.33	3.48	4.67	84	日照	Rizhao	0.94	1.79	2.01	167
阜阳	Fuyang	0.59	1.90	1.69	191	莱芜	Laiwu	1.30	1.99	2.24	160
宿州	Suzhou	0.66	1.36	2.24	159	临沂	Linyi	3.29	4.77	4.60	86
六安	Liuan	0.85	2.65	3.15	125	德州	Dezhou	2.01	5.42	4.21	94
亳州	Bozhou	0.36	1.51	1.44	210	聊城	Liaocheng	2.07	3.64	3.69	107

5-11 公共财政预算支出中科学技术支出 续表 2
Public Budgetary Expenditure for Science and Technology continued 2

单位：亿元 (100 million yuan)

地名	City	2010	2013	2014	2014 排名 Ranking	地名	City	2010	2013	2014	2014 排名 Ranking
滨州	Binzhou	2.40	4.23	5.37	76	常德	Changde	1.03	2.03	2.29	156
菏泽	Heze	1.85	3.56	4.03	101	张家界	Zhangjiajie	0.22	0.39	0.37	280
河南	**Henan**	**44.67**	**80.00**	**81.25**		益阳	Yiyang	0.71	1.81	2.08	163
郑州	Zhengzhou	9.50	17.26	14.49	27	郴州	Chenzhou	2.33	3.98	4.46	90
开封	Kaifeng	1.22	2.21	2.43	145	永州	Yongzhou	0.85	1.55	1.72	188
洛阳	Luoyang	3.31	7.53	8.47	50	怀化	Huaihua	0.63	1.22	1.24	222
平顶山	Pingdingshan	1.64	2.66	2.81	134	娄底	Loudi	0.88	1.43	0.94	240
安阳	Anyang	2.47	4.12	4.19	96	**广东**	**Guangdong**	**214.44**	**344.94**	**274.33**	
鹤壁	Hebi	0.51	0.87	1.01	236	广州	Guangzhou	31.94	54.19	56.32	4
新乡	Xinxiang	2.58	3.64	4.00	102	韶关	Shaoguan	1.42	2.51	2.42	146
焦作	Jiaozuo	2.81	3.83	4.13	99	深圳	Shenzhen	99.84	132.98	94.60	1
濮阳	Puyang	1.09	2.20	2.32	153	珠海	Zhuhai	5.70	12.13	12.52	36
许昌	Xuchang	1.30	2.89	4.19	97	汕头	Shantou	1.45	2.64	2.10	162
漯河	Luohe	0.45	0.94	1.12	231	佛山	Foshan	11.34	16.37	15.38	26
三门峡	Sanmenxia	1.63	2.56	2.87	131	江门	Jiangmen	2.99	5.28	5.15	80
南阳	Nanyang	3.53	6.14	6.62	67	湛江	Zhanjiang	0.58	1.30	1.44	211
商丘	Shangqiu	1.24	2.01	2.28	157	茂名	Maoming	0.44	1.06	0.68	260
信阳	Xinyang	1.16	1.77	2.02	165	肇庆	Zhaoqing	2.30	3.40	4.04	100
周口	Zhoukou	1.38	3.05	2.78	135	惠州	Huizhou	3.57	5.56	19.76	20
驻马店	Zhumadian	1.80	3.34	3.59	111	梅州	Meizhou	0.99	1.26	1.50	203
湖北	**Hubei**	**30.09**	**77.21**	**134.46**		汕尾	Shanwei	0.40	0.83	1.13	230
武汉	Wuhan	11.70	31.60	56.90	3	河源	Heyuan	0.80	1.35	4.26	93
黄石	Huangshi	1.05	1.72	1.99	170	阳江	Yangjiang	0.80	1.20	1.16	228
十堰	Shiyan	0.98	3.16	3.59	110	清远	Qingyuan	1.33	2.10	2.37	148
宜昌	Yichang	2.89	6.29	6.71	66	东莞	Dongguan	7.98	17.03	14.10	29
襄阳	Xiangyang	1.81	4.67	18.79	21	中山	Zhongshan	6.72	10.56	12.87	34
鄂州	Ezhou	0.33	1.03	0.59	268	潮州	Chaozhou	0.44	0.57	0.54	272
荆门	Jingmen	0.72	2.14	2.83	133	揭阳	Jieyang	0.48	0.66	0.58	269
孝感	Xiaogan	1.06	2.62	3.47	118	云浮	Yunfu	1.14	1.80	27.54	12
荆州	Jingzhou	0.57	3.05	3.88	105	**广西**	**Guangxi**	**21.66**	**54.36**	**59.93**	
黄冈	Huanggang	2.09	4.94	5.52	75	南宁	Nanning	2.84	6.21	7.25	62
咸宁	Xianning	0.97	2.08	2.46	144	柳州	Liuzhou	2.09	4.11	4.17	98
随州	Suizhou	0.58	1.44	1.53	200	桂林	Guilin	1.90	4.30	4.56	87
湖南	**Hunan**	**35.04**	**55.46**	**59.38**		梧州	Wuzhou	0.27	2.47	2.52	142
长沙	Changsha	13.33	20.22	22.46	17	北海	Beihai	0.21	2.44	2.67	137
株洲	Zhuzhou	2.10	3.85	4.39	92	防城港	Fangchenggang	0.14	0.84	1.45	209
湘潭	Xiangtan	2.20	3.13	2.58	138	钦州	Qinzhou	0.22	1.34	1.60	198
衡阳	Hengyang	1.24	1.92	1.97	172	贵港	Guigang	0.16	1.01	1.07	233
邵阳	Shaoyang	0.63	0.99	1.21	226	玉林	Yulin	0.58	2.15	2.00	168
岳阳	Yueyang	1.80	3.25	3.54	115	百色	Baise	0.67	2.44	3.27	120

5-11 公共财政预算支出中科学技术支出 续表 3
Public Budgetary Expenditure for Science and Technology continued 3

单位：亿元 (100 million yuan)

地名	City	2010	2013	2014	2014 排名 Ranking	地名	City	2010	2013	2014	2014 排名 Ranking
贺州	Hezhou	0.29	1.18	1.52	202	丽江	Lijiang	0.46	0.89	0.80	252
河池	Hechi	0.65	1.72	1.96	173	普洱	Puer	0.84	1.12	1.22	224
来宾	Laibin	0.31	1.52	1.65	196	临沧	Lincang	0.32	0.60	0.62	263
崇左	Chongzuo	0.47	1.36	1.67	193	**西藏**	**Tibet**	**2.71**	**4.17**	**4.42**	
海南	**Hainan**	**7.47**	**13.83**	**13.53**		拉萨	Lasa		0.28	3.22	122
海口	Haikou	0.96	1.93	1.04	235	**陕西**	**Shaanxi**	**25.25**	**38.02**	**44.86**	
三亚	Sanya	1.76	2.86	3.23	121	西安	Xi'an	4.36	7.90	13.49	31
三沙	Sansha					铜川	Tongchuan	0.22	0.43	0.49	275
重庆	**Chongqing**	**17.90**	**38.65**	**38.16**		宝鸡	Baoji	1.27	1.97	2.42	147
四川	**Sichuan**	**34.71**	**69.51**	**81.76**		咸阳	Xianyang	0.82	1.45	1.29	218
成都	Chengdu	10.70	20.60	25.36	15	渭南	Weinan	0.54	1.69	2.55	140
自贡	Zigong	0.70	2.12	3.22	123	延安	Yan'an	1.68	2.03	2.36	149
攀枝花	Panzhihua	0.76	1.51	2.05	164	汉中	Hanzhong	0.70	1.32	1.47	206
泸州	Luzhou	0.65	2.41	2.55	141	榆林	Yulin	3.23	4.96	5.22	78
德阳	Deyang	0.93	2.54	3.62	108	安康	Ankang	0.47	0.59	0.61	264
绵阳	Mianyang	1.91	5.57	7.66	57	商洛	Shangluo	0.44	0.72	0.75	258
广元	Guangyuan	0.51	1.16	1.24	221	**甘肃**	**Gansu**	**10.89**	**19.76**	**21.16**	
遂宁	Suining	0.43	0.89	0.78	253	兰州	Lanzhou	2.02	3.05	3.16	124
内江	Neijiang	0.31	0.66	0.89	242	嘉峪关	Jiayuguan	0.11	0.15	0.19	285
乐山	Leshan	1.07	1.59	1.84	181	金昌	Jinchang	0.26	0.23	0.32	282
南充	Nanchong	0.81	1.36	1.23	223	白银	Baiyin	0.30	0.66	0.83	248
眉山	Meishan	0.35	0.74	0.76	257	天水	Tianshui	0.70	1.21	1.11	232
宜宾	Yibin	1.55	3.03	3.05	127	武威	Wuwei	0.21	0.42	0.47	276
广安	Guangan	0.28	0.72	0.77	254	张掖	Zhangye	0.33	0.62	0.74	259
达州	Dazhou	0.73	1.38	1.45	208	平凉	Pingliang	0.40	0.65	0.56	271
雅安	Yaan	0.43	1.27	3.37	119	酒泉	Jiuquan	0.45	0.91	1.17	227
巴中	Bazhong	0.32	0.63	0.64	262	庆阳	Qingyang	0.57	1.57	1.71	189
资阳	Ziyang	0.80	1.92	1.79	183	定西	Dingxi	0.59	0.94	1.00	237
贵州	**Guizhou**	**16.66**	**34.27**	**44.34**		陇南	Longnan	0.22	0.46	0.57	270
贵阳	Guiyang	3.61	9.36	12.38	37	**青海**	**Qinghai**	**4.08**	**8.39**	**10.39**	
六盘水	Liupanshui	0.62	1.21	1.35	216	西宁	Xining	0.66	1.66	1.86	180
遵义	Zunyi	1.40	3.26	3.55	113	海东	Haidong			0.46	277
安顺	Anshun	0.53	1.04	1.22	225	**宁夏**	**Ningxia**	**5.97**	**10.69**	**11.66**	
毕节	Bijie	0.00	1.31	2.32	152	银川	Yinchuan	1.16	3.90	3.80	106
铜仁	Tongren	0.00	0.65	1.76	186	石嘴山	Shizuishan	0.19	0.71	0.65	261
云南	**Yunnan**	**21.43**	**42.59**	**43.15**		吴忠	Wuzhong	0.34	0.69	0.82	250
昆明	Kunming	4.44	12.17	12.57	35	固原	Guyuan	0.39	0.68	0.60	267
曲靖	Qujing	1.45	2.57	2.02	166	中卫	Zhongwei	0.28	0.46	1.35	215
玉溪	Yuxi	1.28	2.09	2.52	143	**新疆**	**Xinjiang**	**20.19**	**39.85**	**40.34**	
保山	Baoshan	0.34	0.87	0.77	255	乌鲁木齐	Urumqi	2.15	6.83	8.47	51
昭通	Zhaotong	0.87	1.23	0.94	239	克拉玛依	Karamay	0.99	1.50	1.41	213

5-12 公共财政预算支出中社会保障和就业支出
Public Budgetary Expenditure for Social Security and Employment

单位：亿元 (100 million yuan)

地名	City	2010	2013	2014	2014 排名 Ranking
地方合计	**Region Total**	**8680.32**	**13849.72**	**15268.94**	
北京	**Beijing**	**275.90**	**469.13**	**509.01**	
天津	**Tianjin**	**137.74**	**229.28**	**259.56**	
河北	**Hebei**	**358.78**	**528.62**	**585.62**	
石家庄	Shijiazhuang	23.08	42.94	48.50	54
唐山	Tangshan	44.85	52.52	56.20	40
秦皇岛	Qinhuangdao	13.90	39.36	42.12	75
邯郸	Handan	25.02	36.52	39.08	88
邢台	Xingtai	18.04	58.78	62.89	22
保定	Baoding	34.10	27.54	29.47	143
张家口	Zhangjiakou	25.05	18.79	20.11	221
承德	Chengde	13.22	25.76	27.56	163
沧州	Cangzhou	16.58	26.79	28.67	152
廊坊	Langfang	15.38	22.53	24.11	188
衡水	Hengshui	11.31	18.54	19.84	223
山西	**Shanxi**	**274.46**	**419.02**	**450.72**	
太原	Taiyuan	29.62	38.66	41.37	78
大同	Datong	14.85	28.14	30.11	137
阳泉	Yangquan	7.26	9.99	10.69	274
长治	Changzhi	12.12	36.08	38.61	90
晋城	Jincheng	11.35	19.10	20.44	218
朔州	Shuozhou	7.34	12.27	13.13	261
晋中	Jinzhong	16.76	24.17	25.86	175
运城	Yuncheng	18.47	30.62	32.76	118
忻州	Xinzhou	18.05	28.40	30.39	134
临汾	Linfen	23.66	36.42	38.97	89
吕梁	Lvliang	11.74	24.44	26.15	173
内蒙古	**Inner Mongolia**	**292.44**	**491.01**	**531.76**	
呼和浩特	Hohhot	19.97	38.82	35.82	104
包头	Baotou	30.64	45.39	58.40	31
乌海	Wuhai	7.50	7.89	8.69	278
赤峰	Chifeng	26.18	53.56	55.00	42
通辽	Tongliao	21.77	43.61	51.86	46
鄂尔多斯	Erdos	29.53	40.33	43.82	67
呼伦贝尔	Hulunbuir	30.17	49.76	61.94	24
巴彦淖尔	Bayannur	17.66	32.82	32.84	116
乌兰察布	Ulanqab	23.96	53.68	68.56	17
辽宁	**Liaoning**	**579.84**	**824.03**	**895.91**	
沈阳	Shenyang	94.80	137.90	157.09	2
大连	Dalian	92.31	133.63	141.98	4
鞍山	Anshan	42.03	61.38	65.81	19
抚顺	Fushun	46.87	57.06	63.21	21
本溪	Benxi	21.68	28.75	32.27	120
丹东	Dandong	24.45	38.66	37.53	94
锦州	Jinzhou	30.04	44.01	47.02	57
营口	Yingkou	26.27	39.39	43.08	69
阜新	Fuxin	22.20	26.33	28.76	150
辽阳	Liaoyang	22.67	28.22	32.42	119
盘锦	Panjin	15.79	25.57	28.18	160
铁岭	Tieling	15.42	26.44	28.40	158
朝阳	Chaoyang	28.44	40.51	42.76	72
葫芦岛	Huludao	22.44	35.04	39.62	84
吉林	**Jilin**	**253.36**	**360.19**	**390.20**	
长春	Changchun	51.08	72.05	76.75	15
吉林	Jilin	42.13	56.15	56.60	37
四平	Siping	22.05	31.61	37.93	93
辽源	Liaoyuan	13.66	17.39	23.58	194
通化	Tonghua	20.89	28.23	33.60	113
白山	Baishan	19.66	25.04	25.47	178
松原	Songyuan	13.41	20.92	24.46	186
白城	Baicheng	16.73	23.79	29.80	140
黑龙江	**Heilongjiang**	**306.06**	**542.33**	**602.68**	
哈尔滨	Harbin	42.41	104.74	117.58	6
齐齐哈尔	Qiqihar	28.99	46.19	57.20	35
鸡西	Jixi	13.49	22.70	30.04	138
鹤岗	Hegang	5.15	11.35	12.09	268
双鸭山	Shuangyashan	10.91	16.40	21.53	209
大庆	Daqing	15.53	31.04	39.41	85
伊春	Yichun	13.75	27.31	29.74	141
佳木斯	Jiamusi	14.97	34.35	42.55	73
七台河	Qitaihe	4.71	10.40	13.20	260
牡丹江	Mudanjiang	15.40	28.65	28.86	149
黑河	Heihe	8.20	20.08	21.21	214
绥化	Suihua	19.24	41.75	41.83	76
上海	**Shanghai**	**362.56**	**468.01**	**498.13**	
江苏	**Jiangsu**	**364.48**	**631.15**	**709.59**	

5-12 公共财政预算支出中社会保障和就业支出 续表 1

Public Budgetary Expenditure for Social Security and Employment continued 1

单位：亿元 (100 million yuan)

地名	City	2010	2013	2014	2014 排名 Ranking	地名	City	2010	2013	2014	2014 排名 Ranking
南京	Nanjing	45.94	82.88	94.78	9	池州	Chizhou	6.25	11.82	13.29	258
无锡	Wuxi	34.94	53.40	58.36	32	宣城	Xuancheng	9.37	18.45	21.41	211
徐州	Xuzhou	37.41	57.64	48.64	52	**福建**	**Fujian**	**148.24**	**240.66**	**258.71**	
常州	Changzhou	24.95	45.58	64.49	20	福州	Fuzhou	26.25	43.99	47.07	56
苏州	Suzhou	63.67	114.61	49.14	50	厦门	Xiamen	23.18	34.94	37.39	96
南通	Nantong	28.20	47.57	57.20	34	莆田	Putian	6.55	13.12	14.04	254
连云港	Lianyungang	13.23	23.52	28.41	157	三明	Sanming	7.93	14.55	15.57	247
淮安	Huaian	22.89	33.29	22.97	199	泉州	Quanzhou	16.84	31.56	33.77	111
盐城	Yancheng	25.59	45.53	31.48	123	漳州	Zhangzhou	15.22	25.15	26.91	169
扬州	Yangzhou	15.87	24.71	27.96	161	南平	Nanping	11.66	16.56	17.72	235
镇江	Zhenjiang	8.86	18.87	123.96	5	龙岩	Longyan	11.28	15.90	17.01	240
泰州	Taizhou	17.43	29.61	42.79	71	宁德	Ningde	10.65	17.61	18.84	230
宿迁	Suqian	19.32	31.68	34.59	108	**江西**	**Jiangxi**	**233.02**	**378.84**	**422.35**	
浙江	**Zhejiang**	**206.39**	**397.06**	**435.54**		南昌	Nanchang	31.27	44.63	46.37	59
杭州	Hangzhou	63.92	94.60	101.22	8	景德镇	Jingdezhen	11.38	18.89	21.23	213
宁波	Ningbo	34.43	97.56	104.39	7	萍乡	Pingxiang	11.43	20.18	23.12	196
温州	Wenzhou	17.88	29.24	31.29	126	九江	Jiujiang	23.17	39.20	44.55	63
嘉兴	Jiaxing	10.27	21.61	23.12	197	新余	Xinyu	7.50	10.85	11.54	269
湖州	Huzhou	7.70	16.06	17.18	237	鹰潭	Yingtan	6.99	11.17	12.60	263
绍兴	Shaoxing	14.51	26.06	27.88	162	赣州	Ganzhou	39.10	68.36	79.94	14
金华	Jinhua	15.64	26.36	28.21	159	吉安	Jian	17.07	34.06	37.27	97
衢州	Quzhou	7.81	14.81	15.85	246	宜春	Yichun	26.45	45.70	53.06	43
舟山	Zhoushan	5.28	8.44	9.03	277	抚州	Fuzhou	19.17	28.27	31.39	125
台州	Taizhou	13.98	28.41	30.40	133	上饶	Shangrao	21.83	40.20	44.22	65
丽水	Lishui	8.06	15.18	16.24	243	**山东**	**Shandong**	**416.77**	**681.98**	**763.53**	
安徽	**Anhui**	**334.15**	**533.64**	**575.82**		济南	Jinan	42.17	61.62	68.27	18
合肥	Hefei	20.06	52.51	56.43	38	青岛	Qingdao	36.07	71.99	85.99	10
芜湖	Wuhu	12.49	31.09	33.18	114	淄博	Zibo	24.10	35.71	33.69	112
蚌埠	Bengbu	12.40	19.83	22.28	206	枣庄	Zaozhuang	12.64	22.47	24.07	189
淮南	Huainan	10.59	18.73	19.04	229	东营	Dongying	9.26	16.73	18.63	231
马鞍山	Maanshan	6.73	18.24	17.80	234	烟台	Yantai	44.10	69.60	70.71	16
淮北	Huaibei	8.19	12.20	13.68	256	潍坊	Weifang	20.47	41.28	46.68	58
铜陵	Tongling	7.57	8.98	9.19	276	济宁	Jining	17.99	37.13	41.64	77
安庆	Anqing	17.16	31.12	35.20	105	泰安	Taian	19.44	30.01	38.22	91
黄山	Huangshan	8.26	15.01	15.92	245	威海	Weihai	28.95	31.34	35.01	107
滁州	Chuzhou	13.93	27.45	30.24	135	日照	Rizhao	11.01	16.65	20.30	220
阜阳	Fuyang	25.60	49.53	52.59	45	莱芜	Laiwu	6.17	8.06	9.36	275
宿州	Suzhou	7.66	20.54	22.78	200	临沂	Linyi	26.75	52.75	61.57	26
六安	Liuan	14.85	27.23	28.67	151	德州	Dezhou	18.29	33.29	36.01	103
亳州	Bozhou	13.86	29.41	30.75	128	聊城	Liaocheng	14.67	28.69	30.60	130

5-12 公共财政预算支出中社会保障和就业支出 续表 2
Public Budgetary Expenditure for Social Security and Employment continued 2

单位：亿元 (100 million yuan)

地名	City	2010	2013	2014	2014 排名 Ranking	地名	City	2010	2013	2014	2014 排名 Ranking
滨州	Binzhou	22.41	32.30	35.11	106	常德	Changde	37.43	55.70	59.84	28
菏泽	Heze	26.22	48.07	58.51	30	张家界	Zhangjiajie	8.30	12.50	14.32	251
河南	**Henan**	**461.22**	**731.41**	**790.87**		益阳	Yiyang	24.95	39.66	44.12	66
郑州	Zhengzhou	43.56	66.37	62.42	23	郴州	Chenzhou	24.08	40.21	43.16	68
开封	Kaifeng	18.95	27.82	29.71	142	永州	Yongzhou	25.81	43.25	48.74	51
洛阳	Luoyang	21.37	35.39	37.08	99	怀化	Huaihua	26.95	40.84	49.58	49
平顶山	Pingdingshan	19.03	29.43	30.59	131	娄底	Loudi	16.84	26.73	29.04	147
安阳	Anyang	14.92	21.55	22.70	201	**广东**	**Guangdong**	**469.58**	**746.97**	**797.01**	
鹤壁	Hebi	6.58	10.07	10.80	273	广州	Guangzhou	114.12	145.33	155.50	3
新乡	Xinxiang	13.54	25.64	26.19	172	韶关	Shaoguan	12.44	20.98	22.45	202
焦作	Jiaozuo	11.62	20.24	21.85	208	深圳	Shenzhen	62.00	78.50	84.00	11
濮阳	Puyang	14.35	24.91	26.60	170	珠海	Zhuhai	13.03	18.05	19.31	227
许昌	Xuchang	11.00	20.35	21.99	207	汕头	Shantou	9.64	23.03	24.64	183
漯河	Luohe	9.02	13.10	14.36	250	佛山	Foshan	24.91	34.36	36.77	101
三门峡	Sanmenxia	9.35	13.26	14.43	249	江门	Jiangmen	17.70	28.82	30.84	127
南阳	Nanyang	33.60	51.79	57.68	33	湛江	Zhanjiang	20.28	38.01	40.67	80
商丘	Shangqiu	24.06	43.16	45.27	62	茂名	Maoming	18.23	34.39	36.80	100
信阳	Xinyang	19.64	33.36	36.30	102	肇庆	Zhaoqing	14.53	22.98	24.59	184
周口	Zhoukou	25.24	48.01	51.62	47	惠州	Huizhou	18.48	26.77	28.64	154
驻马店	Zhumadian	23.70	43.96	48.59	53	梅州	Meizhou	19.14	29.91	32.00	121
湖北	**Hubei**	**361.72**	**605.70**	**717.63**		汕尾	Shanwei	7.82	14.28	15.28	248
武汉	Wuhan	91.90	149.25	166.47	1	河源	Heyuan	13.18	23.88	25.55	176
黄石	Huangshi	16.38	25.68	28.96	148	阳江	Yangjiang	8.07	15.76	16.86	241
十堰	Shiyan	21.03	33.53	39.72	82	清远	Qingyuan	14.16	22.90	24.50	185
宜昌	Yichang	21.25	37.20	42.36	74	东莞	Dongguan	26.40	26.66	28.53	155
襄阳	Xiangyang	36.52	53.41	59.74	29	中山	Zhongshan	10.83	19.10	20.44	218
鄂州	Ezhou	4.82	8.51	8.42	280	潮州	Chaozhou	7.17	10.76	11.51	270
荆门	Jingmen	13.75	22.02	25.07	180	揭阳	Jieyang	10.86	23.88	25.55	176
孝感	Xiaogan	9.34	25.95	38.09	92	云浮	Yunfu	7.21	14.90	15.94	244
荆州	Jingzhou	28.83	41.58	50.97	48	**广西**	**Guangxi**	**217.07**	**348.12**	**387.18**	
黄冈	Huanggang	27.92	47.73	52.59	44	南宁	Nanning	40.03	42.78	45.83	61
咸宁	Xianning	12.07	18.86	20.64	216	柳州	Liuzhou	18.08	21.87	24.00	191
随州	Suizhou	10.43	16.48	16.44	242	桂林	Guilin	14.75	28.37	29.06	146
湖南	**Hunan**	**396.40**	**625.94**	**661.97**		梧州	Wuzhou	12.59	15.38	14.20	252
长沙	Changsha	42.45	50.65	55.73	41	北海	Beihai	3.27	5.78	5.70	283
株洲	Zhuzhou	24.77	36.69	41.35	79	防城港	Fangchenggang	6.90	8.92	12.27	266
湘潭	Xiangtan	23.40	28.16	30.22	136	钦州	Qinzhou	7.23	15.12	17.04	239
衡阳	Hengyang	37.68	53.84	61.80	25	贵港	Guigang	6.22	15.17	13.54	257
邵阳	Shaoyang	28.96	53.83	56.99	36	玉林	Yulin	11.69	23.39	26.03	174
岳阳	Yueyang	29.95	49.14	56.27	39	百色	Baise	14.77	25.75	27.39	165

5-12 公共财政预算支出中社会保障和就业支出 续表 3
Public Budgetary Expenditure for Social Security and Employment continued 3

单位：亿元 (100 million yuan)

地名	City	2010	2013	2014	2014 排名 Ranking	地名	City	2010	2013	2014	2014 排名 Ranking
贺州	Hezhou	5.47	10.59	11.36	271	丽江	Lijiang	7.48	14.03	13.80	255
河池	Hechi	11.51	19.72	22.28	205	普洱	Puer	15.43	26.79	28.67	152
来宾	Laibin	8.05	10.48	13.03	262	临沧	Lincang	11.99	20.92	22.38	203
崇左	Chongzuo	10.39	16.14	19.06	228	**西藏**	**Tibet**	**11.34**	**72.94**	**85.98**	
海南	**Hainan**	**73.80**	**115.88**	**142.52**		拉萨	Lasa	1.75	44.80	47.94	55
海口	Haikou	9.28	12.54	20.88	215	**陕西**	**Shaanxi**	**315.61**	**497.75**	**541.40**	
三亚	Sanya	3.61	5.57	6.22	281	西安	Xi'an	52.21	77.98	83.44	13
三沙	Sansha					铜川	Tongchuan	6.57	11.70	12.52	264
重庆	**Chongqing**	**149.54**	**431.89**	**502.94**		宝鸡	Baoji	22.77	28.60	30.60	129
四川	**Sichuan**	**513.65**	**833.51**	**927.01**		咸阳	Xianyang	15.18	29.34	31.39	124
成都	Chengdu	38.70	73.71	83.95	12	渭南	Weinan	18.60	34.66	37.09	98
自贡	Zigong	14.60	19.66	19.89	222	延安	Yan'an	14.49	27.45	29.37	145
攀枝花	Panzhihua	11.42	9.99	12.12	267	汉中	Hanzhong	15.37	23.09	24.71	182
泸州	Luzhou	19.08	30.46	34.36	109	榆林	Yulin	16.90	36.64	39.20	87
德阳	Deyang	19.09	24.40	26.42	171	安康	Ankang	13.04	16.78	17.95	233
绵阳	Mianyang	23.65	35.89	37.47	95	商洛	Shangluo	8.11	12.39	13.26	259
广元	Guangyuan	17.04	22.38	27.04	168	**甘肃**	**Gansu**	**215.09**	**346.77**	**376.22**	
遂宁	Suining	15.28	25.03	24.03	190	兰州	Lanzhou	14.85	27.69	27.41	164
内江	Neijiang	16.41	22.56	24.75	181	嘉峪关	Jiayuguan	1.61	2.68	3.04	285
乐山	Leshan	18.91	26.49	29.42	144	金昌	Jinchang	3.25	4.86	6.19	282
南充	Nanchong	24.00	43.61	44.44	64	白银	Baiyin	9.97	17.86	17.30	236
眉山	Meishan	13.22	20.65	23.02	198	天水	Tianshui	21.08	37.36	39.82	81
宜宾	Yibin	18.90	25.81	30.41	132	武威	Wuwei	9.90	20.16	21.26	212
广安	Guangan	13.81	20.71	23.33	195	张掖	Zhangye	8.66	16.46	17.07	238
达州	Dazhou	27.93	38.24	42.89	70	平凉	Pingliang	13.95	20.14	23.82	192
雅安	Yaan	9.44	24.79	19.80	224	酒泉	Jiuquan	7.54	12.10	12.28	265
巴中	Bazhong	15.15	26.16	27.38	166	庆阳	Qingyang	15.09	28.32	29.97	139
资阳	Ziyang	15.68	25.02	25.24	179	定西	Dingxi	11.86	35.56	39.69	83
贵州	**Guizhou**	**140.76**	**264.52**	**299.72**		陇南	Longnan	13.16	26.78	28.52	156
贵阳	Guiyang	16.93	27.17	31.94	122	**青海**	**Qinghai**	**189.50**	**162.01**	**148.01**	
六盘水	Liupanshui	8.65	17.24	19.73	225	西宁	Xining	13.79	22.69	24.28	187
遵义	Zunyi	17.70	30.69	34.13	110	海东	Haidong			19.44	226
安顺	Anshun	9.31	16.89	20.49	217	**宁夏**	**Ningxia**	**35.03**	**102.77**	**116.43**	
毕节	Bijie	14.76	30.29	32.80	117	银川	Yinchuan	6.88	20.11	21.52	210
铜仁	Tongren	13.54	24.41	27.17	167	石嘴山	Shizuishan	3.29	8.05	8.61	279
云南	**Yunnan**	**304.69**	**505.45**	**584.08**		吴忠	Wuzhong	4.46	13.26	14.19	253
昆明	Kunming	40.81	57.32	61.33	27	固原	Guyuan	5.38	17.38	18.60	232
曲靖	Qujing	22.54	36.79	39.37	86	中卫	Zhongwei	3.46	10.56	11.30	272
玉溪	Yuxi	13.94	21.88	23.70	193	**新疆**	**Xinjiang**	**166.40**	**263.17**	**300.85**	
保山	Baoshan	12.26	20.92	22.38	203	乌鲁木齐	Urumqi	17.87	30.74	32.89	115
昭通	Zhaotong	19.39	43.25	46.28	60	克拉玛依	Karamay	2.76	3.98	4.26	284

5-13 公共财政预算支出中医疗卫生支出

Public Budgetary Expenditure for Medical and Health Care

单位：亿元 (100 million yuan)

地名	City	2010	2013	2014	2014 排名 Ranking	地名	City	2010	2013	2014	2014 排名 Ranking
地方合计	**Region Total**	**4730.62**	**8203.20**	**10086.56**		沈阳	Shenyang	26.76	36.15	44.67	34
北京	**Beijing**	**186.82**	**276.13**	**322.29**		大连	Dalian	26.85	44.25	50.85	21
天津	**Tianjin**	**70.07**	**128.94**	**161.33**		鞍山	Anshan	11.94	14.77	22.88	137
河北	**Hebei**	**235.48**	**380.75**	**446.79**		抚顺	Fushun	6.53	8.13	9.82	257
石家庄	Shijiazhuang	27.59	48.26	30.48	84	本溪	Benxi	4.85	6.86	7.44	272
唐山	Tangshan	26.56	41.45	23.73	133	丹东	Dandong	6.05	9.87	11.84	244
秦皇岛	Qinhuangdao	11.24	40.98	10.72	249	锦州	Jinzhou	7.81	11.74	14.12	225
邯郸	Handan	24.28	25.16	38.90	49	营口	Yingkou	7.25	15.67	16.27	201
邢台	Xingtai	18.63	47.75	31.70	77	阜新	Fuxin	4.86	9.21	9.77	258
保定	Baoding	29.26	37.94	48.79	25	辽阳	Liaoyang	6.21	8.09	10.58	250
张家口	Zhangjiakou	16.50	17.61	21.45	146	盘锦	Panjin	4.60	7.70	10.10	253
承德	Chengde	11.63	28.64	18.18	182	铁岭	Tieling	7.48	12.40	14.59	219
沧州	Cangzhou	22.68	26.22	39.26	47	朝阳	Chaoyang	9.16	15.54	20.16	160
廊坊	Langfang	11.99	20.65	21.58	144	葫芦岛	Huludao	7.10	10.91	12.72	232
衡水	Hengshui	11.11	20.29	19.94	163	**吉林**	**Jilin**	**110.91**	**181.51**	**206.44**	
山西	**Shanxi**	**113.86**	**201.63**	**243.94**		长春	Changchun	25.57	46.20	50.52	22
太原	Taiyuan	10.12	19.05	20.00	161	吉林	Jilin	18.23	27.41	32.18	71
大同	Datong	7.44	16.00	16.80	194	四平	Siping	9.35	16.85	20.86	152
阳泉	Yangquan	3.82	7.40	7.77	271	辽源	Liaoyuan	4.15	7.70	8.36	269
长治	Changzhi	10.14	18.80	19.74	165	通化	Tonghua	7.13	15.41	14.43	220
晋城	Jincheng	6.37	12.56	13.19	230	白山	Baishan	7.65	8.72	9.75	259
朔州	Shuozhou	4.58	9.17	9.63	260	松原	Songyuan	7.32	13.66	15.11	215
晋中	Jinzhong	8.40	18.30	19.22	173	白城	Baicheng	7.89	13.02	15.74	208
运城	Yuncheng	10.66	23.19	24.35	127	**黑龙江**	**Heilongjiang**	**135.18**	**190.50**	**235.31**	
忻州	Xinzhou	9.16	17.91	18.81	179	哈尔滨	Harbin	31.00	44.93	52.46	17
临汾	Linfen	11.59	23.52	24.70	124	齐齐哈尔	Qiqihar	13.94	21.82	28.60	97
吕梁	Lvliang	10.25	21.94	23.04	135	鸡西	Jixi	5.29	7.56	9.88	256
内蒙古	**Inner Mongolia**	**120.72**	**196.03**	**227.78**		鹤岗	Hegang	3.83	5.34	6.28	277
呼和浩特	Hohhot	9.81	16.97	17.77	187	双鸭山	Shuangyashan	5.21	7.10	9.33	264
包头	Baotou	7.90	14.93	16.56	198	大庆	Daqing	10.61	16.93	20.54	154
乌海	Wuhai	5.40	5.87	6.33	276	伊春	Yichun	3.33	4.87	5.83	279
赤峰	Chifeng	13.55	24.84	31.00	79	佳木斯	Jiamusi	8.72	12.92	14.18	224
通辽	Tongliao	10.78	18.70	20.37	157	七台河	Qitaihe	2.91	3.68	5.20	283
鄂尔多斯	Erdos	16.46	26.05	25.85	116	牡丹江	Mudanjiang	7.61	12.66	15.88	205
呼伦贝尔	Hulunbuir	13.85	21.39	24.85	122	黑河	Heihe	6.46	7.72	11.01	246
巴彦淖尔	Bayannur	7.03	13.21	15.46	211	绥化	Suihua	13.59	23.53	29.92	89
乌兰察布	Ulanqab	9.94	16.56	19.03	175	**上海**	**Shanghai**	**160.07**	**214.92**	**264.75**	
辽宁	**Liaoning**	**151.36**	**229.50**	**273.61**		**江苏**	**Jiangsu**	**249.69**	**475.86**	**560.93**	

5-13　公共财政预算支出中医疗卫生支出　续表 1

Public Budgetary Expenditure for Medical and Health Care continued 1

单位：亿元　　(100 million yuan)

地名	City	2010	2013	2014	2014 排名 Ranking
南京	Nanjing	31.60	48.52	60.23	9
无锡	Wuxi	22.95	37.89	40.58	43
徐州	Xuzhou	21.34	45.16	49.89	23
常州	Changzhou	14.70	26.29	52.38	18
苏州	Suzhou	33.78	61.03	32.05	75
南通	Nantong	17.38	41.39	53.83	16
连云港	Lianyungang	9.99	20.53	26.09	113
淮安	Huaian	11.72	25.64	18.66	181
盐城	Yancheng	19.85	44.17	31.53	78
扬州	Yangzhou	10.56	21.33	24.12	129
镇江	Zhenjiang	7.70	16.39	70.07	8
泰州	Taizhou	12.14	27.46	32.14	72
宿迁	Suqian	9.17	21.11	27.07	107
浙江	**Zhejiang**	**224.53**	**350.73**	**433.80**	
杭州	Hangzhou	41.71	62.15	71.47	6
宁波	Ningbo	36.59	62.21	71.54	5
温州	Wenzhou	23.30	34.95	40.19	44
嘉兴	Jiaxing	13.02	17.04	19.60	168
湖州	Huzhou	8.29	14.83	17.05	192
绍兴	Shaoxing	15.25	25.58	29.42	91
金华	Jinhua	16.44	29.21	33.59	64
衢州	Quzhou	8.04	13.69	15.74	207
舟山	Zhoushan	7.49	11.52	13.25	229
台州	Taizhou	13.86	23.67	27.22	105
丽水	Lishui	10.98	17.36	19.96	162
安徽	**Anhui**	**184.22**	**361.80**	**425.00**	
合肥	Hefei	13.52	37.19	44.45	35
芜湖	Wuhu	10.03	21.64	28.59	98
蚌埠	Bengbu	9.09	18.15	21.08	150
淮南	Huainan	6.48	12.93	12.26	241
马鞍山	Maanshan	5.58	14.39	16.61	197
淮北	Huaibei	4.90	9.76	10.81	248
铜陵	Tongling	3.68	5.24	5.47	281
安庆	Anqing	17.12	32.24	37.20	53
黄山	Huangshan	6.05	10.23	11.96	243
滁州	Chuzhou	12.19	27.65	32.11	74
阜阳	Fuyang	17.31	38.48	47.50	28
宿州	Suzhou	14.35	27.35	32.97	66
六安	Liuan	16.36	32.50	41.66	41
亳州	Bozhou	13.17	26.84	32.90	67
池州	Chizhou	5.08	12.09	12.61	235
宣城	Xuancheng	9.40	22.47	21.73	142
福建	**Fujian**	**117.58**	**224.23**	**292.14**	
福州	Fuzhou	18.17	37.97	43.67	38
厦门	Xiamen	14.49	25.47	29.29	92
莆田	Putian	7.36	15.02	17.27	189
三明	Sanming	7.91	15.64	17.99	183
泉州	Quanzhou	16.71	34.19	39.32	46
漳州	Zhangzhou	11.64	23.97	27.57	103
南平	Nanping	8.00	16.31	18.76	180
龙岩	Longyan	8.70	16.75	19.26	171
宁德	Ningde	8.14	16.64	19.14	174
江西	**Jiangxi**	**150.02**	**262.14**	**338.45**	
南昌	Nanchang	20.89	37.45	46.04	31
景德镇	Jingdezhen	4.63	7.73	9.92	254
萍乡	Pingxiang	6.12	9.67	12.29	240
九江	Jiujiang	16.21	27.73	36.90	54
新余	Xinyu	3.67	6.68	9.58	261
鹰潭	Yingtan	3.81	7.26	12.22	242
赣州	Ganzhou	23.81	41.59	57.15	12
吉安	Jian	15.22	26.57	31.90	76
宜春	Yichun	15.56	27.44	36.66	56
抚州	Fuzhou	12.05	22.31	26.88	108
上饶	Shangrao	21.52	37.16	47.07	30
山东	**Shandong**	**250.77**	**485.86**	**605.67**	
济南	Jinan	21.08	41.68	51.64	19
青岛	Qingdao	19.78	41.66	58.43	10
淄博	Zibo	12.59	22.10	24.88	121
枣庄	Zaozhuang	9.09	16.38	21.97	141
东营	Dongying	6.81	14.02	17.88	184
烟台	Yantai	22.39	37.23	43.11	39
潍坊	Weifang	15.94	37.44	48.68	26
济宁	Jining	17.91	39.55	47.46	29
泰安	Taian	13.23	24.45	30.16	87
威海	Weihai	7.78	14.46	16.27	202
日照	Rizhao	6.86	13.40	17.17	190
莱芜	Laiwu	3.32	5.39	7.22	273
临沂	Linyi	21.14	46.18	56.57	13
德州	Dezhou	12.37	25.40	30.49	83
聊城	Liaocheng	14.10	26.25	32.45	70

5-13 公共财政预算支出中医疗卫生支出 续表 2

Public Budgetary Expenditure for Medical and Health Care continued 2

单位：亿元 (100 million yuan)

地名	City	2010	2013	2014	2014 排名 Ranking	地名	City	2010	2013	2014	2014 排名 Ranking
滨州	Binzhou	10.09	20.48	24.83	123	常德	Changde	14.53	27.89	35.63	59
菏泽	Heze	17.59	38.08	51.18	20	张家界	Zhangjiajie	4.46	7.58	9.09	266
河南	**Henan**	**270.21**	**492.48**	**602.95**		益阳	Yiyang	11.60	19.94	25.57	118
郑州	Zhengzhou	27.59	58.18	70.25	7	郴州	Chenzhou	11.58	23.31	29.01	94
开封	Kaifeng	10.73	22.00	27.28	104	永州	Yongzhou	13.74	26.84	33.96	63
洛阳	Luoyang	17.24	29.91	36.89	55	怀化	Huaihua	11.52	22.75	29.65	90
平顶山	Pingdingshan	13.22	23.03	25.95	115	娄底	Loudi	9.16	18.28	23.11	134
安阳	Anyang	13.82	22.52	27.76	102	**广东**	**Guangdong**	**304.04**	**569.32**	**777.55**	
鹤壁	Hebi	4.22	7.00	9.04	268	广州	Guangzhou	51.39	86.90	99.94	2
新乡	Xinxiang	13.21	25.71	30.56	81	韶关	Shaoguan	8.09	14.13	16.25	203
焦作	Jiaozuo	9.74	15.77	20.35	158	深圳	Shenzhen	14.16	106.92	122.96	1
濮阳	Puyang	9.32	18.52	22.39	140	珠海	Zhuhai	5.99	8.61	9.90	255
许昌	Xuchang	9.97	17.70	22.95	136	汕头	Shantou	11.74	22.72	26.13	112
漯河	Luohe	7.25	12.28	15.05	216	佛山	Foshan	13.94	25.13	28.90	95
三门峡	Sanmenxia	5.89	11.40	15.04	217	江门	Jiangmen	8.89	17.83	20.50	155
南阳	Nanyang	22.90	44.13	54.75	15	湛江	Zhanjiang	14.10	33.78	38.85	50
商丘	Shangqiu	18.09	36.44	43.80	36	茂名	Maoming	12.98	24.67	28.37	100
信阳	Xinyang	15.88	29.47	37.98	51	肇庆	Zhaoqing	8.70	18.07	20.78	153
周口	Zhoukou	21.60	45.97	55.75	14	惠州	Huizhou	10.73	26.28	30.22	86
驻马店	Zhumadian	18.99	35.33	45.25	32	梅州	Meizhou	10.77	20.88	24.01	130
湖北	**Hubei**	**179.13**	**322.08**	**401.32**		汕尾	Shanwei	4.63	11.01	12.66	234
武汉	Wuhan	38.33	70.10	80.62	4	河源	Heyuan	8.22	16.72	19.23	172
黄石	Huangshi	6.40	12.12	13.94	226	阳江	Yangjiang	5.57	10.73	12.34	239
十堰	Shiyan	9.23	17.99	20.30	159	清远	Qingyuan	10.34	19.50	22.43	139
宜昌	Yichang	11.01	26.35	30.30	85	东莞	Dongguan	5.31	17.14	19.71	166
襄阳	Xiangyang	9.68	25.35	29.15	93	中山	Zhongshan	4.76	8.33	9.58	262
鄂州	Ezhou	2.81	4.94	5.68	280	潮州	Chaozhou	5.53	9.45	10.87	247
荆门	Jingmen	6.03	11.94	15.15	214	揭阳	Jieyang	9.73	22.07	25.38	119
孝感	Xiaogan	5.24	18.49	21.26	148	云浮	Yunfu	6.01	12.44	14.31	223
荆州	Jingzhou	14.86	26.97	25.08	120	**广西**	**Guangxi**	**165.49**	**285.61**	**355.33**	
黄冈	Huanggang	15.66	29.71	35.12	61	南宁	Nanning	20.64	35.91	44.67	33
咸宁	Xianning	8.00	13.82	15.89	204	柳州	Liuzhou	12.10	19.55	23.96	131
随州	Suizhou	5.03	11.86	13.64	227	桂林	Guilin	17.37	28.79	36.21	57
湖南	**Hunan**	**180.44**	**342.47**	**422.40**		梧州	Wuzhou	7.99	16.34	24.21	128
长沙	Changsha	17.21	34.59	43.76	37	北海	Beihai	4.56	9.11	11.71	245
株洲	Zhuzhou	9.54	20.64	26.54	109	防城港	Fangchenggang	3.64	5.99	6.47	275
湘潭	Xiangtan	6.76	13.31	16.49	200	钦州	Qinzhou	8.36	17.58	19.55	169
衡阳	Hengyang	16.10	32.90	41.23	42	贵港	Guigang	10.04	20.07	23.94	132
邵阳	Shaoyang	15.73	31.67	39.98	45	玉林	Yulin	15.24	28.28	35.46	60
岳阳	Yueyang	13.42	25.46	32.51	68	百色	Baise	12.84	21.80	28.86	96

5-13 公共财政预算支出中医疗卫生支出 续表 3
Public Budgetary Expenditure for Medical and Health Care continued 3

单位：亿元 (100 million yuan)

地名	City	2010	2013	2014	2014 排名 Ranking	地名	City	2010	2013	2014	2014 排名 Ranking
贺州	Hezhou	5.78	11.97	14.40	221	丽江	Lijiang	4.32	7.60	10.28	252
河池	Hechi	13.14	19.89	26.15	111	普洱	Puer	10.69	14.75	19.31	170
来宾	Laibin	7.25	12.23	15.78	206	临沧	Lincang	7.67	13.46	16.65	196
崇左	Chongzuo	6.16	12.91	15.53	210	**西藏**	**Tibet**	**32.04**	**36.12**	**48.86**	
海南	**Hainan**	**34.82**	**69.59**	**88.46**		拉萨	Lasa	2.20	14.88	17.04	193
海口	Haikou	5.41	12.69	16.51	199	**陕西**	**Shaanxi**	**156.66**	**222.30**	**313.45**	
三亚	Sanya	3.00	4.78	5.39	282	西安	Xi'an	27.10	41.46	57.89	11
三沙	Sansha					铜川	Tongchuan	3.55	4.30	6.06	278
重庆	**Chongqing**	**94.87**	**198.05**	**246.34**		宝鸡	Baoji	11.12	15.78	21.71	143
四川	**Sichuan**	**263.34**	**487.20**	**584.10**		咸阳	Xianyang	14.94	22.47	32.50	69
成都	Chengdu	42.74	70.50	81.95	3	渭南	Weinan	13.02	21.62	30.95	80
自贡	Zigong	7.28	14.28	17.07	191	延安	Yan'an	12.96	18.26	24.37	126
攀枝花	Panzhihua	4.82	7.58	9.35	263	汉中	Hanzhong	10.98	18.91	26.45	110
泸州	Luzhou	10.96	22.95	28.44	99	榆林	Yulin	18.33	30.58	37.71	52
德阳	Deyang	8.80	16.45	21.17	149	安康	Ankang	9.74	14.05	18.95	178
绵阳	Mianyang	11.86	23.82	30.53	82	商洛	Shangluo	7.42	11.25	15.57	209
广元	Guangyuan	8.85	18.10	20.88	151	**甘肃**	**Gansu**	**100.40**	**148.21**	**204.19**	
遂宁	Suining	8.53	14.95	19.00	176	兰州	Lanzhou	12.51	17.19	25.75	117
内江	Neijiang	9.96	17.52	24.69	125	嘉峪关	Jiayuguan	0.96	1.22	1.81	285
乐山	Leshan	10.74	16.71	20.49	156	金昌	Jinchang	1.61	2.46	3.27	284
南充	Nanchong	18.01	34.35	41.79	40	白银	Baiyin	6.71	8.85	12.49	236
眉山	Meishan	8.95	17.16	19.67	167	天水	Tianshui	9.46	16.96	22.67	138
宜宾	Yibin	12.66	25.00	34.80	62	武威	Wuwei	5.80	9.67	13.46	228
广安	Guangan	11.01	21.67	27.20	106	张掖	Zhangye	5.18	6.79	9.32	265
达州	Dazhou	14.24	28.66	35.74	58	平凉	Pingliang	7.62	10.34	14.77	218
雅安	Yaan	5.46	9.78	12.92	231	酒泉	Jiuquan	4.70	6.18	10.43	251
巴中	Bazhong	8.69	18.38	21.57	145	庆阳	Qingyang	8.61	13.11	16.68	195
资阳	Ziyang	10.76	19.76	25.95	114	定西	Dingxi	7.09	12.62	15.40	213
贵州	**Guizhou**	**127.68**	**228.71**	**303.25**		陇南	Longnan	8.11	13.20	19.78	164
贵阳	Guiyang	12.21	26.58	33.30	65	**青海**	**Qinghai**	**38.94**	**60.11**	**80.13**	
六盘水	Liupanshui	8.49	14.86	21.37	147	西宁	Xining	7.49	13.22	17.45	188
遵义	Zunyi	18.40	38.63	49.73	24	海东	Haidong			15.45	212
安顺	Anshun	7.51	13.91	17.80	186	**宁夏**	**Ningxia**	**34.02**	**46.09**	**65.27**	
毕节	Bijie	21.12	36.73	47.61	27	银川	Yinchuan	7.19	8.42	12.41	238
铜仁	Tongren	11.30	22.05	28.11	101	石嘴山	Shizuishan	3.42	4.85	6.57	274
云南	**Yunnan**	**183.70**	**300.57**	**352.41**		吴忠	Wuzhong	4.83	8.75	12.71	233
昆明	Kunming	18.53	34.04	39.15	48	固原	Guyuan	6.77	10.34	12.49	237
曲靖	Qujing	16.71	27.93	32.12	73	中卫	Zhongwei	4.09	6.63	9.06	267
玉溪	Yuxi	9.12	16.09	19.00	177	**新疆**	**Xinjiang**	**103.56**	**145.88**	**202.32**	
保山	Baoshan	7.29	15.55	17.88	185	乌鲁木齐	Urumqi	6.94	10.92	14.33	222
昭通	Zhaotong	16.70	26.09	30.00	88	克拉玛依	Karamay	5.64	6.70	8.00	270

5-14 公共财政预算支出中农林水事务支出
Public Budgetary Expenditure for Agriculture, Forestry and Water Conservancy

单位：亿元　　(100 million yuan)

地名	City	2010	2012	2013	2013 排名 Ranking
地方合计	**Region Total**	**7741.69**	**11471.39**	**12822.64**	
北京	**Beijing**	**158.64**	**222.69**	**297.62**	
天津	**Tianjin**	**67.14**	**100.98**	**123.03**	
河北	**Hebei**	**312.66**	**443.62**	**511.11**	
石家庄	Shijiazhuang	24.66	39.89	50.25	38
唐山	Tangshan	35.59	46.22	48.08	47
秦皇岛	Qinhuangdao	12.79	17.17	39.97	78
邯郸	Handan	25.61	34.86	36.71	94
邢台	Xingtai	19.50	29.41	53.79	25
保定	Baoding	27.10	46.41	39.81	79
张家口	Zhangjiakou	18.81	30.61	18.39	222
承德	Chengde	20.30	33.28	32.80	117
沧州	Cangzhou	23.72	28.73	32.71	119
廊坊	Langfang	18.71	24.21	40.25	76
衡水	Hengshui	14.28	17.11	25.02	175
山西	**Shanxi**	**201.71**	**309.63**	**339.69**	
太原	Taiyuan	8.81	18.21	17.57	227
大同	Datong	12.24	15.72	19.96	214
阳泉	Yangquan	3.79	5.86	5.72	280
长治	Changzhi	15.33	21.81	25.98	164
晋城	Jincheng	10.93	16.63	18.63	220
朔州	Shuozhou	10.11	15.27	20.01	213
晋中	Jinzhong	14.07	19.06	24.57	181
运城	Yuncheng	16.71	26.24	33.08	116
忻州	Xinzhou	16.81	22.43	29.82	138
临汾	Linfen	15.48	23.51	32.42	123
吕梁	Lvliang	15.16	25.49	33.38	111
内蒙古	**Inner Mongolia**	**281.00**	**450.83**	**466.58**	
呼和浩特	Hohhot	20.24	33.71	34.66	101
包头	Baotou	15.32	30.15	30.04	136
乌海	Wuhai	5.71	9.52	8.46	275
赤峰	Chifeng	31.74	51.20	56.06	21
通辽	Tongliao	29.15	47.47	52.80	29
鄂尔多斯	Erdos	39.22	58.63	52.34	33
呼伦贝尔	Hulunbuir	28.53	44.18	52.60	31
巴彦淖尔	Bayannur	22.89	34.31	33.78	110
乌兰察布	Ulanqab	20.70	36.53	35.63	99
辽宁	**Liaoning**	**289.00**	**405.02**	**466.52**	
沈阳	Shenyang	26.41	38.79	44.84	58
大连	Dalian	34.96	56.44	70.50	9
鞍山	Anshan	11.66	19.83	20.99	202
抚顺	Fushun	11.09	17.60	24.26	183
本溪	Benxi	9.13	12.62	13.64	252
丹东	Dandong	19.34	23.74	30.01	137
锦州	Jinzhou	20.07	33.53	31.63	128
营口	Yingkou	9.92	14.56	16.02	237
阜新	Fuxin	8.83	17.21	25.46	170
辽阳	Liaoyang	6.60	10.25	12.14	259
盘锦	Panjin	14.16	19.42	20.28	209
铁岭	Tieling	17.47	28.04	32.25	125
朝阳	Chaoyang	20.16	33.81	37.57	88
葫芦岛	Huludao	16.37	23.10	21.73	199
吉林	**Jilin**	**238.94**	**291.30**	**318.26**	
长春	Changchun	32.13	35.56	41.72	69
吉林	Jilin	21.52	20.74	26.45	156
四平	Siping	16.47	18.73	18.82	218
辽源	Liaoyuan	6.74	7.14	9.51	271
通化	Tonghua	16.80	18.55	22.27	197
白山	Baishan	9.88	13.58	15.68	240
松原	Songyuan	17.55	20.82	26.29	158
白城	Baicheng	16.28	23.88	27.53	152
黑龙江	**Heilongjiang**	**338.06**	**430.39**	**461.7**	
哈尔滨	Harbin	62.84	63.32	69.06	11
齐齐哈尔	Qiqihar	41.99	56.97	54.83	23
鸡西	Jixi	12.22	15.62	14.84	245
鹤岗	Hegang	6.44	9.09	8.71	273
双鸭山	Shuangyashan	11.19	12.79	13.30	255
大庆	Daqing	16.86	24.94	24.91	179
伊春	Yichun	10.95	10.86	11.91	260
佳木斯	Jiamusi	26.99	32.02	45.31	57
七台河	Qitaihe	4.88	5.83	7.41	277
牡丹江	Mudanjiang	17.08	21.12	22.43	196
黑河	Heihe	22.69	25.37	32.33	124
绥化	Suihua	39.20	53.48	55.17	22
上海	**Shanghai**	**151.93**	**217.97**	**187.25**	
江苏	**Jiangsu**	**489.16**	**754.09**	**868.34**	

5-14 公共财政预算支出中农林水事务支出 续表 1

Public Budgetary Expenditure for Agriculture, Forestry and Water Conservancy continued 1

单位：亿元 (100 million yuan)

地名	City	2010	2012	2013	2013 排名 Ranking	地名	City	2010	2012	2013	2013 排名 Ranking
南京	Nanjing	32.21	51.01	57.73	20	池州	Chizhou	8.61	12.83	14.51	248
无锡	Wuxi	28.30	44.82	52.36	32	宣城	Xuancheng	12.52	24.08	26.07	162
徐州	Xuzhou	43.74	81.91	101.24	1	**福建**	**Fujian**	**160.34**	**244.16**	**312.22**	
常州	Changzhou	21.04	28.61	34.58	102	福州	Fuzhou	14.71	29.90	37.91	86
苏州	Suzhou	62.15	86.56	100.48	2	厦门	Xiamen	9.60	13.83	14.30	251
南通	Nantong	36.00	62.90	70.23	10	莆田	Putian	6.82	11.67	15.84	238
连云港	Lianyungang	27.92	43.15	49.84	40	三明	Sanming	15.55	26.17	34.14	108
淮安	Huaian	27.39	50.42	52.85	28	泉州	Quanzhou	21.14	40.38	46.93	50
盐城	Yancheng	38.89	66.54	76.25	5	漳州	Zhangzhou	16.06	29.64	42.21	67
扬州	Yangzhou	21.71	35.87	38.53	83	南平	Nanping	13.13	19.36	31.95	126
镇江	Zhenjiang	13.30	22.26	26.21	160	龙岩	Longyan	13.03	20.04	30.33	135
泰州	Taizhou	25.86	39.46	46.41	51	宁德	Ningde	12.11	19.52	29.68	139
宿迁	Suqian	26.34	47.67	63.00	13	**江西**	**Jiangxi**	**232.34**	**384.77**	**438.54**	
浙江	**Zhejiang**	**290.37**	**408.20**	**513.03**		南昌	Nanchang	17.93	25.78	30.99	131
杭州	Hangzhou	31.97	44.88	50.62	37	景德镇	Jingdezhen	7.07	13.31	15.15	243
宁波	Ningbo	43.01	72.20	80.38	4	萍乡	Pingxiang	7.86	12.97	14.41	250
温州	Wenzhou	29.14	42.18	54.09	24	九江	Jiujiang	22.20	35.46	45.66	55
嘉兴	Jiaxing	15.34	23.00	33.17	115	新余	Xinyu	6.10	8.34	9.05	272
湖州	Huzhou	11.33	15.03	21.96	198	鹰潭	Yingtan	5.72	6.77	8.62	274
绍兴	Shaoxing	20.70	28.19	33.20	114	赣州	Ganzhou	33.82	54.82	60.60	18
金华	Jinhua	22.04	27.90	34.16	107	吉安	Jian	28.60	45.00	49.32	42
衢州	Quzhou	14.12	18.63	23.16	190	宜春	Yichun	27.87	40.64	48.00	48
舟山	Zhoushan	19.47	30.40	49.00	44	抚州	Fuzhou	22.73	30.34	36.99	92
台州	Taizhou	26.06	39.29	50.79	36	上饶	Shangrao	30.42	42.34	51.43	34
丽水	Lishui	17.91	25.73	36.66	95	**山东**	**Shandong**	**465.98**	**673.82**	**748.14**	
安徽	**Anhui**	**292.52**	**430.47**	**478.17**		济南	Jinan	23.03	29.04	30.94	132
合肥	Hefei	14.99	40.47	49.60	41	青岛	Qingdao	32.09	39.74	52.64	30
芜湖	Wuhu	7.49	22.06	25.44	171	淄博	Zibo	17.94	29.56	31.41	130
蚌埠	Bengbu	9.35	19.31	23.18	189	枣庄	Zaozhuang	11.31	17.12	19.80	215
淮南	Huainan	6.79	12.00	13.38	253	东营	Dongying	18.05	30.08	32.67	120
马鞍山	Maanshan	3.29	14.88	17.28	232	烟台	Yantai	37.94	64.00	71.48	8
淮北	Huaibei	5.45	10.43	11.16	263	潍坊	Weifang	28.77	51.47	59.79	19
铜陵	Tongling	2.20	4.47	4.98	281	济宁	Jining	29.30	43.39	48.59	45
安庆	Anqing	21.54	33.92	39.06	80	泰安	Taian	21.09	30.98	34.45	103
黄山	Huangshan	8.64	14.53	17.55	228	威海	Weihai	18.78	42.13	41.94	68
滁州	Chuzhou	20.10	39.40	44.81	59	日照	Rizhao	13.72	20.80	25.18	173
阜阳	Fuyang	20.30	34.04	41.53	71	莱芜	Laiwu	5.27	6.74	7.69	276
宿州	Suzhou	14.96	31.50	33.32	113	临沂	Linyi	28.56	37.14	46.33	53
六安	Liuan	24.92	42.26	49.12	43	德州	Dezhou	23.22	33.71	35.27	100
亳州	Bozhou	12.90	22.67	27.70	151	聊城	Liaocheng	18.77	28.95	31.92	127

5-14 公共财政预算支出中农林水事务支出 续表 2

Public Budgetary Expenditure for Agriculture, Forestry and Water Conservancy continued 2

单位：亿元 (100 million yuan)

地名	City	2010	2012	2013	2013 排名 Ranking	地名	City	2010	2012	2013	2013 排名 Ranking
滨州	Binzhou	21.34	33.96	34.10	109	常德	Changde	20.86	36.37	45.38	56
菏泽	Heze	27.53	36.37	40.53	74	张家界	Zhangjiajie	7.58	11.60	12.54	256
河南	**Henan**	**399.19**	**551.73**	**629.85**		益阳	Yiyang	13.40	24.20	27.05	153
郑州	Zhengzhou	30.35	52.05	60.61	17	郴州	Chenzhou	18.70	27.54	35.89	97
开封	Kaifeng	11.42	21.51	26.18	161	永州	Yongzhou	17.90	32.95	42.62	65
洛阳	Luoyang	19.34	36.05	43.59	62	怀化	Huaihua	18.07	26.39	32.60	121
平顶山	Pingdingshan	14.34	25.50	26.24	159	娄底	Loudi	11.78	16.83	20.21	210
安阳	Anyang	13.86	26.20	29.21	142	**广东**	**Guangdong**	**325.02**	**539.56**	**595.28**	
鹤壁	Hebi	5.42	8.58	10.33	268	广州	Guangzhou	38.92	63.55	73.69	7
新乡	Xinxiang	16.70	30.03	34.29	104	韶关	Shaoguan	10.27	18.06	20.32	208
焦作	Jiaozuo	10.27	16.98	20.07	212	深圳	Shenzhen		44.66	61.42	16
濮阳	Puyang	9.60	23.04	24.01	186	珠海	Zhuhai	7.62	10.79	11.37	262
许昌	Xuchang	11.00	20.55	26.01	163	汕头	Shantou	8.04	18.93	14.79	246
漯河	Luohe	5.65	12.14	14.64	247	佛山	Foshan	23.99	26.85	28.42	147
三门峡	Sanmenxia	10.36	16.52	17.98	226	江门	Jiangmen	12.30	20.58	23.55	188
南阳	Nanyang	32.02	57.10	66.25	12	湛江	Zhanjiang	17.22	24.44	27.98	150
商丘	Shangqiu	18.77	37.72	42.96	64	茂名	Maoming	11.41	19.89	20.35	207
信阳	Xinyang	21.85	41.58	43.70	61	肇庆	Zhaoqing	13.52	18.15	18.29	223
周口	Zhoukou	18.15	41.36	48.45	46	惠州	Huizhou	14.61	26.06	26.48	155
驻马店	Zhumadian	24.31	39.36	44.78	60	梅州	Meizhou	14.85	23.58	25.97	165
湖北	**Hubei**	**300.87**	**419.02**	**465.34**		汕尾	Shanwei	6.07	11.13	13.33	254
武汉	Wuhan	38.46	49.48	61.96	15	河源	Heyuan	14.75	18.02	20.86	204
黄石	Huangshi	9.91	13.19	14.47	249	阳江	Yangjiang	8.53	16.69	18.54	221
十堰	Shiyan	25.75	28.84	34.23	105	清远	Qingyuan	13.78	20.78	19.51	216
宜昌	Yichang	23.32	33.88	37.78	87	东莞	Dongguan	22.96	29.69	23.61	187
襄阳	Xiangyang	25.97	46.40	43.49	63	中山	Zhongshan	18.34	25.90	28.59	145
鄂州	Ezhou	4.70	6.16	7.22	278	潮州	Chaozhou	5.52	9.54	10.26	269
荆门	Jingmen	17.69	21.61	24.13	185	揭阳	Jieyang	8.02	15.78	17.54	229
孝感	Xiaogan	6.39	9.68	11.80	261	云浮	Yunfu	6.66	10.04	10.87	265
荆州	Jingzhou	27.79	11.59	41.25	73	**广西**	**Guangxi**	**260.26**	**369.07**	**371.90**	
黄冈	Huanggang	30.34	43.34	46.15	54	南宁	Nanning	18.98	32.33	37.32	91
咸宁	Xianning	14.12	22.90	24.92	178	柳州	Liuzhou	13.33	20.60	22.47	195
随州	Suizhou	10.08	16.89	16.89	235	桂林	Guilin	27.01	37.82	37.51	90
湖南	**Hunan**	**322.65**	**447.74**	**516.55**		梧州	Wuzhou	10.66	18.98	21.03	201
长沙	Changsha	25.56	40.04	53.37	26	北海	Beihai	7.06	23.17	17.02	234
株洲	Zhuzhou	10.84	17.67	20.69	205	防城港	Fangchenggang	5.91	10.15	9.91	270
湘潭	Xiangtan	7.54	12.22	16.67	236	钦州	Qinzhou	9.48	16.65	15.58	241
衡阳	Hengyang	18.51	32.07	38.49	84	贵港	Guigang	11.93	17.00	15.56	242
邵阳	Shaoyang	20.30	33.23	42.46	66	玉林	Yulin	16.21	24.46	23.10	191
岳阳	Yueyang	17.92	28.71	38.89	81	百色	Baise	18.48	32.74	32.47	122

5-14 公共财政预算支出中农林水事务支出 续表 3

Public Budgetary Expenditure for Agriculture, Forestry and Water Conservancy continued 3

单位：亿元 (100 million yuan)

地名	City	2010	2012	2013	2013 排名 Ranking
贺州	Hezhou	9.88	13.91	14.97	244
河池	Hechi	17.31	26.15	30.75	133
来宾	Laibin	14.69	20.39	15.76	239
崇左	Chongzuo	9.61	17.57	18.25	224
海南	**Hainan**	**87.68**	**123.62**	**139.03**	
海口	Haikou	6.45	9.74	11.16	263
三亚	Sanya	7.49	10.80	12.15	258
三沙	Sansha				
重庆	**Chongqing**	**159.18**	**256.35**	**281.94**	
四川	**Sichuan**	**401.76**	**654.95**	**741.78**	
成都	Chengdu	37.26	53.70	75.91	6
自贡	Zigong	8.83	16.54	18.11	225
攀枝花	Panzhihua	6.46	10.83	12.31	257
泸州	Luzhou	15.94	31.08	36.79	93
德阳	Deyang	11.49	17.70	25.90	166
绵阳	Mianyang	15.01	31.69	38.84	82
广元	Guangyuan	14.15	21.90	28.07	149
遂宁	Suining	10.97	17.99	20.87	203
内江	Neijiang	11.54	18.69	22.76	193
乐山	Leshan	13.94	21.65	22.85	192
南充	Nanchong	20.72	40.08	46.40	52
眉山	Meishan	12.31	20.81	29.56	140
宜宾	Yibin	16.76	29.37	35.75	98
广安	Guangan	14.63	23.70	26.38	157
达州	Dazhou	21.22	34.78	37.54	89
雅安	Yaan	6.44	11.83	2.01	282
巴中	Bazhong	13.81	25.64	24.91	179
资阳	Ziyang	16.16	24.74	28.10	148
贵州	**Guizhou**	**246.76**	**361.87**	**400.31**	
贵阳	Guiyang	16.24	24.18	28.96	143
六盘水	Liupanshui	16.06	21.89	28.96	143
遵义	Zunyi	32.54	46.21	51.02	35
安顺	Anshun	12.95	18.87	22.66	194
毕节	Bijie	32.14	40.22	41.62	70
铜仁	Tongren	25.09	35.19	36.13	96
云南	**Yunnan**	**327.21**	**518.60**	**538.97**	
昆明	Kunming	25.05	36.84	41.35	72
曲靖	Qujing	30.59	42.00	38.07	85
玉溪	Yuxi	14.88	20.81	25.90	166
保山	Baoshan	15.98	25.54	24.15	184
昭通	Zhaotong	23.13	34.92	34.19	106
丽江	Lijiang	7.97	17.41	19.25	217
普洱	Puer	17.21	27.98	29.31	141
临沧	Lincang	15.24	26.69	28.55	146
西藏	**Tibet**	**89.11**	**142.62**	**148.79**	
拉萨	Lasa	4.31	90.72	86.49	3
陕西	**Shaanxi**	**267.16**	**376.45**	**419.62**	
西安	Xi'an	25.14	45.11	49.94	39
铜川	Tongchuan	5.51	9.90	10.63	266
宝鸡	Baoji	19.23	32.14	32.74	118
咸阳	Xianyang	23.20	33.03	40.41	75
渭南	Weinan	24.73	43.66	47.92	49
延安	Yan'an	30.21	41.75	53.18	27
汉中	Hanzhong	16.44	28.42	33.35	112
榆林	Yulin	36.00	57.27	62.15	14
安康	Ankang	15.04	20.47	25.11	174
商洛	Shangluo	13.22	22.03	24.36	182
甘肃	**Gansu**	**196.27**	**302.37**	**346.58**	
兰州	Lanzhou	13.92	16.62	17.12	233
嘉峪关	Jiayuguan	0.43	0.99	1.78	283
金昌	Jinchang	3.16	5.50	6.73	279
白银	Baiyin	8.77	17.24	18.68	219
天水	Tianshui	15.02	22.17	25.27	172
武威	Wuwei	17.40	21.81	24.98	176
张掖	Zhangye	12.16	17.37	21.21	200
平凉	Pingliang	11.71	18.13	20.45	206
酒泉	Jiuquan	9.06	16.23	17.43	230
庆阳	Qingyang	20.65	24.84	25.61	169
定西	Dingxi	14.98	26.58	40.06	77
陇南	Longnan	13.19	22.66	31.45	129
青海	**Qinghai**	**69.50**	**134.31**	**159.69**	
西宁	Xining	10.88	18.56	24.96	177
海东	Haidong				
宁夏	**Ningxia**	**94.23**	**139.80**	**149.38**	
银川	Yinchuan	13.71	22.26	25.75	168
石嘴山	Shizuishan	7.06	8.55	10.55	267
吴忠	Wuzhong	14.61	28.29	26.65	154
固原	Guyuan	14.24	26.06	30.63	134
中卫	Zhongwei	12.34	18.33	17.43	230
新疆	**Xinjiang**	**220.50**	**365.39**	**387.42**	
乌鲁木齐	Urumqi	7.30	15.18	20.12	211
克拉玛依	Karamay	0.81	1.62	1.00	284

居民生活和社会保障

People's Living Conditions and Social Security

6-1 城镇居民人均可支配收入
Annual Per Capita Disposable Income of Urban Households

单位：元 (yuan)

地名	City	2010	2013	2014	2014 排名 Ranking
全国	**Nation Total**	**19109**	**26955**	**28844**	
北京	**Beijing**	**29073**	**40321**	**48532**	
天津	**Tianjin**	**24293**	**32294**	**31506**	
河北	**Hebei**	**16263**	**22580**	**24141**	
石家庄	Shijiazhuang	16263	24074	25996	110
唐山	Tangshan	16263	26704	28891	66
秦皇岛	Qinhuangdao	16263	24021	26053	108
邯郸	Handan	16263	20807	22699	203
邢台	Xingtai	16263	18195	20007	255
保定	Baoding	16263	19840	21673	217
张家口	Zhangjiakou	16263	19641	21651	218
承德	Chengde	16263	19138	20983	240
沧州	Cangzhou	16263	22072	24174	158
廊坊	Langfang	16263	27090	29416	61
衡水	Hengshui	16263	17808	19614	264
山西	**Shanxi**	**15648**	**22456**	**24069**	
太原	Taiyuan	17258	24000	25768	117
大同	Datong	16103	21430	23043	190
阳泉	Yangquan	17084	23238	24825	139
长治	Changzhi	17123	22803	24565	149
晋城	Jincheng	17353	23250	24907	138
朔州	Shuozhou	17558	24013	25725	119
晋中	Jinzhong	17394	23714	25652	120
运城	Yuncheng	14952	20718	22226	209
忻州	Xinzhou	14939	20324	21735	214
临汾	Linfen	16145	21936	23610	173
吕梁	Lvliang	15278	20145	21485	221
内蒙古	**Inner Mongolia**	**17698**	**25578**	**28350**	
呼和浩特	Hohhot	25174	32003	34723	30
包头	Baotou	25862	32694	35506	26
乌海	Wuhai	19741	28802	31481	46
赤峰	Chifeng	14108	21148	23199	184
通辽	Tongliao	14263	21349	23377	177
鄂尔多斯	Erdos	25205	32243	34983	28
呼伦贝尔	Hulunbuir	14857	22616	24787	142
巴彦淖尔	Bayannur	14421	20674	22618	205
乌兰察布	Ulanqab	14202	20895	22796	198
辽宁	**Liaoning**	**17713**	**22275**	**29082**	
沈阳	Shenyang	20541	29074	34233	33
大连	Dalian	21293	30238	33591	34
鞍山	Anshan	18423	26662	27846	70
抚顺	Fushun	15303	22702	25035	131
本溪	Benxi	16775	24960	25972	111
丹东	Dandong	14536	21745	22931	195
锦州	Jinzhou	17375	25340	25214	125
营口	Yingkou	18055	26600	28222	69
阜新	Fuxin	12711	19058	21195	232
辽阳	Liaoyang	16570	24619	24382	153
盘锦	Panjin	21035	30148	30857	52
铁岭	Tieling	13730	20576	19276	269
朝阳	Chaoyang	12961	18891	19634	263
葫芦岛	Huludao	17371	25304	23010	192
吉林	**Jilin**	**15411**	**19597**	**23218**	
长春	Changchun	17922	26034	27299	77
吉林	Jilin	16936	25937	27297	78
四平	Siping	16459	25530	26629	97
辽源	Liaoyuan	16665	25379	26252	105
通化	Tonghua	16704	25636	26701	93
白山	Baishan	16356	25555	26694	94
松原	Songyuan	16800	25933	27290	79
白城	Baicheng	15904	24291	24328	155
黑龙江	**Heilongjiang**	**13857**	**19597**	**22609**	
哈尔滨	Harbin	17557	25197	28816	67
齐齐哈尔	Qiqihar	13377	19064	21283	228
鸡西	Jixi	13005	17697	19375	267
鹤岗	Hegang	12044	16001	18116	280
双鸭山	Shuangyashan	14157	18734	19965	256
大庆	Daqing	20016	27755	32307	42
伊春	Yichun	10317	15370	19091	272
佳木斯	Jiamusi	12186	17863	21518	220
七台河	Qitaihe	15002	18134	20068	252
牡丹江	Mudanjiang	12806	19320	24735	143
黑河	Heihe		19693	21092	236
绥化	Suihua		17684	19111	271
上海	**Shanghai**	**31838**	**43851**	**48841**	
江苏	**Jiangsu**	**22944**	**32538**	**34346**	

6-1 城镇居民人均可支配收入 续表 1
Annual Per Capita Disposable Income of Urban Households continued 1

单位：元 (yuan)

地名	City	2010	2013	2014	2014 排名 Ranking	地名	City	2010	2013	2014	2014 排名 Ranking
南京	Nanjing	27383	38531	42568	6	池州	Chizhou	15997	23482	22295	207
无锡	Wuxi	27750	38999	41731	8	宣城	Xuancheng	15141	22731	26289	102
徐州	Xuzhou	16762	23770	24080	161	**福建**	**Fujian**	**21781**	**30816**	**30722**	
常州	Changzhou	25875	36611	39483	15	福州	Fuzhou	22723	32265	32451	41
苏州	Suzhou	30366	42748	46677	1	厦门	Xiamen	29253	41360	39625	14
南通	Nantong	21825	31059	33374	36	莆田	Putian	19068	27233	26871	89
连云港	Lianyungang	15790	22985	23595	174	三明	Sanming	18194	25724	25197	127
淮安	Huaian	15983	23107	25798	116	泉州	Quanzhou	25155	35430	34820	29
盐城	Yancheng	16935	24119	25854	114	漳州	Zhangzhou	18482	26471	25741	118
扬州	Yangzhou	19537	28145	30322	58	南平	Nanping	17332	24318	24074	162
镇江	Zhenjiang	23224	32977	35752	25	龙岩	Longyan	18406	26281	26153	106
泰州	Taizhou	20255	29112	31346	47	宁德	Ningde	16815	23951	23956	165
宿迁	Suqian	12757	18846	20396	248	**江西**	**Jiangxi**	**15481**	**21873**	**24309**	
浙江	**Zhejiang**	**27359**	**37851**	**40393**		南昌	Nanchang	18276	26151	29091	65
杭州	Hangzhou	30035	39310	44632	2	景德镇	Jingdezhen	16657	23991	26625	98
宁波	Ningbo	30166	41657	44155	3	萍乡	Pingxiang	16381	23496	26019	109
温州	Wenzhou	27250	37852	40510	11	九江	Jiujiang	15764	22504	25077	130
嘉兴	Jiaxing	27487	39087	42143	7	新余	Xinyu	17358	24751	27626	71
湖州	Huzhou	25572	36220	38959	16	鹰潭	Yingtan	15618	22090	24591	148
绍兴	Shaoxing	30164	40454	43167	4	赣州	Ganzhou	14203	20556	22935	194
金华	Jinhua	25029	36423	39807	12	吉安	Jian	15547	22278	24797	140
衢州	Quzhou	21811	28883	30583	55	宜春	Yichun	14333	20871	23221	183
舟山	Zhoushan	26242	37646	41466	9	抚州	Fuzhou	14445	20835	23101	189
台州	Taizhou	27212	37038	39763	13	上饶	Shangrao	15535	22195	24656	145
丽水	Lishui	21093	29045	30413	57	**山东**	**Shandong**	**19946**	**28264**	**29222**	
安徽	**Anhui**	**15788**	**23114**	**24839**		济南	Jinan	25321	35648	38763	17
合肥	Hefei	19051	28083	29348	62	青岛	Qingdao	24998	35227	38294	18
芜湖	Wuhu	18727	26264	27384	74	淄博	Zibo	21784	30889	33534	35
蚌埠	Bengbu	15376	22739	24147	159	枣庄	Zaozhuang	17630	25238	27596	72
淮南	Huainan	15377	22920	26267	103	东营	Dongying	23796	33983	36940	19
马鞍山	Maanshan	23159	34048	32560	40	烟台	Yantai	23288	32956	35791	24
淮北	Huaibei	15191	22460	23787	166	潍坊	Weifang	19675	28386	30973	50
铜陵	Tongling	18690	27154	29234	63	济宁	Jining	19826	27956	30428	56
安庆	Anqing	15147	22683	22109	211	泰安	Taian	19953	28201	30715	53
黄山	Huangshan	15834	23356	24194	157	威海	Weihai	22235	31442	34254	32
滁州	Chuzhou	15104	22591	22091	212	日照	Rizhao	17558	25090	27540	73
阜阳	Fuyang	13981	20933	21715	216	莱芜	Laiwu	20988	29179	31728	43
宿州	Suzhou	14669	21713	21941	213	临沂	Linyi	21038	30317	33026	38
六安	Liuan	14508	21275	20610	245	德州	Dezhou	17410	24812	27180	82
亳州	Bozhou	15538	22605	21192	233	聊城	Liaocheng	17889	26087	28382	68

6-1 城镇居民人均可支配收入 续表 2
Annual Per Capita Disposable Income of Urban Households continued 2

单位：元 (yuan)

地名	City	2010	2013	2014	2014 排名 Ranking	地名	City	2010	2013	2014	2014 排名 Ranking
滨州	Binzhou	19686	28363	30870	51	常德	Changde	15502	20766	22634	204
菏泽	Heze	14419	21236	23344	178	张家界	Zhangjiajie	12705	16580	18055	281
河南	**Henan**	**15930**	**22398**	**23672**		益阳	Yiyang	15398	18928	20688	243
郑州	Zhengzhou	18897	26615	29095	64	郴州	Chenzhou	15342	21634	23621	172
开封	Kaifeng	13695	19492	21467	222	永州	Yongzhou	15041	18526	20175	251
洛阳	Luoyang	17639	24820	26974	86	怀化	Huaihua	12523	17632	19205	270
平顶山	Pingdingshan	16208	22482	24393	152	娄底	Loudi	15025	18680	20324	249
安阳	Anyang	16394	23019	25172	128	**广东**	**Guangdong**	**23898**	**33090**	**32148**	
鹤壁	Hebi	15059	21228	23113	188	广州	Guangzhou	30658	42049	42955	5
新乡	Xinxiang	15752	22105	23983	163	韶关	Shaoguan	18021	25595	21583	219
焦作	Jiaozuo	15781	22058	23977	164	深圳	Shenzhen	32381	44653	40948	10
濮阳	Puyang	15138	21571	23767	167	珠海	Zhuhai	25382	36375	35287	27
许昌	Xuchang	15171	21717	23753	169	汕头	Shantou	15179	22206	21446	223
漯河	Luohe	14769	21174	23281	180	佛山	Foshan	27245	38038	36555	22
三门峡	Sanmenxia	15032	20938	22739	201	江门	Jiangmen	21153	29772	24976	136
南阳	Nanyang	15077	21653	23711	171	湛江	Zhanjiang	15305	22371	21317	226
商丘	Shangqiu	14178	20214	22274	208	茂名	Maoming	14360	20036	19541	265
信阳	Xinyang	13348	19150	21060	237	肇庆	Zhaoqing	16832	23930	21726	215
周口	Zhoukou	12678	18046	19742	260	惠州	Huizhou	23565	32991	27300	76
驻马店	Zhumadian	13702	19431	21320	225	梅州	Meizhou	14728	20737	19846	259
湖北	**Hubei**	**16058**	**22906**	**24852**		汕尾	Shanwei	13915	20485	19036	274
武汉	Wuhan	20806	29821	33270	37	河源	Heyuan	13177	18436	18246	279
黄石	Huangshi	14665	21330	25208	126	阳江	Yangjiang	14641	21434	21240	229
十堰	Shiyan	12653	17694	22143	210	清远	Qingyuan	15768	21368	21093	235
宜昌	Yichang	15557	20934	25025	132	东莞	Dongguan	35690	46594	36764	21
襄阳	Xiangyang	14756	19329	25863	113	中山	Zhongshan	25357	34274	34304	31
鄂州	Ezhou	14788	20878	22763	200	潮州	Chaozhou	13669	19674	18845	276
荆门	Jingmen	15218	19820	26498	101	揭阳	Jieyang	14907	20980	19635	262
孝感	Xiaogan	14878	19819	22912	197	云浮	Yunfu	14613	20440	18679	277
荆州	Jingzhou	14708	18706	25930	112	**广西**	**Guangxi**	**17064**	**23305**	**24669**	
黄冈	Huanggang	12832	18432	23242	182	南宁	Nanning	18032	24817	27075	83
咸宁	Xianning	12968	18581	23758	168	柳州	Liuzhou	17766	24355	26693	95
随州	Suizhou	15280	19806	22939	193	桂林	Guilin	17949	24552	26811	91
湖南	**Hunan**	**16566**	**23414**	**26570**		梧州	Wuzhou	16427	22537	24272	156
长沙	Changsha	22814	33662	36826	20	北海	Beihai	16798	23407	25818	115
株洲	Zhuzhou	19643	28698	31338	48	防城港	Fangchenggang	17831	24423	26523	100
湘潭	Xiangtan	18059	24810	27068	84	钦州	Qinzhou	17356	23695	25425	121
衡阳	Hengyang	15635	22297	24370	154	贵港	Guigang	15531	21361	23262	181
邵阳	Shaoyang	11698	17647	19341	268	玉林	Yulin	17642	24366	26681	96
岳阳	Yueyang	17312	21193	23121	187	百色	Baise	15976	21458	23282	179

6-1 城镇居民人均可支配收入 续表 3
Annual Per Capita Disposable Income of Urban Households continued 3

单位：元 (yuan)

地名	City	2010	2013	2014	2014 排名 Ranking	地名	City	2010	2013	2014	2014 排名 Ranking
贺州	Hezhou	15802	21682	23590	175	丽江	Lijiang	13740	21229	23752	170
河池	Hechi	14889	19653	21363	224	普洱	Puer	13489	19170	21058	238
来宾	Laibin	17334	23563	25401	122	临沧	Lincang	12587	18563	19526	266
崇左	Chongzuo	15620	21289	23184	185	**西藏**	**Tibet**	**14980**	**20023**	**22016**	
海南	**Hainan**	**15581**	**22929**	**24487**		拉萨	Lasa	16567	21427	22927	196
海口	Haikou	16720	24461	26530	99	**陕西**	**Shaanxi**	**15695**	**22858**	**24366**	
三亚	Sanya	17758	25460	26860	90	西安	Xi'an	15884	33100	36100	23
三沙	Sansha					铜川	Tongchuan	18978	24495	27237	80
重庆	**Chongqing**	**17532**	**25216**	**25147**		宝鸡	Baoji	18914	28509	31560	44
四川	**Sichuan**	**15461**	**22368**	**24234**		咸阳	Xianyang	15918	28488	31530	45
成都	Chengdu	19920	29968	32665	39	渭南	Weinan	17880	24164	26725	92
自贡	Zigong	14538	21489	23552	176	延安	Yan'an	14509	27643	30588	54
攀枝花	Panzhihua	16882	24906	27322	75	汉中	Hanzhong	17545	22167	24605	147
泸州	Luzhou	15505	22821	25240	124	榆林	Yulin	14642	26820	29665	60
德阳	Deyang	16202	24701	26998	85	安康	Ankang	14811	22533	25011	134
绵阳	Mianyang	15516	23100	25341	123	商洛	Shangluo	22297	33007	24727	144
广元	Guangyuan	12509	18713	20547	246	**甘肃**	**Gansu**	**13189**	**18965**	**21804**	
遂宁	Suining	13778	20737	22790	199	兰州	Lanzhou	14062	20767	23030	191
内江	Neijiang	14324	21114	23162	186	嘉峪关	Jiayuguan	16742	24294	26894	87
乐山	Leshan	15237	22661	24791	141	金昌	Jinchang	17679	23786	26260	104
南充	Nanchong	12638	19206	21223	231	白银	Baiyin	14213	18280	20053	253
眉山	Meishan	14644	21901	24135	160	天水	Tianshui	11507	16892	18565	278
宜宾	Yibin	15261	22718	24990	135	武威	Wuwei	11551	17368	19036	275
广安	Guangan	14754	22210	24475	150	张掖	Zhangye	10855	15877	17386	282
达州	Dazhou	12624	18915	20939	241	平凉	Pingliang	11766	17351	19086	273
雅安	Yaan	14906	22254	24435	151	酒泉	Jiuquan	15104	22389	24651	146
巴中	Bazhong	12413	18937	20887	242	庆阳	Qingyang	12453	18761	20637	244
资阳	Ziyang	15298	22867	25154	129	定西	Dingxi	10790	15723	17217	283
贵州	**Guizhou**	**14143**	**20667**	**22548**		陇南	Longnan	10623	15555	17001	284
贵阳	Guiyang	16597	23376	24961	137	**青海**	**Qinghai**	**13855**	**19499**	**22307**	
六盘水	Liupanshui	13919	19625	21168	234	西宁	Xining	14085	19444	21291	227
遵义	Zunyi	15279	20504	22728	202	海东	Haidong			20514	247
安顺	Anshun	14504	19394	21042	239	**宁夏**	**Ningxia**	**15344**	**21833**	**23285**	
毕节	Bijie	14308	19851	21231	230	银川	Yinchuan	16842	23776	26118	107
铜仁	Tongren	11000	18366	20224	250	石嘴山	Shizuishan	15466	22224	22380	206
云南	**Yunnan**	**16065**	**23236**	**24299**		吴忠	Wuzhong	13849	19582	19853	258
昆明	Kunming	18876	28354	31295	49	固原	Guyuan	13044	18789	19677	261
曲靖	Qujing	15940	24262	25023	133	中卫	Zhongwei	13980	19810	19931	257
玉溪	Yuxi	164741	24276	27223	81	**新疆**	**Xinjiang**	**13644**	**19874**	**23214**	
保山	Baoshan	14894	21555			乌鲁木齐	Urumqi	14402	21304	26890	88
昭通	Zhaotong	12295	18724	20030	254	克拉玛依	Karamay	17295	25249	30250	59

6-2 城镇居民人均现金消费支出

Annual Per Capita Cash Consumption Expenditure of Urban Households

单位：元 (yuan)

地名	City	2010	2013	2014	2014 排名 Ranking	地名	City	2010	2013	2014	2014 排名 Ranking
全国	**Nation Total**	**13471**	**18023**	**19968**		沈阳	Shenyang	16961		24223	24
北京	**Beijing**	**19934**	**26275**	**28009**		大连	Dalian	16580		24782	23
天津	**Tianjin**	**16562**	**21712**	**24290**		鞍山	Anshan	13710		16975	124
河北	**Hebei**	**10318**	**13641**	**16204**		抚顺	Fushun	10007		17353	112
石家庄	Shijiazhuang	10568	15292	16506	135	本溪	Benxi	12119		20134	52
唐山	Tangshan	13522	17244	19427	71	丹东	Dandong	11323		15218	176
秦皇岛	Qinhuangdao	11081	16718	15134	180	锦州	Jinzhou	11802		15118	182
邯郸	Handan	9438	12539	13048	251	营口	Yingkou	12223		16674	132
邢台	Xingtai	10416	11010	11465	273	阜新	Fuxin	9047		15849	153
保定	Baoding	9626	12422	12479	261	辽阳	Liaoyang	11071		15908	148
张家口	Zhangjiakou	9874	12517	13932	223	盘锦	Panjin	13923		18882	74
承德	Chengde	9490	11713	14114	218	铁岭	Tieling	10323		12817	256
沧州	Cangzhou	10279	13544	14951	189	朝阳	Chaoyang	9318		12177	265
廊坊	Langfang	12673	19019	19876	60	葫芦岛	Huludao	10969		14182	214
衡水	Hengshui	9211	11100	12143	266	吉林	**Jilin**	**11679**	**15932**	**17156**	
山西	**Shanxi**	**9793**	**13166**	**14637**		长春	Changchun	14400	21929	23455	28
太原	Taiyuan	12106	14338	14430	205	吉林	Jilin	13223	17660	19475	70
大同	Datong	10140	11202	10494	277	四平	Siping	10831	14925	16646	133
阳泉	Yangquan	10256	13184	12941	254	辽源	Liaoyuan	11608	19791	20511	50
长治	Changzhi	10830	12483	13319	245	通化	Tonghua	10940	16240	18225	89
晋城	Jincheng	10586	12141	14315	208	白山	Baishan	10722	15995	17732	99
朔州	Shuozhou	11713	12264	13633	233	松原	Songyuan	12501	18268	20024	55
晋中	Jinzhong	11972	11826	12689	258	白城	Baicheng	10509	17570	17286	114
运城	Yuncheng	9050	11869	13273	246	黑龙江	**Heilongjiang**	**10684**	**14162**	**16467**	
忻州	Xinzhou	9786	10454	10317	278	哈尔滨	Harbin	13940	18729	21639	43
临汾	Linfen	9641	11357	10523	276	齐齐哈尔	Qiqihar	10044	15179	17381	111
吕梁	Lvliang	8145	11012	12246	264	鸡西	Jixi	10509			
内蒙古	**Inner Mongolia**	**13995**	**19249**	**20885**		鹤岗	Hegang	9391	12311	13665	231
呼和浩特	Hohhot	16624	22919	20885	47	双鸭山	Shuangyashan	9699	13218	14672	196
包头	Baotou	20994	22968	24844	22	大庆	Daqing	13051	17638	19578	66
乌海	Wuhai	16680	22406	16364	139	伊春	Yichun	8182	11700	13990	221
赤峰	Chifeng	10343	13003	15861	151	佳木斯	Jiamusi	10586			
通辽	Tongliao	10403	13877	14255	211	七台河	Qitaihe	9345	14183	16808	128
鄂尔多斯	Erdos	22566	24874	14169	217	牡丹江	Mudanjiang	10672	16543	19541	67
呼伦贝尔	Hulunbuir	11877	16585	24920	20	黑河	Heihe				
巴彦淖尔	Bayannur	10400	14958	25944	15	绥化	Suihua		12175		
乌兰察布	Ulanqab	10875	13205	23252	32	上海	**Shanghai**	**23200**	**28155**	**35182**	
辽宁	**Liaoning**	**13280**	**18030**	**20520**		江苏	**Jiangsu**	**14357**	**20371**	**23476**	

6-2 城镇居民人均现金消费支出 续表 1
Annual Per Capita Cash Consumption Expenditure of Urban Households continued 1

单位：元 (yuan)

地名	City	2010	2013	2014	2014 排名 Ranking	地名	City	2010	2013	2014	2014 排名 Ranking
南京	Nanjing	17409	24591	25855	16	池州	Chizhou	10777	17023	14934	190
无锡	Wuxi	17068	25392	27358	8	宣城	Xuancheng	11507	18428	16453	137
徐州	Xuzhou	10558	15963	15005	186	福建	**Fujian**	**14750**	**20093**	**22204**	
常州	Changzhou	17205	22831	23590	26	福州	Fuzhou	15778	21695	23330	31
苏州	Suzhou	18837	26739	28973	3	厦门	Xiamen	19961	26864	27402	7
南通	Nantong	13506	19646	22035	37	莆田	Putian	12621	17683	18633	78
连云港	Lianyungang	9984	13992	16016	144	三明	Sanming	12273	16989	18423	84
淮安	Huaian	11047	16763	14703	195	泉州	Quanzhou	15955	21670	23376	30
盐城	Yancheng	12026	16678	15372	167	漳州	Zhangzhou	12665	17802	18484	83
扬州	Yangzhou	12842	17653	18417	85	南平	Nanping	11284	15014	16641	134
镇江	Zhenjiang	13324	19795	21310	45	龙岩	Longyan	14483	18915	18552	81
泰州	Taizhou	12317	18223	19517	68	宁德	Ningde	11090	15665	17342	113
宿迁	Suqian	8536	13135	13463	240	江西	**Jiangxi**	**10619**	**13851**	**15142**	
浙江	**Zhejiang**	**17858**	**23257**	**27242**		南昌	Nanchang	13899	17944	19628	65
杭州	Hangzhou	20219	24833	32165	2	景德镇	Jingdezhen	11475	15407	16792	129
宁波	Ningbo	19420	23129	27893	5	萍乡	Pingxiang	11775	15765	17166	119
温州	Wenzhou	19832	25624	27186	9	九江	Jiujiang	10823	14356	15718	155
嘉兴	Jiaxing	16559	24851	23032	33	新余	Xinyu	12709	15643	17190	118
湖州	Huzhou	16207	22127	24875	21	鹰潭	Yingtan	10929	13768	15088	184
绍兴	Shaoxing	18267	24469	26231	13	赣州	Ganzhou	10662	13754	14661	197
金华	Jinhua	17386	23172	25627	17	吉安	Jian	8893	13799	15121	181
衢州	Quzhou	14867	17406	18357	88	宜春	Yichun	10098	12965	14182	213
舟山	Zhoushan	16717	23461	27807	6	抚州	Fuzhou	7474	12361	13459	241
台州	Taizhou	17933	22212	26458	12	上饶	Shangrao	10099	12722	13891	225
丽水	Lishui	15366	19809	21867	40	山东	**Shandong**	**13118**	**17112**	**18323**	
安徽	**Anhui**	**11513**	**16285**	**16107**		济南	Jinan	15973	21667	22981	34
合肥	Hefei	14012	19445	18214	90	青岛	Qingdao	17531	22060	24016	25
芜湖	Wuhu	12980	17580	16390	138	淄博	Zibo	13724	18425	19904	58
蚌埠	Bengbu	11242	15492	13656	232	枣庄	Zaozhuang	11409	16201	17587	104
淮南	Huainan	10688	16311	15218	175	东营	Dongying	14744	19569	21925	39
马鞍山	Maanshan	14184	22369	21565	44	烟台	Yantai	15792	22006	23529	27
淮北	Huaibei	9733	15273	14632	198	潍坊	Weifang	13819	17482	18810	76
铜陵	Tongling	12877	21726	19882	59	济宁	Jining	12500	18502	19990	56
安庆	Anqing	11026	19252	13047	252	泰安	Taian	13421	18201	19713	62
黄山	Huangshan	11069	17198	14721	194	威海	Weihai	15339	20127	22549	36
滁州	Chuzhou	11499	18924	13722	230	日照	Rizhao	12289	15901	17425	109
阜阳	Fuyang	11178	16361	14410	206	莱芜	Laiwu	13645	16977	18381	86
宿州	Suzhou	9322	13402	12140	267	临沂	Linyi	12325	15529	17085	122
六安	Liuan	10712	17224	13183	248	德州	Dezhou	11628	15475	17430	108
亳州	Bozhou	10273	14940	14264	210	聊城	Liaocheng	12767	16766	18158	92

6-2 城镇居民人均现金消费支出 续表 2

Annual Per Capita Cash Consumption Expenditure of Urban Households continued 2

单位：元 (yuan)

地名	City	2010	2013	2014	2014 排名 Ranking	地名	City	2010	2013	2014	2014 排名 Ranking
滨州	Binzhou	13147	17202	18583	79	常德	Changde	11253	15126	16941	126
菏泽	Heze	9765	13689	14930	191	张家界	Zhangjiajie	9258	12660	14179	216
河南	**Henan**	**10838**	**14822**	**16185**		益阳	Yiyang	11279	13488	15107	183
郑州	Zhengzhou	12790	18672	20122	53	郴州	Chenzhou	10386	12662	14181	215
开封	Kaifeng	11378	15449	17156	120	永州	Yongzhou	9945	10433	11685	272
洛阳	Luoyang	12069	15968	18380	87	怀化	Huaihua	9013	11958	13393	243
平顶山	Pingdingshan	11502	16324	17736	98	娄底	Loudi	9354	12818	14356	207
安阳	Anyang	10559	14003	15204	178	广东	**Guangdong**	**18490**	**24133**	**23612**	
鹤壁	Hebi	9931	13668	14441	204	广州	Guangzhou	25012	33157	33385	1
新乡	Xinxiang	11257	15042	17669	102	韶关	Shaoguan	12910	17643	15224	173
焦作	Jiaozuo	11228	14774	16300	140	深圳	Shenzhen	22807	28812	28853	4
濮阳	Puyang	10108	13088	13545	236	珠海	Zhuhai	20370	26131	26638	11
许昌	Xuchang	10743	15093	16178	143	汕头	Shantou	13218	19550	18036	95
漯河	Luohe	10913	15700	17254	116	佛山	Foshan	21995	28309	26043	14
三门峡	Sanmenxia	11193	18078	19790	61	江门	Jiangmen	15561	19906	16762	130
南阳	Nanyang	11087	16916	18130	94	湛江	Zhanjiang	11825	17117	15923	147
商丘	Shangqiu	8734	12604	13739	229	茂名	Maoming	10182	15487	13930	224
信阳	Xinyang	9307	12647	13391	244	肇庆	Zhaoqing	12164	17160	15215	177
周口	Zhoukou	9980	12551	15357	168	惠州	Huizhou	19741	24061	20065	54
驻马店	Zhumadian	10183	12108	15219	174	梅州	Meizhou	11008	14026	14064	219
湖北	**Hubei**	**13576**	**15749**	**16681**		汕尾	Shanwei	10013	15014	14829	193
武汉	Wuhan	14490	20157	22002	38	河源	Heyuan	8371	12232	12467	262
黄石	Huangshi	10988	14964	15459	161	阳江	Yangjiang	10430	14517	16723	131
十堰	Shiyan	9216	12994	12508	259	清远	Qingyuan	10595	13217	14976	188
宜昌	Yichang	11638	14743	15516	159	东莞	Dongguan	25733	33251	27071	10
襄阳	Xiangyang	10897	13425	15433	162	中山	Zhongshan	18833	24093	22944	35
鄂州	Ezhou	10349	12334	14545	201	潮州	Chaozhou	11926	16861	13967	222
荆门	Jingmen	10393	14123	19669	64	揭阳	Jieyang	12164	15998	14015	220
孝感	Xiaogan	10508	12990	15380	166	云浮	Yunfu	10535	15746	12992	253
荆州	Jingzhou	10583	12761	15484	160	广西	**Guangxi**	**11490**	**15418**	**15045**	
黄冈	Huanggang	9282	13768	18566	80	南宁	Nanning	12337	17127	19032	73
咸宁	Xianning	9791	13696	15525	158	柳州	Liuzhou	11318	15398	16970	125
随州	Suizhou	11798	14018	16285	141	桂林	Guilin	11477	15555	16930	127
湖南	**Hunan**	**11825**	**15887**	**18335**		梧州	Wuzhou	10998	14748	15899	149
长沙	Changsha	16096	22346	25028	19	北海	Beihai	11695	15191	15045	185
株洲	Zhuzhou	12269	18642	20879	48	防城港	Fangchenggang	10698	14792	15896	150
湘潭	Xiangtan	12211	17407	19496	69	钦州	Qinzhou	10594	14361	15316	169
衡阳	Hengyang	11654	16253	18203	91	贵港	Guigang	10375	14646	15779	154
邵阳	Shaoyang	8170	10813	12111	268	玉林	Yulin	10716	14938	15996	145
岳阳	Yueyang	12177	16037	17961	97	百色	Baise	10297	13448	14474	202

6-2 城镇居民人均现金消费支出 续表 3

Annual Per Capita Cash Consumption Expenditure of Urban Households continued 3

单位：元 (yuan)

地名	City	2010	2013	2014	2014 排名 Ranking
贺州	Hezhou	9791	12635	13493	238
河池	Hechi	9773	12021	14204	212
来宾	Laibin	11462	14676	15654	156
崇左	Chongzuo	9438	12378	13219	247
海南	**Hainan**	**10927**	**15593**	**17514**	
海口	Haikou	12401	16856	18879	75
三亚	Sanya	13081	18494	20713	49
三沙	Sansha				
重庆	**Chongqing**		**17814**	**18280**	
四川	**Sichuan**	**12105**	**16343**	**17760**	
成都	Chengdu	14430	20243	21711	42
自贡	Zigong	10724	15115	17397	110
攀枝花	Panzhihua	12695	16553	17506	105
泸州	Luzhou	11293	16757	18132	93
德阳	Deyang	12706	17506	18517	82
绵阳	Mianyang	12268	16714	17973	96
广元	Guangyuan	9107	13141	12486	260
遂宁	Suining	11111	16660	15295	171
内江	Neijiang	11238	15502	12822	255
乐山	Leshan	11053	14881	15266	172
南充	Nanchong	9634	12964	12735	257
眉山	Meishan	10386	14830	17615	103
宜宾	Yibin	11677	16180	17485	107
广安	Guangan	9585	13678	15985	146
达州	Dazhou	9976	13634	14463	203
雅安	Yaan	10903	14162	12025	269
巴中	Bazhong	9694	14215	11749	271
资阳	Ziyang	12560	16524	17704	101
贵州	**Guizhou**	**10058**	**13703**	**15255**	
贵阳	Guiyang	12940	17995	17492	106
六盘水	Liupanshui	8358	12537	13542	237
遵义	Zunyi	10834	12565	14891	192
安顺	Anshun	10292	12941	13803	228
毕节	Bijie	10407	11041		
铜仁	Tongren	7096	11703		
云南	**Yunnan**	**11074**	**15156**	**16268**	
昆明	Kunming	13244	16558	17717	100
曲靖	Qujing	10919	16139	17269	115
玉溪	Yuxi	10621	14399	15407	164
保山	Baoshan	9484	12593	13475	239
昭通	Zhaotong	8369	10696	11445	274

地名	City	2010	2013	2014	2014 排名 Ranking
丽江	Lijiang	9068	12735	13626	234
普洱	Puer	8859	12942	13848	226
临沧	Lincang	9282	12221	13076	249
西藏	**Tibet**	**9686**	**12232**	**15669**	
拉萨	Lasa	11687	15203	16267	142
陕西	**Shaanxi**	**11822**	**16680**	**17546**	
西安	Xi'an	16543	23848	25517	18
铜川	Tongchuan	11181	17460	18682	77
宝鸡	Baoji	13258	19912	21306	46
咸阳	Xianyang	13845	20338	21762	41
渭南	Weinan	10130	15382	16459	136
延安	Yan'an	11633	17970	19228	72
汉中	Hanzhong	9519	14008	14989	187
榆林	Yulin	10315	14394	15402	165
安康	Ankang	10469	15925	17040	123
商洛	Shangluo	9169	14409	15418	163
甘肃	**Gansu**	**9895**	**14021**	**15942**	
兰州	Lanzhou	10930	15716	17236	117
嘉峪关	Jiayuguan	12076	15628	17153	121
金昌	Jinchang	14186	18157	19912	57
白银	Baiyin	10628	12042	13403	242
天水	Tianshui	8300	10410	12353	263
武威	Wuwei	8942	13180	15162	179
张掖	Zhangye	10136	14128	15583	157
平凉	Pingliang	7499	11497	13057	250
酒泉	Jiuquan	12139	17997	19676	63
庆阳	Qingyang	9693	13447	14608	199
定西	Dingxi	8077	8818	11321	275
陇南	Longnan	7714	9368	11795	270
青海	**Qinghai**	**9614**	**13540**	**17493**	
西宁	Xining	9421	13607	14559	200
海东	Haidong				
宁夏	**Ningxia**	**11334**	**15321**	**17216**	
银川	Yinchuan	13589	16844	20401	51
石嘴山	Shizuishan	10870	13396	13806	227
吴忠	Wuzhong	9749	13105	14293	209
固原	Guyuan	8840	12882	13585	235
中卫	Zhongwei	9612	13387	15296	170
新疆	**Xinjiang**	**10197**	**15206**	**17685**	
乌鲁木齐	Urumqi	10239		15853	152
克拉玛依	Karamay	15957		23451	29

6-3 城镇居民人均食品消费支出

Annual Per Capita Food Consumption Expenditure of Urban Households

单位：元 (yuan)

地名	City	2010	2013	2014	2014 排名 Ranking
全国	**Nation Total**	**4805**	**6312**	**5875**	
北京	**Beijing**	**6393**	**8170**	**7919**	
天津	**Tianjin**	**5940**	**7943**	**7869**	
河北	**Hebei**	**3335**	**4405**	**4208**	
石家庄	Shijiazhuang	3661			
唐山	Tangshan	4371			
秦皇岛	Qinhuangdao	3833			
邯郸	Handan	3213			
邢台	Xingtai	3835			
保定	Baoding	3599			
张家口	Zhangjiakou	3722			
承德	Chengde	3647			
沧州	Cangzhou	3286			
廊坊	Langfang	3775			
衡水	Hengshui	3039			
山西	**Shanxi**	**3053**	**3677**	**3718**	
太原	Taiyuan	3710			
大同	Datong	3571			
阳泉	Yangquan	3463			
长治	Changzhi	3362			
晋城	Jincheng	2915			
朔州	Shuozhou	1383			
晋中	Jinzhong	3121			
运城	Yuncheng	2644			
忻州	Xinzhou	2693			
临汾	Linfen	2928			
吕梁	Lvliang	3012			
内蒙古	**Inner Mongolia**	**4211**	**6118**	**6003**	
呼和浩特	Hohhot	4983	6031	6003	53
包头	Baotou	6639	7392	6487	36
乌海	Wuhai	4833	6209	4571	107
赤峰	Chifeng	3299	3824	4002	115
通辽	Tongliao	3272	3638	3992	116
鄂尔多斯	Erdos	5876	5830	4840	98
呼伦贝尔	Hulunbuir	3295	4840	7019	14
巴彦淖尔	Bayannur	3214	3849	6255	43
乌兰察布	Ulanqab	3666	3948	8153	3
辽宁	**Liaoning**	**4658**	**5804**	**5597**	
沈阳	Shenyang	5385			
大连	Dalian	6145			
鞍山	Anshan	4671			
抚顺	Fushun	4041			
本溪	Benxi	4780			
丹东	Dandong	4470			
锦州	Jinzhou	4191			
营口	Yingkou	4511			
阜新	Fuxin	3463			
辽阳	Liaoyang	4202			
盘锦	Panjin	4358			
铁岭	Tieling	3567			
朝阳	Chaoyang	3479			
葫芦岛	Huludao	3772			
吉林	**Jilin**	**3768**	**4658**	**4402**	
长春	Changchun	4642	6093	5750	65
吉林	Jilin	3891	5539	5259	78
四平	Siping	3772	4843	4439	108
辽源	Liaoyuan	3730	5305	5165	84
通化	Tonghua	4218	5429	5809	63
白山	Baishan	3788	5559	5254	79
松原	Songyuan	3536	4592	4594	106
白城	Baicheng	3393	4197	3948	117
黑龙江	**Heilongjiang**	**3785**	**5070**	**4506**	
哈尔滨	Harbin	4647	6143		
齐齐哈尔	Qiqihar	3922	5215		
鸡西	Jixi	3908			
鹤岗	Hegang	3201	4307		
双鸭山	Shuangyashan	3188	3844		
大庆	Daqing	4260	5468		
伊春	Yichun	2971	3891		
佳木斯	Jiamusi	3932			
七台河	Qitaihe	3597	4774		
牡丹江	Mudanjiang	3722	5913		
黑河	Heihe				
绥化	Suihua				
上海	**Shanghai**	**7777**	**9823**	**9197**	
江苏	**Jiangsu**	**5243**	**7074**	**6537**	

6-3 城镇居民人均食品消费支出 续表 1

Annual Per Capita Food Consumption Expenditure of Urban Households continued 1

单位：元 (yuan)

地名	City	2010	2013	2014	2014 排名 Ranking	地名	City	2010	2013	2014	2014 排名 Ranking
南京	Nanjing	6120	8243	6713	28	池州	Chizhou	4331	6711		
无锡	Wuxi	6357	8787	7862	5	宣城	Xuancheng	4622	6959		
徐州	Xuzhou	3712	5380	4618	104	**福建**	**Fujian**	**5791**	**7425**	**7233**	
常州	Changzhou	5605	7884	6671	29	福州	Fuzhou	6145	8016	7595	8
苏州	Suzhou	6607	8861	7807	6	厦门	Xiamen	7275	9172	9103	1
南通	Nantong	4803	6776	6399	39	莆田	Putian	5349	7307	6512	35
连云港	Lianyungang	3741	5091	5169	83	三明	Sanming	4948	6844	6548	34
淮安	Huaian	4003	5800	4602	105	泉州	Quanzhou	6059	7901	7627	7
盐城	Yancheng	4302	5824	4902	94	漳州	Zhangzhou	5333	7446	6982	17
扬州	Yangzhou	4782	6583	5692	66	南平	Nanping	4948	6237	6037	52
镇江	Zhenjiang	5318	7056	6077	50	龙岩	Longyan	5456	7219	6769	27
泰州	Taizhou	4518	6341	5679	67	宁德	Ningde	4662	6820	6485	37
宿迁	Suqian	3232	4766	4856	96	**江西**	**Jiangxi**	**4195**	**5221**	**4904**	
浙江	**Zhejiang**	**6118**	**8008**	**7556**		南昌	Nanchang	4782	6316		
杭州	Hangzhou	7790	8528			景德镇	Jingdezhen	4306	5698		
宁波	Ningbo	6899	8068			萍乡	Pingxiang	4404	5675		
温州	Wenzhou	7117	9936			九江	Jiujiang	4368	5470		
嘉兴	Jiaxing	5444	7709			新余	Xinyu	4471	6029		
湖州	Huzhou	5970	7949			鹰潭	Yingtan	4253	5702		
绍兴	Shaoxing	6317	8744			赣州	Ganzhou	4645	5842		
金华	Jinhua	5672	6952			吉安	Jian	4006	5533		
衢州	Quzhou	5489	6133			宜春	Yichun	4049	5082		
舟山	Zhoushan	5972	8380			抚州	Fuzhou	3906	5814		
台州	Taizhou	6212	7684			上饶	Shangrao	4576	5346		
丽水	Lishui	5389	6719			**山东**	**Shandong**	**4206**	**5626**	**5220**	
安徽	**Anhui**	**4370**	**6370**	**5245**		济南	Jinan	5051	6624	6814	21
合肥	Hefei	5010	7594			青岛	Qingdao	6553	8052	8571	2
芜湖	Wuhu	5012	6971			淄博	Zibo	3918	6143	6316	42
蚌埠	Bengbu	4018	6800			枣庄	Zaozhuang	3923	5314	5771	64
淮南	Huainan	4290	6958			东营	Dongying	4183	6500	6389	41
马鞍山	Maanshan	5273	8359			烟台	Yantai	5116	7482	7961	4
淮北	Huaibei	4056	6967			潍坊	Weifang	3981	5301	5864	61
铜陵	Tongling	4541	8632			济宁	Jining	4562	6285	6659	30
安庆	Anqing	4378	8505			泰安	Taian	4242	5666	6216	46
黄山	Huangshan	4231	5855			威海	Weihai	4415	6349	7013	15
滁州	Chuzhou	4256	7155			日照	Rizhao	3578	5412	5605	70
阜阳	Fuyang	4390	6219			莱芜	Laiwu	4005	5546	5937	57
宿州	Suzhou	3862	4992			临沂	Linyi	3791	4890	4890	95
六安	Liuan	4374	8349			德州	Dezhou	3804	5026	6233	45
亳州	Bozhou	3646	6732			聊城	Liaocheng	3650	5302	5842	62

6-3 城镇居民人均食品消费支出 续表 2

Annual Per Capita Food Consumption Expenditure of Urban Households continued 2

单位：元 (yuan)

地名	City	2010	2013	2014	2014 排名 Ranking	地名	City	2010	2013	2014	2014 排名 Ranking
滨州	Binzhou	3781	4843	5155	86	常德	Changde	3785	3528		
菏泽	Heze	3538	4776	5163	85	张家界	Zhangjiajie	3225	2365		
河南	**Henan**	**3576**	**4914**	**4617**		益阳	Yiyang	4412	3785		
郑州	Zhengzhou	4223	6057	5948	56	郴州	Chenzhou	4051	3599		
开封	Kaifeng	3600	4535	5005	89	永州	Yongzhou	3672	3532		
洛阳	Luoyang	3802	4458	4924	93	怀化	Huaihua	3341	3532		
平顶山	Pingdingshan	3694	5300	5548	71	娄底	Loudi	3672	3427		
安阳	Anyang	3465	4511	4735	102	**广东**	**Guangdong**	**6747**	**8857**	**7612**	
鹤壁	Hebi	3054	3869	4076	113	广州	Guangzhou	8325	11240		
新乡	Xinxiang	3539	4318	5262	77	韶关	Shaoguan	5138	7004		
焦作	Jiaozuo	3541	4391	4846	97	深圳	Shenzhen	8105	10388		
濮阳	Puyang	3221	4011	4061	114	珠海	Zhuhai	7124	9538		
许昌	Xuchang	3223	4432	4989	90	汕头	Shantou	6456			
漯河	Luohe	3684	5325	5656	69	佛山	Foshan	7417	9710		
三门峡	Sanmenxia	3386	4486	5025	87	江门	Jiangmen	5849	7425		
南阳	Nanyang	3676	5602	5996	54	湛江	Zhanjiang	5064	7155		
商丘	Shangqiu	3321	4103	4309	110	茂名	Maoming	4134	6338		
信阳	Xinyang	3954	5222	5449	73	肇庆	Zhaoqing	5169	7344		
周口	Zhoukou	3591	3797	4426	109	惠州	Huizhou	6695			
驻马店	Zhumadian	3312	3606	4833	99	梅州	Meizhou	4601	5807		
湖北	**Hubei**	**5254**	**6259**	**5251**		汕尾	Shanwei	4420	6540		
武汉	Wuhan	5367	7771			河源	Heyuan	3511	5284		
黄石	Huangshi	4312	5852			阳江	Yangjiang	4415	5952		
十堰	Shiyan	3573	5140			清远	Qingyuan	4585	5750		
宜昌	Yichang	4040	5858			东莞	Dongguan	8733	11704		
襄阳	Xiangyang	4106	5356			中山	Zhongshan	7378	9228		
鄂州	Ezhou	4650	5586			潮州	Chaozhou	5270	7183		
荆门	Jingmen	3854	5210			揭阳	Jieyang	5110	6607		
孝感	Xiaogan	4110	5600			云浮	Yunfu	4452			
荆州	Jingzhou	4448	5420			**广西**	**Guangxi**	**4373**	**5841**	**5144**	
黄冈	Huanggang	3445	5549			南宁	Nanning	4789	6685	7386	10
咸宁	Xianning	3880	5357			柳州	Liuzhou	4484	6282	6866	20
随州	Suizhou	4716	5659			桂林	Guilin	4765	6398	6871	19
湖南	**Hunan**	**4322**	**5584**	**5489**		梧州	Wuzhou	4789	6465	6801	24
长沙	Changsha	5413	4732	6976	18	北海	Beihai	5160	7026	5293	76
株洲	Zhuzhou	4409	3817			防城港	Fangchenggang	4348	5975	6440	38
湘潭	Xiangtan	4095	3910			钦州	Qinzhou	4601	6577	7002	16
衡阳	Hengyang	4635	3874			贵港	Guigang	4110	6127	6577	32
邵阳	Shaoyang	3390	3427			玉林	Yulin	4096	5901	6399	39
岳阳	Yueyang	4362	3688			百色	Baise	3818	5326	5663	68

6-3 城镇居民人均食品消费支出 续表 3

Annual Per Capita Food Consumption Expenditure of Urban Households continued 3

单位：元 (yuan)

地名	City	2010	2013	2014	2014 排名 Ranking
贺州	Hezhou	3790	4985	5249	80
河池	Hechi	3967	4809	4804	100
来宾	Laibin	4034	5546	5883	60
崇左	Chongzuo	3810	5084	5384	75
海南	**Hainan**	**4896**	**6979**	**6528**	
海口	Haikou	5219	7202		
三亚	Sanya	5606	8308		
三沙	Sansha				
重庆	**Chongqing**		**7245**	**6180**	
四川	**Sichuan**	**4780**	**6472**	**6008**	
成都	Chengdu	5560	7394	7546	9
自贡	Zigong	4588	6310	7107	12
攀枝花	Panzhihua	5081	6755	6615	31
泸州	Luzhou	4691	6638	7136	11
德阳	Deyang	5064	7070	6781	25
绵阳	Mianyang	4749	6452	7065	13
广元	Guangyuan	3932	5359	5215	81
遂宁	Suining	5035	7055	6771	26
内江	Neijiang	4771	6293	5195	82
乐山	Leshan	4664	6232	5972	55
南充	Nanchong	4378	5887	5521	72
眉山	Meishan	4352	5855	6138	49
宜宾	Yibin	4725	6625	6808	23
广安	Guangan	4571	6033	6814	22
达州	Dazhou	4356	6301	6572	33
雅安	Yaan	4084	5592	5023	88
巴中	Bazhong	4024	5785	5394	74
资阳	Ziyang	4950	6516	5886	59
贵州	**Guizhou**	**4014**	**4915**	**4730**	
贵阳	Guiyang	4905	6265		
六盘水	Liupanshui	3871	4651		
遵义	Zunyi	4157	4848		
安顺	Anshun	4780	5005		
毕节	Bijie	3436	4400		
铜仁	Tongren	2753	3899		
云南	**Yunnan**	**4593**	**5741**	**4885**	
昆明	Kunming	5240	5700		
曲靖	Qujing	4013	5892		
玉溪	Yuxi	3951	4822		
保山	Baoshan	3889	4911		
昭通	Zhaotong	3710	4580		
丽江	Lijiang	3890	5321		
普洱	Puer	4127	5746		
临沧	Lincang	4351	5468		
西藏	**Tibet**	**4848**	**5889**	**6158**	
拉萨	Lasa	5496	6481		
陕西	**Shaanxi**	**4381**	**6076**	**4719**	
西安	Xi'an	5177	7738		
铜川	Tongchuan	4006	6310		
宝鸡	Baoji	4994	7720		
咸阳	Xianyang	4642	6581		
渭南	Weinan	3216	5598		
延安	Yan'an	3653	5517		
汉中	Hanzhong	3724	5535		
榆林	Yulin	2948	4465		
安康	Ankang	4192	5905		
商洛	Shangluo	3306	4707		
甘肃	**Gansu**	**3702**	**5163**	**4921**	
兰州	Lanzhou	4244	5691	6070	51
嘉峪关	Jiayuguan	4222	5713	6241	44
金昌	Jinchang	4840	5851	6158	48
白银	Baiyin	3563	4308	4748	101
天水	Tianshui	2998	3629	4287	111
武威	Wuwei	3519	4453	4967	91
张掖	Zhangye	2937	4512	4963	92
平凉	Pingliang	2902	3814	4178	112
酒泉	Jiuquan	4148	5818	6204	47
庆阳	Qingyang	3440	4405	4728	103
定西	Dingxi	2976	3256	3803	119
陇南	Longnan	3026	3131	3927	118
青海	**Qinghai**	**3785**	**4777**	**5198**	
西宁	Xining	3863	4903	5903	58
海东	Haidong				
宁夏	**Ningxia**	**3768**	**4895**	**4746**	
银川	Yinchuan	4358	5434		
石嘴山	Shizuishan	3820	4576		
吴忠	Wuzhong	3262	4185		
固原	Guyuan	2983	3563		
中卫	Zhongwei	3109	3687		
新疆	**Xinjiang**	**3695**	**5324**	**5493**	
乌鲁木齐	Urumqi	3891			
克拉玛依	Karamay	4850			

6-4　农村居民人均可支配收入
Annual Per Capita Disposable Income of Rural Households

单位：元　　(yuan)

地名	City	2010	2013	2014	2014 排名 Ranking
全国	**Nation Total**	**5919**	**8896**	**10489**	
北京	**Beijing**	**13262**	**18337**	**18867**	
天津	**Tianjin**	**10075**	**15841**	**17014**	
河北	**Hebei**	**5958**	**9102**	**10186**	
石家庄	Shijiazhuang	6577	9546	10691	134
唐山	Tangshan	8310	11674	12867	58
秦皇岛	Qinhuangdao	6214	9007	9964	169
邯郸	Handan	6085	9307	10343	153
邢台	Xingtai	4966	7446	8342	218
保定	Baoding	5446	8533	9704	180
张家口	Zhangjiakou	4119	6583	7462	236
承德	Chengde	4382	6381	7163	242
沧州	Cangzhou	5528	8470	9442	190
廊坊	Langfang	7589	10985	12115	85
衡水	Hengshui	4370	7182	8104	226
山西	**Shanxi**	**4736**	**7154**	**8809**	
太原	Taiyuan	7611	11288	12616	72
大同	Datong	4063	6365	7137	243
阳泉	Yangquan	6560	9742	10742	131
长治	Changzhi	5960	9119	10311	155
晋城	Jincheng	5899	9026	10087	164
朔州	Shuozhou	5903	9040	10137	160
晋中	Jinzhong	5809	8991	10100	161
运城	Yuncheng	4685	7198	8125	224
忻州	Xinzhou	3446	5426	6104	259
临汾	Linfen	5287	7768	8755	210
吕梁	Lvliang	3890	6067	6754	250
内蒙古	**Inner Mongolia**	**5530**	**8596**	**9976**	
呼和浩特	Hohhot	8746	11398	12538	75
包头	Baotou	8766	11547	12713	64
乌海	Wuhai	9245	11878	13422	53
赤峰	Chifeng	5010	7284	8114	225
通辽	Tongliao	6002	8924	9932	170
鄂尔多斯	Erdos	8756	12107	13439	52
呼伦贝尔	Hulunbuir	6295	9642	10751	130
巴彦淖尔	Bayannur	8240	11045	12481	79
乌兰察布	Ulanqab	4451	6964	7800	230
辽宁	**Liaoning**	**6908**	**10523**	**11192**	

地名	City	2010	2013	2014	2014 排名 Ranking
沈阳	Shenyang	10022	14467	12521	77
大连	Dalian	12317	17717	13547	48
鞍山	Anshan	9250	14207	12093	86
抚顺	Fushun	7203	11310	10971	119
本溪	Benxi	7845	12204	11726	91
丹东	Dandong	8340	12822	11528	99
锦州	Jinzhou	7756	12137	11723	92
营口	Yingkou	8863	13675	12609	73
阜新	Fuxin	6372	9939	10566	139
辽阳	Liaoyang	8095	12379	11156	116
盘锦	Panjin	9750	14462	12723	63
铁岭	Tieling	7739	11869	10888	125
朝阳	Chaoyang	6142	9949	9754	176
葫芦岛	Huludao	6597	9927	9556	184
吉林	**Jilin**	**6237**	**9621**	**10780**	
长春	Changchun	6665	10060		
吉林	Jilin	6594	10288		
四平	Siping	6586	9960		
辽源	Liaoyuan	6324	9845		
通化	Tonghua	6572	9935		
白山	Baishan	6134	9231		
松原	Songyuan	6167	9373		
白城	Baicheng	4504	6743		
黑龙江	**Heilongjiang**	**6211**	**9634**	**10453**	
哈尔滨	Harbin	8020	11371	12546	74
齐齐哈尔	Qiqihar	6724	9984	11310	107
鸡西	Jixi	7636	11985	13449	51
鹤岗	Hegang	6300	10461	11463	102
双鸭山	Shuangyashan	6882	10689	11533	98
大庆	Daqing	8045	11211	12443	80
伊春	Yichun	7280	10155	11368	105
佳木斯	Jiamusi	7111	11099	10088	163
七台河	Qitaihe	6955	9087	13784	44
牡丹江	Mudanjiang	9363	12181	11401	103
黑河	Heihe	7046	10455	10543	142
绥化	Suihua		9089	9994	165
上海	**Shanghai**	**13978**	**19595**	**21192**	
江苏	**Jiangsu**	**9118**	**13598**	**14958**	

6-4 农村居民人均可支配收入 续表 1

Annual Per Capita Disposable Income of Rural Households continued 1

单位：元 (yuan)

地名	City	2010	2013	2014	2014 排名 Ranking	地名	City	2010	2013	2014	2014 排名 Ranking
南京	Nanjing	11128	16531	16011	25	池州	Chizhou	5827	9080	10629	137
无锡	Wuxi	14002	20587	20223	11	宣城	Xuancheng	6651	10247	11251	113
徐州	Xuzhou	7955	12052	11513	100	**福建**	**Fujian**	**7427**	**11184**	**12650**	
常州	Changzhou	12637	18643	18169	17	福州	Fuzhou	8543	12910	14012	43
苏州	Suzhou	14657	21578	21410	10	厦门	Xiamen	10033	15008	16220	23
南通	Nantong	9914	14754	14268	41	莆田	Putian	7663	11600	12829	60
连云港	Lianyungang	7039	10745	10465	146	三明	Sanming	6949	10532	11665	94
淮安	Huaian	7233	11045	10762	129	泉州	Quanzhou	9296	13316	14586	34
盐城	Yancheng	8751	13344	12913	56	漳州	Zhangzhou	7861	11639	12690	67
扬州	Yangzhou	9462	14214	13775	45	南平	Nanping	6759	10031	11252	112
镇江	Zhenjiang	10874	16258	15876	26	龙岩	Longyan	6931	10578	12054	87
泰州	Taizhou	9324	13982	13609	47	宁德	Ningde	6542	10039	11302	109
宿迁	Suqian	6975	10703	10418	149	**江西**	**Jiangxi**	**5789**	**8781**	**10117**	
浙江	**Zhejiang**	**11303**	**16106**	**19373**		南昌	Nanchang	7193	10806	12414	81
杭州	Hangzhou	13186	18923	23555	4	景德镇	Jingdezhen	6521	10013	11547	97
宁波	Ningbo	14261	20534	24283	2	萍乡	Pingxiang	7219	11099	12769	61
温州	Wenzhou	11416	16194	19394	13	九江	Jiujiang	5584	8805	10139	159
嘉兴	Jiaxing	14365	20556	24676	1	新余	Xinyu	7301	11173	12831	59
湖州	Huzhou	13288	19044	22404	6	鹰潭	Yingtan	6249	9832	11350	106
绍兴	Shaoxing	13651	19618	23539	5	赣州	Ganzhou	4182	6014	6946	247
金华	Jinhua	10201	14788	18544	15	吉安	Jian	5570	8030	9262	196
衢州	Quzhou	8270	11924	15354	29	宜春	Yichun	5799	9115	10526	144
舟山	Zhoushan	14265	20573	23783	3	抚州	Fuzhou	5848	9059	10410	151
台州	Taizhou	11307	16126	19362	14	上饶	Shangrao	5317	7919	9102	201
丽水	Lishui	6537	10024	13635	46	**山东**	**Shandong**	**6990**	**10620**	**11882**	
安徽	**Anhui**	**5285**	**8098**	**9916**		济南	Jinan	8903	13248	14726	32
合肥	Hefei	7117	10352	14407	38	青岛	Qingdao	10550	15731	17461	19
芜湖	Wuhu	7834	10962	14606	33	淄博	Zibo	9195	13932	15531	27
蚌埠	Bengbu	5565	8741	10511	145	枣庄	Zaozhuang	7103	10878	12145	82
淮南	Huainan	5746	8869	10547	141	东营	Dongying	8427	13000	14456	37
马鞍山	Maanshan	9331	12340	14969	30	烟台	Yantai	9916	14952	16656	21
淮北	Huaibei	5337	8240	9116	200	潍坊	Weifang	8872	13273	14776	31
铜陵	Tongling	7266	11187	16405	22	济宁	Jining	7450	11348	12650	68
安庆	Anqing	4985	7748	9024	204	泰安	Taian	7592	11547	12913	57
黄山	Huangshan	6716	10389	10942	122	威海	Weihai	10517	15582	17296	20
滁州	Chuzhou	5915	9183	9171	197	日照	Rizhao	7504	11304	12635	70
阜阳	Fuyang	4187	6763	8213	223	莱芜	Laiwu	8311	12161	13540	49
宿州	Suzhou	4766	7571	8332	220	临沂	Linyi	6761	10389	11629	95
六安	Liuan	4714	7430	8287	221	德州	Dezhou	7028	10876	12135	84
亳州	Bozhou	4689	7456	8967	205	聊城	Liaocheng	6377	10083	11232	114

6-4 农村居民人均可支配收入 续表 2
Annual Per Capita Disposable Income of Rural Households continued 2

单位：元 (yuan)

地名	City	2010	2013	2014	2014 排名 Ranking
滨州	Binzhou	7194	11358	12691	66
菏泽	Heze	5812	9309	10436	147
河南	**Henan**	**5524**	**8475**	**9966**	
郑州	Zhengzhou	9225	14009	15470	28
开封	Kaifeng	5390	8355	9316	194
洛阳	Luoyang	5680	8756	9669	181
平顶山	Pingdingshan	5504	8541	9489	187
安阳	Anyang	6359	9670	10680	135
鹤壁	Hebi	6813	10608	11709	93
新乡	Xinxiang	6241	9728	10730	133
焦作	Jiaozuo	7512	11367	12518	78
濮阳	Puyang	5077	7904	8828	209
许昌	Xuchang	7197	11007	12140	83
漯河	Luohe	6460	9876	10893	123
三门峡	Sanmenxia	5787	8926	9979	166
南阳	Nanyang	5666	8729	9741	177
商丘	Shangqiu	4674	7217	8025	227
信阳	Xinyang	5311	7982	8868	208
周口	Zhoukou	4510	6950	7742	233
驻马店	Zhumadian	4861	7437	8270	222
湖北	**Hubei**	**5832**	**8867**	**10849**	
武汉	Wuhan	8295	12713	16160	24
黄石	Huangshi	5525	8492	10957	121
十堰	Shiyan	3499	5226	7046	245
宜昌	Yichang	5980	9121	11837	90
襄阳	Xiangyang	6365	9785	12534	76
鄂州	Ezhou	6645	10210	12692	65
荆门	Jingmen	6951	10615	13481	50
孝感	Xiaogan	5943	9023	11597	96
荆州	Jingzhou	6453	9909	12625	71
黄冈	Huanggang	4634	6966	9388	193
咸宁	Xianning	5606	8480	10891	124
随州	Suizhou	6279	9490	11984	88
湖南	**Hunan**	**5622**	**8372**	**10060**	
长沙	Changsha	11206	19713	21723	9
株洲	Zhuzhou	7658	12908	14366	39
湘潭	Xiangtan	7817	12673	14092	42
衡阳	Hengyang	7220	11876	13242	55
邵阳	Shaoyang	3760	6933	7786	231
岳阳	Yueyang	5988	9930	11062	118
常德	Changde	5635	9629	10737	132
张家界	Zhangjiajie	3668	5669	6332	256
益阳	Yiyang	5617	10129	11304	108
郴州	Chenzhou	5207	9692	10786	127
永州	Yongzhou	5061	8863	9873	172
怀化	Huaihua	3520	5849	6474	253
娄底	Loudi	3365	7059	7836	229
广东	**Guangdong**	**7890**	**11669**	**12246**	
广州	Guangzhou	12676	18887	17663	18
韶关	Shaoguan	6317	9584	10532	143
深圳	Shenzhen				
珠海	Zhuhai	10187	14940	18395	16
汕头	Shantou	6518	10097	11190	115
佛山	Foshan	12202	17503	20094	12
江门	Jiangmen	8589	12684	12746	62
湛江	Zhanjiang	6909	10689	11381	104
茂名	Maoming	6802	10704	11913	89
肇庆	Zhaoqing	7524	11662	12642	69
惠州	Huizhou	9077	14029	14364	40
梅州	Meizhou	6367	10148	10786	128
汕尾	Shanwei	6316	9563	10415	150
河源	Heyuan	5645	8773	9884	171
阳江	Yangjiang	6655	10315	11489	101
清远	Qingyuan	6386	9662	10600	138
东莞	Dongguan	20486	27214	22327	7
中山	Zhongshan	14928	21727	22166	8
潮州	Chaozhou	6373	9938	10551	140
揭阳	Jieyang	6128	9020	10146	158
云浮	Yunfu	6744	10283	11067	117
广西	**Guangxi**	**4543**	**6791**	**8683**	
南宁	Nanning	5005	7685	8576	212
柳州	Liuzhou	4935	7663	8606	211
桂林	Guilin	5487	8361	9431	191
梧州	Wuzhou	4879	7475	8342	219
北海	Beihai	5415	8239	9079	202
防城港	Fangchenggang	5628	8557	9524	185
钦州	Qinzhou	5340	8054	8892	207
贵港	Guigang	5289	8189	9131	199
玉林	Yulin	5302	8272	9314	195
百色	Baise	3461	5409	6145	258

6-4 农村居民人均可支配收入 续表 3

Annual Per Capita Disposable Income of Rural Households continued 3

单位：元 (yuan)

地名	City	2010	2013	2014	2014 排名 Ranking	地名	City	2010	2013	2014	2014 排名 Ranking
贺州	Hezhou	4298	6557	7337	238	丽江	Lijiang	3410	6037	7183	241
河池	Hechi	3599	5198	5723	260	普洱	Puer	3456	5873	7096	244
来宾	Laibin	4659	7085	7751	232	临沧	Lincang	3279	6066	7199	240
崇左	Chongzuo	4621	7077	7707	234	**西藏**	**Tibet**	**4139**	**6578**	**7359**	
海南	**Hainan**	**5275**	**8343**	**9913**		拉萨	Lasa	5003	8265		
海口	Haikou	6173	9155	10630	136	**陕西**	**Shaanxi**	**4105**	**6503**	**7932**	
三亚	Sanya	6502	9795	11285	110	西安	Xi'an	7750	12930	14462	36
三沙	Sansha					铜川	Tongchuan	4789	8140	9169	198
重庆	**Chongqing**	**5277**	**8332**	**9490**		宝鸡	Baoji	5040	8376	9421	192
四川	**Sichuan**	**5087**	**7895**	**9348**		咸阳	Xianyang	5056	8538	9612	182
成都	Chengdu	8205	12985	14478	35	渭南	Weinan	4372	7565	8534	214
自贡	Zigong	5762	8961	9974	167	延安	Yan'an	5173	8781	9779	175
攀枝花	Panzhihua	6293	9838	10960	120	汉中	Hanzhong	4183	7053	7933	228
泸州	Luzhou	5388	8455	9470	189	榆林	Yulin	5113	8687	9730	178
德阳	Deyang	6486	10094	11260	111	安康	Ankang	3976	6624	7468	235
绵阳	Mianyang	5940	9257	10326	154	商洛	Shangluo	3605	6223	7035	246
广元	Guangyuan	4036	6442	7202	239	**甘肃**	**Gansu**	**3425**	**5108**	**6277**	
遂宁	Suining	5390	8496	9482	188	兰州	Lanzhou	4588	7114		
内江	Neijiang	5504	8584	9565	183	嘉峪关	Jiayuguan	7865	12352		
乐山	Leshan	5613	8737	9724	179	金昌	Jinchang	5953	8863		
南充	Nanchong	4814	7650	8555	213	白银	Baiyin	3386	5140		
眉山	Meishan	5942	9333	10433	148	天水	Tianshui	2825	4386		
宜宾	Yibin	5610	8806	9831	173	武威	Wuwei	4551	6963		
广安	Guangan	5377	8492	9514	186	张掖	Zhangye	5575	8465		
达州	Dazhou	5084	8001	8945	206	平凉	Pingliang	3136	4788		
雅安	Yaan	5181	8093	9056	203	酒泉	Jiuquan	7234	10851		
巴中	Bazhong	3847	6137	6895	248	庆阳	Qingyang	3154	4888		
资阳	Ziyang	5552	8756	9798	174	定西	Dingxi	2702	4085		
贵州	**Guizhou**	**3472**	**5434**	**6671**		陇南	Longnan	2299	3536		
贵阳	Guiyang	5976	9592	10826	126	**青海**	**Qinghai**	**3863**	**6196**	**7283**	
六盘水	Liupanshui	3601	5934	6791	249	西宁	Xining	5521	9004	10097	162
遵义	Zunyi	4207	6849	8365	217	海东	Haidong				
安顺	Anshun	3526	5801	6671	251	**宁夏**	**Ningxia**	**4675**	**6931**	**8410**	
毕节	Bijie	3354	5645	6223	257	银川	Yinchuan	6161	9036	10275	156
铜仁	Tongren	3222	5397	6345	255	石嘴山	Shizuishan	6060	8928	10215	157
云南	**Yunnan**	**3952**	**6141**	**7456**		吴忠	Wuzhong	5041	7159	8442	216
昆明	Kunming	5810	9273	10366	152	固原	Guyuan	3477	5359	6395	254
曲靖	Qujing	4130	6861	8514	215	中卫	Zhongwei	4439	6577	7403	237
玉溪	Yuxi	5747	8925	9969	168	**新疆**	**Xinjiang**	**4643**	**7296**	**8724**	
保山	Baoshan	3626	6275			乌鲁木齐	Urumqi	7466	11496	13306	54
昭通	Zhaotong	2768	4604	6497	252	克拉玛依	Karamay	10296	15596		

6-5 农村居民人均消费支出

Annual Per Capita Consumption Expenditure of Rural Households

单位：元 (yuan)

地名	City	2010	2013	2014	2014 排名 Ranking
全国	**Nation Total**	**4382**	**6626**	**8383**	
北京	**Beijing**	**9255**	**13553**	**14535**	
天津	**Tianjin**	**4937**	**10155**	**13739**	
河北	**Hebei**	**3845**	**6134**	**8248**	
石家庄	Shijiazhuang	3956	6605	7275	117
唐山	Tangshan	5980	9424	10561	39
秦皇岛	Qinhuangdao	4070	7224	8051	94
邯郸	Handan	2692	6490	6736	135
邢台	Xingtai	2864	5301	5557	178
保定	Baoding	2864	6002	6929	130
张家口	Zhangjiakou	3110	4549	5213	191
承德	Chengde	3672	4224	5454	181
沧州	Cangzhou	3525	5890	7136	125
廊坊	Langfang	3850	8025	9945	41
衡水	Hengshui	2779	4474	6390	151
山西	**Shanxi**	**3664**	**5813**	**6992**	
太原	Taiyuan	3879	7407	9444	51
大同	Datong	2472	4640	5454	182
阳泉	Yangquan	4047	7713	7468	109
长治	Changzhi	2935	6349	7996	96
晋城	Jincheng	3853	7115	7973	97
朔州	Shuozhou	3293	6779	6431	149
晋中	Jinzhong	3801	6330	6851	131
运城	Yuncheng	3067	5651	6216	156
忻州	Xinzhou	3041	4724	6412	150
临汾	Linfen	3381	5119	6009	163
吕梁	Lvliang	3327	4837	5403	183
内蒙古	**Inner Mongolia**	**4461**	**7268**	**9972**	
呼和浩特	Hohhot	5526	10446	12232	24
包头	Baotou	6132	6717	9724	46
乌海	Wuhai	5115	10903	12980	20
赤峰	Chifeng	3572	6878	8109	92
通辽	Tongliao	4264	7097	8246	88
鄂尔多斯	Erdos	8458	9773	13432	18
呼伦贝尔	Hulunbuir	4522	8399	10745	38
巴彦淖尔	Bayannur	6325	8306	12472	23
乌兰察布	Ulanqab	2844	5249	6695	138
辽宁	**Liaoning**	**4490**	**7159**	**7801**	
沈阳	Shenyang	5388			
大连	Dalian	6940			
鞍山	Anshan	5188			
抚顺	Fushun	4630			
本溪	Benxi	5775			
丹东	Dandong	5029			
锦州	Jinzhou	3861			
营口	Yingkou	5591			
阜新	Fuxin	4119			
辽阳	Liaoyang	3980			
盘锦	Panjin	5012			
铁岭	Tieling	4982			
朝阳	Chaoyang	5178			
葫芦岛	Huludao	3906			
吉林	**Jilin**	**4147**	**7380**	**8140**	
长春	Changchun	3533	6798		
吉林	Jilin	4441	7402		
四平	Siping	4256	6964		
辽源	Liaoyuan	3892	6514		
通化	Tonghua	3506	5993		
白山	Baishan	2826	5959		
松原	Songyuan	3528	6491		
白城	Baicheng	3400	5875		
黑龙江	**Heilongjiang**	**4391**	**6814**	**7830**	
哈尔滨	Harbin	4666	7361	8275	87
齐齐哈尔	Qiqihar	5331	7439		
鸡西	Jixi	3956			
鹤岗	Hegang				
双鸭山	Shuangyashan		5012		
大庆	Daqing	4204	3916		
伊春	Yichun				
佳木斯	Jiamusi	2323			
七台河	Qitaihe		7148	8541	81
牡丹江	Mudanjiang	5205			
黑河	Heihe				
绥化	Suihua		9078		
上海	**Shanghai**	**10210**	**14235**	**14820**	
江苏	**Jiangsu**	**6543**	**9910**	**11820**	

6-5 农村居民人均消费支出 续表 1

Annual Per Capita Consumption Expenditure of Rural Households continued 1

单位：元 (yuan)

地名	City	2010	2013	2014	2014 排名 Ranking	地名	City	2010	2013	2014	2014 排名 Ranking
南京	Nanjing	8477	12392	12818	22	池州	Chizhou	3968	6974	8779	70
无锡	Wuxi	9790	14147	15114	10	宣城	Xuancheng	4522	7601	9323	54
徐州	Xuzhou	5216	7246	9011	62	**福建**	**Fujian**	**5498**	**8151**	**11056**	
常州	Changzhou	9924	13563	13529	15	福州	Fuzhou	6071	9311	12166	25
苏州	Suzhou	10397	16251	15390	7	厦门	Xiamen	7523	11228	14142	14
南通	Nantong	7240	10931	11051	32	莆田	Putian	5679	8509	11114	31
连云港	Lianyungang	4766	6932	8282	85	三明	Sanming	4862	7517	9006	64
淮安	Huaian	5216	7373	7836	101	泉州	Quanzhou	6782	9526	11584	26
盐城	Yancheng	5074	7712	10782	37	漳州	Zhangzhou	5524	8267	9267	55
扬州	Yangzhou	6782	9725	11266	29	南平	Nanping	4991	7142	8640	77
镇江	Zhenjiang	7848	11995	13081	19	龙岩	Longyan	5245	7425	9097	59
泰州	Taizhou	6476	9862	10849	34	宁德	Ningde	4469	6863	9006	65
宿迁	Suqian	4684	7454	7702	102	**江西**	**Jiangxi**	**3912**	**5654**	**7548**	
浙江	**Zhejiang**	**8929**	**11760**	**14498**		南昌	Nanchang	3992	5682	7896	100
杭州	Hangzhou	10267	14600	17816	2	景德镇	Jingdezhen	4200	5924	8282	86
宁波	Ningbo	9794	13915	16228	3	萍乡	Pingxiang	4762	6580	9009	63
温州	Wenzhou	8431	11724	14218	13	九江	Jiujiang	4131	5738	7922	99
嘉兴	Jiaxing	9274	14261	16163	5	新余	Xinyu	4879	6695	9208	57
湖州	Huzhou	9139	12348	14836	11	鹰潭	Yingtan	4028	6032	8478	83
绍兴	Shaoxing	9210	12402	15632	6	赣州	Ganzhou	3197	4398	5867	167
金华	Jinhua	7695	10673	13520	16	吉安	Jian	3495	5031	6953	129
衢州	Quzhou	5485	7515	9980	40	宜春	Yichun	3676	5860	8089	93
舟山	Zhoushan	10270	14851	16217	4	抚州	Fuzhou	3331	4798	6678	140
台州	Taizhou	8086	11426	15307	8	上饶	Shangrao	2757	4569	6304	154
丽水	Lishui	4947	7423	11483	28	**山东**	**Shandong**	**4807**	**7393**	**7962**	
安徽	**Anhui**	**4013**	**5725**	**7981**		济南	Jinan	5407	7799	8581	79
合肥	Hefei	4188	5799	9077	61	青岛	Qingdao	6662	9799	10808	36
芜湖	Wuhu	5231	7131	9606	49	淄博	Zibo	5676	8133	9089	60
蚌埠	Bengbu	3159	4387	5544	180	枣庄	Zaozhuang	4209	6866	7473	108
淮南	Huainan	3376	5720	7238	121	东营	Dongying	4985	7813	8580	80
马鞍山	Maanshan	6339	8936	9833	43	烟台	Yantai	5175	7343	8588	78
淮北	Huaibei	3881	6266	6447	147	潍坊	Weifang	5982	8556	9677	48
铜陵	Tongling	5387	7232	11516	27	济宁	Jining	4216	6262	7109	127
安庆	Anqing	3392	5650	7434	112	泰安	Taian	4273	6319	7158	124
黄山	Huangshan	4163	6975	8151	91	威海	Weihai	5728	8493	9725	45
滁州	Chuzhou	4027	6824	6484	146	日照	Rizhao	4144	5314	5948	164
阜阳	Fuyang	2686	3795	6696	137	莱芜	Laiwu	4620	6737	7478	107
宿州	Suzhou	3126	4943	5006	193	临沂	Linyi	3935	6204	6803	133
六安	Liuan	3807	5123	7265	118	德州	Dezhou	3045	5432	6244	155
亳州	Bozhou	3025	4964	7592	103	聊城	Liaocheng	3542	5623	6326	153

6-5 农村居民人均消费支出 续表 2

Annual Per Capita Consumption Expenditure of Rural Households continued 2

单位：元 (yuan)

地名	City	2010	2013	2014	2014 排名 Ranking
滨州	Binzhou	4531	7854	8701	76
菏泽	Heze	3629	5163	5783	171
河南	**Henan**	**3682**	**5628**	**7277**	
郑州	Zhengzhou	6254	10242	11125	30
开封	Kaifeng	3352	5460	6442	148
洛阳	Luoyang	4635	6783	7423	113
平顶山	Pingdingshan	3168	4876	5335	186
安阳	Anyang	3726	6735	7253	120
鹤壁	Hebi	3938	7312	8166	90
新乡	Xinxiang	4593	7002	7550	105
焦作	Jiaozuo	4845	8583	9415	52
濮阳	Puyang	2911	4980	5745	174
许昌	Xuchang	4222	6561	7348	115
漯河	Luohe	3492	5379	5933	165
三门峡	Sanmenxia	4126	6715	7569	104
南阳	Nanyang	4012	6109	6766	134
商丘	Shangqiu	2890	4772	5262	188
信阳	Xinyang	3604	5258	5745	173
周口	Zhoukou	3344	4827	5304	187
驻马店	Zhumadian	3670	5769	6347	152
湖北	**Hubei**	**4091**	**6280**	**8681**	
武汉	Wuhan	5631	9127		
黄石	Huangshi	4073	6518		
十堰	Shiyan	3100	4540	5224	190
宜昌	Yichang	4071	6762	8963	66
襄阳	Xiangyang	4252	7091		
鄂州	Ezhou	3209	7317		
荆门	Jingmen	6951	7268		
孝感	Xiaogan	3987	5768		
荆州	Jingzhou	3964	7107		
黄冈	Huanggang	3511	6092		
咸宁	Xianning	3823	6073		
随州	Suizhou	4404	6635		
湖南	**Hunan**	**4310**	**6610**	**9025**	
长沙	Changsha	7533	11586		
株洲	Zhuzhou	5466	8477		
湘潭	Xiangtan	5073	9580		
衡阳	Hengyang	4843	6986		
邵阳	Shaoyang	2942	4637		
岳阳	Yueyang	4990	8082		

地名	City	2010	2013	2014	2014 排名 Ranking
常德	Changde	4575	7802		
张家界	Zhangjiajie	3476	4847		
益阳	Yiyang	4637	7453		
郴州	Chenzhou	3511	6315		
永州	Yongzhou	3951	5785		
怀化	Huaihua	3072	4968		
娄底	Loudi	3224	6744		
广东	**Guangdong**	**5516**	**8343**	**10043**	
广州	Guangzhou	8986	11688	12868	21
韶关	Shaoguan	4930	7326	8826	67
深圳	Shenzhen				
珠海	Zhuhai	8071	11416	14303	12
汕头	Shantou	5960	7945	9526	50
佛山	Foshan	8539	12694	13474	17
江门	Jiangmen	6412	9396	9191	58
湛江	Zhanjiang	4579	7907	8517	82
茂名	Maoming	4320	7625	9862	42
肇庆	Zhaoqing	5081	7503	7996	95
惠州	Huizhou	6029	9465	11008	33
梅州	Meizhou	5578	7353	8803	68
汕尾	Shanwei	5752	7807	7965	98
河源	Heyuan	4949	6946	8194	89
阳江	Yangjiang	6070	9171	9734	44
清远	Qingyuan	4977	7351	8798	69
东莞	Dongguan	11840	17003	18504	1
中山	Zhongshan	9008	12312	15189	9
潮州	Chaozhou	6027	8035	9215	56
揭阳	Jieyang	4745	6595	8720	75
云浮	Yunfu	5180	7935	8464	84
广西	**Guangxi**	**3455**	**5206**	**6675**	
南宁	Nanning	3354	5987	6718	136
柳州	Liuzhou	3663	6365	7186	123
桂林	Guilin	3872	6329	6825	132
梧州	Wuzhou	2798	5505	5829	169
北海	Beihai	3170	5825	5757	172
防城港	Fangchenggang	3470	5955	6685	139
钦州	Qinzhou	2901	4999	5366	185
贵港	Guigang	3504	5667	6182	157
玉林	Yulin	2910	4952	5546	179
百色	Baise	2859	5612	6114	160

6-5 农村居民人均消费支出 续表 3
Annual Per Capita Consumption Expenditure of Rural Households continued 3

单位：元 (yuan)

地名	City	2010	2013	2014	2014 排名 Ranking	地名	City	2010	2013	2014	2014 排名 Ranking
贺州	Hezhou	2985	5284	5665	176	丽江	Lijiang	2184	4098		
河池	Hechi	2099	4667	5252	189	普洱	Puer	2755	4668	5041	192
来宾	Laibin	3545	6077	6547	143	临沧	Lincang	2020	4240		
崇左	Chongzuo	3581	6907	7446	111	**西藏**	**Tibet**	**2667**	**3574**	**4822**	
海南	**Hainan**	**3446**	**5466**	**7029**		拉萨	Lasa	2482	4163		
海口	Haikou	3403	6370			**陕西**	**Shaanxi**	**3794**	**5724**	**7252**	
三亚	Sanya	3905	5657			西安	Xi'an	5633	8780		
三沙	Sansha					铜川	Tongchuan	4402	7001		
重庆	**Chongqing**	**3625**	**5796**	**7983**		宝鸡	Baoji	4466	6725		
四川	**Sichuan**	**3898**	**6309**	**8301**		咸阳	Xianyang	3867	6433		
成都	Chengdu	5796	8457	9697	47	渭南	Weinan	3273	6053		
自贡	Zigong	4300	6172	6521	144	延安	Yan'an	3731	6278		
攀枝花	Panzhihua	5439	8481	10835	35	汉中	Hanzhong	3192	5490		
泸州	Luzhou	4174	6050	7257	119	榆林	Yulin	4298	7425		
德阳	Deyang	5241	6318	7449	110	安康	Ankang	3536	5311		
绵阳	Mianyang	4607	6162	7494	106	商洛	Shangluo	2711	4721		
广元	Guangyuan	3416	4782	5710	175	**甘肃**	**Gansu**	**2942**	**4850**	**6148**	
遂宁	Suining	4049	4638	6149	159	兰州	Lanzhou	3686	6473		
内江	Neijiang	3997	5427	5882	166	嘉峪关	Jiayuguan	5077	9354		
乐山	Leshan	4394	5350	7195	122	金昌	Jinchang	4147	6717		
南充	Nanchong	3376	4580	6113	161	白银	Baiyin	2955	4676		
眉山	Meishan	3933	5615	8770	72	天水	Tianshui	2413	4783		
宜宾	Yibin	4340	5533	6588	142	武威	Wuwei	2160	4517		
广安	Guangan	3138	4752	6616	141	张掖	Zhangye	4416	7325		
达州	Dazhou	3552	5039	5785	170	平凉	Pingliang	3090	5112		
雅安	Yaan	4507	6650	8771	71	酒泉	Jiuquan	6043	9300		
巴中	Bazhong	3910	5576	6988	128	庆阳	Qingyang	2330	4698		
资阳	Ziyang	2924	5226	6492	145	定西	Dingxi	2419	4152		
贵州	**Guizhou**	**2853**	**4740**	**8970**		陇南	Longnan	2341	4123		
贵阳	Guiyang	4741	7267	8724	74	**青海**	**Qinghai**	**3775**	**6060**	**8235**	
六盘水	Liupanshui	2612	5378	6042	162	西宁	Xining	5404	7563		
遵义	Zunyi	2790	5521	7334	116	海东	Haidong				
安顺	Anshun	2210	5171	6160	158	**宁夏**	**Ningxia**	**4013**	**6490**	**7677**	
毕节	Bijie	2499	5019	5638	177	银川	Yinchuan	5394	8637	9334	53
铜仁	Tongren	2594	4457	5376	184	石嘴山	Shizuishan	4930	8210	8753	73
云南	**Yunnan**	**3398**	**4744**	**6030**		吴忠	Wuzhong	3763	6574	7373	114
昆明	Kunming	5701	8397			固原	Guyuan	3085	4731	5863	168
曲靖	Qujing	3120	4671			中卫	Zhongwei	3877	6286	7133	126
玉溪	Yuxi	5033	8148			**新疆**	**Xinjiang**	**3458**	**6119**	**7365**	
保山	Baoshan	3214	5454			乌鲁木齐	Urumqi				
昭通	Zhaotong	2314	3899			克拉玛依	Karamay				

6-6 农村居民人均食品消费支出

Annual Per Capita Food Consumption Expenditure of Rural Households

单位：元 （yuan）

地名	City	2010	2012	2013	2013 排名 Ranking
全国	**Nation Total**	**1801**	**2324**	**2495**	
北京	**Beijing**	**2995**	**3945**	**4696**	
天津	**Tianjin**	**2061**	**3020**	**3540**	
河北	**Hebei**	**1351**	**1817**	**1963**	
石家庄	Shijiazhuang	1405	1809		
唐山	Tangshan	2086	2857		
秦皇岛	Qinhuangdao	1384	1993		
邯郸	Handan	1021	1511		
邢台	Xingtai	1098	1581		
保定	Baoding	1143	1804		
张家口	Zhangjiakou	1440	1891		
承德	Chengde	1697	2361		
沧州	Cangzhou	1289	1866		
廊坊	Langfang	1505	2172		
衡水	Hengshui	1162	1724		
山西	**Shanxi**	**1372**	**1860**	**1921**	
太原	Taiyuan	1312	2219		
大同	Datong	1141	2050		
阳泉	Yangquan	1444	2030		
长治	Changzhi	1167	1830		
晋城	Jincheng	1493	1995		
朔州	Shuozhou	1383	2129		
晋中	Jinzhong	1323	1849		
运城	Yuncheng	1147	1544		
忻州	Xinzhou	1319	1635		
临汾	Linfen	1237	1601		
吕梁	Lvliang	1200	1716		
内蒙古	**Inner Mongolia**	**1675**	**2380**	**2583**	
呼和浩特	Hohhot	2061	2814	2708	91
包头	Baotou	2279	2927	2453	132
乌海	Wuhai	2014	3877	2762	77
赤峰	Chifeng	1479	2284	1842	206
通辽	Tongliao	1615	2376	1641	224
鄂尔多斯	Erdos	2464	3778	2177	172
呼伦贝尔	Hulunbuir	1539	2520	2032	188
巴彦淖尔	Bayannur	2460	3231	2096	177
乌兰察布	Ulanqab	1289	2146	2296	159
辽宁	**Liaoning**	**1714**	**2300**	**2519**	

地名	City	2010	2012	2013	2013 排名 Ranking
沈阳	Shenyang	1991	2510		
大连	Dalian	2746	3139		
鞍山	Anshan	2023	2508		
抚顺	Fushun	1954	2742		
本溪	Benxi	2274	3244		
丹东	Dandong	2314	3266		
锦州	Jinzhou	1412	2052		
营口	Yingkou	2124	2866		
阜新	Fuxin	1474	1915		
辽阳	Liaoyang	1867	2337		
盘锦	Panjin	1964	2576		
铁岭	Tieling	2004	2231		
朝阳	Chaoyang	1931	2298		
葫芦岛	Huludao	1542	1923		
吉林	**Jilin**	**1523**	**2269**	**2438**	
长春	Changchun		2254	2944	62
吉林	Jilin		2337	2921	64
四平	Siping		2216	2538	120
辽源	Liaoyuan		2287	3482	39
通化	Tonghua		2507	2603	109
白山	Baishan		1904	2588	113
松原	Songyuan		1994	2866	70
白城	Baicheng		2364	2309	155
黑龙江	**Heilongjiang**	**1484**	**2165**	**2398**	
哈尔滨	Harbin	1880	2165	2872	68
齐齐哈尔	Qiqihar	1850	2403	2599	111
鸡西	Jixi	1893	2329		
鹤岗	Hegang				
双鸭山	Shuangyashan			1601	228
大庆	Daqing	1610		1479	234
伊春	Yichun				
佳木斯	Jiamusi	1046	1704		
七台河	Qitaihe			2795	75
牡丹江	Mudanjiang	1839			
黑河	Heihe				
绥化	Suihua				
上海	**Shanghai**	**3807**	**4848**	**5335**	
江苏	**Jiangsu**	**2492**	**3049**	**3283**	

6-6 农村居民人均食品消费支出 续表 1
Annual Per Capita Food Consumption Expenditure of Rural Households continued 1

单位：元 （yuan）

地名	City	2010	2012	2013	2013 排名 Ranking	地名	City	2010	2012	2013	2013 排名 Ranking
南京	Nanjing	3110	4147	4554	14	池州	Chizhou	1852	2433	2496	124
无锡	Wuxi	3375	4655	5065	8	宣城	Xuancheng	1811	2468	2819	72
徐州	Xuzhou	1962	2411	2593	112	**福建**	**Fujian**	**2537**	**3403**	**3601**	
常州	Changzhou	3480	4337	4799	13	福州	Fuzhou	2761	3687	4017	25
苏州	Suzhou	3527	4875	5429	4	厦门	Xiamen	3109	4413	4861	11
南通	Nantong	2623	3546	3864	28	莆田	Putian	2648	3521	3760	30
连云港	Lianyungang	1947	2259	2457	130	三明	Sanming	2244	3088	3423	43
淮安	Huaian	2053	2409	2670	100	泉州	Quanzhou	2868	3621	4048	22
盐城	Yancheng	1871	2543	2686	94	漳州	Zhangzhou	2577	3522	3736	31
扬州	Yangzhou	2578	3180	3435	42	南平	Nanping	2268	2937	3199	53
镇江	Zhenjiang	3076	3857	4276	19	龙岩	Longyan	2403	3106	3306	50
泰州	Taizhou	2217	2974	3210	51	宁德	Ningde	2113	2816	3137	55
宿迁	Suqian	2008	2479	2751	81	**江西**	**Jiangxi**	**1813**	**2333**	**2389**	
浙江	**Zhejiang**	**3056**	**3947**	**4191**		南昌	Nanchang	1936	2586	2437	136
杭州	Hangzhou	3333	4455	4820	12	景德镇	Jingdezhen	1948	2456	2588	113
宁波	Ningbo	4049	5293	5503	3	萍乡	Pingxiang	1849	2517	2678	96
温州	Wenzhou	3635	4943	5418	5	九江	Jiujiang	1717	2118	2460	129
嘉兴	Jiaxing	3064	3955	4450	18	新余	Xinyu	2101	2513	2672	99
湖州	Huzhou	3004	3583	3979	26	鹰潭	Yingtan	1853	2531	2635	108
绍兴	Shaoxing	3314	4186	4477	16	赣州	Ganzhou	1459	1791	2064	182
金华	Jinhua	2670	3246	3672	34	吉安	Jian	1669	2003	2073	180
衢州	Quzhou	2229	2720	2881	67	宜春	Yichun	1692	2273	2424	138
舟山	Zhoushan	4071	5183	5913	2	抚州	Fuzhou	1614	2176	1655	221
台州	Taizhou	2980	4021	4455	17	上饶	Shangrao	1414	1919	1944	195
丽水	Lishui	1889	2553	2732	85	**山东**	**Shandong**	**1804**	**2321**	**2554**	
安徽	**Anhui**	**1633**	**2181**	**2270**		济南	Jinan	1818	2465	2641	107
合肥	Hefei	2037	2363	2499	123	青岛	Qingdao	2365	3130	3415	44
芜湖	Wuhu	2175	2838	3136	56	淄博	Zibo	1864	2572	2731	86
蚌埠	Bengbu	1380	1743	1920	200	枣庄	Zaozhuang	1558	2021	2307	156
淮南	Huainan	1486	2184	2376	146	东营	Dongying	1734	2351	2417	140
马鞍山	Maanshan	2483	2612	3353	48	烟台	Yantai	1982	2594	2785	76
淮北	Huaibei	1431	1719	2257	163	潍坊	Weifang	1747	2356	2503	122
铜陵	Tongling	2158	2542	2825	71	济宁	Jining	1596	2137	2339	152
安庆	Anqing	1722	2388	2485	127	泰安	Taian	1572	2052	2269	162
黄山	Huangshan	1874	2404	3209	52	威海	Weihai	2060	2367	2916	65
滁州	Chuzhou	1680	2409	2953	61	日照	Rizhao	1752	1858	1919	201
阜阳	Fuyang	1207	1474	1598	229	莱芜	Laiwu	1753	2200	2448	133
宿州	Suzhou	1446	1615	1924	197	临沂	Linyi	1580	2075	2279	160
六安	Liuan	1816	2461	2550	119	德州	Dezhou	1333	1601	1820	210
亳州	Bozhou	1311	1647	1833	209	聊城	Liaocheng	1418	1926	2054	185

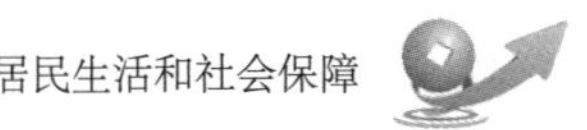

6-6 农村居民人均食品消费支出 续表 2
Annual Per Capita Food Consumption Expenditure of Rural Households continued 2

单位：元 (yuan)

地名	City	2010	2012	2013	2013 排名 Ranking	地名	City	2010	2012	2013	2013 排名 Ranking
滨州	Binzhou	1413	2093	2251	164	常德	Changde	2125	2610	1360	235
菏泽	Heze	1472	1810	2001	189	张家界	Zhangjiajie	1795	2159	978	238
河南	**Henan**	**1371**	**1702**	**1938**		益阳	Yiyang	2119	2790	1565	231
郑州	Zhengzhou	1889	2203	2455	131	郴州	Chenzhou	1705	2199	1598	229
开封	Kaifeng	1140	1555	1797	213	永州	Yongzhou	1882	2391	1815	212
洛阳	Luoyang	1395	1719	1979	192	怀化	Huaihua	1738	2148	1354	236
平顶山	Pingdingshan	1273	1522	1738	217	娄底	Loudi	1688	2371	1652	222
安阳	Anyang	1197	1535	2001	189	**广东**	**Guangdong**	**2630**	**3659**	**3737**	
鹤壁	Hebi	1451	2096	2644	104	广州	Guangzhou	4126	4879	5167	6
新乡	Xinxiang	1457	1806	2199	167	韶关	Shaoguan	2687	3244	3568	37
焦作	Jiaozuo	1479	2018	2402	141	深圳	Shenzhen				
濮阳	Puyang	1051	1584	1630	226	珠海	Zhuhai	3631	4504	5056	9
许昌	Xuchang	1329	1685	2059	183	汕头	Shantou	2865	3480	3781	29
漯河	Luohe	1225	1550	1691	220	佛山	Foshan	3236	4480	4935	10
三门峡	Sanmenxia	1419	1831	1965	194	江门	Jiangmen		3604	4529	15
南阳	Nanyang	1525	2086	2298	158	湛江	Zhanjiang	2285	3539	4032	24
商丘	Shangqiu	1081	1549	1844	205	茂名	Maoming	2065	3067	3537	38
信阳	Xinyang	1780	2068	2495	125	肇庆	Zhaoqing	2517	3137	3653	35
周口	Zhoukou	1250	1542	1632	225	惠州	Huizhou	2715	3671	4174	20
驻马店	Zhumadian	1529	1891	2083	179	梅州	Meizhou	2611	3095	3407	45
湖北	**Hubei**	**1763**	**2154**	**2308**		汕尾	Shanwei	2630	3390	3677	33
武汉	Wuhan	2329	3245	3459	40	河源	Heyuan	2382	3049	3401	46
黄石	Huangshi	1773	2317	2567	118	阳江	Yangjiang		3836	4128	21
十堰	Shiyan	1351	1782	1924	197	清远	Qingyuan	2455	3328	3609	36
宜昌	Yichang	1787	2238	2581	115	东莞	Dongguan	4447	5980	6291	1
襄阳	Xiangyang	1016	2446	2800	74	中山	Zhongshan	3891	4574	5082	7
鄂州	Ezhou	1077	3121	3337	49	潮州	Chaozhou	2750	3444	3698	32
荆门	Jingmen	4786	2172	2870	69	揭阳	Jieyang	2259	2866	3073	58
孝感	Xiaogan	1827	2240	2508	121	云浮	Yunfu	2778	3499	4039	23
荆州	Jingzhou	1788	2616	2676	98	**广西**	**Guangxi**	**1675**	**2086**	**2085**	
黄冈	Huanggang	1525	2075	2345	151	南宁	Nanning	1636	2431	2749	83
咸宁	Xianning	1710	2272	2400	142	柳州	Liuzhou	1820	2520	2749	83
随州	Suizhou	1994	2236	2642	105	桂林	Guilin	1827	2559	2714	88
湖南	**Hunan**	**2088**	**2575**	**2537**		梧州	Wuzhou	1531	2224	2339	152
长沙	Changsha	2838	3756	2059	183	北海	Beihai	1701	2354	2303	157
株洲	Zhuzhou	2382	3039	1733	218	防城港	Fangchenggang	1865	1949	3156	54
湘潭	Xiangtan	2297	2840	1544	233	钦州	Qinzhou	1568	1573	1836	208
衡阳	Hengyang	2444	3076	1647	223	贵港	Guigang	1648	2346	2571	116
邵阳	Shaoyang	1525	1910	1199	237	玉林	Yulin	1418	2088	2155	174
岳阳	Yueyang	1836	2540	1616	227	百色	Baise	1474	1316	2421	139

6-6 农村居民人均食品消费支出 续表 3

Annual Per Capita Food Consumption Expenditure of Rural Households continued 3

单位：元 (yuan)

地名	City	2010	2012	2013	2013 排名 Ranking
贺州	Hezhou	1480	1302	2147	175
河池	Hechi	1297	1281	1940	196
来宾	Laibin	1554	2131	2350	149
崇左	Chongzuo	1432	2346	2709	90
海南	**Hainan**	**1724**	**2410**	**2625**	
海口	Haikou	1505	3093	3070	59
三亚	Sanya	1944	2312	2762	77
三沙	Sansha				
重庆	**Chongqing**	**1750**	**2216**	**2539**	
四川	**Sichuan**	**1881**	**2514**	**2665**	
成都	Chengdu	2429	3284	3441	41
自贡	Zigong	2401	2725	2923	63
攀枝花	Panzhihua	2438	3397	3941	27
泸州	Luzhou	2071	2667	3005	60
德阳	Deyang	2327	2871	3080	57
绵阳	Mianyang	2012	2511	2661	101
广元	Guangyuan	1453	2082	2185	170
遂宁	Suining	1778	2092	2241	165
内江	Neijiang	2077	2490	2717	87
乐山	Leshan	2066	2274	2427	137
南充	Nanchong	1806	2383	2376	146
眉山	Meishan	1861	2237	2659	102
宜宾	Yibin	1941	2860	2712	89
广安	Guangan	1849	2429	2489	126
达州	Dazhou	1865	2422	2570	117
雅安	Yaan	2068	2637	2470	128
巴中	Bazhong	2010	2398	2706	92
资阳	Ziyang	1699	2391	2444	135
贵州	**Guizhou**	**1319**	**1741**	**2036**	
贵阳	Guiyang	1736	2380	2649	103
六盘水	Liupanshui	1370	1976	2690	93
遵义	Zunyi	1323	1792	2381	145
安顺	Anshun	1223	1762	2320	154
毕节	Bijie	1175	1786	2384	144
铜仁	Tongren	1274	1926	2035	187
云南	**Yunnan**	**1605**	**2081**	**2098**	
昆明	Kunming	1781	2539	2750	82
曲靖	Qujing	1396	1856	2139	176
玉溪	Yuxi	1932	2351	2677	97
保山	Baoshan	1541	2109	2158	173
昭通	Zhaotong	1298	1002	1893	202
丽江	Lijiang	1061	1833	2224	166
普洱	Puer	1636	2337	2191	168
临沧	Lincang	1130	1616	1921	199
西藏	**Tibet**	**1326**	**1592**	**1939**	
拉萨	Lasa	970	1370	1870	203
陕西	**Shaanxi**	**1299**	**1520**	**1821**	
西安	Xi'an	1833	2630	2894	66
铜川	Tongchuan	1454	1863	2682	95
宝鸡	Baoji	1365	1620	1769	215
咸阳	Xianyang	1211	1790	2348	150
渭南	Weinan	1035	2060	2274	161
延安	Yan'an	1338	1698	2038	186
汉中	Hanzhong	1390	1883	2180	171
榆林	Yulin	1692	2606	2642	105
安康	Ankang	1575	2073	2186	169
商洛	Shangluo	1060	1439	1554	232
甘肃	**Gansu**	**1315**	**1649**	**1799**	
兰州	Lanzhou	1624	2052	2374	148
嘉峪关	Jiayuguan	2205	3005	2601	110
金昌	Jinchang	1648	2209	2086	178
白银	Baiyin	1338	1845	1991	191
天水	Tianshui	1129	1503	1819	211
武威	Wuwei	730	1475	1869	204
张掖	Zhangye	1770	2380	2758	80
平凉	Pingliang	1282	2261	1741	216
酒泉	Jiuquan	2070	3039	3357	47
庆阳	Qingyang	971	1372	1839	207
定西	Dingxi	1138	1532	1782	214
陇南	Longnan	1261	1375	1693	219
青海	**Qinghai**	**1443**	**1859**	**1872**	
西宁	Xining	1634	2217	2446	134
海东	Haidong				
宁夏	**Ningxia**	**1542**	**1891**	**2022**	
银川	Yinchuan	1931	2188	2807	73
石嘴山	Shizuishan	1904	2034	2762	77
吴忠	Wuzhong	1510	1523	2395	143
固原	Guyuan	1494	1249	1969	193
中卫	Zhongwei	1338	1573	2072	181
新疆	**Xinjiang**	**1394**	**1891**	**2072**	
乌鲁木齐	Urumqi		2754		
克拉玛依	Karamay				

6-7 城乡居民人民币储蓄存款余额
Household Saving Deposits at Year-end

单位：亿元 (100 million yuan)

地名	City	2010	2013	2014	2014 排名 Ranking	地名	City	2010	2013	2014	2014 排名 Ranking
全国	**Nation Total**	**303302.5**	**447601.6**	**485261.3**		沈阳	Shenyang	5970.16	4765.48	5147.63	9
北京	**Beijing**	**17003.11**	**23086.40**	**24158.40**		大连	Dalian	6159.00	4483.77	4666.71	13
天津	**Tianjin**	**5558.23**	**7612.30**	**7916.90**		鞍山	Anshan	1079.14	1582.97	1743.69	60
河北	**Hebei**	**15678.43**	**23357.20**	**25690.10**		抚顺	Fushun	372.98	889.24	984.81	141
石家庄	Shijiazhuang	3272.10	4157.60	4387.67	17	本溪	Benxi	504.91	656.72	684.79	193
唐山	Tangshan	2716.11	3652.79	3990.51	19	丹东	Dandong	476.43	992.94	1083.99	127
秦皇岛	Qinhuangdao	896.02	1311.66	1447.62	77	锦州	Jinzhou	583.29	1018.30	1090.21	125
邯郸	Handan	1318.74	2014.17	2251.68	43	营口	Yingkou	813.55	922.72	1018.31	136
邢台	Xingtai	814.13	1655.93	1859.03	56	阜新	Fuxin	359.35	509.77	552.23	217
保定	Baoding	1158.32	3036.23	3388.92	27	辽阳	Liaoyang	513.99	760.51	815.45	176
张家口	Zhangjiakou	918.31	1268.62	1417.50	82	盘锦	Panjin	440.22	769.95	853.17	169
承德	Chengde	766.25	1032.49	1139.82	114	铁岭	Tieling	484.33	700.21	790.56	180
沧州	Cangzhou	894.57	2092.44	2331.68	41	朝阳	Chaoyang	434.80	838.98	917.84	154
廊坊	Langfang	1322.08	1829.43	2071.81	48	葫芦岛	Huludao	505.66	795.20	884.96	158
衡水	Hengshui	457.60	1308.55	1464.15	76	**吉林**	**Jilin**	**5147.26**	**7745.30**	**8556.70**	
山西	**Shanxi**	**9222.97**	**13339.40**	**14145.20**		长春	Changchun	4557.44	3107.16	3380.11	28
太原	Taiyuan	5054.75	3307.99	3325.78	29	吉林	Jilin	715.40	1276.24	1413.05	83
大同	Datong	597.21	1367.23	1479.38	73	四平	Siping	364.58	612.16	697.01	190
阳泉	Yangquan	369.08	653.71	684.19	194	辽源	Liaoyuan	171.26	273.74	305.07	267
长治	Changzhi	631.17	1109.03	1196.07	108	通化	Tonghua	341.68	560.11	637.23	201
晋城	Jincheng	522.92	825.46	869.32	163	白山	Baishan	243.59	357.80	396.16	249
朔州	Shuozhou	197.68	661.08	728.33	185	松原	Songyuan	281.98	470.28	525.99	222
晋中	Jinzhong	469.64	1215.33	1312.47	91	白城	Baicheng	192.58	305.09	344.62	259
运城	Yuncheng	499.86	1000.16	1105.00	122	**黑龙江**	**Heilongjiang**	**7254.71**	**10058.60**	**10856.90**	
忻州	Xinzhou	352.40	1011.39	1108.01	121	哈尔滨	Harbin	4126.95	3593.56	3768.82	22
临汾	Linfen	549.93	1175.40	1252.69	99	齐齐哈尔	Qiqihar	540.40	879.03	976.16	142
吕梁	Lvliang	406.11	1031.95	1090.64	124	鸡西	Jixi	224.98	561.34	627.26	204
内蒙古	**Inner Mongolia**	**4618.11**	**7455.20**	**8013.70**		鹤岗	Hegang	226.68	333.61	353.09	258
呼和浩特	Hohhot	2522.52	1414.62	1480.88	72	双鸭山	Shuangyashan	247.04	404.72	452.45	238
包头	Baotou	1037.29	1157.92	1218.27	105	大庆	Daqing	409.78	1169.29	1231.18	103
乌海	Wuhai	279.82	299.05	322.09	265	伊春	Yichun	104.05	338.88	368.81	253
赤峰	Chifeng	465.93	861.63	931.80	149	佳木斯	Jiamusi	342.26	621.20	703.43	188
通辽	Tongliao	464.00	428.59	469.03	232	七台河	Qitaihe	164.03	228.19	238.76	278
鄂尔多斯	Erdos	1562.10	1179.39	1268.40	98	牡丹江	Mudanjiang	313.06	823.94	879.94	161
呼伦贝尔	Hulunbuir	430.54	659.93	709.43	187	黑河	Heihe	174.76	369.13	401.51	248
巴彦淖尔	Bayannur	346.36	415.76	458.10	236	绥化	Suihua	301.87	638.05	809.10	178
乌兰察布	Ulanqab	241.12	461.70	515.36	224	**上海**	**Shanghai**	**15650.24**	**20486.30**	**21269.30**	
辽宁	**Liaoning**	**13690.27**	**19659.50**	**21183.80**		**江苏**	**Jiangsu**	**23334.48**	**33823.90**	**36580.60**	

6-7 城乡居民人民币储蓄存款余额 续表 1
Household Saving Deposits at Year-end continued 1

单位：亿元 (100 million yuan)

地名	City	2010	2013	2014	2014 排名 Ranking	地名	City	2010	2013	2014	2014 排名 Ranking
南京	Nanjing	10384.84	4883.29	5055.77	10	池州	Chizhou	247.69	371.96	427.06	243
无锡	Wuxi	6160.60	4086.84	4341.45	18	宣城	Xuancheng	385.56	540.39	627.47	203
徐州	Xuzhou	1436.44	2089.77	2377.44	40	福建	**Fujian**	**8101.02**	**11847.30**	**12579.00**	
常州	Changzhou	3011.67	2753.31	2934.19	32	福州	Fuzhou	5005.53	3296.65	3483.72	25
苏州	Suzhou	10133.15	6408.32	6753.44	4	厦门	Xiamen	3621.72	1950.10	1972.02	55
南通	Nantong	2843.14	4130.22	4602.87	15	莆田	Putian	616.71	773.64	858.57	166
连云港	Lianyungang	946.26	823.19	924.03	151	三明	Sanming	697.66	601.04	630.28	202
淮安	Huaian	8426.34	931.81	1044.52	133	泉州	Quanzhou	2600.56	2706.70	2820.89	34
盐城	Yancheng	1310.40	1788.34	2062.39	49	漳州	Zhangzhou	836.20	943.41	1036.25	134
扬州	Yangzhou	1486.06	1931.02	2117.09	47	南平	Nanping	617.60	613.14	685.21	192
镇江	Zhenjiang	1563.34	1475.49	1569.40	65	龙岩	Longyan	723.39	524.97	655.13	198
泰州	Taizhou	1460.69	1786.01	1984.80	53	宁德	Ningde	718.56	468.88	508.21	225
宿迁	Suqian	625.61	736.29	813.20	177	江西	**Jiangxi**	**6113.24**	**9725.20**	**10790.70**	
浙江	**Zhejiang**	**20612.16**	**28923.00**	**30666.40**		南昌	Nanchang	3461.52	2051.16	2149.33	45
杭州	Hangzhou	15078.73	6339.75	6694.55	5	景德镇	Jingdezhen	227.00	394.53	442.23	241
宁波	Ningbo	9414.20	4562.36	4780.31	12	萍乡	Pingxiang	227.96	366.73	407.94	246
温州	Wenzhou	5516.68	3821.25	3883.11	20	九江	Jiujiang	638.02	963.44	1048.72	132
嘉兴	Jiaxing	2753.64	2438.21	2701.58	36	新余	Xinyu	352.33	339.63	362.70	255
湖州	Huzhou	1461.32	1243.80	1369.95	87	鹰潭	Yingtan	220.03	258.87	290.82	269
绍兴	Shaoxing	3934.27	2724.25	2806.15	35	赣州	Ganzhou	846.37	1527.33	1728.00	61
金华	Jinhua	3096.47	3005.13	3212.58	30	吉安	Jian	373.98	977.22	1119.17	118
衢州	Quzhou	788.22	704.08	790.06	181	宜春	Yichun	508.67	1045.28	1169.59	111
舟山	Zhoushan	1017.72	544.64	598.00	208	抚州	Fuzhou	325.29	730.06	832.62	173
台州	Taizhou	3055.82	2698.13	2892.41	33	上饶	Shangrao	577.22	1069.88	1240.87	100
丽水	Lishui	821.46	846.38	937.71	147	山东	**Shandong**	**19648.21**	**29796.10**	**33178.60**	
安徽	**Anhui**	**7788.48**	**12924.90**	**14599.40**		济南	Jinan	6319.09	3267.78	3541.36	23
合肥	Hefei	4214.08	2355.77	2539.50	38	青岛	Qingdao	5886.23	4140.59	4435.90	16
芜湖	Wuhu	1033.45	999.99	1121.59	116	淄博	Zibo	1686.13	1884.20	2038.58	51
蚌埠	Bengbu	386.92	604.20	681.86	195	枣庄	Zaozhuang	727.71	779.81	865.46	164
淮南	Huainan	644.64	651.59	691.01	191	东营	Dongying	1148.11	1051.34	1185.04	110
马鞍山	Maanshan	523.11	749.48	819.37	175	烟台	Yantai	2511.91	3078.69	3401.90	26
淮北	Huaibei	304.76	470.84	531.74	218	潍坊	Weifang	2514.81	2792.76	3162.31	31
铜陵	Tongling	388.49	309.63	338.91	262	济宁	Jining	1366.43	1950.32	2138.55	46
安庆	Anqing	547.07	1252.46	1427.15	80	泰安	Taian	917.60	1375.11	1530.71	67
黄山	Huangshan	281.01	440.32	504.63	227	威海	Weihai	1121.73	1336.69	1466.96	74
滁州	Chuzhou	473.76	712.04	828.55	174	日照	Rizhao	960.79	758.05	856.37	167
阜阳	Fuyang	441.49	1216.78	1446.97	78	莱芜	Laiwu	464.70	417.86	458.62	235
宿州	Suzhou	307.68	762.96	883.41	159	临沂	Linyi	1538.21	2250.30	2583.82	37
六安	Liuan	485.25	876.48	1022.19	135	德州	Dezhou	909.84	1266.44	1485.43	71
亳州	Bozhou	244.78	639.16	741.61	184	聊城	Liaocheng	919.65	1185.41	1409.74	84

6-7 城乡居民人民币储蓄存款余额 续表 2
Household Saving Deposits at Year-end continued 2

单位：亿元 (100 million yuan)

地名	City	2010	2013	2014	2014 排名 Ranking	地名	City	2010	2013	2014	2014 排名 Ranking
滨州	Binzhou	1020.39	833.51	967.83	143	常德	Changde	480.70	1108.64	1268.50	97
菏泽	Heze	797.66	1427.23	1663.12	63	张家界	Zhangjiajie	188.03	263.89	307.73	266
河南	**Henan**	**12883.70**	**20232.10**	**22417.20**		益阳	Yiyang	313.08	729.39	837.60	170
郑州	Zhengzhou	5717.55	4475.32	4839.26	11	郴州	Chenzhou	369.10	996.67	1128.35	115
开封	Kaifeng	402.49	763.83	855.91	168	永州	Yongzhou	362.66	864.54	991.05	139
洛阳	Luoyang	1113.88	1659.85	1784.93	58	怀化	Huaihua	356.08	806.11	918.28	153
平顶山	Pingdingshan	694.39	1034.80	1111.34	119	娄底	Loudi	399.32	636.52	768.86	182
安阳	Anyang	608.50	1056.02	1208.73	106	**广东**	**Guangdong**	**36318.66**	**49891.30**	**52410.60**	
鹤壁	Hebi	268.43	257.14	279.58	273	广州	Guangzhou	16284.31	12496.69	12825.64	1
新乡	Xinxiang	712.34	1084.63	1206.60	107	韶关	Shaoguan	346.28	787.84	859.52	165
焦作	Jiaozuo	470.98	722.91	794.50	179	深圳	Shenzhen	13708.16	9289.37	9974.01	2
濮阳	Puyang	231.60	686.07	764.25	183	珠海	Zhuhai	1472.54	1340.62	1423.01	81
许昌	Xuchang	562.35	866.66	959.80	144	汕头	Shantou	661.52	1679.13	1833.08	57
漯河	Luohe	301.20	438.52	494.85	228	佛山	Foshan	4868.99	5602.58	5806.94	6
三门峡	Sanmenxia	340.20	549.92	582.52	211	江门	Jiangmen	973.75	2029.88	2174.17	44
南阳	Nanyang	827.50	1586.56	1777.19	59	湛江	Zhanjiang	714.40	1410.98	1514.51	68
商丘	Shangqiu	607.67	1098.58	1233.20	102	茂名	Maoming	361.30	1135.23	1271.20	95
信阳	Xinyang	570.09	130.61	1488.43	70	肇庆	Zhaoqing	642.04	981.92	1075.02	129
周口	Zhoukou	563.18	1311.63	1496.03	69	惠州	Huizhou	1097.66	1533.96	1640.17	64
驻马店	Zhumadian	499.44	1196.83	1381.37	86	梅州	Meizhou	331.10	885.49	985.46	140
湖北	**Hubei**	**9798.05**	**15507.00**	**17247.60**		汕尾	Shanwei	130.20	337.14	376.34	252
武汉	Wuhan	9093.71	5117.43	5352.13	8	河源	Heyuan	338.69	480.14	531.49	219
黄石	Huangshi	478.94	597.18	661.03	197	阳江	Yangjiang	283.93	556.98	607.87	207
十堰	Shiyan	404.70	786.93	894.42	157	清远	Qingyuan	520.62	837.54	924.23	150
宜昌	Yichang	1415.86	1200.10	1323.07	90	东莞	Dongguan	3329.82	4476.43	4648.27	14
襄阳	Xiangyang	688.25	1320.05	1541.39	66	中山	Zhongshan	1329.89	1932.67	2039.09	50
鄂州	Ezhou	141.71	236.75	267.60	276	潮州	Chaozhou	205.91	644.16	698.39	189
荆门	Jingmen	317.21	732.74	836.25	171	揭阳	Jieyang	400.68	1128.99	1193.65	109
孝感	Xiaogan	389.60	943.17	1083.16	128	云浮	Yunfu	278.34	519.18	573.00	212
荆州	Jingzhou	461.07	1180.67	1345.24	88	**广西**	**Guangxi**	**5702.43**	**9118.90**	**10023.00**	
黄冈	Huanggang	392.18	1197.89	1404.99	85	南宁	Nanning	4142.30	2321.16	2529.86	39
咸宁	Xianning	226.88	448.83	516.34	223	柳州	Liuzhou	1046.17	989.38	1061.01	130
随州	Suizhou	172.52	499.16	585.73	210	桂林	Guilin	789.34	1232.23	1334.22	89
湖南	**Hunan**	**9022.58**	**14539.70**	**16413.60**		梧州	Wuzhou	321.34	482.13	530.77	220
长沙	Changsha	6353.68	3482.97	3866.79	21	北海	Beihai	239.03	403.85	434.02	242
株洲	Zhuzhou	550.63	1080.00	1224.11	104	防城港	Fangchenggang	178.17	242.83	266.66	277
湘潭	Xiangtan	545.91	822.65	922.92	152	钦州	Qinzhou	321.45	430.24	486.35	230
衡阳	Hengyang	530.71	1508.95	1718.80	62	贵港	Guigang	279.41	586.23	664.14	196
邵阳	Shaoyang	348.54	1100.46	1268.73	96	玉林	Yulin	397.18	881.73	1007.73	137
岳阳	Yueyang	437.18	856.43	958.34	145	百色	Baise	391.03	460.59	528.67	221

6-7 城乡居民人民币储蓄存款余额 续表 3
Household Saving Deposits at Year-end continued 3

单位：亿元 (100 million yuan)

地名	City	2010	2013	2014	2014 排名 Ranking	地名	City	2010	2013	2014	2014 排名 Ranking
贺州	Hezhou	144.51	252.79	284.53	271	丽江	Lijiang	193.92	253.97	274.98	274
河池	Hechi	275.01	449.65	507.17	226	普洱	Puer	232.00	303.07	335.52	263
来宾	Laibin	182.78	254.34	285.47	270	临沧	Lincang	168.14	214.85	236.04	280
崇左	Chongzuo	161.88	316.93	355.91	257	**西藏**	**Tibet**	**267.13**	**496.00**	**559.30**	
海南	**Hainan**	**1667.14**	**2465.40**	**2672.30**		拉萨	Lasa			559.28	215
海口	Haikou	1933.26	1062.10	1119.48	117	**陕西**	**Shaanxi**	**7957.78**	**12249.40**	**13428.90**	
三亚	Sanya	228.65	345.26	366.33	254	西安	Xi'an	6591.73	5357.05	5687.49	7
三沙	Sansha			0.20	286	铜川	Tongchuan	79.40	248.60	267.68	275
重庆	**Chongqing**	**5839.66**	**9622.30**	**10774.10**		宝鸡	Baoji	436.95	1037.67	1163.76	113
四川	**Sichuan**	**13650.83**	**22597.30**	**25312.50**		咸阳	Xianyang	454.66	1148.19	1285.79	94
成都	Chengdu	12139.43	8151.59	8976.94	3	渭南	Weinan	471.52	990.62	1110.48	120
自贡	Zigong	248.24	634.37	714.22	186	延安	Yan'an	360.97	571.82	624.19	205
攀枝花	Panzhihua	380.31	396.65	411.75	245	汉中	Hanzhong	300.08	831.10	944.33	146
泸州	Luzhou	406.72	876.59	997.68	138	榆林	Yulin	898.82	1088.76	1233.65	101
德阳	Deyang	592.39	1057.33	1168.16	112	安康	Ankang	211.34	501.69	561.40	214
绵阳	Mianyang	877.28	1311.91	1464.46	75	商洛	Shangluo	156.50	403.30	463.68	234
广元	Guangyuan	238.93	553.02	639.36	200	**甘肃**	**Gansu**	**3598.24**	**5878.50**	**6674.70**	
遂宁	Suining	276.37	575.78	646.87	199	兰州	Lanzhou	2359.28	2021.56	2262.94	42
内江	Neijiang	266.90	746.29	834.74	172	嘉峪关	Jiayuguan	174.45	118.61	126.06	285
乐山	Leshan	585.87	925.74	1050.45	131	金昌	Jinchang	140.69	153.87	176.50	283
南充	Nanchong	424.82	1302.51	1446.69	79	白银	Baiyin	186.64	290.53	339.10	261
眉山	Meishan	281.58	877.96	905.85	155	天水	Tianshui	215.00	522.82	593.97	209
宜宾	Yibin	447.84	766.74	882.39	160	武威	Wuwei	161.13	392.77	453.30	237
广安	Guangan	251.60	795.90	902.53	156	张掖	Zhangye	132.34	259.55	294.09	268
达州	Dazhou	363.46	1133.69	1302.11	93	平凉	Pingliang	254.96	347.91	402.87	247
雅安	Yaan	238.90	376.98	445.42	240	酒泉	Jiuquan	242.20	422.74	465.52	233
巴中	Bazhong	129.22	482.26	557.00	216	庆阳	Qingyang	139.97	395.05	449.13	239
资阳	Ziyang	281.77	803.78	935.31	148	定西	Dingxi	143.60	314.96	362.14	256
贵州	**Guizhou**	**3244.99**	**5919.10**	**6620.60**		陇南	Longnan	177.80	323.35	388.28	250
贵阳	Guiyang	2588.73	1827.14	2010.58	52	**青海**	**Qinghai**	**868.22**	**1504.20**	**1640.70**	
六盘水	Liupanshui	361.68	376.84	416.88	244	西宁	Xining	1542.08	972.50	1093.09	123
遵义	Zunyi	598.16	1150.86	1308.23	92	海东	Haidong			228.06	281
安顺	Anshun	229.65	306.86	344.08	260	**宁夏**	**Ningxia**	**1170.25**	**1887.20**	**2054.60**	
毕节	Bijie		509.40	568.72	213	银川	Yinchuan	1641.06	1015.22	1089.89	126
铜仁	Tongren		421.72	475.76	231	石嘴山	Shizuishan	270.07	300.99	334.51	264
云南	**Yunnan**	**5719.97**	**8969.80**	**9699.90**		吴忠	Wuzhong	243.51	251.19	281.70	272
昆明	Kunming	6498.57	3355.28	3495.80	24	固原	Guyuan	60.83	144.21	166.75	284
曲靖	Qujing	629.93	807.01	874.84	162	中卫	Zhongwei	160.41	176.10	194.46	282
玉溪	Yuxi	465.66	577.37	618.97	206	**新疆**	**Xinjiang**	**3713.47**	**5884.50**	**6187.70**	
保山	Baoshan	228.70	338.66	380.55	251	乌鲁木齐	Urumqi	2074.74	1896.30	1974.84	54
昭通	Zhaotong	286.34	435.88	488.48	229	克拉玛依	Karamay	150.64	236.32	236.45	279

6-8　城乡居民人均储蓄存款余额

Per Capita Household Saving Deposits at Year-end

单位：元/人　　　　　　　　　　　　　　　　　　　　　　　　　　　　（yuan/person）

地名	City	2010	2013	2014	2014 排名 Ranking
全国	**Nation Total**	**22619.2**	**32894.5**	**35477.0**	
北京	**Beijing**	**86697.5**	**109155.6**	**112260.2**	
天津	**Tianjin**	**42778.7**	**51714.0**	**52187.9**	
河北	**Hebei**	**21795.0**	**31852.2**	**34791.6**	
石家庄	Shijiazhuang	32158.2	39596.2	41330.0	74
唐山	Tangshan	35823.1	47389.6	51369.8	38
秦皇岛	Qinhuangdao	29967.2	43075.8	47238.4	54
邯郸	Handan	14352.8	21599.6	24020.7	180
邢台	Xingtai	11444.0	22944.8	25619.6	164
保定	Baoding	10334.7	26596.3	29494.3	127
张家口	Zhangjiakou	21115.4	28747.3	32063.7	107
承德	Chengde	22043.9	29373.7	32315.1	105
沧州	Cangzhou	12523.8	28624.3	31616.0	109
廊坊	Langfang	30295.1	40945.1	45818.2	58
衡水	Hengshui	10529.1	29679.1	33100.1	99
山西	**Shanxi**	**25805.0**	**36747.7**	**38775.2**	
太原	Taiyuan	120208.1	77325.5	77363.5	7
大同	Datong	17982.7	40510.6	43614.5	66
阳泉	Yangquan	26959.5	47164.9	49128.0	44
长治	Changzhi	18914.2	32734.1	35132.8	88
晋城	Jincheng	22935.0	35874.1	37650.0	79
朔州	Shuozhou	11519.6	37906.0	41525.0	73
晋中	Jinzhong	14441.6	36772.6	39528.4	77
运城	Yuncheng	9726.8	19145.5	21038.6	213
忻州	Xinzhou	11478.8	32478.7	35417.1	87
临汾	Linfen	12726.9	26768.4	28376.1	135
吕梁	Lvliang	10887.7	27206.7	28602.2	133
内蒙古	**Inner Mongolia**	**18680.2**	**29844.7**	**31990.8**	
呼和浩特	Hohhot	87770.4	47138.3	48864.3	46
包头	Baotou	39054.5	41862.7	43522.0	67
乌海	Wuhai	52303.1	54077.8	58118.9	26
赤峰	Chifeng	10740.7	20009.9	21650.5	203
通辽	Tongliao	14777.2	13710.5	15013.7	266
鄂尔多斯	Erdos	80107.7	58443.5	62332.3	17
呼伦贝尔	Hulunbuir	16910.5	26063.4	28046.4	137
巴彦淖尔	Bayannur	20752.5	24880.9	27393.3	143
乌兰察布	Ulanqab	11261.9	21747.5	24342.7	176
辽宁	**Liaoning**	**31294.9**	**44782.5**	**48243.7**	
沈阳	Shenyang	73651.2	57714.4	62117.0	19
大连	Dalian	92062.8	64579.7	66820.0	10
鞍山	Anshan	29598.0	43873.8	48248.3	48
抚顺	Fushun	17445.2	42506.6	47324.1	52
本溪	Benxi	29526.9	38004.6	39721.1	76
丹东	Dandong	19485.7	40929.1	44830.0	59
锦州	Jinzhou	18659.3	32986.8	35442.4	86
营口	Yingkou	33507.1	37754.7	41631.7	72
阜新	Fuxin	19755.2	28446.8	30919.8	114
辽阳	Liaoyang	27648.9	41042.1	44078.2	64
盘锦	Panjin	31624.9	53543.3	59248.0	23
铁岭	Tieling	17819.5	26264.5	29709.1	125
朝阳	Chaoyang	14279.1	28153.6	30872.4	117
葫芦岛	Huludao	19270.5	30750.2	34367.5	90
吉林	**Jilin**	**18737.8**	**28154.5**	**31092.7**	
长春	Changchun	59364.9		44796.4	60
吉林	Jilin	16203.9		33042.2	100
四平	Siping	10767.2		21243.2	210
辽源	Liaoyuan	14550.6		25046.8	171
通化	Tonghua	14695.8		28679.4	132
白山	Baishan	18781.3		31376.8	110
松原	Songyuan	9787.5		18889.9	238
白城	Baicheng	9472.9		17426.8	254
黑龙江	**Heilongjiang**	**18925.0**	**26228.4**	**28324.8**	
哈尔滨	Harbin	38779.9	33767.7	38173.5	78
齐齐哈尔	Qiqihar	10063.3	16369.2	17644.6	250
鸡西	Jixi	12076.1	30082.7	34169.5	93
鹤岗	Hegang	21405.1	30747.2	32994.4	102
双鸭山	Shuangyashan	16885.9	27663.6	30368.1	118
大庆	Daqing	14101.1	41376.2	44286.2	61
伊春	Yichun	9055.9	29493.5	30005.1	122
佳木斯	Jiamusi	13406.0	25262.2	30209.3	120
七台河	Qitaihe	17810.1	24803.1	27062.3	148
牡丹江	Mudanjiang	11180.7	28510.1	34293.0	91
黑河	Heihe	10433.6	21523.6	23658.9	184
绥化	Suihua	5568.6	11481.9	14625.9	273
上海	**Shanghai**	**67964.7**	**84829.4**	**87683.9**	
江苏	**Jiangsu**	**29652.5**	**42604.7**	**45955.5**	

6-8 城乡居民人均储蓄存款余额 续表 1
Per Capita Household Saving Deposits at Year-end continued 1

单位：元/人 (yuan/person)

地名	City	2010	2013	2014	2014 排名 Ranking	地名	City	2010	2013	2014	2014 排名 Ranking
南京	Nanjing	129680.8	59639.6	61534.9	21	池州	Chizhou	17654.2	26157.7	29864.1	123
无锡	Wuxi	96621.6	63029.6	66790.6	11	宣城	Xuancheng	15215.3	21084.4	24377.4	175
徐州	Xuzhou	16737.9	24325.1	27554.0	139	**福建**	**Fujian**	**21936.1**	**31391.9**	**33050.4**	
常州	Changzhou	65570.9	58681.0	62477.4	16	福州	Fuzhou	70351.8	44913.5	46887.2	55
苏州	Suzhou	96792.0	60575.9	63687.7	14	厦门	Xiamen	102569.3	52281.5	51759.1	36
南通	Nantong	39043.4	56593.9	63070.3	15	莆田	Putian	22191.7	27337.3	30125.2	121
连云港	Lianyungang	21520.6	18590.6	20756.7	222	三明	Sanming	27873.0	23946.0	25110.6	170
淮安	Huaian	175402.7	19304.0	21527.1	206	泉州	Quanzhou	31991.1	32376.8	33422.8	95
盐城	Yancheng	18039.6	24769.2	28553.9	134	漳州	Zhangzhou	17384.7	19136.2	20892.1	218
扬州	Yangzhou	33312.3	43199.5	47278.7	53	南平	Nanping	23340.7	23402.1	26153.0	157
镇江	Zhenjiang	50187.5	46618.9	49486.1	42	龙岩	Longyan	28257.4	20347.7	25294.7	166
泰州	Taizhou	31609.8	38541.5	42788.8	70	宁德	Ningde	25462.7	16509.9	17832.0	247
宿迁	Suqian	13246.0	15278.8	16790.5	260	**江西**	**Jiangxi**	**13700.7**	**21506.4**	**23757.6**	
浙江	**Zhejiang**	**37844.8**	**52606.4**	**55676.1**		南昌	Nanchang	68504.3	39567.2	41016.3	75
杭州	Hangzhou	173219.1	71684.2	75287.4	8	景德镇	Jingdezhen	14285.4	24368.6	27134.8	145
宁波	Ningbo	123692.0	59537.6	61199.8	22	萍乡	Pingxiang	12282.5	19486.0	21584.3	204
温州	Wenzhou	60390.6	41548.9	42822.2	69	九江	Jiujiang	13483.0	20117.7	21817.1	201
嘉兴	Jiaxing	61124.1	53504.8	59115.5	24	新余	Xinyu	30906.2	29379.9	31246.2	111
湖州	Huzhou	50494.9	42654.2	46756.0	56	鹰潭	Yingtan	19540.8	22668.1	25342.1	165
绍兴	Shaoxing	80078.7	55046.4	56621.3	27	赣州	Ganzhou	10097.5	18015.2	20311.6	224
金华	Jinhua	57705.4	55363.5	59087.3	25	吉安	Jian	7765.5	20082.7	22928.4	191
衢州	Quzhou	37127.9	33148.9	37196.7	81	宜春	Yichun	9379.9	19081.4	21291.4	207
舟山	Zhoushan	90787.2	47691.7	52181.9	34	抚州	Fuzhou	8304.4	18426.5	20938.2	216
台州	Taizhou	51152.0	44685.8	48086.6	50	上饶	Shangrao	8763.0	16054.7	18553.8	241
丽水	Lishui	38784.6	39885.8	44003.1	65	**山东**	**Shandong**	**20492.7**	**30613.5**	**33893.8**	
安徽	**Anhui**	**13075.2**	**21434.3**	**24000.3**		济南	Jinan	92682.5	46689.2	50104.8	41
合肥	Hefei	73827.7	30952.2	32997.7	101	青岛	Qingdao	67510.3	46191.4	49036.0	45
芜湖	Wuhu	45647.0	27808.3	31008.9	112	淄博	Zibo	37196.8	41023.2	44172.9	62
蚌埠	Bengbu	12209.5	18764.1	20928.7	217	枣庄	Zaozhuang	19488.9	20515.9	22591.0	194
淮南	Huainan	27584.1	27644.9	29095.1	129	东营	Dongying	56362.9	50424.1	56454.8	28
马鞍山	Maanshan	38267.2	33944.0	36759.3	83	烟台	Yantai	36049.3	44050.4	48582.6	47
淮北	Huaibei	14395.9	21981.4	24629.0	174	潍坊	Weifang	27659.6	30273.8	34197.5	92
铜陵	Tongling	53658.6	42069.6	45922.8	57	济宁	Jining	16886.2	23767.0	25953.3	160
安庆	Anqing	10293.0	23432.4	26546.8	153	泰安	Taian	16689.7	24696.7	27425.8	142
黄山	Huangshan	20662.5	32471.9	37023.3	82	威海	Weihai	39990.4	47636.8	52219.7	33
滁州	Chuzhou	12021.3	17971.7	20791.7	220	日照	Rizhao	34277.1	26588.8	29833.5	124
阜阳	Fuyang	5798.4	15769.5	18496.3	242	莱芜	Laiwu	35773.9	31347.6	34090.7	94
宿州	Suzhou	5738.2	14048.3	16103.0	262	临沂	Linyi	15296.5	22150.8	25279.6	167
六安	Liuan	8637.5	15422.8	17854.8	245	德州	Dezhou	16322.9	22331.9	26036.8	158
亳州	Bozhou	5035.5	12912.4	14844.1	269	聊城	Liaocheng	15861.6	20054.3	23750.2	183

6-8 城乡居民人均储蓄存款余额 续表 2
Per Capita Household Saving Deposits at Year-end continued 2

单位：元/人 （yuan/person）

地名	City	2010	2013	2014	2014 排名 Ranking
滨州	Binzhou	27195.8	21899.9	25206.6	169
菏泽	Heze	9608.1	17055.8	19710.2	233
河南	**Henan**	**13698.0**	**21493.8**	**23757.1**	
郑州	Zhengzhou	66014.9	48692.5	51602.3	37
开封	Kaifeng	8605.7	16440.5	18815.3	240
洛阳	Luoyang	16995.4	25092.1	26728.5	151
平顶山	Pingdingshan	14156.7	20875.5	22404.8	197
安阳	Anyang	11767.6	20747.0	23756.6	182
鹤壁	Hebi	17075.8	15981.2	17499.7	252
新乡	Xinxiang	12473.1	19112.4	21138.8	212
焦作	Jiaozuo	13293.2	20572.3	22555.1	195
濮阳	Puyang	6433.4	19142.5	21223.4	211
许昌	Xuchang	13047.5	20168.9	22243.4	200
漯河	Luohe	11821.1	17030.0	19025.3	237
三门峡	Sanmenxia	15228.1	5450.1	25924.2	162
南阳	Nanyang	8055.9	21802.4	17791.3	249
商丘	Shangqiu	8263.1	17227.2	16990.9	259
信阳	Xinyang	9344.2	1486.9	23227.6	190
周口	Zhoukou	6300.2	19022.9	16990.9	258
驻马店	Zhumadian	6911.7	167389.2	19924.6	228
湖北	**Hubei**	**17118.1**	**26740.8**	**29655.4**	
武汉	Wuhan	92935.2	50072.7	51771.5	35
黄石	Huangshi	19717.8	24424.5	26989.6	149
十堰	Shiyan	12113.1	23372.0	26519.5	154
宜昌	Yichang	34873.5	29285.0	32234.7	106
襄阳	Xiangyang	12513.6	23610.2	27523.8	140
鄂州	Ezhou	13508.8	22398.3	25273.9	168
荆门	Jingmen	11037.2	25380.8	28944.9	130
孝感	Xiaogan	8091.5	19434.8	22281.3	199
荆州	Jingzhou	8100.4	20572.7	23419.1	189
黄冈	Huanggang	6364.5	19160.1	22434.9	196
咸宁	Xianning	9211.4	18061.5	20743.0	223
随州	Suizhou	7979.7	22897.0	26821.5	150
湖南	**Hunan**	**13732.8**	**21730.2**	**24363.4**	
长沙	Changsha	90238.3	48233.9	52886.4	30
株洲	Zhuzhou	14276.0	27446.0	30904.9	115
湘潭	Xiangtan	19837.0	29380.2	32811.5	103
衡阳	Hengyang	7424.6	20813.1	23534.2	186
邵阳	Shaoyang	4928.5	15284.2	17574.0	251
岳阳	Yueyang	7983.6	15406.2	17128.2	257

地名	City	2010	2013	2014	2014 排名 Ranking
常德	Changde	8411.3	19098.1	21755.1	202
张家界	Zhangjiajie	12722.0	17453.3	20258.6	225
益阳	Yiyang	7267.3	16679.3	19073.3	236
郴州	Chenzhou	8052.0	21364.8	24018.2	181
永州	Yongzhou	6980.9	16229.3	18396.7	243
怀化	Huaihua	7509.0	16707.0	18855.8	239
娄底	Loudi	10550.1	16601.9	19957.5	227
广东	**Guangdong**	**34785.0**	**46872.7**	**48872.2**	
广州	Guangzhou	128122.0	96671.2	98051.6	2
韶关	Shaoguan	12235.9	27232.5	29547.8	126
深圳	Shenzhen	132165.1	87396.5	92532.7	3
珠海	Zhuhai	94272.5	84316.0	88155.7	4
汕头	Shantou	12259.4	30646.7	33185.7	98
佛山	Foshan	67634.2	76789.7	78999.5	6
江门	Jiangmen	21877.1	45128.5	48192.7	49
湛江	Zhanjiang	10199.9	19687.2	20998.7	215
茂名	Maoming	6201.5	18879.7	21015.1	214
肇庆	Zhaoqing	16370.3	24413.7	26637.1	152
惠州	Huizhou	23857.0	32637.4	34700.8	89
梅州	Meizhou	7799.7	20559.2	22794.2	193
汕尾	Shanwei	4430.2	11290.8	12517.2	282
河源	Heyuan	11449.9	15804.6	17350.8	255
阳江	Yangjiang	11708.3	22458.7	24319.6	177
清远	Qingyuan	14055.6	22092.8	24200.3	179
东莞	Dongguan	40484.2	53822.7	55713.9	29
中山	Zhongshan	42583.8	60890.7	63867.3	13
潮州	Chaozhou	7706.1	23752.3	25672.4	163
揭阳	Jieyang	6810.8	18832.1	19777.5	230
云浮	Yunfu	11779.1	21383.1	23439.6	188
广西	**Guangxi**	**12369.7**	**19323.8**	**21083.3**	
南宁	Nanning	62178.1	33865.7	36591.4	84
柳州	Liuzhou	27831.1	25658.2	27299.9	144
桂林	Guilin	16624.7	25245.5	27123.2	146
梧州	Wuzhou	11150.0	16321.1	17838.1	246
北海	Beihai	15531.3	25399.5	27063.9	147
防城港	Fangchenggang	20550.5	27010.7	29367.4	128
钦州	Qinzhou	10436.6	13619.4	15291.0	264
贵港	Guigang	6783.5	13888.3	15606.2	263
玉林	Yulin	7238.6	15680.7	17804.2	248
百色	Baise	11278.6	12992.5	14813.8	271

6-8 城乡居民人均储蓄存款余额 续表 3
Per Capita Household Saving Deposits at Year-end continued 3

单位：元/人 （yuan/person）

地名	City	2010	2013	2014	2014 排名 Ranking
贺州	Hezhou	7395.4	12639.6	14131.8	276
河池	Hechi	8162.9	13101.6	14694.5	272
来宾	Laibin	8704.0	11835.2	13193.7	279
崇左	Chongzuo	8118.5	15627.6	17448.2	253
海南	**Hainan**	**19193.4**	**27546.4**	**29593.6**	
海口	Haikou	94489.7	48921.9	50869.2	40
三亚	Sanya	33378.8	47167.0	49377.4	43
三沙	Sansha				
重庆	**Chongqing**	**20244.3**	**32398.3**	**36021.7**	
四川	**Sichuan**	**16968.1**	**27873.8**	**31096.4**	
成都	Chengdu	86413.9	57012.1	62221.0	18
自贡	Zigong	9266.3	23169.2	26011.5	159
攀枝花	Panzhihua	31327.0	32169.5	33421.6	96
泸州	Luzhou	9642.4	20645.0	23474.8	187
德阳	Deyang	16382.5	30003.6	33272.3	97
绵阳	Mianyang	19013.5	28056.2	30899.6	116
广元	Guangyuan	9618.7	21729.6	24829.5	173
遂宁	Suining	8495.7	17581.2	19706.5	234
内江	Neijiang	7207.7	20034.5	22363.5	198
乐山	Leshan	18104.8	28432.0	32321.5	104
南充	Nanchong	6765.8	20619.1	22840.8	192
眉山	Meishan	9541.7	29481.4	30299.1	119
宜宾	Yibin	10014.3	17172.2	19740.2	231
广安	Guangan	7850.2	24686.6	27928.3	138
达州	Dazhou	6647.0	20563.9	23546.3	185
雅安	Yaan	15852.8	24575.2	28853.9	131
巴中	Bazhong	3934.8	14539.1	16766.6	261
资阳	Ziyang	7688.2	22508.4	26367.5	155
贵州	**Guizhou**	**9327.4**	**16902.1**	**18872.9**	
贵阳	Guiyang	59799.7	40405.5	44130.5	63
六盘水	Liupanshui	12672.9	13107.6	14464.9	275
遵义	Zunyi	9753.1	18734.4	21255.0	208
安顺	Anshun	9985.0	13335.8	14907.6	268
毕节	Bijie		7791.4	8694.5	285
铜仁	Tongren		13586.3	15265.9	265
云南	**Yunnan**	**12430.4**	**19137.6**	**20576.8**	
昆明	Kunming	100925.1	50999.9	52758.9	31
曲靖	Qujing	10758.9	13508.7	14558.8	274
玉溪	Yuxi	20193.3	24673.9	26327.7	156
保山	Baoshan	9126.0	13259.9	14824.8	270
昭通	Zhaotong	5491.7	8159.4	9067.7	284
丽江	Lijiang	15753.3	20013.7	21566.9	205
普洱	Puer	9112.5	11728.8	12934.5	281
临沧	Lincang	6913.5	8666.8	9468.0	283
西藏	**Tibet**	**8898.4**	**15897.4**	**17588.1**	
拉萨	Lasa			106124.6	1
陕西	**Shaanxi**	**21304.8**	**32543.6**	**35573.2**	
西安	Xi'an	77787.7	62378.3	65923.1	12
铜川	Tongchuan	9509.3	29490.2	31674.6	108
宝鸡	Baoji	11749.1	27708.1	31007.0	113
咸阳	Xianyang	9282.5	23233.4	25939.7	161
渭南	Weinan	8913.4	18578.7	20783.7	221
延安	Yan'an	16490.2	25921.3	28188.7	136
汉中	Hanzhong	8779.3	24265.6	27519.5	141
榆林	Yulin	26798.4	32307.4	36456.5	85
安康	Ankang	8032.9	19017.8	21249.1	209
商洛	Shangluo	6679.5	17190.9	19724.0	232
甘肃	**Gansu**	**14055.6**	**22767.2**	**25761.1**	
兰州	Lanzhou	65191.5	55506.8	61746.3	20
嘉峪关	Jiayuguan	75194.1	50259.3	52242.0	32
金昌	Jinchang	30321.5	32808.6	37545.4	80
白银	Baiyin	10914.7	16970.3	19850.3	229
天水	Tianshui	6582.9	15876.7	17982.6	244
武威	Wuwei	8868.0	21700.0	24994.3	172
张掖	Zhangye	11019.0	21432.3	24238.7	178
平凉	Pingliang	12316.9	16670.3	19254.9	235
酒泉	Jiuquan	22078.6	38153.3	41867.1	71
庆阳	Qingyang	6322.2	17771.1	20199.2	226
定西	Dingxi	5316.6	11366.4	13063.3	280
陇南	Longnan	6918.3	12557.5	15008.3	267
青海	**Qinghai**	**15429.5**	**26024.2**	**28142.4**	
西宁	Xining	69809.1	42879.4	47718.5	51
海东	Haidong			13228.5	278
宁夏	**Ningxia**	**18487.4**	**28856.3**	**31036.3**	
银川	Yinchuan	81889.4		51194.3	39
石嘴山	Shizuishan	37148.2		43292.7	68
吴忠	Wuzhong	18994.4		20821.6	219
固原	Guyuan	4933.5		13585.9	277
中卫	Zhongwei	14811.9		17156.6	256
新疆	**Xinjiang**	**16995.3**	**25991.6**	**26926.5**	
乌鲁木齐	Urumqi	66647.7	54806.5	73989.0	9
克拉玛依	Karamay	38527.6	41315.4	79936.3	5

6-9 城镇居民人均住房建筑面积
Per Capita Floor Space of Residential Building in Urban Areas

单位：平方米 （sq.m）

地名	City	2011	2012	2013	2013 排名 Ranking
全国	**Nation Total**	**32.7**	**32.9**		
北京	**Beijing**	**29.4**			
天津	**Tianjin**	**23.3**			
河北	**Hebei**	**32.2**			
石家庄	Shijiazhuang	29.3	29.9		
唐山	Tangshan	25.3	25.6		
秦皇岛	Qinhuangdao	29.3	29.8		
邯郸	Handan	28.9	28.7		
邢台	Xingtai	34.2	33.8		
保定	Baoding	34.2	33.6		
张家口	Zhangjiakou	27.7	26.8		
承德	Chengde	25.2	25.9		
沧州	Cangzhou	32.3	33.1		
廊坊	Langfang	34.4	35.0		
衡水	Hengshui	29.9	30.8		
山西	**Shanxi**	**30.2**			
太原	Taiyuan	28.6	29.0		
大同	Datong	24.3	26.3		
阳泉	Yangquan	29.0	28.8		
长治	Changzhi	33.5	30.1		
晋城	Jincheng	32.5	32.1		
朔州	Shuozhou	28.2	28.0		
晋中	Jinzhong	31.3	31.3		
运城	Yuncheng	36.1	35.8		
忻州	Xinzhou	32.3	23.7		
临汾	Linfen	35.0	35.0		
吕梁	Lvliang	27.6	28.1		
内蒙古	**Inner Mongolia**	**29.4**			
呼和浩特	Hohhot	30.9	31.5	35.4	113
包头	Baotou	33.0	33.1	34.0	124
乌海	Wuhai	31.4	31.5	33.5	134
赤峰	Chifeng	27.9	28.9	30.2	172
通辽	Tongliao	27.1	27.6	27.9	198
鄂尔多斯	Erdos	38.0	38.0	35.1	117
呼伦贝尔	Hulunbuir	27.8	27.8	26.9	202
巴彦淖尔	Bayannur	23.2	31.1	24.2	212
乌兰察布	Ulanqab	23.8	23.8	22.4	216
辽宁	**Liaoning**	**27.3**			
沈阳	Shenyang	28.1	26.3		
大连	Dalian	27.0	27.3		
鞍山	Anshan	25.2	25.9		
抚顺	Fushun	23.8	24.6		
本溪	Benxi	22.7	23.5		
丹东	Dandong	25.1	25.5		
锦州	Jinzhou	30.8	32.1		
营口	Yingkou	29.8	31.9		
阜新	Fuxin	24.9	25.3		
辽阳	Liaoyang	27.5	28.2		
盘锦	Panjin	30.5	31.3		
铁岭	Tieling	29.1	30.3		
朝阳	Chaoyang	27.2	28.1		
葫芦岛	Huludao	28.5	29.8		
吉林	**Jilin**	**28.9**			
长春	Changchun	28.8	29.2	30.1	173
吉林	Jilin	30.3	30.1	29.9	175
四平	Siping	28.2	28.2	29.5	181
辽源	Liaoyuan	24.1	24.8	25.4	208
通化	Tonghua	25.9	26.9	28.1	194
白山	Baishan	27.1	27.6	24.9	209
松原	Songyuan	30.0	30.4	28.8	190
白城	Baicheng	29.5	31.0	33.3	137
黑龙江	**Heilongjiang**	**25.4**			
哈尔滨	Harbin	26.6	27.0	38.2	75
齐齐哈尔	Qiqihar	24.3	25.1	25.8	206
鸡西	Jixi	24.2	25.6	25.5	207
鹤岗	Hegang	22.8	24.2	26.5	203
双鸭山	Shuangyashan	24.9	25.1	24.6	211
大庆	Daqing	28.3	28.1	28.5	191
伊春	Yichun	24.0	24.6	23.1	214
佳木斯	Jiamusi	26.4	26.5	28.5	191
七台河	Qitaihe	26.6	27.0	29.2	185
牡丹江	Mudanjiang	26.9	26.9	29.9	175
黑河	Heihe				
绥化	Suihua				
上海	**Shanghai**				
江苏	**Jiangsu**		**34.7**		

6-9 城镇居民人均住房建筑面积 续表 1

Per Capita Floor Space of Residential Building in Urban Areas continued 1

单位：平方米 (sq.m)

地名	City	2011	2012	2013	2013 排名 Ranking	地名	City	2011	2012	2013	2013 排名 Ranking
南京	Nanjing	31.8	32.3	32.8	144	池州	Chizhou	37.9	38.9	38.3	74
无锡	Wuxi	36.2	36.4	38.0	76	宣城	Xuancheng	30.6	31.3	37.8	80
徐州	Xuzhou	34.7	35.0	37.5	84	**福建**	**Fujian**	**37.9**			
常州	Changzhou	37.0	37.5	41.5	41	福州	Fuzhou	33.2	32.4	37.0	90
苏州	Suzhou	36.1	36.1	43.1	32	厦门	Xiamen	32.6	33.4	32.8	144
南通	Nantong	39.5	39.8	40.1	54	莆田	Putian	38.9	39.3	41.5	41
连云港	Lianyungang	36.9	37.4	39.1	65	三明	Sanming	37.4	37.7	35.3	115
淮安	Huaian	34.9	35.5	37.1	87	泉州	Quanzhou	41.6	40.8	46.0	17
盐城	Yancheng	36.8	37.2	37.2	86	漳州	Zhangzhou	35.3	35.4	39.4	62
扬州	Yangzhou	36.2	37.4	37.6	83	南平	Nanping	34.1	34.9	37.7	82
镇江	Zhenjiang	39.4	39.1	40.4	49	龙岩	Longyan	42.9	43.4	42.6	36
泰州	Taizhou	39.0	39.3	40.4	49	宁德	Ningde	39.1	40.6	43.1	32
宿迁	Suqian	38.9	38.9	39.9	55	**江西**	**Jiangxi**	**39.4**			
浙江	**Zhejiang**	**36.9**				南昌	Nanchang	33.0	34.1		
杭州	Hangzhou	33.9	34.3	31.9	152	景德镇	Jingdezhen	34.6	35.7		
宁波	Ningbo	35.3	35.0	33.6	130	萍乡	Pingxiang	34.9	35.1		
温州	Wenzhou	41.9	41.3	41.7	39	九江	Jiujiang	33.9	34.2		
嘉兴	Jiaxing	35.6	35.6	39.5	61	新余	Xinyu	40.2	40.2		
湖州	Huzhou	38.0	36.5	36.5	95	鹰潭	Yingtan	34.1	34.1		
绍兴	Shaoxing	35.1	35.3	40.2	52	赣州	Ganzhou	40.3	41.0		
金华	Jinhua	47.1	49.3	51.3	6	吉安	Jian	39.9	39.9		
衢州	Quzhou	40.4	39.0	36.8	92	宜春	Yichun	48.3	49.5		
舟山	Zhoushan	32.4	32.4	33.2	139	抚州	Fuzhou	37.9	37.3		
台州	Taizhou	43.0	44.2	44.6	24	上饶	Shangrao	39.8	41.1		
丽水	Lishui	43.4	39.8	41.5	41	**山东**	**Shandong**	**33.2**			
安徽	**Anhui**	**32.1**				济南	Jinan	30.3	30.1		
合肥	Hefei	28.5	28.8	30.9	164	青岛	Qingdao	27.7	27.9	29.1	186
芜湖	Wuhu	29.5	30.4	31.8	153	淄博	Zibo	34.4	34.9	36.4	100
蚌埠	Bengbu	26.7	26.2	34.7	120	枣庄	Zaozhuang	30.7	30.7	32.0	151
淮南	Huainan	25.9	26.9	27.2	201	东营	Dongying	36.7	37.1	37.3	85
马鞍山	Maanshan	29.2	37.5	30.4	169	烟台	Yantai	29.9	30.1	29.9	175
淮北	Huaibei	25.8	26.8	33.1	140	潍坊	Weifang	34.9	35.0	30.3	171
铜陵	Tongling	28.4	30.0	28.0	195	济宁	Jining	31.9	32.2	24.9	209
安庆	Anqing	36.4	33.7	33.9	125	泰安	Taian	32.0	32.0	24.0	213
黄山	Huangshan	36.1	37.2	36.0	104	威海	Weihai	42.8	29.4	29.4	183
滁州	Chuzhou	30.9	32.8	28.0	195	日照	Rizhao	36.6	36.1	37.1	87
阜阳	Fuyang	34.9	36.0	48.7	13	莱芜	Laiwu	38.0	38.2	39.0	66
宿州	Suzhou	30.4	35.1	36.0	104	临沂	Linyi	36.5	36.5	36.5	95
六安	Liuan	38.2	37.5	30.6	167	德州	Dezhou	32.6	33.3	33.4	135
亳州	Bozhou	46.8	46.2	41.7	39	聊城	Liaocheng	34.6	34.7	35.0	118

6-9 城镇居民人均住房建筑面积 续表 2

Per Capita Floor Space of Residential Building in Urban Areas continued 2

单位：平方米　　　　(sq.m)

地名	City	2011	2012	2013	2013 排名 Ranking	地名	City	2011	2012	2013	2013 排名 Ranking
滨州	Binzhou	36.8	37.3	38.0	76	常德	Changde	41.1	42.6	47.8	15
菏泽	Heze	35.7	36.1	36.5	95	张家界	Zhangjiajie	47.9	47.5	63.3	1
河南	**Henan**	**34.1**				益阳	Yiyang	38.5	38.3	44.6	24
郑州	Zhengzhou	30.8	31.0	36.7	94	郴州	Chenzhou	35.1	35.6	39.7	59
开封	Kaifeng	35.2	35.4	35.4	113	永州	Yongzhou	43.0	43.1	49.2	10
洛阳	Luoyang	32.8	33.3	36.0	104	怀化	Huaihua	32.3	32.5	34.5	122
平顶山	Pingdingshan	36.0	36.2	38.0	76	娄底	Loudi	33.0	34.2	48.3	14
安阳	Anyang	33.1	33.1	40.2	52	**广东**	**Guangdong**	**34.4**			
鹤壁	Hebi	33.1	36.6	39.2	64	广州	Guangzhou	21.9	22.5	22.7	215
新乡	Xinxiang	36.1	37.2	35.7	110	韶关	Shaoguan	34.9	35.8	36.2	103
焦作	Jiaozuo	40.4	41.0	41.5	41	深圳	Shenzhen	27.9	27.9	27.6	200
濮阳	Puyang	32.4	32.1	32.9	143	珠海	Zhuhai	30.1	29.3		
许昌	Xuchang	39.5	39.6	49.0	11	汕头	Shantou	29.1	29.9		
漯河	Luohe	43.0	43.0	45.3	19	佛山	Foshan	38.4	38.8	38.8	71
三门峡	Sanmenxia	35.5	35.8	40.7	47	江门	Jiangmen	30.4	30.7	30.9	164
南阳	Nanyang	43.0	43.4	43.3	30	湛江	Zhanjiang	34.4	30.1		
商丘	Shangqiu	41.8	41.7	40.7	47	茂名	Maoming	32.6	32.7	32.7	147
信阳	Xinyang	39.0	39.4	38.7	72	肇庆	Zhaoqing	27.8	21.1		
周口	Zhoukou	41.3	44.2	38.0	76	惠州	Huizhou	32.7	35.3		
驻马店	Zhumadian	34.6	34.1	42.3	37	梅州	Meizhou	31.6	32.1		
湖北	**Hubei**	**35.5**				汕尾	Shanwei	33.2	33.6	34.6	121
武汉	Wuhan	32.3	33.5	34.8	119	河源	Heyuan	33.0	37.5		
黄石	Huangshi	31.6	40.6	31.1	159	阳江	Yangjiang	48.6	48.1		
十堰	Shiyan	29.6	29.5	29.5	181	清远	Qingyuan	30.1	30.3		
宜昌	Yichang	35.6	35.6	42.7	35	东莞	Dongguan	65.8	58.4		
襄阳	Xiangyang	30.9	35.7	41.9	38	中山	Zhongshan	34.3	34.6		
鄂州	Ezhou	37.3	36.8			潮州	Chaozhou	31.4	30.9	30.9	164
荆门	Jingmen	34.9	35.0	38.4	73	揭阳	Jieyang	36.5	36.9		
孝感	Xiaogan	38.0	39.7	39.9	55	云浮	Yunfu	31.2	30.6		
荆州	Jingzhou	35.8	37.1	39.7	59	**广西**	**Guangxi**	**29.3**			
黄冈	Huanggang	48.0	49.0	37.1	87	南宁	Nanning	33.7	31.6	32.2	150
咸宁	Xianning	43.0	44.5	45.9	18	柳州	Liuzhou	36.6	36.6	36.5	95
随州	Suizhou	40.0	42.7	43.0	34	桂林	Guilin	38.1	38.5	39.9	55
湖南	**Hunan**	**39.7**				梧州	Wuzhou	39.1	39.2	47.6	16
长沙	Changsha	35.6	34.8	41.4	45	北海	Beihai		56.7	45.0	20
株洲	Zhuzhou	42.6	39.6	49.6	8	防城港	Fangchenggang	43.4	44.1	55.7	4
湘潭	Xiangtan	35.6	36.3	49.5	9	钦州	Qinzhou	45.1	43.7	43.7	27
衡阳	Hengyang	35.5	35.2	43.2	31	贵港	Guigang	57.7	58.6	61.0	2
邵阳	Shaoyang	38.0	38.7	43.4	28	玉林	Yulin	60.8	62.3		
岳阳	Yueyang	43.8	43.7	43.8	26	百色	Baise	39.5	39.4	44.9	22

6-9 城镇居民人均住房建筑面积 续表 3
Per Capita Floor Space of Residential Building in Urban Areas continued 3

单位：平方米 (sq.m)

地名	City	2011	2012	2013	2013 排名 Ranking	地名	City	2011	2012	2013	2013 排名 Ranking
贺州	Hezhou	52.0	49.8	48.9	12	丽江	Lijiang	39.2	41.9	54.6	5
河池	Hechi	53.4	52.6	57.0	3	普洱	Puer	31.3	31.0	29.8	180
来宾	Laibin	34.6	34.6			临沧	Lincang	39.6	40.0	40.3	51
崇左	Chongzuo	38.3	37.7	38.9	70	**西藏**	**Tibet**	**36.6**			
海南	**Hainan**	**29.5**				拉萨	Lasa	36.7	35.8	50.3	7
海口	Haikou	29.9	29.8	30.0	174	**陕西**	**Shaanxi**	**29.3**			
三亚	Sanya	34.4	34.1	25.9	205	西安	Xi'an	27.3	33.0	33.4	135
三沙	Sansha					铜川	Tongchuan	28.7	19.7	34.4	123
重庆	**Chongqing**	**28.4**				宝鸡	Baoji	28.3	31.7	31.0	162
四川	**Sichuan**	**32.2**				咸阳	Xianyang	36.5	36.1	36.0	104
成都	Chengdu	30.7	32.9	32.8	144	渭南	Weinan	36.1	36.7	37.8	80
自贡	Zigong	30.3	31.1	31.3	157	延安	Yan'an	29.3	30.3	31.2	158
攀枝花	Panzhihua	51.0	28.7	29.0	188	汉中	Hanzhong	29.5	30.8	33.0	142
泸州	Luzhou	33.7	33.3	33.8	129	榆林	Yulin	30.2	29.0	29.0	188
德阳	Deyang	34.3	34.7	35.6	111	安康	Ankang	35.5	38.7	39.0	66
绵阳	Mianyang	32.9	32.8	36.5	95	商洛	Shangluo	34.7	38.7	39.0	66
广元	Guangyuan	31.0	33.3	33.3	137	甘肃	Gansu	28.0			
遂宁	Suining	36.9	36.3	36.4	100	兰州	**Lanzhou**		25.4	29.9	175
内江	Neijiang	35.3	35.6	35.9	108	嘉峪关	Jiayuguan		31.2	33.6	130
乐山	Leshan	54.0	35.0	35.2	116	金昌	Jinchang		30.8	33.6	130
南充	Nanchong	52.0	34.0	33.6	130	白银	Baiyin		27.6	32.6	148
眉山	Meishan	39.1		39.3	63	天水	Tianshui		26.3	26.0	204
宜宾	Yibin	36.0	33.0	33.9	125	武威	Wuwei		32.1	31.4	156
广安	Guangan	39.7	41.0	41.3	46	张掖	Zhangye		31.9	29.1	186
达州	Dazhou	34.2	30.1	33.9	125	平凉	Pingliang		30.6	33.9	125
雅安	Yaan		30.2	35.8	109	酒泉	Jiuquan		31.9	31.1	159
巴中	Bazhong	56.0	37.0	32.4	149	庆阳	Qingyang		33.1	30.5	168
资阳	Ziyang	35.0	34.7	36.8	92	定西	Dingxi		29.9	28.4	193
贵州	**Guizhou**	**27.8**				陇南	Longnan		31.9	27.8	199
贵阳	Guiyang	22.3	22.7	31.0	162	**青海**	**Qinghai**	**26.0**		**23.7**	
六盘水	Liupanshui	28.4	29.5	28.0	195	西宁	Xining	25.8	25.8	29.9	175
遵义	Zunyi	32.0	31.1	36.3	102	海东	Haidong				
安顺	Anshun	27.7	27.3	35.5	112	**宁夏**	**Ningxia**	**30.3**			
毕节	Bijie	27.7	28.9	37.0	90	银川	Yinchuan	30.4	30.5	31.1	159
铜仁	Tongren	27.9	27.4	39.9	55	石嘴山	Shizuishan	30.8	30.9	29.4	183
云南	**Yunnan**	**37.4**				吴忠	Wuzhong	29.2	29.8	33.1	140
昆明	Kunming	33.6	35.1	43.4	28	固原	Guyuan	34.5	32.4	31.8	153
曲靖	Qujing	37.4	38.3	45.0	20	中卫	Zhongwei	29.1	30.0	31.6	155
玉溪	Yuxi	43.7	45.2	44.7	23	**新疆**	**Xinjiang**	**28.9**			
保山	Baoshan	37.5	38.0	39.0	66	乌鲁木齐	Urumqi	27.3	27.4		
昭通	Zhaotong	31.2	31.9	30.4	169	克拉玛依	Karamay	30.2	30.4		

6-10 农村居民人均住房面积
Per Capita Living Space of Rural Household

单位：平方米 （sq.m）

地名	City	2010	2012	2013	2013 排名 Ranking	地名	City	2010	2012	2013	2013 排名 Ranking
全国	**Nation Total**	**34.1**	**37.1**			沈阳	Shenyang	26.2	30.7		
北京	**Beijing**	**40.6**	**38.2**			大连	Dalian	30.5	32.3		
天津	**Tianjin**	**28.8**	**30.3**			鞍山	Anshan	27.9	28.5		
河北	**Hebei**	**32.2**	**35.0**			抚顺	Fushun	24.2	26.7		
石家庄	Shijiazhuang	40.0	40.3			本溪	Benxi	24.8	25.5		
唐山	Tangshan	33.4	37.3			丹东	Dandong	27.1	27.0		
秦皇岛	Qinhuangdao	31.1	33.2			锦州	Jinzhou	29.7	30.0		
邯郸	Handan	34.8	36.7			营口	Yingkou	28.4	28.9		
邢台	Xingtai	33.1	34.2			阜新	Fuxin	26.8	28.3		
保定	Baoding	31.0	26.0			辽阳	Liaoyang	27.7	27.7		
张家口	Zhangjiakou	21.7	22.5			盘锦	Panjin	33.5	35.4		
承德	Chengde	23.0	29.1			铁岭	Tieling	27.5	27.7		
沧州	Cangzhou	28.0	32.1			朝阳	Chaoyang	27.1	28.2		
廊坊	Langfang	31.6	38.1			葫芦岛	Huludao	26.4	28.4		
衡水	Hengshui	28.0	30.0			吉林	**Jilin**	**22.9**	**24.7**		
山西	**Shanxi**	**28.3**	**30.6**			长春	Changchun		25.8	29.5	190
太原	Taiyuan	32.9	37.5			吉林	Jilin		24.0	22.7	223
大同	Datong	20.3	23.1			四平	Siping		25.5	25.6	209
阳泉	Yangquan	30.9	27.9			辽源	Liaoyuan		22.4	23.8	219
长治	Changzhi	36.5	39.0			通化	Tonghua		24.6	27.5	198
晋城	Jincheng	34.9	36.7			白山	Baishan		22.1	17.9	233
朔州	Shuozhou	21.0	26.0			松原	Songyuan		26.3	25.4	210
晋中	Jinzhong	29.4	28.5			白城	Baicheng		26.4	29.9	188
运城	Yuncheng	31.1	40.2			黑龙江	**Heilongjiang**	**22.8**	**24.8**		
忻州	Xinzhou	22.4	24.9			哈尔滨	Harbin	24.4	24.8	26.0	206
临汾	Linfen	30.4	33.0			齐齐哈尔	Qiqihar	28.6	19.5	26.0	206
吕梁	Lvliang	26.0	24.0			鸡西	Jixi	22.0	21.9	21.9	228
内蒙古	**Inner Mongolia**	**22.1**	**24.9**			鹤岗	Hegang				
呼和浩特	Hohhot	27.3	26.7	34.1	162	双鸭山	Shuangyashan				
包头	Baotou	29.6	30.1	31.0	180	大庆	Daqing	28.6			
乌海	Wuhai	29.9	32.2	40.0	106	伊春	Yichun	22.8	22.0		
赤峰	Chifeng	23.1	25.1	26.3	202	佳木斯	Jiamusi	21.9	22.3	28.0	197
通辽	Tongliao	22.1	23.8	25.3	211	七台河	Qitaihe			22.1	225
鄂尔多斯	Erdos	33.8	40.0	42.8	82	牡丹江	Mudanjiang	25.9			
呼伦贝尔	Hulunbuir	22.1	25.0	26.0	206	黑河	Heihe				
巴彦淖尔	Bayannur	27.0	28.0	29.2	194	绥化	Suihua				
乌兰察布	Ulanqab	18.9	16.1	22.0	226	上海	**Shanghai**	**59.7**	**60.4**		
辽宁	**Liaoning**	**27.3**	**29.3**			江苏	**Jiangsu**	**46.3**	**50.8**		

6-10 农村居民人均住房面积 续表 1
Per Capita Living Space of Rural Household continued 1

单位：平方米 （sq.m）

地名	City	2010	2012	2013	2013 排名 Ranking
南京	Nanjing	49.9	59.3	59.9	15
无锡	Wuxi	58.5	67.6	68.2	6
徐州	Xuzhou	41.6	45.6	48.0	47
常州	Changzhou	58.4	60.3	56.0	22
苏州	Suzhou	68.0	68.3	74.0	3
南通	Nantong	53.6	54.6	55.7	25
连云港	Lianyungang	35.3	42.1	43.0	78
淮安	Huaian	36.3	43.3	46.4	54
盐城	Yancheng	39.0	45.1	46.9	52
扬州	Yangzhou	42.2	50.1	48.6	45
镇江	Zhenjiang	48.6	56.2	51.0	35
泰州	Taizhou	49.4	56.9	55.9	24
宿迁	Suqian	34.2	42.3	44.0	66
浙江	**Zhejiang**	**60.3**	**62.1**		
杭州	Hangzhou	71.2	71.0	70.4	5
宁波	Ningbo	56.0	58.3	58.9	17
温州	Wenzhou	43.0	45.8	42.2	86
嘉兴	Jiaxing	69.1	72.4	71.6	4
湖州	Huzhou	58.0	68.0	67.9	8
绍兴	Shaoxing	67.6	64.8		
金华	Jinhua	63.6	64.6	62.4	11
衢州	Quzhou	55.8	66.0	66.7	9
舟山	Zhoushan	48.6	49.1	49.3	43
台州	Taizhou	57.0	55.3	55.5	27
丽水	Lishui	48.0	52.7	52.0	33
安徽	**Anhui**	**32.1**	**35.3**		
合肥	Hefei	33.4	34.2	35.0	150
芜湖	Wuhu	38.2	35.7	37.2	135
蚌埠	Bengbu	34.3	37.8	40.1	104
淮南	Huainan	37.2	39.5	40.3	101
马鞍山	Maanshan	36.8	38.8	36.4	139
淮北	Huaibei	40.3	40.2	41.7	90
铜陵	Tongling	38.4	41.5	45.0	59
安庆	Anqing	36.1	35.0	35.5	148
黄山	Huangshan	39.0	40.9	41.8	89
滁州	Chuzhou	31.8	33.6	34.0	163
阜阳	Fuyang	29.3	32.6	33.3	168
宿州	Suzhou	32.0	35.2	37.0	136
六安	Liuan	31.8	33.9	34.6	157
亳州	Bozhou	32.8	37.4	38.8	122
池州	Chizhou	39.9	42.9	43.0	78
宣城	Xuancheng	36.8	38.0	39.0	120
福建	**Fujian**	**47.5**	**50.8**		
福州	Fuzhou	48.1	48.0	50.0	39
厦门	Xiamen	59.9	60.0	60.0	14
莆田	Putian	69.5	66.0	57.0	19
三明	Sanming	46.0	49.0	49.0	44
泉州	Quanzhou	51.0	55.0	55.0	28
漳州	Zhangzhou	37.0	41.0	40.0	106
南平	Nanping	47.8	47.0	48.0	47
龙岩	Longyan	49.6	53.0	53.0	30
宁德	Ningde	35.1	43.0	44.0	66
江西	**Jiangxi**	**40.3**	**47.0**		
南昌	Nanchang	45.3	50.1	52.2	32
景德镇	Jingdezhen	49.7	57.4	61.1	13
萍乡	Pingxiang	49.6	55.5	57.0	19
九江	Jiujiang	40.8	45.8	47.0	50
新余	Xinyu	49.7	55.9	56.0	22
鹰潭	Yingtan	55.6	55.0	52.4	31
赣州	Ganzhou	32.5	38.8	38.6	124
吉安	Jian	38.9	39.1	43.4	72
宜春	Yichun	41.1	57.3	47.0	50
抚州	Fuzhou	32.0	42.4	44.0	66
上饶	Shangrao	35.9	46.1	45.0	59
山东	**Shandong**	**34.7**	**38.4**		
济南	Jinan	39.8	40.0	43.9	70
青岛	Qingdao	31.0	32.3	33.5	167
淄博	Zibo	35.4	36.9	38.2	127
枣庄	Zaozhuang	34.1	40.8	37.0	136
东营	Dongying	34.1	37.4	39.4	116
烟台	Yantai	35.4	34.6	35.8	145
潍坊	Weifang	38.1	36.8	38.2	127
济宁	Jining	34.7	35.5	37.3	133
泰安	Taian	37.7	42.9	43.2	76
威海	Weihai	39.8	39.6	40.3	101
日照	Rizhao	36.9	36.4	43.5	71
莱芜	Laiwu	37.0	39.7	41.6	93
临沂	Linyi	31.3	33.7	34.2	161
德州	Dezhou	34.0	35.4	36.0	143
聊城	Liaocheng	35.7	38.1	39.9	113

6-10 农村居民人均住房面积 续表 2

Per Capita Living Space of Rural Household continued 2

单位：平方米 (sq.m)

地名	City	2010	2012	2013	2013 排名 Ranking	地名	City	2010	2012	2013	2013 排名 Ranking
滨州	Binzhou	36.5	41.0	45.1	58	常德	Changde	47.3	51.5	55.7	25
菏泽	Heze	31.9	35.5	36.2	141	张家界	Zhangjiajie	35.7	46.6	56.2	21
河南	**Henan**	**34.5**	**37.9**			益阳	Yiyang	42.2	47.2	53.9	29
郑州	Zhengzhou	56.0	61.0	58.2	18	郴州	Chenzhou	38.2	35.2	41.7	90
开封	Kaifeng	30.5	36.7	38.0	130	永州	Yongzhou	35.0	37.3	48.4	46
洛阳	Luoyang	38.5	41.6	43.3	74	怀化	Huaihua	33.4	36.8	43.4	72
平顶山	Pingdingshan	31.8	37.6	39.4	116	娄底	Loudi	40.8	49.3	63.5	10
安阳	Anyang	35.6	34.6	41.4	95	**广东**	**Guangdong**	**29.2**	**31.7**		
鹤壁	Hebi	35.7	41.7	42.3	85	广州	Guangzhou	43.7	45.3	45.3	55
新乡	Xinxiang	38.6	40.1	40.4	100	韶关	Shaoguan	30.1	33.0	35.3	149
焦作	Jiaozuo	41.2	44.9	45.3	55	深圳	Shenzhen				
濮阳	Puyang	26.9	31.3	33.0	169	珠海	Zhuhai	33.1	37.5	38.6	124
许昌	Xuchang	36.7	41.7	39.0	120	汕头	Shantou	18.7	19.0	19.4	232
漯河	Luohe	32.9	37.7	39.8	115	佛山	Foshan	48.7	49.9	50.0	39
三门峡	Sanmenxia	34.9	39.2	36.2	141	江门	Jiangmen		29.0	29.5	190
南阳	Nanyang	32.3	37.6	34.4	160	湛江	Zhanjiang	28.5	31.5	32.7	172
商丘	Shangqiu	31.5	39.9	38.8	122	茂名	Maoming	38.6	41.8	44.9	61
信阳	Xinyang	33.1	33.5	30.5	184	肇庆	Zhaoqing	25.5	28.5	29.1	195
周口	Zhoukou	27.1	35.7	34.0	163	惠州	Huizhou	28.6	32.8	35.6	147
驻马店	Zhumadian	29.7	32.6	30.8	182	梅州	Meizhou	31.6	33.9	31.5	178
湖北	**Hubei**	**41.0**	**45.0**			汕尾	Shanwei	25.5	25.7	26.1	205
武汉	Wuhan	48.8	51.4	47.8	49	河源	Heyuan	27.6	28.8	29.4	192
黄石	Huangshi	42.3	50.6	50.9	37	阳江	Yangjiang		33.0	42.8	82
十堰	Shiyan	32.8	36.0	34.9	154	清远	Qingyuan	30.9	30.3	31.6	176
宜昌	Yichang	45.7	49.2	49.9	41	东莞	Dongguan	52.1	50.3		
襄阳	Xiangyang	38.7	45.2	42.2	86	中山	Zhongshan	41.8	42.1	42.5	84
鄂州	Ezhou	42.5	46.0			潮州	Chaozhou	23.1	23.6	24.3	217
荆门	Jingmen	37.7	44.5	44.6	62	揭阳	Jieyang	22.8	24.4	24.6	214
孝感	Xiaogan	34.7	38.6	39.1	119	云浮	Yunfu	27.0	31.6	31.6	176
荆州	Jingzhou	37.1	40.3	45.3	55	**广西**	**Guangxi**	**33.9**	**36.0**		
黄冈	Huanggang	42.2	43.8	44.2	65	南宁	Nanning	36.8	40.8	37.4	132
咸宁	Xianning	41.7	49.4	46.5	53	柳州	Liuzhou	29.3	39.5	40.1	104
随州	Suizhou	42.3	38.3	40.0	106	桂林	Guilin	38.0	42.1	44.6	62
湖南	**Hunan**	**42.0**	**46.5**			梧州	Wuzhou	29.6	34.4	33.0	169
长沙	Changsha	59.5	62.6	62.0	12	北海	Beihai	38.5	38.3	23.0	222
株洲	Zhuzhou	55.5	58.7	59.9	15	防城港	Fangchenggang	30.1	33.6	38.1	129
湘潭	Xiangtan	49.8	49.6	68.1	7	钦州	Qinzhou	26.8	26.4	26.4	201
衡阳	Hengyang	50.9	49.8	51.3	34	贵港	Guigang	32.6	41.1	34.7	155
邵阳	Shaoyang	34.0	39.4	44.3	64	玉林	Yulin	26.8	33.6		
岳阳	Yueyang	42.4	45.5	51.0	35	百色	Baise	28.9	33.0	31.0	180

6-10 农村居民人均住房面积 续表 3
Per Capita Living Space of Rural Household continued 3

单位：平方米 （sq.m）

地名	City	2010	2012	2013	2013 排名 Ranking
贺州	Hezhou	34.7		30.1	186
河池	Hechi	25.6	35.4	32.3	174
来宾	Laibin	36.0	38.5		
崇左	Chongzuo	34.5	41.0	41.5	94
海南	**Hainan**	**24.7**	**25.3**		
海口	Haikou	31.6	31.8	31.9	175
三亚	Sanya	28.6	30.3	30.8	182
三沙	Sansha				
重庆	**Chongqing**	**37.6**	**41.1**		
四川	**Sichuan**	**36.6**	**37.9**		
成都	Chengdu	48.8	52.2	50.9	37
自贡	Zigong	37.0	35.0	36.8	138
攀枝花	Panzhihua	34.0	37.0	43.0	78
泸州	Luzhou	38.0	38.7	40.0	106
德阳	Deyang	38.0	36.4	36.3	140
绵阳	Mianyang	43.0	38.9	40.3	101
广元	Guangyuan	41.0	35.0	39.2	118
遂宁	Suining	35.0	43.3	43.3	74
内江	Neijiang	34.0	34.4	34.7	155
乐山	Leshan	43.0	40.0	39.9	113
南充	Nanchong	35.0	37.0	37.5	131
眉山	Meishan	38.0		41.0	97
宜宾	Yibin	40.0	40.0	40.8	98
广安	Guangan	39.0	40.0	41.7	90
达州	Dazhou	39.0	37.5	37.3	133
雅安	Yaan	38.0	32.2	41.1	96
巴中	Bazhong	34.0	32.5	32.7	172
资阳	Ziyang	40.0	38.0	38.5	126
贵州	**Guizhou**	**27.0**	**29.6**		
贵阳	Guiyang	46.7	57.1	42.2	86
六盘水	Liupanshui	27.6	30.2	35.0	150
遵义	Zunyi	31.0	34.5	34.6	157
安顺	Anshun	27.0	31.1	24.0	218
毕节	Bijie	23.0	24.8	29.3	193
铜仁	Tongren	29.1	33.0	29.8	189
云南	**Yunnan**	**29.0**	**31.7**		
昆明	Kunming	45.8	45.7	44.0	66
曲靖	Qujing	31.0	31.0	29.0	196
玉溪	Yuxi	43.5	42.8	43.2	76
保山	Baoshan	27.4	29.0	30.0	187
昭通	Zhaotong	23.9	26.4	23.1	221
丽江	Lijiang	25.3	33.5	40.5	99
普洱	Puer	22.3	24.8	24.9	212
临沧	Lincang	17.6	23.0	24.5	215
西藏	**Tibet**	**25.3**	**28.8**		
拉萨	Lasa	22.6	30.7	27.2	200
陕西	**Shaanxi**	**31.7**	**36.9**		
西安	Xi'an	66.7	78.0	81.0	2
铜川	Tongchuan	32.0	36.1	49.5	42
宝鸡	Baoji	32.7	33.0	35.0	150
咸阳	Xianyang	38.5	40.5	43.0	78
渭南	Weinan	32.7	35.0	36.0	143
延安	Yan'an	24.1	27.8	27.5	198
汉中	Hanzhong	34.7	40.1	40.0	106
榆林	Yulin	26.6	33.6	34.5	159
安康	Ankang	35.0	39.5	40.0	106
商洛	Shangluo	34.6	32.0	35.0	150
甘肃	**Gansu**	**21.0**	**24.1**		
兰州	Lanzhou	23.8	33.0	31.2	179
嘉峪关	Jiayuguan	34.7	37.0	33.9	166
金昌	Jinchang	34.4	42.0	83.2	1
白银	Baiyin	22.6	25.0	22.6	224
天水	Tianshui	17.5	20.0	21.3	230
武威	Wuwei	40.0	28.0	24.8	213
张掖	Zhangye	32.6	36.0	26.3	202
平凉	Pingliang	22.4	24.0	23.5	220
酒泉	Jiuquan	17.7	40.0	32.8	171
庆阳	Qingyang	21.3	23.0	24.5	215
定西	Dingxi	19.3	19.0	21.6	229
陇南	Longnan	23.6	26.0	22.0	226
青海	**Qinghai**	**21.4**	**29.7**		
西宁	Xining	34.3	35.4	40.0	106
海东	Haidng				
宁夏	**Ningxia**	**24.9**	**25.9**		
银川	Yinchuan	38.9	44.7	35.7	146
石嘴山	Shizuishan	31.6	34.8	34.0	163
吴忠	Wuzhong	29.7	27.0	30.2	185
固原	Guyuan	19.3	19.8	20.2	231
中卫	Zhongwei	24.2	28.6	26.2	204
新疆	**Xinjiang**	**24.0**	**27.2**		
乌鲁木齐	Urumqi	38.1	31.0		
克拉玛依	Karamay				

6-11 私有汽车拥有量
Number of Private Vehicles

单位：辆 （unit）

地名	City	2010	2013	2014	2014 排名 Ranking
全国	**Nation Total**	**59387080**	**105016827**	**123393597**	
北京	**Beijing**	**3715068**	**4249494**	**4357891**	
天津	**Tianjin**	**1256999**	**2243613**	**2351536**	
河北	**Hebei**	**4041575**	**7194607**	**8348964**	
石家庄	Shijiazhuang	727466	983655	1180386	19
唐山	Tangshan	696560	929358	1115230	22
秦皇岛	Qinhuangdao	236818	316139	379367	89
邯郸	Handan	450472	518128	621754	53
邢台	Xingtai	331987	393449	472139	67
保定	Baoding	705993	920921	1105105	23
张家口	Zhangjiakou	248178	303165	363798	97
承德	Chengde	158028	177675	213210	156
沧州	Cangzhou	504005	711746	854095	33
廊坊	Langfang	408211	552619	663143	45
衡水	Hengshui	234985	311950	374340	92
山西	**Shanxi**	**1865984**	**3188773**	**3670202**	
太原	Taiyuan	459607	756516	862428	32
大同	Datong	196774	295604	336989	104
阳泉	Yangquan	80896	133544	152240	195
长治	Changzhi	191173	287801	328093	107
晋城	Jincheng	150851	222505	253656	139
朔州	Shuozhou	54195	98395	112170	231
晋中	Jinzhong	231652	350400	399456	86
运城	Yuncheng	244802	369722	421483	76
忻州	Xinzhou	137982	191856	218716	155
临汾	Linfen	216768	334631	381479	88
吕梁	Lvliang	168513	225950	257583	136
内蒙古	**Inner Mongolia**	**1474731**	**2638560**	**3004854**	
呼和浩特	Hohhot	259185	513244	585098	56
包头	Baotou	230353	389771	444339	73
乌海	Wuhai	70200	107839	122936	221
赤峰	Chifeng	291465	450352	513401	62
通辽	Tongliao	305015	269527	307261	112
鄂尔多斯	Erdos	150000	424524	483957	65
呼伦贝尔	Hulunbuir	101582	166570	189890	166
巴彦淖尔	Bayannur	80048	194861	222142	154
乌兰察布	Ulanqab	105652	198355	226125	153
辽宁	**Liaoning**	**1988119**	**3559401**	**4169826**	
沈阳	Shenyang	707838	1133021	1151380	20
大连	Dalian	739675	1003590	942315	28
鞍山	Anshan	264683	384432	294902	116
抚顺	Fushun	181880	175455	161403	188
本溪	Benxi	100050	121435	84134	248
丹东	Dandong	188325	278380	154893	193
锦州	Jinzhou	368610	396345	260673	133
营口	Yingkou	183288	262660	208659	158
阜新	Fuxin	306267	305385	173051	176
辽阳	Liaoyang	227040	213133	135486	205
盘锦	Panjin	136075	197400	181702	173
铁岭	Tieling	281605	375484	159288	190
朝阳	Chaoyang	427621	494663	254698	137
葫芦岛	Huludao	201642	269371	178600	174
吉林	**Jilin**	**1144913**	**2061270**	**2421772**	
长春	Changchun	505205	837726	965955	27
吉林	Jilin	216649	326346	366461	95
四平	Siping	121298	226668	258052	135
辽源	Liaoyuan	45640	69008	79648	252
通化	Tonghua	82500	118918	128134	213
白山	Baishan	44842	56560	70933	256
松原	Songyuan	154431	260663	284173	122
白城	Baicheng	74302	136910	168515	178
黑龙江	**Heilongjiang**	**1396536**	**2310633**	**2650313**	
哈尔滨	Harbin	468701	808305	921468	30
齐齐哈尔	Qiqihar	169693			
鸡西	Jixi	109816	144853	165132	183
鹤岗	Hegang	29858	47440	54082	265
双鸭山	Shuangyashan	39788			
大庆	Daqing	230190	326986	372764	94
伊春	Yichun	22401			
佳木斯	Jiamusi				
七台河	Qitaihe	32000	40540	46216	268
牡丹江	Mudanjiang	90120			
黑河	Heihe				
绥化	Suihua	8231	30492	34761	271
上海	**Shanghai**	**1037051**	**1632320**	**1833040**	
江苏	**Jiangsu**	**4181285**	**7804287**	**9274847**	

6-11 私有汽车拥有量 续表 1
Number of Private Vehicles continued 1

单位：辆 (unit)

地名	City	2010	2013	2014	2014 排名 Ranking
南京	Nanjing	647562	1177291	1485500	10
无锡	Wuxi	521407	896073	1026300	26
徐州	Xuzhou	356532	590898	664600	44
常州	Changzhou	339434	620271	726400	38
苏州	Suzhou	981650	1730457	2008600	3
南通	Nantong	355328	716637	869400	31
连云港	Lianyungang	146448	270128	318300	108
淮安	Huaian	124905	245209	296200	115
盐城	Yancheng	207710	402818	475300	66
扬州	Yangzhou	178389	349418	417000	79
镇江	Zhenjiang	147295	280043	328700	106
泰州	Taizhou	169165	336340	404300	83
宿迁	Suqian	169843	285750	336200	105
浙江	**Zhejiang**	**4315235**	**7638729**	**8699459**	
杭州	Hangzhou	942585	1678453	1913436	5
宁波	Ningbo	532965	1060489	1208957	18
温州	Wenzhou	674836	1119252	1275947	16
嘉兴	Jiaxing	265802	551324	628509	49
湖州	Huzhou	180041	357849	407948	82
绍兴	Shaoxing	346672	621339	708326	40
金华	Jinhua	517447	907181	1034186	24
衢州	Quzhou	99318	176343	201031	163
舟山	Zhoushan	39063	72811	83005	250
台州	Taizhou	481717	812341	926069	29
丽水	Lishui	116539	198885	226729	152
安徽	**Anhui**	**1368463**	**2745685**	**3353969**	
合肥	Hefei	250403	619789	771032	36
芜湖	Wuhu	90999	224086	266417	128
蚌埠	Bengbu	55918	106687	129403	211
淮南	Huainan	45751	97452	115079	228
马鞍山	Maanshan	41994	105949	127475	215
淮北	Huaibei	65058	111383	131590	208
铜陵	Tongling	24689	51824	60864	261
安庆	Anqing	120980	227997	276345	124
黄山	Huangshan	42833	75118	89371	244
滁州	Chuzhou	91396	136759	159897	189
阜阳	Fuyang	189074	326495	376048	91
宿州	Suzhou	138078	163342	206973	159
六安	Liuan	153224	238374	279215	123
亳州	Bozhou	157249	210557	244970	144
池州	Chizhou	32284	58864	73966	255
宣城	Xuancheng	86395	138488	173164	175
福建	**Fujian**	**1519318**	**2774908**	**3295254**	
福州	Fuzhou	330352	593651	676762	43
厦门	Xiamen	284745	545432	621792	52
莆田	Putian	65608	133325	151991	196
三明	Sanming	73018	128808	146841	200
泉州	Quanzhou	408143	701352	799541	35
漳州	Zhangzhou	126009	234965	267860	126
南平	Nanping	63093	114795	130866	209
龙岩	Longyan	135368	230072	262282	130
宁德	Ningde	55173	109742	125106	218
江西	**Jiangxi**	**873814**	**1907125**	**2341730**	
南昌	Nanchang	203953	406783	463733	70
景德镇	Jingdezhen	52699	98549	112346	230
萍乡	Pingxiang	38124	84915	96803	242
九江	Jiujiang	105004	219188	249874	140
新余	Xinyu	34088	67298	76720	254
鹰潭	Yingtan	22121	48986	55844	264
赣州	Ganzhou	152701	343695	391812	87
吉安	Jian	74765	146409	166906	180
宜春	Yichun	111507	229167	261250	131
抚州	Fuzhou	52665	112440	128182	212
上饶	Shangrao	99980	211588	241210	145
山东	**Shandong**	**5771075**	**10395464**	**11916191**	
济南	Jinan	670465	1051380	1216458	17
青岛	Qingdao	729966	1249590	1448486	11
淄博	Zibo	373721	587036	636848	47
枣庄	Zaozhuang	233435	346768	364991	96
东营	Dongying	279344	425160	464237	69
烟台	Yantai	631748	961528	1027869	25
潍坊	Weifang	935879	1464720	1566672	9
济宁	Jining	409787	626315	702712	41
泰安	Taian	259842	401295	454329	72
威海	Weihai	263595	423374	467532	68
日照	Rizhao	176291	303033	356944	98
莱芜	Laiwu	104278	147063	158417	191
临沂	Linyi	652175	1113314	1290207	14
德州	Dezhou	331411	550407	628620	48
聊城	Liaocheng	405537	515607	577502	57

6-11　私有汽车拥有量　续表 2
Number of Private Vehicles continued 2

单位：辆　　　　　　　　　　　　　　　　　　　　　　（unit）

地名	City	2010	2013	2014	2014 排名 Ranking	地名	City	2010	2013	2014	2014 排名 Ranking
滨州	Binzhou	309800	488356	548306	59	常德	Changde	104254	199368	248733	141
菏泽	Heze	329045	468584	528786	60	张家界	Zhangjiajie	30968	56200	65442	260
河南	**Henan**	**2947564**	**5806383**	**7757740**		益阳	Yiyang	96621	169138	205583	160
郑州	Zhengzhou	777605	1481255	1926642	4	郴州	Chenzhou	134137	209738	239969	147
开封	Kaifeng	155557	250995	308767	111	永州	Yongzhou	98152	159018	191416	165
洛阳	Luoyang	282820	500157	604085	55	怀化	Huaihua	72780	113966	166661	181
平顶山	Pingdingshan	176333	288748	348891	99	娄底	Loudi	106893	176514	202859	162
安阳	Anyang	240506	347476	421059	77	广东	**Guangdong**	**6281233**	**9959311**	**11498335**	
鹤壁	Hebi	63004	112843	136746	204	广州	Guangzhou	1261160	1726966	1792505	7
新乡	Xinxiang	239442	419036	519924	61	韶关	Shaoguan	78230	130238	151947	197
焦作	Jiaozuo	149803	240205	291006	118	深圳	Shenzhen	1301631	2123761	2639166	2
濮阳	Puyang	196863	320720	400338	85	珠海	Zhuhai	157798	253146	291132	117
许昌	Xuchang	155659	273926	340051	103	汕头	Shantou	223325	359275	409582	81
漯河	Luohe	76691	124742	155624	192	佛山	Foshan	791313	1224299	1402344	12
三门峡	Sanmenxia	124052	171334	189247	167	江门	Jiangmen	224812	351326	401017	84
南阳	Nanyang	220249	400937	490036	63	湛江	Zhanjiang	115782	206663	240536	146
商丘	Shangqiu	270906	380130	488679	64	茂名	Maoming	134923	237007	263212	129
信阳	Xinyang	176704	228665	299592	114	肇庆	Zhaoqing	120318	202795	234834	148
周口	Zhoukou	288892	394558	436089	74	惠州	Huizhou	208425	360883	419796	78
驻马店	Zhumadian	130365	262060	286289	120	梅州	Meizhou	88353	162369	195642	164
湖北	**Hubei**	**1486487**	**2829367**	**3496430**		汕尾	Shanwei	22300	39742	49023	266
武汉	Wuhan	780000	995973	1135409.2	21	河源	Heyuan	59198	104075	124781	219
黄石	Huangshi	54500	95060	108368	232	阳江	Yangjiang	72668	138132	166999	179
十堰	Shiyan	99105	163564	186463	172	清远	Qingyuan	104093	202068	248459	142
宜昌	Yichang	148146	269093	306766	113	东莞	Dongguan	740238	1195220	1374786	13
襄阳	Xiangyang	197040	299085	340957	102	中山	Zhongshan	313775	492585	574491	58
鄂州	Ezhou	16223	26339	30026	272	潮州	Chaozhou	96149	150383	171306	177
荆门	Jingmen	75509	141727	161569	187	揭阳	Jieyang	119258	196420	230374	149
孝感	Xiaogan	30256	112036	127721	214	云浮	Yunfu	56141	111243	125886	217
荆州	Jingzhou	101401	180115	205331	161	广西	**Guangxi**	**1083336**	**2230139**	**2668735**	
黄冈	Huanggang	83439	165566	188745	170	南宁	Nanning	292736	593476	710055	39
咸宁	Xianning	61996	104354	118964	224	柳州	Liuzhou	154217	291635	377575	90
随州	Suizhou	46592	81036	92381	243	桂林	Guilin	132797	258504	309747	110
湖南	**Hunan**	**1692449**	**3184871**	**3847112**		梧州	Wuzhou	41874	566468	605597	54
长沙	Changsha	546834	1055542	1285080	15	北海	Beihai	54637	344392	120413	222
株洲	Zhuzhou	120972	216748	261144	132	防城港	Fangchenggang	29231	58659	67371	258
湘潭	Xiangtan	84797	158016	189144	168	钦州	Qinzhou	39390	47000	47000	267
衡阳	Hengyang	133277	222354	254413	138	贵港	Guigang	58973	123260	144000	201
邵阳	Shaoyang	120228	229605	275687	125	玉林	Yulin	108945	217259	259259	134
岳阳	Yueyang	98940	219044	267728	127	百色	Baise	59973	126493	147974	199

6-11 私有汽车拥有量 续表 3
Number of Private Vehicles continued 3

单位：辆 (unit)

地名	City	2010	2013	2014	2014 排名 Ranking
贺州	Hezhou	34410	394900	84754	247
河池	Hechi	53299	112392	134094	207
来宾	Laibin	37656	70747	70747	257
崇左	Chongzuo	20972	58688	66837	259
海南	**Hainan**	**280903**	**514045**	**616541**	
海口	Haikou	182623	327408	373245	93
三亚	Sanya	37705	78310	89273	245
三沙	Sansha				
重庆	**Chongqing**	**741488**	**1483657**	**1905811**	
四川	**Sichuan**	**2809524**	**4855182**	**5761027**	
成都	Chengdu	1396000	2271414	2777000	1
自贡	Zigong	52244	97839	117000	225
攀枝花	Panzhihua	60087	93895	105000	235
泸州	Luzhou	56693	130855	165000	184
德阳	Deyang	183763	262199	286000	121
绵阳	Mianyang		298488	341000	101
广元	Guangyuan	62707	106863	123000	220
遂宁	Suining	55399	99848	117000	225
内江	Neijiang	52256	98402	117000	225
乐山	Leshan	95347	168395	189000	169
南充	Nanchong	102573	189314	227000	151
眉山	Meishan	74842	139543	163000	186
宜宾	Yibin	68148	140322	165000	184
广安	Guangan	40063	82941	100000	238
达州	Dazhou	52772	109862	137000	203
雅安	Yaan	42071	88037	99000	240
巴中	Bazhong	38901	85990	102000	237
资阳	Ziyang	57786	103073	114000	229
贵州	**Guizhou**	**878065**	**1662819**	**2074741**	
贵阳	Guiyang	512066	550298	627340	51
六盘水	Liupanshui	95366	164096	187069	171
遵义	Zunyi	39483	252409	287746	119
安顺	Anshun	41819	114174	130158	210
毕节	Bijie	63019	143609		
铜仁	Tongren		90250		
云南	**Yunnan**	**1855688**	**3185387**	**3737778**	
昆明	Kunming	1173869	1202649	1807600	6
曲靖	Qujing	734549	353900	415100	80
玉溪	Yuxi	156581	235698	761600	37
保山	Baoshan	70443	110916	649000	46
昭通	Zhaotong	83980	201934	628100	50
丽江	Lijiang	38732	90699	245400	143
普洱	Puer	80336	132345	840900	34
临沧	Lincang		52197	688700	42
西藏	**Tibet**	**110318**	**195376**	**230137**	
拉萨	Lasa	81988	99908		
陕西	**Shaanxi**	**1441129**	**2807930**	**3316570**	
西安	Xi'an	778902	1412211	1703443	8
铜川	Tongchuan	36492	47033	55854	263
宝鸡	Baoji	93891	149325	165958	182
咸阳	Xianyang	116103	204096	229999	150
渭南	Weinan	205237	312502	316876	109
延安	Yan'an	144707	193852	208855	157
汉中	Hanzhong	79634	128854	150810	198
榆林	Yulin	255161	433290	457959	71
安康	Ankang	47771	78137	79779	251
商洛	Shangluo	40301	55648	56253	262
甘肃	**Gansu**	**527351**	**1145422**	**1419632**	
兰州	Lanzhou	120100	263171	347400	100
嘉峪关	Jiayuguan	15400	30006	35900	270
金昌	Jinchang	21600	37418	43300	269
白银	Baiyin	60500	109807	127300	216
天水	Tianshui	54000	110263	134500	206
武威	Wuwei	46200	91146	107600	233
张掖	Zhangye	40300	83603	99600	239
平凉	Pingliang	45580	90074	103300	236
酒泉	Jiuquan	51100	90727	106000	234
庆阳	Qingyang	60400	126368	152600	194
定西	Dingxi	52200	115300	137300	202
陇南	Longnan	46600	71847	83200	249
青海	**Qinghai**	**199467**	**446745**	**541020**	
西宁	Xining				
海东	Haidong				
宁夏	**Ningxia**	**309364**	**653330**	**776112**	
银川	Yinchuan	177270	374029	426393	75
石嘴山	Shizuishan	45193	75360	85910	246
吴忠	Wuzhong	60058	104960	119654	223
固原	Guyuan	53465	85801	97813	241
中卫	Zhongwei	35616	68631	78239	253
新疆	**Xinjiang**	**792548**	**1711994**	**2056028**	
乌鲁木齐	Urumqi				
克拉玛依	Karamay				

6-12 城镇职工基本养老保险参保人数

Number of Employees Joining Urban Basic Pension Insurance

单位：万人 (10 000 persons)

地名	City	2011	2013	2014	2014 排名 Ranking	地名	City	2011	2013	2014	2014 排名 Ranking
全国	**Nation Total**	**28391.3**	**32218.4**	**34124.4**		沈阳	Shenyang	308.0	345.8	355.8	14
北京	**Beijing**	**1089.4**	**1311.3**	**1392.6**		大连	Dalian	172.3	192.3	194.5	42
天津	**Tianjin**	**458.7**	**520.7**	**545.4**		鞍山	Anshan	91.6	88.3	84.1	99
河北	**Hebei**	**1059.8**	**1194.7**	**1262.0**		抚顺	Fushun	90.1	100.1	145.8	58
石家庄	Shijiazhuang	162.3	186.6	199.6	39	本溪	Benxi	84.2	95.3	80.2	106
唐山	Tangshan	171.8	197.9	208.8	35	丹东	Dandong	73.4	83.7	87.1	94
秦皇岛	Qinhuangdao	60.1	71.2	74.9	113	锦州	Jinzhou	66.4	75.8	77.3	109
邯郸	Handan	104.6	113.0	118.6	68	营口	Yingkou	66.9	53.5	54.3	153
邢台	Xingtai	54.4	59.9	63.7	130	阜新	Fuxin	46.9	50.1	52.9	159
保定	Baoding	106.8	117.0	139.9	61	辽阳	Liaoyang	54.8	61.9	64.0	128
张家口	Zhangjiakou	70.9	78.2	81.7	103	盘锦	Panjin	53.9	59.6	56.7	142
承德	Chengde	45.3	54.0	56.7	141	铁岭	Tieling	49.9	45.0	43.3	182
沧州	Cangzhou	70.6	81.2	85.8	96	朝阳	Chaoyang	47.6	54.2	43.1	183
廊坊	Langfang	56.8	72.6	53.0	158	葫芦岛	Huludao	46.9	52.2	54.0	155
衡水	Hengshui	41.6	46.4	49.3	171	**吉林**	**Jilin**	**617.5**	**655.2**	**676.7**	
山西	**Shanxi**	**623.8**	**672.4**	**692.0**		长春	Changchun	167.5	188.3	196.7	41
太原	Taiyuan	119.2	135.6	140.5	60	吉林	Jilin	99.6	106.4	110.6	74
大同	Datong	40.5	71.7	75.7	110	四平	Siping	52.8	53.7	55.7	144
阳泉	Yangquan	24.8	30.6	31.4	215	辽源	Liaoyuan	22.9	24.4	25.3	229
长治	Changzhi	32.9	42.7	53.2	156	通化	Tonghua	46.9	51.5	53.2	157
晋城	Jincheng	28.6	41.7	43.6	181	白山	Baishan	35.1	37.7	38.8	197
朔州	Shuozhou	13.1	18.4	27.1	226	松原	Songyuan	30.2	32.2	33.4	210
晋中	Jinzhong	41.9	49.0	48.8	173	白城	Baicheng	17.2	31.5	32.4	211
运城	Yuncheng	45.8	57.6	58.5	137	**黑龙江**	**Heilongjiang**	**981.0**	**1062.1**	**1090.1**	
忻州	Xinzhou	35.0	38.8	39.9	193	哈尔滨	Harbin	121.3	123.1	127.3	66
临汾	Linfen	37.6	60.9	63.1	132	齐齐哈尔	Qiqihar	47.8	49.7	49.4	170
吕梁	Lvliang	13.5	24.9	16.0	256	鸡西	Jixi	18.1	24.2	24.2	231
内蒙古	**Inner Mongolia**	**452.4**	**496.5**	**524.9**		鹤岗	Hegang	16.3	11.6	12.2	265
呼和浩特	Hohhot	42.4	38.7	39.5	194	双鸭山	Shuangyashan	16.8	19.3	20.3	243
包头	Baotou	56.2	85.1	87.8	92	大庆	Daqing	33.6	47.7	56.8	140
乌海	Wuhai	14.8	16.3	17.6	251	伊春	Yichun	25.2	28.7	29.3	220
赤峰	Chifeng	28.8	31.6	34.2	206	佳木斯	Jiamusi	23.8	99.2	55.2	149
通辽	Tongliao	22.4	23.4	36.8	201	七台河	Qitaihe	13.5	27.3	31.9	213
鄂尔多斯	Erdos	23.0	26.1	27.6	224	牡丹江	Mudanjiang	47.8	33.2	33.6	208
呼伦贝尔	Hulunbuir	47.5	108.7	109.1	76	黑河	Heihe	16.8	20.2	31.5	214
巴彦淖尔	Bayannur	27.1	33.1	29.9	218	绥化	Suihua	25.6	30.6	28.5	222
乌兰察布	Ulanqab	24.9	14.7	13.8	262	**上海**	**Shanghai**	**1382.7**	**1429.9**	**1457.4**	
辽宁	**Liaoning**	**1556.6**	**1729.5**	**1769.2**		**江苏**	**Jiangsu**	**2223.9**	**2582.1**	**2691.9**	

6-12 城镇职工基本养老保险参保人数 续表 1

Number of Employees Joining Urban Basic Pension Insurance continued 1

单位：万人 (10 000 persons)

地名	City	2011	2013	2014	2014 排名 Ranking	地名	City	2011	2013	2014	2014 排名 Ranking
南京	Nanjing	235.8	358.4	349.1	16	池州	Chizhou	11.8	10.6	10.7	270
无锡	Wuxi	212.5	290.3	299.3	21	宣城	Xuancheng	40.2	34.8	38.9	196
徐州	Xuzhou	95.1	108.2	114.3	70	**福建**	**Fujian**	**695.1**	**812.8**	**848.3**	
常州	Changzhou	113.8	126.0	130.5	63	福州	Fuzhou	135.2	164.3	167.4	51
苏州	Suzhou	381.8	492.4	506.1	9	厦门	Xiamen	194.1	222.3	226.9	32
南通	Nantong	119.0	258.6	148.2	55	莆田	Putian	28.3	31.9	31.0	216
连云港	Lianyungang	43.5	78.5	84.3	98	三明	Sanming	46.7	51.0	52.5	160
淮安	Huaian	59.3	83.5	86.3	95	泉州	Quanzhou	87.7	114.1	122.5	67
盐城	Yancheng	88.5	135.6	143.5	59	漳州	Zhangzhou	52.9	61.6	60.4	134
扬州	Yangzhou	83.6	99.2	103.6	81	南平	Nanping	47.6	53.2	55.1	150
镇江	Zhenjiang	74.7	106.8	117.2	69	龙岩	Longyan	34.5	41.6	43.0	185
泰州	Taizhou	71.5	334.9	348.2	17	宁德	Ningde	32.0	32.4	41.2	189
宿迁	Suqian	31.1	46.7	237.4	30	**江西**	**Jiangxi**	**653.0**	**754.2**	**783.9**	
浙江	**Zhejiang**	**1919.2**	**2375.4**	**2548.0**		南昌	Nanchang	116.0	153.6	157.5	53
杭州	Hangzhou	428.1	530.7	559.5	5	景德镇	Jingdezhen	36.2	39.4	41.3	188
宁波	Ningbo	434.4	508.9	542.2	8	萍乡	Pingxiang	31.7	33.0	34.3	204
温州	Wenzhou	217.3	237.0	286.0	25	九江	Jiujiang	72.1	78.7	82.2	102
嘉兴	Jiaxing	167.2	209.4	221.2	33	新余	Xinyu	27.3	28.6	29.8	219
湖州	Huzhou	71.3	108.6	127.4	65	鹰潭	Yingtan	16.7	18.8	19.6	246
绍兴	Shaoxing	155.0	211.8	345.1	18	赣州	Ganzhou	65.4	78.9	83.9	100
金华	Jinhua	117.5	130.6	174.3	49	吉安	Jian	42.9	60.1	67.5	122
衢州	Quzhou	49.1	50.5	176.8	47	宜春	Yichun	61.6	69.0	72.2	119
舟山	Zhoushan	33.2	40.9	73.7	115	抚州	Fuzhou	46.2	53.0	55.4	145
台州	Taizhou	134.1	161.0	181.2	46	上饶	Shangrao	66.9	78.0	80.4	105
丽水	Lishui	41.9	50.9	58.2	138	**山东**	**Shandong**	**1907.1**	**2259.6**	**2370.2**	
安徽	**Anhui**	**729.3**	**811.3**	**829.2**		济南	Jinan	164.7	232.5	250.6	29
合肥	Hefei	113.1	135.9	138.9	62	青岛	Qingdao	285.9	377.0	393.2	11
芜湖	Wuhu	47.5	51.8	78.1	108	淄博	Zibo	98.6	252.2	265.1	27
蚌埠	Bengbu	45.5	51.4	52.2	161	枣庄	Zaozhuang	53.2	69.6	75.5	111
淮南	Huainan	28.8	32.5	45.9	177	东营	Dongying	24.7	46.2	50.2	169
马鞍山	Maanshan	35.8	60.6	60.1	135	烟台	Yantai	127.6	225.0	552.3	6
淮北	Huaibei	33.0	38.9	40.5	191	潍坊	Weifang	149.0	168.9	175.9	48
铜陵	Tongling	16.4	25.0	45.0	179	济宁	Jining	109.0	134.8	111.3	72
安庆	Anqing	47.8	57.3	59.5	136	泰安	Taian	90.6	120.1	414.6	10
黄山	Huangshan	18.9	21.4	20.9	240	威海	Weihai	82.9	103.1	206.1	36
滁州	Chuzhou	38.4	43.8	44.8	180	日照	Rizhao	30.1	51.0	62.8	133
阜阳	Fuyang	31.2	33.5	34.3	205	莱芜	Laiwu	32.9	84.7	88.5	91
宿州	Suzhou	22.9	35.7	27.4	225	临沂	Linyi	109.8	678.6	677.0	3
六安	Liuan	30.6	32.3	34.5	203	德州	Dezhou	52.9	73.9	385.7	12
亳州	Bozhou	14.1	16.7	18.8	248	聊城	Liaocheng	50.2	78.7	295.7	23

6-12 城镇职工基本养老保险参保人数 续表 2

Number of Employees Joining Urban Basic Pension Insurance continued 2

单位：万人 (10 000 persons)

地名	City	2011	2013	2014	2014 排名 Ranking
滨州	Binzhou	43.5	60.3	64.8	126
菏泽	Heze	72.5	75.4	75.2	112
河南	**Henan**	**1168.4**	**1350.0**	**1431.6**	
郑州	Zhengzhou	172.1	263.4	267.0	26
开封	Kaifeng	56.1	30.3	54.0	154
洛阳	Luoyang	87.6	106.0	111.7	71
平顶山	Pingdingshan	57.5	69.5	70.5	120
安阳	Anyang	72.9	79.9	79.3	107
鹤壁	Hebi	16.4	18.1	19.2	247
新乡	Xinxiang	71.5	336.1	297.1	22
焦作	Jiaozuo	44.9	54.0	55.7	143
濮阳	Puyang	27.4	29.9	33.8	207
许昌	Xuchang	41.5	54.2	48.2	174
漯河	Luohe	22.1	26.1	27.7	223
三门峡	Sanmenxia	27.5	29.9	30.9	217
南阳	Nanyang	79.5	88.1	84.4	97
商丘	Shangqiu	29.2	44.2	55.2	148
信阳	Xinyang	53.8	48.4	54.4	152
周口	Zhoukou	31.9	34.4	35.9	202
驻马店	Zhumadian	30.8	34.6	41.0	190
湖北	**Hubei**	**1113.4**	**1219.4**	**1266.2**	
武汉	Wuhan	333.3	368.2	380.9	13
黄石	Huangshi	53.9	58.7	147.5	56
十堰	Shiyan	29.6	38.2	40.4	192
宜昌	Yichang	88.1	98.0	101.3	85
襄阳	Xiangyang	85.3	93.3	96.3	87
鄂州	Ezhou	20.7	42.4	43.1	184
荆门	Jingmen	41.4	159.2	161.6	52
孝感	Xiaogan	45.2	43.4	55.4	146
荆州	Jingzhou	78.2	90.2	104.3	80
黄冈	Huanggang	51.1	55.5	63.8	129
咸宁	Xianning	17.8	34.7	37.0	200
随州	Suizhou	18.4	19.7	20.5	242
湖南	**Hunan**	**988.2**	**1091.7**	**1118.9**	
长沙	Changsha	155.3	199.7	196.9	40
株洲	Zhuzhou	49.7	55.3	56.9	139
湘潭	Xiangtan	34.8	38.5	39.1	195
衡阳	Hengyang	78.5	89.7	82.2	101
邵阳	Shaoyang	62.8	48.6	73.1	117
岳阳	Yueyang	73.2	77.1	349.9	15

地名	City	2011	2013	2014	2014 排名 Ranking
常德	Changde		91.1	89.5	90
张家界	Zhangjiajie		10.8	10.1	275
益阳	Yiyang		25.7	66.6	124
郴州	Chenzhou		45.2	47.8	175
永州	Yongzhou		52.4	51.0	163
怀化	Huaihua		22.4	22.4	237
娄底	Loudi		21.7	22.7	236
广东	**Guangdong**		**4183.0**	**4809.5**	
广州	Guangzhou		602.9	925.6	1
韶关	Shaoguan		48.2	51.4	162
深圳	Shenzhen		813.9	870.7	2
珠海	Zhuhai		105.4	105.9	79
汕头	Shantou		108.3	127.5	64
佛山	Foshan		305.4	344.6	19
江门	Jiangmen		0.0	186.2	45
湛江	Zhanjiang		99.3	106.6	78
茂名	Maoming		273.6	211.5	34
肇庆	Zhaoqing		72.1	74.4	114
惠州	Huizhou		197.6	203.3	37
梅州	Meizhou		70.1	73.1	116
汕尾	Shanwei		45.3	50.4	166
河源	Heyuan		44.9	73.0	118
阳江	Yangjiang		46.8	48.9	172
清远	Qingyuan		75.3	102.6	82
东莞	Dongguan		521.9	632.0	4
中山	Zhongshan		190.0	191.7	44
潮州	Chaozhou		51.0	45.2	178
揭阳	Jieyang		70.4	81.0	104
云浮	Yunfu		41.9	42.0	187
广西	**Guangxi**		**538.4**	**557.6**	
南宁	Nanning		94.7	98.4	86
柳州	Liuzhou		84.8	87.7	93
桂林	Guilin		66.8	68.7	121
梧州	Wuzhou		31.1	32.2	212
北海	Beihai		19.3	19.7	244
防城港	Fangchenggang		13.5	38.7	198
钦州	Qinzhou		14.4	15.4	259
贵港	Guigang		22.4	23.5	232
玉林	Yulin		34.6	23.1	233
百色	Baise		21.2	21.7	238

6-12 城镇职工基本养老保险参保人数 续表 3

Number of Employees Joining Urban Basic Pension Insurance continued 3

单位：万人 (10 000 persons)

地名	City	2011	2013	2014	2014 排名 Ranking	地名	City	2011	2013	2014	2014 排名 Ranking
贺州	Hezhou		11.1	13.1	264	丽江	Lijiang		7.7	7.6	281
河池	Hechi		22.4	22.7	235	普洱	Puer		15.3	15.9	257
来宾	Laibin		16.5	11.2	269	临沧	Lincang		14.1	10.1	274
崇左	Chongzuo		14.1	15.7	258	**西藏**	**Tibet**		**14.0**	**15.2**	
海南	**Hainan**		**231.5**	**242.3**		拉萨	Lasa		15.9	20.8	241
海口	Haikou		46.9	50.5	165	**陕西**	**Shaanxi**		**685.0**	**716.5**	
三亚	Sanya		16.5	18.3	250	西安	Xi'an		292.3	312.9	20
三沙	Sansha					铜川	Tongchuan		17.8	16.8	252
重庆	**Chongqing**		**773.1**	**825.5**		宝鸡	Baoji		54.1	55.2	147
四川	**Sichuan**		**1720.3**	**1839.7**		咸阳	Xianyang		72.3	55.0	151
成都	Chengdu		514.5	547.5	7	渭南	Weinan		39.3	42.3	186
自贡	Zigong		62.5	64.6	127	延安	Yan'an		99.6	109.3	75
攀枝花	Panzhihua		35.2	50.2	167	汉中	Hanzhong		36.8	37.6	199
泸州	Luzhou		96.3	101.4	84	榆林	Yulin		25.5	27.1	227
德阳	Deyang		232.7	202.0	38	安康	Ankang		17.3	16.1	255
绵阳	Mianyang		102.0	101.5	83	商洛	Shangluo		145.5	21.3	239
广元	Guangyuan		46.1	47.5	176	**甘肃**	**Gansu**		**288.4**	**298.8**	
遂宁	Suining		56.2	151.0	54	兰州	Lanzhou		40.3	66.2	125
内江	Neijiang		56.6	192.6	43	嘉峪关	Jiayuguan		9.4	8.6	278
乐山	Leshan		88.8	91.3	89	金昌	Jinchang		4.1	4.1	284
南充	Nanchong		86.2	93.4	88	白银	Baiyin		8.2	8.2	279
眉山	Meishan		49.1			天水	Tianshui		11.9	11.9	267
宜宾	Yibin		71.3	237.3	31	武威	Wuwei		7.7	10.2	273
广安	Guangan		23.6	50.2	168	张掖	Zhangye		10.4	10.2	272
达州	Dazhou		48.5	254.3	28	平凉	Pingliang		9.8	10.0	276
雅安	Yaan		27.8	19.6	245	酒泉	Jiuquan		11.0	11.6	268
巴中	Bazhong		18.8	28.6	221	庆阳	Qingyang		7.3	7.5	282
资阳	Ziyang		66.7	67.1	123	定西	Dingxi		9.1	9.4	277
贵州	**Guizhou**		**337.3**	**361.5**		陇南	Longnan		5.3	5.3	283
贵阳	Guiyang		134.3	146.0	57	**青海**	**Qinghai**		**90.3**	**94.6**	
六盘水	Liupanshui		9.2	106.7	77	西宁	Xining		32.0	33.5	209
遵义	Zunyi		46.4	50.7	164	海东	Haidong			8.0	280
安顺	Anshun		16.9	16.2	254	**宁夏**	**Ningxia**		**143.8**	**151.4**	
毕节	Bijie		0.0	18.4	249	银川	Yinchuan		58.9	63.1	131
铜仁	Tongren		10.1	10.6	271	石嘴山	Shizuishan		20.4	14.2	261
云南	**Yunnan**		**384.3**	**397.9**		吴忠	Wuzhong		15.8	16.7	253
昆明	Kunming		159.0	167.7	50	固原	Guyuan		13.6	14.5	260
曲靖	Qujing		25.1	295.0	24	中卫	Zhongwei		13.0	13.3	263
玉溪	Yuxi		22.3	22.9	234	**新疆**	**Xinjiang**		**476.3**	**490.8**	
保山	Baoshan		11.3	11.9	266	乌鲁木齐	Urumqi		86.0	111.0	73
昭通	Zhaotong		11.3	25.6	228	克拉玛依	Karamay		23.8	24.5	230

6-13 城镇基本医疗保险参保人数
Number of Persons Joining Urban Basic Medical Care Insurance

单位：万人 (10 000 persons)

地名	City	2011	2013	2014	2014 排名 Ranking
全国	**Nation Total**	**47343.2**	**57072.6**	**59746.9**	
北京	**Beijing**	**1347.8**	**1514.9**	**1604.3**	
天津	**Tianjin**	**972.8**	**1001.5**	**1023.6**	
河北	**Hebei**	**1562.2**	**1674.5**	**1697.5**	
石家庄	Shijiazhuang	240.7	135.9	286.3	44
唐山	Tangshan	215.8	151.8	223.3	61
秦皇岛	Qinhuangdao	91.4	57.8	94.9	171
邯郸	Handan	175.1	103.6	188.3	74
邢台	Xingtai	148.1	61.4	164.8	85
保定	Baoding	186.6	102.1	209.3	66
张家口	Zhangjiakou	114.3	63.0	118.1	128
承德	Chengde	87.7	43.2	92.9	175
沧州	Cangzhou	103.3	60.7	106.3	148
廊坊	Langfang	89.0	60.5	96.3	166
衡水	Hengshui	59.5	46.4	63.7	213
山西	**Shanxi**	**1005.1**	**1086.3**	**1101.2**	
太原	Taiyuan	220.7	149.1	239.1	54
大同	Datong	128.7	87.9	132.8	114
阳泉	Yangquan	58.2	38.3	64.1	212
长治	Changzhi	50.3	55.1	99.1	161
晋城	Jincheng	54.8	39.4	60.5	218
朔州	Shuozhou	37.4	12.3	41.3	241
晋中	Jinzhong	78.6	53.5	88.8	182
运城	Yuncheng	78.5	27.9	8.7	279
忻州	Xinzhou	60.0	32.1	66.1	209
临汾	Linfen	50.4	18.2	104.3	150
吕梁	Lvliang	28.1	31.5	82.3	192
内蒙古	**Inner Mongolia**	**907.3**	**986.2**	**998.1**	
呼和浩特	Hohhot	104.6	53.5	112.3	137
包头	Baotou	76.6	78.8	132.8	113
乌海	Wuhai	45.1	21.3	46.4	235
赤峰	Chifeng	98.9	49.1	106.7	146
通辽	Tongliao	86.6	37.1	103.8	151
鄂尔多斯	Erdos	54.1	33.1	66.7	208
呼伦贝尔	Hulunbuir	132.7	58.5	124.5	121
巴彦淖尔	Bayannur	62.0	21.1	63.3	215
乌兰察布	Ulanqab	25.0	26.4	53.3	226
辽宁	**Liaoning**	**2120.1**	**2333.3**	**2387.2**	
沈阳	Shenyang	339.9	122.9	491.8	15
大连	Dalian	433.9	368.1	505.4	14
鞍山	Anshan	113.5	63.8	115.0	132
抚顺	Fushun	103.6	115.9	149.1	95
本溪	Benxi	95.5	78.6	102.7	155
丹东	Dandong	99.8	79.4	106.9	144
锦州	Jinzhou	118.4	97.9	129.5	115
营口	Yingkou	60.9	68.9	117.6	129
阜新	Fuxin	82.2	55.6	87.8	185
辽阳	Liaoyang	79.8	58.6	85.3	188
盘锦	Panjin	98.2	49.9	112.6	135
铁岭	Tieling	102.4	57.3	26.6	268
朝阳	Chaoyang	44.5	45.0	102.7	154
葫芦岛	Huludao	88.1	57.6	94.8	173
吉林	**Jilin**	**1350.6**	**1378.6**	**1380.0**	
长春	Changchun	399.2	161.4	407.3	27
吉林	Jilin	93.0	94.4	236.5	56
四平	Siping	54.7	56.3	135.4	111
辽源	Liaoyuan	26.0	26.4	61.1	217
通化	Tonghua	111.4	48.2	113.5	133
白山	Baishan	42.4	42.8	96.8	165
松原	Songyuan	37.2	40.4	90.6	177
白城	Baicheng	37.0	37.1	82.8	190
黑龙江	**Heilongjiang**	**1578.0**	**1580.4**	**1586.4**	
哈尔滨	Harbin	211.0	218.6	367.2	31
齐齐哈尔	Qiqihar	91.2	74.4	172.4	78
鸡西	Jixi	89.3	47.1	88.7	183
鹤岗	Hegang	48.2	24.6	27.1	267
双鸭山	Shuangyashan	20.9	17.5	44.0	238
大庆	Daqing	137.5	85.9	89.0	181
伊春	Yichun	55.0	30.3	66.9	207
佳木斯	Jiamusi	38.0	27.6	107.8	141
七台河	Qitaihe	24.0	17.5	34.4	250
牡丹江	Mudanjiang	96.4	53.8	99.3	160
黑河	Heihe	20.6	7.0	49.7	228
绥化	Suihua	95.1	10.2	95.1	169
上海	**Shanghai**	**1591.8**	**1650.5**	**1678.5**	
江苏	**Jiangsu**	**3500.5**	**3427.6**	**3797.5**	

6-13 城镇基本医疗保险参保人数 续表 1

Number of Persons Joining Urban Basic Medical Care Insurance continued 1

单位：万人 (10 000 persons)

地名	City	2011	2013	2014	2014 排名 Ranking	地名	City	2011	2013	2014	2014 排名 Ranking
南京	Nanjing	309.0	275.4	478.1	21	池州	Chizhou	13.3	13.4	14.9	274
无锡	Wuxi	258.9	219.5	404.7	29	宣城	Xuancheng	26.9		75.5	200
徐州	Xuzhou	138.0	109.6	294.9	41	**福建**	**Fujian**	**1217.2**	**1283.8**	**1293.0**	
常州	Changzhou	149.1	130.0	210.8	63	福州	Fuzhou	118.6	141.8	277.8	46
苏州	Suzhou	437.6	400.1	593.9	9	厦门	Xiamen	259.3	195.3	314.3	37
南通	Nantong	150.6	123.2	316.9	35	莆田	Putian	38.4	32.0	63.4	214
连云港	Lianyungang	60.7	51.9	119.7	125	三明	Sanming	82.8	40.7	74.0	201
淮安	Huaian	67.1	60.9	163.5	87	泉州	Quanzhou	166.1	101.6	153.8	91
盐城	Yancheng	115.9	88.1	251.3	52	漳州	Zhangzhou	44.9	51.8	111.2	138
扬州	Yangzhou	101.4	85.6	197.1	69	南平	Nanping	88.2	41.2	57.3	222
镇江	Zhenjiang	80.5	65.4	143.0	100	龙岩	Longyan	35.0	38.3	90.0	179
泰州	Taizhou	100.4	82.4	225.5	60	宁德	Ningde	60.9	28.9	145.5	97
宿迁	Suqian	43.3	39.0	137.1	110	**江西**	**Jiangxi**	**1329.7**	**1476.6**	**1494.2**	
浙江	**Zhejiang**	**2244.1**	**4121.1**	**4847.6**		南昌	Nanchang	79.5	71.5	230.4	58
杭州	Hangzhou	386.3	448.4	840.2	3	景德镇	Jingdezhen	26.1	32.2	72.1	202
宁波	Ningbo	305.0	346.3	478.7	20	萍乡	Pingxiang	86.7	43.9	85.0	189
温州	Wenzhou	139.5	153.4	595.4	7	九江	Jiujiang	58.8	54.5	142.8	101
嘉兴	Jiaxing	146.1	180.9	380.1	30	新余	Xinyu	51.1	27.5	51.9	227
湖州	Huzhou	76.5	96.2	264.0	48	鹰潭	Yingtan	30.3	14.1	33.9	251
绍兴	Shaoxing	141.0	173.1	483.2	16	赣州	Ganzhou	61.7	63.1	205.1	68
金华	Jinhua	100.5	125.4	480.9	17	吉安	Jian	42.6	39.8	138.2	109
衢州	Quzhou	45.5	53.0	237.3	55	宜春	Yichun	66.3	68.3	166.2	84
舟山	Zhoushan	32.4	35.8	94.9	172	抚州	Fuzhou	36.6	37.5	103.7	152
台州	Taizhou	92.6	122.3	195.5	70	上饶	Shangrao	149.4	60.3	151.6	92
丽水	Lishui	29.5	35.2	245.2	53	**山东**	**Shandong**	**2947.8**	**3647.9**	**3988.0**	
安徽	**Anhui**	**1612.9**	**1660.8**	**1756.4**		济南	Jinan	275.2	183.2	307.8	38
合肥	Hefei	112.2	142.1	361.0	33	青岛	Qingdao	267.7	302.4	0.0	282
芜湖	Wuhu	54.6	62.0	168.4	82	淄博	Zibo	195.9	124.3	307.7	39
蚌埠	Bengbu	42.2	44.7	107.6	142	枣庄	Zaozhuang	120.6	56.4	126.3	118
淮南	Huainan	49.0	51.5	112.6	136	东营	Dongying	54.2	60.3	192.3	71
马鞍山	Maanshan	39.8	47.8	97.4	164	烟台	Yantai	253.7	207.6	288.0	43
淮北	Huaibei	41.7	31.7	98.9	162	潍坊	Weifang	137.0	156.0	364.8	32
铜陵	Tongling	25.8	27.9	79.3	196	济宁	Jining	205.9	110.9	478.9	19
安庆	Anqing	39.3	43.4	138.8	107	泰安	Taian	188.5	102.0	206.1	67
黄山	Huangshan	15.8	18.2	40.3	243	威海	Weihai	84.6	89.3	251.7	51
滁州	Chuzhou	36.1	39.2	110.6	139	日照	Rizhao	73.7	33.5	117.3	130
阜阳	Fuyang	34.6	36.1	69.7	206	莱芜	Laiwu	40.3	26.7	42.1	240
宿州	Suzhou	26.8	29.0	92.7	176	临沂	Linyi	198.0	104.8	210.6	64
六安	Liuan	31.3	34.0	118.9	126	德州	Dezhou	135.5	68.8	576.6	12
亳州	Bozhou	18.7	19.5	82.1	193	聊城	Liaocheng	151.5	57.2	160.9	88

6-13 城镇基本医疗保险参保人数 续表 2

Number of Persons Joining Urban Basic Medical Care Insurance continued 2

单位：万人 (10 000 persons)

地名	City	2011	2013	2014	2014 排名 Ranking
滨州	Binzhou	56.3	58.3	315.5	36
菏泽	Heze	209.6	68.5	227.2	59
河南	**Henan**	**2122.3**	**2297.2**	**2340.0**	
郑州	Zhengzhou	116.4	129.6	163.8	86
开封	Kaifeng	37.6	38.7	96.1	167
洛阳	Luoyang	198.9	104.5	210.1	65
平顶山	Pingdingshan	66.2	69.1	149.2	94
安阳	Anyang	121.5	59.8	124.1	122
鹤壁	Hebi	38.8	14.9	39.6	244
新乡	Xinxiang	68.3	77.4	143.2	99
焦作	Jiaozuo	100.5	48.0	95.0	170
濮阳	Puyang	50.1	39.3	64.5	211
许昌	Xuchang	38.1	41.2	93.1	174
漯河	Luohe	32.4	36.8	76.9	198
三门峡	Sanmenxia	64.0	34.4	58.0	221
南阳	Nanyang	158.3	78.2	168.2	83
商丘	Shangqiu	42.0	42.4	144.8	98
信阳	Xinyang	132.8	13.5	134.7	112
周口	Zhoukou	51.2	56.5	140.9	105
驻马店	Zhumadian	116.0	45.4	125.5	120
湖北	**Hubei**	**1932.5**	**1960.6**	**1968.0**	
武汉	Wuhan	379.7	381.5	595.0	8
黄石	Huangshi	106.4	50.2	95.9	168
十堰	Shiyan	43.2	48.3	100.8	157
宜昌	Yichang	135.7	78.9	141.0	104
襄阳	Xiangyang	77.7	75.3	190.2	72
鄂州	Ezhou	16.4	16.9	12.5	278
荆门	Jingmen	85.7	36.0	86.9	186
孝感	Xiaogan	123.1	128.4	129.5	116
荆州	Jingzhou	59.5	63.0	189.8	73
黄冈	Huanggang	162.8	47.6	139.3	106
咸宁	Xianning	81.2	25.1	79.9	194
随州	Suizhou	16.5	16.4	48.3	230
湖南	**Hunan**	**1941.2**	**2316.2**	**2300.7**	
长沙	Changsha	140.7	151.1	290.9	42
株洲	Zhuzhou	56.1	54.7	125.9	119
湘潭	Xiangtan	49.5	47.5	99.5	159
衡阳	Hengyang	163.4	68.7	176.3	76
邵阳	Shaoyang	88.6	52.4	138.4	108
岳阳	Yueyang	205.5	68.0	172.4	79

地名	City	2011	2013	2014	2014 排名 Ranking
常德	Changde	57.2	0.0	55.4	225
张家界	Zhangjiajie	13.4	10.3	13.3	276
益阳	Yiyang	41.7	41.9	102.5	156
郴州	Chenzhou	49.4	50.2	151.4	93
永州	Yongzhou	44.2	44.2	168.5	81
怀化	Huaihua	116.4	43.7	116.0	131
娄底	Loudi	30.4	37.9	103.6	153
广东	**Guangdong**	**6767.1**	**9179.8**	**9804.2**	
广州	Guangzhou	724.9	538.3	1054.7	2
韶关	Shaoguan	84.2	49.9	281.4	45
深圳	Shenzhen	503.9	999.5	1157.8	1
珠海	Zhuhai	101.6	107.9	155.4	90
汕头	Shantou	145.4	48.9	455.1	22
佛山	Foshan	442.3	258.3	479.6	18
江门	Jiangmen	377.4			
湛江	Zhanjiang	53.9	58.2	704.3	4
茂名	Maoming	66.4	41.7	619.3	5
肇庆	Zhaoqing	94.3	59.9	408.6	26
惠州	Huizhou	134.9	159.3	428.1	24
梅州	Meizhou	81.3	38.9	442.0	23
汕尾	Shanwei	75.8	27.0	300.6	40
河源	Heyuan	25.4	28.2		
阳江	Yangjiang	22.6	25.3	232.2	57
清远	Qingyuan	395.6	54.8	404.8	28
东莞	Dongguan	602.4	618.1	615.7	6
中山	Zhongshan	244.9	163.5	259.9	49
潮州	Chaozhou	29.8	34.8	258.7	50
揭阳	Jieyang	565.8	27.6	577.4	11
云浮	Yunfu	36.6	19.7	268.2	47
广西	**Guangxi**	**981.3**	**1031.0**	**1067.3**	
南宁	Nanning	165.9	94.7	182.4	75
柳州	Liuzhou	70.2	75.7	148.7	96
桂林	Guilin	116.7	56.3	118.3	127
梧州	Wuzhou	63.2	27.6	70.1	204
北海	Beihai	45.2	19.0	26.2	269
防城港	Fangchenggang	9.6	9.1	29.6	259
钦州	Qinzhou	14.7	16.9	32.4	254
贵港	Guigang	53.2	21.5	59.4	220
玉林	Yulin	74.1	29.8	88.2	184
百色	Baise		24.4	56.9	224

6-13 城镇基本医疗保险参保人数 续表 3
Number of Persons Joining Urban Basic Medical Care Insurance continued 3

单位：万人 (10 000 persons)

地名	City	2011	2013	2014	2014 排名 Ranking	地名	City	2011	2013	2014	2014 排名 Ranking
贺州	Hezhou	32.9	7.3	30.7	257	丽江	Lijiang	9.9	10.5	19.1	272
河池	Hechi	54.6	15.6	60.0	219	普洱	Puer	18.1	19.7	33.0	253
来宾	Laibin	34.7	11.3	36.8	248	临沧	Lincang	22.2	14.4	23.4	270
崇左	Chongzuo	43.7	15.8	46.6	234	**西藏**	**Tibet**	**43.7**	**54.8**	**58.9**	
海南	**Hainan**	**352.4**	**406.5**	**386.8**		拉萨	Lasa	3.2	4.4	6.2	280
海口	Haikou	39.5	37.9	57.3	223	**陕西**	**Shaanxi**	**1090.4**	**1244.3**	**1246.2**	
三亚	Sanya	18.8	19.5	44.5	237	西安	Xi'an	404.3	211.2	417.7	25
三沙	Sansha					铜川	Tongchuan	36.9	18.9	37.8	247
重庆	**Chongqing**	**1324.8**	**3234.8**	**3256.8**		宝鸡	Baoji	50.7	52.2	100.7	158
四川	**Sichuan**	**2248.4**	**2486.0**	**2576.5**		咸阳	Xianyang	60.3	62.9	122.6	123
成都	Chengdu	476.9	416.7	588.4	10	渭南	Weinan	56.4	58.9	141.5	102
自贡	Zigong	79.8	36.4	86.9	187	延安	Yan'an	75.6	32.0	222.9	62
攀枝花	Panzhihua	65.1	38.6	62.9	216	汉中	Hanzhong	38.2	36.9	79.8	195
泸州	Luzhou	81.8	38.7	108.5	140	榆林	Yulin	62.6	35.5	75.6	199
德阳	Deyang	107.1	63.2	128.1	117	安康	Ankang	18.6	18.8	47.3	232
绵阳	Mianyang	115.9	62.8	141.1	103	商洛	Shangluo	41.4	14.3	36.2	249
广元	Guangyuan	67.0	32.0	69.8	205	**甘肃**	**Gansu**	**590.8**	**622.8**	**630.6**	
遂宁	Suining	65.5	24.0	339.1	34	兰州	Lanzhou	79.1	103.6	106.8	145
内江	Neijiang	81.2	36.7	90.0	180	嘉峪关	Jiayuguan	7.6	8.4	13.9	275
乐山	Leshan	55.7	53.3	112.6	134	金昌	Jinchang	11.6	11.4	20.5	271
南充	Nanchong	148.6	50.8	172.3	80	白银	Baiyin	21.1	21.8	43.8	239
眉山	Meishan	60.6	25.6	71.9	203	天水	Tianshui	58.9	27.7	28.0	265
宜宾	Yibin	93.3	48.1	97.8	163	武威	Wuwei	13.4	12.7	30.4	258
广安	Guangan	76.1	19.8	82.7	191	张掖	Zhangye	13.3	12.2	28.8	261
达州	Dazhou	102.1	37.4	107.6	143	平凉	Pingliang	36.0	11.0	28.3	262
雅安	Yaan	30.9	21.0	39.3	246	酒泉	Jiuquan	31.3	13.1	27.7	266
巴中	Bazhong	52.8	17.0	31.8	255	庆阳	Qingyang	12.7	13.9	28.2	263
资阳	Ziyang	73.0	41.2	90.5	178	定西	Dingxi	30.8	14.6	31.2	256
贵州	**Guizhou**	**629.0**	**672.1**	**687.1**		陇南	Longnan	30.2	13.4	29.6	260
贵阳	Guiyang	105.6	112.7	120.2	124	**青海**	**Qinghai**	**151.6**	**181.3**	**190.4**	
六盘水	Liupanshui	63.0	29.6	66.1	210	西宁	Xining	23.2	16.6		
遵义	Zunyi	118.2	52.3	78.0	197	海东	Haidong			16.7	273
安顺	Anshun	38.4	19.4	40.9	242	**宁夏**	**Ningxia**	**188.8**	**565.5**	**578.6**	
毕节	Bijie	52.9	25.6			银川	Yinchuan	53.8	60.0	157.5	89
铜仁	Tongren	16.0	16.6	46.1	236	石嘴山	Shizuishan	65.5	19.0	47.4	231
云南	**Yunnan**	**865.8**	**1118.8**	**1135.9**		吴忠	Wuzhong	12.1	12.8	106.6	147
昆明	Kunming	325.0	141.3	523.7	13	固原	Guyuan	142.5	8.3	12.9	277
曲靖	Qujing	89.4	42.7	47.2	233	中卫	Zhongwei	104.2	8.6	106.2	149
玉溪	Yuxi	23.5	25.0	48.8	229	**新疆**	**Xinjiang**	**825.2**	**877.1**	**885.1**	
保山	Baoshan	31.3	14.6	33.3	252	乌鲁木齐	Urumqi	99.1	111.3	173.9	77
昭通	Zhaotong	40.4	20.4	39.5	245	克拉玛依	Karamay	18.9	20.3	28.1	264

6-14 失业保险参保人数
Persons Covered by Unemployment Insurance

单位：万人 (10 000 persons)

地名	City	2011	2013	2014	2014 排名 Ranking
全国	**Nation Total**	**14317.1**	**16416.8**	**17042.6**	
北京	**Beijing**	**881.0**	**1025.1**	**1057.1**	
天津	**Tianjin**	**258.8**	**278.7**	**287.6**	
河北	**Hebei**	**498.7**	**505.0**	**508.7**	
石家庄	Shijiazhuang	89.8	90.2	92.0	33
唐山	Tangshan	76.8	79.8	80.6	39
秦皇岛	Qinhuangdao	30.7	31.9	32.7	111
邯郸	Handan	66.1	66.8	67.6	47
邢台	Xingtai	34.2	34.4	34.7	101
保定	Baoding	51.9	50.2	50.5	63
张家口	Zhangjiakou	38.5	38.6	38.6	86
承德	Chengde	26.1	23.6	23.4	163
沧州	Cangzhou	34.6	35.8	36.0	93
廊坊	Langfang	24.8	25.0	27.6	136
衡水	Hengshui	18.3	18.3	18.4	198
山西	**Shanxi**	**309.4**	**400.7**	**407.7**	
太原	Taiyuan	69.3	81.6	84.9	38
大同	Datong	42.5	44.8	45.0	70
阳泉	Yangquan	20.0	25.0	25.0	150
长治	Changzhi	26.1	40.5	40.6	81
晋城	Jincheng	21.1	28.5	29.7	129
朔州	Shuozhou	12.5	18.2	18.2	199
晋中	Jinzhong	24.1	32.2	32.3	113
运城	Yuncheng	24.7	33.7	33.9	105
忻州	Xinzhou	19.0	20.8	20.9	179
临汾	Linfen	26.0	34.8	34.9	99
吕梁	Lvliang	16.6	31.7	31.8	118
内蒙古	**Inner Mongolia**	**232.5**	**233.4**	**236.3**	
呼和浩特	Hohhot	41.4	40.5	41.0	78
包头	Baotou	43.1	43.3	43.3	72
乌海	Wuhai	10.5	9.8	9.6	250
赤峰	Chifeng	27.5	26.6	26.3	141
通辽	Tongliao	18.0	18.0	18.0	201
鄂尔多斯	Erdos	15.1	16.9	19.5	190
呼伦贝尔	Hulunbuir	30.6	30.7	26.2	144
巴彦淖尔	Bayannur	10.6	10.6	10.7	241
乌兰察布	Ulanqab	13.5	13.8	13.8	220
辽宁	**Liaoning**	**632.3**	**663.2**	**664.3**	
沈阳	Shenyang	126.5	134.3	138.3	18
大连	Dalian	131.1	142.7	143.7	17
鞍山	Anshan	60.5	62.4	61.4	55
抚顺	Fushun	51.6	49.0	49.0	65
本溪	Benxi	39.0	39.7	37.5	88
丹东	Dandong	27.0	25.8	23.0	164
锦州	Jinzhou	35.6	33.0	33.1	109
营口	Yingkou	22.3	22.6	22.8	166
阜新	Fuxin	22.0	21.0	20.0	186
辽阳	Liaoyang	21.6	22.3	22.3	169
盘锦	Panjin	27.2	34.4	32.3	114
铁岭	Tieling	31.5	23.0	26.3	143
朝阳	Chaoyang	20.5	24.0	24.1	158
葫芦岛	Huludao	25.1	24.7	24.6	153
吉林	**Jilin**	**247.2**	**258.8**	**258.7**	
长春	Changchun	83.3	90.0	93.2	32
吉林	Jilin	39.8	42.6	42.1	74
四平	Siping	22.2	22.8	21.6	173
辽源	Liaoyuan	8.3	8.4	7.8	264
通化	Tonghua	18.8	19.1	19.0	196
白山	Baishan	13.4	13.6	13.7	221
松原	Songyuan	14.8	15.3	15.5	212
白城	Baicheng	14.2	14.1	13.2	223
黑龙江	**Heilongjiang**	**474.5**	**477.4**	**478.4**	
哈尔滨	Harbin	125.8	125.8	128.8	20
齐齐哈尔	Qiqihar	48.5	48.6	48.7	66
鸡西	Jixi	19.8	20.0	20.1	184
鹤岗	Hegang	10.1	10.2	10.3	242
双鸭山	Shuangyashan	10.3	12.2	12.2	231
大庆	Daqing	20.3	20.6	20.8	180
伊春	Yichun	12.2	12.3	12.4	229
佳木斯	Jiamusi	18.9	19.0	19.1	194
七台河	Qitaihe	9.1	9.8	9.9	247
牡丹江	Mudanjiang	17.9	18.8	18.9	197
黑河	Heihe	6.9	7.0	7.2	269
绥化	Suihua	30.5	31.0	30.9	122
上海	**Shanghai**	**604.2**	**625.7**	**634.1**	
江苏	**Jiangsu**	**1238.2**	**1389.3**	**1442.7**	

6-14 失业保险参保人数 续表 1

Persons Covered by Unemployment Insurance continued 1

单位：万人 (10 000 persons)

地名	City	2011	2013	2014	2014 排名 Ranking	地名	City	2011	2013	2014	2014 排名 Ranking
南京	Nanjing	218.6	236.0	248.5	7	池州	Chizhou	7.3	7.1	7.0	273
无锡	Wuxi	169.6	194.8	197.1	10	宣城	Xuancheng	14.5	13.2	13.1	224
徐州	Xuzhou	73.8	83.1	85.7	37	**福建**	**Fujian**	**430.9**	**496.7**	**524.1**	
常州	Changzhou	88.9	100.1	105.2	29	福州	Fuzhou	91.5	110.1	112.5	24
苏州	Suzhou	282.1	317.0	400.9	3	厦门	Xiamen	148.7	169.6	177.2	13
南通	Nantong	82.7	97.4	98.7	30	莆田	Putian	26.4	24.1	25.3	148
连云港	Lianyungang	29.7	33.8	37.3	89	三明	Sanming	24.8	27.6	28.8	132
淮安	Huaian	50.3	61.1	62.3	52	泉州	Quanzhou	51.8	60.7	62.8	51
盐城	Yancheng	61.1	67.5	70.5	46	漳州	Zhangzhou	26.4	31.5	35.0	98
扬州	Yangzhou	57.5	61.8	62.8	50	南平	Nanping	26.0	28.8	32.6	112
镇江	Zhenjiang	44.1	47.8	49.3	64	龙岩	Longyan	22.7	29.9	30.6	124
泰州	Taizhou	52.8	60.4	62.2	53	宁德	Ningde	12.1	15.9	18.0	202
宿迁	Suqian	26.9	28.6	30.1	125	**江西**	**Jiangxi**	**263.5**	**271.1**	**271.8**	
浙江	**Zhejiang**	**980.6**	**1144.3**	**1210.3**		南昌	Nanchang	56.7	58.5	58.4	59
杭州	Hangzhou	277.5	316.4	331.8	5	景德镇	Jingdezhen	12.0	13.6	13.6	222
宁波	Ningbo	200.6	231.7	243.4	8	萍乡	Pingxiang	14.0	14.7	14.7	215
温州	Wenzhou	88.2	102.0	108.1	28	九江	Jiujiang	33.0	34.0	34.0	104
嘉兴	Jiaxing	86.3	104.1	110.8	26	新余	Xinyu	12.0	10.4	10.8	240
湖州	Huzhou	47.3	57.8	61.6	54	鹰潭	Yingtan	7.1	7.8	7.8	266
绍兴	Shaoxing	90.0	108.9	116.5	22	赣州	Ganzhou	34.1	35.1	35.1	97
金华	Jinhua	61.3	70.6	75.0	43	吉安	Jian	21.1	22.1	22.2	171
衢州	Quzhou	19.3	23.3	24.9	152	宜春	Yichun	25.0	26.0	25.9	147
舟山	Zhoushan	18.1	20.3	21.1	177	抚州	Fuzhou	19.8	20.1	20.1	185
台州	Taizhou	74.9	89.5	95.9	31	上饶	Shangrao	28.8	29.0	29.2	130
丽水	Lishui	16.9	20.0	21.2	176	**山东**	**Shandong**	**964.9**	**1089.6**	**1154.3**	
安徽	**Anhui**	**397.7**	**409.0**	**422.0**		济南	Jinan	103.7	120.0	125.0	21
合肥	Hefei	89.5	105.1	115.9	23	青岛	Qingdao	155.6	171.0	178.2	11
芜湖	Wuhu	31.3	35.1	36.2	92	淄博	Zibo	67.7	71.8	76.1	42
蚌埠	Bengbu	20.6	21.3	21.4	174	枣庄	Zaozhuang	33.8	36.6	40.6	80
淮南	Huainan	30.0	29.2	29.2	131	东营	Dongying	12.7	19.8	26.3	142
马鞍山	Maanshan	22.8	24.7	24.6	154	烟台	Yantai	95.6	105.5	108.3	27
淮北	Huaibei	24.1	25.0	25.2	149	潍坊	Weifang	69.4	81.5	87.1	36
铜陵	Tongling	14.2	14.8	15.2	213	济宁	Jining	61.4	71.1	76.4	41
安庆	Anqing	25.7	23.6	24.2	157	泰安	Taian	49.6	55.1	60.0	58
黄山	Huangshan	9.0	9.4	9.3	252	威海	Weihai	45.9	50.8	54.7	62
滁州	Chuzhou	22.0	21.2	21.6	172	日照	Rizhao	15.7	21.4	23.4	162
阜阳	Fuyang	27.0	25.0	25.0	151	莱芜	Laiwu	15.6	18.3	20.1	183
宿州	Suzhou	21.6	20.2	20.1	182	临沂	Linyi	48.8	52.7	56.2	61
六安	Liuan	22.5	17.5	19.0	195	德州	Dezhou	27.8	32.4	34.5	103
亳州	Bozhou	15.5	15.1	15.0	214	聊城	Liaocheng	28.4	31.1	31.3	120

6-14 失业保险参保人数 续表 2
Persons Covered by Unemployment Insurance continued 2

单位：万人 (10 000 persons)

地名	City	2011	2013	2014	2014 排名 Ranking	地名	City	2011	2013	2014	2014 排名 Ranking
滨州	Binzhou	20.3	37.6	40.1	82	常德	Changde	23.1	24.3	28.0	134
菏泽	Heze	29.1	31.5	33.3	107	张家界	Zhangjiajie	9.3	9.7	10.0	244
河南	**Henan**	**701.2**	**741.3**	**773.3**		益阳	Yiyang	20.1	20.0	21.0	178
郑州	Zhengzhou	92.7	133.1	154.9	14	郴州	Chenzhou	26.1	27.5	27.5	138
开封	Kaifeng	21.1	24.3	31.7	119	永州	Yongzhou	21.7	21.5	24.3	155
洛阳	Luoyang	30.2	61.1	63.5	48	怀化	Huaihua	23.1	24.3	27.7	135
平顶山	Pingdingshan	47.0	46.0	46.4	68	娄底	Loudi	28.6	31.6	33.2	108
安阳	Anyang	40.3	40.5	41.9	75	**广东**	**Guangdong**	**1875.4**	**2702.2**	**2840.2**	
鹤壁	Hebi	15.5	14.7	14.5	216	广州	Guangzhou	362.5	413.2	441.7	2
新乡	Xinxiang	44.8	44.9	45.5	69	韶关	Shaoguan	27.0	28.0	28.3	133
焦作	Jiaozuo	35.2	35.1	35.9	94	深圳	Shenzhen	300.1	930.4	942.2	1
濮阳	Puyang	30.3	29.4	29.8	128	珠海	Zhuhai	82.3	87.4	89.2	35
许昌	Xuchang	27.0	27.5	27.5	137	汕头	Shantou	58.2	69.8	72.6	45
漯河	Luohe	17.1	17.1	17.5	203	佛山	Foshan	181.2	208.8	220.1	9
三门峡	Sanmenxia	22.8	22.2	22.3	170	江门	Jiangmen	62.0	71.2	74.0	44
南阳	Nanyang	62.8	62.2	63.1	49	湛江	Zhanjiang	35.3	36.4	36.6	91
商丘	Shangqiu	35.0	35.2	34.8	100	茂名	Maoming	25.3	26.1	26.1	145
信阳	Xinyang	39.4	13.2	33.7	106	肇庆	Zhaoqing	36.6	41.1	41.5	77
周口	Zhoukou	38.1	38.4	38.9	84	惠州	Huizhou	91.0	127.4	130.7	19
驻马店	Zhumadian	36.9	38.6	38.2	87	梅州	Meizhou	22.6	23.5	24.3	156
湖北	**Hubei**	**498.2**	**511.3**	**519.0**		汕尾	Shanwei	13.5	15.0	16.6	206
武汉	Wuhan	146.9	168.2	177.3	12	河源	Heyuan	25.1	26.9	27.4	140
黄石	Huangshi	30.9	31.0	30.8	123	阳江	Yangjiang	17.8	19.7	20.7	181
十堰	Shiyan	21.8	27.3	27.5	139	清远	Qingyuan	29.4	35.6	36.8	90
宜昌	Yichang	44.9	48.5	48.6	67	东莞	Dongguan	299.4	322.4	392.6	4
襄阳	Xiangyang	45.3	46.0	42.3	73	中山	Zhongshan	139.9	149.4	151.1	15
鄂州	Ezhou	7.7	8.0	8.2	262	潮州	Chaozhou	33.9	36.6	31.1	121
荆门	Jingmen	17.5	18.0	18.2	200	揭阳	Jieyang	17.8	19.2	19.2	193
孝感	Xiaogan	24.1	23.3	23.8	161	云浮	Yunfu	14.6	16.8	17.1	205
荆州	Jingzhou	35.2	32.1	33.1	110	**广西**	**Guangxi**	**240.8**	**253.4**	**259.0**	
黄冈	Huanggang	25.5	21.0	21.2	175	南宁	Nanning	40.4	42.7	45.0	71
咸宁	Xianning	12.4	14.3	13.1	225	柳州	Liuzhou	29.4	32.6	34.7	102
随州	Suizhou	11.6	11.7	11.0	237	桂林	Guilin	24.1	25.3	26.0	146
湖南	**Hunan**	**415.6**	**461.7**	**509.5**		梧州	Wuzhou	12.0	12.7	13.0	226
长沙	Changsha	81.9	101.5	111.1	25	北海	Beihai	10.5	11.6	9.8	248
株洲	Zhuzhou	29.1	31.9	35.4	95	防城港	Fangchenggang	5.5	5.8	5.7	279
湘潭	Xiangtan	31.3	32.0	32.0	117	钦州	Qinzhou	8.0	7.8	7.8	265
衡阳	Hengyang	38.6	51.9	60.6	57	贵港	Guigang	10.8	10.9	10.0	246
邵阳	Shaoyang	26.3	26.6	30.0	126	玉林	Yulin	13.8	15.3	16.0	209
岳阳	Yueyang	32.0	33.5	35.3	96	百色	Baise		11.5	11.6	234

6-14 失业保险参保人数 续表 3
Persons Covered by Unemployment Insurance continued 3

单位：万人 (10 000 persons)

地名	City	2011	2013	2014	2014 排名 Ranking	地名	City	2011	2013	2014	2014 排名 Ranking
贺州	Hezhou	6.3	6.5	6.6	274	丽江	Lijiang	3.0	3.2	2.0	284
河池	Hechi	12.9	11.8	11.9	233	普洱	Puer	9.3	9.7	10.0	245
来宾	Laibin	7.2	7.0	7.0	271	临沧	Lincang	7.2	8.3	8.6	258
崇左	Chongzuo	7.3	7.3	7.7	267	**西藏**	**Tibet**	**9.6**	**11.0**	**12.5**	
海南	**Hainan**	**126.0**	**150.8**	**157.5**		拉萨	Lasa	1.2	1.3	1.4	285
海口	Haikou	31.6	0.0	41.6	76	**陕西**	**Shaanxi**	**332.2**	**339.7**	**344.3**	
三亚	Sanya	15.7	19.6	20.0	187	西安	Xi'an	134.8	145.6	149.4	16
三沙	Sansha				286	铜川	Tongchuan	11.4	9.5	9.5	251
重庆	**Chongqing**	**268.6**	**389.7**	**439.1**		宝鸡	Baoji	32.1	32.2	32.3	115
四川	**Sichuan**	**536.8**	**613.5**	**635.8**		咸阳	Xianyang	40.5	39.0	39.2	83
成都	Chengdu	249.9	297.8	316.2	6	渭南	Weinan	33.0	29.7	30.0	127
自贡	Zigong	12.6	12.5	12.6	227	延安	Yan'an	18.5	19.0	19.5	191
攀枝花	Panzhihua	21.7	21.6	22.6	168	汉中	Hanzhong	21.8	22.4	22.7	167
泸州	Luzhou	16.6	19.2	19.9	189	榆林	Yulin	17.0	18.3	20.0	188
德阳	Deyang	27.2	31.8	32.1	116	安康	Ankang	9.0	9.5	9.6	249
绵阳	Mianyang	21.9	23.7	24.0	159	商洛	Shangluo	11.2	12.7	11.4	235
广元	Guangyuan	13.6	14.2	13.9	219	**甘肃**	**Gansu**	**163.8**	**163.1**	**162.4**	
遂宁	Suining	8.0	8.6	8.9	255	兰州	Lanzhou	56.1	57.4	57.3	60
内江	Neijiang	12.6	12.5	12.5	228	嘉峪关	Jiayuguan	4.4	5.4	5.4	280
乐山	Leshan	17.6	19.3	19.3	192	金昌	Jinchang	7.9	7.3	7.3	268
南充	Nanchong	18.6	17.0	17.4	204	白银	Baiyin	13.0	11.9	12.0	232
眉山	Meishan	7.8	9.1	10.2	243	天水	Tianshui	14.9	14.5	14.4	218
宜宾	Yibin	22.3	22.8	22.9	165	武威	Wuwei	6.3	6.4	6.5	277
广安	Guangan	7.7	9.7	10.9	238	张掖	Zhangye	6.9	6.9	7.0	272
达州	Dazhou	15.6	15.8	15.9	211	平凉	Pingliang	9.0	8.7	8.7	257
雅安	Yaan	5.8	6.4	6.5	276	酒泉	Jiuquan	7.2	7.0	6.5	275
巴中	Bazhong	6.5	7.0	7.2	270	庆阳	Qingyang	8.1	8.3	8.3	260
资阳	Ziyang	9.7	9.1	9.1	254	定西	Dingxi	8.3	8.3	8.4	259
贵州	**Guizhou**	**160.5**	**185.2**	**191.9**		陇南	Longnan	1.0	0.9	4.7	282
贵阳	Guiyang	48.1	58.4	61.2	56	**青海**	**Qinghai**	**37.3**	**38.5**	**39.3**	
六盘水	Liupanshui	9.0	10.3	10.8	239	西宁	Xining	15.9	16.6	16.3	207
遵义	Zunyi	18.3	21.6	38.7	85	海东	Haidong			4.5	283
安顺	Anshun	7.4	8.6	8.9	256	**宁夏**	**Ningxia**	**60.0**	**71.3**	**73.5**	
毕节	Bijie	12.4	14.9	16.0	210	银川	Yinchuan	33.4	39.0	40.9	79
铜仁	Tongren	7.5	8.8	9.2	253	石嘴山	Shizuishan	10.5	11.9	12.3	230
云南	**Yunnan**	**216.8**	**232.5**	**236.9**		吴忠	Wuzhong	7.5	7.8	8.2	261
昆明	Kunming	78.7	88.0	89.7	34	固原	Guyuan	4.6	4.1	4.7	281
曲靖	Qujing	22.7	23.4	23.9	160	中卫	Zhongwei	4.5	5.5	6.1	278
玉溪	Yuxi	12.7	14.0	14.5	217	**新疆**	**Xinjiang**	**260.2**	**283.9**	**290.2**	
保山	Baoshan	7.1	7.8	8.1	263	乌鲁木齐	Urumqi	68.0	75.1	76.6	40
昭通	Zhaotong	10.5	10.9	11.3	236	克拉玛依	Karamay	15.4	16.5	16.1	208

7

土地资源管理

Land Resources Administration

7-1 建设用地土地供应面积
Area of Construction Use Land Supplied

单位：公顷 (hectare)

地名	City	2010	2013	2014	2014 排名 Ranking	地名	City	2010	2013	2014	2014 排名 Ranking
全国	**Nation Total**	**432561.42**	**750835.48**	**647996.14**		沈阳	Shenyang	3970.80	7186.48	4382.63	16
北京	**Beijing**	**2412.63**	**2287.49**	**2074.80**		大连	Dalian	5316.07	6311.69	2266.08	77
天津	**Tianjin**	**6655.00**	**6165.25**	**5675.89**		鞍山	Anshan	2405.09	2364.32	891.88	211
河北	**Hebei**	**18126.85**	**40739.37**	**25417.62**		抚顺	Fushun	1216.29	1477.88	332.23	276
石家庄	Shijiazhuang	1522.90	1894.91	4546.31	15	本溪	Benxi	1809.18	1344.71	627.56	247
唐山	Tangshan	2819.40	8904.11	4041.78	22	丹东	Dandong	1383.20	1467.74	718.79	236
秦皇岛	Qinhuangdao	935.75	3626.52	571.37	256	锦州	Jinzhou	1319.57	2484.49	894.66	209
邯郸	Handan	1679.46	1914.20	3634.50	31	营口	Yingkou	4361.96	1741.17	835.45	220
邢台	Xingtai	1115.23	3901.90	1377.99	151	阜新	Fuxin	886.84	924.50	540.14	264
保定	Baoding	1596.54	3176.64	1597.08	130	辽阳	Liaoyang	1067.55	1166.04	569.74	258
张家口	Zhangjiakou	1392.55	3820.29	1030.39	186	盘锦	Panjin	1051.22	2154.39	968.23	198
承德	Chengde	896.89	5826.43	2176.65	82	铁岭	Tieling	2379.43	2245.71	715.54	237
沧州	Cangzhou	3488.43	2541.52	3604.27	33	朝阳	Chaoyang	1031.27	2382.68	982.52	194
廊坊	Langfang	1778.33	3879.33	1682.28	121	葫芦岛	Huludao	1070.21	2317.11	4099.92	20
衡水	Hengshui	901.38	1253.52	1154.99	171	吉林	**Jilin**	**9310.63**	**9258.48**	**17539.20**	
山西	**Shanxi**	**7114.75**	**17410.39**	**10675.93**		长春	Changchun	3853.09	3450.41	2378.48	67
太原	Taiyuan	977.32	1458.09	1366.12	153	吉林	Jilin	1094.60	1416.35	2225.77	78
大同	Datong	989.73	1896.59	1788.21	112	四平	Siping	701.38	771.58	1076.64	179
阳泉	Yangquan	299.55	558.87	572.16	255	辽源	Liaoyuan	395.21	255.52	452.54	269
长治	Changzhi	431.49	895.94	892.35	210	通化	Tonghua	484.28	680.78	1084.67	178
晋城	Jincheng	609.38	743.22	722.09	235	白山	Baishan	1377.07	590.60	1008.09	191
朔州	Shuozhou	706.39	1404.67	323.32	278	松原	Songyuan	195.47	742.09	3443.57	36
晋中	Jinzhong	605.94	3303.35	915.87	206	白城	Baicheng	688.73	489.94	3706.31	27
运城	Yuncheng	755.50	1108.68	1071.77	180	黑龙江	**Heilongjiang**	**14530.55**	**20366.64**	**10309.46**	
忻州	Xinzhou	368.84	2129.96	913.27	207	哈尔滨	Harbin	3514.86	4162.60	1913.74	99
临汾	Linfen	689.37	2343.34	1412.36	147	齐齐哈尔	Qiqihar	778.47	1030.59	1281.23	161
吕梁	Lvliang	681.23	1567.69	698.40	241	鸡西	Jixi	234.43	1749.41	412.17	271
内蒙古	**Inner Mongolia**	**21938.08**	**32077.94**	**23234.30**		鹤岗	Hegang	215.21	367.70	623.07	248
呼和浩特	Hohhot	981.62	1570.36	903.07	208	双鸭山	Shuangyashan	384.48	440.08	234.50	283
包头	Baotou	1450.38	1749.96	1161.90	170	大庆	Daqing	3358.86	2302.65	738.68	229
乌海	Wuhai	1014.02	336.27	394.08	272	伊春	Yichun	233.40	2533.55	621.72	249
赤峰	Chifeng	1131.64	2928.77	1898.53	100	佳木斯	Jiamusi	905.92	1243.61	680.25	244
通辽	Tongliao	2338.89	3144.44	2387.92	66	七台河	Qitaihe	102.14	254.09	307.91	281
鄂尔多斯	Erdos	7210.73	6186.37	3073.98	47	牡丹江	Mudanjiang	1014.15	2931.17	699.32	240
呼伦贝尔	Hulunbuir	1978.07	3261.61	4577.36	14	黑河	Heihe	685.46	321.21	247.54	282
巴彦淖尔	Bayannur	1650.94	2405.05	925.37	203	绥化	Suihua	1232.53	1843.21	1114.06	174
乌兰察布	Ulanqab	798.64	2695.95	2216.46	79	上海	**Shanghai**	**2926.14**	**2265.59**	**3655.75**	
辽宁	**Liaoning**	**29268.68**	**35568.90**	**18825.36**		江苏	**Jiangsu**	**37873.85**	**52483.37**	**41808.60**	

7-1 建设用地土地供应面积 续表 1

Area of Construction Use Land Supplied continued 1

单位：公顷 (hectare)

地名	City	2010	2013	2014	2014 排名 Ranking	地名	City	2010	2013	2014	2014 排名 Ranking
南京	Nanjing	2979.20	4324.54	2989.12	49	池州	Chizhou	640.51	1523.65	961.29	199
无锡	Wuxi	5253.22	5208.29	2671.30	59	宣城	Xuancheng	1179.16	2797.79	2935.41	50
徐州	Xuzhou	2793.73	3187.12	4933.68	11	**福建**	**Fujian**	**12391.84**	**21020.87**	**19105.33**	
常州	Changzhou	3647.00	3290.68	2663.38	60	福州	Fuzhou	2162.00	3691.56	2931.71	51
苏州	Suzhou	4827.76	6376.54	3969.19	25	厦门	Xiamen	1967.97	1077.21	858.10	217
南通	Nantong	3926.48	5417.73	4045.37	21	莆田	Putian	498.17	743.15	1241.26	163
连云港	Lianyungang	1978.24	5200.29	4023.00	23	三明	Sanming	1464.99	1671.30	1488.38	138
淮安	Huaian	2015.36	3036.76	2489.18	63	泉州	Quanzhou	1736.36	4228.65	4965.41	10
盐城	Yancheng	4289.60	6061.99	3453.48	35	漳州	Zhangzhou	1737.54	3564.44	2822.36	54
扬州	Yangzhou	2218.83	2340.67	3052.09	48	南平	Nanping	1024.59	1608.16	1672.51	122
镇江	Zhenjiang	542.06	2700.69	1545.90	135	龙岩	Longyan	1084.69	2723.54	943.00	201
泰州	Taizhou	1596.82	2478.39	2327.85	73	宁德	Ningde	715.53	1712.86	2182.59	81
宿迁	Suqian	1805.55	2859.68	3645.06	30	**江西**	**Jiangxi**	**17908.29**	**33819.74**	**17399.32**	
浙江	**Zhejiang**	**27932.57**	**29643.76**	**27315.73**		南昌	Nanchang	3576.07	5128.17	2337.84	72
杭州	Hangzhou	6216.95	5761.38	3985.06	24	景德镇	Jingdezhen	504.20	726.24	569.87	257
宁波	Ningbo	5603.70	4941.54	3239.00	41	萍乡	Pingxiang	476.45	1193.34	319.00	279
温州	Wenzhou	1112.55	3000.88	4305.25	17	九江	Jiujiang	1504.40	4421.98	2358.51	69
嘉兴	Jiaxing	3251.48	2200.88	1936.22	98	新余	Xinyu	354.90	1201.10	608.21	252
湖州	Huzhou	1451.78	1723.38	1643.57	124	鹰潭	Yingtan	602.77	1261.51	614.78	251
绍兴	Shaoxing	2076.69	2563.95	2774.45	56	赣州	Ganzhou	2909.30	7263.76	1963.94	96
金华	Jinhua	1875.53	2475.10	3237.52	42	吉安	Jian	2315.58	2975.00	1468.04	139
衢州	Quzhou	1487.54	1070.64	2095.26	87	宜春	Yichun	1754.10	3626.96	3647.36	29
舟山	Zhoushan	1459.51	991.79	918.36	205	抚州	Fuzhou	2005.33	2773.28	1804.22	111
台州	Taizhou	2194.95	2948.07	2068.93	90	上饶	Shangrao	1905.20	3248.40	1707.56	120
丽水	Lishui	1201.88	1966.14	1112.10	175	**山东**	**Shandong**	**45372.12**	**62059.01**	**39531.68**	
安徽	**Anhui**	**17524.25**	**38031.50**	**33804.70**		济南	Jinan	2568.33	3748.20	3171.44	44
合肥	Hefei	2553.61	3816.93	3649.64	28	青岛	Qingdao	5682.46	7473.02	5222.97	9
芜湖	Wuhu	2417.63	4801.60	2798.00	55	淄博	Zibo	2267.17	3164.70	1114.88	173
蚌埠	Bengbu	690.12	1504.20	2033.07	92	枣庄	Zaozhuang	1166.67	1636.84	1134.36	172
淮南	Huainan	845.59	1581.01	1040.89	184	东营	Dongying	2264.51	4039.83	2194.06	80
马鞍山	Maanshan	927.90	1229.55	845.76	219	烟台	Yantai	5141.95	5030.04	2575.55	62
淮北	Huaibei	913.68	804.26	637.60	246	潍坊	Weifang	7512.94	9166.20	5550.47	8
铜陵	Tongling	703.41	1009.24	369.89	273	济宁	Jining	2411.58	2788.62	2875.72	53
安庆	Anqing	896.48	1913.15	1787.62	113	泰安	Taian	1622.13	2189.94	1607.10	129
黄山	Huangshan	676.03	1766.83	617.51	250	威海	Weihai	2945.89	3558.98	2055.80	91
滁州	Chuzhou	1178.43	4284.42	3280.58	40	日照	Rizhao	1187.84	1348.82	1054.05	183
阜阳	Fuyang	668.29	2562.30	1893.14	101	莱芜	Laiwu	754.23	1288.47	358.88	275
宿州	Suzhou	879.46	1494.98	1417.25	144	临沂	Linyi	3106.67	5709.88	3601.34	34
六安	Liuan	804.23	2521.62	4148.83	19	德州	Dezhou	1379.74	3349.19	2171.44	83
亳州	Bozhou	752.73	1904.78	3293.97	39	聊城	Liaocheng	1763.47	3287.33	1808.82	109

7-1 建设用地土地供应面积 续表 2

Area of Construction Use Land Supplied continued 2

单位：公顷 (hectare)

地名	City	2010	2013	2014	2014 排名 Ranking	地名	City	2010	2013	2014	2014 排名 Ranking
滨州	Binzhou	1805.18	2037.73	1412.18	148	常德	Changde	1130.99	1521.13	1730.11	117
菏泽	Heze	1791.37	2241.24	1622.63	126	张家界	Zhangjiajie	351.67	389.01	724.94	234
河南	**Henan**	**17546.75**	**41893.68**	**27861.42**		益阳	Yiyang	1165.55	1067.35	1458.89	141
郑州	Zhengzhou	2920.13	4784.34	7244.05	3	郴州	Chenzhou	918.42	1730.24	1330.43	158
开封	Kaifeng	980.55	1632.12	1237.80	164	永州	Yongzhou	591.19	1386.78	1299.95	160
洛阳	Luoyang	1763.85	2316.71	1718.94	118	怀化	Huaihua	1556.79	2318.32	1249.50	162
平顶山	Pingdingshan	1588.16	1303.78	1838.32	106	娄底	Loudi	309.95	1552.44	1023.72	188
安阳	Anyang	1076.78	2256.08	2071.63	89	**广东**	**Guangdong**	**16395.55**	**25315.17**	**27681.37**	
鹤壁	Hebi	519.25	947.36	739.11	228	广州	Guangzhou	3146.23	2808.79	3395.53	37
新乡	Xinxiang	917.40	3529.47	1847.03	105	韶关	Shaoguan	511.81	1220.00	870.92	213
焦作	Jiaozuo	891.31	9576.05	1825.10	108	深圳	Shenzhen	428.11	667.38	568.93	260
濮阳	Puyang	373.88	2753.21	586.64	254	珠海	Zhuhai	1031.14	775.90	864.66	214
许昌	Xuchang	1060.91	1477.07	732.64	231	汕头	Shantou	247.59	269.58	569.40	259
漯河	Luohe	452.94	759.06	711.86	238	佛山	Foshan	1430.69	2863.51	2364.85	68
三门峡	Sanmenxia	710.80	1842.61	586.69	253	江门	Jiangmen	1299.25	1114.99	1338.51	157
南阳	Nanyang	1752.47	1398.84	1661.89	123	湛江	Zhanjiang	737.17	1912.25	737.75	230
商丘	Shangqiu	775.70	2754.72	1541.24	136	茂名	Maoming	328.94	721.56	1587.03	131
信阳	Xinyang	474.15	1308.32	801.57	224	肇庆	Zhaoqing	660.04	1493.25	980.21	196
周口	Zhoukou	458.70	1187.02	1100.63	176	惠州	Huizhou	1345.23	2118.13	3077.87	46
驻马店	Zhumadian	829.78	2066.94	1616.27	128	梅州	Meizhou	398.93	2038.53	562.80	262
湖北	**Hubei**	**16872.89**	**33849.44**	**32889.87**		汕尾	Shanwei	65.42	225.38	956.85	200
武汉	Wuhan	4707.93	9453.20	6720.61	5	河源	Heyuan	376.46	649.73	1765.72	115
黄石	Huangshi	629.38	2052.69	974.87	197	阳江	Yangjiang	1003.14	475.54	1569.99	133
十堰	Shiyan	681.35	2200.69	7233.03	4	清远	Qingyuan	1129.67	2186.26	1034.20	185
宜昌	Yichang	2120.13	3037.73	2356.14	70	东莞	Dongguan	793.38	1867.69	1096.59	177
襄阳	Xiangyang	1418.78	3043.50	2708.11	58	中山	Zhongshan	974.54	416.11	703.95	239
鄂州	Ezhou	710.66	832.64	417.83	270	潮州	Chaozhou	38.70	320.80	363.31	274
荆门	Jingmen	910.72	1307.40	1459.81	140	揭阳	Jieyang	223.03	455.45	2095.99	86
孝感	Xiaogan	1059.99	1189.10	1442.86	143	云浮	Yunfu	226.07	714.35	1176.30	168
荆州	Jingzhou	1374.60	1760.96	1808.26	110	**广西**	**Guangxi**	**10399.88**	**23364.64**	**20296.86**	
黄冈	Huanggang	1030.31	3008.11	2286.77	76	南宁	Nanning	2090.24	3014.50	4689.79	13
咸宁	Xianning	882.67	1621.33	2428.90	64	柳州	Liuzhou	1496.90	2932.29	1492.30	137
随州	Suizhou	329.68	1220.08	1401.28	150	桂林	Guilin	1174.44	3878.67	2402.37	65
湖南	**Hunan**	**13425.00**	**23824.37**	**27406.12**		梧州	Wuzhou	589.56	831.90	1349.11	155
长沙	Changsha	3771.49	4992.80	6229.81	6	北海	Beihai	324.09	612.70	524.17	266
株洲	Zhuzhou	761.74	1720.63	2170.31	84	防城港	Fangchenggang	554.18	1522.55	1548.88	134
湘潭	Xiangtan	609.16	1226.48	1621.15	127	钦州	Qinzhou	996.40	631.33	1026.70	187
衡阳	Hengyang	829.09	1662.63	4872.19	12	贵港	Guigang	332.76	1743.86	981.54	195
邵阳	Shaoyang	504.15	850.23	1583.32	132	玉林	Yulin	626.72	3052.59	860.62	215
岳阳	Yueyang	747.87	1498.08	1401.66	149	百色	Baise	630.99	1560.20	2298.72	75

7-1 建设用地土地供应面积 续表 3
Area of Construction Use Land Supplied continued 3

单位：公顷 (hectare)

地名	City	2010	2013	2014	2014 排名 Ranking
贺州	Hezhou	886.30	829.93	682.79	243
河池	Hechi	284.30	1007.05	463.44	268
来宾	Laibin	113.13	1329.11	920.41	204
崇左	Chongzuo	299.86	417.95	1056.01	182
海南	**Hainan**	**2646.82**	**2536.24**	**1516.14**	
海口	Haikou	439.53	216.18	122.34	285
三亚	Sanya	169.34	440.21	175.44	284
三沙	Sansha				
重庆	**Chongqing**	**11240.07**	**14515.06**	**18228.84**	
四川	**Sichuan**	**14630.73**	**31279.69**	**51795.56**	
成都	Chengdu	5114.18	5179.85	9151.28	2
自贡	Zigong	338.73	1124.38	730.79	232
攀枝花	Panzhihua	300.68	449.59	1068.93	181
泸州	Luzhou	1232.23	897.70	2123.34	85
德阳	Deyang	995.81	1980.07	2073.24	88
绵阳	Mianyang	953.74	1729.68	1978.52	95
广元	Guangyuan	441.29	1030.94	996.18	193
遂宁	Suining	592.84	1778.84	1011.47	190
内江	Neijiang	388.87	712.35	1446.36	142
乐山	Leshan	770.23	2942.49	1312.48	159
南充	Nanchong	562.72	1581.00	2300.07	74
眉山	Meishan	460.94	1948.23	1836.82	107
宜宾	Yibin	599.57	1168.87	5696.14	7
广安	Guangan	406.53	1661.44	996.79	192
达州	Dazhou	368.67	2074.16	1944.40	97
雅安	Yaan	376.84	390.67	1891.76	102
巴中	Bazhong	91.47	633.58	1168.13	169
资阳	Ziyang	223.17	1562.54	850.81	218
贵州	**Guizhou**	**16492.75**	**29481.11**	**19509.26**	
贵阳	Guiyang	2407.94	3619.77	2598.49	61
六盘水	Liupanshui	495.44	913.90	748.32	227
遵义	Zunyi	2607.17	4144.14	3890.04	26
安顺	Anshun	338.24	4187.23	935.79	202
毕节	Bijie	633.93	4311.15	2350.87	71
铜仁	Tongren	776.86	5506.64	2727.90	57
云南	**Yunnan**	**9979.03**	**16575.17**	**52679.10**	
昆明	Kunming	1346.02	2729.44	3195.80	43
曲靖	Qujing	1293.87	816.37	1370.61	152
玉溪	Yuxi	662.77	717.97	540.49	263
保山	Baoshan	614.17	782.10	1712.94	119
昭通	Zhaotong	283.00	252.30	1216.44	165

地名	City	2010	2013	2014	2014 排名 Ranking
丽江	Lijiang	194.51	2708.21	1019.84	189
普洱	Puer	218.81	906.78	30253.15	1
临沧	Lincang	197.64	617.68	4199.02	18
西藏	**Tibet**	**1121.91**	**1085.13**	**891.45**	
拉萨	Lasa	319.77	351.02	326.33	277
陕西	**Shaanxi**	**7544.49**	**25182.66**	**13393.96**	
西安	Xi'an	1803.40	4174.03	2895.28	52
铜川	Tongchuan	363.55	292.73	820.75	223
宝鸡	Baoji	417.24	1206.26	834.52	221
咸阳	Xianyang	903.71	2615.83	1877.58	103
渭南	Weinan	470.61	2174.12	1350.21	154
延安	Yan'an	292.34	3787.72	728.19	233
汉中	Hanzhong	242.31	1128.84	1416.27	145
榆林	Yulin	2215.38	7099.48	2009.66	93
安康	Ankang	649.53	1757.81	774.57	225
商洛	Shangluo	186.41	945.84	686.95	242
甘肃	**Gansu**	**6135.91**	**20951.39**	**18048.20**	
兰州	Lanzhou	793.72	1477.34	1731.72	116
嘉峪关	Jiayuguan	711.51	1779.21	1413.88	146
金昌	Jinchang	420.80	1288.41	493.99	267
白银	Baiyin	363.11	1960.99	1202.17	167
天水	Tianshui	222.61	390.00	859.82	216
武威	Wuwei	460.73	2741.39	3394.92	38
张掖	Zhangye	288.30	2186.67	1767.06	114
平凉	Pingliang	187.75	639.16	666.44	245
酒泉	Jiuquan	1233.28	4080.18	3079.67	45
庆阳	Qingyang	340.34	1827.70	1626.01	125
定西	Dingxi	709.89	1079.10	877.23	212
陇南	Longnan	42.15	437.50	313.31	280
青海	**Qinghai**	**2026.61**	**9398.56**	**4344.44**	
西宁	Xining	420.06	1033.39	1205.97	166
海东	Haidong			565.15	261
宁夏	**Ningxia**	**6324.18**	**9734.03**	**8187.54**	
银川	Yinchuan	2682.19	4074.88	3615.47	32
石嘴山	Shizuishan	1461.50	1077.46	536.50	265
吴忠	Wuzhong	889.27	2052.77	1855.65	104
固原	Guyuan	713.58	1068.40	833.11	222
中卫	Zhongwei	577.63	1460.51	1346.81	156
新疆	**Xinjiang**	**8492.12**	**38650.82**	**26892.34**	
乌鲁木齐	Urumqi	1844.59	1584.23	2001.68	94
克拉玛依	Karamay	265.02	1140.69	770.80	226

7-2 建设用地划拨土地面积
Land Area of Construction Use Land Allocated

单位：公顷 (hectare)

地名	City	2010	2013	2014	2014 排名 Ranking	地名	City	2010	2013	2014	2014 排名 Ranking
全国	**Nation Total**	**138267.34**	**373275.34**	**369833.12**		沈阳	Shenyang	823.81	4704.05	2140.62	30
北京	**Beijing**	**260.10**	**361.07**	**550.99**		大连	Dalian	467.12	3208.01	989.35	104
天津	**Tianjin**	**1372.41**	**1777.53**	**2168.32**		鞍山	Anshan	88.16	738.04	119.56	263
河北	**Hebei**	**2408.36**	**20884.06**	**11313.93**		抚顺	Fushun	345.83	593.77	88.04	270
石家庄	Shijiazhuang	302.72	483.59	3165.01	16	本溪	Benxi	1319.70	700.46	182.08	250
唐山	Tangshan	380.63	3885.89	1150.20	79	丹东	Dandong	757.01	497.49	190.31	247
秦皇岛	Qinhuangdao	62.63	2844.93	156.07	258	锦州	Jinzhou	251.89	784.44	277.29	227
邯郸	Handan	318.06	333.94	2384.15	23	营口	Yingkou	1162.49	422.27	104.66	266
邢台	Xingtai	144.91	2377.58	274.13	229	阜新	Fuxin	401.21	262.55	102.29	267
保定	Baoding	271.40	1481.86	296.32	220	辽阳	Liaoyang	349.29	621.82	229.96	237
张家口	Zhangjiakou	249.26	2612.81	171.07	254	盘锦	Panjin	80.89	672.93	51.31	275
承德	Chengde	205.56	4569.26	1641.62	44	铁岭	Tieling	487.35	1119.43	44.86	276
沧州	Cangzhou	357.03	813.87	1613.45	46	朝阳	Chaoyang	382.44	1417.06	283.26	224
廊坊	Langfang	54.41	1439.44	435.98	194	葫芦岛	Huludao	183.56	1435.47	3692.37	10
衡水	Hengshui	61.76	40.90	25.94	280	吉林	**Jilin**	**2543.82**	**2364.88**	**12648.47**	
山西	**Shanxi**	**2337.87**	**10081.84**	**5222.06**		长春	Changchun	1384.08	806.33	1207.01	72
太原	Taiyuan	422.43	703.08	614.68	150	吉林	Jilin	185.15	128.59	1207.25	71
大同	Datong	618.34	1092.71	1200.15	74	四平	Siping	55.91	166.00	653.68	143
阳泉	Yangquan	43.77	428.30	342.60	207	辽源	Liaoyuan	136.42	27.11	337.79	210
长治	Changzhi	110.07	417.83	442.39	193	通化	Tonghua	151.00	215.48	577.57	157
晋城	Jincheng	239.90	332.60	266.47	231	白山	Baishan	197.82	214.34	727.83	133
朔州	Shuozhou	153.85	609.92	33.49	278	松原	Songyuan	12.47	415.10	3137.61	17
晋中	Jinzhong	110.18	2450.03	218.91	240	白城	Baicheng	232.13	155.83	3299.98	15
运城	Yuncheng	98.16	279.93	290.06	222	黑龙江	**Heilongjiang**	**7116.18**	**12024.08**	**4038.77**	
忻州	Xinzhou	124.22	1582.18	553.03	165	哈尔滨	Harbin	1418.64	2006.90	531.64	170
临汾	Linfen	168.72	1356.96	1097.89	89	齐齐哈尔	Qiqihar	137.43	248.81	300.25	219
吕梁	Lvliang	248.23	828.29	162.39	257	鸡西	Jixi	49.80	1379.92	209.57	241
内蒙古	**Inner Mongolia**	**6777.34**	**18107.27**	**12809.05**		鹤岗	Hegang	44.75	170.81	304.45	218
呼和浩特	Hohhot	199.40	579.02	319.94	216	双鸭山	Shuangyashan	101.93	164.82	94.33	269
包头	Baotou	627.48	498.89	641.38	147	大庆	Daqing	2641.83	1534.28	246.57	232
乌海	Wuhai	490.41	35.03	18.58	283	伊春	Yichun	91.13	2293.59	238.66	234
赤峰	Chifeng	237.50	1256.12	404.92	199	佳木斯	Jiamusi	439.84	759.71	350.54	206
通辽	Tongliao	265.79	1722.25	1482.35	55	七台河	Qitaihe	22.32	141.69	178.13	253
鄂尔多斯	Erdos	2664.92	5043.08	1128.15	86	牡丹江	Mudanjiang	189.73	2230.88	370.85	203
呼伦贝尔	Hulunbuir	774.29	1527.31	3447.43	14	黑河	Heihe	333.24	117.65	63.32	273
巴彦淖尔	Bayannur	396.22	1228.93	334.14	212	绥化	Suihua	204.12	506.72	270.04	230
乌兰察布	Ulanqab	165.45	1222.61	1303.94	66	上海	**Shanghai**	**992.20**	**928.10**	**2181.77**	
辽宁	**Liaoning**	**7100.75**	**17177.79**	**8495.95**		江苏	**Jiangsu**	**8570.35**	**16310.54**	**16055.68**	

7-2 建设用地划拨土地面积 续表 1
Land Area of Construction Use Land Allocated continued 1

单位：公顷 (hectare)

地名	City	2010	2013	2014	2014 排名 Ranking	地名	City	2010	2013	2014	2014 排名 Ranking
南京	Nanjing	1577.68	2528.70	1636.91	45	池州	Chizhou	0.17	541.38	282.92	225
无锡	Wuxi	2589.17	3076.72	1189.14	76	宣城	Xuancheng	178.22	1242.80	1830.12	37
徐州	Xuzhou	472.29	551.61	2752.51	18	**福建**	**Fujian**	**4069.25**	**10311.18**	**11145.50**	
常州	Changzhou	1264.88	1086.95	453.04	189	福州	Fuzhou	810.55	1205.23	1568.10	52
苏州	Suzhou	674.71	2061.89	1221.11	70	厦门	Xiamen	928.58	685.84	507.38	173
南通	Nantong	722.65	1128.03	741.60	130	莆田	Putian	90.10	200.83	798.97	124
连云港	Lianyungang	92.22	507.30	2182.45	28	三明	Sanming	728.70	686.29	841.65	114
淮安	Huaian	205.78	1305.81	781.41	127	泉州	Quanzhou	587.50	2659.32	3499.37	13
盐城	Yancheng	239.63	1691.92	785.65	125	漳州	Zhangzhou	125.41	1687.90	1141.23	83
扬州	Yangzhou	308.90	332.69	1505.49	54	南平	Nanping	520.49	763.33	931.41	110
镇江	Zhenjiang	2.10	1016.13	468.98	186	龙岩	Longyan	111.42	1659.99	489.92	177
泰州	Taizhou	129.23	490.74	577.94	156	宁德	Ningde	166.51	762.45	1367.45	64
宿迁	Suqian	291.11	532.05	1759.45	38	**江西**	**Jiangxi**	**8858.34**	**18180.02**	**7578.73**	
浙江	**Zhejiang**	**9992.24**	**13467.66**	**15896.25**		南昌	Nanchang	1942.99	2667.01	803.08	121
杭州	Hangzhou	2873.04	2928.65	2238.23	27	景德镇	Jingdezhen	63.34	286.55	166.92	255
宁波	Ningbo	3302.73	2319.56	1609.69	47	萍乡	Pingxiang	276.77	548.90	15.87	284
温州	Wenzhou	496.92	1705.92	3562.30	11	九江	Jiujiang	401.71	1773.51	763.76	128
嘉兴	Jiaxing	633.01	716.17	504.29	175	新余	Xinyu	126.33	438.54	95.46	268
湖州	Huzhou	129.13	211.29	281.24	226	鹰潭	Yingtan	289.71	627.04	162.58	256
绍兴	Shaoxing	349.68	864.73	1681.46	42	赣州	Ganzhou	1826.00	5451.58	891.08	112
金华	Jinhua	363.31	1056.43	2273.84	25	吉安	Jian	1571.94	1830.91	540.71	167
衢州	Quzhou	362.50	454.28	1440.58	59	宜春	Yichun	176.57	1748.79	2122.38	31
舟山	Zhoushan	71.65	475.19	239.52	233	抚州	Fuzhou	1006.56	1140.72	1071.06	91
台州	Taizhou	754.11	1585.57	1435.27	61	上饶	Shangrao	1176.41	1666.49	945.82	106
丽水	Lishui	656.15	1149.88	629.83	149	**山东**	**Shandong**	**7424.50**	**19667.02**	**12894.24**	
安徽	**Anhui**	**4936.19**	**18881.15**	**19130.05**		济南	Jinan	799.24	1869.22	1722.57	40
合肥	Hefei	1267.46	2062.64	2055.43	33	青岛	Qingdao	1877.42	2813.29	1954.51	34
芜湖	Wuhu	699.25	2708.19	1373.00	63	淄博	Zibo	193.20	1055.01	179.18	252
蚌埠	Bengbu	154.56	356.22	1148.33	80	枣庄	Zaozhuang	395.65	329.42	452.91	190
淮南	Huainan	583.54	1192.11	800.14	123	东营	Dongying	474.35	1805.27	505.63	174
马鞍山	Maanshan	431.78	378.24	488.48	179	烟台	Yantai	636.09	1617.44	553.31	163
淮北	Huaibei	141.91	557.64	375.16	202	潍坊	Weifang	425.94	1992.46	1573.63	50
铜陵	Tongling	62.04	455.85	15.33	285	济宁	Jining	173.12	408.22	1137.29	84
安庆	Anqing	81.59	1138.13	1063.54	93	泰安	Taian	252.29	908.15	604.90	151
黄山	Huangshan	273.08	1268.41	225.36	238	威海	Weihai	287.80	624.95	342.46	208
滁州	Chuzhou	85.83	1681.12	1445.96	58	日照	Rizhao	409.50	251.15	487.60	180
阜阳	Fuyang	68.04	1366.16	995.98	103	莱芜	Laiwu	234.69	369.04	27.31	279
宿州	Suzhou	202.98	547.36	563.76	158	临沂	Linyi	453.75	1650.53	1167.11	77
六安	Liuan	183.52	1173.78	2567.93	19	德州	Dezhou	112.87	1290.61	1019.63	98
亳州	Bozhou	405.87	518.07	2458.30	20	聊城	Liaocheng	373.14	1506.55	515.45	172

7-2 建设用地划拨土地面积 续表 2
Land Area of Construction Use Land Allocated continued 2

单位：公顷 (hectare)

地名	City	2010	2013	2014	2014 排名 Ranking	地名	City	2010	2013	2014	2014 排名 Ranking
滨州	Binzhou	118.43	770.03	448.82	191	常德	Changde	397.84	586.73	821.45	117
菏泽	Heze	207.02	405.67	201.93	242	张家界	Zhangjiajie	72.32	227.76	645.10	146
河南	**Henan**	**5543.79**	**22273.68**	**11943.60**		益阳	Yiyang	684.55	380.59	943.72	107
郑州	Zhengzhou	1468.74	1645.84	4669.29	5	郴州	Chenzhou	226.49	805.63	675.28	140
开封	Kaifeng	261.76	544.33	472.03	182	永州	Yongzhou	103.82	623.96	652.03	144
洛阳	Luoyang	406.16	913.01	469.22	185	怀化	Huaihua	928.75	1608.84	560.06	159
平顶山	Pingdingshan	796.66	305.27	1051.65	94	娄底	Loudi	37.32	942.35	589.29	153
安阳	Anyang	402.34	819.90	712.13	134	**广东**	**Guangdong**	**3454.49**	**10891.03**	**15813.10**	
鹤壁	Hebi	60.54	174.02	223.37	239	广州	Guangzhou	1372.84	1399.65	2408.50	22
新乡	Xinxiang	73.86	1979.33	470.33	183	韶关	Shaoguan	35.21	468.26	311.32	217
焦作	Jiaozuo	174.57	8171.01	670.28	141	深圳	Shenzhen	139.39	130.17	21.16	281
濮阳	Puyang	111.08	2124.76	230.61	236	珠海	Zhuhai	288.51	326.54	322.64	214
许昌	Xuchang	270.11	541.54	111.38	264	汕头	Shantou	99.29	105.93	435.11	195
漯河	Luohe	162.77	214.58	363.79	204	佛山	Foshan	180.35	1551.06	1311.96	65
三门峡	Sanmenxia	154.95	1208.64	135.20	262	江门	Jiangmen	205.88	273.35	681.99	138
南阳	Nanyang	921.62	359.46	534.15	169	湛江	Zhanjiang	173.89	1119.63	198.68	243
商丘	Shangqiu	145.55	1522.79	581.13	154	茂名	Maoming	188.24	142.69	1148.33	80
信阳	Xinyang	30.78	715.45	183.79	249	肇庆	Zhaoqing	18.65	401.90	142.50	261
周口	Zhoukou	67.96	282.73	320.25	215	惠州	Huizhou	67.87	827.80	2252.28	26
驻马店	Zhumadian	34.34	751.03	745.01	129	梅州	Meizhou	15.41	1485.37	81.02	271
湖北	**Hubei**	**3695.44**	**15434.27**	**18513.54**		汕尾	Shanwei	42.09	40.93	837.88	115
武汉	Wuhan	1693.19	6782.60	4098.79	6	河源	Heyuan	81.92	224.58	1297.17	67
黄石	Huangshi	96.84	286.96	457.23	188	阳江	Yangjiang	136.49	50.19	1070.41	92
十堰	Shiyan	174.33	1155.96	6376.62	3	清远	Qingyuan	115.61	1001.34	196.24	244
宜昌	Yichang	194.21	827.80	1189.63	75	东莞	Dongguan	93.86	953.69	559.74	161
襄阳	Xiangyang	465.81	1116.68	1031.99	97	中山	Zhongshan	96.96	5.45	489.99	176
鄂州	Ezhou	14.31	181.35	143.45	259	潮州	Chaozhou	7.83	88.20	110.51	265
荆门	Jingmen	80.56	428.80	405.62	198	揭阳	Jieyang	74.12	93.99	1203.83	73
孝感	Xiaogan	106.42	182.00	277.19	228	云浮	Yunfu	20.08	200.31	731.84	132
荆州	Jingzhou	416.92	354.54	800.40	122	**广西**	**Guangxi**	**4074.59**	**14705.42**	**13622.03**	
黄冈	Huanggang	149.67	1716.69	1047.69	95	南宁	Nanning	1124.46	2123.95	3518.25	12
咸宁	Xianning	102.21	156.78	1424.23	62	柳州	Liuzhou	913.51	2040.73	803.73	120
随州	Suizhou	14.80	592.96	837.04	116	桂林	Guilin	488.45	3174.44	1925.93	35
湖南	**Hunan**	**5065.29**	**13222.97**	**17775.03**		梧州	Wuzhou	46.87	306.96	1001.23	101
长沙	Changsha	1721.98	2945.89	4061.51	7	北海	Beihai	31.75	208.01	191.10	246
株洲	Zhuzhou	402.06	996.72	1718.22	41	防城港	Fangchenggang	117.69	416.53	1044.81	96
湘潭	Xiangtan	143.96	686.19	999.09	102	钦州	Qinzhou	53.89	81.79	558.63	162
衡阳	Hengyang	121.24	554.02	3900.19	9	贵港	Guigang	193.06	1240.42	549.31	166
邵阳	Shaoyang	62.26	378.45	1088.44	90	玉林	Yulin	39.19	2459.93	419.18	197
岳阳	Yueyang	114.40	790.94	704.20	135	百色	Baise	308.20	937.35	1730.03	39

7-2 建设用地划拨土地面积 续表 3

Land Area of Construction Use Land Allocated continued 3

单位：公顷 (hectare)

地名	City	2010	2013	2014	2014 排名 Ranking	地名	City	2010	2013	2014	2014 排名 Ranking
贺州	Hezhou	625.70	510.97	341.17	209	丽江	Lijiang	32.07	2443.98	735.34	131
河池	Hechi	38.99	434.23	195.44	245	普洱	Puer	52.15	558.77	30048.19	1
来宾	Laibin	13.18	666.70	526.13	171	临沧	Lincang	45.54	305.32	4026.87	8
崇左	Chongzuo	79.64	103.43	817.09	119	**西藏**	**Tibet**	**781.77**	**687.14**	**112.46**	
海南	**Hainan**	**837.53**	**618.03**	**523.40**		拉萨	Lasa	65.14	218.26	43.51	277
海口	Haikou	311.86	102.78	20.96	282	**陕西**	**Shaanxi**	**3487.35**	**16682.62**	**7130.19**	
三亚	Sanya	52.38	277.33	54.44	274	西安	Xi'an	1016.21	2271.14	1568.91	51
三沙	Sansha					铜川	Tongchuan	205.72	157.12	661.99	142
重庆	**Chongqing**	**5746.01**	**6237.88**	**10613.27**		宝鸡	Baoji	35.47	136.52	76.45	272
四川	**Sichuan**	**3358.72**	**15799.08**	**39665.51**		咸阳	Xianyang	254.72	1343.18	941.58	108
成都	Chengdu	1697.00	2004.89	6970.07	2	渭南	Weinan	71.28	1562.64	932.55	109
自贡	Zigong	51.97	435.99	476.73	181	延安	Yan'an	168.42	3491.22	488.86	178
攀枝花	Panzhihua	22.97	151.28	819.84	118	汉中	Hanzhong	30.47	567.46	420.94	196
泸州	Luzhou	145.58	196.63	1582.90	49	榆林	Yulin	1102.03	5252.34	1150.77	78
德阳	Deyang	66.42	1003.28	1241.17	69	安康	Ankang	572.89	1303.94	553.13	164
绵阳	Mianyang	181.14	657.28	1143.07	82	商洛	Shangluo	30.13	597.06	335.13	211
广元	Guangyuan	167.13	304.87	690.23	137	**甘肃**	**Gansu**	**3374.86**	**12240.26**	**11387.02**	
遂宁	Suining	275.33	678.29	447.78	192	兰州	Lanzhou	290.56	246.79	470.16	184
内江	Neijiang	88.18	236.08	1131.64	85	嘉峪关	Jiayuguan	568.39	791.70	577.96	155
乐山	Leshan	58.09	2348.43	700.16	136	金昌	Jinchang	311.12	999.54	384.50	200
南充	Nanchong	47.42	540.89	1556.97	53	白银	Baiyin	111.78	1200.99	636.85	148
眉山	Meishan	11.79	904.13	961.95	105	天水	Tianshui	36.60	176.59	651.90	145
宜宾	Yibin	89.32	391.47	5025.52	4	武威	Wuwei	265.84	1624.96	2375.51	24
广安	Guangan	52.00	901.26	461.33	187	张掖	Zhangye	31.76	883.89	1111.54	87
达州	Dazhou	41.72	1623.26	1593.99	48	平凉	Pingliang	90.81	364.19	294.26	221
雅安	Yaan	42.16	141.79	1676.86	43	酒泉	Jiuquan	711.96	2986.95	2171.97	29
巴中	Bazhong	17.55	245.20	596.42	152	庆阳	Qingyang	222.11	1482.76	1439.38	60
资阳	Ziyang	37.80	895.50	186.40	248	定西	Dingxi	470.32	524.74	681.89	139
贵州	**Guizhou**	**13139.45**	**20148.41**	**11699.41**		陇南	Longnan	8.76	294.43	288.95	223
贵阳	Guiyang	1107.04	1971.84	1472.10	56	**青海**	**Qinghai**	**1085.02**	**7868.34**	**2358.25**	
六盘水	Liupanshui	152.21	466.92	237.94	235	西宁	Xining	54.84	404.40	325.85	213
遵义	Zunyi	2155.54	2500.95	2427.59	21	海东	Haidong			358.36	205
安顺	Anshun	174.88	3427.97	381.81	201	**宁夏**	**Ningxia**	**2931.69**	**4255.01**	**4506.49**	
毕节	Bijie	344.58	3268.16	1017.56	99	银川	Yinchuan	1311.95	1747.26	1874.17	36
铜仁	Tongren	649.53	4434.80	2062.51	32	石嘴山	Shizuishan	606.86	335.40	180.93	251
云南	**Yunnan**	**3994.05**	**8556.62**	**46549.06**		吴忠	Wuzhong	344.37	902.49	1109.64	88
昆明	Kunming	122.57	476.06	1456.82	57	固原	Guyuan	431.30	634.02	559.86	160
曲靖	Qujing	604.85	331.02	884.81	113	中卫	Zhongwei	237.21	635.84	781.89	126
玉溪	Yuxi	159.65	327.69	143.03	260	**新疆**	**Xinjiang**	**2937.41**	**23130.39**	**15490.97**	
保山	Baoshan	132.92	186.67	1280.25	68	乌鲁木齐	Urumqi	770.95	93.55	892.57	111
昭通	Zhaotong	78.59	116.13	1012.68	100	克拉玛依	Karamay	122.21	733.15	540.40	168

7-3 建设用地出让土地面积
Land Area of Construction Use Land Granted

单位：公顷 (hectare)

地名	City	2010	2013	2014	2014 排名 Ranking
全国	**Nation Total**	**293717.81**	**374804.03**	**277346.56**	
北京	**Beijing**	**2152.53**	**1926.42**	**1523.81**	
天津	**Tianjin**	**5282.59**	**4387.72**	**3507.57**	
河北	**Hebei**	**15710.71**	**19852.92**	**14103.68**	
石家庄	Shijiazhuang	1220.19	1411.32	1381.30	46
唐山	Tangshan	2438.77	5018.22	2891.58	4
秦皇岛	Qinhuangdao	873.06	781.59	415.29	213
邯郸	Handan	1361.40	1580.26	1250.35	58
邢台	Xingtai	970.32	1524.31	1103.86	75
保定	Baoding	1325.14	1694.78	1300.76	55
张家口	Zhangjiakou	1143.29	1207.48	859.32	107
承德	Chengde	683.62	1257.01	535.02	177
沧州	Cangzhou	3131.39	1725.43	1990.83	16
廊坊	Langfang	1723.92	2439.88	1246.31	60
衡水	Hengshui	839.62	1212.62	1129.05	70
山西	**Shanxi**	**4768.03**	**7328.55**	**5453.86**	
太原	Taiyuan	554.89	755.01	751.45	127
大同	Datong	371.39	803.88	588.05	160
阳泉	Yangquan	255.78	130.57	229.56	261
长治	Changzhi	321.41	478.10	449.96	201
晋城	Jincheng	360.64	410.62	455.61	197
朔州	Shuozhou	552.54	794.75	289.83	245
晋中	Jinzhong	495.76	853.32	696.96	137
运城	Yuncheng	657.34	828.75	781.71	121
忻州	Xinzhou	244.62	547.78	360.24	224
临汾	Linfen	520.65	986.38	314.47	241
吕梁	Lvliang	433.00	739.39	536.02	175
内蒙古	**Inner Mongolia**	**15160.56**	**13964.54**	**10425.25**	
呼和浩特	Hohhot	782.22	991.34	583.12	161
包头	Baotou	822.91	1251.07	520.52	179
乌海	Wuhai	523.61	301.24	375.50	222
赤峰	Chifeng	894.09	1672.65	1493.61	38
通辽	Tongliao	2073.10	1422.19	905.57	100
鄂尔多斯	Erdos	4545.81	1143.29	1945.84	17
呼伦贝尔	Hulunbuir	1203.78	1734.30	1129.93	69
巴彦淖尔	Bayannur	1254.72	1176.11	591.23	159
乌兰察布	Ulanqab	633.19	1473.34	912.53	97
辽宁	**Liaoning**	**22160.40**	**16899.92**	**10222.69**	
沈阳	Shenyang	3146.99	2482.43	2242.01	10
大连	Dalian	4848.46	2118.63	1187.61	62
鞍山	Anshan	2316.93	1626.28	772.32	123
抚顺	Fushun	863.42	884.11	244.19	256
本溪	Benxi	489.47	644.24	427.89	210
丹东	Dandong	626.19	970.25	528.48	178
锦州	Jinzhou	1067.68	1301.90	617.37	157
营口	Yingkou	3199.47	1318.90	730.79	133
阜新	Fuxin	485.63	661.94	437.86	206
辽阳	Liaoyang	718.27	524.20	339.77	235
盘锦	Panjin	970.33	1393.50	916.92	96
铁岭	Tieling	1892.08	1126.28	670.67	143
朝阳	Chaoyang	648.83	965.62	699.25	135
葫芦岛	Huludao	886.65	881.63	407.56	214
吉林	**Jilin**	**6750.32**	**6890.14**	**4819.62**	
长春	Changchun	2454.87	2644.07	1171.48	64
吉林	Jilin	908.42	1287.76	957.36	92
四平	Siping	645.48	605.58	422.96	211
辽源	Liaoyuan	258.79	228.41	114.76	281
通化	Tonghua	333.28	461.83	500.68	186
白山	Baishan	1177.93	376.26	280.25	248
松原	Songyuan	183.00	326.98	305.96	242
白城	Baicheng	456.59	334.11	406.33	215
黑龙江	**Heilongjiang**	**7350.06**	**8177.50**	**6025.43**	
哈尔滨	Harbin	2095.19	2153.50	1376.75	47
齐齐哈尔	Qiqihar	637.96	781.96	980.97	87
鸡西	Jixi	184.62	369.49	202.57	269
鹤岗	Hegang	129.70	124.71	131.29	277
双鸭山	Shuangyashan	277.92	274.71	140.17	275
大庆	Daqing	716.44	768.38	492.11	189
伊春	Yichun	139.62	234.35	380.89	221
佳木斯	Jiamusi	466.09	475.45	326.29	239
七台河	Qitaihe	70.81	105.18	120.13	279
牡丹江	Mudanjiang	824.42	631.47	328.48	238
黑河	Heihe	352.22	203.56	170.43	273
绥化	Suihua	1027.48	1336.49	844.02	111
上海	**Shanghai**	**1933.94**	**1337.49**	**1473.98**	
江苏	**Jiangsu**	**29262.40**	**36171.21**	**25749.71**	

7-3 建设用地出让土地面积 续表 1

Land Area of Construction Use Land Granted continued 1

单位：公顷 (hectare)

地名	City	2010	2013	2014	2014 排名 Ranking	地名	City	2010	2013	2014	2014 排名 Ranking
南京	Nanjing	1401.52	1795.85	1352.21	52	池州	Chizhou	640.34	982.27	678.37	142
无锡	Wuxi	2628.46	2129.95	1478.95	39	宣城	Xuancheng	1000.94	1554.99	1105.28	74
徐州	Xuzhou	2321.45	2635.51	2181.18	13	**福建**	**Fujian**	**8278.63**	**10623.98**	**7886.80**	
常州	Changzhou	2382.12	2203.72	2210.34	11	福州	Fuzhou	1351.45	2486.33	1363.61	49
苏州	Suzhou	4153.05	4314.65	2748.08	5	厦门	Xiamen	995.42	390.45	350.72	230
南通	Nantong	3203.83	4289.70	3303.76	2	莆田	Putian	408.07	515.42	382.21	220
连云港	Lianyungang	1886.02	4692.99	1840.54	19	三明	Sanming	736.29	984.83	646.73	152
淮安	Huaian	1809.58	1730.95	1707.77	26	泉州	Quanzhou	1148.86	1519.36	1456.04	41
盐城	Yancheng	4049.97	4370.07	2667.83	6	漳州	Zhangzhou	1612.14	1876.54	1681.13	28
扬州	Yangzhou	1904.41	2007.98	1546.60	35	南平	Nanping	504.11	844.83	741.10	131
镇江	Zhenjiang	539.97	1684.56	1076.92	77	龙岩	Longyan	973.27	1063.55	450.36	200
泰州	Taizhou	1467.59	1987.65	1749.91	21	宁德	Ningde	549.02	942.66	814.90	119
宿迁	Suqian	1514.43	2327.63	1885.62	18	**江西**	**Jiangxi**	**9049.66**	**15635.71**	**9815.60**	
浙江	**Zhejiang**	**17607.47**	**15493.39**	**11273.64**		南昌	Nanchang	1632.78	2461.16	1534.76	36
杭州	Hangzhou	3011.05	2152.45	1604.47	31	景德镇	Jingdezhen	440.86	439.70	402.95	216
宁波	Ningbo	2300.97	2621.98	1629.30	30	萍乡	Pingxiang	199.67	644.44	303.13	244
温州	Wenzhou	615.64	1294.96	742.95	130	九江	Jiujiang	1102.69	2648.47	1594.75	32
嘉兴	Jiaxing	2618.47	1482.29	1428.46	43	新余	Xinyu	228.57	762.56	512.75	183
湖州	Huzhou	1322.65	1512.09	1362.33	50	鹰潭	Yingtan	313.06	630.46	447.21	202
绍兴	Shaoxing	1727.01	1699.22	1092.99	76	赣州	Ganzhou	1083.30	1812.18	1072.86	78
金华	Jinhua	1512.22	1418.67	963.68	89	吉安	Jian	743.64	1144.09	927.33	95
衢州	Quzhou	1125.04	616.36	654.68	150	宜春	Yichun	1577.53	1878.18	1524.97	37
舟山	Zhoushan	1387.86	516.60	678.84	141	抚州	Fuzhou	998.77	1632.57	733.16	132
台州	Taizhou	1440.84	1362.50	633.67	153	上饶	Shangrao	728.79	1581.92	761.74	125
丽水	Lishui	545.72	816.26	482.27	191	**山东**	**Shandong**	**37945.58**	**42390.70**	**26637.32**	
安徽	**Anhui**	**12588.06**	**19150.35**	**14674.64**		济南	Jinan	1769.09	1878.98	1448.87	42
合肥	Hefei	1286.15	1754.28	1594.22	33	青岛	Qingdao	3805.04	4659.73	3268.47	3
芜湖	Wuhu	1718.39	2093.41	1425.00	44	淄博	Zibo	2073.97	2109.69	935.70	94
蚌埠	Bengbu	535.56	1147.98	884.74	103	枣庄	Zaozhuang	771.02	1307.42	681.44	140
淮南	Huainan	262.05	388.90	240.75	257	东营	Dongying	1790.16	2234.56	1688.43	27
马鞍山	Maanshan	496.12	851.31	357.29	225	烟台	Yantai	4504.73	3411.31	2022.12	15
淮北	Huaibei	771.76	246.62	262.43	252	潍坊	Weifang	7086.99	7173.74	3976.84	1
铜陵	Tongling	641.37	553.40	354.56	228	济宁	Jining	2238.46	2380.39	1738.43	24
安庆	Anqing	814.89	775.02	724.08	134	泰安	Taian	1369.84	1281.79	1002.20	84
黄山	Huangshan	402.95	498.42	392.15	219	威海	Weihai	2658.09	2934.03	1713.34	25
滁州	Chuzhou	1092.61	2603.31	1834.62	20	日照	Rizhao	778.35	1097.67	566.45	163
阜阳	Fuyang	600.25	1196.13	897.16	101	莱芜	Laiwu	519.54	919.44	331.57	237
宿州	Suzhou	676.48	947.61	853.49	110	临沂	Linyi	2652.91	4059.35	2434.23	9
六安	Liuan	620.71	822.14	1580.90	34	德州	Dezhou	1266.87	2058.58	1151.82	68
亳州	Bozhou	346.87	1347.84	835.67	115	聊城	Liaocheng	1389.42	1780.78	1293.38	56

7-3 建设用地出让土地面积 续表 2
Land Area of Construction Use Land Granted continued 2

单位：公顷 (hectare)

地名	City	2010	2013	2014	2014 排名 Ranking	地名	City	2010	2013	2014	2014 排名 Ranking
滨州	Binzhou	1686.75	1267.69	963.35	90	常德	Changde	727.91	934.40	908.66	98
菏泽	Heze	1584.35	1835.56	1420.70	45	张家界	Zhangjiajie	279.35	161.25	79.84	284
河南	**Henan**	**11992.83**	**19544.38**	**15917.82**		益阳	Yiyang	480.99	686.76	515.16	182
郑州	Zhengzhou	1441.26	3138.50	2574.76	8	郴州	Chenzhou	691.93	924.61	655.15	149
开封	Kaifeng	718.79	1087.79	765.77	124	永州	Yongzhou	487.37	762.82	647.92	151
洛阳	Luoyang	1357.69	1403.70	1249.72	59	怀化	Huaihua	628.04	709.48	689.44	138
平顶山	Pingdingshan	791.50	998.50	786.67	120	娄底	Loudi	272.63	610.10	434.42	207
安阳	Anyang	674.44	1436.18	1359.50	51	**广东**	**Guangdong**	**12937.06**	**14424.14**	**11868.27**	
鹤壁	Hebi	458.71	773.35	515.75	181	广州	Guangzhou	1773.39	1409.14	987.03	86
新乡	Xinxiang	843.54	1550.13	1376.71	48	韶关	Shaoguan	476.60	751.74	559.60	168
焦作	Jiaozuo	716.74	1405.04	1154.82	67	深圳	Shenzhen	288.72	537.21	547.77	170
濮阳	Puyang	262.80	628.45	356.03	226	珠海	Zhuhai	742.63	449.36	542.03	171
许昌	Xuchang	790.80	935.53	621.25	155	汕头	Shantou	148.30	163.65	134.29	276
漯河	Luohe	290.17	544.47	348.06	232	佛山	Foshan	1250.34	1312.44	1052.89	80
三门峡	Sanmenxia	555.85	626.59	451.49	199	江门	Jiangmen	1093.38	841.64	656.52	147
南阳	Nanyang	830.85	1039.38	1127.74	71	湛江	Zhanjiang	559.29	792.61	539.06	173
商丘	Shangqiu	630.15	1231.93	960.11	91	茂名	Maoming	140.70	578.88	438.71	205
信阳	Xinyang	443.37	592.86	617.78	156	肇庆	Zhaoqing	641.38	1091.35	837.71	113
周口	Zhoukou	390.74	904.29	780.38	122	惠州	Huizhou	1277.36	1290.33	825.59	118
驻马店	Zhumadian	795.44	1247.68	871.26	106	梅州	Meizhou	383.52	553.16	481.77	192
湖北	**Hubei**	**13176.29**	**18411.65**	**14372.58**		汕尾	Shanwei	23.33	184.45	118.97	280
武汉	Wuhan	3014.74	2667.10	2618.92	7	河源	Heyuan	294.55	425.15	468.55	194
黄石	Huangshi	532.55	1765.73	517.65	180	阳江	Yangjiang	866.65	425.35	499.58	187
十堰	Shiyan	507.02	1044.73	856.42	109	清远	Qingyuan	1014.06	1184.93	837.97	112
宜昌	Yichang	1925.92	2209.92	1166.51	65	东莞	Dongguan	699.52	914.01	536.84	174
襄阳	Xiangyang	952.25	1926.80	1676.12	29	中山	Zhongshan	877.58	410.66	213.96	264
鄂州	Ezhou	696.35	651.30	274.39	249	潮州	Chaozhou	30.87	232.60	252.80	254
荆门	Jingmen	830.16	878.60	1054.19	79	揭阳	Jieyang	148.91	361.45	892.16	102
孝感	Xiaogan	953.56	1007.11	1165.64	66	云浮	Yunfu	205.99	514.04	444.46	203
荆州	Jingzhou	957.23	1406.42	1007.86	82	**广西**	**Guangxi**	**6325.14**	**8657.12**	**6674.82**	
黄冈	Huanggang	880.64	1291.42	1238.27	61	南宁	Nanning	965.78	890.55	1171.54	63
咸宁	Xianning	780.46	1464.54	1004.67	83	柳州	Liuzhou	583.39	891.56	688.57	139
随州	Suizhou	314.88	627.12	564.24	166	桂林	Guilin	685.84	702.13	476.44	193
湖南	**Hunan**	**8354.97**	**10601.40**	**9631.08**		梧州	Wuzhou	542.68	524.94	347.89	233
长沙	Changsha	2049.51	2046.91	2168.30	14	北海	Beihai	292.34	404.69	333.07	236
株洲	Zhuzhou	359.69	723.92	452.09	198	防城港	Fangchenggang	436.48	1106.02	504.07	185
湘潭	Xiangtan	465.19	540.29	622.07	154	钦州	Qinzhou	942.51	549.54	468.07	195
衡阳	Hengyang	707.86	1108.61	971.99	88	贵港	Guigang	139.70	503.44	432.23	209
邵阳	Shaoyang	441.89	471.79	494.87	188	玉林	Yulin	587.53	592.67	441.44	204
岳阳	Yueyang	633.47	707.14	697.46	136	百色	Baise	322.80	622.85	568.69	162

7-3 建设用地出让土地面积 续表 3

Land Area of Construction Use Land Granted continued 3

单位：公顷 (hectare)

地名	City	2010	2013	2014	2014 排名 Ranking	地名	City	2010	2013	2014	2014 排名 Ranking
贺州	Hezhou	260.60	318.97	341.62	234	丽江	Lijiang	162.44	264.24	284.49	246
河池	Hechi	245.31	572.82	268.01	251	普洱	Puer	166.66	348.01	204.95	267
来宾	Laibin	99.96	662.42	394.29	218	临沧	Lincang	152.10	312.36	172.15	272
崇左	Chongzuo	220.22	314.52	238.92	259	**西藏**	**Tibet**	**338.81**	**377.43**	**778.30**	
海南	**Hainan**	**1809.29**	**1918.21**	**991.99**		拉萨	Lasa	254.63	132.76	282.13	247
海口	Haikou	127.67	113.39	101.38	283	**陕西**	**Shaanxi**	**4057.15**	**8500.04**	**6263.77**	
三亚	Sanya	116.97	162.89	120.99	278	西安	Xi'an	787.19	1902.89	1326.37	54
三沙	Sansha					铜川	Tongchuan	157.83	135.60	158.87	274
重庆	**Chongqing**	**5495.06**	**8277.18**	**7615.57**		宝鸡	Baoji	381.77	1069.74	758.07	126
四川	**Sichuan**	**11272.01**	**15480.61**	**12014.18**		咸阳	Xianyang	648.99	1272.65	936.00	93
成都	Chengdu	3417.17	3174.96	2181.21	12	渭南	Weinan	399.33	611.48	417.67	212
自贡	Zigong	286.75	688.39	254.06	253	延安	Yan'an	123.91	296.50	239.33	258
攀枝花	Panzhihua	277.71	298.31	249.09	255	汉中	Hanzhong	211.84	561.38	995.32	85
泸州	Luzhou	1086.65	701.07	540.44	172	榆林	Yulin	1113.36	1847.14	858.90	108
德阳	Deyang	929.40	976.78	832.07	117	安康	Ankang	76.64	453.87	221.43	262
绵阳	Mianyang	772.60	1072.40	835.44	116	商洛	Shangluo	156.29	348.79	351.81	229
广元	Guangyuan	274.16	726.07	305.95	243	**甘肃**	**Gansu**	**2761.05**	**8711.13**	**6660.18**	
遂宁	Suining	317.51	1100.55	563.69	167	兰州	Lanzhou	503.16	1230.55	1261.56	57
内江	Neijiang	300.69	476.27	314.72	240	嘉峪关	Jiayuguan	143.12	987.50	835.92	114
乐山	Leshan	712.13	594.07	612.32	158	金昌	Jinchang	109.67	288.87	109.49	282
南充	Nanchong	515.30	1040.11	743.11	129	白银	Baiyin	251.33	760.00	565.31	164
眉山	Meishan	449.15	1044.10	874.87	105	天水	Tianshui	186.01	213.42	207.92	265
宜宾	Yibin	510.26	777.40	670.62	144	武威	Wuwei	194.89	1116.43	1019.42	81
广安	Guangan	354.54	760.19	535.46	176	张掖	Zhangye	256.53	1302.78	655.52	148
达州	Dazhou	326.95	450.90	350.41	231	平凉	Pingliang	96.94	274.98	372.18	223
雅安	Yaan	334.68	248.88	214.90	263	酒泉	Jiuquan	521.32	1093.23	906.70	99
巴中	Bazhong	73.93	388.38	455.83	196	庆阳	Qingyang	118.23	344.94	186.63	271
资阳	Ziyang	185.37	667.04	664.41	146	定西	Dingxi	239.57	554.36	195.35	270
贵州	**Guizhou**	**3353.30**	**9259.23**	**7800.13**		陇南	Longnan	33.39	143.07	24.36	285
贵阳	Guiyang	1300.90	1647.94	1126.39	72	**青海**	**Qinghai**	**931.69**	**1529.86**	**1955.38**	
六盘水	Liupanshui	343.23	446.98	510.38	184	西宁	Xining	365.22	628.99	880.12	104
遵义	Zunyi	451.64	1643.19	1462.45	40	海东	Haidong			206.79	266
安顺	Anshun	163.36	759.26	553.98	169	**宁夏**	**Ningxia**	**3392.49**	**5479.02**	**3681.05**	
毕节	Bijie	289.35	1043.00	1333.31	53	银川	Yinchuan	1370.24	2327.62	1741.30	22
铜仁	Tongren	127.33	1071.84	665.39	145	石嘴山	Shizuishan	854.64	742.07	355.57	227
云南	**Yunnan**	**5984.99**	**8018.56**	**6130.04**		吴忠	Wuzhong	544.90	1150.28	746.02	128
昆明	Kunming	1223.45	2253.38	1738.97	23	固原	Guyuan	282.28	434.37	273.25	250
曲靖	Qujing	689.02	485.35	485.80	190	中卫	Zhongwei	340.43	824.67	564.92	165
玉溪	Yuxi	503.11	390.29	397.46	217	**新疆**	**Xinjiang**	**5535.74**	**15383.50**	**11397.83**	
保山	Baoshan	481.25	595.43	432.68	208	乌鲁木齐	Urumqi	1073.65	1490.68	1109.11	73
昭通	Zhaotong	204.41	136.17	203.77	268	克拉玛依	Karamay	142.81	407.54	230.39	260

7-4 建设用地新增土地供应面积
Newly Increased Area of Construction Use Land Supplied

单位：公顷 (hectare)

地名	City	2010	2013	2014	2014 排名 Ranking	地名	City	2010	2013	2014	2014 排名 Ranking
全国	**Nation Total**	**171369.00**	**309617.91**	**311650.02**		沈阳	Shenyang	1889.00	1928.57	1971.92	30
北京	**Beijing**	**1130.00**	**1543.35**	**1407.38**		大连	Dalian	1402.00	1234.45	644.16	148
天津	**Tianjin**	**2382.00**	**3935.81**	**2932.22**		鞍山	Anshan	1154.00	1314.23	496.44	189
河北	**Hebei**	**5547.00**	**14902.57**	**14112.42**		抚顺	Fushun	403.00	471.88	155.27	269
石家庄	Shijiazhuang	724.00	1163.18	1271.54	72	本溪	Benxi	241.00	339.24	166.65	265
唐山	Tangshan	669.00	1511.69	2551.31	13	丹东	Dandong	428.00	361.09	331.61	230
秦皇岛	Qinhuangdao	427.00	1101.33	345.17	226	锦州	Jinzhou	294.00	426.91	198.51	260
邯郸	Handan	697.00	1179.57	1584.74	50	营口	Yingkou	661.00	477.73	323.06	231
邢台	Xingtai	277.00	1144.79	922.32	107	阜新	Fuxin	294.00	399.87	322.45	232
保定	Baoding	513.00	1186.75	1156.56	81	辽阳	Liaoyang	428.00	332.80	198.70	259
张家口	Zhangjiakou	457.00	788.51	550.55	180	盘锦	Panjin	366.00	438.05	430.21	197
承德	Chengde	376.00	2859.27	2008.72	26	铁岭	Tieling	1234.00	1028.14	347.04	223
沧州	Cangzhou	513.00	1192.40	1661.02	46	朝阳	Chaoyang	476.00	483.36	366.12	215
廊坊	Langfang	671.00	2155.57	1148.21	82	葫芦岛	Huludao	256.00	442.24	2236.84	20
衡水	Hengshui	224.00	619.50	912.29	109	**吉林**	**Jilin**	**2877.00**	**5396.25**	**7439.33**	
山西	**Shanxi**	**2747.00**	**7184.98**	**5405.93**		长春	Changchun	1411.00	2286.04	1239.91	75
太原	Taiyuan	306.00	539.72	584.09	166	吉林	Jilin	346.00	1029.33	956.63	98
大同	Datong	242.00	924.34	654.19	147	四平	Siping	144.00	398.22	341.95	227
阳泉	Yangquan	159.00	123.99	394.42	207	辽源	Liaoyuan	116.00	184.29	80.42	282
长治	Changzhi	184.00	405.60	397.21	205	通化	Tonghua	53.00	355.97	413.25	200
晋城	Jincheng	213.00	394.22	492.60	190	白山	Baishan	478.00	229.90	208.57	258
朔州	Shuozhou	286.00	930.23	174.97	263	松原	Songyuan	50.00	316.38	1842.08	37
晋中	Jinzhong	210.00	651.04	542.80	182	白城	Baicheng	173.00	228.55	1209.92	76
运城	Yuncheng	373.00	704.73	606.46	156	**黑龙江**	**Heilongjiang**	**3248.00**	**5207.64**	**5249.00**	
忻州	Xinzhou	173.00	448.97	288.45	244	哈尔滨	Harbin	1073.00	1643.17	1182.94	79
临汾	Linfen	264.00	879.46	699.46	139	齐齐哈尔	Qiqihar	160.00	355.74	560.37	176
吕梁	Lvliang	339.00	1182.68	571.28	171	鸡西	Jixi	42.00	262.34	154.08	270
内蒙古	**Inner Mongolia**	**7674.00**	**8921.99**	**8850.30**		鹤岗	Hegang	89.00	14.10	98.52	277
呼和浩特	Hohhot	416.00	787.46	578.25	169	双鸭山	Shuangyashan	117.00	178.38	159.09	268
包头	Baotou	734.00	818.37	765.78	125	大庆	Daqing	190.00	448.08	371.01	211
乌海	Wuhai	327.00	201.52	138.95	272	伊春	Yichun	9.00	133.49	413.19	201
赤峰	Chifeng	442.00	1333.15	971.86	96	佳木斯	Jiamusi	112.00	299.77	432.36	196
通辽	Tongliao	438.00	518.45	565.39	173	七台河	Qitaihe	38.00	48.67	151.86	271
鄂尔多斯	Erdos	2974.00	676.79	1741.64	40	牡丹江	Mudanjiang	217.00	394.25	275.37	247
呼伦贝尔	Hulunbuir	515.00	939.58	610.68	155	黑河	Heihe	219.00	102.24	94.91	279
巴彦淖尔	Bayannur	484.00	993.66	530.56	184	绥化	Suihua	507.00	1011.62	761.37	126
乌兰察布	Ulanqab	357.00	1315.53	1110.91	87	**上海**	**Shanghai**	**325.00**	**512.92**	**1619.70**	
辽宁	**Liaoning**	**9525.00**	**9678.55**	**8188.98**		**江苏**	**Jiangsu**	**24697.00**	**29882.90**	**25151.86**	

7-4 建设用地新增土地供应面积 续表 1
Newly Increased Area of Construction Use Land Supplied continued 1

单位：公顷 (hectare)

地名	City	2010	2013	2014	2014 排名 Ranking	地名	City	2010	2013	2014	2014 排名 Ranking
南京	Nanjing	2292.00	2999.89	2076.06	23	池州	Chizhou	368.00	845.58	534.26	183
无锡	Wuxi	4195.00	3838.58	1672.74	45	宣城	Xuancheng	340.00	938.60	1243.77	74
徐州	Xuzhou	1791.00	1596.18	2811.93	8	**福建**	**Fujian**	**5039.00**	**18429.47**	**17077.53**	
常州	Changzhou	2845.00	2138.57	1393.72	63	福州	Fuzhou	776.00	3008.08	2474.76	17
苏州	Suzhou	2313.00	3437.17	1823.54	38	厦门	Xiamen	271.00	682.34	499.05	188
南通	Nantong	2972.00	2761.40	2005.21	29	莆田	Putian	241.00	601.73	1083.54	89
连云港	Lianyungang	452.00	1021.28	2504.68	14	三明	Sanming	518.00	1395.11	1306.55	70
淮安	Huaian	1330.00	2083.47	1710.85	42	泉州	Quanzhou	762.00	4043.39	4689.95	1
盐城	Yancheng	2002.00	4118.95	2007.42	28	漳州	Zhangzhou	840.00	3343.16	2683.01	9
扬州	Yangzhou	1646.00	1221.52	2223.17	21	南平	Nanping	627.00	1491.46	1598.85	49
镇江	Zhenjiang	339.00	1481.97	956.15	99	龙岩	Longyan	607.00	2407.59	826.89	119
泰州	Taizhou	1312.00	1653.21	1470.49	57	宁德	Ningde	394.00	1456.60	1914.94	35
宿迁	Suqian	1207.00	1530.71	2495.92	15	**江西**	**Jiangxi**	**6080.00**	**13608.19**	**11738.16**	
浙江	**Zhejiang**	**21372.00**	**19752.14**	**18511.67**		南昌	Nanchang	834.00	2087.14	1598.90	48
杭州	Hangzhou	4986.00	4906.94	3053.56	6	景德镇	Jingdezhen	279.00	355.77	347.89	221
宁波	Ningbo	4281.00	2828.38	2012.29	25	萍乡	Pingxiang	143.00	593.25	278.93	246
温州	Wenzhou	895.00	2211.84	3286.77	4	九江	Jiujiang	650.00	1956.61	1722.58	41
嘉兴	Jiaxing	2661.00	1372.32	1143.01	84	新余	Xinyu	148.00	601.15	399.66	203
湖州	Huzhou	1189.00	874.97	948.09	101	鹰潭	Yingtan	206.00	567.16	442.04	195
绍兴	Shaoxing	1461.00	1532.47	2007.46	27	赣州	Ganzhou	1013.00	2047.99	1258.38	73
金华	Jinhua	1568.00	1482.07	2223.05	22	吉安	Jian	568.00	1187.33	1054.83	90
衢州	Quzhou	1237.00	690.70	1507.63	55	宜春	Yichun	1079.00	1389.67	2596.55	10
舟山	Zhoushan	482.00	595.25	316.25	234	抚州	Fuzhou	654.00	1446.01	1350.29	65
台州	Taizhou	1529.00	2146.98	1387.65	64	上饶	Shangrao	507.00	1376.12	688.11	142
丽水	Lishui	1084.00	1110.22	625.92	153	**山东**	**Shandong**	**17218.00**	**29290.76**	**20900.56**	
安徽	**Anhui**	**6056.00**	**9955.86**	**11292.36**		济南	Jinan	986.00	1383.36	1447.38	59
合肥	Hefei	719.00	771.19	1555.47	51	青岛	Qingdao	1926.00	2937.52	2266.05	19
芜湖	Wuhu	873.00	931.51	712.93	137	淄博	Zibo	586.00	1517.41	661.15	145
蚌埠	Bengbu	226.00	680.30	544.86	181	枣庄	Zaozhuang	367.00	1026.58	596.18	160
淮南	Huainan	119.00	233.56	727.65	134	东营	Dongying	1526.00	1905.53	1341.85	66
马鞍山	Maanshan	197.00	545.94	209.67	257	烟台	Yantai	1692.00	2459.51	1005.65	94
淮北	Huaibei	401.00	164.75	109.62	274	潍坊	Weifang	2306.00	3807.39	1960.23	31
铜陵	Tongling	323.00	238.45	93.53	281	济宁	Jining	1011.00	1670.32	1532.77	53
安庆	Anqing	458.00	490.79	623.61	154	泰安	Taian	730.00	940.88	914.03	108
黄山	Huangshan	214.00	346.91	370.14	214	威海	Weihai	824.00	993.61	716.91	136
滁州	Chuzhou	370.00	726.85	576.22	170	日照	Rizhao	602.00	706.99	689.21	141
阜阳	Fuyang	393.00	849.30	419.86	198	莱芜	Laiwu	368.00	751.97	298.28	241
宿州	Suzhou	363.00	492.40	587.70	164	临沂	Linyi	1334.00	3314.93	2394.17	18
六安	Liuan	305.00	594.27	1954.02	32	德州	Dezhou	560.00	1632.06	1523.04	54
亳州	Bozhou	158.00	533.21	559.53	177	聊城	Liaocheng	872.00	1607.42	1422.57	62

7-4 建设用地新增土地供应面积 续表 2

Newly Increased Area of Construction Use Land Supplied continued 2

单位：公顷 (hectare)

地名	City	2010	2013	2014	2014 排名 Ranking	地名	City	2010	2013	2014	2014 排名 Ranking
滨州	Binzhou	882.00	1058.95	941.90	102	常德	Changde	369.00	949.03	959.05	97
菏泽	Heze	645.00	1576.33	1189.18	77	张家界	Zhangjiajie	80.00	126.79	96.67	278
河南	**Henan**	**6236.00**	**13822.20**	**11504.09**		益阳	Yiyang	193.00	534.99	389.76	209
郑州	Zhengzhou	715.00	2632.45	1943.12	33	郴州	Chenzhou	331.00	624.23	627.98	152
开封	Kaifeng	376.00	928.65	556.75	179	永州	Yongzhou	128.00	615.95	872.51	115
洛阳	Luoyang	541.00	966.81	733.31	131	怀化	Huaihua	240.00	593.64	595.74	161
平顶山	Pingdingshan	764.00	694.74	596.85	159	娄底	Loudi	106.00	431.08	306.95	238
安阳	Anyang	348.00	718.48	861.34	118	**广东**	**Guangdong**	**4940.00**	**16917.36**	**22282.49**	
鹤壁	Hebi	275.00	506.10	385.41	210	广州	Guangzhou	1204.00	1989.45	2947.53	7
新乡	Xinxiang	305.00	944.06	710.31	138	韶关	Shaoguan	170.00	894.89	589.56	163
焦作	Jiaozuo	391.00	698.39	997.31	95	深圳	Shenzhen	128.00	167.98	76.90	283
濮阳	Puyang	143.00	503.01	212.76	256	珠海	Zhuhai	61.00	424.22	340.60	228
许昌	Xuchang	448.00	773.33	413.39	199	汕头	Shantou	53.00	152.74	488.17	191
漯河	Luohe	136.00	350.64	353.03	218	佛山	Foshan	106.00	1499.12	1330.50	68
三门峡	Sanmenxia	365.00	352.48	346.77	224	江门	Jiangmen	488.00	577.38	1054.04	91
南阳	Nanyang	339.00	746.25	891.51	113	湛江	Zhanjiang	236.00	1395.52	560.79	175
商丘	Shangqiu	332.00	1065.08	595.20	162	茂名	Maoming	43.00	379.87	1331.40	67
信阳	Xinyang	152.00	371.72	460.25	194	肇庆	Zhaoqing	221.00	996.68	785.65	123
周口	Zhoukou	197.00	638.60	670.31	143	惠州	Huizhou	162.00	1098.14	2587.61	11
驻马店	Zhumadian	410.00	931.39	776.45	124	梅州	Meizhou	84.00	1564.85	400.00	202
湖北	**Hubei**	**8096.00**	**13902.77**	**14476.36**		汕尾	Shanwei		109.55	910.42	110
武汉	Wuhan	1788.00	2253.78	3148.65	5	河源	Heyuan	235.00	524.36	1686.62	43
黄石	Huangshi	205.00	1383.74	295.65	242	阳江	Yangjiang	338.00	376.38	1448.19	58
十堰	Shiyan	476.00	1073.13	938.67	103	清远	Qingyuan	494.00	1826.27	760.10	127
宜昌	Yichang	1331.00	1673.06	1810.09	39	东莞	Dongguan	392.00	1639.97	907.19	111
襄阳	Xiangyang	534.00	1835.69	1434.30	61	中山	Zhongshan	366.00	245.87	632.44	150
鄂州	Ezhou	348.00	614.43	347.16	222	潮州	Chaozhou	6.00	241.08	317.21	233
荆门	Jingmen	626.00	425.21	731.15	132	揭阳	Jieyang	72.00	286.56	2031.14	24
孝感	Xiaogan	475.00	557.47	905.69	112	云浮	Yunfu	83.00	526.45	1096.46	88
荆州	Jingzhou	550.00	796.41	749.32	129	**广西**	**Guangxi**	**2155.00**	**5646.93**	**7127.12**	
黄冈	Huanggang	584.00	712.08	935.74	104	南宁	Nanning	465.00	646.09	1634.56	47
咸宁	Xianning	465.00	1032.97	1272.98	71	柳州	Liuzhou	189.00	670.75	822.97	120
随州	Suizhou	187.00	545.57	874.36	114	桂林	Guilin	176.00	442.39	515.53	186
湖南	**Hunan**	**3424.00**	**9576.72**	**11219.89**		梧州	Wuzhou	235.00	440.84	345.86	225
长沙	Changsha	679.00	2198.45	2585.91	12	北海	Beihai	46.00	277.35	105.43	276
株洲	Zhuzhou	223.00	724.81	743.96	130	防城港	Fangchenggang	168.00	354.57	218.61	255
湘潭	Xiangtan	97.00	494.05	586.40	165	钦州	Qinzhou	141.00	285.70	335.04	229
衡阳	Hengyang	360.00	938.97	1932.78	34	贵港	Guigang	31.00	297.75	291.75	243
邵阳	Shaoyang	323.00	331.73	370.33	213	玉林	Yulin	214.00	661.75	390.93	208
岳阳	Yueyang	243.00	859.64	864.25	117	百色	Baise	184.00	547.56	640.51	149

7-4 建设用地新增土地供应面积 续表 3
Newly Increased Area of Construction Use Land Supplied continued 3

单位：公顷 (hectare)

地名	City	2010	2013	2014	2014 排名 Ranking
贺州	Hezhou	120.00	209.45	306.85	239
河池	Hechi	65.00	252.06	233.25	253
来宾	Laibin	16.00	257.89	351.93	220
崇左	Chongzuo	104.00	302.77	933.91	105
海南	**Hainan**	**675.00**	**1293.04**	**742.85**	
海口	Haikou	27.00	78.17	16.90	285
三亚	Sanya	44.00	152.04	94.10	280
三沙	Sansha				
重庆	**Chongqing**	**3222.00**	**4744.62**	**5056.16**	
四川	**Sichuan**	**5276.00**	**13040.54**	**24260.49**	
成都	Chengdu	1741.00	2830.13	3598.97	3
自贡	Zigong	111.00	637.09	399.27	204
攀枝花	Panzhihua	63.00	170.07	579.43	167
泸州	Luzhou	690.00	630.45	1315.94	69
德阳	Deyang	599.00	592.55	667.47	144
绵阳	Mianyang	345.00	840.41	578.38	168
广元	Guangyuan	16.00	592.28	248.91	250
遂宁	Suining	57.00	449.29	526.83	185
内江	Neijiang	123.00	379.03	242.27	252
乐山	Leshan	192.00	504.30	954.35	100
南充	Nanchong	276.00	534.89	793.56	121
眉山	Meishan	359.00	810.17	1183.91	78
宜宾	Yibin	262.00	720.52	1145.45	83
广安	Guangan	138.00	591.17	606.15	158
达州	Dazhou	97.00	349.74	352.08	219
雅安	Yaan	51.00	199.70	132.02	273
巴中	Bazhong	0.00	255.93	311.62	236
资阳	Ziyang	64.00	557.66	467.67	192
贵州	**Guizhou**	**4231.00**	**8972.94**	**6983.38**	
贵阳	Guiyang	837.00	1324.47	1047.35	92
六盘水	Liupanshui	257.00	569.17	355.22	216
遵义	Zunyi	2020.00	1293.27	1842.95	36
安顺	Anshun	80.00	1179.23	305.88	240
毕节	Bijie	82.00	1526.52	1179.30	80
铜仁	Tongren	39.00	861.70	558.94	178
云南	**Yunnan**	**4479.00**	**7091.58**	**11434.20**	
昆明	Kunming	567.00	1874.11	1674.31	44
曲靖	Qujing	287.00	411.96	311.11	237
玉溪	Yuxi	361.00	227.09	281.00	245
保山	Baoshan	258.00	540.29	569.58	172
昭通	Zhaotong	190.00	103.12	606.32	157

地名	City	2010	2013	2014	2014 排名 Ranking
丽江	Lijiang	49.00	673.38	755.89	128
普洱	Puer	77.00	211.13	159.49	267
临沧	Lincang	49.00	323.48	3887.76	2
西藏	**Tibet**	**988.00**	**636.92**	**497.89**	
拉萨	Lasa	213.00	303.57	264.62	248
陕西	**Shaanxi**	**2765.00**	**7731.19**	**6556.56**	
西安	Xi'an	239.00	1629.45	1127.58	86
铜川	Tongchuan	101.00	125.18	244.37	251
宝鸡	Baoji	159.00	953.23	659.89	146
咸阳	Xianyang	409.00	1164.75	867.37	116
渭南	Weinan	202.00	886.71	370.38	212
延安	Yan'an	68.00	244.20	165.47	266
汉中	Hanzhong	110.00	505.45	1006.21	93
榆林	Yulin	844.00	1448.05	1541.74	52
安康	Ankang	556.00	432.51	176.87	262
商洛	Shangluo	76.00	341.65	396.66	206
甘肃	**Gansu**	**2566.00**	**7937.89**	**8621.50**	
兰州	Lanzhou	196.00	994.75	1131.10	85
嘉峪关	Jiayuguan	72.00	976.43	790.23	122
金昌	Jinchang	307.00	287.33	105.49	275
白银	Baiyin	171.00	371.24	628.92	151
天水	Tianshui	118.00	189.71	173.00	264
武威	Wuwei	172.00	1027.29	928.98	106
张掖	Zhangye	209.00	1226.58	564.43	174
平凉	Pingliang	32.00	282.13	354.18	217
酒泉	Jiuquan	997.00	1034.66	2483.28	16
庆阳	Qingyang	96.00	340.22	692.46	140
定西	Dingxi	113.00	493.48	315.78	235
陇南	Longnan	12.00	113.43	24.37	284
青海	**Qinghai**	**925.00**	**1834.42**	**1866.75**	
西宁	Xining	217.00	568.54	729.04	133
海东	Haidong			177.05	261
宁夏	**Ningxia**	**2051.00**	**4840.82**	**3203.18**	
银川	Yinchuan	801.00	2014.52	1491.49	56
石嘴山	Shizuishan	525.00	589.58	233.25	253
吴忠	Wuzhong	364.00	1084.88	722.90	135
固原	Guyuan	141.00	419.78	250.66	249
中卫	Zhongwei	219.00	732.07	504.87	187
新疆	**Xinjiang**	**3424.00**	**13424.60**	**15939.70**	
乌鲁木齐	Urumqi	307.00	679.03	1441.01	60
克拉玛依	Karamay	36.00	390.32	460.64	193

7-5 建设用地新增划拨土地面积
Newly Increased Area of Construction Use Land Allocated

单位：公顷 (hectare)

地名	City	2010	2013	2014	2014 排名 Ranking
全国	**Nation Total**	**28626.94**	**63445.35**	**129489.28**	
北京	**Beijing**	**14.60**	**1.83**	**293.74**	
天津	**Tianjin**	**22.90**	**567.82**	**474.42**	
河北	**Hebei**	**159.55**	**2771.36**	**4301.40**	
石家庄	Shijiazhuang	44.25	4.22	144.36	140
唐山	Tangshan	15.00	45.13	1041.82	31
秦皇岛	Qinhuangdao	5.09	502.74	1.11	264
邯郸	Handan	18.13	22.68	623.04	59
邢台	Xingtai		2.32	128.92	147
保定	Baoding	2.38	14.83	187.41	124
张家口	Zhangjiakou	13.75	2.29	14.52	233
承德	Chengde	0.16	1741.21	1560.38	15
沧州	Cangzhou	56.27	139.15	322.16	99
廊坊	Langfang	2.22	296.78	266.20	109
衡水	Hengshui	2.31		11.49	239
山西	**Shanxi**	**40.89**	**1564.43**	**1373.02**	
太原	Taiyuan	0.43	2.56		
大同	Datong		267.22	221.68	115
阳泉	Yangquan		1.23	196.61	121
长治	Changzhi	7.62	10.56	15.99	230
晋城	Jincheng	13.44	8.98	166.87	132
朔州	Shuozhou		397.19	4.55	256
晋中	Jinzhong	4.00		57.33	191
运城	Yuncheng	1.23	69.96	70.89	177
忻州	Xinzhou	4.46	117.44	16.94	229
临汾	Linfen	9.71	115.95	515.87	66
吕梁	Lvliang		573.34	106.29	156
内蒙古	**Inner Mongolia**	**687.29**	**79.83**	**2466.95**	
呼和浩特	Hohhot		2.80	58.61	188
包头	Baotou	350.45	23.59	458.53	75
乌海	Wuhai	112.39		1.49	263
赤峰	Chifeng	0.32		169.85	129
通辽	Tongliao	10.25	1.14	148.38	138
鄂尔多斯	Erdos	0.30	0.49	588.55	60
呼伦贝尔	Hulunbuir	196.28	43.53	133.37	146
巴彦淖尔	Bayannur		3.11	142.71	142
乌兰察布	Ulanqab	4.27	3.10	371.58	89
辽宁	**Liaoning**	**114.14**	**860.98**	**2733.14**	
沈阳	Shenyang	8.95	64.42	242.71	111
大连	Dalian	5.12	165.95	86.84	169
鞍山	Anshan		7.22	30.44	211
抚顺	Fushun	0.36	25.30	26.58	215
本溪	Benxi		21.56	18.86	226
丹东	Dandong	57.85	42.36	95.80	163
锦州	Jinzhou			31.99	210
营口	Yingkou			0.64	268
阜新	Fuxin	2.44		18.26	228
辽阳	Liaoyang	39.42	48.47	34.97	209
盘锦	Panjin		10.18	14.56	232
铁岭	Tieling		410.14	20.36	224
朝阳	Chaoyang		23.40	47.95	198
葫芦岛	Huludao		41.99	2063.17	6
吉林	**Jilin**	**46.33**	**45.48**	**4098.31**	
长春	Changchun		0.50	418.99	81
吉林	Jilin			263.34	110
四平	Siping			68.64	178
辽源	Liaoyuan	45.67		6.18	254
通化	Tonghua			49.48	197
白山	Baishan	0.66		59.16	186
松原	Songyuan		39.67	1609.10	13
白城	Baicheng		5.31	937.30	34
黑龙江	**Heilongjiang**	**728.94**	**103.23**	**1594.96**	
哈尔滨	Harbin	108.89	56.64	172.78	127
齐齐哈尔	Qiqihar	2.32	6.05	154.66	134
鸡西	Jixi			29.88	212
鹤岗	Hegang	18.97	5.07	38.97	204
双鸭山	Shuangyashan		8.02	60.50	183
大庆	Daqing	0.10		119.99	149
伊春	Yichun			108.23	155
佳木斯	Jiamusi	0.72	3.24	269.23	108
七台河	Qitaihe	5.28		44.36	202
牡丹江	Mudanjiang			24.88	218
黑河	Heihe	154.06		4.28	257
绥化	Suihua	42.11	16.21	191.79	123
上海	**Shanghai**			**675.30**	
江苏	**Jiangsu**	**6977.14**	**13075.50**	**12660.31**	

7-5 建设用地新增划拨土地面积 续表 1

Newly Increased Area of Construction Use Land Allocated continued 1

单位：公顷 (hectare)

地名	City	2010	2013	2014	2014 排名 Ranking	地名	City	2010	2013	2014	2014 排名 Ranking
南京	Nanjing	1260.15	1823.85	1314.59	21	池州	Chizhou		93.45	38.56	205
无锡	Wuxi	2292.51	2551.89	841.62	40	宣城	Xuancheng	7.94	2.70	704.61	51
徐州	Xuzhou	430.19	300.71	1713.33	9	福建	**Fujian**	**1074.07**	**9890.78**	**10573.28**	
常州	Changzhou	1134.43	925.94	351.57	92	福州	Fuzhou	105.29	1146.38	1514.74	17
苏州	Suzhou	296.32	1658.14	683.62	55	厦门	Xiamen	123.86	503.44	273.72	106
南通	Nantong	566.98	823.13	487.08	72	莆田	Putian	27.66	196.14	784.74	44
连云港	Lianyungang	49.41	358.27	2013.50	7	三明	Sanming	67.13	647.85	749.33	47
淮安	Huaian	144.40	1252.25	695.96	52	泉州	Quanzhou	212.50	2647.75	3460.61	2
盐城	Yancheng	217.82	1613.88	705.89	50	漳州	Zhangzhou	51.40	1648.50	1124.09	28
扬州	Yangzhou	230.92	265.86	1433.32	19	南平	Nanping	362.19	739.90	923.52	35
镇江	Zhenjiang	2.10	632.02	414.78	82	龙岩	Longyan	68.35	1611.32	456.33	76
泰州	Taizhou	101.30	407.07	527.00	65	宁德	Ningde	55.68	749.50	1286.20	23
宿迁	Suqian	250.62	462.49	1478.04	18	江西	**Jiangxi**	**443.27**	**1921.72**	**5111.03**	
浙江	**Zhejiang**	**8418.03**	**10596.09**	**12831.37**		南昌	Nanchang	11.78	126.99	694.73	53
杭州	Hangzhou	2131.72	2617.24	1729.05	8	景德镇	Jingdezhen	2.31	9.51	90.30	168
宁波	Ningbo	2803.30	1585.25	1315.75	20	萍乡	Pingxiang		21.99	8.62	246
温州	Wenzhou	439.52	1399.25	2930.59	3	九江	Jiujiang		120.64	674.22	56
嘉兴	Jiaxing	588.79	580.94	376.35	88	新余	Xinyu		40.55	76.26	174
湖州	Huzhou	87.68	139.56	214.98	118	鹰潭	Yingtan			86.42	170
绍兴	Shaoxing	288.21	678.99	1530.29	16	赣州	Ganzhou	358.25	740.79	500.40	70
金华	Jinhua	349.08	737.51	1660.32	10	吉安	Jian	13.63	397.14	333.54	97
衢州	Quzhou	342.84	320.38	1246.37	24	宜春	Yichun	0.47	223.80	1567.80	14
舟山	Zhoushan	54.05	326.83	213.51	119	抚州	Fuzhou	35.07	85.03	849.73	39
台州	Taizhou	712.68	1413.48	1144.13	26	上饶	Shangrao	21.77	155.28	229.01	113
丽水	Lishui	620.16	796.64	470.03	74	山东	**Shandong**	**1016.44**	**746.59**	**3494.82**	
安徽	**Anhui**	**28.99**	**447.37**	**3763.69**		济南	Jinan	56.49		371.14	90
合肥	Hefei		111.07	760.14	46	青岛	Qingdao	343.54	0.46	291.49	104
芜湖	Wuhu			35.13	207	淄博	Zibo		51.16	139.83	145
蚌埠	Bengbu		11.69			枣庄	Zaozhuang		0.65	51.24	195
淮南	Huainan			576.51	62	东营	Dongying	279.66	88.80	62.88	182
马鞍山	Maanshan					烟台	Yantai	206.54	30.76	104.96	157
淮北	Huaibei		55.01	8.33	247	潍坊	Weifang	1.64	169.09	52.21	194
铜陵	Tongling	1.00				济宁	Jining	16.49	24.44	351.95	91
安庆	Anqing		0.18	221.67	116	泰安	Taian	0.21		77.00	173
黄山	Huangshan	1.97		54.86	193	威海	Weihai		75.81	44.92	201
滁州	Chuzhou		7.28	19.66	225	日照	Rizhao		38.49	221.78	114
阜阳	Fuyang		112.76	59.12	187	莱芜	Laiwu		21.80	13.03	235
宿州	Suzhou	11.82		1.87	262	临沂	Linyi	5.55	75.57	485.95	73
六安	Liuan	0.90	29.56	1071.40	30	德州	Dezhou		87.15	684.54	54
亳州	Bozhou			146.24	139	聊城	Liaocheng		78.01	404.61	83

7-5　建设用地新增划拨土地面积　续表 2

Newly Increased Area of Construction Use Land Allocated　continued 2

单位：公顷　　　(hectare)

地名	City	2010	2013	2014	2014 排名 Ranking
滨州	Binzhou	31.43		81.23	172
菏泽	Heze	74.87	4.42	56.06	192
河南	**Henan**	**484.01**	**802.58**	**1245.13**	
郑州	Zhengzhou	80.81	72.83	23.46	222
开封	Kaifeng		67.20	6.90	252
洛阳	Luoyang	0.42	30.57	7.03	250
平顶山	Pingdingshan	357.02	55.90	18.73	227
安阳	Anyang	1.70	0.46	47.41	199
鹤壁	Hebi			1.07	265
新乡	Xinxiang		79.97	50.95	196
焦作	Jiaozuo		2.67	345.34	94
濮阳	Puyang	2.49	3.79	9.12	245
许昌	Xuchang	6.19		9.28	243
漯河	Luohe		0.36	117.38	152
三门峡	Sanmenxia	28.38			
南阳	Nanyang	3.47	54.88	28.50	213
商丘	Shangqiu		382.23	116.72	153
信阳	Xinyang	3.32		20.69	223
周口	Zhoukou	0.20	8.58	152.08	136
驻马店	Zhumadian		43.13	290.48	105
湖北	**Hubei**	**287.17**	**790.76**	**4144.68**	
武汉	Wuhan	170.67	29.39	903.63	37
黄石	Huangshi		12.66	36.42	206
十堰	Shiyan	97.37	108.76	148.74	137
宜昌	Yichang	0.23	139.67	976.14	33
襄阳	Xiangyang		427.36	350.80	93
鄂州	Ezhou			103.18	159
荆门	Jingmen	7.68		110.24	154
孝感	Xiaogan		6.03	119.80	150
荆州	Jingzhou	10.28	13.52	172.41	128
黄冈	Huanggang			92.21	167
咸宁	Xianning			504.89	68
随州	Suizhou		10.63	425.70	79
湖南	**Hunan**	**76.01**	**1690.44**	**4096.82**	
长沙	Changsha	3.88	760.33	916.50	36
株洲	Zhuzhou		33.77	344.43	95
湘潭	Xiangtan			140.17	144
衡阳	Hengyang	0.44		24.02	221
邵阳	Shaoyang	19.56		342.48	96
岳阳	Yueyang	0.46	363.78	295.44	103
常德	Changde	10.19	352.55	59.81	185
张家界	Zhangjiajie	2.89	22.32	9.23	244
益阳	Yiyang	6.55		169.78	130
郴州	Chenzhou	13.22	39.35	392.94	86
永州	Yongzhou	13.69	88.99	95.13	164
怀化	Huaihua	5.12	11.63	24.34	220
娄底	Loudi		6.18	41.92	203
广东	**Guangdong**	**93.25**	**9356.31**	**15011.01**	
广州	Guangzhou	1.05	1209.42	2315.19	4
韶关	Shaoguan		440.57	300.42	102
深圳	Shenzhen	6.45	24.97	13.16	234
珠海	Zhuhai		272.22	168.65	131
汕头	Shantou		78.16	397.72	84
佛山	Foshan	41.00	1293.30	1073.64	29
江门	Jiangmen	6.50	133.71	668.80	57
湛江	Zhanjiang		1039.53	166.49	133
茂名	Maoming		128.16	1140.26	27
肇庆	Zhaoqing		241.72	121.35	148
惠州	Huizhou		709.92	2169.94	5
梅州	Meizhou	0.22	1287.93	68.16	179
汕尾	Shanwei		36.78	826.98	42
河源	Heyuan	35.75	220.73	1296.28	22
阳江	Yangjiang		39.38	1034.20	32
清远	Qingyuan	0.04	977.95	187.40	125
东莞	Dongguan		916.15	546.10	64
中山	Zhongshan		1.00	489.83	71
潮州	Chaozhou	2.24	84.91	103.07	160
揭阳	Jieyang		23.21	1203.76	25
云浮	Yunfu		196.59	719.61	49
广西	**Guangxi**	**138.89**	**421.95**	**2437.76**	
南宁	Nanning	112.09	6.69	794.30	43
柳州	Liuzhou		69.08	331.33	98
桂林	Guilin	0.62	52.30	237.14	112
梧州	Wuzhou	6.73		83.78	171
北海	Beihai				
防城港	Fangchenggang	0.31	0.67	0.13	270
钦州	Qinzhou			92.25	166
贵港	Guigang	2.00			
玉林	Yulin	1.60	210.12		
百色	Baise	4.01	46.55	141.41	143

7-5 建设用地新增划拨土地面积 续表 3

Newly Increased Area of Construction Use Land Allocated continued 3

单位：公顷 (hectare)

地名	City	2010	2013	2014	2014 排名 Ranking
贺州	Hezhou	10.12	9.61	11.79	238
河池	Hechi	1.32	7.91	11.94	236
来宾	Laibin			5.94	255
崇左	Chongzuo	0.10	19.02	727.74	48
海南	**Hainan**	**29.90**	**8.98**	**55.54**	
海口	Haikou				
三亚	Sanya				
三沙	Sansha				
重庆	**Chongqing**	**54.66**	**134.56**	**1067.43**	
四川	**Sichuan**	**75.45**	**1257.07**	**14953.35**	
成都	Chengdu	12.30		1612.92	12
自贡	Zigong			216.47	117
攀枝花	Panzhihua		24.23	387.63	87
泸州	Luzhou	5.07		895.50	38
德阳	Deyang			201.35	120
绵阳	Mianyang			0.71	267
广元	Guangyuan	1.23	14.42	75.49	175
遂宁	Suining		1.09	118.57	151
内江	Neijiang		33.79	60.29	184
乐山	Leshan		7.87	503.06	69
南充	Nanchong	1.25		307.36	100
眉山	Meishan	1.83		447.24	78
宜宾	Yibin	15.62	12.85	561.05	63
广安	Guangan	1.20	4.19	98.99	162
达州	Dazhou	0.02		65.17	180
雅安	Yaan			6.43	253
巴中	Bazhong	0.18	0.26	0.97	266
资阳	Ziyang		3.84	2.35	261
贵州	**Guizhou**	**2331.09**	**2337.09**	**1863.36**	
贵阳	Guiyang	6.20	0.26	153.59	135
六盘水	Liupanshui	4.87	286.09	0.47	269
遵义	Zunyi	1775.71	0.58	830.03	41
安顺	Anshun		820.87	2.76	259
毕节	Bijie		722.92	421.21	80
铜仁	Tongren		80.08	103.50	158
云南	**Yunnan**	**1090.00**	**587.31**	**7039.89**	
昆明	Kunming	4.39	1.31	397.48	85
曲靖	Qujing	146.34		2.54	260
玉溪	Yuxi		0.32	8.01	248
保山	Baoshan	0.03	24.82	196.49	122
昭通	Zhaotong	33.91	14.66	453.88	77

地名	City	2010	2013	2014	2014 排名 Ranking
丽江	Lijiang	0.42	428.69	657.40	58
普洱	Puer			11.90	237
临沧	Lincang		27.99	3722.30	1
西藏	**Tibet**	**749.65**	**519.60**	**58.57**	
拉萨	Lasa	52.15	216.63	25.68	217
陕西	**Shaanxi**	**525.44**	**543.39**	**1114.35**	
西安	Xi'an			46.66	200
铜川	Tongchuan		11.88	93.76	165
宝鸡	Baoji		14.11	10.16	240
咸阳	Xianyang		0.67		
渭南	Weinan	4.37	386.25	26.59	214
延安	Yan'an	14.79	2.54	9.44	242
汉中	Hanzhong		31.06	64.45	181
榆林	Yulin	6.89	17.66	772.25	45
安康	Ankang	499.39	53.90	15.71	231
商洛	Shangluo		25.34	75.35	176
甘肃	**Gansu**	**1153.76**	**538.28**	**3072.86**	
兰州	Lanzhou		6.38	57.95	189
嘉峪关	Jiayuguan	43.49			
金昌	Jinchang	217.95	38.28	24.43	219
白银	Baiyin	58.95	67.20	272.75	107
天水	Tianshui	2.00	8.33	7.00	251
武威	Wuwei	96.21	1.45	174.03	126
张掖	Zhangye	10.00	32.36	7.41	249
平凉	Pingliang		64.78	100.24	161
酒泉	Jiuquan	661.99	32.52	1628.93	11
庆阳	Qingyang	5.00	27.90	512.96	67
定西	Dingxi	53.81	1.57	143.23	141
陇南	Longnan	0.28		9.99	241
青海	**Qinghai**	**376.02**	**698.54**	**325.81**	
西宁	Xining		123.47	3.18	258
海东	Haidong			57.55	190
宁夏	**Ningxia**	**2.42**		**61.22**	
银川	Yinchuan			26.20	216
石嘴山	Shizuishan				
吴忠	Wuzhong	2.42			
固原	Guyuan				
中卫	Zhongwei			35.02	208
新疆	**Xinjiang**	**1386.61**	**1085.48**	**6495.74**	
乌鲁木齐	Urumqi	284.26		578.60	61
克拉玛依	Karamay	23.54	137.45	306.07	101

7-6 建设用地新增出让土地面积
Newly Increased Area of Construction Use Land Granted

单位：公顷　　(hectare)

地名	City	2010	2013	2014	2014 排名 Ranking	地名	City	2010	2013	2014	2014 排名 Ranking
全国	**Nation Total**	**142370.8**	**245326.6**	**181884.4**		沈阳	Shenyang	1880.13	1864.15	1729.21	7
北京	**Beijing**	**1115.74**	**1541.52**	**1113.64**		大连	Dalian	1396.66	983.51	557.32	106
天津	**Tianjin**	**2359.35**	**3367.98**	**2457.80**		鞍山	Anshan	1153.99	1307.02	466.00	138
河北	**Hebei**	**5387.94**	**12131.21**	**9811.01**		抚顺	Fushun	402.32	446.58	128.68	264
石家庄	Shijiazhuang	679.39	1158.96	1127.18	23	本溪	Benxi	240.51	317.68	147.80	260
唐山	Tangshan	653.83	1466.57	1509.49	11	丹东	Dandong	369.86	318.73	235.80	224
秦皇岛	Qinhuangdao	421.85	598.59	344.06	182	锦州	Jinzhou	294.08	406.03	166.52	247
邯郸	Handan	679.09	1156.89	961.70	38	营口	Yingkou	660.80	477.73	322.42	188
邢台	Xingtai	277.45	1142.47	793.40	64	阜新	Fuxin	291.35	399.87	304.19	196
保定	Baoding	510.38	1171.92	969.15	37	辽阳	Liaoyang	388.99	284.33	163.73	250
张家口	Zhangjiakou	443.15	786.21	536.02	115	盘锦	Panjin	365.95	427.87	415.64	153
承德	Chengde	375.86	1118.06	448.34	146	铁岭	Tieling	1234.41	618.00	326.68	185
沧州	Cangzhou	456.73	1053.26	1338.86	13	朝阳	Chaoyang	476.07	459.96	318.17	190
廊坊	Langfang	668.58	1858.79	882.01	47	葫芦岛	Huludao	255.81	400.24	173.67	242
衡水	Hengshui	221.64	619.50	900.80	43	**吉林**	**Jilin**	**2830.43**	**5350.76**	**3337.22**	
山西	**Shanxi**	**2706.08**	**5620.55**	**4032.91**		长春	Changchun	1411.26	2285.54	820.92	60
太原	Taiyuan	305.36	537.16	584.09	99	吉林	Jilin	346.02	1029.33	693.29	84
大同	Datong	241.57	657.12	432.51	149	四平	Siping	144.15	398.22	273.32	205
阳泉	Yangquan	159.15	122.77	197.81	235	辽源	Liaoyuan	70.12	184.29	74.25	280
长治	Changzhi	176.07	395.04	381.22	167	通化	Tonghua	53.02	355.97	363.51	172
晋城	Jincheng	199.44	385.24	325.73	186	白山	Baishan	477.72	229.90	149.41	259
朔州	Shuozhou	285.79	533.04	170.42	246	松原	Songyuan	49.62	276.71	232.97	227
晋中	Jinzhong	205.91	651.04	485.47	130	白城	Baicheng	173.34	223.24	272.62	207
运城	Yuncheng	371.30	634.77	535.57	116	**黑龙江**	**Heilongjiang**	**2518.56**	**5104.41**	**3641.45**	
忻州	Xinzhou	168.21	331.53	271.50	208	哈尔滨	Harbin	964.31	1586.54	1010.17	36
临汾	Linfen	254.10	763.50	183.58	238	齐齐哈尔	Qiqihar	157.55	349.69	405.71	157
吕梁	Lvliang	339.18	609.34	464.99	140	鸡西	Jixi	41.65	262.34	124.20	266
内蒙古	**Inner Mongolia**	**6986.97**	**8842.16**	**6383.35**		鹤岗	Hegang	70.52	9.33	56.61	282
呼和浩特	Hohhot	415.51	784.66	519.64	119	双鸭山	Shuangyashan	116.72	170.37	98.58	271
包头	Baotou	384.04	794.79	307.25	194	大庆	Daqing	190.17	448.08	251.02	216
乌海	Wuhai	214.61	201.52	137.46	263	伊春	Yichun	8.80	133.49	304.95	195
赤峰	Chifeng	441.19	1333.15	802.01	62	佳木斯	Jiamusi	110.98	296.53	163.13	251
通辽	Tongliao	427.98	517.31	417.01	152	七台河	Qitaihe	32.69	48.67	97.85	273
鄂尔多斯	Erdos	2973.61	676.30	1153.09	20	牡丹江	Mudanjiang	216.63	394.25	250.49	218
呼伦贝尔	Hulunbuir	319.02	896.05	477.31	133	黑河	Heihe	65.33	102.24	90.64	276
巴彦淖尔	Bayannur	484.19	990.54	387.84	164	绥化	Suihua	464.61	995.42	569.58	104
乌兰察布	Ulanqab	353.10	1312.43	739.33	76	**上海**	**Shanghai**	**324.60**	**512.92**	**944.41**	
辽宁	**Liaoning**	**9410.93**	**8711.71**	**5455.84**		**江苏**	**Jiangsu**	**17694.52**	**16805.95**	**12488.35**	

7-6 建设用地新增出让土地面积 续表 1

Newly Increased Area of Construction Use Land Granted continued 1

单位：公顷 (hectare)

地名	City	2010	2013	2014	2014 排名 Ranking
南京	Nanjing	1032.30	1176.04	761.47	72
无锡	Wuxi	1882.61	1285.24	827.92	58
徐州	Xuzhou	1360.72	1295.47	1098.59	24
常州	Changzhou	1710.98	1212.63	1042.14	30
苏州	Suzhou	2017.04	1779.03	1139.91	21
南通	Nantong	2404.60	1938.27	1518.13	10
连云港	Lianyungang	403.00	663.02	491.18	127
淮安	Huaian	1186.10	831.22	1014.89	34
盐城	Yancheng	1783.79	2505.07	1301.53	14
扬州	Yangzhou	1409.27	955.65	789.85	67
镇江	Zhenjiang	336.89	849.95	541.37	113
泰州	Taizhou	1210.46	1246.14	943.49	40
宿迁	Suqian	956.74	1068.22	1017.88	33
浙江	**Zhejiang**	**12621.52**	**8513.96**	**5534.46**	
杭州	Hangzhou	2521.25	1650.02	1182.14	18
宁波	Ningbo	1478.18	1243.13	696.55	83
温州	Wenzhou	455.20	812.59	356.18	175
嘉兴	Jiaxing	2072.12	788.97	763.19	71
湖州	Huzhou	1101.03	735.40	733.10	78
绍兴	Shaoxing	1172.63	853.47	477.17	134
金华	Jinhua	1218.58	744.56	562.72	105
衢州	Quzhou	894.30	370.32	261.26	211
舟山	Zhoushan	427.56	268.42	102.74	269
台州	Taizhou	816.40	733.50	243.52	220
丽水	Lishui	464.27	313.59	155.89	254
安徽	**Anhui**	**6026.73**	**9508.49**	**7528.67**	
合肥	Hefei	718.93	660.13	795.33	63
芜湖	Wuhu	872.75	931.51	677.80	86
蚌埠	Bengbu	226.01	668.61	544.86	112
淮南	Huainan	118.63	233.56	151.15	257
马鞍山	Maanshan	196.51	545.94	209.67	232
淮北	Huaibei	401.03	109.74	101.29	270
铜陵	Tongling	322.39	238.45	93.53	275
安庆	Anqing	458.36	490.61	401.94	159
黄山	Huangshan	212.27	346.91	315.28	191
滁州	Chuzhou	369.60	719.56	556.56	109
阜阳	Fuyang	393.14	736.55	360.74	174
宿州	Suzhou	351.49	492.40	585.83	97
六安	Liuan	304.12	564.71	882.62	46
亳州	Bozhou	157.78	533.21	413.29	155
池州	Chizhou	368.48	752.13	495.70	125
宣城	Xuancheng	332.40	935.89	539.16	114
福建	**Fujian**	**3964.56**	**8452.98**	**6431.21**	
福州	Fuzhou	671.12	1861.70	960.02	39
厦门	Xiamen	147.43	177.97	225.33	228
莆田	Putian	213.58	378.68	238.73	223
三明	Sanming	451.25	747.09	557.23	107
泉州	Quanzhou	549.83	1345.68	1219.33	17
漳州	Zhangzhou	788.83	1694.66	1558.92	9
南平	Nanping	265.14	751.57	675.33	87
龙岩	Longyan	538.95	796.27	367.83	171
宁德	Ningde	338.42	699.36	628.49	95
江西	**Jiangxi**	**5636.47**	**11686.47**	**6622.13**	
南昌	Nanchang	821.95	1960.15	904.17	42
景德镇	Jingdezhen	276.61	346.26	257.58	213
萍乡	Pingxiang	142.71	571.26	270.31	209
九江	Jiujiang	650.35	1835.97	1048.36	29
新余	Xinyu	147.87	560.59	323.40	187
鹰潭	Yingtan	205.63	567.16	350.63	178
赣州	Ganzhou	655.10	1307.20	757.99	74
吉安	Jian	554.42	790.19	721.29	82
宜春	Yichun	1078.19	1165.87	1028.74	31
抚州	Fuzhou	618.70	1360.97	500.56	123
上饶	Shangrao	484.95	1220.84	459.10	141
山东	**Shandong**	**16201.59**	**28544.17**	**17405.74**	
济南	Jinan	929.79	1383.36	1076.25	27
青岛	Qingdao	1582.28	2937.06	1974.56	3
淄博	Zibo	586.11	1466.25	521.32	118
枣庄	Zaozhuang	367.25	1025.93	544.94	111
东营	Dongying	1246.60	1816.73	1278.97	15
烟台	Yantai	1485.20	2428.75	900.69	44
潍坊	Weifang	2304.71	3638.31	1908.02	6
济宁	Jining	994.77	1645.88	1180.82	19
泰安	Taian	729.30	940.88	837.03	56
威海	Weihai	824.15	917.81	671.99	88
日照	Rizhao	602.07	668.50	467.43	136
莱芜	Laiwu	368.30	730.18	285.26	202
临沂	Linyi	1328.25	3239.35	1908.23	5
德州	Dezhou	560.14	1544.91	838.50	55
聊城	Liaocheng	872.38	1529.41	1017.95	32

7-6　建设用地新增出让土地面积　续表 2

Newly Increased Area of Construction Use Land Granted continued 2

单位：公顷 (hectare)

地名	City	2010	2013	2014	2014 排名 Ranking	地名	City	2010	2013	2014	2014 排名 Ranking
滨州	Binzhou	850.26	1058.95	860.67	51	常德	Changde	359.15	596.48	663.62	90
菏泽	Heze	570.04	1571.90	1133.11	22	张家界	Zhangjiajie	76.78	104.47	36.86	283
河南	**Henan**	**5751.63**	**13019.62**	**10258.96**		益阳	Yiyang	186.09	534.99	380.53	168
郑州	Zhengzhou	633.98	2559.62	1919.66	4	郴州	Chenzhou	318.25	584.88	458.20	142
开封	Kaifeng	375.52	861.45	549.86	110	永州	Yongzhou	113.93	526.96	479.57	131
洛阳	Luoyang	540.19	936.24	726.28	79	怀化	Huaihua	234.98	582.01	500.61	122
平顶山	Pingdingshan	406.68	638.85	578.12	100	娄底	Loudi	106.46	424.90	282.61	203
安阳	Anyang	346.49	718.02	813.93	61	**广东**	**Guangdong**	**4846.35**	**7561.04**	**7271.49**	
鹤壁	Hebi	275.47	506.10	384.34	166	广州	Guangzhou	1202.77	780.03	632.34	94
新乡	Xinxiang	304.59	864.09	659.36	91	韶关	Shaoguan	169.90	454.32	289.14	200
焦作	Jiaozuo	391.28	695.72	651.97	92	深圳	Shenzhen	121.21	143.01	63.74	281
濮阳	Puyang	140.85	499.22	203.63	234	珠海	Zhuhai	60.88	152.01	171.95	245
许昌	Xuchang	441.83	773.33	404.11	158	汕头	Shantou	53.12	74.58	90.46	277
漯河	Luohe	136.36	350.28	235.66	225	佛山	Foshan	65.45	205.82	256.86	214
三门峡	Sanmenxia	336.91	352.48	346.77	179	江门	Jiangmen	481.01	443.67	385.25	165
南阳	Nanyang	335.14	691.37	863.01	49	湛江	Zhanjiang	235.65	356.00	394.30	161
商丘	Shangqiu	331.58	682.85	478.48	132	茂名	Maoming	42.61	251.71	191.15	237
信阳	Xinyang	148.91	371.72	439.56	148	肇庆	Zhaoqing	220.56	754.96	664.29	89
周口	Zhoukou	196.30	630.02	518.24	120	惠州	Huizhou	161.71	388.22	417.67	151
驻马店	Zhumadian	409.54	888.25	485.97	129	梅州	Meizhou	83.31	276.92	331.84	184
湖北	**Hubei**	**7809.31**	**13112.00**	**10331.69**		汕尾	Shanwei		72.77	83.44	278
武汉	Wuhan	1617.28	2224.40	2245.02	1	河源	Heyuan	199.69	303.62	390.35	163
黄石	Huangshi	205.23	1371.08	259.23	212	阳江	Yangjiang	338.29	337.00	413.98	154
十堰	Shiyan	378.82	946.37	789.93	66	清远	Qingyuan	493.74	848.32	572.69	103
宜昌	Yichang	1330.42	1533.39	833.96	57	东莞	Dongguan	392.08	723.83	361.09	173
襄阳	Xiangyang	533.71	1408.33	1083.51	25	中山	Zhongshan	366.05	244.87	142.61	262
鄂州	Ezhou	348.27	614.43	243.98	219	潮州	Chaozhou	3.38	156.17	214.14	231
荆门	Jingmen	618.51	425.21	620.91	96	揭阳	Jieyang	71.53	263.35	827.38	59
孝感	Xiaogan	474.89	551.44	785.89	68	云浮	Yunfu	83.41	329.86	376.85	169
荆州	Jingzhou	539.63	782.89	576.91	102	**广西**	**Guangxi**	**2015.72**	**5224.97**	**4689.36**	
黄冈	Huanggang	584.24	712.08	843.53	53	南宁	Nanning	353.00	639.40	840.26	54
咸宁	Xianning	464.55	1032.97	768.09	70	柳州	Liuzhou	188.78	601.67	491.63	126
随州	Suizhou	186.96	534.94	448.67	145	桂林	Guilin	175.35	390.09	278.39	204
湖南	**Hunan**	**3348.40**	**7886.28**	**7123.07**		梧州	Wuzhou	228.44	440.84	262.07	210
长沙	Changsha	675.32	1438.12	1669.41	8	北海	Beihai	45.61	277.35	105.43	268
株洲	Zhuzhou	223.43	691.04	399.53	160	防城港	Fangchenggang	167.27	353.90	218.48	230
湘潭	Xiangtan	97.42	494.05	446.23	147	钦州	Qinzhou	141.17	285.70	242.80	221
衡阳	Hengyang	359.91	938.97	692.16	85	贵港	Guigang	29.31	297.75	291.75	199
邵阳	Shaoyang	303.53	331.73	346.31	180	玉林	Yulin	212.34	451.63	390.93	162
岳阳	Yueyang	242.78	495.86	521.77	117	百色	Baise	180.36	501.01	499.10	124

7-6 建设用地新增出让土地面积 续表 3

Newly Increased Area of Construction Use Land Granted continued 3

单位：公顷 (hectare)

地名	City	2010	2013	2014	2014 排名 Ranking	地名	City	2010	2013	2014	2014 排名 Ranking
贺州	Hezhou	110.02	199.85	295.06	198	丽江	Lijiang	48.47	244.69	98.50	272
河池	Hechi	63.52	244.15	221.31	229	普洱	Puer	77.12	211.13	147.59	261
来宾	Laibin	16.27	257.89	345.98	181	临沧	Lincang	49.05	295.49	165.47	249
崇左	Chongzuo	104.39	283.75	206.17	233	**西藏**	**Tibet**	**236.98**	**117.32**	**439.32**	
海南	**Hainan**	**644.95**	**1284.06**	**687.31**		拉萨	Lasa	160.57	86.94	238.94	222
海口	Haikou	26.75	78.17	16.90	284	**陕西**	**Shaanxi**	**2239.39**	**7187.80**	**5442.20**	
三亚	Sanya	43.74	152.04	94.10	274	西安	Xi'an	239.17	1629.45	1080.92	26
三沙	Sansha					铜川	Tongchuan	101.07	113.31	150.62	258
重庆	**Chongqing**	**3166.96**	**4610.06**	**3988.73**		宝鸡	Baoji	158.69	939.13	649.73	93
四川	**Sichuan**	**5200.63**	**11783.48**	**9307.14**		咸阳	Xianyang	409.38	1164.08	867.37	48
成都	Chengdu	1728.63	2830.13	1986.05	2	渭南	Weinan	197.25	500.46	343.79	183
自贡	Zigong	110.97	637.09	182.80	239	延安	Yan'an	53.41	241.66	156.04	253
攀枝花	Panzhihua	63.39	145.84	191.80	236	汉中	Hanzhong	109.80	474.39	941.76	41
泸州	Luzhou	684.94	630.45	420.44	150	榆林	Yulin	837.46	1430.39	769.49	69
德阳	Deyang	599.35	592.55	466.12	137	安康	Ankang	56.87	378.61	161.17	252
绵阳	Mianyang	345.45	840.41	577.67	101	商洛	Shangluo	76.29	316.31	321.31	189
广元	Guangyuan	15.25	577.86	173.42	243	**甘肃**	**Gansu**	**1412.38**	**7399.61**	**5547.64**	
遂宁	Suining	57.17	448.20	408.27	156	兰州	Lanzhou	196.39	988.37	1073.15	28
内江	Neijiang	123.50	345.24	181.98	240	嘉峪关	Jiayuguan	28.51	976.43	790.23	65
乐山	Leshan	191.56	496.43	451.30	144	金昌	Jinchang	89.10	249.05	81.06	279
南充	Nanchong	275.05	534.89	486.20	128	白银	Baiyin	111.59	304.04	356.17	176
眉山	Meishan	357.58	810.17	736.67	77	天水	Tianshui	116.37	181.39	166.00	248
宜宾	Yibin	246.20	707.67	584.40	98	武威	Wuwei	76.08	1025.83	754.95	75
广安	Guangan	136.43	586.98	507.16	121	张掖	Zhangye	199.22	1194.22	557.02	108
达州	Dazhou	96.93	349.74	286.91	201	平凉	Pingliang	32.36	217.35	253.94	215
雅安	Yaan	51.47	199.70	125.59	265	酒泉	Jiuquan	334.70	1002.13	853.35	52
巴中	Bazhong		255.67	310.65	192	庆阳	Qingyang	91.28	312.32	179.50	241
资阳	Ziyang	63.99	553.82	465.32	139	定西	Dingxi	58.98	491.91	172.55	244
贵州	**Guizhou**	**1899.80**	**6635.86**	**5120.02**		陇南	Longnan	11.31	113.43	14.38	285
贵阳	Guiyang	831.19	1324.22	893.86	45	**青海**	**Qinghai**	**538.79**	**1135.52**	**1510.12**	
六盘水	Liupanshui	251.79	283.08	354.75	177	西宁	Xining	216.74	445.07	725.87	80
遵义	Zunyi	244.14	1292.68	1012.92	35	海东	Haidong			119.50	267
安顺	Anshun	80.32	358.36	303.12	197	**宁夏**	**Ningxia**	**2048.16**	**4840.82**	**3141.96**	
毕节	Bijie	81.65	803.60	758.09	73	银川	Yinchuan	800.52	2014.52	1465.29	12
铜仁	Tongren	39.09	781.61	455.44	143	石嘴山	Shizuishan	525.34	589.58	233.25	226
云南	**Yunnan**	**3388.90**	**6504.27**	**4394.31**		吴忠	Wuzhong	362.01	1084.88	722.90	81
昆明	Kunming	562.61	1872.80	1276.83	16	固原	Guyuan	140.85	419.78	250.66	217
曲靖	Qujing	270.23	411.96	308.57	193	中卫	Zhongwei	219.44	732.07	469.85	135
玉溪	Yuxi	361.00	226.77	272.98	206	**新疆**	**Xinjiang**	**2036.49**	**12328.60**	**9442.86**	
保山	Baoshan	257.47	515.47	373.10	170	乌鲁木齐	Urumqi	23.01	679.03	862.41	50
昭通	Zhaotong	156.49	88.46	152.43	256	克拉玛依	Karamay	12.74	252.88	154.57	255

7-7 建设用地出让土地成交价款

Transaction Price Value of Construction Use Land Granted

单位：亿元 (100 million yuan)

地名	City	2010	2013	2014	2014 排名 Ranking
全国	**Nation Total**	**27464.48**	**43745.30**	**34377.37**	
北京	**Beijing**	**1318.87**	**1782.10**	**2027.60**	
天津	**Tianjin**	**852.96**	**819.66**	**802.00**	
河北	**Hebei**	**1076.32**	**1682.19**	**1101.33**	
石家庄	Shijiazhuang	130.02	262.65	196.75	38
唐山	Tangshan	162.06	330.76	168.79	47
秦皇岛	Qinhuangdao	118.16	76.00	36.45	187
邯郸	Handan	121.53	143.97	94.68	82
邢台	Xingtai	48.44	71.27	67.58	107
保定	Baoding	92.47	117.93	101.90	75
张家口	Zhangjiakou	55.87	95.48	56.49	134
承德	Chengde	48.40	82.17	39.13	181
沧州	Cangzhou	73.99	99.85	106.68	72
廊坊	Langfang	193.68	335.12	172.97	44
衡水	Hengshui	31.72	66.99	59.91	124
山西	**Shanxi**	**265.95**	**635.68**	**442.36**	
太原	Taiyuan	63.49	183.52	144.79	55
大同	Datong	62.46	104.85	59.13	126
阳泉	Yangquan	9.63	6.87	8.35	267
长治	Changzhi	8.25	29.33	27.76	210
晋城	Jincheng	26.86	26.05	39.28	179
朔州	Shuozhou	21.90	73.13	16.30	244
晋中	Jinzhong	16.52	45.50	43.94	168
运城	Yuncheng	15.63	38.66	37.24	185
忻州	Xinzhou	10.79	43.81	26.36	216
临汾	Linfen	18.75	59.33	19.59	234
吕梁	Lvliang	11.67	24.62	19.62	233
内蒙古	**Inner Mongolia**	**487.98**	**542.22**	**369.09**	
呼和浩特	Hohhot	59.88	145.48	63.01	113
包头	Baotou	44.89	71.38	42.09	171
乌海	Wuhai	15.02	13.08	4.58	278
赤峰	Chifeng	37.41	71.43	73.29	98
通辽	Tongliao	21.36	34.85	26.99	213
鄂尔多斯	Erdos	215.91	41.40	55.19	137
呼伦贝尔	Hulunbuir	24.32	48.25	32.65	196
巴彦淖尔	Bayannur	18.24	29.49	10.03	260
乌兰察布	Ulanqab	9.74	55.29	25.37	219
辽宁	**Liaoning**	**1916.70**	**1971.04**	**1121.24**	

地名	City	2010	2013	2014	2014 排名 Ranking
沈阳	Shenyang	292.94	485.30	433.99	12
大连	Dalian	870.96	485.74	169.95	46
鞍山	Anshan	218.89	166.46	70.33	101
抚顺	Fushun	41.38	91.44	20.91	230
本溪	Benxi	13.46	39.54	29.68	202
丹东	Dandong	30.31	48.45	38.52	183
锦州	Jinzhou	39.96	129.98	33.48	193
营口	Yingkou	176.76	148.37	61.12	118
阜新	Fuxin	25.89	39.31	20.42	231
辽阳	Liaoyang	48.42	56.27	39.79	176
盘锦	Panjin	47.33	78.60	61.01	119
铁岭	Tieling	56.73	76.97	58.56	128
朝阳	Chaoyang	20.04	61.87	51.25	145
葫芦岛	Huludao	33.62	62.74	32.21	198
吉林	**Jilin**	**406.22**	**486.06**	**363.27**	
长春	Changchun	281.63	288.14	183.69	41
吉林	Jilin	48.61	81.12	58.40	129
四平	Siping	13.24	25.50	17.25	239
辽源	Liaoyuan	6.25	6.22	4.45	279
通化	Tonghua	14.62	28.71	31.08	200
白山	Baishan	22.76	11.80	7.63	270
松原	Songyuan	5.31	11.04	14.43	250
白城	Baicheng	6.35	12.99	17.98	236
黑龙江	**Heilongjiang**	**356.43**	**472.88**	**490.41**	
哈尔滨	Harbin	214.68	278.52	161.59	51
齐齐哈尔	Qiqihar	19.28	26.10	26.19	217
鸡西	Jixi	3.22	9.26	5.22	276
鹤岗	Hegang	1.86	6.25	3.19	281
双鸭山	Shuangyashan	4.74	7.66	3.71	280
大庆	Daqing	42.90	47.89	33.98	191
伊春	Yichun	2.07	4.69	8.09	268
佳木斯	Jiamusi	5.64	13.69	5.15	277
七台河	Qitaihe	1.18	2.22	2.34	283
牡丹江	Mudanjiang	26.88	28.21	209.07	33
黑河	Heihe	6.24	3.75	3.04	282
绥化	Suihua	21.96	30.19	21.35	229
上海	**Shanghai**	**880.09**	**1090.52**	**1486.36**	
江苏	**Jiangsu**	**3821.81**	**6114.96**	**4430.71**	

7-7 建设用地出让土地成交价款 续表 1

Transaction Price Value of Construction Use Land Granted continued 1

单位：亿元 (100 million yuan)

地名	City	2010	2013	2014	2014 排名 Ranking	地名	City	2010	2013	2014	2014 排名 Ranking
南京	Nanjing	521.96	943.09	635.37	4	池州	Chizhou	37.32	145.79	60.47	121
无锡	Wuxi	626.32	391.47	260.02	27	宣城	Xuancheng	67.94	124.29	77.48	94
徐州	Xuzhou	189.39	421.51	373.75	16	**福建**	**Fujian**	**1138.42**	**1579.61**	**1085.18**	
常州	Changzhou	339.35	499.26	597.22	5	福州	Fuzhou	366.03	495.55	286.35	23
苏州	Suzhou	679.87	1135.45	580.75	7	厦门	Xiamen	329.01	230.47	227.19	31
南通	Nantong	380.85	806.90	583.95	6	莆田	Putian	52.88	101.07	62.79	114
连云港	Lianyungang	87.12	268.50	135.54	59	三明	Sanming	38.14	97.59	44.00	167
淮安	Huaian	209.88	193.68	206.67	35	泉州	Quanzhou	126.84	195.97	207.80	34
盐城	Yancheng	299.22	422.72	199.24	37	漳州	Zhangzhou	82.66	154.36	128.41	61
扬州	Yangzhou	221.98	325.51	274.28	25	南平	Nanping	47.90	56.17	44.36	164
镇江	Zhenjiang	64.63	179.98	138.03	58	龙岩	Longyan	39.75	147.76	27.66	211
泰州	Taizhou	117.24	246.30	313.74	19	宁德	Ningde	55.21	100.67	56.61	132
宿迁	Suqian	83.99	280.60	132.14	60	**江西**	**Jiangxi**	**602.72**	**1338.45**	**1013.95**	
浙江	**Zhejiang**	**3640.02**	**4125.14**	**2332.98**		南昌	Nanchang	149.76	350.45	301.57	22
杭州	Hangzhou	1025.21	1431.37	748.92	2	景德镇	Jingdezhen	24.14	39.16	26.95	214
宁波	Ningbo	692.82	731.11	335.39	18	萍乡	Pingxiang	10.42	69.69	32.29	197
温州	Wenzhou	305.66	513.02	281.59	24	九江	Jiujiang	89.41	221.12	160.62	52
嘉兴	Jiaxing	298.71	248.76	206.45	36	新余	Xinyu	11.29	35.79	55.55	136
湖州	Huzhou	161.25	144.08	173.51	43	鹰潭	Yingtan	21.23	37.72	29.98	201
绍兴	Shaoxing	282.96	323.23	172.96	45	赣州	Ganzhou	101.69	184.97	128.27	62
金华	Jinhua	303.36	230.64	166.10	49	吉安	Jian	47.72	100.15	53.67	139
衢州	Quzhou	82.27	57.46	51.10	147	宜春	Yichun	57.02	124.80	95.70	80
舟山	Zhoushan	142.01	60.93	40.90	173	抚州	Fuzhou	41.35	79.83	50.50	150
台州	Taizhou	279.25	303.52	104.77	74	上饶	Shangrao	48.70	94.77	78.84	91
丽水	Lishui	66.52	81.03	51.29	144	**山东**	**Shandong**	**2544.35**	**3490.18**	**2756.91**	
安徽	**Anhui**	**1092.93**	**2265.29**	**1813.77**		济南	Jinan	309.57	460.29	411.94	14
合肥	Hefei	187.61	483.63	417.37	13	青岛	Qingdao	535.02	458.84	438.52	11
芜湖	Wuhu	199.28	194.55	145.12	54	淄博	Zibo	86.87	182.05	143.56	57
蚌埠	Bengbu	52.04	116.27	99.79	76	枣庄	Zaozhuang	65.05	179.53	107.98	71
淮南	Huainan	27.47	43.77	39.61	178	东营	Dongying	61.06	117.93	79.46	90
马鞍山	Maanshan	52.25	102.06	29.35	203	烟台	Yantai	253.83	272.58	174.67	42
淮北	Huaibei	47.91	20.51	24.49	224	潍坊	Weifang	275.70	377.89	306.10	20
铜陵	Tongling	54.16	81.46	53.05	140	济宁	Jining	294.61	249.47	187.76	39
安庆	Anqing	62.53	52.47	75.48	96	泰安	Taian	71.46	95.67	86.93	87
黄山	Huangshan	44.59	29.49	24.82	222	威海	Weihai	176.29	260.24	168.22	48
滁州	Chuzhou	89.11	174.17	111.12	68	日照	Rizhao	39.67	122.44	56.36	135
阜阳	Fuyang	41.75	197.28	165.71	50	莱芜	Laiwu	16.72	26.13	15.63	247
宿州	Suzhou	39.01	99.04	123.73	64	临沂	Linyi	135.27	277.54	228.56	30
六安	Liuan	43.51	107.32	185.80	40	德州	Dezhou	56.44	152.50	114.29	66
亳州	Bozhou	27.47	224.98	110.59	70	聊城	Liaocheng	57.87	91.46	75.33	97

7-7 建设用地出让土地成交价款 续表 2

Transaction Price Value of Construction Use Land Granted continued 2

单位：亿元 (100 million yuan)

地名	City	2010	2013	2014	2014 排名 Ranking	地名	City	2010	2013	2014	2014 排名 Ranking
滨州	Binzhou	59.54	58.33	50.91	148	常德	Changde	31.61	84.79	67.64	106
菏泽	Heze	49.40	107.29	110.70	69	张家界	Zhangjiajie	17.73	19.57	13.55	254
河南	**Henan**	**651.35**	**1503.37**	**1422.54**		益阳	Yiyang	22.21	43.36	40.68	174
郑州	Zhengzhou	159.51	494.51	553.37	9	郴州	Chenzhou	29.71	72.10	56.51	133
开封	Kaifeng	46.65	80.24	60.16	122	永州	Yongzhou	19.96	38.72	48.49	156
洛阳	Luoyang	57.70	111.99	96.28	77	怀化	Huaihua	41.48	73.81	70.58	100
平顶山	Pingdingshan	32.38	96.38	48.85	155	娄底	Loudi	13.78	45.06	44.83	163
安阳	Anyang	61.26	66.38	93.87	83	广东	**Guangdong**	**1350.02**	**3254.50**	**3031.58**	
鹤壁	Hebi	18.54	32.31	38.70	182	广州	Guangzhou	364.28	760.40	833.42	1
新乡	Xinxiang	21.73	59.24	61.48	116	韶关	Shaoguan	19.32	69.85	304.71	21
焦作	Jiaozuo	27.02	61.17	50.42	151	深圳	Shenzhen	50.85	548.48	678.71	3
濮阳	Puyang	12.17	44.01	33.50	192	珠海	Zhuhai	92.78	335.86	236.16	28
许昌	Xuchang	39.89	77.75	65.17	110	汕头	Shantou	12.34	49.01	93.11	85
漯河	Luohe	9.85	48.57	24.80	223	佛山	Foshan	269.35	550.99	397.96	15
三门峡	Sanmenxia	22.51	24.27	23.51	227	江门	Jiangmen	38.33	73.57	76.98	95
南阳	Nanyang	42.54	61.45	81.03	89	湛江	Zhanjiang	26.25	105.30	44.94	161
商丘	Shangqiu	26.64	82.94	51.20	146	茂名	Maoming	6.06	51.70	63.19	112
信阳	Xinyang	33.13	44.12	44.08	166	肇庆	Zhaoqing	23.86	70.63	45.09	160
周口	Zhoukou	11.91	50.64	47.88	158	惠州	Huizhou	101.39	102.58	77.62	93
驻马店	Zhumadian	27.92	67.39	48.23	157	梅州	Meizhou	17.68	41.68	50.19	152
湖北	**Hubei**	**765.88**	**1619.31**	**1266.56**		汕尾	Shanwei	0.99	8.89	16.38	243
武汉	Wuhan	363.29	674.91	513.48	10	河源	Heyuan	14.59	35.79	29.25	204
黄石	Huangshi	22.30	127.88	34.48	190	阳江	Yangjiang	38.43	21.75	33.34	194
十堰	Shiyan	34.03	47.52	59.50	125	清远	Qingyuan	41.82	70.34	84.62	88
宜昌	Yichang	71.23	154.23	93.41	84	东莞	Dongguan	135.78	215.56	105.84	73
襄阳	Xiangyang	41.85	131.79	127.35	63	中山	Zhongshan	67.67	57.37	27.51	212
鄂州	Ezhou	27.43	31.36	17.86	237	潮州	Chaozhou	5.77	17.92	39.24	180
荆门	Jingmen	24.01	39.58	57.87	130	揭阳	Jieyang	16.07	30.20	39.63	177
孝感	Xiaogan	34.66	74.99	78.32	92	云浮	Yunfu	6.41	36.66	27.93	208
荆州	Jingzhou	37.58	88.71	61.48	117	广西	**Guangxi**	**424.68**	**634.28**	**631.30**	
黄冈	Huanggang	20.12	69.85	71.13	99	南宁	Nanning	183.14	101.39	232.54	29
咸宁	Xianning	32.47	58.26	52.93	141	柳州	Liuzhou	35.17	130.95	95.80	79
随州	Suizhou	18.29	35.08	28.86	205	桂林	Guilin	28.79	65.19	62.67	115
湖南	**Hunan**	**499.59**	**1190.78**	**1033.29**		梧州	Wuzhou	33.00	28.34	18.63	235
长沙	Changsha	180.65	474.55	356.27	17	北海	Beihai	23.53	34.25	16.91	240
株洲	Zhuzhou	33.37	78.77	60.03	123	防城港	Fangchenggang	15.77	36.47	14.03	252
湘潭	Xiangtan	23.23	52.37	44.23	165	钦州	Qinzhou	27.23	43.41	23.16	228
衡阳	Hengyang	27.80	84.48	113.74	67	贵港	Guigang	5.61	31.15	35.76	189
邵阳	Shaoyang	25.71	42.07	44.83	162	玉林	Yulin	34.17	41.41	28.05	207
岳阳	Yueyang	28.05	63.61	52.03	143	百色	Baise	14.77	40.65	37.16	186

7-7 建设用地出让土地成交价款 续表 3
Transaction Price Value of Construction Use Land Granted continued 3

单位：亿元 (100 million yuan)

地名	City	2010	2013	2014	2014 排名 Ranking	地名	City	2010	2013	2014	2014 排名 Ranking
贺州	Hezhou	6.12	23.59	10.69	257	丽江	Lijiang	1.99	14.01	9.19	263
河池	Hechi	6.52	15.11	16.40	242	普洱	Puer	9.30	21.71	15.96	245
来宾	Laibin	3.88	29.54	25.34	220	临沧	Lincang	3.18	14.24	7.78	269
崇左	Chongzuo	6.98	12.83	14.15	251	**西藏**	**Tibet**	**6.67**	**7.95**	**16.65**	
海南	**Hainan**	**202.50**	**245.86**	**161.39**		拉萨	Lasa	5.68	4.35	13.80	253
海口	Haikou	17.00	39.52	24.85	221	**陕西**	**Shaanxi**	**265.33**	**701.78**	**574.84**	
三亚	Sanya	51.49	61.49	69.43	102	西安	Xi'an	130.97	253.53	273.70	26
三沙	Sansha					铜川	Tongchuan	6.76	6.00	5.70	272
重庆	**Chongqing**	**732.88**	**1722.75**	**1331.38**		宝鸡	Baoji	17.25	59.95	45.79	159
四川	**Sichuan**	**1116.80**	**1995.32**	**1554.68**		咸阳	Xianyang	33.96	88.91	59.04	127
成都	Chengdu	535.07	715.86	559.34	8	渭南	Weinan	16.21	31.32	26.66	215
自贡	Zigong	26.03	51.87	41.95	172	延安	Yan'an	7.40	23.24	33.07	195
攀枝花	Panzhihua	21.40	17.98	9.42	261	汉中	Hanzhong	9.71	40.81	48.88	154
泸州	Luzhou	49.59	78.34	50.78	149	榆林	Yulin	34.19	132.15	27.78	209
德阳	Deyang	58.58	57.17	49.05	153	安康	Ankang	2.33	48.51	37.42	184
绵阳	Mianyang	47.97	90.64	67.74	105	商洛	Shangluo	6.56	17.35	16.80	241
广元	Guangyuan	17.87	35.00	31.36	199	**甘肃**	**Gansu**	**135.47**	**237.77**	**192.75**	
遂宁	Suining	41.31	101.95	39.82	175	兰州	Lanzhou	66.53	72.42	67.33	108
内江	Neijiang	26.14	91.93	36.26	188	嘉峪关	Jiayuguan	1.12	2.01	5.32	275
乐山	Leshan	64.04	55.46	69.18	103	金昌	Jinchang	0.76	7.02	1.40	285
南充	Nanchong	64.74	168.27	122.39	65	白银	Baiyin	5.03	16.99	15.12	248
眉山	Meishan	21.00	103.08	88.57	86	天水	Tianshui	13.59	19.61	14.53	249
宜宾	Yibin	36.77	75.89	61.01	120	武威	Wuwei	5.21	15.41	12.11	255
广安	Guangan	27.89	73.45	64.63	111	张掖	Zhangye	8.09	17.09	11.93	256
达州	Dazhou	31.43	70.77	52.81	142	平凉	Pingliang	4.13	11.73	24.26	225
雅安	Yaan	12.24	11.05	10.54	259	酒泉	Jiuquan	5.67	15.82	10.68	258
巴中	Bazhong	8.77	64.39	66.84	109	庆阳	Qingyang	8.20	22.18	9.41	262
资阳	Ziyang	12.32	111.39	95.57	81	定西	Dingxi	9.27	17.71	8.79	266
贵州	**Guizhou**	**197.34**	**766.71**	**661.01**		陇南	Longnan	0.63	4.63	1.48	284
贵阳	Guiyang	99.84	199.88	153.72	53	**青海**	**Qinghai**	**47.54**	**69.90**	**73.19**	
六盘水	Liupanshui	9.70	32.89	68.87	104	西宁	Xining	41.74	55.81	56.68	131
遵义	Zunyi	19.09	128.40	95.83	78	海东	Haidong			7.24	271
安顺	Anshun	9.51	83.47	24.13	226	**宁夏**	**Ningxia**	**89.92**	**175.26**	**97.73**	
毕节	Bijie	9.98	101.42	144.43	56	银川	Yinchuan	40.49	114.71	54.66	138
铜仁	Tongren	8.89	71.03	43.18	170	石嘴山	Shizuishan	17.85	11.57	5.53	274
云南	**Yunnan**	**438.16**	**899.09**	**475.89**		吴忠	Wuzhong	12.60	27.30	9.05	264
昆明	Kunming	248.00	549.26	212.61	32	固原	Guyuan	10.32	7.32	8.86	265
曲靖	Qujing	28.20	38.56	28.48	206	中卫	Zhongwei	8.65	14.37	19.64	232
玉溪	Yuxi	24.54	22.18	17.63	238	**新疆**	**Xinjiang**	**138.55**	**324.68**	**215.41**	
保山	Baoshan	16.64	27.31	25.70	218	乌鲁木齐	Urumqi	42.80	86.26	43.48	169
昭通	Zhaotong	15.19	11.28	15.70	246	克拉玛依	Karamay	2.67	13.52	5.66	273

7-8 供应工矿仓储用地面积
Area of Land Supplied for Industry, Mining and Warehousing

单位：公顷 (hectare)

地名	City	2010	2013	2014	2014 排名 Ranking
全国	**Nation Total**	**153977.6**	**213521.0**	**149556.1**	
北京	**Beijing**	**844.49**	**502.86**	**408.08**	
天津	**Tianjin**	**2642.73**	**2788.08**	**2329.43**	
河北	**Hebei**	**8679.30**	**10803.90**	**8263.76**	
石家庄	Shijiazhuang	645.34	624.89	694.44	56
唐山	Tangshan	1523.73	3590.50	1882.81	1
秦皇岛	Qinhuangdao	315.49	293.26	180.90	225
邯郸	Handan	619.72	893.83	804.46	36
邢台	Xingtai	539.18	1046.97	667.24	60
保定	Baoding	638.25	571.03	676.34	59
张家口	Zhangjiakou	361.36	469.00	374.30	131
承德	Chengde	288.07	622.26	259.80	176
沧州	Cangzhou	2644.78	1188.34	1520.02	6
廊坊	Langfang	669.05	786.39	468.64	106
衡水	Hengshui	434.33	717.42	734.82	47
山西	**Shanxi**	**2460.12**	**3503.69**	**2836.68**	
太原	Taiyuan	246.32	315.57	401.69	118
大同	Datong	52.18	172.01	209.16	208
阳泉	Yangquan	94.68	60.76	158.14	240
长治	Changzhi	260.62	214.41	257.41	177
晋城	Jincheng	177.60	228.39	271.26	173
朔州	Shuozhou	304.12	298.66	136.42	253
晋中	Jinzhong	314.83	502.93	326.02	151
运城	Yuncheng	329.97	405.52	371.20	133
忻州	Xinzhou	61.08	279.41	152.36	244
临汾	Linfen	318.24	516.45	151.38	245
吕梁	Lvliang	300.48	509.56	401.65	119
内蒙古	**Inner Mongolia**	**7779.21**	**10149.85**	**6520.54**	
呼和浩特	Hohhot	212.64	364.91	310.14	158
包头	Baotou	450.01	842.08	287.88	169
乌海	Wuhai	377.34	235.95	330.99	149
赤峰	Chifeng	546.67	1146.14	823.55	32
通辽	Tongliao	1721.94	1063.21	598.21	77
鄂尔多斯	Erdos	1237.89	1569.78	1338.80	10
呼伦贝尔	Hulunbuir	848.96	1015.30	546.14	88
巴彦淖尔	Bayannur	585.46	774.45	346.51	143
乌兰察布	Ulanqab	346.71	654.30	424.15	114
辽宁	**Liaoning**	**10274.76**	**9237.05**	**5340.69**	
沈阳	Shenyang	1677.98	1280.72	1322.40	11
大连	Dalian	2140.55	2121.50	713.46	53
鞍山	Anshan	942.03	639.53	301.00	163
抚顺	Fushun	517.48	510.24	90.67	264
本溪	Benxi	312.30	324.49	344.34	145
丹东	Dandong	285.58	368.33	220.09	206
锦州	Jinzhou	627.19	811.99	385.87	127
营口	Yingkou	762.74	487.26	380.70	129
阜新	Fuxin	262.14	341.91	257.39	178
辽阳	Liaoyang	393.10	258.52	195.74	213
盘锦	Panjin	458.20	574.76	240.31	189
铁岭	Tieling	966.91	498.55	237.89	192
朝阳	Chaoyang	470.62	594.44	436.89	113
葫芦岛	Huludao	457.94	424.82	213.93	207
吉林	**Jilin**	**3344.29**	**4311.06**	**3857.43**	
长春	Changchun	1409.71	1536.01	577.56	84
吉林	Jilin	434.55	790.58	704.82	54
四平	Siping	361.53	334.25	245.02	185
辽源	Liaoyuan	127.74	174.31	72.88	271
通化	Tonghua	216.48	251.74	293.62	168
白山	Baishan	77.85	174.04	79.00	269
松原	Songyuan	73.04	455.44	1059.41	18
白城	Baicheng	480.74	259.19	480.10	104
黑龙江	**Heilongjiang**	**3066.40**	**5237.43**	**3688.57**	
哈尔滨	Harbin	789.36	897.65	578.32	83
齐齐哈尔	Qiqihar	366.20	522.72	626.95	69
鸡西	Jixi	71.84	159.89	144.37	251
鹤岗	Hegang	109.42	162.05	270.11	174
双鸭山	Shuangyashan	127.07	96.57	10.81	283
大庆	Daqing	232.06	956.25	298.98	165
伊春	Yichun	56.77	109.67	275.43	172
佳木斯	Jiamusi	168.53	317.64	207.71	209
七台河	Qitaihe	61.36	79.24	81.47	267
牡丹江	Mudanjiang	314.14	347.58	311.76	156
黑河	Heihe	109.27	102.36	89.89	265
绥化	Suihua	460.71	1064.25	399.25	121
上海	**Shanghai**	**692.58**	**523.35**	**711.39**	
江苏	**Jiangsu**	**16100.98**	**16675.06**	**12154.88**	

7-8 供应工矿仓储用地面积 续表 1

Area of Land Supplied for Industry, Mining and Warehousing continued 1

单位：公顷 (hectare)

地名	City	2010	2013	2014	2014 排名 Ranking	地名	City	2010	2013	2014	2014 排名 Ranking
南京	Nanjing	866.93	657.20	526.11	94	池州	Chizhou	334.89	404.16	366.98	134
无锡	Wuxi	1161.09	1242.60	764.57	42	宣城	Xuancheng	630.17	901.88	721.93	52
徐州	Xuzhou	1283.87	942.20	724.89	51	**福建**	**Fujian**	**5439.26**	**6303.31**	**5197.90**	
常州	Changzhou	1318.63	1040.91	1071.91	17	福州	Fuzhou	728.38	1171.31	771.02	40
苏州	Suzhou	2486.52	2113.07	1585.31	5	厦门	Xiamen	517.93	219.55	235.80	195
南通	Nantong	1616.74	1306.16	1411.31	7	莆田	Putian	288.16	324.19	234.72	198
连云港	Lianyungang	1064.00	2516.96	901.95	26	三明	Sanming	530.60	591.18	502.29	98
淮安	Huaian	747.80	711.66	736.08	46	泉州	Quanzhou	707.27	973.75	851.00	29
盐城	Yancheng	2413.82	2032.56	1370.45	9	漳州	Zhangzhou	1131.82	1217.92	1143.18	15
扬州	Yangzhou	1043.06	1172.26	641.86	65	南平	Nanping	265.36	538.24	506.74	96
镇江	Zhenjiang	360.00	883.62	577.24	85	龙岩	Longyan	841.58	696.92	312.07	155
泰州	Taizhou	887.95	1188.55	829.66	31	宁德	Ningde	428.15	570.24	641.08	66
宿迁	Suqian	850.56	867.32	1013.53	19	**江西**	**Jiangxi**	**5694.95**	**9875.09**	**4952.72**	
浙江	**Zhejiang**	**10505.67**	**8259.41**	**5590.08**		南昌	Nanchang	853.02	1498.46	487.74	102
杭州	Hangzhou	1567.70	929.96	910.59	25	景德镇	Jingdezhen	213.96	206.23	228.90	204
宁波	Ningbo	1143.13	1264.02	814.27	34	萍乡	Pingxiang	116.48	339.97	124.19	255
温州	Wenzhou	384.71	460.23	305.70	161	九江	Jiujiang	602.52	1429.85	746.23	45
嘉兴	Jiaxing	1766.36	719.79	770.34	41	新余	Xinyu	120.02	542.20	231.55	201
湖州	Huzhou	757.82	923.42	596.14	80	鹰潭	Yingtan	126.60	413.09	166.34	237
绍兴	Shaoxing	1063.46	812.30	394.59	124	赣州	Ganzhou	741.85	1157.76	602.88	76
金华	Jinhua	1059.20	846.27	542.32	91	吉安	Jian	521.88	719.29	597.04	78
衢州	Quzhou	899.72	408.77	352.93	139	宜春	Yichun	1205.76	1280.04	922.80	23
舟山	Zhoushan	476.97	389.41	186.44	219	抚州	Fuzhou	768.80	1310.02	501.50	99
台州	Taizhou	937.83	938.14	447.26	111	上饶	Shangrao	424.04	978.17	343.55	146
丽水	Lishui	448.78	567.10	269.49	175	**山东**	**Shandong**	**19632.25**	**24098.13**	**12317.16**	
安徽	**Anhui**	**7437.57**	**9616.82**	**7230.12**		济南	Jinan	880.04	829.19	496.26	100
合肥	Hefei	931.55	792.85	889.70	27	青岛	Qingdao	1814.00	2439.27	1588.58	4
芜湖	Wuhu	1119.45	1081.71	585.42	82	淄博	Zibo	515.22	1271.14	323.92	152
蚌埠	Bengbu	179.03	504.59	404.81	116	枣庄	Zaozhuang	448.33	491.22	237.03	193
淮南	Huainan	212.47	399.41	229.84	202	东营	Dongying	1458.14	2187.11	1371.57	8
马鞍山	Maanshan	319.02	360.15	163.82	238	烟台	Yantai	1848.04	1249.99	734.63	48
淮北	Huaibei	494.13	164.07	181.36	224	潍坊	Weifang	4268.05	4993.77	1735.02	3
铜陵	Tongling	354.08	188.45	167.78	235	济宁	Jining	975.15	986.67	510.69	95
安庆	Anqing	430.25	586.15	450.31	110	泰安	Taian	931.92	635.38	456.28	107
黄山	Huangshan	139.33	166.22	117.81	257	威海	Weihai	986.58	1025.05	624.15	70
滁州	Chuzhou	501.47	1056.15	833.96	30	日照	Rizhao	603.41	559.77	309.32	160
阜阳	Fuyang	363.92	614.55	375.93	130	莱芜	Laiwu	329.19	745.67	229.61	203
宿州	Suzhou	443.12	370.72	249.73	182	临沂	Linyi	1302.25	2088.29	973.25	20
六安	Liuan	308.24	793.33	729.52	50	德州	Dezhou	672.70	1220.61	542.68	90
亳州	Bozhou	146.20	620.21	402.14	117	聊城	Liaocheng	819.25	1224.81	749.56	44

7-8 供应工矿仓储用地面积 续表 2

Area of Land Supplied for Industry, Mining and Warehousing continued 2

单位：公顷 (hectare)

地名	City	2010	2013	2014	2014 排名 Ranking	地名	City	2010	2013	2014	2014 排名 Ranking
滨州	Binzhou	1073.24	1095.90	649.14	62	常德	Changde	427.03	394.90	505.75	97
菏泽	Heze	706.73	1054.32	785.46	38	张家界	Zhangjiajie	53.88	29.61	10.02	284
河南	**Henan**	**6645.83**	**10420.74**	**8961.67**		益阳	Yiyang	288.60	379.75	231.73	200
郑州	Zhengzhou	687.27	1074.33	942.65	21	郴州	Chenzhou	354.12	418.47	239.19	191
开封	Kaifeng	329.70	515.74	348.17	141	永州	Yongzhou	216.89	507.62	309.80	159
洛阳	Luoyang	1073.27	705.14	649.18	61	怀化	Huaihua	74.77	174.78	148.33	249
平顶山	Pingdingshan	530.52	466.47	556.22	87	娄底	Loudi	140.87	213.26	151.10	246
安阳	Anyang	431.85	826.59	558.53	86	**广东**	**Guangdong**	**6453.45**	**7338.01**	**5907.19**	
鹤壁	Hebi	309.27	523.05	257.01	179	广州	Guangzhou	1253.84	688.54	341.34	147
新乡	Xinxiang	374.26	900.48	852.28	28	韶关	Shaoguan	349.29	357.21	345.48	144
焦作	Jiaozuo	480.19	928.68	794.06	37	深圳	Shenzhen	62.40	108.51	95.03	263
濮阳	Puyang	123.76	490.53	168.88	233	珠海	Zhuhai	547.12	178.28	205.93	210
许昌	Xuchang	349.77	358.58	236.27	194	汕头	Shantou	83.77	128.65	36.39	279
漯河	Luohe	211.84	268.17	205.59	212	佛山	Foshan	548.32	1008.82	491.90	101
三门峡	Sanmenxia	385.43	477.41	299.58	164	江门	Jiangmen	823.78	503.42	393.65	125
南阳	Nanyang	443.50	693.42	807.73	35	湛江	Zhanjiang	278.33	405.64	240.68	188
商丘	Shangqiu	311.89	682.25	928.96	22	茂名	Maoming	52.90	221.83	156.28	241
信阳	Xinyang	91.63	277.12	358.93	137	肇庆	Zhaoqing	388.31	599.37	646.05	63
周口	Zhoukou	206.80	466.43	453.15	109	惠州	Huizhou	266.16	770.30	397.08	123
驻马店	Zhumadian	304.88	766.32	544.45	89	梅州	Meizhou	157.60	159.32	187.22	218
湖北	**Hubei**	**7664.18**	**11725.90**	**8174.27**		汕尾	Shanwei	3.58	153.52	26.17	280
武汉	Wuhan	1355.85	1685.53	1828.23	2	河源	Heyuan	88.33	205.38	252.98	180
黄石	Huangshi	372.07	1331.07	359.54	136	阳江	Yangjiang	343.59	232.84	322.94	153
十堰	Shiyan	192.29	621.87	373.67	132	清远	Qingyuan	264.76	465.73	384.39	128
宜昌	Yichang	1431.50	1609.31	604.92	74	东莞	Dongguan	284.51	402.64	233.03	199
襄阳	Xiangyang	819.05	1193.62	913.31	24	中山	Zhongshan	435.14	211.74	162.33	239
鄂州	Ezhou	234.42	358.84	138.87	252	潮州	Chaozhou	16.55	211.15	111.17	258
荆门	Jingmen	482.51	499.56	621.27	72	揭阳	Jieyang	44.13	103.89	696.81	55
孝感	Xiaogan	642.95	495.23	608.90	73	云浮	Yunfu	161.04	221.26	180.34	226
荆州	Jingzhou	701.45	986.04	687.11	57	**广西**	**Guangxi**	**3083.94**	**4191.58**	**3063.68**	
黄冈	Huanggang	668.47	977.82	638.20	67	南宁	Nanning	632.43	584.55	596.72	79
咸宁	Xianning	161.05	778.17	422.94	115	柳州	Liuzhou	319.59	563.46	398.83	122
随州	Suizhou	146.62	405.47	347.12	142	桂林	Guilin	285.08	272.35	192.32	216
湖南	**Hunan**	**3386.83**	**4526.33**	**4481.43**		梧州	Wuzhou	348.56	341.54	176.79	228
长沙	Changsha	618.82	692.37	1221.14	13	北海	Beihai	135.16	257.89	235.51	197
株洲	Zhuzhou	74.05	275.29	149.25	248	防城港	Fangchenggang	196.52	307.70	205.91	211
湘潭	Xiangtan	248.33	299.89	475.17	105	钦州	Qinzhou	216.41	227.34	189.54	217
衡阳	Hengyang	334.34	545.16	362.48	135	贵港	Guigang	36.59	300.63	109.46	259
邵阳	Shaoyang	121.96	185.19	240.95	187	玉林	Yulin	324.93	191.47	235.60	196
岳阳	Yueyang	358.76	365.53	296.82	167	百色	Baise	171.83	286.77	248.54	183

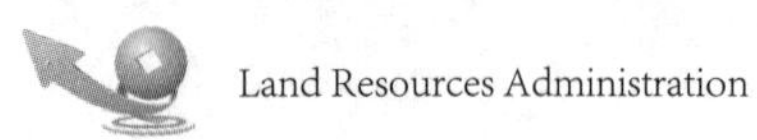

7-8 供应工矿仓储用地面积 续表 3

Area of Land Supplied for Industry, Mining and Warehousing continued 3

单位：公顷 (hectare)

地名	City	2010	2013	2014	2014 排名 Ranking	地名	City	2010	2013	2014	2014 排名 Ranking
贺州	Hezhou	111.25	108.43	168.06	234	丽江	Lijiang	37.60	92.54	46.30	276
河池	Hechi	179.22	158.87	82.94	266	普洱	Puer	58.69	93.03	73.47	270
来宾	Laibin	21.24	433.97	169.02	232	临沧	Lincang	78.37	70.13	13.25	282
崇左	Chongzuo	105.15	156.64	54.43	275	**西藏**	**Tibet**	**101.92**	**186.16**	**166.34**	
海南	**Hainan**	**463.33**	**376.84**	**197.69**		拉萨	Lasa	66.27	37.08	67.17	273
海口	Haikou	47.49	6.55	44.04	277	**陕西**	**Shaanxi**	**2532.25**	**11088.24**	**3401.68**	
三亚	Sanya	21.34	32.12	7.40	285	西安	Xi'an	378.56	999.47	590.51	81
三沙	Sansha					铜川	Tongchuan	99.48	73.62	119.55	256
重庆	**Chongqing**	**2891.81**	**2844.53**	**3562.31**		宝鸡	Baoji	258.58	355.51	399.26	120
四川	**Sichuan**	**5493.80**	**7628.55**	**5961.75**		咸阳	Xianyang	437.50	692.48	455.02	108
成都	Chengdu	1481.91	1906.61	1198.70	14	渭南	Weinan	266.18	280.39	146.66	250
自贡	Zigong	120.93	358.37	102.34	262	延安	Yan'an	76.33	2454.08	194.22	214
攀枝花	Panzhihua	164.43	175.67	175.42	229	汉中	Hanzhong	81.40	132.06	532.18	92
泸州	Luzhou	611.38	331.26	287.34	170	榆林	Yulin	868.88	5774.81	732.54	49
德阳	Deyang	536.07	557.22	352.85	140	安康	Ankang	6.52	138.27	37.64	278
绵阳	Mianyang	276.42	469.89	301.36	162	商洛	Shangluo	58.82	187.55	194.09	215
广元	Guangyuan	144.77	511.58	183.77	222	**甘肃**	**Gansu**	**1520.82**	**4731.14**	**5153.63**	
遂宁	Suining	114.14	318.96	327.13	150	兰州	Lanzhou	105.06	689.21	356.62	138
内江	Neijiang	187.16	187.11	173.68	230	嘉峪关	Jiayuguan	82.76	157.02	526.68	93
乐山	Leshan	300.61	242.43	177.84	227	金昌	Jinchang	252.69	116.84	80.52	268
南充	Nanchong	240.29	320.52	248.05	184	白银	Baiyin	168.95	579.04	240.28	190
眉山	Meishan	209.50	640.38	335.14	148	天水	Tianshui	113.32	113.56	156.14	242
宜宾	Yibin	272.63	389.13	443.63	112	武威	Wuwei	161.38	538.59	772.32	39
广安	Guangan	233.97	259.45	151.00	247	张掖	Zhangye	76.68	742.13	753.73	43
达州	Dazhou	115.93	278.43	185.13	220	平凉	Pingliang	22.06	180.17	130.37	254
雅安	Yaan	272.44	183.96	166.94	236	酒泉	Jiuquan	348.40	652.83	686.77	58
巴中	Bazhong	5.27	29.62	223.77	205	庆阳	Qingyang	32.57	366.92	1262.74	12
资阳	Ziyang	114.27	199.92	310.99	157	定西	Dingxi	103.41	340.11	59.59	274
贵州	**Guizhou**	**1792.53**	**4462.55**	**3480.00**		陇南	Longnan	22.89	111.64	13.74	281
贵阳	Guiyang	462.68	650.85	484.47	103	**青海**	**Qinghai**	**606.41**	**2572.25**	**1370.57**	
六盘水	Liupanshui	309.77	223.37	184.23	221	西宁	Xining	173.96	311.59	604.07	75
遵义	Zunyi	344.00	691.72	642.54	64	海东	Haidong			104.00	261
安顺	Anshun	82.31	341.31	297.04	166	**宁夏**	**Ningxia**	**1632.91**	**3402.84**	**2686.06**	
毕节	Bijie	211.80	488.07	623.61	71	银川	Yinchuan	640.26	1068.14	1141.57	16
铜仁	Tongren	41.90	389.82	172.99	231	石嘴山	Shizuishan	618.91	575.07	252.76	181
云南	**Yunnan**	**2646.93**	**2890.36**	**2102.72**		吴忠	Wuzhong	259.97	775.90	822.28	33
昆明	Kunming	646.04	475.11	388.08	126	固原	Guyuan	64.66	263.75	152.52	243
曲靖	Qujing	358.84	185.48	283.57	171	中卫	Zhongwei	49.11	719.98	316.93	154
玉溪	Yuxi	208.86	242.59	241.79	186	**新疆**	**Xinjiang**	**2466.15**	**13249.82**	**9485.69**	
保山	Baoshan	86.50	182.49	106.63	260	乌鲁木齐	Urumqi	431.58	750.75	636.42	68
昭通	Zhaotong	44.20	37.69	68.44	272	克拉玛依	Karamay	96.23	472.63	182.31	223

7-9 供应商业服务用地面积
Area of Land Supplied for Commercial and Service Uses

单位：公顷 (hectare)

地名	City	2010	2013	2014	2014 排名 Ranking	地名	City	2010	2013	2014	2014 排名 Ranking
全国	**Nation Total**	**38905.15**	**67042.26**	**50213.97**		沈阳	Shenyang	283.42	354.94	345.83	20
北京	**Beijing**	**400.08**	**353.59**	**458.37**		大连	Dalian	441.30	302.98	145.78	108
天津	**Tianjin**	**590.24**	**491.59**	**292.67**		鞍山	Anshan	112.69	155.87	154.68	102
河北	**Hebei**	**1694.86**	**2920.31**	**1849.17**		抚顺	Fushun	110.42	143.29	80.92	190
石家庄	Shijiazhuang	92.64	205.22	125.36	132	本溪	Benxi	132.88	111.87	126.25	131
唐山	Tangshan	322.60	807.97	539.53	9	丹东	Dandong	79.99	84.83	67.30	211
秦皇岛	Qinhuangdao	137.10	154.79	100.71	167	锦州	Jinzhou	100.41	626.16	42.45	249
邯郸	Handan	175.36	189.28	131.07	124	营口	Yingkou	1112.94	267.06	74.92	202
邢台	Xingtai	89.02	101.98	106.17	156	阜新	Fuxin	74.38	105.35	43.06	248
保定	Baoding	123.98	321.20	174.41	86	辽阳	Liaoyang	143.40	143.80	53.38	235
张家口	Zhangjiakou	185.55	270.76	135.54	117	盘锦	Panjin	125.06	381.66	331.64	24
承德	Chengde	144.18	247.48	113.98	146	铁岭	Tieling	285.86	156.31	89.88	179
沧州	Cangzhou	173.73	158.26	150.72	104	朝阳	Chaoyang	49.35	128.40	63.66	219
廊坊	Langfang	140.72	325.54	146.75	106	葫芦岛	Huludao	207.94	176.77	77.82	196
衡水	Hengshui	109.98	137.83	124.94	133	吉林	**Jilin**	**892.22**	**885.61**	**764.04**	
山西	**Shanxi**	**743.08**	**1489.27**	**945.30**		长春	Changchun	333.77	326.77	272.20	37
太原	Taiyuan	60.47	167.83	163.82	93	吉林	Jilin	99.27	190.93	102.30	162
大同	Datong	99.06	244.59	117.18	143	四平	Siping	72.78	74.50	73.55	206
阳泉	Yangquan	45.10	25.97	23.34	274	辽源	Liaoyuan	44.57	27.80	17.57	280
长治	Changzhi	9.31	89.29	71.03	208	通化	Tonghua	50.87	71.18	55.91	230
晋城	Jincheng	54.56	61.75	57.54	228	白山	Baishan	167.54	63.33	91.03	176
朔州	Shuozhou	97.80	205.97	55.61	232	松原	Songyuan	28.95	22.36	20.78	275
晋中	Jinzhong	73.80	133.51	123.64	136	白城	Baicheng	39.67	46.55	48.77	243
运城	Yuncheng	62.33	175.81	124.30	135	黑龙江	**Heilongjiang**	**1040.96**	**1686.48**	**1247.97**	
忻州	Xinzhou	99.26	132.47	120.43	138	哈尔滨	Harbin	229.02	523.42	273.79	35
临汾	Linfen	81.64	156.26	52.74	237	齐齐哈尔	Qiqihar	57.27	117.28	136.61	115
吕梁	Lvliang	59.75	95.82	35.67	260	鸡西	Jixi	18.88	54.22	30.18	267
内蒙古	**Inner Mongolia**	**3154.32**	**2247.01**	**2099.01**		鹤岗	Hegang	9.53	12.54	40.60	250
呼和浩特	Hohhot	165.53	259.36	78.34	194	双鸭山	Shuangyashan	9.18	81.65	79.79	192
包头	Baotou	83.54	167.61	117.78	140	大庆	Daqing	123.84	167.02	100.56	168
乌海	Wuhai	45.07	27.52	20.54	276	伊春	Yichun	24.39	124.38	85.87	182
赤峰	Chifeng	132.45	198.41	324.80	25	佳木斯	Jiamusi	58.38	97.05	37.67	254
通辽	Tongliao	149.90	158.84	129.74	125	七台河	Qitaihe	3.89	9.87	34.26	261
鄂尔多斯	Erdos	1588.16	162.59	472.31	12	牡丹江	Mudanjiang	129.18	132.69	68.89	210
呼伦贝尔	Hulunbuir	147.07	323.01	273.07	36	黑河	Heihe	63.55	63.99	36.56	258
巴彦淖尔	Bayannur	316.77	216.86	113.93	147	绥化	Suihua	117.59	143.58	189.91	72
乌兰察布	Ulanqab	144.78	385.04	300.30	28	上海	**Shanghai**	**561.45**	**249.12**	**229.58**	
辽宁	**Liaoning**	**3260.02**	**3139.28**	**1697.57**		江苏	**Jiangsu**	**3699.52**	**8262.43**	**4856.80**	

7-9　供应商业服务用地面积　续表 1
Area of Land Supplied for Commercial and Service Uses continued 1

单位：公顷　　　　(hectare)

地名	City	2010	2013	2014	2014 排名 Ranking	地名	City	2010	2013	2014	2014 排名 Ranking
南京	Nanjing	108.37	285.60	184.95	75	池州	Chizhou	183.05	351.10	212.58	59
无锡	Wuxi	465.28	469.37	334.79	23	宣城	Xuancheng	192.19	380.15	224.69	53
徐州	Xuzhou	370.47	631.99	601.04	5	**福建**	**Fujian**	**935.02**	**1532.30**	**977.79**	
常州	Changzhou	407.08	486.99	577.62	6	福州	Fuzhou	175.60	480.03	255.05	44
苏州	Suzhou	436.56	907.33	305.51	26	厦门	Xiamen	100.23	82.79	59.12	225
南通	Nantong	482.86	1219.87	685.02	2	莆田	Putian	28.48	80.33	27.82	269
连云港	Lianyungang	260.68	1739.78	548.87	8	三明	Sanming	101.38	168.49	73.90	205
淮安	Huaian	354.59	525.01	274.38	34	泉州	Quanzhou	112.82	183.18	190.97	71
盐城	Yancheng	282.52	904.43	640.88	3	漳州	Zhangzhou	195.48	169.40	128.91	127
扬州	Yangzhou	347.02	343.62	300.77	27	南平	Nanping	127.43	126.46	95.29	172
镇江	Zhenjiang	15.91	158.10	90.51	178	龙岩	Longyan	63.08	138.64	60.67	223
泰州	Taizhou	95.88	124.60	175.60	85	宁德	Ningde	30.50	102.98	86.05	181
宿迁	Suqian	72.30	465.75	136.85	114	**江西**	**Jiangxi**	**1084.78**	**2488.78**	**1646.86**	
浙江	**Zhejiang**	**1830.49**	**2671.21**	**2177.49**		南昌	Nanchang	288.85	403.82	352.94	18
杭州	Hangzhou	483.54	469.21	259.75	43	景德镇	Jingdezhen	76.99	148.63	66.45	212
宁波	Ningbo	373.60	559.63	264.30	42	萍乡	Pingxiang	34.09	88.53	49.24	242
温州	Wenzhou	66.78	269.82	136.07	116	九江	Jiujiang	159.83	465.31	244.94	47
嘉兴	Jiaxing	243.59	291.14	286.95	32	新余	Xinyu	5.40	96.39	56.77	229
湖州	Huzhou	185.04	186.87	432.17	13	鹰潭	Yingtan	44.08	91.68	111.40	150
绍兴	Shaoxing	75.83	241.24	160.10	97	赣州	Ganzhou	122.81	361.09	182.35	77
金华	Jinhua	139.11	195.64	202.58	64	吉安	Jian	117.28	141.34	150.29	105
衢州	Quzhou	76.15	117.78	236.28	49	宜春	Yichun	121.83	273.15	197.06	66
舟山	Zhoushan	55.30	39.90	48.00	245	抚州	Fuzhou	31.94	128.42	102.41	161
台州	Taizhou	98.96	154.81	70.04	209	上饶	Shangrao	81.67	290.43	133.02	122
丽水	Lishui	32.59	145.17	81.25	188	**山东**	**Shandong**	**5069.53**	**6667.53**	**4980.34**	
安徽	**Anhui**	**1761.66**	**3936.83**	**2862.41**		济南	Jinan	179.63	273.13	246.15	45
合肥	Hefei	132.17	539.50	419.18	14	青岛	Qingdao	457.29	523.56	375.25	17
芜湖	Wuhu	120.95	542.74	408.77	15	淄博	Zibo	154.82	263.50	296.90	29
蚌埠	Bengbu	66.56	202.10	101.96	165	枣庄	Zaozhuang	122.83	337.42	181.37	79
淮南	Huainan	15.76	26.40	26.04	272	东营	Dongying	104.53	211.39	134.72	120
马鞍山	Maanshan	31.04	184.65	100.24	169	烟台	Yantai	563.77	398.26	216.21	55
淮北	Huaibei	52.37	107.34	55.20	233	潍坊	Weifang	1213.28	1086.44	1323.69	1
铜陵	Tongling	113.44	119.67	48.60	244	济宁	Jining	518.63	608.02	604.11	4
安庆	Anqing	86.51	100.10	134.82	118	泰安	Taian	128.56	263.20	145.01	109
黄山	Huangshan	121.56	180.66	166.69	92	威海	Weihai	346.09	413.67	227.10	51
滁州	Chuzhou	224.56	367.35	134.78	119	日照	Rizhao	35.29	146.54	45.48	246
阜阳	Fuyang	110.24	101.73	117.19	142	莱芜	Laiwu	71.23	75.23	29.54	268
宿州	Suzhou	80.51	212.61	266.35	39	临沂	Linyi	500.60	965.13	517.13	10
六安	Liuan	102.41	201.15	238.19	48	德州	Dezhou	103.17	443.03	196.80	67
亳州	Bozhou	110.13	237.82	142.30	111	聊城	Liaocheng	171.43	231.35	168.17	90

7-9 供应商业服务用地面积 续表 2

Area of Land Supplied for Commercial and Service Uses continued 2

单位：公顷 (hectare)

地名	City	2010	2013	2014	2014 排名 Ranking	地名	City	2010	2013	2014	2014 排名 Ranking
滨州	Binzhou	196.25	111.78	76.84	200	常德	Changde	102.16	155.67	178.39	82
菏泽	Heze	202.13	315.89	195.86	68	张家界	Zhangjiajie	72.86	56.29	44.63	247
河南	**Henan**	**1069.34**	**2885.16**	**2038.48**		益阳	Yiyang	40.12	111.07	144.01	110
郑州	Zhengzhou	88.83	407.21	342.62	21	郴州	Chenzhou	51.57	187.79	129.01	126
开封	Kaifeng	63.26	181.71	82.74	186	永州	Yongzhou	33.23	70.11	132.15	123
洛阳	Luoyang	78.21	178.39	107.06	155	怀化	Huaihua	193.04	150.15	206.33	62
平顶山	Pingdingshan	11.20	145.37	80.47	191	娄底	Loudi	47.66	140.05	141.14	112
安阳	Anyang	85.18	230.66	231.51	50	**广东**	**Guangdong**	**1385.03**	**2061.12**	**1827.01**	
鹤壁	Hebi	23.87	77.66	71.18	207	广州	Guangzhou	164.29	283.12	214.78	57
新乡	Xinxiang	77.55	149.22	168.03	91	韶关	Shaoguan	20.77	104.27	78.05	195
焦作	Jiaozuo	70.84	181.66	104.34	158	深圳	Shenzhen	10.86	99.52	184.96	74
濮阳	Puyang	11.25	123.84	62.83	220	珠海	Zhuhai	98.37	101.14	160.81	96
许昌	Xuchang	70.30	236.31	128.82	128	汕头	Shantou	19.87	14.98	13.58	283
漯河	Luohe	20.19	77.76	32.14	265	佛山	Foshan	212.66	305.22	226.05	52
三门峡	Sanmenxia	43.58	77.70	57.70	227	江门	Jiangmen	30.92	73.28	51.55	239
南阳	Nanyang	113.49	117.43	83.02	185	湛江	Zhanjiang	58.81	89.72	23.59	273
商丘	Shangqiu	67.07	197.03	181.55	78	茂名	Maoming	25.05	132.11	83.88	184
信阳	Xinyang	81.95	90.20	77.62	198	肇庆	Zhaoqing	66.22	220.41	108.67	154
周口	Zhoukou	28.66	192.67	124.57	134	惠州	Huizhou	209.92	89.91	111.94	148
驻马店	Zhumadian	133.93	220.35	102.29	163	梅州	Meizhou	34.02	115.87	110.95	151
湖北	**Hubei**	**1666.36**	**2458.75**	**2146.79**		汕尾	Shanwei	18.85	13.45	19.99	277
武汉	Wuhan	405.14	435.36	155.67	100	河源	Heyuan	55.09	48.37	58.78	226
黄石	Huangshi	48.95	104.97	51.11	241	阳江	Yangjiang	115.12	34.81	27.50	270
十堰	Shiyan	103.65	215.51	181.36	80	清远	Qingyuan	114.55	76.38	64.11	217
宜昌	Yichang	244.35	256.00	350.22	19	东莞	Dongguan	80.15	63.59	36.80	257
襄阳	Xiangyang	97.04	264.07	337.44	22	中山	Zhongshan	29.76	56.85	6.01	284
鄂州	Ezhou	50.63	63.01	18.81	278	潮州	Chaozhou		4.00	60.67	223
荆门	Jingmen	88.42	215.29	156.72	99	揭阳	Jieyang	5.70	57.05	80.98	189
孝感	Xiaogan	108.06	64.63	110.11	153	云浮	Yunfu	14.05	77.08	103.35	159
荆州	Jingzhou	78.92	133.26	102.27	164	**广西**	**Guangxi**	**769.25**	**1694.55**	**1170.35**	
黄冈	Huanggang	133.93	208.32	267.93	38	南宁	Nanning	138.20	67.39	198.96	65
咸宁	Xianning	130.45	204.23	210.75	60	柳州	Liuzhou	83.30	51.29	65.66	214
随州	Suizhou	34.61	29.71	39.40	252	桂林	Guilin	198.49	139.44	123.64	136
湖南	**Hunan**	**1238.49**	**1865.04**	**2003.99**		梧州	Wuzhou	27.11	58.38	39.17	253
长沙	Changsha	357.31	381.52	376.27	16	北海	Beihai	11.24	37.48	34.03	262
株洲	Zhuzhou	34.62	111.16	73.92	204	防城港	Fangchenggang	59.15	620.65	85.19	183
湘潭	Xiangtan	42.88	98.73	65.43	215	钦州	Qinzhou	103.34	98.68	15.96	281
衡阳	Hengyang	104.68	167.96	206.22	63	贵港	Guigang	9.77	41.86	37.09	255
邵阳	Shaoyang	69.53	69.21	75.59	201	玉林	Yulin	74.03	171.40	98.10	171
岳阳	Yueyang	82.96	102.68	191.99	69	百色	Baise	30.04	116.95	156.81	98

7-9 供应商业服务用地面积 续表 3
Area of Land Supplied for Commercial and Service Uses continued 3

单位：公顷 (hectare)

地名	City	2010	2013	2014	2014 排名 Ranking	地名	City	2010	2013	2014	2014 排名 Ranking
贺州	Hezhou	6.57	107.95	26.23	271	丽江	Lijiang	7.21	123.26	169.19	88
河池	Hechi	2.55	33.15	106.10	157	普洱	Puer	33.07	148.15	93.44	175
来宾	Laibin	15.93	90.71	89.35	180	临沧	Lincang	40.90	146.65	111.83	149
崇左	Chongzuo	9.53	59.22	94.08	174	**西藏**	**Tibet**	**113.63**	**230.45**	**444.14**	
海南	**Hainan**	**437.10**	**515.49**	**290.61**		拉萨	Lasa	99.67	52.81	178.13	83
海口	Haikou	3.64	48.96	18.55	279	**陕西**	**Shaanxi**	**353.29**	**1341.89**	**1115.50**	
三亚	Sanya	58.34	80.51	77.35	199	西安	Xi'an	69.34	256.29	284.93	33
三沙	Sansha					铜川	Tongchuan	10.66	20.85	33.14	263
重庆	**Chongqing**	**354.89**	**1089.36**	**1107.10**		宝鸡	Baoji	35.42	266.09	128.30	130
四川	**Sichuan**	**1362.91**	**3047.00**	**2601.84**		咸阳	Xianyang	33.27	168.86	182.42	76
成都	Chengdu	505.40	526.62	488.71	11	渭南	Weinan	34.92	91.16	65.83	213
自贡	Zigong	39.17	113.07	64.24	216	延安	Yan'an	26.21	31.94	39.67	251
攀枝花	Panzhihua	22.66	29.34	36.18	259	汉中	Hanzhong	16.23	43.54	191.66	70
泸州	Luzhou	155.69	91.81	55.73	231	榆林	Yulin	76.42	295.66	51.38	240
德阳	Deyang	76.60	126.78	169.19	88	安康	Ankang	12.00	85.61	74.09	203
绵阳	Mianyang	68.01	256.72	171.55	87	商洛	Shangluo	38.82	81.88	64.09	218
广元	Guangyuan	41.63	109.93	52.01	238	**甘肃**	**Gansu**	**320.69**	**2446.69**	**1895.78**	
遂宁	Suining	63.63	186.07	117.86	139	兰州	Lanzhou	67.65	115.03	293.91	31
内江	Neijiang	19.60	70.52	54.73	234	嘉峪关	Jiayuguan	25.66	908.72	265.74	40
乐山	Leshan	124.00	165.42	221.46	54	金昌	Jinchang	8.77	115.46	15.09	282
南充	Nanchong	77.12	291.38	213.59	58	白银	Baiyin	10.72	99.90	185.87	73
眉山	Meishan	29.26	132.16	177.32	84	天水	Tianshui	27.90	78.06	264.52	41
宜宾	Yibin	42.94	120.06	94.97	173	武威	Wuwei	8.53	352.08	161.22	95
广安	Guangan	21.82	325.44	152.01	103	张掖	Zhangye	32.17	175.65	178.66	81
达州	Dazhou	22.90	90.11	117.61	141	平凉	Pingliang	28.50	48.08	99.00	170
雅安	Yaan	8.23	65.59	30.95	266	酒泉	Jiuquan	39.84	189.68	115.08	145
巴中	Bazhong	12.54	104.75	110.65	152	庆阳	Qingyang	19.09	74.13	101.36	166
资阳	Ziyang	2.24	176.85	116.52	144	定西	Dingxi	38.31	123.04	78.93	193
贵州	**Guizhou**	**452.82**	**2161.10**	**1811.62**		陇南	Longnan	4.16	11.96	3.84	285
贵阳	Guiyang	107.41	505.58	296.49	30	**青海**	**Qinghai**	**108.35**	**398.67**	**413.97**	
六盘水	Liupanshui	19.30	63.67	137.62	113	西宁	Xining	54.86	145.67	133.10	121
遵义	Zunyi	45.78	117.20	207.01	61	海东	Haidong			32.17	264
安顺	Anshun	40.26	233.89	128.64	129	**宁夏**	**Ningxia**	**774.78**	**1027.30**	**626.44**	
毕节	Bijie	52.18	192.72	162.39	94	银川	Yinchuan	445.70	585.02	245.04	46
铜仁	Tongren	40.98	255.23	214.92	56	石嘴山	Shizuishan	128.70	106.68	62.12	222
云南	**Yunnan**	**1005.05**	**2146.74**	**1705.77**		吴忠	Wuzhong	78.79	180.72	81.82	187
昆明	Kunming	181.69	578.75	570.66	7	固原	Guyuan	59.54	87.63	90.98	177
曲靖	Qujing	50.87	81.18	77.80	197	中卫	Zhongwei	62.04	67.26	146.47	107
玉溪	Yuxi	144.74	70.54	62.39	221	**新疆**	**Xinjiang**	**774.96**	**2651.60**	**1932.21**	
保山	Baoshan	223.86	160.01	102.89	160	乌鲁木齐	Urumqi	92.14	354.39	155.63	101
昭通	Zhaotong	60.16	46.10	36.85	256	克拉玛依	Karamay	27.17	128.75	52.98	236

7-10 供应住宅用地面积
Area of Land Supplied for Residential Uses

单位：公顷 (hectare)

地名	City	2010	2013	2014	2014 排名 Ranking
全国	**Nation Total**	**115272.5**	**141966.6**	**104499.35**	
北京	**Beijing**	**786.19**	**961.00**	**622.27**	
天津	**Tianjin**	**2571.90**	**1331.72**	**1029.16**	
河北	**Hebei**	**5413.39**	**7396.54**	**4356.78**	
石家庄	Shijiazhuang	491.72	642.42	450.94	56
唐山	Tangshan	648.85	1149.02	407.15	69
秦皇岛	Qinhuangdao	430.84	720.32	141.53	201
邯郸	Handan	655.03	638.91	873.08	15
邢台	Xingtai	357.54	460.78	325.07	105
保定	Baoding	556.56	764.47	442.48	58
张家口	Zhangjiakou	586.48	540.84	345.45	91
承德	Chengde	268.89	392.73	171.98	184
沧州	Cangzhou	326.32	462.60	366.78	84
廊坊	Langfang	824.70	1255.87	564.53	44
衡水	Hengshui	266.47	368.58	267.78	132
山西	**Shanxi**	**1816.40**	**2770.95**	**1720.55**	
太原	Taiyuan	300.52	277.82	177.83	179
大同	Datong	480.45	495.93	293.64	118
阳泉	Yangquan	132.98	72.67	48.75	271
长治	Changzhi	56.76	231.00	125.29	221
晋城	Jincheng	100.23	169.28	113.23	231
朔州	Shuozhou	105.68	315.76	114.16	230
晋中	Jinzhong	123.78	252.76	171.55	185
运城	Yuncheng	153.23	246.98	318.30	110
忻州	Xinzhou	93.28	208.59	91.61	246
临汾	Linfen	133.24	319.03	137.65	206
吕梁	Lvliang	136.23	181.13	128.54	218
内蒙古	**Inner Mongolia**	**4940.09**	**3004.93**	**2329.35**	
呼和浩特	Hohhot	420.02	393.20	167.68	188
包头	Baotou	362.41	312.45	259.05	138
乌海	Wuhai	253.87	43.86	23.97	283
赤峰	Chifeng	246.12	310.77	347.98	90
通辽	Tongliao	299.15	184.52	185.71	176
鄂尔多斯	Erdos	1828.43	227.40	175.77	181
呼伦贝尔	Hulunbuir	365.30	452.07	388.37	73
巴彦淖尔	Bayannur	297.11	217.19	105.45	235
乌兰察布	Ulanqab	160.83	447.34	276.28	127
辽宁	**Liaoning**	**9105.20**	**7370.63**	**3768.34**	
沈阳	Shenyang	1108.99	1103.20	663.59	35
大连	Dalian	2209.18	1002.36	372.78	78
鞍山	Anshan	1221.14	783.25	310.39	113
抚顺	Fushun	310.22	253.63	78.32	258
本溪	Benxi	186.13	269.13	80.75	257
丹东	Dandong	257.93	207.59	140.36	202
锦州	Jinzhou	369.73	295.05	208.45	165
营口	Yingkou	1671.89	560.18	292.83	119
阜新	Fuxin	168.36	275.37	204.29	168
辽阳	Liaoyang	191.74	236.40	84.47	254
盘锦	Panjin	385.73	571.35	331.69	102
铁岭	Tieling	643.95	453.11	335.21	98
朝阳	Chaoyang	117.23	598.28	234.13	153
葫芦岛	Huludao	262.98	761.73	431.08	61
吉林	**Jilin**	**2837.72**	**2305.64**	**1766.69**	
长春	Changchun	1015.63	851.23	497.69	53
吉林	Jilin	424.48	333.41	234.37	152
四平	Siping	231.50	194.83	145.84	199
辽源	Liaoyuan	134.45	32.47	39.31	278
通化	Tonghua	165.34	160.26	177.85	178
白山	Baishan	543.79	238.48	130.41	213
松原	Songyuan	80.90	142.00	90.13	248
白城	Baicheng	81.00	113.17	175.09	182
黑龙江	**Heilongjiang**	**4624.75**	**2907.34**	**2321.58**	
哈尔滨	Harbin	1322.05	723.46	516.85	50
齐齐哈尔	Qiqihar	279.24	220.59	226.86	154
鸡西	Jixi	97.31	198.61	35.03	280
鹤岗	Hegang	53.16	87.08	281.67	124
双鸭山	Shuangyashan	154.88	139.90	53.17	267
大庆	Daqing	362.03	194.49	249.39	145
伊春	Yichun	93.88	195.78	150.25	196
佳木斯	Jiamusi	376.74	98.83	89.01	249
七台河	Qitaihe	18.18	121.80	128.92	217
牡丹江	Mudanjiang	438.03	254.96	102.51	237
黑河	Heihe	239.28	40.61	62.52	266
绥化	Suihua	531.72	273.76	273.36	129
上海	**Shanghai**	**704.13**	**525.58**	**520.97**	
江苏	**Jiangsu**	**10874.29**	**13288.16**	**10842.76**	

7-10 供应住宅用地面积 续表 1

Area of Land Supplied for Residential Uses continued 1

单位：公顷 (hectare)

地名	City	2010	2013	2014	2014 排名 Ranking	地名	City	2010	2013	2014	2014 排名 Ranking
南京	Nanjing	709.54	900.02	836.05	18	池州	Chizhou	117.59	305.22	156.99	193
无锡	Wuxi	1539.11	841.11	665.39	34	宣城	Xuancheng	189.80	399.45	265.01	135
徐州	Xuzhou	843.72	1156.25	1269.86	5	**福建**	**Fujian**	**2112.92**	**2851.70**	**2124.75**	
常州	Changzhou	793.48	961.47	667.82	33	福州	Fuzhou	655.81	638.71	332.73	100
苏州	Suzhou	1336.19	1834.60	1215.96	7	厦门	Xiamen	348.12	93.70	63.28	264
南通	Nantong	1058.31	1885.62	1366.58	3	莆田	Putian	120.54	203.60	282.60	123
连云港	Lianyungang	560.01	443.57	423.73	65	三明	Sanming	92.51	303.08	128.00	219
淮安	Huaian	764.91	472.80	514.70	51	泉州	Quanzhou	328.04	474.79	582.91	42
盐城	Yancheng	1307.89	1577.15	700.18	27	漳州	Zhangzhou	299.43	492.51	386.25	74
扬州	Yangzhou	614.82	607.53	672.58	32	南平	Nanping	104.88	180.56	114.86	229
镇江	Zhenjiang	159.79	711.78	445.42	57	龙岩	Longyan	81.77	257.77	124.26	222
泰州	Taizhou	474.54	826.55	820.19	19	宁德	Ningde	81.83	206.98	109.88	232
宿迁	Suqian	711.98	1069.72	1244.32	6	**江西**	**Jiangxi**	**2891.21**	**5652.91**	**3687.95**	
浙江	**Zhejiang**	**7466.36**	**7773.34**	**4866.22**		南昌	Nanchang	554.67	1055.92	695.90	28
杭州	Hangzhou	1475.00	1285.29	674.40	31	景德镇	Jingdezhen	181.64	116.14	150.74	195
宁波	Ningbo	2081.83	1457.81	710.20	26	萍乡	Pingxiang	57.48	254.54	130.38	214
温州	Wenzhou	267.38	1031.16	888.72	14	九江	Jiujiang	396.17	996.60	769.81	22
嘉兴	Jiaxing	773.47	634.63	417.39	67	新余	Xinyu	116.14	121.57	219.20	159
湖州	Huzhou	395.03	409.40	385.25	75	鹰潭	Yingtan	199.90	204.91	173.49	183
绍兴	Shaoxing	656.96	839.37	576.29	43	赣州	Ganzhou	375.48	1234.75	424.51	64
金华	Jinhua	418.29	622.17	402.37	71	吉安	Jian	136.12	371.77	296.56	116
衢州	Quzhou	278.56	153.85	85.31	253	宜春	Yichun	310.92	475.64	430.85	62
舟山	Zhoushan	328.26	89.80	63.27	265	抚州	Fuzhou	234.10	347.55	129.22	216
台州	Taizhou	456.62	780.10	411.86	68	上饶	Shangrao	328.61	473.53	267.30	134
丽水	Lishui	334.96	469.76	251.15	144	**山东**	**Shandong**	**12857.15**	**14406.96**	**10307.29**	
安徽	**Anhui**	**4766.31**	**9197.73**	**7692.12**		济南	Jinan	785.10	780.20	721.89	23
合肥	Hefei	457.23	711.89	552.24	45	青岛	Qingdao	1881.40	1664.64	1365.39	4
芜湖	Wuhu	910.79	880.27	914.07	11	淄博	Zibo	398.82	611.21	323.16	107
蚌埠	Bengbu	339.35	485.33	534.33	46	枣庄	Zaozhuang	239.06	438.71	502.54	52
淮南	Huainan	351.81	647.62	372.16	79	东营	Dongying	308.12	558.29	366.00	85
马鞍山	Maanshan	189.86	416.89	134.85	210	烟台	Yantai	1813.34	2110.75	947.84	10
淮北	Huaibei	315.07	388.39	187.88	174	潍坊	Weifang	1686.46	1631.70	1106.25	8
铜陵	Tongling	196.81	254.47	137.87	205	济宁	Jining	704.86	739.58	606.39	40
安庆	Anqing	328.67	353.40	306.56	114	泰安	Taian	398.14	738.57	462.53	55
黄山	Huangshan	175.20	141.45	131.70	211	威海	Weihai	1379.72	1480.53	715.51	25
滁州	Chuzhou	389.66	1450.89	1044.80	9	日照	Rizhao	184.60	388.15	220.89	157
阜阳	Fuyang	146.73	602.77	523.70	48	莱芜	Laiwu	128.80	121.69	93.65	243
宿州	Suzhou	219.84	387.53	430.32	63	临沂	Linyi	996.66	1276.69	1371.94	2
六安	Liuan	195.90	527.40	902.21	12	德州	Dezhou	484.52	589.39	405.50	70
亳州	Bozhou	117.21	685.55	619.56	39	聊城	Liaocheng	397.22	458.31	441.69	59

7-10 供应住宅用地面积 续表 2
Area of Land Supplied for Residential Uses continued 2

单位：公顷 (hectare)

地名	City	2010	2013	2014	2014 排名 Ranking	地名	City	2010	2013	2014	2014 排名 Ranking
滨州	Binzhou	371.13	286.02	274.42	128	常德	Changde	195.82	384.94	287.10	122
菏泽	Heze	699.18	532.54	381.71	77	张家界	Zhangjiajie	151.31	93.86	43.68	276
河南	**Henan**	**5174.84**	**7691.31**	**6246.17**		益阳	Yiyang	147.90	201.92	211.17	162
郑州	Zhengzhou	1070.61	1625.67	1424.34	1	郴州	Chenzhou	275.17	344.52	342.39	94
开封	Kaifeng	347.36	636.19	344.40	92	永州	Yongzhou	230.58	191.26	293.67	117
洛阳	Luoyang	249.76	776.57	433.05	60	怀化	Huaihua	354.74	398.56	366.81	83
平顶山	Pingdingshan	400.61	402.31	794.83	20	娄底	Loudi	81.01	395.50	353.27	87
安阳	Anyang	311.66	360.46	517.63	49	广东	**Guangdong**	**4818.47**	**5277.28**	**3955.54**	
鹤壁	Hebi	154.55	198.35	268.13	131	广州	Guangzhou	448.39	622.63	327.89	104
新乡	Xinxiang	390.73	529.97	367.24	82	韶关	Shaoguan	102.23	299.40	152.22	194
焦作	Jiaozuo	193.26	360.98	187.95	173	深圳	Shenzhen	78.31	179.15	171.15	186
濮阳	Puyang	162.35	396.23	199.70	169	珠海	Zhuhai	299.25	148.54	100.67	240
许昌	Xuchang	345.65	344.89	236.63	149	汕头	Shantou	26.15	40.19	72.41	259
漯河	Luohe	72.33	222.01	102.35	239	佛山	Foshan	542.06	556.51	419.65	66
三门峡	Sanmenxia	139.90	129.52	94.45	242	江门	Jiangmen	220.16	216.52	115.75	227
南阳	Nanyang	324.65	306.55	329.71	103	湛江	Zhanjiang	117.71	257.50	252.89	142
商丘	Shangqiu	239.11	542.42	208.49	164	茂名	Maoming	63.11	231.66	258.18	139
信阳	Xinyang	279.15	241.35	252.58	143	肇庆	Zhaoqing	166.80	178.52	129.50	215
周口	Zhoukou	146.58	234.20	225.47	155	惠州	Huizhou	824.72	400.32	335.44	97
驻马店	Zhumadian	346.56	383.65	259.22	137	梅州	Meizhou	193.82	282.37	219.18	160
湖北	**Hubei**	**4278.38**	**6691.46**	**5116.27**		汕尾	Shanwei	0.90	32.84	95.74	241
武汉	Wuhan	1575.88	1834.70	901.32	13	河源	Heyuan	151.72	183.79	168.92	187
黄石	Huangshi	114.89	283.16	162.83	190	阳江	Yangjiang	286.34	144.23	262.90	136
十堰	Shiyan	191.09	198.02	301.64	115	清远	Qingyuan	613.99	585.59	369.80	80
宜昌	Yichang	284.18	471.10	267.43	133	东莞	Dongguan	221.08	339.28	139.54	203
襄阳	Xiangyang	187.35	631.94	649.34	36	中山	Zhongshan	334.66	99.02	45.62	273
鄂州	Ezhou	405.60	165.68	117.49	226	潮州	Chaozhou	14.18	68.31	85.57	252
荆门	Jingmen	274.49	226.58	292.03	120	揭阳	Jieyang	80.95	192.00	68.88	260
孝感	Xiaogan	177.62	395.52	526.79	47	云浮	Yunfu	31.94	218.92	163.66	189
荆州	Jingzhou	172.36	411.64	287.57	121	广西	**Guangxi**	**2876.33**	**2640.73**	**2451.82**	
黄冈	Huanggang	83.01	874.08	593.49	41	南宁	Nanning	517.25	208.28	389.77	72
咸宁	Xianning	491.07	484.20	364.30	86	柳州	Liuzhou	235.11	313.30	235.84	150
随州	Suizhou	131.17	239.98	190.83	172	桂林	Guilin	173.49	446.42	214.40	161
湖南	**Hunan**	**3869.41**	**4824.13**	**4104.88**		梧州	Wuzhou	171.76	172.55	136.78	207
长沙	Changsha	1221.31	1183.49	776.44	21	北海	Beihai	106.08	106.70	84.27	255
株洲	Zhuzhou	257.74	295.64	321.14	108	防城港	Fangchenggang	185.87	83.11	339.96	95
湘潭	Xiangtan	179.03	262.72	103.39	236	钦州	Qinzhou	633.30	195.12	122.43	223
衡阳	Hengyang	302.00	433.70	384.34	76	贵港	Guigang	210.68	214.45	276.74	126
邵阳	Shaoyang	245.97	230.53	186.67	175	玉林	Yulin	181.66	238.10	131.04	212
岳阳	Yueyang	200.03	291.99	237.26	148	百色	Baise	150.94	184.71	176.31	180

7-10 供应住宅用地面积 续表 3

Area of Land Supplied for Residential Uses continued 3

单位：公顷 (hectare)

地名	City	2010	2013	2014	2014 排名 Ranking	地名	City	2010	2013	2014	2014 排名 Ranking
贺州	Hezhou	94.59	106.76	68.80	261	丽江	Lijiang	115.34	95.02	90.23	247
河池	Hechi	44.91	119.72	81.85	256	普洱	Puer	72.30	132.91	136.20	208
来宾	Laibin	62.79	150.50	85.94	251	临沧	Lincang	42.47	68.69	47.60	272
崇左	Chongzuo	107.90	101.00	107.71	233	**西藏**	**Tibet**	**133.46**	**137.98**	**144.16**	
海南	**Hainan**	**1017.90**	**933.25**	**540.78**		拉萨	Lasa	84.47	62.92	44.08	275
海口	Haikou	78.90	54.33	29.45	282	**陕西**	**Shaanxi**	**1583.05**	**3541.32**	**2768.81**	
三亚	Sanya	54.96	56.60	63.88	263	西安	Xi'an	422.37	871.49	691.76	29
三沙	Sansha					铜川	Tongchuan	135.19	37.30	14.36	284
重庆	**Chongqing**	**2958.44**	**4836.59**	**3452.33**		宝鸡	Baoji	96.94	469.42	235.77	151
四川	**Sichuan**	**4669.47**	**5773.93**	**4716.04**		咸阳	Xianyang	236.42	440.95	476.94	54
成都	Chengdu	1530.44	1121.75	850.89	16	渭南	Weinan	150.15	356.49	313.69	111
自贡	Zigong	137.17	256.89	106.62	234	延安	Yan'an	84.20	107.76	278.22	125
攀枝花	Panzhihua	95.47	81.54	49.19	270	汉中	Hanzhong	133.17	454.18	331.95	101
泸州	Luzhou	332.61	307.63	256.15	141	榆林	Yulin	208.26	461.03	149.92	197
德阳	Deyang	337.53	384.99	247.31	146	安康	Ankang	60.88	244.05	183.00	177
绵阳	Mianyang	397.94	306.23	333.51	99	商洛	Shangluo	55.47	98.65	93.19	244
广元	Guangyuan	90.65	109.56	194.96	171	**甘肃**	**Gansu**	**1285.37**	**2304.50**	**1951.85**	
遂宁	Suining	151.31	678.87	146.44	198	兰州	Lanzhou	361.21	489.29	620.29	38
内江	Neijiang	154.32	256.66	142.24	200	嘉峪关	Jiayuguan	52.51	4.71	44.82	274
乐山	Leshan	284.70	180.43	206.34	166	金昌	Jinchang	45.46	81.47	35.99	279
南充	Nanchong	197.71	431.19	352.65	88	白银	Baiyin	78.21	132.93	135.81	209
眉山	Meishan	210.09	285.12	339.48	96	天水	Tianshui	61.72	104.67	211.14	163
宜宾	Yibin	200.74	255.89	310.57	112	武威	Wuwei	74.34	278.37	257.91	140
广安	Guangan	130.46	214.15	273.29	130	张掖	Zhangye	153.09	462.66	160.16	191
达州	Dazhou	204.24	219.89	92.85	245	平凉	Pingliang	59.23	96.30	126.31	220
雅安	Yaan	54.66	36.10	30.06	281	酒泉	Jiuquan	89.91	167.34	138.32	204
巴中	Bazhong	57.85	273.06	323.62	106	庆阳	Qingyang	70.99	97.54	42.71	277
资阳	Ziyang	71.56	307.01	343.04	93	定西	Dingxi	154.64	249.58	49.89	269
贵州	**Guizhou**	**1635.32**	**4640.37**	**3356.99**		陇南	Longnan	6.30	17.09	7.46	285
贵阳	Guiyang	802.77	650.60	348.37	89	**青海**	**Qinghai**	**545.06**	**446.82**	**570.38**	
六盘水	Liupanshui	16.64	154.21	206.07	167	西宁	Xining	147.31	181.40	158.26	192
遵义	Zunyi	216.13	1140.25	840.87	17	海东	Haidong			115.40	228
安顺	Anshun	70.68	232.32	244.79	147	**宁夏**	**Ningxia**	**1479.34**	**1553.04**	**1074.97**	
毕节	Bijie	119.76	715.41	690.66	30	银川	Yinchuan	426.63	886.73	641.27	37
铜仁	Tongren	47.95	558.60	319.75	109	石嘴山	Shizuishan	412.42	135.69	64.94	262
云南	**Yunnan**	**2429.46**	**3634.79**	**2758.85**		吴忠	Wuzhong	219.53	246.76	120.26	224
昆明	Kunming	341.83	1090.76	721.52	24	固原	Guyuan	188.23	173.55	52.97	268
曲靖	Qujing	332.04	249.42	219.87	158	中卫	Zhongwei	232.52	110.32	195.53	170
玉溪	Yuxi	157.88	87.41	102.43	238	**新疆**	**Xinjiang**	**2750.22**	**5293.99**	**3332.76**	
保山	Baoshan	160.96	233.81	221.67	156	乌鲁木齐	Urumqi	652.35	385.86	367.55	81
昭通	Zhaotong	103.16	57.67	117.88	225	克拉玛依	Karamay	42.43	193.98	87.46	250

7-11 供应普通商品住房用地面积
Area of Land Supplied for Ordinary Commercial Housing

单位：公顷 (hectare)

地名	City	2010	2013	2014	2014 排名 Ranking
全国	**Nation Total**	**97887.9**	**112913.4**	**81680.46**	
北京	**Beijing**	**684.65**	**779.14**	**484.53**	
天津	**Tianjin**	**2010.94**	**1054.71**	**636.71**	
河北	**Hebei**	**5045.79**	**6472.40**	**3953.90**	
石家庄	Shijiazhuang	446.83	554.18	429.04	40
唐山	Tangshan	565.78	1128.13	390.13	52
秦皇岛	Qinhuangdao	406.30	325.71	113.66	204
邯郸	Handan	558.24	488.49	654.08	18
邢台	Xingtai	341.32	363.16	306.72	87
保定	Baoding	551.28	745.40	432.13	39
张家口	Zhangjiakou	545.57	471.46	325.19	80
承德	Chengde	252.56	373.82	168.86	160
沧州	Cangzhou	312.10	424.32	325.54	78
廊坊	Langfang	811.80	1244.31	555.32	28
衡水	Hengshui	254.01	353.38	253.20	110
山西	**Shanxi**	**1217.12**	**2222.24**	**1450.47**	
太原	Taiyuan	188.49	243.56	174.26	156
大同	Datong	206.20	382.85	208.83	132
阳泉	Yangquan	116.00	42.97	47.06	260
长治	Changzhi	47.30	175.61	118.22	197
晋城	Jincheng	77.31	116.95	108.39	210
朔州	Shuozhou	88.25	268.20	102.21	216
晋中	Jinzhong	91.05	194.77	159.80	168
运城	Yuncheng	142.74	231.26	278.51	97
忻州	Xinzhou	74.21	130.17	55.69	256
临汾	Linfen	120.10	308.61	108.03	212
吕梁	Lvliang	65.48	127.29	89.47	224
内蒙古	**Inner Mongolia**	**4231.72**	**2585.42**	**1871.49**	
呼和浩特	Hohhot	385.96	352.91	166.58	163
包头	Baotou	282.31	236.05	127.55	191
乌海	Wuhai	100.66	32.93	2.56	285
赤峰	Chifeng	241.89	303.67	333.31	74
通辽	Tongliao	274.84	180.93	177.01	152
鄂尔多斯	Erdos	1657.44	202.41	152.61	171
呼伦贝尔	Hulunbuir	248.04	351.15	295.07	89
巴彦淖尔	Bayannur	290.06	181.13	78.63	237
乌兰察布	Ulanqab	140.45	409.10	184.94	144
辽宁	**Liaoning**	**8353.39**	**6482.87**	**3336.79**	

地名	City	2010	2013	2014	2014 排名 Ranking
沈阳	Shenyang	1079.67	1065.77	647.47	20
大连	Dalian	2143.11	898.43	372.78	59
鞍山	Anshan	1220.58	782.09	308.84	85
抚顺	Fushun	264.94	234.20	73.82	241
本溪	Benxi	32.24	204.31	57.05	255
丹东	Dandong	251.78	182.76	130.91	185
锦州	Jinzhou	331.85	254.43	172.84	157
营口	Yingkou	1363.29	550.59	272.35	100
阜新	Fuxin	144.76	213.35	137.40	182
辽阳	Liaoyang	173.53	208.16	73.88	240
盘锦	Panjin	384.81	569.33	331.69	76
铁岭	Tieling	627.91	453.11	335.21	73
朝阳	Chaoyang	115.40	593.32	213.44	127
葫芦岛	Huludao	219.52	273.01	209.12	129
吉林	**Jilin**	**2376.41**	**2001.50**	**1418.27**	
长春	Changchun	801.51	807.68	394.97	49
吉林	Jilin	367.43	300.16	216.67	125
四平	Siping	229.63	188.46	133.10	184
辽源	Liaoyuan	61.50	25.18	19.32	277
通化	Tonghua	124.67	133.51	148.89	173
白山	Baishan	535.70	157.31	64.61	250
松原	Songyuan	80.90	99.75	86.45	232
白城	Baicheng	64.80	89.80	138.15	179
黑龙江	**Heilongjiang**	**3602.05**	**2175.42**	**1561.71**	
哈尔滨	Harbin	1098.35	688.18	460.10	36
齐齐哈尔	Qiqihar	210.19	160.87	179.76	148
鸡西	Jixi	93.33	148.60	28.04	272
鹤岗	Hegang	45.93	22.30	8.32	282
双鸭山	Shuangyashan	140.91	98.99	46.14	261
大庆	Daqing	361.13	194.20	241.85	112
伊春	Yichun	23.92	10.07	28.34	271
佳木斯	Jiamusi	313.60	88.45	88.53	225
七台河	Qitaihe	14.73	100.22	11.31	280
牡丹江	Mudanjiang	412.31	218.73	87.08	228
黑河	Heihe	186.51	33.27	58.70	254
绥化	Suihua	430.71	248.24	254.65	109
上海	**Shanghai**	**669.40**	**511.61**	**467.70**	
江苏	**Jiangsu**	**8908.12**	**11328.14**	**8538.76**	

7-11 供应普通商品住房用地面积 续表 1

Area of Land Supplied for Ordinary Commercial Housing continued 1

单位：公顷 (hectare)

地名	City	2010	2013	2014	2014 排名 Ranking	地名	City	2010	2013	2014	2014 排名 Ranking
南京	Nanjing	411.45	486.87	482.90	34	池州	Chizhou	117.59	214.81	71.25	245
无锡	Wuxi	886.23	579.25	367.24	63	宣城	Xuancheng	177.82	290.80	177.89	150
徐州	Xuzhou	658.26	1029.35	933.15	7	福建	**Fujian**	**1960.82**	**2772.35**	**2098.16**	
常州	Changzhou	646.14	664.70	537.90	29	福州	Fuzhou	625.85	633.27	328.64	77
苏州	Suzhou	991.02	1683.19	946.73	5	厦门	Xiamen	331.23	86.95	59.58	253
南通	Nantong	1004.10	1651.15	1200.28	3	莆田	Putian	105.63	200.91	282.06	94
连云港	Lianyungang	534.56	423.54	381.32	56	三明	Sanming	80.89	286.04	124.12	194
淮安	Huaian	725.24	459.59	507.24	32	泉州	Quanzhou	295.26	473.99	575.59	26
盐城	Yancheng	1268.58	1505.73	651.01	19	漳州	Zhangzhou	291.41	489.55	385.00	54
扬州	Yangzhou	582.69	530.77	637.93	21	南平	Nanping	95.89	169.94	114.45	202
镇江	Zhenjiang	159.79	593.66	368.64	62	龙岩	Longyan	76.93	231.46	122.67	195
泰州	Taizhou	466.21	756.33	785.87	10	宁德	Ningde	57.72	200.23	106.05	214
宿迁	Suqian	573.88	964.00	738.55	12	江西	**Jiangxi**	**2421.31**	**3553.99**	**3055.15**	
浙江	**Zhejiang**	**6100.29**	**4196.54**	**2657.39**		南昌	Nanchang	487.48	536.61	636.98	22
杭州	Hangzhou	1294.68	726.07	421.36	44	景德镇	Jingdezhen	146.68	79.67	111.76	206
宁波	Ningbo	1179.08	702.40	394.86	50	萍乡	Pingxiang	47.62	219.34	129.75	188
温州	Wenzhou	228.40	475.18	263.18	105	九江	Jiujiang	386.19	757.39	575.86	25
嘉兴	Jiaxing	694.92	379.45	279.51	96	新余	Xinyu	103.14	113.25	201.41	136
湖州	Huzhou	383.49	335.70	310.80	83	鹰潭	Yingtan	126.75	157.98	165.52	164
绍兴	Shaoxing	631.99	620.55	509.00	31	赣州	Ganzhou	231.25	462.62	283.66	92
金华	Jinhua	353.39	321.35	188.43	140	吉安	Jian	123.84	282.47	226.32	119
衢州	Quzhou	257.05	70.89	53.84	257	宜春	Yichun	277.58	395.34	384.38	55
舟山	Zhoushan	315.09	70.41	23.02	275	抚州	Fuzhou	211.78	197.34	110.08	209
台州	Taizhou	437.99	340.68	96.75	218	上饶	Shangrao	278.99	352.00	229.42	117
丽水	Lishui	324.20	153.86	116.65	200	山东	**Shandong**	**11986.78**	**12702.53**	**9291.04**	
安徽	**Anhui**	**3409.49**	**6222.17**	**4861.36**		济南	Jinan	599.04	676.12	658.26	17
合肥	Hefei	229.97	385.91	230.58	115	青岛	Qingdao	1733.28	1366.09	1234.67	1
芜湖	Wuhu	372.13	319.51	428.60	41	淄博	Zibo	373.46	559.37	310.47	84
蚌埠	Bengbu	279.34	432.34	355.21	68	枣庄	Zaozhuang	225.55	410.44	459.35	37
淮南	Huainan	123.65	205.02	115.66	201	东营	Dongying	301.65	540.09	358.42	67
马鞍山	Maanshan	181.01	315.23	125.41	193	烟台	Yantai	1764.86	2074.25	940.92	6
淮北	Huaibei	259.86	284.05	64.63	249	潍坊	Weifang	1683.69	1616.87	1086.48	4
铜陵	Tongling	169.65	228.73	137.87	181	济宁	Jining	689.18	712.15	359.53	66
安庆	Anqing	309.63	212.31	188.12	141	泰安	Taian	302.31	388.27	400.76	47
黄山	Huangshan	152.08	76.06	102.34	215	威海	Weihai	1379.72	1448.92	674.65	16
滁州	Chuzhou	363.97	1143.26	845.40	9	日照	Rizhao	139.12	307.47	177.14	151
阜阳	Fuyang	117.71	456.64	392.42	51	莱芜	Laiwu	110.08	102.45	69.76	246
宿州	Suzhou	157.85	354.94	372.88	58	临沂	Linyi	833.66	872.76	932.13	8
六安	Liuan	189.22	359.56	585.39	23	德州	Dezhou	470.29	424.81	389.67	53
亳州	Bozhou	90.53	561.75	282.41	93	聊城	Liaocheng	383.45	446.95	432.98	38

7-11 供应普通商品住房用地面积 续表 2

Area of Land Supplied for Ordinary Commercial Housing continued 2

单位：公顷 (hectare)

地名	City	2010	2013	2014	2014 排名 Ranking	地名	City	2010	2013	2014	2014 排名 Ranking
滨州	Binzhou	354.34	234.29	223.25	120	常德	Changde	189.56	312.59	220.21	121
菏泽	Heze	643.10	521.22	372.61	60	张家界	Zhangjiajie	144.76	67.43	22.87	276
河南	**Henan**	**4062.05**	**6574.23**	**5419.41**		益阳	Yiyang	121.97	175.39	136.30	183
郑州	Zhengzhou	566.17	1442.68	1233.22	2	郴州	Chenzhou	254.24	286.85	202.99	135
开封	Kaifeng	324.17	373.26	280.60	95	永州	Yongzhou	225.60	176.47	203.17	134
洛阳	Luoyang	197.95	717.97	395.65	48	怀化	Huaihua	332.95	357.64	323.67	81
平顶山	Pingdingshan	231.33	358.71	707.28	13	娄底	Loudi	76.08	254.07	176.54	153
安阳	Anyang	266.15	336.89	513.61	30	**广东**	**Guangdong**	**4571.79**	**5096.95**	**3789.93**	
鹤壁	Hebi	123.37	166.14	187.92	142	广州	Guangzhou	325.98	500.80	249.21	111
新乡	Xinxiang	385.54	497.04	347.47	70	韶关	Shaoguan	102.11	297.42	142.25	176
焦作	Jiaozuo	164.32	269.14	178.65	149	深圳	Shenzhen	59.48	176.80	168.95	159
濮阳	Puyang	112.09	320.61	139.42	177	珠海	Zhuhai	297.92	144.10	73.62	242
许昌	Xuchang	326.01	330.36	218.50	123	汕头	Shantou	23.32	39.79	72.41	244
漯河	Luohe	57.26	195.43	92.98	220	佛山	Foshan	541.70	554.62	417.39	46
三门峡	Sanmenxia	117.78	72.73	87.81	226	江门	Jiangmen	215.18	212.80	113.57	205
南阳	Nanyang	249.82	262.05	271.08	101	湛江	Zhanjiang	113.48	255.41	229.49	116
商丘	Shangqiu	216.61	474.26	191.29	138	茂名	Maoming	63.11	231.66	257.15	107
信阳	Xinyang	263.46	219.82	209.05	131	肇庆	Zhaoqing	166.66	173.53	125.78	192
周口	Zhoukou	126.35	201.23	161.23	167	惠州	Huizhou	821.03	397.14	332.20	75
驻马店	Zhumadian	333.68	335.92	203.65	133	梅州	Meizhou	190.80	281.69	219.18	122
湖北	**Hubei**	**3976.82**	**5238.02**	**4142.53**		汕尾	Shanwei	0.90	30.82	94.83	219
武汉	Wuhan	1449.79	1139.42	684.44	15	河源	Heyuan	71.28	172.25	165.39	165
黄石	Huangshi	106.24	274.56	128.66	190	阳江	Yangjiang	284.64	142.39	262.00	106
十堰	Shiyan	190.68	183.03	293.64	90	清远	Qingyuan	611.71	585.11	369.70	61
宜昌	Yichang	227.65	319.78	187.11	143	东莞	Dongguan	221.08	331.65	137.97	180
襄阳	Xiangyang	174.68	533.61	423.61	42	中山	Zhongshan	334.66	99.02	45.62	262
鄂州	Ezhou	405.60	165.68	117.49	198	潮州	Chaozhou	14.18	68.31	80.80	236
荆门	Jingmen	256.57	201.26	268.31	102	揭阳	Jieyang	80.67	184.73	68.88	247
孝感	Xiaogan	168.71	378.21	422.60	43	云浮	Yunfu	31.91	216.92	163.56	166
荆州	Jingzhou	140.06	378.29	277.52	98	**广西**	**Guangxi**	**2520.83**	**2329.67**	**2050.48**	
黄冈	Huanggang	63.90	601.10	418.47	45	南宁	Nanning	395.06	198.39	363.48	64
咸宁	Xianning	484.80	464.28	359.77	65	柳州	Liuzhou	169.86	278.68	217.22	124
随州	Suizhou	126.60	211.95	175.09	155	桂林	Guilin	148.64	343.38	209.10	130
湖南	**Hunan**	**3420.62**	**3806.63**	**2896.09**		梧州	Wuzhou	165.81	122.73	130.76	187
长沙	Changsha	1003.79	913.52	496.01	33	北海	Beihai	106.08	95.90	32.51	268
株洲	Zhuzhou	241.59	260.97	215.65	126	防城港	Fangchenggang	166.83	68.82	155.66	170
湘潭	Xiangtan	170.83	134.62	72.73	243	钦州	Qinzhou	622.72	189.80	92.80	221
衡阳	Hengyang	259.11	367.91	375.03	57	贵港	Guigang	136.32	211.16	267.13	103
邵阳	Shaoyang	238.45	192.68	168.45	162	玉林	Yulin	174.81	228.79	108.09	211
岳阳	Yueyang	141.02	233.08	168.61	161	百色	Baise	135.57	173.71	170.37	158

7-11 供应普通商品住房用地面积 续表 3
Area of Land Supplied for Ordinary Commercial Housing continued 3

单位：公顷 (hectare)

地名	City	2010	2013	2014	2014 排名 Ranking	地名	City	2010	2013	2014	2014 排名 Ranking
贺州	Hezhou	87.42	98.68	63.01	251	丽江	Lijiang	115.34	77.22	86.57	231
河池	Hechi	43.50	92.57	65.85	248	普洱	Puer	71.70	91.02	87.51	227
来宾	Laibin	62.78	140.68	82.13	234	临沧	Lincang	30.92	45.96	18.82	278
崇左	Chongzuo	105.42	86.37	92.38	223	**西藏**	**Tibet**	**108.84**	**128.99**	**132.83**	
海南	**Hainan**	**804.20**	**811.82**	**359.73**		拉萨	Lasa	80.34	62.92	44.08	263
海口	Haikou	60.02	52.63	23.93	274	**陕西**	**Shaanxi**	**1099.94**	**2630.32**	**1772.01**	
三亚	Sanya	1.88	18.68	43.97	264	西安	Xi'an	319.15	504.70	473.61	35
三沙	Sansha					铜川	Tongchuan	46.69	33.56	4.44	284
重庆	**Chongqing**	**2148.40**	**4211.63**	**2953.24**		宝鸡	Baoji	85.65	407.84	213.12	128
四川	**Sichuan**	**4297.51**	**4727.81**	**3548.72**		咸阳	Xianyang	226.85	390.01	229.41	118
成都	Chengdu	1373.76	683.44	343.55	71	渭南	Weinan	96.49	243.90	190.71	139
自贡	Zigong	130.28	217.38	86.96	230	延安	Yan'an	9.99	71.29	110.68	208
攀枝花	Panzhihua	89.66	70.25	43.52	265	汉中	Hanzhong	110.54	379.55	265.42	104
泸州	Luzhou	319.58	204.55	144.78	175	榆林	Yulin	134.62	343.55	111.01	207
德阳	Deyang	264.52	275.21	231.01	114	安康	Ankang	27.81	186.63	97.78	217
绵阳	Mianyang	384.84	289.57	304.18	88	商洛	Shangluo	42.13	69.29	75.82	238
广元	Guangyuan	83.72	109.18	130.85	186	**甘肃**	**Gansu**	**961.17**	**1720.28**	**1469.31**	
遂宁	Suining	139.74	648.46	121.21	196	兰州	Lanzhou	275.03	420.94	568.42	27
内江	Neijiang	127.21	240.82	114.09	203	嘉峪关	Jiayuguan	33.09	3.31	43.51	266
乐山	Leshan	282.67	165.57	184.09	145	金昌	Jinchang	23.06	56.56	10.25	281
南充	Nanchong	195.52	418.15	341.66	72	白银	Baiyin	50.50	81.06	87.02	229
眉山	Meishan	210.09	261.53	311.70	82	天水	Tianshui	43.46	69.10	176.12	154
宜宾	Yibin	178.36	234.39	181.06	146	武威	Wuwei	45.74	111.72	82.32	233
广安	Guangan	124.87	168.58	254.67	108	张掖	Zhangye	147.60	413.70	129.22	189
达州	Dazhou	195.22	180.34	74.95	239	平凉	Pingliang	43.27	46.43	106.90	213
雅安	Yaan	45.40	26.23	26.01	273	酒泉	Jiuquan	61.15	146.16	116.93	199
巴中	Bazhong	57.85	246.42	285.08	91	庆阳	Qingyang	59.83	84.11	29.08	270
资阳	Ziyang	71.15	271.76	325.46	79	定西	Dingxi	112.02	167.64	47.11	259
贵州	**Guizhou**	**1135.41**	**3838.31**	**2877.47**		陇南	Longnan	3.98	16.56	5.41	283
贵阳	Guiyang	529.96	490.92	308.29	86	**青海**	**Qinghai**	**231.12**	**293.18**	**463.25**	
六盘水	Liupanshui	12.22	145.41	180.23	147	西宁	Xining	137.68	137.57	138.67	178
遵义	Zunyi	145.42	1013.88	766.90	11	海东	Haidong			60.84	252
安顺	Anshun	46.48	201.91	237.75	113	**宁夏**	**Ningxia**	**1140.24**	**1034.03**	**615.93**	
毕节	Bijie	46.25	612.45	581.25	24	银川	Yinchuan	276.81	656.71	348.34	69
铜仁	Tongren	45.30	376.21	275.26	99	石嘴山	Shizuishan	281.90	51.76	33.30	267
云南	**Yunnan**	**2325.93**	**3222.31**	**2181.11**		吴忠	Wuzhong	198.29	193.97	49.72	258
昆明	Kunming	323.97	1036.08	690.13	14	固原	Guyuan	154.72	89.23	32.20	269
曲靖	Qujing	318.51	233.39	157.95	169	中卫	Zhongwei	228.52	42.36	152.37	172
玉溪	Yuxi	156.76	74.79	92.53	222	**新疆**	**Xinjiang**	**2104.74**	**2188.20**	**1325.00**	
保山	Baoshan	160.41	226.80	146.87	174	乌鲁木齐	Urumqi	549.93	366.69	199.56	137
昭通	Zhaotong	99.19	46.79	81.45	235	克拉玛依	Karamay	19.41	152.93	17.86	279

7-12 供应经济适用住房用地面积
Area of Land Supplied for Economically Affordable House

单位：公顷 (hectare)

地名	City	2010	2013	2014	2014 排名 Ranking
全国	**Nation Total**	**13292.14**	**22072.37**	**17525.23**	
北京	**Beijing**	**96.83**	**106.60**	**115.24**	
天津	**Tianjin**	**560.77**	**273.85**	**392.45**	
河北	**Hebei**	**272.30**	**659.81**	**308.20**	
石家庄	Shijiazhuang	39.89	55.14	19.23	132
唐山	Tangshan	32.51	20.89	16.85	142
秦皇岛	Qinhuangdao	22.62	383.15	24.80	114
邯郸	Handan	84.04	4.63	199.81	22
邢台	Xingtai	16.10	94.19	6.28	186
保定	Baoding	3.49	13.03	5.24	193
张家口	Zhangjiakou	39.96	46.88	12.58	153
承德	Chengde	15.91	9.30	1.13	229
沧州	Cangzhou	1.76	23.41	19.19	133
廊坊	Langfang	7.50	3.94		
衡水	Hengshui	8.52	5.25	3.09	213
山西	**Shanxi**	**241.84**	**334.04**	**151.74**	
太原	Taiyuan	61.00	27.20		
大同	Datong	19.77	17.62		
阳泉	Yangquan	15.59	27.80	1.70	223
长治	Changzhi	8.05	38.87	7.07	180
晋城	Jincheng	22.71	22.05	4.03	199
朔州	Shuozhou	16.61	39.45	10.31	159
晋中	Jinzhong	32.73	47.48	11.02	157
运城	Yuncheng	5.19	11.38	35.66	92
忻州	Xinzhou	12.79	59.41	35.56	93
临汾	Linfen	7.42	5.89	24.09	117
吕梁	Lvliang	39.98	36.88	21.51	125
内蒙古	**Inner Mongolia**	**516.50**	**289.52**	**330.13**	
呼和浩特	Hohhot	34.07	34.99	1.10	232
包头	Baotou	77.67	69.59	102.06	44
乌海	Wuhai	43.50	8.40	21.22	126
赤峰	Chifeng	2.99	1.45	12.39	154
通辽	Tongliao	17.95			
鄂尔多斯	Erdos	155.88	19.54	19.81	131
呼伦贝尔	Hulunbuir	90.76	83.12	71.75	55
巴彦淖尔	Bayannur	3.24	6.27		
乌兰察布	Ulanqab	14.11	15.70	84.96	50
辽宁	**Liaoning**	**738.51**	**786.09**	**396.45**	
沈阳	Shenyang	28.15	16.05		
大连	Dalian	66.07	98.40		
鞍山	Anshan				
抚顺	Fushun	45.28	19.19	4.50	202
本溪	Benxi	148.78	64.82	16.87	141
丹东	Dandong	3.74	24.57	9.32	165
锦州	Jinzhou	37.89	40.62	35.21	94
营口	Yingkou	305.75	9.59	17.55	140
阜新	Fuxin	23.60	62.02	66.89	60
辽阳	Liaoyang	18.21	21.57	5.56	190
盘锦	Panjin		2.02		
铁岭	Tieling	16.05			
朝阳	Chaoyang	1.53	3.98	18.59	137
葫芦岛	Huludao	43.46	423.25	221.96	19
吉林	**Jilin**	**407.77**	**229.94**	**277.23**	
长春	Changchun	198.08	26.57	94.96	48
吉林	Jilin	52.44	19.55	5.76	188
四平	Siping	1.80	6.00	5.15	194
辽源	Liaoyuan	70.79	5.76	19.99	129
通化	Tonghua	32.70	22.67	28.96	108
白山	Baishan	3.61	73.25	57.57	68
松原	Songyuan		30.13		
白城	Baicheng	10.01	15.80	10.13	161
黑龙江	**Heilongjiang**	**829.79**	**609.66**	**705.23**	
哈尔滨	Harbin	217.43	17.23	46.99	78
齐齐哈尔	Qiqihar	61.81	53.60	44.79	80
鸡西	Jixi	3.98	45.14	6.99	182
鹤岗	Hegang	2.63	24.88	259.46	14
双鸭山	Shuangyashan	13.98	40.91	7.03	181
大庆	Daqing	0.82	0.06	7.55	177
伊春	Yichun	7.51	185.71	121.62	36
佳木斯	Jiamusi	58.14			
七台河	Qitaihe		0.25	117.61	38
牡丹江	Mudanjiang		33.74		
黑河	Heihe	42.81	3.87	1.55	224
绥化	Suihua	87.60	14.90	9.11	168
上海	**Shanghai**	**31.08**	**6.64**	**47.71**	
江苏	**Jiangsu**	**1380.63**	**1558.89**	**2201.72**	

7-12 供应经济适用住房用地面积 续表 1

Area of Land Supplied for Economically Affordable House continued 1

单位：公顷 (hectare)

地名	City	2010	2013	2014	2014 排名 Ranking	地名	City	2010	2013	2014	2014 排名 Ranking
南京	Nanjing	285.77	399.49	343.56	5	池州	Chizhou		70.01	65.52	61
无锡	Wuxi	175.18	174.52	254.63	15	宣城	Xuancheng	10.09	84.67	81.16	51
徐州	Xuzhou	175.36	120.53	336.60	6	**福建**	**Fujian**	**78.65**	**26.09**	**5.78**	
常州	Changzhou	104.64	141.13	116.47	39	福州	Fuzhou	2.81	0.42		
苏州	Suzhou	343.15	124.83	265.26	12	厦门	Xiamen	16.89		2.00	220
南通	Nantong	53.53	199.62	164.75	28	莆田	Putian	12.72	1.06	0.54	237
连云港	Lianyungang	11.91	11.51	29.12	107	三明	Sanming	0.69	3.54		
淮安	Huaian	39.67	13.20	7.47	178	泉州	Quanzhou	22.18			
盐城	Yancheng	14.89	39.55	44.03	81	漳州	Zhangzhou	6.19	1.02		
扬州	Yangzhou	31.59	52.67	31.19	104	南平	Nanping		7.92		
镇江	Zhenjiang		106.43	71.70	56	龙岩	Longyan	2.79	5.39	1.40	227
泰州	Taizhou	7.10	69.69	34.32	96	宁德	Ningde	14.38	6.75	1.85	222
宿迁	Suqian	137.85	105.72	502.62	3	**江西**	**Jiangxi**	**278.88**	**1461.77**	**313.90**	
浙江	**Zhejiang**	**1290.01**	**3497.65**	**2168.99**		南昌	Nanchang	47.98	458.62	34.05	97
杭州	Hangzhou	164.43	557.08	243.40	17	景德镇	Jingdezhen	24.36	31.40	30.22	105
宁波	Ningbo	887.69	739.09	306.02	8	萍乡	Pingxiang	0.54	22.23	0.16	240
温州	Wenzhou	18.89	545.32	613.11	1	九江	Jiujiang	2.95	37.44	47.84	76
嘉兴	Jiaxing	78.55	251.87	135.92	31	新余	Xinyu		1.71		
湖州	Huzhou	10.97	70.72	71.78	54	鹰潭	Yingtan	50.51	30.76	7.77	175
绍兴	Shaoxing	6.76	211.19	67.29	58	赣州	Ganzhou	123.35	617.98	104.19	41
金华	Jinhua	63.94	299.54	213.94	20	吉安	Jian	6.61	25.20	32.84	100
衢州	Quzhou	18.14	73.25	31.48	102	宜春	Yichun	3.59	27.97	37.50	90
舟山	Zhoushan	12.71	9.79	38.49	88	抚州	Fuzhou	13.20	131.58	5.52	191
台州	Taizhou	17.87	427.85	313.54	7	上饶	Shangrao	5.79	76.88	13.81	151
丽水	Lishui	10.06	311.97	134.02	33	**山东**	**Shandong**	**775.92**	**1554.92**	**911.11**	
安徽	**Anhui**	**1274.11**	**2517.64**	**1916.09**		济南	Jinan	185.37	101.48	58.55	66
合肥	Hefei	223.09	297.71	299.97	9	青岛	Qingdao	143.89	286.63	115.32	40
芜湖	Wuhu	514.51	492.81	226.81	18	淄博	Zibo	2.38	38.55	10.02	162
蚌埠	Bengbu	59.76	4.41	1.41	226	枣庄	Zaozhuang	11.52	23.20	43.19	82
淮南	Huainan	226.31	431.93	248.26	16	东营	Dongying	4.48	14.94		
马鞍山	Maanshan	6.42	94.88	8.75	170	烟台	Yantai	48.48	34.38	5.06	195
淮北	Huaibei	55.21	92.50	34.49	95	潍坊	Weifang		4.95	4.13	205
铜陵	Tongling	22.97	25.74			济宁	Jining	9.54	21.75	28.78	109
安庆	Anqing	8.00	87.58	99.76	45	泰安	Taian	95.83	345.17	52.03	72
黄山	Huangshan	11.45	63.76	25.09	113	威海	Weihai		29.49	39.63	86
滁州	Chuzhou	25.69	270.84	192.17	23	日照	Rizhao	7.26	29.47	42.68	84
阜阳	Fuyang	27.70	121.13	72.85	53	莱芜	Laiwu	18.72	19.24	23.81	118
宿州	Suzhou	50.13	5.98	38.17	89	临沂	Linyi	162.42	396.66	430.73	4
六安	Liuan	1.95	120.89	297.95	10	德州	Dezhou	11.70	151.83	8.86	169
亳州	Bozhou	23.75	93.84	137.05	30	聊城	Liaocheng	5.25	7.74		

7-12 供应经济适用住房用地面积 续表 2

Area of Land Supplied for Economically Affordable House continued 2

单位：公顷 (hectare)

地名	City	2010	2013	2014	2014 排名 Ranking
滨州	Binzhou	15.46	38.87	45.15	79
菏泽	Heze	53.62	10.58	3.16	212
河南	**Henan**	**973.82**	**715.58**	**549.12**	
郑州	Zhengzhou	491.54	123.98	189.19	24
开封	Kaifeng	23.19	248.48	60.75	65
洛阳	Luoyang	35.87	36.27	32.92	99
平顶山	Pingdingshan	161.80	30.19	56.43	69
安阳	Anyang	40.03	14.88	4.03	207
鹤壁	Hebi	25.69	12.61	56.10	70
新乡	Xinxiang	2.30	3.60		
焦作	Jiaozuo	14.37	57.72	7.69	176
濮阳	Puyang	50.27	50.24	48.69	75
许昌	Xuchang	13.55	4.46	14.42	149
漯河	Luohe	11.32	17.46		
三门峡	Sanmenxia	1.44	54.20	3.69	210
南阳	Nanyang	69.02	18.30	24.74	115
商丘	Shangqiu	7.63	18.37	2.67	218
信阳	Xinyang	2.17	7.04	4.00	208
周口	Zhoukou	15.68	17.77	33.65	98
驻马店	Zhumadian	7.94		10.17	160
湖北	**Hubei**	**243.49**	**1048.39**	**771.32**	
武汉	Wuhan	124.42	687.77	212.10	21
黄石	Huangshi	8.65	6.68	30.04	106
十堰	Shiyan	0.09	11.77	2.75	217
宜昌	Yichang	50.89	110.15	61.38	63
襄阳	Xiangyang	3.69	27.46	118.19	37
鄂州	Ezhou				
荆门	Jingmen	14.45	4.69	11.10	156
孝感	Xiaogan	0.36	0.67	103.56	42
荆州	Jingzhou	21.38	4.45		
黄冈	Huanggang	8.30	100.85	165.80	27
咸宁	Xianning	2.36			
随州	Suizhou	3.70	23.98	9.29	166
湖南	**Hunan**	**338.93**	**715.55**	**1002.78**	
长沙	Changsha	203.02	195.13	273.60	11
株洲	Zhuzhou	16.15	1.99	95.91	47
湘潭	Xiangtan	3.02	124.64	23.64	121
衡阳	Hengyang	32.88	43.18	1.51	225
邵阳	Shaoyang	3.38	23.74	8.73	171
岳阳	Yueyang	15.31	45.13	61.23	64
常德	Changde	2.77	32.88	42.71	83
张家界	Zhangjiajie	3.42	24.32	8.70	172
益阳	Yiyang	19.09	0.74	67.03	59
郴州	Chenzhou	15.44	41.17	86.17	49
永州	Yongzhou	3.44	7.14	70.95	57
怀化	Huaihua	17.70	38.81	38.73	87
娄底	Loudi	0.64	114.80	149.71	29
广东	**Guangdong**	**151.50**	**139.13**	**122.26**	
广州	Guangzhou	121.48	117.10	78.20	52
韶关	Shaoguan	0.13	1.80	9.97	163
深圳	Shenzhen	13.16			
珠海	Zhuhai	1.33		6.41	185
汕头	Shantou		0.40		
佛山	Foshan	0.36			
江门	Jiangmen	2.02			
湛江	Zhanjiang	2.29		21.08	127
茂名	Maoming				
肇庆	Zhaoqing	0.05	3.36	2.89	214
惠州	Huizhou	3.69	2.75		
梅州	Meizhou	0.50	0.60		
汕尾	Shanwei			0.91	234
河源	Heyuan	3.15	5.85	2.79	215
阳江	Yangjiang	0.78			
清远	Qingyuan	2.28			
东莞	Dongguan				
中山	Zhongshan				
潮州	Chaozhou				
揭阳	Jieyang	0.29	7.27		
云浮	Yunfu				
广西	**Guangxi**	**304.59**	**239.89**	**314.13**	
南宁	Nanning	117.19	2.99	17.75	138
柳州	Liuzhou	61.21	23.02	14.17	150
桂林	Guilin	19.47	97.33	4.44	203
梧州	Wuzhou		45.03	5.48	192
北海	Beihai			4.76	200
防城港	Fangchenggang	10.95	12.20	182.79	25
钦州	Qinzhou	7.59	0.61	26.03	111
贵港	Guigang	74.36	0.55	8.19	173
玉林	Yulin	3.33	6.65	21.71	124
百色	Baise	4.09	5.76	1.24	228

7-12 供应经济适用住房用地面积 续表 3
Area of Land Supplied for Economically Affordable House continued 3

单位：公顷 (hectare)

地名	City	2010	2013	2014	2014 排名 Ranking
贺州	Hezhou	3.41	6.94	0.66	235
河池	Hechi	1.05	22.57	11.54	155
来宾	Laibin	0.00	3.56	0.29	239
崇左	Chongzuo	1.95	12.69	15.09	146
海南	**Hainan**	**124.48**	**63.44**	**89.67**	
海口	Haikou	16.31	0.74	4.07	206
三亚	Sanya	37.33	36.10	13.81	151
三沙	Sansha				
重庆	**Chongqing**	**542.87**	**418.02**	**424.97**	
四川	**Sichuan**	**274.83**	**887.83**	**987.25**	
成都	Chengdu	125.38	426.17	504.73	2
自贡	Zigong	4.40	28.33	15.92	144
攀枝花	Panzhihua	2.54	9.71	4.75	201
泸州	Luzhou	7.32	95.36	103.52	43
德阳	Deyang	67.23	92.39	16.30	143
绵阳	Mianyang	3.41	7.81	9.70	164
广元	Guangyuan	4.37		14.73	147
遂宁	Suining	6.73	18.36	20.60	128
内江	Neijiang	16.51	5.55		
乐山	Leshan	2.03	13.53	22.24	123
南充	Nanchong	1.17	7.71	6.06	187
眉山	Meishan		19.83	24.66	116
宜宾	Yibin	17.86	18.97	126.32	35
广安	Guangan	0.17	42.33	9.21	167
达州	Dazhou	5.73	37.69	15.11	145
雅安	Yaan	6.44	8.27	3.89	209
巴中	Bazhong		14.34	18.87	134
资阳	Ziyang		2.19	1.11	230
贵州	**Guizhou**	**411.83**	**419.83**	**187.77**	
贵阳	Guiyang	262.03	136.31	17.72	139
六盘水	Liupanshui	3.73	3.68	5.58	189
遵义	Zunyi	59.96	90.72	32.83	101
安顺	Anshun	7.38	21.22	4.86	198
毕节	Bijie	58.40	58.60	36.61	91
铜仁	Tongren	1.97	19.03	4.98	196
云南	**Yunnan**	**38.37**	**178.84**	**309.71**	
昆明	Kunming	13.89	11.29	18.75	136
曲靖	Qujing	6.60	4.05	47.11	77
玉溪	Yuxi			1.94	221
保山	Baoshan		0.53	0.47	238
昭通	Zhaotong		3.35	0.56	236

地名	City	2010	2013	2014	2014 排名 Ranking
丽江	Lijiang		10.20	3.67	211
普洱	Puer	0.60	10.40	0.92	233
临沧	Lincang	7.53	0.03	23.66	120
西藏	**Tibet**	**5.39**	**0.13**		
拉萨	Lasa				
陕西	**Shaanxi**	**279.65**	**608.88**	**578.86**	
西安	Xi'an	61.48	317.23	177.03	26
铜川	Tongchuan	57.37			
宝鸡	Baoji	6.08	2.76	1.11	230
咸阳	Xianyang	8.57	31.41	97.14	46
渭南	Weinan	53.65	80.57	52.34	71
延安	Yan'an	13.65	18.40	135.05	32
汉中	Hanzhong	15.03	48.90	63.60	62
榆林	Yulin	62.86	57.72	26.30	110
安康	Ankang	0.66	45.44	19.87	130
商洛	Shangluo	0.30	6.44	6.42	184
甘肃	**Gansu**	**204.86**	**279.35**	**241.67**	
兰州	Lanzhou	76.60	63.26	49.21	74
嘉峪关	Jiayuguan	17.83	1.40		
金昌	Jinchang	11.59	5.00	7.87	174
白银	Baiyin	21.31	19.57	41.48	85
天水	Tianshui	6.65	31.45	23.75	119
武威	Wuwei	11.63	11.64	4.43	204
张掖	Zhangye	4.96	42.01	25.17	112
平凉	Pingliang		43.99	14.45	148
酒泉	Jiuquan	19.29	9.04	7.47	178
庆阳	Qingyang	7.37	6.17	10.68	158
定西	Dingxi	21.22	45.80	2.78	216
陇南	Longnan	2.14		2.05	219
青海	**Qinghai**	**48.77**	**28.97**	**80.65**	
西宁	Xining	9.58	10.78	18.80	135
海东	Haidong			49.91	73
宁夏	**Ningxia**	**269.27**	**361.14**	**326.18**	
银川	Yinchuan	135.26	216.29	259.90	13
石嘴山	Shizuishan	130.35	49.15	31.46	103
吴忠	Wuzhong		23.36	6.77	183
固原	Guyuan	3.67	72.33	4.97	197
中卫	Zhongwei			23.08	122
新疆	**Xinjiang**	**305.91**	**2054.29**	**1296.92**	
乌鲁木齐	Urumqi	89.32	13.67	131.19	34
克拉玛依	Karamay	22.96	41.06	57.89	67

7-13 供应廉租住房用地面积
Area of Land Supplied for Cheap Rent House

单位：公顷 (hectare)

地名	City	2010	2013	2014	2014 排名 Ranking
全国	**Nation Total**	**3380.87**	**3731.38**	**2244.99**	
北京	**Beijing**	**0.63**	**2.32**	**0.29**	
天津	**Tianjin**				
河北	**Hebei**	**92.67**	**92.93**	**27.05**	
石家庄	Shijiazhuang	5.00	26.12	0.67	141
唐山	Tangshan	47.99			
秦皇岛	Qinhuangdao	1.87			
邯郸	Handan	12.75	37.99	0.97	126
邢台	Xingtai	0.11	0.93	7.40	50
保定	Baoding	1.79	2.97	0.67	141
张家口	Zhangjiakou	0.95	9.19	2.41	97
承德	Chengde	0.42	5.11	0.71	137
沧州	Cangzhou	12.46	4.71	12.17	33
廊坊	Langfang	5.40	1.56	0.90	129
衡水	Hengshui	3.94	4.35	1.15	123
山西	**Shanxi**	**311.66**	**155.84**	**90.51**	
太原	Taiyuan	5.25	7.06	3.58	74
大同	Datong	254.48	95.46	62.69	3
阳泉	Yangquan	1.40	1.90		
长治	Changzhi	1.41	4.40		
晋城	Jincheng	0.21	0.57		
朔州	Shuozhou	0.82	4.60	1.64	110
晋中	Jinzhong		2.35	0.18	168
运城	Yuncheng	5.30	3.31	2.43	95
忻州	Xinzhou	6.28	18.41	0.24	163
临汾	Linfen	5.73	4.53	4.28	68
吕梁	Lvliang	30.77	13.25	15.48	29
内蒙古	**Inner Mongolia**	**191.02**	**95.53**	**77.43**	
呼和浩特	Hohhot		5.30		
包头	Baotou	2.42	6.34	10.67	37
乌海	Wuhai	109.71	1.01		
赤峰	Chifeng	1.24	4.96	1.90	106
通辽	Tongliao	6.36	3.35		
鄂尔多斯	Erdos	15.12	3.01	2.60	93
呼伦贝尔	Hulunbuir	26.51	14.41	20.60	20
巴彦淖尔	Bayannur	3.81	13.60	23.24	18
乌兰察布	Ulanqab	6.28	17.95	2.31	98
辽宁	**Liaoning**	**13.30**	**67.82**	**13.43**	

地名	City	2010	2013	2014	2014 排名 Ranking
沈阳	Shenyang	1.16			
大连	Dalian				
鞍山	Anshan	0.56	1.16	1.55	113
抚顺	Fushun		0.24		
本溪	Benxi	5.11		6.83	54
丹东	Dandong	2.40	0.15		
锦州	Jinzhou				
营口	Yingkou	2.85		2.94	87
阜新	Fuxin				
辽阳	Liaoyang			1.57	112
盘锦	Panjin	0.91			
铁岭	Tieling				
朝阳	Chaoyang	0.30	0.80	0.55	148
葫芦岛	Huludao		65.47		
吉林	**Jilin**	**53.27**	**61.29**	**60.99**	
长春	Changchun	16.03	10.88	7.76	46
吉林	Jilin	4.61	12.71	9.07	43
四平	Siping	0.07	0.37	6.60	57
辽源	Liaoyuan	2.16	1.54		
通化	Tonghua	7.70	4.07		
白山	Baishan	4.48	7.92	8.23	45
松原	Songyuan		12.12	0.68	139
白城	Baicheng	6.19	7.57	26.81	14
黑龙江	**Heilongjiang**	**191.29**	**96.48**	**25.64**	
哈尔滨	Harbin	6.27	8.35	2.79	91
齐齐哈尔	Qiqihar	7.24	5.43	0.43	154
鸡西	Jixi		0.15		
鹤岗	Hegang	4.59	39.91	7.54	49
双鸭山	Shuangyashan				
大庆	Daqing	0.09	0.09		
伊春	Yichun	62.45		0.29	159
佳木斯	Jiamusi	5.00	10.37	0.48	151
七台河	Qitaihe	3.45	16.44		
牡丹江	Mudanjiang	25.72		1.72	109
黑河	Heihe	9.96	3.48	2.27	99
绥化	Suihua	13.42	7.91	9.51	40
上海	**Shanghai**				
江苏	**Jiangsu**	**430.88**	**303.12**	**64.66**	

7-13 供应廉租住房用地面积 续表 1

Area of Land Supplied for Cheap Rent House continued 1

单位：公顷 (hectare)

地名	City	2010	2013	2014	2014 排名 Ranking	地名	City	2010	2013	2014	2014 排名 Ranking
南京	Nanjing		4.69	4.10	70	池州	Chizhou		1.83	9.36	42
无锡	Wuxi	411.27	84.80	43.52	8	宣城	Xuancheng	1.88	20.72	5.96	58
徐州	Xuzhou	9.65	3.49			**福建**	**Fujian**	**52.96**	**18.93**	**8.90**	
常州	Changzhou	4.02	140.01	13.44	31	福州	Fuzhou	27.14		3.33	81
苏州	Suzhou	2.02	7.90	0.15	171	厦门	Xiamen				
南通	Nantong	0.69	27.24	0.71	137	莆田	Putian	2.20			
连云港	Lianyungang	0.33				三明	Sanming	10.93	8.02	0.16	170
淮安	Huaian					泉州	Quanzhou	3.88	0.80	5.22	61
盐城	Yancheng	2.64	26.89	1.74	108	漳州	Zhangzhou	1.83			
扬州	Yangzhou		7.44			南平	Nanping	2.07	1.51		
镇江	Zhenjiang		0.66			龙岩	Longyan	2.04	8.60	0.19	167
泰州	Taizhou					宁德	Ningde	2.87			
宿迁	Suqian	0.26		0.99	125	**江西**	**Jiangxi**	**167.18**	**275.32**	**134.55**	
浙江	**Zhejiang**	**41.10**	**19.15**	**2.43**		南昌	Nanchang	19.21	50.72	5.22	61
杭州	Hangzhou	15.88				景德镇	Jingdezhen	10.60	4.17	1.25	121
宁波	Ningbo	15.05	7.58			萍乡	Pingxiang	9.23	12.97	0.46	153
温州	Wenzhou	2.87	8.02			九江	Jiujiang	7.03	38.01	57.43	5
嘉兴	Jiaxing		0.37			新余	Xinyu	13.00	6.61	9.45	41
湖州	Huzhou	0.57	0.35	2.17	101	鹰潭	Yingtan	22.63	9.26		
绍兴	Shaoxing	0.90				赣州	Ganzhou	20.88	82.61	16.90	26
金华	Jinhua	0.52	0.85			吉安	Jian	5.67	42.53	26.26	15
衢州	Quzhou	3.37	1.22			宜春	Yichun	11.47	7.29	3.93	71
舟山	Zhoushan	0.46				抚州	Fuzhou	9.00	1.60	8.54	44
台州	Taizhou	0.76				上饶	Shangrao	38.46	19.55	5.09	63
丽水	Lishui	0.70	0.74	0.26	161	**山东**	**Shandong**	**85.92**	**62.20**	**7.97**	
安徽	**Anhui**	**82.72**	**148.15**	**322.19**		济南	Jinan	0.69			
合肥	Hefei	4.17	3.50			青岛	Qingdao	4.24	0.12	1.54	114
芜湖	Wuhu	24.15	6.79	37.56	11	淄博	Zibo	22.98			
蚌埠	Bengbu	0.25	23.04	49.75	6	枣庄	Zaozhuang	1.99			
淮南	Huainan	1.85	6.03	3.37	80	东营	Dongying	1.99			
马鞍山	Maanshan	2.43	1.10			烟台	Yantai		0.29	0.74	136
淮北	Huaibei					潍坊	Weifang	2.77			
铜陵	Tongling	4.19				济宁	Jining	6.13	1.27	0.51	149
安庆	Anqing	11.04	1.16	0.86	132	泰安	Taian			2.13	102
黄山	Huangshan	11.67		0.18	168	威海	Weihai				
滁州	Chuzhou		6.74	1.54	114	日照	Rizhao	38.22	51.21	0.89	131
阜阳	Fuyang	1.32	18.41	39.69	10	莱芜	Laiwu			0.08	172
宿州	Suzhou	11.86	9.17	2.05	103	临沂	Linyi	0.58			
六安	Liuan	4.73	42.07	3.60	73	德州	Dezhou	2.53	8.86	1.80	107
亳州	Bozhou	2.92	7.59	167.16	1	聊城	Liaocheng				

7-13 供应廉租住房用地面积 续表 2
Area of Land Supplied for Cheap Rent House continued 2

单位：公顷 (hectare)

地名	City	2010	2013	2014	2014 排名 Ranking
滨州	Binzhou	1.34	0.46	0.28	160
菏泽	Heze	2.46			
河南	**Henan**	**138.97**	**168.86**	**90.26**	
郑州	Zhengzhou	12.90			
开封	Kaifeng		6.95		
洛阳	Luoyang	15.94	11.71		
平顶山	Pingdingshan	7.48		4.89	65
安阳	Anyang	5.48			
鹤壁	Hebi	5.50	19.60	24.10	17
新乡	Xinxiang	2.89	26.93	4.16	69
焦作	Jiaozuo	14.57	1.65		
濮阳	Puyang				
许昌	Xuchang	6.09	3.06		
漯河	Luohe	3.75	5.10		
三门峡	Sanmenxia	20.69			
南阳	Nanyang	5.82	17.02	11.29	36
商丘	Shangqiu	14.87	39.14	6.69	55
信阳	Xinyang	13.52	2.31	25.14	16
周口	Zhoukou	4.55	7.37	2.00	105
驻马店	Zhumadian	4.94	28.02	11.99	34
湖北	**Hubei**	**48.44**	**121.80**	**35.56**	
武汉	Wuhan	1.67		2.87	88
黄石	Huangshi		0.83		
十堰	Shiyan	0.32	0.65	4.87	66
宜昌	Yichang	5.65	30.91	5.54	59
襄阳	Xiangyang	8.99	11.81	2.42	96
鄂州	Ezhou				
荆门	Jingmen	3.47	4.35	3.10	85
孝感	Xiaogan	0.93	5.97		
荆州	Jingzhou	8.90	5.51	3.42	79
黄冈	Huanggang	10.81	41.01	2.69	92
咸宁	Xianning	3.91	5.46		
随州	Suizhou	0.87		2.45	94
湖南	**Hunan**	**66.68**	**109.45**	**107.69**	
长沙	Changsha	14.50	3.82	5.46	60
株洲	Zhuzhou		3.33	0.91	128
湘潭	Xiangtan	3.30	3.47	5.07	64
衡阳	Hengyang	6.67	2.09	2.04	104
邵阳	Shaoyang	4.13	6.39	6.99	53
岳阳	Yueyang	6.74	8.66	3.12	83
常德	Changde	3.49	32.58	9.71	39
张家界	Zhangjiajie	3.13	0.82	3.73	72
益阳	Yiyang	6.85	0.78	3.46	78
郴州	Chenzhou	4.86	11.43	15.59	28
永州	Yongzhou	1.54	7.65	19.01	22
怀化	Huaihua	4.09	0.26	0.26	161
娄底	Loudi	3.92	18.44	27.02	13
广东	**Guangdong**	**14.73**	**11.12**	**0.66**	
广州	Guangzhou	0.93			
韶关	Shaoguan		0.18		
深圳	Shenzhen	5.67			
珠海	Zhuhai				
汕头	Shantou				
佛山	Foshan			0.66	143
江门	Jiangmen	2.97			
湛江	Zhanjiang	1.94	1.32		
茂名	Maoming				
肇庆	Zhaoqing	0.05	1.30		
惠州	Huizhou				
梅州	Meizhou	2.24			
汕尾	Shanwei				
河源	Heyuan				
阳江	Yangjiang		0.50		
清远	Qingyuan	0.92	0.20		
东莞	Dongguan		7.63		
中山	Zhongshan				
潮州	Chaozhou				
揭阳	Jieyang				
云浮	Yunfu				
广西	**Guangxi**	**50.91**	**32.42**	**20.60**	
南宁	Nanning	5.00	6.90	3.09	86
柳州	Liuzhou	4.04	1.25	1.61	111
桂林	Guilin	5.38	5.50	0.36	156
梧州	Wuzhou	5.95	0.79	0.49	150
北海	Beihai			0.34	157
防城港	Fangchenggang	8.08	2.09	1.35	119
钦州	Qinzhou	2.99	0.22		
贵港	Guigang		1.72	1.42	118
玉林	Yulin	3.52	2.42	1.24	122
百色	Baise	11.29	3.12	2.87	88

7-13 供应廉租住房用地面积 续表 3

Area of Land Supplied for Cheap Rent House continued 3

单位：公顷 (hectare)

地名	City	2010	2013	2014	2014 排名 Ranking
贺州	Hezhou	3.76		0.80	134
河池	Hechi	0.36	1.62	3.53	75
来宾	Laibin		6.27	3.52	76
崇左	Chongzuo	0.54	0.53		
海南	**Hainan**	**52.25**	**2.28**	**5.72**	
海口	Haikou	2.57		1.45	117
三亚	Sanya				
三沙	Sansha				
重庆	**Chongqing**	**136.50**	**122.78**	**14.24**	
四川	**Sichuan**	**72.37**	**132.87**	**124.99**	
成都	Chengdu	11.91	12.14	0.90	129
自贡	Zigong	2.49	11.16	2.81	90
攀枝花	Panzhihua	3.27	1.57	0.60	147
泸州	Luzhou	5.71	3.28		
德阳	Deyang	5.78	15.54		
绵阳	Mianyang	9.70	8.63	11.71	35
广元	Guangyuan	2.57	0.35	48.40	7
遂宁	Suining	4.84	10.67		
内江	Neijiang	5.31	9.89	16.91	25
乐山	Leshan				
南充	Nanchong	1.02	3.38	3.18	82
眉山	Meishan		2.58		
宜宾	Yibin	4.52	0.67	1.26	120
广安	Guangan	5.42		0.93	127
达州	Dazhou	3.28	1.85		
雅安	Yaan	2.83	1.52		
巴中	Bazhong		9.96	18.98	23
资阳	Ziyang	0.41	29.62	16.47	27
贵州	**Guizhou**	**88.08**	**221.93**	**122.78**	
贵阳	Guiyang	10.78	13.68	7.39	51
六盘水	Liupanshui	0.70		20.16	21
遵义	Zunyi	10.75	6.77	0.63	145
安顺	Anshun	16.83	9.19	2.19	100
毕节	Bijie	15.11	18.79	41.14	9
铜仁	Tongren	0.68	123.26	21.29	19
云南	**Yunnan**	**64.20**	**71.40**	**44.26**	
昆明	Kunming	3.96	14.56	0.24	163
曲靖	Qujing	6.94	2.94	0.65	144
玉溪	Yuxi	1.12	4.67	0.63	145
保山	Baoshan	0.56	1.00	0.68	139
昭通	Zhaotong	3.97	7.07	15.04	30
丽江	Lijiang		0.18		
普洱	Puer		2.23		
临沧	Lincang	4.02	6.87		
西藏	**Tibet**	**19.23**	**8.86**	**11.34**	
拉萨	Lasa	4.13			
陕西	**Shaanxi**	**127.41**	**173.45**	**253.83**	
西安	Xi'an	41.74	34.73	32.19	12
铜川	Tongchuan	31.13	1.15	4.35	67
宝鸡	Baoji	5.20	15.29	7.65	47
咸阳	Xianyang	1.00	1.69	108.70	2
渭南	Weinan		30.74	60.43	4
延安	Yan'an	23.75	12.97	13.35	32
汉中	Hanzhong	7.60	24.13	0.30	158
榆林	Yulin	10.78	24.47	7.59	48
安康	Ankang	0.07	9.41	17.75	24
商洛	Shangluo	6.13	18.88	1.52	116
甘肃	**Gansu**	**119.35**	**106.32**	**15.47**	
兰州	Lanzhou	9.58	3.18		
嘉峪关	Jiayuguan	1.60		0.24	163
金昌	Jinchang	10.80	1.75		
白银	Baiyin	6.40	29.94	7.31	52
天水	Tianshui	11.61	1.10		
武威	Wuwei	16.97	4.50	3.11	84
张掖	Zhangye	0.53	6.66	0.86	132
平凉	Pingliang	15.96	0.95	0.47	152
酒泉	Jiuquan	9.47	2.53	0.77	135
庆阳	Qingyang	3.79	7.26	1.07	124
定西	Dingxi	21.39	28.38		
陇南	Longnan	0.19	0.53		
青海	**Qinghai**	**265.17**	**84.86**	**23.97**	
西宁	Xining	0.05	0.59	0.20	166
海东	Haidong			3.50	77
宁夏	**Ningxia**	**62.44**	**102.96**	**17.04**	
银川	Yinchuan	14.56	1.73	9.95	38
石嘴山	Shizuishan	0.17	34.45		
吴忠	Wuzhong	13.86	13.91	6.68	56
固原	Guyuan	29.84	6.22	0.41	155
中卫	Zhongwei	4.00	46.65		
新疆	**Xinjiang**	**339.57**	**860.93**	**520.55**	
乌鲁木齐	Urumqi	13.10			
克拉玛依	Karamay	0.06			

7-14　供应其他用地面积
Area of Land Supplied for Other Uses

单位：公顷　　　　　　　　　　　　　　　　　　　　　　　　　　　　　　(hectare)

地名	City	2010	2013	2014	2014 排名 Ranking	地名	City	2010	2013	2014	2014 排名 Ranking
全国	**Nation Total**	**124406.1**	**328305.7**	**343723.7**		沈阳	Shenyang	900.42	4447.62	2050.82	30
北京	**Beijing**	**381.87**	**470.04**	**586.07**		大连	Dalian	525.05	2884.86	1034.05	83
天津	**Tianjin**	**850.13**	**1553.87**	**2024.63**		鞍山	Anshan	129.23	785.67	125.81	255
河北	**Hebei**	**2339.31**	**19618.62**	**10947.91**		抚顺	Fushun	278.17	570.71	82.32	266
石家庄	Shijiazhuang	293.20	422.38	3275.57	14	本溪	Benxi	1177.87	639.21	76.23	268
唐山	Tangshan	324.22	3356.62	1212.29	68	丹东	Dandong	759.70	806.99	291.03	214
秦皇岛	Qinhuangdao	52.32	2458.15	148.23	248	锦州	Jinzhou	222.24	751.29	257.89	222
邯郸	Handan	229.35	192.18	1825.89	34	营口	Yingkou	814.40	426.67	86.99	265
邢台	Xingtai	129.50	2292.17	279.52	218	阜新	Fuxin	381.96	201.88	35.40	276
保定	Baoding	277.76	1519.94	303.85	210	辽阳	Liaoyang	339.32	527.32	236.14	225
张家口	Zhangjiakou	259.16	2539.69	175.10	242	盘锦	Panjin	82.23	626.62	64.60	270
承德	Chengde	195.75	4563.97	1630.88	41	铁岭	Tieling	482.70	1137.75	52.55	273
沧州	Cangzhou	343.60	732.32	1566.75	45	朝阳	Chaoyang	394.07	1061.56	247.84	224
廊坊	Langfang	143.86	1511.53	502.37	162	葫芦岛	Huludao	141.36	953.78	3377.09	11
衡水	Hengshui	90.60	29.68	27.45	279	**吉林**	**Jilin**	**2236.40**	**1756.17**	**11151.05**	
山西	**Shanxi**	**2095.15**	**9646.48**	**5173.40**		长春	Changchun	1093.99	736.39	1031.04	84
太原	Taiyuan	370.01	696.87	622.78	141	吉林	Jilin	136.30	101.43	1184.27	69
大同	Datong	358.04	984.06	1168.23	71	四平	Siping	35.57	168.00	612.23	144
阳泉	Yangquan	26.79	399.47	341.93	203	辽源	Liaoyuan	88.44	20.94	322.78	205
长治	Changzhi	104.79	361.24	438.62	181	通化	Tonghua	51.58	197.60	557.29	152
晋城	Jincheng	276.99	283.80	280.06	217	白山	Baishan	587.88	114.75	707.64	128
朔州	Shuozhou	198.79	584.28	17.13	282	松原	Songyuan	12.58	122.29	2273.26	20
晋中	Jinzhong	93.53	2414.14	294.66	213	白城	Baicheng	87.32	71.04	3002.35	15
运城	Yuncheng	209.97	280.37	257.97	221	**黑龙江**	**Heilongjiang**	**5798.43**	**10535.37**	**3051.34**	
忻州	Xinzhou	115.23	1509.48	548.88	153	哈尔滨	Harbin	1174.43	2018.07	544.79	154
临汾	Linfen	156.25	1351.60	1070.59	82	齐齐哈尔	Qiqihar	75.76	170.01	290.80	215
吕梁	Lvliang	184.77	781.17	132.55	253	鸡西	Jixi	46.40	1336.69	202.58	238
内蒙古	**Inner Mongolia**	**6064.46**	**16676.15**	**12285.41**		鹤岗	Hegang	43.09	106.02	30.68	277
呼和浩特	Hohhot	183.41	552.89	346.91	200	双鸭山	Shuangyashan	93.34	121.96	90.73	263
包头	Baotou	554.43	427.83	497.18	164	大庆	Daqing	2640.92	984.90	89.75	264
乌海	Wuhai	337.74	28.94	18.58	281	伊春	Yichun	58.36	2103.71	110.16	259
赤峰	Chifeng	206.41	1273.45	402.20	190	佳木斯	Jiamusi	302.28	730.09	345.86	202
通辽	Tongliao	167.90	1737.87	1474.26	50	七台河	Qitaihe	18.72	43.18	63.25	271
鄂尔多斯	Erdos	2556.25	4226.61	1087.10	77	牡丹江	Mudanjiang	132.81	2195.95	216.17	233
呼伦贝尔	Hulunbuir	616.74	1471.23	3369.79	12	黑河	Heihe	273.36	114.24	58.57	272
巴彦淖尔	Bayannur	451.60	1196.54	359.48	199	绥化	Suihua	122.51	361.63	251.54	223
乌兰察布	Ulanqab	146.31	1209.27	1215.74	67	**上海**	**Shanghai**	**967.99**	**967.54**	**2193.81**	
辽宁	**Liaoning**	**6628.70**	**15821.94**	**8018.76**		**江苏**	**Jiangsu**	**7199.06**	**14257.72**	**13954.16**	

7-14 供应其他用地面积 续表 1

Area of Land Supplied for Other Uses continued 1

单位：公顷 (hectare)

地名	City	2010	2013	2014	2014 排名 Ranking	地名	City	2010	2013	2014	2014 排名 Ranking
南京	Nanjing	1294.36	2481.73	1442.00	53	池州	Chizhou	4.98	463.17	224.75	228
无锡	Wuxi	2087.74	2655.21	906.55	96	宣城	Xuancheng	167.00	1116.30	1723.78	36
徐州	Xuzhou	295.67	456.69	2337.89	18	福建	**Fujian**	**3904.64**	**10333.56**	**10804.89**	
常州	Changzhou	1127.81	801.31	346.03	201	福州	Fuzhou	602.21	1401.52	1572.92	44
苏州	Suzhou	568.48	1521.54	862.41	102	厦门	Xiamen	1001.68	681.16	499.90	163
南通	Nantong	768.57	1006.09	582.45	146	莆田	Putian	60.98	135.02	696.12	131
连云港	Lianyungang	93.55	499.97	2148.45	24	三明	Sanming	740.50	608.55	784.19	115
淮安	Huaian	148.06	1327.29	964.01	91	泉州	Quanzhou	588.23	2596.93	3340.53	13
盐城	Yancheng	285.38	1547.86	741.97	121	漳州	Zhangzhou	110.82	1684.60	1164.02	72
扬州	Yangzhou	213.94	217.26	1436.90	54	南平	Nanping	526.92	762.90	955.62	94
镇江	Zhenjiang	6.37	947.19	432.74	182	龙岩	Longyan	98.26	1630.21	446.01	179
泰州	Taizhou	138.44	338.69	502.40	161	宁德	Ningde	175.05	832.66	1345.58	58
宿迁	Suqian	170.70	456.89	1250.36	64	江西	**Jiangxi**	**8237.35**	**15802.96**	**7111.79**	
浙江	**Zhejiang**	**8130.05**	**10939.79**	**14681.94**		南昌	Nanchang	1879.53	2169.97	801.26	110
杭州	Hangzhou	2690.71	3076.93	2140.32	25	景德镇	Jingdezhen	31.60	255.24	123.78	256
宁波	Ningbo	2005.14	1660.08	1450.23	52	萍乡	Pingxiang	268.40	510.30	15.18	284
温州	Wenzhou	393.69	1239.67	2974.75	16	九江	Jiujiang	345.87	1530.22	597.53	145
嘉兴	Jiaxing	468.06	555.32	461.54	171	新余	Xinyu	113.33	440.94	100.69	261
湖州	Huzhou	113.89	203.69	230.01	226	鹰潭	Yingtan	232.19	551.84	163.56	245
绍兴	Shaoxing	280.44	671.04	1643.47	40	赣州	Ganzhou	1669.16	4510.15	754.20	120
金华	Jinhua	258.93	811.03	2090.25	29	吉安	Jian	1540.31	1742.60	424.15	183
衢州	Quzhou	233.11	390.23	1420.74	56	宜春	Yichun	115.59	1598.13	2096.65	28
舟山	Zhoushan	598.99	472.68	620.65	142	抚州	Fuzhou	970.49	987.30	1071.10	81
台州	Taizhou	701.54	1075.01	1139.77	74	上饶	Shangrao	1070.88	1506.28	963.69	92
丽水	Lishui	385.56	784.11	510.20	159	山东	**Shandong**	**7813.19**	**16886.39**	**11926.89**	
安徽	**Anhui**	**3558.71**	**15280.13**	**16020.04**		济南	Jinan	723.55	1865.68	1707.14	38
合肥	Hefei	1032.66	1772.69	1788.51	35	青岛	Qingdao	1529.77	2845.56	1893.75	32
芜湖	Wuhu	266.44	2296.89	889.75	98	淄博	Zibo	1198.30	1018.86	170.91	243
蚌埠	Bengbu	105.19	312.18	991.96	88	枣庄	Zaozhuang	356.45	369.50	213.41	236
淮南	Huainan	265.55	507.59	412.86	187	东营	Dongying	393.71	1083.04	321.76	206
马鞍山	Maanshan	387.98	267.86	446.85	178	烟台	Yantai	916.79	1271.04	676.87	135
淮北	Huaibei	52.10	144.46	213.16	237	潍坊	Weifang	345.14	1454.29	1385.51	57
铜陵	Tongling	39.07	446.66	15.65	283	济宁	Jining	212.93	454.35	1154.53	73
安庆	Anqing	51.05	873.50	895.94	97	泰安	Taian	163.52	552.79	543.28	155
黄山	Huangshan	239.94	1278.49	201.32	239	威海	Weihai	233.50	639.74	489.04	166
滁州	Chuzhou	62.75	1410.02	1267.04	63	日照	Rizhao	364.54	254.36	478.35	168
阜阳	Fuyang	47.39	1243.24	876.32	99	莱芜	Laiwu	225.01	345.89	6.07	285
宿州	Suzhou	135.99	524.12	470.85	169	临沂	Linyi	307.16	1379.77	739.03	122
六安	Liuan	197.67	999.74	2278.91	19	德州	Dezhou	119.35	1096.15	1026.46	85
亳州	Bozhou	379.19	361.20	2129.96	27	聊城	Liaocheng	375.57	1372.86	449.40	175

7-14 供应其他用地面积 续表 2
Area of Land Supplied for Other Uses continued 2

单位：公顷 (hectare)

地名	City	2010	2013	2014	2014 排名 Ranking	地名	City	2010	2013	2014	2014 排名 Ranking
滨州	Binzhou	164.56	544.03	411.79	188	常德	Changde	405.98	585.61	758.87	119
菏泽	Heze	183.33	338.49	259.60	220	张家界	Zhangjiajie	73.62	209.26	626.61	140
河南	**Henan**	**4656.74**	**20896.46**	**10615.10**		益阳	Yiyang	688.92	374.61	871.97	101
郑州	Zhengzhou	1073.43	1677.13	4534.44	5	郴州	Chenzhou	237.56	779.45	619.84	143
开封	Kaifeng	240.23	298.48	462.50	170	永州	Yongzhou	110.49	617.79	564.33	150
洛阳	Luoyang	362.61	656.60	529.65	157	怀化	Huaihua	934.25	1594.82	528.02	158
平顶山	Pingdingshan	645.84	289.63	406.80	189	娄底	Loudi	40.42	803.63	378.20	195
安阳	Anyang	248.10	838.37	763.95	117	**广东**	**Guangdong**	**3738.61**	**10638.76**	**15991.63**	
鹤壁	Hebi	31.55	148.30	142.79	249	广州	Guangzhou	1279.70	1214.50	2511.52	17
新乡	Xinxiang	74.86	1949.80	459.48	173	韶关	Shaoguan	39.52	459.12	295.18	212
焦作	Jiaozuo	147.01	8104.73	738.73	123	深圳	Shenzhen	276.54	280.20	117.79	257
濮阳	Puyang	76.51	1742.62	155.24	247	珠海	Zhuhai	86.40	347.95	397.26	192
许昌	Xuchang	295.19	537.29	130.91	254	汕头	Shantou	117.80	85.77	447.02	177
漯河	Luohe	148.59	191.12	371.77	196	佛山	Foshan	127.65	992.96	1227.25	66
三门峡	Sanmenxia	141.88	1157.98	134.96	251	江门	Jiangmen	224.40	321.77	777.56	116
南阳	Nanyang	870.83	281.44	441.43	180	湛江	Zhanjiang	282.32	1159.39	220.58	230
商丘	Shangqiu	157.63	1333.01	222.24	229	茂名	Maoming	187.88	135.96	1088.69	76
信阳	Xinyang	21.42	699.64	112.44	258	肇庆	Zhaoqing	38.71	494.96	95.99	262
周口	Zhoukou	76.66	293.72	297.44	211	惠州	Huizhou	44.44	857.60	2233.41	21
驻马店	Zhumadian	44.41	696.61	710.31	127	梅州	Meizhou	13.50	1480.97	45.46	274
湖北	**Hubei**	**3263.97**	**12973.36**	**17452.54**		汕尾	Shanwei	42.09	25.57	814.95	107
武汉	Wuhan	1371.05	5497.61	3835.39	9	河源	Heyuan	81.32	212.19	1285.04	61
黄石	Huangshi	93.47	333.48	401.39	191	阳江	Yangjiang	258.10	63.66	956.65	93
十堰	Shiyan	194.32	1165.29	6376.36	3	清远	Qingyuan	136.37	1058.56	215.90	235
宜昌	Yichang	160.10	701.31	1133.58	75	东莞	Dongguan	207.64	1062.19	687.22	134
襄阳	Xiangyang	315.34	953.87	808.02	109	中山	Zhongshan	174.97	48.50	489.99	165
鄂州	Ezhou	20.00	245.12	142.66	250	潮州	Chaozhou	7.97	37.34	105.89	260
荆门	Jingmen	65.30	365.97	389.78	194	揭阳	Jieyang	92.25	102.50	1249.32	65
孝感	Xiaogan	131.36	233.72	197.06	240	云浮	Yunfu	19.05	197.09	728.95	125
荆州	Jingzhou	421.86	230.02	731.31	124	**广西**	**Guangxi**	**3670.36**	**14837.78**	**13611.00**	
黄冈	Huanggang	144.89	947.88	787.15	114	南宁	Nanning	802.36	2154.29	3504.34	10
咸宁	Xianning	100.10	154.73	1430.91	55	柳州	Liuzhou	858.89	2004.24	791.97	112
随州	Suizhou	17.27	544.92	823.93	106	桂林	Guilin	517.38	3020.47	1872.01	33
湖南	**Hunan**	**4930.77**	**12608.86**	**16815.82**		梧州	Wuzhou	42.14	259.43	996.38	86
长沙	Changsha	1574.06	2735.43	3855.95	8	北海	Beihai	71.61	210.63	170.37	244
株洲	Zhuzhou	395.32	1038.54	1626.01	42	防城港	Fangchenggang	112.64	511.10	917.82	95
湘潭	Xiangtan	138.91	565.14	977.16	90	钦州	Qinzhou	43.36	110.18	698.77	130
衡阳	Hengyang	88.09	515.80	3919.14	7	贵港	Guigang	75.71	1186.92	558.25	151
邵阳	Shaoyang	66.70	365.30	1080.11	78	玉林	Yulin	46.11	2451.63	395.89	193
岳阳	Yueyang	106.12	737.88	675.59	136	百色	Baise	278.18	971.76	1717.06	37

7-14 供应其他用地面积 续表 3

Area of Land Supplied for Other Uses continued 3

单位：公顷 (hectare)

地名	City	2010	2013	2014	2014 排名 Ranking	地名	City	2010	2013	2014	2014 排名 Ranking
贺州	Hezhou	673.89	506.80	419.69	186	丽江	Lijiang	34.37	2397.38	714.12	126
河池	Hechi	57.63	695.30	192.56	241	普洱	Puer	54.75	532.69	29950.05	1
来宾	Laibin	13.18	653.96	576.11	148	临沧	Lincang	35.90	332.21	4026.34	6
崇左	Chongzuo	77.28	101.08	799.79	111	**西藏**	**Tibet**	**772.91**	**530.54**	**136.81**	
海南	**Hainan**	**728.49**	**710.66**	**487.06**		拉萨	Lasa	69.35	198.20	36.95	275
海口	Haikou	309.50	106.34	30.30	278	**陕西**	**Shaanxi**	**3075.90**	**9211.21**	**6107.98**	
三亚	Sanya	34.71	270.98	26.80	280	西安	Xi'an	933.13	2046.78	1328.08	59
三沙	Sansha					铜川	Tongchuan	118.22	160.97	653.69	138
重庆	**Chongqing**	**5034.92**	**5744.58**	**10107.09**		宝鸡	Baoji	26.29	115.25	71.19	269
四川	**Sichuan**	**3104.55**	**14830.21**	**38515.93**		咸阳	Xianyang	196.52	1313.53	763.20	118
成都	Chengdu	1596.43	1624.87	6612.98	2	渭南	Weinan	19.37	1446.07	824.03	105
自贡	Zigong	41.45	396.05	457.59	174	延安	Yan'an	105.60	1193.94	216.08	234
攀枝花	Panzhihua	18.12	163.04	808.14	108	汉中	Hanzhong	11.50	499.06	360.48	198
泸州	Luzhou	132.55	167.01	1524.11	47	榆林	Yulin	1061.83	567.97	1075.83	79
德阳	Deyang	45.62	911.08	1303.89	60	安康	Ankang	570.14	1289.88	479.83	167
绵阳	Mianyang	211.36	696.85	1172.10	70	商洛	Shangluo	33.30	577.76	335.57	204
广元	Guangyuan	164.24	299.87	565.43	149	**甘肃**	**Gansu**	**3009.03**	**11469.05**	**9046.95**	
遂宁	Suining	263.76	594.95	420.04	185	兰州	Lanzhou	259.80	183.81	460.90	172
内江	Neijiang	27.80	198.07	1075.71	80	嘉峪关	Jiayuguan	550.58	708.76	576.65	147
乐山	Leshan	60.92	2354.22	706.83	129	金昌	Jinchang	113.88	974.64	362.40	197
南充	Nanchong	47.60	537.90	1485.78	49	白银	Baiyin	105.23	1149.12	640.20	139
眉山	Meishan	12.10	890.56	984.87	89	天水	Tianshui	19.67	93.71	228.01	227
宜宾	Yibin	83.27	403.79	4846.97	4	武威	Wuwei	216.48	1572.35	2203.48	22
广安	Guangan	20.29	862.39	420.50	184	张掖	Zhangye	26.36	806.23	674.51	137
达州	Dazhou	25.60	1485.73	1548.81	46	平凉	Pingliang	77.96	314.61	310.76	208
雅安	Yaan	41.51	105.02	1663.82	39	酒泉	Jiuquan	755.13	3070.33	2139.50	26
巴中	Bazhong	15.82	226.14	510.08	160	庆阳	Qingyang	217.69	1289.12	219.20	232
资阳	Ziyang	35.10	878.77	80.26	267	定西	Dingxi	413.54	366.37	688.83	132
贵州	**Guizhou**	**12612.08**	**18217.10**	**10860.65**		陇南	Longnan	8.80	296.82	288.27	216
贵阳	Guiyang	1035.09	1812.75	1469.16	51	**青海**	**Qinghai**	**766.78**	**5980.83**	**1989.53**	
六盘水	Liupanshui	149.73	472.66	220.41	231	西宁	Xining	43.93	394.73	310.54	209
遵义	Zunyi	2001.26	2194.98	2199.63	23	海东	Haidong			313.59	207
安顺	Anshun	144.99	3379.72	265.32	219	**宁夏**	**Ningxia**	**2437.16**	**3750.84**	**3800.08**	
毕节	Bijie	250.19	2914.95	874.20	100	银川	Yinchuan	1169.61	1534.99	1587.58	43
铜仁	Tongren	646.03	4302.99	2020.24	31	石嘴山	Shizuishan	301.46	260.02	156.67	246
云南	**Yunnan**	**3897.59**	**7903.29**	**46111.76**		吴忠	Wuzhong	330.98	849.39	831.30	104
昆明	Kunming	176.46	584.82	1515.54	48	固原	Guyuan	401.15	543.47	536.65	156
曲靖	Qujing	552.10	300.30	789.37	113	中卫	Zhongwei	233.97	562.96	687.87	133
玉溪	Yuxi	151.30	317.44	133.88	252	**新疆**	**Xinjiang**	**2500.79**	**17455.41**	**12141.68**	
保山	Baoshan	142.86	205.79	1281.75	62	乌鲁木齐	Urumqi	668.52	93.23	842.07	103
昭通	Zhaotong	75.47	110.85	993.28	87	克拉玛依	Karamay	99.18	345.33	448.04	176

7-15 供应公共管理与公共服务用地面积

Area of Land Supplied for Public Management and Public Services

单位：公顷 (hectare)

地名	City	2010	2013	2014	2014 排名 Ranking
全国	**Nation Total**	**52945.6**	**95745.1**	**73665.2**	
北京	**Beijing**	**350.19**	**401.58**	**479.47**	
天津	**Tianjin**	**356.75**	**968.51**	**559.01**	
河北	**Hebei**	**1372.59**	**3645.91**	**2961.36**	
石家庄	Shijiazhuang	162.14	128.69	661.12	15
唐山	Tangshan	99.20	231.41	417.80	32
秦皇岛	Qinhuangdao	39.68	598.44	104.01	170
邯郸	Handan	174.52	131.71	572.66	19
邢台	Xingtai	129.23	133.04	77.90	202
保定	Baoding	193.71	182.21	69.77	215
张家口	Zhangjiakou	143.93	145.73	149.65	129
承德	Chengde	72.86	1507.54	72.92	211
沧州	Cangzhou	163.91	263.49	684.34	13
廊坊	Langfang	114.54	311.76	137.40	143
衡水	Hengshui	78.87	11.90	13.79	278
山西	**Shanxi**	**1287.27**	**1311.47**	**1005.01**	
太原	Taiyuan	262.87	221.29	129.97	151
大同	Datong	113.65	116.34	169.28	115
阳泉	Yangquan	17.71	30.84	40.21	246
长治	Changzhi	89.49	56.28	54.79	229
晋城	Jincheng	115.06	76.16	117.82	161
朔州	Shuozhou	124.97	74.86	15.80	275
晋中	Jinzhong	83.08	241.65	134.11	146
运城	Yuncheng	190.34	125.03	114.04	163
忻州	Xinzhou	109.03	133.02	79.80	201
临汾	Linfen	102.73	127.64	62.97	222
吕梁	Lvliang	78.33	108.35	86.22	192
内蒙古	**Inner Mongolia**	**2654.50**	**3614.71**	**2200.79**	
呼和浩特	Hohhot	122.31	286.49	184.28	104
包头	Baotou	157.18	300.12	44.99	239
乌海	Wuhai	316.25	27.68	13.89	277
赤峰	Chifeng	160.19	255.27	131.92	150
通辽	Tongliao	99.88	757.67	221.27	86
鄂尔多斯	Erdos	763.65	748.32	383.71	36
呼伦贝尔	Hulunbuir	317.29	263.44	339.16	48
巴彦淖尔	Bayannur	137.73	245.93	206.02	92
乌兰察布	Ulanqab	119.74	293.75	208.37	91
辽宁	**Liaoning**	**4117.18**	**5679.17**	**2008.60**	
沈阳	Shenyang	462.63	1274.43	764.10	10
大连	Dalian	386.62	1635.66	543.20	21
鞍山	Anshan	112.19	283.32	30.72	258
抚顺	Fushun	222.37	313.45	27.40	262
本溪	Benxi	488.34	362.74	47.19	237
丹东	Dandong	430.95	131.89	37.59	251
锦州	Jinzhou	172.91	278.00	75.97	206
营口	Yingkou	812.38	168.04	84.18	195
阜新	Fuxin	210.05	119.79	16.54	274
辽阳	Liaoyang	86.57	260.86	48.88	235
盘锦	Panjin	56.49	176.41	56.62	227
铁岭	Tieling	349.34	133.48	38.47	249
朝阳	Chaoyang	185.57	329.73	109.60	167
葫芦岛	Huludao	140.77	211.36	128.14	152
吉林	**Jilin**	**1531.04**	**818.99**	**1206.90**	
长春	Changchun	663.79	292.89	258.03	71
吉林	Jilin	126.49	73.27	209.54	89
四平	Siping	19.03	92.33	99.21	178
辽源	Liaoyuan	77.21	17.34	17.77	273
通化	Tonghua	48.49	125.47	47.14	238
白山	Baishan	427.36	61.97	64.83	220
松原	Songyuan	7.78	46.84	127.00	153
白城	Baicheng	74.39	25.77	315.79	54
黑龙江	**Heilongjiang**	**1833.35**	**2871.15**	**1192.77**	
哈尔滨	Harbin	784.18	856.83	385.82	35
齐齐哈尔	Qiqihar	62.09	116.06	152.73	126
鸡西	Jixi	35.28	208.90	35.72	254
鹤岗	Hegang	38.00	22.51	30.68	259
双鸭山	Shuangyashan	86.29	54.06	49.19	234
大庆	Daqing	237.13	296.29	39.06	247
伊春	Yichun	58.36	38.04	38.84	248
佳木斯	Jiamusi	37.60	170.05	98.05	179
七台河	Qitaihe	4.66	8.76	53.42	231
牡丹江	Mudanjiang	67.78	638.78	84.17	196
黑河	Heihe	98.32	87.81	9.63	282
绥化	Suihua	112.10	242.13	106.21	168
上海	**Shanghai**	**459.35**	**500.65**	**590.53**	
江苏	**Jiangsu**	**3030.45**	**4796.43**	**4359.02**	

注：2012年开始采用新的土地分类。

Note: These indicators are using the new land use type after 2012.

7-15 供应公共管理与公共服务用地面积 续表 1

Area of Land Supplied for Public Management and Public Services continued 1

单位：公顷 (hectare)

地名	City	2010	2013	2014	2014 排名 Ranking	地名	City	2010	2013	2014	2014 排名 Ranking
南京	Nanjing	370.07	959.76	441.63	29	池州	Chizhou	3.98	167.16	87.33	191
无锡	Wuxi	663.91	871.54	574.21	18	宣城	Xuancheng	54.28	235.60	319.71	52
徐州	Xuzhou	221.25	359.94	414.39	33	**福建**	**Fujian**	**1474.59**	**2277.72**	**1971.23**	
常州	Changzhou	570.52	325.92	171.89	113	福州	Fuzhou	418.71	594.58	310.67	58
苏州	Suzhou	330.37	645.18	354.23	40	厦门	Xiamen	470.99	100.16	133.91	147
南通	Nantong	159.65	189.90	187.97	102	莆田	Putian	23.35	45.01	77.69	203
连云港	Lianyungang	78.91	80.92	1056.07	6	三明	Sanming	98.72	213.47	196.73	98
淮安	Huaian	124.49	206.47	137.54	142	泉州	Quanzhou	161.21	570.49	691.03	12
盐城	Yancheng	183.66	229.78	190.51	101	漳州	Zhangzhou	65.88	193.24	185.48	103
扬州	Yangzhou	77.34	159.71	91.47	185	南平	Nanping	51.02	151.84	148.16	131
镇江	Zhenjiang	6.37	529.45	373.32	38	龙岩	Longyan	70.00	223.69	94.62	183
泰州	Taizhou	123.91	141.75	134.19	145	宁德	Ningde	114.70	185.23	132.95	149
宿迁	Suqian	120.00	96.12	231.60	80	**江西**	**Jiangxi**	**3438.04**	**5454.80**	**2270.28**	
浙江	**Zhejiang**	**3390.07**	**6023.89**	**4141.61**		南昌	Nanchang	1050.19	701.14	378.85	37
杭州	Hangzhou	1304.30	1608.36	699.52	11	景德镇	Jingdezhen	29.60	123.16	40.81	243
宁波	Ningbo	538.03	888.41	292.21	61	萍乡	Pingxiang	29.43	155.48	10.46	281
温州	Wenzhou	229.67	730.99	1045.67	8	九江	Jiujiang	99.24	523.06	111.47	165
嘉兴	Jiaxing	312.44	200.31	224.53	84	新余	Xinyu	43.82	122.39	48.50	236
湖州	Huzhou	74.92	147.17	196.98	97	鹰潭	Yingtan	110.53	383.56	40.28	245
绍兴	Shaoxing	126.54	417.63	356.77	39	赣州	Ganzhou	697.96	1271.65	489.84	25
金华	Jinhua	113.08	425.94	353.79	41	吉安	Jian	580.51	594.02	260.90	67
衢州	Quzhou	127.79	301.36	89.23	187	宜春	Yichun	42.10	344.74	252.65	73
舟山	Zhoushan	29.98	267.86	152.79	125	抚州	Fuzhou	509.22	682.73	293.29	60
台州	Taizhou	296.45	610.66	476.67	26	上饶	Shangrao	245.43	552.86	343.22	46
丽水	Lishui	236.86	425.20	253.45	72	**山东**	**Shandong**	**4582.66**	**5687.41**	**3370.02**	
安徽	**Anhui**	**1438.72**	**4819.53**	**4045.49**		济南	Jinan	398.84	267.75	231.65	79
合肥	Hefei	225.12	461.17	511.07	24	青岛	Qingdao	799.85	1088.94	991.32	9
芜湖	Wuhu	149.71	815.77	307.16	59	淄博	Zibo	1131.42	510.35	101.75	172
蚌埠	Bengbu	92.60	80.82	145.92	134	枣庄	Zaozhuang	76.78	139.89	101.36	174
淮南	Huainan	152.71	152.20	116.68	162	东营	Dongying	253.88	216.34	143.12	137
马鞍山	Maanshan	204.16	109.11	267.28	65	烟台	Yantai	338.11	592.14	76.63	205
淮北	Huaibei	42.82	91.77	169.06	116	潍坊	Weifang	292.69	592.28	311.13	57
铜陵	Tongling	37.24	3.51	14.19	276	济宁	Jining	135.37	193.05	230.54	82
安庆	Anqing	50.68	472.06	260.05	68	泰安	Taian	151.26	176.95	73.52	210
黄山	Huangshan	81.21	207.55	99.53	176	威海	Weihai	195.95	534.64	258.84	69
滁州	Chuzhou	14.60	280.56	334.13	49	日照	Rizhao	201.21	59.68	145.67	136
阜阳	Fuyang	40.76	348.71	258.79	70	莱芜	Laiwu	46.86	326.89	6.07	285
宿州	Suzhou	44.60	72.66	193.94	99	临沂	Linyi	231.73	451.05	197.73	96
六安	Liuan	164.03	757.28	245.09	74	德州	Dezhou	93.94	210.29	126.23	154
亳州	Bozhou	58.93	240.14	654.51	16	聊城	Liaocheng	46.28	135.15	66.69	217

7-15 供应公共管理与公共服务用地面积 续表 2
Area of Land Supplied for Public Management and Public Services continued 2

单位：公顷 (hectare)

地名	City	2010	2013	2014	2014 排名 Ranking	地名	City	2010	2013	2014	2014 排名 Ranking
滨州	Binzhou	37.48	68.90	87.83	189	常德	Changde	91.62	304.59	312.78	55
菏泽	Heze	151.03	123.12	219.92	87	张家界	Zhangjiajie	50.24	151.82	77.55	204
河南	**Henan**	**2056.26**	**5701.26**	**3887.17**		益阳	Yiyang	79.15	63.70	139.24	141
郑州	Zhengzhou	622.39	872.43	1326.38	3	郴州	Chenzhou	124.19	113.83	170.25	114
开封	Kaifeng	54.31	179.91	124.12	155	永州	Yongzhou	54.38	216.41	177.86	110
洛阳	Luoyang	75.70	505.05	289.95	62	怀化	Huaihua	48.06	224.15	227.12	83
平顶山	Pingdingshan	142.91	144.98	202.35	93	娄底	Loudi	22.43	124.58	200.22	94
安阳	Anyang	171.31	165.89	216.76	88	**广东**	**Guangdong**	**2272.67**	**2789.03**	**2424.94**	
鹤壁	Hebi	25.21	63.71	38.02	250	广州	Guangzhou	758.78	338.13	395.70	34
新乡	Xinxiang	55.76	549.89	140.60	140	韶关	Shaoguan	35.46	19.86	7.15	283
焦作	Jiaozuo	131.02	1215.38	538.89	22	深圳	Shenzhen	121.09	116.21	95.80	181
濮阳	Puyang	58.06	220.88	119.31	160	珠海	Zhuhai	63.41	120.05	157.18	121
许昌	Xuchang	112.93	62.76	73.57	209	汕头	Shantou	104.76	38.16	348.33	43
漯河	Luohe	80.68	89.65	60.37	224	佛山	Foshan	116.25	177.60	166.15	117
三门峡	Sanmenxia	121.18	57.52	22.04	270	江门	Jiangmen	96.76	127.95	94.91	182
南阳	Nanyang	173.72	181.75	173.17	112	湛江	Zhanjiang	190.96	261.24	99.29	177
商丘	Shangqiu	134.26	471.45	54.98	228	茂名	Maoming	1.51	59.54	59.27	226
信阳	Xinyang	12.77	391.19	52.88	232	肇庆	Zhaoqing	30.99	162.22	31.71	257
周口	Zhoukou	43.61	182.20	166.09	118	惠州	Huizhou	44.32	246.32	238.95	77
驻马店	Zhumadian	40.41	346.61	287.71	63	梅州	Meizhou	12.19	133.94	30.26	260
湖北	**Hubei**	**1272.50**	**4386.01**	**2398.38**		汕尾	Shanwei	13.39	17.69	91.58	184
武汉	Wuhan	635.46	2238.22	1046.93	7	河源	Heyuan	80.72	177.07	64.08	221
黄石	Huangshi	53.67	191.15	84.85	194	阳江	Yangjiang	164.16	62.24	155.05	123
十堰	Shiyan	69.72	439.57	81.16	199	清远	Qingyuan	53.62	170.39	145.77	135
宜昌	Yichang	56.29	236.22	312.27	56	东莞	Dongguan	186.11	437.28	149.51	130
襄阳	Xiangyang	51.83	187.89	119.87	159	中山	Zhongshan	132.71	29.50	26.29	263
鄂州	Ezhou	18.90	84.90	23.76	267	潮州	Chaozhou	7.97	20.17	11.12	280
荆门	Jingmen	16.39	113.62	101.00	175	揭阳	Jieyang	43.45	28.50	36.05	253
孝感	Xiaogan	24.99	169.55	102.15	171	云浮	Yunfu	14.05	44.95	20.79	271
荆州	Jingzhou	115.34	155.32	113.49	164	**广西**	**Guangxi**	**1819.91**	**2350.98**	**1923.80**	
黄冈	Huanggang	84.64	148.50	122.87	156	南宁	Nanning	387.49	621.84	661.23	14
咸宁	Xianning	60.73	70.52	120.00	158	柳州	Liuzhou	552.41	388.61	104.75	169
随州	Suizhou	10.21	31.22	30.15	261	桂林	Guilin	173.82	515.69	263.25	66
湖南	**Hunan**	**1450.55**	**4070.04**	**4853.50**		梧州	Wuzhou	39.69	27.76	61.11	223
长沙	Changsha	534.50	1853.74	2275.80	1	北海	Beihai	70.28	46.70	154.17	124
株洲	Zhuzhou	179.79	336.76	443.39	28	防城港	Fangchenggang	71.46	68.26	32.19	256
湘潭	Xiangtan	64.69	176.54	164.69	119	钦州	Qinzhou	34.97	65.29	40.46	244
衡阳	Hengyang	49.53	73.04	81.35	198	贵港	Guigang	75.71	90.97	25.92	264
邵阳	Shaoyang	48.33	157.12	151.26	128	玉林	Yulin	43.71	48.84	193.03	100
岳阳	Yueyang	64.56	175.19	180.34	108	百色	Baise	145.61	166.58	101.52	173

7-15 供应公共管理与公共服务用地面积 续表 3

Area of Land Supplied for Public Management and Public Services continued 3

单位：公顷 (hectare)

地名	City	2010	2013	2014	2014 排名 Ranking	地名	City	2010	2013	2014	2014 排名 Ranking
贺州	Hezhou	90.69	19.52	42.47	241	丽江	Lijiang	7.39	45.64	6.46	284
河池	Hechi	43.60	197.03	65.98	218	普洱	Puer	15.82	135.85	89.66	186
来宾	Laibin	13.18	46.23	97.14	180	临沧	Lincang	31.68	139.11	18.64	272
崇左	Chongzuo	77.28	47.67	80.58	200	**西藏**	**Tibet**	**695.36**	**216.57**	**112.80**	
海南	**Hainan**	**572.65**	**370.12**	**219.18**		拉萨	Lasa	69.35	141.98	23.75	268
海口	Haikou	177.26	5.36	24.60	266	**陕西**	**Shaanxi**	**1049.23**	**2733.46**	**1494.57**	
三亚	Sanya	12.27	111.25	25.84	265	西安	Xi'an	659.84	879.25	524.42	23
三沙	Sansha					铜川	Tongchuan	35.03	29.35	41.66	242
重庆	**Chongqing**	**1702.40**	**1748.86**	**2109.47**		宝鸡	Baoji	26.22	100.11	51.40	233
四川	**Sichuan**	**1573.45**	**3891.72**	**4953.10**		咸阳	Xianyang	18.05	113.85	178.44	109
成都	Chengdu	551.71	712.54	1297.69	4	渭南	Weinan	19.06	233.17	137.23	144
自贡	Zigong	38.85	176.26	22.23	269	延安	Yan'an	99.99	956.07	84.95	193
攀枝花	Panzhihua	16.45	36.24	11.30	279	汉中	Hanzhong	7.31	117.04	176.28	111
泸州	Luzhou	116.55	122.57	327.65	50	榆林	Yulin	130.69	38.45	143.06	138
德阳	Deyang	43.82	216.28	563.66	20	安康	Ankang	25.38	138.94	87.67	190
绵阳	Mianyang	185.38	231.50	197.90	95	商洛	Shangluo	27.65	127.23	69.47	216
广元	Guangyuan	135.91	138.43	72.90	213	**甘肃**	**Gansu**	**1737.82**	**6472.76**	**5591.75**	
遂宁	Suining	43.85	206.39	72.76	214	兰州	Lanzhou	111.47	145.40	82.71	197
内江	Neijiang	26.52	55.98	428.81	30	嘉峪关	Jiayuguan	540.58	668.15	457.07	27
乐山	Leshan	32.73	746.84	146.20	133	金昌	Jinchang	50.05	959.64	346.12	44
南充	Nanchong	47.60	54.72	236.22	78	白银	Baiyin	34.38	637.65	321.39	51
眉山	Meishan	6.64	83.20	88.39	188	天水	Tianshui	14.77	43.25	156.68	122
宜宾	Yibin	51.08	144.00	223.85	85	武威	Wuwei	128.59	1316.43	1911.48	2
广安	Guangan	18.49	330.78	141.56	139	张掖	Zhangye	26.36	500.43	621.75	17
达州	Dazhou	22.21	76.66	339.85	47	平凉	Pingliang	77.32	245.67	152.59	127
雅安	Yaan	31.27	7.56	209.26	90	酒泉	Jiuquan	363.00	1601.24	1279.18	5
巴中	Bazhong	15.82	64.66	132.99	148	庆阳	Qingyang	39.19	77.84	65.23	219
资阳	Ziyang	9.15	173.04	54.54	230	定西	Dingxi	103.78	48.93	73.60	208
贵州	**Guizhou**	**1638.85**	**3796.21**	**2225.77**		陇南	Longnan	8.43	54.22	43.47	240
贵阳	Guiyang	551.33	562.53	230.91	81	**青海**	**Qinghai**	**255.18**	**379.06**	**605.03**	
六盘水	Liupanshui	45.40	55.25	146.76	132	西宁	Xining	15.97	125.09	180.62	107
遵义	Zunyi	120.26	635.17	157.59	120	海东	Haidong			37.27	252
安顺	Anshun	136.57	286.73	120.55	157	**宁夏**	**Ningxia**	**1092.23**	**1071.80**	**950.19**	
毕节	Bijie	88.27	500.09	269.92	64	银川	Yinchuan	493.89	329.98	353.68	42
铜仁	Tongren	285.63	1062.72	420.15	31	石嘴山	Shizuishan	177.24	110.64	59.96	225
云南	**Yunnan**	**1383.01**	**1639.94**	**1643.98**		吴忠	Wuzhong	247.90	302.03	243.92	75
昆明	Kunming	139.89	272.00	345.79	45	固原	Guyuan	101.47	213.65	110.45	166
曲靖	Qujing	318.02	159.59	75.38	207	中卫	Zhongwei	71.73	115.50	182.18	106
玉溪	Yuxi	46.20	26.60	32.43	255	**新疆**	**Xinjiang**	**1056.80**	**5255.46**	**5909.49**	
保山	Baoshan	12.74	57.04	72.92	211	乌鲁木齐	Urumqi	135.64	72.91	182.43	105
昭通	Zhaotong	40.41	83.48	243.17	76	克拉玛依	Karamay	72.65	92.77	319.17	53

城市建设

Urban Construction

8-1 城市城区面积（辖区）

Urban Area (Municipal Districts)

单位：平方公里 (sq. km)

地名	City	2010	2013	2014	2014 排名 Ranking	地名	City	2010	2013	2014	2014 排名 Ranking
全国	**National Total**	**178691.7**	**183416.1**	**184098.6**		沈阳	Shenyang	1506.00	3133.04	3243.04	2
北京	**Beijing**	**12187.00**	**12187.00**	**12187.00**		大连	Dalian	1194.00	1170.00	1170.00	19
天津	**Tianjin**	**2236.12**	**2334.47**	**2363.05**		鞍山	Anshan	624.29	624.29	624.29	51
河北	**Hebei**	**6521.74**	**6477.93**	**6412.43**		抚顺	Fushun	545.39	628.43	628.43	50
石家庄	Shijiazhuang	212.54	305.72	518.81	67	本溪	Benxi	1023.84	1518.00	1518.00	9
唐山	Tangshan	1230.20	1230.20	1230.20	14	丹东	Dandong	226.11	226.11	226.11	151
秦皇岛	Qinhuangdao	363.20	363.20	363.20	101	锦州	Jinzhou	436.00	436.00	436.00	81
邯郸	Handan	434.00	417.20	349.60	105	营口	Yingkou	183.72	183.72	183.72	168
邢台	Xingtai	114.80	114.80	114.80	206	阜新	Fuxin	448.00	448.00	448.00	77
保定	Baoding	312.30	327.04	277.54	129	辽阳	Liaoyang	632.51	728.19	728.19	41
张家口	Zhangjiakou	376.27	376.27	376.27	98	盘锦	Panjin	266.00	266.00	266.00	132
承德	Chengde	760.07	733.84	718.34	43	铁岭	Tieling	203.65	203.65	203.65	157
沧州	Cangzhou	183.00	183.00	183.00	169	朝阳	Chaoyang	533.00	570.00	570.00	58
廊坊	Langfang	292.00	292.00	292.00	124	葫芦岛	Huludao	575.00	575.00	575.00	57
衡水	Hengshui	273.40	273.40	273.40	130	**吉林**	**Jilin**	**7376.83**	**3596.28**	**3642.86**	
山西	**Shanxi**	**3348.34**	**2998.81**	**2728.99**		长春	Changchun	422.14	470.29	487.40	71
太原	Taiyuan	1416.03	1000.00	1000.00	26	吉林	Jilin	1042.75	498.75	498.75	69
大同	Datong	130.20	130.20	130.20	198	四平	Siping	835.00	87.40	87.40	230
阳泉	Yangquan	51.58	53.72	54.82	265	辽源	Liaoyuan	442.44	46.30	46.30	271
长治	Changzhi	76.20	76.20	76.20	240	通化	Tonghua	761.00	64.75	64.75	251
晋城	Jincheng	147.00	152.00	152.00	192	白山	Baishan	100.00	383.79	383.79	95
朔州	Shuozhou	148.00	159.10	159.10	185	松原	Songyuan	1000.00	80.00	80.20	236
晋中	Jinzhong	53.40	53.40	69.91	246	白城	Baicheng	912.00	49.11	67.50	249
运城	Yuncheng	44.50	56.00	56.00	263	**黑龙江**	**Heilongjiang**	**2589.48**	**2765.69**	**2786.78**	
忻州	Xinzhou	183.00	183.00	183.00	169	哈尔滨	Harbin	359.21	390.54	400.58	91
临汾	Linfen	43.00	60.00	60.00	258	齐齐哈尔	Qiqihar	139.63	139.63	139.63	195
吕梁	Lvliang	25.10	25.10	25.10	285	鸡西	Jixi	79.23	79.23	79.23	238
内蒙古	**Inner Mongolia**	**8537.05**	**8355.93**	**6764.56**		鹤岗	Hegang	85.00	85.00	85.00	235
呼和浩特	Hohhot	265.05	322.42	265.05	135	双鸭山	Shuangyashan	118.00	118.00	118.00	205
包头	Baotou	885.00	885.00	885.00	29	大庆	Daqing	285.81	315.54	318.50	116
乌海	Wuhai	1754.00	1754.00	282.35	127	伊春	Yichun	171.39	174.87	174.87	173
赤峰	Chifeng	560.00	560.00	560.00	62	佳木斯	Jiamusi	93.50	96.98	96.98	222
通辽	Tongliao	65.80	75.63	75.63	241	七台河	Qitaihe	62.37	307.00	310.50	118
鄂尔多斯	Erdos	195.58	195.58	196.23	163	牡丹江	Mudanjiang	86.30	88.58	92.68	225
呼伦贝尔	Hulunbuir	209.41	265.40	265.40	134	黑河	Heihe	27.88	27.88	27.88	282
巴彦淖尔	Bayannur	668.00	698.00	698.00	44	绥化	Suihua	51.79	92.77	92.77	224
乌兰察布	Ulanqab	404.80	60.00	60.00	258	**上海**	**Shanghai**	**6340.50**	**6340.50**	**6340.50**	
辽宁	**Liaoning**	**11655.67**	**13973.93**	**14084.17**		**江苏**	**Jiangsu**	**12462.84**	**14307.61**	**14609.84**	

8-1 城市城区面积（辖区） 续表 1
Urban Area (Municipal Districts) continued 1

单位：平方公里 (sq. km)

地名	City	2010	2013	2014	2014 排名 Ranking	地名	City	2010	2013	2014	2014 排名 Ranking
南京	Nanjing	3092.71	4226.41	4226.41	1	池州	Chizhou	252.93	252.93	252.93	140
无锡	Wuxi	1143.35	1164.58	1164.58	20	宣城	Xuancheng	131.17	131.77	131.77	196
徐州	Xuzhou	427.45	427.45	429.65	82	**福建**	**Fujian**	**4361.84**	**4298.70**	**4318.09**	
常州	Changzhou	384.38	384.38	507.84	68	福州	Fuzhou	1043.00	1043.00	1043.00	22
苏州	Suzhou	1211.93	1523.88	1523.88	8	厦门	Xiamen	230.00	281.61	301.00	123
南通	Nantong	214.67	387.00	398.00	92	莆田	Putian	244.00	244.00	244.00	143
连云港	Lianyungang	673.05	673.50	673.50	46	三明	Sanming	220.00	220.00	220.00	153
淮安	Huaian	227.00	227.00	227.00	150	泉州	Quanzhou	529.00	529.00	529.00	66
盐城	Yancheng	218.28	324.19	437.76	80	漳州	Zhangzhou	95.24	95.24	95.24	223
扬州	Yangzhou	274.96	415.34	415.34	84	南平	Nanping	165.81	165.81	165.81	179
镇江	Zhenjiang	555.43	555.43	555.43	64	龙岩	Longyan	185.00	185.00	185.00	166
泰州	Taizhou	349.74	408.74	408.74	88	宁德	Ningde	105.50	107.50	107.50	212
宿迁	Suqian	220.00	346.21	346.21	107	**江西**	**Jiangxi**	**1719.32**	**2113.46**	**2114.76**	
浙江	**Zhejiang**	**10256.38**	**10991.68**	**11094.63**		南昌	Nanchang	215.00	330.00	330.00	112
杭州	Hangzhou	1019.53	1022.41	1022.41	24	景德镇	Jingdezhen	160.00	198.50	198.50	161
宁波	Ningbo	778.00	778.00	778.00	35	萍乡	Pingxiang	42.10	85.70	85.70	233
温州	Wenzhou	585.05	730.03	730.03	40	九江	Jiujiang	114.97	104.85	104.85	215
嘉兴	Jiaxing	224.00	224.00	223.00	152	新余	Xinyu	160.00	230.00	230.00	147
湖州	Huzhou	627.46	640.65	640.65	48	鹰潭	Yingtan	57.65	63.00	63.00	254
绍兴	Shaoxing	226.04	497.04	497.04	70	赣州	Ganzhou	85.13	112.12	162.12	182
金华	Jinhua	379.64	379.64	379.64	97	吉安	Jian	218.20	228.70	230.00	147
衢州	Quzhou	200.10	200.10	200.10	159	宜春	Yichun	88.00	88.00	88.00	229
舟山	Zhoushan	408.52	579.99	579.99	56	抚州	Fuzhou	81.30	85.30	85.30	234
台州	Taizhou	749.98	749.98	749.98	38	上饶	Shangrao	55.80	61.88	61.88	256
丽水	Lishui	266.13	266.13	266.13	131	**山东**	**Shandong**	**19631.65**	**21635.26**	**21310.86**	
安徽	**Anhui**	**5041.16**	**5852.01**	**5929.72**		济南	Jinan	1210.00	1210.00	1210.00	16
合肥	Hefei	565.50	777.03	777.03	36	青岛	Qingdao	1405.25	1963.20	1963.20	5
芜湖	Wuhu	230.00	721.70	721.70	42	淄博	Zibo	792.70	661.62	678.69	45
蚌埠	Bengbu	284.60	365.48	365.48	99	枣庄	Zaozhuang	442.13	349.02	349.02	106
淮南	Huainan	415.45	415.45	486.96	72	东营	Dongying	1089.10	1099.20	1099.20	21
马鞍山	Maanshan	105.85	175.84	175.84	172	烟台	Yantai	898.33	901.41	912.31	28
淮北	Huaibei	210.00	210.00	210.00	156	潍坊	Weifang	1186.53	1186.54	1186.54	17
铜陵	Tongling	180.60	180.60	180.60	171	济宁	Jining	480.00	880.37	880.37	30
安庆	Anqing	311.39	311.40	311.40	117	泰安	Taian	272.22	405.82	405.82	89
黄山	Huangshan	445.80	445.80	445.80	78	威海	Weihai	230.00	230.00	630.63	49
滁州	Chuzhou	282.60	282.60	282.60	126	日照	Rizhao	362.00	403.70	403.70	90
阜阳	Fuyang	332.67	332.67	338.87	109	莱芜	Laiwu	452.40	614.14	614.14	52
宿州	Suzhou	164.51	164.51	164.51	181	临沂	Linyi	1171.65	1277.63	1277.63	13
六安	Liuan	136.12	166.12	166.12	177	德州	Dezhou	539.00	539.00	602.00	54
亳州	Bozhou	66.82	86.90	86.90	231	聊城	Liaocheng	412.69	412.69	412.69	85

8-1 城市城区面积（辖区） 续表 2
Urban Area (Municipal Districts) continued 2

单位：平方公里 (sq. km)

地名	City	2010	2013	2014	2014 排名 Ranking	地名	City	2010	2013	2014	2014 排名 Ranking
滨州	Binzhou	534.54	559.44	559.44	63	常德	Changde	339.16	339.16	339.16	108
菏泽	Heze	359.54	389.96	389.96	94	张家界	Zhangjiajie	142.60	60.10	54.08	266
河南	**Henan**	**4101.39**	**4658.01**	**4662.51**		益阳	Yiyang	66.30	88.00	109.00	210
郑州	Zhengzhou	439.07	439.07	439.07	79	郴州	Chenzhou	580.00	580.00	580.00	55
开封	Kaifeng	121.25	121.25	121.25	201	永州	Yongzhou	77.37	100.00	100.00	218
洛阳	Luoyang	331.42	331.42	331.42	111	怀化	Huaihua	52.00	62.00	64.00	253
平顶山	Pingdingshan	260.03	260.03	260.03	137	娄底	Loudi	60.00	62.20	62.20	255
安阳	Anyang	153.00	153.00	153.00	191	**广东**	**Guangdong**	**18130.10**	**16136.49**	**17036.40**	
鹤壁	Hebi	130.42	130.42	130.42	197	广州	Guangzhou	3843.43	1395.52	1395.52	11
新乡	Xinxiang	103.00	140.00	140.00	194	韶关	Shaoguan	1392.50	92.10	1392.50	12
焦作	Jiaozuo	94.90	102.00	106.50	214	深圳	Shenzhen	1991.64	1996.78	1996.78	4
濮阳	Puyang	50.00	153.56	153.56	190	珠海	Zhuhai	745.38	745.38	745.38	39
许昌	Xuchang	97.00	97.00	97.00	221	汕头	Shantou	607.88	607.88	607.88	53
漯河	Luohe	106.82	106.82	106.82	213	佛山	Foshan	663.10	734.72	763.17	37
三门峡	Sanmenxia	30.00	30.00	30.00	281	江门	Jiangmen	580.06	566.00	566.00	59
南阳	Nanyang	231.81	640.77	640.77	47	湛江	Zhanjiang	92.19	110.00	110.00	208
商丘	Shangqiu	103.00	103.00	103.00	217	茂名	Maoming	116.05	116.05	156.69	187
信阳	Xinyang	259.51	259.51	259.51	138	肇庆	Zhaoqing	392.78	393.80	393.80	93
周口	Zhoukou	100.00	100.00	100.00	218	惠州	Huizhou	999.19	981.19	1179.19	18
驻马店	Zhumadian	185.00	185.00	185.00	166	梅州	Meizhou	168.00	168.00	168.00	175
湖北	**Hubei**	**9057.18**	**7348.70**	**7680.61**		汕尾	Shanwei	94.21	282.66	282.66	125
武汉	Wuhan	2718.00	888.42	1452.66	10	河源	Heyuan	28.54	31.86	33.97	279
黄石	Huangshi	237.00	237.00	230.00	147	阳江	Yangjiang	285.00	357.00	357.00	103
十堰	Shiyan	319.00	319.00	319.00	115	清远	Qingyuan	271.30	363.23	363.23	100
宜昌	Yichang	541.00	541.00	541.00	65	东莞	Dongguan	2465.00	2465.00	2465.00	3
襄阳	Xiangyang	337.80	337.80	337.80	110	中山	Zhongshan	167.30	262.44	262.44	136
鄂州	Ezhou	240.67	240.67	244.43	142	潮州	Chaozhou	41.68	152.27	241.02	144
荆门	Jingmen	194.00	194.00	248.70	141	揭阳	Jieyang	181.00	1031.00	1031.00	23
孝感	Xiaogan	87.10	87.10	90.40	227	云浮	Yunfu	84.00	84.00	104.29	216
荆州	Jingzhou	66.40	71.77	73.70	243	**广西**	**Guangxi**	**5656.72**	**6103.62**	**5886.63**	
黄冈	Huanggang	31.13	33.23	52.22	268	南宁	Nanning	841.08	841.08	841.08	31
咸宁	Xianning	100.00	165.00	165.00	180	柳州	Liuzhou	437.11	464.39	464.39	75
随州	Suizhou	216.00	266.00	266.00	132	桂林	Guilin	565.00	565.00	565.00	60
湖南	**Hunan**	**4121.85**	**4312.18**	**4285.84**		梧州	Wuzhou	307.00	307.00	485.01	73
长沙	Changsha	954.55	1007.66	1007.66	25	北海	Beihai	957.00	957.00	957.00	27
株洲	Zhuzhou	470.33	837.00	837.00	32	防城港	Fangchenggang	233.13	233.13	233.13	146
湘潭	Xiangtan	418.00	168.21	168.21	174	钦州	Qinzhou	96.27	354.38	354.38	104
衡阳	Hengyang	120.00	123.68	123.68	200	贵港	Guigang	301.50	301.50	301.50	121
邵阳	Shaoyang	67.00	67.00	67.00	250	玉林	Yulin	219.04	302.04	302.04	120
岳阳	Yueyang	155.00	155.00	155.00	189	百色	Baise	362.60	362.60	362.60	102

8-1 城市城区面积（辖区） 续表 3
Urban Area (Municipal Districts) continued 3

单位：平方公里 (sq. km)

地名	City	2010	2013	2014	2014 排名 Ranking	地名	City	2010	2013	2014	2014 排名 Ranking
贺州	Hezhou	60.65	72.15	72.15	244	丽江	Lijiang	22.00	26.00	26.00	283
河池	Hechi	80.00	80.00	80.00	237	普洱	Puer	48.00	50.00	50.00	269
来宾	Laibin	76.52	92.00	92.00	226	临沧	Lincang	20.00	33.93	35.18	278
崇左	Chongzuo	34.02	50.00	50.00	269	**西藏**	**Tibet**	**782.00**	**339.00**	**361.60**	
海南	**Hainan**	**833.03**	**1264.98**	**1276.68**		拉萨	Lasa	295.00	297.00	301.40	122
海口	Haikou	215.00	562.40	562.40	61	**陕西**	**Shaanxi**	**1430.60**	**1555.04**	**1610.32**	
三亚	Sanya	60.00	188.00	188.00	164	西安	Xi'an	331.67	430.00	450.00	76
三沙	Sansha			2.25	286	铜川	Tongchuan	55.00	55.00	55.00	264
重庆	**Chongqing**	**5695.83**	**6133.93**	**6643.39**		宝鸡	Baoji	104.53	156.30	156.30	188
四川	**Sichuan**	**5772.84**	**6432.92**	**6426.21**		咸阳	Xianyang	74.75	78.00	78.00	239
成都	Chengdu	778.73	779.77	808.72	33	渭南	Weinan	171.00	202.00	202.00	158
自贡	Zigong	566.50	778.32	778.32	34	延安	Yan'an	43.25	43.34	43.34	273
攀枝花	Panzhihua	329.18	326.66	326.66	114	汉中	Hanzhong	86.00	86.00	86.00	232
泸州	Luzhou	410.38	411.38	411.38	87	榆林	Yulin	119.00	119.00	119.00	203
德阳	Deyang	57.20	74.01	74.01	242	安康	Ankang	30.00	160.00	160.00	184
绵阳	Mianyang	362.10	465.00	465.00	74	商洛	Shangluo	230.00	40.00	40.00	275
广元	Guangyuan	216.70	216.70	216.70	155	**甘肃**	**Gansu**	**1426.32**	**1450.12**	**1554.78**	
遂宁	Suining	284.10	298.62	302.78	119	兰州	Lanzhou	205.74	220.30	327.30	113
内江	Neijiang	204.09	240.00	278.93	128	嘉峪关	Jiayuguan	120.00	120.00	120.00	202
乐山	Leshan	92.83	166.73	166.73	176	金昌	Jinchang	42.00	42.00	42.00	274
南充	Nanchong	420.00	420.00	420.00	83	白银	Baiyin	99.24	99.24	99.24	220
眉山	Meishan	56.50	56.50	71.58	245	天水	Tianshui	58.61	60.00	60.00	258
宜宾	Yibin	60.00	103.75	111.71	207	武威	Wuwei	28.50	31.00	31.00	280
广安	Guangan	111.31	141.31	141.81	193	张掖	Zhangye	33.69	200.00	200.00	160
达州	Dazhou	89.00	159.00	159.00	186	平凉	Pingliang	255.00	255.00	255.00	139
雅安	Yaan	164.50	196.89	196.89	162	酒泉	Jiuquan	232.00	232.00	235.00	145
巴中	Bazhong	160.29	160.29	160.29	183	庆阳	Qingyang	25.44	25.44	25.44	284
资阳	Ziyang	176.20	185.20	186.87	165	定西	Dingxi	200.00	35.88	35.88	277
贵州	**Guizhou**	**1658.36**	**1828.34**	**2643.57**		陇南	Longnan	40.00	40.00	40.00	275
贵阳	Guiyang	414.77	414.77	1230.00	15	**青海**	**Qinghai**	**512.28**	**559.78**	**635.78**	
六盘水	Liupanshui	129.00	129.00	129.00	199	西宁	Xining	380.00	380.00	380.00	96
遵义	Zunyi	220.00	220.00	220.00	153	海东	Haidong			108.00	211
安顺	Anshun	109.48	109.48	109.48	209	**宁夏**	**Ningxia**	**2049.72**	**2106.16**	**2110.95**	
毕节	Bijie	43.87	166.09	166.09	178	银川	Yinchuan	1773.50	1773.50	1773.50	6
铜仁	Tongren	23.50	53.30	53.30	267	石嘴山	Shizuishan	118.20	118.20	118.20	204
云南	**Yunnan**	**1929.97**	**3337.32**	**2903.33**		吴忠	Wuzhong	29.91	60.00	60.00	258
昆明	Kunming	472.57	1749.00	1749.00	7	固原	Guyuan	34.62	39.46	44.10	272
曲靖	Qujing	56.00	55.86	57.16	262	中卫	Zhongwei	52.00	64.70	64.70	252
玉溪	Yuxi	46.70	88.12	88.12	228	**新疆**	**Xinjiang**	**1267.62**	**1620.20**	**1691.75**	
保山	Baoshan	33.10	60.00	68.00	248	乌鲁木齐	Urumqi	342.67	391.20	412.26	86
昭通	Zhaotong	61.00	61.00	61.00	257	克拉玛依	Karamay	57.16	63.94	69.55	247

8-2 城市建成区面积（辖区）

Area of Built District (Municipal Districts)

单位：平方公里 (sq. km)

地名	City	2010	2013	2014	2014 排名 Ranking	地名	City	2010	2013	2014	2014 排名 Ranking
全国	**National Total**	**40058.01**	**47855.28**	**49772.63**		沈阳	Shenyang	412.00	455.00	465.00	10
北京	**Beijing**		**1306.45**	**1385.58**		大连	Dalian	390.00	395.50	395.50	18
天津	**Tianjin**	**686.71**	**747.26**	**797.10**		鞍山	Anshan	158.00	167.18	169.64	52
河北	**Hebei**	**1619.67**	**1787.24**	**1833.17**		抚顺	Fushun	130.38	134.40	136.19	67
石家庄	Shijiazhuang	202.90	216.50	264.01	29	本溪	Benxi	106.50	109.00	109.00	95
唐山	Tangshan	234.00	249.00	249.00	35	丹东	Dandong	53.40	53.40	53.40	205
秦皇岛	Qinhuangdao	89.48	97.26	102.85	103	锦州	Jinzhou	71.45	77.10	77.10	137
邯郸	Handan	110.55	120.52	123.73	77	营口	Yingkou	99.24	109.55	109.55	93
邢台	Xingtai	70.00	79.21	89.58	118	阜新	Fuxin	76.50	76.50	76.50	139
保定	Baoding	132.33	144.22	146.03	63	辽阳	Liaoyang	97.85	104.18	104.35	102
张家口	Zhangjiakou	84.00	86.00	86.00	123	盘锦	Panjin	60.83	69.56	73.00	145
承德	Chengde	99.75	114.36	115.44	83	铁岭	Tieling	43.96	57.00	57.00	197
沧州	Cangzhou	46.48	63.69	68.12	166	朝阳	Chaoyang	40.00	43.00	50.00	214
廊坊	Langfang	59.45	64.50	65.61	172	葫芦岛	Huludao	75.15	80.80	85.20	124
衡水	Hengshui	43.56	46.40	46.40	227	**吉林**	**Jilin**	**1237.38**	**1344.02**	**1362.79**	
山西	**Shanxi**	**864.73**	**1040.69**	**1097.36**		长春	Changchun	393.71	452.03	469.72	9
太原	Taiyuan	245.00	320.00	330.00	20	吉林	Jilin	165.63	165.63	172.31	51
大同	Datong	108.00	108.00	125.20	76	四平	Siping	51.42	54.20	54.20	200
阳泉	Yangquan	51.58	53.72	54.82	199	辽源	Liaoyuan	46.30	46.30	46.30	228
长治	Changzhi	59.30	59.30	59.30	191	通化	Tonghua	48.50	50.33	51.46	211
晋城	Jincheng	35.40	52.00	52.00	210	白山	Baishan	40.00	46.74	46.89	226
朔州	Shuozhou	36.60	41.60	41.60	238	松原	Songyuan	42.70	47.80	48.80	220
晋中	Jinzhong	39.14	53.00	69.91	160	白城	Baicheng	38.11	42.13	49.20	219
运城	Yuncheng	30.00	46.00	46.00	229	**黑龙江**	**Heilongjiang**	**1637.98**	**1758.38**	**1785.08**	
忻州	Xinzhou	30.10	32.00	36.00	249	哈尔滨	Harbin	359.21	390.54	400.58	17
临汾	Linfen	37.40	54.00	54.00	202	齐齐哈尔	Qiqihar	134.72	139.63	139.63	65
吕梁	Lvliang	18.00	23.80	23.80	274	鸡西	Jixi	79.23	79.23	79.23	132
内蒙古	**Inner Mongolia**	**1038.32**	**1206.21**	**1184.81**		鹤岗	Hegang	43.48	53.22	53.22	206
呼和浩特	Hohhot	166.20	259.07	230.00	38	双鸭山	Shuangyashan	58.80	58.00	58.00	193
包头	Baotou	183.49	186.00	190.46	45	大庆	Daqing	213.32	240.88	244.79	36
乌海	Wuhai	62.92	62.92	62.92	177	伊春	Yichun	161.19	167.37	167.37	53
赤峰	Chifeng	81.00	103.90	104.90	101	佳木斯	Jiamusi	93.50	96.98	96.98	109
通辽	Tongliao	65.80	61.20	61.20	183	七台河	Qitaihe	62.37	70.43	71.73	156
鄂尔多斯	Erdos	112.58	112.58	113.23	86	牡丹江	Mudanjiang	76.08	78.05	81.40	127
呼伦贝尔	Hulunbuir	40.00	59.46	59.46	190	黑河	Heihe	20.00	20.00	20.00	278
巴彦淖尔	Bayannur	38.00	42.00	51.00	212	绥化	Suihua	30.65	35.00	37.00	247
乌兰察布	Ulanqab	40.75	60.00	60.00	189	**上海**	**Shanghai**	**998.78**	**998.75**	**998.75**	
辽宁	**Liaoning**	**2220.53**	**2386.49**	**2422.02**		**江苏**	**Jiangsu**	**3271.09**	**3809.60**	**4019.83**	

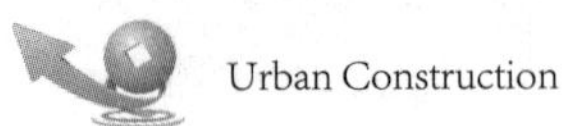

8-2 城市建成区面积（辖区） 续表 1
Area of Built District (Municipal Districts) continued 1

单位：平方公里 (sq. km)

地名	City	2010	2013	2014	2014 排名 Ranking	地名	City	2010	2013	2014	2014 排名 Ranking
南京	Nanjing	618.64	713.29	734.34	4	池州	Chizhou	35.00	36.93	36.93	248
无锡	Wuxi	231.30	325.10	327.62	21	宣城	Xuancheng	43.00	49.00	50.00	214
徐州	Xuzhou	239.00	253.00	255.20	32	**福建**	**Fujian**	**1059.00**	**1263.18**	**1326.42**	
常州	Changzhou	153.05	185.67	203.80	41	福州	Fuzhou	220.22	248.12	253.80	33
苏州	Suzhou	329.29	441.03	447.29	11	厦门	Xiamen	230.00	281.60	301.00	24
南通	Nantong	125.21	171.50	189.86	47	莆田	Putian	54.82	54.90	57.60	195
连云港	Lianyungang	120.00	150.00	160.00	56	三明	Sanming	27.84	33.80	35.87	252
淮安	Huaian	120.00	140.00	150.00	60	泉州	Quanzhou	150.00	188.50	197.60	42
盐城	Yancheng	88.50	95.50	110.67	92	漳州	Zhangzhou	50.59	59.28	62.27	180
扬州	Yangzhou	82.00	132.00	135.60	68	南平	Nanping	25.76	28.18	30.00	264
镇江	Zhenjiang	108.60	128.00	134.00	70	龙岩	Longyan	38.00	45.00	50.00	214
泰州	Taizhou	65.00	96.45	99.35	107	宁德	Ningde	19.23	25.30	26.70	270
宿迁	Suqian	65.00	74.78	78.53	135	**江西**	**Jiangxi**	**933.78**	**1151.42**	**1201.26**	
浙江	**Zhejiang**	**2128.96**	**2399.24**	**2489.22**		南昌	Nanchang	201.50	249.50	262.00	31
杭州	Hangzhou	412.59	462.48	469.95	8	景德镇	Jingdezhen	72.84	78.68	78.68	134
宁波	Ningbo	271.59	294.95	308.56	23	萍乡	Pingxiang	42.10	50.50	50.87	213
温州	Wenzhou	174.60	204.90	215.40	39	九江	Jiujiang	89.47	100.23	102.82	104
嘉兴	Jiaxing	93.61	108.52	111.79	90	新余	Xinyu	53.00	72.00	74.00	141
湖州	Huzhou	77.92	92.10	99.17	108	鹰潭	Yingtan	23.68	33.00	33.50	259
绍兴	Shaoxing	100.06	197.46	191.74	44	赣州	Ganzhou	76.30	95.00	136.80	66
金华	Jinhua	71.98	76.68	78.48	136	吉安	Jian	35.03	50.03	53.05	207
衢州	Quzhou	58.21	66.60	68.91	164	宜春	Yichun	50.00	65.00	68.00	167
舟山	Zhoushan	52.39	59.69	61.42	182	抚州	Fuzhou	50.30	56.48	58.40	192
台州	Taizhou	116.19	116.19	127.50	72	上饶	Shangrao	38.28	47.68	49.76	217
丽水	Lishui	31.89	33.33	34.38	255	**山东**	**Shandong**	**3566.15**	**4187.48**	**4400.09**	
安徽	**Anhui**	**1491.32**	**1777.26**	**1835.15**		济南	Jinan	347.00	371.67	383.29	19
合肥	Hefei	325.91	393.00	402.00	16	青岛	Qingdao	282.33	469.56	490.67	7
芜湖	Wuhu	135.00	155.00	16.00	281	淄博	Zibo	224.50	250.01	262.32	30
蚌埠	Bengbu	104.80	119.05	127.22	73	枣庄	Zaozhuang	119.16	146.04	148.02	62
淮南	Huainan	97.45	106.00	106.00	99	东营	Dongying	108.08	112.95	114.75	84
马鞍山	Maanshan	78.50	89.00	92.00	114	烟台	Yantai	265.47	276.45	315.65	22
淮北	Huaibei	62.97	79.63	80.25	129	潍坊	Weifang	140.00	168.21	175.86	50
铜陵	Tongling	47.85	69.17	69.17	163	济宁	Jining	88.90	175.79	185.56	48
安庆	Anqing	77.32	81.00	85.00	125	泰安	Taian	106.80	121.20	126.71	74
黄山	Huangshan	43.92	59.50	62.61	178	威海	Weihai	132.00	142.00	190.38	46
滁州	Chuzhou	60.10	82.90	83.00	126	日照	Rizhao	89.80	97.10	99.60	106
阜阳	Fuyang	76.43	97.55	111.68	91	莱芜	Laiwu	58.00	120.00	120.00	80
宿州	Suzhou	53.23	70.00	71.81	155	临沂	Linyi	165.70	204.90	210.00	40
六安	Liuan	60.80	70.20	72.30	151	德州	Dezhou	60.00	107.42	144.65	64
亳州	Bozhou	36.00	48.98	54.00	202	聊城	Liaocheng	69.00	73.73	90.70	116

8-2 城市建成区面积（辖区） 续表 2
Area of Built District (Municipal Districts) continued 2

单位：平方公里 (sq. km)

地名	City	2010	2013	2014	2014 排名 Ranking	地名	City	2010	2013	2014	2014 排名 Ranking
滨州	Binzhou	85.50	113.60	113.90	85	常德	Changde	76.22	85.92	87.10	122
菏泽	Heze	76.60	90.00	95.05	112	张家界	Zhangjiajie	28.21	32.86	32.96	260
河南	**Henan**	**2014.40**	**2289.08**	**2374.67**		益阳	Yiyang	54.00	66.00	71.00	159
郑州	Zhengzhou	342.66	382.66	412.66	14	郴州	Chenzhou	62.00	73.05	76.63	138
开封	Kaifeng	95.05	98.86	108.99	96	永州	Yongzhou	56.43	59.70	60.04	188
洛阳	Luoyang	180.54	191.85	194.35	43	怀化	Huaihua	52.00	61.00	62.00	181
平顶山	Pingdingshan	71.00	72.50	73.40	143	娄底	Loudi	42.00	47.15	47.15	225
安阳	Anyang	76.00	79.00	80.00	130	**广东**	**Guangdong**	**4618.07**	**5232.11**	**5398.07**	
鹤壁	Hebi	50.90	63.76	64.06	174	广州	Guangzhou	952.03	1023.63	1035.01	1
新乡	Xinxiang	97.05	110.10	112.82	89	韶关	Shaoguan	81.83	92.10	96.37	110
焦作	Jiaozuo	94.90	101.93	106.00	99	深圳	Shenzhen	830.01	871.19	890.04	3
濮阳	Puyang	37.15	50.30	2.46	285	珠海	Zhuhai	123.64	123.64	126.64	75
许昌	Xuchang	80.00	84.00	8.07	284	汕头	Shantou	175.00	247.39	250.42	34
漯河	Luohe	60.00	61.00	61.00	184	佛山	Foshan	151.53	157.28	157.98	58
三门峡	Sanmenxia	30.00	30.00	30.00	264	江门	Jiangmen	128.66	158.20	158.50	57
南阳	Nanyang	98.52	148.99	148.42	61	湛江	Zhanjiang	81.23	107.92	107.92	97
商丘	Shangqiu	60.00	62.13	62.50	179	茂名	Maoming	69.70	103.32	120.39	79
信阳	Xinyang	68.00	84.00	88.75	120	肇庆	Zhaoqing	79.95	94.66	95.28	111
周口	Zhoukou	51.00	63.00	66.00	170	惠州	Huizhou	214.96	237.00	243.70	37
驻马店	Zhumadian	52.90	69.00	71.30	157	梅州	Meizhou	45.00	50.00	52.81	208
湖北	**Hubei**	**1701.03**	**2006.71**	**2077.64**		汕尾	Shanwei	14.37	15.67	16.37	280
武汉	Wuhan	484.01	543.28	552.61	6	河源	Heyuan	28.54	31.86	33.97	257
黄石	Huangshi	66.00	87.61	72.50	148	阳江	Yangjiang	48.37	46.47	47.47	224
十堰	Shiyan	62.14	72.24	79.16	133	清远	Qingyuan	56.85	60.82	60.82	185
宜昌	Yichang	92.23	152.60	162.00	54	东莞	Dongguan	820.26	902.95	922.02	2
襄阳	Xiangyang	90.57	116.79	133.62	71	中山	Zhongshan	87.30	106.00	107.40	98
鄂州	Ezhou	52.30	60.07	63.99	175	潮州	Chaozhou	41.68	41.68	72.85	147
荆门	Jingmen	50.50	54.05	55.03	198	揭阳	Jieyang	57.74	109.00	120.00	80
孝感	Xiaogan	32.70	37.50	42.00	237	云浮	Yunfu	18.81	20.81	28.10	268
荆州	Jingzhou	66.40	71.77	73.70	142	**广西**	**Guangxi**	**940.47**	**1153.64**	**1192.82**	
黄冈	Huanggang	30.03	33.02	52.22	209	南宁	Nanning	215.23	283.02	285.10	27
咸宁	Xianning	62.60	72.30	72.50	148	柳州	Liuzhou	135.06	177.54	180.09	49
随州	Suizhou	43.00	45.00	45.00	231	桂林	Guilin	63.00	67.13	71.18	158
湖南	**Hunan**	**1321.05**	**1504.95**	**1540.21**		梧州	Wuzhou	36.10	37.50	54.06	201
长沙	Changsha	272.39	287.51	294.39	26	北海	Beihai	57.80	71.42	73.07	144
株洲	Zhuzhou	96.77	132.63	135.25	69	防城港	Fangchenggang	30.63	34.58	34.88	253
湘潭	Xiangtan	73.38	79.20	79.78	131	钦州	Qinzhou	69.79	87.57	88.91	119
衡阳	Hengyang	96.00	114.30	123.54	78	贵港	Guigang	55.72	68.52	68.52	165
邵阳	Shaoyang	48.50	56.00	58.00	193	玉林	Yulin	56.66	66.56	66.60	168
岳阳	Yueyang	82.50	88.00	93.00	113	百色	Baise	33.00	37.39	41.11	239

8-2 城市建成区面积（辖区） 续表 3

Area of Built District (Municipal Districts) continued 3

单位：平方公里 (sq. km)

地名	City	2010	2013	2014	2014 排名 Ranking	地名	City	2010	2013	2014	2014 排名 Ranking
贺州	Hezhou	28.85	31.01	31.01	261	丽江	Lijiang	21.79	23.20	23.20	276
河池	Hechi	18.80	21.00	22.11	277	普洱	Puer	24.00	24.50	24.50	272
来宾	Laibin	29.00	37.00	39.00	244	临沧	Lincang	13.30	18.25	18.92	279
崇左	Chongzuo	22.00	26.00	28.00	269	**西藏**	**Tibet**	**84.88**	**120.29**	**126.34**	
海南	**Hainan**	**221.32**	**296.03**	**303.06**		拉萨	Lasa	62.88	93.49	91.34	115
海口	Haikou	91.67	123.60	151.60	59	**陕西**	**Shaanxi**	**758.48**	**915.02**	**967.56**	
三亚	Sanya	28.20	62.40	37.78	246	西安	Xi'an	326.53	424.00	440.00	12
三沙	Sansha			0.25	286	铜川	Tongchuan	38.44	44.12	44.12	234
重庆	**Chongqing**	**870.23**	**1114.92**	**1231.44**		宝鸡	Baoji	92.06	86.34	87.22	121
四川	**Sichuan**	**1629.73**	**2058.11**	**2216.56**		咸阳	Xianyang	65.00	70.95	72.06	153
成都	Chengdu	455.56	528.90	604.08	5	渭南	Weinan	40.00	45.50	47.50	222
自贡	Zigong	80.40	106.48	109.38	94	延安	Yan'an	25.95	36.00	36.00	249
攀枝花	Panzhihua	54.60	69.38	72.06	153	汉中	Hanzhong	33.20	34.10	34.30	256
泸州	Luzhou	82.66	109.37	113.17	87	榆林	Yulin	40.00	52.00	63.00	176
德阳	Deyang	53.51	69.79	72.13	152	安康	Ankang	30.00	39.00	39.50	243
绵阳	Mianyang	102.85	110.00	118.00	82	商洛	Shangluo	13.10	26.00	26.00	271
广元	Guangyuan	38.13	50.43	53.83	204	**甘肃**	**Gansu**	**632.80**	**726.66**	**779.28**	
遂宁	Suining	50.08	75.90	75.93	140	兰州	Lanzhou	196.26	207.00	269.10	28
内江	Neijiang	40.45	58.01	66.14	169	嘉峪关	Jiayuguan	49.50	68.00	69.54	161
乐山	Leshan	53.84	68.01	72.90	146	金昌	Jinchang	36.69	39.36	40.21	241
南充	Nanchong	78.00	109.00	113.00	88	白银	Baiyin	55.17	59.55	60.60	186
眉山	Meishan	44.50	45.20	60.58	187	天水	Tianshui	42.24	45.80	45.80	230
宜宾	Yibin	56.60	93.52	80.43	128	武威	Wuwei	28.50	31.00	31.00	262
广安	Guangan	30.00	46.90	47.50	222	张掖	Zhangye	33.69	63.10	64.20	173
达州	Dazhou	45.00	68.00	72.46	150	平凉	Pingliang	36.00	36.00	36.00	249
雅安	Yaan	21.00	29.20	30.52	263	酒泉	Jiuquan	38.00	48.00	48.50	221
巴中	Bazhong	17.50	28.00	33.66	258	庆阳	Qingyang	21.30	24.20	24.25	273
资阳	Ziyang	36.00	43.03	44.70	232	定西	Dingxi	23.40	23.47	23.49	275
贵州	**Guizhou**	**463.96**	**695.40**	**723.76**		陇南	Longnan	10.40	10.40	10.40	282
贵阳	Guiyang	162.00	299.00	299.00	25	**青海**	**Qinghai**	**113.88**	**157.36**	**165.84**	
六盘水	Liupanshui	38.50	40.12	42.50	236	西宁	Xining	66.77	85.00	90.00	117
遵义	Zunyi	62.00	63.25	66.00	170	海东	Haidong			10.10	283
安顺	Anshun	32.00	40.80	44.68	233	**宁夏**	**Ningxia**	**343.79**	**420.69**	**441.31**	
毕节	Bijie	20.00	38.83	40.50	240	银川	Yinchuan	120.57	148.61	160.79	55
铜仁	Tongren	23.00	33.90	34.68	254	石嘴山	Shizuishan	99.64	102.80	102.80	105
云南	**Yunnan**	**751.34**	**935.77**	**977.04**		吴忠	Wuzhong	28.21	48.00	49.75	218
昆明	Kunming	295.03	407.37	418.50	13	固原	Guyuan	34.62	39.46	44.10	235
曲靖	Qujing	56.00	55.86	57.14	196	中卫	Zhongwei	32.04	37.62	38.68	245
玉溪	Yuxi	23.23	36.43	29.39	266	**新疆**	**Xinjiang**	**838.21**	**1064.87**	**1118.40**	
保山	Baoshan	21.00	26.50	29.00	267	乌鲁木齐	Urumqi	342.67	391.20	412.26	15
昭通	Zhaotong	26.48	37.10	39.95	242	克拉玛依	Karamay	57.16	63.94	69.38	162

8-3 城市建设用地面积（辖区）
Area of Urban Construction Land (Municipal Districts)

单位：平方公里 (sq. km)

地名	City	2010	2013	2014	2014 排名 Ranking
全国	**National Total**	**39758.42**	**47108.50**	**49982.74**	
北京	**Beijing**		**1504.79**	**1586.39**	
天津	**Tianjin**	**686.71**	**736.35**	**786.80**	
河北	**Hebei**	**1571.72**	**1651.51**	**1719.10**	
石家庄	Shijiazhuang	206.19	215.15	263.24	29
唐山	Tangshan	229.79	192.42	210.00	40
秦皇岛	Qinhuangdao	95.44	97.06	102.65	102
邯郸	Handan	117.50	120.52	123.73	74
邢台	Xingtai	70.00	79.21	89.58	114
保定	Baoding	132.33	137.96	139.28	64
张家口	Zhangjiakou	87.39	85.19	85.19	121
承德	Chengde	54.86	64.05	65.33	167
沧州	Cangzhou	42.17	63.69	68.12	158
廊坊	Langfang	59.45	64.50	65.61	166
衡水	Hengshui	39.04	42.58	42.58	229
山西	**Shanxi**	**847.15**	**972.65**	**1034.25**	
太原	Taiyuan	218.93	284.00	309.00	22
大同	Datong	107.99	108.00	125.10	73
阳泉	Yangquan	40.41	42.55	43.65	226
长治	Changzhi	53.88	57.63	58.53	182
晋城	Jincheng	50.40	51.90	51.90	201
朔州	Shuozhou	31.56	40.24	40.24	235
晋中	Jinzhong	51.19	52.00	53.46	194
运城	Yuncheng	42.96	41.40	41.40	232
忻州	Xinzhou	28.92	31.52	34.38	252
临汾	Linfen	36.55	50.49	52.19	199
吕梁	Lvliang	18.28	21.86	23.45	273
内蒙古	**Inner Mongolia**	**1123.44**	**1187.54**	**1265.68**	
呼和浩特	Hohhot	166.14	247.65	264.93	28
包头	Baotou	184.05	186.00	190.46	44
乌海	Wuhai	56.73	56.93	56.86	188
赤峰	Chifeng	87.05	80.28	82.05	125
通辽	Tongliao	65.80	61.20	61.20	176
鄂尔多斯	Erdos	142.58	155.00	113.23	81
呼伦贝尔	Hulunbuir	75.32	59.46	59.46	181
巴彦淖尔	Bayannur	37.00	39.50	114.60	80
乌兰察布	Ulanqab	38.41	52.18	52.18	200
辽宁	**Liaoning**	**2171.23**	**2407.63**	**2444.94**	
沈阳	Shenyang	412.00	455.00	465.00	7
大连	Dalian	405.70	388.65	378.00	16
鞍山	Anshan	158.19	151.55	169.64	52
抚顺	Fushun	130.38	134.40	136.19	65
本溪	Benxi	69.90	92.40	92.40	111
丹东	Dandong	53.40	53.40	53.40	195
锦州	Jinzhou	71.45	77.10	77.10	135
营口	Yingkou	99.24	110.00	110.00	89
阜新	Fuxin	71.20	160.16	160.16	56
辽阳	Liaoyang	97.85	104.18	104.35	100
盘锦	Panjin	60.83	69.56	73.00	141
铁岭	Tieling	43.96	50.00	50.00	208
朝阳	Chaoyang	31.00	42.80	48.90	212
葫芦岛	Huludao	75.15	75.85	77.30	134
吉林	**Jilin**	**1171.77**	**1263.97**	**1281.82**	
长春	Changchun	388.16	424.50	440.10	9
吉林	Jilin	150.22	161.36	167.81	54
四平	Siping	49.35	54.00	54.00	192
辽源	Liaoyuan	46.34	46.30	46.30	220
通化	Tonghua	44.56	50.23	51.27	203
白山	Baishan	33.99	41.92	39.78	237
松原	Songyuan	42.70	47.21	48.59	213
白城	Baicheng	33.89	40.97	42.19	230
黑龙江	**Heilongjiang**	**1737.50**	**1763.68**	**1773.74**	
哈尔滨	Harbin	359.21	381.75	391.48	14
齐齐哈尔	Qiqihar	139.63	139.63	139.63	63
鸡西	Jixi	79.23	78.85	78.85	131
鹤岗	Hegang	70.77	53.21	53.21	196
双鸭山	Shuangyashan	54.90	57.21	57.21	185
大庆	Daqing	285.81	315.54	318.50	20
伊春	Yichun	156.76	156.96	156.96	57
佳木斯	Jiamusi	93.50	83.40	83.40	124
七台河	Qitaihe	62.37	70.60	71.72	147
牡丹江	Mudanjiang	75.05	88.58	81.40	126
黑河	Heihe	27.88	20.00	20.00	278
绥化	Suihua	30.65	34.40	34.40	251
上海	**Shanghai**		**2915.56**	**2915.56**	
江苏	**Jiangsu**	**3424.75**	**3874.49**	**4067.87**	

8-3 城市建设用地面积（辖区） 续表 1

Area of Urban Construction Land (Municipal Districts) continued 1

单位：平方公里 (sq. km)

地名	City	2010	2013	2014	2014 排名 Ranking	地名	City	2010	2013	2014	2014 排名 Ranking
南京	Nanjing	647.28	708.12	726.40	4	池州	Chizhou	36.79	37.06	37.06	246
无锡	Wuxi	214.76	286.60	285.69	25	宣城	Xuancheng	42.40	42.78	48.28	216
徐州	Xuzhou	184.60	228.14	233.81	33	**福建**	**Fujian**	**1019.07**	**1174.97**	**1208.14**	
常州	Changzhou	153.05	185.58	203.60	41	福州	Fuzhou	235.11	226.90	232.60	34
苏州	Suzhou	329.09	438.72	443.70	8	厦门	Xiamen	230.00	281.60	296.73	23
南通	Nantong	179.38	214.29	222.00	38	莆田	Putian	58.73	50.43	50.43	207
连云港	Lianyungang	162.62	180.30	187.95	45	三明	Sanming	27.84	33.80	33.80	253
淮安	Huaian	203.99	213.00	225.00	37	泉州	Quanzhou	89.70	143.20	146.30	60
盐城	Yancheng	87.30	94.84	105.71	96	漳州	Zhangzhou	50.57	59.01	62.00	172
扬州	Yangzhou	90.00	130.58	134.57	66	南平	Nanping	25.76	28.18	28.18	263
镇江	Zhenjiang	108.60	128.00	134.00	67	龙岩	Longyan	36.85	43.97	45.79	223
泰州	Taizhou	88.20	137.87	143.52	62	宁德	Ningde	23.73	32.76	25.18	268
宿迁	Suqian	69.30	77.55	81.30	127	**江西**	**Jiangxi**	**966.32**	**1086.22**	**1123.46**	
浙江	**Zhejiang**	**2245.93**	**2413.15**	**2532.02**		南昌	Nanchang	201.50	217.80	229.81	35
杭州	Hangzhou	374.62	409.42	421.60	11	景德镇	Jingdezhen	67.84	73.52	74.36	137
宁波	Ningbo	307.33	346.82	366.29	19	萍乡	Pingxiang	42.10	50.18	50.55	206
温州	Wenzhou	148.63	158.35	167.89	53	九江	Jiujiang	92.04	100.17	101.82	103
嘉兴	Jiaxing	101.44	108.52	111.79	86	新余	Xinyu	53.00	66.38	68.58	156
湖州	Huzhou	142.25	106.93	112.70	84	鹰潭	Yingtan	29.00	27.21	27.70	265
绍兴	Shaoxing	95.87	208.13	216.16	39	赣州	Ganzhou	76.30	93.12	125.29	72
金华	Jinhua	71.65	76.68	78.48	132	吉安	Jian	35.03	46.22	49.01	211
衢州	Quzhou	57.15	65.37	67.68	161	宜春	Yichun	50.00	65.00	68.00	159
舟山	Zhoushan	51.61	55.47	57.17	186	抚州	Fuzhou	57.22	56.48	58.40	183
台州	Taizhou	139.63	161.24	170.37	51	上饶	Shangrao	49.02	47.20	49.24	210
丽水	Lishui	31.62	35.36	36.69	247	**山东**	**Shandong**	**3526.37**	**3828.28**	**4278.53**	
安徽	**Anhui**	**1539.96**	**1763.15**	**1830.06**		济南	Jinan	346.90	371.67	383.25	15
合肥	Hefei	325.91	364.04	372.37	17	青岛	Qingdao	280.71	202.77	469.44	6
芜湖	Wuhu	135.00	153.50	155.00	58	淄博	Zibo	220.76	245.13	257.13	31
蚌埠	Bengbu	104.50	119.00	127.00	69	枣庄	Zaozhuang	117.99	141.97	133.59	68
淮南	Huainan	96.72	104.91	105.26	99	东营	Dongying	119.81	111.40	112.10	85
马鞍山	Maanshan	92.07	99.76	92.34	112	烟台	Yantai	262.70	275.84	317.71	21
淮北	Huaibei	77.12	85.25	88.34	116	潍坊	Weifang	142.46	168.21	172.69	50
铜陵	Tongling	47.85	67.51	67.51	162	济宁	Jining	88.28	174.13	176.66	49
安庆	Anqing	77.32	88.40	92.76	110	泰安	Taian	106.80	121.20	126.71	70
黄山	Huangshan	41.81	40.66	48.35	215	威海	Weihai	132.00	142.00	186.32	46
滁州	Chuzhou	68.00	101.66	113.10	82	日照	Rizhao	89.80	97.10	99.60	105
阜阳	Fuyang	75.76	96.81	107.24	95	莱芜	Laiwu	58.00	81.00	104.07	101
宿州	Suzhou	63.58	69.60	71.54	149	临沂	Linyi	158.99	198.37	199.41	42
六安	Liuan	60.80	70.20	72.30	143	德州	Dezhou	59.95	107.42	144.29	61
亳州	Bozhou	40.48	53.13	60.63	177	聊城	Liaocheng	60.17	68.03	85.01	122

8-3 城市建设用地面积（辖区） 续表 2
Area of Urban Construction Land (Municipal Districts) continued 2

单位：平方公里 (sq. km)

地名	City	2010	2013	2014	2014 排名 Ranking	地名	City	2010	2013	2014	2014 排名 Ranking
滨州	Binzhou	75.56	109.88	109.88	90	常德	Changde	75.48	85.92	87.10	119
菏泽	Heze	76.50	89.90	94.41	109	张家界	Zhangjiajie	25.46	32.86	32.27	257
河南	**Henan**	**1947.18**	**2143.61**	**2232.91**		益阳	Yiyang	54.00	61.70	69.40	155
郑州	Zhengzhou	315.71	343.77	370.88	18	郴州	Chenzhou	143.90	63.43	70.50	152
开封	Kaifeng	95.04	98.86	107.27	94	永州	Yongzhou	55.36	59.28	59.78	180
洛阳	Luoyang	180.38	189.59	192.09	43	怀化	Huaihua	50.65	59.39	62.00	172
平顶山	Pingdingshan	71.00	72.50	73.40	140	娄底	Loudi	51.70	47.15	47.15	218
安阳	Anyang	75.99	78.45	79.59	129	**广东**	**Guangdong**	**4774.76**	**4000.64**	**4415.55**	
鹤壁	Hebi	49.77	63.76	64.06	169	广州	Guangzhou	657.72	687.80		
新乡	Xinxiang	97.05	102.67	105.40	98	韶关	Shaoguan	81.83	92.10	96.37	107
焦作	Jiaozuo	94.69	101.93	105.56	97	深圳	Shenzhen	817.47		888.89	3
濮阳	Puyang	37.14	50.00	53.70	193	珠海	Zhuhai	341.69	122.93	123.64	75
许昌	Xuchang	78.60	73.00	74.00	138	汕头	Shantou	206.46	243.13	245.25	32
漯河	Luohe	57.46	59.92	59.98	179	佛山	Foshan	166.62	182.54	55.71	189
三门峡	Sanmenxia	29.33	29.80	30.00	262	江门	Jiangmen	150.69	147.00	184.77	47
南阳	Nanyang	91.13	117.42	121.85	78	湛江	Zhanjiang	92.19	98.55	99.86	104
商丘	Shangqiu	60.00	61.95	61.73	174	茂名	Maoming	62.85	91.61	120.12	79
信阳	Xinyang	61.40	71.53	75.62	136	肇庆	Zhaoqing	82.00	85.85	87.14	118
周口	Zhoukou	43.56	46.20	48.40	214	惠州	Huizhou	203.96	228.63	229.47	36
驻马店	Zhumadian	52.00	65.80	69.86	154	梅州	Meizhou	45.00	49.91	49.51	209
湖北	**Hubei**	**1968.81**	**2062.08**	**2422.71**		汕尾	Shanwei	73.40	15.67	16.37	281
武汉	Wuhan	732.21	708.04	989.23	2	河源	Heyuan	28.52	31.30	31.84	258
黄石	Huangshi	65.70	79.11	71.61	148	阳江	Yangjiang	48.34	41.18	43.26	227
十堰	Shiyan	62.14	72.24	79.16	130	清远	Qingyuan	56.85	55.68	55.68	190
宜昌	Yichang	125.61	136.36	148.42	59	东莞	Dongguan	954.82	1019.71	1033.90	1
襄阳	Xiangyang	90.58	112.26	125.40	71	中山	Zhongshan	87.30	103.32	110.49	88
鄂州	Ezhou	51.79	60.07	63.99	170	潮州	Chaozhou	41.68	41.68	70.97	151
荆门	Jingmen	50.50	54.05	55.03	191	揭阳	Jieyang		81.00	95.79	108
孝感	Xiaogan	26.22	26.56	41.93	231	云浮	Yunfu		17.10	24.08	271
荆州	Jingzhou	66.40	71.77	73.70	139	**广西**	**Guangxi**	**908.64**	**1099.40**	**1141.25**	
黄冈	Huanggang	30.03	33.02	52.22	198	南宁	Nanning	215.23	277.83	280.05	27
咸宁	Xianning	65.27	40.97	44.08	225	柳州	Liuzhou	135.06	177.54	180.09	48
随州	Suizhou	38.76	38.76	38.97	241	桂林	Guilin	63.00	67.13	71.18	150
湖南	**Hunan**	**1458.58**	**1444.65**	**1479.54**		梧州	Wuzhou	30.74	37.15	51.82	202
长沙	Changsha	272.39	287.51	294.39	24	北海	Beihai	57.80	70.21	70.21	153
株洲	Zhuzhou	96.77	109.12	111.65	87	防城港	Fangchenggang	30.04	21.41	21.64	276
湘潭	Xiangtan	99.09	79.20	79.75	128	钦州	Qinzhou	64.29	86.67	87.87	117
衡阳	Hengyang	94.00	114.03	123.50	76	贵港	Guigang	55.72	60.91	64.52	168
邵阳	Shaoyang	47.72	51.41	53.20	197	玉林	Yulin	56.41	65.84	66.51	164
岳阳	Yueyang	79.04	87.00	89.05	115	百色	Baise	31.32	34.28	38.00	244

8-3 城市建设用地面积（辖区） 续表 3
Area of Urban Construction Land (Municipal Districts) continued 3

单位：平方公里 (sq. km)

地名	City	2010	2013	2014	2014 排名 Ranking	地名	City	2010	2013	2014	2014 排名 Ranking
贺州	Hezhou	23.20	27.56	27.56	266	丽江	Lijiang	21.39	20.43	20.88	277
河池	Hechi	15.45	20.55	21.66	275	普洱	Puer	21.72	22.94	23.52	272
来宾	Laibin	28.93	37.00	39.00	240	临沧	Lincang	11.41	17.15	18.53	279
崇左	Chongzuo	13.11	14.06	17.21	280	**西藏**	**Tibet**	**82.51**	**111.05**	**124.68**	
海南	**Hainan**	**260.73**	**288.13**	**258.33**		拉萨	Lasa	62.88	86.49	91.34	113
海口	Haikou	112.17	121.99	121.99	77	**陕西**	**Shaanxi**	**704.86**	**885.04**	**946.44**	
三亚	Sanya	52.64	62.17	33.55	254	西安	Xi'an	277.31	420.00	434.00	10
三沙	Sansha			0.11	285	铜川	Tongchuan	46.87	44.10	44.10	224
重庆	**Chongqing**	**855.67**	**920.55**	**1028.82**		宝鸡	Baoji	82.65	85.84	86.36	120
四川	**Sichuan**	**1610.31**	**2003.67**	**2138.49**		咸阳	Xianyang	65.00	70.94	72.05	145
成都	Chengdu	441.82	519.19	550.38	5	渭南	Weinan	52.11	45.43	47.43	217
自贡	Zigong	80.40	106.48	109.38	92	延安	Yan'an	24.07	35.99	35.99	248
攀枝花	Panzhihua	67.09	68.52	71.81	146	汉中	Hanzhong	21.07	31.90	33.05	255
泸州	Luzhou	81.03	104.54	108.34	93	榆林	Yulin	40.00	41.37	61.30	175
德阳	Deyang	53.51	69.79	72.13	144	安康	Ankang	29.90	38.00	39.49	239
绵阳	Mianyang	102.85	109.84	109.84	91	商洛	Shangluo	12.30	16.00	16.20	282
广元	Guangyuan	33.84	47.43	50.86	205	**甘肃**	**Gansu**	**594.35**	**657.79**	**756.59**	
遂宁	Suining	48.70	69.45	72.39	142	兰州	Lanzhou	184.64	198.44	280.65	26
内江	Neijiang	40.45	58.01	66.14	165	嘉峪关	Jiayuguan	46.30	65.22	67.75	160
乐山	Leshan	51.93	61.17	67.48	163	金昌	Jinchang	36.71	39.35	40.21	236
南充	Nanchong	78.00	109.00	113.00	83	白银	Baiyin	53.42	59.45	60.19	178
眉山	Meishan	42.04	42.74	58.12	184	天水	Tianshui	42.24	45.80	45.80	222
宜宾	Yibin	59.18	89.54	98.21	106	武威	Wuwei	24.31	30.85	30.85	260
广安	Guangan	30.00	46.70	46.30	220	张掖	Zhangye	33.40	34.33	35.16	250
达州	Dazhou	45.00	74.30	78.00	133	平凉	Pingliang	33.11	33.20	35.56	249
雅安	Yaan	17.80	21.69	24.50	270	酒泉	Jiuquan	30.57	40.90	41.35	233
巴中	Bazhong	15.90	29.40	30.70	261	庆阳	Qingyang	20.15	25.41	25.41	267
资阳	Ziyang	36.00	41.37	42.88	228	定西	Dingxi	18.50	14.74	32.80	256
贵州	**Guizhou**	**477.07**	**600.71**	**635.65**		陇南	Longnan	9.20	9.20	9.20	283
贵阳	Guiyang	170.85	243.89	258.69	30	**青海**	**Qinghai**	**113.45**	**149.39**	**156.47**	
六盘水	Liupanshui	58.07	38.40	41.13	234	西宁	Xining	66.77	78.48	83.85	123
遵义	Zunyi	61.59	61.91	62.71	171	海东	Haidong			7.36	284
安顺	Anshun	26.59	36.32	39.58	238	**宁夏**	**Ningxia**	**284.37**	**356.65**	**376.37**	
毕节	Bijie	32.73	38.83	38.83	242	银川	Yinchuan	120.57	148.61	160.79	55
铜仁	Tongren	23.50	31.32	31.60	259	石嘴山	Shizuishan	37.72	51.27	51.27	203
云南	**Yunnan**	**832.86**	**790.68**	**910.52**		吴忠	Wuzhong	27.85	43.58	46.56	219
昆明	Kunming	414.83	335.22	406.89	13	固原	Guyuan	29.72	35.91	38.37	243
曲靖	Qujing	54.88	55.86	57.12	187	中卫	Zhongwei	34.01	36.88	37.94	245
玉溪	Yuxi	21.17	21.57	25.12	269	**新疆**	**Xinjiang**	**852.35**	**1050.52**	**1110.06**	
保山	Baoshan	12.48	21.19	22.43	274	乌鲁木齐	Urumqi	342.67	391.20	412.26	12
昭通	Zhaotong	23.07	27.36	27.85	264	克拉玛依	Karamay	49.52	62.38	68.17	157

8-4 城市居住用地面积（辖区）
Area of Urban Residential Land (Municipal Districts)

单位：平方公里 (sq. km)

地名	City	2010	2013	2014	2014 排名 Ranking	地名	City	2010	2013	2014	2014 排名 Ranking
全国	**National Total**	**12404.04**	**14691.41**	**15783.05**		沈阳	Shenyang	133.00	152.00	156.40	7
北京	**Beijing**			**408.52**		大连	Dalian	119.70	129.91	105.00	16
天津	**Tianjin**	**186.53**	**199.20**	**199.93**		鞍山	Anshan	38.54	42.70	58.07	45
河北	**Hebei**	**507.37**	**573.76**	**591.97**		抚顺	Fushun	31.98	33.72	34.22	97
石家庄	Shijiazhuang	58.75	80.00	95.45	21	本溪	Benxi	24.07	27.96	27.96	121
唐山	Tangshan	68.17	71.17	71.17	33	丹东	Dandong	18.29	20.22	20.22	166
秦皇岛	Qinhuangdao	21.43	24.51	25.92	133	锦州	Jinzhou	34.04	34.64	34.64	92
邯郸	Handan	37.42	39.82	46.50	62	营口	Yingkou	31.49	33.45	33.45	100
邢台	Xingtai	29.75	31.78	34.46	95	阜新	Fuxin	26.11	43.40	43.40	73
保定	Baoding	40.07	43.18	43.60	71	辽阳	Liaoyang	34.51	36.95	36.97	86
张家口	Zhangjiakou	25.20	20.58	20.58	164	盘锦	Panjin	24.20	24.93	26.19	130
承德	Chengde	16.16	19.64	20.13	167	铁岭	Tieling	15.96	20.23	20.23	165
沧州	Cangzhou	15.48	24.27	25.07	141	朝阳	Chaoyang	10.00	12.00	14.60	217
廊坊	Langfang	20.12	21.58	22.35	155	葫芦岛	Huludao	19.50	22.10	22.40	154
衡水	Hengshui	9.53	9.90	9.90	251	**吉林**	**Jilin**	**413.19**	**458.29**	**467.63**	
山西	**Shanxi**	**260.94**	**326.99**	**336.44**		长春	Changchun	111.27	122.84	130.55	10
太原	Taiyuan	48.00	65.00	65.00	40	吉林	Jilin	44.29	49.58	51.76	54
大同	Datong	35.20	43.00	43.00	75	四平	Siping	22.43	23.09	23.09	150
阳泉	Yangquan	14.88	15.21	15.71	208	辽源	Liaoyuan	27.61	27.60	27.60	123
长治	Changzhi	14.27	15.95	16.40	199	通化	Tonghua	17.09	19.24	18.86	179
晋城	Jincheng	22.11	31.00	31.00	111	白山	Baishan	15.83	19.30	17.67	191
朔州	Shuozhou	9.28	12.07	12.07	237	松原	Songyuan	14.96	15.00	15.00	213
晋中	Jinzhong	13.67	18.00	18.40	182	白城	Baicheng	10.41	11.72	11.73	238
运城	Yuncheng	16.29	19.15	19.15	177	**黑龙江**	**Heilongjiang**	**625.94**	**632.75**	**635.35**	
忻州	Xinzhou	11.42	11.60	14.27	221	哈尔滨	Harbin	107.76	120.20	122.69	12
临汾	Linfen	16.00	21.98	22.31	156	齐齐哈尔	Qiqihar	44.32	44.32	44.32	69
吕梁	Lvliang	6.23	7.17	8.02	264	鸡西	Jixi	47.80	47.80	47.80	57
内蒙古	**Inner Mongolia**	**332.55**	**398.69**	**391.56**		鹤岗	Hegang	38.96	19.28	19.28	175
呼和浩特	Hohhot	42.33	83.33	73.60	32	双鸭山	Shuangyashan	29.90	30.00	30.00	116
包头	Baotou	51.29	56.30	58.60	44	大庆	Daqing	69.00	79.85	81.86	27
乌海	Wuhai	20.00	17.85	17.85	187	伊春	Yichun	62.40	63.08	63.08	42
赤峰	Chifeng	29.34	37.88	36.63	88	佳木斯	Jiamusi	24.33	27.40	27.40	125
通辽	Tongliao	17.99	15.39	14.39	220	七台河	Qitaihe	22.45	27.35	27.60	123
鄂尔多斯	Erdos	44.78	44.78	33.52	99	牡丹江	Mudanjiang	29.54	35.03	32.19	104
呼伦贝尔	Hulunbuir	17.72	21.69	17.69	190	黑河	Heihe	7.28	5.50	5.50	277
巴彦淖尔	Bayannur	13.00	21.00	44.75	67	绥化	Suihua	12.32	10.56	10.56	245
乌兰察布	Ulanqab	14.20	21.80	17.80	189	**上海**	**Shanghai**		**1058.89**	**1058.89**	
辽宁	**Liaoning**	**729.12**	**816.96**	**819.22**		**江苏**	**Jiangsu**	**1024.54**	**1205.43**	**1260.07**	

8-4 城市居住用地面积（辖区） 续表 1
Area of Urban Residential Land (Municipal Districts) continued 1

单位：平方公里 (sq. km)

地名	City	2010	2013	2014	2014 排名 Ranking	地名	City	2010	2013	2014	2014 排名 Ranking
南京	Nanjing	178.41	198.41	203.46	4	池州	Chizhou	13.32	13.98	13.98	224
无锡	Wuxi	62.92	94.20	88.82	23	宣城	Xuancheng	12.10	10.85	12.75	234
徐州	Xuzhou	58.18	53.36	56.52	47	**福建**	**Fujian**	**316.42**	**370.40**	**375.67**	
常州	Changzhou	44.34	51.99	53.02	52	福州	Fuzhou	97.26	96.50	97.60	19
苏州	Suzhou	76.86	124.50	126.46	11	厦门	Xiamen	46.18	66.24	67.00	37
南通	Nantong	55.39	68.31	69.94	34	莆田	Putian	15.99	15.99	15.99	204
连云港	Lianyungang	74.36	79.05	80.86	29	三明	Sanming	7.70	9.90	9.90	251
淮安	Huaian	62.23	76.00	78.00	30	泉州	Quanzhou	29.00	45.00	45.00	65
盐城	Yancheng	27.10	32.31	36.21	89	漳州	Zhangzhou	15.76	17.04	17.95	186
扬州	Yangzhou	26.11	42.04	43.95	70	南平	Nanping	9.32	7.15	7.15	269
镇江	Zhenjiang	25.23	35.50	38.00	84	龙岩	Longyan	8.69	10.56	12.26	236
泰州	Taizhou	33.74	44.03	45.45	63	宁德	Ningde	8.16	12.14	10.03	250
宿迁	Suqian	19.66	20.52	21.00	162	**江西**	**Jiangxi**	**278.27**	**336.21**	**346.98**	
浙江	**Zhejiang**	**614.53**	**677.78**	**708.89**		南昌	Nanchang	50.64	71.01	75.83	31
杭州	Hangzhou	94.74	109.03	112.19	13	景德镇	Jingdezhen	18.76	19.91	19.67	173
宁波	Ningbo	65.86	76.17	80.97	28	萍乡	Pingxiang	12.50	15.60	15.60	210
温州	Wenzhou	34.18	39.00	40.65	79	九江	Jiujiang	29.52	32.80	33.30	103
嘉兴	Jiaxing	28.68	31.80	32.18	105	新余	Xinyu	18.60	24.20	25.14	140
湖州	Huzhou	36.35	31.47	33.32	102	鹰潭	Yingtan	8.65	6.39	6.53	272
绍兴	Shaoxing	36.91	61.45	63.35	41	赣州	Ganzhou	18.59	27.67	36.81	87
金华	Jinhua	19.35	20.47	20.98	163	吉安	Jian	8.84	9.78	10.37	247
衢州	Quzhou	13.32	14.66	14.77	216	宜春	Yichun	11.90	14.65	15.65	209
舟山	Zhoushan	17.79	19.60	20.05	169	抚州	Fuzhou	17.55	18.00	18.48	180
台州	Taizhou	38.20	44.78	47.49	60	上饶	Shangrao	23.85	26.68	27.00	128
丽水	Lishui	10.10	10.77	11.22	241	**山东**	**Shandong**	**1040.88**	**1139.33**	**1302.87**	
安徽	**Anhui**	**488.33**	**568.14**	**590.44**		济南	Jinan	89.52	95.56	100.88	18
合肥	Hefei	103.38	108.67	111.16	14	青岛	Qingdao	81.75	54.37	146.17	8
芜湖	Wuhu	32.20	34.50	34.50	94	淄博	Zibo	73.07	81.24	88.65	24
蚌埠	Bengbu	35.26	38.24	42.57	76	枣庄	Zaozhuang	42.39	46.50	52.16	53
淮南	Huainan	36.70	43.12	44.77	66	东营	Dongying	36.66	37.35	37.55	85
马鞍山	Maanshan	21.67	22.10	21.49	160	烟台	Yantai	73.51	75.37	87.81	25
淮北	Huaibei	21.00	32.06	32.06	106	潍坊	Weifang	49.29	61.32	61.32	43
铜陵	Tongling	13.00	18.24	18.24	183	济宁	Jining	31.11	50.62	47.53	59
安庆	Anqing	27.43	31.53	31.88	109	泰安	Taian	39.70	46.62	43.50	72
黄山	Huangshan	12.20	16.16	16.49	198	威海	Weihai	33.77	40.47	47.70	58
滁州	Chuzhou	18.99	29.43	34.26	96	日照	Rizhao	25.59	28.81	30.01	115
阜阳	Fuyang	38.47	48.79	54.03	50	莱芜	Laiwu	14.69	21.15	27.72	122
宿州	Suzhou	19.41	24.80	25.47	136	临沂	Linyi	44.95	54.26	55.40	49
六安	Liuan	20.57	23.26	23.73	145	德州	Dezhou	9.32	29.13	38.90	82
亳州	Bozhou	15.45	17.55	17.48	193	聊城	Liaocheng	16.31	17.70	26.84	129

8-4 城市居住用地面积（辖区） 续表 2
Area of Urban Residential Land (Municipal Districts) continued 2

单位：平方公里 (sq. km)

地名	City	2010	2013	2014	2014 排名 Ranking	地名	City	2010	2013	2014	2014 排名 Ranking
滨州	Binzhou	27.84	32.05	32.05	107	常德	Changde	20.95	23.14	23.20	148
菏泽	Heze	26.55	31.05	32.03	108	张家界	Zhangjiajie	9.74	8.72	9.52	254
河南	**Henan**	**578.68**	**633.82**	**660.49**		益阳	Yiyang	19.98	26.00	28.00	119
郑州	Zhengzhou	79.73	88.02	94.96	22	郴州	Chenzhou	40.50	22.99	25.30	138
开封	Kaifeng	31.85	31.98	33.40	101	永州	Yongzhou	14.76	15.05	15.08	212
洛阳	Luoyang	61.69	64.43	65.23	39	怀化	Huaihua	14.00	16.42	18.11	185
平顶山	Pingdingshan	27.50	28.00	28.50	118	娄底	Loudi	18.28	16.20	16.20	200
安阳	Anyang	23.18	24.62	25.36	137	广东	**Guangdong**	**1446.64**	**1254.61**	**1373.73**	
鹤壁	Hebi	12.57	15.05	15.09	211	广州	Guangzhou	191.84	198.68		
新乡	Xinxiang	29.76	29.76	30.45	112	韶关	Shaoguan	26.48	29.81	31.36	110
焦作	Jiaozuo	31.99	36.31	39.52	80	深圳	Shenzhen	213.99		240.47	3
濮阳	Puyang	10.00	16.70	18.20	184	珠海	Zhuhai	113.64	44.35	44.35	68
许昌	Xuchang	21.19	19.10	20.00	170	汕头	Shantou	84.29	97.08	96.64	20
漯河	Luohe	15.50	16.01	16.01	203	佛山	Foshan	54.23	61.22	55.71	48
三门峡	Sanmenxia	9.39	9.22	9.30	257	江门	Jiangmen	44.47	43.99	53.29	51
南阳	Nanyang	23.06	34.18	35.21	90	湛江	Zhanjiang	30.93	32.99	33.64	98
商丘	Shangqiu	15.44	10.98	11.02	243	茂名	Maoming	23.35	34.30	57.09	46
信阳	Xinyang	18.22	22.07	23.61	146	肇庆	Zhaoqing	21.80	25.14	25.95	132
周口	Zhoukou	12.40	12.65	13.25	228	惠州	Huizhou	63.27	65.53	68.83	35
驻马店	Zhumadian	11.28	16.20	17.04	195	梅州	Meizhou	9.18	13.64	14.05	222
湖北	**Hubei**	**580.36**	**648.41**	**693.07**		汕尾	Shanwei	20.40	6.50	6.80	271
武汉	Wuhan	219.12	221.07	248.21	2	河源	Heyuan	8.56	9.23	9.33	256
黄石	Huangshi	15.21	20.24	15.00	213	阳江	Yangjiang	11.40	11.43	11.54	239
十堰	Shiyan	18.37	21.81	22.61	151	清远	Qingyuan	19.37	15.77	15.77	205
宜昌	Yichang	31.61	35.67	38.91	81	东莞	Dongguan	257.88	276.69	278.81	1
襄阳	Xiangyang	28.82	34.11	34.57	93	中山	Zhongshan	23.86	33.10	38.04	83
鄂州	Ezhou	12.84	16.67	17.84	188	潮州	Chaozhou	14.15	14.16	25.56	135
荆门	Jingmen	13.42	15.29	16.65	196	揭阳	Jieyang		24.20	29.40	117
孝感	Xiaogan	2.13	2.20	8.20	261	云浮	Yunfu		2.40	4.00	282
荆州	Jingzhou	17.73	18.96	16.65	196	广西	**Guangxi**	**283.69**	**333.57**	**349.45**	
黄冈	Huanggang	10.17	10.57	15.73	207	南宁	Nanning	69.87	84.74	85.24	26
咸宁	Xianning	20.86	22.35	23.75	144	柳州	Liuzhou	28.43	46.95	47.08	61
随州	Suizhou	13.77	13.77	13.87	225	桂林	Guilin	17.80	18.06	19.05	178
湖南	**Hunan**	**475.45**	**510.96**	**517.05**		梧州	Wuzhou	10.57	12.20	18.43	181
长沙	Changsha	105.91	112.74	109.46	15	北海	Beihai	24.20	25.60	25.60	134
株洲	Zhuzhou	32.52	44.89	45.44	64	防城港	Fangchenggang	8.45	4.87	4.87	279
湘潭	Xiangtan	27.50	26.77	27.11	127	钦州	Qinzhou	18.52	21.84	22.50	152
衡阳	Hengyang	31.00	38.12	41.24	78	贵港	Guigang	17.93	19.42	21.77	159
邵阳	Shaoyang	17.21	19.01	19.50	174	玉林	Yulin	23.43	26.17	26.17	131
岳阳	Yueyang	23.60	24.70	24.90	142	百色	Baise	12.37	13.74	14.54	219

8-4 城市居住用地面积（辖区） 续表 3

Area of Urban Residential Land (Municipal Districts) continued 3

单位：平方公里 (sq. km)

地名	City	2010	2013	2014	2014 排名 Ranking	地名	City	2010	2013	2014	2014 排名 Ranking
贺州	Hezhou	4.54	8.19	8.19	262	丽江	Lijiang	8.20	4.06	4.25	281
河池	Hechi	4.57	6.14	6.53	272	普洱	Puer	4.85	4.90	5.01	278
来宾	Laibin	8.01	10.26	10.92	244	临沧	Lincang	4.06	7.43	7.56	267
崇左	Chongzuo	3.93	3.95	5.95	275	**西藏**	**Tibet**	**28.97**	**46.02**	**35.58**	
海南	**Hainan**	**83.03**	**98.82**	**95.10**		拉萨	Lasa	23.17	40.97	28.00	119
海口	Haikou	39.20	49.80	49.80	55	**陕西**	**Shaanxi**	**217.69**	**234.67**	**226.06**	
三亚	Sanya	10.23	11.34	8.65	260	西安	Xi'an	65.70	111.00	101.00	17
三沙	Sansha			0.02	285	铜川	Tongchuan	17.74	9.30	9.26	258
重庆	**Chongqing**	**282.15**	**294.87**	**326.81**		宝鸡	Baoji	22.53	10.16	10.21	249
四川	**Sichuan**	**526.12**	**639.43**	**685.56**		咸阳	Xianyang	12.05	15.57	16.17	201
成都	Chengdu	154.43	179.06	189.79	5	渭南	Weinan	20.22	18.38	19.20	176
自贡	Zigong	27.04	34.03	34.86	91	延安	Yan'an	13.71	13.10	13.10	231
攀枝花	Panzhihua	18.60	18.60	20.10	168	汉中	Hanzhong	4.70	5.70	5.70	276
泸州	Luzhou	21.48	29.56	30.13	114	榆林	Yulin	17.10	9.25	15.00	213
德阳	Deyang	16.03	20.32	21.10	161	安康	Ankang	18.60	22.50	13.20	230
绵阳	Mianyang	27.96	30.15	30.15	113	商洛	Shangluo	3.75	3.00	3.00	284
广元	Guangyuan	8.56	12.00	13.09	232	**甘肃**	**Gansu**	**168.15**	**189.40**	**210.27**	
遂宁	Suining	18.71	23.11	23.29	147	兰州	Lanzhou	56.47	47.71	65.93	38
内江	Neijiang	13.79	22.06	25.15	139	嘉峪关	Jiayuguan	10.41	13.01	13.35	226
乐山	Leshan	14.20	20.74	22.10	157	金昌	Jinchang	5.59	6.83	7.01	270
南充	Nanchong	32.50	41.62	42.17	77	白银	Baiyin	15.76	17.10	17.40	194
眉山	Meishan	17.00	16.30	23.20	148	天水	Tianshui	9.21	9.36	9.36	255
宜宾	Yibin	22.23	25.35	27.40	125	武威	Wuwei	8.74	20.00	20.00	170
广安	Guangan	9.22	16.00	14.60	217	张掖	Zhangye	7.61	15.60	16.10	202
达州	Dazhou	13.09	22.09	22.49	153	平凉	Pingliang	12.87	13.30	13.33	227
雅安	Yaan	5.70	6.85	7.64	266	酒泉	Jiuquan	9.47	10.20	10.25	248
巴中	Bazhong	6.00	8.00	9.00	259	庆阳	Qingyang	7.61	7.69	7.69	265
资阳	Ziyang	8.64	10.33	10.53	246	定西	Dingxi	3.94	5.14	9.83	253
贵州	**Guizhou**	**128.29**	**190.93**	**202.46**		陇南	Longnan	6.42	6.42	6.42	274
贵阳	Guiyang	43.22	65.74	68.78	36	**青海**	**Qinghai**	**43.93**	**68.61**	**71.37**	
六盘水	Liupanshui	11.98	11.52	12.70	235	西宁	Xining	30.44	41.12	43.32	74
遵义	Zunyi	13.56	14.16	19.71	172	海东	Haidong			4.00	282
安顺	Anshun	9.34	11.79	12.85	233	**宁夏**	**Ningxia**	**104.13**	**118.87**	**125.72**	
毕节	Bijie	8.30	11.39	11.39	240	银川	Yinchuan	37.67	45.49	49.37	56
铜仁	Tongren	5.41	14.00	14.00	223	石嘴山	Shizuishan	25.92	21.85	21.85	158
云南	**Yunnan**	**353.74**	**292.71**	**325.64**		吴忠	Wuzhong	11.41	14.01	15.76	206
昆明	Kunming	212.78	144.36	173.14	6	固原	Guyuan	10.28	12.85	13.25	228
曲靖	Qujing	20.61	17.57	17.60	192	中卫	Zhongwei	9.75	11.10	11.13	242
玉溪	Yuxi	6.30	4.54	4.65	280	**新疆**	**Xinjiang**	**284.41**	**372.89**	**390.26**	
保山	Baoshan	3.74	7.20	7.20	268	乌鲁木齐	Urumqi	99.20	134.36	141.59	9
昭通	Zhaotong	8.56	8.13	8.13	263	克拉玛依	Karamay	19.31	23.33	23.92	143

8-5 城市公共管理与公共服务设施用地面积（辖区）
Area of Land for Administration and Public Services (Municipal Districts)

单位：平方公里 (sq. km)

地名	City	2013	2014	2014 排名 Ranking
全国	**National Total**	**4448.11**	**4717.75**	
北京	**Beijing**		**164.35**	
天津	**Tianjin**	**49.00**	**57.95**	
河北	**Hebei**	**170.13**	**168.04**	
石家庄	Shijiazhuang	22.60	26.72	28
唐山	Tangshan	26.99	26.99	27
秦皇岛	Qinhuangdao	7.43	7.72	126
邯郸	Handan	17.98	17.19	47
邢台	Xingtai	6.23	6.45	148
保定	Baoding	11.57	11.94	75
张家口	Zhangjiakou	6.83	6.83	138
承德	Chengde	7.51	7.62	128
沧州	Cangzhou	4.93	4.97	188
廊坊	Langfang	3.48	3.48	232
衡水	Hengshui	3.87	3.87	218
山西	**Shanxi**	**123.93**	**124.23**	
太原	Taiyuan	40.00	40.00	17
大同	Datong	13.40	13.20	61
阳泉	Yangquan	1.82	1.82	270
长治	Changzhi	12.96	12.99	65
晋城	Jincheng	12.00	12.00	73
朔州	Shuozhou	3.51	3.51	229
晋中	Jinzhong	4.00	4.64	200
运城	Yuncheng	1.52	1.52	273
忻州	Xinzhou	4.53	3.49	231
临汾	Linfen	4.61	4.63	201
吕梁	Lvliang	4.01	3.50	230
内蒙古	**Inner Mongolia**	**123.11**	**108.79**	
呼和浩特	Hohhot	28.87	22.31	37
包头	Baotou	14.82	15.82	50
乌海	Wuhai	6.32	6.32	152
赤峰	Chifeng	7.68	7.84	122
通辽	Tongliao	8.34	7.34	133
鄂尔多斯	Erdos	17.82	7.52	129
呼伦贝尔	Hulunbuir	3.91	3.91	217
巴彦淖尔	Bayannur	1.35	6.77	141
乌兰察布	Ulanqab	4.11	4.11	212
辽宁	**Liaoning**	**183.20**	**178.68**	
沈阳	Shenyang	43.00	43.74	13
大连	Dalian	30.14	30.20	21
鞍山	Anshan	12.96	7.47	131
抚顺	Fushun	9.33	9.32	98
本溪	Benxi	6.80	6.80	139
丹东	Dandong	3.68	3.68	222
锦州	Jinzhou	8.37	8.37	110
营口	Yingkou	8.85	8.85	104
阜新	Fuxin	8.16	8.16	116
辽阳	Liaoyang	3.34	3.35	234
盘锦	Panjin	5.63	6.02	164
铁岭	Tieling	5.20	1.70	271
朝阳	Chaoyang	2.00	4.80	194
葫芦岛	Huludao	3.10	3.10	240
吉林	**Jilin**	**106.11**	**105.48**	
长春	Changchun	43.05	43.72	14
吉林	Jilin	13.42	13.55	59
四平	Siping	4.35	4.35	207
辽源	Liaoyuan	1.86	1.86	268
通化	Tonghua	4.08	4.27	208
白山	Baishan	2.18	2.19	258
松原	Songyuan	3.60	3.60	224
白城	Baicheng	3.11	3.12	239
黑龙江	**Heilongjiang**	**177.43**	**178.49**	
哈尔滨	Harbin	48.97	50.43	9
齐齐哈尔	Qiqihar	11.43	11.43	80
鸡西	Jixi	2.07	2.07	262
鹤岗	Hegang	1.93	1.93	266
双鸭山	Shuangyashan	4.20	4.20	210
大庆	Daqing	43.25	43.33	15
伊春	Yichun	11.17	11.17	82
佳木斯	Jiamusi	15.04	15.04	52
七台河	Qitaihe	6.18	6.23	156
牡丹江	Mudanjiang	7.66	7.03	137
黑河	Heihe	3.94	3.94	215
绥化	Suihua	2.93	2.93	243
上海	**Shanghai**	**161.73**	**161.73**	
江苏	**Jiangsu**	**312.91**	**331.63**	

8-5 城市公共管理与公共服务设施用地面积（辖区） 续表 1
Area of Land for Administration and Public Services (Municipal Districts) continued 1

单位：平方公里 (sq. km)

地名	City	2013	2014	2014 排名 Ranking	地名	City	2013	2014	2014 排名 Ranking
南京	Nanjing	83.23	84.00	2	池州	Chizhou	3.30	3.30	235
无锡	Wuxi	18.80	19.54	39	宣城	Xuancheng	3.36	3.60	224
徐州	Xuzhou	28.89	29.34	23	**福建**	**Fujian**	**149.94**	**153.06**	
常州	Changzhou	10.58	11.62	77	福州	Fuzhou	28.40	29.50	22
苏州	Suzhou	27.95	28.20	24	厦门	Xiamen	45.36	45.54	12
南通	Nantong	24.81	24.97	31	莆田	Putian	11.00	11.00	84
连云港	Lianyungang	10.70	11.19	81	三明	Sanming	2.29	2.29	256
淮安	Huaian	4.00	5.50	173	泉州	Quanzhou	18.00	18.00	43
盐城	Yancheng	5.56	12.52	68	漳州	Zhangzhou	7.39	8.33	112
扬州	Yangzhou	10.49	10.65	87	南平	Nanping	3.56	3.56	226
镇江	Zhenjiang	8.80	8.90	103	龙岩	Longyan	5.81	5.85	167
泰州	Taizhou	14.31	14.54	55	宁德	Ningde	3.10	2.72	245
宿迁	Suqian	7.96	8.62	107	**江西**	**Jiangxi**	**96.52**	**101.79**	
浙江	**Zhejiang**	**208.98**	**217.18**		南昌	Nanchang	12.42	13.79	57
杭州	Hangzhou	61.71	62.44	4	景德镇	Jingdezhen	4.23	5.51	172
宁波	Ningbo	16.57	19.07	40	萍乡	Pingxiang	4.52	4.52	204
温州	Wenzhou	11.81	12.99	65	九江	Jiujiang	6.76	6.69	143
嘉兴	Jiaxing	5.63	6.12	162	新余	Xinyu	8.46	8.48	108
湖州	Huzhou	7.94	8.10	117	鹰潭	Yingtan	0.63	0.66	282
绍兴	Shaoxing	11.29	12.05	70	赣州	Ganzhou	10.96	16.91	49
金华	Jinhua	6.24	6.32	152	吉安	Jian	7.04	7.46	132
衢州	Quzhou	4.52	4.63	201	宜春	Yichun	4.80	5.14	179
舟山	Zhoushan	7.50	7.23	135	抚州	Fuzhou	5.29	5.53	171
台州	Taizhou	17.53	17.53	45	上饶	Shangrao	2.96	3.00	242
丽水	Lishui	6.07	6.07	163	**山东**	**Shandong**	**407.08**	**442.26**	
安徽	**Anhui**	**158.42**	**158.23**		济南	Jinan	58.27	58.86	7
合肥	Hefei	59.39	60.75	5	青岛	Qingdao	22.70	34.91	19
芜湖	Wuhu	8.50	5.00	187	淄博	Zibo	19.78	18.56	41
蚌埠	Bengbu	7.01	8.25	114	枣庄	Zaozhuang	16.11	11.60	78
淮南	Huainan	7.52	7.79	125	东营	Dongying	14.83	14.83	53
马鞍山	Maanshan	7.32	5.58	170	烟台	Yantai	21.48	23.34	35
淮北	Huaibei	6.51	6.51	147	潍坊	Weifang	4.10	12.02	71
铜陵	Tongling	5.12	5.12	182	济宁	Jining	12.14	12.64	67
安庆	Anqing	5.43	8.83	105	泰安	Taian	10.69	9.10	101
黄山	Huangshan	4.27	4.65	199	威海	Weihai	9.81	19.92	38
滁州	Chuzhou	7.52	7.95	119	日照	Rizhao	4.90	6.56	145
阜阳	Fuyang	4.69	4.72	198	莱芜	Laiwu	6.63	5.14	179
宿州	Suzhou	1.60	1.65	272	临沂	Linyi	23.56	10.83	85
六安	Liuan	4.70	4.79	197	德州	Dezhou	21.40	0.87	280
亳州	Bozhou	6.58	3.99	214	聊城	Liaocheng	6.95	6.33	151

8-5 城市公共管理与公共服务设施用地面积（辖区） 续表 2

Area of Land for Administration and Public Services (Municipal Districts) continued 2

单位：平方公里 (sq. km)

地名	City	2013	2014	2014 排名 Ranking	地名	City	2013	2014	2014 排名 Ranking
滨州	Binzhou	14.22	2.16	259	常德	Changde	12.28	12.36	69
菏泽	Heze	8.97	3.62	223	张家界	Zhangjiajie	7.56	6.63	144
河南	**Henan**	**250.56**	**117.09**		益阳	Yiyang	4.00	10.00	92
郑州	Zhengzhou	51.14	13.69	58	郴州	Chenzhou	6.00	6.20	157
开封	Kaifeng	12.61	7.49	130	永州	Yongzhou	5.01	5.07	185
洛阳	Luoyang	23.39	23.59	34	怀化	Huaihua	10.70	13.00	63
平顶山	Pingdingshan	4.89	4.89	192	娄底	Loudi	7.80	7.80	124
安阳	Anyang	9.92	10.00	92	**广东**	**Guangdong**	**365.29**	**343.74**	
鹤壁	Hebi	6.13	6.17	159	广州	Guangzhou	99.33		
新乡	Xinxiang	15.30	15.36	51	韶关	Shaoguan	10.57	10.57	89
焦作	Jiaozuo	14.54	14.55	54	深圳	Shenzhen		59.36	6
濮阳	Puyang	3.00	3.30	235	珠海	Zhuhai	14.37	14.37	56
许昌	Xuchang	6.00	6.00	165	汕头	Shantou	25.89	24.38	32
漯河	Luohe	4.40	4.40	206	佛山	Foshan	12.97	13.04	62
三门峡	Sanmenxia	3.69	3.77	219	江门	Jiangmen	9.23	11.78	76
南阳	Nanyang	18.00	18.12	42	湛江	Zhanjiang	11.97	11.97	74
商丘	Shangqiu	6.20	6.20	157	茂名	Maoming	5.85	13.38	60
信阳	Xinyang	10.70	11.02	83	肇庆	Zhaoqing	7.87	7.99	118
周口	Zhoukou	5.10	5.40	174	惠州	Huizhou	23.91	25.36	29
驻马店	Zhumadian	9.80	10.02	91	梅州	Meizhou	7.83	7.90	121
湖北	**Hubei**	**237.51**	**246.01**		汕尾	Shanwei	1.42	1.48	274
武汉	Wuhan	85.47	95.01	1	河源	Heyuan	2.06	2.09	261
黄石	Huangshi	8.24	8.24	115	阳江	Yangjiang	2.34	2.40	254
十堰	Shiyan	8.42	9.43	96	清远	Qingyuan	7.81	7.81	123
宜昌	Yichang	23.98	24.30	33	东莞	Dongguan	44.91	45.60	11
襄阳	Xiangyang	11.97	12.01	72	中山	Zhongshan	7.41	9.10	101
鄂州	Ezhou	4.80	5.04	186	潮州	Chaozhou	1.61	4.01	213
荆门	Jingmen	7.34	5.10	183	揭阳	Jieyang	9.10	10.09	90
孝感	Xiaogan	4.00	4.53	203	云浮	Yunfu	2.80	3.55	227
荆州	Jingzhou	8.44	8.70	106	**广西**	**Guangxi**	**123.41**	**126.02**	
黄冈	Huanggang	5.58	5.38	175	南宁	Nanning	39.00	39.26	18
咸宁	Xianning	2.23	2.28	257	柳州	Liuzhou	17.37	17.43	46
随州	Suizhou	4.50	4.50	205	桂林	Guilin	6.80	7.24	134
湖南	**Hunan**	**189.03**	**195.24**		梧州	Wuzhou	4.70	5.35	176
长沙	Changsha	43.15	46.78	10	北海	Beihai	9.40	0.98	278
株洲	Zhuzhou	10.59	10.77	86	防城港	Fangchenggang	2.05	9.40	97
湘潭	Xiangtan	11.28	8.44	109	钦州	Qinzhou	7.22	2.05	263
衡阳	Hengyang	11.22	13.00	63	贵港	Guigang	5.08	5.59	169
邵阳	Shaoyang	6.50	6.80	139	玉林	Yulin	9.50	9.50	95
岳阳	Yueyang	9.40	9.60	94	百色	Baise	3.40	3.41	233

8-5 城市公共管理与公共服务设施用地面积（辖区） 续表 3

Area of Land for Administration and Public Services (Municipal Districts) continued 3

单位：平方公里 (sq. km)

地名	City	2013	2014	2014 排名 Ranking	地名	City	2013	2014	2014 排名 Ranking
贺州	Hezhou	6.38	6.38	150	丽江	Lijiang	2.14	2.33	255
河池	Hechi	2.55	2.66	249	普洱	Puer	7.93	7.93	120
来宾	Laibin	1.36	1.47	275	临沧	Lincang	0.86	0.92	279
崇左	Chongzuo	1.83	1.90	267	**西藏**	**Tibet**	**11.42**	**28.38**	
海南	**Hainan**	**40.20**	**34.11**		拉萨	Lasa	5.21	17.63	44
海口	Haikou	23.00	23.00	36	**陕西**	**Shaanxi**	**98.33**	**101.42**	
三亚	Sanya	8.25	1.20	276	西安	Xi'an	57.00	57.00	8
三沙	Sansha		0.05	285	铜川	Tongchuan	2.70	2.70	247
重庆	**Chongqing**	**83.95**	**91.51**		宝鸡	Baoji	7.68	7.68	127
四川	**Sichuan**	**218.95**	**229.09**		咸阳	Xianyang	9.18	9.18	100
成都	Chengdu	75.76	78.77	3	渭南	Weinan	4.04	4.22	209
自贡	Zigong	6.12	6.27	155	延安	Yan'an	2.71	2.71	246
攀枝花	Panzhihua	3.86	3.92	216	汉中	Hanzhong	2.60	2.60	250
泸州	Luzhou	6.68	7.13	136	榆林	Yulin	4.57	4.80	194
德阳	Deyang	5.83	5.99	166	安康	Ankang	2.83	1.83	269
绵阳	Mianyang	16.95	16.95	48	商洛	Shangluo	2.00	2.00	264
广元	Guangyuan	5.63	6.13	161	**甘肃**	**Gansu**	**73.43**	**81.50**	
遂宁	Suining	3.48	3.54	228	兰州	Lanzhou	20.12	32.76	20
内江	Neijiang	4.50	5.13	181	嘉峪关	Jiayuguan	6.00	6.40	149
乐山	Leshan	7.56	8.36	111	金昌	Jinchang	8.76	2.67	248
南充	Nanchong	11.13	11.54	79	白银	Baiyin	5.16	5.60	168
眉山	Meishan	3.50	4.80	194	天水	Tianshui	3.24	3.24	237
宜宾	Yibin	8.74	9.24	99	武威	Wuwei	2.00	2.00	264
广安	Guangan	6.60	6.70	142	张掖	Zhangye	2.50	2.51	252
达州	Dazhou	6.25	6.56	145	平凉	Pingliang	5.90	4.90	190
雅安	Yaan	2.28	3.07	241	酒泉	Jiuquan	3.65	3.70	221
巴中	Bazhong	4.00	4.20	210	庆阳	Qingyang	5.16	5.16	178
资阳	Ziyang	3.02	3.22	238	定西	Dingxi	2.82	4.83	193
贵州	**Guizhou**	**73.67**	**60.00**		陇南	Longnan	0.86	0.86	281
贵阳	Guiyang	42.74	25.12	30	**青海**	**Qinghai**	**11.76**	**12.83**	
六盘水	Liupanshui	5.02	5.08	184	西宁	Xining	4.31	5.23	177
遵义	Zunyi	5.50	6.17	159	海东	Haidong		0.60	283
安顺	Anshun	2.38	2.59	251	**宁夏**	**Ningxia**	**50.79**	**51.86**	
毕节	Bijie	3.74	3.74	220	银川	Yinchuan	27.00	27.50	26
铜仁	Tongren	2.50	2.50	253	石嘴山	Shizuishan	2.16	2.16	259
云南	**Yunnan**	**95.55**	**104.20**		吴忠	Wuzhong	6.23	6.30	154
昆明	Kunming	37.17	42.96	16	固原	Guyuan	4.50	4.90	190
曲靖	Qujing	8.22	8.32	113	中卫	Zhongwei	4.92	4.92	189
玉溪	Yuxi	0.08	0.48	284	**新疆**	**Xinjiang**	**95.77**	**101.67**	
保山	Baoshan	1.00	1.00	277	乌鲁木齐	Urumqi	26.46	27.88	25
昭通	Zhaotong	2.41	2.90	244	克拉玛依	Karamay	8.71	10.64	88

8-6 城市商业服务业设施用地面积（辖区）
Area of Land for Commercial and Business Facilities (Municipal Districts)

单位：平方公里 (sq. km)

地名	City	2013	2014	2014 排名 Ranking	地名	City	2013	2014	2014 排名 Ranking
全国	**National Total**	**2956.41**	**3390.71**		沈阳	Shenyang	21.00	21.24	26
北京	**Beijing**		**125.55**		大连	Dalian	15.81	21.00	27
天津	**Tianjin**	**40.08**	**45.81**		鞍山	Anshan	0.49	8.53	81
河北	**Hebei**	**105.59**	**116.02**		抚顺	Fushun	6.09	6.50	110
石家庄	Shijiazhuang	13.53	17.77	32	本溪	Benxi	12.72	12.72	48
唐山	Tangshan		10.00	70	丹东	Dandong	2.68	2.68	201
秦皇岛	Qinhuangdao	13.03	13.49	45	锦州	Jinzhou	2.65	2.65	204
邯郸	Handan	10.61	10.01	69	营口	Yingkou	30.42	30.42	13
邢台	Xingtai	5.85	6.12	119	阜新	Fuxin	13.45	13.45	46
保定	Baoding	5.51	5.73	125	辽阳	Liaoyang	8.00	8.01	88
张家口	Zhangjiakou	6.05	6.05	120	盘锦	Panjin	3.89	4.15	162
承德	Chengde	4.10	4.21	158	铁岭	Tieling	0.10	3.60	176
沧州	Cangzhou	3.62	3.64	172	朝阳	Chaoyang	2.00	3.00	188
廊坊	Langfang	2.70	2.86	196	葫芦岛	Huludao	6.35	6.65	103
衡水	Hengshui	4.86	4.86	150	吉林	**Jilin**	**88.60**	**86.40**	
山西	**Shanxi**	**39.81**	**68.58**		长春	Changchun	21.30	22.53	24
太原	Taiyuan		25.00	20	吉林	Jilin	6.80	7.42	95
大同	Datong	9.40	10.10	68	四平	Siping	7.29	7.29	97
阳泉	Yangquan	0.82	0.82	264	辽源	Liaoyuan	0.79	0.79	265
长治	Changzhi	0.33	0.50	274	通化	Tonghua	10.93	10.53	63
晋城	Jincheng	3.20	3.20	181	白山	Baishan	1.32	1.45	239
朔州	Shuozhou	4.90	4.90	145	松原	Songyuan	1.50	1.50	238
晋中	Jinzhong	5.37	5.45	133	白城	Baicheng	2.35	2.67	202
运城	Yuncheng	1.34	1.34	244	黑龙江	**Heilongjiang**	**86.61**	**88.41**	
忻州	Xinzhou	1.23	1.44	240	哈尔滨	Harbin	21.12	22.71	23
临汾	Linfen	4.12	4.21	158	齐齐哈尔	Qiqihar	6.46	6.46	111
吕梁	Lvliang	0.40	1.04	256	鸡西	Jixi	2.61	2.61	208
内蒙古	**Inner Mongolia**	**73.04**	**109.09**		鹤岗	Hegang	3.76	3.76	171
呼和浩特	Hohhot	8.71	25.30	19	双鸭山	Shuangyashan	10.30	10.30	64
包头	Baotou	9.83	9.83	72	大庆	Daqing	12.15	12.15	52
乌海	Wuhai	6.61	6.61	105	伊春	Yichun	5.34	5.64	128
赤峰	Chifeng	0.86	0.91	261	佳木斯	Jiamusi	4.88	4.88	148
通辽	Tongliao	4.64	3.64	172	七台河	Qitaihe	0.20	0.01	283
鄂尔多斯	Erdos	15.43	15.38	36	牡丹江	Mudanjiang	1.24	1.14	253
呼伦贝尔	Hulunbuir	4.17	4.17	160	黑河	Heihe	1.36	1.36	243
巴彦淖尔	Bayannur	0.65	13.54	44	绥化	Suihua	1.16	1.16	251
乌兰察布	Ulanqab	2.56	2.56	209	上海	**Shanghai**	**137.54**	**137.54**	
辽宁	**Liaoning**	**165.82**	**185.18**		江苏	**Jiangsu**	**308.06**	**319.45**	

8-6 城市商业服务业设施用地面积（辖区） 续表 1
Area of Land for Commercial and Business Facilities (Municipal Districts) continued 1

单位：平方公里 (sq. km)

地名	City	2013	2014	2014 排名 Ranking	地名	City	2013	2014	2014 排名 Ranking
南京	Nanjing	43.22	45.63	4	池州	Chizhou	2.17	2.17	219
无锡	Wuxi	24.80	25.32	17	宣城	Xuancheng	2.56	2.56	209
徐州	Xuzhou	5.71	6.54	107	**福建**	**Fujian**	**79.86**	**83.67**	
常州	Changzhou	8.82	9.48	76	福州	Fuzhou	9.50	10.30	64
苏州	Suzhou	26.30	27.49	14	厦门	Xiamen	12.43	13.58	43
南通	Nantong	57.03	58.22	1	莆田	Putian	1.00	1.00	258
连云港	Lianyungang	9.57	9.83	72	三明	Sanming	1.05	1.05	255
淮安	Huaian	19.00	20.50	28	泉州	Quanzhou	25.00	25.50	16
盐城	Yancheng	11.02	6.34	112	漳州	Zhangzhou	0.49	0.74	266
扬州	Yangzhou	10.47	10.97	60	南平	Nanping	0.83	0.83	263
镇江	Zhenjiang	6.30	6.70	102	龙岩	Longyan	2.80	3.03	185
泰州	Taizhou	11.22	11.39	57	宁德	Ningde	1.97	2.07	225
宿迁	Suqian	4.29	4.90	145	**江西**	**Jiangxi**	**92.58**	**98.43**	
浙江	**Zhejiang**	**197.99**	**201.62**		南昌	Nanchang	28.76	31.02	11
杭州	Hangzhou	39.36	41.83	5	景德镇	Jingdezhen	5.73	6.87	99
宁波	Ningbo	19.12	21.56	25	萍乡	Pingxiang	0.57	0.57	272
温州	Wenzhou	35.46	36.13	7	九江	Jiujiang	5.91	6.54	107
嘉兴	Jiaxing	17.65	18.22	31	新余	Xinyu	1.20	1.39	242
湖州	Huzhou	8.69	8.66	79	鹰潭	Yingtan	1.19	1.22	247
绍兴	Shaoxing	12.76	13.43	47	赣州	Ganzhou	4.44	8.19	86
金华	Jinhua	6.08	6.20	117	吉安	Jian	10.40	11.03	59
衢州	Quzhou	2.70	2.73	198	宜春	Yichun	6.76	6.78	101
舟山	Zhoushan	2.53	2.71	199	抚州	Fuzhou	3.37	3.53	177
台州	Taizhou	0.64	0.66	269	上饶	Shangrao	1.89	1.98	230
丽水	Lishui	1.99	2.36	217	**山东**	**Shandong**	**257.99**	**289.14**	
安徽	**Anhui**	**132.36**	**151.75**		济南	Jinan	21.52	22.73	22
合肥	Hefei	12.24	12.52	50	青岛	Qingdao	13.05	23.60	21
芜湖	Wuhu	15.50	14.00	39	淄博	Zibo	13.99	14.68	37
蚌埠	Bengbu	3.49	5.56	129	枣庄	Zaozhuang	12.30	11.13	58
淮南	Huainan	7.18	6.19	118	东营	Dongying	13.69	13.69	41
马鞍山	Maanshan	4.24	5.85	122	烟台	Yantai	26.33	30.53	12
淮北	Huaibei	8.66	8.66	79	潍坊	Weifang		12.02	53
铜陵	Tongling	5.80	5.80	123	济宁	Jining	5.61	12.64	49
安庆	Anqing	2.68	25.99	15	泰安	Taian	11.45	9.10	78
黄山	Huangshan	2.84	2.93	192	威海	Weihai	8.65	19.92	29
滁州	Chuzhou	4.50	4.89	147	日照	Rizhao	6.40	6.56	106
阜阳	Fuyang	5.05	5.65	127	莱芜	Laiwu	4.72	5.14	141
宿州	Suzhou	9.70	9.80	74	临沂	Linyi	10.72	10.83	61
六安	Liuan	4.36	4.51	154	德州	Dezhou		0.87	262
亳州	Bozhou	13.50	6.53	109	聊城	Liaocheng	5.62	6.33	113

8-6 城市商业服务业设施用地面积（辖区） 续表 2

Area of Land for Commercial and Business Facilities (Municipal Districts) continued 2

单位：平方公里 (sq. km)

地名	City	2013	2014	2014 排名 Ranking	地名	City	2013	2014	2014 排名 Ranking
滨州	Binzhou	2.16	2.16	221	常德	Changde	4.44	4.65	153
菏泽	Heze	3.38	3.62	174	张家界	Zhangjiajie	1.40	1.42	241
河南	**Henan**	**110.22**	**117.09**		益阳	Yiyang	3.00	3.00	188
郑州	Zhengzhou	12.69	13.69	41	郴州	Chenzhou	4.20	4.80	151
开封	Kaifeng	7.09	7.49	91	永州	Yongzhou	7.26	7.30	96
洛阳	Luoyang	8.19	8.39	83	怀化	Huaihua	1.68	7.13	98
平顶山	Pingdingshan	4.00	4.00	165	娄底	Loudi	8.10	8.10	87
安阳	Anyang	2.44	2.66	203	广东	**Guangdong**	**276.44**	**302.22**	
鹤壁	Hebi	4.00	4.16	161	广州	Guangzhou	51.67		
新乡	Xinxiang	5.51	5.66	126	韶关	Shaoguan	8.78	9.38	77
焦作	Jiaozuo	4.49	4.97	143	深圳	Shenzhen		50.33	3
濮阳	Puyang	5.00	5.30	138	珠海	Zhuhai	13.83	13.83	40
许昌	Xuchang	3.90	4.00	165	汕头	Shantou	33.91	33.27	10
漯河	Luohe	2.00	2.00	227	佛山	Foshan	9.78	10.81	62
三门峡	Sanmenxia	1.60	1.60	236	江门	Jiangmen	6.41	8.21	85
南阳	Nanyang	4.56	5.40	134	湛江	Zhanjiang	12.30	12.30	51
商丘	Shangqiu	1.81	1.82	233	茂名	Maoming	1.30	7.43	93
信阳	Xinyang	2.60	2.65	204	肇庆	Zhaoqing	4.33	4.69	152
周口	Zhoukou	4.15	4.35	156	惠州	Huizhou	13.51	14.41	38
驻马店	Zhumadian	5.87	6.63	104	梅州	Meizhou	3.28	3.45	179
湖北	**Hubei**	**123.26**	**138.43**		汕尾	Shanwei	1.10	1.15	252
武汉	Wuhan	35.28	40.23	6	河源	Heyuan	0.98	0.99	259
黄石	Huangshi	0.72	0.72	267	阳江	Yangjiang	2.93	3.01	186
十堰	Shiyan	1.86	2.07	225	清远	Qingyuan	6.87	6.87	99
宜昌	Yichang	6.89	7.43	93	东莞	Dongguan	47.69	57.07	2
襄阳	Xiangyang	5.09	5.32	137	中山	Zhongshan	6.07	5.33	136
鄂州	Ezhou	2.88	3.07	183	潮州	Chaozhou	2.56	3.01	186
荆门	Jingmen	2.70	3.84	170	揭阳	Jieyang	7.40	9.90	71
孝感	Xiaogan	3.11	4.10	163	云浮	Yunfu	3.20	3.61	175
荆州	Jingzhou	2.25	2.30	218	广西	**Guangxi**	**61.88**	**64.17**	
黄冈	Huanggang	2.93	4.87	149	南宁	Nanning	15.20	15.47	35
咸宁	Xianning	0.98	1.59	237	柳州	Liuzhou	11.31	11.62	55
随州	Suizhou	4.26	4.33	157	桂林	Guilin	0.08	1.03	257
湖南	**Hunan**	**99.04**	**103.13**		梧州	Wuzhou	2.50	2.70	200
长沙	Changsha	19.34	18.39	30	北海	Beihai	4.00	4.00	165
株洲	Zhuzhou	4.11	4.45	155	防城港	Fangchenggang	0.54	0.54	273
湘潭	Xiangtan	5.21	5.22	140	钦州	Qinzhou	5.77	5.77	124
衡阳	Hengyang	4.02	8.52	82	贵港	Guigang	2.96	3.07	183
邵阳	Shaoyang	3.75	3.95	168	玉林	Yulin	9.51	9.51	75
岳阳	Yueyang	5.50	5.55	130	百色	Baise	0.94	0.94	260

8-6 城市商业服务业设施用地面积（辖区） 续表 3

Area of Land for Commercial and Business Facilities (Municipal Districts) continued 3

单位：平方公里 (sq. km)

地名	City	2013	2014	2014 排名 Ranking
贺州	Hezhou	1.85	1.85	232
河池	Hechi	0.51	0.61	270
来宾	Laibin	1.15	1.28	245
崇左	Chongzuo	0.43	0.43	276
海南	**Hainan**	**10.43**	**9.25**	
海口	Haikou	3.00	3.00	188
三亚	Sanya	2.79	0.50	274
三沙	Sansha		0.01	283
重庆	**Chongqing**	**57.06**	**63.04**	
四川	**Sichuan**	**108.64**	**124.30**	
成都	Chengdu	11.58	16.70	34
自贡	Zigong	5.16	5.50	131
攀枝花	Panzhihua	6.15	6.30	115
泸州	Luzhou	5.14	5.28	139
德阳	Deyang	2.89	2.89	194
绵阳	Mianyang	6.21	6.21	116
广元	Guangyuan	2.11	2.42	215
遂宁	Suining	5.21	5.46	132
内江	Neijiang	1.57	1.79	235
乐山	Leshan	7.09	7.83	89
南充	Nanchong	7.13	7.58	90
眉山	Meishan	6.50	8.32	84
宜宾	Yibin	4.21	6.31	114
广安	Guangan	2.75	2.85	197
达州	Dazhou	5.57	5.86	121
雅安	Yaan	2.01	2.15	222
巴中	Bazhong	2.00	2.00	227
资阳	Ziyang	1.70	1.90	231
贵州	**Guizhou**	**34.22**	**35.41**	
贵阳	Guiyang	11.56	11.52	56
六盘水	Liupanshui	1.15	1.24	246
遵义	Zunyi	2.10	3.10	182
安顺	Anshun	2.34	2.55	211
毕节	Bijie	4.04	4.04	164
铜仁	Tongren	1.10	1.10	254
云南	**Yunnan**	**48.77**	**69.90**	
昆明	Kunming	20.60	33.84	9
曲靖	Qujing	0.13	0.13	280
玉溪	Yuxi	0.05	0.39	279
保山	Baoshan	0.60	0.60	271
昭通	Zhaotong	2.10	2.10	223
丽江	Lijiang	2.05	2.10	223
普洱	Puer	2.38	2.43	214
临沧	Lincang	2.57	2.65	204
西藏	**Tibet**	**11.70**	**13.74**	
拉萨	Lasa	8.50	10.14	67
陕西	**Shaanxi**	**64.18**	**79.56**	
西安	Xi'an	36.00	36.00	8
铜川	Tongchuan	0.72	0.72	267
宝鸡	Baoji	10.30	10.30	64
咸阳	Xianyang	0.42	0.42	277
渭南	Weinan	2.28	2.38	216
延安	Yan'an	2.54	2.54	212
汉中	Hanzhong	5.10	5.10	142
榆林	Yulin	0.64	12.00	54
安康	Ankang	1.17	1.17	250
商洛	Shangluo	2.00	2.00	227
甘肃	**Gansu**	**45.16**	**51.39**	
兰州	Lanzhou	11.31	17.50	33
嘉峪关	Jiayuguan	7.25	7.45	92
金昌	Jinchang		1.19	249
白银	Baiyin	2.88	2.88	195
天水	Tianshui	1.22	1.22	247
武威	Wuwei	3.00	3.00	188
张掖	Zhangye	2.36	2.47	213
平凉	Pingliang	4.01	3.32	180
酒泉	Jiuquan	4.90	4.95	144
庆阳	Qingyang	0.02	0.02	282
定西	Dingxi		0.01	283
陇南	Longnan	0.40	0.40	278
青海	**Qinghai**	**7.00**	**7.23**	
西宁	Xining	2.04	2.17	219
海东	Haidong		0.03	281
宁夏	**Ningxia**	**18.11**	**19.47**	
银川	Yinchuan	1.83	2.64	207
石嘴山	Shizuishan	3.51	3.51	178
吴忠	Wuzhong	2.71	2.92	193
固原	Guyuan	1.56	1.80	234
中卫	Zhongwei	3.85	3.85	169
新疆	**Xinjiang**	**74.37**	**85.74**	
乌鲁木齐	Urumqi	24.03	25.32	17
克拉玛依	Karamay	3.90	5.38	135

8-7 城市工业用地面积（辖区）
Area of Land for Industrial (Municipal Districts)

单位：平方公里 (sq. km)

地名	City	2010	2013	2014	2014 排名 Ranking	地名	City	2010	2013	2014	2014 排名 Ranking
全国	**National Total**	**8689.49**	**9149.58**	**9934.11**		沈阳	Shenyang	82.00	99.00	100.60	9
北京	**Beijing**			**240.03**		大连	Dalian	86.10	92.78	100.20	10
天津	**Tianjin**	**155.66**	**168.83**	**185.93**		鞍山	Anshan	53.95	55.31	52.81	28
河北	**Hebei**	**314.84**	**235.37**	**249.79**		抚顺	Fushun	40.31	45.15	46.06	38
石家庄	Shijiazhuang	31.13	8.27	17.58	114	本溪	Benxi	23.11	21.90	21.90	90
唐山	Tangshan	72.00	31.31	31.31	58	丹东	Dandong	11.50	13.18	13.18	147
秦皇岛	Qinhuangdao	16.45	4.72	4.79	230	锦州	Jinzhou	12.83	12.85	12.85	153
邯郸	Handan	16.78	14.49	15.34	128	营口	Yingkou	28.60	6.30	6.30	208
邢台	Xingtai	16.32	13.95	16.37	122	阜新	Fuxin	11.63	39.71	39.71	43
保定	Baoding	38.29	40.46	40.42	42	辽阳	Liaoyang	26.69	27.01	27.01	69
张家口	Zhangjiakou	18.05	18.05	18.05	109	盘锦	Panjin	10.96	19.65	19.95	103
承德	Chengde	8.64	12.19	12.25	159	铁岭	Tieling	8.33	9.40	9.40	178
沧州	Cangzhou	7.10	10.34	11.58	161	朝阳	Chaoyang	2.50	9.00	9.00	183
廊坊	Langfang	6.03	7.04	7.17	199	葫芦岛	Huludao	19.00	19.78	19.98	102
衡水	Hengshui	4.37	2.14	2.14	265	**吉林**	**Jilin**	**242.87**	**260.88**	**268.97**	
山西	**Shanxi**	**171.35**	**178.31**	**181.71**		长春	Changchun	94.91	100.62	102.12	8
太原	Taiyuan	63.53	77.00	77.00	14	吉林	Jilin	44.13	61.85	63.88	23
大同	Datong	19.51	14.70	14.20	141	四平	Siping	10.70	8.45	8.45	190
阳泉	Yangquan	10.84	10.55	10.55	168	辽源	Liaoyuan	8.82	8.81	8.81	184
长治	Changzhi	11.78	12.70	12.95	152	通化	Tonghua	9.68	2.53	3.27	250
晋城	Jincheng	6.85	3.60	3.60	246	白山	Baishan	5.29	6.11	5.73	219
朔州	Shuozhou	4.57	0.98	0.98	278	松原	Songyuan	7.90	5.85	6.80	204
晋中	Jinzhong	9.68	8.00	8.16	194	白城	Baicheng	5.71	11.57	11.57	163
运城	Yuncheng	5.01	5.89	5.89	216	**黑龙江**	**Heilongjiang**	**338.80**	**330.87**	**334.28**	
忻州	Xinzhou	4.23	4.50	4.80	229	哈尔滨	Harbin	82.98	83.17	85.67	13
临汾	Linfen	3.00	1.30	1.33	273	齐齐哈尔	Qiqihar	39.80	29.72	29.72	65
吕梁	Lvliang	5.11	5.38	5.81	218	鸡西	Jixi	9.94	9.94	9.94	174
内蒙古	**Inner Mongolia**	**205.62**	**193.16**	**170.58**		鹤岗	Hegang	11.89	11.27	11.27	165
呼和浩特	Hohhot	25.85	43.36	18.40	105	双鸭山	Shuangyashan	10.00	1.62	1.62	267
包头	Baotou	52.46	52.40	52.50	30	大庆	Daqing	67.35	73.89	74.28	16
乌海	Wuhai	14.70	7.27	7.20	198	伊春	Yichun	19.17	18.33	18.23	107
赤峰	Chifeng	21.48	14.65	15.10	131	佳木斯	Jiamusi	16.07	17.67	17.67	113
通辽	Tongliao	10.08	9.16	8.16	194	七台河	Qitaihe	13.47	15.79	16.28	123
鄂尔多斯	Erdos	4.56	4.43	3.57	247	牡丹江	Mudanjiang	16.14	18.72	17.20	116
呼伦贝尔	Hulunbuir	21.52	8.41	8.42	191	黑河	Heihe	4.13	2.13	5.07	224
巴彦淖尔	Bayannur	3.00	1.65	9.62	176	绥化	Suihua	4.50	10.22	10.22	172
乌兰察布	Ulanqab	2.60	8.10	6.10	214	**上海**	**Shanghai**		**733.11**	**733.11**	
辽宁	**Liaoning**	**506.75**	**560.93**	**570.49**		**江苏**	**Jiangsu**	**896.33**	**883.64**	**923.64**	

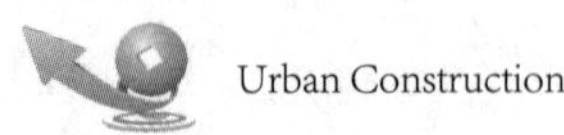

8-7 城市工业用地面积（辖区） 续表 1
Area of Land for Industrial (Municipal Districts) continued 1

单位：平方公里 (sq. km)

地名	City	2010	2013	2014	2014 排名 Ranking	地名	City	2010	2013	2014	2014 排名 Ranking
南京	Nanjing	161.81	168.13	168.78	4	池州	Chizhou	5.27	4.46	4.46	234
无锡	Wuxi	56.57	74.50	69.68	21	宣城	Xuancheng	10.40	14.22	15.14	129
徐州	Xuzhou	35.15	26.16	26.94	70	福建	**Fujian**	**219.32**	**242.21**	**246.88**	
常州	Changzhou	35.94	45.77	56.38	25	福州	Fuzhou	37.85	37.20	37.80	49
苏州	Suzhou	119.80	131.70	132.07	6	厦门	Xiamen	63.00	93.97	97.13	12
南通	Nantong	52.48	12.09	14.28	139	莆田	Putian	10.89	11.00	11.00	166
连云港	Lianyungang	34.10	43.97	47.27	37	三明	Sanming	10.18	12.60	12.60	155
淮安	Huaian	46.30	39.00	41.00	41	泉州	Quanzhou	18.00	6.00	6.00	215
盐城	Yancheng	21.90	25.92	28.46	67	漳州	Zhangzhou	13.54	14.80	14.80	135
扬州	Yangzhou	27.75	38.06	37.92	47	南平	Nanping	5.73	6.30	6.30	208
镇江	Zhenjiang	35.71	34.50	36.40	52	龙岩	Longyan	7.55	7.34	7.03	201
泰州	Taizhou	25.15	36.35	38.34	46	宁德	Ningde	2.46	3.69	2.47	257
宿迁	Suqian	16.37	21.61	22.11	88	江西	**Jiangxi**	**193.07**	**201.70**	**207.54**	
浙江	**Zhejiang**	**573.55**	**574.55**	**610.71**		南昌	Nanchang	37.45	37.83	37.46	50
杭州	Hangzhou	51.25	68.46	68.97	22	景德镇	Jingdezhen	18.93	19.85	20.46	99
宁波	Ningbo	118.28	128.30	137.05	5	萍乡	Pingxiang	7.65	8.68	8.68	185
温州	Wenzhou	34.66	3.87	4.75	231	九江	Jiujiang	23.44	23.66	23.48	81
嘉兴	Jiaxing	27.61	18.98	19.02	104	新余	Xinyu	11.05	12.93	13.75	145
湖州	Huzhou	35.23	35.39	37.34	51	鹰潭	Yingtan	2.85	2.99	3.04	253
绍兴	Shaoxing	23.00	61.33	63.67	24	赣州	Ganzhou	11.50	22.03	24.39	79
金华	Jinhua	16.07	17.81	18.36	106	吉安	Jian	7.40	4.05	4.29	238
衢州	Quzhou	18.47	22.47	23.12	83	宜春	Yichun	7.10	8.40	9.07	181
舟山	Zhoushan	7.46	6.88	7.63	196	抚州	Fuzhou	6.73	11.08	11.39	164
台州	Taizhou	46.29	51.66	55.48	26	上饶	Shangrao	5.68	2.18	2.19	263
丽水	Lishui	3.53	3.85	4.36	236	山东	**Shandong**	**775.69**	**807.86**	**934.60**	
安徽	**Anhui**	**327.39**	**347.57**	**341.59**		济南	Jinan	65.33	70.78	73.26	20
合肥	Hefei	61.88	72.27	73.92	17	青岛	Qingdao	65.67	47.44	113.83	7
芜湖	Wuhu	26.00	13.00	13.00	151	淄博	Zibo	66.39	70.08	73.44	19
蚌埠	Bengbu	21.20	22.93	21.55	92	枣庄	Zaozhuang	16.40	21.71	22.44	87
淮南	Huainan	15.50	16.79	14.88	133	东营	Dongying	24.80	20.92	20.92	95
马鞍山	Maanshan	28.15	38.28	35.63	54	烟台	Yantai	60.78	62.97	73.50	18
淮北	Huaibei	19.08	20.05	21.52	93	潍坊	Weifang	36.16	32.80	33.10	57
铜陵	Tongling	9.30	13.18	13.18	147	济宁	Jining	26.04	40.33	45.32	39
安庆	Anqing	24.01	25.85	5.70	220	泰安	Taian	19.40	22.32	30.20	61
黄山	Huangshan	5.94	8.28	8.66	186	威海	Weihai	39.78	52.11	54.98	27
滁州	Chuzhou	19.30	27.38	30.08	62	日照	Rizhao	18.59	21.88	22.72	86
阜阳	Fuyang	9.02	14.96	16.45	120	莱芜	Laiwu	7.29	21.46	22.00	89
宿州	Suzhou	13.19	14.50	14.64	137	临沂	Linyi	29.09	35.87	35.96	53
六安	Liuan	12.05	13.01	13.18	147	德州	Dezhou	15.62	20.78	37.92	47
亳州	Bozhou	7.96	1.92	12.26	158	聊城	Liaocheng	14.46	20.34	17.48	115

8-7 城市工业用地面积（辖区） 续表 2

Area of Land for Industrial (Municipal Districts) continued 2

单位：平方公里 (sq. km)

地名	City	2010	2013	2014	2014 排名 Ranking	地名	City	2010	2013	2014	2014 排名 Ranking
滨州	Binzhou	15.33	23.42	23.42	82	常德	Changde	18.67	20.56	20.67	98
菏泽	Heze	17.36	23.48	25.58	75	张家界	Zhangjiajie	1.02	1.50	1.51	271
河南	**Henan**	**338.30**	**343.22**	**347.80**		益阳	Yiyang	12.85	5.00	5.00	226
郑州	Zhengzhou	35.73	31.66	33.16	56	郴州	Chenzhou	25.40	4.70	6.20	212
开封	Kaifeng	21.28	21.93	23.83	80	永州	Yongzhou	5.90	6.05	6.22	211
洛阳	Luoyang	37.64	33.03	33.33	55	怀化	Huaihua	5.00	5.00	2.88	254
平顶山	Pingdingshan	15.54	15.54	15.54	125	娄底	Loudi	9.92	2.23	2.23	261
安阳	Anyang	16.56	14.83	13.88	143	**广东**	**Guangdong**	**1364.34**	**969.53**	**1121.46**	
鹤壁	Hebi	15.60	16.37	16.41	121	广州	Guangzhou	213.48	178.12		
新乡	Xinxiang	22.60	25.04	25.81	74	韶关	Shaoguan	21.92	17.68	17.70	112
焦作	Jiaozuo	16.27	22.60	20.77	97	深圳	Shenzhen	296.21		313.84	2
濮阳	Puyang	5.39	5.50	5.70	220	珠海	Zhuhai	76.20	15.11	15.11	130
许昌	Xuchang	13.27	10.00	10.00	173	汕头	Shantou	38.84	26.85	26.27	72
漯河	Luohe	7.55	5.59	5.59	222	佛山	Foshan	40.13	54.36	38.78	45
三门峡	Sanmenxia	3.55	2.49	2.53	256	江门	Jiangmen	49.52	39.66	52.29	31
南阳	Nanyang	17.47	23.86	25.12	76	湛江	Zhanjiang	17.04	17.31	17.97	110
商丘	Shangqiu	6.00	1.82	1.39	272	茂名	Maoming	12.25	11.86	13.89	142
信阳	Xinyang	14.29	13.98	14.40	138	肇庆	Zhaoqing	17.96	26.13	25.88	73
周口	Zhoukou	4.40	4.10	4.30	237	惠州	Huizhou	65.12	62.37	49.90	35
驻马店	Zhumadian	11.78	13.60	14.73	136	梅州	Meizhou	7.56	4.82	5.01	225
湖北	**Hubei**	**434.55**	**508.76**	**549.88**		汕尾	Shanwei	16.90	2.18	2.28	260
武汉	Wuhan	154.85	179.15	199.90	3	河源	Heyuan	6.26	6.30	6.30	208
黄石	Huangshi	19.44	25.26	23.00	85	阳江	Yangjiang	5.93	4.91	6.45	206
十堰	Shiyan	18.01	25.66	29.95	63	清远	Qingyuan	19.64	7.02	7.02	202
宜昌	Yichang	31.72	37.84	39.49	44	东莞	Dongguan	329.44	352.23	345.56	1
襄阳	Xiangyang	26.86	43.93	47.29	36	中山	Zhongshan	26.85	25.80	30.57	60
鄂州	Ezhou	12.89	14.22	15.35	127	潮州	Chaozhou	8.09	7.44	14.82	134
荆门	Jingmen	12.35	13.15	12.24	160	揭阳	Jieyang		28.30	30.90	59
孝感	Xiaogan	6.11	6.31	9.20	179	云浮	Yunfu		2.60	5.10	223
荆州	Jingzhou	16.23	19.85	20.34	101	**广西**	**Guangxi**	**171.89**	**169.04**	**174.64**	
黄冈	Huanggang	5.47	6.47	12.28	157	南宁	Nanning	20.50	28.96	29.32	66
咸宁	Xianning	13.03	9.92	10.77	167	柳州	Liuzhou	40.27	39.80	41.24	40
随州	Suizhou	9.20	9.20	9.20	179	桂林	Guilin	14.50	13.80	13.84	144
湖南	**Hunan**	**257.27**	**198.11**	**192.79**		梧州	Wuzhou	10.38	5.50	8.17	193
长沙	Changsha	30.08	25.03	25.12	76	北海	Beihai	7.50	4.00	4.00	241
株洲	Zhuzhou	23.66	25.98	26.67	71	防城港	Fangchenggang	2.19	2.21	2.22	262
湘潭	Xiangtan	31.10	17.49	12.81	154	钦州	Qinzhou	14.99	20.77	20.85	96
衡阳	Hengyang	21.60	26.52	23.06	84	贵港	Guigang	13.13	13.79	14.22	140
邵阳	Shaoyang	3.36	3.03	3.33	249	玉林	Yulin	8.75	2.18	2.18	264
岳阳	Yueyang	17.20	17.20	17.80	111	百色	Baise	6.81	6.93	6.93	203

8-7　城市工业用地面积（辖区）　续表 3
Area of Land for Industrial (Municipal Districts) continued 3

单位：平方公里　　　　(sq. km)

地名	City	2010	2013	2014	2014 排名 Ranking	地名	City	2010	2013	2014	2014 排名 Ranking
贺州	Hezhou	5.24	3.73	3.73	244	丽江	Lijiang	0.98	2.00	2.00	266
河池	Hechi	3.57	4.54	4.62	233	普洱	Puer	2.37	0.40	0.40	283
来宾	Laibin	3.91	5.62	5.85	217	临沧	Lincang	0.40	1.20	1.60	269
崇左	Chongzuo	2.38	2.38	2.43	258	**西藏**	**Tibet**	**7.95**	**11.21**	**13.01**	
海南	**Hainan**	**20.47**	**20.42**	**20.09**		拉萨	Lasa	7.17	9.21	10.41	170
海口	Haikou	10.20	12.31	12.31	156	**陕西**	**Shaanxi**	**136.29**	**114.01**	**118.16**	
三亚	Sanya	0.59	0.65	0.65	279	西安	Xi'an	61.29	50.00	50.00	34
三沙	Sansha					铜川	Tongchuan	8.41	8.53	8.53	187
重庆	**Chongqing**	**200.94**	**195.56**	**218.58**		宝鸡	Baoji	17.92	15.54	15.54	125
四川	**Sichuan**	**344.84**	**408.97**	**428.11**		咸阳	Xianyang	15.20	12.72	13.06	150
成都	Chengdu	89.93	97.45	99.67	11	渭南	Weinan	9.13	3.50	3.66	245
自贡	Zigong	20.68	26.87	27.82	68	延安	Yan'an	1.53	2.43	2.43	258
攀枝花	Panzhihua	24.18	20.94	21.62	91	汉中	Hanzhong	4.40	4.40	4.40	235
泸州	Luzhou	14.20	17.69	18.08	108	榆林	Yulin	4.68	4.68	8.48	189
德阳	Deyang	16.14	19.96	20.42	100	安康	Ankang	0.80	2.03	1.31	274
绵阳	Mianyang	27.14	29.80	29.80	64	商洛	Shangluo	1.48	0.50	0.50	282
广元	Guangyuan	6.06	9.96	10.45	169	**甘肃**	**Gansu**	**99.73**	**103.77**	**129.80**	
遂宁	Suining	7.75	13.60	13.66	146	兰州	Lanzhou	21.36	31.65	52.59	29
内江	Neijiang	6.98	14.88	16.97	117	嘉峪关	Jiayuguan	7.14	6.98	7.10	200
乐山	Leshan	10.76	8.89	9.51	177	金昌	Jinchang	14.83	15.73	16.67	119
南充	Nanchong	11.60	15.60	16.89	118	白银	Baiyin	12.45	21.48	21.48	94
眉山	Meishan	5.56	4.46	6.14	213	天水	Tianshui	8.40	10.33	10.33	171
宜宾	Yibin	3.43	24.06	25.06	78	武威	Wuwei	4.50	1.15	1.15	275
广安	Guangan	5.71	4.73	4.63	232	张掖	Zhangye	5.49	1.60	1.62	267
达州	Dazhou	11.40	14.14	14.95	132	平凉	Pingliang	4.38	0.38	3.18	251
雅安	Yaan	2.93	3.17	4.08	240	酒泉	Jiuquan	4.50	2.60	2.65	255
巴中	Bazhong	0.65	0.90	1.00	276	庆阳	Qingyang	1.20	3.80	3.80	243
资阳	Ziyang	9.36	11.38	11.58	161	定西	Dingxi	2.10	3.36	6.75	205
贵州	**Guizhou**	**86.25**	**93.62**	**109.71**		陇南	Longnan	0.40	0.16	0.16	284
贵阳	Guiyang	32.34	42.35	51.49	33	**青海**	**Qinghai**	**17.94**	**11.90**	**12.42**	
六盘水	Liupanshui	15.02	9.30	9.80	175	西宁	Xining	11.39	4.13	4.20	239
遵义	Zunyi	8.00	6.00	9.02	182	海东	Haidong			0.59	281
安顺	Anshun	5.03	6.71	7.31	197	**宁夏**	**Ningxia**	**26.21**	**34.43**	**35.42**	
毕节	Bijie	6.80	8.25	8.25	192	银川	Yinchuan	14.78	15.47	15.68	124
铜仁	Tongren	0.14	3.82	3.82	242	石嘴山	Shizuishan	1.19	8.53	8.53	187
云南	**Yunnan**	**121.51**	**93.44**	**104.39**		吴忠	Wuzhong	1.60	4.26	4.90	228
昆明	Kunming	73.27	45.52	51.90	32	固原	Guyuan	1.30	0.50	0.65	279
曲靖	Qujing	9.20	6.15	6.37	207	中卫	Zhongwei	2.85	3.12	3.10	252
玉溪	Yuxi	2.00	0.35	1.58	270	**新疆**	**Xinjiang**	**139.77**	**154.60**	**158.00**	
保山	Baoshan	1.23	1.00	1.00	276	乌鲁木齐	Urumqi	65.90	71.65	75.51	15
昭通	Zhaotong	1.94	4.94	4.94	227	克拉玛依	Karamay	4.34	3.45	3.43	248

8-8 城市物流仓储用地面积（辖区）
Area of Land for Logistics and Warehouse (Municipal Districts)

单位：平方公里 (sq. km)

地名	City	2010	2013	2014	2014 排名 Ranking	地名	City	2010	2013	2014	2014 排名 Ranking
全国	**National Total**	**1186.99**	**1415.17**	**1553.03**		沈阳	Shenyang	8.00	10.00	10.07	20
北京	**Beijing**			**49.46**		大连	Dalian	18.10	17.97	10.00	21
天津	**Tianjin**	**23.46**	**54.98**	**57.52**		鞍山	Anshan	3.41	3.25	3.92	79
河北	**Hebei**	**60.53**	**70.02**	**71.47**		抚顺	Fushun	4.91	4.91	4.91	66
石家庄	Shijiazhuang	7.87	3.87	5.81	57	本溪	Benxi	1.68	0.93	0.93	235
唐山	Tangshan	7.25	4.36	4.36	72	丹东	Dandong	1.79	1.29	1.29	208
秦皇岛	Qinhuangdao	5.18	16.84	17.82	6	锦州	Jinzhou	1.71	1.71	1.71	177
邯郸	Handan	6.54	11.65	11.33	17	营口	Yingkou	6.40	6.40	6.40	51
邢台	Xingtai	1.86	1.92	2.01	154	阜新	Fuxin	2.98	6.72	6.72	48
保定	Baoding	2.99	3.38	3.38	95	辽阳	Liaoyang	7.05	7.05	7.05	44
张家口	Zhangjiakou	6.05	6.05	6.05	54	盘锦	Panjin	3.71	1.97	1.97	162
承德	Chengde	1.19	1.65	1.67	179	铁岭	Tieling	1.17	0.10	0.10	274
沧州	Cangzhou	4.28	2.56	2.56	124	朝阳	Chaoyang	2.00	2.80	1.00	230
廊坊	Langfang	2.87	2.87	2.87	110	葫芦岛	Huludao	2.50	2.52	2.52	126
衡水	Hengshui	2.00	1.44	1.44	195	吉林	**Jilin**	**40.76**	**36.13**	**39.60**	
山西	**Shanxi**	**30.13**	**37.04**	**37.07**		长春	Changchun	11.47	12.26	15.42	9
太原	Taiyuan	8.80	9.00	9.00	27	吉林	Jilin	3.35	1.65	1.87	169
大同	Datong	3.70	6.70	7.00	46	四平	Siping	1.66			
阳泉	Yangquan	1.37	1.31	1.31	206	辽源	Liaoyuan	0.84	0.84	0.84	238
长治	Changzhi	2.59	2.59	2.59	123	通化	Tonghua	1.01	1.96	1.90	166
晋城	Jincheng	1.23				白山	Baishan	1.28	0.53	0.83	240
朔州	Shuozhou	0.87	1.85	1.85	171	松原	Songyuan	1.11	1.10	1.10	222
晋中	Jinzhong	2.57	2.73	2.74	116	白城	Baicheng	2.72	3.18	3.51	90
运城	Yuncheng	1.80	2.00	2.00	155	黑龙江	**Heilongjiang**	**81.83**	**81.79**	**81.82**	
忻州	Xinzhou	0.71	0.71	0.30	261	哈尔滨	Harbin	8.26	8.80	8.82	28
临汾	Linfen	0.96	1.53	1.54	188	齐齐哈尔	Qiqihar	7.60	7.71	7.71	37
吕梁	Lvliang	0.63	0.88	0.75	244	鸡西	Jixi	1.93	1.93	1.93	163
内蒙古	**Inner Mongolia**	**42.73**	**38.17**	**44.70**		鹤岗	Hegang	1.55	1.02	1.02	229
呼和浩特	Hohhot	5.92	4.53	8.28	33	双鸭山	Shuangyashan	1.50	3.60	3.60	87
包头	Baotou	6.03	7.50	7.50	39	大庆	Daqing	20.04	20.91	20.92	4
乌海	Wuhai	1.80	1.12	1.12	221	伊春	Yichun	6.78	5.23	5.22	63
赤峰	Chifeng	2.01	1.54	1.64	182	佳木斯	Jiamusi	3.78	3.48	3.48	92
通辽	Tongliao	3.26	5.29	5.29	62	七台河	Qitaihe	6.09	6.09	6.09	53
鄂尔多斯	Erdos	1.55	0.94	0.05	276	牡丹江	Mudanjiang	3.22	3.53	3.24	99
呼伦贝尔	Hulunbuir	6.00	5.01	5.01	65	黑河	Heihe	1.25	1.15	1.15	218
巴彦淖尔	Bayannur	2.00	0.83	4.07	75	绥化	Suihua	1.60	1.37	1.37	199
乌兰察布	Ulanqab	1.20	1.10	1.10	222	上海	**Shanghai**		**85.54**	**85.54**	
辽宁	**Liaoning**	**77.03**	**79.86**	**70.97**		江苏	**Jiangsu**	**92.52**	**112.14**	**117.58**	

注：本表2011年及以前年份数据统计口径为仓储用地。

Note: The table data statistics caliber and before the year of 2011 warehouse land.

8-8 城市物流仓储用地面积（辖区） 续表 1

Area of Land for Logistics and Warehouse (Municipal Districts) continued 1

单位：平方公里 (sq. km)

地名	City	2010	2013	2014	2014 排名 Ranking	地名	City	2010	2013	2014	2014 排名 Ranking
南京	Nanjing	16.27	18.46	17.19	7	池州	Chizhou	1.33	1.35	1.35	203
无锡	Wuxi	4.61	6.70	6.30	52	宣城	Xuancheng	0.90	0.08	0.51	254
徐州	Xuzhou	4.22	20.82	21.19	2	**福建**	**Fujian**	**22.05**	**31.85**	**33.17**	
常州	Changzhou	2.94	3.81	4.39	70	福州	Fuzhou	2.50	2.40	2.42	130
苏州	Suzhou	4.31	6.75	6.68	49	厦门	Xiamen	6.41	8.24	8.48	31
南通	Nantong	5.49	3.19	3.72	85	莆田	Putian	0.36	0.01	0.01	278
连云港	Lianyungang	7.78	9.02	10.54	19	三明	Sanming	1.15	2.00	2.00	155
淮安	Huaian	4.15	11.00	12.00	15	泉州	Quanzhou	1.20	5.30	5.30	61
盐城	Yancheng	4.50	2.08	2.03	151	漳州	Zhangzhou	0.83	0.83	0.83	240
扬州	Yangzhou	2.15	1.63	1.77	175	南平	Nanping	1.03	1.09	1.09	225
镇江	Zhenjiang	7.82	5.10	5.20	64	龙岩	Longyan	1.50	0.99	0.97	233
泰州	Taizhou	2.77	3.37	3.52	89	宁德	Ningde	0.09	0.19	0.09	275
宿迁	Suqian	2.28	0.86	1.26	211	**江西**	**Jiangxi**	**24.23**	**30.79**	**27.88**	
浙江	**Zhejiang**	**47.34**	**54.50**	**56.29**		南昌	Nanchang	3.32	3.81	4.37	71
杭州	Hangzhou	6.44	9.08	9.01	26	景德镇	Jingdezhen	3.05	5.71	1.58	187
宁波	Ningbo	11.24	12.07	12.20	14	萍乡	Pingxiang	1.03	1.18	1.18	217
温州	Wenzhou	3.38	7.01	7.41	40	九江	Jiujiang	1.70	1.92	1.92	165
嘉兴	Jiaxing	1.60	1.75	1.84	172	新余	Xinyu	1.53	2.12	2.19	142
湖州	Huzhou	2.96	1.26	1.26	211	鹰潭	Yingtan	1.00	1.13	1.15	218
绍兴	Shaoxing	1.18	3.62	3.64	86	赣州	Ganzhou	2.10	1.11	2.45	128
金华	Jinhua	3.39	3.77	3.80	84	吉安	Jian	1.21	1.52	1.61	184
衢州	Quzhou	1.06	1.89	1.89	167	宜春	Yichun	1.25	3.85	3.87	81
舟山	Zhoushan	0.43	0.43	0.56	251	抚州	Fuzhou	1.07	1.21	1.22	214
台州	Taizhou	2.44	2.78	2.92	105	上饶	Shangrao	0.98	0.19	0.20	271
丽水	Lishui	0.28	0.35	0.35	258	**山东**	**Shandong**	**110.87**	**105.02**	**123.43**	
安徽	**Anhui**	**37.29**	**51.32**	**51.12**		济南	Jinan	7.60	7.91	8.21	34
合肥	Hefei	5.13	4.32	4.42	68	青岛	Qingdao	14.29	6.58	23.26	1
芜湖	Wuhu	3.50	4.00	4.00	76	淄博	Zibo	4.24	6.70	6.60	50
蚌埠	Bengbu	2.37	8.74	9.52	24	枣庄	Zaozhuang	3.99	4.91	4.41	69
淮南	Huainan	2.20	2.19	1.99	160	东营	Dongying	2.51	2.11	2.11	146
马鞍山	Maanshan	3.59	2.62	1.14	220	烟台	Yantai	7.51	6.15	7.04	45
淮北	Huaibei	0.71	1.10	2.10	148	潍坊	Weifang	5.53	5.40	5.67	59
铜陵	Tongling	3.40	4.84	4.84	67	济宁	Jining	6.10	5.41	3.53	88
安庆	Anqing	1.89	4.33	3.91	80	泰安	Taian	0.75	0.81	0.84	238
黄山	Huangshan	0.43	0.52	0.73	245	威海	Weihai	3.40	2.19	3.39	93
滁州	Chuzhou	2.10	2.19	2.25	140	日照	Rizhao	3.80	4.09	4.10	74
阜阳	Fuyang	1.12	2.83	3.97	78	莱芜	Laiwu	1.57	1.05	3.81	83
宿州	Suzhou	3.55	2.70	2.75	115	临沂	Linyi	4.46	7.50	7.54	38
六安	Liuan	0.63	1.28	1.43	196	德州	Dezhou	3.65	2.40	2.89	108
亳州	Bozhou	0.89	4.50	2.44	129	聊城	Liaocheng	2.92	2.19	2.29	137

8-8 城市物流仓储用地面积（辖区） 续表 2

Area of Land for Logistics and Warehouse (Municipal Districts) continued 2

单位：平方公里 (sq. km)

地名	City	2010	2013	2014	2014 排名 Ranking	地名	City	2010	2013	2014	2014 排名 Ranking
滨州	Binzhou	1.53	2.32	2.32	134	常德	Changde	2.41	3.17	3.17	102
菏泽	Heze	1.39	1.99	1.99	160	张家界	Zhangjiajie	5.74			
河南	**Henan**	**61.54**	**71.80**	**75.46**		益阳	Yiyang	0.73	1.00		
郑州	Zhengzhou	13.63	13.79	14.88	10	郴州	Chenzhou	3.30	1.94	2.00	155
开封	Kaifeng	2.30	2.33	2.34	133	永州	Yongzhou	1.90	2.48	2.49	127
洛阳	Luoyang	2.39	10.35	10.55	18	怀化	Huaihua	4.00	4.40	7.26	42
平顶山	Pingdingshan	3.27	3.27	3.27	98	娄底	Loudi	1.36	1.36	1.36	202
安阳	Anyang	2.85	3.20	3.20	100	**广东**	**Guangdong**	**102.92**	**95.76**	**110.59**	
鹤壁	Hebi	1.03	1.03	1.03	228	广州	Guangzhou	18.18	18.52		
新乡	Xinxiang	2.76	3.05	3.07	103	韶关	Shaoguan	1.09	2.09	3.39	93
焦作	Jiaozuo	1.23	1.08	1.48	193	深圳	Shenzhen	13.48		18.07	5
濮阳	Puyang	1.30	1.50	1.60	185	珠海	Zhuhai	15.90	5.85	5.85	56
许昌	Xuchang	3.82	4.00	4.00	76	汕头	Shantou	7.85	13.99	13.76	13
漯河	Luohe	2.03	2.11	2.11	146	佛山	Foshan	4.56	9.46	9.46	25
三门峡	Sanmenxia	0.28	0.25	0.25	264	江门	Jiangmen	2.98	1.84	2.66	118
南阳	Nanyang	2.67	3.74	3.83	82	湛江	Zhanjiang	3.11	3.31	3.31	97
商丘	Shangqiu	1.30	0.60	0.60	247	茂名	Maoming	2.83	2.08	2.67	117
信阳	Xinyang	3.01	1.89	2.65	120	肇庆	Zhaoqing	1.19	1.15	1.19	215
周口	Zhoukou	2.20	2.20	2.30	136	惠州	Huizhou	5.00	6.08	9.68	23
驻马店	Zhumadian	0.37	1.12	1.19	215	梅州	Meizhou	1.89	2.02	2.02	152
湖北	**Hubei**	**59.36**	**67.05**	**70.43**		汕尾	Shanwei	1.20	0.24	0.25	264
武汉	Wuhan	15.94	20.73	21.12	3	河源	Heyuan	0.62	0.88	0.98	232
黄石	Huangshi	1.72	2.09	2.09	149	阳江	Yangjiang	0.50	1.54	1.59	186
十堰	Shiyan	2.40	2.91	2.92	105	清远	Qingyuan	0.21	0.30	0.30	261
宜昌	Yichang	2.73	4.82	5.39	60	东莞	Dongguan	7.74	12.01	14.38	11
襄阳	Xiangyang	1.16	1.16	1.27	210	中山	Zhongshan	0.76	0.97	1.31	206
鄂州	Ezhou	1.37	2.27	2.27	139	潮州	Chaozhou	0.42	0.40	0.59	250
荆门	Jingmen	2.12	1.07	1.43	196	揭阳	Jieyang		0.90	1.40	198
孝感	Xiaogan	1.20	1.20	2.00	155	云浮	Yunfu		1.00	1.28	209
荆州	Jingzhou	1.75	1.75	1.75	176	**广西**	**Guangxi**	**30.17**	**42.35**	**43.35**	
黄冈	Huanggang	0.42	0.42	1.08	226	南宁	Nanning	6.25	6.78	6.94	47
咸宁	Xianning	0.94	0.23	0.23	269	柳州	Liuzhou	4.27	7.36	7.41	40
随州	Suizhou	1.63	1.63	1.63	183	桂林	Guilin	2.54	2.59	2.64	121
湖南	**Hunan**	**54.99**	**43.30**	**48.28**		梧州	Wuzhou	1.57	1.84	2.24	141
长沙	Changsha	7.15	7.25	7.72	36	北海	Beihai	0.47	1.71	1.71	177
株洲	Zhuzhou	2.20	2.53	2.66	118	防城港	Fangchenggang	1.93	1.93	1.93	163
湘潭	Xiangtan	2.99	1.61	4.22	73	钦州	Qinzhou	2.88	8.32	8.32	32
衡阳	Hengyang	3.15	2.54	2.79	112	贵港	Guigang	2.15	2.68	2.79	112
邵阳	Shaoyang	3.00	2.02	2.02	152	玉林	Yulin	1.16	2.19	2.19	142
岳阳	Yueyang	3.10	3.20	3.50	91	百色	Baise	1.41	1.88	1.88	168

8-8 城市物流仓储用地面积（辖区） 续表 3
Area of Land for Logistics and Warehouse (Municipal Districts) continued 3

单位：平方公里 (sq. km)

地名	City	2010	2013	2014	2014 排名 Ranking
贺州	Hezhou	0.65	0.36	0.36	257
河池	Hechi	1.01	0.44	0.52	253
来宾	Laibin	1.00	1.41	1.51	190
崇左	Chongzuo	0.45	0.45	0.50	255
海南	**Hainan**	**3.58**	**4.31**	**4.42**	
海口	Haikou	1.26	2.32	2.32	134
三亚	Sanya	0.40	0.15	0.15	273
三沙	Sansha				
重庆	**Chongqing**	**16.87**	**19.26**	**22.24**	
四川	**Sichuan**	**34.97**	**44.51**	**48.75**	
成都	Chengdu	6.60	7.17	8.75	29
自贡	Zigong	0.71	1.35	1.49	191
攀枝花	Panzhihua	3.60	3.16	3.19	101
泸州	Luzhou	1.43	1.52	1.52	189
德阳	Deyang	0.55	0.78	0.78	243
绵阳	Mianyang	1.71	1.81	1.81	174
广元	Guangyuan	1.08	1.28	1.34	205
遂宁	Suining	0.73	2.53	2.53	125
内江	Neijiang	0.69	1.61	1.83	173
乐山	Leshan	1.06	1.24	1.37	199
南充	Nanchong	3.74	5.65	5.90	55
眉山	Meishan	0.83	0.83	1.37	199
宜宾	Yibin	3.08	2.61	2.91	107
广安	Guangan	0.48	1.65	1.65	180
达州	Dazhou	0.91	3.24	3.34	96
雅安	Yaan	0.32	0.44	0.38	256
巴中	Bazhong	0.20	0.25	0.25	264
资阳	Ziyang	0.36	0.40	0.53	252
贵州	**Guizhou**	**17.57**	**15.76**	**21.45**	
贵阳	Guiyang	6.17	6.02	8.57	30
六盘水	Liupanshui	1.81	0.90	1.10	222
遵义	Zunyi	1.00	1.00	1.05	227
安顺	Anshun	0.66	0.88	0.96	234
毕节	Bijie	2.20	2.98	2.98	104
铜仁	Tongren	1.90	2.10	2.13	144
云南	**Yunnan**	**22.34**	**28.39**	**31.60**	
昆明	Kunming	10.07	9.96	11.70	16
曲靖	Qujing	1.33	2.67	2.89	108
玉溪	Yuxi	0.52			
保山	Baoshan	0.30	0.50	0.80	242
昭通	Zhaotong	0.96	1.00	1.00	230
丽江	Lijiang	0.12	2.08	2.08	150
普洱	Puer	0.40	2.08	2.29	137
临沧	Lincang	0.31	0.34	0.34	259
西藏	**Tibet**	**2.60**	**1.50**	**4.11**	
拉萨	Lasa	1.75		2.60	122
陕西	**Shaanxi**	**22.76**	**18.50**	**21.24**	
西安	Xi'an	11.61	6.00	8.00	35
铜川	Tongchuan	0.37	0.33	0.33	260
宝鸡	Baoji	3.04	2.78	2.78	114
咸阳	Xianyang	2.41	2.41	2.41	131
渭南	Weinan	0.75	0.63	0.63	246
延安	Yan'an	0.25	0.27	0.27	263
汉中	Hanzhong	1.35	1.35	1.35	203
榆林	Yulin	0.80	0.80	0.60	247
安康	Ankang	0.20	0.25	0.25	264
商洛	Shangluo	0.30	2.00	2.00	155
甘肃	**Gansu**	**22.14**	**23.38**	**29.19**	
兰州	Lanzhou	2.29	6.13	9.71	22
嘉峪关	Jiayuguan	1.87	2.51	2.84	111
金昌	Jinchang	1.09	1.46	1.46	194
白银	Baiyin	3.32	1.26	1.26	211
天水	Tianshui	5.79	5.79	5.79	58
武威	Wuwei	0.80			
张掖	Zhangye	1.29	2.20	2.13	144
平凉	Pingliang	0.34	0.96	1.87	169
酒泉	Jiuquan	2.50	0.80	0.85	237
庆阳	Qingyang	0.60	0.60	0.60	247
定西	Dingxi	0.40	0.60	1.49	191
陇南	Longnan	0.16	0.02	0.02	277
青海	**Qinghai**	**5.02**	**16.03**	**17.19**	
西宁	Xining	3.28	13.14	13.87	12
海东	Haidong			0.23	269
宁夏	**Ningxia**	**10.64**	**12.63**	**12.80**	
银川	Yinchuan	5.42	7.12	7.12	43
石嘴山	Shizuishan	1.35	0.20	0.20	271
吴忠	Wuzhong	0.17	0.23	0.24	268
固原	Guyuan	0.41	1.50	1.65	180
中卫	Zhongwei	0.72	0.92	0.92	236
新疆	**Xinjiang**	**28.75**	**41.49**	**44.31**	
乌鲁木齐	Urumqi	13.38	15.84	16.69	8
克拉玛依	Karamay	0.79	2.40	2.40	132

8-9 城市道路交通设施用地面积（辖区）
Area of Land for Roads, Street and Transportation (Municipal Districts)

单位：平方公里 (sq. km)

地名	City	2013	2014	2014 排名 Ranking	地名	City	2013	2014	2014 排名 Ranking
全国	**National Total**	**5786.57**	**6666.26**		沈阳	Shenyang	50.00	51.60	17
北京	**Beijing**		**260.74**		大连	Dalian	53.26	53.90	14
天津	**Tianjin**	**119.64**	**139.94**		鞍山	Anshan	13.92	26.67	41
河北	**Hebei**	**210.31**	**231.07**		抚顺	Fushun	7.73	7.75	177
石家庄	Shijiazhuang	37.92	39.44	24	本溪	Benxi	13.76	13.76	100
唐山	Tangshan		7.58	183	丹东	Dandong	7.43	7.43	186
秦皇岛	Qinhuangdao	18.75	19.82	58	锦州	Jinzhou	6.96	6.96	192
邯郸	Handan	13.25	12.63	111	营口	Yingkou	15.34	15.34	81
邢台	Xingtai	9.99	14.56	90	阜新	Fuxin	26.10	26.10	43
保定	Baoding	17.99	18.23	66	辽阳	Liaoyang	14.72	14.73	88
张家口	Zhangjiakou	15.85	15.85	76	盘锦	Panjin	8.57	9.36	150
承德	Chengde	8.94	9.23	152	铁岭	Tieling	3.80	3.80	245
沧州	Cangzhou	12.78	14.43	92	朝阳	Chaoyang	1.00	1.20	276
廊坊	Langfang	11.54	11.54	123	葫芦岛	Huludao	8.50	8.60	165
衡水	Hengshui	6.83	6.83	195	**吉林**	**Jilin**	**150.01**	**150.27**	
山西	**Shanxi**	**84.89**	**105.22**		长春	Changchun	67.06	68.20	9
太原	Taiyuan	22.00	22.00	51	吉林	Jilin	5.84	6.51	198
大同	Datong	6.20	21.40	52	四平	Siping	3.35	3.35	249
阳泉	Yangquan	7.59	8.19	170	辽源	Liaoyuan	3.40	3.40	248
长治	Changzhi	8.82	8.82	160	通化	Tonghua	5.76	6.12	209
晋城	Jincheng	1.00	1.00	278	白山	Baishan	6.40	5.39	218
朔州	Shuozhou	4.81	4.81	229	松原	Songyuan	8.34	8.77	162
晋中	Jinzhong	1.38	1.38	275	白城	Baicheng	7.48	7.91	173
运城	Yuncheng	3.12	3.12	253	**黑龙江**	**Heilongjiang**	**209.49**	**211.99**	
忻州	Xinzhou	5.35	7.89	174	哈尔滨	Harbin	49.51	50.97	18
临汾	Linfen	3.90	4.21	237	齐齐哈尔	Qiqihar	17.75	17.75	70
吕梁	Lvliang	1.74	1.92	271	鸡西	Jixi	8.82	8.82	160
内蒙古	**Inner Mongolia**	**129.33**	**201.08**		鹤岗	Hegang	9.22	9.22	153
呼和浩特	Hohhot	20.06	42.55	22	双鸭山	Shuangyashan	4.20	4.20	238
包头	Baotou	18.90	19.40	59	大庆	Daqing	52.07	53.85	15
乌海	Wuhai	11.47	11.47	124	伊春	Yichun	5.83	5.63	212
赤峰	Chifeng	0.66	2.68	256	佳木斯	Jiamusi	8.87	8.87	159
通辽	Tongliao	5.98	10.98	130	七台河	Qitaihe	1.58	1.75	274
鄂尔多斯	Erdos	31.98	25.16	46	牡丹江	Mudanjiang	12.41	11.40	125
呼伦贝尔	Hulunbuir	5.80	9.79	142	黑河	Heihe	2.12	2.12	268
巴彦淖尔	Bayannur	0.40	14.52	91	绥化	Suihua	6.45	6.45	200
乌兰察布	Ulanqab	1.37	9.37	148	**上海**	**Shanghai**	**418.86**	**418.86**	
辽宁	**Liaoning**	**271.13**	**287.86**		**江苏**	**Jiangsu**	**450.40**	**493.10**	

8-9 城市道路交通设施用地面积（辖区） 续表 1
Area of Land for Roads, Street and Transportation (Municipal Districts) continued 1

单位：平方公里 (sq. km)

地名	City	2013	2014	2014 排名 Ranking	地名	City	2013	2014	2014 排名 Ranking
南京	Nanjing	90.20	99.39	4	池州	Chizhou	7.63	7.63	180
无锡	Wuxi	31.70	40.56	23	宣城	Xuancheng	9.08	9.08	158
徐州	Xuzhou	13.24	13.24	105	**福建**	**Fujian**	**124.64**	**133.97**	
常州	Changzhou	27.85	30.58	39	福州	Fuzhou	30.00	31.30	36
苏州	Suzhou	60.22	60.73	12	厦门	Xiamen	16.74	23.91	48
南通	Nantong	34.78	35.80	29	莆田	Putian	3.50	3.50	247
连云港	Lianyungang	20.81	20.81	56	三明	Sanming	4.17	4.17	239
淮安	Huaian	3.00	4.00	241	泉州	Quanzhou	15.90	16.00	74
盐城	Yancheng	13.43	14.91	86	漳州	Zhangzhou	11.58	11.94	122
扬州	Yangzhou	13.36	14.21	94	南平	Nanping	4.58	4.58	233
镇江	Zhenjiang	17.50	18.00	69	龙岩	Longyan	7.40	7.55	185
泰州	Taizhou	16.88	18.22	67	宁德	Ningde	7.71	6.38	204
宿迁	Suqian	13.30	13.70	101	**江西**	**Jiangxi**	**142.30**	**153.25**	
浙江	**Zhejiang**	**336.66**	**357.30**		南昌	Nanchang	34.40	36.77	28
杭州	Hangzhou	65.62	68.97	7	景德镇	Jingdezhen	5.19	10.59	136
宁波	Ningbo	62.81	63.57	11	萍乡	Pingxiang	7.25	7.59	182
温州	Wenzhou	27.92	32.07	33	九江	Jiujiang	14.16	14.75	87
嘉兴	Jiaxing	5.08	5.31	219	新余	Xinyu	1.80	1.86	272
湖州	Huzhou	7.29	8.34	168	鹰潭	Yingtan	5.38	5.47	215
绍兴	Shaoxing	17.93	18.84	61	赣州	Ganzhou	14.68	18.06	68
金华	Jinhua	15.40	15.71	77	吉安	Jian	6.04	6.40	203
衢州	Quzhou	11.46	12.32	114	宜春	Yichun	11.60	11.99	121
舟山	Zhoushan	8.91	9.53	147	抚州	Fuzhou	9.10	9.37	148
台州	Taizhou	9.14	10.56	137	上饶	Shangrao	3.98	4.66	232
丽水	Lishui	3.19	3.19	252	**山东**	**Shandong**	**493.16**	**533.54**	
安徽	**Anhui**	**224.84**	**268.52**		济南	Jinan	67.64	69.32	6
合肥	Hefei	48.71	49.82	20	青岛	Qingdao	37.86	60.11	13
芜湖	Wuhu	18.00	34.50	30	淄博	Zibo	29.95	31.49	34
蚌埠	Bengbu	19.89	20.40	57	枣庄	Zaozhuang	13.14	12.81	108
淮南	Huainan	12.46	13.86	97	东营	Dongying	3.58	4.08	240
马鞍山	Maanshan	12.41	14.66	89	烟台	Yantai	32.73	37.33	27
淮北	Huaibei	6.53	7.15	190	潍坊	Weifang	24.15	25.25	45
铜陵	Tongling	10.25	10.25	138	济宁	Jining	25.89	24.93	47
安庆	Anqing	3.86	7.36	188	泰安	Taian	20.45	18.52	64
黄山	Huangshan	1.82	7.56	184	威海	Weihai	20.55	26.20	42
滁州	Chuzhou	20.18	21.26	54	日照	Rizhao	13.47	13.57	103
阜阳	Fuyang	14.10	15.62	78	莱芜	Laiwu	10.02	3.75	246
宿州	Suzhou	8.45	8.77	162	临沂	Linyi	23.11	23.58	49
六安	Liuan	10.12	10.86	134	德州	Dezhou	18.48	21.02	55
亳州	Bozhou	3.72	12.07	117	聊城	Liaocheng	9.29	18.77	63

8-9 城市道路交通设施用地面积（辖区） 续表 2
Area of Land for Roads, Street and Transportation (Municipal Districts) continued 2

单位：平方公里 (sq. km)

地名	City	2013	2014	2014 排名 Ranking	地名	City	2013	2014	2014 排名 Ranking
滨州	Binzhou	16.79	16.79	73	常德	Changde	14.52	15.16	83
菏泽	Heze	12.06	12.12	115	张家界	Zhangjiajie	6.71	6.42	201
河南	**Henan**	**334.18**	**352.69**		益阳	Yiyang	1.30	2.00	269
郑州	Zhengzhou	61.65	68.51	8	郴州	Chenzhou	9.14	10.80	135
开封	Kaifeng	13.26	13.83	98	永州	Yongzhou	7.71	7.75	177
洛阳	Luoyang	27.27	27.77	40	怀化	Huaihua	5.80	2.39	262
平顶山	Pingdingshan	10.73	10.93	131	娄底	Loudi	1.80	1.80	273
安阳	Anyang	13.15	13.68	102	**广东**	**Guangdong**	**512.65**	**602.23**	
鹤壁	Hebi	9.68	9.69	144	广州	Guangzhou	78.12		
新乡	Xinxiang	11.00	12.00	119	韶关	Shaoguan	11.04	11.04	128
焦作	Jiaozuo	12.64	13.98	96	深圳	Shenzhen		130.68	2
濮阳	Puyang	6.90	7.20	189	珠海	Zhuhai	8.58	9.29	151
许昌	Xuchang	12.00	12.00	119	汕头	Shantou	26.45	32.94	31
漯河	Luohe	8.07	8.13	171	佛山	Foshan	15.40	10.99	129
三门峡	Sanmenxia	5.54	5.54	213	江门	Jiangmen	24.54	31.25	37
南阳	Nanyang	20.37	21.35	53	湛江	Zhanjiang	7.70	7.70	179
商丘	Shangqiu	9.44	9.55	146	茂名	Maoming	6.65	13.07	107
信阳	Xinyang	13.00	13.78	99	肇庆	Zhaoqing	14.26	14.41	93
周口	Zhoukou	8.80	9.20	155	惠州	Huizhou	28.76	30.88	38
驻马店	Zhumadian	11.43	12.08	116	梅州	Meizhou	8.76	9.09	156
湖北	**Hubei**	**194.64**	**243.90**		汕尾	Shanwei	2.56	2.67	257
武汉	Wuhan	92.97	117.32	3	河源	Heyuan	5.02	5.02	225
黄石	Huangshi	11.12	11.12	127	阳江	Yangjiang	6.31	6.41	202
十堰	Shiyan	3.79	4.23	236	清远	Qingyuan	6.23	6.23	208
宜昌	Yichang	11.88	15.45	80	东莞	Dongguan	169.43	168.39	1
襄阳	Xiangyang	8.47	17.11	71	中山	Zhongshan	17.22	18.78	62
鄂州	Ezhou	3.99	5.18	223	潮州	Chaozhou	4.09	8.63	164
荆门	Jingmen	1.50	2.60	258	揭阳	Jieyang	8.40	10.20	139
孝感	Xiaogan	1.27	5.00	226	云浮	Yunfu	1.20	2.26	265
荆州	Jingzhou	12.38	12.56	112	**广西**	**Guangxi**	**200.87**	**208.62**	
黄冈	Huanggang	0.54	6.51	198	南宁	Nanning	52.28	52.80	16
咸宁	Xianning	0.22	0.32	282	柳州	Liuzhou	31.72	32.28	32
随州	Suizhou	1.09	1.09	277	桂林	Guilin	8.80	9.77	143
湖南	**Hunan**	**164.19**	**174.96**		梧州	Wuzhou	7.56	9.91	141
长沙	Changsha	44.00	50.91	19	北海	Beihai	15.00	15.00	85
株洲	Zhuzhou	10.74	11.17	126	防城港	Fangchenggang	6.48	6.68	196
湘潭	Xiangtan	11.13	12.34	113	钦州	Qinzhou	14.02	14.09	95
衡阳	Hengyang	18.25	19.07	60	贵港	Guigang	11.99	12.06	118
邵阳	Shaoyang	4.69	4.69	231	玉林	Yulin	9.47	9.56	145
岳阳	Yueyang	3.80	3.90	244	百色	Baise	4.31	5.46	216

8-9 城市道路交通设施用地面积（辖区） 续表 3
Area of Land for Roads, Street and Transportation (Municipal Districts) continued 3

单位：平方公里 (sq. km)

地名	City	2013	2014	2014 排名 Ranking
贺州	Hezhou	3.24	3.24	250
河池	Hechi	2.19	2.39	262
来宾	Laibin	8.21	8.60	165
崇左	Chongzuo	2.00	2.50	260
海南	**Hainan**	**51.74**	**44.67**	
海口	Haikou	22.44	22.44	50
三亚	Sanya	14.21	3.91	243
三沙	Sansha		0.02	285
重庆	**Chongqing**	**152.84**	**174.09**	
四川	**Sichuan**	**230.55**	**255.49**	
成都	Chengdu	27.17	31.33	35
自贡	Zigong	12.57	12.76	109
攀枝花	Panzhihua	5.30	5.49	214
泸州	Luzhou	16.51	18.52	64
德阳	Deyang	14.83	15.33	82
绵阳	Mianyang	15.49	15.49	79
广元	Guangyuan	6.86	7.37	187
遂宁	Suining	12.75	15.09	84
内江	Neijiang	8.91	10.16	140
乐山	Leshan	6.22	7.61	181
南充	Nanchong	16.00	17.05	72
眉山	Meishan	6.15	8.26	169
宜宾	Yibin	14.99	15.99	75
广安	Guangan	7.28	8.08	172
达州	Dazhou	11.23	12.64	110
雅安	Yaan	3.90	4.37	235
巴中	Bazhong	0.25	0.25	283
资阳	Ziyang	5.22	5.42	217
贵州	**Guizhou**	**63.52**	**75.47**	
贵阳	Guiyang	33.63	39.38	25
六盘水	Liupanshui	5.01	5.31	219
遵义	Zunyi	3.35	5.74	211
安顺	Anshun	5.41	5.90	210
毕节	Bijie	1.93	1.93	270
铜仁	Tongren	2.20	2.40	261
云南	**Yunnan**	**87.61**	**115.71**	
昆明	Kunming	25.47	39.12	26
曲靖	Qujing	9.07	9.21	154
玉溪	Yuxi	6.62	7.77	176
保山	Baoshan	3.80	4.00	241
昭通	Zhaotong	4.73	4.73	230
丽江	Lijiang	2.50	2.52	259
普洱	Puer	2.20	2.31	264
临沧	Lincang	2.87	2.87	255
西藏	**Tibet**	**8.37**	**14.12**	
拉萨	Lasa	5.67	10.92	132
陕西	**Shaanxi**	**143.81**	**156.45**	
西安	Xi'an	77.00	80.00	5
铜川	Tongchuan	7.82	7.82	175
宝鸡	Baoji	12.95	13.15	106
咸阳	Xianyang	13.27	13.29	104
渭南	Weinan	6.23	6.35	205
延安	Yan'an	6.31	6.31	206
汉中	Hanzhong	3.20	3.20	251
榆林	Yulin	5.80	8.53	167
安康	Ankang	1.46	5.20	222
商洛	Shangluo	2.00	2.20	266
甘肃	**Gansu**	**79.30**	**90.24**	
兰州	Lanzhou	39.92	46.02	21
嘉峪关	Jiayuguan	4.23	4.92	227
金昌	Jinchang	0.77	5.06	224
白银	Baiyin	5.22	5.22	221
天水	Tianshui	6.90	6.90	193
武威	Wuwei	3.00	3.00	254
张掖	Zhangye	1.90	2.14	267
平凉	Pingliang	4.90	4.90	228
酒泉	Jiuquan	4.35	4.40	234
庆阳	Qingyang	0.71	0.71	280
定西	Dingxi	0.01	0.78	279
陇南	Longnan	0.70	0.70	281
青海	**Qinghai**	**14.47**	**14.66**	
西宁	Xining	5.61	6.24	207
海东	Haidong		0.21	284
宁夏	**Ningxia**	**55.76**	**60.35**	
银川	Yinchuan	23.01	25.76	44
石嘴山	Shizuishan	10.88	10.88	133
吴忠	Wuzhong	6.64	6.89	194
固原	Guyuan	6.30	7.00	191
中卫	Zhongwei	5.57	6.55	197
新疆	**Xinjiang**	**126.41**	**135.90**	
乌鲁木齐	Urumqi	60.64	63.91	10
克拉玛依	Karamay	8.69	9.09	156

8-10 城市公用设施用地面积（辖区）
Area of Land for Municipal Utilities (Municipal Districts)

单位：平方公里 (sq. km)

地名	City	2010	2013	2014	2014 排名 Ranking	地名	City	2010	2013	2014	2014 排名 Ranking
全国	**National Total**	**1387.15**	**2093.45**	**2116.97**		沈阳	Shenyang	10.00	11.00	11.45	28
北京	**Beijing**			**29.11**		大连	Dalian	10.30	10.93	11.00	31
天津	**Tianjin**	**19.88**	**21.46**	**22.00**		鞍山	Anshan	4.84	4.97	3.44	120
河北	**Hebei**	**53.78**	**85.96**	**87.34**		抚顺	Fushun	5.45	5.60	5.58	67
石家庄	Shijiazhuang	11.23	9.89	14.68	17	本溪	Benxi	1.34	1.88	1.88	185
唐山	Tangshan	4.98	26.88	26.88	7	丹东	Dandong	1.14	0.84	0.84	259
秦皇岛	Qinhuangdao	3.78	4.67	5.47	71	锦州	Jinzhou	2.14	2.74	2.74	144
邯郸	Handan	4.50	4.86	3.96	102	营口	Yingkou	4.00	4.32	4.32	95
邢台	Xingtai	1.81	1.95	2.06	177	阜新	Fuxin	1.27	1.44	1.44	213
保定	Baoding	3.18	4.55	4.63	88	辽阳	Liaoyang	2.34	2.52	2.52	155
张家口	Zhangjiakou	1.98	1.98	1.98	182	盘锦	Panjin	2.38	1.16	1.16	234
承德	Chengde	1.67	1.29	1.37	220	铁岭	Tieling	1.76	5.92	5.92	63
沧州	Cangzhou	1.17	1.73	1.80	191	朝阳	Chaoyang	0.50	1.00	1.80	191
廊坊	Langfang	2.46	2.76	2.80	140	葫芦岛	Huludao	2.55	2.95	3.15	130
衡水	Hengshui	1.19	1.19	1.19	229	吉林	**Jilin**	**34.42**	**64.03**	**65.15**	
山西	**Shanxi**	**56.94**	**81.22**	**79.70**		长春	Changchun	12.67	25.58	25.77	8
太原	Taiyuan	24.05	41.00	41.00	3	吉林	Jilin	3.96	13.42	13.63	21
大同	Datong	2.70	1.60	1.50	209	四平	Siping	0.24	3.20	3.20	126
阳泉	Yangquan	1.22	1.22	1.22	228	辽源	Liaoyuan	1.41	1.40	1.40	219
长治	Changzhi	2.94	3.04	3.04	133	通化	Tonghua	1.30	1.52	1.67	198
晋城	Jincheng	1.34	1.00	1.00	244	白山	Baishan	0.53	0.71	1.00	244
朔州	Shuozhou	1.26	2.14	2.14	173	松原	Songyuan	0.65	1.17	1.17	233
晋中	Jinzhong	13.42	11.20	11.37	30	白城	Baicheng	1.26	0.61	0.71	266
运城	Yuncheng	1.33	4.80	4.80	87	黑龙江	**Heilongjiang**	**41.71**	**71.32**	**71.71**	
忻州	Xinzhou	0.62	1.99	0.21	281	哈尔滨	Harbin	6.47	10.64	10.65	34
临汾	Linfen	1.62	2.73	2.73	145	齐齐哈尔	Qiqihar	3.84	14.07	14.07	18
吕梁	Lvliang	1.19	1.59	1.60	201	鸡西	Jixi	1.44	1.44	1.44	213
内蒙古	**Inner Mongolia**	**30.78**	**74.31**	**75.26**		鹤岗	Hegang	1.01	1.37	1.37	220
呼和浩特	Hohhot	4.83	38.94	41.60	2	双鸭山	Shuangyashan	0.60	1.19	1.19	229
包头	Baotou	2.59	2.60	3.16	128	大庆	Daqing	10.62	11.54	11.66	26
乌海	Wuhai	1.95	0.91	0.91	251	伊春	Yichun	3.00	6.22	6.23	61
赤峰	Chifeng	5.24	6.66	6.86	58	佳木斯	Jiamusi	1.27	2.28	2.28	168
通辽	Tongliao	1.02	4.35	3.35	121	七台河	Qitaihe	1.20	8.60	8.95	44
鄂尔多斯	Erdos	1.64	1.60	0.93	250	牡丹江	Mudanjiang	1.59	1.86	1.70	196
呼伦贝尔	Hulunbuir	1.90	3.13	3.13	131	黑河	Heihe	0.89	0.89	0.89	256
巴彦淖尔	Bayannur	2.00	0.42	2.52	155	绥化	Suihua	2.71	0.45	0.45	278
乌兰察布	Ulanqab	1.50	1.70	1.70	196	上海	**Shanghai**		**130.28**	**130.28**	
辽宁	**Liaoning**	**59.10**	**69.79**	**70.06**		江苏	**Jiangsu**	**97.84**	**150.74**	**147.31**	

注：本表2011年及以前年份数据统计口径为市政公用设施用地。

Note: The table data statistics caliber and before the year of 2011 green space area.

8-10 城市公用设施用地面积（辖区） 续表 1
Area of Land for Municipal Utilities (Municipal Districts) continued 1

单位：平方公里 (sq. km)

地名	City	2010	2013	2014	2014 排名 Ranking	地名	City	2010	2013	2014	2014 排名 Ranking
南京	Nanjing	22.84	23.34	18.11	12	池州	Chizhou	0.77	0.79	0.79	264
无锡	Wuxi	7.42	7.20	4.26	97	宣城	Xuancheng	0.80	0.53	0.78	265
徐州	Xuzhou	5.44	21.52	21.59	9	**福建**	**Fujian**	**32.07**	**51.31**	**55.82**	
常州	Changzhou	5.52	6.50	6.53	60	福州	Fuzhou	4.66	4.30	4.38	93
苏州	Suzhou	5.71	8.63	8.63	46	厦门	Xiamen	7.07	8.10	9.72	37
南通	Nantong	3.62	4.51	4.45	91	莆田	Putian	2.47	2.47	2.47	159
连云港	Lianyungang	3.08	3.08	3.08	132	三明	Sanming	0.89	1.18	1.18	232
淮安	Huaian	4.37	26.00	27.50	5	泉州	Quanzhou	3.50	10.00	12.00	23
盐城	Yancheng	4.30	1.39	1.61	200	漳州	Zhangzhou	1.97	3.64	3.64	108
扬州	Yangzhou	2.45	2.24	2.46	161	南平	Nanping	0.88	0.14	0.14	283
镇江	Zhenjiang	3.72	4.9	5.1	83	龙岩	Longyan	1.78	1.02	1.02	240
泰州	Taizhou	3.22	4.80	5.15	81	宁德	Ningde	0.26	0.30	0.27	280
宿迁	Suqian	1.17	0.69	1.09	235	**江西**	**Jiangxi**	**30.70**	**54.98**	**51.42**	
浙江	**Zhejiang**	**78.48**	**112.52**	**115.61**		南昌	Nanchang	3.96	4.87	5.29	76
杭州	Hangzhou	19.83	10.62	10.67	33	景德镇	Jingdezhen	3.07	6.79	1.02	240
宁波	Ningbo	6.12	13.81	13.87	19	萍乡	Pingxiang	2.30	5.32	5.32	75
温州	Wenzhou	8.16	8.43	9.04	42	九江	Jiujiang	2.51	2.85	2.87	138
嘉兴	Jiaxing	2.10	16.98	17.03	13	新余	Xinyu	2.30	9.30	9.40	40
湖州	Huzhou	4.70	2.02	2.08	176	鹰潭	Yingtan	0.55	2.65	2.69	147
绍兴	Shaoxing	1.38	8.73	9.06	41	赣州	Ganzhou	1.50	2.13	3.76	105
金华	Jinhua	1.77	1.87	1.92	184	吉安	Jian	1.83	2.62	2.78	141
衢州	Quzhou	1.76	1.86	1.86	187	宜春	Yichun	1.80	3.44	3.48	115
舟山	Zhoushan	1.06	1.68	1.64	199	抚州	Fuzhou	1.52	0.94	1.06	236
台州	Taizhou	4.46	16.62	16.88	14	上饶	Shangrao	1.12	1.16	2.03	179
丽水	Lishui	1.73	5.02	5.02	84	**山东**	**Shandong**	**121.76**	**172.51**	**147.07**	
安徽	**Anhui**	**43.12**	**66.51**	**61.00**		济南	Jinan	12.07	13.76	13.76	20
合肥	Hefei	6.22	7.06	7.22	56	青岛	Qingdao	8.37	6.24	9.56	39
芜湖	Wuhu	1.37	11.00	11.00	31	淄博	Zibo	5.72	5.68	5.88	64
蚌埠	Bengbu	2.93	10.04	10.37	35	枣庄	Zaozhuang	4.97	7.09	5.72	65
淮南	Huainan	6.40	4.45	3.48	115	东营	Dongying	5.27	8.27	8.27	47
马鞍山	Maanshan	6.25	2.56	1.28	224	烟台	Yantai	8.63	12.03	13.10	22
淮北	Huaibei	0.53	1.52	1.52	206	潍坊	Weifang	4.80	23.22	6.00	62
铜陵	Tongling	2.35	3.46	3.46	117	济宁	Jining	3.25	12.16	3.66	107
安庆	Anqing	2.27	8.50	2.59	153	泰安	Taian	0.90	1.02	1.52	206
黄山	Huangshan	1.38	0.26	0.81	262	威海	Weihai	3.52	1.84	5.19	79
滁州	Chuzhou	1.81	2.75	4.57	89	日照	Rizhao	3.60	4.27	4.30	96
阜阳	Fuyang	1.24	1.54	1.76	194	莱芜	Laiwu	3.02	1.14	0.66	267
宿州	Suzhou	1.84	1.85	1.86	187	临沂	Linyi	4.91	12.86	11.87	25
六安	Liuan	1.13	2.11	2.23	169	德州	Dezhou	2.85	1.89	2.12	175
亳州	Bozhou	1.66	2.10	1.25	225	聊城	Liaocheng	3.34	0.63	0.43	279

8-10 城市公用设施用地面积（辖区） 续表 2
Area of Land for Municipal Utilities (Municipal Districts) continued 2

单位：平方公里 (sq. km)

地名	City	2010	2013	2014	2014 排名 Ranking	地名	City	2010	2013	2014	2014 排名 Ranking
滨州	Binzhou	1.90	2.76	2.76	143	常德	Changde	3.33	3.51	3.57	110
菏泽	Heze	0.90	1.25	1.35	222	张家界	Zhangjiajie	0.27	5.16	4.96	86
河南	**Henan**	**68.42**	**90.25**	**93.66**		益阳	Yiyang	1.60	16.00	16.00	15
郑州	Zhengzhou	13.25	13.81	14.90	16	郴州	Chenzhou	9.70	1.05	1.25	225
开封	Kaifeng	2.25	2.61	2.62	152	永州	Yongzhou	7.60	8.00	8.02	50
洛阳	Luoyang	3.99	3.88	3.98	101	怀化	Huaihua	1.50	7.38	10.01	36
平顶山	Pingdingshan	1.35	1.35	1.35	222	娄底	Loudi	1.02	5.44	5.44	72
安阳	Anyang	2.58	2.85	2.96	137	广东	**Guangdong**	**184.28**	**156.00**	**153.82**	
鹤壁	Hebi	1.65	1.96	1.96	183	广州	Guangzhou	71.61	36.57		
新乡	Xinxiang	2.38	2.65	2.69	147	韶关	Shaoguan	0.93	4.13	4.43	92
焦作	Jiaozuo	3.45	1.58	1.59	202	深圳	Shenzhen	17.94		20.22	11
濮阳	Puyang	2.30	2.00	2.20	170	珠海	Zhuhai	8.83	7.97	7.97	51
许昌	Xuchang	5.36	7.00	7.00	57	汕头	Shantou	6.35	8.28	7.41	55
漯河	Luohe	2.03	7.43	7.43	54	佛山	Foshan	2.56	2.64	2.65	150
三门峡	Sanmenxia	0.78	0.90	0.90	254	江门	Jiangmen	3.41	4.86	5.37	73
南阳	Nanyang	4.90	5.00	5.15	81	湛江	Zhanjiang	1.47	11.49	11.49	27
商丘	Shangqiu	2.27	2.97	3.02	134	茂名	Maoming	1.63	7.05	5.34	74
信阳	Xinyang	1.35	0.73	0.88	257	肇庆	Zhaoqing	4.34	0.81	0.83	261
周口	Zhoukou	2.80	3.15	3.35	121	惠州	Huizhou	5.90	7.13	8.08	48
驻马店	Zhumadian	1.25	5.44	5.61	66	梅州	Meizhou	1.00	0.48	0.49	277
湖北	**Hubei**	**72.89**	**105.16**	**101.58**		汕尾	Shanwei	1.90	0.61	0.64	268
武汉	Wuhan	24.44	26.57	27.21	6	河源	Heyuan	1.82	3.17	3.27	125
黄石	Huangshi	3.31	3.46	3.46	117	阳江	Yangjiang	1.20	0.93	0.96	249
十堰	Shiyan	2.56	2.68	2.71	146	清远	Qingyuan	0.92	1.44	1.44	213
宜昌	Yichang	3.30	6.08	6.85	59	东莞	Dongguan	21.51	25.45	29.16	4
襄阳	Xiangyang	2.25	3.47	3.51	114	中山	Zhongshan	5.28	2.25	0.97	247
鄂州	Ezhou	2.59	3.17	3.17	127	潮州	Chaozhou	0.52	0.58	1.01	243
荆门	Jingmen	1.58	4.35	4.02	99	揭阳	Jieyang		1.10	1.50	209
孝感	Xiaogan	1.14	5.27	5.50	70	云浮	Yunfu		2.10	2.34	164
荆州	Jingzhou	1.23	1.25	1.54	204	广西	**Guangxi**	**35.24**	**47.27**	**49.00**	
黄冈	Huanggang	1.67	3.90	0.56	271	南宁	Nanning	5.51	8.97	9.03	43
咸宁	Xianning	2.05	0.09	0.15	282	柳州	Liuzhou	9.81	3.77	3.77	104
随州	Suizhou	1.23	1.23	1.23	227	桂林	Guilin	1.33	4.90	5.51	69
湖南	**Hunan**	**60.44**	**88.60**	**94.36**		梧州	Wuzhou	0.84	2.36	2.97	136
长沙	Changsha	6.45	4.11	5.00	85	北海	Beihai	1.00	2.50	2.50	158
株洲	Zhuzhou	2.57	2.03	2.14	173	防城港	Fangchenggang	0.95	1.01	1.02	240
湘潭	Xiangtan	3.16	1.44	4.33	94	钦州	Qinzhou	1.76	1.77	1.77	193
衡阳	Hengyang	3.60	3.08	2.19	171	贵港	Guigang	2.14	2.34	2.37	162
邵阳	Shaoyang	2.82	3.10	3.30	123	玉林	Yulin	1.73	2.27	2.30	166
岳阳	Yueyang	2.20	11.20	11.40	29	百色	Baise	2.72	0.97	0.97	247

8-10 城市公用设施用地面积（辖区） 续表 3
Area of Land for Municipal Utilities (Municipal Districts) continued 3

单位：平方公里 (sq. km)

地名	City	2010	2013	2014	2014 排名 Ranking	地名	City	2010	2013	2014	2014 排名 Ranking
贺州	Hezhou	1.88	3.76	3.76	105	丽江	Lijiang	1.00	1.58	1.58	203
河池	Hechi	0.16	2.35	2.37	162	普洱	Puer	0.45	0.50	0.50	272
来宾	Laibin	2.00	5.32	5.58	67	临沧	Lincang	1.12	0.51	0.60	270
崇左	Chongzuo	1.26	1.41	1.50	209	**西藏**	**Tibet**	**3.96**	**7.91**	**6.98**	
海南	**Hainan**	**6.22**	**13.52**	**11.16**		拉萨	Lasa	2.56	6.21	5.18	80
海口	Haikou	1.24	2.47	2.47	159	**陕西**	**Shaanxi**	**21.27**	**33.73**	**31.32**	
三亚	Sanya	0.53	0.98	0.06	284	西安	Xi'an	4.97	10.00	12.00	23
三沙	Sansha			0.01	285	铜川	Tongchuan	1.82	1.82	1.82	190
重庆	**Chongqing**	**23.85**	**25.64**	**30.39**		宝鸡	Baoji	4.14	3.69	3.92	103
四川	**Sichuan**	**47.06**	**137.80**	**143.25**		咸阳	Xianyang	3.16	3.16	3.16	128
成都	Chengdu	9.58	82.58	84.70	1	渭南	Weinan	0.91	0.87	0.90	254
自贡	Zigong	1.83	2.21	2.31	165	延安	Yan'an	0.71	0.91	0.91	251
攀枝花	Panzhihua	2.02	3.51	3.57	110	汉中	Hanzhong	0.79	2.00	2.00	180
泸州	Luzhou	1.51	2.14	2.19	171	榆林	Yulin	1.50	4.72	0.84	259
德阳	Deyang	0.83	1.04	1.04	238	安康	Ankang	1.70	4.36	2.56	154
绵阳	Mianyang	2.32	2.52	2.52	155	商洛	Shangluo	0.13	0.50	0.50	272
广元	Guangyuan	1.79	2.65	2.77	142	**甘肃**	**Gansu**	**23.25**	**31.51**	**40.96**	
遂宁	Suining	0.53	1.37	1.41	218	兰州	Lanzhou	8.74	5.34	9.63	38
内江	Neijiang	1.71	1.34	1.53	205	嘉峪关	Jiayuguan	1.33	0.60	0.80	263
乐山	Leshan	3.65	1.33	1.52	206	金昌	Jinchang	0.83	1.43	1.44	213
南充	Nanchong	2.25	4.53	4.53	90	白银	Baiyin	2.47	2.65	2.65	150
眉山	Meishan	2.90	3.10	3.55	112	天水	Tianshui	0.28	4.17	4.17	98
宜宾	Yibin	2.35	1.26	2.29	167	武威	Wuwei	0.26	0.50	0.50	272
广安	Guangan	1.65	2.75	2.85	139	张掖	Zhangye	0.28	3.50	3.52	113
达州	Dazhou	1.15	2.51	2.66	149	平凉	Pingliang	0.63	0.72	1.03	239
雅安	Yaan	0.67	1.05	0.86	258	酒泉	Jiuquan	1.10	1.00	1.05	237
巴中	Bazhong	0.68	4.00	4.00	100	庆阳	Qingyang	0.74	5.29	5.29	76
资阳	Ziyang	0.72	1.01	1.19	229	定西	Dingxi	0.64	0.01	5.21	78
贵州	**Guizhou**	**13.38**	**29.52**	**29.81**		陇南	Longnan	0.50	0.50	0.50	272
贵阳	Guiyang	5.13	5.27	7.71	52	**青海**	**Qinghai**	**11.80**	**5.24**	**5.99**	
六盘水	Liupanshui	1.87	3.20	3.30	123	西宁	Xining	10.49	3.11	3.45	119
遵义	Zunyi	1.20	9.89	7.68	53	海东	Haidong			1.00	244
安顺	Anshun	1.03	1.72	1.87	186	**宁夏**	**Ningxia**	**14.02**	**16.70**	**16.88**	
毕节	Bijie	1.10	1.50	1.50	209	银川	Yinchuan	5.17	8.74	8.77	45
铜仁	Tongren	0.45	1.70	1.75	195	石嘴山	Shizuishan	3.96	0.91	0.91	251
云南	**Yunnan**	**58.51**	**30.86**	**34.22**		吴忠	Wuzhong	1.25	1.81	1.85	189
昆明	Kunming	41.76	6.89	8.05	49	固原	Guyuan	1.20	1.90	2.00	180
曲靖	Qujing	1.15	3.50	3.60	109	中卫	Zhongwei	1.57	2.05	2.05	178
玉溪	Yuxi	0.80	1.30	1.43	217	**新疆**	**Xinjiang**	**41.98**	**66.80**	**64.75**	
保山	Baoshan	0.89	0.40	0.50	272	乌鲁木齐	Urumqi	21.78	19.72	20.79	10
昭通	Zhaotong	1.53	0.63	0.63	269	克拉玛依	Karamay	3.24	3.00	3.01	135

8-11 城市绿地与广场用地面积（辖区）
Area of Land for Green Space and Square (Municipal Districts)

单位：平方公里 (sq. km)

地名	City	2010	2013	2014	2014 排名 Ranking
全国	**National Total**	**4060.23**	**5063.01**	**5623.62**	
北京	**Beijing**			**111.39**	
天津	**Tianjin**	**77.01**	**83.16**	**77.72**	
河北	**Hebei**	**154.85**	**200.37**	**203.40**	
石家庄	Shijiazhuang	27.74	39.07	45.79	17
唐山	Tangshan	14.09	31.71	31.71	30
秦皇岛	Qinhuangdao	7.37	7.11	7.62	154
邯郸	Handan	8.70	7.86	6.77	173
邢台	Xingtai	2.25	7.54	7.55	156
保定	Baoding	9.33	11.32	11.35	95
张家口	Zhangjiakou	9.24	9.80	9.80	116
承德	Chengde	7.51	8.73	8.85	126
沧州	Cangzhou	3.37	3.46	4.07	229
廊坊	Langfang	12.11	12.53	12.54	85
衡水	Hengshui	10.19	12.35	12.35	87
山西	**Shanxi**	**87.01**	**100.46**	**101.30**	
太原	Taiyuan	24.00	30.00	30.00	36
大同	Datong	7.60	13.00	14.70	70
阳泉	Yangquan	3.49	4.03	4.03	230
长治	Changzhi	1.24	1.24	1.24	273
晋城	Jincheng	6.68	0.10	0.10	283
朔州	Shuozhou	7.46	9.98	9.98	114
晋中	Jinzhong	1.32	1.32	1.32	271
运城	Yuncheng	3.07	3.58	3.58	243
忻州	Xinzhou	1.61	1.61	1.98	264
临汾	Linfen	2.71	10.32	11.23	96
吕梁	Lvliang	0.34	0.69	0.81	279
内蒙古	**Inner Mongolia**	**139.55**	**157.73**	**164.62**	
呼和浩特	Hohhot	26.57	19.85	32.89	27
包头	Baotou	19.93	23.65	23.65	46
乌海	Wuhai	2.75	5.38	5.38	195
赤峰	Chifeng	9.50	10.35	10.39	106
通辽	Tongliao	5.57	8.05	8.05	143
鄂尔多斯	Erdos	26.22	38.02	27.10	39
呼伦贝尔	Hulunbuir	11.91	7.34	7.34	160
巴彦淖尔	Bayannur	2.00	13.20	18.81	58
乌兰察布	Ulanqab	0.80	11.44	9.44	120
辽宁	**Liaoning**	**214.21**	**259.94**	**262.48**	
沈阳	Shenyang	58.00	69.00	69.90	6
大连	Dalian	38.30	37.85	46.70	13
鞍山	Anshan	17.48	17.95	8.73	130
抚顺	Fushun	21.60	21.87	21.85	49
本溪	Benxi	4.41	6.45	6.45	182
丹东	Dandong	5.96	4.08	4.08	228
锦州	Jinzhou	3.10	7.18	7.18	165
营口	Yingkou	4.42	4.92	4.92	209
阜新	Fuxin	8.20	21.18	21.18	50
辽阳	Liaoyang	3.85	4.59	4.71	213
盘锦	Panjin	5.94	3.76	4.20	226
铁岭	Tieling	4.59	5.25	5.25	199
朝阳	Chaoyang	4.50	13.00	13.50	77
葫芦岛	Huludao	9.40	10.55	10.90	99
吉林	**Jilin**	**100.59**	**99.92**	**98.32**	
长春	Changchun	28.37	31.79	31.79	29
吉林	Jilin	11.46	8.80	9.19	121
四平	Siping	3.03	4.27	4.27	223
辽源	Liaoyuan	1.61	1.60	1.60	269
通化	Tonghua	3.59	4.21	4.65	216
白山	Baishan	4.22	5.37	5.52	191
松原	Songyuan	8.44	10.65	10.65	101
白城	Baicheng	3.02	0.95	0.97	278
黑龙江	**Heilongjiang**	**183.54**	**173.42**	**171.69**	
哈尔滨	Harbin	33.77	39.34	39.54	23
齐齐哈尔	Qiqihar	8.46	8.17	8.17	140
鸡西	Jixi	2.24	4.24	4.24	224
鹤岗	Hegang	4.75	5.36	5.36	197
双鸭山	Shuangyashan	2.10	2.10	2.10	260
大庆	Daqing	15.63	21.88	20.45	52
伊春	Yichun	34.65	41.76	41.76	20
佳木斯	Jiamusi	35.37	3.78	3.78	239
七台河	Qitaihe	4.78	4.81	4.81	211
牡丹江	Mudanjiang	7.49	8.13	7.50	157
黑河	Heihe	4.41	2.91	2.91	251
绥化	Suihua	2.75	1.26	1.26	272
上海	**Shanghai**		**189.61**	**189.61**	
江苏	**Jiangsu**	**344.83**	**451.17**	**475.09**	

注：本表2011年及以前年份数据统计口径为绿地面积。

Note: The table data statistics caliber and before the year of 2011 green space area.

8-11 城市绿地与广场用地面积（辖区） 续表 1

Area of Land for Green Space and Square (Municipal Districts) continued 1

单位：平方公里 (sq. km)

地名	City	2010	2013	2014	2014 排名 Ranking	地名	City	2010	2013	2014	2014 排名 Ranking
南京	Nanjing	65.43	83.13	89.84	4	池州	Chizhou	1.92	3.38	3.38	247
无锡	Wuxi	16.20	28.70	31.21	33	宣城	Xuancheng	4.40	2.10	3.86	236
徐州	Xuzhou	14.38	58.44	58.45	7	**福建**	**Fujian**	**105.95**	**124.76**	**125.90**	
常州	Changzhou	22.84	30.26	31.60	31	福州	Fuzhou	22.01	18.60	19.30	54
苏州	Suzhou	42.60	52.67	53.44	10	厦门	Xiamen	26.94	30.52	31.37	32
南通	Nantong	8.26	9.57	10.62	103	莆田	Putian	5.46	5.46	5.46	192
连云港	Lianyungang	3.14	4.10	4.37	220	三明	Sanming	0.70	0.61	0.61	281
淮安	Huaian	29.05	35.00	36.50	25	泉州	Quanzhou	12.10	18.00	18.50	59
盐城	Yancheng	6.60	3.13	3.63	242	漳州	Zhangzhou	0.83	3.24	3.77	240
扬州	Yangzhou	4.44	12.29	12.64	84	南平	Nanping	2.07	4.53	4.53	219
镇江	Zhenjiang	4.32	15.40	15.70	67	龙岩	Longyan	7.44	8.05	8.08	142
泰州	Taizhou	4.29	6.91	6.91	170	宁德	Ningde	1.70	3.66	1.15	276
宿迁	Suqian	10.15	8.32	8.62	134	**江西**	**Jiangxi**	**106.18**	**131.14**	**136.17**	
浙江	**Zhejiang**	**239.24**	**250.17**	**264.42**		南昌	Nanchang	22.52	24.70	25.28	41
杭州	Hangzhou	61.35	45.54	47.52	12	景德镇	Jingdezhen	5.76	6.11	8.66	133
宁波	Ningbo	14.79	17.97	18.00	62	萍乡	Pingxiang	6.10	7.06	7.09	168
温州	Wenzhou	21.68	24.85	24.85	43	九江	Jiujiang	7.87	12.11	12.27	89
嘉兴	Jiaxing	8.47	10.65	12.07	91	新余	Xinyu	3.10	6.37	6.37	184
湖州	Huzhou	19.53	12.87	13.60	76	鹰潭	Yingtan	8.35	6.85	6.94	169
绍兴	Shaoxing	5.27	31.02	32.12	28	赣州	Ganzhou	8.29	10.10	14.72	69
金华	Jinhua	4.28	5.04	5.19	201	吉安	Jian	2.96	4.77	5.07	204
衢州	Quzhou	4.40	5.81	6.36	185	宜春	Yichun	9.00	11.50	12.02	93
舟山	Zhoushan	6.23	7.94	7.82	149	抚州	Fuzhou	8.48	7.49	7.82	149
台州	Taizhou	15.83	18.09	18.85	57	上饶	Shangrao	5.13	8.16	8.18	139
丽水	Lishui	3.86	4.12	4.12	227	**山东**	**Shandong**	**389.32**	**445.33**	**505.62**	
安徽	**Anhui**	**179.74**	**213.99**	**207.41**		济南	Jinan	35.06	36.23	36.23	26
合肥	Hefei	48.28	51.38	52.56	11	青岛	Qingdao	18.22	14.53	58.00	8
芜湖	Wuhu	37.61	49.00	39.00	24	淄博	Zibo	13.71	17.71	17.83	63
蚌埠	Bengbu	7.96	8.66	8.78	129	枣庄	Zaozhuang	11.87	20.21	13.32	81
淮南	Huainan	9.00	11.20	12.30	88	东营	Dongying	8.89	10.65	10.65	101
马鞍山	Maanshan	5.09	10.23	6.71	174	烟台	Yantai	28.30	38.78	45.06	18
淮北	Huaibei	8.59	8.82	8.82	127	潍坊	Weifang	8.02	17.22	16.42	64
铜陵	Tongling	3.70	6.62	6.62	177	济宁	Jining	3.02	21.97	29.76	37
安庆	Anqing	6.15	6.22	6.50	180	泰安	Taian	7.20	7.84	8.32	138
黄山	Huangshan	5.17	6.51	6.52	179	威海	Weihai	15.69	6.38	15.58	68
滁州	Chuzhou	5.54	7.71	7.84	148	日照	Rizhao	12.58	13.28	13.38	79
阜阳	Fuyang	4.59	4.85	5.04	205	莱芜	Laiwu	11.94	14.83	24.07	44
宿州	Suzhou	5.92	6.00	6.60	178	临沂	Linyi	28.05	30.49	30.61	35
六安	Liuan	9.75	11.36	11.57	94	德州	Dezhou	5.81	13.34	15.85	66
亳州	Bozhou	1.19	3.26	4.61	217	聊城	Liaocheng	7.34	5.31	5.13	202

8-11 城市绿地与广场用地面积（辖区） 续表 2

Area of Land for Green Space and Square (Municipal Districts) continued 2

单位：平方公里 (sq. km)

地名	City	2010	2013	2014	2014 排名 Ranking	地名	City	2010	2013	2014	2014 排名 Ranking
滨州	Binzhou	11.71	16.16	16.16	65	常德	Changde	4.10	4.30	4.32	221
菏泽	Heze	6.80	7.72	8.12	141	张家界	Zhangjiajie	0.75	1.81	1.81	268
河南	**Henan**	**250.70**	**309.56**	**327.44**		益阳	Yiyang	2.04	5.40	5.40	194
郑州	Zhengzhou	64.12	71.01	76.61	5	郴州	Chenzhou	19.70	13.41	13.95	74
开封	Kaifeng	6.73	7.05	9.95	115	永州	Yongzhou	6.76	7.72	7.85	146
洛阳	Luoyang	14.81	19.05	19.25	56	怀化	Huaihua	6.00	8.01	1.22	274
平顶山	Pingdingshan	4.52	4.72	4.92	209	娄底	Loudi	3.38	4.22	4.22	225
安阳	Anyang	7.03	7.44	7.85	146	**广东**	**Guangdong**	**420.15**	**370.36**	**407.76**	
鹤壁	Hebi	1.83	9.54	9.55	118	广州	Guangzhou	26.78	26.79		
新乡	Xinxiang	8.34	10.36	10.36	107	韶关	Shaoguan	6.81	8.00	8.50	136
焦作	Jiaozuo	8.75	8.69	8.70	131	深圳	Shenzhen	54.75		55.92	9
濮阳	Puyang	6.00	9.40	10.20	111	珠海	Zhuhai	15.77	12.87	12.87	83
许昌	Xuchang	11.72	11.00	11.00	98	汕头	Shantou	11.45	10.68	10.58	105
漯河	Luohe	12.30	14.31	14.31	72	佛山	Foshan	22.98	16.71	20.92	51
三门峡	Sanmenxia	5.51	6.11	6.11	188	江门	Jiangmen	13.64	16.47	19.92	53
南阳	Nanyang	6.51	7.71	7.67	153	湛江	Zhanjiang	8.38	1.48	1.48	270
商丘	Shangqiu	17.49	28.13	28.13	38	茂名	Maoming	11.20	22.52	7.25	164
信阳	Xinyang	3.04	6.56	6.63	176	肇庆	Zhaoqing	12.02	6.16	6.20	187
周口	Zhoukou	4.90	6.05	6.25	186	惠州	Huizhou	11.65	21.34	22.33	48
驻马店	Zhumadian	0.75	2.34	2.56	255	梅州	Meizhou	16.38	9.08	7.50	157
湖北	**Hubei**	**164.27**	**177.29**	**379.41**		汕尾	Shanwei	8.60	1.06	1.10	277
武汉	Wuhan	48.91	46.80	240.23	1	河源	Heyuan	3.27	3.66	3.86	236
黄石	Huangshi	7.98	7.98	7.98	145	阳江	Yangjiang	17.93	10.79	10.90	99
十堰	Shiyan	4.26	5.11	5.24	200	清远	Qingyuan	4.94	10.24	10.24	109
宜昌	Yichang	9.19	9.20	10.60	104	东莞	Dongguan	84.22	91.30	94.93	2
襄阳	Xiangyang	3.82	4.06	4.32	221	中山	Zhongshan	7.13	10.50	6.39	183
鄂州	Ezhou	8.24	12.07	12.07	91	潮州	Chaozhou	10.19	10.84	13.34	80
荆门	Jingmen	8.19	8.65	9.15	123	揭阳	Jieyang		1.60	2.40	257
孝感	Xiaogan	3.20	3.20	3.40	246	云浮	Yunfu		1.80	1.94	267
荆州	Jingzhou	6.89	6.89	6.89	172	**广西**	**Guangxi**	**91.99**	**121.01**	**126.00**	
黄冈	Huanggang	2.49	2.61	5.81	189	南宁	Nanning	30.49	41.90	41.99	19
咸宁	Xianning	4.79	4.95	4.99	207	柳州	Liuzhou	7.40	19.26	19.26	55
随州	Suizhou	3.08	3.08	3.12	249	桂林	Guilin	11.00	12.10	12.10	90
湖南	**Hunan**	**125.65**	**151.42**	**153.73**		梧州	Wuzhou	0.47	0.49	2.05	261
长沙	Changsha	22.32	31.89	31.01	34	北海	Beihai	7.00	8.00	8.00	144
株洲	Zhuzhou	5.98	8.25	8.35	137	防城港	Fangchenggang	8.07	2.32	2.33	258
湘潭	Xiangtan	3.92	4.27	5.28	198	钦州	Qinzhou	3.71	6.96	7.12	166
衡阳	Hengyang	4.01	10.28	13.63	75	贵港	Guigang	2.47	2.65	2.65	252
邵阳	Shaoyang	8.90	9.31	9.61	117	玉林	Yulin	3.59	4.55	5.10	203
岳阳	Yueyang	10.60	12.00	12.40	86	百色	Baise	1.74	2.11	3.87	235

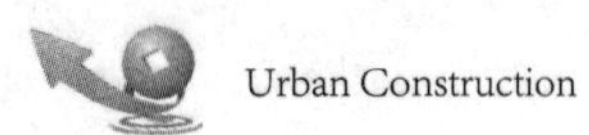

8-11 城市绿地与广场用地面积（辖区） 续表 3

Area of Land for Green Space and Square (Municipal Districts) continued 3

单位：平方公里 (sq. km)

地名	City	2010	2013	2014	2014 排名 Ranking
贺州	Hezhou	2.02	0.05	0.05	284
河池	Hechi	1.74	1.83	1.96	265
来宾	Laibin	2.72	3.67	3.79	238
崇左	Chongzuo	1.12	1.61	2.00	262
海南	**Hainan**	**42.22**	**48.69**	**39.53**	
海口	Haikou	7.34	6.65	6.65	175
三亚	Sanya	18.75	23.80	18.43	60
三沙	Sansha				
重庆	**Chongqing**	**71.50**	**91.37**	**102.16**	
四川	**Sichuan**	**145.27**	**214.82**	**223.94**	
成都	Chengdu	29.49	38.42	40.67	21
自贡	Zigong	10.76	18.17	18.37	61
攀枝花	Panzhihua	6.68	7.00	7.62	154
泸州	Luzhou	16.83	25.30	25.49	40
德阳	Deyang	2.71	4.14	4.58	218
绵阳	Mianyang	6.58	6.91	6.91	170
广元	Guangyuan	1.50	6.94	7.29	163
遂宁	Suining	4.78	7.40	7.41	159
内江	Neijiang	2.39	3.14	3.58	243
乐山	Leshan	4.72	8.10	9.18	122
南充	Nanchong	4.50	7.34	7.34	160
眉山	Meishan	1.60	1.90	2.48	256
宜宾	Yibin	8.52	8.32	9.01	124
广安	Guangan	4.04	4.94	4.94	208
达州	Dazhou	4.60	9.27	9.50	119
雅安	Yaan	1.22	1.99	1.95	266
巴中	Bazhong	4.64	10.00	10.00	113
资阳	Ziyang	5.76	8.31	8.51	135
贵州	**Guizhou**	**82.86**	**99.47**	**101.34**	
贵阳	Guiyang	26.54	36.58	46.12	16
六盘水	Liupanshui	9.75	2.30	2.60	254
遵义	Zunyi	20.69	19.91	10.24	109
安顺	Anshun	2.44	5.09	5.55	190
毕节	Bijie	4.50	5.00	5.00	206
铜仁	Tongren	9.00	3.90	3.90	233
云南	**Yunnan**	**56.26**	**113.35**	**124.86**	
昆明	Kunming	11.16	45.25	46.18	15
曲靖	Qujing	2.50	8.55	9.00	125
玉溪	Yuxi	1.80	8.63	8.82	127
保山	Baoshan	1.51	6.69	7.33	162
昭通	Zhaotong	0.52	3.42	3.42	245

地名	City	2010	2013	2014	2014 排名 Ranking
丽江	Lijiang	6.80	4.02	4.02	231
普洱	Puer	1.14	2.55	2.65	252
临沧	Lincang	1.66	1.37	1.99	263
西藏	**Tibet**	**4.12**	**12.92**	**8.76**	
拉萨	Lasa	3.22	10.72	6.46	181
陕西	**Shaanxi**	**58.83**	**177.81**	**212.23**	
西安	Xi'an	13.95	73.00	90.00	3
铜川	Tongchuan	2.44	12.88	12.92	82
宝鸡	Baoji	10.23	22.74	22.78	47
咸阳	Xianyang	10.41	14.21	14.36	71
渭南	Weinan	4.36	9.50	10.09	112
延安	Yan'an	3.12	7.72	7.72	151
汉中	Hanzhong	2.83	7.55	8.70	131
榆林	Yulin	1.60	10.91	11.05	97
安康	Ankang	2.60	3.40	13.97	73
商洛	Shangluo	3.95	4.00	4.00	232
甘肃	**Gansu**	**100.03**	**111.84**	**123.24**	
兰州	Lanzhou	35.71	36.26	46.51	14
嘉峪关	Jiayuguan	13.30	24.64	24.89	42
金昌	Jinchang	6.54	4.37	4.71	213
白银	Baiyin	7.29	3.70	3.70	241
天水	Tianshui	4.53	4.79	4.79	212
武威	Wuwei	0.33	1.20	1.20	275
张掖	Zhangye	7.61	4.67	4.67	215
平凉	Pingliang	3.01	3.03	3.03	250
酒泉	Jiuquan	5.70	13.40	13.50	77
庆阳	Qingyang	0.85	2.14	2.14	259
定西	Dingxi	7.12	2.80	3.90	233
陇南	Longnan	0.14	0.14	0.14	282
青海	**Qinghai**	**5.19**	**14.38**	**14.78**	
西宁	Xining	1.79	5.02	5.37	196
海东	Haidong			0.70	280
宁夏	**Ningxia**	**30.60**	**49.36**	**53.87**	
银川	Yinchuan	12.26	19.95	23.95	45
石嘴山	Shizuishan	0.60	3.23	3.23	248
吴忠	Wuzhong	3.60	7.69	7.70	152
固原	Guyuan	5.12	6.80	7.12	166
中卫	Zhongwei	5.20	5.35	5.42	193
新疆	**Xinjiang**	**88.57**	**118.19**	**129.43**	
乌鲁木齐	Urumqi	32.26	38.50	40.57	22
克拉玛依	Karamay	5.28	8.90	10.30	108

8-12 城市本年征用土地面积（辖区）
Area of Land Requisition This Year (Municipal Districts)

单位：平方公里　　(sq. km)

地名	City	2010	2013	2014	2014 排名 Ranking
全国	**National Total**	**1641.57**	**1831.57**	**1475.88**	
北京	**Beijing**	**46.48**	**34.91**	**14.38**	
天津	**Tianjin**	**43.96**	**41.13**	**16.57**	
河北	**Hebei**	**37.08**	**28.94**	**33.03**	
石家庄	Shijiazhuang	2.38		2.12	110
唐山	Tangshan	2.45			
秦皇岛	Qinhuangdao	4.37	7.08	0.36	173
邯郸	Handan				
邢台	Xingtai	0.13			
保定	Baoding	1.45	4.59	1.65	130
张家口	Zhangjiakou				
承德	Chengde		1.27	9.11	36
沧州	Cangzhou	2.15	2.23	0.58	160
廊坊	Langfang	2.14	1.72	1.17	144
衡水	Hengshui	1.26	1.12	1.02	149
山西	**Shanxi**	**16.61**	**25.85**	**25.34**	
太原	Taiyuan	8.69	11.00	11.00	25
大同	Datong				
阳泉	Yangquan	0.10	0.80		
长治	Changzhi	2.57		0.40	171
晋城	Jincheng				
朔州	Shuozhou	0.50	0.60	0.44	169
晋中	Jinzhong	0.91	2.52	1.30	139
运城	Yuncheng				
忻州	Xinzhou			2.04	113
临汾	Linfen		2.15	2.30	104
吕梁	Lvliang	2.05	2.84	1.68	129
内蒙古	**Inner Mongolia**	**14.12**	**16.55**	**25.21**	
呼和浩特	Hohhot		1.75	8.13	44
包头	Baotou				
乌海	Wuhai		0.25	0.25	179
赤峰	Chifeng	4.77			
通辽	Tongliao		3.40	5.40	59
鄂尔多斯	Erdos				
呼伦贝尔	Hulunbuir	0.97			
巴彦淖尔	Bayannur				
乌兰察布	Ulanqab		4.81	4.81	63
辽宁	**Liaoning**	**128.20**	**105.36**	**70.01**	
沈阳	Shenyang	38.90	30.86	27.34	5
大连	Dalian	28.12	30.50	4.11	74
鞍山	Anshan	9.11	2.84	13.60	18
抚顺	Fushun	4.05	3.70	1.79	124
本溪	Benxi	5.11	8.59	8.59	39
丹东	Dandong	4.50	6.75	3.80	79
锦州	Jinzhou	1.56	1.07	1.07	147
营口	Yingkou	1.59			
阜新	Fuxin	14.00			
辽阳	Liaoyang	9.79	6.90	2.40	102
盘锦	Panjin	1.80	1.42		
铁岭	Tieling	0.42	0.50	0.50	161
朝阳	Chaoyang				
葫芦岛	Huludao				
吉林	**Jilin**	**59.00**	**40.26**	**36.11**	
长春	Changchun	44.33	24.79	23.91	6
吉林	Jilin	5.19			
四平	Siping		2.03	1.43	134
辽源	Liaoyuan				
通化	Tonghua	0.60	0.37	0.25	179
白山	Baishan	0.37			
松原	Songyuan	1.14	3.65	1.38	136
白城	Baicheng	0.65	2.78	2.03	116
黑龙江	**Heilongjiang**	**28.30**	**19.87**	**24.33**	
哈尔滨	Harbin	13.90	7.52	10.04	29
齐齐哈尔	Qiqihar		0.70	0.70	156
鸡西	Jixi		1.75	1.10	145
鹤岗	Hegang	0.66			
双鸭山	Shuangyashan		0.80	0.80	155
大庆	Daqing	6.66	0.53	3.04	92
伊春	Yichun				
佳木斯	Jiamusi				
七台河	Qitaihe		1.57	1.41	135
牡丹江	Mudanjiang	2.63	2.70	3.00	93
黑河	Heihe				
绥化	Suihua		1.30	0.60	157
上海	**Shanghai**		**35.51**	**35.51**	
江苏	**Jiangsu**	**195.45**	**175.17**	**146.88**	

8-12 城市本年征用土地面积（辖区） 续表 1
Area of Land Requisition This Year (Municipal Districts) continued 1

单位：平方公里 (sq. km)

地名	City	2010	2013	2014	2014 排名 Ranking	地名	City	2010	2013	2014	2014 排名 Ranking
南京	Nanjing	35.96	27.57	19.75	7	池州	Chizhou		4.06	0.82	154
无锡	Wuxi	24.25	24.67	11.29	24	宣城	Xuancheng	2.50	5.11	4.30	71
徐州	Xuzhou	1.73	1.45	7.57	48	**福建**	**Fujian**	**23.79**	**86.86**	**75.63**	
常州	Changzhou	18.67	20.28	12.35	20	福州	Fuzhou		13.28	4.59	64
苏州	Suzhou		6.68	7.90	46	厦门	Xiamen		19.11	13.72	17
南通	Nantong	8.25	3.78	6.30	55	莆田	Putian	1.90	2.00	2.00	117
连云港	Lianyungang	12.67	2.62	2.04	113	三明	Sanming			9.29	35
淮安	Huaian	11.59	18.00	16.00	11	泉州	Quanzhou		5.00		
盐城	Yancheng	6.53	3.25			漳州	Zhangzhou	3.56	4.68	1.94	120
扬州	Yangzhou	3.40	5.53	2.08	111	南平	Nanping	0.27	2.17	2.17	108
镇江	Zhenjiang	10.99	7.05	8.67	38	龙岩	Longyan	3.46	3.95	6.08	56
泰州	Taizhou	8.79	0.78	5.24	60	宁德	Ningde	1.63	4.48	2.52	99
宿迁	Suqian	7.00	3.32	11.92	23	**江西**	**Jiangxi**	**20.97**	**97.60**	**39.65**	
浙江	**Zhejiang**	**107.36**	**140.47**	**105.49**		南昌	Nanchang		21.38	13.74	16
杭州	Hangzhou	27.68	20.52	12.14	21	景德镇	Jingdezhen				
宁波	Ningbo	4.93	3.41	2.79	96	萍乡	Pingxiang		51.38	3.42	86
温州	Wenzhou	5.54	7.97	9.56	33	九江	Jiujiang				
嘉兴	Jiaxing	7.89	2.91	3.42	86	新余	Xinyu	3.60	1.24		
湖州	Huzhou	2.20	2.34	2.34	103	鹰潭	Yingtan				
绍兴	Shaoxing	1.16	8.85	9.05	37	赣州	Ganzhou	3.50	9.02	9.57	32
金华	Jinhua	3.24	16.45	2.72	97	吉安	Jian	0.08	0.15		
衢州	Quzhou	4.79	16.07	7.49	49	宜春	Yichun				
舟山	Zhoushan	6.52	2.82	4.36	66	抚州	Fuzhou		7.36	7.48	50
台州	Taizhou	5.78	4.29	4.31	69	上饶	Shangrao	2.23			
丽水	Lishui	2.76	1.80	4.92	62	**山东**	**Shandong**	**98.71**	**100.08**	**88.13**	
安徽	**Anhui**	**109.30**	**137.36**	**107.33**		济南	Jinan	21.27	12.72	14.22	14
合肥	Hefei	17.96	13.40	15.07	13	青岛	Qingdao	11.70	6.23	10.28	27
芜湖	Wuhu	11.02	14.50	7.75	47	淄博	Zibo	7.99	26.10	8.56	40
蚌埠	Bengbu	5.00	8.91	8.04	45	枣庄	Zaozhuang	1.40	6.74	2.64	98
淮南	Huainan	12.05	10.47	14.00	15	东营	Dongying	3.11	1.36	1.76	126
马鞍山	Maanshan	5.53		3.84	77	烟台	Yantai	12.93	10.80	10.61	26
淮北	Huaibei	4.52	5.98	3.76	81	潍坊	Weifang	1.88			
铜陵	Tongling	3.40	13.60	3.37	88	济宁	Jining		5.71		
安庆	Anqing	5.20	4.46			泰安	Taian				
黄山	Huangshan	1.27	1.55	1.29	140	威海	Weihai	3.00	4.00	2.87	95
滁州	Chuzhou	16.01	18.13	9.62	31	日照	Rizhao		1.30	2.50	101
阜阳	Fuyang	3.96	12.67	10.13	28	莱芜	Laiwu	1.66		4.48	65
宿州	Suzhou	3.08	2.60	4.36	66	临沂	Linyi	4.05	3.09	7.10	53
六安	Liuan	3.66	4.26	4.24	72	德州	Dezhou			0.92	152
亳州	Bozhou	8.18	4.35	4.35	68	聊城	Liaocheng	1.24	3.76	3.80	79

8-12 城市本年征用土地面积（辖区） 续表 2
Area of Land Requisition This Year (Municipal Districts) continued 2

单位：平方公里 (sq. km)

地名	City	2010	2013	2014	2014 排名 Ranking
滨州	Binzhou	3.00	0.33	0.30	175
菏泽	Heze	2.41	3.75	4.31	69
河南	**Henan**	**67.01**	**41.38**	**36.74**	
郑州	Zhengzhou	19.35	7.81	8.50	42
开封	Kaifeng	8.74	9.34	7.36	52
洛阳	Luoyang	15.73			
平顶山	Pingdingshan				
安阳	Anyang	0.38			
鹤壁	Hebi	0.43			
新乡	Xinxiang				
焦作	Jiaozuo				
濮阳	Puyang	4.00	1.10	1.10	145
许昌	Xuchang				
漯河	Luohe				
三门峡	Sanmenxia	0.12			
南阳	Nanyang	3.76	2.67	9.40	34
商丘	Shangqiu				
信阳	Xinyang	12.64			
周口	Zhoukou				
驻马店	Zhumadian	1.10	1.00	1.00	151
湖北	**Hubei**	**79.94**	**108.29**	**115.26**	
武汉	Wuhan	44.66	64.80	33.17	2
黄石	Huangshi			9.74	30
十堰	Shiyan	4.82			
宜昌	Yichang	0.48	2.57		
襄阳	Xiangyang	15.35	12.69	28.89	4
鄂州	Ezhou	1.02	2.13	2.05	112
荆门	Jingmen				
孝感	Xiaogan	0.50	1.50		
荆州	Jingzhou	0.75	2.72	1.93	121
黄冈	Huanggang	0.90	1.00	19.20	8
咸宁	Xianning				
随州	Suizhou	0.05	0.85	1.77	125
湖南	**Hunan**	**48.92**	**64.39**	**48.89**	
长沙	Changsha			6.88	54
株洲	Zhuzhou		15.24	13.43	19
湘潭	Xiangtan	2.11	13.27	3.69	82
衡阳	Hengyang	6.06	2.00	2.00	117
邵阳	Shaoyang	7.96	0.31	0.40	171
岳阳	Yueyang	0.10	0.50	0.60	157
常德	Changde		3.80		
张家界	Zhangjiajie	0.21	2.40	0.48	165
益阳	Yiyang	2.80	3.80	3.19	90
郴州	Chenzhou	10.00	4.05	3.83	78
永州	Yongzhou	1.61	1.27	0.44	169
怀化	Huaihua		0.04		
娄底	Loudi	2.14	2.12		
广东	**Guangdong**	**95.74**	**84.71**	**78.80**	
广州	Guangzhou	33.72	9.22	11.99	22
韶关	Shaoguan				
深圳	Shenzhen				
珠海	Zhuhai	1.95			
汕头	Shantou				
佛山	Foshan		6.98	4.20	73
江门	Jiangmen	3.63	3.49	15.23	12
湛江	Zhanjiang	2.14	0.54		
茂名	Maoming	3.50	2.80		
肇庆	Zhaoqing		14.48	1.28	141
惠州	Huizhou	12.04	0.93	1.50	133
梅州	Meizhou	0.25	1.13	2.29	106
汕尾	Shanwei	0.10	1.89	0.06	185
河源	Heyuan				
阳江	Yangjiang				
清远	Qingyuan	0.41	6.51	6.03	57
东莞	Dongguan	8.42	9.40	8.16	43
中山	Zhongshan	7.26	0.94	0.87	153
潮州	Chaozhou				
揭阳	Jieyang		0.15	0.16	183
云浮	Yunfu	8.81	1.36	1.37	137
广西	**Guangxi**	**101.44**	**102.04**	**62.02**	
南宁	Nanning	6.09	30.54	33.90	1
柳州	Liuzhou	7.34	12.78	1.36	138
桂林	Guilin	1.00			
梧州	Wuzhou	7.23	4.58	5.21	61
北海	Beihai	4.14	5.82	3.53	85
防城港	Fangchenggang		0.40	0.30	175
钦州	Qinzhou	17.38	10.52	7.39	51
贵港	Guigang	10.37	2.42		
玉林	Yulin	4.09	0.47	0.50	161
百色	Baise	0.47	2.03	1.07	147

8-12 城市本年征用土地面积（辖区） 续表 3
Area of Land Requisition This Year (Municipal Districts) continued 3

单位：平方公里 (sq. km)

地名	City	2010	2013	2014	2014 排名 Ranking
贺州	Hezhou	7.62	5.33		
河池	Hechi	0.05	0.85	1.59	132
来宾	Laibin	23.41	13.75		
崇左	Chongzuo	3.86	0.21	0.20	182
海南	**Hainan**	**0.10**	**5.05**	**5.80**	
海口	Haikou				
三亚	Sanya				
三沙	Sansha				
重庆	**Chongqing**	**48.02**	**81.54**	**88.64**	
四川	**Sichuan**	**86.33**	**75.87**	**50.84**	
成都	Chengdu	15.91	28.38	16.26	10
自贡	Zigong	8.74			
攀枝花	Panzhihua	0.70	2.77	2.18	107
泸州	Luzhou	12.81	9.20	3.65	83
德阳	Deyang	2.17	4.75	3.15	91
绵阳	Mianyang				
广元	Guangyuan	1.97	0.19	0.33	174
遂宁	Suining				
内江	Neijiang	3.25	1.80	2.04	113
乐山	Leshan	0.06			
南充	Nanchong	7.00	8.35	4.00	75
眉山	Meishan	2.30	2.92	3.60	84
宜宾	Yibin	7.03			
广安	Guangan		0.20	0.30	175
达州	Dazhou		2.30	1.76	126
雅安	Yaan		0.26	0.21	181
巴中	Bazhong	0.30	0.50	0.50	161
资阳	Ziyang	5.52	1.84	2.51	100
贵州	**Guizhou**	**5.26**	**12.47**	**16.05**	
贵阳	Guiyang				
六盘水	Liupanshui				
遵义	Zunyi			5.84	58
安顺	Anshun	2.00			
毕节	Bijie		1.71	1.71	128
铜仁	Tongren				
云南	**Yunnan**	**85.23**	**66.45**	**40.33**	
昆明	Kunming	44.73	37.44	3.20	89
曲靖	Qujing				
玉溪	Yuxi				
保山	Baoshan	0.55	1.00	2.93	94
昭通	Zhaotong	3.00	1.30	0.49	164
丽江	Lijiang		1.01	1.01	150
普洱	Puer	0.33	2.60	2.00	117
临沧	Lincang	2.12	1.60	2.30	104
西藏	**Tibet**	**2.94**			
拉萨	Lasa	2.94			
陕西	**Shaanxi**	**41.52**	**21.53**	**22.50**	
西安	Xi'an	38.43	19.21	18.00	9
铜川	Tongchuan				
宝鸡	Baoji			0.30	175
咸阳	Xianyang				
渭南	Weinan	2.08	0.48	0.48	165
延安	Yan'an				
汉中	Hanzhong				
榆林	Yulin				
安康	Ankang		1.47	1.63	131
商洛	Shangluo				
甘肃	**Gansu**	**23.83**	**36.26**	**39.42**	
兰州	Lanzhou	11.38	18.25	29.76	3
嘉峪关	Jiayuguan				
金昌	Jinchang	1.26	1.16	0.16	183
白银	Baiyin	1.29	1.25	1.25	142
天水	Tianshui				
武威	Wuwei	1.00			
张掖	Zhangye	0.16	2.48	1.90	122
平凉	Pingliang			0.45	168
酒泉	Jiuquan				
庆阳	Qingyang	1.39	2.13	2.14	109
定西	Dingxi	0.50	1.24	1.20	143
陇南	Longnan				
青海	**Qinghai**	**0.01**	**7.11**	**4.22**	
西宁	Xining				
海东	Haidong			4.00	75
宁夏	**Ningxia**	**8.30**	**6.79**	**2.89**	
银川	Yinchuan				
石嘴山	Shizuishan				
吴忠	Wuzhong	2.70	2.63		
固原	Guyuan	0.99	1.60	1.80	123
中卫	Zhongwei	0.91	0.14	0.47	167
新疆	**Xinjiang**	**17.65**	**31.77**	**19.88**	
乌鲁木齐	Urumqi	9.42	22.51	8.56	40
克拉玛依	Karamay	0.30	0.60	0.60	157

8-13 城市本年征用耕地面积（辖区）

Area of Arable Land Requisition This Year (Municipal Districts)

单位：平方公里 (sq. km)

地名	City	2010	2013	2014	2014 排名 Ranking
全国	**National Total**	**708.96**	**782.90**	**671.65**	
北京	**Beijing**	**17.53**	**8.49**	**2.56**	
天津	**Tianjin**	**18.65**	**19.62**	**8.16**	
河北	**Hebei**	**12.86**	**11.15**	**15.46**	
石家庄	Shijiazhuang	2.38		0.58	120
唐山	Tangshan	0.26			
秦皇岛	Qinhuangdao	2.47	2.38		
邯郸	Handan				
邢台	Xingtai				
保定	Baoding	1.23	2.29	1.41	79
张家口	Zhangjiakou				
承德	Chengde		0.72	4.62	31
沧州	Cangzhou	1.31	1.59		
廊坊	Langfang	1.12	0.42	0.51	121
衡水	Hengshui	0.56	0.64	0.79	111
山西	**Shanxi**	**8.02**	**12.13**	**12.17**	
太原	Taiyuan	4.45	6.00	6.00	16
大同	Datong				
阳泉	Yangquan				
长治	Changzhi	1.65			
晋城	Jincheng				
朔州	Shuozhou				
晋中	Jinzhong				
运城	Yuncheng				
忻州	Xinzhou			1.40	80
临汾	Linfen		1.31	1.39	82
吕梁	Lvliang	0.56	1.01	0.59	118
内蒙古	**Inner Mongolia**	**1.39**	**4.97**	**11.38**	
呼和浩特	Hohhot		0.88	5.15	27
包头	Baotou				
乌海	Wuhai				
赤峰	Chifeng				
通辽	Tongliao		0.42	2.30	62
鄂尔多斯	Erdos				
呼伦贝尔	Hulunbuir				
巴彦淖尔	Bayannur				
乌兰察布	Ulanqab		3.26	3.26	42
辽宁	**Liaoning**	**60.24**	**59.83**	**35.85**	
沈阳	Shenyang	24.50	22.63	20.02	2
大连	Dalian	7.53	10.90	1.48	78
鞍山	Anshan	4.30	1.52	2.46	59
抚顺	Fushun		3.35	1.25	87
本溪	Benxi	2.91	3.07	3.07	45
丹东	Dandong	4.00	5.50	2.62	50
锦州	Jinzhou	0.87			
营口	Yingkou				
阜新	Fuxin	7.30			
辽阳	Liaoyang	6.53	5.19	2.02	66
盘锦	Panjin		1.14		
铁岭	Tieling	0.04	0.10	0.10	144
朝阳	Chaoyang				
葫芦岛	Huludao				
吉林	**Jilin**	**40.73**	**27.03**	**24.18**	
长春	Changchun	33.64	16.57	17.24	3
吉林	Jilin	2.96			
四平	Siping		1.46	1.07	94
辽源	Liaoyuan				
通化	Tonghua	0.41	0.20	0.17	140
白山	Baishan	0.37			
松原	Songyuan	0.42	2.95	0.97	102
白城	Baicheng		2.21	1.31	85
黑龙江	**Heilongjiang**	**3.37**	**6.93**	**8.20**	
哈尔滨	Harbin				
齐齐哈尔	Qiqihar				
鸡西	Jixi		1.26	0.80	108
鹤岗	Hegang	0.43			
双鸭山	Shuangyashan		0.80	0.80	108
大庆	Daqing		0.36	0.87	105
伊春	Yichun				
佳木斯	Jiamusi				
七台河	Qitaihe				
牡丹江	Mudanjiang	1.54		2.44	60
黑河	Heihe		2.47		
绥化	Suihua			0.50	122
上海	**Shanghai**		**21.01**	**21.01**	
江苏	**Jiangsu**	**88.21**	**70.23**	**68.06**	

8-13 城市本年征用耕地面积（辖区） 续表 1

Area of Arable Land Requisition This Year (Municipal Districts) continued 1

单位：平方公里 (sq. km)

地名	City	2010	2013	2014	2014 排名 Ranking	地名	City	2010	2013	2014	2014 排名 Ranking
南京	Nanjing	14.67	9.71	6.74	13	池州	Chizhou		3.13	0.47	125
无锡	Wuxi	10.00	9.13	5.56	21	宣城	Xuancheng				
徐州	Xuzhou	0.71	0.51	4.05	34	**福建**	**Fujian**	**7.41**	**38.53**	**23.48**	
常州	Changzhou	11.27	8.57	5.44	23	福州	Fuzhou		5.33	1.17	90
苏州	Suzhou		1.69	2.96	46	厦门	Xiamen		15.67	3.15	44
南通	Nantong	4.14	1.66	2.60	52	莆田	Putian	1.30	1.90	1.90	70
连云港	Lianyungang	8.53	1.28	1.17	90	三明	Sanming			1.91	69
淮安	Huaian	6.80	6.00	9.85	7	泉州	Quanzhou				
盐城	Yancheng	4.50	2.30			漳州	Zhangzhou	0.59		0.28	134
扬州	Yangzhou		2.40	1.02	96	南平	Nanping	0.03	0.40	0.40	126
镇江	Zhenjiang	4.27	2.30	6.67	14	龙岩	Longyan	2.09	2.49	0.82	106
泰州	Taizhou					宁德	Ningde	0.58	1.97	0.82	106
宿迁	Suqian		1.07	5.05	28	**江西**	**Jiangxi**	**4.16**	**33.36**	**13.41**	
浙江	**Zhejiang**	**65.94**	**67.75**	**53.79**		南昌	Nanchang		8.97	6.89	12
杭州	Hangzhou	18.37	10.97	5.97	18	景德镇	Jingdezhen				
宁波	Ningbo	2.78	2.20	1.18	88	萍乡	Pingxiang		15.20	1.18	88
温州	Wenzhou	4.62	4.09	3.63	40	九江	Jiujiang				
嘉兴	Jiaxing	6.20	1.91	2.29	63	新余	Xinyu	0.31	0.85		
湖州	Huzhou	0.80	1.86	1.86	73	鹰潭	Yingtan				
绍兴	Shaoxing	0.98	6.42	5.95	20	赣州	Ganzhou	1.80	4.58	1.72	74
金华	Jinhua	2.17				吉安	Jian				
衢州	Quzhou	2.01	6.00	2.62	50	宜春	Yichun				
舟山	Zhoushan	3.24	1.27	2.48	58	抚州	Fuzhou		2.50	2.51	56
台州	Taizhou	1.19	2.71	2.12	65	上饶	Shangrao	0.56			
丽水	Lishui	1.15	0.24	0.98	101	**山东**	**Shandong**	**38.05**	**41.79**	**39.82**	
安徽	**Anhui**	**61.18**	**67.74**	**56.54**		济南	Jinan	12.10	7.28	7.12	10
合肥	Hefei	13.47	6.25	8.46	9	青岛	Qingdao	5.78	1.27	4.62	31
芜湖	Wuhu	5.59	6.80	4.43	33	淄博	Zibo	4.15	16.50	4.78	30
蚌埠	Bengbu	3.00	3.34	5.19	26	枣庄	Zaozhuang	0.47	1.24	1.08	93
淮南	Huainan	7.66	6.78	3.67	39	东营	Dongying	1.10	0.60	0.40	126
马鞍山	Maanshan	2.78		2.28	64	烟台	Yantai	2.26	3.14	2.56	54
淮北	Huaibei	2.39	4.00	2.94	47	潍坊	Weifang	0.43			
铜陵	Tongling		0.16	0.36	130	济宁	Jining				
安庆	Anqing					泰安	Taian				
黄山	Huangshan	0.99	0.81	0.59	118	威海	Weihai		0.93	0.90	103
滁州	Chuzhou	10.34	11.85	7.08	11	日照	Rizhao				
阜阳	Fuyang	2.01	8.67	5.05	28	莱芜	Laiwu			2.58	53
宿州	Suzhou	2.96	1.95	3.57	41	临沂	Linyi	0.22	0.89	3.85	37
六安	Liuan	1.99	2.70	2.49	57	德州	Dezhou			0.40	126
亳州	Bozhou	5.85	4.00	4.00	35	聊城	Liaocheng		3.76	3.80	38

8-13 城市本年征用耕地面积（辖区） 续表 2

Area of Arable Land Requisition This Year (Municipal Districts) continued 2

单位：平方公里 (sq. km)

地名	City	2010	2013	2014	2014 排名 Ranking
滨州	Binzhou		0.14		
菏泽	Heze	1.66	2.58	2.53	55
河南	**Henan**	**27.02**	**17.92**	**16.22**	
郑州	Zhengzhou				
开封	Kaifeng	6.01	6.69	5.22	25
洛阳	Luoyang	11.79			
平顶山	Pingdingshan				
安阳	Anyang				
鹤壁	Hebi	0.27			
新乡	Xinxiang				
焦作	Jiaozuo				
濮阳	Puyang		0.60	0.60	117
许昌	Xuchang				
漯河	Luohe				
三门峡	Sanmenxia				
南阳	Nanyang	1.66	1.42	5.55	22
商丘	Shangqiu				
信阳	Xinyang	6.03			
周口	Zhoukou				
驻马店	Zhumadian				
湖北	**Hubei**	**15.23**	**44.82**	**54.34**	
武汉	Wuhan	13.40	32.89	15.06	6
黄石	Huangshi			5.97	18
十堰	Shiyan				
宜昌	Yichang				
襄阳	Xiangyang		8.52	16.73	5
鄂州	Ezhou	0.51	1.30	1.32	84
荆门	Jingmen				
孝感	Xiaogan				
荆州	Jingzhou	0.06			
黄冈	Huanggang			9.20	8
咸宁	Xianning				
随州	Suizhou				
湖南	**Hunan**	**11.65**	**14.67**	**10.84**	
长沙	Changsha				
株洲	Zhuzhou				
湘潭	Xiangtan	0.92		1.88	72
衡阳	Hengyang	2.46		1.00	98
邵阳	Shaoyang	0.21	0.21	0.22	139
岳阳	Yueyang				
常德	Changde		2.10		
张家界	Zhangjiajie	0.17	0.60		
益阳	Yiyang	1.00	3.07	1.40	80
郴州	Chenzhou	0.50	2.31	1.68	75
永州	Yongzhou	0.20	0.36	0.10	144
怀化	Huaihua				
娄底	Loudi	1.09	0.98		
广东	**Guangdong**	**26.43**	**20.82**	**23.29**	
广州	Guangzhou	11.95	2.18	3.16	43
韶关	Shaoguan				
深圳	Shenzhen				
珠海	Zhuhai	0.45			
汕头	Shantou				
佛山	Foshan		1.86	0.68	114
江门	Jiangmen	1.29	0.73	2.84	48
湛江	Zhanjiang				
茂名	Maoming		2.00		
肇庆	Zhaoqing			0.31	132
惠州	Huizhou	1.81	0.22	0.24	137
梅州	Meizhou	0.07	0.14	0.73	113
汕尾	Shanwei		0.85	0.02	149
河源	Heyuan				
阳江	Yangjiang				
清远	Qingyuan	0.40	3.94	3.94	36
东莞	Dongguan	2.12	1.36	1.13	92
中山	Zhongshan	2.86	0.12	0.10	144
潮州	Chaozhou				
揭阳	Jieyang				
云浮	Yunfu	3.34	0.05	0.06	147
广西	**Guangxi**	**40.43**	**36.05**	**24.14**	
南宁	Nanning	3.04	14.35	16.84	4
柳州	Liuzhou	5.09	6.61	0.63	116
桂林	Guilin				
梧州	Wuzhou		0.59	1.04	95
北海	Beihai	1.89	1.75	0.65	115
防城港	Fangchenggang				
钦州	Qinzhou	0.22			
贵港	Guigang	7.29	2.09		
玉林	Yulin	2.06	0.47	0.50	122
百色	Baise				

8-13 城本年征用耕地面积（辖区） 续表 3

Area of Arable Land Requisition This Year (Municipal Districts) continued 3

单位：平方公里 (sq. km)

地名	City	2010	2013	2014	2014 排名 Ranking
贺州	Hezhou	6.09	4.33		
河池	Hechi		0.65	1.59	76
来宾	Laibin	9.58	2.00		
崇左	Chongzuo	3.17	0.13		
海南	**Hainan**		**0.63**	**0.66**	
海口	Haikou				
三亚	Sanya				
三沙	Sansha				
重庆	**Chongqing**	**14.23**	**43.91**	**51.35**	
四川	**Sichuan**	**45.58**	**22.34**	**20.73**	
成都	Chengdu	u	3.97	6.43	15
自贡	Zigong	5.15			
攀枝花	Panzhihua	0.70	0.40	0.11	143
泸州	Luzhou	8.20	4.54	2.00	67
德阳	Deyang	2.17	0.60	1.93	68
绵阳	Mianyang				
广元	Guangyuan		0.07	0.05	148
遂宁	Suining				
内江	Neijiang	2.51	1.22	1.38	83
乐山	Leshan				
南充	Nanchong	1.00	2.00	1.00	98
眉山	Meishan	1.14			
宜宾	Yibin	0.95			
广安	Guangan		0.20	0.30	133
达州	Dazhou		1.06	0.88	104
雅安	Yaan		0.20	0.17	140
巴中	Bazhong				
资阳	Ziyang	4.14	1.44	1.89	71
贵州	**Guizhou**	**0.28**	**3.04**	**8.07**	
贵阳	Guiyang				
六盘水	Liupanshui				
遵义	Zunyi			2.43	61
安顺	Anshun	0.20			
毕节	Bijie		1.02	1.02	96
铜仁	Tongren				
云南	**Yunnan**	**43.95**	**33.08**	**17.95**	
昆明	Kunming	20.13	17.51	0.75	112
曲靖	Qujing				
玉溪	Yuxi				
保山	Baoshan	0.35	0.54	1.26	86
昭通	Zhaotong	2.50	1.30	0.49	124
丽江	Lijiang		0.40	0.40	126
普洱	Puer				
临沧	Lincang	0.80			
西藏	**Tibet**	**0.71**			
拉萨	Lasa	0.71			
陕西	**Shaanxi**	**30.59**	**8.18**	**8.88**	
西安	Xi'an	28.15	6.72	6.00	16
铜川	Tongchuan				
宝鸡	Baoji				
咸阳	Xianyang				
渭南	Weinan	1.73	0.28	0.28	134
延安	Yan'an				
汉中	Hanzhong				
榆林	Yulin				
安康	Ankang			0.80	108
商洛	Shangluo				
甘肃	**Gansu**	**12.62**	**16.92**	**28.01**	
兰州	Lanzhou	6.50	9.16	23.36	1
嘉峪关	Jiayuguan				
金昌	Jinchang	0.57			
白银	Baiyin	0.81			
天水	Tianshui				
武威	Wuwei	1.00			
张掖	Zhangye	0.13	2.01	1.57	77
平凉	Pingliang			0.36	130
酒泉	Jiuquan				
庆阳	Qingyang	0.11	0.11	0.15	142
定西	Dingxi	0.20	0.26	0.24	137
陇南	Longnan				
青海	**Qinghai**		**5.02**	**2.80**	
西宁	Xining				
海东	Haidong			2.70	49
宁夏	**Ningxia**	**6.70**	**3.74**	**1.56**	
银川	Yinchuan				
石嘴山	Shizuishan				
吴忠	Wuzhong	2.60	1.36		
固原	Guyuan	0.70	0.80	1.00	98
中卫	Zhongwei	0.91	0.13	0.25	136
新疆	**Xinjiang**	**5.80**	**21.20**	**8.74**	
乌鲁木齐	Urumqi	3.83	19.07	5.38	24
克拉玛依	Karamay				

8-14 城市维护建设资金(财政性资金)收入(辖区)

Revenue of Urban Maintenance and Construction Fund (Fiscal Budget) (Municipal Districts)

单位：万元 (10 000 yuan)

地名	City	2010	2013	2014	2014 排名 Ranking	地名	City	2010	2013	2014	2014 排名 Ranking
全国	**Nation Total**	**85704996**	**143227465**	**138005449**		沈阳	Shenyang	692324	1797090	1160331	20
北京	**Beijing**	**5886970**	**18019329**			大连	Dalian	477648	963809	1128807	21
天津	**Tianjin**	**1516602**	**1489158**	**1626502**		鞍山	Anshan	1955871	858660	338935	77
河北	**Hebei**	**3115491**	**3921088**	**3378756**		抚顺	Fushun	123387	498715	295474	86
石家庄	Shijiazhuang	410377	627966	648042	39	本溪	Benxi	99424	255160	197474	116
唐山	Tangshan	617009	248956	164098	132	丹东	Dandong	103943	78509	68975	193
秦皇岛	Qinhuangdao	346299	239069	66015	198	锦州	Jinzhou	72452	147017	70491	191
邯郸	Handan	419186	704363	380094	67	营口	Yingkou	99609	99890	99350	165
邢台	Xingtai	55600	37183	56175	211	阜新	Fuxin	42632	103774	67943	196
保定	Baoding	296291	449552	482747	53	辽阳	Liaoyang	219210	290777	322090	82
张家口	Zhangjiakou	96036	96616	95739	168	盘锦	Panjin	109439	127557	357988	71
承德	Chengde	46963	43893	52500	214	铁岭	Tieling	13522	35821	17838	259
沧州	Cangzhou	95169	96572	96388	167	朝阳	Chaoyang	40227	38276	46481	220
廊坊	Langfang	107104	112809	127237	154	葫芦岛	Huludao	33656	160795	162097	134
衡水	Hengshui	23645	97189	63739	203	吉林	**Jilin**	**883223**	**1197171**	**1217209**	
山西	**Shanxi**	**1890382**	**2183889**	**2955134**		长春	Changchun	463853	562184	533588	45
太原	Taiyuan	690751	895487	1123921	22	吉林	Jilin	58000	70000	80000	177
大同	Datong	589139	66785	529059	46	四平	Siping	8913	28070	36339	238
阳泉	Yangquan	86952	35143	81575	176	辽源	Liaoyuan	26909	36110	5291	280
长治	Changzhi	71849	141795	278494	91	通化	Tonghua	21689	28344	18315	258
晋城	Jincheng	204	4241			白山	Baishan	37594	51306	39491	233
朔州	Shuozhou	118346	154138	65783	200	松原	Songyuan	8935	35376	31258	245
晋中	Jinzhong	84160	171655	385954	65	白城	Baicheng	18307	20749	86108	172
运城	Yuncheng	33245	21672	28247	250	黑龙江	**Heilongjiang**	**1186674**	**2047882**	**1716356**	
忻州	Xinzhou	19764	324466	137719	150	哈尔滨	Harbin	345790	408540	366879	70
临汾	Linfen	72372	57182	64421	201	齐齐哈尔	Qiqihar	103597	171976	120661	159
吕梁	Lvliang	14028	110715	44914	224	鸡西	Jixi	16570	36355	31495	244
内蒙古	**Inner Mongolia**	**2016567**	**1150610**	**1919616**		鹤岗	Hegang	24609	19462	14893	266
呼和浩特	Hohhot	143959	223666	278943	90	双鸭山	Shuangyashan	30149	20688	29335	249
包头	Baotou	194937	230432	257853	98	大庆	Daqing	223668	608459	427999	57
乌海	Wuhai	72670	19606	263277	96	伊春	Yichun	62307	102193	60239	208
赤峰	Chifeng	173710	33812	50443	218	佳木斯	Jiamusi	91623	34310	36239	239
通辽	Tongliao	87642	6468	39334	234	七台河	Qitaihe	13444	51388	57051	210
鄂尔多斯	Erdos	880253	186690	165616	130	牡丹江	Mudanjiang	28419	171741	166342	129
呼伦贝尔	Hulunbuir	34567	47560	46451	221	黑河	Heihe	15945	12408	11495	271
巴彦淖尔	Bayannur	1450	8160	4573	283	绥化	Suihua	14496	38976	52039	215
乌兰察布	Ulanqab	33975	12115	325579	80	上海	**Shanghai**	**1960933**	**2231751**	**3358903**	
辽宁	**Liaoning**	**4617395**	**6600036**	**5230764**		江苏	**Jiangsu**	**8008899**	**12228642**	**13386774**	

8-14 城市维护建设资金(财政性资金)收入（辖区） 续表 1

Revenue of Urban Maintenance and Construction Fund (Fiscal Budget) (Municipal Districts) continued 1

单位：万元 (10 000 yuan)

地名	City	2010	2013	2014	2014 排名 Ranking	地名	City	2010	2013	2014	2014 排名 Ranking
南京	Nanjing	1737698	2753832	3337821	6	池州	Chizhou	65881	122438	73961	179
无锡	Wuxi	535568	394326	426462	58	宣城	Xuancheng	103185	285000	265000	94
徐州	Xuzhou	169651	346829	528291	47	**福建**	**Fujian**	**4656971**	**6593051**	**10852589**	
常州	Changzhou	297868	399774	357440	72	福州	Fuzhou	2747179	1071718	2451744	9
苏州	Suzhou	1365198	2513854	2753699	7	厦门	Xiamen	546055	2787875	5640505	1
南通	Nantong	363404	871567	756997	34	莆田	Putian	53450	36531	51848	216
连云港	Lianyungang	207428	449579	604632	41	三明	Sanming	8923	26413	27987	251
淮安	Huaian	212091	227058	326030	79	泉州	Quanzhou	345200	725000	924846	28
盐城	Yancheng	82886	138828	347189	75	漳州	Zhangzhou	36867	216698	175737	127
扬州	Yangzhou	201999	477354	297549	85	南平	Nanping	28167	41927	207592	113
镇江	Zhenjiang	646642	1124206	871555	31	龙岩	Longyan	115652	143995	132606	153
泰州	Taizhou	117332	235156	183730	122	宁德	Ningde	174527	193826	159229	136
宿迁	Suqian	42294	188513	264564	95	**江西**	**Jiangxi**	**2422959**	**3155494**	**3957685**	
浙江	**Zhejiang**	**6108113**	**8131248**	**8016579**		南昌	Nanchang	125773	279145	311475	83
杭州	Hangzhou	2237771	1612456	1271748	18	景德镇	Jingdezhen	13687	56320	138911	149
宁波	Ningbo	815389	762323	763136	32	萍乡	Pingxiang	51200	156320	405963	61
温州	Wenzhou	94515	2401098	1953843	15	九江	Jiujiang	665900	242262	234519	104
嘉兴	Jiaxing	261755	99451	144004	144	新余	Xinyu	118293	235069	206520	114
湖州	Huzhou	274925	217947	232549	105	鹰潭	Yingtan	113836	192226	134324	151
绍兴	Shaoxing	180767	366982	437702	56	赣州	Ganzhou	174601	64641	123742	157
金华	Jinhua	67290	156000	158281	137	吉安	Jian	167206	199530	197918	115
衢州	Quzhou	98802	170906	139302	148	宜春	Yichun	174159	389000	405711	62
舟山	Zhoushan	146504	238505	508274	48	抚州	Fuzhou	123561	218537	216452	110
台州	Taizhou	126916	171648	185501	120	上饶	Shangrao	142829	150244	685972	35
丽水	Lishui	58456	101802	141912	146	**山东**	**Shandong**	**10377521**	**9866852**	**11777166**	
安徽	**Anhui**	**2902962**	**4716342**	**6735412**		济南	Jinan	951069	1427455	1319002	17
合肥	Hefei	597267	518013	2400797	10	青岛	Qingdao	4752449	2433889	3425011	5
芜湖	Wuhu	616024	650032	378891	68	淄博	Zibo	145597	216029	213210	111
蚌埠	Bengbu	331579	1044283	913461	29	枣庄	Zaozhuang	162441	239924	103912	164
淮南	Huainan	224036	261879	331210	78	东营	Dongying	231469	389680	417140	59
马鞍山	Maanshan	228717	141344	281809	89	烟台	Yantai	429225	622955	904328	30
淮北	Huaibei	81340	343398	242266	101	潍坊	Weifang	162854	180158	351136	73
铜陵	Tongling	29178	29782	242266	101	济宁	Jining	142668	468155	185242	121
安庆	Anqing	79137	120000	125031	156	泰安	Taian	244194	230190	228459	109
黄山	Huangshan	68456	80226	85049	173	威海	Weihai	128946	153163	245078	99
滁州	Chuzhou	138826	209721	190412	118	日照	Rizhao	168122	118578	143359	145
阜阳	Fuyang	56548	146070	270223	92	莱芜	Laiwu	53012	54042	62977	204
宿州	Suzhou	12722	60099	68743	194	临沂	Linyi	252508	385480	605755	40
六安	Liuan	54679	137308	94377	169	德州	Dezhou	97815	234200	153885	138
亳州	Bozhou	51395	114048	109282	163	聊城	Liaocheng	64766	106190	162164	133

8-14 城市维护建设资金(财政性资金)收入（辖区） 续表 2

Revenue of Urban Maintenance and Construction Fund (Fiscal Budget) (Municipal Districts) continued 2

单位：万元 (10 000 yuan)

地名	City	2010	2013	2014	2014 排名 Ranking	地名	City	2010	2013	2014	2014 排名 Ranking
滨州	Binzhou	78755	155365	347628	74	常德	Changde	195847	191000	323696	81
菏泽	Heze	69140	123365	240038	103	张家界	Zhangjiajie	5037	5860	4359	284
河南	**Henan**	**2381809**	**3286281**	**4001624**		益阳	Yiyang	85132	176103	152731	139
郑州	Zhengzhou	1205952	907919	1189243	19	郴州	Chenzhou	72418	203576	209462	112
开封	Kaifeng	117063	182352	480809	54	永州	Yongzhou	118929	198168	232140	106
洛阳	Luoyang	38016	61283	73792	181	怀化	Huaihua	17881	136877	389104	64
平顶山	Pingdingshan	130426	239416	400586	63	娄底	Loudi	62196	265120	29897	247
安阳	Anyang	38155	40789	40844	229	广东	**Guangdong**	**9315084**	**16743729**	**20133006**	
鹤壁	Hebi	24182	118059	117339	160	广州	Guangzhou	2511190	3166523	3471509	4
新乡	Xinxiang	35676	233533	127017	155	韶关	Shaoguan	89614	537144	384683	66
焦作	Jiaozuo	130885	178978	171642	128	深圳	Shenzhen	132886	182998	182072	124
濮阳	Puyang	60780	65000	39690	232	珠海	Zhuhai	1867958	3750704	4929480	2
许昌	Xuchang	56796	51203	52846	213	汕头	Shantou	33895	66930	1061926	24
漯河	Luohe	58325	19385	10189	274	佛山	Foshan	1609100	1557394	2237691	12
三门峡	Sanmenxia	22389	37282	27779	252	江门	Jiangmen	307168	496586	761632	33
南阳	Nanyang	52098	201826	291700	87	湛江	Zhanjiang	296750	587045	498032	52
商丘	Shangqiu	22626	57725	62327	206	茂名	Maoming	50082	48028	177624	125
信阳	Xinyang	23912	40501	34762	241	肇庆	Zhaoqing	267468	518143	550300	44
周口	Zhoukou	49778	55325	81788	175	惠州	Huizhou	226235	587168	664706	38
驻马店	Zhumadian	18700	30822	33022	242	梅州	Meizhou	79121	295536	303925	84
湖北	**Hubei**	**1561968**	**4678894**	**6356547**		汕尾	Shanwei	12680	18075	15300	265
武汉	Wuhan	406770	2135082	2135082	14	河源	Heyuan	22393	195206	196494	117
黄石	Huangshi	62525	102255	71691	189	阳江	Yangjiang	33027		5950	277
十堰	Shiyan	175056	271500	477700	55	清远	Qingyuan	125436	329851	60763	207
宜昌	Yichang	145952	271909	1101672	23	东莞	Dongguan	585254	2267215	2205692	13
襄阳	Xiangyang	192652	797720	1032565	26	中山	Zhongshan	113168	252074	229882	108
鄂州	Ezhou	97828	139579	150118	142	潮州	Chaozhou	28604	88511	73437	182
荆门	Jingmen	16944	29358	30006	246	揭阳	Jieyang	20733	34621	27775	253
孝感	Xiaogan	15700	52000	243123	100	云浮	Yunfu	42947	144011	159441	135
荆州	Jingzhou	33135	44490	70823	190	广西	**Guangxi**	**2722649**	**4891693**	**5004714**	
黄冈	Huanggang	16480	33836	73910	180	南宁	Nanning	1447620	2367022	2513522	8
咸宁	Xianning	90859	13831	14558	267	柳州	Liuzhou	529239	1053687	1007416	27
随州	Suizhou	12300	17600	44330	226	桂林	Guilin	98538	522348	573185	42
湖南	**Hunan**	**2004494**	**3113637**	**3250849**		梧州	Wuzhou	64514	82338	65814	199
长沙	Changsha	602633	624500	684500	36	北海	Beihai	30724	117184	93824	171
株洲	Zhuzhou	279587	120531	145986	143	防城港	Fangchenggang	100928	110568	112330	162
湘潭	Xiangtan	34150	282110	176221	126	钦州	Qinzhou	71664	32537	29783	248
衡阳	Hengyang	20658	141649	98976	166	贵港	Guigang	21452	85778	62723	205
邵阳	Shaoyang	55792	98763	182651	123	玉林	Yulin	141541	76847	38486	236
岳阳	Yueyang	146356	154380	186228	119	百色	Baise	21082	63279	79595	178

8-14 城市维护建设资金(财政性资金)收入（辖区） 续表 3

Revenue of Urban Maintenance and Construction Fund (Fiscal Budget) (Municipal Districts) continued 3

单位：万元 (10 000 yuan)

地名	City	2010	2013	2014	2014 排名 Ranking
贺州	Hezhou	6091	30405	40172	231
河池	Hechi	37573	38152	42941	227
来宾	Laibin	25666	119319	132852	152
崇左	Chongzuo	35278	46673	52933	212
海南	**Hainan**	**245421**	**1236708**	**1025788**	
海口	Haikou	60079	166819	115334	161
三亚	Sanya	47850	670236	504696	50
三沙	Sansha				
重庆	**Chongqing**	**1950298**	**4344439**	**2950656**	
四川	**Sichuan**	**1929600**	**3747591**	**5437876**	
成都	Chengdu	680325	1225948	2317217	11
自贡	Zigong	29839	44053	41931	228
攀枝花	Panzhihua	35138	76768	123197	158
泸州	Luzhou	45043	469469	499369	51
德阳	Deyang	44274	98790	73306	183
绵阳	Mianyang	116535	76213	67558	197
广元	Guangyuan	107311	121640	73295	184
遂宁	Suining	35286	55420	58235	209
内江	Neijiang	13572	105211	152238	141
乐山	Leshan	77158	76653	68328	195
南充	Nanchong	98170	169470	231800	107
眉山	Meishan	12312	80586	93922	170
宜宾	Yibin	163208	341483	140653	147
广安	Guangan	47070	104455	340686	76
达州	Dazhou	20521	131183	32400	243
雅安	Yaan	2780	75949	71880	188
巴中	Bazhong	53212	260112	563283	43
资阳	Ziyang	9743	16309	50952	217
贵州	**Guizhou**	**389972**	**4433704**	**1009443**	
贵阳	Guiyang	259749	3843290	373944	69
六盘水	Liupanshui	1837	15657	15720	264
遵义	Zunyi	20583	40389	37543	237
安顺	Anshun	18636	15620	17026	261
毕节	Bijie	590	359640	269699	93
铜仁	Tongren	2451	4240	4575	282
云南	**Yunnan**	**1923960**	**4056277**	**2984654**	
昆明	Kunming	961108	2869682	1893616	16
曲靖	Qujing	76702	60320	72557	185
玉溪	Yuxi	36443	14521	11569	270
保山	Baoshan	12103	6372	5399	278
昭通	Zhaotong	25278	7372	8674	275
丽江	Lijiang	31757	30999	35219	240
普洱	Puer	50812	56110	16856	262
临沧	Lincang	9430	49695	72265	186
西藏	**Tibet**	**13138**	**8144**	**133707**	
拉萨	Lasa	9345	8081	7322	276
陕西	**Shaanxi**	**2060164**	**4797778**	**5189644**	
西安	Xi'an	1397733	3412590	3646581	3
铜川	Tongchuan	18776	69954	10803	273
宝鸡	Baoji	188268	340170	505220	49
咸阳	Xianyang	44130	51329	71961	187
渭南	Weinan	36219	43732	38982	235
延安	Yan'an	58088	29740	22354	256
汉中	Hanzhong	13262	29426	44904	225
榆林	Yulin	63352	338579	261355	97
安康	Ankang	167400	278098	290886	88
商洛	Shangluo	35158	63730	63750	202
甘肃	**Gansu**	**421293**	**1100287**	**965239**	
兰州	Lanzhou	120222	731403	677707	37
嘉峪关	Jiayuguan	25594	39679	40628	230
金昌	Jinchang	24602	15497	17824	260
白银	Baiyin	17572	13807	24527	254
天水	Tianshui	8432	43519	46183	222
武威	Wuwei	26051	28734	14259	268
张掖	Zhangye	9350	3506	5374	279
平凉	Pingliang	18511	15845	16710	263
酒泉	Jiuquan	16701	9070	4590	281
庆阳	Qingyang	95424	38057	11433	272
定西	Dingxi	5123	22809	24309	255
陇南	Longnan	18066	54554	14159	269
青海	**Qinghai**	**154783**	**324395**	**473973**	
西宁	Xining	120571	216458	409714	60
海东	Haidong			19898	257
宁夏	**Ningxia**	**385876**	**625674**	**538359**	
银川	Yinchuan	111326	143130	83304	174
石嘴山	Shizuishan	71609	105627	152717	140
吴忠	Wuzhong	18896	41685	45555	223
固原	Guyuan	25747	121787	70220	192
中卫	Zhongwei	37044	62654	50064	219
新疆	**Xinjiang**	**692825**	**2305691**	**2419925**	
乌鲁木齐	Urumqi	165227	968746	1056278	25
克拉玛依	Karamay	67373	185520	164788	131

8-15 城市维护建设资金支出（财政性资金）（辖区）

Expenditure of Urban Maintenance and Construction Fund (Fiscal Budget) (Municipal Districts)

单位：万元 (10 000 yuan)

地名	City	2010	2013	2014	2014 排名 Ranking	地名	City	2010	2013	2014	2014 排名 Ranking
全国	**Nation Total**	**75080799**	**108047393**	**106589135**		沈阳	Shenyang	639209	1797090	942938	23
北京	**Beijing**	**6215691**	**10309528**			大连	Dalian	474880	712311	961337	22
天津	**Tianjin**	**1592922**	**1476679**	**1668808**		鞍山	Anshan	248074	20200	28848	231
河北	**Hebei**	**3043449**	**3678869**	**2602461**		抚顺	Fushun	122116	53295	148585	114
石家庄	Shijiazhuang	410507	614317	496727	40	本溪	Benxi	102113	110793	198708	89
唐山	Tangshan	616009	248956	151543	112	丹东	Dandong	104028	78509	68975	164
秦皇岛	Qinhuangdao	341328	237692	66005	168	锦州	Jinzhou	78738	170510	48801	194
邯郸	Handan	350869	704363	379094	52	营口	Yingkou	99609	99890	4432	279
邢台	Xingtai	55600	37183	56175	184	阜新	Fuxin	32162	62321	12344	260
保定	Baoding	306844	445148	439438	44	辽阳	Liaoyang	47757	17051	86655	146
张家口	Zhangjiakou	94369	95873	91023	144	盘锦	Panjin	109731	86946	83835	148
承德	Chengde	46963	42335	48319	196	铁岭	Tieling	13522	35821	17838	248
沧州	Cangzhou	95169	96572	96388	138	朝阳	Chaoyang	40227	38276	19245	245
廊坊	Langfang	107104	112809	127237	126	葫芦岛	Huludao	33656	160795	154340	109
衡水	Hengshui	27169	54171	10258	264	吉林	**Jilin**	**953627**	**1132756**	**1335060**	
山西	**Shanxi**	**2080377**	**1871240**	**1709289**		长春	Changchun	467275	562184	738833	29
太原	Taiyuan	690751	695863	895634	25	吉林	Jilin	58000	70000	80000	152
大同	Datong	739492	454366	111900	132	四平	Siping	7664	2987	4884	278
阳泉	Yangquan	92162	35004	53783	186	辽源	Liaoyuan	37200	50000	28897	230
长治	Changzhi	74075	127426	278494	65	通化	Tonghua	21689	28344	18315	247
晋城	Jincheng	204	4241			白山	Baishan	43429	47280	42853	208
朔州	Shuozhou	118346	154138	65783	169	松原	Songyuan	60940	12722	12800	259
晋中	Jinzhong	87913	28433	3180	282	白城	Baicheng	18307	19047	86108	147
运城	Yuncheng	33245	21672	28247	232	黑龙江	**Heilongjiang**	**1185874**	**1545490**	**1233016**	
忻州	Xinzhou	19764	38169	24781	235	哈尔滨	Harbin	345790			
临汾	Linfen	74137	57182	64421	170	齐齐哈尔	Qiqihar	103597	171976	79463	153
吕梁	Lvliang	13183	108846	30100	226	鸡西	Jixi	16570	30863	27167	234
内蒙古	**Inner Mongolia**	**1755347**	**982616**	**1382055**		鹤岗	Hegang	24613	19462	14985	255
呼和浩特	Hohhot	141777	206074	260560	71	双鸭山	Shuangyashan	30073	21273	21332	242
包头	Baotou	126522	58456	58456	180	大庆	Daqing	223668	522633	427999	45
乌海	Wuhai	107846	15485	62862	173	伊春	Yichun	62307	102193	60239	178
赤峰	Chifeng	100954	33834	48579	195	佳木斯	Jiamusi	91623	32600	33133	220
通辽	Tongliao	72234	6468	39334	212	七台河	Qitaihe	13060	51380	57051	183
鄂尔多斯	Erdos	825256	184235	133581	119	牡丹江	Mudanjiang	28419	174353	166342	105
呼伦贝尔	Hulunbuir	39578	47560	46451	200	黑河	Heihe	15945	12408	11495	261
巴彦淖尔	Bayannur	1450	2446			绥化	Suihua	14496	38976	52039	189
乌兰察布	Ulanqab	22940	75841	314958	60	上海	**Shanghai**	**3503084**	**1697598**	**3358903**	
辽宁	**Liaoning**	**2429628**	**3992524**	**3237272**		江苏	**Jiangsu**	**7679303**	**12828832**	**13386774**	

8-15 城市维护建设资金支出（财政性资金）（辖区） 续表 1

Expenditure of Urban Maintenance and Construction Fund (Fiscal Budget) (Municipal Districts) continued 1

单位：万元 (10 000 yuan)

地名	City	2010	2013	2014	2014 排名 Ranking	地名	City	2010	2013	2014	2014 排名 Ranking
南京	Nanjing	1638585	2586514	3337821	3	池州	Chizhou	65533	122843	74003	156
无锡	Wuxi	535568	394326	426462	46	宣城	Xuancheng	101515	285000	265000	67
徐州	Xuzhou	169652	298407	528291	38	**福建**	**Fujian**	**3355289**	**3993737**	**8234273**	
常州	Changzhou	297318	399774	357440	53	福州	Fuzhou	1486942	858954	1293280	13
苏州	Suzhou	1393528	2354820	2491649	6	厦门	Xiamen	546055	1318491	5609028	1
南通	Nantong	722095	2060418	833035	26	莆田	Putian	53450	29968	51520	190
连云港	Lianyungang	198090	420515	540677	37	三明	Sanming	8923	25898	27388	233
淮安	Huaian	225725	227058	326000	57	泉州	Quanzhou	419500	754700	48034	197
盐城	Yancheng	80839	127370	96170	139	漳州	Zhangzhou	26733	55796	51504	191
扬州	Yangzhou	209471	372958	299241	63	南平	Nanping	28167	41927	210360	85
镇江	Zhenjiang	166605	260237	253307	72	龙岩	Longyan	115652	143995	132606	122
泰州	Taizhou	107422	230466	167042	104	宁德	Ningde	76055	1260	3414	281
宿迁	Suqian	42118	188488	263001	69	**江西**	**Jiangxi**	**2405355**	**2217577**	**3205263**	
浙江	**Zhejiang**	**5732752**	**5631206**	**6645984**		南昌	Nanchang	120692	145455	566970	36
杭州	Hangzhou	2049529	1383443	1022086	19	景德镇	Jingdezhen	135731	62765	16434	252
宁波	Ningbo	811028	757265	762250	27	萍乡	Pingxiang	51200	109342	145313	115
温州	Wenzhou	71415	188898	967975	21	九江	Jiujiang	597745	239364	243577	75
嘉兴	Jiaxing	172941	95267	46671	198	新余	Xinyu	118293	235069	206520	87
湖州	Huzhou	275789	221396	310374	62	鹰潭	Yingtan	80749	7044	16608	251
绍兴	Shaoxing	180842	370718	455362	43	赣州	Ganzhou	174601	7808	74078	155
金华	Jinhua	71675	155098	159788	106	吉安	Jian	187130	193679	193599	92
衢州	Quzhou	98867	159575	129075	124	宜春	Yichun	174147	388491	405711	50
舟山	Zhoushan	142461	230363	458950	42	抚州	Fuzhou	195127	88078	48867	193
台州	Taizhou	110799	190229	187521	95	上饶	Shangrao	142829	113105	757728	28
丽水	Lishui	55404	100689	141899	116	**山东**	**Shandong**	**5474926**	**7235612**	**7289225**	
安徽	**Anhui**	**2677535**	**4457010**	**5773609**		济南	Jinan	997725	1452884	1332109	12
合肥	Hefei	563516	491309	2311296	8	青岛	Qingdao	1051964	668603	929458	24
芜湖	Wuhu	613238	649224	355336	54	淄博	Zibo	121389	208691	197313	90
蚌埠	Bengbu	107472	439365	401456	51	枣庄	Zaozhuang	161258	231462	119357	128
淮南	Huainan	223663	260709	232510	78	东营	Dongying	92815	408591	213547	83
马鞍山	Maanshan	221841	299867	310899	61	烟台	Yantai	372635	575209	425677	47
淮北	Huaibei	81746	234174	231760	81	潍坊	Weifang	168680	170127	348934	56
铜陵	Tongling	26219	286638	174930	103	济宁	Jining	135119	295781	178867	102
安庆	Anqing	79190	120000	128936	125	泰安	Taian	245126	209000	182800	98
黄山	Huangshan	69477	79068	83453	149	威海	Weihai	127986	133186	243735	74
滁州	Chuzhou	133575	204962	183537	96	日照	Rizhao	166630	50155	133446	120
阜阳	Fuyang	54310	146070	270223	66	莱芜	Laiwu	50008	52303	62043	175
宿州	Suzhou	12090	60099	33117	221	临沂	Linyi	246046	395887	637911	33
六安	Liuan	54679	137308	94377	141	德州	Dezhou	95430	204512	91693	143
亳州	Bozhou	51395	114048	109282	133	聊城	Liaocheng	56990	101098	117292	130

8-15 城市维护建设资金支出（财政性资金）（辖区） 续表 2

Expenditure of Urban Maintenance and Construction Fund (Fiscal Budget) (Municipal Districts) continued 2

单位：万元 (10 000 yuan)

地名	City	2010	2013	2014	2014 排名 Ranking	地名	City	2010	2013	2014	2014 排名 Ranking
滨州	Binzhou	78233	147335	239661	77	常德	Changde	20637		323696	58
菏泽	Heze	69141	123365	240038	76	张家界	Zhangjiajie	5383	5500	5150	277
河南	**Henan**	**2078148**	**2420625**	**2810399**		益阳	Yiyang	91752	181915	129211	123
郑州	Zhengzhou	1205952	907919	1189243	15	郴州	Chenzhou	79575	188853	191722	94
开封	Kaifeng	75823	105625	117500	129	永州	Yongzhou	104373	198168	232125	79
洛阳	Luoyang	36694	53653	66950	166	怀化	Huaihua	17881	138788	66020	167
平顶山	Pingdingshan	46307	27765	43953	204	娄底	Loudi	47395	139444	29897	228
安阳	Anyang	37518	39350	40370	209	**广东**	**Guangdong**	**6977019**	**10670319**	**11884743**	
鹤壁	Hebi	23968	118379	112933	131	广州	Guangzhou	2450282	2768664	3162776	4
新乡	Xinxiang	46443	83197	53140	187	韶关	Shaoguan	24167	12610	37226	215
焦作	Jiaozuo	59236	41616	57975	181	深圳	Shenzhen	132886	177710	182053	99
濮阳	Puyang	10785	63623	39690	211	珠海	Zhuhai	1435388	617432	674899	32
许昌	Xuchang	36601	78877	95189	140	汕头	Shantou	87009	579184	980528	20
漯河	Luohe	45282	17964	10189	265	佛山	Foshan	183619	867144	1221313	14
三门峡	Sanmenxia	22389	26126	23575	237	江门	Jiangmen	125286	213383	350186	55
南阳	Nanyang	48545	168218	208063	86	湛江	Zhanjiang	335080	245267	314960	59
商丘	Shangqiu	21669	56592	58756	179	茂名	Maoming	16928	18374	23012	239
信阳	Xinyang	23813	35032	34757	217	肇庆	Zhaoqing	348784	649553	482372	41
周口	Zhoukou	49778	55325	81788	151	惠州	Huizhou	228380	539543	578104	34
驻马店	Zhumadian	18675	32594	34632	218	梅州	Meizhou	64351	246445	264521	68
湖北	**Hubei**	**1307256**	**3862493**	**4726117**		汕尾	Shanwei	12680	18075	15300	254
武汉	Wuhan	320000	2135082	2135082	10	河源	Heyuan	22393	168450	196419	91
黄石	Huangshi	62525	89317	71146	162	阳江	Yangjiang	33027	45708	43419	206
十堰	Shiyan	142639	266098	133016	121	清远	Qingyuan	7779	24824	57314	182
宜昌	Yichang	145952	271909	1101672	16	东莞	Dongguan	444827	2267215	2199518	9
襄阳	Xiangyang	70552	82940	38994	213	中山	Zhongshan	133327	220643	199530	88
鄂州	Ezhou	97828	139579	150118	113	潮州	Chaozhou	23493	85039	46480	199
荆门	Jingmen	16944	29426	30439	225	揭阳	Jieyang	21741	28445	22462	240
孝感	Xiaogan	15700	52000	9414	269	云浮	Yunfu	11853	34114	33109	222
荆州	Jingzhou	33135	45920	70823	163	**广西**	**Guangxi**	**2694094**	**4754936**	**5188188**	
黄冈	Huanggang	16480	33836	73910	157	南宁	Nanning	1447620	2306812	2686598	5
咸宁	Xianning	90630	12888	13980	257	柳州	Liuzhou	529239	998303	1057537	17
随州	Suizhou	12300	17600	44330	203	桂林	Guilin	98538	522731	573702	35
湖南	**Hunan**	**2028183**	**2891536**	**2774070**		梧州	Wuzhou	64619	72774	62574	174
长沙	Changsha	569487	624500	684500	31	北海	Beihai	30899	117603	89776	145
株洲	Zhuzhou	486537	193212	61337	176	防城港	Fangchenggang	97760	103195	101878	137
湘潭	Xiangtan	55648	282110	138710	117	钦州	Qinzhou	66810	29187	29321	229
衡阳	Hengyang	20000	150784	107934	134	贵港	Guigang	19107	83153	60283	177
邵阳	Shaoyang	55792	89990	180683	100	玉林	Yulin	140599	70131	35875	216
岳阳	Yueyang	146356	151262	179500	101	百色	Baise	20320	63279	78995	154

8-15 城市维护建设资金支出（财政性资金）（辖区）续表 3

Expenditure of Urban Maintenance and Construction Fund (Fiscal Budget) (Municipal Districts) continued 3

单位：万元 (10 000 yuan)

地名	City	2010	2013	2014	2014 排名 Ranking	地名	City	2010	2013	2014	2014 排名 Ranking
贺州	Hezhou	6065	43956	39845	210	丽江	Lijiang	31875	31000	31353	224
河池	Hechi	37571	38152	42941	207	普洱	Puer	51182	56110	7565	272
来宾	Laibin	25593	115887	121689	127	临沧	Lincang	9710	9560	10080	266
崇左	Chongzuo	26899	46245	52322	188	**西藏**	**Tibet**	**11353**	**8352**	**26542**	
海南	**Hainan**	**249151**	**349682**	**691782**		拉萨	Lasa	7581	8030	2869	283
海口	Haikou	74137	124871	103294	136	**陕西**	**Shaanxi**	**2239864**	**5628273**	**6282997**	
三亚	Sanya	33061	87307	419053	48	西安	Xi'an	1396774	3386824	3646581	2
三沙	Sansha			13018	258	铜川	Tongchuan	56061	168749	193464	93
重庆	**Chongqing**	**1917066**	**4084579**	**2919924**		宝鸡	Baoji	188268	381483	519790	39
四川	**Sichuan**	**1818786**	**3138505**	**4155980**		咸阳	Xianyang	162973	521374	691076	30
成都	Chengdu	705868	1318283	2401634	7	渭南	Weinan	32679	161897	155628	108
自贡	Zigong	29839	44053	32341	223	延安	Yan'an	57338	46217	21941	241
攀枝花	Panzhihua	35352	74023	105812	135	汉中	Hanzhong	32541	98644	151876	111
泸州	Luzhou	44463	156309	156047	107	榆林	Yulin	52583	338769	261735	70
德阳	Deyang	44274	98790	73306	158	安康	Ankang	167400	278098	290886	64
绵阳	Mianyang	115391	75589	63140	172	商洛	Shangluo	35038	63928	63900	171
广元	Guangyuan	60415	122926	71260	161	**甘肃**	**Gansu**	**442365**	**532158**	**525632**	
遂宁	Suining	35275	54625	49091	192	兰州	Lanzhou	118655	243372	246059	73
内江	Neijiang	13559	101534	137380	118	嘉峪关	Jiayuguan	26243	20518	21190	243
乐山	Leshan	76323	75430	67729	165	金昌	Jinchang	24602	15497	17824	249
南充	Nanchong	100500	231930	231800	80	白银	Baiyin	17572	27134	23167	238
眉山	Meishan	12312	80586	93922	142	天水	Tianshui	8471	43519	43519	205
宜宾	Yibin	103442	44229	45673	201	武威	Wuwei	24728	6422	9583	268
广安	Guangan	47070	104455	210546	84	张掖	Zhangye	10160	3506	5380	276
达州	Dazhou	18630	131214	15750	253	平凉	Pingliang	45257	21641	54842	185
雅安	Yaan	2780	68166	71880	160	酒泉	Jiuquan	16701	9064	9372	270
巴中	Bazhong	10407	119615	9882	267	庆阳	Qingyang	95424	38057	11433	262
资阳	Ziyang	9015	7236	7384	273	定西	Dingxi	5042	22808	24309	236
贵州	**Guizhou**	**447265**	**328054**	**399356**		陇南	Longnan	13814	54029	14133	256
贵阳	Guiyang	330640	143252	225369	82	**青海**	**Qinghai**	**154783**	**323912**	**468043**	
六盘水	Liupanshui	2367	4147	4218	280	西宁	Xining	120571	216452	409664	49
遵义	Zunyi	20123	35800	33363	219	海东	Haidong			19898	244
安顺	Anshun	13055	9500	10356	263	**宁夏**	**Ningxia**	**305836**	**566622**	**464486**	
毕节	Bijie	6110	40131	38216	214	银川	Yinchuan	86109	134016	82270	150
铜仁	Tongren	2186	6224	7051	274	石嘴山	Shizuishan	72893	105601	152693	110
云南	**Yunnan**	**1685076**	**3463140**	**2325506**		吴忠	Wuzhong	18896	41683	45552	202
昆明	Kunming	939165	2785142	1633381	11	固原	Guyuan	24156	88277	19028	246
曲靖	Qujing	68734	42331	72514	159	中卫	Zhongwei	37044	62654	17264	250
玉溪	Yuxi	40792	26274	30035	227	**新疆**	**Xinjiang**	**639395**	**1972933**	**2051994**	
保山	Baoshan	12870	4486	5615	275	乌鲁木齐	Urumqi	165227	968746	1056278	18
昭通	Zhaotong	25278	7372	8674	271	克拉玛依	Karamay	60382	170340	183487	97

8-16 城市市政公用设施建设固定资产投资额（辖区）

Fixed Assets Investment in Urban Service Facilities (Municipal Districts)

单位：万元 (10 000 yuan)

地名	City	2010	2013	2014	2014 排名 Ranking
全国	**Nation Total**	**143058687**	**163497892**	**162450334**	
北京	**Beijing**	**8541126**	**10671442**	**13229081**	
天津	**Tianjin**	**6009490**	**6336421**	**5966507**	
河北	**Hebei**	**8526761**	**4485540**	**3844970**	
石家庄	Shijiazhuang	1494183	1231729	1235321	27
唐山	Tangshan	2190198	252059	317089	71
秦皇岛	Qinhuangdao	429991	340268	143568	140
邯郸	Handan	803804	287599	491969	52
邢台	Xingtai	663984	77268	66381	199
保定	Baoding	294471	118287	268674	87
张家口	Zhangjiakou	492258	205489	185826	118
承德	Chengde	328661	56562	63628	204
沧州	Cangzhou	150126	111687	119361	155
廊坊	Langfang	336604	254239	63811	203
衡水	Hengshui	245370	95133	22204	254
山西	**Shanxi**	**2258567**	**5552150**	**3433505**	
太原	Taiyuan	780811	3326245	1837657	16
大同	Datong	672705	456096	67980	197
阳泉	Yangquan	97045	99984	121518	152
长治	Changzhi	61265	192319	283939	81
晋城	Jincheng	2669	112995	94222	180
朔州	Shuozhou	117849	155744	65783	200
晋中	Jinzhong	122303	280406	205631	112
运城	Yuncheng	25193	77041	121576	151
忻州	Xinzhou	54500	220032	103513	168
临汾	Linfen	74137	207716	59008	211
吕梁	Lvliang	10767	51647	148086	136
内蒙古	**Inner Mongolia**	**3663044**	**4280135**	**5130338**	
呼和浩特	Hohhot	355810	527996	1728695	19
包头	Baotou	869045	790218	1206260	29
乌海	Wuhai	139354	69465	122690	150
赤峰	Chifeng	174630	315422	234039	100
通辽	Tongliao	94921	276626	210042	108
鄂尔多斯	Erdos	1062387	453883	274855	84
呼伦贝尔	Hulunbuir	196242	258058	252203	93
巴彦淖尔	Bayannur	451700	339781	169070	124
乌兰察布	Ulanqab	79121	378108	97508	176
辽宁	**Liaoning**	**6746292**	**5357009**	**3948997**	
沈阳	Shenyang	3593773	3048887	1536170	22
大连	Dalian	1442714	635917	1206484	28
鞍山	Anshan	138845	141151	106447	164
抚顺	Fushun	279218	438731	199694	115
本溪	Benxi	66682	83434	43973	226
丹东	Dandong	86162	50822	92106	182
锦州	Jinzhou	122839	177314	100917	172
营口	Yingkou	123291	13644	14963	270
阜新	Fuxin	41812	71784	30940	244
辽阳	Liaoyang	152085	106697	63476	205
盘锦	Panjin	104571	49028	74100	195
铁岭	Tieling	17480	115154	52781	216
朝阳	Chaoyang	41954	37651	72749	196
葫芦岛	Huludao	80069	11098	48490	219
吉林	**Jilin**	**2152685**	**2798995**	**2002999**	
长春	Changchun	1442023	2070234	1201750	30
吉林	Jilin	228767	133940	147957	138
四平	Siping	19564	12298	16367	265
辽源	Liaoyuan	13412	34427	23053	253
通化	Tonghua	70540	7155	14983	269
白山	Baishan	43504	24453	45189	223
松原	Songyuan	60470	13509	29240	249
白城	Baicheng	33085	53371	93680	181
黑龙江	**Heilongjiang**	**3048439**	**3067853**	**2127621**	
哈尔滨	Harbin	2092434	1380283	1001727	33
齐齐哈尔	Qiqihar	73425	133619	104178	167
鸡西	Jixi	25718	93574	34588	236
鹤岗	Hegang	50240	39348	34178	238
双鸭山	Shuangyashan	29810	57139	35834	234
大庆	Daqing	214058	378059	208559	110
伊春	Yichun	58727	185222	74756	194
佳木斯	Jiamusi	126985	53599	49938	217
七台河	Qitaihe	22622	33941	29581	247
牡丹江	Mudanjiang	38832	162635	120175	154
黑河	Heihe	18556	12313	7995	279
绥化	Suihua	17096	51198	56433	213
上海	**Shanghai**	**4769428**	**2947856**	**3727712**	
江苏	**Jiangsu**	**13299989**	**17456549**	**19253176**	

8-16 城市市政公用设施建设固定资产投资额（辖区） 续表 1
Fixed Assets Investment in Urban Service Facilities (Municipal Districts) continued 1

单位：万元 (10 000 yuan)

地名	City	2010	2013	2014	2014 排名 Ranking	地名	City	2010	2013	2014	2014 排名 Ranking
南京	Nanjing	2764279	5824902	6528492	2	池州	Chizhou	92215	248039	116214	156
无锡	Wuxi	2816435	1208635	923851	35	宣城	Xuancheng	242763	352610	338359	68
徐州	Xuzhou	308785	445709	312725	73	**福建**	**Fujian**	**3850761**	**4723197**	**4818860**	
常州	Changzhou	1412021	1293080	1328188	25	福州	Fuzhou	1679485	1116846	1302268	26
苏州	Suzhou	1145287	1825037	2065716	13	厦门	Xiamen	534554	859481	1008881	32
南通	Nantong	1100991	2005746	2806151	7	莆田	Putian	454845	732175	714107	40
连云港	Lianyungang	244502	709586	691179	42	三明	Sanming	8440	30589	39035	230
淮安	Huaian	305802	127904	120275	153	泉州	Quanzhou	229420	542158	365039	64
盐城	Yancheng	225176	92415	236081	98	漳州	Zhangzhou	197180	445838	222604	104
扬州	Yangzhou	289141	545683	801079	36	南平	Nanping	40289	33014	44755	224
镇江	Zhenjiang	747350	1374159	1607981	20	龙岩	Longyan	91154	139870	141346	141
泰州	Taizhou	184213	247846	149476	134	宁德	Ningde	76055	110144	102282	169
宿迁	Suqian	65332	214274	179164	119	**江西**	**Jiangxi**	**4210145**	**4928715**	**4811227**	
浙江	**Zhejiang**	**5339364**	**7498585**	**7934651**		南昌	Nanchang	283754	1707016	1983633	14
杭州	Hangzhou	1414876	1861001	1743655	18	景德镇	Jingdezhen	127913	125397	49636	218
宁波	Ningbo	1503364	1833839	1925086	15	萍乡	Pingxiang	94715	159320	112311	158
温州	Wenzhou	135005	1272273	952636	34	九江	Jiujiang	1326866	472835	476713	53
嘉兴	Jiaxing	299618	116517	147042	139	新余	Xinyu	355090	314048	133072	142
湖州	Huzhou	307221	136860	238658	96	鹰潭	Yingtan	55809	74612	157229	127
绍兴	Shaoxing	162757	462590	394781	62	赣州	Ganzhou	685581	132096	369494	63
金华	Jinhua	56815	115901	217296	105	吉安	Jian	154704	211726	75594	192
衢州	Quzhou	47708	63185	95950	178	宜春	Yichun	225759	543333	410016	60
舟山	Zhoushan	81614	213114	302454	76	抚州	Fuzhou	414079	484132	511613	51
台州	Taizhou	132233	143615	191907	116	上饶	Shangrao	148379	153167	64721	202
丽水	Lishui	136558	218486	152649	130	**山东**	**Shandong**	**7896810**	**9542068**	**9652843**	
安徽	**Anhui**	**4756917**	**7182564**	**6615895**		济南	Jinan	787538	1432823	1368728	24
合肥	Hefei	844908	1207118	1487134	23	青岛	Qingdao	2059597	1467867	1586038	21
芜湖	Wuhu	622873	782207	524477	50	淄博	Zibo	373884	281448	250475	94
蚌埠	Bengbu	395255	574061	673339	43	枣庄	Zaozhuang	174226	303013	222842	103
淮南	Huainan	517803	478930	283442	83	东营	Dongying	109091	455201	336445	69
马鞍山	Maanshan	417855	572042	305265	74	烟台	Yantai	485503	603935	659912	44
淮北	Huaibei	225281	320040	265783	90	潍坊	Weifang	200740	216010	295127	78
铜陵	Tongling	150424	249624	150908	131	济宁	Jining	274208	323232	205858	111
安庆	Anqing	105324	331699	321410	70	泰安	Taian	231505	258844	273515	85
黄山	Huangshan	83976	99726	97036	177	威海	Weihai	218972	259819	415204	59
滁州	Chuzhou	304663	311160	315519	72	日照	Rizhao	360650	413712	415887	58
阜阳	Fuyang	121221	184953	468941	56	莱芜	Laiwu	151000	200200	212091	107
宿州	Suzhou	115007	356269	300296	77	临沂	Linyi	400196	454729	746487	38
六安	Liuan	68388	134426	94377	179	德州	Dezhou	323252	316466	110726	159
亳州	Bozhou	108304	153122	89966	184	聊城	Liaocheng	103398	316882	475011	55

8-16 城市市政公用设施建设固定资产投资额（辖区） 续表 2

Fixed Assets Investment in Urban Service Facilities (Municipal Districts) continued 2

单位：万元 (10 000 yuan)

地名	City	2010	2013	2014	2014 排名 Ranking
滨州	Binzhou	115662	96092	99643	173
菏泽	Heze	94601	75189	105579	165
河南	**Henan**	**2242336**	**3668732**	**3745970**	
郑州	Zhengzhou	1062514	1687920	2294647	11
开封	Kaifeng	104896	231148	107328	163
洛阳	Luoyang	75267	188803	101297	171
平顶山	Pingdingshan	59456	98810	63346	206
安阳	Anyang	76333	15277	45859	221
鹤壁	Hebi	38076	58324	37171	233
新乡	Xinxiang	40486	50258	38778	232
焦作	Jiaozuo	47162	198410	170553	123
濮阳	Puyang	3915	62496	33760	239
许昌	Xuchang	2462	45727	18088	262
漯河	Luohe	45242	29793	9492	277
三门峡	Sanmenxia	27297	32314	31058	243
南阳	Nanyang	139549	177601	155577	128
商丘	Shangqiu	25876	54830	65745	201
信阳	Xinyang	49511	70432	56069	214
周口	Zhoukou	61230	61918	83508	186
驻马店	Zhumadian	29934	65531	39730	229
湖北	**Hubei**	**6148789**	**9740366**	**10706897**	
武汉	Wuhan	4859000	7352613	8221026	1
黄石	Huangshi	214944	187040	124730	148
十堰	Shiyan	114814	214158	127341	145
宜昌	Yichang	125339	291573	692632	41
襄阳	Xiangyang	88129	459513	228343	102
鄂州	Ezhou	97828	129499	109954	161
荆门	Jingmen	100002	136037	161179	125
孝感	Xiaogan	38040	134800	7715	280
荆州	Jingzhou	42315	34298	75519	193
黄冈	Huanggang	34030	30306	110262	160
咸宁	Xianning	10650	13981	29372	248
随州	Suizhou	7048	23329	34297	237
湖南	**Hunan**	**5197309**	**6997807**	**6731958**	
长沙	Changsha	1717959	1578495	1837536	17
株洲	Zhuzhou	386570	464209	562806	46
湘潭	Xiangtan	367100	714444	781480	37
衡阳	Hengyang	676505	619555	549287	48
邵阳	Shaoyang	64948	179252	200400	114
岳阳	Yueyang	213481	345980	236224	97
常德	Changde	396418	307072	131158	144
张家界	Zhangjiajie	90157	27550	19950	258
益阳	Yiyang	73796	84200	89998	183
郴州	Chenzhou	337507	1148814	629715	45
永州	Yongzhou	123713	248770	269269	86
怀化	Huaihua	151380	315727	242681	95
娄底	Loudi	149485	373393	721673	39
广东	**Guangdong**	**20425281**	**7322206**	**8067818**	
广州	Guangzhou	6463223	2717289	2970581	6
韶关	Shaoguan	10727	4200	28469	251
深圳	Shenzhen	2029095	2102895	2693627	8
珠海	Zhuhai	606730	712541	268291	88
汕头	Shantou	53537	50071		
佛山	Foshan	335628	68779	286535	79
江门	Jiangmen	91581	158706	149505	133
湛江	Zhanjiang	18122	93806	80752	188
茂名	Maoming	2429	17208	11601	276
肇庆	Zhaoqing	288021	247169	359286	65
惠州	Huizhou	194602	134910	176815	120
梅州	Meizhou	50829	12032	53792	215
汕尾	Shanwei	11880	21700	15300	267
河源	Heyuan	212167	38172	79755	190
阳江	Yangjiang	28564	38961	26673	252
清远	Qingyuan	7507	128981	266416	89
东莞	Dongguan	9574959	427070	358641	66
中山	Zhongshan	102769	120182	63167	208
潮州	Chaozhou	9796		9288	278
揭阳	Jieyang	42770	8028	28645	250
云浮	Yunfu	7423	38140	3653	283
广西	**Guangxi**	**4391407**	**4476795**	**4502643**	
南宁	Nanning	1522437	1885360	2406141	10
柳州	Liuzhou	798066	534845	419695	57
桂林	Guilin	400573	567431	340674	67
梧州	Wuzhou	68199	85593	109319	162
北海	Beihai	163878	168069	99358	174
防城港	Fangchenggang	316509	155765	114208	157
钦州	Qinzhou	219420	294021	209085	109
贵港	Guigang	78564	73998	76115	191
玉林	Yulin	270375	185287	284179	80
百色	Baise	140150	11064	56581	212

8-16 城市市政公用设施建设固定资产投资额（辖区） 续表 3
Fixed Assets Investment in Urban Service Facilities (Municipal Districts) continued 3

单位：万元 (10 000 yuan)

地名	City	2010	2013	2014	2014 排名 Ranking	地名	City	2010	2013	2014	2014 排名 Ranking
贺州	Hezhou	14145	44120	31612	241	丽江	Lijiang	22515	9861	4652	281
河池	Hechi	34227	12425	11811	275	普洱	Puer	28172	15298	12977	273
来宾	Laibin	148769	152374	30235	246	临沧	Lincang	10077	23061	21728	256
崇左	Chongzuo	25932	80856	87134	185	**西藏**	**Tibet**	**28344**	**47910**	**5265**	
海南	**Hainan**	**296222**	**308436**	**390954**		拉萨	Lasa	28344	36584		
海口	Haikou	72131	96151	173254	121	**陕西**	**Shaanxi**	**3457448**	**4759427**	**5106489**	
三亚	Sanya	65819	108166	132589	143	西安	Xi'an	2748881	3071033	3174998	5
三沙	Sansha			3615	284	铜川	Tongchuan	69386	162555	188563	117
重庆	**Chongqing**	**5756056**	**5140261**	**5305685**		宝鸡	Baoji	105826	74151	170978	122
四川	**Sichuan**	**3664555**	**8675968**	**6575770**		咸阳	Xianyang	142536	347190	554846	47
成都	Chengdu	1852554	5131564	3564051	4	渭南	Weinan	58732	161689	150453	132
自贡	Zigong	245890	413718	63235	207	延安	Yan'an	47520	63215	18580	261
攀枝花	Panzhihua	38507	114689	160988	126	汉中	Hanzhong	4860	58708	45437	222
泸州	Luzhou	77770	311891	475028	54	榆林	Yulin	28145	328479	261545	91
德阳	Deyang	116550	142267	98250	175	安康	Ankang	165753	263638	258055	92
绵阳	Mianyang	120165	326916	303054	75	商洛	Shangluo	31988	53706	34901	235
广元	Guangyuan	51665	177341	148752	135	**甘肃**	**Gansu**	**944242**	**3406765**	**2993848**	
遂宁	Suining	45179	175902	81039	187	兰州	Lanzhou	602895	2927046	2542604	9
内江	Neijiang	44602	311088	154443	129	嘉峪关	Jiayuguan	15679	36935	31291	242
乐山	Leshan	32970	58726	44005	225	金昌	Jinchang	29322	37355	22144	255
南充	Nanchong	96000	231930	235000	99	白银	Baiyin	54979	30756	20520	257
眉山	Meishan	12161	194023	213194	106	天水	Tianshui	25909	80431	60540	210
宜宾	Yibin	114771	87520	125310	147	武威	Wuwei	39908	15735	42661	227
广安	Guangan	43100	114463	200403	113	张掖	Zhangye	14722		48201	220
达州	Dazhou	19911	121310	15125	268	平凉	Pingliang	43849	109794	67399	198
雅安	Yaan	15665	47893	80150	189	酒泉	Jiuquan	25579	38185	14673	271
巴中	Bazhong	5535	38023	101487	170	庆阳	Qingyang	46085	35856	14003	272
资阳	Ziyang	199923	301771	105466	166	定西	Dingxi	14090		16412	264
贵州	**Guizhou**	**911371**	**5332325**	**5348947**		陇南	Longnan	12069	59450	11820	274
贵阳	Guiyang	821368	3795972	3958020	3	**青海**	**Qinghai**	**265163**	**454993**	**471117**	
六盘水	Liupanshui	1026	1576	123067	149	西宁	Xining	210203	320149	409664	61
遵义	Zunyi	10878	7750	30580	245	海东	Haidong			18706	260
安顺	Anshun	9850	369314	524493	49	**宁夏**	**Ningxia**	**356655**	**450988**	**290577**	
毕节	Bijie	1889	399699	283834	82	银川	Yinchuan	199242	137097	147998	137
铜仁	Tongren	8808	78677	31900	240	石嘴山	Shizuishan	53474	33480	17859	263
云南	**Yunnan**	**2908549**	**2097970**	**2184917**		吴忠	Wuzhong	38108	41682	38903	231
昆明	Kunming	1928961	1284008	1198683	31	固原	Guyuan	18011	56124	41795	228
曲靖	Qujing	265198	96891	126550	146	中卫	Zhongwei	8273	44217	19660	259
玉溪	Yuxi	38647	15973	4447	282	**新疆**	**Xinjiang**	**995143**	**3787954**	**3523097**	
保山	Baoshan	5890	47197	15464	266	乌鲁木齐	Urumqi	403842	2400796	2097184	12
昭通	Zhaotong	105486	20043	60667	209	克拉玛依	Karamay	57041	236004	230125	101

8-17 城市市政供水设施建设投资额（辖区）

Fixed Assets Investment of Water Supply in Urban Service Facilities (Municipal Districts)

单位：万元 (10 000 yuan)

地名	City	2010	2013	2014	2014 排名 Ranking
全国	**Nation Total**	**4268294**	**5246760**	**4752595**	
北京	**Beijing**	**259746**	**628193**	**705194**	
天津	**Tianjin**	**83758**	**30029**	**32948**	
河北	**Hebei**	**82966**	**246875**	**111562**	
石家庄	Shijiazhuang	4900	6316	20196	39
唐山	Tangshan	2596	1850		
秦皇岛	Qinhuangdao	2073		664	215
邯郸	Handan	10286	1000	6000	99
邢台	Xingtai	1350	4083	6848	89
保定	Baoding	1300	1400		
张家口	Zhangjiakou	10091	31706	28783	29
承德	Chengde	2880	2400	1757	175
沧州	Cangzhou	10721	1297	1381	186
廊坊	Langfang		173618	1061	200
衡水	Hengshui	8328	224		
山西	**Shanxi**	**48653**	**107301**	**58645**	
太原	Taiyuan	16020	64200	30900	21
大同	Datong	20000	5027		
阳泉	Yangquan	1564		700	212
长治	Changzhi	1065			
晋城	Jincheng			2575	153
朔州	Shuozhou	5000	3793	1225	191
晋中	Jinzhong	244	18500	6008	98
运城	Yuncheng				
忻州	Xinzhou		2700	2932	142
临汾	Linfen	3263		2010	168
吕梁	Lvliang			4609	113
内蒙古	**Inner Mongolia**	**116720**	**98600**	**152729**	
呼和浩特	Hohhot	4557	10644	47961	12
包头	Baotou	3518	2700	16910	48
乌海	Wuhai	1448	12710	10345	66
赤峰	Chifeng	46190	12577	9736	71
通辽	Tongliao		124	1508	182
鄂尔多斯	Erdos	9275	800	1181	194
呼伦贝尔	Hulunbuir	39326	16760	9864	68
巴彦淖尔	Bayannur		9095	19250	43
乌兰察布	Ulanqab	800	1301	4164	120
辽宁	**Liaoning**	**328914**	**219603**	**190012**	
沈阳	Shenyang	66541	105784	40841	15
大连	Dalian	154460	33744	75541	8
鞍山	Anshan	25090	6897	5243	105
抚顺	Fushun	6820	9514	13383	56
本溪	Benxi	1393	2145	2903	145
丹东	Dandong	4622	6491	6547	92
锦州	Jinzhou	3780	5865	1919	171
营口	Yingkou	3131		2507	154
阜新	Fuxin	8604	8124	3500	135
辽阳	Liaoyang	7866	1258	1086	198
盘锦	Panjin	377	1698	2154	165
铁岭	Tieling	2152	2212	1689	177
朝阳	Chaoyang	600	749	900	208
葫芦岛	Huludao	11500	3000	3050	141
吉林	**Jilin**	**53759**	**123621**	**171941**	
长春	Changchun	19472	75243	52780	11
吉林	Jilin	4258	13752		
四平	Siping				
辽源	Liaoyuan		2900	9855	69
通化	Tonghua	3000	4133	699	214
白山	Baishan	2330	700	20941	38
松原	Songyuan	1050	5000		
白城	Baicheng	730	1000	30028	24
黑龙江	**Heilongjiang**	**49260**	**111217**	**138901**	
哈尔滨	Harbin	4800	18524	2930	143
齐齐哈尔	Qiqihar	583	5155	4108	121
鸡西	Jixi	13648	4196	550	220
鹤岗	Hegang	534	11281	515	222
双鸭山	Shuangyashan	1200	3372	4990	109
大庆	Daqing	8937	15578	28900	27
伊春	Yichun	7844	8834	9936	67
佳木斯	Jiamusi	3300	1058	3500	135
七台河	Qitaihe		560	1002	203
牡丹江	Mudanjiang		5735	1774	173
黑河	Heihe	500	2700	1000	204
绥化	Suihua		5500	3700	128
上海	**Shanghai**	**397909**	**123836**	**138864**	
江苏	**Jiangsu**	**635100**	**820103**	**629560**	

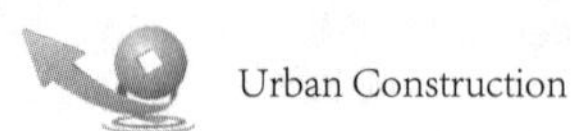

8-17 城市市政供水设施建设投资额（辖区） 续表 1

Fixed Assets Investment of Water Supply in Urban Service Facilities (Municipal Districts) continued 1

单位：万元 (10 000 yuan)

地名	City	2010	2013	2014	2014 排名 Ranking
南京	Nanjing	108884	191799	115802	4
无锡	Wuxi	53672	52551	19676	41
徐州	Xuzhou	310	19415	40063	16
常州	Changzhou	59969	11751	4909	110
苏州	Suzhou	34768	40185	80246	6
南通	Nantong	34671	140671	160448	1
连云港	Lianyungang	5113	33187	21299	37
淮安	Huaian		1850	2000	169
盐城	Yancheng		9500	550	220
扬州	Yangzhou	16896	11026	36413	19
镇江	Zhenjiang	18676	43775	17419	46
泰州	Taizhou	1000	7200	11523	64
宿迁	Suqian	8200	18000	13000	59
浙江	**Zhejiang**	**240451**	**212775**	**179937**	
杭州	Hangzhou	72403	20064		
宁波	Ningbo	22580	7158	2306	160
温州	Wenzhou	481	15194	18251	44
嘉兴	Jiaxing	19566	3271	7168	86
湖州	Huzhou	4177	4496	15001	54
绍兴	Shaoxing	3322	30068	23325	34
金华	Jinhua	494	1330	1772	174
衢州	Quzhou	3071	8608	3509	134
舟山	Zhoushan	1446	13630	6402	93
台州	Taizhou	9965	7280	3818	125
丽水	Lishui	2500	5960	4272	117
安徽	**Anhui**	**93108**	**263062**	**177918**	
合肥	Hefei	17246	55877	17474	45
芜湖	Wuhu	10838	41937	28818	28
蚌埠	Bengbu	2550	17560	5906	100
淮南	Huainan	4608	5149	2642	152
马鞍山	Maanshan	2390	15202	22880	35
淮北	Huaibei	2531	27400	7300	84
铜陵	Tongling	4022	4395	2680	150
安庆	Anqing	3183	5283	6637	91
黄山	Huangshan	6607	4927	2360	157
滁州	Chuzhou	3079	4792	4521	114
阜阳	Fuyang	4072	7193	11572	63
宿州	Suzhou	4026	10600	7410	83
六安	Liuan	1430	13320	8861	76
亳州	Bozhou	13847	2620	4884	111
池州	Chizhou	1484	1700	3343	138
宣城	Xuancheng	5633	2123	2179	161
福建	**Fujian**	**92791**	**122193**	**202240**	
福州	Fuzhou		2241	52883	10
厦门	Xiamen	44634	95817	80013	7
莆田	Putian	8247		24394	32
三明	Sanming	570	710	827	209
泉州	Quanzhou	1982	2888		
漳州	Zhangzhou	765	320	3344	137
南平	Nanping	2086		1823	172
龙岩	Longyan	1292	1142	657	216
宁德	Ningde	1300	3807	5241	106
江西	**Jiangxi**	**95408**	**123409**	**135788**	
南昌	Nanchang	4882	59317	26278	31
景德镇	Jingdezhen	1046	1000	1110	196
萍乡	Pingxiang	5920	1643	1242	190
九江	Jiujiang	12300	3065	33989	20
新余	Xinyu	1560	1615	3801	126
鹰潭	Yingtan	2626			
赣州	Ganzhou			39496	17
吉安	Jian	10026	2439		
宜春	Yichun	1218	544	489	224
抚州	Fuzhou	16857	10700	16830	49
上饶	Shangrao	10468	1369	1956	170
山东	**Shandong**	**384331**	**457230**	**288408**	
济南	Jinan	94253	149431	38552	18
青岛	Qingdao	55481	19759	29937	25
淄博	Zibo	26198	64201	13751	55
枣庄	Zaozhuang	6644	9890	12293	61
东营	Dongying		37749	13082	58
烟台	Yantai	41328	17970	7962	81
潍坊	Weifang	6393	17675	17023	47
济宁	Jining	1272	2140	1500	183
泰安	Taian	3615	9099	4500	115
威海	Weihai	25619	21901	20156	40
日照	Rizhao	8502	12814	16439	50
莱芜	Laiwu	1695	3140	2669	151
临沂	Linyi	52373	9909	30842	22
德州	Dezhou		4869	10922	65
聊城	Liaocheng	1850	3179	8576	78

8-17 城市市政供水设施建设投资额（辖区） 续表 2

Fixed Assets Investment of Water Supply in Urban Service Facilities (Municipal Districts) continued 2

单位：万元 (10 000 yuan)

地名	City	2010	2013	2014	2014 排名 Ranking	地名	City	2010	2013	2014	2014 排名 Ranking
滨州	Binzhou	2389		460	226	常德	Changde		2200		
菏泽	Heze	420	1570	984	205	张家界	Zhangjiajie	4450	6000		
河南	**Henan**	**40624**	**112649**	**94314**		益阳	Yiyang	1756	1840	3680	129
郑州	Zhengzhou	9896	61799	21718	36	郴州	Chenzhou	19620	9268	30234	23
开封	Kaifeng	121	1195	6880	88	永州	Yongzhou		1165	3130	140
洛阳	Luoyang	500	1501	1210	192	怀化	Huaihua	650	15234	3580	132
平顶山	Pingdingshan		12073	3590	131	娄底	Loudi	1080		9070	74
安阳	Anyang	1700	781	938	206	**广东**	**Guangdong**	**569854**	**52403**	**35565**	
鹤壁	Hebi	497	1451	1738	176	广州	Guangzhou	451486	15418	4387	116
新乡	Xinxiang	354	1251	1287	189	韶关	Shaoguan	1705	350	700	212
焦作	Jiaozuo	488	2852	162	230	深圳	Shenzhen	15748			
濮阳	Puyang			371	228	珠海	Zhuhai	12648	2605	5070	107
许昌	Xuchang		900	2923	144	汕头	Shantou	11117	233		
漯河	Luohe	1015				佛山	Foshan	9715	18225	3671	130
三门峡	Sanmenxia	98	48	589	218	江门	Jiangmen	7845	3144	388	227
南阳	Nanyang	3902	6804	9458	73	湛江	Zhanjiang				
商丘	Shangqiu	930	1500	9700	72	茂名	Maoming	929	3049	1100	197
信阳	Xinyang	4000	3790	7270	85	肇庆	Zhaoqing	6295	5340	5836	102
周口	Zhoukou	3693	1711	2340	159	惠州	Huizhou	1120		2353	158
驻马店	Zhumadian	1210	1308	5750	103	梅州	Meizhou				
湖北	**Hubei**	**49351**	**91418**	**146815**		汕尾	Shanwei				
武汉	Wuhan	22376		71950	9	河源	Heyuan	468	833		
黄石	Huangshi	500	12706			阳江	Yangjiang				
十堰	Shiyan		5708	3543	133	清远	Qingyuan	339			
宜昌	Yichang	2928	1639	2450	155	东莞	Dongguan	41572	58		
襄阳	Xiangyang			1200	193	中山	Zhongshan	328			
鄂州	Ezhou	4722	5000	4000	122	潮州	Chaozhou			1078	199
荆门	Jingmen	4200	3600	2710	149	揭阳	Jieyang				
孝感	Xiaogan	500	15800			云浮	Yunfu	800	400		
荆州	Jingzhou	1500	5281	2820	146	**广西**	**Guangxi**	**79997**	**128133**	**246279**	
黄冈	Huanggang	1100				南宁	Nanning	23487	50904	45236	14
咸宁	Xianning			6319	95	柳州	Liuzhou	1306	5722	116270	3
随州	Suizhou					桂林	Guilin	17868	4097	6677	90
湖南	**Hunan**	**116825**	**138667**	**111905**		梧州	Wuzhou	3121	1591	1316	187
长沙	Changsha	40007		5608	104	北海	Beihai	3036	3629	1149	195
株洲	Zhuzhou	13676	13560	15178	52	防城港	Fangchenggang	3014	7612	2388	156
湘潭	Xiangtan	772	22868	6172	97	钦州	Qinzhou	7851	11024	7074	87
衡阳	Hengyang	829	6220	8350	79	贵港	Guigang	3395	1285	2155	164
邵阳	Shaoyang	795	3633	2795	148	玉林	Yulin	3049	6720	24080	33
岳阳	Yueyang	4181	6693	5000	108	百色	Baise	800	163	731	211

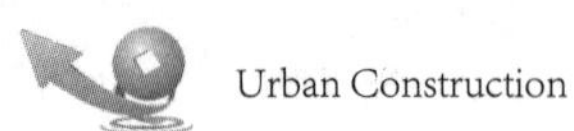

8-17 城市市政供水设施建设投资额（辖区） 续表 3

Fixed Assets Investment of Water Supply in Urban Service Facilities (Municipal Districts) continued 3

单位：万元 (10 000 yuan)

地名	City	2010	2013	2014	2014 排名 Ranking	地名	City	2010	2013	2014	2014 排名 Ranking
贺州	Hezhou		1234	8597	77	丽江	Lijiang				
河池	Hechi	888				普洱	Puer		220	1015	202
来宾	Laibin	1500	9222	7833	82	临沧	Lincang				
崇左	Chongzuo	110	3200	4250	119	**西藏**	**Tibet**				
海南	**Hainan**	**11967**	**29952**	**9712**		拉萨	Lasa				
海口	Haikou	4911	22808	3848	124	**陕西**	**Shaanxi**	**47115**	**72969**	**80981**	
三亚	Sanya	1210	1800	3770	127	西安	Xi'an	18000	32495	29400	26
三沙	Sansha					铜川	Tongchuan				
重庆	**Chongqing**	**100880**	**128750**	**96978**		宝鸡	Baoji	16100	6380	13200	57
四川	**Sichuan**	**88770**	**248693**	**186971**		咸阳	Xianyang	5430	2156	11719	62
成都	Chengdu	43196	164920	101773	5	渭南	Weinan		18500	5880	101
自贡	Zigong	5189				延安	Yan'an	6205	915	2813	147
攀枝花	Panzhihua	1762	6829	9025	75	汉中	Hanzhong		63	105	231
泸州	Luzhou	2069	6460	6261	96	榆林	Yulin	500	10000	650	217
德阳	Deyang	1766	5798	2158	163	安康	Ankang			9800	70
绵阳	Mianyang	4556	3778	2160	162	商洛	Shangluo	580	1300	1016	201
广元	Guangyuan	2861	2618	3982	123	**甘肃**	**Gansu**	**20839**	**30994**	**42115**	
遂宁	Suining	1111		566	219	兰州	Lanzhou	5844	23620	27436	30
内江	Neijiang	361		3138	139	嘉峪关	Jiayuguan	375	4380	1661	178
乐山	Leshan	1175	1783	1392	185	金昌	Jinchang				
南充	Nanchong	4000	3500	1500	183	白银	Baiyin	8419			
眉山	Meishan	100	891	1304	188	天水	Tianshui	2000	1014	800	210
宜宾	Yibin	24				武威	Wuwei	2719		8000	80
广安	Guangan	2270	7543	1545	181	张掖	Zhangye	230			
达州	Dazhou	1900	800	923	207	平凉	Pingliang	204	120	500	223
雅安	Yaan		18480	15100	53	酒泉	Jiuquan	848		1638	179
巴中	Bazhong	850				庆阳	Qingyang		1860	480	225
资阳	Ziyang	1603	1140			定西	Dingxi			1600	180
贵州	**Guizhou**	**7795**	**105924**	**20641**		陇南	Longnan	200			
贵阳	Guiyang	4815	20029	15751	51	**青海**	**Qinghai**	**33422**	**23317**	**9201**	
六盘水	Liupanshui					西宁	Xining	26993	4885	6400	94
遵义	Zunyi					海东	Haidong				
安顺	Anshun		60935			**宁夏**	**Ningxia**	**40224**	**17848**	**11413**	
毕节	Bijie		2141	2100	166	银川	Yinchuan	16723	2955	4259	118
铜仁	Tongren					石嘴山	Shizuishan	16391	5522	2047	167
云南	**Yunnan**	**41916**	**111842**	**61110**		吴忠	Wuzhong	941	4800	367	229
昆明	Kunming	26811	39384	19256	42	固原	Guyuan				
曲靖	Qujing	2158	10980			中卫	Zhongwei		1441	4640	112
玉溪	Yuxi					**新疆**	**Xinjiang**	**55841**	**265154**	**283948**	
保山	Baoshan					乌鲁木齐	Urumqi	10700	142409	119147	2
昭通	Zhaotong		2514	12633	60	克拉玛依	Karamay	5891	29217	45950	13

8-18 城市市政燃气设施建设投资额（辖区）

Fixed Assets Investment of Gas Supply in Urban Service Facilities (Municipal Districts)

单位：万元 (10 000 yuan)

地名	City	2010	2013	2014	2014 排名 Ranking
全国	**Nation Total**	**2907816**	**4256123**	**4159612**	
北京	**Beijing**	**182583**	**683563**	**315683**	
天津	**Tianjin**	**133368**	**372001**	**544500**	
河北	**Hebei**	**240440**	**209320**	**105364**	
石家庄	Shijiazhuang	16100	19800	3050	140
唐山	Tangshan	49138	24224	22334	22
秦皇岛	Qinhuangdao	10819	2696		
邯郸	Handan	17114		5000	102
邢台	Xingtai	11200	11531	2700	145
保定	Baoding	3026	800		
张家口	Zhangjiakou	57588	29846	14877	43
承德	Chengde	4369	300	3287	132
沧州	Cangzhou	3007	2900	3341	127
廊坊	Langfang	3022	4394	5036	101
衡水	Hengshui	5350	1287	1226	182
山西	**Shanxi**	**97264**	**147151**	**84187**	
太原	Taiyuan	28700	86500	35200	7
大同	Datong	35000	5000		
阳泉	Yangquan	1515	2215		
长治	Changzhi	19284	660	2080	160
晋城	Jincheng			1652	170
朔州	Shuozhou		750	2589	147
晋中	Jinzhong		27000	9391	56
运城	Yuncheng				
忻州	Xinzhou	4980	1025	1555	171
临汾	Linfen		2000	21	222
吕梁	Lvliang		5343	3700	120
内蒙古	**Inner Mongolia**	**84233**	**113625**	**162288**	
呼和浩特	Hohhot	11594	24539	5188	97
包头	Baotou	42264	42600	9371	57
乌海	Wuhai	535	1622	2522	152
赤峰	Chifeng	7300	7351	7231	74
通辽	Tongliao	604	1522	76110	4
鄂尔多斯	Erdos	13043	3455	64	220
呼伦贝尔	Hulunbuir			7900	68
巴彦淖尔	Bayannur		6500	1140	184
乌兰察布	Ulanqab	3240	5000	500	208
辽宁	**Liaoning**	**123984**	**168290**	**119823**	
沈阳	Shenyang	31920	47659	710	202
大连	Dalian	30671	11008	5781	91
鞍山	Anshan	13252	10104	18752	33
抚顺	Fushun	1316	6817	5954	89
本溪	Benxi	498	19615	3692	121
丹东	Dandong	6814	10777	27602	13
锦州	Jinzhou	4795	2854	3314	130
营口	Yingkou	2227	6999	1357	177
阜新	Fuxin	296	374	2000	162
辽阳	Liaoyang	4781	4750	4133	112
盘锦	Panjin	580	1795	1297	179
铁岭	Tieling	891	16585	24236	18
朝阳	Chaoyang	883	1343		
葫芦岛	Huludao	3633		1445	175
吉林	**Jilin**	**108001**	**40780**	**51714**	
长春	Changchun	16159	7245	25349	16
吉林	Jilin	68872	2550		
四平	Siping	200	9400	3339	128
辽源	Liaoyuan				
通化	Tonghua			788	197
白山	Baishan	1204	800	800	196
松原	Songyuan	390	360		
白城	Baicheng		13000	12590	48
黑龙江	**Heilongjiang**	**53238**	**69659**	**95386**	
哈尔滨	Harbin			6711	77
齐齐哈尔	Qiqihar	3105	5678	4459	110
鸡西	Jixi		3291	512	207
鹤岗	Hegang	3271	1000	7400	72
双鸭山	Shuangyashan			300	211
大庆	Daqing	31955	4067	14570	44
伊春	Yichun		9326	5300	96
佳木斯	Jiamusi	2250	4600	3300	131
七台河	Qitaihe	50	5814	3111	136
牡丹江	Mudanjiang	1000	5800	5100	99
黑河	Heihe				
绥化	Suihua		1490	3100	137
上海	**Shanghai**	**187926**	**236174**	**127486**	
江苏	**Jiangsu**	**209311**	**264461**	**300684**	

8-18 城市市政燃气设施建设投资额（辖区） 续表 1

Fixed Assets Investment of Gas Supply in Urban Service Facilities (Municipal Districts) continued 1

单位：万元 (10 000 yuan)

地名	City	2010	2013	2014	2014 排名 Ranking	地名	City	2010	2013	2014	2014 排名 Ranking
南京	Nanjing	20382	8029	1243	181	池州	Chizhou	3225	18065	6055	87
无锡	Wuxi	38678	5543	10040	53	宣城	Xuancheng	1862	3400	5716	92
徐州	Xuzhou	5000				**福建**	**Fujian**	**60834**	**15913**	**78156**	
常州	Changzhou	11196	23896	103045	3	福州	Fuzhou	4972	2381	6885	76
苏州	Suzhou	19254	36514	19053	30	厦门	Xiamen	14294		35196	8
南通	Nantong	14608	13744	19444	26	莆田	Putian	5671			
连云港	Lianyungang	2880	4799	2658	146	三明	Sanming	950	117	1320	178
淮安	Huaian		1159	4000	115	泉州	Quanzhou	22000	500	2900	144
盐城	Yancheng	4818		109	218	漳州	Zhangzhou	4100	2425	3356	126
扬州	Yangzhou	4644	8290	19381	29	南平	Nanping	50		1015	188
镇江	Zhenjiang	10131	11570	9035	59	龙岩	Longyan	1429	3724	1000	189
泰州	Taizhou	1800	1816	2510	153	宁德	Ningde	1229	1400		
宿迁	Suqian	9500	9801	8014	67	**江西**	**Jiangxi**	**66967**	**148136**	**63297**	
浙江	**Zhejiang**	**119041**	**183991**	**196091**		南昌	Nanchang				
杭州	Hangzhou	24424	56418	65843	5	景德镇	Jingdezhen		98142	2250	157
宁波	Ningbo	18148	18750	24799	17	萍乡	Pingxiang	1500	5100	9000	60
温州	Wenzhou		26974	18462	34	九江	Jiujiang	37863	3621	3056	138
嘉兴	Jiaxing	31075	10779	8267	65	新余	Xinyu	8087	2104	1275	180
湖州	Huzhou	14064	7143	2566	150	鹰潭	Yingtan				
绍兴	Shaoxing	5108	21600	19460	25	赣州	Ganzhou			26854	15
金华	Jinhua	973	2704	6309	83	吉安	Jian	1383	226	2046	161
衢州	Quzhou	138	1600	3000	142	宜春	Yichun	2099	4666	5635	93
舟山	Zhoushan	1385	3080	3710	119	抚州	Fuzhou	12070	2700	3200	134
台州	Taizhou	539	2244	3040	141	上饶	Shangrao	1235	3141	6463	81
丽水	Lishui	571	4038			**山东**	**Shandong**	**355215**	**320707**	**284124**	
安徽	**Anhui**	**82614**	**198389**	**204145**		济南	Jinan	16285	26193	28928	11
合肥	Hefei	11237	22424	23816	20	青岛	Qingdao	34874	33336	29093	9
芜湖	Wuhu	2081	20503	16128	40	淄博	Zibo	44379	16106	8196	66
蚌埠	Bengbu	8040	3200	18072	35	枣庄	Zaozhuang	7136	9762	12395	49
淮南	Huainan	3627	4080	20421	24	东营	Dongying	259	1950	1200	183
马鞍山	Maanshan	4200	15813	24000	19	烟台	Yantai	3189	2000	774	199
淮北	Huaibei	7210	28500	9200	58	潍坊	Weifang	4262	5373	10240	51
铜陵	Tongling	7525	11875	5318	95	济宁	Jining	10000	1013	1477	173
安庆	Anqing	2680	4100	1800	166	泰安	Taian	15815	51358	28184	12
黄山	Huangshan	3060	6190	7700	69	威海	Weihai	12874	15408	18930	31
滁州	Chuzhou	4880	2916	14190	46	日照	Rizhao	2000	18117	6313	82
阜阳	Fuyang	2100	2054	7336	73	莱芜	Laiwu	69700	7040	3320	129
宿州	Suzhou	3038	3300	4911	104	临沂	Linyi	41584	34292	4841	105
六安	Liuan	2119	2065	2563	151	德州	Dezhou		4182	15496	42
亳州	Bozhou	5159	2706	1833	164	聊城	Liaocheng	830	2456	8591	63

8-18 城市市政燃气设施建设投资额（辖区） 续表 2

Fixed Assets Investment of Gas Supply in Urban Service Facilities (Municipal Districts) continued 2

单位：万元 (10 000 yuan)

地名	City	2010	2013	2014	2014 排名 Ranking	地名	City	2010	2013	2014	2014 排名 Ranking
滨州	Binzhou	676	431	910	191	常德	Changde				
菏泽	Heze	200	5800	144	216	张家界	Zhangjiajie				
河南	**Henan**	**85960**	**114734**	**85197**		益阳	Yiyang	4800			
郑州	Zhengzhou	24584	9693	10740	50	郴州	Chenzhou		3914	19400	27
开封	Kaifeng	1064	4522	2450	154	永州	Yongzhou		6010	5000	102
洛阳	Luoyang	190	9753	8859	61	怀化	Huaihua	5000	7800	6196	85
平顶山	Pingdingshan	922	13763	9800	55	娄底	Loudi	2000	1600	5440	94
安阳	Anyang	5036	4210	240	214	广东	**Guangdong**	**110079**	**105251**	**326912**	
鹤壁	Hebi	1803	1944	788	197	广州	Guangzhou	27811	12918	14229	45
新乡	Xinxiang	6817	1131	1916	163	韶关	Shaoguan	200	220		
焦作	Jiaozuo	2367	14141	6682	78	深圳	Shenzhen	37544	47096	250412	1
濮阳	Puyang		299	828	195	珠海	Zhuhai	1047	10742	23680	21
许昌	Xuchang		10569	774	199	汕头	Shantou	3891	1641		
漯河	Luohe	945	3000			佛山	Foshan	11032	5401	17749	38
三门峡	Sanmenxia	4170	688	569	205	江门	Jiangmen	4138	4628	2947	143
南阳	Nanyang	1286	2294	3720	118	湛江	Zhanjiang				
商丘	Shangqiu	829	1147	4300	111	茂名	Maoming	1500	2000	2200	158
信阳	Xinyang		3220	2581	149	肇庆	Zhaoqing	6592	2500	3055	139
周口	Zhoukou	5397	1528	80	219	惠州	Huizhou	2278	640		
驻马店	Zhumadian	255		1400	176	梅州	Meizhou		4174	3241	133
湖北	**Hubei**	**144094**	**73452**	**101474**		汕尾	Shanwei				
武汉	Wuhan	45750		17938	37	河源	Heyuan		1300		
黄石	Huangshi	11630		1756	167	阳江	Yangjiang				
十堰	Shiyan	31000	8750	18829	32	清远	Qingyuan		6106	6037	88
宜昌	Yichang	5074	6358	6508	80	东莞	Dongguan	71			
襄阳	Xiangyang	17104		6260	84	中山	Zhongshan	11295	619		
鄂州	Ezhou	6000	5000	3400	125	潮州	Chaozhou				
荆门	Jingmen	804		2370	155	揭阳	Jieyang	465		2322	156
孝感	Xiaogan	200				云浮	Yunfu	1200			
荆州	Jingzhou	1291	3777	4685	108	广西	**Guangxi**	**31474**	**113342**	**113600**	
黄冈	Huanggang			1100	186	南宁	Nanning	8784	45090	40475	6
咸宁	Xianning			3588	124	柳州	Liuzhou	2466	4004	6549	79
随州	Suizhou			977	190	桂林	Guilin	1053	3192	5866	90
湖南	**Hunan**	**64237**	**54088**	**101308**		梧州	Wuzhou	530	2023	4057	113
长沙	Changsha	18300				北海	Beihai	8000	300		
株洲	Zhuzhou	11312	3507	19400	27	防城港	Fangchenggang	4985	3961	3633	123
湘潭	Xiangtan	2455	3648	4762	106	钦州	Qinzhou	450	750		
衡阳	Hengyang	2425				贵港	Guigang	590	1681	770	201
邵阳	Shaoyang	1200	3491	500	208	玉林	Yulin	1789	7396	28991	10
岳阳	Yueyang	500	4600	8800	62	百色	Baise	100	2460	1108	185

8-18 城市市政燃气设施建设投资额（辖区） 续表 3

Fixed Assets Investment in Gas Supply of Urban Service Facilities (Municipal Districts) continued 3

单位：万元 (10 000 yuan)

地名	City	2010	2013	2014	2014 排名 Ranking
贺州	Hezhou				
河池	Hechi				
来宾	Laibin	200	3500	8336	64
崇左	Chongzuo	1000	15000	500	208
海南	**Hainan**	**7896**	**2119**	**3968**	
海口	Haikou				
三亚	Sanya	6000	2119	2588	148
三沙	Sansha				
重庆	**Chongqing**	**86081**	**29739**	**159344**	
四川	**Sichuan**	**47388**	**86401**	**72932**	
成都	Chengdu	13055	19640	18012	36
自贡	Zigong	914	3000	850	194
攀枝花	Panzhihua	240	22317	7040	75
泸州	Luzhou	1059	2310	4692	107
德阳	Deyang	4500		7697	70
绵阳	Mianyang	3000	5978	1665	169
广元	Guangyuan	1538	1287		
遂宁	Suining	1459	491	1833	164
内江	Neijiang	128	4310	1055	187
乐山	Leshan	911	3028	1475	174
南充	Nanchong	3000	3300	1700	168
眉山	Meishan	120	460	2200	158
宜宾	Yibin	1120	15	287	213
广安	Guangan	2931		536	206
达州	Dazhou	800	2490	10155	52
雅安	Yaan		4004	4004	114
巴中	Bazhong	601			
资阳	Ziyang	1524	6434	3949	116
贵州	**Guizhou**	**6085**	**77024**	**23414**	
贵阳	Guiyang	4991	55408	21902	23
六盘水	Liupanshui				
遵义	Zunyi				
安顺	Anshun		2685	1512	172
毕节	Bijie				
铜仁	Tongren				
云南	**Yunnan**	**11054**	**9772**	**28246**	
昆明	Kunming	4676		5055	100
曲靖	Qujing	4875	8000		
玉溪	Yuxi			619	204
保山	Baoshan				
昭通	Zhaotong	230	174		

地名	City	2010	2013	2014	2014 排名 Ranking
丽江	Lijiang				
普洱	Puer		260		
临沧	Lincang				
西藏	**Tibet**				
拉萨	Lasa				
陕西	**Shaanxi**	**34435**	**58887**	**92913**	
西安	Xi'an	17847	26384	27276	14
铜川	Tongchuan	4272			
宝鸡	Baoji	4500	5270	6170	86
咸阳	Xianyang	2800	914	13505	47
渭南	Weinan			3770	117
延安	Yan'an	1332	470	3671	122
汉中	Hanzhong		4849	7571	71
榆林	Yulin	1500	10000		
安康	Ankang			4620	109
商洛	Shangluo	368		15500	41
甘肃	**Gansu**	**12261**	**60572**	**25410**	
兰州	Lanzhou	8129	45368	17346	39
嘉峪关	Jiayuguan	32	1462	877	193
金昌	Jinchang		680	644	203
白银	Baiyin		4592	188	215
天水	Tianshui		320	3200	134
武威	Wuwei				
张掖	Zhangye				
平凉	Pingliang	4100		300	211
酒泉	Jiuquan		5000		
庆阳	Qingyang		260	15	223
定西	Dingxi				
陇南	Longnan				
青海	**Qinghai**	**3729**	**1405**	**2249**	
西宁	Xining	2567		135	217
海东	Haidong				
宁夏	**Ningxia**	**100133**	**24257**	**15585**	
银川	Yinchuan	99821	7714	49	221
石嘴山	Shizuishan	272			
吴忠	Wuzhong	40	7000	9932	54
固原	Guyuan				
中卫	Zhongwei		2689	904	192
新疆	**Xinjiang**	**57891**	**272920**	**274132**	
乌鲁木齐	Urumqi	22675	197893	223127	2
克拉玛依	Karamay	10865	9765	5125	98

8-19 城市市政集中供热设施建设投资额（辖区）

Fixed Assets Investment of Central Heating in Urban Service Facilities (Municipal Districts)

单位：万元 (10 000 yuan)

地名	City	2010	2013	2014	2014 排名 Ranking
全国	**Nation Total**	**4332455**	**5960491**	**5754469**	
北京	**Beijing**	**496568**	**605975**	**802190**	
天津	**Tianjin**	**70439**	**64560**	**226879**	
河北	**Hebei**	**768645**	**426356**	**390400**	
石家庄	Shijiazhuang	318982	126680	94768	13
唐山	Tangshan	107989	59486	85760	15
秦皇岛	Qinhuangdao	16013	1456	8126	69
邯郸	Handan	22300	2000	20060	37
邢台	Xingtai	11600	5900	2000	95
保定	Baoding	1730	607	365	107
张家口	Zhangjiakou	97000	35171	33575	28
承德	Chengde	9341	6696	10489	57
沧州	Cangzhou	16357	4645	9000	61
廊坊	Langfang	26549	9347	7323	75
衡水	Hengshui	3700	14000	1256	104
山西	**Shanxi**	**224561**	**687015**	**730938**	
太原	Taiyuan	24961	458400	553000	1
大同	Datong	38000	19853		
阳泉	Yangquan	11090	34963	18155	42
长治	Changzhi	8500	5100	8907	63
晋城	Jincheng			6009	80
朔州	Shuozhou	5850	45424	39510	24
晋中	Jinzhong	66310	24200	23300	34
运城	Yuncheng				
忻州	Xinzhou	32000	61	6082	79
临汾	Linfen	13800	20020	11600	54
吕梁	Lvliang	3350	5343	1704	98
内蒙古	**Inner Mongolia**	**374920**	**554596**	**434475**	
呼和浩特	Hohhot	42240	45095	32484	30
包头	Baotou	67773	68800	127422	6
乌海	Wuhai	8725	6221	11048	55
赤峰	Chifeng	27391	36196	8587	67
通辽	Tongliao	6700	16811	15180	46
鄂尔多斯	Erdos	85022	12000	5800	81
呼伦贝尔	Hulunbuir	27287	97737	46530	20
巴彦淖尔	Bayannur	33000	26000	17497	43
乌兰察布	Ulanqab	5000	93613	3445	90
辽宁	**Liaoning**	**717638**	**748396**	**567133**	
沈阳	Shenyang	106568	84300	154088	4
大连	Dalian	206765	79668	70521	16
鞍山	Anshan	3600	89006	8603	66
抚顺	Fushun	35694	217918	105646	10
本溪	Benxi	13728	20851	8823	65
丹东	Dandong	6989	5900	40000	22
锦州	Jinzhou	11920	20243	18532	41
营口	Yingkou	35138		18	109
阜新	Fuxin	14053	8200	12440	51
辽阳	Liaoyang	64898	19036	7317	76
盘锦	Panjin	14401	4665	4446	85
铁岭	Tieling	890	75176	16748	44
朝阳	Chaoyang	11600	7560	53000	19
葫芦岛	Huludao	5800		10694	56
吉林	**Jilin**	**294835**	**188325**	**211055**	
长春	Changchun	137822	80924	62376	17
吉林	Jilin	35810	9910	13000	50
四平	Siping	13000		8000	71
辽源	Liaoyuan	2300	15000	9000	61
通化	Tonghua	28400	1580		
白山	Baishan	445	3008	4030	87
松原	Songyuan	11751			
白城	Baicheng	14355	5500	8300	68
黑龙江	**Heilongjiang**	**239959**	**823070**	**462518**	
哈尔滨	Harbin	22477	236645	158068	3
齐齐哈尔	Qiqihar	2362	16483	13933	49
鸡西	Jixi	3500	23556		
鹤岗	Hegang	1861	11311	7987	73
双鸭山	Shuangyashan	800	36378	18789	40
大庆	Daqing	32719	117463	114972	9
伊春	Yichun	24291	114491	23554	33
佳木斯	Jiamusi	45000	26891	13989	48
七台河	Qitaihe	8830	16615	3052	91
牡丹江	Mudanjiang	9192	12439	8100	70
黑河	Heihe	6000	5508	717	105
绥化	Suihua	3000	11733	14156	47
上海	**Shanghai**				
江苏	**Jiangsu**	**2033**			

8-19 城市市政集中供热设施建设投资额（辖区） 续表 1

Fixed Assets Investment of Central Heating in Urban Service Facilities (Municipal Districts) continued 1

单位：万元 (10 000 yuan)

地名	City	2010	2013	2014	2014 排名 Ranking	地名	City	2010	2013	2014	2014 排名 Ranking
南京	Nanjing					南阳	Nanyang	3655	2301	280	108
浙江	**Zhejiang**	**5131**	**8890**	**5299**		商丘	Shangqiu	3300	7337	1915	96
杭州	Hangzhou	1000				驻马店	Zhumadian	4368	5000	480	106
宁波	Ningbo	1639	4900			**湖北**	**Hubei**	**759**	**480**	**11430**	
温州	Wenzhou			3000	92	黄石	Huangshi				
绍兴	Shaoxing		1100			十堰	Shiyan		480	3730	89
安徽	**Anhui**	**12092**	**27825**	**32218**		襄阳	Xiangyang	759			
合肥	Hefei	9250	15685	19700	39	重庆	Chongqing	16025			
淮南	Huainan	1791	1020	8832	64	**陕西**	**Shaanxi**	**79313**	51298	223367	
滁州	Chuzhou	551	6600			西安	Xi'an	48513	27484	88274	14
宿州	Suzhou	500	4200	1431	102	铜川	Tongchuan				
山东	**Shandong**	**643338**	**907551**	**916530**		宝鸡	Baoji	17600	4050	36800	25
济南	Jinan	133604	106238	179008	2	咸阳	Xianyang	10000	1493	45203	21
青岛	Qingdao	67331	80616	36739	26	渭南	Weinan	2700		1500	101
淄博	Zibo	19504	37860	35416	27	延安	Yan'an		12671		
枣庄	Zaozhuang	2900	62920	12304	52	榆林	Yulin	500		5000	84
东营	Dongying	6671	19159	9549	60	**甘肃**	**Gansu**	**66474**	**81210**	**197407**	
烟台	Yantai	28069	14239	11765	53	兰州	Lanzhou	18983	17823	134751	5
潍坊	Weifang	7500	10640	5400	82	嘉峪关	Jiayuguan	658	9073	4196	86
济宁	Jining	10000	12000	1519	100	白银	Baiyin				
泰安	Taian	9948	57467	117659	8	天水	Tianshui		3375		
威海	Weihai	50814	102794	101315	11	武威	Wuwei	14675			
日照	Rizhao	55650	10210	39800	23	张掖	Zhangye	2585		23000	35
莱芜	Laiwu	6275	20530	7720	74	平凉	Pingliang		20000	20000	38
临沂	Linyi	12949	66622	33152	29	酒泉	Jiuquan	10645	19000	2246	94
德州	Dezhou		24794	25179	32	庆阳	Qingyang	8358	3400		
聊城	Liaocheng	3702	16774	26995	31	定西	Dingxi				
滨州	Binzhou	12476	15000	6300	78	陇南	Longnan	4200			
菏泽	Heze	3500	2000	2500	93	**青海**	**Qinghai**	**433**	**22030**		
河南	**Henan**	**141445**	**181058**	**224769**		西宁	Xining	433			
郑州	Zhengzhou	47917	45371	101100	12	海东	Haidong				
开封	Kaifeng	4000	6255	10000	58	**宁夏**	**Ningxia**	**33403**	**37734**	**33564**	
洛阳	Luoyang	5300	5391	15638	45	银川	Yinchuan	15326	7318	20266	36
平顶山	Pingdingshan		1824			石嘴山	Shizuishan	8671	5028	3998	88
安阳	Anyang	8571		7277	77	吴忠	Wuzhong	1300	5500	8000	71
鹤壁	Hebi	1205	36440	1748	97	固原	Guyuan	2710	13128		
新乡	Xinxiang	1341	11730	9700	59	中卫	Zhongwei	1360	960	1300	103
焦作	Jiaozuo	650	11138	57311	18	**新疆**	**Xinjiang**	**144444**	**544122**	**284297**	
许昌	Xuchang		7433			乌鲁木齐	Urumqi	83198	395030	126890	7
漯河	Luohe					克拉玛依	Karamay	7105	8348	5350	83
三门峡	Sanmenxia	5000	801	1594	99						

8-20 城市市政轨道交通建设投资额（辖区）

Fixed Assets Investment of Urban Rail Transit System in Urban Service Facilities (Municipal Districts)

单位：万元 (10 000 yuan)

地名	City	2010	2013	2014	2014 排名 Ranking
全国	**Nation Total**	**18125781**	**24550639**	**32211964**	
北京	**Beijing**	**3914519**	**2931064**	**4413750**	
天津	**Tianjin**	**702058**	**1080188**	**958654**	
河北	**Hebei**		**187964**	**424538**	
石家庄	Shijiazhuang		185127	424538	17
山西	**Shanxi**				
阳泉	Yangquan				
内蒙古	**Inner Mongolia**				
包头	Baotou				
辽宁	**Liaoning**	**1301484**	**223452**		
沈阳	Shenyang	618264	133618		
大连	Dalian	683220	89834		
吉林	**Jilin**	**239493**	**306184**	**288297**	
长春	Changchun	239493	306184	288297	21
黑龙江	**Heilongjiang**	**252769**	**176604**	**111260**	
哈尔滨	Harbin	252769	176604	111260	24
上海	**Shanghai**	**2296190**	**1202936**	**1830777**	
江苏	**Jiangsu**	**1317628**	**4202645**	**4838047**	
南京	Nanjing	398685	2369889	3282820	1
无锡	Wuxi	401169	637912	520129	13
苏州	Suzhou	517774	1194844	905098	6
浙江	**Zhejiang**	**928898**	**1872251**	**1807237**	
杭州	Hangzhou	508974	847603	826990	7
宁波	Ningbo	419924	789204	774757	9
安徽	**Anhui**	**57493**	**225440**	**320700**	
合肥	Hefei	57493	225440	320700	19
福建	**Fujian**	**354200**	**295651**	**317829**	
福州	Fuzhou	354200	295651	317829	20
厦门	Xiamen				
江西	**Jiangxi**	**112894**	**591232**	**482661**	
南昌	Nanchang	112894	591232	482661	16
山东	**Shandong**	**156160**	**393983**	**504248**	
济南	Jinan				
青岛	Qingdao	156160	393983	504248	14
淄博	Zibo				
河南	**Henan**	**280000**	**485595**	**740554**	
郑州	Zhengzhou	280000	485595	740554	11
湖北	**Hubei**	**1012900**	**1625806**	**2032737**	
武汉	Wuhan	1012900	1617578	2032737	2
宜昌	Yichang				
湖南	**Hunan**	**183386**	**240081**	**500507**	
长沙	Changsha	183386	240081	500507	15
广东	**Guangdong**	**2816178**	**3852962**	**4751400**	
广州	Guangzhou	1198807	1774171	2022083	3
深圳	Shenzhen	1438442	1484416	2003568	4
珠海	Zhuhai	1100		117713	23
佛山	Foshan	149219	90	76173	25
肇庆	Zhaoqing	28610	172154	201395	22
东莞	Dongguan		421631	330468	18
广西	**Guangxi**	**10393**	**274638**	**553342**	
南宁	Nanning	10393	274638	553342	12
重庆	**Chongqing**	**1169406**	**816416**	**1793105**	
四川	**Sichuan**	**392454**	**1369540**	**1776913**	
成都	Chengdu	392454	1369540	1776913	5
云南	**Yunnan**	**176370**	**770447**	**810325**	
昆明	Kunming	176370	770447	810325	8
陕西	**Shaanxi**	**450908**	**670845**	**765289**	
西安	Xi'an	450908	670845	765289	10

8-21 城市市政道路桥梁建设投资额（辖区）
Fixed Assets Investment of Road and Bridge in Urban Service Facilities (Municipal Districts)

单位：万元 (10 000 yuan)

地名	City	2010	2013	2014	2014 排名 Ranking
全国	**Nation Total**	**66956858**	**83556096**	**76438824**	
北京	**Beijing**	**1778292**	**2876596**	**2409984**	
天津	**Tianjin**	**4120952**	**3849848**	**3169104**	
河北	**Hebei**	**4671358**	**1953031**	**1891307**	
石家庄	Shijiazhuang	732042	558919	418194	39
唐山	Tangshan	1219003	120308	170014	79
秦皇岛	Qinhuangdao	322985	264339	91004	125
邯郸	Handan	566038	244890	373242	43
邢台	Xingtai	367682	39164	45191	176
保定	Baoding	156314	93445	268309	59
张家口	Zhangjiakou	271488	53516	57689	160
承德	Chengde	241300	35193	16987	218
沧州	Cangzhou	43143	32787	77478	136
廊坊	Langfang	198133	49646	26488	200
衡水	Hengshui	107654	42653	11542	232
山西	**Shanxi**	**1297255**	**3771604**	**2008676**	
太原	Taiyuan	493308	2307846	985930	11
大同	Datong	410000	334119	67980	149
阳泉	Yangquan	56603	52517	102323	113
长治	Changzhi	14897	173284	236715	67
晋城	Jincheng	2249	98518	83986	130
朔州	Shuozhou	88783	51193	20109	212
晋中	Jinzhong	39040	155399	47339	175
运城	Yuncheng	17550	71957	108035	107
忻州	Xinzhou		204800	64040	154
临汾	Linfen	44015	178020	29277	192
吕梁	Lvliang	3127	36287	124994	99
内蒙古	**Inner Mongolia**	**1789918**	**2122315**	**2769441**	
呼和浩特	Hohhot	140298	204222	1384901	7
包头	Baotou	574074	361682	522777	29
乌海	Wuhai	49836	17823	20442	211
赤峰	Chifeng	58355	191836	131843	94
通辽	Tongliao	51165	220425	67439	151
鄂尔多斯	Erdos	460228	374074	171627	78
呼伦贝尔	Hulunbuir	103406	106191	127617	98
巴彦淖尔	Bayannur	209700	130585	51891	169
乌兰察布	Ulanqab	62822	50404	9991	237
辽宁	**Liaoning**	**2447279**	**2889585**	**1318382**	
沈阳	Shenyang	1528363	2203188	650038	23
大连	Dalian	265109	315663	363573	46
鞍山	Anshan	77085	14762	26835	196
抚顺	Fushun	54711	96568	51885	170
本溪	Benxi	42515	26583	22389	209
丹东	Dandong	60376	14374	9044	243
锦州	Jinzhou	79991	24591	37902	182
营口	Yingkou	12441	2520	6707	253
阜新	Fuxin	13669	11530	4000	268
辽阳	Liaoyang	51877	29290	15902	220
盘锦	Panjin	69002	35633	10909	234
铁岭	Tieling	4520	14450	2300	275
朝阳	Chaoyang	20022	12831	8631	245
葫芦岛	Huludao	53076	4613	5314	260
吉林	**Jilin**	**1127066**	**1856491**	**823002**	
长春	Changchun	862141	1481874	463924	36
吉林	Jilin	99742	84255	112435	106
四平	Siping	6364	2898	5028	262
辽源	Liaoyuan	10070	11400		
通化	Tonghua	21900	1442	13496	228
白山	Baishan	17376	19195	14923	224
松原	Songyuan	26576	770	29240	193
白城	Baicheng	9600	21346	4552	264
黑龙江	**Heilongjiang**	**1511906**	**1106739**	**814600**	
哈尔滨	Harbin	1177341	594300	493821	31
齐齐哈尔	Qiqihar	11780	85213	70434	148
鸡西	Jixi	5000	34252	35	281
鹤岗	Hegang	27385	7863	9829	238
双鸭山	Shuangyashan	17000	14504	6479	254
大庆	Daqing	109988	121345	35770	186
伊春	Yichun	18251	23040	11025	233
佳木斯	Jiamusi	58959	13565	19161	214
七台河	Qitaihe	4027		1222	279
牡丹江	Mudanjiang	7709	103979	92504	123
黑河	Heihe	9800	1137	357	280
绥化	Suihua	2600	14614	1467	278
上海	**Shanghai**	**1022470**	**723038**	**882620**	
江苏	**Jiangsu**	**7862161**	**7155721**	**7599414**	

8-21 城市市政道路桥梁建设投资额（辖区） 续表 1

Fixed Assets Investment of Road and Bridge in Urban Service Facilities (Municipal Districts) continued 1

单位：万元 (10 000 yuan)

地名	City	2010	2013	2014	2014 排名 Ranking
南京	Nanjing	1651645	1777383	1690451	5
无锡	Wuxi	1893473	347972	240111	65
徐州	Xuzhou	116341	108825	138725	90
常州	Changzhou	1037268	731390	826342	15
苏州	Suzhou	369920	433786	553011	25
南通	Nantong	788573	1171065	1669581	6
连云港	Lianyungang	151324	500641	442567	37
淮安	Huaian	231769	84691	29866	191
盐城	Yancheng	157000	66840	102529	112
扬州	Yangzhou	160796	325088	241168	64
镇江	Zhenjiang	449145	673739	776786	17
泰州	Taizhou	110947	158087	76499	138
宿迁	Suqian	19105	136437	66029	152
浙江	**Zhejiang**	**2786719**	**4015387**	**3899845**	
杭州	Hangzhou	543543	778961	665353	19
宁波	Ningbo	954493	924722	926961	13
温州	Wenzhou	53745	842575	491424	32
嘉兴	Jiaxing	172454	53290	85631	129
湖州	Huzhou	76110	35196	99971	115
绍兴	Shaoxing	117330	278582	194841	73
金华	Jinhua	23412	99054	162951	82
衢州	Quzhou	23244	18633	23528	206
舟山	Zhoushan	45034	170369	184062	76
台州	Taizhou	92135	106854	93622	120
丽水	Lishui	92094	128238	107910	108
安徽	**Anhui**	**3065935**	**4378952**	**3953079**	
合肥	Hefei	576735	710054	732292	18
芜湖	Wuhu	399725	474657	303148	53
蚌埠	Bengbu	279116	460611	440018	38
淮南	Huainan	325584	210450	199777	72
马鞍山	Maanshan	239146	377056	141819	86
淮北	Huaibei	155300	143000	136200	92
铜陵	Tongling	117001	93862	50014	172
安庆	Anqing	84157	296543	286934	55
黄山	Huangshan	44490	53082	56212	165
滁州	Chuzhou	161979	162555	218435	69
阜阳	Fuyang	80075	149505	313149	51
宿州	Suzhou	55541	255944	236373	68
六安	Liuan	39510	90638	52953	166
亳州	Bozhou	66483	73008	47995	174
池州	Chizhou	58372	155289	74396	143
宣城	Xuancheng	156259	256090	165479	80
福建	**Fujian**	**2394391**	**2784922**	**3173713**	
福州	Fuzhou	911657	430025	659354	20
厦门	Xiamen	383079	322737	653114	22
莆田	Putian	368250	489588	542971	27
三明	Sanming	4599	16858	19711	213
泉州	Quanzhou	190816	532410	330575	49
漳州	Zhangzhou	94825	344764	184608	75
南平	Nanping	28380	27651	4500	265
龙岩	Longyan	53818	101656	130160	96
宁德	Ningde	28801	101202	85964	128
江西	**Jiangxi**	**2539040**	**2982250**	**3336901**	
南昌	Nanchang	110760	826117	1273148	8
景德镇	Jingdezhen	55042	19655	25876	202
萍乡	Pingxiang	68735	134127	96850	117
九江	Jiujiang	850717	423124	320758	50
新余	Xinyu	157839	184893	100123	114
鹰潭	Yingtan	53183	57732	131709	95
赣州	Ganzhou	632024	105977	263699	60
吉安	Jian	61568	131566	9315	241
宜春	Yichun	183128	396491	334562	48
抚州	Fuzhou	100087	248914	376380	42
上饶	Shangrao	95336	125150	42420	178
山东	**Shandong**	**3924985**	**3800748**	**4049379**	
济南	Jinan	275081	693592	811276	16
青岛	Qingdao	1485793	355055	525125	28
淄博	Zibo	149663	85578	62100	155
枣庄	Zaozhuang	108513	114802	81018	132
东营	Dongying	15387	152107	118492	102
烟台	Yantai	272151	329644	507349	30
潍坊	Weifang	91381	94621	139775	88
济宁	Jining	181504	127310	92412	124
泰安	Taian	152283	70899	28484	195
威海	Weihai	41851	62192	134035	93
日照	Rizhao	132755	168806	97174	116
莱芜	Laiwu	50093	87681	50137	171
临沂	Linyi	148706	257901	364753	45
德州	Dezhou	210739	227786	41336	179
聊城	Liaocheng	5189	169742	309961	52

8-21 城市市政道路桥梁建设投资额（辖区） 续表 2

Fixed Assets Investment of Road and Bridge in Urban Service Facilities (Municipal Districts) continued 2

单位：万元 (10 000 yuan)

地名	City	2010	2013	2014	2014 排名 Ranking
滨州	Binzhou	46387	30952	37634	183
菏泽	Heze	34017	32225	52217	168
河南	**Henan**	**1193887**	**1962610**	**1733683**	
郑州	Zhengzhou	610053	935041	1125003	10
开封	Kaifeng	86431	146498	37398	184
洛阳	Luoyang	42840	156396	56568	164
平顶山	Pingdingshan	39127	40050	23656	204
安阳	Anyang	50233	730	24044	203
鹤壁	Hebi	16778	14303	22460	208
新乡	Xinxiang	16337	23350	20875	210
焦作	Jiaozuo	38593	156429	57984	159
濮阳	Puyang		32590	22700	207
许昌	Xuchang	2102	6003	6026	257
漯河	Luohe	21130	18608	2651	273
三门峡	Sanmenxia	11349	24133	8760	244
南阳	Nanyang	64548	119268	86220	127
商丘	Shangqiu	3067	7700	26500	199
信阳	Xinyang	14051	11620	5586	259
周口	Zhoukou	22737	45350	48766	173
驻马店	Zhumadian	8001	8000	14800	226
湖北	**Hubei**	**3064360**	**5818043**	**6590951**	
武汉	Wuhan	2353455	4173853	4978022	1
黄石	Huangshi	95347	87281	80430	133
十堰	Shiyan	68499	193284	57516	161
宜昌	Yichang	91422	223450	582078	24
襄阳	Xiangyang	38832	431877	74251	144
鄂州	Ezhou	63655	84202	79962	134
荆门	Jingmen	70338	78414	137977	91
孝感	Xiaogan	18200	51000	2200	276
荆州	Jingzhou	7738	21157	61456	156
黄冈	Huanggang	15750	27804	64532	153
咸宁	Xianning	10300	5252	14775	227
随州	Suizhou	6438	1709	8500	246
湖南	**Hunan**	**3430888**	**3416303**	**3505905**	
长沙	Changsha	1336900	318133	469333	34
株洲	Zhuzhou	314098	342953	391727	41
湘潭	Xiangtan	150933	571514	657893	21
衡阳	Hengyang	393288	483872	302521	54
邵阳	Shaoyang	37658	146120	163455	81
岳阳	Yueyang	166060	202944	95007	118
常德	Changde	211668	186717	92748	121
张家界	Zhangjiajie	60577	21250	16950	219
益阳	Yiyang	56576	37672	26834	197
郴州	Chenzhou	258502	271961	280378	57
永州	Yongzhou	112813	174898	207920	71
怀化	Huaihua	8178	86714	74950	142
娄底	Loudi	78785	227357	467163	35
广东	**Guangdong**	**3279124**	**2453434**	**2040239**	
广州	Guangzhou	1679476	577794	551098	26
韶关	Shaoguan	4150	3066	9085	242
深圳	Shenzhen	274590	511366	410774	40
珠海	Zhuhai	420459	613708	59046	158
汕头	Shantou	10735	33449		
佛山	Foshan	58038	26372	76686	137
江门	Jiangmen	41250	111100	118841	101
湛江	Zhanjiang	15195	76424	75654	139
茂名	Maoming		6623	8301	248
肇庆	Zhaoqing	164109	60814	129262	97
惠州	Huizhou	136751	75889	75595	140
梅州	Meizhou	28856	6844	38551	181
汕尾	Shanwei	8880	15600	6300	255
河源	Heyuan	155716	22800	72759	146
阳江	Yangjiang	22529	38961	26673	198
清远	Qingyuan	6713	89755	252388	62
东莞	Dongguan	21817		7260	250
中山	Zhongshan	34989	48076	28791	194
潮州	Chaozhou	6962		3118	272
揭阳	Jieyang	21082	5784	5261	261
云浮	Yunfu	1412	28300	2433	274
广西	**Guangxi**	**3221009**	**2989480**	**2503723**	
南宁	Nanning	959763	1060413	1222649	9
柳州	Liuzhou	641113	460352	209357	70
桂林	Guilin	298635	433827	238928	66
梧州	Wuzhou	47005	46283	70610	147
北海	Beihai	129340	106227	57493	162
防城港	Fangchenggang	283022	130259	92711	122
钦州	Qinzhou	194633	234381	179900	77
贵港	Guigang	47525	67903	67767	150
玉林	Yulin	231350	115148	141168	87
百色	Baise	125076	7273	8446	247

8-21 城市市政道路桥梁建设投资额（辖区） 续表 3

Fixed Assets Investment of Road and Bridge in Urban Service Facilities (Municipal Districts) continued 3

单位：万元 (10 000 yuan)

地名	City	2010	2013	2014	2014 排名 Ranking
贺州	Hezhou	9473	40276	18940	216
河池	Hechi	19500	10540	6803	252
来宾	Laibin	98337	130521	12233	231
崇左	Chongzuo	21430	48838	57202	163
海南	**Hainan**	**135874**	**151733**	**323249**	
海口	Haikou		38678	153230	84
三亚	Sanya	17099	48352	105588	110
三沙	Sansha				
重庆	**Chongqing**	**3128742**	**3196532**	**2615832**	
四川	**Sichuan**	**2373445**	**5915951**	**2863040**	
成都	Chengdu	1201256	3358822	924716	14
自贡	Zigong	181063	338355	33161	189
攀枝花	Panzhihua	28979	69359	93927	119
泸州	Luzhou	43266	184302	285067	56
德阳	Deyang	72796	129290	81970	131
绵阳	Mianyang	80797	285064	242276	63
广元	Guangyuan	36737	131781	113449	105
遂宁	Suining	22703	86663	52800	167
内江	Neijiang	31665	277794	121116	100
乐山	Leshan	22346	35147	36284	185
南充	Nanchong	35000	144630	139280	89
眉山	Meishan	10446	149740	160828	83
宜宾	Yibin	22335	3750	15099	223
广安	Guangan	14123	77855	186122	74
达州	Dazhou	13700	94874	3498	271
雅安	Yaan	14031	15149	33313	188
巴中	Bazhong	105	37069	59739	157
资阳	Ziyang	131520	217199	72840	145
贵州	**Guizhou**	**835059**	**4581444**	**4167015**	
贵阳	Guiyang	774610	3273321	3001035	2
六盘水	Liupanshui	1026	1576	116960	104
遵义	Zunyi	6500	900		
安顺	Anshun	9850	278902	480398	33
毕节	Bijie	1140	391308	257271	61
铜仁	Tongren	6808	78677	12300	230
云南	**Yunnan**	**1808022**	**874886**	**935128**	
昆明	Kunming	1349091	402253	268998	58
曲靖	Qujing	19090	25525	90415	126
玉溪	Yuxi	28735	13208	3804	270
保山	Baoshan	2000	46126	5868	258
昭通	Zhaotong	74737	11784	23619	205

地名	City	2010	2013	2014	2014 排名 Ranking
丽江	Lijiang	6061	9503	4283	266
普洱	Puer	19941	5855	10612	236
临沧	Lincang	1690	3680	6168	256
西藏	**Tibet**	**15203**	**41884**		
拉萨	Lasa	15203	36584		
陕西	**Shaanxi**	**996486**	**1763915**	**3030909**	
西安	Xi'an	776916	989840	1949856	3
铜川	Tongchuan	4442	5870	79336	135
宝鸡	Baoji	23030	40890	75367	141
咸阳	Xianyang	23842	284678	365096	44
渭南	Weinan	38542	92819	107662	109
延安	Yan'an	31967	46179	9380	240
汉中	Hanzhong	4450	12000	35420	187
榆林	Yulin	17024	139064	152125	85
安康	Ankang	34276		103325	111
商洛	Shangluo	16435	39883	15822	221
甘肃	**Gansu**	**494608**	**2323596**	**1991061**	
兰州	Lanzhou	330052	2117640	1739046	4
嘉峪关	Jiayuguan	10676	5463	10730	235
金昌	Jinchang	26982	11075	1832	277
白银	Baiyin	6711	14930	13361	229
天水	Tianshui	6033	32864	43792	177
武威	Wuwei	22514	15735	15714	222
张掖	Zhangye	11907		19144	215
平凉	Pingliang	25000	39524	30001	190
酒泉	Jiuquan	4143	12829	9520	239
庆阳	Qingyang	25298	13363	4900	263
定西	Dingxi	11333		14812	225
陇南	Longnan	5829	45400	4000	268
青海	**Qinghai**	**147522**	**354026**	**396163**	
西宁	Xining	129457	294927	360894	47
海东	Haidong			17787	217
宁夏	**Ningxia**	**75452**	**133946**	**97901**	
银川	Yinchuan	22921	68594	39772	180
石嘴山	Shizuishan	13951	5601	4236	267
吴忠	Wuzhong	19686	9031	6995	251
固原	Guyuan	8806	27533	25897	201
中卫	Zhongwei		8739	7389	249
新疆	**Xinjiang**	**417450**	**1311086**	**1544578**	
乌鲁木齐	Urumqi	193579	776018	963709	12
克拉玛依	Karamay	9872	72762	117819	103

8-22 城市市政排水设施建设投资额（辖区）

Fixed Assets Investment of Sewerage in Urban Service Facilities (Municipal Districts)

单位：万元　　　　(10 000 yuan)

地名	City	2010	2013	2014	2014 排名 Ranking
全国	**Nation Total**	**9015609**	**7789246**	**8999973**	
北京	**Beijing**	**172688**	**521821**	**1136523**	
天津	**Tianjin**	**249114**	**95393**	**158021**	
河北	**Hebei**	**538504**	**283389**	**210697**	
石家庄	Shijiazhuang	91367	132945	97200	13
唐山	Tangshan	207013	31063	1000	225
秦皇岛	Qinhuangdao	6598	12357	27428	64
邯郸	Handan	10305		4343	172
邢台	Xingtai	1232	849	846	227
保定	Baoding	27682	110		
张家口	Zhangjiakou	12766	560	800	230
承德	Chengde	18836	5940	17280	87
沧州	Cangzhou	34712	28628	4276	173
廊坊	Langfang	29000	2290	3285	185
衡水	Hengshui		814	4900	164
山西	**Shanxi**	**201559**	**88019**	**101535**	
太原	Taiyuan	70218	21900	30400	53
大同	Datong	82585	4633		
阳泉	Yangquan	2427		300	240
长治	Changzhi	16895	8000	13000	104
晋城	Jincheng		8477		
朔州	Shuozhou	6000	1380	2350	200
晋中	Jinzhong	5574	6750	8173	133
运城	Yuncheng	1623			
忻州	Xinzhou	500	10946	16598	90
临汾	Linfen	6080	2000	11000	117
吕梁	Lvliang	4290		2130	202
内蒙古	**Inner Mongolia**	**398943**	**290337**	**410917**	
呼和浩特	Hohhot	47953	35431	110104	9
包头	Baotou	60957	73850	153284	5
乌海	Wuhai	150	2528	7372	139
赤峰	Chifeng	26756	40508	30418	52
通辽	Tongliao	4285	11367	12177	112
鄂尔多斯	Erdos	32712	28329	1840	210
呼伦贝尔	Hulunbuir	18814	11160	13642	101
巴彦淖尔	Bayannur	167000	45800	44981	27
乌兰察布	Ulanqab	1759	5438	2163	201
辽宁	**Liaoning**	**135585**	**290714**	**98768**	
沈阳	Shenyang	32306	92081	27751	63
大连	Dalian	23796	53428	9415	127
鞍山	Anshan	12618	8553	738	234
抚顺	Fushun	2738	43169	4381	170
本溪	Benxi	1644	8210	500	238
丹东	Dandong		681	1900	208
锦州	Jinzhou	1700	2000	9885	125
营口	Yingkou	5520	1730	2124	204
阜新	Fuxin	836	20296	5000	160
辽阳	Liaoyang	9223	14526	1552	216
盘锦	Panjin	8369	2642	2364	199
铁岭	Tieling	292			
朝阳	Chaoyang		7160	8684	132
葫芦岛	Huludao	5090	1569	6474	145
吉林	**Jilin**	**113705**	**68066**	**105635**	
长春	Changchun	42205	9096	41961	30
吉林	Jilin	1060	12298	22522	72
四平	Siping				
辽源	Liaoyuan		4000	2000	206
通化	Tonghua	15400			
白山	Baishan	13909			
松原	Songyuan	10348	64		
白城	Baicheng	6350	8588	3610	181
黑龙江	**Heilongjiang**	**228375**	**170024**	**112683**	
哈尔滨	Harbin	61923	3365	1882	209
齐齐哈尔	Qiqihar	38228	14060	5615	153
鸡西	Jixi	2670	24624	6420	147
鹤岗	Hegang	8687	1419	582	236
双鸭山	Shuangyashan	8755	675	5050	158
大庆	Daqing	7259	29500	3549	183
伊春	Yichun	5044	13903	12415	108
佳木斯	Jiamusi	11600	2800	4978	161
七台河	Qitaihe	7925	4224	20734	74
牡丹江	Mudanjiang	380	26387	8963	131
黑河	Heihe		800	1800	213
绥化	Suihua	5683	1700	700	235
上海	**Shanghai**	**342661**	**150206**	**96140**	
江苏	**Jiangsu**	**847735**	**1193026**	**1232587**	

8-22 城市市政排水设施建设投资额（辖区） 续表 1

Fixed Assets Investment of Sewerage in Urban Service Facilities (Municipal Districts) continued 1

单位：万元 (10 000 yuan)

地名	City	2010	2013	2014	2014 排名 Ranking
南京	Nanjing	273190	478558	228242	3
无锡	Wuxi	124730	40280	14919	97
徐州	Xuzhou	17471	35479	2738	196
常州	Changzhou	9571	45038	112950	8
苏州	Suzhou	29458	22350	66620	21
南通	Nantong	112358	325892	506456	1
连云港	Lianyungang	3900	6200	10954	118
淮安	Huaian		3175	35484	42
盐城	Yancheng		2405	4650	167
扬州	Yangzhou	521	19705	13703	100
镇江	Zhenjiang	32455	39400	12817	105
泰州	Taizhou	4000	12202	36698	40
宿迁	Suqian	8444	4000	15430	95
浙江	**Zhejiang**	**343652**	**361312**	**678685**	
杭州	Hangzhou	51859	53568	42341	29
宁波	Ningbo	53171	24457	36561	41
温州	Wenzhou	14576	59159	108924	10
嘉兴	Jiaxing	23881	5879	10441	122
湖州	Huzhou	3050	1300	3091	190
绍兴	Shaoxing	4404	45515	51160	25
金华	Jinhua	11994	7000	11330	114
衢州	Quzhou	6077	5047	18495	80
舟山	Zhoushan	8045	11424	90731	15
台州	Taizhou	23955	8490	27979	61
丽水	Lishui	6361	18586	5027	159
安徽	**Anhui**	**241288**	**564795**	**424378**	
合肥	Hefei	43321	52858	38889	37
芜湖	Wuhu	17994	90022	40106	35
蚌埠	Bengbu	20488	32040	56600	24
淮南	Huainan	33852	77207	26554	65
马鞍山	Maanshan	14784	9063	32129	51
淮北	Huaibei	8350	38000	18600	79
铜陵	Tongling	5705	51247	23400	69
安庆	Anqing	3538	4271	832	228
黄山	Huangshan	7966	11878	6310	148
滁州	Chuzhou	7030	8027	12735	106
阜阳	Fuyang	15221	8130	32200	50
宿州	Suzhou	4075	18550	3835	179
六安	Liuan	4869	11121	7733	137
亳州	Bozhou	13750	29529	7950	134
池州	Chizhou	3933	18661	14810	98
宣城	Xuancheng	20024	5000	1435	220
福建	**Fujian**	**145390**	**179033**	**251175**	
福州	Fuzhou	35322	25422	78922	19
厦门	Xiamen	27521	66587	80214	18
莆田	Putian	32567	13848	18160	81
三明	Sanming		2447	1490	219
泉州	Quanzhou	2114	2253	5810	150
漳州	Zhangzhou	5573	12164	6920	143
南平	Nanping	3830	1150	4035	177
龙岩	Longyan	2915	2000	1116	224
宁德	Ningde	1772	2568	1960	207
江西	**Jiangxi**	**177934**	**144519**	**209785**	
南昌	Nanchang		50100	39265	36
景德镇	Jingdezhen	3700		20400	77
萍乡	Pingxiang	3560	3650		
九江	Jiujiang	44834	3200	38250	38
新余	Xinyu	85270	4324	3287	184
鹰潭	Yingtan		11800	11300	115
赣州	Ganzhou	17080	9740	28789	58
吉安	Jian	1500	200	7151	141
宜春	Yichun	3900	24670	11579	113
抚州	Fuzhou	8560	9900	28691	59
上饶	Shangrao	900		5432	155
山东	**Shandong**	**592851**	**712356**	**729347**	
济南	Jinan	189400	130843	118308	7
青岛	Qingdao	34398	35540	20446	76
淄博	Zibo	14854	12940	4689	166
枣庄	Zaozhuang	10830	38588	27830	62
东营	Dongying	968	63750	65438	22
烟台	Yantai	18951	55626	23147	71
潍坊	Weifang	14524	867	33416	47
济宁	Jining	25325	6580	14934	96
泰安	Taian	13002	23543	2130	202
威海	Weihai	21783	16350	35090	44
日照	Rizhao	7350	25755	9941	124
莱芜	Laiwu	5300	9348	16385	92
临沂	Linyi	22592	11479	104999	11
德州	Dezhou	32300	20000	7740	136
聊城	Liaocheng	1237	84100	44775	28

8-22 城市市政排水设施建设投资额（辖区） 续表 2

Fixed Assets Investment of Sewerage in Urban Service Facilities (Municipal Districts) continued 2

单位：万元 (10 000 yuan)

地名	City	2010	2013	2014	2014 排名 Ranking
滨州	Binzhou	12772	8249	29129	57
菏泽	Heze	16058	6310	7584	138
河南	**Henan**	**200684**	**220413**	**218625**	
郑州	Zhengzhou	18518	48997		
开封	Kaifeng		6321	2760	195
洛阳	Luoyang	20699	4852	2522	198
平顶山	Pingdingshan	3660	22550	13310	102
安阳	Anyang	4310	5000	5670	152
鹤壁	Hebi	5610	773	154	241
新乡	Xinxiang	2427	1700		
焦作	Jiaozuo	150	5710	29198	56
濮阳	Puyang		1821		
许昌	Xuchang	60	3970	2584	197
漯河	Luohe	16902	800	4841	165
三门峡	Sanmenxia	70	110	10510	121
南阳	Nanyang	48689	28147	30209	54
商丘	Shangqiu	17000	2300	10400	123
信阳	Xinyang	1220	6100	3676	180
周口	Zhoukou	12610	5088	12260	111
驻马店	Zhumadian	5631	17249	11200	116
湖北	**Hubei**	**244247**	**455987**	**681288**	
武汉	Wuhan	129891	280572	396634	2
黄石	Huangshi	13107	6534	35000	45
十堰	Shiyan	5187	3203	25949	67
宜昌	Yichang	2514	19043	17848	83
襄阳	Xiangyang	6269	12075	81979	17
鄂州	Ezhou	11320	14000	4600	168
荆门	Jingmen	6900	16127		
孝感	Xiaogan	2200	23000	4515	169
荆州	Jingzhou				
黄冈	Huanggang	4980	1370	12330	109
咸宁	Xianning		5007	3230	187
随州	Suizhou		5500	16100	93
湖南	**Hunan**	**195493**	**383320**	**393767**	
长沙	Changsha	39913	42112	78634	20
株洲	Zhuzhou	16422	86939	23325	70
湘潭	Xiangtan	16204	36650	60490	23
衡阳	Hengyang	6959	22700	20600	75
邵阳	Shaoyang	12760	12881	21500	73
岳阳	Yueyang	30360	45853	29421	55
常德	Changde	21755	6519	14328	99
张家界	Zhangjiajie	800	300	3000	192
益阳	Yiyang	5262	5884	770	233
郴州	Chenzhou	16161	19751	40804	33
永州	Yongzhou	6000	25305	17617	84
怀化	Huaihua		34246	7000	142
娄底	Loudi	7500	10050	33140	48
广东	**Guangdong**	**2123562**	**231817**	**260058**	
广州	Guangzhou	1818524	99399	97288	12
韶关	Shaoguan	1880	564	17925	82
深圳	Shenzhen		3166		
珠海	Zhuhai	35377	16795	32673	49
汕头	Shantou	23821	2750		
佛山	Foshan	43279	3505	5783	151
江门	Jiangmen	18121	10061	17351	86
湛江	Zhanjiang	1042	6646	4146	175
茂名	Maoming		300		
肇庆	Zhaoqing	13377	1048	9257	128
惠州	Huizhou	13484	11340	12501	107
梅州	Meizhou	1708	76		
汕尾	Shanwei	3000	100		
河源	Heyuan		2000		
阳江	Yangjiang				
清远	Qingyuan		11086		
东莞	Dongguan	56063	1507	13150	103
中山	Zhongshan	31280	31037	26365	66
潮州	Chaozhou	2834		5092	157
揭阳	Jieyang	1100	2244	1500	217
云浮	Yunfu	3600	4440		
广西	**Guangxi**	**392515**	**332279**	**313031**	
南宁	Nanning	263368	197613	138275	6
柳州	Liuzhou	32512	59231	47738	26
桂林	Guilin	13539	5624	3271	186
梧州	Wuzhou	13322	6552	4960	163
北海	Beihai	1965	14760	35224	43
防城港	Fangchenggang	7694	3903	7854	135
钦州	Qinzhou	9683	5944	9227	129
贵港	Guigang	4337	1909	4159	174
玉林	Yulin	5202	7543	15691	94
百色	Baise	5297			

8-22 城市市政排水设施建设投资额（辖区） 续表 3

Fixed Assets Investment of Sewerage in Urban Service Facilities (Municipal Districts) continued 3

单位：万元 (10 000 yuan)

地名	City	2010	2013	2014	2014 排名 Ranking
贺州	Hezhou	3710	2400	3575	182
河池	Hechi	5513		3044	191
来宾	Laibin	4000	4796	1833	211
崇左	Chongzuo		9000		
海南	**Hainan**	**62734**	**85190**	**27237**	
海口	Haikou	46310	24865	4064	176
三亚	Sanya	6286	48983	17187	88
三沙	Sansha				
重庆	**Chongqing**	71549	**100891**	**54298**	
四川	**Sichuan**	**121658**	**304383**	**301670**	
成都	Chengdu	22378	97151	40919	32
自贡	Zigong	1800	6161		
攀枝花	Panzhihua	2287	1702	9491	126
泸州	Luzhou	12835	3147	82536	16
德阳	Deyang	6820	4240	5528	154
绵阳	Mianyang	10134	10168	40112	34
广元	Guangyuan	2200	10909	5218	156
遂宁	Suining	2280	7786	1370	221
内江	Neijiang	500	5825	10750	119
乐山	Leshan	5671	245	535	237
南充	Nanchong	28000	44500	34090	46
眉山	Meishan	18	12298	1728	214
宜宾	Yibin	4778			
广安	Guangan	4235		84	242
达州	Dazhou		2400		
雅安	Yaan		3360	806	229
巴中	Bazhong	3190	262		
资阳	Ziyang		76998	28482	60
贵州	**Guizhou**	**25876**	**103516**	**233887**	
贵阳	Guiyang	8172	51172	172021	4
六盘水	Liupanshui			1600	215
遵义	Zunyi	2288	4550	7200	140
安顺	Anshun		11470	789	231
毕节	Bijie	749	6250	3000	192
铜仁	Tongren				
云南	**Yunnan**	**436480**	**46140**	**114452**	
昆明	Kunming	315881	1150	16392	91
曲靖	Qujing	42247	3750		
玉溪	Yuxi				
保山	Baoshan	3000			
昭通	Zhaotong	1921	2180	1500	217
丽江	Lijiang	1850			
普洱	Puer	5231	6552	1350	222
临沧	Lincang			6760	144
西藏	**Tibet**		**4800**	**5265**	
拉萨	Lasa				
陕西	**Shaanxi**	**150391**	**155716**	**231638**	
西安	Xi'an	103886	29672	41346	31
铜川	Tongchuan	9436			
宝鸡	Baoji	20000	3360	12330	109
咸阳	Xianyang	2310	20912	36809	39
渭南	Weinan	1190	13610	17456	85
延安	Yan'an	4959	350	880	226
汉中	Hanzhong		18900	1810	212
榆林	Yulin	1830	38759	6000	149
安康	Ankang			95265	14
商洛	Shangluo	5580	1653	1140	223
甘肃	**Gansu**	**100885**	**26431**	**52457**	
兰州	Lanzhou	73668	4959	19328	78
嘉峪关	Jiayuguan	95	4590	4013	178
金昌	Jinchang				
白银	Baiyin	280		6460	146
天水	Tianshui	5100	486	370	239
武威	Wuwei			8990	130
张掖	Zhangye				
平凉	Pingliang	8300	16230	10715	120
酒泉	Jiuquan	6694			
庆阳	Qingyang	4629		2090	205
定西	Dingxi	199			
陇南	Longnan	1250			
青海	**Qinghai**	**32691**	**11475**	**20653**	
西宁	Xining	21500	8000	16649	89
海东	Haidong			784	232
宁夏	**Ningxia**	**16544**	**35125**	**13662**	
银川	Yinchuan	4836	1328	3099	189
石嘴山	Shizuishan	6865	13035	4345	171
吴忠	Wuzhong	3327	4900	3000	192
固原	Guyuan	793	13180	3218	188
中卫	Zhongwei	358	752		
新疆	**Xinjiang**	**110316**	**178753**	**121109**	
乌鲁木齐	Urumqi	34200	81000	23883	68
克拉玛依	Karamay	17128	8430	4967	162

8-23 城市市政园林绿化建设投资额（辖区）

Fixed Assets Investment of Landscaping in Urban Service Facilities (Municipal Districts)

单位：万元 (10 000 yuan)

地名	City	2010	2013	2014	2014 排名 Ranking
全国	**Nation Total**	**22970392**	**16474231**	**18175758**	
北京	**Beijing**	**654687**	**949632**	**1129674**	
天津	**Tianjin**	**140439**	**349591**	**561026**	
河北	**Hebei**	**1139362**	**421697**	**449240**	
石家庄	Shijiazhuang	312817	79321	73124	51
唐山	Tangshan	145459	5976	33024	96
秦皇岛	Qinhuangdao	54786	44502	14130	140
邯郸	Handan	117312	3409	54224	72
邢台	Xingtai	32809	3863	7805	180
保定	Baoding	29049	82		
张家口	Zhangjiakou	31290	54690	21802	114
承德	Chengde	23198	2046	7478	183
沧州	Cangzhou	34250	35604	22669	112
廊坊	Langfang	40400	13000	19463	124
衡水	Hengshui	119508	15430	1218	233
山西	**Shanxi**	**297291**	**332240**	**388534**	
太原	Taiyuan	131925	66239	200227	11
大同	Datong	87120	85282		
阳泉	Yangquan	23006	6409	40	246
长治	Changzhi	624	2515	3927	215
晋城	Jincheng				
朔州	Shuozhou	9612	53204		
晋中	Jinzhong	10835	37887	82716	41
运城	Yuncheng	4100	5084	13541	143
忻州	Xinzhou	2860		12306	148
临汾	Linfen	3677	5130	4398	210
吕梁	Lvliang		3817	10949	158
内蒙古	**Inner Mongolia**	**784633**	**931634**	**1180479**	
呼和浩特	Hohhot	90561	138102	148057	15
包头	Baotou	115761	231627	376496	6
乌海	Wuhai	70000	25276	69833	55
赤峰	Chifeng	7181	21814	45617	80
通辽	Tongliao	31622	25332	37628	89
鄂尔多斯	Erdos	395667	32915	93847	32
呼伦贝尔	Hulunbuir	3700	26210	46250	76
巴彦淖尔	Bayannur	42000	56681	33742	95
乌兰察布	Ulanqab	5000	218852	76695	46
辽宁	**Liaoning**	**288607**	**630673**	**311088**	
沈阳	Shenyang	92922	253091	52259	74
大连	Dalian	21976	31037	21383	116
鞍山	Anshan	6000	10360	43065	82
抚顺	Fushun	3200	61635	17131	127
本溪	Benxi	2800	3945	785	240
丹东	Dandong	5049	12375	4050	214
锦州	Jinzhou	20573	110000	11256	155
营口	Yingkou	64422	2325	2250	226
阜新	Fuxin	3095	21739	3000	218
辽阳	Liaoyang	13036	36372	32536	98
盘锦	Panjin	5630	2595	52930	73
铁岭	Tieling	8312	6161	6740	187
朝阳	Chaoyang	3470	7406	1315	230
葫芦岛	Huludao	900	1916	6300	194
吉林	**Jilin**	**120506**	**196742**	**165650**	
长春	Changchun	71909	105181	85563	37
吉林	Jilin	2968	5000		
四平	Siping				
辽源	Liaoyuan	300	1127	1680	228
通化	Tonghua	1840			
白山	Baishan	7848		2895	219
松原	Songyuan	6355	7315		
白城	Baicheng	1200		34600	93
黑龙江	**Heilongjiang**	**172685**	**296455**	**127730**	
哈尔滨	Harbin	55844	142587	65865	59
齐齐哈尔	Qiqihar	16000	3307	915	237
鸡西	Jixi	900	295		
鹤岗	Hegang	7564	4101	5543	200
双鸭山	Shuangyashan	2055	350	226	244
大庆	Daqing	20608	85970	8138	176
伊春	Yichun	1593	4251	5202	204
佳木斯	Jiamusi	5876			
七台河	Qitaihe	1790	6728		
牡丹江	Mudanjiang	14626	4000	2800	220
黑河	Heihe	2256	668	2499	223
绥化	Suihua	5000	7623	7771	181
上海	**Shanghai**	**282119**	**322456**	**407600**	
江苏	**Jiangsu**	**1792150**	**2763700**	**3463800**	

8-23 城市市政园林绿化建设投资额（辖区） 续表 1

Fixed Assets Investment of Landscaping in Urban Service Facilities (Municipal Districts) continued 1

单位：万元 (10 000 yuan)

地名	City	2010	2013	2014	2014 排名 Ranking	地名	City	2010	2013	2014	2014 排名 Ranking
南京	Nanjing	291333	727044	1090341	1	池州	Chizhou	16867	12908	11990	150
无锡	Wuxi	204742	124377	57901	67	宣城	Xuancheng	58282	78200	150505	14
徐州	Xuzhou	159834	173366	89292	36	**福建**	**Fujian**	**360633**	**547060**	**405715**	
常州	Changzhou	76884	239775	91954	35	福州	Fuzhou	202776	140100	36593	90
苏州	Suzhou	157283	87513	430905	4	厦门	Xiamen	8007	118806	75023	48
南通	Nantong	129719	167001	237907	10	莆田	Putian	23200	69240	108365	26
连云港	Lianyungang	74027	160040	138916	18	三明	Sanming	2106	6902	14359	137
淮安	Huaian	74033	34945	46600	75	泉州	Quanzhou	966	1026	4105	212
盐城	Yancheng	63358	13170	97593	30	漳州	Zhangzhou	34595	77172	11396	154
扬州	Yangzhou	68738	45891	92211	34	南平	Nanping	3051	3826	33022	97
镇江	Zhenjiang	116759	597675	673787	2	龙岩	Longyan	25400	27378	7973	178
泰州	Taizhou	66466	52290	22246	113	宁德	Ningde	11035	1167	9010	169
宿迁	Suqian	20083	41044	71897	54	**江西**	**Jiangxi**	**948889**	**604607**	**539854**	
浙江	**Zhejiang**	**389492**	**634166**	**854625**		南昌	Nanchang	52223	142932	153515	13
杭州	Hangzhou	100772	77846	61958	63	景德镇	Jingdezhen	56454			
宁波	Ningbo	27300	58127	129876	21	萍乡	Pingxiang	15000	14300	5219	203
温州	Wenzhou	11358	88523	84652	39	九江	Jiujiang	360188	30147	77665	45
嘉兴	Jiaxing	33734	28232	16523	128	新余	Xinyu	84635	31349	14383	136
湖州	Huzhou	70760	79558	111116	23	鹰潭	Yingtan		2300	10000	166
绍兴	Shaoxing	1187	77371	102348	28	赣州	Ganzhou	36477	7368	8588	172
金华	Jinhua	19123	2906	19766	122	吉安	Jian	77367	64097	56306	70
衢州	Quzhou	8911	16787	14573	135	宜春	Yichun	34878	107921	56504	69
舟山	Zhoushan	3167	3745	10150	164	抚州	Fuzhou	102172	120290	80577	42
台州	Taizhou	4711	11803	61951	64	上饶	Shangrao	38204	23491	5000	207
丽水	Lishui	33950	50293	21721	115	**山东**	**Shandong**	**1083450**	**1758498**	**1689355**	
安徽	**Anhui**	**908628**	**1135567**	**1242180**		济南	Jinan	55383	104150	83405	40
合肥	Hefei	94166	89926	310541	7	青岛	Qingdao	89368	183810	125271	22
芜湖	Wuhu	166867	67737	73104	52	淄博	Zibo	58414	43686	72053	53
蚌埠	Bengbu	63384	58550	147083	16	枣庄	Zaozhuang	23156	61025	67816	57
淮南	Huainan	142537	168080	15175	133	东营	Dongying	11999	163646	107523	27
马鞍山	Maanshan	28307	135684	40250	86	烟台	Yantai	89671	105098	38252	88
淮北	Huaibei	48820	78000	94300	31	潍坊	Weifang	72014	78834	78773	44
铜陵	Tongling	2929	60628	68332	56	济宁	Jining	44680	172289	58542	66
安庆	Anqing	5763	20000	25207	107	泰安	Taian	29105	40740	65314	61
黄山	Huangshan	17250	22135	23690	110	威海	Weihai	41832	33892	99345	29
滁州	Chuzhou	113907	117628	41520	83	日照	Rizhao	123503	87072	74903	49
阜阳	Fuyang	15860	13285	85209	38	莱芜	Laiwu	7200	72019	131860	20
宿州	Suzhou	33597	49465	46007	79	临沂	Linyi	63498	72942	178247	12
六安	Liuan	19890	12500	10772	159	德州	Dezhou	73013	34685	10053	165
亳州	Bozhou	7010	36591	20065	120	聊城	Liaocheng	14712	19016	73358	50

8-23 城市市政园林绿化建设投资额（辖区） 续表 2

Fixed Assets Investment of Landscaping in Urban Service Facilities (Municipal Districts) continued 2

单位：万元 (10 000 yuan)

地名	City	2010	2013	2014	2014 排名 Ranking
滨州	Binzhou	39417	41214	23440	111
菏泽	Heze	35666	24600	41400	84
河南	**Henan**	**252500**	**487733**	**607111**	
郑州	Zhengzhou	59688	96212	290000	8
开封	Kaifeng	12938	20300	31440	101
洛阳	Luoyang	5738	10910	16500	129
平顶山	Pingdingshan	14079	4446	12470	147
安阳	Anyang	5655	4050	6800	186
鹤壁	Hebi	10848	910	9024	168
新乡	Xinxiang	12865	10843	5000	207
焦作	Jiaozuo	4853	7980	18990	125
濮阳	Puyang	3915	25536	6091	196
许昌	Xuchang	300	15540	5362	201
漯河	Luohe	4500	4790		
三门峡	Sanmenxia	6100	6534	9036	167
南阳	Nanyang	7522	2069	21207	117
商丘	Shangqiu	750	30800	12930	144
信阳	Xinyang	30240	45620	35190	92
周口	Zhoukou	16593	8241	18302	126
驻马店	Zhumadian	4309	33974	6100	195
湖北	**Hubei**	**312204**	**702679**	**977930**	
武汉	Wuhan	122965	451573	642459	3
黄石	Huangshi	49950	22896	3720	217
十堰	Shiyan	3311	2733	14814	134
宜昌	Yichang	13446	12740	54318	71
襄阳	Xiangyang	24072	15421	63613	62
鄂州	Ezhou	8631	9947	13992	141
荆门	Jingmen	17610	8030	8157	175
孝感	Xiaogan	15700	45000	1000	234
荆州	Jingzhou	17586	3358	6468	190
黄冈	Huanggang	10400	1132	30000	102
咸宁	Xianning	350	3040	1408	229
随州	Suizhou	610	16120	8000	177
湖南	**Hunan**	**228165**	**330119**	**537744**	
长沙	Changsha	25500	58524	108866	25
株洲	Zhuzhou	5425	17250	46060	78
湘潭	Xiangtan	27309	29904		
衡阳	Hengyang	15900		145985	17
邵阳	Shaoyang	2475	12413	11750	151
岳阳	Yueyang		17040	6373	192
常德	Changde	41381	7356	12600	146
张家界	Zhangjiajie				
益阳	Yiyang	3580	7325	11650	152
郴州	Chenzhou	33765	107551	132279	19
永州	Yongzhou	4500	22472	33802	94
怀化	Huaihua	7000	16300	5870	199
娄底	Loudi	6520	4700	5300	202
广东	**Guangdong**	**9805087**	**108530**	**162429**	
广州	Guangzhou	194173	4908	40888	85
韶关	Shaoguan	2792			
深圳	Shenzhen	16550	8259	10969	156
珠海	Zhuhai	4708	10944	19933	121
汕头	Shantou	706	1068		
佛山	Foshan	22117	3918	8183	174
江门	Jiangmen	2570	23327	6320	193
湛江	Zhanjiang	677	4550		
茂名	Maoming		80		
肇庆	Zhaoqing	6354	1665	967	235
惠州	Huizhou	34435	11870	31562	100
梅州	Meizhou	10095	938	12000	149
汕尾	Shanwei				
河源	Heyuan	43898	7418	6996	185
阳江	Yangjiang	3632			
清远	Qingyuan		21595	6667	188
东莞	Dongguan	9421958		2323	225
中山	Zhongshan	833	1000		
潮州	Chaozhou				
揭阳	Jieyang	20123			
云浮	Yunfu	353	5000		
广西	**Guangxi**	**482261**	**553764**	**667525**	
南宁	Nanning	173616	230634	384296	5
柳州	Liuzhou	114835	330	10685	160
桂林	Guilin	52645	98528	65550	60
梧州	Wuzhou	2216	28071	28003	105
北海	Beihai	2727	41500	5087	206
防城港	Fangchenggang	16530	8348	1989	227
钦州	Qinzhou	2875	41622	12822	145
贵港	Guigang	13739	1066	927	236
玉林	Yulin	20671	44075	56657	68
百色	Baise	5660	721	46164	77

8-23 城市市政园林绿化建设投资额（辖区） 续表 3

Fixed Assets Investment of Landscaping in Urban Service Facilities (Municipal Districts) continued 3

单位：万元 (10 000 yuan)

地名	City	2010	2013	2014	2014 排名 Ranking	地名	City	2010	2013	2014	2014 排名 Ranking
贺州	Hezhou	280				丽江	Lijiang	7104			
河池	Hechi	6330	1357	730	241	普洱	Puer	3000	1851		
来宾	Laibin	41657	3840			临沧	Lincang	6898	19381	8800	171
崇左	Chongzuo	1880	4400	24420	108	**西藏**	**Tibet**	**2923**			
海南	**Hainan**	**26765**	**14250**	**15951**		拉萨	Lasa	2923			
海口	Haikou		6350	8420	173	**陕西**	**Shaanxi**	**758271**	**459033**	**502165**	
三亚	Sanya	21047	6096	2556	221	西安	Xi'an	593417	188951	252379	9
三沙	Sansha					铜川	Tongchuan	18122	39688	92592	33
重庆	**Chongqing**	**1060050**	**598675**	**523062**		宝鸡	Baoji	17300		15200	132
四川	**Sichuan**	**227904**	**399068**	**383110**		咸阳	Xianyang	81571	34042	29914	103
成都	Chengdu	53546	29063	10249	163	渭南	Weinan	11000	24290	14185	139
自贡	Zigong	46824	58606	29224	104	延安	Yan'an	93	2235	865	239
攀枝花	Panzhihua	4433	11925	21142	118	汉中	Hanzhong	200	20000		
泸州	Luzhou	12296	115030	76510	47	榆林	Yulin	4500	100386	66450	58
德阳	Deyang	17792	2939	507	243	安康	Ankang	7178	37158	6016	197
绵阳	Mianyang	4958	6300	10365	162	商洛	Shangluo	6190	1400	1221	232
广元	Guangyuan	6053	6200	15990	130	**甘肃**	**Gansu**	**152514**	**253909**	**165391**	
遂宁	Suining	16358	13442	2470	224	兰州	Lanzhou	110894	131339	109396	24
内江	Neijiang	2821	20572	4060	213	嘉峪关	Jiayuguan	3717	11657	9007	170
乐山	Leshan	149	16124	3882	216	金昌	Jinchang	1781	20435	10968	157
南充	Nanchong	18000	29400	15330	131	白银	Baiyin	843		150	245
眉山	Meishan	1335	30634	27975	106	天水	Tianshui	12704	35382	7328	184
宜宾	Yibin	246	11200	14205	138	武威	Wuwei			1250	231
广安	Guangan	5636	5765	11430	153	张掖	Zhangye				
达州	Dazhou	3088	5946	549	242	平凉	Pingliang	6245	29000	5883	198
雅安	Yaan	165		23958	109	酒泉	Jiuquan	3085	706	894	238
巴中	Bazhong	468	692	5100	205	庆阳	Qingyang	7800	8807	6498	189
资阳	Ziyang	3400				定西	Dingxi	2558			
贵州	**Guizhou**	**21513**	**143344**	**193211**		陇南	Longnan	120	8750	7820	179
贵阳	Guiyang	19138	88605	61717	65	**青海**	**Qinghai**	**17796**	**31752**	**16086**	
六盘水	Liupanshui			4507	209	西宁	Xining	5853	11932	2521	222
遵义	Zunyi		2300	6400	191	海东	Haidong				
安顺	Anshun		13356	39429	87	**宁夏**	**Ningxia**	**43094**	**72636**	**97882**	
毕节	Bijie			20417	119	银川	Yinchuan	28167	41549	78823	43
铜仁	Tongren	2000		19600	123	石嘴山	Shizuishan	5800			
云南	**Yunnan**	**106647**	**81351**	**109031**		吴忠	Wuzhong	8063	9067	10609	161
昆明	Kunming	19383	23082	13944	142	固原	Guyuan	1064	2283	4300	211
曲靖	Qujing	8510	10000	32382	99	中卫	Zhongwei		13711		
玉溪	Yuxi	745				**新疆**	**Xinjiang**	**109127**	**362670**	**300580**	
保山	Baoshan	890	1071	7500	182	乌鲁木齐	Urumqi	26733	167331	44530	81
昭通	Zhaotong	12483				克拉玛依	Karamay	4189	44384	36009	91

8-24 城市市政市容环境卫生建设投资额（辖区）

Fixed Assets Investment of Environmental Sanitation in Urban Service Facilities (Municipal Districts)

单位：万元 (10 000 yuan)

地名	City	2010	2013	2014	2014 排名 Ranking
全国	**Nation Total**	**3015940**	**4084153**	**4948436**	
北京	**Beijing**	**223438**	**1283523**	**1971974**	
天津	**Tianjin**	**64495**	**4040**	**260931**	
河北	**Hebei**	**111998**	**59749**	**65704**	
石家庄	Shijiazhuang	5695	199	10568	57
唐山	Tangshan	3565	6709	1040	135
秦皇岛	Qinhuangdao	1622	12327	1986	111
邯郸	Handan		26800	500	170
邢台	Xingtai	1320		510	169
保定	Baoding	1220			
张家口	Zhangjiakou	12035		28300	19
承德	Chengde	9230	200	6257	68
沧州	Cangzhou	6466	750	1216	129
廊坊	Langfang	4000	1944	1155	130
衡水	Hengshui	830	2225	1961	112
山西	**Shanxi**	**40630**	**67086**	**16135**	
太原	Taiyuan	15679	5900		
大同	Datong		2182		
阳泉	Yangquan	840	2600		
长治	Changzhi			4480	79
晋城	Jincheng				
朔州	Shuozhou	1780			
晋中	Jinzhong		6670	1304	124
运城	Yuncheng	1000			
忻州	Xinzhou	14160			
临汾	Linfen	3302	546	702	156
吕梁	Lvliang		2200		
内蒙古	**Inner Mongolia**	**113277**	**169028**	**20009**	
呼和浩特	Hohhot	18207	69963		
包头	Baotou	4698	8959		
乌海	Wuhai	8660	3285	1128	131
赤峰	Chifeng	1457	5140	607	160
通辽	Tongliao	545	1045		
鄂尔多斯	Erdos	66440	2310	496	172
呼伦贝尔	Hulunbuir	3709		400	180
巴彦淖尔	Bayannur		65120	569	162
乌兰察布	Ulanqab	500	3500	550	165
辽宁	**Liaoning**	**150367**	**32757**	**55119**	
沈阳	Shenyang	40677	4425	4737	76
大连	Dalian	52318	546	996	139
鞍山	Anshan	1200	1469	3211	94
抚顺	Fushun	9226	3110	1314	123
本溪	Benxi	2104	2085	775	149
丹东	Dandong	2312	224	2143	106
锦州	Jinzhou	80	10800	18109	34
营口	Yingkou	412	70		
阜新	Fuxin	1259	1521	1000	138
辽阳	Liaoyang	404	1465	950	142
盘锦	Panjin	6137			
铁岭	Tieling	91	570	741	155
朝阳	Chaoyang	5379	602	219	193
葫芦岛	Huludao	70		15120	44
吉林	**Jilin**	**70564**	**16733**	**35405**	
长春	Changchun	52822	4487	32800	14
吉林	Jilin		6175		
四平	Siping				
辽源	Liaoyuan	742		518	168
通化	Tonghua				
白山	Baishan	392	750		
松原	Songyuan	4000			
白城	Baicheng				
黑龙江	**Heilongjiang**	**33730**	**111939**	**115866**	
哈尔滨	Harbin	20361	49999	44190	8
齐齐哈尔	Qiqihar	1367	3723	4714	77
鸡西	Jixi		3360	399	181
鹤岗	Hegang	938	2373	2322	102
双鸭山	Shuangyashan		1860		
大庆	Daqing		1656	2660	99
伊春	Yichun	1425	11377	7119	65
佳木斯	Jiamusi		4685	5010	73
七台河	Qitaihe			460	174
牡丹江	Mudanjiang	470	4295	934	143
黑河	Heihe		1500	1622	117
绥化	Suihua	813	8538	25539	20
上海	**Shanghai**	**58236**	**61267**	**188394**	
江苏	**Jiangsu**	**149205**	**355046**	**246456**	

8-24 城市市政市容环境卫生建设投资额（辖区） 续表 1

Fixed Assets Investment of Environmental Sanitation in Urban Service Facilities (Municipal Districts) continued 1

单位：万元 (10 000 yuan)

地名	City	2010	2013	2014	2014 排名 Ranking
南京	Nanjing	13108	242920	101857	3
无锡	Wuxi	14940		185	197
徐州	Xuzhou		6600	150	200
常州	Changzhou	57966	4468	58638	5
苏州	Suzhou	3076	6645	3120	95
南通	Nantong	500	8653	12315	51
连云港	Lianyungang	63	4719	1280	125
淮安	Huaian		2084	2325	101
盐城	Yancheng		500	1550	118
扬州	Yangzhou	1865	16250	17960	36
镇江	Zhenjiang	19394	3500	3704	89
泰州	Taizhou		16251		
宿迁	Suqian		4992	4794	75
浙江	**Zhejiang**	**95147**	**69657**	**136517**	
杭州	Hangzhou	2478	522	1062	133
宁波	Ningbo		1300	24345	22
温州	Wenzhou	4550	4403	22433	26
嘉兴	Jiaxing	4075	2014	3711	88
湖州	Huzhou	221	6737	2097	107
绍兴	Shaoxing	922	3964	1117	132
金华	Jinhua	423	2626	14439	46
衢州	Quzhou	1517	2820	3772	87
舟山	Zhoushan	16194	733	656	157
台州	Taizhou	742	1339	1497	119
丽水	Lishui	1082	730	901	144
安徽	**Anhui**	**79827**	**137170**	**146797**	
合肥	Hefei	10929	34286	23722	23
芜湖	Wuhu	1280	6300	11373	55
蚌埠	Bengbu	17977	2100	5660	69
淮南	Huainan	5653	12944	10041	58
马鞍山	Maanshan	1206	323	600	161
淮北	Huaibei	3070	4460	183	198
铜陵	Tongling	13046	1323	564	164
安庆	Anqing	6003			
黄山	Huangshan	4603	1514	764	150
滁州	Chuzhou	2041	2481	19898	32
阜阳	Fuyang	3893	4056	18020	35
宿州	Suzhou	1030	559	329	188
六安	Liuan	570	4782	11495	53
亳州	Bozhou	2055	1720	7239	64
池州	Chizhou	542	130	850	147
宣城	Xuancheng	703	7797	13045	50
福建	**Fujian**	**213498**	**58178**	**71805**	
福州	Fuzhou	89372	2293	14000	47
厦门	Xiamen	33823	21850	23000	25
莆田	Putian	16910	14	20217	31
三明	Sanming	215	3555	1328	121
泉州	Quanzhou	948	517	454	175
漳州	Zhangzhou	14000	4815	841	148
南平	Nanping	1995	300	360	186
龙岩	Longyan	1800	3970	440	176
宁德	Ningde	24480		107	203
江西	**Jiangxi**	**61536**	**47565**	**18620**	
南昌	Nanchang	2526	37318	8766	60
景德镇	Jingdezhen	11671			
萍乡	Pingxiang		500		
九江	Jiujiang	20964	3521	2995	96
新余	Xinyu	1619	397	203	194
鹰潭	Yingtan				
赣州	Ganzhou		315	2068	109
吉安	Jian	2600	128	156	199
宜春	Yichun	289	241	247	191
抚州	Fuzhou		3000	2273	104
上饶	Shangrao	336	16	275	190
山东	**Shandong**	**171077**	**212262**	**263057**	
济南	Jinan	8334	25625	31331	16
青岛	Qingdao	27165	31849	13755	48
淄博	Zibo	1387	6119	40514	11
枣庄	Zaozhuang	5810	4779	8041	62
东营	Dongying	22577	7760	5650	70
烟台	Yantai	1995	19000	3254	93
潍坊	Weifang	866			
济宁	Jining	27		33974	13
泰安	Taian	437	5603	4051	83
威海	Weihai	14678	1810	4423	81
日照	Rizhao	16040	15205	32378	15
莱芜	Laiwu	10737	442		
临沂	Linyi	740	696	28838	18
德州	Dezhou	16300	150		
聊城	Liaocheng	143	18634	569	162

8-24 城市市政市容环境卫生建设投资额（辖区） 续表 2

Fixed Assets Investment of Environmental Sanitation in Urban Service Facilities (Municipal Districts) continued 2

单位：万元 (10 000 yuan)

地名	City	2010	2013	2014	2014 排名 Ranking	地名	City	2010	2013	2014	2014 排名 Ranking
滨州	Binzhou		246	1450	120	常德	Changde	42352		2834	98
菏泽	Heze	740	436	750	153	张家界	Zhangjiajie				
河南	**Henan**	**29467**	**103940**	**41717**		益阳	Yiyang	1710	5072	742	154
郑州	Zhengzhou	11858	5212	5532	72	郴州	Chenzhou	1559	59298	15136	43
开封	Kaifeng	342	46057	16400	41	永州	Yongzhou	400	11185		
洛阳	Luoyang					怀化	Huaihua	1622	5570	1030	137
平顶山	Pingdingshan	1668	4104	520	167	娄底	Loudi	880	7326	6500	67
安阳	Anyang	828	506	890	146	**广东**	**Guangdong**	**588574**	**133729**	**178553**	
鹤壁	Hebi	1335	2503	1259	126	广州	Guangzhou	470146	12635	22332	27
新乡	Xinxiang	345	253			韶关	Shaoguan			759	152
焦作	Jiaozuo	61	160	226	192	深圳	Shenzhen	21110	48217	17904	37
濮阳	Puyang		250			珠海	Zhuhai	8321	3162	484	173
许昌	Xuchang		1312	419	178	汕头	Shantou	2046	10930		
漯河	Luohe	750	2595	2000	110	佛山	Foshan	32211	700	64320	4
三门峡	Sanmenxia					江门	Jiangmen	8762	6221	3633	91
南阳	Nanyang	2169	16718	4483	78	湛江	Zhanjiang	250	6186	952	141
商丘	Shangqiu		4046			茂名	Maoming		5156		
信阳	Xinyang		82	1766	114	肇庆	Zhaoqing	2571	402	4430	80
周口	Zhoukou	200		1760	115	惠州	Huizhou	4302	24787	43222	9
驻马店	Zhumadian	6160				梅州	Meizhou	8600			
湖北	**Hubei**	**198154**	**102822**	**93904**		汕尾	Shanwei		6000	9000	59
武汉	Wuhan	111706	52730	52347	7	河源	Heyuan	3985	1021		
黄石	Huangshi	44410	17243	3824	86	阳江	Yangjiang				
十堰	Shiyan	4300		2960	97	清远	Qingyuan	455	439	1324	122
宜昌	Yichang	1102	7411	10659	56	东莞	Dongguan	5234		4314	82
襄阳	Xiangyang	383		1040	135	中山	Zhongshan	8944	185		
鄂州	Ezhou	3500	5500	4000	84	潮州	Chaozhou				
荆门	Jingmen		4278	2265	105	揭阳	Jieyang				
孝感	Xiaogan	1240				云浮	Yunfu	58		1220	128
荆州	Jingzhou	14200	725	90	204	**广西**	**Guangxi**	**84073**	**83424**	**96946**	
黄冈	Huanggang	1800		2300	103	南宁	Nanning	20205	26068	21868	28
咸宁	Xianning			52	206	柳州	Liuzhou	4107	5206	25096	21
随州	Suizhou					桂林	Guilin	13635	22163	20382	30
湖南	**Hunan**	**133458**	**433104**	**295057**		梧州	Wuzhou		1073	373	184
长沙	Changsha	3600	313538	237664	1	北海	Beihai	10299	1653	405	179
株洲	Zhuzhou	2740				防城港	Fangchenggang	1264	1682	5633	71
湘潭	Xiangtan	1658	2289	6793	66	钦州	Qinzhou	3026	300	62	205
衡阳	Hengyang	33077	14713	8595	61	贵港	Guigang	2432	154	337	187
邵阳	Shaoyang	8860				玉林	Yulin	5707	4405	17592	38
岳阳	Yueyang	680	7350	3550	92	百色	Baise	2563	447	132	202

8-24 城市市政市容环境卫生建设投资额（辖区） 续表 3

Fixed Assets Investment of Environmental Sanitation in Urban Service Facilities (Municipal Districts) continued 3

单位：万元 (10 000 yuan)

地名	City	2010	2013	2014	2014 排名 Ranking
贺州	Hezhou	191	210	500	170
河池	Hechi	1796	528	1234	127
来宾	Laibin	3075	495		
崇左	Chongzuo	1512	418	762	151
海南	**Hainan**	**18106**	**10418**	**7222**	
海口	Haikou		3450	3692	90
三亚	Sanya	7747	1077	900	145
三沙	Sansha				
重庆	**Chongqing**	**12527**	**57119**	**28713**	
四川	**Sichuan**	**46199**	**36431**	**97398**	
成都	Chengdu	3633	1099	11416	54
自贡	Zigong				
攀枝花	Panzhihua	286	2377	150	200
泸州	Luzhou	3545	643	18747	33
德阳	Deyang	461		390	182
绵阳	Mianyang	2805	1228	316	189
广元	Guangyuan	2276	10246		
遂宁	Suining	1217			
内江	Neijiang	113	2587	3878	85
乐山	Leshan	2718	1529	437	177
南充	Nanchong	5000	6600	43100	10
眉山	Meishan	82		13700	49
宜宾	Yibin	375			
广安	Guangan	9915			
达州	Dazhou	423			
雅安	Yaan	387	4300		
巴中	Bazhong				
资阳	Ziyang			195	196
贵州	**Guizhou**	**14000**	**11500**	**30035**	
贵阳	Guiyang	9642	584	4850	74
六盘水	Liupanshui				
遵义	Zunyi	1090		16980	39
安顺	Anshun		1966	2365	100
毕节	Bijie			1046	134
铜仁	Tongren				
云南	**Yunnan**	**39905**	**17715**	**20456**	
昆明	Kunming	27393	2604	8000	63
曲靖	Qujing			1673	116
玉溪	Yuxi	1198	1224	24	207
保山	Baoshan			2096	108
昭通	Zhaotong		480		
丽江	Lijiang	7500			
普洱	Puer		560		
临沧	Lincang				
西藏	**Tibet**				
拉萨	Lasa				
陕西	**Shaanxi**	**68258**	**40701**	**179227**	
西安	Xi'an	33314	6846	21178	29
铜川	Tongchuan	6152	5680	16635	40
宝鸡	Baoji	3596	10061	11911	52
咸阳	Xianyang	12583	2995	52600	6
渭南	Weinan		420		
延安	Yan'an	2834	272	971	140
汉中	Hanzhong	210	2896	531	166
榆林	Yulin	491	8411	31320	17
安康	Ankang			39029	12
商洛	Shangluo	2835	470	202	195
甘肃	**Gansu**	**88815**	**27377**	**20151**	
兰州	Lanzhou	51947	18688	16226	42
嘉峪关	Jiayuguan		310	640	158
金昌	Jinchang	559	689		
白银	Baiyin	34926	900	361	185
天水	Tianshui		690		
武威	Wuwei				
张掖	Zhangye				
平凉	Pingliang				
酒泉	Jiuquan	164	650	375	183
庆阳	Qingyang			20	208
定西	Dingxi				
陇南	Longnan		4000		
青海	**Qinghai**	**8789**	**10988**	**26765**	
西宁	Xining	7900	405	23200	24
海东	Haidong				
宁夏	**Ningxia**	**7910**	**3332**	**3627**	
银川	Yinchuan	2480			
石嘴山	Shizuishan	752	718	1803	113
吴忠	Wuzhong	262	1384		
固原	Guyuan	3996		624	159
中卫	Zhongwei		1030		
新疆	**Xinjiang**	**40680**	**325553**	**215876**	
乌鲁木齐	Urumqi	29757	284694	180898	2
克拉玛依	Karamay	1541	19007	14694	45

8-25 城市市政公用设施建设新增固定资产投资额（辖区）

Newly Added Fixed Assets Investment in Urban Service Facilities (Municipal Districts)

单位：万元 (10 000 yuan)

地名	City	2010	2013	2014	2014 排名 Ranking
全国	**Nation Total**	**88147149**	**101924845**	**106559938**	
北京	**Beijing**	**3345022**	**3986618**	**5195542**	
天津	**Tianjin**	**1901462**	**1459913**	**1003481**	
河北	**Hebei**	**5136977**	**3522760**	**2217440**	
石家庄	Shijiazhuang	841269	1231729	645778	25
唐山	Tangshan	554837	176722	142994	99
秦皇岛	Qinhuangdao	289265	200143	109826	121
邯郸	Handan	588252	6036	89060	143
邢台	Xingtai	662557	45233	50181	188
保定	Baoding	294451	17495	5847	270
张家口	Zhangjiakou	492138	260489	185826	85
承德	Chengde	200950	56385	32708	219
沧州	Cangzhou	73446	29757	79299	150
廊坊	Langfang	55871	253919	43912	197
衡水	Hengshui	139899	98633	12113	257
山西	**Shanxi**	**1208573**	**4991083**	**2859811**	
太原	Taiyuan	247446	3326245	1827664	10
大同	Datong	453760	307313	67980	163
阳泉	Yangquan	55040	59415	42230	201
长治	Changzhi	50688	33491	47211	195
晋城	Jincheng		112995	94222	135
朔州	Shuozhou	10723	133477	25189	227
晋中	Jinzhong	67446	225182	49129	190
运城	Yuncheng	25193	8940	108526	122
忻州	Xinzhou	44352	220032	103513	127
临汾	Linfen	57160	207716	59008	178
吕梁	Lvliang	6477	51647	148086	97
内蒙古	**Inner Mongolia**	**2683104**	**3171927**	**3907182**	
呼和浩特	Hohhot	247846	407410	1414460	13
包头	Baotou	544923	413675	762230	22
乌海	Wuhai	118710	51127	97206	133
赤峰	Chifeng	91051	221714	165974	93
通辽	Tongliao	73400	224027	179583	87
鄂尔多斯	Erdos	889980	368610	217977	72
呼伦贝尔	Hulunbuir	152468	205917	194084	83
巴彦淖尔	Bayannur	329000	265224	132352	106
乌兰察布	Ulanqab	48420	324660	79016	151
辽宁	**Liaoning**	**5310915**	**5450048**	**2124383**	
沈阳	Shenyang	3503328	3703489	915824	18
大连	Dalian	494581	264971	236486	64
鞍山	Anshan	107474	130539	102750	128
抚顺	Fushun	269269	360226	140256	102
本溪	Benxi	51164	56601	36543	209
丹东	Dandong	83959	36318	80080	149
锦州	Jinzhou	56936	146807	42904	199
营口	Yingkou	117775	12994	12311	255
阜新	Fuxin	23383	78310	16550	243
辽阳	Liaoyang	96226	106697	63476	171
盘锦	Panjin	104571	36395	60636	176
铁岭	Tieling	17480	115154	52781	185
朝阳	Chaoyang	37004	13185	68585	162
葫芦岛	Huludao	39703	7200	23931	230
吉林	**Jilin**	**1590440**	**979138**	**3055356**	
长春	Changchun	1188423	541447	2305276	7
吉林	Jilin	24738	38636	120589	113
四平	Siping	13000	2570	11567	261
辽源	Liaoyuan	13412	12527	22215	232
通化	Tonghua	28933	3022	22383	231
白山	Baishan	23440	21468	12752	254
松原	Songyuan	60470	1130	29240	225
白城	Baicheng	30945	15225	197578	80
黑龙江	**Heilongjiang**	**1872650**	**2038933**	**1554759**	
哈尔滨	Harbin	1172389	641812	540902	31
齐齐哈尔	Qiqihar	27838	74333	89713	140
鸡西	Jixi	22400	83960	34588	216
鹤岗	Hegang	52232	35068	36018	211
双鸭山	Shuangyashan	29802	57139	35834	213
大庆	Daqing	214058	359069	181109	86
伊春	Yichun	56919	87734	74756	156
佳木斯	Jiamusi	16391	53599	35949	212
七台河	Qitaihe	15832	31941	29581	224
牡丹江	Mudanjiang	38232	156835	120175	115
黑河	Heihe	18556	11913	5195	272
绥化	Suihua	17096	42117	56433	180
上海	**Shanghai**	**3704836**	**4306404**	**2057140**	
江苏	**Jiangsu**	**11141951**	**10421623**	**18753781**	

8-25 城市市政公用设施建设新增固定资产投资额（辖区） 续表 1

Newly Added Fixed Assets Investment in Urban Service Facilities (Municipal Districts) continued 1

单位：万元 (10 000 yuan)

地名	City	2010	2013	2014	2014 排名 Ranking	地名	City	2010	2013	2014	2014 排名 Ranking
南京	Nanjing	1932517	1034475	6588828	2	池州	Chizhou	99680	173618	168408	91
无锡	Wuxi	2329882	423662	878522	20	宣城	Xuancheng	180121	112606	135387	104
徐州	Xuzhou	303131	403861	278688	55	**福建**	**Fujian**	**2069601**	**3247844**	**3148191**	
常州	Changzhou	1977722	1143627	914412	19	福州	Fuzhou	708744	648824	976156	15
苏州	Suzhou	555204	988955	2941810	5	厦门	Xiamen	100071	757305	944177	16
南通	Nantong	922481	1964074	2393211	6	莆田	Putian	454045	447103	52154	186
连云港	Lianyungang	205087	416302	606139	27	三明	Sanming	7576	26475	36497	210
淮安	Huaian	305802	125860	120275	114	泉州	Quanzhou	220464	538497	349032	48
盐城	Yancheng	151304	101775	196331	82	漳州	Zhangzhou	63234	115471	35143	214
扬州	Yangzhou	316599	583292	424294	41	南平	Nanping	2300	24687	43041	198
镇江	Zhenjiang	354862	1400850	1596910	12	龙岩	Longyan	88362	139869	141346	101
泰州	Taizhou	138764	216244	113092	118	宁德	Ningde	63996	33462	102282	129
宿迁	Suqian	65332	227838	282010	53	**江西**	**Jiangxi**	**2843733**	**2357957**	**2172708**	
浙江	**Zhejiang**	**3446333**	**4408457**	**6473162**		南昌	Nanchang	27505	95144	454790	38
杭州	Hangzhou	575862	1092087	503589	34	景德镇	Jingdezhen		18505	49636	189
宁波	Ningbo	1188336	746300	2997955	4	萍乡	Pingxiang	66890	70905	12000	259
温州	Wenzhou	56881	708485	228978	67	九江	Jiujiang	1326179	421030	208438	77
嘉兴	Jiaxing	203450	105324	152335	95	新余	Xinyu	212589	192466	72028	159
湖州	Huzhou	295504	110632	211938	73	鹰潭	Yingtan			2400	277
绍兴	Shaoxing	188088	277783	450951	39	赣州	Ganzhou	469176	132096	152778	94
金华	Jinhua	52189	68720	175715	88	吉安	Jian	151470	209784	72863	158
衢州	Quzhou	40319	53191	124378	110	宜春	Yichun	184337	166458	271023	58
舟山	Zhoushan	64122	36973	64976	166	抚州	Fuzhou	76283	478132	508653	33
台州	Taizhou	58791	134072	201678	79	上饶	Shangrao	116045	95893	63569	170
丽水	Lishui	148948	86777	66867	164	**山东**	**Shandong**	**4620312**	**7068424**	**7358899**	
安徽	**Anhui**	**2577343**	**4847505**	**4119952**		济南	Jinan	260494	748913	1066521	14
合肥	Hefei	483825	973538	596463	28	青岛	Qingdao	403232	951961	814751	21
芜湖	Wuhu	379118	220341	175073	90	淄博	Zibo	303602	219793	226113	69
蚌埠	Bengbu	236251	668643	379256	45	枣庄	Zaozhuang	145228	284485	211252	76
淮南	Huainan	41871	147126	90484	139	东营	Dongying	102362	243975	256624	61
马鞍山	Maanshan	224073	287552	129896	107	烟台	Yantai	218538	267011	528872	32
淮北	Huaibei	47362	182600	259783	60	潍坊	Weifang	178476	209967	302068	51
铜陵	Tongling	25139	249627	150908	96	济宁	Jining	272936	326032	207119	78
安庆	Anqing	68794	184655	127968	108	泰安	Taian	203768	116158	139081	103
黄山	Huangshan	66255	81458	94908	134	威海	Weihai	184988	239510	308093	50
滁州	Chuzhou	208073	198356	278103	56	日照	Rizhao	271331	297374	211625	75
阜阳	Fuyang	127992	188058	449460	40	莱芜	Laiwu	85992	159230	211909	74
宿州	Suzhou	80715	117208	298100	52	临沂	Linyi	399996	449211	562663	30
六安	Liuan	54420	112301	80925	148	德州	Dezhou	214302	316466	110726	119
亳州	Bozhou	108304	166472	89160	142	聊城	Liaocheng	24955	269762	419304	43

8-25 城市市政公用设施建设新增固定资产投资额（辖区） 续表 2

Newly Added Fixed Assets Investment in Urban Service Facilities (Municipal Districts) continued 2

单位：万元 (10 000 yuan)

地名	City	2010	2013	2014	2014 排名 Ranking
滨州	Binzhou	103846	91706	55618	181
菏泽	Heze	88155	78941	100409	130
河南	**Henan**	**1294903**	**2271050**	**3564741**	
郑州	Zhengzhou	259313	630773	2132192	8
开封	Kaifeng	104896	211648	107328	124
洛阳	Luoyang	40060	171982	196883	81
平顶山	Pingdingshan	47610	66566	63251	172
安阳	Anyang	76333	15277	36689	208
鹤壁	Hebi	19468	21947	22139	233
新乡	Xinxiang	40486	50258	89615	141
焦作	Jiaozuo	47162	129665	175467	89
濮阳	Puyang	3915	62496	33760	217
许昌	Xuchang	2462	45727	18088	239
漯河	Luohe	32989	29793	9555	264
三门峡	Sanmenxia	27297	30547	24822	228
南阳	Nanyang	87575	74367	92587	137
商丘	Shangqiu	19708	53341	66745	165
信阳	Xinyang	43195	73127	50598	187
周口	Zhoukou	57230	32807	64224	168
驻马店	Zhumadian	42966	63157	38680	205
湖北	**Hubei**	**4540902**	**9472895**	**10083538**	
武汉	Wuhan	3507596	7352613	8221026	1
黄石	Huangshi	211124	173476	75766	155
十堰	Shiyan	41979	140261	119131	116
宜昌	Yichang	91279	243421	270219	59
襄阳	Xiangyang	87888	459513	228343	68
鄂州	Ezhou	90701	138422	109954	120
荆门	Jingmen	76434	106506	76871	152
孝感	Xiaogan	15400	125000	7715	267
荆州	Jingzhou	27699	35848	82791	146
黄冈	Huanggang	15050	30306	99992	131
咸宁	Xianning	10420	2340	16467	244
随州	Suizhou	2711	13700	76322	154
湖南	**Hunan**	**3650309**	**2135903**	**3230240**	
长沙	Changsha	1441400	45028		
株洲	Zhuzhou	192905	380277	481406	37
湘潭	Xiangtan	111531	133280	694844	24
衡阳	Hengyang	676505	73000	54735	183
邵阳	Shaoyang	51611	176326	48179	194
岳阳	Yueyang	166900	319480	231124	66
常德	Changde	388782	304177	133378	105
张家界	Zhangjiajie		26900	19950	236
益阳	Yiyang	35882	52216	15149	249
郴州	Chenzhou	176107	12940	926289	17
永州	Yongzhou	54590	41002	69718	161
怀化	Huaihua	55172	310948	241378	62
娄底	Loudi	47090			
广东	**Guangdong**	**12204434**	**2968834**	**1487608**	
广州	Guangzhou	1387287	1291911	143914	98
韶关	Shaoguan	4142	1502	16369	245
深圳	Shenzhen	46172	270365	609547	26
珠海	Zhuhai	199644	663583	48526	192
汕头	Shantou	42044	46436		
佛山	Foshan	294181	97428	84072	144
江门	Jiangmen	36411	160677	15179	248
湛江	Zhanjiang		51180	104218	126
茂名	Maoming	2682	11062	8646	265
肇庆	Zhaoqing	188024	21411	31076	223
惠州	Huizhou	10612	58378	123431	111
梅州	Meizhou			2853	276
汕尾	Shanwei	10880	12493	15300	247
河源	Heyuan	205739	12416	64002	169
阳江	Yangjiang	28564			
清远	Qingyuan	9253	18736		
东莞	Dongguan	9538960	4706	6410	268
中山	Zhongshan	74479	120434	63167	174
潮州	Chaozhou			5228	271
揭阳	Jieyang		8028	19831	237
云浮	Yunfu	1256			
广西	**Guangxi**	**2023461**	**3179619**	**2119700**	
南宁	Nanning	528223	908492	579752	29
柳州	Liuzhou	506987	799657	359425	47
桂林	Guilin	391938	544047	421623	42
梧州	Wuzhou	26122	57450	56650	179
北海	Beihai	10085	150434	62364	175
防城港	Fangchenggang	78671	97871	84028	145
钦州	Qinzhou	33117	177733	99078	132
贵港	Guigang	21598	49559	17347	242
玉林	Yulin	192184	37195	76645	153
百色	Baise	15642	1791	48581	191

8-25 城市市政公用设施建设新增固定资产投资额（辖区） 续表 3

Newly Added Fixed Assets Investment in Urban Service Facilities (Municipal Districts) continued 3

单位：万元 (10 000 yuan)

地名	City	2010	2013	2014	2014 排名 Ranking
贺州	Hezhou	5337	44120	25382	226
河池	Hechi	599	12425	12190	256
来宾	Laibin	52598	131479	39803	203
崇左	Chongzuo	9505	9886	24142	229
海南	**Hainan**	**102202**	**210602**	**334942**	
海口	Haikou	24288	64971	191289	84
三亚	Sanya	47355	89082	108255	123
三沙	Sansha			3615	274
重庆	**Chongqing**	**2798739**	**4132028**	**4018972**	
四川	**Sichuan**	**2078176**	**4070256**	**5331944**	
成都	Chengdu	895367	1656871	3245471	3
自贡	Zigong	238580	293493	63235	173
攀枝花	Panzhihua	19235	73679	81213	147
泸州	Luzhou	51973	197240	73435	157
德阳	Deyang	95338	101849	53251	184
绵阳	Mianyang	41083	306357	278982	54
广元	Guangyuan	40450	107552	93218	136
遂宁	Suining	37369	67835	37142	206
内江	Neijiang	10016	203927	64780	167
乐山	Leshan	32995	33821	54951	182
南充	Nanchong	96000	206730	235000	65
眉山	Meishan	3873	47920	219416	71
宜宾	Yibin	143	1765	91214	138
广安	Guangan	46600	46900	167743	92
达州	Dazhou	8735	12438	18084	240
雅安	Yaan		419	12089	258
巴中	Bazhong	2240	37578	34977	215
资阳	Ziyang	9981	296711	105466	125
贵州	**Guizhou**	**758257**	**2474694**	**1213452**	
贵阳	Guiyang	680865	1192577	362361	46
六盘水	Liupanshui		1576	123067	112
遵义	Zunyi	12463		10100	263
安顺	Anshun	9850	369314	483193	36
毕节	Bijie	1889	155441	5864	269
铜仁	Tongren	8276	268335	3000	275
云南	**Yunnan**	**1803397**	**1291217**	**1041027**	
昆明	Kunming	1155782	522983	332561	49
曲靖	Qujing	265198	103154	126550	109
玉溪	Yuxi	40538	17035	15613	246
保山	Baoshan	5890	43580		
昭通	Zhaotong	105486	20043	21973	234
丽江	Lijiang	18777	9861	4652	273
普洱	Puer	9870	15298	12977	253
临沧	Lincang	9591	45157	33349	218
西藏	**Tibet**	**20019**	**6526**	**5265**	
拉萨	Lasa	20019			
陕西	**Shaanxi**	**1946436**	**2344378**	**2277392**	
西安	Xi'an	1340468	1043186	761371	23
铜川	Tongchuan	40896	58895	59769	177
宝鸡	Baoji	102814	59670	115850	117
咸阳	Xianyang	131615	248365	237068	63
渭南	Weinan	58732	148289	42194	202
延安	Yan'an	50197	34963	32104	221
汉中	Hanzhong	4860	56509	48198	193
榆林	Yulin	28145	328479	494745	35
安康	Ankang	165753	253202	278055	57
商洛	Shangluo			2156	278
甘肃	**Gansu**	**363108**	**1899739**	**2058187**	
兰州	Lanzhou	92671	1482664	1640444	11
嘉峪关	Jiayuguan	15679	36935	31291	222
金昌	Jinchang	29322	37355	14794	250
白银	Baiyin	46545	21356	17842	241
天水	Tianshui	16653	62873	32570	220
武威	Wuwei	39908	15735	42482	200
张掖	Zhangye	14492		45839	196
平凉	Pingliang	13104	103394	70862	160
酒泉	Jiuquan	25579	38185	14673	251
庆阳	Qingyang	42085	16256	14003	252
定西	Dingxi	13790		20063	235
陇南	Longnan	120	59450	11820	260
青海	**Qinghai**	**238657**	**425738**	**462691**	
西宁	Xining	195203	320149	409664	44
海东	Haidong			19206	238
宁夏	**Ningxia**	**227034**	**265539**	**267915**	
银川	Yinchuan	147941	74689	141699	100
石嘴山	Shizuishan	1324	17953	7952	266
吴忠	Wuzhong	38108	41682	36746	207
固原	Guyuan	17565	56124	39745	204
中卫	Zhongwei	4203	42937	11214	262
新疆	**Xinjiang**	**643863**	**2517193**	**3060537**	
乌鲁木齐	Urumqi	190942	1594239	1881342	9
克拉玛依	Karamay	33932	171480	223506	70

8-26 城市供水综合生产能力（辖区）
Integrated Production Capacity of Urban Water Supply (Municipal Districts)

单位：万立方米/日 (10, 000 m³/day)

地名	City	2010	2013	2014	2014 排名 Ranking
全国	**Nation Total**	**27601.5**	**28373.4**	**28673.3**	
北京	**Beijing**	**1604.1**	**2554.5**	**2439.8**	
天津	**Tianjin**	**405.2**	**453.5**	**447.2**	
河北	**Hebei**	**888.9**	**887.8**	**809.0**	
石家庄	Shijiazhuang	103.7	126.7	117.5	46
唐山	Tangshan	129.0	130.0	130.0	39
秦皇岛	Qinhuangdao	41.7	41.7	39.0	133
邯郸	Handan	98.5	98.5	98.5	59
邢台	Xingtai	53.6	53.6	22.4	196
保定	Baoding	41.0	37.2	35.0	143
张家口	Zhangjiakou	100.3	75.3	75.3	71
承德	Chengde	29.8	31.7	32.2	153
沧州	Cangzhou	25.0	25.0	25.0	184
廊坊	Langfang	22.5	22.7	22.9	194
衡水	Hengshui	10.9	12.9	8.3	267
山西	**Shanxi**	**356.0**	**434.6**	**453.7**	
太原	Taiyuan	111.3	184.6	190.6	21
大同	Datong	56.6	54.0	59.0	88
阳泉	Yangquan	26.8	26.1	26.5	175
长治	Changzhi	41.3	28.8	28.8	167
晋城	Jincheng	13.0	19.0	18.0	222
朔州	Shuozhou	11.7	18.0	18.0	222
晋中	Jinzhong	9.0	12.4	16.4	229
运城	Yuncheng	16.0	16.0	16.0	231
忻州	Xinzhou	6.6	6.6	6.6	273
临汾	Linfen	14.6	14.8	14.8	237
吕梁	Lvliang	4.9	4.9	4.9	282
内蒙古	**Inner Mongolia**	**341.6**	**378.1**	**425.5**	
呼和浩特	Hohhot	55.3	54.7	62.2	85
包头	Baotou	52.7	60.9	100.4	56
乌海	Wuhai	48.4	49.4	42.2	128
赤峰	Chifeng	39.7	41.2	42.6	126
通辽	Tongliao	45.8	45.8	45.8	120
鄂尔多斯	Erdos	10.3	19.8	19.8	214
呼伦贝尔	Hulunbuir	14.0	10.0	10.0	256
巴彦淖尔	Bayannur	4.4	8.1	14.4	241
乌兰察布	Ulanqab	6.1	8.7	8.7	266
辽宁	**Liaoning**	**1391.1**	**1320.2**	**1338.1**	
沈阳	Shenyang	175.4	193.4	202.9	16
大连	Dalian	164.6	163.0	163.0	29
鞍山	Anshan	158.3	163.0	170.0	27
抚顺	Fushun	130.3	129.0	129.0	40
本溪	Benxi	154.5	117.6	117.6	45
丹东	Dandong	93.5	48.4	48.3	112
锦州	Jinzhou	82.6	79.1	82.9	63
营口	Yingkou	50.0	56.3	56.3	95
阜新	Fuxin	38.0	38.0	35.0	143
辽阳	Liaoyang	92.6	65.8	65.8	78
盘锦	Panjin	30.6	30.5	30.6	161
铁岭	Tieling	21.5	22.1	22.1	198
朝阳	Chaoyang	25.3	28.6	25.3	182
葫芦岛	Huludao	37.9	41.0	41.0	131
吉林	**Jilin**	**735.5**	**730.8**	**680.2**	
长春	Changchun	110.4	124.4	124.4	41
吉林	Jilin	411.0	344.4	314.0	9
四平	Siping	19.6	23.6	24.0	188
辽源	Liaoyuan	18.0	31.0	21.0	206
通化	Tonghua	14.0	15.3	15.3	236
白山	Baishan	14.1	16.9	17.0	227
松原	Songyuan	17.1	18.9	18.9	218
白城	Baicheng	14.0	11.0	11.0	252
黑龙江	**Heilongjiang**	**830.2**	**798.1**	**811.1**	
哈尔滨	Harbin	223.4	174.2	179.3	23
齐齐哈尔	Qiqihar	34.9	40.0	39.9	132
鸡西	Jixi	29.0	26.2	26.2	176
鹤岗	Hegang	26.0	20.6	19.7	215
双鸭山	Shuangyashan	26.5	26.5	27.5	170
大庆	Daqing	167.7	193.0	193.0	20
伊春	Yichun	23.9	28.2	31.0	158
佳木斯	Jiamusi	44.5	46.0	43.5	123
七台河	Qitaihe	34.1	31.9	31.9	156
牡丹江	Mudanjiang	130.2	128.0	123.0	42
黑河	Heihe	7.5	7.5	7.5	272
绥化	Suihua	19.9	9.6	9.6	261
上海	**Shanghai**	**1465.6**	**1124.0**	**1137.0**	
江苏	**Jiangsu**	**2714.7**	**2902.6**	**2961.6**	

8-26 城市供水综合生产能力（辖区） 续表 1

Integrated Production Capacity of Urban Water Supply (Municipal Districts) continued 1

单位：万立方米/日 (10, 000 m³/day)

地名	City	2010	2013	2014	2014 排名 Ranking	地名	City	2010	2013	2014	2014 排名 Ranking
南京	Nanjing	645.8	641.4	615.2	4	池州	Chizhou	9.5	17.0	16.0	231
无锡	Wuxi	241.0	280.0	280.0	11	宣城	Xuancheng	19.7	20.6	22.1	197
徐州	Xuzhou	94.2	93.0	113.2	47	**福建**	**Fujian**	**676.4**	**721.9**	**717.2**	
常州	Changzhou	182.5	196.0	197.0	17	福州	Fuzhou	148.5	153.7	153.7	31
苏州	Suzhou	242.1	378.9	397.3	6	厦门	Xiamen	116.0	147.7	147.7	32
南通	Nantong	137.5	167.5	167.5	28	莆田	Putian	38.9	28.0	28.0	169
连云港	Lianyungang	39.1	39.1	49.1	108	三明	Sanming	74.9	75.0	65.6	79
淮安	Huaian	50.4	69.9	73.5	73	泉州	Quanzhou	42.0	58.0	58.0	90
盐城	Yancheng	30.0	43.5	43.5	123	漳州	Zhangzhou	32.5	26.5	32.5	151
扬州	Yangzhou	71.0	80.7	95.7	60	南平	Nanping	16.5	14.0	14.0	244
镇江	Zhenjiang	54.5	59.0	59.0	88	龙岩	Longyan	15.8	26.8	26.8	172
泰州	Taizhou	57.0	42.0	42.0	129	宁德	Ningde	7.5	13.0	13.7	245
宿迁	Suqian	23.5	26.0	31.0	159	**江西**	**Jiangxi**	**459.2**	**444.5**	**457.7**	
浙江	**Zhejiang**	**1519.9**	**1675.5**	**1720.5**		南昌	Nanchang	153.0	138.5	144.0	35
杭州	Hangzhou	320.0	350.0	350.0	7	景德镇	Jingdezhen	23.9	20.4	21.0	205
宁波	Ningbo	247.0	225.0	225.0	13	萍乡	Pingxiang	23.5	16.5	23.5	189
温州	Wenzhou	110.0	110.0	110.0	48	九江	Jiujiang	34.0	34.0	34.0	146
嘉兴	Jiaxing	49.1	70.5	70.5	76	新余	Xinyu	20.5	20.5	20.5	210
湖州	Huzhou	47.4	47.4	47.4	114	鹰潭	Yingtan	10.0	10.0	10.0	256
绍兴	Shaoxing	81.2	220.3	272.3	12	赣州	Ganzhou	37.0	37.0	47.0	115
金华	Jinhua	50.8	55.8	36.8	138	吉安	Jian	21.0	25.0	25.0	184
衢州	Quzhou	94.0	73.0	79.0	65	宜春	Yichun	11.3	16.4	16.4	229
舟山	Zhoushan	29.0	24.9	24.9	186	抚州	Fuzhou	22.0	21.0	21.0	206
台州	Taizhou	53.8	49.3	49.3	105	上饶	Shangrao	15.1	21.1	21.1	203
丽水	Lishui	20.0	20.0	20.0	212	**山东**	**Shandong**	**1477.6**	**1701.9**	**1725.2**	
安徽	**Anhui**	**1992.8**	**1074.0**	**1074.8**		济南	Jinan	175.7	195.7	195.7	18
合肥	Hefei	112.0	175.0	175.0	24	青岛	Qingdao	130.5	167.7	170.2	26
芜湖	Wuhu	92.0	100.0	100.0	57	淄博	Zibo	139.4	175.8	170.8	25
蚌埠	Bengbu	77.3	77.2	76.0	69	枣庄	Zaozhuang	65.0	69.2	56.3	95
淮南	Huainan	59.0	48.0	47.0	115	东营	Dongying	64.5	84.5	84.5	62
马鞍山	Maanshan	930.8	120.5	120.5	43	烟台	Yantai	73.7	104.3	99.5	58
淮北	Huaibei	41.5	41.6	42.2	127	潍坊	Weifang	42.7	77.6	74.2	72
铜陵	Tongling	403.0	209.6	209.6	15	济宁	Jining	63.0	75.0	76.0	69
安庆	Anqing	56.6	56.9	56.5	94	泰安	Taian	29.6	29.0	29.0	166
黄山	Huangshan	21.4	21.4	21.4	202	威海	Weihai	39.2	39.2	52.1	99
滁州	Chuzhou	18.0	32.0	32.0	155	日照	Rizhao	31.7	33.4	34.1	145
阜阳	Fuyang	35.5	45.5	45.5	121	莱芜	Laiwu	25.5	25.5	31.5	157
宿州	Suzhou	26.5	26.5	27.0	171	临沂	Linyi	54.2	59.8	62.8	83
六安	Liuan	25.0	20.5	21.5	201	德州	Dezhou	28.0	41.0	49.0	109
亳州	Bozhou	9.0	10.5	11.2	251	聊城	Liaocheng	17.9	25.8	25.8	180

8-26 城市供水综合生产能力（辖区） 续表 2

Integrated Production Capacity of Urban Water Supply (Municipal Districts) continued 2

单位：万立方米/日 (10, 000 m³/day)

地名	City	2010	2013	2014	2014 排名 Ranking	地名	City	2010	2013	2014	2014 排名 Ranking
滨州	Binzhou	42.5	44.2	48.5	110	常德	Changde	37.5	43.4	43.5	125
菏泽	Heze	18.7	18.9	24.5	187	张家界	Zhangjiajie	14.5	13.5	13.5	246
河南	**Henan**	**1010.3**	**1047.3**	**1083.6**		益阳	Yiyang	34.0	32.0	64.0	82
郑州	Zhengzhou	124.4	109.4	145.4	33	郴州	Chenzhou	35.7	33.5	33.5	147
开封	Kaifeng	62.5	62.5	62.5	84	永州	Yongzhou	55.3	51.0	51.7	100
洛阳	Luoyang	79.3	85.3	85.7	61	怀化	Huaihua	31.4	29.6	29.2	164
平顶山	Pingdingshan	61.2	61.0	60.9	87	娄底	Loudi	24.0	18.0	18.5	219
安阳	Anyang	79.0	79.0	79.0	65	**广东**	**Guangdong**	**3497.4**	**3496.5**	**3555.4**	
鹤壁	Hebi	38.3	38.3	38.3	135	广州	Guangzhou	684.3	663.5	655.0	3
新乡	Xinxiang	62.0	62.0	62.0	86	韶关	Shaoguan	36.5	36.5	36.5	139
焦作	Jiaozuo	55.6	57.3	57.3	92	深圳	Shenzhen	692.5	674.0	674.5	2
濮阳	Puyang	27.6	35.6	35.6	141	珠海	Zhuhai	107.4	102.2	101.9	55
许昌	Xuchang	30.0	39.0	39.0	133	汕头	Shantou	131.2	131.2	106.6	51
漯河	Luohe	33.4	33.4	33.4	148	佛山	Foshan	294.0	283.6	338.3	8
三门峡	Sanmenxia	14.5	14.5	14.5	240	江门	Jiangmen	87.7	96.1	106.6	52
南阳	Nanyang	54.5	72.8	72.8	74	湛江	Zhanjiang	48.4	48.2	49.2	107
商丘	Shangqiu	37.3	37.3	37.3	137	茂名	Maoming	96.6	34.9	25.1	183
信阳	Xinyang	26.8	26.8	26.8	172	肇庆	Zhaoqing	50.5	50.7	50.6	103
周口	Zhoukou	16.0	19.0	19.0	217	惠州	Huizhou	113.0	115.0	138.0	38
驻马店	Zhumadian	22.5	22.8	22.8	195	梅州	Meizhou	12.0	16.0	16.0	231
湖北	**Hubei**	**1326.3**	**1336.6**	**1354.3**		汕尾	Shanwei	16.5	16.5	16.5	228
武汉	Wuhan	473.3	482.6	481.2	5	河源	Heyuan	19.1	19.1	19.1	216
黄石	Huangshi	86.6	72.7	72.7	75	阳江	Yangjiang	26.0	26.0	26.0	178
十堰	Shiyan	42.7	48.2	49.2	106	清远	Qingyuan	33.8	31.0	31.0	159
宜昌	Yichang	71.2	76.2	76.2	68	东莞	Dongguan	700.0	756.9	748.2	1
襄阳	Xiangyang	102.1	107.6	107.6	49	中山	Zhongshan		20.0	25.8	181
鄂州	Ezhou	23.0	23.0	23.0	192	潮州	Chaozhou	44.0		58.0	90
荆门	Jingmen	48.2	48.2	46.0	119	揭阳	Jieyang	30.0	35.3	35.7	140
孝感	Xiaogan	28.5	28.3	38.3	136	云浮	Yunfu	14.0	15.0	14.8	237
荆州	Jingzhou	73.5	56.6	56.6	93	**广西**	**Guangxi**	**604.4**	**684.2**	**644.6**	
黄冈	Huanggang	23.0	23.0	23.0	192	南宁	Nanning	135.2	146.5	139.2	37
咸宁	Xianning	16.0	16.0	16.0	231	柳州	Liuzhou	114.3	142.2	142.2	36
随州	Suizhou	28.0	26.0	26.0	178	桂林	Guilin	48.2	45.6	46.6	118
湖南	**Hunan**	**979.4**	**991.0**	**1031.8**		梧州	Wuzhou	36.5	39.0	44.3	122
长沙	Changsha	180.0	215.7	215.0	14	北海	Beihai	32.7	32.5	32.5	151
株洲	Zhuzhou	128.5	103.5	103.5	54	防城港	Fangchenggang	13.0	20.0	17.6	224
湘潭	Xiangtan	48.7	48.6	54.4	97	钦州	Qinzhou	16.4	32.7	32.2	153
衡阳	Hengyang	74.1	69.7	69.7	77	贵港	Guigang	31.0	31.5	35.1	142
邵阳	Shaoyang	67.5	51.5	51.5	102	玉林	Yulin	17.0	18.5	18.5	219
岳阳	Yueyang	102.6	107.4	107.5	50	百色	Baise	13.2	16.2	13.0	247

8-26 城市供水综合生产能力（辖区） 续表 3

Integrated Production Capacity of Urban Water Supply (Municipal Districts) continued 3

单位：万立方米/日 (10, 000 m³/day)

地名	City	2010	2013	2014	2014 排名 Ranking
贺州	Hezhou	10.0	8.0	8.0	269
河池	Hechi	53.5	53.5	18.5	219
来宾	Laibin	11.8	20.2	20.2	211
崇左	Chongzuo	5.0	5.0	5.0	279
海南	**Hainan**	**173.0**	**152.2**	**153.4**	
海口	Haikou	106.0	81.2	82.0	64
三亚	Sanya	24.0	25.8	26.2	177
三沙	Sansha				
重庆	**Chongqing**	**412.3**	**491.2**	**506.9**	
四川	**Sichuan**	**804.5**	**871.4**	**950.5**	
成都	Chengdu	225.5	262.3	305.5	10
自贡	Zigong	37.0	26.5	26.5	174
攀枝花	Panzhihua	56.3	58.3	64.1	81
泸州	Luzhou	60.9	77.7	77.7	67
德阳	Deyang	23.5	33.5	33.0	149
绵阳	Mianyang	43.2	51.6	52.5	98
广元	Guangyuan	12.2	17.1	17.5	225
遂宁	Suining	16.9	20.1	21.8	199
内江	Neijiang	20.0	18.8	21.6	200
乐山	Leshan	32.5	27.0	23.5	190
南充	Nanchong	25.0	28.0	30.0	162
眉山	Meishan	10.0	11.7	14.7	239
宜宾	Yibin	22.9	20.0	21.0	206
广安	Guangan	6.5	8.5	9.5	262
达州	Dazhou	18.9	28.0	32.9	150
雅安	Yaan	16.5	13.0	14.3	242
巴中	Bazhong	5.0	9.5	9.5	262
资阳	Ziyang	18.8	29.1	29.1	165
贵州	**Guizhou**	**241.1**	**240.7**	**246.2**	
贵阳	Guiyang	126.6	121.0	119.9	44
六盘水	Liupanshui	10.0	10.0	10.0	256
遵义	Zunyi	23.4	23.4	23.4	191
安顺	Anshun	9.7	9.3	9.3	264
毕节	Bijie	14.9	12.0	12.0	248
铜仁	Tongren	13.5	17.3	17.3	226
云南	**Yunnan**	**299.3**	**350.1**	**357.0**	
昆明	Kunming	147.9	194.2	194.1	19
曲靖	Qujing	18.5	21.0	21.0	206
玉溪	Yuxi	15.0	15.0	11.5	250
保山	Baoshan	6.0	7.5	8.1	268
昭通	Zhaotong	3.6	5.0	5.0	279
丽江	Lijiang	6.5	7.5	7.7	270
普洱	Puer	6.5	4.2	7.7	271
临沧	Lincang	5.6	7.3	9.0	265
西藏	**Tibet**	**31.2**	**34.0**	**64.5**	
拉萨	Lasa	29.7	31.0	48.0	113
陕西	**Shaanxi**	**371.1**	**370.8**	**379.4**	
西安	Xi'an	185.8	182.6	183.6	22
铜川	Tongchuan	12.0	14.2	14.2	243
宝鸡	Baoji	26.4	28.4	28.4	168
咸阳	Xianyang	53.9	54.0	46.8	117
渭南	Weinan	17.3	20.6	21.1	203
延安	Yan'an	5.0	5.0	6.5	274
汉中	Hanzhong	11.0	10.0	10.0	256
榆林	Yulin	9.5	9.5	10.4	255
安康	Ankang	13.7	10.5	10.5	254
商洛	Shangluo	6.2	6.1	6.1	275
甘肃	**Gansu**	**398.2**	**372.1**	**380.8**	
兰州	Lanzhou	156.5	155.8	154.0	30
嘉峪关	Jiayuguan	83.9	51.6	51.6	101
金昌	Jinchang	33.0	30.0	30.0	162
白银	Baiyin	44.9	48.4	48.4	111
天水	Tianshui	9.9	11.0	11.0	252
武威	Wuwei	10.0	10.0	20.0	212
张掖	Zhangye	12.0	11.9	11.9	249
平凉	Pingliang	5.0	4.6	5.1	278
酒泉	Jiuquan	10.7	15.4	15.4	235
庆阳	Qingyang	5.3	5.3	5.3	276
定西	Dingxi	5.0	5.0	5.0	279
陇南	Longnan	1.6	1.7	1.7	285
青海	**Qinghai**	**84.6**	**95.0**	**95.0**	
西宁	Xining	50.4	50.4	50.4	104
海东	Haidong			2.9	284
宁夏	**Ningxia**	**136.4**	**145.1**	**146.8**	
银川	Yinchuan	44.0	40.2	41.9	130
石嘴山	Shizuishan	51.7	63.7	64.7	80
吴忠	Wuzhong	10.1	10.0	10.0	256
固原	Guyuan	6.1	5.1	5.1	277
中卫	Zhongwei	5.2	4.8	4.8	283
新疆	**Xinjiang**	**373.1**	**493.3**	**524.7**	
乌鲁木齐	Urumqi	120.4	145.4	145.4	34
克拉玛依	Karamay	74.4	94.5	104.5	53

8-27 城市供水管道长度（辖区）
Length of Water Supply Pipelines (Municipal Districts)

单位：公里 (km)

地名	City	2010	2013	2014	2014 排名 Ranking
全国	**Nation Total**	**539778**	**646413**	**676727**	
北京	**Beijing**	**25147**	**32581**	**27286**	
天津	**Tianjin**	**10744**	**13411**	**14369**	
河北	**Hebei**	**14288**	**15207**	**15528**	
石家庄	Shijiazhuang	1426	1532	1842	67
唐山	Tangshan	1924	1968	1968	66
秦皇岛	Qinhuangdao	980	1020	908	142
邯郸	Handan	1047	1181	1214	106
邢台	Xingtai	567	660	731	171
保定	Baoding	807	932	921	140
张家口	Zhangjiakou	1098	875	896	145
承德	Chengde	493	614	588	186
沧州	Cangzhou	496	496	496	208
廊坊	Langfang	584	632	641	180
衡水	Hengshui	265	256	260	263
山西	**Shanxi**	**7414**	**9176**	**9727**	
太原	Taiyuan	1290	1733	1988	63
大同	Datong	1178	1270	1312	96
阳泉	Yangquan	909	918	1099	118
长治	Changzhi	639	941	974	136
晋城	Jincheng	364	675	624	183
朔州	Shuozhou	291	319	319	247
晋中	Jinzhong	410	434	449	220
运城	Yuncheng	200	254	254	264
忻州	Xinzhou	309	407	465	216
临汾	Linfen	381	476	476	212
吕梁	Lvliang	171	183	193	277
内蒙古	**Inner Mongolia**	**8561**	**10290**	**10619**	
呼和浩特	Hohhot	712	754	790	160
包头	Baotou	1548	1609	1718	69
乌海	Wuhai	1860	2095	2105	57
赤峰	Chifeng	830	1156	1219	104
通辽	Tongliao	540	560	574	191
鄂尔多斯	Erdos	679	772	807	156
呼伦贝尔	Hulunbuir	193	251	277	260
巴彦淖尔	Bayannur	141	443	443	222
乌兰察布	Ulanqab	292	319	321	246
辽宁	**Liaoning**	**29123**	**33118**	**36706**	

地名	City	2010	2013	2014	2014 排名 Ranking
沈阳	Shenyang	2815	3422	6438	10
大连	Dalian	4752	5321	5375	12
鞍山	Anshan	2606	2884	2908	36
抚顺	Fushun	2162	2241	2309	49
本溪	Benxi	856	1013	1092	122
丹东	Dandong	1117	1178	1178	110
锦州	Jinzhou	1048	1467	1525	81
营口	Yingkou	1831	2187	2207	53
阜新	Fuxin	1844	2039	2012	61
辽阳	Liaoyang	1259	1307	1326	94
盘锦	Panjin	832	991	1033	126
铁岭	Tieling	839	915	916	141
朝阳	Chaoyang	528	596	583	189
葫芦岛	Huludao	845	1110	1133	114
吉林	**Jilin**	**8935**	**10608**	**11764**	
长春	Changchun	1872	2175	2233	52
吉林	Jilin	1186	1256	1265	101
四平	Siping	431	976	976	135
辽源	Liaoyuan	296	477	562	194
通化	Tonghua	525	520	538	199
白山	Baishan	342	373	389	234
松原	Songyuan	408	415	425	225
白城	Baicheng	356	376	378	235
黑龙江	**Heilongjiang**	**11413**	**13207**	**14120**	
哈尔滨	Harbin	1612	2114	2139	56
齐齐哈尔	Qiqihar	1030	1101	1123	116
鸡西	Jixi	629	707	715	172
鹤岗	Hegang	542	585	587	188
双鸭山	Shuangyashan	363	407	411	229
大庆	Daqing	1500	1878	2584	40
伊春	Yichun	1027	1222	1278	99
佳木斯	Jiamusi	578	624	635	182
七台河	Qitaihe	692	740	747	168
牡丹江	Mudanjiang	592	599	599	185
黑河	Heihe	183	184	184	279
绥化	Suihua	384	413	419	227
上海	**Shanghai**	**32462**	**36217**	**35068**	
江苏	**Jiangsu**	**63807**	**75988**	**78477**	

8-27　城市供水管道长度（辖区）　续表 1

Length of Water Supply Pipelines (Municipal Districts) continued 1

单位：公里　　　　(km)

地名	City	2010	2013	2014	2014 排名 Ranking	地名	City	2010	2013	2014	2014 排名 Ranking
南京	Nanjing	8673	10233	10561	6	池州	Chizhou	324	394	408	230
无锡	Wuxi	6293	5081	5217	13	宣城	Xuancheng	494	1450	1637	76
徐州	Xuzhou	2760	2975	3122	30	**福建**	**Fujian**	**14650**	**15889**	**16539**	
常州	Changzhou	7488	11613	11688	5	福州	Fuzhou	1563	2126	2354	47
苏州	Suzhou	6354	7944	8192	8	厦门	Xiamen	3144	3715	3797	20
南通	Nantong	2159	2863	3086	31	莆田	Putian	663	835	890	146
连云港	Lianyungang	1202	2037	2103	58	三明	Sanming	894	455	478	211
淮安	Huaian	3889	4504	4506	16	泉州	Quanzhou	4217	4055	4008	19
盐城	Yancheng	1899	2079	2317	48	漳州	Zhangzhou	359	474	475	213
扬州	Yangzhou	2042	3117	3246	28	南平	Nanping	207	332	373	237
镇江	Zhenjiang	2034	2354	2443	44	龙岩	Longyan	184	233	253	265
泰州	Taizhou	1206	2167	2283	51	宁德	Ningde	182	235	287	257
宿迁	Suqian	813	1273	1318	95	**江西**	**Jiangxi**	**9807**	**13524**	**13714**	
浙江	**Zhejiang**	**38982**	**49298**	**53604**		南昌	Nanchang	2707	3209	3499	24
杭州	Hangzhou	6510	9079	10206	7	景德镇	Jingdezhen	536	680	659	177
宁波	Ningbo	2688	3017	3705	21	萍乡	Pingxiang	371	986	496	207
温州	Wenzhou	1982	2470	2574	41	九江	Jiujiang	919	1318	1451	84
嘉兴	Jiaxing	762	900	995	133	新余	Xinyu	466	525	525	201
湖州	Huzhou	2385	2859	3077	32	鹰潭	Yingtan	127	193	194	276
绍兴	Shaoxing	2012	4239	4556	15	赣州	Ganzhou	1222	1638	2079	59
金华	Jinhua	1108	1297	1368	91	吉安	Jian	499	574	674	175
衢州	Quzhou	977	1157	1189	108	宜春	Yichun	463	566	604	184
舟山	Zhoushan	1154	1422	1422	85	抚州	Fuzhou	606	648	552	195
台州	Taizhou	2036	3143	3474	25	上饶	Shangrao	289	375	392	232
丽水	Lishui	800	1062	1141	113	**山东**	**Shandong**	**37313**	**43944**	**47373**	
安徽	**Anhui**	**14730**	**20450**	**22247**		济南	Jinan	3055	3553	3658	22
合肥	Hefei	2468	3600	4123	18	青岛	Qingdao	4926	5766	6177	11
芜湖	Wuhu	1199	1479	1550	79	淄博	Zibo	2127	2446	2565	42
蚌埠	Bengbu	772	977	1098	119	枣庄	Zaozhuang	1241	1654	1674	73
淮南	Huainan	1471	1500	1505	83	东营	Dongying	1042	1157	1158	112
马鞍山	Maanshan	1149	1931	1980	65	烟台	Yantai	2715	3220	3468	26
淮北	Huaibei	651	930	991	134	潍坊	Weifang	1190	2157	2188	54
铜陵	Tongling	646	1127	1348	92	济宁	Jining	664	996	1020	129
安庆	Anqing	733	905	957	137	泰安	Taian	1406	1513	1523	82
黄山	Huangshan	412	669	733	170	威海	Weihai	1726	2277	3052	34
滁州	Chuzhou	465	628	645	179	日照	Rizhao	1229	1484	1629	77
阜阳	Fuyang	996	1173	1242	102	莱芜	Laiwu	684	930	944	139
宿州	Suzhou	637	675	755	165	临沂	Linyi	1380	1634	1983	64
六安	Liuan	392	394	419	228	德州	Dezhou	649	779	1993	62
亳州	Bozhou	662	799	856	150	聊城	Liaocheng	916	966	1007	130

8-27 城市供水管道长度（辖区） 续表 2
Length of Water Supply Pipelines (Municipal Districts) continued 2

单位：公里 (km)

地名	City	2010	2013	2014	2014 排名 Ranking	地名	City	2010	2013	2014	2014 排名 Ranking
滨州	Binzhou	944	1346	1384	89	常德	Changde	824	1378	1535	80
菏泽	Heze	222	268	285	259	张家界	Zhangjiajie	371	405	448	221
河南	**Henan**	**17299**	**19954**	**20590**		益阳	Yiyang	304	408	440	223
郑州	Zhengzhou	2568	2902	2902	37	郴州	Chenzhou	1231	1228	1267	100
开封	Kaifeng	1075	1248	1297	97	永州	Yongzhou	791	840	859	149
洛阳	Luoyang	1328	1592	1656	75	怀化	Huaihua	879	1010	1023	128
平顶山	Pingdingshan	1174	1207	1207	107	娄底	Loudi	326	378	421	226
安阳	Anyang	755	788	794	158	**广东**	**Guangdong**	**79816**	**92361**	**95463**	
鹤壁	Hebi	546	627	646	178	广州	Guangzhou	15942	17287	17654	2
新乡	Xinxiang	589	712	770	163	韶关	Shaoguan	1666	2096	1785	68
焦作	Jiaozuo	821	986	1003	131	深圳	Shenzhen	14481	15945	16377	3
濮阳	Puyang	140	156	159	280	珠海	Zhuhai	2745	2928	3058	33
许昌	Xuchang	428	547	583	190	汕头	Shantou	2168	2641	2706	38
漯河	Luohe	473	472	473	215	佛山	Foshan	4396	4387	4902	14
三门峡	Sanmenxia	188	240	250	267	江门	Jiangmen	1925	2000	1694	71
南阳	Nanyang	1000	1325	1387	88	湛江	Zhanjiang	645	1212	1338	93
商丘	Shangqiu	362	506	566	192	茂名	Maoming	820	912	1382	90
信阳	Xinyang	1296	1296	1296	98	肇庆	Zhaoqing	1379	1861	2046	60
周口	Zhoukou	273	339	351	240	惠州	Huizhou	1450	2182	2423	45
驻马店	Zhumadian	308	435	499	206	梅州	Meizhou	380	385	754	167
湖北	**Hubei**	**22827**	**27794**	**29644**		汕尾	Shanwei	462	473	475	214
武汉	Wuhan	9757	11529	12344	4	河源	Heyuan	757	860	899	143
黄石	Huangshi	745	823	842	152	阳江	Yangjiang	700	774	812	154
十堰	Shiyan	442	474	528	200	清远	Qingyuan	1937	2181	2366	46
宜昌	Yichang	986	1356	1389	87	东莞	Dongguan	16268	20063	19894	1
襄阳	Xiangyang	688	828	855	151	中山	Zhongshan	1345	1628	1668	74
鄂州	Ezhou	997	922	1036	125	潮州	Chaozhou	459	562	827	153
荆门	Jingmen	475	526	550	196	揭阳	Jieyang	466	792	878	147
孝感	Xiaogan	335	408	452	219	云浮	Yunfu	1000	1028	1094	120
荆州	Jingzhou	1208	1651	1707	70	**广西**	**Guangxi**	**12843**	**15196**	**15857**	
黄冈	Huanggang	239	272	392	233	南宁	Nanning	2733	3401	3280	27
咸宁	Xianning	240	287	308	249	柳州	Liuzhou	2202	2487	2545	43
随州	Suizhou	445	662	662	176	桂林	Guilin	1235	1610	1693	72
湖南	**Hunan**	**14400**	**18208**	**20498**		梧州	Wuzhou	357	391	478	210
长沙	Changsha	2012	2211	3136	29	北海	Beihai	1015	1143	1188	109
株洲	Zhuzhou	1222	2063	2297	50	防城港	Fangchenggang	368	445	462	217
湘潭	Xiangtan	848	1154	1217	105	钦州	Qinzhou	621	723	739	169
衡阳	Hengyang	890	1138	1160	111	贵港	Guigang	967	1057	1094	121
邵阳	Shaoyang	595	706	754	166	玉林	Yulin	639	806	810	155
岳阳	Yueyang	585	860	898	144	百色	Baise	283	354	540	197

8-27 城市供水管道长度（辖区） 续表 3

Length of Water Supply Pipelines (Municipal Districts) continued 3

单位：公里 (km)

地名	City	2010	2013	2014	2014 排名 Ranking	地名	City	2010	2013	2014	2014 排名 Ranking
贺州	Hezhou	428	471	490	209	丽江	Lijiang	202	152	290	256
河池	Hechi	283	294	295	254	普洱	Puer	231	252	275	261
来宾	Laibin	518	665	764	164	临沧	Lincang	265	317	327	245
崇左	Chongzuo	164	180	205	273	**西藏**	**Tibet**	**753**	**856**	**1059**	
海南	**Hainan**	**2525**	**3680**	**3864**		拉萨	Lasa	688	759	869	148
海口	Haikou	861	1017	1048	124	**陕西**	**Shaanxi**	**4926**	**6175**	**6820**	
三亚	Sanya	625	679	705	174	西安	Xi'an	1995	2938	3043	35
三沙	Sansha			2	286	铜川	Tongchuan	347	395	396	231
重庆	**Chongqing**	**9190**	**10619**	**11601**		宝鸡	Baoji	854	899	1000	132
四川	**Sichuan**	**20656**	**24832**	**27461**		咸阳	Xianyang	340	346	350	241
成都	Chengdu	5194	6378	6967	9	渭南	Weinan	204	292	332	244
自贡	Zigong	1848	2164	2164	55	延安	Yan'an	145	151	151	281
攀枝花	Panzhihua	1046	1178	1232	103	汉中	Hanzhong	240	286	295	253
泸州	Luzhou	568	1064	1118	117	榆林	Yulin	295	295	432	224
德阳	Deyang	452	487	504	205	安康	Ankang	151	164	190	278
绵阳	Mianyang	1617	2484	2658	39	商洛	Shangluo	85	101	106	284
广元	Guangyuan	281	460	508	202	**甘肃**	**Gansu**	**4357**	**4974**	**5265**	
遂宁	Suining	343	618	638	181	兰州	Lanzhou	871	877	1032	127
内江	Neijiang	375	425	505	204	嘉峪关	Jiayuguan	554	777	782	161
乐山	Leshan	1000	1354	1419	86	金昌	Jinchang	337	352	292	255
南充	Nanchong	440	750	791	159	白银	Baiyin	284	300	303	251
眉山	Meishan	747	393	538	198	天水	Tianshui	182	203	203	275
宜宾	Yibin	751	737	799	157	武威	Wuwei	194	221	231	271
广安	Guangan	235	327	353	239	张掖	Zhangye	170	237	252	266
达州	Dazhou	430	634	771	162	平凉	Pingliang	293	306	349	242
雅安	Yaan	136	273	295	252	酒泉	Jiuquan	236	340	348	243
巴中	Bazhong	177	235	235	270	庆阳	Qingyang	345	369	374	236
资阳	Ziyang	449	480	506	203	定西	Dingxi	154	176	208	272
贵州	**Guizhou**	**5979**	**7845**	**8685**		陇南	Longnan	63	65	65	285
贵阳	Guiyang	3290	3802	4218	17	**青海**	**Qinghai**	**1383**	**2081**	**2231**	
六盘水	Liupanshui	230	950	950	138	西宁	Xining	829	1020	1129	115
遵义	Zunyi	283	305	305	250	海东	Haidong			106	283
安顺	Anshun	143	238	243	269	**宁夏**	**Ningxia**	**2382**	**2117**	**2309**	
毕节	Bijie	363	515	588	187	银川	Yinchuan	841	641	709	173
铜仁	Tongren	109	148	285	258	石嘴山	Shizuishan	559	528	564	193
云南	**Yunnan**	**6559**	**8672**	**9587**		吴忠	Wuzhong	169	211	244	268
昆明	Kunming	2568	3396	3612	23	固原	Guyuan	173	186	204	274
曲靖	Qujing	369	445	457	218	中卫	Zhongwei	98	113	123	282
玉溪	Yuxi	285	327	354	238	**新疆**	**Xinjiang**	**6507**	**8142**	**8652**	
保山	Baoshan	186	235	265	262	乌鲁木齐	Urumqi	1323	1498	1568	78
昭通	Zhaotong	246	279	310	248	克拉玛依	Karamay	1015	1040	1072	123

8-28 城市供水总量（辖区）
Quantity of Urban Water Supply (Municipal Districts)

单位：万立方米 (10 000 m³)

地名	City	2010	2013	2014	2014 排名 Ranking	地名	City	2010	2013	2014	2014 排名 Ranking
全国	**Nation Total**	**5078745**	**5373022**	**5466613**		沈阳	Shenyang	52461	59677	57169	9
北京	**Beijing**	**155557**	**187477**	**182419**		大连	Dalian	40730	40972	39210	21
天津	**Tianjin**	**68970**	**78631**	**81249**		鞍山	Anshan	31129	31178	30470	31
河北	**Hebei**	**166430**	**170173**	**151478**		抚顺	Fushun	16102	21646	21213	48
石家庄	Shijiazhuang	27629	35081	26785	37	本溪	Benxi	22778	25753	25702	42
唐山	Tangshan	28932	25979	28123	36	丹东	Dandong	5157	6100	6179	153
秦皇岛	Qinhuangdao	10308	11288	9622	102	锦州	Jinzhou	15052	13587	14518	72
邯郸	Handan	16627	14258	14633	70	营口	Yingkou	5930	7099	7160	137
邢台	Xingtai	7080	8146	5206	175	阜新	Fuxin	7805	7847	7503	130
保定	Baoding	10000	9597	8796	112	辽阳	Liaoyang	15846	11429	11218	84
张家口	Zhangjiakou	8226	8384	8352	117	盘锦	Panjin	7244	7637	7022	139
承德	Chengde	5453	5497	4978	183	铁岭	Tieling	4006	3550	3837	215
沧州	Cangzhou	3509	3919	3953	209	朝阳	Chaoyang	4321	4912	4917	186
廊坊	Langfang	4435	4791	5001	182	葫芦岛	Huludao	5620	7278	5367	169
衡水	Hengshui	3603	2317	2636	241	**吉林**	**Jilin**	**100743**	**107419**	**106813**	
山西	**Shanxi**	**76772**	**84037**	**83155**		长春	Changchun	31315	37047	36587	24
太原	Taiyuan	28047	32348	31669	30	吉林	Jilin	25458	21176	20834	50
大同	Datong	8060	8792	8621	115	四平	Siping	2525	3759	3920	211
阳泉	Yangquan	5888	5062	5138	178	辽源	Liaoyuan	2838	3702	3545	222
长治	Changzhi	8108	7663	7517	129	通化	Tonghua	4860	3890	4001	206
晋城	Jincheng	1954	3912	3859	214	白山	Baishan	2585	3870	4041	202
朔州	Shuozhou	2506	2917	2654	240	松原	Songyuan	4800	5293	5323	170
晋中	Jinzhong	2604	3312	3577	220	白城	Baicheng	3487	1807	1807	267
运城	Yuncheng	2771	3712	3399	224	**黑龙江**	**Heilongjiang**	**164235**	**145192**	**150272**	
忻州	Xinzhou	2062	2231	2206	259	哈尔滨	Harbin	37652	35731	38694	22
临汾	Linfen	2653	2855	3173	228	齐齐哈尔	Qiqihar	7462	9531	9590	104
吕梁	Lvliang	1238	1005	1322	276	鸡西	Jixi	7880	7208	7202	135
内蒙古	**Inner Mongolia**	**62757**	**71578**	**73864**		鹤岗	Hegang	4768	4725	4513	196
呼和浩特	Hohhot	11859	13836	14876	68	双鸭山	Shuangyashan	2837	2822	2822	235
包头	Baotou	14587	16990	17495	54	大庆	Daqing	28390	30131	30376	32
乌海	Wuhai	3168	4221	4016	205	伊春	Yichun	4270	4854	4824	187
赤峰	Chifeng	9728	10493	10917	87	佳木斯	Jiamusi	7805	6628	6462	146
通辽	Tongliao	5276	5121	5112	180	七台河	Qitaihe	5237	5635	5635	162
鄂尔多斯	Erdos	2394	3472	3583	219	牡丹江	Mudanjiang	43592	55374	23804	46
呼伦贝尔	Hulunbuir	2296	2178	2149	261	黑河	Heihe	659	1110	1080	278
巴彦淖尔	Bayannur	1613	2126	2411	249	绥化	Suihua	1371	1940	1933	266
乌兰察布	Ulanqab	2029	1508	1598	271	**上海**	**Shanghai**	**336637**	**319072**	**317260**	
辽宁	**Liaoning**	**261879**	**278710**	**272641**		**江苏**	**Jiangsu**	**482821**	**489286**	**488062**	

8-28 城市供水总量（辖区） 续表 1

Quantity of Urban Water Supply (Municipal Districts) continued 1

单位：万立方米 (10 000 m³)

地名	City	2010	2013	2014	2014 排名 Ranking	地名	City	2010	2013	2014	2014 排名 Ranking
南京	Nanjing	112326	126656	122404	5	池州	Chizhou	2462	2689	2857	233
无锡	Wuxi	45907	43021	40726	18	宣城	Xuancheng	2337	3013	3071	231
徐州	Xuzhou	19957	23363	25950	41	**福建**	**Fujian**	**132627**	**159302**	**156464**	
常州	Changzhou	30031	26465	25408	43	福州	Fuzhou	24974	33596	32475	29
苏州	Suzhou	52348	70278	72698	7	厦门	Xiamen	31667	38638	41957	16
南通	Nantong	21189	21688	22686	47	莆田	Putian	6200	13500	10220	96
连云港	Lianyungang	9839	10074	10719	91	三明	Sanming	6922	6637	6379	148
淮安	Huaian	25590	19366	15881	64	泉州	Quanzhou	14049	13995	11289	83
盐城	Yancheng	6623	7210	7817	126	漳州	Zhangzhou	4242	4744	4800	189
扬州	Yangzhou	12534	17529	17878	52	南平	Nanping	2537	2625	2592	242
镇江	Zhenjiang	16660	16750	16929	58	龙岩	Longyan	4922	7046	7980	124
泰州	Taizhou	5321	8945	9258	106	宁德	Ningde	1869	1764	2208	258
宿迁	Suqian	5044	6873	7632	127	**江西**	**Jiangxi**	**91278**	**103480**	**106053**	
浙江	**Zhejiang**	**270044**	**304982**	**308411**		南昌	Nanchang	33950	39555	37794	23
杭州	Hangzhou	53565	60747	60514	8	景德镇	Jingdezhen	6258	4873	5407	167
宁波	Ningbo	43375	47309	50111	13	萍乡	Pingxiang	3068	3955	3950	210
温州	Wenzhou	25837	26390	24840	44	九江	Jiujiang	8679	8188	8212	119
嘉兴	Jiaxing	11282	12178	11594	81	新余	Xinyu	4609	5573	5902	157
湖州	Huzhou	8783	8877	9006	110	鹰潭	Yingtan	1779	1981	2236	257
绍兴	Shaoxing	10640	32915	35758	25	赣州	Ganzhou	4887	7724	10929	86
金华	Jinhua	5621	6221	6380	147	吉安	Jian	3037	2876	3570	221
衢州	Quzhou	10300	5030	5211	174	宜春	Yichun	3508	4191	4559	194
舟山	Zhoushan	4524	4662	4730	190	抚州	Fuzhou	3751	5021	5375	168
台州	Taizhou	13227	14075	14427	73	上饶	Shangrao	3192	4397	4426	197
丽水	Lishui	3874	4180	3985	208	**山东**	**Shandong**	**290866**	**331898**	**347781**	
安徽	**Anhui**	**160816**	**161140**	**167781**		济南	Jinan	27037	33569	34387	26
合肥	Hefei	29453	37596	40439	20	青岛	Qingdao	36159	43134	46649	15
芜湖	Wuhu	15457	15809	16931	57	淄博	Zibo	26741	27102	26563	38
蚌埠	Bengbu	14918	15784	16560	61	枣庄	Zaozhuang	8046	9516	10126	97
淮南	Huainan	10879	9722	8116	121	东营	Dongying	9711	9413	9234	107
马鞍山	Maanshan	22145	17033	17125	56	烟台	Yantai	14693	15710	17469	55
淮北	Huaibei	5518	5530	5516	165	潍坊	Weifang	9116	15285	14843	69
铜陵	Tongling	13309	6395	6761	141	济宁	Jining	10830	16039	15910	63
安庆	Anqing	8721	8744	9605	103	泰安	Taian	6607	6630	7120	138
黄山	Huangshan	2968	3588	3920	212	威海	Weihai	6017	6655	10375	94
滁州	Chuzhou	3073	5748	5953	156	日照	Rizhao	5920	6716	7324	133
阜阳	Fuyang	6007	6769	6806	140	莱芜	Laiwu	3751	4462	4922	185
宿州	Suzhou	6390	5073	4958	184	临沂	Linyi	15484	18693	20511	51
六安	Liuan	4625	4546	5174	177	德州	Dezhou	7057	7132	10912	88
亳州	Bozhou	2426	2993	3119	230	聊城	Liaocheng	4788	6446	6684	143

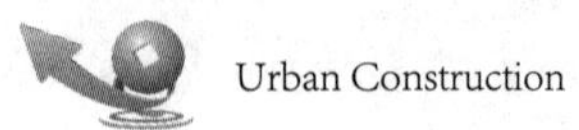

8-28 城市供水总量（辖区） 续表 2

Quantity of Urban Water Supply (Municipal Districts) continued 2

单位：万立方米 (10 000 m³)

地名	City	2010	2013	2014	2014 排名 Ranking	地名	City	2010	2013	2014	2014 排名 Ranking
滨州	Binzhou	5823	7408	6719	142	常德	Changde	6267	8649	9010	109
菏泽	Heze	4071	4591	5839	159	张家界	Zhangjiajie	2415	2620	2725	236
河南	**Henan**	**179122**	**188711**	**191001**		益阳	Yiyang	4300	5400	7884	125
郑州	Zhengzhou	37724	35413	34131	27	郴州	Chenzhou	8725	6418	5879	158
开封	Kaifeng	7683	8479	8850	111	永州	Yongzhou	9256	8531	8536	116
洛阳	Luoyang	13631	16218	16298	62	怀化	Huaihua	4861	4723	5125	179
平顶山	Pingdingshan	10215	10985	10620	92	娄底	Loudi	4634	5029	5312	172
安阳	Anyang	11294	9922	9937	99	**广东**	**Guangdong**	**806144**	**815410**	**840259**	
鹤壁	Hebi	4843	5487	5753	160	广州	Guangzhou	190806	196329	200442	1
新乡	Xinxiang	10863	12598	12638	76	韶关	Shaoguan	8293	8565	8741	113
焦作	Jiaozuo	8084	8003	8013	123	深圳	Shenzhen	156470	159138	164132	2
濮阳	Puyang	5037	5457	5467	166	珠海	Zhuhai	26497	33704	33819	28
许昌	Xuchang	4088	4409	4612	192	汕头	Shantou	28500	28946	28534	35
漯河	Luohe	9950	9918	9923	100	佛山	Foshan	42761	46496	50185	12
三门峡	Sanmenxia	1898	2140	2067	263	江门	Jiangmen	18367	20792	24804	45
南阳	Nanyang	6532	9254	9545	105	湛江	Zhanjiang	9429	12225	12638	77
商丘	Shangqiu	4989	3847	4335	199	茂名	Maoming	20242	5427	6284	151
信阳	Xinyang	3956	3848	4246	200	肇庆	Zhaoqing	10507	11320	11757	80
周口	Zhoukou	1895	3131	3681	217	惠州	Huizhou	23735	26534	26315	39
驻马店	Zhumadian	4225	5170	6005	155	梅州	Meizhou	3943	4341	4550	195
湖北	**Hubei**	**253421**	**261815**	**269558**		汕尾	Shanwei	3429	3053	3459	223
武汉	Wuhan	111964	126257	130735	4	河源	Heyuan	4818	5542	6212	152
黄石	Huangshi	13038	10558	10343	95	阳江	Yangjiang	3840	4237	5292	173
十堰	Shiyan	11494	10009	10001	98	清远	Qingyuan	9808	7056	7295	134
宜昌	Yichang	9906	10764	10850	90	东莞	Dongguan	165607	160831	158864	3
襄阳	Xiangyang	15433	16269	16617	59	中山	Zhongshan	13725	14404	15624	65
鄂州	Ezhou	6561	3940	4633	191	潮州	Chaozhou	4835	5179	9091	108
荆门	Jingmen	7770	7350	7183	136	揭阳	Jieyang	4578	8322	7328	132
孝感	Xiaogan	2947	3510	4611	193	云浮	Yunfu	2274	2852	3259	226
荆州	Jingzhou	7595	8252	8706	114	**广西**	**Guangxi**	**147291**	**161657**	**162236**	
黄冈	Huanggang	3896	3882	3152	229	南宁	Nanning	37578	42582	40668	19
咸宁	Xianning	3257	2979	3220	227	柳州	Liuzhou	39445	48977	49610	14
随州	Suizhou	3318	3760	3878	213	桂林	Guilin	11076	11104	10892	89
湖南	**Hunan**	**189223**	**190166**	**192647**		梧州	Wuzhou	5148	5311	6643	144
长沙	Changsha	46431	52973	52418	10	北海	Beihai	4937	5163	5186	176
株洲	Zhuzhou	16324	17689	17609	53	防城港	Fangchenggang	2672	4084	4382	198
湘潭	Xiangtan	10480	12050	12130	79	钦州	Qinzhou	4437	4923	5070	181
衡阳	Hengyang	20710	14787	13676	74	贵港	Guigang	11010	9102	10389	93
邵阳	Shaoyang	6733	7693	7602	128	玉林	Yulin	5089	5859	6031	154
岳阳	Yueyang	16298	15931	16580	60	百色	Baise	4576	4491	3014	232

8-28 城市供水总量（辖区） 续表 3

Quantity of Urban Water Supply (Municipal Districts) continued 3

单位：万立方米 (10 000 m³)

地名	City	2010	2013	2014	2014 排名 Ranking	地名	City	2010	2013	2014	2014 排名 Ranking
贺州	Hezhou	2148	2611	2707	237	丽江	Lijiang	1355	1700	2041	264
河池	Hechi	3579	2486	2415	248	普洱	Puer	1121	1326	1718	269
来宾	Laibin	2073	2424	2275	254	临沧	Lincang	1062	1108	1274	277
崇左	Chongzuo	1282	1205	1458	275	**西藏**	**Tibet**	**7681**	**11953**	**12437**	
海南	**Hainan**	**33546**	**40835**	**42580**		拉萨	Lasa	6860	11279	11121	85
海口	Haikou	19015	20293	21113	49	**陕西**	**Shaanxi**	**81335**	**88990**	**92911**	
三亚	Sanya	8412	10500	11516	82	西安	Xi'an	39097	48445	50743	11
三沙	Sansha			1	286	铜川	Tongchuan	1572	1654	1651	270
重庆	**Chongqing**	**86926**	**104996**	**112859**		宝鸡	Baoji	7179	6535	6484	145
四川	**Sichuan**	**173858**	**195829**	**221021**		咸阳	Xianyang	12670	13032	12688	75
成都	Chengdu	65778	78750	93134	6	渭南	Weinan	4421	5390	5320	171
自贡	Zigong	5639	5295	5538	164	延安	Yan'an	1491	1856	2077	262
攀枝花	Panzhihua	12173	13257	15262	67	汉中	Hanzhong	2221	2553	2588	243
泸州	Luzhou	9063	10458	8117	120	榆林	Yulin	1359	2003	2673	239
德阳	Deyang	5248	5430	5588	163	安康	Ankang	4218	1550	1571	272
绵阳	Mianyang	7731	9178	9788	101	商洛	Shangluo	988	1007	1009	279
广元	Guangyuan	2670	3323	3632	218	**甘肃**	**Gansu**	**62713**	**55059**	**54565**	
遂宁	Suining	2571	3608	4123	201	兰州	Lanzhou	28355	26772	26227	40
内江	Neijiang	3801	3502	4022	204	嘉峪关	Jiayuguan	3322	3727	3834	216
乐山	Leshan	4584	4542	4801	188	金昌	Jinchang	8834	3132	2697	238
南充	Nanchong	7100	8140	8309	118	白银	Baiyin	7121	6606	6300	150
眉山	Meishan	2976	3141	3988	207	天水	Tianshui	3635	3265	3263	225
宜宾	Yibin	5166	3142	6331	149	武威	Wuwei	1657	1714	1742	268
广安	Guangan	1211	1981	2383	250	张掖	Zhangye	1704	2087	2267	255
达州	Dazhou	3080	5402	7373	131	平凉	Pingliang	1444	1216	1536	274
雅安	Yaan	3385	2421	2449	247	酒泉	Jiuquan	2576	2179	2239	256
巴中	Bazhong	1451	2245	2523	244	庆阳	Qingyang	657	730	731	282
资阳	Ziyang	2105	2413	2467	245	定西	Dingxi	509	610	640	283
贵州	**Guizhou**	**44117**	**51339**	**55793**		陇南	Longnan	234	437	461	284
贵阳	Guiyang	24398	28384	29874	33	**青海**	**Qinghai**	**18572**	**24562**	**25031**	
六盘水	Liupanshui	2191	2447	2450	246	西宁	Xining	12402	15243	15299	66
遵义	Zunyi	5455	5126	5724	161	海东	Haidong			440	285
安顺	Anshun	1757	2227	2369	251	**宁夏**	**Ningxia**	**28656**	**29174**	**30343**	
毕节	Bijie	1339	1775	2190	260	银川	Yinchuan	10525	11835	12417	78
铜仁	Tongren	1498	2214	2304	253	石嘴山	Shizuishan	9127	7965	8113	122
云南	**Yunnan**	**66444**	**72147**	**77708**		吴忠	Wuzhong	2320	2363	2351	252
昆明	Kunming	33459	37457	41071	17	固原	Guyuan	1318	916	946	280
曲靖	Qujing	4045	4011	4025	203	中卫	Zhongwei	1248	801	914	281
玉溪	Yuxi	2360	2781	2851	234	**新疆**	**Xinjiang**	**77263**	**87999**	**91961**	
保山	Baoshan	1129	1888	1936	265	乌鲁木齐	Urumqi	29771	30826	29855	34
昭通	Zhaotong	1357	1530	1571	272	克拉玛依	Karamay	11947	13375	14604	71

8-29 城市人均日生活用水量(辖区)
Urban Domestic Water Use per Capita (Districts under City)

单位：升 (liter)

地名	City	2010	2013	2014	2014 排名 Ranking
全国	**Nation Total**	**171.4**	**173.5**	**173.7**	
北京	**Beijing**	**174.9**	**196.9**	**187.5**	
天津	**Tianjin**	**132.0**	**142.3**	**124.3**	
河北	**Hebei**	**123.0**	**125.8**	**116.9**	
石家庄	Shijiazhuang	116.1	133.9	140.1	152
唐山	Tangshan	173.8	170.6	131.9	174
秦皇岛	Qinhuangdao	138.5	187.2	139.7	155
邯郸	Handan	118.5	94.1	108.5	229
邢台	Xingtai	132.0	94.1	56.6	282
保定	Baoding	107.8	113.5	100.4	245
张家口	Zhangjiakou	84.2	83.6	84.0	269
承德	Chengde	137.6	121.4	101.9	241
沧州	Cangzhou	63.5	104.8	116.2	211
廊坊	Langfang	136.2	151.0	162.3	105
衡水	Hengshui	112.3	86.8	99.0	247
山西	**Shanxi**	**106.4**	**111.2**	**114.6**	
太原	Taiyuan	93.5	117.6	124.4	192
大同	Datong	91.6	99.7	99.2	246
阳泉	Yangquan	133.2	115.8	122.9	194
长治	Changzhi	154.9	162.8	162.7	104
晋城	Jincheng	154.8	125.1	146.9	143
朔州	Shuozhou	100.9	109.9	108.9	228
晋中	Jinzhong	110.8	85.3	94.9	256
运城	Yuncheng	141.7	101.1	93.8	259
忻州	Xinzhou	71.8	79.4	72.7	278
临汾	Linfen	98.7	110.2	103.6	239
吕梁	Lvliang	99.8	82.1	111.4	221
内蒙古	**Inner Mongolia**	**88.5**	**97.5**	**103.5**	
呼和浩特	Hohhot	87.6	82.2	88.8	264
包头	Baotou	78.5	87.7	85.6	268
乌海	Wuhai	56.9	91.1	137.2	162
赤峰	Chifeng	107.0	96.8	96.9	253
通辽	Tongliao	104.7	115.9	128.9	185
鄂尔多斯	Erdos	66.6	113.5	148.3	139
呼伦贝尔	Hulunbuir	138.2	120.0	114.2	218
巴彦淖尔	Bayannur	105.0	132.2	120.5	202
乌兰察布	Ulanqab	53.8	85.1	80.7	270
辽宁	**Liaoning**	**121.0**	**128.7**	**131.8**	
沈阳	Shenyang	152.5	163.1	173.3	86
大连	Dalian	106.3	135.8	140.0	153
鞍山	Anshan	163.2	152.8	154.3	125
抚顺	Fushun	73.6	71.0	78.5	273
本溪	Benxi	94.7	109.3	109.6	227
丹东	Dandong	93.7	115.7	117.3	208
锦州	Jinzhou	137.0	126.9	122.3	198
营口	Yingkou	91.4	87.9	89.2	263
阜新	Fuxin	109.0	118.6	132.9	171
辽阳	Liaoyang	165.9	159.2	159.5	112
盘锦	Panjin	116.0	113.2	111.1	222
铁岭	Tieling	115.6	121.0	130.2	180
朝阳	Chaoyang	114.4	74.3	74.0	276
葫芦岛	Huludao	86.9	143.2	111.5	220
吉林	**Jilin**	**121.0**	**119.3**	**122.8**	
长春	Changchun	139.4	130.7	139.4	156
吉林	Jilin	119.5	123.0	123.5	193
四平	Siping	53.2	98.0	98.6	249
辽源	Liaoyuan	64.0	65.6	78.8	272
通化	Tonghua	100.0	115.4	121.1	200
白山	Baishan	78.4	65.6	79.0	271
松原	Songyuan	188.1	159.0	159.9	108
白城	Baicheng	145.2	117.8	119.9	206
黑龙江	**Heilongjiang**	**123.9**	**119.3**	**116.5**	
哈尔滨	Harbin	147.7	146.8	131.2	177
齐齐哈尔	Qiqihar	99.1	111.6	101.2	243
鸡西	Jixi	164.2	151.1	150.3	135
鹤岗	Hegang	87.3	99.8	87.7	266
双鸭山	Shuangyashan	104.8	101.7	101.7	242
大庆	Daqing	169.3	115.2	139.3	157
伊春	Yichun	90.5	96.1	96.7	254
佳木斯	Jiamusi	124.4	103.0	100.6	244
七台河	Qitaihe	79.9	88.9	89.3	262
牡丹江	Mudanjiang	94.2	92.4	106.9	232
黑河	Heihe	72.7	94.6	93.9	258
绥化	Suihua	106.0	112.2	106.7	233
上海	**Shanghai**	**174.8**	**192.0**	**186.4**	
江苏	**Jiangsu**	**220.4**	**209.8**	**209.6**	

8-29 城市人均日生活用水量（辖区） 续表 1

Urban Domestic Water Use per Capita (Municipal Districts) continued 1

单位：升 (liter)

地名	City	2010	2013	2014	2014 排名 Ranking	地名	City	2010	2013	2014	2014 排名 Ranking
南京	Nanjing	314.8	281.8	296.0	10	池州	Chizhou	126.5	122.7	126.0	186
无锡	Wuxi	228.3	209.5	205.1	54	宣城	Xuancheng	135.0	157.4	158.7	113
徐州	Xuzhou	163.9	145.6	130.0	184	**福建**	**Fujian**	**186.6**	**180.9**	**181.0**	
常州	Changzhou	238.7	226.3	217.2	41	福州	Fuzhou	260.1	245.4	229.6	33
苏州	Suzhou	295.1	273.2	288.5	14	厦门	Xiamen	129.7	156.9	164.0	101
南通	Nantong	236.2	186.0	181.4	79	莆田	Putian	179.7	156.2	156.0	122
连云港	Lianyungang	96.2	144.7	152.3	130	三明	Sanming	226.6	187.4	200.9	61
淮安	Huaian	256.7	174.0	146.1	145	泉州	Quanzhou	178.9	139.7	125.5	189
盐城	Yancheng	142.4	168.0	125.9	188	漳州	Zhangzhou	182.8	184.5	176.8	83
扬州	Yangzhou	150.6	227.6	230.8	32	南平	Nanping	161.9	199.5	222.7	36
镇江	Zhenjiang	199.6	226.5	219.6	38	龙岩	Longyan	139.8	173.2	176.1	85
泰州	Taizhou	111.6	116.3	122.7	197	宁德	Ningde	199.1	119.4	131.2	178
宿迁	Suqian	119.6	124.0	131.2	176	**江西**	**Jiangxi**	**184.4**	**174.0**	**178.7**	
浙江	**Zhejiang**	**185.4**	**192.3**	**197.0**		南昌	Nanchang	266.8	266.8	271.3	18
杭州	Hangzhou	255.7	250.4	255.9	23	景德镇	Jingdezhen	183.5	166.7	206.6	51
宁波	Ningbo	290.3	286.4	340.0	5	萍乡	Pingxiang	118.9	117.0	115.9	212
温州	Wenzhou	219.1	170.7	155.8	123	九江	Jiujiang	141.6	138.3	139.1	158
嘉兴	Jiaxing	152.3	168.2	159.9	109	新余	Xinyu	200.1	180.1	176.1	84
湖州	Huzhou	154.2	161.6	163.3	102	鹰潭	Yingtan	184.8	132.0	137.2	161
绍兴	Shaoxing	151.6	163.3	169.1	92	赣州	Ganzhou	138.8	143.7	144.0	149
金华	Jinhua	122.7	156.1	166.5	98	吉安	Jian	178.9	143.3	156.1	121
衢州	Quzhou	185.5	190.2	194.3	68	宜春	Yichun	148.8	152.0	151.3	133
舟山	Zhoushan	130.2	120.1	116.4	210	抚州	Fuzhou	197.4	161.0	170.3	91
台州	Taizhou	185.8	197.8	200.5	62	上饶	Shangrao	149.6	144.6	151.6	131
丽水	Lishui	158.6	173.3	167.9	95	**山东**	**Shandong**	**129.5**	**134.9**	**138.8**	
安徽	**Anhui**	**160.8**	**166.2**	**166.7**		济南	Jinan	111.7	140.6	148.2	140
合肥	Hefei	238.4	220.4	215.3	43	青岛	Qingdao	178.1	177.2	195.4	66
芜湖	Wuhu	152.9	163.4	144.9	148	淄博	Zibo	129.7	124.9	130.2	181
蚌埠	Bengbu	194.2	188.8	201.9	59	枣庄	Zaozhuang	117.5	120.3	126.0	187
淮南	Huainan	121.8	125.7	122.8	195	东营	Dongying	124.0	146.6	134.8	165
马鞍山	Maanshan	219.9	192.4	190.7	71	烟台	Yantai	127.6	151.5	140.2	151
淮北	Huaibei	106.3	104.4	97.1	252	潍坊	Weifang	102.8	117.5	120.4	203
铜陵	Tongling	128.6	237.4	251.0	24	济宁	Jining	183.8	151.6	157.6	116
安庆	Anqing	143.7	121.7	133.0	170	泰安	Taian	170.0	155.0	164.6	100
黄山	Huangshan	139.8	142.4	173.0	87	威海	Weihai	122.3	129.0	131.2	179
滁州	Chuzhou	126.8	148.1	134.5	166	日照	Rizhao	100.0	128.1	132.7	172
阜阳	Fuyang	124.8	134.6	125.2	190	莱芜	Laiwu	129.5	112.6	105.9	235
宿州	Suzhou	183.2	165.2	152.6	127	临沂	Linyi	144.2	162.5	168.5	93
六安	Liuan	78.1	101.8	115.5	215	德州	Dezhou	140.3	105.2	108.5	230
亳州	Bozhou	152.5	142.4	149.9	136	聊城	Liaocheng	133.9	150.0	137.9	160

8-29 城市人均日生活用水量(辖区) 续表 2

Urban Domestic Water Use per Capita (Municipal Districts) continued 2

单位：升 (liter)

地名	City	2010	2013	2014	2014 排名 Ranking	地名	City	2010	2013	2014	2014 排名 Ranking
滨州	Binzhou	101.7	92.4	97.3	251	常德	Changde	155.5	178.7	201.7	60
菏泽	Heze	124.6	112.2	120.0	205	张家界	Zhangjiajie	241.8	183.6	192.2	70
河南	**Henan**	**109.1**	**105.4**	**107.4**		益阳	Yiyang	130.6	120.1	181.5	78
郑州	Zhengzhou	106.0	87.3	90.6	261	郴州	Chenzhou	237.9	246.2	151.6	132
开封	Kaifeng	83.3	94.9	112.6	219	永州	Yongzhou	205.8	198.2	194.3	67
洛阳	Luoyang	89.3	106.8	115.0	217	怀化	Huaihua	240.2	153.5	161.3	107
平顶山	Pingdingshan	106.3	114.3	107.4	231	娄底	Loudi	225.3	214.3	210.8	48
安阳	Anyang	134.2	144.1	149.5	137	**广东**	**Guangdong**	**250.0**	**242.0**	**247.5**	
鹤壁	Hebi	136.6	115.5	120.7	201	广州	Guangzhou	366.4	330.2	329.6	6
新乡	Xinxiang	130.6	107.2	115.3	216	韶关	Shaoguan	255.0	249.7	291.5	13
焦作	Jiaozuo	87.0	104.2	106.4	234	深圳	Shenzhen	216.4	227.1	236.1	30
濮阳	Puyang	128.8	130.8	120.3	204	珠海	Zhuhai	189.4	282.6	257.5	20
许昌	Xuchang	109.7	105.9	110.1	225	汕头	Shantou	190.4	204.3	208.6	50
漯河	Luohe	149.8	143.9	144.0	150	佛山	Foshan	332.3	320.1	377.0	4
三门峡	Sanmenxia	102.3	131.6	122.8	196	江门	Jiangmen	220.5	202.7	185.4	77
南阳	Nanyang	92.5	108.7	94.9	257	湛江	Zhanjiang	247.6	200.4	204.3	55
商丘	Shangqiu	150.5	102.4	104.2	238	茂名	Maoming	247.4	260.8	234.4	31
信阳	Xinyang	141.7	135.1	147.3	142	肇庆	Zhaoqing	273.5	278.3	283.9	16
周口	Zhoukou	115.5	143.6	148.5	138	惠州	Huizhou	229.8	237.0	256.2	22
驻马店	Zhumadian	134.5	104.4	105.3	236	梅州	Meizhou	163.5	184.6	194.0	69
湖北	**Hubei**	**211.5**	**214.8**	**210.6**		汕尾	Shanwei	147.9	186.6	180.6	81
武汉	Wuhan	256.2	307.6	315.4	8	河源	Heyuan	267.0	279.1	294.4	11
黄石	Huangshi	220.3	144.5	132.2	173	阳江	Yangjiang	139.6	214.8	219.2	39
十堰	Shiyan	279.1	254.6	238.3	29	清远	Qingyuan	311.0	320.9	329.2	7
宜昌	Yichang	129.2	157.4	152.5	128	东莞	Dongguan	221.4	227.0	247.7	26
襄阳	Xiangyang	247.5	249.6	155.8	124	中山	Zhongshan	402.7	134.2	130.1	182
鄂州	Ezhou	280.9	201.5	211.3	47	潮州	Chaozhou	160.8	214.8	136.5	163
荆门	Jingmen	201.0	158.9	146.4	144	揭阳	Jieyang	89.0	55.0	50.2	283
孝感	Xiaogan	190.1	156.3	171.8	89	云浮	Yunfu	197.6	243.3	211.5	46
荆州	Jingzhou	169.9	182.0	206.1	52	**广西**	**Guangxi**	**249.7**	**239.9**	**235.0**	
黄冈	Huanggang	260.5	247.2	202.4	58	南宁	Nanning	321.0	314.1	308.5	9
咸宁	Xianning	160.2	116.9	115.7	213	柳州	Liuzhou	219.8	201.1	205.3	53
随州	Suizhou	147.9	104.2	110.9	223	桂林	Guilin	324.2	302.7	271.0	19
湖南	**Hunan**	**220.4**	**215.0**	**203.0**		梧州	Wuzhou	235.9	247.9	215.5	42
长沙	Changsha	364.2	354.1	292.7	12	北海	Beihai	259.7	238.6	229.1	34
株洲	Zhuzhou	266.3	245.8	256.2	21	防城港	Fangchenggang	195.4	207.6	203.9	56
湘潭	Xiangtan	182.5	196.0	199.9	64	钦州	Qinzhou	293.0	214.4	215.1	44
衡阳	Hengyang	167.0	143.0	158.6	114	贵港	Guigang	193.8	178.8	195.9	65
邵阳	Shaoyang	167.7	158.4	157.1	117	玉林	Yulin	177.5	170.6	161.6	106
岳阳	Yueyang	183.3	208.7	209.7	49	百色	Baise	276.3	292.6	250.3	25

8-29 城市人均日生活用水量(辖区) 续表 3

Urban Domestic Water Use per Capita (Municipal Districts) continued 3

单位：升 (liter)

地名	City	2010	2013	2014	2014 排名 Ranking	地名	City	2010	2013	2014	2014 排名 Ranking
贺州	Hezhou	223.8	200.7	202.4	57	丽江	Lijiang	137.4	265.8	287.7	15
河池	Hechi	186.5	221.1	223.5	35	普洱	Puer	153.3	145.1	172.5	88
来宾	Laibin	180.4	187.6	180.6	80	临沧	Lincang	185.1	173.8	190.6	72
崇左	Chongzuo	200.9	199.0	217.4	40	**西藏**	**Tibet**	**218.9**	**330.0**	**329.0**	
海南	**Hainan**	**264.5**	**222.9**	**243.5**		拉萨	Lasa	232.8	362.0	381.2	2
海口	Haikou	299.0	232.9	222.5	37	**陕西**	**Shaanxi**	**165.7**	**179.5**	**154.1**	
三亚	Sanya	285.6	262.1	454.0	1	西安	Xi'an	198.5	241.8	187.4	74
三沙	Sansha			19.2	286	铜川	Tongchuan	73.6	56.4	60.8	281
重庆	**Chongqing**	**136.8**	**154.0**	**146.1**		宝鸡	Baoji	131.8	137.4	139.0	159
四川	**Sichuan**	**196.7**	**193.5**	**216.0**		咸阳	Xianyang	198.6	152.7	125.0	191
成都	Chengdu	289.9	322.6	380.8	3	渭南	Weinan	125.1	146.4	159.5	111
自贡	Zigong	112.0	101.5	98.8	248	延安	Yan'an	104.8	120.3	168.2	94
攀枝花	Panzhihua	207.5	206.0	211.7	45	汉中	Hanzhong	134.6	157.1	163.3	103
泸州	Luzhou	126.3	134.2	130.1	183	榆林	Yulin	82.1	86.8	87.1	267
德阳	Deyang	167.9	128.5	133.4	169	安康	Ankang	210.3	110.2	103.1	240
绵阳	Mianyang	161.0	145.4	158.5	115	商洛	Shangluo	155.4	132.6	118.4	207
广元	Guangyuan	161.6	169.1	171.0	90	**甘肃**	**Gansu**	**155.1**	**142.2**	**146.3**	
遂宁	Suining	123.3	101.0	110.0	226	兰州	Lanzhou	189.9	194.3	200.4	63
内江	Neijiang	130.3	121.1	116.6	209	嘉峪关	Jiayuguan	157.5	163.3	190.1	73
乐山	Leshan	157.4	157.3	152.4	129	金昌	Jinchang	168.4	172.2	243.5	27
南充	Nanchong	182.7	156.4	156.6	120	白银	Baiyin	264.8	163.9	156.9	118
眉山	Meishan	174.2	171.8	167.4	97	天水	Tianshui	138.6	131.6	131.5	175
宜宾	Yibin	227.1	64.8	179.2	82	武威	Wuwei	119.4	98.1	96.2	255
广安	Guangan	97.2	91.9	110.7	224	张掖	Zhangye	147.2	149.4	150.4	134
达州	Dazhou	178.2	179.8	241.0	28	平凉	Pingliang	85.5	62.2	73.4	277
雅安	Yaan	142.9	148.1	145.6	146	酒泉	Jiuquan	118.8	93.2	93.5	260
巴中	Bazhong	80.5	131.1	134.5	167	庆阳	Qingyang	78.1	79.3	76.6	274
资阳	Ziyang	137.7	139.4	133.9	168	定西	Dingxi	38.8	49.3	47.5	284
贵州	**Guizhou**	**130.5**	**152.4**	**159.7**		陇南	Longnan	51.8	81.4	63.1	280
贵阳	Guiyang	148.5	177.1	186.3	75	**青海**	**Qinghai**	**179.0**	**179.6**	**176.5**	
六盘水	Liupanshui	131.7	201.1	167.8	96	西宁	Xining	175.8	189.1	186.1	76
遵义	Zunyi	154.9	141.5	152.6	126	海东	Haidong			42.8	285
安顺	Anshun	72.5	84.3	88.8	265	**宁夏**	**Ningxia**	**177.6**	**144.7**	**148.6**	
毕节	Bijie	75.8	155.3	139.9	154	银川	Yinchuan	175.9	163.5	165.6	99
铜仁	Tongren	134.5	147.7	134.9	164	石嘴山	Shizuishan	233.2	140.7	147.5	141
云南	**Yunnan**	**146.2**	**130.0**	**129.1**		吴忠	Wuzhong	181.1	151.6	156.8	119
昆明	Kunming	149.9	115.3	122.2	199	固原	Guyuan	122.4	73.2	72.3	279
曲靖	Qujing	104.4	124.1	104.5	237	中卫	Zhongwei	151.3	73.0	76.2	275
玉溪	Yuxi	203.6	137.4	159.7	110	**新疆**	**Xinjiang**	**150.8**	**168.7**	**171.8**	
保山	Baoshan	100.2	111.1	115.5	214	乌鲁木齐	Urumqi	142.5	150.0	145.5	147
昭通	Zhaotong	92.6	103.6	97.4	250	克拉玛依	Karamay	206.3	254.2	277.2	17

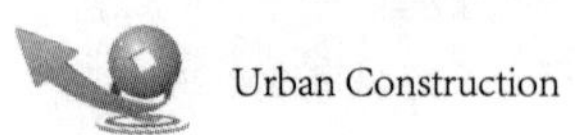

8-30 城市用水普及率(辖区)
Urban Water Coverage Rate (Municipal Districts)

单位：% (%)

地名	City	2010	2013	2014	2014 排名 Ranking
全国	**Nation Total**	**96.68**	**97.56**	**97.64**	
北京	**Beijing**	**100.00**	**100.00**	**100.00**	
天津	**Tianjin**	**100.00**	**100.00**	**100.00**	
河北	**Hebei**	**99.97**	**99.85**	**99.29**	
石家庄	Shijiazhuang	100.00	100.00	98.57	170
唐山	Tangshan	100.00	100.00	100.00	1
秦皇岛	Qinhuangdao	100.00	100.00	98.79	163
邯郸	Handan	100.00	100.00	100.00	1
邢台	Xingtai	100.00	100.00	100.00	1
保定	Baoding	100.00	100.00	96.12	211
张家口	Zhangjiakou	100.00	100.00	100.00	1
承德	Chengde	100.00	100.00	100.00	1
沧州	Cangzhou	100.00	100.00	100.00	1
廊坊	Langfang	100.00	100.00	100.00	1
衡水	Hengshui	100.00	100.00	99.38	143
山西	**Shanxi**	**97.26**	**98.14**	**98.54**	
太原	Taiyuan	100.00	100.00	100.00	1
大同	Datong	100.00	100.00	100.00	1
阳泉	Yangquan	100.00	100.00	97.15	200
长治	Changzhi	95.00	97.20	97.50	193
晋城	Jincheng	100.00	99.08	99.81	119
朔州	Shuozhou	98.11	99.06	99.12	152
晋中	Jinzhong	96.50	100.00	100.00	1
运城	Yuncheng	93.02	94.00	94.00	237
忻州	Xinzhou	90.00	94.03	100.00	1
临汾	Linfen	92.12	93.01	98.28	178
吕梁	Lvliang	94.48	95.02	95.22	225
内蒙古	**Inner Mongolia**	**87.97**	**96.23**	**97.79**	
呼和浩特	Hohhot	95.50	98.35	99.69	133
包头	Baotou	90.86	99.44	99.45	140
乌海	Wuhai	99.84	97.84	100.00	1
赤峰	Chifeng	84.70	95.20	96.00	214
通辽	Tongliao	79.44	94.49	95.50	221
鄂尔多斯	Erdos	97.21	99.29	99.75	127
呼伦贝尔	Hulunbuir	71.92	94.49	95.94	216
巴彦淖尔	Bayannur	80.52	95.50	95.66	218
乌兰察布	Ulanqab	86.96	97.00	97.07	201
辽宁	**Liaoning**	**97.44**	**98.77**	**98.72**	
沈阳	Shenyang	100.00	100.00	100.00	1
大连	Dalian	100.00	100.00	100.00	1
鞍山	Anshan	97.73	100.00	100.00	1
抚顺	Fushun	98.59	98.63	98.62	169
本溪	Benxi	97.56	97.89	97.89	185
丹东	Dandong	94.59	100.00	100.00	1
锦州	Jinzhou	100.00	100.00	100.00	1
营口	Yingkou	86.19	97.17	97.44	194
阜新	Fuxin	99.64	98.77	98.77	165
辽阳	Liaoyang	100.00	100.00	100.00	1
盘锦	Panjin	100.00	100.00	100.00	1
铁岭	Tieling	97.50	97.70	97.72	188
朝阳	Chaoyang	91.18	98.84	99.78	124
葫芦岛	Huludao	100.00	100.00	100.00	1
吉林	**Jilin**	**89.60**	**93.84**	**93.79**	
长春	Changchun	99.46	99.46	99.40	142
吉林	Jilin	97.84	98.20	98.50	171
四平	Siping	65.34	75.20	77.10	277
辽源	Liaoyuan	82.33	97.25	97.18	199
通化	Tonghua	88.26	91.69	91.21	255
白山	Baishan	91.51	82.31	83.65	271
松原	Songyuan	92.24	95.46	95.48	222
白城	Baicheng	92.02	98.09	98.13	180
黑龙江	**Heilongjiang**	**88.43**	**95.46**	**96.20**	
哈尔滨	Harbin	89.17	100.00	100.00	1
齐齐哈尔	Qiqihar	97.68	98.75	100.00	1
鸡西	Jixi	97.23	98.45	98.38	175
鹤岗	Hegang	86.45	86.37	96.51	207
双鸭山	Shuangyashan	99.78	100.00	99.57	136
大庆	Daqing	83.18	93.37	92.44	247
伊春	Yichun	69.53	74.95	75.52	280
佳木斯	Jiamusi	90.21	96.29	95.53	220
七台河	Qitaihe	86.41	96.03	94.36	235
牡丹江	Mudanjiang	92.08	96.07	94.94	229
黑河	Heihe	81.56	94.01	96.95	204
绥化	Suihua	96.31	94.28	95.44	223
上海	**Shanghai**	**100.00**	**100.00**	**100.00**	
江苏	**Jiangsu**	**99.56**	**99.69**	**99.75**	

8-30 城市用水普及率(辖区) 续表 1
Urban Water Coverage Rate (Municipal Districts) continued 1

单位：% (%)

地名	City	2010	2013	2014	2014 排名 Ranking	地名	City	2010	2013	2014	2014 排名 Ranking
南京	Nanjing	100.00	99.98	99.98	107	池州	Chizhou	93.83	99.01	99.01	159
无锡	Wuxi	100.00	100.00	100.00	1	宣城	Xuancheng	98.58	99.11	98.33	176
徐州	Xuzhou	99.44	99.44	97.54	191	**福建**	**Fujian**	**99.50**	**99.42**	**99.49**	
常州	Changzhou	100.00	100.00	100.00	1	福州	Fuzhou	99.86	99.99	99.99	105
苏州	Suzhou	100.00	100.00	100.00	1	厦门	Xiamen	100.00	100.00	100.00	1
南通	Nantong	100.00	100.00	100.00	1	莆田	Putian	99.00	99.64	99.73	128
连云港	Lianyungang	100.00	100.00	100.00	1	三明	Sanming	98.87	99.87	99.87	115
淮安	Huaian	93.94	98.60	100.00	1	泉州	Quanzhou	98.71	98.84	99.04	158
盐城	Yancheng	100.00	100.00	100.00	1	漳州	Zhangzhou	99.39	99.78	99.85	116
扬州	Yangzhou	99.81	100.00	100.00	1	南平	Nanping	99.61	100.00	100.00	1
镇江	Zhenjiang	100.00	100.00	100.00	1	龙岩	Longyan	99.37	99.61	99.79	121
泰州	Taizhou	100.00	100.00	100.00	1	宁德	Ningde	99.13	99.16	99.21	148
宿迁	Suqian	100.00	100.00	100.00	1	**江西**	**Jiangxi**	**97.43**	**97.73**	**97.78**	
浙江	**Zhejiang**	**99.79**	**99.97**	**99.93**		南昌	Nanchang	99.79	98.85	98.85	161
杭州	Hangzhou	100.00	100.00	100.00	1	景德镇	Jingdezhen	99.67	99.80	99.78	124
宁波	Ningbo	100.00	100.00	100.00	1	萍乡	Pingxiang	100.00	100.00	100.00	1
温州	Wenzhou	100.00	100.00	100.00	1	九江	Jiujiang	100.00	100.00	100.00	1
嘉兴	Jiaxing	100.00	100.00	99.31	147	新余	Xinyu	100.00	100.00	100.00	1
湖州	Huzhou	100.00	100.00	100.00	1	鹰潭	Yingtan	94.72	96.73	97.77	187
绍兴	Shaoxing	100.00	100.00	100.00	1	赣州	Ganzhou	100.00	99.78	99.89	113
金华	Jinhua	99.86	100.00	100.00	1	吉安	Jian	94.63	93.15	92.99	244
衢州	Quzhou	100.00	100.00	100.00	1	宜春	Yichun	90.11	95.18	95.21	226
舟山	Zhoushan	99.44	99.89	100.00	1	抚州	Fuzhou	99.88	99.08	99.34	145
台州	Taizhou	99.33	100.00	100.00	1	上饶	Shangrao	99.70	99.72	99.73	128
丽水	Lishui	100.00	100.00	100.00	1	**山东**	**Shandong**	**99.57**	**99.85**	**99.92**	
安徽	**Anhui**	**96.06**	**98.40**	**98.63**		济南	Jinan	100.00	100.00	100.00	1
合肥	Hefei	97.22	99.78	99.78	124	青岛	Qingdao	100.00	100.00	100.00	1
芜湖	Wuhu	100.00	100.00	100.00	1	淄博	Zibo	100.00	100.00	100.00	1
蚌埠	Bengbu	99.67	100.00	100.00	1	枣庄	Zaozhuang	99.10	99.26	99.42	141
淮南	Huainan	97.28	99.17	99.19	149	东营	Dongying	96.30	100.00	100.00	1
马鞍山	Maanshan	100.00	100.00	100.00	1	烟台	Yantai	99.84	100.00	100.00	1
淮北	Huaibei	97.01	99.03	99.05	156	潍坊	Weifang	100.00	100.00	100.00	1
铜陵	Tongling	96.63	100.00	100.00	1	济宁	Jining	100.00	100.00	100.00	1
安庆	Anqing	91.86	100.00	100.00	1	泰安	Taian	100.00	100.00	100.00	1
黄山	Huangshan	99.33	98.69	100.00	1	威海	Weihai	100.00	100.00	100.00	1
滁州	Chuzhou	99.79	99.87	99.88	114	日照	Rizhao	100.00	100.00	100.00	1
阜阳	Fuyang	92.01	92.76	93.92	238	莱芜	Laiwu	100.00	100.00	100.00	1
宿州	Suzhou	98.92	99.96	99.96	108	临沂	Linyi	100.00	100.00	100.00	1
六安	Liuan	99.16	99.49	99.48	139	德州	Dezhou	99.87	100.00	99.82	118
亳州	Bozhou	97.46	91.22	91.22	254	聊城	Liaocheng	100.00	99.11	99.70	132

8-30 城市用水普及率(辖区) 续表 2

Urban Water Coverage Rate (Municipal Districts) continued 2

单位：% (%)

地名	City	2010	2013	2014	2014 排名 Ranking	地名	City	2010	2013	2014	2014 排名 Ranking
滨州	Binzhou	100.00	100.00	100.00	1	常德	Changde	96.59	95.97	99.56	137
菏泽	Heze	94.62	98.19	100.00	1	张家界	Zhangjiajie	97.53	96.86	97.19	198
河南	**Henan**	**91.03**	**92.16**	**92.99**		益阳	Yiyang	84.44	82.58	97.29	195
郑州	Zhengzhou	100.00	100.00	100.00	1	郴州	Chenzhou	92.23	96.63	100.00	1
开封	Kaifeng	97.65	97.58	94.76	230	永州	Yongzhou	98.77	99.08	99.15	151
洛阳	Luoyang	97.78	98.83	98.01	181	怀化	Huaihua	97.33	97.42	89.72	266
平顶山	Pingdingshan	80.69	96.91	97.53	192	娄底	Loudi	97.60	99.79	99.79	121
安阳	Anyang	100.00	100.00	100.00	1	**广东**	**Guangdong**	**98.37**	**97.47**	**97.26**	
鹤壁	Hebi	97.88	93.65	96.03	213	广州	Guangzhou	99.56	99.71	99.71	130
新乡	Xinxiang	97.20	99.08	99.08	154	韶关	Shaoguan	93.88	96.50	97.68	189
焦作	Jiaozuo	99.80	99.83	99.83	117	深圳	Shenzhen	100.00	100.00	100.00	1
濮阳	Puyang	90.62	91.49	91.01	256	珠海	Zhuhai	99.70	99.66	99.92	112
许昌	Xuchang	96.86	96.85	97.01	203	汕头	Shantou	98.57	92.51	92.17	249
漯河	Luohe	91.29	91.45	91.43	253	佛山	Foshan	100.00	100.00	100.00	1
三门峡	Sanmenxia	88.61	98.05	98.74	167	江门	Jiangmen	96.80	97.70	98.75	166
南阳	Nanyang	70.19	68.55	74.72	281	湛江	Zhanjiang	99.37	97.55	94.38	234
商丘	Shangqiu	64.35	64.92	67.10	286	茂名	Maoming	100.00	99.84	100.00	1
信阳	Xinyang	96.00	96.21	94.62	232	肇庆	Zhaoqing	99.94	99.96	99.96	108
周口	Zhoukou	93.70	95.80	100.00	1	惠州	Huizhou	96.57	97.53	99.16	150
驻马店	Zhumadian	63.38	81.64	86.69	269	梅州	Meizhou	96.16	96.49	97.04	202
湖北	**Hubei**	**97.59**	**98.19**	**98.75**		汕尾	Shanwei	95.07	93.44	99.05	156
武汉	Wuhan	100.00	100.00	100.00	1	河源	Heyuan	99.89	100.00	100.00	1
黄石	Huangshi	99.97	100.00	100.00	1	阳江	Yangjiang	100.00	100.00	100.00	1
十堰	Shiyan	88.35	96.40	97.59	190	清远	Qingyuan	99.98	98.79	100.00	1
宜昌	Yichang	100.00	100.00	100.00	1	东莞	Dongguan	99.50	100.00	100.00	1
襄阳	Xiangyang	99.62	99.06	100.00	1	中山	Zhongshan	100.00	100.00	100.00	1
鄂州	Ezhou	100.00	100.00	100.00	1	潮州	Chaozhou	100.00	100.00	92.26	248
荆门	Jingmen	100.00	100.00	100.00	1	揭阳	Jieyang	97.60	72.49	71.70	283
孝感	Xiaogan	97.40	97.03	100.00	1	云浮	Yunfu	98.48	99.72	98.81	162
荆州	Jingzhou	98.27	99.02	99.71	130	**广西**	**Guangxi**	**94.65**	**95.91**	**94.40**	
黄冈	Huanggang	97.21	98.28	99.36	144	南宁	Nanning	95.10	96.81	90.39	261
咸宁	Xianning	84.34	91.51	96.27	210	柳州	Liuzhou	99.80	97.93	97.94	184
随州	Suizhou	94.51	93.09	94.08	236	桂林	Guilin	78.27	88.13	97.25	196
湖南	**Hunan**	**95.17**	**96.86**	**97.05**		梧州	Wuzhou	93.88	95.70	90.12	264
长沙	Changsha	100.00	100.00	100.00	1	北海	Beihai	97.08	99.73	99.61	134
株洲	Zhuzhou	98.89	100.00	100.00	1	防城港	Fangchenggang	100.00	100.00	100.00	1
湘潭	Xiangtan	97.54	97.69	98.46	172	钦州	Qinzhou	99.56	97.25	92.90	246
衡阳	Hengyang	100.00	95.07	96.45	208	贵港	Guigang	91.38	100.00	91.75	252
邵阳	Shaoyang	92.08	94.40	90.06	265	玉林	Yulin	100.00	100.00	100.00	1
岳阳	Yueyang	95.54	100.00	100.00	1	百色	Baise	100.00	100.00	100.00	1

8-30 城市用水普及率(辖区) 续表 3

Urban Water Coverage Rate (Municipal Districts) continued 3

单位：% (%)

地名	City	2010	2013	2014	2014 排名 Ranking	地名	City	2010	2013	2014	2014 排名 Ranking
贺州	Hezhou	99.15	70.60	70.60	284	丽江	Lijiang	99.50	100.00	100.00	1
河池	Hechi	99.26	98.12	97.99	183	普洱	Puer	73.30	98.20	98.30	177
来宾	Laibin	90.55	96.84	100.00	1	临沧	Lincang	94.84	87.05	85.05	270
崇左	Chongzuo	100.00	72.28	89.13	267	**西藏**	**Tibet**	**97.42**	**96.95**	**89.07**	
海南	**Hainan**	**89.43**	**98.38**	**98.10**		拉萨	Lasa	99.22	97.28	94.69	231
海口	Haikou	100.00	99.68	99.95	111	**陕西**	**Shaanxi**	**99.39**	**96.52**	**96.31**	
三亚	Sanya	91.23	99.01	95.64	219	西安	Xi'an	100.00	100.00	100.00	1
三沙	Sansha			76.92	279	铜川	Tongchuan	95.67	94.80	92.94	245
重庆	**Chongqing**	**94.05**	**96.25**	**96.78**		宝鸡	Baoji	99.85	100.00	100.00	1
四川	**Sichuan**	**90.80**	**91.76**	**91.12**		咸阳	Xianyang	96.00	92.42	91.94	251
成都	Chengdu	95.79	98.33	98.44	173	渭南	Weinan	99.38	99.32	99.33	146
自贡	Zigong	83.93	69.15	70.03	285	延安	Yan'an	86.01	87.90	81.24	274
攀枝花	Panzhihua	96.12	92.94	95.06	227	汉中	Hanzhong	75.70	81.00	79.71	276
泸州	Luzhou	89.68	90.82	90.85	258	榆林	Yulin	95.14	93.68	93.89	239
德阳	Deyang	98.67	97.91	98.19	179	安康	Ankang	84.74	90.17	94.39	233
绵阳	Mianyang	97.96	99.06	99.07	155	商洛	Shangluo	94.94	90.45	92.12	250
广元	Guangyuan	90.94	92.32	93.29	240	**甘肃**	**Gansu**	**91.57**	**93.68**	**94.95**	
遂宁	Suining	76.42	82.24	82.66	272	兰州	Lanzhou	94.96	95.07	96.10	212
内江	Neijiang	78.00	85.81	93.17	242	嘉峪关	Jiayuguan	100.00	100.00	100.00	1
乐山	Leshan	91.28	96.05	96.38	209	金昌	Jinchang	100.00	100.00	100.00	1
南充	Nanchong	96.98	97.17	97.22	197	白银	Baiyin	97.80	100.00	100.00	1
眉山	Meishan	99.58	95.57	82.60	273	天水	Tianshui	76.09	80.67	80.69	275
宜宾	Yibin	100.00	96.65	77.00	278	武威	Wuwei	94.12	91.02	95.24	224
广安	Guangan	72.82	99.50	98.98	160	张掖	Zhangye	99.01	100.00	100.00	1
达州	Dazhou	94.91	73.18	71.88	282	平凉	Pingliang	95.39	99.83	99.79	121
雅安	Yaan	100.00	99.46	99.09	153	酒泉	Jiuquan	100.00	100.00	100.00	1
巴中	Bazhong	94.18	94.29	93.07	243	庆阳	Qingyang	95.88	98.67	98.79	163
资阳	Ziyang	88.32	94.89	98.74	167	定西	Dingxi	86.81	95.99	98.00	182
贵州	**Guizhou**	**94.10**	**92.86**	**94.47**		陇南	Longnan	48.16	69.29	87.67	268
贵阳	Guiyang	96.22	94.43	95.06	227	**青海**	**Qinghai**	**99.87**	**99.08**	**99.71**	
六盘水	Liupanshui	98.32	79.06	90.88	257	西宁	Xining	99.85	99.99	99.99	105
遵义	Zunyi	100.00	98.68	95.85	217	海东	Haidong			99.80	120
安顺	Anshun	86.21	95.91	96.95	204	**宁夏**	**Ningxia**	**98.23**	**96.51**	**97.26**	
毕节	Bijie	79.59	91.98	95.97	215	银川	Yinchuan	99.48	98.94	100.00	1
铜仁	Tongren	95.65	79.48	90.27	262	石嘴山	Shizuishan	99.29	100.00	97.85	186
云南	**Yunnan**	**96.50**	**97.92**	**97.85**		吴忠	Wuzhong	89.06	91.32	93.24	241
昆明	Kunming	99.69	99.11	99.58	135	固原	Guyuan	99.19	95.91	90.53	260
曲靖	Qujing	100.00	99.01	99.49	138	中卫	Zhongwei	97.99	77.37	90.21	263
玉溪	Yuxi	100.00	98.67	98.40	174	**新疆**	**Xinjiang**	**99.17**	**98.08**	**98.15**	
保山	Baoshan	90.03	90.61	90.65	259	乌鲁木齐	Urumqi	99.93	99.95	99.96	108
昭通	Zhaotong	96.30	97.48	96.63	206	克拉玛依	Karamay	100.00	100.00	100.00	1

8-31 城市人工煤气供气总量(辖区)
Total Urban Man-made Coal Gas Supplied (Municipal Districts)

单位：万立方米 (10 000 m³)

地名	City	2010	2013	2014	2014 排名 Ranking
全国	**Nation Total**	**2799380**	**627989**	**559513**	
北京	**Beijing**				
天津	**Tianjin**				
河北	**Hebei**	**89834**	**71058**	**56763**	
石家庄	Shijiazhuang	1046	5503	5522	19
唐山	Tangshan	53727	35736	22494	5
秦皇岛	Qinhuangdao				
邯郸	Handan	9162	7636	7047	17
邢台	Xingtai	14856	9944	8233	16
保定	Baoding				
张家口	Zhangjiakou	5879	5584	5584	18
承德	Chengde	3205	4575	4984	21
沧州	Cangzhou				
廊坊	Langfang				
衡水	Hengshui				
山西	**Shanxi**	**87203**	**56556**	**46851**	
太原	Taiyuan	49764	30303	22371	6
大同	Datong				
阳泉	Yangquan				
长治	Changzhi	11482			
晋城	Jincheng				
朔州	Shuozhou				
晋中	Jinzhong	3928	5060	9321	14
运城	Yuncheng				
忻州	Xinzhou	4775	719	486	40
临汾	Linfen	9771	15415	16557	9
吕梁	Lvliang	2838	930		
内蒙古	**Inner Mongolia**	**3069**	**3500**	**3500**	
呼和浩特	Hohhot				
包头	Baotou	3069	3500	3500	29
乌海	Wuhai				
赤峰	Chifeng				
通辽	Tongliao				
鄂尔多斯	Erdos				
呼伦贝尔	Hulunbuir				
巴彦淖尔	Bayannur				
乌兰察布	Ulanqab				
辽宁	**Liaoning**	**55177**	**59264**	**63604**	
沈阳	Shenyang				
大连	Dalian	22357	25523	25903	4
鞍山	Anshan	13107	15178	19210	7
抚顺	Fushun				
本溪	Benxi	4738	4796	4682	23
丹东	Dandong	4024	4114	4229	25
锦州	Jinzhou	8276	9148	9476	13
营口	Yingkou				
阜新	Fuxin				
辽阳	Liaoyang				
盘锦	Panjin				
铁岭	Tieling				
朝阳	Chaoyang	2004	389		
葫芦岛	Huludao				
吉林	**Jilin**	**16727**	**16575**	**12827**	
长春	Changchun	14327	13073	9309	15
吉林	Jilin				
四平	Siping				
辽源	Liaoyuan				
通化	Tonghua	2400	3502	3518	28
白山	Baishan				
松原	Songyuan				
白城	Baicheng				
黑龙江	**Heilongjiang**	**7587**	**8443**	**7783**	
哈尔滨	Harbin				
齐齐哈尔	Qiqihar				
鸡西	Jixi	1055	1100	1046	36
鹤岗	Hegang				
双鸭山	Shuangyashan	693	735	735	38
大庆	Daqing				
伊春	Yichun				
佳木斯	Jiamusi				
七台河	Qitaihe	4089	4592	3611	27
牡丹江	Mudanjiang	1750	2016	2391	32
黑河	Heihe				
绥化	Suihua				
上海	**Shanghai**	**142167**	**59345**	**31379**	
江苏	**Jiangsu**	**1931995**	**3940**	**612**	

8-31 城市人工煤气供气总量(辖区) 续表 1

Total Urban Man-made Coal Gas Supplied (Municipal Districts) continued 1

单位：万立方米 (10 000 m³)

地名	City	2010	2013	2014	2014 排名 Ranking
南京	Nanjing	1918223			
无锡	Wuxi				
徐州	Xuzhou	1662			
常州	Changzhou				
苏州	Suzhou	7432	3940	612	39
南通	Nantong	4677			
连云港	Lianyungang				
淮安	Huaian				
盐城	Yancheng				
扬州	Yangzhou				
镇江	Zhenjiang				
泰州	Taizhou				
宿迁	Suqian				
浙江	**Zhejiang**	**484**	**500**	**478**	
杭州	Hangzhou				
宁波	Ningbo				
温州	Wenzhou				
嘉兴	Jiaxing				
湖州	Huzhou				
绍兴	Shaoxing				
金华	Jinhua				
衢州	Quzhou	447	500	478	41
舟山	Zhoushan				
台州	Taizhou				
丽水	Lishui				
安徽	**Anhui**				
合肥	Hefei				
芜湖	Wuhu				
蚌埠	Bengbu				
淮南	Huainan				
马鞍山	Maanshan				
淮北	Huaibei				
铜陵	Tongling				
安庆	Anqing				
黄山	Huangshan				
滁州	Chuzhou				
阜阳	Fuyang				
宿州	Suzhou				
六安	Liuan				
亳州	Bozhou				
池州	Chizhou				
宣城	Xuancheng				
福建	**Fujian**	**2673**	**2927**	**2977**	
福州	Fuzhou				
厦门	Xiamen				
莆田	Putian				
三明	Sanming	2673	2927	2977	30
泉州	Quanzhou				
漳州	Zhangzhou				
南平	Nanping				
龙岩	Longyan				
宁德	Ningde				
江西	**Jiangxi**	**58208**	**36049**	**30991**	
南昌	Nanchang	16785			
景德镇	Jingdezhen	22709	14895	13041	10
萍乡	Pingxiang	15642	19983	16780	8
九江	Jiujiang				
新余	Xinyu	3072	1171	1170	35
鹰潭	Yingtan				
赣州	Ganzhou				
吉安	Jian				
宜春	Yichun				
抚州	Fuzhou				
上饶	Shangrao				
山东	**Shandong**	**35730**	**9210**	**9438**	
济南	Jinan	5294	3000	940	37
青岛	Qingdao	9153			
淄博	Zibo	7996			
枣庄	Zaozhuang	4154	2772	4721	22
东营	Dongying				
烟台	Yantai				
潍坊	Weifang	6837	3438	3777	26
济宁	Jining				
泰安	Taian				
威海	Weihai				
日照	Rizhao				
莱芜	Laiwu				
临沂	Linyi				
德州	Dezhou				
聊城	Liaocheng				

8-31 城市人工煤气供气总量(辖区) 续表 2
Total Urban Man-made Coal Gas Supplied (Municipal Districts) continued 2

单位：万立方米 (10 000 m³)

地名	City	2010	2013	2014	2014 排名 Ranking
滨州	Binzhou				
菏泽	Heze				
河南	**Henan**	**109500**	**60052**	**59436**	
郑州	Zhengzhou	520			
开封	Kaifeng				
洛阳	Luoyang	29759			
平顶山	Pingdingshan	4605	1028		
安阳	Anyang	54998	43000	42000	2
鹤壁	Hebi				
新乡	Xinxiang				
焦作	Jiaozuo				
濮阳	Puyang				
许昌	Xuchang				
漯河	Luohe				
三门峡	Sanmenxia				
南阳	Nanyang	3086	9225	10179	12
商丘	Shangqiu				
信阳	Xinyang				
周口	Zhoukou				
驻马店	Zhumadian				
湖北	**Hubei**	**12042**			
武汉	Wuhan	8443			
黄石	Huangshi	499			
十堰	Shiyan				
宜昌	Yichang	3100			
襄阳	Xiangyang				
鄂州	Ezhou				
荆门	Jingmen				
孝感	Xiaogan				
荆州	Jingzhou				
黄冈	Huanggang				
咸宁	Xianning				
随州	Suizhou				
湖南	**Hunan**	**3044**	**2765**	**2765**	
长沙	Changsha				
株洲	Zhuzhou				
湘潭	Xiangtan				
衡阳	Hengyang				
邵阳	Shaoyang	1027			
岳阳	Yueyang				

地名	City	2010	2013	2014	2014 排名 Ranking
常德	Changde				
张家界	Zhangjiajie				
益阳	Yiyang				
郴州	Chenzhou				
永州	Yongzhou				
怀化	Huaihua				
娄底	Loudi	2017	2765	2765	31
广东	**Guangdong**	**7037**			
广州	Guangzhou	3432			
韶关	Shaoguan				
深圳	Shenzhen				
珠海	Zhuhai				
汕头	Shantou				
佛山	Foshan				
江门	Jiangmen				
湛江	Zhanjiang				
茂名	Maoming				
肇庆	Zhaoqing				
惠州	Huizhou				
梅州	Meizhou				
汕尾	Shanwei				
河源	Heyuan				
阳江	Yangjiang				
清远	Qingyuan				
东莞	Dongguan				
中山	Zhongshan				
潮州	Chaozhou				
揭阳	Jieyang				
云浮	Yunfu				
广西	**Guangxi**	**4517**	**4533**	**4739**	
南宁	Nanning				
柳州	Liuzhou	4320	4339	4544	24
桂林	Guilin				
梧州	Wuzhou				
北海	Beihai				
防城港	Fangchenggang				
钦州	Qinzhou				
贵港	Guigang				
玉林	Yulin				
百色	Baise				

8-31 城市人工煤气供气总量(辖区) 续表 3

Total Urban Man-made Coal Gas Supplied (Municipal Districts) continued 3

单位：万立方米 (10 000 m^3)

地名	City	2010	2013	2014	2014 排名 Ranking
贺州	Hezhou				
河池	Hechi	197	195	196	42
来宾	Laibin				
崇左	Chongzuo				
海南	**Hainan**				
海口	Haikou				
三亚	Sanya				
三沙	Sansha				
重庆	**Chongqing**				
四川	**Sichuan**	**159719**	**165003**	**165113**	
成都	Chengdu				
自贡	Zigong				
攀枝花	Panzhihua	159719	165003	165113	1
泸州	Luzhou				
德阳	Deyang				
绵阳	Mianyang				
广元	Guangyuan				
遂宁	Suining				
内江	Neijiang				
乐山	Leshan				
南充	Nanchong				
眉山	Meishan				
宜宾	Yibin				
广安	Guangan				
达州	Dazhou				
雅安	Yaan				
巴中	Bazhong				
资阳	Ziyang				
贵州	**Guizhou**	**26963**	**23788**	**16034**	
贵阳	Guiyang	22364	18112	10292	11
六盘水	Liupanshui	3628	5081	5092	20
遵义	Zunyi				
安顺	Anshun				
毕节	Bijie	98			
铜仁	Tongren				
云南	**Yunnan**	**33818**	**40535**	**40722**	
昆明	Kunming	26975	33506	33695	3
曲靖	Qujing				
玉溪	Yuxi				
保山	Baoshan				
昭通	Zhaotong				
丽江	Lijiang				
普洱	Puer				
临沧	Lincang				
西藏	**Tibet**				
拉萨	Lasa				
陕西	**Shaanxi**				
西安	Xi'an				
铜川	Tongchuan				
宝鸡	Baoji				
咸阳	Xianyang				
渭南	Weinan				
延安	Yan'an				
汉中	Hanzhong				
榆林	Yulin				
安康	Ankang				
商洛	Shangluo				
甘肃	**Gansu**	**9438**	**1722**	**1676**	
兰州	Lanzhou				
嘉峪关	Jiayuguan	1928	1722	1676	34
金昌	Jinchang				
白银	Baiyin	7510			
天水	Tianshui				
武威	Wuwei				
张掖	Zhangye				
平凉	Pingliang				
酒泉	Jiuquan				
庆阳	Qingyang				
定西	Dingxi				
陇南	Longnan				
青海	**Qinghai**				
西宁	Xining				
海东	Haidong				
宁夏	**Ningxia**	**697**	**132**	**70**	
银川	Yinchuan				
石嘴山	Shizuishan	697	132	70	43
吴忠	Wuzhong				
固原	Guyuan				
中卫	Zhongwei				
新疆	**Xinjiang**	**1752**	**2090**	**1752**	
乌鲁木齐	Urumqi	1752	2090	1752	33
克拉玛依	Karamay				

8-32 城市天然气供气总量(辖区)
Total Urban Natural Gas Supplied (Municipal Districts)

单位：万立方米 (10 000 m³)

地名	City	2010	2013	2014	2014 排名 Ranking
全国	**Nation Total**	**4875808**	**9009904**	**9643783**	
北京	**Beijing**	**719740**	**989484**	**1136874**	
天津	**Tianjin**	**169453**	**281885**	**301000**	
河北	**Hebei**	**106740**	**244012**	**257439**	
石家庄	Shijiazhuang	13373	28691	29709	37
唐山	Tangshan	19752	27470	26391	43
秦皇岛	Qinhuangdao	13000	20650	22481	51
邯郸	Handan	11814	18576	17318	76
邢台	Xingtai	7439	17687	15172	84
保定	Baoding	8160	16206	15356	83
张家口	Zhangjiakou	39	44	121	254
承德	Chengde	19	632	1261	217
沧州	Cangzhou	4800	8130	7887	133
廊坊	Langfang	8125	16530	23929	46
衡水	Hengshui	1110	3170	3588	178
山西	**Shanxi**	**141440**	**233051**	**177638**	
太原	Taiyuan	32323	55438	49847	27
大同	Datong	9212	10782	11794	101
阳泉	Yangquan	58750	82810	19529	65
长治	Changzhi	1856	3844	5491	156
晋城	Jincheng	14735	15701	10792	108
朔州	Shuozhou	4080	5112	5145	161
晋中	Jinzhong	1084	3493	4903	164
运城	Yuncheng	361	7246	7346	135
忻州	Xinzhou	2785	6184	3731	177
临汾	Linfen		1558	5537	155
吕梁	Lvliang			1800	206
内蒙古	**Inner Mongolia**	**69531**	**104732**	**110922**	
呼和浩特	Hohhot	30623	37474	40809	32
包头	Baotou	30831	42284	38265	33
乌海	Wuhai	1440	2965	6680	141
赤峰	Chifeng	140	683	890	228
通辽	Tongliao	711	1616	2152	203
鄂尔多斯	Erdos	4809	9869	19	262
呼伦贝尔	Hulunbuir				
巴彦淖尔	Bayannur	52	3485	974	224
乌兰察布	Ulanqab	730	2552	2971	186
辽宁	**Liaoning**	**66173**	**97745**	**126814**	
沈阳	Shenyang	31889	47277	51160	24
大连	Dalian				
鞍山	Anshan	1459	1311	287	246
抚顺	Fushun	7567	11808	18700	70
本溪	Benxi	28	919	2310	199
丹东	Dandong	171	496	747	234
锦州	Jinzhou	121	933	898	227
营口	Yingkou	1404	1913	1913	205
阜新	Fuxin	3080	4039	4310	170
辽阳	Liaoyang	1180	2754	7328	136
盘锦	Panjin	1263	2240	2448	195
铁岭	Tieling	3723	4364	4420	168
朝阳	Chaoyang		904	1145	218
葫芦岛	Huludao	3129	6315	7861	134
吉林	**Jilin**	**43462**	**85834**	**115404**	
长春	Changchun	26282	36297	53058	23
吉林	Jilin	6608	25399	31775	36
四平	Siping	2764	3281	3332	182
辽源	Liaoyuan		945	1515	211
通化	Tonghua				
白山	Baishan	104	230	242	249
松原	Songyuan	5400	7350	7965	131
白城	Baicheng	260	1352	2193	202
黑龙江	**Heilongjiang**	**72497**	**111136**	**116623**	
哈尔滨	Harbin	29083	46118	53445	22
齐齐哈尔	Qiqihar	18090	21791	21516	55
鸡西	Jixi				
鹤岗	Hegang	1046	1395	1122	219
双鸭山	Shuangyashan				
大庆	Daqing	22035	37374	34800	34
伊春	Yichun				
佳木斯	Jiamusi	2243	3752	4800	165
七台河	Qitaihe				
牡丹江	Mudanjiang			56	260
黑河	Heihe				
绥化	Suihua		50	60	259
上海	**Shanghai**	**450032**	**690885**	**696093**	
江苏	**Jiangsu**	**472309**	**765836**	**842071**	

8-32 城市天然气供气总量(辖区) 续表 1

Total Urban Natural Gas Supplied (Municipal Districts) continued 1

单位：万立方米 (10 000 m³)

地名	City	2010	2013	2014	2014 排名 Ranking	地名	City	2010	2013	2014	2014 排名 Ranking
南京	Nanjing	57891	86128	95177	14	池州	Chizhou	934	2204	2866	188
无锡	Wuxi	41635	62975	69289	20	宣城	Xuancheng	1188	2626	3771	176
徐州	Xuzhou	13524	13982	21255	56	**福建**	**Fujian**	**51101**	**112446**	**132312**	
常州	Changzhou	48099	58829	63432	21	福州	Fuzhou	7413	16318	18409	72
苏州	Suzhou	55899	109599	114245	9	厦门	Xiamen	9085	22058	24962	45
南通	Nantong	810	15761	20300	61	莆田	Putian	1502	6361	6969	138
连云港	Lianyungang	7223	9828	11606	103	三明	Sanming				
淮安	Huaian	7433	14584	19344	67	泉州	Quanzhou	2405	4297	5256	158
盐城	Yancheng	5696	9600	11407	104	漳州	Zhangzhou	877	2338	3080	185
扬州	Yangzhou	6885	15164	17041	78	南平	Nanping				
镇江	Zhenjiang	20497	30271	34146	35	龙岩	Longyan		399	513	239
泰州	Taizhou	2559	15577	18024	74	宁德	Ningde		244	337	245
宿迁	Suqian	3735	11471	13863	94	**江西**	**Jiangxi**	**11263**	**56127**	**69115**	
浙江	**Zhejiang**	**118884**	**230091**	**328121**		南昌	Nanchang	1407	16004	20495	60
杭州	Hangzhou	45839	57566	106527	11	景德镇	Jingdezhen	1586	12842	12793	97
宁波	Ningbo	22464	61395	70904	19	萍乡	Pingxiang	1830	4800	6404	143
温州	Wenzhou	1063	3657	4009	174	九江	Jiujiang	1290	6628	7890	132
嘉兴	Jiaxing	5109	14640	17108	77	新余	Xinyu		3029	3561	180
湖州	Huzhou	7573	15283	15847	82	鹰潭	Yingtan		169	257	248
绍兴	Shaoxing	13509	30170	50786	25	赣州	Ganzhou	1686	3319	6344	144
金华	Jinhua	790	3123	3578	179	吉安	Jian	730	1282	1405	213
衢州	Quzhou	1074	4067	5539	154	宜春	Yichun	1210	3746	4356	169
舟山	Zhoushan	1676	2639	2811	191	抚州	Fuzhou	200	2167	2892	187
台州	Taizhou	25	2262	4216	172	上饶	Shangrao	488	765	1036	221
丽水	Lishui					**山东**	**Shandong**	**326931**	**610755**	**627532**	
安徽	**Anhui**	**112190**	**199095**	**219684**		济南	Jinan	20814	41000	50274	26
合肥	Hefei	22411	38659	44791	31	青岛	Qingdao	35681	70918	74823	17
芜湖	Wuhu	18677	28851	27978	39	淄博	Zibo	62870	93780	93576	15
蚌埠	Bengbu	11178	23460	27652	41	枣庄	Zaozhuang	2966	4798	5642	152
淮南	Huainan	7801	9250	9361	120	东营	Dongying	25240	26907	27711	40
马鞍山	Maanshan	13136	18962	21877	54	烟台	Yantai	13110	24633	25100	44
淮北	Huaibei	2398	5594	8101	129	潍坊	Weifang	8821	22860	23772	47
铜陵	Tongling	9596	18774	17901	75	济宁	Jining	8673	17504	22321	52
安庆	Anqing	918	5292	6045	147	泰安	Taian	17100	47023	20572	59
黄山	Huangshan		909	951	225	威海	Weihai	5441	6338	10098	114
滁州	Chuzhou	9628	13858	15037	85	日照	Rizhao	2175	7255	10600	110
阜阳	Fuyang	6400	9260	6938	139	莱芜	Laiwu	3037	9150	10036	115
宿州	Suzhou	1709	2696	2857	190	临沂	Linyi	12831	56935	49640	28
六安	Liuan	2328	5609	5609	153	德州	Dezhou	5685	15113	18669	71
亳州	Bozhou	1287	2763	4291	171	聊城	Liaocheng	10190	15905	16040	81

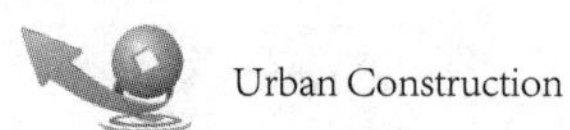

8-32 城市天然气供气总量(辖区) 续表 2

Total Urban Natural Gas Supplied (Municipal Districts) continued 2

单位：万立方米 (10 000 m³)

地名	City	2010	2013	2014	2014 排名 Ranking	地名	City	2010	2013	2014	2014 排名 Ranking
滨州	Binzhou	8190	12420	13640	95	常德	Changde	10822	25007	29686	38
菏泽	Heze	10814	14595	14595	88	张家界	Zhangjiajie	85	416	727	235
河南	**Henan**	**158928**	**288625**	**305240**		益阳	Yiyang	2500	4876	5853	148
郑州	Zhengzhou	52171	86524	95319	13	郴州	Chenzhou	270	1676	2437	196
开封	Kaifeng	6115	11558	11658	102	永州	Yongzhou		37	101	255
洛阳	Luoyang	4165	21949	21949	53	怀化	Huaihua		139	473	241
平顶山	Pingdingshan	20951	8666	9366	119	娄底	Loudi		380	380	243
安阳	Anyang	12165	17397	19359	66	**广东**	**Guangdong**	**170266**	**1231702**	**1291347**	
鹤壁	Hebi	1821	3313	3511	181	广州	Guangzhou	61285	132896	167975	6
新乡	Xinxiang	8480	13870	14469	90	韶关	Shaoguan	1376	3807	2545	194
焦作	Jiaozuo	11750	20265	18794	69	深圳	Shenzhen	40425	874470	847858	1
濮阳	Puyang	5120	5701	5781	149	珠海	Zhuhai		4973	8023	130
许昌	Xuchang	2149	4248	5776	150	汕头	Shantou	979	1814	2075	204
漯河	Luohe	1769	2123	2273	200	佛山	Foshan	17532	84040	103363	12
三门峡	Sanmenxia	290	12066	10861	106	江门	Jiangmen	375	5055	8829	122
南阳	Nanyang	139	3947	5362	157	湛江	Zhanjiang	4926	8024	8374	126
商丘	Shangqiu	789	3676	4039	173	茂名	Maoming	36	887	1299	215
信阳	Xinyang	2363	10400	10738	109	肇庆	Zhaoqing	2001	5729	9269	121
周口	Zhoukou	4241	6829	6853	140	惠州	Huizhou	450	3582	10258	113
驻马店	Zhumadian	2027	2600	5029	162	梅州	Meizhou	418	375	1023	222
湖北	**Hubei**	**152833**	**285324**	**309438**		汕尾	Shanwei	3	62	87	256
武汉	Wuhan	78444	140000	147000	7	河源	Heyuan	14		570	238
黄石	Huangshi	11014	19445	20906	58	阳江	Yangjiang	804	1222	1318	214
十堰	Shiyan		2000	3275	183	清远	Qingyuan	641	4316	5700	151
宜昌	Yichang	10577	13514	14584	89	东莞	Dongguan	23414	60975		
襄阳	Xiangyang	10234	16905	16713	80	中山	Zhongshan	5313	7803	8563	125
鄂州	Ezhou	3000	3500	3820	175	潮州	Chaozhou	9703	22525	22576	50
荆门	Jingmen	5483	9410	10367	111	揭阳	Jieyang	18	6075	7105	137
孝感	Xiaogan	457	1219	4656	166	云浮	Yunfu	22	248	367	244
荆州	Jingzhou	6803	12631	13964	93	**广西**	**Guangxi**	**10320**	**22234**	**28510**	
黄冈	Huanggang	978	2400	2860	189	南宁	Nanning	4235	9456	12588	98
咸宁	Xianning	1452	6018	9511	118	柳州	Liuzhou	1874	3539	4475	167
随州	Suizhou	700	1634	2320	198	桂林	Guilin	1244	3000	3230	184
湖南	**Hunan**	**111757**	**199746**	**217162**		梧州	Wuzhou	180	710	1053	220
长沙	Changsha	36000	67421	73299	18	北海	Beihai	1481	2263	2580	193
株洲	Zhuzhou	13524	23602	23647	48	防城港	Fangchenggang	17	120	193	251
湘潭	Xiangtan	8763	14536	15006	86	钦州	Qinzhou	257	723	763	233
衡阳	Hengyang	14221	19610	20000	63	贵港	Guigang	352	631	818	229
邵阳	Shaoyang	598	3330	2714	192	玉林	Yulin	309	932	1721	207
岳阳	Yueyang	6759	12230	14223	92	百色	Baise		17	32	261

8-32 城市天然气供气总量(辖区) 续表 3

Total Urban Natural Gas Supplied (Municipal Districts) continued 3

单位：万立方米 (10 000 m³)

地名	City	2010	2013	2014	2014 排名 Ranking
贺州	Hezhou				
河池	Hechi				
来宾	Laibin				
崇左	Chongzuo				
海南	**Hainan**	**14264**	**25280**	**27635**	
海口	Haikou	10031	19071	19014	68
三亚	Sanya	3062	3363	6058	146
三沙	Sansha				
重庆	**Chongqing**	**254021**	**324336**	**321485**	
四川	**Sichuan**	**525686**	**590236**	**610050**	
成都	Chengdu	219413	211163	216492	3
自贡	Zigong	14908	22654	14601	87
攀枝花	Panzhihua	1	5	146	253
泸州	Luzhou	71788	79057	79813	16
德阳	Deyang	48194	46439	45325	30
绵阳	Mianyang	36244	47803	48281	29
广元	Guangyuan	5654	9129	11865	100
遂宁	Suining	8470	9784	12313	99
内江	Neijiang	5191	8994	10297	112
乐山	Leshan	15107	25504	27392	42
南充	Nanchong	8940	16396	16730	79
眉山	Meishan	7755	4790	8178	128
宜宾	Yibin	7814	9666	10794	107
广安	Guangan	2749	5825	6519	142
达州	Dazhou	6619	8570	8807	123
雅安	Yaan	2525	5229	5245	159
巴中	Bazhong	3007	6491	8739	124
资阳	Ziyang	6485	5134	5171	160
贵州	**Guizhou**	**3546**	**16078**	**29011**	
贵阳	Guiyang	1826	9592	20080	62
六盘水	Liupanshui				
遵义	Zunyi	880	3019		
安顺	Anshun	5	450	974	223
毕节	Bijie		496	585	236
铜仁	Tongren				
云南	**Yunnan**	**119**	**2286**	**4414**	
昆明	Kunming		900	1405	212
曲靖	Qujing		16	1278	216
玉溪	Yuxi		509	470	242
保山	Baoshan	7	470	491	240
昭通	Zhaotong	58	265	285	247
丽江	Lijiang	25	25	81	257
普洱	Puer				
临沧	Lincang				
西藏	**Tibet**		**127500**	**16**	
拉萨	Lasa		127500	16	263
陕西	**Shaanxi**	**164654**	**238667**	**285839**	
西安	Xi'an	105807	147044	178125	4
铜川	Tongchuan	4530	8760	11051	105
宝鸡	Baoji	13049	20385	19826	64
咸阳	Xianyang	17441	16400	18040	73
渭南	Weinan	4600	7114	9525	117
延安	Yan'an	6810	9164	13136	96
汉中	Hanzhong	10	1636	2437	197
榆林	Yulin	10565	21773	22782	49
安康	Ankang		500	765	232
商洛	Shangluo	268	702	802	230
甘肃	**Gansu**	**72917**	**134044**	**159230**	
兰州	Lanzhou	70182	114891	137401	8
嘉峪关	Jiayuguan	43	146	146	252
金昌	Jinchang		1136	1560	210
白银	Baiyin	134	5336	6141	145
天水	Tianshui		798	1677	208
武威	Wuwei		3667	2237	201
张掖	Zhangye		165	906	226
平凉	Pingliang	7	605	788	231
酒泉	Jiuquan	366	552	582	237
庆阳	Qingyang	116	1600	1623	209
定西	Dingxi		62	66	258
陇南	Longnan		181	196	250
青海	**Qinghai**	**61557**	**118969**	**129793**	
西宁	Xining	54255	103798	113747	10
海东	Haidong			5000	163
宁夏	**Ningxia**	**108485**	**210854**	**218700**	
银川	Yinchuan	86937	172394	177000	5
石嘴山	Shizuishan	11852	13290	14444	91
吴忠	Wuzhong	3507	5355	8286	127
固原	Guyuan				
中卫	Zhongwei	1280	11361	9587	116
新疆	**Xinjiang**	**134711**	**380880**	**448271**	
乌鲁木齐	Urumqi	66491	231251	295702	2
克拉玛依	Karamay	3829	15938	20988	57

8-33 城市液化石油气供气总量(辖区)

Total Urban LPG Supplied (Municipal Districts)

单位：吨 (ton)

地名	City	2010	2013	2014	2014 排名 Ranking	地名	City	2010	2013	2014	2014 排名 Ranking
全国	**Nation Total**	**12680054**	**11097298**	**10828490**		沈阳	Shenyang	31800	149000	134200	9
北京	**Beijing**	**323104**	**472980**	**546293**		大连	Dalian	155588	158312	158112	8
天津	**Tianjin**	**53368**	**49490**	**43154**		鞍山	Anshan	5321	5100	5100	175
河北	**Hebei**	**205007**	**183591**	**161923**		抚顺	Fushun	38100	38742	38696	41
石家庄	Shijiazhuang	14106	30348	34774	44	本溪	Benxi	4080	6650	6415	154
唐山	Tangshan	10557	9870	9869	123	丹东	Dandong	5430	5186	14015	95
秦皇岛	Qinhuangdao	8083	2893	3845	197	锦州	Jinzhou	6350	111	122	266
邯郸	Handan	7546	4995	1090	251	营口	Yingkou	20000	6005	6005	159
邢台	Xingtai	7335	7292	7130	144	阜新	Fuxin	4910	5210	5220	172
保定	Baoding	6758	3249	2496	223	辽阳	Liaoyang	11606	11372	11372	104
张家口	Zhangjiakou	5633	5640	3134	212	盘锦	Panjin	13504	14655	14675	89
承德	Chengde	4857	4455	4811	179	铁岭	Tieling	2926	3118	2945	215
沧州	Cangzhou	3656	3210	3429	206	朝阳	Chaoyang	5980	5976	5830	162
廊坊	Langfang	2648	2900	2750	217	葫芦岛	Huludao	1000	4052	12665	100
衡水	Hengshui	3996	3900	3000	214	吉林	**Jilin**	**214818**	**181420**	**184553**	
山西	**Shanxi**	**63331**	**74399**	**69557**		长春	Changchun	79187	32556	43762	33
太原	Taiyuan	31440	33623	29514	54	吉林	Jilin	48000	43337	36268	43
大同	Datong	5000	10697	200	265	四平	Siping	6100	9000	2831	216
阳泉	Yangquan	1558	857	10772	109	辽源	Liaoyuan	7332	5506	4236	185
长治	Changzhi	5557	3774	754	255	通化	Tonghua	2100	2090	2090	231
晋城	Jincheng	1772	1589	271	263	白山	Baishan	3732	4895	4507	183
朔州	Shuozhou	1300	1300	1647	238	松原	Songyuan	13300	11000	9934	122
晋中	Jinzhong	1983	2600	1300	246	白城	Baicheng	7612	7525	4808	180
运城	Yuncheng			2210	227	黑龙江	**Heilongjiang**	**219784**	**218023**	**214429**	
忻州	Xinzhou	3600	4050	4050	193	哈尔滨	Harbin	82800	69350	78000	19
临汾	Linfen	3800	4200	4075	190	齐齐哈尔	Qiqihar	6070	6500	5000	177
吕梁	Lvliang	1250				鸡西	Jixi	3994	5526	6391	156
内蒙古	**Inner Mongolia**	**74251**	**69174**	**63069**		鹤岗	Hegang	2612	7774	7778	139
呼和浩特	Hohhot	7760				双鸭山	Shuangyashan	3888	4000	3250	211
包头	Baotou	11260	9720	9220	127	大庆	Daqing	13246	11237	9319	126
乌海	Wuhai	1510	1331	1331	245	伊春	Yichun	6850	8578	8619	133
赤峰	Chifeng	12459	15510	15769	86	佳木斯	Jiamusi	9100	23700	6000	160
通辽	Tongliao	3030	6660	576	257	七台河	Qitaihe	22200	2460	1548	239
鄂尔多斯	Erdos	3800	2700	1800	237	牡丹江	Mudanjiang	20005	18041	18021	79
呼伦贝尔	Hulunbuir	2945	7040	6840	149	黑河	Heihe	1200	1400	2320	225
巴彦淖尔	Bayannur	15010		3785	198	绥化	Suihua	4000	4700	13000	98
乌兰察布	Ulanqab	2440	3785	952	252	上海	**Shanghai**	**398427**	**397314**	**418013**	
辽宁	**Liaoning**	**395058**	**495244**	**492406**		江苏	**Jiangsu**	**766586**	**700765**	**651779**	

8-33 城市液化石油气供气总量(辖区) 续表 1
Total Urban LPG Supplied (Municipal Districts) continued 1

单位：吨 (ton)

地名	City	2010	2013	2014	2014 排名 Ranking
南京	Nanjing	146476	119147	109278	11
无锡	Wuxi	55005	44122	46314	32
徐州	Xuzhou	29336	28480	28054	58
常州	Changzhou	11037	6123	5689	168
苏州	Suzhou	68005	86976	88875	16
南通	Nantong	37434	30490	24869	63
连云港	Lianyungang	9600	9246	8401	135
淮安	Huaian	24878	37551	30276	51
盐城	Yancheng	26972	24500	24000	64
扬州	Yangzhou	24726	35707	27480	59
镇江	Zhenjiang	31265	24830	25023	62
泰州	Taizhou	19445	24029	23558	65
宿迁	Suqian	7023	12301	7985	138
浙江	**Zhejiang**	**877956**	**821658**	**701812**	
杭州	Hangzhou	114427	119178	91721	15
宁波	Ningbo	222036	133323	98346	14
温州	Wenzhou	108000	115010	53736	29
嘉兴	Jiaxing	28079	24811	26256	61
湖州	Huzhou	10703	4679	4659	181
绍兴	Shaoxing	18371	30293	31374	49
金华	Jinhua	23899	35503	29224	55
衢州	Quzhou	8102	5626	5711	166
舟山	Zhoushan	29786	28923	29846	52
台州	Taizhou	61161	61770	67167	23
丽水	Lishui	11097	12348	12015	102
安徽	**Anhui**	**615770**	**619620**	**752627**	
合肥	Hefei	65284	33966	28900	56
芜湖	Wuhu	29520	18000	19200	77
蚌埠	Bengbu	14010	2400	2200	228
淮南	Huainan	25500	11645	10713	110
马鞍山	Maanshan				
淮北	Huaibei	21550	12201	11200	105
铜陵	Tongling	17945	530	277	262
安庆	Anqing	361594	449177	605744	3
黄山	Huangshan	10817	12929	11029	107
滁州	Chuzhou	5875	6050	5136	173
阜阳	Fuyang	3940	7865	5109	174
宿州	Suzhou	7500	7450	7100	145
六安	Liuan	7760	7410	7409	141
亳州	Bozhou	14100	19950	6230	158
池州	Chizhou	2783	2715	2635	219
宣城	Xuancheng	3100	3600	3600	200
福建	**Fujian**	**333758**	**277846**	**298252**	
福州	Fuzhou	75234	56305	62335	25
厦门	Xiamen	89954	77254	84494	18
莆田	Putian	19208	12980	13508	97
三明	Sanming	3618	1921	1803	236
泉州	Quanzhou	42150	31730	31718	48
漳州	Zhangzhou	16545	15068	15288	88
南平	Nanping	4500	5070	10253	117
龙岩	Longyan	8942	7589	7248	143
宁德	Ningde	7867	7785	8460	134
江西	**Jiangxi**	**188847**	**223399**	**237316**	
南昌	Nanchang	48731	43215	48521	31
景德镇	Jingdezhen	26177	23305	20149	74
萍乡	Pingxiang	4920	13817	16780	83
九江	Jiujiang	18375	15151	15300	87
新余	Xinyu	1569	1614	1125	250
鹰潭	Yingtan	8000	7005	7005	147
赣州	Ganzhou	5500	8580	17141	81
吉安	Jian	5282	4605	14150	92
宜春	Yichun	11830	20403	20468	73
抚州	Fuzhou	11180	23356	23356	66
上饶	Shangrao	10982	18367	14488	90
山东	**Shandong**	**760332**	**484287**	**395521**	
济南	Jinan	28566	45000	38900	40
青岛	Qingdao	80073	41302	39255	39
淄博	Zibo	59928	46648	37909	42
枣庄	Zaozhuang	11909	11523	10310	115
东营	Dongying	10606	10762	9574	125
烟台	Yantai	29587	37634	34257	45
潍坊	Weifang	15727	8800	8650	132
济宁	Jining	1988	6988	5700	167
泰安	Taian	800	1021	2740	218
威海	Weihai	3318	7845	10465	114
日照	Rizhao	9644	12896	12000	103
莱芜	Laiwu	13141	9414	10152	119
临沂	Linyi	60919	45902	41222	35
德州	Dezhou	2985	6576	7452	140
聊城	Liaocheng	4000	5200	3600	200

8-33 城市液化石油气供气总量(辖区) 续表 2
Total Urban LPG Supplied (Municipal Districts) continued 2

单位：吨 (ton)

地名	City	2010	2013	2014	2014 排名 Ranking	地名	City	2010	2013	2014	2014 排名 Ranking
滨州	Binzhou	9100	52650	4600	182	常德	Changde	11605	11792	4154	187
菏泽	Heze	278972	28807	20708	71	张家界	Zhangjiajie	6650	11000	8966	129
河南	**Henan**	**241602**	**227208**	**223532**		益阳	Yiyang	9700	15100	16500	84
郑州	Zhengzhou	65700	63024	62607	24	郴州	Chenzhou	14000	18800	19000	78
开封	Kaifeng	8075	10248	10690	111	永州	Yongzhou	17165	11500	10966	108
洛阳	Luoyang	28005	22123	21875	69	怀化	Huaihua	18880	21000	22815	67
平顶山	Pingdingshan	108				娄底	Loudi	3500	6255	6255	157
安阳	Anyang	7657	7206	7326	142	**广东**	**Guangdong**	**5055955**	**3889033**	**3684390**	
鹤壁	Hebi	4830	1418	1436	242	广州	Guangzhou	1087766	994646	1028739	2
新乡	Xinxiang	4970	1200	1200	247	韶关	Shaoguan	40504	10810	10600	113
焦作	Jiaozuo	3578	2117			深圳	Shenzhen	1406466	1114252	1100847	1
濮阳	Puyang					珠海	Zhuhai	810000	135000	125000	10
许昌	Xuchang	8275	6776	6796	151	汕头	Shantou	188300	193000	194180	5
漯河	Luohe	10685	9512	8751	130	佛山	Foshan	84638	244224	76940	20
三门峡	Sanmenxia	2985	2410	2172	229	江门	Jiangmen	80560	77498	73882	21
南阳	Nanyang	19219	20605	20930	70	湛江	Zhanjiang	45000	40100	40100	37
商丘	Shangqiu	14530	13901	14017	94	茂名	Maoming	81404	33124	42159	34
信阳	Xinyang	10890	10160	9960	120	肇庆	Zhaoqing	75737	16070	15897	85
周口	Zhoukou	4100	4000	4000	195	惠州	Huizhou	72775	84455	55479	28
驻马店	Zhumadian	3260	3270	3270	209	梅州	Meizhou	22134	21253	20501	72
湖北	**Hubei**	**421507**	**361641**	**350092**		汕尾	Shanwei	20400	18235	14235	91
武汉	Wuhan	215200	175000	180000	6	河源	Heyuan	26697	29011	28372	57
黄石	Huangshi	26326	26926	22203	68	阳江	Yangjiang	100003	118252	87519	17
十堰	Shiyan	18055	9012	8668	131	清远	Qingyuan	26964	32335	32435	47
宜昌	Yichang	1664	7821	5658	169	东莞	Dongguan	344762	291648	286099	4
襄阳	Xiangyang	20986	13779	12755	99	中山	Zhongshan	43488	34231	33927	46
鄂州	Ezhou	7700	7000	6800	150	潮州	Chaozhou	212770	75183	98556	13
荆门	Jingmen	15657	7645	6413	155	揭阳	Jieyang	27010	70300	70896	22
孝感	Xiaogan	3191	10098	12046	101	云浮	Yunfu	5249	5234	5751	165
荆州	Jingzhou	8200	5034	5959	161	**广西**	**Guangxi**	**303804**	**309475**	**267632**	
黄冈	Huanggang	7699	3750	3506	204	南宁	Nanning	86406	90675	60266	26
咸宁	Xianning	6000	5300	5300	171	柳州	Liuzhou	54971	52346	49902	30
随州	Suizhou	9270				桂林	Guilin	22089	19333	20056	75
湖南	**Hunan**	**252906**	**195167**	**189230**		梧州	Wuzhou	7331	6915	8279	136
长沙	Changsha	83000	18500	17500	80	北海	Beihai	16500	19902	19202	76
株洲	Zhuzhou	10865	3000	3593	202	防城港	Fangchenggang	10060	9693	10289	116
湘潭	Xiangtan	11000	8600	9700	124	钦州	Qinzhou	8394	9811	9953	121
衡阳	Hengyang	13500	14500	14100	93	贵港	Guigang	8200	11406	10238	118
邵阳	Shaoyang	3200	3501	4300	184	玉林	Yulin	29081	35958	29797	53
岳阳	Yueyang	8912	3610	4205	186	百色	Baise	5655	5644	5588	170

8-33 城市液化石油气供气总量(辖区) 续表 3
Total Urban LPG Supplied (Municipal Districts) continued 3

单位：吨 (ton)

地名	City	2010	2013	2014	2014 排名 Ranking
贺州	Hezhou	6000	6630	6764	152
河池	Hechi	5021	5018	5013	176
来宾	Laibin	7200	7564	3259	210
崇左	Chongzuo	2868	3201	3301	208
海南	**Hainan**	**63959**	**91151**	**89419**	
海口	Haikou	35710	58500	56000	27
三亚	Sanya	8624	10093	10661	112
三沙	Sansha				
重庆	**Chongqing**	**92807**	**87922**	**95672**	
四川	**Sichuan**	**191071**	**183581**	**175131**	
成都	Chengdu	121536	110036	102332	12
自贡	Zigong				
攀枝花	Panzhihua	5832	5134	5784	164
泸州	Luzhou	2161	2297	2255	226
德阳	Deyang	2185	2604	2629	220
绵阳	Mianyang	3340	3610	4813	178
广元	Guangyuan	2500	1190	1200	247
遂宁	Suining				
内江	Neijiang	9238	19496	17127	82
乐山	Leshan	120	120	120	267
南充	Nanchong	5350	5810	5810	163
眉山	Meishan	3110	2259	3444	205
宜宾	Yibin		550	560	258
广安	Guangan				
达州	Dazhou				
雅安	Yaan	303			
巴中	Bazhong	700	500		
资阳	Ziyang	3010	3487	3622	199
贵州	**Guizhou**	**63772**	**71027**	**76043**	
贵阳	Guiyang	36000	38000	40000	38
六盘水	Liupanshui		485	488	259
遵义	Zunyi	10170	10192	11075	106
安顺	Anshun	3750	4002	4035	194
毕节	Bijie	480	1643	2031	232
铜仁	Tongren	1885	2005	2105	230
云南	**Yunnan**	**166108**	**196004**	**210629**	
昆明	Kunming	124203	153575	168000	7
曲靖	Qujing	8543	4680	4069	191
玉溪	Yuxi	5490	6980	6980	148
保山	Baoshan	1797	1950	1972	233
昭通	Zhaotong	810	560	326	261
丽江	Lijiang	3100	2996	2525	222
普洱	Puer	1400	1858	1467	241
临沧	Lincang	1902	3986	4120	188
西藏	**Tibet**	**5521**	**20394**	**62481**	
拉萨	Lasa	5373	15733	40321	36
陕西	**Shaanxi**	**43381**	**32732**	**28635**	
西安	Xi'an	8110	2031	1885	234
铜川	Tongchuan	3950	1327		
宝鸡	Baoji	715	831	858	254
咸阳	Xianyang	11100	11136	9136	128
渭南	Weinan	4554	2583	2390	224
延安	Yan'an	5830	5962	6541	153
汉中	Hanzhong	3900	3880	4080	189
榆林	Yulin				
安康	Ankang	2121	3100	2565	221
商洛	Shangluo	1037	634		
甘肃	**Gansu**	**185523**	**73971**	**59662**	
兰州	Lanzhou	101377	26230	26417	60
嘉峪关	Jiayuguan	40	42	42	269
金昌	Jinchang	980	450	450	260
白银	Baiyin	900	1880	1870	235
天水	Tianshui	9015	7083	7083	146
武威	Wuwei	3370	3360	3360	207
张掖	Zhangye	4450	4140	3538	203
平凉	Pingliang	2449	3259	3083	213
酒泉	Jiuquan	15430	15000	1400	244
庆阳	Qingyang	7785	8245	8258	137
定西	Dingxi	601	624	632	256
陇南	Longnan	567	913	878	253
青海	**Qinghai**	**7142**	**5366**	**6250**	
西宁	Xining	5146	4129	3923	196
海东	Haidong			108	268
宁夏	**Ningxia**	**14984**	**18444**	**19885**	
银川	Yinchuan	7684	12321	14000	96
石嘴山	Shizuishan	425	259	260	264
吴忠	Wuzhong	2676	1503	1410	243
固原	Guyuan	1472	1208	1192	249
中卫	Zhongwei	1116	1520	1541	240
新疆	**Xinjiang**	**79617**	**64973**	**59105**	
乌鲁木齐	Urumqi	19620	27340	31326	50
克拉玛依	Karamay	22250	10220	4052	192

8-34 城市燃气普及率(辖区)

Urban Gas Coverage Rate (Municipal Districts)

单位：%　　(%)

地名	City	2010	2013	2014	2014 排名 Ranking
全国	**Nation Total**	**92.04**	**94.25**	**94.57**	
北京	**Beijing**	**100.00**	**100.00**	**100.00**	
天津	**Tianjin**	**100.00**	**100.00**	**100.00**	
河北	**Hebei**	**99.07**	**98.35**	**94.26**	
石家庄	Shijiazhuang	100.00	100.00	100.00	1
唐山	Tangshan	100.00	100.00	100.00	1
秦皇岛	Qinhuangdao	100.00	100.00	30.35	285
邯郸	Handan	100.00	100.00	100.00	1
邢台	Xingtai	99.06	100.00	100.00	1
保定	Baoding	99.52	83.95	87.45	226
张家口	Zhangjiakou	86.40	99.41	99.60	72
承德	Chengde	99.36	99.87	99.89	55
沧州	Cangzhou	100.00	100.00	100.00	1
廊坊	Langfang	100.00	99.98	100.00	1
衡水	Hengshui	99.47	99.73	97.69	136
山西	**Shanxi**	**89.94**	**96.10**	**95.77**	
太原	Taiyuan	98.64	99.00	99.80	60
大同	Datong	86.79	98.60	98.60	111
阳泉	Yangquan	91.66	93.16	67.20	262
长治	Changzhi	83.00	89.00	92.00	198
晋城	Jincheng	99.79	99.31	97.91	132
朔州	Shuozhou	89.01	93.25	94.80	177
晋中	Jinzhong	96.99	98.00	98.20	128
运城	Yuncheng	97.67	98.86	98.86	107
忻州	Xinzhou	95.00	91.13	96.53	157
临汾	Linfen	89.66	99.19	99.33	90
吕梁	Lvliang	86.71	93.61	94.00	186
内蒙古	**Inner Mongolia**	**79.26**	**87.93**	**92.28**	
呼和浩特	Hohhot	92.40	92.60	98.60	111
包头	Baotou	94.66	95.93	96.14	161
乌海	Wuhai	68.45	67.63	83.99	238
赤峰	Chifeng	94.97	96.15	96.50	159
通辽	Tongliao	87.73	92.60	95.99	163
鄂尔多斯	Erdos	70.33	82.11	93.45	191
呼伦贝尔	Hulunbuir	66.02	85.16	89.44	216
巴彦淖尔	Bayannur	71.07	88.63	89.20	217
乌兰察布	Ulanqab	52.80	84.98	85.04	234
辽宁	**Liaoning**	**94.19**	**96.15**	**96.19**	
沈阳	Shenyang	100.00	100.00	100.00	1
大连	Dalian	99.98	99.98	99.63	68
鞍山	Anshan	97.57	100.00	100.00	1
抚顺	Fushun	95.78	97.60	98.39	121
本溪	Benxi	85.27	93.40	96.51	158
丹东	Dandong	94.59	97.99	100.00	1
锦州	Jinzhou	98.63	99.09	99.18	93
营口	Yingkou	95.38	94.02	96.71	152
阜新	Fuxin	71.90	75.01	76.67	248
辽阳	Liaoyang	89.49	98.02	98.36	124
盘锦	Panjin	100.00	100.00	100.00	1
铁岭	Tieling	97.39	97.36	97.52	142
朝阳	Chaoyang	92.67	94.69	87.27	229
葫芦岛	Huludao	90.40	98.40	97.87	133
吉林	**Jilin**	**85.64**	**91.43**	**91.98**	
长春	Changchun	98.00	98.40	98.60	111
吉林	Jilin	95.55	97.00	97.19	145
四平	Siping	81.09	98.15	83.55	242
辽源	Liaoyuan	70.28	80.78	89.03	218
通化	Tonghua	78.98	91.56	96.11	162
白山	Baishan	78.89	80.85	83.67	240
松原	Songyuan	93.83	96.29	96.92	148
白城	Baicheng	82.59	83.27	95.31	170
黑龙江	**Heilongjiang**	**84.67**	**85.58**	**86.23**	
哈尔滨	Harbin	97.57	100.00	100.00	1
齐齐哈尔	Qiqihar	95.30	96.97	97.61	140
鸡西	Jixi	78.08	84.17	86.53	230
鹤岗	Hegang	48.74	63.36	64.01	266
双鸭山	Shuangyashan	85.21	52.68	52.45	275
大庆	Daqing	97.71	99.87	99.78	62
伊春	Yichun	74.32	35.87	36.53	282
佳木斯	Jiamusi	72.97	85.93	91.46	200
七台河	Qitaihe	86.90	70.57	68.75	258
牡丹江	Mudanjiang	85.85	88.35	88.35	221
黑河	Heihe	70.92	90.04	90.72	207
绥化	Suihua	57.78	61.14	61.25	268
上海	**Shanghai**	**100.00**	**100.00**	**100.00**	
江苏	**Jiangsu**	**99.12**	**99.59**	**99.49**	

8-34 城市燃气普及率(辖区) 续表 1
Urban Gas Coverage Rate (Municipal Districts) continued 1

单位：% (%)

地名	City	2010	2013	2014	2014 排名 Ranking	地名	City	2010	2013	2014	2014 排名 Ranking
南京	Nanjing	99.50	99.22	99.35	88	池州	Chizhou	89.66	99.14	99.64	66
无锡	Wuxi	99.60	100.00	100.00	1	宣城	Xuancheng	83.61	96.89	96.58	155
徐州	Xuzhou	99.04	99.53	98.17	130	**福建**	**Fujian**	**98.92**	**98.85**	**98.83**	
常州	Changzhou	99.00	100.00	100.00	1	福州	Fuzhou	99.61	99.52	99.53	76
苏州	Suzhou	100.00	100.00	100.00	1	厦门	Xiamen	100.00	100.00	99.34	89
南通	Nantong	100.00	100.00	100.00	1	莆田	Putian	97.99	99.03	99.07	95
连云港	Lianyungang	99.73	95.91	99.98	47	三明	Sanming	96.99	99.60	99.64	66
淮安	Huaian	96.96	100.00	100.00	1	泉州	Quanzhou	99.11	97.00	97.06	147
盐城	Yancheng	99.43	99.40	99.40	84	漳州	Zhangzhou	98.12	98.74	99.06	97
扬州	Yangzhou	97.01	99.63	99.51	78	南平	Nanping	98.59	99.43	99.53	76
镇江	Zhenjiang	100.00	100.00	100.00	1	龙岩	Longyan	95.66	98.78	98.99	100
泰州	Taizhou	97.96	99.50	99.60	72	宁德	Ningde	98.83	98.96	99.01	99
宿迁	Suqian	93.04	99.90	99.92	51	**江西**	**Jiangxi**	**92.36**	**95.10**	**95.18**	
浙江	**Zhejiang**	**99.07**	**99.80**	**99.81**		南昌	Nanchang	94.00	94.78	94.82	176
杭州	Hangzhou	100.00	100.00	100.00	1	景德镇	Jingdezhen	96.75	98.34	98.54	117
宁波	Ningbo	100.00	100.00	100.00	1	萍乡	Pingxiang	94.68	100.00	98.57	115
温州	Wenzhou	96.00	99.90	100.00	1	九江	Jiujiang	97.30	99.39	99.45	81
嘉兴	Jiaxing	98.70	100.00	99.54	75	新余	Xinyu	98.82	99.41	99.44	82
湖州	Huzhou	99.52	100.00	100.00	1	鹰潭	Yingtan	56.53	94.20	95.54	166
绍兴	Shaoxing	99.62	99.89	99.92	51	赣州	Ganzhou	97.36	97.67	98.19	129
金华	Jinhua	99.52	100.00	100.00	1	吉安	Jian	91.17	97.22	97.62	138
衢州	Quzhou	95.02	98.00	98.99	100	宜春	Yichun	95.03	95.07	95.08	174
舟山	Zhoushan	98.77	98.94	99.28	91	抚州	Fuzhou	99.09	99.62	99.19	92
台州	Taizhou	99.02	100.00	100.00	1	上饶	Shangrao	91.33	95.41	96.16	160
丽水	Lishui	100.00	100.00	100.00	1	**山东**	**Shandong**	**99.30**	**99.58**	**99.49**	
安徽	**Anhui**	**90.52**	**96.14**	**96.81**		济南	Jinan	100.00	100.00	100.00	1
合肥	Hefei	97.77	98.31	98.50	119	青岛	Qingdao	100.00	100.00	100.00	1
芜湖	Wuhu	100.00	100.00	100.00	1	淄博	Zibo	100.00	100.00	100.00	1
蚌埠	Bengbu	89.94	100.00	100.00	1	枣庄	Zaozhuang	99.28	99.40	99.48	80
淮南	Huainan	90.18	94.83	95.01	175	东营	Dongying	95.48	99.80	99.73	63
马鞍山	Maanshan	100.00	100.00	100.00	1	烟台	Yantai	99.79	100.00	100.00	1
淮北	Huaibei	92.07	98.15	98.39	121	潍坊	Weifang	99.90	100.00	100.00	1
铜陵	Tongling	98.99	100.00	100.00	1	济宁	Jining	99.38	96.84	97.15	146
安庆	Anqing	91.19	94.07	97.62	138	泰安	Taian	100.00	100.00	100.00	1
黄山	Huangshan	98.90	98.03	100.00	1	威海	Weihai	99.83	100.00	100.00	1
滁州	Chuzhou	99.60	99.82	99.83	59	日照	Rizhao	99.09	99.40	99.40	84
阜阳	Fuyang	67.24	87.42	88.13	222	莱芜	Laiwu	99.68	99.88	99.90	54
宿州	Suzhou	89.25	95.14	97.21	144	临沂	Linyi	99.67	99.66	98.40	120
六安	Liuan	79.85	97.79	97.82	134	德州	Dezhou	99.95	100.00	99.63	68
亳州	Bozhou	87.01	89.97	90.00	214	聊城	Liaocheng	91.70	99.58	99.38	86

8-34 城市燃气普及率(辖区) 续表 2
Urban Gas Coverage Rate (Municipal Districts) continued 2

单位：% (%)

地名	City	2010	2013	2014	2014 排名 Ranking
滨州	Binzhou	100.00	100.00	100.00	1
菏泽	Heze	99.93	99.69	99.11	94
河南	**Henan**	**73.43**	**81.98**	**83.76**	
郑州	Zhengzhou	88.54	90.07	90.15	213
开封	Kaifeng	82.84	91.05	94.54	180
洛阳	Luoyang	36.34	73.11	75.94	250
平顶山	Pingdingshan	77.69	86.14	87.40	227
安阳	Anyang	97.49	98.01	98.25	126
鹤壁	Hebi	79.97	87.92	90.63	209
新乡	Xinxiang	96.18	97.86	98.55	116
焦作	Jiaozuo	90.98	92.03	93.99	187
濮阳	Puyang	86.70	89.03	89.00	219
许昌	Xuchang	88.94	88.64	88.65	220
漯河	Luohe	92.60	82.08	78.05	246
三门峡	Sanmenxia	52.80	88.66	89.70	215
南阳	Nanyang	69.15	67.90	69.42	256
商丘	Shangqiu	57.82	74.63	77.42	247
信阳	Xinyang	92.09	97.46	97.80	135
周口	Zhoukou	74.30	82.88	88.02	224
驻马店	Zhumadian	57.04	59.53	68.80	257
湖北	**Hubei**	**91.75**	**95.09**	**94.71**	
武汉	Wuhan	92.73	99.76	98.95	104
黄石	Huangshi	98.63	98.72	85.00	235
十堰	Shiyan	93.93	95.71	95.52	167
宜昌	Yichang	92.79	92.86	92.87	192
襄阳	Xiangyang	96.98	99.83	99.86	56
鄂州	Ezhou	89.64	94.49	95.39	168
荆门	Jingmen	100.00	100.00	100.00	1
孝感	Xiaogan	90.15	93.55	94.63	179
荆州	Jingzhou	91.02	96.00	99.84	58
黄冈	Huanggang	95.78	99.60	99.04	98
咸宁	Xianning	89.55	90.54	93.64	189
随州	Suizhou	90.85	89.43	91.02	205
湖南	**Hunan**	**86.50**	**91.93**	**91.24**	
长沙	Changsha	98.96	99.20	97.64	137
株洲	Zhuzhou	95.01	98.82	98.82	108
湘潭	Xiangtan	95.47	97.39	95.86	164
衡阳	Hengyang	97.00	96.83	92.67	193
邵阳	Shaoyang	73.06	85.02	87.31	228
岳阳	Yueyang	94.44	98.18	99.42	83
常德	Changde	98.20	95.80	99.93	50
张家界	Zhangjiajie	95.16	85.66	90.31	210
益阳	Yiyang	81.13	92.19	72.95	254
郴州	Chenzhou	85.00	96.60	95.20	172
永州	Yongzhou	83.25	89.34	90.66	208
怀化	Huaihua	75.02	88.45	83.99	238
娄底	Loudi	94.40	95.05	94.06	185
广东	**Guangdong**	**95.75**	**96.89**	**96.64**	
广州	Guangzhou	99.21	99.60	99.80	60
韶关	Shaoguan	86.51	93.59	93.47	190
深圳	Shenzhen	96.04	100.00	99.97	48
珠海	Zhuhai	99.64	99.56	99.92	51
汕头	Shantou	96.87	98.00	98.53	118
佛山	Foshan	98.49	99.85	98.37	123
江门	Jiangmen	97.46	98.43	98.04	131
湛江	Zhanjiang	98.86	99.17	98.21	127
茂名	Maoming	94.53	99.18	100.00	1
肇庆	Zhaoqing	95.76	98.75	99.38	86
惠州	Huizhou	95.18	94.86	95.25	171
梅州	Meizhou	92.08	93.08	97.34	143
汕尾	Shanwei	95.35	93.44	98.89	105
河源	Heyuan	100.00	100.00	95.61	165
阳江	Yangjiang	99.73	95.20	50.74	279
清远	Qingyuan	98.45	98.37	100.00	1
东莞	Dongguan	97.22	97.93	98.33	125
中山	Zhongshan	100.00	100.00	99.07	95
潮州	Chaozhou	100.00	100.00	91.57	199
揭阳	Jieyang	89.40	80.98	88.00	225
云浮	Yunfu	90.08	95.10	91.04	204
广西	**Guangxi**	**92.35**	**93.58**	**92.99**	
南宁	Nanning	99.26	99.96	98.64	110
柳州	Liuzhou	95.00	94.43	94.46	181
桂林	Guilin	91.97	99.88	99.72	64
梧州	Wuzhou	99.07	98.09	94.19	184
北海	Beihai	99.71	99.88	99.61	70
防城港	Fangchenggang	89.67	92.92	99.61	70
钦州	Qinzhou	94.46	96.66	96.71	152
贵港	Guigang	75.04	100.00	81.32	244
玉林	Yulin	98.22	98.87	98.88	106
百色	Baise	54.01	50.28	51.63	276

8-34 城市燃气普及率(辖区) 续表 3
Urban Gas Coverage Rate (Municipal Districts) continued 3

单位：% (%)

地名	City	2010	2013	2014	2014 排名 Ranking	地名	City	2010	2013	2014	2014 排名 Ranking
贺州	Hezhou	95.04	61.60	60.01	270	丽江	Lijiang	95.51	90.98	85.05	233
河池	Hechi	79.47	80.66	83.62	241	普洱	Puer	53.67	76.22	76.61	249
来宾	Laibin	87.46	90.88	98.99	100	临沧	Lincang	35.84	66.83	61.35	267
崇左	Chongzuo	91.95	66.27	66.90	264	**西藏**	**Tibet**	**79.83**	**38.62**	**57.13**	
海南	**Hainan**	**82.44**	**94.59**	**96.49**		拉萨	Lasa	89.30	26.67	55.85	271
海口	Haikou	99.02	95.47	99.69	65	**陕西**	**Shaanxi**	**90.39**	**93.75**	**95.08**	
三亚	Sanya	81.05	98.21	92.47	195	西安	Xi'an	99.32	100.00	100.00	1
三沙	Sansha					铜川	Tongchuan	73.38	74.99	91.20	202
重庆	**Chongqing**	**92.02**	**93.09**	**94.27**		宝鸡	Baoji	98.56	98.84	98.59	114
四川	**Sichuan**	**84.39**	**89.68**	**90.89**		咸阳	Xianyang	96.48	92.74	96.89	149
成都	Chengdu	94.42	97.29	97.60	141	渭南	Weinan	86.70	84.73	88.11	223
自贡	Zigong	73.03	85.94	92.57	194	延安	Yan'an	93.99	95.00	99.57	74
攀枝花	Panzhihua	87.21	98.37	98.81	109	汉中	Hanzhong	67.64	97.71	99.95	49
泸州	Luzhou	79.68	83.64	84.56	237	榆林	Yulin	77.14	92.11	92.20	196
德阳	Deyang	85.84	95.39	94.45	182	安康	Ankang	59.56	58.83	81.22	245
绵阳	Mianyang	98.18	99.50	99.50	79	商洛	Shangluo	77.82	92.99	48.48	280
广元	Guangyuan	78.71	83.68	85.60	232	**甘肃**	**Gansu**	**74.29**	**80.22**	**83.48**	
遂宁	Suining	73.79	80.39	82.25	243	兰州	Lanzhou	90.37	90.10	94.79	178
内江	Neijiang	72.48	78.00	90.21	212	嘉峪关	Jiayuguan	100.00	100.00	100.00	1
乐山	Leshan	81.32	93.98	93.69	188	金昌	Jinchang	49.86	65.04	67.02	263
南充	Nanchong	95.60	96.70	96.76	151	白银	Baiyin	62.38	78.62	86.17	231
眉山	Meishan	99.84	97.36	96.64	154	天水	Tianshui	57.36	66.29	68.75	258
宜宾	Yibin	90.14	92.89	73.76	251	武威	Wuwei	52.16	56.66	60.80	269
广安	Guangan	74.43	99.59	98.98	103	张掖	Zhangye	98.49	100.00	100.00	1
达州	Dazhou	93.24	68.22	65.89	265	平凉	Pingliang	57.38	71.55	73.61	252
雅安	Yaan	58.62	95.94	96.55	156	酒泉	Jiuquan	99.42	100.00	100.00	1
巴中	Bazhong	92.47	92.14	94.42	183	庆阳	Qingyang	76.37	83.09	85.00	235
资阳	Ziyang	82.48	89.02	96.84	150	定西	Dingxi	43.96	59.02	71.38	255
贵州	**Guizhou**	**69.72**	**74.86**	**76.30**		陇南	Longnan	25.92	48.85	51.52	277
贵阳	Guiyang	95.57	94.98	95.34	169	**青海**	**Qinghai**	**90.79**	**84.76**	**88.81**	
六盘水	Liupanshui	79.29	95.13	91.18	203	西宁	Xining	93.71	95.06	95.12	173
遵义	Zunyi	74.52	67.98	68.24	260	海东	Haidong			52.53	274
安顺	Anshun	22.54	46.75	51.14	278	**宁夏**	**Ningxia**	**88.01**	**89.08**	**89.23**	
毕节	Bijie	14.53	41.27	53.82	273	银川	Yinchuan	98.28	99.94	100.00	1
铜仁	Tongren	34.78	27.04	30.60	284	石嘴山	Shizuishan	99.29	95.75	90.24	211
云南	**Yunnan**	**76.40**	**71.53**	**76.18**		吴忠	Wuzhong	84.37	82.44	92.07	197
昆明	Kunming	95.97	88.83	90.76	206	固原	Guyuan	67.53	54.41	47.68	281
曲靖	Qujing	80.90	28.97	91.46	200	中卫	Zhongwei	38.82	57.70	73.38	253
玉溪	Yuxi	86.48	31.33	36.51	283	**新疆**	**Xinjiang**	**95.80**	**96.37**	**96.87**	
保山	Baoshan	43.30	50.90	53.96	272	乌鲁木齐	Urumqi	99.60	99.83	99.85	57
昭通	Zhaotong	59.71	65.86	68.07	261	克拉玛依	Karamay	100.00	100.00	100.00	1

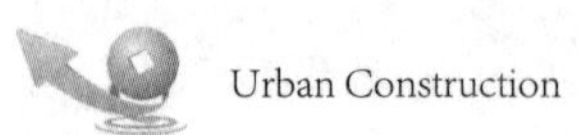

8-35 城市集中供热面积(辖区)

Urban Central Heated Area (Municipal Districts)

单位：万立方米 (10 000 m³)

地名	City	2010	2013	2014	2014 排名 Ranking
全国	**Nation Total**	**435668**	**571677**	**611246**	
北京	**Beijing**	**46715**	**54591**	**56786**	
天津	**Tianjin**	**24034**	**32897**	**34240**	
河北	**Hebei**	**38683**	**50220**	**52296**	
石家庄	Shijiazhuang	8031	13394	14777	5
唐山	Tangshan	4503	5792	6089	17
秦皇岛	Qinhuangdao	3326	3975	4245	27
邯郸	Handan	2884	3564	3624	31
邢台	Xingtai	1960	2110	2110	59
保定	Baoding	3239	3110	3124	40
张家口	Zhangjiakou	2260	2293	2398	54
承德	Chengde	1355	1792	1974	64
沧州	Cangzhou	1398	1828	1610	76
廊坊	Langfang	1537	1992	2032	60
衡水	Hengshui	670	1010	1079	96
山西	**Shanxi**	**28739**	**39826**	**42916**	
太原	Taiyuan	7483	11058	11895	7
大同	Datong	4934	6412	6506	15
阳泉	Yangquan	1829	2418	2529	51
长治	Changzhi	2555	2730	3104	41
晋城	Jincheng	1032	2020	2176	58
朔州	Shuozhou	1004	2386	2563	49
晋中	Jinzhong	1760	2677	2909	44
运城	Yuncheng	1241	1811	1843	68
忻州	Xinzhou	800	903	944	100
临汾	Linfen	1540	1772	1784	70
吕梁	Lvliang	850	1050	1080	95
内蒙古	**Inner Mongolia**	**25340**	**39020**	**41967**	
呼和浩特	Hohhot	6469	8772	9160	11
包头	Baotou	5256	6965	7618	13
乌海	Wuhai	1275	1841	1841	69
赤峰	Chifeng	2296	3580	3943	28
通辽	Tongliao	1399	2249	2499	53
鄂尔多斯	Erdos	2363	5237	5297	20
呼伦贝尔	Hulunbuir	902	1267	1536	82
巴彦淖尔	Bayannur	1020	1410	1665	73
乌兰察布	Ulanqab	703	1381	1628	75
辽宁	**Liaoning**	**74526**	**92109**	**96587**	
沈阳	Shenyang	22500	25900	26800	1
大连	Dalian	15496	19120	19663	3
鞍山	Anshan	4500	5673	6016	18
抚顺	Fushun	3380	4464	4631	22
本溪	Benxi	2053	2748	2506	52
丹东	Dandong	2104	2905	3125	39
锦州	Jinzhou	2904	3302	3617	32
营口	Yingkou	1875	2557	2752	47
阜新	Fuxin	2314	3088	3337	34
辽阳	Liaoyang	2261	2835	3166	38
盘锦	Panjin	2419	2865	2947	42
铁岭	Tieling	1489	2101	1721	72
朝阳	Chaoyang	2060	2300	2592	48
葫芦岛	Huludao	1772	1905	2299	55
吉林	**Jilin**	**31718**	**42823**	**45006**	
长春	Changchun	12166	15832	16407	4
吉林	Jilin	4231	6011	6318	16
四平	Siping	984	1634	1781	71
辽源	Liaoyuan	1121	1478	1534	83
通化	Tonghua	1280	1550	1610	76
白山	Baishan	761	1411	1587	79
松原	Songyuan		1538	1559	81
白城	Baicheng	1162	1255	1285	89
黑龙江	**Heilongjiang**	**37513**	**53804**	**57656**	
哈尔滨	Harbin	13058	19055	20523	2
齐齐哈尔	Qiqihar	3187	3678	3858	29
鸡西	Jixi	910	1569	1595	78
鹤岗	Hegang	1143	1665	1917	66
双鸭山	Shuangyashan	650	1662	2181	57
大庆	Daqing	6050	8252	8569	12
伊春	Yichun	1200	1866	1981	63
佳木斯	Jiamusi	2300	2550	2800	45
七台河	Qitaihe	870	1353	1353	87
牡丹江	Mudanjiang	2413	2994	3190	37
黑河	Heihe	652	843	892	102
绥化	Suihua	804	1211	1241	91
江苏	**Jiangsu**	**9946**			
南京	Nanjing	8			
徐州	Xuzhou	1201			
南通	Nantong	9			
连云港	Lianyungang	224			
扬州	Yangzhou	8330			
浙江	**Zhejiang**	**3992**	**7710**	**8001**	
杭州	Hangzhou	55			

8-35 城市集中供热面积(辖区) 续表 1
Urban Central Heated Area (Municipal Districts) continued 1

单位：万立方米 (10 000 m³)

地名	City	2010	2013	2014	2014 排名 Ranking
宁波	Ningbo	122	4365	4528	23
湖州	Huzhou	164			
绍兴	Shaoxing	1240	2202	2202	56
金华	Jinhua	109	109	109	129
台州	Taizhou	28			
安徽	**Anhui**	**2464**	**2329**	**2304**	
合肥	Hefei	2300	2000	2000	62
淮南	Huainan	60	205	185	125
淮北	Huaibei	79	79	72	130
安庆	Anqing	1	4	3	137
滁州	Chuzhou	16	16	16	133
阜阳	Fuyang	2	2	4	136
宿州	Suzhou	6	19	20	132
山东	**Shandong**	**54710**	**75721**	**83003**	
济南	Jinan	6283	8896	10295	9
青岛	Qingdao	7225	11224	11775	8
淄博	Zibo	3824	4599	5192	21
枣庄	Zaozhuang	1095	1382	1470	85
东营	Dongying	2721	3299	3382	33
烟台	Yantai	5520	6884	7418	14
潍坊	Weifang	2744	3841	3266	35
济宁	Jining	1615	2870	3197	36
泰安	Taian	1550	1550	1634	74
威海	Weihai	2453	3197	4248	25
日照	Rizhao	1147	1420	1470	85
莱芜	Laiwu	1107	1152	1074	97
临沂	Linyi	1657	3316	3756	30
德州	Dezhou	980	1556	2940	43
聊城	Liaocheng	931	1632	1971	65
滨州	Binzhou	576	1094	1227	93
菏泽	Heze	412	590	649	113
河南	**Henan**	**10738**	**15152**	**18993**	
郑州	Zhengzhou	2261	3815	4520	24
开封	Kaifeng	500	565	1000	99
洛阳	Luoyang	1640	1450	2790	46
平顶山	Pingdingshan	520	679	677	112
安阳	Anyang	920	942	1311	88
鹤壁	Hebi	361	482	495	118
新乡	Xinxiang	280	542	742	110
焦作	Jiaozuo	652	946	1116	94
濮阳	Puyang	620	692	754	109
许昌	Xuchang	710	765	802	107
漯河	Luohe	28	152	152	127
三门峡	Sanmenxia	330	520	570	116
南阳	Nanyang	346	421	493	120
商丘	Shangqiu	117	310	335	124
驻马店	Zhumadian	120	151	170	126
湖北	**Hubei**	**978**	**1745**	**1765**	
黄石	Huangshi		30	29	131
十堰	Shiyan	591	848	869	104
襄阳	Xiangyang	353	368	368	122
四川	**Sichuan**	**14**			
绵阳	Mianyang	14			
陕西	**Shaanxi**	**9263**	**15963**	**19825**	
西安	Xi'an	5994	10579	13072	6
宝鸡	Baoji	1799	2018	2546	50
咸阳	Xianyang	559	1100	1244	90
渭南	Weinan	120	197	340	123
延安	Yan'an	336	494	494	119
榆林	Yulin	427	1532	2022	61
甘肃	**Gansu**	**10544**	**15437**	**15270**	
兰州	Lanzhou	4212	6621	5749	19
嘉峪关	Jiayuguan	928	1180	1231	92
金昌	Jinchang	452	762	825	105
白银	Baiyin	969	1482	1525	84
天水	Tianshui	420	653	680	111
武威	Wuwei	833	480	769	108
张掖	Zhangye	300	500	500	117
平凉	Pingliang	490	720	813	106
酒泉	Jiuquan	640	985	1020	98
庆阳	Qingyang	267	406	470	121
定西	Dingxi	182	582	583	114
陇南	Longnan		14	16	133
青海	**Qinghai**	**208**	**451**	**456**	
西宁	Xining	34	133	136	128
海东	Haidong			10	135
宁夏	**Ningxia**	**6380**	**8236**	**8757**	
银川	Yinchuan	3452	4093	4247	26
石嘴山	Shizuishan	1131	1436	1585	80
吴忠	Wuzhong	717	782	903	101
固原	Guyuan	225	870	870	103
中卫	Zhongwei	390	520	583	114
新疆	**Xinjiang**	**19162**	**23452**	**25205**	
乌鲁木齐	Urumqi	8723	9023	9485	10
克拉玛依	Karamay	1560	1804	1867	67

8-36 城市轨道交通路线长度(辖区)

Length of Lines of Urban Rail Transit System (Municipal Districts)

单位：公里 (km)

地名	City	2010	2013	2014	2014 排名 Ranking
全国	**All Nation**	**1428.87**	**2213.28**	**2714.79**	
北京	**Beijing**	**336.00**	**453.00**	**527.00**	
天津	**Tianjin**	**79.40**	**142.66**	**147.14**	
辽宁	**Liaoning**	**114.67**	**136.69**	**136.77**	
沈阳	Shenyang	27.90	49.92	50.00	8
大连	Dalian	86.77	86.77	86.77	5
吉林	**Jilin**	**31.96**	**47.17**	**47.17**	
长春	Changchun	31.96	47.17	47.17	9
上海	**Shanghai**	**450.44**	**548.18**	**547.18**	
江苏	**Jiangsu**	**83.46**	**143.05**	**311.61**	
南京	Nanjing	83.46	84.75	179.45	2
苏州	Suzhou		52.30	70.44	7
湖北	**Hubei**	**28.68**	**54.38**	**95.64**	
武汉	Wuhan	28.68	54.38	95.64	4
广东	**Guangdong**	**286.84**	**452.04**	**450.28**	
广州	Guangzhou	235.04	241.02	239.26	1
深圳	Shenzhen	37.00	178.86	178.86	3
佛山	Foshan	14.80	32.16	32.16	11
东莞	Dongguan				
重庆	**Chongqing**	**17.42**	**169.51**	**198.87**	
四川	**Sichuan**		**41.30**	**71.60**	
成都	Chengdu		41.30	71.60	6
云南	**Yunnan**			**42.00**	
昆明	Kunming			42.00	10

8-37 城市道路长度（辖区）
Length of Urban Roads (Municipal Districts)

单位：公里 (km)

地名	City	2010	2013	2014	2014 排名 Ranking	地名	City	2010	2013	2014	2014 排名 Ranking
全国	**Nation Total**	**294443**	**336304**	**352333**		沈阳	Shenyang	2895	3527	3806	8
北京	**Beijing**	**6355**	**7931**	**8107**		大连	Dalian	2899	3025	3053	14
天津	**Tianjin**	**5439**	**6933**	**7275**		鞍山	Anshan	552	622	640	114
河北	**Hebei**	**11639**	**12632**	**12859**		抚顺	Fushun	746	854	864	78
石家庄	Shijiazhuang	1475	1598	1929	29	本溪	Benxi	794	734	734	98
唐山	Tangshan	1577	1599	1612	35	丹东	Dandong	462	499	499	142
秦皇岛	Qinhuangdao	698	736	751	95	锦州	Jinzhou	513	548	561	128
邯郸	Handan	1138	1086	1086	64	营口	Yingkou	536	547	547	133
邢台	Xingtai	510	492	507	140	阜新	Fuxin	339	347	352	192
保定	Baoding	674	970	996	70	辽阳	Liaoyang	858	1065	1070	66
张家口	Zhangjiakou	474	534	548	132	盘锦	Panjin	483	468	475	150
承德	Chengde	500	524	524	137	铁岭	Tieling	320	330	285	218
沧州	Cangzhou	307	362	368	184	朝阳	Chaoyang	253	268	272	224
廊坊	Langfang	450	472	483	147	葫芦岛	Huludao	321	400	419	168
衡水	Hengshui	343	360	362	188	吉林	**Jilin**	**8543**	**8388**	**8922**	
山西	**Shanxi**	**5733**	**6649**	**7107**		长春	Changchun	3659	3009	3125	13
太原	Taiyuan	1780	1980	2015	28	吉林	Jilin	1030	1000	1013	68
大同	Datong	761	921	936	74	四平	Siping	234	353	664	108
阳泉	Yangquan	430	435	643	113	辽源	Liaoyuan	312	215	221	242
长治	Changzhi	362	381	385	180	通化	Tonghua	218	292	296	212
晋城	Jincheng	165	210	217	244	白山	Baishan	276	321	322	200
朔州	Shuozhou	169	236	238	237	松原	Songyuan	187	210	256	227
晋中	Jinzhong	235	306	320	202	白城	Baicheng	195	198	210	245
运城	Yuncheng	178	211	256	227	黑龙江	**Heilongjiang**	**10091**	**12102**	**12252**	
忻州	Xinzhou	134	191	219	243	哈尔滨	Harbin	1427	2761	2813	15
临汾	Linfen	216	232	243	233	齐齐哈尔	Qiqihar	528	537	546	134
吕梁	Lvliang	120	146	164	266	鸡西	Jixi	363	396	401	174
内蒙古	**Inner Mongolia**	**6447**	**8223**	**8612**		鹤岗	Hegang	322	380	388	179
呼和浩特	Hohhot	720	905	905	75	双鸭山	Shuangyashan	361	381	385	180
包头	Baotou	1304	1411	1457	43	大庆	Daqing	2276	2482	2482	21
乌海	Wuhai	480	556	622	118	伊春	Yichun	789	840	871	77
赤峰	Chifeng	379	597	692	103	佳木斯	Jiamusi	291	311	319	203
通辽	Tongliao	379	485	512	139	七台河	Qitaihe	528	531	531	135
鄂尔多斯	Erdos	867	1188	1191	59	牡丹江	Mudanjiang	762	805	805	90
呼伦贝尔	Hulunbuir	215	352	352	192	黑河	Heihe	81	82	83	282
巴彦淖尔	Bayannur	372	542	549	131	绥化	Suihua	172	185	186	254
乌兰察布	Ulanqab	263	373	393	176	上海	**Shanghai**	**4713**	**4865**	**4851**	
辽宁	**Liaoning**	**14238**	**16244**	**16692**		江苏	**Jiangsu**	**31899**	**36975**	**39070**	

8-37 城市道路长度(辖区) 续表 1

Length of Urban Roads (Municipal Districts) continued 1

单位：公里 (km)

地名	City	2010	2013	2014	2014 排名 Ranking	地名	City	2010	2013	2014	2014 排名 Ranking
南京	Nanjing	5599	7142	7424	1	池州	Chizhou	364	416	425	164
无锡	Wuxi	4609	3358	3422	11	宣城	Xuancheng	243	341	361	189
徐州	Xuzhou	1600	2600	2699	16	**福建**	**Fujian**	**6756**	**7808**	**7987**	
常州	Changzhou	1753	1956	2111	27	福州	Fuzhou	1101	1181	1201	58
苏州	Suzhou	2904	3677	3768	9	厦门	Xiamen	1213	1777	1791	30
南通	Nantong	981	1853	2557	19	莆田	Putian	669	702	718	101
连云港	Lianyungang	1023	1069	1077	65	三明	Sanming	280	284	289	215
淮安	Huaian	955	1703	1739	31	泉州	Quanzhou	485	875	882	76
盐城	Yancheng	567	684	957	72	漳州	Zhangzhou	301	327	352	192
扬州	Yangzhou	1055	1512	1539	40	南平	Nanping	246	247	249	231
镇江	Zhenjiang	1223	1333	1349	49	龙岩	Longyan	329	346	357	190
泰州	Taizhou	902	1138	1150	61	宁德	Ningde	151	167	184	256
宿迁	Suqian	631	799	857	80	**江西**	**Jiangxi**	**5742**	**6865**	**7250**	
浙江	**Zhejiang**	**15550**	**18777**	**19382**		南昌	Nanchang	965	1107	1220	56
杭州	Hangzhou	2194	2479	2578	18	景德镇	Jingdezhen	350	402	402	173
宁波	Ningbo	1439	1582	1606	37	萍乡	Pingxiang	221	250	256	227
温州	Wenzhou	1059	1415	1442	44	九江	Jiujiang	817	844	862	79
嘉兴	Jiaxing	652	801	820	87	新余	Xinyu	356	441	462	155
湖州	Huzhou	577	630	676	106	鹰潭	Yingtan	127	127	133	276
绍兴	Shaoxing	480	1169	1212	57	赣州	Ganzhou	255	339	588	121
金华	Jinhua	591	658	689	104	吉安	Jian	245	333	369	183
衢州	Quzhou	435	503	570	126	宜春	Yichun	281	356	365	185
舟山	Zhoushan	300	544	552	130	抚州	Fuzhou	379	436	451	157
台州	Taizhou	1937	2158	2247	23	上饶	Shangrao	302	404	404	172
丽水	Lishui	162	171	173	260	**山东**	**Shandong**	**32944**	**37821**	**39404**	
安徽	**Anhui**	**10157**	**12287**	**12932**		济南	Jinan	4498	4749	4785	6
合肥	Hefei	2013	2111	2140	26	青岛	Qingdao	3409	4334	4393	7
芜湖	Wuhu	1147	1406	1434	45	淄博	Zibo	1254	1532	1585	38
蚌埠	Bengbu	663	778	835	82	枣庄	Zaozhuang	790	1115	1144	62
淮南	Huainan	683	742	747	96	东营	Dongying	716	820	831	84
马鞍山	Maanshan	386	461	467	153	烟台	Yantai	1522	1592	1629	34
淮北	Huaibei	574	631	657	109	潍坊	Weifang	1489	1673	1725	32
铜陵	Tongling	286	293	293	213	济宁	Jining	803	1318	1415	46
安庆	Anqing	470	580	612	120	泰安	Taian	752	800	817	89
黄山	Huangshan	306	374	401	174	威海	Weihai	746	813	1286	55
滁州	Chuzhou	300	504	583	122	日照	Rizhao	1252	1362	1464	42
阜阳	Fuyang	520	688	752	94	莱芜	Laiwu	768	907	954	73
宿州	Suzhou	459	583	728	100	临沂	Linyi	1913	2137	2508	20
六安	Liuan	268	471	489	146	德州	Dezhou	605	846	1026	67
亳州	Bozhou	677	810	829	85	聊城	Liaocheng	487	672	652	111

8-37 城市道路长度(辖区) 续表 2
Length of Urban Roads (Municipal Districts) continued 2

单位：公里 (km)

地名	City	2010	2013	2014	2014 排名 Ranking	地名	City	2010	2013	2014	2014 排名 Ranking
滨州	Binzhou	588	827	850	81	常德	Changde	480	608	639	115
菏泽	Heze	516	610	657	109	张家界	Zhangjiajie	292	305	309	207
河南	**Henan**	**9414**	**11236**	**11627**		益阳	Yiyang	319	539	570	126
郑州	Zhengzhou	1338	1520	1630	33	郴州	Chenzhou	247	285	297	210
开封	Kaifeng	388	464	471	151	永州	Yongzhou	310	381	392	177
洛阳	Luoyang	552	711	735	97	怀化	Huaihua	220	249	258	226
平顶山	Pingdingshan	261	279	288	216	娄底	Loudi	262	239	242	234
安阳	Anyang	425	440	450	158	**广东**	**Guangdong**	**40847**	**36762**	**38213**	
鹤壁	Hebi	271	325	330	198	广州	Guangzhou	6986	7127	7176	2
新乡	Xinxiang	440	461	461	156	韶关	Shaoguan	562	568	571	125
焦作	Jiaozuo	395	433	444	162	深圳	Shenzhen	12613	6364	6375	4
濮阳	Puyang	209	266	272	224	珠海	Zhuhai	1485	2109	2320	22
许昌	Xuchang	250	286	302	209	汕头	Shantou	1318	1326	1326	52
漯河	Luohe	335	350	352	192	佛山	Foshan	1360	1556	1607	36
三门峡	Sanmenxia	133	161	163	267	江门	Jiangmen	1289	1347	1402	47
南阳	Nanyang	687	1318	1387	48	湛江	Zhanjiang	718	477	503	141
商丘	Shangqiu	346	380	389	178	茂名	Maoming	214	241	292	214
信阳	Xinyang	390	411	416	169	肇庆	Zhaoqing	542	633	652	111
周口	Zhoukou	203	225	241	235	惠州	Huizhou	1305	1432	1335	51
驻马店	Zhumadian	320	339	340	197	梅州	Meizhou	458	484	495	144
湖北	**Hubei**	**14168**	**17502**	**18209**		汕尾	Shanwei	174	194	197	251
武汉	Wuhan	2682	4833	5143	5	河源	Heyuan	126	143	144	272
黄石	Huangshi	685	724	761	93	阳江	Yangjiang	332	349	363	186
十堰	Shiyan	744	820	825	86	清远	Qingyuan	1342	938	982	71
宜昌	Yichang	952	1129	1164	60	东莞	Dongguan	5341	6185	6476	3
襄阳	Xiangyang	680	776	794	91	中山	Zhongshan	487	435	434	163
鄂州	Ezhou	613	823	834	83	潮州	Chaozhou	162	212	483	147
荆门	Jingmen	375	430	467	153	揭阳	Jieyang	285	380	384	182
孝感	Xiaogan	341	467	470	152	云浮	Yunfu	72	81	173	260
荆州	Jingzhou	774	814	820	87	**广西**	**Guangxi**	**6439**	**7342**	**7638**	
黄冈	Huanggang	363	390	448	160	南宁	Nanning	1307	1440	1500	41
咸宁	Xianning	207	250	253	230	柳州	Liuzhou	883	974	998	69
随州	Suizhou	200	220	224	240	桂林	Guilin	441	505	530	136
湖南	**Hunan**	**8585**	**10911**	**10947**		梧州	Wuzhou	290	333	448	160
长沙	Changsha	1781	2142	2146	25	北海	Beihai	368	408	416	169
株洲	Zhuzhou	893	1509	1548	39	防城港	Fangchenggang	243	287	288	216
湘潭	Xiangtan	490	551	577	124	钦州	Qinzhou	328	419	424	165
衡阳	Hengyang	676	857	629	116	贵港	Guigang	327	345	348	196
邵阳	Shaoyang	356	408	480	149	玉林	Yulin	502	545	553	129
岳阳	Yueyang	592	682	695	102	百色	Baise	173	190	190	252

8-37 城市道路长度(辖区） 续表 3
Length of Urban Roads (Municipal Districts) continued 3

单位：公里 (km)

地名	City	2010	2013	2014	2014 排名 Ranking	地名	City	2010	2013	2014	2014 排名 Ranking
贺州	Hezhou	149	164	172	262	丽江	Lijiang	87	115	117	277
河池	Hechi	115	135	135	274	普洱	Puer	73	112	112	278
来宾	Laibin	88	183	188	253	临沧	Lincang	63	68	69	283
崇左	Chongzuo	169	170	170	264	**西藏**	**Tibet**	**341**	**407**	**585**	
海南	**Hainan**	**1435**	**2144**	**2188**		拉萨	Lasa	275	322	355	191
海口	Haikou	572	1122	1142	63	**陕西**	**Shaanxi**	**4810**	**5802**	**6170**	
三亚	Sanya	214	230	237	238	西安	Xi'an	2428	3081	3146	12
三沙	Sansha			4	286	铜川	Tongchuan	278	293	297	210
重庆	**Chongqing**	**5130**	**6221**	**6893**		宝鸡	Baoji	462	493	515	138
四川	**Sichuan**	**9584**	**11866**	**12488**		咸阳	Xianyang	217	307	322	200
成都	Chengdu	2610	2707	2633	17	渭南	Weinan	320	318	314	204
自贡	Zigong	605	1090	1337	50	延安	Yan'an	105	127	134	275
攀枝花	Panzhihua	517	712	733	99	汉中	Hanzhong	185	195	202	247
泸州	Luzhou	433	638	678	105	榆林	Yulin	215	295	420	167
德阳	Deyang	237	275	278	220	安康	Ankang	181	201	202	247
绵阳	Mianyang	742	759	781	92	商洛	Shangluo	107	134	136	273
广元	Guangyuan	257	340	363	186	**甘肃**	**Gansu**	**3399**	**3796**	**4151**	
遂宁	Suining	290	666	673	107	兰州	Lanzhou	906	1093	1319	53
内江	Neijiang	162	211	222	241	嘉峪关	Jiayuguan	282	313	324	199
乐山	Leshan	525	617	626	117	金昌	Jinchang	161	169	170	264
南充	Nanchong	415	477	495	144	白银	Baiyin	396	413	414	171
眉山	Meishan	316	340	423	166	天水	Tianshui	305	305	305	208
宜宾	Yibin	156	306	314	204	武威	Wuwei	145	155	157	269
广安	Guangan	105	159	276	221	张掖	Zhangye	101	130	199	250
达州	Dazhou	101	109	110	279	平凉	Pingliang	151	175	186	254
雅安	Yaan	130	159	180	257	酒泉	Jiuquan	279	285	285	218
巴中	Bazhong	71	83	93	281	庆阳	Qingyang	143	151	158	268
资阳	Ziyang	160	198	203	246	定西	Dingxi	69	92	98	280
贵州	**Guizhou**	**2257**	**3118**	**3295**		陇南	Longnan	41	42	44	285
贵阳	Guiyang	872	1284	1294	54	**青海**	**Qinghai**	**711**	**902**	**925**	
六盘水	Liupanshui	160	177	177	258	西宁	Xining	433	484	498	143
遵义	Zunyi	276	276	276	221	海东	Haidong			48	284
安顺	Anshun	158	219	239	236	**宁夏**	**Ningxia**	**1852**	**2040**	**2134**	
毕节	Bijie	103	154	202	247	银川	Yinchuan	506	598	619	119
铜仁	Tongren	152	217	233	239	石嘴山	Shizuishan	494	550	583	122
云南	**Yunnan**	**4049**	**5229**	**7338**		吴忠	Wuzhong	123	166	176	259
昆明	Kunming	1420	1913	3764	10	固原	Guyuan	324	232	248	232
曲靖	Qujing	205	291	314	204	中卫	Zhongwei	115	152	152	270
玉溪	Yuxi	127	272	274	223	**新疆**	**Xinjiang**	**5178**	**6527**	**6831**	
保山	Baoshan	138	161	171	263	乌鲁木齐	Urumqi	1632	2037	2159	24
昭通	Zhaotong	119	140	147	271	克拉玛依	Karamay	379	419	449	159

8-38 城市道路面积(辖区)
Surface Area of Urban Roads (Municipal Districts)

单位：万平方米 (10 000 m²)

地名	City	2010	2013	2014	2014 排名 Ranking
全国	**Nation Total**	**521322**	**644155**	**683028**	
北京	**Beijing**	**9395**	**13884**	**13834**	
天津	**Tianjin**	**9159**	**12440**	**13144**	
河北	**Hebei**	**26639**	**29304**	**30113**	
石家庄	Shijiazhuang	4147	4560	5233	18
唐山	Tangshan	2981	3050	3096	39
秦皇岛	Qinhuangdao	1752	1900	1955	73
邯郸	Handan	2983	3157	3126	37
邢台	Xingtai	1278	1367	1461	102
保定	Baoding	1714	2437	2514	55
张家口	Zhangjiakou	1241	1347	1367	109
承德	Chengde	693	733	733	191
沧州	Cangzhou	883	942	968	149
廊坊	Langfang	856	884	925	157
衡水	Hengshui	642	687	742	189
山西	**Shanxi**	**10312**	**13614**	**14470**	
太原	Taiyuan	2432	3570	3941	27
大同	Datong	1767	2026	2029	68
阳泉	Yangquan	581	611	836	174
长治	Changzhi	473	628	658	204
晋城	Jincheng	379	549	572	218
朔州	Shuozhou	477	663	668	200
晋中	Jinzhong	616	1010	850	171
运城	Yuncheng	332	601	716	194
忻州	Xinzhou	238	507	552	220
临汾	Linfen	503	527	616	213
吕梁	Lvliang	243	294	305	266
内蒙古	**Inner Mongolia**	**12476**	**17418**	**18432**	
呼和浩特	Hohhot	1609	2169	2245	64
包头	Baotou	2246	2504	2669	49
乌海	Wuhai	744	857	1013	141
赤峰	Chifeng	819	1676	2022	69
通辽	Tongliao	865	1049	1089	130
鄂尔多斯	Erdos	2217	2914	2915	42
呼伦贝尔	Hulunbuir	377	954	959	150
巴彦淖尔	Bayannur	714	943	952	153
乌兰察布	Ulanqab	534	864	885	162
辽宁	**Liaoning**	**23658**	**28091**	**28997**	

地名	City	2010	2013	2014	2014 排名 Ranking
沈阳	Shenyang	5706	7777	8413	6
大连	Dalian	4135	4362	4410	23
鞍山	Anshan	1282	1427	1478	98
抚顺	Fushun	1189	1386	1396	106
本溪	Benxi	925	1024	1024	139
丹东	Dandong	958	1051	1055	135
锦州	Jinzhou	952	1075	1116	124
营口	Yingkou	713	720	720	193
阜新	Fuxin	461	503	517	226
辽阳	Liaoyang	998	1331	1341	112
盘锦	Panjin	984	923	942	154
铁岭	Tieling	814	833	633	207
朝阳	Chaoyang	374	401	421	247
葫芦岛	Huludao	528	557	580	216
吉林	**Jilin**	**13243**	**15344**	**16887**	
长春	Changchun	6260	6760	7113	13
吉林	Jilin	1295	1344	1371	107
四平	Siping	354	547	1298	114
辽源	Liaoyuan	646	525	525	224
通化	Tonghua	259	400	409	250
白山	Baishan	349	407	413	249
松原	Songyuan	502	759	875	166
白城	Baicheng	254	266	318	262
黑龙江	**Heilongjiang**	**13569**	**17899**	**18359**	
哈尔滨	Harbin	3296	5767	5934	15
齐齐哈尔	Qiqihar	875	944	983	144
鸡西	Jixi	543	642	649	205
鹤岗	Hegang	353	436	450	239
双鸭山	Shuangyashan	314	378	397	253
大庆	Daqing	2697	3394	3456	33
伊春	Yichun	734	831	865	167
佳木斯	Jiamusi	468	541	574	217
七台河	Qitaihe	423	485	485	231
牡丹江	Mudanjiang	874	981	981	145
黑河	Heihe	155	178	178	282
绥化	Suihua	213	248	253	272
上海	**Shanghai**	**9299**	**9932**	**9964**	
江苏	**Jiangsu**	**53723**	**66970**	**71151**	

8-38 城市道路面积(辖区） 续表 1
Surface Area of Urban Roads (Municipal Districts) continued 1

单位：万平方米 (10 000 m²)

地名	City	2010	2013	2014	2014 排名 Ranking	地名	City	2010	2013	2014	2014 排名 Ranking
南京	Nanjing	9576	12761	13495	2	池州	Chizhou	654	741	761	186
无锡	Wuxi	5580	6081	6213	14	宣城	Xuancheng	540	872	969	148
徐州	Xuzhou	2467	3750	4310	24	**福建**	**Fujian**	**12560**	**14799**	**15436**	
常州	Changzhou	3023	3719	3934	28	福州	Fuzhou	2327	2591	2611	50
苏州	Suzhou	5928	8005	8257	7	厦门	Xiamen	2994	3570	3602	31
南通	Nantong	1871	3816	4523	21	莆田	Putian	784	827	831	175
连云港	Lianyungang	1642	1748	1775	83	三明	Sanming	332	346	355	259
淮安	Huaian	2091	2810	2910	43	泉州	Quanzhou	932	1852	1955	73
盐城	Yancheng	1350	1679	2336	61	漳州	Zhangzhou	765	855	1111	125
扬州	Yangzhou	1612	2329	2367	59	南平	Nanping	236	251	254	271
镇江	Zhenjiang	1823	2114	2148	67	龙岩	Longyan	396	441	467	234
泰州	Taizhou	1413	2199	2228	65	宁德	Ningde	284	332	407	251
宿迁	Suqian	1266	1724	1830	79	**江西**	**Jiangxi**	**11330**	**14652**	**15578**	
浙江	**Zhejiang**	**30381**	**35633**	**37323**		南昌	Nanchang	1806	2549	2769	48
杭州	Hangzhou	4754	5426	5699	17	景德镇	Jingdezhen	728	808	808	179
宁波	Ningbo	2379	2869	2951	41	萍乡	Pingxiang	593	681	711	196
温州	Wenzhou	2339	2657	2793	47	九江	Jiujiang	1331	1499	1530	93
嘉兴	Jiaxing	1196	1438	1493	96	新余	Xinyu	814	1083	1119	121
湖州	Huzhou	1882	2031	2210	66	鹰潭	Yingtan	299	300	307	265
绍兴	Shaoxing	1207	2501	2608	52	赣州	Ganzhou	691	990	1465	100
金华	Jinhua	1390	1571	1659	87	吉安	Jian	511	716	804	180
衢州	Quzhou	771	930	1103	126	宜春	Yichun	605	774	802	181
舟山	Zhoushan	520	1042	1082	132	抚州	Fuzhou	916	1060	1117	122
台州	Taizhou	2371	2722	2841	45	上饶	Shangrao	686	939	939	155
丽水	Lishui	411	423	433	242	**山东**	**Shandong**	**60615**	**74646**	**78308**	
安徽	**Anhui**	**19927**	**27070**	**29124**		济南	Jinan	5907	7452	7980	8
合肥	Hefei	4323	5470	5850	16	青岛	Qingdao	5893	7859	7908	9
芜湖	Wuhu	2583	3204	3337	35	淄博	Zibo	2523	3684	3864	29
蚌埠	Bengbu	1186	1607	1788	82	枣庄	Zaozhuang	1668	2381	2410	58
淮南	Huainan	1059	1469	1480	97	东营	Dongying	1858	2267	2296	62
马鞍山	Maanshan	968	1206	1248	116	烟台	Yantai	3034	3244	3396	34
淮北	Huaibei	864	1066	1099	129	潍坊	Weifang	3094	3449	3590	32
铜陵	Tongling	476	501	501	228	济宁	Jining	1898	4241	4456	22
安庆	Anqing	937	1081	1117	122	泰安	Taian	1506	1680	1710	85
黄山	Huangshan	546	703	745	188	威海	Weihai	1801	1910	2981	40
滁州	Chuzhou	792	1510	1798	81	日照	Rizhao	1561	1792	1981	72
阜阳	Fuyang	1147	1584	1804	80	莱芜	Laiwu	1367	1675	1757	84
宿州	Suzhou	840	1258	1435	104	临沂	Linyi	3722	4153	4663	20
六安	Liuan	447	1207	1255	115	德州	Dezhou	1231	2438	2846	44
亳州	Bozhou	958	1349	1438	103	聊城	Liaocheng	1773	2115	2263	63

8-38 城市道路面积(辖区) 续表 2

Surface Area of Urban Roads (Municipal Districts) continued 2

单位：万平方米 (10 000 m²)

地名	City	2010	2013	2014	2014 排名 Ranking	地名	City	2010	2013	2014	2014 排名 Ranking
滨州	Binzhou	1159	1508	1546	90	常德	Changde	950	1120	1357	110
菏泽	Heze	1056	1369	1502	94	张家界	Zhangjiajie	337	375	386	256
河南	**Henan**	**21768**	**26843**	**28017**		益阳	Yiyang	617	842	844	173
郑州	Zhengzhou	3158	3836	4174	25	郴州	Chenzhou	321	910	956	151
开封	Kaifeng	1010	1326	1342	111	永州	Yongzhou	709	845	859	168
洛阳	Luoyang	1650	2269	2349	60	怀化	Huaihua	299	436	445	240
平顶山	Pingdingshan	958	1048	1081	133	娄底	Loudi	482	442	445	240
安阳	Anyang	898	965	997	142	**广东**	**Guangdong**	**55869**	**64864**	**67446**	
鹤壁	Hebi	603	722	746	187	广州	Guangzhou	9731	10241	10414	4
新乡	Xinxiang	1028	1084	1100	127	韶关	Shaoguan	720	729	735	190
焦作	Jiaozuo	1056	1201	1248	116	深圳	Shenzhen	8941	11496	11633	3
濮阳	Puyang	405	648	668	200	珠海	Zhuhai	3385	4633	5101	19
许昌	Xuchang	538	606	622	210	汕头	Shantou	2492	2500	2500	56
漯河	Luohe	761	805	810	177	佛山	Foshan	2339	3325	2573	53
三门峡	Sanmenxia	207	316	326	261	江门	Jiangmen	1942	2228	2412	57
南阳	Nanyang	1088	1908	2018	70	湛江	Zhanjiang	1609	972	1035	138
商丘	Shangqiu	719	888	918	159	茂名	Maoming	487	536	648	206
信阳	Xinyang	783	859	876	164	肇庆	Zhaoqing	869	1062	1124	120
周口	Zhoukou	629	712	773	184	惠州	Huizhou	1882	2116	2812	46
驻马店	Zhumadian	868	1046	1084	131	梅州	Meizhou	693	765	809	178
湖北	**Hubei**	**24599**	**29180**	**31145**		汕尾	Shanwei	244	260	261	268
武汉	Wuhan	7273	8384	8880	5	河源	Heyuan	314	409	416	248
黄石	Huangshi	1227	1425	1552	89	阳江	Yangjiang	597	652	694	198
十堰	Shiyan	746	911	924	158	清远	Qingyuan	569	1403	1462	101
宜昌	Yichang	1368	1767	1878	77	东莞	Dongguan	11853	13322	13947	1
襄阳	Xiangyang	1188	1588	1666	86	中山	Zhongshan	1089	1047	1069	134
鄂州	Ezhou	786	1074	1167	119	潮州	Chaozhou	399	433	733	191
荆门	Jingmen	645	790	876	164	揭阳	Jieyang	418	754	763	185
孝感	Xiaogan	554	718	929	156	云浮	Yunfu	86	91	186	279
荆州	Jingzhou	755	890	993	143	**广西**	**Guangxi**	**12118**	**14631**	**15614**	
黄冈	Huanggang	738	800	975	147	南宁	Nanning	3205	3527	3861	30
咸宁	Xianning	418	515	532	223	柳州	Liuzhou	1494	1807	1894	75
随州	Suizhou	383	468	482	232	桂林	Guilin	699	880	976	146
湖南	**Hunan**	**15972**	**19735**	**20062**		梧州	Wuzhou	509	606	847	172
长沙	Changsha	3618	4037	4038	26	北海	Beihai	745	858	880	163
株洲	Zhuzhou	1413	1837	2012	71	防城港	Fangchenggang	507	628	633	207
湘潭	Xiangtan	1140	1360	1475	99	钦州	Qinzhou	728	1038	1049	136
衡阳	Hengyang	1432	2009	1422	105	贵港	Guigang	716	780	787	182
邵阳	Shaoyang	775	938	1100	127	玉林	Yulin	783	943	956	151
岳阳	Yueyang	807	877	907	161	百色	Baise	311	427	427	246

8-38 城市道路面积(辖区) 续表 3
Surface Area of Urban Roads (Municipal Districts) continued 3

单位：万平方米 (10 000 m²)

地名	City	2010	2013	2014	2014 排名 Ranking
贺州	Hezhou	276	309	316	263
河池	Hechi	157	209	213	276
来宾	Laibin	250	574	622	210
崇左	Chongzuo	185	190	190	278
海南	**Hainan**	**3152**	**4608**	**4747**	
海口	Haikou	1572	2488	2568	54
三亚	Sanya	383	404	429	244
三沙	Sansha			2	286
重庆	**Chongqing**	**9931**	**12723**	**14528**	
四川	**Sichuan**	**18743**	**24700**	**26264**	
成都	Chengdu	6460	7443	7404	10
自贡	Zigong	794	1157	1537	92
攀枝花	Panzhihua	565	762	821	176
泸州	Luzhou	785	1329	1369	108
德阳	Deyang	533	671	677	199
绵阳	Mianyang	1484	1530	1543	91
广元	Guangyuan	376	512	555	219
遂宁	Suining	625	1782	1868	78
内江	Neijiang	303	439	471	233
乐山	Leshan	688	823	853	169
南充	Nanchong	964	1410	1500	95
眉山	Meishan	454	535	715	195
宜宾	Yibin	311	494	497	230
广安	Guangan	286	432	662	203
达州	Dazhou	156	211	215	275
雅安	Yaan	215	296	341	260
巴中	Bazhong	45	100	103	283
资阳	Ziyang	335	469	500	229
贵州	**Guizhou**	**3604**	**5967**	**6531**	
贵阳	Guiyang	1348	2584	2611	50
六盘水	Liupanshui	320	393	407	251
遵义	Zunyi	385	385	552	220
安顺	Anshun	254	418	457	237
毕节	Bijie	196	325	430	243
铜仁	Tongren	159	243	256	270
云南	**Yunnan**	**7983**	**9906**	**14182**	
昆明	Kunming	2815	3454	7238	11
曲靖	Qujing	698	780	1016	140
玉溪	Yuxi	326	662	668	200
保山	Baoshan	206	324	356	258
昭通	Zhaotong	336	383	390	255
丽江	Lijiang	224	179	180	281
普洱	Puer	272	216	216	274
临沧	Lincang	150	189	195	277
西藏	**Tibet**	**596**	**814**	**970**	
拉萨	Lasa	519	644	708	197
陕西	**Shaanxi**	**10537**	**12698**	**13557**	
西安	Xi'an	5342	7017	7200	12
铜川	Tongchuan	438	460	466	235
宝鸡	Baoji	1233	1294	1303	113
咸阳	Xianyang	836	1165	1182	118
渭南	Weinan	673	374	428	245
延安	Yan'an	178	216	227	273
汉中	Hanzhong	258	292	313	264
榆林	Yulin	447	570	852	170
安康	Ankang	470	517	519	225
商洛	Shangluo	184	179	185	280
甘肃	**Gansu**	**6599**	**7958**	**8758**	
兰州	Lanzhou	2162	2860	3247	36
嘉峪关	Jiayuguan	334	385	394	254
金昌	Jinchang	399	460	463	236
白银	Baiyin	555	626	627	209
天水	Tianshui	596	597	601	215
武威	Wuwei	259	292	360	257
张掖	Zhangye	321	418	617	212
平凉	Pingliang	521	580	614	214
酒泉	Jiuquan	429	453	453	238
庆阳	Qingyang	198	269	290	267
定西	Dingxi	161	229	261	268
陇南	Longnan	64	66	68	285
青海	**Qinghai**	**1357**	**1785**	**1835**	
西宁	Xining	737	886	913	160
海东	Haidong			85	284
宁夏	**Ningxia**	**3889**	**4964**	**6332**	
银川	Yinchuan	1652	1837	1885	76
石嘴山	Shizuishan	623	737	1568	88
吴忠	Wuzhong	373	499	516	227
固原	Guyuan	398	742	782	183
中卫	Zhongwei	350	542	542	222
新疆	**Xinjiang**	**8323**	**11086**	**11917**	
乌鲁木齐	Urumqi	2005	2914	3101	38
克拉玛依	Karamay	823	955	1047	137

8-39 城市人均道路面积(辖区）

Urban Road Surface Area per Capita (Municipal Districts)

单位：平方米 (m²)

地名	City	2010	2013	2014	2014 排名 Ranking
全国	**Nation Total**	**13.2**	**14.9**	**15.3**	
北京	**Beijing**	**5.6**	**7.6**	**7.4**	
天津	**Tianjin**	**14.9**	**18.7**	**16.7**	
河北	**Hebei**	**17.4**	**18.2**	**18.5**	
石家庄	Shijiazhuang	16.9	18.2	18.6	96
唐山	Tangshan	15.1	15.5	15.7	142
秦皇岛	Qinhuangdao	19.4	19.7	19.8	85
邯郸	Handan	19.6	19.2	19.9	84
邢台	Xingtai	20.0	14.9	15.6	144
保定	Baoding	15.2	19.9	19.9	82
张家口	Zhangjiakou	14.5	15.4	15.5	146
承德	Chengde	13.0	13.4	13.2	184
沧州	Cangzhou	15.2	17.2	17.2	113
廊坊	Langfang	16.5	16.8	17.4	109
衡水	Hengshui	17.2	18.8	20.1	80
山西	**Shanxi**	**10.7**	**12.9**	**13.3**	
太原	Taiyuan	8.1	10.5	11.3	228
大同	Datong	13.8	15.6	16.2	131
阳泉	Yangquan	9.9	10.3	14.0	171
长治	Changzhi	6.7	8.4	8.8	262
晋城	Jincheng	11.5	12.6	12.2	210
朔州	Shuozhou	15.8	16.8	16.9	120
晋中	Jinzhong	15.2	21.1	17.4	111
运城	Yuncheng	7.7	14.0	16.7	123
忻州	Xinzhou	8.8	17.9	19.0	91
临汾	Linfen	11.6	10.9	10.6	241
吕梁	Lvliang	10.5	10.9	11.3	225
内蒙古	**Inner Mongolia**	**14.9**	**19.7**	**21.1**	
呼和浩特	Hohhot	10.2	11.4	11.9	212
包头	Baotou	12.8	14.2	14.5	159
乌海	Wuhai	13.6	13.4	18.0	104
赤峰	Chifeng	9.2	17.7	20.2	79
通辽	Tongliao	17.2	21.3	24.1	50
鄂尔多斯	Erdos	30.9	48.0	60.1	1
呼伦贝尔	Hulunbuir	13.1	29.9	30.0	16
巴彦淖尔	Bayannur	19.2	24.7	22.4	61
乌兰察布	Ulanqab	16.6	26.0	25.9	35
辽宁	**Liaoning**	**11.2**	**12.1**	**12.8**	
沈阳	Shenyang	11.9	13.6	16.3	129
大连	Dalian	14.1	13.5	13.5	180
鞍山	Anshan	8.2	8.8	9.2	258
抚顺	Fushun	9.0	10.4	10.5	242
本溪	Benxi	10.1	10.8	10.8	238
丹东	Dandong	14.3	16.2	16.3	128
锦州	Jinzhou	9.7	11.2	11.6	219
营口	Yingkou	7.5	7.2	7.2	275
阜新	Fuxin	5.9	6.4	6.6	279
辽阳	Liaoyang	12.6	16.6	16.8	121
盘锦	Panjin	15.0	13.4	13.3	182
铁岭	Tieling	18.0	18.5	14.0	171
朝阳	Chaoyang	7.0	6.6	6.6	278
葫芦岛	Huludao	11.4	12.2	11.5	220
吉林	**Jilin**	**12.4**	**13.6**	**14.6**	
长春	Changchun	20.2	18.7	19.2	90
吉林	Jilin	10.1	10.5	10.7	239
四平	Siping	5.5	9.2	20.9	73
辽源	Liaoyuan	13.0	10.3	11.0	235
通化	Tonghua	5.5	8.4	8.6	266
白山	Baishan	9.2	10.1	10.5	243
松原	Songyuan	10.6	15.7	18.0	105
白城	Baicheng	9.0	9.4	11.2	229
黑龙江	**Heilongjiang**	**10.0**	**13.2**	**13.3**	
哈尔滨	Harbin	7.9	14.0	14.2	166
齐齐哈尔	Qiqihar	8.0	8.7	9.0	259
鸡西	Jixi	7.3	8.9	9.0	260
鹤岗	Hegang	6.3	7.8	8.1	268
双鸭山	Shuangyashan	6.8	8.1	8.5	267
大庆	Daqing	20.4	23.7	22.8	58
伊春	Yichun	9.8	10.8	11.3	225
佳木斯	Jiamusi	7.5	9.0	9.5	255
七台河	Qitaihe	11.0	12.0	11.9	213
牡丹江	Mudanjiang	12.4	13.8	13.6	179
黑河	Heihe	11.0	12.4	12.4	206
绥化	Suihua	6.8	7.5	7.2	274
上海	**Shanghai**	**4.0**	**4.1**	**4.1**	
江苏	**Jiangsu**	**21.3**	**23.2**	**23.9**	

8-39 城市人均道路面积(辖区) 续表 1

Urban Road Surface Area per Capita (Municipal Districts) continued 1

单位：平方米 （m²）

地名	City	2010	2013	2014	2014 排名 Ranking	地名	City	2010	2013	2014	2014 排名 Ranking
南京	Nanjing	19.4	21.3	22.2	63	池州	Chizhou	23.7	24.4	25.1	43
无锡	Wuxi	23.5	24.7	25.2	42	宣城	Xuancheng	19.7	26.6	27.4	28
徐州	Xuzhou	16.3	22.5	25.3	40	**福建**	**Fujian**	**12.6**	**13.4**	**13.6**	
常州	Changzhou	22.9	25.5	25.5	38	福州	Fuzhou	11.3	11.3	11.1	233
苏州	Suzhou	27.6	27.9	28.1	23	厦门	Xiamen	10.8	12.6	12.3	209
南通	Nantong	18.9	26.4	29.2	18	莆田	Putian	14.9	14.8	14.9	152
连云港	Lianyungang	22.4	21.1	21.4	67	三明	Sanming	14.5	15.2	15.8	141
淮安	Huaian	17.1	20.4	20.9	74	泉州	Quanzhou	11.6	15.5	15.7	143
盐城	Yancheng	19.2	21.4	20.1	81	漳州	Zhangzhou	17.9	18.9	23.2	56
扬州	Yangzhou	20.8	21.3	21.7	66	南平	Nanping	11.5	12.0	12.0	211
镇江	Zhenjiang	20.8	23.9	24.2	49	龙岩	Longyan	13.2	14.2	14.3	164
泰州	Taizhou	22.2	24.5	24.3	47	宁德	Ningde	12.3	13.3	16.1	136
宿迁	Suqian	26.8	27.7	27.7	25	**江西**	**Jiangxi**	**13.8**	**15.3**	**15.8**	
浙江	**Zhejiang**	**16.7**	**17.8**	**18.4**		南昌	Nanchang	8.5	10.4	11.1	232
杭州	Hangzhou	14.3	14.1	14.8	154	景德镇	Jingdezhen	16.1	16.3	16.2	131
宁波	Ningbo	14.5	15.7	15.8	140	萍乡	Pingxiang	16.0	15.4	15.9	139
温州	Wenzhou	16.0	13.8	15.2	149	九江	Jiujiang	21.1	22.9	23.2	55
嘉兴	Jiaxing	17.5	17.7	17.1	116	新余	Xinyu	21.4	23.6	24.2	48
湖州	Huzhou	22.5	23.4	25.0	44	鹰潭	Yingtan	18.8	13.8	13.2	186
绍兴	Shaoxing	17.1	17.8	18.0	105	赣州	Ganzhou	10.2	11.0	11.6	217
金华	Jinhua	23.9	25.7	26.4	32	吉安	Jian	16.1	17.8	18.7	94
衢州	Quzhou	25.6	27.8	31.1	14	宜春	Yichun	13.8	14.0	14.2	165
舟山	Zhoushan	11.6	18.4	18.2	98	抚州	Fuzhou	18.1	19.9	20.5	78
台州	Taizhou	23.5	26.8	27.8	24	上饶	Shangrao	20.6	21.8	21.2	70
丽水	Lishui	12.7	12.4	12.6	201	**山东**	**Shandong**	**22.2**	**25.3**	**25.8**	
安徽	**Anhui**	**16.0**	**19.6**	**20.3**		济南	Jinan	21.0	24.9	26.5	31
合肥	Hefei	17.5	16.5	16.4	127	青岛	Qingdao	21.3	24.7	24.3	46
芜湖	Wuhu	21.8	27.5	25.9	35	淄博	Zibo	16.3	23.3	24.0	51
蚌埠	Bengbu	13.7	17.5	19.2	89	枣庄	Zaozhuang	18.9	25.5	25.5	39
淮南	Huainan	10.1	13.9	13.9	174	东营	Dongying	28.6	34.5	34.3	5
马鞍山	Maanshan	17.1	18.0	17.7	107	烟台	Yantai	21.0	22.3	19.5	87
淮北	Huaibei	10.3	12.9	13.3	183	潍坊	Weifang	24.6	27.2	28.2	22
铜陵	Tongling	11.5	11.5	11.5	220	济宁	Jining	28.8	31.6	32.7	7
安庆	Anqing	15.7	16.6	17.0	117	泰安	Taian	24.9	25.7	25.8	37
黄山	Huangshan	18.2	20.1	21.1	72	威海	Weihai	30.5	31.8	31.6	11
滁州	Chuzhou	24.3	39.4	44.5	2	日照	Rizhao	25.0	27.4	29.8	17
阜阳	Fuyang	15.5	20.6	23.7	52	莱芜	Laiwu	28.9	27.9	29.0	19
宿州	Suzhou	18.1	24.2	27.1	29	临沂	Linyi	21.8	21.4	23.3	53
六安	Liuan	7.5	20.5	21.2	71	德州	Dezhou	20.2	34.9	32.7	8
亳州	Bozhou	37.4	38.2	39.8	3	聊城	Liaocheng	28.8	32.9	31.2	12

8-39 城市人均道路面积(辖区) 续表 2
Urban Road Surface Area per Capita (Municipal Districts) continued 2

单位：平方米 （m²）

地名	City	2010	2013	2014	2014 排名 Ranking	地名	City	2010	2013	2014	2014 排名 Ranking
滨州	Binzhou	16.5	20.5	20.7	76	常德	Changde	15.3	16.4	19.4	88
菏泽	Heze	14.8	19.3	22.2	62	张家界	Zhangjiajie	15.7	16.8	17.3	112
河南	**Henan**	**10.3**	**11.6**	**11.7**		益阳	Yiyang	10.2	12.6	13.5	181
郑州	Zhengzhou	6.3	6.6	6.5	280	郴州	Chenzhou	6.1	15.2	15.5	147
开封	Kaifeng	11.6	14.9	14.5	160	永州	Yongzhou	13.8	16.1	16.2	130
洛阳	Luoyang	6.8	9.0	9.7	249	怀化	Huaihua	9.3	8.7	8.0	269
平顶山	Pingdingshan	9.5	11.3	11.5	223	娄底	Loudi	12.9	9.3	9.3	257
安阳	Anyang	12.7	13.5	13.9	176	**广东**	**Guangdong**	**12.7**	**13.1**	**13.2**	
鹤壁	Hebi	14.4	15.9	16.1	134	广州	Guangzhou	11.2	9.6	9.4	256
新乡	Xinxiang	13.7	14.3	14.5	161	韶关	Shaoguan	13.4	13.3	13.0	189
焦作	Jiaozuo	14.0	15.6	16.1	133	深圳	Shenzhen	8.6	10.8	10.8	237
濮阳	Puyang	9.3	13.9	13.0	189	珠海	Zhuhai	23.3	29.9	28.5	21
许昌	Xuchang	12.1	12.4	12.6	203	汕头	Shantou	10.8	10.0	9.9	246
漯河	Luohe	14.0	14.4	14.5	158	佛山	Foshan	12.0	15.4	12.7	198
三门峡	Sanmenxia	6.9	9.6	9.6	251	江门	Jiangmen	17.7	18.8	18.0	103
南阳	Nanyang	9.0	12.4	13.0	192	湛江	Zhanjiang	24.2	11.3	11.6	218
商丘	Shangqiu	7.5	9.2	9.5	252	茂名	Maoming	10.1	11.0	10.1	245
信阳	Xinyang	16.7	17.4	16.6	124	肇庆	Zhaoqing	17.1	19.3	19.9	82
周口	Zhoukou	21.0	23.0	21.9	64	惠州	Huizhou	16.1	13.9	18.2	98
驻马店	Zhumadian	20.4	22.6	23.2	54	梅州	Meizhou	16.8	18.0	20.7	77
湖北	**Hubei**	**14.1**	**15.9**	**16.6**		汕尾	Shanwei	9.8	11.2	10.7	240
武汉	Wuhan	11.4	13.3	14.0	173	河源	Heyuan	11.6	13.8	13.7	178
黄石	Huangshi	16.9	19.4	18.1	100	阳江	Yangjiang	14.5	16.4	16.8	121
十堰	Shiyan	14.0	15.8	15.9	137	清远	Qingyuan	11.9	31.4	31.7	9
宜昌	Yichang	17.3	21.3	21.3	69	东莞	Dongguan	20.0	21.4	23.0	57
襄阳	Xiangyang	15.4	18.5	17.6	108	中山	Zhongshan	18.6	15.1	14.9	153
鄂州	Ezhou	19.4	25.8	27.6	26	潮州	Chaozhou	10.2	12.0	8.7	264
荆门	Jingmen	13.8	16.3	17.4	110	揭阳	Jieyang	5.3	3.6	3.6	284
孝感	Xiaogan	19.5	18.5	22.7	59	云浮	Yunfu	4.0	4.3	6.5	281
荆州	Jingzhou	10.6	12.2	14.6	156	**广西**	**Guangxi**	**14.3**	**15.5**	**15.8**	
黄冈	Huanggang	25.1	26.4	31.2	13	南宁	Nanning	14.7	14.3	14.2	168
咸宁	Xianning	12.6	13.1	13.0	194	柳州	Liuzhou	10.6	11.4	11.8	215
随州	Suizhou	11.7	9.5	9.8	247	桂林	Guilin	8.5	10.7	11.9	214
湖南	**Hunan**	**13.0**	**13.8**	**13.8**		梧州	Wuzhou	12.2	14.3	14.6	157
长沙	Changsha	14.3	12.8	12.6	200	北海	Beihai	21.7	20.9	21.4	68
株洲	Zhuzhou	16.8	17.4	18.8	92	防城港	Fangchenggang	32.6	38.3	35.6	4
湘潭	Xiangtan	15.4	17.3	18.1	101	钦州	Qinzhou	32.0	33.6	31.7	10
衡阳	Hengyang	15.3	17.7	12.8	197	贵港	Guigang	17.7	19.8	18.3	97
邵阳	Shaoyang	12.9	12.9	14.4	162	玉林	Yulin	14.2	14.2	14.4	162
岳阳	Yueyang	12.4	13.3	13.2	184	百色	Baise	14.0	17.3	17.0	118

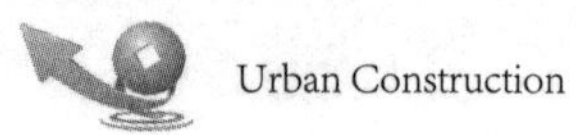

8-39 城市人均道路面积(辖区) 续表 3
Urban Road Surface Area per Capita (Municipal Districts) continued 3

单位：平方米 (m²)

地名	City	2010	2013	2014	2014 排名 Ranking	地名	City	2010	2013	2014	2014 排名 Ranking
贺州	Hezhou	16.7	10.9	11.2	231	丽江	Lijiang	18.6	13.1	12.4	205
河池	Hechi	6.8	8.9	9.5	253	普洱	Puer	12.6	9.7	9.7	249
来宾	Laibin	9.0	18.7	21.8	65	临沧	Lincang	10.8	11.3	10.9	236
崇左	Chongzuo	14.2	11.4	11.3	225	**西藏**	**Tibet**	**13.3**	**13.2**	**14.4**	
海南	**Hainan**	**13.8**	**18.7**	**18.0**		拉萨	Lasa	13.5	12.5	15.6	144
海口	Haikou	14.2	19.8	18.7	95	**陕西**	**Shaanxi**	**13.4**	**14.7**	**15.4**	
三亚	Sanya	13.5	12.1	11.4	224	西安	Xi'an	15.6	18.0	18.1	102
三沙	Sansha			16.9	119	铜川	Tongchuan	11.0	11.4	11.5	220
重庆	**Chongqing**	**9.4**	**11.2**	**11.7**		宝鸡	Baoji	15.7	16.0	15.9	138
四川	**Sichuan**	**11.8**	**13.2**	**13.3**		咸阳	Xianyang	10.1	12.4	12.6	202
成都	Chengdu	14.9	15.9	14.8	154	渭南	Weinan	16.8	8.5	9.5	253
自贡	Zigong	8.9	10.4	13.1	188	延安	Yan'an	5.1	5.4	7.0	277
攀枝花	Panzhihua	8.8	11.5	12.3	208	汉中	Hanzhong	6.3	7.5	7.9	270
泸州	Luzhou	9.4	11.6	11.7	216	榆林	Yulin	12.8	15.0	20.8	75
德阳	Deyang	12.4	13.0	12.7	199	安康	Ankang	13.9	16.1	16.1	135
绵阳	Mianyang	17.0	12.9	13.0	192	商洛	Shangluo	14.3	11.4	11.2	229
广元	Guangyuan	11.6	13.7	13.9	177	**甘肃**	**Gansu**	**12.2**	**14.0**	**15.3**	
遂宁	Suining	11.5	25.0	26.2	33	兰州	Lanzhou	10.9	14.5	16.6	125
内江	Neijiang	6.0	7.2	7.3	272	嘉峪关	Jiayuguan	16.8	15.8	17.1	115
乐山	Leshan	12.8	14.7	14.1	169	金昌	Jinchang	22.1	24.7	24.4	45
南充	Nanchong	12.1	13.3	13.9	175	白银	Baiyin	13.7	15.0	15.0	151
眉山	Meishan	14.6	16.2	14.2	166	天水	Tianshui	8.7	8.7	8.8	262
宜宾	Yibin	8.2	8.1	6.0	282	武威	Wuwei	10.2	9.1	11.1	233
广安	Guangan	9.3	12.7	22.5	60	张掖	Zhangye	16.7	22.2	33.3	6
达州	Dazhou	4.7	3.4	3.1	285	平凉	Pingliang	18.7	19.1	18.8	93
雅安	Yaan	8.7	11.5	13.0	195	酒泉	Jiuquan	13.9	12.9	12.6	204
巴中	Bazhong	1.6	2.9	2.8	286	庆阳	Qingyang	11.1	14.4	15.3	148
资阳	Ziyang	11.4	14.4	15.0	150	定西	Dingxi	9.0	12.7	13.0	191
贵州	**Guizhou**	**6.7**	**9.6**	**10.3**		陇南	Longnan	4.2	4.3	4.3	283
贵阳	Guiyang	6.2	9.7	9.8	247	**青海**	**Qinghai**	**11.4**	**10.9**	**11.1**	
六盘水	Liupanshui	10.2	12.4	12.3	207	西宁	Xining	7.4	7.2	7.2	273
遵义	Zunyi	5.3	5.1	7.1	276	海东	Haidong			8.6	265
安顺	Anshun	5.0	8.1	8.8	261	**宁夏**	**Ningxia**	**17.4**	**18.8**	**23.2**	
毕节	Bijie	8.0	13.3	16.5	126	银川	Yinchuan	15.3	14.2	14.1	170
铜仁	Tongren	6.9	7.5	7.8	271	石嘴山	Shizuishan	15.8	15.5	30.9	15
云南	**Yunnan**	**10.9**	**12.3**	**17.1**		吴忠	Wuzhong	20.1	24.2	25.3	41
昆明	Kunming	8.4	9.2	19.6	86	固原	Guyuan	19.1	27.9	26.7	30
曲靖	Qujing	11.0	13.6	17.2	114	中卫	Zhongwei	19.0	25.9	27.5	27
玉溪	Yuxi	16.2	22.0	26.1	34	**新疆**	**Xinjiang**	**13.2**	**15.7**	**16.5**	
保山	Baoshan	12.4	11.7	12.8	196	乌鲁木齐	Urumqi	7.2	9.6	10.1	244
昭通	Zhaotong	12.9	14.0	13.1	187	克拉玛依	Karamay	23.6	26.3	28.7	20

8-40 城市污水排放量(辖区)

Annual Quantity of Urban Wastewater Discharged (Municipal Districts)

单位：万立方米 (10 000 m³)

地名	City	2010	2013	2014	2014 排名 Ranking
全国	**Nation Total**	**3786983**	**4274525**	**4453428**	
北京	**Beijing**	**141651**	**155317**	**161548**	
天津	**Tianjin**	**65235**	**78694**	**82316**	
河北	**Hebei**	**132798**	**149382**	**157348**	
石家庄	Shijiazhuang	24583	30966	45077	14
唐山	Tangshan	20285	22466	22452	33
秦皇岛	Qinhuangdao	9163	10293	10117	76
邯郸	Handan	12959	12149	12812	66
邢台	Xingtai	4828	5755	4164	173
保定	Baoding	8500	8505	8325	92
张家口	Zhangjiakou	5806	6708	6725	118
承德	Chengde	4635	4588	4044	176
沧州	Cangzhou	2842	3650	3758	189
廊坊	Langfang	3675	4140	4095	175
衡水	Hengshui	3468	3522	3468	202
山西	**Shanxi**	**60181**	**63359**	**67093**	
太原	Taiyuan	22556	23010	26146	29
大同	Datong	5840	6330	6062	129
阳泉	Yangquan	3547	3797	3600	198
长治	Changzhi	6000	6006	6289	123
晋城	Jincheng	2100	2779	3562	200
朔州	Shuozhou	1934	2061	1920	251
晋中	Jinzhong	1953	2484	2948	218
运城	Yuncheng	2700	2600	2380	234
忻州	Xinzhou	1330	2541	2469	230
临汾	Linfen	2449	2430	2557	226
吕梁	Lvliang	750	805	946	278
内蒙古	**Inner Mongolia**	**46543**	**52789**	**57212**	
呼和浩特	Hohhot	9488	11096	11810	71
包头	Baotou	8232	9033	9255	81
乌海	Wuhai	2534	3020	3056	213
赤峰	Chifeng	6983	8742	9246	82
通辽	Tongliao	4523	5000	5649	136
鄂尔多斯	Erdos	1908	2584	2573	225
呼伦贝尔	Hulunbuir	1923	2085	2897	220
巴彦淖尔	Bayannur	1380	1489	2313	238
乌兰察布	Ulanqab	1853	1056	1162	272
辽宁	**Liaoning**	**204370**	**225766**	**239889**	
沈阳	Shenyang	54429	52320	57552	8
大连	Dalian	28242	37188	38387	19
鞍山	Anshan	19300	21825	21329	36
抚顺	Fushun	9774	15153	21718	34
本溪	Benxi	18731	19315	19431	44
丹东	Dandong	3970	4810	4943	154
锦州	Jinzhou	10536	9810	12051	70
营口	Yingkou	4624	5512	5512	140
阜新	Fuxin	5630	6277	6452	120
辽阳	Liaoyang	9854	8205	8207	95
盘锦	Panjin	5795	6707	6004	132
铁岭	Tieling	3349	2840	3060	212
朝阳	Chaoyang	3351	4689	4350	169
葫芦岛	Huludao	5340	5849	4684	159
吉林	**Jilin**	**75270**	**84289**	**83347**	
长春	Changchun	23555	26327	25974	30
吉林	Jilin	17821	18379	18637	46
四平	Siping	1870	2682	3794	184
辽源	Liaoyuan	2280	2788	2790	224
通化	Tonghua	3509	2096	2096	241
白山	Baishan	2034	2714	2345	236
松原	Songyuan	3680	4589	4590	163
白城	Baicheng	2440	1266	1266	270
黑龙江	**Heilongjiang**	**108443**	**119785**	**121559**	
哈尔滨	Harbin	32016	36428	37557	20
齐齐哈尔	Qiqihar	7265	7764	7679	103
鸡西	Jixi	5500	5300	5574	138
鹤岗	Hegang	3812	3503	3610	197
双鸭山	Shuangyashan	1825	2060	2060	244
大庆	Daqing	19365	21159	21264	37
伊春	Yichun	2563	3424	3426	203
佳木斯	Jiamusi	6020	5850	5200	147
七台河	Qitaihe	3650	3945	3960	179
牡丹江	Mudanjiang	14185	16498	16680	50
黑河	Heihe	540	1131	1130	274
绥化	Suihua	1300	1450	1674	261
上海	**Shanghai**	**231374**	**233600**	**231685**	
江苏	**Jiangsu**	**363096**	**393453**	**396336**	

8-40 城市污水排放量(辖区) 续表 1

Annual Quantity of Urban Wastewater Discharged (Municipal Districts) continued 1

单位：万立方米 (10 000 m³)

地名	City	2010	2013	2014	2014 排名 Ranking	地名	City	2010	2013	2014	2014 排名 Ranking
南京	Nanjing	80490	93155	94134	4	池州	Chizhou	1620	2030	2315	237
无锡	Wuxi	38685	36568	34617	21	宣城	Xuancheng	1750	2157	2227	240
徐州	Xuzhou	18106	19998	20709	41	**福建**	**Fujian**	**95884**	**113550**	**119013**	
常州	Changzhou	24025	21172	20520	42	福州	Fuzhou	20208	24861	27200	28
苏州	Suzhou	40989	58216	59871	7	厦门	Xiamen	22049	26173	29438	26
南通	Nantong	15792	20490	20970	39	莆田	Putian	4905	7661	7968	98
连云港	Lianyungang	7181	7253	7610	105	三明	Sanming	4225	4646	4466	166
淮安	Huaian	13387	15025	13406	63	泉州	Quanzhou	8953	9889	8651	88
盐城	Yancheng	5299	5768	6253	124	漳州	Zhangzhou	3400	3836	3840	181
扬州	Yangzhou	10121	14333	14667	56	南平	Nanping	1842	1968	1948	249
镇江	Zhenjiang	12495	13390	13543	61	龙岩	Longyan	3931	5556	5613	137
泰州	Taizhou	3768	7153	7405	107	宁德	Ningde	1330	1237	1546	266
宿迁	Suqian	4020	5499	6105	128	**江西**	**Jiangxi**	**70453**	**78247**	**81271**	
浙江	**Zhejiang**	**206415**	**235798**	**250146**		南昌	Nanchang	27297	29803	30390	25
杭州	Hangzhou	43746	45432	48520	10	景德镇	Jingdezhen	3945	3891	3785	185
宁波	Ningbo	32531	37847	40088	16	萍乡	Pingxiang	2450	3516	957	277
温州	Wenzhou	17802	18737	19250	45	九江	Jiujiang	6238	5998	6015	131
嘉兴	Jiaxing	8027	8750	9050	85	新余	Xinyu	3687	4622	4720	156
湖州	Huzhou	6500	6564	7152	112	鹰潭	Yingtan	1765	1752	1868	253
绍兴	Shaoxing	9789	24711	30391	24	赣州	Ganzhou	3402	5420	7773	100
金华	Jinhua	4216	4666	5041	150	吉安	Jian	2364	2738	3032	215
衢州	Quzhou	8184	3873	4145	174	宜春	Yichun	2456	2934	3315	206
舟山	Zhoushan	3393	3590	3690	192	抚州	Fuzhou	3139	3515	3764	186
台州	Taizhou	8996	10707	11361	72	上饶	Shangrao	2551	3079	3098	210
丽水	Lishui	2711	3031	3132	207	**山东**	**Shandong**	**244417**	**281135**	**295243**	
安徽	**Anhui**	**124449**	**135346**	**144249**		济南	Jinan	22980	28534	29229	27
合肥	Hefei	30856	36527	42200	15	青岛	Qingdao	30735	36664	39651	18
芜湖	Wuhu	9789	12647	13544	60	淄博	Zibo	22730	23035	22579	32
蚌埠	Bengbu	13100	13399	13631	59	枣庄	Zaozhuang	6854	8089	8607	89
淮南	Huainan	10400	7640	6330	122	东营	Dongying	6512	7625	7479	106
马鞍山	Maanshan	15665	12998	12948	64	烟台	Yantai	12489	13354	14849	54
淮北	Huaibei	4348	4699	4654	160	潍坊	Weifang	7408	12992	12616	68
铜陵	Tongling	3143	4726	4737	155	济宁	Jining	9206	13634	13524	62
安庆	Anqing	5596	6123	7156	111	泰安	Taian	5624	5636	6052	130
黄山	Huangshan	2008	2906	2956	216	威海	Weihai	5115	5657	8818	87
滁州	Chuzhou	2766	5173	6107	127	日照	Rizhao	5032	5708	6225	125
阜阳	Fuyang	4500	5768	5396	143	莱芜	Laiwu	3188	3793	4183	172
宿州	Suzhou	5210	3680	3763	188	临沂	Linyi	12414	15889	17435	49
六安	Liuan	3600	3183	3624	196	德州	Dezhou	5998	6062	9275	80
亳州	Bozhou	2358	3695	3806	182	聊城	Liaocheng	4070	5479	5681	135

8-40 城市污水排放量(辖区) 续表 2

Annual Quantity of Urban Wastewater Discharged (Municipal Districts) continued 2

单位：万立方米 (10 000 m³)

地名	City	2010	2013	2014	2014 排名 Ranking	地名	City	2010	2013	2014	2014 排名 Ranking
滨州	Binzhou	4949	6296	4711	157	常德	Changde	5680	5791	6346	121
菏泽	Heze	3460	3902	4963	153	张家界	Zhangjiajie	1925	1989	2353	235
河南	**Henan**	**147413**	**167742**	**169502**		益阳	Yiyang	4300	5317	5800	133
郑州	Zhengzhou	32065	31877	30601	22	郴州	Chenzhou	4695	5134	4703	158
开封	Kaifeng	5815	8226	8266	93	永州	Yongzhou	6791	6525	6939	117
洛阳	Luoyang	11383	15195	14582	57	怀化	Huaihua	4109	3672	3903	180
平顶山	Pingdingshan	9398	10085	9119	84	娄底	Loudi	4850	3772	4249	170
安阳	Anyang	8485	7980	7724	101	**广东**	**Guangdong**	**506546**	**636504**	**652251**	
鹤壁	Hebi	3390	3890	4028	177	广州	Guangzhou	93847	141356	132834	2
新乡	Xinxiang	8691	10079	10111	77	韶关	Shaoguan	5127	6872	6961	116
焦作	Jiaozuo	8106	8465	9193	83	深圳	Shenzhen	104798	149457	158205	1
濮阳	Puyang	3826	4350	4601	161	珠海	Zhuhai	17285	23596	23748	31
许昌	Xuchang	3270	3527	3689	193	汕头	Shantou	19950	20262	19974	43
漯河	Luohe	8553	7261	7273	108	佛山	Foshan	36198	39327	46099	12
三门峡	Sanmenxia	1329	2036	2067	243	江门	Jiangmen	10103	16634	18083	48
南阳	Nanyang	4474	6758	7638	104	湛江	Zhanjiang	7530	12155	12695	67
商丘	Shangqiu	4777	8297	8236	94	茂名	Maoming	3468	4225	5039	151
信阳	Xinyang	3326	3655	3997	178	肇庆	Zhaoqing	7112	7003	7253	110
周口	Zhoukou	1432	2685	3076	211	惠州	Huizhou	18153	21447	21139	38
驻马店	Zhumadian	3334	4019	5104	149	梅州	Meizhou	3154	3044	3594	199
湖北	**Hubei**	**169150**	**177323**	**192893**		汕尾	Shanwei	2091	2137	2422	231
武汉	Wuhan	60801	71643	79245	5	河源	Heyuan	3839	3939	4382	168
黄石	Huangshi	10100	8861	8894	86	阳江	Yangjiang	2558	3178	3709	191
十堰	Shiyan	8045	8007	9550	79	清远	Qingyuan	2556	5344	5363	144
宜昌	Yichang	7925	8112	8189	96	东莞	Dongguan	109527	103338	104068	3
襄阳	Xiangyang	12346	12773	15989	51	中山	Zhongshan	10431	12964	12864	65
鄂州	Ezhou	2450	2758	3528	201	潮州	Chaozhou	3868	4072	7273	108
荆门	Jingmen	4556	5145	5164	148	揭阳	Jieyang	2117	6289	3671	194
孝感	Xiaogan	2618	2880	4600	162	云浮	Yunfu	1879	2281	2829	222
荆州	Jingzhou	7035	6602	6965	115	**广西**	**Guangxi**	**115256**	**125443**	**125341**	
黄冈	Huanggang	3140	3256	2521	228	南宁	Nanning	30062	31936	30501	23
咸宁	Xianning	1704	2216	2417	232	柳州	Liuzhou	31556	39181	39688	17
随州	Suizhou	2800	3186	3425	204	桂林	Guilin	7997	8100	8519	90
湖南	**Hunan**	**153696**	**152006**	**161784**		梧州	Wuzhou	3825	4249	5315	145
长沙	Changsha	35927	42169	45796	13	北海	Beihai	3226	3711	3630	195
株洲	Zhuzhou	13000	13481	14241	58	防城港	Fangchenggang	2015	2940	3104	209
湘潭	Xiangtan	13200	9767	15664	52	钦州	Qinzhou	3386	3498	3802	183
衡阳	Hengyang	11650	11126	10941	73	贵港	Guigang	8809	8039	7885	99
邵阳	Shaoyang	6600	5770	7722	102	玉林	Yulin	3817	5215	5260	146
岳阳	Yueyang	12400	13860	12495	69	百色	Baise	3661	3356	2230	239

8-40 城市污水排放量(辖区) 续表 3
Annual Quantity of Urban Wastewater Discharged (Municipal Districts) continued 3

单位：万立方米 (10 000 m³)

地名	City	2010	2013	2014	2014 排名 Ranking
贺州	Hezhou	1503	1880	1922	250
河池	Hechi	3150	1822	1820	254
来宾	Laibin	1762	1771	1594	263
崇左	Chongzuo	961	844	1021	275
海南	**Hainan**	**27811**	**27194**	**28454**	
海口	Haikou	12914	15000	14779	55
三亚	Sanya	10472	4934	5530	139
三沙	Sansha			29	286
重庆	**Chongqing**	**64622**	**82991**	**93517**	
四川	**Sichuan**	**136520**	**164898**	**172892**	
成都	Chengdu	55404	69589	70601	6
自贡	Zigong	4502	6844	7080	113
攀枝花	Panzhihua	9751	10475	10853	74
泸州	Luzhou	7223	7984	5683	134
德阳	Deyang	3761	5514	5009	152
绵阳	Mianyang	6753	7677	8150	97
广元	Guangyuan	2280	2667	2882	221
遂宁	Suining	2397	2669	4192	171
内江	Neijiang	1826	2700	2825	223
乐山	Leshan	3368	3293	3395	205
南充	Nanchong	5660	5995	6110	126
眉山	Meishan	2376	2514	3130	208
宜宾	Yibin	3978	2293	5412	141
广安	Guangan	860	1740	1720	259
达州	Dazhou	2161	4207	5398	142
雅安	Yaan	1600	1851	1748	256
巴中	Bazhong	1510	1825	1950	248
资阳	Ziyang	1478	1691	1778	255
贵州	**Guizhou**	**32533**	**41984**	**45013**	
贵阳	Guiyang	16952	19932	21716	35
六盘水	Liupanshui	1801	1715	1725	258
遵义	Zunyi	3900	3998	4579	164
安顺	Anshun	1493	1802	1964	246
毕节	Bijie	1138	3126	3041	214
铜仁	Tongren	1089	2473	2071	242
云南	**Yunnan**	**58711**	**69978**	**78196**	
昆明	Kunming	37050	41469	46882	11
曲靖	Qujing	3016	3980	3748	190
玉溪	Yuxi	2200	2660	2950	217
保山	Baoshan	890	1669	1720	259
昭通	Zhaotong	1144	1156	1530	267
丽江	Lijiang	1100	1223	1726	257
普洱	Puer	908	938	1203	271
临沧	Lincang	637	900	892	279
西藏	**Tibet**	**6770**	**9393**	**10639**	
拉萨	Lasa	6020	7593	8374	91
陕西	**Shaanxi**	**68104**	**77504**	**86823**	
西安	Xi'an	33232	43868	49261	9
铜川	Tongchuan	1169	1555	1579	264
宝鸡	Baoji	6237	7111	7002	114
咸阳	Xianyang	10259	9123	9855	78
渭南	Weinan	3544	4472	4542	165
延安	Yan'an	1342	1665	1976	245
汉中	Hanzhong	2000	2345	3764	186
榆林	Yulin	960	1405	1872	252
安康	Ankang	3900	1329	1335	268
商洛	Shangluo	738	950	960	276
甘肃	**Gansu**	**41940**	**39928**	**39211**	
兰州	Lanzhou	22318	19285	18512	47
嘉峪关	Jiayuguan	2680	2814	2923	219
金昌	Jinchang	2040	2293	1952	247
白银	Baiyin	4161	4628	4464	167
天水	Tianshui	2084	2398	2400	233
武威	Wuwei	1576	1212	1295	269
张掖	Zhangye	1363	1697	1653	262
平凉	Pingliang	1070	905	1157	273
酒泉	Jiuquan	1600	1526	1568	265
庆阳	Qingyang	514	583	585	282
定西	Dingxi	316	428	450	283
陇南	Longnan	365	308	333	285
青海	**Qinghai**	**12889**	**17198**	**17700**	
西宁	Xining	7799	10636	10820	75
海东	Haidong			360	284
宁夏	**Ningxia**	**28047**	**25765**	**27114**	
银川	Yinchuan	10525	544	14872	53
石嘴山	Shizuishan	5642	2252	2477	229
吴忠	Wuzhong	2261	2302	2555	227
固原	Guyuan	486	645	682	281
中卫	Zhongwei	656	724	727	280
新疆	**Xinjiang**	**46396**	**58164**	**63843**	
乌鲁木齐	Urumqi	18388	21581	20899	40
克拉玛依	Karamay	4876	6198	6546	119

8-41 城市排水管道长度(辖区)
Length of Urban Drainage Pipelines (Municipal Districts)

单位：公里 (km)

地名	City	2010	2013	2014	2014 排名 Ranking	地名	City	2010	2013	2014	2014 排名 Ranking
全国	**Nation Total**	**369553**	**464878**	**511179**		沈阳	Shenyang	3738	3981	4109	17
北京	**Beijing**	**10172**	**13505**	**14290**		大连	Dalian	2459	2654	2679	27
天津	**Tianjin**	**15140**	**18644**	**18748**		鞍山	Anshan	860	905	930	101
河北	**Hebei**	**14576**	**15869**	**15924**		抚顺	Fushun	842	921	933	98
石家庄	Shijiazhuang	2074	2208	2046	45	本溪	Benxi	336	361	362	208
唐山	Tangshan	2218	2279	2350	34	丹东	Dandong	684	782	785	125
秦皇岛	Qinhuangdao	1313	1411	1411	67	锦州	Jinzhou	476	493	535	163
邯郸	Handan	1441	1621	1669	55	营口	Yingkou	526	550	553	161
邢台	Xingtai	745	710	804	119	阜新	Fuxin	259	275	286	230
保定	Baoding	1062	833	833	111	辽阳	Liaoyang	742	878	885	103
张家口	Zhangjiakou	662	666	667	140	盘锦	Panjin	555	613	638	144
承德	Chengde	334	461	473	179	铁岭	Tieling	461	464	391	200
沧州	Cangzhou	404	535	557	159	朝阳	Chaoyang	251	636	659	141
廊坊	Langfang	402	542	614	147	葫芦岛	Huludao	176	628	691	139
衡水	Hengshui	361	388	398	196	吉林	**Jilin**	**7738**	**9607**	**9870**	
山西	**Shanxi**	**5459**	**6676**	**7428**		长春	Changchun	3801	4853	4962	11
太原	Taiyuan	1473	1470	1826	51	吉林	Jilin	816	892	933	98
大同	Datong	488	604	638	144	四平	Siping	206	214	214	248
阳泉	Yangquan	330	352	419	193	辽源	Liaoyuan	114	160	198	252
长治	Changzhi	254	383	457	182	通化	Tonghua	123	165	160	263
晋城	Jincheng	327	354	363	207	白山	Baishan	140	156	156	266
朔州	Shuozhou	457	510	510	171	松原	Songyuan	193	223	225	244
晋中	Jinzhong	474	710	751	131	白城	Baicheng	240	308	308	221
运城	Yuncheng	291	378	378	203	黑龙江	**Heilongjiang**	**7504**	**9583**	**9922**	
忻州	Xinzhou	132	345	398	196	哈尔滨	Harbin	1796	2748	2830	25
临汾	Linfen	35	91	111	273	齐齐哈尔	Qiqihar	693	723	773	129
吕梁	Lvliang	200	244	259	234	鸡西	Jixi	289	307	319	217
内蒙古	**Inner Mongolia**	**8514**	**11208**	**12123**		鹤岗	Hegang	266	284	310	220
呼和浩特	Hohhot	962	1418	1996	46	双鸭山	Shuangyashan	238	261	261	233
包头	Baotou	1750	1997	2087	41	大庆	Daqing	1297	1521	1528	59
乌海	Wuhai	260	289	290	228	伊春	Yichun	266	404	445	185
赤峰	Chifeng	469	725	761	130	佳木斯	Jiamusi	346	420	472	180
通辽	Tongliao	586	731	731	133	七台河	Qitaihe	141	151	174	257
鄂尔多斯	Erdos	1823	2065	2133	39	牡丹江	Mudanjiang	387	387	430	191
呼伦贝尔	Hulunbuir	318	484	493	173	黑河	Heihe	98	101	102	274
巴彦淖尔	Bayannur	557	1090	1101	85	绥化	Suihua	151	199	202	250
乌兰察布	Ulanqab	246	311	314	219	上海	**Shanghai**	**11483**	**18809**	**20972**	
辽宁	**Liaoning**	**14070**	**16420**	**16783**		江苏	**Jiangsu**	**46867**	**62194**	**66256**	

8-41 城市排水管道长度(辖区) 续表 1

Length of Urban Drainage Pipelines (Municipal Districts) continued 1

单位：公里 （km）

地名	City	2010	2013	2014	2014 排名 Ranking	地名	City	2010	2013	2014	2014 排名 Ranking
南京	Nanjing	4948	7398	7910	6	池州	Chizhou	414	534	559	157
无锡	Wuxi	8880	12536	12687	1	宣城	Xuancheng	524	675	716	135
徐州	Xuzhou	1334	2016	2094	40	**福建**	**Fujian**	**9686**	**12289**	**12709**	
常州	Changzhou	3627	5003	4876	12	福州	Fuzhou	1448	1939	2084	42
苏州	Suzhou	5360	7631	7819	7	厦门	Xiamen	1737	2610	2615	29
南通	Nantong	1757	2507	3907	18	莆田	Putian	1245	1272	1297	75
连云港	Lianyungang	1228	1429	1501	60	三明	Sanming	113	193	197	254
淮安	Huaian	1599	1970	1977	48	泉州	Quanzhou	1011	1375	1375	70
盐城	Yancheng	786	1092	1494	61	漳州	Zhangzhou	734	807	815	116
扬州	Yangzhou	1584	2232	2311	35	南平	Nanping	72	154	161	262
镇江	Zhenjiang	1646	1969	1987	47	龙岩	Longyan	219	247	256	237
泰州	Taizhou	838	1582	1674	54	宁德	Ningde	138	186	217	246
宿迁	Suqian	647	978	1346	72	**江西**	**Jiangxi**	**7340**	**10573**	**10814**	
浙江	**Zhejiang**	**26367**	**33501**	**35960**		南昌	Nanchang	1239	1980	2064	43
杭州	Hangzhou	3904	4454	4616	14	景德镇	Jingdezhen	646	709	709	136
宁波	Ningbo	3407	4492	4670	13	萍乡	Pingxiang	246	488	43	285
温州	Wenzhou	1539	2674	3167	23	九江	Jiujiang	853	1101	1144	83
嘉兴	Jiaxing	727	852	877	105	新余	Xinyu	591	782	792	121
湖州	Huzhou	1652	1813	1955	49	鹰潭	Yingtan	61	173	173	258
绍兴	Shaoxing	982	2393	2568	32	赣州	Ganzhou	463	706	1177	81
金华	Jinhua	1323	1503	1575	57	吉安	Jian	317	506	519	167
衢州	Quzhou	952	1146	1224	78	宜春	Yichun	380	555	576	154
舟山	Zhoushan	703	899	938	97	抚州	Fuzhou	569	729	780	126
台州	Taizhou	1567	1940	2149	38	上饶	Shangrao	531	719	741	132
丽水	Lishui	427	522	555	160	**山东**	**Shandong**	**34301**	**46025**	**49554**	
安徽	**Anhui**	**13136**	**21891**	**24580**		济南	Jinan	2177	2328	2583	31
合肥	Hefei	3611	6679	7623	8	青岛	Qingdao	4708	6537	6840	10
芜湖	Wuhu	1311	632	2766	26	淄博	Zibo	1785	2550	2639	28
蚌埠	Bengbu	763	2288	1127	84	枣庄	Zaozhuang	930	1227	1206	79
淮南	Huainan	646	701	706	137	东营	Dongying	756	959	997	95
马鞍山	Maanshan	595	1380	1415	66	烟台	Yantai	2328	3065	3326	22
淮北	Huaibei	125	163	167	260	潍坊	Weifang	1433	1997	2157	37
铜陵	Tongling	256	1075	1203	80	济宁	Jining	969	1347	1443	62
安庆	Anqing	624	1014	1041	87	泰安	Taian	797	858	878	104
黄山	Huangshan	566	457	479	175	威海	Weihai	1043	2631	3613	19
滁州	Chuzhou	589	1153	1366	71	日照	Rizhao	1006	1377	1385	68
阜阳	Fuyang	458	677	829	112	莱芜	Laiwu	798	1020	1024	91
宿州	Suzhou	605	755	803	120	临沂	Linyi	1845	2302	2894	24
六安	Liuan	324	452	508	172	德州	Dezhou	792	930	1164	82
亳州	Bozhou	547	963	1038	88	聊城	Liaocheng	874	1114	1376	69

8-41 城市排水管道长度(辖区) 续表 2

Length of Urban Drainage Pipelines (Municipal Districts) continued 2

单位：公里 (km)

地名	City	2010	2013	2014	2014 排名 Ranking
滨州	Binzhou	590	1352	1436	64
菏泽	Heze	509	773	823	113
河南	**Henan**	**14733**	**18297**	**19348**	
郑州	Zhengzhou	2939	3377	3592	20
开封	Kaifeng	628	798	810	118
洛阳	Luoyang	1201	1538	1598	56
平顶山	Pingdingshan	392	438	456	183
安阳	Anyang	768	817	847	108
鹤壁	Hebi	340	400	411	195
新乡	Xinxiang	765	820	835	110
焦作	Jiaozuo	662	816	912	102
濮阳	Puyang	266	404	513	170
许昌	Xuchang	429	499	519	167
漯河	Luohe	451	466	481	174
三门峡	Sanmenxia	159	193	215	247
南阳	Nanyang	811	1218	1321	73
商丘	Shangqiu	237	391	421	192
信阳	Xinyang	285	331	339	214
周口	Zhoukou	450	554	599	150
驻马店	Zhumadian	476	656	702	138
湖北	**Hubei**	**16577**	**20030**	**21484**	
武汉	Wuhan	7543	9010	9102	5
黄石	Huangshi	602	853	1028	90
十堰	Shiyan	473	590	813	117
宜昌	Yichang	582	893	1024	91
襄阳	Xiangyang	665	819	981	96
鄂州	Ezhou	645	583	621	146
荆门	Jingmen	539	730	777	128
孝感	Xiaogan	279	328	370	206
荆州	Jingzhou	385	465	559	157
黄冈	Huanggang	203	217	359	211
咸宁	Xianning	180	236	246	239
随州	Suizhou	236	256	272	232
湖南	**Hunan**	**8882**	**12050**	**12612**	
长沙	Changsha	1274	2062	2062	44
株洲	Zhuzhou	291	914	1004	93
湘潭	Xiangtan	724	959	1030	89
衡阳	Hengyang	924	998	998	94
邵阳	Shaoyang	480	857	836	109
岳阳	Yueyang	874	1204	1271	76

地名	City	2010	2013	2014	2014 排名 Ranking
常德	Changde	483	533	539	162
张家界	Zhangjiajie	96	225	231	243
益阳	Yiyang	333	281	297	223
郴州	Chenzhou	390	290	362	208
永州	Yongzhou	343	453	476	178
怀化	Huaihua	221	346	346	213
娄底	Loudi	376	444	444	186
广东	**Guangdong**	**42507**	**36098**	**50320**	
广州	Guangzhou	8501	9550	10078	3
韶关	Shaoguan	497	505	521	166
深圳	Shenzhen	12844		11634	2
珠海	Zhuhai	1281	1398	1430	65
汕头	Shantou	1661	1666	1685	53
佛山	Foshan	1672	2392	2536	33
江门	Jiangmen	1242	1385	437	189
湛江	Zhanjiang	449	618	780	126
茂名	Maoming	291	368	384	201
肇庆	Zhaoqing	568	785	792	121
惠州	Huizhou	1473	2340	2596	30
梅州	Meizhou	298	516	517	169
汕尾	Shanwei	215	242	244	240
河源	Heyuan	206	388	393	198
阳江	Yangjiang		388	416	194
清远	Qingyuan		581	523	165
东莞	Dongguan	5857	7428	9172	4
中山	Zhongshan	899	1053	1068	86
潮州	Chaozhou	307	328	441	187
揭阳	Jieyang	212	66	78	282
云浮	Yunfu	57	84	131	270
广西	**Guangxi**	**6417**	**8309**	**8771**	
南宁	Nanning	716	763	792	121
柳州	Liuzhou	1012	1195	1254	77
桂林	Guilin	485	546	852	107
梧州	Wuzhou	156	217	333	215
北海	Beihai	308	810	818	114
防城港	Fangchenggang	231	461	467	181
钦州	Qinzhou	449	619	657	142
贵港	Guigang	320	356	374	204
玉林	Yulin	619	727	730	134
百色	Baise	256	297	297	223

8-41 城市排水管道长度(辖区) 续表 3
Length of Urban Drainage Pipelines (Municipal Districts) continued 3

单位：公里 (km)

地名	City	2010	2013	2014	2014 排名 Ranking	地名	City	2010	2013	2014	2014 排名 Ranking
贺州	Hezhou	209	219	235	241	丽江	Lijiang	118	398	360	210
河池	Hechi	322	217	234	242	普洱	Puer	221	456	477	177
来宾	Laibin	210	477	528	164	临沧	Lincang	185	215	253	238
崇左	Chongzuo	89	98	98	275	**西藏**	**Tibet**	**293**	**546**	**610**	
海南	**Hainan**	**2946**	**3357**	**3522**		拉萨	Lasa	216	235	259	234
海口	Haikou	1154	1527	1573	58	**陕西**	**Shaanxi**	**5666**	**6767**	**7237**	
三亚	Sanya	818	777	871	106	西安	Xi'an	3388	4192	4373	15
三沙	Sansha			5	286	铜川	Tongchuan	180	196	203	249
重庆	**Chongqing**	**7073**	**9497**	**11081**		宝鸡	Baoji	494	538	586	151
四川	**Sichuan**	**14498**	**19519**	**20606**		咸阳	Xianyang	230	293	295	226
成都	Chengdu	5213	6305	7014	9	渭南	Weinan	289	348	359	211
自贡	Zigong	455	125	125	271	延安	Yan'an	89	92	92	279
攀枝花	Panzhihua	545	624	640	143	汉中	Hanzhong	130	143	154	267
泸州	Luzhou	632	873	931	100	榆林	Yulin	364	425	446	184
德阳	Deyang	360	470	478	176	安康	Ankang	110	185	186	256
绵阳	Mianyang	1016	1854	1894	50	商洛	Shangluo	178	80	85	281
广元	Guangyuan	313	527	584	152	**甘肃**	**Gansu**	**3092**	**3881**	**5016**	
遂宁	Suining	487	756	791	124	兰州	Lanzhou	724	1360	2180	36
内江	Neijiang	222	306	322	216	嘉峪关	Jiayuguan	344	376	381	202
乐山	Leshan	456	581	604	149	金昌	Jinchang	87	96	96	277
南充	Nanchong	730	1210	1311	74	白银	Baiyin	153	168	172	259
眉山	Meishan	260	445	581	153	天水	Tianshui	323	315	315	218
宜宾	Yibin	153	506	572	156	武威	Wuwei	138	147	160	263
广安	Guangan	232	256	1720	52	张掖	Zhangye	215	137	285	231
达州	Dazhou	415	78	88	280	平凉	Pingliang	286	335	393	198
雅安	Yaan	180	243	287	229	酒泉	Jiuquan	258	264	297	223
巴中	Bazhong	185	238	258	236	庆阳	Qingyang	159	187	194	255
资阳	Ziyang	214	290	306	222	定西	Dingxi	95	135	135	269
贵州	**Guizhou**	**3327**	**5260**	**5577**		陇南	Longnan	56	56	56	284
贵阳	Guiyang	1798	3517	3520	21	**青海**	**Qinghai**	**1014**	**1391**	**1469**	
六盘水	Liupanshui	70	75	76	283	西宁	Xining	619	797	818	114
遵义	Zunyi	222	222	222	245	海东	Haidong			94	278
安顺	Anshun	295	345	372	205	**宁夏**	**Ningxia**	**1384**	**1362**	**1460**	
毕节	Bijie	75	165	165	261	银川	Yinchuan	451	544	574	155
铜仁	Tongren	129	149	157	265	石嘴山	Shizuishan	302	103	113	272
云南	**Yunnan**	**4419**	**6064**	**10136**		吴忠	Wuzhong	98	123	138	268
昆明	Kunming	524	856	4315	16	固原	Guyuan	154	260	294	227
曲靖	Qujing	458	571	607	148	中卫	Zhongwei	91	97	97	276
玉溪	Yuxi	475	449	440	188	**新疆**	**Xinjiang**	**4372**	**5660**	**5997**	
保山	Baoshan	132	161	198	252	乌鲁木齐	Urumqi	1172	1352	1442	63
昭通	Zhaotong	108	167	202	250	克拉玛依	Karamay	405	414	435	190

8-42　城市污水处理总量(辖区)

Total Quantity of Urban Wastewater Treated (Municipal Districts)

单位：万立方米　　　　　　　　　　　　　　　　　　　　　　　　(10 000 m²)

地名	City	2010	2013	2014	2014 排名 Ranking	地名	City	2010	2013	2014	2014 排名 Ranking
全国	**Nation Total**	**3117032**	**3818948**	**4016198**		沈阳	Shenyang	40067	49704	54737	8
北京	**Beijing**	**116288**	**131405**	**139108**		大连	Dalian	25531	35687	35094	19
天津	**Tianjin**	**55645**	**70852**	**74944**		鞍山	Anshan	13623	19007	18574	40
河北	**Hebei**	**122567**	**141270**	**149579**		抚顺	Fushun	8899	11364	15276	49
石家庄	Shijiazhuang	23448	29250	43092	13	本溪	Benxi	16310	18237	18204	42
唐山	Tangshan	19088	21300	21330	33	丹东	Dandong	1951	4301	4448	148
秦皇岛	Qinhuangdao	8439	9779	9987	71	锦州	Jinzhou	6339	8275	10630	69
邯郸	Handan	11889	11848	12500	62	营口	Yingkou	3443	5512	5512	126
邢台	Xingtai	4080	5214	4012	160	阜新	Fuxin	3054	3209	3435	177
保定	Baoding	7640	8207	8325	80	辽阳	Liaoyang	8044	8205	8207	84
张家口	Zhangjiakou	5080	6170	6295	112	盘锦	Panjin	3649	6707	6004	115
承德	Chengde	4017	4376	3785	166	铁岭	Tieling	2859	2840	3060	191
沧州	Cangzhou	2418	3650	3758	167	朝阳	Chaoyang	2295	3650	3855	164
廊坊	Langfang	3164	3629	3695	170	葫芦岛	Huludao	4496	5009	4185	157
衡水	Hengshui	3000	2805	2095	230	吉林	**Jilin**	**55641**	**70979**	**75092**	
山西	**Shanxi**	**51111**	**55988**	**59292**		长春	Changchun	21072	21437	23916	28
太原	Taiyuan	18916	19559	22447	30	吉林	Jilin	16307	17285	17612	44
大同	Datong	4566	5267	5062	134	四平	Siping	1850	2013	3229	185
阳泉	Yangquan	2944	3411	2801	200	辽源	Liaoyuan	1900	2680	2745	206
长治	Changzhi	5520	5560	5832	119	通化	Tonghua	1800	1937	1946	235
晋城	Jincheng	2001	2640	3384	180	白山	Baishan	450	1706	1740	246
朔州	Shuozhou	1864	2014	1876	237	松原	Songyuan	3000	4396	4401	150
晋中	Jinzhong	1875	2397	2848	196	白城	Baicheng	261	786	882	276
运城	Yuncheng	2430	2392	2166	226	黑龙江	**Heilongjiang**	**61513**	**90654**	**93865**	
忻州	Xinzhou	1249	2414	2345	222	哈尔滨	Harbin	18307	32955	33538	20
临汾	Linfen	2114	2208	2325	223	齐齐哈尔	Qiqihar	4901	5714	5610	124
吕梁	Lvliang	566	732	863	277	鸡西	Jixi	1825	1833	1810	241
内蒙古	**Inner Mongolia**	**37490**	**46563**	**51041**		鹤岗	Hegang	460	1591	1810	241
呼和浩特	Hohhot	7315	8959	9568	72	双鸭山	Shuangyashan	185	878	1844	240
包头	Baotou	6785	7734	7965	88	大庆	Daqing	19365	20440	20755	35
乌海	Wuhai	2275	2809	2890	195	伊春	Yichun	570	1274	1430	262
赤峰	Chifeng	5749	7697	8284	82	佳木斯	Jiamusi	3250	3915	4263	154
通辽	Tongliao	3898	4972	5508	127	七台河	Qitaihe		2020	1573	254
鄂尔多斯	Erdos	1766	2536	2525	214	牡丹江	Mudanjiang	6450	6909	6998	99
呼伦贝尔	Hulunbuir	1550	1957	2674	210	黑河	Heihe	540	1018	1018	272
巴彦淖尔	Bayannur	1191	1399	2264	224	绥化	Suihua	730	1450	1674	250
乌兰察布	Ulanqab	1577	1040	1145	271	上海	**Shanghai**	**192714**	**203523**	**207865**	
辽宁	**Liaoning**	**153131**	**203287**	**213632**		江苏	**Jiangsu**	**317926**	**362536**	**370429**	

8-42 城市污水处理总量(辖区) 续表 1

Total Quantity of Urban Wastewater Treated (Municipal Districts) continued 1

单位：万立方米 （10 000 m²）

地名	City	2010	2013	2014	2014 排名 Ranking	地名	City	2010	2013	2014	2014 排名 Ranking
南京	Nanjing	71493	87767	89733	4	池州	Chizhou	1458	1855	2137	227
无锡	Wuxi	36818	35148	33506	21	宣城	Xuancheng	1588	1881	2080	231
徐州	Xuzhou	14786	18298	19206	39	**福建**	**Fujian**	**80960**	**99145**	**105511**	
常州	Changzhou	21584	19991	19494	37	福州	Fuzhou	17601	21472	23862	29
苏州	Suzhou	37030	55592	57321	7	厦门	Xiamen	19866	23979	27489	25
南通	Nantong	14430	18810	19463	38	莆田	Putian	4253	6551	6969	100
连云港	Lianyungang	5846	6079	6399	110	三明	Sanming	3424	3935	3818	165
淮安	Huaian	10919	11945	12198	65	泉州	Quanzhou	7700	8623	7585	91
盐城	Yancheng	4345	4962	5576	125	漳州	Zhangzhou	2992	3415	3420	179
扬州	Yangzhou	8998	13337	13746	55	南平	Nanping	1523	1751	1694	248
镇江	Zhenjiang	10762	12400	12568	61	龙岩	Longyan	3539	4965	5024	135
泰州	Taizhou	3154	6398	6624	106	宁德	Ningde	982	1076	1345	264
宿迁	Suqian	3336	4953	5705	122	**江西**	**Jiangxi**	**56948**	**65024**	**68069**	
浙江	**Zhejiang**	**170781**	**210529**	**226844**		南昌	Nanchang	20473	27111	27953	24
杭州	Hangzhou	41733	46251	46392	9	景德镇	Jingdezhen	3942	2776	2728	207
宁波	Ningbo	27720	34184	37020	16	萍乡	Pingxiang	2260	2918	2927	193
温州	Wenzhou	12462	16545	17604	45	九江	Jiujiang	6114	5964	5983	116
嘉兴	Jiaxing	7004	7908	8188	85	新余	Xinyu	3687	4622	4720	139
湖州	Huzhou	5532	5974	6580	107	鹰潭	Yingtan	1375	1643	1760	245
绍兴	Shaoxing	8322	21809	27127	26	赣州	Ganzhou	2832	2513	3914	162
金华	Jinhua	3162	4153	4538	146	吉安	Jian	1898	2488	2758	205
衢州	Quzhou	6191	3417	3700	169	宜春	Yichun	2280	2733	3089	190
舟山	Zhoushan	2548	3095	3186	188	抚州	Fuzhou	2919	3203	3470	176
台州	Taizhou	6807	9539	10231	70	上饶	Shangrao	2302	2781	2798	201
丽水	Lishui	1965	2652	2788	202	**山东**	**Shandong**	**222691**	**266888**	**281283**	
安徽	**Anhui**	**110082**	**130229**	**138779**		济南	Jinan	22211	28190	28644	23
合肥	Hefei	30798	36089	41736	14	青岛	Qingdao	27136	34605	37642	15
芜湖	Wuhu	7342	11887	12407	63	淄博	Zibo	21521	21906	21622	31
蚌埠	Bengbu	11438	13392	13535	56	枣庄	Zaozhuang	6258	7534	8187	86
淮南	Huainan	9027	7501	6215	114	东营	Dongying	5753	7151	7083	97
马鞍山	Maanshan	13787	12655	12829	58	烟台	Yantai	11326	12718	14187	52
淮北	Huaibei	4044	4590	4555	145	潍坊	Weifang	6916	12102	11707	66
铜陵	Tongling	2169	4041	4265	153	济宁	Jining	8047	12759	12766	59
安庆	Anqing	5003	5995	6510	108	泰安	Taian	5067	5322	5772	121
黄山	Huangshan	1936	2655	2782	203	威海	Weihai	4726	5312	8362	79
滁州	Chuzhou	2505	4929	5863	117	日照	Rizhao	4568	5373	5850	118
阜阳	Fuyang	3915	5192	4858	136	莱芜	Laiwu	2933	3576	3488	175
宿州	Suzhou	3246	3647	3743	168	临沂	Linyi	11573	14945	16185	47
六安	Liuan	2910	2901	3305	184	德州	Dezhou	5079	5757	8900	74
亳州	Bozhou	2271	3581	3689	171	聊城	Liaocheng	3856	5184	5377	129

8-42 城市污水处理总量(辖区) 续表 2

Total Quantity of Urban Wastewater Treated (Municipal Districts) continued 2

单位：万立方米 (10 000 m²)

地名	City	2010	2013	2014	2014 排名 Ranking	地名	City	2010	2013	2014	2014 排名 Ranking
滨州	Binzhou	4593	5738	5311	130	常德	Changde	4245	5230	5389	128
菏泽	Heze	2167	3495	4764	138	张家界	Zhangjiajie	1193	1606	1908	236
河南	**Henan**	**129134**	**152373**	**156817**		益阳	Yiyang	3766	4388	5298	131
郑州	Zhengzhou	31167	30557	29342	22	郴州	Chenzhou	2635	4633	4247	155
开封	Kaifeng	5117	6037	7657	90	永州	Yongzhou	3625	5304	5776	120
洛阳	Luoyang	10875	14977	14248	51	怀化	Huaihua	2931	3064	3334	183
平顶山	Pingdingshan	9241	9075	8368	78	娄底	Loudi	3931	3030	3623	172
安阳	Anyang	8289	7797	7548	92	**广东**	**Guangdong**	**436041**	**586519**	**597118**	
鹤壁	Hebi	2797	3229	2835	197	广州	Guangzhou	90993	129171	131135	2
新乡	Xinxiang	7603	9071	9100	73	韶关	Shaoguan	3643	5598	5663	123
焦作	Jiaozuo	6898	7390	8044	87	深圳	Shenzhen	104062	143808	152827	1
濮阳	Puyang	2044	3875	4231	156	珠海	Zhuhai	13623	20886	21404	32
许昌	Xuchang	3170	3420	3578	173	汕头	Shantou	14174	18630	18392	41
漯河	Luohe	5540	6900	7000	98	佛山	Foshan	32209	37079	36719	17
三门峡	Sanmenxia	1320	1887	2007	233	江门	Jiangmen	8123	14779	16497	46
南阳	Nanyang	2791	6261	6738	103	湛江	Zhanjiang	7007	10935	12272	64
商丘	Shangqiu	4777	7187	7415	95	茂名	Maoming	2872	3663	4444	149
信阳	Xinyang	2694	3542	3557	174	肇庆	Zhaoqing	5826	6590	6757	102
周口	Zhoukou	1075	2149	2779	204	惠州	Huizhou	15459	20811	20603	36
驻马店	Zhumadian	3068	3700	4699	141	梅州	Meizhou	2239	2435	3056	192
湖北	**Hubei**	**137043**	**162407**	**177622**		汕尾	Shanwei	1080	1838	2133	228
武汉	Wuhan	57735	68345	75486	5	河源	Heyuan	3429	3521	4080	158
黄石	Huangshi	8202	8188	8228	83	阳江	Yangjiang	1823	2600	2547	213
十堰	Shiyan	5853	7399	8834	76	清远	Qingyuan	1572	4479	4590	142
宜昌	Yichang	7100	7382	7452	94	东莞	Dongguan	92753	98382	99470	3
襄阳	Xiangyang	10788	11647	14633	50	中山	Zhongshan	9538	11758	11655	67
鄂州	Ezhou	2004	2446	3140	189	潮州	Chaozhou	3192	3513	4587	143
荆门	Jingmen	3850	4403	4451	147	揭阳	Jieyang	1220	4659	2830	198
孝感	Xiaogan	2230	2736	3930	161	云浮	Yunfu	1846	2250	2585	211
荆州	Jingzhou	5633	5953	6310	111	**广西**	**Guangxi**	**96160**	**107570**	**109615**	
黄冈	Huanggang	2900	3160	2521	215	南宁	Nanning	28039	25934	26566	27
咸宁	Xianning	1457	2015	2117	229	柳州	Liuzhou	28718	35655	36116	18
随州	Suizhou	1291	2876	3215	186	桂林	Guilin	7690	7474	7413	96
湖南	**Hunan**	**115194**	**134310**	**145779**		梧州	Wuzhou	1613	3718	4705	140
长沙	Changsha	32622	40710	44375	12	北海	Beihai	2615	3098	2815	199
株洲	Zhuzhou	10558	12257	13452	57	防城港	Fangchenggang	716	2073	2214	225
湘潭	Xiangtan	10837	8580	14098	53	钦州	Qinzhou	2754	3077	3380	181
衡阳	Hengyang	7436	8409	8314	81	贵港	Guigang	7606	7184	6831	101
邵阳	Shaoyang	4066	4684	6643	105	玉林	Yulin	3750	5168	5213	133
岳阳	Yueyang	9277	12329	11345	68	百色	Baise	897	1850	1803	243

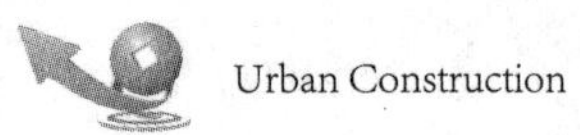

8-42 城市污水处理总量(辖区) 续表 3

Total Quantity of Urban Wastewater Treated (Municipal Districts) continued 3

单位：万立方米　　（10 000 m²）

地名	City	2010	2013	2014	2014 排名 Ranking	地名	City	2010	2013	2014	2014 排名 Ranking
贺州	Hezhou	932	1266	1279	267	丽江	Lijiang	987	1173	1564	256
河池	Hechi	2918	1623	1635	251	普洱	Puer	300	763	979	274
来宾	Laibin	1344	1458	1326	265	临沧	Lincang	333	810	813	278
崇左	Chongzuo	178	428	423	282	**西藏**	**Tibet**		**6**	**1710**	
海南	**Hainan**	**15260**	**20381**	**20321**		拉萨	Lasa		6	1500	258
海口	Haikou	11290	13350	12573	60	**陕西**	**Shaanxi**	**50522**	**69007**	**79492**	
三亚	Sanya	3133	3834	4336	152	西安	Xi'an	28716	40139	46059	10
三沙	Sansha					铜川	Tongchuan	820	1388	1405	263
重庆	**Chongqing**	**59229**	**77968**	**86961**		宝鸡	Baoji	5813	6650	6719	104
四川	**Sichuan**	**102163**	**137238**	**147578**		咸阳	Xianyang	5329	7546	8571	77
成都	Chengdu	50238	61942	66814	6	渭南	Weinan	2662	3720	3883	163
自贡	Zigong	3831	6197	6412	109	延安	Yan'an	1167	1485	1778	244
攀枝花	Panzhihua	2373	8532	8875	75	汉中	Hanzhong	1950	2117	3432	178
泸州	Luzhou	3347	6710	4832	137	榆林	Yulin	650	1181	1622	252
德阳	Deyang	3150	4962	4558	144	安康	Ankang	460	1140	1167	270
绵阳	Mianyang	6010	7052	7528	93	商洛	Shangluo	589	900	900	275
广元	Guangyuan	1670	2164	2491	218	**甘肃**	**Gansu**	**26250**	**32440**	**33330**	
遂宁	Suining	1986	2490	4029	159	兰州	Lanzhou	12845	14781	15574	48
内江	Neijiang	1419	2298	2508	216	嘉峪关	Jiayuguan	1960	2410	2506	217
乐山	Leshan	1789	2682	2707	208	金昌	Jinchang	1914	2293	1871	238
南充	Nanchong	3425	5010	5229	132	白银	Baiyin	2165	3125	3203	187
眉山	Meishan	1791	2185	2680	209	天水	Tianshui	1355	1995	2026	232
宜宾	Yibin	1460	2017	1965	234	武威	Wuwei	1396	1201	1244	268
广安	Guangan	780	1615	1578	253	张掖	Zhangye	1022	1477	1440	261
达州	Dazhou	1314	1674	2550	212	平凉	Pingliang	873	862	985	273
雅安	Yaan	1000	1164	1179	269	酒泉	Jiuquan	806	1440	1468	260
巴中	Bazhong	1339	1501	1565	255	庆阳	Qingyang	450	526	528	280
资阳	Ziyang	1266	1528	1542	257	定西	Dingxi	250	388	408	283
贵州	**Guizhou**	**28249**	**39453**	**42669**		陇南	Longnan	365	300	329	284
贵阳	Guiyang	16139	18937	20783	34	**青海**	**Qinghai**	**5611**	**10600**	**10476**	
六盘水	Liupanshui	1655	1692	1692	249	西宁	Xining	4293	7594	7802	89
遵义	Zunyi	2334	3547	4350	151	海东	Haidong			257	285
安顺	Anshun	1366	1671	1856	239	**宁夏**	**Ningxia**	**21876**	**24331**	**25049**	
毕节	Bijie	1021	2879	2920	194	银川	Yinchuan	9662	14214	14019	54
铜仁	Tongren	748	2370	1712	247	石嘴山	Shizuishan	2321	2126	2414	220
云南	**Yunnan**	**54829**	**64415**	**71267**		吴忠	Wuzhong	2035	2073	2350	221
昆明	Kunming	37050	40638	44486	11	固原	Guyuan	355	390	494	281
曲靖	Qujing	2520	3600	3375	182	中卫	Zhongwei	656	724	724	279
玉溪	Yuxi	2103	2128	2417	219	**新疆**	**Xinjiang**	**33983**	**51058**	**55061**	
保山	Baoshan	850	1469	1480	259	乌鲁木齐	Urumqi	11153	18302	17743	43
昭通	Zhaotong	900	1060	1296	266	克拉玛依	Karamay	4492	5818	6225	113

8-43 城市建成区排水管道密度(辖区)

Density of Drainage Pipeline in Built District (Municipal Districts)

单位：公里/平方公里 (km/sq.km)

地名	City	2010	2013	2014	2014 排名 Ranking	地名	City	2010	2013	2014	2014 排名 Ranking
全国	**Nation Total**	**8.97**	**9.71**	**10.27**		沈阳	Shenyang	9.07	8.75	8.84	117
北京	**Beijing**		**10.34**	**10.31**		大连	Dalian	6.31	6.71	6.77	193
天津	**Tianjin**	**22.05**	**24.95**	**23.52**		鞍山	Anshan	5.44	5.41	5.48	221
河北	**Hebei**	**9.00**	**8.88**	**8.69**		抚顺	Fushun	6.46	6.85	6.85	190
石家庄	Shijiazhuang	10.22	10.20	7.75	157	本溪	Benxi	3.15	3.31	3.32	265
唐山	Tangshan	9.48	9.15	9.44	104	丹东	Dandong	12.81	14.64	14.70	38
秦皇岛	Qinhuangdao	14.67	14.51	13.72	47	锦州	Jinzhou	6.66	6.40	6.94	185
邯郸	Handan	13.03	13.45	13.49	51	营口	Yingkou	5.30	5.02	5.05	237
邢台	Xingtai	10.64	8.96	8.97	113	阜新	Fuxin	3.39	3.60	3.73	258
保定	Baoding	8.03	5.77	5.70	215	辽阳	Liaoyang	7.58	8.43	8.48	131
张家口	Zhangjiakou	7.88	7.75	7.76	156	盘锦	Panjin	9.12	8.81	8.73	120
承德	Chengde	3.35	4.03	4.10	252	铁岭	Tieling	10.49	8.15	6.86	189
沧州	Cangzhou	8.69	8.41	8.18	142	朝阳	Chaoyang	6.28	14.80	13.17	57
廊坊	Langfang	6.76	8.40	9.35	108	葫芦岛	Huludao	2.34	7.77	8.11	146
衡水	Hengshui	8.29	8.36	8.57	129	吉林	**Jilin**	**6.25**	**7.15**	**7.24**	
山西	**Shanxi**	**6.31**	**6.41**	**6.77**		长春	Changchun	9.65	10.74	10.56	87
太原	Taiyuan	6.01	4.59	5.53	219	吉林	Jilin	4.93	5.39	5.41	225
大同	Datong	4.52	5.60	5.09	235	四平	Siping	4.01	3.95	3.95	256
阳泉	Yangquan	6.40	6.55	7.64	161	辽源	Liaoyuan	2.46	3.46	4.28	250
长治	Changzhi	4.28	6.46	7.70	158	通化	Tonghua	2.54	3.28	3.11	268
晋城	Jincheng	9.24	6.81	6.98	182	白山	Daishan	3.50	3.34	3.33	264
朔州	Shuozhou	12.49	12.27	12.27	62	松原	Songyuan	4.52	4.67	4.61	243
晋中	Jinzhong	12.11	13.40	10.74	81	白城	Baicheng	6.30	7.32	6.27	203
运城	Yuncheng	9.70	8.21	8.21	139	黑龙江	**Heilongjiang**	**4.58**	**5.45**	**5.56**	
忻州	Xinzhou	4.39	10.79	11.04	74	哈尔滨	Harbin	5.00	7.04	7.06	178
临汾	Linfen	0.94	1.69	2.06	280	齐齐哈尔	Qiqihar	5.14	5.18	5.54	218
吕梁	Lvliang	11.11	10.24	10.88	78	鸡西	Jixi	3.65	3.88	4.03	255
内蒙古	**Inner Mongolia**	**8.20**	**9.29**	**10.23**		鹤岗	Hegang	6.12	5.34	5.82	213
呼和浩特	Hohhot	5.79	5.48	8.68	124	双鸭山	Shuangyashan	4.05	4.51	4.51	247
包头	Baotou	9.54	10.74	10.96	75	大庆	Daqing	6.08	6.32	6.24	205
乌海	Wuhai	4.13	4.59	4.60	245	伊春	Yichun	1.65	2.41	2.66	274
赤峰	Chifeng	5.79	6.98	7.25	172	佳木斯	Jiamusi	3.70	4.33	4.87	238
通辽	Tongliao	8.91	11.94	11.94	65	七台河	Qitaihe	2.26	2.15	2.42	277
鄂尔多斯	Erdos	16.19	18.35	18.83	14	牡丹江	Mudanjiang	5.09	4.96	5.28	229
呼伦贝尔	Hulunbuir	7.95	8.14	8.29	135	黑河	Heihe	4.90	5.06	5.10	234
巴彦淖尔	Bayannur	14.66	25.95	21.59	5	绥化	Suihua	4.93	5.68	5.47	223
乌兰察布	Ulanqab	6.04	5.19	5.23	230	上海	**Shanghai**	**11.50**	**18.83**	**21.00**	
辽宁	**Liaoning**	**6.34**	**6.88**	**6.93**		江苏	**Jiangsu**	**14.33**	**16.33**	**16.48**	

8-43 城市建成区排水管道密度(辖区) 续表 1

Density of Drainage Pipeline in Built District (Municipal Districts) continued 1

单位：公里/平方公里 (km/sq.km)

地名	City	2010	2013	2014	2014 排名 Ranking	地名	City	2010	2013	2014	2014 排名 Ranking
南京	Nanjing	8.00	10.37	10.77	80	池州	Chizhou	11.83	14.46	15.14	32
无锡	Wuxi	38.39	38.56	38.72	1	宣城	Xuancheng	12.19	13.78	14.32	41
徐州	Xuzhou	5.58	7.97	8.21	139	**福建**	**Fujian**	**9.15**	**9.73**	**9.58**	
常州	Changzhou	23.70	26.94	23.93	2	福州	Fuzhou	6.58	7.82	8.21	139
苏州	Suzhou	16.28	17.30	17.48	16	厦门	Xiamen	7.55	9.27	8.69	122
南通	Nantong	14.03	14.62	20.58	6	莆田	Putian	22.71	23.17	22.52	4
连云港	Lianyungang	10.23	9.53	9.38	107	三明	Sanming	4.06	5.70	5.48	221
淮安	Huaian	13.33	14.07	13.18	56	泉州	Quanzhou	6.74	7.29	6.96	183
盐城	Yancheng	8.88	11.44	13.50	50	漳州	Zhangzhou	14.51	13.62	13.09	58
扬州	Yangzhou	19.32	16.91	17.05	20	南平	Nanping	2.80	5.48	5.38	227
镇江	Zhenjiang	15.16	15.38	14.82	37	龙岩	Longyan	5.76	5.48	5.11	233
泰州	Taizhou	12.89	16.41	16.85	21	宁德	Ningde	7.18	7.34	8.13	145
宿迁	Suqian	9.95	13.08	17.14	19	**江西**	**Jiangxi**	**7.86**	**9.18**	**9.00**	
浙江	**Zhejiang**	**12.38**	**13.96**	**14.45**		南昌	Nanchang	6.15	7.93	7.88	153
杭州	Hangzhou	9.46	9.63	9.82	98	景德镇	Jingdezhen	8.87	9.01	9.01	112
宁波	Ningbo	12.54	15.23	15.13	33	萍乡	Pingxiang	5.84	9.66	0.85	285
温州	Wenzhou	8.81	13.05	14.70	38	九江	Jiujiang	9.53	10.98	11.13	73
嘉兴	Jiaxing	7.77	7.85	7.84	154	新余	Xinyu	11.15	10.87	10.71	82
湖州	Huzhou	21.20	19.69	19.71	9	鹰潭	Yingtan	2.58	5.24	5.17	231
绍兴	Shaoxing	9.81	12.12	13.39	52	赣州	Ganzhou	6.07	7.43	8.61	126
金华	Jinhua	18.38	19.60	20.07	7	吉安	Jian	9.05	10.11	9.78	100
衢州	Quzhou	16.35	17.21	17.76	15	宜春	Yichun	7.60	8.53	8.47	132
舟山	Zhoushan	13.42	15.06	15.27	30	抚州	Fuzhou	11.31	12.90	13.35	54
台州	Taizhou	13.49	16.69	16.85	21	上饶	Shangrao	13.87	15.08	14.89	35
丽水	Lishui	13.39	15.66	16.15	25	**山东**	**Shandong**	**9.62**	**10.99**	**11.26**	
安徽	**Anhui**	**8.81**	**12.32**	**13.39**		济南	Jinan	6.27	6.26	6.74	194
合肥	Hefei	11.08	16.99	18.96	13	青岛	Qingdao	16.68	13.92	13.94	44
芜湖	Wuhu	9.71	14.76	17.29	18	淄博	Zibo	7.95	10.20	10.06	93
蚌埠	Bengbu	7.28	8.88	8.86	116	枣庄	Zaozhuang	7.80	8.40	8.15	144
淮南	Huainan	6.63	6.61	6.66	199	东营	Dongying	6.99	8.49	8.69	122
马鞍山	Maanshan	7.58	15.50	15.38	29	烟台	Yantai	8.77	11.09	10.54	88
淮北	Huaibei	1.99	2.05	2.08	279	潍坊	Weifang	10.24	11.87	12.27	62
铜陵	Tongling	5.35	15.54	17.39	17	济宁	Jining	10.90	7.66	7.78	155
安庆	Anqing	8.07	12.52	12.25	64	泰安	Taian	7.46	7.08	6.93	186
黄山	Huangshan	12.89	7.69	7.65	160	威海	Weihai	7.90	18.53	18.98	12
滁州	Chuzhou	9.80	13.91	16.45	24	日照	Rizhao	11.20	14.19	13.91	45
阜阳	Fuyang	5.99	6.94	7.42	167	莱芜	Laiwu	13.76	8.50	8.53	130
宿州	Suzhou	11.37	10.78	11.19	71	临沂	Linyi	11.13	11.24	13.78	46
六安	Liuan	5.33	6.44	7.03	179	德州	Dezhou	13.20	8.66	8.05	149
亳州	Bozhou	15.19	19.66	19.23	11	聊城	Liaocheng	12.67	15.10	15.18	31

8-43 城市建成区排水管道密度(辖区) 续表 2
Density of Drainage Pipeline in Built District (Municipal Districts) continued 2

单位：公里/平方公里 (km/sq.km)

地名	City	2010	2013	2014	2014 排名 Ranking
滨州	Binzhou	6.90	11.90	12.61	61
菏泽	Heze	6.64	8.59	8.66	125
河南	**Henan**	**7.31**	**7.99**	**8.15**	
郑州	Zhengzhou	8.58	8.82	8.71	121
开封	Kaifeng	6.61	8.08	7.43	166
洛阳	Luoyang	6.65	8.02	8.22	138
平顶山	Pingdingshan	5.52	6.04	6.21	206
安阳	Anyang	10.11	10.35	10.59	86
鹤壁	Hebi	6.68	6.28	6.41	201
新乡	Xinxiang	7.88	7.45	7.40	169
焦作	Jiaozuo	6.98	8.01	8.61	126
濮阳	Puyang	7.16	8.04	7.64	161
许昌	Xuchang	5.36	5.94	5.90	212
漯河	Luohe	7.52	7.64	7.89	152
三门峡	Sanmenxia	5.30	6.44	7.17	175
南阳	Nanyang	8.23	8.18	8.90	114
商丘	Shangqiu	3.95	6.29	6.74	194
信阳	Xinyang	4.19	3.95	3.82	257
周口	Zhoukou	8.82	8.80	9.07	111
驻马店	Zhumadian	9.00	9.51	9.84	97
湖北	**Hubei**	**9.75**	**9.98**	**10.34**	
武汉	Wuhan	15.58	16.58	16.47	23
黄石	Huangshi	9.12	9.74	14.18	42
十堰	Shiyan	7.61	8.16	10.27	92
宜昌	Yichang	6.31	5.85	6.32	202
襄阳	Xiangyang	7.34	7.01	7.34	171
鄂州	Ezhou	12.23	9.71	9.70	102
荆门	Jingmen	10.67	13.50	14.12	43
孝感	Xiaogan	8.53	8.75	8.81	118
荆州	Jingzhou	5.80	6.48	7.58	163
黄冈	Huanggang	6.76	6.57	6.87	188
咸宁	Xianning	2.88	3.26	3.39	262
随州	Suizhou	5.49	5.69	6.04	211
湖南	**Hunan**	**6.72**	**8.01**	**8.19**	
长沙	Changsha	4.68	7.17	7.00	181
株洲	Zhuzhou	3.01	6.89	7.42	167
湘潭	Xiangtan	9.87	12.11	12.91	60
衡阳	Hengyang	9.63	8.73	8.08	148
邵阳	Shaoyang	9.90	15.30	14.42	40
岳阳	Yueyang	10.59	13.68	13.66	48
常德	Changde	6.34	6.20	6.19	207
张家界	Zhangjiajie	3.40	6.84	7.01	180
益阳	Yiyang	6.17	4.25	4.18	251
郴州	Chenzhou	6.29	3.97	4.72	240
永州	Yongzhou	6.08	7.59	7.92	151
怀化	Huaihua	4.25	5.67	5.58	217
娄底	Loudi	8.95	9.42	9.42	105
广东	**Guangdong**	**9.20**	**6.90**	**9.32**	
广州	Guangzhou	8.93	9.33	9.74	101
韶关	Shaoguan	6.07	5.49	5.41	225
深圳	Shenzhen	15.47		13.07	59
珠海	Zhuhai	10.36	11.31	11.57	70
汕头	Shantou	9.49	6.73	6.73	196
佛山	Foshan	11.03	15.21	16.05	26
江门	Jiangmen	9.56	8.76	2.76	273
湛江	Zhanjiang	5.53	5.73	7.23	173
茂名	Maoming	4.18	3.56	3.19	267
肇庆	Zhaoqing	7.10	8.29	8.31	134
惠州	Huizhou	6.85	9.87	10.65	83
梅州	Meizhou	6.62	10.32	9.80	99
汕尾	Shanwei	14.96	15.44	14.87	36
河源	Heyuan	7.22	12.18	11.58	69
阳江	Yangjiang		8.34	8.76	119
清远	Qingyuan		9.56	8.61	126
东莞	Dongguan	7.14	8.23	9.95	94
中山	Zhongshan	10.30	9.94	9.95	94
潮州	Chaozhou	7.37	7.87	6.05	210
揭阳	Jieyang	3.67	0.60	0.65	286
云浮	Yunfu	3.03	4.06	4.66	242
广西	**Guangxi**	**6.82**	**7.20**	**7.35**	
南宁	Nanning	3.33	2.70	2.78	271
柳州	Liuzhou	7.49	6.73	6.96	183
桂林	Guilin	7.70	8.13	8.17	143
梧州	Wuzhou	4.32	5.78	6.15	208
北海	Beihai	5.33	11.35	11.19	71
防城港	Fangchenggang	7.54	13.33	13.38	53
钦州	Qinzhou	6.43	7.07	7.39	170
贵港	Guigang	5.74	5.19	5.46	224
玉林	Yulin	10.92	10.92	10.96	75
百色	Baise	7.76	7.94	7.22	174

8-43 城市建成区排水管道密度(辖区) 续表 3

Density of Drainage Pipeline in Built District (Municipal Districts) continued 3

单位：公里/平方公里 (km/sq.km)

地名	City	2010	2013	2014	2014 排名 Ranking
贺州	Hezhou	7.24	7.05	7.57	164
河池	Hechi	17.13	10.33	10.61	85
来宾	Laibin	7.24	12.89	13.55	49
崇左	Chongzuo	4.05	3.75	3.48	261
海南	**Hainan**	**13.31**	**11.34**	**11.62**	
海口	Haikou	12.59	12.36	10.38	90
三亚	Sanya	29.01	12.45	23.05	3
三沙	Sansha			20.00	8
重庆	**Chongqing**	**8.13**	**8.52**	**9.00**	
四川	**Sichuan**	**8.90**	**9.48**	**9.30**	
成都	Chengdu	11.44	11.92	11.61	67
自贡	Zigong	5.66	1.18	1.15	283
攀枝花	Panzhihua	9.98	9.00	8.88	115
泸州	Luzhou	7.65	7.98	8.23	137
德阳	Deyang	6.73	6.74	6.62	200
绵阳	Mianyang	9.88	16.85	16.05	26
广元	Guangyuan	8.21	10.44	10.86	79
遂宁	Suining	9.72	9.96	10.41	89
内江	Neijiang	5.49	5.28	4.86	239
乐山	Leshan	8.47	8.54	8.29	135
南充	Nanchong	9.36	11.10	11.60	68
眉山	Meishan	5.84	9.84	9.60	103
宜宾	Yibin	2.70	5.41	7.11	176
广安	Guangan	7.73	5.46	5.62	216
达州	Dazhou	9.22	1.15	1.22	282
雅安	Yaan	8.57	8.31	9.39	106
巴中	Bazhong	10.57	8.50	7.66	159
资阳	Ziyang	5.94	6.73	6.83	191
贵州	**Guizhou**	**7.17**	**7.56**	**7.71**	
贵阳	Guiyang	11.10	11.76	11.77	66
六盘水	Liupanshui	1.82	1.87	1.78	281
遵义	Zunyi	3.58	3.51	3.36	263
安顺	Anshun	9.22	8.45	8.33	133
毕节	Bijie	3.75	4.26	4.08	254
铜仁	Tongren	5.61	4.39	4.52	246
云南	**Yunnan**	**5.88**	**6.48**	**10.37**	
昆明	Kunming	1.78	2.10	10.31	91
曲靖	Qujing	8.18	10.22	10.63	84
玉溪	Yuxi	20.45	12.32	14.97	34
保山	Baoshan	6.29	6.08	6.83	191
昭通	Zhaotong	4.08	4.51	5.06	236
丽江	Lijiang	5.42	17.16	15.53	28
普洱	Puer	9.21	18.61	19.45	10
临沧	Lincang	13.91	11.80	13.35	54
西藏	**Tibet**	**3.45**	**4.54**	**4.83**	
拉萨	Lasa	3.44	2.52	2.84	269
陕西	**Shaanxi**	**7.47**	**7.40**	**7.48**	
西安	Xi'an	10.38	9.89	9.94	96
铜川	Tongchuan	4.68	4.45	4.61	243
宝鸡	Baoji	5.37	6.23	6.71	197
咸阳	Xianyang	3.54	4.13	4.10	252
渭南	Weinan	7.23	7.64	7.57	164
延安	Yan'an	3.43	2.54	2.54	275
汉中	Hanzhong	3.92	4.21	4.49	248
榆林	Yulin	9.10	8.17	7.08	177
安康	Ankang	3.67	4.75	4.71	241
商洛	Shangluo	13.59	3.08	3.27	266
甘肃	**Gansu**	**4.89**	**5.34**	**6.44**	
兰州	Lanzhou	3.69	6.57	8.10	147
嘉峪关	Jiayuguan	6.95	5.53	5.49	220
金昌	Jinchang	2.37	2.45	2.40	278
白银	Baiyin	2.77	2.82	2.84	269
天水	Tianshui	7.65	6.88	6.88	187
武威	Wuwei	4.84	4.74	5.17	231
张掖	Zhangye	6.38	2.17	4.43	249
平凉	Pingliang	7.94	9.31	10.90	77
酒泉	Jiuquan	6.79	5.50	6.13	209
庆阳	Qingyang	7.46	7.74	8.00	150
定西	Dingxi	4.06	5.76	5.75	214
陇南	Longnan	5.38	5.38	5.38	227
青海	**Qinghai**	**8.90**	**8.84**	**8.86**	
西宁	Xining	9.27	9.37	9.09	110
海东	Haidong			9.29	109
宁夏	**Ningxia**	**4.03**	**3.24**	**3.31**	
银川	Yinchuan	3.74	3.66	3.57	259
石嘴山	Shizuishan	3.03	1.00	1.10	284
吴忠	Wuzhong	3.47	2.56	2.78	271
固原	Guyuan	4.45	6.60	6.68	198
中卫	Zhongwei	2.84	2.59	2.52	276
新疆	**Xinjiang**	**5.22**	**5.32**	**5.36**	
乌鲁木齐	Urumqi	3.42	3.46	3.50	260
克拉玛依	Karamay	7.09	6.47	6.27	203

8-44 城市污水处理率（辖区）
Urban Wastewater Treatment Rate (Municipal Districts)

单位：%　　　　(%)

地名	City	2010	2013	2014	2014 排名 Ranking
全国	**Nation Total**	**82.31**	**89.34**	**90.18**	
北京	**Beijing**	**82.09**	**84.60**	**86.11**	
天津	**Tianjin**	**85.30**	**90.03**	**91.04**	
河北	**Hebei**	**92.30**	**94.57**	**95.06**	
石家庄	Shijiazhuang	95.38	94.46	95.60	60
唐山	Tangshan	94.10	94.81	95.00	69
秦皇岛	Qinhuangdao	92.10	95.01	98.72	18
邯郸	Handan	91.74	97.52	97.56	32
邢台	Xingtai	84.51	90.60	96.35	44
保定	Baoding	89.88	96.50	100.00	1
张家口	Zhangjiakou	87.50	91.98	93.61	94
承德	Chengde	86.67	95.38	93.60	95
沧州	Cangzhou	85.08	100.00	100.00	1
廊坊	Langfang	86.10	87.66	90.23	158
衡水	Hengshui	86.51	79.64	60.41	274
山西	**Shanxi**	**84.93**	**88.37**	**88.37**	
太原	Taiyuan	83.86	85.00	85.85	216
大同	Datong	78.18	83.21	83.50	238
阳泉	Yangquan	83.00	89.83	77.81	255
长治	Changzhi	92.00	92.57	92.73	110
晋城	Jincheng	95.29	95.00	95.00	69
朔州	Shuozhou	96.38	97.72	97.71	29
晋中	Jinzhong	96.01	96.50	96.61	42
运城	Yuncheng	90.00	92.00	91.01	139
忻州	Xinzhou	93.91	95.00	94.98	73
临汾	Linfen	86.32	90.86	90.93	146
吕梁	Lvliang	75.47	90.93	91.23	134
内蒙古	**Inner Mongolia**	**80.55**	**88.21**	**89.21**	
呼和浩特	Hohhot	77.10	80.74	81.02	249
包头	Baotou	82.42	85.62	86.06	213
乌海	Wuhai	89.78	93.01	94.57	80
赤峰	Chifeng	82.33	88.05	89.60	172
通辽	Tongliao	86.18	99.44	97.50	33
鄂尔多斯	Erdos	92.56	98.14	98.13	23
呼伦贝尔	Hulunbuir	80.60	93.86	92.30	117
巴彦淖尔	Bayannur	86.30	93.96	97.88	26
乌兰察布	Ulanqab	85.11	98.48	98.54	20
辽宁	**Liaoning**	**74.93**	**90.04**	**89.05**	
沈阳	Shenyang	73.61	95.00	95.11	67
大连	Dalian	90.40	95.96	91.42	131
鞍山	Anshan	70.59	87.09	87.08	202
抚顺	Fushun	91.05	75.00	70.34	268
本溪	Benxi	87.07	94.42	93.69	92
丹东	Dandong	49.14	89.42	89.99	169
锦州	Jinzhou	60.17	84.35	88.21	191
营口	Yingkou	74.46	100.00	100.00	1
阜新	Fuxin	54.25	51.12	53.24	275
辽阳	Liaoyang	81.63	100.00	100.00	1
盘锦	Panjin	62.97	100.00	100.00	1
铁岭	Tieling	85.37	100.00	100.00	1
朝阳	Chaoyang	68.49	77.84	88.62	188
葫芦岛	Huludao	84.19	86.64	89.35	176
吉林	**Jilin**	**73.92**	**84.21**	**90.10**	
长春	Changchun	89.46	81.43	92.08	119
吉林	Jilin	91.50	94.05	94.50	81
四平	Siping	98.93	75.06	85.11	227
辽源	Liaoyuan	83.33	96.13	98.39	21
通化	Tonghua	51.30	92.41	92.84	104
白山	Daishan	22.12	62.86	74.20	259
松原	Songyuan	81.52	95.79	95.88	54
白城	Baicheng	10.70	62.09	69.67	269
黑龙江	**Heilongjiang**	**56.72**	**75.68**	**77.22**	
哈尔滨	Harbin	57.18	90.47	89.30	177
齐齐哈尔	Qiqihar	67.46	73.60	73.06	260
鸡西	Jixi	33.18	34.58	32.47	284
鹤岗	Hegang	12.07	45.42	50.14	277
双鸭山	Shuangyashan	10.14	42.62	89.51	173
大庆	Daqing	100.00	96.60	97.61	31
伊春	Yichun	22.24	37.21	41.74	280
佳木斯	Jiamusi	53.99	66.92	81.98	243
七台河	Qitaihe		51.20	39.72	282
牡丹江	Mudanjiang	45.47	41.88	41.95	279
黑河	Heihe	100.00	90.01	90.09	160
绥化	Suihua	56.15	99.90	100.00	1
上海	**Shanghai**	**83.29**	**87.12**	**89.72**	
江苏	**Jiangsu**	**87.56**	**92.14**	**93.46**	

8-44 城市污水处理率(辖区) 续表 1
Urban Wastewater Treatment Rate (Municipal Districts) continued 1

单位：% (%)

地名	City	2010	2013	2014	2014 排名 Ranking	地名	City	2010	2013	2014	2014 排名 Ranking
南京	Nanjing	88.82	94.22	95.32	64	池州	Chizhou	90.00	91.38	92.31	116
无锡	Wuxi	95.17	96.12	96.79	40	宣城	Xuancheng	90.74	87.20	93.40	98
徐州	Xuzhou	81.66	91.50	92.74	109	**福建**	**Fujian**	**84.44**	**87.31**	**88.66**	
常州	Changzhou	89.84	94.42	95.00	69	福州	Fuzhou	87.10	86.37	87.73	194
苏州	Suzhou	90.34	95.49	95.74	57	厦门	Xiamen	90.10	91.62	93.38	99
南通	Nantong	91.38	91.80	92.81	106	莆田	Putian	86.71	85.51	87.46	198
连云港	Lianyungang	81.41	83.81	84.09	237	三明	Sanming	81.04	84.70	85.49	221
淮安	Huaian	81.56	79.50	90.99	143	泉州	Quanzhou	86.00	87.20	87.68	195
盐城	Yancheng	82.00	86.03	89.17	180	漳州	Zhangzhou	88.00	89.03	89.06	181
扬州	Yangzhou	88.90	93.05	93.72	91	南平	Nanping	82.68	88.97	86.96	206
镇江	Zhenjiang	86.13	92.61	92.80	107	龙岩	Longyan	90.03	89.36	89.51	173
泰州	Taizhou	83.70	89.44	89.45	175	宁德	Ningde	73.83	86.98	87.00	204
宿迁	Suqian	82.99	90.07	93.45	97	**江西**	**Jiangxi**	**80.83**	**83.10**	**83.76**	
浙江	**Zhejiang**	**82.74**	**89.28**	**90.68**		南昌	Nanchang	75.00	90.97	91.98	123
杭州	Hangzhou	95.40	95.50	95.61	59	景德镇	Jingdezhen	99.92	71.34	72.07	263
宁波	Ningbo	85.21	90.32	92.35	115	萍乡	Pingxiang	92.24	82.99	84.89	233
温州	Wenzhou	70.00	88.30	91.45	130	九江	Jiujiang	98.01	99.43	99.47	11
嘉兴	Jiaxing	87.26	90.38	90.48	153	新余	Xinyu	100.00	100.00	100.00	1
湖州	Huzhou	85.11	91.01	92.00	122	鹰潭	Yingtan	77.90	93.78	94.22	86
绍兴	Shaoxing	85.01	88.26	89.26	178	赣州	Ganzhou	83.25	46.37	50.35	276
金华	Jinhua	75.00	89.01	90.02	166	吉安	Jian	80.29	90.87	90.96	145
衢州	Quzhou	75.65	88.23	89.26	178	宜春	Yichun	92.83	93.15	93.18	100
舟山	Zhoushan	75.10	86.21	86.34	211	抚州	Fuzhou	92.99	91.12	92.19	118
台州	Taizhou	75.67	89.09	90.05	161	上饶	Shangrao	90.24	90.32	90.32	155
丽水	Lishui	72.48	87.50	89.02	182	**山东**	**Shandong**	**91.11**	**94.93**	**95.27**	
安徽	**Anhui**	**88.46**	**96.22**	**96.21**		济南	Jinan	96.65	98.79	98.00	25
合肥	Hefei	99.81	98.80	98.90	16	青岛	Qingdao	88.29	94.38	94.93	74
芜湖	Wuhu	75.00	93.99	91.61	128	淄博	Zibo	94.68	95.10	95.76	56
蚌埠	Bengbu	87.31	99.95	99.30	13	枣庄	Zaozhuang	91.30	93.14	95.12	66
淮南	Huainan	86.80	98.18	98.18	22	东营	Dongying	88.34	93.78	94.71	77
马鞍山	Maanshan	88.01	97.36	99.08	15	烟台	Yantai	90.69	95.24	95.54	62
淮北	Huaibei	93.01	97.68	97.87	27	潍坊	Weifang	93.36	93.15	92.79	108
铜陵	Tongling	69.01	85.51	90.04	163	济宁	Jining	87.41	93.58	94.40	84
安庆	Anqing	89.40	97.91	90.97	144	泰安	Taian	90.10	94.43	95.37	63
黄山	Huangshan	96.41	91.36	94.11	87	威海	Weihai	92.39	93.90	94.83	76
滁州	Chuzhou		95.28	96.00	49	日照	Rizhao	90.78	94.13	93.98	88
阜阳	Fuyang	87.00	90.01	90.03	164	莱芜	Laiwu	92.00	94.28	83.39	239
宿州	Suzhou	62.30	99.10	99.47	11	临沂	Linyi	93.23	94.06	92.83	105
六安	Liuan	80.83	91.14	91.20	136	德州	Dezhou	84.68	94.97	95.96	51
亳州	Bozhou	96.31	96.91	96.93	38	聊城	Liaocheng	94.74	94.62	94.65	78

8-44 城市污水处理率(辖区） 续表 2
Urban Wastewater Treatment Rate (Municipal Districts) continued 2

单位：% (%)

地名	City	2010	2013	2014	2014 排名 Ranking	地名	City	2010	2013	2014	2014 排名 Ranking
滨州	Binzhou	92.81	91.14	93.00	103	常德	Changde	74.74	90.31	84.92	231
菏泽	Heze	62.63	89.57	95.99	50	张家界	Zhangjiajie	61.97	80.74	81.09	248
河南	**Henan**	**87.60**	**90.84**	**92.52**		益阳	Yiyang	87.58	82.53	91.34	133
郑州	Zhengzhou	97.20	95.86	95.89	53	郴州	Chenzhou	56.12	90.24	90.30	156
开封	Kaifeng	88.00	73.39	92.63	111	永州	Yongzhou	53.38	81.29	83.24	240
洛阳	Luoyang	95.54	98.57	97.71	29	怀化	Huaihua	71.33	83.44	85.42	224
平顶山	Pingdingshan	98.33	89.99	91.76	126	娄底	Loudi	81.05	80.33	85.27	225
安阳	Anyang	97.69	97.71	97.72	28	**广东**	**Guangdong**	**86.08**	**92.15**	**91.55**	
鹤壁	Hebi	82.51	83.01	70.38	267	广州	Guangzhou	96.96	91.36	98.72	18
新乡	Xinxiang	87.48	90.00	90.00	167	韶关	Shaoguan	71.06	81.46	81.35	247
焦作	Jiaozuo	85.10	87.30	87.50	197	深圳	Shenzhen	99.30	96.22	96.60	43
濮阳	Puyang	53.42	89.08	91.96	125	珠海	Zhuhai	78.81	88.52	90.13	159
许昌	Xuchang	96.94	96.97	96.99	37	汕头	Shantou	71.05	91.95	92.08	119
漯河	Luohe	64.77	95.03	96.25	45	佛山	Foshan	88.98	94.28	79.65	253
三门峡	Sanmenxia	99.32	92.68	97.10	36	江门	Jiangmen	80.40	88.85	91.23	134
南阳	Nanyang	62.38	92.65	88.22	190	湛江	Zhanjiang	93.05	89.96	96.67	41
商丘	Shangqiu	100.00	86.62	90.03	164	茂名	Maoming	82.81	86.70	88.19	192
信阳	Xinyang	81.00	96.91	88.99	184	肇庆	Zhaoqing	81.92	94.10	93.16	101
周口	Zhoukou	75.07	80.04	90.34	154	惠州	Huizhou	85.16	97.03	97.46	34
驻马店	Zhumadian	92.02	92.06	92.07	121	梅州	Meizhou	70.99	79.99	85.03	229
湖北	**Hubei**	**81.02**	**91.59**	**92.08**		汕尾	Shanwei	51.65	86.01	88.07	193
武汉	Wuhan	94.96	95.40	95.26	65	河源	Heyuan	89.32	89.39	93.11	102
黄石	Huangshi	81.21	92.40	92.51	112	阳江	Yangjiang	71.27	81.81	68.67	270
十堰	Shiyan	72.75	92.41	92.50	113	清远	Qingyuan	61.50	83.81	85.59	219
宜昌	Yichang	89.59	91.00	91.00	140	东莞	Dongguan	84.69	95.20	95.58	61
襄阳	Xiangyang	87.38	91.18	91.52	129	中山	Zhongshan	91.44	90.70	90.60	150
鄂州	Ezhou	81.80	88.69	89.00	183	潮州	Chaozhou	82.52	86.27	63.07	273
荆门	Jingmen	84.50	85.58	86.19	212	揭阳	Jieyang	57.63	74.08	77.09	257
孝感	Xiaogan	85.18	95.00	85.43	223	云浮	Yunfu	98.24	98.64	91.38	132
荆州	Jingzhou	80.07	90.17	90.60	150	**广西**	**Guangxi**	**83.43**	**85.75**	**87.45**	
黄冈	Huanggang	92.36	97.05	100.00	1	南宁	Nanning	93.27	81.21	87.10	201
咸宁	Xianning	85.50	90.93	87.59	196	柳州	Liuzhou	91.01	91.00	91.00	140
随州	Suizhou	46.11	90.27	93.87	89	桂林	Guilin	96.16	92.27	87.02	203
湖南	**Hunan**	**74.95**	**88.36**	**90.11**		梧州	Wuzhou	42.17	87.50	88.52	189
长沙	Changsha	90.80	96.54	96.90	39	北海	Beihai	81.06	83.48	77.55	256
株洲	Zhuzhou	81.22	90.92	94.46	83	防城港	Fangchenggang	35.53	70.51	71.33	266
湘潭	Xiangtan	82.10	87.85	90.00	167	钦州	Qinzhou	81.33	87.96	88.90	186
衡阳	Hengyang	63.83	75.58	75.99	258	贵港	Guigang	86.34	89.36	86.63	209
邵阳	Shaoyang	61.61	81.81	86.03	215	玉林	Yulin	98.24	99.10	99.11	14
岳阳	Yueyang	74.81	88.95	90.80	147	百色	Baise	24.50	55.13	80.85	250

8-44 城市污水处理率(辖区) 续表 3
Urban Wastewater Treatment Rate (Municipal Districts) continued 3

单位：% (%)

地名	City	2010	2013	2014	2014 排名 Ranking	地名	City	2010	2013	2014	2014 排名 Ranking
贺州	Hezhou	62.01	67.34	66.55	272	丽江	Lijiang	89.73	95.91	90.61	149
河池	Hechi	92.63	89.08	89.84	171	普洱	Puer	33.04	81.34	81.38	246
来宾	Laibin	76.28	82.33	83.19	241	临沧	Lincang	52.28	90.00	91.14	138
崇左	Chongzuo	18.52	50.71	41.43	281	**西藏**	**Tibet**		**0.06**	**16.07**	
海南	**Hainan**	**54.87**	**74.95**	**71.42**		拉萨	Lasa		0.08	17.91	285
海口	Haikou	87.42	89.00	85.07	228	**陕西**	**Shaanxi**	**74.18**	**89.04**	**91.56**	
三亚	Sanya	29.92	77.71	78.41	254	西安	Xi'an	86.41	91.50	93.50	96
三沙	Sansha					铜川	Tongchuan	70.15	89.26	88.98	185
重庆	**Chongqing**	**91.65**	**93.95**	**92.99**		宝鸡	Baoji	93.20	93.52	95.96	51
四川	**Sichuan**	**74.83**	**83.23**	**85.36**		咸阳	Xianyang	51.94	82.71	86.97	205
成都	Chengdu	90.68	89.01	94.64	79	渭南	Weinan	75.11	83.18	85.49	221
自贡	Zigong	85.10	90.55	90.56	152	延安	Yan'an	86.96	89.19	89.98	170
攀枝花	Panzhihua	24.34	81.45	81.77	245	汉中	Hanzhong	97.50	90.28	91.18	137
泸州	Luzhou	46.34	84.04	85.03	229	榆林	Yulin	67.71	84.06	86.65	208
德阳	Deyang	83.75	89.99	91.00	140	安康	Ankang	11.79	85.78	87.42	199
绵阳	Mianyang	89.00	91.86	92.37	114	商洛	Shangluo	79.81	94.74	93.75	90
广元	Guangyuan	73.25	81.14	86.43	210	**甘肃**	**Gansu**	**62.59**	**81.25**	**85.00**	
遂宁	Suining	82.85	93.29	96.11	46	兰州	Lanzhou	57.55	76.65	84.13	236
内江	Neijiang	77.71	85.11	88.78	187	嘉峪关	Jiayuguan	73.13	85.64	85.73	217
乐山	Leshan	53.12	81.45	79.73	252	金昌	Jinchang	93.82	100.00	95.85	55
南充	Nanchong	60.51	83.57	85.58	220	白银	Baiyin	52.03	67.52	71.75	264
眉山	Meishan	75.38	86.91	85.62	218	天水	Tianshui	65.02	83.19	84.42	235
宜宾	Yibin	36.70	87.96	36.31	283	武威	Wuwei	88.58	99.09	96.06	47
广安	Guangan	90.70	92.82	91.74	127	张掖	Zhangye	74.98	87.04	87.11	200
达州	Dazhou	60.81	39.79	47.24	278	平凉	Pingliang	81.59	95.25	85.13	226
雅安	Yaan	62.50	62.88	67.45	271	酒泉	Jiuquan	50.38	94.36	93.62	93
巴中	Bazhong	88.68	82.25	80.26	251	庆阳	Qingyang	87.55	90.22	90.26	157
资阳	Ziyang	85.66	90.36	86.73	207	定西	Dingxi	79.11	90.65	90.67	148
贵州	**Guizhou**	**86.83**	**93.97**	**94.79**		陇南	Longnan	100.00	97.40	98.80	17
贵阳	Guiyang	95.20	95.01	95.70	58	**青海**	**Qinghai**	**43.53**	**61.64**	**59.19**	
六盘水	Liupanshui	91.89	98.66	98.09	24	西宁	Xining	55.05	71.40	72.11	262
遵义	Zunyi	59.85	88.72	95.00	69	海东	Haidong			71.39	265
安顺	Anshun	91.49	92.73	94.50	81	**宁夏**	**Ningxia**	**78.00**	**94.43**	**92.38**	
毕节	Bijie	89.72	92.10	96.02	48	银川	Yinchuan	91.80	99.40	94.26	85
铜仁	Tongren	68.69	95.84	82.67	242	石嘴山	Shizuishan	41.14	94.40	97.46	34
云南	**Yunnan**	**93.39**	**92.05**	**91.14**		吴忠	Wuzhong	90.00	90.05	91.98	123
昆明	Kunming	100.00	98.00	94.89	75	固原	Guyuan	73.05	60.47	72.43	261
曲靖	Qujing	83.55	90.45	90.05	161	中卫	Zhongwei	100.00	100.00	99.59	10
玉溪	Yuxi	95.59	80.00	81.93	244	**新疆**	**Xinjiang**	**73.25**	**87.78**	**86.24**	
保山	Baoshan	95.51	88.02	86.05	214	乌鲁木齐	Urumqi	60.65	84.81	84.90	232
昭通	Zhaotong	78.67	91.70	84.71	234	克拉玛依	Karamay	92.12	93.87	95.10	68

8-45 城市绿化覆盖面积(辖区)
Urban Green Coverage Area (Municipal Districts)

单位：公顷 (hectare)

地名	City	2010	2013	2014	2014 排名 Ranking	地名	City	2010	2013	2014	2014 排名 Ranking
全国	**Nation Total**	**2452658**	**2808936**	**2937863**		沈阳	Shenyang	27328	29219	29482	10
北京	**Beijing**	**65348**	**70111**	**86945**		大连	Dalian	18666	18719	18759	22
天津	**Tianjin**	**23265**	**26101**	**27843**		鞍山	Anshan	6097	6463	6599	77
河北	**Hebei**	**81819**	**86731**	**90136**		抚顺	Fushun	6164	6604	6688	76
石家庄	Shijiazhuang	9762	10461	12932	33	本溪	Benxi	5082	87239	87378	5
唐山	Tangshan	11178	10245	10251	48	丹东	Dandong	4443	2510	2515	203
秦皇岛	Qinhuangdao	5136	5448	5491	97	锦州	Jinzhou	3956	4385	4415	124
邯郸	Handan	8963	9320	9340	53	营口	Yingkou	4166	4417	4420	123
邢台	Xingtai	5540	5681	6362	82	阜新	Fuxin	2981	3424	3517	148
保定	Baoding	5899	5963	6129	85	辽阳	Liaoyang	3809	4261	4373	126
张家口	Zhangjiakou	3236	3665	3831	143	盘锦	Panjin	2401	2752	3030	166
承德	Chengde	4175	4698	4876	108	铁岭	Tieling	1726	2242	2242	208
沧州	Cangzhou	1942	2361	2527	199	朝阳	Chaoyang	2507	2727	2819	178
廊坊	Langfang	4484	4572	4634	114	葫芦岛	Huludao	2878	3105	3199	155
衡水	Hengshui	1806	1911	1973	223	吉林	**Jilin**	**43820**	**43430**	**50909**	
山西	**Shanxi**	**34607**	**43271**	**46692**		长春	Changchun	15618	12568	19156	21
太原	Taiyuan	9089	12762	13365	32	吉林	Jilin	8002	8000	8538	61
大同	Datong	4046	4681	3941	138	四平	Siping	1677	1842	1842	233
阳泉	Yangquan	3134	3288	3941	138	辽源	Liaoyuan	1643	1818	1853	232
长治	Changzhi	2847	2688	3494	149	通化	Tonghua	1537	1770	1803	237
晋城	Jincheng	1600	2597	2642	191	白山	Baishan	1204	1283	1300	261
朔州	Shuozhou	1591	1934	1934	227	松原	Songyuan	1712	2045	2129	214
晋中	Jinzhong	1725	1930	2518	201	白城	Baicheng	1231	1234	1376	257
运城	Yuncheng	1315	1760	1827	235	黑龙江	**Heilongjiang**	**78727**	**84344**	**85312**	
忻州	Xinzhou	520	996	1156	268	哈尔滨	Harbin	13787	14353	14473	30
临汾	Linfen	1583	2047	2019	222	齐齐哈尔	Qiqihar	6186	6187	6187	84
吕梁	Lvliang	654	937	960	277	鸡西	Jixi	3328	3179	3179	158
内蒙古	**Inner Mongolia**	**41059**	**52511**	**62720**		鹤岗	Hegang	2358	3073	3096	163
呼和浩特	Hohhot	6169	7908	11027	43	双鸭山	Shuangyashan	2719	2733	2736	185
包头	Baotou	7845	8074	8392	64	大庆	Daqing	23386	25282	25483	13
乌海	Wuhai	2168	2561	2641	192	伊春	Yichun	4478	4656	4667	112
赤峰	Chifeng	2773	4023	4083	133	佳木斯	Jiamusi	3768	4031	4031	135
通辽	Tongliao	2079	2837	2590	195	七台河	Qitaihe	2546	2744	2752	183
鄂尔多斯	Erdos	7991	11002	11902	38	牡丹江	Mudanjiang	5205	5248	5298	100
呼伦贝尔	Hulunbuir	991	1317	2084	216	黑河	Heihe	479	652	807	278
巴彦淖尔	Bayannur	1244	1607	1964	225	绥化	Suihua	805	989	1167	267
乌兰察布	Ulanqab	1559	2340	6715	74	上海	**Shanghai**	**130160**	**134904**	**136427**	
辽宁	**Liaoning**	**106020**	**194503**	**196122**		江苏	**Jiangsu**	**258969**	**287465**	**297376**	

8-45 城市绿化覆盖面积(辖区) 续表 1
Urban Green Coverage Area (Municipal Districts) continued 1

单位：公顷 (hectare)

地名	City	2010	2013	2014	2014 排名 Ranking	地名	City	2010	2013	2014	2014 排名 Ranking
南京	Nanjing	84848	93503	95554	4	池州	Chizhou	1554	1714	1910	229
无锡	Wuxi	17988	19106	19320	20	宣城	Xuancheng	3518	3811	3866	142
徐州	Xuzhou	14726	15773	15966	27	**福建**	**Fujian**	**55914**	**65159**	**67984**	
常州	Changzhou	8139	8862	9659	51	福州	Fuzhou	10138	11227	11581	41
苏州	Suzhou	15415	26559	26876	12	厦门	Xiamen	16363	18878	19699	19
南通	Nantong	5380	8165	9213	54	莆田	Putian	2363	2529	2572	196
连云港	Lianyungang	18125	20156	20590	17	三明	Sanming	1418	1532	1835	234
淮安	Huaian	7359	8540	8975	56	泉州	Quanzhou	6845	8012	8516	62
盐城	Yancheng	4199	4633	5328	99	漳州	Zhangzhou	2121	2463	2655	189
扬州	Yangzhou	4065	8025	8235	66	南平	Nanping	1039	1345	1325	259
镇江	Zhenjiang	6773	7677	8209	67	龙岩	Longyan	1880	2235	2235	209
泰州	Taizhou	6153	7986	8123	69	宁德	Ningde	801	1100	1169	266
宿迁	Suqian	8486	9827	10168	49	**江西**	**Jiangxi**	**48924**	**53185**	**55327**	
浙江	**Zhejiang**	**91111**	**144481**	**149641**		南昌	Nanchang	8619	10584	11027	43
杭州	Hangzhou	17693	34053	34513	7	景德镇	Jingdezhen	7469	4055	4064	134
宁波	Ningbo	10853	11871	12393	37	萍乡	Pingxiang	1968	2059	2061	220
温州	Wenzhou	3822	7907	8380	65	九江	Jiujiang	5045	5200	5251	101
嘉兴	Jiaxing	4665	5403	5659	95	新余	Xinyu	2863	3779	3790	145
湖州	Huzhou	4241	4807	5188	102	鹰潭	Yingtan	1121	1335	1385	256
绍兴	Shaoxing	6178	10291	10648	45	赣州	Ganzhou	3730	4001	5795	92
金华	Jinhua	2865	2928	2960	167	吉安	Jian	2011	2843	3072	165
衢州	Quzhou	2455	2780	2894	171	宜春	Yichun	2123	2801	2958	168
舟山	Zhoushan	2109	15317	15358	28	抚州	Fuzhou	2785	2733	3102	162
台州	Taizhou	5306	5402	6040	86	上饶	Shangrao	1851	2286	2323	206
丽水	Lishui	1320	1514	1562	246	**山东**	**Shandong**	**179333**	**217366**	**232174**	
安徽	**Anhui**	**85281**	**101449**	**107540**		济南	Jinan	12853	14494	15233	29
合肥	Hefei	12737	16683	18428	23	青岛	Qingdao	19203	30627	31735	9
芜湖	Wuhu	5165	6325	6440	80	淄博	Zibo	15996	17568	18092	25
蚌埠	Bengbu	4600	5415	5788	93	枣庄	Zaozhuang	4717	6140	8958	57
淮南	Huainan	4380	4709	4710	111	东营	Dongying	6062	7150	7519	71
马鞍山	Maanshan	5241	5787	5915	89	烟台	Yantai	11228	11921	12683	34
淮北	Huaibei	3801	4094	4129	132	潍坊	Weifang	8305	9811	10162	50
铜陵	Tongling	2492	4284	5360	98	济宁	Jining	6162	8334	8869	58
安庆	Anqing	10783	11206	11480	42	泰安	Taian	5141	5539	5813	91
黄山	Huangshan	13190	13920	14092	31	威海	Weihai	6698	7294	10254	47
滁州	Chuzhou	3457	4536	4644	113	日照	Rizhao	3740	4227	4385	125
阜阳	Fuyang	3332	4110	4804	109	莱芜	Laiwu	3014	6393	6440	80
宿州	Suzhou	2062	3376	3901	141	临沂	Linyi	10593	11898	12473	36
六安	Liuan	2720	2934	3140	160	德州	Dezhou	2455	4652	7214	73
亳州	Bozhou	1520	2060	2066	219	聊城	Liaocheng	4272	5150	5970	87

8-45 城市绿化覆盖面积(辖区) 续表 2
Urban Green Coverage Area (Municipal Districts) continued 2

单位：公顷 (hectare)

地名	City	2010	2013	2014	2014 排名 Ranking	地名	City	2010	2013	2014	2014 排名 Ranking
滨州	Binzhou	3446	5726	5751	94	常德	Changde	3304	3734	3803	144
菏泽	Heze	3679	4284	4491	120	张家界	Zhangjiajie	1539	1547	1576	245
河南	**Henan**	**78108**	**92732**	**98862**		益阳	Yiyang	2169	2561	3962	137
郑州	Zhengzhou	13332	15920	18165	24	郴州	Chenzhou	2292	3097	3395	151
开封	Kaifeng	3393	3812	5020	106	永州	Yongzhou	1970	2365	2630	194
洛阳	Luoyang	5955	7149	8179	68	怀化	Huaihua	1918	2198	2198	210
平顶山	Pingdingshan	2940	3127	3155	159	娄底	Loudi	2220	2781	2781	180
安阳	Anyang	2912	3140	3188	156	**广东**	**Guangdong**	**488980**	**474212**	**486241**	
鹤壁	Hebi	2054	2470	2539	198	广州	Guangzhou	140768	142240	143349	1
新乡	Xinxiang	4002	4492	4512	119	韶关	Shaoguan	3774	4247	4425	122
焦作	Jiaozuo	3852	4057	4225	131	深圳	Shenzhen	97592	98635	98805	2
濮阳	Puyang	1651	2048	2174	212	珠海	Zhuhai	32456	33125	33048	8
许昌	Xuchang	3118	3294	3375	152	汕头	Shantou	7113	10344	10528	46
漯河	Luohe	2423	2520	2520	200	佛山	Foshan	11737	9378	9571	52
三门峡	Sanmenxia	1304	1304	1304	260	江门	Jiangmen	9537	11461	11864	39
南阳	Nanyang	3072	6274	6290	83	湛江	Zhanjiang	5565	5799	5846	90
商丘	Shangqiu	2289	2573	2654	190	茂名	Maoming	5188	3749	4300	128
信阳	Xinyang	4345	4849	5050	105	肇庆	Zhaoqing	7834	7447	7466	72
周口	Zhoukou	2249	2757	2891	173	惠州	Huizhou	6528	8531	9017	55
驻马店	Zhumadian	2142	2795	2891	173	梅州	Meizhou	2114	2340	2465	204
湖北	**Hubei**	**80294**	**94677**	**96603**		汕尾	Shanwei	1300	658	665	282
武汉	Wuhan	17991	20738	21668	16	河源	Heyuan	21930	1412	1515	248
黄石	Huangshi	2632	2808	2835	177	阳江	Yangjiang	17560	1915	1923	228
十堰	Shiyan	12468	12591	12591	35	清远	Qingyuan	2281	2469	2517	202
宜昌	Yichang	3770	6295	6699	75	东莞	Dongguan	79446	92189	95797	3
襄阳	Xiangyang	5111	6525	6525	78	中山	Zhongshan	4234	4305	4366	127
鄂州	Ezhou	1935	2065	2076	218	潮州	Chaozhou	1780	1845	3603	146
荆门	Jingmen	2016	2144	2198	210	揭阳	Jieyang	2797	3510	4241	129
孝感	Xiaogan	1482	1723	1723	239	云浮	Yunfu	1194	1249	1510	249
荆州	Jingzhou	2642	2803	2894	171	**广西**	**Guangxi**	**65692**	**75674**	**79421**	
黄冈	Huanggang	1115	1187	1897	230	南宁	Nanning	37125	40352	42510	6
咸宁	Xianning	2664	3863	3963	136	柳州	Liuzhou	7111	8279	8430	63
随州	Suizhou	1400	4780	4788	110	桂林	Guilin	2790	2822	2849	176
湖南	**Hunan**	**54509**	**61879**	**67118**		梧州	Wuzhou	2101	2273	3180	157
长沙	Changsha	9857	11206	11813	40	北海	Beihai	2068	2774	2917	169
株洲	Zhuzhou	4104	5500	5627	96	防城港	Fangchenggang	1092	1204	1234	262
湘潭	Xiangtan	4607	4860	4957	107	钦州	Qinzhou	1549	3283	3367	153
衡阳	Hengyang	4053	4008	4239	130	贵港	Guigang	1464	1676	1677	243
邵阳	Shaoyang	2038	2620	2750	184	玉林	Yulin	2195	2716	2758	182
岳阳	Yueyang	3413	3568	4602	117	百色	Baise	1406	1588	1723	239

8-45 城市绿化覆盖面积(辖区) 续表 3
Urban Green Coverage Area (Municipal Districts) continued 3

单位：公顷 (hectare)

地名	City	2010	2013	2014	2014 排名 Ranking	地名	City	2010	2013	2014	2014 排名 Ranking
贺州	Hezhou	662	1452	1093	271	丽江	Lijiang	778	982	988	275
河池	Hechi	576	652	657	283	普洱	Puer	1346	1023	1025	273
来宾	Laibin	1015	1305	1367	258	临沧	Lincang	546	701	732	280
崇左	Chongzuo	762	1047	1183	265	**西藏**	**Tibet**	**2778**	**4263**	**5630**	
海南	**Hainan**	**50564**	**16549**	**16623**		拉萨	Lasa	2548	2091	3353	154
海口	Haikou	4046	5253	6487	79	**陕西**	**Shaanxi**	**33232**	**41067**	**44104**	
三亚	Sanya	1357	2847	1711	241	西安	Xi'an	13823	19242	20456	18
三沙	Sansha					铜川	Tongchuan	2371	1944	1958	226
重庆	**Chongqing**	**41244**	**52996**	**57805**		宝鸡	Baoji	3527	4520	4619	115
四川	**Sichuan**	**80157**	**98537**	**92272**		咸阳	Xianyang	2669	3025	3087	164
成都	Chengdu	18335	21246	22156	15	渭南	Weinan	1530	1773	1856	231
自贡	Zigong	3071	4286	4483	121	延安	Yan'an	1204	1437	1502	250
攀枝花	Panzhihua	2214	2719	2905	170	汉中	Hanzhong	1400	1452	1453	253
泸州	Luzhou	3830	4995	5148	103	榆林	Yulin	2245	2468	2779	181
德阳	Deyang	2063	2780	2882	175	安康	Ankang	1044	1581	1695	242
绵阳	Mianyang	3932	4229	4582	118	商洛	Shangluo	1382	1400	1419	255
广元	Guangyuan	1424	1878	2030	221	**甘肃**	**Gansu**	**19898**	**25912**	**26404**	
遂宁	Suining	5866	5897	5926	88	兰州	Lanzhou	5495	7730	7548	70
内江	Neijiang	1405	2509	2813	179	嘉峪关	Jiayuguan	1815	2546	2700	186
乐山	Leshan	2167	3420	3461	150	金昌	Jinchang	1188	1422	1472	251
南充	Nanchong	3263	4769	5060	104	白银	Baiyin	1258	1891	2130	213
眉山	Meishan	1424	1880	2347	205	天水	Tianshui	1487	1589	1635	244
宜宾	Yibin	2360	3300	3902	140	武威	Wuwei	611	623	713	281
广安	Guangan	1253	1745	1971	224	张掖	Zhangye	901	2140	2640	193
达州	Dazhou	1679	2545	2658	188	平凉	Pingliang	1830	2007	2082	217
雅安	Yaan	1689	1213	2118	215	酒泉	Jiuquan	1546	1752	1822	236
巴中	Bazhong	630	1279	1456	252	庆阳	Qingyang	395	734	807	278
资阳	Ziyang	1271	1686	1748	238	定西	Dingxi	596	624	428	284
贵州	**Guizhou**	**34190**	**40286**	**41085**		陇南	Longnan	1252	1256	986	276
贵阳	Guiyang	20952	23578	23578	14	**青海**	**Qinghai**	**3409**	**5107**	**5442**	
六盘水	Liupanshui	1200	1520	1523	247	西宁	Xining	2345	3345	3556	147
遵义	Zunyi	2322	2671	2671	187	海东	Haidong			248	285
安顺	Anshun	2187	2866	3122	161	**宁夏**	**Ningxia**	**19672**	**23765**	**24944**	
毕节	Bijie	208	1216	1216	263	银川	Yinchuan	5701	7694	8694	59
铜仁	Tongren	801	855	1004	274	石嘴山	Shizuishan	8506	8538	8553	60
云南	**Yunnan**	**31903**	**38866**	**41284**		吴忠	Wuzhong	1617	2444	2559	197
昆明	Kunming	12545	16065	17345	26	固原	Guyuan	991	1098	1098	270
曲靖	Qujing	2210	2200	2248	207	中卫	Zhongwei	953	1436	1436	254
玉溪	Yuxi	993	1331	1195	264	**新疆**	**Xinjiang**	**43671**	**57402**	**60879**	
保山	Baoshan	732	913	1043	272	乌鲁木齐	Urumqi	17316	25404	26902	11
昭通	Zhaotong	821	1152	1152	269	克拉玛依	Karamay	2897	4176	4615	116

8-46 城市建成区绿化覆盖率(辖区)
Green Coverage Rate of Urban Built District (Municipal Districts)

单位：%　　　　　　　　　　　　　　　　　　　　　　　　　　　　　(%)

地名	City	2010	2013	2014	2014 排名 Ranking	地名	City	2010	2013	2014	2014 排名 Ranking
全国	**Nation Total**	**38.62**	**39.70**	**40.22**		沈阳	Shenyang	42.01	42.22	41.78	101
北京	**Beijing**		**47.10**	**47.40**		大连	Dalian	45.17	44.75	44.84	27
天津	**Tianjin**	**32.06**	**34.93**	**34.93**		鞍山	Anshan	38.59	38.66	38.90	189
河北	**Hebei**	**42.73**	**41.20**	**41.93**		抚顺	Fushun	39.48	41.57	41.64	103
石家庄	Shijiazhuang	43.03	42.99	44.05	42	本溪	Benxi	46.96	49.74	50.46	5
唐山	Tangshan	46.00	41.14	41.17	118	丹东	Dandong	37.79	38.78	38.78	194
秦皇岛	Qinhuangdao	49.97	48.74	46.50	17	锦州	Jinzhou	39.02	41.71	42.03	95
邯郸	Handan	47.20	46.61	46.62	15	营口	Yingkou	41.49	39.54	39.57	172
邢台	Xingtai	40.60	37.32	42.92	67	阜新	Fuxin	38.33	42.03	42.87	72
保定	Baoding	44.58	40.36	40.49	139	辽阳	Liaoyang	38.93	40.90	41.91	96
张家口	Zhangjiakou	38.52	41.45	43.38	58	盘锦	Panjin	38.52	39.56	41.51	106
承德	Chengde	41.85	40.89	41.75	102	铁岭	Tieling	39.26	39.33	39.34	177
沧州	Cangzhou	41.76	37.05	37.08	225	朝阳	Chaoyang	29.73	32.77	30.00	265
廊坊	Langfang	46.80	44.50	44.69	31	葫芦岛	Huludao	38.30	38.43	37.55	218
衡水	Hengshui	41.30	41.19	42.52	78	吉林	**Jilin**	**34.12**	**31.40**	**35.82**	
山西	**Shanxi**	**38.01**	**40.02**	**40.08**		长春	Changchun	38.58	27.18	38.84	191
太原	Taiyuan	35.75	39.88	40.50	138	吉林	Jilin	45.72	45.75	46.65	14
大同	Datong	37.46	43.34	38.70	197	四平	Siping	31.41	33.71	33.71	253
阳泉	Yangquan	39.74	41.23	47.80	9	辽源	Liaoyuan	35.12	39.27	40.02	154
长治	Changzhi	48.01	45.33	45.86	19	通化	Tonghua	30.60	35.17	35.04	245
晋城	Jincheng	44.77	45.12	45.80	20	白山	Baishan	29.88	27.45	27.23	273
朔州	Shuozhou	42.84	42.84	42.84	73	松原	Songyuan	40.05	42.28	43.11	62
晋中	Jinzhong	40.09	36.42	36.02	234	白城	Baicheng	31.46	28.53	27.30	272
运城	Yuncheng	41.50	38.26	39.50	174	黑龙江	**Heilongjiang**	**34.89**	**35.99**	**35.98**	
忻州	Xinzhou	17.28	31.13	32.11	263	哈尔滨	Harbin	38.38	36.10	35.50	239
临汾	Linfen	42.33	37.91	37.37	223	齐齐哈尔	Qiqihar	40.01	38.61	38.61	199
吕梁	Lvliang	36.33	39.35	40.20	147	鸡西	Jixi	39.13	40.12	40.12	151
内蒙古	**Inner Mongolia**	**33.35**	**36.19**	**39.79**		鹤岗	Hegang	41.93	41.81	42.16	89
呼和浩特	Hohhot	35.69	29.18	40.27	145	双鸭山	Shuangyashan	42.74	43.50	43.55	53
包头	Baotou	39.98	42.31	42.60	75	大庆	Daqing	38.44	45.30	45.40	22
乌海	Wuhai	34.46	40.69	41.89	97	伊春	Yichun	26.71	26.71	26.78	274
赤峰	Chifeng	34.23	38.70	38.86	190	佳木斯	Jiamusi	40.30	41.57	41.57	105
通辽	Tongliao	31.60	46.34	42.32	84	七台河	Qitaihe	40.82	38.71	38.12	210
鄂尔多斯	Erdos	36.61	42.83	43.14	61	牡丹江	Mudanjiang	38.55	38.77	37.63	217
呼伦贝尔	Hulunbuir	24.78	22.12	35.03	246	黑河	Heihe	23.95	32.60	40.36	143
巴彦淖尔	Bayannur	32.74	38.24	38.43	204	绥化	Suihua	26.26	26.40	29.76	266
乌兰察布	Ulanqab	37.89	38.98	39.10	184	上海	**Shanghai**	**38.15**	**38.36**	**38.43**	
辽宁	**Liaoning**	**39.32**	**40.17**	**40.11**		江苏	**Jiangsu**	**42.07**	**42.44**	**42.61**	

8-46 城市建成区绿化覆盖率(辖区) 续表 1

Green Coverage Rate of Urban Built District (Municipal Districts) continued 1

单位：% (%)

地名	City	2010	2013	2014	2014 排名 Ranking
南京	Nanjing	44.38	44.06	44.14	40
无锡	Wuxi	42.62	42.78	42.90	71
徐州	Xuzhou	41.26	42.87	43.26	60
常州	Changzhou	42.15	42.87	42.97	65
苏州	Suzhou	42.70	42.06	42.18	88
南通	Nantong	40.60	42.17	42.59	76
连云港	Lianyungang	38.73	39.93	40.01	155
淮安	Huaian	39.60	40.74	40.92	120
盐城	Yancheng	39.20	40.42	40.52	135
扬州	Yangzhou	43.60	43.21	43.61	52
镇江	Zhenjiang	42.14	42.37	42.48	80
泰州	Taizhou	40.82	40.53	40.66	128
宿迁	Suqian	40.57	42.10	42.33	83
浙江	**Zhejiang**	**38.30**	**40.26**	**40.75**	
杭州	Hangzhou	39.95	40.23	40.57	133
宁波	Ningbo	38.04	38.28	38.28	207
温州	Wenzhou	21.89	38.07	38.25	208
嘉兴	Jiaxing	41.09	42.11	42.94	66
湖州	Huzhou	49.78	48.26	48.32	8
绍兴	Shaoxing	40.35	40.77	43.64	50
金华	Jinhua	39.80	38.02	37.55	218
衢州	Quzhou	42.17	41.17	41.45	111
舟山	Zhoushan	40.24	38.52	38.51	201
台州	Taizhou	44.27	43.91	44.79	28
丽水	Lishui	41.33	43.86	44.59	35
安徽	**Anhui**	**37.50**	**39.85**	**41.18**	
合肥	Hefei	38.82	41.88	45.20	25
芜湖	Wuhu	38.20	39.97	39.34	177
蚌埠	Bengbu	37.00	38.81	38.81	192
淮南	Huainan	39.83	39.72	39.72	170
马鞍山	Maanshan	42.73	43.82	43.78	47
淮北	Huaibei	43.16	44.61	44.62	33
铜陵	Tongling	40.17	45.86	46.60	16
安庆	Anqing	38.48	40.90	42.20	87
黄山	Huangshan	48.82	46.34	46.79	12
滁州	Chuzhou	36.24	39.16	40.54	134
阜阳	Fuyang	33.02	33.26	33.98	251
宿州	Suzhou	38.02	38.16	44.09	41
六安	Liuan	40.79	39.29	38.99	187
亳州	Bozhou	39.53	39.93	36.31	232
池州	Chizhou	39.14	40.83	42.30	85
宣城	Xuancheng	35.12	41.00	41.28	115
福建	**Fujian**	**40.97**	**42.77**	**42.80**	
福州	Fuzhou	40.27	42.70	42.92	67
厦门	Xiamen	40.40	41.84	41.87	98
莆田	Putian	43.10	46.05	44.65	32
三明	Sanming	40.48	41.51	43.94	45
泉州	Quanzhou	40.48	42.50	43.09	63
漳州	Zhangzhou	41.93	41.50	42.56	77
南平	Nanping	40.33	47.37	43.83	46
龙岩	Longyan	42.13	42.58	41.50	107
宁德	Ningde	40.04	42.09	42.47	81
江西	**Jiangxi**	**46.62**	**45.09**	**44.61**	
南昌	Nanchang	42.76	42.41	42.08	91
景德镇	Jingdezhen	53.57	51.54	51.65	2
萍乡	Pingxiang	46.72	40.75	40.51	137
九江	Jiujiang	56.39	51.88	51.07	3
新余	Xinyu	49.17	52.06	50.80	4
鹰潭	Yingtan	47.34	40.45	41.34	114
赣州	Ganzhou	45.09	38.65	39.93	161
吉安	Jian	42.22	45.75	45.75	21
宜春	Yichun	42.46	43.09	43.50	54
抚州	Fuzhou	48.01	48.35	46.90	10
上饶	Shangrao	48.35	47.94	46.68	13
山东	**Shandong**	**41.47**	**42.63**	**42.79**	
济南	Jinan	37.04	39.00	39.74	169
青岛	Qingdao	43.38	44.71	44.71	30
淄博	Zibo	42.20	44.16	44.33	38
枣庄	Zaozhuang	37.48	40.19	42.15	90
东营	Dongying	38.57	42.73	44.35	37
烟台	Yantai	42.05	43.12	40.00	156
潍坊	Weifang	40.10	40.67	40.83	124
济宁	Jining	43.64	35.89	35.50	239
泰安	Taian	43.81	43.95	43.97	44
威海	Weihai	47.12	47.95	48.91	7
日照	Rizhao	41.10	42.96	43.46	56
莱芜	Laiwu	44.22	44.40	44.72	29
临沂	Linyi	46.58	41.61	41.25	116
德州	Dezhou	40.33	42.98	44.00	43
聊城	Liaocheng	44.20	46.52	46.86	11

8-46 城市建成区绿化覆盖率（辖区） 续表 2

Green Coverage Rate of Urban Built District (Municipal Districts) continued 2

单位：% （%）

地名	City	2010	2013	2014	2014 排名 Ranking	地名	City	2010	2013	2014	2014 排名 Ranking
滨州	Binzhou	38.96	44.26	44.37	36	常德	Changde	43.35	43.46	43.66	49
菏泽	Heze	40.14	40.89	40.89	122	张家界	Zhangjiajie	37.72	39.14	39.50	174
河南	**Henan**	**36.56**	**37.60**	**38.32**		益阳	Yiyang	40.17	38.80	37.77	213
郑州	Zhengzhou	34.88	38.00	40.20	147	郴州	Chenzhou	36.97	42.40	44.30	39
开封	Kaifeng	34.43	37.21	37.06	226	永州	Yongzhou	31.35	36.63	40.76	126
洛阳	Luoyang	32.98	37.26	42.08	91	怀化	Huaihua	30.38	36.02	35.10	243
平顶山	Pingdingshan	38.08	40.00	39.89	164	娄底	Loudi	39.79	39.53	39.93	161
安阳	Anyang	37.49	39.18	39.27	180	**广东**	**Guangdong**	**41.31**	**41.50**	**41.44**	
鹤壁	Hebi	40.08	38.74	39.62	171	广州	Guangzhou	41.96	41.01	41.50	107
新乡	Xinxiang	41.24	40.80	39.99	158	韶关	Shaoguan	46.12	46.11	45.92	18
焦作	Jiaozuo	39.59	39.80	39.86	165	深圳	Shenzhen	45.04	45.07	45.08	26
濮阳	Puyang	44.44	38.91	38.57	200	珠海	Zhuhai	50.25	57.13	57.19	1
许昌	Xuchang	38.93	39.15	38.30	206	汕头	Shantou	40.65	41.81	42.04	93
漯河	Luohe	38.32	39.28	39.28	179	佛山	Foshan	37.11	39.70	39.79	168
三门峡	Sanmenxia	43.47	43.47	43.40	57	江门	Jiangmen	40.74	43.14	43.68	48
南阳	Nanyang	29.51	25.19	25.39	275	湛江	Zhanjiang	45.77	40.76	41.20	117
商丘	Shangqiu	38.15	41.42	42.23	86	茂名	Maoming	44.45	32.41	32.36	262
信阳	Xinyang	42.38	42.42	42.41	82	肇庆	Zhaoqing	36.09	35.45	35.42	241
周口	Zhoukou	38.14	39.00	38.71	196	惠州	Huizhou	30.06	36.00	37.00	229
驻马店	Zhumadian	40.28	40.35	40.39	142	梅州	Meizhou	42.84	42.88	42.92	67
湖北	**Hubei**	**37.74**	**38.12**	**37.87**		汕尾	Shanwei	41.20	41.99	40.62	130
武汉	Wuhan	37.17	38.21	39.21	182	河源	Heyuan	44.11	44.32	44.60	34
黄石	Huangshi	39.88	31.98	39.10	184	阳江	Yangjiang	38.45	38.30	37.67	216
十堰	Shiyan	45.32	43.06	40.41	141	清远	Qingyuan	40.12	40.59	41.38	112
宜昌	Yichang	40.88	41.25	41.35	113	东莞	Dongguan	43.37	45.95	45.25	24
襄阳	Xiangyang	36.38	45.22	40.12	151	中山	Zhongshan	38.97	40.62	40.66	128
鄂州	Ezhou	37.00	34.38	32.44	261	潮州	Chaozhou	42.71	44.27	40.61	131
荆门	Jingmen	39.92	39.67	39.94	160	揭阳	Jieyang	35.21	29.84	29.57	267
孝感	Xiaogan	40.21	45.15	36.83	230	云浮	Yunfu	39.45	39.74	37.48	221
荆州	Jingzhou	39.79	39.05	39.26	181	**广西**	**Guangxi**	**34.96**	**37.65**	**39.26**	
黄冈	Huanggang	32.97	32.16	33.55	255	南宁	Nanning	40.36	42.10	49.36	6
咸宁	Xianning	37.60	36.86	37.68	214	柳州	Liuzhou	38.12	41.57	41.82	100
随州	Suizhou	31.98	43.56	43.62	51	桂林	Guilin	44.29	42.04	40.03	153
湖南	**Hunan**	**36.64**	**37.63**	**38.64**		梧州	Wuzhou	39.14	38.99	40.13	149
长沙	Changsha	36.19	38.98	40.13	149	北海	Beihai	35.78	38.84	39.92	163
株洲	Zhuzhou	42.41	41.47	41.60	104	防城港	Fangchenggang	33.82	33.11	33.67	254
湘潭	Xiangtan	40.38	40.42	40.93	119	钦州	Qinzhou	22.20	34.46	33.94	252
衡阳	Hengyang	38.95	35.07	34.31	248	贵港	Guigang	26.26	24.42	24.44	278
邵阳	Shaoyang	32.97	36.02	38.79	193	玉林	Yulin	33.02	36.52	37.04	227
岳阳	Yueyang	41.37	40.55	40.88	123	百色	Baise	36.70	37.10	37.01	228

8-46 城市建成区绿化覆盖率(辖区) 续表 3

Green Coverage Rate of Urban Built District (Municipal Districts) continued 3

单位：% (%)

地名	City	2010	2013	2014	2014 排名 Ranking
贺州	Hezhou	22.77	44.21	34.25	249
河池	Hechi	28.30	28.90	27.68	271
来宾	Laibin	35.00	34.86	32.82	260
崇左	Chongzuo	29.82	36.77	39.00	186
海南	**Hainan**	**42.63**	**42.06**	**41.32**	
海口	Haikou	44.14	42.50	42.79	74
三亚	Sanya	48.12	45.63	45.30	23
三沙	Sansha				
重庆	**Chongqing**	**40.57**	**41.66**	**40.60**	
四川	**Sichuan**	**37.88**	**38.41**	**37.51**	
成都	Chengdu	39.43	40.17	35.86	235
自贡	Zigong	38.10	39.50	40.00	156
攀枝花	Panzhihua	40.55	39.19	39.57	172
泸州	Luzhou	39.00	39.85	39.86	165
德阳	Deyang	38.27	39.83	39.96	159
绵阳	Mianyang	37.89	38.09	38.50	202
广元	Guangyuan	36.56	36.86	37.35	224
遂宁	Suining	37.66	32.56	33.49	256
内江	Neijiang	34.64	37.51	37.50	220
乐山	Leshan	37.91	35.13	33.30	257
南充	Nanchong	38.12	41.00	42.04	93
眉山	Meishan	31.75	37.99	35.05	244
宜宾	Yibin	38.98	32.19	38.31	205
广安	Guangan	41.67	36.35	40.52	135
达州	Dazhou	35.76	32.24	30.25	264
雅安	Yaan	39.81	41.54	41.48	109
巴中	Bazhong	35.03	38.20	38.25	208
资阳	Ziyang	35.00	39.18	39.11	183
贵州	**Guizhou**	**29.58**	**34.46**	**33.97**	
贵阳	Guiyang	37.24	43.50	43.50	54
六盘水	Liupanshui	24.68	24.60	23.25	280
遵义	Zunyi	34.61	41.14	39.42	176
安顺	Anshun	14.00	22.99	23.09	281
毕节	Bijie	8.50	30.41	29.16	268
铜仁	Tongren	34.04	24.25	27.91	270
云南	**Yunnan**	**37.31**	**37.76**	**38.14**	
昆明	Kunming	41.36	39.40	40.36	143
曲靖	Qujing	38.93	36.13	36.16	233
玉溪	Yuxi	34.35	36.53	40.67	127
保山	Baoshan	34.86	33.32	34.21	250
昭通	Zhaotong	31.00	31.05	24.41	279

地名	City	2010	2013	2014	2014 排名 Ranking
丽江	Lijiang	35.34	40.56	40.60	132
普洱	Puer	56.08	41.76	41.84	99
临沧	Lincang	37.07	38.41	38.69	198
西藏	**Tibet**	**25.40**	**18.06**	**43.77**	
拉萨	Lasa	32.25		35.61	238
陕西	**Shaanxi**	**38.29**	**40.19**	**40.46**	
西安	Xi'an	40.43	42.20	42.50	79
铜川	Tongchuan	42.51	44.03	43.31	59
宝鸡	Baoji	14.23	40.09	40.80	125
咸阳	Xianyang	40.11	40.52	40.25	146
渭南	Weinan	37.10	37.52	37.68	214
延安	Yan'an	36.30	39.75	41.47	110
汉中	Hanzhong	37.65	38.09	37.90	212
榆林	Yulin	32.35	38.96	38.96	188
安康	Ankang	34.80	40.54	42.91	70
商洛	Shangluo	39.77	21.15	21.85	283
甘肃	**Gansu**	**27.12**	**32.07**	**30.81**	
兰州	Lanzhou	25.02	34.52	28.00	269
嘉峪关	Jiayuguan	36.67	37.38	38.77	195
金昌	Jinchang	32.38	36.10	36.60	231
白银	Baiyin	22.73	31.60	34.82	247
天水	Tianshui	35.20	34.54	35.70	236
武威	Wuwei	21.40	20.06	22.93	282
张掖	Zhangye	26.74	33.77	33.19	258
平凉	Pingliang	29.94	34.83	35.39	242
酒泉	Jiuquan	36.50	36.44	37.38	222
庆阳	Qingyang	18.40	30.17	33.01	259
定西	Dingxi	25.43	26.50	18.14	284
陇南	Longnan	2.69	3.08	7.88	285
青海	**Qinghai**	**29.38**	**31.20**	**31.56**	
西宁	Xining	35.12	37.76	37.92	211
海东	Haidong			24.55	277
宁夏	**Ningxia**	**38.75**	**38.49**	**37.98**	
银川	Yinchuan	43.03	41.06	40.46	140
石嘴山	Shizuishan	41.00	39.81	39.81	167
吴忠	Wuzhong	38.53	40.00	40.90	121
固原	Guyuan	28.63	27.83	24.90	276
中卫	Zhongwei	26.00	36.68	35.68	237
新疆	**Xinjiang**	**36.42**	**36.40**	**36.83**	
乌鲁木齐	Urumqi	34.80	37.93	38.50	202
克拉玛依	Karamay	42.90	42.93	43.04	64

8-47 城市公园绿地面积(辖区)
Area of Urban Parks and Green Space (Municipal Districts)

单位：公顷 (hectare)

地名	City	2010	2013	2014	2014 排名 Ranking	地名	City	2010	2013	2014	2014 排名 Ranking
全国	**Nation Total**	**441276**	**547356**	**582392**		沈阳	Shenyang	6085	7112	7282	5
北京	**Beijing**	**19020**	**23223**	**28798**		大连	Dalian	3510	3627	3660	21
天津	**Tianjin**	**5266**	**7279**	**7652**		鞍山	Anshan	1617	1814	1883	59
河北	**Hebei**	**21849**	**22609**	**23541**		抚顺	Fushun	1185	1382	1382	78
石家庄	Shijiazhuang	3530	3783	4320	16	本溪	Benxi	828	975	980	118
唐山	Tangshan	2981	2972	2978	35	丹东	Dandong	560	715	725	157
秦皇岛	Qinhuangdao	1793	1980	2018	54	锦州	Jinzhou	896	1228	1228	90
邯郸	Handan	2988	2983	2984	34	营口	Yingkou	959	1018	1021	112
邢台	Xingtai	1006	1068	1175	97	阜新	Fuxin	817	946	970	120
保定	Baoding	1491	1270	1328	81	辽阳	Liaoyang	674	767	847	137
张家口	Zhangjiakou	946	1080	1085	108	盘锦	Panjin	488	804	902	129
承德	Chengde	1450	1320	1371	80	铁岭	Tieling	437	539	539	198
沧州	Cangzhou	582	580	602	186	朝阳	Chaoyang	468	541	586	189
廊坊	Langfang	674	691	716	161	葫芦岛	Huludao	596	682	750	151
衡水	Hengshui	424	447	448	228	吉林	**Jilin**	**10974**	**13284**	**13912**	
山西	**Shanxi**	**9061**	**11821**	**12253**		长春	Changchun	4249	5018	5119	9
太原	Taiyuan	2576	4258	3828	20	吉林	Jilin	1524	1523	1537	70
大同	Datong	876	1058	1107	104	四平	Siping	461	551	551	194
阳泉	Yangquan	526	561	648	178	辽源	Liaoyuan	363	384	451	226
长治	Changzhi	864	751	924	126	通化	Tonghua	429	546	550	195
晋城	Jincheng	456	558	561	193	白山	Baishan	383	404	405	239
朔州	Shuozhou	280	422	430	233	松原	Songyuan	497	841	854	135
晋中	Jinzhong	431	605	816	144	白城	Baicheng	221	224	366	253
运城	Yuncheng	395	431	452	225	黑龙江	**Heilongjiang**	**15284**	**16478**	**16681**	
忻州	Xinzhou	58	364	480	218	哈尔滨	Harbin	4198	4333	4346	15
临汾	Linfen	592	643	645	179	齐齐哈尔	Qiqihar	1091	1091	1091	105
吕梁	Lvliang	315	334	352	254	鸡西	Jixi	695	775	775	149
内蒙古	**Inner Mongolia**	**10352**	**14951**	**16423**		鹤岗	Hegang	842	834	824	143
呼和浩特	Hohhot	2422	2853	3267	29	双鸭山	Shuangyashan	739	690	690	169
包头	Baotou	2100	2255	2400	43	大庆	Daqing	1779	2081	2153	50
乌海	Wuhai	522	782	1036	111	伊春	Yichun	1518	1572	1572	68
赤峰	Chifeng	746	1533	1823	61	佳木斯	Jiamusi	740	847	847	137
通辽	Tongliao	741	779	907	128	七台河	Qitaihe	457	483	483	215
鄂尔多斯	Erdos	1024	1813	1817	62	牡丹江	Mudanjiang	739	759	809	145
呼伦贝尔	Hulunbuir	549	687	703	165	黑河	Heihe	236	210	194	275
巴彦淖尔	Bayannur	252	627	712	162	绥化	Suihua	135	300	305	261
乌兰察布	Ulanqab	600	1166	1187	94	上海	**Shanghai**	**16053**	**17142**	**17789**	
辽宁	**Liaoning**	**21593**	**25708**	**26406**		江苏	**Jiangsu**	**33585**	**40413**	**42901**	

8-47 城市公园绿地面积(辖区) 续表 1

Area of Urban Parks and Green Space (Municipal Districts) continued 1

单位：公顷 (hectare)

地名	City	2010	2013	2014	2014 排名 Ranking
南京	Nanjing	6773	8725	9115	4
无锡	Wuxi	3418	3616	3648	22
徐州	Xuzhou	2234	2720	2761	36
常州	Changzhou	1632	1873	2036	53
苏州	Suzhou	3615	4341	4461	13
南通	Nantong	1038	2070	2592	40
连云港	Lianyungang	880	1168	1174	98
淮安	Huaian	1341	1793	1925	58
盐城	Yancheng	821	944	1393	76
扬州	Yangzhou	1483	1899	1966	56
镇江	Zhenjiang	1397	1576	1659	66
泰州	Taizhou	594	834	869	133
宿迁	Suqian	574	810	913	127
浙江	**Zhejiang**	**20090**	**24852**	**26155**	
杭州	Hangzhou	5017	5820	5977	8
宁波	Ningbo	1725	1927	1983	55
温州	Wenzhou	883	2182	2393	44
嘉兴	Jiaxing	883	1094	1164	99
湖州	Huzhou	1277	1433	1467	73
绍兴	Shaoxing	1085	1878	1927	57
金华	Jinhua	707	709	722	159
衢州	Quzhou	394	472	517	208
舟山	Zhoushan	675	756	771	150
台州	Taizhou	1073	1178	1235	88
丽水	Lishui	340	367	375	249
安徽	**Anhui**	**13630**	**17223**	**18909**	
合肥	Hefei	3269	3890	4751	10
芜湖	Wuhu	1120	1610	1620	67
蚌埠	Bengbu	611	1026	1189	93
淮南	Huainan	1207	1270	1294	84
马鞍山	Maanshan	792	1052	1087	107
淮北	Huaibei	1121	1229	1235	88
铜陵	Tongling	454	626	642	180
安庆	Anqing	578	775	865	134
黄山	Huangshan	435	524	530	203
滁州	Chuzhou	413	508	537	199
阜阳	Fuyang	555	772	932	125
宿州	Suzhou	489	611	657	177
六安	Liuan	713	827	844	139
亳州	Bozhou	280	406	416	237
池州	Chizhou	498	518	518	207
宣城	Xuancheng	387	411	468	221
福建	**Fujian**	**10972**	**13891**	**14475**	
福州	Fuzhou	2288	2954	3054	32
厦门	Xiamen	2807	3244	3351	27
莆田	Putian	582	710	710	164
三明	Sanming	274	292	308	258
泉州	Quanzhou	845	1667	1749	64
漳州	Zhangzhou	448	615	680	171
南平	Nanping	240	288	288	264
龙岩	Longyan	335	375	398	242
宁德	Ningde	315	349	391	245
江西	**Jiangxi**	**10733**	**13553**	**13955**	
南昌	Nanchang	1915	2959	3005	33
景德镇	Jingdezhen	709	738	738	154
萍乡	Pingxiang	447	474	474	219
九江	Jiujiang	1142	1127	1163	100
新余	Xinyu	602	835	835	141
鹰潭	Yingtan	202	310	310	257
赣州	Ganzhou	829	1103	1306	83
吉安	Jian	425	684	729	156
宜春	Yichun	637	830	876	132
抚州	Fuzhou	842	887	893	130
上饶	Shangrao	513	617	632	182
山东	**Shandong**	**43191**	**49518**	**51952**	
济南	Jinan	2890	3094	3162	31
青岛	Qingdao	4027	4649	4741	11
淄博	Zibo	2333	2498	2568	41
枣庄	Zaozhuang	1118	1361	1421	75
东营	Dongying	1119	1374	1572	68
烟台	Yantai	2795	3415	3524	24
潍坊	Weifang	2173	2248	2278	47
济宁	Jining	892	1834	1854	60
泰安	Taian	1198	1011	1319	82
威海	Weihai	1443	1513	2385	45
日照	Rizhao	1331	1463	1503	72
莱芜	Laiwu	892	1137	1187	94
临沂	Linyi	3269	3662	3965	18
德州	Dezhou	1169	1712	2169	49
聊城	Liaocheng	705	839	1088	106

8-47 城市公园绿地面积(辖区) 续表 2
Area of Urban Parks and Green Space (Municipal Districts) continued 2

单位：公顷 （hectare）

地名	City	2010	2013	2014	2014 排名 Ranking	地名	City	2010	2013	2014	2014 排名 Ranking
滨州	Binzhou	1178	1375	1381	79	常德	Changde	876	976	1001	115
菏泽	Heze	741	836	842	140	张家界	Zhangjiajie	165	222	198	273
河南	**Henan**	**18361**	**22226**	**23834**		益阳	Yiyang	458	528	1017	113
郑州	Zhengzhou	3095	3895	4456	14	郴州	Chenzhou	424	663	712	162
开封	Kaifeng	455	799	974	119	永州	Yongzhou	290	425	496	211
洛阳	Luoyang	1743	1869	2077	52	怀化	Huaihua	262	390	397	243
平顶山	Pingdingshan	863	952	968	121	娄底	Loudi	340	456	457	224
安阳	Anyang	606	697	725	157	**广东**	**Guangdong**	**58514**	**78857**	**83195**	
鹤壁	Hebi	587	653	688	170	广州	Guangzhou	10319	21165	22292	1
新乡	Xinxiang	714	775	780	147	韶关	Shaoguan	630	667	697	167
焦作	Jiaozuo	713	776	854	135	深圳	Shenzhen	16987	17750	18152	2
濮阳	Puyang	548	624	697	167	珠海	Zhuhai	1989	2867	3359	26
许昌	Xuchang	505	508	520	206	汕头	Shantou	2819	3491	3632	23
漯河	Luohe	825	825	825	142	佛山	Foshan	2005	2615	2617	39
三门峡	Sanmenxia	482	482	482	217	江门	Jiangmen	1205	2052	2354	46
南阳	Nanyang	1257	2660	2666	37	湛江	Zhanjiang	846	1112	1155	101
商丘	Shangqiu	509	584	610	185	茂名	Maoming	486	613	806	146
信阳	Xinyang	654	697	747	152	肇庆	Zhaoqing	1150	1192	1194	91
周口	Zhoukou	301	321	367	251	惠州	Huizhou	1304	2567	2663	38
驻马店	Zhumadian	399	466	490	213	梅州	Meizhou	486	545	619	184
湖北	**Hubei**	**16818**	**19936**	**20866**		汕尾	Shanwei	266	308	308	258
武汉	Wuhan	5685	6622	7017	6	河源	Heyuan	327	366	379	247
黄石	Huangshi	866	911	934	124	阳江	Yangjiang	437	458	458	223
十堰	Shiyan	532	955	676	173	清远	Qingyuan	538	712	746	153
宜昌	Yichang	860	1175	1153	102	东莞	Dongguan	9075	10404	10475	3
襄阳	Xiangyang	829	1190	1260	86	中山	Zhongshan	693	1212	1280	85
鄂州	Ezhou	573	621	633	181	潮州	Chaozhou	406	471	886	131
荆门	Jingmen	480	485	527	204	揭阳	Jieyang	1008	1781	1798	63
孝感	Xiaogan	286	448	371	250	云浮	Yunfu	263	290	376	248
荆州	Jingzhou	677	760	777	148	**广西**	**Guangxi**	**8331**	**10812**	**11086**	
黄冈	Huanggang	327	397	441	232	南宁	Nanning	2149	3394	3449	25
咸宁	Xianning	310	490	535	200	柳州	Liuzhou	1804	2094	2098	51
随州	Suizhou	337	447	450	227	桂林	Guilin	753	846	949	123
湖南	**Hunan**	**10969**	**12857**	**14355**		梧州	Wuzhou	379	360	501	210
长沙	Changsha	2522	2913	3256	30	北海	Beihai	295	445	447	229
株洲	Zhuzhou	1071	1143	1239	87	防城港	Fangchenggang	162	133	133	282
湘潭	Xiangtan	646	709	736	155	钦州	Qinzhou	183	232	243	267
衡阳	Hengyang	864	880	987	117	贵港	Guigang	488	521	521	205
邵阳	Shaoyang	505	620	670	174	玉林	Yulin	564	634	660	175
岳阳	Yueyang	556	607	628	183	百色	Baise	204	236	292	263

8-47 城市公园绿地面积(辖区) 续表 3

Area of Urban Parks and Green Space (Municipal Districts) continued 3

单位：公顷 (hectare)

地名	City	2010	2013	2014	2014 排名 Ranking	地名	City	2010	2013	2014	2014 排名 Ranking
贺州	Hezhou	91	344	201	272	丽江	Lijiang	360	423	423	235
河池	Hechi	117	155	159	280	普洱	Puer	310	235	237	268
来宾	Laibin	184	315	297	262	临沧	Lincang	544	174	195	274
崇左	Chongzuo	98	143	174	278	**西藏**	**Tibet**	**260**	**557**	**725**	
海南	**Hainan**	**2561**	**3068**	**3437**		拉萨	Lasa	202	180	312	256
海口	Haikou	1303	1578	1714	65	**陕西**	**Shaanxi**	**8402**	**10138**	**10999**	
三亚	Sanya	541	541	718	160	西安	Xi'an	3253	4380	4621	12
三沙	Sansha					铜川	Tongchuan	389	460	464	222
重庆	**Chongqing**	**14032**	**20436**	**21107**		宝鸡	Baoji	1118	990	1006	114
四川	**Sichuan**	**16133**	**20908**	**22191**		咸阳	Xianyang	1114	1410	1431	74
成都	Chengdu	5732	6310	6899	7	渭南	Weinan	475	537	550	195
自贡	Zigong	722	1164	1187	94	延安	Yan'an	338	390	391	245
攀枝花	Panzhihua	527	616	660	175	汉中	Hanzhong	577	576	576	191
泸州	Luzhou	698	1035	1051	110	榆林	Yulin	249	401	679	172
德阳	Deyang	414	516	574	192	安康	Ankang	339	357	427	234
绵阳	Mianyang	908	1078	1145	103	商洛	Shangluo	146	148	163	279
广元	Guangyuan	288	438	469	220	**甘肃**	**Gansu**	**4392**	**6677**	**7320**	
遂宁	Suining	410	585	587	188	兰州	Lanzhou	1714	2058	2253	48
内江	Neijiang	327	522	584	190	嘉峪关	Jiayuguan	330	361	446	230
乐山	Leshan	382	498	504	209	金昌	Jinchang	269	329	367	251
南充	Nanchong	688	1065	1190	92	白银	Baiyin	269	382	399	241
眉山	Meishan	367	380	531	202	天水	Tianshui	384	417	491	212
宜宾	Yibin	602	847	703	165	武威	Wuwei	97	483	483	215
广安	Guangan	473	620	598	187	张掖	Zhangye	302	1339	1393	76
达州	Dazhou	482	885	950	122	平凉	Pingliang	216	245	264	265
雅安	Yaan	384	249	254	266	酒泉	Jiuquan	303	343	401	240
巴中	Bazhong	258	485	409	238	庆阳	Qingyang	80	121	133	282
资阳	Ziyang	168	298	329	255	定西	Dingxi	165	190	212	271
贵州	**Guizhou**	**3969**	**7104**	**7906**		陇南	Longnan	20	22	36	285
贵阳	Guiyang	2186	4104	4104	17	**青海**	**Qinghai**	**1014**	**1581**	**1786**	
六盘水	Liupanshui	77	95	550	195	西宁	Xining	897	1358	1517	71
遵义	Zunyi	360	994	994	116	海东	Haidong			46	284
安顺	Anshun	62	124	136	281	**宁夏**	**Ningxia**	**3626**	**4621**	**4897**	
毕节	Bijie	12	488	488	214	银川	Yinchuan	1556	2173	2404	42
铜仁	Tongren	84	86	177	277	石嘴山	Shizuishan	1038	1055	1055	109
云南	**Yunnan**	**6811**	**8514**	**9113**		吴忠	Wuzhong	356	433	444	231
昆明	Kunming	2796	3709	3912	19	固原	Guyuan	178	232	234	269
曲靖	Qujing	590	517	534	201	中卫	Zhongwei	214	390	396	244
玉溪	Yuxi	204	251	308	258	**新疆**	**Xinjiang**	**5430**	**7119**	**7774**	
保山	Baoshan	183	196	215	270	乌鲁木齐	Urumqi	2063	3061	3282	28
昭通	Zhaotong	204	158	192	276	克拉玛依	Karamay	315	371	419	236

8-48 城市人均公园绿地面积(辖区)

Area of Urban Public Recreational Green Space per Capita (Municipal Districts)

单位：平方米　　　　　　　　　　　　　　　　　　　　　　　　（m²）

地名	City	2010	2013	2014	2014 排名 Ranking
全国	**Nation Total**	**11.2**	**12.6**	**13.1**	
北京	**Beijing**	**11.3**	**15.7**	**15.9**	
天津	**Tianjin**	**8.6**	**11.0**	**9.7**	
河北	**Hebei**	**14.2**	**14.1**	**14.5**	
石家庄	Shijiazhuang	14.4	15.1	15.3	67
唐山	Tangshan	15.1	15.1	15.1	70
秦皇岛	Qinhuangdao	19.9	20.6	20.4	15
邯郸	Handan	19.6	18.1	19.0	26
邢台	Xingtai	15.7	11.7	12.5	144
保定	Baoding	13.3	10.4	10.5	215
张家口	Zhangjiakou	11.0	12.3	12.3	152
承德	Chengde	27.2	24.2	24.8	7
沧州	Cangzhou	10.0	10.6	10.7	205
廊坊	Langfang	13.0	13.2	13.5	112
衡水	Hengshui	11.3	12.2	12.2	158
山西	**Shanxi**	**9.4**	**11.2**	**11.3**	
太原	Taiyuan	8.6	12.5	10.9	196
大同	Datong	6.8	8.2	8.8	259
阳泉	Yangquan	9.0	9.5	10.9	202
长治	Changzhi	12.2	10.0	12.4	151
晋城	Jincheng	13.8	12.8	11.9	168
朔州	Shuozhou	9.3	10.7	10.9	199
晋中	Jinzhong	10.6	12.6	16.7	51
运城	Yuncheng	9.2	10.0	10.5	216
忻州	Xinzhou	2.2	12.9	16.5	55
临汾	Linfen	13.6	13.3	11.1	189
吕梁	Lvliang	13.6	12.4	13.0	128
内蒙古	**Inner Mongolia**	**12.4**	**16.9**	**18.8**	
呼和浩特	Hohhot	15.4	15.0	17.3	42
包头	Baotou	12.0	12.7	13.0	125
乌海	Wuhai	9.5	12.2	18.4	32
赤峰	Chifeng	8.4	16.2	18.2	33
通辽	Tongliao	14.7	15.8	20.1	20
鄂尔多斯	Erdos	14.3	29.9	37.5	2
呼伦贝尔	Hulunbuir	19.1	21.5	22.0	10
巴彦淖尔	Bayannur	6.8	16.4	16.7	50
乌兰察布	Ulanqab	18.6	35.0	34.8	3
辽宁	**Liaoning**	**10.2**	**11.1**	**11.6**	
沈阳	Shenyang	12.7	12.4	14.1	99
大连	Dalian	12.0	11.2	11.2	188
鞍山	Anshan	10.4	11.2	11.7	171
抚顺	Fushun	9.0	10.4	10.4	222
本溪	Benxi	9.0	10.3	10.3	228
丹东	Dandong	8.4	11.0	11.2	187
锦州	Jinzhou	9.2	12.8	12.8	137
营口	Yingkou	10.1	10.2	10.2	233
阜新	Fuxin	10.5	12.1	12.4	148
辽阳	Liaoyang	8.5	9.5	10.6	209
盘锦	Panjin	7.5	11.6	12.8	136
铁岭	Tieling	9.7	12.0	12.0	167
朝阳	Chaoyang	8.8	8.9	9.2	248
葫芦岛	Huludao	12.9	15.0	14.9	77
吉林	**Jilin**	**10.3**	**11.8**	**12.1**	
长春	Changchun	13.7	13.9	13.8	105
吉林	Jilin	11.9	11.9	12.0	161
四平	Siping	7.2	9.3	8.9	256
辽源	Liaoyuan	7.3	7.5	9.4	246
通化	Tonghua	9.2	11.5	11.5	177
白山	Baishan	10.1	10.1	10.3	230
松原	Songyuan	10.5	17.3	17.5	41
白城	Baicheng	7.8	7.9	12.9	134
黑龙江	**Heilongjiang**	**11.3**	**12.1**	**12.1**	
哈尔滨	Harbin	10.1	10.5	10.4	222
齐齐哈尔	Qiqihar	10.0	10.0	10.0	236
鸡西	Jixi	9.3	10.8	10.7	204
鹤岗	Hegang	14.9	15.0	14.9	78
双鸭山	Shuangyashan	16.0	14.8	14.7	85
大庆	Daqing	13.5	14.5	14.2	94
伊春	Yichun	20.2	20.5	20.5	14
佳木斯	Jiamusi	11.9	14.0	14.0	101
七台河	Qitaihe	11.9	12.0	11.8	169
牡丹江	Mudanjiang	10.5	10.7	11.2	186
黑河	Heihe	16.7	14.6	13.5	113
绥化	Suihua	4.3	9.0	8.7	261
上海	**Shanghai**	**7.0**	**7.1**	**7.3**	
江苏	**Jiangsu**	**13.3**	**14.0**	**14.4**	

8-48 城市人均公园绿地面积(辖区) 续表 1

Area of Urban Public Recreational Green Space per Capita (Municipal Districts) continued 1

单位：平方米 (m²)

地名	City	2010	2013	2014	2014 排名 Ranking	地名	City	2010	2013	2014	2014 排名 Ranking
南京	Nanjing	13.7	14.6	15.0	73	池州	Chizhou	18.1	17.1	17.1	46
无锡	Wuxi	14.4	14.7	14.8	81	宣城	Xuancheng	14.1	12.5	13.2	121
徐州	Xuzhou	14.7	16.3	16.2	58	**福建**	**Fujian**	**11.0**	**12.6**	**12.8**	
常州	Changzhou	12.4	12.8	13.2	122	福州	Fuzhou	11.2	12.8	12.9	133
苏州	Suzhou	16.9	15.1	15.2	69	厦门	Xiamen	10.1	11.5	11.4	184
南通	Nantong	10.5	14.3	16.8	49	莆田	Putian	11.0	12.7	12.7	138
连云港	Lianyungang	12.0	14.1	14.2	96	三明	Sanming	11.9	12.8	13.7	108
淮安	Huaian	11.0	13.0	13.8	103	泉州	Quanzhou	10.6	13.9	14.0	102
盐城	Yancheng	11.7	12.0	12.0	165	漳州	Zhangzhou	10.5	13.6	14.2	94
扬州	Yangzhou	19.1	17.3	18.0	35	南平	Nanping	11.7	13.8	13.6	109
镇江	Zhenjiang	16.0	17.8	18.7	30	龙岩	Longyan	11.2	12.1	12.2	155
泰州	Taizhou	9.3	9.3	9.5	245	宁德	Ningde	13.6	13.9	15.5	65
宿迁	Suqian	12.1	13.0	13.8	105	**江西**	**Jiangxi**	**13.0**	**14.1**	**14.1**	
浙江	**Zhejiang**	**11.1**	**12.4**	**12.9**		南昌	Nanchang	9.0	12.0	12.0	161
杭州	Hangzhou	15.1	15.1	15.5	63	景德镇	Jingdezhen	15.7	14.9	14.8	81
宁波	Ningbo	10.5	10.6	10.6	207	萍乡	Pingxiang	12.1	10.7	10.6	209
温州	Wenzhou	6.0	11.3	13.0	130	九江	Jiujiang	18.1	17.2	17.7	39
嘉兴	Jiaxing	12.9	13.5	13.3	114	新余	Xinyu	15.8	18.2	18.1	34
湖州	Huzhou	15.3	16.5	16.6	54	鹰潭	Yingtan	12.7	14.3	13.3	117
绍兴	Shaoxing	15.4	13.4	13.3	118	赣州	Ganzhou	12.2	12.2	10.4	226
金华	Jinhua	12.2	11.6	11.5	182	吉安	Jian	13.4	17.0	17.0	47
衢州	Quzhou	13.1	14.1	14.6	88	宜春	Yichun	14.5	15.0	15.6	62
舟山	Zhoushan	15.1	13.3	13.0	129	抚州	Fuzhou	16.6	16.6	16.4	56
台州	Taizhou	10.6	11.6	12.1	160	上饶	Shangrao	15.4	14.3	14.3	91
丽水	Lishui	10.5	10.8	10.9	198	**山东**	**Shandong**	**15.8**	**16.8**	**17.1**	
安徽	**Anhui**	**11.0**	**12.5**	**13.2**		济南	Jinan	10.3	10.4	10.5	219
合肥	Hefei	13.2	11.8	13.3	115	青岛	Qingdao	14.6	14.6	14.6	86
芜湖	Wuhu	9.5	13.8	12.6	142	淄博	Zibo	15.1	15.8	15.9	60
蚌埠	Bengbu	7.0	11.2	12.8	135	枣庄	Zaozhuang	12.6	14.6	15.0	71
淮南	Huainan	11.5	12.0	12.2	157	东营	Dongying	17.3	20.9	23.5	8
马鞍山	Maanshan	14.0	15.7	15.4	66	烟台	Yantai	19.4	23.5	20.2	17
淮北	Huaibei	13.3	14.9	15.0	75	潍坊	Weifang	17.3	17.7	17.9	37
铜陵	Tongling	10.9	14.3	14.8	83	济宁	Jining	13.6	13.7	13.6	110
安庆	Anqing	9.7	11.9	13.2	123	泰安	Taian	19.8	19.9	19.9	21
黄山	Huangshan	14.5	15.0	15.0	73	威海	Weihai	24.5	25.2	25.3	5
滁州	Chuzhou	12.7	13.2	13.3	116	日照	Rizhao	21.3	22.3	22.6	9
阜阳	Fuyang	7.5	10.0	12.3	154	莱芜	Laiwu	18.9	19.0	19.6	23
宿州	Suzhou	10.5	11.7	12.4	148	临沂	Linyi	19.2	18.9	19.8	22
六安	Liuan	12.0	14.1	14.2	93	德州	Dezhou	19.2	24.5	24.9	6
亳州	Bozhou	10.9	11.5	11.5	177	聊城	Liaocheng	11.5	13.1	15.0	72

8-48 城市人均公园绿地面积(辖区) 续表 2

Area of Urban Public Recreational Green Space per Capita (Municipal Districts) continued 2

单位：平方米 (m²)

地名	City	2010	2013	2014	2014 排名 Ranking	地名	City	2010	2013	2014	2014 排名 Ranking
滨州	Binzhou	16.8	18.7	18.5	31	常德	Changde	14.1	14.3	14.3	90
菏泽	Heze	10.4	11.8	12.4	147	张家界	Zhangjiajie	7.7	10.0	8.9	258
河南	**Henan**	**8.7**	**9.6**	**9.9**		益阳	Yiyang	7.6	7.9	16.2	57
郑州	Zhengzhou	6.2	6.7	7.0	278	郴州	Chenzhou	8.0	11.1	11.5	179
开封	Kaifeng	5.2	9.0	10.5	216	永州	Yongzhou	5.6	8.1	9.4	247
洛阳	Luoyang	7.2	7.4	8.5	263	怀化	Huaihua	8.1	7.7	7.1	274
平顶山	Pingdingshan	8.6	10.3	10.3	229	娄底	Loudi	9.1	9.6	9.5	244
安阳	Anyang	8.6	9.8	10.1	235	**广东**	**Guangdong**	**13.3**	**15.9**	**16.3**	
鹤壁	Hebi	14.0	14.4	14.9	79	广州	Guangzhou	11.9	19.9	20.2	18
新乡	Xinxiang	9.5	10.2	10.3	231	韶关	Shaoguan	11.8	12.1	12.4	150
焦作	Jiaozuo	9.4	10.1	11.0	193	深圳	Shenzhen	16.4	16.7	16.8	48
濮阳	Puyang	12.6	13.4	13.6	111	珠海	Zhuhai	13.7	18.5	18.8	28
许昌	Xuchang	11.4	10.4	10.5	216	汕头	Shantou	12.2	13.9	14.4	89
漯河	Luohe	15.2	14.8	14.8	84	佛山	Foshan	10.2	12.1	13.0	132
三门峡	Sanmenxia	16.1	14.7	14.1	97	江门	Jiangmen	11.0	17.4	17.6	40
南阳	Nanyang	10.3	17.3	17.2	45	湛江	Zhanjiang	12.7	12.9	13.0	131
商丘	Shangqiu	5.3	6.1	6.3	281	茂名	Maoming	10.0	12.6	12.5	143
信阳	Xinyang	13.9	14.1	14.1	97	肇庆	Zhaoqing	22.7	21.7	21.2	12
周口	Zhoukou	10.0	10.4	10.4	225	惠州	Huizhou	11.1	16.8	17.3	44
驻马店	Zhumadian	9.4	10.1	10.5	219	梅州	Meizhou	11.8	12.8	15.8	61
湖北	**Hubei**	**9.6**	**10.8**	**11.1**		汕尾	Shanwei	10.7	13.2	12.7	140
武汉	Wuhan	8.9	10.5	11.1	192	河源	Heyuan	12.1	12.4	12.5	145
黄石	Huangshi	12.0	12.4	10.9	197	阳江	Yangjiang	10.6	11.5	11.1	191
十堰	Shiyan	10.0	11.4	11.6	172	清远	Qingyuan	11.3	15.9	16.2	59
宜昌	Yichang	10.9	14.2	14.2	92	东莞	Dongguan	15.3	16.7	17.3	43
襄阳	Xiangyang	10.8	13.9	13.3	118	中山	Zhongshan	11.9	17.4	17.8	38
鄂州	Ezhou	14.1	14.9	15.0	76	潮州	Chaozhou	10.3	13.1	10.6	214
荆门	Jingmen	10.3	10.0	10.5	221	揭阳	Jieyang	12.9	8.4	8.4	265
孝感	Xiaogan	10.1	11.6	9.1	252	云浮	Yunfu	12.1	13.5	13.2	124
荆州	Jingzhou	9.5	10.4	11.4	184	**广西**	**Guangxi**	**9.8**	**11.5**	**11.2**	
黄冈	Huanggang	11.1	13.1	14.1	100	南宁	Nanning	9.8	13.7	12.7	141
咸宁	Xianning	9.3	12.5	13.0	126	柳州	Liuzhou	12.8	13.2	13.0	126
随州	Suizhou	10.3	9.1	9.2	249	桂林	Guilin	9.2	10.3	11.5	176
湖南	**Hunan**	**8.9**	**9.0**	**9.9**		梧州	Wuzhou	9.1	8.5	8.6	262
长沙	Changsha	10.0	9.2	10.2	232	北海	Beihai	8.6	10.9	10.9	199
株洲	Zhuzhou	12.7	10.8	11.6	175	防城港	Fangchenggang	10.4	8.1	7.5	271
湘潭	Xiangtan	8.7	9.0	9.0	253	钦州	Qinzhou	8.1	7.5	7.3	272
衡阳	Hengyang	9.2	7.8	8.9	257	贵港	Guigang	12.1	13.2	12.1	159
邵阳	Shaoyang	8.4	8.5	8.8	260	玉林	Yulin	10.3	9.6	10.0	237
岳阳	Yueyang	8.5	9.2	9.2	250	百色	Baise	9.2	9.5	11.6	173

8-48 城市人均公园绿地面积(辖区) 续表 3

Area of Urban Public Recreational Green Space per Capita (Municipal Districts) continued 3

单位：平方米 (m²)

地名	City	2010	2013	2014	2014 排名 Ranking	地名	City	2010	2013	2014	2014 排名 Ranking
贺州	Hezhou	5.5	12.1	7.1	276	丽江	Lijiang	29.9	31.0	29.0	4
河池	Hechi	5.1	6.6	7.1	275	普洱	Puer	13.9	10.6	10.6	208
来宾	Laibin	6.6	10.3	10.4	224	临沧	Lincang	2.2	10.4	10.9	199
崇左	Chongzuo	7.5	8.6	10.4	227	**西藏**	**Tibet**	**5.8**	**9.0**	**10.8**	
海南	**Hainan**	**11.2**	**12.5**	**13.0**		拉萨	Lasa	55.3	3.5	6.9	279
海口	Haikou	11.8	12.6	12.5	146	**陕西**	**Shaanxi**	**10.7**	**11.8**	**12.5**	
三亚	Sanya	19.0	16.2	19.0	27	西安	Xi'an	9.5	11.2	11.6	174
三沙	Sansha					铜川	Tongchuan	9.7	11.4	11.5	180
重庆	**Chongqing**	**13.2**	**18.0**	**17.0**		宝鸡	Baoji	86.8	12.3	12.3	153
四川	**Sichuan**	**10.2**	**11.2**	**11.3**		咸阳	Xianyang	13.4	15.0	15.2	68
成都	Chengdu	13.2	13.4	13.8	107	渭南	Weinan	11.9	12.2	12.2	155
自贡	Zigong	8.1	10.4	10.1	234	延安	Yan'an	9.6	9.8	12.0	165
攀枝花	Panzhihua	8.2	9.3	9.9	238	汉中	Hanzhong	14.1	14.8	14.6	86
泸州	Luzhou	8.3	9.0	9.0	255	榆林	Yulin	7.1	10.6	16.6	53
德阳	Deyang	9.7	10.0	10.7	203	安康	Ankang	10.0	11.1	13.2	120
绵阳	Mianyang	10.4	9.1	9.6	242	商洛	Shangluo	11.4	9.4	9.9	240
广元	Guangyuan	8.9	11.7	11.7	170	**甘肃**	**Gansu**	**8.1**	**11.8**	**12.8**	
遂宁	Suining	7.6	8.2	8.2	267	兰州	Lanzhou	8.6	10.5	11.5	180
内江	Neijiang	6.4	8.6	9.1	251	嘉峪关	Jiayuguan	16.6	14.8	19.4	24
乐山	Leshan	7.1	8.9	8.3	266	金昌	Jinchang	14.9	17.7	19.4	25
南充	Nanchong	8.7	10.0	11.0	194	白银	Baiyin	6.7	9.2	9.6	243
眉山	Meishan	11.8	11.5	10.6	211	天水	Tianshui	5.6	6.9	7.2	273
宜宾	Yibin	16.0	13.9	8.4	264	武威	Wuwei	3.8	14.9	14.8	80
广安	Guangan	15.3	18.2	20.3	16	张掖	Zhangye	15.7	71.2	75.1	1
达州	Dazhou	14.4	14.2	13.8	103	平凉	Pingliang	7.8	8.1	8.1	268
雅安	Yaan	15.5	9.6	9.6	241	酒泉	Jiuquan	9.8	9.8	11.1	190
巴中	Bazhong	8.8	13.9	11.0	194	庆阳	Qingyang	4.5	6.5	7.0	277
资阳	Ziyang	5.7	9.1	9.9	239	定西	Dingxi	9.2	10.6	10.6	213
贵州	**Guizhou**	**7.3**	**11.4**	**12.5**		陇南	Longnan	1.3	1.4	2.3	285
贵阳	Guiyang	10.1	15.5	15.5	64	**青海**	**Qinghai**	**8.5**	**9.7**	**10.8**	
六盘水	Liupanshui	2.4	3.0	16.7	52	西宁	Xining	8.9	11.0	12.0	163
遵义	Zunyi	4.9	13.1	12.7	139	海东	Haidong			4.7	283
安顺	Anshun	1.2	2.4	2.6	284	**宁夏**	**Ningxia**	**16.2**	**17.5**	**17.9**	
毕节	Bijie	0.5	20.0	18.7	29	银川	Yinchuan	14.4	16.8	17.9	36
铜仁	Tongren	3.7	2.6	5.4	282	石嘴山	Shizuishan	26.4	22.2	20.8	13
云南	**Yunnan**	**9.3**	**10.6**	**11.0**		吴忠	Wuzhong	19.2	21.0	21.7	11
昆明	Kunming	8.4	9.9	10.6	211	固原	Guyuan	8.5	8.7	8.0	269
曲靖	Qujing	9.3	9.0	9.0	253	中卫	Zhongwei	11.6	18.7	20.1	19
玉溪	Yuxi	10.1	8.3	12.0	164	**新疆**	**Xinjiang**	**8.6**	**10.1**	**10.7**	
保山	Baoshan	11.0	7.1	7.7	270	乌鲁木齐	Urumqi	7.4	10.1	10.7	206
昭通	Zhaotong	7.9	5.8	6.5	280	克拉玛依	Karamay	9.0	10.2	11.5	182

8-49 城市道路清扫保洁面积(辖区)

Surface Area of Urban Roads Cleaned and Maintained (Municipal Districts)

单位：万平方米 (10 000m²)

地名	City	2010	2013	2014	2014 排名 Ranking
全国	**Nation Total**	**485033**	**646014**	**676093**	
北京	**Beijing**	**13804**	**14234**	**15104**	
天津	**Tianjin**	**7322**	**10098**	**10879**	
河北	**Hebei**	**20050**	**24614**	**24549**	
石家庄	Shijiazhuang	3283	4380	4343	21
唐山	Tangshan	2014	2477	2544	49
秦皇岛	Qinhuangdao	837	902	1091	124
邯郸	Handan	1853	2465	2465	51
邢台	Xingtai	1052	1369	1101	121
保定	Baoding	1449	1843	1972	65
张家口	Zhangjiakou	1045	1045	1045	134
承德	Chengde	517	707	790	169
沧州	Cangzhou	570	710	753	178
廊坊	Langfang	700	986	992	141
衡水	Hengshui	640	821	823	163
山西	**Shanxi**	**10609**	**14659**	**15527**	
太原	Taiyuan	3551	4460	3861	26
大同	Datong	1164	1379	2600	47
阳泉	Yangquan	479	580	698	187
长治	Changzhi	631	921	1015	137
晋城	Jincheng	382	616	616	202
朔州	Shuozhou	354	681	745	182
晋中	Jinzhong	750	1400	1062	129
运城	Yuncheng	598	598	598	206
忻州	Xinzhou	238	434	572	210
临汾	Linfen	420	450	521	225
吕梁	Lvliang	296	302	318	262
内蒙古	**Inner Mongolia**	**9674**	**17171**	**18207**	
呼和浩特	Hohhot	1511	3383	2592	48
包头	Baotou	1845	2436	3080	37
乌海	Wuhai	632	630	968	145
赤峰	Chifeng	681	1380	1515	87
通辽	Tongliao	734	671	891	155
鄂尔多斯	Erdos	1396	3740	3740	29
呼伦贝尔	Hulunbuir	346	711	817	164
巴彦淖尔	Bayannur	560	738	750	180
乌兰察布	Ulanqab	243	481	480	231
辽宁	**Liaoning**	**28122**	**35713**	**33721**	
沈阳	Shenyang	11155	13107	8627	9
大连	Dalian	4126	5068	5284	16
鞍山	Anshan	1336	2986	4022	23
抚顺	Fushun	1330	1553	1578	83
本溪	Benxi	598	851	853	160
丹东	Dandong	752	759	733	184
锦州	Jinzhou	925	1017	1366	100
营口	Yingkou	675	757	761	173
阜新	Fuxin	480	480	490	229
辽阳	Liaoyang	902	1032	1049	132
盘锦	Panjin	681	940	956	148
铁岭	Tieling	762	1001	1074	128
朝阳	Chaoyang	562	750	992	141
葫芦岛	Huludao	638	803	673	189
吉林	**Jilin**	**13037**	**13831**	**14504**	
长春	Changchun	4561	4645	5064	17
吉林	Jilin	1595	1634	1634	77
四平	Siping	520	650	672	190
辽源	Liaoyuan	384	395	395	246
通化	Tonghua	350	597	601	205
白山	Baishan	295	314	342	257
松原	Songyuan	674	848	848	162
白城	Baicheng	330	270	292	264
黑龙江	**Heilongjiang**	**14937**	**20283**	**22716**	
哈尔滨	Harbin	4835	7125	7945	12
齐齐哈尔	Qiqihar	1018	1051	1394	97
鸡西	Jixi	314	376	560	214
鹤岗	Hegang	302	382	397	245
双鸭山	Shuangyashan	199	270	270	268
大庆	Daqing	2200	3502	3502	32
伊春	Yichun	848	989	997	139
佳木斯	Jiamusi	842	541	1301	105
七台河	Qitaihe	389	389	511	226
牡丹江	Mudanjiang	891	1400	1300	106
黑河	Heihe	309	410	410	243
绥化	Suihua	309	506	721	185
上海	**Shanghai**	**15879**	**17385**	**17490**	
江苏	**Jiangsu**	**44088**	**52029**	**55132**	

8-49　城市道路清扫保洁面积(辖区)　续表 1

Surface Area of Urban Roads Cleaned and Maintained (Municipal Districts) continued 1

单位：万平方米　　（10 000m²）

地名	City	2010	2013	2014	2014 排名 Ranking	地名	City	2010	2013	2014	2014 排名 Ranking
南京	Nanjing	7393	8182	8457	10	池州	Chizhou	722	702	702	186
无锡	Wuxi	2969	4920	4931	18	宣城	Xuancheng	360	805	565	212
徐州	Xuzhou	2032	1684	2104	61	**福建**	**Fujian**	**11433**	**15585**	**16243**	
常州	Changzhou	2333	2544	2624	46	福州	Fuzhou	2122	3273	3317	35
苏州	Suzhou	8835	8959	10609	5	厦门	Xiamen	2004	3620	3780	28
南通	Nantong	2159	4044	3410	34	莆田	Putian	500	1000	1003	138
连云港	Lianyungang	1140	1426	1430	92	三明	Sanming	255	255	265	270
淮安	Huaian	1800	2242	2259	57	泉州	Quanzhou	1955	2190	2190	59
盐城	Yancheng	1135	1480	1560	85	漳州	Zhangzhou	652	798	943	149
扬州	Yangzhou	1232	1590	1904	67	南平	Nanping	141	229	233	274
镇江	Zhenjiang	1154	1399	1583	82	龙岩	Longyan	268	318	378	248
泰州	Taizhou	837	1776	2000	64	宁德	Ningde	178	224	353	254
宿迁	Suqian	870	1460	1585	81	**江西**	**Jiangxi**	**9911**	**11721**	**12893**	
浙江	**Zhejiang**	**27805**	**34699**	**36843**		南昌	Nanchang	2447	2051	2884	39
杭州	Hangzhou	4609	6412	6702	13	景德镇	Jingdezhen	364	330	330	260
宁波	Ningbo	2591	3208	3455	33	萍乡	Pingxiang	346	550	645	197
温州	Wenzhou	2400	2745	2864	40	九江	Jiujiang	784	1191	1339	104
嘉兴	Jiaxing	1352	1544	1669	74	新余	Xinyu	845	993	1060	130
湖州	Huzhou	1072	1204	1247	112	鹰潭	Yingtan	150	167	177	279
绍兴	Shaoxing	615	1729	2064	62	赣州	Ganzhou	647	864	799	168
金华	Jinhua	1123	1386	1597	80	吉安	Jian	316	348	348	256
衢州	Quzhou	764	929	990	144	宜春	Yichun	605	774	802	166
舟山	Zhoushan	549	700	620	201	抚州	Fuzhou	846	1010	1090	125
台州	Taizhou	1882	2372	2383	52	上饶	Shangrao	686	849	849	161
丽水	Lishui	660	738	760	174	**山东**	**Shandong**	**48528**	**82996**	**65422**	
安徽	**Anhui**	**17339**	**24081**	**26370**		济南	Jinan	3399	4040	4423	20
合肥	Hefei	3409	5641	6430	14	青岛	Qingdao	3251	5131	5664	15
芜湖	Wuhu	2583	2170	2170	60	淄博	Zibo	2844	25374	3938	24
蚌埠	Bengbu	930	1167	1775	73	枣庄	Zaozhuang	2038	1556	1619	78
淮南	Huainan	1004	1500	1871	69	东营	Dongying	1525	2250	2645	45
马鞍山	Maanshan	900	1050	1100	122	烟台	Yantai	2482	2980	3088	36
淮北	Huaibei	715	693	890	156	潍坊	Weifang	3219	3553	2775	42
铜陵	Tongling	736	1131	1131	119	济宁	Jining	861	1903	1826	71
安庆	Anqing	890	1351	1344	102	泰安	Taian	1357	1442	1643	76
黄山	Huangshan	375	578	580	208	威海	Weihai	1263	1351	2336	55
滁州	Chuzhou	704	1206	1213	114	日照	Rizhao	1698	1858	1877	68
阜阳	Fuyang	558	837	963	146	莱芜	Laiwu	1212	1362	1398	96
宿州	Suzhou	725	1297	1406	94	临沂	Linyi	2651	7110	8093	11
六安	Liuan	680	735	749	181	德州	Dezhou	900	1006	1407	93
亳州	Bozhou	518	1230	1260	111	聊城	Liaocheng	575	1085	1483	89

8-49 城市道路清扫保洁面积(辖区) 续表 2

Surface Area of Urban Roads Cleaned and Maintained (Municipal Districts) continued 2

单位：万平方米 （10 000m²）

地名	City	2010	2013	2014	2014 排名 Ranking	地名	City	2010	2013	2014	2014 排名 Ranking
滨州	Binzhou	1292	1890	2005	63	常德	Changde	850	898	898	154
菏泽	Heze	1550	1780	1780	72	张家界	Zhangjiajie	161	359		252
河南	**Henan**	**20892**	**25540**	**27197**		益阳	Yiyang	535	945	1270	109
郑州	Zhengzhou	3338	3838	4174	22	郴州	Chenzhou	630	1038	1269	110
开封	Kaifeng	984	1400	1400	95	永州	Yongzhou	767	964	1048	133
洛阳	Luoyang	1608	2339	2759	43	怀化	Huaihua	373	431	923	153
平顶山	Pingdingshan	676	1048	1080	126	娄底	Loudi	380	513	555	217
安阳	Anyang	898	964	997	139	广东	**Guangdong**	**62768**	**75126**	**84873**	
鹤壁	Hebi	722	692	692	188	广州	Guangzhou	9480	11427	11614	4
新乡	Xinxiang	1007	1065	1080	126	韶关	Shaoguan	1182	627	1224	113
焦作	Jiaozuo	1015	1469	1469	90	深圳	Shenzhen	13079	17816	21740	1
濮阳	Puyang	507	640	668	192	珠海	Zhuhai	2542	3719	4464	19
许昌	Xuchang	345	530	540	220	汕头	Shantou	1418	1810	1606	79
漯河	Luohe	548	600	650	195	佛山	Foshan	3204	3301	3848	27
三门峡	Sanmenxia	188	240	240	273	江门	Jiangmen	1264	2407	2344	53
南阳	Nanyang	1575	2054	2250	58	湛江	Zhanjiang	1079	1155	1271	107
商丘	Shangqiu	580	803	882	158	茂名	Maoming	433	442	451	237
信阳	Xinyang	657	671	671	191	肇庆	Zhaoqing	946	1366	1386	98
周口	Zhoukou	488	512	557	215	惠州	Huizhou	2604	2504	3036	38
驻马店	Zhumadian	653	776	814	165	梅州	Meizhou	693	760	760	174
湖北	**Hubei**	**16941**	**23456**	**30527**		汕尾	Shanwei	245	325	331	259
武汉	Wuhan	6640	10040	15837	3	河源	Heyuan	330	512	535	222
黄石	Huangshi	731	757	757	177	阳江	Yangjiang	684	728	783	171
十堰	Shiyan	609	712	745	182	清远	Qingyuan	612	978	1040	135
宜昌	Yichang	840	1041	1098	123	东莞	Dongguan	13467	16609	16794	2
襄阳	Xiangyang	764	1610	1925	66	中山	Zhongshan	1123	1374	1563	84
鄂州	Ezhou	390	410	452	235	潮州	Chaozhou	399	433	605	203
荆门	Jingmen	356	358	378	248	揭阳	Jieyang	477	170	2516	50
孝感	Xiaogan	317	349	536	221	云浮	Yunfu	245	460	577	209
荆州	Jingzhou	500	974	992	141	广西	**Guangxi**	**11005**	**12927**	**14065**	
黄冈	Huanggang	296	353	353	254	南宁	Nanning	3867	3527	3733	30
咸宁	Xianning	390	485	485	230	柳州	Liuzhou	1494	1740	1827	70
随州	Suizhou	218	523	456	234	桂林	Guilin	1254	1237	1271	107
湖南	**Hunan**	**12331**	**17296**	**18032**		梧州	Wuzhou	290	385	509	227
长沙	Changsha	2954	3610	2861	41	北海	Beihai	578	1135	1135	118
株洲	Zhuzhou	705	1124	1056	131	防城港	Fangchenggang	415	594	627	199
湘潭	Xiangtan	905	1108	1024	136	钦州	Qinzhou	499	872	942	150
衡阳	Hengyang	831	1550	1654	75	贵港	Guigang	310	325	360	251
邵阳	Shaoyang	545	800	800	167	玉林	Yulin	410	457	462	233
岳阳	Yueyang	659	760	883	157	百色	Baise	266	527	557	215

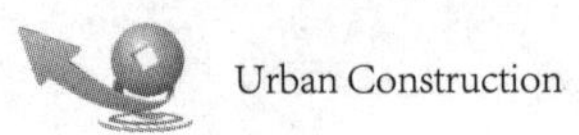

8-49 城市道路清扫保洁面积(辖区) 续表 3

Surface Area of Urban Roads Cleaned and Maintained (Municipal Districts) continued 3

单位：万平方米 （10 000m²）

地名	City	2010	2013	2014	2014 排名 Ranking	地名	City	2010	2013	2014	2014 排名 Ranking
贺州	Hezhou	220	226	440	239	丽江	Lijiang	185	220	220	276
河池	Hechi	120	135	170	281	普洱	Puer	182	280	310	263
来宾	Laibin	244	479	592	207	临沧	Lincang	90	190	210	278
崇左	Chongzuo	142	170	173	280	**西藏**	**Tibet**	**539**	**1739**	**2413**	
海南	**Hainan**	**4076**	**6535**	**6084**		拉萨	Lasa	479	587	1203	115
海口	Haikou	1735	3548	3612	31	**陕西**	**Shaanxi**	**10546**	**14515**	**15338**	
三亚	Sanya	1120	1476	963	146	西安	Xi'an	5891	8012	9303	7
三沙	Sansha			1	286	铜川	Tongchuan	290	403	418	242
重庆	**Chongqing**	**6136**	**10989**	**12304**		宝鸡	Baoji	1000	1093	1180	116
四川	**Sichuan**	**15173**	**21020**	**28574**		咸阳	Xianyang	759	847	875	159
成都	Chengdu	3639	4857	9986	6	渭南	Weinan	371	563	528	224
自贡	Zigong	528	1145	1150	117	延安	Yan'an	465	830	330	260
攀枝花	Panzhihua	501	585	633	198	汉中	Hanzhong	306	430	450	238
泸州	Luzhou	698	833	931	151	榆林	Yulin	863	1551	1110	120
德阳	Deyang	465	600	622	200	安康	Ankang	180	219	223	275
绵阳	Mianyang	1484	1345	1447	91	商洛	Shangluo	106	130	139	283
广元	Guangyuan	369	493	535	222	**甘肃**	**Gansu**	**5816**	**7298**	**7478**	
遂宁	Suining	611	1472	1533	86	兰州	Lanzhou	1332	2348	2341	54
内江	Neijiang	303	439	471	232	嘉峪关	Jiayuguan	480	604	604	204
乐山	Leshan	619	907	784	170	金昌	Jinchang	610	715	751	179
南充	Nanchong	847	1258	1340	103	白银	Baiyin	496	559	570	211
眉山	Meishan	425	553	760	174	天水	Tianshui	283	290	290	266
宜宾	Yibin	445	653	664	193	武威	Wuwei	295	254	254	271
广安	Guangan	250	636	931	151	张掖	Zhangye	365	388	388	247
达州	Dazhou	260	370	371	250	平凉	Pingliang	490	510	550	219
雅安	Yaan	211	275	332	258	酒泉	Jiuquan	535	535	561	213
巴中	Bazhong	210	330	420	241	庆阳	Qingyang	258	269	270	268
资阳	Ziyang	290	356	497	228	定西	Dingxi	96	160	160	282
贵州	**Guizhou**	**3405**	**5300**	**5129**		陇南	Longnan	54	62	62	285
贵阳	Guiyang	1300	2289	2289	56	**青海**	**Qinghai**	**1951**	**2430**	**2529**	
六盘水	Liupanshui	264	290	291	265	西宁	Xining	1272	1431	1502	88
遵义	Zunyi	414	512	552	218	海东	Haidong			80	284
安顺	Anshun	235	265	290	266	**宁夏**	**Ningxia**	**3347**	**6716**	**7482**	
毕节	Bijie	87	470	355	253	银川	Yinchuan	1503	3697	3885	25
铜仁	Tongren	420	485	220	276	石嘴山	Shizuishan	464	1042	1365	101
云南	**Yunnan**	**9726**	**13713**	**15547**		吴忠	Wuzhong	319	531	651	194
昆明	Kunming	5621	7993	9177	8	固原	Guyuan	270	388	452	235
曲靖	Qujing	342	653	781	172	中卫	Zhongwei	450	602	650	195
玉溪	Yuxi	320	400	400	244	**新疆**	**Xinjiang**	**7843**	**12315**	**12921**	
保山	Baoshan	175	230	252	272	乌鲁木齐	Urumqi	1846	2440	2682	44
昭通	Zhaotong	207	336	426	240	克拉玛依	Karamay	1108	1305	1386	98

8-50 城市生活垃圾清运量(辖区)

Quantity of Urban Domestic Garbage Collected and Transported (Municipal Districts)

单位：万吨 (10 000 tons)

地名	City	2010	2013	2014	2014 排名 Ranking	地名	City	2010	2013	2014	2014 排名 Ranking
全国	**Nation Total**	**15804.8**	**17238.6**	**17860.2**		沈阳	Shenyang	215.0	248.0	256.7	9
北京	**Beijing**	**633.0**	**671.7**	**733.8**		大连	Dalian	80.0	121.9	121.5	19
天津	**Tianjin**	**183.7**	**200.0**	**215.9**		鞍山	Anshan	52.6	54.9	54.8	46
河北	**Hebei**	**589.3**	**585.3**	**614.1**		抚顺	Fushun	50.0	49.9	36.5	80
石家庄	Shijiazhuang	98.0	81.6	99.0	27	本溪	Benxi	33.9	39.2	31.9	98
唐山	Tangshan	46.1	57.8	57.7	43	丹东	Dandong	23.2	20.6	20.2	167
秦皇岛	Qinhuangdao	48.1	26.4	29.9	108	锦州	Jinzhou	32.0	28.6	31.5	101
邯郸	Handan	40.4	36.4	49.5	53	营口	Yingkou	40.0	32.7	32.8	93
邢台	Xingtai	18.3	19.1	24.4	130	阜新	Fuxin	43.9	44.0	44.0	63
保定	Baoding	33.5	42.2	47.0	57	辽阳	Liaoyang	16.8	24.3	24.3	131
张家口	Zhangjiakou	47.2	49.4	49.5	54	盘锦	Panjin	16.0	23.0	21.9	149
承德	Chengde	20.4	39.5	37.5	78	铁岭	Tieling	15.5	14.2	13.9	239
沧州	Cangzhou	18.4	19.3	20.4	164	朝阳	Chaoyang	32.0	32.0	33.0	92
廊坊	Langfang	14.3	16.5	16.9	208	葫芦岛	Huludao	20.8	21.9	21.0	155
衡水	Hengshui	15.9	16.0	19.6	175	吉林	**Jilin**	**499.4**	**485.4**	**504.6**	
山西	**Shanxi**	**361.2**	**394.6**	**445.0**		长春	Changchun	123.5	114.0	120.3	20
太原	Taiyuan	110.0	121.4	164.3	13	吉林	Jilin	36.9	34.3	37.0	79
大同	Datong	36.0	41.1	38.3	76	四平	Siping	23.0	10.1	18.3	190
阳泉	Yangquan	15.9	17.6	19.4	176	辽源	Liaoyuan	24.0	35.0	34.0	86
长治	Changzhi	18.8	19.0	15.7	221	通化	Tonghua	18.3	35.9	26.2	125
晋城	Jincheng	12.8	15.6	17.4	199	白山	Baishan	20.5	19.0	19.3	177
朔州	Shuozhou	16.1	18.4	19.6	174	松原	Songyuan	18.0	21.2	21.2	153
晋中	Jinzhong	11.8	18.5	16.2	216	白城	Baicheng	10.3	19.1	19.0	181
运城	Yuncheng	19.5	18.0	18.0	192	黑龙江	**Heilongjiang**	**782.4**	**581.9**	**553.4**	
忻州	Xinzhou	12.1	11.3	16.8	209	哈尔滨	Harbin	119.3	131.4	139.1	16
临汾	Linfen	18.5	14.1	17.2	204	齐齐哈尔	Qiqihar	56.9	61.5	50.3	51
吕梁	Lvliang	8.2	10.3	11.0	262	鸡西	Jixi	27.1	21.0	53.7	48
内蒙古	**Inner Mongolia**	**334.0**	**350.1**	**324.6**		鹤岗	Hegang	70.6	24.4	24.2	133
呼和浩特	Hohhot	59.1	59.5	62.0	41	双鸭山	Shuangyashan	47.5	18.0	18.0	192
包头	Baotou	80.3	51.4	49.1	55	大庆	Daqing	28.0	33.9	31.8	99
乌海	Wuhai	22.0	25.0	26.1	126	伊春	Yichun	86.3	91.8	45.0	60
赤峰	Chifeng	33.7	52.1	41.5	68	佳木斯	Jiamusi	46.7	19.0	22.0	147
通辽	Tongliao	20.1	20.7	13.0	247	七台河	Qitaihe	25.5	12.5	13.5	243
鄂尔多斯	Erdos	26.1	21.6	20.4	165	牡丹江	Mudanjiang	31.7	22.4	21.0	156
呼伦贝尔	Hulunbuir	11.0	11.3	11.7	258	黑河	Heihe	8.5	6.9	6.9	278
巴彦淖尔	Bayannur	14.8	16.8	14.6	232	绥化	Suihua	19.0	22.5	23.5	137
乌兰察布	Ulanqab	10.8	12.0	14.3	236	上海	**Shanghai**	**732.0**	**735.0**	**608.4**	
辽宁	**Liaoning**	**837.3**	**927.1**	**917.1**		江苏	**Jiangsu**	**1017.1**	**1202.7**	**1352.4**	

8-50 城市生活垃圾清运量(辖区) 续表 1

Quantity of Urban Domestic Garbage Collected and Transported (Municipal Districts) continued 1

单位：万吨 (10 000 tons)

地名	City	2010	2013	2014	2014 排名 Ranking	地名	City	2010	2013	2014	2014 排名 Ranking
南京	Nanjing	184.8	250.4	260.8	7	池州	Chizhou	10.3	13.6	13.8	240
无锡	Wuxi	99.3	114.3	122.4	18	宣城	Xuancheng	15.2	10.7	11.8	255
徐州	Xuzhou	44.4	59.3	75.3	36	**福建**	**Fujian**	**417.3**	**551.8**	**598.9**	
常州	Changzhou	52.0	59.3	61.8	42	福州	Fuzhou	76.0	92.6	100.6	26
苏州	Suzhou	121.4	145.6	213.9	10	厦门	Xiamen	94.5	123.0	142.2	15
南通	Nantong	38.3	49.0	53.4	49	莆田	Putian	27.4	34.5	34.7	83
连云港	Lianyungang	18.3	24.2	24.2	133	三明	Sanming	12.6	12.6	11.7	259
淮安	Huaian	24.6	40.3	37.8	77	泉州	Quanzhou	35.3	44.5	46.2	58
盐城	Yancheng	22.1	23.9	33.5	91	漳州	Zhangzhou	13.7	17.8	20.4	166
扬州	Yangzhou	31.7	46.6	48.8	56	南平	Nanping	7.3	7.9	7.5	274
镇江	Zhenjiang	23.0	25.9	32.0	97	龙岩	Longyan	16.7	18.5	19.2	179
泰州	Taizhou	18.4	26.9	27.8	120	宁德	Ningde	9.2	9.6	12.4	253
宿迁	Suqian	16.1	20.1	25.2	129	**江西**	**Jiangxi**	**284.0**	**339.0**	**308.5**	
浙江	**Zhejiang**	**959.0**	**1123.3**	**1229.1**		南昌	Nanchang	74.4	65.4	57.6	44
杭州	Hangzhou	211.7	264.2	283.2	5	景德镇	Jingdezhen	14.6	14.6	14.7	230
宁波	Ningbo	87.7	105.5	104.6	24	萍乡	Pingxiang	15.3	15.4	16.0	218
温州	Wenzhou	95.1	83.7	114.9	22	九江	Jiujiang	17.6	21.2	21.6	151
嘉兴	Jiaxing	18.4	25.3	28.9	114	新余	Xinyu	13.8	16.0	16.0	217
湖州	Huzhou	28.2	41.0	41.1	70	鹰潭	Yingtan	6.9	6.6	7.6	273
绍兴	Shaoxing	20.4	68.9	76.0	35	赣州	Ganzhou	35.6	39.2	33.9	87
金华	Jinhua	30.1	34.0	41.1	69	吉安	Jian	11.7	16.2	16.2	215
衢州	Quzhou	11.4	15.1	19.8	172	宜春	Yichun	8.9	16.2	16.5	212
舟山	Zhoushan	20.9	27.2	29.9	107	抚州	Fuzhou	17.2	19.2	19.3	178
台州	Taizhou	66.9	69.6	76.1	34	上饶	Shangrao	12.4	34.5	19.9	170
丽水	Lishui	19.3	20.1	14.7	231	**山东**	**Shandong**	**992.0**	**1007.4**	**958.5**	
安徽	**Anhui**	**435.3**	**455.9**	**464.8**		济南	Jinan	93.1	103.7	93.4	29
合肥	Hefei	66.4	99.5	110.2	23	青岛	Qingdao	138.9	110.5	100.9	25
芜湖	Wuhu	36.0	38.1	40.2	71	淄博	Zibo	54.9	54.9	50.0	52
蚌埠	Bengbu	33.0	28.2	30.7	102	枣庄	Zaozhuang	53.8	32.4	29.3	110
淮南	Huainan	41.3	31.5	32.0	96	东营	Dongying	18.8	22.8	20.8	159
马鞍山	Maanshan	17.9	19.8	19.9	171	烟台	Yantai	50.9	52.8	54.1	47
淮北	Huaibei	11.1	29.6	20.8	158	潍坊	Weifang	29.1	43.9	39.6	72
铜陵	Tongling	10.7	13.2	12.7	249	济宁	Jining	31.7	46.5	42.2	66
安庆	Anqing	30.5	35.3	27.5	121	泰安	Taian	16.8	22.6	20.6	163
黄山	Huangshan	15.4	10.2	10.4	264	威海	Weihai	25.4	20.8	29.2	111
滁州	Chuzhou	16.4	12.0	12.6	251	日照	Rizhao	20.0	22.7	20.6	162
阜阳	Fuyang	27.0	25.4	24.3	132	莱芜	Laiwu	15.9	20.8	18.8	182
宿州	Suzhou	18.0	17.0	17.3	202	临沂	Linyi	52.3	67.2	62.1	40
六安	Liuan	18.1	18.6	19.1	180	德州	Dezhou	19.9	24.3	27.0	123
亳州	Bozhou	10.5	10.4	17.6	198	聊城	Liaocheng	16.1	22.2	22.5	143

8-50 城市生活垃圾清运量(辖区) 续表 2

Quantity of Urban Domestic Garbage Collected and Transported (Municipal Districts) continued 2

单位：万吨 (10 000 tons)

地名	City	2010	2013	2014	2014 排名 Ranking	地名	City	2010	2013	2014	2014 排名 Ranking
滨州	Binzhou	14.6	25.5	23.2	140	常德	Changde	20.4	23.1	26.0	127
菏泽	Heze	25.1	24.7	21.0	157	张家界	Zhangjiajie	12.9	20.1	15.7	222
河南	**Henan**	**694.6**	**805.6**	**832.8**		益阳	Yiyang	17.8	19.5	17.3	201
郑州	Zhengzhou	164.4	179.7	186.3	11	郴州	Chenzhou	20.1	29.5	21.7	150
开封	Kaifeng	31.5	26.0	27.1	122	永州	Yongzhou	19.8	21.8	22.2	145
洛阳	Luoyang	39.0	76.6	73.0	38	怀化	Huaihua	18.7	18.0	18.4	188
平顶山	Pingdingshan	29.4	30.5	30.3	104	娄底	Loudi	11.9	15.3	15.3	225
安阳	Anyang	28.0	36.0	46.0	59	**广东**	**Guangdong**	**1938.6**	**2092.1**	**2214.2**	
鹤壁	Hebi	13.0	16.0	16.0	219	广州	Guangzhou	356.6	394.3	430.2	2
新乡	Xinxiang	27.0	36.5	34.3	84	韶关	Shaoguan	22.3	18.6	21.9	148
焦作	Jiaozuo	30.5	28.5	28.6	116	深圳	Shenzhen	479.3	521.7	541.1	1
濮阳	Puyang	16.4	16.6	16.6	211	珠海	Zhuhai	62.5	66.6	80.2	32
许昌	Xuchang	16.8	23.3	23.3	139	汕头	Shantou	67.6	74.3	76.2	33
漯河	Luohe	18.5	21.9	23.7	136	佛山	Foshan	73.5	74.5	89.3	31
三门峡	Sanmenxia	9.3	9.7	10.7	263	江门	Jiangmen	43.1	40.7	43.2	65
南阳	Nanyang	40.3	49.8	51.9	50	湛江	Zhanjiang	27.0	30.2	31.7	100
商丘	Shangqiu	35.2	30.0	28.2	118	茂名	Maoming	19.1	21.0	22.1	146
信阳	Xinyang	12.6	19.5	20.7	160	肇庆	Zhaoqing	14.2	16.6	20.7	161
周口	Zhoukou	13.1	11.3	13.5	243	惠州	Huizhou	47.9	67.7	73.1	37
驻马店	Zhumadian	17.5	18.6	18.7	184	梅州	Meizhou	13.9	18.3	20.1	169
湖北	**Hubei**	**711.1**	**745.8**	**739.3**		汕尾	Shanwei	9.1	10.2	10.2	265
武汉	Wuhan	219.1	263.7	257.4	8	河源	Heyuan	12.7	19.6	18.7	185
黄石	Huangshi	29.1	29.0	29.0	112	阳江	Yangjiang	12.2	13.7	14.4	234
十堰	Shiyan	29.7	31.8	32.2	95	清远	Qingyuan	15.9	29.8	30.0	106
宜昌	Yichang	30.8	33.0	32.7	94	东莞	Dongguan	357.3	380.8	380.1	3
襄阳	Xiangyang	33.2	27.8	30.6	103	中山	Zhongshan	28.1	24.2	25.3	128
鄂州	Ezhou	15.0	13.2	17.8	194	潮州	Chaozhou	15.3	26.8	38.9	75
荆门	Jingmen	18.1	16.6	14.8	229	揭阳	Jieyang	33.0	25.8	29.6	109
孝感	Xiaogan	9.7	12.7	14.6	232	云浮	Yunfu	5.5	6.3	7.9	269
荆州	Jingzhou	30.0	22.4	23.1	142	**广西**	**Guangxi**	**245.1**	**302.3**	**338.9**	
黄冈	Huanggang	14.9	18.2	18.7	186	南宁	Nanning	57.9	88.2	91.4	30
咸宁	Xianning	28.0	13.8	15.2	226	柳州	Liuzhou	33.3	39.5	44.4	61
随州	Suizhou	12.0	22.3	22.4	144	桂林	Guilin	24.6	31.4	33.8	89
湖南	**Hunan**	**505.2**	**616.8**	**600.8**		梧州	Wuzhou	8.0	11.6	15.7	223
长沙	Changsha	106.9	182.6	173.3	12	北海	Beihai	14.9	17.0	23.4	138
株洲	Zhuzhou	33.1	43.0	39.0	74	防城港	Fangchenggang	7.0	6.5	6.7	279
湘潭	Xiangtan	23.9	27.2	27.9	119	钦州	Qinzhou	12.8	16.7	17.7	196
衡阳	Hengyang	36.5	39.0	39.0	73	贵港	Guigang	11.6	18.7	21.1	154
邵阳	Shaoyang	25.6	16.6	16.4	213	玉林	Yulin	16.5	16.3	19.6	173
岳阳	Yueyang	18.9	24.2	30.2	105	百色	Baise	8.0	5.4	6.0	282

8-50 城市生活垃圾清运量(辖区) 续表 3

Quantity of Urban Domestic Garbage Collected and Transported (Municipal Districts) continued 3

单位：万吨 (10 000 tons)

地名	City	2010	2013	2014	2014 排名 Ranking	地名	City	2010	2013	2014	2014 排名 Ranking
贺州	Hezhou	6.2	7.2	7.8	271	丽江	Lijiang	6.0	13.5	12.6	250
河池	Hechi	5.8	4.1	4.5	284	普洱	Puer	5.8	7.7	7.8	270
来宾	Laibin	4.6	6.8	8.8	268	临沧	Lincang	4.6	7.7	7.4	276
崇左	Chongzuo	4.6	4.0	5.0	283	**西藏**	**Tibet**	**16.3**	**24.1**	**30.8**	
海南	**Hainan**	**97.7**	**125.3**	**144.2**		拉萨	Lasa	14.2	20.1	23.1	141
海口	Haikou	42.0	61.5	72.1	39	**陕西**	**Shaanxi**	**388.3**	**437.3**	**517.9**	
三亚	Sanya	19.7	26.1	33.7	90	西安	Xi'an	209.3	255.7	308.1	4
三沙	Sansha			0.2	286	铜川	Tongchuan	17.1	15.0	14.1	238
重庆	**Chongqing**	**256.7**	**349.8**	**399.4**		宝鸡	Baoji	23.6	29.2	36.3	81
四川	**Sichuan**	**656.0**	**750.7**	**780.0**		咸阳	Xianyang	23.2	28.5	28.9	115
成都	Chengdu	262.1	253.6	267.2	6	渭南	Weinan	15.5	15.6	18.4	188
自贡	Zigong	23.6	32.6	34.2	85	延安	Yan'an	10.2	12.4	12.7	248
攀枝花	Panzhihua	21.8	19.9	17.0	206	汉中	Hanzhong	10.2	12.5	12.5	252
泸州	Luzhou	26.8	33.6	33.8	88	榆林	Yulin	19.9	24.2	28.2	117
德阳	Deyang	10.0	15.4	17.8	194	安康	Ankang	34.0	16.4	14.1	237
绵阳	Mianyang	24.5	28.2	29.0	113	商洛	Shangluo	5.8	6.7	7.0	277
广元	Guangyuan	13.5	15.8	18.2	191	**甘肃**	**Gansu**	**278.3**	**272.8**	**253.0**	
遂宁	Suining	15.7	39.7	43.5	64	兰州	Lanzhou	124.1	119.6	97.0	28
内江	Neijiang	15.0	17.7	18.8	183	嘉峪关	Jiayuguan	8.1	9.6	7.5	274
乐山	Leshan	17.2	16.3	17.4	200	金昌	Jinchang	12.8	9.1	9.1	267
南充	Nanchong	28.1	35.6	36.3	82	白银	Baiyin	16.5	15.9	15.9	220
眉山	Meishan	11.2	18.0	24.2	135	天水	Tianshui	32.1	21.5	21.6	152
宜宾	Yibin	16.2	26.7	26.3	124	武威	Wuwei	14.5	16.6	17.0	206
广安	Guangan	7.2	11.9	13.7	242	张掖	Zhangye	7.0	7.7	7.7	272
达州	Dazhou	13.1	20.1	20.2	168	平凉	Pingliang	10.7	13.4	14.4	235
雅安	Yaan	11.0	11.2	13.7	241	酒泉	Jiuquan	10.5	11.1	11.5	260
巴中	Bazhong	11.3	13.1	13.4	245	庆阳	Qingyang	9.9	15.6	15.6	224
资阳	Ziyang	12.4	18.2	18.6	187	定西	Dingxi	7.0	6.5	6.5	280
贵州	**Guizhou**	**213.3**	**248.4**	**273.8**		陇南	Longnan	5.8	5.6	6.1	281
贵阳	Guiyang	75.8	103.9	119.3	21	**青海**	**Qinghai**	**86.3**	**74.1**	**77.6**	
六盘水	Liupanshui	15.1	10.5	11.2	261	西宁	Xining	74.2	54.3	55.6	45
遵义	Zunyi	29.9	35.9	42.2	67	海东	Haidong			3.1	285
安顺	Anshun	17.1	15.2	15.2	228	**宁夏**	**Ningxia**	**91.9**	**106.0**	**118.4**	
毕节	Bijie	10.1	16.6	17.2	203	银川	Yinchuan	26.3	41.0	44.3	62
铜仁	Tongren	15.0	11.2	11.7	257	石嘴山	Shizuishan	17.1	13.6	16.8	210
云南	**Yunnan**	**265.5**	**324.1**	**349.5**		吴忠	Wuzhong	13.8	17.7	17.0	205
昆明	Kunming	102.6	141.8	155.8	14	固原	Guyuan	9.8	10.0	12.0	254
曲靖	Qujing	17.8	19.0	17.7	197	中卫	Zhongwei	9.0	11.3	13.0	246
玉溪	Yuxi	12.5	6.0	11.8	256	**新疆**	**Xinjiang**	**303.3**	**352.3**	**360.6**	
保山	Baoshan	15.8	10.0	10.0	266	乌鲁木齐	Urumqi	104.4	132.3	136.3	17
昭通	Zhaotong	14.1	14.9	15.2	227	克拉玛依	Karamay	14.2	15.8	16.3	214

8-51 城市生活垃圾处理量(辖区)
Volume of Urban Domestic Garbage Treated (Municipal Districts)

单位：万吨 (10 000 tons)

地名	City	2010	2013	2014	2014 排名 Ranking
全国	**Nation Total**	**14338.0**	**16391.5**	**17221.8**	
北京	**Beijing**	**613.7**	**667.0**	**730.8**	
天津	**Tianjin**	**183.7**	**193.6**	**208.7**	
河北	**Hebei**	**571.3**	**566.1**	**566.6**	
石家庄	Shijiazhuang	98.0	81.6	74.0	34
唐山	Tangshan	46.1	57.8	57.7	43
秦皇岛	Qinhuangdao	48.1	26.4	29.9	105
邯郸	Handan	40.4	36.4	49.5	50
邢台	Xingtai	18.3	19.1	24.4	128
保定	Baoding	33.5	42.2	45.1	55
张家口	Zhangjiakou	37.8	43.0	44.6	56
承德	Chengde	20.2	39.3	37.4	73
沧州	Cangzhou	14.6	18.6	19.6	165
廊坊	Langfang	13.7	15.8	16.2	202
衡水	Hengshui	15.9	16.0	7.5	269
山西	**Shanxi**	**265.8**	**355.8**	**409.7**	
太原	Taiyuan	110.0	121.4	164.3	13
大同	Datong	29.9	37.3	36.9	75
阳泉	Yangquan	15.9	15.7	15.2	213
长治	Changzhi	18.8	19.0	15.7	206
晋城	Jincheng	12.0	15.6	17.4	187
朔州	Shuozhou	12.2	18.4	19.6	167
晋中	Jinzhong	3.7	14.0	13.8	233
运城	Yuncheng	17.6	17.1	17.2	192
忻州	Xinzhou				
临汾	Linfen	9.6	14.1	17.2	193
吕梁	Lvliang	8.2	10.3	11.0	253
内蒙古	**Inner Mongolia**	**310.5**	**329.4**	**311.8**	
呼和浩特	Hohhot	57.8	58.7	61.2	41
包头	Baotou	77.9	48.9	47.1	52
乌海	Wuhai	18.2	21.8	23.7	132
赤峰	Chifeng	33.7	52.1	40.7	63
通辽	Tongliao	20.1	17.0	11.8	247
鄂尔多斯	Erdos	25.7	20.5	19.4	170
呼伦贝尔	Hulunbuir	9.0	7.2	11.0	255
巴彦淖尔	Bayannur	14.3	16.3	14.5	224
乌兰察布	Ulanqab	10.8	11.8	14.1	230
辽宁	**Liaoning**	**752.3**	**912.0**	**899.6**	
沈阳	Shenyang	215.0	248.0	256.7	9
大连	Dalian	80.0	121.9	121.5	18
鞍山	Anshan	52.6	54.9	54.8	45
抚顺	Fushun	50.0	49.9	36.5	76
本溪	Benxi	33.9	39.2	31.9	91
丹东	Dandong	23.2	20.6	20.2	159
锦州	Jinzhou	27.7	28.6	31.5	95
营口	Yingkou	37.4	32.7	32.8	88
阜新	Fuxin	39.9	43.8	43.8	58
辽阳	Liaoyang	16.8	24.3	24.3	129
盘锦	Panjin	16.0	23.0	21.9	145
铁岭	Tieling	13.2	14.2	13.9	231
朝阳	Chaoyang	9.0	32.0	33.0	87
葫芦岛	Huludao	14.6	21.9	21.0	149
吉林	**Jilin**	**457.4**	**474.9**	**492.5**	
长春	Changchun	123.3	113.6	119.4	19
吉林	Jilin	36.9	34.3	37.0	74
四平	Siping	23.0	9.7	15.0	218
辽源	Liaoyuan	21.0	35.0	34.0	81
通化	Tonghua	18.3	25.3	26.1	120
白山	Baishan	20.5	18.9	19.0	175
松原	Songyuan	14.6	20.3	20.3	158
白城	Baicheng	10.3	18.3	18.3	181
黑龙江	**Heilongjiang**	**315.7**	**339.8**	**385.3**	
哈尔滨	Harbin	98.9	114.7	118.2	20
齐齐哈尔	Qiqihar	29.0	31.0	31.0	99
鸡西	Jixi	19.8	17.8	25.8	123
鹤岗	Hegang				
双鸭山	Shuangyashan	18.0	14.6	14.6	223
大庆	Daqing	23.2	30.5	31.1	97
伊春	Yichun		1.8	4.7	280
佳木斯	Jiamusi	35.2	17.5	22.0	143
七台河	Qitaihe	25.5	12.5	13.5	235
牡丹江	Mudanjiang	31.7	22.4	20.7	155
黑河	Heihe	6.5	6.9	6.9	274
绥化	Suihua		17.6	19.7	164
上海	**Shanghai**	**599.2**	**665.8**	**608.4**	
江苏	**Jiangsu**	**1016.8**	**1193.9**	**1347.3**	

8-51 城市生活垃圾处理量(辖区) 续表 1

Volume of Urban Domestic Garbage Treated (Municipal Districts) continued 1

单位：万吨 （10 000 tons）

地名	City	2010	2013	2014	2014 排名 Ranking	地名	City	2010	2013	2014	2014 排名 Ranking
南京	Nanjing	184.8	250.4	260.8	7	池州	Chizhou	9.1	13.6	13.8	232
无锡	Wuxi	99.3	114.3	122.4	17	宣城	Xuancheng	15.2	10.7	11.8	246
徐州	Xuzhou	44.4	59.3	71.6	36	**福建**	**Fujian**	**416.5**	**543.6**	**586.5**	
常州	Changzhou	52.0	59.2	61.8	40	福州	Fuzhou	76.0	91.7	96.6	26
苏州	Suzhou	121.4	145.6	213.9	10	厦门	Xiamen	94.5	122.0	142.2	15
南通	Nantong	38.3	49.0	53.4	47	莆田	Putian	27.4	34.2	34.4	79
连云港	Lianyungang	18.3	24.2	24.2	131	三明	Sanming	12.1	12.3	11.5	251
淮安	Huaian	24.6	32.0	37.8	72	泉州	Quanzhou	35.3	44.2	45.5	54
盐城	Yancheng	22.1	23.9	33.5	85	漳州	Zhangzhou	13.6	17.7	20.2	159
扬州	Yangzhou	31.7	46.6	48.8	51	南平	Nanping	7.3	7.8	7.5	269
镇江	Zhenjiang	23.0	25.9	32.0	90	龙岩	Longyan	16.7	18.4	19.1	174
泰州	Taizhou	18.4	26.9	27.8	116	宁德	Ningde	9.2	8.8	11.6	249
宿迁	Suqian	16.1	20.1	25.2	127	**江西**	**Jiangxi**	**284.0**	**339.0**	**308.5**	
浙江	**Zhejiang**	**958.4**	**1123.3**	**1229.0**		南昌	Nanchang	74.4	65.4	57.6	44
杭州	Hangzhou	211.7	264.2	283.2	5	景德镇	Jingdezhen	14.6	14.6	14.7	221
宁波	Ningbo	87.7	105.5	104.6	24	萍乡	Pingxiang	15.3	15.4	16.0	205
温州	Wenzhou	95.1	83.7	114.9	21	九江	Jiujiang	17.6	21.2	21.6	147
嘉兴	Jiaxing	18.4	25.3	28.9	110	新余	Xinyu	13.8	16.0	16.0	204
湖州	Huzhou	28.2	41.0	41.1	62	鹰潭	Yingtan	6.9	6.6	7.6	268
绍兴	Shaoxing	20.4	68.9	76.0	33	赣州	Ganzhou	35.6	39.2	33.9	82
金华	Jinhua	30.1	34.0	41.1	61	吉安	Jian	11.7	16.2	16.2	200
衢州	Quzhou	11.4	15.1	19.8	163	宜春	Yichun	8.9	16.2	16.5	197
舟山	Zhoushan	20.9	27.2	29.9	104	抚州	Fuzhou	17.8	19.2	19.3	171
台州	Taizhou	66.9	69.6	76.1	32	上饶	Shangrao	12.4	34.5	19.9	162
丽水	Lishui	19.3	20.1	14.7	222	**山东**	**Shandong**	**955.3**	**1002.0**	**958.5**	
安徽	**Anhui**	**416.1**	**450.5**	**462.5**		济南	Jinan	84.5	98.3	93.4	28
合肥	Hefei	66.4	99.5	110.2	23	青岛	Qingdao	138.9	110.5	100.9	25
芜湖	Wuhu	36.0	36.7	39.4	67	淄博	Zibo	54.9	54.9	50.0	49
蚌埠	Bengbu	33.0	28.2	30.7	100	枣庄	Zaozhuang	46.8	32.4	29.3	106
淮南	Huainan	41.3	30.9	31.5	94	东营	Dongying	18.8	22.8	20.8	153
马鞍山	Maanshan	17.9	19.3	19.5	168	烟台	Yantai	50.9	52.8	54.1	46
淮北	Huaibei	9.8	29.6	20.8	151	潍坊	Weifang	29.0	43.9	39.6	65
铜陵	Tongling	10.1	13.2	12.7	239	济宁	Jining	28.3	46.5	42.2	60
安庆	Anqing	27.4	34.7	27.2	117	泰安	Taian	16.8	22.6	20.6	157
黄山	Huangshan	13.9	10.2	10.4	258	威海	Weihai	25.4	20.8	29.2	107
滁州	Chuzhou	16.4	12.0	12.6	241	日照	Rizhao	20.0	22.7	20.6	156
阜阳	Fuyang	27.0	23.9	24.3	130	莱芜	Laiwu	15.9	20.8	18.8	176
宿州	Suzhou	18.0	16.8	17.3	189	临沂	Linyi	52.3	67.2	62.1	39
六安	Liuan	17.1	18.6	19.1	173	德州	Dezhou	19.5	24.3	27.0	119
亳州	Bozhou	10.5	10.4	17.6	186	聊城	Liaocheng	16.1	22.2	22.5	138

8-51 城市生活垃圾处理量(辖区) 续表 2

Volume of Urban Domestic Garbage Treated (Municipal Districts) continued 2

单位：万吨 (10 000 tons)

地名	City	2010	2013	2014	2014 排名 Ranking	地名	City	2010	2013	2014	2014 排名 Ranking
滨州	Binzhou	14.6	25.5	23.2	135	常德	Changde	20.4	23.1	26.0	121
菏泽	Heze	23.6	24.7	21.0	150	张家界	Zhangjiajie	12.0	20.1	15.7	208
河南	**Henan**	**616.5**	**725.4**	**773.1**		益阳	Yiyang	17.8	19.5	17.3	188
郑州	Zhengzhou	147.3	161.2	177.0	11	郴州	Chenzhou	20.1	29.5	21.7	146
开封	Kaifeng	31.5	17.8	27.1	118	永州	Yongzhou	15.5	21.8	22.2	141
洛阳	Luoyang	38.3	64.1	60.7	42	怀化	Huaihua	18.7	16.5	18.4	180
平顶山	Pingdingshan	25.0	28.1	28.1	111	娄底	Loudi	11.9	15.3	15.3	212
安阳	Anyang	26.5	36.0	46.0	53	**广东**	**Guangdong**	**1764.2**	**1946.2**	**2096.0**	
鹤壁	Hebi	11.8	14.8	14.8	219	广州	Guangzhou	327.9	343.2	373.4	3
新乡	Xinxiang	27.0	36.5	34.3	80	韶关	Shaoguan	22.3	18.2	21.9	144
焦作	Jiaozuo	26.1	27.8	27.8	115	深圳	Shenzhen	453.4	513.1	541.1	1
濮阳	Puyang	14.8	15.1	15.1	216	珠海	Zhuhai	57.8	66.6	80.2	31
许昌	Xuchang	16.2	22.4	22.5	139	汕头	Shantou	43.6	59.9	70.4	37
漯河	Luohe	18.5	21.9	23.7	132	佛山	Foshan	73.5	74.0	84.1	30
三门峡	Sanmenxia	9.0	8.5	8.4	264	江门	Jiangmen	43.1	40.7	43.2	59
南阳	Nanyang	29.9	34.0	39.6	65	湛江	Zhanjiang	26.3	30.2	31.7	93
商丘	Shangqiu	23.5	25.5	25.5	125	茂名	Maoming	8.0	19.7	22.1	142
信阳	Xinyang	11.7	18.1	19.5	169	肇庆	Zhaoqing	13.9	16.4	20.7	154
周口	Zhoukou		10.4	12.3	243	惠州	Huizhou	47.9	59.7	70.3	38
驻马店	Zhumadian	16.1	17.1	17.2	191	梅州	Meizhou	13.9	18.3	20.1	161
湖北	**Hubei**	**677.1**	**718.3**	**725.1**		汕尾	Shanwei	9.1	8.2	10.2	259
武汉	Wuhan	219.1	263.7	257.4	8	河源	Heyuan	12.3	19.6	18.7	177
黄石	Huangshi	29.1	29.0	29.0	108	阳江	Yangjiang	12.2	13.7	14.4	226
十堰	Shiyan	27.7	31.8	32.2	89	清远	Qingyuan	15.9	29.8	30.0	103
宜昌	Yichang	27.7	30.2	31.1	98	东莞	Dongguan	350.8	380.8	380.1	2
襄阳	Xiangyang	26.8	27.7	30.4	101	中山	Zhongshan	28.1	24.2	25.3	126
鄂州	Ezhou	15.0	13.2	17.8	183	潮州	Chaozhou	15.3	26.8	31.4	96
荆门	Jingmen	18.1	16.6	14.8	220	揭阳	Jieyang	29.7	24.0	27.9	113
孝感	Xiaogan	9.1	12.7	14.4	227	云浮	Yunfu	5.5	6.3	7.9	265
荆州	Jingzhou	30.0	22.4	23.1	136	**广西**	**Guangxi**	**227.9**	**297.4**	**331.6**	
黄冈	Huanggang	13.9	18.1	18.7	178	南宁	Nanning	57.9	88.2	91.4	29
咸宁	Xianning	24.0	13.8	15.0	217	柳州	Liuzhou	33.3	39.5	44.4	57
随州	Suizhou	12.0	21.3	22.3	140	桂林	Guilin	24.6	31.4	33.2	86
湖南	**Hunan**	**464.1**	**607.9**	**599.0**		梧州	Wuzhou	8.0	11.6	15.7	209
长沙	Changsha	106.9	182.6	173.3	12	北海	Beihai	14.9	17.0	23.4	134
株洲	Zhuzhou	33.1	43.0	39.0	71	防城港	Fangchenggang	2.9	6.2	6.5	276
湘潭	Xiangtan	23.9	27.2	27.9	112	钦州	Qinzhou	12.8	15.3	15.4	211
衡阳	Hengyang	36.5	39.0	39.0	70	贵港	Guigang	11.3	18.4	20.8	152
邵阳	Shaoyang	25.6	15.9	15.7	207	玉林	Yulin	16.5	16.3	19.6	166
岳阳	Yueyang	18.9	24.2	30.2	102	百色	Baise	8.0	5.4	6.0	279

8-51 城市生活垃圾处理量(辖区) 续表 3
Volume of Urban Domestic Garbage Treated (Municipal Districts) continued 3

单位：万吨 (10 000 tons)

地名	City	2010	2013	2014	2014 排名 Ranking	地名	City	2010	2013	2014	2014 排名 Ranking
贺州	Hezhou	6.2	7.2	7.8	266	丽江	Lijiang	6.0	13.5	12.6	240
河池	Hechi	5.8	4.1	4.5	281	普洱	Puer	5.5	7.4	7.1	272
来宾	Laibin	4.6	6.8	8.8	263	临沧	Lincang	4.6	7.5	7.0	273
崇左	Chongzuo	0.7	2.5	2.9	283	**西藏**	**Tibet**	**14.2**	**2.9**	**28.5**	
海南	**Hainan**	**77.7**	**125.2**	**144.0**		拉萨	Lasa	14.2		23.0	137
海口	Haikou	42.0	61.5	72.1	35	**陕西**	**Shaanxi**	**334.0**	**421.8**	**496.1**	
三亚	Sanya	19.7	26.1	33.7	84	西安	Xi'an	204.1	255.3	307.7	4
三沙	Sansha					铜川	Tongchuan	14.5	13.2	12.5	242
重庆	**Chongqing**	**254.4**	**347.8**	**396.2**		宝鸡	Baoji	23.6	29.2	36.3	77
四川	**Sichuan**	**619.8**	**722.4**	**758.4**		咸阳	Xianyang	12.4	26.6	27.8	114
成都	Chengdu	262.1	253.6	267.2	6	渭南	Weinan	14.2	11.8	11.9	245
自贡	Zigong	20.2	30.0	31.8	92	延安	Yan'an	8.4	11.0	11.3	252
攀枝花	Panzhihua	20.7	19.4	16.8	196	汉中	Hanzhong	10.2	10.5	11.7	248
泸州	Luzhou	26.8	33.0	33.8	83	榆林	Yulin	16.9	22.1	25.8	123
德阳	Deyang	10.0	15.4	17.8	183	安康	Ankang	18.0	16.4	14.1	229
绵阳	Mianyang	24.5	28.2	29.0	109	商洛	Shangluo	5.8	6.7	6.8	275
广元	Guangyuan	10.3	13.2	16.3	199	**甘肃**	**Gansu**	**272.3**	**269.5**	**249.0**	
遂宁	Suining	14.0	37.2	40.0	64	兰州	Lanzhou	124.1	119.6	95.8	27
内江	Neijiang	11.0	11.7	15.4	210	嘉峪关	Jiayuguan	8.1	9.6	7.5	269
乐山	Leshan	16.6	16.2	17.3	189	金昌	Jinchang	12.8	9.1	9.1	262
南充	Nanchong	23.4	31.0	36.0	78	白银	Baiyin	14.7	14.7	15.2	214
眉山	Meishan	10.6	18.0	19.3	172	天水	Tianshui	32.1	21.5	21.6	148
宜宾	Yibin	15.0	25.8	26.0	122	武威	Wuwei	14.4	16.4	16.8	195
广安	Guangan	7.0	11.0	13.7	234	张掖	Zhangye	6.3	7.7	7.7	267
达州	Dazhou	10.3	17.4	18.2	182	平凉	Pingliang	10.5	13.3	14.3	228
雅安	Yaan	9.5	11.0	13.4	236	酒泉	Jiuquan	10.0	11.1	11.5	250
巴中	Bazhong	11.0	12.9	13.4	237	庆阳	Qingyang	9.3	14.4	14.5	224
资阳	Ziyang	11.8	18.2	18.6	179	定西	Dingxi	5.6	6.4	6.5	277
贵州	**Guizhou**	**203.6**	**235.9**	**255.3**		陇南	Longnan	5.8	5.6	6.1	278
贵阳	Guiyang	71.0	99.1	114.7	22	**青海**	**Qinghai**	**71.1**	**69.4**	**74.0**	
六盘水	Liupanshui	15.1	10.5	10.8	256	西宁	Xining	61.9	50.3	52.5	48
遵义	Zunyi	28.2	35.9	39.1	69	海东	Haidong			3.0	282
安顺	Anshun	16.5	10.7	12.3	244	**宁夏**	**Ningxia**	**85.0**	**98.0**	**110.4**	
毕节	Bijie	9.6	16.4	16.1	203	银川	Yinchuan	26.3	35.9	39.3	68
铜仁	Tongren	14.0	10.2	10.6	257	石嘴山	Shizuishan	14.5	12.8	16.2	201
云南	**Yunnan**	**253.0**	**317.5**	**340.4**		吴忠	Wuzhong	13.8	17.5	16.9	194
昆明	Kunming	99.3	138.8	150.1	14	固原	Guyuan	9.0	9.3	11.0	254
曲靖	Qujing	17.8	19.0	17.7	185	中卫	Zhongwei	8.1	11.3	13.0	238
玉溪	Yuxi	11.2	6.0	9.9	261	**新疆**	**Xinjiang**	**286.5**	**329.4**	**339.1**	
保山	Baoshan	15.0	9.9	10.0	260	乌鲁木齐	Urumqi	101.5	121.7	126.8	16
昭通	Zhaotong	14.1	14.9	15.2	215	克拉玛依	Karamay	14.2	15.8	16.3	198

8-52 城市生活垃圾处理率(辖区)

Urban Domestic Garbage Treatment Rate (Municipal Districts)

单位：%　　　　(%)

地名	City	2010	2013	2014	2014 排名 Ranking
全国	**Nation Total**	**90.72**	**95.09**	**96.43**	
北京	**Beijing**	**96.95**	**99.30**	**99.59**	
天津	**Tianjin**	**100.00**	**96.80**	**96.67**	
河北	**Hebei**	**96.95**	**96.71**	**92.26**	
石家庄	Shijiazhuang	100.00	100.00	74.68	277
唐山	Tangshan	100.00	100.00	100.00	1
秦皇岛	Qinhuangdao	100.00	100.00	100.00	1
邯郸	Handan	100.00	100.00	100.00	1
邢台	Xingtai	100.00	100.00	100.00	1
保定	Baoding	100.00	100.00	96.00	216
张家口	Zhangjiakou	80.13	87.00	90.00	256
承德	Chengde	99.02	99.29	99.55	168
沧州	Cangzhou	79.30	96.27	96.16	213
廊坊	Langfang	95.79	95.50	95.50	222
衡水	Hengshui	100.00	100.00	38.36	282
山西	**Shanxi**	**73.58**	**90.18**	**92.07**	
太原	Taiyuan	100.00	100.00	100.00	1
大同	Datong	83.08	90.60	96.30	210
阳泉	Yangquan	100.00	88.98	78.52	275
长治	Changzhi	100.00	100.00	100.00	1
晋城	Jincheng	93.97	100.00	100.00	1
朔州	Shuozhou	75.47	100.00	100.00	1
晋中	Jinzhong	31.01	75.30	85.00	263
运城	Yuncheng	90.00	95.00	95.50	222
忻州	Xinzhou				
临汾	Linfen	52.00	100.00	100.00	1
吕梁	Lvliang	100.00	100.00	100.00	1
内蒙古	**Inner Mongolia**	**92.98**	**94.10**	**96.07**	
呼和浩特	Hohhot	97.88	98.74	98.74	185
包头	Baotou	97.00	95.13	95.97	218
乌海	Wuhai	82.68	87.16	90.70	252
赤峰	Chifeng	100.00	100.00	97.94	199
通辽	Tongliao	100.00	82.00	91.00	248
鄂尔多斯	Erdos	98.58	95.10	95.20	224
呼伦贝尔	Hulunbuir	81.82	63.94	93.49	235
巴彦淖尔	Bayannur	96.28	97.50	99.26	175
乌兰察布	Ulanqab	100.00	98.06	98.08	196
辽宁	**Liaoning**	**89.85**	**98.36**	**98.08**	
沈阳	Shenyang	100.00	100.00	100.00	1
大连	Dalian	100.00	100.00	100.00	1
鞍山	Anshan	100.00	100.00	100.00	1
抚顺	Fushun	100.00	100.00	100.00	1
本溪	Benxi	100.00	99.95	100.00	1
丹东	Dandong	100.00	100.00	100.00	1
锦州	Jinzhou	86.69	100.00	100.00	1
营口	Yingkou	93.50	100.00	100.00	1
阜新	Fuxin	90.89	99.55	99.55	168
辽阳	Liaoyang	100.00	100.00	100.00	1
盘锦	Panjin	100.00	100.00	100.00	1
铁岭	Tieling	85.16	100.00	100.00	1
朝阳	Chaoyang	28.13	100.00	100.00	1
葫芦岛	Huludao	70.16	100.00	100.00	1
吉林	**Jilin**	**91.57**	**97.85**	**97.60**	
长春	Changchun	99.84	99.66	99.23	176
吉林	Jilin	100.00	100.00	100.00	1
四平	Siping	100.00	96.00	81.99	269
辽源	Liaoyuan	87.50	100.00	100.00	1
通化	Tonghua	99.78	97.45	99.73	165
白山	Baishan	100.00	99.83	98.00	197
松原	Songyuan	81.11	95.75	95.75	219
白城	Baicheng	100.00	95.60	96.05	215
黑龙江	**Heilongjiang**	**40.36**	**58.40**	**69.63**	
哈尔滨	Harbin	82.91	87.29	85.00	263
齐齐哈尔	Qiqihar	50.96	50.43	61.73	279
鸡西	Jixi	73.06	84.74	48.08	281
鹤岗	Hegang				
双鸭山	Shuangyashan	37.89	81.11	81.11	270
大庆	Daqing	82.86	90.03	97.90	200
伊春	Yichun		1.99	10.40	283
佳木斯	Jiamusi	75.37	92.11	100.00	1
七台河	Qitaihe	100.00	100.00	100.00	1
牡丹江	Mudanjiang	100.00	100.00	98.28	192
黑河	Heihe	76.47	100.00	100.00	1
绥化	Suihua		78.36	83.71	266
上海	**Shanghai**	**81.86**	**90.58**	**81.92**	
江苏	**Jiangsu**	**99.97**	**99.27**	**99.62**	

8-52 城市生活垃圾处理率(辖区) 续表 1
Urban Domestic Garbage Treatment Rate (Municipal Districts) continued 1

单位：%　　(%)

地名	City	2010	2013	2014	2014 排名 Ranking	地名	City	2010	2013	2014	2014 排名 Ranking
南京	Nanjing	100.00	100.00	100.00	1	池州	Chizhou	88.07	99.91	100.00	1
无锡	Wuxi	100.00	100.00	100.00	1	宣城	Xuancheng	100.00	100.00	100.00	1
徐州	Xuzhou	100.00	100.00	95.07	226	**福建**	**Fujian**	**99.81**	**98.51**	**97.92**	
常州	Changzhou	100.00	99.99	100.00	1	福州	Fuzhou	100.00	98.97	96.00	216
苏州	Suzhou	100.00	100.00	100.00	1	厦门	Xiamen	100.00	99.20	100.00	1
南通	Nantong	100.00	100.00	100.00	1	莆田	Putian	100.00	99.10	99.13	178
连云港	Lianyungang	100.00	100.00	100.00	1	三明	Sanming	96.19	97.85	98.09	195
淮安	Huaian	100.00	79.34	100.00	1	泉州	Quanzhou	100.00	99.21	98.40	191
盐城	Yancheng	100.00	100.00	100.00	1	漳州	Zhangzhou	99.34	99.06	99.21	177
扬州	Yangzhou	100.00	100.00	100.00	1	南平	Nanping	100.00	99.00	99.99	159
镇江	Zhenjiang	100.00	100.00	100.00	1	龙岩	Longyan	99.64	99.09	99.50	172
泰州	Taizhou	100.00	100.00	100.00	1	宁德	Ningde	100.00	91.01	94.00	231
宿迁	Suqian	100.00	100.00	100.00	1	**江西**	**Jiangxi**	**100.00**	**100.00**	**100.00**	
浙江	**Zhejiang**	**99.94**	**100.00**	**100.00**		南昌	Nanchang	100.00	99.99	100.00	1
杭州	Hangzhou	100.00	100.00	100.00	1	景德镇	Jingdezhen	100.00	100.00	100.00	1
宁波	Ningbo	100.00	100.00	100.00	1	萍乡	Pingxiang	100.00	100.00	100.00	1
温州	Wenzhou	100.00	100.00	100.00	1	九江	Jiujiang	100.00	100.00	100.00	1
嘉兴	Jiaxing	100.00	100.00	100.00	1	新余	Xinyu	100.00	100.00	100.00	1
湖州	Huzhou	100.00	100.00	100.00	1	鹰潭	Yingtan	100.00	100.00	100.00	1
绍兴	Shaoxing	100.00	100.00	100.00	1	赣州	Ganzhou	100.00	100.00	100.00	1
金华	Jinhua	100.00	100.00	100.00	1	吉安	Jian	100.00	100.00	100.00	1
衢州	Quzhou	100.00	100.00	100.00	1	宜春	Yichun	100.00	100.00	100.00	1
舟山	Zhoushan	100.00	100.00	100.00	1	抚州	Fuzhou	100.00	100.00	100.00	1
台州	Taizhou	100.00	100.00	100.00	1	上饶	Shangrao	100.00	100.00	100.00	1
丽水	Lishui	100.00	100.00	100.00	1	**山东**	**Shandong**	**96.30**	**99.47**	**100.00**	
安徽	**Anhui**	**95.59**	**98.82**	**99.51**		济南	Jinan	90.78	94.82	100.00	1
合肥	Hefei	99.97	100.00	100.00	1	青岛	Qingdao	100.00	100.00	100.00	1
芜湖	Wuhu	100.00	96.20	98.00	197	淄博	Zibo	100.00	100.00	100.00	1
蚌埠	Bengbu	100.00	100.00	100.00	1	枣庄	Zaozhuang	87.04	100.00	100.00	1
淮南	Huainan	100.00	98.13	98.50	190	东营	Dongying	100.00	100.00	100.00	1
马鞍山	Maanshan	100.00	97.50	98.14	194	烟台	Yantai	100.00	100.00	100.00	1
淮北	Huaibei	88.69	100.00	100.00	1	潍坊	Weifang	99.79	100.00	100.00	1
铜陵	Tongling	94.30	100.00	100.00	1	济宁	Jining	89.24	100.00	100.00	1
安庆	Anqing	89.58	98.16	98.92	183	泰安	Taian	100.00	100.00	100.00	1
黄山	Huangshan	90.31	100.00	100.00	1	威海	Weihai	100.00	100.00	100.00	1
滁州	Chuzhou	100.00	100.00	100.00	1	日照	Rizhao	100.00	100.00	100.00	1
阜阳	Fuyang	100.00	94.00	100.00	1	莱芜	Laiwu	100.00	100.00	100.00	1
宿州	Suzhou	99.78	98.70	100.00	1	临沂	Linyi	100.00	100.00	100.00	1
六安	Liuan	94.42	100.00	100.00	1	德州	Dezhou	98.24	100.00	100.00	1
亳州	Bozhou	100.00	100.00	100.00	1	聊城	Liaocheng	100.00	100.00	100.00	1

8-52 城市生活垃圾处理率(辖区) 续表 2
Urban Domestic Garbage Treatment Rate (Municipal Districts) continued 2

单位：% (%)

地名	City	2010	2013	2014	2014 排名 Ranking	地名	City	2010	2013	2014	2014 排名 Ranking
滨州	Binzhou	100.00	100.00	100.00	1	常德	Changde	100.00	100.00	100.00	1
菏泽	Heze	93.79	100.00	100.00	1	张家界	Zhangjiajie	93.02	100.00	100.00	1
河南	**Henan**	**88.75**	**90.04**	**92.84**		益阳	Yiyang	100.00	100.00	99.99	159
郑州	Zhengzhou	89.61	89.72	95.00	227	郴州	Chenzhou	100.00	100.00	100.00	1
开封	Kaifeng	100.00	68.38	100.00	1	永州	Yongzhou	78.16	100.00	100.00	1
洛阳	Luoyang	98.15	83.72	83.08	267	怀化	Huaihua	100.00	91.67	100.00	1
平顶山	Pingdingshan	85.18	92.10	92.81	240	娄底	Loudi	100.00	100.00	100.00	1
安阳	Anyang	94.64	100.00	100.00	1	**广东**	**Guangdong**	**91.01**	**93.02**	**94.66**	
鹤壁	Hebi	90.49	92.50	92.88	239	广州	Guangzhou	91.96	87.05	86.80	261
新乡	Xinxiang	100.00	100.00	100.00	1	韶关	Shaoguan	100.00	98.14	100.00	1
焦作	Jiaozuo	85.75	97.32	97.40	202	深圳	Shenzhen	94.60	98.36	100.00	1
濮阳	Puyang	90.52	90.96	90.97	251	珠海	Zhuhai	92.34	100.00	100.00	1
许昌	Xuchang	96.13	96.29	96.44	207	汕头	Shantou	64.41	80.62	92.34	243
漯河	Luohe	100.00	100.00	99.89	161	佛山	Foshan	100.00	99.35	94.19	229
三门峡	Sanmenxia	96.77	87.39	79.18	274	江门	Jiangmen	100.00	100.00	100.00	1
南阳	Nanyang	74.21	68.25	76.21	276	湛江	Zhanjiang	97.41	100.00	100.00	1
商丘	Shangqiu	66.84	84.87	90.53	253	茂名	Maoming	41.91	93.81	100.00	1
信阳	Xinyang	93.02	92.73	94.04	230	肇庆	Zhaoqing	97.88	98.73	100.00	1
周口	Zhoukou		92.09	91.00	248	惠州	Huizhou	100.00	88.16	96.15	214
驻马店	Zhumadian	91.84	91.89	91.88	245	梅州	Meizhou	100.00	100.00	100.00	1
湖北	**Hubei**	**95.21**	**96.31**	**98.07**		汕尾	Shanwei	100.00	80.00	100.00	1
武汉	Wuhan	100.00	100.00	100.00	1	河源	Heyuan	96.54	100.00	100.00	1
黄石	Huangshi	100.00	100.00	100.00	1	阳江	Yangjiang	100.00	100.00	100.00	1
十堰	Shiyan	93.28	100.00	100.00	1	清远	Qingyuan	100.00	100.00	100.00	1
宜昌	Yichang	89.78	91.57	95.14	225	东莞	Dongguan	98.19	100.00	100.00	1
襄阳	Xiangyang	80.51	99.42	99.54	171	中山	Zhongshan	100.00	100.00	100.00	1
鄂州	Ezhou	100.00	100.00	100.00	1	潮州	Chaozhou	100.00	100.00	80.74	272
荆门	Jingmen	100.00	100.00	100.00	1	揭阳	Jieyang	90.00	93.00	93.96	232
孝感	Xiaogan	94.12	100.00	98.63	188	云浮	Yunfu	100.00	100.00	100.00	1
荆州	Jingzhou	100.00	100.00	100.00	1	**广西**	**Guangxi**	**93.01**	**98.39**	**97.86**	
黄冈	Huanggang	93.29	99.45	100.00	1	南宁	Nanning	100.00	100.00	100.00	1
咸宁	Xianning	85.71	100.00	99.09	179	柳州	Liuzhou	100.00	100.00	100.00	1
随州	Suizhou	100.00	95.52	99.77	164	桂林	Guilin	100.00	100.00	98.22	193
湖南	**Hunan**	**91.86**	**98.56**	**99.70**		梧州	Wuzhou	100.00	100.00	100.00	1
长沙	Changsha	100.00	100.00	100.00	1	北海	Beihai	100.00	100.00	100.00	1
株洲	Zhuzhou	100.00	100.00	100.00	1	防城港	Fangchenggang	41.43	95.00	97.00	203
湘潭	Xiangtan	100.00	100.00	100.00	1	钦州	Qinzhou	100.00	91.18	86.65	262
衡阳	Hengyang	100.00	100.00	100.00	1	贵港	Guigang	97.59	98.50	98.67	186
邵阳	Shaoyang	100.00	95.40	95.73	220	玉林	Yulin	100.00	100.00	100.00	1
岳阳	Yueyang	100.00	100.00	100.00	1	百色	Baise	100.00	100.00	100.00	1

8-52 城市生活垃圾处理率（辖区） 续表 3

Urban Domestic Garbage Treatment Rate (Municipal Districts) continued 3

单位：% (%)

地名	City	2010	2013	2014	2014 排名 Ranking	地名	City	2010	2013	2014	2014 排名 Ranking
贺州	Hezhou	100.00	100.00	100.00	1	丽江	Lijiang	100.00	100.00	100.00	1
河池	Hechi	100.00	100.00	100.00	1	普洱	Puer	94.48	96.74	91.00	248
来宾	Laibin	100.00	100.00	100.00	1	临沧	Lincang	100.00	97.39	93.92	233
崇左	Chongzuo	14.73	61.56	57.86	280	**西藏**	**Tibet**	**87.30**	**11.94**	**92.54**	
海南	**Hainan**	**79.52**	**99.90**	**99.83**		拉萨	Lasa	100.00		99.39	173
海口	Haikou	100.00	100.00	100.00	1	**陕西**	**Shaanxi**	**86.02**	**96.44**	**95.78**	
三亚	Sanya	100.00	100.00	100.00	1	西安	Xi'an	97.48	99.86	99.87	163
三沙	Sansha					铜川	Tongchuan	85.03	88.30	88.63	259
重庆	**Chongqing**	**99.13**	**99.43**	**99.20**		宝鸡	Baoji	100.00	100.00	100.00	1
四川	**Sichuan**	**94.48**	**96.23**	**97.24**		咸阳	Xianyang	53.45	93.35	96.38	209
成都	Chengdu	100.00	100.00	100.00	1	渭南	Weinan	91.62	75.83	64.73	278
自贡	Zigong	85.48	92.00	93.00	238	延安	Yan'an	82.03	88.77	89.05	258
攀枝花	Panzhihua	95.00	97.62	98.53	189	汉中	Hanzhong	100.00	84.00	93.44	236
泸州	Luzhou	100.00	100.00	100.00	1	榆林	Yulin	84.77	91.32	91.40	247
德阳	Deyang	100.00	100.00	100.00	1	安康	Ankang	52.94	100.00	99.73	165
绵阳	Mianyang	100.00	100.00	100.00	1	商洛	Shangluo	99.32	100.00	96.70	206
广元	Guangyuan	76.02	82.99	89.59	257	**甘肃**	**Gansu**	**97.84**	**98.79**	**98.43**	
遂宁	Suining	89.06	93.73	91.98	244	兰州	Lanzhou	100.00	100.00	98.75	184
内江	Neijiang	73.00	65.91	82.24	268	嘉峪关	Jiayuguan	100.00	100.00	100.00	1
乐山	Leshan	96.05	99.74	99.32	174	金昌	Jinchang	100.00	100.00	100.00	1
南充	Nanchong	83.27	87.06	99.09	179	白银	Baiyin	88.79	92.58	95.60	221
眉山	Meishan	94.38	100.00	79.67	273	天水	Tianshui	100.00	100.00	100.00	1
宜宾	Yibin	92.59	96.57	98.64	187	武威	Wuwei	99.31	98.98	99.00	181
广安	Guangan	97.22	92.60	100.00	1	张掖	Zhangye	90.52	100.00	100.00	1
达州	Dazhou	78.16	86.35	90.44	254	平凉	Pingliang	98.41	99.73	99.72	167
雅安	Yaan	86.30	97.58	97.89	201	酒泉	Jiuquan	95.24	100.00	100.00	1
巴中	Bazhong	97.35	97.79	100.00	1	庆阳	Qingyang	93.84	92.31	92.65	241
资阳	Ziyang	95.30	100.00	100.00	1	定西	Dingxi	80.00	98.00	100.00	1
贵州	**Guizhou**	**95.47**	**94.97**	**93.26**		陇南	Longnan	100.00	100.00	100.00	1
贵阳	Guiyang	93.74	95.43	96.17	212	**青海**	**Qinghai**	**82.34**	**93.70**	**95.37**	
六盘水	Liupanshui	100.00	100.00	96.40	208	西宁	Xining	83.37	92.67	94.42	228
遵义	Zunyi	94.35	100.00	92.55	242	海东	Haidong			96.77	205
安顺	Anshun	96.49	70.28	81.10	271	**宁夏**	**Ningxia**	**92.53**	**92.50**	**93.25**	
毕节	Bijie	94.96	98.83	93.65	234	银川	Yinchuan	100.00	87.56	88.57	260
铜仁	Tongren	93.33	91.07	90.28	255	石嘴山	Shizuishan	85.01	94.00	96.87	204
云南	**Yunnan**	**95.31**	**97.94**	**97.37**		吴忠	Wuzhong	100.00	98.88	99.00	181
昆明	Kunming	96.80	97.88	96.28	211	固原	Guyuan	91.84	93.42	91.67	246
曲靖	Qujing	100.00	100.00	100.00	1	中卫	Zhongwei	89.56	100.00	99.88	162
玉溪	Yuxi	89.60	100.00	84.53	265	**新疆**	**Xinjiang**	**94.45**	**93.49**	**94.04**	
保山	Baoshan	94.94	99.00	99.55	168	乌鲁木齐	Urumqi	97.25	92.04	93.04	237
昭通	Zhaotong	100.00	100.00	100.00	1	克拉玛依	Karamay	100.00	100.00	100.00	1

8-53 城市公共交通汽（电）车营运车辆数

Number of Buses and Trolley Buses under Operation

单位：辆 （unit）

地名	City	2010	2013	2014	2014 排名 Ranking	地名	City	2010	2013	2014	2014 排名 Ranking
全国	**Nation Total**	**383161**	**414736**	**428698**		沈阳	Shenyang	5013	5510	5573	12
北京	**Beijing**	**24011**	**23592**	**23667**		大连	Dalian	4696	5037	5155	15
天津	**Tianjin**	**7413**	**9670**	**11164**		鞍山	Anshan	1508	1649	1746	49
河北	**Hebei**	**14630**	**20175**	**19782**		抚顺	Fushun	1175	1231	1188	68
石家庄	Shijiazhuang	4460	4552	4764	17	本溪	Benxi	736	715	831	98
唐山	Tangshan	2034	2427	2452	35	丹东	Dandong	725	625	647	129
秦皇岛	Qinhuangdao	1036	934	815	99	锦州	Jinzhou	591	543	539	147
邯郸	Handan	2708	2899	2815	30	营口	Yingkou	660	822	898	93
邢台	Xingtai	2259	1451	1891	46	阜新	Fuxin	361	452	361	196
保定	Baoding	2007	2389	2340	36	辽阳	Liaoyang	538	539	661	126
张家口	Zhangjiakou	1240	1391	1423	56	盘锦	Panjin	419	488	568	144
承德	Chengde	643	838	659	127	铁岭	Tieling	400	365	405	183
沧州	Cangzhou	1190	1447	1522	53	朝阳	Chaoyang	201	243	267	230
廊坊	Langfang	491	693	655	128	葫芦岛	Huludao	409	665	670	124
衡水	Hengshui	986	1154	446	169	**吉林**	**Jilin**	**10421**	**8129**	**8300**	
山西	**Shanxi**	**6609**	**7968**	**8589**		长春	Changchun	4433	4724	4750	18
太原	Taiyuan	2213	2824	3071	26	吉林	Jilin	950	1201	1293	64
大同	Datong	811	1066	838	96	四平	Siping	275	280	319	213
阳泉	Yangquan	612	804	769	106	辽源	Liaoyuan	350	384	395	188
长治	Changzhi	434	678	455	167	通化	Tonghua	296	370	404	184
晋城	Jincheng	307	507	459	165	白山	Baishan	330	368	359	197
朔州	Shuozhou	187	251	243	242	松原	Songyuan	512	546	546	145
晋中	Jinzhong	394	407	1330	60	白城	Baicheng	228	256	234	246
运城	Yuncheng	319	909	909	92	**黑龙江**	**Heilongjiang**	**13567**	**12804**	**12414**	
忻州	Xinzhou	111	112	112	275	哈尔滨	Harbin	5173	5990	6270	10
临汾	Linfen	313	314	287	224	齐齐哈尔	Qiqihar	876	1027	981	86
吕梁	Lvliang	267	96	116	273	鸡西	Jixi	706	739	739	111
内蒙古	**Inner Mongolia**	**5771**	**7427**	**6788**		鹤岗	Hegang	418	584	473	161
呼和浩特	Hohhot	1902	3643	2643	34	双鸭山	Shuangyashan	326	333	333	206
包头	Baotou	1342	1194	1304	63	大庆	Daqing	2615	1605	1406	57
乌海	Wuhai	403	393	401	185	伊春	Yichun	238	513	366	193
赤峰	Chifeng	474	574	574	142	佳木斯	Jiamusi	366	410	436	173
通辽	Tongliao	260	382	477	160	七台河	Qitaihe	375	499	443	171
鄂尔多斯	Erdos	333	485	473	161	牡丹江	Mudanjiang	778	780	728	113
呼伦贝尔	Hulunbuir	278	384	505	154	黑河	Heihe	95	99	107	279
巴彦淖尔	Bayannur	111	111	114	274	绥化	Suihua	275	225	132	270
乌兰察布	Ulanqab	117	261	297	221	**上海**	**Shanghai**	**20297**	**16717**	**16155**	
辽宁	**Liaoning**	**19770**	**18884**	**19509**		**江苏**	**Jiangsu**	**27561**	**27145**	**28117**	

8-53 城市公共交通汽（电）车营运车辆数 续表 1

Number of Buses and Trolley Buses under Operation continued 1

单位：辆 (unit)

地名	City	2010	2013	2014	2014 排名 Ranking
南京	Nanjing	6178	6946	8134	5
无锡	Wuxi	3135	3261	3017	27
徐州	Xuzhou	2149	2067	2182	41
常州	Changzhou	2518	2705	2657	33
苏州	Suzhou	3204	4493	4300	22
南通	Nantong	722	1408	1161	71
连云港	Lianyungang	574	780	751	109
淮安	Huaian	841	991	1044	82
盐城	Yancheng	436	549	961	88
扬州	Yangzhou	1354	1416	1330	60
镇江	Zhenjiang	1032	1176	1175	69
泰州	Taizhou	479	656	635	132
宿迁	Suqian	502	697	770	105
浙江	**Zhejiang**	**21589**	**20531**	**21671**	
杭州	Hangzhou	7345	8249	8656	4
宁波	Ningbo	3455	4454	4516	20
温州	Wenzhou	2038	2156	2230	39
嘉兴	Jiaxing	1006	1025	1058	80
湖州	Huzhou	669	677	717	118
绍兴	Shaoxing	757	1408	1766	48
金华	Jinhua	918	580	508	151
衢州	Quzhou	653	245	375	191
舟山	Zhoushan	621	604	792	101
台州	Taizhou	485	844	744	110
丽水	Lishui	190	289	309	216
安徽	**Anhui**	**9626**	**12051**	**13676**	
合肥	Hefei	2628	3854	4251	23
芜湖	Wuhu	1426	1281	2160	42
蚌埠	Bengbu	774	1181	1322	62
淮南	Huainan	832	828	810	100
马鞍山	Maanshan	458	542	632	133
淮北	Huaibei	1033	524	541	146
铜陵	Tongling	301	523	523	148
安庆	Anqing	321	500	514	150
黄山	Huangshan	248	279	219	251
滁州	Chuzhou	258	415	412	181
阜阳	Fuyang	602	683	728	113
宿州	Suzhou	241	280	300	218
六安	Liuan	329	393	393	189
亳州	Bozhou	70	270	270	229
池州	Chizhou	159	278	264	232
宣城	Xuancheng	174	220	337	205
福建	**Fujian**	**10306**	**11036**	**11525**	
福州	Fuzhou	3566	4310	3686	24
厦门	Xiamen	3363	3880	4345	21
莆田	Putian	279	436	756	108
三明	Sanming	282	312	329	208
泉州	Quanzhou	1649	936	1156	72
漳州	Zhangzhou	472	401	444	170
南平	Nanping	194	219	299	220
龙岩	Longyan	286	344	329	208
宁德	Ningde	316	198	181	259
江西	**Jiangxi**	**6266**	**7093**	**6846**	
南昌	Nanchang	2490	3484	3219	25
景德镇	Jingdezhen	438	395	492	157
萍乡	Pingxiang	323	392	397	187
九江	Jiujiang	517	426	464	164
新余	Xinyu	391	519	419	178
鹰潭	Yingtan	150	159	144	266
赣州	Ganzhou	451	516	625	134
吉安	Jian	242	285	255	236
宜春	Yichun	263	342	293	223
抚州	Fuzhou	260	315	300	218
上饶	Shangrao	229	260	238	244
山东	**Shandong**	**27752**	**27669**	**28629**	
济南	Jinan	4239	4652	5099	16
青岛	Qingdao	4664	6179	6515	8
淄博	Zibo	2030	2433	2209	40
枣庄	Zaozhuang	910	1197	1211	66
东营	Dongying	605	961	1025	83
烟台	Yantai	1740	2249	2296	37
潍坊	Weifang	1109	1134	1134	74
济宁	Jining	1014	1363	1143	73
泰安	Taian	668	1097	1070	77
威海	Weihai	920	926	1379	58
日照	Rizhao	440	552	625	134
莱芜	Laiwu	450	988	675	122
临沂	Linyi	1697	1530	1019	84
德州	Dezhou	745	734	436	173
聊城	Liaocheng	465	649	1617	51

8-53 城市公共交通汽（电）车营运车辆数 续表 2

Number of Buses and Trolley Buses under Operation continued 2

单位：辆 （unit）

地名	City	2010	2013	2014	2014 排名 Ranking	地名	City	2010	2013	2014	2014 排名 Ranking
滨州	Binzhou	383	619	670	124	常德	Changde	537	623	775	103
菏泽	Heze	380	406	506	153	张家界	Zhangjiajie	195	327	352	198
河南	**Henan**	**16096**	**16913**	**19198**		益阳	Yiyang	380	787	772	104
郑州	Zhengzhou	4788	5745	6297	9	郴州	Chenzhou	634	876	1683	50
开封	Kaifeng	548	1634	2735	32	永州	Yongzhou	469	630	608	137
洛阳	Luoyang	1280	1709	2004	44	怀化	Huaihua	359	438	438	172
平顶山	Pingdingshan	598	668	728	113	娄底	Loudi	282	201	271	228
安阳	Anyang	743	605	618	136	**广东**	**Guangdong**	**41933**	**62943**	**65120**	
鹤壁	Hebi	333	341	338	202	广州	Guangzhou	11501	13010	13610	2
新乡	Xinxiang	1030	817	840	95	韶关	Shaoguan	422	368	480	159
焦作	Jiaozuo	649	689	644	130	深圳	Shenzhen	26796	30590	31349	1
濮阳	Puyang	366	360	412	181	珠海	Zhuhai	1377	1938	1824	47
许昌	Xuchang	517	550	689	120	汕头	Shantou	1057	1159	1066	78
漯河	Luohe	777	946	933	90	佛山	Foshan	3687	5396	5931	11
三门峡	Sanmenxia	243	238	248	241	江门	Jiangmen	792	977	957	89
南阳	Nanyang	460	449	507	152	湛江	Zhanjiang	578	755	788	102
商丘	Shangqiu	810	1188	1096	76	茂名	Maoming	216	303	366	193
信阳	Xinyang	257	273	286	225	肇庆	Zhaoqing	299	450	515	149
周口	Zhoukou	216	231	251	238	惠州	Huizhou	1178	1916	2119	43
驻马店	Zhumadian	247	470	572	143	梅州	Meizhou	303	399	426	176
湖北	**Hubei**	**16544**	**14523**	**14155**		汕尾	Shanwei	2445	210	233	247
武汉	Wuhan	7001	7594	7767	7	河源	Heyuan	220	191	191	256
黄石	Huangshi	879	820	836	97	阳江	Yangjiang	143	171	194	254
十堰	Shiyan	848	856	1200	67	清远	Qingyuan	371	633	576	141
宜昌	Yichang	988	1031	1166	70	东莞	Dongguan	1443	1416	1453	55
襄阳	Xiangyang	811	1145	258	234	中山	Zhongshan	2125	2363	2293	38
鄂州	Ezhou	248	564	414	180	潮州	Chaozhou	175	229	316	214
荆门	Jingmen	429	500	502	156	揭阳	Jieyang	142	274	261	233
孝感	Xiaogan	484	484	484	158	云浮	Yunfu	85	195	172	260
荆州	Jingzhou	1103	763	728	113	**广西**	**Guangxi**	**6839**	**7529**	**7461**	
黄冈	Huanggang	110	132	142	268	南宁	Nanning	2601	2710	2866	28
咸宁	Xianning	178	299	320	212	柳州	Liuzhou	1052	1149	1003	85
随州	Suizhou	486	335	338	202	桂林	Guilin	680	1090	766	107
湖南	**Hunan**	**12344**	**12376**	**15225**		梧州	Wuzhou	301	345	595	139
长沙	Changsha	3557	4157	5517	13	北海	Beihai	227	288	310	215
株洲	Zhuzhou	1473	1162	1256	65	防城港	Fangchenggang	168	267	274	227
湘潭	Xiangtan	1026	713	973	87	钦州	Qinzhou	300	516	366	193
衡阳	Hengyang	817	986	1100	75	贵港	Guigang	221	187	187	258
邵阳	Shaoyang	337	450	423	177	玉林	Yulin	215	234	239	243
岳阳	Yueyang	946	1026	1057	81	百色	Baise	105	144	168	261

8-53 城市公共交通汽（电）车营运车辆数 续表 3
Number of Buses and Trolley Buses under Operation continued 3

单位：辆 (unit)

地名	City	2010	2013	2014	2014 排名 Ranking	地名	City	2010	2013	2014	2014 排名 Ranking
贺州	Hezhou	140	137	122	271	丽江	Lijiang	177	210	250	239
河池	Hechi	135	169	145	264	普洱	Puer	121	141	145	264
来宾	Laibin	187	247	374	192	临沧	Lincang	54	60	60	283
崇左	Chongzuo	36	46	46	285	**西藏**	**Tibet**	**940**	**317**	**338**	
海南	**Hainan**	**1964**	**2235**	**2249**		拉萨	Lasa		317	338	202
海口	Haikou	1120	1624	1515	54	**陕西**	**Shaanxi**	**9953**	**11282**	**11177**	
三亚	Sanya	441	611	734	112	西安	Xi'an	7107	8128	7769	6
三沙	Sansha					铜川	Tongchuan	198	301	323	211
重庆	**Chongqing**	**7660**	**12088**	**8641**		宝鸡	Baoji	623	826	914	91
四川	**Sichuan**	**15288**	**18474**	**20113**		咸阳	Xianyang	404	580	641	131
成都	Chengdu	6763	10176	11447	3	渭南	Weinan	305	320	330	207
自贡	Zigong	747	832	873	94	延安	Yan'an	222	415	457	166
攀枝花	Panzhihua	559	723	681	121	汉中	Hanzhong	164	227	238	244
泸州	Luzhou	738	933	1060	79	榆林	Yulin	209	280	280	226
德阳	Deyang	288	365	346	200	安康	Ankang	102	102	122	271
绵阳	Mianyang	1010	1409	1361	59	商洛	Shangluo	62	103	103	280
广元	Guangyuan	241	365	384	190	**甘肃**	**Gansu**	**4382**	**5159**	**5463**	
遂宁	Suining	229	220	340	201	兰州	Lanzhou	2149	2696	2769	31
内江	Neijiang	631	666	597	138	嘉峪关	Jiayuguan	92	120	135	269
乐山	Leshan	294	438	453	168	金昌	Jinchang	199	153	153	263
南充	Nanchong	550	625	704	119	白银	Baiyin	250	297	303	217
眉山	Meishan	157	236	226	248	天水	Tianshui	291	392	469	163
宜宾	Yibin	466	672	727	117	武威	Wuwei	176	304	328	210
广安	Guangan	40	75	75	281	张掖	Zhangye	179	187	189	257
达州	Dazhou	145	222	222	250	平凉	Pingliang	246	238	224	249
雅安	Yaan	48	111	111	276	酒泉	Jiuquan	271	305	296	222
巴中	Bazhong	120	176	256	235	庆阳	Qingyang	350	350	418	179
资阳	Ziyang	176	230	250	239	定西	Dingxi	68	69	108	278
贵州	**Guizhou**	**4584**	**3921**	**4531**		陇南	Longnan	25	48	71	282
贵阳	Guiyang	2124	2286	2855	29	**青海**	**Qinghai**	**2175**	**1943**	**1973**	
六盘水	Liupanshui	391	395	401	185	西宁	Xining	1932	1885	1915	45
遵义	Zunyi	509	623	674	123	海东	Haidong			58	284
安顺	Anshun	260	297	347	199	**宁夏**	**Ningxia**	**2382**	**3078**	**2720**	
毕节	Bijie		196	144	266	银川	Yinchuan	1401	1942	1616	52
铜仁	Tongren		124	110	277	石嘴山	Shizuishan	195	168	265	231
云南	**Yunnan**	**7135**	**6402**	**7122**		吴忠	Wuzhong	295	373	431	175
昆明	Kunming	5368	4877	5462	14	固原	Guyuan	139	156	156	262
曲靖	Qujing	629	579	579	140	中卫	Zhongwei	168	439	252	237
玉溪	Yuxi	126	102	217	252	**新疆**	**Xinjiang**	**7353**	**4662**	**5070**	
保山	Baoshan	199	215	215	253	乌鲁木齐	Urumqi	3634	4149	4567	19
昭通	Zhaotong	141	218	194	254	克拉玛依	Karamay	299	513	503	155

8-54 城市出租汽车数

Number of Taxis

单位：辆 （unit）

地名	City	2010	2013	2014	2014 排名 Ranking	地名	City	2010	2013	2014	2014 排名 Ranking
全国	**Nation Total**	**986190**	**928952**	**932327**		沈阳	Shenyang	17200	19021	17844	3
北京	**Beijing**	**66646**	**67046**	**67546**		大连	Dalian	10173	10693	11193	12
天津	**Tianjin**	**31940**	**31940**	**29900**		鞍山	Anshan	5375	5375	5375	38
河北	**Hebei**	**46016**	**63788**	**64871**		抚顺	Fushun	4121	4121	4977	43
石家庄	Shijiazhuang	9646	6710	10513	14	本溪	Benxi	3249	2724	3939	53
唐山	Tangshan	4642	6610	6990	28	丹东	Dandong	3335	1932		
秦皇岛	Qinhuangdao	4306	4344	3619	56	锦州	Jinzhou	4987	4293	3904	54
邯郸	Handan	6949	7185	7245	27	营口	Yingkou	4835	4997	3091	66
邢台	Xingtai	3906	2863	4449	47	阜新	Fuxin	2558	2771	2771	76
保定	Baoding	6205	6543	6685	29	辽阳	Liaoyang	3579	3579	3579	58
张家口	Zhangjiakou	5033	5474	5604	35	盘锦	Panjin	3238	3187	3231	65
承德	Chengde	5821	5892	2468	85	铁岭	Tieling	2183	2184	2232	92
沧州	Cangzhou	7015	7503	7677	24	朝阳	Chaoyang	3338	1971	1971	106
廊坊	Langfang	5960	8252	8297	19	葫芦岛	Huludao	2877	4363	4368	48
衡水	Hengshui	2146	2412	1324	156	**吉林**	**Jilin**	**54933**	**32748**	**33120**	
山西	**Shanxi**	**28848**	**26313**	**25783**		长春	Changchun	16967	16967	16967	4
太原	Taiyuan	8652	8719	8719	18	吉林	Jilin	4998	4863	5259	41
大同	Datong	4983	4970	4958	44	四平	Siping	2763	3057	2797	75
阳泉	Yangquan	1552	2236	2236	91	辽源	Liaoyuan	1095	1049	1201	168
长治	Changzhi	1800	1801	1801	118	通化	Tonghua	1387	1423	1502	140
晋城	Jincheng	1453	1453	1453	143	白山	Baishan	1682	1397	1402	145
朔州	Shuozhou	923	994	1273	159	松原	Songyuan	2177	2177	2177	93
晋中	Jinzhong	902	1327	513	250	白城	Baicheng	1763	1815	1815	116
运城	Yuncheng	1805	1805	1805	117	**黑龙江**	**Heilongjiang**	**61129**	**47266**	**49180**	
忻州	Xinzhou	713	713	713	220	哈尔滨	Harbin	14366	15587	16518	6
临汾	Linfen	1862	1862	1862	109	齐齐哈尔	Qiqihar	3060	3159	3310	62
吕梁	Lvliang	450	433	450	260	鸡西	Jixi	3135	2935	2914	72
内蒙古	**Inner Mongolia**	**37131**	**26907**	**26908**		鹤岗	Hegang	1773	1915	2013	102
呼和浩特	Hohhot	5568	5564	5568	36	双鸭山	Shuangyashan	1100	1100	1100	171
包头	Baotou	5890	5827	5827	33	大庆	Daqing	2989	6699	7950	22
乌海	Wuhai	951	953	953	190	伊春	Yichun	3488	5312	5320	40
赤峰	Chifeng	4041	3251	3252	64	佳木斯	Jiamusi	6316	2559	2559	83
通辽	Tongliao	2949	2949	2849	74	七台河	Qitaihe	1000	1547	1000	185
鄂尔多斯	Erdos	2194	2517	2613	79	牡丹江	Mudanjiang	2619	2919	2919	71
呼伦贝尔	Hulunbuir	2121	2432	2432	86	黑河	Heihe	956	981	1024	182
巴彦淖尔	Bayannur	936	1237	1237	162	绥化	Suihua	2753	2553	2553	84
乌兰察布	Ulanqab	2800	2177	2177	93	**上海**	**Shanghai**	**50007**	**50612**	**50738**	
辽宁	**Liaoning**	**79890**	**71211**	**68475**		**江苏**	**Jiangsu**	**46075**	**37795**	**38663**	

8-54 城市出租汽车数 续表 1
Number of Taxis continued 1

单位：辆 (unit)

地名	City	2010	2013	2014	2014 排名 Ranking	地名	City	2010	2013	2014	2014 排名 Ranking
南京	Nanjing	10145	11612	12178	10	池州	Chizhou	598	600	600	234
无锡	Wuxi	2641	4040	4040	51	宣城	Xuancheng	733	999	999	187
徐州	Xuzhou	3760	3866	4181	50	福建	**Fujian**	**16782**	**17162**	**17383**	
常州	Changzhou	2542	3042	3042	68	福州	Fuzhou	5809	6682	6345	30
苏州	Suzhou	3604	4303	4803	45	厦门	Xiamen	4574	4961	5209	42
南通	Nantong	1277	1472	1274	158	莆田	Putian	808	984	995	188
连云港	Lianyungang	1611	1611	1611	127	三明	Sanming	339	374	374	270
淮安	Huaian	913	1373	1373	152	泉州	Quanzhou	2820	1862	2007	103
盐城	Yancheng	1010	1010	1250	161	漳州	Zhangzhou	1300	1002	1002	183
扬州	Yangzhou	1838	2574	1838	113	南平	Nanping	241	241	262	278
镇江	Zhenjiang	1253	1323	1473	141	龙岩	Longyan	381	500	599	236
泰州	Taizhou	739	800	830	206	宁德	Ningde	1166	556	590	237
宿迁	Suqian	770	769	770	216	江西	**Jiangxi**	**10854**	**11809**	**12328**	
浙江	**Zhejiang**	**32532**	**27029**	**28380**		南昌	Nanchang	4003	5153	5453	37
杭州	Hangzhou	9362	10904	11913	11	景德镇	Jingdezhen	595	595	772	215
宁波	Ningbo	3842	4627	4627	46	萍乡	Pingxiang	670	700	770	216
温州	Wenzhou	3709	3770	3870	55	九江	Jiujiang	1585	1517	1517	139
嘉兴	Jiaxing	873	973	1073	176	新余	Xinyu	531	636	636	230
湖州	Huzhou	815	825	815	208	鹰潭	Yingtan	271	271	271	277
绍兴	Shaoxing	901	1704	1746	123	赣州	Ganzhou	692	1120	1092	174
金华	Jinhua	796	976	976	189	吉安	Jian	376	393	393	268
衢州	Quzhou	461	521	521	248	宜春	Yichun	404	504	504	254
舟山	Zhoushan	1053	802	846	204	抚州	Fuzhou	329	409	409	264
台州	Taizhou	1448	1518	1584	130	上饶	Shangrao	511	511	511	252
丽水	Lishui	409	409	409	264	山东	**Shandong**	**57687**	**48637**	**51372**	
安徽	**Anhui**	**36681**	**34824**	**37163**		济南	Jinan	8867	8357	9551	16
合肥	Hefei	8395	8925	9402	17	青岛	Qingdao	9539	9826	9720	15
芜湖	Wuhu	3504	3525	3525	59	淄博	Zibo	8079	6084	6084	32
蚌埠	Bengbu	2291	2485	2595	80	枣庄	Zaozhuang	804	834	834	205
淮南	Huainan	3292	3078	3046	67	东营	Dongying	3244	3405	3405	61
马鞍山	Maanshan	2298	2298	2298	88	烟台	Yantai	2209	2169	2169	95
淮北	Huaibei	1626	1630	1633	126	潍坊	Weifang	2166	2298	2298	88
铜陵	Tongling	1584	1584	1584	130	济宁	Jining	1360	1561	1561	134
安庆	Anqing	1119	1782	1782	121	泰安	Taian	1292	1292	1292	157
黄山	Huangshan	525	525	525	247	威海	Weihai	1526	1543	1543	136
滁州	Chuzhou	1257	1257	1357	155	日照	Rizhao	968	1068	1068	178
阜阳	Fuyang	1805	1788	1788	119	莱芜	Laiwu	1600	1600	1600	128
宿州	Suzhou	1298	1498	1537	137	临沂	Linyi	2750	2750	2750	77
六安	Liuan	1850	1850	1850	111	德州	Dezhou	2405	2405	2405	87
亳州	Bozhou	1000	1000	2642	78	聊城	Liaocheng	1416	1416	2920	70

8-54 城市出租汽车数 续表 2
Number of Taxis continued 2

单位：辆 （unit）

地名	City	2010	2013	2014	2014 排名 Ranking	地名	City	2010	2013	2014	2014 排名 Ranking
滨州	Binzhou	714	714	795	212	常德	Changde	1126	1146	1146	169
菏泽	Heze	1313	1315	1377	151	张家界	Zhangjiajie	725	1030	1072	177
河南	**Henan**	**44525**	**39528**	**40092**		益阳	Yiyang	860	1000	1000	185
郑州	Zhengzhou	10607	10608	10608	13	郴州	Chenzhou	1846	1649	1820	115
开封	Kaifeng	3066	3679	4039	52	永州	Yongzhou	540	700	700	221
洛阳	Luoyang	4267	4267	4267	49	怀化	Huaihua	800	800	800	209
平顶山	Pingdingshan	2080	2080	2080	99	娄底	Loudi	1215	850	950	192
安阳	Anyang	1359	1359	1359	154	**广东**	**Guangdong**	**59972**	**63159**	**64455**	
鹤壁	Hebi	674	670	673	227	广州	Guangzhou	18991	21437	21320	1
新乡	Xinxiang	1338	1738	1736	125	韶关	Shaoguan	740	755	908	195
焦作	Jiaozuo	1398	1398	1398	148	深圳	Shenzhen	14340	15973	16275	7
濮阳	Puyang	1745	1745	1745	124	珠海	Zhuhai	1852	2165	2565	82
许昌	Xuchang	1388	1396	1396	149	汕头	Shantou	1232	1384	1384	150
漯河	Luohe	1100	1100	1100	171	佛山	Foshan	3345	3425	3581	57
三门峡	Sanmenxia	482	400	600	234	江门	Jiangmen	490	569	630	231
南阳	Nanyang	1500	1860	1860	110	湛江	Zhanjiang	1234	1300	1223	164
商丘	Shangqiu	2846	2848	2851	73	茂名	Maoming	188	527	406	266
信阳	Xinyang	1903	1904	1904	108	肇庆	Zhaoqing	883	883	883	198
周口	Zhoukou	928	928	928	193	惠州	Huizhou	1650	1732	2017	101
驻马店	Zhumadian	1548	1548	1548	135	梅州	Meizhou	590	421	391	269
湖北	**Hubei**	**31325**	**28589**	**27188**		汕尾	Shanwei		360	360	272
武汉	Wuhan	13997	16597	16597	5	河源	Heyuan	495	495	495	256
黄石	Huangshi	922	1580	1580	133	阳江	Yangjiang	529	441	694	223
十堰	Shiyan	700	810	800	209	清远	Qingyuan	370	520	520	249
宜昌	Yichang	1834	1704	1834	114	东莞	Dongguan	7671	7691	7691	23
襄阳	Xiangyang	1700	2100	260	279	中山	Zhongshan	1487	1581	1581	132
鄂州	Ezhou	400	499	512	251	潮州	Chaozhou	873	862	862	201
荆门	Jingmen	500	800	800	209	揭阳	Jieyang	712	513	544	243
孝感	Xiaogan	779	900	900	196	云浮	Yunfu	243	125	125	284
荆州	Jingzhou	1588	1588	1988	105	**广西**	**Guangxi**	**13566**	**16419**	**15264**	
黄冈	Huanggang	593	593	499	255	南宁	Nanning	4795	6520	6270	31
咸宁	Xianning	656	656	656	229	柳州	Liuzhou	1751	1869	2079	100
随州	Suizhou	760	762	762	218	桂林	Guilin	1930	2677	1932	107
湖南	**Hunan**	**44525**	**22297**	**23137**		梧州	Wuzhou	766	605	691	224
长沙	Changsha	6280	6915	7957	21	北海	Beihai	585	555	551	241
株洲	Zhuzhou	2837	1995	2006	104	防城港	Fangchenggang	115	138	138	282
湘潭	Xiangtan	1721	1927	1400	146	钦州	Qinzhou	500	577	585	238
衡阳	Hengyang	1471	1400	1400	146	贵港	Guigang	366	365	365	271
邵阳	Shaoyang	780	1100	1100	171	玉林	Yulin	599	599	664	228
岳阳	Yueyang	1651	1785	1786	120	百色	Baise	535	1285	535	245

8-54 城市出租汽车数 续表 3
Number of Taxis continued 3

单位：辆 （unit）

地名	City	2010	2013	2014	2014 排名 Ranking	地名	City	2010	2013	2014	2014 排名 Ranking
贺州	Hezhou	419	419	454	259	丽江	Lijiang	776	776	776	213
河池	Hechi	300	300	300	276	普洱	Puer	249	249	249	280
来宾	Laibin	365	370	565	239	临沧	Lincang	300	300	400	267
崇左	Chongzuo	152	140	135	283	**西藏**	**Tibet**	**1357**	**11604**	**1360**	
海南	**Hainan**	**3978**	**4611**	**4797**		拉萨	Lasa		11604	1360	153
海口	Haikou	2116	2761	2947	69	**陕西**	**Shaanxi**	**21288**	**23839**	**26445**	
三亚	Sanya	1082	1850	1850	111	西安	Xi'an	12786	12115	14159	8
三沙	Sansha					铜川	Tongchuan	990	1025	1041	181
重庆	**Chongqing**	**14021**	**20431**	**14691**		宝鸡	Baoji	1764	3233	3498	60
四川	**Sichuan**	**27022**	**29217**	**33894**		咸阳	Xianyang	1305	2993	3275	63
成都	Chengdu	13979	14853	18506	2	渭南	Weinan	795	900	900	196
自贡	Zigong	1096	1096	1432	144	延安	Yan'an	700	850	850	202
攀枝花	Panzhihua	1475	1477	1597	129	汉中	Hanzhong	860	870	870	200
泸州	Luzhou	1503	1539	1458	142	榆林	Yulin	997	1001	1001	184
德阳	Deyang	850	850	850	202	安康	Ankang	531	533	532	246
绵阳	Mianyang	1077	1477	1747	122	商洛	Shangluo	319	319	319	274
广元	Guangyuan	628	597	628	232	**甘肃**	**Gansu**	**19309**	**18689**	**19057**	
遂宁	Suining	454	725	775	214	兰州	Lanzhou	6738	7152	7591	25
内江	Neijiang	700	700	700	221	嘉峪关	Jiayuguan	612	717	743	219
乐山	Leshan	817	880	880	199	金昌	Jinchang	510	510	510	253
南充	Nanchong	966	1207	1207	167	白银	Baiyin	3125	2050	2087	98
眉山	Meishan	418	418	418	263	天水	Tianshui	1380	2147	2134	97
宜宾	Yibin	982	1011	1212	165	武威	Wuwei	3120	1101	1146	169
广安	Guangan	359	385	459	258	张掖	Zhangye	1266	1225	1225	163
达州	Dazhou	1013	1063	1063	179	平凉	Pingliang	544	922	556	240
雅安	Yaan	637	306	306	275	酒泉	Jiuquan	810	820	820	207
巴中	Bazhong	324	398	421	262	庆阳	Qingyang	1300	879	1079	175
资阳	Ziyang	260	235	235	281	定西	Dingxi	505	491	491	257
贵州	**Guizhou**	**9091**	**10854**	**12776**		陇南	Longnan	570	675	675	226
贵阳	Guiyang	3271	6463	7534	26	**青海**	**Qinghai**	**7119**	**5853**	**6003**	
六盘水	Liupanshui	1228	917	917	194	西宁	Xining	5516	5516	5666	34
遵义	Zunyi	1137	1673	2155	96	海东	Haidong			337	273
安顺	Anshun	624	768	953	190	**宁夏**	**Ningxia**	**12978**	**12581**	**12470**	
毕节	Bijie		537	537	244	银川	Yinchuan	5006	5364	5364	39
铜仁	Tongren		496	680	225	石嘴山	Shizuishan	2269	1739	2268	90
云南	**Yunnan**	**15164**	**12480**	**12385**		吴忠	Wuzhong	1046	1046	1042	180
昆明	Kunming	6321	7985	8095	20	固原	Guyuan	2750	2585	2585	81
曲靖	Qujing	1595	1589	1259	160	中卫	Zhongwei	1118	1847	1211	166
玉溪	Yuxi	317	550	548	242	**新疆**	**Xinjiang**	**24546**	**13714**	**13862**	
保山	Baoshan	450	450	450	260	乌鲁木齐	Urumqi	7950	12188	12338	9
昭通	Zhaotong	580	581	608	233	克拉玛依	Karamay	1526	1526	1524	138

8-55 每万人拥有公共交通车辆

Number of Public Transportation Vehicles per 10 000 Population

单位：辆 （unit）

地名	City	2010	2013	2014	2014 排名 Ranking
全国	**Nation Average**	**11.20**	**10.01**	**9.98**	
北京	**Beijing**	**14.24**	**18.95**	**18.76**	
天津	**Tianjin**	**12.05**	**11.77**	**13.41**	
河北	**Hebei**	**9.53**	**15.55**	**12.83**	
石家庄	Shijiazhuang	18.29	18.04	11.68	58
唐山	Tangshan	6.61	8.01	7.44	121
秦皇岛	Qinhuangdao	11.99	10.61	9.10	96
邯郸	Handan	18.28	20.80	16.17	27
邢台	Xingtai	31.59	16.71	21.57	6
保定	Baoding	18.92	22.34	21.19	8
张家口	Zhangjiakou	13.79	16.30	15.69	28
承德	Chengde	11.02	14.22	11.12	66
沧州	Cangzhou	22.07	27.08	27.96	3
廊坊	Langfang	6.11	8.42	7.77	112
衡水	Hengshui	20.10	28.15	8.21	108
山西	**Shanxi**	**6.83**	**7.92**	**8.47**	
太原	Taiyuan	7.76	9.91	10.68	72
大同	Datong	5.20	6.04	4.72	198
阳泉	Yangquan	8.85	11.38	10.85	70
长治	Changzhi	5.97	9.55	6.15	155
晋城	Jincheng	8.81	13.77	12.33	50
朔州	Shuozhou	2.87	3.48	3.35	241
晋中	Jinzhong	6.62	6.70	21.72	5
运城	Yuncheng	4.84	13.16	13.09	42
忻州	Xinzhou	2.10	2.02	2.01	263
临汾	Linfen	3.74	3.90	3.56	238
吕梁	Lvliang	9.61	3.41	4.18	218
内蒙古	**Inner Mongolia**	**6.89**	**10.74**	**9.83**	
呼和浩特	Hohhot	15.78	29.25	20.68	9
包头	Baotou	9.42	8.16	8.87	98
乌海	Wuhai	7.60	7.11	7.24	124
赤峰	Chifeng	3.90	4.60	4.56	204
通辽	Tongliao	3.39	4.46	5.56	171
鄂尔多斯	Erdos	12.80	18.04	17.25	20
呼伦贝尔	Hulunbuir	10.24	10.41	13.75	38
巴彦淖尔	Bayannur	1.97	1.86	2.14	261
乌兰察布	Ulanqab	3.84	8.30	9.39	91
辽宁	**Liaoning**	**9.35**	**9.87**	**10.17**	
沈阳	Shenyang	9.73	10.50	10.55	74
大连	Dalian	15.43	16.72	16.94	21
鞍山	Anshan	10.27	10.89	11.55	61
抚顺	Fushun	8.49	8.59	8.33	104
本溪	Benxi	7.74	7.64	8.91	97
丹东	Dandong	9.20	7.97	8.25	105
锦州	Jinzhou	6.33	5.56	5.75	164
营口	Yingkou	7.30	8.96	9.70	88
阜新	Fuxin	4.58	5.83	4.67	203
辽阳	Liaoyang	7.16	6.14	7.55	119
盘锦	Panjin	6.87	7.62	8.83	99
铁岭	Tieling	8.97	8.32	9.25	92
朝阳	Chaoyang	3.49	4.01	4.37	212
葫芦岛	Huludao	4.09	6.76	6.77	136
吉林	**Jilin**	**9.75**	**9.45**	**9.63**	
长春	Changchun	12.22	12.98	12.98	43
吉林	Jilin	5.18	6.61	7.11	127
四平	Siping	4.50	4.75	5.43	176
辽源	Liaoyuan	7.31	8.11	8.37	103
通化	Tonghua	6.61	8.34	9.12	94
白山	Baishan	5.55	6.38	6.27	151
松原	Songyuan	8.71	9.61	9.60	90
白城	Baicheng	4.47	5.14	4.70	199
黑龙江	**Heilongjiang**	**10.00**	**9.40**	**9.17**	
哈尔滨	Harbin	10.96	12.65	13.23	40
齐齐哈尔	Qiqihar	6.19	7.42	7.10	128
鸡西	Jixi	8.03	8.67	8.75	100
鹤岗	Hegang	6.18	8.75	7.16	126
双鸭山	Shuangyashan	6.49	6.73	6.65	138
大庆	Daqing	19.60	11.77	10.38	76
伊春	Yichun	2.94	6.50	4.69	200
佳木斯	Jiamusi	4.46	5.18	5.52	173
七台河	Qitaihe	6.55	8.77	8.23	107
牡丹江	Mudanjiang	8.75	8.76	8.19	109
黑河	Heihe	4.95	4.71	4.97	189
绥化	Suihua	3.06	2.59	1.57	274
上海	**Shanghai**	**8.82**	**12.25**	**11.78**	
江苏	**Jiangsu**	**10.91**	**8.46**	**8.37**	

8-55 每万人拥有公共交通车辆 续表 1
Number of Public Transportation Vehicles per 10 000 Population continued 1

单位：辆 （unit）

地名	City	2010	2013	2014	2014 排名 Ranking	地名	City	2010	2013	2014	2014 排名 Ranking
南京	Nanjing	11.27	10.80	12.54	46	池州	Chizhou	2.40	4.15	3.98	224
无锡	Wuxi	13.14	13.44	12.28	51	宣城	Xuancheng	2.02	2.54	3.89	227
徐州	Xuzhou	6.87	6.33	6.58	143	**福建**	**Fujian**	**10.32**	**11.59**	**11.87**	
常州	Changzhou	11.06	11.67	11.36	63	福州	Fuzhou	18.91	22.13	18.67	15
苏州	Suzhou	13.21	13.50	12.74	45	厦门	Xiamen	18.66	19.72	21.36	7
南通	Nantong	3.41	6.63	5.46	174	莆田	Putian	1.29	1.96	3.31	244
连云港	Lianyungang	6.13	7.94	3.43	239	三明	Sanming	9.96	11.04	11.63	60
淮安	Huaian	3.02	3.45	3.58	236	泉州	Quanzhou	15.99	8.91	10.87	69
盐城	Yancheng	2.67	3.27	3.68	233	漳州	Zhangzhou	8.50	6.98	7.59	117
扬州	Yangzhou	11.05	6.13	5.74	165	南平	Nanping	3.90	4.38	5.94	160
镇江	Zhenjiang	9.97	11.38	11.36	63	龙岩	Longyan	4.84	6.91	6.51	146
泰州	Taizhou	5.79	4.02	3.88	229	宁德	Ningde	7.11	4.21	3.78	230
宿迁	Suqian	3.14	4.14	4.48	206	**江西**	**Jiangxi**	**7.61**	**7.62**	**6.64**	
浙江	**Zhejiang**	**11.87**	**12.17**	**12.24**		南昌	Nanchang	11.75	15.39	13.99	37
杭州	Hangzhou	16.89	18.30	16.49	24	景德镇	Jingdezhen	9.48	8.44	10.30	77
宁波	Ningbo	15.47	19.57	19.67	13	萍乡	Pingxiang	3.78	4.50	4.51	205
温州	Wenzhou	13.98	14.28	14.63	35	九江	Jiujiang	8.05	6.51	7.01	130
嘉兴	Jiaxing	12.01	11.99	12.25	52	新余	Xinyu	4.42	5.85	4.73	196
湖州	Huzhou	6.14	6.16	6.48	147	鹰潭	Yingtan	6.35	6.80	6.09	157
绍兴	Shaoxing	11.64	6.50	8.11	110	赣州	Ganzhou	6.97	7.79	4.07	222
金华	Jinhua	9.85	6.13	5.34	179	吉安	Jian	4.44	5.09	4.42	210
衢州	Quzhou	7.90	2.93	4.46	207	宜春	Yichun	2.50	3.11	2.58	250
舟山	Zhoushan	8.91	8.55	11.17	65	抚州	Fuzhou	2.27	2.64	2.50	252
台州	Taizhou	3.13	5.35	4.69	200	上饶	Shangrao	5.74	6.28	5.67	167
丽水	Lishui	4.91	7.30	7.73	114	**山东**	**Shandong**	**10.18**	**9.27**	**9.14**	
安徽	**Anhui**	**7.73**	**6.09**	**6.81**		济南	Jinan	12.18	13.09	14.13	36
合肥	Hefei	12.19	16.01	17.32	19	青岛	Qingdao	16.93	16.86	17.58	17
芜湖	Wuhu	12.79	9.41	14.90	33	淄博	Zibo	7.26	8.62	7.76	113
蚌埠	Bengbu	8.36	11.40	11.76	55	枣庄	Zaozhuang	4.08	5.28	5.22	183
淮南	Huainan	4.58	4.62	4.43	209	东营	Dongying	7.26	11.41	12.04	53
马鞍山	Maanshan	7.17	6.58	4.69	200	烟台	Yantai	9.73	12.38	12.50	48
淮北	Huaibei	9.41	4.91	5.16	185	潍坊	Weifang	6.09	6.16	6.10	156
铜陵	Tongling	6.71	11.57	11.66	59	济宁	Jining	9.04	7.67	9.82	86
安庆	Anqing	4.36	6.81	6.99	131	泰安	Taian	4.21	6.87	6.65	138
黄山	Huangshan	5.67	6.34	4.95	191	威海	Weihai	14.19	13.99	10.48	75
滁州	Chuzhou	4.81	7.70	7.60	116	日照	Rizhao	3.57	4.23	4.73	196
阜阳	Fuyang	2.91	3.16	3.25	245	莱芜	Laiwu	3.55	7.81	5.28	180
宿州	Suzhou	1.30	1.50	1.61	273	临沂	Linyi	8.05	6.08	3.94	225
六安	Liuan	1.76	2.08	2.08	262	德州	Dezhou	11.42	12.04	3.60	234
亳州	Bozhou	0.43	1.62	1.62	272	聊城	Liaocheng	4.02	5.57	13.39	39

8-55 每万人拥有公共交通车辆 续表 2

Number of Public Transportation Vehicles per 10 000 Population continued 2

单位：辆 （unit）

地名	City	2010	2013	2014	2014 排名 Ranking	地名	City	2010	2013	2014	2014 排名 Ranking
滨州	Binzhou	6.02	9.47	6.31	150	常德	Changde	3.80	4.48	5.53	172
菏泽	Heze	2.49	2.71	3.25	245	张家界	Zhangjiajie	3.92	6.22	6.62	140
河南	**Henan**	**7.58**	**7.66**	**8.52**		益阳	Yiyang	2.85	5.81	5.67	167
郑州	Zhengzhou	9.39	11.11	11.81	54	郴州	Chenzhou	8.80	11.88	22.29	4
开封	Kaifeng	6.40	18.72	31.43	2	永州	Yongzhou	3.87	5.49	5.25	181
洛阳	Luoyang	7.71	8.84	10.25	79	怀化	Huaihua	9.87	11.80	11.70	57
平顶山	Pingdingshan	5.79	6.82	6.62	140	娄底	Loudi	6.03	4.22	5.59	169
安阳	Anyang	6.83	5.29	5.35	177	**广东**	**Guangdong**	**9.53**	**16.29**	**16.00**	
鹤壁	Hebi	5.39	5.45	5.35	177	广州	Guangzhou	17.31	18.95	19.58	14
新乡	Xinxiang	10.16	7.86	7.35	123	韶关	Shaoguan	4.53	3.98	5.18	184
焦作	Jiaozuo	7.72	7.01	6.54	144	深圳	Shenzhen	103.11	98.53	94.37	1
濮阳	Puyang	5.38	5.26	5.90	161	珠海	Zhuhai	13.15	17.85	16.55	23
许昌	Xuchang	12.48	13.14	16.63	22	汕头	Shantou	2.05	2.18	1.98	264
漯河	Luohe	5.52	6.79	6.95	133	佛山	Foshan	9.94	14.14	15.38	29
三门峡	Sanmenxia	8.29	7.95	8.24	106	江门	Jiangmen	5.73	7.00	6.84	135
南阳	Nanyang	2.44	2.41	2.71	249	湛江	Zhanjiang	3.77	4.74	4.88	193
商丘	Shangqiu	4.58	6.48	6.07	158	茂名	Maoming	1.63	2.23	1.28	275
信阳	Xinyang	1.74	1.83	1.89	267	肇庆	Zhaoqing	5.57	8.17	9.78	87
周口	Zhoukou	4.03	4.34	4.20	217	惠州	Huizhou	8.80	13.80	14.96	32
驻马店	Zhumadian	3.66	5.83	6.87	134	梅州	Meizhou	9.50	4.13	4.45	208
湖北	**Hubei**	**9.47**	**9.57**	**8.82**		汕尾	Shanwei	44.94	4.04	4.42	210
武汉	Wuhan	13.45	14.82	15.08	31	河源	Heyuan	7.06	6.31	6.23	152
黄石	Huangshi	12.31	13.06	9.95	83	阳江	Yangjiang	2.09	2.49	2.79	248
十堰	Shiyan	15.75	15.75	10.18	80	清远	Qingyuan	5.66	4.72	4.25	216
宜昌	Yichang	7.94	8.09	9.11	95	东莞	Dongguan	7.94	7.49	7.59	117
襄阳	Xiangyang	3.61	5.05	1.13	281	中山	Zhongshan	14.24	15.34	14.69	34
鄂州	Ezhou	2.29	5.14	3.76	231	潮州	Chaozhou	4.99	1.41	1.93	266
荆门	Jingmen	6.26	7.41	7.43	122	揭阳	Jieyang	2.03	1.34	1.25	277
孝感	Xiaogan	5.06	5.04	4.99	187	云浮	Yunfu	2.81	6.27	5.45	175
荆州	Jingzhou	9.78	6.82	6.54	144	**广西**	**Guangxi**	**8.07**	**5.32**	**5.09**	
黄冈	Huanggang	3.00	3.71	4.05	223	南宁	Nanning	9.61	6.96	10.08	81
咸宁	Xianning	2.98	4.80	5.25	181	柳州	Liuzhou	10.02	9.93	8.53	101
随州	Suizhou	7.44	6.71	6.74	137	桂林	Guilin	8.98	14.21	9.87	84
湖南	**Hunan**	**10.01**	**9.15**	**10.93**		梧州	Wuzhou	5.88	6.62	7.64	115
长沙	Changsha	14.71	13.89	18.18	16	北海	Beihai	3.68	4.53	4.87	194
株洲	Zhuzhou	18.25	12.23	10.27	78	防城港	Fangchenggang	3.11	4.83	4.90	192
湘潭	Xiangtan	11.86	8.13	11.10	67	钦州	Qinzhou	2.17	3.53	2.49	253
衡阳	Hengyang	8.28	10.59	11.72	56	贵港	Guigang	1.16	0.96	0.95	283
邵阳	Shaoyang	4.87	6.52	6.07	158	玉林	Yulin	2.12	2.20	2.22	260
岳阳	Yueyang	8.63	9.46	9.64	89	百色	Baise	2.98	4.07	4.75	195

8-55 每万人拥有公共交通车辆 续表 3

Number of Public Transportation Vehicles per 10 000 Population continued 3

单位：辆 （unit）

地名	City	2010	2013	2014	2014 排名 Ranking
贺州	Hezhou	1.24	1.20	1.04	282
河池	Hechi	4.01	5.04	4.29	215
来宾	Laibin	1.74	2.36	3.32	243
崇左	Chongzuo	0.99	1.26	1.24	278
海南	**Hainan**	**8.61**	**10.12**	**10.04**	
海口	Haikou	6.98	9.95	9.16	93
三亚	Sanya	7.74	10.59	12.53	47
三沙	Sansha				
重庆	**Chongqing**	**7.23**	**6.76**	**4.45**	
四川	**Sichuan**	**9.65**	**7.28**	**7.49**	
成都	Chengdu	12.64	18.01	19.68	12
自贡	Zigong	5.00	5.50	5.77	163
攀枝花	Panzhihua	8.10	10.52	9.96	82
泸州	Luzhou	5.03	6.24	7.07	129
德阳	Deyang	4.35	5.30	4.99	187
绵阳	Mianyang	8.27	11.23	10.73	71
广元	Guangyuan	2.61	3.90	4.09	221
遂宁	Suining	1.52	1.45	2.23	258
内江	Neijiang	4.46	4.66	4.17	219
乐山	Leshan	2.55	3.77	3.90	226
南充	Nanchong	2.84	3.18	3.57	237
眉山	Meishan	1.84	2.71	2.58	250
宜宾	Yibin	5.76	5.31	5.72	166
广安	Guangan	0.32	0.59	0.59	285
达州	Dazhou	3.40	3.73	1.23	279
雅安	Yaan	1.37	1.78	1.77	271
巴中	Bazhong	0.87	1.29	1.86	268
资阳	Ziyang	1.62	2.08	2.26	257
贵州	**Guizhou**	**8.46**	**6.01**	**6.85**	
贵阳	Guiyang	9.57	10.03	12.37	49
六盘水	Liupanshui	7.88	8.39	8.43	102
遵义	Zunyi	5.92	7.05	7.52	120
安顺	Anshun	3.00	3.36	3.89	227
毕节	Bijie		1.26	0.92	284
铜仁	Tongren		2.69	2.35	254
云南	**Yunnan**	**9.74**	**9.92**	**11.07**	
昆明	Kunming	20.63	17.76	19.73	11
曲靖	Qujing	9.02	8.06	7.97	111
玉溪	Yuxi	2.54	2.35	4.97	189
保山	Baoshan	2.21	2.34	2.32	256
昭通	Zhaotong	1.69	2.54	2.23	258
丽江	Lijiang	11.62	13.82	16.37	25
普洱	Puer	4.07	4.57	6.40	149
临沧	Lincang	1.67	1.87	1.86	268
西藏	**Tibet**	**20.91**	**10.57**	**16.29**	
拉萨	Lasa		10.57	16.29	26
陕西	**Shaanxi**	**12.64**	**8.62**	**8.53**	
西安	Xi'an	12.63	14.00	13.23	40
铜川	Tongchuan	2.61	3.96	4.32	214
宝鸡	Baoji	4.36	5.76	6.43	148
咸阳	Xianyang	4.48	6.29	6.97	132
渭南	Weinan	3.12	3.22	3.43	239
延安	Yan'an	4.85	8.84	9.83	85
汉中	Hanzhong	2.97	4.00	4.16	220
榆林	Yulin	4.01	5.05	5.04	186
安康	Ankang	1.01	1.00	1.19	280
商洛	Shangluo	1.13	1.86	1.83	270
甘肃	**Gansu**	**8.10**	**6.01**	**6.41**	
兰州	Lanzhou	10.22	10.91	11.51	62
嘉峪关	Jiayuguan	4.22	5.99	5.59	169
金昌	Jinchang	9.75	6.62	6.60	142
白银	Baiyin	5.00	6.07	6.16	154
天水	Tianshui	2.24	2.94	3.60	234
武威	Wuwei	1.72	2.99	3.21	247
张掖	Zhangye	3.44	3.60	3.73	232
平凉	Pingliang	4.83	4.63	4.37	212
酒泉	Jiuquan	6.71	7.46	7.17	125
庆阳	Qingyang	9.77	9.28	11.01	68
定西	Dingxi	1.46	1.48	2.35	254
陇南	Longnan	0.43	0.86	1.26	276
青海	**Qinghai**	**18.30**	**12.68**	**15.87**	
西宁	Xining	19.06	15.21	20.36	10
海东	Haidong			1.97	265
宁夏	**Ningxia**	**10.63**	**11.16**	**9.74**	
银川	Yinchuan	14.77	18.79	15.19	30
石嘴山	Shizuishan	4.28	3.69	5.85	162
吴忠	Wuzhong	7.81	9.32	10.68	72
固原	Guyuan	3.11	3.36	3.35	241
中卫	Zhongwei	4.24	10.83	6.20	153
新疆	**Xinjiang**	**11.66**	**15.82**	**16.92**	
乌鲁木齐	Urumqi	15.56	16.16	17.52	18
克拉玛依	Karamay	7.97	13.53	12.90	44

能源和环境

Energy and Environment

9-1 全社会用电量
Annual Electricity Consumption

单位：万千瓦时 （10 000 kwh）

地名	City	2010	2013	2014	2014 排名 Ranking
城市合计	**Prefecture Cities**	**218346196**	**264501562**	**275610306**	
北京	**Beijing**	**7909810**	**8913540**	**9139017**	
天津	**Tianjin**	**6753678**	**7744916**	**7943612**	
河北	**Hebei**	**10465004**	**13496406**	**14361552**	
石家庄	Shijiazhuang	1316611	1492236	2228556	23
唐山	Tangshan	4659232	5650821	5497923	6
秦皇岛	Qinhuangdao	467975	729351	664064	108
邯郸	Handan	545290	1533065	1522072	41
邢台	Xingtai	525945	491311	500258	130
保定	Baoding	542218	771190	855893	80
张家口	Zhangjiakou	690420	732379	736234	94
承德	Chengde	512789	461542	444457	138
沧州	Cangzhou	519383	694136	764329	90
廊坊	Langfang	361999	653024	730950	97
衡水	Hengshui	323142	287351	416816	148
山西	**Shanxi**	**4957728**	**6278526**	**5716509**	
太原	Taiyuan	2019443	2299961	2058285	25
大同	Datong	619656	788230	815256	81
阳泉	Yangquan	505641	784159	655615	109
长治	Changzhi	400864	397400	366547	171
晋城	Jincheng	163873	199154	165109	228
朔州	Shuozhou	338164	505733	581519	123
晋中	Jinzhong	200141	308012	308012	187
运城	Yuncheng	362119	501738	249151	199
忻州	Xinzhou	79388	110739	139700	246
临汾	Linfen	220486	296800	297718	189
吕梁	Lvliang	47953	86600	79600	268
内蒙古	**Inner Mongolia**	**6469140**	**6593797**	**6840507**	
呼和浩特	Hohhot	1269961	628331	672430	106
包头	Baotou	1909655	2376017	2510957	17
乌海	Wuhai	1180348	1593784	1691538	36
赤峰	Chifeng	454097	576849	581360	124
通辽	Tongliao	597011	705293	763331	91
鄂尔多斯	Erdos	758437	227351	190800	216
呼伦贝尔	Hulunbuir	86271	146892	158470	235
巴彦淖尔	Bayannur	111021	189971	120521	252
乌兰察布	Ulanqab	102339	149309	151100	238
辽宁	**Liaoning**	**11960548**	**12873723**	**12571269**	
沈阳	Shenyang	2033395	2479961	2538214	16
大连	Dalian	1996630	2631966	2559994	15
鞍山	Anshan	1581463	1635265	1640013	37
抚顺	Fushun	1059277	1073571	1050452	66
本溪	Benxi	1256254	1285880	1265791	55
丹东	Dandong	251454			
锦州	Jinzhou	505023	479210	495963	132
营口	Yingkou	889976	1005255	1073345	65
阜新	Fuxin	337270	389705	391497	159
辽阳	Liaoyang	768598	955105	613103	116
盘锦	Panjin	482800	518600	528646	126
铁岭	Tieling	96087	146193	151909	237
朝阳	Chaoyang	154170	273012	262342	196
葫芦岛	Huludao	548151			
吉林	**Jilin**	**3504055**	**3774148**	**4016375**	
长春	Changchun	1286042	1294022	1428668	44
吉林	Jilin	1002543	1090432	1254690	56
四平	Siping	383308	335238	246386	200
辽源	Liaoyuan	159424	212521	200806	213
通化	Tonghua	216349	210617	203693	212
白山	Baishan	213038	202011	211485	211
松原	Songyuan	195231	343116	349745	176
白城	Baicheng	48120	86191	120902	251
黑龙江	**Heilongjiang**	**5180326**	**4982537**	**5916179**	
哈尔滨	Harbin	1323300	1573203	1726337	33
齐齐哈尔	Qiqihar	450000		526015	127
鸡西	Jixi	305225	389626	370144	168
鹤岗	Hegang	231981	340370	328852	181
双鸭山	Shuangyashan	193455		233668	202
大庆	Daqing	1656487	1873443	1948706	29
伊春	Yichun	173203	205184	185255	218
佳木斯	Jiamusi	127000	185328	182915	222
七台河	Qitaihe	275329	263222	261088	197
牡丹江	Mudanjiang	324664			
黑河	Heihe	59182	84991	85679	264
绥化	Suihua	60500	67170	67520	271
上海	**Shanghai**	**12958700**	**14106000**	**13465607**	
江苏	**Jiangsu**	**17088969**	**24505148**	**25057415**	

注：本章全国数和各省数为城市合计数。

Note: Data of national and provinces are prefecture cities in this chapter.

9-1 全社会用电量 续表 1
Annual Electricity Consumption continued 1

单位：万千瓦时 （10 000 kwh）

地名	City	2010	2013	2014	2014 排名 Ranking	地名	City	2010	2013	2014	2014 排名 Ranking
南京	Nanjing	3547502	4626718	4704973	8	池州	Chizhou	164993	296446	322179	182
无锡	Wuxi	2507785	2761769	2720191	14	宣城	Xuancheng	110715	197587	200235	214
徐州	Xuzhou	1499408	2031639	1979190	28	**福建**	**Fujian**	**5007755**	**6395120**	**6737567**	
常州	Changzhou	2151749	2803051	2804947	13	福州	Fuzhou	937800	1144165	1151420	58
苏州	Suzhou	2692950	5492795	5454612	7	厦门	Xiamen	1550100	2002650	2136462	24
南通	Nantong	1097437	1344137	1368629	47	莆田	Putian	436831	518439	603415	118
连云港	Lianyungang	331797	484067	954477	74	三明	Sanming	328905	394300	444754	137
淮安	Huaian	696662	913463	933676	77	泉州	Quanzhou	703472	814315	814315	82
盐城	Yancheng	366404	460602	471912	135	漳州	Zhangzhou	278378	517997	592124	121
扬州	Yangzhou	609643	1082080	1125263	60	南平	Nanping	342977	441351	434571	140
镇江	Zhenjiang	848956	1084280	1044933	67	龙岩	Longyan	348570	413703	412825	150
泰州	Taizhou	399557	762225	784406	84	宁德	Ningde	80722	148200	147681	240
宿迁	Suqian	339119	658322	710206	99	**江西**	**Jiangxi**	**3187234**	**3843113**	**3856675**	
浙江	**Zhejiang**	**11546484**	**15970132**	**16961502**		南昌	Nanchang	1008000	1494124	1135203	59
杭州	Hangzhou	3926426	4840497	5527078	5	景德镇	Jingdezhen	184497	163209	164325	230
宁波	Ningbo	2537433	3081224	3181606	12	萍乡	Pingxiang	380075	429611	417446	147
温州	Wenzhou	1159208	1228977	1282475	52	九江	Jiujiang	408977	380300	376700	164
嘉兴	Jiaxing	738037	991233	1013706	70	新余	Xinyu	638327	560365	762921	92
湖州	Huzhou	596188	755944	780792	85	鹰潭	Yingtan	57414	70683	70268	270
绍兴	Shaoxing	485155	2447315	2501567	18	赣州	Ganzhou	160840	205083	384408	162
金华	Jinhua	355567	491643	503986	129	吉安	Jian	70390	137443	144110	245
衢州	Quzhou	530607	675752	679802	103	宜春	Yichun	111002	162380	173790	224
舟山	Zhoushan	315390	339076	352190	174	抚州	Fuzhou	109509	159675	145692	244
台州	Taizhou	761636	942172	954879	73	上饶	Shangrao	58203	80240	81812	265
丽水	Lishui	140837	176299	183421	221	**山东**	**Shandong**	**16401475**	**19966703**	**19728998**	
安徽	**Anhui**	**5641784**	**7321850**	**7503156**		济南	Jinan	1894606	1827981	1850239	31
合肥	Hefei	856458	1170320	1285143	51	青岛	Qingdao	1877516	2034910	2010951	26
芜湖	Wuhu	527315	859505	936850	76	淄博	Zibo	2570255	2600268	2464849	19
蚌埠	Bengbu	285422	392545	411497	152	枣庄	Zaozhuang	536445	700378	672781	105
淮南	Huainan	477568	551361	541206	125	东营	Dongying	1019390	1472134	1535430	40
马鞍山	Maanshan	972025	1122121	1225297	57	烟台	Yantai	972597	1230845	1298736	49
淮北	Huaibei	308658	336780	337644	178	潍坊	Weifang	1058761	1356713	1298300	50
铜陵	Tongling	459581	579237	587698	122	济宁	Jining	781427	991696	967468	72
安庆	Anqing	324125	408002	386258	161	泰安	Taian	366252	403895	419444	145
黄山	Huangshan	94035	125306	126689	248	威海	Weihai	435765	512877	682884	101
滁州	Chuzhou	162978	210107	215919	210	日照	Rizhao	968785	1247698	1277313	53
阜阳	Fuyang	248624	368972	295685	190	莱芜	Laiwu	978714	1042604	1079857	64
宿州	Suzhou	206120	319598	338139	177	临沂	Linyi	1207960	1623727	1694523	35
六安	Liuan	178203	239326	137480	247	德州	Dezhou	393775	563993	704083	100
亳州	Bozhou	81634	144637	155237	236	聊城	Liaocheng	426778	1262090	499881	131

9-1　全社会用电量　续表 2
Annual Electricity Consumption continued 2

单位：万千瓦时　　　　(10 000 kwh)

地名	City	2010	2013	2014	2014 排名 Ranking	地名	City	2010	2013	2014	2014 排名 Ranking
滨州	Binzhou	568684	495775	624251	115	常德	Changde	193930	259866	315314	185
菏泽	Heze	343765	599119	648008	113	张家界	Zhangjiajie	73793	97527	96667	258
河南	**Henan**	**13519063**	**15392818**	**15216779**		益阳	Yiyang	171642	215279	216124	209
郑州	Zhengzhou	2887213	3618523	3639902	11	郴州	Chenzhou	340016	401800	387200	160
开封	Kaifeng	358825	480758	597249	120	永州	Yongzhou	190885	211286	221346	207
洛阳	Luoyang	2809681	2440217	1877765	30	怀化	Huaihua	213547	187106	173281	225
平顶山	Pingdingshan	708696	797948	745154	93	娄底	Loudi	268596	665939	682443	102
安阳	Anyang	1291473	1458334	1595877	38	**广东**	**Guangdong**	**31477111**	**35693194**	**39801987**	
鹤壁	Hebi	268496	351595	373112	166	广州	Guangzhou	5629954	6397985	6906076	2
新乡	Xinxiang	584882	757705	780446	86	韶关	Shaoguan	459495	606000	649772	112
焦作	Jiaozuo	1315224	1471965	1453974	43	深圳	Shenzhen	6635406	7297680	7799339	1
濮阳	Puyang	371330	492549	483669	134	珠海	Zhuhai	1022561	1247341	1343224	48
许昌	Xuchang	219253	300228	294369	191	汕头	Shantou	1235327		1716458	34
漯河	Luohe	249138	351731	318798	184	佛山	Foshan	4630795	5270608	5641251	4
三门峡	Sanmenxia	281167	179533	163144	232	江门	Jiangmen	871199	1018789	1114644	61
南阳	Nanyang	634776	752777	1018559	69	湛江	Zhanjiang	400813	564419		
商丘	Shangqiu	869297	944882	886005	78	茂名	Maoming	398718	480736	654498	110
信阳	Xinyang	298002	420396	399437	158	肇庆	Zhaoqing	331382	419068	331750	180
周口	Zhoukou	121518	151183	149136	239	惠州	Huizhou	1173823	1545632	1727088	32
驻马店	Zhumadian	250092	422494	440183	139	梅州	Meizhou	121340	193299	268178	195
湖北	**Hubei**	**6927194**	**8058988**	**8183956**		汕尾	Shanwei		91745	235582	201
武汉	Wuhan	3117800	3768151	3758831	10	河源	Heyuan	210168	213481	220338	208
黄石	Huangshi	638721	671001	652798	111	阳江	Yangjiang	179209	415082	420123	144
十堰	Shiyan	375120	360877	410603	154	清远	Qingyuan	454816	831694	949183	75
宜昌	Yichang	779215	802981	733908	95	东莞	Dongguan	5619998	6225139	6609853	3
襄阳	Xiangyang	409771	594588	607442	117	中山	Zhongshan	1870513	2171019	2376382	20
鄂州	Ezhou	553894	589298	640954	114	潮州	Chaozhou	140303	593936	715688	98
荆门	Jingmen	227911	345866	405468	155	揭阳	Jieyang				
孝感	Xiaogan	104723	169208	184204	220	云浮	Yunfu	91291	109541	122560	250
荆州	Jingzhou	279168	397891	421260	143	**广西**	**Guangxi**	**4456268**	**5540873**	**5737911**	
黄冈	Huanggang	62525	89730	91875	260	南宁	Nanning	854042	1067842	1108120	62
咸宁	Xianning	234284	159677	159349	234	柳州	Liuzhou	724039	774610	860562	79
随州	Suizhou	144062	109720	117264	253	桂林	Guilin	237250	266322	278519	193
湖南	**Hunan**	**4999429**	**6525852**	**6530483**		梧州	Wuzhou	202829	280031	310085	186
长沙	Changsha	943789	1373249	1382042	46	北海	Beihai	132079	301333	367605	170
株洲	Zhuzhou	648163	798579	785926	83	防城港	Fangchenggang	147347	310802	422054	142
湘潭	Xiangtan	754268	788764	765338	89	钦州	Qinzhou	141570	399251	403367	156
衡阳	Hengyang	536875	671584	664705	107	贵港	Guigang	343170	333119	411743	151
邵阳	Shaoyang	114019	161730	162359	233	玉林	Yulin	213848	214432	228961	204
岳阳	Yueyang	549906	693143	677738	104	百色	Baise	414830	503567	377456	163

9-1 全社会用电量 续表 3
Annual Electricity Consumption continued 3

单位：万千瓦时 （10 000 kwh）

地名	City	2010	2013	2014	2014 排名 Ranking
贺州	Hezhou	279703	437214	446311	136
河池	Hechi	139620	150342	24269	276
来宾	Laibin	572247	408226	411153	153
崇左	Chongzuo	53694	93782	87706	262
海南	**Hainan**	**555888**	**802826**	**906799**	
海口	Haikou	391263	555210	603390	119
三亚	Sanya	164625	247514	303186	188
三沙	Sansha			223	277
重庆	**Chongqing**	**4680337**	**6416839**	**7109800**	
四川	**Sichuan**	**6854005**	**8627141**	**8047620**	
成都	Chengdu	2181060	2843239	2332426	22
自贡	Zigong	275748	306400	223555	205
攀枝花	Panzhihua	955421	891774	995867	71
泸州	Luzhou	263020	366134	413954	149
德阳	Deyang	269843	286767	279984	192
绵阳	Mianyang	288581	476195	484537	133
广元	Guangyuan	314615	365725	367760	169
遂宁	Suining	102545	144461	163434	231
内江	Neijiang	96161	161482	172595	226
乐山	Leshan	770842	773143	730976	96
南充	Nanchong	206736	250618	255705	198
眉山	Meishan	224784	536971	185111	219
宜宾	Yibin	402537	377605	356039	173
广安	Guangan	112970	198622	222615	206
达州	Dazhou	204240	254371	429097	141
雅安	Yaan	59498	208154	231986	203
巴中	Bazhong	34695	75282	99267	257
资阳	Ziyang	90709	110198	102712	255
贵州	**Guizhou**	**2349165**	**3489431**	**3123981**	
贵阳	Guiyang	1470703	1745085	1576332	39
六盘水	Liupanshui	255416	482367	373769	165
遵义	Zunyi	358504	456494	352005	175
安顺	Anshun	264542	374607	360960	172
毕节	Bijie		189236	185723	217
铜仁	Tongren		241642	275192	194
云南	**Yunnan**	**2701456**	**2174961**	**2270990**	
昆明	Kunming	919188	1036234	1027164	68
曲靖	Qujing	1112400	348170	371745	167
玉溪	Yuxi	364793	399687	403260	157
保山	Baoshan	60468	93246	99748	256
昭通	Zhaotong	116609	136969	165105	229
丽江	Lijiang	45994	43717	71950	269
普洱	Puer	51865	70742	81323	266
临沧	Lincang	30139	46196	50695	272
西藏	**Tibet**				
拉萨	Lasa				
陕西	**Shaanxi**	**3134042**	**4117891**	**8266876**	
西安	Xi'an	1628535	2186579	2356506	21
铜川	Tongchuan	580857	526897	320834	183
宝鸡	Baoji	314362	377301	419031	146
咸阳	Xianyang	151402	140576	146007	243
渭南	Weinan		89468	93942	259
延安	Yan'an	109211	160074	174942	223
汉中	Hanzhong	89406	78401	87124	263
榆林	Yulin	119017	359146	4460800	9
安康	Ankang	112652	165393	170968	227
商洛	Shangluo	28600	34056	36722	274
甘肃	**Gansu**	**3573429**	**4267513**	**4843710**	
兰州	Lanzhou	1473092	1370989	1396678	45
嘉峪关	Jiayuguan	593739	1562917	1997466	27
金昌	Jinchang				
白银	Baiyin	761582	825641	766452	87
天水	Tianshui	213493			
武威	Wuwei	126764	139869	146827	241
张掖	Zhangye	205890	35349	146762	242
平凉	Pingliang	80450	119560	87802	261
酒泉	Jiuquan	75610	114101	108540	254
庆阳	Qingyang	23000	41881	125313	249
定西	Dingxi	10055	13912	25900	275
陇南	Longnan	9754	43294	41970	273
青海	**Qinghai**	**640184**	**1106501**	**1099259**	
西宁	Xining	640184	799664	765342	88
海东	Haidong			333917	179
宁夏	**Ningxia**	**1889815**	**3135183**	**2633658**	
银川	Yinchuan	422831			
石嘴山	Shizuishan	1131000	1195674	1275043	54
吴忠	Wuzhong	210230	177100	190995	215
固原	Guyuan	38287	83515	80255	267
中卫	Zhongwei	87467	1678894	1087365	63
新疆	**Xinjiang**	**1556120**	**2385892**	**2020557**	
乌鲁木齐	Urumqi	1134410	1887672	1498365	42
克拉玛依	Karamay	421710	498220	522192	128

9-2 工业用电量
Electricity Consumption for Industry

单位：万千瓦时 （10 000 kwh）

地名	City	2010	2013	2014	2014 排名 Ranking
城市合计	**Prefecture Cities**	**151670192**	**178447050**	**183021143**	
北京	**Beijing**	**3014775**	**3027853**	**3045114**	
天津	**Tianjin**	**4922699**	**5463727**	**5590727**	
河北	**Hebei**	**8550597**	**10761845**	**11158333**	
石家庄	Shijiazhuang	852086	869617	1374272	28
唐山	Tangshan	4331561	5195783	5028720	1
秦皇岛	Qinhuangdao	350174	439485	361466	128
邯郸	Handan	419820	1352959	1300942	30
邢台	Xingtai	419107	369077	359026	130
保定	Baoding	326178	494980	524139	96
张家口	Zhangjiakou	545516	559507	524570	95
承德	Chengde	458271	388110	352122	133
沧州	Cangzhou	357235	450480	507571	100
廊坊	Langfang	247687	462879	530294	93
衡水	Hengshui	242962	178968	295211	147
山西	**Shanxi**	**3717136**	**4141043**	**3846831**	
太原	Taiyuan	1504023	1630143	1389629	27
大同	Datong	459594	558696	569453	85
阳泉	Yangquan	425749	560526	460419	112
长治	Changzhi	328940	306365	273251	158
晋城	Jincheng	127458	150881	115152	213
朔州	Shuozhou	269705	465361	473097	109
晋中	Jinzhong	132913	143200	143200	203
运城	Yuncheng	247431	39561	103280	220
忻州	Xinzhou	46370	69610	69400	243
临汾	Linfen	145313	184300	171450	195
吕梁	Lvliang	29640	32400	78500	238
内蒙古	**Inner Mongolia**	**4958388**	**5107206**	**5541867**	
呼和浩特	Hohhot	436439	265235	284356	154
包头	Baotou	1776599	2141658	2278894	11
乌海	Wuhai	1129662	1329393	1621879	20
赤峰	Chifeng	272046	370423	381613	121
通辽	Tongliao	523765	583715	592055	78
鄂尔多斯	Erdos	648604	109447	103300	219
呼伦贝尔	Hulunbuir	52418	92327	103441	218
巴彦淖尔	Bayannur	72925	132469	94029	224
乌兰察布	Ulanqab	45930	82539	82300	236
辽宁	**Liaoning**	**8490140**	**9198824**	**9253713**	
沈阳	Shenyang	1059822	1221312	1252098	32
大连	Dalian	1337558	1811990	1718429	19
鞍山	Anshan	1369432	1421353	1426556	24
抚顺	Fushun	946539	942891	902184	51
本溪	Benxi	1161231	1180210	1159933	37
丹东	Dandong	172789		367473	125
锦州	Jinzhou	413660	167037	886432	53
营口	Yingkou	742377	833712	277278	157
阜新	Fuxin	269335	297635	515446	99
辽阳	Liaoyang	534445	574049	442285	114
盘锦	Panjin	285697	438000	112751	214
铁岭	Tieling	45332	107397	192848	187
朝阳	Chaoyang	101220	203238		
葫芦岛	Huludao	50703			
吉林	**Jilin**	**2591187**	**2706696**	**2782482**	
长春	Changchun	752246	801405	771769	62
吉林	Jilin	885121	936783	1032560	41
四平	Siping	312755	214694	162687	197
辽源	Liaoyuan	123811	174083	162104	198
通化	Tonghua	188781	168830	156371	201
白山	Baishan	161697	108779	164083	196
松原	Songyuan	143517	262878	268010	162
白城	Baicheng	23259	39244	64898	247
黑龙江	**Heilongjiang**	**3942660**	**3484105**	**4109515**	
哈尔滨	Harbin	721800	772963	812720	58
齐齐哈尔	Qiqihar	340000		373994	123
鸡西	Jixi	248463	232673	209405	181
鹤岗	Hegang	171210	249833	231709	174
双鸭山	Shuangyashan	179278		216118	177
大庆	Daqing	1550070	1725429	1793604	18
伊春	Yichun	131004	114731	103258	221
佳木斯	Jiamusi	71100	98737	89584	226
七台河	Qitaihe	210970	195168	197474	186
牡丹江	Mudanjiang	255635			
黑河	Heihe	46630	76619	63524	249
绥化	Suihua	16500	17952	18125	268
上海	**Shanghai**	**7866100**	**7994500**	**7713718**	
江苏	**Jiangsu**	**12397483**	**17454662**	**18026583**	

9-2 工业用电量 续表 1
Electricity Consumption for Industry continued 1

单位：万千瓦时 （10 000 kwh）

地名	City	2010	2013	2014	2014 排名 Ranking	地名	City	2010	2013	2014	2014 排名 Ranking
南京	Nanjing	2296124	2867065	2890160	8	池州	Chizhou	126560	240985	263389	167
无锡	Wuxi	1899827	1940069	1958780	16	宣城	Xuancheng	57343	124351	128058	208
徐州	Xuzhou	1195500	1588975	1530186	23	福建	**Fujian**	**2894854**	**3582995**	**3712310**	
常州	Changzhou	1681577	2154766	2189134	12	福州	Fuzhou	328400	370394	360666	129
苏州	Suzhou	1905634	4180034	4176415	4	厦门	Xiamen	898400	1135949	1165134	35
南通	Nantong	838683	966163	991734	43	莆田	Putian	256467	259645	309015	144
连云港	Lianyungang	191819	283472	666062	70	三明	Sanming	278242	322678	362426	127
淮安	Huaian	516414	636443	664984	71	泉州	Quanzhou	439090	484674	484674	106
盐城	Yancheng	227718	249550	266677	164	漳州	Zhangzhou	148700	312952	366840	126
扬州	Yangzhou	407707	697009	751058	64	南平	Nanping	277010	355085	347062	134
镇江	Zhenjiang	689165	846658	818367	56	龙岩	Longyan	242760	281318	263149	168
泰州	Taizhou	290497	534321	568423	86	宁德	Ningde	25785	60300	53344	253
宿迁	Suqian	256818	510137	554603	90	江西	**Jiangxi**	**2127099**	**2402528**	**2478689**	
浙江	**Zhejiang**	**8171357**	**11072582**	**11968405**		南昌	Nanchang	526480	785620	597833	76
杭州	Hangzhou	2583460	2960819	3550615	6	景德镇	Jingdezhen	153042	122010	122341	209
宁波	Ningbo	1938747	2262718	2374295	10	萍乡	Pingxiang	316468	344563	332835	139
温州	Wenzhou	753824	735419	779475	60	九江	Jiujiang	262010	272200	270100	159
嘉兴	Jiaxing	587923	768964	800089	59	新余	Xinyu	589491	487900	681223	69
湖州	Huzhou	440622	532200	561503	89	鹰潭	Yingtan	23748	26085	24645	265
绍兴	Shaoxing	357015	2013613	2077161	15	赣州	Ganzhou	86416	95832	201129	184
金华	Jinhua	222253	302977	309239	143	吉安	Jian	35592	84134	79210	237
衢州	Quzhou	460348	571817	572386	83	宜春	Yichun	57009	73649	83317	234
舟山	Zhoushan	198658	180537	189102	189	抚州	Fuzhou	60230	91234	69698	242
台州	Taizhou	545261	643060	651513	72	上饶	Shangrao	16613	19301	16358	270
丽水	Lishui	83246	100458	103027	222	山东	**Shandong**	**12761282**	**15121824**	**14752965**	
安徽	**Anhui**	**3990657**	**4859764**	**5220653**		济南	Jinan	1174780	963649	974803	46
合肥	Hefei	369124	441803	561945	88	青岛	Qingdao	1204458	1199839	1162828	36
芜湖	Wuhu	388879	650363	728164	65	淄博	Zibo	2272515	2226243	2079289	14
蚌埠	Bengbu	182646	242158	268979	161	枣庄	Zaozhuang	419488	511384	484804	105
淮南	Huainan	371191	394104	396236	118	东营	Dongying	933985	1365580	1420933	25
马鞍山	Maanshan	893765	1001988	1119492	38	烟台	Yantai	718507	893888	952696	48
淮北	Huaibei	259018	246507	250073	170	潍坊	Weifang	806727	1025138	997300	42
铜陵	Tongling	413556	512468	523640	97	济宁	Jining	647455	753594	722794	66
安庆	Anqing	257552	312348	294530	148	泰安	Taian	229680	224120	227718	175
黄山	Huangshan	41119	49284	51207	254	威海	Weihai	302300	360800	471590	110
滁州	Chuzhou	109518	83377	131139	206	日照	Rizhao	835614	1043181	1080187	40
阜阳	Fuyang	165371	223233	183500	190	莱芜	Laiwu	904515	938892	975002	45
宿州	Suzhou	127959	185738	202274	183	临沂	Linyi	964392	1233881	1288734	31
六安	Liuan	66602	109948	69318	244	德州	Dezhou	294275	447395	569850	84
亳州	Bozhou	26748	41109	4809	274	聊城	Liaocheng	318508	1090207	357881	131

9-2 工业用电量 续表 2
Electricity Consumption for Industry continued 2

单位：万千瓦时 （10 000 kwh）

地名	City	2010	2013	2014	2014 排名 Ranking	地名	City	2010	2013	2014	2014 排名 Ranking
滨州	Binzhou	494363	401773	502134	102	常德	Changde	108220	104354	174566	194
菏泽	Heze	239720	442260	484422	107	张家界	Zhangjiajie	22700	28869	28345	263
河南	**Henan**	**11081584**	**11901233**	**11721464**		益阳	Yiyang	107980	140275	149696	202
郑州	Zhengzhou	2043505	2420614	2422899	9	郴州	Chenzhou	128526	279900	282500	156
开封	Kaifeng	249374	311453	408292	116	永州	Yongzhou	117044	107789	116664	212
洛阳	Luoyang	2555346	2152996	1576153	22	怀化	Huaihua	93424	4550	39498	260
平顶山	Pingdingshan	607329	659362	610614	75	娄底	Loudi	249812	561179	506875	101
安阳	Anyang	1159916	1269194	1408015	26	**广东**	**Guangdong**	**20838729**	**23105568**	**25501400**	
鹤壁	Hebi	222285	285161	301965	145	广州	Guangzhou	3054991	3197361	3403486	7
新乡	Xinxiang	435479	548926	575255	82	韶关	Shaoguan	329949	444500	474769	108
焦作	Jiaozuo	1252349	1346814	1330330	29	深圳	Shenzhen	3974097	4393588	4722889	3
濮阳	Puyang	302574	394397	396585	117	珠海	Zhuhai	650805	774433	841790	54
许昌	Xuchang	155987	210827	205060	182	汕头	Shantou	802743		1099622	39
漯河	Luohe	170967	225504	198865	185	佛山	Foshan	3515947	3798092	4064164	5
三门峡	Sanmenxia	258708	156838	139293	205	江门	Jiangmen	595250	707863	759149	63
南阳	Nanyang	479639	522698	814146	57	湛江	Zhanjiang	225598	352752		
商丘	Shangqiu	751384	762038	696108	68	茂名	Maoming	320929	379911	467325	111
信阳	Xinyang	172129	227796	215606	178	肇庆	Zhaoqing	218920	285572	191567	188
周口	Zhoukou	80191	89881	87160	228	惠州	Huizhou	783682	1083545	1197381	34
驻马店	Zhumadian	184422	316734	335118	137	梅州	Meizhou	66200	104121	142113	204
湖北	**Hubei**	**4843711**	**5273194**	**5378647**		汕尾	Shanwei		44841	17415	269
武汉	Wuhan	1913385	2185527	2140852	13	河源	Heyuan	149558	126186	117704	211
黄石	Huangshi	532690	560275	545139	92	阳江	Yangjiang	56118	317301	283100	155
十堰	Shiyan	285275	240710	284403	153	清远	Qingyuan	360047	598409	713755	67
宜昌	Yichang	643885	609374	581375	80	东莞	Dongguan	4355690	4537990	4829488	2
襄阳	Xiangyang	280956	385796	389353	119	中山	Zhongshan	1289415	1458375	1577676	21
鄂州	Ezhou	485340	499106	549618	91	潮州	Chaozhou	28030	428280	523265	98
荆门	Jingmen	188233	267732	318573	141	揭阳	Jieyang				
孝感	Xiaogan	40662	82290	89356	227	云浮	Yunfu	60760	72448	74742	239
荆州	Jingzhou	196956	261408	288069	151	**广西**	**Guangxi**	**3122590**	**3719990**	**3814541**	
黄冈	Huanggang	30568	39323	41727	259	南宁	Nanning	392257	480439	576020	81
咸宁	Xianning	171151	84445	85282	231	柳州	Liuzhou	541225	533788	595023	77
随州	Suizhou	74610	57208	64900	246	桂林	Guilin	100635	98156	96706	223
湖南	**Hunan**	**2921387**	**3778328**	**3842864**		梧州	Wuzhou	150261	212224	234087	173
长沙	Changsha	223612	383172	387454	120	北海	Beihai	43609	177191	222366	176
株洲	Zhuzhou	474020	512885	528818	94	防城港	Fangchenggang	102938	233496	334494	138
湘潭	Xiangtan	524731	623460	618036	74	钦州	Qinzhou	78640	295321	320105	140
衡阳	Hengyang	386342	447532	439636	115	贵港	Guigang	275579	235232	297686	146
邵阳	Shaoyang	53114	86620	83777	233	玉林	Yulin	139610	107341	110513	215
岳阳	Yueyang	431862	497743	486999	104	百色	Baise	379046	446643	314470	142

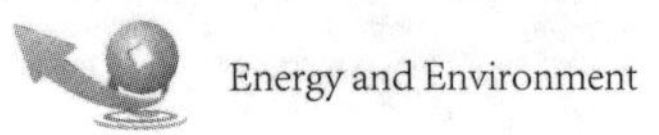

9-2 工业用电量 续表 3
Electricity Consumption for Industry continued 3

单位：万千瓦时 （10 000 kwh）

地名	City	2010	2013	2014	2014 排名 Ranking	地名	City	2010	2013	2014	2014 排名 Ranking
贺州	Hezhou	237294	368766	369142	124	丽江	Lijiang	10781	1016	19444	267
河池	Hechi	109080	107223	16287	271	普洱	Puer	29054	41234	47040	256
来宾	Laibin	532059	350920	263404	166	临沧	Lincang	18800	29069	30685	262
崇左	Chongzuo	40357	73250	64227	248	**西藏**	**Tibet**				
海南	**Hainan**	**120560**	**182603**	**229871**		拉萨	Lasa				
海口	Haikou	99222	152610	160738	200	**陕西**	**Shaanxi**	**1665684**	**1961966**	**1907906**	
三亚	Sanya	21338	29993	69133	245	西安	Xi'an	684755	717618	778543	61
三沙	Sansha					铜川	Tongchuan	542014	474543	262921	169
重庆	**Chongqing**	**3222492**	**4121536**	**4670329**		宝鸡	Baoji	199081	256033	267506	163
四川	**Sichuan**	**4620537**	**5355584**	**4667191**		咸阳	Xianyang	55866	83118	74460	240
成都	Chengdu	1024362	1327738	821900	55	渭南	Weinan		20133	21038	266
自贡	Zigong	206437	177663	129452	207	延安	Yan'an	57521	99250	92759	225
攀枝花	Panzhihua	883763	798803	899957	52	汉中	Hanzhong	44478	13997	16117	272
泸州	Luzhou	196309	216849	249376	171	榆林	Yulin	24792	258738	356500	132
德阳	Deyang	195635	192873	180184	192	安康	Ankang	44777	35300	33495	261
绵阳	Mianyang	122853	286007	269660	160	商洛	Shangluo	12400	3236	4567	275
广元	Guangyuan	239110	279029	266352	165	**甘肃**	**Gansu**	**2705184**	**3307579**	**3734808**	
遂宁	Suining	48909	67455	74126	241	兰州	Lanzhou	1094818	982131	972214	47
内江	Neijiang	32860	77427	85294	230	嘉峪关	Jiayuguan	536200	1425983	1850973	17
乐山	Leshan	676119	526109	494964	103	金昌	Jinchang				
南充	Nanchong	111330	125831	120833	210	白银	Baiyin	722682	621543	562507	87
眉山	Meishan	170072	453755	105186	217	天水	Tianshui	71885			
宜宾	Yibin	355682	244231	215354	179	武威	Wuwei	98117	57044	61400	251
广安	Guangan	97967	141549	161666	199	张掖	Zhangye	74661	12634	84994	232
达州	Dazhou	159467	208151	340510	135	平凉	Pingliang	50326	91244	42726	257
雅安	Yaan	34828	159085	177796	193	酒泉	Jiuquan	40458	74164	61414	250
巴中	Bazhong	10600	17552	26822	264	庆阳	Qingyang	12422	32109	85930	229
资阳	Ziyang	54234	55477	47759	255	定西	Dingxi	1600	2357	2200	276
贵州	**Guizhou**	**1658642**	**2229818**	**2126485**		陇南	Longnan	2015	8370	10450	273
贵阳	Guiyang	1046488	994064	933877	49	**青海**	**Qinghai**	**463297**	**869225**	**879262**	
六盘水	Liupanshui	178609	406300	338639	136	西宁	Xining	463297	575055	585092	79
遵义	Zunyi	236815	282933	246269	172	海东	Haidong			294170	149
安顺	Anshun	196730	263734	288606	150	**宁夏**	**Ningxia**	**1528125**	**2897225**	**2377040**	
毕节	Bijie		106351	105524	216	银川	Yinchuan	243696			
铜仁	Tongren		176436	213570	180	石嘴山	Shizuishan	1097000	1114880	1230952	33
云南	**Yunnan**	**1286934**	**1471300**	**1522868**		吴忠	Wuzhong	176492	141500	182890	191
昆明	Kunming	584556	640159	624841	73	固原	Guyuan	10483	48800	42240	258
曲靖	Qujing	239308	312976	284701	152	中卫	Zhongwei	454	1592045	920958	50
玉溪	Yuxi	316647	332867	377074	122	**新疆**	**Xinjiang**	**1194322**	**1891747**	**1444562**	
保山	Baoshan	36119	51981	56055	252	乌鲁木齐	Urumqi	813356	1450372	985465	44
昭通	Zhaotong	51669	61998	83028	235	克拉玛依	Karamay	380966	441375	459097	113

9-3 城乡居民生活用电量
Household Electricity Consumption for Urban and Rural Residential

单位：万千瓦时 （10 000 kwh）

地名	City	2010	2013	2014	2014 排名 Ranking
城市合计	**Prefecture Cities**	**26605611**	**33938455**	**34624551**	
北京	**Beijing**	**1357608**	**1529046**	**1646395**	
天津	**Tianjin**	**674061**	**751732**	**780920**	
河北	**Hebei**	**653582**	**842397**	**891680**	
石家庄	Shijiazhuang	160102	168529	269869	26
唐山	Tangshan	71259	103765	101443	62
秦皇岛	Qinhuangdao	56242	84050	82208	88
邯郸	Handan	65463	62792	68051	113
邢台	Xingtai	44733	55218	46324	160
保定	Baoding	84365	122607	72143	106
张家口	Zhangjiakou	35338	52508	53148	138
承德	Chengde	25506	33253	33236	198
沧州	Cangzhou	40436	49140	53602	135
廊坊	Langfang	41547	75498	74804	99
衡水	Hengshui	28591	35037	36852	191
山西	**Shanxi**	**464572**	**620835**	**654588**	
太原	Taiyuan	192006	260107	275957	25
大同	Datong	63991	88297	98123	65
阳泉	Yangquan	22000	27170	27697	226
长治	Changzhi	31077	46174	49736	152
晋城	Jincheng	11992	16343	16564	255
朔州	Shuozhou	11786	10048	10583	268
晋中	Jinzhong	27500	31800	31800	209
运城	Yuncheng	38926	52841	69868	109
忻州	Xinzhou	12924	12155	14700	261
临汾	Linfen	38178	53900	59560	126
吕梁	Lvliang	14192	22000		
内蒙古	**Inner Mongolia**	**401289**	**557993**	**583499**	
呼和浩特	Hohhot	95054	145436	155984	45
包头	Baotou	129545	172068	186610	38
乌海	Wuhai	19946	26695	28332	222
赤峰	Chifeng	42935	53919	56129	132
通辽	Tongliao	31096	52678	51465	145
鄂尔多斯	Erdos	31428	31023	27400	227
呼伦贝尔	Hulunbuir	12171	25176	26487	232
巴彦淖尔	Bayannur	11814	26699	26492	231
乌兰察布	Ulanqab	27300	24299	24600	238
辽宁	**Liaoning**	**1098409**	**1237709**	**1225413**	

地名	City	2010	2013	2014	2014 排名 Ranking
沈阳	Shenyang	384908	420246	422347	15
大连	Dalian	234977	284191	291226	23
鞍山	Anshan	75303	88273	85935	81
抚顺	Fushun	58103	68018	73381	101
本溪	Benxi	45329	50067	50367	149
丹东	Dandong	36615			
锦州	Jinzhou	30059	94243	52032	143
营口	Yingkou	55733	62192	63148	119
阜新	Fuxin	33819	41333	50326	150
辽阳	Liaoyang	33331	36794	44694	167
盘锦	Panjin	32821	31620	31964	208
铁岭	Tieling	24832	30163	30255	211
朝阳	Chaoyang	23191	30569	29738	214
葫芦岛	Huludao	29388			
吉林	**Jilin**	**448369**	**439954**	**487604**	
长春	Changchun	230581	198141	196983	34
吉林	Jilin	84081	93526	138520	48
四平	Siping	24554	21918	22386	245
辽源	Liaoyuan	23889	17771	20088	248
通化	Tonghua	22433	28033	29483	216
白山	Baishan	29604	25462	26597	230
松原	Songyuan	19751	31498	29063	219
白城	Baicheng	13476	23605	24484	241
黑龙江	**Heilongjiang**	**635467**	**635524**	**777445**	
哈尔滨	Harbin	222400	310328	378636	17
齐齐哈尔	Qiqihar	82000		63797	117
鸡西	Jixi	30625	35523	37654	189
鹤岗	Hegang	43249	53320	54337	134
双鸭山	Shuangyashan	12156		9745	269
大庆	Daqing	57902	70439	72714	103
伊春	Yichun	42199	31049	31972	207
佳木斯	Jiamusi	35600	44033	44629	168
七台河	Qitaihe	36301	33290	26155	235
牡丹江	Mudanjiang	20609			
黑河	Heihe	8426	8324	8411	270
绥化	Suihua	44000	49218	49395	153
上海	**Shanghai**	**1689500**	**2050400**	**1702338**	
江苏	**Jiangsu**	**2024311**	**3098288**	**2730283**	

9-3 城乡居民生活用电量 续表 1

Household Electricity Consumption for Urban and Rural Residential continued 1

单位：万千瓦时 （10 000 kwh）

地名	City	2010	2013	2014	2014 排名 Ranking
南京	Nanjing	498679	675488	607393	8
无锡	Wuxi	253527	326663	281079	24
徐州	Xuzhou	141959	206248	196026	35
常州	Changzhou	209858	193409	244538	28
苏州	Suzhou	306963	521894	461407	11
南通	Nantong	127471	377974	162618	44
连云港	Lianyungang	60701	85368	125526	54
淮安	Huaian	99924	147390	135105	49
盐城	Yancheng	70189	101465	92015	73
扬州	Yangzhou	90253	184641	172246	43
镇江	Zhenjiang	75045	97452	85213	82
泰州	Taizhou	47193	108274	97115	66
宿迁	Suqian	42549	72022	70002	108
浙江	**Zhejiang**	**1422193**	**2057402**	**1995272**	
杭州	Hangzhou	507378	715234	725608	4
宁波	Ningbo	241472	320387	297208	22
温州	Wenzhou	208993	254254	250194	27
嘉兴	Jiaxing	58899	87116	76542	95
湖州	Huzhou	71259	100419	87347	79
绍兴	Shaoxing	51870	191942	175294	42
金华	Jinhua	60160	88017	87213	80
衢州	Quzhou	33417	49921	48958	155
舟山	Zhoushan	46569	60514	60586	124
台州	Taizhou	118844	156840	153237	46
丽水	Lishui	23332	32758	33085	200
安徽	**Anhui**	**831259**	**1089478**	**941133**	
合肥	Hefei	217548	300875	236034	30
芜湖	Wuhu	63711	85901	77287	94
蚌埠	Bengbu	48319	63671	53101	139
淮南	Huainan	65349	88885	78469	92
马鞍山	Maanshan	36349	64677	37341	190
淮北	Huaibei	27914	46328	45621	164
铜陵	Tongling	22066	29056	24535	239
安庆	Anqing	52671	44640	42360	173
黄山	Huangshan	19121	29109	28245	223
滁州	Chuzhou	21848	31183	27879	225
阜阳	Fuyang	48076	44149	41917	174
宿州	Suzhou	42888	65038	64327	116
六安	Liuan	56625	70275	62091	123
亳州	Bozhou	35170	60025	59529	127
池州	Chizhou	21751	27156	27015	228
宣城	Xuancheng	23221	38510	35382	195
福建	**Fujian**	**1055245**	**1377912**	**1100836**	
福州	Fuzhou	304700	364728		
厦门	Xiamen	305720	397365	450383	12
莆田	Putian	107201	151798	175811	40
三明	Sanming	22558	27475	29896	212
泉州	Quanzhou	133423	175721	175721	41
漳州	Zhangzhou	60595	109810	113506	57
南平	Nanping	39163	39390	40586	178
龙岩	Longyan	57237	69425	69010	111
宁德	Ningde	24648	42200	45923	163
江西	**Jiangxi**	**448655**	**671590**	**605281**	
南昌	Nanchang	150960	313524	199910	32
景德镇	Jingdezhen	31098	33753	33760	197
萍乡	Pingxiang	34462	47792	46060	162
九江	Jiujiang	70200	56738	46946	158
新余	Xinyu	35768	31580	38246	187
鹰潭	Yingtan	11214	15503	15516	259
赣州	Ganzhou	32521	45318	91912	74
吉安	Jian	14435	22811	24533	240
宜春	Yichun	24740	40073	41150	176
抚州	Fuzhou	25900	38321	39064	184
上饶	Shangrao	17357	26177	28184	224
山东	**Shandong**	**1569941**	**1962674**	**2099023**	
济南	Jinan	299230	336923	340177	19
青岛	Qingdao	272321	315468	334836	20
淄博	Zibo	148353	193120	188334	37
枣庄	Zaozhuang	94642	92523	91642	75
东营	Dongying	35192	35175	38543	185
烟台	Yantai	105294	131404	144804	47
潍坊	Weifang	85039	121569	133300	50
济宁	Jining	52745	99627	97086	67
泰安	Taian	57868	79271	83030	86
威海	Weihai	56670	53233	84392	84
日照	Rizhao	48845	73598	75214	98
莱芜	Laiwu	35229	48836	49168	154
临沂	Linyi	123951	170052	194529	36
德州	Dezhou	36269	42363	52871	140
聊城	Liaocheng	44024	64149	64793	114

9-3 城乡居民生活用电量 续表 2

Household Electricity Consumption for Urban and Rural Residential continued 2

单位：万千瓦时 （10 000 kwh）

地名	City	2010	2013	2014	2014 排名 Ranking	地名	City	2010	2013	2014	2014 排名 Ranking
滨州	Binzhou	31263	40236	53509	137	常德	Changde	55300	61005	75972	97
菏泽	Heze	43006	65127	72795	102	张家界	Zhangjiajie	16595	30229	29693	215
河南	**Henan**	**1046712**	**1542125**	**1407867**		益阳	Yiyang	34480	48546	52042	142
郑州	Zhengzhou	315780	464875	424997	14	郴州	Chenzhou	56680	49500	36200	193
开封	Kaifeng	57665	77965	90528	76	永州	Yongzhou	49100	52551	63472	118
洛阳	Luoyang	72949	125649	125852	53	怀化	Huaihua	25477	9873	51551	144
平顶山	Pingdingshan	51892	66639	62462	120	娄底	Loudi	15469	49490	40241	181
安阳	Anyang	71815	95934	92046	72	**广东**	**Guangdong**	**4332726**	**5072602**	**6135769**	
鹤壁	Hebi	18646	24387	26230	233	广州	Guangzhou	1083087	1282044	1449948	1
新乡	Xinxiang	70908	79182	76122	96	韶关	Shaoguan	55542	64200	72527	104
焦作	Jiaozuo	42158	52361	51336	146	深圳	Shenzhen	826906	1039391	1190375	2
濮阳	Puyang	32362	43234	40159	183	珠海	Zhuhai	136194	168438	197561	33
许昌	Xuchang	34068	44760	43311	171	汕头	Shantou	288603		387602	16
漯河	Luohe	42714	62289	56411	131	佛山	Foshan	466701	605033	669654	6
三门峡	Sanmenxia	17918	21399	22591	244	江门	Jiangmen	69348	117245	101291	63
南阳	Nanyang	60995	139452	62235	122	湛江	Zhanjiang	106028	76627		
商丘	Shangqiu	59296	94157	94612	68	茂名	Maoming	36603	48095	98493	64
信阳	Xinyang	51956	78760	72161	105	肇庆	Zhaoqing	37689	52377	56758	130
周口	Zhoukou	19238	28757	26603	229	惠州	Huizhou	139134	191978	230258	31
驻马店	Zhumadian	26352	42325	40211	182	梅州	Meizhou	35330	46654	69457	110
湖北	**Hubei**	**993077**	**1266379**	**1232146**		汕尾	Shanwei		46904	120916	55
武汉	Wuhan	535799	678267	614487	7	河源	Heyuan	32084	43141	51233	147
黄石	Huangshi	40922	54961	49785	151	阳江	Yangjiang	31657	40362	48305	157
十堰	Shiyan	38670	49957	60065	125	清远	Qingyuan	40970	79791	94578	69
宜昌	Yichang	69493	88259	62445	121	东莞	Dongguan	582056	720611	816385	3
襄阳	Xiangyang	74928	100584	106726	59	中山	Zhongshan	265870	328273	366395	18
鄂州	Ezhou	36387	52217	50565	148	潮州	Chaozhou	81862	103898	92929	70
荆门	Jingmen	20556	38742	38313	186	揭阳	Jieyang				
孝感	Xiaogan	37060	55243	53576	136	云浮	Yunfu	17062	17540	21104	247
荆州	Jingzhou	54610	64942	117746	56	**广西**	**Guangxi**	**630258**	**893434**	**992056**	
黄冈	Huanggang	15340	25784	24219	242	南宁	Nanning	191656	267470	306532	21
咸宁	Xianning	32527	31605	29481	217	柳州	Liuzhou	90497	120454	130515	51
随州	Suizhou	36785	25818	24738	237	桂林	Guilin	70495	88334	90056	77
湖南	**Hunan**	**879530**	**1147621**	**1191875**		梧州	Wuzhou	26708	32397	33150	199
长沙	Changsha	344333	489662	465045	10	北海	Beihai	39466	56194	68652	112
株洲	Zhuzhou	69678	90359	92659	71	防城港	Fangchenggang	24480	29178	32641	204
湘潭	Xiangtan	59897	60613	77682	93	钦州	Qinzhou	16572	46258	54413	133
衡阳	Hengyang	62294	87038	84972	83	贵港	Guigang	41997	62817	72026	107
邵阳	Shaoyang	36190	34078	41039	177	玉林	Yulin	38762	58335	64379	115
岳阳	Yueyang	54037	84677	81307	89	百色	Baise	21376	29983	34009	196

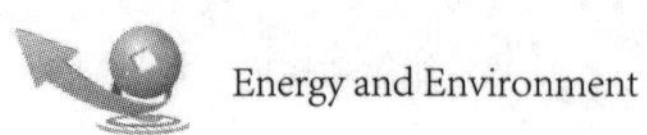

9-3 城乡居民生活用电量 续表 3
Household Electricity Consumption for Urban and Rural Residential continued 3

单位：万千瓦时 （10 000 kwh）

地名	City	2010	2013	2014	2014 排名 Ranking	地名	City	2010	2013	2014	2014 排名 Ranking
贺州	Hezhou	25873	41196	46149	161	丽江	Lijiang	7559	12077	12115	265
河池	Hechi	8640	13898	4856	273	普洱	Puer	11840	13804	15689	258
来宾	Laibin	25115	34419	40381	179	临沧	Lincang	6360	9284	11053	267
崇左	Chongzuo	8621	12501	14297	262	**西藏**	**Tibet**				
海南	**Hainan**	**100808**	**159478**	**191147**		拉萨	Lasa				
海口	Haikou	56958	90523	108325	58	**陕西**	**Shaanxi**	**605459**	**924007**	**996274**	
三亚	Sanya	43850	68955	82822	87	西安	Xi'an	403385	650983	698160	5
三沙	Sansha					铜川	Tongchuan	18917	26142	29198	218
重庆	**Chongqing**	**721744**	**1042702**	**1053859**		宝鸡	Baoji	38123	60561	59347	128
四川	**Sichuan**	**1014642**	**1327675**	**1467345**		咸阳	Xianyang	45335	23120	32669	203
成都	Chengdu	420270	515925	570117	9	渭南	Weinan		32016	35857	194
自贡	Zigong	39970	46200	52421	141	延安	Yan'an	20309	25235	28615	221
攀枝花	Panzhihua	27562	39439	43942	170	汉中	Hanzhong	23662	19186	21455	246
泸州	Luzhou	50600	73576	74459	100	榆林	Yulin	16238	27644	29800	213
德阳	Deyang	36544	41745	45037	166	安康	Ankang	28801	43205	45114	165
绵阳	Mianyang	60907	82251	89902	78	商洛	Shangluo	10689	15915	16059	256
广元	Guangyuan	31677	34327	36673	192	**甘肃**	**Gansu**	**260595**	**251640**	**298805**	
遂宁	Suining	31564	40622	44146	169	兰州	Lanzhou	112937	120991	130194	52
内江	Neijiang	35372	49151	48427	156	嘉峪关	Jiayuguan	18183	19657	18767	250
乐山	Leshan	57018	68357	83783	85	金昌	Jinchang				
南充	Nanchong	53186	72992	79032	91	白银	Baiyin	21171	28541	32285	206
眉山	Meishan	33493	40001	42731	172	天水	Tianshui	42746			
宜宾	Yibin	43256	83009	80104	90	武威	Wuwei	10457	22472	23123	243
广安	Guangan	7873	19087	19337	249	张掖	Zhangye	12446	12123	15750	257
达州	Dazhou	29887	18010	46538	159	平凉	Pingliang	11834	10964	17284	252
雅安	Yaan	15648	33725	37997	188	酒泉	Jiuquan	13527	15475	16764	254
巴中	Bazhong	18236	36137	40329	180	庆阳	Qingyang	8356	5230	16963	253
资阳	Ziyang	21579	33121	32370	205	定西	Dingxi	2700	2623	12300	264
贵州	**Guizhou**	**477483**	**652983**	**645067**		陇南	Longnan	6238	13564	15375	260
贵阳	Guiyang	298658	425758	425289	13	**青海**	**Qinghai**	**77600**	**104303**	**112443**	
六盘水	Liupanshui	29330				西宁	Xining	77600	98294	105842	60
遵义	Zunyi	121689	95849	105736	61	海东	Haidong			6601	272
安顺	Anshun	27806	44267	30940	210	**宁夏**	**Ningxia**	**96879**	**56600**	**49443**	
毕节	Bijie		52885	57524	129	银川	Yinchuan	56300			
铜仁	Tongren		34224	25578	236	石嘴山	Shizuishan	14800	22956	17719	251
云南	**Yunnan**	**441468**	**398175**	**415932**		吴忠	Wuzhong	9900	11200	7310	271
昆明	Kunming	334632	245283	243205	29	固原	Guyuan	8759	11700	12550	263
曲靖	Qujing	27810	35194	41753	175	中卫	Zhongwei	7120	10744	11864	266
玉溪	Yuxi	21413	22794	26186	234	**新疆**	**Xinjiang**	**152169**	**175797**	**212813**	
保山	Baoshan	17052	30150	32922	202	乌鲁木齐	Urumqi	131970	149800	183800	39
昭通	Zhaotong	14802	29589	33009	201	克拉玛依	Karamay	20199	25997	29013	220

9-4 工业废水排放量

Volume of Industrial Waste Water Discharged

单位：万吨 (10 000 tons)

地名	City	2010	2013	2014	2014 排名 Ranking
城市合计	**Prefecture Cities**	**2254365**	**2045371**	**1951594**	
北京	**Beijing**	**8198**	**9486**	**9174**	
天津	**Tianjin**	**19680**	**18692**	**19011**	
河北	**Hebei**	**111185**	**109532**	**106550**	
石家庄	Shijiazhuang	19254	27753	24024	8
唐山	Tangshan	18170	12589	13973	30
秦皇岛	Qinhuangdao	5608	6156	6273	105
邯郸	Handan	7686	7125	6388	100
邢台	Xingtai	9293	14318	14323	28
保定	Baoding	17866	14271	14200	29
张家口	Zhangjiakou	6983	6032	6204	108
承德	Chengde	6290	1638	1560	249
沧州	Cangzhou	6871	8925	9490	53
廊坊	Langfang	6662	5066	5149	130
衡水	Hengshui	6502	5659	4966	133
山西	**Shanxi**	**45102**	**45226**	**49262**	
太原	Taiyuan	2557	4085	3975	161
大同	Datong	4832	5387	4907	137
阳泉	Yangquan	1134	583	614	272
长治	Changzhi	5241	8065	7951	74
晋城	Jincheng	5188	5701	5741	119
朔州	Shuozhou	1535	1626	1780	239
晋中	Jinzhong	2189	3101	3182	180
运城	Yuncheng	11854	4839	8281	70
忻州	Xinzhou	1452	2379	2691	199
临汾	Linfen	3068	6443	5941	115
吕梁	Lvliang	6052	3017	4199	154
内蒙古	**Inner Mongolia**	**33064**	**27494**	**32369**	
呼和浩特	Hohhot	2374	2082	7249	84
包头	Baotou	4833	7426	3858	165
乌海	Wuhai	4352	852	1389	259
赤峰	Chifeng	2723	2677	4404	149
通辽	Tongliao	2880	3309	2765	195
鄂尔多斯	Erdos	3377	2041	2388	212
呼伦贝尔	Hulunbuir	6357	5693	5994	113
巴彦淖尔	Bayannur	4718	2053	2621	205
乌兰察布	Ulanqab	1450	1361	1701	243
辽宁	**Liaoning**	**70524**	**84505**	**90668**	
沈阳	Shenyang	6140	8533	9134	57
大连	Dalian	27421	26154	40150	2
鞍山	Anshan	5548	6322	6338	103
抚顺	Fushun	3031	2089	2190	220
本溪	Benxi	2591	2953	2656	201
丹东	Dandong	4070	5521	4327	152
锦州	Jinzhou	3859	4940	3353	176
营口	Yingkou	3197	2790	2795	192
阜新	Fuxin	544	3615	4217	153
辽阳	Liaoyang	2942	6807	6625	94
盘锦	Panjin	2446	9712	4418	148
铁岭	Tieling	1682	1667	1208	262
朝阳	Chaoyang	3823	810	727	269
葫芦岛	Huludao	3230	2592	2530	209
吉林	**Jilin**	**35440**	**38273**	**36798**	
长春	Changchun	5815	5482	5564	123
吉林	Jilin	15584	10366	10491	42
四平	Siping	1385	3552	3225	179
辽源	Liaoyuan	1062	1387	1788	238
通化	Tonghua	6807	11904	10145	47
白山	Baishan	1984	1259	1526	253
松原	Songyuan	751	2559	2174	222
白城	Baicheng	2052	1764	1885	235
黑龙江	**Heilongjiang**	**34920**	**41594**	**38111**	
哈尔滨	Harbin	3283	4487	5188	129
齐齐哈尔	Qiqihar	6089	7006	5689	121
鸡西	Jixi	3057	2638	2008	229
鹤岗	Hegang	2705	3272	3151	181
双鸭山	Shuangyashan	1107	3063	2933	186
大庆	Daqing	8786	5174	3835	167
伊春	Yichun	757	829	1105	264
佳木斯	Jiamusi	3185	1950	1122	263
七台河	Qitaihe	2671	2288	1554	250
牡丹江	Mudanjiang	2793	1925	1276	261
黑河	Heihe	161	1196	1473	258
绥化	Suihua	326	7766	8777	64
上海	**Shanghai**	**36696**	**45400**	**43939**	
江苏	**Jiangsu**	**262031**	**220558**	**204888**	

9-4 工业废水排放量 续表 1
Volume of Industrial Waste Water Discharged continued 1

单位：万吨 (10 000 tons)

地名	City	2010	2013	2014	2014 排名 Ranking
南京	Nanjing	33784	25291	21561	10
无锡	Wuxi	35846	23093	21551	11
徐州	Xuzhou	9122	15376	10774	39
常州	Changzhou	37715	12017	11909	35
苏州	Suzhou	64055	66916	61438	1
南通	Nantong	15708	14584	15809	24
连云港	Lianyungang	3538	5618	6204	108
淮安	Huaian	10484	8348	7989	73
盐城	Yancheng	13028	17555	17472	17
扬州	Yangzhou	9059	9731	8790	63
镇江	Zhenjiang	8187	9665	9085	59
泰州	Taizhou	15493	7514	7376	82
宿迁	Suqian	6012	4850	7930	77
浙江	**Zhejiang**	**216068**	**188380**	**150137**	
杭州	Hangzhou	80468	39186	35370	3
宁波	Ningbo	18970	19666	16546	20
温州	Wenzhou	17008	7433	6020	112
嘉兴	Jiaxing	19812	21130	20636	12
湖州	Huzhou	10888	10789	10020	50
绍兴	Shaoxing	30230	27245	26341	7
金华	Jinhua	12309	8710	7627	79
衢州	Quzhou	12256	14856	12478	32
舟山	Zhoushan	1493	2094	2150	224
台州	Taizhou	5709	31025	6822	91
丽水	Lishui	6926	6246	6127	110
安徽	**Anhui**	**70976**	**74559**	**69580**	
合肥	Hefei	3290	6018	6920	88
芜湖	Wuhu	4305	7365	3900	163
蚌埠	Bengbu	5742	4172	3037	183
淮南	Huainan	5607	10686	10650	41
马鞍山	Maanshan	5563	6745	7338	83
淮北	Huaibei	1818	2520	2277	215
铜陵	Tongling	4512	5654	5693	120
安庆	Anqing	5644	4863	4661	144
黄山	Huangshan	2102	626	644	271
滁州	Chuzhou	7643	6460	5755	118
阜阳	Fuyang	2575	2820	2640	203
宿州	Suzhou	3688	3963	4029	159
六安	Liuan	3436	2689	2740	197
亳州	Bozhou	1527	2055	2755	196
池州	Chizhou	1485	2174	2648	202
宣城	Xuancheng	6883	5749	3893	164
福建	**Fujian**	**124159**	**104566**	**102034**	
福州	Fuzhou	4920	4682	4681	143
厦门	Xiamen	4457	27256	27380	5
莆田	Putian	1700	1852	2633	204
三明	Sanming	15816	13337	12091	34
泉州	Quanzhou	19544	20080	19258	13
漳州	Zhangzhou	62845	25413	23963	9
南平	Nanping	9399	6900	7216	85
龙岩	Longyan	3977	3599	3315	177
宁德	Ningde	1501	1447	1497	255
江西	**Jiangxi**	**72481**	**68230**	**64841**	
南昌	Nanchang	10536	10602	8656	65
景德镇	Jingdezhen	5296	6431	6852	89
萍乡	Pingxiang	1808	2353	1903	233
九江	Jiujiang	8784	11050	10739	40
新余	Xinyu	5681	5395	4746	142
鹰潭	Yingtan	4725	2803	2216	219
赣州	Ganzhou	10437	10738	11434	36
吉安	Jian	11201	3935	3251	178
宜春	Yichun	4286	6584	7072	86
抚州	Fuzhou	4543	3539	2924	187
上饶	Shangrao	5184	4800	5048	132
山东	**Shandong**	**208261**	**188807**	**180021**	
济南	Jinan	5594	8596	7880	78
青岛	Qingdao	10800	10641	10989	38
淄博	Zibo	21212	15460	16445	21
枣庄	Zaozhuang	16185	10188	10345	44
东营	Dongying	10559	10111	8624	66
烟台	Yantai	8386	9530	9181	56
潍坊	Weifang	21496	28103	27101	6
济宁	Jining	16212	15680	16408	23
泰安	Taian	4579	8224	9299	54
威海	Weihai	2872	2740	2710	198
日照	Rizhao	9977	15557	7542	81
莱芜	Laiwu	2659	1388	1610	247
临沂	Linyi	10077	9833	10161	46
德州	Dezhou	19335	9353	7941	75
聊城	Liaocheng	20873	8510	8873	61

9-4 工业废水排放量 续表 2

Volume of Industrial Waste Water Discharged continued 2

单位：万吨 (10 000 tons)

地名	City	2010	2013	2014	2014 排名 Ranking
滨州	Binzhou	15013	15921	15622	26
菏泽	Heze	12432	8972	9290	55
河南	**Henan**	**143284**	**126752**	**127208**	
郑州	Zhengzhou	13484	11837	14704	27
开封	Kaifeng	5462	8647	8832	62
洛阳	Luoyang	5741	7741	6849	90
平顶山	Pingdingshan	6107	8978	5957	114
安阳	Anyang	15585	5508	4962	134
鹤壁	Hebi	5680	3874	3721	172
新乡	Xinxiang	16098	13088	17795	15
焦作	Jiaozuo	21807	10868	13489	31
濮阳	Puyang	9370	7155	6381	101
许昌	Xuchang	3371	5562	4942	135
漯河	Luohe	7849	2753	2396	211
三门峡	Sanmenxia	3602	6861	6969	87
南阳	Nanyang	11070	6263	6650	93
商丘	Shangqiu	4354	9554	4186	155
信阳	Xinyang	4487	2089	2070	227
周口	Zhoukou	2852	9492	11098	37
驻马店	Zhumadian	6365	6482	6207	107
湖北	**Hubei**	**88192**	**77354**	**78183**	
武汉	Wuhan	22465	14700	17097	19
黄石	Huangshi	7749	5037	5812	117
十堰	Shiyan	2700	2144	2112	226
宜昌	Yichang	14484	18419	17763	16
襄阳	Xiangyang	11328	8619	8412	69
鄂州	Ezhou	2073	2278	1710	242
荆门	Jingmen	7177	3825	3825	169
孝感	Xiaogan	5928	5111	4900	139
荆州	Jingzhou	6104	10387	9923	51
黄冈	Huanggang	3704	3045	3011	185
咸宁	Xianning	2462	2018	1918	232
随州	Suizhou	2018	1771	1700	244
湖南	**Hunan**	**93658**	**89707**	**79515**	
长沙	Changsha	4336	4049	4397	150
株洲	Zhuzhou	7900	7227	5929	116
湘潭	Xiangtan	7557	5526	5260	128
衡阳	Hengyang	7180	7469	6466	98
邵阳	Shaoyang	6939	9135	6771	92
岳阳	Yueyang	12245	12686	10468	43
常德	Changde	12575	11601	10202	45
张家界	Zhangjiajie	429	552	546	274
益阳	Yiyang	7548	4970	4794	141
郴州	Chenzhou	6768	9014	8898	60
永州	Yongzhou	3854	4073	3811	170
怀化	Huaihua	6471	6246	6454	99
娄底	Loudi	9856	7159	5519	124
广东	**Guangdong**	**186359**	**163784**	**174473**	
广州	Guangzhou	26023	22558	19181	14
韶关	Shaoguan	6028	10780	8180	71
深圳	Shenzhen	9001	12012	12115	33
珠海	Zhuhai	6124	5538	4936	136
汕头	Shantou	6150		5516	125
佛山	Foshan	26683	14822	16413	22
江门	Jiangmen	11457	11750	17284	18
湛江	Zhanjiang	5455	6205	6558	95
茂名	Maoming	5523	4626	6027	111
肇庆	Zhaoqing	8844	10153	10093	48
惠州	Huizhou	6029	8320	8465	68
梅州	Meizhou	3431	5066	4379	151
汕尾	Shanwei	3679	1794	1920	230
河源	Heyuan	3247	1583	1548	251
阳江	Yangjiang	3125	2026	2306	214
清远	Qingyuan	3055	3695	5126	131
东莞	Dongguan	29992	23463	28396	4
中山	Zhongshan	11381	8914	8072	72
潮州	Chaozhou	4237	2982	2796	191
揭阳	Jieyang	3369	6074	3848	166
云浮	Yunfu	3526	1423	1314	260
广西	**Guangxi**	**140094**	**89510**	**72925**	
南宁	Nanning	12426	9752	9087	58
柳州	Liuzhou		8495	7559	80
桂林	Guilin	3527	4005	3828	168
梧州	Wuzhou	4085	4401	4161	156
北海	Beihai	1369	1830	1920	230
防城港	Fangchenggang	5889	1555	1732	241
钦州	Qinzhou	4093	2918	3982	160
贵港	Guigang	15762	9936	3501	174
玉林	Yulin	3838	3266	2910	188
百色	Baise	4698	7393	6293	104

9-4 工业废水排放量 续表 3
Volume of Industrial Waste Water Discharged continued 3

单位：万吨 (10 000 tons)

地名	City	2010	2013	2014	2014 排名 Ranking	地名	City	2010	2013	2014	2014 排名 Ranking
贺州	Hezhou	2946	2408	2227	216	丽江	Lijiang	132	2808	294	280
河池	Hechi	23701	23110	15751	25	普洱	Puer	2456	2796	2366	213
来宾	Laibin	51252	6556	6484	97	临沧	Lincang	2290	4568	3682	173
崇左	Chongzuo	6508	3885	3490	175	**西藏**	**Tibet**		**333**		
海南	**Hainan**	**536**	**893**	**822**		拉萨	Lasa		333		
海口	Haikou	513	824	776	268	**陕西**	**Shaanxi**	**47084**	**35113**	**34349**	
三亚	Sanya	23	69	46	284	西安	Xi'an	13840	8973	6340	102
三沙	Sansha					铜川	Tongchuan	328	424	402	277
重庆	**Chongqing**	**45180**	**33450**	**34968**		宝鸡	Baoji	11521	4779	4612	145
四川	**Sichuan**	**88742**	**61993**	**59821**		咸阳	Xianyang	7149	5234	4906	138
成都	Chengdu	12558	10524	10064	49	渭南	Weinan	3245	3861	4084	158
自贡	Zigong	2781	1828	1684	245	延安	Yan'an	1390	2357	2114	225
攀枝花	Panzhihua	1904	4138	2553	207	汉中	Hanzhong	2244	2327	2512	210
泸州	Luzhou	6267	3541	3084	182	榆林	Yulin	5099	4344	6255	106
德阳	Deyang	5448	6638	6506	96	安康	Ankang	292	453	464	276
绵阳	Mianyang	9492	5788	5614	122	商洛	Shangluo	1976	2361	2660	200
广元	Guangyuan	2783	364	329	279	**甘肃**	**Gansu**	**13727**	**24293**	**18465**	
遂宁	Suining	3560	1111	1478	257	兰州	Lanzhou	2529	4910	4563	147
内江	Neijiang	2654	3146	2789	193	嘉峪关	Jiayuguan	2566	2659	2172	223
乐山	Leshan	6342	4297	4588	146	金昌	Jinchang	1614	1720	2180	221
南充	Nanchong	1133	3229	2537	208	白银	Baiyin	1463	613	565	273
眉山	Meishan	10409	3974	3974	162	天水	Tianshui	475	500	489	275
宜宾	Yibin	12256	5825	8560	67	武威	Wuwei	741	3409	986	265
广安	Guangan	2547	3368	1758	240	张掖	Zhangye	987	2035	2218	218
达州	Dazhou	3225	2062	2222	217	平凉	Pingliang	1410	5017	1500	254
雅安	Yaan	1943	1168	967	266	酒泉	Jiuquan	733	1043	1537	252
巴中	Bazhong	827	347	294	280	庆阳	Qingyang	180	334	400	278
资阳	Ziyang	2613	645	820	267	定西	Dingxi	187	279	289	282
贵州	**Guizhou**	**9214**	**17924**	**21945**		陇南	Longnan	842	1774	1566	248
贵阳	Guiyang	2380	2262	2895	189	**青海**	**Qinghai**	**4052**	**4377**	**4441**	
六盘水	Liupanshui	3912	4093	4093	157	西宁	Xining	4052	2798	2555	206
遵义	Zunyi	2203	2563	2778	194	海东	Haidong			1886	234
安顺	Anshun	719	2097	1681	246	**宁夏**	**Ningxia**	**20144**	**13671**	**12401**	
毕节	Bijie		6197	9852	52	银川	Yinchuan	5894	6194	5496	126
铜仁	Tongren		712	646	270	石嘴山	Shizuishan	1864	1399	1808	237
云南	**Yunnan**	**17911**	**31210**	**27997**		吴忠	Wuzhong	6944	2437	2042	228
昆明	Kunming	4435	4808	3747	171	固原	Guyuan	142	248	249	283
曲靖	Qujing	3078	3224	3014	184	中卫	Zhongwei	5300	3393	2806	190
玉溪	Yuxi	1510	5045	5456	127	**新疆**	**Xinjiang**	**7402**	**9705**	**6698**	
保山	Baoshan	3645	6542	7941	75	乌鲁木齐	Urumqi	5822	4889	4849	140
昭通	Zhaotong	365	1419	1497	255	克拉玛依	Karamay	1580	4816	1849	236

9-5 工业二氧化硫产生量
Volume of Industrial Sulfur Dioxide Produced

单位：吨 (ton)

地名	City	2011	2013	2014	2014 排名 Ranking
城市合计	**Prefecture Cities**	**48709109**	**55618829**	**57160293**	
北京	**Beijing**	**154714**	**156984**	**135115**	
天津	**Tianjin**	**554913**	**711656**	**850132**	
河北	**Hebei**	**3555783**	**3308818**	**3310903**	
石家庄	Shijiazhuang	632407	706861	663236	11
唐山	Tangshan	701127	714740	740545	8
秦皇岛	Qinhuangdao	548320	151430	145768	118
邯郸	Handan	515933	531766	586707	16
邢台	Xingtai	179565	228228	194440	89
保定	Baoding	237581	156859	219270	81
张家口	Zhangjiakou	265797	270734	255850	65
承德	Chengde	159338	173346	159640	105
沧州	Cangzhou	135489	163145	147270	115
廊坊	Langfang	74751	90279	94919	177
衡水	Hengshui	105475	121430	103258	164
山西	**Shanxi**	**2644736**	**3392143**	**4053622**	
太原	Taiyuan	350273	358000	355358	47
大同	Datong	436932	454877	416657	35
阳泉	Yangquan	223007	216558	219777	80
长治	Changzhi	333920	396209	442252	31
晋城	Jincheng	176688	234357	276500	59
朔州	Shuozhou	175921	365226	405131	36
晋中	Jinzhong	124278	402763	424964	34
运城	Yuncheng	151000	109843	612791	15
忻州	Xinzhou	172985	215292	242905	73
临汾	Linfen	287411	428275	426160	33
吕梁	Lvliang	212321	210743	231127	74
内蒙古	**Inner Mongolia**	**3795508**	**3695263**	**4185540**	
呼和浩特	Hohhot	384596	399558	393934	39
包头	Baotou	924157	552068	630287	14
乌海	Wuhai	118277	330461	337824	48
赤峰	Chifeng	674615	841866	891003	6
通辽	Tongliao	97437	399511	387560	41
鄂尔多斯	Erdos	608990	708700	647117	12
呼伦贝尔	Hulunbuir	95436	119937	123814	135
巴彦淖尔	Bayannur	87000	93478	508822	21
乌兰察布	Ulanqab	805000	249684	265179	61
辽宁	**Liaoning**	**2015266**	**2181617**	**2303779**	
沈阳	Shenyang	180971	219002	243710	72
大连	Dalian	204728	242863	244056	71
鞍山	Anshan	121609	146957	145786	117
抚顺	Fushun	144582	128207	149600	114
本溪	Benxi	75810	79817	80375	185
丹东	Dandong	35079	78049	79571	188
锦州	Jinzhou	101369	82089	83682	184
营口	Yingkou	69711	97536	109198	156
阜新	Fuxin	157607	145488	174800	99
辽阳	Liaoyang	77044	109044	95900	176
盘锦	Panjin		93741	103347	163
铁岭	Tieling	140951	106279	125836	134
朝阳	Chaoyang	66953	115816	114595	145
葫芦岛	Huludao	638852	536729	553317	18
吉林	**Jilin**	**511216**	**535992**	**559502**	
长春	Changchun	112175	137315	133673	126
吉林	Jilin	122243	105192	122893	138
四平	Siping	77582	74526	79774	186
辽源	Liaoyuan	32061	38508	40320	223
通化	Tonghua	67420	64753	60951	209
白山	Baishan	37918	46811	46327	218
松原	Songyuan	32850	31810	36432	231
白城	Baicheng	28967	37077	39132	225
黑龙江	**Heilongjiang**	**415623**	**453777**	**454005**	
哈尔滨	Harbin	128767	118419	113820	147
齐齐哈尔	Qiqihar	5478	6291	5977	277
鸡西	Jixi	25101	33687	33952	235
鹤岗	Hegang	24173	26205	34944	233
双鸭山	Shuangyashan	40926	42908	37959	230
大庆	Daqing	66066	70215	77622	191
伊春	Yichun	15542	20252	17543	258
佳木斯	Jiamusi	18484	20543	18282	257
七台河	Qitaihe	32797	30891	30589	244
牡丹江	Mudanjiang	23839	38407	33320	236
黑河	Heihe	21452	31749	35919	232
绥化	Suihua	12998	14210	14078	265
上海	**Shanghai**	**534287**			
江苏	**Jiangsu**	**2709267**	**3198521**	**3209411**	

9-5 工业二氧化硫产生量 续表 1

Volume of Industrial Sulfur Dioxide Produced continued 1

单位：吨 (ton)

地名	City	2011	2013	2014	2014 排名 Ranking	地名	City	2011	2013	2014	2014 排名 Ranking
南京	Nanjing	247183	509201	507606	22	池州	Chizhou	65994	93886	111827	151
无锡	Wuxi	308886	289912	278794	58	宣城	Xuancheng	20541	31498	31018	243
徐州	Xuzhou	425868	459921	444121	28	**福建**	**Fujian**	**880845**	**962599**	**982776**	
常州	Changzhou	163211	116913	110419	154	福州	Fuzhou	268501	240433	231020	75
苏州	Suzhou	573794	600132	638883	13	厦门	Xiamen	51324	54309	54056	213
南通	Nantong	244521	215375	244851	70	莆田	Putian	37862	62657	31140	242
连云港	Lianyungang	47127	106433	114664	144	三明	Sanming	65810	83983	91366	178
淮安	Huaian	70442	127202	119333	141	泉州	Quanzhou	201383	236134	269179	60
盐城	Yancheng	65793	134021	132401	128	漳州	Zhangzhou	96277	132657	149937	113
扬州	Yangzhou	190889	186856	166530	102	南平	Nanping	23035	19456	18647	256
镇江	Zhenjiang	278518	285362	284521	54	龙岩	Longyan	57174	70369	72945	197
泰州	Taizhou	54921	127168	128556	132	宁德	Ningde	79479	62601	64486	206
宿迁	Suqian	38114	40025	38732	227	**江西**	**Jiangxi**	**2050073**	**2448622**	**2506443**	
浙江	**Zhejiang**	**2245192**	**1701669**	**1614224**		南昌	Nanchang	59236		87369	183
杭州	Hangzhou	152743	171357	152375	110	景德镇	Jingdezhen	37697	76470	74876	196
宁波	Ningbo	1113077	576750	523571	19	萍乡	Pingxiang	97716	100379	97498	173
温州	Wenzhou	130896	116749	128921	131	九江	Jiujiang	147956	255311	306153	52
嘉兴	Jiaxing	165327	200736	195558	87	新余	Xinyu	115191	109740	108349	158
湖州	Huzhou	91657	86923	78149	189	鹰潭	Yingtan	1218008	1469398	1302918	3
绍兴	Shaoxing	109282	119101	113557	148	赣州	Ganzhou	76996	32282	77550	192
金华	Jinhua	105761	101775	98044	171	吉安	Jian	100872	111352	114382	146
衢州	Quzhou	87053	83106	99019	169	宜春	Yichun	100768	189204	200608	84
舟山	Zhoushan	28533	28202	39478	224	抚州	Fuzhou	22750	22418	23791	250
台州	Taizhou	231382	189040	157472	107	上饶	Shangrao	72883	82068	112949	150
丽水	Lishui	29481	27930	28080	246	**山东**	**Shandong**	**4139011**	**5714808**	**6747141**	
安徽	**Anhui**	**2289845**	**3016184**	**3410598**		济南	Jinan	134811	266895	252648	67
合肥	Hefei	88612	123335	126306	133	青岛	Qingdao	249237	263991	281878	55
芜湖	Wuhu	84325	113162	138477	123	淄博	Zibo	585756	601157	560955	17
蚌埠	Bengbu	52635	53486	49246	214	枣庄	Zaozhuang	138117	228465	222604	79
淮南	Huainan	222552	238897	248381	68	东营	Dongying	302430	364660	427807	32
马鞍山	Maanshan	127116	179238	182522	93	烟台	Yantai	379429	447712	446408	27
淮北	Huaibei	67488	74755	96760	175	潍坊	Weifang	537249	381419	375387	44
铜陵	Tongling	1354264	1796688	2072207	1	济宁	Jining	303173	473863	482431	24
安庆	Anqing	34955	114980	176689	97	泰安	Taian	258971	227237	247665	69
黄山	Huangshan	4106	3184	3009	279	威海	Weihai	48206	118881	141598	122
滁州	Chuzhou	22179	30199	38918	226	日照	Rizhao	157050	127630	178928	96
阜阳	Fuyang	55607	55829	17033	260	莱芜	Laiwu	222368	227648	229455	77
宿州	Suzhou	55977	76018	70983	199	临沂	Linyi	239915	248528	260693	64
六安	Liuan	16009	17449	31717	239	德州	Dezhou	276317	282810	226741	78
亳州	Bozhou	17485	13580	15505	262	聊城	Liaocheng		1030817	1178524	4

9-5 工业二氧化硫产生量 续表 2

Volume of Industrial Sulfur Dioxide Produced continued 2

单位：吨 (ton)

地名	City	2011	2013	2014	2014 排名 Ranking	地名	City	2011	2013	2014	2014 排名 Ranking
滨州	Binzhou	115957	205389	1031178	5	常德	Changde	131054	107886	97795	172
菏泽	Heze	190025	217706	202241	83	张家界	Zhangjiajie	25431	24907	27970	247
河南	**Henan**	**2710276**	**2870404**	**3050289**		益阳	Yiyang	121031	135978	120594	139
郑州	Zhengzhou	236478	307883	385942	42	郴州	Chenzhou	210815	305216	289133	53
开封	Kaifeng	110851	114297	130470	129	永州	Yongzhou	38879	43257	32883	237
洛阳	Luoyang	604247	459703	444064	29	怀化	Huaihua	77314	73733	79762	187
平顶山	Pingdingshan	261442	285680	263148	62	娄底	Loudi	72165	194577	155930	109
安阳	Anyang	255365	369741	373443	45	广东	**Guangdong**	**1695842**	**2578802**	**2637261**	
鹤壁	Hebi	91614	99334	133137	127	广州	Guangzhou		445344	442516	30
新乡	Xinxiang	154789	190489	195467	88	韶关	Shaoguan	97034	116940	111500	153
焦作	Jiaozuo	90234	118468	192654	90	深圳	Shenzhen	35185	35342	34696	234
濮阳	Puyang	44202	48151	54732	211	珠海	Zhuhai	103011	89681	66364	205
许昌	Xuchang	130235	122165	88698	181	汕头	Shantou	110955	106970	99575	166
漯河	Luohe	62548	49101	47141	217	佛山	Foshan	179563	221862	203486	82
三门峡	Sanmenxia	225850	237697	311129	50	江门	Jiangmen	169116	176441	174934	98
南阳	Nanyang	170148	144445	142594	121	湛江	Zhanjiang	87870	119028	103098	165
商丘	Shangqiu	83516	116966	88311	182	茂名	Maoming	93774	439518	499468	23
信阳	Xinyang	102995	96399	103984	161	肇庆	Zhaoqing	31933	49378	44704	219
周口	Zhoukou	22533	23716	20305	252	惠州	Huizhou	101397	82137		
驻马店	Zhumadian	63229	86169	75070	195	梅州	Meizhou	102294	139357	129739	130
湖北	**Hubei**	**1566690**	**2647534**	**1940437**		汕尾	Shanwei	43303	65552	64149	207
武汉	Wuhan	268458	248900	263100	63	河源	Heyuan	47015			
黄石	Huangshi	610269	799292	808080	7	阳江	Yangjiang	38929	55548	75607	194
十堰	Shiyan	28801	25617	24886	249	清远	Qingyuan	56743	29048	31699	240
宜昌	Yichang	124435	921272	179381	95	东莞	Dongguan	274618	249413	279406	57
襄阳	Xiangyang	80594	60024	70660	201	中山	Zhongshan	22306	32510	32170	238
鄂州	Ezhou	102837	98789	97475	174	潮州	Chaozhou	16900		71979	198
荆门	Jingmen	116182	98395	98395	170	揭阳	Jieyang	42493	89485	103518	162
孝感	Xiaogan	84852	136487	123300	137	云浮	Yunfu	41403	35248	68653	202
荆州	Jingzhou	71553	104515	107307	160	广西	**Guangxi**	**1382290**	**1691922**	**1551922**	
黄冈	Huanggang	39005	62579	54679	212	南宁	Nanning	54230	126980	120533	140
咸宁	Xianning	35104	87133	108744	157	柳州	Liuzhou	126966	189556	152283	111
随州	Suizhou	4600	4531	4430	278	桂林	Guilin	102305	125570	68493	203
湖南	**Hunan**	**1411676**	**1528364**	**1405597**		梧州	Wuzhou	11095	13610	14621	264
长沙	Changsha	70420	47614	43417	220	北海	Beihai	32370	40511	38537	228
株洲	Zhuzhou	290997	31397	41003	222	防城港	Fangchenggang	108131	56159	70735	200
湘潭	Xiangtan	99847	118527	111754	152	钦州	Qinzhou	19552	50948	47604	215
衡阳	Hengyang	100990	185207	157459	108	贵港	Guigang	114339	64732	77666	190
邵阳	Shaoyang	25913	111647	113482	149	玉林	Yulin	8626	9167	12946	266
岳阳	Yueyang	146820	148418	134415	125	百色	Baise		155704	198574	86

9-5 工业二氧化硫产生量 续表 3
Volume of Industrial Sulfur Dioxide Produced continued 3

单位：吨 (ton)

地名	City	2011	2013	2014	2014 排名 Ranking
贺州	Hezhou	28875	143765	117214	142
河池	Hechi	592086	291862	310021	51
来宾	Laibin	175308	411100	312216	49
崇左	Chongzuo	8407	12258	10479	271
海南	**Hainan**		**1801**	**1775**	
海口	Haikou		1798	1773	280
三亚	Sanya		3	2	282
三沙	Sansha				
重庆	**Chongqing**	**1526334**	**1404981**	**1410745**	
四川	**Sichuan**	**1459810**	**1828252**	**1773583**	
成都	Chengdu	108723	115512	146175	116
自贡	Zigong	42410	36539	28211	245
攀枝花	Panzhihua	130898	158621	200429	85
泸州	Luzhou	172233	170305	143651	120
德阳	Deyang	104563	32474	31331	241
绵阳	Mianyang	100727	82086	77144	193
广元	Guangyuan	26359	20930	19221	255
遂宁	Suining	10327	12024	12147	267
内江	Neijiang	156181	233516	188314	92
乐山	Leshan	70095	74127	68183	204
南充	Nanchong	10606	9782	8257	274
眉山	Meishan	29959	23245	22648	251
宜宾	Yibin	173926	450541	451583	26
广安	Guangan	147595	248653	230156	76
达州	Dazhou	127835	108760	99575	166
雅安	Yaan	38712	42476	38178	229
巴中	Bazhong	2816	1970	1711	281
资阳	Ziyang	5845	6691	6669	276
贵州	**Guizhou**	**2138193**	**2203849**	**1698527**	
贵阳	Guiyang	343061	174859	180976	94
六盘水	Liupanshui	570386	667585	166900	101
遵义	Zunyi	79026	198414	390438	40
安顺	Anshun	202357	85351	151806	112
毕节	Bijie	797859	932197	698245	9
铜仁	Tongren	145504	145443	110162	155
云南	**Yunnan**	**996320**	**1471872**	**1419727**	
昆明	Kunming	450000	457048	400385	37
曲靖	Qujing	396341	682107	691433	10
玉溪	Yuxi	74301	126426	123370	136
保山	Baoshan	15043	15290	15438	263
昭通	Zhaotong	14561	144846	144157	119
丽江	Lijiang	7500	6831	6787	275
普洱	Puer	10483	11073	10973	270
临沧	Lincang	28091	28251	27184	248
西藏	**Tibet**	**923**	**1092**		
拉萨	Lasa	923	1092		
陕西	**Shaanxi**	**1721115**	**1739963**	**1649999**	
西安	Xi'an	98000	146422	161752	104
铜川	Tongchuan	21423	93510	90645	179
宝鸡	Baoji	266468	249844	89710	180
咸阳	Xianyang	144177	213619	189972	91
渭南	Weinan	766550	547915	468454	25
延安	Yan'an	22308	18557	19724	253
汉中	Hanzhong	101544	142537	63636	208
榆林	Yulin	266500	282869	383356	43
安康	Ankang	11028	12398	12120	268
商洛	Shangluo	23117	32292	170630	100
甘肃	**Gansu**	**2458952**	**2612915**	**2479066**	
兰州	Lanzhou	180421	167921	159262	106
嘉峪关	Jiayuguan	87240	64951	99093	168
金昌	Jinchang	1364205	1522900	1461388	2
白银	Baiyin	594422	552235	517755	20
天水	Tianshui	18993	21782	16895	261
武威	Wuwei	1560	32015	17172	259
张掖	Zhangye	41408	51014	42318	221
平凉	Pingliang	128787	123005	116233	143
酒泉	Jiuquan	18581	45990	19340	254
庆阳	Qingyang	7381	7872	9091	273
定西	Dingxi	6051	10743	9241	272
陇南	Longnan	9903	12487	11278	269
青海	**Qinghai**	**115142**	**152190**	**246182**	
西宁	Xining	115142	134316	137946	124
海东	Haidong			108236	159
宁夏	**Ningxia**	**849266**	**1016553**	**1126694**	
银川	Yinchuan	262375	350693	396558	38
石嘴山	Shizuishan	264907	345841	368237	46
吴忠	Wuzhong	218768	232350	254045	66
固原	Guyuan	38538	29440	47551	216
中卫	Zhongwei	64678	58229	60303	210
新疆	**Xinjiang**	**180000**	**389682**	**445304**	
乌鲁木齐	Urumqi	130000	223269	280235	56
克拉玛依	Karamay	50000	166413	165069	103

9-6 工业二氧化硫排放量
Volume of Sulfur Dioxide Emission

单位：吨 (ton)

地名	City	2010	2013	2014	2014 排名 Ranking	地名	City	2010	2013	2014	2014 排名 Ranking
城市合计	**Prefecture Cities**	**16931974**	**16526300**	**15862826**		沈阳	Shenyang	77385	130672	131344	15
北京	**Beijing**	**56844**	**52041**	**40347**		大连	Dalian	78866	102938	94370	44
天津	**Tianjin**	**217620**	**207793**	**195395**		鞍山	Anshan	77532	124889	116010	23
河北	**Hebei**	**994138**	**1165288**	**1042440**		抚顺	Fushun	50553	51430	54283	108
石家庄	Shijiazhuang	137934	181532	156030	9	本溪	Benxi	87528	70002	65470	83
唐山	Tangshan	238061	282806	250761	1	丹东	Dandong	27955	34200	30544	183
秦皇岛	Qinhuangdao	44737	72501	65512	82	锦州	Jinzhou	61739	36584	38535	151
邯郸	Handan	161805	184980	145946	10	营口	Yingkou	77072	52069	59092	95
邢台	Xingtai	96139	91811	90924	49	阜新	Fuxin	52912	102913	109144	27
保定	Baoding	53984	79253	64676	86	辽阳	Liaoyang	30513	44580	45633	131
张家口	Zhangjiakou	92997	77689	75894	65	盘锦	Panjin	17561	58565	55450	104
承德	Chengde	71294	72424	71938	69	铁岭	Tieling	52802	33061	25274	202
沧州	Cangzhou	25832	40689	39803	144	朝阳	Chaoyang	41530	50542	45693	130
廊坊	Langfang	32302	48607	46320	128	葫芦岛	Huludao	63011	72920	58190	97
衡水	Hengshui	39053	32996	34636	167	**吉林**	**Jilin**	**287362**	**306539**	**295243**	
山西	**Shanxi**	**1094983**	**1129897**	**1077939**		长春	Changchun	60528	57246	56210	102
太原	Taiyuan	94233	88900	83648	56	吉林	Jilin	66448	69924	68005	75
大同	Datong	97416	128026	115853	24	四平	Siping	56644	44618	42980	138
阳泉	Yangquan	109377	93767	88855	52	辽源	Liaoyuan	11048	19724	20458	221
长治	Changzhi	121102	131999	120102	19	通化	Tonghua	38143	37207	38151	154
晋城	Jincheng	98125	82246	77983	62	白山	Baishan	24097	28003	19253	229
朔州	Shuozhou	137040	108902	99458	40	松原	Songyuan	16846	31112	34615	168
晋中	Jinzhong	96699	104113	99895	39	白城	Baicheng	13608	18705	15571	246
运城	Yuncheng	121407	128741	134217	13	**黑龙江**	**Heilongjiang**	**404438**	**282962**	**257817**	
忻州	Xinzhou	78831	63634	64074	87	哈尔滨	Harbin	54000	65987	60028	93
临汾	Linfen	66627	91101	88229	53	齐齐哈尔	Qiqihar	54940	4875	4357	280
吕梁	Lvliang	74126	108468	105625	31	鸡西	Jixi	19762	21384	21879	214
内蒙古	**Inner Mongolia**	**934607**	**1072020**	**1033629**		鹤岗	Hegang	32703	14501	13749	251
呼和浩特	Hohhot	74041	96190	91360	47	双鸭山	Shuangyashan	54489	17556	21231	217
包头	Baotou	174718	197650	189430	5	大庆	Daqing	60515	47034	38435	152
乌海	Wuhai	100000	112317	104786	32	伊春	Yichun	10515	20252	17543	235
赤峰	Chifeng	47524	123085	120094	20	佳木斯	Jiamusi	37268	12930	11688	256
通辽	Tongliao	78030	117500	118600	21	七台河	Qitaihe	18767	16594	16548	240
鄂尔多斯	Erdos	225519	212067	195409	3	牡丹江	Mudanjiang	42691	23131	20291	223
呼伦贝尔	Hulunbuir	99489	76915	79905	59	黑河	Heihe	16790	24508	18888	231
巴彦淖尔	Bayannur	72370	77493	76139	64	绥化	Suihua	1998	14210	13180	252
乌兰察布	Ulanqab	62916	58803	57906	98	**上海**	**Shanghai**	**221476**	**172900**	**155360**	
辽宁	**Liaoning**	**796959**	**965365**	**926032**		**江苏**	**Jiangsu**	**1207743**	**909479**	**870175**	

9-6 工业二氧化硫排放量 续表 1
Volume of Sulfur Dioxide Emission continued 1

单位：吨 (ton)

地名	City	2010	2013	2014	2014 排名 Ranking	地名	City	2010	2013	2014	2014 排名 Ranking
南京	Nanjing	115507	110665	103949	36	池州	Chizhou	21847	15883	19881	225
无锡	Wuxi	99857	83213	78847	61	宣城	Xuancheng	10045	19790	19357	228
徐州	Xuzhou	85851	134558	111130	25	**福建**	**Fujian**	**384135**	**341993**	**337586**	
常州	Changzhou	48000	35830	35308	162	福州	Fuzhou	93635	76043	56385	101
苏州	Suzhou	496377	164970	168413	7	厦门	Xiamen	44454	18772	16144	244
南通	Nantong	60740	63010	61812	91	莆田	Putian	17648	11227	9076	265
连云港	Lianyungang	34430	43462	47569	123	三明	Sanming	63064	46386	43586	136
淮安	Huaian	39597	44957	43055	137	泉州	Quanzhou	53546	90615	110699	26
盐城	Yancheng	31966	44815	45519	132	漳州	Zhangzhou	19017	36156	37650	156
扬州	Yangzhou	65994	45803	44357	135	南平	Nanping	34933	19123	18334	233
镇江	Zhenjiang	56402	63190	54579	106	龙岩	Longyan	40931	28726	29006	189
泰州	Taizhou	52950	50372	54224	109	宁德	Ningde	16907	14945	16706	239
宿迁	Suqian	20072	24634	21413	216	**江西**	**Jiangxi**	**469134**	**543492**	**517407**	
浙江	**Zhejiang**	**548291**	**584704**	**560082**		南昌	Nanchang	30636	40756	37049	157
杭州	Hangzhou	88682	82021	80349	58	景德镇	Jingdezhen	35902	27954	29352	186
宁波	Ningbo	109840	134630	118102	22	萍乡	Pingxiang	42358	90051	88039	54
温州	Wenzhou	61788	34479	34125	171	九江	Jiujiang	66817	93816	79681	60
嘉兴	Jiaxing	67198	72960	77133	63	新余	Xinyu	45654	58335	54292	107
湖州	Huzhou	50976	36806	36521	159	鹰潭	Yingtan	25501	18937	22238	213
绍兴	Shaoxing	54882	59635	64935	85	赣州	Ganzhou	29559	52420	51365	116
金华	Jinhua	28045	37141	35036	164	吉安	Jian	48140	35374	34918	166
衢州	Quzhou	26322	43359	48069	120	宜春	Yichun	86721	71715	65333	84
舟山	Zhoushan	22634	13687	11481	257	抚州	Fuzhou	22366	19748	19708	226
台州	Taizhou	24552	43170	28083	193	上饶	Shangrao	35480	34386	35432	161
丽水	Lishui	13372	26816	26248	201	**山东**	**Shandong**	**1382874**	**1358226**	**1358880**	
安徽	**Anhui**	**483911**	**450402**	**474266**		济南	Jinan	70297	81118	67842	76
合肥	Hefei	31988	41483	42364	141	青岛	Qingdao	86190	69337	64029	88
芜湖	Wuhu	40765	38116	38706	149	淄博	Zibo	163602	206723	184431	6
蚌埠	Bengbu	17735	16970	16407	241	枣庄	Zaozhuang	75952	60372	56171	103
淮南	Huainan	98680	60770	59492	94	东营	Dongying	70995	52818	48312	119
马鞍山	Maanshan	60543	64723	58819	96	烟台	Yantai	88047	79834	75464	67
淮北	Huaibei	51200	43581	44621	134	潍坊	Weifang	116122	128227	120567	18
铜陵	Tongling	40126	36889	31436	179	济宁	Jining	118716	122930	104519	33
安庆	Anqing	17409	17168	16014	245	泰安	Taian	67699	60160	47937	122
黄山	Huangshan	2440	3184	3009	281	威海	Weihai	31785	36212	30669	182
滁州	Chuzhou	13451	18522	20525	220	日照	Rizhao	49592	52084	41228	142
阜阳	Fuyang	10405	18267	50657	118	莱芜	Laiwu	58497	73084	66176	80
宿州	Suzhou	14847	29360	26452	199	临沂	Linyi	87757	105438	92327	45
六安	Liuan	15809	13645	14279	250	德州	Dezhou	103475	78214	68658	74
亳州	Bozhou	14579	12051	12247	254	聊城	Liaocheng	71865	1724	81585	57

9-6 工业二氧化硫排放量 续表 2

Volume of Sulfur Dioxide Emission continued 2

单位：吨 (ton)

地名	City	2010	2013	2014	2014 排名 Ranking	地名	City	2010	2013	2014	2014 排名 Ranking
滨州	Binzhou	70668	80330	140026	11	常德	Changde	47728	37246	38704	150
菏泽	Heze	51615	69621	68939	73	张家界	Zhangjiajie	6379	23280	26369	200
河南	**Henan**	**1072032**	**1019661**	**1000036**		益阳	Yiyang	62145	51294	47525	124
郑州	Zhengzhou	116857	106123	120909	17	郴州	Chenzhou	40587	39244	38256	153
开封	Kaifeng	28322	42892	42655	140	永州	Yongzhou	20762	23679	23654	208
洛阳	Luoyang	211027	117413	104422	34	怀化	Huaihua	42160	39017	37677	155
平顶山	Pingdingshan	114674	113426	103362	37	娄底	Loudi	75132	100173	94980	43
安阳	Anyang	93059	113310	130511	16	**广东**	**Guangdong**	**794914**	**715086**	**684039**	
鹤壁	Hebi	48337	40460	39460	147	广州	Guangzhou		63331	56527	100
新乡	Xinxiang	40145	57033	54095	111	韶关	Shaoguan	48325	48861	40285	143
焦作	Jiaozuo	78217	60357	52883	113	深圳	Shenzhen	32641	8193	8079	268
濮阳	Puyang	23670	23277	21509	215	珠海	Zhuhai	35587	22653	20681	219
许昌	Xuchang	22772	38099	35202	163	汕头	Shantou	25002	29060	26784	198
漯河	Luohe	17907	18359	16916	238	佛山	Foshan	99100	79441	71984	68
三门峡	Sanmenxia	114668	104992	102888	38	江门	Jiangmen	44712	57857	52000	114
南阳	Nanyang	51762	61731	63008	89	湛江	Zhanjiang	43785	22877	20377	222
商丘	Shangqiu	31116	36033	32624	177	茂名	Maoming	33665	30106	30425	184
信阳	Xinyang	48900	33706	31423	180	肇庆	Zhaoqing	31420	29647	30962	181
周口	Zhoukou	11926	20604	19088	230	惠州	Huizhou	33058	30029	28941	190
驻马店	Zhumadian	18673	31846	29081	188	梅州	Meizhou	42405	37739	36470	160
湖北	**Hubei**	**488409**	**503808**	**411223**		汕尾	Shanwei	17585	11794	10427	260
武汉	Wuhan	87256	97600	84500	55	河源	Heyuan	21692	10506	10118	262
黄石	Huangshi	74480	82400	65513	81	阳江	Yangjiang	16102	18974	24129	206
十堰	Shiyan	25210	18071	17530	236	清远	Qingyuan	54614	21109	22511	210
宜昌	Yichang	69389	55077	5969	278	东莞	Dongguan	99913	112132	106710	30
襄阳	Xiangyang	46861	43958	36726	158	中山	Zhongshan	46050	22490	22278	212
鄂州	Ezhou	42527	35752	32875	174	潮州	Chaozhou	13338	13444	12578	253
荆门	Jingmen	41168	34602	34602	169	揭阳	Jieyang	20321	17398	23829	207
孝感	Xiaogan	36275	42991	39800	145	云浮	Yunfu	35599	27445	27944	195
荆州	Jingzhou	30111	43985	46842	125	**广西**	**Guangxi**	**773395**	**437998**	**431786**	
黄冈	Huanggang	13922	17441	15339	247	南宁	Nanning	65696	33045	32077	178
咸宁	Xianning	13400	24009	23510	209	柳州	Liuzhou		46717	45967	129
随州	Suizhou	7810	7922	8017	269	桂林	Guilin	48181	36176	32687	176
湖南	**Hunan**	**603667**	**580782**	**550399**		梧州	Wuzhou	48800	9870	10136	261
长沙	Changsha	54678	21173	19576	227	北海	Beihai	34185	11912	11689	255
株洲	Zhuzhou	57883	41671	39589	146	防城港	Fangchenggang	31585	20246	24445	205
湘潭	Xiangtan	66704	46242	39173	148	钦州	Qinzhou	44140	16179	16313	243
衡阳	Hengyang	56543	83738	75889	66	贵港	Guigang	66744	20506	22310	211
邵阳	Shaoyang	15852	15794	15225	249	玉林	Yulin	73031	8644	9303	263
岳阳	Yueyang	57114	58231	53782	112	百色	Baise	80179	84093	90105	50

9-6 工业二氧化硫排放量 续表 3
Volume of Sulfur Dioxide Emission continued 3

单位：吨 (ton)

地名	City	2010	2013	2014	2014 排名 Ranking	地名	City	2010	2013	2014	2014 排名 Ranking
贺州	Hezhou	26667	11224	11147	258	丽江	Lijiang	3723	6831	6787	273
河池	Hechi	59315	47132	46834	126	普洱	Puer	8723	8205	8351	266
来宾	Laibin	171282	85054	71627	70	临沧	Lincang	3627	28251	27184	197
崇左	Chongzuo	23590	7200	7146	270	**西藏**	**Tibet**		**1075**		
海南	**Hainan**	**104**	**1801**	**1775**		拉萨	Lasa		1075		
海口	Haikou	92	1798	1773	282	**陕西**	**Shaanxi**	**707045**	**587733**	**575868**	
三亚	Sanya	12	3	2	284	西安	Xi'an	81504	64664	62604	90
三沙	Sansha					铜川	Tongchuan	16343	17196	17262	237
重庆	**Chongqing**	**572747**	**494415**	**474805**		宝鸡	Baoji	57851	28785	28183	192
四川	**Sichuan**	**859458**	**690279**	**657121**		咸阳	Xianyang	86305	57755	57183	99
成都	Chengdu	61928	52040	50754	117	渭南	Weinan	287814	143012	139781	12
自贡	Zigong	36611	26995	24761	204	延安	Yan'an	11196	16515	16332	242
攀枝花	Panzhihua	100568	106256	107066	29	汉中	Hanzhong	37980	30837	28350	191
泸州	Luzhou	91275	41528	33745	173	榆林	Yulin	110499	200778	198409	2
德阳	Deyang	22641	16039	20009	224	安康	Ankang	5983	9394	9301	264
绵阳	Mianyang	46081	35002	34586	170	商洛	Shangluo	11570	18797	18463	232
广元	Guangyuan	35365	20930	18151	234	**甘肃**	**Gansu**	**413130**	**392887**	**468629**	
遂宁	Suining	10989	6694	6765	274	兰州	Lanzhou	69800	72148	67616	77
内江	Neijiang	64586	103305	92236	46	嘉峪关	Jiayuguan	24518	50362	54199	110
乐山	Leshan	77516	46698	42721	139	金昌	Jinchang	86896	103732	104327	35
南充	Nanchong	5733	7881	7090	271	白银	Baiyin	110014	10226	98142	41
眉山	Meishan	20818	20775	21192	218	天水	Tianshui	7412	9419	6839	272
宜宾	Yibin	86786	106171	91234	48	武威	Wuwei	4830	32015	32727	175
广安	Guangan	74851	66405	44993	133	张掖	Zhangye	21084	28910	29713	185
达州	Dazhou	85222	20602	48069	120	平凉	Pingliang	59643	30956	29190	187
雅安	Yaan	6652	4899	5933	279	酒泉	Jiuquan	14500	24435	24851	203
巴中	Bazhong	8676	1968	1709	283	庆阳	Qingyang	4084	15167	6175	276
资阳	Ziyang	23160	6091	6107	277	定西	Dingxi	3707	8062	8092	267
贵州	**Guizhou**	**387562**	**645374**	**571840**		陇南	Longnan	6642	7455	6758	275
贵阳	Guiyang	84508	70602	70533	72	**青海**	**Qinghai**	**72874**	**89713**	**175008**	
六盘水	Liupanshui	88517	183321	193500	4	西宁	Xining	72874	71839	66772	79
遵义	Zunyi	66804	93948	96579	42	海东	Haidong			108236	28
安顺	Anshun	147733	76017	51518	115	**宁夏**	**Ningxia**	**264353**	**295535**	**256184**	
毕节	Bijie		181304	132279	14	银川	Yinchuan	24150	92369	67563	78
铜仁	Tongren		40182	27431	196	石嘴山	Shizuishan	112839	89780	89315	51
云南	**Yunnan**	**309400**	**411622**	**355275**		吴忠	Wuzhong	77043	64137	54812	105
昆明	Kunming	94265	101669	61456	92	固原	Guyuan	4210	14749	10543	259
曲靖	Qujing	172800	175178	161422	8	中卫	Zhongwei	46111	34500	33951	172
玉溪	Yuxi	10056	43911	46766	127	**新疆**	**Xinjiang**	**128370**	**115430**	**106240**	
保山	Baoshan	7169	15136	15333	248	乌鲁木齐	Urumqi	94146	74216	71251	71
昭通	Zhaotong	9037	32441	27976	194	克拉玛依	Karamay	34224	41214	34989	165

9-7 工业烟（粉）尘去除量
Volume of Industrial Soot (dust) Removed

单位：吨 (ton)

地名	City	2010	2013	2014	2014 排名 Ranking
城市合计	**Prefecture Cities**	**350039826**	**673158409**	**691897889**	
北京	**Beijing**	**1907537**			
天津	**Tianjin**	**4844544**	**6640410**	**4802256**	
河北	**Hebei**	**28066850**	**43463827**	**54282342**	
石家庄	Shijiazhuang	3823559	525134	7497334	10
唐山	Tangshan	9065052	16358017	16278773	1
秦皇岛	Qinhuangdao	1621884	2079644	2267943	109
邯郸	Handan	3436523	9598433	9027095	2
邢台	Xingtai	1380090	3353160	3702987	61
保定	Baoding	1384577	1326353	2056423	123
张家口	Zhangjiakou	4047624	4322258	6148376	22
承德	Chengde	1023200	2062026	1765018	138
沧州	Cangzhou	1063010	1742600	1532345	153
廊坊	Langfang	395438	1353856	3347615	73
衡水	Hengshui	825893	742337	658433	222
山西	**Shanxi**	**22497240**	**40477012**	**47617558**	
太原	Taiyuan	3245803	4847500	5408795	31
大同	Datong	431046	5981599	6011611	24
阳泉	Yangquan	824681	2084849	2088577	122
长治	Changzhi	3861692	5794274	6640091	18
晋城	Jincheng	1161946	2850068	1735288	139
朔州	Shuozhou	5329117	8661529	5983363	25
晋中	Jinzhong	1238888	71771	2578840	98
运城	Yuncheng	2655982	2759780	3905188	54
忻州	Xinzhou	1460688	311602	3500654	68
临汾	Linfen	1038993	4081858	6876585	15
吕梁	Lvliang	1248404	3032182	2888566	89
内蒙古	**Inner Mongolia**	**22565763**	**47102348**	**32247831**	
呼和浩特	Hohhot	114583	6827550	6860926	16
包头	Baotou	3925911	6545382	5469039	28
乌海	Wuhai	1667838	4076554	5433227	29
赤峰	Chifeng	2482606	3374301	3798845	60
通辽	Tongliao	4206570	9603156	138062	259
鄂尔多斯	Erdos	4566000	7419989	124340	260
呼伦贝尔	Hulunbuir	2077043	3799953	3936620	53
巴彦淖尔	Bayannur	978778	2312187	2519184	100
乌兰察布	Ulanqab	2546434	3143276	3967588	52
辽宁	**Liaoning**	**21224033**	**28878374**	**28724523**	
沈阳	Shenyang	2343064	2108881	2196455	112
大连	Dalian	2166019	4179954	3807882	59
鞍山	Anshan	2580049	1982473	1670745	143
抚顺	Fushun	3994381	2062756	2291111	107
本溪	Benxi	323802	2482995	2592825	95
丹东	Dandong	414370	909000	1257913	179
锦州	Jinzhou	707539	858193	837639	202
营口	Yingkou	1596373	1918319	2580725	97
阜新	Fuxin	1514400	1747437	2354531	104
辽阳	Liaoyang	171719	3844503	2306126	106
盘锦	Panjin	267218	684955	909629	200
铁岭	Tieling	2999867	3621175	3501566	67
朝阳	Chaoyang	467571	977501	951872	198
葫芦岛	Huludao	1677661	1500232	1465504	158
吉林	**Jilin**	**9128389**	**11650824**	**16693025**	
长春	Changchun	1577651	1661896	4337678	42
吉林	Jilin	3390524	3868669	4252994	46
四平	Siping	924900	1651845	2034156	124
辽源	Liaoyuan	707543	918819	1199201	183
通化	Tonghua	1074155	1453281	1838429	136
白山	Baishan	1213714	1133072	1514562	154
松原	Songyuan	143791	581923	891108	201
白城	Baicheng	96111	381319	624897	223
黑龙江	**Heilongjiang**	**11328804**	**15266819**	**15945411**	
哈尔滨	Harbin	1639587	3864927	4037566	50
齐齐哈尔	Qiqihar	24757	24757	29691	277
鸡西	Jixi	867134	1359507	1881824	131
鹤岗	Hegang	177308	1493252	1301598	175
双鸭山	Shuangyashan	377889	864217	1693758	141
大庆	Daqing	4225279	1319166	1563708	151
伊春	Yichun	345971	721281	453674	233
佳木斯	Jiamusi	757180	1289878	1160382	186
七台河	Qitaihe	1765183	1869426	1854627	133
牡丹江	Mudanjiang	349417	1707103	1202549	182
黑河	Heihe	425501	582561	671368	221
绥化	Suihua	373598	170744	94666	264
上海	**Shanghai**	**4723090**			
江苏	**Jiangsu**	**23441959**	**39164114**	**42929954**	

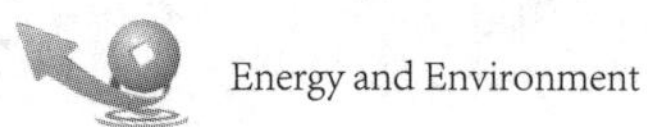

9-7 工业烟（粉）尘去除量 续表 1
Volume of Industrial Soot(dust) Removed continued 1

单位：吨 (ton)

地名	City	2010	2013	2014	2014 排名 Ranking
南京	Nanjing	3008848	5396989	6114125	23
无锡	Wuxi	3506771	5633367	4873747	35
徐州	Xuzhou	5639852	7611744	8181975	6
常州	Changzhou	1359084	2071449	2173108	116
苏州	Suzhou	3904745	6229796	7849047	9
南通	Nantong	1635979	2279475	2924283	86
连云港	Lianyungang		1868082	1544957	152
淮安	Huaian	1445387	1719501	1874621	132
盐城	Yancheng	489295	1277259	1358389	168
扬州	Yangzhou	90948	1653530	1691498	142
镇江	Zhenjiang	1416549	2118987	3052319	84
泰州	Taizhou	72843	899237	928192	199
宿迁	Suqian	119105	404698	363693	242
浙江	**Zhejiang**	**12466130**	**25873586**	**28157885**	
杭州	Hangzhou	1061174	4172829	4784180	38
宁波	Ningbo	5777233	6796256	6597575	19
温州	Wenzhou	865893	1084490	1348755	169
嘉兴	Jiaxing	1121435	2115343	2922035	87
湖州	Huzhou	789284	3580830	2027604	126
绍兴	Shaoxing	307883	1333616	1729989	140
金华	Jinhua	728650	2010074	3114667	81
衢州	Quzhou	370438	3531549	4206090	47
舟山	Zhoushan	272331	114444	325475	249
台州	Taizhou	1147402	1011337	960603	196
丽水	Lishui	24407	122818	140912	257
安徽	**Anhui**	**16851337**	**40351511**	**39057103**	
合肥	Hefei	1435799	4770975	4864206	36
芜湖	Wuhu	254236	7757411	7188528	12
蚌埠	Bengbu	550887	100467	227479	251
淮南	Huainan	5840534	8646126	6496033	20
马鞍山	Maanshan	1703589	4551509	5431240	30
淮北	Huaibei	1545903	610694	1287371	176
铜陵	Tongling	1097855	4701887	4703491	40
安庆	Anqing	734522	1481993	2153353	118
黄山	Huangshan	5135	16472	42205	271
滁州	Chuzhou	29396	1186099	1376410	166
阜阳	Fuyang	1186166	1352850	1320780	172
宿州	Suzhou	793298	1846949	2155629	117
六安	Liuan	98168	216083	327710	248
亳州	Bozhou	11428	38402	49845	270
池州	Chizhou	439507	866657	718966	215
宣城	Xuancheng	75705	2206937	713857	216
福建	**Fujian**	**6713858**	**19220306**	**19339152**	
福州	Fuzhou	1373417	2918549	2886372	90
厦门	Xiamen	617166	440731	423863	235
莆田	Putian	197220	216175	223180	253
三明	Sanming	1339433	4496687	3871269	57
泉州	Quanzhou	1033656	1544949	1981612	130
漳州	Zhangzhou	699910	952415	1211555	181
南平	Nanping	768104	704894	610402	225
龙岩	Longyan	684258	7385189	7320244	11
宁德	Ningde	694	560717	810655	204
江西	**Jiangxi**	**8359036**	**16584657**	**18344060**	
南昌	Nanchang	127397		1252864	180
景德镇	Jingdezhen	660735	1052076	1024855	193
萍乡	Pingxiang	690514	1341268	1034558	192
九江	Jiujiang	1084513	2279099	2002599	127
新余	Xinyu	667668	1477147	1658748	145
鹰潭	Yingtan	471387	1136993	1285686	177
赣州	Ganzhou	196978	2219154	2565055	99
吉安	Jian	676147	655131	719380	214
宜春	Yichun	2491643	3568048	3604521	63
抚州	Fuzhou	5240	6598	140680	258
上饶	Shangrao	1286814	2849143	3055114	83
山东	**Shandong**	**35964478**	**63409388**	**71873761**	
济南	Jinan	2186420	4140877	4305431	43
青岛	Qingdao	2178880	2573400	2404803	103
淄博	Zibo	3240587	6949682	6955712	14
枣庄	Zaozhuang	1522004	5694585	6409548	21
东营	Dongying	1173165	1338461	1423289	161
烟台	Yantai	1883089	4994525	4102029	49
潍坊	Weifang	3068977	4894350	5387158	32
济宁	Jining	4482982	8459756	8600962	5
泰安	Taian	1808673	2350670	2029038	125
威海	Weihai	493462	1185624	1309543	174
日照	Rizhao	1197323	3561092	3459088	70
莱芜	Laiwu	2155712	3974017	4200942	48
临沂	Linyi	2218632	4222145	4957824	33
德州	Dezhou	3011137	1921635	2219795	111
聊城	Liaocheng	2135341	2691167	3172588	78

9-7 工业烟（粉）尘去除量 续表 2
Volume of Industrial Soot(dust) Removed continued 2

单位：吨 (ton)

地名	City	2010	2013	2014	2014 排名 Ranking
滨州	Binzhou	2172529	2480607	8677100	3
菏泽	Heze	1035565	1976795	2258911	110
河南	**Henan**	**26628529**	**50855668**	**50317350**	
郑州	Zhengzhou	3555305	10193815	8619200	4
开封	Kaifeng	818221	317579	1022165	195
洛阳	Luoyang	3096929	6827141	6761538	17
平顶山	Pingdingshan	4280392	7716020	5617585	27
安阳	Anyang	1397165	3063547	3518208	65
鹤壁	Hebi	1387207	2106021	1412551	162
新乡	Xinxiang	1275577	3276417	3274983	75
焦作	Jiaozuo	1357532	3764211	3187317	77
濮阳	Puyang	563181	2041581	2184333	115
许昌	Xuchang	1189415	2053699	2275190	108
漯河	Luohe	284380	682635	762102	211
三门峡	Sanmenxia	2109958	3230949	3524338	64
南阳	Nanyang	2544585	1759734	3852996	58
商丘	Shangqiu	1177934	920900	1056985	190
信阳	Xinyang	723665	896465	1325762	171
周口	Zhoukou	64854	251872	80557	266
驻马店	Zhumadian	802229	1753082	1841540	134
湖北	**Hubei**	**11727777**	**23440912**	**23802951**	
武汉	Wuhan	2473257	2874300	2800000	92
黄石	Huangshi	2608460	3861592	3890436	56
十堰	Shiyan	479368	604472	1023569	194
宜昌	Yichang	360634	1925613	3334979	74
襄阳	Xiangyang	408823	3020574	2672334	93
鄂州	Ezhou	1525718	1525000	1626723	146
荆门	Jingmen	1864377	4869951	4935281	34
孝感	Xiaogan	396995	1550358	1099100	188
荆州	Jingzhou	317730	508710	584116	227
黄冈	Huanggang	176701	987098	388290	239
咸宁	Xianning	1111309	1685807	1395377	164
随州	Suizhou	4405	27437	52746	268
湖南	**Hunan**	**5687585**	**25674425**	**18744532**	
长沙	Changsha	103169	1141000	1406706	163
株洲	Zhuzhou	399923	1878232	6592	280
湘潭	Xiangtan	669156	6652307	2508451	101
衡阳	Hengyang	669300	3137845	1174270	185
邵阳	Shaoyang	76498	651139	1183438	184
岳阳	Yueyang	1096192	1220387	1312327	173
常德	Changde	196202	1695711	1502560	157
张家界	Zhangjiajie	57707	291319	334068	247
益阳	Yiyang	88506	885637	778514	208
郴州	Chenzhou	1924006	3000370	3462492	69
永州	Yongzhou	10764	494903	1452115	159
怀化	Huaihua	97636	607954	806739	205
娄底	Loudi	298526	4017621	2916260	88
广东	**Guangdong**	**9136944**	**17894575**	**25845035**	
广州	Guangzhou		3114074	3119780	80
韶关	Shaoguan	1268622	458739	673067	220
深圳	Shenzhen	408996	388863	390471	238
珠海	Zhuhai	760362	822876	525518	231
汕头	Shantou	496129	853454	703315	218
佛山	Foshan	996915	1967613	1605703	148
江门	Jiangmen	1136126	1419523	1370895	167
湛江	Zhanjiang	107101	1014024	826750	203
茂名	Maoming	166538	689290	753003	212
肇庆	Zhaoqing	170016	1836659	549137	229
惠州	Huizhou	106689			
梅州	Meizhou	774751	2251838	5736871	26
汕尾	Shanwei	35523	490997	417247	237
河源	Heyuan	6872			
阳江	Yangjiang	95603	573319	959509	197
清远	Qingyuan	563497	612820	3137998	79
东莞	Dongguan	647084	621988	1620960	147
中山	Zhongshan	221091	109375	250139	250
潮州	Chaozhou	498262		578546	228
揭阳	Jieyang	244370	243960	624389	224
云浮	Yunfu	432397	425163	2001737	128
广西	**Guangxi**	**4514218**	**20516957**	**17409903**	
南宁	Nanning	475428	2692039	355654	245
柳州	Liuzhou		4001089	3084676	82
桂林	Guilin	591446	358175	444258	234
梧州	Wuzhou	16800	76625	83857	265
北海	Beihai	441633	542295	372102	241
防城港	Fangchenggang	577586	1111943	1381103	165
钦州	Qinzhou	288854	281591	220618	254
贵港	Guigang	903484	2521452	2581313	96
玉林	Yulin	7508	1349089	2092008	121
百色	Baise	198304	2127119	4284095	45

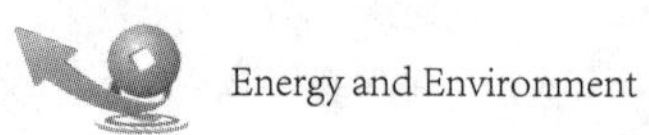

9-7 工业烟（粉）尘去除量 续表 3
Volume of Industrial Soot(dust) Removed continued 3

单位：吨 (ton)

地名	City	2010	2013	2014	2014 排名 Ranking
贺州	Hezhou	7946	1109201	789100	206
河池	Hechi	78395	612228	607842	226
来宾	Laibin	804848	3436018	769487	209
崇左	Chongzuo	121986	298093	343790	246
海南	**Hainan**	**629**	**542**	**27208**	
海口	Haikou	629	542	3550	281
三亚	Sanya			23658	278
三沙	Sansha				
重庆	**Chongqing**	**3773199**	**20166984**	**19058488**	
四川	**Sichuan**	**11784721**	**24779748**	**19726278**	
成都	Chengdu	727269	2342401	1588784	149
自贡	Zigong	127504	184645	113029	261
攀枝花	Panzhihua	2321338	2663186	2134878	119
泸州	Luzhou	956323	1065674	779036	207
德阳	Deyang	334391	809035	1054282	191
绵阳	Mianyang	1072225	2232063	2134241	120
广元	Guangyuan	71559	1015843	542430	230
遂宁	Suining	7377	41907	40188	274
内江	Neijiang	802810	1781062	1513302	155
乐山	Leshan	1096925	3213168	1508577	156
南充	Nanchong	538	9400	12347	279
眉山	Meishan	165937	535926	374396	240
宜宾	Yibin	597881	2492645	2965258	85
广安	Guangan	2134817	3188006	3360364	72
达州	Dazhou	1176299	2826492	1262584	178
雅安	Yaan	167812	261206	107308	262
巴中	Bazhong	1240	1350	193229	255
资阳	Ziyang	22476	115739	42045	272
贵州	**Guizhou**	**8802107**	**22083841**	**19099068**	
贵阳	Guiyang	1042180	3079328	2610740	94
六盘水	Liupanshui	4416603	4789076	7060552	13
遵义	Zunyi	2150336	2901274	3447419	71
安顺	Anshun	1192988	1392656	1572768	150
毕节	Bijie		8412749	3989411	51
铜仁	Tongren		1508758	418178	236
云南	**Yunnan**	**8353345**	**15888667**	**13370030**	
昆明	Kunming	1252969	3053334	1841286	135
曲靖	Qujing	6881100	7877264	7913426	8
玉溪	Yuxi	86068	1231964	2190290	113
保山	Baoshan	13297	534903	1123184	187
昭通	Zhaotong	43841	2424066		

地名	City	2010	2013	2014	2014 排名 Ranking
丽江	Lijiang	1389	500958	35063	275
普洱	Puer	52379	135889	225526	252
临沧	Lincang	22302	130289	41255	273
西藏	**Tibet**		**198494**		
拉萨	Lasa		198494		
陕西	**Shaanxi**	**8352138**	**18622114**	**25783919**	
西安	Xi'an	1299580	1267723	1668077	144
铜川	Tongchuan	161705	1107064	1059640	189
宝鸡	Baoji	747323	2744655	2188623	114
咸阳	Xianyang	1036462	1963062	4593631	41
渭南	Weinan	3263834	4383305	2844776	91
延安	Yan'an	89273	115629	101712	263
汉中	Hanzhong	312281	2235041	4782198	39
榆林	Yulin	1101521	4093321	8011923	7
安康	Ankang	319170	601191	51761	269
商洛	Shangluo	20989	111123	481578	232
甘肃	**Gansu**	**3456664**	**13736796**	**14452215**	
兰州	Lanzhou	1079974	3780795	3899977	55
嘉峪关	Jiayuguan	122611	1268191	1814747	137
金昌	Jinchang	567139	925000	1442624	160
白银	Baiyin	719634	2103982	2456487	102
天水	Tianshui	10032	890536	765144	210
武威	Wuwei	11010	216569	32347	276
张掖	Zhangye	100197	838696	361037	243
平凉	Pingliang	756319	2312186	1988587	129
酒泉	Jiuquan	21300	158741	193173	256
庆阳	Qingyang	707	13962	68849	267
定西	Dingxi	3086	606754	677838	219
陇南	Longnan	64655	621384	751405	213
青海	**Qinghai**	**915839**	**2439848**	**4576928**	
西宁	Xining	915839	2392883	3242945	76
海东	Haidong			1333983	170
宁夏	**Ningxia**	**15848376**	**14881191**	**15447500**	
银川	Yinchuan	534338	4540633	4821760	37
石嘴山	Shizuishan	11245517	4504278	4297382	44
吴忠	Wuzhong	337643	3779354	3655422	62
固原	Guyuan	6924	29560	359788	244
中卫	Zhongwei	3723954	2027366	2313148	105
新疆	**Xinjiang**	**974706**	**3894471**	**4221623**	
乌鲁木齐	Urumqi	966256	3318686	3516239	66
克拉玛依	Karamay	8450	575785	705384	217

9-8 工业烟（粉）尘排放量
Volume of Industrial Soot (dust) Emission

单位：吨 (ton)

地名	City	2010	2013	2014	2014 排名 Ranking	地名	City	2010	2013	2014	2014 排名 Ranking
城市合计	**Prefecture Cities**	**5378758**	**12421546**	**12478188**		沈阳	Shenyang	60363	60425	83226	32
北京	**Beijing**	**21266**	**27182**	**22710**		大连	Dalian	24171	46332	72465	42
天津	**Tianjin**	**53831**	**62766**	**112129**		鞍山	Anshan	30205	98218	137301	8
河北	**Hebei**	**322623**	**1182151**	**1440208**		抚顺	Fushun	17937	48169	77166	35
石家庄	Shijiazhuang	32631	105012	104277	19	本溪	Benxi	26543	61697	152206	6
唐山	Tangshan	98670	478574	536092	1	丹东	Dandong	1378	39000	45563	92
秦皇岛	Qinhuangdao	11365	78092	59221	68	锦州	Jinzhou	41158	20004	47706	89
邯郸	Handan	34697	213885	301827	2	营口	Yingkou	45221	33569	96396	24
邢台	Xingtai	36357	98121	131568	9	阜新	Fuxin	28368	24785	37983	112
保定	Baoding	14652	39071	53790	75	辽阳	Liaoyang	13599	34575	46674	90
张家口	Zhangjiakou	28188	42559	51654	81	盘锦	Panjin	5316	18110	15830	207
承德	Chengde	21383	32032	76895	37	铁岭	Tieling	31722	24120	20211	184
沧州	Cangzhou	6134	54621	63451	60	朝阳	Chaoyang	45750	48209	85332	31
廊坊	Langfang	9855	24139	38713	107	葫芦岛	Huludao	10684	19552	37679	115
衡水	Hengshui	28691	16045	22720	174	吉林	**Jilin**	**199922**	**229190**	**331567**	
山西	**Shanxi**	**487490**	**3928679**	**953606**		长春	Changchun	94173	72970	70944	46
太原	Taiyuan	34814	37003	59441	67	吉林	Jilin	33507	34109	67645	53
大同	Datong	77185	58068	58038	70	四平	Siping	12245	35007	59745	66
阳泉	Yangquan	18891	23408	23315	168	辽源	Liaoyuan	10687	9589	23999	162
长治	Changzhi	64370	182355	208640	4	通化	Tonghua	19949	18520	42105	98
晋城	Jincheng	48202	67812	66631	56	白山	Baishan	13730	10600	23603	166
朔州	Shuozhou	24847	30527	32620	128	松原	Songyuan	6223	39914	31607	136
晋中	Jinzhong	36121	3153822	82422	33	白城	Baicheng	9408	8481	11919	229
运城	Yuncheng	48997	58990	117543	12	黑龙江	**Heilongjiang**	**232434**	**424341**	**423283**	
忻州	Xinzhou	15163	107333	99598	21	哈尔滨	Harbin	30000	82323	130401	10
临汾	Linfen	57998	93071	91710	27	齐齐哈尔	Qiqihar	3476	3476	3521	274
吕梁	Lvliang	60902	116290	113648	14	鸡西	Jixi	23695	81107	37718	114
内蒙古	**Inner Mongolia**	**294618**	**573628**	**554612**		鹤岗	Hegang	14739	26775	19218	188
呼和浩特	Hohhot	12731	48822	67616	54	双鸭山	Shuangyashan	26387	55986	42913	97
包头	Baotou	32563	98460	111866	16	大庆	Daqing	29715	29463	31979	131
乌海	Wuhai	19316	42433	65754	57	伊春	Yichun	25549	19467	18890	190
赤峰	Chifeng	10836	25366	69153	50	佳木斯	Jiamusi	15900	40248	40605	103
通辽	Tongliao	73440	134138	52952	77	七台河	Qitaihe	26895	17025	19609	187
鄂尔多斯	Erdos	97957	103541			牡丹江	Mudanjiang	29471	46770	53563	76
呼伦贝尔	Hulunbuir	14056	63934	74946	39	黑河	Heihe	5617	9569	12614	224
巴彦淖尔	Bayannur	13390	32156	61607	63	绥化	Suihua	990	12132	12252	228
乌兰察布	Ulanqab	20329	24778	50718	84	上海	**Shanghai**	**41793**	**67200**	**131433**	
辽宁	**Liaoning**	**382415**	**576765**	**955738**		江苏	**Jiangsu**	**291765**	**455569**	**720481**	

9-8 工业烟（粉）尘排放量 续表 1
Volume of Industrial Soot (dust) Emission continued 1

单位：吨 (ton)

地名	City	2010	2013	2014	2014 排名 Ranking	地名	City	2010	2013	2014	2014 排名 Ranking
南京	Nanjing	33788	65256	96177	25	池州	Chizhou	16106	12030	16098	203
无锡	Wuxi	38909	44330	97461	23	宣城	Xuancheng	5969	41782	45950	91
徐州	Xuzhou	24257	52174	69201	49	**福建**	**Fujian**	**99951**	**233458**	**347501**	
常州	Changzhou	19582	35161	115086	13	福州	Fuzhou	8590	43483	105712	18
苏州	Suzhou	46272	65042	75947	38	厦门	Xiamen	2252	2113	4561	267
南通	Nantong	38457	33970	41362	100	莆田	Putian	5399	4557	5232	260
连云港	Lianyungang	7356	19179	41368	99	三明	Sanming	22826	33878	73165	40
淮安	Huaian	16823	20886	27494	149	泉州	Quanzhou	23452	52626	68355	52
盐城	Yancheng	19145	29705	52532	79	漳州	Zhangzhou	5594	10816	23009	171
扬州	Yangzhou	7796	16050	16004	206	南平	Nanping	20619	14922	15370	211
镇江	Zhenjiang	12375	21489	26473	154	龙岩	Longyan	5824	46201	38573	110
泰州	Taizhou	16826	15584	22240	176	宁德	Ningde	5395	24862	13524	220
宿迁	Suqian	10179	36743	39136	105	**江西**	**Jiangxi**	**138954**	**303455**	**415777**	
浙江	**Zhejiang**	**160507**	**295603**	**355977**		南昌	Nanchang	6264	11413	29435	146
杭州	Hangzhou	30860	40243	70346	47	景德镇	Jingdezhen	8230	14930	15578	210
宁波	Ningbo	28386	25275	30577	141	萍乡	Pingxiang	16018	39713	52009	80
温州	Wenzhou	5666	18783	18390	192	九江	Jiujiang	23141	32227	52659	78
嘉兴	Jiaxing	18900	23769	29487	145	新余	Xinyu	4124	29895	71679	43
湖州	Huzhou	10648	27626	31655	134	鹰潭	Yingtan	2261	3732	5543	259
绍兴	Shaoxing	17883	30944	36206	117	赣州	Ganzhou	20471	49427	56490	71
金华	Jinhua	13796	33241	39514	104	吉安	Jian	12213	16769	22005	177
衢州	Quzhou	8936	58555	66791	55	宜春	Yichun	16698	45293	50718	84
舟山	Zhoushan	17508	4558	5006	261	抚州	Fuzhou	21805	34658	23573	167
台州	Taizhou	5856	12297	12368	226	上饶	Shangrao	7729	25398	36088	118
丽水	Lishui	2068	20312	15637	209	**山东**	**Shandong**	**292695**	**542371**	**1024471**	
安徽	**Anhui**	**208479**	**323043**	**584581**		济南	Jinan	19709	47117	90082	29
合肥	Hefei	10604	42387	106284	17	青岛	Qingdao	12334	27803	32196	129
芜湖	Wuhu	12958	27065	58660	69	淄博	Zibo	38271	47252	78070	34
蚌埠	Bengbu	9960	12642	14339	217	枣庄	Zaozhuang	13142	21651	31468	137
淮南	Huainan	38388	22710	24452	159	东营	Dongying	5873	5636	7194	252
马鞍山	Maanshan	8814	32178	100810	20	烟台	Yantai	15137	34945	34691	122
淮北	Huaibei	17981	23084	23674	165	潍坊	Weifang	26081	33823	63411	61
铜陵	Tongling	8530	16748	29668	144	济宁	Jining	22090	59809	71621	45
安庆	Anqing	8582	8610	27399	151	泰安	Taian	18248	14241	23990	164
黄山	Huangshan	2619	2474	2640	278	威海	Weihai	8238	7999	12313	227
滁州	Chuzhou	17927	36995	43899	94	日照	Rizhao	7427	29328	98861	22
阜阳	Fuyang	3891	12812	16070	204	莱芜	Laiwu	12858	76489	153956	5
宿州	Suzhou	9230	14592	27087	152	临沂	Linyi	31344	45082	119822	11
六安	Liuan	4790	10622	35888	119	德州	Dezhou	27590	16400	38810	106
亳州	Bozhou	4964	6312	11663	230	聊城	Liaocheng	6725	18293	18515	191

9-8 工业烟（粉）尘排放量 续表 2
Volume of Industrial Soot (dust) Emission continued 2

单位：吨 (ton)

地名	City	2010	2013	2014	2014 排名 Ranking
滨州	Binzhou	14952	21842	94304	26
菏泽	Heze	12676	34661	55167	72
河南	**Henan**	**466021**	**498995**	**665109**	
郑州	Zhengzhou	45011	33823	70053	48
开封	Kaifeng	36252	21564	30064	142
洛阳	Luoyang	92344	51633	48782	88
平顶山	Pingdingshan	60082	86534	113148	15
安阳	Anyang	28160	93336	144172	7
鹤壁	Hebi	11703	14000	15309	213
新乡	Xinxiang	14855	14286	22911	172
焦作	Jiaozuo	32880	33177	24070	161
濮阳	Puyang	21386	11460	20842	182
许昌	Xuchang	6327	17822	21405	180
漯河	Luohe	9632	4791	4728	265
三门峡	Sanmenxia	44816	23541	33069	126
南阳	Nanyang	12914	17154	25982	156
商丘	Shangqiu	13568	35346	34813	121
信阳	Xinyang	15819	9288	18999	189
周口	Zhoukou	4859	9411	8264	247
驻马店	Zhumadian	15413	21829	28498	147
湖北	**Hubei**	**166093**	**276865**	**311529**	
武汉	Wuhan	12537	18200	21600	179
黄石	Huangshi	13668	24800	43301	96
十堰	Shiyan	5805	15368	7959	250
宜昌	Yichang	9427	13998	23993	163
襄阳	Xiangyang	14735	18178	16271	202
鄂州	Ezhou	13171	19460	50017	86
荆门	Jingmen	15351	65330	65330	58
孝感	Xiaogan	12481	25228	21100	181
荆州	Jingzhou	47320	13700	16462	201
黄冈	Huanggang	6594	24963	23111	170
咸宁	Xianning	12100	25965	14577	215
随州	Suizhou	2904	11675	7808	251
湖南	**Hunan**	**212660**	**306444**	**380302**	
长沙	Changsha	24746	19000	17323	199
株洲	Zhuzhou	5983	5758	5623	258
湘潭	Xiangtan	16895	23883	63347	62
衡阳	Hengyang	29500	23812	38423	111
邵阳	Shaoyang	4291	22060	26822	153
岳阳	Yueyang	15863	28168	22677	175
常德	Changde	10516	20730	23168	169
张家界	Zhangjiajie	3513	2822	3365	275
益阳	Yiyang	23555	34235	31696	133
郴州	Chenzhou	33928	24356	33954	125
永州	Yongzhou	10951	44891	38698	108
怀化	Huaihua	18267	22283	40713	102
娄底	Loudi	14652	34446	34493	123
广东	**Guangdong**	**231205**	**282103**	**373306**	
广州	Guangzhou		11008	10006	238
韶关	Shaoguan	3835	4473	36824	116
深圳	Shenzhen	912	753	725	283
珠海	Zhuhai	8041	9595	12972	223
汕头	Shantou	4937	7539	8145	248
佛山	Foshan	33401	49831	44480	93
江门	Jiangmen	17861	12510	17723	196
湛江	Zhanjiang	12851	9892	11247	233
茂名	Maoming	23593	11489	14177	218
肇庆	Zhaoqing	32040	31909	34016	124
惠州	Huizhou	3237	23017	24525	158
梅州	Meizhou	6106	5767	22732	173
汕尾	Shanwei	3341	4135	4226	272
河源	Heyuan	817	4645	6300	253
阳江	Yangjiang	8215	11544	31647	135
清远	Qingyuan	10671	32456	30732	140
东莞	Dongguan	29124	15543	17851	195
中山	Zhongshan	13927	17401	16703	200
潮州	Chaozhou	7448	3225	4511	268
揭阳	Jieyang	4402	2962	8990	243
云浮	Yunfu	6446	12409	14774	214
广西	**Guangxi**	**235657**	**259453**	**374880**	
南宁	Nanning	24506	20950	27563	148
柳州	Liuzhou		54890	90215	28
桂林	Guilin	10514	15417	15721	208
梧州	Wuzhou	20005	9129	9568	241
北海	Beihai	5188	5180	3313	276
防城港	Fangchenggang	9951	12198	49787	87
钦州	Qinzhou	13785	5844	4670	266
贵港	Guigang	57050	52976	73155	41
玉林	Yulin	38895	10805	18235	193
百色	Baise	10150	28599	31330	138

9-8 工业烟（粉）尘排放量 续表 3
Volume of Industrial Soot (dust) Emission continued 3

单位：吨 (ton)

地名	City	2010	2013	2014	2014 排名 Ranking	地名	City	2010	2013	2014	2014 排名 Ranking
贺州	Hezhou	7682	5458	5948	256	丽江	Lijiang	1185	11754	11286	231
河池	Hechi	5109	15022	24430	160	普洱	Puer	2171	12172	13841	219
来宾	Laibin	21091	10487	4880	263	临沧	Lincang	880	3773	4816	264
崇左	Chongzuo	11731	12498	16065	205	**西藏**	**Tibet**		**658**		
海南	**Hainan**	**127**	**1451**	**2206**		拉萨	Lasa		658		
海口	Haikou	93	1230	998	282	**陕西**	**Shaanxi**	**119473**	**349311**	**451468**	
三亚	Sanya	34	221	1208	281	西安	Xi'an	16675	13658	21985	178
三沙	Sansha					铜川	Tongchuan	3336	35508	51569	83
重庆	**Chongqing**	**102132**	**179841**	**214774**		宝鸡	Baoji	8714	15900	17490	197
四川	**Sichuan**	**240530**	**237838**	**317194**		咸阳	Xianyang	11757	29636	32735	127
成都	Chengdu	28901	21452	25574	157	渭南	Weinan	19223	11177	12604	225
自贡	Zigong	13556	3114	7973	249	延安	Yan'an	7000	5850	8364	246
攀枝花	Panzhihua	25025	43001	53869	74	汉中	Hanzhong	20672	18483	37874	113
泸州	Luzhou	9014	6196	8741	244	榆林	Yulin	22168	206706	253989	3
德阳	Deyang	5332	10717	19847	186	安康	Ankang	3649	8033	9147	242
绵阳	Mianyang	19843	7950	8401	245	商洛	Shangluo	6279	4360	5711	257
广元	Guangyuan	19667	17310	10260	236	**甘肃**	**Gansu**	**71738**	**160777**	**248523**	
遂宁	Suining	1392	2764	2567	279	兰州	Lanzhou	9356	40109	63801	59
内江	Neijiang	24199	13866	31169	139	嘉峪关	Jiayuguan	7884	22617	68923	51
乐山	Leshan	21472	29249	38620	109	金昌	Jinchang	13815	6800	13443	221
南充	Nanchong	2076	4003	4428	270	白银	Baiyin	14027	13077	10486	235
眉山	Meishan	28201	12798	13352	222	天水	Tianshui	4246	3142	6068	255
宜宾	Yibin	7550	15577	20224	183	武威	Wuwei	2901	10226	9625	240
广安	Guangan	8888	21460	17447	198	张掖	Zhangye	8092	15768	9775	239
达州	Dazhou	7307	12792	34827	120	平凉	Pingliang	4756	26223	43356	95
雅安	Yaan	2786	8418	11271	232	酒泉	Jiuquan	3208	13007	10095	237
巴中	Bazhong	8681	2481	2547	280	庆阳	Qingyang	1404	4706	5005	262
资阳	Ziyang	6640	4690	6077	254	定西	Dingxi	1599	2600	4231	271
贵州	**Guizhou**	**66004**	**155975**	**175826**		陇南	Longnan	450	2502	3725	273
贵阳	Guiyang	12601	22024	29669	143	**青海**	**Qinghai**	**21034**	**99730**	**131439**	
六盘水	Liupanshui	27023	59656	51603	82	西宁	Xining	21034	52765	71622	44
遵义	Zunyi	9836	12079	32022	130	海东	Haidong			59817	65
安顺	Anshun	16544	13801	19985	185	**宁夏**	**Ningxia**	**123433**	**184628**	**191175**	
毕节	Bijie		29572	31836	132	银川	Yinchuan	8329	27170	27473	150
铜仁	Tongren		18843	10711	234	石嘴山	Shizuishan	72071	86843	85487	30
云南	**Yunnan**	**54905**	**144519**	**184792**		吴忠	Wuzhong	14200	12795	15341	212
昆明	Kunming	7905	32132	26161	155	固原	Guyuan	1000	7760	2765	277
曲靖	Qujing	24900	42170	41271	101	中卫	Zhongwei	27833	50060	60109	64
玉溪	Yuxi	4325	19976	54722	73	**新疆**	**Xinjiang**	**39003**	**57557**	**81581**	
保山	Baoshan	1442	7948	14571	216	乌鲁木齐	Urumqi	32993	52441	77076	36
昭通	Zhaotong	12097	14594	18124	194	克拉玛依	Karamay	6010	5116	4505	269

9-9 工业固体废物综合利用率
Ratio of Industrial Solid Wastes Comprehensively Utilized

单位：% (%)

地名	City	2010	2013	2014	2014 排名 Ranking	地名	City	2010	2013	2014	2014 排名 Ranking
城市合计	**Prefecture Cities**					沈阳	Shenyang	95.68	92.69	90.20	155
北京	**Beijing**	**65.82**	**86.58**	**87.67**		大连	Dalian	95.90	90.33	83.66	195
天津	**Tianjin**	**98.57**	**99.39**	**98.91**		鞍山	Anshan	19.10	24.19	23.94	275
河北	**Hebei**					抚顺	Fushun	43.87	40.41	49.25	254
石家庄	Shijiazhuang	93.36	98.61	95.10	107	本溪	Benxi	37.85	16.24	14.40	283
唐山	Tangshan	80.55	73.32	70.00	224	丹东	Dandong	98.00	96.20	89.81	160
秦皇岛	Qinhuangdao	59.57	49.32	65.00	236	锦州	Jinzhou	62.52	93.32	93.13	131
邯郸	Handan	89.97	95.40	95.00	108	营口	Yingkou	99.40	86.01	86.37	176
邢台	Xingtai	94.62	94.47	95.29	104	阜新	Fuxin	96.25	85.63	85.84	181
保定	Baoding	70.78	89.64	86.20	177	辽阳	Liaoyang	100.00	74.00	16.00	282
张家口	Zhangjiakou	33.27	38.93	44.10	260	盘锦	Panjin	94.75	92.15	92.47	136
承德	Chengde	12.20	5.49	6.00	284	铁岭	Tieling	67.39	67.70	65.91	231
沧州	Cangzhou	99.60	99.58	99.88	22	朝阳	Chaoyang	54.09	57.96	70.03	223
廊坊	Langfang	99.41	98.90	100.00	1	葫芦岛	Huludao	65.13	54.03	55.90	247
衡水	Hengshui	100.00	99.77	99.60	29	**吉林**	**Jilin**				
山西	**Shanxi**					长春	Changchun	99.58	99.79	99.92	19
太原	Taiyuan	52.27	54.51	55.25	248	吉林	Jilin	43.00	81.88	85.70	182
大同	Datong	68.94	90.86	91.34	146	四平	Siping	87.36	92.05	93.20	129
阳泉	Yangquan	23.40	23.30	21.05	278	辽源	Liaoyuan	100.00	95.78	85.30	188
长治	Changzhi	67.87	67.05	66.41	228	通化	Tonghua	85.49	90.26	85.50	184
晋城	Jincheng	75.21	78.34	78.00	207	白山	Baishan	43.32	63.60	52.40	253
朔州	Shuozhou	48.35	86.67	86.86	174	松原	Songyuan	99.45	88.99	92.40	137
晋中	Jinzhong	90.89	83.12	79.45	206	白城	Baicheng	80.76	95.10	94.16	118
运城	Yuncheng	70.80	64.10	44.60	259	**黑龙江**	**Heilongjiang**				
忻州	Xinzhou	88.67	85.55	70.92	222	哈尔滨	Harbin	89.68	93.85	98.07	65
临汾	Linfen	80.98	80.85	71.68	219	齐齐哈尔	Qiqihar	67.10	71.00	83.00	199
吕梁	Lvliang	91.67	81.42	81.83	203	鸡西	Jixi	64.80	90.10	90.10	157
内蒙古	**Inner Mongolia**					鹤岗	Hegang	83.69	88.08	90.00	158
呼和浩特	Hohhot	38.62	35.74	39.64	266	双鸭山	Shuangyashan	75.00	65.42	89.41	163
包头	Baotou	81.06	48.10	66.13	229	大庆	Daqing	70.77	96.42	95.48	99
乌海	Wuhai	68.85	61.33	49.15	255	伊春	Yichun	79.01	83.50	84.00	193
赤峰	Chifeng	38.37	25.64	24.10	274	佳木斯	Jiamusi	70.45	81.51	81.51	204
通辽	Tongliao	86.04	85.00	71.98	218	七台河	Qitaihe	86.82	87.00	88.70	170
鄂尔多斯	Erdos	78.00	36.73	42.37	263	牡丹江	Mudanjiang	96.37	100.00	61.00	243
呼伦贝尔	Hulunbuir	25.22	43.00	49.00	256	黑河	Heihe	96.07	93.28	93.52	125
巴彦淖尔	Bayannur	96.98	62.32	61.80	240	绥化	Suihua	100.00	100.00	100.00	1
乌兰察布	Ulanqab	75.41	73.40	71.52	220	**上海**	**Shanghai**	**96.16**	**97.12**	**97.51**	
辽宁	**Liaoning**					**江苏**	**Jiangsu**				

9-9 工业固体废物综合利用率 续表 1
Ratio of Industrial Solid Wastes Comprehensively Utilized continued 1

单位：%　　(%)

地名	City	2010	2013	2014	2014 排名 Ranking	地名	City	2010	2013	2014	2014 排名 Ranking
南京	Nanjing	88.82	91.20	91.90	142	池州	Chizhou	86.22	100.00	85.22	189
无锡	Wuxi	97.12	91.00	91.10	147	宣城	Xuancheng	100.00	83.97	85.18	190
徐州	Xuzhou	99.98	99.20	99.00	40	**福建**	**Fujian**				
常州	Changzhou	94.90	98.20	98.20	60	福州	Fuzhou	98.14	94.32	95.97	94
苏州	Suzhou	98.71	97.90	96.70	86	厦门	Xiamen	87.27	94.18	97.95	68
南通	Nantong	98.20	98.00	98.30	58	莆田	Putian	95.71	100.00	92.60	135
连云港	Lianyungang	91.89	95.30	93.70	122	三明	Sanming	59.96	85.02	90.23	154
淮安	Huaian	99.73	97.70	99.50	32	泉州	Quanzhou	93.53	96.22	97.64	71
盐城	Yancheng	93.00	79.60	93.90	120	漳州	Zhangzhou	98.58	94.76	98.17	62
扬州	Yangzhou	97.43	97.70	92.30	139	南平	Nanping	75.99	80.59	59.13	245
镇江	Zhenjiang	92.85	98.10	98.60	51	龙岩	Longyan	87.25	86.34	99.10	39
泰州	Taizhou	99.80	98.20	98.30	58	宁德	Ningde	89.05	95.19	95.84	96
宿迁	Suqian	99.99	89.80	94.00	119	**江西**	**Jiangxi**				
浙江	**Zhejiang**					南昌	Nanchang	93.62	97.80	95.91	95
杭州	Hangzhou	94.13	94.00	91.10	147	景德镇	Jingdezhen	91.70	97.51	98.72	47
宁波	Ningbo	89.66	90.06	90.76	152	萍乡	Pingxiang	88.17	95.45	97.09	80
温州	Wenzhou	95.00	98.99	98.15	63	九江	Jiujiang	60.39	47.40	60.38	244
嘉兴	Jiaxing	97.60	95.00	96.01	93	新余	Xinyu	85.00	92.40	89.53	162
湖州	Huzhou	96.49	96.27	96.59	89	鹰潭	Yingtan	92.48	92.30	86.10	179
绍兴	Shaoxing	93.15	92.70	97.20	77	赣州	Ganzhou	82.10	83.00	82.05	202
金华	Jinhua	98.59	98.20	97.20	77	吉安	Jian	96.57	97.26	97.60	72
衢州	Quzhou	97.20	93.11	94.55	114	宜春	Yichun	97.00	99.00	89.86	159
舟山	Zhoushan	99.75	99.83	99.80	25	抚州	Fuzhou	86.81	89.00	89.23	164
台州	Taizhou	97.61	96.44	95.32	102	上饶	Shangrao	5.47	18.36	18.97	280
丽水	Lishui	94.99	96.77	95.34	101	**山东**	**Shandong**				
安徽	**Anhui**					济南	Jinan	97.53	98.72	99.56	30
合肥	Hefei	98.76	93.27	93.02	132	青岛	Qingdao	98.60	94.87	95.65	98
芜湖	Wuhu	96.61	98.10	93.32	128	淄博	Zibo	90.51	95.18	95.14	106
蚌埠	Bengbu	99.94	99.05	94.87	110	枣庄	Zaozhuang	99.90	99.98	100.00	1
淮南	Huainan	91.34	88.82	89.10	165	东营	Dongying	92.54	98.50	99.11	37
马鞍山	Maanshan	65.17	70.21	71.06	221	烟台	Yantai	88.52	83.71	85.97	180
淮北	Huaibei	96.45	92.52	92.77	133	潍坊	Weifang	89.89	99.98	95.40	100
铜陵	Tongling	76.01	83.12	83.16	198	济宁	Jining	94.37	91.19	94.82	111
安庆	Anqing	99.24	96.90	96.54	91	泰安	Taian	97.47	98.47	98.20	60
黄山	Huangshan	87.60	74.76	74.79	212	威海	Weihai	95.70	93.31	94.66	113
滁州	Chuzhou	97.52	96.77	96.56	90	日照	Rizhao	99.99	98.93	99.11	37
阜阳	Fuyang	92.86	99.97	99.79	27	莱芜	Laiwu	96.00	98.00	98.48	56
宿州	Suzhou	90.90	60.33	65.71	232	临沂	Linyi	96.62	90.71	97.17	79
六安	Liuan	71.97	77.00	73.50	215	德州	Dezhou	99.98	99.12	94.22	117
亳州	Bozhou	99.88	99.84	99.45	33	聊城	Liaocheng	89.12	98.37	98.59	52

9-9 工业固体废物综合利用率 续表 2

Ratio of Industrial Solid Wastes Comprehensively Utilized continued 2

单位：% (%)

地名	City	2010	2013	2014	2014 排名 Ranking
滨州	Binzhou	100.00	83.46	92.01	141
菏泽	Heze	100.00	100.00	100.00	1
河南	**Henan**				
郑州	Zhengzhou	84.57	73.55	76.77	209
开封	Kaifeng	100.00	100.00	100.00	1
洛阳	Luoyang	35.19	59.61	65.38	234
平顶山	Pingdingshan	80.86	95.60	93.73	121
安阳	Anyang	89.46	85.60	85.33	186
鹤壁	Hebi	92.09	94.25	93.50	126
新乡	Xinxiang	100.00	97.60	99.94	17
焦作	Jiaozuo	77.28	57.20	56.51	246
濮阳	Puyang	89.01	95.20	97.08	81
许昌	Xuchang	98.28	98.80	98.70	49
漯河	Luohe	100.00	99.98	99.98	14
三门峡	Sanmenxia	39.44	34.16	33.52	273
南阳	Nanyang	84.27	69.92	75.59	211
商丘	Shangqiu	99.85	98.99	99.64	28
信阳	Xinyang	99.95	98.80	99.14	36
周口	Zhoukou	98.72	95.89	95.32	102
驻马店	Zhumadian	97.08	98.60	98.73	46
湖北	**Hubei**				
武汉	Wuhan	98.59	95.00	98.71	48
黄石	Huangshi	62.47	94.31	93.42	127
十堰	Shiyan	71.54	39.60	39.82	265
宜昌	Yichang	47.34	47.90	62.88	239
襄阳	Xiangyang	94.31	98.10	97.70	69
鄂州	Ezhou	98.51	90.22	88.75	169
荆门	Jingmen	96.33	92.21	91.10	147
孝感	Xiaogan	99.08	69.31	61.79	241
荆州	Jingzhou	143.24	34.64	38.21	267
黄冈	Huanggang	80.93	92.33	91.44	145
咸宁	Xianning	98.56	56.20	54.71	249
随州	Suizhou	97.32	99.90	99.90	20
湖南	**Hunan**				
长沙	Changsha	99.70	85.67	85.50	184
株洲	Zhuzhou	82.66	88.86	90.12	156
湘潭	Xiangtan	96.90	96.56	98.15	63
衡阳	Hengyang	80.54	82.02	87.27	172
邵阳	Shaoyang	91.75	63.95	66.00	230
岳阳	Yueyang	96.12	93.00	88.20	171
常德	Changde	93.39	97.96	97.42	75
张家界	Zhangjiajie	93.00	97.24	97.30	76
益阳	Yiyang	99.96	88.85	84.98	192
郴州	Chenzhou	70.87	47.97	48.50	258
永州	Yongzhou	94.00	83.00	82.20	201
怀化	Huaihua	37.95	30.19	89.00	166
娄底	Loudi	99.15	98.48	97.00	83
广东	**Guangdong**				
广州	Guangzhou		95.17	94.47	115
韶关	Shaoguan	82.28	78.63	91.56	144
深圳	Shenzhen	134.74	78.69	99.81	24
珠海	Zhuhai	98.20	92.81	94.89	109
汕头	Shantou	94.92	97.61	99.86	23
佛山	Foshan	99.52	93.14	99.94	17
江门	Jiangmen	95.88	90.84	90.46	153
湛江	Zhanjiang	91.28	97.73	97.68	70
茂名	Maoming	87.99	95.89	97.96	67
肇庆	Zhaoqing	72.05	46.34	69.50	225
惠州	Huizhou	93.30		96.66	88
梅州	Meizhou	99.42	99.00	99.00	40
汕尾	Shanwei	89.18	99.61	99.25	35
河源	Heyuan	70.61	36.47	36.21	269
阳江	Yangjiang	99.25	99.87	99.90	20
清远	Qingyuan	87.95	88.50	92.20	140
东莞	Dongguan	94.98	78.94	83.42	196
中山	Zhongshan	85.21	62.66	73.03	217
潮州	Chaozhou	99.41	99.86	99.80	25
揭阳	Jieyang	99.73	99.88	99.97	16
云浮	Yunfu	82.63	78.95	69.00	226
广西	**Guangxi**				
南宁	Nanning	94.02	94.64	95.82	97
柳州	Liuzhou		93.54	96.77	85
桂林	Guilin	90.87	88.40	85.31	187
梧州	Wuzhou	41.62	76.94	91.10	147
北海	Beihai	73.84	99.87	99.99	12
防城港	Fangchenggang	100.00	99.53	98.58	54
钦州	Qinzhou	92.38	97.34	97.60	72
贵港	Guigang	90.79	79.14	94.70	112
玉林	Yulin	94.00	89.00	89.73	161
百色	Baise	25.13	49.72	35.58	271

9-9 工业固体废物综合利用率 续表 3
Ratio of Industrial Solid Wastes Comprehensively Utilized continued 3

单位：%　　　　(%)

地名	City	2010	2013	2014	2014 排名 Ranking	地名	City	2010	2013	2014	2014 排名 Ranking
贺州	Hezhou	69.73	75.00	67.11	227	丽江	Lijiang	74.38	91.70	89.00	166
河池	Hechi	44.84	32.18			普洱	Puer	81.89	42.50	43.40	261
来宾	Laibin	92.58	72.42	77.30	208	临沧	Lincang	93.01	79.17	79.98	205
崇左	Chongzuo	93.67	53.10	65.41	233	**西藏**	**Tibet**				
海南	**Hainan**					拉萨	Lasa		1.86		
海口	Haikou	96.97	93.76	100.00	1	**陕西**	**Shaanxi**				
三亚	Sanya	99.46	100.00	100.00	1	西安	Xi'an	98.05	95.43	92.40	137
三沙	Sansha			100.00	1	铜川	Tongchuan	82.31	100.00	98.59	52
重庆	**Chongqing**	**80.40**	**84.00**	**84.49**		宝鸡	Baoji	26.86	50.32	54.51	250
四川	**Sichuan**					咸阳	Xianyang	99.01	95.70	96.70	86
成都	Chengdu	99.57	99.00	97.44	74	渭南	Weinan	47.49	100.00	99.99	12
自贡	Zigong	92.46	90.60	82.44	200	延安	Yan'an	87.75	79.12	86.84	175
攀枝花	Panzhihua	16.89	17.60	20.00	279	汉中	Hanzhong	44.00	52.39	53.14	252
泸州	Luzhou	76.49	90.00	97.01	82	榆林	Yulin	97.41	97.00	98.84	45
德阳	Deyang	81.00	99.99	99.98	14	安康	Ankang	93.30	90.18	91.60	143
绵阳	Mianyang	88.03	98.18	99.56	30	商洛	Shangluo	4.56	19.60	21.90	277
广元	Guangyuan	93.04	100.00	100.00	1	**甘肃**	**Gansu**				
遂宁	Suining	99.99	99.00	100.00	1	兰州	Lanzhou	78.94	97.40	98.46	57
内江	Neijiang	90.28	90.60	86.15	178	嘉峪关	Jiayuguan	33.46	47.61	42.71	262
乐山	Leshan	93.79	95.42	96.09	92	金昌	Jinchang	18.50	21.41	17.15	281
南充	Nanchong	99.67	81.00	99.00	40	白银	Baiyin	34.75	55.99	74.00	213
眉山	Meishan	99.64	100.00	100.00	1	天水	Tianshui	81.23	95.11	83.31	197
宜宾	Yibin	92.04	91.09	73.45	216	武威	Wuwei	74.00	83.30	88.81	168
广安	Guangan	99.16	74.33	33.54	272	张掖	Zhangye	72.24	69.86	73.83	214
达州	Dazhou	99.77	99.81	98.90	43	平凉	Pingliang	78.68	69.50	98.90	43
雅安	Yaan	64.24	48.78	93.14	130	酒泉	Jiuquan	90.00	61.55	61.55	242
巴中	Bazhong	94.00	95.70	95.18	105	庆阳	Qingyang	96.32	98.39	98.56	55
资阳	Ziyang	99.99	99.32	99.36	34	定西	Dingxi	75.36	84.15	85.00	191
贵州	**Guizhou**					陇南	Longnan	81.72	57.11	23.19	276
贵阳	Guiyang	56.17	60.75	48.86	257	**青海**	**Qinghai**	**83.56**			
六盘水	Liupanshui	43.96	43.08	54.40	251	西宁	Xining	83.56	97.58	96.83	84
遵义	Zunyi	66.00	98.80	94.33	116	海东	Haidong			84.00	193
安顺	Anshun	76.52	75.51	98.00	66	**宁夏**	**Ningxia**				
毕节	Bijie		63.91	63.78	237	银川	Yinchuan	75.38	84.78	90.94	151
铜仁	Tongren		59.49	87.00	173	石嘴山	Shizuishan	53.74	74.90	85.60	183
云南	**Yunnan**					吴忠	Wuzhong	90.01	76.00	65.27	235
昆明	Kunming	96.11	40.90	36.87	268	固原	Guyuan	99.20	106.45	93.70	122
曲靖	Qujing	51.43	62.77	63.14	238	中卫	Zhongwei	60.61	91.58	92.74	134
玉溪	Yuxi	53.00	26.76	36.13	270	**新疆**	**Xinjiang**				
保山	Baoshan	67.74	90.94	76.61	210	乌鲁木齐	Urumqi	68.20	87.64	93.66	124
昭通	Zhaotong	44.13	39.74	42.10	264	克拉玛依	Karamay	63.55	90.27	98.61	50

10

农　业

Agriculture

10-1 农业乡村户数
Rural Households

单位：万户 (10 000 households)

地名	City	2010	2012	2013	2013 排名 Ranking	地名	City	2010	2012	2013	2013 排名 Ranking
全国	**Nation Total**					沈阳	Shenyang	91.1	87.3	87.4	109
北京	**Beijing**	**216.0**				大连	Dalian	94.1	88.7	87.7	108
天津	**Tianjin**	**130.3**				鞍山	Anshan	54.5	55.4	55.3	178
河北	**Hebei**	**1525.6**				抚顺	Fushun	27.0	27.1	27.3	228
石家庄	Shijiazhuang	178.0	178.8	180.3	16	本溪	Benxi	15.2	15.5	15.5	249
唐山	Tangshan	162.8	163.1	162.2	26	丹东	Dandong	44.0	44.4	45.0	194
秦皇岛	Qinhuangdao	65.1	66.7	67.4	147	锦州	Jinzhou	61.5	61.6	59.9	168
邯郸	Handan	181.8	184.8	186.0	10	营口	Yingkou	44.4	45.2	44.9	195
邢台	Xingtai	153.6	156.2	158.2	29	阜新	Fuxin	34.1	34.5	34.2	217
保定	Baoding	240.7	243.9	246.3	1	辽阳	Liaoyang	35.4	36.2	36.9	207
张家口	Zhangjiakou	116.9	123.0	124.7	53	盘锦	Panjin	22.2	23.6	24.3	234
承德	Chengde	86.9	88.7	90.3	101	铁岭	Tieling	62.7	63.3	63.4	159
沧州	Cangzhou	155.5	158.7	160.6	27	朝阳	Chaoyang	77.6	77.7	77.7	125
廊坊	Langfang	82.3	83.0	83.4	114	葫芦岛	Huludao	59.1	59.6	59.8	170
衡水	Hengshui	102.0	104.2	104.8	80	**吉林**	**Jilin**	**411.3**			
山西	**Shanxi**	**694.4**				长春	Changchun	118.4	120.2	120.4	59
太原	Taiyuan	33.8	36.0	36.7	211	吉林	Jilin	58.5	59.0	59.4	171
大同	Datong	56.3	63.9	65.4	155	四平	Siping	58.1	59.5	59.9	169
阳泉	Yangquan	26.5	29.5	30.7	222	辽源	Liaoyuan	19.5	20.0	20.0	240
长治	Changzhi	68.4	76.8	78.8	124	通化	Tonghua	34.3	35.7	36.0	214
晋城	Jincheng	52.6	56.0	57.1	174	白山	Baishan	12.4	12.6	12.8	252
朔州	Shuozhou	35.0	38.3	39.6	203	松原	Songyuan	52.4	53.2	53.5	182
晋中	Jinzhong	78.2	90.4	92.6	99	白城	Baicheng	34.5	37.0	37.3	205
运城	Yuncheng	103.2	112.9	116.1	63	**黑龙江**	**Heilongjiang**	**509.1**			
忻州	Xinzhou	75.7	90.8	92.8	98	哈尔滨	Harbin	133.7	134.4	135.3	40
临汾	Linfen	80.6	93.9	95.8	94	齐齐哈尔	Qiqihar	93.6	96.1	97.9	92
吕梁	Lvliang	84.2	103.5	106.6	76	鸡西	Jixi	19.4	19.4	19.5	242
内蒙古	**Inner Mongolia**	**364.0**				鹤岗	Hegang	6.6	6.8	6.8	259
呼和浩特	Hohhot	29.9	30.2	30.9	221	双鸭山	Shuangyashan	14.1	14.2	14.1	251
包头	Baotou	17.0	17.7	18.2	243	大庆	Daqing	36.8	36.6	36.9	208
乌海	Wuhai	0.9	0.9	0.9	264	伊春	Yichun	4.9	4.9	4.9	263
赤峰	Chifeng	100.9	104.5	109.9	68	佳木斯	Jiamusi	36.0	36.1	36.2	212
通辽	Tongliao	60.7	63.8	66.1	153	七台河	Qitaihe	9.6	9.5	9.3	256
鄂尔多斯	Erdos	18.6	19.5	19.9	241	牡丹江	Mudanjiang	30.6	31.3	31.6	220
呼伦贝尔	Hulunbuir	19.3	37.5	34.4	216	黑河	Heihe	21.7	22.4	22.7	237
巴彦淖尔	Bayannur	26.5	27.0	28.5	225	绥化	Suihua	100.3	100.7	100.7	87
乌兰察布	Ulanqab	44.9	43.3	46.5	193	**上海**	**Shanghai**	**114.2**			
辽宁	**Liaoning**	**722.9**				**江苏**	**Jiangsu**	**1483.3**			

10-1 农业乡村户数 续表 1
Rural Households continued 1

单位：万户 (10 000 households)

地名	City	2010	2012	2013	2013 排名 Ranking
南京	Nanjing	65.2	64.2	64.2	156
无锡	Wuxi	72.5	64.5	63.3	160
徐州	Xuzhou	187.3	181.2	179.5	18
常州	Changzhou	78.7	76.2	75.3	128
苏州	Suzhou	97.6	91.4	90.1	103
南通	Nantong	212.6	204.6	202.4	6
连云港	Lianyungang	91.9	90.4	89.8	104
淮安	Huaian	100.0	99.2	99.0	89
盐城	Yancheng	188.1	184.9	184.6	11
扬州	Yangzhou	102.1	102.6	102.7	82
镇江	Zhenjiang	58.2	57.6	57.7	173
泰州	Taizhou	121.9	120.5	119.7	60
宿迁	Suqian	107.3	107.3	108.2	72
浙江	**Zhejiang**	**1254.2**			
杭州	Hangzhou	131.8	129.3	132.2	45
宁波	Ningbo	180.5	174.8	175.3	22
温州	Wenzhou	184.6	183.3	186.3	9
嘉兴	Jiaxing	74.7	75.9	75.3	127
湖州	Huzhou	61.3	61.9	63.9	157
绍兴	Shaoxing	137.6	139.1	144.0	36
金华	Jinhua	173.0	175.8	176.2	20
衢州	Quzhou	61.4	62.1	63.3	161
舟山	Zhoushan	23.7	23.9	23.7	235
台州	Taizhou	164.0	166.3	169.7	23
丽水	Lishui	61.7	64.6	68.0	145
安徽	**Anhui**	**1424.3**			
合肥	Hefei	71.8	125.5	125.1	52
芜湖	Wuhu	45.4	75.0	72.2	137
蚌埠	Bengbu	67.8	70.7	72.4	136
淮南	Huainan	35.7	36.9	36.8	209
马鞍山	Maanshan	19.0	40.5	40.3	200
淮北	Huaibei	35.4	36.8	36.8	210
铜陵	Tongling	9.8	10.0	9.9	255
安庆	Anqing	139.8	141.6	141.6	37
黄山	Huangshan	36.6	37.1	37.1	206
滁州	Chuzhou	93.2	93.8	94.1	95
阜阳	Fuyang	218.5	221.5	224.1	4
宿州	Suzhou	137.2	137.2	133.9	43
六安	Liuan	173.5	129.5	180.6	15
亳州	Bozhou	128.0	129.5	130.5	47
池州	Chizhou	38.8	39.6	39.7	202
宣城	Xuancheng	71.2	73.1	74.0	133
福建	**Fujian**	**712.3**			
福州	Fuzhou	131.5	132.7	134.6	41
厦门	Xiamen	11.5	12.6	12.6	253
莆田	Putian	64.7	66.0	66.3	151
三明	Sanming	53.1	54.7	55.3	179
泉州	Quanzhou	144.5	152.1	152.0	31
漳州	Zhangzhou	104.1	106.5	106.1	77
南平	Nanping	64.8	66.3	66.5	149
龙岩	Longyan	66.2	68.6	69.7	142
宁德	Ningde	72.1	74.1	74.1	132
江西	**Jiangxi**	**867.3**			
南昌	Nanchang	70.0	73.3	74.1	131
景德镇	Jingdezhen	26.7	27.0	27.2	229
萍乡	Pingxiang	34.2	35.1	35.7	215
九江	Jiujiang	90.7	91.8	92.1	100
新余	Xinyu	22.3	22.5	22.8	236
鹰潭	Yingtan	21.2	21.6	22.0	238
赣州	Ganzhou	172.8	177.7	179.9	17
吉安	Jian	97.2	99.7	101.3	85
宜春	Yichun	108.4	111.5	112.5	66
抚州	Fuzhou	77.1	79.6	80.9	121
上饶	Shangrao	146.7	149.5	150.8	32
山东	**Shandong**	**2146.1**			
济南	Jinan	99.7	100.6		
青岛	Qingdao	154.9	155.7		
淄博	Zibo	88.0	89.3		
枣庄	Zaozhuang	78.6	80.0		
东营	Dongying	33.5	34.6		
烟台	Yantai	175.0	171.5		
潍坊	Weifang	206.2	204.0		
济宁	Jining	181.9	185.5		
泰安	Taian	122.0	123.2		
威海	Weihai	65.1	64.2		
日照	Rizhao	82.1	83.3		
莱芜	Laiwu	31.9	31.7		
临沂	Linyi	267.5	278.5		
德州	Dezhou	125.8	125.8		
聊城	Liaocheng	135.3	135.5		

10-1 农业乡村户数 续表 2
Rural Households continued 2

单位：万户 (10 000 households)

地名	City	2010	2012	2013	2013 排名 Ranking	地名	City	2010	2012	2013	2013 排名 Ranking
滨州	Binzhou	96.2	94.1			常德	Changde	152.0	154.9	159.5	28
菏泽	Heze	202.5	205.7			张家界	Zhangjiajie	42.3	41.9	42.0	198
河南	**Henan**	**2061.0**				益阳	Yiyang	106.9	107.8	109.2	70
郑州	Zhengzhou	106.0	105.1	102.8	81	郴州	Chenzhou	114.5	121.1	121.8	58
开封	Kaifeng	97.1	99.0	99.5	88	永州	Yongzhou	132.5	135.8	137.3	38
洛阳	Luoyang	129.8	129.4	124.4	54	怀化	Huaihua	116.1	118.8	118.3	62
平顶山	Pingdingshan	103.7	102.7	102.0	83	娄底	Loudi	96.8	98.8	98.8	90
安阳	Anyang	119.1	122.0	122.5	56	**广东**	**Guangdong**	**1686.6**			
鹤壁	Hebi	27.9	26.6	25.9	231	广州	Guangzhou	140.0	144.3	147.2	34
新乡	Xinxiang	109.5	109.9	105.8	78	韶关	Shaoguan	60.4	62.3	63.1	162
焦作	Jiaozuo	62.8	63.6	63.8	158	深圳	Shenzhen				
濮阳	Puyang	74.0	74.5	74.5	129	珠海	Zhuhai	17.2	15.6	16.4	248
许昌	Xuchang	86.8	83.3	82.2	118	汕头	Shantou	88.1	91.2	94.0	96
漯河	Luohe	53.7	54.4	54.5	180	佛山	Foshan	89.0	93.8	90.3	101
三门峡	Sanmenxia	43.7	44.2	44.3	197	江门	Jiangmen	85.7	85.6	85.6	113
南阳	Nanyang	240.8	244.2	244.3	2	湛江	Zhanjiang	143.1	147.0	148.6	33
商丘	Shangqiu	193.8	193.6	194.6	7	茂名	Maoming	132.4	126.9	127.9	50
信阳	Xinyang	178.6	180.7	181.0	14	肇庆	Zhaoqing	87.4	90.4	89.7	105
周口	Zhoukou	236.4	237.6	233.2	3	惠州	Huizhou	76.1	80.1	82.8	116
驻马店	Zhumadian	185.2	182.9	182.4	13	梅州	Meizhou	118.1	114.6	114.0	65
湖北	**Hubei**	**1152.0**				汕尾	Shanwei	66.7	68.8	69.8	140
武汉	Wuhan	76.1	77.3	77.2	126	河源	Heyuan	72.7	75.2	69.7	143
黄石	Huangshi	34.7	37.6	37.6	204	阳江	Yangjiang	66.3	66.8	67.5	146
十堰	Shiyan	65.5	65.6	65.7	154	清远	Qingyuan	86.0	86.4	86.4	112
宜昌	Yichang	86.6	87.4	88.2	106	东莞	Dongguan	48.8	50.4	51.0	190
襄阳	Xiangyang	95.5	101.0	101.3	86	中山	Zhongshan	60.6	64.4	66.5	150
鄂州	Ezhou	20.8	20.9	20.9	239	潮州	Chaozhou	55.1	56.0	56.1	175
荆门	Jingmen	49.4	50.2	49.8	192	揭阳	Jieyang	121.9	128.7	123.6	55
孝感	Xiaogan	104.5	104.8	105.7	79	云浮	Yunfu	70.9	71.7	71.8	138
荆州	Jingzhou	104.8	106.9	107.2	73	**广西**	**Guangxi**	**1029.1**			
黄冈	Huanggang	152.2	154.5	154.5	30	南宁	Nanning	131.4	132.2	133.1	44
咸宁	Xianning	51.1	52.4	52.4	188	柳州	Liuzhou	58.7	61.6	62.4	164
随州	Suizhou	51.4	51.8	52.6	187	桂林	Guilin	107.6	106.7	106.9	75
湖南	**Hunan**	**1568.8**				梧州	Wuzhou	70.0	71.5	73.6	135
长沙	Changsha	132.1	133.9	135.6	39	北海	Beihai	21.9	24.1	24.4	233
株洲	Zhuzhou	76.9	78.1	79.2	123	防城港	Fangchenggang	16.0	16.6	17.0	245
湘潭	Xiangtan	62.7	61.9	61.9	165	钦州	Qinzhou	77.5	81.6	83.3	115
衡阳	Hengyang	166.1	165.5	166.9	24	贵港	Guigang	112.2	113.9	115.7	64
邵阳	Shaoyang	182.5	184.8	187.3	8	玉林	Yulin	122.0	127.9	129.6	48
岳阳	Yueyang	128.4	128.4	127.5	51	百色	Baise	76.0	78.2	80.0	122

10-1 农业乡村户数 续表 3
Rural Households continued 3

单位：万户 (10 000 households)

地名	City	2010	2012	2013	2013 排名 Ranking	地名	City	2010	2012	2013	2013 排名 Ranking
贺州	Hezhou	47.0	50.9	51.6	189	丽江	Lijiang	26.4	26.9	27.1	230
河池	Hechi	86.0	90.8	96.1	93	普洱	Puer	53.6	56.5	55.9	176
来宾	Laibin	51.9	52.8	53.1	185	临沧	Lincang	48.7	49.2	50.0	191
崇左	Chongzuo	50.8	52.3	53.0	186	**西藏**	**Tibet**	**48.0**			
海南	**Hainan**	**125.3**				拉萨	Lasa	6.2	6.8	6.9	258
海口	Haikou	16.1	17.5	16.8	246	**陕西**	**Shaanxi**	**712.0**			
三亚	Sanya	6.2	6.4	6.6	262	西安	Xi'an	101.4	101.9	101.4	84
三沙	Sansha					铜川	Tongchuan	11.2	11.8	11.8	254
重庆	**Chongqing**	**727.8**				宝鸡	Baoji	70.4	69.9	69.8	141
四川	**Sichuan**	**2056.2**				咸阳	Xianyang	95.5	93.5	92.8	97
成都	Chengdu	227.7	224.9	222.0	5	渭南	Weinan	110.9	109.1	107.2	74
自贡	Zigong	71.6	71.5	71.4	139	延安	Yan'an	37.8	39.0	39.8	201
攀枝花	Panzhihua	14.8	15.1	15.2	250	汉中	Hanzhong	87.2	87.6	87.2	110
泸州	Luzhou	116.7	118.7	118.9	61	榆林	Yulin	75.1	74.2	74.4	130
德阳	Deyang	106.7	108.9	109.5	69	安康	Ankang	65.0	66.5	67.3	148
绵阳	Mianyang	133.6	133.6	134.0	42	商洛	Shangluo	54.6	54.0	53.3	183
广元	Guangyuan	68.9	69.4	69.4	144	**甘肃**	**Gansu**	**480.6**			
遂宁	Suining	79.9	82.6	82.7	117	兰州	Lanzhou	33.9	34.1	33.2	218
内江	Neijiang	107.0	108.9	108.4	71	嘉峪关	Jiayuguan	0.6	0.6	0.6	265
乐山	Leshan	84.1	82.1	82.1	119	金昌	Jinchang	6.4	6.5	6.7	261
南充	Nanchong	178.4	176.1	175.8	21	白银	Baiyin	30.8	31.6	32.2	219
眉山	Meishan	87.2	87.7	87.9	107	天水	Tianshui	65.9	65.9	66.3	152
宜宾	Yibin	122.2	121.6	122.2	57	武威	Wuwei	37.3	36.2	36.2	213
广安	Guangan	108.0	109.6	110.1	67	张掖	Zhangye	26.6	27.1	27.4	227
达州	Dazhou	160.6	162.0	162.6	25	平凉	Pingliang	44.3	44.7	44.8	196
雅安	Yaan	40.0	40.4	41.1	199	酒泉	Jiuquan	17.3	17.5	17.4	244
巴中	Bazhong	81.1	81.8	81.5	120	庆阳	Qingyang	52.2	52.9	53.3	183
资阳	Ziyang	128.8	129.9	129.5	49	定西	Dingxi	61.2	62.1	62.7	163
贵州	**Guizhou**	**858.8**				陇南	Longnan	57.2	58.7	58.4	172
贵阳	Guiyang	53.1	55.7	55.9	177	**青海**	**Qinghai**	**87.5**			
六盘水	Liupanshui	68.9	72.8	73.9	134	西宁	Xining	24.7	25.4	24.8	232
遵义	Zunyi	165.2	174.7	176.6	19	海东	Haidong				
安顺	Anshun	56.5	59.3	60.0	167	**宁夏**	**Ningxia**	**103.6**			
毕节	Bijie	174.0	180.6	183.2	12	银川	Yinchuan	15.6	16.2	16.7	247
铜仁	Tongren	92.3	97.3	98.3	91	石嘴山	Shizuishan	8.4	8.3	8.6	257
云南	**Yunnan**	**947.0**				吴忠	Wuzhong	26.8	27.3	27.9	226
昆明	Kunming	86.8	87.1	87.1	111	固原	Guyuan	29.0	28.9	29.0	223
曲靖	Qujing	142.5	145.3	146.8	35	中卫	Zhongwei	23.4	25.2	28.9	224
玉溪	Yuxi	51.5	53.0	54.3	181	**新疆**	**Xinjiang**	**255.2**			
保山	Baoshan	56.9	59.0	60.3	166	乌鲁木齐	Urumqi	6.0	6.7	6.7	260
昭通	Zhaotong	125.9	130.8	132.1	46	克拉玛依	Karamay	0.1	0.1	0.1	266

10-2 常用耕地面积
Cultivated Land

单位：千公顷 (1000 hectares)

地名	City	2010	2012	2013	2013 排名 Ranking	地名	City	2010	2012	2013	2013 排名 Ranking
全国	**Nation Total**	**121715.9**	**121715.9**	**121715.9**		沈阳	Shenyang	682.5	682.5		
北京	**Beijing**	**231.7**	**231.7**	**231.7**		大连	Dalian	361.1	361.1		
天津	**Tianjin**	**441.1**	**441.1**	**441.1**		鞍山	Anshan	239.6	239.6		
河北	**Hebei**	**6317.3**	**6317.3**	**6317.3**		抚顺	Fushun	125.7	125.7		
石家庄	Shijiazhuang	554.3	554.3			本溪	Benxi	68.2	68.2		
唐山	Tangshan	545.7	545.7			丹东	Dandong	206.7	206.7		
秦皇岛	Qinhuangdao	165.8	165.8			锦州	Jinzhou	391.0	391.0		
邯郸	Handan	651.9	651.9			营口	Yingkou	113.4	113.4		
邢台	Xingtai	647.0	647.0			阜新	Fuxin	367.7	367.7		
保定	Baoding	762.5	762.5			辽阳	Liaoyang	176.3	176.3		
张家口	Zhangjiakou	682.2	682.2			盘锦	Panjin	128.9	128.9		
承德	Chengde	264.1	264.1			铁岭	Tieling	542.0	542.0		
沧州	Cangzhou	705.6	705.6			朝阳	Chaoyang	456.1	456.1		
廊坊	Langfang	366.2	366.2			葫芦岛	Huludao	225.9	225.9		
衡水	Hengshui	556.1	556.1			**吉林**	**Jilin**	**5578.4**	**5534.6**	**5534.6**	
山西	**Shanxi**	**4055.8**	**4055.8**	**4055.8**		长春	Changchun	1224.3	1308.0	1307.0	8
太原	Taiyuan	127.3	127.3	127.3	171	吉林	Jilin	584.1	598.5	596.5	30
大同	Datong	372.3	372.3	372.4	67	四平	Siping	849.8	850.6	852.0	16
阳泉	Yangquan	68.3	68.3	68.3	192	辽源	Liaoyuan	179.8	237.1	241.4	114
长治	Changzhi	346.2	346.2	346.2	77	通化	Tonghua	282.3	309.3	309.5	88
晋城	Jincheng	192.2	192.2	192.2	134	白山	Baishan	46.2	48.1	48.8	197
朔州	Shuozhou	365.9	365.9	365.9	71	松原	Songyuan	953.7	1187.8	1203.9	9
晋中	Jinzhong	364.1	364.1	364.1	73	白城	Baicheng	794.0	896.1	906.3	14
运城	Yuncheng	549.4	549.4	549.4	36	**黑龙江**	**Heilongjiang**	**11830.1**	**11830.1**	**11830.1**	
忻州	Xinzhou	649.5	649.5	649.5	26	哈尔滨	Harbin	1826.1	1826.1	1967.0	2
临汾	Linfen	494.6	494.6	494.6	43	齐齐哈尔	Qiqihar	2237.3	2237.3	2399.7	1
吕梁	Lvliang	525.9	525.9	525.9	38	鸡西	Jixi	476.2	414.1	490.7	44
内蒙古	**Inner Mongolia**	**7148.5**	**7147.2**	**7147.2**		鹤岗	Hegang	218.7	160.1	216.9	122
呼和浩特	Hohhot	565.4	568.8	560.2	35	双鸭山	Shuangyashan	801.9	404.8	420.9	60
包头	Baotou	422.1	422.1	426.0	59	大庆	Daqing	804.1	627.5	799.0	20
乌海	Wuhai	8.6	7.0	8.3	209	伊春	Yichun	259.2	204.9	259.1	107
赤峰	Chifeng	1405.9	1008.1	1409.9	6	佳木斯	Jiamusi	1236.0	1148.4	1666.4	5
通辽	Tongliao	1347.7	1074.4	1350.9	7	七台河	Qitaihe	175.2	152.1	194.9	132
鄂尔多斯	Erdos	407.0	402.9	411.5	62	牡丹江	Mudanjiang	651.1	488.4	613.6	28
呼伦贝尔	Hulunbuir	10.2	1143.7	1784.3	4	黑河	Heihe	1108.4	851.0	1188.4	10
巴彦淖尔	Bayannur	702.3	581.5	706.5	24	绥化	Suihua	1779.1	1657.4	1912.7	3
乌兰察布	Ulanqab	913.8	889.0	908.5	13	**上海**	**Shanghai**	**201.0**	**244.0**	**244.0**	
辽宁	**Liaoning**	**4085.2**	**4085.3**	**4085.3**		**江苏**	**Jiangsu**	**4763.8**	**4763.8**	**4763.8**	

10-2 常用耕地面积 续表 1
Cultivated Land continued 1

单位：千公顷 (1000 hectares)

地名	City	2010	2012	2013	2013 排名 Ranking
南京	Nanjing	242.1	242.1	242.1	112
无锡	Wuxi	139.5	139.5	139.5	164
徐州	Xuzhou	591.0	591.0	591.0	32
常州	Changzhou	177.7	177.7	177.7	138
苏州	Suzhou	231.1	231.1	231.1	119
南通	Nantong	468.5	468.5	468.5	49
连云港	Lianyungang	369.1	369.1	369.1	69
淮安	Huaian	487.7	487.7	487.7	45
盐城	Yancheng	781.4	781.4	781.4	22
扬州	Yangzhou	304.0	304.0	304.0	91
镇江	Zhenjiang	171.5	171.5	171.5	143
泰州	Taizhou	316.7	316.7	316.7	87
宿迁	Suqian	438.4	438.4	438.4	56
浙江	**Zhejiang**	**1920.9**	**1920.9**	**1920.9**	
杭州	Hangzhou				
宁波	Ningbo				
温州	Wenzhou				
嘉兴	Jiaxing				
湖州	Huzhou				
绍兴	Shaoxing				
金华	Jinhua				
衢州	Quzhou				
舟山	Zhoushan				
台州	Taizhou				
丽水	Lishui				
安徽	**Anhui**	**4181.3**	**5730.2**	**5730.2**	
合肥	Hefei	218.8	337.2	336.0	80
芜湖	Wuhu	82.8	175.1	175.4	141
蚌埠	Bengbu	293.3	294.9	296.7	95
淮南	Huainan	114.4	113.3	113.2	177
马鞍山	Maanshan	48.4	124.7	124.4	173
淮北	Huaibei	135.9	133.7	134.0	167
铜陵	Tongling	23.6	23.4	23.5	205
安庆	Anqing	298.3	299.1	303.2	92
黄山	Huangshan	47.6	46.6	46.4	199
滁州	Chuzhou	404.2	407.6	407.6	65
阜阳	Fuyang	574.5	575.3	574.3	33
宿州	Suzhou	481.1	480.4	480.1	46
六安	Liuan	433.0	435.4	436.1	57
亳州	Bozhou	499.4	500.2	498.3	42
池州	Chizhou	82.2	83.0	83.3	187
宣城	Xuancheng	153.3	154.5	155.6	153
福建	**Fujian**	**1501.9**	**1330.1**	**1330.1**	
福州	Fuzhou	192.7	153.2	160.1	151
厦门	Xiamen	21.1	20.4	19.8	206
莆田	Putian	74.8	74.9	74.8	188
三明	Sanming	192.1	193.5	194.3	133
泉州	Quanzhou	147.6	147.0	146.2	161
漳州	Zhangzhou	180.0	180.1	179.8	137
南平	Nanping	235.0	235.4	236.7	118
龙岩	Longyan	163.9	165.0	165.5	146
宁德	Ningde	136.8	137.3	161.6	149
江西	**Jiangxi**	**2827.1**	**2827.1**	**2827.1**	
南昌	Nanchang	259.8	259.8		
景德镇	Jingdezhen	84.3	84.3		
萍乡	Pingxiang	64.2	64.2		
九江	Jiujiang	295.5	295.5		
新余	Xinyu	82.0	82.0		
鹰潭	Yingtan	88.1	88.1		
赣州	Ganzhou	368.4	368.4		
吉安	Jian	420.4	420.4		
宜春	Yichun	470.0	470.0		
抚州	Fuzhou	314.1	314.1		
上饶	Shangrao	380.4	380.4		
山东	**Shandong**	**7510.8**	**7515.3**	**7515.3**	
济南	Jinan	360.7	360.7	360.3	74
青岛	Qingdao	512.8	512.8	528.1	37
淄博	Zibo	207.1	207.1	211.1	124
枣庄	Zaozhuang	240.8	240.8	237.2	117
东营	Dongying	220.0	220.0	223.5	121
烟台	Yantai	446.0	446.0	446.9	55
潍坊	Weifang	783.9	783.9	798.3	21
济宁	Jining	600.6	600.6	609.8	29
泰安	Taian	343.4	343.4	364.7	72
威海	Weihai	191.7	191.7	195.9	130
日照	Rizhao	229.6	229.6	241.5	113
莱芜	Laiwu	68.6	68.6	72.4	191
临沂	Linyi	842.6	842.6	843.8	17
德州	Dezhou	619.0	619.0	639.7	27
聊城	Liaocheng	565.6	565.6	565.5	34

10-2 常用耕地面积 续表 2
Cultivated Land continued 2

单位：千公顷 (1000 hectares)

地名	City	2010	2012	2013	2013 排名 Ranking
滨州	Binzhou	447.1	447.1	465.2	50
菏泽	Heze	831.3	831.3	831.8	19
河南	**Henan**	**7926.4**	**7926.4**	**7926.4**	
郑州	Zhengzhou	295.7	295.7	331.8	82
开封	Kaifeng	394.0	394.0	416.2	61
洛阳	Luoyang	356.1	356.1	432.6	58
平顶山	Pingdingshan	312.9	312.9	321.8	85
安阳	Anyang	394.6	394.6	410.0	63
鹤壁	Hebi	96.4	96.4	121.8	176
新乡	Xinxiang	403.1	403.1	475.5	47
焦作	Jiaozuo	181.7	181.7	195.6	131
濮阳	Puyang	248.4	248.4	283.6	97
许昌	Xuchang	325.6	325.6	339.5	79
漯河	Luohe	165.7	165.7	190.5	135
三门峡	Sanmenxia	163.2	163.2	177.0	140
南阳	Nanyang	941.2	941.2	1056.9	11
商丘	Shangqiu	666.6	666.6	708.4	23
信阳	Xinyang	568.6	568.6	839.8	18
周口	Zhoukou	826.2	826.2	857.8	15
驻马店	Zhumadian	827.3	827.3	951.6	12
湖北	**Hubei**	**3323.9**	**4664.1**	**4664.1**	
武汉	Wuhan	207.1	202.1	197.6	129
黄石	Huangshi	89.8	89.6	89.4	186
十堰	Shiyan	244.5	174.0	177.1	139
宜昌	Yichang	230.1	258.7	266.4	105
襄阳	Xiangyang	436.9	449.6	452.2	52
鄂州	Ezhou	40.9	40.6	40.4	201
荆门	Jingmen	257.3	265.0	266.7	104
孝感	Xiaogan	261.3	262.3	266.8	103
荆州	Jingzhou	464.8	467.8	468.7	48
黄冈	Huanggang	377.3	343.5	343.6	78
咸宁	Xianning	155.9	156.6	158.7	152
随州	Suizhou	144.9	142.9	143.4	162
湖南	**Hunan**	**3346.7**	**3789.4**	**3789.4**	
长沙	Changsha	248.1	248.1		
株洲	Zhuzhou	178.9	178.9		
湘潭	Xiangtan	122.9	122.9		
衡阳	Hengyang	329.1	329.1		
邵阳	Shaoyang	348.9	348.9		
岳阳	Yueyang	284.5	284.5		
常德	Changde	408.4	408.4		
张家界	Zhangjiajie	92.0	92.0		
益阳	Yiyang	242.0	242.0		
郴州	Chenzhou	234.4	234.4		
永州	Yongzhou	288.6	288.6		
怀化	Huaihua	265.7	265.7		
娄底	Loudi	149.9	149.9		
广东	**Guangdong**	**2878.5**	**2830.7**	**2830.7**	
广州	Guangzhou	100.7	99.1	98.2	183
韶关	Shaoguan	220.6	131.6	131.6	170
深圳	Shenzhen				
珠海	Zhuhai	14.8	14.8	18.1	207
汕头	Shantou		73.8	73.8	190
佛山	Foshan	37.7	37.8	37.5	202
江门	Jiangmen	132.9	132.9	132.9	169
湛江	Zhanjiang	445.3	460.5	464.5	51
茂名	Maoming	225.6	252.4	252.4	109
肇庆	Zhaoqing	109.0	189.4	149.4	159
惠州	Huizhou	115.3	110.1	110.1	178
梅州	Meizhou	16.3	164.2	164.3	148
汕尾	Shanwei	94.5	97.9	97.9	184
河源	Heyuan	110.6	128.7	141.9	163
阳江	Yangjiang	104.7	104.3	104.3	181
清远	Qingyuan	220.6	270.4	271.0	100
东莞	Dongguan	13.9	37.9	37.4	203
中山	Zhongshan		50.6	50.6	196
潮州	Chaozhou		74.6	74.6	189
揭阳	Jieyang	86.2	124.2	124.2	174
云浮	Yunfu	99.6	99.0	99.1	182
广西	**Guangxi**	**4424.6**	**4217.5**	**4217.5**	
南宁	Nanning		686.4	692.2	25
柳州	Liuzhou	354.7	353.6	352.6	76
桂林	Guilin	283.7	329.4	334.1	81
梧州	Wuzhou	140.1	111.4	139.2	165
北海	Beihai	124.7	124.5	125.3	172
防城港	Fangchenggang	91.7	91.6	92.2	185
钦州	Qinzhou		212.0	227.0	120
贵港	Guigang	323.6	322.7	323.2	84
玉林	Yulin	242.3		240.5	116
百色	Baise			450.8	54

10-2 常用耕地面积 续表 3
Cultivated Land continued 3

单位：千公顷 (1000 hectares)

地名	City	2010	2012	2013	2013 排名 Ranking	地名	City	2010	2012	2013	2013 排名 Ranking
贺州	Hezhou	121.2	163.9	124.2	174	丽江	Lijiang	95.0	103.3	104.4	180
河池	Hechi	374.1	374.1	367.0	70	普洱	Puer	206.5	210.9	211.3	123
来宾	Laibin		407.9	409.3	64	临沧	Lincang	241.4	270.6	270.3	101
崇左	Chongzuo	519.6	520.2	521.3	39	**西藏**	**Tibet**	**203.0**	**361.6**	**361.6**	
海南	**Hainan**	**419.1**	**727.5**	**727.5**		拉萨	Lasa	25.3	35.1	34.9	204
海口	Haikou	47.0	46.9	46.8	198	**陕西**	**Shaanxi**	**2860.5**	**4050.3**	**4050.3**	
三亚	Sanya	11.0	14.1	13.6	208	西安	Xi'an	255.5	246.6	244.2	110
三沙	Sansha					铜川	Tongchuan	62.7	64.6	64.7	194
重庆	**Chongqing**	**2235.9**	**2235.9**	**2235.9**		宝鸡	Baoji	306.8	300.0	300.0	94
四川	**Sichuan**	**4010.7**	**5947.4**	**5947.4**		咸阳	Xianyang	359.2	359.6	356.9	75
成都	Chengdu	356.5	323.5	321.5	86	渭南	Weinan	521.0	521.5	519.4	40
自贡	Zigong	134.6	137.4	138.4	166	延安	Yan'an	234.6	240.4	240.6	115
攀枝花	Panzhihua	40.0	40.8	41.4	200	汉中	Hanzhong	203.6	205.3	205.1	127
泸州	Luzhou	209.5	210.3	210.8	125	榆林	Yulin	574.3	580.6	594.9	31
德阳	Deyang	185.0	185.1	184.6	136	安康	Ankang	195.5	197.9	197.8	128
绵阳	Mianyang	280.6	281.9	282.1	98	商洛	Shangluo	132.3	133.6	133.4	168
广元	Guangyuan	166.1	168.8	168.8	145	**甘肃**	**Gansu**	**3493.8**	**4658.8**	**4658.8**	
遂宁	Suining	154.5	154.0	154.1	156	兰州	Lanzhou	209.5	268.7	209.2	126
内江	Neijiang	164.4	164.4	164.5	147	嘉峪关	Jiayuguan	2.8	4.0	2.8	210
乐山	Leshan	150.2	149.9	149.7	158	金昌	Jinchang	67.7	89.3	67.5	193
南充	Nanchong	300.7	302.3	302.4	93	白银	Baiyin	301.4	398.7	307.3	89
眉山	Meishan	171.2	170.7	170.6	144	天水	Tianshui	381.4	514.7	379.2	66
宜宾	Yibin	243.4	243.1	242.4	111	武威	Wuwei	254.7	359.3	254.1	108
广安	Guangan	173.4	173.4	173.2	142	张掖	Zhangye	234.6	253.3	259.3	106
达州	Dazhou	301.3	304.5	306.2	90	平凉	Pingliang	372.2	384.7	370.8	68
雅安	Yaan	54.6	56.2	56.1	195	酒泉	Jiuquan	157.2	166.7	160.2	150
巴中	Bazhong	152.8	152.4	152.6	157	庆阳	Qingyang	445.9	664.7	451.9	53
资阳	Ziyang	270.1	268.3	268.8	102	定西	Dingxi	514.3	675.3	513.9	41
贵州	**Guizhou**	**1761.6**	**4485.3**	**4485.3**		陇南	Longnan	287.9	553.3	286.4	96
贵阳	Guiyang	97.8	95.6			**青海**	**Qinghai**	**542.7**	**542.7**	**542.7**	
六盘水	Liupanshui	107.8	310.7			西宁	Xining	145.8	145.8	148.2	160
遵义	Zunyi	390.3	846.2			海东	Haidong				
安顺	Anshun	106.4	106.5			**宁夏**	**Ningxia**	**1134.9**	**1107.1**	**1107.1**	
毕节	Bijie	369.3	997.3			银川	Yinchuan	129.4	128.8		
铜仁	Tongren	175.3	176.7			石嘴山	Shizuishan	78.1	78.4		
云南	**Yunnan**	**4230.1**	**6072.1**	**6072.1**		吴忠	Wuzhong	339.9	312.0		
昆明	Kunming	157.5	155.7	154.5	155	固原	Guyuan	356.1	355.0		
曲靖	Qujing	281.1	272.4	273.0	99	中卫	Zhongwei	231.3	229.3		
玉溪	Yuxi	108.0	253.1	108.0	179	**新疆**	**Xinjiang**	**4124.6**	**4124.6**	**4124.6**	
保山	Baoshan	155.6	155.3	154.8	154	乌鲁木齐	Urumqi	55.4	55.4		
昭通	Zhaotong	327.6	326.9	326.8	83	克拉玛依	Karamay	21.9	21.9		

10-3 农业机械总动力
Total Power of Agricultural Machinery

单位：万千瓦 (10 000 kw)

地名	City	2010	2013	2014	2014 排名 Ranking
全国	**Nation Total**	**92780.5**	**103906.8**	**108056.6**	
北京	**Beijing**	**276.0**	**207.7**	**195.8**	
天津	**Tianjin**	**587.8**	**554.2**	**552.3**	
河北	**Hebei**	**10151.3**	**10762.7**	**10942.9**	
石家庄	Shijiazhuang	1959.7	1996.6	2022.2	1
唐山	Tangshan	1080.0	1179.8	1206.6	11
秦皇岛	Qinhuangdao	295.0	332.8	298.3	100
邯郸	Handan	1372.8	1479.6	1505.2	3
邢台	Xingtai	929.1	980.0	1010.1	15
保定	Baoding	1165.4	1242.0	1260.8	9
张家口	Zhangjiakou	289.8	316.0	328.1	87
承德	Chengde	310.1	370.8	390.0	73
沧州	Cangzhou	1174.8	1246.3	1265.0	8
廊坊	Langfang	673.7	689.1	694.9	29
衡水	Hengshui	900.8	953.6	961.6	19
山西	**Shanxi**	**2809.2**	**3183.3**	**3286.2**	
太原	Taiyuan	120.3	133.6	137.9	175
大同	Datong	160.6	185.0	192.8	146
阳泉	Yangquan	121.5	133.6	136.5	177
长治	Changzhi	176.2	208.8	217.1	137
晋城	Jincheng	225.3	244.9	248.4	120
朔州	Shuozhou	206.1	233.0	241.4	125
晋中	Jinzhong	321.1	363.4	374.7	77
运城	Yuncheng	605.3	685.7	708.5	28
忻州	Xinzhou	216.1	249.7	259.7	114
临汾	Linfen	405.1	458.4	473.1	61
吕梁	Lvliang	251.6	287.3	296.2	101
内蒙古	**Inner Mongolia**	**3034.0**	**3430.6**	**3632.6**	
呼和浩特	Hohhot	206.2	236.4	246.7	121
包头	Baotou	149.2	156.3	160.7	165
乌海	Wuhai	7.7	8.0	8.4	206
赤峰	Chifeng	434.0	527.8	565.9	45
通辽	Tongliao	558.8	598.4	633.3	33
鄂尔多斯	Erdos	256.9	290.9	302.8	98
呼伦贝尔	Hulunbuir	379.1	395.8	415.2	66
巴彦淖尔	Bayannur	357.0	449.5	506.3	56
乌兰察布	Ulanqab	188.8	207.4	210.2	139
辽宁	**Liaoning**	**2408.3**	**2632.0**	**2730.2**	
沈阳	Shenyang		343.6		
大连	Dalian		367.1		
鞍山	Anshan		162.0		
抚顺	Fushun		78.9		
本溪	Benxi		59.0		
丹东	Dandong		199.0		
锦州	Jinzhou		285.0		
营口	Yingkou		119.2		
阜新	Fuxin		246.0		
辽阳	Liaoyang		72.1		
盘锦	Panjin		79.1		
铁岭	Tieling		257.9		
朝阳	Chaoyang		199.5		
葫芦岛	Huludao		89.9		
吉林	**Jilin**	**2145.0**	**2730.0**	**2919.1**	
长春	Changchun	427.0	554.8	600.3	39
吉林	Jilin	281.0	351.9	368.1	79
四平	Siping	217.0	279.9	307.7	95
辽源	Liaoyuan	89.0	121.8	125.3	182
通化	Tonghua	136.0	159.5	163.9	159
白山	Baishan	39.0	45.5	45.7	201
松原	Songyuan	458.0	580.1	620.8	35
白城	Baicheng	359.0	438.1	476.3	60
黑龙江	**Heilongjiang**	**3736.3**	**4849.3**	**5155.5**	
哈尔滨	Harbin	753.2	926.7	977.3	16
齐齐哈尔	Qiqihar	592.6	735.2	779.0	23
鸡西	Jixi	162.5	208.3	217.9	136
鹤岗	Hegang	65.0	88.5	102.5	190
双鸭山	Shuangyashan	124.8	169.2	176.7	155
大庆	Daqing	267.3	315.1	324.9	90
伊春	Yichun	59.5	75.1	77.2	196
佳木斯	Jiamusi	285.9	410.1	387.7	74
七台河	Qitaihe	45.6	60.1	64.2	199
牡丹江	Mudanjiang	164.7	228.5	256.9	115
黑河	Heihe	213.9	259.9	272.5	110
绥化	Suihua	345.9	491.8	541.6	52
上海	**Shanghai**	**104.2**	**113.2**	**117.8**	
江苏	**Jiangsu**	**3937.3**	**4405.6**	**4650.0**	

10-3 农业机械总动力 续表 1
Total Power of Agricultural Machinery continued 1

单位：万千瓦 (10 000 kw)

地名	City	2010	2013	2014	2014 排名 Ranking	地名	City	2010	2013	2014	2014 排名 Ranking
南京	Nanjing	206.2	218.1	221.0	133	池州	Chizhou	104.0	120.3	123.3	184
无锡	Wuxi	110.2	101.0	100.4	191	宣城	Xuancheng	207.4	232.1	240.0	128
徐州	Xuzhou	563.7	626.7	657.0	31	**福建**	**Fujian**	**1206.2**	**1336.8**	**1368.4**	
常州	Changzhou	150.2	159.2	154.8	169	福州	Fuzhou	160.3	162.7		
苏州	Suzhou	162.2	165.0	163.3	161	厦门	Xiamen	41.7	41.3		
南通	Nantong	325.5	365.5	387.0	75	莆田	Putian	75.0	79.0		
连云港	Lianyungang	387.3	512.1	563.0	48	三明	Sanming	119.5	150.1		
淮安	Huaian	392.0	518.4	568.6	43	泉州	Quanzhou	236.7	247.6		
盐城	Yancheng	510.8	596.4	635.2	32	漳州	Zhangzhou	196.9	213.3		
扬州	Yangzhou	222.7	246.8	252.3	118	南平	Nanping	161.4	208.0		
镇江	Zhenjiang	142.8	151.3	152.4	170	龙岩	Longyan	104.3	115.5		
泰州	Taizhou	218.2	254.3	260.2	113	宁德	Ningde	110.3	119.4		
宿迁	Suqian	545.5	499.4	534.7	53	**江西**	**Jiangxi**	**3805.0**	**2014.1**	**2118.4**	
浙江	**Zhejiang**	**2499.9**	**2462.2**	**2420.1**		南昌	Nanchang		215.5		
杭州	Hangzhou	322.0	348.4	342.2	85	景德镇	Jingdezhen		72.3		
宁波	Ningbo	326.1	323.7	298.6	99	萍乡	Pingxiang		82.9		
温州	Wenzhou	229.8	222.7	219.2	134	九江	Jiujiang		206.5		
嘉兴	Jiaxing	158.6	152.3	147.9	172	新余	Xinyu		57.1		
湖州	Huzhou	163.1	165.2	168.5	158	鹰潭	Yingtan		68.2		
绍兴	Shaoxing	246.1	234.7	230.9	131	赣州	Ganzhou		289.7		
金华	Jinhua	246.5	262.7	261.4	111	吉安	Jian		269.0		
衢州	Quzhou	158.9	163.9	163.0	162	宜春	Yichun		304.3		
舟山	Zhoushan	171.9	156.4	159.4	166	抚州	Fuzhou		215.5		
台州	Taizhou	360.0	320.1	316.7	94	上饶	Shangrao		233.1		
丽水	Lishui	103.3	112.0	112.5	186	**山东**	**Shandong**	**11629.0**	**12739.8**	**13101.4**	
安徽	**Anhui**	**5409.8**	**6140.3**	**6365.8**		济南	Jinan	509.7	552.1	567.0	44
合肥	Hefei	188.4	397.1	415.0	67	青岛	Qingdao	763.6	809.3	826.9	22
芜湖	Wuhu	106.3	197.5	203.8	143	淄博	Zibo	334.5	358.7	365.3	82
蚌埠	Bengbu	482.3	524.4	533.3	54	枣庄	Zaozhuang	274.0	326.4	344.3	84
淮南	Huainan	169.6	181.3	184.9	151	东营	Dongying	225.0	244.7	253.5	116
马鞍山	Maanshan	49.1	137.8	141.6	174	烟台	Yantai	859.0	943.2	964.5	18
淮北	Huaibei	240.3	268.4	276.2	107	潍坊	Weifang	1230.4	1360.2	1371.4	7
铜陵	Tongling	37.3	38.0	38.1	202	济宁	Jining	939.5	1056.7	1082.9	14
安庆	Anqing	265.1	312.4	328.4	86	泰安	Taian	452.5	519.5	543.8	51
黄山	Huangshan	67.0	77.9	79.5	195	威海	Weihai	531.8	544.7	551.9	50
滁州	Chuzhou	576.1	654.9	678.3	30	日照	Rizhao	295.5	312.2	307.4	96
阜阳	Fuyang	598.2	690.1	720.0	27	莱芜	Laiwu	99.3	106.8	109.6	188
宿州	Suzhou	732.7	805.0	828.0	21	临沂	Linyi	863.6	930.0	970.1	17
六安	Liuan	604.4	706.5	736.3	26	德州	Dezhou	1302.5	1439.9	1522.9	2
亳州	Bozhou	683.6	796.8	839.2	20	聊城	Liaocheng	1041.8	1178.6	1210.1	10

10-3 农业机械总动力 续表 2
Total Power of Agricultural Machinery continued 2

单位：万千瓦 (10 000 kw)

地名	City	2010	2013	2014	2014 排名 Ranking
滨州	Binzhou	546.2	591.5	613.4	36
菏泽	Heze	1360.2	1465.3	1495.8	4
河南	**Henan**	**10195.9**	**11150.0**	**11476.8**	
郑州	Zhengzhou	504.3	561.5	576.3	41
开封	Kaifeng	668.4	712.6	760.7	24
洛阳	Luoyang	457.9	492.0	501.0	57
平顶山	Pingdingshan	344.9	394.4	405.5	70
安阳	Anyang	568.9	617.9	632.0	34
鹤壁	Hebi	216.1	235.1	240.5	126
新乡	Xinxiang	678.6	741.4	754.2	25
焦作	Jiaozuo	378.4	400.6	405.8	69
濮阳	Puyang	407.4	442.2	450.9	63
许昌	Xuchang	355.1	374.9	384.0	76
漯河	Luohe	250.0	267.8	275.0	108
三门峡	Sanmenxia	165.0	175.2	176.5	156
南阳	Nanyang	1120.5	1307.9	1381.1	6
商丘	Shangqiu	1123.1	1176.1	1192.9	12
信阳	Xinyang	461.1	580.0	613.2	37
周口	Zhoukou	1064.2	1143.7	1170.6	13
驻马店	Zhumadian	1326.9	1416.2	1445.2	5
湖北	**Hubei**	**3371.0**	**4081.1**	**4292.9**	
武汉	Wuhan	214.6	263.7	274.1	109
黄石	Huangshi	69.8	90.2	98.5	193
十堰	Shiyan	135.3	197.5	207.5	141
宜昌	Yichang	245.0	293.1	590.8	40
襄阳	Xiangyang	515.0	588.8	305.4	97
鄂州	Ezhou	46.1	63.6	608.5	38
荆门	Jingmen	340.8	426.2	64.4	198
孝感	Xiaogan	203.2	243.5	444.1	64
荆州	Jingzhou	445.7	556.8	252.0	119
黄冈	Huanggang	237.1		347.2	83
咸宁	Xianning	144.1	179.8	192.1	147
随州	Suizhou	178.0	197.4	208.7	140
湖南	**Hunan**	**4651.6**	**5434.0**	**5672.1**	
长沙	Changsha	486.7	562.3	576.2	42
株洲	Zhuzhou	243.5	295.0	321.6	93
湘潭	Xiangtan	256.9	272.3	276.8	106
衡阳	Hengyang	397.8	489.3	520.4	55
邵阳	Shaoyang	362.1	415.0	433.2	65
岳阳	Yueyang	468.4	530.5	561.7	49

地名	City	2010	2013	2014	2014 排名 Ranking
常德	Changde	481.5	540.6	565.1	47
张家界	Zhangjiajie	92.1	103.4	107.5	189
益阳	Yiyang	398.4	465.1	487.9	59
郴州	Chenzhou	336.8	435.4	401.5	71
永州	Yongzhou	457.7	543.1	565.4	46
怀化	Huaihua	288.3	346.5	369.3	78
娄底	Loudi	258.4	289.4	325.1	89
广东	**Guangdong**	**2253.4**	**2564.9**	**2632.4**	
广州	Guangzhou	217.6	195.6		
韶关	Shaoguan	124.3	146.1		
深圳	Shenzhen		2.6		
珠海	Zhuhai	24.1	27.9		
汕头	Shantou	39.9	45.4		
佛山	Foshan	113.5	100.0		
江门	Jiangmen	158.2	181.1		
湛江	Zhanjiang	436.1	479.3		
茂名	Maoming	159.4	167.6		
肇庆	Zhaoqing	139.1	163.8		
惠州	Huizhou	119.6	135.3		
梅州	Meizhou	126.5	136.2		
汕尾	Shanwei	83.9	94.9		
河源	Heyuan	48.3	75.2		
阳江	Yangjiang	79.1	92.2		
清远	Qingyuan	103.2	114.3		
东莞	Dongguan	36.8	41.8		
中山	Zhongshan	69.8	73.5		
潮州	Chaozhou	27.5	49.2		
揭阳	Jieyang	57.6	66.0		
云浮	Yunfu	95.1	110.0		
广西	**Guangxi**	**2767.7**	**3383.0**	**3567.5**	
南宁	Nanning	393.8	459.3	472.7	62
柳州	Liuzhou	157.9	197.5	215.7	138
桂林	Guilin	364.8	466.1	495.2	58
梧州	Wuzhou	100.9	128.7	131.8	179
北海	Beihai	121.3	133.7	137.6	176
防城港	Fangchenggang	66.4	80.3	81.5	194
钦州	Qinzhou	130.3	165.1	174.2	157
贵港	Guigang	256.2	314.1	325.8	88
玉林	Yulin	266.3	315.9	324.8	91
百色	Baise	240.0	286.6	292.4	103

10-3 农业机械总动力 续表 3
Total Power of Agricultural Machinery continued 3

单位：万千瓦 (10 000 kw)

地名	City	2010	2013	2014	2014 排名 Ranking
贺州	Hezhou	96.0	122.0	128.2	181
河池	Hechi	267.7	316.7	324.3	92
来宾	Laibin	136.8	173.4	182.4	152
崇左	Chongzuo	172.6	224.8	242.6	123
海南	**Hainan**	**421.5**	**502.1**	**517.3**	
海口	Haikou	42.6	59.1	58.2	200
三亚	Sanya	25.8	37.7	37.7	203
三沙	Sansha				
重庆	**Chongqing**		**1198.9**	**1243.3**	
四川	**Sichuan**	**3155.1**	**3953.1**	**4160.1**	
成都	Chengdu	288.2	342.2	366.0	80
自贡	Zigong	83.6	103.9	111.7	187
攀枝花	Panzhihua	56.4	65.3	67.2	197
泸州	Luzhou	140.4	193.9	204.6	142
德阳	Deyang	157.1	188.7	195.5	145
绵阳	Mianyang	229.1	281.4	292.1	104
广元	Guangyuan	211.9	252.7	261.0	112
遂宁	Suining	100.4	112.8	117.9	185
内江	Neijiang	122.3	145.9	151.8	171
乐山	Leshan	163.6	207.4	218.1	135
南充	Nanchong	189.6	242.0	253.4	117
眉山	Meishan	182.5	225.7	235.0	129
宜宾	Yibin	171.5	216.3	231.5	130
广安	Guangan	133.1	187.8	201.4	144
达州	Dazhou	174.7	220.5	133.4	178
雅安	Yaan	126.1	156.2	157.1	167
巴中	Bazhong	123.7	153.0	162.7	163
资阳	Ziyang	151.1	199.9	221.6	132
贵州	**Guizhou**	**1730.3**	**2240.8**	**2458.4**	
贵阳	Guiyang	154.8	161.5	181.7	153
六盘水	Liupanshui	69.3	180.1	185.0	150
遵义	Zunyi	278.0	350.5	408.6	68
安顺	Anshun	120.3	169.9	185.7	149
毕节	Bijie	206.1	315.3	365.6	81
铜仁	Tongren	231.9	290.2	293.3	102
云南	**Yunnan**	**2411.0**	**3070.3**	**3215.0**	
昆明	Kunming	270.0	301.0		
曲靖	Qujing	26.0	316.8		
玉溪	Yuxi	206.9	247.9		
保山	Baoshan	13.2	190.7		
昭通	Zhaotong	130.7	193.7		
丽江	Lijiang	63.9	80.3		
普洱	Puer	17.2	219.6		
临沧	Lincang	117.7	172.9		
西藏	**Tibet**	**412.0**	**517.3**	**570.8**	
拉萨	Lasa	77.0	115.3	124.9	183
陕西	**Shaanxi**	**1889.3**	**2452.7**	**2552.1**	
西安	Xi'an	267.7	291.0		
铜川	Tongchuan	39.2	49.4		
宝鸡	Baoji	181.2	242.0		
咸阳	Xianyang	249.1	330.0		
渭南	Weinan	402.4	472.5		
延安	Yan'an	164.4	196.1		
汉中	Hanzhong	135.2	181.9		
榆林	Yulin	253.5	311.6		
安康	Ankang	113.0	157.6		
商洛	Shangluo	71.5	83.0		
甘肃	**Gansu**	**1977.6**	**2418.5**	**2545.7**	
兰州	Lanzhou	151.1	159.5	163.8	160
嘉峪关	Jiayuguan	10.6	12.0	12.3	205
金昌	Jinchang	89.3	98.3	100.2	192
白银	Baiyin	175.0	230.6	242.3	124
天水	Tianshui	116.0	151.2	161.0	164
武威	Wuwei	342.0	391.5	399.9	72
张掖	Zhangye	200.0	243.4	243.8	122
平凉	Pingliang	94.5	135.9	145.3	173
酒泉	Jiuquan	194.3	232.9	240.2	127
庆阳	Qingyang	310.9	163.4	179.1	154
定西	Dingxi	211.0	263.7	284.6	105
陇南	Longnan	134.7	174.9	186.7	148
青海	**Qinghai**	**421.3**	**410.6**	**440.9**	
西宁	Xining	140.0	128.3	129.0	180
海东	Haidong			155.8	168
宁夏	**Ningxia**	**729.1**	**802.0**	**813.0**	
银川	Yinchuan	163.7	182.5		
石嘴山	Shizuishan	100.7	105.8		
吴忠	Wuzhong	178.5	197.7		
固原	Guyuan	153.9	174.7		
中卫	Zhongwei	132.4	141.4		
新疆	**Xinjiang**	**1642.9**	**2165.9**	**2341.8**	
乌鲁木齐	Urumqi	27.8	30.8	27.3	204
克拉玛依	Karamay	3.1	3.1	3.5	207

10-4 化肥施用量
Consumption of Chemical Fertilizer

单位：万吨 (10 000 tons)

地名	City	2010	2013	2014	2014 排名 Ranking
全国	**Nation Total**	**5561.7**	**5911.9**	**5995.9**	
北京	**Beijing**	**13.7**	**12.8**	**11.6**	
天津	**Tianjin**	**25.5**	**24.3**	**23.3**	
河北	**Hebei**	**322.9**	**331.0**	**335.6**	
石家庄	Shijiazhuang	48.4	48.8	48.9	21
唐山	Tangshan	38.2	38.6	38.7	32
秦皇岛	Qinhuangdao	14.0	14.7	15.2	108
邯郸	Handan	47.3	47.9	49.3	19
邢台	Xingtai	34.5	35.5	36.4	38
保定	Baoding	44.6	46.9	47.4	23
张家口	Zhangjiakou	9.8	11.1	11.2	139
承德	Chengde	10.6	11.2	11.3	136
沧州	Cangzhou	32.3	31.7	32.0	48
廊坊	Langfang	16.7	16.7	16.9	104
衡水	Hengshui	26.7	28.0	28.3	59
山西	**Shanxi**	**110.4**	**121.0**	**119.6**	
太原	Taiyuan	2.6	2.9	2.9	212
大同	Datong	8.1	9.1	8.8	165
阳泉	Yangquan	1.4	1.4	1.4	217
长治	Changzhi	11.0	12.6	12.6	124
晋城	Jincheng	6.9	6.9	6.7	183
朔州	Shuozhou	6.9	8.5	8.6	169
晋中	Jinzhong	10.3	11.1	10.3	148
运城	Yuncheng	27.4	29.7	28.9	58
忻州	Xinzhou	12.7	12.3	12.4	127
临汾	Linfen	15.7	17.8	18.3	100
吕梁	Lvliang	7.3	8.9	8.7	167
内蒙古	**Inner Mongolia**	**177.2**	**202.4**	**222.7**	
呼和浩特	Hohhot	10.7	11.6	11.9	132
包头	Baotou	6.6	7.6	7.7	177
乌海	Wuhai	0.4	0.3	0.4	221
赤峰	Chifeng	26.1	32.4	34.6	43
通辽	Tongliao	53.0	56.8	63.5	10
鄂尔多斯	Erdos	9.9	10.6	11.5	134
呼伦贝尔	Hulunbuir	1.6	23.4	26.7	62
巴彦淖尔	Bayannur	24.7	24.8	24.3	66
乌兰察布	Ulanqab	9.0	8.8	9.2	159
辽宁	**Liaoning**	**140.1**	**151.8**	**151.6**	
沈阳	Shenyang	19.5	20.7		
大连	Dalian	16.1	16.7		
鞍山	Anshan	9.3	9.5		
抚顺	Fushun	3.3	3.5		
本溪	Benxi	1.3	1.3		
丹东	Dandong	7.1	7.6		
锦州	Jinzhou	16.4	17.0		
营口	Yingkou	6.1	6.1		
阜新	Fuxin	12.9	15.4		
辽阳	Liaoyang	5.4	5.4		
盘锦	Panjin	5.0	4.7		
铁岭	Tieling	19.7	23.0		
朝阳	Chaoyang	9.4	12.3		
葫芦岛	Huludao	8.5	8.6		
吉林	**Jilin**	**371.7**	**216.8**	**226.7**	
长春	Changchun	93.2	103.8	103.9	1
吉林	Jilin	52.9	59.3	59.5	12
四平	Siping	62.7	70.6	71.6	7
辽源	Liaoyuan	14.5	18.8	19.6	95
通化	Tonghua	26.4	29.9	31.3	50
白山	Baishan	3.5	3.7	3.7	207
松原	Songyuan	66.3	78.3	83.1	3
白城	Baicheng	39.4	45.0	50.3	17
黑龙江	**Heilongjiang**	**214.9**	**245.0**	**251.9**	
哈尔滨	Harbin	43.6	48.6	49.0	20
齐齐哈尔	Qiqihar	25.0	28.7	29.6	55
鸡西	Jixi	4.3	4.7	4.8	199
鹤岗	Hegang	3.6	4.2	4.2	202
双鸭山	Shuangyashan	5.5	6.4	6.6	184
大庆	Daqing	11.1	11.8	12.0	131
伊春	Yichun	2.0	2.4	2.5	213
佳木斯	Jiamusi	18.6	19.8	21.7	82
七台河	Qitaihe	1.4	2.8	3.3	209
牡丹江	Mudanjiang	7.6	8.5	8.8	166
黑河	Heihe	11.7	12.7	13.0	122
绥化	Suihua	31.1	34.6	35.4	41
上海	**Shanghai**	**11.8**	**10.8**	**10.2**	
江苏	**Jiangsu**	**341.1**	**326.8**	**323.6**	

10-4 化肥施用量 续表 1
Consumption of Chemical Fertilizer continued 1

单位：万吨 (10 000 tons)

地名	City	2010	2013	2014	2014 排名 Ranking	地名	City	2010	2013	2014	2014 排名 Ranking
南京	Nanjing	9.0	8.1	7.7	177	池州	Chizhou	5.8	6.3	6.1	192
无锡	Wuxi	6.5	5.7	5.5	195	宣城	Xuancheng	13.8	14.3	13.1	121
徐州	Xuzhou	70.3	65.0	64.1	9	**福建**	**Fujian**	**121.0**	**120.6**	**122.6**	
常州	Changzhou	6.7	6.3	6.2	189	福州	Fuzhou	8.7	8.8		
苏州	Suzhou	9.2	8.1	7.9	176	厦门	Xiamen	2.3	2.4		
南通	Nantong	24.5	23.5	22.7	74	莆田	Putian	6.7	6.2		
连云港	Lianyungang	33.8	34.2	34.6	44	三明	Sanming	13.0	13.2		
淮安	Huaian	36.7	38.8	40.1	28	泉州	Quanzhou	15.2	14.8		
盐城	Yancheng	60.7	54.1	52.8	14	漳州	Zhangzhou	38.7	39.0		
扬州	Yangzhou	19.0	19.9	20.0	90	南平	Nanping	15.9	15.7		
镇江	Zhenjiang	7.0	5.7	5.5	196	龙岩	Longyan	11.3	11.1		
泰州	Taizhou	19.3	17.6	17.1	102	宁德	Ningde	9.3	9.4		
宿迁	Suqian	38.4	39.9	39.5	30	**江西**	**Jiangxi**	**137.6**	**141.6**	**142.9**	
浙江	**Zhejiang**	**92.2**	**92.4**	**89.6**		南昌	Nanchang	14.9	14.9	14.9	111
杭州	Hangzhou	11.5	10.3	9.8	153	景德镇	Jingdezhen	3.2	3.4	3.5	208
宁波	Ningbo	10.9	11.3	11.1	140	萍乡	Pingxiang	3.6	4.0	4.0	204
温州	Wenzhou	8.9	8.7	8.3	173	九江	Jiujiang	16.1	15.9	15.9	106
嘉兴	Jiaxing	10.5	10.5	10.4	147	新余	Xinyu	2.9	3.0	4.0	203
湖州	Huzhou	5.5	5.3	4.7	201	鹰潭	Yingtan	3.0	3.0	3.1	210
绍兴	Shaoxing	10.4	10.5	11.3	138	赣州	Ganzhou	22.4	23.9	23.6	70
金华	Jinhua	11.2	12.4	11.1	141	吉安	Jian	17.5	18.1	18.7	97
衢州	Quzhou	7.5	7.5	7.1	180	宜春	Yichun	20.8	21.8	21.7	81
舟山	Zhoushan	0.5	0.5	0.5	220	抚州	Fuzhou	19.9	19.1	18.4	98
台州	Taizhou	9.1	9.3	9.0	163	上饶	Shangrao	13.2	14.5	14.8	112
丽水	Lishui	6.2	6.3	6.2	190	**山东**	**Shandong**	**475.3**	**472.7**	**468.1**	
安徽	**Anhui**	**319.8**	**338.4**	**341.4**		济南	Jinan	23.4	23.1	23.0	73
合肥	Hefei	19.7	31.6	31.7	49	青岛	Qingdao	29.9	29.1	28.9	57
芜湖	Wuhu	6.8	16.5	18.3	99	淄博	Zibo	9.9	9.8	9.8	154
蚌埠	Bengbu	28.4	30.5	30.1	53	枣庄	Zaozhuang	21.7	21.3	21.3	84
淮南	Huainan	13.3	14.1	15.1	109	东营	Dongying	11.4	12.2	12.3	129
马鞍山	Maanshan	2.8	8.7	8.4	172	烟台	Yantai	39.1	38.3	39.1	31
淮北	Huaibei	8.6	9.9	10.1	150	潍坊	Weifang	58.3	54.3	52.1	16
铜陵	Tongling	2.2	2.5	2.5	214	济宁	Jining	46.6	44.0	42.6	25
安庆	Anqing	21.9	24.4	25.5	63	泰安	Taian	20.2	20.6	20.8	86
黄山	Huangshan	3.9	3.9	3.9	205	威海	Weihai	10.3	11.5	11.3	137
滁州	Chuzhou	32.1	34.3	35.1	42	日照	Rizhao	13.0	12.1	12.5	125
阜阳	Fuyang	37.3	40.0	40.5	27	莱芜	Laiwu	3.8	3.8	3.8	206
宿州	Suzhou	33.0	34.2	34.6	44	临沂	Linyi	43.4	41.8	37.7	36
六安	Liuan	36.6	37.1	35.4	40	德州	Dezhou	32.7	38.6	38.6	34
亳州	Bozhou	30.0	30.3	31.0	51	聊城	Liaocheng	42.0	41.8	42.4	26

10-4 化肥施用量 续表 2
Consumption of Chemical Fertilizer continued 2

单位：万吨 (10 000 tons)

地名	City	2010	2013	2014	2014 排名 Ranking	地名	City	2010	2013	2014	2014 排名 Ranking
滨州	Binzhou	21.2	20.9	22.5	75	常德	Changde	33.2	31.4	32.3	47
菏泽	Heze	48.4	49.3	49.4	18	张家界	Zhangjiajie	5.6	6.2	6.1	191
河南	**Henan**	**655.2**	**696.4**	**705.8**		益阳	Yiyang	22.2	24.1	24.1	67
郑州	Zhengzhou	22.7	23.4	23.3	72	郴州	Chenzhou	18.5	20.5	20.6	87
开封	Kaifeng	28.7	30.3	30.7	52	永州	Yongzhou	22.4	23.6	24.0	68
洛阳	Luoyang	23.6	23.9	23.4	71	怀化	Huaihua	10.7	10.6	10.7	144
平顶山	Pingdingshan	35.0	37.3	38.4	35	娄底	Loudi	9.3	8.4	8.6	171
安阳	Anyang	42.3	45.6	48.0	22	广东	**Guangdong**	**237.3**	**243.9**	**249.6**	
鹤壁	Hebi	7.5	8.0	7.9	175	广州	Guangzhou	10.8	11.1		
新乡	Xinxiang	49.0	52.3	52.9	13	韶关	Shaoguan	35.2	11.7		
焦作	Jiaozuo	20.2	20.2	20.2	88	深圳	Shenzhen	0.7	0.5		
濮阳	Puyang	25.9	27.6	27.7	60	珠海	Zhuhai	1.0	0.6		
许昌	Xuchang	31.0	29.8	29.4	56	汕头	Shantou	5.3	5.6		
漯河	Luohe	17.1	17.4	17.4	101	佛山	Foshan	5.3	4.8		
三门峡	Sanmenxia	9.2	9.9	9.9	152	江门	Jiangmen	39.5	12.9		
南阳	Nanyang	79.9	87.1	87.1	2	湛江	Zhanjiang	41.8	45.4		
商丘	Shangqiu	70.2	79.5	81.3	4	茂名	Maoming	32.9	34.0		
信阳	Xinyang	47.3	54.3	52.1	15	肇庆	Zhaoqing	18.1	19.5		
周口	Zhoukou	74.1	75.3	80.1	5	惠州	Huizhou	8.9	9.4		
驻马店	Zhumadian	69.1	72.1	73.5	6	梅州	Meizhou	15.7	16.1		
湖北	**Hubei**	**350.8**	**351.9**	**348.3**		汕尾	Shanwei	6.4	6.8		
武汉	Wuhan	16.4	14.9	14.3	116	河源	Heyuan	6.7	7.1		
黄石	Huangshi	4.7	5.4	5.6	194	阳江	Yangjiang	11.3	12.1		
十堰	Shiyan	12.8	14.3	13.5	118	清远	Qingyuan	20.1	17.6		
宜昌	Yichang	35.7	38.2	35.8	39	东莞	Dongguan	0.8	0.6		
襄阳	Xiangyang	53.2	59.3	36.8	37	中山	Zhongshan	3.1	2.9		
鄂州	Ezhou	12.0	9.8	60.6	11	潮州	Chaozhou	4.2	5.2		
荆门	Jingmen	29.3	35.0	9.2	160	揭阳	Jieyang	12.1	11.3		
孝感	Xiaogan	21.8	20.8	32.5	46	云浮	Yunfu	8.4	8.8		
荆州	Jingzhou	37.4	36.0	21.3	85	广西	**Guangxi**	**237.2**	**255.7**	**258.7**	
黄冈	Huanggang	49.7	39.8	39.8	29	南宁	Nanning	43.0	45.5	46.8	24
咸宁	Xianning	11.4	11.9	12.5	126	柳州	Liuzhou	18.5	19.6	19.7	92
随州	Suizhou	16.5	16.2	17.1	103	桂林	Guilin	22.4	23.2	68.3	8
湖南	**Hunan**	**236.6**	**248.2**	**247.8**		梧州	Wuzhou	6.8	7.0	7.2	179
长沙	Changsha	17.6	20.3	20.0	89	北海	Beihai	6.2	6.5	6.5	186
株洲	Zhuzhou	12.1	12.6	11.4	135	防城港	Fangchenggang	5.0	6.3	6.5	187
湘潭	Xiangtan	11.7	12.6	11.5	133	钦州	Qinzhou	24.9	26.3	26.7	61
衡阳	Hengyang	21.9	24.0	24.3	65	贵港	Guigang	19.2	20.0	19.6	94
邵阳	Shaoyang	22.3	22.2	22.4	78	玉林	Yulin	16.0	16.8	16.4	105
岳阳	Yueyang	21.7	24.0	23.8	69	百色	Baise	10.2	11.6	12.0	130

10-4 化肥施用量 续表 3
Consumption of Chemical Fertilizer continued 3

单位：万吨 (10 000 tons)

地名	City	2010	2013	2014	2014 排名 Ranking	地名	City	2010	2013	2014	2014 排名 Ranking
贺州	Hezhou	5.3	19.6	5.6	193	丽江	Lijiang	7.5	8.6	8.9	164
河池	Hechi	11.9	13.3	13.3	120	普洱	Puer	6.2	8.0	8.7	168
来宾	Laibin	22.0	24.5	24.7	64	临沧	Lincang	15.4	19.9	19.9	91
崇左	Chongzuo	25.8	29.6	29.9	54	**西藏**	**Tibet**	**4.7**	**5.7**	**5.3**	
海南	**Hainan**	**46.4**	**47.6**	**49.5**		拉萨	Lasa	1.1	1.8	1.8	216
海口	Haikou	3.1	3.2			**陕西**	**Shaanxi**	**196.8**	**241.7**	**230.2**	
三亚	Sanya	1.8	2.8			西安	Xi'an	23.6	24.0		
三沙	Sansha					铜川	Tongchuan	4.9	5.1		
重庆	**Chongqing**	**91.8**	**96.6**	**97.3**		宝鸡	Baoji	21.5	26.2		
四川	**Sichuan**	**248.0**	**251.1**	**250.2**		咸阳	Xianyang	41.4	67.0		
成都	Chengdu	17.2	15.6	15.6	107	渭南	Weinan	48.9	60.1		
自贡	Zigong	8.5	9.2	9.4	156	延安	Yan'an	11.4	14.2		
攀枝花	Panzhihua	3.0	2.9	2.9	211	汉中	Hanzhong	14.6	14.2		
泸州	Luzhou	10.3	11.1	11.1	142	榆林	Yulin	12.9	13.4		
德阳	Deyang	20.0	19.3	19.3	96	安康	Ankang	8.5	11.2		
绵阳	Mianyang	21.0	21.7	21.9	80	商洛	Shangluo	6.1	5.9		
广元	Guangyuan	11.3	12.0	12.3	128	**甘肃**	**Gansu**	**85.3**	**94.7**	**97.6**	
遂宁	Suining	14.4	14.6	14.5	115	兰州	Lanzhou	4.3	4.8	4.8	200
内江	Neijiang	11.8	12.5	12.6	123	嘉峪关	Jiayuguan	0.2	0.3	0.3	222
乐山	Leshan	9.1	9.5	9.7	155	金昌	Jinchang	2.0	2.7	2.3	215
南充	Nanchong	23.3	22.4	22.4	76	白银	Baiyin	4.9	5.2	5.4	197
眉山	Meishan	14.5	14.7	15.0	110	天水	Tianshui	7.3	7.9	7.9	174
宜宾	Yibin	10.6	9.8	9.1	161	武威	Wuwei	15.6	14.1	14.6	114
广安	Guangan	10.7	11.0	11.0	143	张掖	Zhangye	8.1	10.1	10.5	146
达州	Dazhou	20.0	21.7	21.9	79	平凉	Pingliang	8.1	9.7	9.9	151
雅安	Yaan	5.0	5.0	5.1	198	酒泉	Jiuquan	7.3	8.2	8.6	169
巴中	Bazhong	13.3	14.3	14.0	117	庆阳	Qingyang	9.2	10.1	10.2	149
资阳	Ziyang	8.8	9.1	9.0	162	定西	Dingxi	6.9	9.2	9.3	157
贵州	**Guizhou**	**86.5**	**97.4**	**101.3**		陇南	Longnan	6.1	6.7	6.8	182
贵阳	Guiyang	6.4	6.4	6.3	188	**青海**	**Qinghai**	**8.2**	**9.8**	**9.7**	
六盘水	Liupanshui	6.8	6.9	7.1	181	西宁	Xining	2.1	2.6		
遵义	Zunyi	15.5	22.0	22.4	77	海东	Haidong				
安顺	Anshun	6.1	6.1	6.6	185	**宁夏**	**Ningxia**	**102.6**	**40.4**	**39.7**	
毕节	Bijie	20.6	21.5	21.6	83	银川	Yinchuan	25.1	9.8		
铜仁	Tongren	8.6	10.0	10.5	145	石嘴山	Shizuishan	15.6	7.3		
云南	**Yunnan**	**184.6**	**219.0**	**226.9**		吴忠	Wuzhong	24.2	9.2		
昆明	Kunming	17.3	18.2	19.6	93	固原	Guyuan	17.7	6.0		
曲靖	Qujing	30.5	37.3	38.7	33	中卫	Zhongwei	20.0	8.2		
玉溪	Yuxi	38.4	42.4	9.2	158	**新疆**	**Xinjiang**	**167.6**	**203.2**	**237.0**	
保山	Baoshan	11.3	12.8	13.4	119	乌鲁木齐	Urumqi	1.0	0.9	1.2	218
昭通	Zhaotong	13.1	14.6	14.7	113	克拉玛依	Karamay	0.4	0.4	0.7	219

10-5 农村用电量
Electricity Consumed in Rural Areas

单位：亿千瓦小时 (100 million kwh)

地名	City	2010	2013	2014	2014 排名 Ranking
全国	**Nation Total**	**6632.30**	**8549.50**	**8884.4**	
北京	**Beijing**	**44.38**	**48.50**	**50.6**	
天津	**Tianjin**	**50.99**	**69.20**	**109**	
河北	**Hebei**	**511.81**	**616.40**	**631.3**	
石家庄	Shijiazhuang	71.35	79.63	77.1	18
唐山	Tangshan	14.70	153.15	146.88	7
秦皇岛	Qinhuangdao	9.05	25.06	25.29	38
邯郸	Handan	17.69	61.24	63.75	20
邢台	Xingtai	121.78	33.39	34.07	30
保定	Baoding	64.89	48.95	51.06	23
张家口	Zhangjiakou	44.32	10.35	10.33	82
承德	Chengde	64.20	18.90	20.25	43
沧州	Cangzhou	26.13	77.29	80.31	15
廊坊	Langfang	28.28	78.74	90.66	13
衡水	Hengshui	49.43	29.67	31.82	31
山西	**Shanxi**	**81.18**	**99.80**	**97.1**	
太原	Taiyuan	4.84	5.51		
大同	Datong	2.96	3.39		
阳泉	Yangquan	7.05	6.69		
长治	Changzhi	7.15	8.13		
晋城	Jincheng	6.84	7.87		
朔州	Shuozhou	2.02	2.26		
晋中	Jinzhong	11.26	14.62		
运城	Yuncheng	20.86	27.56		
忻州	Xinzhou	5.09	5.91		
临汾	Linfen	6.20	8.29		
吕梁	Lvliang	6.90	9.57		
内蒙古	**Inner Mongolia**	**48.41**	**59.60**	**63.1**	
呼和浩特	Hohhot		4.63	4.84	130
包头	Baotou	2.97	3.56	3.57	152
乌海	Wuhai	0.30	0.31	0.32	189
赤峰	Chifeng	15.99	21.09	22.9	39
通辽	Tongliao		10.81	11.05	72
鄂尔多斯	Erdos	4.51	4.51	4.64	134
呼伦贝尔	Hulunbuir	2.15	3.25	3.42	155
巴彦淖尔	Bayannur	3.99	4.46	4.5	139
乌兰察布	Ulanqab	2.10	2.59	2.78	165
辽宁	**Liaoning**	**344.65**	**394.80**	433.1	
沈阳	Shenyang	45.85			
大连	Dalian	78.10			
鞍山	Anshan	45.40			
抚顺	Fushun	11.16			
本溪	Benxi	1.47			
丹东	Dandong	13.79			
锦州	Jinzhou	17.82			
营口	Yingkou	25.98			
阜新	Fuxin	8.05			
辽阳	Liaoyang	35.01			
盘锦	Panjin	7.67			
铁岭	Tieling	11.89			
朝阳	Chaoyang	34.47			
葫芦岛	Huludao	7.98			
吉林	**Jilin**	**39.50**	**48.20**	**48.80**	
长春	Changchun	10.37	12.38	13.09	61
吉林	Jilin	4.83	5.57	5.53	121
四平	Siping	5.12	5.89	6.01	115
辽源	Liaoyuan	1.51	2.23	2.20	172
通化	Tonghua	2.93	3.21	3.25	159
白山	Baishan	0.82	0.88	0.89	185
松原	Songyuan	5.07	5.28	5.61	118
白城	Baicheng	2.82	3.49	3.65	150
黑龙江	**Heilongjiang**	**52.73**	**67.00**	**69.60**	
哈尔滨	Harbin	15.08	17.70	18.06	45
齐齐哈尔	Qiqihar	5.63	7.28	7.43	106
鸡西	Jixi	2.27	3.07	3.36	158
鹤岗	Hegang	0.40	0.52	0.55	188
双鸭山	Shuangyashan	1.78	2.21	2.21	171
大庆	Daqing	3.54	4.01	4.09	144
伊春	Yichun	0.60	0.68	0.73	186
佳木斯	Jiamusi	4.08	6.24	5.54	120
七台河	Qitaihe	0.69	1.06	1.15	184
牡丹江	Mudanjiang	3.95	4.64	4.86	128
黑河	Heihe	1.64	2.43	2.45	168
绥化	Suihua	8.55	11.61	12.50	63
上海	**Shanghai**	**195.48**	**874.40**	**885.60**	
江苏	**Jiangsu**	**1472.89**	**1801.90**	**1834.90**	

10-5 农村用电量 续表 1

Electricity Consumed in Rural Areas continued 1

单位：亿千瓦小时 (100 million kwh)

地名	City	2010	2013	2014	2014 排名 Ranking
南京	Nanjing	28.62	31.53	31.81	32
无锡	Wuxi	337.12	384.97	390.35	2
徐州	Xuzhou	50.23	63.38	64.82	19
常州	Changzhou	155.94	176.25	177.46	5
苏州	Suzhou	486.29	581.69	581.42	1
南通	Nantong	120.94	154.84	159.47	6
连云港	Lianyungang	24.20	30.18	31.81	32
淮安	Huaian	10.58	13.48	14.51	54
盐城	Yancheng	57.96	75.42	79.65	16
扬州	Yangzhou	39.74	57.63	60.03	22
镇江	Zhenjiang	53.97	78.81	79.15	17
泰州	Taizhou	84.91	114.22	122.04	8
宿迁	Suqian	22.37	39.46	42.39	27
浙江	**Zhejiang**	**765.15**	**904.90**	**905.30**	
杭州	Hangzhou	109.37	108.90	110.30	10
宁波	Ningbo	153.54	185.26	183.27	4
温州	Wenzhou	71.43	83.78	84.98	14
嘉兴	Jiaxing	85.67	111.39	115.30	9
湖州	Huzhou	35.32	37.80	36.59	29
绍兴	Shaoxing	168.10	203.74	196.08	3
金华	Jinhua	36.51	43.27	46.27	25
衢州	Quzhou	8.96	9.85	9.98	83
舟山	Zhoushan	10.70	12.85	13.46	59
台州	Taizhou	80.77	102.44	103.32	11
丽水	Lishui	4.77	5.63	5.80	116
安徽	**Anhui**	**107.41**	**138.40**	**147.50**	
合肥	Hefei	5.45	15.30	15.27	51
芜湖	Wuhu	5.80	12.33	12.44	64
蚌埠	Bengbu	5.13	8.09	8.66	96
淮南	Huainan	6.88	8.41	8.94	91
马鞍山	Maanshan	1.71	4.82	5.32	123
淮北	Huaibei	1.58	2.50	2.52	167
铜陵	Tongling	1.59	1.99	2.13	173
安庆	Anqing	12.87	16.03	18.17	44
黄山	Huangshan	1.76	2.24	2.29	170
滁州	Chuzhou	7.68	9.36	9.74	85
阜阳	Fuyang	9.54	12.71	13.85	57
宿州	Suzhou	6.20	8.46	9.45	87
六安	Liuan	9.68	12.99	13.78	58
亳州	Bozhou	6.56	8.52	9.35	88
池州	Chizhou	2.93	3.67	4.06	145
宣城	Xuancheng	8.84	10.98	11.56	69
福建	**Fujian**	**257.49**	**346.70**	**367.70**	
福州	Fuzhou	73.16	112.71		
厦门	Xiamen	1.97	2.52		
莆田	Putian	11.10	12.45		
三明	Sanming	11.06	13.17		
泉州	Quanzhou	109.94	125.41		
漳州	Zhangzhou	16.07	19.91		
南平	Nanping	9.60	13.79		
龙岩	Longyan	15.04	17.66		
宁德	Ningde	9.56	29.06		
江西	**Jiangxi**	**71.57**	**90.90**	**97.60**	
南昌	Nanchang	11.59	14.27	14.27	55
景德镇	Jingdezhen	2.21	2.66	2.66	166
萍乡	Pingxiang	4.49	5.32	5.32	122
九江	Jiujiang	7.90	10.85	10.85	73
新余	Xinyu	2.64	3.38	3.38	157
鹰潭	Yingtan	0.80	3.09	3.09	161
赣州	Ganzhou	8.81	10.71	10.71	76
吉安	Jian	6.54	8.59	8.59	97
宜春	Yichun	9.51	12.00	12.00	68
抚州	Fuzhou	4.16	4.97	4.97	125
上饶	Shangrao	12.92	15.06	15.06	52
山东	**Shandong**	**439.03**	**471.40**	**480.00**	
济南	Jinan	25.57	26.35	26.42	37
青岛	Qingdao	42.68	35.91	40.44	28
淄博	Zibo	53.38	49.29	46.90	24
枣庄	Zaozhuang	24.45	30.69	31.07	35
东营	Dongying	4.35	4.81	4.85	129
烟台	Yantai	76.88	90.64	93.92	12
潍坊	Weifang	56.49	62.18	62.33	21
济宁	Jining	13.62	15.51	15.75	50
泰安	Taian	9.10	10.22	10.65	79
威海	Weihai	20.14	16.86	16.48	47
日照	Rizhao	7.85	10.32	13.24	60
莱芜	Laiwu	9.96	7.67	7.86	102
临沂	Linyi	32.11	31.35	28.53	36
德州	Dezhou	7.82	11.08	12.01	67
聊城	Liaocheng	11.90	13.82	14.04	56

10-5 农村用电量 续表 2

Electricity Consumed in Rural Areas continued 2

单位：亿千瓦小时 (100 million kwh)

地名	City	2010	2013	2014	2014 排名 Ranking	地名	City	2010	2013	2014	2014 排名 Ranking
滨州	Binzhou	10.15	10.54	10.66	78	常德	Changde	8.84	11.39	12.58	62
菏泽	Heze	32.58	44.12	44.88	26	张家界	Zhangjiajie	1.49	1.75	1.81	181
河南	**Henan**	**269.41**	**305.40**	**313.20**		益阳	Yiyang	6.39	8.86	8.87	93
郑州	Zhengzhou	40.67	37.70			郴州	Chenzhou	5.61	6.39	6.83	108
开封	Kaifeng	8.22	8.59			永州	Yongzhou	6.24	7.29	7.52	105
洛阳	Luoyang	21.31	24.55			怀化	Huaihua	4.79	5.73	6.15	113
平顶山	Pingdingshan	8.66	10.92			娄底	Loudi	4.98	6.65	6.80	109
安阳	Anyang	25.08	29.35			**广东**	**Guangdong**	**1044.26**	**1234.80**	**1314.00**	
鹤壁	Hebi	2.14	2.30			广州	Guangzhou	160.17	183.60		
新乡	Xinxiang	54.17	61.16			韶关	Shaoguan	3.29	4.30		
焦作	Jiaozuo	11.13	13.96			深圳	Shenzhen				
濮阳	Puyang	6.14	8.29			珠海	Zhuhai	2.43	13.48		
许昌	Xuchang	9.01	9.52			汕头	Shantou	23.86	28.55		
漯河	Luohe	4.44	4.17			佛山	Foshan	205.22	239.75		
三门峡	Sanmenxia	3.17	3.62			江门	Jiangmen	50.95	59.40		
南阳	Nanyang	16.98	19.94			湛江	Zhanjiang	12.60	18.00		
商丘	Shangqiu	15.30	21.74			茂名	Maoming	7.62	8.77		
信阳	Xinyang	12.49	15.06			肇庆	Zhaoqing	10.43	14.29		
周口	Zhoukou	13.20	15.30			惠州	Huizhou	30.71	35.44		
驻马店	Zhumadian	15.61	17.35			梅州	Meizhou	7.39	9.88		
湖北	**Hubei**	**109.78**	**130.10**	**142.20**		汕尾	Shanwei	8.11	9.89		
武汉	Wuhan	13.28	12.07	14.68	53	河源	Heyuan	4.09	6.21		
黄石	Huangshi	9.43	11.27	12.04	66	阳江	Yangjiang	3.71	6.20		
十堰	Shiyan	3.72	5.31	5.60	119	清远	Qingyuan	5.31	5.97		
宜昌	Yichang	6.64	9.73	15.86	48	东莞	Dongguan	395.05	451.12		
襄阳	Xiangyang	6.95	9.35	10.72	75	中山	Zhongshan	74.21	78.27		
鄂州	Ezhou	0.85	4.50	9.69	86	潮州	Chaozhou	19.15	34.30		
荆门	Jingmen	5.73	9.56	4.79	132	揭阳	Jieyang	14.37	16.50		
孝感	Xiaogan	0.60	11.73	10.47	81	云浮	Yunfu	5.99	10.92		
荆州	Jingzhou	12.18	14.87	12.41	65	**广西**	**Guangxi**	**50.22**	**68.40**	**76.20**	
黄冈	Huanggang	24.15	19.91	21.95	41	南宁	Nanning	7.67	8.72	10.69	77
咸宁	Xianning	3.70	4.34	4.58	137	柳州	Liuzhou	3.52	4.73	5.06	124
随州	Suizhou	3.30	4.49	4.57	138	桂林	Guilin	4.87	6.21	6.55	110
湖南	**Hunan**	**98.63**	**118.60**	**123.80**		梧州	Wuzhou	3.31	4.06	4.40	141
长沙	Changsha	21.04	21.46	22.68	40	北海	Beihai		1.80	1.84	180
株洲	Zhuzhou	6.50	7.79	8.17	99	防城港	Fangchenggang	1.15	1.91	2.12	174
湘潭	Xiangtan	4.32	6.10	6.29	112	钦州	Qinzhou	2.81	4.30	4.82	131
衡阳	Hengyang	12.37	17.15	17.76	46	贵港	Guigang	3.82	4.41	4.86	127
邵阳	Shaoyang	7.97	8.67	8.92	92	玉林	Yulin	5.99	8.19	8.70	94
岳阳	Yueyang	6.54	7.62	7.72	103	百色	Baise	3.97	8.04	8.95	90

10-5 农村用电量 续表 3

Electricity Consumed in Rural Areas continued 3

单位：亿千瓦小时 (100 million kwh)

地名	City	2010	2013	2014	2014 排名 Ranking
贺州	Hezhou	2.15	2.60	3.02	163
河池	Hechi	4.90	7.20	7.98	101
来宾	Laibin	3.18	4.34	4.75	133
崇左	Chongzuo	2.05	2.35	2.43	169
海南	**Hainan**	**5.95**	**9.60**	**10.90**	
海口	Haikou	1.32	1.90	2.08	175
三亚	Sanya	0.23	0.50	0.63	187
三沙	Sansha				
重庆	**Chongqing**	**64.77**	**76.10**	**78.30**	
四川	**Sichuan**	**141.66**	**163.50**	**169.60**	
成都	Chengdu	31.59	32.42	31.67	34
自贡	Zigong	3.76	4.29	4.49	140
攀枝花	Panzhihua	1.55	1.94	1.95	178
泸州	Luzhou	5.21	7.27	7.72	104
德阳	Deyang	17.70	20.14	20.80	42
绵阳	Mianyang	9.28	10.47	10.77	74
广元	Guangyuan	2.56	3.05	4.01	146
遂宁	Suining	2.97	3.48	3.56	153
内江	Neijiang	7.76	8.80	9.12	89
乐山	Leshan	7.86	9.71	9.87	84
南充	Nanchong	5.76	6.22	6.32	111
眉山	Meishan	6.31	7.22	8.06	100
宜宾	Yibin	8.43	10.53	11.11	71
广安	Guangan	4.11	4.73	4.95	126
达州	Dazhou	6.96	8.02	8.25	98
雅安	Yaan	3.93	4.20	4.32	143
巴中	Bazhong	2.36	3.24	3.67	149
资阳	Ziyang	5.30	7.98	8.66	95
贵州	**Guizhou**	**41.70**	**61.90**	**71.30**	
贵阳	Guiyang				
六盘水	Liupanshui				
遵义	Zunyi				
安顺	Anshun				
毕节	Bijie				
铜仁	Tongren				
云南	**Yunnan**	**61.67**	**82.40**	**87.10**	
昆明	Kunming	8.10	9.83	10.61	80
曲靖	Qujing	7.39	12.48	11.49	70
玉溪	Yuxi	12.87	15.90	15.81	49
保山	Baoshan	2.85	4.10	4.64	135
昭通	Zhaotong	4.27	5.59	6.03	114

地名	City	2010	2013	2014	2014 排名 Ranking
丽江	Lijiang	1.09	1.40	1.66	182
普洱	Puer	1.86	2.61	2.84	164
临沧	Lincang	1.31	1.82	2.05	176
西藏	**Tibet**	**0.76**	**1.10**	**1.20**	
拉萨	Lasa	0.09	0.14	0.15	190
陕西	**Shaanxi**	**121.00**	**113.00**	**109.00**	
西安	Xi'an				
铜川	Tongchuan				
宝鸡	Baoji				
咸阳	Xianyang				
渭南	Weinan				
延安	Yan'an				
汉中	Hanzhong				
榆林	Yulin				
安康	Ankang				
商洛	Shangluo				
甘肃	**Gansu**	**42.85**	**50.40**	**51.30**	
兰州	Lanzhou	4.19	4.50	3.76	148
嘉峪关	Jiayuguan	0.11	0.11	0.12	191
金昌	Jinchang	1.74	1.87	1.96	177
白银	Baiyin	3.93	4.53	4.62	136
天水	Tianshui	2.98	3.50	3.59	151
武威	Wuwei	5.94	7.03	7.06	107
张掖	Zhangye	3.31	4.22	4.40	141
平凉	Pingliang	2.62	2.93	3.08	162
酒泉	Jiuquan	3.27	3.73	3.90	147
庆阳	Qingyang	3.89	5.37	5.66	117
定西	Dingxi	2.37	3.26	3.41	156
陇南	Longnan	2.92	2.96	3.13	160
青海	**Qinghai**	**3.83**	**4.50**	**5.00**	
西宁	Xining	1.22	1.54	1.94	179
海东	Haidong			1.50	183
宁夏	**Ningxia**	**10.96**	**13.80**	**13.60**	
银川	Yinchuan	2.84	3.60		
石嘴山	Shizuishan	0.84	0.90		
吴忠	Wuzhong	3.39	3.60		
固原	Guyuan	1.60	2.70		
中卫	Zhongwei	2.29	3.00		
新疆	**Xinjiang**	**64.29**	**83.90**	**96.50**	
乌鲁木齐	Urumqi	1.76	1.82	3.53	154
克拉玛依	Karamay	0.05	0.04	0.04	192

10-6 有效灌溉面积
Irrigated Area

单位：千公顷 (1000 hectares)

地名	City	2010	2012	2013	2013 排名 Ranking
全国	**Nation Total**	**60347.7**	**62490.5**	**63473.3**	
北京	**Beijing**	**162.6**	**207.5**	**153.0**	
天津	**Tianjin**	**344.6**	**337.0**	**308.9**	
河北	**Hebei**	**4520.9**	**4603.1**	**4349.0**	
石家庄	Shijiazhuang	480.3	502.8	507.9	15
唐山	Tangshan	485.2	490.6	462.4	28
秦皇岛	Qinhuangdao	134.5	123.3	129.9	153
邯郸	Handan	547.3	550.5	525.0	14
邢台	Xingtai	531.1	566.5	559.2	11
保定	Baoding	665.5	661.6	644.3	4
张家口	Zhangjiakou	251.7	263.8	248.9	67
承德	Chengde	145.5	151.8	108.3	173
沧州	Cangzhou	525.5	542.4	456.8	29
廊坊	Langfang	276.6	272.7	230.4	76
衡水	Hengshui	477.7	477.0	476.0	23
山西	**Shanxi**	**1274.2**	**1319.1**	**1382.8**	
太原	Taiyuan	49.2	48.1	51.0	238
大同	Datong	124.6	130.1	134.2	148
阳泉	Yangquan	8.7	8.3	8.4	278
长治	Changzhi	75.3	83.4	85.4	201
晋城	Jincheng	42.1	41.8	43.5	248
朔州	Shuozhou	120.5	123.7	135.9	147
晋中	Jinzhong	141.1	144.5	154.2	126
运城	Yuncheng	330.7	377.9	391.4	39
忻州	Xinzhou	129.1	129.6	131.5	152
临汾	Linfen	137.5	140.1	145.5	135
吕梁	Lvliang	115.4	91.7	101.8	179
内蒙古	**Inner Mongolia**	**3027.5**	**3125.2**	**2957.8**	
呼和浩特	Hohhot	195.6	199.2	205.5	85
包头	Baotou	142.3	144.3	127.3	156
乌海	Wuhai		8.5	6.7	280
赤峰	Chifeng	455.1	462.4	405.9	36
通辽	Tongliao	652.5	655.3	640.2	5
鄂尔多斯	Erdos		209.1	242.7	70
呼伦贝尔	Hulunbuir	179.0	249.6	191.4	93
巴彦淖尔	Bayannur	569.1	594.4	652.7	3
乌兰察布	Ulanqab	115.6	254.1	169.1	111
辽宁	**Liaoning**	**1537.5**	**1698.8**	**1407.8**	
沈阳	Shenyang	240.6	260.9	257.5	63
大连	Dalian	110.3	114.7	69.1	220
鞍山	Anshan	88.7	91.6	72.8	217
抚顺	Fushun	43.5	47.3	33.7	256
本溪	Benxi	20.2	21.1	17.3	273
丹东	Dandong	70.8	83.3	77.6	212
锦州	Jinzhou	197.4	208.7	157.2	124
营口	Yingkou	87.0	87.0	73.2	215
阜新	Fuxin	81.0	114.7	98.0	184
辽阳	Liaoyang	94.2	98.1	68.0	221
盘锦	Panjin	109.0	110.8	95.5	187
铁岭	Tieling	153.9	184.6	157.3	123
朝阳	Chaoyang	169.9	193.3	158.9	120
葫芦岛	Huludao	70.9	82.8	72.0	218
吉林	**Jilin**	**1726.8**	**1851.9**	**1510.1**	
长春	Changchun	240.7	255.4	255.7	64
吉林	Jilin	180.4	180.8	181.0	105
四平	Siping	185.0	191.8	192.0	92
辽源	Liaoyuan	30.6	31.6	31.6	259
通化	Tonghua	106.2	109.5	109.6	171
白山	Baishan	4.4	4.3	4.3	281
松原	Songyuan	508.6	555.4	556.0	12
白城	Baicheng	391.1	436.1	436.6	33
黑龙江	**Heilongjiang**	**3884.3**	**4776.5**	**5342.1**	
哈尔滨	Harbin	304.3		728.6	1
齐齐哈尔	Qiqihar	494.9		624.2	6
鸡西	Jixi	130.5		166.1	113
鹤岗	Hegang	96.9		147.6	134
双鸭山	Shuangyashan	54.5		82.7	206
大庆	Daqing	469.9		473.0	24
伊春	Yichun	26.1		48.2	245
佳木斯	Jiamusi	257.1		570.4	10
七台河	Qitaihe	13.0		19.7	269
牡丹江	Mudanjiang	76.8		83.9	204
黑河	Heihe	31.7		62.5	228
绥化	Suihua	352.6		479.5	22
上海	**Shanghai**	**201.0**	**199.0**	**184.1**	
江苏	**Jiangsu**	**3819.7**	**3929.7**	**3785.3**	

10-6 有效灌溉面积 续表 1
Irrigated Area continued 1

单位：千公顷 (1000 hectares)

地名	City	2010	2012	2013	2013 排名 Ranking	地名	City	2010	2012	2013	2013 排名 Ranking
南京	Nanjing	189.8	196.1	189.5	95	池州	Chizhou	83.5	84.6	95.0	188
无锡	Wuxi	132.2	116.8	94.7	190	宣城	Xuancheng	148.1	149.8	200.7	87
徐州	Xuzhou	465.2	473.0	438.1	32	**福建**	**Fujian**	**967.5**	**968.5**	**1122.4**	
常州	Changzhou	140.0	129.3	97.1	185	福州	Fuzhou	114.4	121.9	106.8	175
苏州	Suzhou	209.7	179.9	188.4	96	厦门	Xiamen	17.9	18.1	16.6	274
南通	Nantong	408.8	416.0	381.5	40	莆田	Putian	51.3	45.7	48.4	244
连云港	Lianyungang	320.3	331.6	311.4	51	三明	Sanming	140.2	136.6	166.6	112
淮安	Huaian	317.8	333.9	396.0	37	泉州	Quanzhou	112.9	140.2	193.1	91
盐城	Yancheng	621.6	674.4	682.7	2	漳州	Zhangzhou	137.3	121.3	154.7	125
扬州	Yangzhou	266.8	286.3	251.8	65	南平	Nanping	182.2	160.3	182.4	103
镇江	Zhenjiang	132.5	134.3	118.6	163	龙岩	Longyan	1007.1	112.4	139.6	140
泰州	Taizhou	276.4	284.9	322.6	46	宁德	Ningde	104.2	112.1	114.2	165
宿迁	Suqian	338.8	373.4	312.8	50	**江西**	**Jiangxi**	**1852.4**	**1907.1**	**1995.6**	
浙江	**Zhejiang**	**1451.0**	**1471.0**	**1409.4**		南昌	Nanchang	193.0	191.1	186.7	99
杭州	Hangzhou	163.0	167.1	153.4	129	景德镇	Jingdezhen	53.3	51.2	50.1	240
宁波	Ningbo	189.1	191.5	174.1	109	萍乡	Pingxiang	23.2	37.8	40.9	249
温州	Wenzhou	125.2	127.0	113.4	167	九江	Jiujiang	181.4	203.0	198.3	89
嘉兴	Jiaxing	198.8	198.8	180.6	106	新余	Xinyu	47.4	48.7	51.2	237
湖州	Huzhou	134.5	136.4	135.9	146	鹰潭	Yingtan	51.4	51.8	58.5	232
绍兴	Shaoxing	160.6	160.3	153.0	130	赣州	Ganzhou	261.5	262.2	278.9	61
金华	Jinhua	159.5	160.0	158.0	122	吉安	Jian	293.2	304.7	293.1	57
衢州	Quzhou	93.4	95.5	111.6	168	宜春	Yichun	280.9	286.7	304.7	54
舟山	Zhoushan	12.9	13.9	14.9	275	抚州	Fuzhou	214.1	217.2	223.3	81
台州	Taizhou	127.4	128.5	123.4	159	上饶	Shangrao	238.9	250.1	310.1	53
丽水	Lishui	86.5	92.1	91.2	194	**山东**	**Shandong**	**4955.3**	**5058.1**	**4729.0**	
安徽	**Anhui**	**3519.8**	**3585.1**	**4305.5**		济南	Jinan	246.8		250.9	66
合肥	Hefei	245.0	364.2	455.4	30	青岛	Qingdao	329.0		302.8	55
芜湖	Wuhu	87.6	199.9	196.6	90	淄博	Zibo	125.9		136.6	144
蚌埠	Bengbu	204.8	212.1	225.6	79	枣庄	Zaozhuang	153.8		163.9	114
淮南	Huainan	103.7	104.7	121.9	160	东营	Dongying	165.6		185.7	100
马鞍山	Maanshan	52.2	129.0	147.9	133	烟台	Yantai	273.7		240.4	71
淮北	Huaibei	140.7	145.0	141.5	139	潍坊	Weifang	531.9		497.1	18
铜陵	Tongling	26.0	25.0	23.9	264	济宁	Jining	439.0		468.5	25
安庆	Anqing	257.1	258.5	324.1	45	泰安	Taian	252.3		228.7	77
黄山	Huangshan	43.3	42.9	50.0	241	威海	Weihai	149.7		118.7	162
滁州	Chuzhou	355.5	357.7	485.8	20	日照	Rizhao	119.3		98.6	183
阜阳	Fuyang	370.2	384.1	394.5	38	莱芜	Laiwu	38.0		37.3	252
宿州	Suzhou	369.2	379.0	411.0	35	临沂	Linyi	379.8		357.7	43
六安	Liuan	382.4	386.0	584.9	8	德州	Dezhou	449.5		467.2	27
亳州	Bozhou	310.1	336.1	446.8	31	聊城	Liaocheng	490.6		489.1	19

10-6 有效灌溉面积 续表 2
Irrigated Area continued 2

单位：千公顷 (1000 hectares)

地名	City	2010	2012	2013	2013 排名 Ranking
滨州	Binzhou	306.3		361.5	41
菏泽	Heze	504.3		617.7	7
河南	**Henan**	**5081.0**	**5205.6**	**4969.1**	
郑州	Zhengzhou	196.0	196.3	200.8	86
开封	Kaifeng	322.4	323.9	349.0	44
洛阳	Luoyang	140.1	141.9	139.3	141
平顶山	Pingdingshan	200.3	206.0	184.4	101
安阳	Anyang	297.1	298.8	296.2	56
鹤壁	Hebi	83.5	83.2	90.7	195
新乡	Xinxiang	328.2	329.1	360.2	42
焦作	Jiaozuo	161.5	162.1	180.0	107
濮阳	Puyang	219.6	221.1	233.9	74
许昌	Xuchang	238.2	240.8	244.7	69
漯河	Luohe	150.4	152.1	131.7	151
三门峡	Sanmenxia	54.1	53.4	47.5	246
南阳	Nanyang	468.5	469.3	480.6	21
商丘	Shangqiu	599.4	600.0	583.8	9
信阳	Xinyang	459.2	469.8	497.8	17
周口	Zhoukou	599.0	611.8	538.9	13
驻马店	Zhumadian	543.4	570.9	503.9	16
湖北	**Hubei**	**2187.2**	**2548.9**	**2791.4**	
武汉	Wuhan	157.2	162.0	162.1	116
黄石	Huangshi	38.1	49.2	52.2	234
十堰	Shiyan	40.2	30.4	36.6	254
宜昌	Yichang	106.4	109.5	111.3	169
襄阳	Xiangyang	234.3	266.3	271.1	62
鄂州	Ezhou	27.8	27.8	27.8	263
荆门	Jingmen	188.0	196.4	208.1	84
孝感	Xiaogan	226.8	220.3	232.8	75
荆州	Jingzhou	405.5	414.9	416.5	34
黄冈	Huanggang	234.2	279.4	236.9	72
咸宁	Xianning	85.6	91.2	92.3	193
随州	Suizhou	126.7	124.6	124.0	157
湖南	**Hunan**	**2726.7**	**2715.8**	**3084.3**	
长沙	Changsha	228.2	223.5	223.5	80
株洲	Zhuzhou	144.1	159.4	160.4	118
湘潭	Xiangtan	116.6	132.9	139.0	142
衡阳	Hengyang	255.8	286.7	286.7	59
邵阳	Shaoyang	255.0	281.3	282.4	60
岳阳	Yueyang	259.9	314.5	314.9	49

地名	City	2010	2012	2013	2013 排名 Ranking
常德	Changde	394.0	467.9	468.1	26
张家界	Zhangjiajie	50.2	50.9	51.7	236
益阳	Yiyang	222.0	235.3	235.5	73
郴州	Chenzhou	169.9	185.3	186.7	98
永州	Yongzhou	243.2	286.8	286.9	58
怀化	Huaihua	189.0	190.2	191.3	94
娄底	Loudi	114.1	91.6	92.4	192
广东	**Guangdong**	**1273.5**	**1874.4**	**1770.8**	
广州	Guangzhou	80.7	79.9	80.4	210
韶关	Shaoguan	92.3	94.1	96.3	186
深圳	Shenzhen		0.4	0.4	283
珠海	Zhuhai	19.1	17.7	17.8	271
汕头	Shantou	31.5	31.1	31.5	260
佛山	Foshan	42.5	38.8	36.6	253
江门	Jiangmen	102.0	105.7	102.7	178
湛江	Zhanjiang	127.0	141.0	144.7	137
茂名	Maoming	107.0	112.0	113.5	166
肇庆	Zhaoqing	103.8	100.5	100.4	181
惠州	Huizhou	71.9	78.2	77.2	213
梅州	Meizhou	90.5	9.5	94.9	189
汕尾	Shanwei	34.9	38.0	38.0	250
河源	Heyuan	59.0	68.4	80.7	209
阳江	Yangjiang	63.5	61.4	74.2	214
清远	Qingyuan	92.2	94.7	94.6	191
东莞	Dongguan	8.4	26.8	13.4	277
中山	Zhongshan	20.4	30.7	20.6	267
潮州	Chaozhou	18.6	29.0	22.5	266
揭阳	Jieyang	54.7	67.9	64.3	226
云浮	Yunfu	52.9	80.8	60.3	231
广西	**Guangxi**	**1523.0**	**1541.3**	**1586.4**	
南宁	Nanning	218.1	256.8	246.7	68
柳州	Liuzhou	97.7	100.5	109.5	172
桂林	Guilin	218.7	218.5	213.1	82
梧州	Wuzhou	70.6	70.7	72.9	216
北海	Beihai	46.6	46.6	50.5	239
防城港	Fangchenggang	27.8	28.7	28.8	262
钦州	Qinzhou	82.9	83.1	86.2	198
贵港	Guigang	153.7	153.7	153.7	127
玉林	Yulin	146.5	143.2	143.8	138
百色	Baise	108.7	108.8	105.9	176

10-6 有效灌溉面积 续表 3
Irrigated Area continued 3

单位：千公顷 (1000 hectares)

地名	City	2010	2012	2013	2013 排名 Ranking	地名	City	2010	2012	2013	2013 排名 Ranking
贺州	Hezhou	65.7	66.0	65.5	225	丽江	Lijiang	6.9	71.6	61.8	229
河池	Hechi	86.4	88.0	86.0	199	普洱	Puer	115.2	120.0	124.0	158
来宾	Laibin	99.9	104.7	105.4	177	临沧	Lincang	87.9	97.5	101.4	180
崇左	Chongzuo	77.5	82.3	85.7	200	**西藏**	**Tibet**	**167.0**	**251.0**	**239.3**	
海南	**Hainan**	**179.9**	**256.8**	**260.9**		拉萨	Lasa	32.8	32.7	31.7	258
海口	Haikou	17.2	82.8	18.9	270	**陕西**	**Shaanxi**	**1284.9**	**1277.2**	**1209.9**	
三亚	Sanya	6.8	34.2	7.6	279	西安	Xi'an		173.7	163.1	115
三沙	Sansha					铜川	Tongchuan	14.3	15.8	17.5	272
重庆	**Chongqing**	**685.3**	**703.0**	**675.2**		宝鸡	Baoji	159.3	161.3	148.3	131
四川	**Sichuan**	**2553.1**	**2662.7**	**2616.5**		咸阳	Xianyang	232.6	227.5	227.4	78
成都	Chengdu	320.3	310.2	311.0	52	渭南	Weinan	313.9	318.1	318.3	48
自贡	Zigong	80.2	86.7	88.3	196	延安	Yan'an	31.7	32.2	22.7	265
攀枝花	Panzhihua	28.8	29.9	31.4	261	汉中	Hanzhong	123.2	124.8	107.9	174
泸州	Luzhou	115.7	126.7	132.3	150	榆林	Yulin	111.3	111.5	128.6	154
德阳	Deyang	148.8	142.9	145.4	136	安康	Ankang	60.3	60.6	37.8	251
绵阳	Mianyang	210.6	213.8	212.7	83	商洛	Shangluo	38.7	39.6	20.6	268
广元	Guangyuan	87.8	84.1	84.6	202	**甘肃**	**Gansu**	**1098.9**	**1297.6**	**1284.1**	
遂宁	Suining	120.4	114.7	116.4	164	兰州	Lanzhou	79.4	81.0	81.2	207
内江	Neijiang	115.5	116.8	119.9	161	嘉峪关	Jiayuguan	2.8	2.8	2.8	282
乐山	Leshan	101.0	126.6	127.9	155	金昌	Jinchang	60.4	60.0	61.7	230
南充	Nanchong	206.6	180.1	187.4	97	白银	Baiyin	93.5	97.7	99.0	182
眉山	Meishan	176.2	158.7	161.4	117	天水	Tianshui	34.5	35.4	35.6	255
宜宾	Yibin	124.8	154.9	160.2	119	武威	Wuwei	183.7	183.7	183.9	102
广安	Guangan	94.9	85.2	88.1	197	张掖	Zhangye	161.4	176.1	176.2	108
达州	Dazhou	161.1	145.6	148.0	132	平凉	Pingliang	44.3	44.9	45.1	247
雅安	Yaan	42.6	52.0	52.0	235	酒泉	Jiuquan	155.5	158.9	158.6	121
巴中	Bazhong	76.3	78.8	83.4	205	庆阳	Qingyang	46.4	47.9	48.8	242
资阳	Ziyang	167.1	169.5	171.9	110	定西	Dingxi	60.7	61.0	63.6	227
贵州	**Guizhou**	**1195.3**	**1214.6**	**926.9**		陇南	Longnan	62.5	66.0	66.6	222
贵阳	Guiyang	30.5	80.8	84.0	203	**青海**	**Qinghai**	**251.7**	**251.7**	**186.9**	
六盘水	Liupanshui	7.8	59.6	65.5	224	西宁	Xining				
遵义	Zunyi	149.0	309.9	318.4	47	海东	Haidong				
安顺	Anshun	53.7	79.0	80.8	208	**宁夏**	**Ningxia**	**427.2**	**491.4**	**498.6**	
毕节	Bijie	165.9	193.6	198.9	88	银川	Yinchuan	128.7	128.1	109.7	170
铜仁	Tongren	123.6	145.9	153.4	128	石嘴山	Shizuishan	78.1	78.4	77.8	211
云南	**Yunnan**	**1588.4**	**1677.9**	**1660.3**		吴忠	Wuzhong	122.2	127.4	136.6	145
昆明	Kunming	129.5	128.9	134.1	149	固原	Guyuan	37.8	37.9	31.7	257
曲靖	Qujing	180.1	188.0	182.3	104	中卫	Zhongwei	60.3	60.3	53.6	233
玉溪	Yuxi	81.7	79.8	70.2	219	**新疆**	**Xinjiang**	**4065.3**	**4029.1**	**4769.9**	
保山	Baoshan	109.9	118.7	137.5	143	乌鲁木齐	Urumqi	44.8	45.0	48.5	243
昭通	Zhaotong	126.9	38.3	66.0	223	克拉玛依	Karamay	10.1	10.5	13.7	276

10-7 农作物播种面积
Total Sown Area

单位：千公顷 (1000 hectares)

地名	City	2010	2013	2014	2014 排名 Ranking	地名	City	2010	2013	2014	2014 排名 Ranking
全国	**Nation Total**	**160675.0**	**164627.0**	**165446.0**		沈阳	Shenyang	654.8	629.3	647.9	70
北京	**Beijing**	**317.3**	**242.5**	**196.1**		大连	Dalian	332.8	329.1	322.9	141
天津	**Tianjin**	**459.3**	**473.5**	**479.3**		鞍山	Anshan	251.8	250.3	252.4	167
河北	**Hebei**	**8718.4**	**8749.2**	**8713.1**		抚顺	Fushun	115.9	127.1	127.2	207
石家庄	Shijiazhuang	1020.6	1006.9	1005.1	34	本溪	Benxi	59.9	58.3	58.3	221
唐山	Tangshan	790.5	804.4	804.4	50	丹东	Dandong	206.8	204.7	204.4	189
秦皇岛	Qinhuangdao	220.7	219.7	220.2	186	锦州	Jinzhou	445.9	448.1	450.1	113
邯郸	Handan	1079.8	1062.2	1059.2	27	营口	Yingkou	112.1	105.5	110.0	210
邢台	Xingtai	1012.5	1018.7	1019.0	32	阜新	Fuxin	464.4	500.4	485.5	101
保定	Baoding	1217.0	1218.0	1216.3	18	辽阳	Liaoyang	164.0	161.6	158.6	203
张家口	Zhangjiakou	690.8	703.1	705.4	60	盘锦	Panjin	145.3	145.3	143.7	205
承德	Chengde	359.7	383.0	388.5	131	铁岭	Tieling	569.0	572.4	578.6	83
沧州	Cangzhou	1135.9	1135.5	1131.4	23	朝阳	Chaoyang	423.0	485.5	485.9	100
廊坊	Langfang	496.5	480.6	477.8	105	葫芦岛	Huludao	239.2	242.6	248.1	170
衡水	Hengshui	850.2	846.1	844.3	45	吉林	**Jilin**	**5221.4**	**5413.1**	**5615.3**	
山西	**Shanxi**	**3763.9**	**3782.4**	**3783.4**		长春	Changchun	1257.2	1340.3	1336.3	11
太原	Taiyuan	113.6	107.2			吉林	Jilin	683.8	696.9	689.3	66
大同	Datong	319.1	322.2			四平	Siping	843.7	915.6	915.9	39
阳泉	Yangquan	58.9	58.9			辽源	Liaoyuan	164.3	229.8	233.8	179
长治	Changzhi	280.1	275.8			通化	Tonghua	305.8	327.2	322.7	142
晋城	Jincheng	218.2	208.7			白山	Baishan	62.6	64.3	66.5	219
朔州	Shuozhou	331.7	345.3			松原	Songyuan	950.9	1210.4	1223.6	17
晋中	Jinzhong	334.5	322.1			白城	Baicheng	868.5	988.3	1006.5	33
运城	Yuncheng	789.7	801.7			黑龙江	**Heilongjiang**	**14250.0**	**12200.8**	**12225.9**	
忻州	Xinzhou	470.3	475.8			哈尔滨	Harbin	1983.5	2033.4	2044.0	2
临汾	Linfen	560.2	560.8			齐齐哈尔	Qiqihar	2287.3	2292.8	2294.3	1
吕梁	Lvliang	407.7	399.3			鸡西	Jixi	476.2	492.7	492.9	96
内蒙古	**Inner Mongolia**	**7003.0**	**7211.2**	**7356.0**		鹤岗	Hegang	194.3	203.3	203.8	190
呼和浩特	Hohhot	443.4	449.8	453.7	112	双鸭山	Shuangyashan	419.1	420.9	420.9	123
包头	Baotou	310.1	314.5	335.9	140	大庆	Daqing	724.4	751.1	757.4	56
乌海	Wuhai	7.7	6.9	7.1	229	伊春	Yichun	240.7	241.6	239.5	176
赤峰	Chifeng	1078.2	1119.1	1150.0	20	佳木斯	Jiamusi	1255.5	1304.5	1125.8	25
通辽	Tongliao	1109.6	1128.6	1140.8	22	七台河	Qitaihe	175.2	177.8	177.9	199
鄂尔多斯	Erdos	379.0	383.2	397.6	129	牡丹江	Mudanjiang	588.2	638.8	646.8	71
呼伦贝尔	Hulunbuir	1537.4	1596.3	1590.4	7	黑河	Heihe	1141.5	1222.3	1232.3	14
巴彦淖尔	Bayannur	633.0	555.5	575.5	84	绥化	Suihua	1785.2	1914.5	1908.4	3
乌兰察布	Ulanqab	595.0	626.3	645.0	72	上海	**Shanghai**	**401.2**	**377.3**	**357.0**	
辽宁	**Liaoning**	**4184.9**	**4208.8**	**4164.1**		江苏	**Jiangsu**	**7619.6**	**7683.6**	**7678.6**	

10-7 农作物播种面积　续表 1
Total Sown Area continued 1

单位：千公顷　　(1000 hectares)

地名	City	2010	2013	2014	2014 排名 Ranking
南京	Nanjing	335.3	324.5	320.6	143
无锡	Wuxi	180.9	178.7	178.7	198
徐州	Xuzhou	1099.1	1126.6	1127.2	24
常州	Changzhou	231.0	224.2	221.6	185
苏州	Suzhou	269.9	257.6	253.0	166
南通	Nantong	855.0	843.5	835.6	46
连云港	Lianyungang	591.9	628.8	632.0	74
淮安	Huaian	779.5	799.3	796.4	51
盐城	Yancheng	1460.1	1460.1	1445.0	8
扬州	Yangzhou	500.1	510.3	510.9	91
镇江	Zhenjiang	238.3	237.4	235.8	177
泰州	Taizhou	572.0	582.3	582.0	82
宿迁	Suqian	704.0	705.8	709.8	59
浙江	**Zhejiang**	**2484.7**	**2311.9**	**2274.0**	
杭州	Hangzhou	381.8	365.7	295.0	151
宁波	Ningbo	318.6	307.9	286.6	154
温州	Wenzhou	256.3	245.7	218.8	187
嘉兴	Jiaxing	340.2	340.2	312.8	146
湖州	Huzhou	224.8	223.1	187.1	196
绍兴	Shaoxing	329.8	330.7	268.8	161
金华	Jinhua	273.7	272.1	226.3	184
衢州	Quzhou	223.6	230.8	207.1	188
舟山	Zhoushan	24.1	23.1	13.5	228
台州	Taizhou	265.4	252.9	203.6	192
丽水	Lishui	176.9	169.7	164.3	202
安徽	**Anhui**	**9054.9**	**8945.6**	**8945.5**	
合肥	Hefei	497.0	743.3	751.4	57
芜湖	Wuhu	206.0	374.5	377.6	134
蚌埠	Bengbu	645.9	629.8	637.4	73
淮南	Huainan	248.4	243.8	248.0	171
马鞍山	Maanshan	96.7	235.8	232.7	183
淮北	Huaibei	287.8	255.0	257.7	164
铜陵	Tongling	47.3	45.8	46.7	223
安庆	Anqing	783.3	781.5	794.8	52
黄山	Huangshan	131.3	129.5	129.4	206
滁州	Chuzhou	860.7	877.1	882.3	44
阜阳	Fuyang	1221.9	1217.6	1227.7	16
宿州	Suzhou	986.6	999.8	1020.3	31
六安	Liuan	894.3	897.0	906.0	41
亳州	Bozhou	1035.2	1055.3	1083.1	26

地名	City	2010	2013	2014	2014 排名 Ranking
池州	Chizhou	198.4	202.0	203.6	191
宣城	Xuancheng	354.4	354.8	355.8	137
福建	**Fujian**	**2270.9**	**2292.2**	**2305.2**	
福州	Fuzhou	261.7	263.2	266.5	162
厦门	Xiamen	29.2	27.2	26.4	226
莆田	Putian	109.1	106.5	106.1	211
三明	Sanming	406.7	430.2	437.2	118
泉州	Quanzhou	255.6	245.2	245.7	173
漳州	Zhangzhou	258.5	260.0	263.7	163
南平	Nanping	424.9	436.1	436.0	119
龙岩	Longyan	297.0	308.3	311.3	147
宁德	Ningde	228.3	240.4	242.6	175
江西	**Jiangxi**	**5457.7**	**5552.6**	**5570.5**	
南昌	Nanchang	532.7	547.8		
景德镇	Jingdezhen	155.7	157.3		
萍乡	Pingxiang	139.3	150.9		
九江	Jiujiang	527.8	542.1		
新余	Xinyu	138.1	137.3		
鹰潭	Yingtan	149.7	153.8		
赣州	Ganzhou	764.1	766.6		
吉安	Jian	922.9	934.7		
宜春	Yichun	902.7	936.7		
抚州	Fuzhou	603.3	593.7		
上饶	Shangrao	783.8	793.5		
山东	**Shandong**	**10818.2**	**10976.4**	**11037.9**	
济南	Jinan	620.9	591.7	586.2	81
青岛	Qingdao	753.9	709.9	699.5	61
淄博	Zibo	307.2	285.1	278.5	158
枣庄	Zaozhuang	406.7	385.5	383.7	133
东营	Dongying	279.2	287.6	279.5	157
烟台	Yantai	557.8	511.6	484.5	103
潍坊	Weifang	1128.7	1069.9	1057.8	28
济宁	Jining	1066.0	972.5	96.4	213
泰安	Taian	631.6	593.6	58.8	220
威海	Weihai	261.5	249.9	232.9	182
日照	Rizhao	270.8	256.4	251.0	168
莱芜	Laiwu	91.3	86.3	80.5	215
临沂	Linyi	1100.4	1059.3	1035.6	29
德州	Dezhou	1096.1	1013.0	1020.6	30
聊城	Liaocheng	1066.8	986.6	989.7	35

10-7 农作物播种面积 续表 2

Total Sown Area continued 2

单位：千公顷 (1000 hectares)

地名	City	2010	2013	2014	2014 排名 Ranking	地名	City	2010	2013	2014	2014 排名 Ranking
滨州	Binzhou	614.1	604.5	602.7	79	常德	Changde	121.6	1225.3	1228.1	15
菏泽	Heze	1487.9	1394.1	1410.8	9	张家界	Zhangjiajie	21.8	230.0	234.5	178
河南	**Henan**	**14248.7**	**14323.5**	**14378.3**		益阳	Yiyang	70.8	763.5	778.5	53
郑州	Zhengzhou	509.8	503.5	486.2	99	郴州	Chenzhou	59.0	616.0	624.4	75
开封	Kaifeng	795.9	800.2	814.5	48	永州	Yongzhou	87.7	894.3	927.9	38
洛阳	Luoyang	694.2	705.1	699.2	63	怀化	Huaihua	58.6	606.9	620.5	76
平顶山	Pingdingshan	545.6	551.2	535.8	88	娄底	Loudi	36.3	378.1	384.9	132
安阳	Anyang	745.4	754.3	758.7	54	**广东**	**Guangdong**	**4524.5**	**4698.1**	**4744.9**	
鹤壁	Hebi	191.3	192.6	194.3	194	广州	Guangzhou	261.4	265.9		
新乡	Xinxiang	786.1	802.8	811.3	49	韶关	Shaoguan	312.6	329.6		
焦作	Jiaozuo	350.7	354.7	354.7	138	深圳	Shenzhen	6.4	5.4		
濮阳	Puyang	493.7	502.6	506.4	92	珠海	Zhuhai	17.7	18.6		
许昌	Xuchang	598.7	607.9	606.6	78	汕头	Shantou	117.7	121.7		
漯河	Luohe	369.2	369.6	370.5	136	佛山	Foshan	108.0	106.9		
三门峡	Sanmenxia	244.3	251.9	233.2	181	江门	Jiangmen	280.8	285.7		
南阳	Nanyang	1855.6	1865.5	1880.0	4	湛江	Zhanjiang	606.5	649.8		
商丘	Shangqiu	1379.8	1400.8	1407.3	10	茂名	Maoming	405.2	414.6		
信阳	Xinyang	1226.4	1229.0	1257.4	13	肇庆	Zhaoqing	336.5	349.5		
周口	Zhoukou	1698.9	1719.8	1734.8	5	惠州	Huizhou	241.5	256.5		
驻马店	Zhumadian	1629.8	1663.3	1673.1	6	梅州	Meizhou	339.4	345.1		
湖北	**Hubei**	**7556.3**	**8106.2**	**8112.3**		汕尾	Shanwei	154.5	164.1		
武汉	Wuhan	541.5	551.2			河源	Heyuan	224.8	233.0		
黄石	Huangshi	227.2	243.0			阳江	Yangjiang	240.3	242.8		
十堰	Shiyan	434.8	467.0			清远	Qingyuan	340.4	366.2		
宜昌	Yichang	578.5	609.8			东莞	Dongguan	24.6	24.5		
襄阳	Xiangyang	894.6	964.9			中山	Zhongshan	45.3	45.8		
鄂州	Ezhou	121.6	120.5			潮州	Chaozhou	63.9	64.0		
荆门	Jingmen	578.8	606.8			揭阳	Jieyang	205.4	217.0		
孝感	Xiaogan	593.6	612.6			云浮	Yunfu	185.5	191.1		
荆州	Jingzhou	1032.5	1078.5			**广西**	**Guangxi**	**5896.9**	**6137.2**	**5929.9**	
黄冈	Huanggang	949.0	1017.4			南宁	Nanning	922.7	948.5	967.8	37
咸宁	Xianning	397.4	417.9			柳州	Liuzhou	397.3	409.1	406.6	128
随州	Suizhou	300.6	327.8			桂林	Guilin	651.3	694.1	698.6	64
湖南	**Hunan**	**821.6**	**8650.0**	**8764.5**		梧州	Wuzhou	277.7	291.9	291.7	152
长沙	Changsha	63.4	671.6	679.0	67	北海	Beihai	181.3	185.3	182.9	197
株洲	Zhuzhou	37.8	398.5	407.8	127	防城港	Fangchenggang	114.4	124.6	123.9	208
湘潭	Xiangtan	31.5	313.6	320.0	144	钦州	Qinzhou	363.7	385.3	392.2	130
衡阳	Hengyang	91.0	972.9	989.4	36	贵港	Guigang	419.3	448.5	442.9	116
邵阳	Shaoyang	80.6	863.1	907.5	40	玉林	Yulin	473.6	494.3	492.5	97
岳阳	Yueyang	86.2	877.5	889.2	43	百色	Baise	482.4	508.1	498.7	95

10-7 农作物播种面积 续表 3
Total Sown Area continued 3

单位：千公顷 (1000 hectares)

地名	City	2010	2013	2014	2014 排名 Ranking	地名	City	2010	2013	2014	2014 排名 Ranking
贺州	Hezhou	236.6	246.0	248.4	169	丽江	Lijiang	16.4	185.9	189.4	195
河池	Hechi	458.8	487.1	490.5	98	普洱	Puer	426.3	489.6	499.7	94
来宾	Laibin	425.6	447.8	440.3	117	临沧	Lincang	429.6	503.1	503.1	93
崇左	Chongzuo	474.3	509.7	541.6	86	**西藏**	**Tibet**	**240.0**	**248.6**	**251.0**	
海南	**Hainan**	**833.7**	**848.2**	**859.6**		拉萨	Lasa	38.2	38.4	38.8	224
海口	Haikou	77.4	83.0	82.0	214	**陕西**	**Shaanxi**	**4185.6**	**4269.0**	**4262.1**	
三亚	Sanya	29.8	33.4	33.5	225	西安	Xi'an	501.2	466.3	457.4	110
三沙	Sansha					铜川	Tongchuan	83.0	79.3	78.7	216
重庆	**Chongqing**	**3359.4**	**3515.9**	**3540.4**		宝鸡	Baoji	444.8	419.2	412.3	126
四川	**Sichuan**	**9979.3**	**9682.2**	**9668.6**		咸阳	Xianyang	552.4	524.2	518.5	89
成都	Chengdu	793.9		699.2	62	渭南	Weinan	758.8	696.7	690.5	65
自贡	Zigong	318.4		309.6	148	延安	Yan'an	252.6	245.5	244.6	174
攀枝花	Panzhihua	68.9		69.5	218	汉中	Hanzhong	448.0	442.3	517.5	90
泸州	Luzhou	494.1		482.8	104	榆林	Yulin	595.0	581.9	590.5	80
德阳	Deyang	467.1		459.1	108	安康	Ankang	453.8	453.5	477.0	106
绵阳	Mianyang	669.5		660.1	69	商洛	Shangluo	286.2	283.8	282.9	156
广元	Guangyuan	418.7		421.3	122	**甘肃**	**Gansu**	**3995.2**	**4155.9**	**4197.5**	
遂宁	Suining	424.5		412.8	125	兰州	Lanzhou	213.4	230.1	233.4	180
内江	Neijiang	446.8		445.5	115	嘉峪关	Jiayuguan	3.9	4.2	4.2	230
乐山	Leshan	362.8		354.3	139	金昌	Jinchang	70.5	73.8	74.4	217
南充	Nanchong	913.1		902.5	42	白银	Baiyin	297.0	303.8	306.8	150
眉山	Meishan	442.0		430.9	120	天水	Tianshui	437.9	454.1	457.9	109
宜宾	Yibin	544.1		537.9	87	武威	Wuwei	243.6	244.5	247.3	172
广安	Guangan	496.9		485.4	102	张掖	Zhangye	238.7	271.6	274.9	160
达州	Dazhou	841.2		820.5	47	平凉	Pingliang	449.2	474.3	463.5	107
雅安	Yaan	179.4		176.1	200	酒泉	Jiuquan	166.7	171.3	172.6	201
巴中	Bazhong	462.5		446.5	114	庆阳	Qingyang	628.8	659.3	660.3	68
资阳	Ziyang	761.2		736.0	58	定西	Dingxi	551.5	569.5	569.9	85
贵州	**Guizhou**	**4889.3**	**5390.1**	**5516.5**		陇南	Longnan	413.2	424.3	426.8	121
贵阳	Guiyang	265.1	282.2	286.6	153	**青海**	**Qinghai**	**5163.0**	**555.8**	**553.7**	
六盘水	Liupanshui	241.6	252.9	256.0	165	西宁	Xining	124.1	122.0	122.2	209
遵义	Zunyi	1177.0	1267.6	1302.2	12	海东	Haidong			202.4	193
安顺	Anshun	248.2	271.6	284.8	155	**宁夏**	**Ningxia**	**1247.9**	**1264.7**	**1253.2**	
毕节	Bijie	1029.5	1168.0	1170.7	19	银川	Yinchuan	166.5	154.6	151.4	204
铜仁	Tongren	530.3	603.5	610.0	77	石嘴山	Shizuishan	92.1	99.2	98.7	212
云南	**Yunnan**	**6118.5**	**7148.2**	**7194.4**		吴忠	Wuzhong	298.7	310.4	317.9	145
昆明	Kunming	420.0	451.4	454.8	111	固原	Guyuan	391.9	386.6	377.0	135
曲靖	Qujing	990.3	1145.4	1145.4	21	中卫	Zhongwei	298.7	313.9	308.2	149
玉溪	Yuxi	245.9	275.9	276.4	159	**新疆**	**Xinjiang**	**4758.6**	**5212.3**	**5517.6**	
保山	Baoshan	376.7	413.0	412.9	124	乌鲁木齐	Urumqi	54.9	51.5	49.6	222
昭通	Zhaotong	692.7	763.0	758.7	54	克拉玛依	Karamay	10.1	11.0	16.9	227

10-8 粮食作物播种面积
Sown Area of Grain Crops

单位：千公顷 （1000 hectares）

地名	City	2010	2013	2014	2014 排名 Ranking
全国	**Nation Total**	**109876.0**	**111956.0**	**112723.0**	
北京	**Beijing**	**223.5**	**158.9**	**120.2**	
天津	**Tianjin**	**311.8**	**332.8**	**345.8**	
河北	**Hebei**	**6282.2**	**6315.9**	**6332.0**	
石家庄	Shijiazhuang	772.6	758.5	756.9	28
唐山	Tangshan	478.7	487.9	487.4	65
秦皇岛	Qinhuangdao	147.1	146.3	147.5	185
邯郸	Handan	774.3	767.6	769.1	27
邢台	Xingtai	717.6	716.6	715.4	34
保定	Baoding	918.8	914.8	916.1	17
张家口	Zhangjiakou	465.0	469.3	467.5	73
承德	Chengde	283.6	294.5	295.5	119
沧州	Cangzhou	883.0	885.8	890.8	19
廊坊	Langfang	317.8	300.0	306.2	115
衡水	Hengshui	594.0	588.4	591.2	45
山西	**Shanxi**	**3239.2**	**3274.3**	**3286.4**	
太原	Taiyuan	84.8	80.5	76.1	218
大同	Datong	275.6	279.5	279.4	122
阳泉	Yangquan	55.3	56.9	56.8	222
长治	Changzhi	255.5	250.3	247.8	141
晋城	Jincheng	207.5	197.3	178.2	168
朔州	Shuozhou	265.9	273.5	275.9	125
晋中	Jinzhong	288.7	273.1	265.7	136
运城	Yuncheng	652.5	686.5	660.3	40
忻州	Xinzhou	420.9	427.2	425.9	80
临汾	Linfen	508.9	512.8	519.8	57
吕梁	Lvliang	358.7	352.8	357.6	98
内蒙古	**Inner Mongolia**	**5499.0**	**5617.3**	**5651.0**	
呼和浩特	Hohhot	321.4	326.7	329.0	107
包头	Baotou	225.3	229.0	230.3	148
乌海	Wuhai	5.0	4.6	4.7	239
赤峰	Chifeng	875.1	902.3	907.7	18
通辽	Tongliao	913.3	930.1	934.8	16
鄂尔多斯	Erdos	233.8	241.9	243.6	143
呼伦贝尔	Hulunbuir	1308.4	1337.3	1342.6	4
巴彦淖尔	Bayannur	315.9	264.6	266.6	134
乌兰察布	Ulanqab	491.2	479.5	483.4	67
辽宁	**Liaoning**	**3179.3**	**3226.4**	**3235.1**	

地名	City	2010	2013	2014	2014 排名 Ranking
沈阳	Shenyang	506.8	466.3	485.1	66
大连	Dalian	282.9	276.6	272.3	128
鞍山	Anshan	210.5	208.9	211.3	156
抚顺	Fushun	98.4	98.4	98.3	213
本溪	Benxi	50.1	49.5	49.6	226
丹东	Dandong	166.5	162.6	161.4	175
锦州	Jinzhou	351.4	352.7	358.0	97
营口	Yingkou	96.6	89.4	94.0	215
阜新	Fuxin	288.6	295.7	311.2	113
辽阳	Liaoyang	142.3	139.1	136.7	191
盘锦	Panjin	129.0	128.1	126.7	197
铁岭	Tieling	435.5	456.8	472.6	70
朝阳	Chaoyang	343.4	363.8	374.3	94
葫芦岛	Huludao	188.3	189.5	193.3	163
吉林	**Jilin**	**4492.2**	**4789.9**	**5000.7**	
长春	Changchun	1150.5	1245.5	1243.6	5
吉林	Jilin	636.5	652.0	644.3	43
四平	Siping	768.9	858.6	870.1	21
辽源	Liaoyuan	158.2	223.8	227.7	151
通化	Tonghua	273.7	292.9	287.2	121
白山	Baishan	50.5	49.3	51.1	224
松原	Songyuan	795.3	1061.1	1054.4	11
白城	Baicheng	642.5	815.1	837.5	24
黑龙江	**Heilongjiang**	**13549.0**	**11564.4**	**11696.4**	
哈尔滨	Harbin	1900.3	1932.3	1945.8	2
齐齐哈尔	Qiqihar	2144.9	2220.6	2243.6	1
鸡西	Jixi	459.2	481.3	482.4	68
鹤岗	Hegang	190.3	200.4	202.0	161
双鸭山	Shuangyashan	390.0	402.1	404.5	86
大庆	Daqing	654.3	676.8	692.0	36
伊春	Yichun	228.2	229.8	229.3	150
佳木斯	Jiamusi	1201.0	1262.2	1093.0	10
七台河	Qitaihe	161.0	163.8	164.4	172
牡丹江	Mudanjiang	498.1	534.5	547.0	55
黑河	Heihe	1115.0	1185.3	1212.6	7
绥化	Suihua	1736.0	1865.9	1870.6	3
上海	**Shanghai**	**179.2**	**168.5**	**164.9**	
江苏	**Jiangsu**	**5282.4**	**5360.8**	**5376.1**	

10-8 粮食作物播种面积 续表 1
Sown Area of Grain Crops continued 1

单位：千公顷 （1000 hectares）

地名	City	2010	2013	2014	2014 排名 Ranking	地名	City	2010	2013	2014	2014 排名 Ranking
南京	Nanjing	161.1	161.4	157.1	178	池州	Chizhou	116.6	115.9	117.4	201
无锡	Wuxi	118.7	112.0	109.0	207	宣城	Xuancheng	226.8	231.0	232.3	146
徐州	Xuzhou	714.1	729.8	733.0	30	**福建**	**Fujian**	**1232.3**	**1202.1**	**1197.7**	
常州	Changzhou	161.5	150.3	147.6	184	福州	Fuzhou	116.0	105.1	103.7	210
苏州	Suzhou	161.7	154.3	151.3	180	厦门	Xiamen	7.9	7.0	6.9	237
南通	Nantong	528.8	519.7	515.6	58	莆田	Putian	54.9	49.3	48.3	227
连云港	Lianyungang	485.1	498.7	501.8	61	三明	Sanming	212.4	213.8	216.8	153
淮安	Huaian	646.3	657.7	658.5	41	泉州	Quanzhou	159.9	145.4	143.7	187
盐城	Yancheng	949.0	972.3	978.8	15	漳州	Zhangzhou	119.1	116.1	114.5	202
扬州	Yangzhou	410.3	419.8	422.4	83	南平	Nanping	251.1	249.3	248.6	140
镇江	Zhenjiang	177.3	176.7	175.8	169	龙岩	Longyan	176.0	182.3	182.8	167
泰州	Taizhou	433.2	438.5	438.7	79	宁德	Ningde	134.9	133.9	132.5	194
宿迁	Suqian	570.7	572.7	576.8	47	**江西**	**Jiangxi**	**3639.1**	**3690.9**	**3697.3**	
浙江	**Zhejiang**	**1275.8**	**1253.7**	**1266.8**		南昌	Nanchang	364.9	370		
杭州	Hangzhou	174.7	163.9	107.3	208	景德镇	Jingdezhen	93.4	93.9		
宁波	Ningbo	151.1	148.6	127.8	195	萍乡	Pingxiang	81.4	83.41		
温州	Wenzhou	163.1	155.6	124.0	198	九江	Jiujiang	273.1	276.62		
嘉兴	Jiaxing	200.1	208.1	183.3	165	新余	Xinyu	100.6	100.04		
湖州	Huzhou	134.6	136.1	106.4	209	鹰潭	Yingtan	116.2	119.6		
绍兴	Shaoxing	184.8	188.8	148.4	183	赣州	Ganzhou	515.0	513.62		
金华	Jinhua	158.1	153.4	99.6	212	吉安	Jian	651.6	663.53		
衢州	Quzhou	132.0	134.0	110.5	206	宜春	Yichun	615.4	636.4		
舟山	Zhoushan	11.1	10.7	5.2	238	抚州	Fuzhou	408.4	409.2		
台州	Taizhou	152.4	140.1	96.1	214	上饶	Shangrao	581.4	596.75		
丽水	Lishui	102.3	96.9	89.5	216	**山东**	**Shandong**	**7084.8**	**7294.6**	**7440**	
安徽	**Anhui**	**6616.4**	**6625.3**	**6628.9**		济南	Jinan	467.4	444.7	443.9	75
合肥	Hefei	282.6	485.0	492.4	63	青岛	Qingdao	535.6	500.4	495.5	62
芜湖	Wuhu	122.1	198.7	204.7	159	淄博	Zibo	256.1	234.3	231.0	147
蚌埠	Bengbu	473.9	457.6	470.2	71	枣庄	Zaozhuang	284.4	267.1	264.4	137
淮南	Huainan	212.2	204.1	207.1	158	东营	Dongying	121.0	129.0	145.4	186
马鞍山	Maanshan	66.7	153.5	155.1	179	烟台	Yantai	397.5	356.1	330.6	106
淮北	Huaibei	264.2	235.4	238.9	145	潍坊	Weifang	799.5	736.0	730.6	31
铜陵	Tongling	26.5	28.0	28.6	233	济宁	Jining	662.3	649.7	652.6	42
安庆	Anqing	454.2	456.6	460.8	74	泰安	Taian	432.1	389.7	382.1	91
黄山	Huangshan	65.4	64.4	64.3	220	威海	Weihai	172.7	158.3	141.9	188
滁州	Chuzhou	689.5	712.8	723.1	33	日照	Rizhao	185.5	165.8	162.6	174
阜阳	Fuyang	1002.2	1000.9	1002.7	13	莱芜	Laiwu	52.8	48.1	42.0	229
宿州	Suzhou	787.1	806.0	820.7	25	临沂	Linyi	744.1	696.5	683.4	37
六安	Liuan	689.0	719.3	730.6	32	德州	Dezhou	890.0	833.4	850.4	23
亳州	Bozhou	854.1	854.2	878.5	20	聊城	Liaocheng	776.1	733.3	743.9	29

10-8 粮食作物播种面积 续表 2
Sown Area of Grain Crops continued 2

单位：千公顷 （1000 hectares）

地名	City	2010	2013	2014	2014 排名 Ranking	地名	City	2010	2013	2014	2014 排名 Ranking
滨州	Binzhou	439.8	431.4	443.8	76	常德	Changde	67.5	695.3	704.6	35
菏泽	Heze	1018.0	968.5	987.3	14	张家界	Zhangjiajie	13.6	139.0	138.3	189
河南	**Henan**	**9740.2**	**10081.8**	**10209.8**		益阳	Yiyang	41.8	416.9	424.0	81
郑州	Zhengzhou	361.8	363.4	356.4	99	郴州	Chenzhou	34.9	342.2	348.4	102
开封	Kaifeng	458.5	482.1	491.6	64	永州	Yongzhou	56.8	543.0	554.5	52
洛阳	Luoyang	524.2	528.8	522.1	56	怀化	Huaihua	32.6	322.7	325.3	108
平顶山	Pingdingshan	413.2	418.7	412.3	85	娄底	Loudi	27.1	271.6	273.5	126
安阳	Anyang	541.2	562.5	571.6	48	**广东**	**Guangdong**	**2531.9**	**2507.6**	**2507.0**	
鹤壁	Hebi	165.1	169.5	170.6	171	广州	Guangzhou	89.8	89.8		
新乡	Xinxiang	605.2	627.8	637.9	44	韶关	Shaoguan	158.4	157.1		
焦作	Jiaozuo	268.3	274.4	277.6	123	深圳	Shenzhen				
濮阳	Puyang	380.2	389.6	393.2	87	珠海	Zhuhai	8.1	7.1		
许昌	Xuchang	429.5	437.3	441.4	78	汕头	Shantou	714.0	71.3		
漯河	Luohe	263.4	267.3	268.1	133	佛山	Foshan	20.8	20.7		
三门峡	Sanmenxia	163.0	169.4	158.4	177	江门	Jiangmen	193.2	191.2		
南阳	Nanyang	1124.8	1177.9	1202.8	9	湛江	Zhanjiang	291.1	288.0		
商丘	Shangqiu	926.8	980.8	1007.6	12	茂名	Maoming	253.8	248.8		
信阳	Xinyang	822.8	843.8	858.1	22	肇庆	Zhaoqing	202.4	202.0		
周口	Zhoukou	1130.2	1209.4	1238.5	6	惠州	Huizhou	120.2	116.7		
驻马店	Zhumadian	1160.0	1193.8	1210.0	8	梅州	Meizhou	218.4	214.7		
湖北	**Hubei**	**4068.4**	**4258.4**	**4370.4**		汕尾	Shanwei	95.6	95.3		
武汉	Wuhan	238.2	222.5			河源	Heyuan	164.1	163.8		
黄石	Huangshi	133.3	139.6			阳江	Yangjiang	146.4	145.9		
十堰	Shiyan	273.5	276.4			清远	Qingyuan	179.3	179.2		
宜昌	Yichang	316.3	329.3			东莞	Dongguan	2.8	2.7		
襄阳	Xiangyang	667.7	756.8			中山	Zhongshan	15.0	14.9		
鄂州	Ezhou	56.2	59.2			潮州	Chaozhou	45.4	44.3		
荆门	Jingmen	341.5	364.5			揭阳	Jieyang	136.8	136.9		
孝感	Xiaogan	349.5	356.3			云浮	Yunfu	118.9	117.4		
荆州	Jingzhou	539.5	584.0			**广西**	**Guangxi**	**3061.1**	**3076.0**	**3067.7**	
黄冈	Huanggang	521.0	535.6			南宁	Nanning	438.7	442.9	441.4	77
咸宁	Xianning	204.5	212.3			柳州	Liuzhou	166.2	170.3	164.3	173
随州	Suizhou	219.7	235.7			桂林	Guilin	370.8	385.5	378.2	92
湖南	**Hunan**	**480.9**	**4936.6**	**4975.1**		梧州	Wuzhou	158.0	162.0	158.5	176
长沙	Changsha	37.9	371.1	376.6	93	北海	Beihai	81.4	81.4	78.7	217
株洲	Zhuzhou	26.7	261.8	266.5	135	防城港	Fangchenggang	47.3	50.0	49.9	225
湘潭	Xiangtan	22.0	213.6	216.7	154	钦州	Qinzhou	215.2	220.2	222.2	152
衡阳	Hengyang	57.1	552.3	563.8	50	贵港	Guigang	269.8	282.3	273.0	127
邵阳	Shaoyang	55.2	570.6	587.8	46	玉林	Yulin	323.2	329.4	322.3	109
岳阳	Yueyang	54.2	545.1	554.8	51	百色	Baise	271.8	276.4	276.3	124

10-8 粮食作物播种面积 续表 3
Sown Area of Grain Crops continued 3

单位：千公顷 （1000 hectares）

地名	City	2010	2013	2014	2014 排名 Ranking	地名	City	2010	2013	2014	2014 排名 Ranking
贺州	Hezhou	137.7	140.3	138.1	190	丽江	Lijiang	12.7	135.3	132.9	193
河池	Hechi	273.2	278.5	271.0	130	普洱	Puer	312.1	345.3	351.4	101
来宾	Laibin	171.0	177.5	173.3	170	临沧	Lincang	263.3	297.5	295.7	118
崇左	Chongzuo	119.7	122.4	123.0	199	**西藏**	**Tibet**	**170.2**	**175.9**	**176.4**	
海南	**Hainan**	**437.2**	**421.8**	**394.0**		拉萨	Lasa	25.9	26.5	26.6	234
海口	Haikou	39.8	40.9	41.0	230	**陕西**	**Shaanxi**	**3159.7**	**3105.1**	**3076.5**	
三亚	Sanya	13.0	13.4	12.3	236	西安	Xi'an	414.5	378.6	367.6	96
三沙	Sansha					铜川	Tongchuan	63.1	59.8	60.1	221
重庆	**Chongqing**	**2243.9**	**2253.9**	**2242.5**		宝鸡	Baoji	357.5	337.5	333.0	105
四川	**Sichuan**	**6402.0**	**6469.9**	**6467.4**		咸阳	Xianyang	430.9	398.8	391.0	88
成都	Chengdu			382.7	90	渭南	Weinan	583.8	520.1	513.0	59
自贡	Zigong			215.2	155	延安	Yan'an	209.6	199.4	200.4	162
攀枝花	Panzhihua			41.0	231	汉中	Hanzhong	285.9	269.2	268.3	132
泸州	Luzhou			370.9	95	榆林	Yulin	498.8	474.0	476.4	69
德阳	Deyang			301.5	116	安康	Ankang	287.5	269.9	268.7	131
绵阳	Mianyang			418.8	84	商洛	Shangluo	221.9	209.9	209.5	157
广元	Guangyuan			259.9	139	**甘肃**	**Gansu**	**2799.8**	**2858.7**	**2842.5**	
遂宁	Suining			299.2	117	兰州	Lanzhou	130.0	130.8	127.7	196
内江	Neijiang			307.5	114	嘉峪关	Jiayuguan	0.9	1.2	1.3	241
乐山	Leshan			230.0	149	金昌	Jinchang	48.2	47.8	46.6	228
南充	Nanchong			569.6	49	白银	Baiyin	240.0	240.1	242.2	144
眉山	Meishan			294.8	120	天水	Tianshui	312.6	313.1	313.8	111
宜宾	Yibin			389.2	89	武威	Wuwei	150.0	132.6	134.2	192
广安	Guangan			339.6	104	张掖	Zhangye	166.7	185.1	183.7	164
达州	Dazhou			550.0	53	平凉	Pingliang	327.5	349.5	346.5	103
雅安	Yaan			111.8	204	酒泉	Jiuquan	47.4	39.3	39.6	232
巴中	Bazhong			316.0	110	庆阳	Qingyang	431.8	464.4	469.5	72
资阳	Ziyang			512.7	60	定西	Dingxi	436.3	436.8	422.4	82
贵州	**Guizhou**	**3029.5**	**3118.4**	**3138.4**		陇南	Longnan	312.8	312.7	312.5	112
贵阳	Guiyang	118.9	113.5	112.7	203	**青海**	**Qinghai**	**274.5**	**280.0**	**280.1**	
六盘水	Liupanshui	180.4	183.5	183.0	166	西宁	Xining	61.3	57.0	56.4	223
遵义	Zunyi	759.3	769.0	782.5	26	海东	Haidong			120.6	200
安顺	Anshun	144.1	143.2	149.1	182	**宁夏**	**Ningxia**	**844.0**	**801.6**	**771.3**	
毕节	Bijie	636.2	674.7	681.0	38	银川	Yinchuan	123.2	111.1	102.8	211
铜仁	Tongren	352.6	363.5	356.0	100	石嘴山	Shizuishan	67.1	66.7	66.4	219
云南	**Yunnan**	**4274.4**	**4499.4**	**4508.2**		吴忠	Wuzhong	213.0	208.7	203.3	160
昆明	Kunming	261.9	273.9	271.7	129	固原	Guyuan	278.9	262.6	245.7	142
曲靖	Qujing	579.9	670.8	674.6	39	中卫	Zhongwei	161.8	152.6	150.1	181
玉溪	Yuxi	96.6	111.0	110.9	205	**新疆**	**Xinjiang**	**1991.6**	**2234.8**	**2255.9**	
保山	Baoshan	237.2	260.0	262.3	138	乌鲁木齐	Urumqi	28.0	19.3	16.3	235
昭通	Zhaotong	496.1	55.3	547.8	54	克拉玛依	Karamay	0.6	1.3	2.2	240

11

工 业

Industry

11-1 工业生产总值
Gross Industrial Production

单位：亿元 (100 million yuan)

地名	City	2010	2012	2013	2013 排名 Ranking
全国	**Nation Total**	**160722.2**	**199670.7**	**210689.4**	
北京	**Beijing**	**2763.99**	**3294.32**	**3536.89**	
天津	**Tianjin**	**4410.85**	**6123.06**	**6678.60**	
河北	**Hebei**	**9554.03**	**12511.60**	**13194.76**	
石家庄	Shijiazhuang	1469.89	1993.59	2099.90	25
唐山	Tangshan	2395.22	3243.82	3354.90	10
秦皇岛	Qinhuangdao	319.80	376.48	373.50	209
邯郸	Handan	1160.02	1473.50	1416.40	47
邢台	Xingtai	624.28	761.87	774.90	100
保定	Baoding	877.02	1259.39	1329.40	53
张家口	Zhangjiakou	352.47	441.85	463.30	173
承德	Chengde	398.91	553.77	575.50	150
沧州	Cangzhou	1007.02	1338.35	1430.50	46
廊坊	Langfang	614.30	824.85	871.50	85
衡水	Hengshui	363.50	474.09	505.80	166
山西	**Shanxi**	**4657.97**	**6023.55**	**6032.99**	
太原	Taiyuan	596.88	784.28	772.30	101
大同	Datong	298.80	419.56	401.50	199
阳泉	Yangquan	227.76	318.46	316.30	225
长治	Changzhi	576.37	861.14	830.20	92
晋城	Jincheng	443.89	618.49	605.50	143
朔州	Shuozhou	364.10	572.81	550.10	154
晋中	Jinzhong	378.97	489.12	483.10	169
运城	Yuncheng	315.25	424.30	433.00	186
忻州	Xinzhou	176.04	292.80	296.60	230
临汾	Linfen	474.63	701.23	675.70	119
吕梁	Lvliang	568.68	879.29	843.70	88
内蒙古	**Inner Mongolia**	**5618.40**	**7735.78**	**7944.40**	
呼和浩特	Hohhot	557.05	637.56	650.10	125
包头	Baotou	1188.78	1491.30	1527.20	40
乌海	Wuhai	258.01	328.19	337.00	220
赤峰	Chifeng	483.46	745.45	735.50	110
通辽	Tongliao	633.86	986.21	941.20	79
鄂尔多斯	Erdos	1391.12	1971.68	2109.50	24
呼伦贝尔	Hulunbuir	336.93	546.03	587.60	147
巴彦淖尔	Bayannur	285.79	384.43	403.20	198
乌兰察布	Ulanqab	266.97	373.71	389.80	200
辽宁	**Liaoning**	**8789.27**	**11605.07**	**12510.27**	
沈阳	Shenyang	2283.51	3046.91	3348.60	12
大连	Dalian	2309.49	3207.43	3438.50	8
鞍山	Anshan	1046.31	1159.86	1245.70	57
抚顺	Fushun	452.43	627.62	674.70	120
本溪	Benxi	488.99	608.59	641.50	129
丹东	Dandong	314.86	428.54	458.10	174
锦州	Jinzhou	377.54	549.63	585.90	148
营口	Yingkou	497.64	660.35	711.90	113
阜新	Fuxin	133.46	214.94	237.20	243
辽阳	Liaoyang	437.28	594.10	638.70	132
盘锦	Panjin	567.37	778.05	840.30	89
铁岭	Tieling	341.93	458.50	472.30	171
朝阳	Chaoyang	285.05	375.56	407.50	196
葫芦岛	Huludao	209.42	285.83	304.10	229
吉林	**Jilin**	**3929.31**	**5582.48**	**6033.35**	
长春	Changchun	1469.63	1922.48	2222.10	21
吉林	Jilin	766.60	1044.45	1115.80	67
四平	Siping	310.86	488.02	529.90	161
辽源	Liaoyuan	196.71	315.44	365.50	213
通化	Tonghua	291.84	413.63	468.30	172
白山	Baishan	241.82	358.29	377.40	205
松原	Songyuan	522.11	692.07	691.50	114
白城	Baicheng	184.29	267.80	313.70	226
黑龙江	**Heilongjiang**	**4608.27**	**5240.65**	**5090.34**	
哈尔滨	Harbin	1021.55	1127.95	1191.90	61
齐齐哈尔	Qiqihar	336.69	411.88	426.50	190
鸡西	Jixi	170.34	228.35	211.40	248
鹤岗	Hegang	112.10	161.38	137.90	262
双鸭山	Shuangyashan	163.44	241.40	224.70	245
大庆	Daqing	2319.96	3157.40	3243.50	15
伊春	Yichun	67.38	73.81	77.80	276
佳木斯	Jiamusi	112.99	146.56	173.60	253
七台河	Qitaihe	198.18	169.91	108.60	272
牡丹江	Mudanjiang	268.16	377.70	450.20	180
黑河	Heihe	35.62	50.34	55.40	279
绥化	Suihua	150.24	245.92	296.10	231
上海	**Shanghai**	**6536.21**	**7097.76**	**7236.69**	
江苏	**Jiangsu**	**19277.65**	**23908.47**	**25612.24**	

注：本表按当年价格计算。

Note: Data in this table are calculated at current prices.

11-1 工业生产总值 续表 1
Gross Industrial Production continued 1

单位：亿元 (100 million yuan)

地名	City	2010	2012	2013	2013 排名 Ranking
南京	Nanjing	2005.21	2748.46	2997.60	17
无锡	Wuxi	2986.52	3717.88	3893.60	5
徐州	Xuzhou	1268.61	1666.62	1793.50	32
常州	Changzhou	1530.86	1900.55	2036.30	28
苏州	Suzhou	4916.49	6055.10	6370.40	1
南通	Nantong	1568.49	1992.11	2168.20	22
连云港	Lianyungang	431.84	583.31	642.70	127
淮安	Huaian	537.00	737.20	819.60	95
盐城	Yancheng	935.51	1258.22	1405.00	48
扬州	Yangzhou	1074.61	1344.66	1468.80	43
镇江	Zhenjiang	1039.78	1309.54	1431.00	45
泰州	Taizhou	981.02	1237.05	1362.30	51
宿迁	Suqian	386.37	589.82	679.20	118
浙江	**Zhejiang**	**12657.78**	**15338.02**	**16368.43**	
杭州	Hangzhou	2502.09	3168.75	3246.70	14
宁波	Ningbo	2586.17	3170.07	3378.00	9
温州	Wenzhou	1387.65	1625.00	1768.00	33
嘉兴	Jiaxing	1192.96	1443.02	1560.90	38
湖州	Huzhou	637.57	796.75	861.10	86
绍兴	Shaoxing	1398.07	1751.79	1882.10	31
金华	Jinhua	938.87	1164.53	1256.70	56
衢州	Quzhou	349.46	442.16	477.30	170
舟山	Zhoushan	218.52	295.81	319.10	224
台州	Taizhou	1135.75	1273.64	1357.40	52
丽水	Lishui	278.00	384.90	430.20	187
安徽	**Anhui**	**5407.40**	**8025.84**	**8928.02**	
合肥	Hefei	1121.64	1813.90	2053.60	27
芜湖	Wuhu	645.29	1117.44	1264.40	55
蚌埠	Bengbu	260.95	391.38	456.70	178
淮南	Huainan	345.82	442.82	447.10	181
马鞍山	Maanshan	520.75	745.36	756.70	102
淮北	Huaibei	273.67	377.12	437.60	183
铜陵	Tongling	315.20	423.43	457.90	175
安庆	Anqing	450.96	672.94	661.80	122
黄山	Huangshan	100.31	152.05	171.40	254
滁州	Chuzhou	298.51	446.09	509.00	165
阜阳	Fuyang	242.62	344.71	380.20	203
宿州	Suzhou	214.43	333.60	376.50	206
六安	Liuan	233.06	354.25	404.20	197
亳州	Bozhou	155.06	241.00	269.20	235
池州	Chizhou	103.33	156.38	175.30	252
宣城	Xuancheng	201.80	333.82	376.40	207
福建	**Fujian**	**6397.71**	**8541.94**	**9455.32**	
福州	Fuzhou	1127.59	1481.99	1654.50	35
厦门	Xiamen	865.92	1153.77	1212.20	59
莆田	Putian	405.01	568.88	639.00	131
三明	Sanming	412.51	565.33	639.40	130
泉州	Quanzhou	1961.46	2595.57	2892.60	18
漳州	Zhangzhou	570.56	818.45	917.30	81
南平	Nanping	243.80	328.97	366.90	212
龙岩	Longyan	447.99	622.95	642.50	128
宁德	Ningde	261.74	418.91	514.60	164
江西	**Jiangxi**	**4286.76**	**5828.20**	**6434.41**	
南昌	Nanchang	952.75	1290.93	1398.60	50
景德镇	Jingdezhen	243.77	329.50	348.20	215
萍乡	Pingxiang	302.71	404.75	428.80	189
九江	Jiujiang	478.70	679.87	756.70	102
新余	Xinyu	360.11	444.75	430.20	187
鹰潭	Yingtan	205.04	285.14	322.30	223
赣州	Ganzhou	425.14	603.48	656.70	124
吉安	Jian	310.87	447.73	494.70	168
宜春	Yichun	439.60	633.39	689.40	116
抚州	Fuzhou	254.65	362.93	408.00	195
上饶	Shangrao	379.10	552.53	595.20	145
山东	**Shandong**	**18861.45**	**22798.33**	**24222.16**	
济南	Jinan	1352.42	1603.08	1690.60	34
青岛	Qingdao	2454.19	6041.31	3248.40	13
淄博	Zibo	1612.07	1897.61	1950.80	29
枣庄	Zaozhuang	749.34	905.60	943.00	78
东营	Dongying	1612.02	2007.59	2130.70	23
烟台	Yantai	2319.02	2694.25	2757.80	19
潍坊	Weifang	1545.55	1952.43	2063.20	26
济宁	Jining	1237.23	1514.29	1613.80	36
泰安	Taian	950.02	1110.93	1173.80	63
威海	Weihai	982.13	1122.80	1174.40	62
日照	Rizhao	494.95	634.20	685.90	117
莱芜	Laiwu	302.71	332.50	331.10	222
临沂	Linyi	1009.32	1202.68	1297.30	54
德州	Dezhou	794.79	1048.54	1127.10	66
聊城	Liaocheng	854.03	1088.10	1149.60	65

11-1 工业生产总值 续表 2
Gross Industrial Production continued 2

单位：亿元 (100 million yuan)

地名	City	2010	2012	2013	2013 排名 Ranking	地名	City	2010	2012	2013	2013 排名 Ranking
滨州	Binzhou	767.26	948.62	1101.60	69	常德	Changde	617.27	916.99	1001.40	73
菏泽	Heze	553.13	858.05	984.30	74	张家界	Zhangjiajie	48.20	70.39	76.50	277
河南	**Henan**	**11950.88**	**15017.56**	**15960.60**		益阳	Yiyang	259.56	416.86	457.30	177
郑州	Zhengzhou	1996.37	2802.47	3101.40	16	郴州	Chenzhou	553.31	818.58	899.00	83
开封	Kaifeng	368.34	487.10	555.90	152	永州	Yongzhou	236.78	349.43	379.80	204
洛阳	Luoyang	1243.78	1583.20	1590.00	37	怀化	Huaihua	256.27	400.77	436.20	184
平顶山	Pingdingshan	821.08	845.53	835.80	90	娄底	Loudi	330.21	501.06	545.50	158
安阳	Anyang	731.77	805.67	855.50	87	广东	**Guangdong**	**21462.72**	**25810.07**	**27426.26**	
鹤壁	Hebi	283.38	356.47	413.70	192	广州	Guangzhou	3644.96	4264.16	4754.90	3
新乡	Xinxiang	602.34	812.40	873.70	84	韶关	Shaoguan	246.91	321.49	360.30	214
焦作	Jiaozuo	804.18	984.42	1083.60	71	深圳	Shenzhen	4233.23	5355.85	5889.10	2
濮阳	Puyang	476.42	593.16	690.80	115	珠海	Zhuhai	619.39	720.25	775.60	99
许昌	Xuchang	847.53	1076.57	1201.50	60	汕头	Shantou	629.27	679.26	751.90	104
漯河	Luohe	452.72	515.18	548.90	155	佛山	Foshan	3419.18	3976.10	4201.80	4
三门峡	Sanmenxia	562.42	714.50	741.10	107	江门	Jiangmen	833.28	913.78	964.00	75
南阳	Nanyang	910.56	1082.50	1110.00	68	湛江	Zhanjiang	524.36	644.87	726.20	111
商丘	Shangqiu	464.48	570.47	624.40	138	茂名	Maoming	550.72	730.82	826.50	93
信阳	Xinyang	376.95	449.86	520.50	163	肇庆	Zhaoqing	411.87	616.23	737.90	108
周口	Zhoukou	492.45	664.44	798.90	96	惠州	Huizhou	960.82	1296.40	1464.70	44
驻马店	Zhumadian	393.04	519.09	594.90	146	梅州	Meizhou	208.51	225.17	241.20	242
湖北	**Hubei**	**6726.53**	**9735.15**	**10531.37**		汕尾	Shanwei	180.78	260.37	291.10	232
武汉	Wuhan	2079.82	3203.66	3645.30	6	河源	Heyuan	227.14	277.63	311.60	228
黄石	Huangshi	361.76	581.91	631.20	137	阳江	Yangjiang	238.21	359.72	457.80	176
十堰	Shiyan	377.92	452.45	498.00	167	清远	Qingyuan	569.40	370.63	385.70	202
宜昌	Yichang	818.32	1386.98	1550.70	39	东莞	Dongguan	2078.45	2297.51	2436.10	20
襄阳	Xiangyang	733.20	1304.30	1470.50	42	中山	Zhongshan	1022.01	1291.41	1404.20	49
鄂州	Ezhou	213.05	310.23	344.20	218	潮州	Chaozhou	293.59	368.48	412.60	193
荆门	Jingmen	330.54	551.45	611.00	141	揭阳	Jieyang	541.04	810.96	962.70	76
孝感	Xiaogan	316.47	474.87	535.80	160	云浮	Yunfu	146.82	195.25	231.90	244
荆州	Jingzhou	293.27	475.34	539.80	159	广西	**Guangxi**	**3860.46**	**5279.26**	**5749.65**	
黄冈	Huanggang	262.46	366.27	410.80	194	南宁	Nanning	483.78	706.11	820.60	94
咸宁	Xianning	218.81	329.25	386.70	201	柳州	Liuzhou	776.84	1055.69	1166.60	64
随州	Suizhou	164.03	250.29	281.40	234	桂林	Guilin	417.93	585.55	662.70	121
湖南	**Hunan**	**6305.11**	**9138.50**	**10001.00**		梧州	Wuzhou	304.60	479.88	605.00	144
长沙	Changsha	2020.68	3051.94	3352.30	11	北海	Beihai	144.92	267.77	332.80	221
株洲	Zhuzhou	656.38	948.32	1042.10	72	防城港	Fangchenggang	138.19	197.64	257.00	236
湘潭	Xiangtan	452.48	699.26	778.10	98	钦州	Qinzhou	187.91	237.24	250.10	238
衡阳	Hengyang	562.74	834.64	913.60	82	贵港	Guigang	218.78	229.15	253.10	237
邵阳	Shaoyang	237.85	339.88	373.20	210	玉林	Yulin	324.14	404.39	434.10	185
岳阳	Yueyang	752.43	1109.96	1216.80	58	百色	Baise	273.49	361.92	373.90	208

11-1 工业生产总值 续表 3

Gross Industrial Production continued 3

单位：亿元 (100 million yuan)

地名	City	2010	2012	2013	2013 排名 Ranking
贺州	Hezhou	105.91	136.10	143.60	260
河池	Hechi	180.08	132.96	143.00	261
来宾	Laibin	168.00	189.06	169.20	256
崇左	Chongzuo	127.53	184.06	210.60	249
海南	**Hainan**	**385.21**	**521.15**	**551.11**	
海口	Haikou	101.76	136.67	144.70	259
三亚	Sanya	12.74	17.00	17.90	283
三沙	Sansha				
重庆	**Chongqing**	**3697.83**	**4981.01**	**5249.65**	
四川	**Sichuan**	**7431.45**	**10550.53**	**11578.55**	
成都	Chengdu	2062.82	3127.61	3493.10	7
自贡	Zigong	339.70	488.44	546.20	156
攀枝花	Panzhihua	364.63	533.07	564.90	151
泸州	Luzhou	377.15	588.19	637.50	134
德阳	Deyang	484.26	718.50	783.80	97
绵阳	Mianyang	398.39	607.42	637.70	133
广元	Guangyuan	105.01	189.91	215.10	246
遂宁	Suining	218.88	305.29	341.80	219
内江	Neijiang	386.64	570.69	616.80	139
乐山	Leshan	414.42	601.63	649.80	126
南充	Nanchong	333.02	498.05	550.90	153
眉山	Meishan	268.00	390.53	425.90	191
宜宾	Yibin	476.89	712.17	743.10	106
广安	Guangan	199.39	310.82	345.70	217
达州	Dazhou	366.26	544.20	584.40	149
雅安	Yaan	135.10	202.76	208.20	250
巴中	Bazhong	61.37	102.10	114.10	270
资阳	Ziyang	315.28	496.19	546.20	156
贵州	**Guizhou**	**1516.87**	**2217.06**	**2686.52**	
贵阳	Guiyang	352.77	534.73	608.30	142
六盘水	Liupanshui	278.58	402.52	452.40	179
遵义	Zunyi	333.67	541.84	634.50	135
安顺	Anshun	76.40	114.46	133.10	264
毕节	Bijie	226.82	333.06	373.10	211
铜仁	Tongren	57.17	99.63	112.20	271
云南	**Yunnan**	**2604.07**	**3450.72**	**3767.58**	
昆明	Kunming	709.62	1008.42	1100.10	70
曲靖	Qujing	468.78	657.30	736.40	109
玉溪	Yuxi	437.53	598.33	634.20	136
保山	Baoshan	59.30	100.06	115.60	268
昭通	Zhaotong	132.63	206.11	242.00	241
丽江	Lijiang	33.10	56.68	73.10	278
普洱	Puer	53.83	84.72	104.00	273
临沧	Lincang	53.71	112.53	130.20	265
西藏	**Tibet**	**39.73**	**55.35**	**61.16**	
拉萨	Lasa	19.72			
陕西	**Shaanxi**	**4558.97**	**6847.41**	**7507.34**	
西安	Xi'an	1003.57	1328.71	1484.60	41
铜川	Tongchuan	103.99	159.29	195.40	251
宝鸡	Baoji	497.40	735.89	834.30	91
咸阳	Xianyang	480.70	743.94	925.70	80
渭南	Weinan	339.71	533.55	656.80	123
延安	Yan'an	614.45	904.64	944.20	77
汉中	Hanzhong	146.32	245.70	312.90	227
榆林	Yulin	1178.34	1928.07	1943.60	30
安康	Ankang	86.15	179.91	248.40	239
商洛	Shangluo	64.49	118.96	171.40	254
甘肃	**Gansu**	**1602.87**	**2070.24**	**2225.22**	
兰州	Lanzhou	399.06	562.42	614.50	140
嘉峪关	Jiayuguan	143.44	213.33	163.30	257
金昌	Jinchang	152.36	162.93	158.70	258
白银	Baiyin	144.09	212.59	212.90	247
天水	Tianshui	80.12	115.76	121.30	266
武威	Wuwei	60.47	109.07	119.40	267
张掖	Zhangye	55.42	75.52	88.50	275
平凉	Pingliang	88.42	125.40	114.20	269
酒泉	Jiuquan	173.03	258.72	285.60	233
庆阳	Qingyang	193.48	301.28	346.00	216
定西	Dingxi	24.59	38.58	40.00	281
陇南	Longnan	33.62	49.36	52.30	280
青海	**Qinghai**	**613.65**	**895.89**	**970.53**	
西宁	Xining	275.40	377.19	440.80	182
海东	Haidong				
宁夏	**Ningxia**	**643.05**	**878.63**	**944.50**	
银川	Yinchuan	298.70	471.92	523.30	162
石嘴山	Shizuishan	162.67	228.85	246.10	240
吴忠	Wuzhong	87.82	123.81	136.30	263
固原	Guyuan	11.82	23.02	26.80	282
中卫	Zhongwei	50.79	79.52	92.40	274
新疆	**Xinjiang**	**2161.39**	**2850.06**	**3024.27**	
乌鲁木齐	Urumqi	514.76	714.01	746.80	105
克拉玛依	Karamay	623.47	692.07	715.70	112

11-2 工业生产总值指数
Indices of Gross Industrial Production

单位：上年=100 (preceding year=100)

地名	City	2010	2012	2013	2013 排名 Ranking	地名	City	2010	2012	2013	2013 排名 Ranking
全国	**Nation Total**	**112.1**	**107.7**	**107.6**		沈阳	Shenyang	115.1	111.5	110.0	227
北京	**Beijing**	**114.9**				大连	Dalian	121.0	110.7	110.0	227
天津	**Tianjin**	**120.8**				鞍山	Anshan	115.2	109.8	110.3	216
河北	**Hebei**	**113.5**				抚顺	Fushun	116.3	111.9	110.1	224
石家庄	Shijiazhuang	113.4	112.4	110.5	205	本溪	Benxi	117.5	109.8	110.2	221
唐山	Tangshan	115.0	112.0	109.7	235	丹东	Dandong	120.2	111.3	109.5	243
秦皇岛	Qinhuangdao	115.6	112.1	105.9	271	锦州	Jinzhou	118.9	113.3	109.6	239
邯郸	Handan	113.5	112.5	107.9	257	营口	Yingkou	118.0	111.6	110.6	202
邢台	Xingtai	114.0	111.2	108.6	253	阜新	Fuxin	118.7	113.3	109.6	239
保定	Baoding	115.2	112.9	111.1	178	辽阳	Liaoyang	115.0	111.1	109.8	233
张家口	Zhangjiakou	115.0	112.3	109.7	235	盘锦	Panjin	119.6	112.8	110.3	216
承德	Chengde	110.7	113.1	111.3	169	铁岭	Tieling	118.9	109.0	105.3	276
沧州	Cangzhou	113.4	113.4	111.0	183	朝阳	Chaoyang	115.5	110.7	110.2	221
廊坊	Langfang	113.2	111.5	109.4	248	葫芦岛	Huludao	118.2	112.4	106.9	267
衡水	Hengshui	113.7	112.7	110.9	190	**吉林**	**Jilin**	**120.8**			
山西	**Shanxi**	**119.5**				长春	Changchun	120.8	112.1	110.0	227
太原	Taiyuan	112.5	112.2	110.1	224	吉林	Jilin	113.5	110.0	108.2	255
大同	Datong	120.0	111.9	109.7	235	四平	Siping	122.3	115.9	110.7	198
阳泉	Yangquan	118.7	110.7	107.9	257	辽源	Liaoyuan	121.9	114.2	109.5	243
长治	Changzhi	116.6	111.8	110.0	227	通化	Tonghua	126.7	112.1	114.2	64
晋城	Jincheng	115.5	112.5	110.8	194	白山	Baishan	126.1	113.5	105.5	273
朔州	Shuozhou	117.4	112.8	111.0	183	松原	Songyuan	114.7	110.7	107.2	264
晋中	Jinzhong	118.1	112.5	112.7	115	白城	Baicheng	130.6	115.8	113.5	84
运城	Yuncheng	121.6	106.8	112.4	126	**黑龙江**	**Heilongjiang**	**115.0**			
忻州	Xinzhou	130.8	115.2	112.0	135	哈尔滨	Harbin	117.1	108.3	109.5	243
临汾	Linfen	121.9	111.9	111.6	155	齐齐哈尔	Qiqihar	128.4	106.2	110.4	211
吕梁	Lvliang	126.8	112.1	111.0	183	鸡西	Jixi	126.2	116.9	97.3	281
内蒙古	**Inner Mongolia**	**118.8**				鹤岗	Hegang	117.1	117.1	87.7	282
呼和浩特	Hohhot	114.3	110.0	117.2	26	双鸭山	Shuangyashan	132.5	119.8	99.9	279
包头	Baotou	119.8	114.8	111.6	155	大庆	Daqing	111.3	109.9	106.5	268
乌海	Wuhai	123.9	114.9	111.6	155	伊春	Yichun	126.1	112.0	112.8	110
赤峰	Chifeng	120.9	118.0	111.3	169	佳木斯	Jiamusi	138.4	121.4	118.2	20
通辽	Tongliao	126.7	117.7	111.0	183	七台河	Qitaihe	131.7	109.5	77.7	283
鄂尔多斯	Erdos	120.1	115.6	111.9	141	牡丹江	Mudanjiang	124.2	116.1	115.3	45
呼伦贝尔	Hulunbuir	125.9	120.9	112.5	123	黑河	Heihe	119.4	115.0	113.5	84
巴彦淖尔	Bayannur	120.6	114.6	112.7	115	绥化	Suihua	121.7	134.3	124.5	4
乌兰察布	Ulanqab	113.0	110.2	112.2	129	**上海**	**Shanghai**	**117.5**			
辽宁	**Liaoning**	**116.9**				**江苏**	**Jiangsu**	**113.3**			

注：本表按不变价格计算。

Note: Data in this table are calculated at constant prices.

11-2 工业生产总值指数 续表 1

Indices of Gross Industrial Production continued 1

单位：上年=100 (preceding year=100)

地名	City	2010	2012	2013	2013 排名 Ranking	地名	City	2010	2012	2013	2013 排名 Ranking
南京	Nanjing	114.4	111.0	111.1	178	池州	Chizhou	125.5	116.7	114.5	58
无锡	Wuxi	113.2	109.0	109.0	250	宣城	Xuancheng	126.0	116.0	114.3	62
徐州	Xuzhou	115.7	114.4	113.1	98	**福建**	**Fujian**	**118.0**			
常州	Changzhou	113.3	111.7	111.6	155	福州	Fuzhou	118.8	114.1	113.2	92
苏州	Suzhou	113.3	107.4	107.5	261	厦门	Xiamen	118.8	113.6	111.9	141
南通	Nantong	114.3	112.3	112.3	128	莆田	Putian	120.1	113.9	113.3	89
连云港	Lianyungang	117.8	115.4	113.9	72	三明	Sanming	120.7	115.8	114.3	62
淮安	Huaian	117.4	116.1	113.4	86	泉州	Quanzhou	116.5	113.5	112.6	119
盐城	Yancheng	117.0	115.7	115.1	49	漳州	Zhangzhou	121.7	115.5	114.2	64
扬州	Yangzhou	114.8	111.8	113.2	92	南平	Nanping	116.9	117.5	113.7	76
镇江	Zhenjiang	114.9	112.7	113.0	101	龙岩	Longyan	118.4	113.3	113.6	80
泰州	Taizhou	114.6	113.2	112.8	110	宁德	Ningde	127.1	119.7	117.5	23
宿迁	Suqian	119.3	117.5	115.5	42	**江西**	**Jiangxi**	**119.9**			
浙江	**Zhejiang**	**112.7**				南昌	Nanchang	118.8	113.7	111.7	152
杭州	Hangzhou	112.7	108.5	107.8	259	景德镇	Jingdezhen	115.6	113.0	111.8	147
宁波	Ningbo	114.3	104.4	108.4	254	萍乡	Pingxiang	113.7	113.5	110.2	221
温州	Wenzhou	112.4	104.2	107.6	260	九江	Jiujiang	120.0	113.9	112.5	123
嘉兴	Jiaxing	116.3	108.4	110.4	211	新余	Xinyu	118.5	110.1	103.9	277
湖州	Huzhou	111.8	111.3	110.8	194	鹰潭	Yingtan	114.8	113.5	111.4	166
绍兴	Shaoxing	109.4	109.9	109.0	250	赣州	Ganzhou	117.9	114.0	112.8	110
金华	Jinhua	111.6	110.5	109.6	239	吉安	Jian	121.9	113.2	113.7	76
衢州	Quzhou	116.4	108.5	111.0	183	宜春	Yichun	121.8	113.9	112.6	119
舟山	Zhoushan	114.5	112.6	109.9	231	抚州	Fuzhou	119.4	114.2	113.3	89
台州	Taizhou	115.1	105.8	108.0	256	上饶	Shangrao	119.5	113.2	113.0	101
丽水	Lishui	116.0	112.4	112.2	129	**山东**	**Shandong**	**112.8**			
安徽	**Anhui**	**121.9**				济南	Jinan	110.7	109.7	110.6	202
合肥	Hefei	123.6	117.0	114.1	69	青岛	Qingdao	112.3	111.9	110.4	211
芜湖	Wuhu	123.9	116.4	114.5	58	淄博	Zibo	112.0	111.5	110.5	205
蚌埠	Bengbu	123.7	116.9	114.9	52	枣庄	Zaozhuang	110.3	111.7	111.5	163
淮南	Huainan	113.9	114.1	111.1	178	东营	Dongying	113.4	112.4	112.1	134
马鞍山	Maanshan	117.2	112.9	112.9	106	烟台	Yantai	112.0	111.2	111.0	183
淮北	Huaibei	119.1	115.2	110.7	198	潍坊	Weifang	113.2	112.0	111.7	152
铜陵	Tongling	121.9	111.2	113.2	92	济宁	Jining	112.5	112.0	111.8	147
安庆	Anqing	121.3	115.3	113.7	76	泰安	Taian	111.3	111.8	111.6	155
黄山	Huangshan	121.6	116.2	113.4	86	威海	Weihai	111.2	109.7	110.7	198
滁州	Chuzhou	125.5	117.2	115.1	49	日照	Rizhao	113.3	112.4	110.9	190
阜阳	Fuyang	125.1	116.5	113.8	74	莱芜	Laiwu	112.6	112.1	112.2	129
宿州	Suzhou	123.8	116.8	114.4	61	临沂	Linyi	113.0	113.7	112.8	110
六安	Liuan	127.0	117.0	111.5	163	德州	Dezhou	114.6	114.6	113.1	98
亳州	Bozhou	125.1	116.7	113.9	72	聊城	Liaocheng	113.6	115.0	111.2	175

11-2 工业生产总值指数 续表 2

Indices of Gross Industrial Production continued 2

单位：上年=100 (preceding year=100)

地名	City	2010	2012	2013	2013 排名 Ranking
滨州	Binzhou	112.7	112.7	111.9	141
菏泽	Heze	117.4	117.5	114.2	64
河南	**Henan**	**115.4**			
郑州	Zhengzhou	115.6	115.2	110.3	216
开封	Kaifeng	115.9	114.1	113.8	74
洛阳	Luoyang	117.1	111.0	107.2	264
平顶山	Pingdingshan	112.2	105.6	106.2	269
安阳	Anyang	117.3	108.6	110.1	224
鹤壁	Hebi	115.9	111.4	114.6	55
新乡	Xinxiang	119.7	113.8	110.8	194
焦作	Jiaozuo	115.0	112.4	112.6	119
濮阳	Puyang	113.6	114.9	114.2	64
许昌	Xuchang	116.5	113.7	112.0	135
漯河	Luohe	117.5	114.1	110.5	205
三门峡	Sanmenxia	118.5	113.4	109.5	243
南阳	Nanyang	115.1	112.6	109.7	235
商丘	Shangqiu	114.3	114.7	113.6	80
信阳	Xinyang	115.6	114.3	111.8	147
周口	Zhoukou	115.8	115.4	113.2	92
驻马店	Zhumadian	115.2	114.5	111.9	141
湖北	**Hubei**	**121.3**			
武汉	Wuhan	120.5	113.7	110.3	216
黄石	Huangshi	120.0	115.8	110.5	205
十堰	Shiyan	134.7	106.1	111.4	166
宜昌	Yichang	118.8	115.2	113.2	92
襄阳	Xiangyang	121.1	115.9	113.3	89
鄂州	Ezhou	125.0	116.0	111.9	141
荆门	Jingmen	122.9	116.1	112.4	126
孝感	Xiaogan	122.9	115.8	112.9	106
荆州	Jingzhou	121.3	115.5	113.0	101
黄冈	Huanggang	120.8	115.3	112.9	106
咸宁	Xianning	122.2	115.9	113.1	98
随州	Suizhou	123.1	115.6	112.7	115
湖南	**Hunan**	**121.2**			
长沙	Changsha	121.6	115.7	113.2	92
株洲	Zhuzhou	120.1	112.9	111.6	155
湘潭	Xiangtan	121.3	113.4	111.1	178
衡阳	Hengyang	121.8	113.6	111.1	178
邵阳	Shaoyang	121.5	113.2	111.5	163
岳阳	Yueyang	121.3	113.9	111.3	169
常德	Changde	121.9	114.3	110.9	190
张家界	Zhangjiajie	120.4	113.3	110.3	216
益阳	Yiyang	121.4	113.0	112.0	135
郴州	Chenzhou	120.9	114.1	111.8	147
永州	Yongzhou	120.3	114.0	110.4	211
怀化	Huaihua	122.0	113.6	110.5	205
娄底	Loudi	118.8	113.5	110.5	205
广东	**Guangdong**	**114.9**			
广州	Guangzhou	112.7	109.1	109.9	231
韶关	Shaoguan	112.2	111.9	116.1	34
深圳	Shenzhen	113.9	107.3	109.3	249
珠海	Zhuhai	118.3	102.7	110.6	202
汕头	Shantou	116.8	112.5	112.6	119
佛山	Foshan	115.1	109.6	111.9	141
江门	Jiangmen	117.6	106.0	113.0	101
湛江	Zhanjiang	117.8	108.5	113.6	80
茂名	Maoming	114.2	116.4	115.2	48
肇庆	Zhaoqing	132.0	120.4	117.1	27
惠州	Huizhou	124.5	115.0	116.6	30
梅州	Meizhou	117.9	113.6	114.0	71
汕尾	Shanwei	125.3	121.1	120.4	10
河源	Heyuan	117.1	115.8	115.7	37
阳江	Yangjiang	122.7	119.5	124.8	3
清远	Qingyuan	121.1	104.0	109.5	243
东莞	Dongguan	117.5	106.0	110.4	211
中山	Zhongshan	116.3	114.5	111.6	155
潮州	Chaozhou	115.8	111.6	114.2	64
揭阳	Jieyang	127.4	116.4	119.7	13
云浮	Yunfu	122.0	117.3	121.3	8
广西	**Guangxi**	**120.4**			
南宁	Nanning	115.9	118.7	114.8	54
柳州	Liuzhou	119.9	111.6	111.0	183
桂林	Guilin	120.2	119.8	115.3	45
梧州	Wuzhou	126.8	119.0	117.5	23
北海	Beihai	133.5	141.9	119.8	12
防城港	Fangchenggang	117.4	117.8	119.5	14
钦州	Qinzhou	131.4	111.5	107.3	263
贵港	Guigang	120.8	110.4	110.7	198
玉林	Yulin	122.5	113.3	112.9	106
百色	Baise	121.4	109.1	109.8	233

11-2 工业生产总值指数 续表 3

Indices of Gross Industrial Production continued 3

单位：上年=100 (preceding year=100)

地名	City	2010	2012	2013	2013 排名 Ranking	地名	City	2010	2012	2013	2013 排名 Ranking
贺州	Hezhou	119.6	109.1	112.2	129	丽江	Lijiang	122.9	123.9	126.0	1
河池	Hechi	114.7	90.5	107.0	266	普洱	Puer	117.8	127.0	125.8	2
来宾	Laibin	123.2	112.1	98.0	280	临沧	Lincang	111.4	115.6	118.7	16
崇左	Chongzuo	115.0	117.4	115.9	35	**西藏**	**Tibet**	**113.3**			
海南	**Hainan**	**117.6**				拉萨	Lasa	115.4			
海口	Haikou	121.1	109.1	106.0	270	**陕西**	**Shaanxi**	**118.7**			
三亚	Sanya	121.8	115.4	105.4	275	西安	Xi'an	118.1	112.4	114.5	58
三沙	Sansha					铜川	Tongchuan	119.0	120.6	118.0	21
重庆	**Chongqing**	**122.9**				宝鸡	Baoji	118.6	120.0	115.7	37
四川	**Sichuan**	**122.9**				咸阳	Xianyang	119.9	121.5	117.5	23
成都	Chengdu	120.5	116.5	113.0	101	渭南	Weinan	121.8	121.2	115.6	40
自贡	Zigong	123.3	116.8	111.3	169	延安	Yan'an	115.0	110.3	105.5	273
攀枝花	Panzhihua	118.0	116.2	112.2	129	汉中	Hanzhong	120.6	124.7	120.7	9
泸州	Luzhou	128.9	117.9	111.2	175	榆林	Yulin	119.4	113.6	109.6	239
德阳	Deyang	119.2	116.7	111.3	169	安康	Ankang	123.3	130.2	122.8	6
绵阳	Mianyang	123.9	117.9	112.0	135	商洛	Shangluo	122.6	128.2	123.2	5
广元	Guangyuan	131.5	122.1	113.7	76	**甘肃**	**Gansu**	**115.8**			
遂宁	Suining	126.7	118.0	112.8	110	兰州	Lanzhou	111.8	111.8	114.1	69
内江	Neijiang	124.6	117.6	111.3	169	嘉峪关	Jiayuguan	121.2	118.1	114.6	55
乐山	Leshan	121.0	116.9	111.2	175	金昌	Jinchang	112.3	117.6	116.6	30
南充	Nanchong	127.0	117.8	111.7	152	白银	Baiyin	118.6	117.2	115.7	37
眉山	Meishan	125.8	116.6	110.8	194	天水	Tianshui	113.0	117.6	116.4	32
宜宾	Yibin	122.5	116.8	107.4	262	武威	Wuwei	119.7	121.1	118.3	18
广安	Guangan	126.5	120.3	112.7	115	张掖	Zhangye	119.1	114.6	115.8	36
达州	Dazhou	127.4	118.9	110.9	190	平凉	Pingliang	120.2	116.5	112.5	123
雅安	Yaan	125.1	118.1	103.7	278	酒泉	Jiuquan	128.5	121.6	115.5	42
巴中	Bazhong	129.6	116.6	111.6	155	庆阳	Qingyang	121.5	118.7	117.0	28
资阳	Ziyang	125.2	117.5	111.8	147	定西	Dingxi	114.0	120.2	117.6	22
贵州	**Guizhou**	**115.7**				陇南	Longnan	121.1	120.4	118.8	15
贵阳	Guiyang	114.9	116.2	116.8	29	**青海**	**Qinghai**	**119.3**			
六盘水	Liupanshui	118.1	115.5	115.4	44	西宁	Xining	123.1	119.5	118.3	18
遵义	Zunyi	118.8	117.4	113.6	80	海东	Haidong				
安顺	Anshun	113.2	115.7	115.3	45	**宁夏**	**Ningxia**	**114.4**			
毕节	Bijie	116.5	116.4	115.0	51	银川	Yinchuan	119.1	115.2	112.0	135
铜仁	Tongren	117.1	115.6	115.6	40	石嘴山	Shizuishan	114.3	114.1	112.0	135
云南	**Yunnan**	**114.6**				吴忠	Wuzhong	113.9	112.7	113.4	86
昆明	Kunming	113.9	115.6	111.4	166	固原	Guyuan	109.0	112.6	121.7	7
曲靖	Qujing	114.9	115.2	114.9	52	中卫	Zhongwei	114.5	114.8	114.6	55
玉溪	Yuxi	116.2	112.7	108.7	252	**新疆**	**Xinjiang**	**113.5**			
保山	Baoshan	118.1	120.2	118.5	17	乌鲁木齐	Urumqi	112.2	116.6	116.3	33
昭通	Zhaotong	119.5	123.2	120.4	10	克拉玛依	Karamay	118.6	105.0	105.8	272

11-3 规模以上工业企业单位数
Number of Industrial Enterprises above Designated Size

单位：个 (unit)

地名	City	2010	2013	2014	2014 排名 Ranking
全国	**Nation Total**	**452872**	**352546**	**377888**	
北京	**Beijing**	**6885**	**3701**	**3686**	
天津	**Tianjin**	**7947**	**5383**	**5501**	
河北	**Hebei**	**13927**	**12649**	**14792**	
石家庄	Shijiazhuang	2576	2277	2594	37
唐山	Tangshan	1568	1347	1598	63
秦皇岛	Qinhuangdao	642	406	481	193
邯郸	Handan	1095	1169	1277	81
邢台	Xingtai	1010	1117	1242	85
保定	Baoding	1848	1593	1814	54
张家口	Zhangjiakou	530	550	582	169
承德	Chengde	553	539	572	171
沧州	Cangzhou	1919	1993	2199	45
廊坊	Langfang	1223	1179	1252	83
衡水	Hengshui	968	1094	1181	90
山西	**Shanxi**	**4240**	**3946**	**3906**	
太原	Taiyuan	480	435	404	204
大同	Datong	203	176	173	254
阳泉	Yangquan	186	163	144	266
长治	Changzhi	386	356	344	220
晋城	Jincheng	284	251	244	242
朔州	Shuozhou	224	268	280	235
晋中	Jinzhong	533	516	529	181
运城	Yuncheng	564	496	500	188
忻州	Xinzhou	323	331	355	218
临汾	Linfen	458	372	364	216
吕梁	Lvliang	597	601	567	173
内蒙古	**Inner Mongolia**	**4611**	**4377**	**4413**	
呼和浩特	Hohhot	320	279	277	236
包头	Baotou	715	654	660	148
乌海	Wuhai	176	154	154	257
赤峰	Chifeng	593	563	569	172
通辽	Tongliao	572	601	593	166
鄂尔多斯	Erdos	451	390	372	213
呼伦贝尔	Hulunbuir	447	409	423	201
巴彦淖尔	Bayannur	282	280	286	233
乌兰察布	Ulanqab	429	388	383	210
辽宁	**Liaoning**	**23832**	**17561**	**15707**	
沈阳	Shenyang	5252	3901	3635	20
大连	Dalian	4684	3101	2844	28
鞍山	Anshan	2455	1229	1247	84
抚顺	Fushun	1410	967	966	117
本溪	Benxi	624	647	614	159
丹东	Dandong	1054	792	752	138
锦州	Jinzhou	1005	826	821	131
营口	Yingkou	1651	1468	1375	73
阜新	Fuxin	461	603	659	150
辽阳	Liaoyang	891	665	606	165
盘锦	Panjin	708	534	507	186
铁岭	Tieling	1848	1301	631	153
朝阳	Chaoyang	1222	817	708	143
葫芦岛	Huludao	566	328	341	222
吉林	**Jilin**	**6181**	**5353**	**5311**	
长春	Changchun	1606	1109	1132	96
吉林	Jilin	1177	1097	1041	106
四平	Siping	557	503	492	189
辽源	Liaoyuan	351	313	305	228
通化	Tonghua	604	552	549	178
白山	Baishan	448	412	392	208
松原	Songyuan	642	604	612	162
白城	Baicheng	315	308	321	225
黑龙江	**Heilongjiang**	**4596**	**4098**	**4305**	
哈尔滨	Harbin	1425	1342	1397	71
齐齐哈尔	Qiqihar	411	324	341	222
鸡西	Jixi	154	160	114	272
鹤岗	Hegang	136	196	119	270
双鸭山	Shuangyashan	195	196	158	256
大庆	Daqing	630	442	452	197
伊春	Yichun	182	126	120	269
佳木斯	Jiamusi	321	365	363	217
七台河	Qitaihe	137	106	95	276
牡丹江	Mudanjiang	505	492	505	187
黑河	Heihe	113	93	90	277
绥化	Suihua	202	396	366	214
上海	**Shanghai**	**16684**	**9782**	**9469**	
江苏	**Jiangsu**	**64136**	**46387**	**48708**	

11-3 规模以上工业企业单位数 续表 1

Number of Industrial Enterprises above Designated Size continued 1

单位：个 (unit)

地名	City	2010	2013	2014	2014 排名 Ranking	地名	City	2010	2013	2014	2014 排名 Ranking
南京	Nanjing	3917	2783	2748	33	池州	Chizhou	614	466	525	182
无锡	Wuxi	7988	5400	5163	7	宣城	Xuancheng	1381	1181	1349	76
徐州	Xuzhou	3412	2874	2861	27	**福建**	**Fujian**	**19227**	**15806**	**16744**	
常州	Changzhou	6375	4245	4350	14	福州	Fuzhou	2877	2205	2275	44
苏州	Suzhou	13538	10776	10432	1	厦门	Xiamen	2213	1668	1701	60
南通	Nantong	7589	5107	5081	8	莆田	Putian	1347	1029	1175	91
连云港	Lianyungang	1648	1649	1649	62	三明	Sanming	1640	1690	1753	59
淮安	Huaian	2399	2226	2474	40	泉州	Quanzhou	5186	4405	4438	13
盐城	Yancheng	3827	2920	3002	23	漳州	Zhangzhou	2273	1867	2006	47
扬州	Yangzhou	3847	2748	2799	30	南平	Nanping	1260	941	997	111
镇江	Zhenjiang	3125	2781	2938	26	龙岩	Longyan	1398	987	1034	108
泰州	Taizhou	4012	2631	2709	36	宁德	Ningde	1033	1323	1365	74
宿迁	Suqian	2471	2590	2517	39	**江西**	**Jiangxi**	**7976**	**7601**	**8996**	
浙江	**Zhejiang**	**64364**	**36904**	**40841**		南昌	Nanchang	1156	1078	1211	88
杭州	Hangzhou	10370	6284	6169	4	景德镇	Jingdezhen	437	304	305	228
宁波	Ningbo	12492	7167	7383	2	萍乡	Pingxiang	801	642	660	148
温州	Wenzhou	9096	4521	4897	10	九江	Jiujiang	904	1009	1121	98
嘉兴	Jiaxing	7311	4707	5005	9	新余	Xinyu	371	304	352	219
湖州	Huzhou	3561	2577	2719	35	鹰潭	Yingtan	183	212	234	243
绍兴	Shaoxing	5545	4079	4231	15	赣州	Ganzhou	891	1018	1164	92
金华	Jinhua	5965	3871	4065	16	吉安	Jian	777	935	1046	105
衢州	Quzhou	1411	1004	1025	109	宜春	Yichun	853	945	1081	103
舟山	Zhoushan	659	414	393	207	抚州	Fuzhou	832	761	823	130
台州	Taizhou	7308	3733	3804	19	上饶	Shangrao	771	652	827	128
丽水	Lishui	1654	1202	1161	93	**山东**	**Shandong**	**44037**	**38654**	**40756**	
安徽	**Anhui**	**16277**	**15114**	**17762**		济南	Jinan	2021	1902	1985	48
合肥	Hefei	2229	2334	2306	43	青岛	Qingdao	5674	4917	4790	11
芜湖	Wuhu	1785	1837	1973	49	淄博	Zibo	3413	3131	2981	24
蚌埠	Bengbu	863	738	880	124	枣庄	Zaozhuang	1795	1507	1464	67
淮南	Huainan	589	608	561	175	东营	Dongying	895	940	984	114
马鞍山	Maanshan	791	895	1035	107	烟台	Yantai	3447	2767	2722	34
淮北	Huaibei	673	732	766	137	潍坊	Weifang	5089	4281	4000	17
铜陵	Tongling	281	245	260	237	济宁	Jining	3907	1954	2333	42
安庆	Anqing	1527	1673	1791	56	泰安	Taian	1665	1958	2017	46
黄山	Huangshan	517	503	516	183	威海	Weihai	1812	1631	1670	61
滁州	Chuzhou	1237	1253	1382	72	日照	Rizhao	854	596	629	154
阜阳	Fuyang	685	897	1317	77	莱芜	Laiwu	466	486	609	163
宿州	Suzhou	856	982	1129	97	临沂	Linyi	4027	4137	3934	18
六安	Liuan	1028	1018	1086	101	德州	Dezhou	3248	3728	3387	21
亳州	Bozhou	423	657	775	135	聊城	Liaocheng	2403	2620	2830	29

11-3 规模以上工业企业单位数 续表 2

Number of Industrial Enterprises above Designated Size continued 2

单位：个 (unit)

地名	City	2010	2013	2014	2014 排名 Ranking	地名	City	2010	2013	2014	2014 排名 Ranking
滨州	Binzhou	1246	1367	1422	69	常德	Changde	983	930	944	119
菏泽	Heze	2088	2538	2796	31	张家界	Zhangjiajie	161	165	150	261
河南	**Henan**	**19574**	**19773**	**21748**		益阳	Yiyang	819	903	931	121
郑州	Zhengzhou	2595	2736	2763	32	郴州	Chenzhou	1212	1133	1105	99
开封	Kaifeng	1184	1254	1302	78	永州	Yongzhou	742	705	705	144
洛阳	Luoyang	1686	1770	1779	57	怀化	Huaihua	618	561	553	177
平顶山	Pingdingshan	854	784	854	126	娄底	Loudi	649	713	740	139
安阳	Anyang	956	937	978	115	**广东**	**Guangdong**	**53418**	**38094**	**41133**	
鹤壁	Hebi	483	555	583	168	广州	Guangzhou	6969	4812	4774	12
新乡	Xinxiang	1261	1162	1285	80	韶关	Shaoguan	559	556	622	155
焦作	Jiaozuo	1109	1211	1214	87	深圳	Shenzhen	8249	6520	6355	3
濮阳	Puyang	665	875	988	113	珠海	Zhuhai	1347	1054	1008	110
许昌	Xuchang	1286	1433	1499	65	汕头	Shantou	2580	1845	1808	55
漯河	Luohe	658	599	665	147	佛山	Foshan	7684	6163	5883	5
三门峡	Sanmenxia	664	637	637	152	江门	Jiangmen	3246	2007	1961	50
南阳	Nanyang	1440	1423	1899	51	湛江	Zhanjiang	850	772	789	132
商丘	Shangqiu	783	979	1066	104	茂名	Maoming	792	844	850	127
信阳	Xinyang	1193	1088	1264	82	肇庆	Zhaoqing	1131	1086	1083	102
周口	Zhoukou	1081	1128	1200	89	惠州	Huizhou	1853	1702	1815	53
驻马店	Zhumadian	1433	1471	1507	64	梅州	Meizhou	521	368	396	206
湖北	**Hubei**	**16106**	**13441**	**15957**		汕尾	Shanwei	452	251	246	240
武汉	Wuhan	2968	2340	2442	41	河源	Heyuan	440	436	513	184
黄石	Huangshi	704	687	730	141	阳江	Yangjiang	596	572	567	173
十堰	Shiyan	915	856	973	116	清远	Qingyuan	813	513	580	170
宜昌	Yichang	1252	1380	1464	67	东莞	Dongguan	5899	5361	5377	6
襄阳	Xiangyang	1555	1708	1773	58	中山	Zhongshan	5063	2973	2963	25
鄂州	Ezhou	510	487	492	189	潮州	Chaozhou	1245	865	871	125
荆门	Jingmen	1173	971	1097	100	揭阳	Jieyang	2525	1884	1858	52
孝感	Xiaogan	1199	1142	1242	85	云浮	Yunfu	604	621	732	140
荆州	Jingzhou	1225	999	1149	94	**广西**	**Guangxi**	**6583**	**5396**	**5447**	
黄冈	Huanggang	1577	1134	1413	70	南宁	Nanning	1236	969	946	118
咸宁	Xianning	801	830	896	123	柳州	Liuzhou	931	816	825	129
随州	Suizhou	592	632	679	146	桂林	Guilin	801	649	640	151
湖南	**Hunan**	**13844**	**13323**	**13723**		梧州	Wuzhou	466	424	411	202
长沙	Changsha	2615	2540	2593	38	北海	Beihai	236	187	190	250
株洲	Zhuzhou	1471	1486	1499	65	防城港	Fangchenggang	166	168	162	255
湘潭	Xiangtan	860	884	910	122	钦州	Qinzhou	462	269	285	234
衡阳	Hengyang	1123	1175	997	111	贵港	Guigang	415	410	409	203
邵阳	Shaoyang	888	895	934	120	玉林	Yulin	755	626	614	159
岳阳	Yueyang	1389	1327	1350	75	百色	Baise	266	243	256	238

11-3 规模以上工业企业单位数 续表 3
Number of Industrial Enterprises above Designated Size continued 3

单位：个 (unit)

地名	City	2010	2013	2014	2014 排名 Ranking	地名	City	2010	2013	2014	2014 排名 Ranking
贺州	Hezhou	213	174	178	253	丽江	Lijiang	78	79	75	280
河池	Hechi	277	223	189	251	普洱	Puer	117	131	148	263
来宾	Laibin	202	201	209	245	临沧	Lincang	84	116	146	265
崇左	Chongzuo	171	150	147	264	**西藏**	**Tibet**	**97**	**70**	**97**	
海南	**Hainan**	**497**	**391**	**382**		拉萨	Lasa	62	57	63	282
海口	Haikou	186	150	154	257	**陕西**	**Shaanxi**	**4564**	**4489**	**5081**	
三亚	Sanya	27	27	25	285	西安	Xi'an	1126	1002	1146	95
三沙	Sansha					铜川	Tongchuan	130	147	154	257
重庆	**Chongqing**	**7130**	**5237**	**6158**		宝鸡	Baoji	501	454	541	180
四川	**Sichuan**	**13706**	**13163**	**13267**		咸阳	Xianyang	671	708	776	134
成都	Chengdu	3887	3248	3248	22	渭南	Weinan	527	417	450	198
自贡	Zigong	577	540	554	176	延安	Yan'an	118	115	109	273
攀枝花	Panzhihua	388	376	342	221	汉中	Hanzhong	353	357	379	212
泸州	Luzhou	681	604	620	157	榆林	Yulin	651	710	710	142
德阳	Deyang	1054	1207	1297	79	安康	Ankang	282	409	460	196
绵阳	Mianyang	924	729	779	133	商洛	Shangluo	136	187	207	247
广元	Guangyuan	313	371	398	205	**甘肃**	**Gansu**	**2001**	**1830**	**2091**	
遂宁	Suining	438	450	466	194	兰州	Lanzhou	466	395	383	210
内江	Neijiang	574	461	434	200	嘉峪关	Jiayuguan	40	48	49	283
乐山	Leshan	832	653	614	159	金昌	Jinchang	54	67	71	281
南充	Nanchong	515	578	621	156	白银	Baiyin	179	179	150	261
眉山	Meishan	564	609	607	164	天水	Tianshui	201	141	151	260
宜宾	Yibin	526	541	592	167	武威	Wuwei	178	160	209	245
广安	Guangan	330	476	487	191	张掖	Zhangye	171	174	203	248
达州	Dazhou	455	501	487	191	平凉	Pingliang	89	127	126	267
雅安	Yaan	386	328	304	230	酒泉	Jiuquan	274	277	291	231
巴中	Bazhong	115	170	217	244	庆阳	Qingyang	72	103	105	274
资阳	Ziyang	563	619	617	158	定西	Dingxi	84	92	119	270
贵州	**Guizhou**	**2963**	**3139**	**3895**		陇南	Longnan	101	84	89	278
贵阳	Guiyang	613	469	511	185	**青海**	**Qinghai**	**555**	**465**	**568**	
六盘水	Liupanshui	208	330	313	227	西宁	Xining	242	226	246	240
遵义	Zunyi	532	806	686	145	海东	Haidong			105	274
安顺	Anshun	189	263	289	232	**宁夏**	**Ningxia**	**975**	**935**	**1170**	
毕节	Bijie	353	352	366	214	银川	Yinchuan	355	391	449	199
铜仁	Tongren	212	435	463	195	石嘴山	Shizuishan	301	264	256	238
云南	**Yunnan**	**3599**	**3382**	**3797**		吴忠	Wuzhong	195	255	320	226
昆明	Kunming	1099	976	770	136	固原	Guyuan	29	28	46	284
曲靖	Qujing	532	542	547	179	中卫	Zhongwei	94	103	124	268
玉溪	Yuxi	352	318	333	224	**新疆**	**Xinjiang**	**2465**	**2102**	**2477**	
保山	Baoshan	144	139	192	249	乌鲁木齐	Urumqi	463	347	391	209
昭通	Zhaotong	251	200	189	251	克拉玛依	Karamay	102	66	80	279

11-4 规模以上工业企业工业总产值

Gross Industrial Production of Industrial Enterprises above Designated Size

单位：亿元 (100 million yuan)

地名	City	2010	2013	2014	2014 排名 Ranking	地名	City	2010	2013	2014	2014 排名 Ranking
全国	**Nation Total**	**698590.5**	**1008926.6**	**1098804.4**		沈阳	Shenyang	9612.53	13735.18	13759.145	10
北京	**Beijing**	**13699.84**	**17370.89**	**18482.90**		大连	Dalian	7701.84	11521.57	10651.99	23
天津	**Tianjin**	**16751.82**	**26227.46**	**28035.03**		鞍山	Anshan	2439.28	3353.59	3599.67	80
河北	**Hebei**	**31143.30**	**45066.65**	**47669.82**		抚顺	Fushun	1655.33	2713.78	2794.84	103
石家庄	Shijiazhuang	5655.34	7624.69	9022.41	31	本溪	Benxi	1511.35	2412.11	2430.70	122
唐山	Tangshan	7545.03	10430.47	10337.46	25	丹东	Dandong	865.08	1361.43	1314.91	200
秦皇岛	Qinhuangdao	1131.55	1508.49	1558.49	185	锦州	Jinzhou	1672.05	2822.39	2898.19	100
邯郸	Handan	4107.32	5098.51	5193.74	53	营口	Yingkou	2233.27	2944.60	2782.63	104
邢台	Xingtai	1764.60	2695.74	2720.36	108	阜新	Fuxin	447.77	896.93	874.56	229
保定	Baoding	2874.86	4133.37	4578.55	64	辽阳	Liaoyang	1612.52	2096.75	1893.20	148
张家口	Zhangjiakou	893.48	1333.82	1401.91	194	盘锦	Panjin	1676.36	2826.04	2920.37	98
承德	Chengde	1203.52	1849.30	1795.51	157	铁岭	Tieling	2355.13	2764.55	914.37	228
沧州	Cangzhou	2817.39	5311.69	5680.48	47	朝阳	Chaoyang	946.62	1446.38	1261.40	206
廊坊	Langfang	2169.38	3443.56	3641.27	78	葫芦岛	Huludao	766.95	996.81	1035.53	218
衡水	Hengshui	980.81	1637.02	1739.63	161	吉林	**Jilin**	**13098.35**	**20908.51**	**22242.96**	
山西	**Shanxi**	**12471.33**	**16372.99**	**15153.97**		长春	Changchun	5884.16	9228.04	9756.64	27
太原	Taiyuan	2000.34	2503.97	2431.00	121	吉林	Jilin	2104.15	3140.14	3160.26	89
大同	Datong	737.59	1051.91	1081.08	216	四平	Siping	1036.47	1944.22	2043.23	141
阳泉	Yangquan	542.61	715.99	656.88	246	辽源	Liaoyuan	585.65	1181.38	1324.76	198
长治	Changzhi	1433.28	2017.09	1878.46	149	通化	Tonghua	869.98	1652.61	1915.62	146
晋城	Jincheng	851.12	1017.88	925.21	227	白山	Baishan	674.08	1218.90	1319.87	199
朔州	Shuozhou	828.51	1324.13	1159.27	211	松原	Songyuan	1219.48	1975.94	2093.32	137
晋中	Jinzhong	1029.37	1332.83	1253.86	207	白城	Baicheng	259.25	567.27	629.27	249
运城	Yuncheng	1261.85	1676.20	1629.33	178	黑龙江	**Heilongjiang**	**9535.15**	**13156.66**	**12833.33**	
忻州	Xinzhou	411.69	801.61	762.82	237	哈尔滨	Harbin	2036.38	3399.26	3650.05	77
临汾	Linfen	1380.10	1926.91	1694.53	168	齐齐哈尔	Qiqihar	832.06	960.08	987.25	221
吕梁	Lvliang	1442.51	2004.47	1681.54	173	鸡西	Jixi	248.62	398.79	250.45	272
内蒙古	**Inner Mongolia**	**13406.11**	**18182.43**	**17869.82**		鹤岗	Hegang	233.91	293.69	189.60	275
呼和浩特	Hohhot	1188.52	1495.38	1642.64	176	双鸭山	Shuangyashan	361.88	678.88	296.24	269
包头	Baotou	2412.24	3371.82	3320.52	87	大庆	Daqing	3287.96	4481.40	4506.24	66
乌海	Wuhai	545.32	717.01	739.81	240	伊春	Yichun	194.57	202.97	128.54	281
赤峰	Chifeng	1265.84	2074.32	2056.94	139	佳木斯	Jiamusi	313.94	623.01	661.06	245
通辽	Tongliao	1809.75	2965.02	2479.07	119	七台河	Qitaihe	444.78	237.10	188.21	276
鄂尔多斯	Erdos	2681.07	4267.94	4375.73	67	牡丹江	Mudanjiang	446.37	913.14	974.83	222
呼伦贝尔	Hulunbuir	740.69	1346.93	1295.65	202	黑河	Heihe	75.48	127.33	130.28	280
巴彦淖尔	Bayannur	777.46	863.35	948.22	225	绥化	Suihua	326.88	841.01	870.59	230
乌兰察布	Ulanqab	677.42	1080.67	1011.25	219	上海	**Shanghai**	**30114.41**	**32088.88**	**32237.19**	
辽宁	**Liaoning**	**36219.42**	**51892.10**	**49131.51**		江苏	**Jiangsu**	**92056.48**	**131526.70**	**140372.68**	

注：本表2014年全国数和地区数为城市合计数（下三表同）。

Note: Data of national and provinces are prefecture cities in this chapter in 2014.

11-4 规模以上工业企业工业总产值 续表 1

Gross Industrial Production of Industrial Enterprises above Designated Size continued 1

单位：亿元 (100 million yuan)

地名	City	2010	2013	2014	2014 排名 Ranking	地名	City	2010	2013	2014	2014 排名 Ranking
南京	Nanjing	8609.50	12563.09	13199.67	12	池州	Chizhou	297.30	552.91	655.82	247
无锡	Wuxi	12971.08	14876.33	14425.66	8	宣城	Xuancheng	1067.76	1500.68	1705.52	163
徐州	Xuzhou	5112.97	10523.10	11390.64	20	**福建**	**Fujian**	**21901.23**	**33853.36**	**38405.32**	
常州	Changzhou	7396.09	10035.82	11037.46	21	福州	Fuzhou	4545.41	6786.33	7495.2563	37
苏州	Suzhou	24651.67	30276.29	30322.17	1	厦门	Xiamen	3688.95	4716.21	4894.9307	58
南通	Nantong	7383.16	11253.96	12499.70	15	莆田	Putian	1266.53	2008.92	2315.01	125
连云港	Lianyungang	1936.28	4101.08	4865.00	59	三明	Sanming	1328.85	2574.75	3016.64	92
淮安	Huaian	2439.11	4638.11	5643.77	48	泉州	Quanzhou	6260.41	9379.11	10699.43	22
盐城	Yancheng	3938.33	6370.51	7238.02	39	漳州	Zhangzhou	1938.92	3259.21	4042.14	72
扬州	Yangzhou	5753.34	8324.21	8840.99	32	南平	Nanping	777.36	1317.29	1537.61	186
镇江	Zhenjiang	4190.42	7178.79	8084.47	36	龙岩	Longyan	1177.34	1488.43	1682.31	171
泰州	Taizhou	4916.08	8397.24	9456.36	30	宁德	Ningde	917.45	2323.12	2721.99	107
宿迁	Suqian	1137.37	2988.16	3368.77	86	**江西**	**Jiangxi**	**13835.61**	**24710.57**	**29060.37**	
浙江	**Zhejiang**	**51394.20**	**62603.24**	**66685.63**		南昌	Nanchang	2765.50	4437.52	5074.96	55
杭州	Hangzhou	11081.04	12407.98	12853.05	13	景德镇	Jingdezhen	685.62	1086.34	1083.53	215
宁波	Ningbo	10853.55	13010.09	14028.05	9	萍乡	Pingxiang	1013.02	1499.50	1642.21	177
温州	Wenzhou	4496.56	4516.56	4844.02	60	九江	Jiujiang	1476.55	3515.69	4560.16	65
嘉兴	Jiaxing	5102.85	6893.67	7463.75	38	新余	Xinyu	1188.50	1434.52	1596.32	180
湖州	Huzhou	2666.53	3828.02	4201.40	70	鹰潭	Yingtan	1164.90	1888.48	2073.92	138
绍兴	Shaoxing	6797.39	9339.31	9735.30	28	赣州	Ganzhou	1267.89	2611.75	2998.38	96
金华	Jinhua	3411.79	4226.35	4585.87	63	吉安	Jian	1132.94	2220.22	2774.74	105
衢州	Quzhou	1087.12	1448.52	1584.66	183	宜春	Yichun	1230.50	2560.26	3180.30	88
舟山	Zhoushan	979.05	1333.56	1497.76	188	抚州	Fuzhou	738.78	1250.89	1464.10	189
台州	Taizhou	3630.80	3805.76	4052.52	71	上饶	Shangrao	1171.42	2205.40	2611.74	110
丽水	Lishui	1140.51	1793.41	1839.23	153	**山东**	**Shandong**	**83851.40**	**130135.15**	**141271.74**	
安徽	**Anhui**	**18732.00**	**32949.17**	**37279.06**		济南	Jinan	4413.51	4777.47	5249.85	51
合肥	Hefei	4197.72	7526.58	8447.84	35	青岛	Qingdao	10662.83	16104.11	16761.38	5
芜湖	Wuhu	2251.01	4808.86	5454.16	49	淄博	Zibo	7742.34	11207.04	11482.23	19
蚌埠	Bengbu	772.68	1822.62	2215.54	132	枣庄	Zaozhuang	2822.88	3384.12	3440.39	84
淮南	Huainan	788.93	1075.53	953.92	224	东营	Dongying	6037.86	11997.18	13584.77	11
马鞍山	Maanshan	1318.30	2377.39	2560.21	112	烟台	Yantai	10129.98	13891.44	14617.92	7
淮北	Huaibei	881.41	1637.49	1816.45	156	潍坊	Weifang	7529.22	11609.80	12517.04	14
铜陵	Tongling	1104.23	1780.90	1911.76	147	济宁	Jining	3857.18	5052.90	5354.34	50
安庆	Anqing	1315.94	2574.44	3011.46	93	泰安	Taian	3770.07	6188.35	6476.27	43
黄山	Huangshan	330.69	511.13	565.45	253	威海	Weihai	4408.96	6003.10	6502.49	42
滁州	Chuzhou	1052.97	2002.94	2279.23	127	日照	Rizhao	2172.15	2686.29	2580.20	111
阜阳	Fuyang	703.70	1306.55	1681.71	172	莱芜	Laiwu	1202.58	1594.76	1683.58	170
宿州	Suzhou	676.92	1202.50	1424.57	192	临沂	Linyi	4593.53	8629.90	10035.92	26
六安	Liuan	832.71	1525.01	1751.02	160	德州	Dezhou	3855.76	7717.92	8791.58	33
亳州	Bozhou	324.33	743.65	844.41	232	聊城	Liaocheng	4026.86	7502.58	8663.63	34

11-4 规模以上工业企业工业总产值 续表 2

Gross Industrial Production of Industrial Enterprises above Designated Size continued 2

单位：亿元 (100 million yuan)

地名	City	2010	2013	2014	2014 排名 Ranking
滨州	Binzhou	3683.90	6512.73	7186.52	40
菏泽	Heze	2532.03	5275.45	6343.62	45
河南	**Henan**	**34995.53**	**58338.18**	**66512.87**	
郑州	Zhengzhou	5913.76	10934.65	12374.70	16
开封	Kaifeng	1001.39	2014.11	2046.06	140
洛阳	Luoyang	3518.98	6157.23	6373.77	44
平顶山	Pingdingshan	1952.75	2437.59	2546.15	116
安阳	Anyang	2399.83	3198.73	3524.65	81
鹤壁	Hebi	919.81	1560.29	1772.64	158
新乡	Xinxiang	2132.77	3461.40	4005.18	74
焦作	Jiaozuo	2561.87	4220.64	4744.41	62
濮阳	Puyang	1473.63	2607.54	3069.33	91
许昌	Xuchang	2330.63	4418.74	5217.48	52
漯河	Luohe	1434.68	2033.73	2493.23	118
三门峡	Sanmenxia	2027.56	3200.33	3442.48	83
南阳	Nanyang	2016.16	2994.89	4007.08	73
商丘	Shangqiu	1221.11	2242.35	2663.34	109
信阳	Xinyang	985.15	1771.90	2228.08	131
周口	Zhoukou	1263.26	2996.98	3506.75	82
驻马店	Zhumadian	973.64	2087.07	2497.56	117
湖北	**Hubei**	**21623.12**	**36808.35**	**39706.35**	
武汉	Wuhan	6424.60	11188.31	11947.87	18
黄石	Huangshi	1160.63	2095.64	2190.61	133
十堰	Shiyan	1313.10	1709.63	1871.07	150
宜昌	Yichang	2218.30	4396.28	4970.41	56
襄阳	Xiangyang	681.37	5417.68	5120.40	54
鄂州	Ezhou	664.13	1234.68	1362.38	195
荆门	Jingmen	852.09	2605.44	2925.13	97
孝感	Xiaogan	1032.90	2198.59	2438.71	120
荆州	Jingzhou	936.71	1896.66	2183.50	135
黄冈	Huanggang	844.23	1495.37	1757.46	159
咸宁	Xianning	654.47	1514.53	1701.34	166
随州	Suizhou	509.77	1055.55	1237.47	208
湖南	**Hunan**	**19008.83**	**32233.35**	**35015.21**	
长沙	Changsha	4165.43	7777.64	9544.76	29
株洲	Zhuzhou	1714.94	2718.60	3009.64	94
湘潭	Xiangtan	1496.25	2562.68	2833.14	102
衡阳	Hengyang	1883.25	3042.90	2343.96	124
邵阳	Shaoyang	712.70	1444.03	1703.79	164
岳阳	Yueyang	2784.33	4656.52	4795.22	61
常德	Changde	1262.67	2159.66	2310.27	126
张家界	Zhangjiajie	108.94	137.31	133.64	279
益阳	Yiyang	808.09	1565.98	1839.45	152
郴州	Chenzhou	1440.08	2787.20	3098.46	90
永州	Yongzhou	594.07	829.55	833.96	233
怀化	Huaihua	699.89	900.38	856.41	231
娄底	Loudi	1038.25	1650.92	1712.51	162
广东	**Guangdong**	**85824.64**	**109747.93**	**119886.71**	
广州	Guangzhou	13831.25	17198.72	18193.55	4
韶关	Shaoguan	773.37	1160.59	1286.70	204
深圳	Shenzhen	18526.82	23095.21	24777.59	2
珠海	Zhuhai	2976.18	3460.86	3702.26	76
汕头	Shantou	1897.57	2481.80	2771.68	106
佛山	Foshan	14527.47	17121.88	18796.65	3
江门	Jiangmen	3828.91	3107.86	3625.49	79
湛江	Zhanjiang	1404.95	2041.37	2257.33	129
茂名	Maoming	1360.15	2146.12	2401.85	123
肇庆	Zhaoqing	1744.19	3410.29	3863.50	75
惠州	Huizhou	3905.17	6605.29	6901.35	41
梅州	Meizhou	455.97	567.99	651.03	248
汕尾	Shanwei	432.42	968.72	1095.15	214
河源	Heyuan	832.73	1209.16	1402.30	193
阳江	Yangjiang	693.46	1564.09	1861.94	151
清远	Qingyuan	2887.04	1432.42	1669.76	174
东莞	Dongguan	7739.09	11023.45	12133.71	17
中山	Zhongshan	5023.63	5673.75	6032.09	46
潮州	Chaozhou	723.12	1088.31	1221.99	210
揭阳	Jieyang	1794.82	3604.19	4268.75	69
云浮	Yunfu	466.34	785.87	972.02	223
广西	**Guangxi**	**9644.13**	**18220.01**	**20469.71**	
南宁	Nanning	1285.40	2557.13	2856.63	101
柳州	Liuzhou	2388.79	3917.85	4323.94	68
桂林	Guilin	942.86	1922.42	2125.56	136
梧州	Wuzhou	715.72	1739.67	1924.85	145
北海	Beihai	332.56	1304.30	1595.51	181
防城港	Fangchenggang	453.93	964.41	1141.08	212
钦州	Qinzhou	481.74	1130.58	1283.49	205
贵港	Guigang	470.30	737.59	798.67	236
玉林	Yulin	702.90	1233.70	1429.98	191
百色	Baise	574.31	974.45	1115.30	213

11-4 规模以上工业企业工业总产值 续表 3

Gross Industrial Production of Industrial Enterprises above Designated Size continued 3

单位：亿元 (100 million yuan)

地名	City	2010	2013	2014	2014 排名 Ranking	地名	City	2010	2013	2014	2014 排名 Ranking
贺州	Hezhou	178.55	364.14	383.37	262	丽江	Lijiang	88.80	148.63	128.28	282
河池	Hechi	352.77	345.78	383.11	263	普洱	Puer	96.37	200.18	217.61	274
来宾	Laibin	368.28	502.90	520.47	255	临沧	Lincang	89.89	212.09	243.50	273
崇左	Chongzuo	306.57	525.08	587.76	252	**西藏**	**Tibet**	**62.21**	**71.74**	**85.16**	
海南	**Hainan**	**1381.25**	**555.98**	**553.69**		拉萨	Lasa	37.82	71.74	85.16	283
海口	Haikou	417.97	499.55	492.94	257	**陕西**	**Shaanxi**	**11199.84**	**17155.27**	**20042.52**	
三亚	Sanya	40.02	56.42	60.75	284	西安	Xi'an	3130.15	4497.62	4961.12	57
三沙	Sansha					铜川	Tongchuan	249.05	549.66	558.91	254
重庆	**Chongqing**	**9143.55**	**15785.41**	**18782.33**		宝鸡	Baoji	1340.45	2258.52	2274.97	128
四川	**Sichuan**	**23147.38**	**32474.76**	**49643.07**		咸阳	Xianyang	1401.92	2506.76	3002.05	95
成都	Chengdu	5809.73	9171.16	10380.63	24	渭南	Weinan	1039.83	1728.47	1959.32	143
自贡	Zigong	1108.17	1590.47	1618.07	179	延安	Yan'an	1227.31	1493.07	1533.48	187
攀枝花	Panzhihua	953.46	1429.18	15367.87	6	汉中	Hanzhong	404.41	856.10	1003.83	220
泸州	Luzhou	1027.72	1402.16	1577.95	184	榆林	Yulin	1917.70	2197.53	3398.48	85
德阳	Deyang	1541.21	2623.19	2919.83	99	安康	Ankang	192.15	608.99	745.09	239
绵阳	Mianyang	1248.20	1823.97	2190.29	134	商洛	Shangluo	176.99	458.56	605.26	250
广元	Guangyuan	320.23	624.97	687.55	243	**甘肃**	**Gansu**	**4902.03**	**7753.83**	**8109.65**	
遂宁	Suining	619.35	1136.07	1297.66	201	兰州	Lanzhou	1765.50	2414.95	2555.26	113
内江	Neijiang	1292.56	1642.07	1654.49	175	嘉峪关	Jiayuguan	511.34	850.26	929.07	226
乐山	Leshan	1197.35	1632.98	1683.76	169	金昌	Jinchang	565.01	787.68	815.11	234
南充	Nanchong	1124.58	1815.08	1935.96	144	白银	Baiyin	391.04	695.49	708.81	241
眉山	Meishan	755.55	1023.73	1226.00	209	天水	Tianshui	156.93	300.53	334.27	267
宜宾	Yibin	1230.73	1703.83	1823.64	154	武威	Wuwei	163.09	397.33	500.57	256
广安	Guangan	606.59	1133.81	1291.16	203	张掖	Zhangye	142.55	255.04	280.70	270
达州	Dazhou	863.29	1024.85	1065.72	217	平凉	Pingliang	142.43	297.20	253.49	271
雅安	Yaan	316.93	394.22	448.44	261	酒泉	Jiuquan	483.69	749.48	699.54	242
巴中	Bazhong	175.72	379.16	468.84	260	庆阳	Qingyang	396.53	743.29	748.60	238
资阳	Ziyang	1173.41	1923.87	2005.20	142	定西	Dingxi	47.03	132.46	142.59	277
贵州	**Guizhou**	**4206.37**	**6105.02**	**6981.68**		陇南	Longnan	65.78	130.11	141.63	278
贵阳	Guiyang	1499.37	2014.31	2229.15	130	**青海**	**Qinghai**	**1481.99**	**1498.01**	**1676.63**	
六盘水	Liupanshui	633.58	1211.60	1437.66	190	西宁	Xining	878.09	1204.51	1332.27	197
遵义	Zunyi	730.80	1478.36	1702.61	165	海东	Haidong			344.36	266
安顺	Anshun	192.89	420.43	471.32	259	**宁夏**	**Ningxia**	**1924.39**	**3554.49**	**3640.50**	
毕节	Bijie	285.67	588.82	663.62	244	银川	Yinchuan	935.56	1928.03	1820.35	155
铜仁	Tongren	124.66	391.49	477.32	258	石嘴山	Shizuishan	511.64	660.32	803.53	235
云南	**Yunnan**	**6464.63**	**7443.71**	**6744.01**		吴忠	Wuzhong	301.58	519.29	588.69	251
昆明	Kunming	2226.65	3224.76	2546.31	115	固原	Guyuan	15.28	39.66	49.17	285
曲靖	Qujing	1005.40	1682.01	1585.11	182	中卫	Zhongwei	158.71	407.18	378.77	264
玉溪	Yuxi	941.44	1329.09	1341.00	196	**新疆**	**Xinjiang**	**5341.90**	**4135.84**	**4253.02**	
保山	Baoshan	108.00	269.13	318.07	268	乌鲁木齐	Urumqi	1674.76	2372.53	2552.19	114
昭通	Zhaotong	204.06	377.83	364.14	265	克拉玛依	Karamay	1330.85	1763.31	1700.83	167

11-5 规模以上工业企业内资企业工业总产值

Gross Industrial Production of Domestic Funded Enterprises in Industrial Enterprises above Designated Size

单位：亿元 (100 million yuan)

地名	City	2010	2013	2014	2014 排名 Ranking	地名	City	2010	2013	2014	2014 排名 Ranking
全国	**Nation Total**	**508673.0**	**765338.6**	**844409.2**		沈阳	Shenyang	7498.66	10699.12	10513.73	8
北京	**Beijing**	**8220.82**	**10614.40**	**11202.12**		大连	Dalian	4914.05	7899.45	7275.94	29
天津	**Tianjin**	**9703.34**	**15510.00**	**17227.54**		鞍山	Anshan	2323.38	3198.74	3438.89	70
河北	**Hebei**	**26609.08**	**39541.20**	**42422.97**		抚顺	Fushun	1543.64	2575.58	2671.82	91
石家庄	Shijiazhuang	5238.56	7114.92	8444.62	20	本溪	Benxi	1121.60	1893.36	2083.66	123
唐山	Tangshan	6456.17	8970.37	8944.84	16	丹东	Dandong	713.92	1156.79	1138.10	202
秦皇岛	Qinhuangdao	678.53	915.92	968.63	216	锦州	Jinzhou	1432.20	2531.16	2576.31	97
邯郸	Handan	3377.35	4431.28	4679.82	46	营口	Yingkou	1687.13	2342.76	2253.33	113
邢台	Xingtai	1324.47	2225.17	2302.68	107	阜新	Fuxin	395.53	832.48	806.51	229
保定	Baoding	2477.30	3772.18	4182.77	58	辽阳	Liaoyang	1412.87	1834.82	1621.51	159
张家口	Zhangjiakou	767.43	1222.24	1274.64	191	盘锦	Panjin	1612.91	2707.89	2748.46	90
承德	Chengde	1190.54	1825.94	1771.33	143	铁岭	Tieling	2252.91	2665.85	839.52	226
沧州	Cangzhou	2490.30	4667.09	5154.37	41	朝阳	Chaoyang	926.38	1415.96	1233.48	195
廊坊	Langfang	1705.22	2873.78	3081.45	78	葫芦岛	Huludao	752.61	973.61	1007.28	212
衡水	Hengshui	902.99	1522.31	1617.84	160	**吉林**	**Jilin**	**9897.90**	**18384.75**	**19767.32**	
山西	**Shanxi**	**11789.81**	**15152.32**	**13849.33**		长春	Changchun	3163.68	7380.66	8032.99	24
太原	Taiyuan	1841.79	2029.98	1862.49	138	吉林	Jilin	1982.19	2955.97	2966.38	81
大同	Datong	704.94	980.41	1005.86	213	四平	Siping	964.59	1817.92	1915.49	136
阳泉	Yangquan	525.47	695.96	639.02	244	辽源	Liaoyuan	561.96	1144.98	1282.11	190
长治	Changzhi	1388.23	1931.89	1792.42	139	通化	Tonghua	838.02	1509.62	1745.17	144
晋城	Jincheng	729.90	816.93	719.40	237	白山	Baishan	624.20	1134.65	1232.36	196
朔州	Shuozhou	804.87	1295.31	1124.72	205	松原	Songyuan	1163.65	1944.37	2060.12	125
晋中	Jinzhong	955.15	1233.47	1165.09	200	白城	Baicheng	229.66	496.59	532.70	251
运城	Yuncheng	1231.04	1638.94	1595.20	165	**黑龙江**	**Heilongjiang**	**8690.90**	**11969.16**	**11610.34**	
忻州	Xinzhou	409.46	801.61	761.58	231	哈尔滨	Harbin	1634.58	2796.15	3052.37	80
临汾	Linfen	1323.71	1877.77	1650.15	153	齐齐哈尔	Qiqihar	743.07	837.09	844.85	223
吕梁	Lvliang	1322.90	1850.04	1533.42	173	鸡西	Jixi	219.44	371.82	236.44	272
内蒙古	**Inner Mongolia**	**12225.41**	**16751.21**	**16661.37**		鹤岗	Hegang	230.99	289.39	187.31	275
呼和浩特	Hohhot	881.06	1161.15	1313.43	187	双鸭山	Shuangyashan	356.01	677.30	287.30	268
包头	Baotou	2267.10	3179.96	3174.81	77	大庆	Daqing	3186.59	4250.30	4217.65	57
乌海	Wuhai	544.32	712.97	735.32	235	伊春	Yichun	180.63	190.58	121.32	281
赤峰	Chifeng	1191.70	2019.01	2000.82	129	佳木斯	Jiamusi	254.41	571.04	622.25	246
通辽	Tongliao	1597.60	2644.41	2295.64	109	七台河	Qitaihe	444.39	236.83	187.90	274
鄂尔多斯	Erdos	2439.98	3929.14	4068.55	62	牡丹江	Mudanjiang	378.13	836.65	901.94	220
呼伦贝尔	Hulunbuir	688.08	1290.27	1224.73	198	黑河	Heihe	68.72	123.64	129.25	278
巴彦淖尔	Bayannur	684.47	777.04	858.30	222	绥化	Suihua	292.61	788.36	821.75	227
乌兰察布	Ulanqab	669.96	1037.26	989.77	214	**上海**	**Shanghai**	**11706.73**	**12033.37**	**12268.77**	
辽宁	**Liaoning**	**29311.14**	**42727.57**	**40208.56**		**江苏**	**Jiangsu**	**55463.97**	**83187.13**	**89986.99**	

11-5 规模以上工业企业内资企业工业总产值 续表 1

Gross Industrial Production of Domestic Funded Enterprises in Industrial Enterprises above Designated Size continued 1

单位：亿元 (100 million yuan)

地名	City	2010	2013	2014	2014 排名 Ranking
南京	Nanjing	5348.05	7427.64	7647.59	26
无锡	Wuxi	8045.96	9709.71	9260.74	13
徐州	Xuzhou	4461.62	9638.91	10300.77	9
常州	Changzhou	4943.23	6901.84	7575.43	27
苏州	Suzhou	8337.57	10809.64	11142.22	7
南通	Nantong	4444.33	7343.60	8233.94	23
连云港	Lianyungang	1388.15	3172.13	3779.86	65
淮安	Huaian	2043.71	3553.34	4270.96	56
盐城	Yancheng	3055.47	4792.58	5356.44	40
扬州	Yangzhou	4278.35	6083.80	6564.35	32
镇江	Zhenjiang	2692.40	4755.25	5461.78	39
泰州	Taizhou	3544.92	6241.70	7316.76	28
宿迁	Suqian	1081.70	2757.00	3076.15	79
浙江	**Zhejiang**	**38290.04**	**46990.84**	**50691.99**	
杭州	Hangzhou	7725.78	8645.52	8963.71	14
宁波	Ningbo	6409.68	7994.83	8945.26	15
温州	Wenzhou	4126.80	4144.41	4445.50	53
嘉兴	Jiaxing	3346.17	4661.96	5105.23	42
湖州	Huzhou	2042.54	2937.95	3222.15	74
绍兴	Shaoxing	5248.45	7253.93	7702.65	25
金华	Jinhua	3068.95	3821.54	4163.71	59
衢州	Quzhou	995.23	1335.41	1464.00	177
舟山	Zhoushan	833.79	1201.22	1364.89	183
台州	Taizhou	3156.10	3254.10	3534.46	68
丽水	Lishui	1096.87	1739.96	1780.44	141
安徽	**Anhui**	**16163.43**	**28760.80**	**32353.25**	
合肥	Hefei	3250.77	5839.23	6368.25	33
芜湖	Wuhu	1722.53	3956.85	4478.19	52
蚌埠	Bengbu	648.47	1707.56	2072.03	124
淮南	Huainan	734.92	996.51	893.49	221
马鞍山	Maanshan	1122.85	2160.54	2301.99	108
淮北	Huaibei	840.76	1555.40	1732.26	147
铜陵	Tongling	985.05	1396.10	1475.35	176
安庆	Anqing	1256.57	2473.51	2896.26	83
黄山	Huangshan	320.48	497.21	553.87	249
滁州	Chuzhou	899.85	1751.10	1998.88	130
阜阳	Fuyang	666.39	1265.60	1615.77	161
宿州	Suzhou	643.02	1126.91	1333.21	185
六安	Liuan	730.55	1354.73	1559.43	169
亳州	Bozhou	321.62	737.65	840.02	225
池州	Chizhou	282.37	529.94	626.50	245
宣城	Xuancheng	973.28	1411.95	1607.74	164
福建	**Fujian**	**11243.66**	**20036.82**	**23605.99**	
福州	Fuzhou	2210.27	3794.89	4354.47	55
厦门	Xiamen	911.69	1156.28	1358.00	184
莆田	Putian	776.87	1370.51	1638.59	154
三明	Sanming	1217.48	2442.95	2867.85	84
泉州	Quanzhou	2742.36	4695.72	5579.26	38
漳州	Zhangzhou	938.12	1948.59	2394.15	103
南平	Nanping	668.79	1175.12	1385.26	181
龙岩	Longyan	923.59	1231.20	1415.81	179
宁德	Ningde	854.49	2221.57	2612.61	93
江西	**Jiangxi**	**11484.86**	**20988.78**	**24782.03**	
南昌	Nanchang	2038.28	3552.84	4087.02	61
景德镇	Jingdezhen	650.75	1034.27	1027.03	211
萍乡	Pingxiang	993.00	1454.98	1579.67	167
九江	Jiujiang	1288.89	3014.83	3920.08	63
新余	Xinyu	855.40	1143.39	1234.81	194
鹰潭	Yingtan	1153.68	1855.75	2040.10	126
赣州	Ganzhou	867.67	1937.63	2276.23	112
吉安	Jian	922.51	1815.44	2288.21	110
宜春	Yichun	1059.74	2261.37	2825.27	87
抚州	Fuzhou	678.29	1162.98	1375.67	182
上饶	Shangrao	976.64	1755.31	2127.93	118
山东	**Shandong**	**69485.46**	**111660.51**	**121735.84**	
济南	Jinan	4021.64	4313.44	4773.25	44
青岛	Qingdao	7467.13	11876.47	12174.586	5
淄博	Zibo	6793.19	9887.62	10113.58	10
枣庄	Zaozhuang	2647.56	3164.17	3209.82	75
东营	Dongying	5582.43	11241.24	12667.56	4
烟台	Yantai	6321.30	8997.89	9541.49	11
潍坊	Weifang	6358.24	10457.17	11347.54	6
济宁	Jining	3332.88	4467.43	4764.21	45
泰安	Taian	3606.78	5975.49	6237.35	34
威海	Weihai	2934.18	4314.07	4626.96	47
日照	Rizhao	1651.92	1995.83	2028.63	128
莱芜	Laiwu	1166.27	1573.17	1650.22	152
临沂	Linyi	3818.45	7663.98	8899.31	17
德州	Dezhou	3593.73	7295.17	8329.76	22
聊城	Liaocheng	3926.28	7311.52	8447.70	19

11-5 规模以上工业企业内资企业工业总产值 续表 2

Gross Industrial Production of Domestic Funded Enterprises in Industrial Enterprises above Designated Size continued 2

单位：亿元 （100 million yuan）

地名	City	2010	2013	2014	2014 排名 Ranking	地名	City	2010	2013	2014	2014 排名 Ranking
滨州	Binzhou	3421.12	6189.91	6966.30	31	常德	Changde	1132.00	2000.45	2136.20	117
菏泽	Heze	2337.00	4935.94	5957.57	37	张家界	Zhangjiajie	101.09	129.85	126.18	279
河南	**Henan**	**32673.16**	**53443.19**	**60986.12**		益阳	Yiyang	746.42	1455.36	1734.04	146
郑州	Zhengzhou	5298.13	8481.15	9463.79	12	郴州	Chenzhou	1330.03	2578.51	2857.47	85
开封	Kaifeng	975.59	1957.85	1992.96	132	永州	Yongzhou	531.72	759.59	752.71	232
洛阳	Luoyang	3398.98	5936.58	6153.93	35	怀化	Huaihua	677.42	856.36	812.13	228
平顶山	Pingdingshan	1803.46	2322.35	2438.77	101	娄底	Loudi	1011.54	1573.33	1631.39	158
安阳	Anyang	2374.64	3133.17	3479.01	69	**广东**	**Guangdong**	**36165.37**	**56975.30**	**65079.77**	
鹤壁	Hebi	893.35	1502.22	1711.98	149	广州	Guangzhou	4369.76	6598.68	7172.80	30
新乡	Xinxiang	1922.46	3200.75	3689.60	66	韶关	Shaoguan	575.74	965.29	1076.17	208
焦作	Jiaozuo	2392.90	4046.55	4566.20	51	深圳	Shenzhen	6665.83	11071.47	12704.40	3
濮阳	Puyang	1414.26	2498.74	2946.37	82	珠海	Zhuhai	976.04	1415.77	1614.12	162
许昌	Xuchang	2245.08	4246.53	5017.03	43	汕头	Shantou	1192.60	1948.81	2237.45	115
漯河	Luohe	1132.51	1537.51	1997.31	131	佛山	Foshan	8822.96	11579.28	12895.33	2
三门峡	Sanmenxia	1839.73	2980.59	3207.95	76	江门	Jiangmen	1504.86	1502.40	1790.77	140
南阳	Nanyang	1935.90	2856.76	3836.80	64	湛江	Zhanjiang	629.62	1264.12	1485.59	175
商丘	Shangqiu	1205.97	2215.63	2603.39	94	茂名	Maoming	1211.63	2066.34	2305.09	106
信阳	Xinyang	959.44	1716.00	2146.26	116	肇庆	Zhaoqing	680.42	2131.28	2456.12	100
周口	Zhoukou	1187.06	2843.61	3356.30	73	惠州	Huizhou	1225.32	2395.95	2514.63	98
驻马店	Zhumadian	908.99	1967.19	2378.47	104	梅州	Meizhou	311.37	449.00	525.39	252
湖北	**Hubei**	**17276.45**	**30538.96**	**33252.43**		汕尾	Shanwei	200.22	590.15	692.26	238
武汉	Wuhan	4406.42	7943.52	8378.84	21	河源	Heyuan	426.57	696.66	911.00	219
黄石	Huangshi	916.08	1637.92	1734.37	145	阳江	Yangjiang	340.76	1184.36	1397.90	180
十堰	Shiyan	585.20	1128.29	1322.02	186	清远	Qingyuan	1555.16	913.66	1091.17	207
宜昌	Yichang	2026.64	4044.93	4594.30	50	东莞	Dongguan	1773.23	3490.47	4409.92	54
襄阳	Xiangyang	-376.44	4728.60	4600.20	49	中山	Zhongshan	1933.79	2350.22	2577.25	96
鄂州	Ezhou	622.60	1152.02	1254.10	193	潮州	Chaozhou	422.69	825.71	956.25	217
荆门	Jingmen	771.72	2434.37	2765.59	88	揭阳	Jieyang	1082.40	2964.86	3545.49	67
孝感	Xiaogan	924.25	1997.30	2237.89	114	云浮	Yunfu	264.40	570.85	720.68	236
荆州	Jingzhou	837.32	1755.67	2032.31	127	**广西**	**Guangxi**	**7668.28**	**15013.50**	**16883.50**	
黄冈	Huanggang	682.17	1365.47	1635.79	155	南宁	Nanning	1103.02	2065.64	2278.73	111
咸宁	Xianning	596.32	1367.00	1537.15	172	柳州	Liuzhou	1771.60	3111.58	3356.69	72
随州	Suizhou	445.34	983.86	1159.87	201	桂林	Guilin	860.51	1759.14	1952.02	134
湖南	**Hunan**	**17606.88**	**29691.09**	**32430.17**		梧州	Wuzhou	565.63	1546.08	1720.42	148
长沙	Changsha	3785.58	6969.59	8558.89	18	北海	Beihai	219.98	1028.78	1213.48	199
株洲	Zhuzhou	1553.47	2562.11	2844.07	86	防城港	Fangchenggang	238.13	637.36	844.05	224
湘潭	Xiangtan	1374.29	2282.03	2596.31	95	钦州	Qinzhou	393.86	942.85	1101.39	206
衡阳	Hengyang	1777.98	2643.52	2123.73	119	贵港	Guigang	385.73	627.54	668.81	241
邵阳	Shaoyang	691.19	1396.30	1634.62	156	玉林	Yulin	471.06	956.42	1125.66	204
岳阳	Yueyang	2631.58	4484.08	4622.44	48	百色	Baise	551.73	917.72	1055.48	209

11-5 规模以上工业企业内资企业工业总产值 续表 3

Gross Industrial Production of Domestic Funded Enterprises in Industrial Enterprises above Designated Size continued 3

单位：亿元 (100 million yuan)

地名	City	2010	2013	2014	2014 排名 Ranking	地名	City	2010	2013	2014	2014 排名 Ranking
贺州	Hezhou	158.61	289.85	323.52	265	丽江	Lijiang	86.12	144.22	124.38	280
河池	Hechi	332.52	325.99	363.33	262	普洱	Puer	89.89	186.66	204.26	273
来宾	Laibin	318.07	427.67	448.21	257	临沧	Lincang	88.14	207.85	238.93	271
崇左	Chongzuo	207.94	376.89	431.70	258	**西藏**	**Tibet**	**56.77**	**66.16**	**80.10**	
海南	**Hainan**	**712.51**	**459.76**	**447.00**		拉萨	Lasa	39.04	66.16	80.10	283
海口	Haikou	326.50	107.08	390.25	260	**陕西**	**Shaanxi**	**10158.18**	**15835.67**	**18632.27**	
三亚	Sanya	35.27	52.69	56.75	284	西安	Xi'an	2506.04	3716.70	4097.93	60
三沙	Sansha					铜川	Tongchuan	230.95	523.46	535.73	250
重庆	**Chongqing**	**7384.98**	**11421.17**	**13749.06**		宝鸡	Baoji	1233.42	2073.91	2113.89	120
四川	**Sichuan**	**21213.61**	**27998.95**	**44137.30**		咸阳	Xianyang	1199.33	2291.27	2758.46	89
成都	Chengdu	4532.02	5629.60	6014.72	36	渭南	Weinan	996.40	1691.21	1915.84	135
自贡	Zigong	1055.21	1518.29	1570.58	168	延安	Yan'an	1224.36	1491.75	1532.41	174
攀枝花	Panzhihua	924.82	1393.94	15171.01	1	汉中	Hanzhong	397.28	839.29	985.76	215
泸州	Luzhou	1008.56	1380.29	1550.64	170	榆林	Yulin	1899.64	2166.09	3373.30	71
德阳	Deyang	1391.91	2357.06	2670.58	92	安康	Ankang	183.94	601.43	736.65	234
绵阳	Mianyang	1171.96	1741.33	2085.13	122	商洛	Shangluo	173.96	440.58	582.30	247
广元	Guangyuan	304.19	587.33	645.52	243	**甘肃**	**Gansu**	**4803.16**	**7617.95**	**7932.66**	
遂宁	Suining	597.93	1089.89	1229.26	197	兰州	Lanzhou	1708.50	2331.72	2432.93	102
内江	Neijiang	1245.27	1582.86	1588.85	166	嘉峪关	Jiayuguan	511.34	850.26	929.07	218
乐山	Leshan	1156.99	1592.36	1634.20	157	金昌	Jinchang	565.01	787.68	81.51	282
南充	Nanchong	1098.42	1767.65	1897.48	137	白银	Baiyin	369.24	671.29	685.86	240
眉山	Meishan	704.80	952.48	1130.27	203	天水	Tianshui	153.96	294.11	326.56	264
宜宾	Yibin	1199.22	1657.73	1778.05	142	武威	Wuwei	162.52	392.86	496.09	253
广安	Guangan	589.98	1113.74	1268.52	192	张掖	Zhangye	139.52	250.44	272.40	269
达州	Dazhou	852.26	1013.88	1054.55	210	平凉	Pingliang	142.43	297.20	253.49	270
雅安	Yaan	303.20	374.30	429.32	259	酒泉	Jiuquan	476.25	738.14	689.61	239
巴中	Bazhong	175.32	376.59	465.66	255	庆阳	Qingyang	391.17	741.67	747.32	233
资阳	Ziyang	1164.54	1869.65	1952.95	133	定西	Dingxi	46.80	132.46	142.59	276
贵州	**Guizhou**	**4048.82**	**5910.01**	**6778.19**		陇南	Longnan	65.78	130.11	141.63	277
贵阳	Guiyang	1429.68	1885.46	2085.93	121	**青海**	**Qinghai**	**1315.48**	**1439.20**	**1602.02**	
六盘水	Liupanshui	610.23	1186.13	1431.35	178	西宁	Xining	726.95	1165.32	1288.61	189
遵义	Zunyi	721.82	1463.04	1673.45	151	海东	Haidong			313.41	266
安顺	Anshun	185.99	401.27	452.04	256	**宁夏**	**Ningxia**	**1821.77**	**3454.95**	**3392.57**	
毕节	Bijie	283.06	585.22	661.58	242	银川	Yinchuan	857.32	1858.83	1612.44	163
铜仁	Tongren	123.91	388.89	473.83	254	石嘴山	Shizuishan	493.97	646.14	786.30	230
云南	**Yunnan**	**6073.90**	**7076.09**	**6443.94**		吴忠	Wuzhong	298.17	510.12	574.66	248
昆明	Kunming	2014.25	2980.27	2371.14	105	固原	Guyuan	15.28	39.66	49.17	285
曲靖	Qujing	964.10	1637.56	1543.20	171	中卫	Zhongwei	154.62	400.20	370.01	261
玉溪	Yuxi	918.54	1292.60	1300.85	188	**新疆**	**Xinjiang**	**5224.15**	**4087.75**	**4207.70**	
保山	Baoshan	98.79	256.11	304.47	267	乌鲁木齐	Urumqi	1647.09	2326.76	2508.66	99
昭通	Zhaotong	198.71	370.80	356.69	263	克拉玛依	Karamay	1329.17	1760.99	1699.0445	150

11-6 规模以上工业企业港澳台商投资企业工业总产值
Gross Industrial Production of Enterprises with Funds from Hong Kong, Macao & Taiwan in Industrial Enterprises above Designated Size

单位：亿元 （100 million yuan）

地名	City	2010	2013	2014	2014 排名 Ranking	地名	City	2010	2013	2014	2014 排名 Ranking
全国	**Nation Total**	**65358.00**	**90383.57**	**96323.35**		沈阳	Shenyang	453.03	433.18	448.53	43
北京	**Beijing**	**1114.48**	**1168.90**	**1810.58**		大连	Dalian	280.06	709.48	669.35	33
天津	**Tianjin**	**1455.47**	**2893.36**	**3135.82**		鞍山	Anshan	39.82	50.87	52.25	151
河北	**Hebei**	**1978.55**	**2047.34**	**2091.88**		抚顺	Fushun	40.31	56.91	49.08	155
石家庄	Shijiazhuang	209.53	274.24	348.07	54	本溪	Benxi	300.78	399.62	318.04	57
唐山	Tangshan	550.70	538.74	484.24	40	丹东	Dandong	34.10	41.85	29.23	182
秦皇岛	Qinhuangdao	168.46	201.86	223.44	71	锦州	Jinzhou	57.11	126.39	143.75	87
邯郸	Handan	452.24	339.15	305.66	60	营口	Yingkou	153.49	174.37	131.46	95
邢台	Xingtai	175.98	212.33	182.27	78	阜新	Fuxin	32.76	21.56	23.64	194
保定	Baoding	131.38	94.76	151.36	82	辽阳	Liaoyang	121.55	174.30	191.15	76
张家口	Zhangjiakou	9.46	16.82	17.34	208	盘锦	Panjin	9.64	12.69	49.02	156
承德	Chengde	7.82	14.04	14.88	215	铁岭	Tieling	38.25	41.17	37.66	171
沧州	Cangzhou	82.88	170.33	167.01	81	朝阳	Chaoyang	9.66	15.39	15.24	214
廊坊	Langfang	150.67	137.21	147.97	84	葫芦岛	Huludao	0.82	0.24	1.89	255
衡水	Hengshui	39.43	47.85	49.63	154	**吉林**	**Jilin**	**489.13**	**937.74**	**823.81**	
山西	**Shanxi**	**155.77**	**676.89**	**752.04**		长春	Changchun	376.54	700.19	562.67	36
太原	Taiyuan	5.27	356.14	408.38	48	吉林	Jilin	35.73	78.69	89.34	111
大同	Datong	1.70	2.69	3.66	245	四平	Siping	31.59	61.34	70.80	127
阳泉	Yangquan	5.44	6.99	6.69	238	辽源	Liaoyuan	6.99	18.94	23.09	197
长治	Changzhi	1.85	5.88	7.29	234	通化	Tonghua	10.11	33.90	29.77	180
晋城	Jincheng	3.44	102.55	119.80	98	白山	Baishan	17.53	36.59	39.87	169
朔州	Shuozhou	8.32	11.33	10.52	221	松原	Songyuan	0.78	2.12	2.17	253
晋中	Jinzhong	46.52	53.55	48.49	158	白城	Baicheng	4.47	5.98	6.09	240
运城	Yuncheng	4.94	8.42	8.92	229	**黑龙江**	**Heilongjiang**	**159.20**	**300.13**	**317.00**	
忻州	Xinzhou	0.72				哈尔滨	Harbin	31.60	79.88	90.47	110
临汾	Linfen	50.88	44.93	37.75	170	齐齐哈尔	Qiqihar	8.50	27.69	32.73	178
吕梁	Lvliang	26.68	84.41	100.53	104	鸡西	Jixi	27.82	25.22	10.27	223
内蒙古	**Inner Mongolia**	**281.24**	**275.90**	**272.60**		鹤岗	Hegang	0.91	2.63	1.08	258
呼和浩特	Hohhot	101.28	92.72	107.93	102	双鸭山	Shuangyashan	5.87	1.58	8.93	228
包头	Baotou	24.09	24.19	23.96	193	大庆	Daqing	48.41	129.46	137.49	91
乌海	Wuhai	0.52	0.21	0.21	264	伊春	Yichun	4.36	2.86	1.49	257
赤峰	Chifeng	39.13	17.92	15.63	213	佳木斯	Jiamusi	4.17	2.78	0.64	260
通辽	Tongliao	19.35	43.01	24.83	192	七台河	Qitaihe	0.18			
鄂尔多斯	Erdos	17.82	21.44	21.76	201	牡丹江	Mudanjiang	18.86	17.57	23.63	195
呼伦贝尔	Hulunbuir	13.76	18.97	28.00	186	黑河	Heihe	4.33	0.61	0.49	261
巴彦淖尔	Bayannur	49.47	49.54	47.04	160	绥化	Suihua	2.88	9.86	9.78	224
乌兰察布	Ulanqab	4.26	7.91	3.24	249	**上海**	**Shanghai**	**5347.54**	**5053.59**	**4854.07**	
辽宁	**Liaoning**	**1571.38**	**2258.01**	**2160.30**		**江苏**	**Jiangsu**	**10041.26**	**14898.34**	**15858.87**	

11-6 规模以上工业企业港澳台商投资企业工业总产值 续表 1

Gross Industrial Production of Enterprises with Funds from Hong Kong, Macao & Taiwan in Industrial Enterprises above Designated Size continued 1

单位：亿元 （100 million yuan）

地名	City	2010	2013	2014	2014 排名 Ranking
南京	Nanjing	538.28	761.30	838.87	27
无锡	Wuxi	1665.78	1830.85	1764.33	11
徐州	Xuzhou	296.89	472.05	637.69	34
常州	Changzhou	888.46	1243.69	1503.51	14
苏州	Suzhou	3626.67	4968.99	4902.47	2
南通	Nantong	1104.44	1386.87	1563.11	13
连云港	Lianyungang	132.31	182.56	207.57	75
淮安	Huaian	94.59	768.38	1079.93	22
盐城	Yancheng	204.91	304.25	355.04	52
扬州	Yangzhou	685.69	1008.13	980.19	23
镇江	Zhenjiang	565.12	1128.52	1200.47	21
泰州	Taizhou	389.00	700.69	635.22	35
宿迁	Suqian	21.76	142.06	190.47	77
浙江	**Zhejiang**	**5871.97**	**7731.33**	**7853.63**	
杭州	Hangzhou	1328.39	1450.95	1436.81	16
宁波	Ningbo	2413.14	2954.78	3070.59	7
温州	Wenzhou	108.09	105.99	133.23	93
嘉兴	Jiaxing	638.47	890.43	893.85	26
湖州	Huzhou	293.55	476.30	519.99	39
绍兴	Shaoxing	896.73	1356.49	1296.02	19
金华	Jinhua	142.19	235.26	254.39	65
衢州	Quzhou	36.64	24.87	29.01	184
舟山	Zhoushan	9.77	10.68	10.94	219
台州	Taizhou	190.16	196.09	173.64	79
丽水	Lishui	5.85	29.48	35.17	177
安徽	**Anhui**	**804.94**	**1758.22**	**2221.60**	
合肥	Hefei	162.06	599.99	971.11	24
芜湖	Wuhu	158.34	227.12	226.20	70
蚌埠	Bengbu	74.55	87.76	112.33	101
淮南	Huainan	51.11	62.33	53.57	150
马鞍山	Maanshan	25.21	51.90	57.47	145
淮北	Huaibei	20.59	48.32	47.46	159
铜陵	Tongling	92.25	335.61	385.78	50
安庆	Anqing	34.49	55.85	70.54	128
黄山	Huangshan	5.68	8.26	7.05	236
滁州	Chuzhou	35.62	97.96	121.97	97
阜阳	Fuyang	4.70	1.93	44.82	162
宿州	Suzhou	20.92	55.80	68.98	129
六安	Liuan	77.66	90.39	20.21	205
亳州	Bozhou	0.23	2.51		
池州	Chizhou	4.62	8.12	10.72	220
宣城	Xuancheng	26.36	24.37	23.39	196
福建	**Fujian**	**5613.55**	**7538.36**	**8319.01**	
福州	Fuzhou	1224.32	1581.41	1658.84	12
厦门	Xiamen	1023.90	1305.57	1353.90	17
莆田	Putian	282.49	379.74	399.30	49
三明	Sanming	74.39	87.45	99.43	105
泉州	Quanzhou	2147.48	2919.92	3264.90	5
漳州	Zhangzhou	646.40	1020.55	1286.90	20
南平	Nanping	39.22	46.27	48.66	157
龙岩	Longyan	140.17	136.21	141.65	88
宁德	Ningde	35.18	61.24	65.44	133
江西	**Jiangxi**	**987.60**	**1998.71**	**2329.59**	
南昌	Nanchang	162.07	304.85	350.34	53
景德镇	Jingdezhen	20.33	20.06	21.10	204
萍乡	Pingxiang	10.42	23.23	40.05	167
九江	Jiujiang	101.04	338.09	441.31	45
新余	Xinyu	20.96	61.47	82.62	117
鹰潭	Yingtan	6.45	6.85	7.21	235
赣州	Ganzhou	230.58	379.26	423.62	47
吉安	Jian	110.24	200.01	239.42	67
宜春	Yichun	101.65	171.43	208.44	74
抚州	Fuzhou	48.04	67.23	68.53	130
上饶	Shangrao	175.79	426.21	446.94	44
山东	**Shandong**	**2895.05**	**4070.02**	**4217.36**	
济南	Jinan	96.73	114.74	125.87	96
青岛	Qingdao	490.40	832.96	925.98	25
淄博	Zibo	354.91	272.84	299.38	62
枣庄	Zaozhuang	80.69	92.29	87.45	114
东营	Dongying	235.99	326.01	431.27	46
烟台	Yantai	616.44	883.55	743.32	30
潍坊	Weifang	356.62	522.82	561.63	37
济宁	Jining	49.75	84.88	88.25	112
泰安	Taian	14.81	30.24	40.03	168
威海	Weihai	102.89	136.50	138.57	89
日照	Rizhao	44.36	29.78	28.38	185
莱芜	Laiwu	20.81	3.19	9.40	227
临沂	Linyi	161.94	267.19	304.49	61
德州	Dezhou	37.97	52.87	54.84	147
聊城	Liaocheng	29.33	44.65	77.30	120

11-6 规模以上工业企业港澳台商投资企业工业总产值 续表 2

Gross Industrial Production of Enterprises with Funds from Hong Kong, Macao & Taiwan in Industrial Enterprises above Designated Size continued 2

单位：亿元 (100 million yuan)

地名	City	2010	2013	2014	2014 排名 Ranking	地名	City	2010	2013	2014	2014 排名 Ranking
滨州	Binzhou	140.87	170.00	74.34	123	常德	Changde	95.95	124.99	136.78	92
菏泽	Heze	76.24	205.51	226.85	69	张家界	Zhangjiajie	4.91		0.00	266
河南	**Henan**	**915.51**	**3090.74**	**3556.08**		益阳	Yiyang	40.55	88.10	75.89	122
郑州	Zhengzhou	195.47	1991.01	2369.73	8	郴州	Chenzhou	87.40	190.80	219.56	72
开封	Kaifeng	5.58	17.41	21.14	203	永州	Yongzhou	45.16	58.65	63.45	138
洛阳	Luoyang	21.94	81.67	86.80	115	怀化	Huaihua	11.19	8.10	6.93	237
平顶山	Pingdingshan	103.98	76.86	65.19	134	娄底	Loudi	18.65	62.59	67.76	131
安阳	Anyang	8.66	34.42	22.58	199	**广东**	**Guangdong**	**21813.34**	**25162.29**	**26310.18**	
鹤壁	Hebi	13.17	22.42	37.62	172	广州	Guangzhou	2863.46	3148.22	3225.20	6
新乡	Xinxiang	19.34	51.60	60.84	141	韶关	Shaoguan	138.49	137.22	149.37	83
焦作	Jiaozuo	69.83	72.82	64.32	137	深圳	Shenzhen	5003.04	5564.69	5721.62	1
濮阳	Puyang	33.68	61.26	72.00	126	珠海	Zhuhai	718.79	762.54	818.99	29
许昌	Xuchang	23.39	25.39	25.61	190	汕头	Shantou	214.38	235.05	250.18	66
漯河	Luohe	248.97	340.45	325.46	55	佛山	Foshan	2701.56	3101.14	3405.61	4
三门峡	Sanmenxia	36.24	108.91	117.53	99	江门	Jiangmen	1388.40	1152.39	1322.36	18
南阳	Nanyang	38.65	79.54	97.38	107	湛江	Zhanjiang	348.38	692.06	681.63	32
商丘	Shangqiu	9.44	21.18	50.95	153	茂名	Maoming	37.10	49.94	66.83	132
信阳	Xinyang	9.79	37.33	60.70	142	肇庆	Zhaoqing	469.50	753.50	829.19	28
周口	Zhoukou	7.82	39.13	35.19	176	惠州	Huizhou	1153.69	1617.91	1889.32	9
驻马店	Zhumadian	11.52	29.35	43.05	164	梅州	Meizhou	89.58	72.63	79.57	119
湖北	**Hubei**	**1100.33**	**1841.81**	**1922.27**		汕尾	Shanwei	179.46	327.67	313.91	59
武汉	Wuhan	455.19	702.43	709.58	31	河源	Heyuan	198.90	512.50	321.68	56
黄石	Huangshi	12.47	249.95	260.76	64	阳江	Yangjiang	128.97	203.96	230.79	68
十堰	Shiyan	2.65	8.20	7.85	232	清远	Qingyuan	1049.49	417.59	460.37	41
宜昌	Yichang	159.33	271.82	289.60	63	东莞	Dongguan	3296.62	4086.11	4190.55	3
襄阳	Xiangyang	483.08	132.71	138.20	90	中山	Zhongshan	1328.17	1508.28	1443.12	15
鄂州	Ezhou	16.02	40.88	58.46	144	潮州	Chaozhou	114.24	169.83	173.04	80
荆门	Jingmen	44.30	77.27	64.62	136	揭阳	Jieyang	290.62	462.16	524.72	38
孝感	Xiaogan	68.72	98.99	102.32	103	云浮	Yunfu	100.51	186.92	212.13	73
荆州	Jingzhou	50.39	69.25	74.14	124	**广西**	**Guangxi**	**569.94**	**1177.62**	**1408.03**	
黄冈	Huanggang	81.03	76.29	77.29	121	南宁	Nanning	87.72	278.24	373.19	51
咸宁	Xianning	38.32	72.69	94.26	108	柳州	Liuzhou	34.07	43.51	40.53	165
随州	Suizhou	31.00	41.33	45.18	161	桂林	Guilin	13.08	23.98	25.72	188
湖南	**Hunan**	**719.02**	**1209.00**	**1337.79**		梧州	Wuzhou	100.47	129.74	133.12	94
长沙	Changsha	121.40	371.70	455.22	42	北海	Beihai	74.34	204.55	316.41	58
株洲	Zhuzhou	80.21	75.48	72.20	125	防城港	Fangchenggang	42.33	30.35	51.59	152
湘潭	Xiangtan	17.25	68.39	83.44	116	钦州	Qinzhou	56.49	115.90	99.10	106
衡阳	Hengyang	76.67	80.87	64.68	135	贵港	Guigang	43.53	69.28	82.13	118
邵阳	Shaoyang	10.75	18.99	29.52	181	玉林	Yulin	35.96	105.00	116.37	100
岳阳	Yueyang	69.19	60.35	62.36	140	百色	Baise	22.48	56.74	59.81	143

11-6 规模以上工业企业港澳台商投资企业工业总产值 续表 3

Gross Industrial Production of Enterprises with Funds from Hong Kong, Macao & Taiwan in Industrial Enterprises above Designated Size continued 3

单位：亿元 （100 million yuan）

地名	City	2010	2013	2014	2014 排名 Ranking
贺州	Hezhou	12.09	67.29	54.63	148
河池	Hechi	3.26	6.13	5.91	241
来宾	Laibin	5.02	34.53	36.41	173
崇左	Chongzuo	37.80	12.39	13.10	217
海南	**Hainan**	**17.38**	**19.22**	**26.73**	
海口	Haikou	12.81	19.22	26.73	187
三亚	Sanya				
三沙	Sansha				
重庆	**Chongqing**	**456.22**	**1668.01**	**1672.89**	
四川	**Sichuan**	**568.57**	**2083.83**	**2298.63**	
成都	Chengdu	279.80	1657.68	1868.63	10
自贡	Zigong	4.80	13.60	0.02	265
攀枝花	Panzhihua	2.19	17.55	17.37	207
泸州	Luzhou	2.58	6.23	10.30	222
德阳	Deyang	75.67	165.34	146.10	86
绵阳	Mianyang	17.16	29.23	40.18	166
广元	Guangyuan	0.72	4.32	4.59	243
遂宁	Suining	10.98	12.29	24.97	191
内江	Neijiang	36.27	26.62	22.55	200
乐山	Leshan	23.40	20.55	29.22	183
南充	Nanchong	20.74	21.27	21.26	202
眉山	Meishan	13.61	22.38	25.65	189
宜宾	Yibin	14.63	37.52	35.54	174
广安	Guangan	13.90	14.30	16.63	210
达州	Dazhou	11.03	10.98	11.17	218
雅安	Yaan	9.16	17.81	16.75	209
巴中	Bazhong	0.40	1.67	1.87	256
资阳	Ziyang	2.72	4.49	5.83	242
贵州	**Guizhou**	**57.93**	**55.03**	**76.54**	
贵阳	Guiyang	24.88	26.56	43.75	163
六盘水	Liupanshui				
遵义	Zunyi	3.56	3.11	7.98	231
安顺	Anshun	5.16	19.16	19.28	206
毕节	Bijie	2.00	3.61	2.04	254
铜仁	Tongren	0.75	2.60	3.49	247
云南	**Yunnan**	**140.53**	**154.00**	**164.80**	
昆明	Kunming	65.31	103.24	91.08	109
曲靖	Qujing	3.08	8.55	35.50	175
玉溪	Yuxi	13.05	16.40	15.80	211
保山	Baoshan	5.31	9.89	8.31	230
昭通	Zhaotong	5.35	7.03	7.45	233

地名	City	2010	2013	2014	2014 排名 Ranking
丽江	Lijiang	2.68	0.24	0.26	262
普洱	Puer	1.49	6.36	6.40	239
临沧	Lincang	1.35	2.28		
西藏	**Tibet**				
拉萨	Lasa				
陕西	**Shaanxi**	**162.93**	**196.77**	**244.87**	
西安	Xi'an	23.47	42.00	88.25	113
铜川	Tongchuan				
宝鸡	Baoji	36.22	58.90	54.60	149
咸阳	Xianyang	92.91	59.65	63.22	139
渭南	Weinan	2.44	6.01	2.34	252
延安	Yan'an				
汉中	Hanzhong	1.76	8.16	9.78	225
榆林	Yulin	2.28	3.60	3.50	246
安康	Ankang	0.60	0.47	0.22	263
商洛	Shangluo	3.03	17.98	22.96	198
甘肃	**Gansu**	**26.24**	**32.33**	**66.46**	
兰州	Lanzhou	19.64	20.22	55.70	146
嘉峪关	Jiayuguan				
金昌	Jinchang				
白银	Baiyin	0.73	3.68	3.41	248
天水	Tianshui	0.48	1.04		
武威	Wuwei	0.58	4.47	4.48	244
张掖	Zhangye				
平凉	Pingliang				
酒泉	Jiuquan	4.34	2.92	2.87	250
庆阳	Qingyang				
定西	Dingxi				
陇南	Longnan				
青海	**Qinghai**	**7.97**	**32.02**	**40.49**	
西宁	Xining	5.12	12.40	9.54	226
海东	Haidong			30.95	179
宁夏	**Ningxia**	**20.70**	**30.26**	**163.06**	
银川	Yinchuan	18.31	19.09	146.43	85
石嘴山	Shizuishan	2.39	2.36	2.60	251
吴忠	Wuzhong		8.81	14.03	216
固原	Guyuan				
中卫	Zhongwei				
新疆	**Xinjiang**	**36.67**	**23.78**	**16.36**	
乌鲁木齐	Urumqi	10.49	23.02	15.70	212
克拉玛依	Karamay	0.91	0.77	0.66	259

11-7 规模以上工业企业外商投资企业工业总产值

Gross Industrial Production of Foreign Funded Enterprises in Industrial Enterprises above Designated Size

单位：亿元 (100 million yuan)

地名	City	2010	2013	2014	2014 排名 Ranking	地名	City	2010	2013	2014	2014 排名 Ranking
全国	**Nation Total**	**124560.00**	**153204.48**	**158071.89**		沈阳	Shenyang	1660.84	2602.88	2796.88	10
北京	**Beijing**	**4364.54**	**5587.58**	**5440.19**		大连	Dalian	2507.72	2912.64	2706.70	11
天津	**Tianjin**	**5593.01**	**7824.10**	**7671.67**		鞍山	Anshan	76.08	103.98	108.53	120
河北	**Hebei**	**2555.67**	**3478.11**	**3154.97**		抚顺	Fushun	71.38	81.29	73.93	145
石家庄	Shijiazhuang	207.25	235.53	229.73	75	本溪	Benxi	88.97	119.13	29.00	200
唐山	Tangshan	538.16	921.36	908.38	34	丹东	Dandong	117.06	162.78	147.58	101
秦皇岛	Qinhuangdao	284.56	390.70	366.41	57	锦州	Jinzhou	182.74	164.83	178.13	87
邯郸	Handan	277.74	328.07	208.27	77	营口	Yingkou	392.64	427.47	397.84	55
邢台	Xingtai	264.15	258.24	235.41	73	阜新	Fuxin	19.48	42.90	44.41	170
保定	Baoding	266.19	266.42	244.42	72	辽阳	Liaoyang	78.11	87.63	80.54	139
张家口	Zhangjiakou	116.59	94.76	109.93	118	盘锦	Panjin	53.81	105.47	122.89	110
承德	Chengde	5.16	9.32	9.30	234	铁岭	Tieling	63.97	57.52	37.19	188
沧州	Cangzhou	244.21	474.27	359.10	59	朝阳	Chaoyang	10.57	15.03	12.67	231
廊坊	Langfang	313.49	432.57	411.85	53	葫芦岛	Huludao	13.53	22.96	26.36	203
衡水	Hengshui	38.16	66.87	72.17	147	吉林	**Jilin**	**2711.32**	**1586.03**	**1651.83**	
山西	**Shanxi**	**525.75**	**543.79**	**552.60**		长春	Changchun	2343.94	1147.20	1160.98	30
太原	Taiyuan	153.28	117.84	160.14	93	吉林	Jilin	86.23	105.49	104.53	122
大同	Datong	30.95	68.82	71.56	148	四平	Siping	40.29	64.96	56.93	157
阳泉	Yangquan	11.69	13.05	11.17	232	辽源	Liaoyuan	16.70	17.47	19.56	221
长治	Changzhi	43.20	79.31	78.75	140	通化	Tonghua	21.85	109.10	140.68	106
晋城	Jincheng	117.78	98.40	86.00	136	白山	Baishan	32.35	47.66	47.64	164
朔州	Shuozhou	15.32	17.49	24.03	206	松原	Songyuan	55.05	29.46	31.03	197
晋中	Jinzhong	27.71	45.81	40.28	180	白城	Baicheng	25.12	64.71	90.47	132
运城	Yuncheng	25.87	28.84	25.21	204	黑龙江	**Heilongjiang**	**685.05**	**887.36**	**905.99**	
忻州	Xinzhou	1.51		1.25	263	哈尔滨	Harbin	370.21	523.23	507.21	48
临汾	Linfen	5.51	4.22	6.62	245	齐齐哈尔	Qiqihar	80.48	95.30	109.67	119
吕梁	Lvliang	92.92	70.02	47.59	165	鸡西	Jixi	1.37	1.75	3.74	258
内蒙古	**Inner Mongolia**	**899.45**	**1155.32**	**935.85**		鹤岗	Hegang	2.00	1.67	1.21	264
呼和浩特	Hohhot	206.18	241.51	221.28	76	双鸭山	Shuangyashan				
包头	Baotou	121.05	167.67	121.75	112	大庆	Daqing	52.96	101.64	151.10	99
乌海	Wuhai	0.48	3.83	4.28	256	伊春	Yichun	9.58	9.53	5.73	249
赤峰	Chifeng	35.01	37.38	40.49	179	佳木斯	Jiamusi	55.35	49.19	38.18	184
通辽	Tongliao	192.79	277.60	158.60	95	七台河	Qitaihe	0.21	0.27	0.31	268
鄂尔多斯	Erdos	223.27	317.36	285.42	64	牡丹江	Mudanjiang	49.38	58.91	49.26	162
呼伦贝尔	Hulunbuir	38.85	37.69	42.93	175	黑河	Heihe	2.43	3.08	0.54	267
巴彦淖尔	Bayannur	43.53	36.78	42.87	176	绥化	Suihua	31.39	42.79	39.05	183
乌兰察布	Ulanqab	3.20	35.50	18.23	224	上海	**Shanghai**	**13060.13**	**15001.91**	**15114.35**	
辽宁	**Liaoning**	**5336.91**	**6906.51**	**6762.66**		江苏	**Jiangsu**	**26551.24**	**33441.23**	**34526.82**	

11-7 规模以上工业企业外商投资企业工业总产值 续表 1

Gross Industrial Production of Foreign Funded Enterprises in Industrial Enterprises above Designated Size continued 1

单位：亿元 （100 million yuan）

地名	City	2010	2013	2014	2014 排名 Ranking
南京	Nanjing	2723.16	4374.16	4713.21	4
无锡	Wuxi	3259.34	3335.77	3400.59	8
徐州	Xuzhou	354.45	412.14	452.18	52
常州	Changzhou	1564.39	1890.28	1958.52	20
苏州	Suzhou	12687.43	14497.66	14277.48	1
南通	Nantong	1834.40	2523.49	2702.65	12
连云港	Lianyungang	415.82	746.39	877.57	35
淮安	Huaian	300.81	316.39	292.88	63
盐城	Yancheng	677.95	1273.68	1526.54	23
扬州	Yangzhou	789.29	1232.29	1296.45	28
镇江	Zhenjiang	932.89	1295.02	1422.22	27
泰州	Taizhou	982.16	1454.85	1504.38	24
宿迁	Suqian	33.91	89.10	102.15	125
浙江	**Zhejiang**	**7232.19**	**7881.07**	**8140.00**	
杭州	Hangzhou	2025.48	2311.51	2452.52	16
宁波	Ningbo	2030.73	2060.48	2012.20	18
温州	Wenzhou	261.67	266.17	265.29	68
嘉兴	Jiaxing	1118.21	1341.28	1464.68	26
湖州	Huzhou	330.44	413.77	459.25	51
绍兴	Shaoxing	652.22	728.88	736.64	39
金华	Jinhua	200.66	169.55	167.78	92
衢州	Quzhou	55.25	88.24	91.65	131
舟山	Zhoushan	135.49	121.65	121.94	111
台州	Taizhou	284.54	355.56	344.43	61
丽水	Lishui	37.79	23.97	23.63	208
安徽	**Anhui**	**1763.63**	**2430.16**	**2704.21**	
合肥	Hefei	784.89	1087.36	1108.47	31
芜湖	Wuhu	370.14	624.88	749.77	38
蚌埠	Bengbu	49.66	27.30	31.18	196
淮南	Huainan	2.90	16.69	6.86	244
马鞍山	Maanshan	170.24	164.95	200.76	79
淮北	Huaibei	20.06	33.77	36.73	190
铜陵	Tongling	26.93	49.20	50.63	159
安庆	Anqing	24.88	45.09	44.66	169
黄山	Huangshan	4.53	5.66	4.53	254
滁州	Chuzhou	117.50	153.88	158.37	96
阜阳	Fuyang	32.61	39.02	21.11	218
宿州	Suzhou	12.98	19.79	22.39	213
六安	Liuan	24.50	79.88	171.38	89
亳州	Bozhou	2.48	3.49	4.40	255
池州	Chizhou	10.31	14.85	18.60	223
宣城	Xuancheng	68.12	64.36	74.38	144
福建	**Fujian**	**5044.02**	**6278.18**	**6480.32**	
福州	Fuzhou	1110.82	1410.02	1481.95	25
厦门	Xiamen	1753.36	2254.37	2183.03	17
莆田	Putian	207.17	258.67	277.12	67
三明	Sanming	36.97	44.34	49.36	161
泉州	Quanzhou	1370.57	1763.47	1855.27	21
漳州	Zhangzhou	354.41	290.07	361.09	58
南平	Nanping	69.36	95.90	103.69	123
龙岩	Longyan	113.57	121.03	124.86	109
宁德	Ningde	27.79	40.32	43.94	172
江西	**Jiangxi**	**1363.15**	**1723.08**	**1948.75**	
南昌	Nanchang	565.16	579.83	637.60	40
景德镇	Jingdezhen	14.53	32.02	35.39	192
萍乡	Pingxiang	9.60	21.29	22.49	212
九江	Jiujiang	86.61	162.77	198.77	81
新余	Xinyu	312.14	229.66	278.89	66
鹰潭	Yingtan	4.76	25.87	26.61	202
赣州	Ganzhou	169.63	294.86	298.52	62
吉安	Jian	100.19	204.77	247.12	70
宜春	Yichun	69.11	127.46	146.59	102
抚州	Fuzhou	12.44	20.68	19.90	220
上饶	Shangrao	18.99	23.87	36.87	189
山东	**Shandong**	**11470.89**	**14404.62**	**15318.55**	
济南	Jinan	295.14	349.29	350.73	60
青岛	Qingdao	2705.30	3394.67	3660.82	6
淄博	Zibo	594.25	1046.59	1069.27	32
枣庄	Zaozhuang	94.64	127.66	143.12	104
东营	Dongying	219.44	429.93	485.95	50
烟台	Yantai	3192.24	4010.00	4333.11	5
潍坊	Weifang	814.36	629.81	607.87	41
济宁	Jining	474.55	500.59	501.88	49
泰安	Taian	148.48	182.62	198.90	80
威海	Weihai	1371.90	1552.53	1736.97	22
日照	Rizhao	475.87	660.68	523.19	46
莱芜	Laiwu	15.50	18.40	23.96	207
临沂	Linyi	613.13	698.72	832.12	36
德州	Dezhou	224.06	369.88	406.99	54
聊城	Liaocheng	71.26	146.41	138.63	107

11-7 规模以上工业企业外商投资企业工业总产值 续表 2

Gross Industrial Production of Foreign Funded Enterprises in Industrial Enterprises above Designated Size continued 2

单位：亿元 （100 million yuan）

地名	City	2010	2013	2014	2014 排名 Ranking	地名	City	2010	2013	2014	2014 排名 Ranking
滨州	Binzhou	121.91	152.82	145.87	103	常德	Changde	34.72	34.22	37.29	187
菏泽	Heze	118.79	134.00	159.19	94	张家界	Zhangjiajie	2.93	7.45	7.46	241
河南	**Henan**	**1406.85**	**1804.24**	**1970.66**		益阳	Yiyang	21.11	22.53	29.52	199
郑州	Zhengzhou	420.16	462.50	541.18	44	郴州	Chenzhou	22.64	17.89	21.43	215
开封	Kaifeng	20.22	38.86	31.95	195	永州	Yongzhou	17.19	11.31	17.80	225
洛阳	Luoyang	98.06	138.98	133.03	108	怀化	Huaihua	11.26	35.91	37.36	186
平顶山	Pingdingshan	45.31	38.38	42.19	177	娄底	Loudi	8.06	14.99	13.36	230
安阳	Anyang	16.53	31.14	23.06	210	**广东**	**Guangdong**	**23705.89**	**27610.34**	**28496.75**	
鹤壁	Hebi	13.29	35.65	23.03	211	广州	Guangzhou	6318.77	7451.82	7795.55	2
新乡	Xinxiang	190.97	209.05	254.74	69	韶关	Shaoguan	21.32	58.08	61.16	156
焦作	Jiaozuo	99.15	101.26	113.89	116	深圳	Shenzhen	6678.51	6459.04	6351.57	3
濮阳	Puyang	25.69	47.54	50.95	158	珠海	Zhuhai	1275.73	1282.56	1269.15	29
许昌	Xuchang	62.16	146.83	174.84	88	汕头	Shantou	274.51	297.94	284.04	65
漯河	Luohe	53.20	155.77	170.46	90	佛山	Foshan	1951.23	2441.46	2495.71	15
三门峡	Sanmenxia	151.59	110.83	117.00	114	江门	Jiangmen	520.01	453.07	512.36	47
南阳	Nanyang	41.62	58.59	72.91	146	湛江	Zhanjiang	317.54	85.19	90.11	133
商丘	Shangqiu	5.70	5.54	9.00	235	茂名	Maoming	23.45	29.84	29.93	198
信阳	Xinyang	15.93	18.56	21.12	217	肇庆	Zhaoqing	249.82	525.51	578.19	42
周口	Zhoukou	68.38	114.24	115.27	115	惠州	Huizhou	1467.76	2591.44	2497.40	13
驻马店	Zhumadian	53.13	90.54	76.05	142	梅州	Meizhou	29.68	46.37	46.08	168
湖北	**Hubei**	**3246.34**	**4427.58**	**4531.65**		汕尾	Shanwei	25.77	50.90	88.98	134
武汉	Wuhan	1562.99	2542.36	2859.45	9	河源	Heyuan	148.27		169.63	91
黄石	Huangshi	232.08	207.77	195.48	83	阳江	Yangjiang	90.32	175.76	233.25	74
十堰	Shiyan	725.25	573.14	541.20	43	清远	Qingyuan	181.71	101.17	118.22	113
宜昌	Yichang	32.33	79.53	86.51	135	东莞	Dongguan	2494.80	3446.88	3533.24	7
襄阳	Xiangyang	574.73	556.37	382.00	56	中山	Zhongshan	1358.96	1815.25	2011.73	19
鄂州	Ezhou	25.51	41.77	49.82	160	潮州	Chaozhou	107.47	92.78	92.70	130
荆门	Jingmen	36.07	93.80	94.92	128	揭阳	Jieyang	93.73	177.17	198.54	82
孝感	Xiaogan	39.93	102.30	98.49	127	云浮	Yunfu	76.55	28.10	39.22	182
荆州	Jingzhou	49.00	71.74	77.05	141	**广西**	**Guangxi**	**1405.91**	**2028.88**	**2178.18**	
黄冈	Huanggang	81.03	53.61	44.38	171	南宁	Nanning	94.66	213.26	204.71	78
咸宁	Xianning	19.83	74.84	69.93	151	柳州	Liuzhou	583.12	762.76	926.73	33
随州	Suizhou	33.43	30.35	32.42	194	桂林	Guilin	69.27	139.31	147.82	100
湖南	**Hunan**	**682.93**	**1333.26**	**1247.25**		梧州	Wuzhou	49.62	63.84	71.31	149
长沙	Changsha	258.43	436.35	530.66	45	北海	Beihai	38.24	70.98	65.62	153
株洲	Zhuzhou	81.25	81.01	93.37	129	防城港	Fangchenggang	173.48	296.69	245.45	71
湘潭	Xiangtan	104.70	212.26	153.38	98	钦州	Qinzhou	31.39	71.83	82.99	138
衡阳	Hengyang	28.60	318.51	155.56	97	贵港	Guigang	41.04	40.76	47.72	163
邵阳	Shaoyang	10.75	28.74	39.66	181	玉林	Yulin	195.88	172.29	187.95	84
岳阳	Yueyang	83.56	112.09	110.42	117	百色	Baise	0.10			

11-7 规模以上工业企业外商投资企业工业总产值 续表 3

Gross Industrial Production of Foreign Funded Enterprises in Industrial Enterprises above Designated Size continued 3

单位：亿元 （100 million yuan）

地名	City	2010	2013	2014	2014 排名 Ranking	地名	City	2010	2013	2014	2014 排名 Ranking
贺州	Hezhou	6.10	7.00	5.22	251	丽江	Lijiang		4.16	3.63	259
河池	Hechi	16.99	13.66	13.86	229	普洱	Puer	4.98	7.16	6.95	243
来宾	Laibin	45.19	40.70	35.84	191	临沧	Lincang	0.40	1.95	4.57	253
崇左	Chongzuo	60.84	135.80	142.96	105	**西藏**	**Tibet**		**5.58**	**5.06**	
海南	**Hainan**	**651.36**	**76.99**	**79.96**		拉萨	Lasa		5.58	5.06	252
海口	Haikou	78.66	73.25	75.96	143	**陕西**	**Shaanxi**	**878.74**	**1122.83**	**1165.39**	
三亚	Sanya	4.75	3.74	4.00	257	西安	Xi'an	600.64	738.92	774.94	37
三沙	Sansha					铜川	Tongchuan	18.10	26.21	23.18	209
重庆	**Chongqing**	**1302.35**	**2696.22**	**3360.38**		宝鸡	Baoji	70.81	125.71	106.48	121
四川	**Sichuan**	**1365.20**	**2391.98**	**3207.14**		咸阳	Xianyang	109.68	155.84	180.38	85
成都	Chengdu	997.91	1883.88	2497.28	14	渭南	Weinan	40.99	31.25	41.15	178
自贡	Zigong	48.16	58.58	47.47	166	延安	Yan'an	2.95	1.31	1.07	266
攀枝花	Panzhihua	26.45	17.68	179.49	86	汉中	Hanzhong	5.38	8.65	8.29	238
泸州	Luzhou	16.58	15.64	17.01	227	榆林	Yulin	15.78	27.84	21.68	214
德阳	Deyang	73.63	100.80	103.15	124	安康	Ankang	7.62	7.09	8.22	239
绵阳	Mianyang	59.08	53.41	64.98	154	商洛	Shangluo				
广元	Guangyuan	15.32	33.32	37.44	185	**甘肃**	**Gansu**	**72.63**	**103.55**	**110.53**	
遂宁	Suining	10.44	33.89	43.43	173	兰州	Lanzhou	37.36	63.01	66.63	152
内江	Neijiang	11.02	32.59	43.09	174	嘉峪关	Jiayuguan				
乐山	Leshan	16.96	20.07	20.35	219	金昌	Jinchang				
南充	Nanchong	5.42	26.17	17.22	226	白银	Baiyin	21.07	20.51	19.55	222
眉山	Meishan	37.14	48.87	70.08	150	天水	Tianshui	2.48	5.38	7.71	240
宜宾	Yibin	16.88	8.58	10.05	233	武威	Wuwei				
广安	Guangan	2.71	5.78	6.00	248	张掖	Zhangye	3.02	4.61	8.30	237
达州	Dazhou					平凉	Pingliang		0.00		
雅安	Yaan	4.57	2.11	2.37	260	酒泉	Jiuquan	3.10	8.42	7.06	242
巴中	Bazhong		0.90	1.31	261	庆阳	Qingyang	5.36	1.62	1.28	262
资阳	Ziyang	6.15	49.72	46.42	167	定西	Dingxi	0.23			
贵州	**Guizhou**	**99.62**	**139.98**	**126.95**		陇南	Longnan				
贵阳	Guiyang	44.81	102.30	99.47	126	**青海**	**Qinghai**	**158.54**	**26.79**	**34.12**	
六盘水	Liupanshui	23.35	25.47	6.31	247	西宁	Xining	146.02	26.79	34.12	193
遵义	Zunyi	5.41	12.21	21.18	216	海东	Haidong				
安顺	Anshun	1.73				**宁夏**	**Ningxia**	**81.92**	**69.27**	**84.87**	
毕节	Bijie	0.60				银川	Yinchuan	59.93	50.12	61.48	155
铜仁	Tongren					石嘴山	Shizuishan	15.28	11.81	14.63	228
云南	**Yunnan**		**213.63**	**135.27**		吴忠	Wuzhong	3.40	0.36		
昆明	Kunming		141.24	84.09	137	固原	Guyuan				
曲靖	Qujing	38.22	35.89	6.40	246	中卫	Zhongwei	4.09	6.98	8.76	236
玉溪	Yuxi	9.85	20.09	24.34	205	**新疆**	**Xinjiang**	**81.07**	**24.30**	**28.95**	
保山	Baoshan	3.89	3.13	5.29	250	乌鲁木齐	Urumqi	17.17	22.75	27.83	201
昭通	Zhaotong					克拉玛依	Karamay	0.77	1.55	1.12	265

11-8 规模以上工业企业资产总计
Total Assets of Industrial Enterprises above Designated Size

单位：亿元 （100 million yuan）

地名	City	2010	2013	2014	2014 排名 Ranking	地名	City	2010	2013	2014	2014 排名 Ranking
全国	**Nation Total**	**592881.89**	**850625.85**	**956777.20**		沈阳	Shenyang	2389.58	8152.27	9375.11	16
北京	**Beijing**	**22750.58**	**31398.28**	**33557.05**		大连	Dalian	2542.71	9816.58	11289.07	8
天津	**Tianjin**	**14584.31**	**22059.41**	**23988.63**		鞍山	Anshan	975.58	3784.75	4352.46	53
河北	**Hebei**	**24943.75**	**36040.17**	**42555.67**		抚顺	Fushun	509.31	1452.96	1670.90	149
石家庄	Shijiazhuang	2767.54	4591.28	5187.28	38	本溪	Benxi	929.97	1875.52	2156.85	114
唐山	Tangshan	7283.48	9776.22	10703.42	11	丹东	Dandong	186.69	769.74	885.20	213
秦皇岛	Qinhuangdao	1271.73	1694.96	1781.16	141	锦州	Jinzhou	364.20	1129.03	1298.38	176
邯郸	Handan	3447.65	4431.56	5189.83	37	营口	Yingkou	720.60	2134.40	2454.56	93
邢台	Xingtai	1433.48	1985.60	2331.73	99	阜新	Fuxin	285.29	849.85	977.33	203
保定	Baoding	2396.16	3353.95	3675.44	67	辽阳	Liaoyang	404.92	1636.15	1881.57	132
张家口	Zhangjiakou	1338.07	1828.98	2054.18	125	盘锦	Panjin	937.72	2141.45	2462.67	92
承德	Chengde	1243.17	2020.96	2201.93	111	铁岭	Tieling	686.55	1962.37	2256.73	107
沧州	Cangzhou	1735.43	3164.23	5520.79	33	朝阳	Chaoyang	280.34	1083.00	1245.45	182
廊坊	Langfang	1433.73	2125.24	2607.85	86	葫芦岛	Huludao	376.56	977.27	1123.86	195
衡水	Hengshui	593.32	1067.18	1302.06	174	吉林	**Jilin**	**10196.15**	**15257.90**	**16686.60**	
山西	**Shanxi**	**18505.94**	**28058.27**	**30574.37**		长春	Changchun	4429.59	6671.44	7247.92	24
太原	Taiyuan	3005.65	4153.36	4457.06	50	吉林	Jilin	1729.03	2579.96	2745.19	84
大同	Datong	1549.95	2201.29	2084.88	120	四平	Siping	638.06	853.57	889.63	211
阳泉	Yangquan	1034.19	1278.34	2075.18	121	辽源	Liaoyuan	377.72	630.78	722.02	230
长治	Changzhi	2198.57	2985.32	3060.69	74	通化	Tonghua	724.68	1018.01	1171.60	187
晋城	Jincheng	1632.80	2804.54	2908.73	80	白山	Baishan	391.97	565.48	643.19	240
朔州	Shuozhou	1050.42	2169.84	2413.07	95	松原	Songyuan	1100.49	2013.44	1703.96	146
晋中	Jinzhong	1510.32	2442.09	2594.44	87	白城	Baicheng	304.06	408.90	514.55	256
运城	Yuncheng	1457.64	2021.29	2175.22	112	黑龙江	**Heilongjiang**	**10471.17**	**14059.17**	**14995.19**	
忻州	Xinzhou	792.83	1372.62	1510.51	158	哈尔滨	Harbin	2642.98	3535.23	3779.82	64
临汾	Linfen	1471.15	2264.82	2386.25	97	齐齐哈尔	Qiqihar	894.49	1254.33	1444.28	164
吕梁	Lvliang	2308.51	4016.92	4211.39	58	鸡西	Jixi	352.30	485.97	457.78	265
内蒙古	**Inner Mongolia**	**14691.38**	**23141.71**	**27788.21**		鹤岗	Hegang	210.91	345.27	285.18	275
呼和浩特	Hohhot	1315.64	2065.42	2521.17	91	双鸭山	Shuangyashan	364.29	517.99	494.79	259
包头	Baotou	2870.79	4139.29	4464.83	48	大庆	Daqing	3463.89	4250.36	4562.13	47
乌海	Wuhai	707.68	1279.63	1506.98	159	伊春	Yichun	218.31	231.90	293.99	274
赤峰	Chifeng	996.87	1401.91	1557.27	154	佳木斯	Jiamusi	316.27	473.34	492.09	260
通辽	Tongliao	952.52	1440.78	1685.40	147	七台河	Qitaihe	428.02	478.08	459.30	264
鄂尔多斯	Erdos	3944.31	6699.25	8085.02	21	牡丹江	Mudanjiang	421.27	1273.49	669.28	237
呼伦贝尔	Hulunbuir	897.76	1754.76	1846.66	137	黑河	Heihe	114.37	185.09	187.37	279
巴彦淖尔	Bayannur	788.72	1063.43	1142.63	192	绥化	Suihua	276.89	601.96	635.65	243
乌兰察布	Ulanqab	713.25	1162.38	1248.24	180	上海	**Shanghai**	**27555.88**	**33538.26**	**35512.24**	
辽宁	**Liaoning**	**29076.78**	**37989.29**	**39246.62**		江苏	**Jiangsu**	**66134.06**	**92081.69**	**101259.53**	

11-8 规模以上工业企业资产总计 续表 1

Total Assets of Industrial Enterprises above Designated Size continued 1

单位：亿元 （100 million yuan）

地名	City	2010	2013	2014	2014 排名 Ranking
南京	Nanjing	6960.77	9423.67	9415.67	14
无锡	Wuxi	10917.48	13979.64	14175.21	4
徐州	Xuzhou	3038.84	5338.27	5441.32	34
常州	Changzhou	5259.12	7374.10	7560.89	23
苏州	Suzhou	19351.14	24696.71	25128.83	1
南通	Nantong	4425.78	6732.44	6895.07	25
连云港	Lianyungang	1584.43	2265.18	2327.26	100
淮安	Huaian	1223.78	1917.32	2064.67	123
盐城	Yancheng	2174.20	3490.05	3565.53	70
扬州	Yangzhou	2925.62	4037.28	4158.82	59
镇江	Zhenjiang	3247.13	4887.41	5140.43	39
泰州	Taizhou	2931.37	4151.28	3879.30	62
宿迁	Suqian	707.62	1874.22	2066.51	122
浙江	**Zhejiang**	**47282.79**	**59633.11**	**64078.22**	
杭州	Hangzhou	9937.41	12680.28	14582.32	3
宁波	Ningbo	9426.71	11440.14	13156.16	6
温州	Wenzhou	4446.24	4538.37	5219.13	35
嘉兴	Jiaxing	5065.09	6939.54	7980.47	22
湖州	Huzhou	2059.87	2878.35	3310.10	73
绍兴	Shaoxing	6328.56	8170.25	9395.79	15
金华	Jinhua	3383.00	4375.57	5031.91	41
衢州	Quzhou	968.17	1501.41	1726.62	145
舟山	Zhoushan	1232.28	1703.62	1959.16	127
台州	Taizhou	3259.22	3882.40	4464.76	49
丽水	Lishui	957.11	1257.68	1446.33	163
安徽	**Anhui**	**15930.28**	**25168.07**	**28831.52**	
合肥	Hefei	3272.22	5651.06	6226.53	30
芜湖	Wuhu	1887.49	3777.16	4366.43	52
蚌埠	Bengbu	589.48	950.51	1114.81	196
淮南	Huainan	1589.26	2077.81	2240.21	108
马鞍山	Maanshan	1390.72	2270.51	2318.33	101
淮北	Huaibei	1296.62	2076.94	2304.83	105
铜陵	Tongling	1038.74	1504.79	1667.93	150
安庆	Anqing	761.33	1436.65	1569.87	153
黄山	Huangshan	179.74	309.27	344.31	271
滁州	Chuzhou	687.95	1415.20	1595.90	152
阜阳	Fuyang	502.28	833.92	980.95	202
宿州	Suzhou	382.86	637.26	703.68	231
六安	Liuan	550.70	1022.01	1134.34	194
亳州	Bozhou	242.16	503.06	580.28	251
池州	Chizhou	242.48	475.75	542.71	254
宣城	Xuancheng	606.56	964.28	1140.40	193
福建	**Fujian**	**16058.70**	**24671.06**	**27978.35**	
福州	Fuzhou	3121.07	4687.93	4370.13	51
厦门	Xiamen	3055.25	4324.20	3807.22	63
莆田	Putian	744.79	1187.56	1112.74	197
三明	Sanming	842.11	1277.04	1157.15	188
泉州	Quanzhou	4021.34	6585.51	6147.37	31
漳州	Zhangzhou	1371.38	2627.78	2539.77	89
南平	Nanping	607.25	904.83	770.08	227
龙岩	Longyan	1102.38	1666.53	1358.46	170
宁德	Ningde	633.28	1687.99	1409.77	167
江西	**Jiangxi**	**8424.86**	**13640.12**	**16061.44**	
南昌	Nanchang	1872.02	3014.73	3576.41	69
景德镇	Jingdezhen	485.37	858.58	406.64	268
萍乡	Pingxiang	396.52	632.48	733.04	229
九江	Jiujiang	950.50	1628.83	1865.02	135
新余	Xinyu	1041.66	1297.91	1320.70	173
鹰潭	Yingtan	841.27	1589.28	1732.05	144
赣州	Ganzhou	657.48	1247.87	1386.73	168
吉安	Jian	520.58	742.81	925.52	207
宜春	Yichun	680.23	1189.13	1498.78	160
抚州	Fuzhou	268.00	474.46	642.02	241
上饶	Shangrao	711.22	964.05	1148.76	191
山东	**Shandong**	**53761.28**	**78881.06**	**93330.87**	
济南	Jinan	3831.82	4689.84	4962.26	42
青岛	Qingdao	6491.53	8722.26	10962.46	10
淄博	Zibo	4147.82	5716.93	6408.88	29
枣庄	Zaozhuang	1430.86	1946.71	2222.00	109
东营	Dongying	4069.77	7748.73	8995.55	17
烟台	Yantai	5361.38	7252.50	8447.77	19
潍坊	Weifang	4649.11	7191.06	8229.40	20
济宁	Jining	3835.36	6092.52	6517.65	26
泰安	Taian	2379.95	3729.23	4308.22	54
威海	Weihai	2595.09	3605.28	4080.59	60
日照	Rizhao	1638.70	2457.46	2828.46	82
莱芜	Laiwu	1273.51	1086.07	1156.28	189
临沂	Linyi	2381.40	3878.41	4667.71	46
德州	Dezhou	2289.13	3535.26	4233.48	57
聊城	Liaocheng	2454.12	4196.14	4236.05	56

11-8 规模以上工业企业资产总计 续表 2
Total Assets of Industrial Enterprises above Designated Size continued 2

单位：亿元 （100 million yuan）

地名	City	2010	2013	2014	2014 排名 Ranking	地名	City	2010	2013	2014	2014 排名 Ranking
滨州	Binzhou	2455.91	4987.19	5570.87	32	常德	Changde	963.70	1494.78	1554.29	155
菏泽	Heze	1173.46	2428.37	2978.23	76	张家界	Zhangjiajie	151.27	106.35	106.77	281
河南	**Henan**	**23467.42**	**42021.92**	**50540.15**		益阳	Yiyang	492.32	781.77	860.25	217
郑州	Zhengzhou	3898.77	8528.60	9960.83	13	郴州	Chenzhou	984.71	1399.91	1552.24	156
开封	Kaifeng	752.41	1572.40	1868.92	133	永州	Yongzhou	363.29	526.23	635.89	242
洛阳	Luoyang	3286.18	4467.70	5201.67	36	怀化	Huaihua	509.77	617.62	780.91	223
平顶山	Pingdingshan	1879.13	2555.41	2877.43	81	娄底	Loudi	926.00	1098.35	1191.21	185
安阳	Anyang	1297.36	2161.43	2316.93	102	**广东**	**Guangdong**	**62626.90**	**77943.52**	**87590.27**	
鹤壁	Hebi	531.79	975.86	1294.65	177	广州	Guangzhou	11265.51	13545.09	13663.66	5
新乡	Xinxiang	1409.29	2232.57	2559.10	88	韶关	Shaoguan	844.34	1203.00	1246.86	181
焦作	Jiaozuo	1354.37	2521.92	2935.42	79	深圳	Shenzhen	18132.47	20210.17	23271.57	2
濮阳	Puyang	816.85	1550.96	1895.49	131	珠海	Zhuhai	2695.19	4210.92	4765.39	44
许昌	Xuchang	1284.71	2991.96	3704.59	65	汕头	Shantou	1276.81	1880.38	2121.95	117
漯河	Luohe	721.60	1231.50	1431.75	165	佛山	Foshan	7357.25	10128.47	11005.01	9
三门峡	Sanmenxia	1358.61	2302.56	2538.67	90	江门	Jiangmen	2243.15	2620.56	2781.16	83
南阳	Nanyang	1328.51	2583.27	3360.16	72	湛江	Zhanjiang	997.54	1673.44	1826.48	138
商丘	Shangqiu	865.00	1553.50	1868.71	134	茂名	Maoming	507.30	857.50	907.93	210
信阳	Xinyang	523.40	1162.44	1430.14	166	肇庆	Zhaoqing	1024.95	1624.67	1958.87	128
周口	Zhoukou	711.01	1810.30	2342.97	98	惠州	Huizhou	2816.43	3797.70	4265.96	55
驻马店	Zhumadian	706.64	2093.56	1764.33	142	梅州	Meizhou	479.04	619.57	648.40	239
湖北	**Hubei**	**20894.32**	**30131.82**	**32940.84**		汕尾	Shanwei	311.01	458.86	497.60	258
武汉	Wuhan	7494.72	10925.87	11594.70	7	河源	Heyuan	535.07	761.18	834.66	220
黄石	Huangshi	1059.88	1753.10	1857.71	136	阳江	Yangjiang	449.66	806.34	1468.97	162
十堰	Shiyan	2396.43	2573.63	2393.90	96	清远	Qingyuan	1151.34	1229.15	1354.17	171
宜昌	Yichang	3398.86	4836.04	5035.33	40	东莞	Dongguan	6001.71	8103.32	8582.98	18
襄阳	Xiangyang	1333.97	2467.39	2965.14	77	中山	Zhongshan	2779.32	3359.73	3617.12	68
鄂州	Ezhou	422.68	519.55	565.69	252	潮州	Chaozhou	487.57	629.81	670.34	236
荆门	Jingmen	622.23	1030.29	1176.94	186	揭阳	Jieyang	897.20	1406.45	1493.55	161
孝感	Xiaogan	675.66	1176.78	1300.94	175	云浮	Yunfu	374.02	528.95	607.62	247
荆州	Jingzhou	639.35	1154.09	1369.96	169	**广西**	**Guangxi**	**8667.45**	**13063.37**	**14225.92**	
黄冈	Huanggang	512.30	881.71	966.08	204	南宁	Nanning	971.23	1794.40	1924.20	129
咸宁	Xianning	342.25	769.38	863.86	216	柳州	Liuzhou	1890.20	2806.10	3001.76	75
随州	Suizhou	251.12	458.24	592.37	249	桂林	Guilin	695.66	1104.74	1218.83	184
湖南	**Hunan**	**13038.95**	**19031.64**	**22025.57**		梧州	Wuzhou	409.71	744.29	788.15	222
长沙	Changsha	3493.59	6016.56	6497.77	27	北海	Beihai	291.86	540.79	630.25	245
株洲	Zhuzhou	1254.38	1847.22	2210.68	110	防城港	Fangchenggang	391.69	666.43	770.53	226
湘潭	Xiangtan	1149.99	1667.21	1824.09	139	钦州	Qinzhou	485.23	860.94	853.31	219
衡阳	Hengyang	761.53	1241.63	1286.68	179	贵港	Guigang	426.19	637.35	688.62	234
邵阳	Shaoyang	350.72	631.41	702.60	232	玉林	Yulin	469.06	730.86	748.13	228
岳阳	Yueyang	1224.93	1775.31	2004.64	126	百色	Baise	823.56	1163.50	1154.11	190

11-8 规模以上工业企业资产总计 续表 3
Total Assets of Industrial Enterprises above Designated Size continued 3

单位：亿元 (100 million yuan)

地名	City	2010	2013	2014	2014 排名 Ranking	地名	City	2010	2013	2014	2014 排名 Ranking
贺州	Hezhou	139.14	333.30	366.37	270	丽江	Lijiang	102.86	691.13	688.27	235
河池	Hechi	702.66	785.66	880.77	214	普洱	Puer	306.49	806.35	1057.94	200
来宾	Laibin	433.75	556.39	588.39	250	临沧	Lincang	398.67	550.62	633.17	244
崇左	Chongzuo	291.00	450.65	481.47	262	**西藏**	**Tibet**	**315.21**	**548.63**	**668.52**	
海南	**Hainan**	**1621.38**	**2328.02**	**2444.80**		拉萨	Lasa	240.99	446.40	504.67	257
海口	Haikou	451.70	684.90	657.95	238	**陕西**	**Shaanxi**	**14688.70**	**22443.11**	**26169.19**	
三亚	Sanya	57.06	105.60	95.80	282	西安	Xi'an	3459.92	4977.61	4707.14	45
三沙	Sansha					铜川	Tongchuan	334.65	466.27	489.93	261
重庆	**Chongqing**	**8099.01**	**13135.92**	**15652.47**		宝鸡	Baoji	1310.49	1612.28	1916.10	130
四川	**Sichuan**	**22564.76**	**34729.16**	**38359.92**		咸阳	Xianyang	1214.22	1843.90	2163.77	113
成都	Chengdu	5531.83	12606.49	10627.48	12	渭南	Weinan	1466.22	1961.93	2315.69	103
自贡	Zigong	675.84	1067.68	1099.62	198	延安	Yan'an	2180.00	3074.33	3369.19	71
攀枝花	Panzhihua	1773.22	2099.09	2129.96	116	汉中	Hanzhong	522.15	803.04	774.68	225
泸州	Luzhou	589.12	1117.77	1056.03	201	榆林	Yulin	3058.12	3333.55	6412.07	28
德阳	Deyang	2222.87	2356.22	2424.44	94	安康	Ankang	207.02	331.84	445.58	267
绵阳	Mianyang	1335.78	2163.59	2313.05	104	商洛	Shangluo	210.07	357.23	469.60	263
广元	Guangyuan	263.17	496.47	604.53	248	**甘肃**	**Gansu**	**6509.32**	**10159.43**	**11348.25**	
遂宁	Suining	300.06	585.87	697.87	233	兰州	Lanzhou	1857.15	2502.93	2648.76	85
内江	Neijiang	570.38	974.72	933.72	206	嘉峪关	Jiayuguan	875.03	1534.95	1678.05	148
乐山	Leshan	1277.76	1706.68	1785.78	140	金昌	Jinchang	788.17	1658.66	1742.36	143
南充	Nanchong	815.41	1159.52	1225.44	183	白银	Baiyin	567.14	900.47	925.05	209
眉山	Meishan	504.43	818.45	828.49	221	天水	Tianshui	224.94	307.43	311.87	273
宜宾	Yibin	1253.48	2759.05	2149.60	115	武威	Wuwei	162.56	333.70	457.75	266
广安	Guangan	299.75	512.28	614.99	246	张掖	Zhangye	190.50	296.16	334.82	272
达州	Dazhou	765.39	960.79	925.43	208	平凉	Pingliang	323.64	392.85	395.12	269
雅安	Yaan	771.62	948.93	952.92	205	酒泉	Jiuquan	728.35	1136.71	1292.24	178
巴中	Bazhong	63.78	120.81	173.64	280	庆阳	Qingyang	403.98	681.61	777.25	224
资阳	Ziyang	466.08	817.91	887.33	212	定西	Dingxi	93.47	178.11	215.01	278
贵州	**Guizhou**	**5960.13**	**9703.64**	**11747.39**		陇南	Longnan	143.70	272.44	284.06	276
贵阳	Guiyang	2335.38	3210.90	3692.54	66	**青海**	**Qinghai**	**3053.61**	**4597.68**	**5414.09**	
六盘水	Liupanshui	1023.23	1842.49	2118.86	118	西宁	Xining	1770.79	2321.98	1604.11	151
遵义	Zunyi	864.30	1789.91	2058.40	124	海东	Haidong			239.33	277
安顺	Anshun	316.61	476.84	548.37	253	**宁夏**	**Ningxia**	**3293.16**	**5588.03**	**6976.46**	
毕节	Bijie	483.49	845.50			银川	Yinchuan	1266.53	2327.16	2953.27	78
铜仁	Tongren	115.77	322.26			石嘴山	Shizuishan	551.41	754.79	856.58	218
云南	**Yunnan**	**9611.09**	**15344.41**	**17458.16**		吴忠	Wuzhong	466.36	752.09	878.52	215
昆明	Kunming	2834.64	3830.88	4851.12	43	固原	Guyuan	33.61	61.36	84.53	283
曲靖	Qujing	1415.36	2146.12	2262.31	106	中卫	Zhongwei	338.16	773.99	1077.81	199
玉溪	Yuxi	949.96	1335.60	1350.36	172	**新疆**	**Xinjiang**	**7911.97**	**14328.01**	**16770.69**	
保山	Baoshan	238.29	447.06	535.78	255	乌鲁木齐	Urumqi	2245.68	3600.51	3930.23	61
昭通	Zhaotong	400.00	1493.95	1519.92	157	克拉玛依	Karamay	1571.22	2061.75	2091.55	119

11-9 规模以上工业企业负债总计

Total Liabilities of Industrial Enterprises above Designated Size

单位：亿元 （100 million yuan）

地名	City	2010	2013	2014	2014 排名 Ranking
全国	**Nation Total**	**340396.39**	**491708.34**	**547031.43**	
北京	**Beijing**	**11548.07**	**16363.61**	**17137.57**	
天津	**Tianjin**	**8825.23**	**14095.77**	**14804.62**	
河北	**Hebei**	**15136.72**	**21164.61**	**24172.80**	
石家庄	Shijiazhuang	1496.73	2282.95	2447.55	54
唐山	Tangshan	4707.05	6479.23	7027.38	9
秦皇岛	Qinhuangdao	886.51	1189.74	1221.63	117
邯郸	Handan	2092.96	2516.10	3105.46	37
邢台	Xingtai	758.11	1068.79	1260.47	116
保定	Baoding	1450.07	1970.96	2210.87	59
张家口	Zhangjiakou	855.01	1328.11	1492.87	100
承德	Chengde	880.96	1375.77	1592.47	89
沧州	Cangzhou	840.64	1261.80	1764.11	77
廊坊	Langfang	861.57	1137.17	1572.62	92
衡水	Hengshui	307.09	554.00	664.01	182
山西	**Shanxi**	**12142.27**	**20011.00**	**22514.07**	
太原	Taiyuan	1955.69	2934.31	3260.99	34
大同	Datong	1047.90	1664.24	1589.53	90
阳泉	Yangquan	605.64	840.48	1604.84	86
长治	Changzhi	1537.88	2104.17	2151.35	62
晋城	Jincheng	934.67	1764.35	1896.77	71
朔州	Shuozhou	569.59	1432.13	1661.47	82
晋中	Jinzhong	1098.00	1973.75	2141.06	63
运城	Yuncheng	965.52	1441.76	1467.86	103
忻州	Xinzhou	507.62	925.37	1087.22	132
临汾	Linfen	991.59	1760.84	1856.82	73
吕梁	Lvliang	1542.08	3086.00	3318.99	33
内蒙古	**Inner Mongolia**	**8090.91**	**13893.68**	**17698.22**	
呼和浩特	Hohhot	896.36	1342.30	1603.84	87
包头	Baotou	1775.28	2721.89	3042.66	39
乌海	Wuhai	498.36	966.78	1147.41	125
赤峰	Chifeng	528.70	833.48	958.29	142
通辽	Tongliao	537.08	622.83	729.52	176
鄂尔多斯	Erdos	1928.59	3588.32	4633.99	20
呼伦贝尔	Hulunbuir	571.07	1052.53	1116.50	127
巴彦淖尔	Bayannur	434.42	716.44	758.25	171
乌兰察布	Ulanqab	517.00	816.04	921.32	146
辽宁	**Liaoning**	**16232.06**	**22219.96**	**22769.62**	
沈阳	Shenyang	3247.23	4373.31	5029.31	17
大连	Dalian	4685.99	6237.59	7173.23	7
鞍山	Anshan	1335.22	2032.21	2337.04	58
抚顺	Fushun	531.68	838.21	963.94	141
本溪	Benxi	1227.99	1264.71	1454.42	105
丹东	Dandong	308.76	444.50	511.18	211
锦州	Jinzhou	390.35	521.81	600.08	195
营口	Yingkou	783.67	1244.73	1431.44	108
阜新	Fuxin	359.49	531.20	610.88	191
辽阳	Liaoyang	547.11	907.23	1043.31	137
盘锦	Panjin	881.47	1295.24	1489.53	101
铁岭	Tieling	461.28	741.86	853.14	157
朝阳	Chaoyang	375.07	722.40	830.76	161
葫芦岛	Huludao	713.98	675.59	776.93	166
吉林	**Jilin**	**5474.03**	**8354.55**	**9133.40**	
长春	Changchun	2483.70	3945.46	4110.55	24
吉林	Jilin	925.83	1484.65	1633.65	85
四平	Siping	319.53	385.47	473.99	215
辽源	Liaoyuan	228.63	367.67	417.81	227
通化	Tonghua	405.31	507.63	574.62	202
白山	Baishan	213.63	350.46	402.65	230
松原	Songyuan	496.38	837.49	725.40	177
白城	Baicheng	164.65	218.63	280.81	261
黑龙江	**Heilongjiang**	**5776.59**	**8033.28**	**8540.95**	
哈尔滨	Harbin	1728.49	2328.04	2437.56	55
齐齐哈尔	Qiqihar	497.72	747.52	897.33	150
鸡西	Jixi	286.44	368.41	346.28	242
鹤岗	Hegang	185.13	263.41	236.01	269
双鸭山	Shuangyashan	266.52	332.32	326.40	248
大庆	Daqing	1120.84	1637.17	1685.30	81
伊春	Yichun	156.05	177.65	278.97	262
佳木斯	Jiamusi	197.97	285.76	284.85	259
七台河	Qitaihe	303.17	347.00	315.57	250
牡丹江	Mudanjiang	252.60	891.55	334.01	244
黑河	Heihe	67.90	121.85	121.38	278
绥化	Suihua	156.51	297.56	322.37	249
上海	**Shanghai**	**14500.46**	**16885.77**	**17858.30**	
江苏	**Jiangsu**	**37878.51**	**52286.71**	**55612.13**	

11-9 规模以上工业企业负债总计 续表 1

Total Liabilities of Industrial Enterprises above Designated Size continued 1

单位：亿元 （100 million yuan）

地名	City	2010	2013	2014	2014 排名 Ranking	地名	City	2010	2013	2014	2014 排名 Ranking
南京	Nanjing	4027.15	5488.23	5452.60	14	池州	Chizhou	147.21	267.60	298.22	255
无锡	Wuxi	6357.83	8181.48	8292.91	4	宣城	Xuancheng	354.56	540.62	619.26	188
徐州	Xuzhou	1578.52	2832.46	2834.92	45	**福建**	**Fujian**	**8469.33**	**13489.28**	**15213.14**	
常州	Changzhou	3149.52	4455.50	4527.92	21	福州	Fuzhou	1730.79	2654.53	3052.71	38
苏州	Suzhou	11143.67	14029.78	14323.37	2	厦门	Xiamen	1625.44	2315.60	2662.94	49
南通	Nantong	2486.32	3761.97	3839.53	26	莆田	Putian	412.30	668.59	768.88	169
连云港	Lianyungang	911.75	1284.58	1310.07	112	三明	Sanming	482.66	734.83	845.05	158
淮安	Huaian	680.06	982.64	1029.77	138	泉州	Quanzhou	1902.82	3296.30	3790.75	27
盐城	Yancheng	1175.63	1923.15	1982.96	68	漳州	Zhangzhou	739.13	1499.95	1724.94	78
扬州	Yangzhou	1534.20	2129.92	2186.17	60	南平	Nanping	295.18	461.77	531.04	208
镇江	Zhenjiang	1808.72	2830.97	3020.21	41	龙岩	Longyan	477.76	811.39	933.10	145
泰州	Taizhou	1788.97	2243.01	2155.34	61	宁德	Ningde	409.26	1141.26	1312.45	111
宿迁	Suqian	344.48	853.09	943.93	144	**江西**	**Jiangxi**	**4700.44**	**7402.14**	**8403.60**	
浙江	**Zhejiang**	**28681.36**	**35787.46**	**37663.38**		南昌	Nanchang	1116.08	1669.09	1860.38	72
杭州	Hangzhou	5797.97	7366.60	8471.59	3	景德镇	Jingdezhen	284.71	610.44	424.04	226
宁波	Ningbo	5813.21	7036.33	8091.78	5	萍乡	Pingxiang	175.77	234.28	263.29	266
温州	Wenzhou	2698.77	2637.92	3033.61	40	九江	Jiujiang	606.37	911.56	981.93	140
嘉兴	Jiaxing	3035.23	4093.07	4707.03	19	新余	Xinyu	664.83	839.36	834.44	159
湖州	Huzhou	1207.49	1693.95	1948.04	69	鹰潭	Yingtan	366.80	806.68	857.00	156
绍兴	Shaoxing	3816.83	4881.29	5613.48	13	赣州	Ganzhou	373.57	658.47	739.06	174
金华	Jinhua	2191.41	2767.52	3182.65	35	吉安	Jian	189.71	280.94	354.79	241
衢州	Quzhou	582.51	908.81	1045.13	136	宜春	Yichun	391.35	660.69	778.67	165
舟山	Zhoushan	913.54	1250.63	1438.22	107	抚州	Fuzhou	126.94	248.21	333.51	245
台州	Taizhou	2011.67	2354.62	2707.81	48	上饶	Shangrao	404.30	482.41	614.89	189
丽水	Lishui	592.90	712.35	819.20	163	**山东**	**Shandong**	**28969.89**	**44011.52**	**50842.84**	
安徽	**Anhui**	**9565.86**	**14957.10**	**16718.69**		济南	Jinan	2392.65	2874.11	2983.66	42
合肥	Hefei	1993.17	3328.65	3563.70	30	青岛	Qingdao	3552.54	5144.73	6212.29	11
芜湖	Wuhu	1165.07	2256.60	2494.73	53	淄博	Zibo	2214.15	3102.74	3476.92	32
蚌埠	Bengbu	309.69	524.55	611.11	190	枣庄	Zaozhuang	745.03	1043.24	1160.48	122
淮南	Huainan	1091.81	1462.57	1603.19	88	东营	Dongying	1548.00	3868.56	4311.82	22
马鞍山	Maanshan	781.23	1302.86	1284.82	115	烟台	Yantai	2625.18	3730.60	4304.73	23
淮北	Huaibei	806.07	1308.06	1499.64	98	潍坊	Weifang	2648.57	4250.05	4762.30	18
铜陵	Tongling	733.62	1041.09	1096.70	130	济宁	Jining	2204.58	3849.99	3968.97	25
安庆	Anqing	358.98	695.20	748.27	172	泰安	Taian	1446.89	2246.18	2498.91	52
黄山	Huangshan	99.10	163.23	175.42	275	威海	Weihai	1360.63	1703.32	1820.28	75
滁州	Chuzhou	366.96	790.33	886.61	151	日照	Rizhao	982.74	1740.13	1987.77	67
阜阳	Fuyang	306.40	464.22	525.25	210	莱芜	Laiwu	855.30	708.08	747.71	173
宿州	Suzhou	233.18	344.52	359.20	240	临沂	Linyi	1273.39	2129.95	2402.42	56
六安	Liuan	310.00	580.85	645.92	186	德州	Dezhou	1000.83	1376.64	1535.79	96
亳州	Bozhou	142.20	295.87	306.65	252	聊城	Liaocheng	1186.76	2358.31	2002.38	66

11-9 规模以上工业企业负债总计 续表 2

Total Liabilities of Industrial Enterprises above Designated Size continued 2

单位：亿元 （100 million yuan）

地名	City	2010	2013	2014	2014 排名 Ranking	地名	City	2010	2013	2014	2014 排名 Ranking
滨州	Binzhou	1462.76	3286.79	3626.58	28	常德	Changde	476.92	726.04	772.32	167
菏泽	Heze	566.59	1285.01	1459.31	104	张家界	Zhangjiajie	84.26	65.15	56.10	281
河南	**Henan**	**12960.96**	**20506.42**	**23717.27**		益阳	Yiyang	320.78	440.92	460.61	219
郑州	Zhengzhou	2134.90	4597.17	5444.36	15	郴州	Chenzhou	405.38	638.70	662.28	183
开封	Kaifeng	282.66	488.73	587.54	200	永州	Yongzhou	182.03	252.77	291.99	256
洛阳	Luoyang	1909.51	2483.50	2859.99	44	怀化	Huaihua	331.65	397.17	377.70	234
平顶山	Pingdingshan	1117.81	1492.86	1689.92	80	娄底	Loudi	670.95	694.73	737.74	175
安阳	Anyang	822.74	1345.54	1337.69	109	**广东**	**Guangdong**	**35073.74**	**44656.62**	**51173.28**	
鹤壁	Hebi	380.20	531.18	603.80	193	广州	Guangzhou	6332.04	7353.92	7334.65	6
新乡	Xinxiang	738.76	1227.69	1324.08	110	韶关	Shaoguan	562.01	777.27	821.23	162
焦作	Jiaozuo	764.73	1062.57	1163.32	120	深圳	Shenzhen	9439.26	12450.87	14608.05	1
濮阳	Puyang	391.76	539.67	588.43	199	珠海	Zhuhai	1648.11	2630.27	3123.55	36
许昌	Xuchang	592.46	1100.82	1295.44	114	汕头	Shantou	460.86	735.33	909.07	148
漯河	Luohe	331.55	386.67	458.12	220	佛山	Foshan	4480.16	5700.42	6089.66	12
三门峡	Sanmenxia	842.83	1316.27	1305.68	113	江门	Jiangmen	1214.28	1531.46	1587.80	91
南阳	Nanyang	768.86	1307.32	1656.98	83	湛江	Zhanjiang	663.98	1340.94	1443.57	106
商丘	Shangqiu	508.85	795.59	901.61	149	茂名	Maoming	249.27	447.61	432.00	224
信阳	Xinyang	277.33	504.46	564.96	204	肇庆	Zhaoqing	499.30	814.39	949.17	143
周口	Zhoukou	315.96	592.97	664.63	181	惠州	Huizhou	1771.83	2238.39	2571.79	51
驻马店	Zhumadian	354.34	614.30	599.33	196	梅州	Meizhou	251.80	329.56	346.06	243
湖北	**Hubei**	**12259.18**	**16968.39**	**18193.00**		汕尾	Shanwei	162.86	218.54	237.53	268
武汉	Wuhan	4716.24	7024.06	7102.11	8	河源	Heyuan	290.59	435.85	470.97	216
黄石	Huangshi	683.30	1126.02	1167.13	119	阳江	Yangjiang	293.66	519.77	1012.67	139
十堰	Shiyan	1314.92	1173.46	1155.23	123	清远	Qingyuan	713.70	726.07	817.08	164
宜昌	Yichang	2094.02	2915.01	2928.08	43	东莞	Dongguan	3525.30	4823.75	5070.29	16
襄阳	Xiangyang	790.78	1319.01	1545.03	95	中山	Zhongshan	1630.56	2024.41	2124.93	64
鄂州	Ezhou	264.19	313.29	330.52	247	潮州	Chaozhou	260.59	280.92	284.34	260
荆门	Jingmen	321.76	515.68	569.79	203	揭阳	Jieyang	413.72	612.10	605.74	192
孝感	Xiaogan	319.31	604.00	657.08	184	云浮	Yunfu	209.87	291.24	333.12	246
荆州	Jingzhou	367.47	600.58	638.92	187	**广西**	**Guangxi**	**5413.29**	**8215.16**	**8871.08**	
黄冈	Huanggang	249.54	461.11	488.67	214	南宁	Nanning	536.52	1017.95	1065.16	134
咸宁	Xianning	161.89	348.79	383.19	233	柳州	Liuzhou	1166.78	1901.39	2007.44	65
随州	Suizhou	128.66	213.95	265.10	264	桂林	Guilin	410.43	628.94	651.44	185
湖南	**Hunan**	**7504.26**	**10284.76**	**11688.15**		梧州	Wuzhou	223.03	396.13	435.33	223
长沙	Changsha	1848.35	3455.14	3596.68	29	北海	Beihai	196.32	291.24	365.29	239
株洲	Zhuzhou	733.44	990.73	1119.90	126	防城港	Fangchenggang	264.59	458.06	557.56	205
湘潭	Xiangtan	779.90	1068.33	1147.53	124	钦州	Qinzhou	304.42	512.19	456.25	221
衡阳	Hengyang	500.49	717.32	766.91	170	贵港	Guigang	235.92	365.60	384.70	231
邵阳	Shaoyang	163.14	292.04	288.92	257	玉林	Yulin	273.99	418.33	410.30	228
岳阳	Yueyang	716.93	835.14	866.49	153	百色	Baise	574.65	825.48	870.99	152

11-9 规模以上工业企业负债总计 续表 3
Total Liabilities of Industrial Enterprises above Designated Size continued 3

单位：亿元 (100 million yuan)

地名	City	2010	2013	2014	2014 排名 Ranking	地名	City	2010	2013	2014	2014 排名 Ranking
贺州	Hezhou	73.80	195.32	208.02	270	丽江	Lijiang	65.91	441.21	405.36	229
河池	Hechi	534.81	640.90	701.80	178	普洱	Puer	234.27	600.52	832.35	160
来宾	Laibin	331.27	431.82	462.34	218	临沧	Lincang	283.72	394.76	466.28	217
崇左	Chongzuo	175.92	299.38	288.88	258	**西藏**	**Tibet**	**58.38**	**186.68**	**267.16**	
海南	**Hainan**	**861.92**	**1243.36**	**1318.16**		拉萨	Lasa	42.36	85.04	190.23	273
海口	Haikou	209.50	308.54	309.88	251	**陕西**	**Shaanxi**	**8348.75**	**12581.24**	**14936.32**	
三亚	Sanya	37.53	66.46	59.35	280	西安	Xi'an	1989.79	2930.86	2806.54	46
三沙	Sansha					铜川	Tongchuan	216.45	311.95	299.31	254
重庆	**Chongqing**	**4879.66**	**8315.09**	**9761.43**		宝鸡	Baoji	754.54	952.56	1087.69	131
四川	**Sichuan**	**13889.83**	**21804.19**	**23413.64**		咸阳	Xianyang	679.21	975.67	1060.37	135
成都	Chengdu	3163.54	7175.22	6497.08	10	渭南	Weinan	905.67	1303.96	1555.28	93
自贡	Zigong	448.94	688.37	681.42	180	延安	Yan'an	1250.53	1581.92	1790.89	76
攀枝花	Panzhihua	1339.52	1463.30	1506.11	97	汉中	Hanzhong	354.16	548.53	528.96	209
泸州	Luzhou	314.71	671.67	574.79	201	榆林	Yulin	1562.92	1664.30	3537.39	31
德阳	Deyang	1571.45	1608.06	1649.73	84	安康	Ankang	133.56	144.79	201.51	272
绵阳	Mianyang	885.04	1434.48	1545.60	94	商洛	Shangluo	131.47	254.35	305.37	253
广元	Guangyuan	163.11	342.09	384.63	232	**甘肃**	**Gansu**	**4065.50**	**6537.52**	**7205.54**	
遂宁	Suining	97.57	212.03	263.71	265	兰州	Lanzhou	1186.60	1663.11	1702.92	79
内江	Neijiang	294.10	483.85	494.99	213	嘉峪关	Jiayuguan	536.30	971.01	1100.77	129
乐山	Leshan	800.51	1145.75	1168.15	118	金昌	Jinchang	476.27	1110.45	1161.95	121
南充	Nanchong	407.07	511.11	534.34	207	白银	Baiyin	355.56	579.51	593.48	197
眉山	Meishan	313.82	448.05	447.11	222	天水	Tianshui	132.81	180.12	181.87	274
宜宾	Yibin	652.22	1700.51	1073.56	133	武威	Wuwei	100.57	218.92	269.56	263
广安	Guangan	186.54	295.87	370.83	238	张掖	Zhangye	124.23	184.12	204.63	271
达州	Dazhou	621.59	679.75	499.35	212	平凉	Pingliang	230.31	266.27	254.86	267
雅安	Yaan	539.61	678.83	682.48	179	酒泉	Jiuquan	477.96	758.80	859.50	155
巴中	Bazhong	40.28	65.50	93.03	279	庆阳	Qingyang	201.16	323.27	375.64	235
资阳	Ziyang	228.97	396.81	429.46	225	定西	Dingxi	62.45	113.24	129.63	277
贵州	**Guizhou**	**3865.34**	**6155.22**	**7480.21**		陇南	Longnan	77.10	164.32	165.11	276
贵阳	Guiyang	1649.92	2286.50	2629.48	50	**青海**	**Qinghai**	**1946.26**	**3045.69**	**3690.85**	
六盘水	Liupanshui	653.08	1286.93	1479.97	102	西宁	Xining	1224.34	1593.83	1832.90	74
遵义	Zunyi	387.00	796.58	916.07	147	海东	Haidong				
安顺	Anshun	204.61	324.51	373.19	237	**宁夏**	**Ningxia**	**2010.12**	**3717.57**	**4677.35**	
毕节	Bijie	356.33	633.11			银川	Yinchuan	692.66	1533.54	1916.57	70
铜仁	Tongren	78.29	162.77			石嘴山	Shizuishan	346.37	500.34	538.30	206
云南	**Yunnan**	**5735.24**	**9918.34**	**10991.96**		吴忠	Wuzhong	323.12	514.88	601.34	194
昆明	Kunming	1676.88	2298.25	2758.03	47	固原	Guyuan	19.98	34.27	45.89	282
曲靖	Qujing	890.06	1487.85	1496.88	99	中卫	Zhongwei	220.80	574.34	771.79	168
玉溪	Yuxi	347.60	594.10	591.49	198	**新疆**	**Xinjiang**	**3958.66**	**8615.65**	**10562.69**	
保山	Baoshan	157.51	308.25	374.02	236	乌鲁木齐	Urumqi	999.33	2134.84	2377.41	57
昭通	Zhaotong	230.65	1166.34	1105.46	128	克拉玛依	Karamay	620.62	920.46	863.14	154

11-10 规模以上工业企业所有者权益
Owners' Equity of Industrial Enterprises above Designated Size

单位：亿元 （100 million yuan）

地名	City	2010	2013	2014	2014 排名 Ranking	地名	City	2010	2013	2014	2014 排名 Ranking
全国	**Nation Total**	**251160.4**	**358917.5**	**405981.7**		沈阳	Shenyang	2790.04	3724.85	3821.97	6
北京	**Beijing**	**11202.50**	**15034.67**	**16389.10**		大连	Dalian	2609.91	3534.64	3561.70	9
天津	**Tianjin**	**5759.08**	**7963.64**	**9328.10**		鞍山	Anshan	1501.82	1736.37	1763.81	25
河北	**Hebei**	**9687.76**	**14875.56**	**18196.23**		抚顺	Fushun	467.94	607.89	721.34	70
石家庄	Shijiazhuang	1259.48	2308.33	2739.73	15	本溪	Benxi	490.42	604.34	758.18	63
唐山	Tangshan	2531.47	3296.99	3676.04	8	丹东	Dandong	251.30	316.05	738.13	69
秦皇岛	Qinhuangdao	384.90	505.22	559.53	93	锦州	Jinzhou	361.73	591.79	673.59	79
邯郸	Handan	1346.72	1915.46	2084.38	20	营口	Yingkou	697.02	861.17	878.32	56
邢台	Xingtai	667.77	916.81	1071.25	40	阜新	Fuxin	198.45	316.51	329.17	127
保定	Baoding	935.23	1382.99	1464.57	31	辽阳	Liaoyang	551.77	726.63	790.92	62
张家口	Zhangjiakou	481.36	500.87	561.31	92	盘锦	Panjin	693.53	841.31	892.05	53
承德	Chengde	357.66	645.20	609.46	85	铁岭	Tieling	650.99	1217.42	603.38	87
沧州	Cangzhou	881.43	1902.43	3756.68	7	朝阳	Chaoyang	285.28	356.26	402.08	118
廊坊	Langfang	560.45	988.07	1035.23	42	葫芦岛	Huludao	223.07	307.67	322.45	129
衡水	Hengshui	281.29	513.18	638.04	81	**吉林**	**Jilin**	**4678.85**	**6903.35**	**7494.47**	
山西	**Shanxi**	**6330.97**	**8047.27**	**7975.81**		长春	Changchun	1927.19	2714.66	3156.02	11
太原	Taiyuan	1039.36	1217.93	1192.07	36	吉林	Jilin	797.45	1078.60	1101.56	39
大同	Datong	500.92	536.00	491.93	100	四平	Siping	309.79	455.45	411.37	117
阳泉	Yangquan	427.63	437.68	469.01	105	辽源	Liaoyuan	148.62	261.78	297.60	136
长治	Changzhi	658.86	870.31	893.25	52	通化	Tonghua	317.57	504.66	589.49	89
晋城	Jincheng	698.13	1040.12	1010.53	47	白山	Baishan	175.47	210.88	224.70	151
朔州	Shuozhou	473.98	731.93	741.84	68	松原	Songyuan	602.42	1126.18	955.56	49
晋中	Jinzhong	409.49	468.30	451.90	108	白城	Baicheng	35.54	188.26	231.99	148
运城	Yuncheng	488.99	576.58	678.54	78	**黑龙江**	**Heilongjiang**	**4668.40**	**6025.89**	**6413.56**	
忻州	Xinzhou	284.10	438.86	418.10	113	哈尔滨	Harbin	914.05	1207.19		
临汾	Linfen	477.99	509.08	524.82	97	齐齐哈尔	Qiqihar	394.32	506.80		
吕梁	Lvliang	763.70	928.91	884.02	54	鸡西	Jixi	65.32	117.56		
内蒙古	**Inner Mongolia**	**5982.08**	**9248.03**	**10133.80**		鹤岗	Hegang	25.58	81.87		
呼和浩特	Hohhot	408.13	721.29	909.53	51	双鸭山	Shuangyashan	96.40	185.67		
包头	Baotou	1087.19	1407.95	1422.20	33	大庆	Daqing	2338.93	2613.19		
乌海	Wuhai	208.68	311.05	351.19	122	伊春	Yichun	61.62	54.25		
赤峰	Chifeng	465.70	563.13	580.98	90	佳木斯	Jiamusi	117.50	187.58		
通辽	Tongliao	413.25	802.36	950.74	50	七台河	Qitaihe	124.82	131.05		
鄂尔多斯	Erdos	1994.63	3077.07	3544.87	10	牡丹江	Mudanjiang	159.81	381.94		
呼伦贝尔	Hulunbuir	324.18	698.57	708.13	73	黑河	Heihe	46.38	63.25		
巴彦淖尔	Bayannur	349.55	343.09	383.67	119	绥化	Suihua	113.88	304.40		
乌兰察布	Ulanqab	188.84	341.73	324.31	128	**上海**	**Shanghai**	**19055.42**	**16652.49**	**17558.51**	
辽宁	**Liaoning**	**12082.43**	**15769.33**	**16266.41**		**江苏**	**Jiangsu**	**28255.55**	**39794.98**	**45596.53**	

11-10 规模以上工业企业所有者权益 续表 1

Owners' Equity of Industrial Enterprises above Designated Size continued 1

单位：亿元 （100 million yuan）

地名	City	2010	2013	2014	2014 排名 Ranking
南京	Nanjing	2933.62	3935.44	3950.77	5
无锡	Wuxi	4559.65	5798.16	5871.90	2
徐州	Xuzhou	1460.32	2505.81	2581.58	17
常州	Changzhou	2109.60	2918.60	3032.65	13
苏州	Suzhou	8207.47	10666.93	10801.24	1
南通	Nantong	1939.45	2970.47	3053.15	12
连云港	Lianyungang	672.68	980.60	1013.95	46
淮安	Huaian	543.72	934.68	1031.53	43
盐城	Yancheng	998.57	1566.90	1581.25	28
扬州	Yangzhou	1391.42	1907.36	1964.88	22
镇江	Zhenjiang	1438.41	2056.44	2118.16	18
泰州	Taizhou	1142.40	1908.27	1716.31	26
宿迁	Suqian	363.14	1021.13	1115.58	37
浙江	**Zhejiang**	**18601.43**	**23845.65**	**26199.51**	
杭州	Hangzhou	4139.45	5300.16		
宁波	Ningbo	3613.50	4396.72		
温州	Wenzhou	1747.47	1886.99		
嘉兴	Jiaxing	2029.87	2840.61		
湖州	Huzhou	852.39	1182.08		
绍兴	Shaoxing	2511.73	3288.95		
金华	Jinhua	1191.59	1592.11		
衢州	Quzhou	385.66	591.51		
舟山	Zhoushan	318.74	452.79		
台州	Taizhou	1247.56	1523.37		
丽水	Lishui	364.21	539.56		
安徽	**Anhui**	**6308.09**	**10210.97**	**11947.41**	
合肥	Hefei	1267.12	2286.87	2624.31	16
芜湖	Wuhu	709.90	1512.93	1860.50	24
蚌埠	Bengbu	278.34	418.85	498.37	99
淮南	Huainan	497.23	614.08	635.32	82
马鞍山	Maanshan	606.94	963.20	1024.55	44
淮北	Huaibei	489.26	764.53	794.95	61
铜陵	Tongling	304.06	464.61	558.92	94
安庆	Anqing	396.99	726.65	803.69	60
黄山	Huangshan	80.62	145.22	163.90	159
滁州	Chuzhou	315.72	611.53	702.46	75
阜阳	Fuyang	194.92	367.63	446.11	110
宿州	Suzhou	148.45	301.87	336.15	124
六安	Liuan	233.49	430.30	475.46	103
亳州	Bozhou	98.45	202.19	270.04	140
池州	Chizhou	94.64	203.24	241.05	147
宣城	Xuancheng	250.21	414.78	511.63	98
福建	**Fujian**	**7567.00**	**11181.78**	**12525.08**	
福州	Fuzhou	1385.84	2002.50		
厦门	Xiamen	1427.81	2000.34		
莆田	Putian	329.61	500.21		
三明	Sanming	358.94	533.84		
泉州	Quanzhou	2110.72	3236.13		
漳州	Zhangzhou	629.85	1108.66		
南平	Nanping	310.94	435.84		
龙岩	Longyan	624.47	853.99		
宁德	Ningde	222.98	546.68		
江西	**Jiangxi**	**3724.43**	**6237.98**	**7494.87**	
南昌	Nanchang	755.94	1345.63	1716.04	27
景德镇	Jingdezhen	200.66	248.13	282.60	137
萍乡	Pingxiang	220.75	398.21	469.75	104
九江	Jiujiang	344.14	717.27	883.08	55
新余	Xinyu	376.83	458.54	486.25	101
鹰潭	Yingtan	474.47	782.59	875.05	57
赣州	Ganzhou	283.91	589.40	647.67	80
吉安	Jian	330.87	461.87	570.73	91
宜春	Yichun	288.88	528.44	720.12	71
抚州	Fuzhou	141.06	226.25	308.51	134
上饶	Shangrao	306.93	481.64	533.86	96
山东	**Shandong**	**24791.38**	**34869.54**	**41562.21**	
济南	Jinan	1439.17	1801.04		
青岛	Qingdao	2938.99	3535.56		
淄博	Zibo	1933.67	2587.15		
枣庄	Zaozhuang	685.83	894.84		
东营	Dongying	2521.77	3803.05		
烟台	Yantai	2736.20	3477.91		
潍坊	Weifang	2000.54	2892.86		
济宁	Jining	1630.77	2227.73		
泰安	Taian	933.06	1467.46		
威海	Weihai	1234.46	1890.71		
日照	Rizhao	655.96	711.47		
莱芜	Laiwu	418.21	368.75		
临沂	Linyi	1108.02	1698.83		
德州	Dezhou	1288.30	2077.54		
聊城	Liaocheng	1267.36	1799.34		

11-10 规模以上工业企业所有者权益 续表 2

Owners' Equity of Industrial Enterprises above Designated Size continued 2

单位：亿元 （100 million yuan）

地名	City	2010	2013	2014	2014 排名 Ranking
滨州	Binzhou	993.15	1684.11		
菏泽	Heze	606.88	1128.04		
河南	**Henan**	**10506.46**	**21515.50**	**26438.56**	
郑州	Zhengzhou	1763.87	3866.60		
开封	Kaifeng	469.75	1077.63		
洛阳	Luoyang	1376.67	1962.11		
平顶山	Pingdingshan	761.32	1059.92		
安阳	Anyang	474.62	804.90		
鹤壁	Hebi	151.59	437.52		
新乡	Xinxiang	670.53	1028.43		
焦作	Jiaozuo	589.64	144.19		
濮阳	Puyang	425.09	940.51		
许昌	Xuchang	692.25	1867.61		
漯河	Luohe	390.05	824.57		
三门峡	Sanmenxia	515.78	974.60		
南阳	Nanyang	559.65	1217.41		
商丘	Shangqiu	356.15	749.95		
信阳	Xinyang	246.07	652.86		
周口	Zhoukou	395.05	1188.36		
驻马店	Zhumadian	352.30	1452.10		
湖北	**Hubei**	**8577.11**	**13163.43**	**14624.35**	
武汉	Wuhan	2773.20	3887.77	4486.76	3
黄石	Huangshi	376.58	623.79	685.01	76
十堰	Shiyan	2586.32	1392.92	1229.81	34
宜昌	Yichang	1304.84	1907.78	2061.88	21
襄阳	Xiangyang	423.56	1096.79	1462.42	32
鄂州	Ezhou	158.49	205.10	230.92	149
荆门	Jingmen	298.56	508.29	603.32	88
孝感	Xiaogan	684.56	570.24	626.75	83
荆州	Jingzhou	271.88	548.45	715.77	72
黄冈	Huanggang	262.76	404.54	456.91	107
咸宁	Xianning	180.36	406.97	463.52	106
随州	Suizhou	122.46	236.02	314.74	131
湖南	**Hunan**	**5534.59**	**8746.88**	**10255.09**	
长沙	Changsha	1645.24	2547.50		
株洲	Zhuzhou	520.94	854.78		
湘潭	Xiangtan	370.09	594.98		
衡阳	Hengyang	261.04	520.51		
邵阳	Shaoyang	187.57	335.43		
岳阳	Yueyang	508.00	933.18		
常德	Changde	486.78	766.47		
张家界	Zhangjiajie	67.01	40.19		
益阳	Yiyang	171.54	338.95		
郴州	Chenzhou	579.33	756.99		
永州	Yongzhou	181.27	268.53		
怀化	Huaihua	178.13	200.38		
娄底	Loudi	254.95	399.26		
广东	**Guangdong**	**27461.84**	**33286.90**	**36149.22**	
广州	Guangzhou	4933.46	6164.70		
韶关	Shaoguan	282.13	418.83		
深圳	Shenzhen	8686.97	7700.08		
珠海	Zhuhai	1045.96	1576.00		
汕头	Shantou	803.01	1140.02		
佛山	Foshan	2864.65	4373.04		
江门	Jiangmen	1013.99	1081.12		
湛江	Zhanjiang	331.94	325.78		
茂名	Maoming	252.02	406.46		
肇庆	Zhaoqing	516.43	792.59		
惠州	Huizhou	1041.35	1553.51		
梅州	Meizhou	226.12	288.30		
汕尾	Shanwei	146.89	239.75		
河源	Heyuan	242.63	320.99		
阳江	Yangjiang	155.17	281.24		
清远	Qingyuan	429.00	484.46		
东莞	Dongguan	2475.01	3254.93		
中山	Zhongshan	1142.63	1325.09		
潮州	Chaozhou	226.61	348.25		
揭阳	Jieyang	482.29	784.04		
云浮	Yunfu	163.56	233.63		
广西	**Guangxi**	**3211.63**	**4848.21**	**5285.64**	
南宁	Nanning	428.07	762.62	842.76	58
柳州	Liuzhou	723.42	903.96	980.92	48
桂林	Guilin	282.17	475.80	539.98	95
梧州	Wuzhou	178.25	334.91	335.41	126
北海	Beihai	92.83	244.08	256.61	143
防城港	Fangchenggang	125.16	199.49	210.46	153
钦州	Qinzhou	180.45	345.09	367.97	120
贵港	Guigang	189.75	268.76	299.86	135
玉林	Yulin	193.23	297.57	317.97	130
百色	Baise	243.57	335.50	335.61	125

11-10 规模以上工业企业所有者权益 续表 3
Owners' Equity of Industrial Enterprises above Designated Size continued 3

单位：亿元 (100 million yuan)

地名	City	2010	2013	2014	2014 排名 Ranking	地名	City	2010	2013	2014	2014 排名 Ranking
贺州	Hezhou	74.19	137.65	156.80	161	丽江	Lijiang	34.49	247.88	282.16	139
河池	Hechi	165.48	156.94	178.90	157	普洱	Puer	71.63	205.83	224.85	150
来宾	Laibin	98.38	123.41	124.45	162	临沧	Lincang	114.73	155.86	165.78	158
崇左	Chongzuo	115.03	174.17	179.35	155	**西藏**	**Tibet**	**223.22**	**361.95**	**401.01**	
海南	**Hainan**	**757.79**	**1084.66**	**1128.08**		拉萨	Lasa	172.71	294.20	311.89	132
海口	Haikou	241.56	342.66	347.89	123	**陕西**	**Shaanxi**	**6311.19**	**9861.87**	**11218.30**	
三亚	Sanya	19.32	33.13	36.45	164	西安	Xi'an	1462.93	2046.74	1897.48	23
三沙	Sansha					铜川	Tongchuan	116.87	154.33	179.19	156
重庆	**Chongqing**	**3205.78**	**4820.83**	**5789.71**		宝鸡	Baoji	552.64	659.73	826.22	59
四川	**Sichuan**	**8571.93**	**12924.97**	**14703.51**		咸阳	Xianyang	530.16	868.23	1104.18	38
成都	Chengdu	2339.15	5056.22	4107.87	4	渭南	Weinan	556.43	657.97	755.50	66
自贡	Zigong	221.94	373.19	417.35	114	延安	Yan'an	929.37	1492.42	1577.84	29
攀枝花	Panzhihua	432.82	633.85	622.03	84	汉中	Hanzhong	167.29	254.51	243.10	144
泸州	Luzhou	272.94	446.11	479.37	102	榆林	Yulin	1489.54	1669.25	2872.34	14
德阳	Deyang	637.95	725.35	707.64	74	安康	Ankang	72.43	187.06	241.62	146
绵阳	Mianyang	445.99	722.81	753.04	67	商洛	Shangluo	78.34	102.88	182.58	154
广元	Guangyuan	97.89	149.34	217.65	152	**甘肃**	**Gansu**	**2411.02**	**3621.91**	**4079.08**	
遂宁	Suining	200.10	361.16	420.03	112	兰州	Lanzhou	661.02	827.86		
内江	Neijiang	272.59	484.69	412.03	116	嘉峪关	Jiayuguan	334.61	563.62		
乐山	Leshan	471.28	546.36	606.09	86	金昌	Jinchang	311.58	542.96		
南充	Nanchong	405.37	610.04	682.30	77	白银	Baiyin	210.49	437.56		
眉山	Meishan	187.05	358.41	365.85	121	天水	Tianshui	91.05	124.66		
宜宾	Yibin	598.38	1054.98	1059.67	41	武威	Wuwei	61.12	113.51		
广安	Guangan	109.76	206.62	241.97	145	张掖	Zhangye	65.37	110.08		
达州	Dazhou	132.33	275.38	422.56	111	平凉	Pingliang	82.85	126.12		
雅安	Yaan	231.22	261.88	268.27	141	酒泉	Jiuquan	249.46	373.88		
巴中	Bazhong	23.31	54.26	77.65	163	庆阳	Qingyang	201.27	358.14		
资阳	Ziyang	232.06	413.94	447.44	109	定西	Dingxi	30.74	64.60		
贵州	**Guizhou**	**2081.15**	**3548.42**	**4177.65**		陇南	Longnan	65.38	103.82		
贵阳	Guiyang	683.66	923.44			**青海**	**Qinghai**	**1084.12**	**1551.99**	**1701.96**	
六盘水	Liupanshui	369.50	544.00			西宁	Xining	526.12	725.87		
遵义	Zunyi	474.27	983.57			海东	Haidong				
安顺	Anshun	107.53	150.93			**宁夏**	**Ningxia**	**1153.29**	**1870.46**	**2287.17**	
毕节	Bijie	126.12	206.20			银川	Yinchuan	484.21	790.75	1016.52	45
铜仁	Tongren	36.80	156.88			石嘴山	Shizuishan	173.47	248.98	309.85	133
云南	**Yunnan**	**3857.72**	**5426.07**	**6459.49**		吴忠	Wuzhong	139.93	236.63	264.46	142
昆明	Kunming	1157.76	1532.63	2111.39	19	固原	Guyuan	13.33	26.55	35.66	165
曲靖	Qujing	521.82	658.34	756.90	65	中卫	Zhongwei	112.46	199.37	282.26	138
玉溪	Yuxi	601.07	741.50	757.48	64	**新疆**	**Xinjiang**	**3888.40**	**5622.36**	**6201.28**	
保山	Baoshan	80.00	138.81	159.87	160	乌鲁木齐	Urumqi	1232.34	1465.61	1552.64	30
昭通	Zhaotong	168.65	330.31	414.45	115	克拉玛依	Karamay	948.93	1138.91	1228.42	35

11-11　规模以上工业企业主营业务收入
Revenue from Principal Business of Industrial Enterprises above Designated Size

单位：亿元　　　　(100 million yuan)

地名	City	2010	2013	2014	2014 排名 Ranking
全国	**Nation Total**	**697744.0**	**1029149.8**	**1107033**	
北京	**Beijing**	**14807.11**	**18624.82**	**19776.67**	
天津	**Tianjin**	**17319.62**	**27011.12**	**28382.59**	
河北	**Hebei**	**31628.93**	**45766.25**	**47207.76**	
石家庄	Shijiazhuang	5553.67	8403.31	8990.79	28
唐山	Tangshan	7980.95	10849.46	10989.34	19
秦皇岛	Qinhuangdao	1176.80	1622.19	1645.83	167
邯郸	Handan	4311.41	5201.30	4935.45	52
邢台	Xingtai	1788.89	2572.92	2640.75	111
保定	Baoding	2866.16	4254.45	4496.49	61
张家口	Zhangjiakou	831.20	1132.27	1108.64	213
承德	Chengde	1245.69	1831.10	1676.93	164
沧州	Cangzhou	2816.26	5104.54	5513.68	47
廊坊	Langfang	2142.98	3294.48	3567.65	78
衡水	Hengshui	914.92	1500.22	1642.21	169
山西	**Shanxi**	**12712.50**	**18404.65**	**17801.12**	
太原	Taiyuan	2057.79	3470.00	3375.77	84
大同	Datong	801.40	1728.08	2241.14	131
阳泉	Yangquan	597.36	621.41	792.56	235
长治	Changzhi	1368.27	1787.19	1540.18	183
晋城	Jincheng	992.99	1202.61	1094.49	214
朔州	Shuozhou	804.63	1161.91	1064.54	216
晋中	Jinzhong	1050.12	1393.35	1160.43	210
运城	Yuncheng	1207.36	1650.98	1616.09	173
忻州	Xinzhou	394.71	685.81	624.30	244
临汾	Linfen	1411.11	1932.99	1644.86	168
吕梁	Lvliang	1474.43	1893.79	1732.78	158
内蒙古	**Inner Mongolia**	**13387.83**	**19550.83**	**19556.56**	
呼和浩特	Hohhot	1153.97	1722.54	1845.67	149
包头	Baotou	2520.05	3190.36	3161.30	88
乌海	Wuhai	557.70	678.53	628.02	243
赤峰	Chifeng	1241.33	1994.18	1950.94	143
通辽	Tongliao	1814.02	2886.61	2446.59	120
鄂尔多斯	Erdos	2790.13	4407.33	4464.25	62
呼伦贝尔	Hulunbuir	724.53	1301.14	1212.02	204
巴彦淖尔	Bayannur	685.10	793.68	836.79	232
乌兰察布	Ulanqab	666.87	1032.11	941.41	222
辽宁	**Liaoning**	**36049.59**	**52150.40**	**48801.56**	
沈阳	Shenyang	9399.62	13426.31	13596.09	8
大连	Dalian	7468.41	10875.36	9870.31	26
鞍山	Anshan	2716.91	3400.65	3674.66	76
抚顺	Fushun	1653.15	2681.35	2721.00	106
本溪	Benxi	1597.82	2223.21	2300.43	127
丹东	Dandong	909.57	1320.01	1274.56	197
锦州	Jinzhou	1625.38	2760.02	2818.72	99
营口	Yingkou	2276.77	2937.55	2742.05	105
阜新	Fuxin	409.64	856.94	827.41	233
辽阳	Liaoyang	1599.96	2087.66	1888.93	147
盘锦	Panjin	1624.39	2815.66	2978.07	94
铁岭	Tieling	2322.04	2772.62	922.47	226
朝阳	Chaoyang	938.38	1398.21	1220.95	202
葫芦岛	Huludao	785.14	1005.04	1009.91	219
吉林	**Jilin**	**12528.35**	**21950.72**	**23312.77**	
长春	Changchun	5660.60	9615.37	10355.57	22
吉林	Jilin	2097.85	3124.15	3103.56	91
四平	Siping	923.26	1669.43	1706.92	161
辽源	Liaoyuan	538.83	1160.67	1242.67	199
通化	Tonghua	802.26	1568.56	1797.60	153
白山	Baishan	630.27	1143.06	1235.83	200
松原	Songyuan	1213.78	2319.23	2110.89	138
白城	Baicheng	252.19	532.20	598.93	246
黑龙江	**Heilongjiang**	**9899.14**	**13569.81**	**13407.09**	
哈尔滨	Harbin	2051.12	2986.61	3227.68	86
齐齐哈尔	Qiqihar	817.23	942.62	933.14	223
鸡西	Jixi	247.06	311.73	226.72	267
鹤岗	Hegang	221.17	207.81	147.71	274
双鸭山	Shuangyashan	348.73	645.25	298.09	265
大庆	Daqing	3665.56	4501.90	4500.50	60
伊春	Yichun	178.64	196.68	124.41	276
佳木斯	Jiamusi	315.59	627.13	641.01	241
七台河	Qitaihe	410.67	223.23	194.06	271
牡丹江	Mudanjiang	441.17	1684.98	950.71	221
黑河	Heihe	72.49	123.45	120.80	277
绥化	Suihua	307.20	812.09	838.76	231
上海	**Shanghai**	**32084.08**	**34533.53**	**35473.82**	
江苏	**Jiangsu**	**91077.41**	**132270.4**	**141956.0**	

11-11 规模以上工业企业主营业务收入 续表 1

Revenue from Principal Business of Industrial Enterprises above Designated Size continued 1

单位：亿元 （100 million yuan）

地名	City	2010	2013	2014	2014 排名 Ranking
南京	Nanjing	8625.35	12428.16	12425.21	12
无锡	Wuxi	12879.78	14450.48	14655.46	6
徐州	Xuzhou	5102.14	10506.88	10664.79	20
常州	Changzhou	7274.88	10223.05	10381.89	21
苏州	Suzhou	24577.51	29937.18	30224.92	1
南通	Nantong	7254.56	11093.04	11195.81	18
连云港	Lianyungang	1905.48	4041.62	4083.66	68
淮安	Huaian	2411.10	4731.24	4689.95	58
盐城	Yancheng	3891.66	6297.05	6389.33	42
扬州	Yangzhou	5637.77	8189.53	8202.11	32
镇江	Zhenjiang	4009.31	7021.31	7104.49	38
泰州	Taizhou	4742.55	8149.57	7910.53	34
宿迁	Suqian	1124.30	2821.44	2967.97	95
浙江	**Zhejiang**	**50536.31**	**61765.48**	**64371.53**	
杭州	Hangzhou	10843.24	12425.65	12833.70	11
宁波	Ningbo	10396.63	12594.24	13254.65	10
温州	Wenzhou	4365.64	4176.55	4386.81	63
嘉兴	Jiaxing	5013.12	6708.11	7232.79	36
湖州	Huzhou	2672.05	3777.04	4102.83	67
绍兴	Shaoxing	6693.85	9079.80	9448.25	27
金华	Jinhua	3318.58	4052.47	4303.43	64
衢州	Quzhou	1108.97	1587.02	1646.54	166
舟山	Zhoushan	877.73	1067.64	1114.68	212
台州	Taizhou	3487.00	3571.68	3732.59	74
丽水	Lishui	1125.47	1753.03	1771.87	154
安徽	**Anhui**	**18164.60**	**33079.46**	**36838.37**	
合肥	Hefei	3733.01	7830.86	8196.10	33
芜湖	Wuhu	2111.56	4515.50	5117.49	49
蚌埠	Bengbu	752.59	1672.42	1971.21	142
淮南	Huainan	792.68	1072.55	952.35	220
马鞍山	Maanshan	1477.99	2581.71	2556.55	117
淮北	Huaibei	934.72	2244.83	2209.24	133
铜陵	Tongling	1249.17	2213.74	2490.82	118
安庆	Anqing	1314.55	2564.50	2960.32	96
黄山	Huangshan	303.56	490.98	536.25	250
滁州	Chuzhou	965.83	1967.11	2221.93	132
阜阳	Fuyang	694.47	1299.85	1582.78	177
宿州	Suzhou	670.10	1169.29	1392.27	190
六安	Liuan	786.61	1467.50	1572.72	182
亳州	Bozhou	316.85	700.23	798.09	234
池州	Chizhou	276.26	544.62	640.15	242
宣城	Xuancheng	992.99	1453.12	1640.09	171
福建	**Fujian**	**21479.37**	**32847.14**	**37097.44**	
福州	Fuzhou	4203.70	6490.31	7130.92	37
厦门	Xiamen	3677.58	4782.35	4772.36	56
莆田	Putian	1241.05	1978.06	2273.48	129
三明	Sanming	1300.40	2526.29	2910.46	97
泉州	Quanzhou	5993.32	9126.72	10323.93	23
漳州	Zhangzhou	1867.97	3216.99	3968.85	70
南平	Nanping	729.36	1253.22	1450.35	189
龙岩	Longyan	1127.90	1513.75	1677.72	163
宁德	Ningde	851.96	2223.41	2589.38	115
江西	**Jiangxi**	**14196.68**	**26700.22**	**31077.54**	
南昌	Nanchang	2760.17	4506.83	5072.23	50
景德镇	Jingdezhen	678.56	1052.72	1046.80	218
萍乡	Pingxiang	1049.99	1514.45	1641.98	170
九江	Jiujiang	1507.60	3859.74	4731.09	57
新余	Xinyu	1230.26	1538.86	1670.53	165
鹰潭	Yingtan	1456.60	3055.19	3396.43	83
赣州	Ganzhou	1258.68	2576.63	3002.79	93
吉安	Jian	1122.47	2337.53	2809.60	101
宜春	Yichun	1221.20	2691.87	3168.99	87
抚州	Fuzhou	733.95	1248.65	1473.36	188
上饶	Shangrao	1177.20	2317.74	2583.31	116
山东	**Shandong**	**83663.00**	**132318.98**	**143140.3**	
济南	Jinan	4422.95	4949.87	5403.91	48
青岛	Qingdao	10545.17	14933.41	15592.75	5
淄博	Zibo	7713.05	10827.92	11281.70	17
枣庄	Zaozhuang	2761.25	3437.55	3530.07	81
东营	Dongying	5888.01	11941.94	13399.56	9
烟台	Yantai	10019.53	13847.96	14553.10	7
潍坊	Weifang	7486.72	11488.01	12241.25	14
济宁	Jining	3908.66	5407.34	5901.34	45
泰安	Taian	3584.30	6308.90	6840.39	39
威海	Weihai	4284.45	6076.24	6542.86	41
日照	Rizhao	1928.49	2607.53	2620.40	113
莱芜	Laiwu	1506.29	1436.96	1577.67	179
临沂	Linyi	4637.88	8679.83	9990.36	25
德州	Dezhou	3941.04	7787.84	8831.48	29
聊城	Liaocheng	4061.87	7510.34	8621.75	30

11-11 规模以上工业企业主营业务收入 续表 2

Revenue from Principal Business of Industrial Enterprises above Designated Size continued 2

单位：亿元 （100 million yuan）

地名	City	2010	2013	2014	2014 排名 Ranking
滨州	Binzhou	3782.38	7256.09	7699.98	35
菏泽	Heze	2501.77	5357.14	6325.25	44
河南	**Henan**	**36163.12**	**59454.79**	**68037.47**	
郑州	Zhengzhou	5942.31	11016.28	12391.37	13
开封	Kaifeng	1003.05	2059.07	2407.32	124
洛阳	Luoyang	3917.63	5860.63	6377.41	43
平顶山	Pingdingshan	2011.01	2335.85	2430.29	123
安阳	Anyang	2430.90	3196.70	3556.45	79
鹤壁	Hebi	919.10	1538.32	1740.41	157
新乡	Xinxiang	2165.17	3489.81	4023.27	69
焦作	Jiaozuo	2622.42	4220.58	4785.63	54
濮阳	Puyang	1550.33	2607.09	3068.44	92
许昌	Xuchang	2316.79	4279.82	5055.10	51
漯河	Luohe	1620.61	2246.47	2621.19	112
三门峡	Sanmenxia	2103.44	3247.79	3469.46	82
南阳	Nanyang	2009.77	3207.74	3803.33	72
商丘	Shangqiu	1405.51	2447.48	2770.53	104
信阳	Xinyang	995.25	1795.19	2158.35	135
周口	Zhoukou	1281.91	3036.31	3551.95	80
驻马店	Zhumadian	1023.29	2054.57	2435.00	121
湖北	**Hubei**	**21151.56**	**37864.54**	**41401.49**	
武汉	Wuhan	7639.32	11123.30	11483.17	16
黄石	Huangshi	1337.14	2503.73	2613.64	114
十堰	Shiyan	1137.81	1612.07	1703.76	162
宜昌	Yichang	1989.81	4428.57	4926.25	53
襄阳	Xiangyang	1949.61	4220.08	4775.69	55
鄂州	Ezhou	641.96	1179.83	1287.67	196
荆门	Jingmen	1177.33	2545.50	2851.63	98
孝感	Xiaogan	975.63	2116.74	2392.24	125
荆州	Jingzhou	847.00	1772.44	2053.80	139
黄冈	Huanggang	741.84	1389.25	1525.63	187
咸宁	Xianning	580.55	1420.88	1576.79	181
随州	Suizhou	487.44	1046.18	1189.28	208
湖南	**Hunan**	**18669.79**	**31616.57**	**33489.43**	
长沙	Changsha	4138.73	7393.64	8329.13	31
株洲	Zhuzhou	1643.70	2574.57	2816.01	100
湘潭	Xiangtan	1473.62	2583.47	2798.83	102
衡阳	Hengyang	1830.86	3011.07	2276.58	128
邵阳	Shaoyang	695.42	1429.58	1611.02	174
岳阳	Yueyang	2725.32	4563.75	4553.92	59

地名	City	2010	2013	2014	2014 排名 Ranking
常德	Changde	1209.50	2102.71	2170.95	134
张家界	Zhangjiajie	106.35	124.33	132.34	275
益阳	Yiyang	797.57	1575.53	1820.98	151
郴州	Chenzhou	1437.27	2818.90	3116.40	90
永州	Yongzhou	587.52	813.92	924.01	225
怀化	Huaihua	677.60	859.89	857.89	229
娄底	Loudi	1096.50	1646.39	1707.01	160
广东	**Guangdong**	**84114.85**	**103654.98**	**115451.13**	
广州	Guangzhou	13624.65	16500.36	16892.43	4
韶关	Shaoguan	768.97	1104.43	1211.80	205
深圳	Shenzhen	18813.72	22309.68	23985.79	2
珠海	Zhuhai	3058.87	3878.08	4176.70	66
汕头	Shantou	1805.34	2420.28	2666.27	109
佛山	Foshan	13733.60	16424.68	17953.59	3
江门	Jiangmen	3639.89	2902.08	3314.61	85
湛江	Zhanjiang	1328.82	1917.20	2118.87	136
茂名	Maoming	1364.57	2138.82	2430.66	122
肇庆	Zhaoqing	1689.05	3265.33	3729.56	75
惠州	Huizhou	3892.63	6477.20	6720.44	40
梅州	Meizhou	438.65	522.41	602.20	245
汕尾	Shanwei	415.83	954.17	1064.44	217
河源	Heyuan	757.50	1062.09	1326.40	193
阳江	Yangjiang	657.55	1505.64	1750.03	155
清远	Qingyuan	2771.05	1381.13	1604.20	176
东莞	Dongguan	7708.17	10830.33	11890.43	15
中山	Zhongshan	4710.39	5372.01	5651.33	46
潮州	Chaozhou	715.49	1075.88	1192.26	206
揭阳	Jieyang	1780.50	3573.59	4247.96	65
云浮	Yunfu	439.61	745.83	921.15	227
广西	**Guangxi**	**9235.85**	**16726.00**	**18916.79**	
南宁	Nanning	1226.64	2440.05	2710.60	107
柳州	Liuzhou	2415.83	3644.34	3966.79	71
桂林	Guilin	861.05	1783.92	1991.18	140
梧州	Wuzhou	684.39	1650.70	1817.38	152
北海	Beihai	310.68	1205.11	1536.85	185
防城港	Fangchenggang	427.60	838.96	904.40	228
钦州	Qinzhou	429.54	1095.99	1232.27	201
贵港	Guigang	455.16	710.05	764.14	237
玉林	Yulin	680.93	1148.38	1308.81	194
百色	Baise	523.31	781.80	850.60	230

11-11 规模以上工业企业主营业务收入 续表 3
Revenue from Principal Business of Industrial Enterprises above Designated Size continued 3

单位：亿元 （100 million yuan）

地名	City	2010	2013	2014	2014 排名 Ranking
贺州	Hezhou	166.39	281.01	348.17	263
河池	Hechi	330.40	322.10	362.98	260
来宾	Laibin	345.75	516.62	462.73	255
崇左	Chongzuo	278.37	411.34	488.64	253
海南	**Hainan**	**1322.83**	**1697.10**	**1756.99**	
海口	Haikou	411.02	505.80	487.50	254
三亚	Sanya	41.34	54.90	61.60	282
三沙	Sansha				
重庆	**Chongqing**	**9039.03**	**12880.32**	**18688.63**	
四川	**Sichuan**	**23062.82**	**31427.16**	**38063.87**	
成都	Chengdu	5626.12	9341.43	10234.61	24
自贡	Zigong	1085.33	1323.18	1605.30	175
攀枝花	Panzhihua	1060.96	1356.70	1581.22	178
泸州	Luzhou	1020.49	1140.27	1365.02	191
德阳	Deyang	1488.66	2128.80	2658.70	110
绵阳	Mianyang	1275.97	1811.13	2115.45	137
广元	Guangyuan	320.47	566.69	688.20	239
遂宁	Suining	640.75	1040.53	1297.66	195
内江	Neijiang	1286.38	1434.36	1632.91	172
乐山	Leshan	1168.93	1346.71	1576.94	180
南充	Nanchong	1129.95	1551.26	1940.42	144
眉山	Meishan	743.40	833.87	1183.61	209
宜宾	Yibin	1272.74	1846.21	1927.34	145
广安	Guangan	605.56	972.47	1244.59	198
达州	Dazhou	882.08	1005.78	1129.35	211
雅安	Yaan	288.81	375.27	409.16	257
巴中	Bazhong	170.93	306.31	452.11	256
资阳	Ziyang	1161.85	1740.55	1980.42	141
贵州	**Guizhou**	**3926.01**	**5966.52**	**8655.87**	
贵阳	Guiyang	1488.54	2116.89	2680.19	108
六盘水	Liupanshui	561.83	830.80	1082.01	215
遵义	Zunyi	653.71	999.70	1346.61	192
安顺	Anshun	183.78	273.05	366.62	259
毕节	Bijie	249.34	478.52		
铜仁	Tongren	116.89	190.45		
云南	**Yunnan**	**6356.24**	**8942.15**	**10358.22**	
昆明	Kunming	2309.47	3133.30	3572.97	77
曲靖	Qujing	1000.38	1407.37	1537.17	184
玉溪	Yuxi	895.76	1146.41	1213.11	203
保山	Baoshan	100.67	188.60	298.99	264
昭通	Zhaotong	189.26	306.98	366.99	258

地名	City	2010	2013	2014	2014 排名 Ranking
丽江	Lijiang	65.85	145.33	119.05	278
普洱	Puer	88.96	176.66	206.34	269
临沧	Lincang	85.57	184.59	219.59	268
西藏	**Tibet**	**59.70**	**93.37**	**117.14**	
拉萨	Lasa	45.07	73.60	89.62	281
陕西	**Shaanxi**	**10888.80**	**17763.00**	**19524.89**	
西安	Xi'an	2889.51	4038.11	3767.53	73
铜川	Tongchuan	256.87	517.54	496.07	251
宝鸡	Baoji	1212.02	1632.17	1871.03	148
咸阳	Xianyang	1370.30	2454.08	2788.20	103
渭南	Weinan	1054.52	1455.51	1721.42	159
延安	Yan'an	1217.78	1652.01	1902.19	146
汉中	Hanzhong	397.15	836.60	927.32	224
榆林	Yulin	1853.88	1975.84	3143.56	89
安康	Ankang	178.84	566.95	739.91	238
商洛	Shangluo	138.02	387.21	567.08	247
甘肃	**Gansu**	**5175.56**	**8443.65**	**9275.09**	
兰州	Lanzhou	1742.53	2259.83	2310.74	126
嘉峪关	Jiayuguan	610.87	1351.95	1528.72	186
金昌	Jinchang	1059.32	2068.99	2254.53	130
白银	Baiyin	400.54	666.48	784.25	236
天水	Tianshui	154.03	187.95	191.12	272
武威	Wuwei	110.57	280.72	357.11	261
张掖	Zhangye	108.84	181.95	179.55	273
平凉	Pingliang	136.20	209.53	204.69	270
酒泉	Jiuquan	369.80	516.26	490.69	252
庆阳	Qingyang	311.91	650.98	645.14	240
定西	Dingxi	44.95	121.10	114.64	279
陇南	Longnan	66.02	92.98	113.05	280
青海	**Qinghai**	**1525.08**	**2045.38**	**2246.62**	
西宁	Xining	996.51	1225.89	1190.02	207
海东	Haidong			228.23	266
宁夏	**Ningxia**	**1879.99**	**3374.49**	**3526.51**	
银川	Yinchuan	799.97	1629.29	1741.52	156
石嘴山	Shizuishan	409.79	578.09	555.18	248
吴忠	Wuzhong	314.10	509.75	549.61	249
固原	Guyuan	13.88	37.40	33.26	283
中卫	Zhongwei	151.35	384.56	348.38	262
新疆	**Xinjiang**	**5492.61**	**8608.03**	**9321.35**	
乌鲁木齐	Urumqi	1678.93	2364.24	2480.46	119
克拉玛依	Karamay	1424.05	1918.44	1831.83	150

11-12 规模以上工业企业利润总额
Total Profits of Industrial Enterprises above Designated Size

单位：亿元 （100 million yuan）

地名	City	2010	2013	2014	2014 排名 Ranking
全国	**Nation Total**	**53049.66**	**62831.02**	**68154.89**	
北京	**Beijing**	**1028.34**	**1254.78**	**1515.75**	
天津	**Tianjin**	**1552.05**	**1992.76**	**2261.83**	
河北	**Hebei**	**2141.47**	**2560.86**	**2610.90**	
石家庄	Shijiazhuang	412.98	668.82	750.83	16
唐山	Tangshan	456.60	564.99	588.21	24
秦皇岛	Qinhuangdao	45.43	24.38	29.16	228
邯郸	Handan	190.76	148.84	193.37	95
邢台	Xingtai	137.42	131.90	131.45	128
保定	Baoding	238.48	222.99	398.90	44
张家口	Zhangjiakou	56.63	64.38	66.06	182
承德	Chengde	122.31	127.46	99.27	147
沧州	Cangzhou	247.23	348.98	331.86	52
廊坊	Langfang	170.74	169.26	176.88	100
衡水	Hengshui	62.89	88.86	103.26	143
山西	**Shanxi**	**958.25**	**547.91**	**256.31**	
太原	Taiyuan	81.61	14.98	21.76	237
大同	Datong	32.52	18.66	10.72	250
阳泉	Yangquan	41.71	4.95	-2.34	271
长治	Changzhi	135.96	127.82	44.63	210
晋城	Jincheng	148.16	104.43	56.02	195
朔州	Shuozhou	120.98	83.72	61.23	192
晋中	Jinzhong	39.77	13.72	-22.51	283
运城	Yuncheng	49.47	69.95	41.13	214
忻州	Xinzhou	50.26	69.47	36.03	216
临汾	Linfen	70.49	26.59	-6.26	273
吕梁	Lvliang	173.00	50.44	-9.69	277
内蒙古	**Inner Mongolia**	**1688.44**	**1682.55**	**1299.32**	
呼和浩特	Hohhot	187.96	145.05	93.13	157
包头	Baotou	188.47	212.81	131.95	126
乌海	Wuhai	91.48	71.60	51.09	200
赤峰	Chifeng	129.62	138.31	94.64	156
通辽	Tongliao	136.52	186.79	145.13	116
鄂尔多斯	Erdos	685.82	902.47	688.88	20
呼伦贝尔	Hulunbuir	68.08	148.43	112.51	139
巴彦淖尔	Bayannur	44.27	44.02	46.29	206
乌兰察布	Ulanqab	48.69	32.45	2.73	268
辽宁	**Liaoning**	**2371.35**	**2461.58**	**2107.63**	
沈阳	Shenyang	673.25	772.45	747.08	17
大连	Dalian	532.62	594.00	426.63	42
鞍山	Anshan	186.85	194.93	128.84	129
抚顺	Fushun	83.82	65.00	109.24	140
本溪	Benxi	55.58	92.93	98.52	149
丹东	Dandong	75.67	56.28	49.35	201
锦州	Jinzhou	138.17	209.78	171.95	102
营口	Yingkou	194.82	283.90	162.89	108
阜新	Fuxin	28.47	42.92	34.63	217
辽阳	Liaoyang	171.60	117.97	77.04	171
盘锦	Panjin	12.25	145.26	13.63	246
铁岭	Tieling	99.60	163.99	30.44	224
朝阳	Chaoyang	91.02	111.01	28.18	229
葫芦岛	Huludao	19.39	100.11	17.35	242
吉林	**Jilin**	**843.21**	**1230.10**	**1445.89**	
长春	Changchun	509.02	753.15	951.92	9
吉林	Jilin	56.18	57.99	64.95	186
四平	Siping	38.15	58.93	54.66	196
辽源	Liaoyuan	16.00	20.15	26.02	233
通化	Tonghua	29.12	83.17	101.76	145
白山	Baishan	22.04	21.13	27.03	232
松原	Songyuan	115.49	202.98	139.10	120
白城	Baicheng	9.81	17.20	22.86	236
黑龙江	**Heilongjiang**	**1248.82**	**1150.21**	**1007.08**	
哈尔滨	Harbin	118.80	132.81	131.65	127
齐齐哈尔	Qiqihar	81.01	54.81	49.21	203
鸡西	Jixi	17.25	4.14	-11.86	278
鹤岗	Hegang	12.54	-7.62	-12.91	279
双鸭山	Shuangyashan	17.03	32.46	-3.08	272
大庆	Daqing	814.66	799.29	720.53	18
伊春	Yichun	10.06	6.86	-13.64	280
佳木斯	Jiamusi	35.29	34.28	29.27	227
七台河	Qitaihe	57.25	-11.12	-18.04	282
牡丹江	Mudanjiang	26.31	55.66	52.74	198
黑河	Heihe	3.27	11.49	9.34	254
绥化	Suihua	41.35	68.80	66.20	181
上海	**Shanghai**	**2299.66**	**2415.20**	**2650.00**	
江苏	**Jiangsu**	**5970.56**	**7834.06**	**9057.17**	

11-12 规模以上工业企业利润总额 续表 1
Total Profits of Industrial Enterprises above Designated Size continued 1

单位：亿元 (100 million yuan)

地名	City	2010	2013	2014	2014 排名 Ranking	地名	City	2010	2013	2014	2014 排名 Ranking
南京	Nanjing	497.91	751.27	979.10	8	池州	Chizhou	19.21	52.74	52.68	199
无锡	Wuxi	945.91	741.88	833.47	14	宣城	Xuancheng	109.73	128.15	119.84	134
徐州	Xuzhou	457.80	856.08	874.85	11	**福建**	**Fujian**	**1754.18**	**1959.45**	**2344.27**	
常州	Changzhou	413.47	512.56	525.69	33	福州	Fuzhou	324.06	422.51	406.37	43
苏州	Suzhou	1507.06	1305.95	1350.12	3	厦门	Xiamen	276.75	234.53	237.55	76
南通	Nantong	553.09	828.49	861.52	12	莆田	Putian	92.73	153.14	195.91	93
连云港	Lianyungang	165.82	301.21	316.09	56	三明	Sanming	41.22	79.82	80.74	168
淮安	Huaian	124.39	218.77	228.99	81	泉州	Quanzhou	627.32	717.23	755.70	15
盐城	Yancheng	217.08	404.19	427.99	41	漳州	Zhangzhou	161.61	268.49	326.35	54
扬州	Yangzhou	417.53	540.53	576.05	26	南平	Nanping	45.61	74.01	74.40	176
镇江	Zhenjiang	228.08	427.23	440.88	39	龙岩	Longyan	136.27	113.26	112.88	138
泰州	Taizhou	343.88	605.06	569.92	27	宁德	Ningde	42.83	162.02	154.39	115
宿迁	Suqian	112.86	305.83	328.30	53	**江西**	**Jiangxi**	**856.81**	**1756.66**	**2130.41**	
浙江	**Zhejiang**	**3174.75**	**3385.87**	**3729.13**		南昌	Nanchang	126.25	244.57	308.31	57
杭州	Hangzhou	764.47	854.14	904.60	10	景德镇	Jingdezhen	26.14	48.04	46.42	205
宁波	Ningbo	657.77	701.68	688.25	21	萍乡	Pingxiang	113.78	185.10	202.81	90
温州	Wenzhou	262.42	236.81	278.63	67	九江	Jiujiang	81.32	259.80	307.32	58
嘉兴	Jiaxing	321.10	356.39	374.84	46	新余	Xinyu	89.36	59.66	64.09	190
湖州	Huzhou	144.14	220.27	240.33	73	鹰潭	Yingtan	75.30	99.09	99.25	148
绍兴	Shaoxing	405.27	505.50	547.53	29	赣州	Ganzhou	58.88	172.34	191.88	96
金华	Jinhua	194.72	231.96	253.75	71	吉安	Jian	77.88	192.02	225.37	83
衢州	Quzhou	81.20	97.54	91.93	158	宜春	Yichun	99.38	235.13	279.04	66
舟山	Zhoushan	48.86	11.70	3.43	265	抚州	Fuzhou	30.91	75.69	88.81	161
台州	Taizhou	307.17	197.53	206.15	88	上饶	Shangrao	77.61	185.22	230.63	79
丽水	Lishui	97.38	148.17	144.74	117	**山东**	**Shandong**	**6107.99**	**8507.73**	**8843.91**	
安徽	**Anhui**	**1445.57**	**1758.77**	**1943.62**		济南	Jinan	334.81	250.03	277.36	68
合肥	Hefei	385.77	508.10	471.48	36	青岛	Qingdao	582.80	895.68	843.32	13
芜湖	Wuhu	117.98	276.03	306.83	59	淄博	Zibo	624.48	761.54	684.76	22
蚌埠	Bengbu	45.58	62.06	64.51	188	枣庄	Zaozhuang	198.72	185.88	188.46	97
淮南	Huainan	44.82	19.01	-9.22	276	东营	Dongying	705.20	1239.74	1258.68	4
马鞍山	Maanshan	117.54	151.20	97.96	151	烟台	Yantai	790.14	1045.54	1063.06	6
淮北	Huaibei	62.12	61.46	56.73	194	潍坊	Weifang	528.43	647.12	676.61	23
铜陵	Tongling	32.93	63.11	36.76	215	济宁	Jining	433.25	329.02	339.70	51
安庆	Anqing	111.65	186.98	199.35	91	泰安	Taian	299.09	452.52	458.73	37
黄山	Huangshan	25.33	34.00	24.62	234	威海	Weihai	259.89	344.87	359.22	48
滁州	Chuzhou	80.92	219.46	239.40	74	日照	Rizhao	143.31	80.35	90.16	160
阜阳	Fuyang	75.21	84.60	78.21	170	莱芜	Laiwu	57.37	27.28	34.27	218
宿州	Suzhou	41.05	60.17	58.16	193	临沂	Linyi	322.59	549.65	530.99	32
六安	Liuan	79.28	119.01	80.94	167	德州	Dezhou	327.19	518.70	541.03	30
亳州	Bozhou	38.15	82.66	65.36	184	聊城	Liaocheng	292.74	524.80	577.50	25

11-12 规模以上工业企业利润总额 续表 2
Total Profits of Industrial Enterprises above Designated Size continued 2

单位：亿元 (100 million yuan)

地名	City	2010	2013	2014	2014 排名 Ranking	地名	City	2010	2013	2014	2014 排名 Ranking
滨州	Binzhou	217.12	303.22	281.12	64	常德	Changde	105.24	204.08	181.94	98
菏泽	Heze	204.45	452.56	509.93	34	张家界	Zhangjiajie	17.84	2.26	12.35	248
河南	**Henan**	**3302.22**	**4410.82**	**4946.19**		益阳	Yiyang	53.93	83.90	64.35	189
郑州	Zhengzhou	715.48	976.89	1033.04	7	郴州	Chenzhou	149.96	194.32	198.69	92
开封	Kaifeng	124.23	193.89	214.95	86	永州	Yongzhou	52.99	41.76	48.77	204
洛阳	Luoyang	212.08	236.62	228.80	82	怀化	Huaihua	48.98	49.78	29.50	226
平顶山	Pingdingshan	145.33	160.76	162.77	109	娄底	Loudi	51.04	109.45	91.85	159
安阳	Anyang	188.24	220.89	234.29	77	**广东**	**Guangdong**	**6239.64**	**5854.93**	**7014.99**	
鹤壁	Hebi	57.51	89.26	96.65	152	广州	Guangzhou	1031.27	1105.69	1076.69	5
新乡	Xinxiang	169.87	205.06	233.94	78	韶关	Shaoguan	35.07	67.47	61.37	191
焦作	Jiaozuo	234.66	319.04	349.21	49	深圳	Shenzhen	1599.02	1277.62	1496.16	1
濮阳	Puyang	118.28	217.46	252.60	72	珠海	Zhuhai	191.24	249.89	293.96	61
许昌	Xuchang	276.96	379.69	434.99	40	汕头	Shantou	173.28	190.54	213.42	87
漯河	Luohe	213.03	269.39	279.72	65	佛山	Foshan	1073.34	1285.29	1365.33	2
三门峡	Sanmenxia	202.30	228.73	264.67	69	江门	Jiangmen	251.08	156.08	170.84	105
南阳	Nanyang	141.78	218.88	238.85	75	湛江	Zhanjiang	148.57	100.57	127.56	130
商丘	Shangqiu	107.35	148.98	154.97	114	茂名	Maoming	116.09	143.03	167.52	106
信阳	Xinyang	64.37	107.70	135.44	123	肇庆	Zhaoqing	98.18	218.17	216.05	85
周口	Zhoukou	194.29	335.47	387.56	45	惠州	Huizhou	196.32	279.93	306.00	60
驻马店	Zhumadian	80.90	158.29	171.81	103	梅州	Meizhou	51.31	38.81	42.66	211
湖北	**Hubei**	**1668.55**	**2080.66**	**2402.63**		汕尾	Shanwei	13.45	36.78	33.92	219
武汉	Wuhan	366.91	480.51	483.21	35	河源	Heyuan	83.79	77.87	64.60	187
黄石	Huangshi	54.71	89.77	95.83	153	阳江	Yangjiang	88.03	173.58	165.19	107
十堰	Shiyan	149.79	192.47	157.39	112	清远	Qingyuan	163.96	75.80	104.56	142
宜昌	Yichang	208.84	448.24	445.19	38	东莞	Dongguan	352.36	313.75	365.98	47
襄阳	Xiangyang	118.41	351.67	343.28	50	中山	Zhongshan	273.96	274.48	291.15	62
鄂州	Ezhou	18.99	42.44	41.83	213	潮州	Chaozhou	62.34	100.91	115.27	137
荆门	Jingmen	55.79	131.56	138.23	121	揭阳	Jieyang	189.75	278.36	261.25	70
孝感	Xiaogan	48.64	121.83	116.23	136	云浮	Yunfu	47.23	51.82	75.51	174
荆州	Jingzhou	36.81	118.38	127.37	131	**广西**	**Guangxi**	**771.59**	**874.00**	**1085.71**	
黄冈	Huanggang	33.73	98.55	83.68	166	南宁	Nanning	112.56	166.85	195.54	94
咸宁	Xianning	38.18	135.60	106.31	141	柳州	Liuzhou	126.25	127.48	136.79	122
随州	Suizhou	28.97	110.23	121.07	133	桂林	Guilin	107.05	160.07	171.73	104
湖南	**Hunan**	**1451.45**	**1585.06**	**1688.30**		梧州	Wuzhou	35.22	144.76	173.50	101
长沙	Changsha	432.40	610.67	552.73	28	北海	Beihai	33.23	105.66	101.04	146
株洲	Zhuzhou	98.42	141.63	141.27	119	防城港	Fangchenggang	52.76	39.68	27.31	230
湘潭	Xiangtan	107.15	113.22	71.82	178	钦州	Qinzhou	1.50	6.85	-9.04	275
衡阳	Hengyang	147.64	176.27	95.28	155	贵港	Guigang	83.35	61.22	65.25	185
邵阳	Shaoyang	64.14	124.81	66.04	183	玉林	Yulin	73.79	80.26	84.88	163
岳阳	Yueyang	98.43	150.93	124.90	132	百色	Baise	40.09	7.70	16.53	243

11-12 规模以上工业企业利润总额 续表 3
Total Profits of Industrial Enterprises above Designated Size continued 3

单位：亿元 （100 million yuan）

地名	City	2010	2013	2014	2014 排名 Ranking	地名	City	2010	2013	2014	2014 排名 Ranking
贺州	Hezhou	7.49	43.53	30.06	225	丽江	Lijiang	8.70	26.55	17.92	241
河池	Hechi	26.25	-1.49	19.41	240	普洱	Puer	8.66	19.76	15.09	244
来宾	Laibin	24.16	8.12	-2.18	270	临沧	Lincang	11.26	18.94	19.84	239
崇左	Chongzuo	40.01	72.25	74.11	177	**西藏**	**Tibet**	**10.82**	**7.17**	**12.56**	
海南	**Hainan**	**140.04**	**110.80**	**113.36**		拉萨	Lasa	6.86	-1.27	4.71	262
海口	Haikou	34.92	34.30	32.81	220	**陕西**	**Shaanxi**	**1469.57**	**1973.32**	**1877.44**	
三亚	Sanya	3.73	1.24	3.86	264	西安	Xi'an	192.95	182.37	205.14	89
三沙	Sansha					铜川	Tongchuan	20.77	15.38	157.14	113
重庆	**Chongqing**	**518.59**	**878.43**	**1229.65**		宝鸡	Baoji	58.61	89.88	135.34	124
四川	**Sichuan**	**1661.85**	**2168.37**	**2237.00**		咸阳	Xianyang	140.61	274.18	321.61	55
成都	Chengdu	391.64	672.15	718.76	19	渭南	Weinan	57.55	19.71	49.27	202
自贡	Zigong	65.00	77.93	75.61	173	延安	Yan'an	222.32	150.32	229.52	80
攀枝花	Panzhihua	49.89	60.29	45.57	208	汉中	Hanzhong	16.75	12.47	27.23	231
泸州	Luzhou	92.11	122.36	87.65	162	榆林	Yulin	583.86	449.61	533.03	31
德阳	Deyang	120.84	152.77	84.67	165	安康	Ankang	22.66	63.59	84.71	164
绵阳	Mianyang	93.93	99.15	102.60	144	商洛	Shangluo	9.01	15.84	23.57	235
广元	Guangyuan	14.50	31.71	31.81	222	**甘肃**	**Gansu**	**231.70**	**286.71**	**243.17**	
遂宁	Suining	48.31	86.60	76.99	172	兰州	Lanzhou	43.94	24.06	-8.06	274
内江	Neijiang	73.25	95.61	75.22	175	嘉峪关	Jiayuguan	20.03	10.71	12.67	247
乐山	Leshan	99.31	78.79	44.70	209	金昌	Jinchang	26.60	12.26	4.28	263
南充	Nanchong	80.18	123.22	133.49	125	白银	Baiyin	12.48	15.69	5.76	259
眉山	Meishan	45.64	67.99	70.81	179	天水	Tianshui	4.64	6.49	7.62	256
宜宾	Yibin	148.41	221.60	177.25	99	武威	Wuwei	5.56	11.97	5.40	260
广安	Guangan	30.19	60.83	54.64	197	张掖	Zhangye	8.69	8.97	4.95	261
达州	Dazhou	41.49	89.47	95.78	154	平凉	Pingliang	12.70	10.37	7.66	255
雅安	Yaan	29.15	31.03	30.67	223	酒泉	Jiuquan	6.15	11.93	12.15	249
巴中	Bazhong	3.00	9.58	13.84	245	庆阳	Qingyang	72.45	165.52	159.51	111
资阳	Ziyang	92.54	161.28	141.95	118	定西	Dingxi	1.66	3.49	2.85	267
贵州	**Guizhou**	**317.63**	**477.33**	**628.68**		陇南	Longnan	10.62	9.94	10.43	252
贵阳	Guiyang	61.02	123.61	217.00	84	**青海**	**Qinghai**	**182.02**	**141.34**	**106.19**	
六盘水	Liupanshui	59.04	28.55	21.68	238	西宁	Xining	43.36	14.83	-16.50	281
遵义	Zunyi	134.53	282.33	285.73	63	海东	Haidong			9.84	253
安顺	Anshun	13.02	26.76	45.78	207	**宁夏**	**Ningxia**	**138.00**	**139.11**	**118.06**	
毕节	Bijie	14.83	42.20			银川	Yinchuan	49.87	78.69	69.43	180
铜仁	Tongren	3.24	40.38			石嘴山	Shizuishan	13.53	9.39	6.06	258
云南	**Yunnan**	**599.34**	**549.08**	**516.08**		吴忠	Wuzhong	13.40	16.93	10.47	251
昆明	Kunming	153.91	164.04	162.11	110	固原	Guyuan	2.82	2.67	3.32	266
曲靖	Qujing	73.14	79.37	6.26	257	中卫	Zhongwei	7.91	1.71	2.28	269
玉溪	Yuxi	87.00	81.80	79.42	169	**新疆**	**Xinjiang**	**852.43**	**795.40**	**731.65**	
保山	Baoshan	13.00	19.43	32.14	221	乌鲁木齐	Urumqi	197.88	164.04	116.96	135
昭通	Zhaotong	15.89	24.79	42.60	212	克拉玛依	Karamay	230.05	197.52	98.16	150

11-13 规模以上工业企业应交增值税

Value-added Tax Payable of Industrial Enterprises above Designated Size

单位：亿元 (100 million yuan)

地名	City	2010	2013	2014	2014 排名 Ranking	地名	City	2010	2013	2014	2014 排名 Ranking
全国	**Nation Total**	**22472.72**	**30130.82**	**33979.04**		沈阳	Shenyang	224.31	270.86	255.52	26
北京	**Beijing**	**409.79**	**521.77**	**561.56**		大连	Dalian	164.31	378.60	231.13	29
天津	**Tianjin**	**656.54**	**859.33**	**992.37**		鞍山	Anshan	85.81	118.47	80.09	77
河北	**Hebei**	**872.28**	**1112.99**	**1160.87**		抚顺	Fushun	42.06	45.85	63.51	98
石家庄	Shijiazhuang	139.10	187.42	213.59	34	本溪	Benxi	30.90	67.05	57.81	111
唐山	Tangshan	221.71	286.21	276.36	23	丹东	Dandong	29.17	38.27	33.55	152
秦皇岛	Qinhuangdao	28.60	39.84	32.93	155	锦州	Jinzhou	47.83	74.72	65.32	95
邯郸	Handan	105.32	99.40	102.31	63	营口	Yingkou	113.97	140.64	107.35	59
邢台	Xingtai	53.87	63.82	58.65	106	阜新	Fuxin	17.19	21.06	18.27	184
保定	Baoding	84.95	108.91	130.97	49	辽阳	Liaoyang	26.25	42.82	41.92	137
张家口	Zhangjiakou	31.74	38.75	39.82	141	盘锦	Panjin	54.85	84.19	93.35	68
承德	Chengde	48.04	68.36	63.56	97	铁岭	Tieling	58.34	83.84	21.02	175
沧州	Cangzhou	81.64	116.49	125.45	54	朝阳	Chaoyang	27.11	64.19	44.22	131
廊坊	Langfang	57.29	72.44	83.47	75	葫芦岛	Huludao	20.57	27.35	22.99	170
衡水	Hengshui	20.02	31.34	33.76	151	**吉林**	**Jilin**	**355.00**	**610.06**	**655.29**	
山西	**Shanxi**	**714.39**	**735.30**	**617.45**		长春	Changchun	180.53	329.07	354.41	14
太原	Taiyuan	69.49	67.41	58.34	107	吉林	Jilin	49.24	100.71	93.52	67
大同	Datong	55.54	50.41	43.74	132	四平	Siping	18.56	18.16	22.85	171
阳泉	Yangquan	43.90	38.56	27.56	164	辽源	Liaoyuan	10.99	12.96	12.67	198
长治	Changzhi	75.85	83.50	65.45	94	通化	Tonghua	20.87	48.02	50.99	118
晋城	Jincheng	67.89	71.25	57.99	110	白山	Baishan	16.06	32.87	25.63	166
朔州	Shuozhou	79.84	94.08	78.00	78	松原	Songyuan	40.45	52.42	54.33	116
晋中	Jinzhong	64.26	63.38	46.41	127	白城	Baicheng	2.65	6.46	12.91	197
运城	Yuncheng	34.55	39.81	35.49	148	**黑龙江**	**Heilongjiang**	**509.51**	**603.47**	**554.51**	
忻州	Xinzhou	25.83	46.25	35.47	149	哈尔滨	Harbin	86.21	96.27	86.74	74
临汾	Linfen	72.23	67.86	58.02	109	齐齐哈尔	Qiqihar	35.89	35.13	32.59	156
吕梁	Lvliang	100.02	102.29	80.53	76	鸡西	Jixi	17.55	17.24	10.70	200
内蒙古	**Inner Mongolia**	**586.32**	**792.40**	**769.14**		鹤岗	Hegang	12.34	10.80	6.76	207
呼和浩特	Hohhot	62.43	50.12	58.23	108	双鸭山	Shuangyashan	16.67	36.92	13.17	195
包头	Baotou	104.46	115.75	89.71	71	大庆	Daqing	250.56	293.88	298.06	21
乌海	Wuhai	31.97	33.85	28.34	162	伊春	Yichun	5.56	4.76	1.85	212
赤峰	Chifeng	40.65	36.09	33.24	154	佳木斯	Jiamusi	8.39	13.54	14.19	191
通辽	Tongliao	45.26	79.92	66.63	92	七台河	Qitaihe	23.48	11.81	11.53	199
鄂尔多斯	Erdos	189.99	316.50	292.14	22	牡丹江	Mudanjiang	17.46	41.87	38.22	143
呼伦贝尔	Hulunbuir	26.28	69.11	61.86	99	黑河	Heihe	2.93	5.20	4.35	210
巴彦淖尔	Bayannur	14.75	14.44	18.16	185	绥化	Suihua	10.01	19.61	19.67	182
乌兰察布	Ulanqab	19.41	20.94	31.33	158	**上海**	**Shanghai**	**816.97**	**905.28**	**915.23**	
辽宁	**Liaoning**	**968.69**	**1250.00**	**1175.39**		**江苏**	**Jiangsu**	**2692.69**	**3985.16**	**4633.56**	

11-13 规模以上工业企业应交增值税 续表 1

Value-added Tax Payable of Industrial Enterprises above Designated Size continued 1

单位：亿元 （100 million yuan）

地名	City	2010	2013	2014	2014 排名 Ranking	地名	City	2010	2013	2014	2014 排名 Ranking
南京	Nanjing	348.29	344.92	484.24	4	池州	Chizhou	8.67	17.58	22.84	172
无锡	Wuxi	252.57	326.90	364.25	13	宣城	Xuancheng	32.22	50.67	48.39	123
徐州	Xuzhou	254.94	486.85	496.88	3	**福建**	**Fujian**	**555.85**	**916.88**	**1076.56**	
常州	Changzhou	184.91	293.91	301.68	20	福州	Fuzhou	87.43	201.67		
苏州	Suzhou	451.41	491.27	503.23	2	厦门	Xiamen	66.31	82.33		
南通	Nantong	250.79	413.20	420.15	7	莆田	Putian	21.34	46.31		
连云港	Lianyungang	75.60	145.65	157.14	42	三明	Sanming	41.41	67.77		
淮安	Huaian	64.34	103.01	105.69	60	泉州	Quanzhou	171.56	257.11		
盐城	Yancheng	147.50	234.26	312.59	18	漳州	Zhangzhou	67.47	177.56		
扬州	Yangzhou	245.29	334.56	343.01	16	南平	Nanping	16.76	40.68		
镇江	Zhenjiang	126.77	220.88	224.02	31	龙岩	Longyan	44.19	52.63		
泰州	Taizhou	188.62	358.06	378.69	11	宁德	Ningde	22.63	65.72		
宿迁	Suqian	38.10	106.34	109.70	58	**江西**	**Jiangxi**	**421.87**	**853.41**	**1014.06**	
浙江	**Zhejiang**	**1412.68**	**1627.38**	**1844.10**		南昌	Nanchang	76.11	120.40		
杭州	Hangzhou	305.99	380.77	398.98	9	景德镇	Jingdezhen	20.14	30.52		
宁波	Ningbo	277.04	337.69	353.38	15	萍乡	Pingxiang	45.63	55.66		
温州	Wenzhou	157.30	144.16	154.03	43	九江	Jiujiang	38.56	94.28		
嘉兴	Jiaxing	146.10	205.30	219.41	33	新余	Xinyu	21.77	32.00		
湖州	Huzhou	73.04	99.60	112.94	57	鹰潭	Yingtan	23.45	58.55		
绍兴	Shaoxing	155.71	200.17	221.35	32	赣州	Ganzhou	43.12	107.22		
金华	Jinhua	96.60	118.69	128.34	52	吉安	Jian	43.82	93.09		
衢州	Quzhou	29.97	48.60	54.67	115	宜春	Yichun	50.44	103.00		
舟山	Zhoushan	13.45	16.07	17.83	186	抚州	Fuzhou	20.14	49.59		
台州	Taizhou	102.90	115.31	123.75	55	上饶	Shangrao	41.07	109.08		
丽水	Lishui	32.70	43.98	43.34	134	**山东**	**Shandong**	**2545.93**	**3698.52**	**4022.61**	
安徽	**Anhui**	**672.57**	**866.98**	**991.10**		济南	Jinan	131.99	142.44	162.42	41
合肥	Hefei	160.23	245.69	203.35	35	青岛	Qingdao	305.36	524.00	503.42	1
芜湖	Wuhu	83.51	167.70	193.40	38	淄博	Zibo	287.35	385.90	371.18	12
蚌埠	Bengbu	22.70	27.76	29.67	160	枣庄	Zaozhuang	111.46	135.41	132.24	48
淮南	Huainan	57.63	54.89	48.80	122	东营	Dongying	235.45	410.54	413.28	8
马鞍山	Maanshan	71.10	77.70	67.13	90	烟台	Yantai	210.48	284.76	303.25	19
淮北	Huaibei	43.07	58.33	58.93	105	潍坊	Weifang	201.72	245.57	266.56	24
铜陵	Tongling	21.85	32.21	25.37	167	济宁	Jining	156.69	181.63	195.37	37
安庆	Anqing	37.50	63.98	70.32	85	泰安	Taian	136.53	215.62	230.44	30
黄山	Huangshan	8.53	15.98	10.54	201	威海	Weihai	98.96	168.40	165.89	40
滁州	Chuzhou	29.84	63.25	77.05	81	日照	Rizhao	53.72	38.68	45.42	128
阜阳	Fuyang	27.80	63.14	63.83	96	莱芜	Laiwu	29.30	16.08	15.93	188
宿州	Suzhou	12.61	29.27	23.30	169	临沂	Linyi	93.18	205.64	231.95	28
六安	Liuan	20.11	31.93	27.49	165	德州	Dezhou	149.89	310.13	313.30	17
亳州	Bozhou	10.95	23.39	20.67	177	聊城	Liaocheng	152.82	189.04	202.14	36

11-13 规模以上工业企业应交增值税 续表 2

Value-added Tax Payable of Industrial Enterprises above Designated Size continued 2

单位：亿元 (100 million yuan)

地名	City	2010	2013	2014	2014 排名 Ranking
滨州	Binzhou	91.25	134.58	129.80	50
菏泽	Heze	93.78	219.96	257.13	25
河南	**Henan**	**1147.72**	**1436.60**	**1711.04**	
郑州	Zhengzhou	261.21	432.09	483.43	5
开封	Kaifeng	30.98	47.59	57.32	112
洛阳	Luoyang	94.52	98.18	105.24	61
平顶山	Pingdingshan	73.08	88.55	91.66	70
安阳	Anyang	74.35	76.69	88.57	72
鹤壁	Hebi	23.63	35.44	30.69	159
新乡	Xinxiang	45.21	55.48	61.74	100
焦作	Jiaozuo	101.41	120.56	127.60	53
濮阳	Puyang	36.26	64.82	67.28	89
许昌	Xuchang	104.10	152.38	153.34	44
漯河	Luohe	31.48	41.34	41.43	138
三门峡	Sanmenxia	40.71	46.63	50.52	120
南阳	Nanyang	77.54	91.84	101.69	65
商丘	Shangqiu	37.32	51.46	53.66	117
信阳	Xinyang	27.20	44.63	45.19	129
周口	Zhoukou	38.16	66.84	73.62	83
驻马店	Zhumadian	25.37	47.16	47.73	125
湖北	**Hubei**	**639.08**	**946.77**	**1217.24**	
武汉	Wuhan	228.90	345.92	429.53	6
黄石	Huangshi	18.50	49.74	50.53	119
十堰	Shiyan	17.05	53.55	44.41	130
宜昌	Yichang	77.00	203.50	173.90	39
襄阳	Xiangyang	48.96	122.60	103.30	62
鄂州	Ezhou	18.02	31.45	43.60	133
荆门	Jingmen	24.89	52.99	57.19	113
孝感	Xiaogan	25.12	48.77	49.97	121
荆州	Jingzhou	16.62	50.05	54.74	114
黄冈	Huanggang	15.90	43.29	37.93	145
咸宁	Xianning	12.28	46.86	38.38	142
随州	Suizhou	12.81	34.43	38.03	144
湖南	**Hunan**	**830.66**	**1123.73**	**1247.98**	
长沙	Changsha	182.95	272.74		
株洲	Zhuzhou	94.05	131.48		
湘潭	Xiangtan	48.86	75.08		
衡阳	Hengyang	64.39	102.62		
邵阳	Shaoyang	28.18	61.01		
岳阳	Yueyang	114.66	173.83		
常德	Changde	67.28	120.52		
张家界	Zhangjiajie	3.80	4.46		
益阳	Yiyang	31.16	71.39		
郴州	Chenzhou	72.97	140.05		
永州	Yongzhou	21.44	31.09		
怀化	Huaihua	22.09	26.96		
娄底	Loudi	63.64	70.83		
广东	**Guangdong**	**2280.56**	**2539.07**	**3430.87**	
广州	Guangzhou	469.63	517.36		
韶关	Shaoguan	29.11	43.86		
深圳	Shenzhen	470.83	710.41		
珠海	Zhuhai	64.24	104.39		
汕头	Shantou	51.61	59.98		
佛山	Foshan	318.39	421.78		
江门	Jiangmen	109.04	84.70		
湛江	Zhanjiang	43.84	90.69		
茂名	Maoming	53.21	207.27		
肇庆	Zhaoqing	61.63	98.69		
惠州	Huizhou	118.75	269.15		
梅州	Meizhou	22.38	27.22		
汕尾	Shanwei	9.63	11.45		
河源	Heyuan	20.22	31.19		
阳江	Yangjiang	21.85	56.22		
清远	Qingyuan	61.61	40.51		
东莞	Dongguan	108.19	242.93		
中山	Zhongshan	145.09	180.42		
潮州	Chaozhou	28.73	41.10		
揭阳	Jieyang	56.25	79.18		
云浮	Yunfu	16.48	24.51		
广西	**Guangxi**	**320.65**	**528.11**	**688.51**	
南宁	Nanning	46.07	80.73	94.08	66
柳州	Liuzhou	68.98	80.25	87.93	73
桂林	Guilin	35.66	61.13	67.01	91
梧州	Wuzhou	17.29	110.24	101.77	64
北海	Beihai	7.53	64.39	68.41	87
防城港	Fangchenggang	6.10	9.43	9.26	204
钦州	Qinzhou	12.09	21.69	91.73	69
贵港	Guigang	13.41	19.22	22.07	173
玉林	Yulin	26.36	39.19	37.91	146
百色	Baise	29.32	26.11	28.12	163

11-13 规模以上工业企业应交增值税 续表 3

Value-added Tax Payable of Industrial Enterprises above Designated Size continued 3

单位：亿元 （100 million yuan）

地名	City	2010	2013	2014	2014 排名 Ranking
贺州	Hezhou	5.86	13.58	10.35	202
河池	Hechi	18.59	12.98	20.89	176
来宾	Laibin	15.81	13.67	14.86	189
崇左	Chongzuo	13.72	3.27	19.89	179
海南	**Hainan**	**60.46**	**62.78**	**64.89**	
海口	Haikou	15.29	20.12	19.76	181
三亚	Sanya	2.22	2.54	2.90	211
三沙	Sansha				
重庆	**Chongqing**	**341.75**	**579.91**	**720.36**	
四川	**Sichuan**	**945.28**	**1244.38**	**1297.33**	
成都	Chengdu	217.36	443.75	384.01	10
自贡	Zigong	48.90	60.00	60.21	102
攀枝花	Panzhihua	38.61	57.15	47.91	124
泸州	Luzhou	44.47	61.95	40.23	140
德阳	Deyang	59.50	75.03	76.54	82
绵阳	Mianyang	56.23	92.54	66.42	93
广元	Guangyuan	10.53	13.94	13.67	193
遂宁	Suining	30.18	48.98	46.75	126
内江	Neijiang	57.33	73.02	59.98	103
乐山	Leshan	47.25	43.50	33.33	153
南充	Nanchong	44.22	63.30	67.80	88
眉山	Meishan	28.87	37.93	42.90	135
宜宾	Yibin	58.00	74.01	68.49	86
广安	Guangan	19.32	26.68	28.44	161
达州	Dazhou	26.17	24.02	34.21	150
雅安	Yaan	14.90	22.30	21.49	174
巴中	Bazhong	2.66	10.89	14.69	190
资阳	Ziyang	40.37	59.31	61.62	101
贵州	**Guizhou**	**193.20**	**313.83**	**359.07**	
贵阳	Guiyang	58.88	105.80		
六盘水	Liupanshui	34.78	36.72		
遵义	Zunyi	38.69	87.19		
安顺	Anshun	8.40	11.57		
毕节	Bijie	23.41	33.41		
铜仁	Tongren	3.69	8.49		
云南	**Yunnan**	**337.57**	**440.13**	**472.75**	
昆明	Kunming	91.01	120.25	128.65	51
曲靖	Qujing	50.84	70.82	59.27	104
玉溪	Yuxi	59.28	71.40	77.63	79
保山	Baoshan	5.52	10.97	13.58	194
昭通	Zhaotong	16.44	24.50	32.34	157
丽江	Lijiang	3.90	12.29	9.16	205
普洱	Puer	6.35	12.34	16.25	187
临沧	Lincang	6.34	10.56	8.65	206
西藏	**Tibet**	**5.01**	**8.23**	**7.71**	
拉萨	Lasa	3.69	5.23	4.67	208
陕西	**Shaanxi**	**584.23**	**856.04**	**948.84**	
西安	Xi'an	98.00	101.60	134.63	46
铜川	Tongchuan	14.17	20.81	19.81	180
宝鸡	Baoji	41.28	50.63	73.45	84
咸阳	Xianyang	51.99	106.06	135.06	45
渭南	Weinan	37.01	38.53	36.12	147
延安	Yan'an	90.80	114.90	134.10	47
汉中	Hanzhong	11.52	11.57	23.89	168
榆林	Yulin	184.74	176.35	249.32	27
安康	Ankang	12.12	28.01	40.54	139
商洛	Shangluo	5.67	11.44	20.36	178
甘肃	**Gansu**	**165.56**	**192.28**	**239.04**	
兰州	Lanzhou	60.64	67.43		
嘉峪关	Jiayuguan	17.39	13.86		
金昌	Jinchang	17.64	12.07		
白银	Baiyin	10.68	14.25		
天水	Tianshui	7.11	5.74		
武威	Wuwei	3.70	2.81		
张掖	Zhangye	3.95	4.52		
平凉	Pingliang	11.08	15.77		
酒泉	Jiuquan	11.13	9.25		
庆阳	Qingyang	14.89	40.02		
定西	Dingxi	1.35	1.83		
陇南	Longnan	3.53	5.77		
青海	**Qinghai**	**80.66**	**90.91**	**81.97**	
西宁	Xining	36.36	42.02	19.48	183
海东	Haidong			4.51	209
宁夏	**Ningxia**	**71.12**	**99.65**	**103.21**	
银川	Yinchuan	20.25	46.21	42.84	136
石嘴山	Shizuishan	13.88	15.49	13.12	196
吴忠	Wuzhong	11.72	15.34	13.95	192
固原	Guyuan	0.52	1.54	1.50	213
中卫	Zhongwei	6.09	8.03	9.62	203
新疆	**Xinjiang**	**261.52**	**329.47**	**404.41**	
乌鲁木齐	Urumqi	52.63	73.38	77.29	80
克拉玛依	Karamay	90.30	91.84	115.43	56

12

建筑业

Construction

12-1 建筑业企业单位数

Number of Construction Enterprises

单位：个 （unit）

地名	City	2010	2013	2014	2014 排名 Ranking
全国	**Nation Total**	**71863**	**79528**	**81141**	
北京	**Beijing**	**3262**	**3114**	**3043**	
天津	**Tianjin**	**1438**	**1600**	**1629**	
河北	**Hebei**	**2132**	**2395**	**2395**	
石家庄	Shijiazhuang	271	266	258	68
唐山	Tangshan	296	335	335	55
秦皇岛	Qinhuangdao	207	220	222	89
邯郸	Handan	240	308	306	60
邢台	Xingtai	165	164	163	125
保定	Baoding	247	281	285	65
张家口	Zhangjiakou	124	155	151	135
承德	Chengde	197	195	203	104
沧州	Cangzhou	212	214	210	100
廊坊	Langfang	209	215	216	96
衡水	Hengshui	121	147	147	139
山西	**Shanxi**	**1727**	**2189**	**2357**	
太原	Taiyuan	821	914	956	11
大同	Datong	204	200	208	102
阳泉	Yangquan	78	80	90	196
长治	Changzhi	146	146	154	131
晋城	Jincheng	71	86	103	180
朔州	Shuozhou	78	105	117	165
晋中	Jinzhong	118	151	169	119
运城	Yuncheng	129	145	157	129
忻州	Xinzhou	110	123	139	144
临汾	Linfen	128	133	165	121
吕梁	Lvliang	87	98	100	184
内蒙古	**Inner Mongolia**	**787**	**866**	**863**	
呼和浩特	Hohhot	171	193	180	116
包头	Baotou	98	97	100	184
乌海	Wuhai	32	41	41	245
赤峰	Chifeng	116	115	132	153
通辽	Tongliao	44	56	56	227
鄂尔多斯	Erdos	166	192	192	111
呼伦贝尔	Hulunbuir	74	73	73	211
巴彦淖尔	Bayannur	53	54	56	227
乌兰察布	Ulanqab	41	43	41	245
辽宁	**Liaoning**	**4612**	**6005**	**6028**	

地名	City	2010	2013	2014	2014 排名 Ranking
沈阳	Shenyang	1542	1899	2049	1
大连	Dalian	1378	1644	1670	2
鞍山	Anshan	319	403	411	43
抚顺	Fushun	164	200	216	96
本溪	Benxi	186	196	234	80
丹东	Dandong	201	239	246	73
锦州	Jinzhou	190	247	256	70
营口	Yingkou	157	232	262	67
阜新	Fuxin	159	221	233	82
辽阳	Liaoyang	217	259	280	66
盘锦	Panjin	176	205	221	91
铁岭	Tieling	93	116	118	163
朝阳	Chaoyang	159	216	217	95
葫芦岛	Huludao	161	294	298	63
吉林	**Jilin**	**932**	**1854**	**2195**	
长春	Changchun	366	1109		
吉林	Jilin	161	331		
四平	Siping	153	106		
辽源	Liaoyuan	82	92		
通化	Tonghua	97	123		
白山	Baishan	99	110		
松原	Songyuan	104	151		
白城	Baicheng	57	46		
黑龙江	**Heilongjiang**	**1945**	**1965**	**1825**	
哈尔滨	Harbin	890	921	833	15
齐齐哈尔	Qiqihar	132	114	102	181
鸡西	Jixi	82	93	91	194
鹤岗	Hegang	59	67	58	225
双鸭山	Shuangyashan	55	53	46	237
大庆	Daqing	235	231	218	94
伊春	Yichun	53	59	45	239
佳木斯	Jiamusi	70	74	71	215
七台河	Qitaihe	27	38	33	255
牡丹江	Mudanjiang	182	162	134	148
黑河	Heihe	51	60	60	222
绥化	Suihua	81	110	102	181
上海	**Shanghai**	**2983**	**2860**	**2888**	
江苏	**Jiangsu**	**8893**	**9305**	**9025**	

12-1 建筑业企业单位数 续表 1
Number of Construction Enterprises continued 1

单位：个 （unit）

地名	City	2010	2013	2014	2014 排名 Ranking
南京	Nanjing	1517	1687	1487	3
无锡	Wuxi	598	592	577	28
徐州	Xuzhou	364	443	413	42
常州	Changzhou	564	648	633	25
苏州	Suzhou	1454	1481	1438	5
南通	Nantong	890	944	892	12
连云港	Lianyungang	214	304	301	62
淮安	Huaian	624	661	611	26
盐城	Yancheng	668	746	751	18
扬州	Yangzhou	743	758	735	19
镇江	Zhenjiang	374	401	391	47
泰州	Taizhou	640	687	634	24
宿迁	Suqian	299	357	357	51
浙江	**Zhejiang**	**5052**	**5884**	**6057**	
杭州	Hangzhou	1331	1515	1476	4
宁波	Ningbo	753	976	986	10
温州	Wenzhou	547	639	652	23
嘉兴	Jiaxing	271	325	322	58
湖州	Huzhou	178	216	230	84
绍兴	Shaoxing	541	661	707	21
金华	Jinhua	583	687	731	20
衢州	Quzhou	197	226	235	79
舟山	Zhoushan	118	133	142	142
台州	Taizhou	408	438	454	36
丽水	Lishui	184	250	250	72
安徽	**Anhui**	**2432**	**2675**	**2747**	
合肥	Hefei	703	840	856	14
芜湖	Wuhu	164	212	229	85
蚌埠	Bengbu	128	150	142	142
淮南	Huainan	67	81	89	197
马鞍山	Maanshan	137	147	134	148
淮北	Huaibei	57	53	49	233
铜陵	Tongling	84	105	104	179
安庆	Anqing	237	242	244	74
黄山	Huangshan	76	79	77	207
滁州	Chuzhou	124	141	148	138
阜阳	Fuyang	108	127	133	150
宿州	Suzhou	100	158	165	121
六安	Liuan	130	158	165	121
亳州	Bozhou	34	42	46	237
池州	Chizhou	84	96	100	184
宣城	Xuancheng	117	126	126	158
福建	**Fujian**	**2180**	**2646**	**3109**	
福州	Fuzhou	748	957	1057	9
厦门	Xiamen	466	566	687	22
莆田	Putian	145	205	239	77
三明	Sanming	140	197	212	99
泉州	Quanzhou	491	514	598	27
漳州	Zhangzhou	165	206	234	80
南平	Nanping	148	203	237	78
龙岩	Longyan	187	249	309	59
宁德	Ningde	116	136	161	127
江西	**Jiangxi**	**1276**	**1626**	**1712**	
南昌	Nanchang	439	495	511	33
景德镇	Jingdezhen	54	38	37	250
萍乡	Pingxiang	95	78	69	217
九江	Jiujiang	142	159	156	130
新余	Xinyu	60	76	73	211
鹰潭	Yingtan	40	42	41	245
赣州	Ganzhou	124	218	257	69
吉安	Jian	106	134	137	145
宜春	Yichun	129	192	198	105
抚州	Fuzhou	85	109	112	172
上饶	Shangrao	117	176	195	109
山东	**Shandong**	**6135**	**5756**	**5758**	
济南	Jinan	739	463	454	36
青岛	Qingdao	640	580	556	30
淄博	Zibo	477	392	387	48
枣庄	Zaozhuang	262	225	221	91
东营	Dongying	211	222	224	87
烟台	Yantai	932	830	818	16
潍坊	Weifang	581	519	508	34
济宁	Jining	372	379	427	40
泰安	Taian	346	341	333	56
威海	Weihai	380	440	421	41
日照	Rizhao	227	211	208	102
莱芜	Laiwu	151	134	133	150
临沂	Linyi	360	362	375	49
德州	Dezhou	198	201	197	107
聊城	Liaocheng	201	212	232	83

12-1 建筑业企业单位数 续表 2

Number of Construction Enterprises continued 2

单位：个 （unit）

地名	City	2010	2013	2014	2014 排名 Ranking	地名	City	2010	2013	2014	2014 排名 Ranking
滨州	Binzhou	216	218	222	89	常德	Changde	120	121	121	161
菏泽	Heze	189	183	183	114	张家界	Zhangjiajie	31	30	29	257
河南	**Henan**	**4294**	**4697**	**4762**		益阳	Yiyang	101	102	96	188
郑州	Zhengzhou	1250	1508	1424	6	郴州	Chenzhou	91	106	114	168
开封	Kaifeng	188	262	256	70	永州	Yongzhou	87	91	93	191
洛阳	Luoyang	383	415	406	46	怀化	Huaihua	90	93	92	192
平顶山	Pingdingshan	197	205	198	105	娄底	Loudi	111	117	121	161
安阳	Anyang	189	247	226	86	**广东**	**Guangdong**	**4249**	**4395**	**4387**	
鹤壁	Hebi	53	83	91	194	广州	Guangzhou	779	882	890	13
新乡	Xinxiang	318	393	289	64	韶关	Shaoguan	76	101	95	189
焦作	Jiaozuo	172	202	189	112	深圳	Shenzhen	808	898	818	16
濮阳	Puyang	186	213	210	100	珠海	Zhuhai	144	309	375	49
许昌	Xuchang	111	126	128	157	汕头	Shantou	212	186	180	116
漯河	Luohe	82	95	95	189	佛山	Foshan	497	424	434	38
三门峡	Sanmenxia	126	152	154	131	江门	Jiangmen	165	160	162	126
南阳	Nanyang	328	347	340	54	湛江	Zhanjiang	106	128	131	154
商丘	Shangqiu	141	179	153	133	茂名	Maoming	97	125	125	159
信阳	Xinyang	186	213	193	110	肇庆	Zhaoqing	119	98	92	192
周口	Zhoukou	162	201	183	114	惠州	Huizhou	111	121	111	173
驻马店	Zhumadian	206	225	221	91	梅州	Meizhou	146	153	151	135
湖北	**Hubei**	**2846**	**3197**	**3217**		汕尾	Shanwei	38	36	34	253
武汉	Wuhan	1349	1275			河源	Heyuan	85	104	102	181
黄石	Huangshi	115	124			阳江	Yangjiang	95	117	113	170
十堰	Shiyan	132	218			清远	Qingyuan	80	72	77	207
宜昌	Yichang	322	291			东莞	Dongguan	444	502	536	31
襄阳	Xiangyang	296	322			中山	Zhongshan	314	327	329	57
鄂州	Ezhou	68	75			潮州	Chaozhou	83	77	73	211
荆门	Jingmen	91	127			揭阳	Jieyang	107	112	111	173
孝感	Xiaogan	131	122			云浮	Yunfu	45	45	43	244
荆州	Jingzhou	173	202			**广西**	**Guangxi**	**977**	**1092**	**1079**	
黄冈	Huanggang	224	229			南宁	Nanning	466	480	411	43
咸宁	Xianning	63	98			柳州	Liuzhou	89	78	81	201
随州	Suizhou	86	68			桂林	Guilin	161	161	150	137
湖南	**Hunan**	**1822**	**1984**	**2030**		梧州	Wuzhou	31	46	44	241
长沙	Changsha	517	598	564	29	北海	Beihai	47	48	48	235
株洲	Zhuzhou	177	178	188	113	防城港	Fangchenggang	57	49	50	231
湘潭	Xiangtan	130	121	124	160	钦州	Qinzhou	50	59	59	223
衡阳	Hengyang	174	169	176	118	贵港	Guigang	48	45	44	241
邵阳	Shaoyang	116	109	113	170	玉林	Yulin	65	72	74	210
岳阳	Yueyang	209	221	224	87	百色	Baise	60	62	67	219

12-1 建筑业企业单位数 续表 3
Number of Construction Enterprises continued 3

单位：个 （unit）

地名	City	2010	2013	2014	2014 排名 Ranking	地名	City	2010	2013	2014	2014 排名 Ranking
贺州	Hezhou	28	35	34	253	丽江	Lijiang	61	62	59	223
河池	Hechi	44	47	49	233	普洱	Puer	208	92	100	184
来宾	Laibin	36	33	35	252	临沧	Lincang	190	49	51	230
崇左	Chongzuo	40	39	36	251	**西藏**	**Tibet**	**175**	**164**	**172**	
海南	**Hainan**	**104**	**146**	**149**		拉萨	Lasa	80	79	80	202
海口	Haikou	93	107	117	165	**陕西**	**Shaanxi**	**982**	**1397**	**1656**	
三亚	Sanya	20	18	18	259	西安	Xi'an	322	415	531	32
三沙	Sansha					铜川	Tongchuan	28	28	31	256
重庆	**Chongqing**	**2326**	**2394**	**2426**		宝鸡	Baoji	76	132	146	140
四川	**Sichuan**	**3414**	**3389**	**3415**		咸阳	Xianyang	61	86	106	178
成都	Chengdu	1524	1478	1200	7	渭南	Weinan	90	104	116	167
自贡	Zigong	168	133	129	156	延安	Yan'an	63	116	131	154
攀枝花	Panzhihua	80	91	78	205	汉中	Hanzhong	98	102	114	168
泸州	Luzhou	188	164	159	128	榆林	Yulin	163	300	356	52
德阳	Deyang	243	255	242	76	安康	Ankang	54	78	88	198
绵阳	Mianyang	272	386	411	43	商洛	Shangluo	54	66	73	211
广元	Guangyuan	199	172	165	121	**甘肃**	**Gansu**	**757**	**1225**	**1281**	
遂宁	Suining	173	148	143	141	兰州	Lanzhou	329	493	492	35
内江	Neijiang	130	119	111	173	嘉峪关	Jiayuguan	19	27	26	258
乐山	Leshan	197	147	152	134	金昌	Jinchang	27	37	39	249
南充	Nanchong	249	249	243	75	白银	Baiyin	53	70	69	217
眉山	Meishan	126	134	135	146	天水	Tianshui	72	87	86	200
宜宾	Yibin	231	213	197	107	武威	Wuwei	41	50	55	229
广安	Guangan	103	99	110	176	张掖	Zhangye	60	104	135	146
达州	Dazhou	99	124	118	163	平凉	Pingliang	38	53	58	225
雅安	Yaan	51	52	44	241	酒泉	Jiuquan	44	77	80	202
巴中	Bazhong	101	97	133	150	庆阳	Qingyang	60	77	79	204
资阳	Ziyang	120	122	110	176	定西	Dingxi	43	66	70	216
贵州	**Guizhou**	**550**	**605**	**708**		陇南	Longnan	46	83	87	199
贵阳	Guiyang	268	303			**青海**	**Qinghai**	**369**	**381**	**391**	
六盘水	Liupanshui	27	27			西宁	Xining	326	314	303	61
遵义	Zunyi	94	99			海东	Haidong			48	235
安顺	Anshun	19	22			**宁夏**	**Ningxia**	**474**	**514**	**524**	
毕节	Bijie	45	50			银川	Yinchuan	301	343	353	53
铜仁	Tongren	34	41			石嘴山	Shizuishan	45	43	40	248
云南	**Yunnan**	**1932**	**2236**	**2304**		吴忠	Wuzhong	72	75	76	209
昆明	Kunming	2048	1127	1156	8	固原	Guyuan	43	44	45	239
曲靖	Qujing	190	205	215	98	中卫	Zhongwei	42	50	50	231
玉溪	Yuxi	151	169	168	120	**新疆**	**Xinjiang**	**806**	**972**	**1009**	
保山	Baoshan	52	63	66	220	乌鲁木齐	Urumqi	485	445	434	38
昭通	Zhaotong	90	76	78	205	克拉玛依	Karamay	53	64	62	221

12-2 建筑业企业从业人员
Employees of Construction Enterprises

单位：万人 （10 000 persons）

地名	City	2010	2011	2012	2012 排名 Ranking	地名	City	2010	2011	2012	2012 排名 Ranking
全国	**Nation Total**	**4160.40**	**3852.50**	**4267.20**		沈阳	Shenyang	67.50	34.53	55.77	17
北京	**Beijing**	**59.90**	**49.60**	**48.47**		大连	Dalian	77.80	55.12	59.00	15
天津	**Tianjin**	**65.50**	**65.38**	**32.24**		鞍山	Anshan	17.70	10.67	14.93	63
河北	**Hebei**	**128.60**	**120.50**	**134.54**		抚顺	Fushun	11.30	6.39	11.98	84
石家庄	Shijiazhuang	14.50	13.11	13.54	72	本溪	Benxi	7.00	5.89	9.55	105
唐山	Tangshan	18.70	16.96	16.16	58	丹东	Dandong	10.80	5.26	10.38	94
秦皇岛	Qinhuangdao	5.90	4.93	5.23	167	锦州	Jinzhou	8.20	5.81	12.32	79
邯郸	Handan	15.40	11.85	15.74	61	营口	Yingkou	9.30	6.70	9.38	107
邢台	Xingtai	6.90	5.83	5.92	154	阜新	Fuxin	4.60	4.47	6.27	144
保定	Baoding	23.60	27.95	32.95	33	辽阳	Liaoyang	10.90	4.91	7.90	121
张家口	Zhangjiakou	7.50	4.00	4.40	190	盘锦	Panjin	8.70	5.30	8.29	119
承德	Chengde	5.80	5.68	4.70	179	铁岭	Tieling	11.20	10.34	11.40	88
沧州	Cangzhou	11.00	10.79	12.42	77	朝阳	Chaoyang	13.90	7.03	21.01	50
廊坊	Langfang	13.90	13.74	18.82	54	葫芦岛	Huludao	11.20	9.28	12.30	80
衡水	Hengshui	5.50	5.66	5.10	170	吉林	**Jilin**	**42.00**	**34.32**	**53.13**	
山西	**Shanxi**	**75.20**	**62.45**	**66.27**		长春	Changchun	19.90	13.53	26.08	38
太原	Taiyuan	41.10	30.22	30.99	34	吉林	Jilin	5.00	6.12	5.89	155
大同	Datong	3.70	3.38	3.67	204	四平	Siping	3.90	1.89	3.54	209
阳泉	Yangquan	3.30	3.58	4.59	183	辽源	Liaoyuan	3.70	3.03	5.88	156
长治	Changzhi	2.90	2.70	2.31	235	通化	Tonghua	1.50	1.94	2.88	223
晋城	Jincheng	2.10	2.10	2.61	226	白山	Daishan	1.50	1.49	2.03	242
朔州	Shuozhou	2.30	2.32	3.06	218	松原	Songyuan	3.70	3.53	4.48	186
晋中	Jinzhong	4.00	3.80	4.46	188	白城	Baicheng	1.30	1.12	0.95	271
运城	Yuncheng	4.50	4.93	4.84	175	黑龙江	**Heilongjiang**	**56.20**	**49.08**	**49.24**	
忻州	Xinzhou	3.10	2.80	2.89	222	哈尔滨	Harbin	30.10	24.88	23.26	47
临汾	Linfen	6.10	4.89	4.86	173	齐齐哈尔	Qiqihar	3.00	2.54	2.43	232
吕梁	Lvliang	1.80	1.74	1.98	243	鸡西	Jixi	2.10	1.96	1.96	244
内蒙古	**Inner Mongolia**	**44.30**	**41.05**	**36.66**		鹤岗	Hegang	1.00	1.39	1.50	257
呼和浩特	Hohhot	8.60	6.84	6.36	141	双鸭山	Shuangyashan	1.30	1.40	1.47	258
包头	Baotou	8.30	12.16	6.25	145	大庆	Daqing	6.50	5.57	5.97	152
乌海	Wuhai	1.00	3.40	1.59	253	伊春	Yichun	0.80	1.01	1.14	268
赤峰	Chifeng	7.40	6.50	6.14	148	佳木斯	Jiamusi	4.00	2.78	3.55	208
通辽	Tongliao	2.20	1.47	2.31	235	七台河	Qitaihe	0.70	0.75	0.64	282
鄂尔多斯	Erdos	6.30	8.38	7.21	129	牡丹江	Mudanjiang	2.70	2.69	2.86	224
呼伦贝尔	Hulunbuir	3.40	2.92	2.28	238	黑河	Heihe	0.90	0.84	1.33	262
巴彦淖尔	Bayannur	4.10	3.14	1.62	250	绥化	Suihua	2.50	2.78	2.55	228
乌兰察布	Ulanqab	1.10	1.21	1.60	251	上海	**Shanghai**	**96.10**	**96.86**	**87.73**	
辽宁	**Liaoning**	**270.10**	**171.70**	**199.40**		江苏	**Jiangsu**	**591.80**	**620.90**	**739.34**	

12-2 建筑业企业从业人员 续表 1

Employees of Construction Enterprises continued 1

单位：万人 （10 000 persons）

地名	City	2010	2011	2012	2012 排名 Ranking	地名	City	2010	2011	2012	2012 排名 Ranking
南京	Nanjing	60.40	64.85	77.39	9	池州	Chizhou	3.20	3.97	3.93	199
无锡	Wuxi	25.50	24.49	25.48	39	宣城	Xuancheng	4.20	4.90	5.01	172
徐州	Xuzhou	33.80	40.90	46.70	23	**福建**	**Fujian**	**229.60**	**219.09**	**185.35**	
常州	Changzhou	36.10	30.78	43.41	25	福州	Fuzhou	88.50	67.33	76.76	10
苏州	Suzhou	56.30	54.62	54.79	18	厦门	Xiamen	58.80	55.86	60.74	14
南通	Nantong	107.20	121.81	157.27	2	莆田	Putian	7.00	10.04	12.80	76
连云港	Lianyungang	17.90	20.42	24.60	44	三明	Sanming	7.70	10.51	11.14	90
淮安	Huaian	37.80	44.44	48.33	21	泉州	Quanzhou	31.40	35.96	39.20	28
盐城	Yancheng	42.40	43.77	51.43	20	漳州	Zhangzhou	9.00	8.78	12.05	83
扬州	Yangzhou	70.70	69.32	79.14	8	南平	Nanping	3.40	4.32	4.74	178
镇江	Zhenjiang	15.40	13.40	14.66	65	龙岩	Longyan	17.90	19.58	24.75	43
泰州	Taizhou	66.70	55.51	79.76	7	宁德	Ningde	5.90	6.71	7.48	127
宿迁	Suqian	21.70	36.58	37.24	30	**江西**	**Jiangxi**	**86.10**	**85.02**	**107.27**	
浙江	**Zhejiang**	**615.70**	**541.84**	**640.77**		南昌	Nanchang	33.30	31.69	42.20	26
杭州	Hangzhou	111.70	91.55	100.29	3	景德镇	Jingdezhen	2.30	1.86	2.19	240
宁波	Ningbo	74.40	86.68	95.59	4	萍乡	Pingxiang	2.90	3.70	3.62	206
温州	Wenzhou	36.40	40.44	46.26	24	九江	Jiujiang	9.90	9.34	9.77	103
嘉兴	Jiaxing	30.10	24.67	27.48	37	新余	Xinyu	2.50	3.11	2.97	221
湖州	Huzhou	14.10	11.76	16.33	56	鹰潭	Yingtan	3.00	3.40	4.85	174
绍兴	Shaoxing	143.60	149.26	171.37	1	赣州	Ganzhou	7.10	5.08	5.93	153
金华	Jinhua	74.00	52.92	91.62	5	吉安	Jian	4.70	4.98	6.14	148
衢州	Quzhou	12.00	13.17	14.49	66	宜春	Yichun	4.90	5.61	6.87	135
舟山	Zhoushan	6.50	6.63	6.41	140	抚州	Fuzhou	7.30	7.13	9.19	109
台州	Taizhou	55.70	57.55	63.28	13	上饶	Shangrao	8.30	9.12	13.78	67
丽水	Lishui	7.70	7.20	7.80	122	**山东**	**Shandong**	**314.70**	**270.68**	**277.42**	
安徽	**Anhui**	**158.00**	**167.01**	**169.60**		济南	Jinan	47.30	29.49	35.36	31
合肥	Hefei	58.90	75.19	72.34	11	青岛	Qingdao	34.90	18.30	20.47	52
芜湖	Wuhu	10.20	10.15	10.68	92	淄博	Zibo	32.70	33.09	33.67	32
蚌埠	Bengbu	6.50	5.15	6.70	136	枣庄	Zaozhuang	13.10	14.26	15.77	60
淮南	Huainan	5.80	5.00	2.56	227	东营	Dongying	9.80	8.80	9.82	101
马鞍山	Maanshan	7.90	8.08	8.41	116	烟台	Yantai	26.60	21.66	20.97	51
淮北	Huaibei	3.50	3.88	4.48	186	潍坊	Weifang	28.00	25.46	22.62	48
铜陵	Tongling	4.30	4.14	4.21	194	济宁	Jining	17.80	16.94	16.04	59
安庆	Anqing	11.70	11.70	11.73	86	泰安	Taian	29.90	30.53	27.79	36
黄山	Huangshan	4.10	4.23	3.94	197	威海	Weihai	11.20	10.40	8.65	113
滁州	Chuzhou	6.40	7.00	8.36	118	日照	Rizhao	8.10	6.26	7.49	125
阜阳	Fuyang	5.10	5.37	5.61	160	莱芜	Laiwu	4.40	4.05	4.77	177
宿州	Suzhou	7.40	7.25	8.08	120	临沂	Linyi	18.60	20.69	24.95	42
六安	Liuan	10.20	9.49	11.19	89	德州	Dezhou	8.40	7.77	7.20	130
亳州	Bozhou	1.50	1.51	1.66	248	聊城	Liaocheng	5.40	5.45	5.56	161

12-2 建筑业企业从业人员 续表 2

Employees of Construction Enterprises continued 2

单位：万人 （10 000 persons）

地名	City	2010	2011	2012	2012 排名 Ranking	地名	City	2010	2011	2012	2012 排名 Ranking
滨州	Binzhou	6.80	6.56	6.09	150	常德	Changde	8.20	8.33	9.65	104
菏泽	Heze	11.70	10.97	10.07	99	张家界	Zhangjiajie	1.30	1.34	1.30	263
河南	**Henan**	**235.00**	**228.92**	**226.75**		益阳	Yiyang	4.70	4.54	4.68	180
郑州	Zhengzhou	58.40	46.35	47.48	22	郴州	Chenzhou	3.90	4.05	5.82	157
开封	Kaifeng	8.20	8.86	8.46	114	永州	Yongzhou	5.80	5.45	5.73	159
洛阳	Luoyang	27.00	30.49	28.29	35	怀化	Huaihua	2.90	2.97	3.85	200
平顶山	Pingdingshan	5.80	6.53	6.15	147	娄底	Loudi	5.50	5.22	6.57	139
安阳	Anyang	23.70	24.26	25.23	40	广东	**Guangdong**	**196.30**	**190.28**	**190.50**	
鹤壁	Hebi	3.10	3.01	2.43	232	广州	Guangzhou	39.70	39.14	40.25	27
新乡	Xinxiang	21.10	20.34	21.38	49	韶关	Shaoguan	5.70	5.92	7.10	133
焦作	Jiaozuo	5.80	5.25	4.83	176	深圳	Shenzhen	45.60	44.55	52.26	19
濮阳	Puyang	8.20	8.08	8.87	111	珠海	Zhuhai	4.40	2.90	3.46	210
许昌	Xuchang	5.30	5.75	6.31	143	汕头	Shantou	14.40	13.02	13.02	73
漯河	Luohe	3.90	3.46	3.29	215	佛山	Foshan	11.00	10.34	11.66	87
三门峡	Sanmenxia	5.10	5.01	4.58	184	江门	Jiangmen	8.50	11.29	7.26	128
南阳	Nanyang	15.20	14.70	12.35	78	湛江	Zhanjiang	10.30	8.92	9.79	102
商丘	Shangqiu	9.20	9.72	9.34	108	茂名	Maoming	8.30	8.68	10.00	100
信阳	Xinyang	13.60	14.00	13.63	69	肇庆	Zhaoqing	4.10	2.78	3.05	220
周口	Zhoukou	9.20	9.11	10.31	96	惠州	Huizhou	3.20	2.96	3.34	212
驻马店	Zhumadian	10.90	12.24	12.82	75	梅州	Meizhou	9.10	7.78	7.01	134
湖北	**Hubei**	**198.60**	**141.11**	**170.44**		汕尾	Shanwei	1.30	0.95	0.78	275
武汉	Wuhan	65.30	65.84	70.90	12	河源	Heyuan	1.70	1.86	1.69	247
黄石	Huangshi	6.60	7.06	6.67	137	阳江	Yangjiang	5.50	5.22	5.23	167
十堰	Shiyan	7.10	4.34	6.01	151	清远	Qingyuan	3.40	2.88	2.48	231
宜昌	Yichang	14.30	12.90	12.30	80	东莞	Dongguan	5.70	6.07	6.35	142
襄阳	Xiangyang	10.50	11.17	13.78	67	中山	Zhongshan	5.30	5.45	5.06	171
鄂州	Ezhou	4.20	3.66	3.73	202	潮州	Chaozhou	1.50	1.49	1.45	259
荆门	Jingmen	3.20	3.44	3.94	197	揭阳	Jieyang	5.70	6.26	5.42	164
孝感	Xiaogan	8.20	9.82	13.62	70	云浮	Yunfu	1.80	1.84	1.65	249
荆州	Jingzhou	7.50	7.31	4.01	196	广西	**Guangxi**	**59.10**	**59.48**	**67.03**	
黄冈	Huanggang	18.60	4.83	18.24	55	南宁	Nanning	19.60	29.70	20.30	53
咸宁	Xianning	3.00	3.02	3.67	204	柳州	Liuzhou	12.70	11.51	12.87	74
随州	Suizhou	2.60	1.13	3.29	215	桂林	Guilin	5.50	4.44	5.80	158
湖南	**Hunan**	**150.40**	**155.45**	**118.72**		梧州	Wuzhou	1.20	1.52	1.53	255
长沙	Changsha	68.50	72.92	25.07	41	北海	Beihai	1.40	1.44	1.41	260
株洲	Zhuzhou	10.60	9.95	12.09	82	防城港	Fangchenggang	1.80	1.89	2.28	238
湘潭	Xiangtan	8.70	7.73	10.68	92	钦州	Qinzhou	4.80	4.50	6.65	138
衡阳	Hengyang	12.60	15.39	13.61	71	贵港	Guigang	1.50	1.60	1.39	261
邵阳	Shaoyang	8.90	8.59	8.37	117	玉林	Yulin	6.90	4.88	5.34	166
岳阳	Yueyang	7.60	7.85	10.12	98	百色	Baise	1.50	1.18	1.23	265

12-2 建筑业企业从业人员 续表 3

Employees of Construction Enterprises continued 3

单位：万人 （10 000 persons）

地名	City	2010	2011	2012	2012 排名 Ranking
贺州	Hezhou	0.70	0.59	0.39	283
河池	Hechi	1.60	1.42	1.60	251
来宾	Laibin	0.70	1.06	1.53	255
崇左	Chongzuo	0.60	0.54	0.69	279
海南	**Hainan**	**11.00**	**5.50**	**5.90**	
海口	Haikou	8.20	3.72	4.32	193
三亚	Sanya	0.70	0.51		
三沙	Sansha				
重庆	**Chongqing**	**139.30**	**134.84**	**140.88**	
四川	**Sichuan**	**292.20**	**249.46**	**218.88**	
成都	Chengdu	130.10	93.42	81.32	6
自贡	Zigong	6.70	8.24	7.71	124
攀枝花	Panzhihua	7.00	5.22	3.33	213
泸州	Luzhou	17.30	16.11	16.26	57
德阳	Deyang	16.50	13.54	10.34	95
绵阳	Mianyang	12.60	11.94	11.75	85
广元	Guangyuan	4.20	5.40	4.39	191
遂宁	Suining	8.40	8.52	8.46	114
内江	Neijiang	11.70	9.91	7.73	123
乐山	Leshan	5.80	6.01	5.36	165
南充	Nanchong	17.30	18.41	14.76	64
眉山	Meishan	7.00	6.36	7.20	130
宜宾	Yibin	8.50	8.45	8.73	112
广安	Guangan	11.60	11.03	10.83	91
达州	Dazhou	12.50	9.44	10.24	97
雅安	Yaan	1.10	1.14	1.17	267
巴中	Bazhong	6.10	7.27	7.17	132
资阳	Ziyang	5.80	7.43	0.78	275
贵州	**Guizhou**	**33.80**	**33.14**	**35.52**	
贵阳	Guiyang	22.70	22.47	23.75	46
六盘水	Liupanshui	1.00	1.06	1.20	266
遵义	Zunyi	3.90	3.65	3.79	201
安顺	Anshun	0.70	0.81	0.75	277
毕节	Bijie	0.70	0.76	0.86	273
铜仁	Tongren	1.40	1.11	1.12	269
云南	**Yunnan**	**78.60**	**89.44**	**74.86**	
昆明	Kunming	48.00	54.27	56.95	16
曲靖	Qujing	7.80	6.12	7.49	125
玉溪	Yuxi	2.90	3.26	3.30	214
保山	Baoshan	3.30	4.35	4.60	181
昭通	Zhaotong	1.90	1.54	1.96	244

地名	City	2010	2011	2012	2012 排名 Ranking
丽江	Lijiang	0.90	0.93	1.09	270
普洱	Puer	4.40	5.24	2.50	229
临沧	Lincang	5.30	1.76	1.57	254
西藏	**Tibet**		**5.03**	**3.59**	
拉萨	Lasa		2.89	2.16	241
陕西	**Shaanxi**	**104.70**	**90.88**	**79.63**	
西安	Xi'an	53.90	49.21	39.12	29
铜川	Tongchuan	1.20	1.40	0.67	280
宝鸡	Baoji	14.00	6.48	5.50	162
咸阳	Xianyang	12.00	10.47	9.50	106
渭南	Weinan	7.90	5.65	5.16	169
延安	Yan'an	2.00	2.26	2.37	234
汉中	Hanzhong	4.20	3.42	4.33	192
榆林	Yulin	3.50	4.76	4.41	189
安康	Ankang	2.00	2.29	2.86	224
商洛	Shangluo	3.10	4.00	3.60	207
甘肃	**Gansu**	**45.80**	**46.00**	**56.10**	
兰州	Lanzhou	13.20	14.26	15.29	62
嘉峪关	Jiayuguan	0.50	0.49	0.84	274
金昌	Jinchang	2.10	1.85	4.58	184
白银	Baiyin	2.80	2.94	3.42	211
天水	Tianshui	2.90	2.67	3.16	217
武威	Wuwei	2.50	2.60	4.15	195
张掖	Zhangye	1.40	1.92	2.29	237
平凉	Pingliang	4.20	3.75	6.23	146
酒泉	Jiuquan	4.10	3.17	2.50	229
庆阳	Qingyang	3.90	3.82	3.69	203
定西	Dingxi	3.20	3.38	4.60	181
陇南	Longnan	1.30	0.97	1.71	246
青海	**Qinghai**	**9.00**	**8.92**	**11.74**	
西宁	Xining	6.30	7.13	9.15	110
海东	Haidong				
宁夏	**Ningxia**	**9.80**	**10.11**	**8.97**	
银川	Yinchuan	5.80	6.53	5.43	163
石嘴山	Shizuishan	0.80	0.74	0.75	277
吴忠	Wuzhong	1.60	1.50	1.29	264
固原	Guyuan	0.70	0.71	0.65	281
中卫	Zhongwei	0.90	0.63	0.90	272
新疆	**Xinjiang**	**56.50**	**52.73**	**30.30**	
乌鲁木齐	Urumqi	22.70	19.75	24.59	45
克拉玛依	Karamay	2.80	2.29	3.06	218

12-3 建筑业企业总产值
Gross Production of Construction

单位：亿元 （100 million yuan）

地名	City	2010	2013	2014	2014 排名 Ranking	地名	City	2010	2013	2014	2014 排名 Ranking
全国	**Nation Total**	**96031.1**	**159313.0**	**176713.4**		沈阳	Shenyang	1055.2	2008.5	2011.1	23
北京	**Beijing**	**5196.0**	**7407.1**	**8209.8**		大连	Dalian	1321.8	2287.4	2087.7	20
天津	**Tianjin**	**2424.5**	**3670.5**	**4123.5**		鞍山	Anshan	373.2	637.3	594.5	51
河北	**Hebei**	**3231.5**	**5203.9**	**5625.8**		抚顺	Fushun	228.2	408.9	308.6	90
石家庄	Shijiazhuang	558.7	1010.3	1131.8	34	本溪	Benxi	159.4	330.1	296.8	93
唐山	Tangshan	563.8	614.4	592.7	52	丹东	Dandong	193.3	367.4	403.3	72
秦皇岛	Qinhuangdao	166.1	205.3	200.2	138	锦州	Jinzhou	209.5	315.7	289.8	94
邯郸	Handan	314.7	448.8	467.9	63	营口	Yingkou	155.9	382.1	334.2	86
邢台	Xingtai	87.6	149.5	165.2	156	阜新	Fuxin	85.7	263.4	230.3	117
保定	Baoding	602.8	1184.6	1338.8	26	辽阳	Liaoyang	162.1	274.4	214.6	129
张家口	Zhangjiakou	204.0	238.2	232.0	116	盘锦	Panjin	210.7	306.4	200.5	137
承德	Chengde	139.7	167.1	185.8	149	铁岭	Tieling	206.8	310.6	224.0	121
沧州	Cangzhou	192.6	381.8	419.9	68	朝阳	Chaoyang	165.7	383.4	381.7	77
廊坊	Langfang	342.8	725.8	763.1	39	葫芦岛	Huludao	162.9	354.1	261.1	105
衡水	Hengshui	58.9	119.2	128.4	169	**吉林**	**Jilin**	**1350.2**	**2200.2**	**2521.0**	
山西	**Shanxi**	**2143.5**	**2983.8**	**3103.5**		长春	Changchun	669.8	913.8		
太原	Taiyuan	1343.9	1998.4	2041.0	22	吉林	Jilin	159.0	287.1		
大同	Datong	96.6	121.4	135.4	164	四平	Siping	59.0	79.1		
阳泉	Yangquan	100.8	123.1	100.0	192	辽源	Liaoyuan	47.0	84.0		
长治	Changzhi	62.2	145.3	145.1	162	通化	Tonghua	138.3	184.9		
晋城	Jincheng	35.7	71.0	73.5	210	白山	Baishan	44.3	75.1		
朔州	Shuozhou	48.0	64.8	62.3	216	松原	Songyuan	146.9	256.3		
晋中	Jinzhong	140.5	175.4	200.1	139	白城	Baicheng	25.4	28.1		
运城	Yuncheng	93.7	117.5	130.9	167	**黑龙江**	**Heilongjiang**	**1769.7**	**2450.6**	**2150.8**	
忻州	Xinzhou	41.0	67.2	68.6	213	哈尔滨	Harbin	1081.3	1555.3		
临汾	Linfen	152.7	79.1	91.1	196	齐齐哈尔	Qiqihar	64.5	71.6		
吕梁	Lvliang	28.2	71.1	55.5	220	鸡西	Jixi	36.5	40.2		
内蒙古	**Inner Mongolia**	**1125.6**	**1540.5**	**1402.9**		鹤岗	Hegang	21.9	24.5		
呼和浩特	Hohhot	201.8	278.1	222.8	122	双鸭山	Shuangyashan	26.1	19.2		
包头	Baotou	192.2	238.8	221.9	123	大庆	Daqing	230.6	219.8		
乌海	Wuhai	40.1	70.0	70.5	211	伊春	Yichun	19.3	26.7		
赤峰	Chifeng	133.1	189.2	181.3	152	佳木斯	Jiamusi	71.9	97.4		
通辽	Tongliao	63.7	64.8	61.4	217	七台河	Qitaihe	15.9	12.2		
鄂尔多斯	Erdos	275.8	471.8	362.9	80	牡丹江	Mudanjiang	103.0	181.5		
呼伦贝尔	Hulunbuir	69.6	101.4	124.8	173	黑河	Heihe	26.7	56.8		
巴彦淖尔	Bayannur	73.6	57.8	47.2	228	绥化	Suihua	58.6	77.6		
乌兰察布	Ulanqab	26.1	42.5	44.7	230	**上海**	**Shanghai**	**4300.2**	**5102.8**	**5499.9**	
辽宁	**Liaoning**	**4690.3**	**8743.4**	**7851.1**		**江苏**	**Jiangsu**	**12405.9**	**21712.2**	**24592.9**	

12-3 建筑业企业总产值 续表 1
Gross Production of Construction continued 1

单位：亿元 （100 million yuan）

地名	City	2010	2013	2014	2014 排名 Ranking
南京	Nanjing	1643.3	3065.4	3217.8	8
无锡	Wuxi	499.5	644.1	650.5	50
徐州	Xuzhou	535.7	1089.7	1321.0	27
常州	Changzhou	735.5	1158.5	1284.0	29
苏州	Suzhou	1275.6	1974.8	2117.0	19
南通	Nantong	2731.2	5339.8	6281.2	1
连云港	Lianyungang	330.2	555.1	583.3	54
淮安	Huaian	571.9	1032.1	1226.0	33
盐城	Yancheng	649.4	1107.8	1286.6	28
扬州	Yangzhou	1553.4	2625.7	2944.7	11
镇江	Zhenjiang	321.2	458.5	555.5	56
泰州	Taizhou	1264.1	2009.2	2385.8	15
宿迁	Suqian	294.9	651.6	739.5	41
浙江	**Zhejiang**	**12210.9**	**20066.4**	**22668.2**	
杭州	Hangzhou	2663.8	3755.5	3971.4	4
宁波	Ningbo	1425.1	3135.5	3714.1	6
温州	Wenzhou	610.8	1149.1	1255.2	32
嘉兴	Jiaxing	589.9	942.5	984.7	35
湖州	Huzhou	354.2	526.7	590.9	53
绍兴	Shaoxing	3263.4	5523.3	6178.1	2
金华	Jinhua	1566.7	2711.6	3044.2	10
衢州	Quzhou	225.6	371.9	406.0	71
舟山	Zhoushan	133.8	179.8	210.0	131
台州	Taizhou	1034.4	1695.9	2069.8	21
丽水	Lishui	141.1	208.2	243.6	111
安徽	**Anhui**	**2865.0**	**4970.3**	**5482.9**	
合肥	Hefei	1359.6	2535.2	2876.1	12
芜湖	Wuhu	250.9	383.7	408.7	70
蚌埠	Bengbu	118.1	336.3	397.8	74
淮南	Huainan	142.9	85.8	77.8	206
马鞍山	Maanshan	160.6	271.9	282.6	95
淮北	Huaibei	47.7	76.1	65.5	214
铜陵	Tongling	60.4	103.4	111.7	183
安庆	Anqing	111.3	169.8	183.2	150
黄山	Huangshan	41.3	67.4	61.3	218
滁州	Chuzhou	94.8	199.0	219.9	125
阜阳	Fuyang	74.7	131.0	157.9	160
宿州	Suzhou	85.0	172.9	207.3	133
六安	Liuan	114.1	183.1	153.7	161
亳州	Bozhou	18.5	32.3	40.8	232
池州	Chizhou	46.5	94.2	108.7	186
宣城	Xuancheng	61.9	123.4	129.9	168
福建	**Fujian**	**3062.2**	**5459.4**	**6689.2**	
福州	Fuzhou	1161.5	2081.4		
厦门	Xiamen	558.0	921.5		
莆田	Putian	125.4	373.1		
三明	Sanming	156.4	393.1		
泉州	Quanzhou	508.5	976.6		
漳州	Zhangzhou	157.2	300.9		
南平	Nanping	61.0	110.3		
龙岩	Longyan	247.9	471.2		
宁德	Ningde	86.3	184.4		
江西	**Jiangxi**	**1691.5**	**3459.5**	**4122.6**	
南昌	Nanchang	792.4	1708.4	2134.2	18
景德镇	Jingdezhen	38.4	41.0	51.5	224
萍乡	Pingxiang	47.0	87.1	89.6	197
九江	Jiujiang	205.5	280.3	311.5	89
新余	Xinyu	59.2	118.3	125.8	172
鹰潭	Yingtan	65.2	144.8	104.5	190
赣州	Ganzhou	113.1	202.0	236.6	114
吉安	Jian	60.5	159.7	192.6	143
宜春	Yichun	69.6	160.3	197.2	141
抚州	Fuzhou	102.2	207.9	251.6	110
上饶	Shangrao	138.5	361.7	429.3	67
山东	**Shandong**	**55496.6**	**8332.7**	**9313.5**	
济南	Jinan	894.3	1384.8	1542.4	25
青岛	Qingdao	813.7	1134.2	1265.0	30
淄博	Zibo	505.3	843.3	887.0	37
枣庄	Zaozhuang	159.2	281.2	276.7	97
东营	Dongying	238.3	323.3	320.1	88
烟台	Yantai	500.9	621.8	664.7	49
潍坊	Weifang	447.4	702.7	740.2	40
济宁	Jining	289.5	565.0	710.6	44
泰安	Taian	486.0	690.4	715.5	42
威海	Weihai	166.8	234.2	253.6	109
日照	Rizhao	147.9	223.9	256.0	107
莱芜	Laiwu	45.1	69.6	75.4	208
临沂	Linyi	287.6	578.2	700.6	45
德州	Dezhou	129.5	252.2	268.2	102
聊城	Liaocheng	102.8	185.1	224.6	120

12-3 建筑业企业总产值 续表 2
Gross Production of Construction continued 2

单位：亿元 （100 million yuan）

地名	City	2010	2013	2014	2014 排名 Ranking	地名	City	2010	2013	2014	2014 排名 Ranking
滨州	Binzhou	148.0	177.1	191.7	144	常德	Changde	114.7	218.9	241.2	112
菏泽	Heze	134.1	200.8	221.0	124	张家界	Zhangjiajie	25.5	31.8	38.5	235
河南	**Henan**	**4400.6**	**7082.4**	**7911.9**		益阳	Yiyang	67.5	139.7	170.6	154
郑州	Zhengzhou	1352.3	2264.4	2696.5	13	郴州	Chenzhou	76.3	171.0	209.4	132
开封	Kaifeng	105.8	198.5	206.2	134	永州	Yongzhou	77.7	138.4	164.8	157
洛阳	Luoyang	877.7	1202.4	1263.5	31	怀化	Huaihua	62.4	109.1	98.7	193
平顶山	Pingdingshan	88.7	130.4	134.1	165	娄底	Loudi	85.0	182.4	186.3	148
安阳	Anyang	319.1	532.3	572.6	55	**广东**	**Guangdong**	**4742.1**	**7729.2**	**8356.5**	
鹤壁	Hebi	34.3	50.6	58.2	219	广州	Guangzhou	1296.2	2216.2	2377.9	16
新乡	Xinxiang	238.7	418.9	297.6	92	韶关	Shaoguan	102.8	213.9	218.6	126
焦作	Jiaozuo	87.5	122.0	114.3	182	深圳	Shenzhen	1461.0	2422.3	2217.2	17
濮阳	Puyang	139.0	224.9	235.0	115	珠海	Zhuhai	100.8	291.5	402.8	73
许昌	Xuchang	85.0	120.3	159.9	159	汕头	Shantou	219.1	361.3	376.4	79
漯河	Luohe	35.3	51.5	55.1	221	佛山	Foshan	315.4	403.2	487.1	61
三门峡	Sanmenxia	82.4	126.6	133.6	166	江门	Jiangmen	119.2	203.6	212.4	130
南阳	Nanyang	197.8	292.7	271.2	101	湛江	Zhanjiang	168.1	334.5	430.1	66
商丘	Shangqiu	170.4	272.2	273.5	100	茂名	Maoming	134.7	325.4	417.8	69
信阳	Xinyang	207.2	321.7	337.6	85	肇庆	Zhaoqing	99.4	108.6	119.8	177
周口	Zhoukou	184.1	299.0	325.8	87	惠州	Huizhou	69.8	103.3	122.0	175
驻马店	Zhumadian	175.5	342.0	357.8	82	梅州	Meizhou	125.9	185.4	217.0	127
湖北	**Hubei**	**4344.4**	**8343.4**	**10059.6**		汕尾	Shanwei	15.4	9.6	11.1	250
武汉	Wuhan	2344.1	4879.2	5956.8	3	河源	Heyuan	20.7	39.4	50.5	225
黄石	Huangshi	146.9	243.7	300.1	91	阳江	Yangjiang	66.2	115.1	124.7	174
十堰	Shiyan	179.5	305.8	360.6	81	清远	Qingyuan	52.8	73.4	96.6	194
宜昌	Yichang	325.6	701.0	694.8	47	东莞	Dongguan	122.1	187.9	204.2	135
襄阳	Xiangyang	313.4	581.0	672.9	48	中山	Zhongshan	133.7	160.8	166.8	155
鄂州	Ezhou	54.3	95.8	126.7	170	潮州	Chaozhou	26.0	34.7	40.5	233
荆门	Jingmen	47.2	93.7	114.8	179	揭阳	Jieyang	75.1	107.1	114.4	181
孝感	Xiaogan	132.4	314.3	394.4	75	云浮	Yunfu	17.9	30.1	32.4	241
荆州	Jingzhou	107.4	197.1	227.0	118	**广西**	**Guangxi**	**1222.3**	**2271.4**	**2608.9**	
黄冈	Huanggang	292.9	649.3	695.6	46	南宁	Nanning	466.4	836.0	933.9	36
咸宁	Xianning	48.3	98.4	119.8	178	柳州	Liuzhou	241.1	482.5	538.1	58
随州	Suizhou	39.3	65.8	83.4	202	桂林	Guilin	129.2	236.1	254.3	108
湖南	**Hunan**	**3161.7**	**5256.0**	**6021.0**		梧州	Wuzhou	28.6	25.8	26.1	244
长沙	Changsha	1740.2	2729.4	3193.9	9	北海	Beihai	33.5	53.7	63.6	215
株洲	Zhuzhou	210.9	410.9	472.6	62	防城港	Fangchenggang	41.3	74.6	78.9	205
湘潭	Xiangtan	149.0	250.3	277.9	96	钦州	Qinzhou	61.2	201.3	274.8	99
衡阳	Hengyang	250.9	352.0	390.2	76	贵港	Guigang	23.6	52.0	48.6	227
邵阳	Shaoyang	134.1	223.1	264.5	104	玉林	Yulin	110.5	173.7	216.2	128
岳阳	Yueyang	149.4	262.9	266.5	103	百色	Baise	22.2	28.1	37.3	236

12-3 建筑业企业总产值 续表 3
Gross Production of Construction continued 3

单位：亿元 （100 million yuan）

地名	City	2010	2013	2014	2014 排名 Ranking	地名	City	2010	2013	2014	2014 排名 Ranking
贺州	Hezhou	7.3	12.1	12.7	249	丽江	Lijiang	21.3	33.1	34.5	239
河池	Hechi	26.7	46.6	52.3	222	普洱	Puer	104.1	77.5	87.4	200
来宾	Laibin	169.2	45.0	50.3	226	临沧	Lincang	77.0	51.6	52.2	223
崇左	Chongzuo	12.1	19.5	21.9	248	**西藏**	**Tibet**	**121.9**	**82.1**	**71.3**	
海南	**Hainan**	**199.5**	**285.3**	**276.3**		拉萨	Lasa	103.7	63.0	45.1	229
海口	Haikou	143.1	203.9	186.6	147	**陕西**	**Shaanxi**	**3063.6**	**3993.8**	**4557.7**	
三亚	Sanya	23.5	33.7	24.4	246	西安	Xi'an	1820.3	2228.4	2586.3	14
三沙	Sansha					铜川	Tongchuan	26.1	31.4	32.0	242
重庆	**Chongqing**	**2534.3**	**4731.9**	**5552.2**		宝鸡	Baoji	264.2	351.2	433.5	65
四川	**Sichuan**	**4200.9**	**7239.5**	**8066.7**		咸阳	Xianyang	389.9	518.5	547.5	57
成都	Chengdu	2097.4	3657.1	3879.3	5	渭南	Weinan	221.1	215.6	239.2	113
自贡	Zigong	85.1	160.4	178.2	153	延安	Yan'an	54.3	84.9	101.2	191
攀枝花	Panzhihua	125.7	182.2	163.2	158	汉中	Hanzhong	52.3	102.9	120.9	176
泸州	Luzhou	176.0	410.9	522.0	59	榆林	Yulin	108.9	206.0	201.3	136
德阳	Deyang	253.8	236.3	256.7	106	安康	Ankang	30.2	69.9	89.0	198
绵阳	Mianyang	186.2	280.8	352.1	83	商洛	Shangluo	59.4	112.3	114.7	180
广元	Guangyuan	51.6	91.2	107.5	187	**甘肃**	**Gansu**	**752.0**	**1708.3**	**1814.5**	
遂宁	Suining	105.1	155.6	182.0	151	兰州	Lanzhou	334.9	764.6	845.3	38
内江	Neijiang	105.4	144.1	187.9	146	嘉峪关	Jiayuguan	15.1	35.0	24.2	247
乐山	Leshan	77.6	115.3	125.9	171	金昌	Jinchang	48.4	105.8	106.4	188
南充	Nanchong	215.1	434.0	496.5	60	白银	Baiyin	37.2	76.1	74.5	209
眉山	Meishan	108.8	155.3	199.7	140	天水	Tianshui	33.3	78.4	82.5	203
宜宾	Yibin	96.4	183.0	194.8	142	武威	Wuwei	33.6	97.0	81.9	204
广安	Guangan	156.0	268.7	3322.9	7	张掖	Zhangye	21.9	64.6	69.2	212
达州	Dazhou	135.0	245.8	276.0	98	平凉	Pingliang	32.1	81.3	87.8	199
雅安	Yaan	11.5	16.8	24.4	245	酒泉	Jiuquan	74.5	129.1	137.8	163
巴中	Bazhong	113.2	292.1	379.1	78	庆阳	Qingyang	50.6	107.7	110.9	184
资阳	Ziyang	68.8	158.1	189.2	145	定西	Dingxi	33.3	90.7	96.2	195
贵州	**Guizhou**	**623.0**	**1365.0**	**1640.2**		陇南	Longnan	10.6	26.3	32.8	240
贵阳	Guiyang	469.1	971.9			**青海**	**Qinghai**	**279.6**	**396.4**	**432.9**	
六盘水	Liupanshui	12.9	31.4			西宁	Xining	225.6	340.8	348.9	84
遵义	Zunyi	55.9	137.7			海东	Haidong			35.8	238
安顺	Anshun	4.9	13.3			**宁夏**	**Ningxia**	**342.7**	**564.7**	**625.2**	
毕节	Bijie	6.5	14.8			银川	Yinchuan	225.9	375.0	441.3	64
铜仁	Tongren	12.7	24.8			石嘴山	Shizuishan	36.9	35.2	31.1	243
云南	**Yunnan**	**1511.9**	**2888.8**	**3054.7**		吴忠	Wuzhong	41.6	77.9	77.0	207
昆明	Kunming	1120.9	1841.3	1881.2	24	固原	Guyuan	16.4	33.3	39.7	234
曲靖	Qujing	133.8	218.7	226.5	119	中卫	Zhongwei	22.0	47.6	36.1	237
玉溪	Yuxi	39.6	9.9	105.5	189	**新疆**	**Xinjiang**	**969.5**	**2071.5**	**2306.3**	
保山	Baoshan	30.4	74.8	85.8	201	乌鲁木齐	Urumqi	413.1	670.1	712.5	43
昭通	Zhaotong	30.5	46.9	43.5	231	克拉玛依	Karamay	75.5	149.5	109.0	185

12-4　建筑业企业房屋建筑施工面积
Floor Space of Buildings under Construction

单位：万平方米　　　　　　　　　　　　　　　　　　(10 000 sq.m)

地名	City	2010	2013	2014	2014 排名 Ranking
全国	**Nation Total**	**708023.5**	**1129967.7**	**1249826.3**	
北京	**Beijing**	**29440.4**	**48791.3**	**56477.1**	
天津	**Tianjin**	**7564.3**	**12791.0**	**14158.8**	
河北	**Hebei**	**23471.5**	**35847.6**	**37112.7**	
石家庄	Shijiazhuang	3863.0	7224.4	7591.0	35
唐山	Tangshan	3630.9	4275.7	4420.8	51
秦皇岛	Qinhuangdao	1200.8	1662.6	1564.2	122
邯郸	Handan	2506.3	3691.1	3995.2	59
邢台	Xingtai	808.3	1194.1	1227.0	147
保定	Baoding	4394.3	8184.8	8564.7	33
张家口	Zhangjiakou	1658.9	1893.0	1920.2	99
承德	Chengde	916.9	829.6	1014.4	165
沧州	Cangzhou	1573.5	2058.6	2063.6	93
廊坊	Langfang	2221.8	4463.9	3649.2	62
衡水	Hengshui	696.9	982.2	1102.4	157
山西	**Shanxi**	**7289.5**	**12868.6**	**13928.5**	
太原	Taiyuan	3349.0	8126.0	8673.0	32
大同	Datong	544.5	778.6	763.7	185
阳泉	Yangquan	352.9	600.0	387.9	219
长治	Changzhi	522.5	903.2	995.0	166
晋城	Jincheng	191.7	369.6	354.4	222
朔州	Shuozhou	146.0	153.5	144.7	244
晋中	Jinzhong	418.9	547.4	733.0	187
运城	Yuncheng	525.0	731.7	863.9	174
忻州	Xinzhou	271.4	335.7	350.0	223
临汾	Linfen	473.1	250.4	305.8	230
吕梁	Lvliang	494.6	311.1	357.0	221
内蒙古	**Inner Mongolia**	**7577.9**	**8906.0**	**8053.4**	
呼和浩特	Hohhot	1333.6	1765.7	1527.3	126
包头	Baotou	1453.5	2059.8	1544.9	124
乌海	Wuhai	334.3	463.8	430.3	212
赤峰	Chifeng	1132.0	1277.8	1238.7	146
通辽	Tongliao	382.1	394.7	420.0	215
鄂尔多斯	Erdos	957.6	652.6	547.3	198
呼伦贝尔	Hulunbuir	405.9	576.9	700.3	189
巴彦淖尔	Bayannur	697.4	524.3	542.4	201
乌兰察布	Ulanqab	289.9	600.6	655.0	191
辽宁	**Liaoning**	**26807.0**	**44279.7**	**47861.0**	
沈阳	Shenyang	5733.0	12223.1	12738.4	17
大连	Dalian	8664.6	11206.0	10543.4	27
鞍山	Anshan	2381.8	3158.6	11599.3	22
抚顺	Fushun	1205.9	1347.3	1065.5	160
本溪	Benxi	779.5	1070.2	1108.8	155
丹东	Dandong	856.5	1076.6	1245.2	144
锦州	Jinzhou	1322.5	1532.5	1313.9	139
营口	Yingkou	1115.6	2248.2	1834.0	104
阜新	Fuxin	608.3	1250.8	1059.4	161
辽阳	Liaoyang	539.8	961.6	770.2	183
盘锦	Panjin	525.9	1125.7	484.2	206
铁岭	Tieling	1254.5	1508.7	1223.3	149
朝阳	Chaoyang	1010.4	2154.8	1942.2	98
葫芦岛	Huludao	808.7	1424.7	933.1	169
吉林	**Jilin**	**5900.7**	**12202.6**	**13992.9**	
长春	Changchun	2283.7	5564.5		
吉林	Jilin	514.7	1770.3		
四平	Siping	326.3	619.8		
辽源	Liaoyuan	255.0	531.4		
通化	Tonghua	845.1	1026.5		
白山	Baishan	244.6	482.1		
松原	Songyuan	617.8	1168.9		
白城	Baicheng	147.1	137.8		
黑龙江	**Heilongjiang**	**7170.7**	**8085.5**	**7034.6**	
哈尔滨	Harbin	3856.9	4336.9		
齐齐哈尔	Qiqihar	390.9	327.1		
鸡西	Jixi	174.4	165.0		
鹤岗	Hegang	254.4	283.5		
双鸭山	Shuangyashan	184.3	127.3		
大庆	Daqing	297.2	1760.0		
伊春	Yichun	169.4	176.5		
佳木斯	Jiamusi	529.0	549.2		
七台河	Qitaihe	90.2	95.5		
牡丹江	Mudanjiang	526.1	1157.4		
黑河	Heihe	177.4	187.5		
绥化	Suihua	432.5	412.7		
上海	**Shanghai**	**22996.8**	**29148.7**	**34994.7**	
江苏	**Jiangsu**	**119035.5**	**192982.1**	**213038.8**	

12-4 建筑业企业房屋建筑施工面积 续表 1
Floor Space of Buildings under Construction continued 1

单位：万平方米 (10 000 sq.m)

地名	City	2010	2013	2014	2014 排名 Ranking	地名	City	2010	2013	2014	2014 排名 Ranking
南京	Nanjing	10639.1	17621.0	19565.6	11	池州	Chizhou	422.7	798.6	1156.2	151
无锡	Wuxi	4146.3	5240.6	4250.2	54	宣城	Xuancheng	753.0	1038.6	966.1	168
徐州	Xuzhou	4872.4	9979.0	11606.8	21	**福建**	**Fujian**	**28406.9**	**48509.5**	**57385.7**	
常州	Changzhou	6225.5	10079.1	10748.0	26	福州	Fuzhou	10588.3	18311.8	24167.8	10
苏州	Suzhou	8323.9	12135.8	11803.6	19	厦门	Xiamen	4543.0	6218.2	6738.3	42
南通	Nantong	35745.3	61239.1	68200.6	1	莆田	Putian	1455.3	3403.1	4436.7	50
连云港	Lianyungang	2637.2	5189.2	5341.7	47	三明	Sanming	1580.6	3897.5	4126.2	57
淮安	Huaian	6716.4	9914.5	11969.8	18	泉州	Quanzhou	4925.9	8541.8	8912.2	31
盐城	Yancheng	7030.3	10485.2	10536.0	28	漳州	Zhangzhou	1691.4	2146.1	2404.3	86
扬州	Yangzhou	13578.1	21201.6	24684.6	9	南平	Nanping	532.9	807.4	820.6	178
镇江	Zhenjiang	1682.2	2191.3	2412.2	85	龙岩	Longyan	2150.3	3398.0	4153.2	56
泰州	Taizhou	14830.5	21661.5	24851.8	8	宁德	Ningde	939.1	1530.1	1626.5	120
宿迁	Suqian	2608.5	6044.5	7068.0	39	**江西**	**Jiangxi**	**13669.7**	**24897.2**	**27732.0**	
浙江	**Zhejiang**	**123587.0**	**185443.1**	**201851.3**		南昌	Nanchang	6226.8	11152.1	14035.6	16
杭州	Hangzhou	22650.4	29537.6	29580.7	5	景德镇	Jingdezhen	403.9	407.5	455.7	209
宁波	Ningbo	14288.6	25043.3	27367.2	6	萍乡	Pingxiang	292.4	388.8	428.3	213
温州	Wenzhou	7009.4	11217.6	11705.4	20	九江	Jiujiang	1340.4	1508.9	1538.7	125
嘉兴	Jiaxing	6186.5	8477.6	8526.8	34	新余	Xinyu	390.9	652.6	769.9	184
湖州	Huzhou	2941.6	4099.3	4187.9	55	鹰潭	Yingtan	450.6	575.8	196.4	239
绍兴	Shaoxing	34390.6	51214.8	57926.1	2	赣州	Ganzhou	677.1	1317.4	1410.3	132
金华	Jinhua	19075.1	32301.7	38115.2	3	吉安	Jian	794.1	1483.2	1549.1	123
衢州	Quzhou	2229.6	2833.7	2879.8	76	宜春	Yichun	889.4	1576.9	1643.2	116
舟山	Zhoushan	1231.7	1576.7	1642.9	117	抚州	Fuzhou	1096.1	1977.8	2383.0	87
台州	Taizhou	12370.9	17255.4	18218.1	13	上饶	Shangrao	1107.9	2103.4	3222.0	68
丽水	Lishui	1212.6	1459.9	1701.3	109	**山东**	**Shandong**	**44828.8**	**64055.4**	**71083.3**	
安徽	**Anhui**	**23295.7**	**37117.2**	**39488.4**		济南	Jinan	4654.4	7696.3	9182.8	30
合肥	Hefei	9008.1	17571.0	19499.2	12	青岛	Qingdao	6972.1	9335.5	10992.2	25
芜湖	Wuhu	1829.5	2441.2	2713.4	79	淄博	Zibo	4486.3	7357.8	7585.3	36
蚌埠	Bengbu	852.7	2497.5	2852.1	78	枣庄	Zaozhuang	1592.3	2607.8	2449.1	83
淮南	Huainan	1752.0	401.9	360.0	220	东营	Dongying	775.6	945.0	906.7	171
马鞍山	Maanshan	1024.6	2058.9	2152.6	91	烟台	Yantai	3931.9	4256.9	3981.9	60
淮北	Huaibei	234.1	366.7	301.2	232	潍坊	Weifang	5286.9	7172.3	7377.7	37
铜陵	Tongling	579.7	914.8	906.6	172	济宁	Jining	2575.5	4352.4	5112.2	48
安庆	Anqing	1630.4	1926.6	2002.9	97	泰安	Taian	3165.9	3718.3	3564.7	63
黄山	Huangshan	622.4	652.5	644.6	192	威海	Weihai	2134.7	2580.8	2515.9	82
滁州	Chuzhou	902.5	1597.1	1670.6	114	日照	Rizhao	711.8	1281.0	1431.4	129
阜阳	Fuyang	848.4	1290.1	1682.8	111	莱芜	Laiwu	425.2	507.5	459.0	208
宿州	Suzhou	537.0	777.8	855.1	175	临沂	Linyi	3189.8	5734.9	7141.8	38
六安	Liuan	1329.4	1671.0	1420.9	130	德州	Dezhou	1287.9	1755.2	1913.3	100
亳州	Bozhou	185.4	269.7	337.4	226	聊城	Liaocheng	1421.7	2444.2	3438.5	64

12-4 建筑业企业房屋建筑施工面积 续表 2
Floor Space of Buildings under Construction continued 2

单位：万平方米 （10 000 sq.m）

地名	City	2010	2013	2014	2014 排名 Ranking	地名	City	2010	2013	2014	2014 排名 Ranking
滨州	Binzhou	901.1	1198.8	1272.1	143	常德	Changde	1118.7	1947.2	2223.0	89
菏泽	Heze	1315.9	1645.3	1758.9	107	张家界	Zhangjiajie	245.0	355.9	304.3	231
河南	**Henan**	**28677.1**	**43422.9**	**48825.3**		益阳	Yiyang	688.8	1053.0	1141.6	153
郑州	Zhengzhou	8876.9	14221.6	17610.2	14	郴州	Chenzhou	768.9	1399.4	1294.8	140
开封	Kaifeng	1035.1	1865.9	1854.5	102	永州	Yongzhou	915.3	1530.2	1803.4	106
洛阳	Luoyang	3680.0	6323.6	6906.7	41	怀化	Huaihua	664.9	861.0	906.1	173
平顶山	Pingdingshan	775.6	1003.6	1051.5	162	娄底	Loudi	671.3	1108.6	1109.5	154
安阳	Anyang	3223.6	4773.1	4476.7	49	**广东**	**Guangdong**	**33140.4**	**53506.1**	**53443.2**	
鹤壁	Hebi	317.2	413.6	529.6	204	广州	Guangzhou	7135.5	15055.7	16398.9	15
新乡	Xinxiang	1768.7	2257.8	2020.2	95	韶关	Shaoguan	781.8	1145.5	1090.1	159
焦作	Jiaozuo	642.0	836.4	792.8	180	深圳	Shenzhen	5980.3	11502.8	7015.8	40
濮阳	Puyang	637.7	1030.0	1043.9	163	珠海	Zhuhai	877.4	1270.7	1676.4	113
许昌	Xuchang	681.6	1018.9	1315.9	138	汕头	Shantou	2381.6	3478.4	3856.8	61
漯河	Luohe	438.1	516.6	589.5	196	佛山	Foshan	3335.6	3288.9	3243.1	67
三门峡	Sanmenxia	363.0	408.9	398.0	216	江门	Jiangmen	1640.1	2119.1	2611.2	81
南阳	Nanyang	1201.7	1710.3	1720.4	108	湛江	Zhanjiang	1943.7	3187.3	5988.4	44
商丘	Shangqiu	1139.2	1529.7	1420.3	131	茂名	Maoming	1770.8	2933.1	3096.7	72
信阳	Xinyang	1421.5	1913.6	1877.0	101	肇庆	Zhaoqing	728.5	772.3	593.3	195
周口	Zhoukou	1299.1	1691.7	1566.3	121	惠州	Huizhou	942.9	1410.9	1317.6	137
驻马店	Zhumadian	991.1	1583.5	1654.5	115	梅州	Meizhou	1315.8	1340.8	1433.2	128
湖北	**Hubei**	**11620.9**	**47915.0**	**62227.9**		汕尾	Shanwei	175.1	92.8	92.4	246
武汉	Wuhan	12662.3	26369.0	35352.2	4	河源	Heyuan	218.8	252.7	345.0	224
黄石	Huangshi	1458.2	1802.4	2058.2	94	阳江	Yangjiang	825.3	1109.0	1020.0	164
十堰	Shiyan	472.7	1249.9	1488.7	127	清远	Qingyuan	632.9	613.3	612.7	194
宜昌	Yichang	821.6	2100.6	3126.7	70	东莞	Dongguan	733.4	790.4	1102.9	156
襄阳	Xiangyang	1259.1	3901.1	4061.5	58	中山	Zhongshan	601.0	573.8	542.1	202
鄂州	Ezhou	510.9	843.6	1161.0	150	潮州	Chaozhou	373.1	629.8	543.7	200
荆门	Jingmen	379.0	771.9	908.0	170	揭阳	Jieyang	559.4	595.7	639.4	193
孝感	Xiaogan	1434.7	3081.6	3308.9	65	云浮	Yunfu	187.3	234.2	223.4	237
荆州	Jingzhou	973.6	1471.6	1638.7	119	**广西**	**Guangxi**	**10742.3**	**18198.0**	**21168.1**	
黄冈	Huanggang	2672.4	4219.9	5374.1	46	南宁	Nanning	3136.3	5840.6	6541.1	43
咸宁	Xianning	468.7	643.6	790.7	181	柳州	Liuzhou	2436.6	5002.4	5937.1	45
随州	Suizhou	456.3	689.0	797.1	179	桂林	Guilin	1297.0	2191.0	2238.4	88
湖南	**Hunan**	**27680.3**	**43141.9**	**47433.2**		梧州	Wuzhou	226.7	927.1	982.8	167
长沙	Changsha	15052.2	23322.8	26251.7	7	北海	Beihai	329.5	372.5	424.8	214
株洲	Zhuzhou	1486.2	2501.4	2923.5	75	防城港	Fangchenggang	223.5	407.7	443.9	210
湘潭	Xiangtan	1545.4	2068.7	2012.3	96	钦州	Qinzhou	660.9	1150.5	1150.5	152
衡阳	Hengyang	1816.3	2943.2	2994.1	74	贵港	Guigang	233.0	435.2	435.2	211
邵阳	Shaoyang	1555.5	2465.4	2858.9	77	玉林	Yulin	1378.5	1613.7	1804.2	105
岳阳	Yueyang	984.0	1289.1	1291.7	142	百色	Baise	187.0	207.5	232.6	236

12-4 建筑业企业房屋建筑施工面积 续表 3
Floor Space of Buildings under Construction continued 3

单位：万平方米 （10 000 sq.m）

地名	City	2010	2013	2014	2014 排名 Ranking
贺州	Hezhou	170.9	208.8	300.7	233
河池	Hechi	368.0	335.9	540.0	203
来宾	Laibin	107.5	330.0	330.0	228
崇左	Chongzuo	76.4	88.0	100.1	245
海南	**Hainan**	**1429.7**	**2192.0**	**2016.0**	
海口	Haikou	1122.7	1851.7	1680.8	112
三亚	Sanya	56.9	75.8	51.6	247
三沙	Sansha				
重庆	**Chongqing**	**19489.4**	**29745.9**	**32886.9**	
四川	**Sichuan**	**29440.8**	**49382.8**	**53362.6**	
成都	Chengdu	12668.8	22115.3	11463.0	23
自贡	Zigong	859.3	1337.1	1689.3	110
攀枝花	Panzhihua	240.4	543.9	546.1	199
泸州	Luzhou	1887.5	3652.5	4250.4	53
德阳	Deyang	1539.9	2124.8	2440.9	84
绵阳	Mianyang	1663.4	2149.6	2676.0	80
广元	Guangyuan	439.2	591.4	740.5	186
遂宁	Suining	1017.6	1115.9	1293.2	141
内江	Neijiang	876.3	1042.0	1336.6	135
乐山	Leshan	781.5	897.4	829.2	177
南充	Nanchong	1971.9	2936.8	3123.2	71
眉山	Meishan	715.5	1154.3	1334.2	136
宜宾	Yibin	856.1	1281.6	3255.4	66
广安	Guangan	939.1	1374.0	1640.9	118
达州	Dazhou	1284.7	1925.6	2183.5	90
雅安	Yaan	111.5	133.1	179.5	242
巴中	Bazhong	675.6	1693.2	1851.2	103
资阳	Ziyang	620.6	983.2	1100.2	158
贵州	**Guizhou**	**5756.4**	**12174.3**	**13889.7**	
贵阳	Guiyang	3471.8	6330.7		
六盘水	Liupanshui	96.2	170.5		
遵义	Zunyi	1003.6	2498.4		
安顺	Anshun	103.8	167.2		
毕节	Bijie	83.0	120.2		
铜仁	Tongren	177.1	295.8		
云南	**Yunnan**	**8872.3**	**15649.9**	**15824.4**	
昆明	Kunming	3547.5	9220.6	9310.9	29
曲靖	Qujing	915.8	1374.6	1224.9	148
玉溪	Yuxi	375.1	812.8	771.4	182
保山	Baoshan	203.3	375.4	332.6	227
昭通	Zhaotong	230.9	320.3	264.6	234
丽江	Lijiang	168.3	186.4	191.4	240
普洱	Puer	367.6	431.2	468.8	207
临沧	Lincang	378.8	292.3	343.4	225
西藏	**Tibet**	**272.4**	**211.9**	**225.2**	
拉萨	Lasa	174.5	145.4	145.2	243
陕西	**Shaanxi**	**11490.7**	**19250.0**	**23031.3**	
西安	Xi'an	4592.6	9753.5	11182.2	24
铜川	Tongchuan	223.2	375.3	391.2	218
宝鸡	Baoji	1997.4	2094.1	2152.1	92
咸阳	Xianyang	1442.8	2724.5	3176.4	69
渭南	Weinan	909.2	1358.8	1388.5	133
延安	Yan'an	342.9	506.4	659.0	190
汉中	Hanzhong	708.7	1201.8	1347.0	134
榆林	Yulin	551.4	1205.7	1244.2	145
安康	Ankang	315.2	733.7	830.4	176
商洛	Shangluo	321.0	644.2	580.5	197
甘肃	**Gansu**	**5032.6**	**10238.2**	**11531.1**	
兰州	Lanzhou	1841.9	4409.9		
嘉峪关	Jiayuguan	90.8	153.5		
金昌	Jinchang	335.2	539.9		
白银	Baiyin	248.3	343.9		
天水	Tianshui	335.9	603.6		
武威	Wuwei	159.4	582.7		
张掖	Zhangye	149.0	602.9		
平凉	Pingliang	352.8	640.7		
酒泉	Jiuquan	277.3	684.8		
庆阳	Qingyang	418.4	400.7		
定西	Dingxi	447.6	697.2		
陇南	Longnan	112.6	162.1		
青海	**Qinghai**	**693.1**	**1136.6**	**1072.8**	
西宁	Xining	452.6	814.9	716.3	188
海东	Haidong			211.4	238
宁夏	**Ningxia**	**2596.9**	**4665.9**	**4355.2**	
银川	Yinchuan	1642.2	3326.7	3056.5	73
石嘴山	Shizuishan	324.5	329.3	261.7	235
吴忠	Wuzhong	362.0	503.0	518.2	205
固原	Guyuan	85.7	182.2	191.1	241
中卫	Zhongwei	182.6	335.3	327.7	229
新疆	**Xinjiang**	**6620.1**	**13210.8**	**14340.2**	
乌鲁木齐	Urumqi	1764.6	3644.0	4260.0	52
克拉玛依	Karamay	106.9	212.5	397.2	217

12-5 建筑业企业房屋建筑竣工面积
Floor Space of Buildings Completed

单位：万平方米 （10 000 sq.m）

地名	City	2010	2013	2014	2014 排名 Ranking
全国	**Nation Total**	**277450.2**	**389244.9**	**423357.3**	
北京	**Beijing**	**5933.2**	**8212.7**	**9275.0**	
天津	**Tianjin**	**2419.2**	**3394.7**	**3232.0**	
河北	**Hebei**	**9100.9**	**12336.0**	**12582.7**	
石家庄	Shijiazhuang	1155.6	1763.8	1513.2	51
唐山	Tangshan	1156.4	1450.6	1206.7	63
秦皇岛	Qinhuangdao	427.9	552.7	580.6	131
邯郸	Handan	847.4	1313.5	1348.3	57
邢台	Xingtai	413.2	516.2	462.4	153
保定	Baoding	2108.6	3249.6	3589.6	24
张家口	Zhangjiakou	812.0	988.3	831.0	108
承德	Chengde	396.9	362.0	831.0	108
沧州	Cangzhou	726.6	920.2	929.2	91
廊坊	Langfang	754.2	1189.9	1157.2	66
衡水	Hengshui	302.2	501.3	540.0	140
山西	**Shanxi**	**2585.4**	**3498.3**	**3940.0**	
太原	Taiyuan	843.7	1514.9	1793.4	46
大同	Datong	230.1	427.2	365.2	165
阳泉	Yangquan	131.4	193.2	105.3	214
长治	Changzhi	218.5	312.5	317.0	171
晋城	Jincheng	131.9	133.7	133.9	208
朔州	Shuozhou	94.3	100.5	98.4	217
晋中	Jinzhong	151.2	190.8	251.6	184
运城	Yuncheng	285.6	393.8	408.1	162
忻州	Xinzhou	181.1	182.9	213.7	193
临汾	Linfen	163.7	135.2	136.3	207
吕梁	Lvliang	153.9	137.5	117.2	209
内蒙古	**Inner Mongolia**	**3805.2**	**3624.7**	**3648.9**	
呼和浩特	Hohhot	374.4	544.5	426.0	159
包头	Baotou	431.4	615.8	518.0	146
乌海	Wuhai	187.9	223.6	219.3	192
赤峰	Chifeng	781.6	834.4	800.8	115
通辽	Tongliao	248.7	232.4	259.0	183
鄂尔多斯	Erdos	651.0	266.8	323.8	170
呼伦贝尔	Hulunbuir	326.4	423.0	560.5	134
巴彦淖尔	Bayannur	290.9	156.9	174.7	197
乌兰察布	Ulanqab	134.3	189.5	226.6	189
辽宁	**Liaoning**	**13003.3**	**18738.4**	**16514.4**	
沈阳	Shenyang	1839.5	3013.2	3103.3	28
大连	Dalian	4209.2	4940.3	3686.4	23
鞍山	Anshan	937.7	1467.2	1385.4	54
抚顺	Fushun	869.3	1106.7	839.7	106
本溪	Benxi	453.0	737.1	737.5	121
丹东	Dandong	380.4	716.7	844.1	104
锦州	Jinzhou	645.3	1032.4	841.6	105
营口	Yingkou	626.1	1187.3	1021.5	83
阜新	Fuxin	235.4	695.2	517.3	147
辽阳	Liaoyang	342.8	535.7	451.3	157
盘锦	Panjin	369.7	890.1	315.5	172
铁岭	Tieling	979.6	1203.6	908.2	93
朝阳	Chaoyang	654.1	1466.6	1318.7	58
葫芦岛	Huludao	461.1	794.3	543.7	138
吉林	**Jilin**	**4272.9**	**6325.4**	**7335.0**	
长春	Changchun	1634.6	2402.0		
吉林	Jilin	332.1	858.5		
四平	Siping	303.0	402.3		
辽源	Liaoyuan	121.0	304.2		
通化	Tonghua	734.3	660.0		
白山	Baishan	128.6	219.4		
松原	Songyuan	609.0	946.2		
白城	Baicheng	79.0	135.0		
黑龙江	**Heilongjiang**	**3619.9**	**4115.7**	**3884.6**	
哈尔滨	Harbin	1356.1	1850.5		
齐齐哈尔	Qiqihar	237.7	197.2		
鸡西	Jixi	131.1	83.0		
鹤岗	Hegang	120.4	99.3		
双鸭山	Shuangyashan	84.2	63.9		
大庆	Daqing	267.6	283.0		
伊春	Yichun	136.2	147.5		
佳木斯	Jiamusi	369.5	418.1		
七台河	Qitaihe	59.6	54.7		
牡丹江	Mudanjiang	300.8	543.9		
黑河	Heihe	124.9	156.3		
绥化	Suihua	369.9	371.4		
上海	**Shanghai**	**6217.1**	**6274.3**	**7580.8**	
江苏	**Jiangsu**	**48560.1**	**67932.4**	**76795.0**	

12-5　建筑业企业房屋建筑竣工面积　续表 1
Floor Space of Buildings Completed continued 1

单位：万平方米　　（10 000 sq.m）

地名	City	2010	2013	2014	2014 排名 Ranking
南京	Nanjing	3962.7	5966.0	6315.9	11
无锡	Wuxi	1894.5	1707.5	1761.8	48
徐州	Xuzhou	2530.6	3853.5	5275.0	15
常州	Changzhou	2659.1	3450.4	3811.3	22
苏州	Suzhou	3344.2	4378.5	4006.6	21
南通	Nantong	10912.2	16692.6	20199.2	2
连云港	Lianyungang	1454.5	2626.7	2608.1	33
淮安	Huaian	3127.2	3437.4	4364.4	19
盐城	Yancheng	3120.4	4100.6	4366.8	18
扬州	Yangzhou	6749.3	8669.9	9332.7	7
镇江	Zhenjiang	653.3	797.3	954.2	88
泰州	Taizhou	6755.3	9537.1	10897.9	3
宿迁	Suqian	1396.7	2714.9	2901.2	30
浙江	**Zhejiang**	**45099.2**	**60569.3**	**66483.0**	
杭州	Hangzhou	8219.9	9613.1	9514.2	6
宁波	Ningbo	4585.7	7841.9	8251.7	8
温州	Wenzhou	1942.9	2473.2	2645.2	32
嘉兴	Jiaxing	2334.6	3112.8	3372.4	26
湖州	Huzhou	1419.0	1634.9	1806.4	45
绍兴	Shaoxing	13575.0	19280.7	21068.0	1
金华	Jinhua	6593.3	9723.4	10686.6	4
衢州	Quzhou	1063.8	1439.3	1459.8	52
舟山	Zhoushan	297.1	396.7	404.6	163
台州	Taizhou	4445.4	5327.0	6452.7	10
丽水	Lishui	622.6	706.4	811.4	112
安徽	**Anhui**	**10512.4**	**14257.4**	**15339.4**	
合肥	Hefei	3290.2	6038.7	6293.3	12
芜湖	Wuhu	858.2	1041.5	1064.7	79
蚌埠	Bengbu	432.8	852.3	953.9	89
淮南	Huainan	328.5	195.9	245.7	187
马鞍山	Maanshan	559.6	881.3	870.3	98
淮北	Huaibei	145.2	190.3	141.2	206
铜陵	Tongling	244.6	316.5	292.8	178
安庆	Anqing	960.9	1013.4	1097.8	75
黄山	Huangshan	294.8	345.1	261.0	182
滁州	Chuzhou	640.1	850.6	1001.8	85
阜阳	Fuyang	368.7	518.9	577.8	132
宿州	Suzhou	336.6	475.6	508.1	148
六安	Liuan	842.7	1000.4	854.8	101
亳州	Bozhou	142.1	173.5	199.8	194
池州	Chizhou	273.0	480.7	519.4	144
宣城	Xuancheng	367.8	476.2	457.1	156
福建	**Fujian**	**9095.8**	**13187.1**	**15392.7**	
福州	Fuzhou	2875.5	4740.3	5479.9	14
厦门	Xiamen	1177.8	1333.9	1052.7	82
莆田	Putian	345.8	1101.7	1226.8	62
三明	Sanming	508.3	1261.4	1358.1	56
泉州	Quanzhou	2207.3	2585.2	3068.8	29
漳州	Zhangzhou	633.8	778.3	742.3	120
南平	Nanping	157.3	259.7	291.8	179
龙岩	Longyan	895.5	1322.5	1712.6	50
宁德	Ningde	294.5	477.8	459.6	155
江西	**Jiangxi**	**6488.1**	**11883.8**	**12724.7**	
南昌	Nanchang	2167.6	4041.6	4523.2	17
景德镇	Jingdezhen	140.4	350.8	421.1	161
萍乡	Pingxiang	179.5	222.5	282.2	180
九江	Jiujiang	759.4	1085.6	888.7	96
新余	Xinyu	212.1	393.7	378.3	164
鹰潭	Yingtan	96.6	211.6	109.9	212
赣州	Ganzhou	353.4	844.1	868.1	99
吉安	Jian	496.7	895.4	1053.0	81
宜春	Yichun	640.2	1091.2	1110.9	72
抚州	Fuzhou	654.9	1101.5	1195.5	64
上饶	Shangrao	787.3	1643.3	1894.9	43
山东	**Shandong**	**19179.7**	**22634.7**	**24220.8**	
济南	Jinan	1305.6	2012.1	1772.4	47
青岛	Qingdao	2158.3	2114.4	2005.4	38
淄博	Zibo	1799.9	2800.0	3113.1	27
枣庄	Zaozhuang	778.3	1151.6	1147.7	68
东营	Dongying	440.1	503.1	535.7	141
烟台	Yantai	1814.5	1739.3	1724.1	49
潍坊	Weifang	2133.3	2465.7	2547.8	34
济宁	Jining	1293.4	1850.3	2071.5	37
泰安	Taian	2322.7	2129.6	1941.1	40
威海	Weihai	831.6	967.4	973.9	87
日照	Rizhao	316.0	583.3	629.8	128
莱芜	Laiwu	221.3	292.2	306.7	174
临沂	Linyi	1540.4	2237.8	2409.8	36
德州	Dezhou	516.9	745.1	853.9	102
聊城	Liaocheng	561.8	782.7	749.8	119

12-5 建筑业企业房屋建筑竣工面积 续表 2

Floor Space of Buildings Completed in continued 2

单位：万平方米 （10 000 sq.m）

地名	City	2010	2013	2014	2014 排名 Ranking
滨州	Binzhou	348.3	535.4	549.0	136
菏泽	Heze	797.2	827.5	889.1	95
河南	**Henan**	**13156.0**	**17244.3**	**19818.3**	
郑州	Zhengzhou	2601.7	4076.1	5179.5	16
开封	Kaifeng	524.1	668.4	528.1	142
洛阳	Luoyang	954.1	1600.4	1438.6	53
平顶山	Pingdingshan	270.7	387.9	423.2	160
安阳	Anyang	1862.0	2662.9	2795.8	31
鹤壁	Hebi	151.4	222.8	226.3	190
新乡	Xinxiang	1087.1	1256.0	1135.8	70
焦作	Jiaozuo	347.7	343.4	343.5	167
濮阳	Puyang	456.9	657.2	628.2	129
许昌	Xuchang	414.9	464.1	556.0	135
漯河	Luohe	257.9	300.2	298.5	177
三门峡	Sanmenxia	180.2	168.3	149.2	203
南阳	Nanyang	704.3	849.0	816.6	111
商丘	Shangqiu	813.2	1107.0	985.2	86
信阳	Xinyang	1043.1	1285.9	1181.5	65
周口	Zhoukou	771.7	1051.8	1018.5	84
驻马店	Zhumadian	618.1	923.9	880.8	97
湖北	**Hubei**	**2558.9**	**22076.4**	**24867.3**	
武汉	Wuhan	5701.9	10104.0	10224.0	5
黄石	Huangshi	566.6	1019.5	1102.8	74
十堰	Shiyan	233.5	508.4	635.8	127
宜昌	Yichang	488.6	1021.9	1157.2	67
襄阳	Xiangyang	756.8	1664.9	1835.2	44
鄂州	Ezhou	390.0	453.9	435.4	158
荆门	Jingmen	264.0	388.9	497.4	150
孝感	Xiaogan	911.2	1804.5	1905.5	42
荆州	Jingzhou	594.5	776.2	906.5	94
黄冈	Huanggang	1841.5	3140.6	4025.9	20
咸宁	Xianning	272.9	504.2	609.8	130
随州	Suizhou	317.6	452.5	496.2	151
湖南	**Hunan**	**10573.4**	**15528.5**	**16583.0**	
长沙	Changsha	4267.6	6200.9	6697.8	9
株洲	Zhuzhou	693.3	1069.6	1292.7	60
湘潭	Xiangtan	545.9	762.2	804.2	114
衡阳	Hengyang	874.1	1298.5	1300.2	59
邵阳	Shaoyang	790.1	1116.7	1115.3	71
岳阳	Yueyang	827.4	922.8	863.8	100
常德	Changde	566.3	739.4	924.1	92
张家界	Zhangjiajie	129.8	174.8	105.7	213
益阳	Yiyang	281.3	733.3	721.8	122
郴州	Chenzhou	400.5	554.6	684.1	123
永州	Yongzhou	622.4	933.8	1077.2	77
怀化	Huaihua	207.6	360.5	360.5	166
娄底	Loudi	303.9	548.2	518.1	145
广东	**Guangdong**	**10163.6**	**13323.6**	**13885.5**	
广州	Guangzhou	1509.2	2556.7		
韶关	Shaoguan	294.2	566.5		
深圳	Shenzhen	1426.2	2009.9		
珠海	Zhuhai	273.2	480.9		
汕头	Shantou	637.0	1013.1		
佛山	Foshan	1007.7	1161.5		
江门	Jiangmen	582.2	838.1		
湛江	Zhanjiang	636.0	1061.5		
茂名	Maoming	745.4	1309.6		
肇庆	Zhaoqing	253.9	322.6		
惠州	Huizhou	300.0	436.0		
梅州	Meizhou	494.3	546.0		
汕尾	Shanwei	103.7	59.6		
河源	Heyuan	136.9	168.0		
阳江	Yangjiang	316.9	300.6		
清远	Qingyuan	304.1	253.9		
东莞	Dongguan	312.0	391.9		
中山	Zhongshan	279.1	265.1		
潮州	Chaozhou	82.1	181.7		
揭阳	Jieyang	391.5	436.5		
云浮	Yunfu	78.7	79.5		
广西	**Guangxi**	**4093.8**	**5814.8**	**6733.0**	
南宁	Nanning	971.6	1315.2	1382.0	55
柳州	Liuzhou	661.7	977.4	1079.9	76
桂林	Guilin	457.2	354.3	337.8	169
梧州	Wuzhou	114.4	73.1	84.6	221
北海	Beihai	100.6	132.8	166.3	199
防城港	Fangchenggang	149.2	236.5	313.4	173
钦州	Qinzhou	293.9	679.6	679.6	124
贵港	Guigang	154.0	171.8	171.8	198
玉林	Yulin	727.8	891.9	1059.2	80
百色	Baise	107.1	108.8	147.0	204

12-5 建筑业企业房屋建筑竣工面积 续表 3
Floor Space of Buildings Completed continued 3

单位：万平方米 （10 000 sq.m）

地名	City	2010	2013	2014	2014 排名 Ranking	地名	City	2010	2013	2014	2014 排名 Ranking
贺州	Hezhou	19.3	35.2	43.2	226	丽江	Lijiang	87.4	127.6	113.9	211
河池	Hechi	192.1	263.3	91.5	220	普洱	Puer	170.8	180.5	222.5	191
来宾	Laibin	90.3	154.5	154.6	201	临沧	Lincang	186.2	128.0	154.6	200
崇左	Chongzuo	60.5	61.5	50.9	224	西藏	**Tibet**	**151.8**	**119.9**	**157.5**	
海南	**Hainan**	**508.7**	**907.7**	**778.8**		拉萨	Lasa	53.8	77.7	94.7	218
海口	Haikou	366.0	677.7	542.8	139	陕西	**Shaanxi**	**3781.3**	**6133.2**	**6917.8**	
三亚	Sanya	40.6	59.1	43.3	225	西安	Xi'an	1391.9	2230.0	2536.7	35
三沙	Sansha					铜川	Tongchuan	38.8	49.3	94.2	219
重庆	**Chongqing**	**8292.0**	**12184.4**	**12815.6**		宝鸡	Baoji	617.3	733.6	806.6	113
四川	**Sichuan**	**12086.3**	**18294.3**	**19544.2**		咸阳	Xianyang	429.2	1109.4	1141.7	69
成都	Chengdu	3726.6	5788.0	5871.0	13	渭南	Weinan	323.0	532.5	546.1	137
自贡	Zigong	393.5	460.5	563.0	133	延安	Yan'an	102.6	132.5	176.2	195
攀枝花	Panzhihua	90.9	277.1	175.7	196	汉中	Hanzhong	267.0	413.8	482.9	152
泸州	Luzhou	1086.3	1705.0	1964.6	39	榆林	Yulin	263.5	488.9	502.9	149
德阳	Deyang	636.4	843.8	765.5	118	安康	Ankang	115.7	263.2	275.2	181
绵阳	Mianyang	642.7	703.3	825.5	110	商洛	Shangluo	190.5	321.2	303.5	175
广元	Guangyuan	175.7	203.9	247.8	186	甘肃	**Gansu**	**2013.9**	**3751.2**	**4172.0**	
遂宁	Suining	572.5	707.9	793.5	116	兰州	Lanzhou	458.4	1136.5		
内江	Neijiang	405.8	500.1	658.2	125	嘉峪关	Jiayuguan	48.5	62.7		
乐山	Leshan	412.6	387.7	342.9	168	金昌	Jinchang	180.4	187.1		
南充	Nanchong	1029.0	1897.4	1925.9	41	白银	Baiyin	113.7	176.2		
眉山	Meishan	428.4	670.2	641.7	126	天水	Tianshui	134.0	254.6		
宜宾	Yibin	442.0	675.7	776.9	117	武威	Wuwei	110.9	429.3		
广安	Guangan	506.9	737.6	848.6	103	张掖	Zhangye	80.9	274.1		
达州	Dazhou	785.3	807.6	1106.8	73	平凉	Pingliang	191.4	301.2		
雅安	Yaan	68.1	75.3	104.9	215	酒泉	Jiuquan	195.5	429.6		
巴中	Bazhong	274.2	1034.1	1233.4	61	庆阳	Qingyang	203.0	202.4		
资阳	Ziyang	296.1	545.9	528.1	143	定西	Dingxi	95.4	246.4		
贵州	**Guizhou**	**1349.7**	**2450.5**	**2800.8**		陇南	Longnan	44.8	59.1		
贵阳	Guiyang	631.8	1268.1			青海	**Qinghai**	**273.2**	**417.4**	**479.4**	
六盘水	Liupanshui	47.7	87.9			西宁	Xining	170.0	284.4	299.8	176
遵义	Zunyi	243.8	445.0			海东	Haidong			71.4	222
安顺	Anshun	42.1	62.8			宁夏	**Ningxia**	**1076.4**	**1927.8**	**1493.2**	
毕节	Bijie	43.0	83.0			银川	Yinchuan	649.6	1330.5	933.9	90
铜仁	Tongren	101.2	121.1			石嘴山	Shizuishan	111.8	178.6	142.7	205
云南	**Yunnan**	**4393.4**	**6446.2**	**7246.5**		吴忠	Wuzhong	179.7	233.8	249.0	185
昆明	Kunming	590.8	3191.6	3492.1	25	固原	Guyuan	35.7	97.8	102.1	216
曲靖	Qujing	552.8	891.7	831.4	107	中卫	Zhongwei	99.6	98.9	65.5	223
玉溪	Yuxi	237.3	368.3	460.2	154	新疆	**Xinjiang**	**2891.5**	**5640.3**	**6115.4**	
保山	Baoshan	159.7	227.4	242.4	188	乌鲁木齐	Urumqi	667.1	1076.6	1075.8	78
昭通	Zhaotong	186.1	178.2	150.4	202	克拉玛依	Karamay	25.4	96.1	114.7	210

13

运输和邮电

Transport, Postal and Telecommunication Services

13-1 公路里程
Length of Highways

单位：公里 （km）

地名	City	2010	2013	2014	2014 排名 Ranking
全国	**Nation Total**	**4008229.0**	**4356218.0**	**4463913.0**	
北京	**Beijing**	**21114.0**	**21673.0**	**21849.0**	
天津	**Tianjin**	**14832.0**	**15718.0**	**16110.0**	
河北	**Hebei**	**154344.0**	**174492.0**	**179200.0**	
石家庄	Shijiazhuang	15410.0	17482.0	14497.0	107
唐山	Tangshan	13855.0	17061.0	13421.0	120
秦皇岛	Qinhuangdao	8572.0	8858.0	8206.0	196
邯郸	Handan	13857.0	15696.0	17814.0	63
邢台	Xingtai	13735.0	17301.0	17414.0	67
保定	Baoding	17857.0	20796.0	22197.0	30
张家口	Zhangjiakou	19225.0	20204.0	21612.0	35
承德	Chengde	18804.0	20110.0	19517.0	46
沧州	Cangzhou	13233.0	15055.0	16426.0	79
廊坊	Langfang	9005.0	10054.0	8642.0	191
衡水	Hengshui	10791.0	11875.0	11711.0	148
山西	**Shanxi**	**131644.0**	**139434.0**	**140436.0**	
太原	Taiyuan	6181.0	7316.0	7348.0	215
大同	Datong	11969.0	12538.0	12541.0	134
阳泉	Yangquan	5367.0	5631.0	5648.0	242
长治	Changzhi	10706.0	11249.0	11346.0	152
晋城	Jincheng	8447.0	8881.0	8961.0	183
朔州	Shuozhou	9551.0	10151.0	10162.0	166
晋中	Jinzhong	14562.0	15565.0	15838.0	93
运城	Yuncheng	15109.0	15744.0	15984.0	85
忻州	Xinzhou	16650.0	17318.0	17340.0	68
临汾	Linfen	17105.0	18025.0	18114.0	60
吕梁	Lvliang	15996.0	17015.0	17153.0	70
内蒙古	**Inner Mongolia**	**157994.0**	**167515.0**	**172167.0**	
呼和浩特	Hohhot	6560.0	7101.0	7258.0	217
包头	Baotou	6745.0	6870.0	6907.0	226
乌海	Wuhai	868.0	977.0	987.0	282
赤峰	Chifeng	22873.0	24180.0	24893.0	11
通辽	Tongliao	17284.0	18470.0	18485.0	54
鄂尔多斯	Erdos	16961.0	18170.0	18748.0	53
呼伦贝尔	Hulunbuir	19663.0	21829.0	22249.0	29
巴彦淖尔	Bayannur	19818.0	20529.0	20745.0	38
乌兰察布	Ulanqab	12334.0	13028.0	13383.0	121
辽宁	**Liaoning**	**101545.0**	**110973.0**	**115430.0**	
沈阳	Shenyang	11757.0	11493.0	12532.0	135
大连	Dalian	11493.0	11802.0	12454.0	138
鞍山	Anshan	7048.0	7133.0	7249.0	218
抚顺	Fushun	5827.0	5986.0	6443.0	236
本溪	Benxi	3916.0	4021.0	4260.0	258
丹东	Dandong	7310.0	8280.0	8742.0	190
锦州	Jinzhou	7035.0	7513.0	8083.0	203
营口	Yingkou	3896.0	4082.0	4426.0	254
阜新	Fuxin	6034.0	6368.0	6775.0	230
辽阳	Liaoyang	3236.0	3352.0	3454.0	266
盘锦	Panjin	3291.0	3425.0	3545.0	265
铁岭	Tieling	10337.0	10765.0	11181.0	155
朝阳	Chaoyang	13837.0	14323.0	14818.0	102
葫芦岛	Huludao	6529.0	7505.0	8224.0	193
吉林	**Jilin**	**90437.0**	**94191.0**	**96041.0**	
长春	Changchun	20500.0	21905.0	22484.0	24
吉林	Jilin	14479.0	14713.0	14758.0	105
四平	Siping	8741.0	9000.0	9106.0	181
辽源	Liaoyuan	4137.0	4315.0	4560.0	251
通化	Tonghua	6292.0	6583.0	6887.0	229
白山	Baishan	6375.0	6601.0	6672.0	231
松原	Songyuan	11859.0	12046.0	12169.0	142
白城	Baicheng	9320.0	9985.0	10144.0	169
黑龙江	**Heilongjiang**	**151945.0**	**160206.0**	**162464.0**	
哈尔滨	Harbin	19154.0	24138.0	24819.5	12
齐齐哈尔	Qiqihar	18851.0	22682.0	22901.5	20
鸡西	Jixi	5336.0	9153.0	9272.9	179
鹤岗	Hegang	2462.0	5965.0	5977.4	241
双鸭山	Shuangyashan	3756.0	8986.0	9021.8	182
大庆	Daqing	7769.0	8728.0	8749.9	189
伊春	Yichun	2146.0	6914.0	6997.3	223
佳木斯	Jiamusi	9235.0	15432.0	13498.9	117
七台河	Qitaihe	1643.0	2553.0	2559.8	274
牡丹江	Mudanjiang	7293.0	12296.0	12232.2	141
黑河	Heihe	8819.0	15814.0	15948.6	88
绥化	Suihua	17423.0	20951.0	21315.1	37
上海	**Shanghai**	**16687.0**	**12633.0**	**12945.0**	
江苏	**Jiangsu**	**150307.0**	**156094.0**	**157521.0**	

13-1 公路里程 续表 1
Length of Highways continued 1

单位：公里 (km)

地名	City	2010	2013	2014	2014 排名 Ranking	地名	City	2010	2013	2014	2014 排名 Ranking
南京	Nanjing	10749.0	11131.0	11309.0	153	池州	Chizhou	6828.0	7868.0	7878.0	206
无锡	Wuxi	7628.0	7655.0	7655.0	210	宣城	Xuancheng	11956.0	10355.0	10599.0	161
徐州	Xuzhou	16175.0	16332.0	16428.0	78	**福建**	**Fujian**	**91015.0**	**99535.0**	**101190.0**	
常州	Changzhou	8348.0	8847.0	8906.0	185	福州	Fuzhou	10234.0	10949.0	11605.9	150
苏州	Suzhou	12296.0	12608.0	12665.0	131	厦门	Xiamen	1865.0	2014.0	2134.8	275
南通	Nantong	17474.0	17995.0	18094.0	61	莆田	Putian	5552.0	6259.0	6634.5	232
连云港	Lianyungang	11224.0	11771.0	11914.0	145	三明	Sanming	13661.0	14804.0	15692.2	95
淮安	Huaian	11804.0	12930.0	13071.0	127	泉州	Quanzhou	14253.0	15453.0	16380.2	80
盐城	Yancheng	18415.0	19141.0	19256.0	50	漳州	Zhangzhou	10105.0	11429.0	12114.7	143
扬州	Yangzhou	10231.0	10415.0	10525.0	162	南平	Nanping	13663.0	14529.0	15400.7	99
镇江	Zhenjiang	6936.0	7201.0	7263.0	216	龙岩	Longyan	12161.0	13446.0	14252.8	110
泰州	Taizhou	8696.0	9335.0	9457.0	177	宁德	Ningde	9521.0	10653.0	11292.2	154
宿迁	Suqian	10332.0	10731.0	10977.0	160	**江西**	**Jiangxi**	**140634.0**	**152067.0**	**155515.0**	
浙江	**Zhejiang**	**110177.0**	**115426.0**	**116367.0**		南昌	Nanchang	9748.0	10822.0	11166.0	156
杭州	Hangzhou	15266.0	15900.0	16024.5	84	景德镇	Jingdezhen	4118.0	4646.0	4710.0	250
宁波	Ningbo	9884.0	10892.0	11045.4	159	萍乡	Pingxiang	6069.0	6827.0	6897.0	228
温州	Wenzhou	13965.0	14345.0	8215.0	194	九江	Jiujiang	17678.0	19036.0	19475.0	48
嘉兴	Jiaxing	7669.0	8000.0	8067.0	205	新余	Xinyu	4007.0	4277.0	4346.0	255
湖州	Huzhou	7890.0	8216.0	7511.0	213	鹰潭	Yingtan	3633.0	4016.0	4037.0	260
绍兴	Shaoxing	9281.0	9786.0	9893.0	173	赣州	Ganzhou	25709.0	28803.0	29359.0	3
金华	Jinhua	11512.0	12037.0	12269.4	140	吉安	Jian	20041.0	21929.0	22681.0	23
衢州	Quzhou	7484.0	7934.0	8070.0	204	宜春	Yichun	16428.0	17990.0	18366.0	56
舟山	Zhoushan	1706.0	1869.0	1897.0	276	抚州	Fuzhou	12657.0	14072.0	14314.0	109
台州	Taizhou	11267.0	11910.0	12283.0	139	上饶	Shangrao	17774.0	19649.0	20165.0	43
丽水	Lishui	13940.0	14537.0	14840.8	101	**山东**	**Shandong**	**229858.0**	**252786.0**	**259515.0**	
安徽	**Anhui**	**149382.0**	**173763.0**	**174373.0**		济南	Jinan	11611.0	12697.0	12846.0	129
合肥	Hefei	8512.0	16955.0	17012.0	72	青岛	Qingdao	16181.0	16270.0	16286.0	81
芜湖	Wuhu	4809.0	9533.0	9533.0	175	淄博	Zibo	10317.0	10924.0	11054.0	158
蚌埠	Bengbu	6493.0	7674.0	7750.0	208	枣庄	Zaozhuang	6960.0	8007.0	8241.0	192
淮南	Huainan	4180.0	4432.0	4457.0	253	东营	Dongying	8111.0	8609.0	8954.0	184
马鞍山	Maanshan	2223.0	6989.0	6989.0	224	烟台	Yantai	14516.0	17024.0	18189.0	59
淮北	Huaibei	3560.0	3787.0	3787.0	263	潍坊	Weifang	23181.0	25225.0	25787.0	10
铜陵	Tongling	1555.0	1555.0	1555.0	278	济宁	Jining	15613.0	18198.0	18797.0	52
安庆	Anqing	14956.0	16810.0	16810.0	75	泰安	Taian	13759.0	14329.0	14447.0	108
黄山	Huangshan	5509.0	6258.0	6258.0	238	威海	Weihai	6720.0	7060.0	7060.0	221
滁州	Chuzhou	14538.0	16586.0	16639.0	76	日照	Rizhao	6499.0	8153.0	8210.0	195
阜阳	Fuyang	11382.0	12513.0	12514.0	136	莱芜	Laiwu	3557.0	4161.0	4239.0	259
宿州	Suzhou	12612.0	13406.0	13530.0	115	临沂	Linyi	22316.0	25577.0	26788.0	8
六安	Liuan	16200.0	22408.0	22420.0	28	德州	Dezhou	20744.0	21587.0	21871.0	32
亳州	Bozhou	10803.0	11440.0	11440.0	151	聊城	Liaocheng	14699.0	17402.0	17861.0	62

13-1 公路里程 续表 2

Length of Highways continued 2

单位：公里 （km）

地名	City	2010	2013	2014	2014 排名 Ranking	地名	City	2010	2013	2014	2014 排名 Ranking
滨州	Binzhou	15029.0	15858.0	15963.0	87	常德	Changde	22045.0	22254.0	22432.9	27
菏泽	Heze	20043.0	21704.0	22923.0	19	张家界	Zhangjiajie	8630.0	8858.0	8883.3	186
河南	**Henan**	**245089.0**	**249831.0**	**249857.0**		益阳	Yiyang	15665.0	15853.0	15873.6	92
郑州	Zhengzhou	12284.0	12719.0	12701.6	130	郴州	Chenzhou	16701.0	17522.0	17575.5	65
开封	Kaifeng	8636.0	8839.0	8844.1	187	永州	Yongzhou	22084.0	22967.0	23022.0	18
洛阳	Luoyang	17837.0	18324.0	18341.7	57	怀化	Huaihua	19784.0	20428.0	20542.8	40
平顶山	Pingdingshan	13316.0	13468.0	13467.8	119	娄底	Loudi	14416.0	14700.0	14798.8	104
安阳	Anyang	11651.0	11823.0	11816.6	146	**广东**	**Guangdong**	**190144.0**	**202915.0**	**212094.0**	
鹤壁	Hebi	4401.0	4463.0	4463.6	252	广州	Guangzhou	8975.0	9004.0	9219.0	180
新乡	Xinxiang	12897.0	13104.0	13105.8	125	韶关	Shaoguan	13753.0	15273.0	16043.0	83
焦作	Jiaozuo	7316.0	7365.0	7382.8	214	深圳	Shenzhen	1617.0	1680.0	1647.0	277
濮阳	Puyang	6281.0	6465.0	6465.2	233	珠海	Zhuhai	1395.0	1447.0	1447.0	279
许昌	Xuchang	9161.0	9288.0	9287.7	178	汕头	Shantou	3805.0	3802.0	3805.0	261
漯河	Luohe	5226.0	5250.0	5249.8	245	佛山	Foshan	5214.0	5204.0	5240.0	246
三门峡	Sanmenxia	9348.0	9527.0	9519.6	176	江门	Jiangmen	9972.0	10012.0	10012.0	171
南阳	Nanyang	37136.0	38004.0	38004.3	1	湛江	Zhanjiang	21491.0	21800.0	21800.0	34
商丘	Shangqiu	22712.0	23050.0	23050.4	17	茂名	Maoming	15609.0	15642.0	15643.0	96
信阳	Xinyang	24207.0	24747.0	24754.8	14	肇庆	Zhaoqing	11260.0	13382.0	13634.0	114
周口	Zhoukou	21375.0	21840.0	21845.0	33	惠州	Huizhou	10826.0	11234.0	12594.0	133
驻马店	Zhumadian	19080.0	19271.0	19271.6	49	梅州	Meizhou	15860.0	16961.0	17567.0	66
湖北	**Hubei**	**206212.0**	**226912.0**	**236933.0**		汕尾	Shanwei	4864.0	5470.0	5470.0	244
武汉	Wuhan	12561.0	15023.0	15924.4	91	河源	Heyuan	14721.0	15346.0	15585.0	97
黄石	Huangshi	4917.0	5712.0	6054.7	240	阳江	Yangjiang	7454.0	7473.0	9984.0	172
十堰	Shiyan	19977.0	24398.0	24361.7	15	清远	Qingyuan	18233.0	21746.0	24801.0	13
宜昌	Yichang	25638.0	27601.0	29257.1	4	东莞	Dongguan	4751.0	5002.0	5145.0	247
襄阳	Xiangyang	25364.0	26547.0	27134.9	6	中山	Zhongshan	1838.0	2589.0	2610.0	273
鄂州	Ezhou	2913.0	3237.0	3334.0	267	潮州	Chaozhou	5046.0	5048.0	5048.0	248
荆门	Jingmen	10985.0	12553.0	13306.2	122	揭阳	Jieyang	6349.0	7210.0	7210.0	219
孝感	Xiaogan	11840.0	13701.0	14523.1	106	云浮	Yunfu	7111.0	7588.0	7588.0	211
荆州	Jingzhou	18685.0	20307.0	21525.4	36	**广西**	**Guangxi**	**101782.0**	**111384.0**	**114900.0**	
黄冈	Huanggang	23392.0	25942.0	26700.0	9	南宁	Nanning	10567.0	12195.0	12458.0	137
咸宁	Xianning	13029.0	14079.0	14923.7	100	柳州	Liuzhou	7957.0	8085.0	8156.0	200
随州	Suizhou	6887.0	7738.0	8202.3	197	桂林	Guilin	11186.0	11784.0	13859.0	111
湖南	**Hunan**	**227998.0**	**235392.0**	**236250.0**		梧州	Wuzhou	4054.0	5841.0	5619.0	243
长沙	Changsha	15307.0	15830.0	15936.3	89	北海	Beihai	2414.0	2586.0	2728.0	272
株洲	Zhuzhou	13466.0	13760.0	13794.3	112	防城港	Fangchenggang	2571.0	2845.0	2901.0	269
湘潭	Xiangtan	7700.0	7788.0	7843.7	207	钦州	Qinzhou	5357.0	6170.0	6170.0	239
衡阳	Hengyang	20098.0	20706.0	20733.6	39	贵港	Guigang	6064.0	6621.0	6899.0	227
邵阳	Shaoyang	20923.0	21906.0	21949.1	31	玉林	Yulin	8640.0	9747.0	10146.0	168
岳阳	Yueyang	19786.0	20259.0	20280.2	41	百色	Baise	13354.0	15297.0	16106.0	82

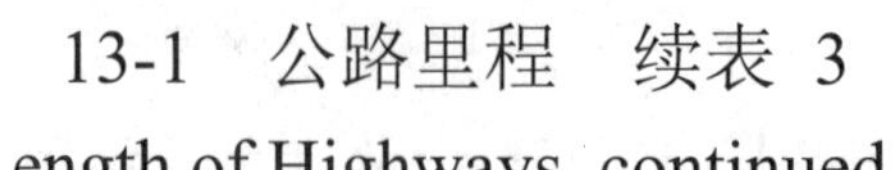

13-1 公路里程 续表 3

Length of Highways continued 3

单位：公里 （km）

地名	City	2010	2013	2014	2014 排名 Ranking
贺州	Hezhou	3746.0	4439.0		
河池	Hechi	7334.0	12331.0	12645.0	132
来宾	Laibin	5981.0	6194.0	6464.0	234
崇左	Chongzuo	6607.0	6935.0	7016.0	222
海南	**Hainan**	**21236.0**	**24852.0**	**26002.0**	
海口	Haikou	1994.0	3107.0	3293.4	268
三亚	Sanya	1089.0	1351.0	1432.1	280
三沙	Sansha				
重庆	**Chongqing**	**116949.0**	**122846.0**	**127392.0**	
四川	**Sichuan**	**266082.0**	**301816.0**	**309742.0**	
成都	Chengdu	20312.0	22586.0	22789.0	21
自贡	Zigong	5793.0	6443.0	6456.0	235
攀枝花	Panzhihua	4438.0	4662.0	4728.0	249
泸州	Luzhou	12089.0	13260.0	13516.0	116
德阳	Deyang	7459.0	8104.0	8165.0	199
绵阳	Mianyang	15377.0	19620.0	19887.0	44
广元	Guangyuan	14950.0	18170.0	19520.0	45
遂宁	Suining	8317.0	8781.0	8805.0	188
内江	Neijiang	9647.0	10020.0	10136.0	170
乐山	Leshan	8698.0	11616.0	11658.0	149
南充	Nanchong	19466.0	21380.0	22446.0	26
眉山	Meishan	7084.0	7414.0	7532.0	212
宜宾	Yibin	13276.0	18257.0	18301.0	58
广安	Guangan	9378.0	10029.0	10366.0	165
达州	Dazhou	18390.0	19448.0	19510.0	47
雅安	Yaan	5625.0	6165.0	6286.0	237
巴中	Bazhong	13745.0	16642.0	16953.0	73
资阳	Ziyang	11893.0	14683.0	14804.0	103
贵州	**Guizhou**	**151644.0**	**172564.0**	**179079.0**	
贵阳	Guiyang	8901.0	9552.0	9709.7	174
六盘水	Liupanshui	11652.0	12222.0	12899.6	128
遵义	Zunyi	22939.0	26383.0	27041.8	7
安顺	Anshun	9126.0	12928.0	13710.5	113
毕节	Bijie	23985.0	28320.0	29443.5	2
铜仁	Tongren	21248.0	22816.0	23819.6	16
云南	**Yunnan**	**209231.0**	**222940.0**	**230398.0**	
昆明	Kunming	16442.0	17556.0	17602.0	64
曲靖	Qujing	26671.0	28080.0	22448.0	25
玉溪	Yuxi	16452.0	16590.0	17160.0	69
保山	Baoshan	11712.0	12844.0	13085.0	126
昭通	Zhaotong	15554.0	16315.0	15976.0	86

地名	City	2010	2013	2014	2014 排名 Ranking
丽江	Lijiang	7605.0	6996.0	7167.0	220
普洱	Puer	19192.0	19611.0	20267.0	42
临沧	Lincang	14045.0	14855.0	15736.0	94
西藏	**Tibet**	**58249.0**	**70591.0**	**75470.0**	
拉萨	Lasa	3417.0	3963.0		
陕西	**Shaanxi**	**147461.0**	**165249.0**	**167145.0**	
西安	Xi'an	12575.0	13135.0	13251.0	123
铜川	Tongchuan	3521.0	3782.0	3767.0	264
宝鸡	Baoji	14255.0	15898.0	15936.0	90
咸阳	Xianyang	15201.0	15407.0	15511.0	98
渭南	Weinan	17716.0	18182.0	18402.0	55
延安	Yan'an	14926.0	17057.0	17110.0	71
汉中	Hanzhong	15051.0	18462.0	18828.0	51
榆林	Yulin	22372.0	27176.0	27773.0	5
安康	Ankang	19973.0	22543.0	22695.0	22
商洛	Shangluo	11871.0	13237.0	13482.0	118
甘肃	**Gansu**	**118879.0**	**133597.0**	**138084.0**	
兰州	Lanzhou	6945.0	7718.0	7729.5	209
嘉峪关	Jiayuguan	614.0	689.0	689.8	283
金昌	Jinchang	2019.0	2669.0	2808.5	270
白银	Baiyin	9589.0	11294.0	11714.9	147
天水	Tianshui	10126.0	10381.0	10400.0	164
武威	Wuwei	9003.0	11134.0	12030.7	144
张掖	Zhangye	10582.0	10862.0	11120.8	157
平凉	Pingliang	9524.0	10111.0	10155.4	167
酒泉	Jiuquan	13458.0	15711.0	16823.6	74
庆阳	Qingyang	11289.0	12922.0	13127.3	124
定西	Dingxi	10122.0	10391.0	10515.0	163
陇南	Longnan	14460.0	15534.0	16582.5	77
青海	**Qinghai**	**62185.0**	**70117.0**	**72703.0**	
西宁	Xining	4291.0	4341.0	4341.0	256
海东	Haidong			8102.0	202
宁夏	**Ningxia**	**22518.0**	**28554.0**	**31276.0**	
银川	Yinchuan		4029.0	4270.7	257
石嘴山	Shizuishan		2587.0	2742.2	271
吴忠	Wuzhong		7731.0	8194.9	198
固原	Guyuan		7657.0	8116.4	201
中卫	Zhongwei		6550.0	6943.0	225
新疆	**Xinjiang**	**152843.0**	**170155.0**	**175468.0**	
乌鲁木齐	Urumqi	3265.0	3586.0	3801.2	262
克拉玛依	Karamay	939.0	1104.0	1170.2	281

13-2　等级公路里程
Length of Expressway and Class I to IV Highways

单位：公里　　　　　　　　　　　　　　　　　　　　（km）

地名	City	2010	2012	2013	2013 排名 Ranking	地名	City	2010	2012	2013	2013 排名 Ranking
全国	**Nation Total**	**3304709.0**	**3609600.0**	**3755567.0**		沈阳	Shenyang	9643.0	10473.5	10075.0	143
北京	**Beijing**	**20921.0**	**21299.0**	**21485.0**		大连	Dalian	7976.0	8963.5	9134.0	160
天津	**Tianjin**	**14832.0**	**15391.0**	**15718.0**		鞍山	Anshan	6851.0	7193.5	7056.0	204
河北	**Hebei**	**146053.0**	**155439.0**	**167711.0**		抚顺	Fushun	4477.0	4903.3	4899.0	241
石家庄	Shijiazhuang	14198.0	15137.4	16410.0	49	本溪	Benxi	3092.0	3451.4	3442.0	258
唐山	Tangshan	13855.0	14532.9	17061.0	40	丹东	Dandong	5310.0	5987.2	6750.0	210
秦皇岛	Qinhuangdao	8572.0	8774.5	8858.0	164	锦州	Jinzhou	6860.0	7219.2	7513.0	190
邯郸	Handan	13319.0	14264.8	15257.0	66	营口	Yingkou	2967.0	3369.6	3390.0	259
邢台	Xingtai	12159.0	14236.8	16043.0	58	阜新	Fuxin	5817.0	6317.1	6368.0	218
保定	Baoding	17614.0	18793.6	20583.0	19	辽阳	Liaoyang	3106.0	3352.9	3352.0	261
张家口	Zhangjiakou	17162.0	17614.6	18607.0	31	盘锦	Panjin	3090.0	3313.7	3346.0	262
承德	Chengde	17558.0	18248.7	19163.0	26	铁岭	Tieling	9291.0	9853.1	9975.0	147
沧州	Cangzhou	12678.0	13778.5	14543.0	81	朝阳	Chaoyang	7201.0	8108.1	8525.0	173
廊坊	Langfang	9005.0	9492.9	10054.0	144	葫芦岛	Huludao	6018.0	6642.8	7233.0	195
衡水	Hengshui	9933.0	10564.5	11132.0	129	**吉林**	**Jilin**	**81006.0**	**95414.0**	**86632.0**	
山西	**Shanxi**	**127664.0**	**134242.0**	**136039.0**		长春	Changchun	17653.0	21665.8	20108.0	21
太原	Taiyuan	6047.0	6881.9	7189.0	198	吉林	Jilin	14118.0	14673.6	14416.0	84
大同	Datong	11877.0	12431.8	12454.0	109	四平	Siping	7924.0	8896.3	8329.0	174
阳泉	Yangquan	5367.0	5599.7	5631.0	231	辽源	Liaoyuan	4137.0	4236.9	4315.0	246
长治	Changzhi	10051.0	10643.6	10728.0	132	通化	Tonghua	6292.0	6515.0	6583.0	213
晋城	Jincheng	8172.0	8518.9	8644.0	168	白山	Baishan	6334.0	6531.6	6570.0	214
朔州	Shuozhou	9422.0	9945.2	10039.0	145	松原	Songyuan	8202.0	11944.9	8627.0	169
晋中	Jinzhong	14471.0	15249.3	15484.0	64	白城	Baicheng	8358.0	9798.2	9239.0	156
运城	Yuncheng	15082.0	15483.4	15718.0	62	**黑龙江**	**Heilongjiang**	**118917.0**	**129260.0**	**131776.0**	
忻州	Xinzhou	15969.0	16660.6	16701.0	45	哈尔滨	Harbin	16010.0	20426.6	21197.0	16
临汾	Linfen	16333.0	17137.2	17433.0	35	齐齐哈尔	Qiqihar	15959.0	19919.0	19589.0	24
吕梁	Lvliang	14873.0	15690.8	16017.0	59	鸡西	Jixi	4684.0	5705.0	7369.0	192
内蒙古	**Inner Mongolia**	**144395.0**	**151046.0**	**155030.0**		鹤岗	Hegang	2030.0	2496.2	4087.0	252
呼和浩特	Hohhot	6176.0	6364.0	6777.0	208	双鸭山	Shuangyashan	3281.0	3674.2	5859.0	225
包头	Baotou	5602.0	5780.0	5813.0	227	大庆	Daqing	6046.0	8026.5	6881.0	206
乌海	Wuhai	868.0	880.0	971.0	283	伊春	Yichun	2073.0	2301.0	6391.0	217
赤峰	Chifeng	21883.0	22915.0	23280.0	8	佳木斯	Jiamusi	6613.0	9301.7	10027.0	146
通辽	Tongliao	15749.0	16683.0	17045.0	41	七台河	Qitaihe	1470.0	1770.5	2068.0	275
鄂尔多斯	Erdos	15302.0	16315.0	16662.0	46	牡丹江	Mudanjiang	6689.0	7921.8	11288.0	126
呼伦贝尔	Hulunbuir	18291.0	19533.0	20583.0	19	黑河	Heihe	7050.0	9118.6	12374.0	110
巴彦淖尔	Bayannur	14785.0	15223.0	15737.0	61	绥化	Suihua	13531.0	18547.6	17915.0	34
乌兰察布	Ulanqab	12294.0	12657.0	13002.0	101	**上海**	**Shanghai**	**11974.0**	**12541.0**	**12633.0**	
辽宁	**Liaoning**	**84757.0**	**90033.0**	**95982.0**		**江苏**	**Jiangsu**	**141706.0**	**146100.0**	**148263.0**	

13-2 等级公路里程 续表 1

Length of Expressway and Class I to IV Highways continued 1

单位：公里 (km)

地名	City	2010	2012	2013	2013 排名 Ranking	地名	City	2010	2012	2013	2013 排名 Ranking
南京	Nanjing	9638.0	10054.4	10166.0	141	池州	Chizhou	6087.0	6102.0	7139.0	200
无锡	Wuxi	7593.0	7638.0	7655.0	184	宣城	Xuancheng	11766.0	11797.0	10304.0	139
徐州	Xuzhou	14965.0	15135.1	15207.0	67	**福建**	**Fujian**	**70655.0**	**76503.0**	**80909.0**	
常州	Changzhou	8296.0	8624.9	8795.0	165	福州	Fuzhou	8649.0	9269.0	9764.0	148
苏州	Suzhou	12296.0	12477.0	12608.0	107	厦门	Xiamen	1597.0	1780.0	1995.0	276
南通	Nantong	17306.0	17763.3	17924.0	33	莆田	Putian	3674.0	3910.0	4314.0	247
连云港	Lianyungang	11049.0	11415.0	11679.0	121	三明	Sanming	9233.0	11095.0	11586.0	123
淮安	Huaian	10816.0	11899.0	12040.0	115	泉州	Quanzhou	8930.0	9543.0	10236.0	140
盐城	Yancheng	16340.0	16760.7	17122.0	39	漳州	Zhangzhou	7886.0	8167.0	9010.0	162
扬州	Yangzhou	8934.0	9050.2	9155.0	158	南平	Nanping	11831.0	12483.0	12837.0	102
镇江	Zhenjiang	6936.0	7068.5	7201.0	197	龙岩	Longyan	10298.0	11011.0	11423.0	125
泰州	Taizhou	8664.0	8997.1	9317.0	154	宁德	Ningde	8557.0	9245.0	9744.0	149
宿迁	Suqian	8873.0	9216.4	9395.0	153	**江西**	**Jiangxi**	**101494.0**	**120332.0**	**122675.0**	
浙江	**Zhejiang**	**105851.0**	**110024.0**	**111997.0**		南昌	Nanchang	7843.0	9103.0	9090.0	161
杭州	Hangzhou	14399.0	14938.6	15110.0	70	景德镇	Jingdezhen	3260.0	3950.0	4015.0	254
宁波	Ningbo	9272.0	10102.0	10350.0	138	萍乡	Pingxiang	4351.0	5354.0	5356.0	233
温州	Wenzhou	7714.0	13798.1	14030.0	87	九江	Jiujiang	11289.0	13724.0	13921.0	88
嘉兴	Jiaxing	7357.0	7730.4	7868.0	180	新余	Xinyu	2976.0	3370.0	3387.0	260
湖州	Huzhou	7144.0	7406.4	7521.0	189	鹰潭	Yingtan	2498.0	3095.0	3138.0	264
绍兴	Shaoxing	8749.0	9078.2	9280.0	155	赣州	Ganzhou	17987.0	22426.0	23250.0	9
金华	Jinhua	11378.0	11852.7	12028.0	116	吉安	Jian	17432.0	19756.0	20023.0	22
衢州	Quzhou	7300.0	7699.3	7815.0	182	宜春	Yichun	11440.0	13510.0	13882.0	89
舟山	Zhoushan	1597.0	1701.5	1786.0	277	抚州	Fuzhou	9067.0	11538.0	11708.0	119
台州	Taizhou	11005.0	11453.4	11681.0	120	上饶	Shangrao	10579.0	14506.0	14903.0	74
丽水	Lishui	13910.0	14263.1	14530.0	82	**山东**	**Shandong**	**227718.0**	**243037.0**	**251425.0**	
安徽	**Anhui**	**142344.0**	**159427.0**	**168084.0**		济南	Jinan	11466.0	12187.8	12644.0	106
合肥	Hefei	8498.0	15301.0	15349.0	65	青岛	Qingdao	16164.0	16210.3	16261.0	51
芜湖	Wuhu	4400.0	9136.0	9135.0	159	淄博	Zibo	9838.0	10134.6	10473.0	136
蚌埠	Bengbu	5942.0	6071.0	7225.0	196	枣庄	Zaozhuang	6824.0	7401.8	7889.0	178
淮南	Huainan	4016.0	4036.0	4268.0	248	东营	Dongying	8111.0	8482.5	8609.0	170
马鞍山	Maanshan	2181.0	6712.0	6753.0	209	烟台	Yantai	14516.0	15934.2	17024.0	42
淮北	Huaibei	3560.0	3621.0	3787.0	256	潍坊	Weifang	23052.0	24456.1	25225.0	4
铜陵	Tongling	1529.0	1529.0	1530.0	279	济宁	Jining	15315.0	17223.7	17997.0	32
安庆	Anqing	14729.0	14970.0	16803.0	44	泰安	Taian	13441.0	13915.5	14045.0	86
黄山	Huangshan	5480.0	5617.0	6230.0	222	威海	Weihai	6720.0	6899.0	7060.0	203
滁州	Chuzhou	14538.0	17238.0	16586.0	48	日照	Rizhao	6499.0	7501.1	8153.0	175
阜阳	Fuyang	10938.0	10986.0	12127.0	113	莱芜	Laiwu	3539.0	3876.1	4145.0	251
宿州	Suzhou	11916.0	11916.0	12710.0	103	临沂	Linyi	22230.0	24086.9	25558.0	3
六安	Liuan	15279.0	23944.0	22052.0	12	德州	Dezhou	20744.0	21435.7	21587.0	15
亳州	Bozhou	10125.0	10452.0	11050.0	130	聊城	Liaocheng	14615.0	16524.2	17402.0	36

13-2 等级公路里程 续表 2
Length of Expressway and Class I to IV Highways continued 2

单位：公里 (km)

地名	City	2010	2012	2013	2013 排名 Ranking	地名	City	2010	2012	2013	2013 排名 Ranking
滨州	Binzhou	14601.0	15396.0	15647.0	63	常德	Changde	19538.0	22086.6	22161.0	10
菏泽	Heze	20043.0	21371.8	21704.0	13	张家界	Zhangjiajie	5878.0	6463.9	6711.0	211
河南	**Henan**	**182560.0**	**194406.0**	**196790.0**		益阳	Yiyang	14298.0	14924.9	15015.0	73
郑州	Zhengzhou	10318.0	11407.0	11455.0	124	郴州	Chenzhou	14997.0	15917.5	16100.0	57
开封	Kaifeng	6661.0	6952.1	6991.0	205	永州	Yongzhou	19129.0	20467.0	20586.0	18
洛阳	Luoyang	12788.0	13399.9	13495.0	94	怀化	Huaihua	16155.0	18487.6	18788.0	28
平顶山	Pingdingshan	12234.0	12679.2	12696.0	104	娄底	Loudi	10573.0	11847.7	12114.0	114
安阳	Anyang	9309.0	9907.7	10111.0	142	**广东**	**Guangdong**	**170144.0**	**177204.0**	**186357.0**	
鹤壁	Hebi	4188.0	4255.4	4262.0	249	广州	Guangzhou	7739.0	7857.3	7870.0	179
新乡	Xinxiang	10225.0	10426.2	10567.0	135	韶关	Shaoguan	13155.0	14308.6	14852.0	75
焦作	Jiaozuo	5983.0	6241.2	6310.0	221	深圳	Shenzhen	1617.0	1659.1	1680.0	278
濮阳	Puyang	5661.0	5950.1	5987.0	223	珠海	Zhuhai	1366.0	1422.7	1421.0	280
许昌	Xuchang	6560.0	7011.2	7062.0	202	汕头	Shantou	3790.0	3790.8	3791.0	255
漯河	Luohe	3979.0	4138.5	4172.0	250	佛山	Foshan	5202.0	5206.6	5204.0	237
三门峡	Sanmenxia	6911.0	7353.9	7470.0	191	江门	Jiangmen	8037.0	8138.6	8144.0	176
南阳	Nanyang	27506.0	28527.0	28734.0	1	湛江	Zhanjiang	13585.0	14525.1	15145.0	69
商丘	Shangqiu	14334.0	16062.5	16199.0	55	茂名	Maoming	14660.0	14777.4	14795.0	77
信阳	Xinyang	17096.0	18253.9	18680.0	30	肇庆	Zhaoqing	11176.0	12546.3	13377.0	96
周口	Zhoukou	14456.0	16538.0	17161.0	38	惠州	Huizhou	10074.0	10340.8	10703.0	133
驻马店	Zhumadian	12489.0	13342.5	13430.0	95	梅州	Meizhou	13480.0	13646.3	15026.0	72
湖北	**Hubei**	**187812.0**	**203145.0**	**212893.0**		汕尾	Shanwei	4555.0	4585.9	5234.0	236
武汉	Wuhan	12200.0	13013.5	14518.0	83	河源	Heyuan	13766.0	14497.8	14603.0	79
黄石	Huangshi	4906.0	5394.3	5712.0	229	阳江	Yangjiang	6262.0	6367.3	6622.0	212
十堰	Shiyan	17992.0	20677.0	22143.0	11	清远	Qingyuan	18071.0	18085.4	21607.0	14
宜昌	Yichang	19193.0	21411.0	24816.0	5	东莞	Dongguan	4637.0	4860.8	4896.0	242
襄阳	Xiangyang	23599.0	24324.0	24714.0	6	中山	Zhongshan	1766.0	2712.4	2545.0	270
鄂州	Ezhou	2061.0	2603.0	2774.0	266	潮州	Chaozhou	4939.0	4968.5	4974.0	240
荆门	Jingmen	10322.0	10939.0	11649.0	122	揭阳	Jieyang	6203.0	6217.5	7077.0	201
孝感	Xiaogan	11840.0	12902.7	13701.0	90	云浮	Yunfu	6063.0	6688.5	6791.0	207
荆州	Jingzhou	17588.0	18807.0	19584.0	25	**广西**	**Guangxi**	**81239.0**	**91583.0**	**96343.0**	
黄冈	Huanggang	21858.0	22847.8	24252.0	7	南宁	Nanning	9210.0	10664.9	11265.0	127
咸宁	Xianning	10806.0	11569.3	12310.0	111	柳州	Liuzhou	5372.0	6191.9	6355.0	219
随州	Suizhou	6690.0	7245.0	7738.0	183	桂林	Guilin	7972.0	8630.0	9223.0	157
湖南	**Hunan**	**184045.0**	**203627.0**	**206622.0**		梧州	Wuzhou	3413.0	5709.7	5303.0	234
长沙	Changsha	12347.0	13043.4	13176.0	99	北海	Beihai	2320.0	2486.0	2486.0	272
株洲	Zhuzhou	13140.0	13273.3	13506.0	93	防城港	Fangchenggang	1716.0	1995.9	2106.0	274
湘潭	Xiangtan	4375.0	4884.2	5034.0	239	钦州	Qinzhou	4633.0	5361.2	5846.0	226
衡阳	Hengyang	14600.0	16258.8	16370.0	50	贵港	Guigang	4832.0	4956.8	5283.0	235
邵阳	Shaoyang	12872.0	16907.6	17360.0	37	玉林	Yulin	6255.0	7842.2	7616.0	188
岳阳	Yueyang	19090.0	19569.0	19651.0	23	百色	Baise	11079.0	12677.0	13008.0	100

13-2 等级公路里程 续表 3

Length of Expressway and Class I to IV Highways continued 3

单位：公里 (km)

地名	City	2010	2012	2013	2013 排名 Ranking	地名	City	2010	2012	2013	2013 排名 Ranking
贺州	Hezhou	3034.0	4316.2	4423.0	245	丽江	Lijiang		5935.0	5987.0	223
河池	Hechi	2000.0	10322.2	10952.0	131	普洱	Puer	6878.0	12907.0	13661.0	91
来宾	Laibin	4608.0	4825.4	4888.0	243	临沧	Lincang	10612.0	11668.0	11995.0	117
崇左	Chongzuo	5650.0	6167.1	6320.0	220	**西藏**	**Tibet**		**41776.0**	**48678.0**	
海南	**Hainan**	**21012.0**	**23540.0**	**24154.0**		拉萨	Lasa			2558.0	269
海口	Haikou	92.0	3056.3	2392.0	273	**陕西**	**Shaanxi**	**134498.0**	**146290.0**	**148991.0**	
三亚	Sanya	898.0	1581.8	1050.0	282	西安	Xi'an	12118.0	12587.3	12598.0	108
三沙	Sansha					铜川	Tongchuan	3140.0	3248.3	3296.0	263
重庆	**Chongqing**	**80006.0**	**86810.0**	**90358.0**		宝鸡	Baoji	13861.0	14506.7	14554.0	80
四川	**Sichuan**	**205983.0**	**234293.0**	**246571.0**		咸阳	Xianyang	13602.0	13546.8	13549.0	92
成都	Chengdu	17923.0	20268.5	20732.0	17	渭南	Weinan	14627.0	15066.0	15200.0	68
自贡	Zigong	4131.0	4870.5	5060.0	238	延安	Yan'an	14343.0	15949.9	16247.0	52
攀枝花	Panzhihua	2706.0	3032.3	3103.0	265	汉中	Hanzhong	12993.0	15598.3	16216.0	54
泸州	Luzhou	7130.0	8123.6	8913.0	163	榆林	Yulin	22066.0	25065.5	26083.0	2
德阳	Deyang	6566.0	7251.8	7282.0	193	安康	Ankang	16550.0	18417.4	18748.0	29
绵阳	Mianyang	9176.0	12493.9	13261.0	98	商洛	Shangluo	11198.0	11944.3	12142.0	112
广元	Guangyuan	8943.0	11246.1	12649.0	105	**甘肃**	**Gansu**	**85733.0**	**101372.0**	**106812.0**	
遂宁	Suining	7119.0	7560.0	7637.0	185	兰州	Lanzhou	4467.0	5360.8	5475.0	232
内江	Neijiang	5779.0	6320.6	6407.0	216	嘉峪关	Jiayuguan	580.0	658.9	656.0	284
乐山	Leshan	7301.0	8053.7	10449.0	137	金昌	Jinchang	2010.0	2508.8	2659.0	267
南充	Nanchong	15483.0	17105.2	18829.0	27	白银	Baiyin	4743.0	6945.6	7237.0	194
眉山	Meishan	5466.0	5583.5	5719.0	228	天水	Tianshui	8721.0	9216.8	9442.0	152
宜宾	Yibin	11320.0	14746.1	15058.0	71	武威	Wuwei	5220.0	7132.9	7984.0	177
广安	Guangan	7866.0	8388.3	8653.0	167	张掖	Zhangye	8022.0	8558.9	8609.0	170
达州	Dazhou	15570.0	16474.6	16826.0	43	平凉	Pingliang	5970.0	6749.5	7159.0	199
雅安	Yaan	4955.0	5510.0	5652.0	230	酒泉	Jiuquan	12315.0	14441.9	14828.0	76
巴中	Bazhong	12305.0	15308.5	15931.0	60	庆阳	Qingyang	5103.0	6603.9	7826.0	181
资阳	Ziyang	8483.0	10933.5	11190.0	128	定西	Dingxi	7617.0	8071.7	8572.0	172
贵州	**Guizhou**	**72557.0**	**86577.0**	**95419.0**		陇南	Longnan	12866.0	13891.9	14125.0	85
贵阳	Guiyang	7940.0	8461.0	8670.0	166	**青海**	**Qinghai**	**47604.0**	**52061.0**	**57069.0**	
六盘水	Liupanshui	8033.0	8825.5	9508.0	151	西宁	Xining	3351.0	3460.0	3484.0	257
遵义	Zunyi	10034.0	12024.5	13322.0	97	海东	Haidong				
安顺	Anshun	3118.0	3928.7	4532.0	244	**宁夏**	**Ningxia**	**21198.0**	**26009.0**	**28338.0**	
毕节	Bijie	12189.0	15053.1	16235.0	53	银川	Yinchuan		4105.7	4016.0	253
铜仁	Tongren	6032.0	8650.0	10588.0	134	石嘴山	Shizuishan		2541.0	2587.0	268
云南	**Yunnan**	**158120.0**	**171960.0**	**178371.0**		吴忠	Wuzhong		7587.0	7619.0	187
昆明	Kunming	12645.0	13639.8	14700.0	78	固原	Guyuan		5748.7	7632.0	186
曲靖	Qujing	17254.0	18355.1	16648.0	47	中卫	Zhongwei		6312.5	6484.0	215
玉溪	Yuxi	15766.0	16120.0	16124.0	56	**新疆**	**Xinjiang**	**98560.0**	**118861.0**	**125442.0**	
保山	Baoshan	8432.0	9603.0	9729.0	150	乌鲁木齐	Urumqi	2596.0	2935.4	2532.0	271
昭通	Zhaotong	10214.0	11235.0	11798.0	118	克拉玛依	Karamay	935.0	998.5	1099.0	281

13-3 民用汽车拥有量
Number of Civil Vehicles

单位：辆 （unit）

地名	City	2010	2013	2014	2014 排名 Ranking
全国	**Nation Total**	**78018300**	**126701435**	**145981100**	
北京	**Beijing**	**4497100**	**5171055**	**5308300**	
天津	**Tianjin**	**1582400**	**2615768**	**2741400**	
河北	**Hebei**	**4928700**	**8162934**	**9300800**	
石家庄	Shijiazhuang	901653	1084023	1300828	21
唐山	Tangshan	806066	994838	1193806	23
秦皇岛	Qinhuangdao	287471	347029	416435	103
邯郸	Handan	576093	559577	671492	59
邢台	Xingtai	402438	425811	510973	78
保定	Baoding	798307	964879	1157855	24
张家口	Zhangjiakou	293612	328311	393973	109
承德	Chengde	195875	202269	242723	165
沧州	Cangzhou	605675	750793	900952	35
廊坊	Langfang	492955	585505	702606	52
衡水	Hengshui	281536	329184	395021	107
山西	**Shanxi**	**2478900**	**3782688**	**4243600**	
太原	Taiyuan	605048	895044	1020350	31
大同	Datong	247799	333510	380201	113
阳泉	Yangquan	116035	166459	189763	189
长治	Changzhi	242285	342144	390044	110
晋城	Jincheng	193639	266237	303510	139
朔州	Shuozhou	72152	118127	134665	232
晋中	Jinzhong	278790	404353	460962	94
运城	Yuncheng	309801	436732	497874	84
忻州	Xinzhou	180555	230129	262347	156
临汾	Linfen	268525	383662	437375	99
吕梁	Lvliang	212514	263340	300208	142
内蒙古	**Inner Mongolia**	**1878000**	**3068651**	**3421400**	
呼和浩特	Hohhot	321551	596587	680109	57
包头	Baotou	297403	457657	521729	77
乌海	Wuhai	154600	121939	139010	227
赤峰	Chifeng	291465	485732	553734	70
通辽	Tongliao	348850	327483	373331	115
鄂尔多斯	Erdos	485000	470063	535872	73
呼伦贝尔	Hulunbuir	153067	209362	238673	166
巴彦淖尔	Bayannur	146297	221264	252241	161
乌兰察布	Ulanqab	116429	225426	256986	157
辽宁	**Liaoning**	**2963200**	**4570467**	**5200400**	
沈阳	Shenyang	984312	1431191	1455314	16
大连	Dalian	944885	1297483	1149344	27
鞍山	Anshan	365158	487513	382184	112
抚顺	Fushun	227607	254960	203218	181
本溪	Benxi	136811	173205	115275	248
丹东	Dandong	228141	318979	194870	184
锦州	Jinzhou	433823	464154	324452	132
营口	Yingkou	250500	328918	264511	155
阜新	Fuxin	329330	387753	198151	182
辽阳	Liaoyang	284423	253885	175267	201
盘锦	Panjin	178699	243815	219783	174
铁岭	Tieling	317900	409457	190450	187
朝阳	Chaoyang	509669	569204	283594	148
葫芦岛	Huludao	250970	333913	229912	170
吉林	**Jilin**	**1528900**	**2483472**	**2845700**	
长春	Changchun	664845	1018968	1144590	29
吉林	Jilin	272846	388236	427166	101
四平	Siping	145042	263172	297615	145
辽源	Liaoyuan	58608	83313	94015	260
通化	Tonghua	106889	145663	151863	217
白山	Baishan	62286	71385	86816	264
松原	Songyuan	180836	296422	320817	133
白城	Baicheng	93406	156017	189307	190
黑龙江	**Heilongjiang**	**1947900**	**2898103**	**3227800**	
哈尔滨	Harbin	652435	1005167	1145890	28
齐齐哈尔	Qiqihar	233889		238118	167
鸡西	Jixi	127246	162010	184691	195
鹤岗	Hegang	40550	56895	64860	273
双鸭山	Shuangyashan	56547		131348	235
大庆	Daqing	328347	428467	488452	85
伊春	Yichun	38444		58349	276
佳木斯	Jiamusi				
七台河	Qitaihe	76301	53876	61419	274
牡丹江	Mudanjiang	117296		253332	159
黑河	Heihe				
绥化	Suihua	16060	70191	80018	268
上海	**Shanghai**	**1755100**	**2349116**	**2550300**	
江苏	**Jiangsu**	**5508000**	**9443483**	**10954500**	

13-3 民用汽车拥有量 续表 1
Number of Civil Vehicles continued 1

单位：辆 (unit)

地名	City	2010	2013	2014	2014 排名 Ranking
南京	Nanjing	830524	1404121	1722000	10
无锡	Wuxi	734009	1146731	1277600	22
徐州	Xuzhou	432612	684114	756000	45
常州	Changzhou	453723	765395	873100	37
苏州	Suzhou	1261001	2105740	2407900	3
南通	Nantong	449023	837547	996600	32
连云港	Lianyungang	188898	322191	368700	117
淮安	Huaian	169858	294764	347200	124
盐城	Yancheng	267391	476010	549600	71
扬州	Yangzhou	232869	419436	488200	86
镇江	Zhenjiang	198003	337472	384900	111
泰州	Taizhou	226588	405173	470300	92
宿迁	Suqian	198532	321656	373300	116
浙江	**Zhejiang**	**5420500**	**9019925**	**10120500**	
杭州	Hangzhou	1248056	2045618	2184000	6
宁波	Ningbo	877434	1420578	1597218	12
温州	Wenzhou	789343	1257791	1409532	19
嘉兴	Jiaxing	367812	683694	791861	43
湖州	Huzhou	218000	405647	471480	89
绍兴	Shaoxing	434809	739962	850681	38
金华	Jinhua	591787	1004858	1149667	26
衢州	Quzhou	121423	212521	244756	164
舟山	Zhoushan	60463	99413	110052	255
台州	Taizhou	565917	922061	1039522	30
丽水	Lishui	140492	228037	256824	158
安徽	**Anhui**	**2098100**	**3587375**	**4224600**	
合肥	Hefei	386060	820675	975744	33
芜湖	Wuhu	132091	275844	318140	135
蚌埠	Bengbu	98706	164439	188037	192
淮南	Huainan	89780	142483	157088	213
马鞍山	Maanshan	68423	138925	161436	211
淮北	Huaibei	80759	134097	156716	214
铜陵	Tongling	39877	69642	78107	270
安庆	Anqing	146788	259399	309036	137
黄山	Huangshan	95638	117135	125581	240
滁州	Chuzhou	134594	184207	208604	178
阜阳	Fuyang	282858	430840	484019	87
宿州	Suzhou	176286	202907	251331	162
六安	Liuan	211088	298359	343169	127
亳州	Bozhou	199383	256057	298465	143

地名	City	2010	2013	2014	2014 排名 Ranking
池州	Chizhou	42915	71196	87310	263
宣城	Xuancheng	122874	171829	208437	179
福建	**Fujian**	**1970800**	**3329740**	**3866000**	
福州	Fuzhou	433734	727034	841836	39
厦门	Xiamen	385391	679103	822916	41
莆田	Putian	83663	157212	188454	191
三明	Sanming	98044	157036	170057	205
泉州	Quanzhou	480067	788863	906727	34
漳州	Zhangzhou	162733	279857	317434	136
南平	Nanping	87205	143619	162325	209
龙岩	Longyan	164772	267119	301624	140
宁德	Ningde	72609	131795	142195	223
江西	**Jiangxi**	**1374300**	**2468402**	**2876800**	
南昌	Nanchang	362429	560779	618086	64
景德镇	Jingdezhen	70402	116610	136202	231
萍乡	Pingxiang	64030	108098	126724	238
九江	Jiujiang	158875	286640	336504	130
新余	Xinyu	57967	98019	108364	256
鹰潭	Yingtan	34055	69829	80475	266
赣州	Ganzhou	191527	390175	470386	91
吉安	Jian	109757	187766	220995	173
宜春	Yichun	165994	293714	348204	123
抚州	Fuzhou	100269	172132	197933	183
上饶	Shangrao	145055	265486	307811	138
山东	**Shandong**	**7058900**	**11997147**	**13502500**	
济南	Jinan	797359	1213435	1381099	20
青岛	Qingdao	975571	1524634	1723204	9
淄博	Zibo	443657	675568	719549	48
枣庄	Zaozhuang	271085	397072	417844	102
东营	Dongying	335413	497003	532119	74
烟台	Yantai	746845	1097199	1154701	25
潍坊	Weifang	1042508	1595971	1691177	11
济宁	Jining	474922	737851	827603	40
泰安	Taian	302484	452644	504375	82
威海	Weihai	318103	486896	526348	75
日照	Rizhao	212625	348567	400383	106
莱芜	Laiwu	119431	164920	174734	202
临沂	Linyi	733934	1238081	1419713	17
德州	Dezhou	382248	615837	695216	54
聊城	Liaocheng	455787	584530	652428	60

13-3 民用汽车拥有量 续表 2
Number of Civil Vehicles continued 2

单位：辆 (unit)

地名	City	2010	2013	2014	2014 排名 Ranking
滨州	Binzhou	350867	545948	604683	65
菏泽	Heze	383532	541875	597545	67
河南	**Henan**	**3997300**	**7006916**	**9692800**	
郑州	Zhengzhou	963010	1723660	2222679	5
开封	Kaifeng	188867	289599	346522	125
洛阳	Luoyang	379104	605960	712686	49
平顶山	Pingdingshan	233567	346930	410474	104
安阳	Anyang	298064	407472	472911	88
鹤壁	Hebi	79018	129575	157689	212
新乡	Xinxiang	299628	483662	586300	69
焦作	Jiaozuo	211260	299042	339463	129
濮阳	Puyang	237408	366043	431983	100
许昌	Xuchang	216653	343828	409142	105
漯河	Luohe	102661	153426	185137	194
三门峡	Sanmenxia	153955	203416	230923	168
南阳	Nanyang	302779	463596	588105	68
商丘	Shangqiu	321057	485046	548982	72
信阳	Xinyang	215149	275627	354089	122
周口	Zhoukou	383354	493207	508170	80
驻马店	Zhumadian	172742	302400	342300	128
湖北	**Hubei**	**2074900**	**3543973**	**4222300**	
武汉	Wuhan	1046500	1240771	1414479	18
黄石	Huangshi	77600	110424	125883	239
十堰	Shiyan	127868	197671	225345	171
宜昌	Yichang	193708	290768	331476	131
襄阳	Xiangyang	236744	317636	362105	119
鄂州	Ezhou	25830	97021	110604	252
荆门	Jingmen	98606	158226	180378	199
孝感	Xiaogan	511575	132075	150566	219
荆州	Jingzhou	136716	263737	300660	141
黄冈	Huanggang	111528	202439	230780	169
咸宁	Xianning	76612	122510	139661	226
随州	Suizhou	55294	99630	113578	249
湖南	**Hunan**	**2110600**	**3667351**	**4344800**	
长沙	Changsha	1008677	1590414	1861169	8
株洲	Zhuzhou	513783	619211	700432	53
湘潭	Xiangtan	355852	465154	501968	83
衡阳	Hengyang	575644	641445	693789	55
邵阳	Shaoyang	478209	666257	729493	47
岳阳	Yueyang	421528	616458	708635	50
常德	Changde	657929	731118	814286	42
张家界	Zhangjiajie	140871	248024	265167	154
益阳	Yiyang	403669	549608	604501	66
郴州	Chenzhou	490873	644123	680085	58
永州	Yongzhou	535562	578522	634588	62
怀化	Huaihua	397976	579069	687872	56
娄底	Loudi	414100	683931	754906	46
广东	**Guangdong**	**7822600**	**11773707**	**13318400**	
广州	Guangzhou	1598934	2148053	2227715	4
韶关	Shaoguan	99543	153291	175403	200
深圳	Shenzhen	1669674	2583869	3111488	2
珠海	Zhuhai	209671	312196	345636	126
汕头	Shantou	266354	408481	455842	96
佛山	Foshan	912421	1358359	1538460	14
江门	Jiangmen	278817	410631	457034	95
湛江	Zhanjiang	149295	245060	278880	150
茂名	Maoming	164011	268634	292012	146
肇庆	Zhaoqing	147382	236077	265419	153
惠州	Huizhou	256415	414021	470906	90
梅州	Meizhou	106711	185191	218704	175
汕尾	Shanwei	31833	50134	59312	275
河源	Heyuan	75560	123456	144802	220
阳江	Yangjiang	85452	154244	183092	196
清远	Qingyuan	127952	231923	279611	149
东莞	Dongguan	920766	1389103	1559588	13
中山	Zhongshan	371343	554767	639769	61
潮州	Chaozhou	111453	166831	186567	193
揭阳	Jieyang	137433	218563	252984	160
云浮	Yunfu	68746	126264	141199	224
广西	**Guangxi**	**1520600**	**2762921**	**3165300**	
南宁	Nanning	432199	739868	889943	36
柳州	Liuzhou	202349	352661	443272	98
桂林	Guilin	179996	314889	363009	118
梧州	Wuzhou	56733	588018	626247	63
北海	Beihai	72051	367618	138492	228
防城港	Fangchenggang	39294	71330	79751	269
钦州	Qinzhou	58378	702700	702700	51
贵港	Guigang	73912	142945	162104	210
玉林	Yulin	137047	251296	291698	147
百色	Baise	83780	153043	171169	204

13-3 民用汽车拥有量 续表 3

Number of Civil Vehicles continued 3

单位：辆 (unit)

地名	City	2010	2013	2014	2014 排名 Ranking
贺州	Hezhou	45500	410200	95506	259
河池	Hechi	71015	132739	154906	215
来宾	Laibin	51115	83539	83539	265
崇左	Chongzuo	45696	443509	80101	267
海南	**Hainan**	**392400**	**648038**	**751100**	
海口	Haikou	238038	389599	444143	97
三亚	Sanya	51620	98204	111953	251
三沙	Sansha				
重庆	**Chongqing**	**1143000**	**1927700**	**2370400**	
四川	**Sichuan**	**3549700**	**5730252**	**6669200**	
成都	Chengdu	2599300	2599877	3128000	1
自贡	Zigong	72871	120167	138000	229
攀枝花	Panzhihua	82265	117821	128000	237
泸州	Luzhou	94677	176383	210000	177
德阳	Deyang	217110	299331	320000	134
绵阳	Mianyang		335458	378000	114
广元	Guangyuan	79339	123396	140000	225
遂宁	Suining	67945	114919	133000	233
内江	Neijiang	71298	119099	138000	229
乐山	Leshan	122318	200975	223000	172
南充	Nanchong	150100	236564	277000	151
眉山	Meishan	94453	164909	190000	188
宜宾	Yibin	89830	167358	192000	185
广安	Guangan	57444	102581	120000	245
达州	Dazhou	99264	153532	181000	198
雅安	Yaan	69578	106302	118000	246
巴中	Bazhong	51560	101672	118000	246
资阳	Ziyang	70285	118458	133000	233
贵州	**Guizhou**	**1157600**	**2009951**	**2447200**	
贵阳	Guiyang	604425	677052	771839	44
六盘水	Liupanshui	113038	186868	213030	176
遵义	Zunyi	174307	312387	356121	121
安顺	Anshun	55655	133069	151699	218
毕节	Bijie	83024	172628		
铜仁	Tongren	223804	111447		
云南	**Yunnan**	**2339100**	**3740105**	**4297400**	
昆明	Kunming	1324215	1347358	1529300	15
曲靖	Qujing	778571	397100	462700	93
玉溪	Yuxi	187758	267323	297800	144
保山	Baoshan	80061	123948	144500	221
昭通	Zhaotong	99313	226917	190800	186
丽江	Lijiang	50487	104269	121000	244
普洱	Puer	99632	152811	162700	208
临沧	Lincang	39771	61615	110100	254
西藏	**Tibet**	**166200**	**267249**	**294700**	
拉萨	Lasa	108785	154045		
陕西	**Shaanxi**	**1906400**	**3360787**	**3848800**	
西安	Xi'an	957162	1634709	1924402	7
铜川	Tongchuan	49915	61596	69349	271
宝鸡	Baoji	130893	191185	204682	180
咸阳	Xianyang	156209	247124	270589	152
渭南	Weinan	266699	396764	394396	108
延安	Yan'an	179370	231446	246119	163
汉中	Hanzhong	101474	153494	174218	203
榆林	Yulin	309016	492129	509566	79
安康	Ankang	63592	95106	93639	261
商洛	Shangluo	49643	66059	66634	272
甘肃	**Gansu**	**820400**	**1563841**	**1853100**	
兰州	Lanzhou	246100	428906	524200	76
嘉峪关	Jiayuguan	19970	36636	42900	278
金昌	Jinchang	27870	44668	50300	277
白银	Baiyin	90100	146330	162900	207
天水	Tianshui	70500	130045	154500	216
武威	Wuwei	57680	104811	121900	242
张掖	Zhangye	51200	97254	113000	250
平凉	Pingliang	70080	116582	128600	236
酒泉	Jiuquan	64400	106344	121900	242
庆阳	Qingyang	81500	155050	182900	197
定西	Dingxi	73400	144978	166200	206
陇南	Longnan	57979	85632	97500	258
青海	**Qinghai**	**309900**	**588418**	**688400**	
西宁	Xining			**360573**	120
海东	Haidong			110404	253
宁夏	**Ningxia**	**415200**	**792257**	**910500**	
银川	Yinchuan	225597	443242	505296	81
石嘴山	Shizuishan	58302	90095	102708	257
吴忠	Wuzhong	78413	126010	143651	222
固原	Guyuan	73657	109840	125218	241
中卫	Zhongwei	44796	81511	92923	262
新疆	**Xinjiang**	**1271400**	**2369643**	**2722100**	
乌鲁木齐	Urumqi				
克拉玛依	Karamay				

13-4 客运总量
Total Passenger Traffic

单位：万人 （10 000 persons）

地名	City	2010	2013	2014	2014 排名 Ranking
全国	**Nation Total**	**3269508**	**3741469**	**2237666**	
北京	**Beijing**	**135045**	**71057**	**71715**	
天津	**Tianjin**	**24525**	**29519**	**19600**	
河北	**Hebei**	**90847**	**101653**	**58116**	
石家庄	Shijiazhuang	12401	13573	8032	81
唐山	Tangshan	12045	14035	4267	167
秦皇岛	Qinhuangdao	2993	2883	3002	211
邯郸	Handan	13237	19241	8921	67
邢台	Xingtai	7207	8555	4469	158
保定	Baoding	14954	15203	10730	46
张家口	Zhangjiakou	3962	5235	3521	191
承德	Chengde	5020	5935	2831	218
沧州	Cangzhou	9206	10241	4979	144
廊坊	Langfang	6132	3333	5392	132
衡水	Hengshui	3100	3418	1973	252
山西	**Shanxi**	**38424**	**41708**	**37281**	
太原	Taiyuan	4800	5530	4441	162
大同	Datong	3584	3572	3416	195
阳泉	Yangquan	2678	3316	2301	235
长治	Changzhi	3630	3666	3619	186
晋城	Jincheng	2645	2143	2053	250
朔州	Shuozhou	3401	3689	3790	183
晋中	Jinzhong	3639	4049	4049	176
运城	Yuncheng	6042	5868	4311	165
忻州	Xinzhou	4193	2580	2557	227
临汾	Linfen	4843	5351	4444	161
吕梁	Lvliang	1939	1945	2299	236
内蒙古	**Inner Mongolia**	**24043**	**26307**	**18495**	
呼和浩特	Hohhot	2452	3230	2256	240
包头	Baotou	2115	2046	1736	258
乌海	Wuhai	602	547	428	282
赤峰	Chifeng	4755	5130	4356	163
通辽	Tongliao	3167	3746	901	277
鄂尔多斯	Erdos	2372	2758	1288	268
呼伦贝尔	Hulunbuir	3165	4853	4689	147
巴彦淖尔	Bayannur	2223	1766	2100	245
乌兰察布	Ulanqab	1635	2231	743	279
辽宁	**Liaoning**	**101525**	**92589**	**95121**	
沈阳	Shenyang	30658	24484	25397	7
大连	Dalian	17805	13293	13580	28
鞍山	Anshan	6215	8422	8705	70
抚顺	Fushun	3338	3067	3108	206
本溪	Benxi	4737	4416	4201	172
丹东	Dandong	5358	5648	5836	123
锦州	Jinzhou	4605	6818	7002	100
营口	Yingkou	5058	4405	4506	154
阜新	Fuxin	1209	1727	1773	257
辽阳	Liaoyang	4785	4405	4545	152
盘锦	Panjin	3245	3388	3576	188
铁岭	Tieling	5658	5280	5389	133
朝阳	Chaoyang	3870	3136	3246	202
葫芦岛	Huludao	5913	4100	4257	168
吉林	**Jilin**	**64486**	**41596**	**31310**	
长春	Changchun	12796	11867	12377	35
吉林	Jilin	11119	5506	5506	129
四平	Siping	5237	2809	2854	216
辽源	Liaoyuan	1546	1241	1234	270
通化	Tonghua	8033	9185	2397	230
白山	Baishan	1846	5826	1851	254
松原	Songyuan	8003	3149	3092	207
白城	Baicheng	2408	2015	1996	251
黑龙江	**Heilongjiang**	**46895**	**45393**	**41130**	
哈尔滨	Harbin	13068	13191	13989	24
齐齐哈尔	Qiqihar	6751	7875	6037	119
鸡西	Jixi	4445	4958	4352	164
鹤岗	Hegang	531	561	930	275
双鸭山	Shuangyashan	775	3112	2097	246
大庆	Daqing	2552	2611	2626	224
伊春	Yichun	1292	1444	976	274
佳木斯	Jiamusi	3466	3915	3016	209
七台河	Qitaihe	1341	1348	861	278
牡丹江	Mudanjiang	4238	941		
黑河	Heihe	1495	1156	1150	271
绥化	Suihua	3409	4279	5097	138
上海	**Shanghai**	**10233**	**19118**	**20761**	
江苏	**Jiangsu**	**226073**	**156880**	**161040**	

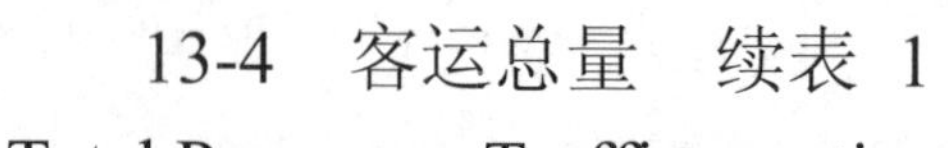

13-4 客运总量 续表 1
Total Passenger Traffic continued 1

单位：万人　　　　（10 000 persons）

地名	City	2010	2013	2014	2014 排名 Ranking
南京	Nanjing	39688	15615	16088	20
无锡	Wuxi	19232	9370	9987	54
徐州	Xuzhou	20761	16797	17283	16
常州	Changzhou	29361	8445	8777	69
苏州	Suzhou	47309	45654	46947	4
南通	Nantong	16965	10715	10925	43
连云港	Lianyungang	13432	5748	5817	124
淮安	Huaian	9694	8531	8690	72
盐城	Yancheng	12147	9527	9712	57
扬州	Yangzhou	7276	4967	5027	143
镇江	Zhenjiang	9545	5340	5490	130
泰州	Taizhou	8907	9500	9508	61
宿迁	Suqian	9067	6668	6789	106
浙江	**Zhejiang**	**226946**	**223227**	**133501**	
杭州	Hangzhou	33772	36409	24070	8
宁波	Ningbo	34905	26354	16722	17
温州	Wenzhou	34417	32145	22338	9
嘉兴	Jiaxing	11955	12579	10780	44
湖州	Huzhou	9964	8363	6307	113
绍兴	Shaoxing	17869	18160	10658	48
金华	Jinhua	29882	30534	13560	29
衢州	Quzhou	11282	5536	5397	131
舟山	Zhoushan	15109	16714	5171	136
台州	Taizhou	30137	30557	13868	25
丽水	Lishui	5863	5877	4628	149
安徽	**Anhui**	**159388**	**251877**	**141853**	
合肥	Hefei	19805	40107	20095	12
芜湖	Wuhu	9760	17072	7942	84
蚌埠	Bengbu	12417	18733	8037	80
淮南	Huainan	5410	8680	4648	148
马鞍山	Maanshan	2521	8465	5188	135
淮北	Huaibei	6172	9741	4013	178
铜陵	Tongling	7929	12120	2386	231
安庆	Anqing	6588	10321	16419	18
黄山	Huangshan	2337	3432	6207	116
滁州	Chuzhou	8092	19841	8689	73
阜阳	Fuyang	20151	30537	13790	26
宿州	Suzhou	6241	7718	8209	76
六安	Liuan	21560	34702	15930	21
亳州	Bozhou	5614	9422	9174	66

地名	City	2010	2013	2014	2014 排名 Ranking
池州	Chizhou	4838	7503	4028	177
宣城	Xuancheng	9720	13482	7099	96
福建	**Fujian**	**75798**	**77071**	**59134**	
福州	Fuzhou	18916	19524	13785	27
厦门	Xiamen	12375	14812	7916	86
莆田	Putian	9636	6686	6870	105
三明	Sanming	3692	2956	3414	196
泉州	Quanzhou	13986	14387	9892	55
漳州	Zhangzhou	5349	5625	3546	190
南平	Nanping	3702	2833	3013	210
龙岩	Longyan	4074	2401	2557	227
宁德	Ningde	7038	7844	8141	77
江西	**Jiangxi**	**76447**	**85150**	**68050**	
南昌	Nanchang	10684	11758	6970	102
景德镇	Jingdezhen	2461	1962	2081	247
萍乡	Pingxiang	5997	7730	7775	87
九江	Jiujiang	10544	12452	10694	47
新余	Xinyu	1947	2117	1594	261
鹰潭	Yingtan	6141	5978	2258	239
赣州	Ganzhou	10225	10974	9637	58
吉安	Jian	4006	4713	6908	103
宜春	Yichun	6217	5987	5349	134
抚州	Fuzhou	4130	4418	4566	151
上饶	Shangrao	15499	17060	10218	53
山东	**Shandong**	**249358**	**259589**	**77268**	
济南	Jinan	16478	12739	4241	169
青岛	Qingdao	23805	27429	9854	56
淄博	Zibo	39893	42661	1477	264
枣庄	Zaozhuang	7406	8340	3841	182
东营	Dongying	4106	4521	909	276
烟台	Yantai	33613	36733	7972	82
潍坊	Weifang	22175	24164	8108	78
济宁	Jining	9369	10415	5516	128
泰安	Taian	5311	6416	3743	184
威海	Weihai	15724	17874	4086	174
日照	Rizhao	4338	4815	3267	201
莱芜	Laiwu	2938	4055	155	284
临沂	Linyi	25888	24171	6614	109
德州	Dezhou	10348	12411	2575	226
聊城	Liaocheng	8590	9465	2313	234

13-4 客运总量 续表 2
Total Passenger Traffic continued 2

单位：万人 （10 000 persons）

地名	City	2010	2013	2014	2014 排名 Ranking
滨州	Binzhou	6618	6434	6004	120
菏泽	Heze	16115	6945	6593	110
河南	**Henan**	**167223**	**222338**	**142981**	
郑州	Zhengzhou	30121	38643	18413	14
开封	Kaifeng	6807	9041	8871	68
洛阳	Luoyang	14164	19920	12791	31
平顶山	Pingdingshan	8350	11405	12258	36
安阳	Anyang	7675	9711	4221	170
鹤壁	Hebi	6360	8097	1850	255
新乡	Xinxiang	5903	7921	6382	112
焦作	Jiaozuo	4204	5167	4476	157
濮阳	Puyang	4242	5862	4502	155
许昌	Xuchang	5684	7651	3397	197
漯河	Luohe	3853	5089	2610	225
三门峡	Sanmenxia	4081	5653	3270	200
南阳	Nanyang	17135	24460	11370	39
商丘	Shangqiu	12803	17229	11734	37
信阳	Xinyang	10580	14621	10254	52
周口	Zhoukou	9519	12810	7216	95
驻马店	Zhumadian	13902	19057	19366	13
湖北	**Hubei**	**103268**	**134122**	**104849**	
武汉	Wuhan	22896	29620	28146	5
黄石	Huangshi	3915	5256	3434	194
十堰	Shiyan	5230	8285	3897	181
宜昌	Yichang	9584	16887	11688	38
襄阳	Xiangyang	10924	15914	10735	45
鄂州	Ezhou	1749	2639	2714	223
荆门	Jingmen	6203	8316	4218	171
孝感	Xiaogan	7508	9881	7428	93
荆州	Jingzhou	8228	10397	9209	64
黄冈	Huanggang	9828	13859	10608	49
咸宁	Xianning	5198	7088	6542	111
随州	Suizhou	4617	5980	6231	115
湖南	**Hunan**	**156404**	**222006**	**156405**	
长沙	Changsha	33984	37922	12745	32
株洲	Zhuzhou	13127	17246	16100	19
湘潭	Xiangtan	4789	5024	3359	199
衡阳	Hengyang	17479	26565	21675	10
邵阳	Shaoyang	11404	14789	17937	15
岳阳	Yueyang	10291	14146	12553	33
常德	Changde	12865	16532	11294	41
张家界	Zhangjiajie	5986	6902	6681	107
益阳	Yiyang	8835	11655	11316	40
郴州	Chenzhou	8098	8542	11230	42
永州	Yongzhou	8380	39444	9618	59
怀化	Huaihua	8493	11759	12459	34
娄底	Loudi	19496	11481	9436	63
广东	**Guangdong**	**456139**	**636266**	**204389**	
广州	Guangzhou	62596	89269	98061	1
韶关	Shaoguan	10782	17870	5791	125
深圳	Shenzhen	156407	201722	15113	23
珠海	Zhuhai	19173	29743	5094	139
汕头	Shantou	2877	4187	2076	248
佛山	Foshan	25355	49349	5976	121
江门	Jiangmen	18096	20363	9546	60
湛江	Zhanjiang	12972	15875	15802	22
茂名	Maoming	6962	8840	5838	122
肇庆	Zhaoqing	6388	7771	3114	205
惠州	Huizhou	13313	17301	7033	98
梅州	Meizhou	4535	6576	2789	219
汕尾	Shanwei	7250	12636	1279	269
河源	Heyuan	3294	5575	6640	108
阳江	Yangjiang	4108	4315	1572	262
清远	Qingyuan	9982	14550	2878	215
东莞	Dongguan	77446	78113	5555	127
中山	Zhongshan	14228	34418	2851	217
潮州	Chaozhou	2126	3819	2330	232
揭阳	Jieyang	4811	6282	2289	237
云浮	Yunfu	4907	7693	2762	221
广西	**Guangxi**	**75751**	**59291**	**52304**	
南宁	Nanning	10153	8394	8697	71
柳州	Liuzhou	3017	3298	3553	189
桂林	Guilin	15518	9993	10462	50
梧州	Wuzhou	4291	4289	2102	244
北海	Beihai	3139	2570	2723	222
防城港	Fangchenggang	2235	1057	1071	272
钦州	Qinzhou	3981	4760	1947	253
贵港	Guigang	6255	7275	3596	187
玉林	Yulin	6244	3850	3690	185
百色	Baise	6170	4532	4833	146

13-4 客运总量 续表 3
Total Passenger Traffic continued 3

单位：万人 （10 000 persons）

地名	City	2010	2013	2014	2014 排名 Ranking	地名	City	2010	2013	2014	2014 排名 Ranking
贺州	Hezhou	3322	1375	1465	265	丽江	Lijiang	1838	2848	4011	179
河池	Hechi	6768	4261	4454	159	普洱	Puer	2622	3453	3474	193
来宾	Laibin	3587	2005	2073	249	临沧	Lincang	697	947	1013	273
崇左	Chongzuo	2758	1634	1639	260	**西藏**	**Tibet**	**8165**	**1125**	**724**	
海南	**Hainan**	**44209**	**50999**	**9069**		拉萨	Lasa		1125	724	280
海口	Haikou	31503	45538	6898	104	**陕西**	**Shaanxi**	**93171**	**117620**	**73355**	
三亚	Sanya	3573	5460	2171	242	西安	Xi'an	31118	38289	25719	6
三沙	Sansha					铜川	Tongchuan	1477	1750	1823	256
重庆	**Chongqing**	**126066**	**171388**	**70056**		宝鸡	Baoji	8119	10458	7939	85
四川	**Sichuan**	**241868**	**297999**	**135802**		咸阳	Xianyang	10677	14069	7575	89
成都	Chengdu	100998	124059	21523	11	渭南	Weinan	10260	13403	9184	65
自贡	Zigong	8859	10509	6156	117	延安	Yan'an	6584	8685	3372	198
攀枝花	Panzhihua	5732	6488	3191	203	汉中	Hanzhong	7637	9946	4454	159
泸州	Luzhou	9578	14350	8533	74	榆林	Yulin	6310	8481	3961	180
德阳	Deyang	10153	12627	7464	92	安康	Ankang	7106	8548	5160	137
绵阳	Mianyang	10100	10402	7957	83	商洛	Shangluo	13530	3991	4167	173
广元	Guangyuan	5140	14161	2419	229	**甘肃**	**Gansu**	**53771**	**58049**	**54601**	
遂宁	Suining	5391	5784	4534	153	兰州	Lanzhou	3798	4837	5672	126
内江	Neijiang	17421	12759	10364	51	嘉峪关	Jiayuguan	2589	5477	6249	114
乐山	Leshan	7682	8897	6042	118	金昌	Jinchang	793	1183	1461	266
南充	Nanchong	17355	13385	9465	62	白银	Baiyin	1843	7208	4973	145
眉山	Meishan	6356	7149	6999	101	天水	Tianshui	2958	6503	4623	150
宜宾	Yibin	14185	15498	7417	94	武威	Wuwei	3530	4864	5036	140
广安	Guangan	6502	11820	7700	88	张掖	Zhangye	2427	4283	5034	141
达州	Dazhou	9713	11632	8047	79	平凉	Pingliang	3136	3314	3504	192
雅安	Yaan	2249	2643	2987	212	酒泉	Jiuquan	6104	7687	5029	142
巴中	Bazhong	5621	8160	7465	91	庆阳	Qingyang	8203	3734	2786	220
资阳	Ziyang	6029	7676	7541	90	定西	Dingxi	2166	4918	4306	166
贵州	**Guizhou**	**70819**	**174338**	**143172**		陇南	Longnan	1206	4042	2929	214
贵阳	Guiyang	30384	60430	72527	2	**青海**	**Qinghai**	**10951**	**9873**	**3915**	
六盘水	Liupanshui	24738	54708	4490	156	西宁	Xining	4868	5402	2232	241
遵义	Zunyi	18046	26059	50294	3	海东	Haidong			1683	259
安顺	Anshun	7352	8409	8313	75	**宁夏**	**Ningxia**	**13560**	**17179**	**13016**	
毕节	Bijie		8977	503	281	银川	Yinchuan	4378	4041	4063	175
铜仁	Tongren		15754	7044	97	石嘴山	Shizuishan	2080	2687	1519	263
云南	**Yunnan**	**39407**	**40007**	**35464**		吴忠	Wuzhong	3281	4531	1353	267
昆明	Kunming	11627	17387	13237	30	固原	Guyuan	2326	2990	3115	204
曲靖	Qujing	5276	6892	7003	99	中卫	Zhongwei	2506	2929	2967	213
玉溪	Yuxi	2943	3746	2133	243	**新疆**	**Xinjiang**	**31937**	**6134**	**3186**	
保山	Baoshan	1557	2034	2326	233	乌鲁木齐	Urumqi	3820	5427	3030	208
昭通	Zhaotong	2183	2700	2267	238	克拉玛依	Karamay	561	707	157	283

13-5 货运总量
Total Freight Traffic

单位：万吨 (10 000 tons)

地名	City	2010	2013	2014	2014 排名 Ranking	地名	City	2010	2013	2014	2014 排名 Ranking
全国	**Nation Total**	**3241807**	**4452569**	**4110874**		沈阳	Shenyang	17348	21491	23488	43
北京	**Beijing**	**21762**	**25865**	**26697**		大连	Dalian	31073	40557	43676	5
天津	**Tianjin**	**40013**	**50322**	**49751**		鞍山	Anshan	17805	19990	21707	51
河北	**Hebei**	**156596**	**245073**	**202685**		抚顺	Fushun	7367	9719	10452	151
石家庄	Shijiazhuang	19689	35893	25938	35	本溪	Benxi	8306	10442	11844	130
唐山	Tangshan	29829	47879	38207	11	丹东	Dandong	6263	7723	8493	170
秦皇岛	Qinhuangdao	6459	7835	7611	181	锦州	Jinzhou	11070	16615	20311	59
邯郸	Handan	25506	36956	37209	13	营口	Yingkou	13904	18250	18947	66
邢台	Xingtai	10253	15425	11614	133	阜新	Fuxin	4659	5707	5978	209
保定	Baoding	14788	26879	21726	50	辽阳	Liaoyang	8650	14686	15904	84
张家口	Zhangjiakou	6982	9780	7122	190	盘锦	Panjin	7222	13083	14307	99
承德	Chengde	5775	9154	7865	178	铁岭	Tieling	9804	8564	9011	165
沧州	Cangzhou	19952	35406	29219	24	朝阳	Chaoyang	4259	5792	6203	204
廊坊	Langfang	9415	12821	10513	149	葫芦岛	Huludao	8697	11643	12692	117
衡水	Hengshui	4377	7045	5660	215	吉林	**Jilin**	**40729**	**41109**	**42493**	
山西	**Shanxi**	**124367**	**152325**	**163388**		长春	Changchun	10863	9574	10544	147
太原	Taiyuan	13851	15342	18540	69	吉林	Jilin	7913	8723	9298	161
大同	Datong	17360	20274	21967	48	四平	Siping	5191	6072	6553	197
阳泉	Yangquan	7595	8413	8543	169	辽源	Liaoyuan	1653	1779	1944	277
长治	Changzhi	9079	11731	12370	122	通化	Tonghua	3111	3729	2963	262
晋城	Jincheng	9395	12262	12812	115	白山	Baishan	2122	2379	1677	278
朔州	Shuozhou	17548	23093	24072	39	松原	Songyuan	4212	7350	8096	173
晋中	Jinzhong	11015	13397	13397	109	白城	Baicheng	1873	1503	1418	281
运城	Yuncheng	6225	8969	10538	148	黑龙江	**Heilongjiang**	**59314**	**326790**	**52753**	
忻州	Xinzhou	11420	13249	14307	99	哈尔滨	Harbin	10129	11138	10169	154
临汾	Linfen	12222	14638	15343	89	齐齐哈尔	Qiqihar	9861	11444	12656	118
吕梁	Lvliang	9148	10956	11498	137	鸡西	Jixi	5731	5325	5482	220
内蒙古	**Inner Mongolia**	**137051**	**179421**	**176433**		鹤岗	Hegang	3343	3013	2490	269
呼和浩特	Hohhot	9659	17971	20598	55	双鸭山	Shuangyashan	3795	3283	2504	267
包头	Baotou	28374	32434	38089	12	大庆	Daqing	4750	8392	5361	223
乌海	Wuhai	7882	12170	8109	172	伊春	Yichun	1524	1844	775	283
赤峰	Chifeng	11110	12052	15391	87	佳木斯	Jiamusi	3355	272423	5103	227
通辽	Tongliao	14033	10754	14538	98	七台河	Qitaihe	3391	2783	2473	270
鄂尔多斯	Erdos	45941	66609	46597	4	牡丹江	Mudanjiang	4370	1278		
呼伦贝尔	Hulunbuir	11352	17097	18060	73	黑河	Heihe	1794	1692	1555	279
巴彦淖尔	Bayannur	3388	3367	8720	168	绥化	Suihua	2778	4175	4185	242
乌兰察布	Ulanqab	5311	6966	6331	200	上海	**Shanghai**	**87256**	**91352**	**90128**	
辽宁	**Liaoning**	**137231**	**204263**	**223013**		江苏	**Jiangsu**	**179014**	**192481**	**198308**	

13-5 货运总量 续表 1
Total Freight Traffic continued 1

单位：万吨 (10 000 tons)

地名	City	2010	2013	2014	2014 排名 Ranking	地名	City	2010	2013	2014	2014 排名 Ranking
南京	Nanjing	30592	29099	30904	18	池州	Chizhou	7977	9056	8971	166
无锡	Wuxi	12641	13950	15323	90	宣城	Xuancheng	10832	17906	20534	57
徐州	Xuzhou	26206	30960	22927	45	福建	**Fujian**	**66083**	**88016**	**111427**	
常州	Changzhou	13110	11712	12837	114	福州	Fuzhou	14911	19540	23093	44
苏州	Suzhou	13509	12070	13175	113	厦门	Xiamen	10086	15739	23545	42
南通	Nantong	20302	17098	18410	70	莆田	Putian	2508	3767	4504	236
连云港	Lianyungang	12690	13286	15015	93	三明	Sanming	7832	9958	11514	136
淮安	Huaian	9484	10440	11487	138	泉州	Quanzhou	11838	17272	20423	58
盐城	Yancheng	14078	13620	15017	92	漳州	Zhangzhou	4919	6648	11000	145
扬州	Yangzhou	9333	10528	11596	134	南平	Nanping	3170	3191	3611	250
镇江	Zhenjiang	10435	7828	8431	171	龙岩	Longyan	9212	8064	9320	160
泰州	Taizhou	12365	16392	17255	77	宁德	Ningde	2143	3837	4417	239
宿迁	Suqian	6450	5497	5930	211	江西	**Jiangxi**	**100635**	**137087**	**150469**	
浙江	**Zhejiang**	**171038**	**191541**	**189371**		南昌	Nanchang	8326	10534	12709	116
杭州	Hangzhou	25915	30734	29335	23	景德镇	Jingdezhen	1742	2715	2146	275
宁波	Ningbo	31377	36145	40406	9	萍乡	Pingxiang	8280	5259	5806	213
温州	Wenzhou	11672	11421	11740	131	九江	Jiujiang	9603	13211	13922	105
嘉兴	Jiaxing	16004	17267	18185	72	新余	Xinyu	9096	13337	16662	80
湖州	Huzhou	18108	16628	13202	112	鹰潭	Yingtan	4927	7633	11733	132
绍兴	Shaoxing	9054	9986	11583	135	赣州	Ganzhou	15650	20935	18829	68
金华	Jinhua	11803	12363	7965	174	吉安	Jian	8377	10525	12345	124
衢州	Quzhou	9112	8584	9201	162	宜春	Yichun	10811	19387	20092	61
舟山	Zhoushan	14329	21392	22283	47	抚州	Fuzhou	9017	13485	15304	91
台州	Taizhou	18155	22279	20222	60	上饶	Shangrao	15714	20066	20921	54
丽水	Lishui	7361	4742	5248	225	山东	**Shandong**	**301313**	**330678**	**262574**	
安徽	**Anhui**	**228104**	**358294**	**435957**		济南	Jinan	23146	17763	19558	63
合肥	Hefei	18873	39131	42194	6	青岛	Qingdao	26971	31318	26061	34
芜湖	Wuhu	16598	25461	31240	16	淄博	Zibo	28334	27475	16997	78
蚌埠	Bengbu	15828	26332	39446	10	枣庄	Zaozhuang	24843	25279	7104	191
淮南	Huainan	11566	15363	21041	53	东营	Dongying	6981	7218	4932	229
马鞍山	Maanshan	12779	21019	16752	79	烟台	Yantai	19466	22926	20566	56
淮北	Huaibei	9239	12491	19051	64	潍坊	Weifang	21732	26093	23695	41
铜陵	Tongling	7936	12638	5920	212	济宁	Jining	24114	27270	26152	33
安庆	Anqing	19566	30001	25201	37	泰安	Taian	11073	12068	6298	202
黄山	Huangshan	5231	8014	7885	177	威海	Weihai	4913	6398	7930	175
滁州	Chuzhou	9958	16817	28094	27	日照	Rizhao	17319	20660	13919	106
阜阳	Fuyang	23920	38424	67842	2	莱芜	Laiwu	6547	6519	6518	198
宿州	Suzhou	15524	26654	30115	21	临沂	Linyi	28975	37032	29148	25
六安	Liuan	25156	39886	40925	8	德州	Dezhou	14466	18974	12081	128
亳州	Bozhou	11178	19101	30746	19	聊城	Liaocheng	14214	15843	16027	83

13-5 货运总量 续表 2

Total Freight Traffic continued 2

单位：万吨 (10 000 tons)

地名	City	2010	2013	2014	2014 排名 Ranking	地名	City	2010	2013	2014	2014 排名 Ranking
滨州	Binzhou	11327	14285	11851	129	常德	Changde	9774	12263	13341	110
菏泽	Heze	28065	13558	13736	107	张家界	Zhangjiajie	1445	2189	3149	256
河南	**Henan**	**202962**	**303010**	**204945**		益阳	Yiyang	8374	11266	11248	140
郑州	Zhengzhou	20599	29307	22737	46	郴州	Chenzhou	17045	27410	24697	38
开封	Kaifeng	6488	9816	9523	158	永州	Yongzhou	7498	11087	7435	183
洛阳	Luoyang	14305	22142	17360	76	怀化	Huaihua	4192	5394	5568	216
平顶山	Pingdingshan	15860	21422	12202	127	娄底	Loudi	18172	17836	14610	97
安阳	Anyang	17087	25397	9655	157	**广东**	**Guangdong**	**192343**	**299346**	**360955**	
鹤壁	Hebi	5409	7830	6052	206	广州	Guangzhou	56644	88289	95645	1
新乡	Xinxiang	8235	12264	16304	82	韶关	Shaoguan	7373	12732	14843	94
焦作	Jiaozuo	14653	22489	16309	81	深圳	Shenzhen	26174	29617	29384	22
濮阳	Puyang	3916	6030	5419	222	珠海	Zhuhai	7039	8568	11175	142
许昌	Xuchang	15565	24422	6041	207	汕头	Shantou	3175	4711	6057	205
漯河	Luohe	3939	6024	5737	214	佛山	Foshan	19545	27650	29098	26
三门峡	Sanmenxia	4657	6411	5537	217	江门	Jiangmen	7458	9999	13926	104
南阳	Nanyang	15898	24450	14841	95	湛江	Zhanjiang	9602	13770	32847	15
商丘	Shangqiu	17743	27514	15398	86	茂名	Maoming	5016	7790	9463	159
信阳	Xinyang	7592	12499	11404	139	肇庆	Zhaoqing	2869	4531	6382	199
周口	Zhoukou	13255	19043	17861	74	惠州	Huizhou	11352	19314	21765	49
驻马店	Zhumadian	16332	25949	12565	120	梅州	Meizhou	4504	6739	7524	182
湖北	**Hubei**	**93422**	**137129**	**149064**		汕尾	Shanwei	1232	1934	2432	271
武汉	Wuhan	40288	44529	48530	3	河源	Heyuan	2244	3995	7656	180
黄石	Huangshi	5799	9273	7123	189	阳江	Yangjiang	1904	8320	11029	144
十堰	Shiyan	3795	6315	5954	210	清远	Qingyuan	7217	10465	14125	101
宜昌	Yichang	10314	17355	14051	102	东莞	Dongguan	9312	12863	15375	88
襄阳	Xiangyang	9914	16240	26164	32	中山	Zhongshan	9828	16719	18864	67
鄂州	Ezhou	1894	2962	2823	263	潮州	Chaozhou	2989	3991	4419	238
荆门	Jingmen	7794	12809	7383	186	揭阳	Jieyang	2080	2939	3702	248
孝感	Xiaogan	4361	6387	6033	208	云浮	Yunfu	2303	4410	5244	226
荆州	Jingzhou	4930	7883	12649	119	**广西**	**Guangxi**	**115476**	**160814**	**167456**	
黄冈	Huanggang	4137	6148	10268	152	南宁	Nanning	19171	32358	33582	14
咸宁	Xianning	2656	4031	4624	234	柳州	Liuzhou	7970	13783	14687	96
随州	Suizhou	2099	3197	3462	254	桂林	Guilin	4959	8600	9173	163
湖南	**Hunan**	**149540**	**213385**	**205336**		梧州	Wuzhou	2112	5599	7431	184
长沙	Changsha	22817	27862	30251	20	北海	Beihai	3944	6698	6824	193
株洲	Zhuzhou	14050	20454	18309	71	防城港	Fangchenggang	9888	8123	8737	167
湘潭	Xiangtan	7486	10620	7058	192	钦州	Qinzhou	17122	27803	17502	75
衡阳	Hengyang	16388	24192	18971	65	贵港	Guigang	7278	11878	20071	62
邵阳	Shaoyang	13823	20877	23927	40	玉林	Yulin	11746	19920	21606	52
岳阳	Yueyang	26640	21935	26772	30	百色	Baise	11367	9261	9716	156

13-5 货运总量 续表 3
Total Freight Traffic continued 3

单位：万吨 (10 000 tons)

地名	City	2010	2013	2014	2014 排名 Ranking
贺州	Hezhou	1036	4084	4395	240
河池	Hechi	8109	6191	6736	195
来宾	Laibin	3969	2372	2552	266
崇左	Chongzuo	3215	4143	4443	237
海南	**Hainan**	**22455**	**15863**	**14354**	
海口	Haikou	8003	12168	12346	123
三亚	Sanya	1890	3695	2008	276
三沙	Sansha				
重庆	**Chongqing**	**81377**	**97404**	**97287**	
四川	**Sichuan**	**134305**	**178821**	**147132**	
成都	Chengdu	44087	43328	28051	28
自贡	Zigong	4149	5631	4802	232
攀枝花	Panzhihua	11539	15620	13936	103
泸州	Luzhou	5345	8394	9106	164
德阳	Deyang	7424	9793	10583	146
绵阳	Mianyang	5273	6774	4843	230
广元	Guangyuan	5540	6770	6327	201
遂宁	Suining	3200	3468	3947	245
内江	Neijiang	7852	6977	3078	260
乐山	Leshan	8393	12460	12340	125
南充	Nanchong	4799	7102	6789	194
眉山	Meishan	4336	6386	5526	218
宜宾	Yibin	6224	7228	7204	188
广安	Guangan	2777	5598	3991	244
达州	Dazhou	11876	17284	12325	126
雅安	Yaan	2644	4947	5058	228
巴中	Bazhong	2549	3763	3714	247
资阳	Ziyang	4350	7298	5510	219
贵州	**Guizhou**	**39735**	**118924**	**70178**	
贵阳	Guiyang	10397	21281	26421	31
六盘水	Liupanshui	10457	70438	10218	153
遵义	Zunyi	6489	14229	25446	36
安顺	Anshun	2071	3418	5451	221
毕节	Bijie		6250	322	284
铜仁	Tongren		3308	2320	272
云南	**Yunnan**	**51564**	**61778**	**58204**	
昆明	Kunming	14906	28173	27703	29
曲靖	Qujing	10610	13147	2293	273
玉溪	Yuxi	4879	7467	10473	150
保山	Baoshan	1499	2255	3625	249
昭通	Zhaotong	2761	3878	4340	241
丽江	Lijiang	815	1526	2770	264
普洱	Puer	2441	3520	3892	246
临沧	Lincang	1535	1812	3109	257
西藏	**Tibet**	**982**	**689**	**1010**	
拉萨	Lasa		689	1010	282
陕西	**Shaanxi**	**104414**	**122557**	**137436**	
西安	Xi'an	34332	50119	42039	7
铜川	Tongchuan	2604	4016	4598	235
宝鸡	Baoji	6578	9946	10055	155
咸阳	Xianyang	5042	8052	11188	141
渭南	Weinan	8784	13871	13204	111
延安	Yan'an	4172	8246	7793	179
汉中	Hanzhong	4293	6629	7227	187
榆林	Yulin	6532	13353	31181	17
安康	Ankang	5460	7502	6712	196
商洛	Shangluo	7920	823	3439	255
甘肃	**Gansu**	**30270**	**60009**	**62029**	
兰州	Lanzhou	8032	10531	11147	143
嘉峪关	Jiayuguan	3075	5158	7412	185
金昌	Jinchang	1784	2697	3028	261
白银	Baiyin	4397	13381	12393	121
天水	Tianshui	1873	3152	2717	265
武威	Wuwei	935	2853	4004	243
张掖	Zhangye	1182	3142	3547	251
平凉	Pingliang	3331	4776	5305	224
酒泉	Jiuquan	1823	2896	3090	259
庆阳	Qingyang	3265	4601	3102	258
定西	Dingxi	2241	4379	4830	231
陇南	Longnan	1536	2443	1454	280
青海	**Qinghai**	**11057**	**6572**	**8713**	
西宁	Xining	2978	3273	6219	203
海东	Haidong			2494	268
宁夏	**Ningxia**	**32325**	**38275**	**34100**	
银川	Yinchuan	10547	15277	15711	85
石嘴山	Shizuishan	5063	8665	3515	253
吴忠	Wuzhong	5611	7992	7922	176
固原	Guyuan	2819	4153	4726	233
中卫	Zhongwei	2220	2188	2226	274
新疆	**Xinjiang**	**48459**	**23376**	**17225**	
乌鲁木齐	Urumqi	15192	20135	13688	108
克拉玛依	Karamay	2324	3241	3537	252

13-6 邮电业务总量

Business Volume of Postal and Telecommunication Services

单位：亿元 （100 million yuan）

地名	City	2010	2012	2013	2013 排名 Ranking
全国	**Nation Total**	**31978.48**	**15019.28**	**18432.24**	
北京	**Beijing**	**1227.34**	**631.23**	**757.04**	
天津	**Tianjin**	**433.30**	**185.00**	**213.08**	
河北	**Hebei**	**1351.63**	**598.29**	**728.72**	
石家庄	Shijiazhuang	235.97	110.85	138.58	15
唐山	Tangshan	194.28	77.37	91.73	29
秦皇岛	Qinhuangdao	71.66	32.01	38.74	95
邯郸	Handan	135.62	59.42	70.84	46
邢台	Xingtai	96.31	42.42	51.50	66
保定	Baoding	192.61	84.90	105.59	22
张家口	Zhangjiakou	72.06	31.90	38.01	99
承德	Chengde	61.51	26.21	31.05	139
沧州	Cangzhou	119.86	52.50	63.58	51
廊坊	Langfang	104.99	51.87	63.91	50
衡水	Hengshui	66.28	28.17	34.38	120
山西	**Shanxi**	**735.93**	**338.94**	**392.27**	
太原	Taiyuan	164.21	79.29	87.07	34
大同	Datong	63.26	29.23	32.85	128
阳泉	Yangquan	32.06	14.61	15.20	221
长治	Changzhi	57.20	25.38	27.26	158
晋城	Jincheng	39.81	18.44	19.66	197
朔州	Shuozhou	29.90	14.39	15.32	220
晋中	Jinzhong	61.30	29.25	30.86	140
运城	Yuncheng	73.68	33.60	37.20	107
忻州	Xinzhou	50.41	23.46	24.91	174
临汾	Linfen	76.56	34.73	37.86	101
吕梁	Lvliang	64.70	29.65	31.56	131
内蒙古	**Inner Mongolia**	**601.37**	**273.34**	**311.23**	
呼和浩特	Hohhot	80.58	43.64	53.91	63
包头	Baotou	74.82	29.86	37.58	103
乌海	Wuhai	6.53	7.97	11.40	244
赤峰	Chifeng	62.58	26.52	33.00	125
通辽	Tongliao	43.60	19.09	27.10	161
鄂尔多斯	Erdos	20.31	24.90	31.44	132
呼伦贝尔	Hulunbuir	16.15	20.43	26.73	163
巴彦淖尔	Bayannur	34.53	5.86	17.45	213
乌兰察布	Ulanqab	11.33	17.30	19.40	199
辽宁	**Liaoning**	**1171.63**	**516.07**	**582.21**	
沈阳	Shenyang	290.44	126.40	144.64	12
大连	Dalian	232.85	106.10	119.03	20
鞍山	Anshan	92.08	39.35	44.54	79
抚顺	Fushun	51.32	21.79	23.90	177
本溪	Benxi	39.42	16.78	18.28	207
丹东	Dandong	55.37	23.59	26.26	166
锦州	Jinzhou	67.56	32.34	35.70	113
营口	Yingkou	58.62	24.94	29.07	150
阜新	Fuxin	38.77	18.28	21.10	193
辽阳	Liaoyang	44.64	19.20	21.33	191
盘锦	Panjin	40.45	18.46	21.13	192
铁岭	Tieling	48.18	21.32	23.83	178
朝阳	Chaoyang	48.11	22.15	25.34	170
葫芦岛	Huludao	51.32	22.29	25.21	173
吉林	**Jilin**	**613.17**	**262.91**	**295.46**	
长春	Changchun	216.40	73.91	89.61	30
吉林	Jilin	102.70	29.37	39.35	93
四平	Siping	61.50	17.92	25.46	169
辽源	Liaoyuan	25.30	7.35	10.09	250
通化	Tonghua	47.40	14.09	19.21	200
白山	Baishan	33.70	8.26	12.06	239
松原	Songyuan	60.10	14.39	21.02	194
白城	Baicheng	44.20	10.58	16.04	218
黑龙江	**Heilongjiang**	**745.58**	**329.81**	**377.34**	
哈尔滨	Harbin	261.27	111.76	117.94	21
齐齐哈尔	Qiqihar	84.73	32.12	34.07	121
鸡西	Jixi	39.67	10.86	15.90	219
鹤岗	Hegang	24.88	11.56	10.14	249
双鸭山	Shuangyashan	31.60	30.32	12.59	234
大庆	Daqing	71.06	11.69	33.37	124
伊春	Yichun	24.03	21.88	10.34	247
佳木斯	Jiamusi	26.10	8.91	23.75	179
七台河	Qitaihe	20.25	22.40	7.88	257
牡丹江	Mudanjiang	63.28	14.14	25.92	168
黑河	Heihe	32.59	28.45	13.46	230
绥化	Suihua	77.82	6.54	31.22	136
上海	**Shanghai**	**1275.24**	**637.93**	**791.82**	
江苏	**Jiangsu**	**2328.76**	**1120.36**	**1402.80**	

注：本表数据2010年按2000年不变价格计算，2011年起按2010年不变价格计算，按可比价格比上年增长16.3%（下两表同）。

Note: The business volume of postal and telecommunication services before 2010 was calculated at 2000 constant prices and that from 2011 was calculated at 2010 constant prices.The rate of increase at constant prices in 2010 was 16.3%. The same applies to the table following.

13-6 邮电业务总量 续表 1

Business Volume of Postal and Telecommunication Services continued 1

单位：亿元 (100 million yuan)

地名	City	2010	2012	2013	2013 排名 Ranking
南京	Nanjing	139.07	129.16	187.63	7
无锡	Wuxi	103.94	100.79	141.35	13
徐州	Xuzhou	73.39	62.38	78.46	38
常州	Changzhou	57.40	64.48	87.44	31
苏州	Suzhou	176.86	237.91	307.90	3
南通	Nantong	62.48	71.65	97.30	27
连云港	Lianyungang	26.98	33.31	41.70	86
淮安	Huaian	27.27	26.75	40.21	92
盐城	Yancheng	38.95	53.73	63.57	52
扬州	Yangzhou	41.55	45.92	60.53	56
镇江	Zhenjiang	38.21	31.73	43.00	81
泰州	Taizhou	36.70	39.75	51.93	65
宿迁	Suqian	21.25	23.88	46.23	77
浙江	**Zhejiang**	**2101.84**	**1025.09**	**1283.52**	
杭州	Hangzhou	144.06	171.34	188.57	6
宁波	Ningbo	224.72	124.65	132.15	16
温州	Wenzhou	111.07	126.37	128.84	18
嘉兴	Jiaxing	70.60	82.55	87.34	32
湖州	Huzhou	27.91	33.76	31.59	130
绍兴	Shaoxing	48.88	58.10	61.57	53
金华	Jinhua	64.75	78.36	82.74	37
衢州	Quzhou	32.67	15.66	17.66	211
舟山	Zhoushan	14.79	16.41	17.27	214
台州	Taizhou	66.30	76.33	75.30	44
丽水	Lishui	20.05	19.68	20.89	195
安徽	**Anhui**	**887.55**	**418.10**	**533.98**	
合肥	Hefei	52.15	82.31	104.75	23
芜湖	Wuhu	18.58	29.15	36.59	110
蚌埠	Bengbu	16.34	21.25	26.41	164
淮南	Huainan	13.68	17.80	21.69	187
马鞍山	Maanshan	10.58	18.17	22.12	183
淮北	Huaibei	10.85	14.95	18.06	209
铜陵	Tongling	5.88	7.55	9.74	252
安庆	Anqing	22.59	29.96	37.54	104
黄山	Huangshan	7.87	10.38	12.53	235
滁州	Chuzhou	18.73	24.77	30.52	141
阜阳	Fuyang	29.78	39.57	48.45	72
宿州	Suzhou	20.14	28.19	35.37	117
六安	Liuan	19.41	26.55	32.93	126
亳州	Bozhou	17.15	23.31	28.40	154

地名	City	2010	2012	2013	2013 排名 Ranking
池州	Chizhou	7.93	10.35	12.80	232
宣城	Xuancheng	12.85	17.67	22.05	184
福建	**Fujian**	**1214.39**	**592.90**	**738.45**	
福州	Fuzhou	280.95	133.95	205.92	5
厦门	Xiamen	182.52	98.06	130.00	17
莆田	Putian	74.36	42.95	93.11	28
三明	Sanming	68.67	31.96	48.37	73
泉州	Quanzhou	267.35	132.04	65.33	49
漳州	Zhangzhou	110.64	52.23	37.99	100
南平	Nanping	64.15	32.49	28.84	151
龙岩	Longyan	68.66	32.75	29.44	146
宁德	Ningde	76.58	38.46	28.55	152
江西	**Jiangxi**	**692.00**	**310.38**	**379.23**	
南昌	Nanchang	46.73	60.36	67.54	47
景德镇	Jingdezhen	12.22	17.16	13.87	226
萍乡	Pingxiang	10.89	13.30	14.72	222
九江	Jiujiang	11.50	32.54	35.60	115
新余	Xinyu	5.62	10.25	10.88	245
鹰潭	Yingtan	5.59	7.83	8.91	254
赣州	Ganzhou	33.77	52.26	56.81	60
吉安	Jian	19.53	28.11	30.42	143
宜春	Yichun	17.55	31.97	35.64	114
抚州	Fuzhou	10.03	20.27	23.04	181
上饶	Shangrao	10.63	32.12	38.32	97
山东	**Shandong**	**1960.68**	**891.57**	**1063.83**	
济南	Jinan	214.85	94.39	102.40	24
青岛	Qingdao	274.78	116.89	125.21	19
淄博	Zibo	105.73	44.22	48.62	71
枣庄	Zaozhuang	66.02	28.87	31.08	138
东营	Dongying	67.40	26.53	28.44	153
烟台	Yantai	175.79	72.42	74.05	45
潍坊	Weifang	183.22	79.20	85.11	36
济宁	Jining	130.31	55.25	61.47	54
泰安	Taian	77.27	39.23	44.26	80
威海	Weihai	81.76	33.57	35.83	112
日照	Rizhao	50.89	22.10	24.01	176
莱芜	Laiwu	21.31	9.23	10.15	248
临沂	Linyi	161.94	70.15	77.03	41
德州	Dezhou	82.80	36.61	40.56	88
聊城	Liaocheng	87.86	38.03	41.94	85

13-6 邮电业务总量 续表 2
Business Volume of Postal and Telecommunication Services continued 2

单位：亿元 (100 million yuan)

地名	City	2010	2012	2013	2013 排名 Ranking	地名	City	2010	2012	2013	2013 排名 Ranking
滨州	Binzhou	72.20	31.13	33.76	123	常德	Changde	28.33	37.55	42.26	83
菏泽	Heze	108.82	48.47	55.38	61	张家界	Zhangjiajie	8.66	12.17	13.53	229
河南	**Henan**	**1473.45**	**680.03**	**837.83**		益阳	Yiyang	18.95	26.50	29.47	145
郑州	Zhengzhou	296.32	126.69	153.64	11	郴州	Chenzhou	23.32	30.95	34.56	119
开封	Kaifeng	63.49	27.97	31.16	137	永州	Yongzhou	18.59	24.45	27.09	162
洛阳	Luoyang	119.85	54.41	60.65	55	怀化	Huaihua	20.82	27.87	31.25	135
平顶山	Pingdingshan	79.04	32.41	36.06	111	娄底	Loudi	18.57	25.35	29.33	147
安阳	Anyang	83.89	38.90	42.59	82	**广东**	**Guangdong**	**4553.38**	**2161.56**	**2768.09**	
鹤壁	Hebi	23.08	10.86	12.30	236	广州	Guangzhou	1051.65	495.88	568.74	2
新乡	Xinxiang	100.10	45.89	50.90	68	韶关	Shaoguan	69.58	25.60	27.49	156
焦作	Jiaozuo	64.65	28.28	31.31	134	深圳	Shenzhen	1031.26	463.95	598.10	1
濮阳	Puyang	54.59	24.15	27.18	160	珠海	Zhuhai	137.61	49.11	54.39	62
许昌	Xuchang	65.66	28.45	31.42	133	汕头	Shantou	173.81	78.11	75.40	43
漯河	Luohe	37.70	17.31	18.43	205	佛山	Foshan	428.72	138.43	165.35	9
三门峡	Sanmenxia	42.38	16.72	18.66	204	江门	Jiangmen	135.08	55.92	60.07	58
南阳	Nanyang	113.10	48.52	56.85	59	湛江	Zhanjiang	116.85	67.34	76.46	42
商丘	Shangqiu	98.74	43.51	49.35	69	茂名	Maoming	87.27	47.78	53.53	64
信阳	Xinyang	77.12	33.40	37.64	102	肇庆	Zhaoqing	95.05	41.08	41.14	87
周口	Zhoukou	94.27	42.02	48.70	70	惠州	Huizhou	201.02	76.94	86.45	35
驻马店	Zhumadian	79.05	35.30	40.33	89	梅州	Meizhou	52.48	41.08	46.73	74
湖北	**Hubei**	**1039.03**	**491.29**	**610.16**		汕尾	Shanwei	48.01	21.28	23.05	180
武汉	Wuhan	338.53	167.87	164.41	10	河源	Heyuan	46.33	24.26	26.36	165
黄石	Huangshi	15.36	18.30	19.50	198	阳江	Yangjiang	50.67	25.22	28.09	155
十堰	Shiyan	13.15	16.45	18.40	206	清远	Qingyuan	56.06	93.56	36.86	108
宜昌	Yichang	22.35	28.08	30.51	142	东莞	Dongguan	674.09	198.41	254.73	4
襄阳	Xiangyang	27.98	33.19	34.62	118	中山	Zhongshan	194.98	72.06	87.33	33
鄂州	Ezhou	6.40	8.10	16.36	217	潮州	Chaozhou	54.52	25.02	27.26	158
荆门	Jingmen	13.53	16.36	17.97	210	揭阳	Jieyang	94.01	40.67	45.36	78
孝感	Xiaogan	9.67	22.09	25.22	172	云浮	Yunfu	33.91	18.71	21.53	189
荆州	Jingzhou	28.11	32.71	35.60	115	**广西**	**Guangxi**	**821.89**	**366.36**	**435.26**	
黄冈	Huanggang	20.51	26.47	29.28	148	南宁	Nanning	176.99	94.56	100.92	25
咸宁	Xianning	11.62	15.44	14.34	224	柳州	Liuzhou	81.38	28.85	37.52	105
随州	Suizhou	8.93	10.82	13.26	231	桂林	Guilin	93.54	38.22	40.22	91
湖南	**Hunan**	**1057.99**	**491.21**	**595.29**		梧州	Wuzhou	43.01	18.36	18.68	203
长沙	Changsha	84.14	121.71	139.26	14	北海	Beihai	24.54	15.15	17.61	212
株洲	Zhuzhou	25.16	33.67	37.45	106	防城港	Fangchenggang	23.03	9.89	9.97	251
湘潭	Xiangtan	18.29	26.44	27.34	157	钦州	Qinzhou	37.96	15.69	18.70	202
衡阳	Hengyang	29.12	38.72	42.09	84	贵港	Guigang	44.76	20.27	22.03	185
邵阳	Shaoyang	24.60	33.66	38.07	98	玉林	Yulin	77.23	31.64	33.79	122
岳阳	Yueyang	26.45	36.30	40.26	90	百色	Baise	47.96	18.19	22.58	182

13-6 邮电业务总量 续表 3
Business Volume of Postal and Telecommunication Services continued 3

单位：亿元 (100 million yuan)

地名	City	2010	2012	2013	2013 排名 Ranking
贺州	Hezhou	2.32	10.82	11.50	243
河池	Hechi	49.48	20.68	21.76	186
来宾	Laibin	32.38	13.02	13.56	228
崇左	Chongzuo	34.07	15.51	14.29	225
海南	**Hainan**	**224.66**	**104.89**	**126.42**	
海口	Haikou	40.87	48.01	46.53	76
三亚	Sanya	12.12	13.73	16.76	216
三沙	Sansha				
重庆	**Chongqing**	**581.30**	**276.99**	**357.59**	
四川	**Sichuan**	**1450.69**	**692.31**	**842.83**	
成都	Chengdu	441.27	178.89	38.90	94
自贡	Zigong	35.14	14.84	2.20	277
攀枝花	Panzhihua	14.87	10.86	0.90	283
泸州	Luzhou	22.52	24.85	3.10	269
德阳	Deyang	67.37	22.63	2.50	272
绵阳	Mianyang	32.36	32.23	4.10	266
广元	Guangyuan	13.25	15.76	1.70	281
遂宁	Suining	12.40	151.00	1.90	280
内江	Neijiang	16.56	15.22	2.00	279
乐山	Leshan	53.15	21.08	2.30	275
南充	Nanchong	23.80	29.00	4.80	264
眉山	Meishan	11.69	15.00	2.30	275
宜宾	Yibin	64.03	24.09	2.40	274
广安	Guangan	12.15	5.52	2.50	272
达州	Dazhou	29.32	24.46	3.50	268
雅安	Yaan	4.02	9.40	0.70	284
巴中	Bazhong	3.83	16.26	2.20	277
资阳	Ziyang	15.14	16.14	3.10	269
贵州	**Guizhou**	**512.47**	**262.05**	**331.77**	
贵阳	Guiyang	132.40	65.05	77.25	40
六盘水	Liupanshui	11.62	19.32	51.11	67
遵义	Zunyi	25.27	46.92	19.87	196
安顺	Anshun	8.36	14.93	24.10	175
毕节	Bijie	17.70	29.79	29.16	149
铜仁	Tongren	11.15	18.43	21.58	188
云南	**Yunnan**	**773.04**	**363.44**	**452.75**	
昆明	Kunming		91.85	99.56	26
曲靖	Qujing	17.62	65.97	77.55	39
玉溪	Yuxi	19.61	24.52	3.87	267
保山	Baoshan	9.70	13.06	5.80	261
昭通	Zhaotong	14.54	15.89	21.40	190

地名	City	2010	2012	2013	2013 排名 Ranking
丽江	Lijiang	4.72	7.30	8.19	255
普洱	Puer	11.81	3.49	4.68	265
临沧	Lincang	2.07	1.96	2.95	271
西藏	**Tibet**	**64.34**	**34.86**	**41.74**	
拉萨	Lasa	6.82	12.91	31.97	129
陕西	**Shaanxi**	**857.24**	**386.41**	**477.84**	
西安	Xi'an		167.35	176.21	8
铜川	Tongchuan		7.23	7.76	259
宝鸡	Baoji		27.26	30.14	144
咸阳	Xianyang		33.06	36.76	109
渭南	Weinan		35.05	38.56	96
延安	Yan'an		23.12	25.27	171
汉中	Hanzhong		23.05	25.97	167
榆林	Yulin		41.82	46.59	75
安康	Ankang		16.65	18.15	208
商洛	Shangluo		10.95	12.10	238
甘肃	**Gansu**	**423.15**	**189.88**	**238.71**	
兰州	Lanzhou	126.25	53.35	60.09	57
嘉峪关	Jiayuguan	9.05	4.36	4.81	263
金昌	Jinchang	11.28	4.60	5.09	262
白银	Baiyin	26.04	11.12	12.15	237
天水	Tianshui	38.32	16.95	18.97	201
武威	Wuwei	24.32	10.56	11.79	241
张掖	Zhangye	23.74	9.74	10.76	246
平凉	Pingliang	27.59	10.46	12.62	233
酒泉	Jiuquan	28.68	11.42	11.70	242
庆阳	Qingyang	38.07	11.14	17.24	215
定西	Dingxi	30.06	15.44	14.40	223
陇南	Longnan	34.73	12.71	13.85	227
青海	**Qinghai**	**114.30**	**57.04**	**67.46**	
西宁	Xining			1.41	282
海东	Haidong				
宁夏	**Ningxia**	**135.20**	**65.66**	**80.43**	
银川	Yinchuan	43.19	30.10	32.92	127
石嘴山	Shizuishan	5.70	8.32	8.97	253
吴忠	Wuzhong	20.70	10.87	11.84	240
固原	Guyuan	4.16	7.09	7.79	258
中卫	Zhongwei	3.92	7.25	8.09	256
新疆	**Xinjiang**	**555.95**	**263.36**	**317.07**	
乌鲁木齐	Urumqi	45.10	60.03	66.85	48
克拉玛依	Karamay	4.06	6.24	6.67	260

13-7 邮政业务总量
Business Volume of Postal Services

单位：亿元 (100 million yuan)

地名	City	2010	2012	2013	2013 排名 Ranking
全国	**Nation Total**	**1985.30**	**2036.84**	**2725.08**	
北京	**Beijing**	**107.34**	**142.33**	**163.03**	
天津	**Tianjin**	**33.84**	**25.65**	**29.30**	
河北	**Hebei**	**58.12**	**59.59**	**77.06**	
石家庄	Shijiazhuang	6.15	14.95	21.46	13
唐山	Tangshan	3.43	5.35	6.86	44
秦皇岛	Qinhuangdao	1.53	2.32	3.01	119
邯郸	Handan	2.70	5.41	5.32	55
邢台	Xingtai	1.43	3.20	4.15	76
保定	Baoding	4.39	9.33	12.56	20
张家口	Zhangjiakou	1.63	2.18	2.80	129
承德	Chengde	1.41	2.07	2.23	159
沧州	Cangzhou	2.47	5.62	6.22	49
廊坊	Langfang	2.98	6.83	9.08	36
衡水	Hengshui	1.19	2.34	3.37	104
山西	**Shanxi**	**39.24**	**30.45**	**34.11**	
太原	Taiyuan	4.32	5.11	10.95	28
大同	Datong	1.68	2.25	3.93	87
阳泉	Yangquan	1.45	1.19	1.44	206
长治	Changzhi	1.22	1.69	2.11	168
晋城	Jincheng	1.50	1.22	1.53	201
朔州	Shuozhou	1.37	0.99	1.09	240
晋中	Jinzhong	1.71	1.96	2.35	152
运城	Yuncheng	1.76	2.37	2.98	120
忻州	Xinzhou	1.51	2.07	2.50	139
临汾	Linfen	4.30	2.42	2.88	123
吕梁	Lvliang	2.29	2.06	2.34	154
内蒙古	**Inner Mongolia**	**16.62**	**14.84**	**17.52**	
呼和浩特	Hohhot	2.31	1.67	5.48	54
包头	Baotou	1.48	1.26	1.79	187
乌海	Wuhai	0.61	0.49	0.59	267
赤峰	Chifeng	1.63	1.64	2.45	144
通辽	Tongliao	0.75	0.80	1.11	237
鄂尔多斯	Erdos	0.81	1.16	1.18	232
呼伦贝尔	Hulunbuir	1.08	0.75	1.40	212
巴彦淖尔	Bayannur	0.86	0.81	0.99	242
乌兰察布	Ulanqab	0.83	0.60	0.97	245
辽宁	**Liaoning**	**58.41**	**42.89**	**50.15**	
沈阳	Shenyang	4.30	11.93	13.72	18
大连	Dalian	4.55	10.08	11.54	24
鞍山	Anshan	2.84	2.94	3.63	95
抚顺	Fushun	1.07	1.54	1.71	191
本溪	Benxi	0.89	1.26	1.38	214
丹东	Dandong	2.16	2.06	2.22	160
锦州	Jinzhou	1.24	1.76	2.03	173
营口	Yingkou	1.05	1.43	1.68	193
阜新	Fuxin	0.70	0.74	0.83	252
辽阳	Liaoyang	1.39	1.69	1.96	178
盘锦	Panjin	1.89	2.10	2.14	166
铁岭	Tieling	1.61	1.64	1.78	189
朝阳	Chaoyang	2.31	1.87	2.42	145
葫芦岛	Huludao	1.30	1.86	3.10	112
吉林	**Jilin**	**25.77**	**22.29**	**25.84**	
长春	Changchun	4.15	6.02	9.85	31
吉林	Jilin	3.44	3.12	3.17	110
四平	Siping	1.33	2.23	2.13	167
辽源	Liaoyuan	0.62	0.96	0.95	247
通化	Tonghua	1.64	2.14	2.17	163
白山	Baishan	1.12	1.56	1.57	199
松原	Songyuan	1.04	1.60	1.43	207
白城	Baicheng	0.79	1.40	1.13	236
黑龙江	**Heilongjiang**	**47.71**	**32.43**	**39.18**	
哈尔滨	Harbin	7.58	7.54	7.74	40
齐齐哈尔	Qiqihar	0.34	2.61	2.87	124
鸡西	Jixi	4.28	2.28	2.40	147
鹤岗	Hegang	1.04	0.96	0.95	247
双鸭山	Shuangyashan	1.27	1.18	1.29	226
大庆	Daqing	3.34	2.79	3.07	116
伊春	Yichun	1.14	1.02	1.14	235
佳木斯	Jiamusi	2.70	1.91	2.15	164
七台河	Qitaihe	0.42	0.45	0.48	275
牡丹江	Mudanjiang	3.77	2.78	3.02	117
黑河	Heihe	1.10	1.19	1.16	233
绥化	Suihua	1.90	2.23	2.42	145
上海	**Shanghai**	**176.45**	**190.83**	**258.66**	
江苏	**Jiangsu**	**188.34**	**205.75**	**269.59**	

13-7 邮政业务总量 续表 1

Business Volume of Postal Services continued 1

单位：亿元 (100 million yuan)

地名	City	2010	2012	2013	2013 排名 Ranking
南京	Nanjing	6.90	8.88	47.40	5
无锡	Wuxi	5.55	6.61	28.60	8
徐州	Xuzhou	5.03	6.01	11.80	23
常州	Changzhou	5.21	5.28	17.10	15
苏州	Suzhou	15.27	50.56	78.70	3
南通	Nantong	6.13	8.84	22.20	11
连云港	Lianyungang	2.75	2.31	6.50	46
淮安	Huaian	2.33	2.68	5.50	53
盐城	Yancheng	3.93	5.67	9.90	29
扬州	Yangzhou	4.03	5.50	12.30	21
镇江	Zhenjiang	2.33	3.03	8.30	39
泰州	Taizhou	3.59	4.30	9.20	34
宿迁	Suqian	2.09	2.42	12.20	22
浙江	**Zhejiang**	**154.07**	**215.20**	**327.94**	
杭州	Hangzhou	11.47	11.61	13.34	19
宁波	Ningbo	6.46	8.61	9.60	32
温州	Wenzhou	5.18	6.49	7.16	42
嘉兴	Jiaxing	4.16	3.63	4.07	81
湖州	Huzhou	1.83	2.53		
绍兴	Shaoxing	3.32	4.21	4.46	66
金华	Jinhua	5.41	7.76	9.05	37
衢州	Quzhou	0.90	1.16	1.47	203
舟山	Zhoushan	1.01	1.25	1.32	223
台州	Taizhou	4.31	4.68	3.49	101
丽水	Lishui	1.46	1.79	1.99	176
安徽	**Anhui**	**45.93**	**45.87**	**57.54**	
合肥	Hefei	3.21	5.93	6.43	47
芜湖	Wuhu	2.05	2.11	2.47	143
蚌埠	Bengbu	1.19	1.43	1.60	198
淮南	Huainan	1.04	1.33	1.39	213
马鞍山	Maanshan	0.81	1.33	1.42	208
淮北	Huaibei	0.86	0.99	1.11	237
铜陵	Tongling	0.53	0.65	0.66	258
安庆	Anqing	4.32	3.90	4.49	64
黄山	Huangshan	0.85	0.89	0.97	245
滁州	Chuzhou	1.04	1.37	1.55	200
阜阳	Fuyang	4.14	3.88	4.55	63
宿州	Suzhou	1.89	2.50	2.87	124
六安	Liuan	2.01	2.24	2.59	135
亳州	Bozhou	1.46	2.15	2.37	151
池州	Chizhou	0.74	1.05	1.15	234
宣城	Xuancheng	0.97	1.20	1.21	229
福建	**Fujian**	**69.06**	**78.69**	**114.10**	
福州	Fuzhou	7.31	17.90	27.08	9
厦门	Xiamen	3.74	16.45	21.98	12
莆田	Putian	2.65	6.69	11.35	26
三明	Sanming	2.31	3.01	3.22	107
泉州	Quanzhou	6.11	20.99	33.86	7
漳州	Zhangzhou	2.23	4.22	6.02	50
南平	Nanping	2.62	3.53	3.96	85
龙岩	Longyan	2.21	3.05	3.02	117
宁德	Ningde	2.14	2.85	3.62	96
江西	**Jiangxi**	**36.85**	**31.64**	**40.94**	
南昌	Nanchang	4.34	6.70	11.54	24
景德镇	Jingdezhen	0.76	5.73	1.87	181
萍乡	Pingxiang	1.87	0.90	1.42	208
九江	Jiujiang	1.65	2.27	3.20	108
新余	Xinyu	0.73	0.84	1.08	241
鹰潭	Yingtan	0.91	0.72	1.21	229
赣州	Ganzhou	4.26	4.66	5.71	52
吉安	Jian	2.70	3.04	4.22	72
宜春	Yichun	2.75	2.43	3.74	92
抚州	Fuzhou	1.60	1.84	2.74	131
上饶	Shangrao	2.52		4.22	72
山东	**Shandong**	**104.82**	**94.09**	**117.44**	
济南	Jinan	4.70	4.97	4.90	59
青岛	Qingdao	5.27	6.02	6.89	43
淄博	Zibo	2.28	2.42	2.38	150
枣庄	Zaozhuang	1.33	1.24	1.42	208
东营	Dongying	1.23	1.25	1.38	214
烟台	Yantai	5.35	4.48	4.48	65
潍坊	Weifang	3.81	3.93	3.97	84
济宁	Jining	3.17	3.52	4.09	79
泰安	Taian	1.86	2.75	2.83	127
威海	Weihai	2.36	2.68	2.65	133
日照	Rizhao	1.39	1.16	1.19	231
莱芜	Laiwu	0.67	0.78	0.90	250
临沂	Linyi	3.07	1.71	1.84	184
德州	Dezhou	4.15	3.59	4.05	82
聊城	Liaocheng	2.30	3.41	3.94	86

13-7 邮政业务总量 续表 2

Business Volume of Postal Services continued 2

单位：亿元 （100 million yuan）

地名	City	2010	2012	2013	2013 排名 Ranking
滨州	Binzhou	1.55	3.67	4.08	80
菏泽	Heze	2.57	3.95	5.01	57
河南	**Henan**	**89.80**	**69.16**	**92.46**	
郑州	Zhengzhou	6.18	6.26	6.31	48
开封	Kaifeng	2.06	2.12	2.04	172
洛阳	Luoyang	3.60	3.17	3.58	97
平顶山	Pingdingshan	2.35	2.26	2.24	158
安阳	Anyang	3.00	2.90	2.73	132
鹤壁	Hebi	0.62	0.46	0.57	268
新乡	Xinxiang	3.49	3.68	3.51	99
焦作	Jiaozuo	2.46	1.81	2.06	170
濮阳	Puyang	1.58	1.57	1.95	179
许昌	Xuchang	1.96	1.87	2.39	149
漯河	Luohe	1.17	1.19	1.31	225
三门峡	Sanmenxia	1.36	1.25	1.45	205
南阳	Nanyang	3.93	4.86	4.92	58
商丘	Shangqiu	3.75	4.44	4.02	83
信阳	Xinyang	2.67	2.93	3.14	111
周口	Zhoukou	3.55	4.12	4.20	74
驻马店	Zhumadian	3.37	4.19	4.12	77
湖北	**Hubei**	**55.71**	**52.55**	**74.15**	
武汉	Wuhan	6.46	7.85	8.33	38
黄石	Huangshi	1.70	1.90	2.15	164
十堰	Shiyan	1.60	1.83	2.05	171
宜昌	Yichang	1.56	2.35	2.51	137
襄阳	Xiangyang	2.31	2.79	3.37	104
鄂州	Ezhou	0.57	1.72	9.19	35
荆门	Jingmen	1.31	1.56	1.79	187
孝感	Xiaogan	2.00	3.06	3.75	91
荆州	Jingzhou	2.81	3.74	4.36	68
黄冈	Huanggang	2.42	2.53	2.82	128
咸宁	Xianning	1.91	1.24	1.38	214
随州	Suizhou	1.97	1.59	1.62	197
湖南	**Hunan**	**49.05**	**48.69**	**60.27**	
长沙	Changsha	5.46	13.64	21.15	14
株洲	Zhuzhou	1.55	3.03	3.66	94
湘潭	Xiangtan	1.96	2.44	2.34	154
衡阳	Hengyang	3.62	3.97	4.44	67
邵阳	Shaoyang	2.70	4.01	4.32	69
岳阳	Yueyang	2.40	2.77	3.08	115
常德	Changde	2.01	2.96	3.46	103
张家界	Zhangjiajie	0.50	0.90	0.98	244
益阳	Yiyang	1.55	2.64	3.18	109
郴州	Chenzhou	2.32	4.40	5.13	56
永州	Yongzhou	1.62	2.41	2.35	152
怀化	Huaihua	1.62	2.32	2.63	134
娄底	Loudi	1.18	1.68	2.07	169
广东	**Guangdong**	**378.00**	**395.18**	**592.00**	
广州	Guangzhou	20.23	137.81	181.72	2
韶关	Shaoguan	2.89	2.47	2.89	122
深圳	Shenzhen	28.07	116.25	226.63	1
珠海	Zhuhai	3.52	5.63	9.47	33
汕头	Shantou	2.01	15.83	11.14	27
佛山	Foshan	0.00	5.49	24.81	10
江门	Jiangmen	4.41	4.77	7.67	41
湛江	Zhanjiang	4.90	3.39	5.91	51
茂名	Maoming	3.84	2.67	4.32	69
肇庆	Zhaoqing	1.68	6.27	3.82	90
惠州	Huizhou	1.94	3.16	9.86	30
梅州	Meizhou	3.40	1.07	3.89	88
汕尾	Shanwei	1.02	1.62	1.68	193
河源	Heyuan	0.88	2.12	2.03	173
阳江	Yangjiang	1.55	2.09	2.77	130
清远	Qingyuan	2.00	62.14	2.51	137
东莞	Dongguan	8.12	10.08	67.02	4
中山	Zhongshan	4.26	1.92	15.72	17
潮州	Chaozhou	1.04	2.25	2.87	124
揭阳	Jieyang	2.34	1.63	3.49	101
云浮	Yunfu	2.00		1.82	186
广西	**Guangxi**	**28.58**	**24.14**	**29.57**	
南宁	Nanning	3.83	4.79	4.87	60
柳州	Liuzhou	1.71	1.70	1.65	195
桂林	Guilin	2.26	2.17	2.50	139
梧州	Wuzhou	1.44	1.26	1.46	204
北海	Beihai	0.80	0.70	0.75	255
防城港	Fangchenggang	0.35	0.47	0.52	273
钦州	Qinzhou	0.88	1.18	1.34	219
贵港	Guigang	2.03	1.79	1.97	177
玉林	Yulin	2.29	2.15	2.52	136
百色	Baise	1.10	1.20	1.34	219

13-7 邮政业务总量 续表 3
Business Volume of Postal Services continued 3

单位：亿元 （100 million yuan）

地名	City	2010	2012	2013	2013 排名 Ranking	地名	City	2010	2012	2013	2013 排名 Ranking
贺州	Hezhou	0.69	0.63	0.70	256	丽江	Lijiang	0.47	0.10	0.45	277
河池	Hechi	1.34	1.33	1.38	214	普洱	Puer	0.65	0.02	0.62	262
来宾	Laibin	0.75	0.68	0.76	254	临沧	Lincang	0.45	0.02	0.54	269
崇左	Chongzuo	1.23	0.95	1.10	239	**西藏**	**Tibet**	**1.88**	**1.85**	**2.09**	
海南	**Hainan**	**9.90**	**7.78**	**8.87**		拉萨	Lasa		0.49	0.47	276
海口	Haikou	2.33	1.73	1.84	184	**陕西**	**Shaanxi**	**37.42**	**31.34**	**37.02**	
三亚	Sanya	0.51	0.58	0.62	262	西安	Xi'an	5.88	14.40	16.58	16
三沙	Sansha					铜川	Tongchuan	0.58	0.76	0.64	260
重庆	**Chongqing**	**30.72**	**31.28**	**39.12**		宝鸡	Baoji	1.90	2.45	3.56	98
四川	**Sichuan**	**69.99**	**72.38**	**83.30**		咸阳	Xianyang	2.04	2.78	3.35	106
成都	Chengdu	9.37	10.92	38.90	6	渭南	Weinan	1.99	2.56	2.98	120
自贡	Zigong	1.45	1.90	2.20	161	延安	Yan'an	1.13	1.03	1.26	227
攀枝花	Panzhihua	0.85	0.82	0.90	250	汉中	Hanzhong	2.10	3.22	3.84	89
泸州	Luzhou	2.00	2.87	3.10	112	榆林	Yulin	1.55	1.47	1.63	196
德阳	Deyang	1.72	2.33	2.50	139	安康	Ankang	1.35	1.50	1.86	182
绵阳	Mianyang	2.23	3.12	4.10	78	商洛	Shangluo	2.67	1.18	1.32	223
广元	Guangyuan	1.23	1.51	1.70	192	**甘肃**	**Gansu**	**11.32**	**9.88**	**11.38**	
遂宁	Suining	1.14	1.69	1.90	180	兰州	Lanzhou	2.02	1.76	3.73	93
内江	Neijiang	1.14	1.61	2.00	175	嘉峪关	Jiayuguan	0.18	0.23	0.29	281
乐山	Leshan	1.67	1.70	2.30	156	金昌	Jinchang	0.25	0.21	0.25	282
南充	Nanchong	2.58	4.08	4.80	61	白银	Baiyin	0.46	0.45	0.53	270
眉山	Meishan	1.03	1.61	2.30	156	天水	Tianshui	0.98	1.05	1.34	219
宜宾	Yibin	1.94	2.05	2.40	147	武威	Wuwei	0.57	0.55	0.66	258
广安	Guangan	1.69	2.08	2.50	139	张掖	Zhangye	0.39	0.48	0.49	274
达州	Dazhou	19.20	3.34	3.50	100	平凉	Pingliang	0.38	0.46	0.60	265
雅安	Yaan	0.42	0.59	0.70	256	酒泉	Jiuquan	0.61	0.51	0.62	262
巴中	Bazhong	1.24	1.76	2.20	161	庆阳	Qingyang	0.78	0.84	0.92	249
资阳	Ziyang	2.03	3.06	3.10	112	定西	Dingxi	0.46	0.52	0.64	260
贵州	**Guizhou**	**15.50**	**17.93**	**22.64**		陇南	Longnan	0.45	0.67	0.79	253
贵阳	Guiyang	2.29	3.28	6.64	45	**青海**	**Qinghai**	**3.23**	**2.58**	**2.94**	
六盘水	Liupanshui	0.70	0.93	1.38	214	西宁	Xining	1.16		1.41	211
遵义	Zunyi	18.94	3.27	4.18	75	海东	Haidong				
安顺	Anshun	0.55	0.75	0.99	242	**宁夏**	**Ningxia**	**4.10**	**4.55**	**4.71**	
毕节	Bijie		1.34	1.75	190	银川	Yinchuan	1.14	1.35	1.33	222
铜仁	Tongren		1.41	1.86	182	石嘴山	Shizuishan	0.63	0.39	0.42	278
云南	**Yunnan**	**18.91**	**18.25**	**23.38**		吴忠	Wuzhong	0.30	0.34	0.32	280
昆明	Kunming	3.62	3.91	4.26	71	固原	Guyuan	0.35	0.34	0.34	279
曲靖	Qujing	1.30	0.97	1.52	202	中卫	Zhongwei	0.22	0.23	0.24	283
玉溪	Yuxi	0.74	0.06	0.60	265	**新疆**	**Xinjiang**	**18.63**	**16.74**	**18.78**	
保山	Baoshan	0.58	0.02	0.53	270	乌鲁木齐	Urumqi	3.01	4.53	4.61	62
昭通	Zhaotong	0.93	0.02	1.22	228	克拉玛依	Karamay	0.61	0.49	0.53	270

13-8 电信业务总量
Business Volume of Telecommunication Services

单位：亿元 （100 million yuan）

地名	City	2010	2012	2013	2013 排名 Ranking
全国	**Nation Total**	**29993.18**	**12982.44**	**15707.15**	
北京	**Beijing**	**1120.00**	**488.90**	**594.00**	
天津	**Tianjin**	**399.46**	**159.35**	**183.78**	
河北	**Hebei**	**1293.51**	**538.70**	**651.66**	
石家庄	Shijiazhuang	229.82	95.90	117.12	17
唐山	Tangshan	190.85	72.02	84.87	27
秦皇岛	Qinhuangdao	70.13	29.69	35.73	91
邯郸	Handan	132.92	54.01	65.52	45
邢台	Xingtai	94.88	39.22	47.35	65
保定	Baoding	188.22	75.57	93.03	26
张家口	Zhangjiakou	70.43	29.72	35.21	93
承德	Chengde	60.10	24.14	28.82	137
沧州	Cangzhou	117.39	46.88	57.36	49
廊坊	Langfang	102.01	45.04	54.83	54
衡水	Hengshui	65.09	25.83	31.01	123
山西	**Shanxi**	**696.69**	**308.49**	**358.16**	
太原	Taiyuan	159.89	74.18	76.12	33
大同	Datong	61.58	26.98	28.92	136
阳泉	Yangquan	30.61	13.42	13.76	218
长治	Changzhi	55.98	23.69	25.15	156
晋城	Jincheng	38.31	17.22	18.13	196
朔州	Shuozhou	28.53	13.40	14.23	217
晋中	Jinzhong	59.59	27.29	28.51	140
运城	Yuncheng	71.92	31.23	34.22	100
忻州	Xinzhou	48.90	21.39	22.41	172
临汾	Linfen	72.26	32.31	34.98	95
吕梁	Lvliang	62.41	27.59	29.22	132
内蒙古	**Inner Mongolia**	**584.75**	**258.51**	**293.71**	
呼和浩特	Hohhot	78.27	41.97	48.43	62
包头	Baotou	73.34	28.60	35.79	90
乌海	Wuhai	5.92	7.48	10.81	239
赤峰	Chifeng	60.95	24.88	30.55	124
通辽	Tongliao	42.85	18.29	25.99	152
鄂尔多斯	Erdos	19.50	23.74	30.26	127
呼伦贝尔	Hulunbuir	15.07	19.68	25.33	153
巴彦淖尔	Bayannur	33.67	5.05	16.46	207
乌兰察布	Ulanqab	10.50	16.70	18.43	195
辽宁	**Liaoning**	**1113.22**	**473.18**	**532.06**	
沈阳	Shenyang	286.14	114.47	130.92	12
大连	Dalian	228.30	96.02	107.49	21
鞍山	Anshan	89.24	36.41	40.91	78
抚顺	Fushun	50.25	20.25	22.19	173
本溪	Benxi	38.53	15.52	16.90	205
丹东	Dandong	53.21	21.53	24.04	165
锦州	Jinzhou	66.32	30.58	33.67	107
营口	Yingkou	57.57	23.51	27.39	143
阜新	Fuxin	38.07	17.54	20.27	186
辽阳	Liaoyang	43.25	17.51	19.37	192
盘锦	Panjin	38.56	16.36	18.99	193
铁岭	Tieling	46.57	19.68	22.05	176
朝阳	Chaoyang	45.80	20.28	22.92	169
葫芦岛	Huludao	50.02	20.43	22.11	175
吉林	**Jilin**	**587.40**	**240.62**	**269.63**	
长春	Changchun	212.25	67.89	79.76	31
吉林	Jilin	99.26	26.25	36.18	88
四平	Siping	60.17	15.69	23.33	167
辽源	Liaoyuan	24.68	6.39	9.14	249
通化	Tonghua	45.76	11.95	17.04	203
白山	Baishan	32.58	6.70	10.49	242
松原	Songyuan	59.06	12.79	19.59	191
白城	Baicheng	43.41	9.18	14.91	216
黑龙江	**Heilongjiang**	**697.87**	**297.38**	**338.16**	
哈尔滨	Harbin	253.69	104.22	110.20	19
齐齐哈尔	Qiqihar	84.39	29.51	31.20	122
鸡西	Jixi	35.39	8.58	13.50	220
鹤岗	Hegang	23.84	10.60	9.19	248
双鸭山	Shuangyashan	30.33	29.14	11.30	236
大庆	Daqing	67.72	8.90	30.30	126
伊春	Yichun	22.89	20.86	9.20	247
佳木斯	Jiamusi	23.40	7.00	21.60	177
七台河	Qitaihe	19.83	21.95	7.40	256
牡丹江	Mudanjiang	59.51	11.36	22.90	170
黑河	Heihe	31.49	27.26	12.30	227
绥化	Suihua	75.92	4.31	28.80	138
上海	**Shanghai**	**1098.79**	**447.09**	**533.16**	
江苏	**Jiangsu**	**2140.42**	**914.62**	**1133.21**	

13-8 电信业务总量 续表 1
Business Volume of Telecommunication Services continued 1

单位：亿元 （100 million yuan）

地名	City	2010	2012	2013	2013 排名 Ranking	地名	City	2010	2012	2013	2013 排名 Ranking
南京	Nanjing		120.28	140.23	11	池州	Chizhou	7.19	9.30	11.65	231
无锡	Wuxi	132.17	94.18	112.75	18	宣城	Xuancheng	11.88	16.47	20.84	181
徐州	Xuzhou	98.39	56.37	66.66	44	**福建**	**Fujian**	**1145.33**	**514.22**	**624.34**	
常州	Changzhou	68.36	59.20	70.34	42	福州	Fuzhou	273.64	116.05	178.84	5
苏州	Suzhou	52.19	187.35	229.20	3	厦门	Xiamen	178.78	81.61	108.02	20
南通	Nantong	161.59	62.81	75.10	36	莆田	Putian	71.71	36.26	81.76	29
连云港	Lianyungang	56.36	31.00	35.20	94	三明	Sanming	66.36	28.95	45.15	68
淮安	Huaian	24.23	24.07	34.71	96	泉州	Quanzhou	261.24	111.05	31.47	118
盐城	Yancheng	24.94	48.06	53.67	55	漳州	Zhangzhou	108.41	48.01	31.97	113
扬州	Yangzhou	35.03	40.42	48.23	63	南平	Nanping	61.53	28.96	24.88	159
镇江	Zhenjiang	37.52	28.70	34.70	97	龙岩	Longyan	66.45	29.70	26.42	148
泰州	Taizhou	35.88	35.45	42.73	75	宁德	Ningde	74.44	35.61	24.93	158
宿迁	Suqian	33.11	21.46	34.03	103	**江西**	**Jiangxi**	**655.15**	**278.74**	**338.29**	
浙江	**Zhejiang**	**19.16**	**809.89**	**955.58**		南昌	Nanchang	42.39	53.66	56.00	53
杭州	Hangzhou	132.59	159.73	175.23	6	景德镇	Jingdezhen	11.46	11.43	12.00	229
宁波	Ningbo	218.26	116.04	122.55	13	萍乡	Pingxiang	9.02	12.40	13.30	221
温州	Wenzhou	105.89	119.88	121.68	14	九江	Jiujiang	9.85	30.27	32.40	112
嘉兴	Jiaxing	66.44	78.92	83.27	28	新余	Xinyu	4.89	9.41	9.80	244
湖州	Huzhou	26.08	31.23	31.59	115	鹰潭	Yingtan	4.68	7.11	7.70	254
绍兴	Shaoxing	45.56	53.89	57.11	50	赣州	Ganzhou	29.51	47.60	51.10	58
金华	Jinhua	59.34	70.60	73.69	37	吉安	Jian	16.83	25.07	26.20	150
衢州	Quzhou	31.77	14.50	16.19	211	宜春	Yichun	14.80	29.54	31.90	114
舟山	Zhoushan	13.78	15.16	15.95	214	抚州	Fuzhou	8.43	18.43	20.30	184
台州	Taizhou	61.99	71.65	71.81	38	上饶	Shangrao	8.11	32.12	34.10	102
丽水	Lishui	18.59	17.89	18.90	194	**山东**	**Shandong**	**1855.86**	**797.48**	**946.39**	
安徽	**Anhui**	**841.62**	**372.23**	**476.44**		济南	Jinan	210.15	89.42	97.50	23
合肥	Hefei	48.94	76.38	98.32	22	青岛	Qingdao	269.51	110.87	118.32	15
芜湖	Wuhu	16.53	27.04	34.12	101	淄博	Zibo	103.45	41.80	46.24	66
蚌埠	Bengbu	15.15	19.82	24.81	160	枣庄	Zaozhuang	64.69	27.63	29.66	129
淮南	Huainan	12.64	16.47	20.30	184	东营	Dongying	66.17	25.28	27.06	145
马鞍山	Maanshan	9.77	16.84	20.70	182	烟台	Yantai	170.44	67.94	69.57	43
淮北	Huaibei	9.99	13.96	16.95	204	潍坊	Weifang	179.41	75.27	81.14	30
铜陵	Tongling	5.35	6.90	9.08	250	济宁	Jining	127.14	51.73	57.38	48
安庆	Anqing	18.27	26.06	33.05	110	泰安	Taian	75.41	36.48	41.43	77
黄山	Huangshan	7.02	9.49	11.56	234	威海	Weihai	79.40	30.89	33.18	109
滁州	Chuzhou	17.69	23.40	28.97	135	日照	Rizhao	49.50	20.94	22.82	171
阜阳	Fuyang	25.64	35.69	43.90	73	莱芜	Laiwu	20.64	8.45	9.25	246
宿州	Suzhou	18.25	25.69	32.50	111	临沂	Linyi	158.87	68.44	75.19	35
六安	Liuan	17.40	24.31	30.34	125	德州	Dezhou	78.65	33.02	36.51	86
亳州	Bozhou	15.69	21.16	26.03	151	聊城	Liaocheng	85.56	34.62	38.00	81

13-8 电信业务总量 续表 2

Business Volume of Telecommunication Services continued 2

单位：亿元 （100 million yuan）

地名	City	2010	2012	2013	2013 排名 Ranking	地名	City	2010	2012	2013	2013 排名 Ranking
滨州	Binzhou	70.65	27.46	29.68	128	常德	Changde	26.32	34.59	38.80	80
菏泽	Heze	106.25	44.52	50.37	59	张家界	Zhangjiajie	8.16	11.27	12.55	226
河南	**Henan**	**1383.65**	**610.87**	**745.37**		益阳	Yiyang	17.40	23.86	26.29	149
郑州	Zhengzhou	290.14	120.43	147.33	9	郴州	Chenzhou	21.00	26.55	29.43	130
开封	Kaifeng	61.43	25.85	29.12	133	永州	Yongzhou	16.97	22.04	24.74	161
洛阳	Luoyang	116.25	51.24	57.07	51	怀化	Huaihua	19.20	25.55	28.62	139
平顶山	Pingdingshan	76.69	30.15	33.82	104	娄底	Loudi	17.39	23.67	27.26	144
安阳	Anyang	80.89	36.00	39.86	79	**广东**	**Guangdong**	**4175.38**	**1766.38**	**2176.09**	
鹤壁	Hebi	22.47	10.40	11.73	230	广州	Guangzhou	1031.42	358.07	387.02	1
新乡	Xinxiang	96.61	42.21	47.39	64	韶关	Shaoguan	66.69	23.13	24.60	162
焦作	Jiaozuo	62.19	26.47	29.25	131	深圳	Shenzhen	1003.19	347.70	371.47	2
濮阳	Puyang	53.01	22.58	25.23	155	珠海	Zhuhai	134.09	43.48	44.92	70
许昌	Xuchang	63.70	26.58	29.03	134	汕头	Shantou	171.80	62.28	64.26	46
漯河	Luohe	36.53	16.12	17.12	202	佛山	Foshan	428.72	132.94	140.54	10
三门峡	Sanmenxia	41.02	15.47	17.21	201	江门	Jiangmen	130.67	51.15	52.40	56
南阳	Nanyang	109.17	43.66	51.93	57	湛江	Zhanjiang	111.95	63.95	70.55	41
商丘	Shangqiu	94.99	39.07	45.33	67	茂名	Maoming	83.43	45.11	49.21	61
信阳	Xinyang	74.45	30.47	34.50	98	肇庆	Zhaoqing	93.38	34.81	37.32	84
周口	Zhoukou	90.72	37.90	44.50	72	惠州	Huizhou	199.08	73.78	76.59	32
驻马店	Zhumadian	75.68	31.11	36.21	87	梅州	Meizhou	49.08	40.01	42.84	74
湖北	**Hubei**	**983.32**	**438.74**	**536.01**		汕尾	Shanwei	46.99	19.66	21.37	179
武汉	Wuhan	332.07	160.02	156.08	8	河源	Heyuan	45.45	22.14	24.33	164
黄石	Huangshi	13.66	16.40	17.35	199	阳江	Yangjiang	49.12	23.13	25.32	154
十堰	Shiyan	11.55	14.62	16.35	208	清远	Qingyuan	54.06	31.42	34.35	99
宜昌	Yichang	20.79	25.73	28.00	141	东莞	Dongguan	665.97	188.33	187.71	4
襄阳	Xiangyang	25.67	30.40	31.25	120	中山	Zhongshan	190.72	70.14	71.61	39
鄂州	Ezhou	5.83	6.38	7.17	257	潮州	Chaozhou	53.48	22.77	24.39	163
荆门	Jingmen	12.22	14.80	16.18	212	揭阳	Jieyang	91.67	39.04	41.87	76
孝感	Xiaogan	7.67	19.03	21.47	178	云浮	Yunfu	31.91	18.71	19.71	190
荆州	Jingzhou	25.30	28.97	31.24	121	**广西**	**Guangxi**	**793.31**	**342.22**	**405.70**	
黄冈	Huanggang	18.09	23.94	26.46	147	南宁	Nanning	173.16	89.77	96.05	24
咸宁	Xianning	9.71	14.20	12.96	224	柳州	Liuzhou	79.67	27.15	35.87	89
随州	Suizhou	6.96	9.23	11.64	232	桂林	Guilin	91.28	36.05	37.72	82
湖南	**Hunan**	**1008.94**	**442.52**	**535.02**		梧州	Wuzhou	41.57	17.10	17.22	200
长沙	Changsha	78.68	108.07	118.11	16	北海	Beihai	23.74	14.45	16.86	206
株洲	Zhuzhou	23.61	30.64	33.79	105	防城港	Fangchenggang	22.68	9.42	9.45	245
湘潭	Xiangtan	16.33	24.00	25.00	157	钦州	Qinzhou	37.08	14.51	17.36	198
衡阳	Hengyang	25.50	34.75	37.65	83	贵港	Guigang	42.73	18.48	20.06	188
邵阳	Shaoyang	21.90	29.65	33.75	106	玉林	Yulin	74.94	29.49	31.27	119
岳阳	Yueyang	24.05	33.53	37.18	85	百色	Baise	46.86	16.99	21.24	180

13-8 电信业务总量 续表 3

Business Volume of Telecommunication Services continued 3

单位：亿元 （100 million yuan）

地名	City	2010	2012	2013	2013 排名 Ranking	地名	City	2010	2012	2013	2013 排名 Ranking
贺州	Hezhou	1.63	10.19	10.80	240	丽江	Lijiang	4.25	7.20	7.74	253
河池	Hechi	48.14	19.35	20.38	183	普洱	Puer	11.16	3.47	4.06	263
来宾	Laibin	31.63	12.34	12.80	225	临沧	Lincang	1.62	1.94	2.41	265
崇左	Chongzuo	32.84	14.56	13.19	222	**西藏**	**Tibet**	**62.46**	**33.01**	**39.65**	
海南	**Hainan**	**214.76**	**97.11**	**117.56**		拉萨	Lasa	6.82	12.42	31.50	117
海口	Haikou	38.54	46.28	44.69	71	**陕西**	**Shaanxi**	**819.82**	**355.07**	**440.81**	
三亚	Sanya	11.61	13.15	16.14	213	西安	Xi'an		152.95	159.63	7
三沙	Sansha					铜川	Tongchuan		6.47	7.12	258
重庆	**Chongqing**	**550.58**	**245.72**	**318.47**		宝鸡	Baoji		24.81	26.58	146
四川	**Sichuan**	**1380.70**	**619.93**	**759.54**		咸阳	Xianyang		30.28	33.41	108
成都	Chengdu	431.90	167.97			渭南	Weinan		32.49	35.58	92
自贡	Zigong	33.69	12.94			延安	Yan'an		22.09	24.01	166
攀枝花	Panzhihua	14.02	10.04			汉中	Hanzhong		19.83	22.13	174
泸州	Luzhou	20.52	21.98			榆林	Yulin		40.35	44.96	69
德阳	Deyang	65.65	20.30			安康	Ankang		15.15	16.29	210
绵阳	Mianyang	30.13	29.11			商洛	Shangluo		9.77	10.78	241
广元	Guangyuan	12.02	14.25			**甘肃**	**Gansu**	**411.83**	**180.00**	**227.33**	
遂宁	Suining	11.26	149.31			兰州	Lanzhou	124.23	51.59	56.36	52
内江	Neijiang	15.42	13.61			嘉峪关	Jiayuguan	8.87	4.13	4.52	262
乐山	Leshan	51.48	19.38			金昌	Jinchang	11.03	4.39	4.84	261
南充	Nanchong	21.22	24.92			白银	Baiyin	25.58	10.67	11.62	233
眉山	Meishan	10.66	13.39			天水	Tianshui	37.34	15.90	17.63	197
宜宾	Yibin	62.09	22.04			武威	Wuwei	23.75	10.01	11.13	237
广安	Guangan	10.46	3.44			张掖	Zhangye	23.35	9.26	10.27	243
达州	Dazhou	10.12	21.12			平凉	Pingliang	27.21	10.00	12.02	228
雅安	Yaan	3.60	8.81			酒泉	Jiuquan	28.07	10.91	11.08	238
巴中	Bazhong	2.59	14.50			庆阳	Qingyang	37.29	10.30	16.32	209
资阳	Ziyang	13.11	13.08			定西	Dingxi	29.60	14.92	13.76	218
贵州	**Guizhou**	**496.97**	**244.12**	**309.13**		陇南	Longnan	34.28	12.04	13.06	223
贵阳	Guiyang	130.11	61.77	70.61	40	**青海**	**Qinghai**	**111.07**	**54.46**	**64.53**	
六盘水	Liupanshui	10.92	18.39	49.73	60	西宁	Xining				
遵义	Zunyi	6.33	43.65	15.69	215	海东	Haidong				
安顺	Anshun	7.81	14.18	23.11	168	**宁夏**	**Ningxia**	**131.10**	**61.11**	**75.71**	
毕节	Bijie	17.70	28.45	27.41	142	银川	Yinchuan	42.05	28.75	31.59	115
铜仁	Tongren	11.15	17.02	19.72	189	石嘴山	Shizuishan	5.07	7.93	8.55	251
云南	**Yunnan**	**754.13**	**345.19**	**429.38**		吴忠	Wuzhong	20.40	10.53	11.52	235
昆明	Kunming		87.94	95.30	25	固原	Guyuan	3.81	6.75	7.45	255
曲靖	Qujing	16.32	65.00	76.03	34	中卫	Zhongwei	3.70	7.02	7.85	252
玉溪	Yuxi	18.87	24.46	3.27	264	**新疆**	**Xinjiang**	**537.32**	**246.61**	**298.29**	
保山	Baoshan	9.12	13.04	5.27	260	乌鲁木齐	Urumqi	42.09	55.50	62.24	47
昭通	Zhaotong	13.61	15.87	20.18	187	克拉玛依	Karamay	3.45	5.75	6.14	259

13-9 年末固定电话用户

Number of Fixed Telephone Subscribers at Year-end

单位：万户 （10 000 subscribers）

地名	City	2010	2013	2014	2014 排名 Ranking	地名	City	2010	2013	2014	2014 排名 Ranking
全国	**Nation Total**	**29434.20**	**26698.50**	**23349.00**		沈阳	Shenyang	320.20	261.96	251.00	12
北京	**Beijing**	**885.60**	**867.60**	**831.00**		大连	Dalian	280.30	252.85	240.00	13
天津	**Tianjin**	**366.80**	**352.80**	**361.00**		鞍山	Anshan	112.80	92.89	86.00	65
河北	**Hebei**	**1251.40**	**1152.40**	**1080.00**		抚顺	Fushun	75.20	59.02	57.00	122
石家庄	Shijiazhuang	190.80	161.60	151.00	28	本溪	Benxi	45.70	39.71	37.00	190
唐山	Tangshan	168.80	156.06	148.00	30	丹东	Dandong	85.50	77.44	71.00	84
秦皇岛	Qinhuangdao	73.80	72.39	65.00	94	锦州	Jinzhou	94.80	84.38	82.00	68
邯郸	Handan	105.90	86.98	81.00	70	营口	Yingkou	61.70	58.93	55.00	126
邢台	Xingtai	95.80	91.45	87.00	64	阜新	Fuxin	53.20	45.63	44.00	162
保定	Baoding	176.20	169.94	163.00	26	辽阳	Liaoyang	54.00	44.01	45.00	160
张家口	Zhangjiakou	67.60	61.06	54.00	130	盘锦	Panjin	63.30	34.00	35.00	195
承德	Chengde	47.20	40.70	37.00	190	铁岭	Tieling	79.90	47.73	44.00	162
沧州	Cangzhou	120.70	123.00	115.00	47	朝阳	Chaoyang	36.30	68.41	66.00	91
廊坊	Langfang	106.30	105.20	98.00	54	葫芦岛	Huludao	65.20	55.45	54.00	130
衡水	Hengshui	98.30	84.02	81.00	70	吉林	**Jilin**	**595.20**	**579.00**	**394.00**	
山西	**Shanxi**	**720.70**	**584.40**	**543.00**		长春	Changchun	182.20	183.45	182.00	23
太原	Taiyuan	158.20	125.71	121.00	45	吉林	Jilin	93.80	91.45	93.00	57
大同	Datong	57.10	47.59	39.00	181	四平	Siping	50.70	48.21	14.00	264
阳泉	Yangquan	33.60	26.37	20.00	246	辽源	Liaoyuan	23.90	24.96	21.00	242
长治	Changzhi	61.50	50.16	42.00	171	通化	Tonghua	54.20	51.22	23.00	233
晋城	Jincheng	45.40	38.71	39.00	181	白山	Baishan	41.00	37.74	29.00	214
朔州	Shuozhou	25.20	22.51	17.00	254	松原	Songyuan	37.90	37.26	13.00	269
晋中	Jinzhong	77.20	63.96	56.00	125	白城	Baicheng	38.40	36.75	19.00	248
运城	Yuncheng	86.00	67.15	58.00	117	黑龙江	**Heilongjiang**	**813.50**	**747.80**	**613.00**	
忻州	Xinzhou	48.60	37.54	60.00	111	哈尔滨	Harbin	272.30	257.70	225.00	16
临汾	Linfen	70.20	59.67	53.00	133	齐齐哈尔	Qiqihar	93.20	81.60	66.00	91
吕梁	Lvliang	57.80	45.06	38.00	187	鸡西	Jixi	40.50	36.90	30.00	211
内蒙古	**Inner Mongolia**	**414.00**	**377.20**	**335.00**		鹤岗	Hegang	19.30	16.90	10.00	278
呼和浩特	Hohhot	70.30	73.44	83.00	67	双鸭山	Shuangyashan	27.10	26.20	26.00	220
包头	Baotou	38.80	47.23	42.00	171	大庆	Daqing	44.20	39.50	50.00	144
乌海	Wuhai	12.30	14.03	16.00	259	伊春	Yichun	34.30	25.40	18.00	251
赤峰	Chifeng	49.80	53.81	40.00	177	佳木斯	Jiamusi	57.20	55.80	39.00	181
通辽	Tongliao	29.60	30.70	36.00	192	七台河	Qitaihe	16.80	15.20	5.00	283
鄂尔多斯	Erdos	24.50	26.87	22.00	237	牡丹江	Mudanjiang	74.50	62.50	49.00	150
呼伦贝尔	Hulunbuir	51.10	45.29	44.00	162	黑河	Heihe	32.10	31.10	22.00	237
巴彦淖尔	Bayannur	22.80	27.78	26.00	220	绥化	Suihua	88.30	86.20	71.00	84
乌兰察布	Ulanqab	21.90	26.75	26.00	220	上海	**Shanghai**	**935.90**	**869.20**	**840.00**	
辽宁	**Liaoning**	**1428.00**	**1222.40**	**1165.00**		江苏	**Jiangsu**	**2498.80**	**2289.80**	**2134.00**	

13-9 年末固定电话用户 续表 1

Number of Fixed Telephone Subscribers at Year-end continued 1

单位：万户 （10 000 subscribers）

地名	City	2010	2013	2014	2014 排名 Ranking	地名	City	2010	2013	2014	2014 排名 Ranking
南京	Nanjing	290.10	305.66	283.00	9	池州	Chizhou	34.90	28.26	25.00	227
无锡	Wuxi	213.90	229.52	213.00	18	宣城	Xuancheng	60.90	51.87	46.00	158
徐州	Xuzhou	177.20	161.01	146.00	31	**福建**	**Fujian**	**1046.00**	**983.50**	**920.00**	
常州	Changzhou	159.60	160.80	152.00	27	福州	Fuzhou	219.00	215.00	195.00	21
苏州	Suzhou	351.70	357.92	341.00	4	厦门	Xiamen	161.00	148.00	136.00	37
南通	Nantong	243.10	248.98	235.00	14	莆田	Putian	68.00	66.00	65.00	94
连云港	Lianyungang	99.30	103.12	95.00	56	三明	Sanming	61.00	55.00	50.00	144
淮安	Huaian	100.60	95.19	89.00	63	泉州	Quanzhou	252.00	237.00	226.00	15
盐城	Yancheng	333.00	162.92	145.00	32	漳州	Zhangzhou	105.00	95.00	91.00	58
扬州	Yangzhou	162.60	142.21	134.00	40	南平	Nanping	62.00	58.00	54.00	130
镇江	Zhenjiang	129.60	103.35	97.00	55	龙岩	Longyan	58.00	55.00	50.00	144
泰州	Taizhou	149.00	138.59	131.00	41	宁德	Ningde	60.00	55.00	52.00	139
宿迁	Suqian	102.70	80.55	73.00	80	**江西**	**Jiangxi**	**709.60**	**622.40**	**555.00**	
浙江	**Zhejiang**	**1998.60**	**1781.30**	**1581.00**		南昌	Nanchang	161.80	132.10	112.00	48
杭州	Hangzhou	368.60	334.87	311.00	6	景德镇	Jingdezhen	36.50	24.10	25.00	227
宁波	Ningbo	317.40	298.00	270.00	10	萍乡	Pingxiang	24.50	28.00	26.00	220
温州	Wenzhou	277.00	239.88	210.00	19	九江	Jiujiang	86.20	83.80	74.00	77
嘉兴	Jiaxing	166.10	152.54	135.00	39	新余	Xinyu	20.50	17.60	17.00	254
湖州	Huzhou	107.80	97.03	91.00	58	鹰潭	Yingtan	18.90	15.90	12.00	272
绍兴	Shaoxing	201.80	179.04	151.00	28	赣州	Ganzhou	107.30	102.40	91.00	58
金华	Jinhua	183.60	161.73	136.00	37	吉安	Jian	58.20	54.10	46.00	158
衢州	Quzhou	63.50	50.68	48.00	152	宜春	Yichun	62.10	61.70	55.00	126
舟山	Zhoushan	54.90	48.74	41.00	174	抚州	Fuzhou	37.40	27.10	27.00	218
台州	Taizhou	178.70	152.04	141.00	35	上饶	Shangrao	77.20	75.60	72.00	83
丽水	Lishui	51.30	49.02	47.00	156	**山东**	**Shandong**	**2023.10**	**1707.60**	**1386.00**	
安徽	**Anhui**	**1231.00**	**976.70**	**860.00**		济南	Jinan	204.60	182.71	177.00	24
合肥	Hefei	160.70	179.26	171.00	25	青岛	Qingdao	261.10	236.52	207.00	20
芜湖	Wuhu	65.20	73.99	61.00	104	淄博	Zibo	126.30	97.16	78.00	73
蚌埠	Bengbu	66.40	51.11	48.00	152	枣庄	Zaozhuang	74.20	65.34	53.00	133
淮南	Huainan	47.30	40.30	32.00	205	东营	Dongying	58.40	54.27	41.00	174
马鞍山	Maanshan	49.50	56.56	44.00	162	烟台	Yantai	175.10	167.57	129.00	43
淮北	Huaibei	39.00	33.41	35.00	195	潍坊	Weifang	178.70	166.40	145.00	32
铜陵	Tongling	23.60	20.02	17.00	254	济宁	Jining	128.60	101.35	69.00	88
安庆	Anqing	120.60	95.93	82.00	68	泰安	Taian	99.10	86.43	91.00	58
黄山	Huangshan	43.90	36.55	23.00	233	威海	Weihai	88.40	74.94	61.00	104
滁州	Chuzhou	75.70	65.07	57.00	122	日照	Rizhao	44.00	46.18	39.00	181
阜阳	Fuyang	106.10	78.31	58.00	117	莱芜	Laiwu	26.40	26.14	22.00	237
宿州	Suzhou	87.40	60.14	64.00	97	临沂	Linyi	150.50	120.58	73.00	80
六安	Liuan	97.90	64.51	61.00	104	德州	Dezhou	100.80	80.34	55.00	126
亳州	Bozhou	72.80	41.43	34.00	200	聊城	Liaocheng	100.20	76.07	51.00	142

13-9 年末固定电话用户 续表 2

Number of Fixed Telephone Subscribers at Year-end continued 2

单位：万户 （10 000 subscribers）

地名	City	2010	2013	2014	2014 排名 Ranking	地名	City	2010	2013	2014	2014 排名 Ranking
滨州	Binzhou	85.60	70.14	55.00	126	常德	Changde	84.50	65.21	60.00	111
菏泽	Heze	92.50	62.26	40.00	177	张家界	Zhangjiajie	22.90	18.25	12.00	272
河南	**Henan**	**1431.70**	**1224.40**	**1075.00**		益阳	Yiyang	55.00	45.43	35.00	195
郑州	Zhengzhou	261.70	243.19	225.00	16	郴州	Chenzhou	63.10	60.04	60.00	111
开封	Kaifeng	61.20	48.83	44.00	162	永州	Yongzhou	50.60	39.87	32.00	205
洛阳	Luoyang	139.60	125.60	110.00	50	怀化	Huaihua	72.40	53.14	50.00	144
平顶山	Pingdingshan	58.60	50.89	53.00	133	娄底	Loudi	58.60	47.32	33.00	201
安阳	Anyang	94.70	82.66	70.00	87	**广东**	**Guangdong**	**3169.10**	**3099.90**	**2882.00**	
鹤壁	Hebi	30.70	28.15	26.00	220	广州	Guangzhou	598.60	575.55	503.00	2
新乡	Xinxiang	128.30	114.45	91.00	58	韶关	Shaoguan	65.10	59.85	52.00	139
焦作	Jiaozuo	63.90	54.28	43.00	168	深圳	Shenzhen	532.80	567.86	530.00	1
濮阳	Puyang	40.40	34.16	33.00	201	珠海	Zhuhai	86.10	82.23	78.00	73
许昌	Xuchang	69.20	53.47	53.00	133	汕头	Shantou	140.30	134.45	131.00	41
漯河	Luohe	32.30	27.08	20.00	246	佛山	Foshan	267.60	290.03	295.00	8
三门峡	Sanmenxia	35.90	27.00	25.00	227	江门	Jiangmen	127.50	136.66	138.00	36
南阳	Nanyang	105.00	81.86	74.00	77	湛江	Zhanjiang	86.60	74.70	68.00	89
商丘	Shangqiu	82.80	69.65	65.00	94	茂名	Maoming	94.10	76.79	71.00	84
信阳	Xinyang	79.60	60.40	61.00	104	肇庆	Zhaoqing	79.70	75.67	61.00	104
周口	Zhoukou	70.50	58.61	41.00	174	惠州	Huizhou	132.50	130.26	120.00	46
驻马店	Zhumadian	60.10	51.70	40.00	177	梅州	Meizhou	77.70	67.40	58.00	117
湖北	**Hubei**	**1026.40**	**984.00**	**797.00**		汕尾	Shanwei	49.90	40.10		
武汉	Wuhan	316.00	304.00	255.00	11	河源	Heyuan	58.00	50.46	44.00	162
黄石	Huangshi	46.80	42.60	39.00	181	阳江	Yangjiang	52.40	48.92	45.00	160
十堰	Shiyan	66.90	48.50	49.00	150	清远	Qingyuan	58.40	53.62	42.00	171
宜昌	Yichang	73.10	65.17	58.00	117	东莞	Dongguan	319.30	315.25	327.00	5
襄阳	Xiangyang	72.10	78.00	62.00	103	中山	Zhongshan	125.80	115.44	112.00	48
鄂州	Ezhou	21.00	21.68	22.00	237	潮州	Chaozhou	70.70	69.21	61.00	104
荆门	Jingmen	36.50	38.15	36.00	192	揭阳	Jieyang	99.30	93.76	105.00	51
孝感	Xiaogan	85.00	57.85	47.00	156	云浮	Yunfu	46.70	41.71	38.00	187
荆州	Jingzhou	80.00	73.32	63.00	99	**广西**	**Guangxi**	**708.90**	**546.30**	**471.00**	
黄冈	Huanggang	102.60	87.43	85.00	66	南宁	Nanning	120.00	85.95	103.00	52
咸宁	Xianning	39.30	41.87	43.00	168	柳州	Liuzhou	65.00	51.11	35.00	195
随州	Suizhou	37.10	36.31	38.00	187	桂林	Guilin	76.80	64.82	61.00	104
湖南	**Hunan**	**1077.00**	**914.40**	**770.00**		梧州	Wuzhou	40.10	35.64	10.00	278
长沙	Changsha	216.90	206.09	195.00	21	北海	Beihai	30.10	24.62	23.00	233
株洲	Zhuzhou	80.00	72.39	59.00	114	防城港	Fangchenggang	14.70	13.59	13.00	269
湘潭	Xiangtan	58.90	46.13	32.00	205	钦州	Qinzhou	40.40	31.12	30.00	211
衡阳	Hengyang	104.00	92.59	77.00	75	贵港	Guigang	62.00	43.82	40.00	177
邵阳	Shaoyang	92.10	73.96	63.00	99	玉林	Yulin	74.70	61.19	63.00	99
岳阳	Yueyang	88.80	77.48	63.00	99	百色	Baise	46.70	17.40	26.00	220

13-9 年末固定电话用户 续表 3
Number of Fixed Telephone Subscribers at Year-end continued 3

单位：万户　　　　　　　　　　　　　　　　　　　　　　　　　（10 000 subscribers）

地名	City	2010	2013	2014	2014 排名 Ranking
贺州	Hezhou	21.60	14.45	13.00	269
河池	Hechi	42.40	29.42	26.00	220
来宾	Laibin	21.40	14.15	14.00	264
崇左	Chongzuo	20.60	17.19	15.00	262
海南	**Hainan**	**179.80**	**173.60**	**81.00**	
海口	Haikou	84.60	61.75	57.00	122
三亚	Sanya	18.30	23.08	24.00	232
三沙	Sansha				
重庆	**Chongqing**	**582.70**	**580.30**	**583.00**	
四川	**Sichuan**	**1419.00**	**1313.70**	**1186.00**	
成都	Chengdu	373.70		438.00	3
自贡	Zigong	49.40		43.00	168
攀枝花	Panzhihua	32.50		31.00	208
泸州	Luzhou	63.60		50.00	144
德阳	Deyang	59.70		48.00	152
绵阳	Mianyang	74.30		73.00	80
广元	Guangyuan	45.70		35.00	195
遂宁	Suining	35.70		30.00	211
内江	Neijiang	48.80		50.00	144
乐山	Leshan	66.80		59.00	114
南充	Nanchong	93.60		74.00	77
眉山	Meishan	46.00		39.00	181
宜宾	Yibin	66.80		53.00	133
广安	Guangan	42.70		31.00	208
达州	Dazhou	67.90		48.00	152
雅安	Yaan	25.50		23.00	233
巴中	Bazhong	43.30		28.00	217
资阳	Ziyang	56.60		33.00	201
贵州	**Guizhou**	**432.60**	**363.00**	**267.00**	
贵阳	Guiyang	98.10	101.89	103.00	52
六盘水	Liupanshui	33.40	72.55	29.00	214
遵义	Zunyi	85.50	20.22	68.00	89
安顺	Anshun	25.80	29.14	19.00	248
毕节	Bijie	44.10	38.38	29.00	214
铜仁	Tongren	32.10	22.00	19.00	248
云南	**Yunnan**	**562.50**	**485.40**	**254.00**	
昆明	Kunming	117.90	164.37	126.00	44
曲靖	Qujing	38.80	33.37	31.00	208
玉溪	Yuxi	23.70	18.25	15.00	262
保山	Baoshan	19.20	14.40	14.00	264
昭通	Zhaotong	22.30	19.51	17.00	254
丽江	Lijiang	15.20	15.66	10.00	278
普洱	Puer	34.20	27.32	25.00	227
临沧	Lincang	20.70	17.93	16.00	259
西藏	**Tibet**	**37.00**	**40.40**	**21.00**	
拉萨	Lasa	8.60	21.00	21.00	242
陕西	**Shaanxi**	**781.90**	**769.30**	**711.00**	
西安	Xi'an	298.00	321.32	307.00	7
铜川	Tongchuan	15.20	13.75	12.00	272
宝鸡	Baoji	77.20	69.36	59.00	114
咸阳	Xianyang	61.90	62.63	58.00	117
渭南	Weinan	90.10	84.39	77.00	75
延安	Yan'an	41.10	36.81	33.00	201
汉中	Hanzhong	62.70	55.58	51.00	142
榆林	Yulin	56.60	57.50	52.00	139
安康	Ankang	43.30	38.73	36.00	192
商洛	Shangluo	35.70	29.23	25.00	227
甘肃	**Gansu**	**411.90**	**364.30**	**319.00**	
兰州	Lanzhou	113.10	106.91	80.00	72
嘉峪关	Jiayuguan	8.60	10.79	10.00	278
金昌	Jinchang	10.90	9.49	4.00	284
白银	Baiyin	25.50	23.84	21.00	242
天水	Tianshui	42.80	36.68	66.00	91
武威	Wuwei	28.60	22.97	18.00	251
张掖	Zhangye	30.70	29.68	27.00	218
平凉	Pingliang	24.10	21.25	22.00	237
酒泉	Jiuquan	21.40	20.35	17.00	254
庆阳	Qingyang	30.70	23.26	21.00	242
定西	Dingxi	26.70	18.94	14.00	264
陇南	Longnan	21.10	17.19	18.00	251
青海	**Qinghai**	**103.20**	**101.80**	**75.00**	
西宁	Xining	63.10	65.99	64.00	97
海东	Haidong			11.00	277
宁夏	**Ningxia**	**111.90**	**104.70**	**100.00**	
银川	Yinchuan	67.80		53.00	133
石嘴山	Shizuishan	18.40		14.00	264
吴忠	Wuzhong	16.10		12.00	272
固原	Guyuan	13.50		10.00	278
中卫	Zhongwei	14.20		12.00	272
新疆	**Xinjiang**	**547.50**	**518.70**	**161.00**	
乌鲁木齐	Urumqi	156.40	147.30	145.00	32
克拉玛依	Karamay	9.80	11.10	16.00	259

13-10 年末移动电话用户
Number of Mobile Telephone Subscribers at Year-end

单位：万户 （10 000 subscribers）

地名	City	2010	2013	2014	2014 排名 Ranking
全国	**Nation Total**	**85900.30**	**122911.30**	**128609.30**	
北京	**Beijing**	**2129.80**	**3373.80**	**4076.40**	
天津	**Tianjin**	**1089.60**	**1323.20**	**1351.80**	
河北	**Hebei**	**4353.50**	**6006.20**	**6229.10**	
石家庄	Shijiazhuang	693.80	979.29	1038.00	19
唐山	Tangshan	501.30	753.46	734.00	37
秦皇岛	Qinhuangdao	241.10	323.46	326.00	136
邯郸	Handan	456.20	651.49	717.00	39
邢台	Xingtai	346.50	436.82	483.00	71
保定	Baoding	635.40	864.94	905.00	26
张家口	Zhangjiakou	242.00	327.32	334.00	131
承德	Chengde	185.30	267.47	285.00	160
沧州	Cangzhou	450.30	592.78	605.00	51
廊坊	Langfang	349.40	486.44	511.00	65
衡水	Hengshui	252.10	322.72	341.00	124
山西	**Shanxi**	**2225.10**	**3105.50**	**3332.30**	
太原	Taiyuan	454.30	499.21	743.00	36
大同	Datong	219.70	311.02	342.00	122
阳泉	Yangquan	104.10	134.17	152.00	246
长治	Changzhi	190.70	288.59	299.00	150
晋城	Jincheng	134.00	223.05	225.00	201
朔州	Shuozhou	93.10	151.93	182.00	227
晋中	Jinzhong	187.40	284.39	296.00	153
运城	Yuncheng	253.70	361.64	426.00	82
忻州	Xinzhou	158.60	239.10	271.00	168
临汾	Linfen	236.10	338.99	397.00	97
吕梁	Lvliang	193.40	273.41	316.00	143
内蒙古	**Inner Mongolia**	**2034.00**	**2690.60**	**2634.60**	
呼和浩特	Hohhot	276.00	400.83	390.00	98
包头	Baotou	266.20	352.53	415.00	88
乌海	Wuhai	93.00	83.64	90.00	275
赤峰	Chifeng	931.10	342.81	340.00	129
通辽	Tongliao	206.00	290.09	483.00	71
鄂尔多斯	Erdos	296.20	261.42	250.00	179
呼伦贝尔	Hulunbuir	246.20	275.44	329.00	134
巴彦淖尔	Bayannur	108.80	185.21	251.00	178
乌兰察布	Ulanqab	94.10	192.36	223.00	203
辽宁	**Liaoning**	**3341.80**	**4583.60**	**4535.60**	
沈阳	Shenyang	744.00	988.68	1044.00	17
大连	Dalian	674.60	908.71	849.00	28
鞍山	Anshan	279.20	361.09	354.00	116
抚顺	Fushun	172.60	209.71	204.00	215
本溪	Benxi	113.10	149.68	173.00	235
丹东	Dandong	159.10	210.33	224.00	202
锦州	Jinzhou	201.40	282.53	273.00	167
营口	Yingkou	172.00	244.41	237.00	194
阜新	Fuxin	120.90	179.67	174.00	234
辽阳	Liaoyang	125.20	182.10	186.00	225
盘锦	Panjin	109.70	160.72	156.00	242
铁岭	Tieling	145.60	225.51	231.00	197
朝阳	Chaoyang	171.20	248.81	255.00	177
葫芦岛	Huludao	153.30	231.67	242.00	187
吉林	**Jilin**	**1805.40**	**2372.10**	**2612.30**	
长春	Changchun	567.60	794.63	881.00	27
吉林	Jilin	291.70	365.92	414.00	89
四平	Siping	202.10	268.00	287.00	159
辽源	Liaoyuan	77.20	102.35	109.00	267
通化	Tonghua	133.10	168.55	193.00	219
白山	Baishan	82.90	104.65	114.00	265
松原	Songyuan	183.10	224.50	241.00	188
白城	Baicheng	116.20	162.47	175.00	232
黑龙江	**Heilongjiang**	**2243.00**	**3020.40**	**3457.80**	
哈尔滨	Harbin	694.70	974.10	1251.00	13
齐齐哈尔	Qiqihar	253.00	320.30	427.00	81
鸡西	Jixi	114.10	151.00	180.00	229
鹤岗	Hegang	77.90	98.90	116.00	261
双鸭山	Shuangyashan	95.10	122.80	163.00	239
大庆	Daqing	203.40	281.90	403.00	95
伊春	Yichun	61.50	84.50	98.00	272
佳木斯	Jiamusi	167.30	218.90	238.00	192
七台河	Qitaihe	53.90	71.10	87.00	279
牡丹江	Mudanjiang	174.40	209.20	247.00	182
黑河	Heihe	87.50	120.80	117.00	259
绥化	Suihua	232.90	330.60	292.00	155
上海	**Shanghai**	**2361.60**	**3200.70**	**3292.70**	
江苏	**Jiangsu**	**5923.10**	**7942.00**	**8070.40**	

13-10 年末移动电话用户 续表 1
Number of Mobile Telephone Subscribers at Year-end continued 1

单位：万户 （10 000 subscribers）

地名	City	2010	2013	2014	2014 排名 Ranking	地名	City	2010	2013	2014	2014 排名 Ranking
南京	Nanjing	931.30	992.27	1042.00	18	池州	Chizhou	78.50	97.25	110.00	266
无锡	Wuxi	767.20	815.16	833.00	29	宣城	Xuancheng	129.30	185.54	198.00	217
徐州	Xuzhou	600.70	727.18	751.00	35	**福建**	**Fujian**	**3022.00**	**4303.30**	**4276.70**	
常州	Changzhou	501.40	523.07	520.00	64	福州	Fuzhou	653.00	938.00	945.00	22
苏州	Suzhou	1308.80	1474.47	1469.00	9	厦门	Xiamen	436.00	611.00	564.00	58
南通	Nantong	592.90	641.87	645.00	46	莆田	Putian	195.00	289.00	269.00	169
连云港	Lianyungang	306.70	352.50	367.00	112	三明	Sanming	187.00	236.00	244.00	184
淮安	Huaian	280.60	357.85	376.00	107	泉州	Quanzhou	671.00	970.00	991.00	20
盐城	Yancheng	236.50	562.02	570.00	56	漳州	Zhangzhou	321.00	461.00	493.00	67
扬州	Yangzhou	409.40	430.23	422.00	84	南平	Nanping	179.00	250.00	239.00	190
镇江	Zhenjiang	277.80	318.43	317.00	139	龙岩	Longyan	186.00	276.00	298.00	151
泰州	Taizhou	339.30	380.00	383.00	103	宁德	Ningde	194.00	272.00	188.00	224
宿迁	Suqian	296.90	366.89	376.00	107	**江西**	**Jiangxi**	**1811.00**	**2806.90**	**2938.50**	
浙江	**Zhejiang**	**5047.40**	**7071.80**	**7370.60**		南昌	Nanchang	472.60	489.80	601.00	52
杭州	Hangzhou	1061.80	1546.82	1562.00	7	景德镇	Jingdezhen	38.80	110.00	131.00	254
宁波	Ningbo	845.50	1228.00	1267.00	12	萍乡	Pingxiang	135.40	127.10	145.00	248
温州	Wenzhou	977.20	1185.10	1113.00	16	九江	Jiujiang	265.70	299.40	327.00	135
嘉兴	Jiaxing	493.50	560.65	615.00	49	新余	Xinyu	73.40	92.80	105.00	269
湖州	Huzhou	286.90	366.35	383.00	103	鹰潭	Yingtan	61.20	70.90	83.00	280
绍兴	Shaoxing	436.40	686.04	692.00	41	赣州	Ganzhou	413.00	513.90	567.00	57
金华	Jinhua	701.20	985.03	918.00	25	吉安	Jian	227.90	261.30	282.00	162
衢州	Quzhou	170.50	201.14	280.00	163	宜春	Yichun	209.00	319.70	333.00	132
舟山	Zhoushan	128.90	156.60	163.00	239	抚州	Fuzhou	143.00	196.40	220.00	204
台州	Taizhou	719.60	744.77	759.00	34	上饶	Shangrao	292.20	325.60	341.00	124
丽水	Lishui	225.40	295.89	289.00	157	**山东**	**Shandong**	**5340.60**	**8333.40**	**8664.10**	
安徽	**Anhui**	**2798.70**	**3958.90**	**4215.90**		济南	Jinan	551.20	914.91	1178.00	14
合肥	Hefei	404.90	718.93	782.00	33	青岛	Qingdao	650.60	1001.17	1301.00	11
芜湖	Wuhu	162.00	273.06	306.00	145	淄博	Zibo	289.80	468.61	526.00	63
蚌埠	Bengbu	155.50	213.76	244.00	184	枣庄	Zaozhuang	184.80	304.76	317.00	139
淮南	Huainan	120.70	165.01	171.00	237	东营	Dongying	202.80	265.94	280.00	163
马鞍山	Maanshan	104.50	167.88	177.00	231	烟台	Yantai	453.70	647.73	820.00	31
淮北	Huaibei	101.20	150.50	173.00	235	潍坊	Weifang	466.80	764.75	930.00	23
铜陵	Tongling	52.30	66.17	71.00	282	济宁	Jining	372.70	583.29	734.00	37
安庆	Anqing	217.50	297.51	418.00	87	泰安	Taian	247.20	404.34	585.00	54
黄山	Huangshan	76.30	97.52	109.00	267	威海	Weihai	192.80	294.91	317.00	139
滁州	Chuzhou	189.20	262.98	297.00	152	日照	Rizhao	140.10	233.65	277.00	166
阜阳	Fuyang	290.40	400.34	400.00	96	莱芜	Laiwu	69.60	109.83	134.00	251
宿州	Suzhou	199.70	315.81	488.00	68	临沂	Linyi	398.90	747.82	920.00	24
六安	Liuan	203.90	293.57	317.00	139	德州	Dezhou	232.60	369.44	484.00	69
亳州	Bozhou	173.50	253.04	292.00	155	聊城	Liaocheng	272.00	406.46	436.00	80

13-10 年末移动电话用户 续表 2

Number of Mobile Telephone Subscribers at Year-end continued 2

单位：万户 (10 000 subscribers)

地名	City	2010	2013	2014	2014 排名 Ranking	地名	City	2010	2013	2014	2014 排名 Ranking
滨州	Binzhou	260.20	305.99	389.00	99	常德	Changde	234.70	328.07	444.00	76
菏泽	Heze	354.90	509.77	691.00	42	张家界	Zhangjiajie	76.10	93.08	103.00	270
河南	**Henan**	**4449.70**	**7200.20**	**7712.90**		益阳	Yiyang	181.00	250.80	262.00	172
郑州	Zhengzhou	788.60	1190.22	1310.00	10	郴州	Chenzhou	231.30	318.84	362.00	115
开封	Kaifeng	193.40	316.07	341.00	124	永州	Yongzhou	174.80	241.25	269.00	169
洛阳	Luoyang	360.30	537.25	647.00	45	怀化	Huaihua	189.30	277.46	338.00	130
平顶山	Pingdingshan	229.90	364.55	441.00	78	娄底	Loudi	172.60	254.00	257.00	175
安阳	Anyang	257.20	433.81	484.00	69	**广东**	**Guangdong**	**9710.10**	**14706.10**	**14943.40**	
鹤壁	Hebi	75.30	120.55	134.00	251	广州	Guangzhou	1715.60	2795.79	3224.00	2
新乡	Xinxiang	286.80	501.68	576.00	55	韶关	Shaoguan	147.20	231.19	283.00	161
焦作	Jiaozuo	192.40	287.09	318.00	138	深圳	Shenzhen	1977.70	2921.53	3377.00	1
濮阳	Puyang	161.20	278.38	321.00	137	珠海	Zhuhai	241.30	350.54	364.00	113
许昌	Xuchang	213.80	329.28	331.00	133	汕头	Shantou	403.40	587.49	642.00	47
漯河	Luohe	119.10	177.22	189.00	221	佛山	Foshan	799.40	1238.51	1490.00	8
三门峡	Sanmenxia	142.20	182.58	204.00	215	江门	Jiangmen	289.80	479.09	595.00	53
南阳	Nanyang	334.90	613.48	666.00	43	湛江	Zhanjiang	304.20	477.45	656.00	44
商丘	Shangqiu	282.60	505.53	616.00	48	茂名	Maoming	215.80	341.66	371.00	110
信阳	Xinyang	233.20	378.93	405.00	93	肇庆	Zhaoqing	206.90	317.16	344.00	121
周口	Zhoukou	285.40	506.29	543.00	60	惠州	Huizhou	357.50	573.05	698.00	40
驻马店	Zhumadian	249.50	415.31	476.00	73	梅州	Meizhou	172.20	258.40	374.00	109
湖北	**Hubei**	**3454.70**	**4416.80**	**4606.80**		汕尾	Shanwei	114.50	184.85	189.00	221
武汉	Wuhan	1145.00	1642.00	1644.00	6	河源	Heyuan	104.30	167.36	216.00	206
黄石	Huangshi	151.00	223.33	234.00	195	阳江	Yangjiang	125.60	187.90	229.00	198
十堰	Shiyan	230.30	267.51	301.00	149	清远	Qingyuan	190.90	292.51	342.00	122
宜昌	Yichang	282.50	377.28	384.00	102	东莞	Dongguan	1421.80	1926.67	1763.00	5
襄阳	Xiangyang	296.50	393.80	442.00	77	中山	Zhongshan	447.80	626.02	610.00	50
鄂州	Ezhou	67.00	95.00	100.00	271	潮州	Chaozhou	155.70	240.15	248.00	180
荆门	Jingmen	140.70	199.23	212.00	209	揭阳	Jieyang	229.20	362.05	531.00	61
孝感	Xiaogan	212.00	326.50	308.00	144	云浮	Yunfu	89.50	146.66	128.00	255
荆州	Jingzhou	320.00	393.30	386.00	101	**广西**	**Guangxi**	**2214.50**	**3285.60**	**3553.80**	
黄冈	Huanggang	261.10	349.27	378.00	106	南宁	Nanning	484.40	766.67	821.00	30
咸宁	Xianning	133.10	220.18	248.00	180	柳州	Liuzhou	220.40	324.21	370.00	111
随州	Suizhou	129.40	175.26	259.00	174	桂林	Guilin	350.30	369.22	388.00	100
湖南	**Hunan**	**3259.80**	**4570.00**	**4726.10**		梧州	Wuzhou	117.70	166.69	154.00	243
长沙	Changsha	738.80	1063.33	1118.00	15	北海	Beihai	101.60	158.33	169.00	238
株洲	Zhuzhou	231.50	316.88	306.00	145	防城港	Fangchenggang	59.90	85.07	90.00	275
湘潭	Xiangtan	163.60	233.69	256.00	176	钦州	Qinzhou	107.30	174.50	186.00	225
衡阳	Hengyang	279.40	374.66	419.00	86	贵港	Guigang	140.80	222.18	240.00	189
邵阳	Shaoyang	225.20	320.23	414.00	89	玉林	Yulin	218.50	326.63	341.00	124
岳阳	Yueyang	257.80	382.28	404.00	94	百色	Baise	142.60	214.66	239.00	190

13-10 年末移动电话用户 续表 3
Number of Mobile Telephone Subscribers at Year-end continued 3

单位：万户 （10 000 subscribers）

地名	City	2010	2013	2014	2014 排名 Ranking
贺州	Hezhou	90.70	119.70	134.00	251
河池	Hechi	137.60	249.33	215.00	207
来宾	Laibin	96.00	139.01	141.00	250
崇左	Chongzuo	100.00	143.94	151.00	247
海南	**Hainan**	**594.30**	**858.30**	**907.40**	
海口	Haikou	320.70	385.66	425.00	83
三亚	Sanya	37.40	115.25	124.00	256
三沙	Sansha				
重庆	**Chongqing**	**1664.40**	**2380.80**	**2589.90**	
四川	**Sichuan**	**4156.00**	**6283.30**	**6608.50**	
成都	Chengdu	1732.00		2203.00	3
自贡	Zigong	170.70		207.00	213
攀枝花	Panzhihua	122.50		116.00	261
泸州	Luzhou	255.70		346.00	120
德阳	Deyang	268.60		349.00	119
绵阳	Mianyang	384.10		407.00	91
广元	Guangyuan	183.10		219.00	205
遂宁	Suining	153.10		213.00	208
内江	Neijiang	177.00		246.00	183
乐山	Leshan	261.10		306.00	145
南充	Nanchong	302.30		406.00	92
眉山	Meishan	174.40		244.00	184
宜宾	Yibin	268.40		364.00	113
广安	Guangan	160.60		233.00	196
达州	Dazhou	271.50		351.00	118
雅安	Yaan	120.70		144.00	249
巴中	Bazhong	155.30		229.00	198
资阳	Ziyang	175.60		238.00	192
贵州	**Guizhou**	**1964.40**	**2662.60**	**2885.30**	
贵阳	Guiyang	496.80	753.25	810.00	32
六盘水	Liupanshui	167.60	515.01	262.00	172
遵义	Zunyi	356.20	165.86	545.00	59
安顺	Anshun	113.20	224.86	182.00	227
毕节	Bijie	233.80	252.65	352.00	117
铜仁	Tongren	130.30	195.94	211.00	210
云南	**Yunnan**	**2244.50**	**3395.80**	**3748.50**	
昆明	Kunming	652.90	898.60	974.00	21
曲靖	Qujing	358.30	441.00	496.00	66
玉溪	Yuxi	168.20	209.25	211.00	210
保山	Baoshan	133.30	185.20	189.00	221
昭通	Zhaotong	145.20	288.09	305.00	148
丽江	Lijiang	68.80	116.40	95.00	273
普洱	Puer	149.10	210.06	205.00	214
临沧	Lincang	120.10	179.49	180.00	229
西藏	**Tibet**	**93.50**	**265.60**	**291.80**	
拉萨	Lasa	42.30	161.00	94.00	274
陕西	**Shaanxi**	**2518.20**	**3512.50**	**3607.20**	
西安	Xi'an	986.60	1511.07	2025.00	4
铜川	Tongchuan	48.10	62.77	88.00	278
宝鸡	Baoji	194.60	250.24	341.00	124
咸阳	Xianyang	252.50	337.72	446.00	75
渭南	Weinan	246.10	337.60	438.00	79
延安	Yan'an	173.70	201.96	268.00	171
汉中	Hanzhong	151.10	215.21	289.00	157
榆林	Yulin	260.40	323.53	421.00	85
安康	Ankang	119.80	159.26	211.00	210
商洛	Shangluo	85.30	113.12	153.00	244
甘肃	**Gansu**	**1390.10**	**1976.20**	**2058.60**	
兰州	Lanzhou	324.80	438.08	529.00	62
嘉峪关	Jiayuguan	24.20	37.37	44.00	285
金昌	Jinchang	34.50	46.60	48.00	284
白银	Baiyin	83.10	119.80	158.00	241
天水	Tianshui	132.00	190.21	296.00	153
武威	Wuwei	77.60	120.73	153.00	244
张掖	Zhangye	100.50	105.49	119.00	258
平凉	Pingliang	91.30	129.89	175.00	232
酒泉	Jiuquan	72.90	110.02	120.00	257
庆阳	Qingyang	122.70	170.16	227.00	200
定西	Dingxi	108.50	175.74	192.00	220
陇南	Longnan	105.90	150.26	198.00	217
青海	**Qinghai**	**397.80**	**542.40**	**544.00**	
西宁	Xining	179.80	236.25	278.00	165
海东	Haidong			117.00	259
宁夏	**Ningxia**	**450.80**	**627.20**	**688.30**	
银川	Yinchuan	182.20		380.00	105
石嘴山	Shizuishan	65.80		82.00	281
吴忠	Wuzhong	80.60		115.00	263
固原	Guyuan	61.00		115.00	263
中卫	Zhongwei	53.80		89.00	277
新疆	**Xinjiang**	**1359.80**	**2133.90**	**2077.40**	
乌鲁木齐	Urumqi	236.70	466.87	463.00	74
克拉玛依	Karamay	37.40	59.00	62.00	283

13-11 互联网宽带接入用户数
Broadband Subscribers of Internet

单位：万户 （10 000 subscribers）

地名	City	2010	2013	2014	2014 排名 Ranking
全国	**Nation Total**	**12629.10**	**18890.90**	**20048.30**	
北京	**Beijing**	**498.40**	**480.40**	**482.40**	
天津	**Tianjin**	**173.00**	**188.40**	**208.80**	
河北	**Hebei**	**667.00**	**1031.60**	**1127.60**	
石家庄	Shijiazhuang	131.30	191.54	214.00	16
唐山	Tangshan	89.30	127.53	138.00	37
秦皇岛	Qinhuangdao	39.40	57.64	61.00	108
邯郸	Handan	59.60	100.21	108.00	52
邢台	Xingtai	48.20	80.75	92.00	61
保定	Baoding	95.60	157.21	174.00	25
张家口	Zhangjiakou	37.10	51.40	56.00	117
承德	Chengde	25.50	41.05	46.00	149
沧州	Cangzhou	50.70	83.15	92.00	61
廊坊	Langfang	52.50	83.80	91.00	65
衡水	Hengshui	37.80	57.30	64.00	97
山西	**Shanxi**	**353.10**	**521.30**	**571.10**	
太原	Taiyuan	103.00	133.12	151.00	33
大同	Datong	27.90	52.40	50.00	144
阳泉	Yangquan	19.60	28.10	31.00	211
长治	Changzhi	30.00	20.00	55.00	122
晋城	Jincheng	15.50	34.89	39.00	180
朔州	Shuozhou	12.10	18.80	21.00	243
晋中	Jinzhong	29.70	52.80	51.00	139
运城	Yuncheng	39.80	67.60	72.00	82
忻州	Xinzhou	30.10	34.00	37.00	187
临汾	Linfen	55.20	64.37	64.00	97
吕梁	Lvliang	26.60	46.50	50.00	144
内蒙古	**Inner Mongolia**	**190.50**	**284.40**	**316.80**	
呼和浩特	Hohhot	32.40	46.11	45.00	152
包头	Baotou	28.80	40.45	42.00	166
乌海	Wuhai	6.60	9.74	11.00	276
赤峰	Chifeng	24.40	40.12	39.00	180
通辽	Tongliao	19.30	29.97	45.00	152
鄂尔多斯	Erdos	11.50	15.88	19.00	249
呼伦贝尔	Hulunbuir	24.20	36.04	40.00	176
巴彦淖尔	Bayannur	12.90	18.73	19.00	249
乌兰察布	Ulanqab	9.90	17.56	22.00	236
辽宁	**Liaoning**	**595.60**	**726.90**	**772.10**	
沈阳	Shenyang	137.50	139.79	161.00	28
大连	Dalian	123.50	129.60	132.00	40
鞍山	Anshan	53.90	62.38	65.00	93
抚顺	Fushun	31.80	37.63	41.00	171
本溪	Benxi	23.00	33.09	35.00	196
丹东	Dandong	28.80	38.47	42.00	166
锦州	Jinzhou	39.10	54.38	57.00	115
营口	Yingkou	27.90	40.69	46.00	149
阜新	Fuxin	21.50	32.57	35.00	196
辽阳	Liaoyang	21.60	31.80	42.00	166
盘锦	Panjin	16.70	22.02	25.00	228
铁岭	Tieling	23.10	32.25	35.00	196
朝阳	Chaoyang	23.80	36.26	40.00	176
葫芦岛	Huludao	23.30	35.99	40.00	176
吉林	**Jilin**	**285.10**	**379.60**	**414.90**	
长春	Changchun	91.80	121.48	135.00	38
吉林	Jilin	54.70	66.86	72.00	82
四平	Siping	23.00	33.45	38.00	183
辽源	Liaoyuan	9.40	14.54	17.00	255
通化	Tonghua	21.60	30.93	33.00	207
白山	Baishan	15.20	18.12	20.00	245
松原	Songyuan	16.50	24.35	27.00	224
白城	Baicheng	16.00	25.21	28.00	218
黑龙江	**Heilongjiang**	**326.10**	**459.60**	**484.60**	
哈尔滨	Harbin	110.60	151.60	163.00	27
齐齐哈尔	Qiqihar	36.00	50.70	54.00	128
鸡西	Jixi	16.20	22.40	25.00	228
鹤岗	Hegang	8.60	13.20	14.00	267
双鸭山	Shuangyashan	12.70	19.70	22.00	236
大庆	Daqing	23.90	28.70	53.00	131
伊春	Yichun	12.10	15.70	17.00	255
佳木斯	Jiamusi	23.90	32.50	33.00	207
七台河	Qitaihe	8.20	11.70	11.00	276
牡丹江	Mudanjiang	30.20	43.00	36.00	191
黑河	Heihe	12.90	19.50	22.00	236
绥化	Suihua	25.30	42.20	44.00	155
上海	**Shanghai**	**486.70**	**511.10**	**532.20**	
江苏	**Jiangsu**	**1048.40**	**1431.30**	**1523.40**	

13-11 互联网宽带接入用户数 续表 1
Broadband Subscribers of Internet continued 1

单位：万户 （10 000 subscribers）

地名	City	2010	2013	2014	2014 排名 Ranking	地名	City	2010	2013	2014	2014 排名 Ranking
南京	Nanjing	147.70	214.95	227.00	15	池州	Chizhou	9.70	17.85	19.00	249
无锡	Wuxi	132.50	143.74	153.00	31	宣城	Xuancheng	18.10	32.70	36.00	191
徐州	Xuzhou	70.10	102.92	108.00	52	**福建**	**Fujian**	**471.60**	**835.60**	**899.20**	
常州	Changzhou	84.90	107.76	117.00	49	福州	Fuzhou	530.00	806.00	208.00	17
苏州	Suzhou	188.50	273.42	296.00	6	厦门	Xiamen	358.00	570.00	146.00	35
南通	Nantong	83.00	121.76	129.00	43	莆田	Putian	139.00	236.00	188.00	22
连云港	Lianyungang	44.30	63.59	68.00	90	三明	Sanming	129.00	180.00	55.00	122
淮安	Huaian	29.50	53.62	59.00	112	泉州	Quanzhou	587.00	836.00	185.00	23
盐城	Yancheng	58.70	87.45	92.00	61	漳州	Zhangzhou	217.00	348.00	97.00	57
扬州	Yangzhou	68.60	77.24	83.00	70	南平	Nanping	124.00	184.00	53.00	131
镇江	Zhenjiang	43.20	59.83	62.00	106	龙岩	Longyan	116.00	207.00	63.00	101
泰州	Taizhou	50.40	73.73	75.00	77	宁德	Ningde	188.00	223.00	65.00	93
宿迁	Suqian	30.90	51.33	55.00	122	**江西**	**Jiangxi**	**253.40**	**410.10**	**434.20**	
浙江	**Zhejiang**	**869.50**	**1242.70**	**1276.10**		南昌	Nanchang	81.40	86.10	120.00	47
杭州	Hangzhou	218.40	338.63	279.00	9	景德镇	Jingdezhen	11.20	22.61	24.00	230
宁波	Ningbo	172.00	250.00	281.00	8	萍乡	Pingxiang	13.60	19.94	24.00	230
温州	Wenzhou	172.80	236.94	261.00	13	九江	Jiujiang	30.90	47.61	69.00	89
嘉兴	Jiaxing	78.10	131.73	142.00	36	新余	Xinyu	11.30	16.26	22.00	236
湖州	Huzhou	50.90	81.27	88.00	67	鹰潭	Yingtan	9.00	13.08	18.00	253
绍兴	Shaoxing	86.60	134.53	154.00	30	赣州	Ganzhou	42.70	66.31	100.00	56
金华	Jinhua	91.40	165.05	195.00	21	吉安	Jian	20.60	35.08	53.00	131
衢州	Quzhou	23.70	43.05	51.00	139	宜春	Yichun	23.80	35.59	55.00	122
舟山	Zhoushan	22.90	35.60	130.00	42	抚州	Fuzhou	21.00	27.31	43.00	162
台州	Taizhou	95.80	151.21	168.00	26	上饶	Shangrao	22.30	40.23	44.00	155
丽水	Lishui	25.10	45.01	51.00	139	**山东**	**Shandong**	**966.90**	**1465.10**	**1523.90**	
安徽	**Anhui**	**341.90**	**546.80**	**563.80**		济南	Jinan	117.30	177.47	203.00	20
合肥	Hefei	53.80	121.00	111.00	50	青岛	Qingdao	188.30	195.39	697.00	1
芜湖	Wuhu	25.50	54.55	63.00	101	淄博	Zibo	53.90	79.50	85.00	68
蚌埠	Bengbu	20.20	36.89	41.00	171	枣庄	Zaozhuang	31.20	50.03	61.00	108
淮南	Huainan	17.90	32.50	37.00	187	东营	Dongying	30.70	47.21	54.00	128
马鞍山	Maanshan	17.70	34.31	38.00	183	烟台	Yantai	87.60	133.57	134.00	39
淮北	Huaibei	14.30	26.27	35.00	196	潍坊	Weifang	70.70	121.74	539.00	3
铜陵	Tongling	9.60	16.85	18.00	253	济宁	Jining	45.90	90.11	103.00	55
安庆	Anqing	27.40	50.81	54.00	128	泰安	Taian	45.00	70.96	80.00	72
黄山	Huangshan	12.00	19.21	22.00	236	威海	Weihai	44.90	66.96	72.00	82
滁州	Chuzhou	21.20	42.50	52.00	136	日照	Rizhao	23.40	42.87	52.00	136
阜阳	Fuyang	23.80	50.57	60.00	110	莱芜	Laiwu	13.50	20.26	21.00	243
宿州	Suzhou	18.40	38.54	96.00	58	临沂	Linyi	62.00	117.43	129.00	43
六安	Liuan	18.20	37.42	37.00	187	德州	Dezhou	33.80	59.91	56.00	117
亳州	Bozhou	14.90	30.66	35.00	196	聊城	Liaocheng	34.00	65.99	63.00	101

13-11 互联网宽带接入用户数 续表 2
Broadband Subscribers of Internet continued 2

单位：万户 （10 000 subscribers）

地名	City	2010	2013	2014	2014 排名 Ranking	地名	City	2010	2013	2014	2014 排名 Ranking
滨州	Binzhou	30.40	54.13	56.00	117	常德	Changde	28.30	77.85	75.00	77
菏泽	Heze	35.70	71.55	76.00	76	张家界	Zhangjiajie	10.80	19.30	20.00	245
河南	**Henan**	**642.50**	**1000.50**	**1087.90**		益阳	Yiyang	17.50	34.12	41.00	171
郑州	Zhengzhou	586.30	999.15	208.00	17	郴州	Chenzhou	23.10	45.40	49.00	146
开封	Kaifeng	121.20	253.16	56.00	117	永州	Yongzhou	19.80	36.08	38.00	183
洛阳	Luoyang	270.90	449.32	150.00	34	怀化	Huaihua	21.50	37.56	40.00	176
平顶山	Pingdingshan	156.80	284.71	56.00	117	娄底	Loudi	19.60	38.73	44.00	155
安阳	Anyang	186.40	334.96	84.00	69	**广东**	**Guangdong**	**1400.00**	**2081.70**	**2174.10**	
鹤壁	Hebi	50.80	96.76	30.00	213	广州	Guangzhou	280.20	766.45	645.00	2
新乡	Xinxiang	223.80	396.13	93.00	60	韶关	Shaoguan	26.40	45.33	161.00	28
焦作	Jiaozuo	138.40	236.48	51.00	139	深圳	Shenzhen	261.50	433.00	442.00	4
濮阳	Puyang	106.00	206.11	41.00	171	珠海	Zhuhai		65.85	73.00	80
许昌	Xuchang	136.50	255.93	53.00	131	汕头	Shantou	68.90	93.71	96.00	58
漯河	Luohe	76.80	143.32	30.00	213	佛山	Foshan	130.50	233.10	248.00	14
三门峡	Sanmenxia	89.80	149.73	118.00	48	江门	Jiangmen	246.60	149.11	121.00	46
南阳	Nanyang	221.90	455.21	72.00	82	湛江	Zhanjiang	37.70	71.00	78.00	74
商丘	Shangqiu	167.80	372.25	71.00	87	茂名	Maoming	30.00	52.18	65.00	93
信阳	Xinyang	157.70	288.96	45.00	152	肇庆	Zhaoqing		245.00	268.00	11
周口	Zhoukou	170.70	359.65	62.00	106	惠州	Huizhou	67.70	110.04	123.00	45
驻马店	Zhumadian	155.20	324.59	63.00	101	梅州	Meizhou	25.10	42.48	51.00	139
湖北	**Hubei**	**459.40**	**813.30**	**869.70**		汕尾	Shanwei	13.10	19.90	26.00	227
武汉	Wuhan	212.00	369.00	390.00	5	河源	Heyuan	16.10	29.11	36.00	191
黄石	Huangshi	19.70	39.78	43.00	162	阳江	Yangjiang	16.00	30.32	34.00	203
十堰	Shiyan	24.30	68.48	63.00	101	清远	Qingyuan	97.80	39.62	44.00	155
宜昌	Yichang	35.80	64.00	72.00	82	东莞	Dongguan	153.90	216.11	205.00	19
襄阳	Xiangyang	36.30	62.00	48.00	148	中山	Zhongshan	69.60	99.64	109.00	51
鄂州	Ezhou	20.30	16.16	17.00	255	潮州	Chaozhou	24.60	39.71	39.00	180
荆门	Jingmen	18.90	38.24	35.00	196	揭阳	Jieyang	32.90	74.90	78.00	74
孝感	Xiaogan	30.00	49.93	44.00	155	云浮	Yunfu	38.70	88.73	91.00	65
荆州	Jingzhou	38.00	75.51	83.00	70	**广西**	**Guangxi**	**330.10**	**559.60**	**592.40**	
黄冈	Huanggang	28.40	56.17	65.00	93	南宁	Nanning	90.80	161.80	178.00	24
咸宁	Xianning	36.60	34.41	43.00	162	柳州	Liuzhou	61.70	64.80	74.00	79
随州	Suizhou	13.50	31.29	34.00	203	桂林	Guilin	39.70	67.14	70.00	88
湖南	**Hunan**	**374.50**	**702.40**	**744.90**		梧州	Wuzhou	17.30	25.35	28.00	218
长沙	Changsha	95.40	151.25	153.00	31	北海	Beihai	15.50	26.83	28.00	218
株洲	Zhuzhou	32.60	58.66	57.00	115	防城港	Fangchenggang	9.00	13.50	14.00	267
湘潭	Xiangtan	19.00	33.26	36.00	191	钦州	Qinzhou	16.00	25.85	28.00	218
衡阳	Hengyang	34.00	61.70	66.00	92	贵港	Guigang	17.00	31.18	34.00	203
邵阳	Shaoyang	24.50	48.61	52.00	136	玉林	Yulin	23.90	45.82	46.00	149
岳阳	Yueyang	29.00	52.46	59.00	112	百色	Baise	21.50	26.51	31.00	211

13-11 互联网宽带接入用户数 续表 3
Broadband Subscribers of Internet continued 3

单位：万户 （10 000 subscribers）

地名	City	2010	2013	2014	2014 排名 Ranking	地名	City	2010	2013	2014	2014 排名 Ranking
贺州	Hezhou	10.10	19.58	20.00	245	丽江	Lijiang	6.00		14.00	267
河池	Hechi	19.20	49.31	28.00	218	普洱	Puer	11.10	18.13	20.00	245
来宾	Laibin	9.70	17.56	17.00	255	临沧	Lincang	6.50	14.15	13.00	270
崇左	Chongzuo	8.70	15.35	16.00	260	**西藏**	**Tibet**	**10.40**	**19.10**	**22.10**	
海南	**Hainan**	**67.60**	**110.90**	**120.30**		拉萨	Lasa	5.40			
海口	Haikou	39.60	52.80	55.00	122	**陕西**	**Shaanxi**	**308.30**	**506.20**	**552.40**	
三亚	Sanya	8.30	14.21	16.00	260	西安	Xi'an	189.00	219.95	278.00	10
三沙	Sansha					铜川	Tongchuan	5.40	8.57	13.00	270
重庆	**Chongqing**	**263.10**	**438.80**	**475.40**		宝鸡	Baoji	28.60	40.54	60.00	110
四川	**Sichuan**	**521.80**	**835.20**	**883.10**		咸阳	Xianyang	29.50	46.56	64.00	97
成都	Chengdu	158.40		288.00	7	渭南	Weinan	31.50	60.75	64.00	97
自贡	Zigong	21.40		35.00	196	延安	Yan'an	17.80	21.36	28.00	218
攀枝花	Panzhihua	14.90		27.00	224	汉中	Hanzhong	21.60	32.53	32.00	209
泸州	Luzhou	20.50		53.00	131	榆林	Yulin	20.20	34.48	44.00	155
德阳	Deyang	30.60		67.00	91	安康	Ankang	15.80	25.35	27.00	224
绵阳	Mianyang	34.00		79.00	73	商洛	Shangluo	9.50	16.14	22.00	236
广元	Guangyuan	13.90		34.00	203	**甘肃**	**Gansu**	**112.20**	**192.20**	**213.90**	
遂宁	Suining	15.30		32.00	209	兰州	Lanzhou	39.00	59.74	73.00	80
内江	Neijiang	15.50		37.00	187	嘉峪关	Jiayuguan	4.40	7.10	7.00	282
乐山	Leshan	26.90		43.00	162	金昌	Jinchang	4.30	7.21	8.00	281
南充	Nanchong	30.00		55.00	122	白银	Baiyin	7.10	12.16	16.00	260
眉山	Meishan	14.50		41.00	171	天水	Tianshui	8.50	15.43	36.00	191
宜宾	Yibin	26.80		42.00	166	武威	Wuwei	6.10	11.95	15.00	266
广安	Guangan	12.90		30.00	213	张掖	Zhangye	6.80	15.00	16.00	260
达州	Dazhou	22.80		49.00	146	平凉	Pingliang	6.00	11.19	16.00	260
雅安	Yaan	8.60		24.00	230	酒泉	Jiuquan	6.60	11.71	12.00	272
巴中	Bazhong	12.40		24.00	230	庆阳	Qingyang	6.60	12.77	16.00	260
资阳	Ziyang	14.50		29.00	216	定西	Dingxi	4.80	9.45	12.00	272
贵州	**Guizhou**	**149.70**	**292.40**	**310.90**		陇南	Longnan	4.80	8.97	11.00	276
贵阳	Guiyang	50.80	93.63	105.00	54	**青海**	**Qinghai**	**34.90**	**54.90**	**61.40**	
六盘水	Liupanshui	9.50	53.52	23.00	235	西宁	Xining	24.60	35.72	42.00	166
遵义	Zunyi	27.20	13.42	59.00	112	海东	Haidong			5.00	283
安顺	Anshun	7.90	23.14	19.00	249	**宁夏**	**Ningxia**	**43.00**	**71.10**	**78.20**	
毕节	Bijie	11.90	30.71	266.00	12	银川	Yinchuan	24.20		44.00	155
铜仁	Tongren	8.30	18.30	24.00	230	石嘴山	Shizuishan	6.90		12.00	272
云南	**Yunnan**	**224.10**	**404.70**	**424.90**		吴忠	Wuzhong	9.90		11.00	276
昆明	Kunming	93.80	804.25	132.00	40	固原	Guyuan	3.00		5.00	283
曲靖	Qujing	21.90	37.00	38.00	183	中卫	Zhongwei	4.00		9.00	280
玉溪	Yuxi	20.70	27.03	29.00	216	**新疆**	**Xinjiang**	**160.40**	**293.00**	**305.70**	
保山	Baoshan		15.30	17.00	255	乌鲁木齐	Urumqi	51.40	85.90	92.00	61
昭通	Zhaotong	11.0	17.86	22.00	236	克拉玛依	Karamay	5.20	7.90	12.00	272

14

贸易和旅游

Trade and Tourism

14-1 社会消费品零售额
Total Retail Sales of Consumer Goods

单位：亿元 （100 million yuan）

地名	City	2010	2013	2014	2014 排名 Ranking
全国	**Nation Total**	**156998.40**	**237809.90**	**271896.10**	
北京	**Beijing**	**6229.30**	**8375.10**	**9638.00**	
天津	**Tianjin**	**2902.55**	**4470.40**	**4738.70**	
河北	**Hebei**	**6821.79**	**10516.70**	**11820.50**	
石家庄	Shijiazhuang	1409.89	2179.73	2423.47	19
唐山	Tangshan	1134.54	1743.61	1957.11	29
秦皇岛	Qinhuangdao	334.98	514.57	577.57	118
邯郸	Handan	717.17	1106.18	1242.37	48
邢台	Xingtai	460.73	708.41	796.18	83
保定	Baoding	864.22	1336.14	1501.80	39
张家口	Zhangjiakou	324.45	499.77	562.20	120
承德	Chengde	258.05	396.97	441.89	166
沧州	Cangzhou	580.71	895.95	1007.90	63
廊坊	Langfang	419.13	644.18	723.70	91
衡水	Hengshui	317.91	491.24	552.99	126
山西	**Shanxi**	**3318.15**	**5139.30**	**5717.90**	
太原	Taiyuan	837.00	1294.45	1450.17	41
大同	Datong	313.12	487.82	541.43	133
阳泉	Yangquan	167.00	256.10	276.30	215
长治	Changzhi	284.53	441.94	476.88	155
晋城	Jincheng	197.70	306.62	341.21	206
朔州	Shuozhou	148.08	230.86	218.76	234
晋中	Jinzhong	286.07	441.26	484.26	152
运城	Yuncheng	365.26	564.71	626.24	104
忻州	Xinzhou	169.82	266.87	257.14	224
临汾	Linfen	318.22	491.48	545.01	131
吕梁	Lvliang	231.54	357.24	388.67	184
内蒙古	**Inner Mongolia**	**3384.00**	**5114.20**	**5657.60**	
呼和浩特	Hohhot	758.50	1142.30	1256.08	47
包头	Baotou	730.80	1085.70	1184.67	53
乌海	Wuhai	72.70	114.00	127.02	265
赤峰	Chifeng	341.50	530.70	587.39	116
通辽	Tongliao	242.70	372.40	435.44	170
鄂尔多斯	Erdos	379.30	559.50	609.48	109
呼伦贝尔	Hulunbuir	294.60	456.70	504.06	145
巴彦淖尔	Bayannur	128.80	194.50	216.09	235
乌兰察布	Ulanqab	161.50	242.80	269.19	217
辽宁	**Liaoning**	**6887.60**	**10581.40**	**11857.00**	
沈阳	Shenyang	2065.90	3186.09	3570.11	8
大连	Dalian	1639.80	2526.50	2828.42	17
鞍山	Anshan	514.20	800.08	897.34	73
抚顺	Fushun	333.90	518.42	580.98	117
本溪	Benxi	192.40	297.36	333.83	208
丹东	Dandong	275.80	427.01	478.43	153
锦州	Jinzhou	318.30	493.98	555.00	125
营口	Yingkou	249.80	389.21	436.51	169
阜新	Fuxin	149.00	230.60	258.85	223
辽阳	Liaoyang	208.60	322.43	361.64	197
盘锦	Panjin	185.10	286.71	320.96	210
铁岭	Tieling	227.30	350.15	391.42	183
朝阳	Chaoyang	216.60	335.03	376.06	190
葫芦岛	Huludao	233.20	360.85	403.59	180
吉林	**Jilin**	**3504.92**	**5426.40**	**6080.90**	
长春	Changchun	1289.85	1970.04	2217.55	23
吉林	Jilin	684.02	1066.68	1197.11	51
四平	Siping	287.71	449.98	503.82	146
辽源	Liaoyuan	107.51	167.55	189.05	242
通化	Tonghua	247.08	388.92	439.74	168
白山	Baishan	139.08	217.62	244.21	227
松原	Songyuan	329.74	514.80	556.46	124
白城	Baicheng	162.24	251.46	283.88	213
黑龙江	**Heilongjiang**	**4039.20**	**6251.20**	**7015.30**	
哈尔滨	Harbin	1770.16	2728.29	3070.89	13
齐齐哈尔	Qiqihar	357.26	544.71	618.42	107
鸡西	Jixi	118.78	184.42	138.39	256
鹤岗	Hegang	71.38	106.85	108.47	268
双鸭山	Shuangyashan	65.25	100.65	109.73	267
大庆	Daqing	591.03	909.39	1010.91	62
伊春	Yichun	56.69	86.65	97.95	271
佳木斯	Jiamusi	208.52	338.29	361.23	198
七台河	Qitaihe	54.61	81.68	89.06	276
牡丹江	Mudanjiang	265.83	575.72	477.11	154
黑河	Heihe	54.38	84.23	95.21	273
绥化	Suihua	250.46	407.55	462.71	157
上海	**Shanghai**	**6070.50**	**8052.00**	**9303.50**	
江苏	**Jiangsu**	**13606.80**	**20796.50**	**23458.10**	

14-1 社会消费品零售额 续表 1
Total Retail Sales of Consumer Goods continued 1

单位：亿元 （100 million yuan）

地名	City	2010	2013	2014	2014 排名 Ranking	地名	City	2010	2013	2014	2014 排名 Ranking
南京	Nanjing	2288.74	3531.73	4167.19	6	池州	Chizhou	91.18	142.48	176.37	247
无锡	Wuxi	1825.79	2759.98	2607.90	18	宣城	Xuancheng	194.70	303.57	375.39	191
徐州	Xuzhou	956.99	1495.91	2099.20	26	**福建**	**Fujian**	**5310.03**	**8275.30**	**9346.70**	
常州	Changzhou	1054.39	1607.63	1805.40	32	福州	Fuzhou	1624.28	2681.72	3062.94	14
苏州	Suzhou	2402.02	3662.24	4095.09	7	厦门	Xiamen	685.02	974.51	1072.28	59
南通	Nantong	1277.07	1940.41	2166.10	25	莆田	Putian	290.37	444.13	498.03	149
连云港	Lianyungang	430.68	655.57	739.40	89	三明	Sanming	245.58	385.53	404.85	179
淮安	Huaian	469.09	721.22	864.80	76	泉州	Quanzhou	1234.43	1945.57	2189.43	24
盐城	Yancheng	766.49	1163.38	1312.70	45	漳州	Zhangzhou	472.63	746.36	692.20	95
扬州	Yangzhou	726.12	1106.88	1128.10	56	南平	Nanping	262.04	412.68	452.00	160
镇江	Zhenjiang	564.68	872.13	1003.80	64	龙岩	Longyan	312.17	490.64	559.99	121
泰州	Taizhou	555.35	837.09	903.60	72	宁德	Ningde	234.64	372.07	415.02	174
宿迁	Suqian	289.38	442.43	564.80	119	**江西**	**Jiangxi**	**2956.21**	**4576.10**	**5292.60**	
浙江	**Zhejiang**	**10163.20**	**15225.50**	**17835.30**		南昌	Nanchang	756.41	1276.95	1304.88	46
杭州	Hangzhou	2146.08	3531.17	4201.46	5	景德镇	Jingdezhen	141.65	214.44	239.88	228
宁波	Ningbo	1704.51	2635.71	2992.03	15	萍乡	Pingxiang	159.06	239.02	266.55	219
温州	Wenzhou	1498.10	2136.38	2410.36	21	九江	Jiujiang	286.89	438.02	512.22	142
嘉兴	Jiaxing	799.36	1196.93	1347.04	44	新余	Xinyu	112.74	171.77	191.11	239
湖州	Huzhou	516.09	766.22	871.20	75	鹰潭	Yingtan	86.64	134.51	150.65	254
绍兴	Shaoxing	852.89	1318.39	1487.14	40	赣州	Ganzhou	375.35	563.06	629.59	103
金华	Jinhua	916.23	1406.98	1592.70	38	吉安	Jian	202.83	301.93	340.78	207
衢州	Quzhou	290.82	443.67	503.79	147	宜春	Yichun	267.86	407.05	457.33	158
舟山	Zhoushan	212.54	331.65	376.58	189	抚州	Fuzhou	236.68	314.46	379.50	188
台州	Taizhou	960.45	1449.27	1646.32	36	上饶	Shangrao	330.10	487.84	548.20	128
丽水	Lishui	266.13	420.80	476.35	156	**山东**	**Shandong**	**14620.30**	**22294.80**	**25111.50**	
安徽	**Anhui**	**4151.52**	**6542.40**	**7957.00**		济南	Jinan	1802.46	2743.35	3087.65	12
合肥	Hefei	839.02	1480.84	1666.75	35	青岛	Qingdao	1961.13	2986.81	3361.72	9
芜湖	Wuhu	287.45	559.95	653.62	101	淄博	Zibo	1005.68	1568.17	1763.18	33
蚌埠	Bengbu	269.87	424.82	506.56	144	枣庄	Zaozhuang	422.85	645.08	726.68	90
淮南	Huainan	187.21	291.23	348.38	203	东营	Dongying	388.74	593.72	668.24	98
马鞍山	Maanshan	147.80	301.34	373.53	193	烟台	Yantai	1412.69	2158.68	2416.75	20
淮北	Huaibei	125.52	195.46	219.78	233	潍坊	Weifang	1214.80	1830.39	2060.11	27
铜陵	Tongling	99.15	155.57	189.18	241	济宁	Jining	1004.25	1534.11	1729.71	34
安庆	Anqing	338.68	523.59	600.16	111	泰安	Taian	697.84	1066.39	1202.35	50
黄山	Huangshan	125.96	196.12	253.40	225	威海	Weihai	709.28	1082.18	1181.87	54
滁州	Chuzhou	214.80	338.48	406.40	178	日照	Rizhao	319.54	486.57	547.63	129
阜阳	Fuyang	326.70	508.02	598.41	113	莱芜	Laiwu	188.82	257.75	290.36	212
宿州	Suzhou	193.99	303.67	344.24	205	临沂	Linyi	1158.75	1789.76	2008.44	28
六安	Liuan	279.94	434.23	507.49	143	德州	Dezhou	658.62	1007.42	1116.79	57
亳州	Bozhou	222.76	345.09	388.41	185	聊城	Liaocheng	558.60	851.80	959.56	68

14-1 社会消费品零售额 续表 2
Total Retail Sales of Consumer Goods continued 2

单位：亿元 （100 million yuan）

地名	City	2010	2013	2014	2014 排名 Ranking	地名	City	2010	2013	2014	2014 排名 Ranking
滨州	Binzhou	450.75	664.90	746.21	88	常德	Changde	469.45	726.79	819.79	81
菏泽	Heze	665.51	1027.75	1215.22	49	张家界	Zhangjiajie	83.04	124.01	157.26	251
河南	**Henan**	**8004.22**	**12426.60**	**14005.00**		益阳	Yiyang	260.71	402.76	454.18	159
郑州	Zhengzhou	1702.10	2623.51	2913.61	16	郴州	Chenzhou	408.39	626.13	721.84	92
开封	Kaifeng	369.56	585.65	588.32	115	永州	Yongzhou	242.41	374.88	423.27	173
洛阳	Luoyang	816.18	1269.20	1429.21	42	怀化	Huaihua	233.86	380.31	451.08	162
平顶山	Pingdingshan	352.78	545.21	610.09	108	娄底	Loudi	219.01	339.08	391.44	182
安阳	Anyang	347.51	536.05	598.46	112	**广东**	**Guangdong**	**17414.66**	**25453.90**	**28471.10**	
鹤壁	Hebi	93.45	145.13	163.44	248	广州	Guangzhou	4500.28	6882.85	7144.45	1
新乡	Xinxiang	393.69	623.98	643.78	102	韶关	Shaoguan	329.78	471.11	522.68	139
焦作	Jiaozuo	323.46	497.24	558.01	123	深圳	Shenzhen	3000.76	4433.59	4844.00	2
濮阳	Puyang	232.73	368.63	412.29	176	珠海	Zhuhai	486.03	720.52	815.71	82
许昌	Xuchang	354.01	556.55	618.90	106	汕头	Shantou	830.41	1158.92	1186.04	52
漯河	Luohe	219.80	341.54	386.40	186	佛山	Foshan	1687.13	2264.10	2400.58	22
三门峡	Sanmenxia	202.62	315.74	350.79	202	江门	Jiangmen	655.86	903.70	923.55	70
南阳	Nanyang	800.97	1234.65	1390.05	43	湛江	Zhanjiang	679.79	1010.70	1162.10	55
商丘	Shangqiu	406.24	633.19	708.08	94	茂名	Maoming	704.97	1008.79	1093.90	58
信阳	Xinyang	442.60	689.76	778.35	84	肇庆	Zhaoqing	332.89	493.12	559.90	122
周口	Zhoukou	490.32	767.04	852.90	78	惠州	Huizhou	582.53	857.91	968.70	66
驻马店	Zhumadian	379.52	589.89	666.57	99	梅州	Meizhou	319.05	450.18	499.97	148
湖北	**Hubei**	**7013.90**	**10885.90**	**12449.30**		汕尾	Shanwei	352.06	473.56	440.11	167
武汉	Wuhan	2570.40	3916.60	4369.32	4	河源	Heyuan	163.07	236.61	435.01	171
黄石	Huangshi	300.05	468.86	519.70	141	阳江	Yangjiang	370.58	527.29	531.90	137
十堰	Shiyan	306.37	491.51	548.65	127	清远	Qingyuan	370.50	508.96	520.28	140
宜昌	Yichang	550.79	881.93	964.53	67	东莞	Dongguan	1108.06	1486.66	1942.29	30
襄阳	Xiangyang	571.24	966.31	1030.57	61	中山	Zhongshan	648.11	890.55	981.80	65
鄂州	Ezhou	135.58	208.68	230.28	229	潮州	Chaozhou	245.47	354.14	395.86	181
荆门	Jingmen	252.98	414.68	451.78	161	揭阳	Jieyang	446.62	657.66	759.02	86
孝感	Xiaogan	385.24	608.68	689.33	96	云浮	Yunfu	136.97	204.02	268.49	218
荆州	Jingzhou	471.08	781.36	831.44	79	**广西**	**Guangxi**	**3312.00**	**5133.10**	**5772.80**	
黄冈	Huanggang	407.40	635.02	715.65	93	南宁	Nanning	905.93	1450.84	1616.90	37
咸宁	Xianning	205.04	330.58	361.77	196	柳州	Liuzhou	480.00	758.42	858.20	77
随州	Suizhou	198.45	333.86	354.37	201	桂林	Guilin	391.53	604.03	682.87	97
湖南	**Hunan**	**5839.50**	**9018.60**	**10723.50**		梧州	Wuzhou	191.77	292.34	328.30	209
长沙	Changsha	1864.53	2859.97	3162.07	10	北海	Beihai	108.00	167.00	185.81	244
株洲	Zhuzhou	426.76	660.29	749.18	87	防城港	Fangchenggang	51.84	81.43	91.67	274
湘潭	Xiangtan	256.66	398.04	449.97	163	钦州	Qinzhou	172.19	268.82	303.25	211
衡阳	Hengyang	472.15	731.92	825.51	80	贵港	Guigang	209.54	321.72	359.56	199
邵阳	Shaoyang	278.32	431.87	661.30	100	玉林	Yulin	307.24	482.91	545.71	130
岳阳	Yueyang	507.23	782.14	905.61	71	百色	Baise	113.85	178.60	201.06	236

14-1 社会消费品零售额 续表 3
Total Retail Sales of Consumer Goods continued 3

单位：亿元 （100 million yuan）

地名	City	2010	2013	2014	2014 排名 Ranking	地名	City	2010	2013	2014	2014 排名 Ranking
贺州	Hezhou	78.68	119.00	133.63	262	丽江	Lijiang	45.50	74.86	84.32	278
河池	Hechi	131.73	198.97	223.79	232	普洱	Puer	72.66	116.23	131.29	264
来宾	Laibin	79.46	120.87	134.17	261	临沧	Lincang	72.58	116.30	137.24	257
崇左	Chongzuo	61.08	96.38	108.44	269	**西藏**	**Tibet**	**185.39**	**293.20**	**364.50**	
海南	**Hainan**	**623.82**	**992.90**	**1224.50**		拉萨	Lasa	88.45	144.11	180.33	245
海口	Haikou	326.94	490.05	541.27	134	**陕西**	**Shaanxi**	**3195.67**	**4999.50**	**5918.70**	
三亚	Sanya	63.70	123.48	141.45	255	西安	Xi'an	1637.04	2580.42	3093.89	11
三沙	Sansha					铜川	Tongchuan	46.58	74.03	96.64	272
重庆	**Chongqing**	**2938.60**	**4599.80**	**5710.70**		宝鸡	Baoji	307.52	473.39	539.67	135
四川	**Sichuan**	**6810.12**	**10561.40**	**12393.00**		咸阳	Xianyang	296.35	462.68	525.22	138
成都	Chengdu	2428.83	3770.08	4468.88	3	渭南	Weinan	237.87	376.13	441.98	165
自贡	Zigong	252.62	390.36	447.68	164	延安	Yan'an	111.81	171.46	193.18	238
攀枝花	Panzhihua	146.19	226.28	245.55	226	汉中	Hanzhong	157.50	248.15	281.65	214
泸州	Luzhou	266.23	419.24	491.40	150	榆林	Yulin	203.51	308.42	374.74	192
德阳	Deyang	305.50	474.38	544.84	132	安康	Ankang	110.78	171.72	193.18	237
绵阳	Mianyang	426.30	658.03	778.29	85	商洛	Shangluo	79.19	121.82	136.92	258
广元	Guangyuan	150.88	229.52	264.23	220	**甘肃**	**Gansu**	**1394.50**	**2173.80**	**2668.30**	
遂宁	Suining	208.49	321.63	366.48	195	兰州	Lanzhou	554.64	850.53	944.86	69
内江	Neijiang	206.60	321.34	356.22	200	嘉峪关	Jiayuguan	24.01	39.42	42.53	285
乐山	Leshan	284.09	429.55	487.38	151	金昌	Jinchang	37.00	57.87	69.99	281
南充	Nanchong	344.21	537.51	624.21	105	白银	Baiyin	87.28	137.19	152.35	253
眉山	Meishan	188.56	292.48	345.48	204	天水	Tianshui	128.57	203.33	224.29	230
宜宾	Yibin	316.78	498.17	600.39	110	武威	Wuwei	76.50	119.63	131.66	263
广安	Guangan	214.00	324.43	367.06	194	张掖	Zhangye	67.68	106.05	135.55	259
达州	Dazhou	312.55	494.18	592.60	114	平凉	Pingliang	87.98	137.75	162.84	249
雅安	Yaan	104.65	154.82	177.76	246	酒泉	Jiuquan	88.92	141.25	156.82	252
巴中	Bazhong	117.83	184.30	224.12	231	庆阳	Qingyang	93.47	148.05	187.12	243
资阳	Ziyang	213.00	336.83	407.14	177	定西	Dingxi	53.32	83.41	98.51	270
贵州	**Guizhou**	**1482.68**	**2366.20**	**2936.90**		陇南	Longnan	41.19	64.73	72.27	279
贵阳	Guiyang	484.78	785.66	888.58	74	**青海**	**Qinghai**	**346.03**	**544.10**	**620.80**	
六盘水	Liupanshui	131.34	209.27	261.38	221	西宁	Xining	230.26	365.07	414.09	175
遵义	Zunyi	290.25	470.37	533.40	136	海东	Haidong			71.80	280
安顺	Anshun	70.08	111.52	125.79	266	**宁夏**	**Ningxia**	**403.59**	**610.50**	**737.20**	
毕节	Bijie	126.10	198.49	269.38	216	银川	Yinchuan	225.00	348.06	382.47	187
铜仁	Tongren	75.31	118.82	134.26	260	石嘴山	Shizuishan	61.48	84.32	90.75	275
云南	**Yunnan**	**2500.14**	**4004.60**	**4632.90**		吴忠	Wuzhong	51.92	78.15	87.57	277
昆明	Kunming	1060.19	1702.30	1905.89	31	固原	Guyuan	32.45	49.53	55.73	284
曲靖	Qujing	232.80	378.32	427.32	172	中卫	Zhongwei	32.75	50.45	56.70	282
玉溪	Yuxi	141.53	226.30	259.10	222	**新疆**	**Xinjiang**	**1324.48**	**2108.20**	**2436.50**	
保山	Baoshan	84.35	136.39	158.70	250	乌鲁木齐	Urumqi	514.24	811.47	1069.96	60
昭通	Zhaotong	105.67	169.88	190.06	240	克拉玛依	Karamay	34.79	53.54	55.78	283

14-2 批发和零售业法人企业数
Number of Corporation Enterprises of Wholesale and Retail Trades

单位：个 （unit）

地名	City	2010	2012	2014	2014 排名 Ranking	地名	City	2010	2012	2014	2014 排名 Ranking
全国	**Nation Total**	**111770**	**138865**	**181612**		沈阳	Shenyang	1377	1948	2029	10
北京	**Beijing**	**8935**	**8110**	**8590**		大连	Dalian	1077	1643	1515	24
天津	**Tianjin**	**3802**	**4534**	**5197**		鞍山	Anshan	624	674	769	52
河北	**Hebei**	**2548**	**3215**	**3934**		抚顺	Fushun	242	223	220	185
石家庄	Shijiazhuang	307	342	446	100	本溪	Benxi	126	174	303	136
唐山	Tangshan	373	424	439	101	丹东	Dandong	207	203	183	201
秦皇岛	Qinhuangdao	198	206	285	146	锦州	Jinzhou	179	224	263	161
邯郸	Handan	403	465	447	99	营口	Yingkou	200	302	361	121
邢台	Xingtai	172	276	338	124	阜新	Fuxin	90	143	222	183
保定	Baoding	296	424	516	80	辽阳	Liaoyang	98	139	115	233
张家口	Zhangjiakou	167	198	204	194	盘锦	Panjin	168	159	224	180
承德	Chengde	158	179	170	207	铁岭	Tieling	155	148	119	230
沧州	Cangzhou	211	343	438	102	朝阳	Chaoyang	139	189	214	190
廊坊	Langfang	162	187	265	159	葫芦岛	Huludao	103	107	162	209
衡水	Hengshui	101	171	386	110	吉林	**Jilin**	**1124**	**1346**	**1279**	
山西	**Shanxi**	**2214**	**2919**	**3179**		长春	Changchun	261	338	358	122
太原	Taiyuan	401	580	643	65	吉林	Jilin	245	312	376	117
大同	Datong	181	220	219	187	四平	Siping	144	141	157	213
阳泉	Yangquan	88	110	143	220	辽源	Liaoyuan	67	75	65	257
长治	Changzhi	303	401	386	110	通化	Tonghua	154	209	177	202
晋城	Jincheng	172	271	282	150	白山	Baishan	19	30	35	280
朔州	Shuozhou	142	174	190	199	松原	Songyuan	55	59	77	250
晋中	Jinzhong	186	257	270	155	白城	Baicheng	43	36	34	281
运城	Yuncheng	274	285	312	132	黑龙江	**Heilongjiang**	**1547**	**1939**	**2014**	
忻州	Xinzhou	153	222	254	166	哈尔滨	Harbin	625	799	864	46
临汾	Linfen	198	232	272	154	齐齐哈尔	Qiqihar	98	96	117	232
吕梁	Lvliang	127	151	208	191	鸡西	Jixi	48	81	97	237
内蒙古	**Inner Mongolia**	**1353**	**1667**	**1879**		鹤岗	Hegang	59	80	76	252
呼和浩特	Hohhot	252	381	377	116	双鸭山	Shuangyashan	43	51	52	270
包头	Baotou	270	281	289	143	大庆	Daqing	253	297	284	148
乌海	Wuhai	52	98	132	227	伊春	Yichun	24	28	29	282
赤峰	Chifeng	114	149	234	172	佳木斯	Jiamusi	46	54	51	271
通辽	Tongliao	117	201	290	141	七台河	Qitaihe	10	18	19	284
鄂尔多斯	Erdos	162	156	162	209	牡丹江	Mudanjiang	230	249	289	143
呼伦贝尔	Hulunbuir	229	216	248	168	黑河	Heihe	25	41	50	273
巴彦淖尔	Bayannur	42	43	80	249	绥化	Suihua	57	88	86	246
乌兰察布	Ulanqab	23	30	37	279	上海	**Shanghai**	**5530**	**6662**	**6123**	
辽宁	**Liaoning**	**4785**	**6276**	**6688**		江苏	**Jiangsu**	**12374**	**13611**	**19535**	

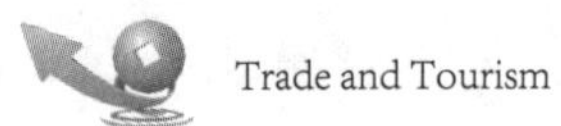

14-2 批发和零售业法人企业数 续表 1

Number of Corporation Enterprises of Wholesale and Retail Trades continued 1

单位：个 （unit）

地名	City	2010	2012	2014	2014 排名 Ranking	地名	City	2010	2012	2014	2014 排名 Ranking
南京	Nanjing	1508	1767	2585	6	池州	Chizhou	86	136	173	203
无锡	Wuxi	2549	1550	1690	19	宣城	Xuancheng	125	226	275	153
徐州	Xuzhou	643	1479	2017	12	**福建**	**Fujian**	**3924**	**6254**	**9230**	
常州	Changzhou	786	1126	2226	7	福州	Fuzhou	872	1173	1768	18
苏州	Suzhou	3563	3204	3640	3	厦门	Xiamen	1233	1373	1492	26
南通	Nantong	876	1029	2057	8	莆田	Putian	131	416	703	61
连云港	Lianyungang	322	393	564	74	三明	Sanming	280	434	560	75
淮安	Huaian	195	634	1030	40	泉州	Quanzhou	597	1512	1984	14
盐城	Yancheng	563	780	1281	33	漳州	Zhangzhou	271	475	665	62
扬州	Yangzhou	307	468	754	57	南平	Nanping	151	197	264	160
镇江	Zhenjiang	329	409	586	71	龙岩	Longyan	263	431	1378	28
泰州	Taizhou	357	460	642	67	宁德	Ningde	126	243	416	106
宿迁	Suqian	170	312	463	92	**江西**	**Jiangxi**	**1187**	**1498**	**1959**	
浙江	**Zhejiang**	**10053**	**12917**	**15792**		南昌	Nanchang	384	473	580	72
杭州	Hangzhou	3135	3420	3887	2	景德镇	Jingdezhen	46	65	61	265
宁波	Ningbo	2105	2521	3311	4	萍乡	Pingxiang	49	61	63	262
温州	Wenzhou	1261	1976	2049	9	九江	Jiujiang	94	112	191	198
嘉兴	Jiaxing	812	1238	1511	25	新余	Xinyu	50	47	60	266
湖州	Huzhou	315	436	644	64	鹰潭	Yingtan	44	35	49	275
绍兴	Shaoxing	725	1003	1465	27	赣州	Ganzhou	82	153	229	177
金华	Jinhua	534	734	1091	37	吉安	Jian	85	124	173	203
衢州	Quzhou	181	272	313	131	宜春	Yichun	87	135	215	189
舟山	Zhoushan	187	259	332	126	抚州	Fuzhou	149	111	132	227
台州	Taizhou	627	705	894	43	上饶	Shangrao	117	182	206	193
丽水	Lishui	214	252	295	139	**山东**	**Shandong**	**11792**	**13661**	**17370**	
安徽	**Anhui**	**2451**	**4036**	**6115**		济南	Jinan	957	1669	1690	19
合肥	Hefei	592	815	1022	41	青岛	Qingdao	1084	1498	1679	21
芜湖	Wuhu	210	424	709	59	淄博	Zibo	694	713	764	54
蚌埠	Bengbu	146	221	371	118	枣庄	Zaozhuang	389	429	815	49
淮南	Huainan	81	153	308	135	东营	Dongying	308	400	510	82
马鞍山	Maanshan	88	181	288	145	烟台	Yantai	1145	1200	1266	34
淮北	Huaibei	54	113	230	174	潍坊	Weifang	867	1229	2026	11
铜陵	Tongling	63	115	172	205	济宁	Jining	1050	1069	1532	22
安庆	Anqing	183	310	478	86	泰安	Taian	996	1029	1244	35
黄山	Huangshan	87	147	165	208	威海	Weihai	361	397	424	105
滁州	Chuzhou	165	317	450	98	日照	Rizhao	161	179	204	194
阜阳	Fuyang	146	270	467	88	莱芜	Laiwu	120	267	322	128
宿州	Suzhou	65	201	382	114	临沂	Linyi	910	963	1300	31
六安	Liuan	148	197	256	165	德州	Dezhou	939	616	1325	30
亳州	Bozhou	103	206	369	120	聊城	Liaocheng	533	603	646	63

14-2 批发和零售业法人企业数 续表 2

Number of Corporation Enterprises of Wholesale and Retail Trades continued 2

单位：个 （unit）

地名	City	2010	2012	2014	2014 排名 Ranking	地名	City	2010	2012	2014	2014 排名 Ranking
滨州	Binzhou	435	429	386	110	常德	Changde	109	304	472	87
菏泽	Heze	843	954	1237	36	张家界	Zhangjiajie	35	87	64	260
河南	**Henan**	**6305**	**6368**	**8852**		益阳	Yiyang	107	271	302	137
郑州	Zhengzhou	1140	1855	2004	13	郴州	Chenzhou	280	419	453	97
开封	Kaifeng	361	440	383	113	永州	Yongzhou	170	202	223	182
洛阳	Luoyang	589	792	756	55	怀化	Huaihua	104	134	139	223
平顶山	Pingdingshan	346	595	567	73	娄底	Loudi	127	255	316	129
安阳	Anyang	320	353	295	139	**广东**	**Guangdong**	**11343**	**14147**	**20585**	
鹤壁	Hebi	106	161	130	229	广州	Guangzhou	3585	4393	6368	1
新乡	Xinxiang	390	473	403	108	韶关	Shaoguan	36	148	297	138
焦作	Jiaozuo	211	341	260	164	深圳	Shenzhen	1596	1899	3301	5
濮阳	Puyang	179	469	254	166	珠海	Zhuhai	536	662	893	44
许昌	Xuchang	309	454	643	65	汕头	Shantou	280	522	709	59
漯河	Luohe	166	211	207	192	佛山	Foshan	1182	1287	1817	17
三门峡	Sanmenxia	201	238	281	152	江门	Jiangmen	331	404	720	58
南阳	Nanyang	563	815	1071	39	湛江	Zhanjiang	181	329	587	70
商丘	Shangqiu	232	299	309	133	茂名	Maoming	365	510	841	48
信阳	Xinyang	265	391	521	77	肇庆	Zhaoqing	160	201	228	178
周口	Zhoukou	364	358	309	133	惠州	Huizhou	237	318	491	84
驻马店	Zhumadian	515	628	459	93	梅州	Meizhou	77	125	147	217
湖北	**Hubei**	**3479**	**5167**	**8613**		汕尾	Shanwei	48	59	63	262
武汉	Wuhan	1125	1694	1948	15	河源	Heyuan	35	88	162	209
黄石	Huangshi	95	218	454	96	阳江	Yangjiang	35	99	144	219
十堰	Shiyan	223	258	604	69	清远	Qingyuan	147	166	230	174
宜昌	Yichang	232	631	1086	38	东莞	Dongguan	769	962	1346	29
襄阳	Xiangyang	286	502	1531	23	中山	Zhongshan	642	770	892	45
鄂州	Ezhou	36	37	84	247	潮州	Chaozhou	134	137	152	214
荆门	Jingmen	152	254	542	76	揭阳	Jieyang	861	907	934	42
孝感	Xiaogan	142	219	378	115	云浮	Yunfu	106	161	263	161
荆州	Jingzhou	125	311	765	53	**广西**	**Guangxi**	**1465**	**2185**	**2687**	
黄冈	Huanggang	180	262	519	78	南宁	Nanning	505	687	772	51
咸宁	Xianning	214	238	467	88	柳州	Liuzhou	283	428	507	83
随州	Suizhou	78	140	235	171	桂林	Guilin	109	198	269	156
湖南	**Hunan**	**2625**	**3515**	**5422**		梧州	Wuzhou	50	74	99	235
长沙	Changsha	886	1246	1294	32	北海	Beihai	11	37	81	248
株洲	Zhuzhou	230	379	431	103	防城港	Fangchenggang	50	66	70	254
湘潭	Xiangtan	101	199	285	146	钦州	Qinzhou	68	122	150	215
衡阳	Hengyang	159	486	519	78	贵港	Guigang	58	76	94	240
邵阳	Shaoyang	111	211	459	93	玉林	Yulin	109	195	231	173
岳阳	Yueyang	165	393	465	90	百色	Baise	54	98	139	223

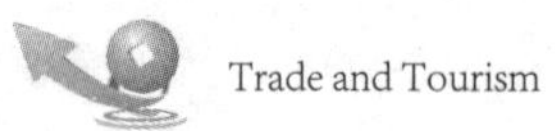

14-2 批发和零售业法人企业数 续表 3

Number of Corporation Enterprises of Wholesale and Retail Trades continued 3

单位：个 (unit)

地名	City	2010	2012	2014	2014 排名 Ranking
贺州	Hezhou	29	50	59	269
河池	Hechi	50	81	95	239
来宾	Laibin	29	43	51	271
崇左	Chongzuo	43	57	70	254
海南	**Hainan**	**626**	**485**	**324**	
海口	Haikou	457	336	284	148
三亚	Sanya	44	40	40	277
三沙	Sansha				
重庆	**Chongqing**	**2585**	**3668**	**5147**	
四川	**Sichuan**	**3001**	**5252**	**6336**	
成都	Chengdu	1775	1480	1864	16
自贡	Zigong	152	193	230	174
攀枝花	Panzhihua	132	156	221	184
泸州	Luzhou	222	361	464	91
德阳	Deyang	179	237	333	125
绵阳	Mianyang	181	225	459	93
广元	Guangyuan	95	153	133	226
遂宁	Suining	117	148	194	197
内江	Neijiang	133	161	282	150
乐山	Leshan	147	168	243	170
南充	Nanchong	141	317	371	118
眉山	Meishan	142	119	224	180
宜宾	Yibin	245	283	355	123
广安	Guangan	270	260	246	169
达州	Dazhou	113	212	268	157
雅安	Yaan	43	56	65	257
巴中	Bazhong	52	89	185	200
资阳	Ziyang	133	159	199	196
贵州	**Guizhou**	**800**	**1285**	**1687**	
贵阳	Guiyang	310	383	618	68
六盘水	Liupanshui	61	156	171	206
遵义	Zunyi	129	197	486	85
安顺	Anshun	32	45	110	234
毕节	Bijie	38	99	143	220
铜仁	Tongren	25	94	159	212
云南	**Yunnan**	**1842**	**2616**	**1910**	
昆明	Kunming	751	824	848	47
曲靖	Qujing	172	239	263	161
玉溪	Yuxi	116	188	220	185
保山	Baoshan	54	116	146	218
昭通	Zhaotong	57	105	119	230
丽江	Lijiang	40	79	74	253
普洱	Puer	63	88	99	235
临沧	Lincang	31	62	141	222
西藏	**Tibet**	**60**	**81**	**60**	
拉萨	Lasa	31	48	60	266
陕西	**Shaanxi**	**1569**	**2325**	**3348**	
西安	Xi'an	453	575	803	50
铜川	Tongchuan	36	69	97	237
宝鸡	Baoji	85	196	426	104
咸阳	Xianyang	177	257	387	109
渭南	Weinan	154	287	328	127
延安	Yan'an	75	117	225	179
汉中	Hanzhong	124	197	267	158
榆林	Yulin	306	363	411	107
安康	Ankang	115	190	314	130
商洛	Shangluo	34	60	90	244
甘肃	**Gansu**	**705**	**1092**	**1471**	
兰州	Lanzhou	265	352	514	81
嘉峪关	Jiayuguan	25	47	65	257
金昌	Jinchang	28	43	47	276
白银	Baiyin	43	70	89	245
天水	Tianshui	81	140	139	223
武威	Wuwei	27	44	94	240
张掖	Zhangye	42	67	93	243
平凉	Pingliang	29	45	62	264
酒泉	Jiuquan	68	119	150	215
庆阳	Qingyang	23	59	94	240
定西	Dingxi	29	39	64	260
陇南	Longnan	20	28	60	266
青海	**Qinghai**	**179**	**214**	**223**	
西宁	Xining		162	218	188
海东	Haidong			5	285
宁夏	**Ningxia**	**392**	**432**	**473**	
银川	Yinchuan	242	281	290	141
石嘴山	Shizuishan	51	40	40	277
吴忠	Wuzhong	42	47	70	254
固原	Guyuan	16	19	23	283
中卫	Zhongwei	41	45	50	273
新疆	**Xinjiang**	**1175**	**1388**	**833**	
乌鲁木齐	Urumqi	519	479	756	55
克拉玛依	Karamay	65	63	77	250

14-3 批发和零售业年末从业人数
Employed Persons of Wholesale and Retail Trades at Year-end

单位：人 (person)

地名	City	2010	2011	2012	2012 排名 Ranking	地名	City	2010	2011	2012	2012 排名 Ranking
全国	**Nation Total**	**8522285**	**9010604**	**9856498**		沈阳	Shenyang	93741	100898	114292	12
北京	**Beijing**	**594698**	**689002**	**719900**		大连	Dalian	65157	69325	79576	22
天津	**Tianjin**	**165719**	**179611**	**199796**		鞍山	Anshan	20066	18941	19430	112
河北	**Hebei**	**265558**	**312243**	**338301**		抚顺	Fushun	19091	11390	12020	176
石家庄	Shijiazhuang	44175	50557	53169	37	本溪	Benxi	9329	11750	11608	181
唐山	Tangshan	46368	70003	71712	24	丹东	Dandong	7959	7518	7476	219
秦皇岛	Qinhuangdao	14918	15983	15792	143	锦州	Jinzhou	15811	15046	14660	154
邯郸	Handan	28764	28721	32431	60	营口	Yingkou	11662	16234	16573	134
邢台	Xingtai	13986	20708	20872	102	阜新	Fuxin	7469	5964	7454	221
保定	Baoding	36889	39821	42881	49	辽阳	Liaoyang	3763	4177	4874	251
张家口	Zhangjiakou	14189	14410	16209	138	盘锦	Panjin	13375	11164	11401	187
承德	Chengde	13474	12819	16783	133	铁岭	Tieling	11004	9295	9280	208
沧州	Cangzhou	28327	32956	41285	51	朝阳	Chaoyang	11656	13237	14348	158
廊坊	Langfang	14673	15410	15448	147	葫芦岛	Huludao	10472	10852	10851	193
衡水	Hengshui	9795	10855	11719	180	吉林	**Jilin**	**107751**	**110574**	**118304**	
山西	**Shanxi**	**239761**	**213385**	**249301**		长春	Changchun	33353	39739	43245	46
太原	Taiyuan	59764	51275	63019	30	吉林	Jilin	16671	16870	15938	141
大同	Datong	24691	24377	25733	81	四平	Siping	9729	21848	20650	103
阳泉	Yangquan	11066	10992	10519	198	辽源	Liaoyuan	5436	4938	5256	244
长治	Changzhi	17381	19634	23287	90	通化	Tonghua	9785	10152	9541	205
晋城	Jincheng	19688	24198	25072	83	白山	Baishan	3401	3617	3284	268
朔州	Shuozhou	15249	13436	18743	116	松原	Songyuan	16875	7902	6826	226
晋中	Jinzhong	25522	19638	21354	101	白城	Baicheng	4094	3358	3533	263
运城	Yuncheng	20718	17503	15422	148	黑龙江	**Heilongjiang**	**155267**	**138036**	**149109**	
忻州	Xinzhou	14073	12144	12781	169	哈尔滨	Harbin	54225	43640	54716	34
临汾	Linfen	19376	20583	16526	136	齐齐哈尔	Qiqihar	10062	9237	5167	247
吕梁	Lvliang	12972	12078	15792	143	鸡西	Jixi	6600	4683	5285	243
内蒙古	**Inner Mongolia**	**134440**	**129928**	**138705**		鹤岗	Hegang	6213	7603	8943	211
呼和浩特	Hohhot	34789	34058	41886	50	双鸭山	Shuangyashan	3434	4721	5410	240
包头	Baotou	27601	23530	25901	80	大庆	Daqing	30555	22154	21745	99
乌海	Wuhai	2662	3016	3918	259	伊春	Yichun	1887	1645	1439	282
赤峰	Chifeng	22346	11837	21906	96	佳木斯	Jiamusi	12818	7681	10710	194
通辽	Tongliao	8336	9595	9980	201	七台河	Qitaihe	1634	1330	1357	284
鄂尔多斯	Erdos	19171	14021	13386	162	牡丹江	Mudanjiang	11644	14075	14702	153
呼伦贝尔	Hulunbuir	14938	12310	14646	155	黑河	Heihe	1904	1586	2396	276
巴彦淖尔	Bayannur	6748	6086	6756	227	绥化	Suihua	9612	8504	10903	192
乌兰察布	Ulanqab	4867	5087	8707	212	上海	**Shanghai**	**536466**	**659743**	**698368**	
辽宁	**Liaoning**	**300555**	**305791**	**332979**		江苏	**Jiangsu**	**716623**	**758358**	**836314**	

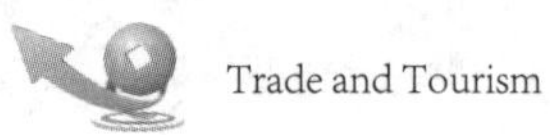

14-3 批发和零售业年末从业人数 续表 1
Employed Persons of Wholesale and Retail Trades at Year-end continued 1

单位：人 (person)

地名	City	2010	2011	2012	2012 排名 Ranking	地名	City	2010	2011	2012	2012 排名 Ranking
南京	Nanjing	148847	198874	240285	3	池州	Chizhou	4458	5499	5635	237
无锡	Wuxi	97941	85727	88854	17	宣城	Xuancheng	11088	10511	12943	166
徐州	Xuzhou	43856	55493	68350	25	**福建**	**Fujian**	**281238**	**302030**	**346190**	
常州	Changzhou	42556	46290	51297	38	福州	Fuzhou	82303	84007	95460	16
苏州	Suzhou	161254	166042	181862	6	厦门	Xiamen	76986	83243	83356	18
南通	Nantong	30586	59148	61125	33	莆田	Putian	13110	16988	16020	140
连云港	Lianyungang	24726	21698	20251	104	三明	Sanming	13201	15187	18755	115
淮安	Huaian	16174	14154	21919	95	泉州	Quanzhou	41163	46792	63525	29
盐城	Yancheng	36941	32981	31790	62	漳州	Zhangzhou	18609	26491	24515	85
扬州	Yangzhou	30204	23854	27371	73	南平	Nanping	10585	12630	11515	184
镇江	Zhenjiang	19785	24651	25931	78	龙岩	Longyan	17150	20541	21623	100
泰州	Taizhou	26838	25495	27758	71	宁德	Ningde	8131	9272	11421	186
宿迁	Suqian	14979	12406	15701	146	**江西**	**Jiangxi**	**121169**	**130791**	**146316**	
浙江	**Zhejiang**	**516727**	**609624**	**641490**		南昌	Nanchang	42127	46489	53214	35
杭州	Hangzhou	173230	196172	226014	4	景德镇	Jingdezhen	3406	3679	4576	254
宁波	Ningbo	107950	125612	135000	9	萍乡	Pingxiang	3908	4426	4791	252
温州	Wenzhou	53489	69147	62106	32	九江	Jiujiang	10770	13631	12750	170
嘉兴	Jiaxing	34896	41840	44114	44	新余	Xinyu	3721	3110	3583	262
湖州	Huzhou	15801	18536	16437	137	鹰潭	Yingtan	2008	2055	2113	280
绍兴	Shaoxing	38148	43050	43180	47	赣州	Ganzhou	10790	10904	13041	163
金华	Jinhua	29334	35664	35600	56	吉安	Jian	8038	9828	11770	179
衢州	Quzhou	9539	12552	12600	171	宜春	Yichun	16709	15930	18103	125
舟山	Zhoushan	8123	10270	10600	195	抚州	Fuzhou	8339	9998	9379	207
台州	Taizhou	32615	37052	36070	54	上饶	Shangrao	11353	10741	12996	164
丽水	Lishui	10929	16508	14176	160	**山东**	**Shandong**	**855382**	**777877**	**870327**	
安徽	**Anhui**	**261772**	**274144**	**314506**		济南	Jinan	86770	99100	119772	10
合肥	Hefei	87587	87430	100508	15	青岛	Qingdao	91225	87997	103306	13
芜湖	Wuhu	16815	21880	23582	88	淄博	Zibo	90447	50782	53191	36
蚌埠	Bengbu	9647	11916	12826	168	枣庄	Zaozhuang	22917	20153	23334	89
淮南	Huainan	8997	11139	12103	173	东营	Dongying	31117	34922	35974	55
马鞍山	Maanshan	9344	13203	14461	157	烟台	Yantai	70476	68210	71966	23
淮北	Huaibei	7282	7840	9521	206	潍坊	Weifang	71225	65669	81084	21
铜陵	Tongling	4110	5154	5687	236	济宁	Jining	65950	62314	66224	28
安庆	Anqing	17701	15943	19641	111	泰安	Taian	49718	46175	48083	41
黄山	Huangshan	3978	5439	6135	229	威海	Weihai	40075	38945	30609	65
滁州	Chuzhou	13805	17528	19668	110	日照	Rizhao	17560	16009	16558	135
阜阳	Fuyang	19531	22239	24696	84	莱芜	Laiwu	9726	10540	12556	172
宿州	Suzhou	8640	10766	12884	167	临沂	Linyi	66515	67735	67624	26
六安	Liuan	16905	18714	19879	109	德州	Dezhou	37251	37888	36999	52
亳州	Bozhou	10036	11108	14235	159	聊城	Liaocheng	28970	29279	31503	63

14-3 批发和零售业年末从业人数 续表 2

Employed Persons of Wholesale and Retail Trades at Year-end continued 2

单位：人 (person)

地名	City	2010	2011	2012	2012 排名 Ranking
滨州	Binzhou	28348	27640	27155	74
菏泽	Heze	47092	45834	44069	45
河南	**Henan**	**444710**	**440712**	**454403**	
郑州	Zhengzhou	89339	87715	101224	14
开封	Kaifeng	20498	18263	23191	91
洛阳	Luoyang	35243	38990	44936	43
平顶山	Pingdingshan	27240	23079	28397	70
安阳	Anyang	19999	18724	18732	118
鹤壁	Hebi	6130	6724	8548	213
新乡	Xinxiang	25816	23471	26838	75
焦作	Jiaozuo	18679	15185	18738	117
濮阳	Puyang	16491	12708	15858	142
许昌	Xuchang	18847	18067	20062	106
漯河	Luohe	12752	10159	11584	182
三门峡	Sanmenxia	12782	10056	10589	197
南阳	Nanyang	47791	45584	49796	40
商丘	Shangqiu	18716	20584	22899	92
信阳	Xinyang	28747	27866	31384	64
周口	Zhoukou	31472	30389	34160	58
驻马店	Zhumadian	32403	28737	32039	61
湖北	**Hubei**	**360100**	**356798**	**412304**	
武汉	Wuhan	185673	181300	201748	5
黄石	Huangshi	6430	12497	11927	177
十堰	Shiyan	17552	20212	20005	107
宜昌	Yichang	18559	24209	29363	67
襄阳	Xiangyang	25664	27002	28843	69
鄂州	Ezhou	3420	2470	3433	265
荆门	Jingmen	12369	15820	16828	131
孝感	Xiaogan	96	15495	15205	150
荆州	Jingzhou	10155	10474	14503	156
黄冈	Huanggang	30251	15306	16958	130
咸宁	Xianning	4267	9879	10512	199
随州	Suizhou	9889	10097	9802	202
湖南	**Hunan**	**237361**	**238308**	**89596**	
长沙	Changsha	92064	100895	159588	8
株洲	Zhuzhou	12810	14564	25921	79
湘潭	Xiangtan	9934	12340	18904	114
衡阳	Hengyang	16699	17442	36826	53
邵阳	Shaoyang	10566	11235	19098	113
岳阳	Yueyang	11385	15297	27470	72
常德	Changde	11353	13099	26574	76
张家界	Zhangjiajie	4318	5229	11178	190
益阳	Yiyang	7002	9306	16096	139
郴州	Chenzhou	15489	15565	25393	82
永州	Yongzhou	12580	10885	17195	129
怀化	Huaihua	9263	8686	13900	161
娄底	Loudi	8468	8926	15704	145
广东	**Guangdong**	**888237**	**993603**	**1135041**	
广州	Guangzhou	283089	309625	373933	1
韶关	Shaoguan	8030	9379	9800	203
深圳	Shenzhen	245886	274815	324370	2
珠海	Zhuhai	29127	30374	33199	59
汕头	Shantou	11704	15430	18370	120
佛山	Foshan	61913	64517	66603	27
江门	Jiangmen	18364	23101	21770	98
湛江	Zhanjiang	14445	16181	18125	124
茂名	Maoming	17264	19081	20111	105
肇庆	Zhaoqing	13121	19148	15015	151
惠州	Huizhou	22175	24879	28872	68
梅州	Meizhou	8212	8850	11256	188
汕尾	Shanwei	5343	5245	5087	248
河源	Heyuan	3339	4781	5410	240
阳江	Yangjiang	3774	5009	7009	224
清远	Qingyuan	7305	6931	7461	220
东莞	Dongguan	63906	70643	81198	20
中山	Zhongshan	42219	47207	45227	42
潮州	Chaozhou	5771	8748	5181	245
揭阳	Jieyang	19151	20385	26449	77
云浮	Yunfu	9794	11044	10595	196
广西	**Guangxi**	**122788**	**143712**	**164632**	
南宁	Nanning	43604	26652	61595	31
柳州	Liuzhou	20611	14195	24455	86
桂林	Guilin	13605	13809	17238	127
梧州	Wuzhou	4179	3836	4163	256
北海	Beihai	3697	2448	6545	228
防城港	Fangchenggang	1361	891	2372	278
钦州	Qinzhou	4725	5617	5805	234
贵港	Guigang	5694	3432	4953	250
玉林	Yulin	10857	11995	15274	149
百色	Baise	5469	1763	7159	223

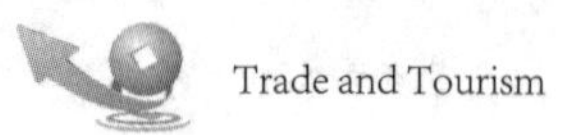

14-3 批发和零售业年末从业人数 续表 3

Employed Persons of Wholesale and Retail Trades at Year-end continued 3

单位：人 (person)

地名	City	2010	2011	2012	2012 排名 Ranking
贺州	Hezhou	1832	3021	3658	261
河池	Hechi	3819	4806	5811	233
来宾	Laibin	1421	1659	2459	275
崇左	Chongzuo	1950	1802	2693	273
海南	**Hainan**	**39117**	**42464**	**42063**	
海口	Haikou	30198	29040	30365	66
三亚	Sanya	3123	3566	3991	258
三沙	Sansha				
重庆	**Chongqing**	**222281**	**252979**	**262157**	
四川	**Sichuan**	**302200**	**255696**	**393014**	
成都	Chengdu	239516	182206	171879	7
自贡	Zigong	12183	8589	10175	200
攀枝花	Panzhihua	9571	7077	7908	215
泸州	Luzhou	15469	14968	17359	126
德阳	Deyang	15875	10952	12945	165
绵阳	Mianyang	20637	15154	16819	132
广元	Guangyuan	7717	7300	6830	225
遂宁	Suining	11820	11790	9590	204
内江	Neijiang	11977	10138	12045	174
乐山	Leshan	12977	9900	10966	191
南充	Nanchong	14521	12217	14735	152
眉山	Meishan	10607	7340	5982	230
宜宾	Yibin	13403	10710	11820	178
广安	Guangan	11570	10166	7732	217
达州	Dazhou	17911	17044	18415	119
雅安	Yaan	4430	3117	3343	267
巴中	Bazhong	5330	4353	5826	232
资阳	Ziyang	22603	8478	11233	189
贵州	**Guizhou**	**79220**	**88731**	**106440**	
贵阳	Guiyang	29501	33954	43164	48
六盘水	Liupanshui	4631	5594	7296	222
遵义	Zunyi	16253	16990	17208	128
安顺	Anshun	3681	3859	3835	260
毕节	Bijie	6193	8290	11429	185
铜仁	Tongren	3681	4038	5761	235
云南	**Yunnan**	**162841**	**165151**	**198534**	
昆明	Kunming	75497	75000	83223	19
曲靖	Qujing	12277	18000	21981	94
玉溪	Yuxi	10924	14000	18300	122
保山	Baoshan	7038	6800	9100	209
昭通	Zhaotong	5108	6200	7740	216
丽江	Lijiang	3370	3500	5609	238
普洱	Puer	4833	1500	7640	218
临沧	Lincang	2185	3800	5411	239
西藏	**Tibet**	**6152**	**6891**	**7505**	
拉萨	Lasa	2027	4359	5169	246
陕西	**Shaanxi**	**195151**	**208894**	**238562**	
西安	Xi'an	99692	105156	119338	11
铜川	Tongchuan	2594	3551	4992	249
宝鸡	Baoji	14957	15156	18259	123
咸阳	Xianyang	15432	16503	18338	121
渭南	Weinan	16132	20002	22166	93
延安	Yan'an	7256	7819	9049	210
汉中	Hanzhong	9782	9665	12021	175
榆林	Yulin	17726	20002	21835	97
安康	Ankang	8060	7355	8524	214
商洛	Shangluo	2741	2942	3500	264
甘肃	**Gansu**	**66546**	**69154**	**83070**	
兰州	Lanzhou	29738	30408	34427	57
嘉峪关	Jiayuguan	1604	1827	2341	279
金昌	Jinchang	1618	1467	1905	281
白银	Baiyin	4915	5508	4185	255
天水	Tianshui	5635	5839	11539	183
武威	Wuwei	2020	2020	2374	277
张掖	Zhangye	3646	2975	3248	269
平凉	Pingliang	3267	3492	3377	266
酒泉	Jiuquan	4533	5122	5299	242
庆阳	Qingyang	3261	3278	5973	231
定西	Dingxi	2556	2480	2494	274
陇南	Longnan	2087	2584	3216	270
青海	**Qinghai**	**17203**	**19337**	**22134**	
西宁	Xining		19921	19944	108
海东	Haidong				
宁夏	**Ningxia**	**30061**	**33601**	**35964**	
银川	Yinchuan	20176	21261	24329	87
石嘴山	Shizuishan	2784	3386	3187	271
吴忠	Wuzhong	2481	3157	2990	272
固原	Guyuan	1468	1562	1365	283
中卫	Zhongwei	3152	4235	4093	257
新疆	**Xinjiang**	**95191**	**103436**	**111173**	
乌鲁木齐	Urumqi	63771	48037	50654	39
克拉玛依	Karamay	6520	5501	4602	253

14-4 批发和零售业商品销售额
Total Sales of Commodities of Wholesale and Retail Trades

单位：亿元 （100 million yuan）

地名	City	2010	2013	2014	2014 排名 Ranking	地名	City	2010	2013	2014	2014 排名 Ranking
全国	**Nation Total**	**276635.7**	**496603.8**	**541319.8**		沈阳	Shenyang	5503.66	8184.50	9193.02	8
北京	**Beijing**	**37203.90**	**56970.74**	**60065.52**		大连	Dalian	2549.30	3979.36	3769.18	25
天津	**Tianjin**	**13642.50**	**28541.70**	**32601.83**		鞍山	Anshan	921.57	1477.09	1362.84	59
河北	**Hebei**	**5463.50**	**11254.52**	**10268.16**		抚顺	Fushun	242.03	393.60	380.05	150
石家庄	Shijiazhuang	1294.88	2455.41	2482.44	34	本溪	Benxi	85.31	193.01	187.21	219
唐山	Tangshan	1205.76	2864.98	488.82	122	丹东	Dandong	162.09	217.69	185.36	220
秦皇岛	Qinhuangdao	531.25	819.72	1031.33	78	锦州	Jinzhou	217.38	361.23	444.94	129
邯郸	Handan	572.68	1504.76	1785.85	47	营口	Yingkou	161.99	463.91	414.63	139
邢台	Xingtai	213.73	392.23	387.07	148	阜新	Fuxin	115.70	321.23	291.12	179
保定	Baoding	593.24	1156.73	1463.10	58	辽阳	Liaoyang	115.18	277.28	441.08	130
张家口	Zhangjiakou	189.79	357.00	340.96	159	盘锦	Panjin	172.50	488.19	433.82	132
承德	Chengde	186.70	261.99	264.07	195	铁岭	Tieling	136.11	205.42	175.04	225
沧州	Cangzhou	287.29	667.49	763.23	99	朝阳	Chaoyang	136.52	264.97	288.23	181
廊坊	Langfang	252.05	429.18	842.54	90	葫芦岛	Huludao	110.71	239.36	248.23	200
衡水	Hengshui	136.10	345.02	418.75	138	吉林	**Jilin**	**2230.40**	**3582.48**	**3328.61**	
山西	**Shanxi**	**5549.50**	**12072.65**	**12217.40**		长春	Changchun	1087.49	1578.90	1531.45	52
太原	Taiyuan	2208.38	4322.88	4581.09	18	吉林	Jilin	487.64	799.70	776.19	97
大同	Datong	238.64	1389.83	1793.95	46	四平	Siping	117.83	267.56	282.31	187
阳泉	Yangquan	399.62	1046.19	1126.74	70	辽源	Liaoyuan	35.06	95.82	72.23	267
长治	Changzhi	690.76	1699.31	1536.45	51	通化	Tonghua	178.62	286.69	297.51	174
晋城	Jincheng	315.71	467.42	428.41	135	白山	Baishan	31.65	47.78	47.11	274
朔州	Shuozhou	227.22	440.26	339.69	160	松原	Songyuan	102.15	203.07	194.30	215
晋中	Jinzhong	395.40	776.03	491.00	121	白城	Baicheng	67.43	106.67	127.50	243
运城	Yuncheng	206.21	394.24	433.27	133	黑龙江	**Heilongjiang**	**3034.10**	**5698.20**	**5284.50**	
忻州	Xinzhou	225.65	355.82	336.90	162	哈尔滨	Harbin	1394.37	2249.40	2187.89	38
临汾	Linfen	380.78	634.31	730.16	104	齐齐哈尔	Qiqihar	100.40	250.32	298.54	173
吕梁	Lvliang	262.45	546.36	419.72	137	鸡西	Jixi	64.31	144.34	204.32	213
内蒙古	**Inner Mongolia**	**2951.50**	**4456.75**	**4429.76**		鹤岗	Hegang	35.23	52.41	42.54	277
呼和浩特	Hohhot	668.30	1170.05	1139.19	68	双鸭山	Shuangyashan	31.17	59.93	59.05	270
包头	Baotou	649.99	1122.50	955.96	84	大庆	Daqing	661.90	1586.10	1487.67	54
乌海	Wuhai	53.04	187.69	178.34	222	伊春	Yichun	27.90	37.78	0.86	283
赤峰	Chifeng	184.66	316.98	292.23	177	佳木斯	Jiamusi	71.05	109.94	124.81	245
通辽	Tongliao	245.39	269.20	238.59	203	七台河	Qitaihe	29.19	39.70	31.92	278
鄂尔多斯	Erdos	730.40	859.09	803.95	93	牡丹江	Mudanjiang	396.90	370.06	592.74	112
呼伦贝尔	Hulunbuir	252.12	267.73	287.38	182	黑河	Heihe	34.48	57.70	54.87	273
巴彦淖尔	Bayannur	75.15	116.87	102.96	249	绥化	Suihua	71.47	189.13	199.29	214
乌兰察布	Ulanqab	44.47	79.74	431.16	134	上海	**Shanghai**	**31678.20**	**57471.33**	**71812.66**	
辽宁	**Liaoning**	**10630.00**	**16447.89**	**17814.76**		江苏	**Jiangsu**	**26994.90**	**45600.89**	**55707.13**	

14-4 批发和零售业商品销售额 续表 1

Total Sales of Commodities of Wholesale and Retail Trades continued 1

单位：亿元 （100 million yuan）

地名	City	2010	2013	2014	2014 排名 Ranking	地名	City	2010	2013	2014	2014 排名 Ranking
南京	Nanjing	6816.70	9118.90	17337.71	3	池州	Chizhou	55.38	103.86	101.09	252
无锡	Wuxi	5591.26	6010.54	6708.55	11	宣城	Xuancheng	169.15	220.97	271.38	191
徐州	Xuzhou	784.07	2043.21	5293.88	12	**福建**	**Fujian**	**8304.10**	**16029.30**	**18728.22**	
常州	Changzhou	1667.77	2399.97	3876.04	22	福州	Fuzhou	1850.15	3414.01	4928.99	14
苏州	Suzhou	10247.21	10386.55	12608.99	6	厦门	Xiamen	4166.16	6158.49	7331.12	9
南通	Nantong	1209.49	1948.42	2539.20	33	莆田	Putian	198.02	639.89	824.90	91
连云港	Lianyungang	399.80	697.33	848.11	89	三明	Sanming	276.69	572.33	634.51	110
淮安	Huaian	220.51	566.55	785.75	96	泉州	Quanzhou	918.97	2245.47	2864.44	28
盐城	Yancheng	458.84	889.63	1161.32	67	漳州	Zhangzhou	336.72	595.34	762.36	100
扬州	Yangzhou	447.09	905.06	1113.78	73	南平	Nanping	159.43	263.04	280.00	188
镇江	Zhenjiang	490.89	871.95	1484.17	55	龙岩	Longyan	281.85	506.22	768.42	98
泰州	Taizhou	667.22	1193.29	1308.71	60	宁德	Ningde	116.11	225.60	333.48	165
宿迁	Suqian	265.78	463.77	640.92	109	**江西**	**Jiangxi**	**2019.30**	**3399.62**	**3822.47**	
浙江	**Zhejiang**	**23472.20**	**38388.03**	**43555.88**		南昌	Nanchang	1019.91	1738.88	1911.33	43
杭州	Hangzhou	10267.25	15861.42	16505.35	4	景德镇	Jingdezhen	48.89	89.08	92.94	256
宁波	Ningbo	7506.60	9552.41	12645.55	5	萍乡	Pingxiang	43.96	77.04	89.61	257
温州	Wenzhou	1797.08	2593.77	2599.50	32	九江	Jiujiang	114.56	214.07	253.93	198
嘉兴	Jiaxing	1158.36	1939.82	2131.72	40	新余	Xinyu	60.63	90.10	101.67	250
湖州	Huzhou	569.15	1771.26	2004.54	42	鹰潭	Yingtan	112.74	80.55	88.77	259
绍兴	Shaoxing	610.97	2015.61	2175.84	39	赣州	Ganzhou	136.64	275.02	328.53	167
金华	Jinhua	938.35	1287.06	1474.22	57	吉安	Jian	79.46	148.58	177.47	223
衢州	Quzhou	62.62	485.99	446.00	128	宜春	Yichun	173.41	334.36	387.14	147
舟山	Zhoushan	353.32	827.94	1278.64	62	抚州	Fuzhou	99.88	125.75	144.12	234
台州	Taizhou	1082.48	1453.26	1781.41	48	上饶	Shangrao	129.22	226.19	246.96	201
丽水	Lishui	272.82	476.19	513.12	119	**山东**	**Shandong**	**16105.60**	**31193.40**	**32176.75**	
安徽	**Anhui**	**5144.80**	**8901.78**	**9045.89**		济南	Jinan	2211.05	4209.15	4376.82	19
合肥	Hefei	2625.75	3855.77	3770.41	24	青岛	Qingdao	3073.74	5620.65	5237.71	13
芜湖	Wuhu	337.61	721.80	974.55	83	淄博	Zibo	1151.19	1844.67	1516.93	53
蚌埠	Bengbu	137.45	312.86	378.60	151	枣庄	Zaozhuang	268.75	739.70	731.57	103
淮南	Huainan	97.08	287.82	287.33	183	东营	Dongying	447.01	1056.83	1233.76	63
马鞍山	Maanshan	307.36	505.79	406.90	141	烟台	Yantai	1469.78	2577.65	2687.74	30
淮北	Huaibei	71.63	176.68	192.30	216	潍坊	Weifang	1603.72	2718.74	2621.10	31
铜陵	Tongling	98.29	161.51	155.47	230	济宁	Jining	899.17	1818.71	2012.90	41
安庆	Anqing	142.88	292.31	339.27	161	泰安	Taian	913.17	2128.72	2348.12	37
黄山	Huangshan	66.63	128.27	141.36	237	威海	Weihai	503.53	963.93	1021.95	80
滁州	Chuzhou	145.26	312.45	356.45	155	日照	Rizhao	370.28	1563.37	1702.90	49
阜阳	Fuyang	401.06	789.87	877.93	88	莱芜	Laiwu	231.91	288.19	381.10	149
宿州	Suzhou	124.59	495.14	480.93	123	临沂	Linyi	1006.08	2037.75	2452.01	36
六安	Liuan	153.90	281.84	168.39	227	德州	Dezhou	460.02	1079.92	1162.09	66
亳州	Bozhou	98.55	254.93	143.53	235	聊城	Liaocheng	503.19	933.31	1071.66	76

14-4 批发和零售业商品销售额 续表 2

Total Sales of Commodities of Wholesale and Retail Trades continued 2

单位：亿元 (100 million yuan)

地名	City	2010	2013	2014	2014 排名 Ranking
滨州	Binzhou	371.75	659.13	587.64	114
菏泽	Heze	621.27	952.98	1030.76	79
河南	**Henan**	**6340.30**	**10223.65**	**12020.21**	
郑州	Zhengzhou	2339.11	3516.02	4308.08	21
开封	Kaifeng	179.48	315.95	354.03	156
洛阳	Luoyang	545.20	1040.21	1125.49	71
平顶山	Pingdingshan	528.72	729.32	654.21	108
安阳	Anyang	341.67	471.64	465.66	125
鹤壁	Hebi	49.39	112.89	184.37	221
新乡	Xinxiang	277.39	530.94	493.23	120
焦作	Jiaozuo	167.94	277.29	296.72	175
濮阳	Puyang	112.06	311.38	284.61	184
许昌	Xuchang	189.41	427.03	460.53	126
漯河	Luohe	141.20	251.01	289.21	180
三门峡	Sanmenxia	157.84	259.30	311.15	168
南阳	Nanyang	447.46	725.51	800.34	94
商丘	Shangqiu	405.92	628.16	790.89	95
信阳	Xinyang	156.29	317.19	403.49	142
周口	Zhoukou	206.45	367.82	391.05	146
驻马店	Zhumadian	206.45	390.15	407.12	140
湖北	**Hubei**	**8013.10**	**15446.84**	**16111.20**	
武汉	Wuhan	6035.71	9424.96	10613.38	7
黄石	Huangshi	145.78	289.71	516.80	118
十堰	Shiyan	270.48	383.85	698.64	106
宜昌	Yichang	223.12	664.36	1047.08	77
襄阳	Xiangyang	156.23	645.78	886.08	87
鄂州	Ezhou	166.23	84.08	80.59	263
荆门	Jingmen	352.62	288.10	420.32	136
孝感	Xiaogan	124.32	291.67	351.40	157
荆州	Jingzhou	135.76	278.47	437.38	131
黄冈	Huanggang	152.12	337.78	400.42	143
咸宁	Xianning	98.19	288.80	375.79	153
随州	Suizhou	105.36	272.70	283.30	186
湖南	**Hunan**	**3764.50**	**7640.78**	**8736.31**	
长沙	Changsha	20929.09	3667.65	3852.95	23
株洲	Zhuzhou	3014.88	531.36	579.20	115
湘潭	Xiangtan	1220.40	252.52	334.65	163
衡阳	Hengyang	1882.96	450.80	526.20	116
邵阳	Shaoyang	1353.96	250.35	307.53	170
岳阳	Yueyang	2017.23	558.69	621.04	111

地名	City	2010	2013	2014	2014 排名 Ranking
常德	Changde	1354.39	284.72	330.88	166
张家界	Zhangjiajie	409.76	62.97	61.47	268
益阳	Yiyang	1153.66	245.04	284.60	185
郴州	Chenzhou	2486.32	562.44	714.83	105
永州	Yongzhou	1460.09	207.19	821.47	92
怀化	Huaihua	1311.34	179.61		
娄底	Loudi	1210.44	284.50	301.50	172
广东	**Guangdong**	**31759.80**	**62082.66**	**72406.93**	
广州	Guangzhou	15445.39	41334.90	31687.65	1
韶关	Shaoguan	129.94	718.32	308.62	169
深圳	Shenzhen	6615.28	19393.34	18245.97	2
珠海	Zhuhai	916.66	2517.17	2753.77	29
汕头	Shantou	405.05	2213.60	1128.41	69
佛山	Foshan	2535.52	7065.59	4602.17	17
江门	Jiangmen	440.81	1497.51	1009.12	82
湛江	Zhanjiang	431.34	2138.06	1216.30	64
茂名	Maoming	489.04	2328.03	1865.48	44
肇庆	Zhaoqing	264.67	908.13	1091.14	75
惠州	Huizhou	525.67	1484.39	1021.89	81
梅州	Meizhou	147.59	703.75	229.81	205
汕尾	Shanwei	68.39	634.43	100.19	253
河源	Heyuan	69.16	327.72	134.85	239
阳江	Yangjiang	68.15	820.79	153.69	231
清远	Qingyuan	144.26	646.49	293.30	176
东莞	Dongguan	1428.61	3390.96	2903.38	27
中山	Zhongshan	1080.82	2353.38	1567.90	50
潮州	Chaozhou	194.60	738.25	732.41	101
揭阳	Jieyang	603.84	1323.18	1091.19	74
云浮	Yunfu	103.73	398.90	269.69	193
广西	**Guangxi**	**2589.30**	**4867.52**	**6744.98**	
南宁	Nanning	1124.70	2410.22	2464.69	35
柳州	Liuzhou	592.34	964.33	941.92	85
桂林	Guilin	179.36	913.24	346.09	158
梧州	Wuzhou	70.93	95.77	95.28	254
北海	Beihai	29.32	90.89	1476.64	56
防城港	Fangchenggang	38.92	90.06	127.48	244
钦州	Qinzhou	85.98	254.81	188.77	218
贵港	Guigang	64.68	111.54	130.34	241
玉林	Yulin	146.07	270.50	292.05	178
百色	Baise	75.04	308.08	147.17	233

14-4 批发和零售业商品销售额 续表 3
Total Sales of Commodities of Wholesale and Retail Trades continued 3

单位：亿元 (100 million yuan)

地名	City	2010	2013	2014	2014 排名 Ranking
贺州	Hezhou	146.79	71.09	276.97	190
河池	Hechi	741.90	98.77	107.75	248
来宾	Laibin	12.02	59.45	55.82	271
崇左	Chongzuo	31.38	72.95	94.00	255
海南	**Hainan**	**1406.70**	**2726.84**	**155.93**	
海口	Haikou	1069.26	1818.25	0.18	284
三亚	Sanya	72.90	203.22	155.75	229
三沙	Sansha				
重庆	**Chongqing**	**5610.10**	**9521.44**	**9643.20**	
四川	**Sichuan**	**5508.60**	**11038.49**	**12162.59**	
成都	Chengdu	3638.79	6356.27	7270.11	10
自贡	Zigong	78.47	296.03	334.10	164
攀枝花	Panzhihua	134.95	258.92	277.32	189
泸州	Luzhou	123.23	463.50	517.56	117
德阳	Deyang	243.42	391.00	399.13	144
绵阳	Mianyang	181.27	563.86	683.23	107
广元	Guangyuan	59.06	126.35	141.11	238
遂宁	Suining	67.11	169.14	212.70	209
内江	Neijiang	91.81	198.31	238.75	202
乐山	Leshan	107.27	212.54	254.06	197
南充	Nanchong	95.90	251.14	269.67	194
眉山	Meishan	81.14	195.50	206.66	212
宜宾	Yibin	138.00	317.20	364.41	154
广安	Guangan	72.54	188.88	208.95	211
达州	Dazhou	101.94	285.21	391.08	145
雅安	Yaan	30.32	68.18	86.54	261
巴中	Bazhong	34.98	106.04	88.40	260
资阳	Ziyang	60.66	159.68	218.81	208
贵州	**Guizhou**	**1582.70**	**3535.85**	**3478.57**	
贵阳	Guiyang	731.15	1570.07	1845.33	45
六盘水	Liupanshui	93.19	249.56	262.30	196
遵义	Zunyi	319.74	745.09	898.93	86
安顺	Anshun	62.53	114.20	131.97	240
毕节	Bijie	100.10	195.86	212.06	210
铜仁	Tongren	46.68	111.03	128.00	242
云南	**Yunnan**	**4295.50**	**7601.51**	**6365.06**	
昆明	Kunming	2519.55	4560.47	4613.60	16
曲靖	Qujing	277.03	876.30	592.54	113
玉溪	Yuxi	425.56	189.60	378.19	152
保山	Baoshan	74.35	116.06	175.88	224
昭通	Zhaotong	100.35	172.34	189.46	217
丽江	Lijiang	61.26	106.20	101.25	251
普洱	Puer	65.34	236.13	172.51	226
临沧	Lincang	50.66	101.20	141.63	236
西藏	**Tibet**	**92.10**	**180.29**	**151.47**	
拉萨	Lasa	77.58	123.54	151.47	232
陕西	**Shaanxi**	**4224.10**	**7709.26**	**8247.69**	
西安	Xi'an	2144.01	4121.69	4754.72	15
铜川	Tongchuan	19.35	57.74	46.77	276
宝鸡	Baoji	378.92	623.96	732.00	102
咸阳	Xianyang	372.19	671.93	455.79	127
渭南	Weinan	119.13	299.09	271.20	192
延安	Yan'an	82.84	151.24	224.92	206
汉中	Hanzhong	93.57	212.91	305.03	171
榆林	Yulin	914.31	1173.58	1201.85	65
安康	Ankang	65.07	136.67	167.46	228
商洛	Shangluo	32.57	61.28	77.95	266
甘肃	**Gansu**	**2021.40**	**3868.09**	**4828.26**	
兰州	Lanzhou	1404.11	2666.92	3150.68	26
嘉峪关	Jiayuguan	61.74	173.08	22.40	279
金昌	Jinchang	21.32	49.58	47.06	275
白银	Baiyin	38.95	103.84	114.57	247
天水	Tianshui	82.42	178.52	478.19	124
武威	Wuwei	30.21	57.10	218.87	207
张掖	Zhangye	38.58	83.69	84.32	262
平凉	Pingliang	34.68	61.82	249.13	199
酒泉	Jiuquan	171.63	228.85	234.76	204
庆阳	Qingyang	35.87	79.45	80.11	264
定西	Dingxi	39.88	82.52	88.78	258
陇南	Longnan	37.04	54.74	59.40	269
青海	**Qinghai**	**409.80**	**1329.67**	**1144.18**	
西宁	Xining		1177.34	1121.85	72
海东	Haidong			22.33	281
宁夏	**Ningxia**	**652.4**	**1072.1**	**1456.7**	
银川	Yinchuan	513.45	1200.19	1285.84	61
石嘴山	Shizuishan	49.19	163.94	22.38	280
吴忠	Wuzhong	40.84	197.55	79.92	265
固原	Guyuan	18.23	86.85	12.81	282
中卫	Zhongwei	30.68	115.71	55.79	272
新疆	**Xinjiang**	**3941.10**	**7749.58**	**4497.29**	
乌鲁木齐	Urumqi	2595.86	4829.65	4372.71	20
克拉玛依	Karamay	79.45	148.02	124.58	246

14-5 住宿和餐饮业法人企业数
Number of Corporation Enterprises of Hotels and Catering Services

单位：个 (unit)

地名	City	2010	2011	2012	2012 排名 Ranking	地名	City	2010	2011	2012	2012 排名 Ranking
全国	**Nation Total**	**37308**	**39002**	**40499**		沈阳	Shenyang	243	257	276	27
北京	**Beijing**	**3377**	**3301**	**3117**		大连	Dalian	281	332	329	22
天津	**Tianjin**	**613**	**633**	**618**		鞍山	Anshan	174	173	175	51
河北	**Hebei**	**833**	**900**	**937**		抚顺	Fushun	44	43	44	201
石家庄	Shijiazhuang	101	112	113	83	本溪	Benxi	40	41	39	210
唐山	Tangshan	96	102	104	98	丹东	Dandong	93	93	93	110
秦皇岛	Qinhuangdao	81	83	88	117	锦州	Jinzhou	55	59	63	164
邯郸	Handan	104	106	107	91	营口	Yingkou	73	72	72	143
邢台	Xingtai	44	58	71	145	阜新	Fuxin	15	14	22	249
保定	Baoding	116	124	132	76	辽阳	Liaoyang	39	38	33	225
张家口	Zhangjiakou	93	100	93	110	盘锦	Panjin	49	35	35	219
承德	Chengde	57	61	67	155	铁岭	Tieling	19	19	21	254
沧州	Cangzhou	54	58	60	170	朝阳	Chaoyang	30	27	31	234
廊坊	Langfang	54	58	62	165	葫芦岛	Huludao	34	39	38	213
衡水	Hengshui	33	38	40	209	**吉林**	**Jilin**	**438**	**363**	**360**	
山西	**Shanxi**	**878**	**898**	**979**		长春	Changchun	114	108	106	97
太原	Taiyuan	201	222	245	39	吉林	Jilin	108	72	72	143
大同	Datong	89	85	103	100	四平	Siping	33	25	23	248
阳泉	Yangquan	42	41	46	196	辽源	Liaoyuan	10	14	15	266
长治	Changzhi	100	111	108	90	通化	Tonghua	37	29	32	229
晋城	Jincheng	62	54	69	150	白山	Baishan	24	18	19	261
朔州	Shuozhou	61	55	59	172	松原	Songyuan	34	21	21	254
晋中	Jinzhong	64	63	71	145	白城	Baicheng	10	9	8	282
运城	Yuncheng	71	71	66	160	**黑龙江**	**Heilongjiang**	**479**	**498**	**488**	
忻州	Xinzhou	48	47	71	145	哈尔滨	Harbin	250	255	247	37
临汾	Linfen	89	85	76	136	齐齐哈尔	Qiqihar	33	33	33	225
吕梁	Lvliang	51	59	59	172	鸡西	Jixi	12	14	14	270
内蒙古	**Inner Mongolia**	**787**	**762**	**743**		鹤岗	Hegang	11	11	12	276
呼和浩特	Hohhot	211	191	191	45	双鸭山	Shuangyashan	12	15	13	273
包头	Baotou	119	116	107	91	大庆	Daqing	42	43	34	223
乌海	Wuhai	21	17	18	264	伊春	Yichun	26	25	26	241
赤峰	Chifeng	80	82	84	122	佳木斯	Jiamusi	23	18	21	254
通辽	Tongliao	32	38	30	235	七台河	Qitaihe	4	4	8	282
鄂尔多斯	Erdos	112	110	104	98	牡丹江	Mudanjiang	42	46	45	198
呼伦贝尔	Hulunbuir	77	77	77	134	黑河	Heihe	7	9	10	279
巴彦淖尔	Bayannur	14	13	14	270	绥化	Suihua	6	7	9	281
乌兰察布	Ulanqab	38	39	32	229	**上海**	**Shanghai**	**1856**	**2167**	**2027**	
辽宁	**Liaoning**	**1189**	**1242**	**1274**		**江苏**	**Jiangsu**	**2461**	**2659**	**2747**	

14-5 住宿和餐饮业法人企业数 续表 1
Number of Corporation Enterprises of Hotels and Catering Services continued 1

单位：个 (unit)

地名	City	2010	2011	2012	2012 排名 Ranking	地名	City	2010	2011	2012	2012 排名 Ranking
南京	Nanjing	599	649	639	7	池州	Chizhou	47	53	51	188
无锡	Wuxi	265	285	282	26	宣城	Xuancheng	64	71	76	136
徐州	Xuzhou	183	201	223	43	**福建**	**Fujian**	**1073**	**1236**	**1401**	
常州	Changzhou	146	149	147	66	福州	Fuzhou	277	321	394	14
苏州	Suzhou	471	486	466	11	厦门	Xiamen	212	256	276	27
南通	Nantong	109	124	131	78	莆田	Putian	39	48	56	182
连云港	Lianyungang	96	105	101	101	三明	Sanming	68	82	84	122
淮安	Huaian	93	98	136	72	泉州	Quanzhou	190	218	251	34
盐城	Yancheng	93	110	136	72	漳州	Zhangzhou	72	82	94	108
扬州	Yangzhou	147	156	164	59	南平	Nanping	83	88	84	122
镇江	Zhenjiang	101	114	121	80	龙岩	Longyan	74	77	87	119
泰州	Taizhou	97	107	113	83	宁德	Ningde	58	64	75	139
宿迁	Suqian	60	75	88	117	**江西**	**Jiangxi**	**733**	**623**	**615**	
浙江	**Zhejiang**	**2161**	**2408**	**2489**		南昌	Nanchang	262	182	165	58
杭州	Hangzhou	762	853	834	4	景德镇	Jingdezhen	42	38	34	223
宁波	Ningbo	386	447	456	12	萍乡	Pingxiang	21	20	21	254
温州	Wenzhou	437	236	264	30	九江	Jiujiang	65	56	58	178
嘉兴	Jiaxing	145	159	174	53	新余	Xinyu	30	30	28	239
湖州	Huzhou	80	84	92	113	鹰潭	Yingtan	17	20	19	261
绍兴	Shaoxing	125	139	153	63	赣州	Ganzhou	73	69	69	150
金华	Jinhua	130	150	162	60	吉安	Jian	63	62	59	172
衢州	Quzhou	33	38	41	204	宜春	Yichun	34	40	41	204
舟山	Zhoushan	94	101	107	91	抚州	Fuzhou	38	28	29	237
台州	Taizhou	120	127	132	76	上饶	Shangrao	88	78	92	113
丽水	Lishui	71	73	69	150	**山东**	**Shandong**	**4130**	**3413**	**3189**	
安徽	**Anhui**	**1021**	**1188**	**1323**		济南	Jinan	360	357	381	15
合肥	Hefei	248	328	332	19	青岛	Qingdao	358	364	362	17
芜湖	Wuhu	78	94	109	89	淄博	Zibo	517	363	241	41
蚌埠	Bengbu	53	58	62	165	枣庄	Zaozhuang	118	103	111	86
淮南	Huainan	27	31	45	198	东营	Dongying	72	63	67	155
马鞍山	Maanshan	41	64	68	153	烟台	Yantai	411	356	368	16
淮北	Huaibei	12	7	11	278	潍坊	Weifang	231	231	240	42
铜陵	Tongling	41	54	71	145	济宁	Jining	293	279	258	33
安庆	Anqing	88	97	110	88	泰安	Taian	389	268	242	40
黄山	Huangshan	80	78	98	104	威海	Weihai	210	196	185	46
滁州	Chuzhou	50	60	84	122	日照	Rizhao	66	63	65	161
阜阳	Fuyang	52	57	67	155	莱芜	Laiwu	23	35	41	204
宿州	Suzhou	23	38	41	204	临沂	Linyi	214	158	148	65
六安	Liuan	56	60	62	165	德州	Dezhou	342	152	116	82
亳州	Bozhou	20	38	35	219	聊城	Liaocheng	106	94	96	107

14-5 住宿和餐饮业法人企业数 续表 2

Number of Corporation Enterprises of Hotels and Catering Services continued 2

单位：个 (unit)

地名	City	2010	2011	2012	2012 排名 Ranking	地名	City	2010	2011	2012	2012 排名 Ranking
滨州	Binzhou	105	82	84	122	常德	Changde	63	67	79	133
菏泽	Heze	315	237	183	48	张家界	Zhangjiajie	53	55	50	191
河南	**Henan**	**2295**	**2363**	**2368**		益阳	Yiyang	95	98	94	108
郑州	Zhengzhou	750	373	1048	3	郴州	Chenzhou	81	72	82	129
开封	Kaifeng	267	193	270	29	永州	Yongzhou	74	46	46	196
洛阳	Luoyang	256	182	516	9	怀化	Huaihua	41	42	39	210
平顶山	Pingdingshan	341	217	451	13	娄底	Loudi	27	25	33	225
安阳	Anyang	165	85	166	57	**广东**	**Guangdong**	**3910**	**4119**	**4401**	
鹤壁	Hebi	63	44	112	85	广州	Guangzhou	1125	1166	1291	1
新乡	Xinxiang	173	106	247	37	韶关	Shaoguan	49	72	134	75
焦作	Jiaozuo	137	60	184	47	深圳	Shenzhen	675	683	706	6
濮阳	Puyang	127	38	179	49	珠海	Zhuhai	176	168	174	53
许昌	Xuchang	232	121	259	32	汕头	Shantou	106	124	140	71
漯河	Luohe	119	68	150	64	佛山	Foshan	334	339	327	23
三门峡	Sanmenxia	107	73	111	86	江门	Jiangmen	135	137	135	74
南阳	Nanyang	404	236	520	8	湛江	Zhanjiang	70	83	81	130
商丘	Shangqiu	103	67	146	67	茂名	Maoming	67	75	67	155
信阳	Xinyang	301	153	332	19	肇庆	Zhaoqing	84	95	92	113
周口	Zhoukou	306	180	313	24	惠州	Huizhou	145	157	169	56
驻马店	Zhumadian	226	151	248	35	梅州	Meizhou	42	52	58	178
湖北	**Hubei**	**1409**	**1497**	**1853**		汕尾	Shanwei	21	25	33	225
武汉	Wuhan	617	502	761	5	河源	Heyuan	41	56	61	169
黄石	Huangshi	41	149	68	153	阳江	Yangjiang	58	66	73	141
十堰	Shiyan	69	70	81	130	清远	Qingyuan	64	71	74	140
宜昌	Yichang	112	131	174	53	东莞	Dongguan	310	315	341	18
襄阳	Xiangyang	145	143	156	61	中山	Zhongshan	219	243	248	35
鄂州	Ezhou	21	19	20	258	潮州	Chaozhou	51	54	54	185
荆门	Jingmen	75	63	76	136	揭阳	Jieyang	101	103	107	91
孝感	Xiaogan	65	68	80	132	云浮	Yunfu	37	35	36	217
荆州	Jingzhou	44	42	87	119	**广西**	**Guangxi**	**581**	**662**	**737**	
黄冈	Huanggang	53	53	59	172	南宁	Nanning	140	162	263	31
咸宁	Xianning	135	158	73	141	柳州	Liuzhou	50	58	67	155
随州	Suizhou	34	47	65	161	桂林	Guilin	115	132	154	62
湖南	**Hunan**	**1205**	**1124**	**1152**		梧州	Wuzhou	23	26	24	246
长沙	Changsha	324	291	306	25	北海	Beihai	42	42	44	201
株洲	Zhuzhou	97	93	100	102	防城港	Fangchenggang	12	12	15	266
湘潭	Xiangtan	99	80	51	188	钦州	Qinzhou	31	33	35	219
衡阳	Hengyang	86	87	99	103	贵港	Guigang	25	27	38	213
邵阳	Shaoyang	58	57	54	185	玉林	Yulin	37	48	51	188
岳阳	Yueyang	85	88	93	110	百色	Baise	46	51	55	183

14-5 住宿和餐饮业法人企业数 续表 3

Number of Corporation Enterprises of Hotels and Catering Services continued 3

单位：个 (unit)

地名	City	2010	2011	2012	2012 排名 Ranking	地名	City	2010	2011	2012	2012 排名 Ranking
贺州	Hezhou	5	8	10	279	丽江	Lijiang	48	52	60	170
河池	Hechi	25	29	29	237	普洱	Puer	14	16	20	258
来宾	Laibin	10	13	15	266	临沧	Lincang	10	10	13	273
崇左	Chongzuo	19	21	22	249	**西藏**	**Tibet**	**46**	**49**	**69**	
海南	**Hainan**	**412**	**380**	**361**		拉萨	Lasa	13	24	27	240
海口	Haikou	159	139	145	69	**陕西**	**Shaanxi**	**1182**	**1305**	**1457**	
三亚	Sanya	122	131	107	91	西安	Xi'an	441	481	505	10
三沙	Sansha					铜川	Tongchuan	28	30	38	213
重庆	**Chongqing**	**833**	**1060**	**1073**		宝鸡	Baoji	94	110	131	78
四川	**Sichuan**	**1532**	**2049**	**2297**		咸阳	Xianyang	126	146	177	50
成都	Chengdu	788	1121	1054	2	渭南	Weinan	106	128	146	67
自贡	Zigong	32	36	49	192	延安	Yan'an	65	70	77	134
攀枝花	Panzhihua	39	44	59	172	汉中	Hanzhong	80	81	97	106
泸州	Luzhou	37	46	65	161	榆林	Yulin	137	140	142	70
德阳	Deyang	47	60	84	122	安康	Ankang	65	78	98	104
绵阳	Mianyang	68	98	119	81	商洛	Shangluo	31	32	37	216
广元	Guangyuan	32	43	59	172	**甘肃**	**Gansu**	**399**	**439**	**545**	
遂宁	Suining	25	42	44	201	兰州	Lanzhou	166	176	192	44
内江	Neijiang	32	36	55	183	嘉峪关	Jiayuguan	11	16	15	266
乐山	Leshan	48	53	58	178	金昌	Jinchang	10	11	12	276
南充	Nanchong	54	83	107	91	白银	Baiyin	15	19	22	249
眉山	Meishan	32	33	36	217	天水	Tianshui	51	48	62	165
宜宾	Yibin	46	49	54	185	武威	Wuwei	17	17	25	242
广安	Guangan	27	27	35	219	张掖	Zhangye	15	19	22	249
达州	Dazhou	30	47	57	181	平凉	Pingliang	10	18	22	249
雅安	Yaan	23	30	32	229	酒泉	Jiuquan	38	40	47	195
巴中	Bazhong	13	16	25	242	庆阳	Qingyang	14	19	49	192
资阳	Ziyang	35	39	41	204	定西	Dingxi	12	15	25	242
贵州	**Guizhou**	**368**	**416**	**508**		陇南	Longnan	15	15	19	261
贵阳	Guiyang	133	156	175	51	**青海**	**Qinghai**	**90**	**91**	**84**	
六盘水	Liupanshui	22	24	32	229	西宁	Xining		53	48	194
遵义	Zunyi	72	78	84	122	海东	Haidong				
安顺	Anshun	18	19	25	242	**宁夏**	**Ningxia**	**140**	**163**	**169**	
毕节	Bijie	22	26	32	229	银川	Yinchuan	84	93	89	116
铜仁	Tongren	23	30	45	198	石嘴山	Shizuishan	16	18	20	258
云南	**Yunnan**	**603**	**700**	**809**		吴忠	Wuzhong	15	18	17	265
昆明	Kunming	241	260	330	21	固原	Guyuan	7	12	13	273
曲靖	Qujing	55	64	70	149	中卫	Zhongwei	18	22	30	235
玉溪	Yuxi	38	42	39	210	**新疆**	**Xinjiang**	**274**	**294**	**309**	
保山	Baoshan	11	13	24	246	乌鲁木齐	Urumqi	25	91	87	119
昭通	Zhaotong	18	28	14	270	克拉玛依	Karamay	2	7	8	282

14-6 住宿和餐饮业年末从业人数

Employed Persons of Hotels and Catering Services at Year-end

单位：人 (person)

地名	City	2010	2011	2012	2012 排名 Ranking	地名	City	2010	2011	2012	2012 排名 Ranking
全国	**Nation Total**	**4311167**	**4434618**	**4544590**		沈阳	Shenyang	33850	32894	34283	24
北京	**Beijing**	**380254**	**386224**	**411718**		大连	Dalian	35207	33012	35795	22
天津	**Tianjin**	**79969**	**83814**	**84824**		鞍山	Anshan	8116	7241	8377	115
河北	**Hebei**	**107211**	**115743**	**113858**		抚顺	Fushun	2608	2384	2467	236
石家庄	Shijiazhuang	19357	22977	20008	41	本溪	Benxi	2217	2382	2168	244
唐山	Tangshan	14851	16732	15950	56	丹东	Dandong	4200	3946	4674	180
秦皇岛	Qinhuangdao	9159	9074	9392	103	锦州	Jinzhou	4096	4063	3956	199
邯郸	Handan	9807	10390	10628	90	营口	Yingkou	7153	7654	7028	140
邢台	Xingtai	4593	5743	6677	146	阜新	Fuxin	1380	1148	1449	268
保定	Baoding	14142	14604	14423	62	辽阳	Liaoyang	2631	2373	2410	238
张家口	Zhangjiakou	10251	11388	9976	100	盘锦	Panjin	3018	2249	2751	230
承德	Chengde	5215	5319	5994	159	铁岭	Tieling	2371	2264	1924	253
沧州	Cangzhou	7513	6911	7168	133	朝阳	Chaoyang	2281	1982	2108	247
廊坊	Langfang	9147	9623	10050	97	葫芦岛	Huludao	3953	2970	2706	234
衡水	Hengshui	3176	2982	3592	212	**吉林**	**Jilin**	**37835**	**33607**	**33862**	
山西	**Shanxi**	**122077**	**123955**	**132151**		长春	Changchun	15677	15461	15268	59
太原	Taiyuan	36416	41945	45117	16	吉林	Jilin	7203	5646	5729	165
大同	Datong	16956	16573	18728	45	四平	Siping	1486	1259	1335	270
阳泉	Yangquan	5278	5047	5155	175	辽源	Liaoyuan	747	968	930	277
长治	Changzhi	10315	10691	10794	88	通化	Tonghua	1959	1722	1953	252
晋城	Jincheng	9527	7822	8852	110	白山	Baishan	1492	1522	1465	264
朔州	Shuozhou	6832	6373	6484	149	松原	Songyuan	3390	2040	1807	256
晋中	Jinzhong	8297	8831	7800	123	白城	Baicheng	807	1032	873	280
运城	Yuncheng	6688	7234	6163	158	**黑龙江**	**Heilongjiang**	**46946**	**42908**	**44228**	
忻州	Xinzhou	6009	5593	6842	143	哈尔滨	Harbin	26303	21796	21731	36
临汾	Linfen	9766	8567	8601	113	齐齐哈尔	Qiqihar	1921	2249	2046	249
吕梁	Lvliang	5988	6118	7317	131	鸡西	Jixi	695	591	599	283
内蒙古	**Inner Mongolia**	**77084**	**73875**	**73568**		鹤岗	Hegang	949	941	930	277
呼和浩特	Hohhot	26952	21057	28270	30	双鸭山	Shuangyashan	1063	1303	894	279
包头	Baotou	19395	13030	17436	52	大庆	Daqing	4858	3480	3206	220
乌海	Wuhai	2210	1960	3315	218	伊春	Yichun	1113	1016	1706	259
赤峰	Chifeng	7408	5696	8325	116	佳木斯	Jiamusi	2176	1803	1802	257
通辽	Tongliao	3038	3164	3920	202	七台河	Qitaihe	338	244	339	284
鄂尔多斯	Erdos	12742	10969	12003	77	牡丹江	Mudanjiang	4560	4548	7119	135
呼伦贝尔	Hulunbuir	9861	6409	8686	111	黑河	Heihe	517	787	1268	272
巴彦淖尔	Bayannur	1815	1318	2085	248	绥化	Suihua	533	600	651	282
乌兰察布	Ulanqab	4653	4592	4550	183	**上海**	**Shanghai**	**278967**	**274205**	**285151**	
辽宁	**Liaoning**	**113081**	**106562**	**112109**		**江苏**	**Jiangsu**	**294952**	**350818**	**337825**	

14-6 住宿和餐饮业年末从业人数 续表 1
Employed Persons of Hotels and Catering Services at Year-end continued 1

单位：人 (person)

地名	City	2010	2011	2012	2012 排名 Ranking	地名	City	2010	2011	2012	2012 排名 Ranking
南京	Nanjing	76300	84548	102824	5	池州	Chizhou	3256	4313	4577	182
无锡	Wuxi	43063	46542	49291	14	宣城	Xuancheng	4848	5066	5566	167
徐州	Xuzhou	13558	14142	14371	63	**福建**	**Fujian**	**146857**	**155347**	**168784**	
常州	Changzhou	24973	30974	35118	23	福州	Fuzhou	48090	49921	55756	12
苏州	Suzhou	63055	68981	76648	8	厦门	Xiamen	37754	40373	42854	19
南通	Nantong	9002	11277	13195	69	莆田	Putian	5411	6201	6545	148
连云港	Lianyungang	7458	7577	7547	125	三明	Sanming	4468	5690	5737	164
淮安	Huaian	8740	9702	10084	96	泉州	Quanzhou	26449	29141	28412	29
盐城	Yancheng	10416	9550	11993	78	漳州	Zhangzhou	6141	6581	7901	121
扬州	Yangzhou	15493	12737	15794	57	南平	Nanping	6987	9321	7896	122
镇江	Zhenjiang	9601	10789	12183	73	龙岩	Longyan	6114	6297	7091	138
泰州	Taizhou	12042	10716	11931	79	宁德	Ningde	5443	5768	6592	147
宿迁	Suqian	5334	5755	6425	150	**江西**	**Jiangxi**	**70074**	**66852**	**71198**	
浙江	**Zhejiang**	**294615**	**307984**	**300036**		南昌	Nanchang	25911	21773	23911	34
杭州	Hangzhou	114660	138703	111990	3	景德镇	Jingdezhen	3689	3150	3025	225
宁波	Ningbo	52590	53943	54314	13	萍乡	Pingxiang	2026	1730	1826	255
温州	Wenzhou	40940	30911	29812	27	九江	Jiujiang	7699	7118	7394	128
嘉兴	Jiaxing	16699	18205	18198	48	新余	Xinyu	3849	4161	4276	192
湖州	Huzhou	9442	9732	11075	85	鹰潭	Yingtan	1971	2565	2363	240
绍兴	Shaoxing	18131	19365	19676	43	赣州	Ganzhou	7223	6666	7106	137
金华	Jinhua	15899	18351	17512	51	吉安	Jian	3830	4262	4035	196
衢州	Quzhou	3353	4060	3865	203	宜春	Yichun	4012	4959	5502	168
舟山	Zhoushan	8148	8575	8948	108	抚州	Fuzhou	3050	3095	3132	223
台州	Taizhou	18567	18097	17533	50	上饶	Shangrao	6814	7373	8628	112
丽水	Lishui	5597	5727	5944	161	**山东**	**Shandong**	**312137**	**286738**	**279720**	
安徽	**Anhui**	**102161**	**110142**	**127508**		济南	Jinan	44488	44451	46826	15
合肥	Hefei	31294	35759	42435	20	青岛	Qingdao	52478	54055	43310	18
芜湖	Wuhu	7734	8933	13304	68	淄博	Zibo	24098	17249	15264	60
蚌埠	Bengbu	3923	3701	3474	215	枣庄	Zaozhuang	8139	6216	7494	126
淮南	Huainan	3387	3294	3954	200	东营	Dongying	11600	11148	12894	71
马鞍山	Maanshan	4567	7026	7020	141	烟台	Yantai	26354	24354	26784	31
淮北	Huaibei	1737	1318	1384	269	潍坊	Weifang	22560	21848	20964	39
铜陵	Tongling	2863	3486	4648	181	济宁	Jining	16804	14987	18028	49
安庆	Anqing	7111	7378	8913	109	泰安	Taian	19076	16280	14749	61
黄山	Huangshan	8975	9037	10594	91	威海	Weihai	15972	14702	13779	64
滁州	Chuzhou	4432	5405	5571	166	日照	Rizhao	6150	5741	5855	162
阜阳	Fuyang	3819	4117	4375	189	莱芜	Laiwu	2407	2892	2878	226
宿州	Suzhou	2362	3025	3102	224	临沂	Linyi	14986	13922	13759	65
六安	Liuan	4942	5287	5262	173	德州	Dezhou	15737	11915	10560	92
亳州	Bozhou	2180	3315	3312	219	聊城	Liaocheng	8456	7821	9328	104

14-6 住宿和餐饮业年末从业人数 续表 2
Employed Persons of Hotels and Catering Services at Year-end continued 2

单位：人 (person)

地名	City	2010	2011	2012	2012 排名 Ranking
滨州	Binzhou	8025	6565	7181	132
菏泽	Heze	14807	11993	10039	98
河南	**Henan**	**168075**	**169482**	**174853**	
郑州	Zhengzhou	65152	47813	69649	9
开封	Kaifeng	11564	9610	10542	94
洛阳	Luoyang	17962	16296	26163	32
平顶山	Pingdingshan	15383	13064	18591	46
安阳	Anyang	9194	6570	8957	107
鹤壁	Hebi	3036	2067	4336	190
新乡	Xinxiang	9341	7503	12077	75
焦作	Jiaozuo	8079	6088	9617	102
濮阳	Puyang	3872	2114	4529	184
许昌	Xuchang	9038	7697	10948	86
漯河	Luohe	4381	3351	5368	172
三门峡	Sanmenxia	7469	5289	7383	129
南阳	Nanyang	15772	12703	21540	38
商丘	Shangqiu	5250	4410	6270	154
信阳	Xinyang	10809	8257	12101	74
周口	Zhoukou	10298	7355	10552	93
驻马店	Zhumadian	9273	7785	11127	84
湖北	**Hubei**	**147141**	**150268**	**173312**	
武汉	Wuhan	83361	76253	89912	6
黄石	Huangshi	3315	8442	5114	176
十堰	Shiyan	8856	6513	8206	117
宜昌	Yichang	8695	11080	12987	70
襄阳	Xiangyang	12354	8916	9828	101
鄂州	Ezhou	2194	2099	2164	245
荆门	Jingmen	6698	5752	6178	156
孝感	Xiaogan	46	5681	7162	134
荆州	Jingzhou	3551	3658	5014	177
黄冈	Huanggang	5212	5246	5762	163
咸宁	Xianning	2015	5475	6371	152
随州	Suizhou	3646	4046	4399	188
湖南	**Hunan**	**140501**	**141712**	**48321**	
长沙	Changsha	57570	59060	59800	11
株洲	Zhuzhou	9521	9810	10756	89
湘潭	Xiangtan	8125	7475	6680	145
衡阳	Hengyang	9736	12210	13392	66
邵阳	Shaoyang	5557	6347	6409	151
岳阳	Yueyang	8131	8008	8200	118
常德	Changde	7813	8340	10024	99
张家界	Zhangjiajie	4897	5070	5453	171
益阳	Yiyang	6185	6269	5959	160
郴州	Chenzhou	6837	6237	7118	136
永州	Yongzhou	6150	5608	5478	170
怀化	Huaihua	4205	4591	4299	191
娄底	Loudi	3588	3587	4423	186
广东	**Guangdong**	**609863**	**647692**	**655577**	
广州	Guangzhou	174453	120721	198459	1
韶关	Shaoguan	6688	8563	11217	83
深圳	Shenzhen	131240	165673	147419	2
珠海	Zhuhai	22239	21818	21674	37
汕头	Shantou	10915	11540	11355	82
佛山	Foshan	41245	39285	37762	21
江门	Jiangmen	19509	21807	19842	42
湛江	Zhanjiang	15156	15327	16222	54
茂名	Maoming	8257	8133	7718	124
肇庆	Zhaoqing	10637	11051	10865	87
惠州	Huizhou	19788	21423	22766	35
梅州	Meizhou	5168	6305	6169	157
汕尾	Shanwei	3049	3120	3976	198
河源	Heyuan	5698	6411	7381	130
阳江	Yangjiang	8021	12163	9220	105
清远	Qingyuan	11527	11803	12061	76
东莞	Dongguan	66267	68771	68648	10
中山	Zhongshan	27534	29539	29532	28
潮州	Chaozhou	3569	3378	3174	222
揭阳	Jieyang	6543	6738	6268	155
云浮	Yunfu	3869	3722	3849	205
广西	**Guangxi**	**70818**	**74217**	**83636**	
南宁	Nanning	21160	10986	33799	25
柳州	Liuzhou	7061	4580	7971	120
桂林	Guilin	14709	12563	16077	55
梧州	Wuzhou	2215	1637	1866	254
北海	Beihai	3673	2381	3954	200
防城港	Fangchenggang	1013	330	1069	276
钦州	Qinzhou	2742	3738	3204	221
贵港	Guigang	2197	2643	2814	227
玉林	Yulin	5371	4698	5260	174
百色	Baise	4256	2106	4406	187

14-6 住宿和餐饮业年末从业人数 续表 3
Employed Persons of Hotels and Catering Services at Year-end continued 3

单位：人 (person)

地名	City	2010	2011	2012	2012 排名 Ranking
贺州	Hezhou	687	881	1216	273
河池	Hechi	2295	2342	2628	235
来宾	Laibin	1679	1750	1976	251
崇左	Chongzuo	1760	1848	2191	242
海南	**Hainan**	**65532**	**71936**	**65798**	
海口	Haikou	21567	20294	18369	47
三亚	Sanya	29752	33869	33438	26
三沙	Sansha				
重庆	**Chongqing**	**102772**	**109964**	**116700**	
四川	**Sichuan**	**176495**	**161286**	**222769**	
成都	Chengdu	91665	110229	107633	4
自贡	Zigong	3589	5835	6741	144
攀枝花	Panzhihua	3740	4050	4219	193
泸州	Luzhou	3380	3668	3809	206
德阳	Deyang	6290	6989	8467	114
绵阳	Mianyang	8558	9780	11822	80
广元	Guangyuan	2320	2974	3667	209
遂宁	Suining	2472	3746	3610	211
内江	Neijiang	2813	3328	3786	207
乐山	Leshan	4093	4649	4830	179
南充	Nanchong	5214	7147	8980	106
眉山	Meishan	3783	3800	3612	210
宜宾	Yibin	3917	3892	4041	195
广安	Guangan	2497	2580	2786	229
达州	Dazhou	3783	4561	4985	178
雅安	Yaan	1867	2194	2171	243
巴中	Bazhong	1443	1993	2250	241
资阳	Ziyang	14897	18114	19528	44
贵州	**Guizhou**	**35377**	**42190**	**49407**	
贵阳	Guiyang	16445	20921	24074	33
六盘水	Liupanshui	1852	1997	2738	232
遵义	Zunyi	5205	4964	5489	169
安顺	Anshun	1532	1457	1679	261
毕节	Bijie	2102	2636	3863	204
铜仁	Tongren	1851	2580	3433	216
云南	**Yunnan**	**71018**	**78010**	**89852**	
昆明	Kunming	35795	36700	44082	17
曲靖	Qujing	5726	2300	7072	139
玉溪	Yuxi	3489	3700	3690	208
保山	Baoshan	1438	2300	2790	228
昭通	Zhaotong	1435	2600	4010	197
丽江	Lijiang	5743	5300	6277	153
普洱	Puer	844	1100	2039	250
临沧	Lincang	777	2100	871	281
西藏	**Tibet**	**4742**	**5190**	**6227**	
拉萨	Lasa	1656	3049	3342	217
陕西	**Shaanxi**	**149146**	**156843**	**168430**	
西安	Xi'an	77836	83871	86639	7
铜川	Tongchuan	2094	2361	2729	233
宝鸡	Baoji	9571	9568	10130	95
咸阳	Xianyang	10122	11835	13373	67
渭南	Weinan	10111	10720	12807	72
延安	Yan'an	6585	7055	7446	127
汉中	Hanzhong	7406	7097	8018	119
榆林	Yulin	14948	13060	15298	58
安康	Ankang	5937	6596	6884	142
商洛	Shangluo	3425	3658	4045	194
甘肃	**Gansu**	**43859**	**44898**	**47499**	
兰州	Lanzhou	21962	21512	20527	40
嘉峪关	Jiayuguan	1284	1571	1452	267
金昌	Jinchang	1355	1381	1281	271
白银	Baiyin	1602	1878	1722	258
天水	Tianshui	4231	3918	4489	185
武威	Wuwei	966	981	1465	264
张掖	Zhangye	752	1034	1127	275
平凉	Pingliang	1497	2405	2415	237
酒泉	Jiuquan	3265	3356	3578	213
庆阳	Qingyang	1940	2529	3556	214
定西	Dingxi	1207	1707	2368	239
陇南	Longnan	1474	1343	1455	266
青海	**Qinghai**	**10934**	**10139**	**10575**	
西宁	Xining		7391	1690	260
海东	Haidong				
宁夏	**Ningxia**	**16670**	**17735**	**19587**	
银川	Yinchuan	10573	10759	11444	81
石嘴山	Shizuishan	1458	1410	1650	262
吴忠	Wuzhong	1531	2279	2155	246
固原	Guyuan	1165	1371	1596	263
中卫	Zhongwei	1943	1916	2742	231
新疆	**Xinjiang**	**34004**	**34282**	**35507**	
乌鲁木齐	Urumqi	20261	17425	16306	53
克拉玛依	Karamay	2471	1124	1195	274

14-7 住宿和餐饮业营业额

Business Revenue of Hotels and Catering Services

单位：亿元 （100 million yuan）

地名	City	2010	2012	2013	2013 排名 Ranking	地名	City	2010	2012	2013	2013 排名 Ranking
全国	**All Nation**	**5992.94**	**7954.20**	**8061.32**		沈阳	Shenyang	72.74	102.69	173.43	6
北京	**Beijing**	**698.91**	**918.60**	**873.54**		大连	Dalian	56.21	70.90	92.81	20
天津	**Tianjin**	**109.51**	**142.20**	**143.31**		鞍山	Anshan	13.46	19.94	52.12	37
河北	**Hebei**	**101.26**	**138.50**	**120.15**		抚顺	Fushun	3.89	4.57	14.56	129
石家庄	Shijiazhuang	21.72	27.71	24.73	84	本溪	Benxi	2.76	3.17	8.15	172
唐山	Tangshan	16.85	20.11	16.63	116	丹东	Dandong	6.57	10.49	25.44	79
秦皇岛	Qinhuangdao	8.36	11.77	10.16	149	锦州	Jinzhou	5.07	6.90	21.61	97
邯郸	Handan	9.37	15.49	12.60	135	营口	Yingkou	8.40	12.97	19.57	107
邢台	Xingtai	3.82	6.51	6.07	206	阜新	Fuxin	1.20	1.67	2.69	248
保定	Baoding	11.06	15.80	13.87	131	辽阳	Liaoyang	3.34	4.18	7.02	187
张家口	Zhangjiakou	7.62	9.22	8.70	165	盘锦	Panjin	5.62	5.30	9.16	160
承德	Chengde	5.09	7.73	6.77	192	铁岭	Tieling	2.41	4.19	10.10	150
沧州	Cangzhou	5.90	7.95	7.10	184	朝阳	Chaoyang	3.10	3.51	8.85	164
廊坊	Langfang	9.11	12.20	9.05	162	葫芦岛	Huludao	4.44	4.48	5.31	218
衡水	Hengshui	2.37	3.95	4.48	226	**吉林**	**Jilin**	**46.75**	**58.40**	**55.11**	
山西	**Shanxi**	**121.08**	**156.60**	**121.24**		长春	Changchun	23.66	28.63	25.71	78
太原	Taiyuan	49.04	66.92	49.33	40	吉林	Jilin	7.87	9.29	8.45	166
大同	Datong	139.02	18.87	15.60	120	四平	Siping	2.52	3.86	5.57	213
阳泉	Yangquan	4.96	5.07	2.82	244	辽源	Liaoyuan	0.54	1.06	0.91	277
长治	Changzhi	8.71	11.62	8.06	174	通化	Tonghua	1.82	4.32	3.49	237
晋城	Jincheng	7.45	8.51	6.50	197	白山	Baishan	0.98	1.45	1.51	269
朔州	Shuozhou	6.00	8.66	8.97	163	松原	Songyuan	3.20	2.18	2.50	251
晋中	Jinzhong	5.74	7.52	5.81	211	白城	Baicheng	0.57	0.74	0.67	280
运城	Yuncheng	8.58	7.25	5.96	208	**黑龙江**	**Heilongjiang**	**62.66**	**66.90**	**58.72**	
忻州	Xinzhou	4.66	7.07	5.83	210	哈尔滨	Harbin	44.73	39.95	34.90	60
临汾	Linfen	7.48	7.41	5.41	217	齐齐哈尔	Qiqihar	1.51	2.74	1.19	274
吕梁	Lvliang	4.54	7.68	6.94	189	鸡西	Jixi	0.73	0.58	0.48	283
内蒙古	**Inner Mongolia**	**87.35**	**100.90**	**106.25**		鹤岗	Hegang	0.51	0.88	0.80	278
呼和浩特	Hohhot	132.10	44.90	35.09	57	双鸭山	Shuangyashan	0.66	0.79	0.62	282
包头	Baotou	21.43	29.86	43.56	47	大庆	Daqing	5.25	4.75	4.31	228
乌海	Wuhai	12.70	6.55	5.54	215	伊春	Yichun	1.02	2.16	2.56	250
赤峰	Chifeng	4.20	8.57	20.44	102	佳木斯	Jiamusi	1.95	2.14	1.76	263
通辽	Tongliao	2.41	4.42	4.07	232	七台河	Qitaihe	0.32	0.07	0.20	284
鄂尔多斯	Erdos	12.11	14.83	3.70	234	牡丹江	Mudanjiang	3.40	5.86	6.45	199
呼伦贝尔	Hulunbuir	9.54	13.51	7.64	181	黑河	Heihe	0.48	1.37	1.02	275
巴彦淖尔	Bayannur	1.02	1.98	1.20	273	绥化	Suihua	0.61	0.66	0.76	279
乌兰察布	Ulanqab	3.60	3.87	2.08	257	**上海**	**Shanghai**	**557.47**	**630.10**	**720.85**	
辽宁	**Liaoning**	**189.21**	**255.00**	**249.59**		**江苏**	**Jiangsu**	**423.31**	**557.00**	**611.13**	

14-7 住宿和餐饮业营业额 续表 1

Business Revenue of Hotels and Catering Services continued 1

单位：亿元 （100 million yuan）

地名	City	2010	2012	2013	2013 排名 Ranking	地名	City	2010	2012	2013	2013 排名 Ranking
南京	Nanjing	6.90	181.90	139.47	10	池州	Chizhou	3.60	5.30	5.49	216
无锡	Wuxi	5.55	78.40	61.46	32	宣城	Xuancheng	5.27	8.00	7.96	176
徐州	Xuzhou	5.03	32.20	35.60	56	**福建**	**Fujian**	**197.7**	**289.3**	**306.2**	
常州	Changzhou	5.21	53.20	49.44	39	福州	Fuzhou	79.62	114.90	118.33	13
苏州	Suzhou	15.27	137.00	107.78	16	厦门	Xiamen	57.24	81.77	76.82	27
南通	Nantong	6.13	21.30	22.94	89	莆田	Putian	4.76	7.38	8.21	169
连云港	Lianyungang	2.75	10.90	10.66	145	三明	Sanming	4.77	9.22	9.37	156
淮安	Huaian	2.33	14.10	16.45	118	泉州	Quanzhou	26.22	37.07	38.57	52
盐城	Yancheng	3.92	19.20	20.16	106	漳州	Zhangzhou	6.84	10.57	11.36	138
扬州	Yangzhou	4.03	24.60	23.49	88	南平	Nanping	6.35	10.29	14.58	128
镇江	Zhenjiang	2.43	22.50	23.82	87	龙岩	Longyan	5.49	8.19	7.84	180
泰州	Taizhou	3.59	18.80	17.32	112	宁德	Ningde	6.34	9.89	10.64	146
宿迁	Suqian	2.09	8.10	7.99	175	**江西**	**Jiangxi**	**76.68**	**89.50**	**81.16**	
浙江	**Zhejiang**	**470.06**	**581.20**	**536.93**		南昌	Nanchang	31.50	34.00	28.34	76
杭州	Hangzhou	247.70	248.54	226.89	5	景德镇	Jingdezhen	3.30	3.51	3.07	240
宁波	Ningbo	74.71	88.20	115.26	15	萍乡	Pingxiang	1.90	2.46	1.88	261
温州	Wenzhou	65.55	61.47	73.52	28	九江	Jiujiang	6.20	8.32	8.42	167
嘉兴	Jiaxing	23.74	31.41	30.22	71	新余	Xinyu	4.80	7.10	7.07	186
湖州	Huzhou	13.68	20.73	21.43	98	鹰潭	Yingtan	1.40	2.12	2.02	259
绍兴	Shaoxing	31.38	41.80	44.02	46	赣州	Ganzhou	6.80	7.78	8.18	170
金华	Jinhua	21.11	30.65	33.97	61	吉安	Jian	3.40	3.99	3.64	235
衢州	Quzhou	4.43	5.93	48.74	42	宜春	Yichun	3.10	4.99	4.62	225
舟山	Zhoushan	14.21	17.07	17.30	113	抚州	Fuzhou	2.40	2.69	2.33	254
台州	Taizhou	23.44	27.60	25.26	81	上饶	Shangrao	11.90	12.54	11.59	136
丽水	Lishui	6.09	7.80	8.11	173	**山东**	**Shandong**	**480.70**	**540.20**	**553.59**	
安徽	**Anhui**	**106.67**	**160.80**	**168.32**		济南	Jinan	54.25	65.42	59.85	33
合肥	Hefei	39.84	60.95	58.43	34	青岛	Qingdao	79.20	99.67	90.85	21
芜湖	Wuhu	9.10	13.94	15.79	119	淄博	Zibo	47.58	31.76	31.01	69
蚌埠	Bengbu	3.35	4.97	5.57	213	枣庄	Zaozhuang	8.16	9.30	10.82	141
淮南	Huainan	3.34	4.66	4.45	227	东营	Dongying	17.72	23.64	17.99	110
马鞍山	Maanshan	4.14	7.19	6.40	200	烟台	Yantai	46.49	68.22	77.10	26
淮北	Huaibei	1.36	1.72	2.03	258	潍坊	Weifang	22.97	28.77	30.19	72
铜陵	Tongling	2.93	5.38	6.37	201	济宁	Jining	23.10	26.48	25.16	82
安庆	Anqing	7.33	12.14	14.85	127	泰安	Taian	41.20	45.55	52.92	36
黄山	Huangshan	8.52	12.81	11.10	140	威海	Weihai	30.20	33.05	29.40	75
滁州	Chuzhou	3.90	6.64	9.91	152	日照	Rizhao	8.34	7.66	6.47	198
阜阳	Fuyang	3.19	4.81	5.91	209	莱芜	Laiwu	1.94	2.58	2.22	256
宿州	Suzhou	1.76	3.36	4.31	228	临沂	Linyi	20.64	22.68	21.89	94
六安	Liuan	4.28	6.13	6.23	203	德州	Dezhou	30.36	25.10	44.45	45
亳州	Bozhou	1.55	2.79	3.53	236	聊城	Liaocheng	8.75	11.54	10.81	142

14-7 住宿和餐饮业营业额 续表 2

Business Revenue of Hotels and Catering Services continued 2

单位：亿元 （100 million yuan）

地名	City	2010	2012	2013	2013 排名 Ranking	地名	City	2010	2012	2013	2013 排名 Ranking
滨州	Binzhou	8.87	8.88	7.53	182	常德	Changde	68.58	74.88	105.02	17
菏泽	Heze	30.90	29.97	34.93	59	张家界	Zhangjiajie	13.79	18.67	20.24	105
河南	**Henan**	**199.03**	**295.10**	**292.31**		益阳	Yiyang	33.15	42.76	46.39	43
郑州	Zhengzhou	77.32	125.81	118.19	14	郴州	Chenzhou	57.66	116.37	86.10	22
开封	Kaifeng	16.05	26.87	29.70	73	永州	Yongzhou	27.64	35.52	37.59	54
洛阳	Luoyang	18.31	34.40	37.99	53	怀化	Huaihua	28.25	39.79	41.67	49
平顶山	Pingdingshan	17.76	30.30	32.64	66	娄底	Loudi	29.06	34.88	33.32	64
安阳	Anyang	12.95	12.83	11.58	137	**广东**	**Guangdong**	**843.60**	**1053.50**	**1084.55**	
鹤壁	Hebi	3.03	5.46	6.16	204	广州	Guangzhou	326.72	442.15	482.14	1
新乡	Xinxiang	9.92	17.59	19.40	109	韶关	Shaoguan	7.21	14.41	14.94	126
焦作	Jiaozuo	10.73	16.95	16.62	117	深圳	Shenzhen	218.78	387.90	441.84	2
濮阳	Puyang	7.52	15.64	15.27	121	珠海	Zhuhai	31.96	36.51	39.13	51
许昌	Xuchang	12.74	22.09	22.71	91	汕头	Shantou	16.09	21.61	21.68	96
漯河	Luohe	6.01	11.89	14.47	130	佛山	Foshan	67.41	66.46	65.88	30
三门峡	Sanmenxia	5.70	8.06	7.18	183	江门	Jiangmen	26.96	31.18	30.72	70
南阳	Nanyang	22.09	37.46	32.69	65	湛江	Zhanjiang	18.77	28.67	33.84	62
商丘	Shangqiu	6.58	10.08	10.60	147	茂名	Maoming	13.51	15.27	17.87	111
信阳	Xinyang	18.11	28.92	33.48	63	肇庆	Zhaoqing	14.60	23.83	22.78	90
周口	Zhoukou	15.38	23.83	24.57	86	惠州	Huizhou	24.82	37.01	40.61	50
驻马店	Zhumadian	11.73	23.65	24.60	85	梅州	Meizhou	6.71	12.04	10.36	148
湖北	**Hubei**	**169.27**	**298.10**	**349.42**		汕尾	Shanwei	3.64	5.44	6.12	205
武汉	Wuhan	113.68	155.26	152.00	9	河源	Heyuan	5.45	8.92	8.26	168
黄石	Huangshi	5.60	6.58	6.77	192	阳江	Yangjiang	12.16	20.21	20.26	104
十堰	Shiyan	35.89	8.63	9.20	159	清远	Qingyuan	13.68	16.42	13.36	133
宜昌	Yichang	32.16	19.80	19.51	108	东莞	Dongguan	79.15	96.04	93.84	19
襄阳	Xiangyang	6.80	20.78	25.29	80	中山	Zhongshan	35.35	43.39	41.87	48
鄂州	Ezhou	1.82	3.14	3.36	238	潮州	Chaozhou	4.15	6.63	7.09	185
荆门	Jingmen	33.60	22.69	9.64	153	揭阳	Jieyang	13.75	18.76	21.14	99
孝感	Xiaogan	4.80	9.33	9.43	155	云浮	Yunfu	5.08	8.67	9.94	151
荆州	Jingzhou	3.69	6.17	6.34	202	**广西**	**Guangxi**	**67.59**	**96.50**	**92.62**	
黄冈	Huanggang	55.80	5.35	5.99	207	南宁	Nanning	26.55	44.29	45.44	44
咸宁	Xianning	3.25	14.70	15.15	123	柳州	Liuzhou	6.54	87.08	9.34	158
随州	Suizhou	2.60	10.39	13.56	132	桂林	Guilin	12.89	19.40	134.60	11
湖南	**Hunan**	**178.04**	**243.50**	**258.53**		梧州	Wuzhou	1.92	2.13	2.37	253
长沙	Changsha	202.18	266.97	279.38	3	北海	Beihai	15.92	4.55	4.14	230
株洲	Zhuzhou	56.37	70.60	78.64	25	防城港	Fangchenggang	0.68	0.99	1.38	272
湘潭	Xiangtan	36.55	56.83	65.45	31	钦州	Qinzhou	2.32	3.44	16.74	115
衡阳	Hengyang	64.64	70.71	78.98	24	贵港	Guigang	1.69	2.45	2.46	252
邵阳	Shaoyang	37.01	45.48	51.99	38	玉林	Yulin	3.44	5.03	4.88	222
岳阳	Yueyang	66.97	101.83	160.01	8	百色	Baise	3.02	3.87	22.05	93

14-7 住宿和餐饮业营业额 续表 3
Business Revenue of Hotels and Catering Services continued 3

单位：亿元 （100 million yuan）

地名	City	2010	2012	2013	2013 排名 Ranking
贺州	Hezhou	5.28	0.74	0.66	281
河池	Hechi	15.61	2.60	1.65	265
来宾	Laibin	1.02	1.55	1.41	271
崇左	Chongzuo	1.64	2.30	2.24	255
海南	**Hainan**	**88.66**	**104.80**	**104.44**	
海口	Haikou	22.51	26.51	238.02	4
三亚	Sanya	52.86	68.40	99.44	18
三沙	Sansha				
重庆	**Chongqing**	**134.38**	**212.60**	**232.68**	
四川	**Sichuan**	**215.07**	**395.70**	**370.12**	
成都	Chengdu	132.96	194.92	170.45	7
自贡	Zigong	3.10	8.37	10.71	144
攀枝花	Panzhihua	2.93	4.86	7.93	178
泸州	Luzhou	2.96	5.07	6.74	194
德阳	Deyang	5.87	9.72	10.81	142
绵阳	Mianyang	8.49	52.86	16.92	114
广元	Guangyuan	2.27	4.12	4.77	224
遂宁	Suining	1.82	4.13	4.84	223
内江	Neijiang	2.15	4.73	9.57	154
乐山	Leshan	3.61	6.53	6.73	195
南充	Nanchong	5.45	12.81	15.04	125
眉山	Meishan	2.81	5.59	6.98	188
宜宾	Yibin	3.72	7.54	9.15	161
广安	Guangan	1.96	3.37	4.13	231
达州	Dazhou	3.13	6.21	6.66	196
雅安	Yaan	1.79	2.72	1.94	260
巴中	Bazhong	1.25	4.31	5.64	212
资阳	Ziyang	18.06	36.73	49.32	41
贵州	**Guizhou**	**32.13**	**54.90**	**63.11**	
贵阳	Guiyang	18.15	30.68	32.17	67
六盘水	Liupanshui	1.55	2.53	2.78	246
遵义	Zunyi	4.31	5.43	6.93	190
安顺	Anshun	0.95	1.38	1.64	267
毕节	Bijie	1.48	3.17	2.95	241
铜仁	Tongren	1.43	3.26	4.07	232
云南	**Yunnan**	**73.74**	**126.20**	**133.68**	
昆明	Kunming	43.31	70.70	72.31	29
曲靖	Qujing	6.17	11.90	85.80	23
玉溪	Yuxi	4.66	4.08	36.70	55
保山	Baoshan	1.55	26.00	20.32	103
昭通	Zhaotong	1.18	0.50	2.88	242
丽江	Lijiang	5.22	9.10	8.16	171
普洱	Puer	0.61	23.90	26.05	77
临沧	Lincang	0.53	11.19	15.10	124
西藏	**Tibet**	**4.42**	**7.20**	**6.90**	
拉萨	Lasa	10.86	4.40	20.57	100
陕西	**Shaanxi**	**156.80**	**230.40**	**227.18**	
西安	Xi'an	94.92	130.13	122.40	12
铜川	Tongchuan	1.78	3.05	2.88	242
宝鸡	Baoji	8.65	12.10	11.34	139
咸阳	Xianyang	9.21	17.61	20.45	101
渭南	Weinan	11.12	21.54	22.67	92
延安	Yan'an	5.15	6.58	5.21	220
汉中	Hanzhong	4.90	8.09	7.88	179
榆林	Yulin	13.02	18.67	15.18	122
安康	Ankang	4.77	8.22	7.96	176
商洛	Shangluo	2.42	3.37	2.80	245
甘肃	**Gansu**	**37.11**	**64.50**	**64.28**	
兰州	Lanzhou	215.40	29.12	29.56	74
嘉峪关	Jiayuguan	11.64	1.72	1.76	263
金昌	Jinchang	7.89	1.48	1.65	265
白银	Baiyin	10.33	2.41	1.83	262
天水	Tianshui	28.03	7.21	6.87	191
武威	Wuwei	6.59	1.17	1.63	268
张掖	Zhangye	5.54	1.20	1.50	270
平凉	Pingliang	11.50	2.91	3.30	239
酒泉	Jiuquan	27.11	5.44	5.24	219
庆阳	Qingyang	13.78	6.29	5.03	221
定西	Dingxi	8.04	2.09	2.70	247
陇南	Longnan	9.82	1.30	1.01	276
青海	**Qinghai**	**9.05**	**11.60**	**11.93**	
西宁	Xining		8.52	9.36	157
海东	Haidong				
宁夏	**Ningxia**	**15.95**	**21.60**	**17.52**	
银川	Yinchuan	11.30	14.34	58.30	35
石嘴山	Shizuishan	1.05	1.51	24.91	83
吴忠	Wuzhong	1.38	2.18	31.72	68
固原	Guyuan	0.96	1.58	21.85	95
中卫	Zhongwei	1.22	2.05	13.34	134
新疆	**Xinjiang**	**38.93**	**52.80**	**46.00**	
乌鲁木齐	Urumqi	6.46	41.59	35.06	58
克拉玛依	Karamay	0.58	3.05	2.68	249

14-8　货物进出口总额
Total Imports & Exports

单位：亿美元　　(100 million USD)

地名	City	2010	2013	2014	2014 排名 Ranking	地名	City	2010	2013	2014	2014 排名 Ranking
全国	**Nation Total**	**29740.00**	**41589.93**	**43015.27**		沈阳	Shenyang	78.56	143.29	158.00	36
北京	**Beijing**	**3016.61**	**4289.96**	**4155.19**		大连	Dalian	519.82	688.23	657.74	11
天津	**Tianjin**	**822.01**	**1285.02**	**1338.86**		鞍山	Anshan	39.04	48.80	45.31	81
河北	**Hebei**	**419.31**	**549.12**	**598.77**		抚顺	Fushun	10.25	10.74	9.18	174
石家庄	Shijiazhuang	109.74	139.99	149.12	38	本溪	Benxi	34.76	44.63	44.93	82
唐山	Tangshan	75.39	126.69	134.70	40	丹东	Dandong	29.29	51.16	45.89	79
秦皇岛	Qinhuangdao	35.09	43.75	46.66	78	锦州	Jinzhou	23.18	35.05	43.95	87
邯郸	Handan	30.80	36.06	38.28	99	营口	Yingkou	29.22	66.91	73.45	59
邢台	Xingtai	18.19	18.33	19.60	135	阜新	Fuxin	1.45	3.33	3.62	223
保定	Baoding	58.59	54.96	59.02	66	辽阳	Liaoyang	12.49	9.19	10.12	167
张家口	Zhangjiakou	2.85	3.88	4.17	219	盘锦	Panjin	4.80	13.07	9.17	176
承德	Chengde	3.19	2.56	2.76	239	铁岭	Tieling	5.45	8.54	10.28	166
沧州	Cangzhou	16.78	25.70	27.61	115	朝阳	Chaoyang	4.96	6.62	9.39	172
廊坊	Langfang	47.99	59.05	62.91	64	葫芦岛	Huludao	13.44	13.29	18.56	138
衡水	Hengshui	20.71	37.87	40.72	90	**吉林**	**Jilin**	**168.46**	**258.32**	**263.81**	
山西	**Shanxi**	**125.78**	**157.91**	**162.33**		长春	Changchun	132.24	204.16	207.29	31
太原	Taiyuan	79.13	91.63	106.71	48	吉林	Jilin	8.46	11.02	14.22	153
大同	Datong	5.68	4.78	4.82	209	四平	Siping	2.63	3.50	4.86	208
阳泉	Yangquan	2.91	2.13	1.96	248	辽源	Liaoyuan	0.62	2.20	2.86	234
长治	Changzhi	3.72	10.55	6.83	191	通化	Tonghua	4.96	5.91	7.62	184
晋城	Jincheng	5.32	9.19	10.98	161	白山	Baishan	2.34	2.94	3.17	229
朔州	Shuozhou	1.25	1.17	0.93	259	松原	Songyuan	0.88	0.90	1.19	255
晋中	Jinzhong	2.30	4.44	3.60	224	白城	Baicheng	0.81	1.23	1.33	254
运城	Yuncheng	10.45	17.46	14.98	149	**黑龙江**	**Heilongjiang**	**255.04**	**388.79**	**389.01**	
忻州	Xinzhou	1.27	1.98	2.08	247	哈尔滨	Harbin	42.25	48.24	55.17	69
临汾	Linfen	6.51	7.17	3.99	221	齐齐哈尔	Qiqihar	8.93	8.25	9.06	177
吕梁	Lvliang	7.25	7.48	5.61	198	鸡西	Jixi	7.07	12.01	8.23	181
内蒙古	**Inner Mongolia**	**87.19**	**119.95**	**145.56**		鹤岗	Hegang	0.82	0.82	1.39	253
呼和浩特	Hohhot	15.06	15.99	17.01	141	双鸭山	Shuangyashan	9.97	12.00	10.70	165
包头	Baotou	19.53	21.05	22.44	127	大庆	Daqing	15.41	33.73	40.54	91
乌海	Wuhai	0.06	0.09	0.09	282	伊春	Yichun	3.02	2.12	2.77	237
赤峰	Chifeng	3.24	9.15	9.64	170	佳木斯	Jiamusi	30.52	30.54	25.44	118
通辽	Tongliao	1.75	2.09	2.23	245	七台河	Qitaihe	0.61	0.24	0.20	277
鄂尔多斯	Erdos	4.31	11.34	12.01	158	牡丹江	Mudanjiang	90.04	121.75	44.14	85
呼伦贝尔	Hulunbuir	23.26	23.73	25.05	119	黑河	Heihe	28.55	41.94	17.83	139
巴彦淖尔	Bayannur	5.33	14.26	15.06	148	绥化	Suihua	1.04	2.60	3.19	228
乌兰察布	Ulanqab	0.82	0.47	0.50	267	**上海**	**Shanghai**	**3688.69**	**4412.68**	**4664.00**	
辽宁	**Liaoning**	**806.71**	**1144.78**	**1139.98**		**江苏**	**Jiangsu**	**4657.93**	**5508.02**	**5635.53**	

14-8 货物进出口总额 续表 1
Total Imports & Exports continued 1

单位：亿美元 (100 million USD)

地名	City	2010	2013	2014	2014 排名 Ranking	地名	City	2010	2013	2014	2014 排名 Ranking
南京	Nanjing	456.01	557.57	572.21	13	池州	Chizhou	2.11	4.10	4.12	220
无锡	Wuxi	612.23	703.71	741.70	8	宣城	Xuancheng	6.92	18.79	16.90	142
徐州	Xuzhou	41.61	62.89	59.89	65	**福建**	**Fujian**	**1087.80**	**1693.21**	**1774.08**	
常州	Changzhou	222.78	292.15	288.10	26	福州	Fuzhou	245.86	313.55	348.85	20
苏州	Suzhou	2740.76	3093.48	3113.06	2	厦门	Xiamen	570.31	840.84	834.89	6
南通	Nantong	210.75	298.14	316.47	24	莆田	Putian	34.22	47.72	52.42	73
连云港	Lianyungang	50.72	66.41	80.30	56	三明	Sanming	12.80	16.68	20.43	133
淮安	Huaian	21.71	36.61	41.06	89	泉州	Quanzhou	112.56	291.25	308.50	25
盐城	Yancheng	39.37	65.28	75.17	58	漳州	Zhangzhou	73.99	97.39	113.24	45
扬州	Yangzhou	82.40	95.07	100.12	51	南平	Nanping	10.83	16.70	15.96	145
镇江	Zhenjiang	81.54	99.50	103.07	50	龙岩	Longyan	15.13	32.16	39.63	94
泰州	Taizhou	85.86	104.41	108.93	46	宁德	Ningde	12.11	32.56	40.16	93
宿迁	Suqian	12.20	33.22	37.55	100	**江西**	**Jiangxi**	**216.00**	**367.47**	**427.31**	
浙江	**Zhejiang**	**2535.33**	**3357.89**	**3550.40**		南昌	Nanchang	53.07	97.11	122.22	44
杭州	Hangzhou	523.55	650.71	679.98	10	景德镇	Jingdezhen	8.09	11.22	7.84	183
宁波	Ningbo	829.04	1003.29	1047.04	5	萍乡	Pingxiang	4.53	13.73	14.87	150
温州	Wenzhou	170.94	206.02	337.34	23	九江	Jiujiang	18.15	47.40	57.68	67
嘉兴	Jiaxing	228.24	317.61	99.89	52	新余	Xinyu	36.08	20.78	20.46	132
湖州	Huzhou	69.28	95.33	346.83	22	鹰潭	Yingtan	39.63	44.34	41.25	88
绍兴	Shaoxing	270.16	333.70	123.35	43	赣州	Ganzhou	16.30	33.00	39.00	97
金华	Jinhua	131.99	342.75	207.82	29	吉安	Jian	11.29	35.61	44.26	84
衢州	Quzhou	18.89	37.76	414.87	18	宜春	Yichun	6.60	19.83	23.83	121
舟山	Zhoushan	107.33	126.72	44.48	83	抚州	Fuzhou	5.59	12.61	15.54	146
台州	Taizhou	170.01	218.78	220.79	28	上饶	Shangrao	16.67	31.83	40.36	92
丽水	Lishui	15.33	25.89	29.08	112	**山东**	**Shandong**	**1889.51**	**2665.32**	**2769.29**	
安徽	**Anhui**	**242.77**	**455.19**	**491.77**		济南	Jinan	74.31	95.66	105.00	49
合肥	Hefei	99.59	181.90	207.41	30	青岛	Qingdao	570.60	779.12	798.88	7
芜湖	Wuhu	26.10	54.33	64.47	62	淄博	Zibo	67.02	90.08	89.39	54
蚌埠	Bengbu	5.44	17.10	20.80	131	枣庄	Zaozhuang	9.11	12.51	14.40	151
淮南	Huainan	1.22	5.05	4.47	216	东营	Dongying	80.01	131.48	132.56	41
马鞍山	Maanshan	28.78	36.25	29.72	108	烟台	Yantai	437.81	493.13	527.52	16
淮北	Huaibei	2.00	4.68	5.48	200	潍坊	Weifang	117.51	161.60	177.86	34
铜陵	Tongling	34.11	58.23	52.39	74	济宁	Jining	44.60	52.30	52.32	75
安庆	Anqing	6.81	18.04	22.57	126	泰安	Taian	15.89	24.85	29.74	107
黄山	Huangshan	3.28	8.03	9.18	175	威海	Weihai	139.06	171.50	165.87	35
滁州	Chuzhou	9.13	18.55	22.04	129	日照	Rizhao	133.77	330.39	347.69	21
阜阳	Fuyang	3.56	13.66	16.10	144	莱芜	Laiwu	27.18	25.04	22.19	128
宿州	Suzhou	1.54	5.35	6.51	193	临沂	Linyi	47.67	94.08	107.91	47
六安	Liuan	4.54	8.01	6.87	190	德州	Dezhou	19.50	35.38	35.07	102
亳州	Bozhou	2.39	4.26	3.69	222	聊城	Liaocheng	36.32	61.89	57.53	68

14-8 货物进出口总额 续表 2
Total Imports & Exports continued 2

单位：亿美元 (100 million USD)

地名	City	2010	2013	2014	2014 排名 Ranking	地名	City	2010	2013	2014	2014 排名 Ranking
滨州	Binzhou	50.90	82.89	71.99	60	常德	Changde	2.58	5.62	7.58	186
菏泽	Heze	18.23	29.67	35.22	101	张家界	Zhangjiajie	0.28	0.46	0.90	260
河南	**Henan**	**177.92**	**599.57**	**649.72**		益阳	Yiyang	3.76	4.85	5.82	196
郑州	Zhengzhou	51.74	427.49	456.39	17	郴州	Chenzhou	9.79	37.88	45.53	80
开封	Kaifeng	2.39	5.00	5.37	201	永州	Yongzhou	1.17	4.50	9.37	173
洛阳	Luoyang	15.44	17.95	19.23	136	怀化	Huaihua	0.47	0.83	1.06	257
平顶山	Pingdingshan	4.25	4.76	5.11	206	娄底	Loudi	14.41	14.29	15.46	147
安阳	Anyang	15.72	18.67	19.74	134	**广东**	**Guangdong**	**7848.96**	**10915.81**	**10765.84**	
鹤壁	Hebi	1.45	2.64	2.84	235	广州	Guangzhou	1037.62	1188.96	1305.76	4
新乡	Xinxiang	11.34	11.27	12.09	157	韶关	Shaoguan	15.75	23.22	23.54	122
焦作	Jiaozuo	17.41	22.62	24.20	120	深圳	Shenzhen	3467.63	5374.75	4877.40	1
濮阳	Puyang	4.88	6.65	7.16	189	珠海	Zhuhai	434.83	542.88	549.60	15
许昌	Xuchang	12.86	21.43	23.04	123	汕头	Shantou	73.65	92.34	95.51	53
漯河	Luohe	3.92	4.45	4.74	211	佛山	Foshan	516.58	639.40	688.07	9
三门峡	Sanmenxia	1.63	2.92	3.12	231	江门	Jiangmen	143.33	197.33	203.74	32
南阳	Nanyang	9.53	17.96	19.23	137	湛江	Zhanjiang	35.43	55.13	63.16	63
商丘	Shangqiu	1.33	2.52	2.71	240	茂名	Maoming	8.02	12.23	13.74	154
信阳	Xinyang	3.54	6.82	7.25	188	肇庆	Zhaoqing	43.91	70.17	78.30	57
周口	Zhoukou	3.84	7.75	8.31	180	惠州	Huizhou	342.35	573.90	594.12	12
驻马店	Zhumadian	2.32	4.04	4.34	217	梅州	Meizhou	11.72	17.63	21.82	130
湖北	**Hubei**	**259.07**	**363.80**	**430.40**		汕尾	Shanwei	20.50	41.74	39.47	96
武汉	Wuhan	180.55	217.52	264.29	27	河源	Heyuan	27.17	32.32	39.55	95
黄石	Huangshi	15.08	28.53	28.55	113	阳江	Yangjiang	18.03	23.80	26.88	117
十堰	Shiyan	2.75	4.83	5.66	197	清远	Qingyuan	37.68	43.58	44.00	86
宜昌	Yichang	17.67	23.50	26.97	116	东莞	Dongguan	1215.66	1530.70	1624.97	3
襄阳	Xiangyang	7.14	16.20	11.70	160	中山	Zhongshan	311.13	356.23	369.59	19
鄂州	Ezhou	1.99	4.92	5.19	204	潮州	Chaozhou	38.23	39.17	34.22	105
荆门	Jingmen	2.98	7.77	9.67	169	揭阳	Jieyang	36.27	46.92	54.62	71
孝感	Xiaogan	3.69	10.25	11.96	159	云浮	Yunfu	13.47	15.81	17.79	140
荆州	Jingzhou	7.75	13.66	16.51	143	**广西**	**Guangxi**	**177.06**	**328.27**	**405.49**	
黄冈	Huanggang	2.64	5.36	6.12	195	南宁	Nanning	22.13	44.21	48.14	76
咸宁	Xianning	1.88	3.36	4.67	212	柳州	Liuzhou	1.54	28.84	22.68	125
随州	Suizhou	7.99	12.67	14.31	152	桂林	Guilin	9.03	9.24	9.43	171
湖南	**Hunan**	**146.89**	**251.75**	**308.32**		梧州	Wuzhou	6.43	17.65	12.49	156
长沙	Changsha	60.89	98.93	125.66	42	北海	Beihai	13.70	26.98	35.00	103
株洲	Zhuzhou	14.76	25.66	27.99	114	防城港	Fangchenggang	27.96	43.00	54.69	70
湘潭	Xiangtan	21.59	26.35	22.81	124	钦州	Qinzhou	13.14	35.30	53.34	72
衡阳	Hengyang	7.88	18.14	29.43	110	贵港	Guigang	1.74	2.21	3.06	232
邵阳	Shaoyang	2.97	5.91	8.42	179	玉林	Yulin	4.51	4.17	4.87	207
岳阳	Yueyang	3.85	6.44	7.92	182	百色	Baise	3.95	5.98	7.29	187

14-8 货物进出口总额 续表 3
Total Imports & Exports continued 3

单位：亿美元 (100 million USD)

地名	City	2010	2013	2014	2014 排名 Ranking	地名	City	2010	2013	2014	2014 排名 Ranking
贺州	Hezhou	0.97	2.00	1.73	250	丽江	Lijiang	0.38	1.11	0.86	261
河池	Hechi	6.11	4.81	4.79	210	普洱	Puer	1.71	5.28	7.62	185
来宾	Laibin	1.68	1.20	1.07	256	临沧	Lincang	0.94	2.53	2.33	243
崇左	Chongzuo	37.34	102.77	146.94	39	**西藏**	**Tibet**	**8.36**	**33.19**	**22.55**	
海南	**Hainan**	**108.17**	**149.85**	**158.63**		拉萨	Lasa	8.26	32.05	34.29	104
海口	Haikou	39.45	47.96	34.01	106	**陕西**	**Shaanxi**	**120.83**	**201.28**	**273.64**	
三亚	Sanya	11.86	1.51	0.41	270	西安	Xi'an	103.83	179.85	153.22	37
三沙	Sansha					铜川	Tongchuan	0.05	0.16	0.14	280
重庆	**Chongqing**	**124.26**	**686.92**	**954.32**		宝鸡	Baoji	5.99	8.87	5.24	202
四川	**Sichuan**	**327.78**	**645.75**	**702.03**		咸阳	Xianyang	3.40	6.05	3.54	225
成都	Chengdu	224.50	506.09	558.45	14	渭南	Weinan	1.69	2.43	1.42	252
自贡	Zigong	5.41	10.14	6.72	192	延安	Yan'an	0.22	0.96	0.71	263
攀枝花	Panzhihua	2.54	1.87	3.01	233	汉中	Hanzhong	0.44	0.73	0.64	265
泸州	Luzhou	1.33	2.27	2.76	238	榆林	Yulin	0.80	0.46	0.29	272
德阳	Deyang	22.32	33.92	38.84	98	安康	Ankang	0.17	0.29	0.22	276
绵阳	Mianyang	15.98	28.10	29.18	111	商洛	Shangluo	3.08	0.62	2.25	244
广元	Guangyuan	2.07	3.50	4.21	218	**甘肃**	**Gansu**	**73.70**	**102.36**	**86.41**	
遂宁	Suining	2.82	5.56	6.30	194	兰州	Lanzhou	11.59	40.64	29.67	109
内江	Neijiang	1.68	3.63	3.15	230	嘉峪关	Jiayuguan	7.64	8.28	2.17	246
乐山	Leshan	9.76	11.20	11.10	162	金昌	Jinchang	45.33	37.75	11.43	161
南充	Nanchong	3.09	6.73	2.81	236	白银	Baiyin	4.57	7.81	4.53	214
眉山	Meishan	1.00	2.88	3.32	226	天水	Tianshui	2.30	3.68	2.38	242
宜宾	Yibin	6.53	8.13	8.90	178	武威	Wuwei	0.13	0.23	0.24	275
广安	Guangan	2.93	9.93	11.08	163	张掖	Zhangye	0.27	0.23	0.14	279
达州	Dazhou	0.71	3.14	3.25	227	平凉	Pingliang	0.15	0.19	0.17	278
雅安	Yaan	0.13	0.69	0.77	262	酒泉	Jiuquan	0.59	1.07	0.46	268
巴中	Bazhong	0.49	1.44	1.67	251	庆阳	Qingyang	0.56	0.87	0.45	269
资阳	Ziyang	1.57	5.43	5.57	199	定西	Dingxi	0.14	0.35	0.27	274
贵州	**Guizhou**	**31.38**	**82.90**	**107.71**		陇南	Longnan	0.04	0.10	0.13	281
贵阳	Guiyang	22.75	66.62	71.14	61	**青海**	**Qinghai**	**7.89**	**14.03**	**17.18**	
六盘水	Liupanshui	3.16	4.96	5.21	203	西宁	Xining	6.67	12.41	13.19	155
遵义	Zunyi	2.01	1.80	1.92	249	海东	Haidong			0.28	273
安顺	Anshun	1.30	0.31	0.33	271	**宁夏**	**Ningxia**	**19.60**	**32.18**	**54.35**	
毕节	Bijie	0.06	1.09			银川	Yinchuan	10.62	24.18	48.08	77
铜仁	Tongren	0.02	0.16			石嘴山	Shizuishan	6.01	4.71	4.56	213
云南	**Yunnan**	**133.68**	**253.04**	**296.07**		吴忠	Wuzhong	2.42	1.72	1.05	258
昆明	Kunming	101.09	168.97	177.87	33	固原	Guyuan				
曲靖	Qujing	2.17	3.71	4.47	215	中卫	Zhongwei	0.56	1.56	0.67	264
玉溪	Yuxi	2.86	7.14	9.69	168	**新疆**	**Xinjiang**	**171.28**	**275.61**	**276.72**	
保山	Baoshan	1.94	2.01	2.68	241	乌鲁木齐	Urumqi	59.85	77.98	82.85	55
昭通	Zhaotong	0.14	0.10	0.63	266	克拉玛依	Karamay	2.80	7.78	5.12	205

14-9 货物进口总额
Total Value of Imports

单位：亿美元 (100 million USD)

地名	City	2010	2013	2014	2014 排名 Ranking	地名	City	2010	2013	2014	2014 排名 Ranking
全国	**Nation Total**	**13962.40**	**19499.89**	**19592.35**		沈阳	Shenyang	37.79	73.33	86.57	26
北京	**Beijing**	**2462.22**	**3658.98**	**3531.80**		大连	Dalian	247.23	313.85	355.49	5
天津	**Tianjin**	**446.84**	**794.97**	**812.95**		鞍山	Anshan	24.62	21.83	18.82	76
河北	**Hebei**	**193.61**	**239.51**	**241.67**		抚顺	Fushun	5.01	2.18	2.35	174
石家庄	Shijiazhuang	51.80	68.80	72.24	31	本溪	Benxi	18.92	17.67	13.92	88
唐山	Tangshan	46.15	70.57	74.09	30	丹东	Dandong	10.54	17.10	15.73	81
秦皇岛	Qinhuangdao	16.25	19.56	20.54	71	锦州	Jinzhou	11.39	14.33	18.15	78
邯郸	Handan	21.96	22.40	23.52	63	营口	Yingkou	7.16	23.22	23.41	64
邢台	Xingtai	8.57	6.23	6.54	124	阜新	Fuxin	0.25	0.68	0.50	231
保定	Baoding	15.33	11.33	11.90	97	辽阳	Liaoyang	2.88	2.35	3.49	156
张家口	Zhangjiakou	1.02	0.66	0.70	223	盘锦	Panjin	1.13	4.89	2.60	170
承德	Chengde	0.84	0.26	0.27	244	铁岭	Tieling	0.84	2.18	3.35	158
沧州	Cangzhou	2.87	4.91	5.16	135	朝阳	Chaoyang	0.83	1.58	1.83	184
廊坊	Langfang	25.93	28.70	30.13	59	葫芦岛	Huludao	6.92	2.26	5.79	128
衡水	Hengshui	2.90	5.78	6.07	126	**吉林**	**Jilin**	**123.70**	**190.93**	**206.03**	
山西	**Shanxi**	**78.69**	**77.95**	**72.92**		长春	Changchun	112.17	171.18	182.55	19
太原	Taiyuan	47.74	38.69	41.01	43	吉林	Jilin	2.94	5.83	5.71	131
大同	Datong	4.43	2.63	1.79	187	四平	Siping	2.04	3.03	4.48	141
阳泉	Yangquan	1.60	0.93	0.46	232	辽源	Liaoyuan	0.26	1.05	1.46	198
长治	Changzhi	3.29	2.17	3.18	160	通化	Tonghua	2.82	4.08	5.01	136
晋城	Jincheng	3.20	6.60	8.09	116	白山	Baishan	0.45	0.96	1.04	210
朔州	Shuozhou	1.15	0.96	0.65	225	松原	Songyuan	0.02	0.02	0.01	272
晋中	Jinzhong	0.07	1.97	1.71	188	白城	Baicheng	0.18	0.22	0.38	237
运城	Yuncheng	7.62	12.63	10.18	105	**黑龙江**	**Heilongjiang**	**92.22**	**226.47**	**215.66**	
忻州	Xinzhou	0.01	0.04	0.07	262	哈尔滨	Harbin	22.27	31.92	28.60	60
临汾	Linfen	5.06	5.55	2.23	176	齐齐哈尔	Qiqihar	1.48	1.57	1.61	192
吕梁	Lvliang	4.52	5.85	3.67	151	鸡西	Jixi	0.12	1.33	1.69	190
内蒙古	**Inner Mongolia**	**53.84**	**79.02**	**81.63**		鹤岗	Hegang	0.14	0.0020	0.0337	269
呼和浩特	Hohhot	7.47	8.64	9.07	111	双鸭山	Shuangyashan	0.87	0.54	0.66	224
包头	Baotou	7.49	9.92	10.42	103	大庆	Daqing	5.65	29.65	36.76	48
乌海	Wuhai	0.02	0.07	0.07	259	伊春	Yichun	1.11	1.08	1.44	199
赤峰	Chifeng	1.86	8.01	8.41	113	佳木斯	Jiamusi	2.16	11.75	6.02	127
通辽	Tongliao	0.88	0.86	0.90	216	七台河	Qitaihe	0.03	0.04	0.02	270
鄂尔多斯	Erdos	1.14	7.88	8.28	114	牡丹江	Mudanjiang	49.74	66.89	3.26	159
呼伦贝尔	Hulunbuir	21.27	19.42	20.39	72	黑河	Heihe	2.37	10.56	2.38	173
巴彦淖尔	Bayannur	3.73	11.30	11.86	98	绥化	Suihua	0.34	1.48	1.82	185
乌兰察布	Ulanqab	0.29	0.14	0.15	255	**上海**	**Shanghai**	**1880.85**	**2370.88**	**2562.66**	
辽宁	**Liaoning**	**375.52**	**499.56**	**552.53**		**江苏**	**Jiangsu**	**1952.42**	**2220.01**	**2217.21**	

14-9 货物进口总额 续表 1
Total Value of Imports continued 1

单位：亿美元 (100 million USD)

地名	City	2010	2013	2014	2014 排名 Ranking	地名	City	2010	2013	2014	2014 排名 Ranking
南京	Nanjing	207.16	234.91	245.93	12	池州	Chizhou	1.14	1.53	1.52	197
无锡	Wuxi	249.51	292.23	299.39	10	宣城	Xuancheng	1.05	1.27	1.03	211
徐州	Xuzhou	15.30	13.92	13.12	91	**福建**	**Fujian**	**372.87**	**628.46**	**639.56**	
常州	Changzhou	67.19	88.41	74.46	29	福州	Fuzhou	82.78	120.37	135.53	20
苏州	Suzhou	1209.68	1336.41	1301.28	2	厦门	Xiamen	217.07	317.41	303.28	8
南通	Nantong	69.91	85.37	91.67	24	莆田	Putian	12.32	16.02	19.30	75
连云港	Lianyungang	24.72	28.58	36.75	49	三明	Sanming	1.53	2.94	2.65	169
淮安	Huaian	6.75	8.80	9.45	110	泉州	Quanzhou	29.76	126.55	126.72	21
盐城	Yancheng	16.17	27.50	31.23	58	漳州	Zhangzhou	23.31	26.31	31.93	57
扬州	Yangzhou	21.85	19.57	23.30	65	南平	Nanping	1.74	1.38	1.31	203
镇江	Zhenjiang	34.03	37.27	37.05	47	龙岩	Longyan	2.00	10.98	15.48	83
泰州	Taizhou	27.09	41.50	47.15	40	宁德	Ningde	2.37	4.18	3.37	157
宿迁	Suqian	3.06	5.42	8.15	115	**江西**	**Jiangxi**	**81.84**	**85.80**	**107.06**	
浙江	**Zhejiang**	**730.68**	**870.42**	**817.13**		南昌	Nanchang	16.30	24.04	38.05	45
杭州	Hangzhou	170.18	203.05	188.32	17	景德镇	Jingdezhen	0.33	0.26	0.26	245
宁波	Ningbo	309.37	346.19	315.95	7	萍乡	Pingxiang	0.05	0.25	0.24	247
温州	Wenzhou	25.51	24.56	100.83	23	九江	Jiujiang	6.03	7.07	11.25	101
嘉兴	Jiaxing	67.84	102.51	11.83	99	新余	Xinyu	15.96	10.06	7.82	119
湖州	Huzhou	10.67	14.45	49.32	39	鹰潭	Yingtan	36.01	34.91	32.37	55
绍兴	Shaoxing	59.27	54.53	65.59	33	赣州	Ganzhou	3.20	3.84	7.00	122
金华	Jinhua	10.11	17.42	22.31	66	吉安	Jian	1.35	2.38	4.06	146
衢州	Quzhou	6.85	13.86	18.16	77	宜春	Yichun	1.02	1.51	1.56	196
舟山	Zhoushan	37.95	60.23	15.63	82	抚州	Fuzhou	0.13	0.14	0.15	256
台州	Taizhou	30.39	31.57	27.28	61	上饶	Shangrao	1.46	1.34	4.29	144
丽水	Lishui	1.84	2.16	2.71	166	**山东**	**Shandong**	**847.04**	**1323.41**	**1322.21**	
安徽	**Anhui**	**118.64**	**172.68**	**176.92**		济南	Jinan	33.81	40.85	44.39	41
合肥	Hefei	43.36	62.91	79.68	28	青岛	Qingdao	231.70	359.53	341.11	6
芜湖	Wuhu	9.41	15.02	14.72	85	淄博	Zibo	26.72	37.58	33.41	53
蚌埠	Bengbu	0.76	4.65	4.58	139	枣庄	Zaozhuang	1.65	3.05	2.87	164
淮南	Huainan	0.50	0.99	0.90	215	东营	Dongying	52.44	73.45	71.61	32
马鞍山	Maanshan	23.70	22.39	17.26	80	烟台	Yantai	183.01	198.38	233.48	13
淮北	Huaibei	0.60	0.30	0.29	243	潍坊	Weifang	30.56	45.56	54.57	35
铜陵	Tongling	31.14	52.01	43.82	42	济宁	Jining	21.62	18.96	19.62	74
安庆	Anqing	1.75	3.10	3.08	162	泰安	Taian	6.63	11.18	12.42	95
黄山	Huangshan	0.78	1.02	0.99	213	威海	Weihai	49.89	64.47	52.15	37
滁州	Chuzhou	2.05	4.73	6.89	123	日照	Rizhao	111.66	291.60	299.80	9
阜阳	Fuyang	0.73	2.52	1.57	194	莱芜	Laiwu	16.86	17.53	12.98	93
宿州	Suzhou	0.34	0.63	0.77	220	临沂	Linyi	19.41	47.72	50.96	38
六安	Liuan	0.19	0.23	0.24	249	德州	Dezhou	6.14	15.12	12.80	94
亳州	Bozhou	0.17	0.49	0.46	233	聊城	Liaocheng	23.42	41.86	33.68	52

14-9 货物进口总额 续表 2

Total Value of Imports continued 2

单位：亿美元 (100 million USD)

地名	City	2010	2013	2014	2014 排名 Ranking	地名	City	2010	2013	2014	2014 排名 Ranking
滨州	Binzhou	25.40	47.47	34.17	50	常德	Changde	1.18	1.86	2.28	175
菏泽	Heze	6.12	12.17	13.65	89	张家界	Zhangjiajie		0.01	0.06	263
河南	**Henan**	**72.57**	**239.70**	**255.89**		益阳	Yiyang	0.50	0.43	0.52	229
郑州	Zhengzhou	17.01	176.83	185.67	18	郴州	Chenzhou	3.57	17.79	21.71	68
开封	Kaifeng	0.51	0.89	0.93	214	永州	Yongzhou	0.15	0.44	1.87	182
洛阳	Luoyang	4.92	5.02	5.27	133	怀化	Huaihua	0.27	0.14	0.07	261
平顶山	Pingdingshan	1.40	1.11	1.17	207	娄底	Loudi	11.11	12.22	11.93	96
安阳	Anyang	11.29	14.26	14.97	84	**广东**	**Guangdong**	**3317.05**	**4552.18**	**4304.97**	
鹤壁	Hebi	0.21	0.32	0.34	240	广州	Guangzhou	553.83	560.89	578.69	4
新乡	Xinxiang	4.39	2.54	2.67	168	韶关	Shaoguan	9.16	14.02	11.34	100
焦作	Jiaozuo	6.86	7.51	7.89	117	深圳	Shenzhen	1425.83	2317.73	2033.79	1
濮阳	Puyang	0.73	0.59	0.62	226	珠海	Zhuhai	226.21	277.07	259.44	11
许昌	Xuchang	2.02	3.75	3.94	148	汕头	Shantou	24.31	26.33	25.86	62
漯河	Luohe	2.38	1.90	1.99	178	佛山	Foshan	186.21	214.17	220.91	15
三门峡	Sanmenxia	0.60	1.08	1.14	208	江门	Jiangmen	39.25	57.34	52.87	36
南阳	Nanyang	3.07	5.43	5.70	132	湛江	Zhanjiang	18.59	28.90	33.75	51
商丘	Shangqiu	0.32	0.40	0.42	235	茂名	Maoming	2.43	4.17	3.98	147
信阳	Xinyang	2.49	3.92	4.11	145	肇庆	Zhaoqing	17.94	21.91	32.25	56
周口	Zhoukou	2.08	1.86	1.95	181	惠州	Huizhou	140.03	240.70	230.81	14
驻马店	Zhumadian	0.54	0.85	0.89	217	梅州	Meizhou	2.21	2.19	2.95	163
湖北	**Hubei**	**114.65**	**135.44**	**163.97**		汕尾	Shanwei	9.39	22.23	21.16	70
武汉	Wuhan	93.01	98.09	126.38	22	河源	Heyuan	10.01	9.85	13.06	92
黄石	Huangshi	9.08	16.48	14.08	87	阳江	Yangjiang	1.97	2.88	3.67	152
十堰	Shiyan	0.41	0.60	0.24	248	清远	Qingyuan	18.35	21.08	20.09	73
宜昌	Yichang	4.65	3.34	4.41	142	东莞	Dongguan	519.63	622.09	654.30	3
襄阳	Xiangyang	1.60	1.85	6.23	125	中山	Zhongshan	86.08	91.48	90.81	25
鄂州	Ezhou	0.70	3.16	3.15	161	潮州	Chaozhou	14.82	11.34	5.72	130
荆门	Jingmen	0.61	1.59	1.99	179	揭阳	Jieyang	5.47	3.12	3.81	150
孝感	Xiaogan	0.71	2.45	2.57	171	云浮	Yunfu	5.34	5.10	5.74	129
荆州	Jingzhou	2.00	2.39	3.55	155	**广西**	**Guangxi**	**80.96**	**141.34**	**162.21**	
黄冈	Huanggang	0.55	0.84	0.78	219	南宁	Nanning	6.19	20.68	21.97	67
咸宁	Xianning	0.20	0.68	0.70	222	柳州	Liuzhou	1.24	20.10	14.66	86
随州	Suizhou	0.41	1.40	1.56	195	桂林	Guilin	2.80	1.65	1.71	189
湖南	**Hunan**	**67.34**	**103.54**	**108.89**		梧州	Wuzhou	1.97	12.66	7.42	121
长沙	Changsha	25.38	37.27	38.04	46	北海	Beihai	5.32	13.32	17.48	79
株洲	Zhuzhou	7.83	6.40	9.71	107	防城港	Fangchenggang	20.17	32.22	39.63	44
湘潭	Xiangtan	13.82	16.58	10.21	104	钦州	Qinzhou	9.87	24.78	33.23	54
衡阳	Hengyang	0.82	5.53	9.88	106	贵港	Guigang	1.21	1.00	1.19	206
邵阳	Shaoyang	0.37	0.69	1.22	205	玉林	Yulin	1.36	1.27	1.65	191
岳阳	Yueyang	2.28	4.00	2.50	172	百色	Baise	1.92	2.11	1.98	180

14-9 货物进口总额 续表 3
Total Value of Imports continued 3

单位：亿美元 (100 million USD)

地名	City	2010	2013	2014	2014 排名 Ranking
贺州	Hezhou	0.16	1.27	1.00	212
河池	Hechi	4.84	4.44	4.56	140
来宾	Laibin	0.66	0.73	0.60	227
崇左	Chongzuo	3.19	5.19	13.18	90
海南	**Hainan**	**84.25**	**112.79**	**114.46**	
海口	Haikou	26.39	31.75	21.70	69
三亚	Sanya	4.35	0.84	0.21	252
三沙	Sansha				
重庆	**Chongqing**	**49.38**	**218.96**	**320.31**	
四川	**Sichuan**	**139.33**	**226.26**	**253.64**	
成都	Chengdu	101.90	187.17	220.26	16
自贡	Zigong	2.93	3.98	3.62	154
攀枝花	Panzhihua	0.66	0.64	1.31	202
泸州	Luzhou	0.27	0.22	0.25	246
德阳	Deyang	12.91	10.39	7.82	118
绵阳	Mianyang	7.71	10.07	8.45	112
广元	Guangyuan	0.33	0.42	0.05	265
遂宁	Suining	0.54	1.52	2.10	177
内江	Neijiang	0.01	0.48	0.37	239
乐山	Leshan	3.00	2.93	2.71	167
南充	Nanchong	0.27	0.18	0.05	264
眉山	Meishan	0.09	0.88	1.23	204
宜宾	Yibin	2.11	2.50	2.83	165
广安	Guangan	0.13	0.11	0.32	242
达州	Dazhou	0.07	1.77	0.51	230
雅安	Yaan	0.01	0.04	0.07	260
巴中	Bazhong				
资阳	Ziyang	0.18	2.94	1.84	183
贵州	**Guizhou**	**12.19**	**14.04**	**13.74**	
贵阳	Guiyang	14.41	7.39	7.76	120
六盘水	Liupanshui	3.15	4.96	5.21	134
遵义	Zunyi	0.51	0.32	0.34	240
安顺	Anshun	0.12	0.08	0.08	258
毕节	Bijie		0.03		
铜仁	Tongren		0.02		
云南	**Yunnan**	**76.06**	**96.32**	**108.20**	
昆明	Kunming	53.27	67.74	61.79	34
曲靖	Qujing	2.00	0.36	0.38	238
玉溪	Yuxi	0.21	0.35	0.56	228
保山	Baoshan	0.80	0.85	1.61	193
昭通	Zhaotong	0.10	0.0004	0.02	271
丽江	Lijiang	0.38	0.0051	0.0051	274
普洱	Puer	0.95	3.49	4.73	138
临沧	Lincang	0.50	1.25	1.31	201
西藏	**Tibet**	**0.65**	**0.50**	**1.54**	
拉萨	Lasa	0.62	0.41	0.43	234
陕西	**Shaanxi**	**58.75**	**99.02**	**134.35**	
西安	Xi'an	50.66	95.07	79.75	27
铜川	Tongchuan	0.01	0.01		
宝鸡	Baoji	3.35	1.89	1.12	209
咸阳	Xianyang	1.02	1.27	0.71	221
渭南	Weinan	0.68	0.41	0.23	250
延安	Yan'an	0.00			
汉中	Hanzhong	0.14	0.06	0.18	253
榆林	Yulin	0.06	0.04	0.04	268
安康	Ankang		0.01		
商洛	Shangluo	2.56	0.15	0.41	236
甘肃	**Gansu**	**57.32**	**55.59**	**33.11**	
兰州	Lanzhou	2.46	4.71	3.92	149
嘉峪关	Jiayuguan	7.16	8.15	1.80	186
金昌	Jinchang	43.13	37.33	9.53	109
白银	Baiyin	3.78	4.50	3.65	153
天水	Tianshui	0.68	0.99	0.84	218
武威	Wuwei	0.00	0.02	0.05	266
张掖	Zhangye	0.0003	0.0020	0.0007	276
平凉	Pingliang		0.01		275
酒泉	Jiuquan	0.04	0.08	0.04	267
庆阳	Qingyang				
定西	Dingxi	0.07	0.23	0.15	254
陇南	Longnan	0.002	0.008	0.009	273
青海	**Qinghai**	**3.2276**	**5.5548**	**5.8990**	
西宁	Xining	2.71	4.62	4.86	137
海东	Haidong				277
宁夏	**Ningxia**	**7.90**	**6.66**	**11.32**	
银川	Yinchuan	3.63	3.33	9.57	108
石嘴山	Shizuishan	1.93	1.31	1.43	200
吴忠	Wuzhong	2.22	0.93	0.12	257
固原	Guyuan				
中卫	Zhongwei	0.12	1.09	0.21	251
新疆	**Xinjiang**	**41.59**	**52.94**	**41.92**	
乌鲁木齐	Urumqi	15.48	13.98	10.68	102
克拉玛依	Karamay	0.25	5.65	4.31	143

14-10 货物出口总额
Total Value of Exports

单位：亿美元 (100 million USD)

地名	City	2010	2013	2014	2014 排名 Ranking	地名	City	2010	2013	2014	2014 排名 Ranking
全国	**Nation Total**	**15777.50**	**22090.04**	**23422.93**		沈阳	Shenyang	40.77	69.96	71.43	42
北京	**Beijing**	**554.39**	**630.98**	**623.38**		大连	Dalian	272.59	374.37	302.25	15
天津	**Tianjin**	**375.17**	**490.05**	**525.91**		鞍山	Anshan	14.42	26.97	26.49	85
河北	**Hebei**	**225.70**	**309.61**	**357.10**		抚顺	Fushun	5.24	8.56	6.83	165
石家庄	Shijiazhuang	57.94	71.18	76.88	38	本溪	Benxi	15.84	26.96	31.02	78
唐山	Tangshan	29.24	56.12	60.61	50	丹东	Dandong	18.74	34.06	30.16	79
秦皇岛	Qinhuangdao	18.85	24.19	26.12	89	锦州	Jinzhou	11.79	20.72	25.80	90
邯郸	Handan	8.84	13.67	14.76	123	营口	Yingkou	22.06	43.69	50.04	55
邢台	Xingtai	9.62	12.09	13.06	130	阜新	Fuxin	1.20	2.66	3.12	206
保定	Baoding	43.26	43.63	47.12	58	辽阳	Liaoyang	9.62	6.84	6.63	167
张家口	Zhangjiakou	1.83	3.22	3.47	199	盘锦	Panjin	3.67	8.18	6.57	168
承德	Chengde	2.34	2.30	2.49	220	铁岭	Tieling	4.61	6.36	6.93	164
沧州	Cangzhou	13.92	20.79	22.45	99	朝阳	Chaoyang	4.13	5.04	7.57	160
廊坊	Langfang	22.06	30.35	32.78	73	葫芦岛	Huludao	6.53	11.03	12.77	132
衡水	Hengshui	17.80	32.09	34.66	70	**吉林**	**Jilin**	**44.76**	**67.39**	**57.78**	
山西	**Shanxi**	**47.09**	**79.96**	**89.41**		长春	Changchun	20.08	32.99	24.74	92
太原	Taiyuan	31.38	52.95	65.70	45	吉林	Jilin	5.52	5.19	8.51	151
大同	Datong	1.25	2.15	3.02	208	四平	Siping	0.59	0.47	0.38	264
阳泉	Yangquan	1.31	1.20	1.49	237	辽源	Liaoyuan	0.36	1.15	1.40	238
长治	Changzhi	0.43	8.37	3.64	196	通化	Tonghua	2.14	1.82	2.61	216
晋城	Jincheng	2.12	2.59	2.89	210	白山	Baishan	1.89	1.98	2.13	222
朔州	Shuozhou	0.10	0.21	0.27	267	松原	Songyuan	0.86	0.88	1.18	245
晋中	Jinzhong	2.23	2.47	1.88	229	白城	Baicheng	0.63	1.01	0.95	249
运城	Yuncheng	2.83	4.83	4.80	183	**黑龙江**	**Heilongjiang**	**162.82**	**162.32**	**173.35**	
忻州	Xinzhou	1.25	1.94	2.01	225	哈尔滨	Harbin	19.98	16.32	26.57	84
临汾	Linfen	1.46	1.62	1.76	232	齐齐哈尔	Qiqihar	7.44	6.68	7.45	162
吕梁	Lvliang	2.74	1.64	1.94	227	鸡西	Jixi	6.95	10.68	6.54	169
内蒙古	**Inner Mongolia**	**33.35**	**40.93**	**63.94**		鹤岗	Hegang	0.68	0.81	1.36	240
呼和浩特	Hohhot	7.59	7.35	7.94	156	双鸭山	Shuangyashan	9.11	11.45	10.03	143
包头	Baotou	12.04	11.13	12.02	140	大庆	Daqing	9.76	4.07	3.78	193
乌海	Wuhai	0.03	0.02	0.02	280	伊春	Yichun	1.91	1.04	1.33	241
赤峰	Chifeng	1.38	1.14	1.23	243	佳木斯	Jiamusi	28.36	18.79	19.42	107
通辽	Tongliao	0.87	1.23	1.33	242	七台河	Qitaihe	0.58	0.21	0.18	274
鄂尔多斯	Erdos	3.17	3.46	3.73	194	牡丹江	Mudanjiang	40.30	54.86	40.88	64
呼伦贝尔	Hulunbuir	1.99	4.31	4.65	185	黑河	Heihe	26.18	31.38	15.45	118
巴彦淖尔	Bayannur	1.60	2.96	3.19	203	绥化	Suihua	0.70	1.13	1.37	239
乌兰察布	Ulanqab	0.53	0.32	0.35	266	**上海**	**Shanghai**	**1807.84**	**2041.80**	**2101.34**	
辽宁	**Liaoning**	**431.20**	**645.22**	**587.45**		**江苏**	**Jiangsu**	**2705.50**	**3288.02**	**3418.33**	

14-10 货物出口总额 续表 1
Total Value of Exports continued 1

单位：亿美元 (100 million USD)

地名	City	2010	2013	2014	2014 排名 Ranking	地名	City	2010	2013	2014	2014 排名 Ranking
南京	Nanjing	248.85	322.66	326.28	14	池州	Chizhou	0.97	2.58	2.60	217
无锡	Wuxi	362.72	411.48	442.31	10	宣城	Xuancheng	5.86	17.52	15.88	117
徐州	Xuzhou	26.31	48.97	46.77	59	**福建**	**Fujian**	**714.93**	**1064.74**	**1134.52**	
常州	Changzhou	155.58	203.74	213.64	23	福州	Fuzhou	163.08	193.18	213.33	24
苏州	Suzhou	1531.08	1757.06	1811.78	2	厦门	Xiamen	353.24	523.43	531.61	6
南通	Nantong	140.85	212.78	224.80	22	莆田	Putian	21.90	31.69	33.12	72
连云港	Lianyungang	26.00	37.84	43.55	63	三明	Sanming	11.27	13.75	17.78	112
淮安	Huaian	14.95	27.81	31.61	76	泉州	Quanzhou	82.79	164.70	181.78	27
盐城	Yancheng	23.19	37.79	43.94	62	漳州	Zhangzhou	50.68	71.08	81.32	37
扬州	Yangzhou	60.55	75.50	76.82	39	南平	Nanping	9.09	15.32	14.65	124
镇江	Zhenjiang	47.51	62.23	66.02	44	龙岩	Longyan	13.13	21.17	24.15	93
泰州	Taizhou	58.77	62.91	61.78	47	宁德	Ningde	9.74	28.38	36.79	68
宿迁	Suqian	9.14	27.80	29.40	81	**江西**	**Jiangxi**	**134.16**	**281.67**	**320.25**	
浙江	**Zhejiang**	**1804.65**	**2487.46**	**2733.27**		南昌	Nanchang	36.76	73.08	84.17	36
杭州	Hangzhou	353.37	447.66	491.66	7	景德镇	Jingdezhen	7.76	10.96	7.58	159
宁波	Ningbo	519.67	657.10	731.09	4	萍乡	Pingxiang	4.48	13.48	14.62	125
温州	Wenzhou	145.43	181.46	236.51	21	九江	Jiujiang	12.12	40.33	46.42	60
嘉兴	Jiaxing	160.40	215.12	88.06	34	新余	Xinyu	20.13	10.73	12.64	134
湖州	Huzhou	58.61	80.88	297.51	16	鹰潭	Yingtan	3.62	9.43	8.87	149
绍兴	Shaoxing	210.89	279.16	57.76	51	赣州	Ganzhou	13.10	29.16	32.00	75
金华	Jinhua	121.88	325.32	185.51	26	吉安	Jian	9.94	33.23	40.20	65
衢州	Quzhou	12.05	23.90	396.71	11	宜春	Yichun	5.58	18.32	22.27	101
舟山	Zhoushan	69.37	66.49	28.85	82	抚州	Fuzhou	5.45	12.47	15.40	119
台州	Taizhou	139.63	187.21	193.51	25	上饶	Shangrao	15.21	30.49	36.07	69
丽水	Lishui	13.49	23.73	26.37	87	**山东**	**Shandong**	**1042.47**	**1341.90**	**1447.09**	
安徽	**Anhui**	**124.13**	**282.51**	**314.85**		济南	Jinan	40.51	54.81	60.61	49
合肥	Hefei	56.23	118.99	127.74	30	青岛	Qingdao	338.90	419.60	457.77	9
芜湖	Wuhu	16.69	39.31	49.74	56	淄博	Zibo	40.31	52.50	55.98	53
蚌埠	Bengbu	4.67	12.44	16.23	116	枣庄	Zaozhuang	7.46	9.47	11.54	141
淮南	Huainan	0.72	4.06	3.57	197	东营	Dongying	27.58	58.03	60.95	48
马鞍山	Maanshan	5.07	13.86	12.46	136	烟台	Yantai	254.80	294.75	294.04	17
淮北	Huaibei	1.40	4.38	5.20	181	潍坊	Weifang	86.96	116.04	123.29	31
铜陵	Tongling	2.97	6.22	8.57	150	济宁	Jining	22.99	33.34	32.69	74
安庆	Anqing	5.06	14.95	19.49	106	泰安	Taian	9.26	13.67	17.31	114
黄山	Huangshan	2.49	7.02	8.20	154	威海	Weihai	89.17	107.02	113.72	33
滁州	Chuzhou	7.08	13.83	15.15	120	日照	Rizhao	22.11	38.79	47.89	57
阜阳	Fuyang	2.83	11.14	14.53	126	莱芜	Laiwu	10.32	7.51	9.21	147
宿州	Suzhou	1.21	4.72	5.74	173	临沂	Linyi	28.26	46.35	56.94	52
六安	Liuan	4.35	7.77	6.63	166	德州	Dezhou	13.36	20.26	22.27	100
亳州	Bozhou	2.23	3.78	3.23	201	聊城	Liaocheng	12.89	20.03	23.86	95

14-10 货物出口总额 续表 2
Total Value of Exports continued 2

单位：亿美元 (100 million USD)

地名	City	2010	2013	2014	2014 排名 Ranking	地名	City	2010	2013	2014	2014 排名 Ranking
滨州	Binzhou	25.50	35.43	37.82	67	常德	Changde	1.39	3.76	5.30	179
菏泽	Heze	12.11	17.50	21.58	102	张家界	Zhangjiajie	0.28	0.45	0.84	253
河南	**Henan**	**105.34**	**359.87**	**393.83**		益阳	Yiyang	3.26	4.42	5.30	180
郑州	Zhengzhou	34.73	250.66	270.71	20	郴州	Chenzhou	6.22	20.09	23.82	96
开封	Kaifeng	1.88	4.11	4.44	186	永州	Yongzhou	1.02	4.06	7.50	161
洛阳	Luoyang	10.52	12.93	13.96	128	怀化	Huaihua	0.20	0.70	0.99	248
平顶山	Pingdingshan	2.86	3.65	3.94	192	娄底	Loudi	3.30	2.08	3.53	198
安阳	Anyang	4.43	4.41	4.77	184	**广东**	**Guangdong**	**4531.91**	**6363.64**	**6460.87**	
鹤壁	Hebi	1.24	2.32	2.50	218	广州	Guangzhou	483.79	628.07	727.07	5
新乡	Xinxiang	6.95	8.73	9.43	145	韶关	Shaoguan	6.59	9.20	12.20	138
焦作	Jiaozuo	10.55	15.10	16.31	115	深圳	Shenzhen	2041.80	3057.02	2843.62	1
濮阳	Puyang	4.15	6.05	6.54	170	珠海	Zhuhai	208.62	265.81	290.15	18
许昌	Xuchang	10.84	17.68	19.10	108	汕头	Shantou	49.35	66.02	69.66	43
漯河	Luohe	1.54	2.55	2.75	213	佛山	Foshan	330.38	425.23	467.17	8
三门峡	Sanmenxia	1.04	1.84	1.99	226	江门	Jiangmen	104.09	139.99	150.87	28
南阳	Nanyang	6.47	12.53	13.53	129	湛江	Zhanjiang	16.84	26.23	29.41	80
商丘	Shangqiu	1.00	2.12	2.29	221	茂名	Maoming	5.59	8.06	9.76	144
信阳	Xinyang	1.05	2.90	3.14	204	肇庆	Zhaoqing	25.97	48.26	46.05	61
周口	Zhoukou	1.76	5.89	6.36	171	惠州	Huizhou	202.32	333.20	363.31	12
驻马店	Zhumadian	1.78	3.20	3.45	200	梅州	Meizhou	9.51	15.44	18.87	109
湖北	**Hubei**	**144.42**	**228.36**	**266.42**		汕尾	Shanwei	11.12	19.51	18.32	110
武汉	Wuhan	87.54	119.43	137.91	29	河源	Heyuan	17.15	22.47	26.49	86
黄石	Huangshi	6.00	12.05	14.47	127	阳江	Yangjiang	16.06	20.92	23.21	97
十堰	Shiyan	2.34	4.23	5.41	176	清远	Qingyuan	19.33	22.50	23.91	94
宜昌	Yichang	13.02	20.17	22.56	98	东莞	Dongguan	696.03	908.61	970.67	3
襄阳	Xiangyang	5.54	14.34	5.46	174	中山	Zhongshan	225.04	264.75	278.78	19
鄂州	Ezhou	1.30	1.76	2.04	224	潮州	Chaozhou	23.41	27.83	28.50	83
荆门	Jingmen	2.37	6.18	7.68	158	揭阳	Jieyang	30.80	43.80	50.81	54
孝感	Xiaogan	2.97	7.80	9.39	146	云浮	Yunfu	8.13	10.72	12.04	139
荆州	Jingzhou	5.74	11.27	12.96	131	**广西**	**Guangxi**	**96.10**	**186.93**	**243.27**	
黄冈	Huanggang	2.09	4.51	5.34	177	南宁	Nanning	15.93	23.53	26.17	88
咸宁	Xianning	1.68	2.68	3.97	191	柳州	Liuzhou	0.31	8.75	8.02	155
随州	Suizhou	7.58	11.27	12.74	133	桂林	Guilin	6.22	7.59	7.72	157
湖南	**Hunan**	**79.55**	**148.21**	**199.43**		梧州	Wuzhou	4.46	4.99	5.08	182
长沙	Changsha	35.51	61.66	87.63	35	北海	Beihai	8.38	13.66	17.52	113
株洲	Zhuzhou	6.93	19.26	18.28	111	防城港	Fangchenggang	7.80	10.78	15.05	122
湘潭	Xiangtan	7.77	9.77	12.60	135	钦州	Qinzhou	3.26	10.52	20.11	104
衡阳	Hengyang	7.05	12.61	19.56	105	贵港	Guigang	0.53	1.21	1.87	230
邵阳	Shaoyang	2.60	5.22	7.20	163	玉林	Yulin	3.16	2.90	3.22	202
岳阳	Yueyang	1.57	2.44	5.42	175	百色	Baise	2.03	3.87	5.31	178

14-10 货物出口总额 续表 3
Total Value of Exports continued 3

单位：亿美元 (100 million USD)

地名	City	2010	2013	2014	2014 排名 Ranking	地名	City	2010	2013	2014	2014 排名 Ranking
贺州	Hezhou	0.82	0.72	0.74	255	丽江	Lijiang	0.0011	1.11	0.86	252
河池	Hechi	1.26	0.38	0.23	270	普洱	Puer	0.75	1.79	2.89	209
来宾	Laibin	1.02	0.46	0.47	259	临沧	Lincang	0.44	1.28	1.02	247
崇左	Chongzuo	34.15	97.58	15.14	121	**西藏**	**Tibet**	**7.71**	**32.69**	**33.85**	
海南	**Hainan**	**23.91**	**37.06**	**44.17**		拉萨	Lasa	7.65	31.64	33.85	71
海口	Haikou	13.07	16.21	12.32	137	**陕西**	**Shaanxi**	**62.08**	**102.26**	**139.30**	
三亚	Sanya	7.50	0.67	0.20	272	西安	Xi'an	53.17	84.78	73.47	40
三沙	Sansha					铜川	Tongchuan	0.04	0.15	0.14	277
重庆	**Chongqing**	**74.89**	**467.96**	**634.01**		宝鸡	Baoji	2.64	6.98	4.12	190
四川	**Sichuan**	**188.45**	**419.49**	**448.39**		咸阳	Xianyang	2.38	4.78	2.83	211
成都	Chengdu	122.60	318.92	338.18	13	渭南	Weinan	1.01	2.02	1.19	244
自贡	Zigong	2.49	6.16	3.09	207	延安	Yan'an	0.22	0.96	0.71	256
攀枝花	Panzhihua	1.88	1.23	1.70	233	汉中	Hanzhong	0.30	0.67	0.45	261
泸州	Luzhou	1.06	2.05	2.50	219	榆林	Yulin	0.74	0.42	0.25	268
德阳	Deyang	9.41	23.53	31.02	77	安康	Ankang	0.17	0.28	0.22	271
绵阳	Mianyang	8.27	18.03	20.72	103	商洛	Shangluo	0.52	0.48	1.83	231
广元	Guangyuan	1.74	3.08	4.16	189	**甘肃**	**Gansu**	**16.38**	**46.77**	**53.29**	
遂宁	Suining	2.27	4.04	4.20	188	兰州	Lanzhou	9.13	35.93	25.76	91
内江	Neijiang	1.68	3.15	2.78	212	嘉峪关	Jiayuguan	0.48	0.13	0.37	265
乐山	Leshan	6.76	8.26	8.40	152	金昌	Jinchang	2.20	0.43	1.90	228
南充	Nanchong	2.82	6.54	2.75	214	白银	Baiyin	0.80	3.31	0.88	251
眉山	Meishan	0.90	2.00	2.09	223	天水	Tianshui	1.62	2.69	1.54	236
宜宾	Yibin	4.42	5.62	6.07	172	武威	Wuwei	0.13	0.22	0.20	273
广安	Guangan	2.80	9.82	10.77	142	张掖	Zhangye	0.27	0.23	0.14	276
达州	Dazhou	0.63	1.37	2.74	215	平凉	Pingliang	0.15	0.17	0.17	275
雅安	Yaan	0.12	0.65	0.70	257	酒泉	Jiuquan	0.55	0.99	0.42	263
巴中	Bazhong	0.49	1.44	1.67	234	庆阳	Qingyang	0.56	0.87	0.45	262
资阳	Ziyang	1.39	2.49	3.73	195	定西	Dingxi	0.07	0.11	0.12	279
贵州	**Guizhou**	**19.19**	**68.86**	**93.97**		陇南	Longnan	0.04	0.09	0.12	278
贵阳	Guiyang	8.34	59.24	63.38	46	**青海**	**Qinghai**	**4.66**	**8.47**	**11.28**	
六盘水	Liupanshui		0.00	0.00	281	西宁	Xining	3.96	7.79	8.33	153
遵义	Zunyi	1.50	1.48	1.58	235	海东	Haidong				
安顺	Anshun	1.18	0.23	0.24	269	**宁夏**	**Ningxia**	**11.70**	**25.52**	**43.03**	
毕节	Bijie	0.00	1.06			银川	Yinchuan	6.99	20.85	38.51	66
铜仁	Tongren	0.02	0.14			石嘴山	Shizuishan	4.07	3.41	3.13	205
云南	**Yunnan**	**57.62**	**156.71**	**187.87**		吴忠	Wuzhong	0.20	0.79	0.92	250
昆明	Kunming	47.82	101.23	116.07	32	固原	Guyuan				
曲靖	Qujing	0.17	3.35	4.39	187	中卫	Zhongwei	0.44	0.47	0.46	260
玉溪	Yuxi	2.65	6.79	9.13	148	**新疆**	**Xinjiang**	**129.70**	**222.68**	**234.81**	
保山	Baoshan	1.14	1.16	1.07	246	乌鲁木齐	Urumqi	44.37	63.99	72.17	41
昭通	Zhaotong	0.05	0.10	0.62	258	克拉玛依	Karamay	2.55	2.13	0.81	254

14-11 外商直接投资合同项目
Number of Projects for Contracted Foreign Direct Investment

单位：个 (unit)

地名	City	2010	2013	2014	2014 排名 Ranking
全国	**Nation Total**	**28652**	**23859**	**25448**	
北京	**Beijing**	**1629**	**1190**	**1318**	
天津	**Tianjin**	**592**	**564**	**674**	
河北	**Hebei**	**246**	**513**	**817**	
石家庄	Shijiazhuang	32	42	37	80
唐山	Tangshan	29	16	20	115
秦皇岛	Qinhuangdao	19	9	10	154
邯郸	Handan	48	50	47	69
邢台	Xingtai	19	12	14	133
保定	Baoding	16	17	22	107
张家口	Zhangjiakou	12	3	27	95
承德	Chengde	7	5	3	224
沧州	Cangzhou	27	50	15	127
廊坊	Langfang	28	289	535	5
衡水	Hengshui	9	20	87	52
山西	**Shanxi**	**133**	**44**	**47**	
太原	Taiyuan	39	18	20	115
大同	Datong	3	2	1	250
阳泉	Yangquan	50	2	1	250
长治	Changzhi	8	2	4	214
晋城	Jincheng	1		1	250
朔州	Shuozhou	8		1	250
晋中	Jinzhong	5	8	10	154
运城	Yuncheng	9	1	3	224
忻州	Xinzhou	4	1	2	236
临汾	Linfen	3	3	2	236
吕梁	Lvliang	3	7	2	236
内蒙古	**Inner Mongolia**	**95**	**61**	**53**	
呼和浩特	Hohhot	16	4	11	146
包头	Baotou	41	18	11	146
乌海	Wuhai		6	6	190
赤峰	Chifeng	10		2	236
通辽	Tongliao	8	4	4	214
鄂尔多斯	Erdos	10	15	6	190
呼伦贝尔	Hulunbuir		11	2	236
巴彦淖尔	Bayannur			7	178
乌兰察布	Ulanqab	10	3	4	214
辽宁	**Liaoning**	**1511**	**648**	**526**	
沈阳	Shenyang	473	155	145	29
大连	Dalian	472	240	223	20
鞍山	Anshan	83	87	61	64
抚顺	Fushun	35	24	11	146
本溪	Benxi	18	7	11	146
丹东	Dandong	125	21	19	118
锦州	Jinzhou	37	36	7	178
营口	Yingkou	94	17	15	127
阜新	Fuxin	19	14	8	170
辽阳	Liaoyang	16	5	6	190
盘锦	Panjin	46	16	7	178
铁岭	Tieling	29	3	7	178
朝阳	Chaoyang	13	8		
葫芦岛	Huludao	51	15	6	190
吉林	**Jilin**	**228**	**68**	**72**	
长春	Changchun	80	35	41	73
吉林	Jilin	98	9	7	178
四平	Siping	6	2	3	224
辽源	Liaoyuan	23	9	2	236
通化	Tonghua	9	5	5	204
白山	Baishan	4	2	5	204
松原	Songyuan	2	3	6	190
白城	Baicheng	6	3	3	224
黑龙江	**Heilongjiang**	**184**	**291**	**286**	
哈尔滨	Harbin	83	52	64	63
齐齐哈尔	Qiqihar	4	3	3	224
鸡西	Jixi	6	6	6	190
鹤岗	Hegang		2	1	250
双鸭山	Shuangyashan	2	8		
大庆	Daqing	14	5	6	190
伊春	Yichun	6			
佳木斯	Jiamusi	45	43	43	71
七台河	Qitaihe				
牡丹江	Mudanjiang	12	5	6	190
黑河	Heihe	6	161	153	28
绥化	Suihua	6	6	4	214
上海	**Shanghai**	**3906**	**3740**	**4697**	
江苏	**Jiangsu**	**4663**	**3630**	**3352**	

14-11 外商直接投资合同项目 续表 1

Number of Projects for Contracted Foreign Direct Investment continued 1

单位：个 (unit)

地名	City	2010	2013	2014	2014 排名 Ranking	地名	City	2010	2013	2014	2014 排名 Ranking
南京	Nanjing	387	533	504	6	池州	Chizhou	7	13	8	170
无锡	Wuxi	331	236	237	17	宣城	Xuancheng	12	17	14	133
徐州	Xuzhou	204	171	189	22	**福建**	**Fujian**	**1139**	**800**	**816**	
常州	Changzhou	328	255	332	11	福州	Fuzhou	186	135	135	34
苏州	Suzhou	1537	936	905	3	厦门	Xiamen	398	331	331	12
南通	Nantong	364	354	305	15	莆田	Putian	25	35	25	102
连云港	Lianyungang	141	147	166	26	三明	Sanming	65	37	40	74
淮安	Huaian	244	143	179	24	泉州	Quanzhou	156	111	126	36
盐城	Yancheng	378	262	126	36	漳州	Zhangzhou	186	84	94	50
扬州	Yangzhou	335	191	101	48	南平	Nanping	46	30	26	99
镇江	Zhenjiang	144	162	120	41	龙岩	Longyan	58	17	18	120
泰州	Taizhou	219	156	117	43	宁德	Ningde	19	20	21	111
宿迁	Suqian	51	84	71	58	**江西**	**Jiangxi**	**1095**	**846**	**834**	
浙江	**Zhejiang**	**2075**	**1630**	**1628**		南昌	Nanchang	304	176	189	22
杭州	Hangzhou	545	415	408	9	景德镇	Jingdezhen	23	23	18	120
宁波	Ningbo	495	442	468	7	萍乡	Pingxiang	45	32	36	81
温州	Wenzhou	25	45	43	71	九江	Jiujiang	173	140	144	30
嘉兴	Jiaxing	300	248	246	16	新余	Xinyu	38	42	29	89
湖州	Huzhou	302	211	157	27	鹰潭	Yingtan	28	39	55	66
绍兴	Shaoxing	235	138	141	31	赣州	Ganzhou	195	119	103	46
金华	Jinhua	104	59	70	59	吉安	Jian	103	125	120	41
衢州	Quzhou	24	13	14	133	宜春	Yichun	40	25	32	85
舟山	Zhoushan	5	4	14	133	抚州	Fuzhou	56	45	38	79
台州	Taizhou	28	29	40	74	上饶	Shangrao	90	80	70	59
丽水	Lishui	12	26	27	95	**山东**	**Shandong**	**1630**	**1418**	**1352**	
安徽	**Anhui**	**294**	**292**	**345**		济南	Jinan	87	86	78	55
合肥	Hefei	72	84	85	54	青岛	Qingdao	731	645	619	4
芜湖	Wuhu	43	60	126	36	淄博	Zibo	29	21	35	82
蚌埠	Bengbu	17	8	17	123	枣庄	Zaozhuang	36	11	12	144
淮南	Huainan	5	3	5	204	东营	Dongying	17	19	9	162
马鞍山	Maanshan	21	23	15	127	烟台	Yantai	243	258	220	21
淮北	Huaibei	7	3	5	204	潍坊	Weifang	80	49	40	74
铜陵	Tongling	21	10	6	190	济宁	Jining	75	45	27	95
安庆	Anqing	13	10	13	140	泰安	Taian	24	57	78	55
黄山	Huangshan	10	8	7	178	威海	Weihai	136	112	129	35
滁州	Chuzhou	21	19	16	125	日照	Rizhao	25	22	26	99
阜阳	Fuyang	7	8	5	204	莱芜	Laiwu	21	5	5	204
宿州	Suzhou	8	6	10	154	临沂	Linyi	37	40	24	103
六安	Liuan	16	14	9	162	德州	Dezhou	28	18	11	146
亳州	Bozhou	2	6	4	214	聊城	Liaocheng	9	9	13	140

14-11 外商直接投资合同项目 续表 2

Number of Projects for Contracted Foreign Direct Investment continued 2

单位：个 (unit)

地名	City	2010	2013	2014	2014 排名 Ranking	地名	City	2010	2013	2014	2014 排名 Ranking
滨州	Binzhou	18	7	10	154	常德	Changde	25	33	32	85
菏泽	Heze	34	14	16	125	张家界	Zhangjiajie	6	7	8	170
河南	**Henan**	**492**	**358**	**367**		益阳	Yiyang	18	6	11	146
郑州	Zhengzhou	91	72	66	62	郴州	Chenzhou	82	89	54	67
开封	Kaifeng	25	13	13	140	永州	Yongzhou	32	25	21	111
洛阳	Luoyang	33	46	39	78	怀化	Huaihua	9	16	19	118
平顶山	Pingdingshan	7	12	5	204	娄底	Loudi	19	1	9	162
安阳	Anyang	10	20	22	107	**广东**	**Guangdong**	**5637**	**5520**	**6015**	
鹤壁	Hebi	10	21	20	115	广州	Guangzhou	980	1092	1155	2
新乡	Xinxiang	24	16	15	127	韶关	Shaoguan	42	69	88	51
焦作	Jiaozuo	11	14	11	146	深圳	Shenzhen	1929	2056	2490	1
濮阳	Puyang	6	10	10	154	珠海	Zhuhai	213	272	330	13
许昌	Xuchang	17	12	10	154	汕头	Shantou	35	24	23	106
漯河	Luohe	153	22	21	111	佛山	Foshan	239	205	235	18
三门峡	Sanmenxia	10	20	26	99	江门	Jiangmen	194	167	168	25
南阳	Nanyang	26	25	24	103	湛江	Zhanjiang	8	9	12	144
商丘	Shangqiu	10	8	54	67	茂名	Maoming	24	50	69	61
信阳	Xinyang	15	15	8	170	肇庆	Zhaoqing	112	129	107	45
周口	Zhoukou	16	14	8	170	惠州	Huizhou	362	284	314	14
驻马店	Zhumadian	28	18	15	127	梅州	Meizhou	133	186	139	32
湖北	**Hubei**	**479**	**275**	**291**		汕尾	Shanwei	24	33	27	95
武汉	Wuhan	163	138	137	33	河源	Heyuan	88	85	97	49
黄石	Huangshi	13	5	14	133	阳江	Yangjiang	84	41	40	74
十堰	Shiyan	8	11	14	133	清远	Qingyuan	41	43	29	89
宜昌	Yichang	10	18	8	170	东莞	Dongguan	869	506	465	8
襄阳	Xiangyang	26	28	31	88	中山	Zhongshan	147	173	124	39
鄂州	Ezhou	150	3	7	178	潮州	Chaozhou	36	24	46	70
荆门	Jingmen	13	15	10	154	揭阳	Jieyang	43	38	29	89
孝感	Xiaogan	21	27	29	89	云浮	Yunfu	34	34	28	94
荆州	Jingzhou	17	11	9	162	**广西**	**Guangxi**	**189**	**132**	**139**	
黄冈	Huanggang	36	5	8	170	南宁	Nanning	73	49	59	65
咸宁	Xianning	15	6	15	127	柳州	Liuzhou	10	11	6	190
随州	Suizhou	7	8	9	162	桂林	Guilin	18	9	18	120
湖南	**Hunan**	**650**	**590**	**543**		梧州	Wuzhou	19	5	6	190
长沙	Changsha	177	150	123	40	北海	Beihai	21	6	9	162
株洲	Zhuzhou	67	73	87	52	防城港	Fangchenggang	8	1	2	236
湘潭	Xiangtan	62	44	22	107	钦州	Qinzhou	11	17	10	154
衡阳	Hengyang	84	112	114	44	贵港	Guigang	7	3	6	190
邵阳	Shaoyang	24	20	22	107	玉林	Yulin	14	6	7	178
岳阳	Yueyang	45	14	21	111	百色	Baise	1	3	3	224

14-11 外商直接投资合同项目 续表 3

Number of Projects for Contracted Foreign Direct Investment continued 3

单位：个 (unit)

地名	City	2010	2013	2014	2014 排名 Ranking
贺州	Hezhou	3	2	4	214
河池	Hechi	1	16	2	236
来宾	Laibin	1	3	2	236
崇左	Chongzuo	2	1	5	204
海南	**Hainan**	**47**	**44**	**44**	
海口	Haikou	36	37	33	84
三亚	Sanya	11	7	11	146
三沙	Sansha				
重庆	**Chongqing**	**232**	**192**	**203**	
四川	**Sichuan**	**381**	**272**	**316**	
成都	Chengdu	294	201	226	19
自贡	Zigong	4	7	4	214
攀枝花	Panzhihua	2	2		
泸州	Luzhou	4	5	9	162
德阳	Deyang	15	11	7	178
绵阳	Mianyang	7	11	7	178
广元	Guangyuan		3	1	250
遂宁	Suining	9	3	5	204
内江	Neijiang	7		29	89
乐山	Leshan	10	5	3	224
南充	Nanchong	12	5	1	250
眉山	Meishan	2	3	4	214
宜宾	Yibin	6	3	3	224
广安	Guangan	2	1	3	224
达州	Dazhou	1	3	2	236
雅安	Yaan	1	2	1	250
巴中	Bazhong			7	178
资阳	Ziyang	5	7	4	214
贵州	**Guizhou**	**26**	**46**	**61**	
贵阳	Guiyang	20	24	24	103
六盘水	Liupanshui	2	2	1	250
遵义	Zunyi	4	8	8	170
安顺	Anshun		2	17	123
毕节	Bijie		7	7	178
铜仁	Tongren		3	4	214
云南	**Yunnan**	**103**	**87**	**94**	
昆明	Kunming	83	56	73	57
曲靖	Qujing		5	6	190
玉溪	Yuxi	7	1	2	236
保山	Baoshan	5	6	2	236
昭通	Zhaotong	1	1		
丽江	Lijiang	1	4	2	236
普洱	Puer	3	8		
临沧	Lincang	3	6	9	162
西藏	**Tibet**				
拉萨	Lasa				
陕西	**Shaanxi**	**487**	**535**	**495**	
西安	Xi'an	82	152	103	46
铜川	Tongchuan	4	2	1	250
宝鸡	Baoji	4	5	13	140
咸阳	Xianyang	4	2	1	250
渭南	Weinan	368	337	335	10
延安	Yan'an	1	2	3	224
汉中	Hanzhong	4	30	34	83
榆林	Yulin	3	3	3	224
安康	Ankang	1	2	1	250
商洛	Shangluo	16		1	250
甘肃	**Gansu**	**445**	**16**	**11**	
兰州	Lanzhou	6	8	5	204
嘉峪关	Jiayuguan				
金昌	Jinchang				
白银	Baiyin				
天水	Tianshui	180			
武威	Wuwei			1	250
张掖	Zhangye	2	1	2	236
平凉	Pingliang				
酒泉	Jiuquan	102	3	3	224
庆阳	Qingyang	2	1		
定西	Dingxi	153	3		
陇南	Longnan				
青海	**Qinghai**	**11**	**10**	**6**	
西宁	Xining	11	9	6	190
海东	Haidong				
宁夏	**Ningxia**	**23**	**15**	**14**	
银川	Yinchuan	19	14	14	133
石嘴山	Shizuishan	4	1		
吴忠	Wuzhong				
固原	Guyuan				
中卫	Zhongwei				
新疆	**Xinjiang**	**30**	**32**	**32**	
乌鲁木齐	Urumqi	30	31	32	85
克拉玛依	Karamay		1		

14-12 外商直接投资实际使用额
Total Amount of Foreign Direct Investment Actually Utilized

单位：万美元 （USD 10 000）

地名	City	2010	2013	2014	2014 排名 Ranking
全国	**Nation Total**	**10573500**	**27251080**	**28650055**	
北京	**Beijing**	**636358**	**852400**	**904085**	
天津	**Tianjin**	**1084872**	**1682890**	**1886676**	
河北	**Hebei**	**383074**	**665010**	**700859**	
石家庄	Shijiazhuang	24415	95519	102189	54
唐山	Tangshan	87409	134481	140687	41
秦皇岛	Qinhuangdao	49706	73825	81211	71
邯郸	Handan	49191	84704	92540	62
邢台	Xingtai	25485	41355	48600	108
保定	Baoding	47450	63293	60585	89
张家口	Zhangjiakou	10045	27429	32518	128
承德	Chengde	6994	3475	14940	186
沧州	Cangzhou	23257	40714	34242	123
廊坊	Langfang	49070	59759	71719	80
衡水	Hengshui	10052	20166	21628	160
山西	**Shanxi**	**71421**	**278854**	**292186**	
太原	Taiyuan	28343	94426	107673	52
大同	Datong	4177	16455	18159	173
阳泉	Yangquan		26500	27600	142
长治	Changzhi	826	31262	34402	122
晋城	Jincheng	5933	28400	28429	137
朔州	Shuozhou		15420	15420	184
晋中	Jinzhong	4787	18406	35303	119
运城	Yuncheng	13965	1351	1658	255
忻州	Xinzhou	4	2306	4320	239
临汾	Linfen	1185	13880	14913	187
吕梁	Lvliang	12202	32260	4309	240
内蒙古	**Inner Mongolia**	**338456**	**455310**	**385024**	
呼和浩特	Hohhot	11340	88314	58847	96
包头	Baotou	110000	140100	111900	51
乌海	Wuhai	2923	12000	5800	234
赤峰	Chifeng	5581	510	2112	251
通辽	Tongliao	2728	7047	2215	249
鄂尔多斯	Erdos	108000	160000	168500	34
呼伦贝尔	Hulunbuir	8450	23144	5981	232
巴彦淖尔	Bayannur	4630	8284	10044	210
乌兰察布	Ulanqab	7932	22162	19625	169
辽宁	**Liaoning**	**2075010**	**2903990**	**2517676**	
沈阳	Shenyang	505361	581093	227403	25
大连	Dalian	1003025	1359985	1400453	1
鞍山	Anshan	90496	138391	159010	36
抚顺	Fushun	44182	52108	35731	117
本溪	Benxi	30100	51449	60084	90
丹东	Dandong	70454	110012	72670	79
锦州	Jinzhou	50045	114009	125457	46
营口	Yingkou	86036	133041	140134	42
阜新	Fuxin	11013	20506	25106	147
辽阳	Liaoyang	33352	52009	60003	91
盘锦	Panjin	91335	55539	74895	77
铁岭	Tieling	26288	21020	55894	99
朝阳	Chaoyang	11039	150334	25032	149
葫芦岛	Huludao	22284	64500	55804	100
吉林	**Jilin**	**128042**	**672290**	**728213**	
长春	Changchun	69811	93794	500293	10
吉林	Jilin	13211	19621	93602	61
四平	Siping	6517	8870	30407	133
辽源	Liaoyuan	10620	14532	26334	144
通化	Tonghua	5008	7423	8113	216
白山	Baishan	6790	9552	23970	151
松原	Songyuan	3932	9630	31285	129
白城	Baicheng	5501	4350	14209	191
黑龙江	**Heilongjiang**	**266151**	**417200**	**518699**	
哈尔滨	Harbin	133046	226243	272125	19
齐齐哈尔	Qiqihar	22802	41550	47783	110
鸡西	Jixi	6660	11921	10100	209
鹤岗	Hegang	3320	6000	7000	223
双鸭山	Shuangyashan	2701	4568	2669	246
大庆	Daqing	34587	60032	68000	83
伊春	Yichun	3730	6530	948	260
佳木斯	Jiamusi	11300	21000	23000	155
七台河	Qitaihe	1390	655	1160	257
牡丹江	Mudanjiang	24384	44648	49707	106
黑河	Heihe	10004	16183	13098	193
绥化	Suihua	10644	19300	23109	153
上海	**Shanghai**	**1112100**	**1677950**	**1816593**	
江苏	**Jiangsu**	**2849777**	**3399600**	**2817416**	

14-12 外商直接投资实际使用额 续表 1
Total Amount of Foreign Direct Investment Actually Utilized continued 1

单位：万美元 （USD 10 000）

地名	City	2010	2013	2014	2014 排名 Ranking
南京	Nanjing	267592	403262	329070	16
无锡	Wuxi	330007	333886	290438	18
徐州	Xuzhou	101330	150047	165786	35
常州	Changzhou	244342	311087	240919	23
苏州	Suzhou	853511	869808	811978	4
南通	Nantong	206059	228743	230479	24
连云港	Lianyungang	110116	86990	95438	59
淮安	Huaian	105138	115064	119867	49
盐城	Yancheng	130356	154983	104732	53
扬州	Yangzhou	205645	182788	138776	43
镇江	Zhenjiang	161462	309678	129508	45
泰州	Taizhou	116148	132259	93945	60
宿迁	Suqian	18071	50895	66480	86
浙江	**Zhejiang**	**1100175**	**1417800**	**1604721**	
杭州	Hangzhou	435627	527633	633460	5
宁波	Ningbo	232336	327483	402514	12
温州	Wenzhou	17574	50150	53267	104
嘉兴	Jiaxing	160994	220676	249577	21
湖州	Huzhou	91905	105860	98419	57
绍兴	Shaoxing	95327	80782	67130	84
金华	Jinhua	35263	24905	27840	139
衢州	Quzhou	6237	6616	7009	222
舟山	Zhoushan	6719	20930	19962	168
台州	Taizhou	13206	40001	27705	141
丽水	Lishui	3751	12784	17838	175
安徽	**Anhui**	**501446**	**1109770**	**1230181**	
合肥	Hefei	109584	189021	218177	27
芜湖	Wuhu	71974	160548	200340	28
蚌埠	Bengbu	27262	96830	125007	47
淮南	Huainan	9913	23914	20095	167
马鞍山	Maanshan	70490	147895	176131	33
淮北	Huaibei	19151	45934	54431	102
铜陵	Tongling	25531	40310	19577	170
安庆	Anqing	22255	45178	26666	143
黄山	Huangshan	14263	25302	27837	140
滁州	Chuzhou	11745	72596	92353	63
阜阳	Fuyang	8882	13134	16461	178
宿州	Suzhou	13429	46813	58966	95
六安	Liuan	13704	30403	35191	120
亳州	Bozhou	15881	47383	59687	93
池州	Chizhou	15152	26208	30260	134
宣城	Xuancheng	19654	57303	69002	81
福建	**Fujian**	**580279**	**651400**	**703579**	
福州	Fuzhou	118524	143063	154651	37
厦门	Xiamen	169651	187204	197101	29
莆田	Putian	22952	30164	34092	124
三明	Sanming	8635	12500	14033	192
泉州	Quanzhou	149342	139112	148950	38
漳州	Zhangzhou	70076	94552	101207	56
南平	Nanping	6787	10501	12000	196
龙岩	Longyan	16506	21598	24082	150
宁德	Ningde	7098	14433	17463	177
江西	**Jiangxi**	**510084**	**839870**	**935175**	
南昌	Nanchang	147655	211657	321418	17
景德镇	Jingdezhen	12136	14042	15507	183
萍乡	Pingxiang	15378	25486	28012	138
九江	Jiujiang	66534	123107	145006	39
新余	Xinyu	53106	31414	34561	121
鹰潭	Yingtan	11975	19219	21566	161
赣州	Ganzhou	83560	110714	122204	48
吉安	Jian	44005	68427	78585	74
宜春	Yichun	36150	53208	59300	94
抚州	Fuzhou	15160	22089	25104	148
上饶	Shangrao	50425	75733	83912	68
山东	**Shandong**	**916833**	**1409900**	**2327934**	
济南	Jinan	104011	132054	143497	40
青岛	Qingdao	280056	552084	608100	7
淄博	Zibo	44838	52666	54419	103
枣庄	Zaozhuang	23900	15850	10455	207
东营	Dongying	20975	19335	21510	162
烟台	Yantai	115334	160597	176903	32
潍坊	Weifang	72145	81021	898031	2
济宁	Jining	45780	83015	88648	65
泰安	Taian	11925	30689	41314	113
威海	Weihai	55502	92018	101220	55
日照	Rizhao	34936	52991	57301	97
莱芜	Laiwu	10006	12134	6123	228
临沂	Linyi	32660	30870	34027	125
德州	Dezhou	11841	21472	15655	181
聊城	Liaocheng	31002	16302	10629	203

14-12 外商直接投资实际使用额 续表 2
Total Amount of Foreign Direct Investment Actually Utilized continued 2

单位：万美元 （USD 10 000）

地名	City	2010	2013	2014	2014 排名 Ranking	地名	City	2010	2013	2014	2014 排名 Ranking
滨州	Binzhou	10064	30399	38254	115	常德	Changde	25066	50785	60649	88
菏泽	Heze	11858	21818	21848	159	张家界	Zhangjiajie	3636	6701	8100	217
河南	**Henan**	**624669**	**1323150**	**1464873**		益阳	Yiyang	10085	16979	20826	164
郑州	Zhengzhou	190015	332178	363002	15	郴州	Chenzhou	52897	101808	117706	50
开封	Kaifeng	12882	43898	49728	105	永州	Yongzhou	39345	62513	75060	76
洛阳	Luoyang	120475	222272	241025	22	怀化	Huaihua	6276	9415	10906	201
平顶山	Pingdingshan	16390	45318	36493	116	娄底	Loudi	12082	23761	29186	136
安阳	Anyang	14887	38057	42839	112	**广东**	**Guangdong**	**2026098**	**2495200**	**2687132**	
鹤壁	Hebi	22481	55783	66785	85	广州	Guangzhou	11	480383	510707	9
新乡	Xinxiang	32902	74009	86988	66	韶关	Shaoguan	21236	18935	19061	171
焦作	Jiaozuo	28832	66181	72850	78	深圳	Shenzhen	429734	546784	580469	8
濮阳	Puyang	9001	38979	48717	107	珠海	Zhuhai	122350	168728	193099	31
许昌	Xuchang	21277	53113	59725	92	汕头	Shantou	25553	14820	17813	176
漯河	Luohe	32315	70401	78897	73	佛山	Foshan	196754	252090	265588	20
三门峡	Sanmenxia	39849	86857	95679	58	江门	Jiangmen	110810	92301	85377	67
南阳	Nanyang	20111	50388	63144	87	湛江	Zhanjiang	3671	13181	15027	185
商丘	Shangqiu	10385	27649	30897	132	茂名	Maoming	3100	11472	15574	182
信阳	Xinyang	16694	42237	47822	109	肇庆	Zhaoqing	93389	124104	133317	44
周口	Zhoukou	15763	44241	44890	111	惠州	Huizhou	143761	183413	196582	30
驻马店	Zhumadian	12550	31590	35392	118	梅州	Meizhou	8959	13311	14711	189
湖北	**Hubei**	**596340**	**797590**	**899444**		汕尾	Shanwei	25292	15241	16282	180
武汉	Wuhan	329265	404000	619858	6	河源	Heyuan	16846	21111	22619	158
黄石	Huangshi	30000	49000	55000	101	阳江	Yangjiang	20751	16533	11720	198
十堰	Shiyan	7203	15615	18047	174	清远	Qingyuan	32016	21161	22747	157
宜昌	Yichang	20652	27002	31151	130	东莞	Dongguan	273171	393775	452919	11
襄阳	Xiangyang	32606	53746	56946	98	中山	Zhongshan	66829	64637	68079	82
鄂州	Ezhou	12400	16200	21094	163	潮州	Chaozhou	11232	10107	10920	200
荆门	Jingmen	16309	26275	29559	135	揭阳	Jieyang	14857	22072	23888	152
孝感	Xiaogan	17502	27500	31061	131	云浮	Yunfu	7929	11051	10633	202
荆州	Jingzhou	5600	10824	12200	195	**广西**	**Guangxi**	**91200**	**193300**	**116581**	
黄冈	Huanggang	13583	6749	8690	215	南宁	Nanning	33029	58021	25187	146
咸宁	Xianning	15439	24674	5880	233	柳州	Liuzhou	5468	36544	9986	212
随州	Suizhou	4800	8774	9958	213	桂林	Guilin	2136	5047	14487	190
湖南	**Hunan**	**518441**	**872800**	**1025874**		梧州	Wuzhou	17713	26483	1078	259
长沙	Changsha	223757	340043	396910	13	北海	Beihai	9934	8515	14901	188
株洲	Zhuzhou	40221	69314	82403	70	防城港	Fangchenggang	4427	2220	2331	247
湘潭	Xiangtan	40304	69693	82823	69	钦州	Qinzhou	31803	53934	16437	179
衡阳	Hengyang	40641	76215	89960	64	贵港	Guigang	15622	2035	2200	250
邵阳	Shaoyang	7855	13737	18427	172	玉林	Yulin	4985	2702	2968	245
岳阳	Yueyang	15674	27503	32918	127	百色	Baise	3577	191	201	263

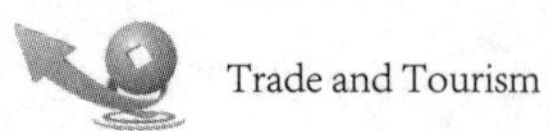

14-12 外商直接投资实际使用额 续表 3

Total Amount of Foreign Direct Investment Actually Utilized continued 3

单位：万美元 （USD 10 000）

地名	City	2010	2013	2014	2014 排名 Ranking
贺州	Hezhou	5766	6739	9018	214
河池	Hechi	1477		10616	205
来宾	Laibin	3330	2260	842	261
崇左	Chongzuo	2051	4577	6329	226
海南	**Hainan**	**151213**	**75400**	**55990**	
海口	Haikou	71605	51200	32979	126
三亚	Sanya	16791	24320	23011	154
三沙	Sansha				
重庆	**Chongqing**	**634397**	**1059700**	**1062946**	
四川	**Sichuan**	**612299**	**1260390**	**1027113**	
成都	Chengdu	485575	875820	876000	3
自贡	Zigong	1504	2278	2218	248
攀枝花	Panzhihua	20834	11130	11139	199
泸州	Luzhou	3051	5273	6302	227
德阳	Deyang	15133	20294	20700	165
绵阳	Mianyang	15063	23938	22982	156
广元	Guangyuan	1810	4678	5608	235
遂宁	Suining	2289	5506	6008	230
内江	Neijiang	4637	9500	7115	221
乐山	Leshan	9199	10593	10624	204
南充	Nanchong	1842	5698	8032	218
眉山	Meishan	13622	20304	20514	166
宜宾	Yibin	4077	4549	5055	237
广安	Guangan	2432	4104	4194	242
达州	Dazhou	5050	4797	6000	231
雅安	Yaan	3538	1143	2066	254
巴中	Bazhong	102	2050	2076	253
资阳	Ziyang	1390	10052	10480	206
贵州	**Guizhou**	**29545**	**121960**	**158449**	
贵阳	Guiyang	13470	30503	76174	75
六盘水	Liupanshui	1641	4398	39014	114
遵义	Zunyi	2973	4563	12603	194
安顺	Anshun	2440	5537	10002	211
毕节	Bijie	1151	5304		
铜仁	Tongren		29		
云南	**Yunnan**	**132902**	**217000**	**256320**	
昆明	Kunming	100900	179800	223714	26
曲靖	Qujing	2167	5766	6024	229
玉溪	Yuxi	1946	6742	7438	219
保山	Baoshan	3365	10600	11800	197
昭通	Zhaotong	300	2445		

地名	City	2010	2013	2014	2014 排名 Ranking
丽江	Lijiang	282	3994	783	262
普洱	Puer	3033	8300	61	265
临沧	Lincang	2110	4622	6500	225
西藏	**Tibet**				
拉萨	Lasa				
陕西	**Shaanxi**	**182006**	**349200**	**483081**	
西安	Xi'an	156665	312994	370310	14
铜川	Tongchuan	520	3003	2100	252
宝鸡	Baoji	2127	7006	80028	72
咸阳	Xianyang	5188	7561	10356	208
渭南	Weinan	3051	5008	1216	256
延安	Yan'an	1027	802		
汉中	Hanzhong	1595	3100	4005	243
榆林	Yulin	1950	3051	7266	220
安康	Ankang	564	3002	3000	244
商洛	Shangluo	5867	7010	4800	238
甘肃	**Gansu**	**13521**	**5650**	**9777**	
兰州	Lanzhou	1960	2132	5447	236
嘉峪关	Jiayuguan				
金昌	Jinchang	50			
白银	Baiyin		247		
天水	Tianshui	841			
武威	Wuwei	198	44		
张掖	Zhangye			70	264
平凉	Pingliang				
酒泉	Jiuquan	10469	3592	4260	241
庆阳	Qingyang		1035		
定西	Dingxi		79		
陇南	Longnan				
青海	**Qinghai**	**21930**	**2480**	**1091**	
西宁	Xining		3329	1091	258
海东	Haidong				
宁夏	**Ningxia**	**8090**	**13160**	**6567**	
银川	Yinchuan	4478	12858	6567	224
石嘴山	Shizuishan	1067	309		
吴忠	Wuzhong	2545	46		
固原	Guyuan				
中卫	Zhongwei				
新疆	**Xinjiang**	**23742**	**29500**	**25800**	
乌鲁木齐	Urumqi	5038	17792	25800	145
克拉玛依	Karamay		1741		

14-13 接待入境旅游者人数

Number of Overseas Visitors

单位：万人次 (10 000 person-times)

地名	City	2010	2013	2014	2014 排名 Ranking	地名	City	2010	2013	2014	2014 排名 Ranking
全国	**Nation Total**	**13376.22**	**12907.78**	**12849.83**		沈阳	Shenyang	55.03	81.31	61.97	33
北京	**Beijing**	**490.07**	**450.13**	**427.45**		大连	Dalian	116.60	119.00	96.56	22
天津	**Tianjin**	**166.10**	**75.86**	**76.63**		鞍山	Anshan	26.46	43.85	19.11	85
河北	**Hebei**	**97.74**	**84.27**	**75.61**		抚顺	Fushun	11.15	20.03	14.70	106
石家庄	Shijiazhuang	11.73	16.74	17.50	93	本溪	Benxi	56.20	61.98	12.40	114
唐山	Tangshan	5.82	8.46	9.14	130	丹东	Dandong	32.68	53.09	11.62	118
秦皇岛	Qinhuangdao	24.23	29.83	32.22	60	锦州	Jinzhou	20.01	34.41	11.37	120
邯郸	Handan	1.75	4.17	4.50	167	营口	Yingkou	8.57	24.13	6.95	146
邢台	Xingtai	1.73	1.86	2.01	213	阜新	Fuxin	2.30	2.86	2.04	212
保定	Baoding	9.12	13.67	14.76	104	辽阳	Liaoyang	2.79	4.43	3.88	176
张家口	Zhangjiakou	5.30	8.94	9.66	127	盘锦	Panjin	18.09	36.52	10.58	122
承德	Chengde	25.79	33.29	35.95	53	铁岭	Tieling	4.81	7.02	3.45	180
沧州	Cangzhou	1.73	2.73	2.95	195	朝阳	Chaoyang	1.38	2.13	1.86	217
廊坊	Langfang	9.59	12.74	13.76	109	葫芦岛	Huludao	5.72	12.36	4.23	171
衡水	Hengshui	0.94	1.34	1.45	227	吉林	**Jilin**	**82.00**	**124.30**	**130.63**	
山西	**Shanxi**	**130.29**	**53.84**	**56.56**		长春	Changchun	24.98	37.83	39.45	48
太原	Taiyuan	28.32	46.60	54.06	39	吉林	Jilin	6.36	9.60	9.77	125
大同	Datong	20.23	31.27	36.27	52	四平	Siping	0.20	0.28	0.39	247
阳泉	Yangquan	2.30	4.23	4.91	163	辽源	Liaoyuan	0.03	0.04	0.04	272
长治	Changzhi	8.43	14.48	16.80	97	通化	Tonghua	7.45	13.44	16.87	96
晋城	Jincheng	5.10	10.80	12.53	113	白山	Baishan	2.85	4.23	4.50	169
朔州	Shuozhou	4.10	6.99	8.11	134	松原	Songyuan	1.58	2.28	2.38	205
晋中	Jinzhong	21.48	35.08	40.69	44	白城	Baicheng	0.97	1.43	1.47	226
运城	Yuncheng	12.00	17.82	20.67	82	黑龙江	**Heilongjiang**	**172.42**	**152.86**	**141.72**	
忻州	Xinzhou	14.58	23.15	26.85	69	哈尔滨	Harbin	26.36	21.06	22.11	79
临汾	Linfen	10.06	16.34	18.95	87	齐齐哈尔	Qiqihar	3.04	4.80	5.04	160
吕梁	Lvliang	3.61	5.88	6.82	147	鸡西	Jixi	3.56	3.00	3.15	188
内蒙古	**Inner Mongolia**	**142.80**	**161.61**	**167.31**		鹤岗	Hegang	5.32	3.64	3.82	177
呼和浩特	Hohhot	9.40	11.75	12.30	115	双鸭山	Shuangyashan	8.00			
包头	Baotou	1.87	3.40	3.59	179	大庆	Daqing	1.40	2.40	2.52	201
乌海	Wuhai	0.03	0.04	0.06	270	伊春	Yichun	1.94			
赤峰	Chifeng	3.20	4.00	4.15	173	佳木斯	Jiamusi	14.40	4.60	4.83	165
通辽	Tongliao	1.60	2.32	2.44	203	七台河	Qitaihe	0.18			
鄂尔多斯	Erdos	2.23	3.10	3.11	190	牡丹江	Mudanjiang	74.79	176.03	184.83	10
呼伦贝尔	Hulunbuir	52.69	64.33	65.69	31	黑河	Heihe	32.91	87.27	91.63	23
巴彦淖尔	Bayannur	4.65	2.69	3.16	187	绥化	Suihua	0.01	0.01	0.01	274
乌兰察布	Ulanqab	1.10	3.35	4.06	174	上海	**Shanghai**	**733.72**	**614.09**	**791.30**	
辽宁	**Liaoning**	**361.80**	**256.04**	**260.70**		江苏	**Jiangsu**	**653.55**	**288.03**	**297.10**	

14-13 接待入境旅游者人数 续表 1
Number of Overseas Visitors continued 1

单位：万人次 (10 000 person-times)

地名	City	2010	2013	2014	2014 排名 Ranking
南京	Nanjing	130.88	51.86	56.62	37
无锡	Wuxi	86.50	39.12	40.31	46
徐州	Xuzhou	15.83	2.58	2.95	194
常州	Changzhou	35.91	11.00	12.04	117
苏州	Suzhou	265.15	144.21	145.33	14
南通	Nantong	35.51	21.69	18.72	88
连云港	Lianyungang	11.67	2.42	2.30	207
淮安	Huaian	2.83	1.06	1.36	229
盐城	Yancheng	6.21	2.60	4.22	172
扬州	Yangzhou	56.01	4.78	5.35	157
镇江	Zhenjiang	61.33	3.67	4.50	168
泰州	Taizhou	7.90	2.66	3.00	193
宿迁	Suqian	2.79	0.37	0.40	245
浙江	**Zhejiang**	**684.71**	**337.57**	**370.88**	
杭州	Hangzhou	275.71	316.01	326.13	3
宁波	Ningbo	95.17	127.34	139.68	16
温州	Wenzhou	39.16	74.21	91.08	24
嘉兴	Jiaxing	66.41	65.78	70.66	29
湖州	Huzhou	33.17	53.29	60.28	35
绍兴	Shaoxing	52.28	69.63	70.21	30
金华	Jinhua	62.74	79.70	84.19	27
衢州	Quzhou	9.88	12.10	11.60	119
舟山	Zhoushan	25.68	31.54	31.58	61
台州	Taizhou	10.29	10.89	15.53	100
丽水	Lishui	12.92	25.79	29.83	65
安徽	**Anhui**	**198.42**	**271.95**	**280.18**	
合肥	Hefei	24.29	38.93	40.10	47
芜湖	Wuhu	9.46	24.77	25.51	71
蚌埠	Bengbu	1.76	4.48	4.61	166
淮南	Huainan	1.61	3.29	3.39	183
马鞍山	Maanshan	4.36	10.42	10.73	121
淮北	Huaibei	0.82	2.15	2.21	209
铜陵	Tongling	1.53	2.91	3.00	192
安庆	Anqing	4.49	9.62	9.91	124
黄山	Huangshan	105.03	160.59	165.41	13
滁州	Chuzhou	4.32	9.43	9.71	126
阜阳	Fuyang	0.51	1.63	1.68	222
宿州	Suzhou	0.84	2.35	2.42	204
六安	Liuan	1.50	7.01	7.22	143
亳州	Bozhou	0.96	3.03	3.12	189
池州	Chizhou	33.01	69.95	72.05	28
宣城	Xuancheng	2.20	7.97	8.21	133
福建	**Fujian**	**368.14**	**294.02**	**318.90**	
福州	Fuzhou	69.86	90.50	90.69	25
厦门	Xiamen	155.19	214.69	234.92	6
莆田	Putian	18.47	37.08	24.81	72
三明	Sanming	2.90	101.61	5.24	158
泉州	Quanzhou	77.05	4.58	108.95	20
漳州	Zhangzhou	24.75	25.73	40.65	45
南平	Nanping	17.34	29.56	28.82	66
龙岩	Longyan	2.24	6.14	8.09	135
宁德	Ningde	0.34	1.87	2.30	208
江西	**Jiangxi**	**113.97**	**123.89**	**147.67**	
南昌	Nanchang	12.05	20.18	20.78	81
景德镇	Jingdezhen	19.49	26.73	27.76	67
萍乡	Pingxiang	4.40	7.78	7.91	138
九江	Jiujiang	25.05	30.72	31.35	63
新余	Xinyu	1.37	2.37	2.63	199
鹰潭	Yingtan	5.54	7.15	7.48	141
赣州	Ganzhou	12.00	16.10	16.33	98
吉安	Jian	12.38	19.34	20.05	83
宜春	Yichun	5.41	7.42	7.89	139
抚州	Fuzhou	5.17	7.08	7.16	144
上饶	Shangrao	11.22	18.74	22.34	78
山东	**Shandong**	**366.79**	**285.98**	**300.19**	
济南	Jinan	23.10	30.72	31.40	62
青岛	Qingdao	108.05	123.62	128.10	18
淄博	Zibo	17.14	21.90	19.50	84
枣庄	Zaozhuang	2.61	3.15	2.90	196
东营	Dongying	3.33	5.51	5.60	155
烟台	Yantai	47.20	51.98	54.60	38
潍坊	Weifang	22.19	33.51	32.70	59
济宁	Jining	28.90	35.40	30.60	64
泰安	Taian	29.83	38.51	36.60	51
威海	Weihai	37.26	43.95	44.80	42
日照	Rizhao	21.52	28.08	27.00	68
莱芜	Laiwu	0.40	0.72	0.70	240
临沂	Linyi	12.09	18.19	17.70	90
德州	Dezhou	5.77	6.32	2.50	202
聊城	Liaocheng	3.52	5.40	5.40	156

14-13 接待入境旅游者人数 续表 2
Number of Overseas Visitors continued 2

单位：万人次 (10 000 person-times)

地名	City	2010	2013	2014	2014 排名 Ranking
滨州	Binzhou	2.95	4.38	4.40	170
菏泽	Heze	0.93	1.37	1.20	231
河南	**Henan**	**146.84**	**127.38**	**124.76**	
郑州	Zhengzhou	34.91	43.61	48.19	41
开封	Kaifeng	20.02	26.82	21.32	80
洛阳	Luoyang	45.79	70.05	84.21	26
平顶山	Pingdingshan	1.53	2.68	2.75	198
安阳	Anyang	5.50	7.80	10.11	123
鹤壁	Hebi	0.63	0.78	0.78	237
新乡	Xinxiang	2.97	3.79	3.92	175
焦作	Jiaozuo	21.73	32.02	33.33	57
濮阳	Puyang	1.61	1.72	1.79	219
许昌	Xuchang	0.90	0.05	0.37	250
漯河	Luohe	0.64	0.90	0.92	235
三门峡	Sanmenxia	3.97	6.15	6.75	148
南阳	Nanyang	1.26	1.68	1.71	221
商丘	Shangqiu	1.01	1.24	0.80	236
信阳	Xinyang	0.72	1.19	1.76	220
周口	Zhoukou	1.65	2.99	5.22	159
驻马店	Zhumadian	1.10	2.67	3.21	185
湖北	**Hubei**	**181.74**	**267.96**	**277.07**	
武汉	Wuhan	92.79	161.37	170.57	12
黄石	Huangshi	1.31	0.27	1.12	232
十堰	Shiyan	10.90	17.08	17.70	90
宜昌	Yichang	23.23	34.34	35.58	54
襄阳	Xiangyang	4.47	4.89	4.90	164
鄂州	Ezhou	0.48	0.50	0.49	242
荆门	Jingmen	1.66	2.15	1.92	214
孝感	Xiaogan	1.68	1.06	1.09	234
荆州	Jingzhou	3.67	5.61	5.61	154
黄冈	Huanggang	1.85	0.90	1.52	223
咸宁	Xianning	1.13	1.28	1.50	224
随州	Suizhou	3.65	1.25	1.50	224
湖南	**Hunan**	**189.87**	**230.66**	**219.55**	
长沙	Changsha	70.21	76.72	65.22	32
株洲	Zhuzhou	6.20	12.78	13.12	111
湘潭	Xiangtan	7.35	5.61	6.73	149
衡阳	Hengyang	8.78	12.85	7.62	140
邵阳	Shaoyang	0.09	4.60	2.89	197
岳阳	Yueyang	12.72	22.42	24.27	73
常德	Changde	10.18	14.33	14.76	105
张家界	Zhangjiajie	35.55	29.79	38.05	50
益阳	Yiyang	5.45	3.04	1.12	233
郴州	Chenzhou	17.22	25.04	26.35	70
永州	Yongzhou	3.13	2.76	1.89	215
怀化	Huaihua	0.97	5.01	6.22	151
娄底	Loudi	3.48	8.06	7.99	137
广东	**Guangdong**	**3140.93**	**3397.90**	**3355.43**	
广州	Guangzhou	814.80	768.20	783.30	2
韶关	Shaoguan	21.48	10.71	8.61	131
深圳	Shenzhen	1020.61	1214.89	1182.59	1
珠海	Zhuhai	325.14	263.23	291.34	4
汕头	Shantou	13.39	15.52	17.64	92
佛山	Foshan	103.06	134.56	137.06	17
江门	Jiangmen	119.04	169.59	178.72	11
湛江	Zhanjiang	10.31	19.03	22.56	77
茂名	Maoming	1.78	2.46	3.16	186
肇庆	Zhaoqing	139.45	93.89	49.05	40
惠州	Huizhou	160.16	207.01	214.85	7
梅州	Meizhou	7.69	13.45	17.81	89
汕尾	Shanwei	3.97	3.63	3.42	181
河源	Heyuan	4.19	6.22	5.88	152
阳江	Yangjiang	5.28	4.62	5.00	162
清远	Qingyuan	42.05	22.63	17.14	95
东莞	Dongguan	261.88	314.39	273.30	5
中山	Zhongshan	48.05	53.77	60.21	36
潮州	Chaozhou	40.32	60.95	61.84	34
揭阳	Jieyang	6.69	5.90	6.63	150
云浮	Yunfu	7.13	13.23	15.33	102
广西	**Guangxi**	**250.24**	**281.74**	**295.76**	
南宁	Nanning	16.75	35.11	43.30	43
柳州	Liuzhou	8.11	16.74	17.41	94
桂林	Guilin	148.62	193.65	204.78	8
梧州	Wuzhou	9.00	18.29	19.03	86
北海	Beihai	7.30	11.58	12.09	116
防城港	Fangchenggang	7.01	14.67	15.38	101
钦州	Qinzhou	2.44	4.61	5.03	161
贵港	Guigang	4.05	7.93	8.29	132
玉林	Yulin	3.31	8.10	9.59	128
百色	Baise	2.67	6.37	7.01	145

14-13 接待入境旅游者人数 续表 3
Number of Overseas Visitors continued 3

单位：万人次 (10 000 person-times)

地名	City	2010	2013	2014	2014 排名 Ranking
贺州	Hezhou	16.40	30.96	33.07	58
河池	Hechi	3.02	7.00	9.17	129
来宾	Laibin	0.82	1.68	1.86	218
崇左	Chongzuo	20.73	34.83	35.18	55
海南	**Hainan**	**66.33**	**75.64**	**66.14**	
海口	Haikou	13.29	15.70	13.69	110
三亚	Sanya	41.59	48.20	38.86	49
三沙	Sansha				
重庆	**Chongqing**	**137.02**	**115.17**	**126.36**	
四川	**Sichuan**	**104.93**	**209.56**	**240.17**	
成都	Chengdu	73.20	176.43	197.80	9
自贡	Zigong	0.18	0.14	0.16	261
攀枝花	Panzhihua	0.03	0.04	0.10	266
泸州	Luzhou	0.20	0.14	0.22	256
德阳	Deyang	0.72	0.41	0.35	251
绵阳	Mianyang	1.32	1.02	0.74	238
广元	Guangyuan	0.14	0.18	0.18	259
遂宁	Suining	0.90	0.68	0.72	239
内江	Neijiang	0.04	0.07	0.12	264
乐山	Leshan	8.10	10.82	12.79	112
南充	Nanchong	0.30	0.24	0.25	254
眉山	Meishan	0.11	0.03	0.05	271
宜宾	Yibin	0.42	0.25	0.17	260
广安	Guangan	0.25	0.38	0.37	248
达州	Dazhou	0.01	0.26	0.29	252
雅安	Yaan	0.42	0.21	0.37	248
巴中	Bazhong	0.00	0.02	0.01	275
资阳	Ziyang	2.68	2.91	3.70	178
贵州	**Guizhou**	**50.01**	**62.40**	**65.31**	
贵阳	Guiyang	6.10	13.42	14.49	107
六盘水	Liupanshui	0.10	0.11	0.11	265
遵义	Zunyi	1.16	1.39	1.39	228
安顺	Anshun	16.95	15.79	15.79	99
毕节	Bijie	1.06	6.34		
铜仁	Tongren	3.01	6.64		
云南	**Yunnan**	**329.15**	**287.88**	**286.56**	
昆明	Kunming	86.06	123.13	119.21	19
曲靖	Qujing	1.73	2.03	2.14	211
玉溪	Yuxi	0.26	0.44	0.49	243
保山	Baoshan	8.95	13.40	0.13	263
昭通	Zhaotong	0.10	0.19	14.81	103

地名	City	2010	2013	2014	2014 排名 Ranking
丽江	Lijiang	61.14	99.67	107.70	21
普洱	Puer	11.74	14.96	5.75	153
临沧	Lincang	4.12	6.10	7.23	142
西藏	**Tibet**	**22.83**	**22.32**	**24.44**	
拉萨	Lasa	16.44	13.05	22.58	76
陕西	**Shaanxi**	**212.17**	**253.47**	**266.30**	
西安	Xi'an	84.18	121.11	141.70	15
铜川	Tongchuan	2.24	2.60	3.04	191
宝鸡	Baoji	16.10	30.02	35.12	56
咸阳	Xianyang	14.00	11.80	13.81	108
渭南	Weinan	15.04	20.13	23.55	74
延安	Yan'an	8.54	6.90	8.07	136
汉中	Hanzhong	1.72	2.79	3.26	184
榆林	Yulin	0.26	0.19	0.22	255
安康	Ankang	1.46	2.20	2.57	200
商洛	Shangluo	1.20	1.60	1.87	216
甘肃	**Gansu**	**7.02**	**9.78**	**4.88**	
兰州	Lanzhou	2.01	2.52	1.32	230
嘉峪关	Jiayuguan	0.61	0.74	0.45	244
金昌	Jinchang	0.02	0.07	0.04	273
白银	Baiyin	0.01	0.01	0.01	276
天水	Tianshui	0.02	0.20	0.06	268
武威	Wuwei	0.77	0.34	0.20	258
张掖	Zhangye	0.06	0.48	0.26	253
平凉	Pingliang	0.00	0.12	0.06	268
酒泉	Jiuquan	3.38	4.78	2.36	206
庆阳	Qingyang	0.00	0.02		
定西	Dingxi	0.02	0.01		
陇南	Longnan		0.01		
青海	**Qinghai**	**4.67**	**4.65**	**5.15**	
西宁	Xining		3.32	3.41	182
海东	Haidong				
宁夏	**Ningxia**	**1.80**	**2.54**	**3.37**	
银川	Yinchuan	1.45	1.83	2.14	210
石嘴山	Shizuishan	0.06	0.07	0.08	267
吴忠	Wuzhong		0.12	0.14	262
固原	Guyuan	0.08	0.17	0.20	257
中卫	Zhongwei	0.17	0.34	0.40	246
新疆	**Xinjiang**	**50.94**	**68.88**	**54.01**	
乌鲁木齐	Urumqi	58.16	35.03	23.53	75
克拉玛依	Karamay	0.13	0.41	0.62	241

14-14 接待国内旅游人数
Number of Domestic Visitors

单位：万人次 (10 000 person-times)

地名	City	2010	2013	2014	2014 排名 Ranking	地名	City	2010	2013	2014	2014 排名 Ranking
全国	**Nation Total**	**210300.0**	**326200.0**	**361100.0**		沈阳	Shenyang	5705.3	7574.1	8087.7	8
北京	**Beijing**	**17900.0**	**25000.0**	**25722.2**		大连	Dalian	3777.1	5230.9	5619.8	22
天津	**Tianjin**	**6117.5**				鞍山	Anshan	2224.0	3281.8	3949.5	51
河北	**Hebei**	**14851.0**	**27000.0**	**31000.0**		抚顺	Fushun	1980.2	2987.6	3702.5	60
石家庄	Shijiazhuang	2350.5	4874.3	5778.6	21	本溪	Benxi	2147.9	3216.1	3545.3	65
唐山	Tangshan	1532.4	2770.3	3019.6	88	丹东	Dandong	2248.2	2990.1	3468.5	68
秦皇岛	Qinhuangdao	1860.5	2565.2	2796.1	96	锦州	Jinzhou	1441.7	3211.0	3544.9	66
邯郸	Handan	1481.0	2761.2	3009.7	89	营口	Yingkou	1074.2	1620.0	1835.3	150
邢台	Xingtai	754.0	1194.1	1301.5	195	阜新	Fuxin	658.3	923.6	1042.9	226
保定	Baoding	2811.7	4746.1	5173.3	31	辽阳	Liaoyang	1661.6	2454.2	2794.2	97
张家口	Zhangjiakou	1034.7	2538.8	2767.3	101	盘锦	Panjin	1653.5	1911.7	2299.3	122
承德	Chengde	1285.6	2430.1	2648.8	106	铁岭	Tieling	1080.6	1660.7	1949.5	144
沧州	Cangzhou	575.2	969.5	1056.7	224	朝阳	Chaoyang	1164.8	1431.1	1631.1	164
廊坊	Langfang	818.5	1437.9	1567.3	170	葫芦岛	Huludao	1460.1	1934.3	2454.7	115
衡水	Hengshui	347.0	700.1	763.1	241	**吉林**	**Jilin**	**6490.9**	**10241.9**	**12000.0**	
山西	**Shanxi**	**12496.8**	**25000.0**	**29951.1**		长春	Changchun	2637.6	4191.7	4908.9	37
太原	Taiyuan	1994.5	3644.7	4175.2	46	吉林	Jilin	1762.4	2761.6	3242.4	78
大同	Datong	1369.8	2324.6	2751.8	102	四平	Siping	123.2	195.0	228.5	275
阳泉	Yangquan	823.0	1483.0	1816.8	151	辽源	Liaoyuan	100.5	159.4	186.6	277
长治	Changzhi	1050.6	2148.6	2691.2	105	通化	Tonghua	400.2	631.0	739.5	244
晋城	Jincheng	1046.6	2166.3	2715.0	104	白山	Baishan	349.6	561.2	658.6	251
朔州	Shuozhou	430.6	886.5	1148.2	215	松原	Songyuan	244.1	397.9	466.1	260
晋中	Jinzhong	1349.7	3288.2	4003.9	50	白城	Baicheng	149.2	234.7	274.7	272
运城	Yuncheng	1570.2	2889.4	3464.8	69	**黑龙江**	**Heilongjiang**	**15702.0**	**29004.0**	**10500.0**	
忻州	Xinzhou	1037.5	1951.6	2407.5	119	哈尔滨	Harbin	4124.0	4494.0	5392.8	27
临汾	Linfen	1172.2	2134.4	2626.7	107	齐齐哈尔	Qiqihar	1725.7	3036.3	3309.6	74
吕梁	Lvliang	652.3	1688.0	2150.1	129	鸡西	Jixi	501.0	664.0	723.8	245
内蒙古	**Inner Mongolia**	**4477.6**	**6612.8**	**7400.0**		鹤岗	Hegang	113.7	270.9	295.3	270
呼和浩特	Hohhot	827.8	1158.5	1292.4	197	双鸭山	Shuangyashan	809.0			
包头	Baotou	601.5	842.3	934.7	232	大庆	Daqing	743.5	1207.0	1315.6	192
乌海	Wuhai	93.3	145.5	164.2	279	伊春	Yichun	419.8	584.0	636.6	254
赤峰	Chifeng	383.9	569.5	637.2	253	佳木斯	Jiamusi	241.0	360.6	393.1	264
通辽	Tongliao	248.0	333.7	364.1	266	七台河	Qitaihe	45.0	29.8	32.5	280
鄂尔多斯	Erdos	442.6	647.6	711.5	246	牡丹江	Mudanjiang	796.0	1345.0	1466.1	177
呼伦贝尔	Hulunbuir	737.4	1076.2	1227.8	205	黑河	Heihe	233.0	406.8	443.4	261
巴彦淖尔	Bayannur	110.1	152.7	171.0	278	绥化	Suihua	76.0	5.2	5.7	281
乌兰察布	Ulanqab	174.9	327.0	378.2	265	**上海**	**Shanghai**	**21463.2**	**25990.7**	**26818.0**	
辽宁	**Liaoning**	**28277.5**	**40427.2**	**45900.0**		**江苏**	**Jiangsu**	**35518.6**	**52000.0**	**57113.3**	

14-14 接待国内旅游人数 续表 1
Number of Domestic Visitors continued 1

单位：万人次 (10 000 person-times)

地名	City	2010	2013	2014	2014 排名 Ranking
南京	Nanjing	6365.5	8674.0	9419.3	7
无锡	Wuxi	5067.3	6993.6	7573.7	9
徐州	Xuzhou	2049.4	3087.2	3566.6	63
常州	Changzhou	2802.4	4425.7	4989.3	36
苏州	Suzhou	7004.9	9416.3	10028.8	6
南通	Nantong	1756.8	2716.0	3066.3	86
连云港	Lianyungang	1392.7	2136.0	2415.0	118
淮安	Huaian	1156.3	1833.2	2089.6	132
盐城	Yancheng	1105.4	1754.4	2014.7	138
扬州	Yangzhou	2647.2	3965.4	4545.9	40
镇江	Zhenjiang	2607.5	3895.0	4385.5	42
泰州	Taizhou	1072.8	1640.5	1848.7	148
宿迁	Suqian	490.4	1002.0	1169.8	212
浙江	**Zhejiang**	**29500.0**	**43400.0**	**47900.0**	
杭州	Hangzhou	6304.9	9409.1	10538.2	4
宁波	Ningbo	4624.0	6225.9	6973.0	12
温州	Wenzhou	3537.0	5676.9	6358.1	17
嘉兴	Jiaxing	3070.1	4659.6	5218.8	29
湖州	Huzhou	2855.7	4903.5	5491.9	24
绍兴	Shaoxing	3436.0	5613.7	6287.4	18
金华	Jinhua	2882.7	4834.4	5414.5	25
衢州	Quzhou	1639.3	3277.9	3671.2	61
舟山	Zhoushan	2113.3	3035.9	3400.2	71
台州	Taizhou	3285.7	5165.5	5785.4	20
丽水	Lishui	2065.3	4543.9	5089.1	33
安徽	**Anhui**	**15349.0**	**33600.0**	**38000.0**	
合肥	Hefei	2101.7	5752.5	6534.8	15
芜湖	Wuhu	790.3	2382.5	2785.3	98
蚌埠	Bengbu	905.2	1975.4	2200.0	126
淮南	Huainan	600.4	1187.3	1297.5	196
马鞍山	Maanshan	750.9	1810.8	2016.7	137
淮北	Huaibei	335.5	809.9	922.2	233
铜陵	Tongling	410.3	813.8	921.1	234
安庆	Anqing	1798.1	3403.1	3793.3	57
黄山	Huangshan	2206.4	4422.0	4832.7	38
滁州	Chuzhou	615.4	1263.4	1437.8	181
阜阳	Fuyang	550.6	1229.9	1414.6	183
宿州	Suzhou	541.1	1149.5	1326.4	191
六安	Liuan	650.2	1658.0	1887.1	147
亳州	Bozhou	477.1	1094.9	1257.8	203

地名	City	2010	2013	2014	2014 排名 Ranking
池州	Chizhou	1383.5	3066.4	3471.5	67
宣城	Xuancheng	644.6	1581.9	1800.0	153
福建	**Fujian**	**11417.1**	**19542.0**	**22900.0**	
福州	Fuzhou	2275.1	3446.2	3859.7	54
厦门	Xiamen	2178.4	3411.1	3820.4	55
莆田	Putian	774.7	1590.1	1780.9	155
三明	Sanming	870.2	2759.2	3090.3	82
泉州	Quanzhou	1351.4	1480.3	1657.9	161
漳州	Zhangzhou	1001.7	1435.4	1607.7	167
南平	Nanping	1300.0	2076.3	2325.5	121
龙岩	Longyan	984.7	1802.3	2018.6	136
宁德	Ningde	680.7	1346.8	1508.4	173
江西	**Jiangxi**	**10705.0**	**24846.2**	**31134.5**	
南昌	Nanchang		3282.0	4266.0	45
景德镇	Jingdezhen		2222.0	2568.9	110
萍乡	Pingxiang		1707.0	2185.2	127
九江	Jiujiang		3435.0	4329.6	43
新余	Xinyu		855.0	1056.9	223
鹰潭	Yingtan		1300.0	1816.5	152
赣州	Ganzhou		2575.0	3079.4	84
吉安	Jian		3029.0	3762.0	58
宜春	Yichun		1775.0	2158.6	128
抚州	Fuzhou		1215.0	1628.5	165
上饶	Shangrao		3451.0	4283.0	44
山东	**Shandong**	**34990.4**			
济南	Jinan	3365.2	5095.8	5503.5	23
青岛	Qingdao	4396.7	6165.8	6659.0	14
淄博	Zibo	2544.2	3815.8	4121.1	47
枣庄	Zaozhuang	945.0	1540.4	1663.6	158
东营	Dongying	636.8	1097.6	1185.4	211
烟台	Yantai	3271.5	4951.5	5347.7	28
潍坊	Weifang	2945.5	4701.8	5077.9	34
济宁	Jining	2989.5	4700.5	5076.6	35
泰安	Taian	3021.2	4791.8	5175.1	30
威海	Weihai	2112.1	2952.8	3189.0	79
日照	Rizhao	2031.4	3125.4	3375.4	72
莱芜	Laiwu	527.2	806.0	870.6	237
临沂	Linyi	3037.0	4742.8	5122.2	32
德州	Dezhou	965.5	1850.7	1998.7	140
聊城	Liaocheng	872.4	1540.4	1663.6	159

14-14 接待国内旅游人数 续表 2
Number of Domestic Visitors continued 2

单位：万人次 (10 000 person-times)

地名	City	2010	2013	2014	2014 排名 Ranking	地名	City	2010	2013	2014	2014 排名 Ranking
滨州	Binzhou	661.4	1117.8	1207.2	209	常德	Changde	1354.1	2441.9	2725.0	103
菏泽	Heze	667.8	1265.5	1366.8	186	张家界	Zhangjiajie	1075.0	1504.8	1744.5	157
河南	**Henan**	**25845.0**				益阳	Yiyang	1281.0	1883.7	1971.5	142
郑州	Zhengzhou	6962.1	9913.1	10216.6	5	郴州	Chenzhou	1697.3	3309.6	3876.4	53
开封	Kaifeng	2221.2	3615.1	3565.3	64	永州	Yongzhou	1104.1	1751.1	1933.1	145
洛阳	Luoyang	3820.3	6376.5	7038.0	11	怀化	Huaihua	1110.5	2403.0	2828.5	93
平顶山	Pingdingshan	896.1	1447.8	1369.2	185	娄底	Loudi	827.0	1569.0	1925.3	146
安阳	Anyang	1395.7	2278.4	2244.5	124	**广东**	**Guangdong**	**18626.2**	**59664.7**	**65800.0**	
鹤壁	Hebi	395.8	706.0	790.6	240	广州	Guangzhou	3691.6	4273.7	4546.7	39
新乡	Xinxiang	1363.4	2291.7	2289.7	123	韶关	Shaoguan	842.7	1147.1	1210.5	207
焦作	Jiaozuo	1959.5	2964.3	3298.8	75	深圳	Shenzhen	2264.7	3351.8	3808.9	56
濮阳	Puyang	772.7	1315.3	1463.3	178	珠海	Zhuhai	1055.4	1308.9	1516.2	172
许昌	Xuchang	607.0	1003.0	1126.3	217	汕头	Shantou	768.8	1140.3	1275.7	200
漯河	Luohe	414.0	678.3	757.3	242	佛山	Foshan	763.5	981.2	1044.9	225
三门峡	Sanmenxia	1454.6	2268.6	2531.7	113	江门	Jiangmen	872.0	1240.4	1423.0	182
南阳	Nanyang	1251.1	2027.6	1967.6	143	湛江	Zhanjiang	602.3	1391.5	1502.7	174
商丘	Shangqiu	804.2	1316.3	978.2	228	茂名	Maoming	304.7	426.0	526.8	258
信阳	Xinyang	1249.4	2073.8	2044.6	134	肇庆	Zhaoqing	916.2	1292.0	1063.3	222
周口	Zhoukou	686.2	1156.0	1083.4	221	惠州	Huizhou	913.4	1294.6	1440.7	180
驻马店	Zhumadian	819.8	1383.4	1352.9	188	梅州	Meizhou	514.3	1196.3	1268.3	201
湖北	**Hubei**	**20946.0**	**40621.0**	**46900.0**		汕尾	Shanwei	326.6	581.6	643.2	252
武汉	Wuhan	8852.3	17022.1	19126.8	1	河源	Heyuan	435.0	890.6	944.1	231
黄石	Huangshi	788.7	1254.2	1354.5	187	阳江	Yangjiang	304.9	700.5	876.0	236
十堰	Shiyan	1477.1	2853.4	3417.7	70	清远	Qingyuan	1093.8	877.9	971.6	230
宜昌	Yichang	1519.0	3286.0	4049.4	48	东莞	Dongguan	1289.0	1480.9	1485.2	176
襄阳	Xiangyang	1397.5	2824.2	3252.5	76	中山	Zhongshan	539.8	807.7	841.9	239
鄂州	Ezhou	285.0	482.6	521.2	259	潮州	Chaozhou	317.4	529.5	696.6	248
荆门	Jingmen	865.2	1805.0	2008.4	139	揭阳	Jieyang	361.4	809.6	1109.5	219
孝感	Xiaogan	806.3	1486.0	1604.8	168	云浮	Yunfu	448.7	1028.0	1210.0	208
荆州	Jingzhou	916.2	1901.2	2053.2	133	**广西**	**Guangxi**	**14074.0**	**24263.9**	**28565.0**	
黄冈	Huanggang	819.8	1500.4	1620.5	166	南宁	Nanning	3272.0	5840.3	6905.2	13
咸宁	Xianning	1156.0	2649.1	2861.0	92	柳州	Liuzhou	1300.3	2266.3	2605.4	109
随州	Suizhou	590.8	1459.7	1582.0	169	桂林	Guilin	2097.7	3390.5	3737.8	59
湖南	**Hunan**	**20208.2**	**36000.0**	**41000.0**		梧州	Wuzhou	655.9	1131.4	1279.1	199
长沙	Changsha	4169.4	6566.3	7380.1	10	北海	Beihai	938.4	1521.2	1770.7	156
株洲	Zhuzhou	1194.8	2621.6	3041.4	87	防城港	Fangchenggang	550.1	965.1	1168.4	213
湘潭	Xiangtan	1627.3	2644.5	3083.0	83	钦州	Qinzhou	469.3	774.3	868.3	238
衡阳	Hengyang	1696.0	3145.2	3591.6	62	贵港	Guigang	623.0	1095.2	1266.3	202
邵阳	Shaoyang	568.4	1094.9	1283.3	198	玉林	Yulin	712.6	1356.0	1653.8	162
岳阳	Yueyang	1548.2	3378.2	3877.9	52	百色	Baise	952.0	1680.5	1997.8	141

14-14 接待国内旅游人数 续表 3
Number of Domestic Visitors continued 3

单位：万人次 (10 000 person-times)

地名	City	2010	2013	2014	2014 排名 Ranking
贺州	Hezhou	487.4	1030.9	1257.2	204
河池	Hechi	728.0	1281.8	1530.1	171
来宾	Laibin	452.1	1008.2	1197.7	210
崇左	Chongzuo	662.5	1106.5	1327.4	190
海南	**Hainan**	**2521.0**	**3596.9**	**4100.0**	
海口	Haikou	722.8	1028.6	1117.0	218
三亚	Sanya	841.1	1180.2	1313.9	193
三沙	Sansha				
重庆	**Chongqing**	**16036.6**			
四川	**Sichuan**	**27141.3**	**49000.0**	**53549.7**	
成都	Chengdu	6738.3	15339.0	18423.0	2
自贡	Zigong	1144.9	1780.0	2106.0	131
攀枝花	Panzhihua	705.2	1190.4	1383.6	184
泸州	Luzhou	1262.2	2111.4	2539.5	112
德阳	Deyang	768.0	1734.7	1843.6	149
绵阳	Mianyang	1193.0	2462.5	2821.1	95
广元	Guangyuan	700.6	2414.8	2769.4	99
遂宁	Suining	1010.0	2011.0	2432.8	116
内江	Neijiang	974.4	1788.6	2230.6	125
乐山	Leshan	1669.6	2984.1	3342.1	73
南充	Nanchong	1307.6	2551.6	3076.5	85
眉山	Meishan	991.2	1943.2	2386.1	120
宜宾	Yibin	1459.1	2497.9	2822.2	94
广安	Guangan	1040.0	1997.6	2768.2	100
达州	Dazhou	858.1	1242.6	1351.0	189
雅安	Yaan	1005.0	1132.0	1658.9	160
巴中	Bazhong	476.2	896.7	1165.6	214
资阳	Ziyang	872.5	1857.2	2610.7	108
贵州	**Guizhou**	**12863.0**	**26683.6**	**32000.0**	
贵阳	Guiyang	3940.8	5749.2	6439.1	16
六盘水	Liupanshui	275.9	610.9	684.2	250
遵义	Zunyi	1662.0	4818.0	5396.2	26
安顺	Anshun	1307.9	2573.9	2882.8	91
毕节	Bijie	1270.4	2834.1		
铜仁	Tongren	1000.3	2063.7		
云南	**Yunnan**	**13837.0**	**24000.0**	**28116.5**	
昆明	Kunming	3471.0	5479.0	6149.5	19
曲靖	Qujing	707.3	1025.0	1127.1	216
玉溪	Yuxi	1164.0	1756.8	2030.0	135
保山	Baoshan	611.0	938.0	1790.0	154
昭通	Zhaotong	591.2	1376.8	1086.7	220
丽江	Lijiang	848.8	1979.9	2556.1	111
普洱	Puer	347.0	1128.5	1312.6	194
临沧	Lincang	268.9	455.5	572.8	255
西藏	**Tibet**	**662.0**	**1268.7**	**1500.0**	
拉萨	Lasa	352.9	635.1	711.3	247
陕西	**Shaanxi**	**14353.8**	**28200.0**	**32900.0**	
西安	Xi'an	5201.0	10008.9	11210.0	3
铜川	Tongchuan	492.8	886.4	992.8	227
宝鸡	Baoji	1659.0	3595.0	4026.4	49
咸阳	Xianyang	1846.0	3988.2	4466.8	41
渭南	Weinan	1313.5	2900.0	3248.0	77
延安	Yan'an	1442.3	2840.8	3181.7	80
汉中	Hanzhong	1210.0	2247.0	2516.6	114
榆林	Yulin	530.0	1469.8	1646.2	163
安康	Ankang	1218.0	2163.8	2423.5	117
商洛	Shangluo	1270.0	2764.5	3096.2	81
甘肃	**Gansu**	**4284.5**	**10068.4**	**12700.0**	
兰州	Lanzhou	887.5	2603.5	2915.9	90
嘉峪关	Jiayuguan	166.0	356.7	399.5	263
金昌	Jinchang	45.8	181.9	203.7	276
白银	Baiyin	195.0	487.1	545.5	257
天水	Tianshui	682.3	1339.8	1500.6	175
武威	Wuwei	178.5	510.4	571.6	256
张掖	Zhangye	187.4	660.7	739.9	243
平凉	Pingliang	420.3	868.0	972.2	229
酒泉	Jiuquan	402.3	1095.9	1227.4	206
庆阳	Qingyang	134.0	369.3	413.6	262
定西	Dingxi	232.0	292.9	328.0	268
陇南	Longnan	321.2	614.3	688.1	249
青海	**Qinghai**	**1221.5**	**1775.8**	**2000.0**	
西宁	Xining		1303.5	1459.9	179
海东	Haidong				
宁夏	**Ningxia**	**1020.6**	**1817.9**	**1700.0**	
银川	Yinchuan	395.7	798.6	894.4	235
石嘴山	Shizuishan	154.6	252.8	283.2	271
吴忠	Wuzhong	150.8	244.8	274.2	273
固原	Guyuan	152.0	224.9	251.9	274
中卫	Zhongwei	165.7	296.7	332.3	267
新疆	**Xinjiang**	**3038.0**	**5048.9**	**4800.0**	
乌鲁木齐	Urumqi	465.6	1918.2	2148.4	130
克拉玛依	Karamay	111.7	290.1	324.9	269

14-15 国际旅游外汇收入
Foreign Exchange Earnings from International Tourism

单位：万美元 （USD 10 000）

地名	City	2010	2012	2013	2013 排名 Ranking
全国	**Nation Total**	**4581400.0**	**5002800.0**	**5166400.0**	
北京	**Beijing**	**504400.0**	**514900.0**	**479468.0**	
天津	**Tianjin**	**141951.0**	**222641.0**	**259128.0**	
河北	**Hebei**	**35070.7**	**54494.0**	**58578.0**	
石家庄	Shijiazhuang	4383.9	6163.8	7489.9	89
唐山	Tangshan	2573.2	4134.4	4050.2	118
秦皇岛	Qinhuangdao	12022.5	19453.5	25572.7	38
邯郸	Handan	548.4	1386.5	1565.8	178
邢台	Xingtai	552.9	754.5	569.9	219
保定	Baoding	2806.5	4331.6	3180.7	131
张家口	Zhangjiakou	951.8	2068.4	2255.1	155
承德	Chengde	7883.7	11780.1	9735.0	81
沧州	Cangzhou	2595.4	851.6	972.0	202
廊坊	Langfang	496.4	3206.0	2811.1	137
衡水	Hengshui	256.1	363.5	376.1	229
山西	**Shanxi**	**46459.9**	**72024.0**	**82268.0**	
太原	Taiyuan	16376.6	24413.0	27567.1	35
大同	Datong	7310.2	10224.3	11748.2	69
阳泉	Yangquan	682.7	1009.7	1177.6	191
长治	Changzhi	1644.8	3042.6	3547.9	127
晋城	Jincheng	1658.4	4564.0	5385.9	105
朔州	Shuozhou	1292.1	2211.1	2537.5	146
晋中	Jinzhong	6382.8	10216.5	11811.8	68
运城	Yuncheng	2768.4	4035.4	4571.4	111
忻州	Xinzhou	5080.0	7475.6	8447.7	84
临汾	Linfen	2077.2	3100.0	3509.5	128
吕梁	Lvliang	1186.9	1731.7	1963.6	164
内蒙古	**Inner Mongolia**	**60190.0**	**77196.0**	**96229.0**	
呼和浩特	Hohhot	6881.9	9280.0	10948.0	74
包头	Baotou	1058.0	1475.0	2341.0	153
乌海	Wuhai	16.5	26.0	27.0	266
赤峰	Chifeng	1645.0	211.0	2758.0	138
通辽	Tongliao	854.0	1244.0	1601.0	177
鄂尔多斯	Erdos	1155.3	1912.0	2139.0	158
呼伦贝尔	Hulunbuir	26431.8	35474.0	44347.0	29
巴彦淖尔	Bayannur	2345.4	3124.0	1853.0	168
乌兰察布	Ulanqab	609.2	1427.0	2305.0	154
辽宁	**Liaoning**	**225932.9**	**326369.0**	**347714.0**	

地名	City	2010	2012	2013	2013 排名 Ranking
沈阳	Shenyang	40023.5	63195.3	66451.3	20
大连	Dalian	80386.0	87349.0	81341.3	13
鞍山	Anshan	22435.1	27400.1	50085.6	25
抚顺	Fushun	5882.0	12981.9	15123.4	61
本溪	Benxi	27094.6	48877.9	48636.3	26
丹东	Dandong	16402.5	26642.2	24473.0	40
锦州	Jinzhou	12070.1	18505.9	21212.9	50
营口	Yingkou	3728.1	7186.6	10656.8	75
阜新	Fuxin	1004.8	1152.9	1243.3	187
辽阳	Liaoyang	1698.7	1896.4	2868.5	136
盘锦	Panjin	8915.9	13327.5	13200.9	65
铁岭	Tieling	2698.3	4013.6	4688.5	110
朝阳	Chaoyang	852.9	1180.8	1402.7	182
葫芦岛	Huludao	3240.6	4634.5	6329.1	93
吉林	**Jilin**	**30491.7**	**49477.0**	**55237.0**	
长春	Changchun	13747.9	22379.1	24305.9	43
吉林	Jilin	1895.9	3053.1	3557.5	126
四平	Siping	58.6	84.5	92.9	251
辽源	Liaoyuan	12.4	13.4	15.3	271
通化	Tonghua	1428.8	2464.9	3034.7	133
白山	Baishan	1008.5	1581.7	1711.4	171
松原	Songyuan	692.8	1028.5	1144.4	193
白城	Baicheng	174.4	266.3	304.6	233
黑龙江	**Heilongjiang**	**76250.0**	**83548.0**	**60436.0**	
哈尔滨	Harbin	14272.0	11333.0	9821.0	79
齐齐哈尔	Qiqihar	845.0	1363.0	1432.0	180
鸡西	Jixi	1352.8	1501.0	1121.0	195
鹤岗	Hegang	1070.4	1036.7	1065.0	199
双鸭山	Shuangyashan	2685.0	3025.0		
大庆	Daqing		473.0	491.0	225
伊春	Yichun				
佳木斯	Jiamusi	3369.0	1440.0	2928.0	135
七台河	Qitaihe	2600.0	2900.0		
牡丹江	Mudanjiang	29804.0	38956.0	58360.0	22
黑河	Heihe			2.3	278
绥化	Suihua	6.0	8.0	0.1	281
上海	**Shanghai**	**640510.0**	**549323.0**	**524470.0**	
江苏	**Jiangsu**	**478343.0**	**629972.0**	**237989.0**	

14-15 国际旅游外汇收入 续表 1
Foreign Exchange Earnings from International Tourism continued 1

单位：万美元 （USD 10 000）

地名	City	2010	2012	2013	2013 排名 Ranking	地名	City	2010	2012	2013	2013 排名 Ranking
南京	Nanjing	98062.0	136216.0	40063.0	32	池州	Chizhou	10467.0	31899.2	38031.5	33
无锡	Wuxi	48146.0	68138.0	26985.0	36	宣城	Xuancheng	753.6	1798.0	2622.3	141
徐州	Xuzhou	15286.6	21045.0	2193.0	156	**福建**	**Fujian**	**297823.7**	**422567.0**	**457338.0**	
常州	Changzhou	34707.0	47439.0	7590.0	88	福州	Fuzhou	84299.0	110909.6	128931.9	7
苏州	Suzhou	125059.0	164723.0	135687.0	6	厦门	Xiamen	108552.3	157727.9	160711.6	4
南通	Nantong	36066.5	42995.0	11196.0	73	莆田	Putian	12922.1	19242.3	21855.0	48
连云港	Lianyungang	10746.0	14434.0	1668.0	173	三明	Sanming	2033.9	4095.1	105483.4	9
淮安	Huaian	2475.0	3056.0	888.0	206	泉州	Quanzhou	66737.0	90445.6	3958.0	120
盐城	Yancheng	4534.6	6477.0	2533.0	147	漳州	Zhangzhou	15454.9	22878.2	20061.5	54
扬州	Yangzhou	45987.9	55921.0	3711.0	123	南平	Nanping	6679.5	12948.0	11593.4	70
镇江	Zhenjiang	46966.1	55819.0	3130.0	132	龙岩	Longyan	983.4	3568.1	3684.5	124
泰州	Taizhou	7931.0	10855.0	1990.0	163	宁德	Ningde	161.5	752.7	988.0	201
宿迁	Suqian	2375.2	2854.0	355.0	230	**江西**	**Jiangxi**	**34630.0**	**48473.0**	**52508.0**	
浙江	**Zhejiang**	**393020.0**	**515174.0**	**539293.0**		南昌	Nanchang	3069.0	5432.0	6390.0	92
杭州	Hangzhou	169008.4	220165.0	216047.3	3	景德镇	Jingdezhen	6484.0	7820.0	8391.0	85
宁波	Ningbo	59066.3	73428.0	79656.3	16	萍乡	Pingxiang	1225.0	2356.0	2540.0	145
温州	Wenzhou	17023.8	31887.0	42064.2	30	九江	Jiujiang	9047.0	9988.0	10513.0	77
嘉兴	Jiaxing	22643.0	27658.0	24388.9	41	新余	Xinyu	294.0	540.0	731.0	212
湖州	Huzhou	12585.0	17323.0	20021.8	55	鹰潭	Yingtan	1029.0	1552.0	1774.0	169
绍兴	Shaoxing	18478.2	24128.0	24385.6	42	赣州	Ganzhou	3056.0	4675.0	4957.0	107
金华	Jinhua	37670.0	42451.0	45417.4	28	吉安	Jian	3381.0	5719.0	6007.0	95
衢州	Quzhou	5123.0	6659.0	5723.9	100	宜春	Yichun	1571.0	2310.0	2504.0	148
舟山	Zhoushan	13094.0	15865.0	16084.1	58	抚州	Fuzhou	1714.0	2309.0	2460.0	149
台州	Taizhou	5629.0	8726.0	4264.7	114	上饶	Shangrao	3760.0	5763.0	6241.0	94
丽水	Lishui	28608.0	46884.0	61239.2	21	**山东**	**Shandong**	**215505.8**	**292365.0**	**273120.0**	
安徽	**Anhui**	**82000.0**	**156267.0**	**166042.0**		济南	Jinan	11354.4	16034.3	15126.7	60
合肥	Hefei	12729.4	23457.1	25183.2	39	青岛	Qingdao	60103.5	82459.5	79362.6	17
芜湖	Wuhu	2853.3	10573.0	13220.4	64	淄博	Zibo	9205.8	12800.7	11573.9	71
蚌埠	Bengbu	736.7	1608.1	2055.0	160	枣庄	Zaozhuang	823.8	1078.2	769.6	211
淮南	Huainan	905.3	1356.4	1916.5	165	东营	Dongying	3128.2	5082.4	4772.2	109
马鞍山	Maanshan	5135.4	13461.5	6818.8	91	烟台	Yantai	37706.8	48146.4	46313.2	27
淮北	Huaibei	118.6	933.5	1141.1	194	潍坊	Weifang	16238.3	25258.5	23181.6	47
铜陵	Tongling	285.6	924.9	930.6	203	济宁	Jining	17117.9	18412.8	15965.3	59
安庆	Anqing	2795.9	6894.4	8722.1	82	泰安	Taian	18380.2	25745.4	23222.5	46
黄山	Huangshan	30100.0	53658.2	53993.0	24	威海	Weihai	19151.0	25282.6	23851.5	45
滁州	Chuzhou	1351.6	3548.5	4043.1	119	日照	Rizhao	9795.3	13583.1	12416.2	66
阜阳	Fuyang	264.5	677.2	888.9	205	莱芜	Laiwu	313.6	610.7	506.2	222
宿州	Suzhou	410.5	901.4	1241.8	188	临沂	Linyi	7716.7	11325.2	10232.3	78
六安	Liuan	872.1	3784.2	4119.4	117	德州	Dezhou	1752.5	2195.0	1893.6	167
亳州	Bozhou	329.0	791.2	1114.1	196	聊城	Liaocheng	1580.0	2703.0	2392.0	150

14-15 国际旅游外汇收入 续表 2

Foreign Exchange Earnings from International Tourism continued 2

单位：万美元 （USD 10 000）

地名	City	2010	2012	2013	2013 排名 Ranking	地名	City	2010	2012	2013	2013 排名 Ranking
滨州	Binzhou	898.5	1345.0	1267.9	186	常德	Changde	2144.1	4744.4	5134.9	106
菏泽	Heze	239.2	302.5	272.8	235	张家界	Zhangjiajie	20070.9	28855.1	18903.5	56
河南	**Henan**	**49877.1**	**61141.0**	**65998.0**		益阳	Yiyang	1797.8	2630.5	1194.8	189
郑州	Zhengzhou	14788.8	15800.0	16508.0	57	郴州	Chenzhou	5739.0	8892.0	10528.6	76
开封	Kaifeng	4596.9	6083.7	5560.0	102	永州	Yongzhou	784.8	722.3	606.3	218
洛阳	Luoyang	15100.0	17949.7	20296.0	53	怀化	Huaihua	190.2	654.5	1100.7	197
平顶山	Pingdingshan	475.1	700.0	770.0	210	娄底	Loudi	1007.8	2025.7	2561.4	143
安阳	Anyang	1291.2	1829.8	2051.0	161	**广东**	**Guangdong**	**1243154.2**	**1561067**	**1627807**	
鹤壁	Hebi	185.6	229.0	243.2	239	广州	Guangzhou	468858.3	514457.8	516883.6	1
新乡	Xinxiang	677.7	1090.0	1153.0	192	韶关	Shaoguan	10309.2	3110.0	3730.2	122
焦作	Jiaozuo	8070.7	10900.0	12295.0	67	深圳	Shenzhen	318057.8	432882.1	453101.7	2
濮阳	Puyang	635.0	115.0	116.2	250	珠海	Zhuhai	122338.5	95044.6	83767.4	12
许昌	Xuchang	325.8	198.3	6.4	274	汕头	Shantou	5015.8	5174.7	5430.6	104
漯河	Luohe	280.0	210.3	219.0	240	佛山	Foshan	72895.7	120983.5	126984.3	8
三门峡	Sanmenxia	821.6	1262.6	1662.4	174	江门	Jiangmen	47656.6	69917.2	79768.4	15
南阳	Nanyang	630.0	745.0	788.0	209	湛江	Zhanjiang	2716.0	4816.1	5845.4	97
商丘	Shangqiu	250.0	240.0	267.6	237	茂名	Maoming	1198.1	1314.6	1394.6	183
信阳	Xinyang	318.0	184.6	258.4	238	肇庆	Zhaoqing	12439.7	48689.2	55440.5	23
周口	Zhoukou	672.6	775.1	906.2	204	惠州	Huizhou	50167.8	67785.7	77039.2	18
驻马店	Zhumadian	546.0	600.0	2667.0	139	梅州	Meizhou	2961.9	4086.4	4203.8	116
湖北	**Hubei**	**75116.5**	**120297.0**	**121892.0**		汕尾	Shanwei	1174.9	1418.5	1180.0	190
武汉	Wuhan	47578.3	85208.9	91431.0	10	河源	Heyuan	1388.5	926.2	1097.1	198
黄石	Huangshi	376.8	600.0	190.7	241	阳江	Yangjiang	1875.5	2225.8	2008.0	162
十堰	Shiyan	3303.6	5649.0	5824.1	98	清远	Qingyuan	11061.9	14417.1	13579.3	63
宜昌	Yichang	5455.6	7053.9	8273.1	86	东莞	Dongguan	67591.9	126924.5	144981.5	5
襄阳	Xiangyang	2642.1	2947.1	2986.1	134	中山	Zhongshan	27591.0	21978.6	23890.6	44
鄂州	Ezhou	103.2	201.6	271.3	236	潮州	Chaozhou	13206.9	21302.6	21770.0	49
荆门	Jingmen	820.3	577.8	523.4	221	揭阳	Jieyang	2150.0	1768.2	2109.5	159
孝感	Xiaogan	820.0	1014.7	499.3	224	云浮	Yunfu	2498.5	3033.3	3602.0	125
荆州	Jingzhou	864.7	1627.9	1653.9	175	**广西**	**Guangxi**	**80700.0**	**127887.0**	**154730.0**	
黄冈	Huanggang	99.1	396.0	285.8	234	南宁	Nanning	5600.0	10705.5	13736.7	62
咸宁	Xianning	522.7	485.2	500.2	223	柳州	Liuzhou	2684.1	4760.5	5882.5	96
随州	Suizhou	1791.8	1652.0	678.4	215	桂林	Guilin	50417.0	73440.2	86950.6	11
湖南	**Hunan**	**88676.0**	**92836.0**	**82269.0**		梧州	Wuzhou	2293.8	4230.4	5647.2	101
长沙	Changsha	44112.2	27634.2	20400.3	52	北海	Beihai	2173.0	3429.1	4307.9	113
株洲	Zhuzhou	2235.5	3735.9	4935.2	108	防城港	Fangchenggang	1695.2	3576.7	4382.5	112
湘潭	Xiangtan	2724.8	1924.7	1602.8	176	钦州	Qinzhou	822.4	1332.5	1507.0	179
衡阳	Hengyang	2245.5	2728.6	2540.8	144	贵港	Guigang	1191.1	2179.1	2646.6	140
邵阳	Shaoyang	22.4	948.6	1404.3	181	玉林	Yulin	1463.6	2304.1	3274.9	129
岳阳	Yueyang	3849.0	6813.9	9780.6	80	百色	Baise	1146.4	1935.0	2350.0	152

14-15 国际旅游外汇收入 续表 3
Foreign Exchange Earnings from International Tourism continued 3

单位：万美元 （USD 10 000）

地名	City	2010	2012	2013	2013 排名 Ranking
贺州	Hezhou	4180.0	7630.0	620.8	217
河池	Hechi	1139.5	2001.5	2569.7	142
来宾	Laibin	350.6	650.0	701.0	214
崇左	Chongzuo	5825.6	9761.4	11322.7	72
海南	**Hainan**	**32227.7**	**34802.0**	**33748.0**	
海口	Haikou	3755.7	4474.0	4210.2	115
三亚	Sanya	24504.4	26565.3	25990.6	37
三沙	Sansha				
重庆	**Chongqing**	**70320.0**	**116832.0**	**126831.0**	
四川	**Sichuan**	**35408.8**	**79815.0**	**76476.0**	
成都	Chengdu	27558.5	62916.2	68030.6	19
自贡	Zigong	50.7	169.1	59.6	256
攀枝花	Panzhihua	9.3	51.1	11.3	272
泸州	Luzhou	43.5	135.8	44.8	261
德阳	Deyang	465.7	809.2	313.9	232
绵阳	Mianyang	578.6	570.9	315.0	231
广元	Guangyuan	12.3	60.1	41.9	262
遂宁	Suining	165.0	478.2	151.3	245
内江	Neijiang	7.7	45.1	20.5	267
乐山	Leshan	1580.2	5750.9	2171.2	157
南充	Nanchong	83.7	473.7	129.6	247
眉山	Meishan	30.7	96.0	10.9	273
宜宾	Yibin	154.5	175.3	85.5	252
广安	Guangan	66.5	143.9	121.5	249
达州	Dazhou	4.5	119.8	49.9	260
雅安	Yaan	111.3	245.8	56.1	259
巴中	Bazhong	0.8	10.8	4.1	275
资阳	Ziyang	597.1	650.1	708.3	213
贵州	**Guizhou**	**12958.0**	**16894.0**	**20143.0**	
贵阳	Guiyang	2486.7	4240.6	5496.8	103
六盘水	Liupanshui	25.4	28.2	29.3	265
遵义	Zunyi	371.7	439.6	468.1	226
安顺	Anshun	2929.9	3153.3	3193.2	130
毕节	Bijie	176.5	405.8	1314.9	184
铜仁	Tongren	696.3	1333.8	1773.3	170
云南	**Yunnan**	**132365.0**	**194708.0**	**241818.0**	
昆明	Kunming	24252.0	33836.0	40338.0	31
曲靖	Qujing	396.1	696.7	797.0	208
玉溪	Yuxi	63.0	109.5	126.8	248
保山	Baoshan	2258.0	2963.0	3890.0	121
昭通	Zhaotong	19.5	27.7	63.0	255

地名	City	2010	2012	2013	2013 排名 Ranking
丽江	Lijiang	20200.0	28900.0	35768.6	34
普洱	Puer	595.0	1269.0	1912.5	166
临沧	Lincang	1472.0	2075.6	2389.0	151
西藏	**Tibet**	**10359.0**	**10570.0**	**12786.0**	
拉萨	Lasa	7459.0		7700.0	87
陕西	**Shaanxi**	**101596.0**	**159747.0**	**167619.0**	
西安	Xi'an	53000.0	74862.0	80200.0	14
铜川	Tongchuan	19.4	390.0	390.7	228
宝鸡	Baoji	4648.0	7320.0	8685.0	83
咸阳	Xianyang	3342.0	2370.0	7363.2	90
渭南	Weinan	2707.7	5604.4	5757.0	99
延安	Yan'an	658.9	975.4	671.0	216
汉中	Hanzhong	690.0	998.0	1269.0	185
榆林	Yulin	14.0	16.3	17.0	270
安康	Ankang	263.0	400.0	450.0	227
商洛	Shangluo	76.3	144.9	172.0	242
甘肃	**Gansu**	**1481.4**	**2232.0**	**2039.0**	
兰州	Lanzhou	412.2	529.3	560.9	220
嘉峪关	Jiayuguan	133.6	146.6	136.0	246
金昌	Jinchang	3.4	9.2	17.2	269
白银	Baiyin	0.7	2.5	2.4	277
天水	Tianshui	6.3	50.4	33.4	264
武威	Wuwei	114.5	107.4	57.2	257
张掖	Zhangye	7.2	106.1	81.8	253
平凉	Pingliang	0.7	22.9	19.2	268
酒泉	Jiuquan	782.3	1156.3	1033.8	200
庆阳	Qingyang	0.7	1.6	2.9	276
定西	Dingxi	3.0	6.9	1.2	280
陇南	Longnan	0.1	0.6	1.6	279
青海	**Qinghai**	**2044.9**	**2432.0**	**1942.0**	
西宁	Xining		2175.6	1683.0	172
海东	Haidong				
宁夏	**Ningxia**	**598.9**	**545.0**	**1208.0**	
银川	Yinchuan	506.8	405.0	874.5	207
石嘴山	Shizuishan	19.7	22.7	35.5	263
吴忠	Wuzhong	15.2	45.0	56.7	258
固原	Guyuan	22.5	15.2	81.2	254
中卫	Zhongwei	34.6	57.0	160.4	244
新疆	**Xinjiang**	**36844.0**	**55057.0**	**58502.0**	
乌鲁木齐	Urumqi	19547.0	19855.0	21013.0	51
克拉玛依	Karamay	44.0	125.0	163.0	243

14-16 国内旅游收入
Earnings from Domestic Tourism

单位：亿元　　　　(100 million yuan)

地名	City	2010	2012	2013	2013 排名 Ranking
全国	**Nation Total**	**12579.8**	**22706.2**	**26276.1**	
北京	**Beijing**	**2425.1**	**3301.3**	**3666.3**	
天津	**Tianjin**	**1151.9**	**1600.0**		
河北	**Hebei**	**890.8**	**1553.9**	**1973.8**	
石家庄	Shijiazhuang	129.4	264.7	328.3	49
唐山	Tangshan	93.4	167.9	212.3	86
秦皇岛	Qinhuangdao	143.0	201.6	244.3	77
邯郸	Handan	75.9	135.0	175.7	122
邢台	Xingtai	41.5	66.4	82.2	208
保定	Baoding	147.9	245.8	316.8	55
张家口	Zhangjiakou	59.3	134.2	181.8	120
承德	Chengde	86.8	153.5	198.0	103
沧州	Cangzhou	32.9	97.1	67.8	230
廊坊	Langfang	63.2	54.6	124.6	157
衡水	Hengshui	17.7	33.2	42.2	253
山西	**Shanxi**	**1052.3**	**1766.3**	**2253.7**	
太原	Taiyuan	219.3	339.7	413.5	37
大同	Datong	113.2	156.2	192.9	110
阳泉	Yangquan	57.5	94.9	119.9	162
长治	Changzhi	88.8	164.5	209.4	91
晋城	Jincheng	75.5	149.9	195.3	107
朔州	Shuozhou	36.0	63.4	82.5	207
晋中	Jinzhong	109.4	209.6	294.0	59
运城	Yuncheng	101.2	163.4	209.7	89
忻州	Xinzhou	103.0	157.9	202.6	99
临汾	Linfen	97.4	158.0	192.8	111
吕梁	Lvliang	51.0	108.9	141.0	150
内蒙古	**Inner Mongolia**	**692.9**	**1080.7**	**1343.7**	
呼和浩特	Hohhot	171.2	245.4	285.5	62
包头	Baotou	109.1	153.6	205.9	96
乌海	Wuhai	8.9	16.6	20.3	271
赤峰	Chifeng	54.1	88.2	103.5	180
通辽	Tongliao	37.4	48.7	56.5	243
鄂尔多斯	Erdos	68.5	124.2	151.0	142
呼伦贝尔	Hulunbuir	113.8	191.7	251.3	74
巴彦淖尔	Bayannur	11.9	17.0	20.8	270
乌兰察布	Ulanqab	12.7	25.1	34.5	258
辽宁	**Liaoning**	**2533.4**	**3739.3**	**4432.8**	
沈阳	Shenyang	489.7	688.2	792.2	12
大连	Dalian	495.5	711.4	850.4	11
鞍山	Anshan	176.2	279.0	323.9	52
抚顺	Fushun	177.4	269.3	327.0	50
本溪	Benxi	158.1	237.1	289.9	61
丹东	Dandong	208.1	320.2	348.6	44
锦州	Jinzhou	112.4	161.6	222.6	82
营口	Yingkou	112.1	167.7	206.4	94
阜新	Fuxin	35.9	55.9	67.2	231
辽阳	Liaoyang	129.7	190.4	220.9	83
盘锦	Panjin	130.3	200.4	245.8	76
铁岭	Tieling	78.5	112.5	146.1	145
朝阳	Chaoyang	103.6	144.3	185.5	116
葫芦岛	Huludao	125.9	204.1	206.1	95
吉林	**Jilin**	**732.8**	**1146.9**	**1441.6**	
长春	Changchun	350.5	534.2	667.7	19
吉林	Jilin	164.3	271.1	341.0	47
四平	Siping	12.3	19.7	24.7	267
辽源	Liaoyuan	10.0	16.1	20.3	272
通化	Tonghua	37.7	60.2	76.1	218
白山	Baishan	30.6	49.4	62.7	235
松原	Songyuan	27.2	45.2	59.9	239
白城	Baicheng	15.3	24.5	30.7	260
黑龙江	**Heilongjiang**	**832.0**	**1247.5**	**1348.5**	
哈尔滨	Harbin	371.8	554.0	669.0	18
齐齐哈尔	Qiqihar	66.2	104.0		
鸡西	Jixi	19.8	27.2	30.9	259
鹤岗	Hegang	9.0	32.2	27.3	263
双鸭山	Shuangyashan	8.6	6.4		
大庆	Daqing	26.0	45.7	58.5	240
伊春	Yichun	25.2	43.6	49.1	247
佳木斯	Jiamusi	9.9	12.4	16.0	275
七台河	Qitaihe	10.1	10.4		
牡丹江	Mudanjiang	31.9	45.2	56.7	242
黑河	Heihe	23.3	22.6	26.4	265
绥化	Suihua	0.6	6.4	6.8	281
上海	**Shanghai**	**2522.9**	**2786.5**	**2968.0**	
江苏	**Jiangsu**	**4287.9**	**6055.8**	**6940.1**	

14-16 国内旅游收入 续表 1
Earnings from Domestic Tourism continued 1

单位：亿元 （100 million yuan）

地名	City	2010	2012	2013	2013 排名 Ranking	地名	City	2010	2012	2013	2013 排名 Ranking
南京	Nanjing	852.4	1169.0	1317.5	5	池州	Chizhou	119.2	261.9	295.2	57
无锡	Wuxi	703.9	974.9	1100.4	8	宣城	Xuancheng	42.6	98.6	118.2	164
徐州	Xuzhou	215.8	311.8	360.5	41	**福建**	**Fujian**	**1135.1**	**1650.0**	**2003.4**	
常州	Changzhou	320.8	482.0	557.4	22	福州	Fuzhou	210.3	292.1	323.4	53
苏州	Suzhou	917.8	1254.4	1419.1	4	厦门	Xiamen	295.9	411.5	478.6	28
南通	Nantong	202.3	299.3	348.2	45	莆田	Putian	54.8	79.2	152.2	138
连云港	Lianyungang	153.6	221.6	257.3	69	三明	Sanming	53.5	78.5	335.5	48
淮安	Huaian	118.6	172.6	200.1	101	泉州	Quanzhou	155.1	263.6	107.6	178
盐城	Yancheng	99.1	142.8	166.1	129	漳州	Zhangzhou	94.1	128.7	101.6	185
扬州	Yangzhou	271.8	392.5	454.4	33	南平	Nanping	151.4	217.2	251.4	73
镇江	Zhenjiang	285.6	410.1	474.5	29	龙岩	Longyan	69.6	107.1	131.2	155
泰州	Taizhou	113.3	160.9	186.2	114	宁德	Ningde	50.4	72.1	103.4	181
宿迁	Suqian	32.9	63.9	98.5	194	**江西**	**Jiangxi**	**794.8**	**1372.0**	**1863.6**	
浙江	**Zhejiang**	**3046.0**	**4475.8**	**5202.0**		南昌	Nanchang		197.0	272.0	64
杭州	Hangzhou	910.9	1253.2	1469.9	3	景德镇	Jingdezhen		124.0	157.0	133
宁波	Ningbo	610.7	816.4	904.2	9	萍乡	Pingxiang		80.0	103.0	182
温州	Wenzhou	321.9	464.2	556.4	23	九江	Jiujiang		213.0	263.0	66
嘉兴	Jiaxing	280.6	401.6	470.5	30	新余	Xinyu		47.0	71.0	226
湖州	Huzhou	205.6	312.9	381.2	40	鹰潭	Yingtan		75.0	98.0	195
绍兴	Shaoxing	305.8	491.1	569.3	21	赣州	Ganzhou		162.0	204.0	98
金华	Jinhua	258.0	372.8	462.2	32	吉安	Jian		165.0	210.0	88
衢州	Quzhou	91.6	145.5	193.7	109	宜春	Yichun		77.0	121.0	160
舟山	Zhoushan	133.1	253.7	290.2	60	抚州	Fuzhou		68.0	100.0	191
台州	Taizhou	269.4	406.7	490.7	27	上饶	Shangrao		164.0	268.0	65
丽水	Lishui	96.2	176.2	228.4	81	**山东**	**Shandong**	**2915.8**	**4300.0**		
安徽	**Anhui**	**1094.8**	**2519.1**	**2903.2**		济南	Jinan	306.3	451.7	519.5	24
合肥	Hefei	225.3	577.5	676.4	16	青岛	Qingdao	540.1	755.5	873.5	10
芜湖	Wuhu	74.1	217.9	259.8	68	淄博	Zibo	207.4	302.9	346.0	46
蚌埠	Bengbu	36.2	98.7	113.0	171	枣庄	Zaozhuang	60.4	95.1	111.1	176
淮南	Huainan	25.4	57.1	65.7	233	东营	Dongying	43.3	67.4	81.8	209
马鞍山	Maanshan	37.1	105.3	120.0	161	烟台	Yantai	306.2	445.1	514.4	25
淮北	Huaibei	16.8	43.2	48.5	248	潍坊	Weifang	237.0	368.6	426.7	35
铜陵	Tongling	22.4	46.4	52.8	245	济宁	Jining	221.9	330.6	382.7	39
安庆	Anqing	119.1	256.0	296.0	56	泰安	Taian	241.1	371.3	427.3	34
黄山	Huangshan	182.2	395.0	424.4	36	威海	Weihai	207.3	281.3	324.1	51
滁州	Chuzhou	38.5	81.3	97.6	196	日照	Rizhao	116.1	174.7	202.4	100
阜阳	Fuyang	28.3	66.1	78.2	214	莱芜	Laiwu	21.1	33.7	38.9	256
宿州	Suzhou	24.7	57.6	68.3	229	临沂	Linyi	232.7	351.7	407.4	38
六安	Liuan	37.2	94.6	113.2	170	德州	Dezhou	45.4	85.5	100.1	188
亳州	Bozhou	27.3	64.3	76.0	220	聊城	Liaocheng	50.2	85.3	100.1	190

14-16 国内旅游收入 续表 2
Earnings from Domestic Tourism continued 2

单位：亿元 （100 million yuan）

地名	City	2010	2012	2013	2013 排名 Ranking
滨州	Binzhou	43.3	69.6	80.5	211
菏泽	Heze	36.1	65.2	78.3	213
河南	**Henan**	**2294.0**	**3300.0**		
郑州	Zhengzhou	591.2	942.0	1103.9	7
开封	Kaifeng	175.2	237.7	279.2	63
洛阳	Luoyang	367.9	591.9	698.6	15
平顶山	Pingdingshan	68.6	108.1	135.8	152
安阳	Anyang	104.5	167.4	195.2	108
鹤壁	Hebi	23.1	38.6	44.8	250
新乡	Xinxiang	79.3	126.1	147.1	144
焦作	Jiaozuo	131.8	192.9	230.6	79
濮阳	Puyang	52.2	85.4	98.9	193
许昌	Xuchang	32.0	48.3	55.8	244
漯河	Luohe	24.3	35.5	41.3	255
三门峡	Sanmenxia	79.4	121.2	156.7	134
南阳	Nanyang	88.0	134.3	156.0	136
商丘	Shangqiu	43.1	68.3	79.2	212
信阳	Xinyang	61.1	99.6	115.2	167
周口	Zhoukou	41.1	65.6	76.3	217
驻马店	Zhumadian	45.1	70.3	83.4	206
湖北	**Hubei**	**1409.5**	**2553.6**	**3130.1**	
武汉	Wuhan	721.4	1342.2	1633.4	2
黄石	Huangshi	40.4	54.9	62.0	236
十堰	Shiyan	89.3	157.6	198.5	102
宜昌	Yichang	100.3	195.9	255.0	72
襄阳	Xiangyang	85.9	148.9	179.0	121
鄂州	Ezhou	18.0	33.6	41.4	254
荆门	Jingmen	40.9	75.0	90.3	200
孝感	Xiaogan	46.0	69.9	88.7	201
荆州	Jingzhou	51.8	91.0	111.3	175
黄冈	Huanggang	44.5	75.0	78.1	215
咸宁	Xianning	59.1	107.7	130.1	156
随州	Suizhou	36.9	72.9	84.7	204
湖南	**Hunan**	**1365.5**	**2175.5**	**2630.9**	
长沙	Changsha	371.9	513.4	614.4	20
株洲	Zhuzhou	70.7	137.8	167.5	127
湘潭	Xiangtan	88.1	139.0	161.1	131
衡阳	Hengyang	82.8	153.7	185.8	115
邵阳	Shaoyang	41.4	70.3	83.4	205
岳阳	Yueyang	99.7	170.9	230.5	80

地名	City	2010	2012	2013	2013 排名 Ranking
常德	Changde	81.5	134.9	167.8	126
张家界	Zhangjiajie	98.1	153.5	171.4	125
益阳	Yiyang	69.9	109.6	123.7	158
郴州	Chenzhou	107.6	165.6	214.9	85
永州	Yongzhou	56.4	102.0	118.7	163
怀化	Huaihua	73.0	126.3	148.8	143
娄底	Loudi	53.3	89.0	114.4	168
广东	**Guangdong**	**2964.6**	**6400.0**	**7297.0**	
广州	Guangzhou	936.0	1586.1	1882.3	1
韶关	Shaoguan	99.8	153.9	184.9	117
深圳	Shenzhen	412.6	566.5	675.4	17
珠海	Zhuhai	136.2	175.8	189.9	112
汕头	Shantou	85.1	120.6	143.7	148
佛山	Foshan	181.8	289.3	352.5	43
江门	Jiangmen	87.7	141.1	173.9	123
湛江	Zhanjiang	63.5	124.1	151.8	140
茂名	Maoming	71.1	92.3	100.2	187
肇庆	Zhaoqing	94.3	148.7	171.5	124
惠州	Huizhou	106.7	141.3	164.9	130
梅州	Meizhou	70.8	147.5	197.7	104
汕尾	Shanwei	41.6	71.6	81.3	210
河源	Heyuan	45.1	131.8	152.1	139
阳江	Yangjiang	41.4	85.1	113.0	172
清远	Qingyuan	100.9	169.6	187.3	113
东莞	Dongguan	145.4	226.2	256.7	70
中山	Zhongshan	106.4	166.8	183.2	118
潮州	Chaozhou	45.2	61.3	76.4	216
揭阳	Jieyang	46.1	85.1	114.2	169
云浮	Yunfu	47.0	123.0	155.7	137
广西	**Guangxi**	**898.1**	**1578.9**	**1961.3**	
南宁	Nanning	234.1	397.1	469.6	31
柳州	Liuzhou	88.6	150.7	182.3	119
桂林	Guilin	134.2	230.5	294.6	58
梧州	Wuzhou	50.0	81.3	100.1	189
北海	Beihai	67.2	110.2	139.9	151
防城港	Fangchenggang	27.9	50.4	61.8	237
钦州	Qinzhou	27.0	51.0	61.0	238
贵港	Guigang	34.5	65.7	85.9	202
玉林	Yulin	49.5	88.2	115.8	166
百色	Baise	56.7	95.1	121.8	159

14-16 国内旅游收入 续表 3
Earnings from Domestic Tourism continued 3

单位：亿元 (100 million yuan)

地名	City	2010	2012	2013	2013 排名 Ranking	地名	City	2010	2012	2013	2013 排名 Ranking
贺州	Hezhou	34.9	67.8	101.9	184	丽江	Lijiang	98.7	193.0	256.5	71
河池	Hechi	43.3	89.0	111.8	174	普洱	Puer	16.6	49.8	69.9	228
来宾	Laibin	14.4	41.5	51.9	246	临沧	Lincang	14.5	21.5	28.6	262
崇左	Chongzuo	33.7	60.6	73.1	225	**西藏**	**Tibet**	**64.0**	**119.8**	**165.2**	
海南	**Hainan**	**235.6**	**408.1**	**408.1**		拉萨	Lasa	34.3		100.9	186
海口	Haikou	69.6	101.6	117.6	165	**陕西**	**Shaanxi**	**915.9**	**1609.5**	**2031.1**	
三亚	Sanya	123.0	175.5	217.2	84	西安	Xi'an	362.8	594.5	747.3	13
三沙	Sansha					铜川	Tongchuan	10.5	30.6	43.8	252
重庆	**Chongqing**	**868.4**	**1400.0**			宝鸡	Baoji	100.2	171.4	236.4	78
四川	**Sichuan**	**1862.0**	**3229.8**	**3830.0**		咸阳	Xianyang	80.0	155.7	195.6	106
成都	Chengdu	584.6	1010.7	1285.4	6	渭南	Weinan	65.8	152.0	212.0	87
自贡	Zigong	84.6	135.6	160.2	132	延安	Yan'an	76.1	117.4	151.5	141
攀枝花	Panzhihua	42.0	66.8	102.2	183	汉中	Hanzhong	48.2	81.5	105.2	179
泸州	Luzhou	66.1	106.0	143.0	149	榆林	Yulin	23.0	58.5	75.0	223
德阳	Deyang	40.5	67.0	92.4	199	安康	Ankang	47.5	76.1	95.2	198
绵阳	Mianyang	64.9	136.8	205.0	97	商洛	Shangluo	48.3	102.5	135.4	153
广元	Guangyuan	32.0	82.9	112.6	173	**甘肃**	**Gansu**	**236.2**	**469.7**	**618.9**	
遂宁	Suining	75.6	130.9	166.9	128	兰州	Lanzhou	62.8	139.4	196.8	105
内江	Neijiang	52.9	86.2	110.3	177	嘉峪关	Jiayuguan	9.1	16.8	22.6	269
乐山	Leshan	145.8	266.5	318.4	54	金昌	Jinchang	2.3	6.8	9.2	280
南充	Nanchong	91.0	155.0	209.7	90	白银	Baiyin	9.8	19.9	26.8	264
眉山	Meishan	64.7	110.2	145.1	146	天水	Tianshui	36.9	58.2	76.0	219
宜宾	Yibin	108.0	165.9	208.7	92	武威	Wuwei	8.2	18.1	24.9	266
广安	Guangan	65.7	103.5	135.2	154	张掖	Zhangye	9.1	26.1	36.2	257
达州	Dazhou	41.6	61.7	75.2	222	平凉	Pingliang	20.6	34.7	44.6	251
雅安	Yaan	50.4	79.2	70.5	227	酒泉	Jiuquan	34.1	70.1	95.9	197
巴中	Bazhong	22.8	43.7	66.2	232	庆阳	Qingyang	5.6	12.8	16.6	274
资阳	Ziyang	69.9	114.2	144.7	147	定西	Dingxi	8.6	14.9	12.4	278
贵州	**Guizhou**	**1052.6**	**1849.5**	**2358.2**		陇南	Longnan	13.4	21.3	28.6	261
贵阳	Guiyang	424.2	600.0	725.5	14	**青海**	**Qinghai**	**69.6**	**122.2**	**157.3**	
六盘水	Liupanshui	0.0	32.9	45.0	249	西宁	Xining		73.7	99.7	192
遵义	Zunyi	140.8	279.7	359.0	42	海东	Haidong				
安顺	Anshun	110.8	193.0	247.1	75	**宁夏**	**Ningxia**	**67.3**	**103.1**	**126.6**	
毕节	Bijie	100.9	162.7	207.6	93	银川	Yinchuan	36.5	58.5	73.1	224
铜仁	Tongren	0.0	118.7	156.3	135	石嘴山	Shizuishan	7.1	11.3	13.2	276
云南	**Yunnan**	**916.8**	**1579.5**	**1961.6**		吴忠	Wuzhong	7.9	10.8	12.8	277
昆明	Kunming	284.8	405.3	490.9	26	固原	Guyuan	5.8	8.1	9.5	279
曲靖	Qujing	43.4	63.7	75.2	221	中卫	Zhongwei	10.0	14.4	18.0	273
玉溪	Yuxi	40.5	70.6	85.6	203	**新疆**	**Xinjiang**	**281.1**	**542.0**	**637.4**	
保山	Baoshan	29.2	49.0	63.2	234	乌鲁木齐	Urumqi	128.1	219.9	260.0	67
昭通	Zhaotong	20.1	41.0	58.2	241	克拉玛依	Karamay	6.8	15.0	23.0	268

14-17　星级饭店数

Number of Star-rated Hotels

单位：个　　　　(unit)

地名	City	2010	2013	2014	2014 排名 Ranking	地名	City	2010	2013	2014	2014 排名 Ranking
全国	**Nation Total**	**11779**	**11687**	**11180**		沈阳	Shenyang	110	98	101	16
北京	**Beijing**	**644**	**577**	**523**		大连	Dalian	191	161	166	4
天津	**Tianjin**	**99**	**93**	**93**		鞍山	Anshan	23	25	26	168
河北	**Hebei**	**198**	**409**	**391**		抚顺	Fushun	24	19	20	207
石家庄	Shijiazhuang	71	67	69	38	本溪	Benxi	29	25	26	168
唐山	Tangshan	65	60	62	51	丹东	Dandong	46	42	43	89
秦皇岛	Qinhuangdao	69	61	63	50	锦州	Jinzhou	27	23	24	181
邯郸	Handan	28	27	28	154	营口	Yingkou	21	24	25	175
邢台	Xingtai	22	25	26	168	阜新	Fuxin	12	11	11	246
保定	Baoding	63	60	62	51	辽阳	Liaoyang	11	12	12	241
张家口	Zhangjiakou	40	42	43	89	盘锦	Panjin	14	12	12	241
承德	Chengde	48	41	42	93	铁岭	Tieling	13	11	11	246
沧州	Cangzhou	38	34	35	110	朝阳	Chaoyang	18	23	24	181
廊坊	Langfang	52	43	44	87	葫芦岛	Huludao	27	26	27	160
衡水	Hengshui	17	19	20	207	**吉林**	**Jilin**	**207**	**189**	**187**	
山西	**Shanxi**	**255**	**272**	**251**		长春	Changchun	164	62	64	45
太原	Taiyuan	94	75	77	34	吉林	Jilin	97	24	25	175
大同	Datong	26	23	24	181	四平	Siping	24	2	2	275
阳泉	Yangquan	7	11	11	246	辽源	Liaoyuan	11	3	3	273
长治	Changzhi	13	13	13	236	通化	Tonghua	36	27	28	154
晋城	Jincheng	25	27	28	154	白山	Baishan	50	26	27	160
朔州	Shuozhou	8	7	7	263	松原	Songyuan	33	15	15	222
晋中	Jinzhong	40	33	34	119	白城	Baicheng	22	7	7	263
运城	Yuncheng	53	39	40	96	**黑龙江**	**Heilongjiang**	**246**	**223**	**203**	
忻州	Xinzhou	37	33	34	119	哈尔滨	Harbin	89	55	57	58
临汾	Linfen	51	40	41	95	齐齐哈尔	Qiqihar	17	7	7	263
吕梁	Lvliang	14	14	14	228	鸡西	Jixi	12	8	8	261
内蒙古	**Inner Mongolia**	**239**	**268**	**272**		鹤岗	Hegang	9	7	7	263
呼和浩特	Hohhot	32	33	33	123	双鸭山	Shuangyashan	6	1	1	276
包头	Baotou	37	30	28	152	大庆	Daqing	18	10	10	256
乌海	Wuhai	7	11	11	250	伊春	Yichun	18	11	11	246
赤峰	Chifeng	29	35	34	116	佳木斯	Jiamusi	14	6	6	267
通辽	Tongliao	17	32	31	136	七台河	Qitaihe	5	3	3	273
鄂尔多斯	Erdos	27	30	32	131	牡丹江	Mudanjiang	29	18	19	213
呼伦贝尔	Hulunbuir	38	44	50	68	黑河	Heihe	7	4	4	271
巴彦淖尔	Bayannur	10	29	24	178	绥化	Suihua	7	6	6	267
乌兰察布	Ulanqab	14	17	20	200	**上海**	**Shanghai**	**291**	**256**	**255**	
辽宁	**Liaoning**	**432**	**421**	**405**		**江苏**	**Jiangsu**	**702**	**735**	**650**	

14-17 星级饭店数 续表 1
Number of Star-rated Hotels continued 1

单位：个 (unit)

地名	City	2010	2013	2014	2014 排名 Ranking	地名	City	2010	2013	2014	2014 排名 Ranking
南京	Nanjing	121	117	102	14	池州	Chizhou	30	35	35	115
无锡	Wuxi	69	64	55	62	宣城	Xuancheng	37	37	33	123
徐州	Xuzhou	52	117	123	10	**福建**	**Fujian**	**374**	**401**	**374**	
常州	Changzhou	65	72	68	42	福州	Fuzhou	72	67	69	38
苏州	Suzhou	159	154	132	8	厦门	Xiamen	71	79	81	29
南通	Nantong	97	120	96	17	莆田	Putian	11	14	14	228
连云港	Lianyungang	63	60	44	88	三明	Sanming	38	46	47	77
淮安	Huaian	52	39	48	75	泉州	Quanzhou	85	99	102	15
盐城	Yancheng	65	55	49	74	漳州	Zhangzhou	28	33	34	119
扬州	Yangzhou	59	67	63	48	南平	Nanping	57	46	47	77
镇江	Zhenjiang	49	52	38	97	龙岩	Longyan	26	34	35	110
泰州	Taizhou	30	29	29	145	宁德	Ningde	28	25	26	168
宿迁	Suqian	23	24	26	166	**江西**	**Jiangxi**	**311**	**341**	**322**	
浙江	**Zhejiang**	**814**	**828**	**792**		南昌	Nanchang	52	56	55	62
杭州	Hangzhou	236	208	214	3	景德镇	Jingdezhen	29	28	27	158
宁波	Ningbo	198	160	165	5	萍乡	Pingxiang	11	12	11	250
温州	Wenzhou	99	102	105	13	九江	Jiujiang	86	83	76	35
嘉兴	Jiaxing	54	46	47	77	新余	Xinyu	11	12	13	237
湖州	Huzhou	48	60	62	51	鹰潭	Yingtan	18	16	17	218
绍兴	Shaoxing	94	90	93	19	赣州	Ganzhou	47	59	71	37
金华	Jinhua	84	59	61	54	吉安	Jian	64	48	47	80
衢州	Quzhou	45	35	36	104	宜春	Yichun	34	43	47	80
舟山	Zhoushan	61	48	49	72	抚州	Fuzhou	13	26	32	131
台州	Taizhou	60	54	56	60	上饶	Shangrao	42	49	59	56
丽水	Lishui	52	62	64	45	**山东**	**Shandong**	**895**	**792**	**724**	
安徽	**Anhui**	**417**	**377**	**367**		济南	Jinan	95	90	93	19
合肥	Hefei	49	75	75	36	青岛	Qingdao	156	141	145	6
芜湖	Wuhu	28	34	32	131	淄博	Zibo	53	36	37	100
蚌埠	Bengbu	19	17	19	209	枣庄	Zaozhuang	30	24	25	175
淮南	Huainan	20	24	32	131	东营	Dongying	20	28	29	149
马鞍山	Maanshan	20	19	20	200	烟台	Yantai	108	119	123	11
淮北	Huaibei	5	4	4	272	潍坊	Weifang	52	80	82	28
铜陵	Tongling	17	16	15	225	济宁	Jining	84	59	61	54
安庆	Anqing	44	53	45	85	泰安	Taian	110	53	55	64
黄山	Huangshan	77	68	69	40	威海	Weihai	69	82	84	26
滁州	Chuzhou	20	19	21	197	日照	Rizhao	25	34	35	110
阜阳	Fuyang	10	12	13	237	莱芜	Laiwu	8	12	12	241
宿州	Suzhou	6	4	5	270	临沂	Linyi	45	48	49	72
六安	Liuan	32	41	34	116	德州	Dezhou	29	27	28	154
亳州	Bozhou	12	13	14	234	聊城	Liaocheng	22	33	34	119

14-17 星级饭店数 续表 2

Number of Star-rated Hotels continued 2

单位：个 (unit)

地名	City	2010	2013	2014	2014 排名 Ranking	地名	City	2010	2013	2014	2014 排名 Ranking
滨州	Binzhou	27	21	22	195	常德	Changde	46	51	47	80
菏泽	Heze	64	17	18	217	张家界	Zhangjiajie	51	42	38	97
河南	**Henan**	**386**	**362**	**303**		益阳	Yiyang	31	30	22	190
郑州	Zhengzhou	111	104	96	17	郴州	Chenzhou	29	29	30	139
开封	Kaifeng	26	20	18	215	永州	Yongzhou	21	24	20	200
洛阳	Luoyang	65	65	67	43	怀化	Huaihua	46	46	47	80
平顶山	Pingdingshan	29	35	30	139	娄底	Loudi	25	39	38	97
安阳	Anyang	18	19	20	200	**广东**	**Guangdong**	**1008**	**917**	**832**	
鹤壁	Hebi	12	14	11	250	广州	Guangzhou	251	228	235	2
新乡	Xinxiang	21	18	19	209	韶关	Shaoguan	52	57	59	57
焦作	Jiaozuo	30	33	32	131	深圳	Shenzhen	154	134	138	7
濮阳	Puyang	14	12	11	250	珠海	Zhuhai	86	81	83	27
许昌	Xuchang	17	20	20	200	汕头	Shantou	44	35	36	104
漯河	Luohe	9	9	11	250	佛山	Foshan	101	87	90	22
三门峡	Sanmenxia	25	24	25	174	江门	Jiangmen	30	26	27	160
南阳	Nanyang	36	84	86	25	湛江	Zhanjiang	39	35	36	104
商丘	Shangqiu	13	14	13	237	茂名	Maoming	22	12	12	241
信阳	Xinyang	27	33	33	123	肇庆	Zhaoqing	35	26	27	160
周口	Zhoukou	19	29	24	178	惠州	Huizhou	70	62	64	45
驻马店	Zhumadian	24	38	37	102	梅州	Meizhou	30	36	37	100
湖北	**Hubei**	**455**	**378**	**416**		汕尾	Shanwei	12	16	16	220
武汉	Wuhan	97	96	87	24	河源	Heyuan	30	23	24	181
黄石	Huangshi	22	23	24	181	阳江	Yangjiang	30	28	29	149
十堰	Shiyan	68	74	79	31	清远	Qingyuan	39	34	35	110
宜昌	Yichang	66	55	57	58	东莞	Dongguan	100	90	93	19
襄阳	Xiangyang	40	26	27	160	中山	Zhongshan	43	30	31	138
鄂州	Ezhou	14	10	9	259	潮州	Chaozhou	12	14	14	228
荆门	Jingmen	44	34	33	123	揭阳	Jieyang	11	15	15	222
孝感	Xiaogan	36	32	33	129	云浮	Yunfu	18	14	14	228
荆州	Jingzhou	41	34	35	110	**广西**	**Guangxi**	**379**	**381**	**401**	
黄冈	Huanggang	37	40	37	102	南宁	Nanning	81	60	50	68
咸宁	Xianning	44	49	50	67	柳州	Liuzhou	30	45	47	80
随州	Suizhou	20	18	19	213	桂林	Guilin	68	70	69	40
湖南	**Hunan**	**433**	**414**	**420**		梧州	Wuzhou	19	23	30	139
长沙	Changsha	84	82	78	33	北海	Beihai	37	35	30	139
株洲	Zhuzhou	34	40	42	94	防城港	Fangchenggang	19	27	28	152
湘潭	Xiangtan	16	18	17	218	钦州	Qinzhou	23	26	24	178
衡阳	Hengyang	33	32	33	123	贵港	Guigang	20	21	20	200
邵阳	Shaoyang	37	56	53	65	玉林	Yulin	18	23	22	190
岳阳	Yueyang	39	42	43	92	百色	Baise	18	25	31	136

14-17 星级饭店数 续表 3
Number of Star-rated Hotels continued 3

单位：个 (unit)

地名	City	2010	2013	2014	2014 排名 Ranking
贺州	Hezhou	16	24	22	190
河池	Hechi	43	47	50	68
来宾	Laibin	12	18	22	190
崇左	Chongzuo	19	29	27	158
海南	**Hainan**	**186**	**150**	**133**	
海口	Haikou	71	47	45	85
三亚	Sanya	77	50	50	68
三沙	Sansha				
重庆	**Chongqing**	**246**	**234**	**236**	
四川	**Sichuan**	**395**	**461**	**481**	
成都	Chengdu	138	140	128	9
自贡	Zigong	8	9	8	262
攀枝花	Panzhihua	12	17	18	215
泸州	Luzhou	22	23	23	186
德阳	Deyang	9	11	11	250
绵阳	Mianyang	36	33	30	139
广元	Guangyuan	11	20	20	200
遂宁	Suining	19	23	22	190
内江	Neijiang	12	9	9	259
乐山	Leshan	37	34	33	123
南充	Nanchong	24	25	26	166
眉山	Meishan	9	10	19	209
宜宾	Yibin	29	25	15	225
广安	Guangan	22	18	16	221
达州	Dazhou	14	17	10	257
雅安	Yaan	23	21	21	197
巴中	Bazhong	14	11	10	257
资阳	Ziyang	13	14	14	234
贵州	**Guizhou**	**324**	**305**	**282**	
贵阳	Guiyang	56	76	78	32
六盘水	Liupanshui	12	15	15	222
遵义	Zunyi	43	42	43	89
安顺	Anshun	21	25	26	168
毕节	Bijie	38	34		
铜仁	Tongren	23	36		
云南	**Yunnan**	**560**	**563**	**624**	
昆明	Kunming	89	78	80	30
曲靖	Qujing	33	32	33	129
玉溪	Yuxi	42	38	36	109
保山	Baoshan	31	35	36	104
昭通	Zhaotong	7	26	27	160

地名	City	2010	2013	2014	2014 排名 Ranking
丽江	Lijiang	179	185	258	1
普洱	Puer	7	86	89	23
临沧	Lincang	22	21	22	195
西藏	**Tibet**	**105**	**109**	**113**	
拉萨	Lasa				
陕西	**Shaanxi**	**269**	**333**	**325**	
西安	Xi'an	116	116	109	12
铜川	Tongchuan	12	13	13	237
宝鸡	Baoji	37	36	34	116
咸阳	Xianyang	28	25	23	186
渭南	Weinan	24	33	29	145
延安	Yan'an	34	42	48	75
汉中	Hanzhong	30	29	29	145
榆林	Yulin	33	32	29	145
安康	Ankang	26	25	30	139
商洛	Shangluo	12	19	19	209
甘肃	**Gansu**	**311**	**304**	**313**	
兰州	Lanzhou	60	50	52	66
嘉峪关	Jiayuguan	19	20	21	199
金昌	Jinchang	5	6	6	267
白银	Baiyin	13	12	12	241
天水	Tianshui	29	35	36	104
武威	Wuwei	12	14	14	228
张掖	Zhangye	18	28	29	149
平凉	Pingliang	22	25	26	168
酒泉	Jiuquan	59	65	67	44
庆阳	Qingyang	12	14	14	228
定西	Dingxi	23	22	23	188
陇南	Longnan	19	22	23	188
青海	**Qinghai**	**105**	**125**	**144**	
西宁	Xining		54	56	60
海东	Haidong				
宁夏	**Ningxia**	**57**	**84**	**90**	
银川	Yinchuan	35			
石嘴山	Shizuishan	4			
吴忠	Wuzhong	6			
固原	Guyuan	6			
中卫	Zhongwei	11			
新疆	**Xinjiang**	**436**	**385**	**366**	
乌鲁木齐	Urumqi	112	64	63	48
克拉玛依	Karamay	20	16	15	225

15

金融业

Financial Intermediation

15-1 金融机构本外币存款余额
Balance of Deposits in RMB and Foreign Currency of Financial Institutions

单位：亿元　　(100 million yuan)

地名	City	2010	2012	2013	2013 排名 Ranking	地名	City	2010	2012	2013	2013 排名 Ranking
全国	**Nation Total**	**733382.0**	**942915.6**	**1070587.7**		沈阳	Shenyang	8254.24	10441.55	11576.58	13
北京	**Beijing**	**66584.60**	**84837.30**	**91660.50**		大连	Dalian	8887.29	10767.78	11953.65	11
天津	**Tianjin**	**16499.25**	**20293.79**	**23116.56**		鞍山	Anshan	1929.79	2269.43	2530.09	66
河北	**Hebei**	**26270.58**	**34257.16**	**39444.50**		抚顺	Fushun	945.88	1161.70	1283.89	158
石家庄	Shijiazhuang	6170.31	7706.38	8684.37	22	本溪	Benxi	736.85	944.40	1029.33	193
唐山	Tangshan	4215.34	5464.03	6149.57	34	丹东	Dandong	936.66	1244.84	1362.99	152
秦皇岛	Qinhuangdao	1524.02	1926.50	2122.60	83	锦州	Jinzhou	1020.84	1295.58	1517.23	136
邯郸	Handan	2140.24	2938.18	3441.63	53	营口	Yingkou	960.80	1294.25	1510.67	138
邢台	Xingtai	1582.04	2059.38	2402.24	70	阜新	Fuxin	508.71	686.13	804.26	217
保定	Baoding	2877.63	3774.91	4410.17	43	辽阳	Liaoyang	834.97	1155.05	1322.13	153
张家口	Zhangjiakou	1303.29	1677.62	1917.37	94	盘锦	Panjin	853.63	1107.91	1237.62	166
承德	Chengde	1089.15	1361.15	1604.15	122	铁岭	Tieling	632.35	836.48	922.85	203
沧州	Cangzhou	2036.69	2699.35	3123.40	60	朝阳	Chaoyang	709.26	1024.16	1160.88	174
廊坊	Langfang	1997.05	2712.39	3276.64	57	葫芦岛	Huludao	820.09	1074.20	1205.79	169
衡水	Hengshui	1157.62	1577.49	1857.93	95	吉林	**Jilin**	**9702.55**	**12812.30**	**14885.90**	
山西	**Shanxi**	**18639.77**	**24156.95**	**26269.02**		长春	Changchun	5038.43	7688.60	7866.50	26
太原	Taiyuan	7008.08	8976.90	9948.51	19	吉林	Jilin	1348.72	1971.19	1987.71	87
大同	Datong	1663.92	2017.92	2258.47	78	四平	Siping	545.14	820.89	836.36	213
阳泉	Yangquan	878.00	1098.37	1151.00	177	辽源	Liaoyuan	260.63	372.38	373.11	278
长治	Changzhi	1367.63	1724.05	1847.98	97	通化	Tonghua	563.55	803.32	820.16	215
晋城	Jincheng	1326.71	1729.58	1759.51	106	白山	Baishan	373.54	523.72	541.50	257
朔州	Shuozhou	769.32	1052.10	1094.18	189	松原	Songyuan	482.82	726.71	750.12	228
晋中	Jinzhong	1247.46	1681.80	1836.69	99	白城	Baicheng	306.41	462.74	504.60	262
运城	Yuncheng	953.17	1320.56	1510.28	139	黑龙江	**Heilongjiang**	**12924.20**	**16540.70**	**18293.40**	
忻州	Xinzhou	964.89	1311.32	1464.90	144	哈尔滨	Harbin	6014.99	7513.17	8588.84	23
临汾	Linfen	1325.42	1656.88	1793.96	103	齐齐哈尔	Qiqihar	882.91	1158.05	1293.30	156
吕梁	Lvliang	1134.98	1587.46	1603.55	123	鸡西	Jixi	559.25	738.85	798.75	218
内蒙古	**Inner Mongolia**	**10278.69**	**13672.99**	**15263.75**		鹤岗	Hegang	326.61	425.28	471.87	267
呼和浩特	Hohhot	2703.98	3841.36	4320.82	44	双鸭山	Shuangyashan	423.97	534.30	563.96	254
包头	Baotou	1712.91	2088.50	2326.59	75	大庆	Daqing	1570.04	1993.85	2033.05	86
乌海	Wuhai	411.98	560.44	587.33	252	伊春	Yichun	337.40	543.80	486.59	265
赤峰	Chifeng	880.37	1160.46	1267.64	160	佳木斯	Jiamusi	633.44	807.96	964.56	198
通辽	Tongliao	479.99	628.81	699.35	234	七台河	Qitaihe	257.76	338.86	347.33	279
鄂尔多斯	Erdos	1760.88	2194.92	2325.69	76	牡丹江	Mudanjiang	817.51	1056.56	1229.11	167
呼伦贝尔	Hulunbuir	762.31	998.80	1114.29	185	黑河	Heihe	380.72	501.81	544.22	256
巴彦淖尔	Bayannur	459.28	602.48	697.05	235	绥化	Suihua	554.96	764.92	853.42	209
乌兰察布	Ulanqab	426.30	599.91	655.60	242	上海	**Shanghai**	**52190.04**	**63555.25**	**69256.32**	
辽宁	**Liaoning**	**28057.38**	**35303.46**	**39418.00**		江苏	**Jiangsu**	**58455.43**	**77837.73**	**88032.48**	

15-1 金融机构本外币存款余额 续表 1

Balance of Deposits in RMB and Foreign Currency of Financial Institutions continued 1

单位：亿元 （100 million yuan）

地名	City	2010	2012	2013	2013 排名 Ranking	地名	City	2010	2012	2013	2013 排名 Ranking
南京	Nanjing	12887.43	16540.43	18417.90	6	池州	Chizhou	366.16	518.95	597.28	249
无锡	Wuxi	8827.20	10740.38	11641.96	12	宣城	Xuancheng	578.44	812.81	919.51	204
徐州	Xuzhou	2655.36	3403.00	3920.50	47	**福建**	**Fujian**	**18753.20**	**25057.80**	**28938.81**	
常州	Changzhou	4672.02	5789.88	6538.33	30	福州	Fuzhou	6100.90	7909.63	8950.14	20
苏州	Suzhou	14225.49	18796.06	21237.59	5	厦门	Xiamen	4440.60	5472.00	6380.63	32
南通	Nantong	4957.83	6478.01	7542.12	27	莆田	Putian	733.60	1078.78	1294.78	155
连云港	Lianyungang	1243.81	1538.04	1709.93	114	三明	Sanming	762.80	1077.57	1197.47	170
淮安	Huaian	1214.46	1521.41	1737.07	109	泉州	Quanzhou	3313.70	4687.97	5626.13	38
盐城	Yancheng	2009.17	2716.87	3219.99	58	漳州	Zhangzhou	1107.30	1525.74	1851.04	96
扬州	Yangzhou	2471.96	3365.22	3888.39	48	南平	Nanping	756.90	999.56	1144.60	178
镇江	Zhenjiang	2242.89	2903.48	3346.73	55	龙岩	Longyan	788.50	1103.19	1272.91	159
泰州	Taizhou	2359.79	3076.17	3612.56	50	宁德	Ningde	672.70	917.11	1032.81	192
宿迁	Suqian	815.66	1240.04	1488.99	143	**江西**	**Jiangxi**	**11907.80**	**16839.02**	**19582.70**	
浙江	**Zhejiang**	**54482.29**	**66679.08**	**73732.36**		南昌	Nanchang	4199.08	5768.99	6701.80	28
杭州	Hangzhou	17084.35	20148.77	22174.71	4	景德镇	Jingdezhen	403.53	583.90	672.48	238
宁波	Ningbo	9755.52	11980.50	13164.60	9	萍乡	Pingxiang	390.14	542.91	623.42	244
温州	Wenzhou	6497.59	7744.94	8095.48	25	九江	Jiujiang	1090.62	1502.47	1764.85	105
嘉兴	Jiaxing	3590.82	4597.34	5205.65	41	新余	Xinyu	434.61	603.54	658.11	240
湖州	Huzhou	1805.61	2285.66	2577.93	64	鹰潭	Yingtan	366.07	458.52	516.73	260
绍兴	Shaoxing	4948.32	5923.60	6461.73	31	赣州	Ganzhou	1511.92	2277.56	2630.92	63
金华	Jinhua	3986.99	5324.39	6161.56	33	吉安	Jian	861.78	1289.19	1497.34	140
衢州	Quzhou	953.12	1299.52	1492.71	142	宜春	Yichun	991.78	1453.99	1713.89	112
舟山	Zhoushan	1143.25	1389.97	1497.11	141	抚州	Fuzhou	657.67	939.59	1113.46	187
台州	Taizhou	3588.48	4509.17	5219.72	40	上饶	Shangrao	979.70	1408.66	1669.20	116
丽水	Lishui	1128.23	1475.23	1681.14	115	**山东**	**Shandong**	**41515.88**	**53166.77**	**63357.80**	
安徽	**Anhui**	**16477.60**	**23211.50**	**26938.20**		济南	Jinan	7601.92	9893.83	10925.82	16
合肥	Hefei	4591.81	7043.15	8329.37	24	青岛	Qingdao	7895.52	9818.33	11418.26	14
芜湖	Wuhu	1238.28	1876.26	2175.96	81	淄博	Zibo	2489.42	3191.43	3484.62	52
蚌埠	Bengbu	710.40	979.55	1262.55	161	枣庄	Zaozhuang	894.42	1146.72	1249.85	163
淮南	Huainan	864.53	1115.79	1212.49	168	东营	Dongying	1580.21	2394.02	2848.00	62
马鞍山	Maanshan	808.16	1269.19	1447.85	145	烟台	Yantai	4081.18	5286.02	6020.53	35
淮北	Huaibei	568.56	788.70	864.97	207	潍坊	Weifang	3307.69	4437.81	5059.77	42
铜陵	Tongling	410.27	570.81	644.41	243	济宁	Jining	2278.05	3191.75	3561.07	51
安庆	Anqing	1156.00	1703.37	1980.57	88	泰安	Taian	1405.87	1947.98	2278.37	77
黄山	Huangshan	474.33	660.50	743.08	230	威海	Weihai	1636.59	2060.63	2379.25	72
滁州	Chuzhou	778.46	1117.02	1287.03	157	日照	Rizhao	1003.16	1469.14	1780.07	104
阜阳	Fuyang	1043.37	1491.41	1750.95	107	莱芜	Laiwu	587.37	725.40	760.97	225
宿州	Suzhou	701.70	1017.93	1158.46	175	临沂	Linyi	2123.59	3043.48	3710.77	49
六安	Liuan	843.48	1278.02	1525.23	133	德州	Dezhou	1293.76	1646.85	1933.43	90
亳州	Bozhou	544.97	813.49	928.04	202	聊城	Liaocheng	1236.85	1687.69	1945.83	89

15-1 金融机构本外币存款余额 续表 2

Balance of Deposits in RMB and Foreign Currency of Financial Institutions continued 2

单位：亿元 （100 million yuan）

地名	City	2010	2012	2013	2013 排名 Ranking	地名	City	2010	2012	2013	2013 排名 Ranking
滨州	Binzhou	1065.83	1697.66	1926.84	91	常德	Changde	963.08	1392.22	1631.29	120
菏泽	Heze	1092.56	1607.77	1918.86	93	张家界	Zhangjiajie	234.78	343.77	400.69	275
河南	**Henan**	**23148.83**	**31648.50**	**37591.09**		益阳	Yiyang	607.68	875.07	1023.23	194
郑州	Zhengzhou		10448.29	12450.46	10	郴州	Chenzhou	946.40	1314.37	1517.30	135
开封	Kaifeng		961.23	1134.27	180	永州	Yongzhou	725.92	1000.23	1172.56	173
洛阳	Luoyang		2902.47	3350.27	54	怀化	Huaihua	676.50	979.73	1128.38	182
平顶山	Pingdingshan		1457.38	1666.23	117	娄底	Loudi	655.75	907.03	1020.25	195
安阳	Anyang		1352.98	1584.52	126	**广东**	**Guangdong**	**101927**	**134762**	**153628**	
鹤壁	Hebi		366.65	426.00	271	广州	Guangzhou	23953.96	30186.57	33838.20	2
新乡	Xinxiang		1476.61	1723.02	110	韶关	Shaoguan	907.75	1117.81	1255.76	162
焦作	Jiaozuo		1012.64	1151.52	176	深圳	Shenzhen	21937.89	29662.40	33943.15	1
濮阳	Puyang		836.89	971.49	197	珠海	Zhuhai	2748.70	3449.70	4121.58	45
许昌	Xuchang		1188.22	1410.52	148	汕头	Shantou	1873.03	2285.36	2530.16	65
漯河	Luohe		593.75	687.37	236	佛山	Foshan	8462.33	10167.55	11387.13	15
三门峡	Sanmenxia		825.07	936.03	199	江门	Jiangmen	2285.75	2905.50	3335.27	56
南阳	Nanyang		2104.68	2476.73	67	湛江	Zhanjiang	1565.19	1902.35	2173.39	82
商丘	Shangqiu		1353.83	1559.11	130	茂名	Maoming	1028.67	1332.42	1571.63	128
信阳	Xinyang		1536.44	1830.06	100	肇庆	Zhaoqing	1072.54	1355.59	1594.43	124
周口	Zhoukou		1403.50	1655.62	119	惠州	Huizhou	2090.14	2696.97	3138.79	59
驻马店	Zhumadian		1429.50	1710.03	113	梅州	Meizhou	839.63	1063.83	1245.21	165
湖北	**Hubei**	**21716.59**	**28188.45**	**32818.92**		汕尾	Shanwei	332.70	422.71	487.35	264
武汉	Wuhan	10930.77	13131.59	14915.69	7	河源	Heyuan	500.02	638.58	754.24	227
黄石	Huangshi	704.43	1012.44	1138.90	179	阳江	Yangjiang	575.32	729.35	816.84	216
十堰	Shiyan	859.92	1219.84	1439.28	146	清远	Qingyuan	995.36	1215.34	1401.35	150
宜昌	Yichang	1923.14	2014.64	2381.91	71	东莞	Dongguan	6077.87	7691.24	8874.91	21
襄阳	Xiangyang	1294.12	1815.12	2181.96	80	中山	Zhongshan	2665.35	3469.71	4021.81	46
鄂州	Ezhou	256.64	347.42	397.82	276	潮州	Chaozhou	653.27	836.51	919.35	205
荆门	Jingmen	686.48	934.94	1123.79	183	揭阳	Jieyang	967.03	1311.12	1529.69	131
孝感	Xiaogan	786.45	1182.71	1407.08	149	云浮	Yunfu	486.93	658.93	744.90	229
荆州	Jingzhou	1038.99	1463.00	1742.80	108	**广西**	**Guangxi**	**11813.90**	**15966.65**	**18400.48**	
黄冈	Huanggang	961.72	1434.43	1721.14	111	南宁	Nanning	4059.34	5685.13	6548.98	29
咸宁	Xianning	433.31	644.85	847.87	210	柳州	Liuzhou	1485.49	1923.32	2354.09	73
随州	Suizhou	430.59	606.92	726.17	232	桂林	Guilin	1376.67	1829.93	2067.01	85
湖南	**Hunan**	**16643.27**	**23148.15**	**26876.00**		梧州	Wuzhou	493.60	667.15	761.47	224
长沙	Changsha	6427.95	8800.66	10148.76	18	北海	Beihai	472.91	593.47	656.25	241
株洲	Zhuzhou	1135.94	1588.84	1844.39	98	防城港	Fangchenggang	313.29	396.24	443.47	269
湘潭	Xiangtan	780.98	1127.72	1396.75	151	钦州	Qinzhou	476.15	622.72	709.83	233
衡阳	Hengyang	1306.13	1793.89	2104.53	84	贵港	Guigang	514.40	706.11	820.53	214
邵阳	Shaoyang	948.11	1320.00	1510.68	137	玉林	Yulin	770.99	1042.79	1181.65	172
岳阳	Yueyang	784.97	1136.09	1312.72	154	百色	Baise	512.28	676.76	770.89	222

15-1 金融机构本外币存款余额 续表 3

Balance of Deposits in RMB and Foreign Currency of Financial Institutions continued 3

单位：亿元 (100 million yuan)

地名	City	2010	2012	2013	2013 排名 Ranking	地名	City	2010	2012	2013	2013 排名 Ranking
贺州	Hezhou	251.71	349.87	405.39	273	丽江	Lijiang	297.92	417.81	483.62	266
河池	Hechi	466.69	628.38	730.09	231	普洱	Puer	364.13	493.43	601.23	247
来宾	Laibin	306.80	407.39	448.38	268	临沧	Lincang	245.46	347.31	405.00	274
崇左	Chongzuo	312.32	437.38	501.80	263	**西藏**	**Tibet**	**1296.73**	**2054.25**	**2500.94**	
海南	**Hainan**	**4217.30**	**5109.70**	**5952.50**		拉萨	Lasa		1308.00	1569.07	129
海口	Haikou	2238.95	2637.70	2955.19	61	**陕西**	**Shaanxi**	**16590.50**	**22657.74**	**25577.19**	
三亚	Sanya	616.42	676.41	930.89	201	西安	Xi'an	9044.15	12285.96	13892.77	8
三沙	Sansha					铜川	Tongchuan	251.11	352.49	393.45	277
重庆	**Chongqing**	**13454.98**	**19432.90**	**22202.10**		宝鸡	Baoji	1078.87	1460.62	1662.65	118
四川	**Sichuan**	**30504.05**	**41576.80**	**48122.10**		咸阳	Xianyang	1146.86	1570.48	1815.35	101
成都	Chengdu	15444.19	20724.47	24067.91	3	渭南	Weinan	999.86	1349.34	1524.21	134
自贡	Zigong	560.46	823.48	977.97	196	延安	Yan'an	728.78	987.77	1104.47	188
攀枝花	Panzhihua	571.69	766.76	785.70	221	汉中	Hanzhong	799.00	1074.21	1248.52	164
泸州	Luzhou	829.04	1213.84	1410.82	147	榆林	Yulin	1461.78	2254.82	2430.93	68
德阳	Deyang	1395.01	1691.13	1799.95	102	安康	Ankang	475.83	673.89	791.19	220
绵阳	Mianyang	1792.29	2138.22	2422.16	69	商洛	Shangluo	383.00	519.30	590.08	251
广元	Guangyuan	717.28	833.68	935.35	200	**甘肃**	**Gansu**	**7146.66**	**10129.69**	**12070.64**	
遂宁	Suining	523.57	746.46	895.39	206	兰州	Lanzhou	3256.02	4657.54	5522.87	39
内江	Neijiang	602.03	889.77	1079.47	191	嘉峪关	Jiayuguan	170.98	261.72	297.72	281
乐山	Leshan	872.34	1266.89	1526.71	132	金昌	Jinchang	173.43	223.45	270.88	283
南充	Nanchong	1102.99	1671.29	1919.16	92	白银	Baiyin	349.23	467.00	527.72	258
眉山	Meishan	615.65	932.78	1116.01	184	天水	Tianshui	464.17	656.70	792.07	219
宜宾	Yibin	946.07	1466.40	1574.63	127	武威	Wuwei	323.16	486.98	605.28	246
广安	Guangan	638.85	937.33	1113.93	186	张掖	Zhangye	262.66	373.31	436.89	270
达州	Dazhou	901.48	1318.01	1589.14	125	平凉	Pingliang	326.59	472.72	590.79	250
雅安	Yaan	454.71	592.92	843.77	211	酒泉	Jiuquan	483.96	656.83	766.12	223
巴中	Bazhong	354.99	568.82	678.79	237	庆阳	Qingyang	354.13	506.49	600.15	248
资阳	Ziyang	675.76	929.78	1086.99	190	定西	Dingxi	269.68	410.16	518.22	259
贵州	**Guizhou**	**7387.79**	**10567.83**	**13297.62**		陇南	Longnan	392.36	477.08	569.31	253
贵阳	Guiyang	3054.07	4416.00	5766.05	36	**青海**	**Qinghai**	**2326.96**	**3528.41**	**4110.74**	
六盘水	Liupanshui	500.81	676.68	756.82	226	西宁	Xining				
遵义	Zunyi	1157.00	1713.76	2224.38	79	海东	Haidong				
安顺	Anshun	362.73	484.28	610.19	245	**宁夏**	**Ningxia**	**2586.66**	**3507.16**	**3881.40**	
毕节	Bijie	551.06	736.21	839.02	212	银川	Yinchuan	1610.27	2118.33	2351.44	74
铜仁	Tongren	375.10	536.33	660.62	239	石嘴山	Shizuishan	359.50	488.70	506.58	261
云南	**Yunnan**	**13478.86**	**18061.48**	**20829.34**		吴忠	Wuzhong	271.10	373.19	418.22	272
昆明	Kunming	6796.65	8921.02	10210.59	17	固原	Guyuan	148.57	229.50	271.14	282
曲靖	Qujing	1017.42	1405.50	1604.97	121	中卫	Zhongwei	198.45	297.45	334.03	280
玉溪	Yuxi	816.01	1004.08	1131.04	181	**新疆**	**Xinjiang**	**8898.57**	**12423.53**	**14247.54**	
保山	Baoshan	347.54	483.89	556.24	255	乌鲁木齐	Urumqi	3616.79	4846.48	5644.86	37
昭通	Zhaotong	520.54	768.58	858.78	208	克拉玛依	Karamay	799.29	983.98	1192.37	171

15-2 金融机构人民币存款余额
Total Deposits in RMB of Financial Institutions

单位：亿元 （100 million yuan）

地名	City	2010	2013	2014	2014 排名 Ranking
全国	**Nation Total**	**718237.9**	**1043847.0**	**1138645.0**	
北京	**Beijing**	**63025.20**	**87990.60**	**9570.50**	
天津	**Tianjin**	**15912.21**	**22684.59**	**23484.54**	
河北	**Hebei**	**26099.00**	**39221.30**	**43454.90**	
石家庄	Shijiazhuang	6115.50	8607.78	9124.61	23
唐山	Tangshan	4188.25	6123.62	6766.85	32
秦皇岛	Qinhuangdao	1504.06	2092.13	2278.27	85
邯郸	Handan	2131.50	3431.49	3747.57	52
邢台	Xingtai	1579.03	2397.23	2669.30	69
保定	Baoding	2856.44	4394.86	5008.62	43
张家口	Zhangjiakou	1300.29	1913.59	2113.79	94
承德	Chengde	1087.58	1601.26	1755.51	125
沧州	Cangzhou	2026.59	3105.48	3438.90	59
廊坊	Langfang	1981.92	3251.90	3933.47	50
衡水	Hengshui	1154.39	1854.62	2106.68	95
山西	**Shanxi**	**18575.65**	**26105.40**	**26779.47**	
太原	Taiyuan	6965.19	9819.68	10011.26	19
大同	Datong	1658.46	2254.36	2282.37	84
阳泉	Yangquan	877.23	1148.24	1152.86	190
长治	Changzhi	1366.07	1845.21	1945.94	107
晋城	Jincheng	1324.93	1747.54	1804.08	121
朔州	Shuozhou	764.12	1092.84	1120.05	193
晋中	Jinzhong	1245.57	1833.91	1909.80	111
运城	Yuncheng	951.62	1507.32	1595.00	146
忻州	Xinzhou	964.22	1462.70	1543.35	148
临汾	Linfen	1323.95	1791.62	1853.62	117
吕梁	Lvliang	1134.28	1601.90	1578.45	147
内蒙古	**Inner Mongolia**	**10278.69**	**15205.69**	**16217.60**	
呼和浩特	Hohhot	2703.98	4289.05	4723.75	44
包头	Baotou	1705.62	2326.59	2493.60	79
乌海	Wuhai	411.46	587.33	600.43	254
赤峰	Chifeng	879.42	1267.64	1366.47	164
通辽	Tongliao	479.38	699.35	711.12	240
鄂尔多斯	Erdos	1754.83	2325.69	2494.30	78
呼伦贝尔	Hulunbuir	762.31	1111.07	1156.54	188
巴彦淖尔	Bayannur	459.28	589.18	745.82	236
乌兰察布	Ulanqab	424.10	654.67	720.21	238
辽宁	**Liaoning**	**27372.55**	**38667.80**	**41133.10**	
沈阳	Shenyang	8091.99	11437.21	12309.55	11
大连	Dalian	8503.52	11481.74	11613.78	14
鞍山	Anshan	1902.64	2516.26	2841.24	66
抚顺	Fushun	927.69	1269.48	1350.42	165
本溪	Benxi	727.51	1007.08	1059.16	197
丹东	Dandong	919.41	1350.21	1488.31	152
锦州	Jinzhou	1011.40	1508.06	1717.02	130
营口	Yingkou	946.19	1499.71	1727.71	129
阜新	Fuxin	505.27	801.48	834.64	225
辽阳	Liaoyang	829.43	1295.44	1408.19	160
盘锦	Panjin	839.83	1224.66	1306.72	169
铁岭	Tieling	624.93	917.38	1024.81	202
朝阳	Chaoyang	705.55	1157.63	1245.79	181
葫芦岛	Huludao	811.17	1201.46	1303.50	170
吉林	**Jilin**	**9605.72**	**14781.42**	**16400.10**	
长春	Changchun	4985.12	7808.31	8723.39	25
吉林	Jilin	1334.95	1975.31	2176.47	91
四平	Siping	543.69	834.95	925.88	211
辽源	Liaoyuan	259.20	371.68	402.13	278
通化	Tonghua	561.48	815.96	910.95	212
白山	Baishan	372.51	540.11	570.45	259
松原	Songyuan	481.98	745.80	830.97	226
白城	Baicheng	306.00	503.64	574.44	258
黑龙江	**Heilongjiang**	**12835.67**	**18131.80**	**19254.80**	
哈尔滨	Harbin	5956.36	8488.18	8883.98	24
齐齐哈尔	Qiqihar	876.97	1286.40	1434.74	155
鸡西	Jixi	556.72	797.31	855.70	221
鹤岗	Hegang	325.89	470.73	487.13	267
双鸭山	Shuangyashan	423.30	563.30	622.70	253
大庆	Daqing	1560.92	1997.58	2046.56	101
伊春	Yichun	336.67	485.68	521.72	263
佳木斯	Jiamusi	631.05	961.72	1022.92	203
七台河	Qitaihe	257.32	346.75	353.21	279
牡丹江	Mudanjiang	811.50	1220.50	1205.42	186
黑河	Heihe	380.27	543.29	596.12	255
绥化	Suihua	554.29	851.78	1043.92	199
上海	**Shanghai**	**46678.13**	**60321.03**	**65840.04**	
江苏	**Jiangsu**	**58984.14**	**85604.10**	**93735.60**	

15-2 金融机构人民币存款余额 续表 1

Total Deposits in RMB of Financial Institutions continued 1

单位：亿元 (100 million yuan)

地名	City	2010	2013	2014	2014 排名 Ranking	地名	City	2010	2013	2014	2014 排名 Ranking
南京	Nanjing	12649.52	18050.82	20161.86	6	池州	Chizhou	65.67	596.00	668.58	247
无锡	Wuxi	8545.05	11205.78	11849.03	12	宣城	Xuancheng	577.11	916.54	1036.69	201
徐州	Xuzhou	2632.19	3884.46	4286.46	46	**福建**	**Fujian**	**18309.45**	**28282.58**	**30747.61**	
常州	Changzhou	4550.47	6348.10	6758.57	33	福州	Fuzhou	5961.07	8746.76	9731.03	20
苏州	Suzhou	13570.35	20037.58	21428.20	5	厦门	Xiamen	4234.53	5984.51	7064.61	29
南通	Nantong	4857.85	7342.00	8339.54	26	莆田	Putian	716.27	1278.06	1432.30	157
连云港	Lianyungang	1227.26	1671.65	1852.67	118	三明	Sanming	754.47	1184.56	1205.73	185
淮安	Huaian	1190.80	1721.30	2005.72	102	泉州	Quanzhou	3276.23	5409.18	5778.53	39
盐城	Yancheng	1995.97	3196.06	3692.75	54	漳州	Zhangzhou	1085.49	1829.67	2066.68	98
扬州	Yangzhou	2430.55	3836.87	4269.75	47	南平	Nanping	751.86	1138.94	1257.47	176
镇江	Zhenjiang	2203.22	3289.46	3536.27	57	龙岩	Longyan	784.76	1266.55	1376.62	163
泰州	Taizhou	2320.32	3544.42	3955.84	49	宁德	Ningde	669.68	1017.47	1077.16	194
宿迁	Suqian	810.59	1475.58	1598.96	145	**江西**	**Jiangxi**	**11846.18**	**19434.80**	**21537.70**	
浙江	**Zhejiang**	**53441.45**	**71986.58**	**77145.38**		南昌	Nanchang	4167.67	6624.57	7296.23	28
杭州	Hangzhou	16838.18	21749.05	23950.05	4	景德镇	Jingdezhen	400.92	670.09	744.25	237
宁波	Ningbo	9552.03	12740.52	13307.41	10	萍乡	Pingxiang	388.61	621.71	681.58	243
温州	Wenzhou	6222.74	7771.16	7937.16	27	九江	Jiujiang	1086.42	1759.04	1878.58	116
嘉兴	Jiaxing	3526.61	5072.69	5513.87	42	新余	Xinyu	430.50	655.16	698.74	242
湖州	Huzhou	1789.70	2500.39	2756.05	68	鹰潭	Yingtan	364.70	481.04	550.13	261
绍兴	Shaoxing	4910.85	6365.45	6554.22	35	赣州	Ganzhou	1506.08	2624.33	2881.77	65
金华	Jinhua	3948.77	6096.38	6548.78	36	吉安	Jian	858.72	1492.74	1696.34	135
衢州	Quzhou	949.15	1481.46	1624.29	141	宜春	Yichun	989.12	1709.10	1915.90	110
舟山	Zhoushan	1121.07	1470.24	1602.70	144	抚州	Fuzhou	656.07	1111.24	1264.37	174
台州	Taizhou	3562.80	5154.11	5609.04	40	上饶	Shangrao	976.45	1665.22	1906.36	112
丽水	Lishui	1019.54	1585.12	1741.81	127	**山东**	**Shandong**	**41104.96**	**62077.88**	**67498.30**	
安徽	**Anhui**	**16366.10**	**26739.30**	**29817.70**		济南	Jinan	7510.44	10808.07	11744.39	13
合肥	Hefei	4541.78	8232.58	9142.68	22	青岛	Qingdao	7659.21	10969.56	11370.31	15
芜湖	Wuhu	1213.17	2128.40	2243.00	88	淄博	Zibo	2470.56	3455.29	3594.26	56
蚌埠	Bengbu	707.65	1258.58	1433.46	156	枣庄	Zaozhuang	892.18	1245.68	1326.11	167
淮南	Huainan	863.49	1209.86	1228.74	184	东营	Dongying	1567.10	2789.27	3207.40	60
马鞍山	Maanshan	800.43	1426.49	1475.62	153	烟台	Yantai	4021.24	5750.54	6135.82	38
淮北	Huaibei	567.69	863.91	948.17	209	潍坊	Weifang	3281.25	4973.91	5536.20	41
铜陵	Tongling	406.51	638.19	676.29	244	济宁	Jining	2256.31	3511.55	3643.31	55
安庆	Anqing	1152.41	1975.68	2237.63	89	泰安	Taian	1399.53	2261.29	2458.39	81
黄山	Huangshan	472.38	741.32	821.48	228	威海	Weihai	1603.30	2317.66	2527.10	77
滁州	Chuzhou	776.44	1284.70	1421.83	158	日照	Rizhao	993.14	1737.54	1880.62	115
阜阳	Fuyang	1042.66	1749.14	2047.53	100	莱芜	Laiwu	585.78	751.75	788.25	232
宿州	Suzhou	699.98	1155.88	1314.59	168	临沂	Linyi	2115.09	3685.57	4225.31	48
六安	Liuan	842.34	1524.03	1715.58	131	德州	Dezhou	1286.91	1924.22	2152.78	93
亳州	Bozhou	544.75	927.57	1060.80	196	聊城	Liaocheng	1232.43	1930.94	2270.43	86

15-2 金融机构人民币存款余额 续表 2

Total Deposits in RMB of Financial Institutions continued 2

单位：亿元 （100 million yuan）

地名	City	2010	2013	2014	2014 排名 Ranking	地名	City	2010	2013	2014	2014 排名 Ranking
滨州	Binzhou	1061.01	1900.83	2080.10	97	常德	Changde	961.43	1629.05	1923.66	108
菏泽	Heze	1089.77	1908.69	2228.28	90	张家界	Zhangjiajie	234.45	400.32	461.90	272
河南	**Henan**	**23148.83**	**37049.49**	**41374.91**		益阳	Yiyang	606.28	1021.83	1156.48	189
郑州	Zhengzhou	7990.85	12450.46	13955.59	9	郴州	Chenzhou	944.53	1511.50	1680.37	137
开封	Kaifeng	681.89	1134.27	1274.08	172	永州	Yongzhou	721.35	1169.93	1336.57	166
洛阳	Luoyang	2096.09	3350.27	3744.58	53	怀化	Huaihua	675.35	1127.17	1246.34	179
平顶山	Pingdingshan	1137.85	1666.23	1815.32	120	娄底	Loudi	653.73	1017.45	1126.10	192
安阳	Anyang	991.08	1584.52	1793.94	122	广东	**Guangdong**	**79957.97**	**141712.33**	**118907.82**	
鹤壁	Hebi	285.40	426.00	477.70	269	广州	Guangzhou	23384.50	32850.57	35469.29	1
新乡	Xinxiang	1144.16	1723.02	1898.47	113	韶关	Shaoguan	903.67	1249.24	1394.20	161
焦作	Jiaozuo	748.57	1151.52	1264.32	175	深圳	Shenzhen	20210.75	31547.76	32497.75	2
濮阳	Puyang	588.92	971.49	1059.14	198	珠海	Zhuhai	2652.59	3892.13	4570.67	45
许昌	Xuchang	830.38	1410.52	1533.27	150	汕头	Shantou	1852.36	2502.82	2664.46	70
漯河	Luohe	421.85	687.37	753.64	235	佛山	Foshan	8335.04	11083.65	11275.63	16
三门峡	Sanmenxia	625.52	936.03	942.33	210	江门	Jiangmen	2214.97	3207.33	3461.22	58
南阳	Nanyang	1471.22	2476.73	2756.78	67	湛江	Zhanjiang	1556.00	2157.99	2421.76	82
商丘	Shangqiu	901.16	1559.11	1759.88	124	茂名	Maoming	1025.39	1567.57	1766.29	123
信阳	Xinyang	1054.76	1830.06	2094.96	96	肇庆	Zhaoqing	1057.38	1540.44	1679.26	138
周口	Zhoukou	930.79	1655.62	1881.22	114	惠州	Huizhou	2041.19	2984.94	3149.55	62
驻马店	Zhumadian	969.32	1710.03	1982.89	104	梅州	Meizhou	835.07	1240.59	1411.88	159
湖北	**Hubei**	**21203.00**	**32636.15**	**36153.65**		汕尾	Shanwei	326.96	482.19	545.74	262
武汉	Wuhan	10756.52	14701.18	16268.71	7	河源	Heyuan	496.83	749.97	875.92	220
黄石	Huangshi	699.63	1138.88	1245.52	182	阳江	Yangjiang	564.19	813.03	907.11	213
十堰	Shiyan	857.64	1439.80	1651.80	140	清远	Qingyuan	986.45	1387.63	1522.66	151
宜昌	Yichang	1917.41	2370.61	2583.25	74	东莞	Dongguan	5943.39	8630.73	9323.28	21
襄阳	Xiangyang	1291.43	2177.18	2483.96	80	中山	Zhongshan	2603.02	3786.56	3926.45	51
鄂州	Ezhou	256.64	396.78	449.20	274	潮州	Chaozhou	649.81	913.66	1004.30	205
荆门	Jingmen	685.20	1121.25	1257.01	177	揭阳	Jieyang	963.01	1524.07	1702.06	134
孝感	Xiaogan	785.19	1404.12	1613.55	142	云浮	Yunfu	483.45	742.16	826.30	227
荆州	Jingzhou	1036.14	1738.71	1967.02	105	广西	**Guangxi**	**11746.77**	**18267.25**	**20078.97**	
黄冈	Huanggang	960.16	1719.43	1994.05	103	南宁	Nanning	4021.45	6483.52	7064.49	30
咸宁	Xianning	432.52	776.62	891.72	216	柳州	Liuzhou	1480.44	2343.58	2553.66	76
随州	Suizhou	430.05	724.41	845.87	223	桂林	Guilin	1367.59	2057.13	2269.76	87
湖南	**Hunan**	**16553.78**	**26756.60**	**30073.40**		梧州	Wuzhou	491.08	758.07	855.65	222
长沙	Changsha	6375.59	10077.24	11119.49	17	北海	Beihai	469.76	651.49	717.55	239
株洲	Zhuzhou	1129.09	1835.46	2057.57	99	防城港	Fangchenggang	311.14	433.62	470.24	271
湘潭	Xiangtan	775.83	1391.08	1539.35	149	钦州	Qinzhou	473.86	693.56	768.10	234
衡阳	Hengyang	1299.90	2096.06	2390.78	83	贵港	Guigang	513.36	817.52	905.75	214
邵阳	Shaoyang	946.30	1508.32	1736.16	128	玉林	Yulin	769.57	1178.28	1302.45	171
岳阳	Yueyang	781.20	1309.59	1471.35	154	百色	Baise	511.63	770.89	880.56	219

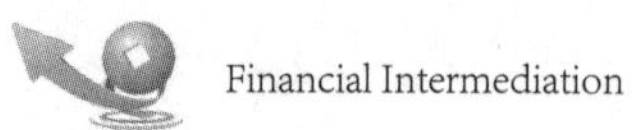

15-2 金融机构人民币存款余额 续表 3
Total Deposits in RMB of Financial Institutions continued 3

单位：亿元 （100 million yuan）

地名	City	2010	2013	2014	2014 排名 Ranking
贺州	Hezhou	251.71	404.84	459.85	273
河池	Hechi	466.04	725.52	814.39	230
来宾	Laibin	306.65	448.10	494.84	266
崇左	Chongzuo	312.48	501.11	561.55	260
海南	**Hainan**	**4166.47**	**5878.60**	**6363.57**	
海口	Haikou	2205.64	2893.80	3152.59	61
三亚	Sanya	612.67	922.50	977.76	207
三沙	Sansha				
重庆	**Chongqing**	**13454.98**	**22202.10**	**24501.54**	
四川	**Sichuan**	**30299.67**	**47667.30**	**53282.00**	
成都	Chengdu	15277.25	23662.21	26797.50	3
自贡	Zigong	559.32	974.97	1075.20	195
攀枝花	Panzhihua	570.72	784.18	803.99	231
泸州	Luzhou	827.23	1409.46	1612.98	143
德阳	Deyang	1388.03	1793.35	1918.54	109
绵阳	Mianyang	1784.47	2410.27	2621.72	71
广元	Guangyuan	717.15	933.80	1006.64	204
遂宁	Suining	523.16	893.29	989.44	206
内江	Neijiang	599.86	1077.59	1134.36	191
乐山	Leshan	867.41	1524.56	1713.47	132
南充	Nanchong	1100.50	1916.56	2154.46	92
眉山	Meishan	615.24	1115.04	1255.22	178
宜宾	Yibin	945.60	1573.67	1685.23	136
广安	Guangan	638.85	1114.68	1265.19	173
达州	Dazhou	901.08	1588.05	1752.37	126
雅安	Yaan	454.34	842.89	974.25	208
巴中	Bazhong	354.91	678.61	777.27	233
资阳	Ziyang	674.99	1083.87	1245.84	180
贵州	**Guizhou**	**7363.92**	**13265.01**	**15263.26**	
贵阳	Guiyang	3035.31	5742.09	6992.20	31
六盘水	Liupanshui	499.05	754.42	817.09	229
遵义	Zunyi	1157.00	2222.59	2567.60	75
安顺	Anshun	362.19	609.77	660.28	249
毕节	Bijie	550.92	838.77		
铜仁	Tongren	375.05	660.30		
云南	**Yunnan**	**13411.49**	**20691.55**	**22338.00**	
昆明	Kunming	6739.51	10085.36	10582.22	18
曲靖	Qujing	1016.70	1603.84	1702.34	133
玉溪	Yuxi	816.01	1129.19	1195.59	187
保山	Baoshan	346.94	555.75	638.23	250
昭通	Zhaotong	520.35	858.59	1043.29	200
丽江	Lijiang	297.62	483.62	518.44	264
普洱	Puer	363.91	600.74	667.01	248
临沧	Lincang	245.46	404.77	445.47	275
西藏	**Tibet**	**1295.55**	**2499.08**	**3082.38**	
拉萨	Lasa	894.97		3082.38	64
陕西	**Shaanxi**	**16456.05**	**25577.19**	**28111.34**	
西安	Xi'an	8933.23	13763.19	15064.10	8
铜川	Tongchuan	250.92	392.82	411.85	277
宝鸡	Baoji	1076.77	1647.11	1844.23	119
咸阳	Xianyang	1142.46	1811.67	1965.31	106
渭南	Weinan	998.47	1522.40	1664.58	139
延安	Yan'an	728.54	1103.83	1232.31	183
汉中	Hanzhong	798.11	1246.83	1390.67	162
榆林	Yulin	1452.72	2428.70	2618.24	72
安康	Ankang	475.54	790.35	884.51	218
商洛	Shangluo	382.91	589.36	671.44	245
甘肃	**Gansu**	**7115.37**	**12029.66**	**13921.36**	
兰州	Lanzhou	3235.84	5499.15	6617.51	34
嘉峪关	Jiayuguan	165.99	295.30	330.87	281
金昌	Jinchang	172.18	266.39	297.78	283
白银	Baiyin	348.44	524.29	578.97	257
天水	Tianshui	463.25	791.35	897.31	215
武威	Wuwei	323.48	605.08	704.34	241
张掖	Zhangye	263.04	436.45	500.51	265
平凉	Pingliang	326.42	590.34	624.03	252
酒泉	Jiuquan	480.88	764.35	840.73	224
庆阳	Qingyang	354.18	599.98	669.31	246
定西	Dingxi	269.98	517.99	592.09	256
陇南	Longnan	392.31	568.96	625.54	251
青海	**Qinghai**	**2319.64**	**4102.54**	**4529.87**	
西宁	Xining	1623.21	2822.47	3104.76	63
海东	Haidong			445.19	276
宁夏	**Ningxia**	**2573.64**	**3868.47**	**4209.06**	
银川	Yinchuan	1597.96	2340.93	2608.97	73
石嘴山	Shizuishan	345.29	505.16	481.86	268
吴忠	Wuzhong	269.68	417.44	474.88	270
固原	Guyuan	148.57	271.05	304.18	282
中卫	Zhongwei	198.39	333.89	339.18	280
新疆	**Xinjiang**	**8870.02**	**14088.83**	**15055.39**	
乌鲁木齐	Urumqi	3596.43	5611.86	6233.97	37
克拉玛依	Karamay	792.49	1108.41	890.68	217

15-3 金融机构本外币贷款余额
Balance of Loans in RMB and Foreign Currency of Financial Institutions

单位：亿元 （100 million yuan）

地名	City	2010	2012	2013	2013 排名 Ranking	地名	City	2010	2012	2013	2013 排名 Ranking
全国	**Nation Total**	**509225.95**	**672875.00**	**766326.64**		沈阳	Shenyang	6068.37	8070.65	9128.73	16
北京	**Beijing**	**36479.58**	**43189.50**	**47880.90**		大连	Dalian	6812.00	9111.72	10184.99	10
天津	**Tianjin**	**13774.11**	**18396.81**	**20857.80**		鞍山	Anshan	1102.82	1389.87	1546.48	74
河北	**Hebei**	**15948.91**	**21317.96**	**24423.20**		抚顺	Fushun	379.56	507.95	591.03	191
石家庄	Shijiazhuang	3288.05	4052.82	4556.25	33	本溪	Benxi	600.69	716.64	766.07	150
唐山	Tangshan	2758.93	3589.30	4017.64	39	丹东	Dandong	477.87	681.99	787.97	145
秦皇岛	Qinhuangdao	936.46	1245.08	1365.59	82	锦州	Jinzhou	596.65	843.10	988.27	115
邯郸	Handan	1336.58	1874.02	2116.01	59	营口	Yingkou	815.15	1149.46	1361.23	83
邢台	Xingtai	819.87	1168.37	1385.60	81	阜新	Fuxin	359.60	529.90	628.11	179
保定	Baoding	1162.64	1589.73	1887.44	64	辽阳	Liaoyang	528.37	764.34	874.09	130
张家口	Zhangjiakou	918.53	1193.20	1338.09	84	盘锦	Panjin	441.02	675.76	702.48	167
承德	Chengde	766.39	971.27	1109.07	102	铁岭	Tieling	484.40	613.56	705.58	164
沧州	Cangzhou	896.17	1269.42	1572.08	72	朝阳	Chaoyang	441.91	615.14	725.46	159
廊坊	Langfang	1344.47	1875.28	2208.48	56	葫芦岛	Huludao	505.66	636.37	731.53	157
衡水	Hengshui	459.07	709.29	890.71	128	吉林	**Jilin**	**7279.62**	**9270.30**	**10805.20**	
山西	**Shanxi**	**9728.68**	**13211.30**	**15025.45**		长春	Changchun	4616.75	6349.95	6543.15	24
太原	Taiyuan	5125.10	6452.21	7222.35	21	吉林	Jilin	726.56	1079.31	1136.62	100
大同	Datong	597.21	770.58	950.83	118	四平	Siping	365.34	536.08	551.79	201
阳泉	Yangquan	369.21	530.30	618.65	182	辽源	Liaoyuan	171.34	270.30	277.00	272
长治	Changzhi	631.17	841.48	918.84	121	通化	Tonghua	343.45	479.66	500.75	214
晋城	Jincheng	526.23	776.95	864.77	131	白山	Baishan	243.67	330.00	358.74	251
朔州	Shuozhou	210.11	381.33	469.67	225	松原	Songyuan	281.98	439.70	498.44	217
晋中	Jinzhong	469.64	753.60	910.27	124	白城	Baicheng	192.58	354.15	378.27	246
运城	Yuncheng	501.49	713.40	838.24	136	黑龙江	**Heilongjiang**	**7390.62**	**10259.94**	**11782.50**	
忻州	Xinzhou	352.40	479.82	583.08	193	哈尔滨	Harbin	4273.52	5880.39	6661.21	23
临汾	Linfen	536.63	749.57	845.71	135	齐齐哈尔	Qiqihar	541.23	760.66	908.18	126
吕梁	Lvliang	409.49	762.07	803.05	142	鸡西	Jixi	224.98	308.18	369.45	248
内蒙古	**Inner Mongolia**	**7919.47**	**11392.54**	**13056.68**		鹤岗	Hegang	226.68	277.28	308.67	266
呼和浩特	Hohhot	2563.32	3793.46	2774.03	44	双鸭山	Shuangyashan	276.97	386.12	433.26	229
包头	Baotou	1048.40	1426.52	1629.00	70	大庆	Daqing	409.97	685.23	770.41	148
乌海	Wuhai	279.82	381.19	474.98	221	伊春	Yichun	104.05	124.50	128.04	282
赤峰	Chifeng	469.57	718.57	860.72	133	佳木斯	Jiamusi	342.71	537.76	663.46	172
通辽	Tongliao	464.47	610.57	703.00	166	七台河	Qitaihe	164.03	175.91	200.32	280
鄂尔多斯	Erdos	1562.13	2218.11	2368.56	52	牡丹江	Mudanjiang	313.06	425.88	593.57	190
呼伦贝尔	Hulunbuir	430.54	554.24	621.91	180	黑河	Heihe	176.18	234.40	274.20	273
巴彦淖尔	Bayannur	346.36	483.89	569.04	196	绥化	Suihua	301.87	404.61	500.58	215
乌兰察布	Ulanqab	241.12	344.86	432.40	230	上海	**Shanghai**	**34154.17**	**40982.48**	**44357.88**	
辽宁	**Liaoning**	**19622.04**	**26306.45**	**29722.00**		江苏	**Jiangsu**	**42522.92**	**57464.29**	**64503.17**	

15-3 金融机构本外币贷款余额 续表 1

Balance of Loans in RMB and Foreign Currency of Financial Institutions continued 1

单位：亿元 （100 million yuan）

地名	City	2010	2012	2013	2013 排名 Ranking	地名	City	2010	2012	2013	2013 排名 Ranking
南京	Nanjing	10915.34	13079.32	14538.65	6	池州	Chizhou	248.05	371.97	404.30	236
无锡	Wuxi	6487.13	8024.00	8565.39	17	宣城	Xuancheng	387.55	594.78	718.02	160
徐州	Xuzhou	1447.20	2059.26	2375.30	51	**福建**	**Fujian**	**15920.80**	**22427.50**	**25963.40**	
常州	Changzhou	3098.24	4018.21	4490.23	34	福州	Fuzhou	5231.40	7054.33	8159.89	18
苏州	Suzhou	10831.62	14877.84	16675.52	5	厦门	Xiamen	3621.70	5107.37	5843.54	26
南通	Nantong	2964.58	4001.62	4672.81	32	莆田	Putian	628.00	912.99	1094.83	103
连云港	Lianyungang	946.26	1285.20	1425.50	78	三明	Sanming	697.70	991.33	1121.87	101
淮安	Huaian	863.80	1190.46	1397.49	80	泉州	Quanzhou	2717.10	3724.22	4287.88	36
盐城	Yancheng	1333.93	1856.11	2214.59	55	漳州	Zhangzhou	836.20	1212.63	1420.38	79
扬州	Yangzhou	1514.88	2042.98	2375.62	50	南平	Nanping	617.60	799.92	914.62	123
镇江	Zhenjiang	1617.07	2128.23	2422.71	48	龙岩	Longyan	728.80	1056.41	1182.97	97
泰州	Taizhou	1531.07	2080.66	2646.15	46	宁德	Ningde	722.20	1016.81	1171.76	99
宿迁	Suqian	629.08	1008.93	1290.26	89	**江西**	**Jiangxi**	**7843.28**	**11080.15**	**13111.70**	
浙江	**Zhejiang**	**46938.54**	**59509.22**	**65338.78**		南昌	Nanchang	3506.30	4800.67	5562.14	28
杭州	Hangzhou	15078.73	18090.90	19350.70	3	景德镇	Jingdezhen	227.64	308.12	362.69	250
宁波	Ningbo	9414.20	11961.02	13314.02	7	萍乡	Pingxiang	227.96	318.67	380.82	244
温州	Wenzhou	5516.68	7013.00	7263.33	20	九江	Jiujiang	653.24	941.88	1066.77	105
嘉兴	Jiaxing	2753.64	3670.52	4122.77	38	新余	Xinyu	359.31	493.75	547.92	203
湖州	Huzhou	1461.32	1912.40	2145.43	58	鹰潭	Yingtan	220.37	297.71	329.23	258
绍兴	Shaoxing	3934.27	5129.15	5644.15	27	赣州	Ganzhou	851.17	1297.15	1607.39	71
金华	Jinhua	3096.47	4346.85	5157.32	29	吉安	Jian	375.15	570.35	717.77	162
衢州	Quzhou	788.22	1078.53	1250.86	91	宜春	Yichun	509.04	734.26	918.37	122
舟山	Zhoushan	1017.72	1295.83	1333.35	85	抚州	Fuzhou	325.39	475.30	600.13	189
台州	Taizhou	3055.82	3893.16	4454.11	35	上饶	Shangrao	577.59	828.80	1008.54	110
丽水	Lishui	821.47	1117.86	1302.75	87	**山东**	**Shandong**	**32329.60**	**40018.89**	**47952.10**	
安徽	**Anhui**	**11737.80**	**16795.20**	**19688.20**		济南	Jinan	7034.98	8632.76	9211.22	15
合肥	Hefei	4353.79	6431.93	7446.04	19	青岛	Qingdao	6365.19	8632.84	9642.36	11
芜湖	Wuhu	1051.24	1725.94	1947.45	63	淄博	Zibo	1745.35	2162.57	2379.46	49
蚌埠	Bengbu	389.47	636.66	818.17	140	枣庄	Zaozhuang	728.69	916.49	975.08	116
淮南	Huainan	649.77	786.98	883.60	129	东营	Dongying	1189.51	1805.98	2161.31	57
马鞍山	Maanshan	554.53	877.14	998.50	113	烟台	Yantai	2644.45	3560.15	3942.99	42
淮北	Huaibei	304.76	509.58	612.99	184	潍坊	Weifang	2570.84	3531.88	4005.76	40
铜陵	Tongling	437.01	600.50	678.27	170	济宁	Jining	1385.83	1986.71	2276.51	54
安庆	Anqing	555.94	860.20	1073.61	104	泰安	Taian	920.23	1240.08	1426.31	77
黄山	Huangshan	281.58	417.46	474.09	222	威海	Weihai	1150.14	1376.10	1564.98	73
滁州	Chuzhou	482.47	715.36	901.14	127	日照	Rizhao	960.79	1303.68	1489.45	75
阜阳	Fuyang	442.79	643.60	788.12	144	莱芜	Laiwu	489.74	567.52	604.27	187
宿州	Suzhou	308.33	463.95	559.02	199	临沂	Linyi	1559.70	2150.16	2531.13	47
六安	Liuan	485.25	687.82	824.27	139	德州	Dezhou	915.25	1119.35	1300.33	88
亳州	Bozhou	245.01	427.71	522.92	210	聊城	Liaocheng	963.92	1289.20	1432.46	76

15-3 金融机构本外币贷款余额 续表 2

Balance of Loans in RMB and Foreign Currency of Financial Institutions continued 2

单位：亿元 （100 million yuan）

地名	City	2010	2012	2013	2013 排名 Ranking	地名	City	2010	2012	2013	2013 排名 Ranking
滨州	Binzhou	1068.47	1495.13	1691.99	68	常德	Changde	480.70	641.20	798.72	143
菏泽	Heze	803.47	1062.34	1230.75	93	张家界	Zhangjiajie	188.03	246.85	289.88	271
河南	**Henan**	**15871.30**	**20031.44**	**23511.40**		益阳	Yiyang	313.08	424.45	505.53	213
郑州	Zhengzhou		6794.13	9342.31	14	郴州	Chenzhou	374.59	568.19	676.46	171
开封	Kaifeng		554.32	699.42	168	永州	Yongzhou	362.66	463.02	554.42	200
洛阳	Luoyang		1645.34	1965.98	62	怀化	Huaihua	356.61	522.76	619.40	181
平顶山	Pingdingshan		934.97	1060.61	106	娄底	Loudi	399.32	550.03	629.84	178
安阳	Anyang		687.29	753.21	154	**广东**	**Guangdong**	**66298.14**	**88885.42**	**100344.2**	
鹤壁	Hebi		336.56	389.57	240	广州	Guangzhou	16284.31	19936.52	22016.18	2
新乡	Xinxiang		868.48	1037.76	108	韶关	Shaoguan	376.06	497.90	581.38	194
焦作	Jiaozuo		672.19	773.40	146	深圳	Shenzhen	16808.12	21808.34	24680.07	1
濮阳	Puyang		304.09	379.05	245	珠海	Zhuhai	1472.54	1920.30	2071.90	60
许昌	Xuchang		850.76	999.23	112	汕头	Shantou	661.52	811.95	971.93	117
漯河	Luohe		310.92	343.92	256	佛山	Foshan	4868.99	6391.47	7111.31	22
三门峡	Sanmenxia		467.35	548.16	202	江门	Jiangmen	1032.46	1467.17	1715.51	67
南阳	Nanyang		1113.34	1326.19	86	湛江	Zhanjiang	721.00	1067.54	1227.29	94
商丘	Shangqiu		700.94	833.41	137	茂名	Maoming	362.40	540.64	642.08	177
信阳	Xinyang		740.80	909.49	125	肇庆	Zhaoqing	652.01	893.63	1051.40	107
周口	Zhoukou		638.87	703.71	165	惠州	Huizhou	1225.71	1735.12	2036.92	61
驻马店	Zhumadian		175.26	757.68	153	梅州	Meizhou	331.10	454.04	547.53	205
湖北	**Hubei**	**14589.34**	**18941.05**	**21795.53**		汕尾	Shanwei	131.12	190.83	228.54	278
武汉	Wuhan	9093.71	11575.84	12803.87	8	河源	Heyuan	338.69	472.89	573.18	195
黄石	Huangshi	478.94	659.37	737.35	155	阳江	Yangjiang	292.24	445.73	537.60	207
十堰	Shiyan	793.47	591.14	732.84	156	清远	Qingyuan	520.62	725.87	853.65	134
宜昌	Yichang	1426.81	1459.85	1749.06	66	东莞	Dongguan	3441.99	4446.82	4989.50	30
襄阳	Xiangyang	688.25	992.26	1244.79	92	中山	Zhongshan	1373.62	1969.07	2315.87	53
鄂州	Ezhou	141.71	225.31	270.98	274	潮州	Chaozhou	219.41	290.20	322.97	261
荆门	Jingmen	317.68	437.98	560.42	198	揭阳	Jieyang	407.06	615.58	717.84	161
孝感	Xiaogan	390.43	554.73	660.50	173	云浮	Yunfu	278.34	395.46	471.52	224
荆州	Jingzhou	464.26	648.76	805.61	141	**广西**	**Guangxi**	**8979.87**	**12355.52**	**14081.01**	
黄冈	Huanggang	392.39	554.77	654.57	175	南宁	Nanning	4196.68	5832.16	6444.06	25
咸宁	Xianning	226.91	357.74	486.31	219	柳州	Liuzhou	1057.58	1405.15	1636.48	69
随州	Suizhou	172.52	361.20	328.88	259	桂林	Guilin	789.34	1053.15	1225.77	95
湖南	**Hunan**	**11521.67**	**15648.59**	**18141.10**		梧州	Wuzhou	322.15	463.28	539.99	206
长沙	Changsha	6353.68	8518.93	9633.02	12	北海	Beihai	239.03	319.32	388.26	241
株洲	Zhuzhou	563.97	812.39	938.28	119	防城港	Fangchenggang	203.95	288.32	354.27	252
湘潭	Xiangtan	545.91	827.34	997.42	114	钦州	Qinzhou	326.55	447.34	516.02	211
衡阳	Hengyang	532.10	697.75	861.56	132	贵港	Guigang	279.63	411.90	480.45	220
邵阳	Shaoyang	348.54	525.85	645.00	176	玉林	Yulin	398.88	550.38	1178.28	98
岳阳	Yueyang	437.18	586.67	678.49	169	百色	Baise	391.72	515.91	588.80	192

15-3 金融机构本外币贷款余额 续表 3

Balance of Loans in RMB and Foreign Currency of Financial Institutions continued 3

单位：亿元 (100 million yuan)

地名	City	2010	2012	2013	2013 排名 Ranking
贺州	Hezhou	144.51		242.00	277
河池	Hechi	280.40	364.23	419.53	233
来宾	Laibin	187.57	259.91	300.94	268
崇左	Chongzuo	161.88	239.78	294.61	269
海南	**Hainan**	**2509.72**	**3889.63**	**4630.78**	
海口	Haikou	1933.26	2924.43	3188.25	43
三亚	Sanya	228.65	305.11	613.64	183
三沙	Sansha				
重庆	**Chongqing**	**10888.15**	**15594.18**	**17381.55**	
四川	**Sichuan**	**19485.74**	**26163.25**	**30298.85**	
成都	Chengdu	12416.75	16147.82	18259.00	4
自贡	Zigong	251.90	374.25	454.03	228
攀枝花	Panzhihua	384.44	533.92	611.58	186
泸州	Luzhou	407.64	629.66	766.77	149
德阳	Deyang	603.76	862.14	999.73	111
绵阳	Mianyang	877.28	1118.33	1274.02	90
广元	Guangyuan	236.21	331.85	406.88	235
遂宁	Suining	276.93	401.05	499.87	216
内江	Neijiang	267.72	407.04	514.35	212
乐山	Leshan	588.29	809.27	934.11	120
南充	Nanchong	425.30	654.22	828.32	138
眉山	Meishan	281.58	427.95	532.38	208
宜宾	Yibin	447.84	628.44	762.03	152
广安	Guangan	251.92	341.39	424.68	232
达州	Dazhou	363.47	531.99	655.69	174
雅安	Yaan	238.96	330.72	412.50	234
巴中	Bazhong	129.22	203.60	264.93	275
资阳	Ziyang	282.37	416.24	530.50	209
贵州	**Guizhou**	**5771.74**	**8350.17**	**10156.96**	
贵阳	Guiyang	2608.35	3521.32	4205.01	37
六盘水	Liupanshui	361.68	516.48	602.44	188
遵义	Zunyi	598.16	927.63	1203.62	96
安顺	Anshun	229.77	350.23	431.19	231
毕节	Bijie	282.52	433.45	547.81	204
铜仁	Tongren	242.12	381.35	472.99	223
云南	**Yunnan**	**10705.99**	**14168.99**	**16128.90**	
昆明	Kunming	6635.21	8484.30	9494.45	13
曲靖	Qujing	629.93	860.90	1017.57	109
玉溪	Yuxi	465.66	631.93	708.46	163
保山	Baoshan	228.69	312.24	368.78	249
昭通	Zhaotong	286.34	420.66	462.71	227
丽江	Lijiang	193.93	305.97	346.72	255
普洱	Puer	232.00	326.41	398.51	239
临沧	Lincang	168.14	269.00	321.06	262
西藏	**Tibet**	**301.82**	**664.05**	**1076.58**	
拉萨	Lasa		454.00	612.85	185
陕西	**Shaanxi**	**10222.20**	**13865.61**	**16219.84**	
西安	Xi'an	6591.73	8808.04	10214.78	9
铜川	Tongchuan	79.43	99.76	114.57	283
宝鸡	Baoji	440.91	639.91	772.79	147
咸阳	Xianyang	457.36	646.04	763.97	151
渭南	Weinan	471.62	623.83	726.05	158
延安	Yan'an	361.00	476.87	566.87	197
汉中	Hanzhong	300.17	402.53	491.93	218
榆林	Yulin	898.55	1548.11	1803.85	65
安康	Ankang	211.38	308.99	383.12	243
商洛	Shangluo	156.46	222.59	251.62	276
甘肃	**Gansu**	**4576.68**	**7196.60**	**8822.23**	
兰州	Lanzhou	2482.71	3975.95	4717.71	31
嘉峪关	Jiayuguan	174.45	297.70	353.15	253
金昌	Jinchang	149.84	169.12	208.90	279
白银	Baiyin	194.91	293.91	347.29	254
天水	Tianshui	215.24	330.05	388.03	242
武威	Wuwei	161.13	272.03	399.17	238
张掖	Zhangye	132.34	220.23	293.90	270
平凉	Pingliang	200.07	260.61	319.63	263
酒泉	Jiuquan	242.20	377.00	466.85	226
庆阳	Qingyang	139.97	243.67	337.78	257
定西	Dingxi	143.60	239.45	315.09	265
陇南	Longnan	177.81	243.76	306.62	267
青海	**Qinghai**	**1823.81**	**2791.68**	**3514.68**	
西宁	Xining				
海东	Haidong				
宁夏	**Ningxia**	**2419.89**	**3372.12**	**3947.29**	
银川	Yinchuan	1659.86	2313.87	2694.18	45
石嘴山	Shizuishan	271.14	362.94	402.39	237
吴忠	Wuzhong	253.30	316.06	372.06	247
固原	Guyuan	83.65	127.67	162.14	281
中卫	Zhongwei	160.41	251.59	316.52	264
新疆	**Xinjiang**	**5211.38**	**8385.98**	**10377.13**	
乌鲁木齐	Urumqi	2104.78	3276.27	3982.39	41
克拉玛依	Karamay	150.71	150.32	323.91	260

15-4 金融机构人民币贷款余额
Total Loans in RMB of Financial Institutions

单位：亿元 (100 million yuan)

地名	City	2010	2013	2014	2014 排名 Ranking	地名	City	2010	2013	2014	2014 排名 Ranking
全国	**Nation Total**	**479195.6**	**718961.0**	**816770.0**		沈阳	Shenyang	5970.16	8867.05	10026.95	13
北京	**Beijing**	**28748.10**	**40506.70**	**45458.70**		大连	Dalian	6159.00	9108.55	9926.37	14
天津	**Tianjin**	**12864.75**	**19453.31**	**21189.30**		鞍山	Anshan	1079.14	1423.41	1654.72	77
河北	**Hebei**	**15755.74**	**23966.00**	**27593.80**		抚顺	Fushun	372.98	586.75	664.26	194
石家庄	Shijiazhuang	3272.10	4512.02	5098.92	36	本溪	Benxi	504.91	651.59	729.51	181
唐山	Tangshan	2716.11	3963.74	4278.56	43	丹东	Dandong	476.43	770.77	923.64	142
秦皇岛	Qinhuangdao	896.02	1307.12	1515.22	87	锦州	Jinzhou	583.29	973.30	1118.71	115
邯郸	Handan	1318.74	2094.98	2364.84	61	营口	Yingkou	813.55	1311.42	1511.37	88
邢台	Xingtai	814.13	1377.57	1548.08	85	阜新	Fuxin	359.35	627.37	699.49	184
保定	Baoding	1158.32	1879.73	2250.92	64	辽阳	Liaoyang	513.99	807.84	911.54	145
张家口	Zhangjiakou	918.31	1337.61	1493.20	90	盘锦	Panjin	440.22	665.55	799.74	166
承德	Chengde	766.25	1108.79	1296.95	103	铁岭	Tieling	484.33	702.33	773.73	171
沧州	Cangzhou	894.57	1565.93	1843.08	71	朝阳	Chaoyang	434.80	721.19	828.91	160
廊坊	Langfang	1322.08	2134.50	2527.32	55	葫芦岛	Huludao	489.64	726.89	804.90	164
衡水	Hengshui	457.60	888.02	1073.57	122	吉林	**Jilin**	**7205.94**	**10696.52**		
山西	**Shanxi**	**9634.32**	**14887.50**	**16432.70**		长春	Changchun	4557.44	6453.35	7475.45	23
太原	Taiyuan	5054.75	7111.87	7945.33	21	吉林	Jilin	715.40	1127.15	1366.47	99
大同	Datong	597.21	950.82	1032.79	128	四平	Siping	364.58	545.79	730.52	180
阳泉	Yangquan	369.08	617.40	649.38	198	辽源	Liaoyuan	171.26	276.92	324.10	272
长治	Changzhi	631.17	918.06	1016.93	130	通化	Tonghua	341.68	498.97	580.42	216
晋城	Jincheng	522.92	859.02	920.71	144	白山	Daishan	243.59	358.67	394.09	256
朔州	Shuozhou	197.68	467.46	302.93	274	松原	Songyuan	281.98	498.43	600.74	211
晋中	Jinzhong	469.64	909.27	1028.02	129	白城	Baicheng	192.58	378.24	444.30	245
运城	Yuncheng	499.86	829.18	8953.00	17	黑龙江	**Heilongjiang**	**7230.47**	**11359.40**	**13391.70**	
忻州	Xinzhou	352.40	583.10	644.35	199	哈尔滨	Harbin	4126.95	6275.92	7257.45	24
临汾	Linfen	533.52	842.75	943.40	138	齐齐哈尔	Qiqihar	540.40	907.61	1164.29	113
吕梁	Lvliang	406.11	798.60	859.60	156	鸡西	Jixi	224.98	369.45	453.46	241
内蒙古	**Inner Mongolia**	**7919.47**	**12944.17**	**14947.10**		鹤岗	Hegang	226.68	308.67	353.55	266
呼和浩特	Hohhot	2522.52	2738.97	5145.89	34	双鸭山	Shuangyashan	276.90	432.76	527.42	225
包头	Baotou	1037.29	1629.00	1834.09	72	大庆	Daqing	409.78	748.51	875.66	153
乌海	Wuhai	279.61	474.98	540.09	220	伊春	Yichun	104.05	127.77	140.49	282
赤峰	Chifeng	465.93	860.72	1048.07	125	佳木斯	Jiamusi	342.26	662.60	788.55	167
通辽	Tongliao	464.04	703.00	735.87	178	七台河	Qitaihe	161.54	200.32	203.79	280
鄂尔多斯	Erdos	1561.97	2368.56	2588.70	53	牡丹江	Mudanjiang	304.92	576.20	600.36	212
呼伦贝尔	Hulunbuir	430.54	618.59	733.22	179	黑河	Heihe	174.76	273.55	331.61	270
巴彦淖尔	Bayannur	346.36	491.28	637.71	204	绥化	Suihua	301.87	500.58	684.85	189
乌兰察布	Ulanqab	241.00	432.07	494.38	231	上海	**Shanghai**	**27970.18**	**37033.88**	**40375.78**	
辽宁	**Liaoning**	**18689.77**	**27944.00**	**31250.50**		江苏	**Jiangsu**	**42121.04**	**61836.53**	**69572.67**	

15-4 金融机构人民币贷款余额 续表 1

Total Loans in RMB of Financial Institutions continued 1

单位：亿元 (100 million yuan)

地名	City	2010	2013	2014	2014 排名 Ranking	地名	City	2010	2013	2014	2014 排名 Ranking
南京	Nanjing	10384.84	13791.06	15628.53	6	池州	Chizhou	247.69	400.40	461.84	238
无锡	Wuxi	6160.60	8108.14	8669.62	18	宣城	Xuancheng	385.56	714.81	830.77	159
徐州	Xuzhou	1436.44	2360.80	2724.79	51	**福建**	**Fujian**	**15231.36**	**24487.53**	**28417.70**	
常州	Changzhou	3011.67	4318.32	4789.74	38	福州	Fuzhou	5005.53	7773.64	9766.85	15
苏州	Suzhou	10133.15	15495.24	17247.94	5	厦门	Xiamen	3337.98	5138.25	6643.98	27
南通	Nantong	2843.14	4508.54	5130.38	35	莆田	Putian	616.71	1067.19	1315.32	102
连云港	Lianyungang	862.48	1366.94	1549.34	84	三明	Sanming	694.76	1115.36	1193.68	109
淮安	Huaian	842.63	1375.15	1617.55	79	泉州	Quanzhou	2600.56	4015.80	4673.64	39
盐城	Yancheng	1310.40	2179.75	2567.98	54	漳州	Zhangzhou	798.97	1362.10	1569.32	81
扬州	Yangzhou	1486.06	2341.85	2732.42	50	南平	Nanping	615.25	910.98	1012.04	132
镇江	Zhenjiang	1563.34	2364.38	2679.83	52	龙岩	Longyan	723.39	1177.96	1291.90	104
泰州	Taizhou	1460.68	2344.27	2751.51	49	宁德	Ningde	718.56	1164.28	1317.89	101
宿迁	Suqian	625.61	1282.09	1483.05	91	**江西**	**Jiangxi**	**7757.12**	**12953.50**	**15466.10**	
浙江	**Zhejiang**	**45288.07**	**62597.56**	**68566.32**		南昌	Nanchang	3461.52	5464.22	6329.26	29
杭州	Hangzhou	14502.92	18399.53	20356.17	3	景德镇	Jingdezhen	227.00	360.55	423.76	249
宁波	Ningbo	9000.62	12493.28	13610.61	8	萍乡	Pingxiang	216.58	378.76	451.71	242
温州	Wenzhou	5381.57	7092.32	7223.63	25	九江	Jiujiang	638.02	1056.05	1230.58	108
嘉兴	Jiaxing	2615.92	3860.03	4393.16	42	新余	Xinyu	352.33	541.81	598.75	213
湖州	Huzhou	1419.97	2094.42	2324.95	62	鹰潭	Yingtan	220.03	314.00	377.77	260
绍兴	Shaoxing	3820.13	5447.84	5823.39	30	赣州	Ganzhou	846.37	1592.92	1923.98	69
金华	Jinhua	3046.15	5041.73	5647.18	31	吉安	Jian	373.98	714.73	876.86	152
衢州	Quzhou	770.41	1237.02	1454.46	92	宜春	Yichun	508.67	916.44	1098.82	120
舟山	Zhoushan	980.77	1304.37	1416.03	95	抚州	Fuzhou	325.29	599.08	755.92	173
台州	Taizhou	2940.51	4340.24	4912.24	37	上饶	Shangrao	577.22	1004.93	1234.10	107
丽水	Lishui	809.11	1286.80	1404.49	96	**山东**	**Shandong**	**30722.64**	**44761.26**	**50058.64**	
安徽	**Anhui**	**11452.29**	**19088.80**	**22088.30**		济南	Jinan	6319.09	7812.51	8508.29	19
合肥	Hefei	4214.08	7054.99	8169.64	20	青岛	Qingdao	5886.23	8860.74	9720.05	16
芜湖	Wuhu	1033.45	1905.60	2167.14	66	淄博	Zibo	1686.13	2329.41	2490.52	58
蚌埠	Bengbu	386.92	810.18	662.62	195	枣庄	Zaozhuang	727.71	971.06	1014.78	131
淮南	Huainan	644.64	879.17	896.24	148	东营	Dongying	1148.11	2089.61	2523.78	56
马鞍山	Maanshan	523.11	980.08	1103.34	119	烟台	Yantai	2511.91	3760.70	4026.46	44
淮北	Huaibei	304.23	612.11	665.32	193	潍坊	Weifang	2514.81	3832.70	4450.46	41
铜陵	Tongling	388.49	574.99	638.18	203	济宁	Jining	1366.43	2191.98	2491.80	57
安庆	Anqing	547.07	1067.34	1259.69	105	泰安	Taian	917.60	1416.40	1591.61	80
黄山	Huangshan	281.01	471.95	526.20	226	威海	Weihai	1121.73	1512.13	1658.56	76
滁州	Chuzhou	473.76	892.68	1037.85	127	日照	Rizhao	832.71	1271.91	1558.24	82
阜阳	Fuyang	441.49	784.57	961.21	134	莱芜	Laiwu	464.70	573.78	603.53	210
宿州	Suzhou	307.68	558.60	686.70	188	临沂	Linyi	1538.21	2475.64	2992.34	47
六安	Liuan	484.13	822.09	958.15	135	德州	Dezhou	909.84	1295.00	1444.85	94
亳州	Bozhou	244.78	521.65	641.74	201	聊城	Liaocheng	919.65	1414.58	1674.22	75

15-4 金融机构人民币贷款余额 续表 2

Total Loans in RMB of Financial Institutions continued 2

单位：亿元 （100 million yuan）

地名	City	2010	2013	2014	2014 排名 Ranking	地名	City	2010	2013	2014	2014 排名 Ranking
滨州	Binzhou	1020.38	1646.81	1831.43	73	常德	Changde	480.54	798.23	924.03	141
菏泽	Heze	797.66	1120.54	1447.04	93	张家界	Zhangjiajie	188.03	289.80	338.96	268
河南	**Henan**	**15871.32**	**23100.87**	**27228.27**		益阳	Yiyang	312.44	504.66	549.23	218
郑州	Zhengzhou	5717.55	9342.31	10868.35	10	郴州	Chenzhou	369.10	661.78	780.36	169
开封	Kaifeng	402.49	699.42	864.41	155	永州	Yongzhou	361.95	554.09	639.94	202
洛阳	Luoyang	1113.88	1965.98	2299.96	63	怀化	Huaihua	356.08	619.09	695.68	186
平顶山	Pingdingshan	694.39	1060.61	1242.31	106	娄底	Loudi	388.06	621.09	704.16	182
安阳	Anyang	597.39	735.21	878.83	151	**广东**	**Guangdong**	**46099.26**	**86692.35**	**76096.24**	
鹤壁	Hebi	268.43	389.57	438.34	246	广州	Guangzhou	14987.73	20172.97	24231.71	1
新乡	Xinxiang	712.34	1037.76	1175.07	110	韶关	Shaoguan	346.28	554.12	671.16	192
焦作	Jiaozuo	470.98	773.40	853.98	157	深圳	Shenzhen	13708.16	20632.92	22671.10	2
濮阳	Puyang	231.60	379.05	461.36	239	珠海	Zhuhai	1274.77	1972.22	2426.24	60
许昌	Xuchang	562.35	999.23	1166.20	112	汕头	Shantou	637.75	954.33	1072.83	123
漯河	Luohe	301.20	343.92	420.18	250	佛山	Foshan	4749.09	6871.85	7595.79	22
三门峡	Sanmenxia	340.20	548.16	587.04	214	江门	Jiangmen	973.75	1563.15	1879.41	70
南阳	Nanyang	827.50	1326.19	1552.53	83	湛江	Zhanjiang	714.40	1198.24	1353.05	100
商丘	Shangqiu	607.67	833.41	1007.19	133	茂名	Maoming	361.30	640.66	748.94	176
信阳	Xinyang	570.09	909.49	1107.75	118	肇庆	Zhaoqing	642.04	1030.91	1172.51	111
周口	Zhoukou	563.18	703.71	818.34	161	惠州	Huizhou	1097.66	1826.62	2176.80	65
驻马店	Zhumadian	499.44	757.68	939.35	140	梅州	Meizhou	330.25	545.51	635.46	205
湖北	**Hubei**	**13037.12**	**20796.86**	**24239.96**		汕尾	Shanwei	130.20	223.85	269.61	277
武汉	Wuhan	8106.78	11797.26	14463.40	7	河源	Heyuan	335.32	569.31	699.01	185
黄石	Huangshi	418.54	737.35	838.96	158	阳江	Yangjiang	283.93	524.77	694.79	187
十堰	Shiyan	374.78	724.40	882.21	150	清远	Qingyuan	510.26	838.68	940.84	139
宜昌	Yichang	990.06	1724.39	1967.51	67	东莞	Dongguan	3329.82	4774.23	5562.36	33
襄阳	Xiangyang	673.45	1240.24	1507.60	89	中山	Zhongshan	1329.89	2111.40	2452.52	59
鄂州	Ezhou	128.16	256.39	303.51	273	潮州	Chaozhou	205.91	309.09	357.21	264
荆门	Jingmen	310.32	560.42	653.25	197	揭阳	Jieyang	400.68	712.12	866.30	154
孝感	Xiaogan	378.45	659.10	785.56	168	云浮	Yunfu	274.32	464.98	533.29	223
荆州	Jingzhou	428.83	794.08	954.50	137	**广西**	**Guangxi**	**8867.52**	**13653.38**	**15585.46**	
黄冈	Huanggang	383.26	654.21	811.10	163	南宁	Nanning	4142.30	6115.58	7091.46	26
咸宁	Xianning	223.74	442.58	533.30	222	柳州	Liuzhou	1046.18	1614.74	1770.26	74
随州	Suizhou	167.99	323.91	396.58	255	桂林	Guilin	784.18	1219.25	1389.55	98
湖南	**Hunan**	**11303.76**	**17775.00**	**20356.39**		梧州	Wuzhou	321.34	537.43	622.32	207
长沙	Changsha	6187.40	9344.00	10337.48	11	北海	Beihai	238.18	372.98	457.52	240
株洲	Zhuzhou	550.63	926.45	1109.27	117	防城港	Fangchenggang	178.17	335.40	380.21	259
湘潭	Xiangtan	532.16	974.70	1112.81	116	钦州	Qinzhou	321.45	493.17	524.37	227
衡阳	Hengyang	530.71	854.95	955.55	136	贵港	Guigang	279.41	480.23	546.92	219
邵阳	Shaoyang	347.42	641.65	752.00	175	玉林	Yulin	397.18	646.26	747.87	177
岳阳	Yueyang	434.17	671.38	771.97	172	百色	Baise	391.03	588.80	673.33	191

15-4 金融机构人民币贷款余额 续表 3
Total Loans in RMB of Financial Institutions continued 3

单位：亿元 (100 million yuan)

地名	City	2010	2013	2014	2014 排名 Ranking
贺州	Hezhou	144.51	241.98	279.00	276
河池	Hechi	275.01	412.94	471.52	237
来宾	Laibin	186.70	299.84	330.15	271
崇左	Chongzuo	161.88	294.47	335.72	269
海南	**Hainan**	**2262.19**	**3978.20**	**4684.32**	
海口	Haikou	1697.67	2547.80	2949.63	48
三亚	Sanya	228.35	613.55	754.21	174
三沙	Sansha				
重庆	**Chongqing**	**10888.15**	**17381.55**	**20011.50**	
四川	**Sichuan**	**19129.79**	**29542.70**	**33884.10**	
成都	Chengdu	12139.43	17617.51	19778.93	4
自贡	Zigong	248.24	449.33	520.81	228
攀枝花	Panzhihua	380.31	608.93	661.38	196
泸州	Luzhou	406.72	766.70	920.78	143
德阳	Deyang	592.39	956.40	1065.81	124
绵阳	Mianyang	858.31	1252.78	1398.50	97
广元	Guangyuan	236.21	406.87	486.33	232
遂宁	Suining	276.37	499.02	615.01	208
内江	Neijiang	266.90	514.11	608.07	209
乐山	Leshan	585.87	931.75	1088.61	121
南充	Nanchong	424.82	824.66	1038.07	126
眉山	Meishan	281.58	531.99	626.52	206
宜宾	Yibin	447.67	760.64	900.79	147
广安	Guangan	251.60	424.53	514.97	230
达州	Dazhou	363.46	655.58	801.71	165
雅安	Yaan	238.90	412.44	474.98	234
巴中	Bazhong	129.22	264.93	345.03	267
资阳	Ziyang	281.77	525.02	642.08	200
贵州	**Guizhou**	**5747.53**	**10104.30**	**12368.30**	
贵阳	Guiyang	2588.73	4177.93	6560.51	28
六盘水	Liupanshui	360.90	599.88	701.20	183
遵义	Zunyi	598.16	1203.61	1527.74	86
安顺	Anshun	229.65	431.19	518.95	229
毕节	Bijie	282.52	547.81		
铜仁	Tongren	242.12	472.98		
云南	**Yunnan**	**10568.78**	**15812.20**	**17978.74**	
昆明	Kunming	6498.57	9148.63	10201.32	12
曲靖	Qujing	629.93	1017.50	1136.99	114
玉溪	Yuxi	465.66	708.42	777.17	170
保山	Baoshan	228.69	368.78	447.39	244
昭通	Zhaotong	286.34	462.71	533.77	221
丽江	Lijiang	193.93	346.72	382.95	258
普洱	Puer	232.00	398.51	475.67	233
临沧	Lincang	168.14	321.06	377.31	261
西藏	**Tibet**	**301.49**	**1076.31**	**1618.72**	
拉萨	Lasa	213.72		1618.72	78
陕西	**Shaanxi**	**10033.12**	**16219.84**	**18837.20**	
西安	Xi'an	6482.28	10023.63	11576.30	9
铜川	Tongchuan	79.40	114.54	124.18	283
宝鸡	Baoji	436.95	758.51	889.67	149
咸阳	Xianyang	454.66	762.35	901.82	146
渭南	Weinan	471.52	726.02	811.40	162
延安	Yan'an	360.97	566.84	679.64	190
汉中	Hanzhong	300.08	491.85	554.85	217
榆林	Yulin	898.52	1803.81	1935.71	68
安康	Ankang	211.34	383.11	474.35	235
商洛	Shangluo	155.47	248.08	285.12	275
甘肃	**Gansu**	**4433.05**	**8430.08**	**10681.62**	
兰州	Lanzhou	2359.28	4407.71	5612.72	32
嘉峪关	Jiayuguan	171.90	320.83	357.32	263
金昌	Jinchang	140.69	177.26	223.84	278
白银	Baiyin	186.64	329.66	407.31	253
天水	Tianshui	215.00	387.68	473.72	236
武威	Wuwei	161.13	399.17	527.61	224
张掖	Zhangye	132.34	293.90	390.72	257
平凉	Pingliang	200.07	319.45	398.36	254
酒泉	Jiuquan	242.20	466.83	585.62	215
庆阳	Qingyang	139.97	337.78	447.54	243
定西	Dingxi	143.60	315.09	428.89	248
陇南	Longnan	177.81	306.62	376.52	262
青海	**Qinghai**	**1822.65**	**3398.17**	**4171.73**	
西宁	Xining	1542.08	2727.69	3328.22	45
海东	Haidong			213.01	279
宁夏	**Ningxia**	**2398.70**	**3910.00**	**4578.49**	
银川	Yinchuan	1641.06	2660.62	3185.93	46
石嘴山	Shizuishan	270.07	402.20	418.63	251
吴忠	Wuzhong	250.92	369.12	430.48	247
固原	Guyuan	83.65	162.14	187.41	281
中卫	Zhongwei	160.41	316.07	356.04	265
新疆	**Xinjiang**	**4973.16**	**9840.50**	**11671.39**	
乌鲁木齐	Urumqi	2074.74	3938.42	4502.33	40
克拉玛依	Karamay	150.64	323.81	417.16	252

15-5 金融机构人民币境内贷款余额
Domestic Loans of Financial Institutions

单位：亿元 （100 million yuan）

地名	City	2010	2011	2012	2012 排名 Ranking
全国	**Nation Total**	**479196.0**	**546398.0**	**628101.0**	
北京	**Beijing**	**27362.24**	**31765.40**	**34486.34**	
天津	**Tianjin**	**12864.73**	**15863.81**	**17386.83**	
河北	**Hebei**	**15755.74**	**18143.38**	**19239.36**	
石家庄	Shijiazhuang	3272.10	3659.74	3995.02	31
唐山	Tangshan	2716.11	3088.49	3527.21	35
秦皇岛	Qinhuangdao	896.02	1039.36	1180.22	80
邯郸	Handan	1318.74	1535.08	1841.16	55
邢台	Xingtai	814.13	946.89	1164.04	82
保定	Baoding	1158.32	1344.08	1585.00	63
张家口	Zhangjiakou	918.31	1062.97	1192.86	79
承德	Chengde	766.25	853.46	971.23	100
沧州	Cangzhou	894.57	1088.41	1264.74	74
廊坊	Langfang	1322.08	1535.29	1811.19	57
衡水	Hengshui	457.60	574.02	706.11	136
山西	**Shanxi**	**9634.32**	**11169.24**	**13097.08**	
太原	Taiyuan	5054.75	5657.26	6376.10	20
大同	Datong	597.21	658.71	770.52	122
阳泉	Yangquan	369.08	430.13	530.17	179
长治	Changzhi	631.17	725.27	839.63	114
晋城	Jincheng	522.92	633.44	768.98	123
朔州	Shuozhou	197.68	262.54	375.04	223
晋中	Jinzhong	469.64	611.28	753.59	127
运城	Yuncheng	499.86	604.45	708.74	133
忻州	Xinzhou	352.40	410.62	479.76	191
临汾	Linfen	533.52	656.30	746.60	128
吕梁	Lvliang	406.11	519.22	756.95	126
内蒙古	**Inner Mongolia**	**7079.67**	**9727.56**	**7249.50**	
呼和浩特	Hohhot	2522.52	3201.79		
包头	Baotou	1037.29	1279.61	1419.86	68
乌海	Wuhai	279.61	325.29		
赤峰	Chifeng	465.93	565.15	711.75	132
通辽	Tongliao	464.04	528.62	610.26	161
鄂尔多斯	Erdos	1561.97	1961.20	2218.09	46
呼伦贝尔	Hulunbuir	430.54	486.24	550.84	171
巴彦淖尔	Bayannur	346.36	408.40	483.80	189
乌兰察布	Ulanqab	241.00	275.03	344.46	232
辽宁	**Liaoning**	**18688.44**	**21616.67**	**26089.26**	
沈阳	Shenyang	5969.47	6888.35	7990.19	13
大连	Dalian	6158.37	7162.38	9023.84	9
鞍山	Anshan	1079.14	1142.84	1341.18	70
抚顺	Fushun	372.98	454.45	507.95	188
本溪	Benxi	504.91	557.90	716.64	131
丹东	Dandong	476.43	571.67	681.83	141
锦州	Jinzhou	583.29	695.31	843.10	113
营口	Yingkou	813.55	965.95	1149.46	83
阜新	Fuxin	359.35	434.49	529.90	180
辽阳	Liaoyang	513.99	589.49	764.34	124
盘锦	Panjin	440.22	520.65	675.76	142
铁岭	Tieling	484.33	554.10	613.56	160
朝阳	Chaoyang	434.80	523.95	615.14	159
葫芦岛	Huludao	489.64	552.62	636.37	151
吉林	**Jilin**	**7205.94**	**8121.88**	**10208.22**	
长春	Changchun	4557.44	5151.72	6244.85	21
吉林	Jilin	715.40	832.81	1071.48	90
四平	Siping	364.58	377.06	529.58	181
辽源	Liaoyuan	171.26	197.16	270.23	257
通化	Tonghua	341.68	387.11	477.85	192
白山	Baishan	243.59	274.55	329.90	237
松原	Songyuan	281.98	303.08	439.69	203
白城	Baicheng	192.58	219.79	354.15	230
黑龙江	**Heilongjiang**	**7230.47**	**8548.52**	**9906.50**	
哈尔滨	Harbin	4126.95	4873.06	5557.81	24
齐齐哈尔	Qiqihar	540.40	636.73	759.73	125
鸡西	Jixi	224.98	268.43	308.18	245
鹤岗	Hegang	226.68	249.02	277.28	252
双鸭山	Shuangyashan	276.90	346.36	368.06	226
大庆	Daqing	409.78	494.56	671.75	144
伊春	Yichun	104.05	101.13	124.49	281
佳木斯	Jiamusi	342.26	443.79	537.27	176
七台河	Qitaihe	161.54	177.02	175.91	276
牡丹江	Mudanjiang	304.92	369.65	410.69	215
黑河	Heihe	174.76	194.83	233.70	269
绥化	Suihua	301.87	345.02	404.61	217
上海	**Shanghai**	**30514.74**	**33162.32**		
江苏	**Jiangsu**	**42120.18**	**47817.11**	**54352.83**	

15-5 金融机构人民币境内贷款余额 续表 1

Domestic Loans of Financial Institutions continued 1

单位：亿元 （100 million yuan）

地名	City	2010	2011	2012	2012 排名 Ranking
南京	Nanjing	10384.29	11127.60	12310.15	6
无锡	Wuxi	6160.58	6881.45	7465.00	15
徐州	Xuzhou	1436.44	1734.76	2047.11	50
常州	Changzhou	3011.67	3405.78	3832.18	32
苏州	Suzhou	10132.84	11832.38	13585.90	5
南通	Nantong	2843.14	3284.83	3831.57	33
连云港	Lianyungang	862.48	1011.04	1196.41	78
淮安	Huaian	842.63	991.48	1173.11	81
盐城	Yancheng	1310.40	1558.58	1831.39	56
扬州	Yangzhou	1486.06	1717.52	2005.94	52
镇江	Zhenjiang	1563.34	1786.84	2072.56	49
泰州	Taizhou	1460.68	1725.24	2007.88	51
宿迁	Suqian	625.61	759.64	1002.62	97
浙江	**Zhejiang**	**45287.67**	**51257.05**	**56993.21**	
杭州	Hangzhou	14502.54	15880.88	17208.27	3
宁波	Ningbo	9000.62	10208.04	11299.51	7
温州	Wenzhou	5381.57	6191.90	6836.80	17
嘉兴	Jiaxing	2615.92	3037.72	3418.72	39
湖州	Huzhou	1419.97	1672.41	1852.02	54
绍兴	Shaoxing	3820.13	4327.37	4934.08	26
金华	Jinhua	3046.15	3607.60	4233.93	29
衢州	Quzhou	770.41	920.46	1064.34	91
舟山	Zhoushan	980.77	1120.01	1237.36	76
台州	Taizhou	2940.51	3354.53	3738.91	34
丽水	Lishui	809.11	936.14	1097.27	88
安徽	**Anhui**	**11452.29**	**13729.13**	**16280.48**	
合肥	Hefei	4214.08	5040.93	6135.43	22
芜湖	Wuhu	1033.45	1282.58	1694.69	61
蚌埠	Bengbu	386.92	480.65	631.70	154
淮南	Huainan	644.64	716.87	781.81	121
马鞍山	Maanshan	523.11	651.16	857.17	109
淮北	Huaibei	304.23	405.70	508.63	186
铜陵	Tongling	388.49	457.32	514.79	185
安庆	Anqing	547.07	687.54	852.61	110
黄山	Huangshan	281.01	348.95	416.80	212
滁州	Chuzhou	473.76	576.42	708.16	134
阜阳	Fuyang	441.49	533.62	640.65	149
宿州	Suzhou	307.68	379.12	463.32	198
六安	Liuan	484.13	576.53	427.18	209
亳州	Bozhou	244.78	326.31	368.89	225
池州	Chizhou	247.69	315.26	592.65	163
宣城	Xuancheng	385.56	481.95		
福建	**Fujian**	**15229.95**	**18107.56**	**20595.34**	
福州	Fuzhou	5005.11	5879.42	6696.90	19
厦门	Xiamen	3336.98	4011.01	4525.47	28
莆田	Putian	616.71	729.46	887.73	105
三明	Sanming	694.76	826.57	985.00	99
泉州	Quanzhou	2600.56	3006.04	3510.49	36
漳州	Zhangzhou	798.97	961.36	1147.96	84
南平	Nanping	615.25	718.22	796.33	119
龙岩	Longyan	723.39	874.38	1038.64	95
宁德	Ningde	718.56	850.53	1006.82	96
江西	**Jiangxi**	**7757.12**	**9173.42**	**10908.56**	
南昌	Nanchang	3461.52	4063.83	4725.56	27
景德镇	Jingdezhen	227.00	270.25	307.51	246
萍乡	Pingxiang	216.58	254.29	313.47	241
九江	Jiujiang	638.02	778.96	925.10	103
新余	Xinyu	352.33	413.29	480.22	190
鹰潭	Yingtan	220.03	229.97	270.16	258
赣州	Ganzhou	846.37	1035.39	1283.16	73
吉安	Jian	373.98	448.13	567.52	167
宜春	Yichun	508.67	596.24	733.37	130
抚州	Fuzhou	325.29	380.04	474.74	194
上饶	Shangrao	577.22	692.07	827.75	115
山东	**Shandong**		**35017.70**	**39709.75**	
济南	Jinan		6737.77	7167.85	16
青岛	Qingdao		6944.46	7942.84	14
淄博	Zibo		1872.30	2109.75	48
枣庄	Zaozhuang		813.41	914.85	104
东营	Dongying		1390.95	1748.43	59
烟台	Yantai		2962.38	3326.70	41
潍坊	Weifang		2932.59	3398.38	40
济宁	Jining		1613.59	1923.88	53
泰安	Taian		1043.12	1219.62	77
威海	Weihai		1225.79	1329.12	71
日照	Rizhao		986.81	1113.85	85
莱芜	Laiwu		490.05	548.07	173
临沂	Linyi		1796.58	2109.82	47
德州	Dezhou		995.16	1112.29	87
聊城	Liaocheng		1047.08	1244.20	75

15-5 金融机构人民币境内贷款余额 续表 2

Domestic Loans of Financial Institutions continued 2

单位：亿元 （100 million yuan）

地名	City	2010	2011	2012	2012 排名 Ranking
滨州	Binzhou		1211.53	1453.14	66
菏泽	Heze		872.02	1047.96	93
河南	**Henan**	**15871.32**	**17506.24**	**18439.06**	
郑州	Zhengzhou	5717.55	6112.78	6794.13	18
开封	Kaifeng	402.49	443.77	554.32	168
洛阳	Luoyang	1113.88	1366.59	1645.34	62
平顶山	Pingdingshan	694.39	794.69	934.97	101
安阳	Anyang	597.39	634.20	687.29	139
鹤壁	Hebi	268.43	283.25	336.56	234
新乡	Xinxiang	712.34	781.78	868.48	107
焦作	Jiaozuo	470.98	571.49	672.19	143
濮阳	Puyang	231.60	257.56	304.09	248
许昌	Xuchang	562.35	697.19	850.76	111
漯河	Luohe	301.20	303.05	310.92	243
三门峡	Sanmenxia	340.20	381.18	467.35	196
南阳	Nanyang	827.50	973.25	1113.34	86
商丘	Shangqiu	607.67	587.99	700.94	137
信阳	Xinyang	570.09	631.58	740.80	129
周口	Zhoukou	563.18	579.31	638.45	150
驻马店	Zhumadian	499.44	540.33	175.26	277
湖北	**Hubei**	**13037.12**	**15658.96**	**17992.31**	
武汉	Wuhan	8106.78	9465.22	10624.39	8
黄石	Huangshi	418.54	550.62	625.32	157
十堰	Shiyan	374.78	474.92	589.70	164
宜昌	Yichang	990.06	1200.29	1445.47	67
襄阳	Xiangyang	673.45	816.80	994.40	98
鄂州	Ezhou	128.16	172.47	210.66	272
荆门	Jingmen	310.32	364.35	437.33	204
孝感	Xiaogan	378.45	467.46	552.74	170
荆州	Jingzhou	428.83	546.06	646.41	146
黄冈	Huanggang	383.26	467.58	553.82	169
咸宁	Xianning	223.74	273.31	357.70	229
随州	Suizhou	167.99	209.59	258.52	261
湖南	**Hunan**	**11303.76**	**13183.09**	**15568.33**	
长沙	Changsha	6187.40	7259.58	8479.45	11
株洲	Zhuzhou	550.63	670.00	812.30	117
湘潭	Xiangtan	532.16	642.67	827.34	116
衡阳	Hengyang	530.71	608.62	697.67	138
邵阳	Shaoyang	347.42	424.05	525.80	182
岳阳	Yueyang	434.17	505.03	586.63	165

地名	City	2010	2011	2012	2012 排名 Ranking
常德	Changde	480.54	544.50	641.14	148
张家界	Zhangjiajie	188.03	218.01	246.81	264
益阳	Yiyang	312.44	359.04	424.43	210
郴州	Chenzhou	369.10	458.45	568.11	166
永州	Yongzhou	361.95	401.27	462.99	199
怀化	Huaihua	356.08	425.86	522.75	183
娄底	Loudi	388.06	452.62	549.97	172
广东	**Guangdong**	**47161.53**	**52975.28**	**59533.60**	
广州	Guangzhou	14983.28	15129.21	17956.78	1
韶关	Shaoguan	342.65	390.80	466.42	197
深圳	Shenzhen	13689.48	16110.27	17783.89	2
珠海	Zhuhai	1273.52	1460.47	1727.70	60
汕头	Shantou	637.75	704.89	785.63	120
佛山	Foshan	4749.09	5445.10	6108.62	23
江门	Jiangmen	968.10	1121.75	1318.82	72
湛江	Zhanjiang	714.40	847.60	1045.41	94
茂名	Maoming	361.30	443.62	539.19	175
肇庆	Zhaoqing	642.04	752.06	873.93	106
惠州	Huizhou	1097.65	1286.91	1490.92	65
梅州	Meizhou	330.25	387.31	451.72	202
汕尾	Shanwei	130.20	155.85	187.09	275
河源	Heyuan	335.32	384.42	467.47	195
阳江	Yangjiang	283.93	356.85	429.72	207
清远	Qingyuan	510.26	599.77	706.37	135
东莞	Dongguan	3329.69	3675.13	4153.08	30
中山	Zhongshan	1329.64	1523.60	1770.71	58
潮州	Chaozhou	205.91	234.28	270.93	256
揭阳	Jieyang	400.68	493.96	608.32	162
云浮	Yunfu	273.78	327.85	388.88	220
广西	**Guangxi**	**8867.51**	**10406.04**	**11924.01**	
南宁	Nanning	4142.29	4843.45	5499.62	25
柳州	Liuzhou	1046.18	1227.30	1364.70	69
桂林	Guilin	784.18	903.44	1048.81	92
梧州	Wuzhou	321.34	394.19	461.08	200
北海	Beihai	238.18	271.74	302.50	250
防城港	Fangchenggang	178.17	221.23	274.92	253
钦州	Qinzhou	321.45	369.30	435.89	205
贵港	Guigang	279.41	341.24	411.59	214
玉林	Yulin	397.18	469.01	547.55	174
百色	Baise	391.72	452.09	515.89	184

15-5 金融机构人民币境内贷款余额 续表 3
Domestic Loans of Financial Institutions continued 3

单位：亿元 (100 million yuan)

地名	City	2010	2011	2012	2012 排名 Ranking
贺州	Hezhou	144.51	172.26	204.67	273
河池	Hechi	275.01	319.73	359.05	228
来宾	Laibin	186.70	219.70	258.17	262
崇左	Chongzuo	161.88	202.94	239.57	267
海南	**Hainan**	**2262.13**	**2791.36**	**2725.31**	
海口	Haikou	1697.58	2066.73	2420.84	43
三亚	Sanya	228.35	265.74	304.47	247
三沙	Sansha				
重庆	**Chongqing**	**10887.96**		**13698.29**	
四川	**Sichuan**	**19129.13**	**22028.72**	**25383.86**	
成都	Chengdu	12138.77	13762.57	15625.30	4
自贡	Zigong	248.24	303.33	371.19	224
攀枝花	Panzhihua	380.31	445.71	532.19	177
泸州	Luzhou	406.72	507.85	629.59	155
德阳	Deyang	592.39	717.98	849.27	112
绵阳	Mianyang	858.31	968.97	1086.77	89
广元	Guangyuan	236.21	280.65	331.81	235
遂宁	Suining	276.37	329.47	399.87	219
内江	Neijiang	266.90	313.69	406.08	216
乐山	Leshan	585.87	695.03	807.44	118
南充	Nanchong	424.82	519.62	653.61	145
眉山	Meishan	281.58	344.17	427.62	208
宜宾	Yibin	447.67	523.04	625.40	156
广安	Guangan	251.60	286.99	341.19	233
达州	Dazhou	363.46	439.79	531.89	178
雅安	Yaan	238.90	279.68	330.68	236
巴中	Bazhong	129.22	155.95	203.60	274
资阳	Ziyang	281.77	333.82	414.77	213
贵州	**Guizhou**		**6841.36**	**7224.12**	
贵阳	Guiyang	2588.73	3012.48	3479.12	37
六盘水	Liupanshui	360.90	416.97	508.37	187
遵义	Zunyi	577.94	711.74	927.62	102
安顺	Anshun	229.65	268.59	350.20	231
毕节	Bijie	282.52	349.99	433.43	206
铜仁	Tongren	242.12	299.79	381.34	221
云南	**Yunnan**	**10564.28**	**12085.76**	**13744.01**	
昆明	Kunming	6494.07	7261.10	8113.12	12
曲靖	Qujing	629.93	733.81	860.25	108
玉溪	Yuxi	465.66	543.66	631.92	153
保山	Baoshan	228.69	269.44	312.22	242
昭通	Zhaotong	286.34	355.55	420.66	211
丽江	Lijiang	193.93	250.28	302.97	249
普洱	Puer	232.00	275.71	326.41	239
临沧	Lincang	168.14	217.74	269.00	259
西藏	**Tibet**	**301.49**	**408.75**	**664.00**	
拉萨	Lasa	213.72	315.75	454.00	201
陕西	**Shaanxi**	**10033.09**	**11864.82**	**13631.60**	
西安	Xi'an	6482.25	7564.53	8634.77	10
铜川	Tongchuan	79.40	91.20	99.73	282
宝鸡	Baoji	436.95	519.84	633.10	152
咸阳	Xianyang	454.66	541.00	646.04	147
渭南	Weinan	471.52	544.34	622.52	158
延安	Yan'an	360.97	410.49	476.84	193
汉中	Hanzhong	300.08	347.95	402.44	218
榆林	Yulin	898.52	1179.37	1548.07	64
安康	Ankang	211.34	258.59	308.97	244
商洛	Shangluo	156.46	187.49	222.12	270
甘肃	**Gansu**	**4433.05**	**5468.79**	**6829.40**	
兰州	Lanzhou	2359.28	2917.86	3472.85	38
嘉峪关	Jiayuguan	171.90	212.32	274.47	254
金昌	Jinchang	140.69	151.71	143.55	278
白银	Baiyin	186.64	225.26	279.01	251
天水	Tianshui	215.00	270.68	329.67	238
武威	Wuwei	161.13	202.90	272.03	255
张掖	Zhangye	132.34	165.23	220.23	271
平凉	Pingliang	200.07	234.26	260.61	260
酒泉	Jiuquan	242.20	317.90	377.00	222
庆阳	Qingyang	139.97	176.59	243.66	266
定西	Dingxi	143.60	178.91	239.44	268
陇南	Longnan	177.81	202.32	243.76	265
青海	**Qinghai**	**1822.65**	**2231.51**	**2791.67**	
西宁	Xining	1542.08	1845.82	2257.49	45
海东	Haidong				
宁夏	**Ningxia**	**2398.70**	**2859.80**	**3339.57**	
银川	Yinchuan	1641.06	1944.65	2282.95	44
石嘴山	Shizuishan	270.07	322.20	362.87	227
吴忠	Wuzhong	250.91	279.91	314.49	240
固原	Guyuan	83.65	105.96	127.67	280
中卫	Zhongwei	160.41	207.06	251.59	263
新疆	**Xinjiang**	**4973.02**	**6269.94**	**6655.80**	
乌鲁木齐	Urumqi	2074.74	2553.90	3245.33	42
克拉玛依	Karamay	150.64	132.67	142.39	279

15-6 金融机构人民币境外贷款余额
Overseas Loans of Financial Institutions

单位：亿元 （100 million yuan）

地名	City	2010	2011	2012	2012 排名 Ranking
全国	**Nation Total**	**219.08**	**1548.00**	**1809.00**	
北京	**Beijing**		**25.89**	**31.61**	
天津	**Tianjin**	**0.02**	**60.90**	**5.83**	
河北	**Hebei**		**0.61**	**0.58**	
石家庄	Shijiazhuang		0.05	0.04	95
唐山	Tangshan				
秦皇岛	Qinhuangdao		0.05	0.06	87
邯郸	Handan				
邢台	Xingtai				
保定	Baoding		0.02	0.02	111
张家口	Zhangjiakou		0.05	0.04	95
承德	Chengde		0.02	0.01	127
沧州	Cangzhou		0.02	0.01	127
廊坊	Langfang		0.39	0.10	77
衡水	Hengshui				
山西	**Shanxi**		**0.12**	**0.13**	
太原	Taiyuan		0.12	0.11	75
大同	Datong				
阳泉	Yangquan				
长治	Changzhi			0.01	127
晋城	Jincheng				
朔州	Shuozhou				
晋中	Jinzhong				
运城	Yuncheng				
忻州	Xinzhou				
临汾	Linfen				
吕梁	Lvliang			0.01	127
内蒙古	**Inner Mongolia**		**0.14**	**0.01**	
呼和浩特	Hohhot		0.03		
包头	Baotou				
乌海	Wuhai				
赤峰	Chifeng				
通辽	Tongliao				
鄂尔多斯	Erdos		0.09		
呼伦贝尔	Hulunbuir			0.01	127
巴彦淖尔	Bayannur				
乌兰察布	Ulanqab				
辽宁	**Liaoning**	**1.32**	**148.81**	**217.20**	
沈阳	Shenyang	0.69	47.59	80.46	4
大连	Dalian	0.63	58.60	87.88	3
鞍山	Anshan		42.40	48.69	7
抚顺	Fushun				
本溪	Benxi				
丹东	Dandong		0.19	0.16	67
锦州	Jinzhou				
营口	Yingkou		0.01	0.01	127
阜新	Fuxin				
辽阳	Liaoyang				
盘锦	Panjin				
铁岭	Tieling				
朝阳	Chaoyang				
葫芦岛	Huludao				
吉林	**Jilin**		**0.54**	**0.52**	
长春	Changchun		0.49	0.48	50
吉林	Jilin				
四平	Siping		0.05	0.03	103
辽源	Liaoyuan				
通化	Tonghua				
白山	Baishan				
松原	Songyuan				
白城	Baicheng				
黑龙江	**Heilongjiang**		**0.20**	**0.18**	
哈尔滨	Harbin		0.19	0.18	63
齐齐哈尔	Qiqihar				
鸡西	Jixi				
鹤岗	Hegang				
双鸭山	Shuangyashan				
大庆	Daqing				
伊春	Yichun				
佳木斯	Jiamusi				
七台河	Qitaihe				
牡丹江	Mudanjiang				
黑河	Heihe				
绥化	Suihua				
上海	**Shanghai**	**58.57**	**197.77**		
江苏	**Jiangsu**	**0.86**	**51.19**	**50.46**	

15-6 金融机构人民币境外贷款余额 续表 1
Overseas Loans of Financial Institutions continued 1

单位：亿元 （100 million yuan）

地名	City	2010	2011	2012	2012 排名 Ranking
南京	Nanjing	0.55	4.49	4.26	23
无锡	Wuxi	0.01	1.99	2.03	30
徐州	Xuzhou		0.08	0.12	72
常州	Changzhou		0.57	0.61	43
苏州	Suzhou	0.30	41.52	40.95	9
南通	Nantong		0.56	0.57	46
连云港	Lianyungang		0.14	0.17	64
淮安	Huaian		0.21	0.07	84
盐城	Yancheng		0.06	0.06	87
扬州	Yangzhou		0.51	0.56	48
镇江	Zhenjiang		0.59	0.73	41
泰州	Taizhou		0.11	0.09	78
宿迁	Suqian		0.36	0.24	61
浙江	**Zhejiang**	**0.40**	**19.58**	**16.44**	
杭州	Hangzhou	0.37	8.03	7.56	20
宁波	Ningbo	0.03	1.95	0.81	38
温州	Wenzhou		3.21	2.58	27
嘉兴	Jiaxing		0.97	0.81	38
湖州	Huzhou		0.14	0.26	60
绍兴	Shaoxing		0.13	0.09	78
金华	Jinhua		0.50	0.40	54
衢州	Quzhou		0.04	0.04	95
舟山	Zhoushan		0.03	0.06	87
台州	Taizhou		0.06	0.06	87
丽水	Lishui		4.52	3.77	24
安徽	**Anhui**		**0.70**	**23.78**	
合肥	Hefei		0.52	0.60	45
芜湖	Wuhu		0.04	0.09	78
蚌埠	Bengbu		0.04	0.04	95
淮南	Huainan				
马鞍山	Maanshan		0.01	0.01	127
淮北	Huaibei				
铜陵	Tongling		0.01		
安庆	Anqing		0.00	0.01	127
黄山	Huangshan		0.03	0.03	103
滁州	Chuzhou		0.01		
阜阳	Fuyang		0.01	0.00	
宿州	Suzhou		0.01	0.02	111
六安	Liuan		0.01		
亳州	Bozhou				

地名	City	2010	2011	2012	2012 排名 Ranking
池州	Chizhou				
宣城	Xuancheng		0.01		
福建	**Fujian**	**1.41**	**57.63**	**64.09**	
福州	Fuzhou	0.42	16.39	14.87	16
厦门	Xiamen	0.99	24.74	30.46	11
莆田	Putian		0.61	0.57	46
三明	Sanming		0.15	0.03	103
泉州	Quanzhou		14.93	17.19	15
漳州	Zhangzhou		0.34	0.27	59
南平	Nanping		0.24	0.35	55
龙岩	Longyan		0.17	0.33	57
宁德	Ningde		0.05	0.02	111
江西	**Jiangxi**		**1.74**	**2.68**	
南昌	Nanchang		1.49	2.45	28
景德镇	Jingdezhen		0.02	0.02	111
萍乡	Pingxiang				
九江	Jiujiang		0.09	0.07	84
新余	Xinyu		0.01	0.02	111
鹰潭	Yingtan				
赣州	Ganzhou		0.03	0.03	103
吉安	Jian				
宜春	Yichun		0.03	0.03	103
抚州	Fuzhou		0.01		
上饶	Shangrao		0.06	0.06	87
山东	**Shandong**		**161.29**	**243.80**	
济南	Jinan		155.93	238.37	1
青岛	Qingdao		3.29	3.71	25
淄博	Zibo		0.01	0.01	127
枣庄	Zaozhuang				
东营	Dongying				
烟台	Yantai		1.03	0.82	36
潍坊	Weifang		0.11	0.13	70
济宁	Jining				
泰安	Taian		0.04	0.03	103
威海	Weihai		0.75	0.64	42
日照	Rizhao		0.04	0.04	95
莱芜	Laiwu				
临沂	Linyi		0.02	0.02	111
德州	Dezhou		0.01	0.01	127
聊城	Liaocheng		0.02	0.01	127

15-6 金融机构人民币境外贷款余额 续表 2
Overseas Loans of Financial Institutions continued 2

单位：亿元 （100 million yuan）

地名	City	2010	2011	2012	2012 排名 Ranking
滨州	Binzhou		0.02		
菏泽	Heze		0.01	0.01	127
河南	**Henan**				
郑州	Zhengzhou				
开封	Kaifeng				
洛阳	Luoyang				
平顶山	Pingdingshan				
安阳	Anyang				
鹤壁	Hebi				
新乡	Xinxiang				
焦作	Jiaozuo				
濮阳	Puyang				
许昌	Xuchang				
漯河	Luohe				
三门峡	Sanmenxia				
南阳	Nanyang				
商丘	Shangqiu				
信阳	Xinyang				
周口	Zhoukou				
驻马店	Zhumadian				
湖北	**Hubei**		**3.58**	**5.44**	
武汉	Wuhan		3.39	3.21	26
黄石	Huangshi		0.02	0.02	111
十堰	Shiyan		0.01	0.01	127
宜昌	Yichang		0.06	0.12	72
襄阳	Xiangyang		0.01	0.01	127
鄂州	Ezhou			0.01	127
荆门	Jingmen				
孝感	Xiaogan		0.02	0.01	127
荆州	Jingzhou		0.01	0.01	127
黄冈	Huanggang			2.00	31
咸宁	Xianning		0.01	0.01	127
随州	Suizhou		0.01	0.01	127
湖南	**Hunan**		**3.59**	**40.03**	
长沙	Changsha		2.29	39.48	10
株洲	Zhuzhou		0.48	0.09	78
湘潭	Xiangtan		0.09	0.00	159
衡阳	Hengyang		0.09	0.08	83
邵阳	Shaoyang		0.05	0.05	94
岳阳	Yueyang		0.08	0.04	95
常德	Changde		0.07	0.06	87
张家界	Zhangjiajie		0.05	0.04	95
益阳	Yiyang		0.02	0.02	111
郴州	Chenzhou		0.09	0.07	84
永州	Yongzhou		0.03	0.02	111
怀化	Huaihua		0.06	0.01	127
娄底	Loudi		0.17	0.06	87
广东	**Guangdong**	**30.03**	**436.55**	**434.65**	
广州	Guangzhou	4.45	60.60	66.25	5
韶关	Shaoguan	3.63	0.18	0.51	49
深圳	Shenzhen	18.68	249.46	236.22	2
珠海	Zhuhai	1.25	21.36	22.81	13
汕头	Shantou		1.17	1.25	34
佛山	Foshan		19.39	19.13	14
江门	Jiangmen	5.64	11.94	12.37	18
湛江	Zhanjiang		0.27	0.15	68
茂名	Maoming		0.08	0.23	62
肇庆	Zhaoqing		2.29	2.34	29
惠州	Huizhou	0.01	8.57	10.11	19
梅州	Meizhou		0.26	0.45	51
汕尾	Shanwei		0.53	0.98	35
河源	Heyuan		0.80	0.74	40
阳江	Yangjiang		0.67	0.61	43
清远	Qingyuan		1.91	1.80	32
东莞	Dongguan	0.13	40.96	42.52	8
中山	Zhongshan	0.25	14.93	14.06	17
潮州	Chaozhou		0.03	0.02	111
揭阳	Jieyang		0.08	0.28	58
云浮	Yunfu		1.03	0.82	36
广西	**Guangxi**	**0.01**	**2.49**	**2.61**	
南宁	Nanning	0.01	1.62	1.66	33
柳州	Liuzhou		0.14	0.11	75
桂林	Guilin		0.13	0.17	64
梧州	Wuzhou		0.16	0.17	64
北海	Beihai		0.15	0.13	70
防城港	Fangchenggang		0.06	0.15	68
钦州	Qinzhou		0.13	0.12	72
贵港	Guigang		0.02	0.01	127
玉林	Yulin		0.03	0.03	103
百色	Baise		0.02		

15-6 金融机构人民币境外贷款余额 续表 3
Overseas Loans of Financial Institutions continued 3

单位：亿元 （100 million yuan）

地名	City	2010	2011	2012	2012 排名 Ranking
贺州	Hezhou		0.02	0.02	111
河池	Hechi				
来宾	Laibin		0.01	0.01	127
崇左	Chongzuo			0.03	103
海南	**Hainan**	**0.06**	**2.06**	**5.36**	
海口	Haikou	0.09	1.00	4.94	22
三亚	Sanya		0.49	0.42	53
三沙	Sansha				
重庆	**Chongqing**	**0.19**		**4.51**	
四川	**Sichuan**	**0.66**	**4.49**	**5.17**	
成都	Chengdu	0.66	4.28	5.10	21
自贡	Zigong				
攀枝花	Panzhihua				
泸州	Luzhou				
德阳	Deyang				
绵阳	Mianyang			0.01	127
广元	Guangyuan				
遂宁	Suining				
内江	Neijiang				
乐山	Leshan			0.01	127
南充	Nanchong			0.01	127
眉山	Meishan				
宜宾	Yibin			0.04	95
广安	Guangan				
达州	Dazhou				
雅安	Yaan				
巴中	Bazhong				
资阳	Ziyang				
贵州	**Guizhou**		**0.56**	**0.60**	
贵阳	Guiyang		0.38	0.35	55
六盘水	Liupanshui		0.01	0.01	127
遵义	Zunyi			0.01	127
安顺	Anshun		0.05		
毕节	Bijie		0.03	0.02	111
铜仁	Tongren			0.01	127
云南	**Yunnan**	**4.50**	**27.05**	**52.50**	
昆明	Kunming	4.50	26.95	52.37	6
曲靖	Qujing		0.04	0.02	111
玉溪	Yuxi				
保山	Baoshan		0.02	0.02	111
昭通	Zhaotong				
丽江	Lijiang				
普洱	Puer				
临沧	Lincang				
西藏	**Tibet**			**28.00**	
拉萨	Lasa			28.00	12
陕西	**Shaanxi**	**0.04**	**0.43**	**0.48**	
西安	Xi'an	0.03	0.40	0.45	51
铜川	Tongchuan				
宝鸡	Baoji				
咸阳	Xianyang		0.01	0.01	127
渭南	Weinan				
延安	Yan'an				
汉中	Hanzhong				
榆林	Yulin		0.01	0.02	111
安康	Ankang				
商洛	Shangluo				
甘肃	**Gansu**		**0.02**	**0.02**	
兰州	Lanzhou		0.02	0.01	127
嘉峪关	Jiayuguan				
金昌	Jinchang				
白银	Baiyin				
天水	Tianshui				
武威	Wuwei				
张掖	Zhangye				
平凉	Pingliang				
酒泉	Jiuquan				
庆阳	Qingyang			0.01	127
定西	Dingxi				
陇南	Longnan				
青海	**Qinghai**		**0.01**	**0.01**	
西宁	Xining		0.01	0.01	127
海东	Haidong				
宁夏	**Ningxia**		**0.78**	**0.02**	
银川	Yinchuan		0.77	0.02	111
石嘴山	Shizuishan				
吴忠	Wuzhong				
固原	Guyuan				
中卫	Zhongwei				
新疆	**Xinjiang**	**0.14**	**0.27**	**0.20**	
乌鲁木齐	Urumqi		0.08	0.09	78
克拉玛依	Karamay				

15-7 金融机构人民币短期贷款余额
Short-term Loans in RMB of Financial Institutions

单位：亿元 （100 million yuan）

地名	City	2010	2012	2013	2013 排名 Ranking	地名	City	2010	2012	2013	2013 排名 Ranking
全国	**Nation Total**	**166233.4**	**248273.0**	**290238.0**		沈阳	Shenyang	1472.20	2148.45	2501.25	22
北京	**Beijing**	**8597.00**	**12808.10**	**15693.80**		大连	Dalian	1842.92	3231.70	3186.20	15
天津	**Tianjin**	**3016.51**	**5126.77**	**6251.05**		鞍山	Anshan	382.22	640.45	730.14	72
河北	**Hebei**	**6142.44**	**9123.25**	**10788.20**		抚顺	Fushun	160.24	247.38	303.80	162
石家庄	Shijiazhuang	1314.63	1602.40	1903.95	35	本溪	Benxi	241.65	470.74	363.83	142
唐山	Tangshan	877.84	1616.78	1872.64	36	丹东	Dandong	193.88	328.44	383.03	137
秦皇岛	Qinhuangdao	326.25	463.35	517.29	106	锦州	Jinzhou	197.49	286.62	334.95	149
邯郸	Handan	676.02	1093.93	1323.57	45	营口	Yingkou	285.23	538.62	645.10	86
邢台	Xingtai	393.38	545.96	653.92	85	阜新	Fuxin	146.81	231.04	286.11	170
保定	Baoding	515.79	589.21	697.90	78	辽阳	Liaoyang	290.90	470.05	505.64	108
张家口	Zhangjiakou	344.76	421.98	472.23	115	盘锦	Panjin	222.76	375.13	335.38	147
承德	Chengde	301.91	432.77	527.02	103	铁岭	Tieling	255.93	303.95	335.02	148
沧州	Cangzhou	408.07	648.45	810.67	64	朝阳	Chaoyang	178.66	247.78	247.87	190
廊坊	Langfang	541.64	779.52	880.42	62	葫芦岛	Huludao	272.92	299.02	335.57	145
衡水	Hengshui	339.42	507.46	654.54	84	吉林	**Jilin**	**2815.66**	**3341.30**	**10774.90**	
山西	**Shanxi**	**3742.52**	**5275.26**	**6089.83**		长春	Changchun	1255.08	1586.13	1760.11	38
太原	Taiyuan	1347.13	2025.26	2394.45	24	吉林	Jilin	433.39	557.45	596.41	93
大同	Datong	250.75	237.40	310.64	158	四平	Siping	219.98	276.50	278.68	172
阳泉	Yangquan	188.88	254.39	240.46	194	辽源	Liaoyuan	112.32	168.19	172.79	227
长治	Changzhi	304.81	365.28	422.58	128	通化	Tonghua	207.93	269.26	271.58	176
晋城	Jincheng	238.19	350.88	111.70	260	白山	Baishan	113.36	142.51	152.34	235
朔州	Shuozhou	112.87	172.99	214.72	207	松原	Songyuan	183.79	232.42	256.45	184
晋中	Jinzhong	316.23	426.81	496.46	109	白城	Baicheng	103.70	196.16	210.71	209
运城	Yuncheng	303.10	395.36	470.29	116	黑龙江	**Heilongjiang**	**2916.10**	**4279.10**	**5024.70**	
忻州	Xinzhou	168.70	221.95	260.90	180	哈尔滨	Harbin	1241.41	1663.64	1920.14	34
临汾	Linfen	284.99	355.13	406.01	134	齐齐哈尔	Qiqihar	317.60	453.78	522.69	104
吕梁	Lvliang	226.88	390.60	388.30	135	鸡西	Jixi	114.66	161.23	205.50	212
内蒙古	**Inner Mongolia**	**2709.41**	**4421.24**	**5295.41**		鹤岗	Hegang	111.92	159.55	210.04	210
呼和浩特	Hohhot	493.48	778.29	985.66	58	双鸭山	Shuangyashan	135.49	208.04	264.40	178
包头	Baotou	361.71	623.81	770.51	68	大庆	Daqing	174.20	304.84	332.80	150
乌海	Wuhai	100.22	180.45	230.72	198	伊春	Yichun	51.24	49.59	47.35	281
赤峰	Chifeng	186.82	318.94	408.18	133	佳木斯	Jiamusi	204.69	353.59	459.71	118
通辽	Tongliao	216.57	295.23	368.79	140	七台河	Qitaihe	56.70	73.79	83.88	272
鄂尔多斯	Erdos	657.53	1018.36	1069.49	56	牡丹江	Mudanjiang	157.41	216.93	289.04	169
呼伦贝尔	Hulunbuir	209.22	272.12	329.17	152	黑河	Heihe	117.19	139.33	168.75	229
巴彦淖尔	Bayannur	197.49	306.69	317.87	157	绥化	Suihua	208.33	244.67	293.89	167
乌兰察布	Ulanqab	79.13	147.75	198.54	215	上海	**Shanghai**	**9278.11**	**12990.02**	**13673.51**	
辽宁	**Liaoning**	**6303.00**	**9819.00**	**11643.00**		江苏	**Jiangsu**	**16951.69**	**27848.48**	**30451.69**	

15-7 金融机构人民币短期贷款余额 续表 1
Short-term Loans in RMB of Financial Institutions continued 1

单位：亿元 (100 million yuan)

地名	City	2010	2012	2013	2013 排名 Ranking	地名	City	2010	2012	2013	2013 排名 Ranking
南京	Nanjing	3230.36	4288.05	4494.15	8	池州	Chizhou	75.59	137.43	146.10	239
无锡	Wuxi	2935.65	3866.03	4102.67	9	宣城	Xuancheng	153.30	248.45	300.05	165
徐州	Xuzhou	793.94	1165.90	1303.82	46	福建	**Fujian**	**6614.90**	**10237.00**	**11678.80**	
常州	Changzhou	1521.36	2095.36	2344.57	25	福州	Fuzhou	1683.15	2176.55	2464.09	23
苏州	Suzhou	3621.33	5716.80	6424.32	3	厦门	Xiamen	1112.46	1656.31	1790.39	37
南通	Nantong	1476.49	2140.56	2503.05	21	莆田	Putian	354.85	518.53	572.33	96
连云港	Lianyungang	432.96	603.01	642.73	87	三明	Sanming	333.64	487.60	510.19	107
淮安	Huaian	391.89	535.48	634.85	88	泉州	Quanzhou	1493.40	2145.92	2520.65	20
盐城	Yancheng	663.87	946.57	1091.26	55	漳州	Zhangzhou	465.15	617.30	698.33	77
扬州	Yangzhou	700.35	1065.82	1230.21	49	南平	Nanping	283.77	419.64	448.27	122
镇江	Zhenjiang	798.49	1209.43	1395.27	42	龙岩	Longyan	347.90	476.29	527.71	102
泰州	Taizhou	798.87	1157.10	1334.15	44	宁德	Ningde	407.30	551.32	612.44	92
宿迁	Suqian	323.48	541.87	676.36	82	江西	**Jiangxi**	**2851.89**	**4646.27**	**5766.50**	
浙江	**Zhejiang**	**26044.53**	**36796.36**	**39638.99**		南昌	Nanchang	1135.59	1762.21	2130.80	30
杭州	Hangzhou	6394.65	8239.02	8556.42	1	景德镇	Jingdezhen	79.86	92.01	124.02	251
宁波	Ningbo	4697.77	6215.96	6873.64	2	萍乡	Pingxiang	108.53	168.02	203.64	214
温州	Wenzhou	4181.89	5544.89	5495.60	6	九江	Jiujiang	258.15	400.87	453.73	120
嘉兴	Jiaxing	1394.52	1950.99	2189.38	29	新余	Xinyu	142.11	228.08	278.02	174
湖州	Huzhou	803.16	1144.39	1211.59	50	鹰潭	Yingtan	121.51	114.94	150.50	236
绍兴	Shaoxing	2813.53	3775.62	4097.27	10	赣州	Ganzhou	288.42	600.62	789.29	66
金华	Jinhua	2210.68	3370.72	3970.84	11	吉安	Jian	127.71	206.90	278.56	173
衢州	Quzhou	409.26	674.48	761.18	70	宜春	Yichun	222.60	394.46	519.51	105
舟山	Zhoushan	470.34	675.48	717.41	75	抚州	Fuzhou	114.72	192.59	248.47	189
台州	Taizhou	1932.49	2587.37	2959.60	17	上饶	Shangrao	245.47	376.41	478.97	113
丽水	Lishui	429.89	685.50	768.05	69	山东	**Shandong**	**14592.64**	**20947.01**	**25005.74**	
安徽	**Anhui**	**4142.00**	**6326.60**	**7343.00**		济南	Jinan	1898.61	2755.99	2935.25	18
合肥	Hefei	1028.29	1521.96	1920.56	33	青岛	Qingdao	2158.03	3288.64	3635.67	12
芜湖	Wuhu	375.68	649.91	712.15	76	淄博	Zibo	918.24	1366.87	1504.32	40
蚌埠	Bengbu	172.78	287.69	350.82	144	枣庄	Zaozhuang	306.86	407.63	438.81	124
淮南	Huainan	171.51	297.10	379.43	138	东营	Dongying	762.99	1262.69	1497.86	41
马鞍山	Maanshan	193.77	366.84	415.80	131	烟台	Yantai	1238.54	1775.28	1998.40	32
淮北	Huaibei	106.33	185.04	241.38	192	潍坊	Weifang	1350.12	2016.35	2322.10	27
铜陵	Tongling	160.86	243.76	274.58	175	济宁	Jining	710.24	1152.25	1292.16	47
安庆	Anqing	278.12	483.54	621.05	91	泰安	Taian	470.51	647.01	688.49	80
黄山	Huangshan	97.68	167.61	193.59	219	威海	Weihai	423.11	566.19	720.91	73
滁州	Chuzhou	267.42	369.86	489.06	110	日照	Rizhao	468.23	709.48	839.48	63
阜阳	Fuyang	207.22	298.86	367.14	141	莱芜	Laiwu	284.45	395.01	429.19	127
宿州	Suzhou	145.79	226.98	256.38	185	临沂	Linyi	961.16	1314.38	1520.69	39
六安	Liuan	234.30	317.54	383.24	136	德州	Dezhou	578.58	716.41	784.25	67
亳州	Bozhou	152.04	224.60	257.84	183	聊城	Liaocheng	626.20	890.82	1001.56	57

15-7 金融机构人民币短期贷款余额 续表 2
Short-term Loans in RMB of Financial Institutions continued 2

单位：亿元 (100 million yuan)

地名	City	2010	2012	2013	2013 排名 Ranking	地名	City	2010	2012	2013	2013 排名 Ranking
滨州	Binzhou	687.57	1053.49	1180.67	51	常德	Changde	239.33	254.56	295.87	166
菏泽	Heze	494.42	597.61	692.88	79	张家界	Zhangjiajie	37.09	45.69	50.77	280
河南	**Henan**	**6995.81**	**9767.12**	**11823.35**		益阳	Yiyang	170.61	186.36	208.44	211
郑州	Zhengzhou	1773.35	2765.86	3385.75	14	郴州	Chenzhou	156.41	227.23	240.21	195
开封	Kaifeng	161.27	233.87	309.23	159	永州	Yongzhou	138.28	125.40	140.74	242
洛阳	Luoyang	566.40	930.99	1095.54	54	怀化	Huaihua	106.73	123.62	143.40	241
平顶山	Pingdingshan	267.28	464.61	577.56	95	娄底	Loudi	156.88	219.62	260.48	181
安阳	Anyang	372.97	437.06	466.67	117	**广东**	**Guangdong**	**15169.58**	**27638.05**	**32872.56**	
鹤壁	Hebi	137.11	186.12	217.99	203	广州	Guangzhou	3148.54	4716.62	5926.79	4
新乡	Xinxiang	414.82	495.45	578.18	94	韶关	Shaoguan	60.14	106.21	119.98	254
焦作	Jiaozuo	267.65	386.92	456.22	119	深圳	Shenzhen	2966.72	4409.78	5546.07	5
濮阳	Puyang	129.91	178.28	215.77	205	珠海	Zhuhai	242.80	467.85	556.38	99
许昌	Xuchang	350.70	587.69	687.62	81	汕头	Shantou	332.00	328.84	414.71	132
漯河	Luohe	205.07	196.38	215.32	206	佛山	Foshan	1533.77	2539.28	2994.83	16
三门峡	Sanmenxia	169.01	282.92	322.50	154	江门	Jiangmen	309.97	515.86	628.83	90
南阳	Nanyang	548.99	730.84	893.93	60	湛江	Zhanjiang	282.04	523.98	570.57	97
商丘	Shangqiu	342.75	403.97	473.67	114	茂名	Maoming	93.36	154.72	197.84	216
信阳	Xinyang	371.38	445.06	531.02	101	肇庆	Zhaoqing	78.17	144.66	196.67	217
周口	Zhoukou	411.99	428.77	437.78	125	惠州	Huizhou	146.47	247.97	335.45	146
驻马店	Zhumadian	331.25	402.38	443.83	123	梅州	Meizhou	67.74	108.62	128.51	248
湖北	**Hubei**	**4197.92**	**6397.69**	**7794.76**		汕尾	Shanwei	35.94	49.17	59.59	279
武汉	Wuhan	2039.88	2902.03	3393.69	13	河源	Heyuan	46.25	78.06	105.37	265
黄石	Huangshi	184.31	323.74	421.42	129	阳江	Yangjiang	36.54	82.54	100.06	266
十堰	Shiyan	100.73	159.85	226.52	200	清远	Qingyuan	75.48	133.66	163.06	231
宜昌	Yichang	327.77	592.48	749.00	71	东莞	Dongguan	1234.03	1756.72	2037.23	31
襄阳	Xiangyang	305.33	492.28	632.98	89	中山	Zhongshan	502.34	701.08	889.96	61
鄂州	Ezhou	64.13	107.62	133.23	245	潮州	Chaozhou	99.05	131.99	144.45	240
荆门	Jingmen	152.55	207.50	300.77	163	揭阳	Jieyang	253.75	418.97	486.91	111
孝感	Xiaogan	183.83	246.93	306.90	160	云浮	Yunfu	81.76	129.27	176.46	225
荆州	Jingzhou	228.68	323.57	416.77	130	**广西**	**Guangxi**	**1720.22**	**3467.82**	**4273.14**	
黄冈	Huanggang	185.14	217.63	265.84	177	南宁	Nanning	562.69	1144.52	1359.29	43
咸宁	Xianning	76.67	103.88	125.23	250	柳州	Liuzhou	328.07	563.21	717.77	74
随州	Suizhou	100.80	141.60	186.57	222	桂林	Guilin	173.24	300.88	369.29	139
湖南	**Hunan**	**3540.80**	**4771.84**	**5565.10**		梧州	Wuzhou	75.81	169.42	216.46	204
长沙	Changsha	1331.00	1846.26	2235.72	28	北海	Beihai	43.34	73.63	96.48	267
株洲	Zhuzhou	222.22	305.89	321.28	155	防城港	Fangchenggang	20.20	50.57	67.18	276
湘潭	Xiangtan	262.17	421.61	486.11	112	钦州	Qinzhou	59.92	140.77	161.84	232
衡阳	Hengyang	221.91	273.82	330.90	151	贵港	Guigang	69.03	143.04	177.71	224
邵阳	Shaoyang	158.25	220.97	246.48	191	玉林	Yulin	87.22	194.97	260.23	182
岳阳	Yueyang	211.57	250.68	306.43	161	百色	Baise	74.99	133.30	186.42	223

15-7 金融机构人民币短期贷款余额 续表 3
Short-term Loans in RMB of Financial Institutions continued 3

单位：亿元 (100 million yuan)

地名	City	2010	2011	2012	2012 排名 Ranking
贺州	Hezhou	38.41	88.30	117.08	255
河池	Hechi	64.99	104.18	139.53	243
来宾	Laibin	48.96	89.02	107.76	262
崇左	Chongzuo	56.27	93.01	122.13	252
海南	**Hainan**	**397.99**	**515.24**	**707.37**	
海口	Haikou	265.63	346.42	431.47	126
三亚	Sanya	11.98	13.75	20.21	283
三沙	Sansha				
重庆	**Chongqing**	**1686.11**	**4028.62**	**4613.86**	
四川	**Sichuan**	**4948.04**	**8152.84**	**10097.61**	
成都	Chengdu	2409.72	4272.03	5242.58	7
自贡	Zigong	116.74	190.42	232.71	197
攀枝花	Panzhihua	148.81	243.84	285.12	171
泸州	Luzhou	131.98	204.78	254.02	187
德阳	Deyang	291.27	454.77	541.20	100
绵阳	Mianyang	290.87	450.03	563.13	98
广元	Guangyuan	73.85	106.93	132.65	246
遂宁	Suining	118.02	154.14	194.28	218
内江	Neijiang	120.75	177.53	222.06	201
乐山	Leshan	196.42	294.53	359.34	143
南充	Nanchong	128.70	200.05	261.55	179
眉山	Meishan	98.77	143.79	189.49	220
宜宾	Yibin	159.13	247.64	300.53	164
广安	Guangan	68.00	89.64	125.54	249
达州	Dazhou	93.95	128.67	170.94	228
雅安	Yaan	67.51	75.24	88.85	271
巴中	Bazhong	56.92	56.06	61.79	278
资阳	Ziyang	123.62	169.25	227.57	199
贵州	**Guizhou**	**1018.05**	**1802.50**	**2277.27**	
贵阳	Guiyang	536.08	889.61	1145.43	52
六盘水	Liupanshui	61.86	134.64	166.52	230
遵义	Zunyi	110.58	189.19	252.28	188
安顺	Anshun	66.45	117.50	154.02	234
毕节	Bijie	54.92	94.49	121.42	253
铜仁	Tongren	34.79	58.49	72.16	274
云南	**Yunnan**	**2702.92**	**4125.52**	**5032.28**	
昆明	Kunming	1442.21	2093.98	2582.45	19
曲靖	Qujing	221.74	353.32	452.71	121
玉溪	Yuxi	174.21	291.62	321.20	156
保山	Baoshan	55.52	91.17	106.88	264
昭通	Zhaotong	86.98	113.39	115.56	256

地名	City	2010	2011	2012	2012 排名 Ranking
丽江	Lijiang	44.86	64.57	69.39	275
普洱	Puer	70.74	103.25	148.88	238
临沧	Lincang	41.14	76.55	112.56	258
西藏	**Tibet**	**58.71**	**126.77**	**316.77**	
拉萨	Lasa	41.09	88.00		
陕西	**Shaanxi**	**2513.90**	**3964.40**	**5193.44**	
西安	Xi'an	1097.60	1917.51	2326.63	26
铜川	Tongchuan	38.23	39.79	42.92	282
宝鸡	Baoji	177.11	246.56	289.61	168
咸阳	Xianyang	147.69	193.20	236.63	196
渭南	Weinan	196.30	263.48	323.22	153
延安	Yan'an	122.53	188.08	220.55	202
汉中	Hanzhong	98.14	98.51	109.16	261
榆林	Yulin	463.05	831.47	919.04	59
安康	Ankang	54.81	79.62	93.41	270
商洛	Shangluo	56.68	64.75	79.38	273
甘肃	**Gansu**	**1690.32**	**2527.02**	**3272.78**	
兰州	Lanzhou	641.80	983.50	1287.70	48
嘉峪关	Jiayuguan	98.50	208.35	240.86	193
金昌	Jinchang	97.56	88.60	96.37	268
白银	Baiyin	108.85	162.93	186.84	221
天水	Tianshui	88.84	87.34	115.20	257
武威	Wuwei	62.73	98.07	139.33	244
张掖	Zhangye	56.18	92.03	128.81	247
平凉	Pingliang	91.08	79.12	107.02	263
酒泉	Jiuquan	131.26	150.79	204.31	213
庆阳	Qingyang	55.17	72.32	112.35	259
定西	Dingxi	64.37	104.36	156.32	233
陇南	Longnan	61.19	64.07	96.16	269
青海	**Qinghai**	**401.70**	**649.95**	**837.57**	
西宁	Xining	296.40	495.63	665.68	83
海东	Haidong				
宁夏	**Ningxia**	**704.25**	**1296.48**	**1503.44**	
银川	Yinchuan	377.84	685.01	790.68	65
石嘴山	Shizuishan	123.86	233.37	255.87	186
吴忠	Wuzhong	98.41	169.31	211.70	208
固原	Guyuan	33.31	51.74	62.58	277
中卫	Zhongwei	71.42	142.24	175.22	226
新疆	**Xinjiang**	**1849.44**	**2787.71**	**3424.35**	
乌鲁木齐	Urumqi	672.81	943.65	1123.92	53
克拉玛依	Karamay	41.66	73.74	150.00	237

15-8 金融机构人民币中长期贷款余额

Medium and Long-term Loans in RMB of Financial Institutions

单位：亿元 （100 million yuan）

地名	City	2010	2012	2013	2013 排名 Ranking
全国	**Nation Total**	**288930.4**	**352907.0**	**398862.0**	
北京	**Beijing**	**26180.20**	**26333.50**	**28171.70**	
天津	**Tianjin**	**9264.71**	**10700.26**	**11617.98**	
河北	**Hebei**	**9100.01**	**11453.51**	**12846.70**	
石家庄	Shijiazhuang	1828.28	2218.92	2400.06	30
唐山	Tangshan	1696.57	1788.42	1963.17	33
秦皇岛	Qinhuangdao	553.87	699.69	775.87	72
邯郸	Handan	586.14	673.69	714.48	76
邢台	Xingtai	340.49	533.31	658.45	84
保定	Baoding	622.04	961.49	1102.11	51
张家口	Zhangjiakou	551.76	745.85	842.72	65
承德	Chengde	440.90	524.81	571.15	97
沧州	Cangzhou	451.82	573.82	716.13	75
廊坊	Langfang	778.32	1019.66	1247.05	49
衡水	Hengshui	110.28	184.32	225.72	233
山西	**Shanxi**	**5409.30**	**7170.93**	**8040.68**	
太原	Taiyuan	3511.36	4044.32	4416.14	20
大同	Datong	315.64	458.82	545.04	101
阳泉	Yangquan	170.26	254.35	347.21	171
长治	Changzhi	237.28	397.60	400.71	145
晋城	Jincheng	263.72	402.66	294.22	197
朔州	Shuozhou	78.18	167.73	210.40	238
晋中	Jinzhong	133.74	293.56	359.34	166
运城	Yuncheng	169.71	253.08	303.23	191
忻州	Xinzhou	182.64	254.97	313.30	188
临汾	Linfen	178.78	310.56	351.92	169
吕梁	Lvliang	167.98	307.90	325.50	183
内蒙古	**Inner Mongolia**	**5136.53**	**6807.74**	**7502.45**	
呼和浩特	Hohhot	200.85	1536.07	1683.30	38
包头	Baotou	647.55	747.89	788.86	70
乌海	Wuhai	168.67	170.47	194.05	248
赤峰	Chifeng	273.41	387.63	445.66	129
通辽	Tongliao	247.03	310.73	328.23	182
鄂尔多斯	Erdos	903.57	1190.65	1276.97	48
呼伦贝尔	Hulunbuir	221.32	277.55	286.92	201
巴彦淖尔	Bayannur	147.00	176.33	172.57	251
乌兰察布	Ulanqab	160.88	195.54	231.09	232
辽宁	**Liaoning**	**11901.00**	**15416.00**	**17004.00**	
沈阳	Shenyang	4072.08	5590.03	6133.47	11
大连	Dalian	4167.36	5584.13	5679.45	13
鞍山	Anshan	568.14	648.62	664.41	82
抚顺	Fushun	173.97	226.57	251.97	223
本溪	Benxi	198.67	218.87	213.92	236
丹东	Dandong	225.34	317.49	370.27	161
锦州	Jinzhou	369.25	530.32	614.41	88
营口	Yingkou	489.27	549.76	634.20	87
阜新	Fuxin	184.09	289.42	330.19	180
辽阳	Liaoyang	194.55	253.19	255.83	221
盘锦	Panjin	205.00	284.90	321.68	185
铁岭	Tieling	220.59	294.53	332.55	179
朝阳	Chaoyang	219.46	339.34	451.58	126
葫芦岛	Huludao	193.37	288.38	356.23	167
吉林	**Jilin**	**4310.84**	**5649.40**	**6517.50**	
长春	Changchun	3233.78	4391.23	4541.16	19
吉林	Jilin	264.51	461.40	490.05	111
四平	Siping	139.01	225.62	241.82	229
辽源	Liaoyuan	55.59	89.99	96.84	274
通化	Tonghua	127.95	193.68	209.80	240
白山	Baishan	126.43	171.91	198.58	246
松原	Songyuan	97.11	206.73	240.57	230
白城	Baicheng	85.31	154.96	163.73	255
黑龙江	**Heilongjiang**	**4098.40**	**5497.90**	**6208.90**	
哈尔滨	Harbin	2741.38	3632.65	4054.41	22
齐齐哈尔	Qiqihar	208.42	287.96	374.89	160
鸡西	Jixi	94.98	134.59	155.12	261
鹤岗	Hegang	69.00	100.80	91.03	278
双鸭山	Shuangyashan	130.69	168.99	164.23	253
大庆	Daqing	231.45	348.73	402.57	144
伊春	Yichun	42.32	58.77	66.94	283
佳木斯	Jiamusi	132.06	175.07	195.66	247
七台河	Qitaihe	79.94	87.04	95.33	276
牡丹江	Mudanjiang	142.67	191.37	280.58	205
黑河	Heihe	54.18	84.78	96.73	275
绥化	Suihua	90.26	139.69	183.50	250
上海	**Shanghai**	**21693.69**	**23595.68**	**25901.85**	
江苏	**Jiangsu**	**23367.87**	**27452.31**	**31678.08**	

15-8 金融机构人民币中长期贷款余额 续表 1

Medium and Long-term Loans in RMB of Financial Institutions continued 1

单位：亿元 （100 million yuan）

地名	City	2010	2012	2013	2013 排名 Ranking	地名	City	2010	2012	2013	2013 排名 Ranking
南京	Nanjing	6931.80	7528.05	8663.61	5	池州	Chizhou	166.35	226.53	246.10	226
无锡	Wuxi	2939.34	3238.80	3576.97	24	宣城	Xuancheng	219.87	319.50	395.66	149
徐州	Xuzhou	594.78	783.25	948.06	57	**福建**	**Fujian**	**8485.90**	**11422.90**	**13492.98**	
常州	Changzhou	1406.95	1618.67	1842.37	36	福州	Fuzhou	3242.41	4426.75	5169.94	15
苏州	Suzhou	6221.03	7503.97	8563.37	6	厦门	Xiamen	2092.85	2609.87	3131.30	26
南通	Nantong	1282.34	1592.57	1872.38	35	莆田	Putian	260.61	367.12	492.87	110
连云港	Lianyungang	414.13	566.16	687.86	79	三明	Sanming	353.36	486.64	589.39	93
淮安	Huaian	423.20	589.41	698.92	78	泉州	Quanzhou	1090.39	1330.96	1452.47	42
盐城	Yancheng	583.63	759.12	950.50	56	漳州	Zhangzhou	326.98	520.32	649.64	85
扬州	Yangzhou	736.78	865.61	1027.17	52	南平	Nanping	325.09	372.86	453.82	124
镇江	Zhenjiang	713.16	818.55	928.73	59	龙岩	Longyan	369.76	556.37	642.70	86
泰州	Taizhou	615.64	758.76	923.89	60	宁德	Ningde	311.17	451.60	540.11	102
宿迁	Suqian	300.67	439.94	576.96	96	**江西**	**Jiangxi**	**4753.75**	**6178.40**	**7141.00**	
浙江	**Zhejiang**	**18800.18**	**20765.98**	**23736.96**		南昌	Nanchang	2274.29	2869.10	3273.14	25
杭州	Hangzhou	7402.73	8036.87	8849.65	4	景德镇	Jingdezhen	135.33	215.50	210.39	239
宁波	Ningbo	4095.10	4696.47	5290.75	14	萍乡	Pingxiang	89.16	125.04	158.59	260
温州	Wenzhou	1172.58	1156.82	1474.40	41	九江	Jiujiang	361.38	509.01	592.09	92
嘉兴	Jiaxing	1221.39	1410.22	1633.10	39	新余	Xinyu	178.89	221.94	243.46	228
湖州	Huzhou	600.84	664.54	834.86	66	鹰潭	Yingtan	86.95	141.64	154.88	262
绍兴	Shaoxing	949.91	1105.97	1299.96	47	赣州	Ganzhou	548.32	669.12	788.19	71
金华	Jinhua	811.39	812.66	971.01	54	吉安	Jian	238.33	352.81	428.43	135
衢州	Quzhou	352.88	376.05	460.37	122	宜春	Yichun	273.04	332.25	391.76	152
舟山	Zhoushan	507.02	559.77	580.71	95	抚州	Fuzhou	203.01	276.52	340.63	176
台州	Taizhou	984.53	1125.83	1345.55	45	上饶	Shangrao	326.15	442.47	516.17	104
丽水	Lishui	370.61	402.46	502.41	107	**山东**	**Shandong**	**15864.26**	**16692.62**	**19498.20**	
安徽	**Anhui**	**7175.00**	**9594.00**	**10953.00**		济南	Jinan	4093.66	3948.66	4231.88	21
合肥	Hefei	3161.67	4370.36	4927.11	16	青岛	Qingdao	3510.97	4266.34	4881.87	17
芜湖	Wuhu	635.07	908.79	1018.99	53	淄博	Zibo	650.58	644.40	743.74	73
蚌埠	Bengbu	207.42	310.40	423.38	138	枣庄	Zaozhuang	402.52	461.42	481.12	113
淮南	Huainan	438.64	431.71	453.07	125	东营	Dongying	364.82	446.88	558.95	99
马鞍山	Maanshan	274.04	390.94	468.31	120	烟台	Yantai	1082.87	1283.00	1482.09	40
淮北	Huaibei	191.34	279.97	344.95	173	潍坊	Weifang	1078.88	1269.19	1433.43	44
铜陵	Tongling	212.22	244.45	273.94	210	济宁	Jining	584.75	645.07	804.61	69
安庆	Anqing	257.85	352.60	431.89	132	泰安	Taian	390.40	485.03	661.13	83
黄山	Huangshan	174.27	225.10	250.87	224	威海	Weihai	640.52	674.46	719.37	74
滁州	Chuzhou	197.00	316.08	389.59	153	日照	Rizhao	332.61	353.01	387.07	155
阜阳	Fuyang	226.29	312.39	388.59	154	莱芜	Laiwu	150.81	115.71	116.75	272
宿州	Suzhou	155.92	220.84	284.44	202	临沂	Linyi	510.28	646.04	817.09	67
六安	Liuan	243.66	335.41	411.33	143	德州	Dezhou	317.33	362.52	472.83	118
亳州	Bozhou	91.07	185.96	243.69	227	聊城	Liaocheng	282.34	318.07	392.72	151

15-8 年金融机构人民币中长期贷款余额 续表 2

Medium and Long-term Loans in RMB of Financial Institutions continued 2

单位：亿元 （100 million yuan）

地名	City	2010	2012	2013	2013 排名 Ranking	地名	City	2010	2012	2013	2013 排名 Ranking
滨州	Binzhou	328.26	379.30	429.94	134	常德	Changde	237.57	381.75	499.15	109
菏泽	Heze	285.99	371.93	478.10	115	张家界	Zhangjiajie	150.82	200.92	238.74	231
河南	**Henan**	**7806.31**	**9569.10**	**11029.60**		益阳	Yiyang	139.32	231.60	292.34	198
郑州	Zhengzhou	3366.46	3805.85	5802.93	12	郴州	Chenzhou	210.69	328.48	419.60	140
开封	Kaifeng	217.16	285.96	354.93	168	永州	Yongzhou	222.49	336.03	412.13	142
洛阳	Luoyang	452.72	576.24	701.68	77	怀化	Huaihua	245.40	396.65	474.27	117
平顶山	Pingdingshan	375.35	443.16	449.76	127	娄底	Loudi	196.89	269.05	323.60	184
安阳	Anyang	165.64	205.67	255.60	222	**广东**	**Guangdong**	**46698.23**	**53931.96**	**60219.06**	
鹤壁	Hebi	127.99	139.55	159.76	258	广州	Guangzhou	11834.74	12714.31	13766.25	1
新乡	Xinxiang	256.16	357.26	447.46	128	韶关	Shaoguan	282.51	353.37	430.06	133
焦作	Jiaozuo	188.19	244.30	283.55	204	深圳	Shenzhen	10722.76	12135.75	13581.43	2
濮阳	Puyang	94.19	118.87	154.69	263	珠海	Zhuhai	1030.72	1179.67	1320.34	46
许昌	Xuchang	189.92	230.32	280.51	206	汕头	Shantou	305.75	429.53	508.86	105
漯河	Luohe	87.42	112.62	126.41	269	佛山	Foshan	3215.32	3257.00	3583.10	23
三门峡	Sanmenxia	131.08	164.46	202.17	245	江门	Jiangmen	658.13	768.81	900.22	61
南阳	Nanyang	240.45	326.90	380.90	158	湛江	Zhanjiang	432.36	488.78	582.19	94
商丘	Shangqiu	228.11	281.86	346.79	172	茂名	Maoming	267.94	370.71	440.34	130
信阳	Xinyang	181.54	277.49	363.00	162	肇庆	Zhaoqing	563.88	707.64	811.68	68
周口	Zhoukou	150.11	208.03	261.50	217	惠州	Huizhou	951.18	1200.10	1441.51	43
驻马店	Zhumadian	148.32	238.11	309.54	190	梅州	Meizhou	262.51	339.47	412.14	141
湖北	**Hubei**	**9130.98**	**11689.14**	**13095.71**		汕尾	Shanwei	94.26	137.29	162.80	256
武汉	Wuhan	6066.90	7360.28	8032.82	7	河源	Heyuan	289.07	387.52	461.39	121
黄石	Huangshi	234.23	273.51	296.47	196	阳江	Yangjiang	247.39	345.43	421.67	139
十堰	Shiyan	274.05	402.88	484.43	112	清远	Qingyuan	434.78	571.76	668.75	81
宜昌	Yichang	662.29	834.05	958.89	55	东莞	Dongguan	2095.66	2236.35	2535.01	29
襄阳	Xiangyang	368.12	495.06	594.85	89	中山	Zhongshan	827.30	1056.42	1187.35	50
鄂州	Ezhou	64.03	93.62	108.00	273	潮州	Chaozhou	106.86	129.31	152.69	264
荆门	Jingmen	157.77	228.91	256.68	220	揭阳	Jieyang	146.93	186.81	221.38	235
孝感	Xiaogan	194.62	300.07	343.07	174	云浮	Yunfu	192.02	258.80	287.57	199
荆州	Jingzhou	200.15	305.81	360.29	165	**广西**	**Guangxi**	**7057.58**	**8537.74**	**9486.51**	
黄冈	Huanggang	198.12	327.48	381.35	157	南宁	Nanning	3550.36	4254.27	4683.63	18
咸宁	Xianning	147.07	246.54	312.96	189	柳州	Liuzhou	669.55	758.27	863.63	63
随州	Suizhou	67.19	114.36	135.54	267	桂林	Guilin	583.25	740.45	843.63	64
湖南	**Hunan**	**7585.55**	**10539.28**	**12294.90**		梧州	Wuzhou	245.07	291.30	319.21	186
长沙	Changsha	4795.64	6286.70	7013.03	9	北海	Beihai	193.92	227.76	275.77	208
株洲	Zhuzhou	303.53	482.92	592.56	91	防城港	Fangchenggang	141.58	222.62	265.63	215
湘潭	Xiangtan	251.72	361.35	471.22	119	钦州	Qinzhou	260.66	293.33	328.57	181
衡阳	Hengyang	275.33	381.13	476.73	116	贵港	Guigang	207.89	264.79	300.87	192
邵阳	Shaoyang	187.93	299.10	393.31	150	玉林	Yulin	301.22	347.99	384.05	156
岳阳	Yueyang	221.22	324.62	361.83	163	百色	Baise	311.94	375.50	399.91	147

15-8 金融机构人民币中长期贷款余额 续表 3
Medium and Long-term Loans in RMB of Financial Institutions continued 3

单位：亿元 (100 million yuan)

地名	City	2010	2012	2013	2013 排名 Ranking	地名	City	2010	2012	2013	2013 排名 Ranking
贺州	Hezhou	104.68	114.88	123.69	270	丽江	Lijiang	144.58	231.82	271.60	213
河池	Hechi	209.05	254.53	272.58	211	普洱	Puer	161.26	220.11	249.20	225
来宾	Laibin	134.77	166.11	188.06	249	临沧	Lincang	127.00	192.44	208.45	241
崇左	Chongzuo	104.46	145.90	171.78	252	**西藏**	**Tibet**	**213.60**	**164.70**	**759.81**	
海南	**Hainan**	**2062.76**	**3136.98**	**3685.42**		拉萨	Lasa	143.45	294.00		
海口	Haikou	1401.33	2015.03	2076.58	32	**陕西**	**Shaanxi**	**7273.10**	**9385.20**	**11026.40**	
三亚	Sanya	216.34	290.62	592.70	90	西安	Xi'an	5075.98	6378.88	7385.37	8
三沙	Sansha					铜川	Tongchuan	40.91	57.14	67.31	282
重庆	**Chongqing**	**8705.32**	**10976.89**	**12105.13**		宝鸡	Baoji	254.59	362.90	438.59	131
四川	**Sichuan**	**14040.82**	**17542.14**	**19692.14**		咸阳	Xianyang	293.14	422.81	499.72	108
成都	Chengdu	9485.74	11088.88	12110.17	3	渭南	Weinan	245.88	301.50	361.21	164
自贡	Zigong	125.85	169.35	206.03	243	延安	Yan'an	235.05	283.28	340.73	175
攀枝花	Panzhihua	207.39	264.75	283.80	203	汉中	Hanzhong	197.16	282.43	348.00	170
泸州	Luzhou	266.26	423.40	505.77	106	榆林	Yulin	425.29	700.51	868.09	62
德阳	Deyang	278.52	383.13	400.34	146	安康	Ankang	156.40	229.12	287.06	200
绵阳	Mianyang	556.89	616.12	671.94	80	商洛	Shangluo	98.89	151.53	161.98	257
广元	Guangyuan	162.36	222.00	271.32	214	**甘肃**	**Gansu**	**2728.71**	**4220.71**	**5106.33**	
遂宁	Suining	156.80	245.66	300.69	193	兰州	Lanzhou	1627.54	2308.83	2744.10	28
内江	Neijiang	128.13	219.26	278.92	207	嘉峪关	Jiayuguan	64.98	57.80	72.41	281
乐山	Leshan	376.51	486.69	549.41	100	金昌	Jinchang	29.91	51.00	76.28	280
南充	Nanchong	296.12	453.07	560.25	98	白银	Baiyin	75.89	108.52	137.65	266
眉山	Meishan	179.12	282.91	339.39	178	天水	Tianshui	126.00	240.37	271.89	212
宜宾	Yibin	283.84	371.30	454.99	123	武威	Wuwei	97.79	170.47	259.08	218
广安	Guangan	183.28	250.98	298.84	194	张掖	Zhangye	75.98	126.72	164.08	254
达州	Dazhou	258.14	393.00	478.17	114	平凉	Pingliang	108.84	180.10	208.35	242
雅安	Yaan	168.18	250.93	318.65	187	酒泉	Jiuquan	110.37	222.58	258.39	219
巴中	Bazhong	72.30	147.42	203.01	244	庆阳	Qingyang	84.80	171.29	225.36	234
资阳	Ziyang	157.12	244.93	296.79	195	定西	Dingxi	79.18	133.64	158.73	259
贵州	**Guizhou**	**4585.34**	**6406.07**	**7759.55**		陇南	Longnan	116.62	179.65	210.42	237
贵阳	Guiyang	1955.21	2493.18	2956.78	27	**青海**	**Qinghai**	**1347.95**	**1990.52**	**2419.89**	
六盘水	Liupanshui	281.35	365.59	424.59	136	西宁	Xining	1168.87	1629.63	1928.16	34
遵义	Zunyi	467.36	730.38	946.00	58	海东	Haidong				
安顺	Anshun	156.35	277.99	274.41	209	**宁夏**	**Ningxia**	**1611.99**	**1960.85**	**2303.17**	
毕节	Bijie	225.23	336.80	424.43	137	银川	Yinchuan	1263.22	1527.99	1795.08	37
铜仁	Tongren	207.02	322.09	399.79	148	石嘴山	Shizuishan	146.21	107.66	122.05	271
云南	**Yunnan**	**7771.89**	**9644.39**	**10600.03**		吴忠	Wuzhong	152.50	142.65	152.56	265
昆明	Kunming	4930.39	5835.01	6294.34	10	固原	Guyuan	50.34	70.79	92.22	277
曲靖	Qujing	389.01	479.97	523.21	103	中卫	Zhongwei	88.58	100.33	129.38	268
玉溪	Yuxi	285.45	334.08	378.42	159	**新疆**	**Xinjiang**	**3132.26**	**4694.86**	**5783.27**	
保山	Baoshan	173.00	220.82	261.78	216	乌鲁木齐	Urumqi	1245.87	1866.87	2249.87	31
昭通	Zhaotong	198.69	302.58	340.33	177	克拉玛依	Karamay	108.45	68.18	90.16	279

15-9 金融机构人民币存贷比（年末余额）
Ratio of Deposits and Loans of Financial Institutions at Year-end

单位：% (%)

地名	City	2010	2013	2014	2014 排名 Ranking	地名	City	2010	2013	2014	2014 排名 Ranking
全国	**Nation Total**	**1.50**	**1.45**	**1.39**		沈阳	Shenyang	1.36	1.29	1.23	229
北京	**Beijing**	**2.19**	**2.17**	**0.21**		大连	Dalian	1.38	1.26	1.17	240
天津	**Tianjin**	**1.24**	**1.17**	**1.11**		鞍山	Anshan	1.76	1.77	1.72	92
河北	**Hebei**	**1.66**	**1.64**	**1.57**		抚顺	Fushun	2.49	2.16	2.03	43
石家庄	Shijiazhuang	1.87	1.91	1.79	80	本溪	Benxi	1.44	1.55	1.45	158
唐山	Tangshan	1.54	1.54	1.58	118	丹东	Dandong	1.93	1.75	1.61	111
秦皇岛	Qinhuangdao	1.68	1.60	1.50	140	锦州	Jinzhou	1.73	1.55	1.53	134
邯郸	Handan	1.62	1.64	1.58	117	营口	Yingkou	1.16	1.14	1.14	249
邢台	Xingtai	1.94	1.74	1.72	91	阜新	Fuxin	1.41	1.28	1.19	234
保定	Baoding	2.47	2.34	2.23	18	辽阳	Liaoyang	1.61	1.60	1.54	129
张家口	Zhangjiakou	1.42	1.43	1.42	172	盘锦	Panjin	1.91	1.84	1.63	103
承德	Chengde	1.42	1.44	1.35	191	铁岭	Tieling	1.29	1.31	1.32	196
沧州	Cangzhou	2.27	1.98	1.87	66	朝阳	Chaoyang	1.62	1.61	1.50	141
廊坊	Langfang	1.50	1.52	1.56	127	葫芦岛	Huludao	1.66	1.65	1.62	108
衡水	Hengshui	2.52	2.09	1.96	49	吉林	**Jilin**	**1.33**	**1.38**		
山西	**Shanxi**	**1.93**	**1.75**	**1.63**		长春	Changchun	1.09	1.21	1.17	244
太原	Taiyuan	1.38	1.38	1.26	216	吉林	Jilin	1.87	1.75	1.59	116
大同	Datong	2.78	2.37	2.21	20	四平	Siping	1.49	1.53	1.27	215
阳泉	Yangquan	2.38	1.86	1.78	83	辽源	Liaoyuan	1.51	1.34	1.24	223
长治	Changzhi	2.16	2.01	1.91	56	通化	Tonghua	1.64	1.64	1.57	122
晋城	Jincheng	2.53	2.03	1.96	50	白山	Baishan	1.53	1.51	1.45	160
朔州	Shuozhou	3.87	2.34	3.70	2	松原	Songyuan	1.71	1.50	1.38	178
晋中	Jinzhong	2.65	2.02	1.86	69	白城	Baicheng	1.59	1.33	1.29	209
运城	Yuncheng	1.90	1.82	0.18	283	黑龙江	**Heilongjiang**	**1.78**	**1.60**	**1.44**	
忻州	Xinzhou	2.74	2.51	2.40	10	哈尔滨	Harbin	1.44	1.35	1.22	230
临汾	Linfen	2.48	2.13	1.96	47	齐齐哈尔	Qiqihar	1.62	1.42	1.23	228
吕梁	Lvliang	2.79	2.01	1.84	72	鸡西	Jixi	2.47	2.16	1.89	61
内蒙古	**Inner Mongolia**	**1.30**	**1.17**	**1.08**		鹤岗	Hegang	1.44	1.53	1.38	181
呼和浩特	Hohhot	1.07	1.57	0.92	280	双鸭山	Shuangyashan	1.53	1.30	1.18	236
包头	Baotou	1.64	1.43	1.36	187	大庆	Daqing	3.81	2.67	2.34	13
乌海	Wuhai	1.47	1.24	1.11	257	伊春	Yichun	3.24	3.80	3.71	1
赤峰	Chifeng	1.89	1.47	1.30	205	佳木斯	Jiamusi	1.84	1.45	1.30	207
通辽	Tongliao	1.03	0.99	0.97	275	七台河	Qitaihe	1.59	1.73	1.73	89
鄂尔多斯	Erdos	1.12	0.98	0.96	276	牡丹江	Mudanjiang	2.66	2.12	2.01	45
呼伦贝尔	Hulunbuir	1.77	1.80	1.58	119	黑河	Heihe	2.18	1.99	1.80	75
巴彦淖尔	Bayannur	1.33	1.20	1.17	242	绥化	Suihua	1.84	1.70	1.52	136
乌兰察布	Ulanqab	1.76	1.52	1.46	156	上海	**Shanghai**	**1.67**	**1.63**	**1.63**	
辽宁	**Liaoning**	**1.46**	**1.38**	**1.32**		江苏	**Jiangsu**	**1.40**	**1.38**	**1.35**	

15-9 金融机构人民币存贷比（年末余额） 续表 1
Ratio of Deposits and Loans of Financial Institutions at Year-end continued 1

单位：% (%)

地名	City	2010	2013	2014	2014 排名 Ranking
南京	Nanjing	1.22	1.31	1.29	210
无锡	Wuxi	1.39	1.38	1.37	185
徐州	Xuzhou	1.83	1.65	1.57	121
常州	Changzhou	1.51	1.47	1.41	174
苏州	Suzhou	1.34	1.29	1.24	222
南通	Nantong	1.71	1.63	1.63	106
连云港	Lianyungang	1.42	1.22	1.20	233
淮安	Huaian	1.41	1.25	1.24	225
盐城	Yancheng	1.52	1.47	1.44	164
扬州	Yangzhou	1.64	1.64	1.56	125
镇江	Zhenjiang	1.41	1.39	1.32	197
泰州	Taizhou	1.59	1.51	1.44	165
宿迁	Suqian	1.30	1.15	1.08	262
浙江	**Zhejiang**	**1.18**	**1.15**	**1.13**	
杭州	Hangzhou	1.16	1.18	1.18	239
宁波	Ningbo	1.06	1.02	0.98	274
温州	Wenzhou	1.16	1.10	1.10	259
嘉兴	Jiaxing	1.35	1.31	1.26	217
湖州	Huzhou	1.26	1.19	1.19	235
绍兴	Shaoxing	1.29	1.17	1.13	253
金华	Jinhua	1.30	1.21	1.16	246
衢州	Quzhou	1.23	1.20	1.12	256
舟山	Zhoushan	1.14	1.13	1.13	252
台州	Taizhou	1.21	1.19	1.14	250
丽水	Lishui	1.26	1.23	1.24	224
安徽	**Anhui**	**1.43**	**1.40**	**1.35**	
合肥	Hefei	1.08	1.17	1.12	255
芜湖	Wuhu	1.17	1.12	1.04	270
蚌埠	Bengbu	1.83	1.55	2.16	23
淮南	Huainan	1.34	1.38	1.37	183
马鞍山	Maanshan	1.53	1.46	1.34	193
淮北	Huaibei	1.87	1.41	1.43	170
铜陵	Tongling	1.05	1.11	1.06	268
安庆	Anqing	2.11	1.85	1.78	81
黄山	Huangshan	1.68	1.57	1.56	126
滁州	Chuzhou	1.64	1.44	1.37	184
阜阳	Fuyang	2.36	2.23	2.13	27
宿州	Suzhou	2.28	2.07	1.91	55
六安	Liuan	1.74	1.85	1.79	78
亳州	Bozhou	2.23	1.78	1.65	100
池州	Chizhou	0.27	1.49	1.45	159
宣城	Xuancheng	1.50	1.28	1.25	219
福建	**Fujian**	**1.20**	**1.15**	**1.08**	
福州	Fuzhou	1.19	1.13	1.00	272
厦门	Xiamen	1.27	1.16	1.06	267
莆田	Putian	1.16	1.20	1.09	261
三明	Sanming	1.09	1.06	1.01	271
泉州	Quanzhou	1.26	1.35	1.24	227
漳州	Zhangzhou	1.36	1.34	1.32	198
南平	Nanping	1.22	1.25	1.24	221
龙岩	Longyan	1.08	1.08	1.07	266
宁德	Ningde	0.93	0.87	0.82	282
江西	**Jiangxi**	**1.53**	**1.50**	**1.39**	
南昌	Nanchang	1.20	1.21	1.15	247
景德镇	Jingdezhen	1.77	1.86	1.76	84
萍乡	Pingxiang	1.79	1.64	1.51	139
九江	Jiujiang	1.70	1.67	1.53	135
新余	Xinyu	1.22	1.21	1.17	243
鹰潭	Yingtan	1.66	1.53	1.46	157
赣州	Ganzhou	1.78	1.65	1.50	143
吉安	Jian	2.30	2.09	1.93	53
宜春	Yichun	1.94	1.86	1.74	87
抚州	Fuzhou	2.02	1.85	1.67	96
上饶	Shangrao	1.69	1.66	1.54	130
山东	**Shandong**	**1.34**	**1.39**	**1.35**	
济南	Jinan	1.19	1.38	1.38	180
青岛	Qingdao	1.30	1.24	1.17	241
淄博	Zibo	1.47	1.48	1.44	162
枣庄	Zaozhuang	1.23	1.28	1.31	202
东营	Dongying	1.36	1.33	1.27	214
烟台	Yantai	1.60	1.53	1.52	137
潍坊	Weifang	1.30	1.30	1.24	220
济宁	Jining	1.65	1.60	1.46	154
泰安	Taian	1.53	1.60	1.54	131
威海	Weihai	1.43	1.53	1.52	138
日照	Rizhao	1.19	1.37	1.21	232
莱芜	Laiwu	1.26	1.31	1.31	203
临沂	Linyi	1.38	1.49	1.41	173
德州	Dezhou	1.41	1.49	1.49	146
聊城	Liaocheng	1.34	1.37	1.36	188

15-9 金融机构人民币存贷比（年末余额） 续表 2

Ratio of Deposits and Loans of Financial Institutions at Year-end continued 2

单位：% (%)

地名	City	2010	2013	2014	2014 排名 Ranking	地名	City	2010	2013	2014	2014 排名 Ranking
滨州	Binzhou	1.04	1.15	1.14	251	常德	Changde	2.00	2.04	2.08	32
菏泽	Heze	1.37	1.70	1.54	132	张家界	Zhangjiajie	1.25	1.38	1.36	186
河南	**Henan**	**1.46**	**1.60**	**1.52**		益阳	Yiyang	1.94	2.02	2.11	29
郑州	Zhengzhou	1.40	1.33	1.28	211	郴州	Chenzhou	2.56	2.28	2.15	24
开封	Kaifeng	1.69	1.62	1.47	151	永州	Yongzhou	1.99	2.11	2.09	31
洛阳	Luoyang	1.88	1.70	1.63	105	怀化	Huaihua	1.90	1.82	1.79	77
平顶山	Pingdingshan	1.64	1.57	1.46	155	娄底	Loudi	1.68	1.64	1.60	115
安阳	Anyang	1.66	2.16	2.04	42	**广东**	**Guangdong**	**1.73**	**1.63**	**1.56**	
鹤壁	Hebi	1.06	1.09	1.09	260	广州	Guangzhou	1.56	1.63	1.46	153
新乡	Xinxiang	1.61	1.66	1.62	110	韶关	Shaoguan	2.61	2.25	2.08	33
焦作	Jiaozuo	1.59	1.49	1.48	149	深圳	Shenzhen	1.47	1.53	1.43	167
濮阳	Puyang	2.54	2.56	2.30	16	珠海	Zhuhai	2.08	1.97	1.88	62
许昌	Xuchang	1.48	1.41	1.31	199	汕头	Shantou	2.90	2.62	2.48	7
漯河	Luohe	1.40	2.00	1.79	76	佛山	Foshan	1.76	1.61	1.48	148
三门峡	Sanmenxia	1.84	1.71	1.61	113	江门	Jiangmen	2.27	2.05	1.84	71
南阳	Nanyang	1.78	1.87	1.78	82	湛江	Zhanjiang	2.18	1.80	1.79	79
商丘	Shangqiu	1.48	1.87	1.75	86	茂名	Maoming	2.84	2.45	2.36	11
信阳	Xinyang	1.85	2.01	1.89	60	肇庆	Zhaoqing	1.65	1.49	1.43	168
周口	Zhoukou	1.65	2.35	2.30	15	惠州	Huizhou	1.86	1.63	1.45	161
驻马店	Zhumadian	1.94	2.26	2.11	28	梅州	Meizhou	2.53	2.27	2.22	19
湖北	**Hubei**	**1.63**	**1.57**	**1.49**		汕尾	Shanwei	2.51	2.15	2.02	44
武汉	Wuhan	1.33	1.25	1.12	254	河源	Heyuan	1.48	1.32	1.25	218
黄石	Huangshi	1.67	1.54	1.48	147	阳江	Yangjiang	1.99	1.55	1.31	204
十堰	Shiyan	2.29	1.99	1.87	64	清远	Qingyuan	1.93	1.65	1.62	109
宜昌	Yichang	1.94	1.37	1.31	200	东莞	Dongguan	1.78	1.81	1.68	94
襄阳	Xiangyang	1.92	1.76	1.65	102	中山	Zhongshan	1.96	1.79	1.60	114
鄂州	Ezhou	2.00	1.55	1.48	150	潮州	Chaozhou	3.16	2.96	2.81	4
荆门	Jingmen	2.21	2.00	1.92	54	揭阳	Jieyang	2.40	2.14	1.96	48
孝感	Xiaogan	2.07	2.13	2.05	39	云浮	Yunfu	1.76	1.60	1.55	128
荆州	Jingzhou	2.42	2.19	2.06	38	**广西**	**Guangxi**	**1.32**	**1.34**	**1.29**	
黄冈	Huanggang	2.51	2.63	2.46	8	南宁	Nanning	0.97	1.06	1.00	273
咸宁	Xianning	1.93	1.75	1.67	97	柳州	Liuzhou	1.42	1.45	1.44	163
随州	Suizhou	2.56	2.24	2.13	26	桂林	Guilin	1.74	1.69	1.63	104
湖南	**Hunan**	**1.46**	**1.51**	**1.48**		梧州	Wuzhou	1.53	1.41	1.37	182
长沙	Changsha	1.03	1.08	1.08	263	北海	Beihai	1.97	1.75	1.57	123
株洲	Zhuzhou	2.05	1.98	1.85	70	防城港	Fangchenggang	1.75	1.29	1.24	226
湘潭	Xiangtan	1.46	1.43	1.38	177	钦州	Qinzhou	1.47	1.41	1.46	152
衡阳	Hengyang	2.45	2.45	2.50	6	贵港	Guigang	1.84	1.70	1.66	99
邵阳	Shaoyang	2.72	2.35	2.31	14	玉林	Yulin	1.94	1.82	1.74	88
岳阳	Yueyang	1.80	1.95	1.91	57	百色	Baise	1.31	1.31	1.31	201

15-9 金融机构人民币存贷比（年末余额） 续表 3

Ratio of Deposits and Loans of Financial Institutions at Year-end continued 3

单位：%　　(%)

地名	City	2010	2013	2014	2014 排名 Ranking
贺州	Hezhou	1.74	1.67	1.65	101
河池	Hechi	1.69	1.76	1.73	90
来宾	Laibin	1.64	1.49	1.50	142
崇左	Chongzuo	1.93	1.70	1.67	95
海南	**Hainan**	**1.84**	**1.48**	**1.36**	
海口	Haikou	1.30	1.14	1.07	264
三亚	Sanya	2.68	1.50	1.30	208
三沙	Sansha				
重庆	**Chongqing**	**1.24**	**1.28**	**1.22**	
四川	**Sichuan**	**1.58**	**1.61**	**1.57**	
成都	Chengdu	1.26	1.34	1.35	189
自贡	Zigong	2.25	2.17	2.06	37
攀枝花	Panzhihua	1.50	1.29	1.22	231
泸州	Luzhou	2.03	1.84	1.75	85
德阳	Deyang	2.34	1.88	1.80	74
绵阳	Mianyang	2.08	1.92	1.87	63
广元	Guangyuan	3.04	2.30	2.07	36
遂宁	Suining	1.89	1.79	1.61	112
内江	Neijiang	2.25	2.10	1.87	67
乐山	Leshan	1.48	1.64	1.57	120
南充	Nanchong	2.59	2.32	2.08	34
眉山	Meishan	2.18	2.10	2.00	46
宜宾	Yibin	2.11	2.07	1.87	65
广安	Guangan	2.54	2.63	2.46	9
达州	Dazhou	2.48	2.42	2.19	21
雅安	Yaan	1.90	2.04	2.05	41
巴中	Bazhong	2.75	2.56	2.25	17
资阳	Ziyang	2.40	2.06	1.94	52
贵州	**Guizhou**	**1.28**	**1.31**	**1.23**	
贵阳	Guiyang	1.17	1.37	1.07	265
六盘水	Liupanshui	1.38	1.26	1.17	245
遵义	Zunyi	1.93	1.85	1.68	93
安顺	Anshun	1.58	1.41	1.27	213
毕节	Bijie	1.95	1.53		
铜仁	Tongren	1.55	1.40		
云南	**Yunnan**	**1.27**	**1.31**	**1.24**	
昆明	Kunming	1.04	1.10	1.04	269
曲靖	Qujing	1.61	1.58	1.50	144
玉溪	Yuxi	1.75	1.59	1.54	133
保山	Baoshan	1.52	1.51	1.43	169
昭通	Zhaotong	1.82	1.86	1.95	51

地名	City	2010	2013	2014	2014 排名 Ranking
丽江	Lijiang	1.53	1.39	1.35	190
普洱	Puer	1.57	1.51	1.40	175
临沧	Lincang	1.46	1.26	1.18	237
西藏	**Tibet**	**4.30**	**2.32**	**1.90**	
拉萨	Lasa	4.19		1.90	58
陕西	**Shaanxi**	**1.64**	**1.58**	**1.49**	
西安	Xi'an	1.38	1.37	1.30	206
铜川	Tongchuan	3.16	3.43	3.32	3
宝鸡	Baoji	2.46	2.17	2.07	35
咸阳	Xianyang	2.51	2.38	2.18	22
渭南	Weinan	2.12	2.10	2.05	40
延安	Yan'an	2.02	1.95	1.81	73
汉中	Hanzhong	2.66	2.53	2.51	5
榆林	Yulin	1.62	1.35	1.35	192
安康	Ankang	2.25	2.06	1.86	68
商洛	Shangluo	2.46	2.38	2.35	12
甘肃	**Gansu**	**1.61**	**1.43**	**1.30**	
兰州	Lanzhou	1.37	1.25	1.18	238
嘉峪关	Jiayuguan	0.97	0.92	0.93	279
金昌	Jinchang	1.22	1.50	1.33	195
白银	Baiyin	1.87	1.59	1.42	171
天水	Tianshui	2.15	2.04	1.89	59
武威	Wuwei	2.01	1.52	1.33	194
张掖	Zhangye	1.99	1.49	1.28	212
平凉	Pingliang	1.63	1.85	1.57	124
酒泉	Jiuquan	1.99	1.64	1.44	166
庆阳	Qingyang	2.53	1.78	1.50	145
定西	Dingxi	1.88	1.64	1.38	179
陇南	Longnan	2.21	1.86	1.66	98
青海	**Qinghai**	**1.27**	**1.21**	**1.09**	
西宁	Xining	1.05	1.03	0.93	278
海东	Haidong			2.09	30
宁夏	**Ningxia**	**1.07**	**0.99**	**0.92**	
银川	Yinchuan	0.97	0.88	0.82	281
石嘴山	Shizuishan	1.28	1.26	1.15	248
吴忠	Wuzhong	1.07	1.13	1.10	258
固原	Guyuan	1.78	1.67	1.62	107
中卫	Zhongwei	1.24	1.06	0.95	277
新疆	**Xinjiang**	**1.78**	**1.43**	**1.29**	
乌鲁木齐	Urumqi	1.73	1.42	1.38	176
克拉玛依	Karamay	5.26	3.42	2.14	25

16

教育、卫生和文化

Education, Public Health and Culture

16-1 幼儿园数

Number of Kinder-gardens

单位：所 （unit）

地名	City	2010	2012	2013	2013 排名 Ranking
全国	**Nation Total**	**150420**	**181251**	**198533**	
北京	**Beijing**	**1245**	**1355**	**1384**	
天津	**Tianjin**	**1607**	**1657**	**1702**	
河北	**Hebei**	**7369**	**9327**	**10813**	
石家庄	Shijiazhuang	698	875	1227	33
唐山	Tangshan	484	835	847	65
秦皇岛	Qinhuangdao	178	214	281	216
邯郸	Handan	1173	1689	1829	7
邢台	Xingtai	729	928	1178	37
保定	Baoding	1617	1823	2036	4
张家口	Zhangjiakou	345	398	456	152
承德	Chengde	661	946	975	51
沧州	Cangzhou	611	623	753	83
廊坊	Langfang	265	327	438	163
衡水	Hengshui	608	669	793	74
山西	**Shanxi**	**4352**	**5489**	**5882**	
太原	Taiyuan	784	671	608	111
大同	Datong	114	423	477	147
阳泉	Yangquan	298	304	413	170
长治	Changzhi	551	629	685	99
晋城	Jincheng	484	321	483	143
朔州	Shuozhou	17	219	239	235
晋中	Jinzhong	465	524	538	128
运城	Yuncheng	546	727	818	67
忻州	Xinzhou	186	329	363	189
临汾	Linfen	432	558	674	102
吕梁	Lvliang	475	584	584	116
内蒙古	**Inner Mongolia**	**2039**	**2248**	**2740**	
呼和浩特	Hohhot	158	225	255	226
包头	Baotou	151	197	222	241
乌海	Wuhai	53	44	41	283
赤峰	Chifeng	432	646	708	96
通辽	Tongliao	126	352	416	168
鄂尔多斯	Erdos	137	256	278	218
呼伦贝尔	Hulunbuir	329	304	327	200
巴彦淖尔	Bayannur	95	113	122	268
乌兰察布	Ulanqab	62	61	93	274
辽宁	**Liaoning**		**8667**	**9261**	
沈阳	Shenyang		959	972	52
大连	Dalian		1254	1263	30
鞍山	Anshan		953	1005	49
抚顺	Fushun		385	403	173
本溪	Benxi		265	241	233
丹东	Dandong		334	346	195
锦州	Jinzhou		675	811	68
营口	Yingkou		433	455	153
阜新	Fuxin		408	470	148
辽阳	Liaoyang		588	582	117
盘锦	Panjin		383	408	172
铁岭	Tieling		867	910	57
朝阳	Chaoyang		688	881	61
葫芦岛	Huludao		475	514	133
吉林	**Jilin**	**2876**	**3270**	**3808**	
长春	Changchun	617	692	735	88
吉林	Jilin	612	689	687	98
四平	Siping	289	486	496	140
辽源	Liaoyuan	151	180	218	244
通化	Tonghua	327	334	380	183
白山	Baishan	207	242	275	220
松原	Songyuan	89	276	341	197
白城	Baicheng	266	291	372	187
黑龙江	**Heilongjiang**	**3942**	**4726**	**5571**	
哈尔滨	Harbin	866	1284	1397	18
齐齐哈尔	Qiqihar	1008	801	909	58
鸡西	Jixi	188	221	221	242
鹤岗	Hegang	148	151	154	260
双鸭山	Shuangyashan	131	150	180	255
大庆	Daqing	142	352	444	162
伊春	Yichun	108	105	102	272
佳木斯	Jiamusi	172	256	349	194
七台河	Qitaihe	83	133	144	262
牡丹江	Mudanjiang	367	379	367	188
黑河	Heihe	224	293	335	199
绥化	Suihua	448	601	882	60
上海	**Shanghai**	**1252**	**1387**	**1446**	
江苏	**Jiangsu**	**3942**	**4392**	**4722**	

16-1 幼儿园数 续表 1

Number of Kinder-gardens continued 1

单位：所 （unit）

地名	City	2010	2012	2013	2013 排名 Ranking	地名	City	2010	2012	2013	2013 排名 Ranking
南京	Nanjing	501	783	757	82	池州	Chizhou	113	124	136	264
无锡	Wuxi	209	245	325	203	宣城	Xuancheng	443	455	451	157
徐州	Xuzhou	557	544	557	124	**福建**	**Fujian**	**6179**	**7183**	**7419**	
常州	Changzhou	207	232	246	230	福州	Fuzhou	1098	1260	1277	29
苏州	Suzhou	411	465	509	135	厦门	Xiamen	505	612	642	106
南通	Nantong	374	380	388	179	莆田	Putian	168	233	259	224
连云港	Lianyungang	271	283	320	205	三明	Sanming	543	530	567	120
淮安	Huaian	248	234	263	223	泉州	Quanzhou	1050	1224	1282	28
盐城	Yancheng	280	285	289	214	漳州	Zhangzhou	1630	1844	1821	8
扬州	Yangzhou	269	285	286	215	南平	Nanping	508	618	621	108
镇江	Zhenjiang	190	190	194	250	龙岩	Longyan	388	472	534	129
泰州	Taizhou	219	209	230	239	宁德	Ningde	289	390	416	168
宿迁	Suqian	206	257	358	191	**江西**	**Jiangxi**	**8518**	**10560**	**11485**	
浙江	**Zhejiang**	**9863**	**9913**	**9209**		南昌	Nanchang	501	752	767	81
杭州	Hangzhou	969	914	860	63	景德镇	Jingdezhen	483	551	453	156
宁波	Ningbo	1180	1208	1254	32	萍乡	Pingxiang	458	502	562	122
温州	Wenzhou	1771	1554	1573	14	九江	Jiujiang	682	855	906	59
嘉兴	Jiaxing	299	301	305	210	新余	Xinyu	196	255	276	219
湖州	Huzhou	175	180	175	256	鹰潭	Yingtan	90	111	208	246
绍兴	Shaoxing	695	673	659	105	赣州	Ganzhou	2441	2853	3003	1
金华	Jinhua	1604	1581	1476	17	吉安	Jian	1218	1502	1596	13
衢州	Quzhou	889	812	717	94	宜春	Yichun	1003	1204	1299	25
舟山	Zhoushan	113	115	118	270	抚州	Fuzhou	356	389	454	154
台州	Taizhou	1291	1434	1331	23	上饶	Shangrao	1090	1586	1961	5
丽水	Lishui	877	801	741	86	**山东**	**Shandong**	**17751**	**18505**	**18528**	
安徽	**Anhui**	**4018**	**5192**	**6075**		济南	Jinan	1460	1354	1394	19
合肥	Hefei	460	698	768	80	青岛	Qingdao	2343	2475	2411	3
芜湖	Wuhu	354	409	431	165	淄博	Zibo	757	812	802	70
蚌埠	Bengbu	133	258	294	212	枣庄	Zaozhuang	634	637	663	104
淮南	Huainan	97	160	187	252	东营	Dongying	472	420	391	177
马鞍山	Maanshan	166	219	241	233	烟台	Yantai	1239	1165	1095	44
淮北	Huaibei	112	172	231	238	潍坊	Weifang	1724	1724	1751	9
铜陵	Tongling	49	68	72	279	济宁	Jining	1506	1697	1697	10
安庆	Anqing	140	282	326	201	泰安	Taian	1120	1051	1112	43
黄山	Huangshan	94	147	158	259	威海	Weihai	309	293	280	217
滁州	Chuzhou	314	376	545	127	日照	Rizhao	740	668	620	110
阜阳	Fuyang	398	523	563	121	莱芜	Laiwu	433	373	386	181
宿州	Suzhou	213	413	549	125	临沂	Linyi	2184	2347	2602	2
六安	Liuan	567	602	639	107	德州	Dezhou	376	637	782	79
亳州	Bozhou	193	286	484	142	聊城	Liaocheng	338	320	351	193

16-1 幼儿园数 续表 2

Number of Kinder-gardens continued 2

单位：所 （unit）

地名	City	2010	2012	2013	2013 排名 Ranking	地名	City	2010	2012	2013	2013 排名 Ranking
滨州	Binzhou	390	486	532	130	常德	Changde	762	879	929	54
菏泽	Heze	1726	1071	1659	11	张家界	Zhangjiajie	208	307	313	207
河南	**Henan**	**7698**	**12757**	**14485**		益阳	Yiyang	412	529	577	119
郑州	Zhengzhou	730	1197	1354	21	郴州	Chenzhou	535	739	872	62
开封	Kaifeng	350	690	742	85	永州	Yongzhou	784	1457	1636	12
洛阳	Luoyang	375	576	726	92	怀化	Huaihua	330	566	608	111
平顶山	Pingdingshan	506	991	1044	47	娄底	Loudi	278	400	505	138
安阳	Anyang	732	910	1161	40	**广东**	**Guangdong**	**11161**	**12711**	**13789**	
鹤壁	Hebi	170	352	352	192	广州	Guangzhou	1532	1601	1562	15
新乡	Xinxiang	784	2023	1559	16	韶关	Shaoguan	389	412	424	167
焦作	Jiaozuo	498	537	548	126	深圳	Shenzhen	1040	1186	1313	24
濮阳	Puyang	226	375	528	131	珠海	Zhuhai	227	232	248	228
许昌	Xuchang	758	968	987	50	汕头	Shantou	690	830	787	76
漯河	Luohe	196	311	380	183	佛山	Foshan	771	793	809	69
三门峡	Sanmenxia	205	316	320	205	江门	Jiangmen	439	470	482	144
南阳	Nanyang	489	1062	1286	27	湛江	Zhanjiang	557	847	1206	35
商丘	Shangqiu	338	597	783	78	茂名	Maoming	744	889	919	56
信阳	Xinyang	340	497	698	97	肇庆	Zhaoqing	573	488	510	134
周口	Zhoukou	425	782	1140	41	惠州	Huizhou	351	436	480	145
驻马店	Zhumadian	498	573	718	93	梅州	Meizhou	367	417	509	135
湖北	**Hubei**	**4562**	**4677**	**6011**		汕尾	Shanwei	108	144	141	263
武汉	Wuhan	785	888	924	55	河源	Heyuan	283	395	487	141
黄石	Huangshi	210	237	303	211	阳江	Yangjiang	234	312	401	174
十堰	Shiyan	163	292	322	204	清远	Qingyuan	428	432	508	137
宜昌	Yichang	359	383	382	182	东莞	Dongguan	727	791	827	66
襄阳	Xiangyang	455	540	621	108	中山	Zhongshan	435	454	454	154
鄂州	Ezhou	48	65	73	277	潮州	Chaozhou	586	644	682	100
荆门	Jingmen	132	207	206	247	揭阳	Jieyang	551	672	731	90
孝感	Xiaogan	391	438	467	150	云浮	Yunfu	188	266	309	209
荆州	Jingzhou	392	439	451	157	**广西**	**Guangxi**	**5349**	**7554**	**9075**	
黄冈	Huanggang	517	637	794	72	南宁	Nanning	990	1200	1209	34
咸宁	Xianning	246	378	396	176	柳州	Liuzhou	388	581	599	114
随州	Suizhou	136	173	181	254	桂林	Guilin	500	664	728	91
湖南	**Hunan**	**7829**	**10618**	**12236**		梧州	Wuzhou	294	330	409	171
长沙	Changsha	995	1325	1345	22	北海	Beihai	171	213	228	240
株洲	Zhuzhou	740	870	934	53	防城港	Fangchenggang	114	100	128	266
湘潭	Xiangtan	286	402	447	160	钦州	Qinzhou	97	236	247	229
衡阳	Hengyang	705	999	1168	39	贵港	Guigang	423	612	786	77
邵阳	Shaoyang	729	1092	1263	30	玉林	Yulin	592	882	1170	38
岳阳	Yueyang	718	1053	1120	42	百色	Baise	708	971	1394	19

16-1 幼儿园数 续表 3
Number of Kinder-gardens continued 3

单位：所 （unit）

地名	City	2010	2012	2013	2013 排名 Ranking	地名	City	2010	2012	2013	2013 排名 Ranking
贺州	Hezhou	198	263	312	208	丽江	Lijiang	115	172	190	251
河池	Hechi	242	508	717	94	普洱	Puer	106	111	128	266
来宾	Laibin	443	539	680	101	临沧	Lincang	62	72	73	277
崇左	Chongzuo	340	455	468	149	**西藏**	**Tibet**	**119**	**248**	**611**	
海南	**Hainan**	**1005**	**1070**	**633**		拉萨	Lasa	40	96	119	269
海口	Haikou	350	492	558	123	**陕西**	**Shaanxi**	**3928**	**5761**	**6356**	
三亚	Sanya	48	60	75	276	西安	Xi'an	1004	1239	1295	26
三沙	Sansha					铜川	Tongchuan	51	67	83	275
重庆	**Chongqing**	**4105**	**4164**	**2908**		宝鸡	Baoji	201	337	400	175
四川	**Sichuan**	**9483**	**10212**	**11759**		咸阳	Xianyang	329	682	800	71
成都	Chengdu	1724	1848	1874	6	渭南	Weinan	575	1037	1086	45
自贡	Zigong	324	351	388	179	延安	Yan'an	349	467	523	132
攀枝花	Panzhihua	186	188	201	248	汉中	Hanzhong	655	750	745	84
泸州	Luzhou	439	555	590	115	榆林	Yulin	363	542	674	102
德阳	Deyang	249	242	249	227	安康	Ankang	199	308	346	195
绵阳	Mianyang	518	546	582	117	商洛	Shangluo	181	332	374	186
广元	Guangyuan	171	271	264	222	**甘肃**	**Gansu**	**2407**	**2511**	**3141**	
遂宁	Suining	228	338	378	185	兰州	Lanzhou	281	324	389	178
内江	Neijiang	502	510	604	113	嘉峪关	Jiayuguan	53	56	59	282
乐山	Leshan	346	440	478	146	金昌	Jinchang	69	66	61	280
南充	Nanchong	299	623	854	64	白银	Baiyin	112	140	162	258
眉山	Meishan	442	446	437	164	天水	Tianshui	151	206	257	225
宜宾	Yibin	799	860	792	75	武威	Wuwei	238	166	196	249
广安	Guangan	611	721	736	87	张掖	Zhangye	463	436	447	160
达州	Dazhou	639	688	735	88	平凉	Pingliang	172	203	238	236
雅安	Yaan	202	245	238	236	酒泉	Jiuquan	247	268	267	221
巴中	Bazhong	182	198	211	245	庆阳	Qingyang	322	397	431	165
资阳	Ziyang	1028	1046	1195	36	定西	Dingxi	160	131	185	253
贵州	**Guizhou**	**2196**	**2727**	**4016**		陇南	Longnan	54	118	132	265
贵阳	Guiyang	360	444	499	139	**青海**	**Qinghai**	**599**	**1030**	**1245**	
六盘水	Liupanshui	165	223	245	231	西宁	Xining	296	331	359	190
遵义	Zunyi	465	711	794	72	海东	Haidong				
安顺	Anshun	183	259	338	198	**宁夏**	**Ningxia**	**373**	**527**	**634**	
毕节	Bijie	110	234	326	201	银川	Yinchuan	151	197	219	243
铜仁	Tongren	280	392	448	159	石嘴山	Shizuishan	61	89	94	273
云南	**Yunnan**	**3790**	**4307**	**5326**		吴忠	Wuzhong	61	93	110	271
昆明	Kunming	828	1127	1086	45	固原	Guyuan	63	97	151	261
曲靖	Qujing	655	969	1025	48	中卫	Zhongwei	37	51	60	281
玉溪	Yuxi	214	238	243	232	**新疆**	**Xinjiang**	**2563**	**3525**	**3630**	
保山	Baoshan	151	175	458	151	乌鲁木齐	Urumqi	255	280	293	213
昭通	Zhaotong	88	100	175	256	克拉玛依	Karamay	34	38	38	284

16-2 幼儿园在园学生数
Children Enrollment

单位：万人 （10 000 persons）

地名	City	2010	2012	2013	2013 排名 Ranking
全国	**Nation Total**	**2976.67**	**3685.76**	**3894.70**	
北京	**Beijing**	**27.70**	**34.14**	**34.87**	
天津	**Tianjin**	**21.79**	**25.61**	**23.38**	
河北	**Hebei**	**168.04**	**196.25**	**212.95**	
石家庄	Shijiazhuang	19.05	23.03	28.15	17
唐山	Tangshan	19.20	20.48	21.01	40
秦皇岛	Qinhuangdao	6.13	7.04	7.40	177
邯郸	Handan	23.62	30.74	31.58	11
邢台	Xingtai	16.66	19.70	21.86	35
保定	Baoding	29.23	32.38	34.38	7
张家口	Zhangjiakou	7.94	9.36	8.89	152
承德	Chengde	10.04	10.69	10.85	124
沧州	Cangzhou	19.63	23.12	26.12	21
廊坊	Langfang	9.29	12.04	13.95	86
衡水	Hengshui	7.25	7.67	8.76	155
山西	**Shanxi**	**71.03**	**91.48**	**95.13**	
太原	Taiyuan	9.54	11.06	11.34	112
大同	Datong	2.31	7.43	7.58	171
阳泉	Yangquan	2.90	3.38	3.35	248
长治	Changzhi	7.21	8.53	8.91	151
晋城	Jincheng	5.00	5.25	5.06	219
朔州	Shuozhou	1.30	3.94	4.00	238
晋中	Jinzhong	9.50	10.41	10.95	122
运城	Yuncheng	14.60	13.89	14.29	84
忻州	Xinzhou	4.77	7.55	7.82	167
临汾	Linfen	5.50	8.07	9.62	142
吕梁	Lvliang	8.30	11.97	12.21	105
内蒙古	**Inner Mongolia**	**38.08**	**52.82**	**51.55**	
呼和浩特	Hohhot	3.47	4.70	5.10	216
包头	Baotou	3.12	3.84	4.12	234
乌海	Wuhai	1.16	1.21	1.17	280
赤峰	Chifeng	7.87	10.01	11.17	115
通辽	Tongliao	3.95	6.11	6.18	198
鄂尔多斯	Erdos	5.00	7.36	7.82	167
呼伦贝尔	Hulunbuir	3.68	4.50	4.57	228
巴彦淖尔	Bayannur	3.10	3.58	3.64	242
乌兰察布	Ulanqab	1.54	1.85	2.05	269
辽宁	**Liaoning**		**94.20**	**85.62**	
沈阳	Shenyang		14.31	14.28	85
大连	Dalian		13.25	13.47	94
鞍山	Anshan		7.27	7.34	179
抚顺	Fushun		3.29	3.22	251
本溪	Benxi		2.58	2.69	260
丹东	Dandong		4.04	4.08	236
锦州	Jinzhou		6.39	5.98	203
营口	Yingkou		4.60	4.75	224
阜新	Fuxin		3.62	3.65	241
辽阳	Liaoyang		3.63	3.48	244
盘锦	Panjin		2.76	2.83	258
铁岭	Tieling		6.44	6.91	188
朝阳	Chaoyang		7.92	6.94	186
葫芦岛	Huludao		5.85	6.00	202
吉林	**Jilin**	**34.28**	**54.04**	**44.19**	
长春	Changchun	10.24	11.03	11.59	109
吉林	Jilin	7.60	8.67	8.13	162
四平	Siping	2.54	5.00	4.76	223
辽源	Liaoyuan	1.63	1.98	2.10	268
通化	Tonghua	3.10	3.63	4.11	235
白山	Baishan	1.03	1.75	1.75	273
松原	Songyuan	2.17	3.91	4.44	229
白城	Baicheng	2.42	3.33	3.31	250
黑龙江	**Heilongjiang**	**49.16**	**57.24**	**54.08**	
哈尔滨	Harbin	13.23	15.67	15.65	72
齐齐哈尔	Qiqihar	8.91	10.11	8.13	162
鸡西	Jixi	2.43	2.60	2.43	263
鹤岗	Hegang	1.64	1.47	1.33	278
双鸭山	Shuangyashan	2.44	2.28	2.12	267
大庆	Daqing	4.65	4.62	4.90	221
伊春	Yichun	0.85	1.17	0.97	283
佳木斯	Jiamusi	4.10	4.70	4.07	237
七台河	Qitaihe	1.31	1.51	1.40	277
牡丹江	Mudanjiang	3.54	3.34	3.42	245
黑河	Heihe	2.55	2.69	2.40	264
绥化	Suihua	2.93	7.08	6.68	192
上海	**Shanghai**	**40.03**	**47.42**	**50.14**	
江苏	**Jiangsu**	**205.70**	**220.44**	**231.82**	

16-2 幼儿园在园学生数 续表 1
Children Enrollment continued 1

单位：万人 （10 000 persons）

地名	City	2010	2012	2013	2013 排名 Ranking	地名	City	2010	2012	2013	2013 排名 Ranking
南京	Nanjing	15.28	17.06	17.55	61	池州	Chizhou	2.93	3.28	3.33	249
无锡	Wuxi	14.18	14.43	14.98	80	宣城	Xuancheng	6.25	6.68	6.64	194
徐州	Xuzhou	29.68	35.35	40.89	2	**福建**	**Fujian**	**116.63**	**139.99**	**143.30**	
常州	Changzhou	9.69	10.79	11.19	114	福州	Fuzhou	22.86	25.97	26.62	20
苏州	Suzhou	19.79	22.97	24.80	24	厦门	Xiamen	8.77	11.42	12.16	106
南通	Nantong	15.04	14.65	14.98	80	莆田	Putian	8.94	9.77	10.19	131
连云港	Lianyungang	17.54	17.63	18.64	54	三明	Sanming	7.57	9.18	9.54	145
淮安	Huaian	17.08	17.35	16.69	67	泉州	Quanzhou	25.69	32.08	33.98	8
盐城	Yancheng	25.19	24.38	24.36	27	漳州	Zhangzhou	14.82	18.14	17.84	58
扬州	Yangzhou	9.95	9.89	9.87	137	南平	Nanping	9.27	10.87	10.61	129
镇江	Zhenjiang	6.20	6.70	6.49	195	龙岩	Longyan	9.76	11.64	11.21	113
泰州	Taizhou	10.81	10.67	10.63	128	宁德	Ningde	8.95	10.92	11.15	116
宿迁	Suqian	15.26	18.57	20.75	41	**江西**	**Jiangxi**	**123.51**	**152.10**	**156.32**	
浙江	**Zhejiang**	**183.05**	**188.62**	**186.87**		南昌	Nanchang	8.97	12.53	13.25	96
杭州	Hangzhou	26.74	28.34	28.54	14	景德镇	Jingdezhen	4.15	4.88	5.08	218
宁波	Ningbo	25.81	27.57	27.59	19	萍乡	Pingxiang	6.19	7.50	7.37	178
温州	Wenzhou	32.26	33.22	32.78	10	九江	Jiujiang	11.13	13.37	14.67	82
嘉兴	Jiaxing	9.85	10.68	11.04	120	新余	Xinyu	3.52	4.49	4.73	225
湖州	Huzhou	7.24	7.47	7.51	174	鹰潭	Yingtan	2.39	2.95	3.89	239
绍兴	Shaoxing	13.82	13.45	12.95	100	赣州	Ganzhou	29.17	34.14	35.38	6
金华	Jinhua	22.36	23.79	24.60	25	吉安	Jian	15.03	17.53	17.20	63
衢州	Quzhou	8.00	7.77	7.56	172	宜春	Yichun	16.02	20.95	21.03	39
舟山	Zhoushan	2.53	2.59	2.59	261	抚州	Fuzhou	8.11	10.03	10.01	134
台州	Taizhou	25.98	25.19	23.30	32	上饶	Shangrao	18.84	23.73	23.71	30
丽水	Lishui	8.49	8.55	8.41	158	**山东**	**Shandong**	**108.51**	**121.92**	**116.10**	
安徽	**Anhui**	**100.82**	**121.81**	**167.94**		济南	Jinan	5.59	5.86	5.73	207
合肥	Hefei	9.51	20.54	21.18	37	青岛	Qingdao	6.45	7.20	7.54	173
芜湖	Wuhu	4.48	8.23	8.30	160	淄博	Zibo	4.30	2.95	3.16	252
蚌埠	Bengbu	4.65	9.75	10.41	130	枣庄	Zaozhuang	5.14	5.53	5.61	210
淮南	Huainan	2.63	6.19	6.92	187	东营	Dongying	2.01	2.14	1.77	272
马鞍山	Maanshan	2.73	4.78	5.02	220	烟台	Yantai	4.01	4.19	4.65	227
淮北	Huaibei	3.46	6.12	6.67	193	潍坊	Weifang	10.87	8.02	8.23	161
铜陵	Tongling	1.00	1.42	1.52	276	济宁	Jining	11.74	12.08	11.98	107
安庆	Anqing	5.91	11.22	10.67	127	泰安	Taian	6.84	5.69	5.18	215
黄山	Huangshan	3.25	3.52	3.52	243	威海	Weihai	1.34	1.60	1.79	271
滁州	Chuzhou	7.64	9.59	9.91	136	日照	Rizhao	3.29	2.96	2.87	256
阜阳	Fuyang	14.48	20.07	23.79	29	莱芜	Laiwu	0.81	0.99	1.13	281
宿州	Suzhou	7.17	15.46	16.81	66	临沂	Linyi	15.02	19.09	17.69	60
六安	Liuan	10.65	14.48	14.99	79	德州	Dezhou	5.43	7.91	8.12	165
亳州	Bozhou	7.39	16.53	18.26	56	聊城	Liaocheng	6.27	9.16	9.70	139

16-2 幼儿园在园学生数 续表 2
Children Enrollment continued 2

单位：万人 （10 000 persons）

地名	City	2010	2012	2013	2013 排名 Ranking	地名	City	2010	2012	2013	2013 排名 Ranking
滨州	Binzhou	3.64	4.47	4.26	231	常德	Changde	10.88	12.55	13.54	92
菏泽	Heze	15.74	12.79	16.69	67	张家界	Zhangjiajie	3.84	4.98	5.28	213
河南	**Henan**	**196.67**	**290.71**	**346.96**		益阳	Yiyang	7.40	9.10	9.55	144
郑州	Zhengzhou	19.51	31.01	33.30	9	郴州	Chenzhou	10.60	13.60	15.06	76
开封	Kaifeng	9.92	15.87	16.31	69	永州	Yongzhou	14.96	18.77	20.04	45
洛阳	Luoyang	10.06	16.23	20.10	44	怀化	Huaihua	9.33	12.39	13.88	87
平顶山	Pingdingshan	10.01	18.36	19.19	51	娄底	Loudi	7.66	8.18	9.57	143
安阳	Anyang	11.41	17.23	19.25	49	**广东**	**Guangdong**	**227.23**	**315.81**	**354.58**	
鹤壁	Hebi	2.81	6.21	6.16	200	广州	Guangzhou	34.30	38.34	37.87	4
新乡	Xinxiang	13.75	25.60	22.65	33	韶关	Shaoguan	8.60	10.13	10.79	125
焦作	Jiaozuo	8.25	8.08	10.95	122	深圳	Shenzhen	26.09	31.69	36.89	5
濮阳	Puyang	6.43	12.08	13.62	91	珠海	Zhuhai	4.67	5.04	5.48	212
许昌	Xuchang	12.93	16.65	17.47	62	汕头	Shantou	13.33	15.53	16.22	71
漯河	Luohe	4.90	7.18	8.47	157	佛山	Foshan	19.79	22.25	23.65	31
三门峡	Sanmenxia	4.67	6.79	7.03	184	江门	Jiangmen	11.59	12.21	12.84	101
南阳	Nanyang	21.79	39.47	41.15	1	湛江	Zhanjiang	18.61	22.72	23.81	28
商丘	Shangqiu	13.17	24.06	28.50	15	茂名	Maoming	18.70	25.47	25.84	23
信阳	Xinyang	14.85	20.25	21.06	38	肇庆	Zhaoqing	12.76	12.83	13.64	90
周口	Zhoukou	15.47	27.87	30.57	12	惠州	Huizhou	11.44	14.47	16.31	69
驻马店	Zhumadian	15.17	23.94	28.25	16	梅州	Meizhou	9.73	11.69	12.96	99
湖北	**Hubei**	**111.74**	**139.62**	**147.33**		汕尾	Shanwei	5.18	5.67	5.62	209
武汉	Wuhan	16.57	20.34	22.13	34	河源	Heyuan	8.26	10.90	12.33	103
黄石	Huangshi	4.59	6.93	6.82	189	阳江	Yangjiang	3.81	8.38	8.85	153
十堰	Shiyan	7.60	9.11	9.81	138	清远	Qingyuan	9.21	11.97	13.68	89
宜昌	Yichang	6.92	7.85	8.53	156	东莞	Dongguan	20.84	25.57	27.78	18
襄阳	Xiangyang	10.77	13.42	15.35	75	中山	Zhongshan	9.63	11.12	11.07	119
鄂州	Ezhou	0.97	1.10	1.57	275	潮州	Chaozhou	6.68	7.93	9.64	141
荆门	Jingmen	5.26	5.90	5.92	206	揭阳	Jieyang	15.12	18.00	19.91	46
孝感	Xiaogan	9.93	12.16	11.58	110	云浮	Yunfu	6.86	8.77	9.40	147
荆州	Jingzhou	10.96	13.08	13.87	88	**广西**	**Guangxi**	**118.53**	**150.25**	**178.20**	
黄冈	Huanggang	12.49	15.51	17.96	57	南宁	Nanning	17.30	21.68	24.43	26
咸宁	Xianning	6.83	8.99	9.43	146	柳州	Liuzhou	9.07	10.73	11.01	121
随州	Suizhou	5.04	5.23	5.71	208	桂林	Guilin	11.01	15.18	15.42	73
湖南	**Hunan**	**141.91**	**168.75**	**191.24**		梧州	Wuzhou	8.04	10.00	11.08	118
长沙	Changsha	17.16	20.51	21.57	36	北海	Beihai	4.40	5.62	6.48	196
株洲	Zhuzhou	9.75	12.12	13.18	97	防城港	Fangchenggang	1.57	2.45	2.28	265
湘潭	Xiangtan	3.59	5.19	5.94	205	钦州	Qinzhou	8.64	14.18	15.00	78
衡阳	Hengyang	14.62	19.07	20.36	42	贵港	Guigang	13.80	16.57	18.41	55
邵阳	Shaoyang	14.53	17.59	19.20	50	玉林	Yulin	14.11	18.44	25.98	22
岳阳	Yueyang	11.43	14.70	15.41	74	百色	Baise	10.81	13.85	13.52	93

16-2 幼儿园在园学生数 续表 3
Children Enrollment continued 3

单位：万人 （10 000 persons）

地名	City	2010	2012	2013	2013 排名 Ranking
贺州	Hezhou	4.24	6.20	6.20	197
河池	Hechi	6.94	14.17	13.44	95
来宾	Laibin	5.35	6.39	7.45	176
崇左	Chongzuo	5.46	7.63	7.50	175
海南	**Hainan**	**18.16**	**13.06**	**11.45**	
海口	Haikou	5.40	8.43	8.95	149
三亚	Sanya	0.40	1.95	2.50	262
三沙	Sansha				
重庆	**Chongqing**	**70.87**	**87.28**	**50.10**	
四川	**Sichuan**	**188.75**	**219.01**	**231.48**	
成都	Chengdu	32.61	38.45	40.15	3
自贡	Zigong	6.11	6.63	6.77	190
攀枝花	Panzhihua	3.19	3.12	3.11	253
泸州	Luzhou	13.83	14.65	14.50	83
德阳	Deyang	7.17	8.62	9.03	148
绵阳	Mianyang	9.92	12.23	12.80	102
广元	Guangyuan	5.46	6.73	7.21	180
遂宁	Suining	7.08	8.47	8.93	150
内江	Neijiang	10.10	10.15	10.12	133
乐山	Leshan	6.69	7.60	8.13	162
南充	Nanchong	11.86	16.63	17.77	59
眉山	Meishan	6.90	7.85	8.77	154
宜宾	Yibin	11.30	12.41	13.15	98
广安	Guangan	8.33	9.73	10.68	126
达州	Dazhou	15.60	17.96	18.98	53
雅安	Yaan	3.50	4.09	4.16	233
巴中	Bazhong	6.98	7.79	8.31	159
资阳	Ziyang	11.94	12.72	12.31	104
贵州	**Guizhou**	**76.91**	**90.78**	**107.75**	
贵阳	Guiyang	8.37	10.04	11.15	116
六盘水	Liupanshui	5.16	6.16	6.97	185
遵义	Zunyi	14.59	17.40	19.28	48
安顺	Anshun	4.34	6.87	7.71	169
毕节	Bijie	12.06	19.87	20.17	43
铜仁	Tongren	9.95	11.38	11.80	108
云南	**Yunnan**	**98.69**	**110.59**	**119.01**	
昆明	Kunming	17.85	19.15	19.68	47
曲靖	Qujing	14.11	18.04	19.01	52
玉溪	Yuxi	5.82	5.86	6.04	201
保山	Baoshan	6.11	6.59	7.10	182
昭通	Zhaotong	6.87	8.96	9.68	140
丽江	Lijiang	2.25	2.61	2.95	254
普洱	Puer	3.57	4.28	4.67	226
临沧	Lincang	3.89	4.64	4.80	222
西藏	**Tibet**	**3.46**	**3.01**	**7.24**	
拉萨	Lasa	2.32	1.94	2.14	266
陕西	**Shaanxi**	**70.48**	**110.78**	**127.11**	
西安	Xi'an	18.36	27.08	28.56	13
铜川	Tongchuan	0.94	1.53	1.61	274
宝鸡	Baoji	5.69	9.22	10.17	132
咸阳	Xianyang	6.96	15.90	16.89	65
渭南	Weinan	8.46	16.16	17.19	64
延安	Yan'an	6.36	10.45	11.43	111
汉中	Hanzhong	7.37	9.68	9.94	135
榆林	Yulin	7.97	12.72	15.01	77
安康	Ankang	4.88	7.09	7.65	170
商洛	Shangluo	3.02	6.91	7.84	166
甘肃	**Gansu**	**38.73**	**44.82**	**54.96**	
兰州	Lanzhou	5.56	6.08	6.71	191
嘉峪关	Jiayuguan	0.61	0.75	0.80	284
金昌	Jinchang	1.17	1.27	1.22	279
白银	Baiyin	2.26	2.98	3.39	246
天水	Tianshui	3.69	4.05	5.23	214
武威	Wuwei	3.48	4.13	4.20	232
张掖	Zhangye	2.88	3.31	3.38	247
平凉	Pingliang	3.41	4.07	4.36	230
酒泉	Jiuquan	2.62	2.92	2.92	255
庆阳	Qingyang	4.84	6.12	7.15	181
定西	Dingxi	3.72	4.52	5.10	216
陇南	Longnan	2.46	4.62	5.95	204
青海	**Qinghai**	**11.20**	**14.10**	**16.67**	
西宁	Xining	5.64	6.49	7.04	183
海东	Haidong				
宁夏	**Ningxia**	**13.79**	**16.02**	**16.91**	
银川	Yinchuan	3.95	5.07	5.58	211
石嘴山	Shizuishan	1.69	1.97	1.91	270
吴忠	Wuzhong	3.38	3.72	3.78	240
固原	Guyuan	2.12	2.42	2.79	259
中卫	Zhongwei	2.65	2.84	2.85	257
新疆	**Xinjiang**	**57.90**	**70.11**	**66.38**	
乌鲁木齐	Urumqi	5.01	6.14	6.18	198
克拉玛依	Karamay	0.88	1.02	1.11	282

16-3 普通小学学校数
Number of Primary Schools

单位：所 (unit)

地名	City	2010	2013	2014	2014 排名 Ranking
全国	**Nation Total**	**257410**	**213529**	**201377**	
北京	**Beijing**	**1104**	**1093**	**1040**	
天津	**Tianjin**	**956**	**838**	**842**	
河北	**Hebei**	**13563**	**12538**	**12529**	
石家庄	Shijiazhuang	1750	1418	1295	37
唐山	Tangshan	1242	1122	1123	49
秦皇岛	Qinhuangdao	471	429	436	152
邯郸	Handan	2093	1966	1970	9
邢台	Xingtai	1446	1375	1394	28
保定	Baoding	2179	2179	2186	4
张家口	Zhangjiakou	553	537	542	122
承德	Chengde	646	512	487	134
沧州	Cangzhou	1398	1314	1318	35
廊坊	Langfang	829	807	820	82
衡水	Hengshui	956	879	875	74
山西	**Shanxi**	**12776**	**8946**	**6885**	
太原	Taiyuan	607	543	423	154
大同	Datong	1003	631	469	139
阳泉	Yangquan	372	303	255	214
长治	Changzhi	1471	950	659	102
晋城	Jincheng	828	586	545	120
朔州	Shuozhou	472	380	316	193
晋中	Jinzhong	883	692	673	97
运城	Yuncheng	1339	962	842	77
忻州	Xinzhou	2360	1489	841	78
临汾	Linfen	1580	1249	1051	52
吕梁	Lvliang	1861	1161	867	75
内蒙古	**Inner Mongolia**	**2767**	**2308**	**2174**	
呼和浩特	Hohhot	361	258	218	223
包头	Baotou	185	153	153	251
乌海	Wuhai	30	27	25	284
赤峰	Chifeng	671	542	501	129
通辽	Tongliao	582	526	495	131
鄂尔多斯	Erdos	117	121	122	261
呼伦贝尔	Hulunbuir	201	175	185	236
巴彦淖尔	Bayannur	119	99	93	267
乌兰察布	Ulanqab	230	189	170	241
辽宁	**Liaoning**	**5523**	**4631**	**4429**	
沈阳	Shenyang	415	320	295	200
大连	Dalian	700	569	551	119
鞍山	Anshan	658	576	566	116
抚顺	Fushun	194	139	129	258
本溪	Benxi	66	74	72	273
丹东	Dandong	474	462	456	142
锦州	Jinzhou	431	403	395	162
营口	Yingkou	218	172	164	247
阜新	Fuxin	213	89	81	271
辽阳	Liaoyang	277	216	199	232
盘锦	Panjin	56	49	51	281
铁岭	Tieling	476	334	320	185
朝阳	Chaoyang	702	683	668	100
葫芦岛	Huludao	643	545	545	120
吉林	**Jilin**	**5837**	**5103**	**4806**	
长春	Changchun	1474	1345	1197	45
吉林	Jilin	732	636	620	107
四平	Siping	989	900	889	71
辽源	Liaoyuan	377	342	319	189
通化	Tonghua	398	257	250	216
白山	Baishan	246	196	192	233
松原	Songyuan	729	723	722	89
白城	Baicheng	681	514	439	149
黑龙江	**Heilongjiang**	**6490**	**3261**	**3115**	
哈尔滨	Harbin	1591	665	608	109
齐齐哈尔	Qiqihar	1172	861	840	79
鸡西	Jixi	97	75	69	274
鹤岗	Hegang	95	90	85	269
双鸭山	Shuangyashan	161	127	109	264
大庆	Daqing	507	401	389	165
伊春	Yichun	118	67	65	276
佳木斯	Jiamusi	390	228	209	227
七台河	Qitaihe	89	61	51	281
牡丹江	Mudanjiang	363	240	292	201
黑河	Heihe	231	129	184	238
绥化	Suihua	1616	275	257	213
上海	**Shanghai**	**766**	**759**	**757**	
江苏	**Jiangsu**	**4498**	**4020**	**4023**	

16-3 普通小学学校数 续表 1
Number of Primary Schools continued 1

单位：所 (unit)

地名	City	2010	2013	2014	2014 排名 Ranking	地名	City	2010	2013	2014	2014 排名 Ranking
南京	Nanjing	345	339	346	175	池州	Chizhou	403	315	292	201
无锡	Wuxi	208	194	185	236	宣城	Xuancheng	290	221	184	238
徐州	Xuzhou	871	870	906	68	**福建**	**Fujian**	**6974**	**5228**	**5167**	
常州	Changzhou	190	182	187	235	福州	Fuzhou	1270	974	905	69
苏州	Suzhou	320	304	383	168	厦门	Xiamen	295	289	296	198
南通	Nantong	347	321	321	181	莆田	Putian	707	495	491	133
连云港	Lianyungang	443	439	449	147	三明	Sanming	298	230	230	218
淮安	Huaian	404	284	283	203	泉州	Quanzhou	1483	1349	1347	33
盐城	Yancheng	491	375	318	190	漳州	Zhangzhou	1263	921	882	72
扬州	Yangzhou	226	207	208	228	南平	Nanping	513	326	321	181
镇江	Zhenjiang	130	114	113	263	龙岩	Longyan	467	365	370	169
泰州	Taizhou	151	141	158	249	宁德	Ningde	678	279	279	204
宿迁	Suqian	372	250	166	246	**江西**	**Jiangxi**	**12772**	**10650**	**9764**	
浙江	**Zhejiang**	**3989**	**3400**	**3344**		南昌	Nanchang	1047	972	927	65
杭州	Hangzhou	408	419	421	155	景德镇	Jingdezhen	496	475	450	146
宁波	Ningbo	513	465	457	141	萍乡	Pingxiang	425	382	384	167
温州	Wenzhou	706	577	568	115	九江	Jiujiang	1332	1131	959	57
嘉兴	Jiaxing	215	161	170	241	新余	Xinyu	155	98	101	265
湖州	Huzhou	141	130	128	259	鹰潭	Yingtan	356	325	259	212
绍兴	Shaoxing	452	373	359	171	赣州	Ganzhou	2592	2140	2039	8
金华	Jinhua	456	425	418	156	吉安	Jian	1253	956	802	84
衢州	Quzhou	212	212	201	230	宜春	Yichun	1579	1108	918	66
舟山	Zhoushan	61	57	58	279	抚州	Fuzhou	1334	1095	986	55
台州	Taizhou	561	356	343	178	上饶	Shangrao	2203	1968	1444	25
丽水	Lishui	264	225	221	221	**山东**	**Shandong**	**12405**	**11151**	**10770**	
安徽	**Anhui**	**13997**	**11507**	**10547**		济南	Jinan	645	602	588	110
合肥	Hefei	663	894	613	108	青岛	Qingdao	894	806	794	85
芜湖	Wuhu	205	418	412	158	淄博	Zibo	357	325	317	192
蚌埠	Bengbu	857	730	685	95	枣庄	Zaozhuang	582	534	538	124
淮南	Huainan	454	370	362	170	东营	Dongying	172	132	126	260
马鞍山	Maanshan	142	293	274	207	烟台	Yantai	509	340	316	193
淮北	Huaibei	373	350	345	176	潍坊	Weifang	1057	868	831	81
铜陵	Tongling	99	85	85	269	济宁	Jining	1273	1184	1085	50
安庆	Anqing	1687	1369	1222	42	泰安	Taian	673	560	555	118
黄山	Huangshan	514	152	139	253	威海	Weihai	134	95	90	268
滁州	Chuzhou	613	431	396	161	日照	Rizhao	419	377	310	196
阜阳	Fuyang	2331	2111	2050	7	莱芜	Laiwu	166	148	134	256
宿州	Suzhou	1134	962	882	72	临沂	Linyi	1639	1461	1370	29
六安	Liuan	1827	1501	1336	34	德州	Dezhou	960	970	937	60
亳州	Bozhou	1407	1305	1270	39	聊城	Liaocheng	782	784	760	87

16-3 普通小学学校数 续表 2
Number of Primary Schools continued 2

单位：所 （unit）

地名	City	2010	2013	2014	2014 排名 Ranking	地名	City	2010	2013	2014	2014 排名 Ranking
滨州	Binzhou	428	402	387	166	常德	Changde	720	585	539	123
菏泽	Heze	1715	1563	1632	16	张家界	Zhangjiajie	173	145	144	252
河南	**Henan**	**28603**	**26086**	**25578**		益阳	Yiyang	588	459	452	145
郑州	Zhengzhou	1027	980	935	63	郴州	Chenzhou	1418	805	471	138
开封	Kaifeng	1429	1401	1552	20	永州	Yongzhou	484	444	455	143
洛阳	Luoyang	2223	1722	1446	24	怀化	Huaihua	911	272	1368	32
平顶山	Pingdingshan	1480	1400	1409	26	娄底	Loudi	924	816	789	86
安阳	Anyang	1474	1362	1308	36	**广东**	**Guangdong**	**16806**	**11824**	**10731**	
鹤壁	Hebi	440	365	356	172	广州	Guangzhou	1004	936	938	59
新乡	Xinxiang	1654	1539	1557	19	韶关	Shaoguan	296	182	184	238
焦作	Jiaozuo	627	599	573	113	深圳	Shenzhen	340	335	331	179
濮阳	Puyang	1238	1168	1165	46	珠海	Zhuhai	124	114	115	262
许昌	Xuchang	1038	1007	1008	54	汕头	Shantou	798	768	750	88
漯河	Luohe	534	527	494	132	佛山	Foshan	424	408	406	159
三门峡	Sanmenxia	508	271	271	208	江门	Jiangmen	340	315	313	195
南阳	Nanyang	3763	3474	3447	2	湛江	Zhanjiang	2090	1270	835	80
商丘	Shangqiu	2629	2412	2179	5	茂名	Maoming	2013	1751	1746	12
信阳	Xinyang	2441	1983	1899	10	肇庆	Zhaoqing	753	223	219	222
周口	Zhoukou	4064	3826	3828	1	惠州	Huizhou	689	460	453	144
驻马店	Zhumadian	1921	1946	2284	3	梅州	Meizhou	1292	538	444	148
湖北	**Hubei**	**7785**	**5746**	**5513**		汕尾	Shanwei	778	741	650	103
武汉	Wuhan	639	584	588	110	河源	Heyuan	1260	585	318	190
黄石	Huangshi	587	445	482	135	阳江	Yangjiang	470	136	137	254
十堰	Shiyan	720	436	437	151	清远	Qingyuan	796	307	320	185
宜昌	Yichang	344	270	266	209	东莞	Dongguan	330	321	320	185
襄阳	Xiangyang	773	451	459	140	中山	Zhongshan	211	208	206	229
鄂州	Ezhou	260	247	241	217	潮州	Chaozhou	682	648	640	104
荆门	Jingmen	295	231	222	220	揭阳	Jieyang	1358	1275	1247	41
孝感	Xiaogan	668	447	473	137	云浮	Yunfu	758	303	59	278
荆州	Jingzhou	509	392	395	162	**广西**	**Guangxi**	**13942**	**13499**	**12946**	
黄冈	Huanggang	1192	736	714	90	南宁	Nanning	1515	1453	1451	23
咸宁	Xianning	477	396	345	176	柳州	Liuzhou	970	890	670	99
随州	Suizhou	195	189	190	234	桂林	Guilin	1218	1173	1138	48
湖南	**Hunan**	**12692**	**9270**	**8560**		梧州	Wuzhou	895	900	894	70
长沙	Changsha	1025	879	937	60	北海	Beihai	394	397	392	164
株洲	Zhuzhou	493	327	327	180	防城港	Fangchenggang	580	518	518	127
湘潭	Xiangtan	485	439	428	153	钦州	Qinzhou	1073	1078	1522	21
衡阳	Hengyang	1849	1647	1561	18	贵港	Guigang	1141	1137	1139	47
邵阳	Shaoyang	1667	1334	1201	44	玉林	Yulin	1461	1475	1475	22
岳阳	Yueyang	949	874	810	83	百色	Baise	1380	1860	1278	38

16-3 普通小学学校数 续表 3
Number of Primary Schools continued 3

单位：所 （unit）

地名	City	2010	2013	2014	2014 排名 Ranking
贺州	Hezhou	598	690	692	94
河池	Hechi	1455	1399	1370	29
来宾	Laibin	694	647	400	160
崇左	Chongzuo	755	706	705	91
海南	**Hainan**	**2313**	**1739**	**1619**	
海口	Haikou	327	171	170	241
三亚	Sanya	140	136	137	254
三沙	Sansha			1	286
重庆	**Chongqing**	**5544**	**4728**	**4586**	
四川	**Sichuan**	**9282**	**7257**	**6959**	
成都	Chengdu	504	513	522	126
自贡	Zigong	435	244	170	241
攀枝花	Panzhihua	64	64	64	277
泸州	Luzhou	283	270	279	204
德阳	Deyang	255	206	355	173
绵阳	Mianyang	432	437	414	157
广元	Guangyuan	242	252	255	214
遂宁	Suining	224	219	216	224
内江	Neijiang	374	306	296	198
乐山	Leshan	501	360	347	174
南充	Nanchong	263	258	260	211
眉山	Meishan	197	201	210	225
宜宾	Yibin	1369	347	320	185
广安	Guangan	260	231	228	219
达州	Dazhou	334	321	1603	17
雅安	Yaan	291	184	161	248
巴中	Bazhong	246	220	210	225
资阳	Ziyang	266	263	261	210
贵州	**Guizhou**	**12422**	**10632**	**9275**	
贵阳	Guiyang	779	636	558	117
六盘水	Liupanshui	901	716	673	97
遵义	Zunyi	2064	1633	1369	31
安顺	Anshun	953	842	683	96
毕节	Bijie	2519	2424	2170	6
铜仁	Tongren	1494	1282	1740	13
云南	**Yunnan**	**14059**	**12845**	**12608**	
昆明	Kunming	1124	956	958	58
曲靖	Qujing	1766	1702	1709	14
玉溪	Yuxi	575	557	537	125
保山	Baoshan	1246	952	928	64
昭通	Zhaotong	1980	1885	1846	11

地名	City	2010	2013	2014	2014 排名 Ranking
丽江	Lijiang	526	476	480	136
普洱	Puer	773	609	582	112
临沧	Lincang	1576	1110	913	67
西藏	**Tibet**	**870**	**841**	**829**	
拉萨	Lasa	94	81	78	272
陕西	**Shaanxi**	**9710**	**7356**	**6574**	
西安	Xi'an	1531	1291	1257	40
铜川	Tongchuan	220	130	100	266
宝鸡	Baoji	918	713	633	106
咸阳	Xianyang	1445	1238	1026	53
渭南	Weinan	1362	1038	937	60
延安	Yan'an	386	319	307	197
汉中	Hanzhong	972	742	700	92
榆林	Yulin	653	490	438	150
安康	Ankang	886	686	639	105
商洛	Shangluo	1306	681	513	128
甘肃	**Gansu**	**11582**	**9640**	**8979**	
兰州	Lanzhou	697	611	570	114
嘉峪关	Jiayuguan	17	15	18	285
金昌	Jinchang	125	53	53	280
白银	Baiyin	754	590	698	93
天水	Tianshui	1779	1480	1403	27
武威	Wuwei	694	581	661	101
张掖	Zhangye	566	351	278	206
平凉	Pingliang	1309	1054	963	56
酒泉	Jiuquan	314	220	158	249
庆阳	Qingyang	1341	1193	1054	51
定西	Dingxi	1430	1233	1210	43
陇南	Longnan	1220	988	1703	15
青海	**Qinghai**	**1792**	**1250**	**1114**	
西宁	Xining	334	181	170	241
海东	Haidong			498	130
宁夏	**Ningxia**	**2027**	**1850**	**1763**	
银川	Yinchuan	215	209	200	231
石嘴山	Shizuishan	89	76	67	275
吴忠	Wuzhong	368	330	321	181
固原	Guyuan	939	866	850	76
中卫	Zhongwei	416	369	321	181
新疆	**Xinjiang**	**3598**	**3533**	**3551**	
乌鲁木齐	Urumqi	140	138	133	257
克拉玛依	Karamay	5	28	28	283

16-4 普通小学专任教师数

Full-time Teachers of Primary Schools

单位：人 （person）

地名	City	2010	2013	2014	2014 排名 Ranking	地名	City	2010	2013	2014	2014 排名 Ranking
全国	**Nation Total**	**5617091**	**5584644**	**5633906**		沈阳	Shenyang	22023	21709	22085	75
北京	**Beijing**	**49480**	**54981**	**56870**		大连	Dalian	17258	17942	18009	107
天津	**Tianjin**	**37317**	**38275**	**38968**		鞍山	Anshan	12500	11404	10148	201
河北	**Hebei**	**319037**	**318856**	**333537**		抚顺	Fushun	7303	6841	6803	245
石家庄	Shijiazhuang	41632	38295	40817	9	本溪	Benxi	5665	5209	6163	250
唐山	Tangshan	29312	28433	31281	29	丹东	Dandong	8587	8148	8030	230
秦皇岛	Qinhuangdao	12970	13162	14296	141	锦州	Jinzhou	10535	10285	10022	202
邯郸	Handan	43301	42656	44105	7	营口	Yingkou	7367	7515	7524	237
邢台	Xingtai	33257	32037	34708	21	阜新	Fuxin	8005	7648	4953	265
保定	Baoding	45305	42387	44290	6	辽阳	Liaoyang	5449	5523	5505	257
张家口	Zhangjiakou	19383	17794	18939	100	盘锦	Panjin	5256	5173	5121	260
承德	Chengde	15889	14939	16613	118	铁岭	Tieling	10859	10796	10479	193
沧州	Cangzhou	35966	33890	37474	17	朝阳	Chaoyang	15093	14045	13262	158
廊坊	Langfang	21714	21496	22403	72	葫芦岛	Huludao	11022	10418	10418	194
衡水	Hengshui	20308	18638	18884	101	吉林	**Jilin**	**124502**	**115116**	**112729**	
山西	**Shanxi**	**190538**	**180548**	**176840**		长春	Changchun	33694	27564	27424	43
太原	Taiyuan	17079	15681	16691	117	吉林	Jilin	18209	15568	14771	135
大同	Datong	19595	16458	18189	106	四平	Siping	15119	13273	13097	164
阳泉	Yangquan	6318	5454	5732	253	辽源	Liaoyuan	5833	5427	5416	258
长治	Changzhi	17471	14769	15928	124	通化	Tonghua	10543	8124	7295	239
晋城	Jincheng	11206	10327	10313	195	白山	Baishan	6464	4473	4148	271
朔州	Shuozhou	11695	9251	9711	205	松原	Songyuan	14514	11997	11986	173
晋中	Jinzhong	15515	14315	14950	132	白城	Baicheng	11064	9096	8538	223
运城	Yuncheng	27458	24524	24140	59	黑龙江	**Heilongjiang**	**151344**	**136481**	**131577**	
忻州	Xinzhou	18423	15687	16568	120	哈尔滨	Harbin	38181	32463	29686	33
临汾	Linfen	23110	20679	21426	79	齐齐哈尔	Qiqihar	18653	14625	13388	156
吕梁	Lvliang	22668	19742	20809	83	鸡西	Jixi	6923	4184	3837	273
内蒙古	**Inner Mongolia**	**113564**	**110576**	**107262**		鹤岗	Hegang	4240	3109	2822	280
呼和浩特	Hohhot	10201	8872	8902	217	双鸭山	Shuangyashan	6016	4691	4435	269
包头	Baotou	8810	7945	8727	221	大庆	Daqing	12373	10125	11175	183
乌海	Wuhai	2278	1959	2243	282	伊春	Yichun	4982	4074	3859	272
赤峰	Chifeng	23507	21340	21085	82	佳木斯	Jiamusi	12811	9933	9471	210
通辽	Tongliao	17664	15722	16172	123	七台河	Qitaihe	3041	2385	2582	281
鄂尔多斯	Erdos	6345	7054	7588	236	牡丹江	Mudanjiang	10545	9158	8797	219
呼伦贝尔	Hulunbuir	13367	10444	11847	177	黑河	Heihe	7580	5735	7003	242
巴彦淖尔	Bayannur	7283	6090	6221	249	绥化	Suihua	23555	18244	17578	108
乌兰察布	Ulanqab	9949	8127	8763	220	上海	**Shanghai**	**45239**	**49772**	**51481**	
辽宁	**Liaoning**	**146922**	**142656**	**141049**		江苏	**Jiangsu**	**249586**	**258173**	**270190**	

16-4 普通小学专任教师数 续表 1

Full-time Teachers of Primary Schools continued 1

单位：人 (person)

地名	City	2010	2013	2014	2014 排名 Ranking
南京	Nanjing	19607	20761	21823	78
无锡	Wuxi	17731	19108	19483	95
徐州	Xuzhou	33991	36511	38210	16
常州	Changzhou	11896	12689	13053	165
苏州	Suzhou	23375	26619	31985	27
南通	Nantong	19082	19552	19289	99
连云港	Lianyungang	20763	20860	21326	80
淮安	Huaian	19690	19537	20370	88
盐城	Yancheng	25423	24193	25194	53
扬州	Yangzhou	13579	13679	13536	152
镇江	Zhenjiang	8179	9077	9255	212
泰州	Taizhou	14951	14760	14560	137
宿迁	Suqian	21319	20827	22106	74
浙江	**Zhejiang**	**171908**	**183479**	**190423**	
杭州	Hangzhou	25709	28949	30139	32
宁波	Ningbo	21577	24025	24916	54
温州	Wenzhou	31533	32833	33561	23
嘉兴	Jiaxing	12027	11205	13738	149
湖州	Huzhou	8752	8558	8556	222
绍兴	Shaoxing	14764	15632	15647	127
金华	Jinhua	16380	18359	19451	96
衢州	Quzhou	7822	8262	8401	226
舟山	Zhoushan	3230	2740	3362	276
台州	Taizhou	20510	20364	21318	81
丽水	Lishui	9664	9597	9690	206
安徽	**Anhui**	**245726**	**238131**	**237902**	
合肥	Hefei	16876	21646	24412	58
芜湖	Wuhu	6663	11390	11542	180
蚌埠	Bengbu	12809	12323	13132	163
淮南	Huainan	9888	9289	9103	215
马鞍山	Maanshan	4665	7900	7806	232
淮北	Huaibei	9246	8563	7979	231
铜陵	Tongling	2943	2890	2909	279
安庆	Anqing	22509	21142	20764	84
黄山	Huangshan	5649	5196	5240	259
滁州	Chuzhou	15814	15331	14824	133
阜阳	Fuyang	37512	35621	35774	19
宿州	Suzhou	23954	22522	22028	76
六安	Liuan	23033	22773	22682	69
亳州	Bozhou	23868	24308	24865	55
池州	Chizhou	5921	5809	5591	256
宣城	Xuancheng	9710	9341	9248	213
福建	**Fujian**	**156601**	**154490**	**158698**	
福州	Fuzhou	26550	27315	26303	47
厦门	Xiamen	9245	10908	13169	160
莆田	Putian	16048	14158	13636	151
三明	Sanming	13529	12167	11903	176
泉州	Quanzhou	29248	30618	31839	28
漳州	Zhangzhou	20060	19874	20087	90
南平	Nanping	15224	13702	13411	155
龙岩	Longyan	12128	11971	12002	172
宁德	Ningde	14569	13777	13761	148
江西	**Jiangxi**	**202897**	**207153**	**210329**	
南昌	Nanchang	21292	17735	17293	111
景德镇	Jingdezhen	7034	6572	6450	248
萍乡	Pingxiang	7777	6883	8088	228
九江	Jiujiang	20613	19393	20748	85
新余	Xinyu	5368	4641	5002	264
鹰潭	Yingtan	5099	4816	5621	255
赣州	Ganzhou	39703	39856	40320	10
吉安	Jian	19010	18175	18814	103
宜春	Yichun	23880	22790	24670	57
抚州	Fuzhou	19760	18879	19891	92
上饶	Shangrao	33361	31625	27558	42
山东	**Shandong**	**387453**	**387312**	**389080**	
济南	Jinan	24801	25209	25870	50
青岛	Qingdao	32023	32770	32181	26
淄博	Zibo	15732	15283	15362	130
枣庄	Zaozhuang	17966	18207	17507	110
东营	Dongying	8344	7464	8222	227
烟台	Yantai	20378	18801	15412	129
潍坊	Weifang	37400	37162	37141	18
济宁	Jining	32884	32401	33148	25
泰安	Taian	21444	20007	19331	98
威海	Weihai	6866	7237	7451	238
日照	Rizhao	11377	11323	11175	183
莱芜	Laiwu	5589	4666	4436	268
临沂	Linyi	41479	45387	42607	8
德州	Dezhou	27182	26910	26448	46
聊城	Liaocheng	23221	23957	24825	56

16-4 普通小学专任教师数 续表 2
Full-time Teachers of Primary Schools continued 2

单位：人 （person）

地名	City	2010	2013	2014	2014 排名 Ranking	地名	City	2010	2013	2014	2014 排名 Ranking
滨州	Binzhou	16174	15955	16245	121	常德	Changde	18172	16971	16913	114
菏泽	Heze	44593	44573	44745	5	张家界	Zhangjiajie	5588	5610	4836	266
河南	**Henan**	**490413**	**494515**	**494031**		益阳	Yiyang	16742	14710	14477	138
郑州	Zhengzhou	32372	36768	34860	20	郴州	Chenzhou	20414	21116	23577	63
开封	Kaifeng	23562	24298	23569	64	永州	Yongzhou	25229	24204	24050	60
洛阳	Luoyang	29860	29714	28476	40	怀化	Huaihua	20036	20270	20352	89
平顶山	Pingdingshan	24530	26049	25984	49	娄底	Loudi	15637	15137	13183	159
安阳	Anyang	24442	25671	23691	62	**广东**	**Guangdong**	**430735**	**437532**	**454377**	
鹤壁	Hebi	7565	7776	7605	235	广州	Guangzhou	43698	37706	47379	4
新乡	Xinxiang	24919	25527	25665	51	韶关	Shaoguan	13635	11398	12990	166
焦作	Jiaozuo	15528	14924	14141	146	深圳	Shenzhen	29769	22034	39115	15
濮阳	Puyang	19712	20725	19426	97	珠海	Zhuhai	5749	5247	6613	247
许昌	Xuchang	23673	23372	23106	66	汕头	Shantou	22819	21555	21987	77
漯河	Luohe	11884	11642	10730	190	佛山	Foshan	20070	19819	22421	71
三门峡	Sanmenxia	10746	10362	10221	198	江门	Jiangmen	16009	14573	14289	142
南阳	Nanyang	49478	51522	50600	1	湛江	Zhanjiang	37974	33526	34574	22
商丘	Shangqiu	51509	51850	47680	3	茂名	Maoming	34331	31376	33275	24
信阳	Xinyang	42216	42496	40303	12	肇庆	Zhaoqing	19107	16700	16835	116
周口	Zhoukou	55098	52052	49948	2	惠州	Huizhou	20652	18628	23755	61
驻马店	Zhumadian	40711	42164	39865	14	梅州	Meizhou	21694	18694	19526	94
湖北	**Hubei**	**197463**	**196556**	**199172**		汕尾	Shanwei	15241	14108	15536	128
武汉	Wuhan	27235	27757	26931	45	河源	Heyuan	15664	14816	14815	134
黄石	Huangshi	9647	10675	11527	181	阳江	Yangjiang	12498	10649	10610	192
十堰	Shiyan	14699	14228	12722	169	清远	Qingyuan	16517	14091	16603	119
宜昌	Yichang	10919	11509	11127	185	东莞	Dongguan	23733	18262	28679	37
襄阳	Xiangyang	21747	21143	18778	104	中山	Zhongshan	10646	9327	13133	162
鄂州	Ezhou	4953	4817	5047	261	潮州	Chaozhou	10329	9669	10158	200
荆门	Jingmen	9922	9330	8832	218	揭阳	Jieyang	28877	26977	29128	34
孝感	Xiaogan	18499	16878	16852	115	云浮	Yunfu	11723	10991	11697	178
荆州	Jingzhou	15465	14015	14198	145	**广西**	**Guangxi**	**220183**	**21557**	**217311**	
黄冈	Huanggang	22802	23604	23455	65	南宁	Nanning	28596	28234	28561	38
咸宁	Xianning	9788	10890	10766	189	柳州	Liuzhou	15076	14999	13431	153
随州	Suizhou	7677	7013	6948	243	桂林	Guilin	19051	19003	19531	93
湖南	**Hunan**	**250039**	**246273**	**248118**		梧州	Wuzhou	14359	13774	15069	131
长沙	Changsha	21015	22482	22286	73	北海	Beihai	7155	6765	7233	240
株洲	Zhuzhou	12273	12048	10720	191	防城港	Fangchenggang	4632	4227	4349	270
湘潭	Xiangtan	9091	8299	7662	234	钦州	Qinzhou	15572	17325	29039	35
衡阳	Hengyang	28071	27199	25412	52	贵港	Guigang	21097	20821	20419	87
邵阳	Shaoyang	25943	26962	27253	44	玉林	Yulin	27815	28041	28774	36
岳阳	Yueyang	19235	18720	17188	113	百色	Baise	17123	16306	15886	125

16-4 普通小学专任教师数 续表 3
Full-time Teachers of Primary Schools continued 3

单位：人 （person）

地名	City	2010	2013	2014	2014 排名 Ranking
贺州	Hezhou	10105	9288	9411	211
河池	Hechi	19322	18533	18204	105
来宾	Laibin	10643	9877	9891	203
崇左	Chongzuo	9973	9624	9494	209
海南	**Hainan**	**52056**	**50466**	**50222**	
海口	Haikou	9492	9387	7729	233
三亚	Sanya	3612	3664	3667	275
三沙	Sansha				
重庆	**Chongqing**	**116057**	**115204**	**116360**	
四川	**Sichuan**	**305741**	**305619**	**304909**	
成都	Chengdu	38250	39450	40320	10
自贡	Zigong	8294	8245	8486	224
攀枝花	Panzhihua	5177	5055	5004	263
泸州	Luzhou	15043	16944	17242	112
德阳	Deyang	11372	10727	10877	188
绵阳	Mianyang	17218	16768	16234	122
广元	Guangyuan	13628	12965	11957	175
遂宁	Suining	12055	11807	9050	216
内江	Neijiang	13585	12701	10275	196
乐山	Leshan	12042	11440	9639	207
南充	Nanchong	24977	23865	23100	67
眉山	Meishan	10587	9674	9510	208
宜宾	Yibin	18864	19492	20026	91
广安	Guangan	13188	13338	13413	154
达州	Dazhou	23607	23199	23044	68
雅安	Yaan	6084	6477	6072	251
巴中	Bazhong	13412	13414	13952	147
资阳	Ziyang	13250	12936	9755	204
贵州	**Guizhou**	**197913**	**192953**	**192850**	
贵阳	Guiyang	17084	16881	14730	136
六盘水	Liupanshui	14430	14069	13734	150
遵义	Zunyi	33074	31387	31237	30
安顺	Anshun	13410	12889	13148	161
毕节	Bijie	42832	42868	40219	13
铜仁	Tongren	21025	21710	20654	86
云南	**Yunnan**	**237537**	**23022**	**225874**	
昆明	Kunming	26389	26243	26286	48
曲靖	Qujing	31767	31512	31051	31
玉溪	Yuxi	11196	11063	10892	187
保山	Baoshan	12425	11204	11181	182
昭通	Zhaotong	30783	28937	28478	39
丽江	Lijiang	7246	6786	6744	246
普洱	Puer	12188	11768	11603	179
临沧	Lincang	13158	13248	12971	167
西藏	**Tibet**	**18847**	**18834**	**20267**	
拉萨	Lasa	3307	3493	3820	274
陕西	**Shaanxi**	**175184**	**162841**	**159356**	
西安	Xi'an	29944	27954	28395	41
铜川	Tongchuan	4536	3459	3284	278
宝鸡	Baoji	15876	13644	14244	144
咸阳	Xianyang	27249	24069	22479	70
渭南	Weinan	23624	19487	18861	102
延安	Yan'an	13537	12034	11975	174
汉中	Hanzhong	15631	13266	12819	168
榆林	Yulin	18886	16721	15781	126
安康	Ankang	14364	11188	12107	171
商洛	Shangluo	10823	9233	9168	214
甘肃	**Gansu**	**140381**	**140414**	**140476**	
兰州	Lanzhou	14349	14225	14259	143
嘉峪关	Jiayuguan	845	896	934	285
金昌	Jinchang	2163	1953	1860	284
白银	Baiyin	11528	10901	10275	196
天水	Tianshui	18829	18892	17509	109
武威	Wuwei	11016	10571	10221	198
张掖	Zhangye	6245	5870	5900	252
平凉	Pingliang	12275	12247	12200	170
酒泉	Jiuquan	4946	4864	4589	267
庆阳	Qingyang	14847	14086	14451	139
定西	Dingxi	14806	14883	13329	157
陇南	Longnan	13552	14090	14310	140
青海	**Qinghai**	**26584**	**26974**	**25224**	
西宁	Xining	7799	7985	5034	262
海东	Haidong			6851	244
宁夏	**Ningxia**	**33212**	**34113**	**33357**	
银川	Yinchuan	7236	7975	8049	229
石嘴山	Shizuishan	3403	3449	3320	277
吴忠	Wuzhong	7456	7259	7103	241
固原	Guyuan	8993	9070	8416	225
中卫	Zhongwei	6124	6360	5629	254
新疆	**Xinjiang**	**133963**	**140561**	**145067**	
乌鲁木齐	Urumqi	9393	9738	11049	186
克拉玛依	Karamay	1956	1895	1866	283

16-5 普通小学招生数
New Enrollment by Primary Schools

单位：万人 （10 000 persons）

地名	City	2010	2012	2013	2013 排名 Ranking
全国	**Nation Total**	**1691.70**	**1714.66**	**1695.36**	
北京	**Beijing**	**11.37**	**14.17**	**16.58**	
天津	**Tianjin**	**8.26**	**10.25**	**10.74**	
河北	**Hebei**	**95.60**	**106.29**	**99.61**	
石家庄	Shijiazhuang	12.64	12.63	11.81	20
唐山	Tangshan	8.00	8.93	7.80	64
秦皇岛	Qinhuangdao	2.98	3.56	3.23	173
邯郸	Handan	17.21	18.48	16.52	5
邢台	Xingtai	11.01	11.01	10.19	30
保定	Baoding	15.03	17.41	16.63	4
张家口	Zhangjiakou	4.53	5.20	5.32	106
承德	Chengde	3.98	4.77	4.74	124
沧州	Cangzhou	9.14	11.19	10.60	27
廊坊	Langfang	5.44	6.76	7.05	76
衡水	Hengshui	5.63	6.36	5.72	99
山西	**Shanxi**	**45.14**	**44.05**	**39.42**	
太原	Taiyuan	4.22	4.44	4.61	128
大同	Datong	3.96	3.90	3.54	158
阳泉	Yangquan	1.45	1.51	1.38	256
长治	Changzhi	4.03	4.11	3.65	152
晋城	Jincheng	2.55	2.31	2.07	234
朔州	Shuozhou	2.79	2.50	2.22	226
晋中	Jinzhong	3.81	4.22	4.05	145
运城	Yuncheng	6.49	5.54	4.89	117
忻州	Xinzhou	4.27	4.07	3.48	164
临汾	Linfen	5.62	5.60	4.73	125
吕梁	Lvliang	5.96	5.85	4.80	121
内蒙古	**Inner Mongolia**	**22.18**	**23.35**	**23.07**	
呼和浩特	Hohhot	2.69	2.80	3.16	178
包头	Baotou	1.97	2.18	2.43	214
乌海	Wuhai	0.41	0.55	0.55	280
赤峰	Chifeng	4.68	4.55	4.07	144
通辽	Tongliao	3.50	3.59	3.25	171
鄂尔多斯	Erdos	1.44	1.93	2.28	223
呼伦贝尔	Hulunbuir	1.97	1.95	1.76	244
巴彦淖尔	Bayannur	1.21	1.28	1.35	257
乌兰察布	Ulanqab	1.70	1.66	1.60	249
辽宁	**Liaoning**	**34.85**	**35.31**	**35.06**	
沈阳	Shenyang	5.64	6.01	6.51	82
大连	Dalian	4.51	4.66	5.23	110
鞍山	Anshan	2.55	2.93	2.96	192
抚顺	Fushun	1.35	1.32	1.32	259
本溪	Benxi	0.96	1.01	0.92	271
丹东	Dandong	1.95	1.78	1.55	251
锦州	Jinzhou	2.71	2.38	2.24	225
营口	Yingkou	2.17	2.14	2.02	236
阜新	Fuxin	1.55	1.57	1.42	255
辽阳	Liaoyang	1.47	1.46	1.43	253
盘锦	Panjin	1.21	1.22	1.21	263
铁岭	Tieling	2.64	2.42	2.21	227
朝阳	Chaoyang	3.30	3.56	3.32	170
葫芦岛	Huludao	2.84	2.86	2.73	201
吉林	**Jilin**	**24.97**	**24.22**	**21.76**	
长春	Changchun	7.34	7.01	6.44	83
吉林	Jilin	3.65	3.44	3.13	181
四平	Siping	3.51	3.64	3.19	175
辽源	Liaoyuan	1.01	0.92	0.81	273
通化	Tonghua	2.09	1.82	1.64	247
白山	Baishan	1.01	0.98	0.81	273
松原	Songyuan	3.00	2.97	2.71	203
白城	Baicheng	1.83	1.85	1.49	252
黑龙江	**Heilongjiang**	**34.14**	**32.90**	**27.45**	
哈尔滨	Harbin	8.36	8.04	7.65	69
齐齐哈尔	Qiqihar	4.18	4.21	3.62	153
鸡西	Jixi	1.59	1.48	1.25	261
鹤岗	Hegang	0.83	0.85	0.68	278
双鸭山	Shuangyashan	1.47	1.32	1.05	269
大庆	Daqing	2.99	3.00	2.63	206
伊春	Yichun	0.74	0.70	0.53	281
佳木斯	Jiamusi	3.23	2.89	1.99	238
七台河	Qitaihe	0.73	0.81	0.76	276
牡丹江	Mudanjiang	2.29	2.20	1.98	239
黑河	Heihe	1.76	1.92	1.14	266
绥化	Suihua	5.66	5.19	3.94	147
上海	**Shanghai**	**15.05**	**17.23**	**18.10**	
江苏	**Jiangsu**	**73.13**	**79.48**	**85.13**	

16-5 普通小学招生数 续表 1
New Enrollment by Primary Schools continued 1

单位：万人　　　　(10 000 persons)

地名	City	2010	2012	2013	2013 排名 Ranking	地名	City	2010	2012	2013	2013 排名 Ranking
南京	Nanjing	5.13	5.46	6.17	88	池州	Chizhou	1.87	1.62	1.64	247
无锡	Wuxi	5.29	5.44	5.84	92	宣城	Xuancheng	2.30	2.12	2.37	218
徐州	Xuzhou	10.65	14.21	15.39	9	**福建**	**Fujian**	**42.60**	**46.75**	**49.57**	
常州	Changzhou	3.92	4.11	4.54	129	福州	Fuzhou	8.21	8.93	9.34	38
苏州	Suzhou	7.27	8.28	9.23	40	厦门	Xiamen	3.55	4.42	4.86	118
南通	Nantong	5.59	5.27	5.33	105	莆田	Putian	3.86	3.58	4.24	136
连云港	Lianyungang	6.04	6.64	7.04	77	三明	Sanming	2.61	2.84	2.88	195
淮安	Huaian	5.82	6.06	6.16	89	泉州	Quanzhou	10.06	11.60	12.05	19
盐城	Yancheng	6.91	7.71	7.78	67	漳州	Zhangzhou	5.48	5.97	6.07	90
扬州	Yangzhou	3.82	3.56	3.50	162	南平	Nanping	3.07	3.14	3.40	166
镇江	Zhenjiang	2.26	2.28	2.36	219	龙岩	Longyan	2.78	2.95	3.06	187
泰州	Taizhou	4.01	3.50	3.73	148	宁德	Ningde	2.99	3.31	3.67	151
宿迁	Suqian	6.40	6.96	8.06	60	**江西**	**Jiangxi**	**74.84**	**80.04**	**78.91**	
浙江	**Zhejiang**	**60.21**	**60.72**	**60.75**		南昌	Nanchang	7.38	7.70	7.43	72
杭州	Hangzhou	8.03	8.37	8.83	44	景德镇	Jingdezhen	2.48	2.68	2.80	199
宁波	Ningbo	8.47	8.59	8.49	49	萍乡	Pingxiang	2.74	2.75	2.71	203
温州	Wenzhou	10.93	10.88	10.87	24	九江	Jiujiang	8.23	8.50	8.35	55
嘉兴	Jiaxing	3.67	3.76	3.71	149	新余	Xinyu	1.75	1.84	1.79	243
湖州	Huzhou	2.54	2.59	2.63	206	鹰潭	Yingtan	1.85	2.11	2.02	236
绍兴	Shaoxing	5.09	4.84	4.79	122	赣州	Ganzhou	15.72	16.69	16.26	6
金华	Jinhua	7.08	7.11	7.14	74	吉安	Jian	7.05	8.24	8.36	54
衢州	Quzhou	2.56	2.35	2.31	221	宜春	Yichun	8.41	9.23	8.79	46
舟山	Zhoushan	0.79	0.79	0.80	275	抚州	Fuzhou	6.54	7.24	7.01	78
台州	Taizhou	8.24	8.50	8.26	57	上饶	Shangrao	12.68	13.07	13.40	14
丽水	Lishui	2.81	2.93	2.91	194	**山东**	**Shandong**	**111.30**	**109.55**	**115.69**	
安徽	**Anhui**	**81.90**	**69.39**	**75.31**		济南	Jinan	6.27	6.61	6.99	79
合肥	Hefei	5.79	6.96	8.33	56	青岛	Qingdao	8.12	8.27	9.32	39
芜湖	Wuhu	2.24	3.05	3.18	176	淄博	Zibo	4.47	4.07	4.27	134
蚌埠	Bengbu	3.81	3.92	4.24	136	枣庄	Zaozhuang	4.43	5.14	5.45	102
淮南	Huainan	2.41	2.35	2.79	200	东营	Dongying	2.30	2.32	2.13	231
马鞍山	Maanshan	1.21	1.79	2.04	235	烟台	Yantai	4.60	5.01	5.34	104
淮北	Huaibei	2.51	2.27	2.48	213	潍坊	Weifang	8.85	10.81	11.15	22
铜陵	Tongling	0.69	0.60	0.69	277	济宁	Jining	9.80	10.51	10.67	26
安庆	Anqing	6.50	5.35	5.53	101	泰安	Taian	6.44	4.84	4.81	120
黄山	Huangshan	1.14	1.05	1.16	264	威海	Weihai	1.87	2.04	2.26	224
滁州	Chuzhou	4.89	4.07	4.18	140	日照	Rizhao	3.48	3.01	3.12	182
阜阳	Fuyang	17.75	12.13	13.39	15	莱芜	Laiwu	1.35	1.12	1.10	268
宿州	Suzhou	8.03	6.86	7.89	63	临沂	Linyi	14.63	12.50	14.44	12
六安	Liuan	7.88	7.06	6.78	81	德州	Dezhou	7.97	6.87	6.83	80
亳州	Bozhou	8.53	8.19	8.64	47	聊城	Liaocheng	7.54	7.95	8.83	44

16-5 普通小学招生数 续表 2
New Enrollment by Primary Schools continued 2

单位：万人 （10 000 persons）

地名	City	2010	2012	2013	2013 排名 Ranking
滨州	Binzhou	4.15	4.14	3.69	150
菏泽	Heze	15.03	14.35	15.31	10
河南	**Henan**	**187.76**	**190.97**	**181.06**	
郑州	Zhengzhou	11.34	12.92	13.75	13
开封	Kaifeng	9.45	9.84	7.80	64
洛阳	Luoyang	11.09	11.13	10.75	25
平顶山	Pingdingshan	8.81	10.36	9.46	37
安阳	Anyang	9.29	10.52	10.23	29
鹤壁	Hebi	3.03	2.97	2.08	233
新乡	Xinxiang	11.06	11.70	10.58	28
焦作	Jiaozuo	4.71	4.58	4.27	134
濮阳	Puyang	8.31	8.56	7.94	62
许昌	Xuchang	7.69	6.78	7.62	70
漯河	Luohe	3.79	3.97	3.40	166
三门峡	Sanmenxia	3.00	2.82	2.62	208
南阳	Nanyang	21.69	25.19	23.87	1
商丘	Shangqiu	18.31	17.87	15.46	8
信阳	Xinyang	14.69	14.82	13.19	17
周口	Zhoukou	23.48	20.45	21.80	2
驻马店	Zhumadian	17.15	15.62	15.47	7
湖北	**Hubei**	**67.97**	**63.48**	**60.80**	
武汉	Wuhan	7.35	7.41	7.75	68
黄石	Huangshi	4.32	4.82	4.17	142
十堰	Shiyan	4.80	4.27	4.49	130
宜昌	Yichang	2.65	2.57	2.72	202
襄阳	Xiangyang	6.50	6.35	6.19	87
鄂州	Ezhou	1.44	1.27	1.31	260
荆门	Jingmen	2.25	1.98	2.15	230
孝感	Xiaogan	5.83	4.60	4.78	123
荆州	Jingzhou	6.80	6.11	5.95	91
黄冈	Huanggang	9.98	8.63	7.79	66
咸宁	Xianning	4.84	4.71	3.40	166
随州	Suizhou	2.70	2.36	2.13	231
湖南	**Hunan**	**86.38**	**88.08**	**84.76**	
长沙	Changsha	7.40	7.89	8.45	51
株洲	Zhuzhou	3.86	4.14	4.31	132
湘潭	Xiangtan	2.67	2.58	2.52	211
衡阳	Hengyang	10.52	10.59	9.76	33
邵阳	Shaoyang	11.52	11.86	11.14	23
岳阳	Yueyang	6.35	5.99	5.76	98
常德	Changde	4.81	4.87	4.83	119
张家界	Zhangjiajie	1.87	1.87	1.81	240
益阳	Yiyang	4.52	4.63	4.20	138
郴州	Chenzhou	8.43	8.40	8.12	59
永州	Yongzhou	9.15	9.58	9.01	41
怀化	Huaihua	5.88	6.00	5.84	92
娄底	Loudi	5.79	6.00	5.61	100
广东	**Guangdong**	**135.92**	**145.30**	**150.05**	
广州	Guangzhou	13.89	15.11	16.79	3
韶关	Shaoguan	3.64	3.71	3.61	154
深圳	Shenzhen	11.80	13.73	14.71	11
珠海	Zhuhai	2.16	2.45	2.53	209
汕头	Shantou	8.14	8.42	8.44	52
佛山	Foshan	7.50	8.17	8.44	52
江门	Jiangmen	4.77	5.07	5.27	109
湛江	Zhanjiang	9.67	9.53	9.66	35
茂名	Maoming	10.04	9.55	9.73	34
肇庆	Zhaoqing	5.33	5.56	5.84	92
惠州	Huizhou	7.26	8.72	8.91	42
梅州	Meizhou	5.18	5.35	5.30	107
汕尾	Shanwei	4.94	4.90	4.15	143
河源	Heyuan	4.37	4.87	4.96	113
阳江	Yangjiang	3.04	3.35	3.56	156
清远	Qingyuan	4.44	4.78	5.15	112
东莞	Dongguan	10.89	12.33	12.72	18
中山	Zhongshan	4.08	4.56	4.73	125
潮州	Chaozhou	3.01	3.16	3.53	159
揭阳	Jieyang	8.68	9.64	8.49	49
云浮	Yunfu	3.09	3.34	3.53	159
广西	**Guangxi**	**74.11**	**74.21**	**75.29**	
南宁	Nanning	9.38	9.54	10.17	31
柳州	Liuzhou	4.91	4.84	4.96	113
桂林	Guilin	5.25	5.86	6.29	85
梧州	Wuzhou	4.99	4.90	4.92	115
北海	Beihai	2.50	2.79	2.64	205
防城港	Fangchenggang	1.58	1.59	1.58	250
钦州	Qinzhou	6.25	5.73	5.79	96
贵港	Guigang	7.78	7.75	7.59	71
玉林	Yulin	10.97	10.46	10.10	32
百色	Baise	5.86	5.92	5.79	96

16-5 普通小学招生数 续表 3
New Enrollment by Primary Schools continued 3

单位：万人 （10 000 persons）

地名	City	2010	2012	2013	2013 排名 Ranking	地名	City	2010	2012	2013	2013 排名 Ranking
贺州	Hezhou	4.97	3.12	3.24	172	丽江	Lijiang	1.53	1.40	1.43	253
河池	Hechi	4.95	5.48	5.83	95	普洱	Puer	2.95	2.92	2.92	193
来宾	Laibin	3.40	3.20	3.07	184	临沧	Lincang	3.16	2.79	3.09	183
崇左	Chongzuo	3.07	3.10	3.18	176	**西藏**	**Tibet**	**5.06**	**5.16**	**5.16**	
海南	**Hainan**	**10.36**	**12.25**	**12.43**		拉萨	Lasa	0.81	0.91	0.94	270
海口	Haikou	3.10	2.53	3.07	184	**陕西**	**Shaanxi**	**40.86**	**37.89**	**38.81**	
三亚	Sanya	1.00	0.83	1.14	266	西安	Xi'an	8.64	8.88	9.56	36
三沙	Sansha					铜川	Tongchuan	0.80	0.67	0.61	279
重庆	**Chongqing**	**32.97**	**35.21**	**37.57**		宝鸡	Baoji	3.49	3.24	3.20	174
四川	**Sichuan**	**96.49**	**100.96**	**95.03**		咸阳	Xianyang	6.26	5.62	5.43	103
成都	Chengdu	10.88	12.08	13.39	15	渭南	Weinan	5.33	4.92	4.91	116
自贡	Zigong	2.91	3.32	3.14	179	延安	Yan'an	2.72	2.72	2.88	195
攀枝花	Panzhihua	1.44	1.25	1.23	262	汉中	Hanzhong	3.62	3.21	3.14	179
泸州	Luzhou	6.86	7.79	7.09	75	榆林	Yulin	4.17	4.24	4.18	140
德阳	Deyang	2.72	2.82	2.97	191	安康	Ankang	3.05	1.75	2.41	216
绵阳	Mianyang	4.23	4.03	4.43	131	商洛	Shangluo	2.58	2.43	2.29	222
广元	Guangyuan	2.64	2.70	2.43	214	**甘肃**	**Gansu**	**36.13**	**34.12**	**32.09**	
遂宁	Suining	2.69	3.01	2.87	197	兰州	Lanzhou	3.58	3.43	3.55	157
内江	Neijiang	4.13	4.62	4.02	146	嘉峪关	Jiayuguan	0.27	0.27	0.28	284
乐山	Leshan	3.00	3.07	3.07	184	金昌	Jinchang	0.56	0.53	0.49	282
南充	Nanchong	7.87	8.43	6.20	86	白银	Baiyin	2.13	1.85	1.80	241
眉山	Meishan	2.74	2.55	2.18	229	天水	Tianshui	5.48	4.85	4.30	133
宜宾	Yibin	6.43	6.58	6.36	84	武威	Wuwei	2.41	2.01	1.74	245
广安	Guangan	4.79	4.85	4.19	139	张掖	Zhangye	1.38	1.36	1.35	257
达州	Dazhou	8.84	8.50	7.21	73	平凉	Pingliang	2.72	2.78	2.53	209
雅安	Yaan	1.70	1.79	1.68	246	酒泉	Jiuquan	1.25	1.18	1.16	264
巴中	Bazhong	5.05	4.02	3.37	169	庆阳	Qingyang	3.23	3.31	3.05	188
资阳	Ziyang	4.82	5.40	5.17	111	定西	Dingxi	3.58	3.15	3.01	190
贵州	**Guizhou**	**65.69**	**59.10**	**51.06**		陇南	Longnan	4.44	4.15	3.51	161
贵阳	Guiyang	5.33	5.64	5.29	108	**青海**	**Qinghai**	**8.10**	**8.31**	**7.86**	
六盘水	Liupanshui	5.06	4.05	3.57	155	西宁	Xining	2.50	2.44	2.40	217
遵义	Zunyi	9.56	8.92	8.14	58	海东	Haidong				
安顺	Anshun	4.54	4.00	3.42	165	**宁夏**	**Ningxia**	**10.13**	**10.48**	**10.02**	
毕节	Bijie	16.54	14.46	11.46	21	银川	Yinchuan	2.36	2.59	2.81	198
铜仁	Tongren	7.48	6.18	4.62	127	石嘴山	Shizuishan	0.86	0.93	0.89	272
云南	**Yunnan**	**66.93**	**62.29**	**61.35**		吴忠	Wuzhong	2.49	2.56	2.33	220
昆明	Kunming	8.76	8.12	7.97	61	固原	Guyuan	2.52	2.36	2.19	228
曲靖	Qujing	10.50	9.29	8.91	42	中卫	Zhongwei	2.02	2.04	1.80	241
玉溪	Yuxi	3.01	3.00	2.50	212	**新疆**	**Xinjiang**	**31.19**	**33.17**	**34.86**	
保山	Baoshan	3.31	3.03	3.03	189	乌鲁木齐	Urumqi	2.92	3.28	3.50	162
昭通	Zhaotong	9.51	9.62	8.50	48	克拉玛依	Karamay	0.37	0.37	0.41	283

16-6 普通小学在校学生数
Total Enrollment by Primary Schools

单位：万人 （10 000 persons）

地名	City	2010	2013	2014	2014 排名 Ranking
全国	**Nation Total**	**9940.70**	**9360.55**	**9451.07**	
北京	**Beijing**	**65.33**	**78.93**	**82.12**	
天津	**Tianjin**	**50.59**	**55.21**	**57.32**	
河北	**Hebei**	**511.59**	**546.21**	**564.29**	
石家庄	Shijiazhuang	67.19	68.52	68.10	18
唐山	Tangshan	44.10	47.38	47.98	52
秦皇岛	Qinhuangdao	16.91	18.37	18.80	174
邯郸	Handan	86.34	91.77	92.30	2
邢台	Xingtai	58.29	56.72	58.66	29
保定	Baoding	80.76	88.18	90.92	4
张家口	Zhangjiakou	28.60	28.55	29.11	109
承德	Chengde	22.73	25.27	26.23	123
沧州	Cangzhou	48.10	55.41	58.98	26
廊坊	Langfang	28.91	34.26	36.56	82
衡水	Hengshui	29.65	31.80	32.64	97
山西	**Shanxi**	**291.06**	**229.64**	**224.50**	
太原	Taiyuan	26.73	25.44	26.13	124
大同	Datong	27.76	20.12	19.68	160
阳泉	Yangquan	8.86	8.39	8.37	257
长治	Changzhi	24.71	21.43	20.49	154
晋城	Jincheng	17.34	13.81	12.81	228
朔州	Shuozhou	18.99	13.31	13.81	218
晋中	Jinzhong	23.72	22.15	22.73	147
运城	Yuncheng	41.05	29.96	28.75	112
忻州	Xinzhou	29.28	20.42	18.94	172
临汾	Linfen	35.39	28.13	27.42	116
吕梁	Lvliang	37.23	26.48	25.99	127
内蒙古	**Inner Mongolia**	**143.08**	**131.06**	**129.65**	
呼和浩特	Hohhot	17.75	16.94	16.87	193
包头	Baotou	14.29	13.31	13.17	225
乌海	Wuhai	3.11	3.03	3.01	281
赤峰	Chifeng	28.03	25.24	24.73	132
通辽	Tongliao	21.05	19.19	18.37	177
鄂尔多斯	Erdos	10.32	11.19	11.61	235
呼伦贝尔	Hulunbuir	11.79	10.60	10.62	242
巴彦淖尔	Bayannur	9.43	7.55	7.45	261
乌兰察布	Ulanqab	11.40	8.85	8.61	255
辽宁	**Liaoning**	**218.25**	**204.41**	**198.46**	
沈阳	Shenyang	33.78	34.47	35.11	84
大连	Dalian	29.09	28.38	28.76	111
鞍山	Anshan	18.56	17.14	16.82	194
抚顺	Fushun	8.47	7.73	7.47	260
本溪	Benxi	6.40	5.58	5.43	269
丹东	Dandong	12.65	10.85	9.88	245
锦州	Jinzhou	16.09	14.38	13.24	224
营口	Yingkou	13.15	11.44	11.18	236
阜新	Fuxin	9.57	8.80	8.47	256
辽阳	Liaoyang	9.90	8.88	7.60	259
盘锦	Panjin	7.31	6.79	6.66	266
铁岭	Tieling	15.34	14.03	12.96	227
朝阳	Chaoyang	20.73	19.72	19.08	170
葫芦岛	Huludao	17.22	16.24	14.63	210
吉林	**Jilin**	**144.46**	**136.19**	**126.88**	
长春	Changchun	42.17	39.51	38.40	78
吉林	Jilin	22.18	20.70	18.15	180
四平	Siping	18.23	18.85	17.13	189
辽源	Liaoyuan	5.73	5.50	5.20	272
通化	Tonghua	13.11	12.12	9.33	249
白山	Baishan	5.99	5.04	4.71	275
松原	Songyuan	16.96	15.95	15.67	201
白城	Baicheng	11.13	9.61	9.15	250
黑龙江	**Heilongjiang**	**187.96**	**154.00**	**148.60**	
哈尔滨	Harbin	46.07	42.23	40.43	70
齐齐哈尔	Qiqihar	24.81	22.37	21.50	151
鸡西	Jixi	8.34	6.22	5.10	273
鹤岗	Hegang	5.02	4.00	2.99	282
双鸭山	Shuangyashan	8.20	6.32	5.03	274
大庆	Daqing	14.44	12.71	12.68	229
伊春	Yichun	4.96	3.50	3.08	280
佳木斯	Jiamusi	18.70	12.11	9.76	247
七台河	Qitaihe	4.03	3.69	3.63	278
牡丹江	Mudanjiang	13.70	11.44	10.48	243
黑河	Heihe	10.03	7.39	8.79	253
绥化	Suihua	27.53	20.49	19.25	168
上海	**Shanghai**	**70.16**	**79.25**	**80.30**	
江苏	**Jiangsu**	**398.81**	**435.37**	**471.48**	

16-6 普通小学在校学生数 续表 1

Total Enrollment by Primary Schools continued 1

单位：万人 （10 000 persons）

地名	City	2010	2013	2014	2014 排名 Ranking	地名	City	2010	2013	2014	2014 排名 Ranking
南京	Nanjing	28.83	32.14	33.93	90	池州	Chizhou	10.18	9.06	9.02	251
无锡	Wuxi	30.62	32.53	33.62	93	宣城	Xuancheng	13.61	13.25	13.34	223
徐州	Xuzhou	53.02	66.18	75.45	13	**福建**	**Fujian**	**238.89**	**259.84**	**274.63**	
常州	Changzhou	22.15	24.36	25.33	129	福州	Fuzhou	44.60	49.63	49.93	44
苏州	Suzhou	38.84	47.24	60.63	23	厦门	Xiamen	18.83	24.09	26.02	126
南通	Nantong	32.32	31.82	32.04	99	莆田	Putian	21.16	21.81	23.13	143
连云港	Lianyungang	32.71	35.52	38.42	77	三明	Sanming	15.64	16.08	16.82	194
淮安	Huaian	30.36	32.54	33.66	92	泉州	Quanzhou	53.81	61.38	65.17	20
盐城	Yancheng	35.97	40.41	42.57	64	漳州	Zhangzhou	33.69	33.05	34.01	89
扬州	Yangzhou	22.77	22.06	21.88	149	南平	Nanping	18.06	18.38	19.29	166
镇江	Zhenjiang	12.93	13.44	13.76	219	龙岩	Longyan	15.99	16.64	17.28	188
泰州	Taizhou	22.53	22.04	21.94	148	宁德	Ningde	17.10	18.78	20.20	159
宿迁	Suqian	35.76	35.08	38.26	79	**江西**	**Jiangxi**	**426.02**	**408.11**	**412.98**	
浙江	**Zhejiang**	**333.33**	**349.58**	**354.50**		南昌	Nanchang	43.66	39.49	39.73	72
杭州	Hangzhou	45.39	48.35	50.27	43	景德镇	Jingdezhen	14.14	14.15	14.36	211
宁波	Ningbo	46.19	48.70	48.26	49	萍乡	Pingxiang	14.64	14.46	14.67	209
温州	Wenzhou	58.13	60.83	62.11	21	九江	Jiujiang	43.70	39.35	38.62	76
嘉兴	Jiaxing	22.55	22.68	24.54	133	新余	Xinyu	9.09	9.58	9.88	245
湖州	Huzhou	16.01	15.67	15.61	202	鹰潭	Yingtan	10.67	10.46	10.82	237
绍兴	Shaoxing	30.04	29.96	28.86	110	赣州	Ganzhou	92.44	90.92	90.31	5
金华	Jinhua	36.85	40.10	41.06	67	吉安	Jian	37.71	41.40	43.16	63
衢州	Quzhou	14.83	14.36	14.30	213	宜春	Yichun	47.81	46.65	47.71	53
舟山	Zhoushan	4.72	4.64	4.71	275	抚州	Fuzhou	40.70	34.29	34.10	88
台州	Taizhou	43.05	47.94	48.16	50	上饶	Shangrao	71.46	67.36	55.00	36
丽水	Lishui	15.63	16.35	16.63	196	**山东**	**Shandong**	**629.25**	**625.98**	**648.47**	
安徽	**Anhui**	**460.44**	**409.20**	**415.14**		济南	Jinan	38.40	39.42	40.51	69
合肥	Hefei	32.79	42.69	44.25	61	青岛	Qingdao	46.27	49.63	51.65	41
芜湖	Wuhu	11.84	18.86	18.81	173	淄博	Zibo	23.03	21.80	21.81	150
蚌埠	Bengbu	25.59	22.11	23.51	141	枣庄	Zaozhuang	26.45	27.44	29.71	107
淮南	Huainan	15.24	14.25	14.93	207	东营	Dongying	13.47	11.51	12.00	232
马鞍山	Maanshan	7.10	12.35	12.08	231	烟台	Yantai	25.60	25.63	26.25	122
淮北	Huaibei	16.67	14.38	13.63	221	潍坊	Weifang	53.90	57.05	58.38	30
铜陵	Tongling	4.12	3.85	3.87	277	济宁	Jining	54.66	57.02	60.22	24
安庆	Anqing	38.67	31.91	30.86	102	泰安	Taian	38.17	33.64	30.33	104
黄山	Huangshan	6.64	6.69	6.76	264	威海	Weihai	9.85	10.09	10.69	240
滁州	Chuzhou	29.32	24.36	24.13	136	日照	Rizhao	19.08	19.02	19.31	165
阜阳	Fuyang	85.21	72.67	73.81	16	莱芜	Laiwu	6.70	6.09	5.89	268
宿州	Suzhou	43.06	37.16	40.09	71	临沂	Linyi	74.29	76.80	83.40	9
六安	Liuan	43.35	39.19	38.70	75	德州	Dezhou	44.66	42.29	41.34	66
亳州	Bozhou	48.98	46.42	47.34	56	聊城	Liaocheng	41.44	43.03	46.62	58

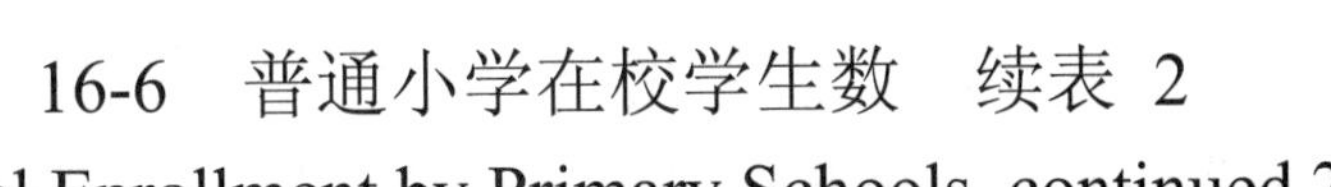

16-6 普通小学在校学生数 续表 2
Total Enrollment by Primary Schools continued 2

单位：万人 (10 000 persons)

地名	City	2010	2013	2014	2014 排名 Ranking
滨州	Binzhou	25.89	24.44	24.36	134
菏泽	Heze	87.37	81.09	86.31	7
河南	**Henan**	**1070.53**	**939.98**	**928.60**	
郑州	Zhengzhou	60.98	70.52	75.12	14
开封	Kaifeng	50.71	44.91	51.08	42
洛阳	Luoyang	63.95	59.79	58.95	27
平顶山	Pingdingshan	42.92	48.03	49.59	45
安阳	Anyang	50.56	52.85	54.78	38
鹤壁	Hebi	18.61	15.26	14.88	208
新乡	Xinxiang	59.42	59.11	58.72	28
焦作	Jiaozuo	30.84	26.01	25.08	130
濮阳	Puyang	47.78	38.75	37.74	80
许昌	Xuchang	42.12	39.70	39.66	73
漯河	Luohe	22.14	19.20	19.28	167
三门峡	Sanmenxia	18.00	15.14	14.35	212
南阳	Nanyang	112.21	115.23	118.76	1
商丘	Shangqiu	111.66	77.47	76.84	11
信阳	Xinyang	87.78	68.78	67.23	19
周口	Zhoukou	144.71	105.18	92.30	2
驻马店	Zhumadian	101.08	79.23	76.58	12
湖北	**Hubei**	**364.75**	**328.26**	**321.16**	
武汉	Wuhan	41.13	42.38	44.45	60
黄石	Huangshi	23.38	21.71	18.64	176
十堰	Shiyan	24.30	20.94	20.96	153
宜昌	Yichang	16.37	15.63	15.82	199
襄阳	Xiangyang	34.03	32.09	33.10	96
鄂州	Ezhou	7.90	6.72	6.72	265
荆门	Jingmen	12.97	12.23	12.37	230
孝感	Xiaogan	30.83	24.06	23.91	139
荆州	Jingzhou	37.09	31.79	29.43	108
黄冈	Huanggang	54.63	43.19	39.64	74
咸宁	Xianning	22.40	23.00	20.39	155
随州	Suizhou	14.99	11.38	11.80	234
湖南	**Hunan**	**479.16**	**467.81**	**473.84**	
长沙	Changsha	41.35	45.79	48.13	51
株洲	Zhuzhou	21.47	22.80	23.77	140
湘潭	Xiangtan	15.26	14.42	14.05	216
衡阳	Hengyang	61.78	56.33	55.33	35
邵阳	Shaoyang	61.35	61.64	61.61	22
岳阳	Yueyang	35.65	33.38	33.17	95
常德	Changde	27.52	26.42	27.24	118
张家界	Zhangjiajie	10.28	10.63	10.72	239
益阳	Yiyang	24.65	23.42	23.45	142
郴州	Chenzhou	44.00	44.71	45.59	59
永州	Yongzhou	48.29	46.44	47.68	54
怀化	Huaihua	31.91	31.57	32.35	98
娄底	Loudi	32.02	30.20	30.91	101
广东	**Guangdong**	**848.55**	**807.94**	**831.91**	
广州	Guangzhou	82.48	85.93	90.01	6
韶关	Shaoguan	20.73	20.68	21.05	152
深圳	Shenzhen	61.85	73.02	79.32	10
珠海	Zhuhai	12.63	13.16	14.06	215
汕头	Shantou	56.77	48.51	48.72	46
佛山	Foshan	43.82	46.37	47.44	55
江门	Jiangmen	30.24	29.57	29.93	105
湛江	Zhanjiang	75.39	55.06	54.95	37
茂名	Maoming	66.66	56.80	56.32	34
肇庆	Zhaoqing	36.82	32.77	33.25	94
惠州	Huizhou	39.80	44.56	47.22	57
梅州	Meizhou	31.33	28.99	29.90	106
汕尾	Shanwei	35.42	24.73	24.04	138
河源	Heyuan	25.51	24.77	26.05	125
阳江	Yangjiang	17.52	18.15	19.21	169
清远	Qingyuan	27.30	26.98	28.22	114
东莞	Dongguan	55.24	65.91	68.73	17
中山	Zhongshan	23.78	25.75	26.79	120
潮州	Chaozhou	20.24	18.41	18.75	175
揭阳	Jieyang	65.35	49.24	48.48	47
云浮	Yunfu	19.67	18.58	19.50	163
广西	**Guangxi**	**430.06**	**426.26**	**431.81**	
南宁	Nanning	52.65	54.80	56.70	33
柳州	Liuzhou	25.59	27.71	28.71	113
桂林	Guilin	28.10	31.85	33.75	91
梧州	Wuzhou	30.90	28.32	28.21	115
北海	Beihai	15.34	15.42	15.30	204
防城港	Fangchenggang	8.34	8.87	8.77	254
钦州	Qinzhou	38.93	35.08	24.26	135
贵港	Guigang	49.80	44.83	44.22	62
玉林	Yulin	64.19	60.09	59.80	25
百色	Baise	32.04	33.83	34.24	87

16-6 普通小学在校学生数 续表 3

Total Enrollment by Primary Schools continued 3

单位：万人 （10 000 persons）

地名	City	2010	2013	2014	2014 排名 Ranking
贺州	Hezhou	18.18	17.72	18.27	179
河池	Hechi	33.04	33.72	34.72	85
来宾	Laibin	17.74	17.41	17.87	181
崇左	Chongzuo	15.18	16.58	17.00	192
海南	**Hainan**	**78.05**	**74.02**	**75.26**	
海口	Haikou	17.04	16.80	17.36	186
三亚	Sanya	6.60	6.14	6.31	267
三沙	Sansha				
重庆	**Chongqing**	**199.94**	**198.91**	**203.42**	
四川	**Sichuan**	**592.11**	**525.95**	**531.32**	
成都	Chengdu	68.24	70.70	74.57	15
自贡	Zigong	17.09	16.94	17.34	187
攀枝花	Panzhihua	9.46	7.97	7.67	258
泸州	Luzhou	38.56	40.07	40.88	68
德阳	Deyang	17.64	15.90	16.29	197
绵阳	Mianyang	27.15	23.38	24.06	137
广元	Guangyuan	17.76	14.19	14.26	214
遂宁	Suining	20.17	15.67	15.47	203
内江	Neijiang	23.11	22.98	23.10	144
乐山	Leshan	17.50	16.71	17.04	190
南充	Nanchong	51.32	35.80	35.78	83
眉山	Meishan	17.28	13.51	13.88	217
宜宾	Yibin	37.44	36.55	36.86	81
广安	Guangan	32.12	25.70	24.82	131
达州	Dazhou	54.71	42.76	42.09	65
雅安	Yaan	9.46	9.48	9.49	248
巴中	Bazhong	33.38	21.43	20.34	157
资阳	Ziyang	26.07	26.32	27.26	117
贵州	**Guizhou**	**433.50**	**355.53**	**346.31**	
贵阳	Guiyang	34.47	31.21	31.65	100
六盘水	Liupanshui	35.51	26.46	25.53	128
遵义	Zunyi	66.96	54.30	53.06	40
安顺	Anshun	27.94	23.11	22.74	146
毕节	Bijie	110.09	87.90	84.02	8
铜仁	Tongren	45.83	36.34	34.41	86
云南	**Yunnan**	**435.21**	**392.08**	**382.69**	
昆明	Kunming	52.05	48.38	48.34	48
曲靖	Qujing	66.02	59.20	56.96	31
玉溪	Yuxi	19.36	17.20	16.21	198
保山	Baoshan	21.88	19.59	19.00	171
昭通	Zhaotong	71.95	58.84	56.94	32
丽江	Lijiang	10.65	9.30	8.89	252
普洱	Puer	18.55	17.51	17.41	185
临沧	Lincang	20.55	18.61	18.36	178
西藏	**Tibet**	**29.83**	**29.48**	**29.51**	
拉萨	Lasa	4.78	5.10	5.21	271
陕西	**Shaanxi**	**261.04**	**227.33**	**226.41**	
西安	Xi'an	51.56	51.95	53.79	39
铜川	Tongchuan	5.12	3.63	3.59	279
宝鸡	Baoji	23.72	19.76	19.54	161
咸阳	Xianyang	39.47	32.12	30.67	103
渭南	Weinan	34.25	26.97	27.21	119
延安	Yan'an	18.10	17.20	17.55	184
汉中	Hanzhong	23.85	19.71	19.52	162
榆林	Yulin	25.02	21.71	22.86	145
安康	Ankang	20.84	17.44	17.56	183
商洛	Shangluo	17.75	15.63	13.14	226
甘肃	**Gansu**	**237.04**	**186.73**	**180.24**	
兰州	Lanzhou	21.76	20.28	20.35	156
嘉峪关	Jiayuguan	1.62	1.64	1.62	285
金昌	Jinchang	3.55	3.03	2.90	283
白银	Baiyin	15.18	10.64	10.22	244
天水	Tianshui	39.05	28.03	26.32	121
武威	Wuwei	15.66	11.16	10.63	241
张掖	Zhangye	9.02	7.56	7.39	262
平凉	Pingliang	19.72	16.10	15.21	205
酒泉	Jiuquan	8.42	7.36	7.13	263
庆阳	Qingyang	20.53	16.86	17.02	191
定西	Dingxi	24.18	18.75	17.75	182
陇南	Longnan	27.56	20.17	19.41	164
青海	**Qinghai**	**51.90**	**47.46**	**46.11**	
西宁	Xining	16.00	15.30	15.00	206
海东	Haidong			11.83	233
宁夏	**Ningxia**	**65.37**	**60.39**	**58.87**	
银川	Yinchuan	14.75	15.46	15.69	200
石嘴山	Shizuishan	5.68	5.46	5.40	270
吴忠	Wuzhong	14.30	13.83	13.67	220
固原	Guyuan	17.59	13.86	13.49	222
中卫	Zhongwei	13.05	11.97	10.74	238
新疆	**Xinjiang**	**193.58**	**189.44**	**194.29**	
乌鲁木齐	Urumqi	17.82	18.63	20.23	158
克拉玛依	Karamay	2.43	2.27	2.31	284

16-7 普通小学毕业生数

Graduates from Primary Schools

单位：万人 （10 000 persons）

地名	City	2010	2012	2013	2013 排名 Ranking
全国	**Nation Total**	**1739.60**	**1641.56**	**1581.06**	
北京	**Beijing**	**10.30**	**10.95**	**11.18**	
天津	**Tianjin**	**8.72**	**8.70**	**8.61**	
河北	**Hebei**	**72.18**	**79.61**	**84.01**	
石家庄	Shijiazhuang	9.85	10.50	11.13	19
唐山	Tangshan	6.97	7.20	7.84	47
秦皇岛	Qinhuangdao	2.74	2.80	2.84	197
邯郸	Handan	9.91	12.55	12.23	11
邢台	Xingtai	7.57	9.19	9.64	29
保定	Baoding	10.56	12.50	13.76	8
张家口	Zhangjiakou	4.90	4.66	4.70	121
承德	Chengde	3.97	3.47	3.77	149
沧州	Cangzhou	6.64	7.54	8.36	40
廊坊	Langfang	4.68	4.41	4.88	113
衡水	Hengshui	4.39	4.79	4.86	114
山西	**Shanxi**	**57.35**	**54.73**	**47.73**	
太原	Taiyuan	5.28	4.75	4.65	124
大同	Datong	5.04	5.49	4.42	130
阳泉	Yangquan	1.99	1.51	1.44	257
长治	Changzhi	5.09	4.64	4.10	140
晋城	Jincheng	3.84	3.21	2.91	193
朔州	Shuozhou	3.51	3.29	3.20	174
晋中	Jinzhong	4.44	4.15	4.53	126
运城	Yuncheng	8.08	8.06	6.64	63
忻州	Xinzhou	5.88	6.44	4.30	134
临汾	Linfen	6.94	6.32	5.38	99
吕梁	Lvliang	7.27	6.85	6.15	77
内蒙古	**Inner Mongolia**	**26.98**	**24.29**	**23.28**	
呼和浩特	Hohhot	3.19	2.90	3.00	184
包头	Baotou	2.74	2.58	2.48	222
乌海	Wuhai	0.59	0.57	0.53	281
赤峰	Chifeng	5.31	4.67	4.19	136
通辽	Tongliao	3.58	3.55	3.48	166
鄂尔多斯	Erdos	1.85	1.76	1.76	244
呼伦贝尔	Hulunbuir	2.51	1.98	1.85	241
巴彦淖尔	Bayannur	1.95	1.63	1.63	251
乌兰察布	Ulanqab	2.16	1.72	1.70	246
辽宁	**Liaoning**	**39.75**	**37.14**	**36.51**	
沈阳	Shenyang	5.92	5.73	5.68	92
大连	Dalian	5.59	5.07	5.03	106
鞍山	Anshan	2.92	3.07	3.02	183
抚顺	Fushun	1.62	1.43	1.41	260
本溪	Benxi	1.26	1.14	1.06	268
丹东	Dandong	2.45	2.12	1.95	240
锦州	Jinzhou	2.99	2.72	2.55	217
营口	Yingkou	2.23	2.29	2.22	232
阜新	Fuxin	1.91	1.63	1.66	248
辽阳	Liaoyang	1.90	1.81	1.70	246
盘锦	Panjin	1.38	1.31	1.36	262
铁岭	Tieling	2.88	2.55	2.52	219
朝阳	Chaoyang	3.74	3.45	3.59	162
葫芦岛	Huludao	2.96	2.82	2.76	199
吉林	**Jilin**	**25.27**	**23.06**	**23.59**	
长春	Changchun	7.56	6.50	6.50	69
吉林	Jilin	4.08	3.70	4.06	142
四平	Siping	2.96	2.87	2.93	190
辽源	Liaoyuan	1.00	0.95	0.95	271
通化	Tonghua	2.14	2.11	2.25	229
白山	Baishan	1.08	0.97	0.95	271
松原	Songyuan	2.87	2.77	2.62	210
白城	Baicheng	1.97	1.73	1.85	241
黑龙江	**Heilongjiang**	**36.39**	**34.66**	**33.01**	
哈尔滨	Harbin	8.64	8.44	8.20	44
齐齐哈尔	Qiqihar	4.84	4.16	4.05	143
鸡西	Jixi	1.74	1.89	1.63	251
鹤岗	Hegang	1.10	0.91	0.90	273
双鸭山	Shuangyashan	1.59	1.49	1.38	261
大庆	Daqing	2.79	2.85	2.87	195
伊春	Yichun	1.05	0.91	0.87	274
佳木斯	Jiamusi	3.22	3.12	3.26	170
七台河	Qitaihe	0.87	0.86	0.76	277
牡丹江	Mudanjiang	2.38	2.40	2.45	223
黑河	Heihe	2.06	2.02	1.29	264
绥化	Suihua	5.68	5.24	4.99	108
上海	**Shanghai**	**12.44**	**12.95**	**13.45**	
江苏	**Jiangsu**	**70.58**	**64.51**	**63.94**	

16-7 普通小学毕业生数 续表 1
Graduates from Primary Schools continued 1

单位：万人 （10 000 persons）

地名	City	2010	2012	2013	2013 排名 Ranking
南京	Nanjing	4.80	4.86	4.82	117
无锡	Wuxi	5.04	5.00	4.98	109
徐州	Xuzhou	9.49	8.49	8.30	42
常州	Changzhou	3.74	3.61	3.60	161
苏州	Suzhou	5.81	6.08	6.35	71
南通	Nantong	6.14	5.41	5.26	100
连云港	Lianyungang	6.00	5.21	5.08	103
淮安	Huaian	5.60	4.80	4.68	123
盐城	Yancheng	6.59	5.72	5.63	95
扬州	Yangzhou	4.08	3.85	3.82	147
镇江	Zhenjiang	2.25	2.12	2.10	235
泰州	Taizhou	3.98	3.76	3.76	150
宿迁	Suqian	7.07	5.59	5.55	97
浙江	**Zhejiang**	**54.13**	**53.83**	**54.04**	
杭州	Hangzhou	7.61	7.45	7.37	52
宁波	Ningbo	7.65	7.32	7.09	56
温州	Wenzhou	8.80	8.81	9.12	31
嘉兴	Jiaxing	4.07	3.97	3.95	144
湖州	Huzhou	2.99	2.71	2.75	200
绍兴	Shaoxing	5.44	5.09	4.97	110
金华	Jinhua	5.36	5.74	5.88	86
衢州	Quzhou	2.40	2.49	2.49	220
舟山	Zhoushan	0.81	0.78	0.79	276
台州	Taizhou	6.52	6.82	7.07	57
丽水	Lishui	2.60	2.66	2.56	216
安徽	**Anhui**	**87.41**	**72.09**	**65.49**	
合肥	Hefei	6.53	7.45	6.85	58
芜湖	Wuhu	2.12	3.51	3.31	168
蚌埠	Bengbu	4.99	4.38	3.89	146
淮南	Huainan	2.99	2.43	2.32	227
马鞍山	Maanshan	1.35	2.46	2.24	230
淮北	Huaibei	3.76	2.86	2.53	218
铜陵	Tongling	0.80	0.73	0.67	279
安庆	Anqing	7.46	6.27	5.69	91
黄山	Huangshan	1.19	1.17	1.12	266
滁州	Chuzhou	5.99	4.93	4.47	127
阜阳	Fuyang	14.63	11.34	10.26	24
宿州	Suzhou	9.24	6.69	5.67	94
六安	Liuan	7.62	6.78	6.12	78
亳州	Bozhou	8.41	7.09	6.59	64
池州	Chizhou	1.85	1.64	1.53	255
宣城	Xuancheng	2.72	2.36	2.22	232
福建	**Fujian**	**39.61**	**39.13**	**39.85**	
福州	Fuzhou	7.42	7.17	7.30	53
厦门	Xiamen	2.73	3.04	3.26	170
莆田	Putian	4.34	3.49	3.55	163
三明	Sanming	2.79	2.69	2.68	206
泉州	Quanzhou	7.44	8.28	8.97	34
漳州	Zhangzhou	5.92	6.11	5.68	92
南平	Nanping	3.28	2.96	2.90	194
龙岩	Longyan	2.64	2.64	2.73	203
宁德	Ningde	3.05	2.76	2.78	198
江西	**Jiangxi**	**67.85**	**67.01**	**65.59**	
南昌	Nanchang	7.56	7.26	6.73	61
景德镇	Jingdezhen	2.29	2.33	2.05	237
萍乡	Pingxiang	2.38	2.28	2.31	228
九江	Jiujiang	6.57	6.51	5.96	83
新余	Xinyu	1.39	1.44	1.42	259
鹰潭	Yingtan	1.70	1.80	1.84	243
赣州	Ganzhou	14.47	14.55	14.75	6
吉安	Jian	6.06	5.63	5.60	96
宜春	Yichun	7.84	7.62	7.43	49
抚州	Fuzhou	6.32	6.27	6.24	74
上饶	Shangrao	11.27	11.33	11.27	18
山东	**Shandong**	**110.26**	**106.16**	**103.30**	
济南	Jinan	6.96	6.54	6.59	64
青岛	Qingdao	8.49	7.76	8.17	45
淄博	Zibo	4.97	4.76	4.38	131
枣庄	Zaozhuang	4.83	4.27	4.16	137
东营	Dongying	2.48	2.44	2.35	226
烟台	Yantai	5.99	5.66	5.23	101
潍坊	Weifang	10.53	9.15	8.96	35
济宁	Jining	9.24	9.79	9.60	30
泰安	Taian	6.41	6.45	6.18	76
威海	Weihai	2.21	2.01	2.05	237
日照	Rizhao	3.40	3.28	3.19	175
莱芜	Laiwu	1.67	1.40	1.28	265
临沂	Linyi	13.08	11.91	11.58	14
德州	Dezhou	6.07	6.81	6.57	66
聊城	Liaocheng	6.12	6.99	6.74	60

16-7 普通小学毕业生数 续表 2

Graduates from Primary Schools continued 2

单位：万人 （10 000 persons）

地名	City	2010	2012	2013	2013 排名 Ranking	地名	City	2010	2012	2013	2013 排名 Ranking
滨州	Binzhou	4.55	4.43	4.33	133	常德	Changde	5.00	4.55	4.43	128
菏泽	Heze	13.26	12.58	11.95	12	张家界	Zhangjiajie	1.65	1.64	1.71	245
河南	**Henan**	**165.35**	**170.45**	**164.48**		益阳	Yiyang	3.83	4.15	4.11	139
郑州	Zhengzhou	9.20	9.74	9.94	26	郴州	Chenzhou	5.74	6.48	6.68	62
开封	Kaifeng	8.18	7.43	7.70	48	永州	Yongzhou	6.42	7.56	6.81	59
洛阳	Luoyang	10.65	10.35	9.99	25	怀化	Huaihua	4.89	5.03	5.22	102
平顶山	Pingdingshan	7.18	6.15	5.99	80	娄底	Loudi	5.34	5.29	4.81	118
安阳	Anyang	7.38	7.91	8.21	43	**广东**	**Guangdong**	**174.19**	**15.00**	**137.04**	
鹤壁	Hebi	2.68	3.12	3.13	178	广州	Guangzhou	14.43	13.85	13.19	9
新乡	Xinxiang	8.35	8.61	9.09	32	韶关	Shaoguan	4.45	3.50	3.24	173
焦作	Jiaozuo	5.35	5.52	5.42	98	深圳	Shenzhen	9.19	9.94	9.87	27
濮阳	Puyang	6.68	7.80	7.89	46	珠海	Zhuhai	2.21	2.25	2.12	234
许昌	Xuchang	6.06	6.55	5.97	81	汕头	Shantou	12.66	10.73	9.04	33
漯河	Luohe	3.63	3.58	3.71	153	佛山	Foshan	7.58	7.41	7.11	54
三门峡	Sanmenxia	3.41	3.21	2.99	185	江门	Jiangmen	6.13	5.21	4.93	111
南阳	Nanyang	14.24	16.63	16.97	3	湛江	Zhanjiang	18.02	15.31	13.09	10
商丘	Shangqiu	18.59	18.35	15.82	4	茂名	Maoming	15.12	11.89	11.30	17
信阳	Xinyang	13.24	14.35	14.03	7	肇庆	Zhaoqing	8.05	6.65	6.32	72
周口	Zhoukou	23.82	24.19	21.18	1	惠州	Huizhou	7.67	6.44	6.21	75
驻马店	Zhumadian	15.86	16.05	15.54	5	梅州	Meizhou	7.76	5.24	4.75	119
湖北	**Hubei**	**61.74**	**51.38**	**48.94**		汕尾	Shanwei	8.35	7.03	5.70	90
武汉	Wuhan	7.09	6.70	6.51	67	河源	Heyuan	5.36	4.24	3.91	145
黄石	Huangshi	4.12	2.91	2.98	186	阳江	Yangjiang	3.98	2.93	2.87	195
十堰	Shiyan	3.40	3.34	2.98	186	清远	Qingyuan	6.60	4.66	4.34	132
宜昌	Yichang	3.22	2.76	2.75	200	东莞	Dongguan	7.74	8.77	8.46	39
襄阳	Xiangyang	5.50	4.72	4.69	122	中山	Zhongshan	4.22	3.96	3.74	151
鄂州	Ezhou	1.35	1.27	1.02	269	潮州	Chaozhou	4.71	3.67	3.16	176
荆门	Jingmen	2.42	2.13	2.09	236	揭阳	Jieyang	14.98	12.89	10.51	22
孝感	Xiaogan	5.21	5.10	3.68	154	云浮	Yunfu	4.97	3.39	3.15	177
荆州	Jingzhou	5.85	4.95	4.74	120	**广西**	**Guangxi**	**71.82**	**68.64**	**70.06**	
黄冈	Huanggang	9.38	7.04	6.46	70	南宁	Nanning	8.97	8.78	8.88	36
咸宁	Xianning	2.99	3.17	2.93	190	柳州	Liuzhou	4.00	4.06	4.08	141
随州	Suizhou	2.31	1.98	1.64	250	桂林	Guilin	4.38	4.47	4.58	125
湖南	**Hunan**	**72.81**	**77.02**	**77.05**		梧州	Wuzhou	5.68	5.02	5.06	105
长沙	Changsha	6.64	6.99	7.11	54	北海	Beihai	2.40	2.26		
株洲	Zhuzhou	3.49	3.53	3.65	159	防城港	Fangchenggang	1.33	1.36	1.36	262
湘潭	Xiangtan	2.86	2.81	2.58	214	钦州	Qinzhou	6.48	6.01	6.51	67
衡阳	Hengyang	8.75	10.05	10.50	23	贵港	Guigang	9.37	8.48	8.78	37
邵阳	Shaoyang	8.67	9.30	9.79	28	玉林	Yulin	11.03	10.34	10.61	21
岳阳	Yueyang	5.44	5.80	5.97	81	百色	Baise	4.62	4.88	4.89	112

16-7 普通小学毕业生数 续表 3
Graduates from Primary Schools continued 3

单位：万人　　　　(10 000 persons)

地名	City	2010	2012	2013	2013 排名 Ranking
贺州	Hezhou	3.38	3.04	2.92	192
河池	Hechi	5.22	4.74	4.83	115
来宾	Laibin	2.86	2.73	2.71	204
崇左	Chongzuo	2.03	2.16	2.40	224
海南	**Hainan**	**14.69**	**12.82**	**12.47**	
海口	Haikou	2.90	2.67	2.68	206
三亚	Sanya	1.10	0.94	1.07	267
三沙	Sansha				
重庆	**Chongqing**	**39.83**	**33.61**	**32.65**	
四川	**Sichuan**	**111.34**	**100.17**	**88.68**	
成都	Chengdu	13.35	12.67	11.84	13
自贡	Zigong	3.27	2.86	2.71	204
攀枝花	Panzhihua	1.71	1.69	1.59	253
泸州	Luzhou	6.97	6.21	5.79	88
德阳	Deyang	3.83	3.27	2.94	189
绵阳	Mianyang	5.84	4.96	4.23	135
广元	Guangyuan	4.00	3.32	2.66	208
遂宁	Suining	4.31	3.83	3.26	170
内江	Neijiang	4.37	3.91	3.63	160
乐山	Leshan	3.69	2.95	2.74	202
南充	Nanchong	9.26	8.68	6.28	73
眉山	Meishan	3.78	3.00	2.59	212
宜宾	Yibin	7.14	6.14	5.89	85
广安	Guangan	6.70	5.66	5.01	107
达州	Dazhou	9.66	8.90	7.43	49
雅安	Yaan	1.89	1.49	1.44	257
巴中	Bazhong	6.27	5.73	5.07	104
资阳	Ziyang	4.82	4.20	4.12	138
贵州	**Guizhou**	**79.82**	**76.02**	**72.35**	
贵阳	Guiyang	6.48	6.19	5.90	84
六盘水	Liupanshui	7.63	7.14	5.74	89
遵义	Zunyi	13.30	12.15	11.38	15
安顺	Anshun	5.40	4.67	4.43	128
毕节	Bijie	17.60	18.50	18.48	2
铜仁	Tongren	8.08	7.92	7.42	51
云南	**Yunnan**	**73.69**	**72.28**	**71.38**	
昆明	Kunming	8.32	8.34	8.33	41
曲靖	Qujing	11.09	10.60	10.73	20
玉溪	Yuxi	3.40	3.00	3.30	169
保山	Baoshan	4.06	3.74	3.66	156
昭通	Zhaotong	11.94	12.37	11.34	16
丽江	Lijiang	1.83	1.62	1.66	248
普洱	Puer	3.11	3.05	3.04	180
临沧	Lincang	3.44	3.42	3.43	167
西藏	**Tibet**	**5.05**	**4.75**	**4.61**	
拉萨	Lasa	0.76	0.76	0.80	275
陕西	**Shaanxi**	**50.59**	**44.86**	**40.05**	
西安	Xi'an	9.61	8.88	8.51	38
铜川	Tongchuan	0.98	0.90	0.74	278
宝鸡	Baoji	4.80	4.16	3.68	154
咸阳	Xianyang	7.62	6.82	6.09	79
渭南	Weinan	6.83	6.14	4.83	115
延安	Yan'an	3.32	2.85	2.59	212
汉中	Hanzhong	4.68	4.13	3.73	152
榆林	Yulin	4.80	3.94	3.51	165
安康	Ankang	4.20	3.57	3.12	179
商洛	Shangluo	3.52	3.22	3.03	182
甘肃	**Gansu**	**47.43**	**39.87**	**37.06**	
兰州	Lanzhou	3.88	3.74	3.54	164
嘉峪关	Jiayuguan	0.28	0.30	0.29	283
金昌	Jinchang	0.62	0.62	0.59	280
白银	Baiyin	3.62	2.74	2.49	220
天水	Tianshui	7.16	6.32	5.81	87
武威	Wuwei	3.17	2.71	2.63	209
张掖	Zhangye	1.84	1.70	1.57	254
平凉	Pingliang	4.30	3.66	3.66	156
酒泉	Jiuquan	1.63	1.48	1.46	256
庆阳	Qingyang	4.50	3.43	2.95	188
定西	Dingxi	5.85	4.35	3.78	148
陇南	Longnan	5.33	4.13	3.66	156
青海	**Qinghai**	**8.20**	**8.10**	**8.35**	
西宁	Xining	2.80	2.63	2.60	211
海东	Haidong				
宁夏	**Ningxia**	**10.97**	**10.77**	**10.19**	
银川	Yinchuan	2.53	2.56	2.57	215
石嘴山	Shizuishan	1.02	1.00	1.00	270
吴忠	Wuzhong	2.38	2.33	2.24	230
固原	Guyuan	2.69	2.60	2.36	225
中卫	Zhongwei	2.21	2.28	2.03	239
新疆	**Xinjiang**	**33.44**	**32.10**	**32.13**	
乌鲁木齐	Urumqi	2.99	3.05	3.04	180
克拉玛依	Karamay	0.47	0.41	0.41	282

16-8 普通中学学校数
Number of Junior Secondary Schools

单位：所 （unit）

地名	City	2010	2013	2014	2014 排名 Ranking	地名	City	2010	2013	2014	2014 排名 Ranking
全国	**Nation Total**	**68948**	**66156**	**65876**		沈阳	Shenyang	321	322	299	52
北京	**Beijing**	**634**	**638**	**643**		大连	Dalian	280	285	287	66
天津	**Tianjin**	**546**	**518**	**507**		鞍山	Anshan	165	164	163	168
河北	**Hebei**	**3264**	**2944**	**2958**		抚顺	Fushun	118	118	103	226
石家庄	Shijiazhuang	437	421	382	22	本溪	Benxi	68	59	56	266
唐山	Tangshan	366	330	329	36	丹东	Dandong	127	127	125	202
秦皇岛	Qinhuangdao	183	165	161	171	锦州	Jinzhou	156	133	131	195
邯郸	Handan	410	372	383	21	营口	Yingkou	98	99	101	229
邢台	Xingtai	322	262	275	78	阜新	Fuxin	117	95	95	237
保定	Baoding	472	440	441	13	辽阳	Liaoyang	83	80	81	249
张家口	Zhangjiakou	184	170	169	161	盘锦	Panjin	74	72	74	254
承德	Chengde	153	122	122	205	铁岭	Tieling	147	130	110	217
沧州	Cangzhou	349	313	313	45	朝阳	Chaoyang	184	171	171	157
廊坊	Langfang	192	173	174	151	葫芦岛	Huludao	138	133	132	194
衡水	Hengshui	196	176	176	145	**吉林**	**Jilin**	**1466**	**1443**	**1435**	
山西	**Shanxi**	**2747**	**2495**	**2418**		长春	Changchun	337	335	338	34
太原	Taiyuan	230	135	228	100	吉林	Jilin	189	188	180	140
大同	Datong	257	122	219	108	四平	Siping	188	186	184	137
阳泉	Yangquan	87	62	81	249	辽源	Liaoyuan	67	65	64	262
长治	Changzhi	232	142	218	110	通化	Tonghua	144	131	133	192
晋城	Jincheng	160	137	157	174	白山	Baishan	112	111	110	217
朔州	Shuozhou	107	76	96	235	松原	Songyuan	142	146	148	180
晋中	Jinzhong	242	181	221	105	白城	Baicheng	125	124	123	203
运城	Yuncheng	401	252	337	35	**黑龙江**	**Heilongjiang**	**2174**	**1966**	**1947**	
忻州	Xinzhou	352	193	281	72	哈尔滨	Harbin	563	485	463	8
临汾	Linfen	324	212	288	65	齐齐哈尔	Qiqihar	276	260	250	87
吕梁	Lvliang	355	249	292	56	鸡西	Jixi	124	114	95	237
内蒙古	**Inner Mongolia**	**1123**	**1026**	**1003**		鹤岗	Hegang	62	62	46	274
呼和浩特	Hohhot	125	111	110	217	双鸭山	Shuangyashan	110	97	80	251
包头	Baotou	96	96	94	240	大庆	Daqing	153	149	146	182
乌海	Wuhai	23	23	23	282	伊春	Yichun	71	60	53	268
赤峰	Chifeng	180	162	151	178	佳木斯	Jiamusi	153	137	114	212
通辽	Tongliao	165	138	138	189	七台河	Qitaihe	53	52	48	273
鄂尔多斯	Erdos	63	66	66	260	牡丹江	Mudanjiang	143	131	130	196
呼伦贝尔	Hulunbuir	191	168	163	168	黑河	Heihe	127	101	98	234
巴彦淖尔	Bayannur	60	51	51	269	绥化	Suihua	304	278	266	82
乌兰察布	Ulanqab	73	74	71	255	**上海**	**Shanghai**	**755**	**762**	**768**	
辽宁	**Liaoning**	**2076**	**1988**	**1948**		**江苏**	**Jiangsu**	**2776**	**2651**	**2644**	

16-8 普通中学学校数 续表 1
Number of Junior Secondary Schools continued 1

单位：所 （unit）

地名	City	2010	2013	2014	2014 排名 Ranking
南京	Nanjing	215	219	223	104
无锡	Wuxi	180	176	180	140
徐州	Xuzhou	331	321	319	42
常州	Changzhou	163	163	158	173
苏州	Suzhou	258	261	276	76
南通	Nantong	250	222	215	114
连云港	Lianyungang	189	176	173	153
淮安	Huaian	198	175	176	145
盐城	Yancheng	295	277	273	80
扬州	Yangzhou	177	170	168	164
镇江	Zhenjiang	109	113	112	214
泰州	Taizhou	203	191	188	134
宿迁	Suqian	208	187	183	138
浙江	**Zhejiang**	**2314**	**2296**	**2280**	
杭州	Hangzhou	317	311	313	45
宁波	Ningbo	301	297	292	56
温州	Wenzhou	474	469	464	7
嘉兴	Jiaxing	155	157	175	148
湖州	Huzhou	130	125	123	203
绍兴	Shaoxing	188	180	180	140
金华	Jinhua	241	240	240	93
衢州	Quzhou	99	93	94	240
舟山	Zhoushan	52	48	43	277
台州	Taizhou	258	280	259	84
丽水	Lishui	99	94	94	240
安徽	**Anhui**	**3738**	**3600**	**3599**	
合肥	Hefei	246	367	362	28
芜湖	Wuhu	123	211	211	121
蚌埠	Bengbu	179	166	169	161
淮南	Huainan	136	129	129	197
马鞍山	Maanshan	57	102	104	225
淮北	Huaibei	141	134	129	197
铜陵	Tongling	48	45	43	277
安庆	Anqing	388	367	368	25
黄山	Huangshan	117	116	118	211
滁州	Chuzhou	285	287	289	64
阜阳	Fuyang	482	461	459	10
宿州	Suzhou	287	244	250	87
六安	Liuan	420	416	413	18
亳州	Bozhou	302	291	291	60
池州	Chizhou	108	106	105	224
宣城	Xuancheng	163	157	159	172
福建	**Fujian**	**1903**	**1782**	**1781**	
福州	Fuzhou	356	349	321	40
厦门	Xiamen	94	95	90	243
莆田	Putian	160	143	147	181
三明	Sanming	175	152	155	175
泉州	Quanzhou	364	324	324	39
漳州	Zhangzhou	220	209	209	124
南平	Nanping	172	164	164	167
龙岩	Longyan	176	169	169	161
宁德	Ningde	186	177	175	148
江西	**Jiangxi**	**2559**	**2537**	**2569**	
南昌	Nanchang	268	266	275	78
景德镇	Jingdezhen	99	115	100	230
萍乡	Pingxiang	113		106	221
九江	Jiujiang	307	260	283	70
新余	Xinyu	49	38	39	279
鹰潭	Yingtan	69	76	80	251
赣州	Ganzhou	451	452	458	11
吉安	Jian	300	301	304	50
宜春	Yichun	239	235	241	91
抚州	Fuzhou	213	212	218	110
上饶	Shangrao	451	458	356	29
山东	**Shandong**	**3645**	**3464**	**3461**	
济南	Jinan	209	204	209	124
青岛	Qingdao	295	293	295	55
淄博	Zibo	198	191	189	133
枣庄	Zaozhuang	135	125	126	201
东营	Dongying	93	91	95	237
烟台	Yantai	299	257	259	84
潍坊	Weifang	360	326	316	43
济宁	Jining	299	286	285	69
泰安	Taian	177	171	172	155
威海	Weihai	112	108	106	221
日照	Rizhao	116	108	100	230
莱芜	Laiwu	56	53	51	269
临沂	Linyi	355	343	339	33
德州	Dezhou	203	195	190	132
聊城	Liaocheng	202	198	203	127

16-8 普通中学学校数 续表 2
Number of Junior Secondary Schools continued 2

单位：所 (unit)

地名	City	2010	2013	2014	2014 排名 Ranking
滨州	Binzhou	164	161	166	166
菏泽	Heze	372	354	366	26
河南	**Henan**	**5441**	**5326**	**5340**	
郑州	Zhengzhou	366	371	397	19
开封	Kaifeng	280	275	287	66
洛阳	Luoyang	444	451	431	15
平顶山	Pingdingshan	258	251	247	89
安阳	Anyang	319	296	296	54
鹤壁	Hebi	98	84	86	246
新乡	Xinxiang	399	386	391	20
焦作	Jiaozuo	242	218	215	114
濮阳	Puyang	206	212	211	121
许昌	Xuchang	251	239	239	94
漯河	Luohe	112	110	111	215
三门峡	Sanmenxia	138	128	128	199
南阳	Nanyang	513	498	503	3
商丘	Shangqiu	451	446	436	14
信阳	Xinyang	384	378	379	24
周口	Zhoukou	609	608	600	1
驻马店	Zhumadian	330	338	345	31
湖北	**Hubei**	**2792**	**2577**	**2552**	
武汉	Wuhan	395	378	365	27
黄石	Huangshi	143	139	134	191
十堰	Shiyan	203	175	171	157
宜昌	Yichang	184	172	173	153
襄阳	Xiangyang	250	237	237	95
鄂州	Ezhou	58	50	49	271
荆门	Jingmen	129	122	122	205
孝感	Xiaogan	221	219	218	110
荆州	Jingzhou	259	247	241	91
黄冈	Huanggang	346	307	304	50
咸宁	Xianning	155	142	143	185
随州	Suizhou	105	98	96	235
湖南	**Hunan**	**3933**	**3878**	**3894**	
长沙	Changsha	284	285	292	56
株洲	Zhuzhou	188	191	201	128
湘潭	Xiangtan	187	180	175	148
衡阳	Hengyang	418	424	427	16
邵阳	Shaoyang	467	460	461	9
岳阳	Yueyang	322	304	305	49
常德	Changde	295	293	292	56
张家界	Zhangjiajie	101	101	87	244
益阳	Yiyang	239	227	228	100
郴州	Chenzhou	286	279	281	72
永州	Yongzhou	324	320	321	40
怀化	Huaihua	357	351	350	30
娄底	Loudi	280	282	283	70
广东	**Guangdong**	**4334**	**4366**	**4399**	
广州	Guangzhou	476	494	500	4
韶关	Shaoguan	164	153	154	176
深圳	Shenzhen	295	314	325	38
珠海	Zhuhai	60	65	67	258
汕头	Shantou	260	280	287	66
佛山	Foshan	180	191	193	131
江门	Jiangmen	195	184	185	136
湛江	Zhanjiang	347	328	316	43
茂名	Maoming	286	277	268	81
肇庆	Zhaoqing	174	171	174	151
惠州	Huizhou	209	221	234	97
梅州	Meizhou	245	233	229	99
汕尾	Shanwei	173	172	171	157
河源	Heyuan	190	183	180	140
阳江	Yangjiang	106	112	106	221
清远	Qingyuan	177	174	176	145
东莞	Dongguan	190	207	212	118
中山	Zhongshan	99	100	102	228
潮州	Chaozhou	122	126	139	187
揭阳	Jieyang	275	277	278	75
云浮	Yunfu	111	104	103	226
广西	**Guangxi**	**2437**	**2289**	**2288**	
南宁	Nanning	349	286	342	32
柳州	Liuzhou	177	163	163	168
桂林	Guilin	245	196	219	108
梧州	Wuzhou	137	140	133	192
北海	Beihai	82	84	70	256
防城港	Fangchenggang	44	42	46	274
钦州	Qinzhou	120	0	121	207
贵港	Guigang	240	229	226	102
玉林	Yulin	295	289	290	62
百色	Baise	200	207	188	134

16-8 普通中学学校数 续表 3
Number of Junior Secondary Schools continued 3

单位：所 (unit)

地名	City	2010	2013	2014	2014 排名 Ranking
贺州	Hezhou	116	120	107	220
河池	Hechi	216	197	197	129
来宾	Laibin	102	85	83	247
崇左	Chongzuo	112	16	83	247
海南	**Hainan**	**531**	**489**	**496**	
海口	Haikou	94	98	100	230
三亚	Sanya	45	44	45	276
三沙	Sansha				
重庆	**Chongqing**	**1273**	**1200**	**1179**	
四川	**Sichuan**	**4738**	**4630**	**4633**	
成都	Chengdu	487	498	497	5
自贡	Zigong	135	142	138	189
攀枝花	Panzhihua	60	56	54	267
泸州	Luzhou	217	218	221	105
德阳	Deyang	170	151	149	179
绵阳	Mianyang	267	234	235	96
广元	Guangyuan	191	179	177	144
遂宁	Suining	164	168	167	165
内江	Neijiang	192	183	182	139
乐山	Leshan	226	217	214	117
南充	Nanchong	514	509	508	2
眉山	Meishan	238	226	216	113
宜宾	Yibin	316	300	291	60
广安	Guangan	280	275	276	76
达州	Dazhou	382	381	382	22
雅安	Yaan	71	68	87	244
巴中	Bazhong	199	204	210	123
资阳	Ziyang	317	307	311	47
贵州	**Guizhou**	**2592**	**2664**	**2604**	
贵阳	Guiyang	292	318	306	48
六盘水	Liupanshui	217	224	225	103
遵义	Zunyi	503	459	448	12
安顺	Anshun	146	153	146	182
毕节	Bijie	438	492	466	6
铜仁	Tongren	248	259	252	86
云南	**Yunnan**	**2183**	**2125**	**2116**	
昆明	Kunming	265	274	281	72
曲靖	Qujing	247	241	242	90
玉溪	Yuxi	120	114	111	215
保山	Baoshan	126	122	121	207
昭通	Zhaotong	215	219	220	107
丽江	Lijiang	85	76	76	253
普洱	Puer	126	648	127	200
临沧	Lincang	121	121	121	207
西藏	**Tibet**	**119**	**124**	**125**	
拉萨	Lasa	23	29	25	281
陕西	**Shaanxi**	**2436**	**2252**	**2220**	
西安	Xi'an	436	418	421	17
铜川	Tongchuan	58	53	49	271
宝鸡	Baoji	236	216	212	118
咸阳	Xianyang	314	301	297	53
渭南	Weinan	390	346	329	36
延安	Yan'an	139	123	121	207
汉中	Hanzhong	225	208	212	118
榆林	Yulin	238	213	215	114
安康	Ankang	209	196	196	130
商洛	Shangluo	183	171	113	213
甘肃	**Gansu**	**2038**	**1989**	**1940**	
兰州	Lanzhou	219	217	204	126
嘉峪关	Jiayuguan	11	11	11	285
金昌	Jinchang	28	22	21	283
白银	Baiyin	168	147	144	184
天水	Tianshui	267	265	260	83
武威	Wuwei	144	143	139	187
张掖	Zhangye	99	82	65	261
平凉	Pingliang	165	168	170	160
酒泉	Jiuquan	65	65	59	264
庆阳	Qingyang	189	199	172	155
定西	Dingxi	293	293	290	62
陇南	Longnan	231	233	233	98
青海	**Qinghai**	**434**	**365**	**370**	
西宁	Xining	139	136	140	186
海东	Haidong			100	230
宁夏	**Ningxia**	**337**	**304**	**296**	
银川	Yinchuan	69	69	70	256
石嘴山	Shizuishan	48	36	36	280
吴忠	Wuzhong	67	60	58	265
固原	Guyuan	85	69	67	258
中卫	Zhongwei	68	70	64	262
新疆	**Xinjiang**	**1545**	**1468**	**1463**	
乌鲁木齐	Urumqi	133	134	153	177
克拉玛依	Karamay	18	18	19	284

16-9 普通中学专任教师数
Full-time Teachers of Junior Secondary Schools

单位：人 （person）

地名	City	2010	2013	2014	2014 排名 Ranking
全国	**Nation Total**	**5041576**	**5109987**	**5997826**	
北京	**Beijing**	**49873**	**52708**	**86480**	
天津	**Tianjin**	**40718**	**41556**	**55469**	
河北	**Hebei**	**260675**	**247142**	**293611**	
石家庄	Shijiazhuang	36126	38569	33704	17
唐山	Tangshan	29735	30399	29139	36
秦皇岛	Qinhuangdao	12293	12675	12023	166
邯郸	Handan	35063	33338	32719	20
邢台	Xingtai	25534	25089	23763	56
保定	Baoding	36138	36484	38189	7
张家口	Zhangjiakou	15704	16059	16483	124
承德	Chengde	12437	12119	12001	167
沧州	Cangzhou	24142	24103	23267	59
廊坊	Langfang	16277	15569	15373	134
衡水	Hengshui	17226	17867	18889	95
山西	**Shanxi**	**172793**	**177344**	**211374**	
太原	Taiyuan	17134	18392	18477	102
大同	Datong	16196	15970	16221	128
阳泉	Yangquan	5947	5911	5864	255
长治	Changzhi	14989	15523	15503	132
晋城	Jincheng	10160	11317	11439	181
朔州	Shuozhou	9325	10834	10819	192
晋中	Jinzhong	14822	15195	15075	139
运城	Yuncheng	28187	27717	29775	34
忻州	Xinzhou	14844	15126	14845	141
临汾	Linfen	21640	21990	21480	74
吕梁	Lvliang	19549	19369	19474	89
内蒙古	**Inner Mongolia**	**95570**	**95014**	**112769**	
呼和浩特	Hohhot	9088	9313	10617	195
包头	Baotou	9038	9526	10339	199
乌海	Wuhai	2083	2275	2581	282
赤峰	Chifeng	18757	18318	17843	110
通辽	Tongliao	12598	12196	12112	164
鄂尔多斯	Erdos	6852	7592	7558	234
呼伦贝尔	Hulunbuir	12098	11656	11062	188
巴彦淖尔	Bayannur	5993	5459	5175	263
乌兰察布	Ulanqab	6996	6774	6774	243
辽宁	**Liaoning**	**145358**	**147682**	**162089**	
沈阳	Shenyang	23873	23818	23860	54
大连	Dalian	20850	21781	21942	70
鞍山	Anshan	11778	12142	12877	159
抚顺	Fushun	7481	7119	7202	239
本溪	Benxi	5467	5196	6444	247
丹东	Dandong	7912	8107	8220	225
锦州	Jinzhou	9519	9394	9273	212
营口	Yingkou	7672	8032	7980	229
阜新	Fuxin	6653	6549	6675	245
辽阳	Liaoyang	5709	5831	6094	251
盘锦	Panjin	5247	5695	5854	256
铁岭	Tieling	9421	10062	10709	193
朝阳	Chaoyang	13970	13944	14778	143
葫芦岛	Huludao	9806	10012	11128	185
吉林	**Jilin**	**94666**	**94339**	**108781**	
长春	Changchun	24777	29462	30872	29
吉林	Jilin	13975	16164	15444	133
四平	Siping	11138	11551	11443	179
辽源	Liaoyuan	4166	4391	4470	270
通化	Tonghua	8762	9762	9935	206
白山	Baishan	5556	7110	7110	240
松原	Songyuan	9807	9783	10194	203
白城	Baicheng	7305	8358	8645	220
黑龙江	**Heilongjiang**	**142156**	**139215**	**154939**	
哈尔滨	Harbin	36893	38912	37434	8
齐齐哈尔	Qiqihar	16688	17541	17591	114
鸡西	Jixi	7741	7620	7420	237
鹤岗	Hegang	4898	3418	3210	278
双鸭山	Shuangyashan	6200	5452	4537	268
大庆	Daqing	12717	13244	13375	153
伊春	Yichun	5180	4656	4545	267
佳木斯	Jiamusi	10127	11208	7825	232
七台河	Qitaihe	3575	3501	3134	279
牡丹江	Mudanjiang	9502	12427	8856	218
黑河	Heihe	6809	5051	6728	244
绥化	Suihua	19643	20840	21163	77
上海	**Shanghai**	**50741**	**52649**	**67651**	
江苏	**Jiangsu**	**284594**	**274279**	**303987**	

16-9 普通中学专任教师数 续表 1
Full-time Teachers of Junior Secondary Schools continued 1

单位：人 (person)

地名	City	2010	2013	2014	2014 排名 Ranking
南京	Nanjing	22316	22361	22414	63
无锡	Wuxi	19839	19247	19415	90
徐州	Xuzhou	38379	34591	34013	16
常州	Changzhou	13915	13958	13991	148
苏州	Suzhou	25295	25792	26337	45
南通	Nantong	26077	24898	24408	51
连云港	Lianyungang	21118	20822	20430	81
淮安	Huaian	20353	19354	18883	96
盐城	Yancheng	29269	27697	27092	41
扬州	Yangzhou	17057	16757	16626	122
镇江	Zhenjiang	10124	9983	9915	207
泰州	Taizhou	19858	19505	19491	88
宿迁	Suqian	20994	19314	18308	105
浙江	**Zhejiang**	**182865**	**182862**	**207935**	
杭州	Hangzhou	26666	27385	28049	39
宁波	Ningbo	15067	23203	23309	58
温州	Wenzhou	32619	30901	31215	28
嘉兴	Jiaxing	14067	14139	14446	145
湖州	Huzhou	9894	10101	10078	204
绍兴	Shaoxing	17876	18317	18320	104
金华	Jinhua	18313	18506	18567	101
衢州	Quzhou	8317	8529	8580	221
舟山	Zhoushan	3403	3284	3254	276
台州	Taizhou	20157	21266	22296	65
丽水	Lishui	8611	8265	8225	224
安徽	**Anhui**	**230052**	**232012**	**272227**	
合肥	Hefei	19596	29085	29190	35
芜湖	Wuhu	7577	12856	12635	161
蚌埠	Bengbu	11971	11399	11489	176
淮南	Huainan	8796	9206	9067	215
马鞍山	Maanshan	4757	8395	8499	223
淮北	Huaibei	8678	9041	8715	219
铜陵	Tongling	3122	3267	3253	277
安庆	Anqing	24472	24876	24640	49
黄山	Huangshan	5075	5123	5073	264
滁州	Chuzhou	16059	16119	15939	129
阜阳	Fuyang	25993	26135	26643	43
宿州	Suzhou	21224	20158	18713	99
六安	Liuan	23692	24214	24003	53
亳州	Bozhou	16988	16627	17329	118
池州	Chizhou	6242	6103	5907	253
宣城	Xuancheng	9895	9408	9353	210
福建	**Fujian**	**151469**	**148564**	**195681**	
福州	Fuzhou	26484	26271	24177	52
厦门	Xiamen	8924	9301	9961	205
莆田	Putian	14638	13845	14349	146
三明	Sanming	12189	11409	11442	180
泉州	Quanzhou	30895	30219	30426	30
漳州	Zhangzhou	19133	19609	19906	87
南平	Nanping	11731	11690	11625	173
龙岩	Longyan	13907	13056	13048	156
宁德	Ningde	13568	13164	12908	158
江西	**Jiangxi**	**167285**	**171245**	**204272**	
南昌	Nanchang	17434	18569	18860	97
景德镇	Jingdezhen	6517	8060	7437	236
萍乡	Pingxiang	7696	7591	7541	235
九江	Jiujiang	17821	17623	17357	117
新余	Xinyu	4315	4382	4400	271
鹰潭	Yingtan	4479	4580	4481	269
赣州	Ganzhou	30726	23143	34411	15
吉安	Jian	18451		20115	83
宜春	Yichun	18655	18941	18736	98
抚州	Fuzhou	14588	14225	15273	136
上饶	Shangrao	26603	26538	21525	72
山东	**Shandong**	**372082**	**382340**	**417943**	
济南	Jinan	21943	22742	23443	57
青岛	Qingdao	30754	31813	31999	23
淄博	Zibo	20093	21475	21975	69
枣庄	Zaozhuang	13800	14285	13796	149
东营	Dongying	10620	10594	11079	187
烟台	Yantai	31719	29941	32682	21
潍坊	Weifang	39375	40608	40608	3
济宁	Jining	29631	30306	31389	25
泰安	Taian	19858	21179	22265	66
威海	Weihai	12931	12762	12843	160
日照	Rizhao	11610	11896	11751	171
莱芜	Laiwu	6295	6146	5889	254
临沂	Linyi	38256	40825	40524	4
德州	Dezhou	19067	19934	20400	82
聊城	Liaocheng	19992	20375	20877	80

16-9 普通中学专任教师数 续表 2
Full-time Teachers of Junior Secondary Schools continued 2

单位：人 (person)

地名	City	2010	2013	2014	2014 排名 Ranking	地名	City	2010	2013	2014	2014 排名 Ranking
滨州	Binzhou	14971	15949	16362	127	常德	Changde	21963	21262	20974	79
菏泽	Heze	31167	31510	33348	18	张家界	Zhangjiajie	5223	5291	5297	260
河南	**Henan**	**380984**	**388005**	**430775**		益阳	Yiyang	18141	15472	15208	137
郑州	Zhengzhou	30601	33045	35261	11	郴州	Chenzhou	15458	15712	15862	130
开封	Kaifeng	17332	18582	21540	71	永州	Yongzhou	22676	20218	20115	83
洛阳	Luoyang	26168	29948	31234	27	怀化	Huaihua	16806	17044	17412	115
平顶山	Pingdingshan	17453	18771	17365	116	娄底	Loudi	15865	15740	16963	120
安阳	Anyang	19058	20774	21353	75	广东	**Guangdong**	**391514**	**421533**	**521032**	
鹤壁	Hebi	6151	6633	6275	250	广州	Guangzhou	38226	40791	41501	2
新乡	Xinxiang	23021	24954	23094	62	韶关	Shaoguan	13266	13068	12918	157
焦作	Jiaozuo	14289	16236	16419	126	深圳	Shenzhen	22417	27048	28320	38
濮阳	Puyang	16635	18016	18026	107	珠海	Zhuhai	5742	6351	6374	249
许昌	Xuchang	18715	18770	17595	113	汕头	Shantou	22650	28114	29801	33
漯河	Luohe	9466	9750	9844	208	佛山	Foshan	20442	35139	22178	68
三门峡	Sanmenxia	10068	10964	10328	200	江门	Jiangmen	17158	16936	18229	106
南阳	Nanyang	35550	38589	39666	6	湛江	Zhanjiang	31171	33684	34499	14
商丘	Shangqiu	32843	34629	34722	13	茂名	Maoming	33130	21830	36266	9
信阳	Xinyang	34271	35747	34916	12	肇庆	Zhaoqing	19709	20030	21169	76
周口	Zhoukou	37502	38392	39713	5	惠州	Huizhou	17211	19076	19154	93
驻马店	Zhumadian	28811	31325	32727	19	梅州	Meizhou	23657	23504	23128	61
湖北	**Hubei**	**229209**	**205306**	**224010**		汕尾	Shanwei	12748	15712	14741	144
武汉	Wuhan	32800	29660	31523	24	河源	Heyuan	15172	15845	17870	109
黄石	Huangshi	10596	9544	8551	222	阳江	Yangjiang	10782	12540	11104	186
十堰	Shiyan	14178	12179	11617	174	清远	Qingyuan	17374	17125	16499	123
宜昌	Yichang	13445	13518	13275	154	东莞	Dongguan	14572	16422	17148	119
襄阳	Xiangyang	21647	18746	21046	78	中山	Zhongshan	9424	10387	10627	194
鄂州	Ezhou	4545	3893	3800	273	潮州	Chaozhou	10858	11574	11447	178
荆门	Jingmen	12907	9479	9807	209	揭阳	Jieyang	24300	28598	30232	31
孝感	Xiaogan	20047	19236	19016	94	云浮	Yunfu	11505	11828	11541	175
荆州	Jingzhou	22698	20470	21505	73	广西	**Guangxi**	**160840**	**163709**	**188152**	
黄冈	Huanggang	28782	24021	30156	32	南宁	Nanning	22675	23120	23776	55
咸宁	Xianning	10900	10023	9185	213	柳州	Liuzhou	11827	10993	12097	165
随州	Suizhou	9367	7559	7981	228	桂林	Guilin	16155	15633	15620	131
湖南	**Hunan**	**240494**	**236461**	**272479**		梧州	Wuzhou	10409	10902	12166	163
长沙	Changsha	21102	23596	25370	46	北海	Beihai	5904	7119	6414	248
株洲	Zhuzhou	12634	12662	13705	150	防城港	Fangchenggang	2643	2659	2849	280
湘潭	Xiangtan	9846	9688	10313	201	钦州	Qinzhou	9710		11143	184
衡阳	Hengyang	25183	25212	27593	40	贵港	Guigang	16973	18358	28902	37
邵阳	Shaoyang	24154	24373	25278	47	玉林	Yulin	21509	21920	22256	67
岳阳	Yueyang	21053	19564	23238	60	百色	Baise	10662	30609	11156	183

16-9 普通中学专任教师数 续表 3

Full-time Teachers of Junior Secondary Schools continued 3

单位：人 (person)

地名	City	2010	2013	2014	2014 排名 Ranking	地名	City	2010	2013	2014	2014 排名 Ranking
贺州	Hezhou	7289	8766	7046	241	丽江	Lijiang	5621	6877	5296	261
河池	Hechi	11372	11499	11859	169	普洱	Puer	7630	7922	7929	230
来宾	Laibin	7735	7703	7832	231	临沧	Lincang	7168	7527	7679	233
崇左	Chongzuo	6346	7485	5680	258	**西藏**	**Tibet**	**11714**	**12931**	**14542**	
海南	**Hainan**	**34564**	**36711**	**49668**		拉萨	Lasa	2494	2842	3530	274
海口	Haikou	6982	8597	10508	197	**陕西**	**Shaanxi**	**170482**	**167457**	**192818**	
三亚	Sanya	2549	2696	2822	281	西安	Xi'an	31506	32886	32615	22
三沙	Sansha					铜川	Tongchuan	3925	4262	4040	272
重庆	**Chongqing**	**109303**	**113880**	**141970**		宝鸡	Baoji	17423	18237	16803	121
四川	**Sichuan**	**284962**	**292629**	**356669**		咸阳	Xianyang	24997	26352	26505	44
成都	Chengdu	42429	46295	46359	1	渭南	Weinan	27479	27912	26700	42
自贡	Zigong	8261	8059	8014	227	延安	Yan'an	10736	10443	10216	202
攀枝花	Panzhihua	4679	4994	5061	265	汉中	Hanzhong	13866	15209	15290	135
泸州	Luzhou	14480	14632	14811	142	榆林	Yulin	17363	18444	18421	103
德阳	Deyang	11144	11158	11014	190	安康	Ankang	11366	12451	11209	182
绵阳	Mianyang	18449	19409	19331	91	商洛	Shangluo	11003	11692	7253	238
广元	Guangyuan	11377	11386	11041	189	**甘肃**	**Gansu**	**120689**	**126817**	**146101**	
遂宁	Suining	13244	13013	14978	140	兰州	Lanzhou	13811	13922	14173	147
内江	Neijiang	11868	11622	13690	151	嘉峪关	Jiayuguan	941	1009	1074	285
乐山	Leshan	10755	10761	10942	191	金昌	Jinchang	2155	2088	2331	284
南充	Nanchong	26822	26580	25184	48	白银	Baiyin	11229	11349	11829	170
眉山	Meishan	10685	10606	10506	198	天水	Tianshui	15592	16043	17923	108
宜宾	Yibin	17682	18732	18644	100	武威	Wuwei	9006	9177	8939	216
广安	Guangan	14440	14629	15098	138	张掖	Zhangye	5883	5783	5845	257
达州	Dazhou	20163	20004	20048	85	平凉	Pingliang	10514	11308	11463	177
雅安	Yaan	4931	4623	5027	266	酒泉	Jiuquan	4398	4622	5267	262
巴中	Bazhong	11695	12160	13257	155	庆阳	Qingyang	11693	12222	12259	162
资阳	Ziyang	13488	13449	16483	124	定西	Dingxi	14528	15806	17824	111
贵州	**Guizhou**	**142508**	**162309**	**192389**		陇南	Longnan	10647	11427	11643	172
贵阳	Guiyang	14561	16672	19914	86	**青海**	**Qinghai**	**21875**	**23598**	**27432**	
六盘水	Liupanshui	10676	12868	13534	152	西宁	Xining	9064	9179	8915	217
遵义	Zunyi	27418	30077	31284	26	海东	Haidong			6586	246
安顺	Anshun	8570	8863	9318	211	**宁夏**	**Ningxia**	**27484**	**29401**	**31916**	
毕节	Bijie	25182	30789	36187	10	银川	Yinchuan	7310	7978	8182	226
铜仁	Tongren	15330	17831	17796	112	石嘴山	Shizuishan	3413	3486	3356	275
云南	**Yunnan**	**160984**	**169160**	**199764**		吴忠	Wuzhong	5448	5976	5966	252
昆明	Kunming	20329	21623	22302	64	固原	Guyuan	6664	6981	6940	242
曲靖	Qujing	23068	24194	24469	50	中卫	Zhongwei	4649	4980	5561	259
玉溪	Yuxi	8745	9046	9149	214	**新疆**	**Xinjiang**	**113990**	**121129**	**152901**	
保山	Baoshan	9431	10301	10521	196	乌鲁木齐	Urumqi	9998	10643	11997	168
昭通	Zhaotong	18762	18726	19272	92	克拉玛依	Karamay	2123	2418	2472	283

16-10 普通中学招生数

New Enrollment by Junior Secondary Schools

单位：万人　　（10 000 persons）

地名	City	2010	2012	2013	2013 排名 Ranking	地名	City	2010	2012	2013	2013 排名 Ranking
全国	**Nation Total**	**2552.70**	**2415.40**	**2318.78**		沈阳	Shenyang	9.75	9.44	9.16	79
北京	**Beijing**	**16.80**	**17.15**	**16.67**		大连	Dalian	9.20	8.36	8.21	100
天津	**Tianjin**	**14.60**	**14.19**	**14.09**		鞍山	Anshan	4.72	4.73	4.55	191
河北	**Hebei**	**114.18**	**116.18**	**115.91**		抚顺	Fushun	2.72	2.48	2.37	258
石家庄	Shijiazhuang	17.14	16.08	16.16	18	本溪	Benxi	2.08	1.86	1.70	267
唐山	Tangshan	11.24	11.33	11.20	47	丹东	Dandong	3.90	3.63	3.35	234
秦皇岛	Qinhuangdao	4.35	4.43	4.32	198	锦州	Jinzhou	4.67	4.31	4.08	211
邯郸	Handan	15.13	17.34	16.38	16	营口	Yingkou	3.40	3.26	3.22	238
邢台	Xingtai	11.52	12.09	11.57	43	阜新	Fuxin	3.03	2.72	2.74	246
保定	Baoding	16.44	17.48	18.69	6	辽阳	Liaoyang	2.96	2.82	2.57	249
张家口	Zhangjiakou	7.26	6.87	6.69	132	盘锦	Panjin	2.38	2.28	2.42	256
承德	Chengde	6.18	5.54	5.60	156	铁岭	Tieling	4.37	3.98	3.90	220
沧州	Cangzhou	10.20	10.22	10.38	58	朝阳	Chaoyang	6.14	5.65	5.66	152
廊坊	Langfang	7.38	6.98	6.96	126	葫芦岛	Huludao	4.43	4.27	4.17	208
衡水	Hengshui	7.35	7.73	7.97	105	吉林	**Jilin**	**41.42**	**38.69**	**36.95**	
山西	**Shanxi**	**85.26**	**49.17**	**70.18**		长春	Changchun	12.59	11.11	11.08	49
太原	Taiyuan	7.80	7.45	7.32	120	吉林	Jilin	6.63	6.41	5.63	154
大同	Datong	7.32	6.61	6.00	144	四平	Siping	4.84	4.61	4.85	177
阳泉	Yangquan	2.95	2.50	2.45	254	辽源	Liaoyuan	1.69	1.64	1.42	274
长治	Changzhi	7.95	7.13	6.84	129	通化	Tonghua	3.70	3.72	3.08	240
晋城	Jincheng	5.80	5.43	5.11	169	白山	Baishan	1.79	1.75	1.49	273
朔州	Shuozhou	5.57	5.34	5.05	171	松原	Songyuan	4.33	4.04	4.31	200
晋中	Jinzhong	6.24	5.54	5.38	164	白城	Baicheng	3.03	2.77	2.51	252
运城	Yuncheng	13.49	11.73	10.52	55	黑龙江	**Heilongjiang**	**57.07**	**36.58**	**47.31**	
忻州	Xinzhou	7.87	5.95	5.67	151	哈尔滨	Harbin	13.32	13.05	11.93	42
临汾	Linfen	10.14	8.91	8.23	98	齐齐哈尔	Qiqihar	7.35	6.65	6.00	144
吕梁	Lvliang	10.12	8.91	7.62	114	鸡西	Jixi	2.86	2.95	2.41	257
内蒙古	**Inner Mongolia**	**43.67**	**41.42**	**39.18**		鹤岗	Hegang	2.04	1.81	1.55	271
呼和浩特	Hohhot	5.33	5.21	5.12	167	双鸭山	Shuangyashan	2.53	2.51	2.08	264
包头	Baotou	4.51	4.39	4.31	200	大庆	Daqing	4.83	4.95	4.65	186
乌海	Wuhai	0.89	0.89	0.88	282	伊春	Yichun	1.80	1.67	1.39	275
赤峰	Chifeng	9.04	8.56	7.25	121	佳木斯	Jiamusi	4.80	4.66	3.52	227
通辽	Tongliao	5.69	5.72	5.52	160	七台河	Qitaihe	1.39	1.31	1.20	278
鄂尔多斯	Erdos	3.06	2.86	2.87	243	牡丹江	Mudanjiang	4.07	4.05	3.48	230
呼伦贝尔	Hulunbuir	3.91	3.38	3.29	237	黑河	Heihe	2.94	2.89	2.15	262
巴彦淖尔	Bayannur	2.93	2.88	2.62	247	绥化	Suihua	8.38	7.58	6.35	136
乌兰察布	Ulanqab	3.60	3.11	2.89	242	上海	**Shanghai**	**16.33**	**17.00**	**17.34**	
辽宁	**Liaoning**	**63.75**	**59.79**	**58.11**		江苏	**Jiangsu**	**115.08**	**101.72**	**96.00**	

16-10 普通中学招生数 续表 1
New Enrollment by Junior Secondary Schools continued 1

单位：万人 (10 000 persons)

地名	City	2010	2012	2013	2013 排名 Ranking	地名	City	2010	2012	2013	2013 排名 Ranking
南京	Nanjing	7.92	7.64	7.34	119	池州	Chizhou	3.35	2.88	2.77	245
无锡	Wuxi	7.58	7.10	7.13	124	宣城	Xuancheng	4.30	3.82	3.51	228
徐州	Xuzhou	15.30	13.38	11.51	45	**福建**	**Fujian**	**62.62**	**40.37**	**59.54**	
常州	Changzhou	6.09	5.57	5.54	158	福州	Fuzhou	11.28	10.81	10.67	53
苏州	Suzhou	9.06	9.03	9.37	75	厦门	Xiamen	4.18	4.48	4.72	181
南通	Nantong	10.32	8.67	8.27	97	莆田	Putian	6.37	5.64	5.66	152
连云港	Lianyungang	10.10	8.40	7.37	117	三明	Sanming	4.55	4.42	4.18	207
淮安	Huaian	9.01	7.60	7.25	121	泉州	Quanzhou	12.90	12.17	12.67	37
盐城	Yancheng	10.95	9.32	9.01	81	漳州	Zhangzhou	8.73	8.87	8.41	94
扬州	Yangzhou	6.96	6.38	6.18	140	南平	Nanping	4.92	4.76	4.61	188
镇江	Zhenjiang	3.74	3.31	3.20	239	龙岩	Longyan	4.57	4.41	4.29	203
泰州	Taizhou	7.16	6.14	5.98	147	宁德	Ningde	5.12	4.49	4.36	195
宿迁	Suqian	10.87	9.19	7.82	108	**江西**	**Jiangxi**	**94.02**	**96.42**	**92.13**	
浙江	**Zhejiang**	**83.30**	**78.85**	**77.76**		南昌	Nanchang	10.49	10.54	10.03	63
杭州	Hangzhou	11.55	11.12	10.95	50	景德镇	Jingdezhen	3.03	3.27	3.07	241
宁波	Ningbo	7.28	9.87	9.60	70	萍乡	Pingxiang	3.82	3.51	3.36	233
温州	Wenzhou	13.65	12.38	12.49	39	九江	Jiujiang	9.83	9.80	8.98	82
嘉兴	Jiaxing	6.62	5.95	5.75	150	新余	Xinyu	1.89	2.26	2.19	261
湖州	Huzhou	4.66	4.28	4.10	210	鹰潭	Yingtan	2.19	2.52	2.02	265
绍兴	Shaoxing	9.07	8.54	8.36	96	赣州	Ganzhou	18.48	20.46	20.61	3
金华	Jinhua	8.33	8.30	8.22	99	吉安	Jian	9.27	8.96	8.87	85
衢州	Quzhou	3.94	3.91	3.76	221	宜春	Yichun	10.62	10.87	10.71	51
舟山	Zhoushan	1.26	1.15	1.16	279	抚州	Fuzhou	8.84	9.13	8.15	101
台州	Taizhou	9.61	9.48	9.67	68	上饶	Shangrao	15.55	15.10	14.14	29
丽水	Lishui	3.81	3.87	3.71	223	**山东**	**Shandong**	**164.12**	**159.88**	**158.53**	
安徽	**Anhui**	**129.74**	**112.91**	**103.31**		济南	Jinan	10.42	10.34	10.34	59
合肥	Hefei	10.74	12.68	12.02	41	青岛	Qingdao	12.51	11.91	12.23	40
芜湖	Wuhu	3.79	5.31	5.09	170	淄博	Zibo	8.29	8.03	7.74	111
蚌埠	Bengbu	6.61	6.06	5.62	155	枣庄	Zaozhuang	7.13	6.77	6.62	133
淮南	Huainan	4.55	3.91	3.67	225	东营	Dongying	4.01	4.01	3.75	222
马鞍山	Maanshan	2.32	3.97	3.66	226	烟台	Yantai	9.75	9.01	8.67	90
淮北	Huaibei	5.39	4.71	4.08	211	潍坊	Weifang	16.41	15.75	15.24	21
铜陵	Tongling	1.33	1.19	1.16	279	济宁	Jining	13.55	13.59	13.38	32
安庆	Anqing	13.38	10.93	9.41	74	泰安	Taian	8.47	9.42	9.69	67
黄山	Huangshan	2.17	2.03	1.82	266	威海	Weihai	3.60	3.33	3.34	235
滁州	Chuzhou	8.70	7.64	7.22	123	日照	Rizhao	4.94	4.85	4.69	183
阜阳	Fuyang	18.23	15.42	15.34	20	莱芜	Laiwu	2.48	2.53	2.58	248
宿州	Suzhou	12.62	10.61	8.92	84	临沂	Linyi	19.15	17.23	17.33	13
六安	Liuan	13.39	11.83	9.92	65	德州	Dezhou	8.85	9.71	9.65	69
亳州	Bozhou	10.56	9.90	9.06	80	聊城	Liaocheng	9.45	9.26	9.59	71

16-10 普通中学招生数 续表 2

New Enrollment by Junior Secondary Schools continued 2

单位：万人 （10 000 persons）

地名	City	2010	2012	2013	2013 排名 Ranking	地名	City	2010	2012	2013	2013 排名 Ranking
滨州	Binzhou	6.63	6.76	6.77	131	常德	Changde	8.67	7.72	7.36	118
菏泽	Heze	18.47	17.38	16.91	15	张家界	Zhangjiajie	2.53	2.52	2.57	249
河南	**Henan**	**221.66**	**224.73**	**203.82**		益阳	Yiyang	6.52	6.27	6.13	141
郑州	Zhengzhou	14.89	15.82	16.16	18	郴州	Chenzhou	7.49	7.93	8.97	83
开封	Kaifeng	10.24	10.45	9.73	66	永州	Yongzhou	9.60	9.28	9.55	73
洛阳	Luoyang	14.65	14.04	13.84	31	怀化	Huaihua	6.84	7.00	7.49	115
平顶山	Pingdingshan	8.43	8.54	8.41	94	娄底	Loudi	7.95	7.54	7.47	116
安阳	Anyang	9.57	9.92	10.29	60	**广东**	**Guangdong**	**241.96**	**217.57**	**203.06**	
鹤壁	Hebi	3.64	4.06	3.68	224	广州	Guangzhou	19.17	18.43	18.27	9
新乡	Xinxiang	11.56	12.28	11.55	44	韶关	Shaoguan	6.60	5.69	5.41	162
焦作	Jiaozuo	7.65	7.69	7.66	113	深圳	Shenzhen	12.03	12.80	13.11	34
濮阳	Puyang	9.04	9.29	8.08	102	珠海	Zhuhai	3.22	3.20	3.98	218
许昌	Xuchang	9.01	9.21	7.93	106	汕头	Shantou	16.85	15.49	14.29	27
漯河	Luohe	5.10	4.98	4.83	178	佛山	Foshan	11.07	10.73	17.23	14
三门峡	Sanmenxia	4.37	4.30	4.02	216	江门	Jiangmen	8.88	7.97	7.77	110
南阳	Nanyang	19.28	21.35	19.07	5	湛江	Zhanjiang	24.44	21.74	18.50	7
商丘	Shangqiu	23.41	21.23	18.36	8	茂名	Maoming	22.17	19.30	18.09	11
信阳	Xinyang	18.99	20.02	16.30	17	肇庆	Zhaoqing	10.91	9.60	9.17	77
周口	Zhoukou	29.50	29.49	25.04	1	惠州	Huizhou	10.71	9.80	9.56	72
驻马店	Zhumadian	20.91	20.64	17.49	12	梅州	Meizhou	12.64	9.68	8.85	87
湖北	**Hubei**	**105.26**	**83.84**	**80.43**		汕尾	Shanwei	10.50	9.95	10.41	57
武汉	Wuhan	12.06	10.36	10.16	61	河源	Heyuan	8.14	6.73	6.29	139
黄石	Huangshi	6.27	4.65	4.35	196	阳江	Yangjiang	6.43	5.15	4.77	179
十堰	Shiyan	6.30	4.80	4.75	180	清远	Qingyuan	9.39	7.36	6.94	128
宜昌	Yichang	5.36	4.81	4.72	181	东莞	Dongguan	9.32	9.63	10.01	64
襄阳	Xiangyang	9.76	8.04	7.88	107	中山	Zhongshan	5.50	5.30	5.00	172
鄂州	Ezhou	2.19	1.74	1.64	269	潮州	Chaozhou	7.28	6.54	5.55	157
荆门	Jingmen	4.26	3.62	3.44	231	揭阳	Jieyang	19.85	17.13	15.16	22
孝感	Xiaogan	9.43	3.97	6.13	141	云浮	Yunfu	6.84	5.36	5.00	172
荆州	Jingzhou	10.81	8.70	8.45	92	**广西**	**Guangxi**	**97.22**	**96.15**	**98.63**	
黄冈	Huanggang	15.38	11.38	10.49	56	南宁	Nanning	12.87	12.88	13.22	33
咸宁	Xianning	5.68	4.45	4.33	197	柳州	Liuzhou	6.09	5.93	6.33	138
随州	Suizhou	3.80	2.91	2.83	244	桂林	Guilin	6.96	6.82	6.95	127
湖南	**Hunan**	**110.49**	**111.26**	**114.02**		梧州	Wuzhou	7.18	6.75	6.79	130
长沙	Changsha	11.14	12.13	12.61	38	北海	Beihai	3.50	2.21	3.44	231
株洲	Zhuzhou	5.14	5.31	5.54	158	防城港	Fangchenggang	1.64	1.60	1.68	268
湘潭	Xiangtan	4.45	4.39	4.19	206	钦州	Qinzhou	7.81	7.64	8.05	103
衡阳	Hengyang	13.20	14.00	14.45	26	贵港	Guigang	12.55	12.31	12.75	36
邵阳	Shaoyang	12.83	13.33	13.87	30	玉林	Yulin	14.23	14.00	14.29	27
岳阳	Yueyang	8.87	8.69	8.65	91	百色	Baise	6.47	6.69	12.97	35

16-10 普通中学招生数 续表 3

New Enrollment by Junior Secondary Schools continued 3

单位：万人　　　　(10 000 persons)

地名	City	2010	2012	2013	2013 排名 Ranking	地名	City	2010	2012	2013	2013 排名 Ranking
贺州	Hezhou	4.53	4.26	3.94	219	丽江	Lijiang	2.48	2.45	2.44	255
河池	Hechi	6.63	6.94	7.09	125	普洱	Puer	4.04	4.00	4.01	217
来宾	Laibin	4.40	4.14	4.13	209	临沧	Lincang	4.27	4.32	4.22	205
崇左	Chongzuo	2.87	3.01	4.59	190	**西藏**	**Tibet**	**6.10**	**6.10**	**6.21**	
海南	**Hainan**	**18.96**	**18.24**	**17.71**		拉萨	Lasa	1.16	1.38	1.21	277
海口	Haikou	3.80	3.93	4.07	213	**陕西**	**Shaanxi**	**83.18**	**73.02**	**68.31**	
三亚	Sanya	1.60	0.48	1.50	272	西安	Xi'an	16.15	14.98	14.47	25
三沙	Sansha					铜川	Tongchuan	1.78	1.42	1.32	276
重庆	**Chongqing**	**63.61**	**36.28**	**55.12**		宝鸡	Baoji	7.79	6.71	6.38	135
四川	**Sichuan**	**164.17**	**151.02**	**139.01**		咸阳	Xianyang	13.61	11.87	10.12	62
成都	Chengdu	21.31	20.56	19.54	4	渭南	Weinan	12.06	10.08	9.17	77
自贡	Zigong	4.95	4.40	4.03	215	延安	Yan'an	5.29	4.88	4.52	192
攀枝花	Panzhihua	2.43	2.35	2.32	259	汉中	Hanzhong	7.12	6.60	6.46	134
泸州	Luzhou	9.49	8.66	8.43	93	榆林	Yulin	7.56	6.36	5.90	148
德阳	Deyang	5.63	5.13	4.69	183	安康	Ankang	5.95	4.88	4.68	185
绵阳	Mianyang	10.04	9.13	8.86	86	商洛	Shangluo	5.46	4.88	4.95	174
广元	Guangyuan	6.65	5.66	4.62	187	**甘肃**	**Gansu**	**67.34**	**60.20**	**55.24**	
遂宁	Suining	6.23	6.00	5.12	167	兰州	Lanzhou	6.40	6.23	5.87	149
内江	Neijiang	6.39	5.87	5.47	161	嘉峪关	Jiayuguan	0.50	0.50	0.51	284
乐山	Leshan	5.54	4.76	4.44	193	金昌	Jinchang	1.11	1.01	0.97	281
南充	Nanchong	15.00	14.57	11.49	46	白银	Baiyin	5.73	4.91	4.31	200
眉山	Meishan	5.80	4.83	4.32	198	天水	Tianshui	9.64	8.31	7.80	109
宜宾	Yibin	10.17	9.24	8.85	87	武威	Wuwei	5.17	4.51	4.04	214
广安	Guangan	9.82	8.81	8.00	104	张掖	Zhangye	3.04	2.68	2.52	251
达州	Dazhou	13.05	11.79	10.70	52	平凉	Pingliang	5.99	5.49	4.95	174
雅安	Yaan	2.60	2.24	2.14	263	酒泉	Jiuquan	2.41	2.28	2.21	260
巴中	Bazhong	9.50	8.32	7.69	112	庆阳	Qingyang	6.62	5.42	4.91	176
资阳	Ziyang	7.04	6.28	6.13	141	定西	Dingxi	8.07	7.05	6.35	136
贵州	**Guizhou**	**100.49**	**105.01**	**104.64**		陇南	Longnan	6.47	5.62	5.32	165
贵阳	Guiyang	8.88	9.14	8.80	89	**青海**	**Qinghai**	**11.50**	**11.16**	**11.63**	
六盘水	Liupanshui	9.33	9.98	9.20	76	西宁	Xining	4.27	4.20	4.28	204
遵义	Zunyi	17.98	18.60	18.13	10	海东	Haidong				
安顺	Anshun	5.89	5.81	6.00	144	**宁夏**	**Ningxia**	**15.12**	**15.47**	**15.27**	
毕节	Bijie	21.06	23.99	24.20	2	银川	Yinchuan	4.24	4.40	4.44	193
铜仁	Tongren	10.52	10.91	10.56	54	石嘴山	Shizuishan	1.62	1.57	1.58	270
云南	**Yunnan**	**93.56**	**93.57**	**94.94**		吴忠	Wuzhong	3.24	3.30	3.30	236
昆明	Kunming	11.28	11.19	11.09	48	固原	Guyuan	3.49	3.63	3.49	229
曲靖	Qujing	14.91	14.64	14.92	24	中卫	Zhongwei	2.56	2.57	2.46	253
玉溪	Yuxi	4.61	5.00	4.60	189	**新疆**	**Xinjiang**	**48.94**	**46.97**	**47.72**	
保山	Baoshan	5.41	5.40	5.40	163	乌鲁木齐	Urumqi	5.10	5.23	5.27	166
昭通	Zhaotong	13.07	14.04	14.94	23	克拉玛依	Karamay	0.88	0.83	0.87	283

16-11 普通中学在校学生数
Total Enrollment by Junior Secondary Schools

单位：万人 （10 000 persons）

地名	City	2010	2013	2014	2014 排名 Ranking	地名	City	2010	2013	2014	2014 排名 Ranking
全国	**Nation Total**	**7706.60**	**6876.01**	**6785.10**		沈阳	Shenyang	30.22	27.25	27.52	74
北京	**Beijing**	**50.83**	**49.82**	**48.43**		大连	Dalian	27.92	24.58	24.39	91
天津	**Tianjin**	**45.86**	**43.59**	**43.68**		鞍山	Anshan	15.75	13.51	13.68	181
河北	**Hebei**	**348.75**	**318.13**	**339.23**		抚顺	Fushun	8.95	7.15	6.86	258
石家庄	Shijiazhuang	52.47	45.96	44.22	20	本溪	Benxi	6.66	5.20	5.09	265
唐山	Tangshan	34.29	31.96	33.33	43	丹东	Dandong	12.21	10.33	9.93	225
秦皇岛	Qinhuangdao	13.47	12.70	12.80	193	锦州	Jinzhou	14.41	12.31	11.63	207
邯郸	Handan	45.86	42.68	47.23	17	营口	Yingkou	10.31	9.38	9.50	230
邢台	Xingtai	34.78	30.95	34.07	42	阜新	Fuxin	9.56	8.18	4.75	268
保定	Baoding	50.08	49.47	53.54	7	辽阳	Liaoyang	8.65	7.90	7.20	253
张家口	Zhangjiakou	22.51	19.28	19.75	127	盘锦	Panjin	7.66	7.27	7.23	252
承德	Chengde	18.44	15.84	16.21	153	铁岭	Tieling	13.54	11.55	7.11	255
沧州	Cangzhou	31.21	28.39	30.77	57	朝阳	Chaoyang	19.23	16.84	9.84	226
廊坊	Langfang	22.35	18.84	20.37	122	葫芦岛	Huludao	13.69	12.43	12.43	197
衡水	Hengshui	23.28	22.07	23.73	97	**吉林**	**Jilin**	**128.84**	**109.82**	**103.86**	
山西	**Shanxi**	**253.67**	**213.99**	**204.68**		长春	Changchun	38.86	53.50	31.50	50
太原	Taiyuan	24.00	22.28	21.79	113	吉林	Jilin	20.53	28.08	15.14	163
大同	Datong	22.79	18.16	17.50	142	四平	Siping	15.14	23.81	13.00	191
阳泉	Yangquan	9.15	7.67	7.26	251	辽源	Liaoyuan	5.34	7.35	4.58	270
长治	Changzhi	23.39	20.62	19.64	129	通化	Tonghua	11.18	16.40	8.33	245
晋城	Jincheng	17.68	16.06	14.77	168	白山	Baishan	6.14	7.16	4.61	269
朔州	Shuozhou	16.00	15.17	14.09	175	松原	Songyuan	13.47	20.60	12.00	202
晋中	Jinzhong	19.60	16.35	16.16	154	白城	Baicheng	9.22	12.65	7.60	246
运城	Yuncheng	39.74	31.42	29.99	59	**黑龙江**	**Heilongjiang**	**190.78**	**152.22**	**148.31**	
忻州	Xinzhou	21.90	17.38	17.00	147	哈尔滨	Harbin	44.08	38.26	36.45	37
临汾	Linfen	29.64	25.20	24.28	92	齐齐哈尔	Qiqihar	23.25	18.02	17.52	141
吕梁	Lvliang	29.79	23.70	22.58	104	鸡西	Jixi	10.96	8.57	7.20	253
内蒙古	**Inner Mongolia**	**131.40**	**118.27**	**115.37**		鹤岗	Hegang	6.45	4.94	3.45	280
呼和浩特	Hohhot	15.66	15.23	15.08	164	双鸭山	Shuangyashan	8.22	6.48	2.83	283
包头	Baotou	13.49	12.89	12.54	195	大庆	Daqing	18.20	15.96	15.58	161
乌海	Wuhai	2.82	2.64	3.64	277	伊春	Yichun	5.71	4.37	3.95	275
赤峰	Chifeng	27.21	23.07	22.15	111	佳木斯	Jiamusi	15.43	10.53	8.92	235
通辽	Tongliao	16.62	15.80	15.85	157	七台河	Qitaihe	4.79	4.04	3.88	276
鄂尔多斯	Erdos	9.12	8.53	5.16	264	牡丹江	Mudanjiang	12.47	10.24	8.91	236
呼伦贝尔	Hulunbuir	12.03	10.06	9.81	227	黑河	Heihe	9.04	6.50	8.46	242
巴彦淖尔	Bayannur	9.01	8.19	7.55	247	绥化	Suihua	29.71	21.42	21.05	119
乌兰察布	Ulanqab	11.79	9.07	8.59	240	**上海**	**Shanghai**	**59.44**	**59.35**	**58.42**	
辽宁	**Liaoning**	**198.77**	**173.89**	**170.83**		**江苏**	**Jiangsu**	**368.63**	**296.74**	**288.62**	

16-11　普通中学在校学生数　续表 1
Total Enrollment by Junior Secondary Schools continued 1

单位：万人　　　　(10 000 persons)

地名	City	2010	2013	2014	2014 排名 Ranking	地名	City	2010	2013	2014	2014 排名 Ranking
南京	Nanjing	24.86	22.42	22.28	109	池州	Chizhou	10.61	8.82	8.38	244
无锡	Wuxi	22.76	20.82	20.94	120	宣城	Xuancheng	13.71	11.34	10.79	218
徐州	Xuzhou	52.07	37.52	35.93	39	**福建**	**Fujian**	**198.21**	**176.47**	**175.48**	
常州	Changzhou	18.88	16.48	16.25	152	福州	Fuzhou	35.84	32.18	29.81	61
苏州	Suzhou	27.25	26.69	27.96	70	厦门	Xiamen	12.16	13.09	13.64	183
南通	Nantong	33.65	26.00	24.74	88	莆田	Putian	20.19	16.95	16.43	151
连云港	Lianyungang	30.91	23.15	22.53	106	三明	Sanming	14.54	12.65	12.48	196
淮安	Huaian	29.30	22.71	21.54	115	泉州	Quanzhou	41.50	36.40	36.74	33
盐城	Yancheng	34.33	28.24	27.19	77	漳州	Zhangzhou	25.54	24.89	24.75	87
扬州	Yangzhou	22.25	19.03	18.42	135	南平	Nanping	15.42	13.92	13.65	182
镇江	Zhenjiang	12.34	9.94	9.59	229	龙岩	Longyan	15.23	12.88	12.67	194
泰州	Taizhou	23.31	18.46	17.74	137	宁德	Ningde	17.78	13.51	13.11	187
宿迁	Suqian	36.71	25.26	23.52	99	**江西**	**Jiangxi**	**273.96**	**263.11**	**265.48**	
浙江	**Zhejiang**	**255.15**	**232.24**	**228.99**		南昌	Nanchang	30.21	29.51	29.62	62
杭州	Hangzhou	35.30	32.74	32.44	45	景德镇	Jingdezhen	9.18	9.08	8.73	238
宁波	Ningbo	22.12	28.59	28.01	69	萍乡	Pingxiang	10.65	9.86	9.81	227
温州	Wenzhou	41.87	37.02	36.71	34	九江	Jiujiang	29.59	26.19	25.82	84
嘉兴	Jiaxing	20.72	17.50	17.02	146	新余	Xinyu	5.81	6.37	6.43	259
湖州	Huzhou	14.63	12.60	12.20	199	鹰潭	Yingtan	6.60	5.68	5.85	262
绍兴	Shaoxing	27.48	25.20	24.61	90	赣州	Ganzhou	52.77	57.77	58.94	3
金华	Jinhua	25.82	24.31	24.21	93	吉安	Jian	27.64	25.65	25.85	83
衢州	Quzhou	12.16	11.39	11.20	215	宜春	Yichun	31.22	30.16	30.93	53
舟山	Zhoushan	3.89	3.46	3.36	281	抚州	Fuzhou	25.46	23.09	23.08	100
台州	Taizhou	28.68	28.26	28.23	65	上饶	Shangrao	44.83	39.74	31.42	51
丽水	Lishui	12.07	11.20	10.56	222	**山东**	**Shandong**	**501.07**	**488.48**	**486.06**	
安徽	**Anhui**	**406.58**	**325.22**	**312.54**		济南	Jinan	30.18	30.81	30.80	55
合肥	Hefei	33.02	37.93	36.70	35	青岛	Qingdao	38.00	36.51	36.26	38
芜湖	Wuhu	12.39	16.42	15.78	158	淄博	Zibo	29.82	28.44	27.58	73
蚌埠	Bengbu	20.15	17.20	16.61	149	枣庄	Zaozhuang	21.84	20.31	19.78	126
淮南	Huainan	14.21	11.51	11.27	213	东营	Dongying	12.05	13.68	13.50	184
马鞍山	Maanshan	7.87	11.64	10.85	216	烟台	Yantai	37.13	32.16	30.85	54
淮北	Huaibei	15.48	12.67	11.27	213	潍坊	Weifang	49.03	46.32	44.82	19
铜陵	Tongling	4.19	3.74	3.54	278	济宁	Jining	42.01	40.76	40.26	26
安庆	Anqing	46.30	33.03	29.87	60	泰安	Taian	22.91	28.58	32.00	46
黄山	Huangshan	7.08	5.97	5.71	263	威海	Weihai	14.24	12.12	11.52	210
滁州	Chuzhou	26.83	22.13	21.53	116	日照	Rizhao	14.40	14.22	14.07	176
阜阳	Fuyang	55.09	44.32	44.92	18	莱芜	Laiwu	8.71	9.15	8.72	239
宿州	Suzhou	38.90	28.34	27.52	74	临沂	Linyi	54.99	51.29	50.70	12
六安	Liuan	42.06	34.22	31.20	52	德州	Dezhou	25.10	27.32	28.12	67
亳州	Bozhou	31.08	25.95	26.62	79	聊城	Liaocheng	27.69	27.27	28.06	68

16-11 普通中学在校学生数 续表 2
Total Enrollment by Junior Secondary Schools continued 2

单位：万人 （10 000 persons）

地名	City	2010	2013	2014	2014 排名 Ranking
滨州	Binzhou	19.14	19.81	19.67	128
菏泽	Heze	53.83	49.73	49.55	13
河南	**Henan**	**661.56**	**574.28**	**588.91**	
郑州	Zhengzhou	43.85	46.09	49.31	14
开封	Kaifeng	29.67	26.79	27.94	71
洛阳	Luoyang	42.64	39.43	40.02	27
平顶山	Pingdingshan	24.54	23.63	24.13	94
安阳	Anyang	28.23	27.74	29.07	63
鹤壁	Hebi	10.54	10.17	10.62	220
新乡	Xinxiang	34.25	33.20	34.62	41
焦作	Jiaozuo	22.86	21.63	21.91	112
濮阳	Puyang	29.45	22.64	24.10	95
许昌	Xuchang	28.03	23.11	22.90	101
漯河	Luohe	15.36	13.65	13.77	179
三门峡	Sanmenxia	14.68	12.54	12.16	201
南阳	Nanyang	56.62	51.73	55.64	5
商丘	Shangqiu	70.01	51.61	51.74	11
信阳	Xinyang	59.31	47.54	48.18	16
周口	Zhoukou	87.29	69.19	68.60	1
驻马店	Zhumadian	60.19	49.50	48.51	15
湖北	**Hubei**	**340.64**	**247.19**	**229.49**	
武汉	Wuhan	38.31	31.40	30.66	58
黄石	Huangshi	19.47	13.21	10.60	221
十堰	Shiyan	20.80	14.14	13.42	185
宜昌	Yichang	17.05	14.47	13.71	180
襄阳	Xiangyang	29.85	23.61	22.80	102
鄂州	Ezhou	7.05	4.85	4.56	271
荆门	Jingmen	13.65	10.88	10.39	223
孝感	Xiaogan	32.36	19.05	17.57	139
荆州	Jingzhou	35.01	25.60	23.64	98
黄冈	Huanggang	52.63	33.89	17.18	144
咸宁	Xianning	17.54	13.30	11.61	208
随州	Suizhou	13.43	8.71	8.39	243
湖南	**Hunan**	**316.82**	**318.39**	**326.34**	
长沙	Changsha	30.74	48.70	36.47	36
株洲	Zhuzhou	14.51	20.83	9.45	231
湘潭	Xiangtan	13.08	17.77	12.33	198
衡阳	Hengyang	36.81	51.56	41.20	25
邵阳	Shaoyang	36.72	49.62	39.84	30
岳阳	Yueyang	26.12	32.95	24.67	89
常德	Changde	26.15	31.37	21.41	118
张家界	Zhangjiajie	7.18	9.73	5.05	266
益阳	Yiyang	19.06	23.84	17.57	139
郴州	Chenzhou	20.60	29.02	18.88	132
永州	Yongzhou	28.45	33.70	27.21	76
怀化	Huaihua	19.45	26.08	14.79	167
娄底	Loudi	22.50	28.43	21.56	114
广东	**Guangdong**	**709.05**	**625.24**	**590.77**	
广州	Guangzhou	57.23	54.69	53.29	8
韶关	Shaoguan	19.99	16.70	16.07	155
深圳	Shenzhen	33.48	37.17	37.87	32
珠海	Zhuhai	9.53	9.39	9.05	234
汕头	Shantou	49.35	43.87	41.30	24
佛山	Foshan	32.34	31.56	30.78	56
江门	Jiangmen	26.39	23.43	22.30	108
湛江	Zhanjiang	70.63	58.86	54.08	6
茂名	Maoming	65.51	56.65	53.00	10
肇庆	Zhaoqing	32.84	28.57	26.62	79
惠州	Huizhou	30.87	28.73	27.63	72
梅州	Meizhou	37.46	28.97	14.80	166
汕尾	Shanwei	29.82	24.57	22.28	109
河源	Heyuan	24.12	19.57	18.54	134
阳江	Yangjiang	19.92	15.33	13.80	178
清远	Qingyuan	28.03	21.82	20.38	121
东莞	Dongguan	25.83	27.82	28.46	64
中山	Zhongshan	15.29	15.26	14.75	169
潮州	Chaozhou	20.99	18.10	15.76	159
揭阳	Jieyang	58.48	48.05	43.79	21
云浮	Yunfu	20.97	16.10	14.64	171
广西	**Guangxi**	**275.79**	**276.96**	**278.91**	
南宁	Nanning	37.63	38.17	38.29	31
柳州	Liuzhou	17.70	26.15	17.64	138
桂林	Guilin	21.03	20.01	20.36	123
梧州	Wuzhou	20.03	18.80	18.75	133
北海	Beihai	10.42	9.89	10.11	224
防城港	Fangchenggang	4.58	4.80	5.04	267
钦州	Qinzhou	20.75	21.09	21.52	117
贵港	Guigang	33.87	36.35	35.32	40
玉林	Yulin	38.86	39.75	39.96	29
百色	Baise	18.43	25.30	19.98	125

16-11 普通中学在校学生数 续表 3
Total Enrollment by Junior Secondary Schools continued 3

单位：万人 （10 000 persons）

地名	City	2010	2013	2014	2014 排名 Ranking	地名	City	2010	2013	2014	2014 排名 Ranking
贺州	Hezhou	11.34	10.78	10.77	219	丽江	Lijiang	7.40	6.94	7.00	256
河池	Hechi	20.11	20.19	20.36	123	普洱	Puer	11.71	11.29	11.35	212
来宾	Laibin	13.00	12.03	11.97	203	临沧	Lincang	12.00	11.19	11.38	211
崇左	Chongzuo	8.06	11.82	8.80	237	**西藏**	**Tibet**	**21.00**	**17.92**	**18.00**	
海南	**Hainan**	**58.21**	**52.58**	**51.39**		拉萨	Lasa	3.38	3.50	3.52	279
海口	Haikou	11.44	12.04	11.85	206	**陕西**	**Shaanxi**	**259.91**	**210.13**	**196.83**	
三亚	Sanya	4.30	4.26	4.27	273	西安	Xi'an	48.89	43.72	42.57	23
三沙	Sansha					铜川	Tongchuan	5.84	4.22	4.00	274
重庆	**Chongqing**	**190.82**	**167.90**	**162.73**		宝鸡	Baoji	24.98	20.03	19.10	131
四川	**Sichuan**	**490.09**	**423.32**	**407.31**		咸阳	Xianyang	41.64	31.37	28.13	66
成都	Chengdu	63.51	59.91	57.73	4	渭南	Weinan	39.02	29.31	26.73	78
自贡	Zigong	14.49	12.28	11.92	205	延安	Yan'an	16.71	13.59	13.12	186
攀枝花	Panzhihua	6.96	7.07	6.92	257	汉中	Hanzhong	21.44	19.22	10.81	217
泸州	Luzhou	27.96	25.28	24.88	86	榆林	Yulin	25.34	18.20	17.47	143
德阳	Deyang	17.50	14.65	13.88	177	安康	Ankang	18.27	14.89	14.47	172
绵阳	Mianyang	30.52	26.99	26.01	81	商洛	Shangluo	16.44	14.44	11.53	209
广元	Guangyuan	19.97	15.35	14.16	174	**甘肃**	**Gansu**	**203.10**	**170.25**	**162.53**	
遂宁	Suining	19.75	15.87	14.69	170	兰州	Lanzhou	19.89	18.06	17.82	136
内江	Neijiang	19.69	16.56	16.03	156	嘉峪关	Jiayuguan	1.48	1.49	1.51	285
乐山	Leshan	16.61	13.71	12.91	192	金昌	Jinchang	3.52	2.97	2.90	282
南充	Nanchong	45.98	36.14	33.14	44	白银	Baiyin	18.70	15.08	13.02	189
眉山	Meishan	18.51	13.77	7.39	249	天水	Tianshui	25.73	22.80	22.56	105
宜宾	Yibin	30.10	26.56	26.00	82	武威	Wuwei	16.14	12.44	11.93	204
广安	Guangan	28.66	24.81	23.97	96	张掖	Zhangye	9.10	7.76	7.42	248
达州	Dazhou	39.07	32.18	31.74	49	平凉	Pingliang	18.33	15.40	14.87	165
雅安	Yaan	7.90	6.54	6.34	261	酒泉	Jiuquan	7.14	6.46	6.43	259
巴中	Bazhong	27.51	23.80	22.48	107	庆阳	Qingyang	20.14	15.41	14.34	173
资阳	Ziyang	20.81	18.01	22.62	103	定西	Dingxi	24.76	20.27	19.32	130
贵州	**Guizhou**	**275.68**	**296.01**	**301.10**		陇南	Longnan	20.09	15.79	15.24	162
贵阳	Guiyang	25.23	26.05	25.52	85	**青海**	**Qinghai**	**32.72**	**31.71**	**32.55**	
六盘水	Liupanshui	24.61	25.64	16.80	148	西宁	Xining	11.96	11.87	12.19	200
遵义	Zunyi	50.58	53.49	53.15	9	海东	Haidong			8.48	241
安顺	Anshun	16.47	16.34	16.60	150	**宁夏**	**Ningxia**	**44.91**	**45.00**	**44.18**	
毕节	Bijie	53.89	65.29	68.10	2	银川	Yinchuan	12.34	12.91	13.06	188
铜仁	Tongren	29.37	31.07	31.87	47	石嘴山	Shizuishan	4.78	4.55	4.48	272
云南	**Yunnan**	**270.63**	**261.18**	**266.64**		吴忠	Wuzhong	9.12	9.31	9.22	233
昆明	Kunming	32.19	31.37	31.84	48	固原	Guyuan	10.89	10.63	9.39	232
曲靖	Qujing	44.66	42.40	42.84	22	中卫	Zhongwei	7.78	7.59	7.31	250
玉溪	Yuxi	13.29	13.20	13.01	190	**新疆**	**Xinjiang**	**142.24**	**136.60**	**137.44**	
保山	Baoshan	15.95	15.31	15.64	160	乌鲁木齐	Urumqi	14.87	15.31	17.08	145
昭通	Zhaotong	37.11	37.65	39.99	28	克拉玛依	Karamay	2.52	2.52	2.55	284

16-12 普通中学毕业生数
Graduates from Junior Secondary Schools

单位：万人 （10 000 persons）

地名	City	2010	2012	2013	2013 排名 Ranking
全国	**Nation Total**	**2544.80**	**2452.30**	**2360.52**	
北京	**Beijing**	**16.34**	**15.14**	**15.04**	
天津	**Tianjin**	**15.94**	**14.63**	**14.08**	
河北	**Hebei**	**130.34**	**112.68**	**107.23**	
石家庄	Shijiazhuang	20.17	16.92	16.04	17
唐山	Tangshan	11.75	11.09	10.87	57
秦皇岛	Qinhuangdao	4.46	4.26	4.15	213
邯郸	Handan	18.24	15.19	13.10	32
邢台	Xingtai	14.46	11.08	11.00	52
保定	Baoding	18.29	16.13	15.26	19
张家口	Zhangjiakou	7.75	7.19	6.92	133
承德	Chengde	5.97	6.07	5.58	171
沧州	Cangzhou	11.58	9.80	9.73	70
廊坊	Langfang	8.41	7.11	6.92	133
衡水	Hengshui	9.26	7.84	7.67	124
山西	**Shanxi**	**83.48**	**86.39**	**82.76**	
太原	Taiyuan	7.36	8.28	7.98	112
大同	Datong	7.13	7.81	6.93	132
阳泉	Yangquan	2.77	3.05	2.93	248
长治	Changzhi	7.97	8.03	7.78	121
晋城	Jincheng	5.23	6.09	5.70	167
朔州	Shuozhou	5.14	5.05	5.67	168
晋中	Jinzhong	6.22	6.64	6.13	154
运城	Yuncheng	13.80	14.04	13.31	31
忻州	Xinzhou	7.44	7.83	6.80	138
临汾	Linfen	9.92	9.61	9.51	76
吕梁	Lvliang	10.49	9.96	10.01	66
内蒙古	**Inner Mongolia**	**44.38**	**42.45**	**41.10**	
呼和浩特	Hohhot	4.88	5.00	5.02	183
包头	Baotou	4.62	4.37	4.22	210
乌海	Wuhai	0.99	0.94	0.90	283
赤峰	Chifeng	9.91	9.21	8.75	90
通辽	Tongliao	5.88	5.37	5.22	179
鄂尔多斯	Erdos	2.90	2.87	2.87	251
呼伦贝尔	Hulunbuir	4.19	2.78	3.60	233
巴彦淖尔	Bayannur	2.98	3.38	2.78	253
乌兰察布	Ulanqab	3.83	2.33	3.38	238
辽宁	**Liaoning**	**68.15**	**64.87**	**61.82**	
沈阳	Shenyang	10.59	9.85	9.32	79
大连	Dalian	9.17	8.85	8.38	103
鞍山	Anshan	5.41	5.29	4.89	189
抚顺	Fushun	3.22	3.00	2.73	254
本溪	Benxi	2.45	2.30	2.09	268
丹东	Dandong	3.98	4.11	3.89	223
锦州	Jinzhou	5.05	4.67	4.45	202
营口	Yingkou	3.63	3.37	3.20	241
阜新	Fuxin	3.26	3.10	3.07	244
辽阳	Liaoyang	2.82	2.77	2.60	256
盘锦	Panjin	2.38	2.33	2.31	261
铁岭	Tieling	4.61	4.52	4.40	206
朝阳	Chaoyang	6.84	6.30	6.11	157
葫芦岛	Huludao	4.75	4.41	4.38	207
吉林	**Jilin**	**44.66**	**41.40**	**39.74**	
长春	Changchun	12.88	12.42	11.32	50
吉林	Jilin	6.97	6.66	6.61	140
四平	Siping	5.02	4.74	4.76	197
辽源	Liaoyuan	1.96	1.74	1.60	274
通化	Tonghua	4.14	3.65	3.77	227
白山	Baishan	2.20	2.01	1.71	273
松原	Songyuan	4.99	4.25	4.06	216
白城	Baicheng	3.12	2.92	2.84	252
黑龙江	**Heilongjiang**	**60.07**	**60.06**	**57.94**	
哈尔滨	Harbin	13.87	13.60	13.55	28
齐齐哈尔	Qiqihar	7.66	7.59	7.05	130
鸡西	Jixi	2.96	3.34	3.08	243
鹤岗	Hegang	2.29	2.10	2.12	265
双鸭山	Shuangyashan	2.77	2.65	2.53	258
大庆	Daqing	5.15	5.25	5.39	173
伊春	Yichun	2.04	1.95	1.87	270
佳木斯	Jiamusi	4.52	5.82	4.69	198
七台河	Qitaihe	1.40	1.41	1.41	277
牡丹江	Mudanjiang	4.36	4.12	4.02	217
黑河	Heihe	2.94	3.08	3.01	245
绥化	Suihua	9.29	8.34	8.46	97
上海	**Shanghai**	**16.13**	**14.91**	**14.68**	
江苏	**Jiangsu**	**140.04**	**119.69**	**110.11**	

16-12 普通中学毕业生数 续表 1
Graduates from Junior Secondary Schools continued 1

单位：万人 (10 000 persons)

地名	City	2010	2012	2013	2013 排名 Ranking
南京	Nanjing	9.06	8.21	7.78	121
无锡	Wuxi	7.85	7.08	6.84	136
徐州	Xuzhou	22.21	17.13	15.12	21
常州	Changzhou	6.70	5.90	5.48	172
苏州	Suzhou	9.81	8.69	8.45	98
南通	Nantong	13.21	11.05	10.19	65
连云港	Lianyungang	12.10	9.90	8.98	86
淮安	Huaian	11.14	9.63	8.57	94
盐城	Yancheng	12.66	11.05	10.86	58
扬州	Yangzhou	8.15	7.35	6.84	136
镇江	Zhenjiang	4.75	4.04	3.62	230
泰州	Taizhou	9.40	7.52	7.04	131
宿迁	Suqian	13.02	12.14	10.35	61
浙江	**Zhejiang**	**85.97**	**81.15**	**78.19**	
杭州	Hangzhou	11.77	11.41	10.88	55
宁波	Ningbo	7.13	9.92	9.49	77
温州	Wenzhou	15.38	13.03	12.61	35
嘉兴	Jiaxing	7.24	6.20	6.13	154
湖州	Huzhou	4.70	4.68	4.42	205
绍兴	Shaoxing	9.25	8.88	8.76	89
金华	Jinhua	8.77	8.30	7.90	116
衢州	Quzhou	4.36	3.99	3.89	223
舟山	Zhoushan	1.28	1.27	1.20	280
台州	Taizhou	9.22	9.15	9.17	81
丽水	Lishui	4.00	4.01	3.74	228
安徽	**Anhui**	**136.57**	**128.24**	**114.07**	
合肥	Hefei	9.85	14.33	13.06	33
芜湖	Wuhu	4.75	6.97	6.20	150
蚌埠	Bengbu	7.06	6.27	5.94	159
淮南	Huainan	4.69	4.77	3.96	220
马鞍山	Maanshan	2.49	4.48	4.16	211
淮北	Huaibei	4.87	5.01	4.56	200
铜陵	Tongling	1.47	1.38	1.26	279
安庆	Anqing	17.35	14.84	13.44	30
黄山	Huangshan	2.78	2.26	2.12	265
滁州	Chuzhou	8.60	8.48	7.92	115
阜阳	Fuyang	18.29	16.41	14.19	26
宿州	Suzhou	12.74	11.90	9.65	74
六安	Liuan	14.74	13.11	11.81	45
亳州	Bozhou	10.08	10.19	8.37	105
池州	Chizhou	3.83	3.41	3.15	242
宣城	Xuancheng	4.71	4.42	4.26	208
福建	**Fujian**	**71.88**	**63.03**	**60.32**	
福州	Fuzhou	12.11	11.24	10.98	53
厦门	Xiamen	3.76	3.92	3.87	226
莆田	Putian	7.15	6.89	6.42	145
三明	Sanming	5.25	4.76	4.55	201
泉州	Quanzhou	16.52	12.31	11.79	46
漳州	Zhangzhou	8.74	8.23	8.45	98
南平	Nanping	5.26	5.06	4.79	194
龙岩	Longyan	6.02	4.91	4.45	202
宁德	Ningde	7.06	5.71	5.01	185
江西	**Jiangxi**	**79.92**	**88.49**	**86.70**	
南昌	Nanchang	8.93	9.90	9.87	67
景德镇	Jingdezhen	2.43	2.88	2.97	246
萍乡	Pingxiang	3.84	3.42	3.51	234
九江	Jiujiang	9.12	9.59	9.13	83
新余	Xinyu	1.75	1.91	1.98	269
鹰潭	Yingtan	1.74	2.35	2.10	267
赣州	Ganzhou	12.81	16.87	16.55	13
吉安	Jian	9.09	8.77	8.44	100
宜春	Yichun	8.65	10.13	9.52	75
抚州	Fuzhou	7.82	8.53	8.20	107
上饶	Shangrao	13.75	14.12	14.43	24
山东	**Shandong**	**156.89**	**153.20**	**156.04**	
济南	Jinan	9.20	9.60	10.31	62
青岛	Qingdao	12.02	12.14	12.41	37
淄博	Zibo	7.56	8.15	8.18	108
枣庄	Zaozhuang	8.12	7.24	7.07	128
东营	Dongying	3.30	3.83	3.90	222
烟台	Yantai	10.55	10.03	9.84	69
潍坊	Weifang	15.43	16.03	15.89	18
济宁	Jining	13.65	13.05	12.05	41
泰安	Taian	6.42	6.86	7.97	114
威海	Weihai	4.15	3.83	3.68	229
日照	Rizhao	4.72	4.73	4.89	189
莱芜	Laiwu	2.04	2.30	2.68	255
临沂	Linyi	17.98	17.97	17.86	12
德州	Dezhou	8.18	8.00	8.48	95
聊城	Liaocheng	9.69	8.91	8.48	95

16-12 普通中学毕业生数 续表 2
Graduates from Junior Secondary Schools continued 2

单位：万人 （10 000 persons）

地名	City	2010	2012	2013	2013 排名 Ranking
滨州	Binzhou	6.17	6.10	6.30	148
菏泽	Heze	17.70	14.43	16.07	16
河南	**Henan**	**225.35**	**213.82**	**203.46**	
郑州	Zhengzhou	15.67	14.26	14.16	27
开封	Kaifeng	10.83	9.07	9.38	78
洛阳	Luoyang	14.72	13.52	12.74	34
平顶山	Pingdingshan	8.63	8.06	7.69	123
安阳	Anyang	10.14	8.69	8.96	87
鹤壁	Hebi	3.32	3.33	3.47	235
新乡	Xinxiang	11.95	11.12	10.88	55
焦作	Jiaozuo	7.61	7.36	7.15	127
濮阳	Puyang	8.81	9.37	8.60	93
许昌	Xuchang	10.24	9.87	8.04	111
漯河	Luohe	5.80	5.05	4.77	195
三门峡	Sanmenxia	5.07	4.79	4.23	209
南阳	Nanyang	1.84	1.82	17.97	10
商丘	Shangqiu	2.42	2.32	19.75	6
信阳	Xinyang	1.93	1.93	19.27	8
周口	Zhoukou	2.97	2.80	25.70	2
驻马店	Zhumadian	1.96	1.93	19.30	7
湖北	**Hubei**	**139.04**	**98.80**	**92.49**	
武汉	Wuhan	14.70	12.23	11.46	49
黄石	Huangshi	6.98	5.78	5.11	180
十堰	Shiyan	7.96	6.16	5.11	180
宜昌	Yichang	6.44	5.39	5.23	178
襄阳	Xiangyang	11.10	9.50	8.44	100
鄂州	Ezhou	2.45	1.89	1.76	271
荆门	Jingmen	5.42	4.38	4.08	215
孝感	Xiaogan	12.04	7.09	7.37	125
荆州	Jingzhou	13.80	11.48	9.69	72
黄冈	Huanggang	19.55	14.08	13.55	28
咸宁	Xianning	17.09	6.16	4.83	192
随州	Suizhou	5.79	3.35	3.61	232
湖南	**Hunan**	**105.93**	**99.88**	**98.32**	
长沙	Changsha	9.63	10.03	10.77	59
株洲	Zhuzhou	4.76	4.59	4.80	193
湘潭	Xiangtan	4.44	4.61	4.16	211
衡阳	Hengyang	12.08	11.62	11.91	43
邵阳	Shaoyang	12.37	11.49	11.26	51
岳阳	Yueyang	8.99	8.36	8.12	109
常德	Changde	9.45	8.15	7.89	117
张家界	Zhangjiajie	2.34	2.25	2.28	263
益阳	Yiyang	6.58	5.78	5.86	164
郴州	Chenzhou	6.67	6.42	6.26	149
永州	Yongzhou	9.48	9.07	8.05	110
怀化	Huaihua	6.31	5.92	5.94	159
娄底	Loudi	7.67	6.88	6.56	141
广东	**Guangdong**	**210.23**	**230.83**	**224.02**	
广州	Guangzhou	18.06	18.17	17.93	11
韶关	Shaoguan	6.58	6.71	6.19	152
深圳	Shenzhen	9.21	10.54	10.97	54
珠海	Zhuhai	2.90	3.14	2.97	246
汕头	Shantou	13.36	16.81	15.01	22
佛山	Foshan	10.22	10.39	10.26	63
江门	Jiangmen	8.50	8.24	7.98	112
湛江	Zhanjiang	19.04	23.05	23.05	3
茂名	Maoming	19.82	21.97	21.28	4
肇庆	Zhaoqing	9.71	10.80	10.45	60
惠州	Huizhou	9.12	9.99	9.87	67
梅州	Meizhou	12.04	12.32	12.11	40
汕尾	Shanwei	8.00	9.85	9.69	72
河源	Heyuan	7.47	7.64	7.33	126
阳江	Yangjiang	5.81	6.44	6.13	154
清远	Qingyuan	8.64	8.78	8.38	103
东莞	Dongguan	7.38	7.94	7.83	119
中山	Zhongshan	4.44	4.75	4.93	188
潮州	Chaozhou	6.44	6.87	7.06	129
揭阳	Jieyang	17.12	19.46	18.06	9
云浮	Yunfu	6.36	6.96	6.54	142
广西	**Guangxi**	**86.56**	**88.13**	**88.21**	
南宁	Nanning	12.07	12.14	12.04	42
柳州	Liuzhou	5.82	5.24	5.65	170
桂林	Guilin	7.66	6.65	6.52	143
梧州	Wuzhou	5.77	6.44	5.94	159
北海	Beihai	3.40	2.42	3.21	240
防城港	Fangchenggang	1.38	1.52	1.54	275
钦州	Qinzhou	5.66	5.82	5.91	163
贵港	Guigang	9.83	11.10	11.86	44
玉林	Yulin	11.60	12.19	12.41	37
百色	Baise	5.83	6.11	12.43	36

16-12 普通中学毕业生数 续表 3
Graduates from Junior Secondary Schools continued 3

单位：万人 （10 000 persons）

地名	City	2010	2012	2013	2013 排名 Ranking
贺州	Hezhou	3.52	4.09	4.10	214
河池	Hechi	6.19	6.84	6.86	135
来宾	Laibin	4.72	4.17	3.94	221
崇左	Chongzuo	2.84	2.32	3.26	239
海南	**Hainan**	**19.69**	**18.76**	**17.42**	
海口	Haikou	3.60	4.22	4.02	217
三亚	Sanya	1.50	0.37	1.32	278
三沙	Sansha				
重庆	**Chongqing**	**58.61**	**60.67**	**59.16**	
四川	**Sichuan**	**158.76**	**157.18**	**151.21**	
成都	Chengdu	20.15	20.29	20.15	5
自贡	Zigong	4.74	4.45	4.44	204
攀枝花	Panzhihua	2.01	2.23	2.31	261
泸州	Luzhou	9.08	8.91	8.64	92
德阳	Deyang	5.98	5.65	5.35	174
绵阳	Mianyang	10.30	9.85	8.95	88
广元	Guangyuan	6.47	6.56	6.39	147
遂宁	Suining	6.96	6.52	6.15	153
内江	Neijiang	6.50	6.30	5.84	165
乐山	Leshan	5.45	5.17	4.97	186
南充	Nanchong	15.39	15.16	14.59	23
眉山	Meishan	6.23	6.02	5.25	177
宜宾	Yibin	9.52	9.44	9.04	85
广安	Guangan	9.49	9.15	9.08	84
达州	Dazhou	12.75	12.54	11.67	47
雅安	Yaan	2.51	2.53	2.40	259
巴中	Bazhong	8.25	8.83	8.39	102
资阳	Ziyang	6.97	6.71	6.41	146
贵州	**Guizhou**	**80.75**	**85.91**	**86.89**	
贵阳	Guiyang	7.34	8.07	8.29	106
六盘水	Liupanshui	6.70	7.70	8.66	91
遵义	Zunyi	15.56	15.84	16.22	15
安顺	Anshun	5.11	5.08	4.88	191
毕节	Bijie	14.69	16.07	16.42	14
铜仁	Tongren	8.53	9.38	9.14	82
云南	**Yunnan**	**82.60**	**86.32**	**83.51**	
昆明	Kunming	10.01	9.76	9.70	71
曲靖	Qujing	14.07	14.90	14.22	25
玉溪	Yuxi	3.96	4.22	6.20	150
保山	Baoshan	4.96	5.28	4.95	187
昭通	Zhaotong	11.20	11.43	10.23	64
丽江	Lijiang	2.27	2.16	2.14	264
普洱	Puer	3.72	3.68	3.47	235
临沧	Lincang	3.68	3.85	3.98	219
西藏	**Tibet**	**5.82**	**5.99**	**5.85**	
拉萨	Lasa	1.26	1.27	1.13	281
陕西	**Shaanxi**	**93.76**	**83.86**	**77.35**	
西安	Xi'an	17.01	15.64	15.24	20
铜川	Tongchuan	2.16	1.99	1.76	271
宝鸡	Baoji	9.50	8.54	7.85	118
咸阳	Xianyang	13.99	13.06	12.25	39
渭南	Weinan	14.87	12.51	11.56	48
延安	Yan'an	6.37	5.61	4.60	199
汉中	Hanzhong	7.04	6.71	6.49	144
榆林	Yulin	9.89	8.16	6.74	139
安康	Ankang	6.37	5.79	5.32	175
商洛	Shangluo	6.07	5.35	5.05	182
甘肃	**Gansu**	**64.96**	**65.63**	**63.60**	
兰州	Lanzhou	6.67	6.37	6.08	158
嘉峪关	Jiayuguan	0.46	0.46	0.48	285
金昌	Jinchang	1.22	1.15	1.08	282
白银	Baiyin	6.64	6.29	5.81	166
天水	Tianshui	9.12	8.19	9.27	80
武威	Wuwei	5.25	5.27	5.02	183
张掖	Zhangye	3.04	2.99	2.92	249
平凉	Pingliang	5.88	6.19	5.92	162
酒泉	Jiuquan	2.28	2.30	2.39	260
庆阳	Qingyang	6.61	6.24	5.67	168
定西	Dingxi	7.74	8.56	7.79	120
陇南	Longnan	5.10	5.85	5.28	176
青海	**Qinghai**	**10.03**	**10.44**	**9.81**	
西宁	Xining	3.75	3.77	3.62	230
海东	Haidong				
宁夏	**Ningxia**	**12.97**	**14.28**	**14.27**	
银川	Yinchuan	3.62	4.75	3.89	223
石嘴山	Shizuishan	1.55	1.92	1.49	276
吴忠	Wuzhong	2.46	3.87	2.89	250
固原	Guyuan	2.91	4.80	3.43	237
中卫	Zhongwei	2.41	3.57	2.57	257
新疆	**Xinjiang**	**47.32**	**45.46**	**45.13**	
乌鲁木齐	Urumqi	4.62	4.71	4.77	195
克拉玛依	Karamay	0.79	0.79	0.81	284

16-13 普通高等学校数

Number of Regular Institutions of Higher Education

单位：所 （unit）

地名	City	2010	2013	2014	2014 排名 Ranking
全国	**Nation Total**	**2358**	**2491**	**2529**	
北京	**Beijing**	**89**	**89**	**89**	
天津	**Tianjin**	**55**	**55**	**55**	
河北	**Hebei**	**117**	**118**	**118**	
石家庄	Shijiazhuang	46	43	48	11
唐山	Tangshan	9	7	8	54
秦皇岛	Qinhuangdao	7	7	13	35
邯郸	Handan	5	4	5	88
邢台	Xingtai	4	4	4	115
保定	Baoding	14	12	17	29
张家口	Zhangjiakou	5	5	5	88
承德	Chengde	5	5	5	88
沧州	Cangzhou	7	8	7	65
廊坊	Langfang	11	9	12	37
衡水	Hengshui	2	2	2	184
山西	**Shanxi**	**65**	**78**	**79**	
太原	Taiyuan	42	41	43	14
大同	Datong	2	2	1	228
阳泉	Yangquan	2	2	2	184
长治	Changzhi	4	5	6	75
晋城	Jincheng	1	1	2	184
朔州	Shuozhou	1	2	3	138
晋中	Jinzhong	5	5	16	31
运城	Yuncheng	4	6	7	65
忻州	Xinzhou	2	2	4	115
临汾	Linfen	1	3	4	115
吕梁	Lvliang	1	1	1	228
内蒙古	**Inner Mongolia**	**44**	**49**	**50**	
呼和浩特	Hohhot	22	23	23	23
包头	Baotou	5	5	5	88
乌海	Wuhai	1	1	1	228
赤峰	Chifeng	3	4	4	115
通辽	Tongliao	3	3	3	138
鄂尔多斯	Erdos	1	2	3	138
呼伦贝尔	Hulunbuir	3	3	3	138
巴彦淖尔	Bayannur	1	2	2	184
乌兰察布	Ulanqab	3	3	3	138
辽宁	**Liaoning**	**112**	**115**	**116**	
沈阳	Shenyang	43	46	47	12
大连	Dalian	31	30	30	20
鞍山	Anshan	3	3	3	138
抚顺	Fushun	5	5	5	88
本溪	Benxi	2	2	8	54
丹东	Dandong	3	3	3	138
锦州	Jinzhou	9	9	9	47
营口	Yingkou	2	3	3	138
阜新	Fuxin	2	2	2	184
辽阳	Liaoyang	4	3	3	138
盘锦	Panjin	2	2	2	184
铁岭	Tieling	3	4	5	88
朝阳	Chaoyang	1	1	1	228
葫芦岛	Huludao	2	2	1	228
吉林	**Jilin**	**56**	**58**	**58**	
长春	Changchun	36	37	37	17
吉林	Jilin	8	8	8	54
四平	Siping	4	4	4	115
辽源	Liaoyuan	1	1	1	228
通化	Tonghua	1	1	1	228
白山	Baishan	1	1	1	228
松原	Songyuan	1	1	1	228
白城	Baicheng	3	3	3	138
黑龙江	**Heilongjiang**	**79**	**80**	**80**	
哈尔滨	Harbin	50	50	50	8
齐齐哈尔	Qiqihar	5	6	6	75
鸡西	Jixi	1	1	1	228
鹤岗	Hegang	1	1	1	228
双鸭山	Shuangyashan	1	1	1	228
大庆	Daqing	5	5	7	65
伊春	Yichun	1	1	1	228
佳木斯	Jiamusi	4	4	3	138
七台河	Qitaihe	1	1	1	228
牡丹江	Mudanjiang	6	7	7	65
黑河	Heihe	1	1	1	228
绥化	Suihua	2	1	1	228
上海	**Shanghai**	**66**	**68**	**68**	
江苏	**Jiangsu**	**124**	**156**	**159**	

16-13 普通高等学校数 续表 1

Number of Regular Institutions of Higher Education continued 1

单位：所 (unit)

地名	City	2010	2013	2014	2014 排名 Ranking	地名	City	2010	2013	2014	2014 排名 Ranking
南京	Nanjing	42	44	44	13	池州	Chizhou	2	3	3	138
无锡	Wuxi	11	12	12	37	宣城	Xuancheng	1	1	2	184
徐州	Xuzhou	8	9	9	47	**福建**	**Fujian**	**75**	**87**	**88**	
常州	Changzhou	9	9	9	47	福州	Fuzhou	27	36	32	18
苏州	Suzhou	20	20	21	25	厦门	Xiamen	14	17	17	29
南通	Nantong	6	6	8	54	莆田	Putian	2	2	2	184
连云港	Lianyungang	3	3	3	138	三明	Sanming	3	3	3	138
淮安	Huaian	6	6	6	75	泉州	Quanzhou	15	17	18	27
盐城	Yancheng	5	5	5	88	漳州	Zhangzhou	6	7	7	65
扬州	Yangzhou	5	5	6	75	南平	Nanping	4	4	4	115
镇江	Zhenjiang	5	5	5	88	龙岩	Longyan	2	2	2	184
泰州	Taizhou	3	5	3	138	宁德	Ningde	2	2	2	184
宿迁	Suqian	1	2	3	138	**江西**	**Jiangxi**	**85**	**92**	**95**	
浙江	**Zhejiang**	**80**	**102**	**104**		南昌	Nanchang	51	52	55	7
杭州	Hangzhou	37	38	38	16	景德镇	Jingdezhen	4	5	4	115
宁波	Ningbo	14	14	14	33	萍乡	Pingxiang	3	3	3	138
温州	Wenzhou	6	8	8	54	九江	Jiujiang	6	7	7	65
嘉兴	Jiaxing	6	6	6	75	新余	Xinyu	5	5	5	88
湖州	Huzhou	3	3	3	138	鹰潭	Yingtan	1	1	1	228
绍兴	Shaoxing	7	9	9	47	赣州	Ganzhou	7	8	8	54
金华	Jinhua	8	7	9	47	吉安	Jian	1	1	2	184
衢州	Quzhou	2	2	2	184	宜春	Yichun	3	3	4	115
舟山	Zhoushan	3	3	4	115	抚州	Fuzhou	3	4	4	115
台州	Taizhou	4	4	4	115	上饶	Shangrao	3	3	3	138
丽水	Lishui	3	3	3	138	**山东**	**Shandong**	**133**	**139**	**141**	
安徽	**Anhui**	**100**	**117**	**118**		济南	Jinan	66	41	71	3
合肥	Hefei	44	50	50	8	青岛	Qingdao	25	22	22	24
芜湖	Wuhu	8	8	8	54	淄博	Zibo	9	8	8	54
蚌埠	Bengbu	5	5	5	88	枣庄	Zaozhuang	3	3	3	138
淮南	Huainan	5	5	5	88	东营	Dongying	5	4	4	115
马鞍山	Maanshan	4	4	6	75	烟台	Yantai	10	10	10	40
淮北	Huaibei	3	3	3	138	潍坊	Weifang	11	13	14	33
铜陵	Tongling	3	3	3	138	济宁	Jining	7	7	7	65
安庆	Anqing	4	5	5	88	泰安	Taian	7	8	8	54
黄山	Huangshan	2	2	2	184	威海	Weihai	7	8	8	54
滁州	Chuzhou	4	4	4	115	日照	Rizhao	2	6	2	184
阜阳	Fuyang	4	4	4	115	莱芜	Laiwu	2	3	3	138
宿州	Suzhou	2	2	3	138	临沂	Linyi	3	3	3	138
六安	Liuan	5	5	5	88	德州	Dezhou	4	4	4	115
亳州	Bozhou	2	2	2	184	聊城	Liaocheng	3	3	3	138

16-13 普通高等学校数 续表 2

Number of Regular Institutions of Higher Education continued 2

单位：所 （unit）

地名	City	2010	2013	2014	2014 排名 Ranking
滨州	Binzhou	3	3	3	138
菏泽	Heze	3	4	4	115
河南	**Henan**	**107**	**127**	**129**	
郑州	Zhengzhou	47	56	56	5
开封	Kaifeng	5	5	5	88
洛阳	Luoyang	3	7	7	65
平顶山	Pingdingshan	4	4	5	88
安阳	Anyang	4	6	6	75
鹤壁	Hebi	1	2	3	138
新乡	Xinxiang	10	9	10	40
焦作	Jiaozuo	5	6	7	65
濮阳	Puyang	1	1	1	228
许昌	Xuchang	3	4	4	115
漯河	Luohe	3	3	3	138
三门峡	Sanmenxia	1	1	1	228
南阳	Nanyang	4	6	6	75
商丘	Shangqiu	6	6	6	75
信阳	Xinyang	4	5	5	88
周口	Zhoukou	3	3	3	138
驻马店	Zhumadian	2	2	2	184
湖北	**Hubei**	**121**	**123**	**123**	
武汉	Wuhan	78	79	80	1
黄石	Huangshi	5	3	3	138
十堰	Shiyan	4	7	7	65
宜昌	Yichang	5	5	5	88
襄阳	Xiangyang	4	5	5	88
鄂州	Ezhou	1	1	1	228
荆门	Jingmen	1	1	1	228
孝感	Xiaogan	2	2	2	184
荆州	Jingzhou	9	8	8	54
黄冈	Huanggang	4	4	4	115
咸宁	Xianning	2	2	2	184
随州	Suizhou	1	1	1	228
湖南	**Hunan**	**102**	**122**	**124**	
长沙	Changsha	48	50	50	8
株洲	Zhuzhou	8	9	12	37
湘潭	Xiangtan	9	10	10	40
衡阳	Hengyang	8	8	9	47
邵阳	Shaoyang	3	3	3	138
岳阳	Yueyang	4	4	5	88
常德	Changde	4	5	5	88
张家界	Zhangjiajie	1	1	1	228
益阳	Yiyang	4	4	4	115
郴州	Chenzhou	2	2	2	184
永州	Yongzhou	3	3	3	138
怀化	Huaihua	3	3	3	138
娄底	Loudi	3	3	3	138
广东	**Guangdong**	**131**	**138**	**141**	
广州	Guangzhou	75	80	80	1
韶关	Shaoguan	2	2	2	184
深圳	Shenzhen	8	10	10	40
珠海	Zhuhai	10	10	10	40
汕头	Shantou	1	1	1	228
佛山	Foshan	3	3	3	138
江门	Jiangmen	4	3	3	138
湛江	Zhanjiang	3	3	3	138
茂名	Maoming	2	2	2	184
肇庆	Zhaoqing	4	6	5	88
惠州	Huizhou	1	3	3	138
梅州	Meizhou	1	1	1	228
汕尾	Shanwei	1	1	1	228
河源	Heyuan	1	1	1	228
阳江	Yangjiang	1	1	1	228
清远	Qingyuan	1	1	1	228
东莞	Dongguan	5	6	6	75
中山	Zhongshan	4	5	4	115
潮州	Chaozhou	1	1	1	228
揭阳	Jieyang	2	2	2	184
云浮	Yunfu	1	1	1	228
广西	**Guangxi**	**70**	**70**	**70**	
南宁	Nanning	31	31	32	18
柳州	Liuzhou	7	6	6	75
桂林	Guilin	9	9	9	47
梧州	Wuzhou	1	3	2	184
北海	Beihai	4	3	5	88
防城港	Fangchenggang		1	1	228
钦州	Qinzhou	3	2	2	184
贵港	Guigang	1	1		
玉林	Yulin	1	1	1	228
百色	Baise	5	4	6	75

16-13 普通高等学校数 续表 3
Number of Regular Institutions of Higher Education continued 3

单位：所 (unit)

地名	City	2010	2013	2014	2014 排名 Ranking
贺州	Hezhou	1	1		
河池	Hechi	2	2	2	184
来宾	Laibin	1	1	2	184
崇左	Chongzuo	3	5	5	88
海南	**Hainan**	**17**	**17**	**17**	
海口	Haikou	10	11	18	27
三亚	Sanya	5	5	5	88
三沙	Sansha				
重庆	**Chongqing**	**53**	**63**	**63**	
四川	**Sichuan**	**93**	**103**	**107**	
成都	Chengdu	49	53	56	5
自贡	Zigong	1	2	3	138
攀枝花	Panzhihua	2	2	2	184
泸州	Luzhou	4	5	5	88
德阳	Deyang	6	5	5	88
绵阳	Mianyang	8	10	10	40
广元	Guangyuan	1	2	2	184
遂宁	Suining	1	1	1	228
内江	Neijiang	2	2	3	138
乐山	Leshan	3	3	3	138
南充	Nanchong	4	4	4	115
眉山	Meishan	2	2	2	184
宜宾	Yibin	2	2	2	184
广安	Guangan	1	1	1	228
达州	Dazhou	2	2	2	184
雅安	Yaan	2	2	2	184
巴中	Bazhong		1	1	228
资阳	Ziyang		1	1	228
贵州	**Guizhou**	**47**	**52**	**55**	
贵阳	Guiyang	25	28	29	21
六盘水	Liupanshui	3	2	2	184
遵义	Zunyi	6	6	6	75
安顺	Anshun	1	2	2	184
毕节	Bijie	2	2	2	184
铜仁	Tongren	2	3	3	138
云南	**Yunnan**	**61**	**67**	**67**	
昆明	Kunming	38	41	41	15
曲靖	Qujing	3	3	3	138
玉溪	Yuxi	2	2	2	184
保山	Baoshan	3	2	2	184
昭通	Zhaotong	1	1	1	228

地名	City	2010	2013	2014	2014 排名 Ranking
丽江	Lijiang		2	2	184
普洱	Puer	2	2	2	184
临沧	Lincang	1	1	1	228
西藏	**Tibet**	**6**	**6**	**6**	
拉萨	Lasa	5	5	5	88
陕西	**Shaanxi**	**78**	**92**	**92**	
西安	Xi'an		52	63	4
铜川	Tongchuan		1	1	228
宝鸡	Baoji		2	2	184
咸阳	Xianyang		9	13	35
渭南	Weinan		3	1	228
延安	Yan'an		2	2	184
汉中	Hanzhong		3	3	138
榆林	Yulin		2	2	184
安康	Ankang		2	2	184
商洛	Shangluo		2	2	184
甘肃	**Gansu**	**35**	**42**	**43**	
兰州	Lanzhou	20	25	19	26
嘉峪关	Jiayuguan	1	1	1	228
金昌	Jinchang		1	1	228
白银	Baiyin		1	1	228
天水	Tianshui	4	4	4	115
武威	Wuwei	2	2	4	115
张掖	Zhangye	2	2	1	228
平凉	Pingliang	1	1	1	228
酒泉	Jiuquan	1	1	1	228
庆阳	Qingyang	1	1	1	228
定西	Dingxi	1	1	1	228
陇南	Longnan	1	1	1	228
青海	**Qinghai**	**9**	**9**	**12**	
西宁	Xining	9	9	10	40
海东	Haidong				
宁夏	**Ningxia**	**15**	**16**	**18**	
银川	Yinchuan	12		15	32
石嘴山	Shizuishan	1		1	228
吴忠	Wuzhong	1		1	228
固原	Guyuan	1		1	228
中卫	Zhongwei				
新疆	**Xinjiang**	**32**	**41**	**44**	
乌鲁木齐	Urumqi	18	20	24	22
克拉玛依	Karamay	1	1	1	228

16-14 普通高等学校专任教师数

Full-time Teachers by Regular Institutions of Higher Education

单位：人 (person)

地名	City	2010	2013	2014	2014 排名 Ranking
全国	**Nation Total**	**1343127**	**1496865**	**1534510**	
北京	**Beijing**	**59248**	**66871**	**68380**	
天津	**Tianjin**	**28094**	**30900**	**31008**	
河北	**Hebei**	**60769**	**66825**	**68578**	
石家庄	Shijiazhuang	21367	23565	23342	16
唐山	Tangshan	5629	6012	5282	57
秦皇岛	Qinhuangdao	5007	5401	7288	36
邯郸	Handan	3477	3382	3480	83
邢台	Xingtai	2475	2363	2480	110
保定	Baoding	8891	9501	10498	27
张家口	Zhangjiakou	2641	2698	2750	106
承德	Chengde	2153	2525	2597	108
沧州	Cangzhou	2365	2837	3626	79
廊坊	Langfang	5640	4725	5359	54
衡水	Hengshui	969	838	731	221
山西	**Shanxi**	**36492**	**40764**	**40317**	
太原	Taiyuan	23694	22895	22739	17
大同	Datong	2400	2419	1671	153
阳泉	Yangquan	585	534	542	237
长治	Changzhi	1896	2187	2054	128
晋城	Jincheng	374	405	457	251
朔州	Shuozhou	133	435	782	217
晋中	Jinzhong	3314	3542	5887	46
运城	Yuncheng	1514	2853	2085	127
忻州	Xinzhou	1312	1400	1899	137
临汾	Linfen	478	2979	2958	100
吕梁	Lvliang	792	1115	690	225
内蒙古	**Inner Mongolia**	**23332**	**24554**	**35000**	
呼和浩特	Hohhot	12107	11997	12247	24
包头	Baotou	4293	4520	4517	67
乌海	Wuhai	208	219	219	275
赤峰	Chifeng	1374	1774	1798	144
通辽	Tongliao	1736	1850	1689	151
鄂尔多斯	Erdos	140	316	475	249
呼伦贝尔	Hulunbuir	1122	1136	967	199
巴彦淖尔	Bayannur	508	571	603	231
乌兰察布	Ulanqab	945	988	8763	31
辽宁	**Liaoning**	**57404**	**62706**	**64246**	
沈阳	Shenyang	22905	26161	26806	12
大连	Dalian	17161	17678	18281	21
鞍山	Anshan	1959	2224	2128	124
抚顺	Fushun	2048	2472	2427	111
本溪	Benxi	745	740	2306	115
丹东	Dandong	1459	1521	1556	161
锦州	Jinzhou	4519	4767	4901	64
营口	Yingkou	679	1031	1066	194
阜新	Fuxin	2057	2118	2262	120
辽阳	Liaoyang	1150	1080	1114	190
盘锦	Panjin	532	542	491	248
铁岭	Tieling	948	1088	1163	188
朝阳	Chaoyang	463	475	499	244
葫芦岛	Huludao	779	809	494	247
吉林	**Jilin**	**33982**	**38003**	**38549**	
长春	Changchun	22981	25323	25836	14
吉林	Jilin	4846	5430	5483	51
四平	Siping	1963	2146	2204	123
辽源	Liaoyuan	301	291	328	267
通化	Tonghua	851	726	781	218
白山	Baishan	254	257	252	272
松原	Songyuan	350	534	521	241
白城	Baicheng	953	1099	1088	192
黑龙江	**Heilongjiang**	**44198**	**46215**	**46870**	
哈尔滨	Harbin	31110	31997	32480	8
齐齐哈尔	Qiqihar	2939	3220	3593	81
鸡西	Jixi	560	525	498	245
鹤岗	Hegang	216	214	208	277
双鸭山	Shuangyashan	159	173	220	274
大庆	Daqing	3045	3400	3758	77
伊春	Yichun	209	209	210	276
佳木斯	Jiamusi	2068	2146	1482	166
七台河	Qitaihe	121	121	462	250
牡丹江	Mudanjiang	2506	2957	2968	99
黑河	Heihe	450	503	498	245
绥化	Suihua	558	502	525	240
上海	**Shanghai**	**39170**	**40297**	**40558**	
江苏	**Jiangsu**	**102010**	**108272**	**104549**	

16-14 普通高等学校专任教师数 续表 1
Full-time Teachers by Regular Institutions of Higher Education continued 1

单位：人 (person)

地名	City	2010	2013	2014	2014 排名 Ranking	地名	City	2010	2013	2014	2014 排名 Ranking
南京	Nanjing	50021	52531	47749	4	池州	Chizhou	989	1275	1255	180
无锡	Wuxi	5665	5918	6053	43	宣城	Xuancheng	215	473	285	270
徐州	Xuzhou	6432	7596	7734	35	**福建**	**Fujian**	**37733**	**42905**	**43902**	
常州	Changzhou	5076	5009	5256	58	福州	Fuzhou	16629	19683	19639	18
苏州	Suzhou	10104	10704	11316	25	厦门	Xiamen	8016	8789	9825	28
南通	Nantong	4378	4402	4939	62	莆田	Putian	885	887	791	216
连云港	Lianyungang	1785	1913	1916	136	三明	Sanming	908	1162	1155	189
淮安	Huaian	3450	3378	3382	85	泉州	Quanzhou	6050	6597	6641	41
盐城	Yancheng	2928	2964	3023	95	漳州	Zhangzhou	2843	3586	3773	76
扬州	Yangzhou	4233	4950	4883	65	南平	Nanping	969	1164	1246	181
镇江	Zhenjiang	5125	5196	5324	56	龙岩	Longyan	956	971	988	197
泰州	Taizhou	2476	2746	2801	102	宁德	Ningde	477	529	541	239
宿迁	Suqian	700	965	939	202	**江西**	**Jiangxi**	**49028**	**52434**	**54429**	
浙江	**Zhejiang**	**50969**	**56000**	**58076**		南昌	Nanchang	29173	30457	31666	9
杭州	Hangzhou	25003	27544	28265	11	景德镇	Jingdezhen	1751	1860	1580	159
宁波	Ningbo	7146	7524	7808	34	萍乡	Pingxiang	1102	1006	926	204
温州	Wenzhou	6696	4927	5057	61	九江	Jiujiang	4501	5217	5214	60
嘉兴	Jiaxing	2587	2910	2989	98	新余	Xinyu	2089	1748	1768	145
湖州	Huzhou	1224	1422	1463	168	鹰潭	Yingtan	235	298	338	266
绍兴	Shaoxing	2690	3807	3912	74	赣州	Ganzhou	4526	5340	5532	49
金华	Jinhua	3862	4318	4909	63	吉安	Jian	979	988	1086	193
衢州	Quzhou	519	550	599	232	宜春	Yichun	1832	1926	1970	130
舟山	Zhoushan	1027	1059	1094	191	抚州	Fuzhou	1769	2482	1506	165
台州	Taizhou	1579	1593	1645	155	上饶	Shangrao	1071	1112	1655	154
丽水	Lishui	1161	1183	1290	178	**山东**	**Shandong**	**91413**	**98685**	**101380**	
安徽	**Anhui**	**49298**	**54903**	**56525**		济南	Jinan	29526	28558	30778	10
合肥	Hefei	20294	23630	24515	15	青岛	Qingdao	16996	18396	18587	19
芜湖	Wuhu	6003	6508	6643	40	淄博	Zibo	5245	5291	5335	55
蚌埠	Bengbu	2795	3023	3005	96	枣庄	Zaozhuang	2205	1320	1434	170
淮南	Huainan	3041	3078	3162	92	东营	Dongying	2943	1614	1673	152
马鞍山	Maanshan	2408	2959	3066	94	烟台	Yantai	8090	8748	8904	29
淮北	Huaibei	1792	1839	1850	139	潍坊	Weifang	5960	7629	8217	32
铜陵	Tongling	1252	1213	1412	172	济宁	Jining	4465	6790	5234	59
安庆	Anqing	1849	2209	2320	114	泰安	Taian	5147	5349	5409	53
黄山	Huangshan	770	867	941	200	威海	Weihai	3296	3243	3413	84
滁州	Chuzhou	1955	2217	2271	118	日照	Rizhao	1030	2502	1349	174
阜阳	Fuyang	1744	1377	1760	147	莱芜	Laiwu	870	699	705	223
宿州	Suzhou	957	897	1185	187	临沂	Linyi	4195	3108	3344	88
六安	Liuan	1717	1635	1959	132	德州	Dezhou	2604	2579	2798	104
亳州	Bozhou	593	716	729	222	聊城	Liaocheng	2139	1995	1988	129

16-14 普通高等学校专任教师数 续表 2

Full-time Teachers by Regular Institutions of Higher Education continued 2

单位：人 (person)

地名	City	2010	2013	2014	2014 排名 Ranking
滨州	Binzhou	2705	2735	2787	105
菏泽	Heze	1666	1856	1921	135
河南	**Henan**	**77471**	**90949**	**95134**	
郑州	Zhengzhou	32521	39146	55040	3
开封	Kaifeng	4276	5048	5425	52
洛阳	Luoyang	4433	5676	5777	47
平顶山	Pingdingshan	2886	2981	3175	91
安阳	Anyang	2718	3512	3729	78
鹤壁	Hebi	507	700	1026	196
新乡	Xinxiang	6675	7802	7828	33
焦作	Jiaozuo	3919	5118	5944	45
濮阳	Puyang	675	655	642	228
许昌	Xuchang	1793	1976	2097	125
漯河	Luohe	1667	1734	1812	142
三门峡	Sanmenxia	852	851	847	211
南阳	Nanyang	3645	4037	4079	71
商丘	Shangqiu	4255	4391	4601	66
信阳	Xinyang	2904	3433	3509	82
周口	Zhoukou	1892	2092	2292	116
驻马店	Zhumadian	1245	1170	1194	186
湖北	**Hubei**	**74685**	**81784**	**82821**	
武汉	Wuhan	51306	56028	57313	1
黄石	Huangshi	1971	2010	2231	121
十堰	Shiyan	1839	2745	2822	101
宜昌	Yichang	3148	3188	3621	80
襄阳	Xiangyang	2092	2615	2558	109
鄂州	Ezhou	607	559	685	226
荆门	Jingmen	1254	1004	856	210
孝感	Xiaogan	1366	1855	1936	133
荆州	Jingzhou	4937	4495	4499	68
黄冈	Huanggang	2064	2326	3345	87
咸宁	Xianning	2678	1938	1735	149
随州	Suizhou	450	432	441	254
湖南	**Hunan**	**59557**	**63869**	**64919**	
长沙	Changsha	30035	31205	32691	7
株洲	Zhuzhou	3573	4160	4376	70
湘潭	Xiangtan	6231	6832	7131	39
衡阳	Hengyang	5388	5856	5992	44
邵阳	Shaoyang	1401	1508	1482	166
岳阳	Yueyang	1964	2317	3189	90

地名	City	2010	2013	2014	2014 排名 Ranking
常德	Changde	1905	2386	2407	112
张家界	Zhangjiajie	685	704	428	257
益阳	Yiyang	1684	1767	1819	141
郴州	Chenzhou	1048	1144	1413	171
永州	Yongzhou	1609	1610	1635	157
怀化	Huaihua	1279	1466	1542	163
娄底	Loudi	1432	1424	2264	119
广东	**Guangdong**	**78569**	**91099**	**95193**	
广州	Guangzhou	48063	55416	57196	2
韶关	Shaoguan	1796	1731	1693	150
深圳	Shenzhen	3550	4184	4462	69
珠海	Zhuhai	5305	5857	5500	50
汕头	Shantou	711	738	887	206
佛山	Foshan	1439	1774	1810	143
江门	Jiangmen	1083	1473	1761	146
湛江	Zhanjiang	3645	3902	3998	72
茂名	Maoming	1396	1372	1357	173
肇庆	Zhaoqing	2095	2816	2801	102
惠州	Huizhou	692	1497	1518	164
梅州	Meizhou	1115	1194	1215	185
汕尾	Shanwei	255	265	277	271
河源	Heyuan	495	435	443	253
阳江	Yangjiang	275	342	406	259
清远	Qingyuan	418	495	578	234
东莞	Dongguan	2174	2952	3148	93
中山	Zhongshan	2360	2940	1643	156
潮州	Chaozhou	802	770	795	215
揭阳	Jieyang	531	567	549	235
云浮	Yunfu	369	445	452	252
广西	**Guangxi**	**31650**	**36425**	**37680**	
南宁	Nanning	15225	17582	18441	20
柳州	Liuzhou	3339	3340	3354	86
桂林	Guilin	5767	6616	7167	38
梧州	Wuzhou	588	451	646	227
北海	Beihai	872	792	1930	134
防城港	Fangchenggang		160	161	279
钦州	Qinzhou	834	930	969	198
贵港	Guigang	168	117		
玉林	Yulin	767	837	858	209
百色	Baise		1483	1571	160

16-14 普通高等学校专任教师数 续表 3

Full-time Teachers by Regular Institutions of Higher Education continued 3

单位：人 (person)

地名	City	2010	2013	2014	2014 排名 Ranking
贺州	Hezhou	565	544	549	235
河池	Hechi	641	628	746	220
来宾	Laibin	341	525	542	237
崇左	Chongzuo	634	1528	1439	169
海南	**Hainan**	**7798**	**8458**	**8894**	
海口	Haikou	5463	5885	8894	30
三亚	Sanya	1731	2140	2209	122
三沙	Sansha				
重庆	**Chongqing**	**31070**	**37130**	**38944**	
四川	**Sichuan**	**64991**	**76795**	**81404**	
成都	Chengdu	38282	44977	47643	5
自贡	Zigong	1408	1763	1965	131
攀枝花	Panzhihua	1136	1209	1222	184
泸州	Luzhou	2009	2025	2278	117
德阳	Deyang	2720	3118	3318	89
绵阳	Mianyang	5179	6732	7203	37
广元	Guangyuan	236	495	507	243
遂宁	Suining	553	642	635	229
内江	Neijiang	1225	1338	1549	162
乐山	Leshan	2053	2305	2359	113
南充	Nanchong	3069	3797	3954	73
眉山	Meishan	1013	1182	1241	182
宜宾	Yibin	1276	1291	1291	177
广安	Guangan	269	380	440	255
达州	Dazhou	1052	1195	1227	183
雅安	Yaan	2041	2624	2740	107
巴中	Bazhong		30	60	282
资阳	Ziyang		118	384	260
贵州	**Guizhou**	**20351**	**25351**	**28144**	
贵阳	Guiyang	12275	14918	16595	22
六盘水	Liupanshui	672	619	691	224
遵义	Zunyi	2158	2815	3004	97
安顺	Anshun	809	816	1053	195
毕节	Bijie	682	897	930	203
铜仁	Tongren	824	1125	1303	176
云南	**Yunnan**	**26498**	**34421**	**35396**	
昆明	Kunming	19471	25110	25895	13
曲靖	Qujing	950	677	1346	175
玉溪	Yuxi	640	782	812	212
保山	Baoshan	507	607	627	230
昭通	Zhaotong	351	379	384	260

地名	City	2010	2013	2014	2014 排名 Ranking
丽江	Lijiang		940	940	201
普洱	Puer	436	497	514	242
临沧	Lincang	311	329	357	264
西藏	**Tibet**	**2195**	**2472**	**2601**	
拉萨	Lasa	1877	1815	1872	138
陕西	**Shaanxi**	**58288**	**64171**	**64970**	
西安	Xi'an			46766	6
铜川	Tongchuan			226	273
宝鸡	Baoji			1843	140
咸阳	Xianyang			5615	48
渭南	Weinan			1276	179
延安	Yan'an			1589	158
汉中	Hanzhong			2093	126
榆林	Yulin			860	208
安康	Ankang			905	205
商洛	Shangluo			812	212
甘肃	**Gansu**	**20761**	**24384**	**25283**	
兰州	Lanzhou	15540	17923	15345	23
嘉峪关	Jiayuguan	180	193	114	281
金昌	Jinchang		102	131	280
白银	Baiyin		161	163	278
天水	Tianshui	1636	1747	1751	148
武威	Wuwei	502	749	808	214
张掖	Zhangye	777	872	865	207
平凉	Pingliang	306	438	438	256
酒泉	Jiuquan	327	306	349	265
庆阳	Qingyang	532	738	766	219
定西	Dingxi	279	297	299	268
陇南	Longnan	279	326	594	233
青海	**Qinghai**	**3731**	**3785**	**3920**	
西宁	Xining	3731	3785	3881	75
海东	Haidong				
宁夏	**Ningxia**	**5866**	**7111**	**7759**	
银川	Yinchuan	5004		6606	42
石嘴山	Shizuishan	339		360	263
吴忠	Wuzhong	159		374	262
固原	Guyuan	429		415	258
中卫	Zhongwei				
新疆	**Xinjiang**	**16506**	**18327**	**19081**	
乌鲁木齐	Urumqi	9819	11032	11097	26
克拉玛依	Karamay	276	292	287	269

16-15 普通高等学校招生数

New Enrollment by Regular Institutions of Higher Education

单位：万人 （10 000 persons）

地名	City	2010	2012	2013	2013 排名 Ranking	地名	City	2010	2012	2013	2013 排名 Ranking
全国	**Nation Total**	**661.80**	**688.80**	**699.83**		沈阳	Shenyang	9.90	10.86	11.21	16
北京	**Beijing**	**15.52**	**15.86**	**15.98**		大连	Dalian	6.72	7.42	7.82	22
天津	**Tianjin**	**13.31**	**13.72**	**13.86**		鞍山	Anshan	1.03	0.96	0.99	137
河北	**Hebei**	**32.89**	**32.14**	**32.59**		抚顺	Fushun	1.15	1.19	1.12	123
石家庄	Shijiazhuang	11.26	11.78	12.30	11	本溪	Benxi	0.38	0.41	0.40	212
唐山	Tangshan	2.96	3.13	3.10	42	丹东	Dandong	0.77	0.88	0.82	152
秦皇岛	Qinhuangdao	2.62	4.89	2.43	57	锦州	Jinzhou	2.12	2.41	2.28	61
邯郸	Handan	1.70	1.71	1.74	86	营口	Yingkou	0.37	0.46	0.57	186
邢台	Xingtai	1.45	1.50	1.60	89	阜新	Fuxin	0.93	0.95	0.95	141
保定	Baoding	4.70	4.75	4.63	28	辽阳	Liaoyang	0.68	0.58	0.57	186
张家口	Zhangjiakou	1.24	1.38	1.44	100	盘锦	Panjin	0.19	0.23	0.24	240
承德	Chengde	1.26	1.25	1.24	111	铁岭	Tieling	0.43	0.54	0.54	191
沧州	Cangzhou	1.53	1.43	1.83	82	朝阳	Chaoyang	0.13	0.18	0.18	248
廊坊	Langfang	2.90	2.03	2.19	62	葫芦岛	Huludao	0.44	0.50	0.52	196
衡水	Hengshui	0.48	1.62	0.47	199	**吉林**	**Jilin**	**15.29**	**16.26**	**16.62**	
山西	**Shanxi**	**18.44**	**19.72**	**20.69**		长春	Changchun	10.19	11.08	11.27	15
太原	Taiyuan	10.55	11.29	12.00	13	吉林	Jilin	2.54	2.81	2.95	45
大同	Datong	0.98	1.16	1.04	128	四平	Siping	0.91	1.03	1.01	134
阳泉	Yangquan	0.40	0.34	0.37	218	辽源	Liaoyuan	0.17	0.20	0.17	251
长治	Changzhi	1.26	1.03	1.09	126	通化	Tonghua	0.30	0.34	0.34	225
晋城	Jincheng	0.28	0.23	0.21	242	白山	Baishan	0.05	0.03	0.03	267
朔州	Shuozhou		0.11	0.16	253	松原	Songyuan	0.11	0.10	0.09	259
晋中	Jinzhong	1.70	2.02	2.07	71	白城	Baicheng	0.57	0.56	0.60	182
运城	Yuncheng	0.60	1.55	1.58	91	**黑龙江**	**Heilongjiang**	**19.54**	**19.70**	**19.73**	
忻州	Xinzhou	0.70	0.87	0.85	149	哈尔滨	Harbin	13.46	13.82	13.97	9
临汾	Linfen	1.20	1.37	1.38	104	齐齐哈尔	Qiqihar	1.32	1.50	1.49	96
吕梁	Lvliang	0.68	0.85	0.76	160	鸡西	Jixi	0.35	0.28	0.27	232
内蒙古	**Inner Mongolia**	**11.65**	**10.56**	**11.24**		鹤岗	Hegang	0.06	0.05	0.05	265
呼和浩特	Hohhot	6.71	6.25	6.67	23	双鸭山	Shuangyashan	0.05	0.04	0.06	264
包头	Baotou	2.01	2.01	2.06	73	大庆	Daqing	1.48	1.47	1.45	99
乌海	Wuhai	0.10	0.08	0.10	257	伊春	Yichun	0.05	0.04	0.04	266
赤峰	Chifeng	0.54	0.55	0.59	184	佳木斯	Jiamusi	0.82	0.87	0.79	156
通辽	Tongliao	0.74	0.73	0.74	165	七台河	Qitaihe	0.03	0.01	0.02	268
鄂尔多斯	Erdos	0.06	0.04	0.08	262	牡丹江	Mudanjiang	1.31	1.47	1.40	102
呼伦贝尔	Hulunbuir	0.32	0.37	0.39	214	黑河	Heihe	0.23	0.24	0.25	237
巴彦淖尔	Bayannur	0.27	0.25	0.31	228	绥化	Suihua	0.27	0.29	0.29	231
乌兰察布	Ulanqab	0.52	0.49	0.55	189	**上海**	**Shanghai**	**14.47**	**13.68**	**13.72**	
辽宁	**Liaoning**	**25.22**	**26.44**	**27.13**		**江苏**	**Jiangsu**	**43.27**	**43.50**	**43.95**	

16-15 普通高等学校招生数 续表 1
New Enrollment by Regular Institutions of Higher Education continued 1

单位：万人 （10 000 persons）

地名	City	2010	2012	2013	2013 排名 Ranking	地名	City	2010	2012	2013	2013 排名 Ranking
南京	Nanjing	16.40	15.98	15.99	5	池州	Chizhou	0.65	0.67	0.62	177
无锡	Wuxi	3.18	3.28	3.36	38	宣城	Xuancheng	0.20	0.15	0.19	246
徐州	Xuzhou	3.10	3.36	3.33	39	**福建**	**Fujian**	**20.25**	**20.12**	**21.36**	
常州	Changzhou	3.11	3.13	3.07	43	福州	Fuzhou	8.73	9.30	9.65	18
苏州	Suzhou	4.85	5.52	5.69	24	厦门	Xiamen	3.57	3.96	4.19	31
南通	Nantong	2.30	2.23	2.18	63	莆田	Putian	0.49	0.53	0.58	185
连云港	Lianyungang	0.93	0.93	1.04	128	三明	Sanming	0.66	0.76	0.76	160
淮安	Huaian	1.94	1.86	1.87	80	泉州	Quanzhou	3.52	3.40	3.73	32
盐城	Yancheng	1.56	1.85	1.54	94	漳州	Zhangzhou	1.78	1.92	2.11	65
扬州	Yangzhou	2.13	2.03	2.08	68	南平	Nanping	0.76	0.70	0.80	155
镇江	Zhenjiang	2.07	1.96	1.95	78	龙岩	Longyan	0.44	0.48	0.53	194
泰州	Taizhou	1.28	1.33	1.34	106	宁德	Ningde	0.28	0.31	0.26	234
宿迁	Suqian	0.42	0.44	0.51	197	**江西**	**Jiangxi**	**25.61**	**23.77**	**24.74**	
浙江	**Zhejiang**	**26.01**	**26.91**	**26.89**		南昌	Nanchang	14.84	15.04	15.91	6
杭州	Hangzhou	11.35	12.13	12.30	11	景德镇	Jingdezhen	0.94	0.81	0.88	147
宁波	Ningbo	4.18	4.40	4.51	29	萍乡	Pingxiang	0.54	0.29	0.41	210
温州	Wenzhou	2.06	2.32	2.35	58	九江	Jiujiang	2.76	2.39	2.61	54
嘉兴	Jiaxing	1.58	1.89	1.59	90	新余	Xinyu	0.97	1.01	0.93	142
湖州	Huzhou	0.71	0.79	0.76	160	鹰潭	Yingtan	0.20	0.14	0.20	243
绍兴	Shaoxing	1.69	1.96	2.35	58	赣州	Ganzhou	2.32	2.32	2.15	64
金华	Jinhua	2.45	2.65	2.66	52	吉安	Jian	0.55	0.47	0.45	203
衢州	Quzhou	0.35	0.43	0.43	208	宜春	Yichun	0.92	0.87	0.99	137
舟山	Zhoushan	0.66	0.73	0.68	174	抚州	Fuzhou	0.90	1.02	1.04	128
台州	Taizhou	0.95	0.96	1.01	134	上饶	Shangrao	0.65	0.68	0.74	165
丽水	Lishui	1.15	1.19	1.30	107	**山东**	**Shandong**	**49.57**	**46.67**	**49.16**	
安徽	**Anhui**	**29.69**	**28.62**	**29.66**		济南	Jinan	15.48	15.66	15.11	8
合肥	Hefei	11.86	13.24	13.89	10	青岛	Qingdao	8.22	8.80	8.57	19
芜湖	Wuhu	3.45	3.48	3.65	33	淄博	Zibo	3.12	2.72	2.86	47
蚌埠	Bengbu	1.76	1.67	1.67	87	枣庄	Zaozhuang	0.68	0.60	0.88	147
淮南	Huainan	1.81	1.81	1.79	83	东营	Dongying	1.50	0.86	0.81	153
马鞍山	Maanshan	1.30	1.38	1.49	96	烟台	Yantai	4.61	4.52	4.98	26
淮北	Huaibei	1.00	0.95	0.98	139	潍坊	Weifang	3.90	3.88	4.39	30
铜陵	Tongling	0.88	0.91	1.03	131	济宁	Jining	3.29	2.65	2.67	51
安庆	Anqing	1.14	1.21	1.24	111	泰安	Taian	2.70	2.85	2.96	44
黄山	Huangshan	0.45	0.48	0.60	182	威海	Weihai	2.28	1.67	1.93	79
滁州	Chuzhou	1.24	1.31	1.25	110	日照	Rizhao	1.86	1.98	1.78	84
阜阳	Fuyang	1.05	0.97	0.91	145	莱芜	Laiwu	0.23	0.18	0.27	232
宿州	Suzhou	0.75	0.55	0.54	191	临沂	Linyi	1.71	1.97	1.86	81
六安	Liuan	1.16	1.17	1.21	118	德州	Dezhou	1.47	1.21	1.24	111
亳州	Bozhou	0.37	0.34	0.45	203	聊城	Liaocheng	1.43	1.96	2.07	71

16-15 普通高等学校招生数 续表 2

New Enrollment by Regular Institutions of Higher Education continued 2

单位：万人　　　　(10 000 persons)

地名	City	2010	2012	2013	2013 排名 Ranking	地名	City	2010	2012	2013	2013 排名 Ranking
滨州	Binzhou	1.47	1.34	1.44	100	常德	Changde	1.15	1.21	1.23	115
菏泽	Heze	0.91	1.03	1.23	115	张家界	Zhangjiajie	0.34	0.36	0.35	223
河南	**Henan**	**47.83**	**45.53**	**46.67**		益阳	Yiyang	0.81	0.83	0.92	144
郑州	Zhengzhou	20.25	22.60	24.37	3	郴州	Chenzhou	0.55	0.61	0.62	177
开封	Kaifeng	2.42	2.65	2.60	55	永州	Yongzhou	0.79	0.71	0.75	163
洛阳	Luoyang	2.61	2.73	2.80	48	怀化	Huaihua	0.85	0.76	0.83	150
平顶山	Pingdingshan	2.08	1.94	1.62	88	娄底	Loudi	0.80	0.68	0.73	167
安阳	Anyang	1.78	1.85	2.03	75	**广东**	**Guangdong**	**44.02**	**50.19**	**51.69**	
鹤壁	Hebi	0.35	0.38	0.37	218	广州	Guangzhou	25.90	28.95	29.65	1
新乡	Xinxiang	3.82	4.29	3.62	34	韶关	Shaoguan	0.90	1.06	1.12	123
焦作	Jiaozuo	2.39	2.56	2.69	50	深圳	Shenzhen	2.00	2.58	2.76	49
濮阳	Puyang	0.42	0.35	0.25	237	珠海	Zhuhai	3.48	3.81	3.21	40
许昌	Xuchang	1.07	1.12	1.01	134	汕头	Shantou	0.23	0.26	0.26	234
漯河	Luohe	0.96	0.83	0.93	142	佛山	Foshan	1.77	1.33	1.52	95
三门峡	Sanmenxia	0.51	0.47	0.46	202	江门	Jiangmen	0.68	1.27	1.16	122
南阳	Nanyang	2.29	2.29	2.05	74	湛江	Zhanjiang	2.62	1.91	2.10	66
商丘	Shangqiu	2.54	2.40	2.57	56	茂名	Maoming	1.20	0.90	1.02	133
信阳	Xinyang	1.78	1.62	1.58	91	肇庆	Zhaoqing	1.99	2.64	2.66	52
周口	Zhoukou	1.39	0.82	1.03	131	惠州	Huizhou	0.42	0.80	0.89	146
驻马店	Zhumadian	0.70	0.61	0.62	177	梅州	Meizhou	0.57	0.64	0.66	175
湖北	**Hubei**	**41.34**	**40.21**	**39.89**		汕尾	Shanwei	0.13	0.23	0.18	248
武汉	Wuhan	26.38	27.31	25.11	2	河源	Heyuan	0.43	0.45	0.43	208
黄石	Huangshi	1.20	1.13	0.75	163	阳江	Yangjiang	0.23	0.27	0.31	228
十堰	Shiyan	1.05	1.36	1.38	104	清远	Qingyuan	0.30	0.48	0.44	205
宜昌	Yichang	1.44	1.75	1.48	98	东莞	Dongguan	1.27	2.05	2.08	68
襄阳	Xiangyang	1.70	1.99	2.02	76	中山	Zhongshan	1.02	1.15	1.23	115
鄂州	Ezhou	0.35	0.46	0.48	198	潮州	Chaozhou	0.52	0.47	0.53	194
荆门	Jingmen	0.70	0.74	0.78	158	揭阳	Jieyang	0.26	1.00	0.35	223
孝感	Xiaogan	1.00	0.95	0.83	150	云浮	Yunfu	0.19	0.24	0.39	214
荆州	Jingzhou	3.33	3.36	3.20	41	**广西**	**Guangxi**	**18.38**	**19.21**	**19.85**	
黄冈	Huanggang	1.46	1.51	1.56	93	南宁	Nanning	8.71	10.00	10.65	17
咸宁	Xianning	1.30	0.96	1.10	125	柳州	Liuzhou	1.91	2.12	2.09	67
随州	Suizhou	0.17	0.23	0.20	243	桂林	Guilin	4.55	5.27	5.40	25
湖南	**Hunan**	**30.98**	**31.10**	**31.37**		梧州	Wuzhou	0.36	0.43	0.44	205
长沙	Changsha	15.12	15.76	15.62	7	北海	Beihai	0.61	0.69	0.62	177
株洲	Zhuzhou	2.14	2.30	2.35	58	防城港	Fangchenggang		0.18	0.16	253
湘潭	Xiangtan	3.22	3.45	3.53	36	钦州	Qinzhou	0.53	0.56	0.54	191
衡阳	Hengyang	2.78	2.95	2.89	46	贵港	Guigang	0.06	0.10	0.09	259
邵阳	Shaoyang	0.78	0.77	0.81	153	玉林	Yulin	0.43	0.41	0.47	199
岳阳	Yueyang	1.04	1.34	1.18	121	百色	Baise			0.77	159

16-15 普通高等学校招生数 续表 3
New Enrollment by Regular Institutions of Higher Education continued 3

单位：万人 （10 000 persons）

地名	City	2010	2012	2013	2013 排名 Ranking
贺州	Hezhou	0.26	0.19	0.25	237
河池	Hechi	0.37	0.37	0.41	210
来宾	Laibin	0.27	0.20	0.32	227
崇左	Chongzuo	0.59	1.18	1.39	103
海南	**Hainan**	**4.82**	**4.96**	**4.93**	
海口	Haikou	3.21	3.57	3.55	35
三亚	Sanya	1.20	1.29	1.28	108
三沙	Sansha				
重庆	**Chongqing**	**18.11**	**19.29**	**18.49**	
四川	**Sichuan**	**33.79**	**36.45**	**35.78**	
成都	Chengdu	18.92	20.85	20.27	4
自贡	Zigong	0.87	0.91	0.96	140
攀枝花	Panzhihua	0.62	0.64	0.63	176
泸州	Luzhou	1.04	1.30	1.21	118
德阳	Deyang	1.61	1.96	1.77	85
绵阳	Mianyang	2.73	3.37	3.41	37
广元	Guangyuan	0.11	0.32	0.38	217
遂宁	Suining	0.36	0.47	0.47	199
内江	Neijiang	0.64	0.67	0.73	167
乐山	Leshan	1.14	1.39	1.21	118
南充	Nanchong	1.71	1.94	2.01	77
眉山	Meishan	0.52	0.63	0.62	177
宜宾	Yibin	0.69	0.72	0.72	169
广安	Guangan	0.21	0.25	0.34	225
达州	Dazhou	0.60	0.65	0.70	171
雅安	Yaan	1.12	1.14	1.24	111
巴中	Bazhong			0.02	268
资阳	Ziyang			0.10	257
贵州	**Guizhou**	**10.15**	**12.51**	**11.97**	
贵阳	Guiyang	7.73	10.43	8.30	21
六盘水	Liupanshui	0.32	0.33	0.26	234
遵义	Zunyi	1.68	1.73	1.26	109
安顺	Anshun	0.41	0.55	0.37	218
毕节	Bijie	0.46	0.49	0.36	221
铜仁	Tongren	0.47	0.66	0.69	173
云南	**Yunnan**	**14.25**	**14.28**	**16.29**	
昆明	Kunming	9.89	10.26	11.63	14
曲靖	Qujing	0.68	0.80	0.72	169
玉溪	Yuxi	0.48	0.37	0.40	212
保山	Baoshan	0.45	0.33	0.36	221
昭通	Zhaotong	0.26	0.22	0.31	228
丽江	Lijiang			0.79	156
普洱	Puer	0.27	0.27	0.39	214
临沧	Lincang	0.19	0.18	0.18	248
西藏	**Tibet**	**0.92**	**1.00**	**0.93**	
拉萨	Lasa	0.76	0.74	0.70	171
陕西	**Shaanxi**	**27.44**	**31.28**	**29.79**	
西安	Xi'an				
铜川	Tongchuan				
宝鸡	Baoji				
咸阳	Xianyang				
渭南	Weinan				
延安	Yan'an				
汉中	Hanzhong				
榆林	Yulin				
安康	Ankang				
商洛	Shangluo				
甘肃	**Gansu**	**11.49**	**13.02**	**12.23**	
兰州	Lanzhou	8.06	8.76	8.36	20
嘉峪关	Jiayuguan	0.09	0.13	0.09	259
金昌	Jinchang		0.09	0.11	256
白银	Baiyin		0.09	0.07	263
天水	Tianshui	0.94	1.18	1.08	127
武威	Wuwei	0.45	0.66	0.57	186
张掖	Zhangye	0.55	0.59	0.55	189
平凉	Pingliang	0.23	0.23	0.20	243
酒泉	Jiuquan	0.22	0.25	0.23	241
庆阳	Qingyang	0.30	0.46	0.44	205
定西	Dingxi	0.14	0.20	0.16	253
陇南	Longnan	0.15	0.19	0.19	246
青海	**Qinghai**	**1.87**	**1.46**	**1.48**	
西宁	Xining	1.87	2.08	2.08	68
海东	Haidong				
宁夏	**Ningxia**	**2.64**	**3.08**	**3.07**	
银川	Yinchuan	2.02	2.62		
石嘴山	Shizuishan	0.19	0.19		
吴忠	Wuzhong	0.07	0.11		
固原	Guyuan	0.16	0.20		
中卫	Zhongwei				
新疆	**Xinjiang**	**7.46**	**7.58**	**8.10**	
乌鲁木齐	Urumqi	4.59	4.61	4.94	27
克拉玛依	Karamay	0.14	0.15	0.17	251

16-16 普通高等学校在校学生数

Total Enrollment by Regular Institutions of Higher Education

单位：万人 （10 000 persons）

地名	City	2010	2013	2014	2014 排名 Ranking
全国	**Nation Total**	**2231.80**	**2468.07**		
北京	**Beijing**	**57.78**	**59.89**		
天津	**Tianjin**	**42.86**	**48.99**		
河北	**Hebei**	**110.51**	**117.44**		
石家庄	Shijiazhuang	37.29	40.17	39.36	18
唐山	Tangshan	9.76	10.74	11.06	48
秦皇岛	Qinhuangdao	8.79	8.85	15.50	32
邯郸	Handan	6.09	6.04	5.88	92
邢台	Xingtai	4.71	4.78	4.67	105
保定	Baoding	16.26	16.41	16.12	30
张家口	Zhangjiakou	4.50	4.66	4.64	107
承德	Chengde	3.78	4.14	4.06	127
沧州	Cangzhou	4.64	5.43	8.05	68
廊坊	Langfang	9.86	8.16	8.90	58
衡水	Hengshui	1.76	1.53	2.52	169
山西	**Shanxi**	**56.29**	**67.68**		
太原	Taiyuan	32.97	37.87	40.09	16
大同	Datong	3.42	3.91	3.00	154
阳泉	Yangquan	0.80	1.01	1.38	220
长治	Changzhi	3.72	3.43	4.12	126
晋城	Jincheng	0.79	0.62	0.64	255
朔州	Shuozhou		0.33	0.89	242
晋中	Jinzhong	5.80	6.83	13.98	36
运城	Yuncheng	1.80	4.64	4.29	120
忻州	Xinzhou	1.80	2.54	1.89	200
临汾	Linfen	3.80	4.33	4.43	116
吕梁	Lvliang	1.63	2.18	2.17	186
内蒙古	**Inner Mongolia**	**37.14**	**39.92**		
呼和浩特	Hohhot	21.53	22.93	23.25	24
包头	Baotou	6.51	7.01	7.03	76
乌海	Wuhai	0.33	0.31	0.28	274
赤峰	Chifeng	1.66	1.88	1.97	196
通辽	Tongliao	2.63	2.72	4.46	114
鄂尔多斯	Erdos	0.11	0.20	0.57	262
呼伦贝尔	Hulunbuir	1.17	1.37	1.58	212
巴彦淖尔	Bayannur	0.74	0.80	0.86	246
乌兰察布	Ulanqab	1.45	1.65	2.07	191
辽宁	**Liaoning**	**88.02**	**96.80**		
沈阳	Shenyang	34.86	38.48	39.97	17
大连	Dalian	24.58	27.63	28.62	23
鞍山	Anshan	3.62	3.75	3.62	141
抚顺	Fushun	4.15	4.29	4.44	115
本溪	Benxi	1.09	1.27	2.14	187
丹东	Dandong	2.42	2.62	2.96	155
锦州	Jinzhou	7.67	8.05	8.62	62
营口	Yingkou	1.05	1.37	2.22	183
阜新	Fuxin	3.26	3.26	4.50	110
辽阳	Liaoyang	1.99	1.81	1.73	205
盘锦	Panjin	0.54	0.63	0.71	253
铁岭	Tieling	1.04	1.49	1.66	210
朝阳	Chaoyang	0.35	0.50	0.55	263
葫芦岛	Huludao	1.41	1.66	0.87	244
吉林	**Jilin**	**54.44**	**59.95**		
长春	Changchun	36.57	40.19	41.46	13
吉林	Jilin	8.97	10.11	10.36	52
四平	Siping	3.26	3.59	3.73	136
辽源	Liaoyuan	0.53	0.56	0.61	257
通化	Tonghua	1.08	1.21	1.24	226
白山	Baishan	0.19	0.09	0.12	280
松原	Songyuan	0.30	0.33	0.30	271
白城	Baicheng	1.75	1.92	1.97	197
黑龙江	**Heilongjiang**	**71.91**	**71.79**		
哈尔滨	Harbin	49.40	49.59	50.64	10
齐齐哈尔	Qiqihar	5.00	5.10	5.48	95
鸡西	Jixi	1.06	0.85	0.88	243
鹤岗	Hegang	0.27	0.14	0.19	279
双鸭山	Shuangyashan	0.16	0.14	0.35	269
大庆	Daqing	5.55	5.13	6.24	89
伊春	Yichun	0.20	0.11	0.11	281
佳木斯	Jiamusi	3.19	3.03	4.47	112
七台河	Qitaihe	0.15	0.05	0.23	277
牡丹江	Mudanjiang	4.77	5.01	4.81	103
黑河	Heihe	0.84	0.92	1.13	232
绥化	Suihua	1.01	1.09	1.01	236
上海	**Shanghai**	**51.57**	**50.48**		
江苏	**Jiangsu**	**178.07**	**168.45**		

16-16 普通高等学校在校学生数 续表 1
Total Enrollment by Regular Institutions of Higher Education continued 1

单位：万人 (10 000 persons)

地名	City	2010	2013	2014	2014 排名 Ranking
南京	Nanjing	79.34	70.79	80.53	3
无锡	Wuxi	10.96	10.53	11.42	46
徐州	Xuzhou	12.01	12.52	13.72	37
常州	Changzhou	10.43	10.47	10.86	49
苏州	Suzhou	18.78	19.02	20.95	25
南通	Nantong	8.26	7.45	8.09	67
连云港	Lianyungang	3.45	3.76	3.81	134
淮安	Huaian	6.88	6.68	6.73	81
盐城	Yancheng	5.67	5.49	5.61	94
扬州	Yangzhou	7.33	7.64	8.10	66
镇江	Zhenjiang	8.65	7.43	8.42	63
泰州	Taizhou	4.70	4.91	4.93	100
宿迁	Suqian	1.60	1.75	1.76	203
浙江	**Zhejiang**	**88.49**	**95.96**		
杭州	Hangzhou	43.48	47.18	47.47	12
宁波	Ningbo	13.81	14.50	15.09	33
温州	Wenzhou	7.45	7.92	8.16	65
嘉兴	Jiaxing	5.24	6.37	6.57	86
湖州	Huzhou	2.48	2.67	2.70	162
绍兴	Shaoxing	5.39	7.75	8.03	69
金华	Jinhua	7.67	8.13	8.67	61
衢州	Quzhou	1.02	1.29	1.37	221
舟山	Zhoushan	2.23	2.33	2.27	182
台州	Taizhou	2.97	3.20	3.26	150
丽水	Lishui	3.56	3.98	3.97	130
安徽	**Anhui**	**93.90**	**105.21**		
合肥	Hefei	37.26	44.34	49.73	11
芜湖	Wuhu	11.67	12.31	12.65	39
蚌埠	Bengbu	5.59	6.32	6.10	90
淮南	Huainan	6.14	6.49	7.92	70
马鞍山	Maanshan	4.24	5.09	5.42	96
淮北	Huaibei	3.18	3.48	3.47	144
铜陵	Tongling	2.59	3.26	3.40	146
安庆	Anqing	3.63	4.09	4.18	123
黄山	Huangshan	1.51	1.89	2.10	189
滁州	Chuzhou	3.96	4.47	4.65	106
阜阳	Fuyang	3.34	3.54	3.48	142
宿州	Suzhou	2.19	2.04	1.99	195
六安	Liuan	3.43	4.01	4.12	125
亳州	Bozhou	0.97	1.18	1.19	228

地名	City	2010	2013	2014	2014 排名 Ranking
池州	Chizhou	1.82	2.14	2.10	188
宣城	Xuancheng	0.50	0.57	0.57	261
福建	**Fujian**	**64.78**	**73.05**		
福州	Fuzhou	28.17	31.83	32.08	21
厦门	Xiamen	11.47	13.60	15.83	31
莆田	Putian	1.67	1.83	2.06	192
三明	Sanming	1.73	2.40	2.43	175
泉州	Quanzhou	11.37	11.87	12.22	42
漳州	Zhangzhou	6.00	6.61	6.95	79
南平	Nanping	2.16	2.36	2.37	179
龙岩	Longyan	1.41	1.66	1.71	208
宁德	Ningde	0.81	0.88	0.99	238
江西	**Jiangxi**	**81.65**	**86.18**		
南昌	Nanchang	49.02	52.01	55.44	8
景德镇	Jingdezhen	3.10	2.88	2.62	164
萍乡	Pingxiang	1.60	1.04	1.13	233
九江	Jiujiang	7.99	7.96	8.32	64
新余	Xinyu	2.48	2.91	3.25	151
鹰潭	Yingtan	0.42	0.51	0.60	258
赣州	Ganzhou	7.69	8.17	8.74	60
吉安	Jian	1.82	1.77	1.90	199
宜春	Yichun	2.70	3.03	4.47	111
抚州	Fuzhou	2.79	3.63	2.87	157
上饶	Shangrao	2.04	2.28	2.44	173
山东	**Shandong**	**163.14**	**169.85**		
济南	Jinan	64.25	49.94	70.04	7
青岛	Qingdao	28.48	30.02	31.35	22
淄博	Zibo	10.33	9.04	9.59	53
枣庄	Zaozhuang	2.14	2.26	2.55	168
东营	Dongying	5.28	2.59	2.72	161
烟台	Yantai	14.64	16.66	17.32	28
潍坊	Weifang	12.10	12.47	14.06	35
济宁	Jining	8.12	8.87	9.55	54
泰安	Taian	9.54	10.20	10.52	51
威海	Weihai	5.99	6.13	6.43	88
日照	Rizhao	1.95	5.61	2.56	167
莱芜	Laiwu	1.03	0.58	0.76	251
临沂	Linyi	5.68	6.15	6.52	87
德州	Dezhou	3.97	4.00	4.31	119
聊城	Liaocheng	3.81	6.45	4.20	122

16-16 普通高等学校在校学生数 续表 2

Total Enrollment by Regular Institutions of Higher Education continued 2

单位：万人 (10 000 persons)

地名	City	2010	2013	2014	2014 排名 Ranking
滨州	Binzhou	4.80	4.66	4.94	99
菏泽	Heze	3.24	3.34	3.65	140
河南	**Henan**	**145.67**	**161.83**		
郑州	Zhengzhou	64.27	74.76	78.32	4
开封	Kaifeng	7.53	8.66	12.01	44
洛阳	Luoyang	8.40	9.45	12.42	40
平顶山	Pingdingshan	6.18	5.93	5.65	93
安阳	Anyang	4.79	6.23	6.72	83
鹤壁	Hebi	0.99	1.07	1.14	231
新乡	Xinxiang	11.51	13.14	14.31	34
焦作	Jiaozuo	6.72	8.31	9.38	55
濮阳	Puyang	1.20	0.99	0.81	247
许昌	Xuchang	3.43	3.40	3.46	145
漯河	Luohe	2.48	2.62	2.56	166
三门峡	Sanmenxia	1.53	1.38	1.28	224
南阳	Nanyang	6.67	6.83	7.04	75
商丘	Shangqiu	7.71	7.54	7.76	71
信阳	Xinyang	5.37	5.47	7.68	72
周口	Zhoukou	3.84	3.18	3.48	143
驻马店	Zhumadian	1.90	1.98	3.32	148
湖北	**Hubei**	**135.79**	**142.14**		
武汉	Wuhan	88.14	90.44	96.21	2
黄石	Huangshi	4.09	3.17	3.69	137
十堰	Shiyan	3.39	4.49	4.97	98
宜昌	Yichang	5.03	5.48	5.92	91
襄阳	Xiangyang	5.10	6.06	5.26	97
鄂州	Ezhou	1.01	1.31	1.48	215
荆门	Jingmen	1.91	2.12	2.04	193
孝感	Xiaogan	3.29	4.07	3.92	131
荆州	Jingzhou	11.78	10.35	11.18	47
黄冈	Huanggang	4.60	4.83	4.64	108
咸宁	Xianning	3.10	4.20	4.02	128
随州	Suizhou	0.84	0.68	0.62	256
湖南	**Hunan**	**104.43**	**110.08**		
长沙	Changsha	51.17	53.04	54.75	9
株洲	Zhuzhou	6.73	7.59	8.93	57
湘潭	Xiangtan	11.11	12.22	12.27	41
衡阳	Hengyang	9.45	10.14	10.53	50
邵阳	Shaoyang	2.59	2.71	2.76	160
岳阳	Yueyang	3.68	4.02	4.87	102
常德	Changde	3.63	3.95	4.18	124
张家界	Zhangjiajie	1.26	1.19	1.19	229
益阳	Yiyang	2.86	2.95	3.16	152
郴州	Chenzhou	2.04	2.18	2.39	176
永州	Yongzhou	2.51	2.48	2.49	171
怀化	Huaihua	2.78	2.69	3.66	139
娄底	Loudi	2.57	2.38	2.83	158
广东	**Guangdong**	**142.66**	**170.99**		
广州	Guangzhou	84.40	98.31	101.93	1
韶关	Shaoguan	3.10	3.66	3.68	138
深圳	Shenzhen	6.73	8.24	8.77	59
珠海	Zhuhai	10.82	12.71	13.20	38
汕头	Shantou	0.93	0.96	0.98	239
佛山	Foshan	3.97	4.73	4.67	104
江门	Jiangmen	2.33	3.43	3.87	133
湛江	Zhanjiang	8.92	7.70	7.64	73
茂名	Maoming	2.70	3.11	3.36	147
肇庆	Zhaoqing	5.56	7.69	7.58	74
惠州	Huizhou	1.43	2.70	3.02	153
梅州	Meizhou	2.07	2.22	2.35	180
汕尾	Shanwei	0.46	0.46	0.51	266
河源	Heyuan	1.19	1.24	1.27	225
阳江	Yangjiang	0.62	0.80	0.90	241
清远	Qingyuan	0.89	1.22	1.41	218
东莞	Dongguan	3.83	6.09	6.99	78
中山	Zhongshan	3.53	3.86	4.00	129
潮州	Chaozhou	1.65	1.64	1.72	206
揭阳	Jieyang	0.85	1.18	1.22	227
云浮	Yunfu	0.66	0.82	1.07	234
广西	**Guangxi**	**56.75**	**65.61**		
南宁	Nanning	26.41	33.30	35.62	20
柳州	Liuzhou	5.95	6.52	6.90	80
桂林	Guilin	12.83	15.98	18.67	26
梧州	Wuzhou	1.09	1.54	1.42	217
北海	Beihai	2.27	1.65	2.18	185
防城港	Fangchenggang		0.33	0.34	270
钦州	Qinzhou	1.86	1.54	1.77	202
贵港	Guigang	0.24	0.21		
玉林	Yulin	1.38	1.63	1.74	204
百色	Baise	2.57	2.42	2.76	159

16-16 普通高等学校在校学生数 续表 3
Total Enrollment by Regular Institutions of Higher Education continued 3

单位：万人 （10 000 persons）

地名	City	2010	2013	2014	2014 排名 Ranking
贺州	Hezhou	1.03	1.00	1.00	237
河池	Hechi	1.29	1.37	1.52	213
来宾	Laibin	0.59	0.63	0.73	252
崇左	Chongzuo	1.73	3.46	3.89	132
海南	**Hainan**	**15.08**	**17.21**		
海口	Haikou	10.39	12.07	18.06	27
三亚	Sanya	3.70	4.51	4.57	109
三沙	Sansha				
重庆	**Chongqing**	**56.59**	**65.94**		
四川	**Sichuan**	**108.62**	**127.08**		
成都	Chengdu	61.50	70.17	72.93	6
自贡	Zigong	2.96	3.16	4.40	118
攀枝花	Panzhihua	2.05	2.18	2.91	156
泸州	Luzhou	3.55	4.32	4.47	113
德阳	Deyang	4.90	5.60	6.71	84
绵阳	Mianyang	8.40	11.13	11.93	45
广元	Guangyuan	0.37	0.85	1.47	216
遂宁	Suining	1.00	1.34	1.40	219
内江	Neijiang	2.10	2.34	2.67	163
乐山	Leshan	3.68	4.37	4.87	101
南充	Nanchong	5.46	6.66	7.01	77
眉山	Meishan	1.58	2.22	2.33	181
宜宾	Yibin	2.21	2.40	2.45	172
广安	Guangan	0.49	0.79	0.86	245
达州	Dazhou	1.85	2.13	2.22	184
雅安	Yaan	3.77	4.24	4.43	117
巴中	Bazhong		0.02	0.08	282
资阳	Ziyang		0.10	0.23	278
贵州	**Guizhou**	**32.33**	**41.90**		
贵阳	Guiyang	25.68	25.97	35.93	19
六盘水	Liupanshui	1.01	0.92	1.02	235
遵义	Zunyi	4.98	4.51	6.70	85
安顺	Anshun	1.16	1.32	1.31	223
毕节	Bijie	1.06	1.31	1.34	222
铜仁	Tongren	1.29	1.91	2.38	177
云南	**Yunnan**	**43.69**	**54.86**		
昆明	Kunming	30.53	38.61	40.99	15
曲靖	Qujing	1.88	2.38	2.44	174
玉溪	Yuxi	1.52	1.41	1.84	201
保山	Baoshan	1.42	1.11	1.17	230
昭通	Zhaotong	0.72	0.76	0.76	250
丽江	Lijiang		2.34	2.37	178
普洱	Puer	0.83	0.95	0.98	240
临沧	Lincang	0.59	0.56	0.53	264
西藏	**Tibet**	**3.11**	**3.36**		
拉萨	Lasa	2.68	2.18	2.49	170
陕西	**Shaanxi**	**92.78**	**107.76**		
西安	Xi'an			76.64	5
铜川	Tongchuan			0.24	276
宝鸡	Baoji			3.27	149
咸阳	Xianyang			12.19	43
渭南	Weinan			1.50	214
延安	Yan'an			2.58	165
汉中	Hanzhong			4.23	121
榆林	Yulin			1.66	209
安康	Ankang			2.09	190
商洛	Shangluo			1.72	207
甘肃	**Gansu**	**38.15**	**44.30**		
兰州	Lanzhou	27.62	31.16	41.42	14
嘉峪关	Jiayuguan	0.27	0.33	0.29	273
金昌	Jinchang		0.28	0.29	272
白银	Baiyin		0.22	0.26	275
天水	Tianshui	3.08	3.64	3.80	135
武威	Wuwei	1.11	1.67	1.95	198
张掖	Zhangye	1.72	1.98	2.01	194
平凉	Pingliang	0.65	0.66	0.59	259
酒泉	Jiuquan	0.63	0.70	0.78	249
庆阳	Qingyang	1.12	1.56	1.62	211
定西	Dingxi	0.46	0.55	0.52	265
陇南	Longnan	0.49	0.57	0.57	260
青海	**Qinghai**	**6.04**	**5.07**		
西宁	Xining	6.04	6.39	6.73	82
海东	Haidong				
宁夏	**Ningxia**	**8.34**	**10.45**		
银川	Yinchuan	6.67		9.35	56
石嘴山	Shizuishan	0.58		0.78	248
吴忠	Wuzhong	0.18		0.36	268
固原	Guyuan	0.59		0.68	254
中卫	Zhongwei				
新疆	**Xinjiang**	**25.12**	**27.84**		
乌鲁木齐	Urumqi	15.48	16.51	16.76	29
克拉玛依	Karamay	0.37	0.45	0.49	267

16-17 普通高等学校毕业生数

Graduates from Regular Institutions of Higher Education

单位：万人 （10 000 persons）

地名	City	2010	2012	2013	2013 排名 Ranking
全国	**Nation Total**	**575.40**	**624.70**	**638.72**	
北京	**Beijing**	**15.02**	**15.52**	**15.09**	
天津	**Tianjin**	**10.51**	**11.30**	**12.10**	
河北	**Hebei**	**29.71**	**31.58**	**33.43**	
石家庄	Shijiazhuang	10.15	10.80	11.56	11
唐山	Tangshan	2.43	2.82	3.13	35
秦皇岛	Qinhuangdao	2.46	3.80	2.60	47
邯郸	Handan	1.68	1.72	1.81	73
邢台	Xingtai	1.44	1.57	1.54	86
保定	Baoding	4.53	4.27	4.49	25
张家口	Zhangjiakou	1.26	1.31	1.31	100
承德	Chengde	1.06	1.14	1.18	105
沧州	Cangzhou	1.28	1.39	1.48	90
廊坊	Langfang	2.23	2.04	2.13	59
衡水	Hengshui	0.48	0.58	0.54	178
山西	**Shanxi**	**16.55**	**16.26**	**17.33**	
太原	Taiyuan	9.74	9.60	9.94	13
大同	Datong	1.09	0.99	1.15	109
阳泉	Yangquan	0.20	0.24	0.32	215
长治	Changzhi	1.15	0.84	0.91	134
晋城	Jincheng	0.30	0.12	0.16	247
朔州	Shuozhou		0.09	0.07	257
晋中	Jinzhong	1.60	1.44	1.52	88
运城	Yuncheng	0.51	0.79	0.95	132
忻州	Xinzhou	0.40	0.59	0.73	156
临汾	Linfen	0.60	1.17	1.18	105
吕梁	Lvliang	0.47	0.39	0.39	203
内蒙古	**Inner Mongolia**	**9.47**	**10.51**	**10.83**	
呼和浩特	Hohhot	5.40	6.01	6.30	22
包头	Baotou	1.50	1.81	1.83	71
乌海	Wuhai	0.10	0.13	0.10	255
赤峰	Chifeng	0.40	0.47	0.49	184
通辽	Tongliao	0.80	0.67	0.67	163
鄂尔多斯	Erdos		0.05	0.06	258
呼伦贝尔	Hulunbuir	0.31	0.31	0.29	219
巴彦淖尔	Bayannur	0.23	0.24	0.47	187
乌兰察布	Ulanqab	0.40	0.45	0.14	249
辽宁	**Liaoning**	**21.96**	**23.60**	**24.10**	
沈阳	Shenyang	8.68	9.40	9.37	15
大连	Dalian	5.71	6.35	6.35	21
鞍山	Anshan	0.87	0.93	0.97	129
抚顺	Fushun	0.99	1.08	1.10	116
本溪	Benxi	0.29	0.30	0.36	205
丹东	Dandong	0.69	0.73	0.75	154
锦州	Jinzhou	2.05	2.07	2.11	60
营口	Yingkou	0.37	0.33	0.36	205
阜新	Fuxin	0.79	0.89	0.89	139
辽阳	Liaoyang	0.57	0.60	0.68	161
盘锦	Panjin	0.16	0.16	0.19	242
铁岭	Tieling	0.28	0.27	0.43	192
朝阳	Chaoyang	0.14	0.11	0.13	251
葫芦岛	Huludao	0.36	0.37	0.42	195
吉林	**Jilin**	**13.60**	**14.65**	**14.64**	
长春	Changchun	9.29	9.65	9.64	14
吉林	Jilin	2.11	2.51	2.41	49
四平	Siping	0.75	0.92	0.91	134
辽源	Liaoyuan	0.10	0.19	0.17	244
通化	Tonghua	0.28	0.28	0.32	215
白山	Baishan		0.07	0.05	259
松原	Songyuan	0.11	0.09	0.11	253
白城	Baicheng	0.47	0.51	0.58	175
黑龙江	**Heilongjiang**	**18.10**	**20.38**	**18.41**	
哈尔滨	Harbin	12.03	13.29	12.24	9
齐齐哈尔	Qiqihar	1.32	1.42	1.24	102
鸡西	Jixi	0.28	0.36	0.32	215
鹤岗	Hegang	0.07	0.10	0.04	261
双鸭山	Shuangyashan	0.04	0.07	0.05	259
大庆	Daqing	1.60	1.58	1.48	90
伊春	Yichun	0.09	0.07	0.04	261
佳木斯	Jiamusi	0.83	0.91	0.76	152
七台河	Qitaihe	0.08	0.06	0.03	264
牡丹江	Mudanjiang	1.22	1.70	1.50	89
黑河	Heihe	0.21	0.23	0.20	239
绥化	Suihua	0.25	0.26	0.23	231
上海	**Shanghai**	**13.37**	**13.67**	**13.38**	
江苏	**Jiangsu**	**47.89**	**47.03**	**47.38**	

16-17 普通高等学校毕业生数 续表 1

Graduates from Regular Institutions of Higher Education continued 1

单位：万人 (10 000 persons)

地名	City	2010	2012	2013	2013 排名 Ranking	地名	City	2010	2012	2013	2013 排名 Ranking
南京	Nanjing	19.59	20.69	20.86	3	池州	Chizhou	0.37	0.55	0.62	170
无锡	Wuxi	3.55	3.10	3.13	35	宣城	Xuancheng	0.11	0.16	0.20	239
徐州	Xuzhou	2.97	3.19	3.16	34	**福建**	**Fujian**	**15.34**	**17.85**	**18.72**	
常州	Changzhou	3.22	2.91	2.93	41	福州	Fuzhou	6.69	8.15	7.90	18
苏州	Suzhou	5.04	4.65	4.63	24	厦门	Xiamen	2.66	3.42	3.27	33
南通	Nantong	2.64	2.07	2.03	61	莆田	Putian	0.46	0.48	0.47	187
连云港	Lianyungang	0.91	0.97	1.04	123	三明	Sanming	0.41	0.62	0.61	171
淮安	Huaian	2.06	1.88	1.94	65	泉州	Quanzhou	2.73	3.56	3.47	31
盐城	Yancheng	1.55	1.54	1.54	86	漳州	Zhangzhou	1.41	1.70	1.68	80
扬州	Yangzhou	2.38	2.28	2.36	51	南平	Nanping	0.40	0.72	0.71	158
镇江	Zhenjiang	2.21	1.94	1.93	66	龙岩	Longyan	0.37	0.42	0.42	195
泰州	Taizhou	1.44	1.41	1.42	93	宁德	Ningde	0.22	0.21	0.21	234
宿迁	Suqian	0.32	0.40	0.42	195	**江西**	**Jiangxi**	**22.59**	**23.20**	**24.06**	
浙江	**Zhejiang**	**23.37**	**24.75**	**24.49**		南昌	Nanchang	14.00	13.67	13.91	7
杭州	Hangzhou	10.17	10.75	10.87	12	景德镇	Jingdezhen	0.87	0.86	0.91	134
宁波	Ningbo	3.71	3.82	3.64	30	萍乡	Pingxiang	0.56	0.54	0.51	182
温州	Wenzhou	1.94	2.09	1.99	63	九江	Jiujiang	2.44	2.27	2.41	49
嘉兴	Jiaxing	1.09	1.03	1.40	95	新余	Xinyu	0.75	0.80	0.93	133
湖州	Huzhou	0.65	0.68	0.69	160	鹰潭	Yingtan	0.11	0.11	0.21	234
绍兴	Shaoxing	1.51	1.55	1.91	67	赣州	Ganzhou	1.98	2.06	2.14	58
金华	Jinhua	2.41	2.33	2.26	54	吉安	Jian	0.47	0.47	0.49	184
衢州	Quzhou	0.34	0.34	0.29	219	宜春	Yichun	0.71	0.82	0.87	141
舟山	Zhoushan	0.68	0.70	0.63	169	抚州	Fuzhou	0.76	1.03	1.06	119
台州	Taizhou	0.85	0.91	0.89	139	上饶	Shangrao	0.58	0.57	0.61	171
丽水	Lishui	1.10	1.06	1.04	123	**山东**	**Shandong**	**44.40**	**47.43**	**47.59**	
安徽	**Anhui**	**23.22**	**26.55**	**28.01**		济南	Jinan	13.56	14.82	13.11	8
合肥	Hefei	9.69	11.37	11.84	10	青岛	Qingdao	7.05	7.98	7.90	18
芜湖	Wuhu	2.83	3.26	3.32	32	淄博	Zibo	2.85	3.17	2.96	40
蚌埠	Bengbu	1.37	1.47	1.56	85	枣庄	Zaozhuang	0.67	0.63	0.74	155
淮南	Huainan	1.48	1.71	1.71	78	东营	Dongying	1.31	0.92	0.86	142
马鞍山	Maanshan	0.93	1.12	1.20	104	烟台	Yantai	3.44	4.35	4.49	25
淮北	Huaibei	0.78	0.90	0.91	134	潍坊	Weifang	3.78	3.79	3.72	29
铜陵	Tongling	0.73	0.70	0.79	150	济宁	Jining	2.64	2.11	2.27	53
安庆	Anqing	0.79	1.03	1.13	111	泰安	Taian	2.41	2.58	2.82	43
黄山	Huangshan	0.34	0.38	0.43	192	威海	Weihai	1.70	1.76	1.84	70
滁州	Chuzhou	1.01	1.10	1.17	107	日照	Rizhao	1.42	1.67	1.64	81
阜阳	Fuyang	0.66	0.89	0.98	127	莱芜	Laiwu	0.41	0.35	0.27	225
宿州	Suzhou	0.53	0.61	0.68	161	临沂	Linyi	1.59	1.73	1.80	74
六安	Liuan	0.79	0.98	1.11	114	德州	Dezhou	1.32	1.21	1.15	109
亳州	Bozhou	0.25	0.31	0.36	205	聊城	Liaocheng	1.47	1.45	1.70	79

16-17 普通高等学校毕业生数 续表 2
Graduates from Regular Institutions of Higher Education continued 2

单位：万人 （10 000 persons）

地名	City	2010	2012	2013	2013 排名 Ranking
滨州	Binzhou	1.46	1.39	1.36	96
菏泽	Heze	0.87	1.01	1.13	111
河南	**Henan**	**38.25**	**43.53**	**45.02**	
郑州	Zhengzhou	17.44	19.30	19.83	4
开封	Kaifeng	2.02	2.15	2.34	52
洛阳	Luoyang	2.21	2.32	2.18	56
平顶山	Pingdingshan	1.64	1.95	1.82	72
安阳	Anyang	1.02	1.32	1.47	92
鹤壁	Hebi	0.24	0.34	0.35	208
新乡	Xinxiang	2.75	3.02	3.10	37
焦作	Jiaozuo	1.60	2.01	2.21	55
濮阳	Puyang	0.37	0.40	0.41	200
许昌	Xuchang	0.83	1.11	1.02	126
漯河	Luohe	0.86	0.84	1.11	114
三门峡	Sanmenxia	0.41	0.56	0.51	182
南阳	Nanyang	1.90	2.11	2.00	62
商丘	Shangqiu	2.29	2.53	2.65	45
信阳	Xinyang	1.25	1.52	1.63	82
周口	Zhoukou	0.63	1.16	1.32	99
驻马店	Zhumadian	0.49	0.55	0.64	166
湖北	**Hubei**	**35.97**	**35.30**	**36.16**	
武汉	Wuhan	22.12	24.07	22.73	2
黄石	Huangshi	1.06	1.04	0.90	138
十堰	Shiyan	0.86	1.21	1.23	103
宜昌	Yichang	1.31	1.37	1.34	98
襄阳	Xiangyang	1.40	1.44	1.12	113
鄂州	Ezhou	0.26	0.34	0.42	195
荆门	Jingmen	0.54	0.59	0.53	179
孝感	Xiaogan	1.00	0.76	1.75	76
荆州	Jingzhou	3.27	3.07	3.00	39
黄冈	Huanggang	1.27	1.30	1.41	94
咸宁	Xianning	1.52	1.20	1.35	97
随州	Suizhou	0.20	0.30	0.17	244
湖南	**Hunan**	**27.53**	**30.68**	**29.44**	
长沙	Changsha	14.16	15.10	14.26	6
株洲	Zhuzhou	1.81	2.08	1.97	64
湘潭	Xiangtan	2.78	2.96	3.07	38
衡阳	Hengyang	2.19	2.74	2.62	46
邵阳	Shaoyang	0.58	0.74	0.83	146
岳阳	Yueyang	0.98	1.12	1.06	119
常德	Changde	0.95	1.05	1.05	122
张家界	Zhangjiajie	0.31	0.41	0.34	211
益阳	Yiyang	0.71	0.90	0.80	148
郴州	Chenzhou	0.51	0.55	0.52	181
永州	Yongzhou	0.68	0.71	0.76	152
怀化	Huaihua	0.72	0.85	0.80	148
娄底	Loudi	0.64	0.73	0.71	158
广东	**Guangdong**	**33.42**	**40.40**	**41.23**	
广州	Guangzhou	20.40	23.69	24.08	1
韶关	Shaoguan	1.00	0.89	0.85	143
深圳	Shenzhen	1.80	1.83	1.86	69
珠海	Zhuhai	2.07	2.73	2.80	44
汕头	Shantou	0.21	0.25	0.27	225
佛山	Foshan	1.27	1.15	1.27	101
江门	Jiangmen	0.50	0.74	0.72	157
湛江	Zhanjiang	2.52	1.78	1.90	68
茂名	Maoming	0.70	0.78	0.79	150
肇庆	Zhaoqing	1.25	1.91	2.18	56
惠州	Huizhou	0.19	0.56	0.61	171
梅州	Meizhou	0.43	0.61	0.64	166
汕尾	Shanwei	0.17	0.17	0.17	244
河源	Heyuan	0.24	0.40	0.41	200
阳江	Yangjiang	0.23	0.16	0.23	231
清远	Qingyuan	0.25	0.27	0.29	219
东莞	Dongguan	0.81	1.26	1.16	108
中山	Zhongshan	0.90	1.07	0.96	130
潮州	Chaozhou	0.34	0.46	0.42	195
揭阳	Jieyang	0.37	0.25	0.27	225
云浮	Yunfu	0.16	0.27	0.28	223
广西	**Guangxi**	**13.81**	**16.22**	**16.95**	
南宁	Nanning	6.74	7.67	8.70	17
柳州	Liuzhou	1.28	1.66	1.80	74
桂林	Guilin	3.21	3.81	4.05	28
梧州	Wuzhou	0.25	0.40	0.35	208
北海	Beihai	0.55	0.99	0.82	147
防城港	Fangchenggang				
钦州	Qinzhou	0.60	0.35	0.43	192
贵港	Guigang	0.07	0.07	0.03	264
玉林	Yulin	0.31	0.37	0.38	204
百色	Baise			0.56	176

16-17 普通高等学校毕业生数 续表 3

Graduates from Regular Institutions of Higher Education continued 3

单位：万人 (10 000 persons)

地名	City	2010	2012	2013	2013 排名 Ranking	地名	City	2010	2012	2013	2013 排名 Ranking
贺州	Hezhou	0.19	0.18	0.26	228	丽江	Lijiang			0.48	186
河池	Hechi	0.30	0.34	0.28	223	普洱	Puer	0.23	0.29	0.29	219
来宾	Laibin	0.21	0.19	0.20	239	临沧	Lincang	0.15	0.19	0.19	242
崇左	Chongzuo	0.55	0.73	0.85	143	**西藏**	**Tibet**	**0.83**	**0.86**	**0.91**	
海南	**Hainan**	**3.68**	**4.09**	**4.38**		拉萨	Lasa	0.72	0.61	0.67	163
海口	Haikou	2.65	2.79	2.89	42	**陕西**	**Shaanxi**	**23.55**	**26.53**	**25.38**	
三亚	Sanya	0.50	0.95	1.09	118	西安	Xi'an				
三沙	Sansha					铜川	Tongchuan				
重庆	**Chongqing**	**13.32**	**13.76**	**14.87**		宝鸡	Baoji				
四川	**Sichuan**	**27.86**	**28.68**	**31.84**		咸阳	Xianyang				
成都	Chengdu	15.62	16.25	17.84	5	渭南	Weinan				
自贡	Zigong	0.77	0.81	0.85	143	延安	Yan'an				
攀枝花	Panzhihua	0.47	0.54	0.56	176	汉中	Hanzhong				
泸州	Luzhou	1.08	0.99	1.03	125	榆林	Yulin				
德阳	Deyang	1.35	1.34	1.57	84	安康	Ankang				
绵阳	Mianyang	1.86	2.02	2.54	48	商洛	Shangluo				
广元	Guangyuan	0.11	0.13	0.11	253	**甘肃**	**Gansu**	**9.22**	**10.30**	**10.92**	
遂宁	Suining	0.31	0.28	0.35	208	兰州	Lanzhou	6.24	7.27	7.70	20
内江	Neijiang	0.55	0.56	0.59	174	嘉峪关	Jiayuguan	0.09	0.08	0.10	255
乐山	Leshan	0.85	1.01	1.06	119	金昌	Jinchang				
南充	Nanchong	1.71	1.40	1.58	83	白银	Baiyin		0.03	0.04	261
眉山	Meishan	0.33	0.39	0.44	191	天水	Tianshui	0.90	0.92	0.96	130
宜宾	Yibin	0.59	0.59	0.65	165	武威	Wuwei	0.25	0.37	0.45	189
广安	Guangan	0.13	0.14	0.21	234	张掖	Zhangye	0.41	0.47	0.45	189
达州	Dazhou	0.54	0.53	0.53	179	平凉	Pingliang	0.19	0.20	0.22	233
雅安	Yaan	0.87	0.94	1.10	116	酒泉	Jiuquan	0.15	0.19	0.21	234
巴中	Bazhong					庆阳	Qingyang	0.30	0.29	0.30	218
资阳	Ziyang					定西	Dingxi	0.18	0.14	0.14	249
贵州	**Guizhou**	**7.48**	**8.53**	**8.81**		陇南	Longnan	0.15	0.16	0.15	248
贵阳	Guiyang	6.30	6.93	5.40	23	**青海**	**Qinghai**	**1.50**	**1.17**	**1.24**	
六盘水	Liupanshui	0.28	0.17	0.21	234	西宁	Xining	1.50	1.64	1.73	77
遵义	Zunyi	1.08	1.21	0.98	127	海东	Haidong				
安顺	Anshun	0.33	0.41	0.34	211	**宁夏**	**Ningxia**	**2.10**	**2.07**	**2.22**	
毕节	Bijie	0.16	0.36	0.33	214	银川	Yinchuan	1.51	1.73		
铜仁	Tongren	0.29	0.36	0.40	202	石嘴山	Shizuishan	0.11	0.11		
云南	**Yunnan**	**9.34**	**11.89**	**12.79**		吴忠	Wuzhong	0.06	0.06		
昆明	Kunming	6.56	8.09	8.79	16	固原	Guyuan		0.17		
曲靖	Qujing	0.37	0.60	0.64	166	中卫	Zhongwei				
玉溪	Yuxi	0.35	0.33	0.34	211	**新疆**	**Xinjiang**	**6.35**	**6.46**	**7.00**	
保山	Baoshan	0.30	0.27	0.25	230	乌鲁木齐	Urumqi	3.94	3.74	4.08	27
昭通	Zhaotong	0.19	0.23	0.26	228	克拉玛依	Karamay	0.15	0.11	0.13	251

16-18 医疗卫生机构数
Number of Health Care Institutions

单位：个 （unit）

地名	City	2010	2013	2014	2014 排名 Ranking
全国	**Nation Total**	**936927**	**974398**	**981432**	
北京	**Beijing**	**9411**	**9683**	**9638**	
天津	**Tianjin**	**4542**	**4689**	**4990**	
河北	**Hebei**	**81403**	**78485**	**78895**	
石家庄	Shijiazhuang	2414	6475	6571	16
唐山	Tangshan	1730	8755	9167	3
秦皇岛	Qinhuangdao	666	3220	3763	60
邯郸	Handan	1055	8261	8582	7
邢台	Xingtai	1025	9303	8792	5
保定	Baoding	2360	11620	11019	1
张家口	Zhangjiakou	1979	5631	5607	22
承德	Chengde	1201	3752	3751	62
沧州	Cangzhou	1142	10010	9728	2
廊坊	Langfang	985	5623	5960	19
衡水	Hengshui	565	5836	5966	18
山西	**Shanxi**	**41098**	**40281**	**40777**	
太原	Taiyuan	2530	2625	2660	96
大同	Datong	1095	1237	1284	160
阳泉	Yangquan	522	499	533	219
长治	Changzhi	943	898	861	194
晋城	Jincheng	923	792	818	198
朔州	Shuozhou	366	376	436	227
晋中	Jinzhong	1069	1076	1082	176
运城	Yuncheng	1870	1787	2008	120
忻州	Xinzhou	745	802	867	193
临汾	Linfen	1163	1176	1192	165
吕梁	Lvliang	663	772	787	204
内蒙古	**Inner Mongolia**	**22565**	**23257**	**23426**	
呼和浩特	Hohhot	862	1845	1879	126
包头	Baotou	1165	1645	1607	137
乌海	Wuhai	273	333	308	234
赤峰	Chifeng	977	4532	4542	44
通辽	Tongliao	632	4643	4628	39
鄂尔多斯	Erdos	706	1363	1545	139
呼伦贝尔	Hulunbuir	1114	1977	1934	124
巴彦淖尔	Bayannur	666	1581	1613	136
乌兰察布	Ulanqab	600	2081	2115	118
辽宁	**Liaoning**	**34805**	**35612**	**35441**	

地名	City	2010	2013	2014	2014 排名 Ranking
沈阳	Shenyang	1756	4886	4966	31
大连	Dalian	2359	3801	3846	58
鞍山	Anshan	1673	3371	3428	68
抚顺	Fushun	638	1430	1418	148
本溪	Benxi	245	636	624	213
丹东	Dandong	460	1536	1580	138
锦州	Jinzhou	717	2551	2416	104
营口	Yingkou	1371	2190	2179	115
阜新	Fuxin	491	1428	1414	150
辽阳	Liaoyang	618	1895	1848	127
盘锦	Panjin	642	1120	1070	180
铁岭	Tieling	1091	3094	3095	80
朝阳	Chaoyang	1297	4591	4586	43
葫芦岛	Huludao	877	3017	2975	84
吉林	**Jilin**	**19385**	**19913**	**19891**	
长春	Changchun	3853	4225		
吉林	Jilin	3635	3465		
四平	Siping	2040	2129		
辽源	Liaoyuan	715	795		
通化	Tonghua	1797	1911		
白山	Baishan	993	1114		
松原	Songyuan	2639	2644		
白城	Baicheng	1625	1578		
黑龙江	**Heilongjiang**	**22073**	**21369**	**21229**	
哈尔滨	Harbin	1697	1769	1829	128
齐齐哈尔	Qiqihar	780	986	992	184
鸡西	Jixi	589	571	556	216
鹤岗	Hegang	651	536	551	217
双鸭山	Shuangyashan	751	627	635	211
大庆	Daqing	777	883	815	200
伊春	Yichun	721	695	690	209
佳木斯	Jiamusi	662	784	803	201
七台河	Qitaihe	183	267	265	236
牡丹江	Mudanjiang	770	871	883	192
黑河	Heihe	414	507	494	223
绥化	Suihua	653	813	816	199
上海	**Shanghai**	**4708**	**4929**	**4984**	
江苏	**Jiangsu**	**30956**	**30998**	**31995**	

16-18 医疗卫生机构数 续表 1

Number of Health Care Institutions continued 1

单位：个 （unit）

地名	City	2010	2013	2014	2014 排名 Ranking
南京	Nanjing	2211	2315	2383	108
无锡	Wuxi	1997	2027	2155	116
徐州	Xuzhou	4216	4454	4620	40
常州	Changzhou	1103	1123	1182	168
苏州	Suzhou	2679	3007	3063	81
南通	Nantong	3399	3187	3262	72
连云港	Lianyungang	2620	2616	2702	93
淮安	Huaian	2186	2153	2257	113
盐城	Yancheng	2858	3067	3217	75
扬州	Yangzhou	2028	1815	1782	131
镇江	Zhenjiang	877	897	937	191
泰州	Taizhou	1900	1995	1978	122
宿迁	Suqian	2887	2345	2462	102
浙江	**Zhejiang**	**29939**	**30063**	**30358**	
杭州	Hangzhou	2819	4139		
宁波	Ningbo	2377	4032		
温州	Wenzhou	4585	5351		
嘉兴	Jiaxing	1376	1340		
湖州	Huzhou	1321	1335		
绍兴	Shaoxing	1453	2559		
金华	Jinhua	1691	4027		
衢州	Quzhou	703	1828		
舟山	Zhoushan	406	632		
台州	Taizhou	1380	3096		
丽水	Lishui	345	1721		
安徽	**Anhui**	**22997**	**24645**	**24824**	
合肥	Hefei	779	2207	2253	114
芜湖	Wuhu	462	1392	1435	147
蚌埠	Bengbu	422	1428	1418	148
淮南	Huainan	570	1202	1208	164
马鞍山	Maanshan	301	971	993	183
淮北	Huaibei	353	707	732	207
铜陵	Tongling	157	311	309	233
安庆	Anqing	779	2508	2532	101
黄山	Huangshan	536	1142	1121	172
滁州	Chuzhou	359	1645	1640	135
阜阳	Fuyang	495	2628	2647	97
宿州	Suzhou	396	1852	1895	125
六安	Liuan	497	2654	2683	94
亳州	Bozhou	230	1625	1645	134
池州	Chizhou	237	1054	986	186
宣城	Xuancheng	379	1319	1327	155
福建	**Fujian**	**27017**	**28175**	**28030**	
福州	Fuzhou	1919	2066	4592	42
厦门	Xiamen	979	942	1280	161
莆田	Putian	314	329	1335	154
三明	Sanming	801	816	2809	87
泉州	Quanzhou	925	1057	4766	36
漳州	Zhangzhou	467	858	4490	46
南平	Nanping	457	478	2412	105
龙岩	Longyan	583	555	3233	73
宁德	Ningde	554	571	2996	83
江西	**Jiangxi**	**34068**	**38902**	**38873**	
南昌	Nanchang	798	705	2151	117
景德镇	Jingdezhen	378	339	1090	174
萍乡	Pingxiang	264	369	1446	145
九江	Jiujiang	791	810	2703	92
新余	Xinyu	217	245	1186	167
鹰潭	Yingtan	368	374	996	182
赣州	Ganzhou	1645	1468	8935	4
吉安	Jian	652	638	4803	34
宜春	Yichun	807	820	4721	37
抚州	Fuzhou	451	440	2310	110
上饶	Shangrao	801	1042	8532	8
山东	**Shandong**	**66967**	**75426**	**77012**	
济南	Jinan	1721	5368	5579	23
青岛	Qingdao	2148	7957	7860	11
淄博	Zibo	1461	5011	5061	30
枣庄	Zaozhuang	459	2412	2425	103
东营	Dongying	596	1734	1738	133
烟台	Yantai	1828	5333	5469	25
潍坊	Weifang	1472	7426	7673	12
济宁	Jining	1269	6804	6869	14
泰安	Taian	1056	4118	4200	51
威海	Weihai	707	2449	2587	100
日照	Rizhao	367	2268	2308	111
莱芜	Laiwu	287	1242	1287	159
临沂	Linyi	1140	6977	7062	13
德州	Dezhou	638	4654	4794	35
聊城	Liaocheng	395	5595	5663	21

16-18 医疗卫生机构数 续表 2
Number of Health Care Institutions continued 2

单位：个 (unit)

地名	City	2010	2013	2014	2014 排名 Ranking
滨州	Binzhou	477	2514	2708	91
菏泽	Heze	475	3613	3783	59
河南	**Henan**	**75741**	**71464**	**71154**	
郑州	Zhengzhou	4387	4024	3848	57
开封	Kaifeng	4066	3014	3115	79
洛阳	Luoyang	3718	4106	4124	52
平顶山	Pingdingshan	3737	4079	3886	55
安阳	Anyang	6912	5376	5470	24
鹤壁	Hebi	1991	1488	1487	143
新乡	Xinxiang	5180	5038	5257	26
焦作	Jiaozuo	2992	2810	2728	89
濮阳	Puyang	5318	4265	4224	49
许昌	Xuchang	4514	4357	3999	53
漯河	Luohe	1711	1834	1824	129
三门峡	Sanmenxia	1876	1923	1981	121
南阳	Nanyang	6434	6502	6689	15
商丘	Shangqiu	7568	6492	6483	17
信阳	Xinyang	4217	3955	3991	54
周口	Zhoukou	7305	8108	8003	10
驻马店	Zhumadian	3230	3470	3426	69
湖北	**Hubei**	**34269**	**35631**	**36077**	
武汉	Wuhan	2712	4750		
黄石	Huangshi	335	1126		
十堰	Shiyan	2835	3358		
宜昌	Yichang	3107	3190		
襄阳	Xiangyang	3052	3367		
鄂州	Ezhou	457	773		
荆门	Jingmen	617	654		
孝感	Xiaogan	587	422		
荆州	Jingzhou	590	3304		
黄冈	Huanggang	4596	4883		
咸宁	Xianning	308	1311		
随州	Suizhou	1108	1496		
湖南	**Hunan**	**59359**	**62210**	**61571**	
长沙	Changsha	2653	3311	3207	76
株洲	Zhuzhou	1359	1380	1118	173
湘潭	Xiangtan	980	1030	1051	181
衡阳	Hengyang	640	957	978	187
邵阳	Shaoyang	731	1085	1073	179
岳阳	Yueyang	1190	1368	1306	158
常德	Changde	1373	1548	1351	152
张家界	Zhangjiajie	331	404	451	225
益阳	Yiyang	662	1080	1077	178
郴州	Chenzhou	983	1287	1309	157
永州	Yongzhou	926	1151	1187	166
怀化	Huaihua	1159	1373	1345	153
娄底	Loudi	524	491	501	222
广东	**Guangdong**	**44880**	**47835**	**48085**	
广州	Guangzhou	2387	2639	2668	95
韶关	Shaoguan	702	657	661	210
深圳	Shenzhen	2456	2885	3185	78
珠海	Zhuhai	510	518	522	220
汕头	Shantou	306	618	692	208
佛山	Foshan	1071	1194	1267	162
江门	Jiangmen	750	775	778	205
湛江	Zhanjiang	946	1190	1225	163
茂名	Maoming	391	456	502	221
肇庆	Zhaoqing	678	880	830	196
惠州	Huizhou	719	1096	1168	170
梅州	Meizhou	1178	1042	948	188
汕尾	Shanwei	306	376	380	228
河源	Heyuan	303	385	380	228
阳江	Yangjiang	388	434	437	226
清远	Qingyuan	642	822	792	203
东莞	Dongguan	985	1106	1383	151
中山	Zhongshan	470	502	565	214
潮州	Chaozhou	802	793	794	202
揭阳	Jieyang	259	347	370	231
云浮	Yunfu	292	373	378	230
广西	**Guangxi**	**32741**	**33943**	**34667**	
南宁	Nanning	2310	2586	2613	98
柳州	Liuzhou	2171	2260	2371	109
桂林	Guilin	1588	5441	5256	27
梧州	Wuzhou	1670	1460	1470	144
北海	Beihai	392	470	1090	174
防城港	Fangchenggang	232	613	626	212
钦州	Qinzhou	442	475	475	224
贵港	Guigang	523	4212	4263	48
玉林	Yulin	3073	3165	3560	65
百色	Baise	2130	2554	2594	99

16-18 医疗卫生机构数 续表 3
Number of Health Care Institutions continued 3

单位：个 （unit）

地名	City	2010	2013	2014	2014排名 Ranking
贺州	Hezhou	1633	1224	1127	171
河池	Hechi	548	2171	2274	112
来宾	Laibin	1389	123	1500	142
崇左	Chongzuo	867	1317	1437	146
海南	**Hainan**	**4678**	**5011**	**5075**	
海口	Haikou	480	857	822	197
三亚	Sanya	300	342	362	232
三沙	Sansha				
重庆	**Chongqing**	**17495**	**18926**	**18767**	
四川	**Sichuan**	**74283**	**80037**	**81070**	
成都	Chengdu	7194	7976	8190	9
自贡	Zigong	2125	2460	2409	106
攀枝花	Panzhihua	1020	1044	1079	177
泸州	Luzhou	4733	4633	4619	41
德阳	Deyang	2732	2795	2774	88
绵阳	Mianyang	3976	4436	4494	45
广元	Guangyuan	3371	3531	3554	67
遂宁	Suining	3713	3798	3762	61
内江	Neijiang	2971	3246	3228	74
乐山	Leshan	2957	3286	3277	71
南充	Nanchong	8040	8856	8780	6
眉山	Meishan	2064	2059	2107	119
宜宾	Yibin	4158	4389	5136	29
广安	Guangan	3072	3561	3561	64
达州	Dazhou	4068	4406	4397	47
雅安	Yaan	1279	1520	1518	141
巴中	Bazhong	3053	3305	3299	70
资阳	Ziyang	5004	4969	4956	32
贵州	**Guizhou**	**25420**	**29177**	**28995**	
贵阳	Guiyang	1532	3032		
六盘水	Liupanshui	1465	1639		
遵义	Zunyi	874	4481		
安顺	Anshun	1693	2238		
毕节	Bijie	608	5365		
铜仁	Tongren	234	3481		
云南	**Yunnan**	**22888**	**24264**	**24281**	
昆明	Kunming	3004	4552		
曲靖	Qujing	603	685		
玉溪	Yuxi	187	178		
保山	Baoshan	382	1326		
昭通	Zhaotong	451	507		
丽江	Lijiang	99	84		
普洱	Puer	408	524		
临沧	Lincang	363	1386		
西藏	**Tibet**	**4960**	**6725**	**6795**	
拉萨	Lasa	237	274	276	235
陕西	**Shaanxi**	**35696**	**37137**	**37247**	
西安	Xi'an	2385	5692	5742	20
铜川	Tongchuan	337	942	947	189
宝鸡	Baoji	938	2917	2916	85
咸阳	Xianyang	1168	4683	4683	38
渭南	Weinan	626	4137	4203	50
延安	Yan'an	463	3541	3571	63
汉中	Hanzhong	1042	3858	3858	56
榆林	Yulin	719	4921	4939	33
安康	Ankang	768	3275	3190	77
商洛	Shangluo	508	2980	3007	82
甘肃	**Gansu**	**26673**	**26697**	**27916**	
兰州	Lanzhou	1555	2288	2393	107
嘉峪关	Jiayuguan	104	122	132	237
金昌	Jinchang	365	548	557	215
白银	Baiyin	326	1161	1322	156
天水	Tianshui	711	3533	3557	66
武威	Wuwei	361	1796	1761	132
张掖	Zhangye	447	1384	1541	140
平凉	Pingliang	1093	2717	2816	86
酒泉	Jiuquan	432	864	989	185
庆阳	Qingyang	1266	1844	1954	123
定西	Dingxi	543	2473	2715	90
陇南	Longnan	2116	5056	5140	28
青海	**Qinghai**	**5781**	**6020**	**6241**	
西宁	Xining	538	611		
海东	Haidong				
宁夏	**Ningxia**	**4129**	**4231**	**4255**	
银川	Yinchuan	543	931	939	190
石嘴山	Shizuishan	340	535	534	218
吴忠	Wuzhong	277	830	835	195
固原	Guyuan	260	1193	1169	169
中卫	Zhongwei	163	741	775	206
新疆	**Xinjiang**	**16000**	**18663**	**18873**	
乌鲁木齐	Urumqi	1675	1769	1807	130
克拉玛依	Karamay	93	92	92	238

16-19 医院数
Number of Hospitals

单位：个 （unit）

地名	City	2010	2012	2013	2013 排名 Ranking
全国	**Nation Total**	**20918**	**23170**	**24709**	
北京	**Beijing**	**550**	**544**	**596**	
天津	**Tianjin**	**438**	**277**	**333**	
河北	**Hebei**	**1226**	**1249**	**1268**	
石家庄	Shijiazhuang	396	174	174	39
唐山	Tangshan	334	157	166	42
秦皇岛	Qinhuangdao	148	66	64	142
邯郸	Handan	361	168	167	41
邢台	Xingtai	299	124	129	58
保定	Baoding	444	134	128	59
张家口	Zhangjiakou	281	67	67	135
承德	Chengde	249	48	47	186
沧州	Cangzhou	289	119	131	56
廊坊	Langfang	175	94	94	90
衡水	Hengshui	210	97	101	80
山西	**Shanxi**	**1198**	**1215**	**1219**	
太原	Taiyuan	262	188	182	33
大同	Datong	257	109	112	72
阳泉	Yangquan	97	46	46	192
长治	Changzhi	293	96	92	95
晋城	Jincheng	163	70	74	122
朔州	Shuozhou	157	62	61	150
晋中	Jinzhong	257	92	98	85
运城	Yuncheng	426	72	227	18
忻州	Xinzhou	354	93	89	97
临汾	Linfen	395	170	173	40
吕梁	Lvliang	254	66	65	141
内蒙古	**Inner Mongolia**	**467**	**519**	**566**	
呼和浩特	Hohhot	144	67	75	121
包头	Baotou	115	50	49	178
乌海	Wuhai	20	17	19	273
赤峰	Chifeng	305	69	76	120
通辽	Tongliao	208	46	59	157
鄂尔多斯	Erdos	123	35	36	229
呼伦贝尔	Hulunbuir	233	97	100	82
巴彦淖尔	Bayannur	138	37	43	200
乌兰察布	Ulanqab	213	34	39	213
辽宁	**Liaoning**	**821**	**860**	**905**	
沈阳	Shenyang	299	191	199	28
大连	Dalian	216	112	121	63
鞍山	Anshan	148	78	79	112
抚顺	Fushun	100	49	51	168
本溪	Benxi	70	27	32	244
丹东	Dandong	112	43	45	193
锦州	Jinzhou	106	33	33	239
营口	Yingkou	110	61	73	126
阜新	Fuxin	100	42	43	200
辽阳	Liaoyang	88	52	55	163
盘锦	Panjin	66	36	40	208
铁岭	Tieling	117	25	24	264
朝阳	Chaoyang	167	55	57	159
葫芦岛	Huludao	157	55	53	167
吉林	**Jilin**	**568**	**576**	**576**	
长春	Changchun	310	167	164	44
吉林	Jilin	237	134	128	59
四平	Siping	148	56	56	161
辽源	Liaoyuan	63	17	18	274
通化	Tonghua	131	38	39	213
白山	Baishan	94	33	33	239
松原	Songyuan	105	28	38	220
白城	Baicheng	121	34	34	234
黑龙江	**Heilongjiang**	**917**	**996**	**993**	
哈尔滨	Harbin	448	271	258	14
齐齐哈尔	Qiqihar	229	252	99	84
鸡西	Jixi	123	57	69	132
鹤岗	Hegang	70	72	50	172
双鸭山	Shuangyashan	86	98	54	165
大庆	Daqing	144	91	93	93
伊春	Yichun	56	55	37	223
佳木斯	Jiamusi	161	86	77	117
七台河	Qitaihe	44	50	28	254
牡丹江	Mudanjiang	121	54	81	108
黑河	Heihe	124	18	66	138
绥化	Suihua	224	29	50	172
上海	**Shanghai**	**306**	**320**	**328**	
江苏	**Jiangsu**	**1155**	**1426**	**1490**	

16-19 医院数 续表 1
Number of Hospitals continued 1

单位：个 （unit）

地名	City	2010	2012	2013	2013 排名 Ranking
南京	Nanjing	179	174	186	32
无锡	Wuxi	152	74	132	54
徐州	Xuzhou	256	114	118	65
常州	Changzhou	91	44	45	193
苏州	Suzhou	216	104	181	35
南通	Nantong	333	80	200	27
连云港	Lianyungang	140	65	66	138
淮安	Huaian	177	52	49	178
盐城	Yancheng	246	52	139	52
扬州	Yangzhou	180	59	62	147
镇江	Zhenjiang	98	39	40	208
泰州	Taizhou	159	47	50	172
宿迁	Suqian	206	218	222	19
浙江	**Zhejiang**	**687**	**782**	**843**	
杭州	Hangzhou	293	198	208	25
宁波	Ningbo	207	108	109	74
温州	Wenzhou	399	109	113	70
嘉兴	Jiaxing	116	45	45	193
湖州	Huzhou	125	39	40	208
绍兴	Shaoxing	143	40	41	205
金华	Jinhua	257	79	105	77
衢州	Quzhou	140	42	44	199
舟山	Zhoushan	81	19	22	269
台州	Taizhou	220	68	71	128
丽水	Lishui	295	33	45	193
安徽	**Anhui**	**728**	**930**	**938**	
合肥	Hefei	215	135	141	50
芜湖	Wuhu	94	75	72	127
蚌埠	Bengbu	130	78	79	112
淮南	Huainan	98	59	62	147
马鞍山	Maanshan	55	49	48	181
淮北	Huaibei	100	76	74	122
铜陵	Tongling	31	17	18	274
安庆	Anqing	205	58	61	150
黄山	Huangshan	130	29	30	249
滁州	Chuzhou	127	67	63	144
阜阳	Fuyang	203	86	88	100
宿州	Suzhou	133	62	63	144
六安	Liuan	194	34	34	234
亳州	Bozhou	119	37	37	223
池州	Chizhou	84	29	29	251
宣城	Xuancheng	118	39	29	251
福建	**Fujian**	**455**	**519**	**541**	
福州	Fuzhou	218	108	113	70
厦门	Xiamen	49	38	40	208
莆田	Putian	71	38	41	205
三明	Sanming	155	40	41	205
泉州	Quanzhou	231	65	117	67
漳州	Zhangzhou	160	66	68	134
南平	Nanping	156	44	47	186
龙岩	Longyan	150	35	37	223
宁德	Ningde	135	36	37	223
江西	**Jiangxi**	**504**	**548**	**548**	
南昌	Nanchang	186	179	181	35
景德镇	Jingdezhen	32	70	70	129
萍乡	Pingxiang	81	81	82	107
九江	Jiujiang	265	37	258	14
新余	Xinyu	44	48	49	178
鹰潭	Yingtan	62	60	61	150
赣州	Ganzhou	378	378	379	2
吉安	Jian	282	277	279	10
宜春	Yichun	223	218	219	21
抚州	Fuzhou	451	210	212	23
上饶	Shangrao	303	352	350	4
山东	**Shandong**	**1377**	**1549**	**1783**	
济南	Jinan	277	142	197	30
青岛	Qingdao	254	179	178	37
淄博	Zibo	218	125	132	54
枣庄	Zaozhuang	119	67	67	135
东营	Dongying	107	73	74	122
烟台	Yantai	277	78	151	46
潍坊	Weifang	244	75	138	53
济宁	Jining	253	52	148	47
泰安	Taian	160	92	98	85
威海	Weihai	92	28	30	249
日照	Rizhao	72	25	34	234
莱芜	Laiwu	40	24	24	264
临沂	Linyi	285	85	124	61
德州	Dezhou	168	51	69	132
聊城	Liaocheng	198	60	85	103

16-19 医院数 续表 2
Number of Hospitals continued 2

单位：个 (unit)

地名	City	2010	2012	2013	2013 排名 Ranking
滨州	Binzhou	140	84	94	90
菏泽	Heze	283	92	140	51
河南	**Henan**	**1198**	**1285**	**1402**	
郑州	Zhengzhou	271	178	216	22
开封	Kaifeng	155	67	79	112
洛阳	Luoyang	261	84	118	65
平顶山	Pingdingshan	175	81	87	102
安阳	Anyang	158	70	70	129
鹤壁	Hebi	55	34	32	244
新乡	Xinxiang	242	98	94	90
焦作	Jiaozuo	140	59	55	163
濮阳	Puyang	132	55	56	161
许昌	Xuchang	164	90	89	97
漯河	Luohe	89	48	51	168
三门峡	Sanmenxia	122	48	47	186
南阳	Nanyang	302	80	96	88
商丘	Shangqiu	232	40	70	129
信阳	Xinyang	264	59	60	154
周口	Zhoukou	267	105	115	69
驻马店	Zhumadian	232	52	58	158
湖北	**Hubei**	**602**	**650**	**711**	
武汉	Wuhan	236	256	188	31
黄石	Huangshi	75	74	43	200
十堰	Shiyan	154	42	35	232
宜昌	Yichang	155	30	45	193
襄阳	Xiangyang	191	71	48	181
鄂州	Ezhou	43	16	16	277
荆门	Jingmen	90	38	36	229
孝感	Xiaogan	169	27	23	267
荆州	Jingzhou	160	46	48	181
黄冈	Huanggang	202	46	45	193
咸宁	Xianning	84	26	26	260
随州	Suizhou	110	25	25	262
湖南	**Hunan**	**752**	**798**	**922**	
长沙	Changsha	256	254	279	10
株洲	Zhuzhou	175	174	175	38
湘潭	Xiangtan	104	104	109	74
衡阳	Hengyang	256	256	273	12
邵阳	Shaoyang	264	266	280	9
岳阳	Yueyang	205	205	211	24
常德	Changde	280	281	306	6
张家界	Zhangjiajie	108	112	117	67
益阳	Yiyang	117	124	130	57
郴州	Chenzhou	331	334	331	5
永州	Yongzhou	264	270	286	7
怀化	Huaihua	356	361	360	3
娄底	Loudi	112	109	110	73
广东	**Guangdong**	**1088**	**1186**	**1222**	
广州	Guangzhou	255	224	222	19
韶关	Shaoguan	173	59	61	150
深圳	Shenzhen	121	121	121	63
珠海	Zhuhai	49	35	37	223
汕头	Shantou	78	35	38	220
佛山	Foshan	98	83	89	97
江门	Jiangmen	120	36	39	213
湛江	Zhanjiang	168	74	79	112
茂名	Maoming	148	48	48	181
肇庆	Zhaoqing	142	47	50	172
惠州	Huizhou	128	61	63	144
梅州	Meizhou	175	30	32	244
汕尾	Shanwei	80	25	25	262
河源	Heyuan	120	24	28	254
阳江	Yangjiang	79	37	37	223
清远	Qingyuan	158	40	40	208
东莞	Dongguan	71	96	103	78
中山	Zhongshan	42	48	47	186
潮州	Chaozhou	67	21	20	270
揭阳	Jieyang	101	24	26	260
云浮	Yunfu	71	17	17	276
广西	**Guangxi**	**450**	**469**	**476**	
南宁	Nanning	68	77	205	26
柳州	Liuzhou	65	65	156	45
桂林	Guilin	50	53	198	29
梧州	Wuzhou	30	31	95	89
北海	Beihai	47	49	50	172
防城港	Fangchenggang	37	10	43	200
钦州	Qinzhou	80	84	77	117
贵港	Guigang	29	40	106	76
玉林	Yulin	40	43	43	200
百色	Baise	33	33	33	239

16-19 医院数 续表 3
Number of Hospitals continued 3

单位：个 （unit）

地名	City	2010	2012	2013	2013 排名 Ranking	地名	City	2010	2012	2013	2013 排名 Ranking
贺州	Hezhou	86	18	81	108	丽江	Lijiang	82	21	24	264
河池	Hechi	20	20	182	33	普洱	Puer	128	29	32	244
来宾	Laibin	93	18	93	93	临沧	Lincang	107	31	39	213
崇左	Chongzuo	297	19	20	270	**西藏**	**Tibet**	**101**	**104**	**106**	
海南	**Hainan**	**188**	**197**	**191**		拉萨	Lasa	64	15	16	277
海口	Haikou	73	38	36	229	**陕西**	**Shaanxi**	**828**	**888**	**937**	
三亚	Sanya	26	16	15	280	西安	Xi'an	412	276	281	8
三沙	Sansha					铜川	Tongchuan	67	35	39	213
重庆	**Chongqing**	**417**	**463**	**531**		宝鸡	Baoji	261	85	81	108
四川	**Sichuan**	**1261**	**1542**	**1716**		咸阳	Xianyang	322	85	147	48
成都	Chengdu	594	439	476	1	渭南	Weinan	266	81	84	104
自贡	Zigong	144	59	62	147	延安	Yan'an	210	57	60	154
攀枝花	Panzhihua	66	28	29	251	汉中	Hanzhong	289	61	67	135
泸州	Luzhou	194	75	101	80	榆林	Yulin	306	92	102	79
德阳	Deyang	213	72	74	122	安康	Ankang	237	39	39	213
绵阳	Mianyang	342	78	81	108	商洛	Shangluo	178	24	27	257
广元	Guangyuan	296	46	48	181	**甘肃**	**Gansu**	**381**	**403**	**419**	
遂宁	Suining	151	54	60	154	兰州	Lanzhou	163	98	98	85
内江	Neijiang	156	50	57	159	嘉峪关	Jiayuguan	8	5	5	283
乐山	Leshan	288	88	90	96	金昌	Jinchang	21	13	13	282
南充	Nanchong	549	91	100	82	白银	Baiyin	92	30	33	239
眉山	Meishan	170	45	47	186	天水	Tianshui	170	34	35	232
宜宾	Yibin	237	73	84	104	武威	Wuwei	124	16	16	277
广安	Guangan	211	40	47	186	张掖	Zhangye	112	31	34	234
达州	Dazhou	362	55	77	117	平凉	Pingliang	134	28	33	239
雅安	Yaan	186	36	38	220	酒泉	Jiuquan	107	33	31	248
巴中	Bazhong	259	38	51	168	庆阳	Qingyang	144	24	23	267
资阳	Ziyang	218	46	50	172	定西	Dingxi	157	27	27	257
贵州	**Guizhou**	**554**	**772**	**991**		陇南	Longnan	233	25	27	257
贵阳	Guiyang	222	148	165	43	**青海**	**Qinghai**	**129**	**142**	**145**	
六盘水	Liupanshui	141	71	79	112	西宁	Xining	104	51	51	168
遵义	Zunyi	286	76	122	62	海东	Haidong				
安顺	Anshun	123	55	64	142	**宁夏**	**Ningxia**	**157**	**143**	**156**	
毕节	Bijie	335	53	243	17	银川	Yinchuan	99	53	54	165
铜仁	Tongren	186	78	84	104	石嘴山	Shizuishan	54	28	28	254
云南	**Yunnan**	**780**	**926**	**997**		吴忠	Wuzhong	84	29	39	213
昆明	Kunming	336	154	253	16	固原	Guyuan	100	20	20	270
曲靖	Qujing	172	86	88	100	中卫	Zhongwei	53	11	15	280
玉溪	Yuxi	135	65	66	138	**新疆**	**Xinjiang**	**802**	**836**	**860**	
保山	Baoshan	109	30	34	234	乌鲁木齐	Urumqi	176	153	144	49
昭通	Zhaotong	198	47	267	13	克拉玛依	Karamay	9	5	5	283

16-20 医疗卫生机构床位数
Number of Beds in Health Care Institutions

单位：张 (bed)

地名	City	2010	2013	2014	2014 排名 Ranking
全国	**Nation Total**	**4786831**	**6181891**	**6601214**	
北京	**Beijing**	**92764**	**104011**	**109811**	
天津	**Tianjin**	**48828**	**57743**	**60869**	
河北	**Hebei**	**249725**	**303497**	**322909**	
石家庄	Shijiazhuang	39483	47819	49496	9
唐山	Tangshan	33159	38278	40276	23
秦皇岛	Qinhuangdao	12973	16515	16944	116
邯郸	Handan	30215	37812	41135	19
邢台	Xingtai	21393	27929	30275	39
保定	Baoding	33268	38448	40641	21
张家口	Zhangjiakou	15355	19279	20587	87
承德	Chengde	13697	16762	17588	109
沧州	Cangzhou	22527	28266	31289	35
廊坊	Langfang	15008	16531	17958	106
衡水	Hengshui	12578	15929	16720	118
山西	**Shanxi**	**155885**	**172620**	**177442**	
太原	Taiyuan	27973	35272	36209	26
大同	Datong	14828	17288	17368	112
阳泉	Yangquan	7017	7413	7354	211
长治	Changzhi	14116	15155	16067	123
晋城	Jincheng	8311	9689	10095	188
朔州	Shuozhou	5789	6885	7025	215
晋中	Jinzhong	12268	13744	14246	146
运城	Yuncheng	25648	26386	26714	55
忻州	Xinzhou	10891	11891	12278	170
临汾	Linfen	17051	18095	18964	98
吕梁	Lvliang	12081	10802	11122	179
内蒙古	**Inner Mongolia**	**93350**	**120065**	**129011**	
呼和浩特	Hohhot	12675	14960	15974	124
包头	Baotou	12791	15195	15382	131
乌海	Wuhai	2897	3862	3746	230
赤峰	Chifeng	16774	22991	24821	66
通辽	Tongliao	8475	12764	14346	144
鄂尔多斯	Erdos	6410	8561	10280	187
呼伦贝尔	Hulunbuir	11584	14132	14345	145
巴彦淖尔	Bayannur	7448	8895	9463	193
乌兰察布	Ulanqab	5285	6924	7612	203
辽宁	**Liaoning**	**204208**	**241860**	**255513**	
沈阳	Shenyang	42822	53515	55777	6
大连	Dalian	32040	38845	42211	17
鞍山	Anshan	19531	22640	22988	71
抚顺	Fushun	9609	12385	13100	158
本溪	Benxi	9792	10838	11114	180
丹东	Dandong	12717	15082	15374	132
锦州	Jinzhou	11745	11775	13573	150
营口	Yingkou	9609	11111	11207	178
阜新	Fuxin	7463	9966	10606	184
辽阳	Liaoyang	10636	12050	12677	164
盘锦	Panjin	6564	7784	8170	197
铁岭	Tieling	8193	10067	11289	177
朝阳	Chaoyang	10380	14280	14864	138
葫芦岛	Huludao	13162	11742	12603	166
吉林	**Jilin**	**115057**	**133245**	**140995**	
长春	Changchun	36736	44944		
吉林	Jilin	21261	22825		
四平	Siping	12659	14584		
辽源	Liaoyuan	4580	5462		
通化	Tonghua	9714	11593		
白山	Baishan	7593	7936		
松原	Songyuan	6002	7784		
白城	Baicheng	7059	7248		
黑龙江	**Heilongjiang**	**159914**	**189183**	**201337**	
哈尔滨	Harbin	51184	60182	65405	4
齐齐哈尔	Qiqihar	18522	23706	25726	60
鸡西	Jixi	9073	11033	11315	176
鹤岗	Hegang	6462	7830	7908	201
双鸭山	Shuangyashan	7352	8682	9096	194
大庆	Daqing	13784	14745	15263	134
伊春	Yichun	5756	6332	6628	217
佳木斯	Jiamusi	10224	13252	14076	147
七台河	Qitaihe	3587	3892	4133	229
牡丹江	Mudanjiang	12458	15195	16355	120
黑河	Heihe	7044	7514	7620	202
绥化	Suihua	11977	14097	14903	137
上海	**Shanghai**	**105083**	**114314**	**117510**	
江苏	**Jiangsu**	**269548**	**368287**	**392293**	

16-20 医疗卫生机构床位数 续表 1
Number of Beds in Health Care Institutions continued 1

单位：张 (bed)

地名	City	2010	2013	2014	2014 排名 Ranking
南京	Nanjing	31090	41760	43688	15
无锡	Wuxi	25947	33243	34998	29
徐州	Xuzhou	30500	43138	46213	14
常州	Changzhou	16701	21286	23634	69
苏州	Suzhou	39204	51663	55218	7
南通	Nantong	26293	33234	35136	28
连云港	Lianyungang	12249	17500	18061	105
淮安	Huaian	13761	23467	24642	67
盐城	Yancheng	20128	30461	35282	27
扬州	Yangzhou	16343	19202	19765	92
镇江	Zhenjiang	9204	14311	14490	142
泰州	Taizhou	14920	19937	20926	82
宿迁	Suqian	13330	19085	20240	88
浙江	**Zhejiang**	**184097**	**230056**	**245756**	
杭州	Hangzhou	42828	52056		
宁波	Ningbo	26097	29356		
温州	Wenzhou	22617	29729		
嘉兴	Jiaxing	14927	19412		
湖州	Huzhou	10129	12079		
绍兴	Shaoxing	15820	20084		
金华	Jinhua	16435	22882		
衢州	Quzhou	7369	9568		
舟山	Zhoushan	4059	4621		
台州	Taizhou	16528	20072		
丽水	Lishui	7288	10197		
安徽	**Anhui**	**188010**	**235959**	**252044**	
合肥	Hefei	25386	39045	41672	18
芜湖	Wuhu	10753	14855	17398	111
蚌埠	Bengbu	13178	15996	16321	121
淮南	Huainan	10464	12611	12986	159
马鞍山	Maanshan	4310	7258	8019	198
淮北	Huaibei	10264	10905	11719	173
铜陵	Tongling	3919	4979	5687	220
安庆	Anqing	14971	18069	18814	100
黄山	Huangshan	5173	6162	6672	216
滁州	Chuzhou	10603	14543	15020	136
阜阳	Fuyang	18308	26825	29326	45
宿州	Suzhou	10448	16791	17843	108
六安	Liuan	14266	18593	19341	95
亳州	Bozhou	9549	13798	15154	135

地名	City	2010	2013	2014	2014 排名 Ranking
池州	Chizhou	4199	5445	5507	222
宣城	Xuancheng	7954	10084	10579	185
福建	**Fujian**	**113043**	**156149**	**164781**	
福州	Fuzhou	24754	32170	32732	33
厦门	Xiamen	10769	13169	13331	152
莆田	Putian	6172	11538	12347	169
三明	Sanming	10029	13014	13252	154
泉州	Quanzhou	19862	26602	29783	43
漳州	Zhangzhou	10786	16819	18958	99
南平	Nanping	9917	15062	15536	129
龙岩	Longyan	11213	15711	16156	122
宁德	Ningde	8832	12064	12686	163
江西	**Jiangxi**	**124640**	**174299**	**186727**	
南昌	Nanchang	20025	25600	28733	49
景德镇	Jingdezhen	5602	6740	7176	213
萍乡	Pingxiang	6708	9958	10080	189
九江	Jiujiang	16366	20841	22001	74
新余	Xinyu	3962	4892	5038	225
鹰潭	Yingtan	2980	4626	4970	226
赣州	Ganzhou	19900	30945	33832	31
吉安	Jian	12254	18130	19359	94
宜春	Yichun	15021	20898	21683	76
抚州	Fuzhou	9419	9676	10318	186
上饶	Shangrao	15678	21993	23667	68
山东	**Shandong**	**382254**	**489737**	**500631**	
济南	Jinan	31947	45465	48280	11
青岛	Qingdao	36066	44876	47081	13
淄博	Zibo	22960	25919	27592	52
枣庄	Zaozhuang	12176	16086	17366	113
东营	Dongying	10115	12121	12798	162
烟台	Yantai	34280	41766	40921	20
潍坊	Weifang	37913	50685	48065	12
济宁	Jining	29254	44698	42374	16
泰安	Taian	22129	27987	27960	51
威海	Weihai	17618	17557	17932	107
日照	Rizhao	9776	11833	11834	172
莱芜	Laiwu	5162	6440	6486	218
临沂	Linyi	36444	45483	49149	10
德州	Dezhou	15309	22126	21895	75
聊城	Liaocheng	18426	24460	26102	59

16-20 医疗卫生机构床位数 续表 2

Number of Beds in Health Care Institutions continued 2

单位：张 (bed)

地名	City	2010	2013	2014	2014 排名 Ranking
滨州	Binzhou	16982	19144	19685	93
菏泽	Heze	25697	33031	34780	30
河南	**Henan**	**327569**	**429810**	**459338**	
郑州	Zhengzhou	47094	68764	73865	3
开封	Kaifeng	15943	21431	23297	70
洛阳	Luoyang	27927	34149	37163	25
平顶山	Pingdingshan	19893	23469	25106	61
安阳	Anyang	18038	23939	24830	65
鹤壁	Hebi	6016	7367	7594	204
新乡	Xinxiang	23440	28416	30106	41
焦作	Jiaozuo	15316	17818	18516	101
濮阳	Puyang	12118	15970	17285	114
许昌	Xuchang	13529	17137	18139	104
漯河	Luohe	8675	12077	12633	165
三门峡	Sanmenxia	8709	11607	12931	160
南阳	Nanyang	27708	38827	40514	22
商丘	Shangqiu	21241	29199	30189	40
信阳	Xinyang	14781	19756	21509	78
周口	Zhoukou	22943	30086	33703	32
驻马店	Zhumadian	21844	26801	28991	46
湖北	**Hubei**	**200394**	**288169**	**317500**	
武汉	Wuhan	48253	67576		
黄石	Huangshi	9345	13630		
十堰	Shiyan	16028	22593		
宜昌	Yichang	15790	22797		
襄阳	Xiangyang	18836	27480		
鄂州	Ezhou	3580	4420		
荆门	Jingmen	9773	14524		
孝感	Xiaogan	12556	17058		
荆州	Jingzhou	15918	23447		
黄冈	Huanggang	15686	23192		
咸宁	Xianning	7821	12407		
随州	Suizhou	5497	8242		
湖南	**Hunan**	**233510**	**314090**	**355485**	
长沙	Changsha	42629	57919	63606	5
株洲	Zhuzhou	16588	20077	21392	81
湘潭	Xiangtan	11149	13741	15827	126
衡阳	Hengyang	21895	29457	32597	34
邵阳	Shaoyang	18007	27094	30993	37
岳阳	Yueyang	14718	21713	21397	80

地名	City	2010	2013	2014	2014 排名 Ranking
常德	Changde	18940	25087	28942	47
张家界	Zhangjiajie	5599	7123	7291	212
益阳	Yiyang	11694	17357	20667	85
郴州	Chenzhou	17852	24100	26667	58
永州	Yongzhou	15724	22082	26994	54
怀化	Huaihua	17711	23519	26679	57
娄底	Loudi	10627	14048	17410	110
广东	**Guangdong**	**300083**	**378367**	**405751**	
广州	Guangzhou	62552	73301	77011	2
韶关	Shaoguan	12229	14730	15285	133
深圳	Shenzhen	22842	29296	31151	36
珠海	Zhuhai	6569	7510	7993	199
汕头	Shantou	12173	14667	15407	130
佛山	Foshan	23227	27073	29821	42
江门	Jiangmen	12603	16795	18455	102
湛江	Zhanjiang	21914	26402	28151	50
茂名	Maoming	15509	21458	24838	64
肇庆	Zhaoqing	9712	12688	13953	148
惠州	Huizhou	12206	19155	20135	89
梅州	Meizhou	10702	14079	14558	141
汕尾	Shanwei	5933	7089	7435	208
河源	Heyuan	7121	10280	10994	181
阳江	Yangjiang	6369	8569	9830	191
清远	Qingyuan	10053	13003	14368	143
东莞	Dongguan	19980	25736	26704	56
中山	Zhongshan	10114	12225	13246	155
潮州	Chaozhou	3299	5732	6014	219
揭阳	Jieyang	9172	11597	12907	161
云浮	Yunfu	5804	6982	7451	207
广西	**Guangxi**	**143695**	**187216**	**201600**	
南宁	Nanning	28184	34052	37362	24
柳州	Liuzhou	15754	19450	20656	86
桂林	Guilin	15791	17933	18394	103
梧州	Wuzhou	8633	11276	11453	175
北海	Beihai	4312	6476	7074	214
防城港	Fangchenggang	2351	3164	3719	231
钦州	Qinzhou	8028	9669	13157	157
贵港	Guigang	8545	12814	13512	151
玉林	Yulin	14566	19302	21521	77
百色	Baise	11077	14524	15805	128

16-20 医疗卫生机构床位数 续表 3

Number of Beds in Health Care Institutions continued 3

单位：张 (bed)

地名	City	2010	2013	2014	2014 排名 Ranking
贺州	Hezhou	5502	6360	7395	210
河池	Hechi	10116	12980	14612	139
来宾	Laibin	6062	9073	9850	190
崇左	Chongzuo	5213	7066	7453	206
海南	**Hainan**	**25981**	**32100**	**34466**	
海口	Haikou	8990	12762		
三亚	Sanya	2216	2566		
三沙	Sansha				
重庆	**Chongqing**	**103624**	**147436**	**160579**	
四川	**Sichuan**	**301227**	**426635**	**459596**	
成都	Chengdu	69459	100957	108031	1
自贡	Zigong	10533	15249	16396	119
攀枝花	Panzhihua	7321	9254	9599	192
泸州	Luzhou	13321	21897	22666	72
德阳	Deyang	14144	17785	19118	96
绵阳	Mianyang	20046	28755	30756	38
广元	Guangyuan	11853	15567	16753	117
遂宁	Suining	10277	14110	15825	127
内江	Neijiang	12615	18399	19825	90
乐山	Leshan	13703	17282	18979	97
南充	Nanchong	19810	26779	29670	44
眉山	Meishan	9393	14376	15830	125
宜宾	Yibin	17123	23611	25061	62
广安	Guangan	9349	12080	13213	156
达州	Dazhou	15247	22225	22495	73
雅安	Yaan	7181	9738	10812	183
巴中	Bazhong	9338	13459	14608	140
资阳	Ziyang	13037	19553	20847	83
贵州	**Guizhou**	**105277**	**166724**	**182189**	
贵阳	Guiyang	21826	26504		
六盘水	Liupanshui	9072	12718		
遵义	Zunyi	17932	28970		
安顺	Anshun	9155	9134		
毕节	Bijie	15160	31529		
铜仁	Tongren	7761	14975		
云南	**Yunnan**	**157143**	**210125**	**224899**	
昆明	Kunming	38056	48087		
曲靖	Qujing	16265	24880		
玉溪	Yuxi	9950	11349		
保山	Baoshan	6785	9529		
昭通	Zhaotong	10969	19620		

地名	City	2010	2013	2014	2014 排名 Ranking
丽江	Lijiang	3347	4478		
普洱	Puer	6181	8347		
临沧	Lincang	5276	8274		
西藏	**Tibet**	**8838**	**11003**	**11929**	
拉萨	Lasa	2092	2536	2709	233
陕西	**Shaanxi**	**142334**	**185139**	**199372**	
西安	Xi'an	39407	47867	51065	8
铜川	Tongchuan	4658	4855	5179	224
宝鸡	Baoji	15913	19731	21478	79
咸阳	Xianyang	18082	24232	27148	53
渭南	Weinan	13950	19724	20832	84
延安	Yan'an	8519	11091	11971	171
汉中	Hanzhong	13309	18212	19805	91
榆林	Yulin	13106	16778	17248	115
安康	Ankang	8059	11354	12595	167
商洛	Shangluo	6701	10270	10991	182
甘肃	Gansu	90410	116064	122412	
兰州	**Lanzhou**	**25498**	**23614**	**24873**	63
嘉峪关	Jiayuguan	1565	1596	1759	236
金昌	Jinchang	1781	2302	2453	234
白银	Baiyin	5945	7005	7552	205
天水	Tianshui	9412	12565	12400	168
武威	Wuwei	6022	7503	7969	200
张掖	Zhangye	5496	7242	7421	209
平凉	Pingliang	7238	10159	11516	174
酒泉	Jiuquan	5062	5591	5639	221
庆阳	Qingyang	6087	7910	8303	196
定西	Dingxi	7514	11924	13312	153
陇南	Longnan	5263	8093	8465	195
青海	Qinghai	20451	29529	33007	
西宁	**Xining**	**11352**	**15885**		
海东	Haidong				
宁夏	**Ningxia**	**23659**	**31134**	**32506**	
银川	Yinchuan	9472	13046	13744	149
石嘴山	Shizuishan	3615	4098	4283	228
吴忠	Wuzhong	4026	5425	5490	223
固原	Guyuan	3487	4396	4410	227
中卫	Zhongwei	3059	3355	3441	232
新疆	**Xinjiang**	**116230**	**137325**	**142956**	
乌鲁木齐	Urumqi	24942	26989	28763	48
克拉玛依	Karamay	1830	1652	1779	235

16-21 医院床位数
Number of Beds in Hospitals

单位：张 (bed)

地名	City	2010	2012	2013	2013 排名 Ranking
全国	**Nation Total**	**3387400**	**4161500**	**4578601**	
北京	**Beijing**	**85775**	**92600**	**96558**	
天津	**Tianjin**	**48001**	**44800**	**49071**	
河北	**Hebei**	**172956**	**203300**	**220423**	
石家庄	Shijiazhuang	36544	34525	37088	14
唐山	Tangshan	30275	28198	29537	24
秦皇岛	Qinhuangdao	10919	10568	11443	146
邯郸	Handan	28297	24577	26096	33
邢台	Xingtai	20609	17625	20178	57
保定	Baoding	29937	24470	26029	35
张家口	Zhangjiakou	14025	12005	13290	109
承德	Chengde	12833	10581	11088	150
沧州	Cangzhou	21031	19872	22218	48
廊坊	Langfang	13930	11703	11973	135
衡水	Hengshui	11604	9760	11533	144
山西	**Shanxi**	**108260**	**119900**	**128294**	
太原	Taiyuan	25955	30627	32634	19
大同	Datong	13135	11344	12982	113
阳泉	Yangquan	6453	5646	5681	245
长治	Changzhi	12351	7626	11356	148
晋城	Jincheng	7683	5889	6538	227
朔州	Shuozhou	5605	4462	4875	252
晋中	Jinzhong	11437	8643	9485	177
运城	Yuncheng	23573	16838	17783	78
忻州	Xinzhou	9594	7236	7230	219
临汾	Linfen	16005	12052	13056	112
吕梁	Lvliang	11358	6236	6654	225
内蒙古	**Inner Mongolia**	**67016**	**82200**	**91604**	
呼和浩特	Hohhot	11418	10880	12679	123
包头	Baotou	11440	13161	13327	107
乌海	Wuhai	2314	2630	3047	278
赤峰	Chifeng	15410	14697	16795	87
通辽	Tongliao	7766	7516	9043	189
鄂尔多斯	Erdos	5823	6167	6404	232
呼伦贝尔	Hulunbuir	10677	10607	11578	143
巴彦淖尔	Bayannur	5971	5136	5746	244
乌兰察布	Ulanqab	4537	4031	4653	257
辽宁	**Liaoning**	**160894**	**185600**	**197453**	
沈阳	Shenyang	39370	46239	48661	7
大连	Dalian	29457	30757	33458	17
鞍山	Anshan	17957	15652	16566	90
抚顺	Fushun	8834	8857	9408	180
本溪	Benxi	9003	8995	9646	175
丹东	Dandong	11692	10588	11062	151
锦州	Jinzhou	10798	10221	9818	173
营口	Yingkou	8834	9056	9266	184
阜新	Fuxin	6861	7331	8499	195
辽阳	Liaoyang	9779	9225	9889	172
盘锦	Panjin	6035	5056	6672	224
铁岭	Tieling	7533	6529	6917	222
朝阳	Chaoyang	9543	9230	10141	169
葫芦岛	Huludao	12101	7051	7571	213
吉林	**Jilin**	**89341**	**100200**	**106342**	
长春	Changchun	35250	37144	40035	11
吉林	Jilin	19012	17897	18125	71
四平	Siping	11478	10114	10148	168
辽源	Liaoyuan	4420	4204	4081	268
通化	Tonghua	9092	7519	8219	200
白山	Baishan	6438	5120	5496	246
松原	Songyuan	5702	5735	6151	236
白城	Baicheng	6115	4480	4704	255
黑龙江	**Heilongjiang**	**123928**	**141200**	**151349**	
哈尔滨	Harbin	46699	46296	50158	5
齐齐哈尔	Qiqihar	16465	16986	18192	69
鸡西	Jixi	8191	7890	8677	193
鹤岗	Hegang	6133	6380	7135	220
双鸭山	Shuangyashan	6298	5906	6481	230
大庆	Daqing	12405	12355	12922	118
伊春	Yichun	5112	4948	5289	247
佳木斯	Jiamusi	8699	9361	10045	170
七台河	Qitaihe	3166	3122	3131	277
牡丹江	Mudanjiang	11442	11930	12664	124
黑河	Heihe	5660	6181	6368	233
绥化	Suihua	9950	7701	8094	206
上海	**Shanghai**	**84825**	**90200**	**94722**	
江苏	**Jiangsu**	**195340**	**255900**	**286183**	

16-21　医院床位数　续表 1
Number of Beds in Hospitals continued 1

单位：张　　(bed)

地名	City	2010	2012	2013	2013 排名 Ranking
南京	Nanjing	25894	32244	36701	15
无锡	Wuxi	19846	25582	28385	25
徐州	Xuzhou	21496	27091	30829	23
常州	Changzhou	10406	14124	14831	97
苏州	Suzhou	32309	38954	45237	9
南通	Nantong	14416	23750	25274	39
连云港	Lianyungang	8518	11597	12283	128
淮安	Huaian	9598	13337	14324	100
盐城	Yancheng	13659	19220	22051	49
扬州	Yangzhou	11470	12786	13831	103
镇江	Zhenjiang	6552	9526	10611	157
泰州	Taizhou	8013	11490	12875	119
宿迁	Suqian	13283	16187	18951	63
浙江	**Zhejiang**	**150986**	**180700**	**197096**	
杭州	Hangzhou	37292	44019	46636	8
宁波	Ningbo	24317	24296	25753	37
温州	Wenzhou	22022	23171	26328	31
嘉兴	Jiaxing	14063	14038	15421	96
湖州	Huzhou	9639	8593	9417	179
绍兴	Shaoxing	14846	14522	15887	93
金华	Jinhua	15616	16891	19521	60
衢州	Quzhou	6502	7216	7718	211
舟山	Zhoushan	4059	4156	3751	270
台州	Taizhou	16088	16388	17573	80
丽水	Lishui	7198	7842	9091	187
安徽	**Anhui**	**123427**	**157800**	**171508**	
合肥	Hefei	24098	30594	32701	18
芜湖	Wuhu	9994	11652	12078	132
蚌埠	Bengbu	12218	12166	13240	110
淮南	Huainan	9156	9219	9469	178
马鞍山	Maanshan	3950	5273	5848	242
淮北	Huaibei	9110	7598	8339	199
铜陵	Tongling	3412	3886	4194	266
安庆	Anqing	13731	12165	13135	111
黄山	Huangshan	4857	4105	4606	260
滁州	Chuzhou	9724	9134	10230	166
阜阳	Fuyang	16744	15657	17069	84
宿州	Suzhou	9846	10320	10582	158
六安	Liuan	13402	8663	10309	164
亳州	Bozhou	9032	7085	8169	202
池州	Chizhou	4008	3722	4214	264
宣城	Xuancheng	7422	6578	7325	218
福建	**Fujian**	**80896**	**102000**	**114849**	
福州	Fuzhou	23123	23417	25564	38
厦门	Xiamen	9909	10938	11817	138
莆田	Putian	5520	7406	8096	205
三明	Sanming	9520	8351	9353	181
泉州	Quanzhou	18014	15888	17932	75
漳州	Zhangzhou	10032	10532	12214	130
南平	Nanping	9415	9041	10670	155
龙岩	Longyan	10371	8690	10349	162
宁德	Ningde	8029	7942	8854	190
江西	**Jiangxi**	**77805**	**103200**	**114782**	
南昌	Nanchang	17592	21514	23664	43
景德镇	Jingdezhen	4461	5638	6180	235
萍乡	Pingxiang	6291	7962	8848	191
九江	Jiujiang	11888	15424	17246	82
新余	Xinyu	3391	4380	4407	261
鹰潭	Yingtan	2781	3629	4348	263
赣州	Ganzhou	18265	25100	28154	26
吉安	Jian	11291	14265	16915	86
宜春	Yichun	13068	16669	18551	65
抚州	Fuzhou	9419	8257	9332	183
上饶	Shangrao	15678	19517	20451	54
山东	**Shandong**	**255764**	**322000**	**342104**	
济南	Jinan	29844	32000	38001	13
青岛	Qingdao	33383	33494	32015	20
淄博	Zibo	20873	18193	19058	62
枣庄	Zaozhuang	11013	10839	11922	137
东营	Dongying	9728	9301	10028	171
烟台	Yantai	29653	27753	27236	28
潍坊	Weifang	34272	32840	33483	16
济宁	Jining	27125	31013	31549	21
泰安	Taian	19551	18315	20605	53
威海	Weihai	16381	11389	11137	149
日照	Rizhao	8478	7233	7677	212
莱芜	Laiwu	4592	4676	4871	253
临沂	Linyi	33070	24462	26925	30
德州	Dezhou	13943	12386	14722	98
聊城	Liaocheng	17777	15579	17977	74

16-21 医院床位数 续表 2

Number of Beds in Hospitals continued 2

单位：张 （bed）

地名	City	2010	2012	2013	2013 排名 Ranking
滨州	Binzhou	16254	15857	14076	102
菏泽	Heze	24539	16677	20796	52
河南	**Henan**	**220974**	**274500**	**306546**	
郑州	Zhengzhou	44182	50645	59020	3
开封	Kaifeng	15069	14712	16018	92
洛阳	Luoyang	25319	23672	26056	34
平顶山	Pingdingshan	18149	16056	17412	81
安阳	Anyang	16879	15680	17144	83
鹤壁	Hebi	5665	5147	5802	243
新乡	Xinxiang	21966	18515	19887	58
焦作	Jiaozuo	12678	11208	12248	129
濮阳	Puyang	11309	9255	10289	165
许昌	Xuchang	12326	12557	12726	121
漯河	Luohe	7843	7743	8416	197
三门峡	Sanmenxia	8393	8236	8553	194
南阳	Nanyang	25942	23531	26290	32
商丘	Shangqiu	19780	14098	17846	77
信阳	Xinyang	13930	10202	11725	141
周口	Zhoukou	22050	16305	18239	68
驻马店	Zhumadian	20739	14944	16647	89
湖北	**Hubei**	**135006**	**173800**	**200220**	
武汉	Wuhan	45131	48123	50076	6
黄石	Huangshi	8486	9580	11393	147
十堰	Shiyan	14780	13446	19657	59
宜昌	Yichang	15082	6386	15844	94
襄阳	Xiangyang	17837	15740	18157	70
鄂州	Ezhou	3580	2592	3141	276
荆门	Jingmen	8877	10881	10339	163
孝感	Xiaogan	9236	12897	10187	167
荆州	Jingzhou	14906	13563	15584	95
黄冈	Huanggang	14272	10682	12060	133
咸宁	Xianning	6581	6681	6497	229
随州	Suizhou	4988	4500	7443	216
湖南	**Hunan**	**150141**	**188100**	**215039**	
长沙	Changsha	39983	46382	52507	4
株洲	Zhuzhou	15350	17336	19091	61
湘潭	Xiangtan	10172	12085	12933	117
衡阳	Hengyang	19798	25555	27420	27
邵阳	Shaoyang	17076	23167	25847	36
岳阳	Yueyang	13151	16384	17718	79
常德	Changde	16917	20466	22965	46
张家界	Zhangjiajie	4965	5838	6505	228
益阳	Yiyang	9718	12756	14626	99
郴州	Chenzhou	17212	20103	23068	45
永州	Yongzhou	14994	18655	20926	51
怀化	Huaihua	17006	25595	22558	47
娄底	Loudi	9766	11376	12981	114
广东	**Guangdong**	**224114**	**272900**	**294219**	
广州	Guangzhou	54010	62194	64864	2
韶关	Shaoguan	11227	9841	10845	154
深圳	Shenzhen	22679	26214	27141	29
珠海	Zhuhai	6092	6103	6251	234
汕头	Shantou	11436	10899	12027	134
佛山	Foshan	21624	22140	23845	41
江门	Jiangmen	12366	10974	12476	125
湛江	Zhanjiang	20111	15742	17894	76
茂名	Maoming	14298	11785	12954	116
肇庆	Zhaoqing	8930	8603	9340	182
惠州	Huizhou	10877	11056	12714	122
梅州	Meizhou	10332	7752	9065	188
汕尾	Shanwei	5575	4359	4627	258
河源	Heyuan	5918	4015	4661	256
阳江	Yangjiang	5745	5863	6048	237
清远	Qingyuan	9398	6838	7849	208
东莞	Dongguan	19571	24042	25026	40
中山	Zhongshan	10009	11213	12102	131
潮州	Chaozhou	3299	3417	3524	273
揭阳	Jieyang	8597	6107	6768	223
云浮	Yunfu	5032	3716	4198	265
广西	**Guangxi**	**88913**	**107400**	**118475**	
南宁	Nanning	26390	24081	31444	22
柳州	Liuzhou	13158	13323	18021	73
桂林	Guilin	14163	10819	16034	91
梧州	Wuzhou	8087	400	10620	156
北海	Beihai	4312	6149	6433	231
防城港	Fangchenggang	2351	1835	3164	275
钦州	Qinzhou	8028	8105	8112	204
贵港	Guigang	8148	10364	12296	126
玉林	Yulin	13754	9397	10526	161
百色	Baise	10327	7482	13466	106

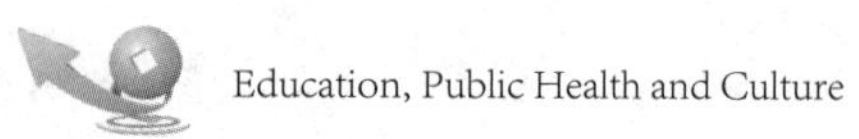

16-21 医院床位数 续表 3
Number of Beds in Hospitals continued 3

单位：张 (bed)

地名	City	2010	2012	2013	2013 排名 Ranking
贺州	Hezhou	5071	2909	5932	241
河池	Hechi	8270	11174	12287	127
来宾	Laibin	5778	3847	8343	198
崇左	Chongzuo	3995	4054	4378	262
海南	**Hainan**	**18807**	**22900**	**24555**	
海口	Haikou	8900	9217	10557	159
三亚	Sanya	2116	2244	2245	280
三沙	Sansha				
重庆	**Chongqing**	**64827**	**86100**	**99056**	
四川	**Sichuan**	**184828**	**257300**	**289242**	
成都	Chengdu	63687	72629	80176	1
自贡	Zigong	9776	10229	11005	152
攀枝花	Panzhihua	6744	7084	7920	207
泸州	Luzhou	12047	11978	13315	108
德阳	Deyang	13501	10682	11479	145
绵阳	Mianyang	19343	15885	18304	66
广元	Guangyuan	11106	8839	9790	174
遂宁	Suining	9777	9105	9602	176
内江	Neijiang	12185	11231	11738	140
乐山	Leshan	12728	10514	11600	142
南充	Nanchong	18907	14567	16963	85
眉山	Meishan	8652	6779	8137	203
宜宾	Yibin	16264	14190	16743	88
广安	Guangan	8945	6562	7476	215
达州	Dazhou	14471	10184	11937	136
雅安	Yaan	6909	6680	7773	209
巴中	Bazhong	8849	5899	7502	214
资阳	Ziyang	12357	10054	10858	153
贵州	**Guizhou**	**69343**	**96900**	**120418**	
贵阳	Guiyang	19296	20433	23310	44
六盘水	Liupanshui	8398	8531	9219	186
遵义	Zunyi	16777	15109	20201	56
安顺	Anshun	5535	5573	6979	221
毕节	Bijie	14155	13770	21200	50
铜仁	Tongren	7455	9300	10535	160
云南	**Yunnan**	**112493**	**143500**	**156074**	
昆明	Kunming	33746	35878	39467	12
曲靖	Qujing	15686	17016	18048	72
玉溪	Yuxi	9666	8671	9231	185
保山	Baoshan	6581	5825	6002	239
昭通	Zhaotong	10293	15206	18256	67
丽江	Lijiang	3347	2800	3427	274
普洱	Puer	5958	5766	6024	238
临沧	Lincang	4791	5054	5943	240
西藏	**Tibet**	**5444**	**5400**	**7262**	
拉萨	Lasa	2003	2043	2195	281
陕西	**Shaanxi**	**104819**	**126900**	**142093**	
西安	Xi'an	36796	39213	42753	10
铜川	Tongchuan	4284	3705	3959	269
宝鸡	Baoji	13950	12371	13590	105
咸阳	Xianyang	16852	16003	18620	64
渭南	Weinan	12653	11479	12741	120
延安	Yan'an	8009	7573	8468	196
汉中	Hanzhong	12231	11725	13611	104
榆林	Yulin	12871	11814	12975	115
安康	Ankang	7706	6562	7761	210
商洛	Shangluo	5901	5508	6607	226
甘肃	**Gansu**	**63773**	**76400**	**84511**	
兰州	Lanzhou	16916	18782	20281	55
嘉峪关	Jiayuguan	1352	1304	1402	284
金昌	Jinchang	1781	1936	2072	282
白银	Baiyin	5413	4674	5009	250
天水	Tianshui	8498	7996	8681	192
武威	Wuwei	5880	4379	4949	251
张掖	Zhangye	5070	4379	4769	254
平凉	Pingliang	6955	6324	7394	217
酒泉	Jiuquan	4920	3924	4136	267
庆阳	Qingyang	5827	4951	5048	249
定西	Dingxi	7354	7307	8209	201
陇南	Longnan	4977	4267	5256	248
青海	**Qinghai**	**16226**	**20700**	**23580**	
西宁	Xining		12586	14243	101
海东	Haidong				
宁夏	**Ningxia**	**20258**	**23900**	**27076**	
银川	Yinchuan	8807	10917	11783	139
石嘴山	Shizuishan	3569	3616	3703	271
吴忠	Wuzhong	3858	3373	4619	259
固原	Guyuan	3270	3362	3538	272
中卫	Zhongwei	2987	2241	2556	279
新疆	**Xinjiang**	**89871**	**103100**	**107897**	
乌鲁木齐	Urumqi	22106	23497	23788	42
克拉玛依	Karamay	1830	1639	1652	283

16-22 医疗卫生机构人员数

Employed Persons in Health Care Institutions

单位：人 (person)

地名	City	2010	2012	2013	2013 排名 Ranking
全国	**Nation Total**	**8207502**	**9115705**	**9790483**	
北京	**Beijing**	**223586**	**253164**	**263146**	
天津	**Tianjin**	**96732**	**104201**	**106527**	
河北	**Hebei**	**437415**	**463283**	**492012**	
石家庄	Shijiazhuang	56349	73013	78436	9
唐山	Tangshan	46188	59027	60149	29
秦皇岛	Qinhuangdao	16878	22026	23228	143
邯郸	Handan	36816	52999	57533	30
邢台	Xingtai	26721	40564	44317	47
保定	Baoding	46560	66146	69719	19
张家口	Zhangjiakou	20341	25925	27379	113
承德	Chengde	19050	23136	23780	134
沧州	Cangzhou	32714	47404	49881	38
廊坊	Langfang	21943	29344	30100	93
衡水	Hengshui	17437	25344	27441	112
山西	**Shanxi**	**275955**	**279466**	**283860**	
太原	Taiyuan	48827	55808	56442	34
大同	Datong	23326	25691	23792	133
阳泉	Yangquan	10903	12410	10617	251
长治	Changzhi	19820	25110	21015	160
晋城	Jincheng	14209	17875	15372	212
朔州	Shuozhou	7806	9500	7805	268
晋中	Jinzhong	17524	22483	18890	179
运城	Yuncheng	30239	36187	30427	91
忻州	Xinzhou	15864	22462	15801	207
临汾	Linfen	23569	30662	26737	119
吕梁	Lvliang	15813	21278	16106	203
内蒙古	**Inner Mongolia**	**168884**	**183875**	**195952**	
呼和浩特	Hohhot	20510	23970	25984	124
包头	Baotou	19944	22176	24401	130
乌海	Wuhai	3828	4771	5176	278
赤峰	Chifeng	23361	32461	35124	75
通辽	Tongliao	13990	20769	22272	150
鄂尔多斯	Erdos	9347	12238	12890	226
呼伦贝尔	Hulunbuir	20181	22809	23248	142
巴彦淖尔	Bayannur	10124	12605	12846	227
乌兰察布	Ulanqab	8880	11307	12129	237
辽宁	**Liaoning**	**316828**	**329679**	**338443**	
沈阳	Shenyang	64435	73250	74871	14
大连	Dalian	48637	54450	57123	32
鞍山	Anshan	25421	27524	26943	117
抚顺	Fushun	14038	16062	15661	209
本溪	Benxi	13106	13452	13621	221
丹东	Dandong	14156	17859	18052	188
锦州	Jinzhou	15237	16849	17234	196
营口	Yingkou	14756	16104	16315	201
阜新	Fuxin	11594	14649	15556	210
辽阳	Liaoyang	10843	12826	12703	230
盘锦	Panjin	10229	10289	12593	234
铁岭	Tieling	14801	18355	18717	182
朝阳	Chaoyang	14558	21204	23435	137
葫芦岛	Huludao	14564	16152	15831	205
吉林	**Jilin**	**187106**	**196395**	**200184**	
长春	Changchun	55216	59158	60896	28
吉林	Jilin	32438	33824	34255	79
四平	Siping	22657	23097	23270	141
辽源	Liaoyuan	8116	8848	8723	263
通化	Tonghua	14386	15418	15319	215
白山	Baishan	9960	10264	10014	253
松原	Songyuan	15014	16188	16777	197
白城	Baicheng	12749	12372	12720	229
黑龙江	**Heilongjiang**	**262600**	**270687**	**279122**	
哈尔滨	Harbin	71643	71100	74352	16
齐齐哈尔	Qiqihar	25432	27339	29384	101
鸡西	Jixi	12491	12736	12281	236
鹤岗	Hegang	9432	9351	9276	257
双鸭山	Shuangyashan	9871	10193	10694	249
大庆	Daqing	22881	23160	23832	132
伊春	Yichun	8530	8700	8886	261
佳木斯	Jiamusi	15919	17707	17942	189
七台河	Qitaihe	4802	5020	4957	279
牡丹江	Mudanjiang	19151	21741	22919	146
黑河	Heihe	9597	10345	10844	248
绥化	Suihua	19816	19619	20544	166
上海	**Shanghai**	**171935**	**183416**	**192333**	
江苏	**Jiangsu**	**459025**	**519709**	**551113**	

16-22 医疗卫生机构人员数 续表 1
Employed Persons in Health Care Institutions continued 1

单位：人 (person)

地名	City	2010	2012	2013	2013 排名 Ranking	地名	City	2010	2012	2013	2013 排名 Ranking
南京	Nanjing	60044	66295	70616	18	池州	Chizhou	6121	8805	9247	258
无锡	Wuxi	36832	42812	47801	43	宣城	Xuancheng	10694	13854	14645	218
徐州	Xuzhou	41238	58496	61192	26	福建	**Fujian**	**199519**	**236756**	**261784**	
常州	Changzhou	26004	30771	32250	85	福州	Fuzhou	42779	53184	57502	31
苏州	Suzhou	56910	70456	74661	15	厦门	Xiamen	22123	26306	26178	123
南通	Nantong	37525	45516	47382	44	莆田	Putian	9228	13460	14982	217
连云港	Lianyungang	19397	27680	28501	105	三明	Sanming	13431	15090	16137	202
淮安	Huaian	19884	31917	35716	71	泉州	Quanzhou	26327	31681	35521	72
盐城	Yancheng	26536	41379	44094	48	漳州	Zhangzhou	13824	18625	20740	163
扬州	Yangzhou	26725	27618	28877	103	南平	Nanping	13580	15282	17378	195
镇江	Zhenjiang	17301	20459	21620	154	龙岩	Longyan	14677	16563	18276	187
泰州	Taizhou	21527	28460	28484	106	宁德	Ningde	12002	14726	16025	204
宿迁	Suqian	15157	28375	30039	95	江西	**Jiangxi**	**230945**	**259552**	**269819**	
浙江	**Zhejiang**	**352871**	**400094**	**427072**		南昌	Nanchang	34880	40600	41545	53
杭州	Hangzhou	74011	86402	95600	4	景德镇	Jingdezhen	7770	9815	10412	252
宁波	Ningbo	50326	58863	61543	25	萍乡	Pingxiang	10821	14762	15364	213
温州	Wenzhou	49635	57211	61050	27	九江	Jiujiang	20726	29664	31593	86
嘉兴	Jiaxing	26132	29090	30345	92	新余	Xinyu	5737	7717	8044	266
湖州	Huzhou	18510	20571	21139	159	鹰潭	Yingtan	4569	6214	6832	270
绍兴	Shaoxing	26026	29778	33221	82	赣州	Ganzhou	27961	39595	41934	50
金华	Jinhua	23376	36783	39991	56	吉安	Jian	17566	23644	25737	125
衢州	Quzhou	11734	14817	15814	206	宜春	Yichun	20988	31213	30432	90
舟山	Zhoushan	7389	8608	9243	259	抚州	Fuzhou	12599	18594	19219	175
台州	Taizhou	31855	39103	40697	54	上饶	Shangrao	20522	38042	38736	62
丽水	Lishui	12885	16565	18572	183	山东	**Shandong**	**645889**	**738868**	**819348**	
安徽	**Anhui**	**309318**	**334842**	**353799**		济南	Jinan	47120	60421	76955	11
合肥	Hefei	35826	51829	54711	35	青岛	Qingdao	51766	71802	77932	10
芜湖	Wuhu	14993	21857	22885	147	淄博	Zibo	30172	38271	40645	55
蚌埠	Bengbu	16184	20340	21662	152	枣庄	Zaozhuang	16597	23656	27328	114
淮南	Huainan	13170	16449	17527	193	东营	Dongying	14846	17887	18429	185
马鞍山	Maanshan	8304	13047	13433	223	烟台	Yantai	41948	56587	62271	24
淮北	Huaibei	13345	13457	13604	222	潍坊	Weifang	55426	85877	91756	6
铜陵	Tongling	5674	5858	6275	274	济宁	Jining	38938	68567	75488	12
安庆	Anqing	20476	27946	29138	102	泰安	Taian	30971	42684	48966	40
黄山	Huangshan	7350	8898	9719	254	威海	Weihai	20185	22286	24069	131
滁州	Chuzhou	14085	19899	20923	162	日照	Rizhao	12671	18874	18901	178
阜阳	Fuyang	22096	38726	41919	51	莱芜	Laiwu	7083	10061	10632	250
宿州	Suzhou	14941	26599	27883	110	临沂	Linyi	36415	64066	71398	17
六安	Liuan	17436	25710	27646	111	德州	Dezhou	22598	34375	39290	60
亳州	Bozhou	11709	21452	22618	149	聊城	Liaocheng	23809	34606	39701	58

16-22 医疗卫生机构人员数 续表 2

Employed Persons in Health Care Institutions continued 2

单位：人 (person)

地名	City	2010	2012	2013	2013 排名 Ranking
滨州	Binzhou	21152	33595	30477	89
菏泽	Heze	37124	54983	65968	22
河南	**Henan**	**591059**	**652564**	**716306**	
郑州	Zhengzhou	67915	83518	97959	3
开封	Kaifeng	30600	33535	36940	69
洛阳	Luoyang	44845	48408	52781	37
平顶山	Pingdingshan	32512	36603	37451	66
安阳	Anyang	32824	35482	38291	63
鹤壁	Hebi	10881	11576	11468	243
新乡	Xinxiang	41240	44642	48367	41
焦作	Jiaozuo	25095	25552	27305	115
濮阳	Puyang	24523	26937	29412	99
许昌	Xuchang	27897	32325	33233	81
漯河	Luohe	16747	18580	19955	172
三门峡	Sanmenxia	14688	16885	17614	192
南阳	Nanyang	54062	58696	66522	21
商丘	Shangqiu	44061	48242	54327	36
信阳	Xinyang	30931	33911	38042	64
周口	Zhoukou	48755	53106	57037	33
驻马店	Zhumadian	39227	40430	45427	45
湖北	**Hubei**	**349495**	**386415**	**411184**	
武汉	Wuhan	79678	83500	93342	5
黄石	Huangshi	16880	17622	19619	174
十堰	Shiyan	25029	27928	29942	96
宜昌	Yichang	27694	31460	33174	83
襄阳	Xiangyang	31146	34711	37178	67
鄂州	Ezhou	5467	5965	6804	272
荆门	Jingmen	14193	16039	20401	169
孝感	Xiaogan	22312	24701	28193	107
荆州	Jingzhou	24798	34078	35437	73
黄冈	Huanggang	32399	34744	38745	61
咸宁	Xianning	12324	16780	19119	177
随州	Suizhou	10962	11637	12691	231
湖南	**Hunan**	**370261**	**403546**	**442224**	
长沙	Changsha	59732	67531	74945	13
株洲	Zhuzhou	22835	23486	25080	127
湘潭	Xiangtan	15462	17282	18538	184
衡阳	Hengyang	31362	33920	37596	65
邵阳	Shaoyang	24185	27241	31506	87
岳阳	Yueyang	21030	24047	26342	121
常德	Changde	24880	27205	29557	98
张家界	Zhangjiajie	6564	7315	8357	265
益阳	Yiyang	17277	18758	21424	156
郴州	Chenzhou	23325	24712	26898	118
永州	Yongzhou	19622	22340	25443	126
怀化	Huaihua	21489	24709	27222	116
娄底	Loudi	15295	16079	17714	191
广东	**Guangdong**	**592800**	**662462**	**708036**	
广州	Guangzhou	117281	129509	139831	2
韶关	Shaoguan	17789	19577	20603	164
深圳	Shenzhen	67881	76822	83335	8
珠海	Zhuhai	14064	14923	15690	208
汕头	Shantou	19757	21985	23159	144
佛山	Foshan	40406	45457	47904	42
江门	Jiangmen	20710	24314	26200	122
湛江	Zhanjiang	28768	33057	35357	74
茂名	Maoming	23198	26941	28063	108
肇庆	Zhaoqing	18881	20883	23678	136
惠州	Huizhou	21751	27743	30093	94
梅州	Meizhou	20078	20498	23284	140
汕尾	Shanwei	9748	11049	11552	241
河源	Heyuan	12098	13252	14344	219
阳江	Yangjiang	10406	12200	13747	220
清远	Qingyuan	14533	18569	20095	171
东莞	Dongguan	42447	46276	49378	39
中山	Zhongshan	18374	20244	21514	155
潮州	Chaozhou	8131	9151	9438	255
揭阳	Jieyang	15192	17207	18334	186
云浮	Yunfu	8776	10516	11473	242
广西	**Guangxi**	**266138**	**303759**	**334849**	
南宁	Nanning	37873	54399	64700	23
柳州	Liuzhou	27013	30784	33359	80
桂林	Guilin	26666	34334	37173	68
梧州	Wuzhou	16729	19225	21182	157
北海	Beihai	6537	10546	11017	246
防城港	Fangchenggang	4388	5808	6517	273
钦州	Qinzhou	11807	16668	21158	158
贵港	Guigang	13848	22173	23425	138
玉林	Yulin	26689	29016	31265	88
百色	Baise	17494	20863	23315	139

16-22 医疗卫生机构人员数 续表 3
Employed Persons in Health Care Institutions continued 3

单位：人 (person)

地名	City	2010	2012	2013	2013 排名 Ranking	地名	City	2010	2012	2013	2013 排名 Ranking
贺州	Hezhou	10266	11150	12616	233	丽江	Lijiang		2892	3196	283
河池	Hechi	13637	18671	20969	161	普洱	Puer	8181	11428	12619	232
来宾	Laibin	10482	11824	13356	224	临沧	Lincang	5520	8040	11323	245
崇左	Chongzuo	9036	10002	12758	228	**西藏**	**Tibet**	**16694**	**21558**	**24653**	
海南	**Hainan**	**51985**	**59285**	**63468**		拉萨	Lasa	4146	4647	4680	280
海口	Haikou	18325	22085	23697	135	**陕西**	**Shaanxi**	**260056**	**293775**	**321908**	
三亚	Sanya	4573	5324	5852	275	西安	Xi'an	71230	86096	91448	7
三沙	Sansha					铜川	Tongchuan	6010	7989	8585	264
重庆	**Chongqing**	**160055**	**184055**	**197667**		宝鸡	Baoji	19328	26646	28624	104
四川	**Sichuan**	**467126**	**549023**	**596001**		咸阳	Xianyang	30530	40061	44772	46
成都	Chengdu	117401	143410	153962	1	渭南	Weinan	20797	31309	35065	76
自贡	Zigong	16565	19114	20598	165	延安	Yan'an	12794	18061	20510	167
攀枝花	Panzhihua	10482	11283	12035	238	汉中	Hanzhong	18660	24662	26386	120
泸州	Luzhou	21062	25008	27965	109	榆林	Yulin	17004	26409	29385	100
德阳	Deyang	19834	23187	24803	128	安康	Ankang	10598	16098	18724	181
绵阳	Mianyang	27662	32803	35932	70	商洛	Shangluo	9512	15176	16623	198
广元	Guangyuan	16882	18689	20155	170	**甘肃**	**Gansu**	**137501**	**151899**	**160695**	
遂宁	Suining	16675	18452	19195	176	兰州	Lanzhou	29769	34581	34682	78
内江	Neijiang	18343	21431	23030	145	嘉峪关	Jiayuguan	2457	2774	2830	284
乐山	Leshan	18446	21295	22671	148	金昌	Jinchang	3075	3949	4002	281
南充	Nanchong	30741	36264	39455	59	白银	Baiyin	6924	9066	9390	256
眉山	Meishan	15055	17866	18784	180	天水	Tianshui	10281	15694	16552	199
宜宾	Yibin	22387	26230	29572	97	武威	Wuwei	6951	9834	10989	247
广安	Guangan	14800	16394	17459	194	张掖	Zhangye	6085	8424	8831	262
达州	Dazhou	26555	29878	32888	84	平凉	Pingliang	9125	12031	12976	225
雅安	Yaan	8568	10086	11435	244	酒泉	Jiuquan	6437	6988	7069	269
巴中	Bazhong	15319	18289	20502	168	庆阳	Qingyang	7947	10944	11658	240
资阳	Ziyang	19466	23050	24593	129	定西	Dingxi	7998	11717	12305	235
贵州	**Guizhou**	**154246**	**191079**	**221575**		陇南	Longnan	8667	13720	14983	216
贵阳	Guiyang	27119	39029	41872	52	**青海**	**Qinghai**	**35224**	**40831**	**44685**	
六盘水	Liupanshui	13212	15285	16498	200	西宁	Xining	16677	19267	21754	151
遵义	Zunyi	21242	33647	39752	57	海东	Haidong				
安顺	Anshun	8959	10762	11943	239	**宁夏**	**Ningxia**	**39674**	**44021**	**47609**	
毕节	Bijie	12426	26614	35023	77	银川	Yinchuan	16704	19822	21621	153
铜仁	Tongren	7208	17391	19917	173	石嘴山	Shizuishan	5548	6560	6826	271
云南	**Yunnan**	**207663**	**233361**	**265531**		吴忠	Wuzhong	5316	7212	7999	267
昆明	Kunming		59859	67836	20	固原	Guyuan	4369	5649	5756	276
曲靖	Qujing	14788	16466	17744	190	中卫	Zhongwei	3521	4806	5502	277
玉溪	Yuxi	8972	14036	15392	211	**新疆**	**Xinjiang**	**158917**	**177085**	**189578**	
保山	Baoshan	5805	7369	9071	260	乌鲁木齐	Urumqi	38024	41796	43862	49
昭通	Zhaotong	13287	15319	15350	214	克拉玛依	Karamay	3517	3612	3796	282

16-23 医疗卫生机构卫生技术人员数
Medical and Technical Personnel in Health Care Institutions

单位：人 (person)

地名	City	2010	2012	2013	2013 排名 Ranking	地名	City	2010	2012	2013	2013 排名 Ranking
全国	**Nation Total**	**5876158**	**6675549**	**7210578**		沈阳	Shenyang	52327	57958	59360	13
北京	**Beijing**	**171326**	**196234**	**203741**		大连	Dalian	39355	42703	44650	27
天津	**Tianjin**	**70460**	**77076**	**81083**		鞍山	Anshan	19542	20103	20383	114
河北	**Hebei**	**292157**	**314933**	**333032**		抚顺	Fushun	11294	12533	12589	202
石家庄	Shijiazhuang	47144	54191	57875	15	本溪	Benxi	10285	10376	10536	221
唐山	Tangshan	37770	41166	42516	32	丹东	Dandong	11198	12797	12958	195
秦皇岛	Qinhuangdao	13769	16376	17344	146	锦州	Jinzhou	11881	11911	12083	205
邯郸	Handan	29371	32831	36093	39	营口	Yingkou	11646	11429	11952	207
邢台	Xingtai	22232	26452	28471	59	阜新	Fuxin	9151	10558	11347	212
保定	Baoding	37992	43752	45336	26	辽阳	Liaoyang	8727	9450	9488	229
张家口	Zhangjiakou	16126	16407	17518	145	盘锦	Panjin	8162	7777	9591	227
承德	Chengde	16230	16594	16790	152	铁岭	Tieling	11860	12644	12803	197
沧州	Cangzhou	27336	31363	33508	43	朝阳	Chaoyang	12117	14825	16025	159
廊坊	Langfang	17815	19966	20376	115	葫芦岛	Huludao	10833	11074	11048	218
衡水	Hengshui	14523	15956	17278	148	吉林	**Jilin**	**138393**	**144065**	**145934**	
山西	**Shanxi**	**193891**	**199601**	**203385**		长春	Changchun	39720	42934	43463	30
太原	Taiyuan	40294	45074	47463	24	吉林	Jilin	26317	25232	25587	74
大同	Datong	19009	19164	19426	122	四平	Siping	15342	15672	15611	161
阳泉	Yangquan	9133	9048	8933	240	辽源	Liaoyuan	5957	6667	6528	264
长治	Changzhi	16490	17065	17528	143	通化	Tonghua	10838	11718	11537	208
晋城	Jincheng	11881	12380	12738	201	白山	Baishan	7825	8050	7870	250
朔州	Shuozhou	6626	6299	6401	266	松原	Songyuan	9913	11078	11466	209
晋中	Jinzhong	15170	15697	16241	156	白城	Baicheng	9357	8801	9149	235
运城	Yuncheng	25528	25160	25208	79	黑龙江	**Heilongjiang**	**192048**	**201155**	**207601**	
忻州	Xinzhou	13659	14198	13410	186	哈尔滨	Harbin	57254	57695	60377	12
临汾	Linfen	19772	21542	22256	95	齐齐哈尔	Qiqihar	20126	22097	23664	87
吕梁	Lvliang	13355	13974	13781	183	鸡西	Jixi	10502	10746	10212	223
内蒙古	**Inner Mongolia**	**125831**	**139876**	**148202**		鹤岗	Hegang	7338	7364	7237	258
呼和浩特	Hohhot	16533	17975	19483	119	双鸭山	Shuangyashan	8099	8431	8855	241
包头	Baotou	16553	18063	19450	120	大庆	Daqing	18568	18841	19345	125
乌海	Wuhai	3253	4060	4357	276	伊春	Yichun	6898	7078	7240	257
赤峰	Chifeng	20049	23715	25779	73	佳木斯	Jiamusi	12632	14140	14183	178
通辽	Tongliao	11916	13846	14732	171	七台河	Qitaihe	3825	4099	4065	278
鄂尔多斯	Erdos	8276	10326	10779	220	牡丹江	Mudanjiang	16220	18689	19864	116
呼伦贝尔	Hulunbuir	16275	18015	18226	136	黑河	Heihe	7646	8532	9153	234
巴彦淖尔	Bayannur	8839	10076	10190	225	绥化	Suihua	15998	15987	16105	157
乌兰察布	Ulanqab	7608	7855	8571	244	上海	**Shanghai**	**137131**	**147807**	**157109**	
辽宁	**Liaoning**	**232079**	**246808**	**254692**		江苏	**Jiangsu**	**328243**	**395961**	**428894**	

16-23 医疗卫生机构卫生技术人员数 续表 1
Medical and Technical Personnel in Health Care Institutions continued 1

单位：人 (person)

地名	City	2010	2012	2013	2013 排名 Ranking
南京	Nanjing	48300	53967	58032	14
无锡	Wuxi	29233	35105	38940	36
徐州	Xuzhou	32837	39703	43573	29
常州	Changzhou	20643	25274	26733	66
苏州	Suzhou	46637	57168	61051	10
南通	Nantong	30936	34749	36515	37
连云港	Lianyungang	16094	19040	20453	113
淮安	Huaian	16238	23468	27799	64
盐城	Yancheng	22235	39749	32883	47
扬州	Yangzhou	19305	21087	22464	93
镇江	Zhenjiang	13204	16402	17666	140
泰州	Taizhou	18080	21053	21794	99
宿迁	Suqian	14645	19306	21080	104
浙江	**Zhejiang**	**288481**	**329565**	**352466**	
杭州	Hangzhou	61117	73618	78340	3
宁波	Ningbo	43094	49188	51510	19
温州	Wenzhou	39968	45184	48922	22
嘉兴	Jiaxing	22580	25286	26439	69
湖州	Huzhou	15973	17738	18236	135
绍兴	Shaoxing	22155	25722	27854	63
金华	Jinhua	20684	30062	32810	49
衢州	Quzhou	9998	11534	12589	202
舟山	Zhoushan	6172	7047	7679	251
台州	Taizhou	26765	31643	32851	48
丽水	Lishui	11060	13717	15163	169
安徽	**Anhui**	**211539**	**236188**	**253532**	
合肥	Hefei	29242	40363	43182	31
芜湖	Wuhu	12490	16908	17967	138
蚌埠	Bengbu	13049	14453	15591	162
淮南	Huainan	10860	12332	13197	190
马鞍山	Maanshan	6917	10047	10476	222
淮北	Huaibei	10872	10043	10200	224
铜陵	Tongling	4669	4855	5237	272
安庆	Anqing	17342	19435	20686	110
黄山	Huangshan	6173	7195	7906	249
滁州	Chuzhou	11806	13520	14513	174
阜阳	Fuyang	18035	24085	26243	70
宿州	Suzhou	12605	17359	18754	129
六安	Liuan	14925	16429	18486	131
亳州	Bozhou	9316	12002	12864	196
池州	Chizhou	5278	6400	6859	260
宣城	Xuancheng	9049	10746	11388	210
福建	**Fujian**	**142916**	**176074**	**197545**	
福州	Fuzhou	35396	44034	47998	23
厦门	Xiamen	17829	21218	21275	100
莆田	Putian	7690	11345	12751	200
三明	Sanming	11607	13201	14002	181
泉州	Quanzhou	22128	27032	30537	54
漳州	Zhangzhou	11619	15767	17526	144
南平	Nanping	11315	13096	15208	168
龙岩	Longyan	12592	14418	16085	158
宁德	Ningde	9957	12421	13805	182
江西	**Jiangxi**	**158007**	**179705**	**190092**	
南昌	Nanchang	27980	30198	31582	50
景德镇	Jingdezhen	6334	7096	7661	252
萍乡	Pingxiang	8986	10659	11312	213
九江	Jiujiang	17241	20633	22139	96
新余	Xinyu	5094	5916	6175	267
鹰潭	Yingtan	4023	4806	5250	271
赣州	Ganzhou	24102	27707	29766	55
吉安	Jian	15044	16321	17913	139
宜春	Yichun	17934	20197	20578	111
抚州	Fuzhou	10789	11827	12349	204
上饶	Shangrao	17206	24437	25509	76
山东	**Shandong**	**448861**	**530082**	**596987**	
济南	Jinan	38791	44276	57700	16
青岛	Qingdao	43294	55126	60819	11
淄博	Zibo	26351	28905	30755	53
枣庄	Zaozhuang	14639	16796	19537	118
东营	Dongying	12671	13995	14441	176
烟台	Yantai	36896	45417	50217	20
潍坊	Weifang	50414	67891	72913	5
济宁	Jining	33046	46482	52497	18
泰安	Taian	26817	28991	34563	41
威海	Weihai	18058	17353	18926	127
日照	Rizhao	11382	13517	13219	189
莱芜	Laiwu	6022	6733	7168	259
临沂	Linyi	31661	39512	45889	25
德州	Dezhou	19807	22247	25279	78
聊城	Liaocheng	20433	22763	26750	65

16-23 医疗卫生机构卫生技术人员数 续表 2

Medical and Technical Personnel in Health Care Institutions continued 2

单位：人 (person)

地名	City	2010	2012	2013	2013 排名 Ranking	地名	City	2010	2012	2013	2013 排名 Ranking
滨州	Binzhou	18661	25720	22581	92	常德	Changde	20740	22377	23824	86
菏泽	Heze	31963	34358	44372	28	张家界	Zhangjiajie	5548	6081	6762	262
河南	**Henan**	**372818**	**428508**	**468536**		益阳	Yiyang	14392	15801	17335	147
郑州	Zhengzhou	50621	65413	76161	4	郴州	Chenzhou	19774	21011	22609	91
开封	Kaifeng	19099	22134	24118	85	永州	Yongzhou	16560	18790	20991	107
洛阳	Luoyang	30221	33579	36457	38	怀化	Huaihua	18087	20844	22886	90
平顶山	Pingdingshan	20829	24822	25344	77	娄底	Loudi	13222	13555	14498	175
安阳	Anyang	19717	21998	24227	84	**广东**	**Guangdong**	**454799**	**518414**	**553728**	
鹤壁	Hebi	6912	7585	7383	255	广州	Guangzhou	95546	106250	114322	2
新乡	Xinxiang	25759	29280	31286	51	韶关	Shaoguan	14386	16183	16835	151
焦作	Jiaozuo	17083	17478	18652	130	深圳	Shenzhen	54261	62079	66624	8
濮阳	Puyang	14203	16380	17640	141	珠海	Zhuhai	11792	12615	13138	191
许昌	Xuchang	16854	20162	21086	103	汕头	Shantou	15865	18123	18966	126
漯河	Luohe	10648	12066	12988	194	佛山	Foshan	33292	37472	39714	35
三门峡	Sanmenxia	9995	12096	12793	198	江门	Jiangmen	17084	20577	21815	98
南阳	Nanyang	32969	36810	41028	33	湛江	Zhanjiang	22881	26608	28368	60
商丘	Shangqiu	26086	29235	33270	45	茂名	Maoming	19200	22600	23570	88
信阳	Xinyang	16757	19014	21056	105	肇庆	Zhaoqing	14880	16544	18452	132
周口	Zhoukou	28668	31782	32942	46	惠州	Huizhou	17450	23161	24933	80
驻马店	Zhumadian	23882	25990	29385	57	梅州	Meizhou	16879	17401	19400	123
湖北	**Hubei**	**255793**	**288695**	**309343**		汕尾	Shanwei	7525	8762	9073	236
武汉	Wuhan	60436	66191	69864	7	河源	Heyuan	10232	11264	12001	206
黄石	Huangshi	12736	13969	14546	173	阳江	Yangjiang	8236	9896	11259	214
十堰	Shiyan	19059	21633	23300	89	清远	Qingyuan	12255	15998	17175	149
宜昌	Yichang	20697	24025	25519	75	东莞	Dongguan	33832	37520	40074	34
襄阳	Xiangyang	26505	30292	30860	52	中山	Zhongshan	15121	17012	18082	137
鄂州	Ezhou	4780	4818	5093	273	潮州	Chaozhou	6364	7193	7415	254
荆门	Jingmen	12065	13631	15389	164	揭阳	Jieyang	12249	14316	14886	170
孝感	Xiaogan	20316	16847	19391	124	云浮	Yunfu	7126	8714	9460	230
荆州	Jingzhou	20369	24501	25889	72	**广西**	**Guangxi**	**189554**	**220761**	**240892**	
黄冈	Huanggang	22790	24873	28066	62	南宁	Nanning	37873	44891	49567	21
咸宁	Xianning	10213	12705	14723	172	柳州	Liuzhou	21014	24201	25967	71
随州	Suizhou	7048	7676	9065	237	桂林	Guilin	22170	24779	26527	68
湖南	**Hunan**	**269219**	**296857**	**323082**		梧州	Wuzhou	11178	13156	14149	179
长沙	Changsha	48786	55783	61801	9	北海	Beihai	4888	7872	8194	245
株洲	Zhuzhou	19332	19856	21047	106	防城港	Fangchenggang	3562	4259	4625	274
湘潭	Xiangtan	13034	14489	15311	166	钦州	Qinzhou	9974	11578	14429	177
衡阳	Hengyang	25456	27213	29627	56	贵港	Guigang	11237	14794	15758	160
邵阳	Shaoyang	19881	22426	24502	83	玉林	Yulin	18304	20307	21883	97
岳阳	Yueyang	17519	19732	21236	101	百色	Baise	12363	14907	16484	155

16-23 医疗卫生机构卫生技术人员数 续表 3

Medical and Technical Personnel in Health Care Institutions continued 3

单位：人 (person)

地名	City	2010	2012	2013	2013 排名 Ranking	地名	City	2010	2012	2013	2013 排名 Ranking
贺州	Hezhou	7880	7860	9164	233	丽江	Lijiang	2711	2892	3196	282
河池	Hechi	11489	15254	15371	165	普洱	Puer	6770	7912	9042	238
来宾	Laibin	7648	8717	9530	228	临沧	Lincang	4569	5107	7621	253
崇左	Chongzuo	7032	7210	8959	239	**西藏**	**Tibet**	**10083**	**9336**	**11638**	
海南	**Hainan**	**39520**	**45060**	**48108**		拉萨	Lasa	3100	3549	3626	280
海口	Haikou	14622	17501	18831	128	**陕西**	**Shaanxi**	**181438**	**216293**	**239054**	
三亚	Sanya	3672	4150	4414	275	西安	Xi'an	56579	66899	71553	6
三沙	Sansha					铜川	Tongchuan	5161	6401	6764	261
重庆	**Chongqing**	**111079**	**131658**	**142133**		宝鸡	Baoji	16159	19583	21137	102
四川	**Sichuan**	**325608**	**389440**	**426988**		咸阳	Xianyang	26271	31914	35729	40
成都	Chengdu	90800	110795	120091	1	渭南	Weinan	15943	21270	24504	82
自贡	Zigong	11828	13962	15390	163	延安	Yan'an	10252	12171	13391	187
攀枝花	Panzhihua	7979	8789	9349	232	汉中	Hanzhong	15833	17619	19434	121
泸州	Luzhou	13267	16990	19708	117	榆林	Yulin	13561	17791	20499	112
德阳	Deyang	14226	17117	18387	133	安康	Ankang	9142	11754	13582	185
绵阳	Mianyang	20584	24242	26610	67	商洛	Shangluo	7933	9879	11095	217
广元	Guangyuan	11414	12811	14031	180	**甘肃**	**Gansu**	**98865**	**111609**	**118089**	
遂宁	Suining	11402	13077	13621	184	兰州	Lanzhou	24392	27914	28489	58
内江	Neijiang	11947	15153	16537	154	嘉峪关	Jiayuguan	1992	2271	2401	284
乐山	Leshan	13636	15884	16954	150	金昌	Jinchang	2667	3293	3336	281
南充	Nanchong	18866	22595	24612	81	白银	Baiyin	6064	6891	7241	256
眉山	Meishan	10297	12670	13353	188	天水	Tianshui	8610	10163	10805	219
宜宾	Yibin	14534	17998	20938	108	武威	Wuwei	5898	7175	7949	248
广安	Guangan	8820	10389	11114	216	张掖	Zhangye	5092	6060	6477	265
达州	Dazhou	15749	18341	20911	109	平凉	Pingliang	7807	8902	9864	226
雅安	Yaan	6540	7647	8685	243	酒泉	Jiuquan	5514	5610	5756	269
巴中	Bazhong	9310	11777	13097	192	庆阳	Qingyang	6608	7599	8119	246
资阳	Ziyang	12356	15349	16762	153	定西	Dingxi	6945	8436	8720	242
贵州	**Guizhou**	**103954**	**129772**	**155905**		陇南	Longnan	7582	8486	9356	231
贵阳	Guiyang	19511	30383	33395	44	**青海**	**Qinghai**	**24909**	**29311**	**32431**	
六盘水	Liupanshui	6662	10246	11203	215	西宁	Xining	13766	15971	18263	134
遵义	Zunyi	18125	23188	28159	61	海东	Haidong				
安顺	Anshun	4422	7119	8050	247	**宁夏**	**Ningxia**	**29962**	**34250**	**37288**	
毕节	Bijie	10437	15480	22407	94	银川	Yinchuan	13667	15952	17562	142
铜仁	Tongren	6261	10243	13042	193	石嘴山	Shizuishan	4720	5400	5675	270
云南	**Yunnan**	**143139**	**166764**	**193217**		吴忠	Wuzhong	4481	5397	6022	268
昆明	Kunming	40165	46647	53742	17	固原	Guyuan	3774	3827	3965	279
曲靖	Qujing	12533	14091	15237	167	中卫	Zhongwei	3102	3689	4126	277
玉溪	Yuxi	7643	10153	11379	211	**新疆**	**Xinjiang**	**124055**	**136691**	**145851**	
保山	Baoshan	4463	5610	6609	263	乌鲁木齐	Urumqi	29912	32720	34303	42
昭通	Zhaotong	8057	9907	12774	199	克拉玛依	Karamay	2759	2937	3057	283

16-24 医疗卫生机构执业（助理）医师数

Licensed (Assistant) Doctors in Health Care Institutions

单位：人 (person)

地名	City	2010	2012	2013	2013 排名 Ranking	地名	City	2010	2012	2013	2013 排名 Ranking
全国	**Nation Total**	**2413259**	**2616064**	**2794754**		沈阳	Shenyang	20859	22690	23392	12
北京	**Beijing**	**66163**	**74380**	**77114**		大连	Dalian	15873	17223	17750	27
天津	**Tianjin**	**28892**	**30690**	**32059**		鞍山	Anshan	8008	8070	8144	105
河北	**Hebei**	**133994**	**142989**	**150144**		抚顺	Fushun	4528	5144	5207	185
石家庄	Shijiazhuang	21669	25448	27059	6	本溪	Benxi	3734	3766	3866	228
唐山	Tangshan	15753	17858	18134	25	丹东	Dandong	4560	5511	5543	178
秦皇岛	Qinhuangdao	6337	7188	7629	126	锦州	Jinzhou	5196	5112	5082	189
邯郸	Handan	12563	14800	15510	34	营口	Yingkou	4967	4782	5052	190
邢台	Xingtai	10105	12905	14019	41	阜新	Fuxin	3481	3980	4135	218
保定	Baoding	16061	19683	20429	19	辽阳	Liaoyang	3675	3972	4024	222
张家口	Zhangjiakou	6531	6663	7129	135	盘锦	Panjin	3568	3325	3893	227
承德	Chengde	7186	7473	7684	124	铁岭	Tieling	5307	5778	5855	171
沧州	Cangzhou	12118	14552	15497	35	朝阳	Chaoyang	5254	6794	6922	141
廊坊	Langfang	7587	8645	8651	94	葫芦岛	Huludao	4545	4610	4561	207
衡水	Hengshui	6937	7844	8456	98	**吉林**	**Jilin**	**62050**	**61400**	**61998**	
山西	**Shanxi**	**88007**	**87319**	**88182**		长春	Changchun	17635	18505	18464	24
太原	Taiyuan	16219	18036	18917	22	吉林	Jilin	11615	10496	10590	66
大同	Datong	8271	19164	8725	92	四平	Siping	6410	6459	6498	154
阳泉	Yangquan	3897	9048	3746	230	辽源	Liaoyuan	2587	2484	2656	262
长治	Changzhi	6906	17065	7251	131	通化	Tonghua	5374	5433	5409	181
晋城	Jincheng	5354	12380	5820	173	白山	Baishan	3611	3369	3325	241
朔州	Shuozhou	3475	6299	3072	249	松原	Songyuan	4414	4631	4743	197
晋中	Jinzhong	6396	15697	6844	145	白城	Baicheng	4599	4317	4365	213
运城	Yuncheng	12549	25160	11497	54	**黑龙江**	**Heilongjiang**	**80282**	**78589**	**80475**	
忻州	Xinzhou	6097	14198	6301	162	哈尔滨	Harbin	21527	20860	21573	16
临汾	Linfen	9346	21542	9602	79	齐齐哈尔	Qiqihar	8154	8718	9021	88
吕梁	Lvliang	6866	13974	6407	159	鸡西	Jixi	4324	3723	3652	233
内蒙古	**Inner Mongolia**	**56245**	**59528**	**62055**		鹤岗	Hegang	3092	2746	2682	260
呼和浩特	Hohhot	6882	7403	8094	108	双鸭山	Shuangyashan	3330	3976	3263	244
包头	Baotou	6964	7473	8104	107	大庆	Daqing	8798	8536	8821	91
乌海	Wuhai	1275	1584	1661	275	伊春	Yichun	2911	2671	2845	256
赤峰	Chifeng	8508	10070	10568	68	佳木斯	Jiamusi	5087	5307	5192	186
通辽	Tongliao	5744	6154	6624	148	七台河	Qitaihe	1553	1559	1536	278
鄂尔多斯	Erdos	3776	4529	4491	210	牡丹江	Mudanjiang	6210	6369	6502	153
呼伦贝尔	Hulunbuir	7148	7421	7331	129	黑河	Heihe	3367	3450	3560	235
巴彦淖尔	Bayannur	3899	4276	4237	217	绥化	Suihua	7237	6638	6834	146
乌兰察布	Ulanqab	3749	3818	3955	225	**上海**	**Shanghai**	**53009**	**55797**	**57944**	
辽宁	**Liaoning**	**96862**	**100972**	**103344**		**江苏**	**Jiangsu**	**128943**	**157902**	**169641**	

16-24 医疗卫生机构执业（助理）医师数 续表 1
Licensed (Assistant) Doctors in Health Care Institutions continued 1

单位：人 (person)

地名	City	2010	2012	2013	2013 排名 Ranking
南京	Nanjing	17007	19101	20662	18
无锡	Wuxi	11751	13092	14767	37
徐州	Xuzhou	12165	14457	16175	32
常州	Changzhou	7933	10094	10850	62
苏州	Suzhou	18249	23194	24296	10
南通	Nantong	13469	14835	15579	33
连云港	Lianyungang	6274	7333	7647	125
淮安	Huaian	5968	9604	11173	59
盐城	Yancheng	9244	13945	15008	36
扬州	Yangzhou	7881	8818	9276	85
镇江	Zhenjiang	5476	6881	7204	134
泰州	Taizhou	8228	9461	9567	81
宿迁	Suqian	5353	7145	7457	127
浙江	**Zhejiang**	**120440**	**129973**	**138279**	
杭州	Hangzhou	24345	27369	29686	4
宁波	Ningbo	17237	19055	19949	21
温州	Wenzhou	17872	19537	21093	17
嘉兴	Jiaxing	7865	8458	8837	90
湖州	Huzhou	5871	6262	6569	151
绍兴	Shaoxing	9593	10638	11605	53
金华	Jinhua	9379	12483	13374	43
衢州	Quzhou	4490	6386	5108	188
舟山	Zhoushan	2524	2703	2847	255
台州	Taizhou	11521	12944	13338	45
丽水	Lishui	5296	5490	5883	169
安徽	**Anhui**	**86511**	**92061**	**98613**	
合肥	Hefei	10815	15303	16353	30
芜湖	Wuhu	5034	6754	6920	142
蚌埠	Bengbu	5017	5249	5487	179
淮南	Huainan	4304	4805	4918	193
马鞍山	Maanshan	2670	3639	3919	226
淮北	Huaibei	4217	3942	3996	224
铜陵	Tongling	1834	1913	2023	272
安庆	Anqing	6736	7737	8313	101
黄山	Huangshan	2426	2622	2933	252
滁州	Chuzhou	4824	5321	5813	174
阜阳	Fuyang	7141	9513	10254	70
宿州	Suzhou	5221	7175	7696	123
六安	Liuan	6364	7053	7941	114
亳州	Bozhou	3503	4080	4470	211
池州	Chizhou	2077	2565	2869	254
宣城	Xuancheng	3780	4338	4725	199
福建	**Fujian**	**58630**	**66740**	**72642**	
福州	Fuzhou	14211	16626	17396	28
厦门	Xiamen	7563	8495	8511	96
莆田	Putian	3218	4046	4630	203
三明	Sanming	4583	4534	4607	206
泉州	Quanzhou	8864	10378	11069	60
漳州	Zhangzhou	4577	5862	6414	158
南平	Nanping	4186	4671	4967	191
龙岩	Longyan	4453	4608	4880	194
宁德	Ningde	3747	4228	4613	205
江西	**Jiangxi**	**61887**	**67077**	**70251**	
南昌	Nanchang	10330	11084	11369	56
景德镇	Jingdezhen	2358	2583	2756	258
萍乡	Pingxiang	3365	3837	4041	221
九江	Jiujiang	7061	7972	8370	99
新余	Xinyu	1944	2260	2456	266
鹰潭	Yingtan	1684	2265	2353	267
赣州	Ganzhou	9037	9414	10140	71
吉安	Jian	5833	6336	6883	143
宜春	Yichun	6656	7326	7227	132
抚州	Fuzhou	4202	4582	4720	200
上饶	Shangrao	6794	9509	9961	73
山东	**Shandong**	**185164**	**200465**	**231754**	
济南	Jinan	17101	19451	22752	13
青岛	Qingdao	17701	22176	24867	9
淄博	Zibo	11043	11892	12451	49
枣庄	Zaozhuang	6669	6978	7710	122
东营	Dongying	5238	5395	5459	180
烟台	Yantai	15428	17445	20001	20
潍坊	Weifang	20186	24726	30227	3
济宁	Jining	13196	15138	18905	23
泰安	Taian	10382	10405	12441	50
威海	Weihai	7204	6427	6569	151
日照	Rizhao	4784	5184	5147	187
莱芜	Laiwu	2756	2960	3082	247
临沂	Linyi	12324	13933	16319	31
德州	Dezhou	8030	8676	10587	67
聊城	Liaocheng	7696	8379	9699	77

16-24 医疗卫生机构执业（助理）医师数 续表 2
Licensed (Assistant) Doctors in Health Care Institutions continued 2

单位：人 (person)

地名	City	2010	2012	2013	2013 排名 Ranking
滨州	Binzhou	6603	8218	8131	106
菏泽	Heze	11916	13082	17320	29
河南	**Henan**	**154801**	**167608**	**180600**	
郑州	Zhengzhou	20420	23390	26766	7
开封	Kaifeng	8115	8688	9318	83
洛阳	Luoyang	12954	13652	14320	39
平顶山	Pingdingshan	8620	9498	9665	78
安阳	Anyang	9654	10228	11196	57
鹤壁	Hebi	3027	3217	3075	248
新乡	Xinxiang	9983	11207	11788	52
焦作	Jiaozuo	7901	7479	7936	115
濮阳	Puyang	5466	6078	6600	150
许昌	Xuchang	7341	8678	9015	89
漯河	Luohe	4138	4184	4547	208
三门峡	Sanmenxia	4287	4559	4713	201
南阳	Nanyang	12563	13286	14590	38
商丘	Shangqiu	10063	10986	12574	48
信阳	Xinyang	6942	7366	8055	110
周口	Zhoukou	11917	12911	13212	46
驻马店	Zhumadian	10265	11100	11864	51
湖北	**Hubei**	**99542**	**109149**	**117191**	
武汉	Wuhan	24183	25406	28977	5
黄石	Huangshi	4222	4321	4875	195
十堰	Shiyan	7102	7747	8489	97
宜昌	Yichang	8138	8794	9498	82
襄阳	Xiangyang	9642	9900	10711	65
鄂州	Ezhou	1878	1908	1730	274
荆门	Jingmen	4394	4931	6335	161
孝感	Xiaogan	6086	6643	7393	128
荆州	Jingzhou	7146	9154	9592	80
黄冈	Huanggang	9043	9557	10713	64
咸宁	Xianning	3721	5482	5871	170
随州	Suizhou	2918	3711	3696	232
湖南	**Hunan**	**110444**	**116440**	**127241**	
长沙	Changsha	18254	20107	22655	14
株洲	Zhuzhou	7751	7584	8024	111
湘潭	Xiangtan	5527	5767	6127	165
衡阳	Hengyang	10335	10441	11184	58
邵阳	Shaoyang	7651	8238	9170	86
岳阳	Yueyang	6921	7509	8296	102
常德	Changde	8800	9282	9899	75
张家界	Zhangjiajie	2234	2380	2648	263
益阳	Yiyang	5866	6319	7034	137
郴州	Chenzhou	7905	7526	8023	112
永州	Yongzhou	6368	6977	7967	113
怀化	Huaihua	6854	7662	8337	100
娄底	Loudi	5836	5616	6093	166
广东	**Guangdong**	**174536**	**198966**	**210306**	
广州	Guangzhou	33575	37101	39342	2
韶关	Shaoguan	5370	6058	6229	164
深圳	Shenzhen	21295	23973	25715	8
珠海	Zhuhai	4615	4733	4941	192
汕头	Shantou	6682	7894	8171	104
佛山	Foshan	11646	13171	14179	40
江门	Jiangmen	6472	7409	7723	121
湛江	Zhanjiang	8030	9587	10331	69
茂名	Maoming	8126	9624	9834	76
肇庆	Zhaoqing	4762	5176	5827	172
惠州	Huizhou	6223	8564	9154	87
梅州	Meizhou	7476	7399	7915	116
汕尾	Shanwei	3183	4345	4525	209
河源	Heyuan	3937	4042	4309	216
阳江	Yangjiang	3013	3381	4006	223
清远	Qingyuan	4106	6381	6632	147
东莞	Dongguan	11769	12849	13770	42
中山	Zhongshan	5383	5635	6013	168
潮州	Chaozhou	3106	3636	3712	231
揭阳	Jieyang	7237	7941	7842	118
云浮	Yunfu	2480	3208	3503	237
广西	**Guangxi**	**70816**	**78043**	**83310**	
南宁	Nanning	13477	16253	17772	26
柳州	Liuzhou	7518	8265	8663	93
桂林	Guilin	8391	9337	9949	74
梧州	Wuzhou	4287	4536	4759	196
北海	Beihai	2553	3026	3102	246
防城港	Fangchenggang	901	1094	1622	277
钦州	Qinzhou	3121	3695	7807	119
贵港	Guigang	4051	5352	5348	182
玉林	Yulin	6647	7319	7791	120
百色	Baise	4442	4814	5215	184

16-24 医疗卫生机构执业（助理）医师数 续表 3
Licensed (Assistant) Doctors in Health Care Institutions continued 3

单位：人 (person)

地名	City	2010	2012	2013	2013 排名 Ranking
贺州	Hezhou	2589	2578	2880	253
河池	Hechi	4322	5308	5251	183
来宾	Laibin	2776	3043	3313	243
崇左	Chongzuo	2566	2944	3068	250
海南	**Hainan**	**14456**	**15525**	**16725**	
海口	Haikou	5500	5912	6454	156
三亚	Sanya	1366	1254	1526	280
三沙	Sansha				
重庆	**Chongqing**	**47969**	**51990**	**55141**	
四川	**Sichuan**	**145194**	**162877**	**173890**	
成都	Chengdu	36003	42804	45826	1
自贡	Zigong	5380	5805	6235	163
攀枝花	Panzhihua	3424	3660	3779	229
泸州	Luzhou	6254	7311	8073	109
德阳	Deyang	6863	7505	7863	117
绵阳	Mianyang	8959	10172	10788	63
广元	Guangyuan	5585	5426	5727	176
遂宁	Suining	5150	5902	6080	167
内江	Neijiang	6005	6698	6975	140
乐山	Leshan	6356	7148	7209	133
南充	Nanchong	8966	10423	11038	61
眉山	Meishan	5084	5458	5740	175
宜宾	Yibin	6706	7269	8186	103
广安	Guangan	4033	4423	4619	204
达州	Dazhou	7005	7701	8535	95
雅安	Yaan	3150	3510	3606	234
巴中	Bazhong	5061	6208	6605	149
资阳	Ziyang	5696	6649	7117	136
贵州	**Guizhou**	**43389**	**49179**	**55959**	
贵阳	Guiyang	7199	11820	12719	47
六盘水	Liupanshui	2569	3954	4058	220
遵义	Zunyi	7110	8507	10088	72
安顺	Anshun	1701	2686	2672	261
毕节	Bijie	4362	5561	7028	138
铜仁	Tongren	2707	3912	4363	214
云南	**Yunnan**	**63306**	**68466**	**74860**	
昆明	Kunming	18636	19920	22128	15
曲靖	Qujing	5475	6198	6474	155
玉溪	Yuxi	4063	4403	4739	198
保山	Baoshan	2668	2316	3229	245
昭通	Zhaotong	3611	3804	4646	202
丽江	Lijiang	992	1044	1105	283
普洱	Puer	2926	3065	3414	240
临沧	Lincang	2164	2334	2753	259
西藏	**Tibet**	**4469**	**4043**	**5176**	
拉萨	Lasa	1433	1541	1661	275
陕西	**Shaanxi**	**66040**	**69471**	**74397**	
西安	Xi'an	20913	23051	24015	11
铜川	Tongchuan	1747	2155	2179	270
宝鸡	Baoji	5766	6911	7255	130
咸阳	Xianyang	7478	8566	9290	84
渭南	Weinan	5955	5980	6878	144
延安	Yan'an	4017	3989	4402	212
汉中	Hanzhong	5231	5901	6367	160
榆林	Yulin	4853	5230	5714	177
安康	Ankang	3605	4088	4358	215
商洛	Shangluo	2909	3278	3546	236
甘肃	**Gansu**	**39331**	**42956**	**44887**	
兰州	Lanzhou	10062	11303	11394	55
嘉峪关	Jiayuguan	719	828	844	284
金昌	Jinchang	1057	1308	1288	281
白银	Baiyin	2476	2468	2572	264
天水	Tianshui	3430	3827	4116	219
武威	Wuwei	2352	2817	2804	257
张掖	Zhangye	2016	2343	2473	265
平凉	Pingliang	2757	3081	3445	239
酒泉	Jiuquan	2115	2208	2266	269
庆阳	Qingyang	2613	3108	3316	242
定西	Dingxi	2898	3487	3491	238
陇南	Longnan	2499	2790	2985	251
青海	**Qinghai**	**10564**	**11918**	**13239**	
西宁	Xining	5279	5782	7003	139
海东	Haidong				
宁夏	**Ningxia**	**12267**	**13011**	**14317**	
银川	Yinchuan	5301	5829	6429	157
石嘴山	Shizuishan	1860	1879	2077	271
吴忠	Wuzhong	1726	2004	2301	268
固原	Guyuan	1859	1913	1980	273
中卫	Zhongwei	1336	1386	1530	279
新疆	**Xinjiang**	**49056**	**50540**	**53020**	
乌鲁木齐	Urumqi	12027	12520	13348	44
克拉玛依	Karamay	1091	1136	1139	282

16-25 医疗卫生机构注册护士数

Number of Registered Nurses

单位：人 (person)

地名	City	2010	2012	2013	2013 排名 Ranking
全国	**Nation Total**	**2048071**	**2496599**	**2783121**	
北京	**Beijing**	**67332**	**79534**	**83879**	
天津	**Tianjin**	**24199**	**27621**	**29715**	
河北	**Hebei**	**87351**	**101988**	**111526**	
石家庄	Shijiazhuang	15532	18551	20247	20
唐山	Tangshan	14549	16311	17179	31
秦皇岛	Qinhuangdao	4516	6341	6625	145
邯郸	Handan	9081	10265	12467	44
邢台	Xingtai	6035	7130	7864	109
保定	Baoding	11067	13494	14152	40
张家口	Zhangjiakou	4550	5110	5563	170
承德	Chengde	4635	4829	5200	182
沧州	Cangzhou	8364	10169	11287	53
廊坊	Langfang	4874	5752	6128	156
衡水	Hengshui	3420	4034	4634	199
山西	**Shanxi**	**62628**	**70337**	**74849**	
太原	Taiyuan	16606	19402	21109	18
大同	Datong	6676	6668	6953	132
阳泉	Yangquan	3480	3581	3641	222
长治	Changzhi	5996	6378	6729	139
晋城	Jincheng	3625	3975	4306	207
朔州	Shuozhou	1703	1744	1887	272
晋中	Jinzhong	4773	5466	5790	162
运城	Yuncheng	6590	7518	8163	100
忻州	Xinzhou	3681	4176	4143	214
临汾	Linfen	5535	7117	7704	113
吕梁	Lvliang	3586	4312	4424	202
内蒙古	**Inner Mongolia**	**38251**	**46774**	**52358**	
呼和浩特	Hohhot	6018	7019	7691	115
包头	Baotou	6309	7091	8014	104
乌海	Wuhai	1158	1411	1657	276
赤峰	Chifeng	5119	7401	8775	92
通辽	Tongliao	3189	4259	4670	198
鄂尔多斯	Erdos	2320	3149	3599	224
呼伦贝尔	Hulunbuir	5479	6474	6805	137
巴彦淖尔	Bayannur	2675	3240	3564	227
乌兰察布	Ulanqab	1924	2072	2494	257
辽宁	**Liaoning**	**88882**	**98036**	**103409**	
沈阳	Shenyang	21391	24418	25376	12
大连	Dalian	16523	18576	19548	22
鞍山	Anshan	7593	7913	8213	98
抚顺	Fushun	4685	5208	5255	179
本溪	Benxi	4512	4582	4723	197
丹东	Dandong	4237	4947	5014	185
锦州	Jinzhou	3868	3803	4060	215
营口	Yingkou	4338	4444	4733	195
阜新	Fuxin	3661	4359	4838	190
辽阳	Liaoyang	3307	3590	3722	220
盘锦	Panjin	3036	2911	4018	216
铁岭	Tieling	3718	4249	4257	209
朝阳	Chaoyang	3768	4642	5522	172
葫芦岛	Huludao	3827	3994	4154	211
吉林	**Jilin**	**45776**	**50975**	**52715**	
长春	Changchun	14361	15795	16433	34
吉林	Jilin	8706	9563	9803	73
四平	Siping	4748	5259	5453	173
辽源	Liaoyuan	2051	2569	2467	258
通化	Tonghua	3316	3719	3772	219
白山	Baishan	2464	2789	2780	248
松原	Songyuan	2743	3239	3467	230
白城	Baicheng	2662	2711	2851	245
黑龙江	**Heilongjiang**	**62759**	**70073**	**73974**	
哈尔滨	Harbin	20061	22103	22974	15
齐齐哈尔	Qiqihar	6691	7874	8966	85
鸡西	Jixi	3826	4156	4146	213
鹤岗	Hegang	2555	2818	2837	246
双鸭山	Shuangyashan	2726	3225	3426	231
大庆	Daqing	6027	6269	6649	144
伊春	Yichun	2161	2363	2432	261
佳木斯	Jiamusi	4329	5002	5260	178
七台河	Qitaihe	1309	1516	1583	277
牡丹江	Mudanjiang	5561	6349	6844	136
黑河	Heihe	2414	2914	3120	244
绥化	Suihua	3699	4000	4152	212
上海	**Shanghai**	**55866**	**63245**	**67939**	
江苏	**Jiangsu**	**122509**	**155247**	**174158**	

16-25 医疗卫生机构注册护士数 续表 1
Number of Registered Nurses continued 1

单位：人 (person)

地名	City	2010	2012	2013	2013 排名 Ranking	地名	City	2010	2012	2013	2013 排名 Ranking
南京	Nanjing	19577	22953	25413	11	池州	Chizhou	2067	2459	2625	254
无锡	Wuxi	11426	14873	16757	33	宣城	Xuancheng	3306	4249	4388	206
徐州	Xuzhou	12098	16073	18025	27	**福建**	**Fujian**	**53511**	**71124**	**79929**	
常州	Changzhou	7777	10192	11108	56	福州	Fuzhou	13890	18132	19247	24
苏州	Suzhou	17633	21943	24097	14	厦门	Xiamen	6903	8908	9295	81
南通	Nantong	10365	12800	13862	42	莆田	Putian	2831	4674	5239	181
连云港	Lianyungang	6250	7861	8785	91	三明	Sanming	4495	5530	5930	161
淮安	Huaian	6252	9556	12042	48	泉州	Quanzhou	8146	10655	12131	45
盐城	Yancheng	7588	9587	11232	54	漳州	Zhangzhou	4313	6196	7198	125
扬州	Yangzhou	7257	8240	8924	86	南平	Nanping	4497	5407	6469	150
镇江	Zhenjiang	4856	6609	7346	121	龙岩	Longyan	5078	6402	7273	124
泰州	Taizhou	5820	7174	7945	105	宁德	Ningde	3667	4955	5766	164
宿迁	Suqian	5662	7406	8622	93	**江西**	**Jiangxi**	**58405**	**72055**	**78209**	
浙江	**Zhejiang**	**99610**	**121313**	**132705**		南昌	Nanchang	11693	13123	14021	41
杭州	Hangzhou	23418	28382	30996	5	景德镇	Jingdezhen	2565	2977	3372	236
宁波	Ningbo	15079	18280	19668	21	萍乡	Pingxiang	3447	4464	4890	188
温州	Wenzhou	12913	16197	17723	29	九江	Jiujiang	6302	8239	9054	83
嘉兴	Jiaxing	8181	10010	10546	63	新余	Xinyu	2134	2565	2615	255
湖州	Huzhou	4966	6148	6698	141	鹰潭	Yingtan	1377	1579	1822	274
绍兴	Shaoxing	7772	9504	10537	64	赣州	Ganzhou	7886	10753	12073	47
金华	Jinhua	8154	10123	11760	50	吉安	Jian	5239	6102	6925	133
衢州	Quzhou	3326	4741	4730	196	宜春	Yichun	6706	8065	8486	95
舟山	Zhoushan	2135	2450	2729	252	抚州	Fuzhou	4010	4597	5013	186
台州	Taizhou	9104	10873	11613	51	上饶	Shangrao	6344	9598	9958	71
丽水	Lishui	4088	4974	5705	165	**山东**	**Shandong**	**156692**	**191721**	**240078**	
安徽	**Anhui**	**77317**	**95046**	**103404**		济南	Jinan	13808	16126	24189	13
合肥	Hefei	12367	18161	19491	23	青岛	Qingdao	17713	21978	25751	10
芜湖	Wuhu	5149	7186	7852	110	淄博	Zibo	9839	10789	12005	49
蚌埠	Bengbu	5267	6487	7122	127	枣庄	Zaozhuang	5223	6627	8376	96
淮南	Huainan	4554	5317	5959	159	东营	Dongying	4865	5738	6106	157
马鞍山	Maanshan	2959	4297	4412	204	烟台	Yantai	11621	13699	17631	30
淮北	Huaibei	4686	4374	4468	201	潍坊	Weifang	20688	25414	30494	6
铜陵	Tongling	1959	2046	2324	262	济宁	Jining	11719	16820	21764	17
安庆	Anqing	6080	7000	7705	112	泰安	Taian	10000	11089	14159	39
黄山	Huangshan	2431	3026	3383	234	威海	Weihai	6130	7101	7844	111
滁州	Chuzhou	4206	5239	5670	167	日照	Rizhao	3719	4430	5068	183
阜阳	Fuyang	5681	8509	9459	78	莱芜	Laiwu	2019	2502	2741	251
宿州	Suzhou	4097	6450	7025	129	临沂	Linyi	10315	14830	17793	28
六安	Liuan	4623	5773	6659	142	德州	Dezhou	5626	7176	9310	80
亳州	Bozhou	3004	4469	4862	189	聊城	Liaocheng	6976	8355	10054	70

16-25 医疗卫生机构注册护士数 续表 2
Number of Registered Nurses continued 2

单位：人 (person)

地名	City	2010	2012	2013	2013 排名 Ranking
滨州	Binzhou	5915	7779	8577	94
菏泽	Heze	9468	11268	18269	25
河南	**Henan**	**121384**	**156041**	**176534**	
郑州	Zhengzhou	19634	29972	35532	3
开封	Kaifeng	6762	8354	9481	76
洛阳	Luoyang	10929	13258	14805	36
平顶山	Pingdingshan	7146	8972	9295	81
安阳	Anyang	5675	7031	8105	102
鹤壁	Hebi	2220	2728	2767	249
新乡	Xinxiang	8536	11080	12107	46
焦作	Jiaozuo	5338	6200	6603	146
濮阳	Puyang	4714	5807	6653	143
许昌	Xuchang	4991	6669	7285	123
漯河	Luohe	3627	4381	5034	184
三门峡	Sanmenxia	3200	4181	4601	200
南阳	Nanyang	10710	13102	15288	35
商丘	Shangqiu	6863	8669	10358	66
信阳	Xinyang	4821	6100	6978	131
周口	Zhoukou	7655	9551	10310	67
驻马店	Zhumadian	7682	8832	10122	69
湖北	**Hubei**	**93844**	**115745**	**127871**	
武汉	Wuhan	24016	28505	32036	4
黄石	Huangshi	5097	6121	6903	134
十堰	Shiyan	7152	8880	9472	77
宜昌	Yichang	7928	10241	11202	55
襄阳	Xiangyang	8416	10264	10979	58
鄂州	Ezhou	1784	1935	2131	267
荆门	Jingmen	4591	5670	6306	151
孝感	Xiaogan	5012	5971	7014	130
荆州	Jingzhou	7228	9076	9914	72
黄冈	Huanggang	7077	8625	10410	65
咸宁	Xianning	3238	4755	6038	158
随州	Suizhou	2211	3191	3469	229
湖南	**Hunan**	**92346**	**112906**	**125696**	
长沙	Changsha	20454	24947	27964	9
株洲	Zhuzhou	7353	8247	8914	87
湘潭	Xiangtan	4426	5743	6241	153
衡阳	Hengyang	8063	9332	10824	61
邵阳	Shaoyang	6612	8367	9371	79
岳阳	Yueyang	5634	7034	7670	117
常德	Changde	7183	8325	8988	84
张家界	Zhangjiajie	1789	2158	2462	259
益阳	Yiyang	4441	5541	6271	152
郴州	Chenzhou	7369	8788	9609	74
永州	Yongzhou	5675	7087	7868	108
怀化	Huaihua	5694	7943	8902	90
娄底	Loudi	3905	4765	5251	180
广东	**Guangdong**	**167882**	**199534**	**217629**	
广州	Guangzhou	39140	44670	48531	2
韶关	Shaoguan	5457	6391	5563	170
深圳	Shenzhen	22044	25931	28035	8
珠海	Zhuhai	4365	5187	5384	175
汕头	Shantou	5402	6160	6881	135
佛山	Foshan	13558	15590	16874	32
江门	Jiangmen	6475	8159	8911	89
湛江	Zhanjiang	8777	10221	10927	60
茂名	Maoming	6119	7482	8284	97
肇庆	Zhaoqing	5240	1482	7111	128
惠州	Huizhou	6391	9445	10266	68
梅州	Meizhou	2965	5534	5335	176
汕尾	Shanwei	1806	2138	2198	266
河源	Heyuan	3337	3973	4416	203
阳江	Yangjiang	2652	3404	3716	221
清远	Qingyuan	4570	5815	6744	138
东莞	Dongguan	14689	16914	18123	26
中山	Zhongshan	6223	7507	7915	106
潮州	Chaozhou	1493	1935	2019	271
揭阳	Jieyang	2344	3944	6153	155
云浮	Yunfu	2542	2996	3336	237
广西	**Guangxi**	**70243**	**85515**	**94814**	
南宁	Nanning	14567	18384	20581	19
柳州	Liuzhou	8501	10408	11036	57
桂林	Guilin	8726	9720	10580	62
梧州	Wuzhou	4282	5386	5702	166
北海	Beihai	2439	3020	3215	239
防城港	Fangchenggang	1123	1367	1767	275
钦州	Qinzhou	3683	4019	5430	174
贵港	Guigang	4009	5143	5633	168
玉林	Yulin	6389	7261	8018	103
百色	Baise	4574	5666	6518	149

16-25 医疗卫生机构注册护士数 续表 3

Number of Registered Nurses continued 3

单位：人 (person)

地名	City	2010	2012	2013	2013 排名 Ranking
贺州	Hezhou	2621	2849	3395	232
河池	Hechi	4070	5199	5950	160
来宾	Laibin	2544	3029	3387	233
崇左	Chongzuo	2581	3446	3526	228
海南	**Hainan**	**16319**	**19432**	**20892**	
海口	Haikou	7100	8238	8914	87
三亚	Sanya	1483	1627	1869	273
三沙	Sansha				
重庆	**Chongqing**	**37611**	**49823**	**55460**	
四川	**Sichuan**	**104886**	**139810**	**158457**	
成都	Chengdu	34647	45088	50058	1
自贡	Zigong	4404	5519	6169	154
攀枝花	Panzhihua	3011	3523	3818	218
泸州	Luzhou	3744	6085	7123	126
德阳	Deyang	4440	5990	6557	148
绵阳	Mianyang	6660	8629	9586	75
广元	Guangyuan	3315	4213	4789	193
遂宁	Suining	3677	4469	4799	192
内江	Neijiang	3772	5212	5774	163
乐山	Leshan	4433	5807	6574	147
南充	Nanchong	5342	6743	7535	119
眉山	Meishan	2814	4494	4818	191
宜宾	Yibin	4740	6642	7897	107
广安	Guangan	2415	3302	3589	225
达州	Dazhou	4328	6007	7317	122
雅安	Yaan	2037	2730	3293	238
巴中	Bazhong	2060	3206	3951	217
资阳	Ziyang	3372	4867	5261	177
贵州	**Guizhou**	**36165**	**48646**	**58666**	
贵阳	Guiyang	8868	13079	14594	37
六盘水	Liupanshui	2484	3978	4238	210
遵义	Zunyi	6441	8844	10951	59
安顺	Anshun	1640	2683	3174	242
毕节	Bijie	3184	5362	8153	101
铜仁	Tongren	1703	3164	4400	205
云南	**Yunnan**	**49408**	**60755**	**73305**	
昆明	Kunming	14992	17989	21880	16
曲靖	Qujing	4528	4907	5610	169
玉溪	Yuxi	2966	3714	4267	208
保山	Baoshan	1795	2639	3380	235
昭通	Zhaotong	2228	3151	2120	268
丽江	Lijiang	1097	1182	1355	278
普洱	Puer	2232	2716	3164	243
临沧	Lincang	1389	1467	2456	260
西藏	**Tibet**	**1988**	**1732**	**2397**	
拉萨	Lasa	951	1121	1081	283
陕西	**Shaanxi**	**61816**	**79390**	**89551**	
西安	Xi'an	22640	27837	30062	7
铜川	Tongchuan	1971	2515	2764	250
宝鸡	Baoji	5248	6796	7654	118
咸阳	Xianyang	8853	11202	12567	43
渭南	Weinan	4690	6792	8184	99
延安	Yan'an	3175	4384	4958	187
汉中	Hanzhong	4903	5786	6713	140
榆林	Yulin	4627	6918	7690	116
安康	Ankang	2715	3747	4784	194
商洛	Shangluo	2177	2972	3565	226
甘肃	**Gansu**	**29868**	**37202**	**40954**	
兰州	Lanzhou	9191	10956	11595	52
嘉峪关	Jiayuguan	857	1032	1103	282
金昌	Jinchang	820	1170	1224	281
白银	Baiyin	2158	2636	2832	247
天水	Tianshui	2231	3167	3622	223
武威	Wuwei	1952	2588	3206	240
张掖	Zhangye	1490	1994	2255	263
平凉	Pingliang	2327	2869	3203	241
酒泉	Jiuquan	2001	2065	2203	264
庆阳	Qingyang	1784	2370	2615	255
定西	Dingxi	1759	2482	2715	253
陇南	Longnan	1288	1709	2022	270
青海	**Qinghai**	**8339**	**10026**	**11492**	
西宁	Xining	5324	6434	7704	113
海东	Haidong				
宁夏	**Ningxia**	**10341**	**12504**	**13978**	
银川	Yinchuan	5050	6506	7383	120
石嘴山	Shizuishan	1791	2072	2199	265
吴忠	Wuzhong	1490	1767	2046	269
固原	Guyuan	1072	983	1042	284
中卫	Zhongwei	905	1173	1308	279
新疆	**Xinjiang**	**44543**	**52449**	**56578**	
乌鲁木齐	Urumqi	11729	13911	14476	38
克拉玛依	Karamay	1190	1194	1239	280

16-26 剧场、影剧院数
Number of Theaters and Cinemas

单位：个 （unit）

地名	City	2010	2013	2014	2014 排名 Ranking
全国	**Nation Total**	**3576**	**3869**	**4252**	
北京	**Beijing**	**182**	**272**	**251**	
天津	**Tianjin**	**27**	**29**	**27**	
河北	**Hebei**	**170**	**177**	**164**	
石家庄	Shijiazhuang	33	20	20	56
唐山	Tangshan	15	23	23	42
秦皇岛	Qinhuangdao	4	14	16	66
邯郸	Handan	19	11	11	109
邢台	Xingtai	24	28	13	89
保定	Baoding	18	35	34	22
张家口	Zhangjiakou	13	3	3	251
承德	Chengde	12	17	29	28
沧州	Cangzhou	12	5	5	213
廊坊	Langfang	13	6	6	189
衡水	Hengshui	7	15	4	232
山西	**Shanxi**	**124**	**135**	**146**	
太原	Taiyuan	10	19	24	40
大同	Datong	11	11	9	131
阳泉	Yangquan	3	4	5	213
长治	Changzhi	11	8	10	121
晋城	Jincheng	12	13	13	89
朔州	Shuozhou	8	7	7	171
晋中	Jinzhong	11	13	13	89
运城	Yuncheng	13	14	14	80
忻州	Xinzhou	15	15	16	66
临汾	Linfen	22	23	27	33
吕梁	Lvliang	8	8	8	158
内蒙古	**Inner Mongolia**	**72**	**93**	**111**	
呼和浩特	Hohhot	8	14	14	80
包头	Baotou	17	17	17	62
乌海	Wuhai	2	5	5	213
赤峰	Chifeng	2	8	13	89
通辽	Tongliao	6	6	5	213
鄂尔多斯	Erdos	5	15	15	73
呼伦贝尔	Hulunbuir	14	15	30	26
巴彦淖尔	Bayannur	6	6	5	213
乌兰察布	Ulanqab	12	7	7	171
辽宁	**Liaoning**	**123**	**128**	**158**	
沈阳	Shenyang	46	45	49	9
大连	Dalian	6	6	6	189
鞍山	Anshan	11	11	11	109
抚顺	Fushun	15	8	9	131
本溪	Benxi	5	5	5	213
丹东	Dandong	9	9	12	101
锦州	Jinzhou	7	7	9	131
营口	Yingkou	4	2	11	109
阜新	Fuxin	4	3	3	251
辽阳	Liaoyang	2	2	9	131
盘锦	Panjin	3	3	3	251
铁岭	Tieling	2	7	7	171
朝阳	Chaoyang	6	5	8	158
葫芦岛	Huludao	3	15	16	66
吉林	**Jilin**	**52**	**47**	**51**	
长春	Changchun	23	30	35	19
吉林	Jilin	4	4	4	232
四平	Siping	5	2	2	263
辽源	Liaoyuan	1	1	2	263
通化	Tonghua	2	1	1	272
白山	Baishan	4	4	2	263
松原	Songyuan	1	1	1	272
白城	Baicheng	12	4	4	232
黑龙江	**Heilongjiang**	**147**	**178**	**186**	
哈尔滨	Harbin	70	80	80	3
齐齐哈尔	Qiqihar	8	17	17	62
鸡西	Jixi	2	4	4	232
鹤岗	Hegang	3	1	3	251
双鸭山	Shuangyashan		3	7	171
大庆	Daqing	16	15	21	53
伊春	Yichun	8	8	8	158
佳木斯	Jiamusi	15	15	15	73
七台河	Qitaihe	3	9	3	251
牡丹江	Mudanjiang	3	7	9	131
黑河	Heihe	6	6	6	189
绥化	Suihua	13	13	13	89
上海	**Shanghai**	**86**	**116**	**81**	
江苏	**Jiangsu**	**264**	**270**	**261**	

16-26　剧场、影剧院数　续表 1
Number of Theaters and Cinemas continued 1

单位：个　　(unit)

地名	City	2010	2013	2014	2014 排名 Ranking	地名	City	2010	2013	2014	2014 排名 Ranking
南京	Nanjing	28	54	63	5	池州	Chizhou	8	7	7	171
无锡	Wuxi	48	66	46	12	宣城	Xuancheng	8	2	14	80
徐州	Xuzhou	9	9	9	131	**福建**	**Fujian**	**138**	**113**	**131**	
常州	Changzhou	45	7	7	171	福州	Fuzhou	26	31	36	18
苏州	Suzhou	29	30	23	42	厦门	Xiamen	5	5	5	213
南通	Nantong	9	30	35	19	莆田	Putian	3	4	4	232
连云港	Lianyungang	7	7	12	101	三明	Sanming	5	14	20	56
淮安	Huaian	8	16	7	171	泉州	Quanzhou	63	23	34	22
盐城	Yancheng	11	14	10	121	漳州	Zhangzhou	11	10	10	121
扬州	Yangzhou	6	6	6	189	南平	Nanping	9	8	8	158
镇江	Zhenjiang	48	4	4	232	龙岩	Longyan	9	12	8	158
泰州	Taizhou	9	20	28	30	宁德	Ningde	7	6	6	189
宿迁	Suqian	7	7	11	109	**江西**	**Jiangxi**	**124**	**150**	**187**	
浙江	**Zhejiang**	**250**	**300**	**366**		南昌	Nanchang	9	9	9	131
杭州	Hangzhou	42	60	78	4	景德镇	Jingdezhen	5	4	6	189
宁波	Ningbo	24	48	90	2	萍乡	Pingxiang	8	9	11	109
温州	Wenzhou	21	10	10	121	九江	Jiujiang	7	5	20	56
嘉兴	Jiaxing	42	37	31	25	新余	Xinyu	2	2	2	263
湖州	Huzhou	4	5	5	213	鹰潭	Yingtan	6	6	6	189
绍兴	Shaoxing	31	34	35	19	赣州	Ganzhou	21	13	26	34
金华	Jinhua	20	20	26	34	吉安	Jian	14	27	23	42
衢州	Quzhou	10	14	14	80	宜春	Yichun	18	33	40	14
舟山	Zhoushan	6	7	9	131	抚州	Fuzhou	19	22	24	40
台州	Taizhou	36	44	47	11	上饶	Shangrao	15	20	20	56
丽水	Lishui	14	21	21	53	**山东**	**Shandong**	**290**	**277**	**297**	
安徽	**Anhui**	**102**	**139**	**207**		济南	Jinan	12	25	30	26
合肥	Hefei	9	41	49	9	青岛	Qingdao	40	40	43	13
芜湖	Wuhu	4	9	9	131	淄博	Zibo	8	8	8	158
蚌埠	Bengbu	10	7	12	101	枣庄	Zaozhuang	4	6	8	158
淮南	Huainan	1	1	6	189	东营	Dongying	18	22	20	56
马鞍山	Maanshan	5	6	4	232	烟台	Yantai	24	26	26	34
淮北	Huaibei	3	5	5	213	潍坊	Weifang	35	36	38	17
铜陵	Tongling	3	3	7	171	济宁	Jining	50	9	19	61
安庆	Anqing	12	25	25	37	泰安	Taian	4	4	4	232
黄山	Huangshan	4	10	14	80	威海	Weihai	2	14	15	73
滁州	Chuzhou	5	2	15	73	日照	Rizhao	2	9	12	101
阜阳	Fuyang	3	6	13	89	莱芜	Laiwu	10			
宿州	Suzhou	6	3	4	232	临沂	Linyi	15	28	7	171
六安	Liuan	12	1	13	89	德州	Dezhou	14	14	14	80
亳州	Bozhou	4	11	10	121	聊城	Liaocheng	12	7	14	80

16-26 剧场、影剧院数 续表 2
Number of Theaters and Cinemas continued 2

单位：个 (unit)

地名	City	2010	2013	2014	2014 排名 Ranking	地名	City	2010	2013	2014	2014 排名 Ranking
滨州	Binzhou	11	8	16	66	常德	Changde	9	20	29	28
菏泽	Heze	29	21	23	42	张家界	Zhangjiajie	7	8	8	158
河南	**Henan**	**164**	**165**	**161**		益阳	Yiyang	6	6	6	189
郑州	Zhengzhou	14	14	14	80	郴州	Chenzhou	6	6	6	189
开封	Kaifeng	8	6	9	131	永州	Yongzhou	11	6	6	189
洛阳	Luoyang	29	25	6	189	怀化	Huaihua	13	13	5	213
平顶山	Pingdingshan	8	8	8	158	娄底	Loudi	6	4	4	232
安阳	Anyang	9	18	22	48	广东	**Guangdong**	**324**	**287**	**307**	
鹤壁	Hebi	2	6	6	189	广州	Guangzhou	23	54	53	8
新乡	Xinxiang	11	10	10	121	韶关	Shaoguan	16	13	15	73
焦作	Jiaozuo	10	10	12	101	深圳	Shenzhen	16			
濮阳	Puyang	7	5	5	213	珠海	Zhuhai	1	14	22	48
许昌	Xuchang	6	6	6	189	汕头	Shantou	20	10	10	121
漯河	Luohe	1	1	1	272	佛山	Foshan	36	47	55	7
三门峡	Sanmenxia	6	6	6	189	江门	Jiangmen	9	2	1	272
南阳	Nanyang	13	13	13	89	湛江	Zhanjiang	4	4	23	42
商丘	Shangqiu	8	8	11	109	茂名	Maoming	5	5	2	263
信阳	Xinyang	9	9	9	131	肇庆	Zhaoqing	35	13	16	66
周口	Zhoukou	10	9	9	131	惠州	Huizhou	12	7	5	213
驻马店	Zhumadian	13	11	14	80	梅州	Meizhou	12	19	12	101
湖北	**Hubei**	**142**	**217**	**228**		汕尾	Shanwei	18	31	9	131
武汉	Wuhan	64	115	123	1	河源	Heyuan	7	5	5	213
黄石	Huangshi	5	6	6	189	阳江	Yangjiang	2	1	9	131
十堰	Shiyan	4	4	4	232	清远	Qingyuan		9	9	131
宜昌	Yichang	21	23	13	89	东莞	Dongguan	46	13	13	89
襄阳	Xiangyang	9	9	11	109	中山	Zhongshan	20	20	25	37
鄂州	Ezhou	2	2	2	263	潮州	Chaozhou	3	6	7	171
荆门	Jingmen	6	7	8	158	揭阳	Jieyang	15	5	5	213
孝感	Xiaogan	5	4	9	131	云浮	Yunfu	24	9	11	109
荆州	Jingzhou	4	10	15	73	广西	**Guangxi**	**95**	**98**	**115**	
黄冈	Huanggang	13	28	28	30	南宁	Nanning	11	18	21	53
咸宁	Xianning	2	2	2	263	柳州	Liuzhou	2	3	6	189
随州	Suizhou	7	7	7	171	桂林	Guilin	21	23	25	37
湖南	**Hunan**	**104**	**117**	**148**		梧州	Wuzhou	6	6	6	189
长沙	Changsha	8	16	16	66	北海	Beihai	2	6	7	171
株洲	Zhuzhou	2	2	16	66	防城港	Fangchenggang	4	4	4	232
湘潭	Xiangtan	12	10	10	121	钦州	Qinzhou	3	3	3	251
衡阳	Hengyang	5	5	5	213	贵港	Guigang	3	7	9	131
邵阳	Shaoyang	9	9	9	131	玉林	Yulin	9		11	109
岳阳	Yueyang	10	12	28	30	百色	Baise	14	12	7	171

16-26 剧场、影剧院数 续表 3
Number of Theaters and Cinemas continued 3

单位：个 (unit)

地名	City	2010	2013	2014	2014 排名 Ranking
贺州	Hezhou	10	3	5	213
河池	Hechi	4	3	3	251
来宾	Laibin		8	7	171
崇左	Chongzuo	6	2	1	272
海南	**Hainan**	**12**	**11**	**12**	
海口	Haikou	10	9	9	131
三亚	Sanya	2	2	3	251
三沙	Sansha				
重庆	**Chongqing**	**33**	**12**	**12**	
四川	**Sichuan**	**112**	**174**	**174**	
成都	Chengdu	15	21	9	131
自贡	Zigong	3	5	5	213
攀枝花	Panzhihua	2	5	6	189
泸州	Luzhou	4	7	8	158
德阳	Deyang	9	9	11	109
绵阳	Mianyang	4	17	17	62
广元	Guangyuan	16	32	32	24
遂宁	Suining	4	7	15	73
内江	Neijiang	9	9	9	131
乐山	Leshan	1	1	1	272
南充	Nanchong	3	3	3	251
眉山	Meishan	6	5	6	189
宜宾	Yibin	6	15	10	121
广安	Guangan	4	6	9	131
达州	Dazhou	11	12	13	89
雅安	Yaan		2	2	263
巴中	Bazhong	7	11	11	109
资阳	Ziyang	8	7	7	171
贵州	**Guizhou**	**28**	**33**	**61**	
贵阳	Guiyang	4	5	22	48
六盘水	Liupanshui	4	4	7	171
遵义	Zunyi	19	16	23	42
安顺	Anshun	1	4	4	232
毕节	Bijie			1	272
铜仁	Tongren		4	4	232
云南	**Yunnan**	**72**	**46**	**84**	
昆明	Kunming	36	7	40	14
曲靖	Qujing	10	8	6	189
玉溪	Yuxi	21	22	22	48
保山	Baoshan	1	4	4	232
昭通	Zhaotong				

地名	City	2010	2013	2014	2014 排名 Ranking
丽江	Lijiang	3	3	3	251
普洱	Puer				
临沧	Lincang	1	2	9	131
西藏	**Tibet**		**4**	**4**	
拉萨	Lasa		4	4	232
陕西	**Shaanxi**	**129**	**143**	**167**	
西安	Xi'an	31	49	62	6
铜川	Tongchuan	5	8		
宝鸡	Baoji	15	16	39	16
咸阳	Xianyang	12	11	12	101
渭南	Weinan	15	11	11	109
延安	Yan'an	10	2	2	263
汉中	Hanzhong	11	4	4	232
榆林	Yulin	13	26	13	89
安康	Ankang	6	8	8	158
商洛	Shangluo	11	8	8	158
甘肃	**Gansu**	**81**	**87**	**90**	
兰州	Lanzhou	7	18	22	48
嘉峪关	Jiayuguan	11	5	5	213
金昌	Jinchang	4	4	4	232
白银	Baiyin	6	3	3	251
天水	Tianshui	6	7	7	171
武威	Wuwei		1	1	272
张掖	Zhangye	6	6	6	189
平凉	Pingliang	8	9	9	131
酒泉	Jiuquan	7	10	9	131
庆阳	Qingyang	11	6	6	189
定西	Dingxi	7	9	9	131
陇南	Longnan	8	9	9	131
青海	**Qinghai**	**2**	**10**	**13**	
西宁	Xining	2	9	12	101
海东	Haidong			1	272
宁夏	**Ningxia**	**22**	**32**	**43**	
银川	Yinchuan	4	12	17	62
石嘴山	Shizuishan	1	2	6	189
吴忠	Wuzhong	5	5	7	171
固原	Guyuan	9	10	10	121
中卫	Zhongwei	3	3	3	251
新疆	**Xinjiang**	**5**	**9**	**9**	
乌鲁木齐	Urumqi	3	4	4	232
克拉玛依	Karamay	2	5	5	213

16-27 公共图书馆数
Number of Public Libraries

单位：个 (unit)

地名	City	2010	2012	2013	2013 排名 Ranking
全国	**Nation Total**	**2884**	**3076**	**3112**	
北京	**Beijing**	**24**	**24**	**24**	
天津	**Tianjin**	**31**	**31**	**31**	
河北	**Hebei**	**165**	**172**	**173**	
石家庄	Shijiazhuang	26	27	28	1
唐山	Tangshan	13	13	13	38
秦皇岛	Qinhuangdao	6	6	6	193
邯郸	Handan	20	20	20	5
邢台	Xingtai	18	20	20	5
保定	Baoding	23	23	22	2
张家口	Zhangjiakou	14	15	16	15
承德	Chengde	10	11	11	65
沧州	Cangzhou	14	15	15	16
廊坊	Langfang	10	10	10	90
衡水	Hengshui	11	12	12	52
山西	**Shanxi**	**126**	**126**	**127**	
太原	Taiyuan	12	12	11	65
大同	Datong	13	13	13	38
阳泉	Yangquan	5	5	6	193
长治	Changzhi	14	14	14	23
晋城	Jincheng	6	6	6	193
朔州	Shuozhou	7	7	7	161
晋中	Jinzhong	11	11	11	65
运城	Yuncheng	13	13	13	38
忻州	Xinzhou	14	14	14	23
临汾	Linfen	17	17	17	12
吕梁	Lvliang	14	14	14	23
内蒙古	**Inner Mongolia**	**113**	**114**	**116**	
呼和浩特	Hohhot	9	10	9	109
包头	Baotou	10	10	10	90
乌海	Wuhai	4	3	4	250
赤峰	Chifeng	14	14	14	23
通辽	Tongliao	9	9	9	109
鄂尔多斯	Erdos	9	9	9	109
呼伦贝尔	Hulunbuir	14	14	15	16
巴彦淖尔	Bayannur	8	8	8	133
乌兰察布	Ulanqab	12	12	12	52
辽宁	**Liaoning**	**128**	**129**	**129**	
沈阳	Shenyang	21	21	21	4
大连	Dalian	13	14	14	23
鞍山	Anshan	9	9	9	109
抚顺	Fushun	7	7	7	161
本溪	Benxi	7	7	7	161
丹东	Dandong	8	8	8	133
锦州	Jinzhou	9	9	9	109
营口	Yingkou	8	8	8	133
阜新	Fuxin	8	8	8	133
辽阳	Liaoyang	9	9	9	109
盘锦	Panjin	5	5	5	225
铁岭	Tieling	9	9	9	109
朝阳	Chaoyang	8	8	8	133
葫芦岛	Huludao	7	7	7	161
吉林	**Jilin**	**65**	**66**	**66**	
长春	Changchun	13	13	13	38
吉林	Jilin	10	10	10	90
四平	Siping	5	5	5	225
辽源	Liaoyuan	3	3	3	269
通化	Tonghua	8	8	8	133
白山	Baishan	6	6	6	193
松原	Songyuan	4	5	5	225
白城	Baicheng	6	6	6	193
黑龙江	**Heilongjiang**	**107**	**106**	**107**	
哈尔滨	Harbin	18	18	18	8
齐齐哈尔	Qiqihar	12	12	13	38
鸡西	Jixi	4	4	4	250
鹤岗	Hegang	3	3	3	269
双鸭山	Shuangyashan	5	5	5	225
大庆	Daqing	6	6	6	193
伊春	Yichun	18	18	18	8
佳木斯	Jiamusi	7	7	6	193
七台河	Qitaihe	2	2	2	277
牡丹江	Mudanjiang	8	8	8	133
黑河	Heihe	6	6	6	193
绥化	Suihua	11	11	11	65
上海	**Shanghai**	**28**	**25**	**25**	
江苏	**Jiangsu**	**111**	**112**	**113**	

16-27 公共图书馆数 续表 1
Number of Public Libraries continued 1

单位：个 （unit）

地名	City	2010	2012	2013	2013 排名 Ranking	地名	City	2010	2012	2013	2013 排名 Ranking
南京	Nanjing	18	17	18	8	池州	Chizhou	4	4	4	250
无锡	Wuxi	9	10	10	90	宣城	Xuancheng	7	8	8	133
徐州	Xuzhou	7	8	8	133	**福建**	**Fujian**	**86**	**87**	**91**	
常州	Changzhou	4	4	4	250	福州	Fuzhou	15	14	14	23
苏州	Suzhou	12	12	11	65	厦门	Xiamen	9	10	13	38
南通	Nantong	10	9	11	65	莆田	Putian	3	3	3	269
连云港	Lianyungang	7	7	7	161	三明	Sanming	12	12	12	52
淮安	Huaian	8	8	8	133	泉州	Quanzhou	10	10	10	90
盐城	Yancheng	9	9	11	65	漳州	Zhangzhou	10	10	10	90
扬州	Yangzhou	7	7	7	161	南平	Nanping	10	10	10	90
镇江	Zhenjiang	8	8	8	133	龙岩	Longyan	7	7	7	161
泰州	Taizhou	6	6	6	193	宁德	Ningde	10	10	10	90
宿迁	Suqian	6	7	6	193	**江西**	**Jiangxi**	**108**	**114**	**114**	
浙江	**Zhejiang**	**97**	**97**	**98**		南昌	Nanchang	10	10	10	90
杭州	Hangzhou	16	15	15	16	景德镇	Jingdezhen	6	5	5	225
宁波	Ningbo	13	12	12	52	萍乡	Pingxiang	6	6	6	193
温州	Wenzhou	13	13	13	38	九江	Jiujiang	12	15	15	16
嘉兴	Jiaxing	8	6	6	193	新余	Xinyu	3	3	3	269
湖州	Huzhou	5	5	5	225	鹰潭	Yingtan	4	4	4	250
绍兴	Shaoxing	6	6	6	193	赣州	Ganzhou	18	19	19	7
金华	Jinhua	10	10	10	90	吉安	Jian	13	15	15	16
衢州	Quzhou	7	7	7	161	宜春	Yichun	10	11	11	65
舟山	Zhoushan	4	4	5	225	抚州	Fuzhou	12	12	12	52
台州	Taizhou	10	10	10	90	上饶	Shangrao	13	13	13	38
丽水	Lishui	9	9	9	109	**山东**	**Shandong**	**149**	**150**	**153**	
安徽	**Anhui**	**88**	**102**	**107**		济南	Jinan	11	11	11	65
合肥	Hefei	7	9	8	133	青岛	Qingdao	13	13	13	38
芜湖	Wuhu	4	6	7	161	淄博	Zibo	9	9	9	109
蚌埠	Bengbu	4	4	4	250	枣庄	Zaozhuang	7	7	7	161
淮南	Huainan	4	4	4	250	东营	Dongying	6	6	6	193
马鞍山	Maanshan	5	10	7	161	烟台	Yantai	13	13	14	23
淮北	Huaibei	2	5	5	225	潍坊	Weifang	12	12	12	52
铜陵	Tongling	2	4	5	225	济宁	Jining	11	11	11	65
安庆	Anqing	9	10	10	90	泰安	Taian	7	7	7	161
黄山	Huangshan	7	8	11	65	威海	Weihai	4	4	4	250
滁州	Chuzhou	7	8	9	109	日照	Rizhao	4	4	5	225
阜阳	Fuyang	6	7	7	161	莱芜	Laiwu	2	2	2	277
宿州	Suzhou	5	5	6	193	临沂	Linyi	12	13	13	38
六安	Liuan	6	6	6	193	德州	Dezhou	12	12	12	52
亳州	Bozhou	4	4	5	225	聊城	Liaocheng	8	8	8	133

16-27 公共图书馆数 续表 2
Number of Public Libraries continued 2

单位：个 (unit)

地名	City	2010	2012	2013	2013 排名 Ranking	地名	City	2010	2012	2013	2013 排名 Ranking
滨州	Binzhou	8	8	8	133	常德	Changde	9	9	9	109
菏泽	Heze	9	9	10	90	张家界	Zhangjiajie	3	4	4	250
河南	**Henan**	**142**	**156**	**157**		益阳	Yiyang	7	7	7	161
郑州	Zhengzhou	12	13	13	38	郴州	Chenzhou	12	11	11	65
开封	Kaifeng	6	6	6	193	永州	Yongzhou	13	12	12	52
洛阳	Luoyang	11	16	17	12	怀化	Huaihua	6	15	15	16
平顶山	Pingdingshan	8	9	9	109	娄底	Loudi	11	6	6	193
安阳	Anyang	7	7	7	161	**广东**	**Guangdong**	**132**	**137**	**137**	
鹤壁	Hebi	3	4	4	250	广州	Guangzhou	14	14	14	23
新乡	Xinxiang	11	11	11	65	韶关	Shaoguan	9	9	9	109
焦作	Jiaozuo	7	7	7	161	深圳	Shenzhen	8	11	11	65
濮阳	Puyang	6	7	7	161	珠海	Zhuhai	3	3	3	269
许昌	Xuchang	6	7	7	161	汕头	Shantou	8	8	8	133
漯河	Luohe	4	5	5	225	佛山	Foshan	6	6	6	193
三门峡	Sanmenxia	6	7	7	161	江门	Jiangmen	7	7	7	161
南阳	Nanyang	13	13	13	38	湛江	Zhanjiang	7	8	8	133
商丘	Shangqiu	9	9	9	109	茂名	Maoming	5	5	5	225
信阳	Xinyang	11	11	11	65	肇庆	Zhaoqing	9	9	9	109
周口	Zhoukou	10	11	11	65	惠州	Huizhou	5	5	5	225
驻马店	Zhumadian	10	10	10	90	梅州	Meizhou	10	10	10	90
湖北	**Hubei**	**108**	**111**	**112**		汕尾	Shanwei	4	4	4	250
武汉	Wuhan	17	17	18	8	河源	Heyuan	7	7	7	161
黄石	Huangshi	3	3	5	225	阳江	Yangjiang	4	4	4	250
十堰	Shiyan	8	8	8	133	清远	Qingyuan	9	9	9	109
宜昌	Yichang	12	14	14	23	东莞	Dongguan	1	1	1	280
襄阳	Xiangyang	9	9	9	109	中山	Zhongshan	1	1	1	280
鄂州	Ezhou	1	4	1	280	潮州	Chaozhou	4	4	4	250
荆门	Jingmen	6	6	5	225	揭阳	Jieyang	6	6	6	193
孝感	Xiaogan	8	8	8	133	云浮	Yunfu	5	5	5	225
荆州	Jingzhou	8	8	8	133	**广西**	**Guangxi**	**108**	**112**	**112**	
黄冈	Huanggang	12	12	12	52	南宁	Nanning	16	16	17	12
咸宁	Xianning	7	7	7	161	柳州	Liuzhou	11	11	11	65
随州	Suizhou	2	4	4	250	桂林	Guilin	13	13	14	23
湖南	**Hunan**	**124**	**136**	**136**		梧州	Wuzhou	5	5	5	225
长沙	Changsha	12	12	10	90	北海	Beihai	3	3	3	269
株洲	Zhuzhou	6	6	6	193	防城港	Fangchenggang	4	4	4	250
湘潭	Xiangtan	5	6	6	193	钦州	Qinzhou	3	5	5	225
衡阳	Hengyang	12	14	14	23	贵港	Guigang	5	6	6	193
邵阳	Shaoyang	11	14	14	23	玉林	Yulin	6	6	6	193
岳阳	Yueyang	8	11	11	65	百色	Baise			13	38

16-27 公共图书馆数 续表 3

Number of Public Libraries continued 3

单位：个

（unit）

地名	City	2010	2012	2013	2013 排名 Ranking
贺州	Hezhou	15	4	5	225
河池	Hechi	11	11	11	65
来宾	Laibin	6	6	7	161
崇左	Chongzuo	7	7	7	161
海南	**Hainan**	**20**	**20**	**21**	
海口	Haikou	2	3	3	269
三亚	Sanya	1	1	1	280
三沙	Sansha				
重庆	**Chongqing**	**43**	**43**	**43**	
四川	**Sichuan**	**161**	**188**	**197**	
成都	Chengdu	21	22	22	2
自贡	Zigong	7	7	7	161
攀枝花	Panzhihua	5	6	6	193
泸州	Luzhou	7	8	9	109
德阳	Deyang	6	6	7	161
绵阳	Mianyang	8	9	9	109
广元	Guangyuan	7	8	8	133
遂宁	Suining	6	6	6	193
内江	Neijiang	4	4	4	250
乐山	Leshan	10	11	11	65
南充	Nanchong	8	8	8	133
眉山	Meishan	7	7	7	161
宜宾	Yibin	10	10	10	90
广安	Guangan	6	6	7	161
达州	Dazhou	7	7	8	133
雅安	Yaan	8	9	9	109
巴中	Bazhong	5	5	6	193
资阳	Ziyang	5	5	5	225
贵州	**Guizhou**	**93**	**93**	**94**	
贵阳	Guiyang	9	8	9	109
六盘水	Liupanshui	6	5	5	225
遵义	Zunyi	14	14	14	23
安顺	Anshun	6	6	6	193
毕节	Bijie	9	9	9	109
铜仁	Tongren	11	11	11	65
云南	**Yunnan**	**150**	**152**	**152**	
昆明	Kunming	18	17	15	16
曲靖	Qujing	11	11	11	65
玉溪	Yuxi	10	10	10	90
保山	Baoshan	7	7	7	161
昭通	Zhaotong	12	12	12	52

地名	City	2010	2012	2013	2013 排名 Ranking
丽江	Lijiang	6	6	6	193
普洱	Puer	10	11	11	65
临沧	Lincang	9	9	9	109
西藏	**Tibet**		**77**	**78**	
拉萨	Lasa				
陕西	**Shaanxi**	**112**	**112**	**114**	
西安	Xi'an	14	14	14	23
铜川	Tongchuan	5	5	5	225
宝鸡	Baoji	13	13	13	38
咸阳	Xianyang	12	12	12	52
渭南	Weinan	11	11	11	65
延安	Yan'an	13	13	14	23
汉中	Hanzhong	11	11	12	52
榆林	Yulin	12	12	12	52
安康	Ankang	11	11	11	65
商洛	Shangluo	8	8	8	133
甘肃	**Gansu**	**94**	**103**	**103**	
兰州	Lanzhou	8	8	8	133
嘉峪关	Jiayuguan	1	2	2	277
金昌	Jinchang	3	4	4	250
白银	Baiyin	6	6	6	193
天水	Tianshui	7	8	8	133
武威	Wuwei	4	5	5	225
张掖	Zhangye	6	7	7	161
平凉	Pingliang	8	8	8	133
酒泉	Jiuquan	7	8	8	133
庆阳	Qingyang	9	9	9	109
定西	Dingxi	7	8	8	133
陇南	Longnan	9	10	10	90
青海	**Qinghai**	**44**	**49**	**49**	
西宁	Xining		6	6	193
海东	Haidong				
宁夏	**Ningxia**	**20**	**26**	**26**	
银川	Yinchuan	5	7	7	161
石嘴山	Shizuishan	2	4	4	250
吴忠	Wuzhong	5	5	5	225
固原	Guyuan	5	6	6	193
中卫	Zhongwei	3	3	3	269
新疆	**Xinjiang**	**103**	**105**	**106**	
乌鲁木齐	Urumqi	4	6	7	161
克拉玛依	Karamay	4	4	4	250

16-28 公共图书馆图书总藏量

Total Collections of Public Libraries

单位：千册、件 （1000 copies 、piece）

地名	City	2010	2013	2014	2014 排名 Ranking
全国	**Nation Total**	**632639**	**755449**	**829251**	
北京	**Beijing**	**46130**	**53160**	**56010**	
天津	**Tianjin**	**12583**	**14738**	**15980**	
河北	**Hebei**	**16110**	**18923**	**21047**	
石家庄	Shijiazhuang	4788	5557	5932	24
唐山	Tangshan	1819	2190	2281	66
秦皇岛	Qinhuangdao	919	1151	1278	138
邯郸	Handan	1402	1582	1675	96
邢台	Xingtai	906	1301	1392	124
保定	Baoding	1677	1918	2127	73
张家口	Zhangjiakou	1173	1355	1396	122
承德	Chengde	758	87	914	187
沧州	Cangzhou	786	1191	1262	140
廊坊	Langfang	1410	2037	2206	67
衡水	Hengshui	472	553	585	241
山西	**Shanxi**	**21412**	**16831**	**16969**	
太原	Taiyuan	3980	6591	6384	22
大同	Datong	631	718	658	230
阳泉	Yangquan	599	725	578	243
长治	Changzhi	1198	1660	1623	100
晋城	Jincheng	276	438	410	271
朔州	Shuozhou	307	752	791	206
晋中	Jinzhong	10570	1263	1357	128
运城	Yuncheng	1164	1215	1500	113
忻州	Xinzhou	789	826	1050	172
临汾	Linfen	1218	1516	1517	110
吕梁	Lvliang	680	1127	1101	163
内蒙古	**Inner Mongolia**	**9975**	**15844**	**11888**	
呼和浩特	Hohhot	2770	3141	783	209
包头	Baotou	3036	3036	3036	47
乌海	Wuhai	413	659	596	239
赤峰	Chifeng	731	1613	1791	87
通辽	Tongliao	812	914	1003	177
鄂尔多斯	Erdos	651	3687	2148	71
呼伦贝尔	Hulunbuir	650	1866	1609	103
巴彦淖尔	Bayannur	400	670	683	226
乌兰察布	Ulanqab	512	258	240	281
辽宁	**Liaoning**	**32903**	**38737**	**41797**	
沈阳	Shenyang	10894	12721	13154	8
大连	Dalian	10452	14512	15432	6
鞍山	Anshan	2116	2408	2419	62
抚顺	Fushun	1056	1101	1083	169
本溪	Benxi	968	1033	1071	170
丹东	Dandong	1289	955	1462	115
锦州	Jinzhou	1257	1396	2063	75
营口	Yingkou	987	1341	1365	127
阜新	Fuxin	407	376	469	262
辽阳	Liaoyang	1010	1085	797.7	204
盘锦	Panjin	477	578	615	236
铁岭	Tieling	640	64	679	227
朝阳	Chaoyang	677	833	847	196
葫芦岛	Huludao	673	335	340	278
吉林	**Jilin**	**12936**	**13979**	**14481**	
长春	Changchun	6844	8150	8638	14
吉林	Jilin	2004	2131	2187	68
四平	Siping	681	648	653	231
辽源	Liaoyuan	1156	349	369	275
通化	Tonghua	794	827	701	220
白山	Baishan	510	746	733	217
松原	Songyuan	525	668	705	219
白城	Baicheng	422	460	495	258
黑龙江	**Heilongjiang**	**16560**	**17060**	**17935**	
哈尔滨	Harbin	7062	7704	7812	16
齐齐哈尔	Qiqihar	1805	1646	1707	93
鸡西	Jixi	340	359	359	276
鹤岗	Hegang	340	410	425	267
双鸭山	Shuangyashan	314	207	871	191
大庆	Daqing	3033	2540	2550	57
伊春	Yichun	607	856	857	195
佳木斯	Jiamusi	734	471	471	261
七台河	Qitaihe	207	229	239	283
牡丹江	Mudanjiang	722	1060	1043	174
黑河	Heihe	338	318	342	277
绥化	Suihua	1058	1259	1260	141
上海	**Shanghai**	**68087**	**72390**	**73626**	
江苏	**Jiangsu**	**44361**	**60386**	**52314**	

16-28 公共图书馆图书总藏量 续表 1
Total Collections of Public Libraries continued 1

单位：千册、件 (1000 copies 、piece)

地名	City	2010	2013	2014	2014 排名 Ranking
南京	Nanjing	13393	15053	5188	27
无锡	Wuxi	3609	3921	4498	33
徐州	Xuzhou	2698	2994	3023	49
常州	Changzhou	2423	2849	3030	48
苏州	Suzhou	8027	13539	15099	7
南通	Nantong	2870	5284	4455	35
连云港	Lianyungang	1724	2977	2485	60
淮安	Huaian	1327	2081	2368	63
盐城	Yancheng	1826	2652	2831	53
扬州	Yangzhou	2232	3270	2937	51
镇江	Zhenjiang	1988	2559	2829	54
泰州	Taizhou	1616	2177	2439	61
宿迁	Suqian	628	1030	1132	158
浙江	**Zhejiang**	**38938**	**57245**	**61049**	
杭州	Hangzhou	12540	17979	18642	5
宁波	Ningbo	7340	6678	7218	19
温州	Wenzhou	3250	10510	12844	9
嘉兴	Jiaxing	4211	7920	6801	20
湖州	Huzhou	2110	2019	2174	69
绍兴	Shaoxing	2599	2964	3367	41
金华	Jinhua	1794	2562	2813	55
衢州	Quzhou	1205	1417	1475	114
舟山	Zhoushan	767	1285	1437	117
台州	Taizhou	1798	2398	2623	56
丽水	Lishui	1324	1514	1655	98
安徽	**Anhui**	**11197**	**21239**	**17519**	
合肥	Hefei	3107	4327	4555	32
芜湖	Wuhu	622	1506	1790	88
蚌埠	Bengbu	428	1068	1120	160
淮南	Huainan	327	398	411	270
马鞍山	Maanshan	560	1061	1117	161
淮北	Huaibei	260	835	871	192
铜陵	Tongling	555	671	710	218
安庆	Anqing	961	3837	1287	136
黄山	Huangshan	494	2229	844	197
滁州	Chuzhou	559	722	784	208
阜阳	Fuyang	399	569	585	242
宿州	Suzhou	202	274	513	252
六安	Liuan	469	2214	652	232
亳州	Bozhou	337	403	1086	165
池州	Chizhou	258	394	417	268
宣城	Xuancheng	647	731	778	212
福建	**Fujian**	**16817**	**26575**	**33532**	
福州	Fuzhou	5591	3837	7923	15
厦门	Xiamen	3349	4557	5036	30
莆田	Putian	182	868	918	185
三明	Sanming	1397	2646	4652	31
泉州	Quanzhou	2620	5234	5390	26
漳州	Zhangzhou	1001	4428	4485	34
南平	Nanping	1346	2020	2054	76
龙岩	Longyan	782	1782	1824	85
宁德	Ningde	549	1202	1250	142
江西	**Jiangxi**	**15595**	**19560**	**20352**	
南昌	Nanchang	4396	4937	5069	29
景德镇	Jingdezhen	630	780	934	181
萍乡	Pingxiang	750	880	989	179
九江	Jiujiang	1594	1956	1976	78
新余	Xinyu	551	616	624	233
鹰潭	Yingtan	308	392	416	269
赣州	Ganzhou	1834	3039	3191	43
吉安	Jian	1986	2940	2537	58
宜春	Yichun	1586	1289	1610	102
抚州	Fuzhou	920	1433	1342	130
上饶	Shangrao	1040	1298	1665	97
山东	**Shandong**	**45567**	**48753**	**51460**	
济南	Jinan	9412	10932	11395	11
青岛	Qingdao	4442	5457	5829	25
淄博	Zibo	2234	2236	2284	65
枣庄	Zaozhuang	1043	1154	1332	132
东营	Dongying	729	1560	2146	72
烟台	Yantai	5128	6342	6577	21
潍坊	Weifang	2092	3494	3626	38
济宁	Jining	1692	2329	1764	89
泰安	Taian	1103	1500	1516	111
威海	Weihai	1180	3248	3078	46
日照	Rizhao	354	413	532	247
莱芜	Laiwu	380	486	488	260
临沂	Linyi	5506	3213	3485	39
德州	Dezhou	966	1397	1429	119
聊城	Liaocheng	5421	2329	3457	40

16-28 公共图书馆图书总藏量 续表 2
Total Collections of Public Libraries continued 2

单位：千册、件 （1000 copies 、piece）

地名	City	2010	2013	2014	2014 排名 Ranking
滨州	Binzhou	1205	1433	1234	146
菏泽	Heze	2680	1230	1290	135
河南	**Henan**	**18130**	**21246**	**23597**	
郑州	Zhengzhou	5527	6331	6036	23
开封	Kaifeng	790	756	862	193
洛阳	Luoyang	1347	1725	1856	82
平顶山	Pingdingshan	828	1244	1353	129
安阳	Anyang	968	1070	1183	152
鹤壁	Hebi	406	497	521	249
新乡	Xinxiang	1053	1230	1230	147
焦作	Jiaozuo	716	1010	1057	171
濮阳	Puyang	660	581	593	240
许昌	Xuchang	996	1086	984	180
漯河	Luohe	392	415	443	265
三门峡	Sanmenxia	702	1327	1378	125
南阳	Nanyang	1390	1169	1593	104
商丘	Shangqiu	616	804	1084	168
信阳	Xinyang	692	876	1035	175
周口	Zhoukou	440	623	694	222
驻马店	Zhumadian	607	503	1694	95
湖北	**Hubei**	**24027**	**26555**	**27523**	
武汉	Wuhan	10367	12237	12746	10
黄石	Huangshi	1074	1269	1285	137
十堰	Shiyan	1051	948	1186	151
宜昌	Yichang	1669	2273	2075	74
襄阳	Xiangyang	2560	1570	1740	90
鄂州	Ezhou	368	389	410	272
荆门	Jingmen	610	1076	1141	157
孝感	Xiaogan	769	865	810	201
荆州	Jingzhou	1064	1148	1172	153
黄冈	Huanggang	1590	1670	1730	91
咸宁	Xianning	675	848	901	189
随州	Suizhou	2230	2263	2326	64
湖南	**Hunan**	**19259**	**24509**	**23072**	
长沙	Changsha	6331	10174	7703	17
株洲	Zhuzhou	1180	1340	1406	120
湘潭	Xiangtan	822	1300	1340	131
衡阳	Hengyang	1520	1802	1887	80
邵阳	Shaoyang	1414	1448	1452	116
岳阳	Yueyang	2020	911	1222	149
常德	Changde	1319	1447	1524	109
张家界	Zhangjiajie	196	216	216	284
益阳	Yiyang	900	1078	1122	159
郴州	Chenzhou	839	1148	1148	155
永州	Yongzhou	881	1201	1508	112
怀化	Huaihua	1014	1531	1614	101
娄底	Loudi	823	913	930	182
广东	**Guangdong**	**66651**	**81521**	**88784**	
广州	Guangzhou	17950	18541	19984	3
韶关	Shaoguan	823	1167	1392	123
深圳	Shenzhen	22957	28544	30564	1
珠海	Zhuhai	866	1160	3340	42
汕头	Shantou	2423	2870	2845	52
佛山	Foshan	2989	3611	3763	37
江门	Jiangmen	1660	2210	1925	79
湛江	Zhanjiang	1126	1380	1570	107
茂名	Maoming	608	975	1641	99
肇庆	Zhaoqing	1088	1792	2164	70
惠州	Huizhou	949	1173	1371	126
梅州	Meizhou	1233	1180	1576	106
汕尾	Shanwei	171	282	310	280
河源	Heyuan	552	620	618	235
阳江	Yangjiang	607	725	779	211
清远	Qingyuan	831	974	998	178
东莞	Dongguan	7010	10607	9959	12
中山	Zhongshan	1076	1337	1536	108
潮州	Chaozhou	429	485	514	250
揭阳	Jieyang	656	971	1019	176
云浮	Yunfu	648	917	916	186
广西	**Guangxi**	**17976**	**24297**	**27895**	
南宁	Nanning	5006	8424	8955	13
柳州	Liuzhou	1288	1847	1863	81
桂林	Guilin	3700	4124	5170	28
梧州	Wuzhou	950	1029	1048	173
北海	Beihai	500	554	577	244
防城港	Fangchenggang	253	302	374	274
钦州	Qinzhou	498	962	3121	45
贵港	Guigang	510	793	841	198
玉林	Yulin	1668	1704	1277	139
百色	Baise	1163	1387	1436	118

16-28 公共图书馆图书总藏量 续表 3
Total Collections of Public Libraries continued 3

单位：千册、件 (1000 copies 、piece)

地名	City	2010	2013	2014	2014 排名 Ranking
贺州	Hezhou	570	634	610	237
河池	Hechi	723	1081	1153	154
来宾	Laibin	466	761	797	205
崇左	Chongzuo	681	695	673	228
海南	**Hainan**	**640**	**933**	**939**	
海口	Haikou	440	573	510	254
三亚	Sanya	200	360	429	266
三沙	Sansha				
重庆	**Chongqing**	**10308**	**11289**	**12423**	
四川	**Sichuan**	**24493**	**17510**	**38288**	
成都	Chengdu	12126	1908	19525	4
自贡	Zigong	386	471	491	259
攀枝花	Panzhihua	563	839	834	199
泸州	Luzhou	967	1203	1223	148
德阳	Deyang	661	765	1587	105
绵阳	Mianyang	1277	1802	1855	83
广元	Guangyuan	772	1075	1100	164
遂宁	Suining	374	490	1714	92
内江	Neijiang	423	524	560	246
乐山	Leshan	477	576	603	238
南充	Nanchong	936	1041	1085	166
眉山	Meishan	216	306	328	279
宜宾	Yibin	1122	1208	1247	143
广安	Guangan	1724	1685	1705	94
达州	Dazhou	890	1072	1828	84
雅安	Yaan	577	743	693	224
巴中	Bazhong	400	568	663	229
资阳	Ziyang	602	1234	1246	144
贵州	**Guizhou**	**4203**	**8709**	**33139**	
贵阳	Guiyang	2223	2859	3172	44
六盘水	Liupanshui	351	420	451	263
遵义	Zunyi	1260	4200	27480	2
安顺	Anshun	369	510	510	254
毕节	Bijie		161	745	215
铜仁	Tongren		559	781	210
云南	**Yunnan**	**6761**	**7787**	**9401**	
昆明	Kunming	1785	2747	2938	50
曲靖	Qujing	1030	112	1299	133
玉溪	Yuxi	1668	1243	1298	134
保山	Baoshan	530	723	861	194
昭通	Zhaotong	163	809	775	214
丽江	Lijiang	317	510	513	251
普洱	Puer	676	843	895	190
临沧	Lincang	592	799	821	200
西藏	**Tibet**				
拉萨	Lasa				
陕西	**Shaanxi**	**11296**	**15105**	**16394**	
西安	Xi'an	4465	6647	7585	18
铜川	Tongchuan	600	677	808	202
宝鸡	Baoji	1204	1309	1401	121
咸阳	Xianyang	1046	1275	1196	150
渭南	Weinan	895	975	929	183
延安	Yan'an	550	1021	1145	156
汉中	Hanzhong	565	792	802	203
榆林	Yulin	1010	1166	1241	145
安康	Ankang	487	734	777	213
商洛	Shangluo	474	510	511	253
甘肃	**Gansu**	**9689**	**7801**	**8472**	
兰州	Lanzhou	4248	1080	1085	166
嘉峪关	Jiayuguan	115	238	240	282
金昌	Jinchang	142	373	500	256
白银	Baiyin	530	716	699	221
天水	Tianshui	900	775	789	207
武威	Wuwei	360	321	499	257
张掖	Zhangye	627	964	1102	162
平凉	Pingliang	430	694	694	222
酒泉	Jiuquan	460	500	528	248
庆阳	Qingyang	584	634	685	225
定西	Dingxi	654	654	739	216
陇南	Longnan	639	852	912	188
青海	**Qinghai**	**2876**	**2208**	**2251**	
西宁	Xining	2876	1764	1804	86
海东	Haisong			447	264
宁夏	**Ningxia**	**4562**	**5550**	**6597**	
银川	Yinchuan	2595	3161	4085	36
石嘴山	Shizuishan	376	582	619	234
吴忠	Wuzhong	642	896	924	184
固原	Guyuan	492	517	569	245
中卫	Zhongwei	457	394	400	273
新疆	**Xinjiang**	**2597**	**5011**	**4518**	
乌鲁木齐	Urumqi	2137	3131	2518	59
克拉玛依	Karamay	460	1880	2000	77

16-29 每百人公共图书馆藏书量
Collections of Public Libraries per 100 Persons

单位：册、件 （copy、piece）

地名	City	2010	2013	2014	2014 排名 Ranking
全国	**Nation Total**	**50.70**	**59.12**	**64.31**	
北京	**Beijing**	**366.75**	**403.95**	**420.05**	
天津	**Tianjin**	**127.77**	**146.79**	**157.18**	
河北	**Hebei**	**22.07**	**25.49**	**27.72**	
石家庄	Shijiazhuang	48.40	55.40	57.88	81
唐山	Tangshan	24.75	29.63	30.28	169
秦皇岛	Qinhuangdao	31.88	39.28	43.32	115
邯郸	Handan	14.55	15.92	16.27	259
邢台	Xingtai	12.38	17.05	18.01	245
保定	Baoding	14.44	16.48	17.77	247
张家口	Zhangjiakou	25.17	29.01	29.80	174
承德	Chengde	20.32	2.30	24.00	209
沧州	Cangzhou	10.75	15.80	16.42	258
廊坊	Langfang	33.65	48.27	48.98	97
衡水	Hengshui	10.72	12.34	12.93	272
山西	**Shanxi**	**61.64**	**47.34**	**47.62**	
太原	Taiyuan	108.89	179.59	172.66	15
大同	Datong	19.87	21.31	19.40	236
阳泉	Yangquan	45.80	54.51	43.42	114
长治	Changzhi	36.13	48.97	47.85	103
晋城	Jincheng	12.76	20.00	18.74	240
朔州	Shuozhou	19.30	43.22	45.07	109
晋中	Jinzhong	329.32	38.27	41.06	119
运城	Yuncheng	23.11	23.28	28.56	180
忻州	Xinzhou	25.65	26.56	33.61	148
临汾	Linfen	27.85	35.50	35.36	140
吕梁	Lvliang	17.73	28.60	28.18	181
内蒙古	**Inner Mongolia**	**45.84**	**72.88**	**54.54**	
呼和浩特	Hohhot	120.67	134.23	32.90	153
包头	Baotou	138.13	134.93	135.71	22
乌海	Wuhai	77.92	119.82	107.47	30
赤峰	Chifeng	15.97	34.76	38.44	129
通辽	Tongliao	25.48	28.47	31.39	159
鄂尔多斯	Erdos	42.72	239.42	137.73	21
呼伦贝尔	Hulunbuir	23.96	73.75	60.51	72
巴彦淖尔	Bayannur	21.47	36.61	38.24	130
乌兰察布	Ulanqab	17.84	9.12	8.68	279
辽宁	**Liaoning**	**77.39**	**91.40**	**98.48**	
沈阳	Shenyang	151.39	174.98	179.98	14
大连	Dalian	178.23	245.55	259.67	7
鞍山	Anshan	60.15	68.80	69.47	63
抚顺	Fushun	47.80	50.50	49.82	94
本溪	Benxi	62.61	67.96	70.44	61
丹东	Dandong	53.41	39.79	61.05	71
锦州	Jinzhou	40.77	45.62	67.58	64
营口	Yingkou	41.91	57.55	58.50	77
阜新	Fuxin	21.16	19.69	24.57	202
辽阳	Liaoyang	55.09	60.28	44.35	111
盘锦	Panjin	36.34	44.81	47.61	104
铁岭	Tieling	20.97	2.12	22.48	217
朝阳	Chaoyang	19.96	24.50	24.88	201
葫芦岛	Huludao	23.89	11.96	12.11	274
吉林	**Jilin**	**51.65**	**56.73**	**58.94**	
长春	Changchun	90.18	108.23	114.48	28
吉林	Jilin	46.17	49.67	51.14	90
四平	Siping	20.00	19.76	19.89	230
辽源	Liaoyuan	93.41	28.61	30.27	170
通化	Tonghua	35.11	37.25	31.55	158
白山	Baishan	39.63	58.74	58.06	79
松原	Songyuan	18.10	23.60	25.33	198
白城	Baicheng	20.83	23.12	25.05	199
黑龙江	**Heilongjiang**	**43.65**	**45.82**	**48.53**	
哈尔滨	Harbin	71.19	77.43	79.12	54
齐齐哈尔	Qiqihar	31.77	29.55	30.85	164
鸡西	Jixi	17.97	19.20	19.55	232
鹤岗	Hegang	31.16	37.96	39.72	124
双鸭山	Shuangyashan	20.72	13.80	58.46	78
大庆	Daqing	108.40	89.75	92.39	44
伊春	Yichun	47.81	69.59	70.26	62
佳木斯	Jiamusi	28.92	19.46	19.52	233
七台河	Qitaihe	22.29	24.89	27.08	185
牡丹江	Mudanjiang	26.72	40.93	39.52	125
黑河	Heihe	19.40	18.49	20.07	229
绥化	Suihua	18.05	22.64	22.77	214
上海	**Shanghai**	**482.09**	**505.52**	**511.76**	
江苏	**Jiangsu**	**59.41**	**79.28**	**68.08**	

16-29 每百人公共图书馆藏书量 续表 1
Collections of Public Libraries per 100 Persons continued 1

单位：册、件 （copy、piece）

地名	City	2010	2013	2014	2014 排名 Ranking
南京	Nanjing	211.77	234.11	79.97	53
无锡	Wuxi	77.35	83.07	94.27	42
徐州	Xuzhou	27.73	29.73	29.54	176
常州	Changzhou	67.16	77.84	82.19	51
苏州	Suzhou	125.88	207.02	228.40	10
南通	Nantong	37.62	68.89	58.04	80
连云港	Lianyungang	34.64	57.25	47.20	106
淮安	Huaian	24.63	37.63	42.27	118
盐城	Yancheng	22.37	32.18	34.17	145
扬州	Yangzhou	48.61	71.09	63.66	69
镇江	Zhenjiang	73.44	94.08	103.98	32
泰州	Taizhou	32.02	42.85	47.96	102
宿迁	Suqian	11.50	18.01	19.49	235
浙江	**Zhejiang**	**82.01**	**118.59**	**125.64**	
杭州	Hangzhou	181.97	254.30	260.46	6
宁波	Ningbo	127.86	115.14	123.64	23
温州	Wenzhou	41.31	130.24	157.85	18
嘉兴	Jiaxing	123.28	228.90	195.35	12
湖州	Huzhou	81.16	77.06	82.42	50
绍兴	Shaoxing	59.21	67.06	79.00	55
金华	Jinhua	38.44	54.16	59.21	76
衢州	Quzhou	47.94	55.79	57.69	82
舟山	Zhoushan	79.26	132.47	147.36	20
台州	Taizhou	30.83	40.37	43.92	113
丽水	Lishui	50.99	57.35	62.29	70
安徽	**Anhui**	**16.40**	**30.65**	**25.26**	
合肥	Hefei	62.77	60.77	63.91	68
芜湖	Wuhu	27.10	39.12	46.56	107
蚌埠	Bengbu	11.82	29.10	30.17	171
淮南	Huainan	13.40	16.38	16.88	255
马鞍山	Maanshan	43.38	46.54	49.17	96
淮北	Huaibei	11.84	39.84	40.45	121
铜陵	Tongling	74.99	90.68	96.24	39
安庆	Anqing	15.61	61.69	20.72	225
黄山	Huangshan	33.37	151.63	57.15	83
滁州	Chuzhou	12.40	16.08	17.44	250
阜阳	Fuyang	3.94	5.40	5.57	284
宿州	Suzhou	3.15	4.27	7.98	282
六安	Liuan	6.65	30.88	9.04	278
亳州	Bozhou	5.61	6.37	17.12	252
池州	Chizhou	16.08	24.32	25.93	193
宣城	Xuancheng	23.24	26.11	27.78	182
福建	**Fujian**	**47.35**	**73.33**	**90.73**	
福州	Fuzhou	86.56	58.58	117.38	26
厦门	Xiamen	185.84	231.32	247.55	8
莆田	Putian	5.63	25.99	26.91	188
三明	Sanming	51.22	95.18	163.80	16
泉州	Quanzhou	38.23	74.35	75.25	57
漳州	Zhangzhou	21.01	90.55	90.17	46
南平	Nanping	42.88	63.92	64.35	67
龙岩	Longyan	24.88	58.81	59.39	75
宁德	Ningde	16.18	34.64	35.48	138
江西	**Jiangxi**	**33.21**	**40.59**	**41.34**	
南昌	Nanchang	87.53	96.80	97.92	37
景德镇	Jingdezhen	38.61	46.99	55.66	85
萍乡	Pingxiang	39.87	45.36	49.92	92
九江	Jiujiang	32.01	38.50	38.50	128
新余	Xinyu	46.69	50.91	50.99	91
鹰潭	Yingtan	25.26	31.36	32.78	154
赣州	Ganzhou	20.21	32.71	33.44	149
吉安	Jian	40.12	57.76	48.17	101
宜春	Yichun	28.43	22.30	27.03	186
抚州	Fuzhou	22.77	34.12	31.39	159
上饶	Shangrao	14.05	17.08	21.53	221
山东	**Shandong**	**47.78**	**50.72**	**52.80**	
济南	Jinan	155.81	178.34	183.31	13
青岛	Qingdao	58.17	70.50	74.67	58
淄博	Zibo	52.89	52.61	53.36	87
枣庄	Zaozhuang	26.67	29.14	33.19	151
东营	Dongying	39.43	83.42	113.51	29
烟台	Yantai	78.75	97.42	100.65	33
潍坊	Weifang	23.94	39.57	40.82	120
济宁	Jining	20.07	27.46	20.51	226
泰安	Taian	19.80	26.83	26.96	187
威海	Weihai	46.53	127.87	120.82	25
日照	Rizhao	12.30	14.24	18.10	242
莱芜	Laiwu	29.99	38.27	38.14	131
临沂	Linyi	51.33	29.48	31.30	161
德州	Dezhou	16.94	24.13	24.50	205
聊城	Liaocheng	90.72	38.95	56.47	84

16-29 每百人公共图书馆藏书量 续表 2

Collections of Public Libraries per 100 Persons continued 2

单位：册、件 （copy、piece）

地名	City	2010	2013	2014	2014 排名 Ranking
滨州	Binzhou	31.89	37.51	31.92	157
菏泽	Heze	27.95	12.85	13.02	271
河南	**Henan**	**16.56**	**19.53**	**21.22**	
郑州	Zhengzhou	57.39	68.89	64.36	66
开封	Kaifeng	14.77	13.67	15.57	260
洛阳	Luoyang	19.15	24.93	26.65	190
平顶山	Pingdingshan	15.34	23.12	24.29	206
安阳	Anyang	16.65	17.77	19.36	237
鹤壁	Hebi	25.05	29.94	31.22	162
新乡	Xinxiang	17.44	19.68	19.50	234
焦作	Jiaozuo	19.46	27.45	28.60	179
濮阳	Puyang	16.10	13.93	13.97	266
许昌	Xuchang	20.34	21.76	19.69	231
漯河	Luohe	14.08	15.15	16.61	256
三门峡	Sanmenxia	30.48	58.46	60.50	73
南阳	Nanyang	11.71	9.98	13.48	268
商丘	Shangqiu	6.71	8.53	11.42	276
信阳	Xinyang	7.95	10.19	11.62	275
周口	Zhoukou	3.59	5.51	5.61	283
驻马店	Zhumadian	6.85	5.61	18.40	241
湖北	**Hubei**	**45.09**	**49.79**	**51.69**	
武汉	Wuhan	123.90	148.87	154.07	19
黄石	Huangshi	41.29	48.44	48.46	100
十堰	Shiyan	29.76	27.32	34.18	144
宜昌	Yichang	41.88	56.83	51.83	89
襄阳	Xiangyang	43.31	26.39	29.23	177
鄂州	Ezhou	33.93	35.36	37.21	133
荆门	Jingmen	20.31	35.75	38.00	132
孝感	Xiaogan	14.48	16.41	15.41	262
荆州	Jingzhou	16.17	17.37	17.80	246
黄冈	Huanggang	21.42	22.27	23.33	212
咸宁	Xianning	23.20	28.17	30.40	168
随州	Suizhou	86.46	87.71	90.48	45
湖南	**Hunan**	**28.31**	**35.76**	**33.36**	
长沙	Changsha	97.04	153.45	114.73	27
株洲	Zhuzhou	30.24	33.50	35.50	137
湘潭	Xiangtan	28.44	44.83	45.97	108
衡阳	Hengyang	19.20	22.93	23.84	211
邵阳	Shaoyang	17.81	17.92	17.73	248
岳阳	Yueyang	35.71	16.27	21.69	219
常德	Changde	21.17	23.84	25.04	200
张家界	Zhangjiajie	11.90	12.63	12.57	273
益阳	Yiyang	18.89	22.46	23.22	213
郴州	Chenzhou	16.71	22.42	22.13	218
永州	Yongzhou	14.43	19.28	23.89	210
怀化	Huaihua	19.89	29.73	30.72	167
娄底	Loudi	19.01	20.80	20.90	223
广东	**Guangdong**	**78.22**	**93.21**	**100.07**	
广州	Guangzhou	222.67	222.85	237.22	9
韶关	Shaoguan	25.08	35.58	42.31	117
深圳	Shenzhen	883.40	920.77	920.03	1
珠海	Zhuhai	82.68	106.42	303.03	5
汕头	Shantou	46.23	53.15	52.05	88
佛山	Foshan	80.59	94.53	97.58	38
江门	Jiangmen	42.32	56.23	48.93	98
湛江	Zhanjiang	14.48	17.16	19.17	238
茂名	Maoming	8.14	12.86	21.25	222
肇庆	Zhaoqing	25.76	41.67	49.88	93
惠州	Huizhou	28.14	34.20	39.35	126
梅州	Meizhou	23.95	22.48	29.81	173
汕尾	Shanwei	4.96	7.99	8.63	280
河源	Heyuan	15.39	17.17	16.92	254
阳江	Yangjiang	21.45	25.44	26.91	188
清远	Qingyuan	20.10	23.76	24.21	207
东莞	Dongguan	385.65	561.22	520.37	2
中山	Zhongshan	72.13	86.82	98.40	35
潮州	Chaozhou	16.44	18.16	19.12	239
揭阳	Jieyang	9.91	14.22	14.67	264
云浮	Yunfu	22.92	31.62	31.13	163
广西	**Guangxi**	**33.85**	**44.88**	**50.95**	
南宁	Nanning	70.77	116.35	122.73	24
柳州	Liuzhou	34.56	49.65	49.29	95
桂林	Guilin	71.30	79.00	98.20	36
梧州	Wuzhou	29.11	30.63	30.80	166
北海	Beihai	29.97	32.78	34.08	146
防城港	Fangchenggang	27.73	32.47	39.74	123
钦州	Qinzhou	12.85	24.23	77.64	56
贵港	Guigang	9.74	14.74	15.48	261
玉林	Yulin	24.73	24.31	18.04	244
百色	Baise	28.67	33.67	34.85	142

16-29 每百人公共图书馆藏书量 续表 3
Collections of Public Libraries per 100 Persons continued 3

单位：册、件 （copy、piece）

地名	City	2010	2013	2014	2014 排名 Ranking
贺州	Hezhou	24.42	27.09	25.64	196
河池	Hechi	18.11	26.11	27.46	183
来宾	Laibin	17.92	29.73	29.92	172
崇左	Chongzuo	27.98	28.14	27.11	184
海南	**Hainan**	**29.43**	**42.22**	**41.92**	
海口	Haikou	27.43	35.15	30.85	164
三亚	Sanya	35.08	62.07	73.18	60
三沙	Sansha				
重庆	**Chongqing**	**31.20**	**33.62**	**36.81**	
四川	**Sichuan**	**29.42**	**20.79**	**45.32**	
成都	Chengdu	105.53	16.06	161.26	17
自贡	Zigong	11.84	14.27	14.88	263
攀枝花	Panzhihua	50.55	74.91	74.57	59
泸州	Luzhou	19.25	23.68	24.04	208
德阳	Deyang	16.99	19.52	40.43	122
绵阳	Mianyang	23.57	32.94	33.80	147
广元	Guangyuan	24.83	34.68	35.47	139
遂宁	Suining	9.81	12.93	45.05	110
内江	Neijiang	9.94	12.27	13.15	269
乐山	Leshan	13.50	16.18	16.95	253
南充	Nanchong	12.45	13.72	14.30	265
眉山	Meishan	6.19	8.69	9.30	277
宜宾	Yibin	20.82	21.96	22.50	216
广安	Guangan	36.98	35.85	36.15	136
达州	Dazhou	12.98	15.58	26.56	191
雅安	Yaan	37.25	47.32	44.08	112
巴中	Bazhong	10.31	14.56	17.32	251
资阳	Ziyang	12.01	24.34	24.56	203
贵州	**Guizhou**	**24.43**	**28.39**	**106.86**	
贵阳	Guiyang	65.93	75.44	82.84	49
六盘水	Liupanshui	11.00	12.92	13.75	267
遵义	Zunyi	16.07	53.98	349.16	4
安顺	Anshun	13.19	17.83	17.59	249
毕节	Bijie		1.85	8.46	281
铜仁	Tongren		13.03	18.06	243
云南	**Yunnan**	**23.43**	**27.21**	**32.65**	
昆明	Kunming	30.57	50.22	53.37	86
曲靖	Qujing	16.44	1.74	20.10	228
玉溪	Yuxi	72.33	57.81	60.09	74
保山	Baoshan	20.97	28.13	33.25	150
昭通	Zhaotong	2.84	13.78	13.04	270
丽江	Lijiang	26.32	42.50	42.32	116
普洱	Puer	26.55	32.67	35.28	141
临沧	Lincang	24.34	33.86	34.54	143
西藏	**Tibet**				
拉萨	Lasa				
陕西	**Shaanxi**	**29.30**	**38.33**	**41.81**	
西安	Xi'an	57.04	82.37	93.03	43
铜川	Tongchuan	70.22	78.72	96.13	40
宝鸡	Baoji	31.59	33.91	36.50	135
咸阳	Xianyang	20.11	23.92	22.71	215
渭南	Weinan	15.98	17.11	16.55	257
延安	Yan'an	23.89	42.90	48.85	99
汉中	Hanzhong	14.81	20.52	20.87	224
榆林	Yulin	27.71	30.93	33.19	151
安康	Ankang	16.00	23.83	25.38	197
商洛	Shangluo	19.36	20.32	20.30	227
甘肃	**Gansu**	**39.84**	**31.20**	**33.86**	
兰州	Lanzhou	131.30	29.27	28.96	178
嘉峪关	Jiayuguan	52.75	119.00	99.46	34
金昌	Jinchang	30.55	79.36	106.36	31
白银	Baiyin	29.38	40.45	39.29	127
天水	Tianshui	24.54	20.50	21.65	220
武威	Wuwei	18.82	16.98	26.43	192
张掖	Zhangye	47.92	73.59	84.98	48
平凉	Pingliang	18.55	29.91	29.68	175
酒泉	Jiuquan	46.96	45.05	47.50	105
庆阳	Qingyang	22.53	24.02	25.79	195
定西	Dingxi	21.77	21.80	24.52	204
陇南	Longnan	22.68	30.11	32.20	156
青海	**Qinghai**	**130.21**	**55.62**	**60.02**	
西宁	Xining	130.21	77.71	89.02	47
海东	Haidong			25.93	193
宁夏	**Ningxia**	**70.99**	**82.96**	**95.40**	
银川	Yinchuan	163.41	182.72	208.42	11
石嘴山	Shizuishan	50.25	75.58	80.85	52
吴忠	Wuzhong	46.40	62.22	64.38	65
固原	Guyuan	32.26	33.57	37.14	134
中卫	Zhongwei	38.69	32.56	32.75	155
新疆	**Xinjiang**	**92.57**	**166.48**	**147.70**	
乌鲁木齐	Urumqi	87.93	119.05	94.34	41
克拉玛依	Karamay	122.63	494.74	513.08	3

主要社会经济指标解释

行政区域土地面积 是指在该行政区划内的全部土地面积(包括水面面积)。计算土地面积以行政区划为准。

常住人口 包括：1.住本户，户口在本乡、镇、街道的人(含户口在本户，外出不满半年的人)；2.住本户半年以上，户口在外乡、镇、街道的人；3.住本户不满半年，户口在外乡、镇、街道，离开户口登记地半年以上的人；4.住本户，户口待定的人。

地区生产总值(GRP) 指按市场价格计算的一个地区所有常住单位在一定时期内生产活动的最终成果。

地方财政一般预算收入 包括(1)税收收入；(2)社会保险基金收入；(3)非税收入；(4)贷款转回收本金收入(5) 转移性收入。

地方财政一般预算内支出 包括：(1)一般公共服务；(2)外交；(3)国防；(4)公共安全；(5)教育；(6)科学技术；(7)文化体育与传媒；(8)社会保障和就业；(9)社会保险基金支出；(10)医疗卫生；(11)环境保护；(12)城乡社区事务；(13)农林水事务；(14)交通运输；(15)工业商业金融等事务；(16)其它支出；(17)转移性支出。

住宅 指专供居住的房屋，包括别墅、公寓、职工家属宿舍和集体宿舍（包括职工单身宿舍和学生宿舍）等，但不包括住宅楼中作为人防用、不住人的地下室等。住宅按照性质可以划分为普通住房、经济使用住房和别墅、高档公寓。

专利申请受理量 指经专利部门初步审查后符合受理条件的专利申请量。

专利申请授权量 指经专利部门审查合格后，一句专利法授予申请人对申请项目专有权的专利申请数量。

中等职业学校 是指按国家规定的设置标准和审批程序批准建立的，招收初中（或部分高中）毕业生或同等学历者，实施中等职业技术教育，培养中等职业技术人才的学校。招收初中毕业生的，修业年限一般为三至四年；招收高中毕业生的，修业年限一般为二年至三年。包括中等专业学校、技工学校、职业中学（高中）等。统计中等职业学校时应注意，已承担培养学生任务的中等职业技术学校和独立设置的高等学校中专部或中专学校计算校数。正在筹建、尚未招生的中等职业学校和高等学校附设的中专班不计校数。

专任教师 指主要从事教学工作的人员。包括临时（一年以内）调去帮助做其它工作的教学人员。高等学校函授部、夜大学的专任教师和承担科研任务，未担任教学工作仍属教师编制的人员，应计入专任教师中。不包括调离教学岗位，担任行政领导工作或其他工作的原教学人员。

医院、卫生院床位数 指各级各类医院本年 10 月底的固定实有床位（非编制床位）。包括正规床、简易床、监护床和正在消毒、修理的床位及因扩建或大修理而停用的床位（按扩建或大修理前的床位计算），但不包括产科的新生儿床、库存床、临时增设的床位、病人家属的陪床、接产室的待产床等。

公共图书馆图书总藏量 指图书馆已编目的古籍、图书、期刊和报纸的合订本、小册子、手稿以及缩微制品、录像带、录音带、光盘等听视文献资料数量总和。